2e mois (8 semaines)

L'embryon se développe rapidement ; le cœur commence à pomper le sang; les bourgeons des membres sont déjà bien formés. Les traits et les principales divisions du cerveau sont discernables. Les oreilles se développent à partir de replis cutanés; des os et des muscles minuscules se forment sous la fine peau.

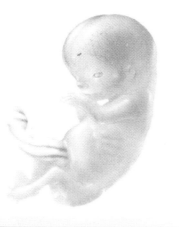

Les nausées matinales peuvent persister jusqu'à 12 semaines. L'utérus, qui était en forme de poire, devient sphérique. Les signes de Hegar et de Goodell apparaissent. Le col de l'utérus se plie ; la leucorrhée s'intensifie. Des sentiments d'étonnement et d'ambivalence par rapport à la grossesse peuvent se manifester. Aucune prise de poids notable.

Conseiller à la femme de manger des craquelins avant de se lever le matin; de prendre des repas petits, fréquents et faibles en gras, et de boire entre les repas plutôt que pendant; d'éviter les spas, les bains chauds, les saunas et les bains de vapeur jusqu'à la fin de la grossesse.

Faire le point sur les sentiments de la femme face à sa grossesse. Lui conseiller de participer à des rencontres prénatales qui la prépareront aux étapes futures de sa grossesse et à l'accouchement.

3e mois (12 semaines)

L'embryon devient fœtus; les battements de son cœur sont perceptibles à l'échographie. Le bas du corps se développe, et le fœtus prend une forme plus humaine. Il commence à bouger dès la 12e semaine. Son sexe peut être déterminé. Ses reins sécrètent de l'urine.

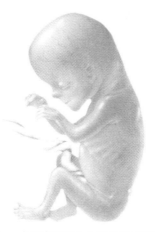

Le signe de Chadwick apparaît. L'utérus se trouve au-delà du bord pelvien à la 12e semaine. Les contractions de Braxton-Hicks peuvent commencer et se poursuivre jusqu'à l'accouchement. Le risque d'infection urinaire augmente et demeure plus élevé jusqu'à la fin de la grossesse. Au cours du premier trimestre, la prise de poids est d'environ 1,6 à 2,3 kg. Le placenta fonctionne parfaitement et sécrète des hormones.

Recommander à la femme de boire suffisamment et d'uriner souvent (toutes les 2 heures en période d'éveil) afin d'éviter les infections urinaires. Lui conseiller aussi d'uriner après les rapports sexuels et de s'essuyer de l'avant vers l'arrière.

L'informer sur la nutrition et la prise de poids normale. Souligner la nécessité de faire régulièrement de l'exercice, en particulier de la marche ou des activités qui ne sollicitent pas les articulations portantes. Lui parler des répercussions possibles de la grossesse sur les relations sexuelles.

4e mois (16 semaines)

La maturation du système musculosquelettique est avancée. Le système nerveux commence à contrôler le corps. Les vaisseaux sanguins se développent rapidement. Les mains du fœtus sont capables de préhension. Ses jambes remuent avec vigueur. Tous les organes amorcent leur maturation et leur croissance. Le fœtus pèse environ 200 g. L'échographie Doppler permet de mesurer la fréquence cardiaque fœtale. Le pancréas sécrète de l'insuline.

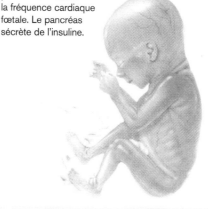

Le fond utérin se situe maintenant à mi-chemin entre la symphyse pubienne et l'ombilic. La femme prendra un peu moins de 450 g par semaine jusqu'à la fin de sa grossesse. Elle se sent parfois plus énergique qu'au tout début. L'échographie permet de mesurer le diamètre bipariétal. Les sécrétions vaginales sont plus abondantes. Démangeaisons, irritations et mauvaises odeurs constituent des signes d'infection. Certaines femmes commencent à porter des vêtements de maternité. La pression s'exerçant sur la vessie s'atténue et les mictions s'espacent.

Recommander à la femme de prendre une douche ou un bain chaque jour et de bien assécher la région vulvaire; d'éviter les douches vaginales ___ la grossesse; de consulter son ___ si elle soupçonne la ___ dre que les ___ pendant la ___ odes ___ er sur les ___ ainsi que sur les vêtements ___

Sommaire

Soins infirmiers en périnatalité

3e édition

Ouvrages parus dans cette collection:

Notes au dossier – Guide de rédaction pour l'infirmière,
Diane St-Germain avec la collaboration de Sylvie Buisson,
Francine Ménard et Kim Ostiguy, 2001.

Diagnostics infirmiers, interventions et bases rationnelles – Guide pratique, 4ᵉ édition, Marilynn E. Doenges, Monique Lefebvre et
Mary Frances Moorhouse, 2001.

L'infirmière et la famille – Guide d'évaluation et d'intervention,
2ᵉ édition, Lorraine M. Wright et Maureen Leahy, adaptation française
de Lyne Campagna, 2001.

L'examen clinique dans la pratique infirmière, sous la direction
de Mario Brûlé et Lyne Cloutier avec la collaboration de
Odette Doyon, 2002.

Soins infirmiers en pédiatrie, Jane Ball et Ruth Bindler, adaptation
française de Kim Ostiguy et Isabelle Taillefer, 2003.

Manuel de diagnostics infirmiers, traduction et adaptation
de la 9ᵉ édition, Lynda Juall Carpenito, adaptation française de
Lina Rahal, 2003.

Guide des médicaments, 2ᵉ édition, Judith Hopfer Deglin et
April Hazard Vallerand, adaptation française sous la direction de
Nathalie Archambault et Sylvie Delorme, 2003.

Soins infirmiers – Psychiatrie et santé mentale, Mary C. Townsend,
adaptation française de Pauline Audet avec la collaboration de
Sylvie Buisson, Roger Desbiens, Édithe Gaudet, Jean-Pierre Ménard,
Irène Robitaille et Denise St-Cyr-Tribble, 2004.

Pour plus de renseignements sur ces ouvrages, consultez
notre site Internet: **erpi.com/competencesinfirmieres**

Soins infirmiers en périnatalité

3e édition

Patricia Wieland Ladewig
Marcia L. London
Susan M. Moberly
Sally B. Olds

Adaptation française :

Francine Benoit
Cégep du Vieux Montréal

Manon Bernard
Collège Édouard-Montpetit

Pauline Roy
Cégep de Lévis-Lauzon

France Tanguay
Université du Québec à Trois-Rivières

ERPI
ÉDITIONS DU RENOUVEAU PÉDAGOGIQUE INC.

5757, RUE CYPIHOT, SAINT-LAURENT (QUÉBEC) H4S 1R3
TÉLÉPHONE : (514) 334-2690   TÉLÉCOPIEUR : (514) 334-4720
COURRIEL : erpidlm@erpi.com   www.erpi.com

Supervision éditoriale : **Sylvie Chapleau**

Traduction : **Annie Desbiens et Sylvie Dupont**

Révision linguistique : **Louise Garneau, Suzanne Marquis et Jean-Pierre Regnault**

Supervision de la production : **Muriel Normand**

Correction d'épreuves : **Claire Campeau**

Édition électronique : **Caractéra inc.**

Conception graphique de l'intérieur : **Alain Lapointe**

Conception graphique de la couverture : **Benoit Pitre**

Authorized translation from the English language edition, entitled CONTEMPORARY MATERNAL-NEWBORN NURSING CARE, 5th edition, by LADEWIG, PATRICIA WEILAND; LONDON, MARCIA L.; MOBERLY, SUSAN; OLDS, SALLY B., published by Pearson Education, Inc., publishing as Prentice Hall, Copyright © 2002 by Pearson Education, Inc.

FRENCH language edition published by ERPI, Copyright © 2003.

© 2003, Éditions du Renouveau Pédagogique Inc.

Cet ouvrage est une version française de la cinquième édition de *Contemporary Maternal-Newborn Nursing Care* de Patricia W. Ladewig, Marcia L. London, Susan Moberly et Sally B. Olds, publiée et vendue à travers le monde avec l'autorisation de Pearson Education, Inc.

Dans cet ouvrage, les termes désignant les professionnels de la santé ont valeur de générique et s'appliquent aux personnes des deux sexes.

Les auteurs et l'éditeur se sont assurés que la posologie des médicaments est exacte et respecte les recommandations et les pratiques en vigueur au moment de la publication de ce manuel. Cependant, étant donné l'évolution constante des recherches, des modifications dans les traitements et l'utilisation des médicaments deviennent nécessaires. Nous vous prions de vérifier l'étiquette-fiche de chaque médicament et les instructions de chaque appareil avant de procéder à une intervention. Cela est particulièrement important dans le cas de nouveaux médicaments, de médicaments peu utilisés et de techniques peu courantes. Les auteurs et l'éditeur déclinent toute responsabilité pour les pertes, les lésions ou les dommages entraînés, directement ou indirectement, par la mise en application de l'information contenue dans ce manuel.

Dépôt légal : 2e trimestre 2003
Bibliothèque nationale du Québec
Bibliothèque nationale du Canada

Imprimé au Canada

ISBN 2-7613-1365-8   234567890   II   098765
                            20249 ABCD   LHM-9

Préface

AUJOURD'HUI, PLUS QUE JAMAIS, les infirmières qui travaillent auprès des femmes enceintes et de leurs proches jouent un rôle déterminant dans la grossesse et l'accouchement, ainsi que dans la façon dont les familles se souviennent de cette expérience par la suite. Ces mêmes infirmières doivent cependant composer avec une multitude de facteurs qui influent sur la prestation des soins. La brièveté des séjours à l'hôpital, le recours accru aux soins dans la communauté et à domicile, les répercussions du VIH/sida, les compressions budgétaires, le manque d'effectifs, le vieillissement de la population sont autant de facteurs qui jouent un rôle déterminant dans notre pratique actuelle, et il en sera de même dans les années avenir.

Fondamentalement, la philosophie de cette nouvelle édition de *Soins infirmiers en périnatalité* – autrefois *Soins infirmiers : Maternité et néonatologie* – reste la même. Nous envisageons la grossesse et l'accouchement comme des processus normaux de la vie. Nous croyons que la participation des clientes et de leurs proches aux soins est incontournable. Enfin, cette fois encore, nous voulons offrir aux étudiantes un ouvrage à la fois clair et précis, qui les aide véritablement à acquérir les connaissances, les habiletés et les compétences dont elles auront besoin dans un système de santé en perpétuelle évolution.

Pratique fondée sur des données probantes

Les professionnels de la santé sont de plus en plus conscients de la nécessité de s'appuyer sur des données probantes pour planifier et offrir des soins efficaces. La *pratique fondée sur des données probantes,* comme on appelle cette approche, se nourrit de diverses sources d'information, notamment de la recherche en soins infirmiers. Pour aider les infirmières à se familiariser avec cette pratique, nous leur proposons un bref exposé sur le sujet au chapitre 1, suivi tout au long de l'ouvrage de nombreux exemples de la pratique infirmière fondée sur des données probantes en périnatalité.

Soins infirmiers communautaires

Bien que la grossesse, l'accouchement et le post-partum durent plusieurs mois, la plupart des femmes ne passent que deux ou trois jours dans un établissement de soins de courte durée – si toutefois elles y vont. Les soins infirmiers en périnatalité sont donc axés sur le milieu de vie presque par définition. Avec l'avènement des soins intégrés, même les femmes qui vivent des grossesses à risque élevé reçoivent plus de soins à domicile et dans leur communauté, et passent moins de temps en milieu hospitalier.

Cette importance accrue des soins infirmiers donnés dans la communauté est devenue une ligne de force dans la prestation des soins de santé et, par conséquent, un thème majeur de cette nouvelle édition. Ce thème, nous l'abordons de manière à la fois distinctive et conviviale sous l'en-tête **Soins infirmiers communautaires**, avec une icône en forme d'arbre qui attire l'attention des étudiantes. On y trouvera aussi les passages consacrés aux soins à domicile, que nous considérons comme un volet des soins infirmiers communautaires. Le chapitre *La famille après la naissance : soins à domicile* traite précisément de la prestation des soins à la famille qui accueille un nouveau-né.

Enseignement à la cliente et à ses proches

L'enseignement aux clientes et aux proches reste un facteur déterminant de l'efficacité des soins infirmiers, sur lequel nous continuons à insister dans cette nouvelle édition. Cette fois encore, nous décrivons et expliquons en détail l'enseignement que doivent donner les infirmières durant la grossesse, le travail et l'accouchement, mais aussi avant et après le congé de la mère et du nouveau-né. Cette matière est résumée dans des **Guides d'enseignement** traitant de sujets précis – l'activité sexuelle durant la grossesse, par exemple – et conçus pour aider l'étudiante à planifier et à organiser son enseignement. Nos **Fiches d'enseignement** se veulent des outils de référence aussi commodes pour l'étude qu'en milieu clinique. Cette édition s'enrichit également dans les pages intérieures de la couverture d'un tableau pleine couleur intitulé **Développement fœtal et changements chez la mère**, qui décrit, mois par mois, l'évolution caractéristique de la grossesse et dégage les grandes lignes de l'enseignement relatif à chaque stade de la grossesse – un autre outil aussi utile pour l'étude qu'en milieu clinique.

Diversité et multiculturalisme

En tant qu'infirmières et en tant qu'enseignantes, nous sommes intimement convaincues de la nécessité de respecter la diversité et le multiculturalisme de notre société, et nous cherchons continuellement de nouvelles manières de rendre cet ouvrage plus inclusif. Nous sommes conscientes qu'il s'agit là d'un objectif ambitieux, qu'on ne saurait atteindre en se contentant d'ajouter au texte quelques photos, tableaux ou encadrés. L'approche privilégiée dans cet ouvrage, qui consiste à intégrer subtilement au texte des sujets et des scénarios qui influent sur les soins infirmiers en périnatalité *plutôt qu'à insister sur la seule ethnicité,* nous semble plus utile et finalement plus accessible.

Organisation : un modèle pour la prise en charge des soins infirmiers

Aujourd'hui, les infirmières doivent posséder un solide jugement clinique et être en mesure de résoudre efficacement les problèmes. C'est pourquoi nous avons tenu à ce que l'organisation du texte obéisse à une logique rigoureuse. Truffée d'informations sur les soins infirmiers en périnatalité et d'importants sujets connexes, la première partie de cet ouvrage prépare en quelque sorte le terrain aux autres parties qui reflètent les étapes de la démarche des soins infirmiers, un cadre théorique qui dégage clairement le rôle de l'infirmière. Ainsi, les diverses parties traitant de la grossesse, du travail, de l'accouchement, des soins au nouveau-né et du post-partum s'ouvrent toutes sur un exposé théorique, après lequel on trouve toujours un chapitre ou une section sur l'évaluation, puis sur l'exécution des soins infirmiers donnés à une mère et à un fœtus ou un nouveau-né en santé. Les sections consacrées à la prise en charge des soins infirmiers se retrouvent sous la rubrique **Soins infirmiers**, et sont souvent subdivisées par les sous-titres **Évaluation et analyse de la situation, Planification et interventions** et **Évaluation et résultats escomptés**.

Les complications et les situations à risque élevé sont traitées de la même façon dans le ou les *derniers* chapitres de chacune de ces parties. Nous pensons en effet que l'élève comprendra plus facilement ce contenu plus complexe, une fois qu'elle aura bien assimilé le processus normal. Pour ne pas exagérer indûment la présence de complications dans un processus normal aussi merveilleux que celui de la grossesse et de l'accouchement, nous avons évité de leur consacrer toute une partie. Certains sujets plus circonscrits ou plus spécialisés – la grossesse chez l'adolescente, l'alimentation durant la grossesse, les épreuves diagnostiques ou l'alimentation du nouveau-né – font l'objet d'un chapitre distinct.

Pour rendre compte de l'évolution de la prise en charge des soins infirmiers, nous proposons au fil des chapitres plusieurs **Cheminements cliniques**. Quatre d'entre eux aident l'élève à planifier et à prendre en charge les situations normales : les soins pendant le travail, les soins pendant l'accouchement, les soins au nouveau-né et les soins pendant le post-partum. D'autres traitent des soins aux clientes qui présentent des complications, comme l'hypertension gravidique et le diabète, ou aux nouveau-nés à risque élevé. Ces cheminements cliniques visent à familiariser l'étudiante avec cette approche de la prise en charge des soins infirmiers et à la préparer ainsi au travail en milieu clinique.

Autres caractéristiques pédagogiques

Enseignantes et étudiantes apprécient les outils pédagogiques qu'elles trouvent dans nos manuels. Comme les précédentes, cette nouvelle édition est conçue pour faciliter aussi bien l'apprentissage que la consultation ponctuelle.

Tous les chapitres s'ouvrent sur les rubriques **Objectifs** et **Vocabulaire** (celle-ci indiquant la page de la principale occurrence de chaque terme), et tous se terminent par les rubriques **Notions fondamentales** et **Références**. À la fin du manuel, un **Glossaire** réunit et explique les termes couramment utilisés en périnatalité.

Deux *nouvelles* rubriques sont présentées. La première, **Conseil pratique**, offre des suggestions et des conseils cliniques qui peuvent faciliter certains procédés et certaines interventions. La deuxième, **Attention !**, met l'accent sur des points importants à surveiller.

Les **Guides d'évaluation** présentent sous forme de tableau les données à recueillir, les résultats normaux, les anomalies et leurs causes possibles, ainsi que les grandes lignes des interventions infirmières. Les **Procédés** décrivent, étape par étape, certaines interventions spécifiques aux soins infirmiers en périnatalité.

Conçus pour développer le jugement clinique, les **Exercices de pensée critique** soumettent à l'élève de courts scénarios en lui demandant de trouver la solution appropriée. Les réponses proposées dans l'**Appendice F** lui fournissent une rétroaction immédiate sur ses habiletés dans la prise de décision.

L'en-tête **Soins infirmiers communautaires** permet de repérer rapidement le contenu qui traite des soins infirmiers en périnatalité donnés dans la communauté ou à domicile.

Les **Guides pharmacologiques** apprennent à l'étudiante à connaître et à bien administrer les médicaments les plus utilisés en périnatalité.

Enfin, comme leur titre l'indique, les encadrés **Points à retenir** résument des points particulièrement importants à mémoriser.

Remerciements

Nous remercions d'abord les consultantes qui ont contribué à la réalisation de ce manuel. Leurs commentaires éclairés et leurs judicieux conseils ont facilité notre travail d'adaptation. Merci à toutes!

France Alix
Cégep Saint-Jean-sur-Richelieu

Denise April
Heritage College

Huguette Boilard
Université du Québec à Trois-Rivières

Lyne Cloutier
Université du Québec à Trois-Rivières

Françoise Courville
Université du Québec à Chicoutimi

Pierrette Croisetière
Collège François-Xavier-Garneau

Francine Demontigny
Université du Québec en Outaouais

Louise Dumas
Université du Québec en Outaouais

France Dupuis
Université du Québec à Trois-Rivières

Pauline Lafleur
Collège de l'Outaouais

Simone Leblanc
Collège François-Xavier-Garneau

Martine Legendre
Collège François-Xavier-Garneau

Sophie Longpré
Université du Québec à Trois-Rivières

Josée Pépin
Cégep de Saint-Laurent

France Poliquin
Université Laval

De plus, nous désirons remercier l'équipe des Éditions du Renouveau Pédagogique, qui nous a accompagnées tout au long du processus. Nos remerciements s'adressent particulièrement à Nancy Perron, Sylvain Giroux et Sylvie Chapleau, pour la rigueur professionnelle dont ils ont fait preuve.

De nombreux autres collaborateurs externes nous ont donné leur opinion à différents moments. Un merci chaleureux à ces professionnels de l'enseignement et du milieu clinique.

En conclusion, nous remercions nos conjoints et nos enfants pour leur appui et leurs encouragements.

FRANCINE BENOIT
MANON BERNARD
PAULINE ROY
FRANCE TANGUAY

LES INFIRMIÈRES qui travaillent auprès des familles en attente d'un enfant jouent un rôle central durant la grossesse et l'accouchement. Elles doivent aussi relever des défis de taille – de la brièveté des séjours à l'hôpital aux répercussions du VIH/sida. Cette nouvelle édition de **Soins infirmiers en périnatalité** – autrefois *Soins infirmiers: Maternité et néonatologie* – continue de promouvoir l'acquisition des compétences essentielles qui leur permettront de composer avec ces nouvelles réalités : souplesse, sûreté du jugement clinique et efficacité dans la résolution de problème.

Guides d'enseignement

Des guides conçus pour aider l'étudiante à bien planifier et à bien organiser ses séances d'enseignement selon la démarche de soins infirmiers : une mine d'informations sur le contenu à transmettre, la méthode d'enseignement et les résultats escomptés.
▼

Guide d'enseignement — Travail prématuré

Évaluation et analyse de la situation

En général, la cliente qui présente un risque accru de travail prématuré est dépistée durant la grossesse. L'infirmière évalue alors ses connaissances sur les dangers du travail prématuré, ses signes et symptômes, et les mesures à prendre pour le prévenir. Si la cliente fait partie d'un programme de télémonitorage à domicile, l'infirmière évalue également sa compréhension des objectifs de ce programme et des raisons de sa mise en œuvre.

Diagnostics infirmiers

Le principal diagnostic de l'infirmière sera probablement le suivant : « Recherche d'un meilleur niveau de santé : désir de combler un manque de connaissances sur la prévention du travail prématuré et/ou sur les moyens de le détecter rapidement s'il se déclenche. »

Plan d'enseignement

Contenu

Décrire les dangers du travail prématuré en insistant sur les risques que court le bébé prématuré et sur tous les problèmes qui peuvent s'ensuivre.

Insister sur l'utilité du télémonitorage à domicile pour l'évaluation régulière de l'activité utérine. Expliquer que nombre de signes précoces du travail prématuré, comme la lombalgie ainsi que l'augmentation et la modification des pertes vaginales, peuvent être très subtils au début. Le télémonitorage à domicile permet souvent de déceler l'activité utérine avant que le col se soit effacé et dilaté au point où le travail est impossible à arrêter. Cela dit, les études ne révèlent aucune différence significative dans l'incidence des naissances prématurées chez les clientes suivies quotidiennement par une infirmière, mais sans télémonitorage à domicile (Iams, 1996b).

Si la cliente fait partie d'un programme de télémonitorage à domicile, l'infirmière qui s'occupe de ce programme lui aura probablement donné l'enseignement initial. Il faut cependant être prête à le donner de nouveau et à répondre aux questions de la cliente à ce sujet.

Rappeler les autosoins qui peuvent prévenir le travail prématuré :
- maintenir un généreux apport liquidien (de 2 à 3 L par jour) ;
- uriner toutes les 2 h ;
- éviter de soulever des objets lourds ou de s'épuiser ;
- éviter la stimulation des seins et l'orgasme ; limiter les activités sexuelles ;
- respecter les recommandations concernant la limitation de l'activité et le repos au lit.

Évaluation

À la fin de la séance d'enseignement, la cliente pourra expliquer les risques liés au travail prématuré, faire la démonstration des techniques de monitorage à domicile et expliquer leur raison d'être ; de même, elle pourra se prodiguer les autosoins nécessaires pour réduire les risques de travail prématuré.

Planification et interventions

L'enseignement est axé sur les risques liés au travail prématuré, le fonctionnement du télémonitorage à domicile et les procédés qu'il suppose, ainsi que sur les autosoins qui réduisent les risques de travail prématuré.

Objectifs

Une fois l'enseignement terminé, la cliente pourra :
- décrire les risques associés au travail prématuré ;
- expliquer le but du télémonitorage à domicile ;
- faire la démonstration des procédés que nécessite le télémonitorage à domicile ;
- expliquer les autosoins qui peuvent réduire le risque de travail prématuré.

Méthode d'enseignement

Décrire les risques de manière précise et détaillée ; bien des gens savent que la prématurité peut être dangereuse, mais ignorent les effets qu'elle peut avoir sur le fœtus.

Utiliser la documentation durant la discussion. Comme l'efficacité du télémonitorage à domicile repose sur sa pleine et entière collaboration, il importe que la mère soit convaincue de l'utilité du programme.

Enseigner à la cliente à palper ses contractions utérines. Faire une démonstration de la méthode et demander à la cliente d'en faire une à son tour.

Utiliser de la documentation et favoriser la discussion. Si la cliente s'inquiète de sa capacité à respecter certaines recommandations, essayer de les adapter de manière à mieux répondre à ses besoins.

- la cliente peut décrire les autosoins essentiels pour prévenir le travail prématuré, de même que les signes et symptômes qu'elle doit signaler à son prestataire de soins ;
- la cliente met au monde un bébé en santé et se rétablit bien.

▬ Les troubles hypertensifs

Divers troubles hypertensifs peuvent survenir au cours de la grossesse. On a mis au point diverses classifications de ces troubles ; l'ACOG recommande d'utiliser la classification suivante (Branch et Porter, 1999) :
- prééclampsie-éclampsie ;

Pratique fondée sur des données probantes

Une série d'exemples clairs et détaillés qui montrent comment la recherche scientifique récente peut améliorer la planification et la prestation des soins infirmiers en périnatalité : autant d'applications concrètes du concept de pratique fondée sur des données probantes expliqué au chapitre 1.
▼

Pratique fondée sur des données probantes — Accouchement prématuré et infection

L'unité mère-enfant du centre hospitalier où vous travaillez révise ses politiques et son protocole de soins en matière de prévention du travail prématuré. À l'heure actuelle, l'unité dispose d'un programme éducatif reposant sur une brochure, une vidéocassette et des séances d'information. Les clientes à risque bénéficient d'un suivi intensif.

La directrice médicale et la directrice des soins infirmiers s'interrogent à présent sur les liens qu'il pourrait y avoir entre la vaginose bactérienne et l'accouchement prématuré. En effet, bien qu'on ne sache pas exactement comment la vaginose bactérienne déclenche prématurément le travail, sept études ont mis en lumière l'existence d'un risque accru d'accouchement prématuré chez les femmes qui souffrent de vaginose bactérienne, et cinq études ont montré que le traitement de cette infection réduit le taux d'accouchement prématuré (Paige et al, 1998).

Comme l'infection est asymptomatique chez 50% des femmes, votre groupe de travail envisage de mettre au point un cheminement clinique pour son dépistage et son traitement. Vos recherches documentaires vous amènent à examiner le modèle de dépistage étudié par Hauth et ses collaborateurs (1995) et à passer en revue la documentation concernant les modalités thérapeutiques. Vous apprenez que 1 dose de 2 g de métronidazole a la même efficacité que 2 doses quotidiennes de 500 mg administrées pendant 7 jours. Comme le métronidazole est contre-indiqué au premier trimestre, on le remplace alors par un plein applicateur de clindamycine intravaginale une fois par jour. Sachant que plus le traitement agréé aux clientes, plus il a de chances de réussir, vous décidez d'enquêter auprès de vos clientes pour savoir comment elles préfèrent prendre leur médication avant d'émettre des directives à ce sujet.

Références

Paige, D. M. Augustyn, W. Aoh *et al.* (1998), « Bacterial vaginosis and preterm birth: A comprehensive review of the literature », *Journal of Nurse-Midwifery*, 43 (2), p. 83-89.

Hauth, J., R. Goldenberg, W. Andrew *et al.* (1995), « Reduced incidence of preterm delivery with metronidazole and erythromycin in woman with bacterial vaginosis », *New England Journal of Medicine*, n° 333, p. 1732-1736.

Guides d'évaluation

Des guides qui présentent sous forme de tableau les données à recueillir, les résultats normaux, les anomalies et leurs causes possibles, ainsi que les interventions infirmières appropriées. Tout pour aider l'étudiante à poser des diagnostics en connaissance de cause.

Guide d'évaluation subséquente de la période prénatale

Examen/Résultats normaux	Anomalies et causes possibles*	Interventions infirmières dictées par les données**
Signes vitaux		
Température : 36,2 °C à 37,6 °C	Température élevée (infection)	Rechercher les signes d'infection ; orienter vers le médecin
Pouls : 60-90/min Cette fréquence peut augmenter de 10 battements/min durant la grossesse.	Accélération du pouls (anxiété, trouble cardiaque)	Noter les irrégularités ; évaluer l'anxiété et le stress
Respiration : 16-24/min	Tachypnée prononcée ou cycle ventilatoire anormal (maladie respiratoire)	Orienter vers le médecin
Tension artérielle : 90-140/60-90 (chute au deuxième trimestre)	>140/90 ou augmentation de 30 mm de la pression systolique et de 15 mm de la pression diastolique (prééclampsie)	Évaluer l'œdème, la protéinurie et l'hyperréflexie ; orienter vers le médecin ; prévoir des visites plus fréquentes
Gain pondéral		
Premier trimestre : 1-3 kg **Deuxième trimestre** : 5,5-6,8 kg **Troisième trimestre** : 5,5-6,8 kg	Gain pondéral insuffisant (malnutrition, nausées, RCIU) ou excessif (apport énergétique excessif, œdème, prééclampsie)	Discuter du gain pondéral adéquat ; donner une consultation sur la nutrition ; évaluer l'œdème ou l'anémie

---

Conseil pratique

Lorsque vous donnez l'enseignement sur l'examen pelvien et le test de Papanicolaou à une cliente, insistez sur le fait que, sauf si un professionnel de la santé le lui a expressément demandé, elle ne doit pas se donner de douche vaginale dans les 24 heures qui précèdent l'examen, car cela pourrait fausser les résultats du test de Papanicolaou.

◄ Conseil pratique

Des suggestions et des conseils cliniques pour faciliter des interventions et des procédés courants : les trucs qui ont fait leurs preuves et les erreurs à éviter.

Attention ! ▶

Des points très importants à surveiller qui peuvent être déterminants dans le bien-être de la mère, du fœtus ou du nouveau-né.

Attention !

Lorsque vous prenez sa tension artérielle, demandez à la cliente de s'asseoir et de déposer son bras sur la table pour qu'il soit à la hauteur de son cœur.

Normalement, à cause de changements physiologiques normaux, vous devriez constater une baisse de la tension artérielle au deuxième trimestre de la grossesse. Si vous n'observez pas cette baisse, surveillez les signes d'hypertension gravidique.

Soins infirmiers communautaires ▶

Des sections consacrées aux aspects particuliers des soins infirmiers en périnatalité donnés dans la communauté ou à domicile plutôt qu'en milieu hospitalier : une foule d'indications précieuses sur les soins physiques, mais aussi sur le soutien émotionnel.

Soins infirmiers communautaires

L'infirmière qui soupçonne une femme de subir de mauvais traitements devrait l'informer des services et des ressources offerts par le système de santé et par la communauté. Une femme battue peut avoir divers besoins :
- un traitement médical pour ses blessures ;
- un refuge temporaire où elle et ses enfants seront en sécurité ;
- un counseling pour améliorer son estime de soi et l'aider à comprendre la dynamique de la violence familiale ;

Cheminements cliniques
Des descriptions schématiques du suivi clinique de la grossesse, du travail, de l'accouchement et du post-partum, conçues pour aider l'étudiante à planifier et à prendre en charge tous les aspects des soins : orientation, évaluation, enseignement et aspects psychosociaux, soins infirmiers et notes au dossier, etc. Une bonne préparation au milieu clinique.

Cheminement clinique pour les quatre stades de l'accouchement

Catégorie	Premier stade	Deuxième et troisième stades	Quatrième stade De 1 à 4 h après la naissance
Orientation	Consulter le dossier prénatal. Prévenir la sage-femme ou le médecin de l'admission de la femme.	Noter au dossier l'évolution et consulter les données relatives au premier stade.	Transmettre les données à l'infirmière de la salle de réveil ou du post-partum immédiat (si ce n'est pas elle qui a assisté à la naissance). **Résultat escompté** Les ressources appropriées auront été trouvées et utilisées.
Évaluation	*Admission* Problèmes survenus depuis la dernière visite ; progression du travail (fréquence et durée des contractions) ; état des membranes (intactes ou rompues) ; degré d'adaptation ; soutien ; désirs de la cliente quant au travail et à l'accouchement ; capacité d'exprimer verbalement ses besoins ; épreuves de laboratoire (analyse du sang et de l'urine). *Travail et accouchement* Dilatation du col : de 1 à 10 cm ; nullipares (1,2 cm/h), multipares (1,5 cm/h). Effacement du col : de 0 % à 100 %. Descente fœtale : progression de −4 à +4. État des membranes : intactes ou rompues. Rompues : réaction positive à la nitrazine, liquide	*Deuxième stade* • TA, pouls, respirations q5 – 15 min. • Contractions utérines palpées continuellement. • FCF q15min (femme à faible risque) et q5min (femme à risque élevé) si le tracé est rassurant. Sinon, monitorage continu. • Descente fœtale : continue jusqu'à la naissance.	*Évaluations du post-partum immédiat q15 min pendant la première heure et q30 min pendant la deuxième heure.* • TA : doit retourner aux valeurs d'avant le travail ; pas de variation sinon <15 mm Hg / <10 mm Hg. • Pouls : légèrement plus lent que durant le travail ; 60 – 90 ; retour des valeurs d'avant le travail. • Respirations : 12 – 20/min, faciles, calmes. • Température : 36,2 °C – 37,6 °C. • Fond utérin ferme, situé au niveau de l'ombilic, sur la ligne médiane.

Procédés
Des guides qui décrivent étape par étape les interventions infirmières liées aux procédés courants en périnatalité, ainsi que, pour chaque étape, l'objectif visé, l'action à entreprendre et son explication.

Guides pharmacologiques
Des encadrés détaillés et accessibles sur les médicaments les plus utilisés en périnatalité : mécanisme d'action, administration, effets indésirables, contre-indications, soins infirmiers, tout y est.

Guide pharmacologique Bétaméthasone (Celestone Solupan)

Risques pendant la grossesse : catégorie C

Survol du mécanisme d'action fœtomaternel

Les études ont amplement démontré que les glucocorticoïdes, la bétaméthasone par exemple, peuvent accélérer la maturation pulmonaire fœtale et prévenir ainsi le syndrome de détresse respiratoire chez le nouveau-né prématuré. On comprend mal l'action des corticostéroïdes sur l'accélération de la maturation pulmonaire fœtale, mais on sait qu'elle est liée à la stimulation de l'activité enzymatique. L'enzyme est nécessaire à la biosynthèse (par les pneumocytes de type II) du surfactant, lequel assure le bon fonctionnement des poumons en réduisant la tension superficielle dans les alvéoles. De plus, les glucocorticoïdes accélèrent la dégradation du glycogène, ce qui entraîne un amincissement des septums interalvéolaires et accroît la taille des alvéoles. L'amincissement de l'épithélium amène les capillaires plus près des sacs d'air et améliore ainsi l'échange d'oxygène.

Administration, posologie, fréquence

On administre à la femme enceinte 12 mg de bétaméthasone par voie intramusculaire 1 fois par jour, 2 jours de suite. On peut aussi administrer la bétaméthasone en 4 doses, à raison de 6 mg toutes les 6 heures (Guinn et Lee, 2000). Pour optimiser les résultats, on retarde l'accouchement d'au moins 24 heures après le premier traitement. Les effets des corticostéroïdes peuvent être transitoires. Certains cliniciens préconisent d'administrer le traitement toutes les semaines jusqu'à la 34e semaine de grossesse pour le fœtus in utero qui n'a pas atteint la maturité pulmonaire, mais ce régime thérapeutique est controversé (Guinn et Lee, 2000).

un risque accru d'infection. Cependant, le risque d'infection pourrait être légèrement plus élevé chez les femmes qui présentent une RPM. Une hyperglycémie maternelle peut survenir pendant le traitement aux corticostéroïdes, et les diabétiques insulinodépendantes peuvent avoir besoin d'infusions d'insuline pendant plusieurs jours pour éviter l'acidocétose. Enfin, les corticostéroïdes peuvent augmenter le risque d'œdème pulmonaire, surtout s'ils sont utilisés avec des tocolytiques (Iams, 1996a ; National Institutes of Health, 1994).

Effets indésirables chez le fœtus et le nouveau-né

- Diminution du taux de cortisol plasmatique à la naissance, avec rebond deux heures plus tard.
- Hypoglycémie.
- Risque accru de septicémie néonatale.
- Les essais sur des animaux ont révélé d'importants effets indésirables sur les fœtus – réduction du périmètre crânien, diminution du poids des surrénales, de la thyroïde et du placenta, etc. –, mais les essais sur les humains n'ont rien montré de tel.

Soins infirmiers

- Évaluer les contre-indications éventuelles.
- Informer la cliente des effets indésirables du médicament.
- Injecter la bétaméthasone en profondeur dans le muscle fessier, et jamais dans le deltoïde, à cause du risque élevé d'atrophie locale. (La dexaméthasone peut s'administrer par voie intramusculaire ou intraveineuse.)

Procédé 17-1 Aspiration nasopharyngée chez le nouveau-né

Intervention infirmière	Explication
Objectif : Retirer les sécrétions du nez ou de l'oropharynx du nouveau-né en présence de dépression respiratoire ou de liquide amniotique teinté de méconium	
- Serrer le couvercle du contenant pour les mucosités du cathéter DeLee ou d'un autre dispositif d'aspiration. (Si on utilise un appareil de succion mécanique, la pression doit être de moins de 80 mm.)	*Cela empêche les sécrétions de se répandre et l'air de sortir par le couvercle.*
- Insérer une extrémité de la tubulure du cathéter DeLee dans l'appareil de succion mécanique (ou bien dans votre bouche : le cathéter est conçu de telle sorte que vous ne courez aucun danger d'aspirer les sécrétions).	
- Insérer l'autre extrémité de la tubulure dans le nez ou la bouche du nouveau-né, à une profondeur de 7,5 à 12,5 cm (figure 17-8).	
- Aspirer et continuer d'aspirer en retirant le tube.	*Cela évite de redéposer les sécrétions aspirées dans le nasopharynx du nouveau-né.*

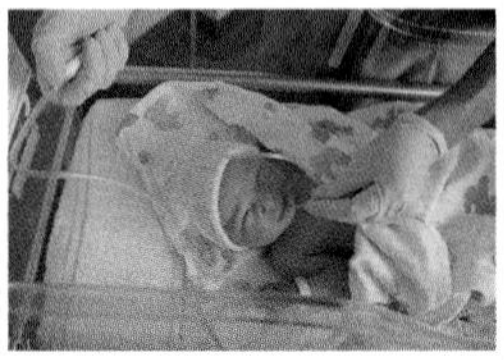

FIGURE 17-8 Cathéter DeLee.

- Réinsérer le tube et aspirer de nouveau tant qu'il reste des sécrétions. *Note : Une aspiration excessive peut causer une stimulation vagale, ce qui diminue la fréquence cardiaque.*
- Il faut parfois insérer le tube jusque dans l'estomac pour retirer le méconium avalé avant la naissance ; dans ce cas, insérer le tube dans la bouche du bébé, puis jusque dans son estomac. Aspirer. Continuer d'aspirer en retirant le tube.

Objectif : Noter toute information pertinente au dossier du nouveau-né

- Noter l'intervention ainsi que la quantité et le type de sécrétions aspirées. — *Cela permet de do*

Identification du nouveau-né

Pour éviter toute erreur, dans la chambre de naissance ou la salle d'accouchement, l'infirmière met à l'enfant, à la mère et au père des bracelets d'identité assortis – bracelets qui leur donnent accès à la pouponnière et qu'ils conserveront jusqu'à leur sortie de l'établissement. Elle en met deux à l'enfant, l'un au poignet et l' en les ajustant b

Dans certai d'un pied de l' pour plus de s l'enfant, l'infirm

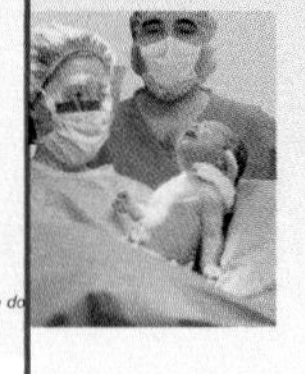

DANS LES DERNIÈRES SEMAINES DE LA GROSSESSE, la mère et le bébé commencent tous deux à se préparer à la naissance. Le fœtus poursuit la croissance et le développement qui le rendront apte à la vie extra-utérine, et la femme enceinte connaît divers changements physiologiques et psychologiques qui la préparent graduellement à l'accouchement et au rôle de mère. Avec le début du travail, un changement remarquable s'amorcera dans la relation entre la mère et son bébé.

Durant le travail, et surtout vers la fin, la femme sait instinctivement qu'elle est en train d'accomplir l'une des tâches les plus importantes de son existence. Une vie précieuse est sur le point de naître. Au cours des quelques heures que durent le travail et l'accouchement, le processus de la naissance semble mobiliser toute la puissance de l'univers. Il arrive que la future mère et son partenaire doivent aller au-delà de leurs limites habituelles de concentration, de volonté, d'endurance et de résistance à la douleur. C'est le caractère dynamique de cette expérience qui fait de la naissance d'un bébé un passage à la fois physiologique et psychologique à la fonction parentale (Stern et Bruschweiler-Stern, 1998).

Les facteurs critiques du travail

Cinq facteurs ont une influence critique sur le travail et l'accouchement : 1) la filière pelvigénitale ; 2) le fœtus ; 3) la relation entre la filière pelvigénitale et le fœtus ; 4) les forces du travail ; 5) les caractéristiques psychosociales. L'évolution du travail repose essentiellement sur l'interaction de ces cinq facteurs. Toute anomalie affectant l'un d'eux peut compromettre l'issue du travail et menacer la femme enceinte et le fœtus. Cette section décrit ces cinq facteurs critiques qui sont résumés dans l'encadré *Points à retenir : Facteurs critiques du travail.*

Exercices de pensée critique
Des scénarios brefs mais détaillés qui invitent l'étudiante à évaluer une situation donnée et à trouver une solution appropriée ; les réponses proposées dans l'**Appendice F** lui fournissent une rétroaction immédiate sur son jugement clinique et sa capacité de prendre une décision éclairée.

Exercice de pensée critique

Annie, une adolescente de 16 ans débordante de vie, vient en consultation à la clinique où vous travaillez comme infirmière. Elle se plaint de menstruations difficiles et irrégulières, qui lui « tombent dessus n'importe quand », l'empêchant de participer comme elle le voudrait aux activités de sa troupe de danse. Annie voudrait qu'on lui prescrive des contraceptifs hormonaux pour régulariser son cycle. En l'interrogeant sur ses antécédents menstruels, vous apprenez qu'Annie a eu sa première menstruation à 12 ans et que ses cycles menstruels ont de 24 à 34 jours. La plupart du temps, Annie a des crampes. L'écoulement qu'elle décrit comme prolongé et abondant dure de quatre à cinq jours, durant lesquels elle imbibe en moyenne cinq tampons par jour. Que devriez-vous conseiller à Annie ?

Voir les réponses à l'Appendice F.

Points à retenir
Des encadrés qui énumèrent les points cruciaux à mémoriser : idéal pour réviser la matière avant un examen.

Points à retenir

Facteurs critiques du travail

1. Filière pelvigénitale
- Dimensions du bassin (diamètres du détroit supérieur, du détroit moyen ou cavité pelvienne, et du détroit inférieur)
- Types de bassin (gynécoïde, androïde, anthropoïde, platypelloïde ou mixte)
- Capacité de dilatation et d'effacement du col ; capacité de distension du canal vaginal et de l'orifice vaginal (*introïtus*)

2. Fœtus
- Crâne fœtal (dimensions et présence de modelage)
- Attitude fœtale (flexion ou extension du corps et des membres)
- Orientation fœtale
- Présentation fœtale (partie du corps qui s'engage la première dans le bassin lors d'une grossesse simple ou multiple)
- Placenta (siège d'insertion)

3. Relations fonctionnelles entre la présentation fœtale et la filière pelvigénitale
- Engagement de la présentation fœtale
- Station (localisation de la présentation fœtale dans le bassin de la mère)
- Position fœtale (position du repère de la présentation dans un des quatre quadrants du bassin maternel)

4. Forces du travail
- Fréquence, durée et intensité des contractions utérines pendant la progression du fœtus dans la filière pelvigénitale
- Efficacité des efforts expulsifs
- Durée du travail

5. Caractéristiques psychosociales
- Préparation physique à l'accouchement
- Bagage socioculturel (valeurs, croyances, etc.)
- Expérience antérieure de l'accouchement
- Soutien des personnes clés
- État émotionnel

Table des matières

Troisième partie

Chapitre 7
**Les manifestations physiques
et psychologiques de la grossesse** 173

Chapitre 8

Outils pédagogiques

Pratique fondée sur des données probantes

Procédé

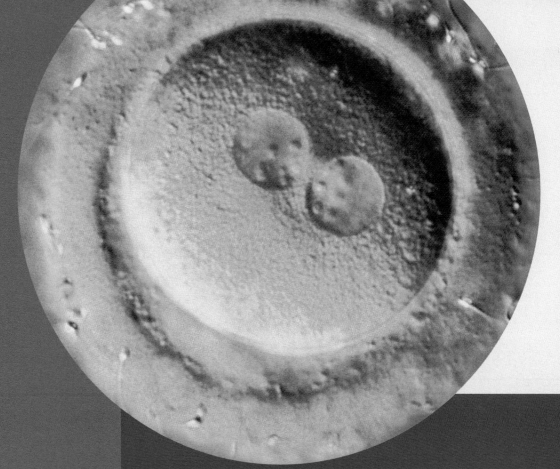

Première partie

Notions fondamentales

Sommaire

La pratique contemporaine des soins infirmirmiers en périnatalité

Objectifs

- Décrire et expliquer le cadre légal et professionnel de la pratique infirmière en périnatalité, notamment en ce qui concerne l'exercice professionnel, les droits des clients et les normes de soins

- Décrire les étapes de la démarche systématique de soins infirmiers

- Expliquer l'importance de l'éducation du public et de l'enseignement au client dans la pratique infirmière en périnatalité

- Retracer l'évolution des soins infirmiers au Québec et au Canada

- Définir la notion de soins périnataux dans une perspective familiale et expliquer en quoi elle a changé les pratiques de soins en périnatalité

- Définir la notion d'intégration des soins et expliquer en quoi elle a changé les pratiques de soins en périnatalité

- Définir le suivi systématique de clientèles et le cheminement clinique

- Définir la notion de pratique fondée sur des données probantes (ou pratique factuelle) et expliquer en quoi elle change les pratiques de soins en périnatalité

- Expliquer l'importance de la recherche en soins infirmiers

- Expliquer la différence entre la statistique descriptive et la statistique inférentielle

- Montrer comment l'utilisation de données probantes, comme les résultats de recherche et les statistiques, peut contribuer à l'amélioration des soins infirmiers en périnatalité

- Réfléchir sur les grandes questions éthiques que soulèvent certains aspects des soins contemporains en périnatalité

Vocabulaire

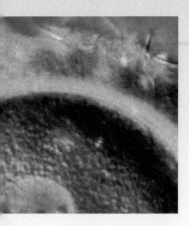

CE CHAPITRE SE VEUT UNE INTRODUCTION à la pratique contemporaine des soins infirmiers en périnatalité au Québec et au Canada. Dans la première partie, nous nous penchons sur le cadre légal et professionnel de cette pratique, plus particulièrement en ce qui concerne l'exercice professionnel, les droits des clients, les normes de soins et la démarche systématique des soins infirmiers. La deuxième partie présente les principaux jalons de l'évolution des services périnataux dans notre société. Nous nous intéressons plus particulièrement aux principaux concepts qui ont donné lieu aux réorganisations successives des soins en périnatalité. Ce survol nous permettra de mieux comprendre la façon dont les soins infirmiers en périnatalité sont conçus, organisés et donnés à l'heure actuelle. La troisième partie est consacrée à une notion relativement récente et de plus en plus cruciale dans la prestation des soins de santé : la pratique fondée sur des données probantes, ou pratique factuelle. Enfin, dans la quatrième partie, nous examinons les enjeux éthiques que pose la pratique des soins en périnatalité en ce début du XXIe siècle.

Le cadre légal et professionnel de la pratique infirmière en périnatalité

Droits des clients

Le passage du terme *patient* au terme *client* traduit un réel changement dans l'approche des soins. Alors qu'on s'attendait autrefois à voir le patient – et, à plus forte raison, la patiente – s'en remettre entièrement aux professionnels de la santé, obéir à leurs prescriptions et recevoir des soins, le client ou la cliente a le droit aujourd'hui de participer aussi activement que possible aux décisions concernant sa santé et ses soins. Rien ne l'oblige à suivre les conseils des professionnels consultés et, sauf dans les cas prescrits par la loi, ces derniers ne peuvent procéder à aucun examen, prélèvement, traitement ni autre intervention, sans avoir obtenu au préalable son consentement libre et éclairé. Ces droits sont consacrés par les lois qui régissent la prestation des soins de santé et des services sociaux dans notre société (voir l'encadré *Points à retenir : Droits des clients*).

Consentement éclairé et participation aux soins

Le **consentement libre et éclairé** est un principe légal qui protège le droit à l'intégrité et à la liberté de la personne en stipulant qu'aucune intervention ne peut être pratiquée sur un individu, sans que ce dernier l'ait d'abord bien comprise

et librement acceptée. Sauf dans les cas prescrits par la loi – c'est-à-dire lorsque sa vie est en danger ou son intégrité menacée et que son consentement ne peut être obtenu en temps utile –, toucher une personne sans son autorisation constitue une atteinte à ses droits. Ce principe s'applique à toute intervention infirmière, médicale ou chirurgicale, quelle qu'en soit la nature, même si le consentement écrit n'est exigé que pour des interventions majeures (interventions chirurgicales, anesthésies et certains procédés diagnostiques ou thérapeutiques).

Pour que son consentement soit éclairé, et pour qu'elle puisse participer activement aux décisions concernant sa santé, la personne a le droit, avant de consentir à des soins, d'être informée sur son état de santé et de bien-être, sur les diverses possibilités qui s'offrent à elle, ainsi que sur les risques et les conséquences généralement associées à chacune de ces possibilités. L'aptitude à choisir entre différentes possibilités repose donc non seulement sur l'information qu'on lui fournit, mais aussi sur un dialogue respectueux de ses craintes et de ses opinions, et sur des politiques souples, favorables à la planification et à la prise de décision. En ce sens, l'échange des renseignements pertinents devient la responsabilité commune des intervenants de la santé, des organismes, des femmes et des familles.

Le professionnel qui assume la responsabilité du traitement ou du procédé a le devoir de fournir l'information nécessaire pour obtenir un consentement éclairé. En périnatalité, il s'agit généralement du médecin ou de la sage-femme, et le rôle de l'infirmière consiste à servir de témoin. L'anxiété, la peur, la douleur et une médication qui altère la conscience peuvent

Points à retenir

Droits des clients

La *Charte québécoise des droits et libertés de la personne* stipule que :

- Tout être humain a droit à la vie, ainsi qu'à la sûreté, à l'intégrité et à la liberté de sa personne [...] [art.1] ;

- Tout être humain dont la vie est en péril a droit au secours. [...] [art. 2] ;

- Toute personne a droit à la sauvegarde de sa dignité, de son honneur et de sa réputation (art. 4) ;

- Toute personne a droit au respect de sa vie privée [art. 5] ;

- Chacun a droit au respect du secret professionnel. [...] [art. 9].

Le *Code civil du Québec* stipule que :

- Toute personne est inviolable et a droit à son intégrité. Sauf dans les cas prévus par la loi, nul ne peut lui porter atteinte sans son consentement libre et éclairé [art. 10] ;

- Nul ne peut être soumis sans son consentement à des soins, quelle qu'en soit la nature, qu'il s'agisse d'examens, de prélèvements, de traitements ou de toute autre intervention. Si l'intéressé est inapte à donner ou à refuser son consentement à des soins, une personne autorisée par la loi ou par un mandat donné en prévision de son inaptitude peut le remplacer [art. 11] ;

- En cas d'urgence, le consentement aux soins médicaux n'est pas nécessaire lorsque la vie de la personne est en danger ou son intégrité menacée et que son consentement ne peut être obtenu en temps utile. [...] [art. 13] ;.

- Le consentement aux soins requis par l'état de santé du mineur est donné par le titulaire de l'autorité parentale ou par le tuteur. Le mineur de quatorze ans et plus peut, néanmoins, consentir seul à ces soins. [...] [art. 14].

Plus spécifique encore, la *Loi sur les services de santé et les services sociaux* stipule que :

- [...] les lignes directrices suivantes guident la gestion et la prestation des services de santé et des services sociaux :

  - la raison d'être des services est la personne qui les requiert ;

  - le respect de l'usager et la reconnaissance de ses droits et libertés doivent inspirer les gestes posés à son endroit ;

  - l'usager doit, dans toute intervention, être traité avec courtoisie, équité et compréhension, dans le respect de sa dignité, de son autonomie et de ses besoins ;

  - l'usager doit, autant que possible, participer aux soins et aux services le concernant ;

  - l'usager doit, par une information adéquate, être incité à utiliser les services de façon judicieuse [art. 3] ;

  - toute personne a le droit de recevoir des services de santé et des services sociaux adéquats sur les plans à la fois scientifique, humain et social, avec continuité et de façon personnalisée [art. 5] ;

- Toute personne dont la vie ou l'intégrité est en danger a le droit de recevoir les soins que requiert son état. Il incombe à tout établissement, lorsque demande lui en est faite, de voir à ce que soient fournis ces soins [art. 7] ;

- Tout usager des services de santé et des services sociaux a le droit d'être informé sur son état de santé et de bien-être, de manière à connaître, dans la mesure du possible, les différentes options qui s'offrent à lui ainsi que les risques et les conséquences généralement associés à chacune de ces options avant de consentir à des soins le concernant [art. 8] ;

- Nul ne peut être soumis sans son consentement à des soins, quelle qu'en soit la nature, qu'il s'agisse d'examens, de prélèvements, de traitement ou de toute autre intervention [art. 9] ;

- Tout usager a le droit de participer à toute décision affectant son état de santé ou de bien-être, notamment à l'élaboration de son plan d'intervention ou de son plan de services individualisé [art. 10].

---

influer sur la capacité de la cliente à donner un consentement libre et éclairé. Si elle croit que la cliente ne comprend pas le bien-fondé de l'intervention ou les risques qu'elle comporte, l'infirmière doit en aviser le médecin ou la sage-femme, qui doit agir en conséquence.

Le refus en toute connaissance de cause d'un traitement, d'une médication ou d'un procédé – par exemple le refus des Témoins de Jéhovah de subir des transfusions sanguines – exige également la signature d'un formulaire afin de libérer le médecin ou la sage-femme et l'établissement de soins de la responsabilité des conséquences de ce refus.

Les infirmières sont tenues d'informer les clientes de toutes leurs interventions. Avant toute intervention, l'infirmière doit donc expliquer à la cliente la façon dont l'intervention se déroulera et s'assurer de son consentement et de sa coopération.

Après l'intervention, l'infirmière note au dossier toutes ses observations et ses interventions, y compris les renseignements fournis, l'enseignement donné et ses résultats. On n'insistera jamais trop sur l'importance de la rédaction de notes au dossier exactes, complètes, concises et à jour, qui pourront faire la preuve que l'infirmière a obtenu le consentement nécessaire, effectué les soins et les traitements prescrits, transmis les observations importantes au personnel approprié et respecté adéquatement les normes de soins.

Les infirmières ont été les premières à favoriser la participation active de la personne à ses soins de santé. L'infirmière en périnatalité ne doit jamais oublier que son rôle auprès des clientes consiste non pas à prendre des décisions à leur place, mais bien à les aider (ainsi que leurs proches) à participer activement à la naissance de leur enfant et à prendre, en connaissance de cause, les décisions qui les concernent.

Respect de la dignité, de l'honneur, de la réputation et de la vie privée

Pour protéger des droits fondamentaux, comme le droit de toute personne au respect de son honneur, de sa réputation et de sa vie privée, la législation québécoise stipule que tout professionnel est tenu au secret professionnel quant à tout renseignement de nature confidentielle obtenu dans l'exercice de sa profession ; cette obligation est inscrite dans le *Code de déontologie des infirmières et infirmiers* du Québec.

De plus, comme tous les professionnels de la santé, les infirmières en périnatalité doivent traiter leurs clientes avec courtoisie, équité et compréhension, dans le respect de leur dignité, de leur autonomie et de leurs besoins.

Exercice professionnel

Au Québec, toutes les professions sont régies par le *Code des professions*. L'organisme créé pour le faire respecter, l'Office des professions du Québec, a pour fonction principale de veiller à ce que chaque corporation professionnelle assure adéquatement la protection du public.

Établie comme une profession d'exercice exclusif par le *Code des professions,* la profession d'infirmière est régie comme il se doit par une loi spécifique, la *Loi sur les infirmières et les infirmiers,* qui détermine les limites du champ d'exercice de la profession d'infirmière et définit l'acte infirmier.

Notons que, depuis la fin des années 1990, l'Office des professions du Québec, de concert avec les corporations professionnelles, notamment l'Ordre des infirmières et infirmiers du Québec (OIIQ), procède à une révision en profondeur des champs de compétence et des modalités de contrôle des pratiques professionnelles. Ce travail aura probablement pour résultat de modifier, au cours des années qui viennent, les frontières qui séparent les champs d'exercice respectifs des professionnels de la santé.

Formation et champs de compétence

La formation collégiale permet à l'infirmière d'exercer son droit de pratique dans des activités cliniques de soins généraux donnés par divers établissements publics et privés (hôpitaux, CLSC, cliniques, etc.).

Le programme d'études universitaires de premier cycle (baccalauréat) permet à l'infirmière d'acquérir des compétences en matière de soins à la famille, aux groupes et à la collectivité (soins à domicile) ; ces compétences lui permettront de travailler dans une multitude de milieux (CLSC, hôpitaux, centres de santé, etc.), y compris ceux qui offrent des soins spécialisés (hôpitaux universitaires), et de s'occuper de divers aspects des soins périnataux (examen physique des nouveau-nés, suivi postnatal à domicile, etc.).

L'**infirmière praticienne** détient une maîtrise en sciences infirmières ; elle joue un rôle de premier plan (accueil, évaluation et orientation pour les services de santé courants, groupe de médecine familiale, etc.), souvent en milieu spécialisé (par exemple une clinique de suivi de la clientèle adolescente enceinte).

L'**infirmière clinicienne** spécialiste qui détient une maîtrise en sciences infirmières a approfondi ses connaissances dans un domaine spécialisé de la pratique infirmière, comme les soins en périnatalité. Elle joue le rôle de consultante, de gestionnaire, de formatrice ou d'accompagnatrice auprès d'autres infirmières. La recherche fait partie intégrante de sa pratique.

Le recours à des techniques biomédicales de plus en plus complexes en périnatalité offre de nouveaux débouchés aux infirmières. Certaines se spécialisent en soins périnataux de la clientèle à risque ou en néonatologie ; d'autres participent à des projets de recherche sur les soins périnataux.

Normes et critères de soins

Dans sa pratique professionnelle, l'infirmière doit connaître parfaitement et respecter à la lettre les normes minimales de soins. Ces normes décrivent les différentes activités reliées à la pratique infirmière, tout en définissant les compétences générales et spécifiques requises. Les codes de déontologie de l'Association des infirmières et infirmiers du Canada (AIIC) et de l'Ordre des infirmières et infirmiers du Québec (OIIQ) établissent les normes de conduite, ainsi que les devoirs et obligations de l'infirmière dans l'exercice de sa profession. L'OIIQ, dont la principale fonction est d'assurer la protection du public, a en outre élaboré des normes et critères de compétence professionnelle (OIIQ, 2001).

Certains regroupements d'infirmières spécialisées comme l'AWHONN, ou Association of Women's Health, Obstetrical and Neonatal Nurses, ont établi des normes pour la pratique dans leur domaine. D'origine américaine, l'AWHONN est maintenant devenue une association internationale, dont les infirmières québécoises peuvent devenir membres (Association des infirmières en santé des femmes, en obstétrique et en néonatalogie [AISFON] du Canada — secteur Québec).

Par ailleurs, les infirmières doivent également respecter les politiques, les protocoles de soins et les directives cliniques en vigueur dans les établissements de santé où elles travaillent.

En cas de poursuite pour faute professionnelle, l'infirmière qui a bien respecté les normes de soins établies par la loi et par l'établissement dans lequel elle travaille pourra démontrer qu'elle a utilisé ses compétences de façon éclairée.

Démarche systématique

Dans l'exercice de sa profession, l'infirmière doit suivre une **démarche systématique**, terme que l'OIIQ (2001) définit ainsi :

Démarche systématique   Façon méthodique de procéder, qui peut être appliquée en soins infirmiers; elle comprend la collecte et l'interprétation des données, la planification et la mise en œuvre des interventions ainsi que l'évaluation de l'atteinte des objectifs (ou des résultats escomptés).

Conformément à cette définition, dans cet ouvrage, nous avons schématisé cette démarche en trois étapes:

- évaluation et analyse de la situation;
- planification et interventions;
- évaluation et résultats escomptés.

Ces grandes étapes de la démarche systématique en soins infirmiers peuvent évidemment être décomposées; actuellement, les programmes de formation en sciences infirmières au Québec (MEQ, 1999; MEQ, 2001) les présentent comme suit:

1. Recueillir l'information, dans une perspective de continuité des soins;
2. Effectuer l'évaluation initiale de la personne ou la mise à jour des données;
3. Assurer la surveillance clinique;
4. Dégager les besoins en matière de soins;
5. Planifier les activités de soins et les activités de travail;
6. Effectuer les interventions appropriées à la situation et aux attentes de la famille ou des proches;
7. Administrer les médicaments prescrits;
8. Évaluer les interventions et les résultats des soins;
9. Assurer la continuité des soins et le suivi.

En tant que professionnelle de la santé, l'infirmière ne peut se contenter d'appliquer des directives; elle doit être en mesure d'agir de manière autonome dans une situation clinique donnée. Autrement dit, elle doit pouvoir adapter sa démarche de soins infirmiers aux particularités individuelles ou sociales, interpréter une situation inédite et mettre sur pied les plans d'interventions infirmières requis, d'où la nécessité d'inclure dans sa formation initiale et continue les théories, connaissances et concepts de soins liés à la période périnatale, à la dynamique familiale et au rôle parental.

Enseignement à la clientèle

L'éducation du public et l'enseignement au client est non seulement un acte infirmier à part entière, mais un devoir et une obligation légale pour les membres de la profession infirmière. Ainsi, l'article 2.03. du *Code de déontologie des infirmières et infirmiers du Québec* stipule que:

> Le professionnel en soins infirmiers doit favoriser les mesures d'éducation et d'information dans son domaine. Il doit aussi, dans l'exercice de sa profession, poser les actes qui s'imposent pour que soit assurée cette fonction d'éducation et d'information.

Les infirmières en périnatalité doivent s'assurer que les clientes et les familles ont en main les renseignements

nécessaires pour prendre des décisions éclairées et pour adopter ou modifier une habitude ou un comportement, au besoin. Il est essentiel qu'elles prennent le temps d'aider les parents non seulement à trouver de bonnes sources d'information, mais également à en déterminer la qualité, la valeur et la signification.

Quels que soient la méthode utilisée et le lieu où il est offert, l'enseignement infirmier doit s'inspirer des principes de l'enseignement aux adultes dans une perspective axée sur l'apprenant (voir l'encadré *Points à retenir: Principes de l'enseignement aux adultes axé sur l'apprenant*).

L'évolution des soins en périnatalité

Actuellement, au Québec, lorsqu'une naissance est désirée et ne présente pas de risque particulier, nous pouvons raisonnablement envisager la grossesse, l'accouchement et le post-partum comme un processus normal et naturel, auquel la famille sera invitée à participer et qui aura probablement une issue heureuse pour la mère, le nouveau-né et les proches. Mais il n'en a pas toujours été ainsi, loin de là.

La façon dont nous envisageons maintenant la naissance est le fruit d'une longue évolution des soins en périnatalité au Québec et au Canada. Pour comprendre comment et pourquoi les soins périnataux sont conçus, organisés et donnés à l'heure actuelle, de même que les défis qui attendent les infirmières d'aujourd'hui et de demain, il importe de connaître les principaux jalons de cette évolution et de bien cerner les grands concepts qui ont donné lieu à leurs réorganisations successives.

Médicalisation des soins périnataux

Jusqu'au milieu du XVIIe siècle, en Nouvelle-France, dans les villes comme dans les campagnes, l'accouchement est essentiellement l'affaire des sages-femmes. Sous le régime français, on assiste même à la création d'un réseau structuré de sages-femmes, et la profession est reconnue tant par les autorités coloniales que par la population. Sous le régime anglais (à partir de 1760), les sages-femmes continuent à offrir leurs services aux parturientes, et la première loi médicale, adoptée en 1788, confirme leur statut légal (Université du Québec à Trois-Rivières [UQTR], 2002).

C'est l'émergence, au XIXe siècle, de nouvelles institutions législatives et scolaires, prémices de notre système de santé actuel, qui préludera à la médicalisation des soins périnataux. En 1847, la création du Collège des médecins fait de l'obstétrique une spécialité médicale et place les sages-femmes sous l'autorité des médecins. Dès lors, bien qu'elles puissent encore suivre des cours de formation auprès des médecins jusqu'en 1850, puis à l'intérieur des maternités jusqu'en 1919, les sages-femmes voient peu à peu leur champ de pratique et leur formation rétrécir et disparaître (UQTR, 2002).

> Au tournant du XXe siècle, la grande majorité des enfants naissent encore à la maison. Malgré la présence des médecins, les taux de mortalité et de morbidité maternelles et infantiles restent extrêmement élevés. Dans les décennies qui suivent, les autorités adoptent une série de lois destinées à améliorer la santé publique, et les infirmières s'efforcent d'inculquer à la population des mesures d'hygiène et de prévention plus adéquates, notamment en matière de soins à la mère et à l'enfant. Au début des années 1920, à l'époque où naît l'Ordre des infirmières et infirmiers du Québec[1], les concepts d'éducation et de prévention commencent à faire leur chemin (OIIQ, 2002).

En 1922, le gouvernement québécois crée un Service provincial d'hygiène, puis, en 1926, les premières unités sanitaires. C'est le véritable début de la médecine préventive au Québec (OIIQ, 2002). Les unités sanitaires pratiquent une médecine axée sur la prévention primaire, une formule originale qui donne des résultats concrets. On crée des cliniques néonatales et un service de visites à domicile, faites par des infirmières qui en profitent pour mener des enquêtes épidémiologiques (OIIQ, 2002).

Dans les années 1940, avec la médicalisation des soins, l'aspect curatif prend le pas sur la prévention et sur la promotion de la santé (Allemang, 2000). Les accouchements en milieu hospitalier deviennent de plus en plus courants – une tendance qu'encouragent les autorités. Dans le Québec des années 1950, en milieu urbain, plus de 50% des enfants naissent à l'hôpital. Avec l'avènement de l'assurance-hospitalisation en 1960, le phénomène s'étend à toutes les régions du Québec et, bientôt, la quasi-totalité des accouchements ont lieu en milieu hospitalier (Saillant et O'Neil, 1987). Le recours à la contraception se généralise, et une baisse substantielle du taux de natalité se fait sentir au Québec, comme dans tout l'Occident. Des changements socioéconomiques profonds commencent à modifier les schémas familiaux.

La pratique systématique de l'accouchement en milieu hospitalier entraîne la création d'unités de soins spécialisées. Quand la naissance est imminente, on sépare la parturiente du père et des autres proches pour l'emmener dans la salle d'accouchement, où des spécialistes prennent les choses en mains. Rasage du périnée, lavement et installation d'un soluté intraveineux sont de rigueur. Parce qu'on les perçoit comme des phénomènes potentiellement pathologiques, on s'efforce de maîtriser la grossesse et l'accouchement autant que faire se peut en recourant aux procédés obstétricaux dont on dispose. On utilise divers types d'analgésiques pendant le travail, et les accouchements se font de plus en plus souvent sous anesthésie générale. Pour les surveiller plus étroitement et dans l'espoir de réduire l'incidence des maladies infectieuses, qui sont alors largement responsables de la mortalité périnatale, on isole les nouveau-nés dans les pouponnières; la mère et l'enfant sont donc séparés pendant toute la durée de leur séjour à l'hôpital, soit pendant environ six jours. Bref, la mère et le nouveau-né sont considérés comme des malades et traités comme tels, et les effets psychosociaux de cette surmédicalisation de la naissance sont méconnus ou ignorés.

Qui plus est, avec la pasteurisation et l'arrivée sur le marché de substituts du lait maternel, l'allaitement au sein devient de plus en plus rare et n'est même plus recommandé. Pour simplifier le travail du personnel soignant et faciliter la vie des parents, on nourrit les bébés selon un horaire fixe (toutes les quatre heures) avec des préparations commerciales à base de lait de vache.

Mouvement d'humanisation de la naissance

Dans les années 1970, on assiste au retour du balancier avec la montée, au Québec comme dans tout l'Occident, d'un mouvement prônant l'humanisation des soins en périnatalité (Arms, 1994). Groupes de femmes et associations professionnelles réévaluent les pratiques des dernières décennies et s'intéressent aux nouvelles approches que préconisent des cliniciens et des chercheurs avant-gardistes. Parmi eux, mentionnons les

---

1 L'Ordre a officiellement pris son nom actuel en 1974. Il a d'abord porté le nom d'Association des gardes-malades enregistrées de la Province de Québec, puis ceux d'Association des infirmières de la Province de Québec (1946) et d'Association des infirmières et des infirmiers de la province de Québec (1969) (OIIQ, 2002).

obstétriciens français Fernand Lamaze, qui préconise, depuis les années 1950, une technique d'accouchement naturel dit «sans douleur», et Frédéric LeBoyer, qui introduit, en 1974, le concept de «naissance sans violence», ainsi que les pédiatres américains T. Barry Brazelton, qui décrit, dès les années 1970, le développement sensorimoteur du nouveau-né et encourage les nouveaux parents à mieux connaître leur nourrisson, et M. H. Klauss et J. H. Kennel, qui démontrent l'importance des premiers contacts entre la mère et le nouveau-né dans l'établissement du lien d'attachement.

Soins à la mère et à l'enfant dans une perspective familiale

Sur le plan institutionnel, la mise sur pied, au début des années 1970, du réseau des Centres locaux de services communautaires (CLSC) marque un moment clé dans l'évolution des services en périnatalité au Québec. Les CLSC prennent le relais des unités sanitaires qui assumaient jusque-là la responsabilité des programmes de santé maternelle et infantile. Une approche préventive plutôt que curative se développe progressivement.

Après s'être doté, en 1973, d'une première politique de périnatalité visant principalement à réduire tant la mortalité maternelle que la mortalité et la morbidité périnatales, le gouvernement québécois commence à élaborer, dès 1985, une nouvelle politique en périnatalité, axée sur l'humanisation des soins et des services aux mères, et sur l'amélioration de la qualité de vie des nouveau-nés. Ce projet s'inspire des résultats d'une vaste consultation, menée en 1980 et 1981 auprès des femmes et des couples (par l'Association de la santé publique du Québec avec l'aide du ministère des Affaires sociales), et rejoint certains objectifs énoncés, en 1984, par le conseil des Affaires sociales et de la Famille dans le rapport intitulé *Objectif : santé*. Le Québec amorce ainsi la mise en œuvre d'une politique familiale visant à offrir aux nouveaux parents un soutien économique et organisationnel pour les aider à mieux concilier leurs nombreuses responsabilités. Les allocations de naissance, qui entreront en vigueur en 1988, sont l'une des retombées de cette politique.

À la fin des années 1980, l'avancement des connaissances biomédicales, l'évolution des besoins et des services de santé, les nouvelles pratiques de soins ainsi que les bouleversements socioéconomiques et culturels imposent une réorientation majeure des soins en périnatalité à l'échelle du pays. Proposé par l'Institut canadien de la santé infantile, le concept de soins périnataux dans une perspective familiale est endossé officiellement, en 1987, par le gouvernement du Canada, qui publie *Les soins à la mère et au nouveau-né dans une perspective familiale : lignes directrices nationales* (Santé Canada, 2000a). Comme l'explique ce document, qui en est aujourd'hui à sa quatrième édition (Santé Canada, 2000b) :

Par «soins à la mère et au nouveau-né dans une perspective familiale», on entend un processus complexe, multidimensionnel et dynamique permettant de prodiguer en toute sécurité des soins spécialisés et personnalisés répondant aux besoins physiques, affectifs et psychosociaux des femmes et de leur famille. Dans une telle perspective, la grossesse et la naissance constituent une étape saine et normale de la vie, d'où l'importance du soutien aux familles, de leur participation et des choix qu'elles posent. En fait, lorsqu'on parle de soins à la mère et au nouveau-né dans une perspective familiale, on évoque une attitude plutôt qu'un protocole.

En 1993, le gouvernement québécois adopte sa nouvelle politique en périnatalité dont les orientations, les objectifs et les principes directeurs sont résumés dans *Protéger la naissance, soutenir les parents : un engagement collectif*. On y précise que la période périnatale «débute lors de la prise de décision d'avoir un enfant ou lors de sa conception et s'étend jusqu'à ce que l'enfant ait au moins un an» et que «la périnatalité s'intéresse à la santé globale des personnes qui traversent la période périnatale, soit les femmes enceintes, les mères, les pères et les nourrissons» (ministère de la Santé et des Services sociaux [MSSS], 1993) – ce qui fait de la famille le point de mire des soins périnataux.

Le fait de replacer les soins à la mère et au nouveau-né dans une perspective familiale a nécessairement transformé la pratique des professionnels de la santé qui donnent des soins en périnatalité, et notamment celle des infirmières. Le tableau 1-1 résume l'essentiel de ces transformations.

Tableau 1-1

Transformations découlant de la prestation de soins dans une perspective familiale

Autrefois	*Maintenant*
Perspective centrée sur la maladie et le déficit	Perspective centrée sur les forces de la personne et de la famille
Dépendance envers l'expertise professionnelle et institutionnelle	Collaboration des professionnels et des établissements avec les femmes et les familles
Pratiques qui nourrissent un état de dépendance	Pratiques qui favorisent l'autonomie des femmes, des familles et des collectivités
Dépendance envers la technologie	Reconnaissance des capacités et du savoir-faire des femmes, des familles et des professionnels ; usage de la technologie pour obtenir des indications précises et justifiables
Services et programmes de soins conçus dans l'isolement	Redécouverte de l'importance de la participation du milieu communautaire et de la collectivité

Source : Institute for Family-Centered Care (1995). *Advances in Family-Centered Care*, vol. 2, nº 1, Bethesda, chez l'auteur.

Réformes en milieu hospitalier

Depuis l'adoption de la politique québécoise en périnatalité de 1993 – la dernière en date –, plusieurs réorganisations des soins ont permis de créer en milieu hospitalier des unités de naissance qui concrétisent cette approche de soins axée sur la famille.

La plupart des hôpitaux ont aménagé des chambres de naissance à l'ambiance plus familiale, où la femme accouche et reste souvent pour toute la durée de son séjour. On encourage le père ou un proche à participer à toutes les étapes de l'accouchement, même lorsqu'on pratique une anesthésie régionale ou qu'une césarienne s'impose.

On a renoncé à procéder systématiquement à des interventions comme le rasage du périnée, le lavement et l'installation d'un soluté intraveineux. Sauf s'il a besoin de soins d'urgence, le nouveau-né demeure avec ses parents dès la naissance ; il est habituellement allaité dans l'heure qui suit, puis nourri selon un horaire souple adapté à ses besoins.

Alors qu'autrefois les soins donnés aux mères et aux nouveau-nés relevaient d'infirmières différentes, une même infirmière assume maintenant la responsabilité de la dyade mère-enfant. La cohabitation mère-enfant est non seulement possible, mais aussi fortement encouragée ; les pouponnières font dorénavant office de simples garderies, et seuls les nouveau-nés à risque sont hospitalisés dans des unités néonatales. Le père peut également cohabiter avec la mère et le nouveau-né, et les autres membres de la famille peuvent leur rendre visite plus librement. Au total, le séjour en milieu hospitalier dure normalement de 24 à 48 heures ; le retour à domicile s'effectue plus tôt, de sorte que l'adaptation de la famille à l'arrivée du nouveau-né se fait dans le milieu naturel.

De plus, les femmes dont l'accouchement ne présente aucun risque particulier peuvent maintenant accoucher hors du milieu hospitalier avec une sage-femme professionnelle.

Retour des sages-femmes et maisons de naissances

Sous l'influence du mouvement d'humanisation des soins en périnatalité, on a songé, dès les années 1970, à faire renaître la profession de sage-femme. Toutefois, il faudra attendre jusqu'en 1990 pour que le gouvernement du Québec adopte la *Loi sur la pratique des sages-femmes dans le cadre des projets-pilotes*. Cette loi permet l'expérimentation de la pratique des sages-femmes dans le cadre de huit projets pilotes (maisons de naissances) ayant les objectifs suivants :

- évaluer ses effets sur l'humanisation et la continuité des soins, la prévention des naissances de bébés prématurés ou de faible poids, l'utilisation des procédés obstétricaux et l'adaptation de services aux clientèles cibles ;
- voir, s'il y a lieu ou non, de permettre cette pratique et, le cas échéant, déterminer les conditions d'exercice de la profession et le mode d'intégration de la sage-femme à l'équipe de périnatalité.

En 1994, année où les premières maisons de naissances ont ouvert leurs portes, le MSSS rapporte que 412 Québécoises ont donné naissance à un enfant avec le soutien d'une sage-femme (Proulx, 2002). En 1998, on enregistre 739 naissances avec l'aide d'une sage-femme, soit un peu moins de 1 % de toutes les naissances du Québec (figure 1-1 ▶) ; de ce nombre, 152 Québécoises ont accouché à domicile (Proulx, 2002).

En 1998, la recherche évaluative sur l'expérience de ces projets pilotes démontre que la pratique des sages-femmes peut (MSSS, 1998) :

- réduire certains problèmes jugés prioritaires, notamment l'insuffisance de poids à la naissance (retard de la croissance intra-utérine et prématurité) ;
- avoir des effets bénéfiques, comme la diminution des interventions obstétricales (échographie, rupture artificielle des membranes, utilisation d'ocytocique, césarienne, forceps, épisiotomie) et une réduction très importante des déchirures périnéales du 3e et du 4e degré ;
- favoriser l'humanisation et la continuité des soins à plusieurs égards.

Malgré un taux de mortinaissance qui paraît plus élevé et la possibilité d'une plus grande fréquence de dépressions respiratoires néonatales, l'Assemblée nationale adopte donc, en juin 1999, la *Loi sur la pratique des sages-femmes*. Reprenant les recommandations du Conseil d'évaluation des projets pilotes, cette loi prévoit la constitution d'un ordre professionnel des sages-femmes, régi par le *Code des professions*, dont les membres pratiqueront une profession d'exercice exclusif. Elle stipule que l'accès à la profession de sage-femme exige initialement une formation universitaire de premier cycle (baccalauréat en pratique sage-femme) ou l'équivalent.

FIGURE 1-1 ▶ La sage-femme rencontre sa cliente.

En janvier 2003, l'Ordre des sages-femmes du Québec comptait 57 membres, qui ne pouvaient exercer leur profession que dans des maisons de naissances rattachées à des CLSC. Alors que les sages-femmes réclament l'adoption d'un règlement leur permettant de faire des accouchements à domicile, le MSSS dit vouloir concentrer ses efforts sur le développement d'ententes qui permettraient de les accueillir prochainement dans les centres hospitaliers (Allard, 2002).

Intégration des soins en périnatalité

Amorcée dans les années 1990, l'intégration des soins en périnatalité résulte d'une réorganisation majeure dans la prestation de l'ensemble des services de santé au Canada et au Québec.

Globalement, l'intégration des soins est la façon par laquelle les sociétés développées, partout dans le monde, espèrent maîtriser les tensions et les contradictions qui sont à l'origine des dysfonctionnements de leur système de santé, notamment la fragmentation des soins, l'utilisation inadéquate des compétences, l'accès inéquitable à certains services, etc. (Commission d'étude sur les services de santé et les services sociaux [CESSSS], 2000). Contandriopoulos, Denis et Touati (2002) en donnent la définition suivante :

> L'**intégration des soins** consiste à coordonner de façon durable les pratiques cliniques autour des problèmes de santé de chaque personne souffrante. Elle vise à assurer la continuité et la globalité des soins, autrement dit, à s'assurer que les services fournis par les différents professionnels, dans différents lieux ou organisations, s'articulent dans le temps aux besoins spécifiques de chaque personne souffrante compte tenu des connaissances disponibles.

Au Canada comme ailleurs, l'explosion des coûts de santé, les restrictions budgétaires, le mécontentement des travailleurs de la santé, la pénurie de certaines catégories de professionnels de la santé et, parallèlement, la perte de confiance du public dans le système de santé et les exigences accrues des consommateurs de mieux en mieux informés ont amené les gouvernements à envisager la prestation de services intégrés comme un moyen de s'attaquer sur plusieurs fronts à ces problèmes des services de santé (Leatt, 2001). Comme le souligne un rapport récent synthétisant les résultats de 41 études portant sur les moyens de parvenir à une prestation de services plus intégrés au Canada (Leatt, 2001) :

> On parle de «prestation de services intégrés» pour désigner les services de santé qui sont coordonnés autour des besoins en matière de santé des patients et des collectivités, mais cette expression recouvre bien plus. [...] Les dispensateurs de soins de santé et les gouvernements provinciaux souhaitent voir des collectivités en meilleure santé et des patients plus satisfaits, servis par un système de santé homogène sans fragmentation, chevauchements ou lacunes dans les services. La prestation de services intégrés recèle une promesse fondamentale, celle de la création d'un système rentable et moderne, caractérisé par des relations de travail plus étroites entre les hôpitaux, les

établissements de soins de longue durée, les soins de santé primaires, les soins à domicile, la santé publique, les bureaux d'aide sociale, les écoles, la police et d'autres encore dont les services influent sur les déterminants de la santé.

Au Québec, ce sont les Régies régionales de la santé et des services sociaux (RRSSS) qui sont chargées de l'intégration des services de santé pour chacune des régions du territoire.

Naître égaux – Grandir en santé : un programme de soins intégrés en périnatalité

Lancé en 1990 par la Direction de la santé publique de la Régie régionale de la santé et des services sociaux de Montréal-Centre en collaboration avec la Direction de la santé publique de l'Abitibi-Témiscamingue, le programme Naître égaux – Grandir en santé (NE – GS) est devenu depuis une priorité de santé publique au Québec. Il constitue probablement le meilleur exemple de l'approche intégrée des soins en périnatalité.

Ce programme de prévention et de promotion élaboré dans une perspective écologique du développement humain et guidé par la volonté de favoriser l'autonomisation (*empowerment*) des individus et des communautés vise les femmes enceintes qui n'ont pas terminé leur secondaire V et qui vivent en deçà du seuil de la pauvreté (Boyer *et al.*, 1995). Il suppose un suivi professionnel prénatal et postnatal selon lequel une intervenante privilégiée du CLSC – le plus souvent une infirmière – établit une relation de confiance avec la cliente lors de visites à domicile (au moins toutes les deux semaines), et lui offre un soutien global, incluant un suivi OLO (œufs, lait, jus d'orange) (Boyer *et al.*, 1995). L'intervenante est membre d'une équipe interdisciplinaire qui se réunit régulièrement pour se donner une vision globale du vécu des familles et déterminer un plan d'intervention pour chaque cliente qui participe au programme (Boyer *et al.*, 1995). Les familles peuvent être dirigées vers des organismes communautaires ou d'autres ressources du milieu grâce à des ententes établies selon une démarche locale d'action intersectorielle (Boyer *et al.*, 1995).

Suivi systématique de clientèles

L'un des moyens privilégiés pour réaliser l'intégration des soins et des services est le **suivi systématique de clientèles (SSC)** ; ce suivi comprend un ensemble d'outils et de stratégies de coordination destinés à des groupes de clientèles spécifiques, dont l'objectif ultime est d'assurer une continuité optimale des soins et services en n'utilisant que les ressources requises (RRSSS de la Mauricie et du Centre-du-Québec, 2002). Intégrant dans une même approche les objectifs, les résultats et les interventions relatifs à la promotion de la santé, à la prévention de la maladie, à la guérison et aux soins pour une population donnée, le SSC permet de standardiser et de suivre l'activité clinique de clientèles spécifiques (RRSSS de la Mauricie et du Centre-du-Québec, 2002). L'activité clinique englobe la promotion, la prévention, le traitement (évaluation, planification et prestation), l'adaptation, l'intégration sociale et le suivi (RRSSS de la Mauricie et du Centre-du-Québec, 2002).

L'un des outils les plus connus du suivi systématique de clientèles est le **cheminement clinique**; il s'agit d'un consensus interdisciplinaire sur les pratiques optimales de chacune des disciplines concernées, à des moments stratégiques de l'épisode de soins (RRSSS de la Mauricie et du Centre-du-Québec, 2002). Les cheminements cliniques permettent de rassembler dans un seul et même document les problèmes de soins, les résultats cliniques, les interventions planifiées et effectuées (en matière d'évaluation, d'observation, d'enseignement et de traitement) de chacun des professionnels normalement engagés dans l'épisode de soins (notamment les infirmières), ainsi que les examens, traitements et autres procédés requis, et même les écarts détectés, qui pourront ainsi être analysés pour améliorer les modèles ou les pratiques cliniques (RRSSS de la Mauricie et du Centre-du-Québec, 2002). L'élaboration des cheminements cliniques se fait en équipe interdisciplinaire et, pour couvrir l'ensemble des besoins requis par une clientèle tout au long de son épisode de soins, avec la collaboration des intervenants des autres milieux de soins – CLSC, centres de réadaptation, établissements de soins de longue durée, etc. (RRSSS de la Mauricie et du Centre-du-Québec, 2002). Tout au long de cet ouvrage, nous vous proposons des exemples de cheminements cliniques concernant des problèmes de soins en périnatalité.

Loin d'être un fait acquis, l'intégration des soins en périnatalité ne fait que commencer; sa mise en œuvre suppose la résolution d'un ensemble de problèmes extrêmement complexes et suscite l'émergence de nouvelles pratiques sur lesquelles nous nous allons maintenant nous pencher.

▪ La pratique fondée sur des données probantes ou pratique factuelle

L'infirmière doit veiller à maintenir constamment ses connaissances à jour. Lire les revues professionnelles, consulter les articles scientifiques au fur et à mesure qu'ils paraissent et se tenir au courant des méthodes de soins fondées sur des preuves scientifiques fait partie de ses responsabilités professionnelles. Mais ces dernières ne s'arrêtent pas là. À l'ère de l'intégration des soins, l'infirmière en périnatalité doit, comme ses collègues, utiliser ces nouvelles connaissances dans ses activités cliniques auprès des clientes et de leur famille.

La **pratique fondée sur des données probantes** ou **pratique factuelle** prend de plus en plus d'importance pour l'ensemble des professions de la santé, y compris la profession infirmière. L'Association des infirmiers et infirmières du Canada (AIIC) en donne la définition suivante (AIIC, 1998):

Les **données probantes** sont des informations qui reposent sur l'évaluation historique ou scientifique d'une pratique accessible aux décideurs du système canadien de soins de santé. Elles sont de diverses natures: expérimentales (essais cliniques randomisés, méta-analyse, études analytiques); non expérimentales (quasi-expérimentales, liées à l'observation); opinion des experts (consensus, rapports des commissions); historiques ou liées à l'expérience (Forum national sur la santé, 1998). On entend par «prise de décision fondée sur des données probantes» l'examen explicite, consciencieux et judicieux des meilleures données existantes pour la prestation des soins de santé. La pratique fondée sur des données probantes est la mise en œuvre de décisions ainsi fondées.

Comment la pratique fondée sur des données probantes peut-elle aider les infirmières en périnatalité à améliorer la qualité des services qu'elles assurent et des soins qu'elles donnent dans le nouveau contexte de l'intégration des soins? Prenons un exemple.

Le congé précoce de l'hôpital en post-partum suscite l'émergence et le développement de nouvelles pratiques infirmières pour assurer le suivi des mères, des nouveau-nés et des familles à domicile et dans la communauté (Daigle et D'Amour, 2000). Cette réorganisation des soins infirmiers, tant en milieu hospitalier qu'en CLSC, nécessite l'établissement d'un réseau intégré de soins et de services favorisant une accessibilité et une continuité optimale des soins pour la clientèle, tout en maximisant leur autonomie (Daigle et D'Amour, 2000). L'établissement d'un tel réseau suppose la création de nouveaux liens inter-organisationnels puisqu'on abolit virtuellement les murs entre les différents établissements de santé en demandant aux infirmières et aux gestionnaires de poursuivre des objectifs communs et d'assurer un continuum de services (Daigle et D'Amour, 2000).

Cependant, la création de ces liens interorganisationnels ne va pas de soi, loin de là. Ainsi, une étude récente sur les modalités de coordination et les relations de collaboration entre les CLSC et les centres hospitaliers (CH) dans la région de Montréal (Goulet *et al.*, 2001) révélait notamment que:

- malgré les recommandations de la Régie régionale de la santé et des services sociaux, plus de la moitié des mères et des nouveau-nés ne recevaient pas la visite d'une infirmière après leur départ de l'hôpital, et que seulement 7,8% avaient été visitées dans le délai recommandé (72 heures);

- l'accessibilité aux services offerts par les CLSC était très inégale, avec un taux de visite variant de 8,7% à 89,5%, selon le territoire du CLSC;

- l'absence de complémentarité entre les CH et les CLSC diminuait l'efficience du réseau, et cette situation se traduisait par des dédoublements de services (jusqu'à 50%) et par des mères et des nouveau-nés qui n'étaient pas revus par un professionnel de la santé après leur congé de l'hôpital (33%).

Ces résultats montrent bien à quel point l'intégration des soins modifie les conditions mêmes de la pratique des soins infirmiers en périnatalité puisqu'il devient nécessaire d'établir et d'harmoniser le partage des activités de soins et les responsabilités entre les infirmières de CH et de CLSC (Daigle et D'Amour, 2000). Cet état de fait crée une situation d'interdépendance, qui oblige les infirmières à collaborer les unes avec les autres (Daigle et D'Amour, 2000). Comment améliorer leur collaboration? Cette question a inspiré un projet de recherche qualitative en soins infirmiers visant à mieux comprendre le processus de collaboration entre les infirmières de CH et de CLSC dans le cadre du congé précoce en postpartum et à soutenir l'émergence de pratiques efficientes évitant la duplication des services (Daigle et D'Amour, 2000).

L'exemple des deux études que nous venons de citer montre bien pourquoi on considère maintenant la pratique fondée sur des données probantes comme une condition clé dans la prestation de soins intégrés et complets, de haute qualité et centrés sur le client. Cette pratique mise sur les actions nécessaires pour transformer des résultats de recherche en activités cliniques, tout en prenant en considération d'autres formes de données probantes (statistiques, analyses de qualité, analyses de risque, informations provenant des services de soutien, etc.) qui peuvent être utiles dans la prise des décisions cliniques (Goode et Piedalue, 1999). La pratique fondée sur des données probantes est une manière fructueuse d'envisager le processus de résolution de problème et de prise de décision, et la formation continue, autogérée et centrée sur le client (Sacket *et al.,* 1997).

La pratique fondée sur des données probantes exige une bonne connaissance de la démarche scientifique et de ses diverses étapes : définition du problème, recherche, évaluation et utilisation de la documentation. C'est une philosophie d'apprentissage qui permet à l'infirmière, grâce au matériel didactique, de mieux définir le problème et d'utiliser les résultats de la recherche pour appuyer ses décisions cliniques sur des faits qui ont été étudiés (Kessenich, Guyatt et DiCenso, 1997).

Les infirmières doivent acquérir deux compétences fondamentales concernant la pratique fondée sur des données probantes. Elles doivent être en mesure : 1) de reconnaître les pratiques cliniques fondées sur des données probantes, celles qui ont des résultats contradictoires par rapport à leurs effets escomptés sur le client et celles qui ne s'appuient sur aucune donnée probante ; 2) d'utiliser ces informations dans leur travail clinique.

Comme la pratique fondée sur des données probantes se répand progressivement dans les milieux de soins, les données deviennent de plus en plus accessibles, et la formation exigée pour les comprendre, plus répandue. La transition n'en n'exige pas moins un important effort d'adaptation.

Bousculées pas les changements qu'entraîne cette nouvelle manière d'exercer leur profession, bien des infirmières – en périnatalité comme dans d'autres domaines de soins – auront besoin de temps, de moyens et d'appui pour l'assimiler et se l'approprier. Dans son énoncé de principe sur la question

(AIIC, 1998), l'Association des infirmières et infirmiers du Canada souligne que les infirmières à titre individuel, les associations professionnelles, les écoles de sciences infirmières, les organismes qui emploient des infirmières, les conseils d'agrément et les gouvernements partagent tous la responsabilité de l'élaboration et du financement des stratégies qui facilitent les prises de décisions et la pratique fondée sur des données probantes (voir l'encadré *Points à retenir : Pratique fondée sur des données probantes : responsabilités respectives*).

Vous trouverez tout au long de cet ouvrage des encadrés intitulés *Pratique fondée sur des données probantes*, qui présentent des exemples concrets. Nous croyons que ces encadrés vous aideront à clarifier le concept de pratique fondée sur des données probantes et vous inciterons à réévaluer l'utilité de certains soins de routine qui ont cours dans votre milieu de travail. Car l'objectif premier de la pratique fondée sur des données probantes est d'amener les professionnels de la santé à dépasser leurs pratiques fondées sur des habitudes et des opinions pour adopter des pratiques véritablement fondées sur des connaissances scientifiques solides et à jour.

Points à retenir

Pratique fondée sur des données probantes : responsabilités respectives

- Les infirmières à titre individuel ont la responsabilité primaire d'évaluer et de présenter les données dans le cadre de leur pratique pour que celle-ci maximise la santé et la qualité de la vie dans l'optique du client.

- Les associations professionnelles et les organismes de réglementation de la profession ont la responsabilité d'encourager et de soutenir la pratique fondée sur des données probantes.

- Les infirmières enseignantes et les établissements d'enseignement ont la responsabilité d'aider les infirmières à acquérir des habiletés et des capacités pour évaluer, interpréter et intégrer continuellement les données dans leur pratique ; ils doivent s'assurer que les chercheurs communiquent les résultats de leurs travaux dans un langage compris par les praticiennes, et que les programmes d'études en sciences infirmières sont fondés sur des données probantes.

- Les employeurs d'infirmières autorisées ont la responsabilité de leur fournir un environnement propice à une pratique fondée sur des données probantes, de leur procurer les outils requis pour utiliser ces données dans la pratique, ainsi que la formation continue pour les aider à acquérir des habiletés et des capacités afin d'évaluer et d'intégrer les données probantes dans leur pratique.

- Les gouvernements ont la responsabilité de fournir les fonds nécessaires pour appuyer la recherche infirmière et sa diffusion, ainsi que l'élaboration de systèmes d'information sur la santé qui contribuent à la pratique fondée sur des données probantes.

Source : Association des infirmières et infirmiers du Canada (1998). « Les prises de décisions fondées sur des données probantes dans la pratique infirmière », *in Énoncés de politique*. Date de mise à jour inconnue [réf. du 12 janvier 2003]. Disponible sur le Web : <http://www.cna-nurses.ca/_frames/policies/policiesmainframe_fr.htm>.

Recherche

On vient de le voir, la recherche est vitale pour élargir le champ des connaissances en soins infirmiers, pour alimenter la pratique fondée sur des données probantes et pour améliorer la qualité des soins aux clients. Le fossé entre la recherche et la pratique peut être comblé par la publication des résultats de la recherche dans des revues professionnelles à large diffusion, par la création de services de recherche en soins infirmiers dans les hôpitaux et par la collaboration active entre ceux et celles qui exercent des activités de recherche et ceux et celles qui donnent quotidiennement des soins sur le terrain.

La recherche en soins infirmiers joue un rôle considérable dans l'avancement de notre profession. Elle permet notamment de déterminer les risques et les avantages physiologiques et psychologiques des interventions tant infirmières que médicales. D'ailleurs, les recherches interdisciplinaires où des infirmières et d'autres professionnels de la santé conjuguent leurs efforts sont de plus en plus fréquentes. Cette reconnaissance sans cesse croissante de la valeur de la recherche en soins infirmiers est importante parce que toute recherche de qualité sur les soins de santé contribue à l'atteinte des objectifs de la pratique fondée sur des données probantes. À cet égard, l'exemple qui suit est éloquent.

Évaluation de la phase prénatale du programme Naître égaux – Grandir en santé

En septembre 2001, la Direction de la santé publique de la RRSSS de Montréal-Centre publiait le rapport synthèse d'une vaste recherche expérimentale destinée à évaluer les effets de la phase prénatale du programme Naître égaux – Grandir en santé (NE-GS). Menée entre 1994 et 1998 auprès de 1 219 femmes enceintes défavorisées, cette étude a permis de dégager pour la première fois au Québec des données précises et fiables sur les résultats d'une intervention auprès des femmes enceintes de milieu défavorisé (Boyer *et al.,* 2001). Or, ces données se sont révélées extrêmement intéressantes pour la suite du programme, puisqu'elles ont permis aux chercheurs de constater les faits suivants :

- *Population ciblée.* Le programme NE-GS permettait d'entrer en contact avec des femmes et des familles en situation chronique d'extrême pauvreté ; en moyenne, le suivi NE-GS avait duré plus de 14 semaines, les intervenantes (généralement des infirmières) s'étaient rendues à domicile à 7,1 reprises, et la moitié des mères avaient été orientées vers d'autres ressources professionnelles ou communautaires.
- *Gains pour les mères.* En comparaison avec le groupe contrôle, les mères qui avaient participé au programme NE-GS en avaient retiré de nets avantages : plus grand soutien social (possibilité de se confier, aide alimentaire, information sur l'alimentation, le tabac, la grossesse, l'accouchement et les ressources pour le bébé) ; effet positif et important sur le niveau moyen des symptômes dépressifs postnataux ; meilleure nutrition (consommation nettement accrue de produits laitiers, de légumes et de vitamines) ; forte tendance à moins d'anémie postnatale ; fréquence plus grande d'allaitement maternel.

- *Problèmes non résolus pour les nouveau-nés.* Contrairement à ce qu'on espérait, le programme NE-GS n'avait pas eu plus d'effet que les suppléments alimentaires et les services courants sur l'insuffisance de poids à la naissance des nouveau-nés (IPN), catégorie qui inclut le retard de la croissance intra-utérine (RCIU) et la prématurité ; pour chacun de ces paramètres, le pourcentage observé était très élevé et correspondait à la moyenne en milieu défavorisé, soit environ une fois et demie la moyenne québécoise.

Les chercheurs soulignent qu'un des grands constats qui émerge de l'état actuel des connaissances sur les programmes de type *Naître égaux – Grandir en santé* est qu'aucun programme d'intervention précoce auprès des familles ne peut à lui seul prévenir et compenser les effets dévastateurs immédiats et intergénérationnels de la pauvreté sur la santé et le développement des enfants. Ils ajoutent les conclusions suivantes (Boyer *et al.,* 2001) :

En tout premier, ces résultats interpellent le réseau de la santé et des services sociaux pour qu'il fasse de la réduction des inégalités un véritable enjeu de santé publique et pour qu'il soutienne des politiques publiques favorables à la santé. En effet, cette étude vient confirmer l'énorme difficulté de réduire uniquement par des interventions sociosanitaires l'impact de la pauvreté chronique sur la santé et le bien-être des populations.

Il faut également hors de tout doute agir avant que les femmes défavorisées ne deviennent enceintes. Cela signifie notamment prévenir les grossesses à l'adolescence par des mesures d'insertion sociale et de soutien à l'utilisation de la contraception ou encore généraliser la prise d'acide folique avant la grossesse pour prévenir les malformations congénitales et la prématurité. Il reste, en outre, beaucoup de recherche à faire sur la genèse des inégalités sociales de santé et sur les liens entre environnement social et facteurs biologiques, spécialement ceux associés spécifiquement aux RCIU et à la prématurité. [...]

Comment modifier ce programme sans compromettre les effets positifs obtenus ? Comment mieux cibler la population et les objectifs de chaque volet selon les facteurs de risque connus (par exemple, tabagisme et RCIU) ? Comment améliorer la complémentarité du suivi de santé en CLSC et du suivi médical de grossesse ? Comment favoriser l'atteinte des objectifs au cours de la période postnatale ? Comment combiner de façon encore plus systématique l'intervention professionnelle et l'intervention communautaire ? Comment mieux consolider les services universels et s'engager résolument dans une approche de développement communautaire ?

Ce sont ces choix, fondamentaux, qui sont à revoir en associant étroitement les familles, les communautés, les milieux de pratique et de recherche.

Données statistiques

De plus en plus d'infirmières reconnaissent la valeur et l'utilité des données statistiques dans leur pratique. Les statistiques fournissent en effet des éléments objectifs permettant de prévoir les besoins de la clientèle, de planifier l'utilisation des ressources et d'évaluer l'efficacité du traitement.

On distingue deux grands types de statistique : la statistique descriptive et la statistique inférentielle. La **statistique descriptive** rassemble ou résume une série de données ; elle rapporte des faits en les présentant de manière concise et facile à consulter. Bien qu'elle n'indique pas la raison d'un phénomène, la statistique descriptive permet au chercheur de dégager certaines tendances et de repérer des «groupes cibles» (des groupes à risque élevé, par exemple), et elle peut ainsi lui fournir des pistes de recherche. En **statistique inférentielle** (ou **statistique déductive**), le chercheur formule des hypothèses (déductions) sur les liens entre deux variables ou plus au sein d'une population donnée et suggère ou réfute ensuite l'existence de relations causales entre ces variables en les testant sur un échantillon représentatif de cette population. Cela fait, les résultats obtenus pourront être étendus à l'ensemble de cette population.

La statistique descriptive fournit une mine de questions de recherche, et la statistique inférentielle permet de répondre à des questions précises et d'élaborer des théories pour expliquer des liens entre des variables. Appliquées à la pratique des soins infirmiers, ces théories peuvent influer sur certains problèmes de santé en modifiant les variables susceptibles de les causer ou d'y contribuer.

Les infirmières peuvent se servir des données statistiques pour :

- déterminer les populations à risque ;
- établir des rapports entre des facteurs donnés ;
- collaborer à la mise sur pied de banques de données concernant différentes clientèles ;
- déterminer les niveaux de soins que requièrent des clientèles particulières ;
- évaluer le degré de réussite d'interventions infirmières particulières ;
- déterminer un ordre de priorité selon les clientèles ;
- estimer les besoins en personnel et en matériel pour une unité de soins.

On peut trouver des données statistiques dans les revues professionnelles ou auprès des divers paliers de gouvernements et des organismes spécialisés en planification des naissances, en santé des femmes, en obstétrique, en soins périnataux, etc. ; ces statistiques sont souvent disponibles sur Internet. Les infirmières qui utilisent des statistiques sont mieux préparées à répondre aux besoins en santé des clientes, des nouveau-nés et des familles.

Le reste de cette section présente des statistiques descriptives particulièrement importantes pour les soins infirmiers en périnatalité et donne des exemples de questions de recherche de nature inférentielle, qui pourraient vous aider à définir un certain nombre de variables pertinentes.

Taux de natalité

Le **taux de natalité** est le nombre de naissances vivantes pour 1 000 habitants. En 1998, au Canada, on dénombrait 340 891 naissances vivantes, et le taux de natalité était de 10,3, comparativement à 15,3 en 1990. La même année, au Québec, on dénombrait 75 856 naissances vivantes, et le taux de natalité se situait à 11,4, comparativement à 14,0 en 1990. Le tableau 1-2 montre ce déclin du taux de natalité au Québec et au Canada. Le tableau 1-3 permet de comparer les taux de natalité de divers pays.

À partir de ces statistiques, on peut formuler de nombreuses questions de recherche, notamment les suivantes :

- Existe-t-il un lien entre le taux de natalité et l'évolution des valeurs sociales ?
- Les écarts entre les taux de natalité du Québec et du reste du Canada s'expliquent-ils par des différences culturelles ? par un ou plusieurs autres facteurs ?
- Les écarts entre les taux de natalité de pays situés dans diverses régions du monde s'expliquent-ils par des différences culturelles ? par un ou plusieurs autres facteurs ?

Taux de mortalité infantile

La mortalité infantile est reconnue mondialement comme l'un des indicateurs de la santé d'un pays et de ses enfants. C'est également un indicateur clé de la santé des femmes enceintes. Le **taux de mortalité infantile** est le nombre de décès d'enfants de moins de 1 an pour 1 000 naissances vivantes dans une population donnée. Le taux de mortalité néonatale est le nombre de décès de nouveau-nés de moins de 28 jours pour 1 000 naissances vivantes. Le taux de mortalité périnatale

Tableau 1-2

Taux de natalité (pour 1 000 habitants) au Québec et au Canada, de 1990 à 1998

Année	Canada	Québec
1991	14,3	13,7
1996	12,2	11,5
1998	10,3	11,4

Sources : Institut de la statistique du Québec (2000) ; Statistique Canada (2000).

Tableau 1-3

Taux de natalité et taux de mortalité infantile dans divers pays, 1998

Pays	Taux de natalité	Taux de mortalité infantile
Afghanistan	41,9	140,6
Argentine	19,9	18,4
Australie	13,2	5,1
Canada	11,9	5,5
Chine	15,1	43,3
Égypte	26,8	67,7
Éthiopie	44,3	124,6
France	11,4	5,6
Iraq	38,4	62,4
Japon	10,5	4,1
Mexique	25	24,6
Royaume-Uni	11,9	5,8
États-Unis	14,3	6,3

Source : 2000 World Almanac and Book of Facts (1999). Newark, World Almanac and Books.

Tableau 1-4

Taux de mortalité infantile au Canada, 1993-1997

	1993	1994	1995	1996	1997
Canada	6,3	6,3	6,1	5,6	5,5
Terre-Neuve-et-Labrador	7,8	8,2	7,9	6,6	5,2
Île-du-Prince-Édouard	9,1	6,4	4,6	4,7	4,4
Nouvelle-Écosse	7,1	6,0	4,9	5,6	4,4
Nouveau-Brunswick	7,2	5,4	4,8	4,9	5,7
Québec	5,7	5,6	5,5	4,7	5,6
Ontario	6,2	6,0	6,0	5,7	5,5
Manitoba	7,1	7,0	7,6	6,7	8,4
Saskatchewan	7,5	8,1	8,9	9,1	8,9
Alberta	6,7	7,4	7,0	6,2	4,8
Colombie-Britannique	5,7	6,3	6,0	5,1	4,7
Yukon	7,9	2,3	12,8	0,0	8,4
Territoires du Nord-Ouest	9,6	14,6	13,0	12,2	10,9

Source : Statistique Canada (2000), cat. n° 82F0075XCB.

comprend la mortalité néonatale précoce (à l'âge de 6 jours ou moins) et la mortalité fœtale pour 1 000 naissances vivantes. La mortalité fœtale in utero est le décès du fœtus après 28 semaines ou plus de gestation.

Le tableau 1-4 présente l'évolution des taux de mortalité infantile pour l'ensemble du Canada et pour chacune de ses provinces et territoires de 1993 à 1997. Le taux de mortalité infantile a considérablement diminué au Canada et au Québec au cours des 35 dernières années ; en 1960, il était de 27,3 pour 1 000 naissances vivantes, comparativement à 5,6 pour 1 000 naissances vivantes en 1996 – année où il est descendu pour la première fois sous la barre de 6,0. Selon le Système canadien de surveillance périnatale (Santé Canada, mars 1998) :

> En 1995, 2 321 enfants sont morts au Canada avant leur premier anniversaire. Sur ce nombre de décès, 1 584 (68 %) sont survenus au cours de la période néonatale, et 737 (32 %), au cours de la période post-néonatale. Les états pathologiques ayant leur origine au cours de la période périnatale et les anomalies congénitales ont constitué les deux principales causes de mortalité néonatale. Les états pathologiques liés à la période périnatale, qui comprennent le syndrome de détresse respiratoire, la courte durée de la gestation et le faible poids de naissance, ont compté pour 60 % des décès survenus au cours de la période néonatale. Les anomalies congénitales ont compté pour 33 % des décès au cours de la période néonatale. Les deux principales causes de mortalité au cours de la période post-néonatale ont été la mort subite du nourrisson et les anomalies congénitales, expliquant respectivement 31 % et 23 % des décès.

En 1998, le taux de mortalité infantile était de 5,5 (Bureau canadien de surveillance périnatale, 2000). Notons cependant que ce taux est encore bien plus élevé que celui d'autres pays, comme l'Australie (5,1) ou le Japon (4,1, le plus faible du monde). Le tableau 1-3 permet de comparer les taux de mortalité infantile de divers pays en 1998. Signalons que les écarts entre les taux de mortalité infantile des divers pays doivent être interprétés avec prudence, étant donné qu'il existe d'importantes différences entre les pratiques cliniques et les méthodes de classification des naissances vivantes, adoptées par chacun (Santé Canada, mars 1998). De plus, même au Canada, il y a un manque d'uniformité dans la façon dont les calculs des taux de mortalité infantile tiennent compte des naissances vivantes de bébés pesant moins de 500 g (Santé Canada, mars 1998).

Ces informations soulèvent tout de même des questions sur l'accès aux soins de santé durant la grossesse, les conditions de vie, la nutrition et divers autres facteurs socioculturels qui peuvent influer sur le taux de mortalité infantile.

Les questions de recherche suivantes pourraient mettre en lumière d'autres facteurs qui influent sur le taux de mortalité infantile :

- L'âge de la mère et le taux de mortalité infantile sont-ils liés ?

- Le taux de mortalité est-il lié au moment où la grossesse commence à être suivie ? au nombre de consultations prénatales ? à la facilité d'accès aux soins prénataux ? à l'alimentation de la mère ?
- Y a-t-il des écarts entre les diverses communautés culturelles du Canada ? Si oui, sont-ils liés au niveau de scolarité des parents ? à leur situation socioéconomique ? à la facilité d'accès aux soins prénataux ?

Taux de mortalité maternelle

Le **taux de mortalité maternelle** est le nombre de décès, quelle qu'en soit la cause, pendant la grossesse et la période de 42 jours qui constitue le post-partum pour 100 000 naissances vivantes. Au Québec et au Canada, le taux de mortalité maternelle va en diminuant. En 1997, le Canada a atteint un taux de mortalité maternelle de 5,4 (Statistique Canada, 2000 ; Institut de la statistique du Québec, 2000).

Les facteurs qui contribuent à la baisse du taux de mortalité maternelle sont, notamment, le recours à des soins hospitaliers ou spécialisés pour les clientes à risque élevé, la prévention et le traitement des infections grâce aux antibiotiques, la disponibilité du sang et des dérivés sanguins pour les transfusions et la baisse des décès liés à l'anesthésie (Peters *et al.,* 1998). On pourrait cerner d'autres facteurs en procédant à des recherches fondées sur les questions suivantes :

- Y a-t-il des liens entre la mortalité maternelle et l'âge ?
- Y a-t-il des liens entre la mortalité maternelle et l'accessibilité aux soins de santé ? la situation économique ?

■ Considérations éthiques

Quel que soit leur champ de pratique, les infirmières sont aux prises avec des dilemmes éthiques. Or, ceux qui entourent le début de la vie sont particulièrement épineux, surtout à notre époque.

Avant de nous pencher sur les grands enjeux éthiques auxquels l'infirmière qui travaille en périnatalité doit se sensibiliser, rappelons qu'aucun fournisseur de soins de santé ne devrait être appelé ou forcé à participer à des actes qui sont contraires à son jugement professionnel ou à ses valeurs morales personnelles, ou qui vont à l'encontre de la mission ou des valeurs de son établissement ou organisme (AIIC *et al.,* 1999). Les fournisseurs de soins de santé qui estiment ne pas pouvoir participer à une intervention parce qu'elle serait contraire à leurs valeurs professionnelles ou morales doivent le déclarer d'avance (AIIC *et al.,* 1999). Nul fournisseur de soins de santé ne devrait faire l'objet de discrimination ou de représailles pour avoir agi selon ses convictions (AIIC *et al.,* 1999). Cependant, l'application de cette règle ne doit jamais placer le client ou la cliente dans une situation où il ou elle risquerait de subir un dommage ou

d'être abandonné (AIIC *et al.,* 1999). L'infirmière ne doit jamais oublier qu'elle doit défendre les intérêts du client, et non les siens.

L'infirmière est tenue de se préparer aux dilemmes éthiques auxquels l'expose sa pratique en s'informant, en clarifiant ses valeurs, ses croyances et ses sentiments, et en approfondissant ses connaissances. Pour ce faire, plusieurs possibilités s'offrent à elle : lire des articles sur la bioéthique, suivre des cours ou participer à des ateliers portant sur les questions d'éthique liées à son travail et prendre toute autre mesure susceptible de développer sa capacité de raisonnement logique et d'analyse critique (voir l'encadré *Points à retenir : Conduite à tenir en présence d'un dilemme éthique*).

Euthanasie passive

Étymologiquement, euthanasie vient du mot *euthanos* qui signifie « bonne mort ». Au sens moderne du terme, l'euthanasie est un acte qui consiste à provoquer ou à hâter la mort d'une personne dans le but de mettre fin à ses souffrances (Balassoupramaniane, 2002). On fait généralement une

---

Points à retenir

Conduite à tenir en présence d'un dilemme éthique

Les lignes directrices suivantes pourront, d'une part, aider l'infirmière à mieux distinguer ses propres principes éthiques et, d'autre part, aider les parents à prendre une décision éclairée :

1. *Dressez un profil initial complet.* Recueillez toutes les données concernant la situation, tout particulièrement celles qui portent sur les personnes en cause ; leurs ressources physiques, psychologiques et financières et leur réseau de soutien ; l'intervention, ou la non-intervention, projetée et les raisons qui justifient ce choix ; les résultats escomptés.

2. *Énumérez les conflits d'ordre éthique suscités par le problème.* Déterminez plus précisément comment se répartissent les responsabilités, celles de la cliente, du service de soins et des divers professionnels de la santé participant à la décision.

3. *Résumez les diverses lignes de conduite.* Présentez des solutions de rechange.

4. *Analysez les conséquences possibles des solutions proposées.* Quelles seraient les répercussions des diverses lignes de conduite envisagées ? Quelles seraient celles de l'intervention projetée ?

5. *Déterminez à qui « appartient » le problème et qui doit prendre la décision.* Posez-vous les questions suivantes : Qui la décision touchera-t-elle ? Au bénéfice de qui la décision est-elle prise ? Qui met en jeu ses principes moraux ou ses responsabilités légales ? Faut-il obtenir le consentement de toutes les personnes en cause ?

6. *Définissez vos obligations.* Face à une situation exigeant une prise de décision d'ordre éthique, l'infirmière doit déterminer quelles sont ses propres obligations et quelles sont celles de la cliente.

distinction entre l'euthanasie active, qui suppose le geste d'un tiers qui donne la mort, et l'euthanasie passive, qui consiste à arrêter les traitements qui prolongent la vie par des techniques artificielles en laissant la maladie suivre son cours (Balassoupramaniane, 2002).

Au Canada, l'euthanasie active est un acte illégal, alors que l'euthanasie passive est autorisée à la demande du patient (Balassoupramaniane, 2002). À ce sujet, le *Code civil du Québec* stipule expressément que «toute personne est inviolable et a droit à son intégrité» et que, en conséquence, «nul ne peut être soumis sans son consentement à des soins, quelle qu'en soit la nature» (Balassoupramaniane, 2002).

En périnatalité, le dilemme de l'euthanasie passive survient généralement lorsqu'on doit prendre la décision de maintenir ou non les fonctions vitales d'un grand prématuré ou d'un nouveau-né dangereusement malade qui présente ou peut éventuellement présenter un handicap grave. Cette décision revient alors conjointement aux parents et au médecin.

Dans une déclaration conjointe, la Société canadienne de pédiatrie (SCP) et la Société des gynécologues et obstétriciens du Canada (SOGC) énoncent les principes suivants (SCP et SOGC, 2001):

> [...] tout enfant a un droit légitime à la vie, et par la même occasion au traitement médical qui s'impose pour l'améliorer ou la prolonger, quel que soit son handicap, actuel ou potentiel.
>
> La médecine et la technologie moderne possèdent aujourd'hui des moyens si sophistiqués de prolonger la vie humaine qu'il y a danger que cette prolongation devienne une fin en soi, sans tenir compte des bouleversements que cela pourrait causer dans la vie d'autres personnes et sans tenir compte des buts visés. Il importe que la décision d'appliquer un traitement médical visant à prolonger ou maintenir la vie de l'enfant soit dans son meilleur intérêt. On définit ce dernier comme étant un excédent d'avantages potentiels par rapport aux torts ou souffrances pouvant résulter de la poursuite d'un traitement donné.

Lorsqu'il est clair que le traitement est dans le meilleur intérêt de l'enfant, il incombe au médecin de le faire comprendre aux parents, et à l'infirmière, de veiller à ce que ces derniers comprennent tous les enjeux de cette décision. Tout refus de traitement de la part des parents exige l'intervention du tribunal (SCP et SOGC, 2001). Si, après discussion entre les médecins et les parents, on juge qu'un traitement n'est pas dans l'intérêt personnel de l'enfant, la décision de refuser le traitement ne nécessitera aucune autre démarche officielle (SCP et SOGC, 2001). Dans les cas où il y a désaccord entre les parents et les médecins, ou entre les professionnels de la santé, on pourra soumettre le dilemme à un groupe approuvé par une institution hospitalière, tel le Comité de bioéthique (SCP et SOGC, 2001).

Statut et droits du fœtus

Au Canada, depuis que la Cour suprême a décriminalisé l'avortement par l'arrêt Morgentaler en 1988, aucune loi ne gère plus l'interruption volontaire de grossesse (IVG). L'IVG a donc le même statut légal que n'importe quel autre procédé médical – bien que son accessibilité et son remboursement soient encore problématiques dans certaines provinces ou régions du pays.

Pour les «pro-vie», l'embryon est dès sa conception un être humain à part entière, et en tant que tel, il a un droit absolu à la vie. Pour les «pro-choix», la femme a le droit de disposer librement de son corps, et la décision de poursuivre ou d'interrompre une grossesse lui appartient, le fœtus ne devenant un être humain à part entière qu'à la naissance. Les arguments à l'appui de ces positions ayant été abondamment exposés et commentés par les éthiciens, nous n'y reviendrons pas ici. Cependant, comme le statut du fœtus est au cœur des questions éthiques qui seront soulevés dans cette section, il peut être utile de rappeler qu'en 1997, dans la cause *Office des services à l'enfant et à la famille de Winnipeg (région du Nord-Ouest) c. G. (D.F.)*, la Cour suprême du Canada a statué sur le statut légal du fœtus en ces termes:

> Le droit canadien ne reconnaît pas à l'enfant à naître la qualité de personne juridique titulaire de droits. Il s'agit d'un principe général applicable dans tous les domaines du droit. Une fois que l'enfant est né, vivant et viable, le droit peut reconnaître son existence avant la naissance à certaines fins bien précises. Mais le seul droit reconnu est celui de la personne née. Tout droit ou intérêt que le fœtus peut avoir demeure virtuel et incomplet jusqu'à la naissance de l'enfant. Par conséquent, en droit, le fœtus pour le compte duquel l'appelant a prétendu agir en sollicitant l'ordonnance de détention n'était pas une personne juridique et ne jouissait d'aucun droit.

Considérant le fœtus comme un patient à part entière ayant le droit de naître en bonne santé ou de recevoir des soins sans égard aux droits de la femme qui le porte, certains médecins ont été jusqu'à soumettre des femmes à des interventions forcées, comme des césariennes, des chirurgies intra-utérines expérimentales pour corriger un problème ou une malformation fœtale ou d'autres traitements.

Ainsi, l'arrêt de la Cour suprême que nous venons de citer concernait le cas d'une jeune Autochtone toxicomane de Winnipeg enceinte de cinq mois de son quatrième enfant, qu'un tribunal avait confiée à la garde du directeur de l'Office des services à l'enfant et à la famille, ordonnant qu'elle soit détenue dans un établissement de soins pour y subir une cure de désintoxication jusqu'à la naissance de l'enfant. La décision a été renversée par la Cour d'appel du Manitoba, mais l'Office des services à l'enfant et à la famille a cru bon de se pourvoir en appel. En rejetant ce pourvoi, la Cour suprême a précisé que:

> La femme enceinte et l'enfant à naître ne forment qu'une seule personne, et rendre une ordonnance visant à protéger le fœtus empiéterait radicalement sur les libertés fondamentales de la mère, tant en ce qui concerne le choix d'un mode de vie que sa manière d'être et l'endroit où elle choisit de vivre.

Considérant que l'intervention forcée dans la vie des femmes enceintes constitue une violation de leur autonomie, la Société des obstétriciens et gynécologues du Canada (SOGC) s'y oppose en soulignant qu'elle peut avoir des effets contraires à ceux escomptés (SOGC, 1997).

> Il est faux de croire que l'intervention aura nécessairement des effets bénéfiques pour le fœtus. Les femmes dont les fœtus sont les plus à risque ne tenteront pas d'obtenir l'aide médicale nécessaire, car l'intervention mine la confiance que doivent avoir les femmes enceintes afin de recourir a des soins prénataux et à d'autres services qui pourraient aider à promouvoir la naissance de bébés en meilleure santé.
>
> Le médecin doit demeurer un défenseur des droits de la femme enceinte, tout en étant disposé a offrir des conseils et des traitements. […] Le meilleur moyen de résoudre les divergences entre l'avis du médecin et la perspective de la patiente est d'améliorer la communication et le counseling sans faire preuve de discrimination, et non d'imposer l'intervention médicale. Les médecins qui travaillent auprès des femmes enceintes doivent avant tout promouvoir la santé des femmes et leur bien-être tout en respectant leur autonomie.

Reproduction assistée

Il ne fait aucun doute que le formidable essor des techniques de reproduction assistée (TRA) a permis à d'innombrables couples de surmonter un problème d'infertilité et d'avoir enfin le ou les enfants qu'ils désiraient. Mais il est tout aussi certain que, loin d'être un simple traitement contre l'infertilité, les TRA permettent maintenant à qui le souhaite et en a les moyens de se reproduire en déjouant ce qu'on appelait autrefois les lois de la nature et de l'hérédité.

Au sens strict, le terme technique de reproduction assistée (TRA) désigne toute technique qui vise l'obtention d'une grossesse en recourant à la technologie reproductive. Les principales TRA sont l'insémination artificielle (IA), le transfert intratubaire de gamètes (GIFT), la fécondation in vitro (FIV) avec transfert d'embryon(s) (TE) ou avec transfert intratubaire de zygotes (ZIFT).

- *L'insémination artificielle (IA)* consiste à insérer du sperme directement dans le col utérin de la femme. Il existe des variantes, comme l'insémination intra-utérine (IIU), qui comprend en plus la stimulation ovarienne et la préparation du sperme.
- *Le transfert intratubaire de gamètes (GIFT)* consiste à prélever plusieurs ovocytes, à les mettre immédiatement dans un cathéter avec des spermatozoïdes motiles (sperme lavé), pour déposer ensuite les gamètes directement dans les franges du pavillon de la trompe de Fallope. Comme pour la conception naturelle, la fécondation a lieu dans la trompe ; il s'agit donc de fécondation in vivo.
- *La fécondation in vitro (FIV)* avec transfert d'embryon(s) (TE) est un procédé qui consiste à stimuler l'ovulation, à prélever un ou plusieurs ovocytes, puis à les féconder avec du sperme. Entre le quatrième et le huitième stade de division cellulaire, on transfère trois ou quatre embryons dans l'utérus. La FIV avec transfert intratubaire de

zygotes (ZIFT) est un procédé similaire, à ceci près que le transfert dans le corps de la femme a lieu à un stade de division cellulaire beaucoup moins avancé et que le dépôt se fait dans la ou les trompes plutôt que dans l'utérus. Le taux de succès de la FIV varie considérablement ; dans les cliniques les plus performantes, il tourne autour de 20 %, et il faut donc souvent plusieurs cycles de FIV pour obtenir une grossesse.

- L'injection intracytoplasmique de spermatozoïde (IICS) permet de surmonter certains facteurs d'infertilité masculine autrefois irrémédiables.

Les TRA que nous venons de décrire recourent à du sperme qui provient soit du conjoint, soit d'un donneur, connu ou anonyme. De même, les ovocytes peuvent être ceux de la cliente ou ceux d'une donneuse, connue ou anonyme. Enfin, les embryons implantés peuvent provenir d'un cycle antérieur de FIV de la cliente, ou encore d'une donneuse ou d'un couple donneur, connu ou anonyme.

Pour comprendre l'ampleur et la complexité des enjeux éthiques que soulève la procréation assistée, il faut ajouter qu'elle englobe des pratiques comme la cryoconservation d'embryons humains, le triage du sperme pour le choix du sexe, le diagnostic génétique préimplantatoire avec sélection d'embryons et la gestation pour autrui.

- *La cryoconservation* est un procédé qui permet de congeler et de stocker des gamètes (sperme et ovocytes), mais aussi les embryons humains « surnuméraires » conçus à la suite d'une stimulation ovarienne (ponction d'embryons pour éviter une grossesse multiple) ou d'une FIV (embryons en sus de celui ou de ceux qui sont transférés dans l'utérus). On pourra ensuite les décongeler, trier ceux qui ont résisté à la congélation-décongélation et les implanter lors des cycles suivants de FIV, évitant ainsi les coûts et les désagréments liés à la stimulation ovarienne (SOGC, 1999). Une fois la grossesse obtenue, les embryons surnuméraires congelés pourront servir à d'autres grossesses dans les années qui suivent (SOGC, 1999). Certains couples se constituent ainsi une réserve d'embryons pour les utiliser lorsque leur fertilité sera compromise (SOGC, 1999) ou même en prévision du décès d'un des conjoints.
- *Le triage du sperme* pour prédéterminer le sexe de l'enfant à naître repose sur des méthodes expérimentales visant soit la séparation complète des spermatozoïdes X et Y, soit la production d'échantillons dotés d'une proportion plus élevée de l'un ou de l'autre type. La présélection du sexe peut se faire pour réduire la possibilité de maladies héréditaires liées aux chromosomes sexuels ou pour d'autres raisons (SOGC, 1999).
- *Le diagnostic génétique préimplantatoire avec sélection d'embryons (DPI)* consiste à pratiquer le test prénatal avant le transfert d'embryon(s). Le prélèvement d'une

ou deux cellules embryonnaires permet de déterminer le sexe, de déceler la présence de gènes liés à diverses maladies ou à d'autres traits caractéristiques.

- Enfin, *la gestation pour autrui* (ou maternité de substitution) est une forme de reproduction assistée. La mère porteuse peut être inséminée naturellement ou artificiellement, ou recevoir des gamètes, des zygotes ou des embryons. Dans le cas de la fécondation in vitro d'une mère porteuse gestationnelle, l'enfant n'a aucun lien génétique avec la mère porteuse, un type d'entente de plus en plus fréquent (SOGC, 1999).

Il est impossible de dresser ici la liste exhaustive des innombrables questions d'ordre éthique qui entourent la reproduction assistée, mais mentionnons les suivantes :

- LES RISQUES À LONG TERME DES **TRA**. Quels sont les risques connus et potentiels auxquels sont exposés les mères ainsi que les enfants qui en sont issus ? Les clients et les donneurs sont-ils pleinement informés du caractère hautement expérimental des techniques et procédés sur lesquels reposent les TRA ? Comment s'assurer de leur consentement libre et éclairé ?

- L'ACCESSIBILITÉ AUX SERVICES DE REPRODUCTION ASSISTÉE. L'accès aux TRA doit-il être limité aux personnes qui souffrent d'une infertilité certaine ? Doit-on établir des conditions et des critères de sélection des candidats comme on le fait pour l'adoption ? Toute personne a-t-elle le droit absolu de se reproduire en ayant recours aux TRA indépendamment de son âge, de son état de santé physique et mental, de ses motifs et de sa situation socioéconomique ? Si oui, le fait que les coûts extrêmement élevés des TRA (souvent des dizaines de milliers de dollars) ne soient pas assumés par la plupart des régimes d'assurance-maladie publics constitue-t-il une inégalité et une injustice flagrante envers les contribuables qui n'ont pas les moyens de se les offrir ?

- LES ENTENTES DE GESTATION POUR AUTRUI. La fonction de mère porteuse est-elle un métier ? Doit-on permettre les ententes de gestation pour autrui à caractère commercial ? Si oui, peuvent-elles justifier les interventions forcées dans la vie de la mère porteuse ? Cette dernière peut-elle rompre le contrat en cours de grossesse ? A-elle des droits sur l'enfant ?

- LES ÉCHANGES DE GAMÈTES, DE ZYGOTES ET D'EMBRYONS. Doit-on autoriser la commercialisation du matériel génétique humain ? Traiter des clientes et des clients gratuitement ou à moindre coût en échange d'ovocytes ou d'embryons «surnuméraires» à des fins de reproduction ou de recherche est-il acceptable ? Dans ces conditions, peut-on encore parler de consentement libre et éclairé des donneurs ? Quels critères de sélection des donneurs sont acceptables ? Comment départager les droits, les obligations et les responsabilités des parties – parents génétiques (donneurs de gamètes ou d'embryons), mère biologique (mère porteuse), parents sociaux, enfants et prestataires de soins ? Qui est responsable en cas d'anomalie congénitale ou de maladie héréditaire ? Les enfants issus de donneurs et/ou de mères porteuses anonymes auront-ils la possibilité et/ou le droit de connaître leurs origines génétiques et biologiques ? Comment éviter les risques de consanguinité ? Doit-on permettre des pratiques comme le transfert des ovocytes d'une femme inséminée par donneur anonyme dans l'utérus de sa conjointe, la maternité chez des femmes ménopausées, la procréation posthume ou la culture d'ovocytes à partir de fœtus à des fins de reproduction (l'enfant aurait alors une mère génétique qui n'a jamais existé en tant qu'être humain), etc. ? Quelles conséquences aura cet éclatement des notions traditionnelles de maternité, de paternité et de filiation ?

- LE DEVENIR DES EMBRYONS CONGELÉS. Comment doit-on disposer des embryons congelés qui ne font l'objet d'aucun projet parental ? À qui appartiennent-ils ? Qui doit décider de leur sort en cas de désaccord entre les parents, ou lorsqu'ils meurent ou disparaissent sans avoir pris de dispositions à leur endroit ? Que doit-on en faire ? Combien de temps doit-on les garder ? Qui en aura la garde et assumera les frais de stockage ? Doit-on les éliminer comme n'importe quel tissu devenu inutile, permettre à d'autres personnes de s'en servir pour produire des grossesses ou les utiliser à des fins de recherche ? D'un point de vue éthique, la recherche sur les embryons humains est-elle acceptable même si elle met fin à leur possibilité de vie ?

Loin de cerner l'ampleur et la portée de la problématique des TRA, ces questions nous amènent à d'autres dilemmes éthiques, encore plus complexes et plus lourds de conséquences : ceux que pose la convergence de plus en plus évidente de la technologie de la reproduction assistée, de la biotechnologie et du génie génétique.

En effet, à l'heure actuelle, la recherche sur les cellules souches d'embryons humains représente un enjeu scientifique majeur. Pour les spécialistes, il ne fait aucun doute que ce genre de recherches va conduire à de nouvelles thérapies et que, combinées à des thérapies géniques, elles pourront guérir définitivement certaines des pires maladies qui affligent actuellement l'être humain (Roy, 2002a). Mais que sont au juste ces fameuses cellules souches embryonnaires ? Quelle est la nature de ces recherches et pourquoi se font-elles sur des embryons humains ?

Recherche sur les embryons humains et clonage

Le corps humain compte au delà de 200 types de cellules spécialisées (cellules du sang, cellules du cerveau ou cellules du foie, par exemple), qui proviennent toutes de cellules souches. Les **cellules souches** sont des cellules qui, lorsqu'elles se divisent, peuvent à la fois se reproduire elles-mêmes ou produire d'autres cellules qui, à leur tour, se spécialiseront en l'un ou l'autre des divers types de cellules.

Leur intérêt thérapeutique s'inscrit dans les applications de la thérapie cellulaire, une approche biomédicale en plein essor, qui consiste à remplacer des cellules anormales ou disparues par des cellules saines que l'on «greffe» dans l'organisme. Or, les cellules souches n'ont pas toutes les mêmes caractéristiques ni le même potentiel. Selon le type de cellules spécialisées (différenciées) qu'elles peuvent engendrer, les cellules souches sont dites totipotentes, pluripotentes ou multipotentes.

Les cellules de l'embryon humain à un stade précoce – environ huit cellules – sont *totipotentes* parce qu'elles produisent tous les types de cellules spécialisées des divers tissus et des organes du corps humain, ainsi que celles du placenta et du cordon ombilical. Quand il atteint le stade du blastocyste, l'embryon prend la forme d'une sphère concave où sont logées un certain nombre de cellules souches *pluripotentes*, qui peuvent elles aussi produire tous les types de cellules spécialisées du corps humain, sauf les cellules spécialisées du placenta et du cordon ombilical (Roy, 2002a). En prélevant ces cellules souches embryonnaires pour les mettre en culture, on obtient des lignées de cellules souches qu'on pourra ensuite différencier en autant de tissus qu'en comporte le corps humain.

La première technique pour se procurer des cellules souches consiste à les prélever sur des embryons surnuméraires conçus par FIV. On les décongèle, on les cultive jusqu'au stade de blastocystes, on les dissèque et on extirpe la dizaine de cellules souches qu'ils contiennent. Ces quelques cellules prolifèrent quelques semaines et atteignent ainsi un nombre suffisant pour une utilisation thérapeutique expérimentale. Le procédé est brutal, et le dilemme éthique, incontournable : même en admettant que l'embryon n'est pas encore un être humain à part entière, doit-on admettre pour autant qu'on en dispose comme d'un simple objet utilitaire qu'on jette après usage ?

Il existe une autre façon de se procurer des cellules souches : le transfert de noyaux de cellules somatiques, ou clonage, qu'on a expérimenté sur des animaux. Le noyau d'une cellule somatique adulte (d'une cellule de la peau, par exemple) transféré dans un ovocyte énucléé (dont on a retiré le noyau), peut être reprogrammé pour produire un embryon génétiquement identique à l'adulte d'origine (Roy, 2002b). On obtient ainsi des cellules souches embryonnaires génétiquement identiques à l'adulte dont elles sont issues, ce qui règle le problème du rejet immunitaire de tissus ou de cellules (Roy, 2002b). Ici, il ne s'agit plus d'utiliser des embryons existants dont on ne sait pas quoi faire, mais d'en fabriquer à des fins expérimentales potentiellement thérapeutiques.

Le procédé du transfert de noyaux de cellules somatiques visant à produire des cellules souches, dit **clonage thérapeutique**, est d'autant plus controversé qu'il peut aussi servir au **clonage reproductif** visant à produire un être humain génétiquement identique à l'adulte dont il est issu.

Le clonage reproductif est presque universellement dénoncé comme injustifiable d'un point de vue éthique (Roy, 2002b). Sur le plan international, la *Déclaration universelle sur le génome humain et les droits de l'homme*, par l'intermédiaire de l'Organisation des Nations Unies pour l'éducation, la science et la culture (UNESCO), interdit le clonage humain, et quelques pays, comme le Royaume-Uni, ont adopté des mesures législatives en ce sens.

Au Canada, le processus législatif évolue moins vite que la biotechnologie. Créée en 1989, la Commission royale sur les nouvelles techniques de reproduction recommandait, en 1993, l'interdiction de certaines activités (clonage humain, création d'hybrides animal-humain et commercialisation de la maternité de substitution) et la création d'un organisme indépendant pour régir les activités de procréation assistée (Santé Canada, 2002). En 1995, le ministre de la Santé annonçait plutôt un moratoire volontaire sur certaines activités, dont le clonage humain. Encore en vigueur, ce moratoire empêche les individus et les organismes œuvrant dans ce domaine de recevoir une aide financière du gouvernement (Santé Canada, 2002). En 1996, le ministre déposait le projet de loi C-47, *Loi sur les techniques de reproduction humaine et de manipulation génétique,* mais ce projet de loi est mort au feuilleton au printemps 1997. En 2002, le ministre déposait le Projet de loi C-56, *Loi concernant la procréation assistée,* qui, à ce jour, est encore à l'étude. Si le projet de loi C-56 est adopté comme tel, tout clonage humain, que ce soit à des fins thérapeutiques ou reproductives, sera interdit par la loi, et la recherche sur les TRA sera réglementée (voir l'encadré *Points à retenir : Dispositions du Projet de loi C-56,* Loi concernant la procréation assistée).

Selon les spécialistes, il est très improbable que les lignées existantes de cellules souches et les «surplus» d'embryons humains conçus par FIV dont nous disposons suffisent à toute la recherche nécessaire pour mettre au point les thérapies cellulaires (Roy, 2002a). Les chercheurs étudient d'ailleurs d'autres possibilités pour se procurer des cellules souches.

La découverte encore récente de l'existence de cellules souches dans plusieurs tissus différenciés du corps humain adulte est une des avenues les plus prometteuses. Si, comme l'indiquent des recherches récentes, les cellules souches de l'adulte peuvent produire certains tissus différents de ceux dont elles proviennent, ces cellules souches *multipotentes* pourraient offrir une solution de rechange à l'utilisation des cellules souches embryonnaires pour le développement des thérapies cellulaires (Roy, 2002a).

Le stockage de **sang de cordon ombilical** est une autre option intéressante. À la naissance, on isole les cellules souches du cordon ombilical du nouveau-né et on les cultive jusqu'à ce qu'on en ait un nombre suffisant pour une application thérapeutique. Ces cellules sont ensuite congelées et conservées jusqu'à ce survienne un accident ou une maladie dégénérative, des années ou des décennies plus tard. On pourrait alors les décongeler, les remettre en culture et les amener à se différencier vers le type cellulaire souhaité pour traiter l'organe atteint. Jusqu'ici très rare au Québec, ce procédé devrait se généraliser avec la mise sur pied en 2003 d'un programme national de banque de sang de cordon ombilical; ce projet est issu d'un partenariat entre Héma-Québec, d'une part, et le CHU mère-enfant Sainte-Justine et l'Hôpital Saint Mary's, d'autre part. Mais là encore, les questions d'ordre éthique sont incontournables.

Depuis quelques années, on voit se multiplier des cas comme celui de cette fillette américaine atteinte de la maladie de Fanconi et guérie grâce au sang du cordon ombilical d'un petit frère issu d'une fécondation in vitro et sélectionné par diagnostic préimplantatoire. Que doit-on penser de ces petits miracles rendus possibles par l'amélioration des techniques de reproduction assistée, du diagnostic préimplantatoire et de la thérapie cellulaire? Doit-on s'en réjouir sans arrière-pensée ou craindre qu'une fois habitués à sélectionner et à utiliser des embryons humains, surnuméraires ou obtenus par clonage, pour améliorer notre arsenal thérapeutique, nous nous habituions très vite à sélectionner et à utiliser les bébés humains à des fins thérapeutiques?

Éthique, biotechnologie et soins infirmiers contemporains

En quoi les techniques et les recherches de pointe, comme celles dont nous venons de parler, concernent-elles vraiment la pratique de l'infirmière qui donne quotidiennement des soins périnataux dans un hôpital ou un CLSC du Québec? L'infirmière d'aujourd'hui a-t-elle vraiment besoin de s'informer et de réfléchir sur les enjeux éthiques de la recherche sur les TRA, les cellules souches, le clonage et des traitements expérimentaux de pointe, comme les thérapies cellulaires ou les thérapies géniques? Ne suffit-il pas qu'elle respecte les lois et son code de déontologie? Son rôle n'est-il pas de donner des soins de qualité aux mères, aux nouveau-nés et à leur famille? Oui, mais justement, l'éthique concerne l'application de valeurs morales à des situations de fait, l'objectif étant de déterminer la manière dont nous devrions nous comporter dans ces situations. Alors mettons-nous en situation.

FIV et diagnostic préimplantatoire

Selon les principes éthiques de notre système de santé, la FIV et les autres TRA sont destinées à traiter l'infertilité, et le diagnostic préimplantatoire (DPI) n'est moralement acceptable que dans le but «de dépister les maladies génétiques dommageables chez les embryons humains avant que ceux-ci ne soient transférés dans l'utérus des femmes» (SOGC, 1999). Mais imaginons des parents dont la fillette souffre et va mourir incessamment. Ces parents savent qu'une stimulation ovarienne, une FIV, un DPI avec sélection d'embryon(s) et un prélèvement de sang ombilical pourraient lui sauver la vie – et lui donner un petit frère ou une petite sœur en prime. Devrait-on laisser mourir la fillette parce qu'ils ne sont ni stériles ni porteurs d'une tare génétique héréditaire et en dépit du fait qu'ils désirent de toute façon un autre enfant? Si vous étiez leur infirmière et s'ils vous demandaient conseil, que leur diriez-vous?

Recherche sur les embryons, les mères porteuses et le clonage humain

Imaginons maintenant que la mère de la fillette est hystérectomisée ou que l'état de l'enfant est trop critique pour attendre l'arrivée du précieux cordon ombilical. Devrait-on procéder quand même à une FIV, sélectionner les embryons par DPI, cultiver quelques cellules souches embryonnaires compatibles et sauver la vie de la fillette ?

Et si la mère était aussi ovariectomisée et ne pouvait pas produire d'ovules ? Évidemment, un transfert de noyau d'une cellule de peau permettrait la culture des quelques cellules souches embryonnaires compatibles, nécessaires pour sauver la vie de l'enfant, mais ce serait un clonage thérapeutique… Ne vous semblerait-il pas soudain plus justifiable ? L'équipe de santé, dont vous faites partie, devrait-elle proposer cette option aux parents ?

Supposons qu'elle le fasse et que les parents acceptent. Informée de la situation, une amie intime de la famille s'offre pour porter et mettre au monde un des enfants ainsi conçus. Ce clonage reproductif vous semblerait-il vraiment plus immoral que de jeter à la poubelle ou de sacrifier à la science le « produit » de la reproduction thérapeutique ? Allons encore un peu plus loin.

Imaginons qu'après que les parents ont passé leur test de dépistage génétique, les chercheurs améliorent l'efficacité de leur arsenal diagnostic. Résultat : lors du test préimplantatoire, on découvre que les embryons sont porteurs d'une maladie génétique héréditaire qui n'avait pas été dépistée. Si l'implantation de l'embryon aboutit à une naissance, l'enfant sera atteint d'un lourd handicap physique, qui exigera des soins constants jusqu'à la fin de sa vie. Doit-on détruire l'embryon ou l'implanter quand même ? Les parents vous demandent de les rencontrer pour les aider à prendre leur terrible décision.

Étonnamment, ils arrivent au rendez-vous presque joyeux. Ils viennent d'entendre à la radio qu'une équipe de chercheurs de la région a mis au point une thérapie génique qui peut réparer le gène défectueux au stade embryonnaire. Les essais sur les animaux sont très prometteurs, et les essais cliniques viennent d'être autorisés. Pleins d'espoir, ils veulent savoir sur-le-champ pourquoi on ne leur a pas parlé de cette thérapie, en quoi elle consiste, comment on procède, ce qu'elle implique : quels sont les risques possibles à long terme et peut-on faire en sorte que la descendance de l'enfant soit elle aussi « immunisée » contre la maladie ?

Vous savez que la **thérapie génique** est une nouvelle technique médicale qui consiste à introduire de nouveaux gènes dans des cellules humaines pour traiter des maladies. Mais êtes-vous en mesure de répondre à leurs questions ? Et, surtout, vous sentez-vous à l'aise devant ces clients qui envisagent avec espoir non seulement de mettre au monde un clone humain transgénique, mais aussi de modifier le génome humain ?

Scénario de science-fiction ? À peine. Chacune des possibilités évoquées est techniquement réalisable. Au moment d'écrire ces lignes, aucune équipe de chercheurs n'a encore prouvé la naissance d'un clone humain, mais les scientifiques reconnaissent qu'elle sera bientôt possible, si elle ne l'est pas déjà. Quant à la thérapie génique, bien qu'encore hautement expérimentale, elle est déjà à l'essai sur des sujets humains (voir l'encadré *Points à retenir : Génomique et thérapies géniques*).

Points à retenir

Génomique et thérapies géniques

- La génomique est la discipline qui a pour but de déchiffrer et de comprendre l'information génétique d'un organisme – son génome. Un génome est l'ensemble de l'ADN d'un organisme, y compris ses gènes. On estime que le génome humain se compose de 30 000 à 35 000 gènes ; nous partageons 98 % de nos gènes avec les chimpanzés, 90 % avec les souris, 21 % avec les vers et 7 % avec une simple bactérie comme *E. coli* – une démonstration frappante du continuum de la vie.

- L'ADN se compose de quatre substances chimiques semblables appelées bases nucléotidiques chimiques (A, C, T et G) qui sont répétées des millions et des milliards de fois dans un génome. Le génome humain contient 3 164,7 millions de bases nucléotidiques chimiques (A, C, T et G) ; 99,9 % de ces bases sont exactement les mêmes chez tous les êtres humains.

- C'est l'ordre particulier des bases A, T, C et G qui détermine la diversité de la vie, dictant même si un organisme est humain ou fait partie d'une autre espèce, comme la levure, le riz ou la mouche à fruits. Tous ces organismes possédant leur propre génome, ils font tous partie du champ d'étude de la génomique.

- Comme tous les organismes sont liés par des similitudes dans les séquences d'ADN, des connaissances acquises sur les génomes non humains se traduisent souvent par de nouvelles connaissances en biologie humaine. La thérapie génique est une des applications de ces connaissances.

- La thérapie génique est une nouvelle technique médicale qui consiste à introduire de nouveaux gènes dans des cellules humaines pour traiter des maladies. Les chercheurs étudient de nombreuses thérapies géniques différentes, dont certaines sont assez perfectionnées pour être utilisées chez l'humain dans le cadre d'essais cliniques.

- Aucune thérapie génique n'a progressé au delà du stade des essais cliniques.

- Théoriquement, la thérapie génique peut être utilisée soit sur des cellules somatiques, telles que les muscles et la peau, soit sur des cellules germinales (ovules et sperme) qui jouent un rôle dans la reproduction. Seules les modifications géniques pratiquées sur des cellules germinales peuvent être transmises aux générations à venir, et donc modifier le génome humain.

- À cause des implications des interventions sur les lignées germinales permettant la transmission des modifications aux générations futures, des moratoires ou des lois ont été adoptés dans plusieurs pays.

Sources : GᴇɴᴏᴍᴇCᴀɴᴀᴅᴀ (2002). *À propos de la génomique : questions fréquemment posées* [en ligne]. Mis à jour le 14 janvier 2003 [réf. du 14 janvier 2003]. Disponible sur le Web : <http://www.genomecanada.ca> ; Iɴᴅᴜsᴛʀɪᴇ Cᴀɴᴀᴅᴀ *(2001). Biotechnologie : l'éthique et l'industrie – Produits qui affectent nos vies : scénarios de discussion* [en ligne]. Mis à jour le 24 juillet [réf. : 28 janvier 2003]. Disponible sur le Web : <http://strategis.ic.gc.ca/SSGF/bb00013f.html >.

Le chapitre en bref

Notions fondamentales

- L'infirmière qui donne des soins en périnatalité doit respecter les droits des clientes et traiter ces dernières avec courtoisie, équité et compréhension, dans le respect de leur dignité, de leur autonomie et de leurs besoins.

- Le consentement libre et éclairé est un principe légal qui protège le droit en stipulant qu'aucune intervention ne peut être pratiquée sur un individu sans que ce dernier l'ait d'abord bien comprise et librement acceptée.

- Avant de pratiquer toute intervention infirmière, l'infirmière est tenue de l'expliquer à la cliente et d'obtenir son consentement libre et éclairé.

- L'infirmière doit respecter à la lettre les devoirs et obligations prescrits par la loi et par son ordre professionnel, notamment en ce qui concerne les normes de soins ; elle doit également respecter les politiques, les protocoles de soins et les directives cliniques en vigueur dans l'établissement de santé où elle travaille.

- L'infirmière doit exercer sa profession selon une démarche systématique de soins, dont les principales étapes sont la collecte et l'interprétation des données ; la planification et la mise en œuvre des interventions ; et l'évaluation de l'atteinte des objectifs (ou des résultats escomptés).

- L'éducation du public et l'enseignement au client est non seulement un acte infirmier à part entière, mais aussi un devoir et une obligation légale pour les membres de la profession infirmière.

- Par « soins à la mère et au nouveau-né dans une perspective familiale », on entend un processus complexe, multidimensionnel et dynamique permettant de prodiguer en toute sécurité des soins spécialisés et personnalisés répondant aux besoins physiques, affectifs et psychosociaux des femmes et de leur famille. Dans une telle perspective, on envisage la grossesse et la naissance comme une étape saine et normale de la vie.

- Plusieurs réorganisations des soins ont permis de créer en milieu hospitalier des unités de naissance qui concrétisent cette approche de soins axée sur la famille : accouchement en chambre de naissance, participation du père et/ou des proches ; cohabitation mère-enfant dès la naissance, etc. De plus, les femmes dont l'accouchement ne présente aucun risque particulier peuvent maintenant accoucher avec une sage-femme professionnelle dans une maison de naissances.

- L'intégration des soins consiste à coordonner de façon durable les pratiques cliniques autour des problèmes de santé de chaque personne souffrante. Elle vise à assurer la continuité et la globalité des soins, autrement dit, à s'assurer que les services fournis par les différents professionnels, dans différents lieux ou organisations, s'articulent dans le temps aux besoins précis de chaque personne souffrante, compte tenu des connaissances disponibles.

- L'intégration des soins repose notamment sur le suivi systématique de clientèles (SSC), qui comprend un ensemble d'outils et de stratégies de coordination pour des groupes de clientèles spécifiques. Le SSC intègre dans une même approche les objectifs, les résultats et les interventions relatifs à la promotion de la santé, à la prévention de la maladie, à la guérison et aux soins pour une population donnée.

- L'un des outils les plus connus du suivi systématique de clientèle est le cheminement clinique, un consensus interdisciplinaire sur les pratiques optimales de chacune des disciplines concernées, à des moments stratégiques de l'épisode de soins.

- Les données probantes sont des informations de diverses natures qui reposent sur l'évaluation historique ou scientifique d'une pratique accessible aux décideurs du système canadien de soins de santé. La prise de décision fondée sur des données probantes indique l'examen explicite, consciencieux et judicieux des meilleures données existantes pour la prestation des soins de santé. Elle exige de nouvelles compétences da la part des infirmières.

- La recherche est vitale pour élargir le champ des connaissances en soins infirmiers, pour alimenter la pratique fondée sur des données probantes et pour améliorer la qualité des soins aux clients. Elle joue un rôle considérable dans l'avancement de la profession en permettant notamment de déterminer les risques et les avantages physiologiques et psychologiques des interventions tant infirmières que médicales.

- Les statistiques fournissent des éléments objectifs permettant de prévoir les besoins de la clientèle, de planifier l'utilisation des ressources et d'évaluer l'efficacité du traitement.

- L'infirmière en périnatalité doit se préparer à affronter les nombreux dilemmes éthiques liés au début de la vie, aux techniques biomédicales de pointe et à l'essor considérable de la recherche sur le génome humain.

Références

ALLARD, S. (novembre 2002). « Les sages-femmes veulent pratiquer à domicile », *La Presse* [en ligne]. Mis à jour le 17 janvier 2003 [réf. du 17 janvier 2003]. Disponible sur le Web : <http://www.cyberpresse.ca/reseau/actualites/0211/act_102110162226.html>.

ALLEMANG, M. (2000). « Development of community health nursing in Canada », *in* Stewart, M. J., *Community Nursing promoting Canadians' health*, 2ᵉ éd., Montréal, W. B. Saunder.

ARMS, S. (1994). *Immaculate Deception II : Myth, Magic and Birth*, Berkeley, Celestial Arts.

ASSOCIATION DES INFIRMIÈRES ET INFIRMIERS DU CANADA (1998). « Les prises de décisions fondées sur des données probantes dans la pratique infirmière », *in Énoncés de politique* [en ligne]. Date de mise à jour inconnue [réf. du 12 janvier 2003]. Disponible sur le Web : <http://www.cna-nurses.ca/_frames/policies/policiesmainframe_fr.htm>.

ASSOCIATION DES INFIRMIÈRES ET INFIRMIERS DU CANADA, ASSOCIATION CANADIENNE DES SOINS DE SANTÉ, ASSOCIATION MÉDICALE CANADIENNE et ASSOCIATION CATHOLIQUE CANADIENNE DE LA SANTÉ (1999). *Déclaration conjointe sur la prévention et le règlement de conflits éthiques entre les prestateurs de soins de santé et les personnes recevant les soins, in Énoncés de politique* [en ligne]. Date de mise à jour inconnue [réf. du 12 janvier 2003] Logiciel nécessaire : Adobe Acrobat Reader. Disponible sur le Web : http ://www.cna-nurses.ca/_frames/ policies/policiesmainframe_fr.htm.

BALASSOUPRAMANIANE, I. (2002). « L'euthanasie », *Le journal du Barreau,* vol. 34, n° 12. [en ligne]. Date de mise à jour inconnue [réf. du 15 janvier 2003]. Disponible sur le Web : <http://www.barreau.qc.ca/journal/ frameset.asp?article=/journal/vol34/no12/droitcompare.html>.

BOYER, G. *et al.* (2001). « Étude des effets de la phase prénatale du programme Naître égaux – Grandir en santé », *Rapports synthèses*, Direction de la santé publique, Régie régionale de la santé et des Services sociaux de Montréal-Centre [en ligne]. Date de mise à jour inconnue [réf. du 5 janvier 2003]. Logiciel nécessaire : Adobe Acrobat Reader. Disponible sur le Web : <http://www.santepub-mtl.qc.ca/Publication/synthese/rapv5n2.pdf>. Voir aussi le résumé de l'étude : <http://www.santepub-mtl.qc.ca/ Publication/famille/naitregauxeffets.html >.

BUREAU CANADIEN DE SURVEILLANCE PÉRINATALE (2000). *Naissance avant terme,* Ottawa, Contrôle des maladies infectieuses.

COMMISSION D'ÉTUDE SUR LES SERVICES DE SANTÉ ET LES SERVICES SOCIAUX (2000). *Les solutions émergentes*, Gouvernement du Québec [en ligne]. Mis à jour le 31 mai 2001 [réf. du 8 janvier 2003]. Logiciel nécessaire : Adobe Acrobat Reader. Disponible sur le Web : <http://www.cessss.gouv.qc.ca/page1_f.htm>.

CONTANDRIOPOULOS, A.-P., J.-L. DENIS et N. TOUATI (2002). *Intégration des soins : concepts et mise en œuvre*, Département d'administration de la santé, Université de Montréal, Montréal, Observatoire sur les transformations des organisations et du système de santé, Régie régionale de la santé et des services sociaux de Montréal-Centre [en ligne]. Date de mise à jour inconnue [réf. du 8 janvier 2003]. Disponible sur le Web : <http://www. santemontreal.qc.ca/fr/observatoire/ReflexIntegrationJLD-APC.htm>.

DAIGLE, K., et D. D'AMOUR (2000). « La collaboration entre les infirmières d'un centre hospitalier et d'un CLSC dans le cadre du congé précoce en post-partum », Communication présentée au 68e congrès de l'ACFAS – Résumé [en ligne]. Date de mise à jour inconnue [réf. du 6 janvier 2003]. Disponible sur le Web : <http://www.acfas.ca/congres/congres68/S1342.htm>.

FORUM NATIONAL SUR LA SANTÉ (1998). « Données probantes et information », *in La santé au Canada : un héritage à faire fructifier*, vol. 5, Québec, Éditions MultiMondes.

GOODE, C., et F. PIEDALUE (1999). « Evidence-based clinical practice », *Journal of Nursing Administration*, vol. 29, p. 15-21.

GOULET, L., D. D'AMOUR, J.-F. LABADIE, R. PINEAULT, et L. SÉGUIN (mars 2001). *Évaluation de l'impact des modalités de suivi postnatal sur la mère et le nouveau-né dans le contexte du congé précoce en obstétrique*, Fondation canadienne de la recherche sur les services [en ligne]. Mis à jour le 14 janvier 2003 [réf. du 19 janvier 2003]. Disponible sur le Web : <http://www.chsrf.ca/docs/finalrpts/2002/evaluate/goulet_final.pdf>.

INSTITUT DE LA STATISTIQUE DU QUÉBEC (2000). Gouvernement du Québec. Disponible sur le Web : <stat.gouv.qc.ca>.

KESSENICH, C. K., GUYATT, G. H., et DiCENSO, A. (1997). « Teaching nursing students evidence-based nursing ». *Nurse Educator, 22*(6).

LEATT, P. (2001). « La prestation de services intégrés », *in Le Fonds pour l'adaptation des services de santé, De la connaissance à la pratique*, série de rapports de synthèse pour l'avenir d'un système de santé reposant sur des données probantes, Santé Canada [en ligne]. Logiciel nécessaire : Adobe Acrobat Reader. Mis à jour le 21 juin 2002 [réf. du 19 janvier 2003]. Disponible sur le Web : <http://www.hc-sc.gc.ca/htf-fass/francais/ whatsnew_f.htm>.

MINISTÈRE DE L'ÉDUCATION (1999). *Soins infirmiers 1999*, Consortium Collège-Université région Mauricie/Bois-Francs, Québec, Gouvernement du Québec.

MINISTÈRE DE L'ÉDUCATION (2001). *Modèle de programme collégial, universitaire en formation infirmière*, Québec, Gouvernement du Québec.

MINISTÈRE DE LA SANTÉ ET DES SERVICES SOCIAUX (1993). *Politique de périnatalité*, Québec, Gouvernement du Québec.

MINISTÈRE DE LA SANTÉ ET DES SERVICES SOCIAUX (1993). *Protéger la naissance, soutenir les parents : un engagement collectif*, Énoncé de politique, Québec.

MINISTÈRE DE LA SANTÉ ET DES SERVICES SOCIAUX (1998). *Pratique des sages-femmes : recommandations ministérielles*, Québec, Gouvernement du Québec.

ORDRE DES INFIRMIÈRES ET INFIRMIERS DU QUÉBEC (2001). *Perspectives de l'exercice de la profession d'infirmière* [en ligne]. Date de mise à jour inconnue [réf. du 13 février 2002]. Logiciel nécessaire : Adobe Acrobat Reader. Disponible sur le Web : <http://www.oiiq.org/princ.html>.

ORDRE DES INFIRMIÈRES ET INFIRMIERS DU QUÉBEC (2002). *De la vocation à la profession : les infirmières en santé communautaire* [en ligne]. Date de mise à jour inconnue [réf. du 19 décembre 2002]. Logiciel nécessaire : Adobe Acrobat Reader. Disponible sur le Web : <http://www.oiiq.org/princ.html>.

PETERS, K. D., K. D. KOCHANEK et S. L. MURPHY (1998). « Deaths : Final data for 1996 ». *National Vital Statistics Reports, 47*(9), p. 1-82.

PROULX, D. (2002). « Les approches alternatives : un engouement confirmé », *Réseau*, magazine de l'Université du Québec, printemps 2002 [en ligne]. Date de mise à jour inconnue [réf. du 6 janvier 2003]. Disponible sur le Web : <http://www.uquebec.ca/bap/bap/mag_reseau/mag2002_02/ dossier2002-02.html>.

RÉGIE RÉGIONALE DE LA MAURICIE ET DU CENTRE-DU-QUÉBEC (2002). *Suivi systématique de clientèles, Le continuum de soins à son meilleur* [en ligne]. Date de mise à jour inconnue [réf. du 19 janvier 2003]. Disponible sur le Web : <http://www.rrsss04.gouv.qc.ca/ssc/presentation.html>.

ROY, D. J. (2002a). « Cellules souches : au delà de Babel ? », *Cadrage*, L'observatoire de la génétique, Centre de bioéthique de l'Institut de recherches cliniques de Montréal [en ligne]. Date de mise à jour inconnue [réf. du 19 janvier 2003]. Disponible sur le Web : <http://www.ircm.qc.ca/bioethique/obsgenetique/ cadrages/cadr2002/c_no2_02/c_no2_02_1.html>.

ROY, D. J. (2002b). « Et maintenant… », Discours de conclusion du 5e colloque annuel « L'éthique et le clonage thérapeutique des cellules souches – Regard sur le destin de l'embryon humain », *in Au chevet,* Bulletin de liaison du Réseau FRSQ de recherche en éthique clinique, n° 68.

SACKET, D. L., W. S. RICHARDSON, W. ROSENBERG et R. B. HAYNES. (1997). *Evidence-based medecine : How to practice and teach EBM*, New York, Churchill-Livingstone.

SAILLANT, F. et M. O'NEILL (1987). *Accoucher autrement*, Montréal, Éditions Saint-Martin.

SANTÉ CANADA (mars 1998). *Mortalité infantile ; fiche d'information*, préparé par les membres du Système canadien de surveillance périnatale, Division de la santé génésique [en ligne]. Mis à jour le 8 mars 2002. Disponible sur le Web : <http://www.hc-sc.gc.ca/pphb-dgspsp/rhs-ssg/factshts/mort_f.html>.

SANTÉ CANADA (2000a). Document présentant l'historique et l'élaboration de la quatrième édition de *Les soins à la mère et au nouveau-né dans une perspective familiale : lignes directrices nationales*, préparé par Louise Hanvey, Division de l'enfance et de la jeunesse [en ligne]. Mis à jour le 8 mars 2002 [réf. du 10 décembre 2002]. Logiciel nécessaire : Adobe Acrobat Reader. Disponible sur le Web : <http://www.hc-sc.gc.ca/hppb/enfance-jeunesse/ cyfh/pdf/paper_fr.pdf>.

SANTÉ CANADA (2000b). *Les soins à la mère et au nouveau-né dans une perspective familiale : lignes directrices nationales*, 4e édition, Ottawa, ministère des Travaux publics et Services gouvernementaux [en ligne]. Mis à jour le 8 mars 2002 [réf. du 10 décembre 2002]. Logiciel nécessaire : Adobe Acrobat Reader. Date Disponible sur le Web : <http://www.hc-sc.gc.ca/hppb/ enfance-jeunesse/cyfh/child_and_youth/physical_health/maternite.html>.

SANTÉ CANADA (2002). *Communiqués de presse 2002* [en ligne]. Mis à jour le 8 mai 2002 [réf. du 18 janvier 2003]. Disponible sur le Web : <http://www. hc-sc.gc.ca/francais/media/communiques/2002/2002_34.htm>.

SOCIÉTÉ CANADIENNE DE PÉDIATRIE et SOCIÉTÉ DES GYNÉCOLOGUES ET OBSTÉTRICIENS DU CANADA (2001). *Démarche thérapeutique auprès de la mère qui risque d'accoucher d'un bébé très prématuré – Énoncé conjoint* [en ligne]. Mis à jour le 19 janvier 2003 [réf. du 20 janvier 2003]. Disponible sur le Web : <http://www.cps.ca/francais/enonces/FN/fn94-01.htm>.

SOCIÉTÉ DES OBSTÉTRICIENS ET GYNÉCOLOGUES DU CANADA (1997). « L'intervention involontaire dans la vie des femmes enceintes », *Directives cliniques de la SOGC*, déclaration de principe no 67 [en ligne], Ottawa, chez l'auteur. Mis à jour le 19 janvier 2003 [réf. du 20 janvier 2003]. Logiciel nécessaire : Adobe Acrobat Reader. Disponible sur le Web : <http://www.sogc.org/SOGCnet/sogc_docs/common/guide/pdfs/ps67f.pdf>.

SOCIÉTÉ DES OBSTÉTRICIENS ET GYNÉCOLOGUES DU CANADA (1999). *Considérations déontologiques sur la reproduction assistée, Directives cliniques de la SOGC* [en ligne]. Mis à jour le 19 janvier 2003 [réf. du 20 janvier 2003]. Logiciel nécessaire : Adobe Acrobat Reader. Disponible sur le Web : <http://sogc.org/SOGCnet/sogc_docs/common/guide/pdfs/assistReprod_f.pdf>.

STATISTIQUE CANADA (2000). *Births and birth rates. Canada, the provinces and territories.* CANSIM, Matrix 5772.

UNIVERSITÉ DU QUÉBEC À TROIS-RIVIÈRES (2002). *Baccalauréat en pratique sage-femme ; histoire de la profession* [en ligne]. Date de mise à jour inconnue [réf. du 29 décembre 2002]. Disponible sur le Web <http://www.uqtr.uquebec.ca/sage-femme/Historique/index.html>.

Lectures complémentaires

BLONDEAU, D. (1986). *De l'éthique à la bioéthique : repères en soins infirmiers*, Chicoutimi, Gaëtan Morin.

BRABANT, I. (2001). *Pour une naissance heureuse*, Montréal, Éditions Saint-Martin.

CROOKS, G. M., M. LILL, S. FEIG, et R. PARKMAN (1997). « New source of stem cells for transplants », *Contemporary OB/GYN*, vol. 42, n° 8, p. 114-126.

DICENSO, A., N. CULLUM, et D. CILISKA (1998). « Implementing evidence-based, some misconceptions », *Evidence-based Nursing*, vol. 1, p. 38-39.

DOWER, C. N., et J. E. MILLER (1999). *Taskforce on mid-wifery, Charting a course for the 21st century : The future of midwifery*, San Francisco, Pew Health Professions Commission et University of California (San Francisco Center for the Health Professions).

GRAY, M. (1997). *Evidence based healthcare*, New York, Churchill-Livingstone.

HAGEDORN, M. I. E., S. L. GARDNER, M. G. LAUX et G. L. GARDNER (1997). « A model for professional nursing practice », *in* S.L. Gardner et M. I. E. Hagerdorn (dir.), *Legal Aspects of maternal-child nursing practice*, Menlo Park, Addison Wesley Longman.

HAMMOND, C. B., et R. J. STILLMAN (1999). « Infertility and assisted reproduction », *in* J. R. Scott, P. J. DiSaia, C. B. Hammond et W. N. Spellacy (dir.), *Danforth's obstetrics and gynecology*, 8e éd., Philadelphie, Lippincott Williams & Wilkins.

HORNSTRA, D. (1999). « A realistic approach to maternal-fetal conflict », *Neonatal Intensive Care*, vol. 12, no 2, p. 24-31.

KLAUS, M.H, et P.H. KLAUS (1990). *L'étonnant nouveau-né*, Montréal, Les Éditions de l'Homme.

MINISTÈRE DE LA SANTÉ ET DES SERVICES SOCIAUX (1990). *Naître égaux – Grandir en santé*, Québec, Gouvernement du Québec.

MINISTÈRE DE LA SANTÉ ET DES SERVICES SOCIAUX (1997). *Indicateurs sociosanitaires : le Québec et ses régions*, Québec, préparé par M. Pageau, M. Ferland, R. Choinière et Y. Sauvageau, Québec, Gouvernement du Québec.

MINISTÈRE DE LA SANTÉ ET DES SERVICES SOCIAUX (1999). *Proposition d'organisation des services dans le cadre d'un programme de congé précoce en périnatalité*, Québec, Gouvernement du Québec.

MINISTÈRE DE LA SANTÉ ET DES SERVICES SOCIAUX (2001). *L'allaitement maternel au Québec – Lignes directrices*, Québec, Gouvernement du Québec.

MURPHY, P. A., F. KRONENBERG et C. WADE (1999). « Complementary and alternative medicine in women's health », *Journal of Nurse-Midwifery*, vol. 44, n° 3, p. 192-200.

ORDRE DES INFIRMIÈRES ET INFIRMIERS DU QUÉBEC DE LA MONTÉRÉGIE (1997). *Programme de soins intégrés et personnalisés en pré, per et postnatal*, Centre hospitalier Pierre-Boucher.

ROCHE, P. A., et 9(2000). « The ethical challenge of stem cell research », *Women's Health Issues*, vol. 10, n° 3, p. 136-139.

RYAN, K.J. (2000). « The politics and ethics of human embryo and stem cell research », *Women's Health Issues*, vol. 10, n° 3, p. 105-110.

SIMPSON, K. R., et P. A. CREEHAN (2001). *Perinatal Nursing*, AWHONN, Philadelphie, Lippincott.

VALOIS, M. (1997). *Répertoire d'expertises infirmières*, 3e éd., Montréal, chez l'auteure, 211p.

Anatomie et physiologie de la reproduction

Vocabulaire

Objectifs

- Décrire les structures et les fonctions de l'appareil génital de la femme et de l'homme
- Analyser brièvement le jeu des hormones qui agissent sur la reproduction
- Décrire les deux phases du cycle ovarien et les changements qui les caractérisent
- Décrire les phases du cycle menstruel, l'action des hormones et les changements qui caractérisent chacune de ces phases
- Expliquer le rôle de chacun des organes génitaux de la femme durant l'accouchement

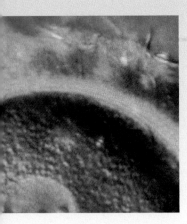

POUR COMPRENDRE LA GROSSESSE, il ne suffit pas de comprendre les rapports sexuels ou le processus d'union des cellules sexuelles. L'infirmière doit aussi connaître les organes et les fonctions qui la rendent possible. Nous étudierons donc dans ce chapitre l'anatomie, la physiologie et les aspects sexuels de l'appareil génital de la femme et de l'homme.

Les organes génitaux féminins et masculins sont homologues *: autrement dit, leurs structures et leurs fonctions présentent une grande similarité. Les principales fonctions des organes génitaux de la femme et de l'homme sont de produire des cellules sexuelles et de les acheminer là où elles peuvent s'unir. Les deux sexes possèdent des organes spécialisés, les* gonades, *qui produisent des cellules sexuelles appelées* gamètes *; ils sont également dotés d'un réseau de canaux et de glandes qui contribue à la production et au transport des gamètes.*

L'appareil génital de la femme

L'appareil génital de la femme englobe les organes génitaux externes et internes, ainsi que des organes annexes, les seins. Ce chapitre traite également du bassin à cause de son importance durant l'accouchement.

Organes génitaux externes

À l'exception des glandes, on peut examiner directement tous les organes génitaux externes. Leurs dimensions, leur couleur et leur forme varient considérablement selon les individus et les races.

Le terme **vulve** englobe l'ensemble des organes génitaux externes de la femme (figure 2-1 ▶), soit :

- le mont de Vénus ;
- les grandes lèvres ;
- les petites lèvres ;
- le clitoris ;
- le méat urétral et les glandes para-urétrales (ou glandes de Skene) ;
- le vestibule vaginal (l'orifice vaginal, les glandes de Bartholin, l'hymen et la fossette naviculaire) ;
- le périnée.

La vulve dispose d'une irrigation sanguine abondante et d'une importante innervation. La production d'œstrogènes diminue avec l'âge, ce qui entraîne l'atrophie des organes vulvaires et les rend plus vulnérables aux lésions.

Bien qu'ils ne fassent pas partie des organes génitaux, nous étudierons le méat urétral et le périnée parce qu'ils sont situés près de la vulve et qu'ils y sont reliés.

Mont de Vénus

Le *mont de Vénus* est une protubérance arrondie de tissus adipeux sous-cutanés qui couvre la partie inférieure de la paroi abdominale et le devant de la symphyse pubienne (figure 2-1 ▶). Le mont de Vénus est recouvert de poils pubiens, dont la naissance dessine généralement une ligne transverse au bas de l'abdomen. L'apparence de ces poils varie beaucoup d'une femme à l'autre ; ils sont souvent fins et clairsemés chez les Asiatiques, épais et frisés chez les Noires. Le mont de Vénus protège les os du bassin, notamment pendant les rapports sexuels.

Grandes lèvres

Les *grandes lèvres* sont deux replis longitudinaux de peau pigmentée qui sont situés de chaque côté de la fente vulvaire et qui la délimitent ; elles rétrécissent vers le bas et se rejoignent pour former la commissure postérieure du périnée. Leur principale fonction est de protéger les organes qu'elles entourent.

Les grandes lèvres sont tapissées d'un épithélium pavimenteux stratifié qui contient des follicules pileux et des glandes sébacées, et qui recouvre les tissus adipeux et musculaires sous-jacents. La couche musculaire (dartos) des grandes lèvres leur confère leur apparence plissée ainsi que leur sensibilité au froid et à la chaleur. Chez les nullipares, la surface interne des grandes lèvres est humide et s'apparente à une muqueuse ; après plusieurs accouchements, elle prend plutôt l'aspect d'une peau (Cunningham *et al.*, 2001). Chaque grossesse rend les grandes lèvres moins saillantes. Comme elles sont richement vascularisées, des varices peuvent s'y développer durant la grossesse, et des hématomes peuvent y apparaître à la suite d'un accouchement ou de traumas sexuels. Les grandes lèvres sont irriguées par le même réseau vaste et diffus de vaisseaux lymphatiques que les autres organes de la vulve, ce qui favorise la propagation du cancer dans les organes génitaux de la femme. À cause de l'innervation des grandes lèvres (par le premier segment lombaire et le troisième segment sacré de la moelle épinière), certaines anesthésies régionales par bloc de racines nerveuses les engourdissent.

Petites lèvres

Les *petites lèvres* sont de souples replis de peau situés à l'intérieur des grandes lèvres ; elles convergent près de l'anus pour former la *fourchette*. Humides et dépourvues de follicules pileux, elles ont l'aspect d'une muqueuse. Elles renferment une grande quantité de glandes sébacées qui, en plus de lubrifier et d'imperméabiliser la peau de la vulve, sécrètent des substances bactéricides. Comme ces glandes sébacées s'ouvrent directement à la surface de la peau plutôt que dans des follicules pileux, des kystes sébacés se forment souvent dans cette région. La vulvovaginite rend les petites lèvres douloureuses, car elles recèlent plusieurs terminaisons nerveuses sensitives. À cause de la variation des taux d'œstrogènes, les petites lèvres grossissent à la puberté et s'atrophient à la ménopause.

Clitoris

Situé entre les petites lèvres, le *clitoris* mesure de 5 à 6 mm de long et de 6 à 8 mm de large environ. Il est essentiellement composé de tissu érectile, et donc très sensible au toucher. Le gland du clitoris est partiellement recouvert d'un repli de peau appelé le *prépuce*. Comme ce site ressemble à un orifice, on peut le confondre avec le méat urétral ; tenter d'y insérer un cathéter déclencherait une douleur vive. Le clitoris est abondamment irrigué et innervé. Sa principale raison d'être est le plaisir sexuel de la femme. Il sécrète également le *smegma*, dont l'odeur, avec celle d'autres sécrétions vaginales, peut constituer un stimulant érotique.

Méat urétral et glandes para-urétrales

Le *méat urétral* se trouve de 1 à 2,5 cm sous le clitoris sur la ligne médiane du vestibule. Cet orifice qui se présente comme une fente aux bords plissés est parfois difficile à distinguer à cause de la présence de fossettes ou de petits replis muqueux. Les glandes para-urétrales (ou glandes de Skene) s'ouvrent sur la paroi postérieure de l'urètre, près de son orifice (figure 2-1) ; leurs sécrétions lubrifient le vestibule vaginal, ce qui facilite la pénétration.

Vestibule vaginal

Le vestibule vaginal est une dépression en forme de bateau bordée par les grandes lèvres ; on le voit lorsqu'on écarte ces dernières. Il contient l'*introitus*, l'orifice vaginal qui sépare les organes génitaux internes des organes génitaux externes.

L'*hymen* est une membrane fine et élastique, essentiellement avasculaire, qui entoure l'orifice vaginal. Son apparence varie au cours de la vie. Depuis des millénaires, on croit, dans bien des sociétés, que l'intégrité de l'hymen est le signe de la virginité. Les recherches anatomiques modernes nous ont révélé la fausseté de cette croyance. L'hymen ne ferme pas complètement l'orifice vaginal et peut rester intact malgré le coït ; il peut aussi se rompre lors d'exercices physiques intenses ou de l'introduction d'un tampon, ou encore durant la masturbation ou la menstruation.

À l'extérieur de l'hymen et à la base du vestibule, deux petites saillies papuleuses contiennent les orifices des canaux des *glandes de Bartholin* (ou *glandes vulvovaginales*). Enfouies sous le muscle constricteur du vagin, ces glandes sécrètent un mucus translucide et visqueux au pH alcalin, qui améliore la viabilité et la motilité des spermatozoïdes déposés dans le vestibule vaginal. Les canaux de ces glandes peuvent abriter des gonocoques et d'autres bactéries susceptibles d'entraîner la formation de pus et d'abcès dans les glandes de Bartholin.

Périnée

Le **périnée** est un triangle de tissu fibromusculaire situé entre la partie inférieure du vagin et l'anus. Plusieurs muscles s'y rencontrent : le sphincter externe de l'anus, les deux releveurs de l'anus, les muscles transverses profond et superficiel du périnée et le muscle bulbocaverneux. Ces muscles s'unissent à des fibres élastiques et à du tissu conjonctif, et leur disposition permet un étirement considérable. Durant la dernière partie du travail, le périnée n'a plus que quelques centimètres d'épaisseur ; c'est à cet endroit qu'on pratique l'épisiotomie, le cas échéant (voir le chapitre 19).

FIGURE 2-1 ▶ Vue longitudinale des organes génitaux externes de la femme.

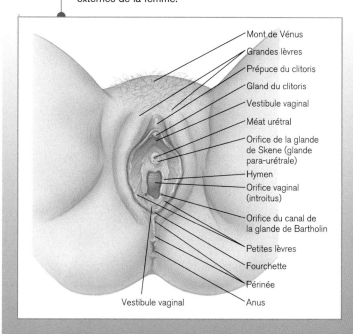

Mont de Vénus
Grandes lèvres
Prépuce du clitoris
Gland du clitoris
Vestibule vaginal
Méat urétral
Orifice de la glande de Skene (glande para-urétrale)
Hymen
Orifice vaginal (introitus)
Orifice du canal de la glande de Bartholin
Petites lèvres
Fourchette
Périnée
Anus
Vestibule vaginal

Organes génitaux internes

Les organes génitaux internes de la femme – c'est-à-dire le vagin, l'utérus, les trompes de Fallope et les ovaires (figure 2-2 ▶) – qui sont la cible des œstrogènes jouent un rôle primordial dans le cycle reproducteur féminin. On peut les palper au cours de l'examen vaginal ou les observer à l'aide de divers instruments.

Vagin

Le **vagin** est un tube musculomembraneux qui relie la vulve à l'utérus ; son orientation est presque parallèle à celle du détroit supérieur. On le nomme également *filière pelvigénitale*, ce qui est une allusion au fait que le fœtus doit le traverser pour naître.

Comme le col utérin se projette dans le haut de la paroi antérieure du vagin, cette dernière a environ 2,5 cm de moins que la paroi postérieure : la paroi antérieure mesure de 6 à 8 cm ; la paroi postérieure, de 7 à 10 cm.

Dans la partie supérieure du vagin, qu'on appelle le dôme vaginal, une dépression entoure le col utérin : le *cul-de-sac vaginal*. À travers les parois très minces du dôme vaginal, on peut palper l'utérus, une vessie pleine, les ovaires, l'appendice, le cæcum, le côlon et les uretères. Lorsque la femme est couchée sur le dos après le coït, le sperme s'accumule dans le cul-de-sac ; un grand nombre de spermatozoïdes se trouvent ainsi retenus près du col utérin, ce qui augmente les chances de fécondation.

Les parois du vagin sont couvertes de plis transversaux, les crêtes vaginales, qui lui permettent de s'étirer suffisamment pour laisser passer le fœtus durant l'accouchement.

De la puberté à la ménopause, le milieu vaginal est normalement acide (pH de 4 à 5). L'acidité vaginale est entretenue par une relation symbiotique entre les bacilles de Döderlein (ou lactobacilles) et les cellules épithéliales du vagin. Les lactobacilles transforment en acide lactique le glycogène contenu dans les cellules épithéliales. Les sécrétions de l'épithélium vaginal humidifient le vagin et les hormones ovariennes règlent

FIGURE 2-2 ▶ Organes génitaux internes de la femme.

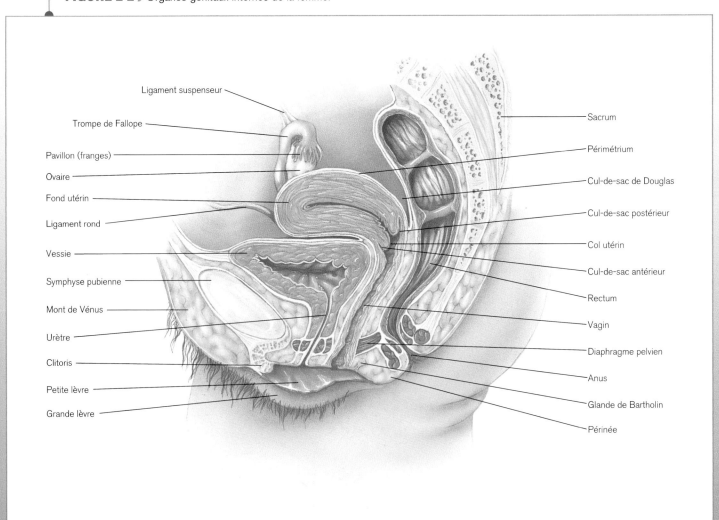

Ligament suspenseur
Trompe de Fallope
Pavillon (franges)
Ovaire
Fond utérin
Ligament rond
Vessie
Symphyse pubienne
Mont de Vénus
Urètre
Clitoris
Petite lèvre
Grande lèvre

Sacrum
Périmétrium
Cul-de-sac de Douglas
Cul-de-sac postérieur
Col utérin
Cul-de-sac antérieur
Rectum
Vagin
Diaphragme pelvien
Anus
Glande de Bartholin
Périnée

le taux de glycogène. Une antibiothérapie ou l'usage de douches, d'aérosols et de désodorisants vaginaux peut interrompre ce processus et inhiber l'activité autonettoyante du vagin (pour plus de détails sur les soins d'hygiène féminine, voir le chapitre 4). Le milieu vaginal n'est acide que de la puberté à la ménopause, ainsi que dans les premiers jours de la vie, alors que les hormones maternelles sont encore actives. Un pH relativement neutre de 7,5 est normal jusqu'à la puberté et après la ménopause.

Le vagin reçoit une abondante irrigation sanguine et lymphatique (figure 2-3 ▶). Cet organe relativement insensible, dont seul le tiers inférieur est doté d'une faible innervation somatique par le nerf honteux interne, n'a pratiquement pas de terminaisons nerveuses spécifiques. Lors de l'excitation sexuelle et du coït, les sensations vaginales sont minimes, et il en est de même des douleurs vaginales durant la deuxième phase du travail.

Le vagin remplit trois fonctions :

- permettre le passage des spermatozoïdes lors des rapports sexuels et celui du fœtus lors de l'accouchement ;
- permettre l'écoulement menstruel ;
- protéger l'utérus contre les traumas lors du coït et contre les micro-organismes pathogènes.

Utérus

De tout temps, l'**utérus** (ou *matrice*) a été auréolé de mystère. Les fonctions reproductrices de la femme ont inspiré d'innombrables mythes, tabous, mœurs, coutumes et valeurs. Les connaissances scientifiques ont relégué aux oubliettes la plupart de ces croyances et superstitions archaïques, mais il en subsiste des vestiges que l'infirmière doit pouvoir détecter, chez elle comme chez ses clientes et clients, pour être en mesure d'offrir des soins efficaces.

L'utérus est un organe musculaire creux, aux parois épaisses et en forme de poire (figure 2-4 ▶). Situé au centre de la cavité pelvienne, au-dessus du vagin, entre la base de la vessie et le rectum, il est à la hauteur du détroit supérieur ou légèrement au-dessous ; son ouverture (l'orifice externe du col utérin) se trouve à peu près au niveau des épines sciatiques. Chez la femme adulte, l'utérus pèse de 50 à 70 g. Il mesure environ 7,5 cm de long et 5 cm de large et a de 1 à 2,5 cm d'épaisseur (Resnik, 1999).

La posture, le nombre d'accouchements, le contenu de la vessie et du rectum, et même la respiration, tous ces éléments influent sur la position de l'utérus. Seul son col est retenu sur les côtés ; le reste de l'utérus peut se déplacer librement vers l'avant ou vers l'arrière. Son axe aussi peut varier.

Généralement, l'utérus s'incline vers l'avant, formant un angle aigu avec le vagin, il se courbe dans la région de son isthme et, à partir de là, il se dirige vers le bas. Cette antéversion de l'utérus est considérée comme son orientation normale.

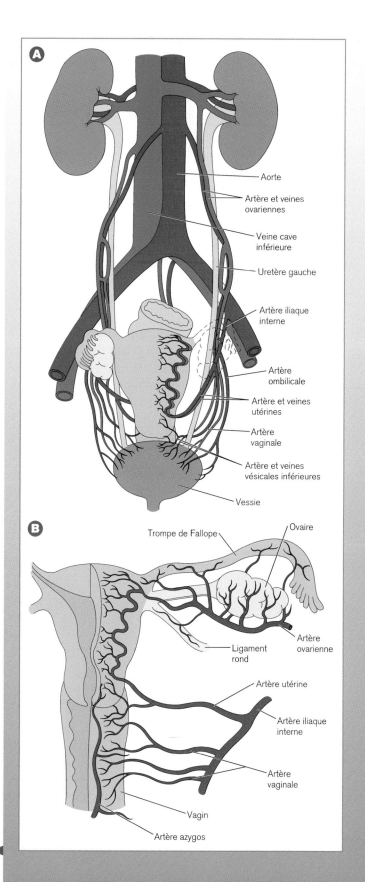

FIGURE 2-3 ▶ Irrigation sanguine des organes génitaux internes. **A.** Irrigation pelvienne. **B.** Irrigation du vagin, des ovaires, de l'utérus et des trompes de Fallope.

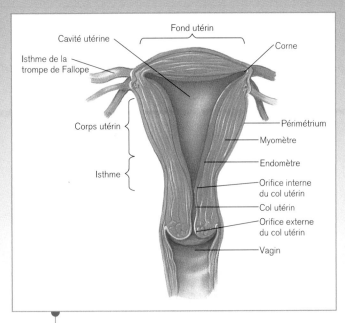

FIGURE 2-4 ▶ Structure de l'utérus.

Trois séries de supports retiennent l'utérus en place : le ligament large et les ligaments ronds dans le haut ; les ligaments cardinaux, le ligament vésico-utérin et le ligament utérosacré au milieu ; le plancher pelvien dans le bas.

L'isthme est un léger rétrécissement qui divise l'utérus en deux parties inégales. Les deux tiers supérieurs forment le **corps utérin**, essentiellement constitué d'un muscle lisse, le myomètre ; le tiers inférieur forme le *col utérin*. La partie arrondie de l'utérus qui dépasse des points d'attache des trompes de Fallope s'appelle le **fond utérin**. Les endroits où les trompes s'insèrent dans l'utérus s'appellent les *cornes utérines*.

L'isthme se situe à environ 6 mm au-dessus de l'orifice interne du col utérin ; à cet endroit, la paroi de l'utérus (l'endomètre) devient la muqueuse du col utérin. L'isthme prend plus d'importance pendant la grossesse ; comme le col, ce mince segment inférieur situé derrière la vessie est un segment passif qui ne fait pas partie de l'utérus contractile. C'est à cet endroit qu'on pratique l'incision dans les césariennes basses (voir le chapitre 20).

L'utérus dispose d'une importante irrigation sanguine et lymphatique. Son innervation relève uniquement du système nerveux autonome. L'utérus peut se contracter suffisamment pour l'accouchement, même si l'influx nerveux est réduit ; à preuve, les hémiplégiques ont des contractions utérines adéquates.

L'utérus a pour fonction de fournir au fœtus un milieu sûr et propice à son développement. En préparant de façon cyclique la tunique interne de l'utérus, les stéroïdes permettent l'implantation (**nidation**) de l'embryon. Le fœtus est ensuite à l'abri jusqu'à son expulsion.

La grossesse modifie définitivement le corps utérin, qui ne reviendra jamais à son volume d'avant la grossesse, de même que le col utérin, qui, d'un orifice circulaire de 3 mm de diamètre, se transformera en une fente transversale aux bords irréguliers.

Corps utérin

Trois tuniques forment le corps utérin : la tunique externe (*tunique séreuse,* ou **périmétrium**), composée de tissu péritonéal ; la tunique moyenne (*tunique musculaire,* ou **myomètre**) ; et la tunique interne (*muqueuse de l'utérus,* ou **endomètre**).

La tunique musculaire de l'utérus est en continuité avec la tunique musculaire des trompes de Fallope et avec celle du vagin, de sorte que ces organes peuvent avoir une réaction uniforme à des stimuli, comme l'ovulation, l'orgasme et le dépôt de sperme dans le vagin. Ces fibres musculaires s'étendent aussi dans les ligaments utéro-ovariens, ronds et cardinaux, ainsi que, dans une moindre mesure, dans le ligament utérosacré, ce qui explique en partie les douleurs vagues qui inquiètent tant de femmes enceintes.

Trois couches de muscles involontaires (lisses) forment le myomètre (figure 2-5 ▶). La couche externe, qu'on trouve surtout dans le fond utérin, est constituée de muscles longitudinaux, responsables de l'effacement du col et de l'expulsion du fœtus durant l'accouchement. L'épaisse couche intermédiaire se compose de fibres musculaires entrelacées en huit autour de gros vaisseaux sanguins ; la contraction de ces fibres a un effet hémostatique (elles forment une sorte de tourniquet qui comprime les vaisseaux sanguins et jugule l'hémorragie après l'accouchement). Quand à la couche interne, elle se compose de fibres circulaires qui forment des sphincters aux points d'attache des trompes de Fallope et à l'orifice interne du col utérin. Le sphincter de l'orifice interne, qui empêche l'expulsion du contenu utérin durant la grossesse, s'étire durant la dilatation du col au cours du travail. La faiblesse, la déchirure ou l'absence du sphincter de l'orifice interne peut être à l'origine de la béance isthmique. Les sphincters des trompes de Fallope empêchent l'écoulement menstruel de refluer dans les trompes. Bien que chacune des couches musculaires remplisse un rôle bien précis, la musculature utérine fonctionne comme un tout. Lors du travail, les contractions de l'utérus entraînent la dilatation du col et deviennent la principale force qui permet au fœtus de franchir l'axe pelvien et le canal vaginal.

La tunique interne (muqueuse) de l'utérus, l'**endomètre,** se compose d'une seule couche d'épithélium cylindrique, de glandes et de stroma. De la puberté à la ménopause, l'endomètre se desquame et se renouvelle tous les mois en l'absence de grossesse. En réaction au cycle hormonal et sous l'effet des prostaglandines, son épaisseur passe de 0,5 à 5 mm. Les glandes de l'endomètre produisent des sécrétions alcalines, claires et aqueuses, qui préservent l'humidité de la cavité utérine. En plus de faciliter le voyage des spermatozoïdes vers les trompes de Fallope, ce liquide endométrial nourrit le blastocyste jusqu'à son implantation dans l'endomètre (voir le chapitre 3).

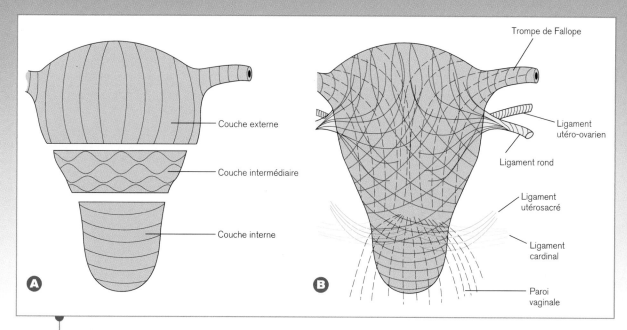

FIGURE 2-5 ▶ Couches musculaires de l'utérus.
A. Disposition des fibres musculaires.
B. Entrecoisement des couches musculaires.

L'irrigation sanguine de l'endomètre est très particulière : certains de ses vaisseaux sanguins sont insensibles au cycle hormonal, alors que d'autres y sont extrêmement sensibles. Cela permet à une partie de l'endomètre de rester intacte, tandis qu'une autre partie se desquame pendant la menstruation.

Col utérin

La partie étroite de l'utérus, le **col utérin,** est un canal d'environ 2,5 cm de long qui descend du corps utérin (orifice interne du col utérin) jusqu'au vagin (orifice externe du col utérin), constituant ainsi une sorte de vestibule protecteur pour le corps utérin (figure 2-4 ▶).

Le col utérin se divise selon sa ligne d'attache en une portion intravaginale et une portion susvaginale. La *portion intravaginale du col utérin,* qu'on appelle aussi museau de tanche, forme un angle de 45° à 90° avec le vagin. La *portion susvaginale du col utérin* est entourée des attaches qui constituent les principaux supports de l'utérus : les ligaments utérosacrés, cardinaux (ligaments de Mackenrodt) et pubocervicaux.

La portion intravaginale du col, de couleur rosée, se termine à l'orifice externe. D'un rouge rosé, la cavité du col utérin est tapissée d'un épithélium cylindrique cilié qui contient des glandes à mucus. Le cancer du col se déclenche généralement à la jonction de l'épithélium du col et de celui du vagin. Le site précis de cette jonction varie selon l'âge et le nombre de grossesses. Le col utérin se distingue par l'élasticité que lui confèrent l'abondance de fibres et de collagène de ses tissus de soutien et les multiples plis de sa muqueuse.

La glaire cervicale (ou mucus cervical) remplit les trois fonctions suivantes :

- lubrifier le canal vaginal ;
- exercer une action bactériostatique ;
- protéger les spermatozoïdes contre l'acidité du vagin en leur assurant un milieu alcalin.

Lors de l'ovulation, la glaire cervicale est plus claire, plus liquide et plus alcaline que durant le reste du cycle menstruel.

Ligaments utérins

Les ligaments utérins soutiennent et stabilisent les organes génitaux. Les paragraphes qui suivent décrivent les ligaments représentés à la figure 2-6 ▶.

1. Le **ligament large** maintient l'utérus au centre de la cavité pelvienne et le stabilise. Constitué d'une double couche de tissu mésentérique en continuité avec le péritoine abdominal, le ligament large recouvre les faces antérieure et postérieure de l'utérus et s'étend latéralement pour envelopper les trompes de Fallope. Les ligaments ronds et les ligaments utéro-ovariens se trouvent sur le bord supérieur de ce ligament, et son bord inférieur forme les ligaments cardinaux. Les replis du ligament large contiennent du tissu conjonctif, des fibres musculaires lisses, des vaisseaux sanguins lymphatiques et des nerfs.

2. Les **ligaments ronds** aident le ligament large à maintenir l'utérus en place. Prenant naissance sur le côté de l'utérus, près du point d'insertion de la trompe de

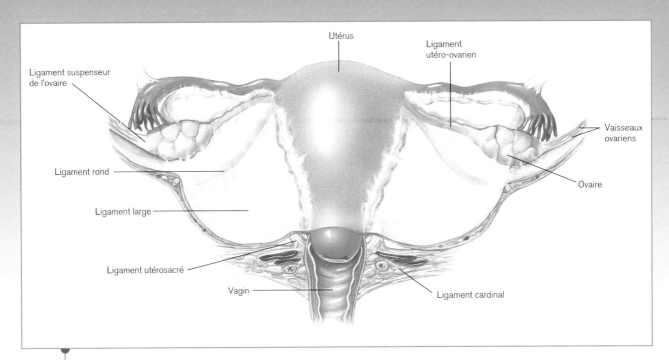

FIGURE 2-6 ▶ Ligaments utérins.

Fallope, ils se dirigent vers l'avant entre les replis du ligament large, traversent les anneaux inguinaux et le canal inguinal, et fusionnent avec le tissu conjonctif des grandes lèvres. Composés de tissu musculaire longitudinal, ils augmentent de volume durant la grossesse. Lors du travail, ils stabilisent l'utérus et exercent des poussées vers l'avant et vers le bas, ce qui force la présentation fœtale à s'engager dans le col utérin.

3. Les **ligaments utéro-ovariens** fixent le pôle inférieur des ovaires aux cornes utérines. Composés de fibres musculaires, ils sont contractiles et influent dans une certaine mesure sur la position de l'ovaire, aidant ainsi les franges du pavillon à intercepter l'ovule libéré chaque mois.

4. Les **ligaments cardinaux** sont les principaux soutiens de l'utérus; ils le suspendent aux parois latérales du petit bassin. Aussi appelés ligaments de Mackenrodt ou ligaments cervicaux transverses, ils prennent naissance sur les parois latérales du bassin et s'insèrent dans le col sur la partie supérieure du vagin; ils empêchent le prolapsus utérin et soutiennent la partie supérieure du vagin.

5. Le **ligament suspenseur de l'ovaire** (ou *ligament lombo-ovarien*) assure la suspension des ovaires, tout en leur fournissant un appui. Il part du tiers supérieur du ligament large et enveloppe les vaisseaux et les nerfs ovariens.

6. Les **ligaments utérosacrés** soutiennent l'utérus et le col au niveau des épines sciatiques. Ils prennent naissance de chaque côté du bassin sur la paroi postérieure de l'utérus, passent derrière le rectum et s'insèrent sur les côtés des première et deuxième vertèbres sacrées.

Ces ligaments contiennent des fibres musculaires lisses, du tissu conjonctif, des vaisseaux sanguins et lymphatiques et des nerfs. Ils renferment également des fibres nerveuses sensitives qui jouent un rôle dans la dysménorrhée (voir le chapitre 4).

Trompes de Fallope

Aussi appelées *trompes utérines,* les **trompes de Fallope** prennent naissance de chaque côté de l'utérus et s'étendent vers les parois du bassin, qu'elles touchent presque, pour ensuite se diriger vers les ovaires (figure 2-7 ▶). Mesurant de 8 à 13,5 cm de long chacune, les trompes s'enfoncent légèrement dans l'utérus, où leur ouverture fait à peine 1 mm de diamètre. Les trompes relient la cavité péritonéale à l'utérus et au vagin; cette particularité anatomique prédispose les femmes à contracter certaines infections.

On peut diviser chaque trompe en trois parties: l'isthme de la trompe de Fallope, l'ampoule et le pavillon. Droit et mince, doté d'une épaisse paroi musculaire, l'**isthme de la trompe de Fallope** a une lumière (calibre intérieur) de 2 à 3 mm. La ligature des trompes, qui est une intervention chirurgicale visant à empêcher toute grossesse (voir le chapitre 4), s'effectue à cet endroit. L'**ampoule,** qui forme les deux tiers externes de la trompe, prolonge l'isthme. C'est là que se produit généralement la fécondation de l'ovocyte de deuxième ordre par le spermatozoïde. La trompe se termine par les *franges* du **pavillon,** qui s'étendent vers l'ovaire; la plus grande, la *frange ovarique,* est rattachée à l'ovaire, ce qui augmente les chances d'interception de l'ovule lors de sa libération.

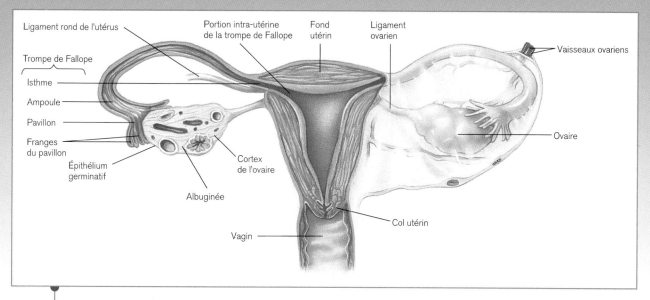

FIGURE 2-7) Trompes de Fallope et ovaires.

La paroi des trompes de Fallope se compose de quatre tuniques : la tunique séreuse (péritonéale), la tunique conjonctive, la tunique musculaire et la muqueuse. Le péritoine enveloppe les trompes. La tunique conjonctive contient les principales ramifications vasculaires et nerveuses. La tunique musculaire assure le mouvement péristaltique des trompes. Adjacente à la tunique musculaire, la muqueuse est constituée de cellules ciliées, plus abondantes dans le pavillon, et de cellules non ciliées, ces dernières sécrétant un liquide séreux, qui est riche en protéines et qui nourrit l'ovule. Les mouvements ciliaires constants de la trompe propulsent l'ovule vers l'utérus ; ils sont indispensables au maintien du péristaltisme de la tunique musculaire, car l'ovule est une grosse cellule. Une malformation ou un mauvais fonctionnement des trompes peut causer l'infertilité, la grossesse ectopique ou même la stérilité.

Les trompes disposent d'un important réseau d'artères, de veines et de ganglions lymphatiques (figure 2-3)), ce qui leur confère une exceptionnelle capacité de guérison après un processus inflammatoire.

Les trompes de Fallope remplissent trois fonctions :

- transporter l'ovule de l'ovaire à l'utérus (le trajet prend de trois à quatre jours) ;
- être le siège de la fécondation ;
- fournir à l'ovule ou au zygote un milieu chaud, humide et nourrissant (voir le chapitre 3).

Ovaires

Les **ovaires** sont deux organes en forme d'amande situés juste au-dessous du détroit supérieur, de chaque côté de la cavité pelvienne. Leur volume varie selon les femmes et la phase du cycle menstruel. Chaque ovaire pèse de 6 à 10 g. Il mesure de 1,5 à 3 cm de large et de 2 à 5 cm de long, et a de 1 à 1,5 cm

d'épaisseur. De petite taille dans l'enfance, les ovaires grossissent à la puberté et s'atrophient après la ménopause. Leur aspect aussi change avec le temps : leur surface lisse et d'un blanc mat vire au gris et se couvre d'aspérités dues aux cicatrices laissées par l'ovulation.

Maintenus en place par le ligament large, les ligaments utéro-ovariens et le ligament suspenseur de l'ovaire, les ovaires ne sont pas recouverts d'une tunique péritonéale ; cela facilite l'éruption de l'ovule, mais favorise également la dissémination rapide des cellules malignes dans le cas du cancer de l'ovaire. Une seule couche de cellules épithéliales cubiques, formant l'épithélium germinatif, enveloppe les ovaires, qui se composent eux-mêmes de trois couches de tissus : l'albuginée, le cortex et la médulla. L'*albuginée* est une tunique protectrice dense, d'un blanc mat. Partie fonctionnelle de l'ovaire, le *cortex* contient les ovules, les follicules de De Graaf, les corps jaunes, les corps jaunes dégénérés (*corpus albicans*) et les follicules dégénérés. Complètement entourée du cortex, la *médulla* contient les nerfs ainsi que les vaisseaux sanguins et lymphatiques.

Les ovaires sont la principale source de deux groupes d'hormones importantes : les œstrogènes et la progestérone. Les œstrogènes exercent une action sur les caractères sexuels féminins, notamment sur la croissance des alvéoles et des lobules des seins et sur le développement de leurs canaux galactophores. Les ovaires sécrètent une grande quantité d'œstrogènes, tandis que les corticosurrénales (sources extraglandulaires) en synthétisent une quantité minime chez les femmes qui ne sont pas enceintes.

La progestérone est souvent appelée *hormone principale de la grossesse* parce que son effet sur l'utérus permet à la grossesse de se poursuivre. De plus, elle inhibe l'action de la prolactine, ce qui empêche la lactation durant la grossesse (Liu et Rebar, 1999). L'interaction des hormones ovariennes et d'autres hormones comme la folliculostimuline (FSH) et l'hormone lutéinisante (LH) provoque les changements cycliques qui rendent possible la grossesse. Nous reviendrons plus loin dans ce chapitre sur les changements hormonaux et physiques liés au cycle reproducteur de la femme.

Entre l'âge de 45 et 52 ans, l'ovaire arrête de sécréter des œstrogènes : l'ovulation cesse et la ménopause survient.

Bassin

Le bassin de la femme remplit deux fonctions importantes :

- soutenir et protéger les organes qu'il renferme ;
- former l'axe relativement fixe de la filière pelvigénitale.

À cause de l'importance du bassin lors de l'accouchement, il importe de bien comprendre sa structure.

Structure osseuse du bassin

Le bassin est constitué de quatre os : les deux os iliaques, le sacrum et le coccyx. Comme son nom l'indique, il ressemble à un récipient aux formes arrondies. Les os iliaques en forment les côtés ; le sacrum et le coccyx, l'arrière. Tapissés de fibrocartilage et fermement retenus ensemble par des ligaments, ces os s'unissent à la symphyse pubienne, aux deux articulations sacro-iliaques et à l'articulation sacrococcygienne (figure 2-8 ▶).

Les *os iliaques,* aussi appelés *os coxaux* ou *os de la hanche,* sont constitués chacun de trois pièces osseuses soudées (l'ilion, l'ischion et le pubis), formant une cavité circulaire qui s'articule avec le fémur.

L'*ilion* constitue la large éminence supérieure de la hanche ; son bord s'appelle la *crête iliaque.* L'**épine sciatique,** qui est une projection antérieure vers l'aine, est le point d'attache des ligaments et des muscles.

Le plus robuste de ces os, l'*ischion,* se trouve plus bas que l'ilion, sous l'acétabulum. Cet os en forme de L se termine par une protubérance marquée, la tubérosité ischiatique, sur laquelle repose le poids du corps en position assise. Les épines sciatiques commencent près de la jonction de l'ilion et de l'ischion, et font saillie dans la cavité pelvienne. Le plus petit diamètre de la cavité pelvienne se trouve entre les épines sciatiques, lesquelles servent de points de repère pour évaluer la descente de la tête fœtale dans la filière pelvigénitale (voir le chapitre 15 et la figure 15-7 ▶).

Le *pubis* est la portion légèrement courbée de l'avant de l'os iliaque. Il s'avance de l'acétabulum vers la ligne médiane du bassin, où il rejoint l'autre pubis et forme une articulation, la **symphyse pubienne.** L'espace triangulaire situé sous cette articulation s'appelle arcade pubienne ; la tête du fœtus passe sous cette arcade lors de l'accouchement. La symphyse pubienne se compose de fibrocartilage épais et des ligaments inférieur et supérieur. La mobilité du ligament inférieur (ou *ligament arqué sous-pubien*) augmente pendant la grossesse ; elle est moins marquée lors de la première grossesse que lors des grossesses subséquentes.

La mobilité des articulations sacro-iliaques augmente également à la fin de la grossesse en raison de leur glissement vers le haut. En position accroupie ou assise et en position gynécologique, le détroit inférieur peut mesurer de 1,5 à 2 cm de plus. Ce relâchement des articulations est dû à l'action des hormones de la grossesse.

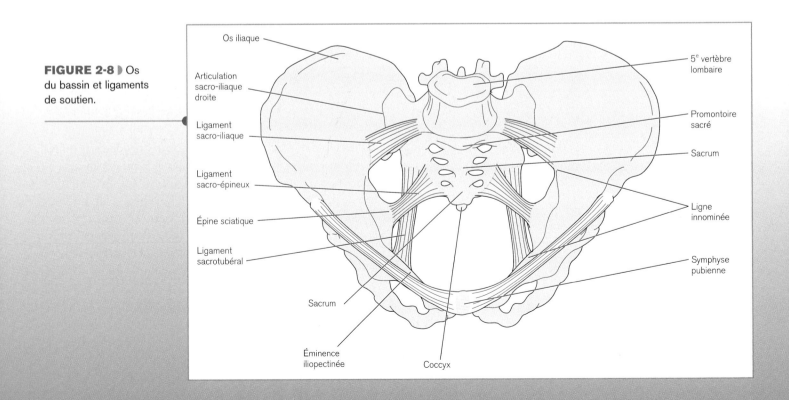

FIGURE 2-8 ▶ Os du bassin et ligaments de soutien.

Os iliaque
Articulation sacro-iliaque droite
Ligament sacro-iliaque
Ligament sacro-épineux
Épine sciatique
Ligament sacrotubéral
Sacrum
Éminence iliopectinée
Coccyx
5ᵉ vertèbre lombaire
Promontoire sacré
Sacrum
Ligne innominée
Symphyse pubienne

Le *sacrum* est un os triangulaire constitué de cinq vertèbres soudées. Sur sa partie antérosupérieure, sa projection dans la cavité pelvienne, le **promontoire sacré,** sert aussi de repère dans la mesure du bassin (question que nous approfondirons au chapitre 8).

Le *coccyx* est le petit os triangulaire qui termine la colonne vertébrale et s'articule avec le sacrum (articulation sacrococcygienne). Durant le travail, le coccyx se déplace généralement vers l'arrière pour laisser plus de place au fœtus.

Plancher pelvien

Les muscles du *plancher pelvien* sont conçus pour résister à la force de gravité qui s'exerce sur les organes pelviens. Le plancher pelvien sert de contrefort à l'irrégulier détroit inférieur, ce qui stabilise et soutient les organes qu'il renferme.

Une aponévrose profonde ainsi que les muscles releveur de l'anus et ischiococcygien forment la partie du plancher pelvien qu'on appelle **diaphragme pelvien.** Bien qu'elles puissent se mouvoir l'une sur l'autre, les composantes du diaphragme pelvien fonctionnent comme un tout. Au-dessus du diaphragme pelvien, on trouve la cavité pelvienne ; au-dessous et derrière, le périnée.

Le muscle releveur de l'anus, qui constitue la partie la plus importante du diaphragme pelvien, se compose lui-même d'une partie externe (muscle pubococcygien et muscle iliococcygien) et d'une partie interne (muscle puborectal et muscle pubovaginal). Mince feuillet musculaire situé sous le ligament sacroépineux, le muscle ischiococcygien aide le releveur de l'anus à

soutenir les organes pelviens. Les muscles du plancher pelvien sont représentés à la figure 2-9 ▌ et décrits au tableau 2-1.

Divisions du bassin

Le bassin osseux comprend le grand bassin et le petit bassin (figure 2-10A ▌). Le **grand bassin** est la portion située audessus de la ligne innominée ; sa principale fonction est de soutenir le poids de l'utérus gravide et de diriger la présentation fœtale vers le petit bassin.

Le **petit bassin** se situe sous la ligne innominée ; sa circonférence est constituée du sacrum, du coccyx et des os iliaques. Cette région est d'une importance capitale en obstétrique, car ses dimensions et sa forme doivent être suffisantes pour permettre le passage de la tête fœtale.

Le petit bassin comprend trois parties : le détroit supérieur, le détroit moyen et le détroit inférieur (figure 2-10B ▌). Chacune de ces parties fait l'objet de mensurations obstétricales qui permettent d'évaluer l'adéquation entre le bassin et le fœtus (pour plus de détails, voir le chapitre 8).

Le **détroit supérieur** forme le haut du petit bassin ; chez la femme, il est généralement arrondi. On détermine ses dimensions et sa forme en mesurant trois diamètres antéropostérieurs[1]

---

1   Note de l'adaptatrice. Afin de nous conformer à l'usage québécois, nous employons, dans cet ouvrage, les noms américains des diamètres du bassin plutôt que les termes équivalents de l'école française (qui figurent cependant entre parenthèses à côté du terme américain).

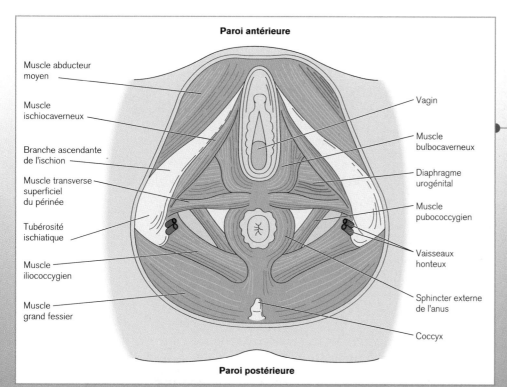

Paroi antérieure

Muscle abducteur moyen

Muscle ischiocaverneux

Branche ascendante de l'ischion

Muscle transverse superficiel du périnée

Tubérosité ischiatique

Muscle iliococcygien

Muscle grand fessier

Vagin

Muscle bulbocaverneux

Diaphragme urogénital

Muscle pubococcygien

Vaisseaux honteux

Sphincter externe de l'anus

Coccyx

Paroi postérieure

FIGURE 2-9 ▌ Muscles du plancher pelvien (cette coupe ne permet pas de voir les muscles puborectal, pubovaginal et ischiococcygien).

Tableau 2-1

Muscles du plancher pelvien

Muscles	Origine	Insertion	Innervation	Action
Releveur de l'anus	Pubis, parois latérales du bassin et épines sciatiques	Il s'unit aux organes de la cavité pelvienne	Nerf hémorroïdal, deuxième et troisième nerfs sacrés et branches antérieures des troisième et quatrième nerfs sacrés	Soutenir les viscères pelviens ; participer à la formation du diaphragme pelvien
Muscle iliococcygien	Face pelvienne des épines sciatiques et fascia pelvien	Centre du périnée, raphé anococcygien et coccyx		Aider à soutenir les viscères abdominaux et pelviens
Muscle pubococcygien	Pubis et fascia pelvien	Coccyx		
Muscle puborectal	Pubis	Il s'unit au rectum, rencontre les fibres similaires du côté opposé		Soutenir le rectum, situé juste derrière lui ; relever l'anus
Muscle pubovaginal	Pubis	Il s'unit au vagin	Troisième et quatrième nerfs sacrés	Soutenir le vagin
Muscle ischiococcygien	Épines sciatiques et ligament sacro-épineux	Bord latéral du bas du sacrum et du haut du coccyx		Soutenir les viscères pelviens ; participer à la formation du diaphragme pelvien ; effectuer la flexion et l'abduction du coccyx

(figure 2-11 ▶). Le **conjugué diagonal** (ou *diamètre promonto-sous-pubien*) va de l'angle sous-pubien au milieu du promontoire sacré. On peut le mesurer avec les doigts pendant l'examen du bassin. Le **conjugué obstétrical** (ou *diamètre promonto-rétro-pubien*) s'étend du milieu du promontoire sacré jusqu'à environ 1 cm sous la crête pubienne (bord postérieur de la symphyse pubienne). En soustrayant 1,5 cm du conjugué diagonal, on obtient sa longueur approximative, qui permet de déterminer si le fœtus peut descendre assez bas dans la filière pelvigénitale pour permettre l'engagement. Le **conjugué vrai** (ou *diamètre promonto-sus-pubien*) va du milieu du promontoire sacré au bord supérieur de la symphyse pubienne (DiSaia, 1999). Une dernière mesure, celle du **diamètre transverse,** qui est aussi appelé *diamètre bi-ischiatique* ou *bi-épineux* et qui est le plus grand du détroit supérieur, permet d'évaluer la forme du détroit supérieur. On utilise la ligne innominée comme point de référence pour mesurer ce diamètre.

Le **détroit moyen,** aussi appelé cavité pelvienne, est un canal courbe dont la paroi postérieure est plus longue que la paroi antérieure. La courbure du rachis lombaire influe sur la forme et l'inclinaison de la cavité pelvienne (figure 2-10B ▶).

Le **détroit inférieur** se situe dans la partie inférieure du petit bassin. On peut déterminer ses dimensions en mesurant le diamètre transverse, qui s'étend entre les faces internes des tubérosités ischiatiques. L'arcade pubienne fait aussi partie de la cavité pelvienne. Elle revêt une grande importance, car le fœtus doit passer sous cette arcade. Si elle est trop étroite, la tête du fœtus est repoussée vers le coccyx, ce qui entrave l'extension de la tête. De plus, les épaules d'un gros bébé peuvent se

FIGURE 2-10 ▶ Bassin de la femme. **A.** Le grand bassin est la partie du bassin qui s'évase au-dessus du détroit moyen et le petit bassin est la partie profonde du bassin située sous la ligne innominée. **B.** Le petit bassin est formé par le détroit supérieur, le détroit moyen et le détroit inférieur.

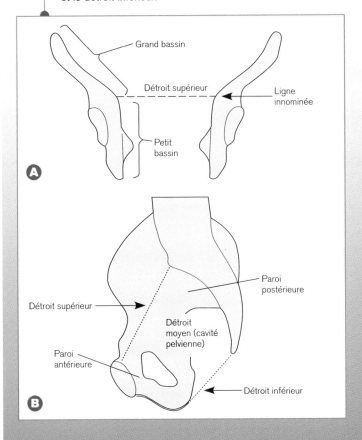

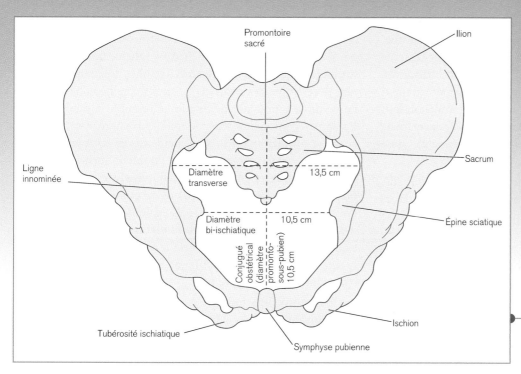

FIGURE 2-11 ▶ Plans du bassin : coupe coronale et diamètres du bassin osseux.

coincer sous l'arcade pubienne, ce qui rend l'accouchement plus difficile (voir le chapitre 20). Vous trouverez au chapitre 8 les explications concernant l'évaluation clinique des diamètres obstétricaux.

Types de bassins

On utilise en général la classification des bassins de Caldwell–Moloy pour distinguer les diverses formes de bassins (Caldwell et Moloy, 1933). Les quatre principaux types sont le *bassin gynécoïde,* le *bassin androïde,* le *bassin anthropoïde* et le *bassin platypelloïde* (figure 15-1 ▶). Chacun de ces bassins a une forme particulière qui influe sur le travail et l'accouchement. Pour déterminer le type de bassin, on mesure le segment postérieur du détroit supérieur (voir les chapitres 8 et 15).

Seins

Les *seins* (ou *glandes mammaires*) sont des glandes sébacées spécialisées ; on les considère comme des annexes de l'appareil génital (figure 2-12 ▶). Situés de chaque côté de la poitrine, ces organes coniques symétriques reposent sur les muscles grand pectoral et grand dentelé. Ils sont suspendus à des tissus fibreux, les *ligaments de Cooper,* qui s'étendent de l'aponévrose profonde du thorax jusque sous la peau des seins. Le sein gauche est souvent plus gros que le sein droit. La hauteur des seins sur la poitrine varie légèrement selon l'appartenance raciale (Rebat, 1999).

FIGURE 2-12 ▶ Anatomie du sein : coupe sagittale du sein gauche.

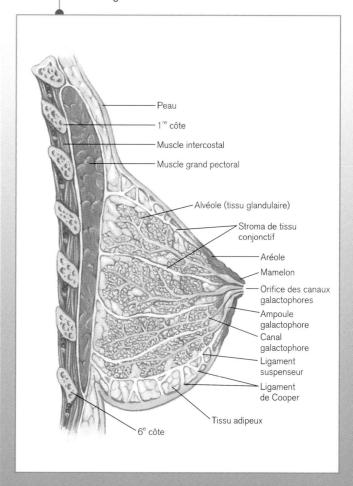

Au centre de chaque sein, le *mamelon* forme une saillie de 0,5 à 1,3 cm de diamètre. Surtout constitué de tissu érectile, le mamelon devient plus rigide et proéminent pendant la menstruation, l'excitation sexuelle, la grossesse et la lactation. Il est entouré de l'**aréole,** une région très pigmentée qui peut mesurer de 2,5 à 10 cm de diamètre. L'aréole et le mamelon sont légèrement rugueux à cause des *tubercules de Montgomery* ; pendant la tétée, ces petites papilles sécrètent une substance grasse qui lubrifie et protège les seins.

Le sein se compose de tissus glandulaires, fibreux et adipeux. Les tissus glandulaires se répartissent dans 15 à 25 lobes séparés par des tissus fibreux et adipeux. Chaque lobe se divise en plusieurs lobules, eux-mêmes divisés en plusieurs alvéoles agglomérées autour des minuscules canaux qui sécrètent les diverses composantes du lait. Les canaux de plusieurs lobules se réunissent pour former de plus gros canaux, les *canaux galactophores,* qui s'ouvrent à la surface du mamelon.

Le cycle reproducteur de la femme

Le **cycle reproducteur de la femme (CRF)** comprend deux cycles simultanés : le cycle ovarien, durant lequel se produit l'ovulation, et le cycle menstruel, durant lequel se produit la menstruation (figure 2-13 ▶).

Effets des hormones femelles

À partir de la puberté, l'ovulation et la menstruation reviennent de façon cyclique pendant 30 à 40 ans (en l'absence de grossesse). Des neuro-hormones régissent ce cycle. Chaque mois, un ovocyte arrive à maturation, est expulsé de l'ovaire et entre dans la trompe de Fallope. Les ovaires, le vagin, l'utérus et les trompes de Fallope sont les principales cibles des hormones femelles.

Les ovaires produisent des gamètes matures et sécrètent des hormones. Les hormones ovariennes comprennent les œstrogènes, la progestérone et la testostérone. Les ovaires sont sensibles à la folliculostimuline (FSH) et à l'hormone lutéinisante (LH), tandis que l'utérus est sensible aux œstrogènes et à la progestérone. Les taux relatifs de ces hormones régissent les cycles menstruel et ovarien.

Œstrogènes

Les ovaires de la femme qui n'est pas enceinte sécrètent de grandes quantités d'œstrogènes. Les principaux effets des **œstrogènes** sont surtout dus aux trois grands œstrogènes : l'œstrone, le β-œstradiol et l'œstriol, le β-œstradiol étant le plus important.

Les œstrogènes régissent le développement des caractères sexuels secondaires féminins, c'est-à-dire le développement des seins, l'élargissement des hanches et le dépôt de tissus adipeux sur les fesses et le mont de Vénus. De plus, ils aident à la maturation des follicules ovariens et enclenchent la phase proliférative de la muqueuse de l'endomètre après la menstruation. Les taux d'œstrogènes atteignent leur niveau maximal pendant la phase proliférative (phase folliculaire ou œstrogénique) du cycle menstruel. Les œstrogènes entraînent aussi l'augmentation du volume et de la masse de l'utérus, qui est reliée à une quantité accrue de glycogène, d'acides aminés, d'électrolytes et d'eau. L'apport sanguin s'accroît également. Sous l'influence des œstrogènes, la contractilité du myomètre de l'utérus et des trompes augmente, ce qui accroît la sensibilité utérine à l'ocytocine. Les œstrogènes inhibent la production de FSH et stimulent la sécrétion de LH.

Les œstrogènes influent sur plusieurs hormones de même sur d'autres protéines vectrices. Cela explique, par exemple, l'augmentation du taux d'iode protéique sanguin chez les femmes enceintes et chez celles qui prennent des contraceptifs oraux contenant des œstrogènes. Il se peut que les œstrogènes accroissent la libido humaine, car ils réduisent l'excitabilité de l'hypothalamus, ce qui pourrait stimuler l'appétit sexuel.

Progestérone

La **progestérone** sécrétée par le corps jaune atteint son taux maximal durant la phase sécrétoire (ou phase lutéale) du cycle menstruel. La progestérone réduit la motilité et la contractilité utérines qui résultent de l'effet des œstrogènes, et prépare ainsi l'utérus à accueillir l'ovule fécondé (blastocyste). Grâce aux œstrogènes, l'endomètre est maintenant prêt ; la progestérone favorise l'augmentation de son approvisionnement en glycogène, en sang artériel, en glandes sécrétoires, en acides aminés et en eau. Toujours sous l'influence de la progestérone, l'épithélium vaginal prolifère et le col utérin sécrète un mucus épais et visqueux. Le volume et la complexité des tissus glandulaires des seins augmentent. La progestérone prépare également les seins à la lactation. Enfin, elle entraîne la hausse de température (de 0,3 °C à 0,6 °C) qui accompagne l'ovulation et persiste durant toute la phase sécrétoire du cycle menstruel.

Prostaglandines

Les **prostaglandines (PG)** sont des acides gras oxygénés produits par les cellules de l'endomètre, qu'on classe dans la catégorie des hormones. Selon leur type, les prostaglandines ont des effets divers sur l'organisme. De manière générale, les PGE décontractent les muscles lisses et agissent comme de puissants vasodilatateurs, tandis que les PGF sont de puissants vasoconstricteurs qui augmentent la contractilité des muscles et des artères. Leurs principaux effets respectifs semblent antagonistes, mais les prostaglandines accomplissent leurs fonctions

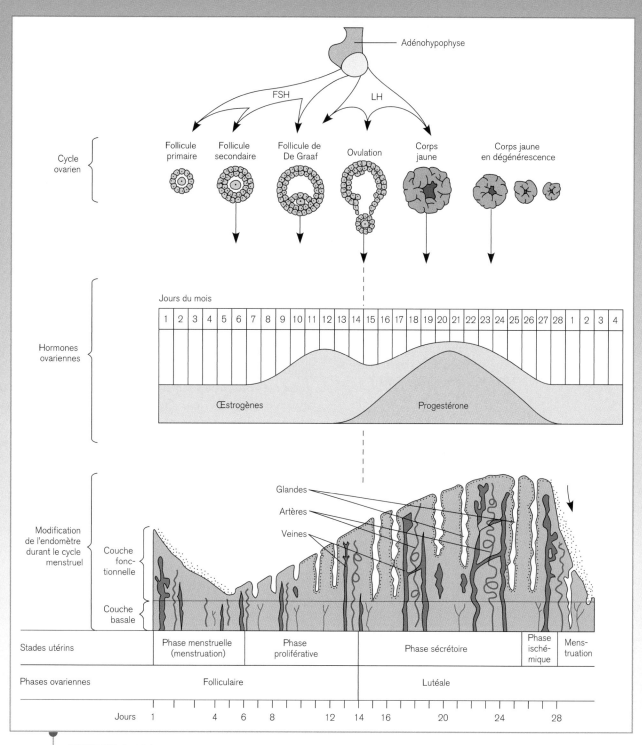

FIGURE 2-13 ❱ Cycle reproducteur de la femme: rapports entre les hormones, les quatre phases du cycle menstruel et les deux phases du cycle ovarien.

régulatrices dans les cellules par un enchaînement d'interactions complexes. Les paragraphes qui suivent résument leur rôle dans l'ovulation et la menstruation.

La production des prostaglandines, qui est essentielle à l'ovulation, dépend des gonadotrophines; durant la maturation folliculaire, cette production augmente. L'expulsion de l'ovule, qui résulte de la contractilité accrue du muscle lisse de la thèque du follicule mature, serait causée par la $PGF_{2\alpha}$. Au moment de l'ovulation, on trouve une quantité importante de prostaglandines à l'intérieur et autour du follicule.

Le mécanisme précis de la dégénérescence du corps jaune en l'absence de grossesse reste obscur, mais on croit que la $PGF_{2\alpha}$ entraîne le retrait de la progestérone, dont le taux le plus bas coïncide avec le déclenchement de la menstruation.

Vers la fin de la phase sécrétoire, le taux de PGF$_{2\alpha}$ est plus élevé que celui des PGE (Clark et Myatt, 1999); la vasoconstriction et la contractilité du myomètre en sont accrues, ce qui contribue à l'ischémie qui précède la menstruation. La concentration élevée de prostaglandines pourrait aussi expliquer la constriction des vaisseaux sanguins de l'endomètre; cette constriction permet l'agrégation des plaquettes à leurs points de rupture et empêche ainsi une perte sanguine rapide pendant la menstruation. Enfin, la concentration élevée de prostaglandines dans l'écoulement menstruel pourrait faciliter la digestion des tissus et, par conséquent, la desquamation adéquate de l'endomètre durant la menstruation.

Bases neuro-endocriniennes du cycle reproducteur de la femme

Le cycle reproducteur de la femme est régi par un réseau d'interactions complexes entre les systèmes nerveux et endocrinien, d'une part, et leurs tissus cibles, d'autre part. L'hypothalamus, l'adénohypophyse et les ovaires participent à ces interactions.

L'hypothalamus, en réponse à des signaux du système nerveux central, sécrète la **gonadolibérine (GnRH)** – aussi appelée *hormone libératrice de la lutéinostimuline (LH-RH)* ou *hormone libératrice de la folliculostimuline (FSH-RH)* – et détermine ainsi la production hormonale de l'adénohypophyse. L'adénohypophyse réagit à la GnRH en sécrétant deux gonadotrophines : la **folliculostimuline (FSH)** et l'**hormone lutéinisante (LH)**.

Essentiellement, la FSH active la maturation du follicule ovarien. Pendant sa maturation, le follicule sécrète de plus en plus d'œstrogènes, ce qui accroît son développement (Ferin, 1998). Notons que cet apport d'œstrogènes déclenche également, lors de la menstruation, la phase proliférative de l'endomètre après sa desquamation.

L'action de la LH est essentielle à la maturation finale du follicule. Sa production par l'adénohypophyse augmente de 6 à 10 fois pendant la maturation du follicule. Le moment de sa concentration maximale peut précéder l'ovulation de 36 heures (Couchman et Hammond, 1999). La LH provoque également la lutéinisation des cellules thécales et des cellules de la *granulosa* du follicule rompu, ce qui réduit la production d'œstrogènes, tandis que la production de la progestérone se poursuit. Par conséquent, les taux d'œstrogènes chutent le jour précédant l'ovulation et apparaît alors une petite quantité de progestérone. L'**ovulation** survient après la croissance très rapide du follicule, alors que les taux élevés d'œstrogènes diminuent et que débute la sécrétion de progestérone.

Très rapidement, le follicule rompu se modifie : la lutéinisation se termine, et l'amas de cellules se transforme en **corps jaune**. Les cellules lutéiniques sécrètent de grandes quantités

de progestérone et de plus petites quantités d'œstrogènes. (Les quantités excessives de progestérone déclenchent alors la phase sécrétoire du cycle utérin.) Sept ou huit jours après l'ovulation, l'involution du corps jaune s'amorce, et celui-ci perd sa fonction sécrétoire. La synthèse des œstrogènes et de la progestérone diminue alors considérablement. L'adénohypophyse réagit en sécrétant de plus en plus de FSH; quelques jours plus tard, la synthèse de la LH commence. D'autres follicules réagissent à un nouveau cycle ovarien et commencent à se développer.

Cycle ovarien

Le cycle ovarien comprend deux phases : la *phase folliculaire* (du 1er au 14e jour d'un cycle de 28 jours) et la *phase lutéale* (du 15e au 28e jour). Lorsque la longueur du cycle menstruel varie, seule la durée de la phase folliculaire diffère; celle de la phase lutéale reste la même. La figure 2-14 ▶ indique les changements du follicule durant le cycle ovarien.

Durant la phase folliculaire, la FSH active la maturation du follicule primaire dans lequel croît l'ovocyte. Sous l'effet conjugué de la FSH et de la LH, un **follicule de De Graaf** mature apparaît vers le 14e jour. Ce follicule mature, qui est assez gros (de 5 à 10 mm environ), produit des quantités croissantes d'œstrogènes. Dans le follicule de De Graaf mature, les cellules qui entourent l'antrum (ou cavité antrale) constituent la granulosa. L'ovocyte est enfermé dans une épaisse capsule élastique, la zone pellucide, et baigne dans un liquide, le *liquor folliculi*.

La première division méiotique de l'ovocyte mature survient juste avant l'ovulation (voir la description de la méiose

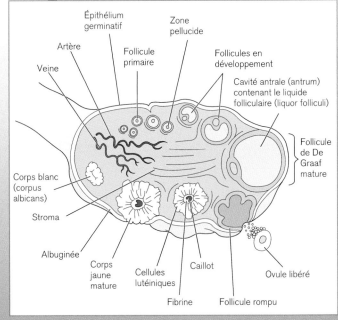

FIGURE 2-14 ▶ Stades du développement des follicules ovariens.

Épithélium germinatif

Zone pellucide

Artère

Follicule primaire

Follicules en développement

Veine

Cavité antrale (antrum) contenant le liquide folliculaire (liquor folliculi)

Follicule de De Graaf mature

Corps blanc (corpus albicans)

Stroma

Albuginée

Corps jaune mature

Cellules lutéiniques

Caillot

Ovule libéré

Fibrine

Follicule rompu

au chapitre 3). Cette division produit deux cellules : une petite, le *globule polaire,* et une plus grosse, l'*ovocyte de deuxième ordre.* Cet ovocyte de deuxième ordre mûrit et se transforme en ovule (figure 3-2 ▶).

À mesure qu'il mûrit et grossit, le follicule de De Graaf se rapproche de la surface de l'ovaire. Une petite saillie (mesurant de 10 à 15 mm de diamètre) se forme à la surface de l'ovaire, et les parois du follicule s'amincissent. L'ovocyte de deuxième ordre, le globule polaire et le liquor folliculi sont expulsés. L'ovule est libéré près du pavillon de la trompe de Fallope, puis aspiré dans la trompe, où il entame son voyage vers l'utérus.

L'ovulation s'accompagne parfois de douleurs pelviennes, peut-être causées par une albuginée épaisse ou par une réaction péritonéale locale à l'expulsion du contenu du follicule. Les pertes vaginales peuvent augmenter durant l'ovulation. Un léger écoulement de sang peut également survenir.

De 24 à 48 heures après l'ovulation, la température corporelle augmente de 0,3 °C à 0,6 °C environ et reste plus élevée jusqu'à la veille de la menstruation. Juste avant cette hausse, la température basale peut baisser brusquement. On utilise ces variations de température pour évaluer le moment de l'ovulation.

En général, l'ovule met plusieurs minutes à se rendre du follicule rompu à l'orifice de la trompe de Fallope ; il avance grâce aux contractions du muscle lisse de la trompe et aux mouvements ciliaires. L'ovule reste dans l'ampoule, où il peut être fécondé ; le cas échéant, la segmentation débute. On croit que la fertilité de l'ovule dure de 6 à 24 heures seulement. L'ovule atteint l'utérus de 72 à 96 heures après avoir été libéré de l'ovaire.

La phase lutéale s'amorce lorsque l'ovule quitte son follicule. Sous l'action de la LH, le corps jaune se développe à partir du follicule rompu. En deux ou trois jours, il devient jaune, sphérique et plus vascularisé. L'ovule fécondé s'implante dans l'endomètre et commence à sécréter les **gonadotrophines chorioniques (hCG)** nécessaires au maintien du corps jaune. En l'absence de fécondation, le corps jaune commence à dégénérer environ une semaine après l'ovulation et se transforme en une cicatrice fibreuse appelée *corpus albicans.* Cette dégénérescence s'accompagne d'une diminution des œstrogènes et de la progestérone, ce qui permet une augmentation de la LH et de la FSH, qui stimule à son tour l'hypothalamus.

Cycle menstruel

La *menstruation,* saignement utérin cyclique, est la réaction de l'utérus aux changements hormonaux décrits précédemment. La menstruation survient lorsque l'ovule n'a pas été fécondé ; au cours d'un cycle de 28 jours, elle commence environ 14 jours après l'ovulation. L'*écoulement menstruel* se compose de sang, de liquide, de sécrétions vaginales et cervicales, de bactéries, de mucus, de leucocytes et d'autres déchets cellulaires. L'écoulement menstruel est rouge foncé et il a une odeur distinctive.

Les paramètres de la menstruation varient beaucoup d'une femme à l'autre. En général, la menstruation se produit tous les 28 jours, à 5 ou 10 jours près. Certains facteurs physiques et émotionnels, comme la maladie, la fatigue, le stress et l'anxiété, peuvent modifier l'intervalle entre les cycles. Des facteurs environnementaux, comme la température et l'altitude, peuvent également influer sur le cycle. La menstruation dure de 2 à 8 jours. En moyenne, elle entraîne une perte sanguine quotidienne de 30 mL, ainsi qu'une perte de fer allant de 0,5 à 1 mg par jour.

Le cycle menstruel se divise en quatre phases : la phase menstruelle (menstruation), la phase proliférative, la phase sécrétoire et la phase ischémique.

Pendant la *phase menstruelle* (menstruation), l'endomètre se desquame et s'élimine partiellement. L'extrémité de certaines des glandes restantes commence à se régénérer. Après la menstruation, l'endomètre est en repos. Comme les taux d'œstrogènes sont bas, son épaisseur n'est plus que de 1 à 2 mm d'épaisseur. Durant cette phase du cycle, la glaire cervicale est peu abondante, visqueuse et opaque.

La *phase proliférative* commence lorsque, en réaction aux quantités accrues d'œstrogènes, les glandes de l'endomètre grossissent, s'allongent et se tordent. Les vaisseaux sanguins se dilatent et deviennent saillants, et l'épaisseur de l'endomètre augmente de six à huit fois. Ce processus graduel atteint son sommet juste avant l'ovulation. La glaire cervicale devient liquide, translucide, aqueuse et plus alcaline, ce qui rend la muqueuse plus favorable aux spermatozoïdes. À mesure que l'ovulation approche, la filance (élasticité) de la glaire augmente : au moment de l'ovulation, elle s'étire sur plus de 5 cm. Le pH de la glaire passe de moins de 7 à 7,5. Au microscope, la glaire présente une cristallisation caractéristique en frondes de fougère (voir la figure 5-3 ▶), ce qui aide à détecter le moment de l'ovulation.

La *phase sécrétoire* commence après l'ovulation. L'action des œstrogènes entraîne une légère prolifération des cellules de l'endomètre. La progestérone provoque toutefois une croissance et un gonflement si marqués que l'épithélium se plisse en accordéon. La teneur en glycogène des tissus augmente. Les cellules épithéliales glandulaires commencent à se remplir de débris cellulaires, se tordent et se dilatent. Les glandes se préparent à accueillir un ovule fécondé en sécrétant un peu de liquide endométrial. La vascularisation de tout l'utérus s'accroît considérablement, ce qui le prépare à l'implantation. Si celle-ci survient, la progestérone assure la poursuite du développement de l'endomètre, qui continue de s'épaissir (pour une description plus détaillée de l'implantation, voir le chapitre 3).

En l'absence de fécondation, la *phase ischémique* débute. Le corps jaune commence à dégénérer, ce qui entraîne une chute des taux d'œstrogènes et de progestérone. Des régions nécrosées apparaissent sous l'épithélium, alors que des changements vasculaires importants surviennent : les petits vaisseaux sanguins se rompent, et les artères spiralées se contractent et se rétractent. L'endomètre est alors insuffisamment irrigué et il pâlit. La phase ischémique se caractérise par la fuite du sang vers les cellules du stroma utérin. La menstruation commence, et c'est le début d'un autre cycle menstruel. La couche basale de l'endomètre demeure intacte après la menstruation, de sorte que l'extrémité des glandes peut se régénérer pour former la nouvelle couche fonctionnelle de l'endomètre (voir *Points à retenir : Cycle reproducteur de la femme*).

L'appareil génital de l'homme

Sur le plan de la reproduction, les principales fonctions des organes génitaux de l'homme sont de produire des cellules sexuelles, les spermatozoïdes, et de les transporter dans les voies génitales de la femme. Comme celui de la femme, l'appareil génital de l'homme est constitué d'organes génitaux externes et internes (figure 2-15).

Organes génitaux externes

Les deux organes génitaux externes de l'homme sont le pénis et le scrotum.

Pénis

Situé devant le scrotum, le *pénis* est une structure cylindrique allongée, formée d'un *corps* et d'une extrémité conique, le *gland*.

Le corps du pénis est constitué de trois tissus érectiles longitudinaux, les deux *corps caverneux* et le *corps spongieux*, qui

sont enveloppés de tissu conjonctif fibreux dense, puis gainés de tissu élastique. Une peau fine recouvre le pénis.

Le corps spongieux contient l'urètre et devient le gland à l'extrémité distale du pénis. L'urètre se termine sur le gland par un orifice en forme de fente, le *méat urétral*. Si le corps spongieux n'enveloppe pas complètement l'urètre, le méat urétral

---

Points à retenir

Cycle reproducteur de la femme

Cycle ovarien

- *Phase folliculaire* (du 1er au 14e jour) : Sous l'influence de la FSH et de la LH, le follicule primaire mûrit jusqu'au moment de l'ovulation.
- *Phase lutéale* (du 15e au 28e jour) : L'ovule sort du follicule. Sous l'effet de la LH, le corps jaune se développe ; il sécrète une grande quantité de progestérone et une petite quantité d'œstrogènes.

Cycle menstruel

- *Phase menstruelle,* ou *menstruation* (du 1er au 6e jour) : Les taux d'œstrogènes sont bas. La glaire cervicale est peu abondante, visqueuse et opaque.
- *Phase proliférative* (du 7e au 14e jour) : La production d'œstrogènes atteint son maximum juste avant l'ovulation. Au moment de l'ovulation, la glaire cervicale est translucide, liquide, aqueuse et alcaline ; elle peut s'étirer sur plus de 5 cm et présente une cristallisation en frondes de fougère ; elle offre un milieu plus favorable aux spermatozoïdes. Juste avant l'ovulation, la température corporelle peut baisser légèrement ; au moment de l'ovulation, sous l'effet de la progestérone, elle s'élève brusquement et demeure élevée jusqu'à la veille de la menstruation.
- *Phase sécrétoire* (du 15e au 26e jour) : Les taux d'œstrogènes chutent, et la progestérone domine.
- *Phase ischémique* (les 27e et 28e jours) : Les taux d'œstrogènes et de progestérone chutent.

FIGURE 2-15 Organes génitaux de l'homme, coupe sagittale.

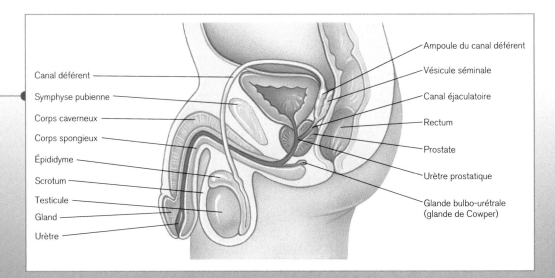

Canal déférent
Symphyse pubienne
Corps caverneux
Corps spongieux
Épididyme
Scrotum
Testicule
Gland
Urètre

Ampoule du canal déférent
Vésicule séminale
Canal éjaculatoire
Rectum
Prostate
Urètre prostatique
Glande bulbo-urétrale
(glande de Cowper)

peut s'ouvrir sur la face antérieure ou sur la face postérieure du corps du pénis ; ces anomalies sont respectivement appelées hypospadias et épispadias. Un repli de peau circulaire, le *prépuce,* prend naissance juste derrière le gland et le recouvre. L'ablation chirurgicale du prépuce s'appelle la circoncision ; on pratique cette intervention soit pour des raisons physiologiques (le prépuce est trop étroit), soit à la demande des parents (voir le chapitre 23).

La stimulation sexuelle entraîne l'allongement, l'engorgement et le raidissement du pénis. Cette *érection* survient lorsque la stimulation nerveuse parasympathique provoque l'engorgement des vaisseaux sanguins du pénis. Si la stimulation est suffisamment intense, les contractions rythmiques des muscles du pénis déclenchent l'*éjaculation,* expulsion forte et soudaine du sperme.

Le pénis sert tant à l'élimination urinaire qu'à la reproduction : il évacue l'urine par le méat urétral et dépose les spermatozoïdes dans le vagin pour permettre la fécondation de l'ovule.

Scrotum

Le *scrotum* est un organe en forme de sac (les bourses) qui pend derrière le pénis et devant l'anus. Composé de peau et du *dartos,* le scrotum se caractérise par sa forte pigmentation et ses poils clairsemés. Des glandes sébacées s'ouvrent directement à la surface du scrotum ; leurs sécrétions ont une odeur caractéristique. La contraction du dartos et du crémaster raccourcit le scrotum et le rapproche du corps, ce qui le fait plisser en surface. Ce plissement est plus important chez les hommes jeunes et par temps froid ; il diminue chez les hommes âgés et par temps chaud.

L'intérieur du scrotum comporte deux compartiments latéraux qui contiennent chacun un testicule et ses annexes. Comme le cordon spermatique gauche est plus long que le droit, le testicule gauche descend généralement plus bas dans sa bourse que celui de droite. Sur la surface externe du scrotum, entre les bourses, un sillon (raphé) marque la position du septum médian.

La fonction du scrotum est de protéger les testicules et les spermatozoïdes en les maintenant à une température inférieure à celle du corps. Si les testicules ne descendent pas et que, par conséquent, ils restent à la température du corps, la spermatogenèse ne se produit pas. Grâce à sa sensibilité au toucher, à la pression, à la température et à la douleur, le scrotum protège les testicules contre les agressions potentielles.

Organes génitaux internes

Les organes génitaux internes de l'homme comprennent les gonades (testicules), un réseau de canaux (les épididymes, les canaux déférents, les canaux éjaculateurs et l'urètre) et des glandes annexes (les vésicules séminales, la prostate, les glandes bulbo-urétrales et les glandes urétrales). Une brève description de ces organes est présentée dans *Points à retenir : Fonctions des organes génitaux de l'homme.*

Testicules

Les *testicules* sont une paire de glandes ovoïdes contenues dans le scrotum. Chez l'homme sexuellement mature, ils sont le site de la production des spermatozoïdes et de la sécrétion de plusieurs hormones sexuelles mâles.

Chaque testicule pèse de 10 à 15 g. Il mesure de 4 à 6 cm de long et de 2 à 3 cm de large, et a de 3 à 4 cm d'épaisseur. Une séreuse recouvre la capsule interne du testicule, constituée de tissu conjonctif fibreux épais dont les projections vers l'intérieur divisent le testicule en 250 à 400 lobules. Chacun de ces lobules contient de un à trois canalicules séminifères très tassés, qui renferment des couches de spermatozoïdes à tous les stades de développement.

Les canalicules séminifères sont entourés d'un tissu conjonctif lâche, irrigué par un grand nombre de vaisseaux sanguins et lymphatiques, ainsi que par des *cellules interstitielles* (ou *cellules de Leydig*). Les cellules interstitielles synthétisent la testostérone, la principale hormone sexuelle mâle, ainsi que les

---

Points à retenir

Fonctions des organes génitaux de l'homme

- Le scrotum renferme les canalicules séminifères et les gonades.

- Les canalicules séminifères contiennent des spermatozoïdes à divers stades de développement et en cours de méiose.

- Les cellules de Sertoli nourrissent et protègent les spermatocytes (stade primaire de la spermatogenèse).

- Les cellules interstitielles sont la principale source de testostérone.

- Les épididymes sont à la fois un lieu de maturation pour les spermatozoïdes et un réservoir pour les spermatozoïdes matures.

- Le canal déférent relie l'épididyme à la prostate et se raccorde aux canaux des vésicules séminales pour se transformer en canal éjaculateur.

- Les canaux éjaculateurs permettent le passage du sperme et des spermatozoïdes dans l'urètre.

- Les vésicules séminales sécrètent un liquide jaunâtre riche en fructose, en prostaglandines et en fibrinogène ; ces nutriments augmentent la motilité et le pouvoir fécondant des spermatozoïdes. Les prostaglandines contribuent à la fécondation en rendant la glaire cervicale plus réceptive au sperme.

- La prostate sécrète un liquide clair et alcalin, qui contient notamment du calcium et de l'acide citrique. L'alcalinité neutralise l'acidité des sécrétions provenant des canaux et des vésicules séminales.

- Les glandes bulbo-urétrales (ou glandes de Cowper) sécrètent un liquide alcalin et visqueux qui s'ajoute au sperme et contribue à neutraliser l'acidité des sécrétions vaginales.

cellules de Sertoli, qui nourrissent et protègent les spermatocytes. Les canalicules séminifères se rejoignent pour former de 20 à 30 tubes droits. Ces tubes droits se jettent dans le *rete testis,* un réseau anastomosé d'espaces aux minces cloisons qui forme de 10 à 15 canaux dont le contenu se déverse dans l'épididyme.

La majorité des cellules qui tapissent les canalicules séminifères sont en cours de **spermatogenèse** ; ce processus de maturation transforme les spermatocytes en spermatozoïdes (voir le chapitre 3). La production de spermatozoïdes varie selon les canalicules de même qu'à l'intérieur d'un même canalicule, où les cellules des différentes régions sont à des stades différents de la spermatogenèse. Les spermatozoïdes finissent par être libérés dans l'épididyme, où se poursuit leur maturation.

Comme dans le cycle reproducteur de la femme, la spermatogenèse et les autres fonctions des testicules résultent d'interactions complexes des systèmes nerveux et endocrinien. L'hypothalamus sécrète des libérines qui stimulent la libération des gonadotrophines (la FSH et la LH) par l'adénohypophyse. Ces hormones permettent aux testicules de synthétiser la testostérone, ce qui maintient la spermatogenèse, augmente la production de spermatozoïdes dans les canalicules séminifères et stimule la sécrétion de liquide séminal.

La **testostérone** est la plus abondante et la plus puissante des hormones testiculaires. Ses organes cibles sont les testicules, la prostate et les vésicules séminales. En plus de jouer un rôle essentiel dans la spermatogenèse, la testostérone est à l'origine du développement des caractères sexuels secondaires masculins et de certaines orientations comportementales. Elle exerce une action sur le développement structural et fonctionnel des voies génitales de l'homme, sur l'émission et l'éjaculation du sperme, sur la pilosité, sur la croissance et la robustesse des os longs, sur l'augmentation de la masse musculaire et sur l'épaississement des cordes vocales. On croit que l'effet de la testostérone sur le système nerveux central produit l'agressivité et la pulsion sexuelle. L'action de la testostérone est constante, et non cyclique comme celle des hormones femelles. Sa production n'est pas limitée à un certain nombre d'années, mais on croit que la quantité sécrétée diminue avec l'âge.

Les testicules remplissent surtout deux fonctions :

- être le siège de la spermatogenèse ;
- assurer la production de la testostérone.

Épididyme

L'*épididyme* est un canal d'environ 5,6 m de long, pelotonné sur lui-même pour former une masse compacte d'environ 3,75 cm de long. On trouve un épididyme derrière chaque testicule ; il prend naissance sur le dessus du testicule, se dirige vers le bas, puis remonte pour devenir le canal déférent.

L'épididyme forme un réservoir où les spermatozoïdes en voie de maturation séjournent un certain temps. Lorsqu'ils passent des canalicules séminifères à l'épididyme, les spermatozoïdes sont dépourvus de motilité et incapables de féconder un ovule. Pendant une période de 2 à 10 jours, ils poursuivent donc leur maturation dans l'épididyme ; au fur et à mesure qu'ils suivent son trajet tortueux, ils deviennent à la fois motiles et fécondants.

Canaux déférents et canaux éjaculateurs

Le *canal déférent,* qui a environ 40 cm de long, relie l'épididyme à la prostate. Un canal déférent prend naissance au bord postérieur de chaque testicule ; il rejoint le cordon spermatique, puis serpente entre plusieurs organes pelviens jusqu'à ce qu'il rencontre l'autre canal déférent. Chacun des deux canaux déférents se dilate alors pour former une *ampoule,* puis s'unit au col d'une vésicule séminale pour former le canal éjaculateur, qui entre dans la prostate et se termine dans l'urètre prostatique. Les canaux éjaculateurs servent au passage du sperme et du liquide sécrété par les vésicules séminales. La principale fonction des canaux déférents est d'extraire rapidement les spermatozoïdes des sites où ils sont stockés (l'épididyme et la partie distale du canal déférent) pour les amener dans l'urètre.

Urètre

L'*urètre* de l'homme sert de passage à l'urine et au sperme. Il part de la vessie et passe dans la prostate ; on l'appelle alors *urètre prostatique.* À la sortie de la prostate, l'urètre devient l'*urètre membraneux.* Il se termine dans le pénis, où il est appelé *urètre pénien.*

Glandes annexes

Chacune des glandes annexes de l'homme sécrète, dans un ordre précis, un élément unique et essentiel du liquide séminal.

Les *vésicules séminales* sont deux glandes composées de nombreux lobes, mesurant chacune environ 7,5 cm de long ; elles sont situées entre la vessie et le rectum, juste au-dessus de la prostate. L'épithélium des vésicules séminales sécrète un liquide alcalin, visqueux et translucide, riche en fructose (très énergétique), en prostaglandines, en fibrinogène et en protéines. Durant l'éjaculation, ce liquide se déverse dans les canaux éjaculateurs et se mêle aux spermatozoïdes. Il contribue à fournir un milieu favorable à la motilité et au métabolisme des spermatozoïdes (Aumüller et Riva, 1992).

La *prostate* entoure la portion supérieure de l'urètre et se situe sous le col de la vessie. Formée de plusieurs lobes, elle a un diamètre d'environ 4 cm et pèse de 20 à 30 g. Composée de tissus musculaires et glandulaires, elle sécrète un liquide clair, laiteux et légèrement acide (pH de 6,5), qui contient une grande quantité de zinc, de calcium, d'acide citrique et de phosphatase acide. Ce liquide protège les spermatozoïdes contre l'environnement acide et potentiellement spermicide de l'urètre de l'homme et du vagin.

Les *glandes bulbo-urétrales* (ou *glandes de Cowper*) sont constituées d'une paire de petites masses rondes situées de chaque côté de l'urètre membraneux. Elles sécrètent un liquide translucide, visqueux et alcalin, riche en mucoprotéines, qui fera partie du sperme. Cette sécrétion lubrifie l'urètre pénien durant l'excitation sexuelle. De plus, elle neutralise l'acidité de l'urètre de l'homme ainsi que du vagin, ce qui augmente la motilité des spermatozoïdes.

Les *glandes urétrales* (ou *glandes de Littré*) sont de minuscules glandes à mucus disséminées sur la muqueuse de l'urètre pénien. Leurs sécrétions s'ajoutent à celles des glandes bulbo-urétrales.

Sperme

L'éjaculat de l'homme, le *sperme,* se compose des spermatozoïdes et du *liquide séminal,* lui-même composé des sécrétions des glandes bulbo-urétrales et urétrales, de la prostate, des épididymes et des vésicules séminales. Le liquide séminal transporte des spermatozoïdes viables et mobiles dans les voies génitales de la femme. Pour que le transport du sperme soit efficace, il requiert l'apport de nutriments essentiels, un pH adéquat (environ 7,5), une concentration suffisante de spermatozoïdes dans le sperme et une osmolarité optimale.

Le spermatozoïde comporte une *tête* et un *flagelle* (ou *queue*), lui-même divisé en deux segments, la pièce intermédiaire et la pièce terminale (figure 2-16 ▶). La tête se compose principalement de l'*acrosome* et du *noyau*; elle transporte le nombre haploïde de chromosomes (23) et entre dans l'ovule lors de la fécondation (voir le chapitre 5). Le flagelle assure la motilité du spermatozoïde.

Le sperme peut rester stocké dans l'appareil génital jusqu'à 42 jours, la durée de ce stockage étant surtout tributaire de la

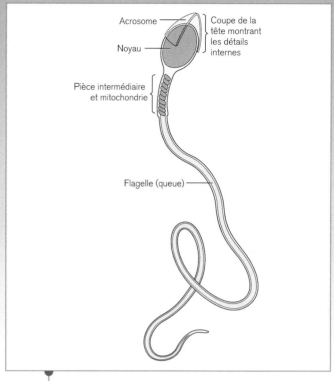

Figure 2-16 ▶ Spermatozoïde mature.

fréquence des éjaculations. En moyenne, le volume de l'éjaculat après une abstinence de plusieurs jours est de 2 à 5 mL, mais il peut aller de 1 à 10 mL. Lorsqu'il y a des éjaculations répétées dans un court laps de temps, on note une diminution du volume spermatique. Les spermatozoïdes ne survivent que deux à trois jours dans les voies génitales de la femme.

Le chapitre en bref

Notions fondamentales

- La reproduction repose sur les interactions complexes qui s'établissent entre les organes génitaux, le système nerveux central et certaines glandes endocrines, l'hypophyse, l'hypothalamus, les testicules et les ovaires.

- Les organes génitaux de la femme sont: les ovaires, où se forment les cellules germinales et les hormones sexuelles femelles; les trompes de Fallope, qui captent l'ovule et lui permettent de se rendre à l'utérus; l'utérus, siège de l'implantation de l'ovule fécondé (blastocyste); le col utérin, qui sert de vestibule protecteur à l'utérus et relie l'utérus au vagin; et le vagin, qui relie les organes génitaux externes à l'utérus et laisse s'écouler le flux menstruel.

- Le cycle reproducteur de la femme comprend deux cycles simultanés et régis par des phénomènes neuro-humoraux: le cycle ovarien,

durant lequel se produit l'ovulation, et le cycle menstruel, durant lequel se produit la menstruation.

- Le cycle ovarien comporte deux phases: la phase folliculaire et la phase lutéale. Durant la phase folliculaire, le follicule primaire mûrit jusqu'à l'ovulation sous l'influence de la FSH et de la LH. La phase lutéale s'amorce lorsque l'ovule quitte le follicule et que le corps jaune commence à se développer sous l'action de la LH. Le corps jaune sécrète une grande quantité de progestérone et une petite quantité d'œstrogènes.

- Le cycle menstruel comporte quatre phases: la phase menstruelle, la phase proliférative, la phase sécrétoire et la phase ischémique. La phase menstruelle au cours de laquelle se produit l'élimination de l'endomètre survient lorsque les taux d'œstrogènes sont faibles. La phase proliférative commence lorsque les glandes de l'endomètre grossissent et que le mucus cervical se met à changer ; ces changements sont à leur sommet lors de l'ovulation. Pendant la phase sécrétoire, qui suit l'ovulation, la vascularité de l'utérus augmente pour le préparer à accueillir l'ovule, surtout à cause de l'action de la progestérone. La phase ischémique se caractérise par la dégénérescence du corps jaune, la chute des taux d'œstrogènes et de progestérone, la constriction des artères spiralées et l'écoulement du sang dans les cellules du stroma de l'endomètre.

- Les organes génitaux de l'homme sont : les testicules, où se forment les cellules germinales et les hormones sexuelles mâles ; les voies spermatiques, constituées d'un réseau de canaux qui servent au transport des spermatozoïdes jusqu'à l'extérieur du corps ; les glandes annexes, qui produisent des sécrétions importantes pour la nutrition, la survie et le transport des spermatozoïdes ; et le pénis, l'organe de la copulation.

Références

AUMÜLLER, G., et A. RIVA (1992), « Morphology and functions of the human seminal vesicle », *Andrologia,* vol. 24, n° 4, p. 183-196.

CALDWELL, W. E., et H. C. MOLOY (1933), « Anatomical variations in the female pelvis and their effect on labor with a suggested classification » [article qui a fait date], *American Journal of Obstetrics and Gynecology,* vol. 26, p. 479-505.

CLARK, K. E., et L. MYATT (1999), « Prostaglandins and the reproductive cycle », *in* J. J. Sciarri et T. J. Watkins (dir.), *Gynecology and Obstetrics,* Hagerstown, Harper and Row, vol. 5, chap. 42, p. 1-18.

COUCHMAN, G. M., et C. B. HAMMOND (1999), « Clinical anatomy of the female », *in* J. R. Scott, P. J. DiSaia, C. B. Hammond et W. N. Spellacy (dir.), *Danforth's obstetrics and gynecology,* 8e éd., Philadelphie, Lippincott, p. 19-28.

CUNNINGHAM, F. G., N. F. GANT, K. J. LEVENO, L. C. GILSTRAP III, J. C. HAUTH et K. D. WENSTROM (2001), *Williams Obstetrics,* 21e éd., New York, McGraw-Hill.

DISAIA, P. J. (1999), « Clinical anatomy of the female », *in* J. R. Scott, P. J. DiSaia, C. B. Hammond et W. N. Spellacy (dir.), *Danforth's obstetrics and gynecology,* 8e éd., Philadelphie, Lippincott, p. 47-64.

FERIN, M. (1998), « The hypothalmus-hypophyseal-ovarian axis and the menstrual cycle », *in* J. J. Sciarri et T. J. Watkins (dir.), *Gynecology and obstetrics,* Hagerstown, Harper and Row, vol. 5, chap. 6, p. 1-15.

LIU, J. H., ET R. W. REBAR (1999), « Endocrinology of pregnancy », *in* R. W. Creasy et R. Resnik (dir.), *Maternal-fetal medicine : Principles and practice,* 4e éd., Philadelphie, Saunders, p. 379-391.

REBAR, R. W. (1999), « The breast and the physiology of lactation », *in* R. W. Creasy et R. Resnik (dir.), *Maternal-fetal medicine : Principles and practice,* 4e éd., Philadelphie, Saunders, p. 90-121.

RESNIK, R. (1999), « Anatomic alterations in the reproductive tract », *in* R. W. Creasy et R. Resnik, *Maternel fetal medicine : Principles and practice,* 4e éd., Philadelphie, Saunders, p. 90-94.

Conception et développement du fœtus

Objectifs

- Expliquer la différence entre méiose et mitose
- Comparer l'ovogenèse et la spermatogenèse
- Décrire les éléments en jeu dans la fécondation
- Décrire les processus qui mènent à la formation de jumeaux fraternels (dizygotes) ou de jumeaux identiques (monozygotes)
- Décrire, en allant de la moins complexe à la plus complexe, les structures qui se forment durant la multiplication cellulaire, de même que les divers stades de différenciation cellulaire du développement intra-utérin
- Expliquer le développement du placenta et du cordon ombilical et analyser leur structure et leurs fonctions
- Résumer les principaux jalons de la croissance et du développement fœtal à 4, 6, 12, 16, 20, 24, 28, 36 et 40 semaines de gestation
- Repérer les périodes critiques pendant lesquelles les divers systèmes sont susceptibles d'être affectés par des malformations et décrire ces malformations

Vocabulaire

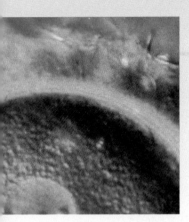

NOS CORPS SONT TRÈS SEMBLABLES, tant par leur structure que par leurs fonctions ; même nos chromosomes sont constitués des mêmes substances chimiques. Alors, à quoi tient donc notre unicité ? Nous la devons aux mécanismes physiologiques de l'hérédité, au processus de la division cellulaire et aux facteurs environnementaux qui influent sur notre développement dès notre conception. Dans ce chapitre, nous étudierons les mécanismes de la conception et du développement fœtal, qui sont les bases de l'unicité de l'être humain.

La division cellulaire

Toute vie humaine commence par une seule et unique cellule : l'ovule fécondé ou *zygote*. Cette cellule se reproduit pour former de nouvelles cellules, qui se reproduisent à leur tour dans un processus continuel. Les nouvelles cellules sont semblables aux cellules dont elles proviennent. Les cellules se reproduisent soit par *mitose,* soit par *méiose,* deux processus distincts mais connexes. La **mitose** produit deux cellules en tout point identiques à leur cellule d'origine ; ce processus permet à l'organisme de croître et de se développer, et aux cellules somatiques de l'individu mature de se diviser et d'être remplacées. La **méiose** est le processus de division cellulaire qui mène au développement des ovules et des spermatozoïdes nécessaires à la production d'un nouvel organisme.

Mitose

Pendant la mitose, la cellule subit plusieurs modifications qui se terminent par sa division. Juste avant que ne s'achève la dernière phase de la division cellulaire, un sillon se creuse dans le cytoplasme de la cellule, le divisant en deux *cellules filles,* chacune dotée de son propre noyau. Les cellules filles possèdent le même **nombre diploïde de chromosomes** (46) et le même code génétique que la cellule d'origine. Autrement dit, lorsqu'une cellule de 46 chromosomes subit une mitose, il en résulte deux cellules identiques (filles) possédant chacune 46 chromosomes.

Méiose

La méiose est un type de division cellulaire par lequel les cellules diploïdes engendrent des ovules et des spermatozoïdes. Elle consiste en deux divisions cellulaires successives.

Durant la première division, les chromosomes se répliquent, ce qui double la structure de chacun des 46 chromosomes. Ensuite, un appariement des chromosomes homologues se produit (Sadler, 1995). Plutôt que de se séparer immédiatement comme dans la mitose, les chromosomes similaires s'entrelacent, chaque point de contact devenant le site d'un échange physique de matériel génétique entre les chromatides (les bras des chromosomes). De nouvelles combinaisons surgissent, provenant des chromosomes nouvellement constitués, ce qui explique la grande diversité des traits caractéristiques chez les humains (la couleur des cheveux et des yeux, par exemple). Les paires de chromosomes se séparent ensuite, chaque membre de la paire se déplaçant vers le pôle opposé de la cellule. La cellule se divise en deux cellules filles dotées chacune de 23 chromosomes doubles, soit la même quantité d'acide désoxyribonucléique (ADN) que les cellules somatiques ordinaires. Lors de la deuxième division, les chromatides de chaque chromosome se séparent et se déplacent vers les pôles opposés de chacune des cellules filles. La division cellulaire survient, formant quatre cellules contenant chacune 23 chromosomes simples (le **nombre haploïde de chromosomes**). Ces cellules filles ne contiennent que la moitié de l'ADN d'une cellule somatique normale. (Voir *Points à retenir : Comparaison entre la méiose et la mitose.*)

Des mutations peuvent se produire si deux des chromatides ne s'écartent pas assez rapidement pendant la seconde division méiotique. Les chromatides encore doubles sont alors transportées dans une des cellules filles et forment un chromosome surnuméraire. S'il y a fécondation, cette *non-disjonction autosomique* (mutation chromosomique) sera néfaste au fœtus.

Un autre type de mutation chromosomique peut survenir si les chromosomes se brisent au cours de la méiose. Si le segment détaché se perd, on a un chromosome plus court, phénomène qu'on appelle *délétion*. Si le segment détaché s'attache à un autre chromosome, il en résulte une mutation structurale néfaste appelée *translocation*. Pour plus de détails sur les effets de la translocation et de la non-disjonction autosomique, voir le chapitre 5.

La méiose se produit durant la *gamétogenèse*, qui est le processus de formation des cellules germinales ou **gamètes**. Les gamètes doivent avoir le nombre haploïde de chromosomes (23) ; ainsi, lorsque le gamète femelle (ovule) et le gamète mâle (spermatozoïde) s'unissent pour former le *zygote* (ovule fécondé), le nombre diploïde de chromosomes (46) normal chez l'humain sera reconstitué.

Ovogenèse

L'ovogenèse est le processus de formation des gamètes femelles. Les ovaires commencent à se développer tôt chez le fœtus féminin ; tous les ovules que produira la femme au cours de sa vie sont déjà formés au 6e mois de la vie fœtale. Les ovogonies se développent dans les ovaires, puis se transforment en *ovocytes*. Bien qu'elle commence avant la naissance dans tous les ovocytes, la méiose est interrompue avant la fin de la première division et demeure dans cette phase d'arrêt jusqu'à la puberté. Au cours de la puberté, l'ovocyte de premier ordre mature termine la première division méiotique (par ovogenèse) dans les follicules de De Graaf.

La première division méiotique produit deux cellules de dimensions inégales, dotées de quantités de cytoplasme différentes, mais du même nombre de chromosomes. Ces deux cellules sont l'*ovocyte de deuxième ordre* et un petit *globule polaire*. L'ovocyte de deuxième ordre et le premier globule polaire contiennent tous deux 22 autosomes doubles et 1 chromosome sexuel double (X). La deuxième division méiotique commence dès l'ovulation et se poursuit lorsque l'ovocyte avance dans la trompe de Fallope. Comme la première, cette division est inégale. L'ovocyte de deuxième ordre se rend jusqu'à la métaphase, où la division méiotique s'arrête.

S'il est fécondé, l'ovocyte de deuxième ordre achève la seconde division méiotique ; il se transforme alors en un ovule mature doté du nombre haploïde de chromosomes et de pratiquement tout son cytoplasme. Le deuxième globule polaire (lui aussi haploïde) se forme également à ce moment. Le premier globule polaire s'est divisé lui aussi pour donner deux globules polaires de plus. Ainsi, une fois terminée, la méiose a produit quatre cellules haploïdes : les trois globules polaires, qui se désintégreront éventuellement, et un ovule (Sadler, 1995) (figure 3-1 ▶).

Spermatogenèse

Durant la puberté, l'épithélium germinatif des canalicules séminifères des testicules entame la spermatogenèse, c'est-à-dire le processus produisant le gamète mâle (spermatozoïde). La spermatogonie se réplique avant le début de la première division méiotique ; elle porte dès lors le nom de spermatocyte de premier ordre. Pendant cette première division méiotique, le spermatocyte de premier ordre forme deux cellules, les spermatocytes de deuxième ordre, contenant chacune 22 chromosomes autosomes doubles et un chromosome sexuel (X ou Y) double. Pendant la deuxième division méiotique, les spermatocytes de deuxième ordre se divisent pour former quatre spermatides possédant chacune le nombre haploïde de chromosomes. Les spermatides subissent une série de modifications qui leur font perdre la majeure partie de leur cytoplasme et les transforment en spermatozoïdes (figure 3-1 ▶).

◼ Le processus de la fécondation

La **fécondation** est le processus par lequel un spermatozoïde fusionne avec un ovule pour former une nouvelle cellule diploïde, le zygote. Cette section décrit les événements menant à la fécondation, le moment où elle survient, ainsi que le phénomène de la gémellité.

Préparation de la fécondation

Le processus de la fécondation a lieu dans l'ampoule (tiers externe) de la trompe de Fallope. Durant l'ovulation, les taux élevés d'œstrogènes augmentent le péristaltisme des trompes, ce qui fait progresser l'ovule (qui n'a aucune motilité propre)

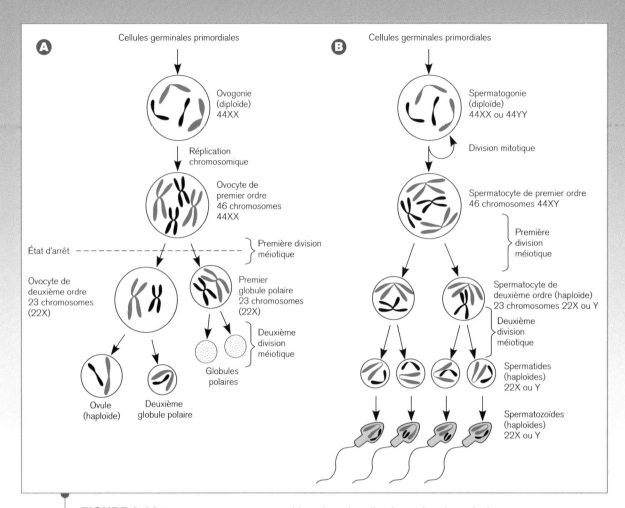

FIGURE 3-1 ▶ La gamétogenèse comprend la méiose dans l'ovaire et dans le testicule.
A. Durant la méiose, chaque ovogonie produit un seul ovule haploïde lorsque du cytoplasme se déplace dans les globules polaires. **B.** Chaque spermatogonie produit quatre spermatozoïdes haploïdes.

jusqu'à l'utérus. De plus, les concentrations élevées d'œstrogènes rendent la glaire cervicale plus claire, ce qui facilite la progression des spermatozoïdes dans le col cervical et dans la trompe. La membrane cellulaire de l'ovule est entourée de deux couches de tissus. La couche la plus proche de la membrane cellulaire s'appelle *zone pellucide* ; c'est une couche non cellulaire translucide, dont l'épaisseur influe sur le taux de fertilité. La zone pellucide est entourée d'un anneau de cellules allongées, appelé *corona radiata* (parce qu'il irradie de l'ovule comme la couronne gazeuse qui entoure le soleil). Ces cellules sont maintenues ensemble par l'acide hyaluronique.

L'ovule et le spermatozoïde matures n'ont que peu de temps pour s'unir. On considère que l'ovule est fécondable pendant environ 24 heures après l'ovulation. Les spermatozoïdes peuvent survivre jusqu'à 72 heures dans l'appareil génital de la femme, mais on croit qu'ils ne sont sains et très fécondants que durant 24 heures (De Jonge, 2000).

En une seule éjaculation, l'homme dépose de 200 à 400 millions de spermatozoïdes dans le vagin, mais à peine quelques centaines atteignent l'ampoule (Brannigan et Lipshultz, 2000).

Les spermatozoïdes se propulsent dans les voies génitales de la femme grâce au mouvement de leur flagelle. Le trajet du col utérin à la trompe de Fallope peut s'accomplir en 5 minutes, mais il s'effectue en moyenne de 4 à 6 heures après l'éjaculation (Brannigan et Lipshultz, 2000). Il se peut que les prostaglandines présentes dans le sperme augmentent les contractions du muscle lisse de l'utérus, favorisant ainsi la progression des spermatozoïdes. L'action ciliaire double des trompes de Fallope facilite la migration de l'ovule vers l'utérus ainsi que le passage des spermatozoïdes de l'utérus à l'ovaire.

Situé dans la tête du spermatozoïde, le noyau contient le matériel génétique ; il est recouvert d'une capsule protectrice appelée acrosome, elle-même gainée d'une membrane plasmatique. Pour que la fécondation soit possible, le spermatozoïde doit subir deux transformations successives : la *capacitation* et la *réaction acrosomiale*.

La **capacitation** est le retrait de la membrane plasmatique recouvrant l'acrosome du spermatozoïde ainsi que la perte des lipides, des protéines et de la couche de glycoprotéines du plasma séminal. Sans le retrait de sa membrane plasmatique, le spermatozoïde sera incapable de féconder l'ovule (Brannigan et Lipshultz, 2000). La capacitation a lieu dans le tractus génital de la femme, où elle est facilitée par des enzymes utérines. On croit qu'elle s'accomplit en sept heures environ.

La **réaction acrosomiale** succède à la capacitation. Les acrosomes qui recouvrent la tête des spermatozoïdes libèrent leurs enzymes (l'hyaluronidase, une protéase appelée *acrosine* et des enzymes de dispersion de la corona radiata), lesquelles dégradent l'acide hyaluronique de cette couche externe de l'ovule (Brannigan et Lipshultz, 2000). Des centaines d'acrosomes doivent se rompre afin de détruire suffisamment d'acide hyaluronique pour permettre à un spermatozoïde de pénétrer la zone pellucide de l'ovule. Lorsqu'un spermatozoïde y parvient, l'ovule subit un changement cellulaire qui le rend hermétique aux autres spermatozoïdes, de sorte qu'un seul spermatozoïde peut le pénétrer (figure 3-2 ▶).

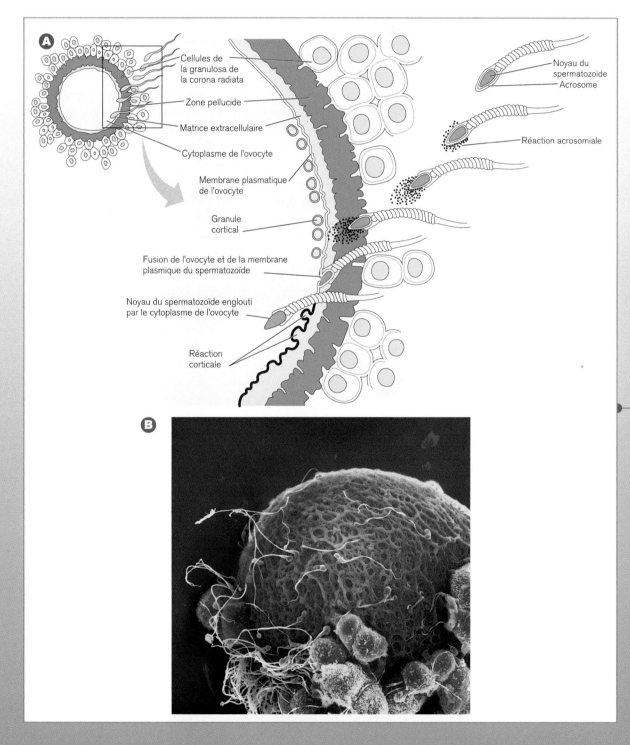

FIGURE 3-2 ▶
Pénétration d'un ovule par un spermatozoïde. **A.** De haut en bas, description de la séquence des étapes de la pénétration d'un ovocyte par un spermatozoïde. **B.** Micrographie (au microscope électronique à balayage) de spermatozoïdes entourant un ovule chez l'être humain (750X) : les petites cellules sphériques sont les cellules de la granulosa de la corona radiata.
Source : Nilson, L. (1990), *A child is born*, New York, Dell Publishing.

Moment de la fécondation

Au moment de la pénétration du spermatozoïde dans l'ovule, un signal chimique commande à l'ovocyte de deuxième ordre d'achever la deuxième division méiotique pour former le noyau de l'ovule et le deuxième globule polaire. Le noyau de l'ovule et le spermatozoïde gonflent alors et se rapprochent l'un de l'autre. Le moment précis de la fécondation est celui de leur fusion. Leurs membranes nucléaires respectives disparaissent, et leurs chromosomes s'apparient pour créer un **zygote** diploïde. Comme chaque noyau contient le nombre haploïde de chromosomes (23), leur fusion rétablit le nombre diploïde de chromosomes (46). Le zygote contient une nouvelle combinaison de matériel génétique, qui produira un individu différent de ses parents et de tout autre être humain.

Le moment de la fécondation est également celui de la détermination du sexe du zygote. Comme nous le verrons plus en détail au chapitre 5, ce sont les deux chromosomes de la 23e paire (XX ou XY) – les chromosomes sexuels – qui déterminent le sexe de l'individu. Les chromosomes X sont plus gros que les chromosomes Y et portent davantage de gènes. Les femmes ont deux chromosomes X ; les hommes, un chromosome X et un chromosome Y. Alors que le gamète mature produit par ovogenèse ne peut avoir qu'un seul type de chromosome sexuel – le X –, la spermatogenèse produit deux gamètes comportant un chromosome X et deux gamètes comportant un chromosome Y. Lorsque chacun des gamètes (ovule et spermatozoïde) apporte un X, il en résulte un zygote femelle. Lorsque l'ovule apporte un chromosome X et que le spermatozoïde apporte un chromosome Y, il en résulte un zygote mâle. Certains traits sont déterminés par leur *lien au sexe*, notamment le daltonisme et l'hémophilie, parce qu'ils sont régis par les gènes du chromosome X.

Gémellité

Environ 1 grossesse sur 80 aboutit à la naissance de jumeaux, et 1 grossesse sur 8 000 à la naissance de triplés (Spellacy, 1999). Les grossesses gémellaires sont plus fréquentes chez les femmes noires que chez les femmes blanches, et chez les femmes blanches que chez les femmes d'origine asiatique (Benirschke, 1999a). Dans tous les groupes, la probabilité d'une naissance multiple augmente avec la parité (le fait d'avoir donné naissance à un bébé viable).

Les jumeaux peuvent être *fraternels* ou *identiques*. S'ils sont fraternels, ils seront dizygotes, ce qui signifie qu'ils sont issus de deux ovules fécondés par deux spermatozoïdes (figure 3-3). Il y a alors deux placentas, deux chorions et deux amnios, quoique les placentas fusionnent parfois, donnant l'impression qu'il n'y en a qu'un. Même s'ils naissent ensemble, les jumeaux fraternels ne se ressemblent pas plus que des frères ou des sœurs nés séparément. Ils peuvent être de sexe différent.

La probabilité de gémellité dizygote augmente :
- avec l'âge de la mère jusqu'à 35 ans (ensuite, elle diminue brusquement) ;
- avec la parité ;
- lorsque la conception a lieu dans les trois premiers mois de mariage ;
- avec la fréquence des coïts.

La probabilité de gémellité dizygote diminue :
- dans les périodes de malnutrition ;
- en hiver et au printemps chez les femmes vivant dans l'hémisphère Nord.

Des études indiquent que seules certaines familles ont des jumeaux dizygotes, peut-être à cause d'une propension génétique à des taux élevés de gonadotrophine sérique, et donc à l'ovulation double (Spellacy, 1999).

Les jumeaux identiques – ou monozygotes – se développent à partir d'un seul ovule fécondé ; ils sont donc du même sexe et ont le même génotype (ils se ressemblent). Ils se développent généralement dans un placenta commun (figure 3-3). L'environnement, l'origine raciale, les caractéristiques physiques et la fertilité n'ont aucune influence sur la gémellité monozygote.

Les jumeaux monozygotes se forment par la division du zygote à un moment ou l'autre de son développement précoce, alors qu'il n'est constitué que de quelques milliers de cellules. Pour qu'il y ait formation de jumeaux, cette masse cellulaire doit se séparer complètement en deux parties.

Le nombre d'amnios et de chorions dépend du moment où a lieu la séparation :

1. Si la division survient dans les trois jours qui suivent la fécondation – avant la formation de la masse cellulaire interne et du chorion –, deux embryons, deux amnios et deux chorions se développeront (il pourra alors y avoir un seul placenta fusionné ou deux placentas distincts). On voit ce placenta *dichorionique-diamniotique* dans 20 % à 30 % des cas de gémellité.

2. Si la division survient dans les cinq jours qui suivent la fécondation – lorsque la masse cellulaire interne est formée, et que les cellules du chorion sont différenciées alors que celles de l'amnios ne le sont pas encore –, deux embryons se développeront dans des sacs amniotiques séparés, qui seront par la suite recouverts par un chorion commun. Le placenta sera donc *monochorionique-diamniotique*.

3. Si l'amnios est déjà développé, ce qui arrive de 7 à 13 jours environ après la fécondation, il en résultera deux embryons avec un sac amniotique commun et un chorion commun. Ce placenta *monochorionique-monoamniotique* ne se voit que dans 20 % à 30 % des cas de gémellité (Spellacy, 1999).

On considère la gémellité monozygote comme un phénomène qui touche au hasard 3,5 naissances sur 1 000 environ

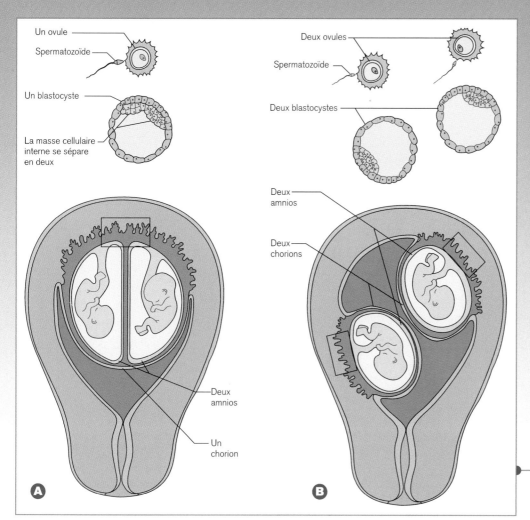

Un ovule
Spermatozoïde
Un blastocyste
La masse cellulaire interne se sépare en deux

Deux ovules
Spermatozoïde
Deux blastocystes
Deux amnios
Deux chorions

Deux amnios
Un chorion

FIGURE 3-3 **A.** Formation de jumeaux identiques. **B.** Formation de jumeaux fraternels (notez qu'il y a deux placentas séparés).

(Spellacy, 1999). Le taux de survie des jumeaux monozygotes est inférieur de 10% à celui des jumeaux dizygotes, et les anomalies congénitales sont plus fréquentes chez les premiers. Les deux bébés peuvent présenter les mêmes malformations.

 ## Le stade préembryonnaire

La période des 14 premiers jours du développement de l'ovule humain après sa fécondation s'appelle *stade préembryonnaire* ou *stade de l'ovule* (Craven et Ward, 1999). Ce stade se caractérise par deux phases de développement : la multiplication et la différenciation cellulaires, et la formation des membranes embryonnaires et des feuillets primitifs. Cette section décrit ces deux phases, ainsi que le mécanisme de l'implantation de l'ovule fécondé (nidation).

Multiplication cellulaire

La multiplication cellulaire commence dans la trompe de Fallope pendant la migration du zygote vers la cavité utérine.

Ce déplacement, d'une durée de trois jours ou plus, s'effectue surtout grâce à un très faible courant liquide résultant de l'action de l'épithélium cilié tapissant la paroi des trompes.

Le zygote entre dans une période de divisions mitotiques rapides, la **segmentation** : il se divise en deux, quatre, huit cellules, et ainsi de suite. Ces cellules, les *blastomères,* sont si minuscules que la masse cellulaire en développement est à peine plus grosse que le zygote initial. Située sous la corona radiata, la zone pellucide retient ensemble les blastomères, qui formeront une boule de 12 à 16 cellules appelée **morula** (parce que son aspect rappelle celui d'une petite mûre). Lorsque la morula pénètre dans l'utérus, son liquide intracellulaire s'accroît, et une cavité liquidienne (blastocèle) se forme. La masse cellulaire interne prend alors le nom de **blastocyste**. La couche cellulaire externe qui entoure la cavité et remplace la zone pellucide est le **trophoblaste,** qui formera plus tard l'une des membranes embryonnaires, le chorion. Le blastocyste se transforme en une double couche de cellules : c'est le disque embryonnaire didermique, à partir duquel se formeront l'embryon et la deuxième membrane embryonnaire, l'amnios. La figure 3-4 ▶ illustre la migration de l'ovule fécondé vers l'utérus.

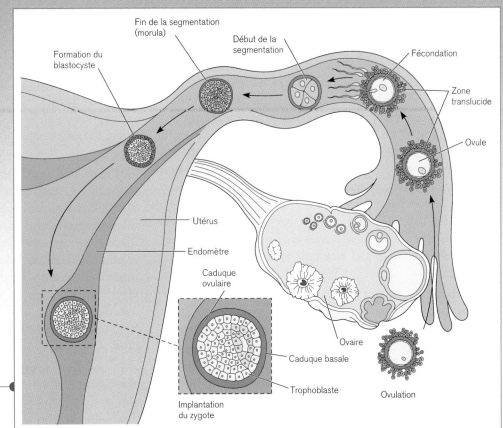

FIGURE 3-4 Lors de l'ovulation, l'ovule quitte l'ovaire et entre dans la trompe de Fallope. La fécondation survient généralement dans le tiers externe de la trompe de Fallope. On trouvera représentées ici les transformations de l'ovule fécondé, de la conception à l'implantation.

Implantation (nidation)

Pendant qu'il flotte dans la cavité utérine, le blastocyste est nourri par les sécrétions des glandes utérines (un mélange de lipides, de mucopolysaccharides et de glycogène). Le trophoblaste se fixe à la surface de l'endomètre pour obtenir plus de nourriture. Le siège le plus courant de cette fixation est le haut de la paroi postérieure de l'utérus. De 7 à 10 jours après la fécondation, la zone pellucide disparaît, alors que le blastocyste s'implante en creusant jusqu'aux capillaires de la muqueuse utérine, où il s'enfouit complètement (Ahokas et McKinney, 2000). La muqueuse utérine s'épaissit sous le blastocyste implanté, et les cellules du trophoblaste croissent vers le bas dans la muqueuse épaissie pour former des prolongements appelés *villosités.*

Sous l'action de la progestérone, l'épaisseur et la vascularisation de l'endomètre augmentent pour le préparer à l'implantation et à la nutrition de l'ovule. Après l'implantation, l'endomètre prend le nom de *caduque.* La portion de la caduque qui couvre le blastocyste s'appelle **caduque ovulaire (capsulaire)** ; la portion située immédiatement sous le blastocyste implanté, **caduque basale** ; et la portion qui tapisse le reste de la cavité utérine, **caduque pariétale** (Ahokas et McKinney, 2000). La partie maternelle du placenta se développe à partir de la caduque basale, qui contient un grand nombre de vaisseaux sanguins (voir l'agrandissement du zygote implanté à la figure 3-4). Les villosités choriales qui se trouvent en contact avec la caduque basale formeront la partie fœtale du placenta.

Différenciation cellulaire

Feuillets primitifs

Entre le 10e et le 14e jour après la conception, la masse homogène des cellules du blastocyste se différencie pour former les **feuillets primitifs.** Ces trois feuillets, l'**ectoblaste,** le **mésoblaste** et l'**endoblaste** (figure 3-5), se forment en même temps que les membranes embryonnaires. Tous les tissus, organes, appareils et systèmes dérivent de ces feuillets primitifs (voir le tableau 3-1). Par exemple, la différenciation des cellules de l'endoblaste permet la formation de la paroi épithéliale des voies respiratoires et du tube digestif (figure 3-6).

Membranes embryonnaires

Les **membranes embryonnaires** commencent à se former au moment de l'implantation (figure 3-7) ; elles protégeront, et soutiendront, l'embryon pendant sa croissance et son développement intra-utérins.

La première membrane à se former est le **chorion,** la membrane externe qui entoure l'amnios, l'embryon et le sac vitellin. Cette épaisse membrane se développe à partir du trophoblaste ; sa surface présente de nombreuses projections allongées, les *villosités choriales.* Le prélèvement d'échantillons de ces villosités choriales permet d'effectuer des tests génétiques précoces (8 à 10 semaines de gestation) sur l'embryon (voir le

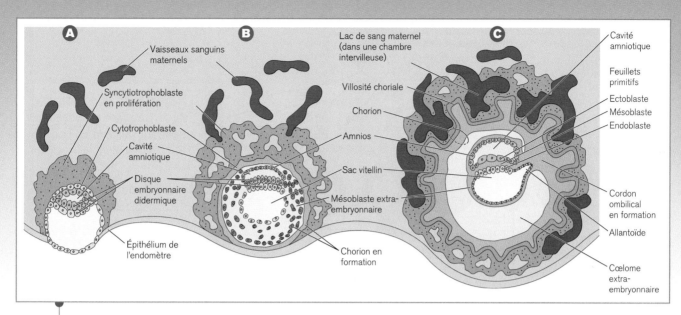

FIGURE 3-5 Formation des feuillets primitifs. **A.** Implantation d'un blastocyste de 7 jours : les cellules du disque embryonnaire didermique sont séparées de l'amnios par une cavité remplie de liquide. L'érosion de l'endomètre par le syncytiotrophoblaste est en cours. **B.** Au 9e jour, l'implantation est terminée, et le mésoblaste extra-embryonnaire commence à former une couche distincte sous le cytotrophoblaste. **C.** Au 16e jour, l'embryon possède ses trois feuillets primitifs, un sac vitellin et un allantoïde (vésicule externe du sac vitellin qui constitue la base structurelle du cordon ombilical ou, plus précisément, du pédicule embryonnaire). Le cytotrophoblaste ainsi que le mésoblaste qui y est associé sont devenus le chorion, et les villosités choriales se développent.

Source : Marieb, E. N. (1999), *Anatomie et physiologie humaines,* 2e éd., Saint-Laurent, ERPI, p. 1096.

Tableau 3-1

Structures dérivant des feuillets primitifs

Ectoblaste	Mésoblaste	Endoblaste
Épiderme	Derme	Épithélium des voies respiratoires
Glandes sudoripares	Paroi du tube digestif	Épithéliums (sauf celui du nez), comprenant celui du pharynx, de la langue, des amygdales, de la thyroïde, des parathyroïdes, du thymus et de la caisse du tympan
Glandes sébacées	Reins et uretères (cortex surrénalien)	
Ongles	Organes génitaux (gonades, canal génital)	
Follicules pileux	Tissu conjonctif (cartilage, os, cavités articulaires)	
Cristallin		Muqueuse du tube digestif
Épithélium sensitif de l'oreille interne et externe, des fosses nasales, des sinus, de la bouche et du canal anal	Squelette	Tissu primitif du foie et du pancréas
	Muscles (tous les types)	Urètre et glandes annexes
Système nerveux central et système nerveux périphérique	Appareil cardiovasculaire (cœur, artères, veines, sang, moelle osseuse)	Vessie (sauf le trigone vésical)
Fosses nasales	Plèvre	Vagin (certaines parties)
Glandes buccales et émail des dents	Tissu et cellules lymphoïdes	
Hypophyse	Rate	
Glandes mammaires		

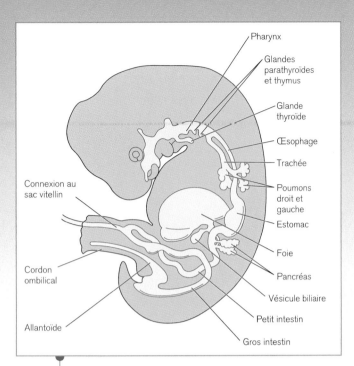

FIGURE 3-6 ▶ Les cellules de l'endoblaste se différencient pour former la paroi épithéliale des voies respiratoires, du tube digestif et des glandes annexes. *Source* : Marieb, E. N. (1999), *Anatomie et physiologie humaines*, 2ᵉ éd., Saint-Laurent, ERPI, p. 1100.

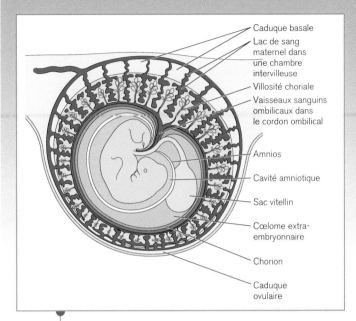

FIGURE 3-7 ▶ Début du développement des membranes embryonnaires. À 4 semaines et demie, la caduque ovulaire (partie du placenta qui recouvre l'embryon sur la surface utérine) et la caduque basale (partie du placenta qui englobe les villosités choriales en formation et l'endomètre maternel) sont bien formées. Les villosités choriales flottent dans les lacs de sang maternel des chambres intervilleuses de l'endomètre. L'amnios et le sac vitellin sont bien développés. *Source* : Marieb, E. N. (1999), *Anatomie et physiologie humaines*, 2ᵉ éd., Saint-Laurent, ERPI, p. 1096.

chapitre 19). À l'exception de celles qui sont situées sous l'embryon, qui croissent et étendent leurs ramifications dans les dépressions de la paroi utérine pour former la partie embryonnaire du placenta, les villosités dégénèrent. Au quatrième mois de la grossesse, la surface du chorion est lisse, sauf à l'endroit où il s'attache à la paroi utérine.

La deuxième membrane, l'**amnios,** émane de l'ectoblaste, un feuillet primitif, au début du développement embryonnaire. L'amnios est une fine membrane protectrice qui contient le liquide amniotique. La *cavité amniotique* – l'espace entre cette membrane et l'embryon – entoure l'embryon en développement (disque embryonnaire) et le sac vitellin, sauf à l'endroit où l'embryon est relié au trophoblaste par le cordon ombilical. À mesure que l'embryon croît, l'amnios se développe jusqu'à ce qu'il entre en contact avec le chorion. Ces deux membranes fœtales légèrement adhérentes forment la **poche des eaux** (ou sac amniotique) qui protège l'embryon.

Liquide amniotique

En plus de servir de coussin protecteur contre les chocs qui pourraient endommager l'embryon, le **liquide amniotique** contribue à la régulation de la température embryonnaire. Il rend également possible la croissance externe symétrique du fœtus, il empêche qu'il adhère à l'amnios et il lui confère la liberté de mouvement lui permettant de changer de position.

À 10 semaines, la cavité amniotique contient environ 30 mL de liquide amniotique ; à 20 semaines, elle en contient 350 mL. Après 20 semaines, le volume de liquide est de l'ordre de 700 à 1 000 mL. Ce volume change continuellement, car une partie du liquide amniotique traverse la membrane placentaire. À mesure que la grossesse évolue, le fœtus contribue au volume du liquide amniotique en excrétant de l'urine. Par ailleurs, le fœtus ingurgite jusqu'à 600 mL de liquide amniotique par 24 heures, et il s'en écoule environ 400 mL par jour des poumons fœtaux (Gilbert et Brace, 1993). Le chapitre 19 traite des anomalies affectant le volume de liquide amniotique.

Légèrement alcalin, le liquide amniotique contient de l'albumine, de l'acide urique, de la créatinine, de la lécithine, de la sphingomyéline, de la bilirubine, du vernix, des leucocytes, des cellules épithéliales, des enzymes et du lanugo.

Sac vitellin

Chez les humains, le sac vitellin est petit et fonctionne dès le début de la vie embryonnaire. Il se développe dans le blastocyste, où il forme une deuxième cavité vers le 8ᵉ ou le 9ᵉ jour après la conception. Le sac vitellin élabore des érythrocytes primitifs pendant les six premières semaines du développement, jusqu'à ce que le foie de l'embryon prenne la relève. Au fur et à mesure que croît l'embryon, le sac vitellin s'incorpore au cordon ombilical, où on peut distinguer, après la naissance, les vestiges de sa structure dégénérée.

Cordon ombilical

Le **cordon ombilical** se forme également à partir de l'amnios. Le *pédicule embryonnaire,* qui relie l'embryon au sac vitellin, contient des vaisseaux sanguins qui s'étendent dans les villosités choriales. Le pédicule embryonnaire se fusionne à la partie embryonnaire du placenta afin de former une voie de circulation allant des villosités choriales à l'embryon. Pendant que le pédicule embryonnaire s'allonge pour se transformer en cordon ombilical, le nombre de vaisseaux diminue jusqu'à ce qu'il ne reste plus qu'une grosse veine et deux artères plus petites. Environ 1 % des cordons ombilicaux ne comptent qu'une veine et une artère ; ce problème est parfois associé à des malformations congénitales (qui touchent surtout les appareils rénal, gastro-intestinal et cardiovasculaire). Un tissu conjonctif spécialisé, appelé **gelée de Wharton,** entoure les vaisseaux sanguins du cordon ombilical. La gelée de Wharton ainsi que le volume important de sang qui circule dans les vaisseaux préviennent la compression du cordon ombilical dans l'utérus. À terme (après 38 à 42 semaines de gestation), le cordon mesure en moyenne 2 cm de diamètre et 55 cm de long. Le cordon ombilical peut s'implanter à divers endroits sur le placenta ; l'insertion centrale est celle qu'on considère comme normale. Nous reviendrons au chapitre 19 sur les différents sites d'insertion du cordon.

Le cordon ombilical est torsadé ou spiralé, ce qui est probablement dû aux mouvements fœtaux (Benirschke, 1999b). Il est rare qu'il s'y forme un vrai nœud et, si cela arrive, c'est généralement en raison de sa longueur. On voit plus fréquemment des faux nœuds formés par les plis des vaisseaux du cordon. Lorsque le cordon ombilical entoure le cou du fœtus, on parle de cordon nucal.

■ Le développement du placenta et ses fonctions

Le **placenta** permet les échanges métaboliques et nourriciers entre les circulations embryonnaire et maternelle. Le développement du placenta et la circulation placentaire ne commencent pas avant la 3ᵉ semaine du développement embryonnaire. Le placenta se développe à l'endroit même où l'embryon s'est fixé à la paroi utérine. L'expansion du placenta se poursuit jusqu'à la 20ᵉ semaine de gestation environ, alors qu'il occupe à peu près la moitié de la surface interne de l'utérus. Après la 20ᵉ semaine, le placenta s'épaissit, mais il ne s'étend plus en largeur. À 40 semaines de gestation, il a un diamètre de 15 à 20 cm et une épaisseur de 2,5 à 3 cm. Il pèse alors environ 400 à 600 g.

Le placenta se compose de deux parties : la partie maternelle et la partie fœtale. Formée de la caduque basale et de sa circulation, la partie maternelle du placenta offre une surface rouge et bosselée (figure 3-8 ▶). La partie fœtale est formée des villosités choriales et de leur circulation ; elle est recouverte de l'amnios, qui lui donne sa couleur gris luisant (figure 3-9 ▶).

Le développement du placenta commence par des villosités choriales. Les cellules trophoblastiques des villosités choriales forment des cavités, les chambres intervilleuses, dans le tissu de la caduque basale. Ces chambres intervilleuses s'emplissent de

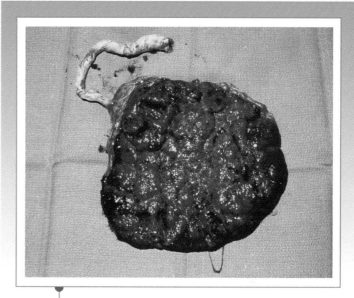

FIGURE 3-8 ▶ Face maternelle du placenta (plaque basale).

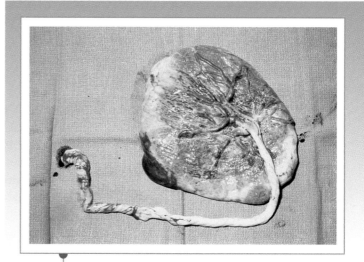

FIGURE 3-9 ▶ Face fœtale du placenta (plaque choriale).

sang maternel, formant des lacs où croissent et baignent les villosités choriales. Deux couches trophoblastiques apparaissent pendant la différenciation des villosités choriales : une couche externe, le *syncytiotrophoblaste* (composée de syncytium), et une couche interne, le *cytotrophoblaste* (figure 3-5). Vers le 5e mois, le cytotrophoblaste s'amincit et disparaît, ne laissant qu'une seule couche de syncytiotrophoblaste sur les villosités choriales. Le syncytiotrophoblaste est directement en contact avec les lacs de sang maternel des chambres intervilleuses ; il s'agit de la partie fonctionnelle du placenta sécrétant les hormones placentaires.

Une troisième couche (interne, elle aussi) de mésoblaste conjonctif se développe dans les villosités choriales pour former les *villosités crampons,* qui constitueront éventuellement les *septums intercotylédonaires.* Ces cloisons divisent le placenta mature en 15 à 20 segments, appelés **cotylédons** (subdivisions du placenta constituées de *villosités crampons* et de tissu décidual). Dans chacun de ces cotylédons, les *troncs de villosités* forment un système vasculaire très complexe qui permet la compartimentation de la circulation utéroplacentaire. Des échanges gazeux et nutritifs s'effectuent entre ces systèmes vasculaires.

Durant les trois à cinq premiers mois, les échanges restent minimaux en raison d'une perméabilité limitée : la membrane villeuse est encore épaisse. Cependant, à mesure qu'elle s'amincit, sa perméabilité augmente, et ce, jusqu'au dernier mois de grossesse ; par la suite, la perméabilité diminue.

Dans le placenta pleinement développé, le sang fœtal des villosités et le sang maternel des chambres intervilleuses sont séparés par trois ou quatre couches de tissu.

Circulation placentaire

Après l'implantation du blastocyste, les cellules se différencient en cellules fœtales et en cellules trophoblastiques. Le trophoblaste qui prolifère envahit la caduque basale de l'endomètre, ouvrant d'abord les capillaires utérins et, par la suite, ses plus gros vaisseaux sanguins. Tandis que les villosités choriales, qui sont des excroissances du tissu blastocystique, croissent et se multiplient, les vaisseaux sanguins fœtaux commencent à se former. Les chambres intervilleuses de la caduque basale se développent au fur et à mesure que s'ouvrent les artères spiralées de l'endomètre.

À la 4e semaine, le placenta a commencé à assurer les échanges métaboliques entre l'embryon et la mère. La circulation mère-placenta-fœtus s'établit environ 17 jours après la conception, lorsque le cœur de l'embryon commence à fonctionner (Benirschke, 1999b). À 14 semaines, le placenta est un organe distinct. Il s'est épaissi à cause de l'allongement des villosités choriales et de leur volume accru, ainsi que de la dilatation concomitante des chambres intervilleuses.

Dans le cordon ombilical du placenta pleinement développé, le sang fœtal afflue des deux artères ombilicales aux capillaires des villosités, s'oxygène, puis retourne au fœtus par

la veine ombilicale (figure 3-10). À la fin de la grossesse, on peut entendre un souffle léger (le *souffle funiculaire*) au-dessus de la région du cordon ombilical. Ce bruit est synchrone avec les battements du cœur fœtal et avec la circulation sanguine dans les artères ombilicales.

Riche en oxygène et en nutriments, le sang maternel jaillit des artères spiralées de l'utérus – jaillissements provoqués par la tension artérielle de la mère – et se déverse dans les chambres intervilleuses. Le flux sanguin se dirige ensuite vers la plaque choriale puis, la pression sanguine diminuant, il dévie (il s'étend). L'apport continu de sang frais exerce sur le contenu des chambres intervilleuses une pression qui chasse le sang s'y trouvant vers les sorties de la plaque basale. Le sang est ensuite drainé vers les veines utérines et les autres veines du bassin. Pendant les derniers mois de la grossesse, on peut entendre juste au-dessus de la symphyse pubienne de la mère un *souffle utérin* réglé exactement sur le pouls de la mère ; ce souffle résulte de l'accroissement de la circulation sanguine dans les artères utérines dilatées.

On croit que les contractions de Braxton-Hicks (voir le chapitre 15) améliorent la circulation placentaire en favorisant le déplacement du sang du centre du cotylédon vers les chambres intervilleuses. Le flux sanguin placentaire est plus abondant lorsque la mère est couchée sur le côté gauche, car la veine cave n'est pas comprimée dans ce cas.

Fonctions placentaires

Les échanges placentaires n'ont lieu que dans les vaisseaux fœtaux se trouvant en contact intime avec la membrane syncytiale qui les recouvre. Les villosités du syncytiotrophoblaste ont des bordures broussailleuses contenant de nombreuses microvillosités, ce qui augmente considérablement le taux des échanges entre les circulations maternelle et fœtale (Benirschke, 1999b).

Les fonctions placentaires, dont plusieurs débutent peu après l'implantation, comprennent la respiration, la nutrition et l'excrétion fœtales. Pour accomplir ces fonctions, le placenta participe à des activités métaboliques et à des activités de transport. Le placenta remplit également des fonctions endocrines et il possède des propriétés immunologiques particulières.

Activités métaboliques

Le placenta fournit continuellement du glycogène, du cholestérol et des acides gras destinés au fœtus et à la production d'hormones. De plus, le placenta produit de nombreux enzymes nécessaires aux échanges fœtoplacentaires, dégrade certaines substances, comme l'adrénaline et l'histamine, et emmagasine le glycogène et le fer.

Fonctions de transport

Les membranes placentaires assurent le transfert de multiples substances grâce à cinq mécanismes.

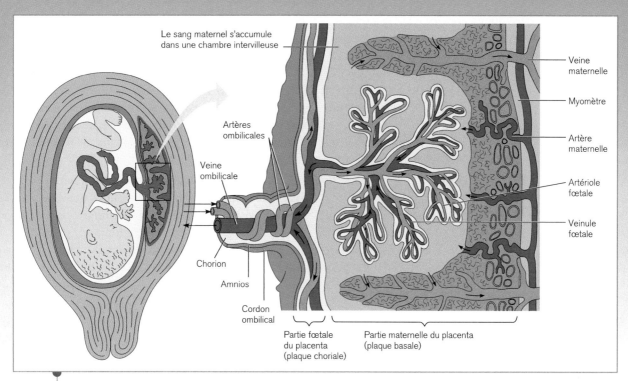

Le sang maternel s'accumule dans une chambre intervilleuse

Artères ombilicales

Veine ombilicale

Chorion

Amnios

Cordon ombilical

Partie fœtale du placenta (plaque choriale)

Partie maternelle du placenta (plaque basale)

Veine maternelle

Myomètre

Artère maternelle

Artériole fœtale

Veinule fœtale

FIGURE 3-10 ❱ Vascularisation du placenta. Les flèches indiquent dans quel sens circule le sang. Le sang de la mère passe des artères utérines aux chambres intervilleuses, puis retourne dans la circulation maternelle. Le sang du fœtus afflue des artères ombilicales aux capillaires des villosités du placenta, puis retourne à la circulation fœtale en passant par la veine ombilicale.

1. La *diffusion simple* fait passer certaines substances d'un endroit où elles sont plus concentrées à un endroit où elles le sont moins. Certaines substances, comme l'eau, l'oxygène, le gaz carbonique, les électrolytes (sodium et chlorure), les gaz anesthésiques et les médicaments, traversent le placenta par diffusion simple. L'insuline et les hormones stéroïdes, en provenance des surrénales, de même que les hormones thyroïdiennes traversent également la membrane placentaire par diffusion simple, mais beaucoup plus lentement. Quant à l'oxygène, sa vitesse de pénétration de la membrane placentaire est supérieure à celle qu'autorise la diffusion simple; cela indique que son transport s'effectue aussi grâce à une forme quelconque de diffusion facilitée. Malheureusement, des substances, telles que la cocaïne, traversent elles aussi le placenta par diffusion simple.

2. La *diffusion facilitée* utilise un transporteur pour déplacer les molécules d'un endroit de plus forte concentration à un endroit de moindre concentration. Certaines molécules, telles celles du glucose, du galactose et d'une partie de l'oxygène, sont transportées par ce moyen. Comme le fœtus métabolise rapidement le glucose, le taux de glucose dans le sang fœtal est de 20% à 30% plus faible que celui du sang maternel. Le gradient de concentration ainsi créé entraîne rapidement le transfert du sang maternel au sang fœtal de tout apport supplémentaire de glucose.

3. Le *transport actif* peut se faire «contre» un gradient de concentration; il permet aux molécules d'un endroit de moindre concentration de passer à un endroit de concentration plus forte. Des échanges transplacentaires d'acides aminés, de calcium, de fer, d'iode, de vitamines hydrosolubles et de glucose s'effectuent de cette manière (Ahokas et McKinney, 2000).

4. La *pinocytose* est importante pour le transport de macromolécules, comme l'albumine et la gammaglobuline. Ces matériaux sont englobés par des cellules semblables à des amibes, formant des gouttelettes de plasma.

5. Le passage de l'eau et de certains solutés s'effectue grâce aux *pressions hydrostatique* et *osmotique*.

Il existe d'autres modes de transport. Par exemple, les érythrocytes du fœtus passent dans la circulation maternelle par des fissures de la membrane placentaire, notamment pendant l'accouchement. Certaines cellules, comme les leucocytes maternels, et certains micro-organismes, comme les virus (par exemple, le VIH responsable du sida et le *Treponema pallidum* responsable de la syphilis), traversent aussi le placenta par leurs propres moyens (Moore, Persaud et Shiota, 2000). Certains protozoaires et certaines bactéries provoquent des lésions placentaires et passent ensuite dans la circulation fœtale.

La réduction de la surface du placenta (causée, par exemple, par un décollement prématuré, partiel ou complet, du placenta) diminue l'étendue de la zone d'échanges. La distance de diffusion placentaire influe aussi sur les échanges. Ainsi, l'œdème des villosités que l'on observe dans des cas tels que le diabète ou l'infection placentaire augmente la diffusion. Enfin, toute perturbation de la circulation sanguine modifie la vitesse du transport des substances. Pendant le travail et en présence de certaines maladies maternelles comme l'hypertension, la circulation sanguine diminue dans les chambres intervilleuses. Une légère hypoxie fœtale fait augmenter la circulation sanguine ombilicale, alors qu'une hypoxie grave la fait baisser.

Tandis qu'il se charge de déchets fœtaux et de dioxyde de carbone, le sang maternel retourne dans la circulation maternelle par les veines de la plaque basale. Le sang fœtal est hypoxique comparativement au sang maternel, dont il attire l'oxygène. Son affinité pour l'oxygène augmente au fur et à mesure que décroît son taux de dioxyde de carbone, ce qui fait baisser aussi son acidité.

Fonctions endocrines

Le placenta produit des hormones essentielles à la survie du fœtus : la gonadotrophine chorionique (hCG), l'hormone lactogène placentaire (hPL), ainsi que deux stéroïdes, les œstrogènes et la progestérone.

Similaire à la LH, la gonadotrophine chorionique (hCG) empêche l'involution normale du corps jaune à la fin du cycle menstruel. Si le corps jaune cesse de fonctionner avant la 11e semaine de gestation, un avortement spontané a lieu. La hCG stimule également la production par le corps jaune de plus grandes quantités d'œstrogènes et de progestérone.

Après la 11e semaine, le placenta produit suffisamment de progestérone et d'œstrogènes pour soutenir la grossesse. Chez le fœtus de sexe masculin, la hCG a également un effet stimulateur sur les cellules interstitielles des testicules, qui se mettent alors à sécréter de la progestérone. Cette petite production de testostérone au cours du développement embryonnaire provoque la croissance des organes génitaux masculins. La hCG pourrait jouer un rôle dans les fonctions immunologiques qu'assure le trophoblaste (en empêchant l'organisme maternel de rejeter le placenta et l'embryon).

La hCG est présente dans le sérum sanguin de la mère 8 à 10 jours après la fécondation, c'est-à-dire dès l'implantation. On peut la détecter dans les urines de la mère le jour où la menstruation aurait dû avoir lieu et dans les jours qui suivent ; c'est pourquoi elle est utilisée comme indicateur dans les tests de grossesse (voir le chapitre 7). La hCG atteint son taux maximal entre le 50e et le 70e jour de la gestation, puis elle diminue à mesure qu'augmente la production hormonale placentaire (Ahokas et McKinney, 2000).

La *progestérone* est une hormone essentielle à la grossesse. Elle augmente les sécrétions des trompes de Fallope et de l'utérus pour fournir les nutriments appropriés à la morula et au blastocyste en développement. Elle semble aussi favoriser la migration de l'ovule dans la trompe (Ahokas et McKinney, 2000). La progestérone provoque le développement des cellules déciduales de l'endomètre ; elle doit être présente en grande quantité pour que l'implantation soit possible. Elle diminue également la contractilité de l'utérus, ce qui évite que les contractions utérines ne provoquent un avortement spontané.

Avant d'être stimulée par la hCG, la production de progestérone par le corps jaune atteint son sommet de 7 à 10 jours après l'ovulation. L'implantation survient à peu près au même moment. Au 16e jour après l'ovulation, le taux de progestérone est de 25 à 50 mg/jour et il continue à augmenter lentement dans les semaines subséquentes (Cunningham *et al.*, 2001) Après 10 semaines, le placenta (ou, plus précisément, le syncytiotrophoblaste) prend le relais du corps jaune pour la production de la testostérone, dont il sécrète d'énormes quantités, atteignant en fin de grossesse des taux de plus de 250 mg/ jour.

À la 7e semaine, le placenta produit plus de 50% des œstrogènes présents dans la circulation maternelle. Les *œstrogènes* ont une fonction essentiellement proliférative, entraînant le grossissement de l'utérus, des seins et des tissus des glandes mammaires. Elles jouent également un rôle important dans l'accroissement de la vascularisation et de la vasodilatation, en particulier dans les capillaires des villosités en fin de grossesse. Les œstrogènes placentaires augmentent considérablement en fin de grossesse ; elles peuvent alors atteindre 30 fois la production quotidienne du milieu d'un cycle menstruel normal. Le principal œstrogène sécrété par le placenta, l'*œstriol*, diffère de l'œstrogène sécrété par les ovaires, l'*œstradiol*. Le placenta ne peut pas synthétiser lui-même l'œstriol ; les glandes surrénales fœtales fournissent des précurseurs essentiels qui sont transportés au placenta pour leur conversion finale en œstriol.

Semblable à la somatotrophine, l'*hormone lactogène placentaire (hPL)* – parfois appelée somatomammotrophine chorionique humaine ou (hCS) – active certaines modifications du métabolisme de la mère pour que le fœtus puisse disposer de plus de protéines, de glucose et de minéraux. On peut détecter la sécrétion de hPL après quatre semaines de gestation environ.

Propriétés immunologiques

Le placenta et l'embryon sont des *homogreffes,* autrement dit des tissus vivants transférés entre deux individus de la même espèce, mais génétiquement différents. Pourtant, contrairement à ce qui se produit pour les autres homogreffes, le placenta et l'embryon ne semblent pas provoquer de réaction de rejet chez l'hôte. Les données les plus récentes donnent à penser que les hormones placentaires (progestérone et hCG) suppriment l'immunité cellulaire pendant la grossesse. Pour expliquer ce phénomène, on a émis l'hypothèse que le tissu trophoblastique serait inerte sur le plan immunitaire. Il contiendrait un enrobage cellulaire qui masquerait ses antigènes étrangers, qui repousserait les lymphocytes sensibilisés et qui le protégerait contre la formation d'anticorps.

Système circulatoire fœtal

Le système circulatoire fœtal possède plusieurs caractéristiques très particulières qui lui permettent de réguler la circulation du sang entre le placenta et le fœtus afin que ce dernier obtienne de l'oxygène et des éléments nutritifs, et qu'il puisse rejeter le dioxyde de carbone et les autres déchets.

La majeure partie de l'apport sanguin contourne les poumons fœtaux, ceux-ci n'assurant pas l'échange des gaz respiratoires. Le placenta assume les fonctions pulmonaires en fournissant de l'oxygène au fœtus et en lui permettant d'excréter le dioxyde de carbone dans la circulation maternelle (figure 3-11 ▶). Le sang placentaire passe dans la veine ombilicale, qui pénètre dans la paroi abdominale du fœtus et se divise ensuite en deux branches. L'une fait circuler une petite quantité de sang dans le foie du fœtus et se jette dans la veine cave inférieure par la veine hépatique. L'autre, qui s'appelle le

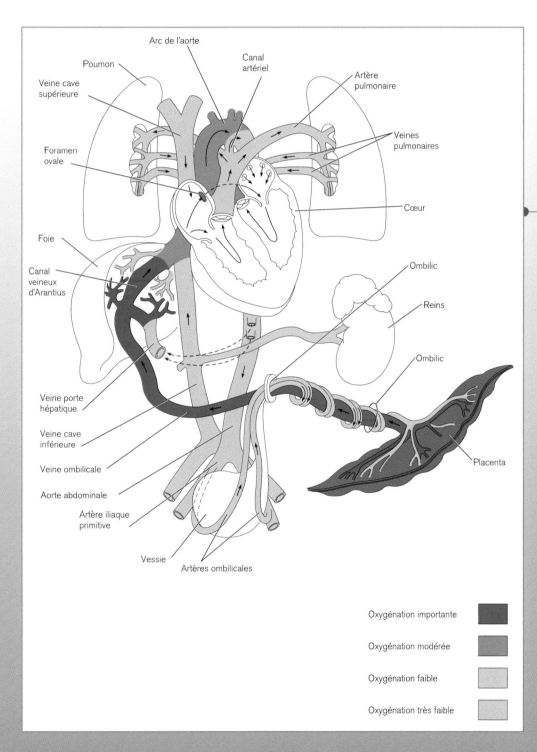

FIGURE 3-11 ▶ Circulation fœtale. Le sang quitte le placenta et pénètre dans le fœtus par la veine ombilicale. Après y avoir circulé, il revient au placenta par les artères ombilicales. Le canal veineux d'Arantius, le foramen ovale et le canal artériel permettent au sang de contourner le foie et les poumons fœtaux.

Arc de l'aorte
Poumon
Canal artériel
Veine cave supérieure
Artère pulmonaire
Foramen ovale
Veines pulmonaires
Cœur
Foie
Canal veineux d'Arantius
Ombilic
Reins
Veine porte hépatique
Ombilic
Veine cave inférieure
Veine ombilicale
Aorte abdominale
Placenta
Artère iliaque primitive
Vessie
Artères ombilicales

Oxygénation importante
Oxygénation modérée
Oxygénation faible
Oxygénation très faible

canal veineux d'Arantius, est plus importante et se déverse directement dans la veine cave du fœtus. Le sang pénètre ensuite dans l'oreillette droite, passe dans l'oreillette gauche par le **foramen ovale** (ou trou de Botal), puis coule dans le ventricule gauche, qui le pompe dans l'aorte. Une certaine quantité de sang revenant de la tête et des membres supérieurs par la veine cave supérieure se déverse dans l'oreillette droite et passe dans le ventricule droit par la valvule tricuspide. Ce sang est pompé dans l'artère pulmonaire ; une petite quantité se dirige alors vers les poumons (seulement pour les nourrir), tandis que le reste passe de l'artère pulmonaire à l'aorte descendante par l'intermédiaire du **canal artériel,** contournant ainsi les poumons. Enfin, le sang retourne au placenta par les deux artères ombilicales, et le processus se répète.

Le fœtus tire l'oxygène de la circulation maternelle par diffusion, grâce au gradient de pression entre le sang maternel du placenta (PO_2 de 50 mm Hg) et le sang fœtal (PO_2 de 30 mm Hg). À la fin de la grossesse, le fœtus reçoit de 20 à 30 mL/min d'oxygène issu de la circulation de la mère (Sadler, 1995). L'hémoglobine fœtale facilite l'obtention d'oxygène provenant de la circulation maternelle : elle transporte en effet de 20 % à 30 % plus d'oxygène que l'hémoglobine de l'adulte. Pour des explications plus approfondies, se reporter au chapitre 21.

La circulation fœtale fournit la plus forte concentration d'oxygène à la tête, au cou, au cerveau et au cœur (circulation coronarienne), et une quantité moindre de sang oxygéné aux organes abdominaux et à la partie inférieure du corps. Ce mode de circulation explique partiellement l'orientation *céphalocaudale* (de la tête à la queue) du développement embryonnaire et fœtal.

Le développement embryonnaire et fœtal

On considère que la grossesse dure en moyenne 10 mois lunaires, soit 40 semaines ou 280 jours. Cette période va du 1er jour de la dernière menstruation au jour de l'accouchement selon la méthode utilisée pour calculer la date approximative de l'accouchement. Par contre, l'*âge gestationnel* du fœtus se calcule à partir du 14e jour après les dernières menstruations, donc sur une période de 266 jours (38 semaines). Ce calcul est plus précis puisqu'il se fonde sur le moment présumé de la fécondation de l'ovule (conception). Le tableau 3-2 présente une description des principales phases de l'organogenèse humaine chez l'embryon et le fœtus selon les **stades gestationnels.** (Pour une explication plus détaillée du développement de chaque appareil et système, voir le chapitre 21.)

Le développement de l'être humain à naître se divise en trois stades. Comme nous l'avons vu, le *stade préembryonnaire* correspond aux 14 premiers jours qui suivent la fécondation de l'ovule. Le *stade embryonnaire* s'étend du 15e jour à la fin de la 8e semaine environ et le *stade fœtal* va de la 9e semaine jusqu'à l'accouchement.

Stade embryonnaire

Le *stade embryonnaire* commence le 15e jour (début de la 3e semaine) après la conception et se poursuit jusqu'à ce que l'**embryon** atteigne une *longueur vertex-coccyx (V–C)* de 3 cm, ce qui survient généralement vers le 56e jour (à la fin de la 8e semaine). Durant le stade embryonnaire, les tissus qui formeront les organes essentiels se différencient, et les principaux caractères externes se développent (figure 3-12 ▶). C'est à ce moment-là que l'embryon est le plus vulnérable aux agents tératogènes.

Troisième semaine

Durant la 3e semaine, le disque embryonnaire s'allonge et prend la forme d'une poire avec une extrémité céphalique large et une extrémité caudale étroite. L'ectoblaste a formé un long tube qui donnera naissance au cerveau et à la moelle épinière. Créé à partir de l'endoblaste, le tractus gastro-intestinal forme une autre structure tubulaire qui communique avec le sac vitellin. L'organe le plus développé est le cœur. À 3 semaines, un cœur tubulaire simple se forme juste à l'extérieur de la cavité du corps de l'embryon.

Quatrième et cinquième semaines

Entre le 21e et le 32e jour, les *somites* (une série de segments du mésoblaste) se forment de chaque côté du plan médian de l'embryon ; les vertèbres qui composeront la colonne vertébrale se développeront à partir de ces somites. Les bourgeons des bras et des jambes ne sont pas visibles avant le 28e jour, mais le bourgeon caudal est présent. Les arcs pharyngiens (branchiaux), qui formeront la mâchoire inférieure, l'os hyoïde et le larynx, se développent. Les poches pharyngiennes apparaissent alors ; elles formeront la trompe d'Eustache et la cavité de l'oreille moyenne, les amygdales, les parathyroïdes et le thymus. Les ébauches de l'oreille et de l'œil sont également présentes. Après 28 jours, le cœur tubulaire bat à un rythme régulier et pompe ses propres érythrocytes primitifs dans les principaux vaisseaux sanguins.

Durant la 5e semaine, les cupules optiques et les cristalliniennes de l'œil se forment, et les bourgeons nasaux se développent. Le cloisonnement du cœur commence avec la division de l'oreillette. La forme en C de l'embryon est accentuée par la queue rudimentaire et la grosse tête repliée sur un tronc protubérant (figure 3-13 ▶). Au 35e jour, les bourgeons des bras et des jambes sont bien marqués avec les mains en forme de palettes et les nageoires des pieds. Le cœur, l'appareil circulatoire et le cerveau sont particulièrement développés. Le cerveau s'est différencié en 5 régions, et on peut distinguer 10 paires de nerfs crâniens.

Tableau 3-2

L'organogenèse humaine en bref

ÂGE*: 2 À 3 SEMAINES

Longueur: 2 mm V–C (vertex-coccyx)

Système nerveux: Les cellules épaissies forment une gouttière le long de la ligne médiane du dos; le tube neural se forme à partir de la fermeture de la gouttière neurale.

Système cardiovasculaire: La circulation sanguine débute. Le cœur tubulaire commence à se former (pendant la 3e semaine).

Système gastro-intestinal: Le foie commence à fonctionner.

Système urogénital: Les reins commencent à se former.

Système respiratoire: Les bourgeons nasaux se forment.

Système endocrinien: Le tissu thyroïdien apparaît.

Yeux: Les vésicules optiques et les fossettes cristallines sont formées; les yeux sont pigmentés.

Oreilles: La vésicule auditive est formée.

ÂGE: 4 SEMAINES

Longueur: 4 à 6 mm V–C

Masse corporelle: 0,4 g

Système nerveux: La partie antérieure du tube neural se referme pour former le cerveau; la fermeture de la partie postérieure forme la moelle épinière.

Système musculosquelettique: Les bourgeons des membres sont perceptibles.

Système cardiovasculaire: À 28 jours, le cœur tubulaire bat. Des érythrocytes primitifs circulent dans le fœtus et dans les villosités choriales.

Système gastro-intestinal: Bouche: la cavité buccale se forme; les mâchoires primitives sont présentes; le septum trachéo-œsophagien commence à séparer l'œsophage et la trachée. Tube digestif: l'estomac se constitue; l'œsophage et l'intestin deviennent tubulaires; les canaux du pancréas et du foie se forment.

ÂGE: 5 SEMAINES

Longueur: 8 mm V–C

Masse corporelle: La graisse ne constitue que 0,5 % de la masse corporelle (jusqu'à 20 semaines).

Système nerveux: Le cerveau s'est différencié; les nerfs crâniens sont présents.

Système musculosquelettique: Les muscles en développement sont innervés.

Système cardiovasculaire: L'oreillette est divisée.

ÂGE: 6 SEMAINES

Longueur: 12 mm V–C

Système musculosquelettique: L'ébauche des os est apparue, et un squelette primitif se forme. La masse musculaire commence à se développer. L'ossification du crâne et des mâchoires est entamée.

Système cardiovasculaire: Les cavités du cœur sont présentes; on peut identifier des groupes de cellules sanguines.

Système gastro-intestinal: La cavité buccale, la lèvre supérieure et les fosses nasales sont formées. Le foie commence à produire des érythrocytes.

Système respiratoire: Les fosses nasales sont formées. La trachée, les bronches et les bourgeons pulmonaires sont présents.

Oreilles: La formation de l'oreille externe, moyenne et interne se poursuit.

Développement sexuel: Des glandes sexuelles embryonnaires apparaissent.

ÂGE: 7 SEMAINES

Longueur: 18 mm V–C

Système cardiovasculaire: On peut détecter les battements du cœur fœtal.

Système gastro-intestinal: Bouche: la langue se sépare et le palais se replie. Tube digestif: l'estomac acquiert sa forme définitive.

Système urogénital: La vessie et l'urètre se séparent du rectum.

Système respiratoire: Le diaphragme sépare les cavités abdominale et thoracique.

Yeux: Le nerf optique se forme, les paupières apparaissent et le cristallin s'épaissit.

Développement sexuel: Les glandes sexuelles commencent à se différencier (ovaires ou testicules).

ÂGE: 8 SEMAINES

Longueur: 2,5 à 3,0 cm V–C

Masse corporelle: 2 g

Système musculosquelettique: Les doigts et les orteils sont formés; les cellules du squelette primitif se différencient davantage; les os cartilagineux montrent les premiers signes d'ossification; les muscles du tronc, des membres et de la tête se développent. Le fœtus peut maintenant bouger un peu.

Système cardiovasculaire: Le développement du cœur est essentiellement terminé; la circulation fœtale emprunte deux grands circuits, qui se subdivisent par la suite en quatre circuits extra-embryonnaires et deux circuits intra-embryonnaires.

Système gastro-intestinal: Bouche: la fusion des lèvres est terminée. Tube digestif: il y a rotation de l'intestin moyen et perforation de la membrane anale.

Oreilles: L'oreille (externe, moyenne et interne) acquiert sa structure finale.

Développement sexuel: Jusqu'à la 9e semaine, les organes génitaux externes sont identiques pour les deux sexes.

ÂGE: 10 SEMAINES

Longueur: 5 à 6 cm V–T (vertex-talons)

Masse corporelle: 14 g

Système nerveux: Des neurones apparaissent à la partie caudale de la moelle épinière. Les principales divisions du cerveau sont présentes.

Système musculosquelettique: Les ongles des doigts et des orteils commencent à pousser.

Système gastro-intestinal: Bouche: les lèvres se séparent de la mâchoire et les processus palatins fusionnent. Tube digestif: les intestins se trouvent maintenant dans l'abdomen.

Système urogénital: La vessie est formée.

Système endocrinien: Les îlots de Langerhans sont différenciés.

ÂGE: 12 SEMAINES

Longueur: 8 cm V–C; 11,5 cm V–T

Masse corporelle: 45 g

Système musculosquelettique: Le contour des os miniatures est clair (12 à 20 semaines); l'ossification est bien établie dans tout le corps; les muscles lisses des viscères apparaissent.

Système gastro-intestinal: Bouche: le palais est terminé. Tube digestif: des muscles apparaissent dans le tube intestinal; la sécrétion de bile débute; le foie produit la majorité des érythrocytes.

Système respiratoire: Les poumons ont acquis leur forme définitive.

Tableau 3-2 (suite)

L'organogenèse humaine en bref (suite)

ÂGE : 12 SEMAINES (suite)

Peau : La peau est rose et délicate.

Système endocrinien : La thyroïde sécrète des hormones.

Système immunitaire : Du tissu lymphoïde apparaît dans le thymus du fœtus.

ÂGE : 16 SEMAINES

Longueur : 13,5 cm V–C ; 15 cm V–T

Masse corporelle : 200 g

Système musculosquelettique : Dents : la formation des tissus durs (émail et dentine) qui deviendront les incisives centrales s'amorce.

Système gastro-intestinal : Bouche : le palais dur et le palais mou se différencient. Tube digestif : les glandes gastriques et intestinales se développent ; les intestins commencent à accumuler du méconium.

Système urogénital : Les reins prennent leur forme et leur structure caractéristiques.

Peau : Les cheveux apparaissent, de même que le lanugo sur le corps. Les vaisseaux sanguins sont visibles sous la peau transparente. Les glandes sudoripares se développent.

Yeux, oreilles et nez : Les yeux, les oreilles et le nez sont formés.

Développement sexuel : Il est possible de déterminer le sexe.

ÂGE : 18 SEMAINES

Système musculosquelettique : Dents : la formation des tissus durs qui deviendront les incisives latérales commence.

Système cardiovasculaire : Les bruits du cœur fœtal sont audibles au fœtoscope (16 à 20 semaines).

ÂGE : 20 SEMAINES

Longueur : 19 cm V–C ; 25 cm V–T

Masse corporelle : 435 g (dont 6 % de graisse)

Système nerveux : La myélinisation de la moelle épinière s'amorce.

Système musculosquelettique : Dents : la formation des tissus durs qui deviendront les canines et les premières molaires débute. Les membres inférieurs ont acquis leurs proportions définitives.

Système gastro-intestinal : Le fœtus aspire et déglutit activement du liquide amniotique. Le péristaltisme commence.

Peau : Le lanugo couvre tout le corps. Le tissu adipeux brun et le vernix caseosa commencent à se former.

Système immunitaire : On peut détecter des taux perceptibles d'anticorps fœtaux (de la classe IgG).

Hématopoïèse : Du fer est stocké ; la moelle osseuse joue un rôle de plus en plus important.

ÂGE : 24 SEMAINES

Longueur : 23 cm V–C ; 28 cm V–T

Masse corporelle : 780 g

Système nerveux : Le cerveau ressemble à un cerveau mature.

Système musculosquelettique : Dents : la formation des tissus durs qui deviendront les deuxièmes molaires commence.

Système respiratoire : Des mouvements respiratoires peuvent se produire (24 à 40 semaines). Les narines s'ouvrent. Les alvéoles pulmonaires apparaissent et commencent à sécréter du surfactant ; les échanges gazeux sont possibles.

Peau : La peau, rougeâtre et ridée, se couvre de vernix caseosa.

Système immunitaire : Le taux d'IgG atteint celui de la mère.

Yeux : Les yeux ont acquis leur structure finale.

ÂGE : 28 SEMAINES

Longueur : 27 cm V–C ; 35 cm V–T

Masse corporelle : 1 200 à 1 250 g

Système nerveux : Le système nerveux commence à régir certaines fonctions corporelles.

Peau : Le tissu adipeux s'accumule rapidement. Les ongles des doigts et des orteils apparaissent. Les cils et les sourcils sont présents.

Yeux : Les paupières s'ouvrent (28 à 32 semaines).

Développement sexuel : Les testicules descendent dans le canal inguinal et le haut du scrotum.

ÂGE : 32 SEMAINES

Longueur : 31 cm V–C ; 38 à 43 cm V–T

Masse corporelle : 2 000 g

Système nerveux : Les réflexes se font plus nombreux.

ÂGE : 36 SEMAINES

Longueur : 35 cm V–C ; 42 à 48 cm V–T

Masse corporelle : 2 500 à 2 750 g

Système musculosquelettique : Les centres d'ossification distale du fémur sont présents.

Peau : La peau est pâle ; le corps, dodu. Le lanugo disparaît progressivement. Il y a des cheveux frisottés ou laineux, ainsi que quelques crêtes sur la plante des pieds. Les glandes sébacées sont actives et contribuent à la production de vernix caseosa (36 à 40 semaines).

Oreilles : Les lobes sont mous et peu cartilagineux.

Développement sexuel : Garçon : un petit scrotum, avec quelques rares plis, est présent ; les testicules descendent définitivement dans le haut du scrotum (36 à 40 semaines). Fille : les grandes lèvres et les petites lèvres sont également proéminentes.

ÂGE : 38-40 SEMAINES

Longueur : 40 cm V–C ; 48 à 52 cm V–T

Masse corporelle : 3 200 g ou plus (dont 16 % de graisse)

Système respiratoire : À 38 semaines, le rapport lécithine-sphingomyéline atteint 2:1.

Peau : La peau est lisse et rose avec du vernix dans ses plis ainsi que du lanugo sur les épaules et le haut du dos. Les cheveux, en quantité variable, sont soyeux. Les ongles dépassent le bout des doigts et des orteils. La plante des pieds est couverte de crêtes papillaires.

Oreilles : Du cartilage épais rend le lobe des oreilles plus rigide.

Développement sexuel : Garçons : le scrotum est plissé. Filles : les grandes lèvres sont bien développées ; les petites lèvres, légèrement ou complètement recouvertes.

---

* Âge gestationnel (calculé à partir de la fécondation).

Sources : Sadler, T. W. (1995), *Langman's medical embryology*, 7ᵉ éd., Baltimore, Williams & Wilkins ;
Moore, K. L., T. V. N. Persaud et K. Shiota (2000), *Atlas of clinical embryology*, 2ᵉ éd., Philadelphie, Saunders.

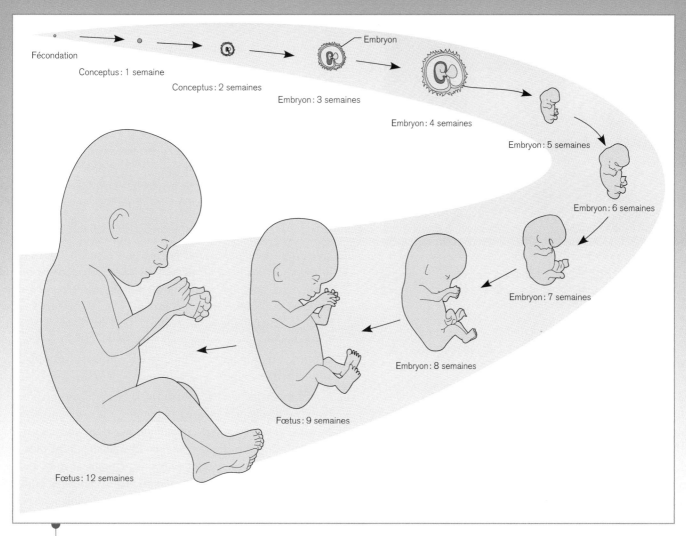

Fécondation

Conceptus : 1 semaine

Conceptus : 2 semaines

Embryon : 3 semaines

Embryon

Embryon : 4 semaines

Embryon : 5 semaines

Embryon : 6 semaines

Embryon : 7 semaines

Embryon : 8 semaines

Fœtus : 9 semaines

Fœtus : 12 semaines

FIGURE 3-12 ❱ Taille réelle du conceptus humain de la fécondation jusqu'aux premières semaines du stade fœtal. Le stade embryonnaire commence au début de la 3ᵉ semaine après la fécondation ; le stade fœtal, à la 9ᵉ semaine.

Source : Marieb, E. N. (1999), *Anatomie et physiologie humaines,* 2ᵉ éd., Saint-Laurent, ERPI, p. 1087.

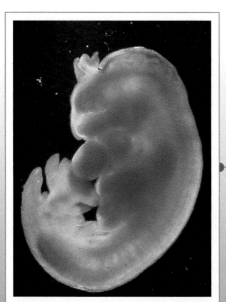

FIGURE 3-13 ❱
L'embryon à
5 semaines.
On distingue un
corps en forme
de C, muni d'une
queue rudimentaire.

Sixième et septième semaines

À 6 semaines, les structures de la tête sont plus développées, et le tronc plus droit qu'auparavant. On peut distinguer les mâchoires supérieure et inférieure, ainsi que des narines bien formées. La trachée s'est développée et son extrémité caudale bifurque, ce qui marque le début de la formation des poumons. La lèvre supérieure s'est formée, de même que le palais. Les oreilles se développent rapidement, tout comme les autres parties postpharyngiennes du corps. Les bras s'étendent en direction ventrale sur le thorax ; les mains et les pieds ont des doigts, peut-être encore palmés. Plus développés que les jambes, les bras sont légèrement pliés au coude. La queue proéminente commence alors à disparaître. Alors que le cœur possède maintenant la plupart de ses caractéristiques définitives, la circulation fœtale s'amorce. Le foie commence à produire des cellules sanguines. À 7 semaines, la tête de l'embryon s'arrondit et se redresse (figure 3-14 ❱). Les yeux se sont rapprochés et les

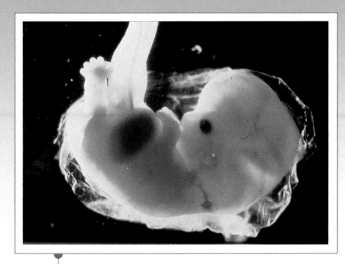

FIGURE 3-14 ▶ L'embryon à 7 semaines. La tête s'est arrondie et redressée. Les yeux se sont rapprochés et les paupières commencent à se former.

paupières commencent à se former. Les passages rectal et uro-génital, qui formaient un seul tube s'achevant sur une poche en cul-de-sac, se séparent en deux structures tubulaires. L'intestin pénètre dans le cœlome extra-embryonnaire du segment proximal du cordon ombilical : c'est l'hernie ombilicale physiologique (Moore, Persaud et Shiota, 2000). Toutes les structures internes et externes essentielles sont maintenant présentes.

Huitième semaine

À 8 semaines, l'embryon mesure approximativement 3 cm de long (V–C) et a vraiment l'aspect d'un être humain. Les traits du visage continuent à s'accentuer. Les paupières commencent à se réunir. Le pavillon de l'oreille externe commence à prendre sa forme finale, bien que son implantation soit encore basse (Moore, Persaud et Shiota, 2000). Les organes génitaux externes apparaissent, mais on ne peut pas encore distinguer clairement le sexe de l'embryon. La perforation de la membrane anale ouvre le passage anal. Le système circulatoire du cordon ombilical est bien établi. La formation des os longs commence, et les gros muscles sont en mesure de se contracter.

Stade fœtal

À la fin de la 8ᵉ semaine, l'embryon est suffisamment développé pour qu'on puisse l'appeler **fœtus**. Il possède toutes les structures externes, les appareils et les systèmes qui seront présents chez le nouveau-né à terme. Le reste de la gestation sera consacré au perfectionnement des structures et des fonctions.

De la neuvième à la douzième semaine

À la fin de la 9ᵉ semaine, le fœtus mesure 5 cm de long et pèse environ 14 g. La tête est grosse ; elle fait presque la moitié de la longueur totale du fœtus (figure 3-15 ▶). À 12 semaines, le fœtus atteint 8 cm V–C et pèse environ 45 g. Le visage est bien formé : le nez est saillant, le menton petit et fuyant. L'oreille acquiert une forme plus humaine. Les paupières se ferment vers la 10ᵉ semaine et ne s'ouvrent pas avant la 28ᵉ semaine. À 3 mois, on a observé des mouvements réflexes des lèvres évoquant le réflexe de succion. Les bourgeons dentaires des 20 premières dents de l'enfant (dents de lait) apparaissent. Longs et minces, les membres possèdent des doigts bien formés. Le fœtus peut replier ses doigts vers la paume et serrer un minuscule poing. Les jambes sont encore plus courtes et moins développées que les bras. Le développement du tractus urogénital s'achève, des organes génitaux bien différenciés apparaissent et les reins commencent à sécréter de l'urine. Les érythrocytes sont produits principalement par le foie. Entre la 8ᵉ et la 12ᵉ semaine, des appareils électroniques (de type Doppler) captent la fréquence cardiaque fœtale, qui se situe entre 120 et 160 battements/min.

Entre la 13ᵉ et la 16ᵉ semaine, la croissance est très rapide. Un fin duvet appelé **lanugo** apparaît sur le corps et surtout sur la tête. La peau est si transparente qu'elle laisse voir les vaisseaux sanguins. Le squelette et les tissus musculaires sont plus développés, et le fœtus se tient plus droit (figure 3-16 ▶). Le fœtus est capable de mouvements volontaires : il étire ses bras et ses jambes, les exerce. Il fait des mouvements de succion, avale du liquide amniotique et produit du méconium dans son tractus intestinal.

FIGURE 3-15 ▶ Le fœtus à 9 semaines. Toutes les structures et tous les organes essentiels sont présents.
Source: Nilsson, L. (1990), *A child is born*, New York, Dell Publishing.

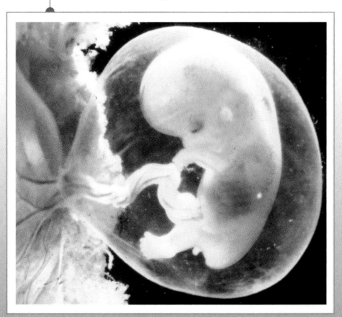

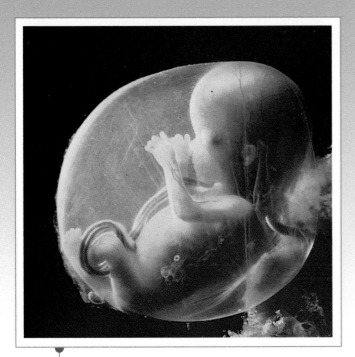

FIGURE 3-16 ▶ Le fœtus à 14 semaines. Durant cette période de croissance rapide, la peau est si transparente qu'elle laisse voir les vaisseaux sanguins. Le squelette et les tissus musculaires sont plus développés, et le fœtus se tient plus droit. *Source*: Nilsson, L. (1990), *A child is born*, New York, Dell Publishing.

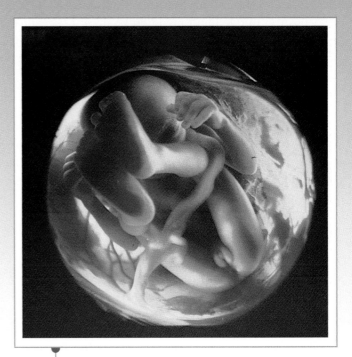

FIGURE 3-17 ▶ Le fœtus à 20 semaines. Le fœtus pèse maintenant de 435 à 465 g et mesure environ 19 cm. Des dépôts sous-cutanés de tissu adipeux brun rendent sa peau un peu moins transparente. Sa tête est couverte de fins cheveux laineux et des ongles ont poussé sur les doigts et les orteils. *Source*: Nilsson, L. (1990), *A child is born*, New York, Dell Publishing.

Vingtième semaine

Le fœtus a doublé sa longueur V–C et mesure maintenant 19 cm; il pèse entre 435 et 465 g. Le lanugo qui recouvre tout le corps est particulièrement épais sur les épaules. Des dépôts sous-cutanés de tissu adipeux brun richement vascularisé rendent la peau moins transparente. Les mamelons apparaissent sur les glandes mammaires. La tête s'est couverte de fins cheveux laineux; les sourcils et les cils commencent à se former. Des ongles ont poussé aux doigts et aux orteils. Les muscles sont bien développés et le fœtus est actif (figure 3-17 ▶). La mère sent les mouvements du fœtus, ses «coups de pied», comme on dit communément. On peut entendre les battements du cœur fœtal au fœtoscope. Les mouvements actifs et les battements du cœur aident à confirmer la date présumée de l'accouchement.

Vingt-quatrième semaine

Le fœtus atteint une *longueur vertex-talons (V–T)* de 28 cm. Il pèse environ 780 g. Les cheveux sont plus longs; les cils et les sourcils sont formés. La structure des yeux est terminée, et les paupières s'ouvriront bientôt. On observe une fermeture réflexe des mains (réflexe de préhension) et, à la fin du 6e mois, un réflexe de tressaillement. La peau est rougeâtre et ridée, et elle laisse voir un peu de tissu adipeux sous-cutané. Sur la paume des mains et sur la plante des pieds, les crêtes papillaires forment des empreintes digitales et des empreintes du pied

distinctes. Une substance protectrice caséeuse et grasse appelée **vernix caseosa**, sécrétée par les glandes sébacées, recouvre la peau. Les alvéoles des poumons commencent tout juste à se former.

De la vingt-cinquième à la vingt-huitième semaine

À 6 mois, la peau fœtale est encore rouge, ridée et couverte de vernix. Le cerveau se développe rapidement, et le système nerveux a acquis suffisamment de maturité pour régir, dans une certaine mesure, les fonctions corporelles. Ainsi, sous son influence, les paupières s'ouvrent et se ferment. Chez le fœtus de sexe masculin, les testicules commencent à descendre dans le scrotum. Les systèmes respiratoire et circulatoire se sont développés; même si les poumons sont encore immatures, ils peuvent commencer à effectuer des échanges gazeux. Le fœtus qui naît à ce moment requiert des soins intensifs et prolongés pour survivre, puis pour que diminuent les risques de handicap grave. À 28 semaines, le fœtus mesure de 35 à 38 cm environ (V–T) et il pèse de 1 200 à 1 250 g.

De la vingt-neuvième à la trente-deuxième semaine

À la 30e semaine, le réflexe pupillaire est présent (Moore, Persaud et Shiota, 2000). Comme sa masse musculaire et adipeuse s'accroît, le fœtus prend du poids. À 32 semaines, il pèse autour de 2 000 g, pour une longueur V–T de 38 à 43 cm. Son système nerveux central (SNC) est suffisamment développé pour régir des mouvements respiratoires rythmiques et réguler partiellement la température corporelle. Les poumons ne sont pas encore tout à fait matures. Bien que complètement formés, les os sont encore mous et flexibles. Le fœtus commence à stocker du fer, du calcium et du phosphore. Chez le fœtus de sexe masculin, les testicules peuvent être dans le scrotum, mais souvent ils sont encore très haut dans les canaux inguinaux.

Trente-sixième semaine

Le fœtus commence à être plus dodu. Une peau moins ridée recouvre les dépôts de tissu adipeux sous-cutané. Le lanugo commence à disparaître, et les ongles atteignent maintenant le bout des doigts. À 35 semaines, le fœtus est capable d'exercer une préhension ferme et se tourne spontanément vers la lumière. À 36 semaines, il pèse généralement de 2 500 à 2 750 g et mesure de 42 à 48 cm V–T. L'enfant qui naît à ce moment-là a de bonnes chances de survivre, mais il peut avoir besoin de soins particuliers, notamment s'il présente un retard de croissance intra-utérine.

De la trente-huitième à la quarantième semaine

Après 38 semaines de gestation, le fœtus est considéré comme à terme. Sa longueur peut aller de 48 à 52 cm (V–T) et il pèse entre 3 000 et 3 600 g, les garçons étant généralement plus longs et plus lourds que les filles. La peau est rose, souple et brillante. Il ne reste du lanugo que sur le haut des bras et sur les épaules. Longs d'environ 2,5 cm, les cheveux ne sont plus laineux mais drus. Le vernix est toujours présent et plus abondant dans les plis cutanés. Le corps et les membres sont dodus, la peau turgescente et les ongles dépassent l'extrémité des doigts. Le thorax est proéminent, mais encore un peu plus petit que la tête. Les glandes mammaires font saillie chez les deux sexes. Chez le garçon, les testicules se trouvent dans le scrotum ou sont palpables dans le canal inguinal.

La quantité de liquide amniotique diminue à environ 500 mL, ou moins, et le corps du fœtus remplit la cavité utérine. Le fœtus adopte une position fléchie qui épouse la forme de l'utérus, la tête pointant vers le bas (peut-être aussi parce qu'elle est plus lourde que les pieds). Après le 5ᵉ mois, un cycle d'alimentation, de sommeil et d'activité s'est établi, de sorte que le fœtus à terme possède ses propres rythmes corporels et son mode de réaction individuel.

Les principaux jalons du développement embryonnaire et fœtal sont résumés dans *Points à retenir : Développement fœtal : ce que les parents veulent savoir.*

Points à retenir

Développement fœtal : ce que les parents veulent savoir

4 semaines	Le cœur fœtal commence à battre.
8 semaines	Tous les organes du corps sont formés.
8-12 semaines	L'échographie Doppler révèle la fréquence cardiaque fœtale, qui se situe entre 120 et 160 battements/min.
16 semaines	On peut voir le sexe du fœtus. Bien que petit, le fœtus a l'aspect d'un bébé.
20 semaines	Les battements du cœur fœtal s'entendent au fœtoscope. La mère sent les mouvements du fœtus (« coups de pieds »). Le fœtus acquiert un cycle régulier d'alimentation, de sommeil et d'activité. Les mains sont capables d'une prise ferme. Le fœtus adopte sa position favorite dans l'utérus. Le vernix (enduit semblable à de la lanoline) protège la peau et le lanugo (fin duvet) la garde huileuse. Les cheveux, les cils et les sourcils sont présents.
24 semaines	Le fœtus pèse environ 780 g. L'activité fœtale s'accroît. Les mouvements de la respiration fœtale commencent.
28 semaines	Les paupières commencent à s'ouvrir et à se refermer. Le fœtus peut respirer. Le surfactant nécessaire à la respiration du nouveau-né est formé. Le fœtus a atteint les deux tiers de la taille qu'il aura à la naissance.
32 semaines	Le fœtus a des ongles aux doigts et aux orteils. La graisse sous-cutanée apparaît. La peau est moins rouge et moins plissée.
38-40 semaines	Le fœtus occupe entièrement l'utérus. Le fœtus acquiert les anticorps de la mère.

Les facteurs qui influent sur le développement embryonnaire et fœtal

Les facteurs susceptibles d'influer sur le développement embryonnaire comprennent la qualité du spermatozoïde ou de l'ovule à partir desquels le zygote s'est formé, le code génétique établi lors de la fécondation ainsi qu'un milieu intra-utérin adéquat. Lorsque la différenciation cellulaire a lieu dans un milieu qui ne lui est pas propice, toutes les cellules du zygote en sont affectées. Selon la gravité de la situation, les cellules peuvent mourir, ce qui provoque un avortement spontané, ou la croissance peut être ralentie. Une fois la différenciation terminée et les membranes fœtales formées, les effets des agents nocifs altèrent principalement les cellules qui connaissent la croissance la plus rapide. Le moment de l'agression a donc une importance critique en ce qui concerne le développement d'anomalies.

Comme les organes se forment principalement au cours du développement embryonnaire, on considère que l'organisme est plus sensible aux agents nocifs pendant les premiers mois de la grossesse. Il est donc important de connaître l'âge gestationnel pour évaluer les risques que présentent les *agents tératogènes*; ce nom désigne tout agent (médicaments, drogues, virus, radiations, etc.) pouvant entraîner le développement d'anomalies congénitales. Nous traiterons au chapitre 7 des effets spécifiques de divers agents tératogènes.

Il est important également que le milieu maternel reste adéquat pendant les périodes de croissance rapide de l'embryon, puis du fœtus. L'état nutritionnel de la mère peut influer sur le développement du cerveau. La croissance du cerveau et la myélinisation sont à leur niveau le plus élevé entre le 5e mois lunaire avant la naissance jusqu'au 6e mois après la naissance. Dans les six premiers mois de vie du nouveau-né, la myélinisation double; entre 6 mois et 2 ans, elle augmente de 50% (Volpe, 2000). On considère que les acides aminés, le glucose et les acides gras sont les principaux nutriments en jeu dans la croissance du cerveau. Une carence nutritionnelle pendant cette période critique pourrait causer des lésions subtiles altérant la capacité cérébrale de faire des associations et pouvant conduire à des difficultés d'apprentissage. L'alimentation de la mère peut aussi prédisposer sa progéniture adulte aux maladies coronariennes, à l'hypertension ainsi qu'au diabète (chez les bébés petits ou disproportionnés à la naissance). Le chapitre 11 est entièrement consacré à l'alimentation maternelle.

L'hyperthermie maternelle provoquée par les saunas et les bains tourbillons influe aussi sur le milieu intra-utérin. Des études sur les effets de l'hyperthermie maternelle pendant le premier trimestre donnent à penser qu'elle pourrait être liée aux anomalies du système nerveux central et à l'absence de fermeture du tube neural. Comme nous le verrons aux chapitres 12 et 13, la consommation de certaines substances par la mère peut également avoir des effets néfastes sur le milieu intra-utérin.

Le chapitre en bref

Notions fondamentales

- L'être humain possède 46 chromosomes, divisés en 23 paires : 22 paires de chromosomes autosomes et 1 paire de chromosomes sexuels.

- La mitose est le mécanisme qui rend possible la croissance et le développement de l'organisme; elle permet également aux cellules somatiques de l'individu mature de se diviser et d'être remplacées.

- La méiose est le procédé par lequel se forment de nouveaux organismes. Elle se produit durant la gamétogenèse (ovogenèse et spermatogenèse) et consiste en deux divisions cellulaires successives (divisions réductionnelles), lesquelles produisent un gamète doté du nombre haploïde de chromosomes, soit 23 (22 chromosomes autosomes et 1 chromosome sexuel).

- Les gamètes doivent avoir le nombre haploïde de chromosomes (23) afin que l'union (fécondation) du gamète femelle (ovule) et du gamète mâle (spermatozoïde) formant le zygote (fécondation) rétablisse le nombre diploïde de chromosomes (46).

- On considère que l'ovule reste fécondable pendant environ 24 heures après l'ovulation et que le spermatozoïde est fécondant pendant 24 heures après avoir été déposé dans les organes génitaux de la femme.

- La fécondation se produit habituellement dans l'ampoule (tiers externe) de la trompe de Fallope.

- La capacitation et la réaction acrosomiale sont essentielles pour que le spermatozoïde soit apte à féconder l'ovule. La capacitation est la perte de la membrane plasmatique, ce qui expose l'acrosome de la tête du spermatozoïde. La réaction acrosomiale est la libération

- d'hyaluronidases dans la corona radiata, ce qui permet au spermatozoïde de pénétrer dans l'ovule.

- Les chromosomes sexuels sont soit des chromosomes X, soit des chromosomes Y. Les femmes possèdent deux chromosomes X ; les hommes, un chromosome X et un chromosome Y. Seuls les spermatozoïdes peuvent porter un chromosome Y. Pour concevoir un garçon, la mère doit fournir un chromosome X, et le père, un chromosome Y.

- Les jumeaux sont soit monozygotes (identiques), soit dizygotes (fraternels). Les jumeaux dizygotes proviennent de deux ovules fécondés par deux spermatozoïdes différents. Les jumeaux monozygotes se développent à partir d'un seul ovule fécondé par un seul spermatozoïde.

- Le développement préembryonnaire commence par une multiplication cellulaire au cours de laquelle le zygote subit une série de mitoses rapides, qu'on appelle segmentation. La segmentation entraîne la division du zygote et la multiplication de groupes de cellules, les blastomères, qui sont retenus ensemble par la zone pellucide. Les blastomères finissent par former une boule cellulaire solide, la morula. À partir du moment où une cavité s'est formée dans la morula, la masse cellulaire interne prend le nom de blastocyste.

- L'implantation s'effectue lorsque le blastocyste s'enfouit dans la muqueuse utérine, habituellement dans le haut de la paroi postérieure de l'utérus.

- Après l'implantation, l'endomètre porte le nom de caduque. La caduque ovulaire est la portion qui couvre le blastocyste ; la caduque basale, celle qui se trouve juste sous le blastocyste ; et la caduque pariétale, celle qui tapisse le reste de la cavité utérine.

- Les feuillets primitifs donnent naissance à tous les tissus, les organes et les appareils. Les trois feuillets primitifs sont l'ectoblaste, l'endoblaste et le mésoblaste.

- Les deux membranes embryonnaires sont l'amnios et le chorion. Formé à partir de l'ectoblaste, l'amnios est une fine membrane protectrice qui contient le liquide amniotique et l'embryon. Le chorion, qui se développe à partir du trophoblaste, est une épaisse membrane qui renferme l'amnios, l'embryon et le sac vitellin.

- En plus de servir de coussin protecteur contre les chocs qui pourraient endommager l'embryon, et plus tard le fœtus, le liquide amniotique contribue à réguler la température embryonnaire ; il favorise la croissance externe symétrique du fœtus, il l'empêche d'adhérer à l'amnios et il lui confère la liberté de mouvement qui lui permet de changer de position.

- Le placenta se compose de deux parties : la partie maternelle et la partie fœtale. Formée de la caduque basale et de sa circulation, la partie maternelle du placenta est rouge et bosselée. La partie fœtale est formée des villosités choriales et de leur circulation ; elle est recouverte de l'amnios, qui lui donne sa couleur gris luisant. Le placenta se divise en 15 à 20 segments appelés cotylédons.

- Le placenta remplit des fonctions endocrines (production de hPL, de hCG, d'œstrogènes et de progestérone), métaboliques et immunologiques. Il sert d'organe respiratoire au fœtus, permet l'excrétion et contribue à l'échange des nutriments.

- Le fœtus est doté d'un appareil circulatoire spécialement conçu pour permettre son oxygénation, tout en contournant ses poumons.

- Le développement fœtal comprend trois stades : le stade préembryonnaire (les 14 premiers jours après la fécondation), le stade embryonnaire, (du 15e jour après la fécondation, ou du début de la 3e semaine, à la 8e semaine) et le stade fœtal (de la 8e semaine à l'accouchement, soit environ 38 semaines après la conception, ou encore 40 semaines après les dernières menstruations).

- Les événements les plus marquants du stade embryonnaire sont le début des battements du cœur fœtal à 4 semaines et l'établissement de la circulation fœtale à 6 semaines.

- Le stade fœtal est consacré au perfectionnement des structures et des fonctions. Voici quelques-uns de ses jalons :
  - après 8 à 12 semaines, tous les systèmes organiques sont formés, et il ne leur reste qu'à atteindre leur maturité ;
  - à 16 semaines, on peut distinguer le sexe du fœtus ;
  - à 20 semaines, on peut ausculter les battements du cœur fœtal à l'aide du fœtoscope, et la mère sent les mouvements du fœtus (« coups de pieds ») ;
  - à 24 semaines, le corps est entièrement recouvert de vernix caseosa ;
  - entre 26 et 28 semaines, les yeux s'ouvrent et se ferment ;
  - à 36 semaines, les ongles atteignent le bout des doigts ;
  - à 40 semaines, il ne reste du vernix que dans les plis de la peau et du lanugo que sur le haut des bras et sur les épaules.
  - C'est durant ses huit premières semaines (différenciation cellulaire et formation des systèmes organiques) que l'embryon est le plus vulnérable aux agents tératogènes.

Références

AHOKAS, R. A., et E. T. McKINNEY (2000), « Development and physiology of the placenta and membranes », *in* J. J. Sciarra et T. J. Watkins (dir.), *Gynecology and obstetrics,* Philadelphie, Lippincott, Williams and Wilkins, vol. 2, chap. 11, p. 1-21.

BENIRSCHKE, K. (1999A), « Multiple gestation : Incidence, etiology, and inheritance », *in* R. K. Creasy et R. Resnik (dir.), *Maternal-fetal medicine : Principles and practice,* 4e éd., Philadelphie, Saunders, p. 585-597.

BENIRSCHKE, K. (1999B), « Normal development », *in* R. K. Creasy et R. Resnik (dir.), *Maternal-fetal medicine,* 4e éd., Philadelphie, Saunders, p. 63-71.

BRANNIGAN, R. E., et L. I. LIPSHULTZ (2000), « Sperm transport and capacitation », *in* J. J. Sciarra et T. J. Watkins (dir.), *Gynecology and obstetrics,* Philadelphie, Lippincott, Williams and Wilkins, vol. 1, chap. 45, p. 19.

CRAVEN, C., et K. WARD (1999), « Embryology, fetus, and placenta : Normal and abnormal », *in* J. R. Scott, P. J. DiSaia, C. B. Hammond et W. N. Spellacy (dir.), *Danforth's obstetrics and gynecology,* 8e éd., Philadelphie, Lippincott, Williams and Wilkins, p. 29-46.

CUNNINGHAM, F. G., N. F. GANT, K. J. LEVENO, L. C. GILSTRAP III, J. C. HAUTH et K. D. WENSTROM (2001), *Williams Obstetrics,* 21e éd., New York, McGraw-Hill.

DE JONGE, C. J. (2000), « Egg transport and fertilization », *in* J. J. Sciarra et T. J. Watkins (dir.), *Gynecology and obstetrics,* Philadelphie, Lippincott, Williams and Wilkins, vol 1, chap. 46, p. 1-7.

GILBERT, W. M., et R. A. BRACE (1993), « Amniotic fluid volume and normal flows to and from the amniotic cavity », *Seminars in Perinatoloy,* vol. 17, n° 3, p. 150-157.

MOORE, K. L., T. V. N. PERSAUD et K. SHIOTA (2000), *Atlas of clinical embryology,* 2e éd., Philadelphie, Saunders.

SADLER, T W (1995), *Langman's medical embryology,* 7e éd., Baltimore, Lippincott, Williams and Wilkins.

SPELLACY, W. N. (1999), « Multiple pregnancies », *in* J. R. Scott, P. J. DiSaia, C. B. Hammond et W. N. Spellacy (dir.), *Danforth's obstetrics and gynecology,* 8e éd., Philadelphie, Lippincott, Williams and Wilkins, p. 293-300.

VOLPE, J. J. (2000), *Neurology of the newborn,* 4e éd., Philadelphie, Saunders.

Deuxième partie

Les années de fécondité

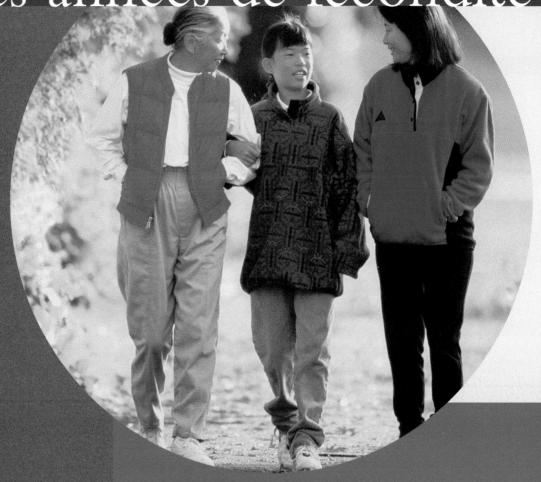

Sommaire

Santé des femmes

Objectifs

- Résumer l'enseignement à donner sur les autosoins liés à la menstruation
- Comparer l'efficacité ainsi que les avantages et inconvénients respectifs de diverses méthodes contraceptives
- Décrire les procédés de base recommandés pour le dépistage gynécologique auprès de femmes bien portantes
- Décrire les composantes physiques et psychologiques de la ménopause
- Décrire le rôle de l'infirmière auprès des femmes victimes de violence conjugale ou d'agression sexuelle
- Décrire les affections mammaires bénignes les plus courantes
- Décrire les signes et symptômes de l'endométriose, son traitement médical et ses répercussions éventuelles sur la fécondité
- Énumérer les facteurs de risque du syndrome de choc toxique (SCT)
- Comparer la vulvovaginite candidosique (VVC) et la vaginose bactérienne (VB)
- Décrire les principales maladies transmissibles sexuellement (MTS)
- Résumer l'enseignement à donner aux clientes atteintes d'une MTS
- Relier la pathologie de l'atteinte inflammatoire pelvienne (AIP), ses signes et ses symptômes, et son traitement clinique à ses répercussions éventuelles sur la fécondité
- Déterminer les implications d'un résultat anormal obtenu au cours d'un examen pelvien
- Comparer la cystite et la pyélonéphrite et les distinguer

Vocabulaire

LES BESOINS DES FEMMES en matière de soins de santé évoluent tout au long de leur vie. Petites filles, elles ont besoin qu'on les informe sur la menstruation, sur la sexualité et sur leur responsabilité à cet égard. À l'adolescence, elles ont besoin qu'on les renseigne sur la reproduction, la contraception et les précautions à prendre au cours des relations sexuelles, de même que sur l'importance des mesures préventives, comme l'auto-examen des seins et le test de Papanicolaou. Une fois adultes, elles peuvent avoir besoin de rappels sur certaines de ces questions, mais aussi d'informations précises sur les changements physiques associés à la grossesse, à la ménopause et au vieillissement. En les aidant à mieux connaître leur corps et en les sensibilisant aux choix qu'elles ont à faire ainsi qu'à leur droit d'être bien informées, l'infirmière peut encourager les femmes à assumer la responsabilité de leurs soins de santé en toute connaissance de cause.

Toutes les femmes risquent de connaître divers problèmes gynécologiques ou urinaires plus ou moins graves au cours de leur vie. L'infirmière peut les aider à prévenir ou à surmonter ces problèmes en leur offrant avec compétence et délicatesse l'enseignement, le counseling et le soutien nécessaire. Mais, pour répondre à leurs besoins, elle doit aussi tenir ses connaissances à jour sur les pratiques de santé et les méthodes diagnostiques et thérapeutiques les plus efficaces.

Ce chapitre traite de divers aspects de la santé des femmes en se concentrant sur les plus pertinents en vue d'une pratique infirmière axée sur la communauté.

 Soins infirmiers communautaires

Le concept de santé des femmes, tel que nous l'entendons dans cet ouvrage, repose sur une vision holistique des femmes et de leurs besoins quotidiens en matière de santé. Il se fonde sur la conviction que l'état physique, l'état mental et l'état spirituel sont intimement liés, et qu'ils influent sur la santé comme sur la maladie. Dans cet esprit, toute intervention reliée aux soins de santé doit intégrer les valeurs et les croyances de la cliente, ainsi que son point de vue sur sa situation et ses besoins.

Les infirmières enseignent aux femmes des pratiques d'auto-soins, et ce, dans les contextes les plus divers : écoles, CLSC, polycliniques et cabinets de médecin ; maisons de retraite, centres de jour, réunions de bénévoles, programmes éducatifs scolaires ou communautaires, maisons privées. Cet enracinement dans la communauté est la clé de l'efficacité des soins infirmiers qui sont fournis aux femmes de tous les âges.

En fait, la majeure partie des soins de santé que reçoivent les femmes sont donnés hors des établissements de soins de courte durée. Les infirmières dont la pratique est axée sur la communauté sont particulièrement respectueuses de l'autonomie et du libre arbitre de l'individu, qu'elles perçoivent dans sa globalité. Cette approche holistique s'impose non seulement lorsqu'il s'agit de soigner les maux physiques, mais aussi de composer avec des problèmes sociaux aussi graves que la violence envers les femmes – problèmes qui risquent de passer inaperçus si les prestataires de soins ne sont pas à l'affût de leurs moindres manifestations.

Rôle de l'infirmière dans les questions liées à la sexualité

Puisqu'elles sont au cœur de la vie et que leur charge émotionnelle est considérable, les questions liées à la sexualité – rôles sexuels ; désir et inhibitions ; mœurs, éducation sexuelle et moralité – suscitent énormément d'intérêt et de curiosité, mais elles causent aussi beaucoup de malaises, d'inquiétudes et de problèmes. Le lien étroit entre les relations sexuelles et la reproduction y est pour beaucoup : certaines personnes désirent ardemment la grossesse, d'autres cherchent à l'éviter. Le fait que certaines activités sexuelles fassent l'objet d'un commerce est un autre élément de la problématique. Enfin, l'exercice de la sexualité soulève d'importants enjeux sur le plan de la santé. La prévalence des maladies transmissibles sexuellement (MTS) et la menace d'agents pathogènes comme le virus de l'immuno-déficience humaine (VIH) ou le virus de l'herpès simplex (VHS) incitent bien des gens à modifier leurs pratiques sexuelles. Bref, que ce soit pour poser des questions ou pour exprimer leurs inquiétudes, les femmes abordent souvent des sujets liés à la sexualité et à la reproduction avec les infirmières, lesquelles peuvent ainsi être amenées à jouer un rôle de conseillère en la matière.

Non seulement l'infirmière qui assume ce rôle de conseillère doit être à l'aise avec sa sexualité, mais elle doit aussi avoir clarifié ses sentiments, ses attitudes et ses valeurs par rapport à la sexualité ; elle pourra ainsi se montrer plus sensible aux valeurs et aux croyances d'autrui et plus objective. Cela va de soi, l'infirmière doit bien connaître l'anatomie et la physiologie des systèmes reproducteurs féminin et masculin ; cependant, elle doit également disposer d'informations exactes et actualisées sur la sexualité, les pratiques sexuelles et les problèmes gynécologiques courants. Elle doit être en mesure de répondre aux besoins particuliers, notamment à ceux des professionnelles du sexe. Finalement, si la cliente est accompagnée de son ou de sa partenaire, l'infirmière doit prêter attention à la dynamique de leur relation.

Les cours de base et les programmes de perfectionnement en soins infirmiers aident les infirmières à acquérir une formation adéquate sur tous les aspects de la sexualité et de la reproduction humaine – y compris les valeurs et les attitudes qui s'y rattachent, les mythes et les préjugés qui les entourent, de même que les pratiques et les modes de vie inhabituels.

Évaluation initiale : les antécédents sexuels et gynécologiques

Il revient souvent à l'infirmière de procéder à l'évaluation initiale de la cliente, donc de recueillir toutes les données pertinentes sur ses antécédents sexuels et gynécologiques. Pour s'acquitter efficacement de cette tâche, l'infirmière doit posséder de solides habiletés en communication.

L'entretien devrait avoir lieu dans un endroit tranquille et privé. L'infirmière a souvent avantage à expliquer d'entrée de jeu à la cliente le but de certaines questions qu'elle s'apprête à lui poser. Elle pourra dire, par exemple : « En tant qu'infirmière, je m'intéresse à tous les aspects de votre santé et de votre bien-être. Les femmes ont souvent des préoccupations ou des inquiétudes d'ordre sexuel, surtout quand elles sont enceintes (ou, selon le cas, quand elles commencent à avoir une vie sexuelle plus active, quand arrive la ménopause, etc.). Je vais donc vous interroger sur vos antécédents sexuels, parce qu'ils font partie de vos antécédents personnels et médicaux. »

Sauf dans des cas exceptionnels (pour des motifs d'ordre culturel par exemple), l'infirmière devrait autant que possible regarder la femme dans les yeux et éviter de prendre des notes pendant l'entretien – surtout si la cliente semble mal à l'aise ou qu'elle parle de sujets très intimes. Une question ouverte comme « Qu'aimeriez-vous changer dans votre vie sexuelle ? » fournit souvent plus d'information qu'une question fermée

comme « Êtes-vous satisfaite de votre vie sexuelle ? ». L'infirmière doit poser les questions les plus anodines avant de passer aux sujets délicats. Elle doit clarifier le sens des termes utilisés de part et d'autre, et rester attentive au langage corporel et aux indices non verbaux. L'infirmière doit aussi recueillir des données sur les croyances, les valeurs et les facteurs ethnoculturels susceptibles d'influer sur l'expression de la sexualité.

Tant qu'elle ne connaît pas l'orientation sexuelle d'une cliente, l'infirmière ne doit pas présumer de son hétérosexualité (en lui demandant, par exemple, quel type de contraceptifs elle prend). Si certaines femmes parlent ouvertement de leurs relations lesbiennes, d'autres les passent sous silence tant qu'elles ne sont pas vraiment en confiance avec la prestataire de soins (Société des obstétriciens et gynécologues du Canada [SOGC], 2000). Il existe plusieurs façons de découvrir l'orientation sexuelle d'une patiente sans poser de jugement moral. Par exemple, on peut demander (SOGC, 2000) :

- Êtes-vous en couple actuellement ?
- Avez-vous une vie sexuelle ?
- Avez-vous un, une ou plusieurs partenaires intimes ?
- Est-ce que votre partenaire intime est un homme ou une femme ?
- Avez-vous eu des relations sexuelles avec un homme, une femme, ou les deux ? (Lorsqu'elle s'identifie comme lesbienne, on suppose souvent à tort qu'une femme n'a de relations sexuelles qu'avec d'autres femmes.)

Une fois qu'elle connaît les antécédents sexuels et gynécologiques de la cliente, l'infirmière évalue les données recueillies. Si un problème exige une évaluation plus poussée, un examen médical ou des épreuves diagnostiques, elle oriente la cliente vers le professionnel approprié (infirmière spécialisée, sage-femme, médecin ou autre). Si le problème relève de ses compétences, elle formule les diagnostics infirmiers, planifie les soins et voit à leur exécution. Par exemple, lorsqu'elle constate qu'une cliente désire être enceinte, mais ne comprend pas très bien le cycle ovulatoire, l'infirmière pourra formuler le diagnostic suivant : « Recherche d'un meilleur niveau de santé : désir exprimé de combler un manque de connaissances sur le moment de l'ovulation afin d'augmenter les chances de conception. » Après avoir évalué plus précisément les connaissances de la cliente en discutant avec elle, l'infirmière lui fournira les renseignements qui lui manquent ; elle pourra aussi lui suggérer de tenir un calendrier menstruel, lui apprendre à surveiller ses courbes de température basale pour mieux déterminer le moment de l'ovulation, etc.

L'infirmière doit rester réaliste tant dans son évaluation que dans la planification des interventions. Elle doit avoir la compétence et la perspicacité nécessaires pour reconnaître qu'un problème exige des interventions qui dépassent ses compétences ou son expérience. Le cas échéant, elle dirigera la cliente vers les personnes ou les services appropriés.

La menstruation

De nos jours, les petites filles commencent à entendre parler de puberté et de menstruation à un âge très tendre. Malheureusement, les «informations» qu'elles glanent auprès de leurs pairs et des médias se révèlent souvent incomplètes, inexactes et sensationnalistes. Les infirmières qui interviennent auprès des fillettes et des adolescentes le savent, aussi s'attachent-elles à rétablir les faits et à leur enseigner ce qu'elles doivent savoir sur la puberté, le début des règles et le cycle menstruel.

Les croyances personnelles, religieuses et culturelles influent sur l'expérience menstruelle ; or, elles sont souvent le reflet d'attitudes négatives envers les femmes. La menstruation a inspiré d'innombrables mythes au fil de l'histoire. Ainsi, parce qu'on considérait la menstruation comme une souillure, les femmes ont souvent été isolées de la communauté ou confinées avec leurs semblables durant leurs règles. Si ce genre de coutume se fait plus rare aujourd'hui, bien des femmes continuent à occulter leurs menstruations. Il importe donc de le souligner, les relations sexuelles durant la menstruation sont une pratique courante et rarement contre-indiquée ; pour la plupart des couples, c'est une simple question de préférence. (Le chapitre 2 décrit la physiologie de la menstruation.)

Counseling auprès des clientes prépubères

La préparation de l'adolescente est le facteur décisif d'une adaptation réussie à la fonction menstruelle. Cependant, tant à cause de leur propre immaturité que de la persistance de tabous, les petites filles se montrent souvent embarrassées et tendues lorsqu'on leur parle de menstruation. Plutôt que de leur livrer l'information d'une seule traite, il vaut donc mieux la distiller. Elles auront ainsi le temps de l'assimiler et de préparer leurs questions.

Voici quelques informations de base particulièrement utiles aux jeunes clientes.

- **La longueur du cycle** Le cycle menstruel s'étend du premier jour des règles jusqu'au premier jour des règles suivantes. Les tout premiers cycles menstruels durent environ 29 jours, mais la durée du cycle normal se situe entre 21 et 35 jours. Souvent, le cycle raccourcit à mesure que la femme vieillit ; juste avant la ménopause, la durée moyenne du cycle est de 25 jours.

- **La quantité de l'écoulement** En moyenne, l'écoulement menstruel est de 30 mL par cycle. On l'évalue généralement selon le nombre de serviettes ou de tampons imbibés. L'écoulement est souvent plus abondant les premiers jours de la menstruation et s'atténue par la suite.

- **La durée de la menstruation** La menstruation dure généralement – mais pas nécessairement – de deux à huit jours.

Les jeunes filles ont tendance à s'inquiéter lorsque leur expérience menstruelle diffère de celle de leurs camarades. L'infirmière doit donc insister sur le fait que l'âge des premières règles, la longueur du cycle et la durée de la menstruation varient selon les femmes, et que ces variations sont normales. De plus, s'il importe de souligner le côté positif de la menstruation – symbole de maturité et de féminité –, il convient de mentionner qu'elle comporte aussi ses désagréments (taches, malaises, etc.).

Sujets d'enseignement

Pour aider les petites filles et les adolescentes à acquérir une image de soi positive et à franchir sans problème cette étape vers la maturité qu'est le début de la fonction menstruelle, le principal rôle de l'infirmière consiste à fournir des informations exactes sur la menstruation et à dissiper les idées fausses qui circulent à ce sujet.

Tampons et serviettes

Durant des millénaires, les femmes se sont fabriqué des serviettes et des tampons de tissu ou de chiffons qu'elles lavaient et réutilisaient. Les tampons jetables n'ont été commercialisés que dans les années 1930.

Aujourd'hui, les tampons biodégradables ainsi que les mini-serviettes et maxiserviettes adhésives facilitent grandement les choses. Malheureusement, les fabricants ont eu deux mauvaises idées : ajouter du désodorisant aux protections hygiéniques et augmenter la capacité d'absorption des tampons. Or, ces «améliorations» sont nocives pour la santé : le désodorisant chimique peut causer une éruption vulvaire et altérer la délicate muqueuse du vagin, et un usage excessif ou inadéquat des tampons peut assécher le vagin au point d'y causer de petites lésions ou même des ulcères.

Les femmes ne devraient jamais porter de tampons super-absorbants, car ils sont associés au syndrome de choc toxique (voir la page 110). Quant aux autres tampons, on ne devrait les utiliser que lorsque l'écoulement est abondant – c'est-à-dire seulement les deux ou trois premiers jours, et non pendant toute la durée de la menstruation. De plus, on devrait changer de tampon toutes les trois à six heures. Avant de mettre un tampon propre, dont on évitera de toucher le bout pendant le déballage et l'insertion, il faut toujours bien se laver les mains qui sont souvent contaminées par *Staphylococcus aureus*, la bactérie responsable du syndrome de choc toxique.

Lorsque l'écoulement menstruel n'est pas abondant, le tampon absorbe l'humidité naturelle du vagin, ce qui assèche ses parois et augmente les risques de lésions. La capacité d'absorption des tampons réguliers varie ; si le tampon est difficile à retirer, s'il se déchire lorsqu'on le retire ou qu'il assèche le vagin, il est probablement trop absorbant. Pour éviter les taches accidentelles, on choisira des tampons réguliers qui se dilatent en largeur (voir l'illustration sur l'emballage) ; ils préviennent mieux les fuites sans être trop absorbants.

Pour prévenir l'irritation vaginale, il vaut mieux n'employer des tampons que le jour et utiliser des serviettes pour la nuit. On ne devrait jamais porter de tampons les derniers jours de la menstruation (lorsque l'écoulement est léger) et, encore moins, en présence de pertes sanguines intermenstruelles ou de leucorrhée. En cas d'irritation vaginale, de prurit, de douleur ou d'odeur inhabituelle, il faut soit cesser de porter des tampons, soit essayer une autre marque ou une autre capacité d'absorption pour tenter de régler le problème.

Le choix du type de protection hygiénique – tampons ou serviettes – dépend des besoins et des préférences individuelles ; l'important est d'être à l'aise et de suivre les recommandations indiquées au paragraphe précédent.

Hygiène génitale, aérosols et douches vaginales

Non seulement les aérosols vaginaux sont inutiles, mais ils peuvent provoquer des infections, du prurit, des pertes vaginales, des éruptions, etc. La femme qui décide d'en utiliser malgré tout doit savoir qu'ils sont réservés à un usage externe, et qu'on ne doit jamais les appliquer sur une peau irritée ou qui démange, ni lorsqu'on porte une serviette.

Exceptionnellement, il arrive qu'on prescrive des douches vaginales pour traiter une infection. Autrement, comme le vagin se nettoie de lui-même, en faire une pratique d'hygiène est inutile, voire nocif. Les douches vaginales éliminent le mucus naturel du vagin et perturbent sa flore naturelle, ce qui augmente les risques d'infection. Les solutions parfumées peuvent déclencher une réaction allergique, et l'usage fréquent d'une solution forte ou trop concentrée peut causer une irritation grave et même des lésions tissulaires. De plus, la projection d'eau vers le haut du vagin peut éroder le bouchon cervical, qui a une action antibactérienne, et faire pénétrer dans l'utérus les bactéries et les germes présents dans le vagin. Enfin, il ne faut jamais se donner de douche vaginale pendant la menstruation : comme le col se dilate pour permettre l'écoulement d'une partie de la muqueuse utérine, la douche pourrait refouler ces tissus dans la cavité utérine et causer ainsi une endométriose.

Les sécrétions maintiennent l'humidité du vagin. Elles sont absolument inodores tant qu'elles y restent : ce n'est qu'une fois exposées à l'air et mêlées à la transpiration qu'elles peuvent devenir nauséabondes. Pour lutter contre les odeurs, il suffit donc de garder la peau propre et exempte de bactéries en utilisant de l'eau et du savon ordinaire. On lave doucement la vulve en passant sous les replis avec un gant de toilette ou un doigt savonneux. Les bains sont recommandables en tout temps, et plus particulièrement pendant la menstruation. Un long séjour dans l'eau tiède facilite l'écoulement menstruel et soulage les crampes en décontractant les muscles.

Pour conserver une sensation de fraîcheur toute la journée, il faut garder la région vaginale propre et sèche. On assure une ventilation adéquate en portant une culotte de coton et des vêtements qui ne sont pas trop serrés. Aux toilettes, on doit toujours s'essuyer de l'avant vers l'arrière et, au besoin, se nettoyer ensuite avec un papier hygiénique humide. Une odeur suspecte qui persiste malgré ces mesures d'hygiène peut indiquer un problème. Certaines affections vaginales, comme la vaginose bactérienne, produisent des pertes nauséabondes.

Troubles de la menstruation

La menstruation peut s'accompagner de certaines irrégularités :

- l'*hypoménorrhée* (cycle menstruel anormalement court) et l'*hyperménorrhée* (cycle anormalement long) ;
- la *ménorragie* (écoulement menstruel excessif) ;
- la *métrorragie* (saignements intermenstruels) ;
- l'*oligoménorrhée* (menstruation rare) et la *polyménorrhée* (menstruation anormalement fréquente) ;
- le *cycle anovulatoire* (cycle sans ovulation).

En présence d'une ou de plusieurs de ces irrégularités, on doit procéder à des examens afin d'écarter toute possibilité de processus morbide. Le reste de cette section traite des troubles de la menstruation : l'*aménorrhée*, la *dysménorrhée* et le *syndrome prémenstruel*.

Aménorrhée

L'**aménorrhée**, ou absence de menstruation, peut être primaire ou secondaire. On parle d'aménorrhée primaire lorsque les menstruations ne sont pas apparues à l'âge de 18 ans, et d'aménorrhée secondaire lorsqu'il y a un arrêt de la fonction menstruelle chez une femme qui a déjà eu une menstruation (plus de trois cycles consécutifs).

Pour déterminer les raisons d'une aménorrhée primaire, il faut procéder à une évaluation complète de l'état de la jeune femme. Le trouble peut avoir diverses causes : une obstruction congénitale ; une absence congénitale d'utérus ; la féminisation testiculaire (bien que les organes externes semblent féminins, il y a présence de testicules et absence d'utérus et d'ovaires) ; une carence ou un déséquilibre des hormones, etc. Le succès du traitement de l'aménorrhée primaire dépend de l'étiologie du trouble : souvent, sa cause est irrémédiable.

Le plus souvent, l'aménorrhée secondaire s'explique par une grossesse, mais elle peut avoir bien d'autres causes : l'allaitement ; un déséquilibre hormonal ; une mauvaise alimentation (anorexie mentale, obésité, jeûne ou régime miracle) ; des lésions ovariennes ; des exercices exténuants (par exemple chez les coureuses de fond, les danseuses et les athlètes qui ont peu de tissu adipeux) ; une maladie systémique débilitante ; un stress intense ou prolongé ; un bouleversement ; un changement de saison ou de climat ; l'usage de contraceptifs hormonaux ou de tranquillisants du groupe de la phénothiazine et de la chlorpromazine ; des syndromes, comme celui de Cushing, etc. L'étiologie du problème dicte le choix du traitement.

L'infirmière peut expliquer à la cliente que la menstruation reprendra une fois le problème résolu (après un gain pondéral suffisant, par exemple). On suggérera aux athlètes et aux femmes qui s'adonnent à des exercices exténuants d'augmenter leur apport énergétique ou de réduire l'intensité des exercices pendant un mois ou deux, afin de favoriser le retour à un cycle normal. Dans le cas contraire, une consultation médicale s'impose.

Dysménorrhée

La **dysménorrhée** (menstruation douloureuse) commence la veille ou le jour de la menstruation et disparaît avec elle. Elle peut être primaire ou secondaire. On parle de dysménorrhée primaire en présence de crampes dont l'origine n'est pas pathologique. Les prostaglandines F_2 et F_{2a} produites par l'utérus en sont les principales responsables : elles augmentent la contractilité de l'utérus et diminuent la circulation artérielle utérine, causant de l'ischémie. Typiquement, ce trouble disparaît après une première grossesse et ne se manifeste pas lors des cycles anovulatoires. La dysménorrhée primaire peut se traiter par l'administration de contraceptifs hormonaux (qui bloquent l'ovulation) ou d'inhibiteurs de prostaglandines (comme l'ibuprofène, l'aspirine ou la naproxène), et par des autosoins appropriés (exercice régulier, repos, chaleur et alimentation équilibrée). On a aussi utilisé la rétroaction biologique avec un certain succès.

Associée à des troubles des organes génitaux, la dysménorrhée secondaire apparaît en général après l'établissement de la menstruation. Ses causes les plus courantes sont : l'endométriose ; les séquelles d'une atteinte inflammatoire pelvienne ; des anomalies anatomiques, telles que la sténose du col, l'imperforation de l'hymen ou le déplacement de l'utérus ; les kystes ovariens ; et la présence d'un dispositif intra-utérin (DIU).

Comme les deux types de dysménorrhée – primaire et secondaire – peuvent coexister, un diagnostic différentiel précis s'impose pour établir un traitement adéquat.

Selon certains nutritionnistes, les vitamines B et E peuvent atténuer les désagréments de la menstruation. La vitamine B_6 diminue l'irritabilité et le ballonnement prémenstruels ; la vitamine E, léger inhibiteur de prostaglandines, soulage les douleurs menstruelles. Éviter le sel limite la rétention d'eau et l'inconfort qui l'accompagne.

En plus d'être apaisante, la chaleur (tisanes, bain, coussin chauffant, etc.) décontracte la musculature et augmente l'apport sanguin, ce qui soulage les douleurs menstruelles. De même, le massage peut détendre les muscles du dos, favoriser la relaxation et augmenter l'apport sanguin. L'exercice quotidien soulage les malaises menstruels ; il peut même prévenir les crampes et d'autres désagréments. Les exercices aérobiques, comme le jogging, la bicyclette, la danse aérobique et la marche rapide, sont particulièrement efficaces. Si les malaises persistent, une consultation médicale s'impose.

Syndrome prémenstruel

Le terme **syndrome prémenstruel (SPM)** décrit une symptomatologie complexe associée à la phase lutéale du cycle (deux semaines avant la menstruation), qui apparaît le plus souvent chez les femmes de plus de 30 ans. Par définition, le SPM revient à chaque cycle menstruel, toujours entre l'ovulation et la menstruation, et se manifeste par divers symptômes :

- psychologiques (irritabilité, léthargie, humeur dépressive, anxiété, troubles du sommeil, crises de larmes et hostilité) ;
- neurologiques (migraine, vertiges et syncopes) ;
- respiratoires (rhinite, enrouement et, parfois, asthme) ;
- gastro-intestinaux (nausées et vomissements, constipation, ballonnement et envies impérieuses d'aliments sucrés) ;
- urinaires (rétention et oligurie) ;
- dermatologiques (acné) ;
- mammaires (gonflement et sensibilité des seins).

La plupart des femmes ne présentent pas tous ces symptômes, bien que ce soit le cas de certaines. Les symptômes s'accentuent durant les deux ou trois jours précédant la menstruation et disparaissent lorsqu'elle commence, avec ou sans traitement. Le diagnostic médical de *trouble dysphorique prémenstruel* s'applique lorsque des symptômes graves se manifestent et affectent principalement l'humeur (Endicott *et al.*, 2000).

On ignore toujours la cause exacte du SPM. Les chercheurs étudient diverses hypothèses, notamment celles d'un déséquilibre hormonal, d'un déficit nutritionnel, d'un excès de prostaglandines et d'une carence d'endorphines.

Soins infirmiers

L'infirmière peut aider la cliente qui souffre de SPM à cerner ses symptômes et à adopter des comportements plus sains. Après évaluation, elle peut notamment lui recommander :

- de réduire sa consommation d'aliments contenant des dérivés méthylés de la xanthine (comme le chocolat, les colas et le café), de viande rouge, de sucre, de sel, d'alcool ou de nicotine ;
- d'augmenter sa consommation de glucides complexes et de protéines ;
- de manger plus fréquemment.

Des suppléments de vitamines du complexe B, en particulier de vitamine B_6, pourraient permettre de diminuer l'anxiété et la dépression ; cependant, les études cliniques sur l'efficacité de ce traitement ne sont pas concluantes, et la consommation de mégadoses de vitamine B_6 est associée à des modifications du système nerveux périphérique (Moline et Zendell, 2000). Les suppléments de vitamine E peuvent atténuer la sensibilité des

Voir les réponses à l'Appendice F.

Exercice *de pensée critique*

Annie, une adolescente de 16 ans débordante de vie, vient en consultation à la clinique où vous travaillez comme infirmière. Elle se plaint de menstruations difficiles et irrégulières, qui lui « tombent dessus n'importe quand », l'empêchant de participer comme elle le voudrait aux activités de sa troupe de danse. Annie voudrait qu'on lui prescrive des contraceptifs hormonaux pour régulariser son cycle En l'interrogeant sur ses antécédents menstruels, vous apprenez qu'Annie a eu sa première menstruation à 12 ans et que ses cycles menstruels ont de 24 à 34 jours. La plupart du temps, Annie a des crampes. L'écoulement qu'elle décrit comme prolongé et abondant dure de quatre à cinq jours, durant lesquels elle imbibe en moyenne cinq tampons par jour. Que devriez-vous conseiller à Annie ?

seins. La pratique régulière d'exercices aérobiques (marche rapide, jogging ou danse aérobique) s'avère généralement bénéfique.

En plus des suppléments vitaminiques, le traitement pharmacologique peut inclure des suppositoires de progestérone, des diurétiques ou des psychotropes (antidépresseurs tricycliques et inhibiteurs sélectifs de la recapture de la sérotonine) ; chacune de ces modalités thérapeutiques s'est montrée efficace pour certaines femmes et inutile pour d'autres. Étant donné qu'ils suppriment l'ovulation, les contraceptifs hormonaux à faibles doses peuvent soulager les femmes qui ne souhaitent pas devenir enceintes.

La cliente qui souffre de SPM a avantage à établir une relation de confiance avec une professionnelle de la santé à qui elle peut parler librement de ses problèmes. L'infirmière peut l'inciter à tenir un journal pour mieux cerner les phénomènes associés au syndrome, la diriger vers un groupe d'entraide et lui fournir de la documentation sur le SPM ; ces mesures l'aideront à mieux maîtriser son corps. Comme certaines clientes ont recours à d'autres remèdes (herbes médicinales, préparations homéopathiques, etc.), il peut être utile de connaître les plus répandus. Il est important que les femmes qui s'engagent dans cette voie s'adressent à des professionnels reconnus et chevronnés.

■ La contraception

La décision de recourir à une méthode contraceptive peut se prendre individuellement ou en couple. La contraception peut servir à éviter la grossesse, mais aussi à planifier les naissances (nombre d'enfants et intervalle entre chaque naissance). Quelle que soit la méthode choisie, son efficacité dépendra, plus que de sa fiabilité théorique, de la constance avec laquelle on l'utilise.

En matière de contraception, les décisions devraient se prendre librement en ayant une bonne connaissance des méthodes disponibles : avantages et inconvénients, efficacité, effets indésirables, contre-indications et effets à long terme. Plusieurs facteurs exogènes influent sur les choix liés à la contraception : influences culturelles, croyances religieuses, attitudes et préférences personnelles, coût, efficacité, qualité de l'information disponible, facilité d'accès et d'emploi, estime de soi, etc. Les choix contraceptifs peuvent évoluer : une méthode qui convenait à tel moment et à tel mode de vie peut être avantageusement remplacée par une autre méthode à une autre période de l'existence. Compte tenu des risques liés à l'infection au VIH et aux autres MTS, il est primordial de tenir compte également, dans le choix d'une méthode contraceptive, de la protection qu'elle offre à cet égard.

Méthodes d'abstinence périodique

Aussi appelées *méthodes naturelles de planification des naissances*, les **méthodes d'abstinence périodique** reposent sur la connaissance des changements physiologiques liés au cycle ovarien. Comme elles exigent l'enregistrement de certaines données au cours du cycle, ainsi que des périodes d'abstinence, la coopération du partenaire est presque indispensable.

Les méthodes d'abstinence périodique offrent plusieurs avantages. Elles ne coûtent rien, sont sans danger et sont bien acceptées par les gens à qui leurs croyances religieuses interdisent toute autre méthode. De plus, elles ne requièrent aucun dispositif ni aucune substance artificielle, elles favorisent la connaissance du corps et elles incitent les partenaires à discuter d'activités sexuelles et de contraception. Et puis, le temps venu, elles peuvent aider le couple à planifier une grossesse désirée.

Les méthodes d'abstinence périodique présentent également des inconvénients de taille, le premier étant de limiter la spontanéité des relations sexuelles. De plus, leur utilisation optimale exige un counseling initial très poussé, et il faut enregistrer soigneusement de nombreuses données pendant plusieurs cycles avant de pouvoir s'y fier. Leur emploi peut être difficile, voire impossible, pour des femmes ayant des cycles irréguliers. Enfin, bien que ces méthodes soient théoriquement efficaces, en pratique, il semble qu'elles protègent moins bien contre la grossesse que les autres méthodes.

Méthode de la température basale

La *méthode de la température basale* exige de la femme qu'elle prenne sa température basale chaque matin au réveil, avant le lever et toute autre activité – avec un thermomètre gradué en dixièmes de degré (thermomètre à température basale ou thermomètre tympanique) – et qu'elle consigne le résultat sur un graphique. Après avoir enregistré sa température pendant trois ou quatre mois, une femme au cycle régulier devrait être en mesure de prévoir le moment de son ovulation. Cette méthode se fonde sur le fait que, parfois, la température basale descend légèrement avant l'ovulation et qu'elle remonte presque toujours après l'ovulation pour rester élevée pendant plusieurs jours. Cette hausse de température résulte d'une augmentation du taux de progestérone.

La figure 4-1 ▶ présente un exemple de graphique de température basale. Pour éviter la conception, on s'abstient de coït le jour où la température monte et les trois jours suivants. Toutefois, comme la température ne s'élève qu'une fois que l'ovulation a eu lieu, la femme risque de tomber enceinte s'il y a eu coït peu de temps avant. Pour réduire ce risque, certains couples évitent le coït plusieurs jours avant le jour prévu de l'ovulation ainsi que durant les trois jours suivants.

Méthode du calendrier

La *méthode du calendrier* repose sur les constats suivants : l'ovulation a tendance à survenir 14 jours (à 2 jours près) avant le début de la menstruation suivante, l'ovule vit 24 heures, et les spermatozoïdes vivent de 48 à 72 heures (Hatcher *et al.*, 1998). Avant d'utiliser cette méthode, la femme doit enregistrer ses cycles menstruels pendant six à huit mois afin de connaître ses cycles les plus courts et les plus longs. Le premier jour de la menstruation est le premier jour du cycle. La période de fécondabilité commence 18 jours avant la fin du cycle le plus court et se termine 11 jours avant la fin du cycle le plus long (Hatcher *et al.*, 1998). Ainsi, chez une femme dont les cycles durent de 24 à 28 jours, la période de fécondabilité s'étendrait du jour 6 au jour 17. Munie de ces informations, la femme peut prévoir ses périodes de fécondité et de stérilité ; pour diminuer les risques de grossesse, elle s'abstiendra de coït durant ses périodes de fécondité. La méthode du calendrier est la moins fiable des méthodes d'abstinence périodique, et la plupart des gens lui préfèrent une méthode plus scientifique.

Méthode de la glaire cervicale

Aussi appelée *méthode de l'ovulation Billings, la méthode de la glaire cervicale* repose sur l'observation des modifications de la glaire cervicale au cours du cycle menstruel. En effet, sous l'influence des œstrogènes et de la progestérone, la quantité et les caractéristiques de la glaire cervicale changent. Au moment de l'ovulation, la glaire (de type E) est plus translucide, plus filante et plus perméable au sperme ; de plus, étalée et séchée sur une lame de verre, elle présente une cristallisation en feuille de fougère. Durant la phase lutéale, la glaire cervicale (de type G), collante et épaisse, forme un réseau qui rend plus difficile le passage des spermatozoïdes.

Lorsqu'elle décide d'utiliser la méthode de la glaire cervicale, la femme doit s'abstenir de tout coït pendant le premier cycle menstruel. Elle examine quotidiennement sa glaire cervicale − quantité, viscosité ou aquosité, couleur, translucidité et filance −, tout en se familiarisant avec les variations de ces caractéristiques.

On considère que le jour de l'ovulation est celui où la glaire est la plus aqueuse, translucide et filante. Cette méthode exige de la femme qu'elle évite le coït à partir du moment où elle constate que la glaire devient plus translucide, plus filante et plus aqueuse, et jusqu'à quatre jours après le dernier jour de glaire aqueuse (période d'ovulation). Comme elle consiste à évaluer les effets des changements hormonaux, cette méthode peut convenir aux femmes qui ont des cycles irréguliers.

Méthode symptothermique

La *méthode symptothermique* repose sur l'enregistrement et l'évaluation de données diverses concernant les jours du cycle, les relations sexuelles avec coït, les modifications de la glaire cervicale et des signes secondaires comme l'augmentation de la libido,

FIGURE 4-1 ▶ Exemple de graphique de température basale. *Source :* Crooks, R., et K. Baur (1998), *Our sexuality*, 5e éd., Monterey, Brooks/Cole.

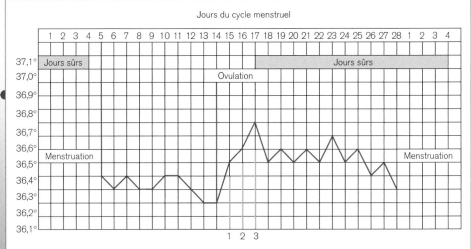

la sensation de ballonnement, les douleurs pelviennes inter-menstruelles et la température basale. Il s'agit donc d'une combinaison de méthodes qui permet de reconnaître les signes de l'ovulation et de déterminer plus efficacement les périodes fécondes et infécondes.

Méthodes circonstancielles

Abstinence

L'*abstinence* peut être considérée comme une méthode contraceptive circonstancielle. Depuis quelques années, l'évolution des valeurs et les risques accrus associés aux relations sexuelles lui font regagner du terrain.

Coït interrompu

Le **coït interrompu** ou *retrait* est la plus ancienne des méthodes contraceptives. Lorsqu'il sent l'éjaculation imminente, l'homme se retire du vagin et éjacule loin des organes génitaux externes de la femme. Cette méthode ne coûte rien, s'applique en tout temps et n'exige ni dispositif ni substance artificielle. Malheureusement, elle est à déconseiller à cause de son taux d'échec élevé, qui s'explique par deux phénomènes. Premièrement, elle exige une grande maîtrise de soi de la part de l'homme, qui doit se retirer précisément au moment où l'imminence de l'orgasme l'incite à une pénétration plus profonde. Deuxièmement, le liquide pré-éjaculatoire qui peut s'échapper pendant la phase d'excitation (avant l'éjaculation) contient parfois des spermatozoïdes. Comme la quantité de spermatozoïdes dans ce liquide pré-éjaculatoire augmente après une éjaculation récente, les risques sont encore plus élevés pour les couples qui ont plusieurs coïts rapprochés. Si l'homme ne se retire pas à temps, les partenaires peuvent envisager le recours à la contraception postcoïtale (voir la page 89).

La douche postcoïtale n'a aucune efficacité contraceptive ; en fait, elle peut favoriser la conception en poussant les spermatozoïdes dans les voies génitales.

Spermicides

Insérés dans le vagin avant le coït, les **spermicides** détruisent les spermatozoïdes ou les immobilisent en neutralisant les sécrétions vaginales. Les spermicides se présentent sous forme de crème, de gelée, de mousse ou d'ovules vaginaux. Ceux qui deviennent effervescents au contact de l'humidité offrent une protection plus rapide et permettent le coït immédiatement après leur insertion. Un ovule spermicide peut prendre jusqu'à 30 minutes pour fondre ; or, tant qu'il n'est pas fondu, il n'offre aucune protection. On doit recommander à la femme d'insérer les préparations spermicides profondément dans son vagin et de rester couchée sur le dos.

Les spermicides employés seuls sont peu fiables, mais leur efficacité s'améliore grandement si on les utilise avec un condom ou un diaphragme. Leurs principaux avantages sont leur accessibilité (on les trouve en vente libre) et leur faible toxicité. De plus, ils offrent une bonne protection contre la gonorrhée et la chlamydiose (Hatcher *et al.*, 1998).

Les irritations cutanées et les réactions allergiques sont les principaux inconvénients des spermicides. Certaines études avaient associé l'usage de spermicides lors de la conception ou en début de grossesse à un risque accru d'anomalies congénitales, mais des études subséquentes n'ont pas confirmé cette association (Hatcher *et al.*, 1998).

Méthodes mécaniques

Il existe deux types de contraceptifs mécaniques. Les contraceptifs « barrières » (le condom, le diaphragme et la cape cervicale) font obstacle à la migration des spermatozoïdes vers l'ovule, tandis que le dispositif intra-utérin (DIU) (aussi appelé stérilet) empêche l'implantation de l'ovule fécondé.

Condom masculin

Le **condom** masculin est un moyen de contraception relativement efficace, à condition qu'on l'emploie correctement, et pour chaque coït (figure 4-2). Étant donné qu'il offre une bonne protection contre les MTS et que plus d'hommes acceptent leur rôle dans la contraception, le condom est nettement plus populaire qu'autrefois.

Le condom s'applique sur le pénis en érection avant que celui-ci entre en contact avec la vulve ou le vagin : on le déroule du gland jusqu'à la base du phallus en laissant un peu d'espace au bout pour que le sperme puisse s'y accumuler et que le condom ne déchire pas lors de l'éjaculation. Si le vagin est sec ou que le condom n'est pas lubrifié, l'utilisation d'un gel lubrifiant hydrosoluble (comme la gelée K-Y) peut empêcher à la fois l'irritation vaginale et la rupture du préservatif. Après l'éjaculation, l'homme doit retirer son pénis du vagin, autant que possible quand il est encore en érection, en tenant l'anneau du condom pour éviter tout écoulement de sperme. Si le pénis n'est plus en érection, l'homme devra tenir fermement le bord du condom en se retirant pour l'empêcher de glisser et pour éviter que du sperme s'en échappe.

L'efficacité du condom masculin dépend en grande partie de la façon dont on l'utilise. Le condom est petit, léger, jetable, facilement disponible et peu coûteux. Il n'a pas d'effets indésirables et n'exige ni examen ni suivi médical. On peut vérifier visuellement son efficacité. La plupart des condoms sont en latex, mais pour les gens allergiques à cette matière, il en existe aussi en polyuréthanne et en silicone. À l'exception de ceux qui sont faits de membrane naturelle (intestin de mouton), tous les condoms réduisent à la fois le risque de grossesse et

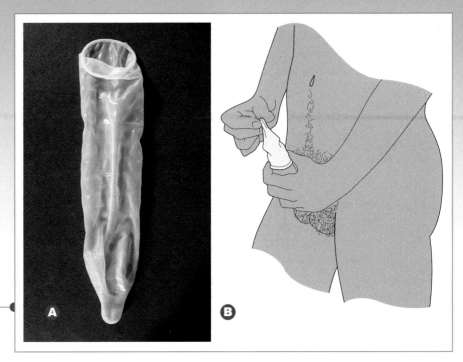

FIGURE 4-2 ▶ **A.** Condom masculin déroulé à bout-réservoir. **B.** Application correcte d'un condom.

celui de contracter une MTS. Le condom présente toutefois certains inconvénients : il peut se rompre, se déplacer, causer une irritation vulvaire ou vaginale, ou diminuer les sensations.

Chez la femme, les MTS augmentent le risque d'atteinte inflammatoire pelvienne et, par conséquent, de stérilité. De plus en plus de femmes insistent maintenant auprès de leurs partenaires pour qu'ils emploient des condoms ; bien des femmes en ont toujours avec elles.

Condom féminin

Commercialisé sous le nom de *Reality*, le *condom féminin* est une gaine de polyuréthanne munie d'un anneau souple à chaque extrémité (figure 4-3 ▶). L'anneau intérieur, situé à l'extrémité fermée du condom, facilite l'insertion et se fixe sur le col comme un diaphragme. L'autre anneau sort du vagin et couvre une partie du périnée de la femme ainsi que la base du pénis de son partenaire pendant le coït. Comme le condom masculin, le

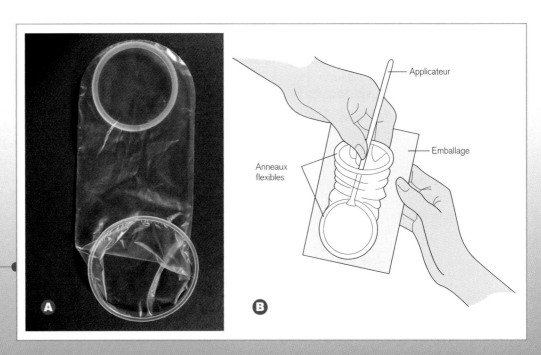

FIGURE 4-3 ▶ **A.** Condom féminin. **B.** On sort le condom et l'applicateur de l'emballage en tirant sur l'anneau. **C.** On insère lentement le condom en poussant doucement vers le creux du dos. **D.** Lorsque le condom féminin est correctement installé, son anneau extérieur repose sur les replis de la peau autour de l'orifice vaginal, et son anneau intérieur (extrémité fermée) entoure le col sans serrer. *Source :* Crooks, R., et K. Baur (1998), *Our sexuality*, 5ᵉ éd., Monterey, Brooks/Cole.

Applicateur

Emballage

Anneaux flexibles

condom féminin est en vente libre et est jeté après usage. Il peut être mis en place jusqu'à huit heures d'avance. L'intérieur de la gaine est lubrifié, mais ne contient pas de spermicide. Le condom féminin n'est pas conçu pour être utilisé avec un condom masculin.

Bien que les données sur le condom féminin soient encore peu nombreuses, son efficacité se compare avantageusement à celles des autres contraceptifs barrières (condom masculin, diaphragme et cape cervicale). Comme il couvre une partie de la vulve, il protège probablement mieux que tout autre contraceptif contre la transmission d'agents pathogènes. Cependant, il coûte cher, il fait du bruit et il est assez encombrant, ce qui nuit à sa popularité.

Diaphragme et cape cervicale

Le diaphragme utilisé avec une gelée ou une crème spermicide (figure 4-4) est un bon contraceptif. Comme le diaphragme doit s'ajuster parfaitement au col utérin, l'infirmière qui a reçu la formation nécessaire aide la cliente à choisir le format le plus adéquat, puis elle lui apprend à l'utiliser. L'ajustement du diaphragme devra être vérifié de nouveau si la femme gagne ou perd 7 kg ou davantage, ainsi qu'après chacun de ses accouchements.

Il faut insérer le **diaphragme** avant le coït. On applique l'équivalent d'une cuillère à thé de gelée spermicide (3,5 cm du tube) sur l'anneau et le fond du diaphragme, ce qui ajoute une barrière chimique à la barrière mécanique. On insère ensuite le dispositif dans le vagin de manière qu'il couvre le col utérin, et on pousse le bord du diaphragme sous la symphyse pubienne, ce qui peut produire un petit bruit sec. Un diaphragme bien ajusté et bien installé ne devrait incommoder ni

la femme ni son partenaire. On s'assure que le dispositif est bien en place en touchant du doigt le col à travers la paroi du diaphragme. Le centre du diaphragme doit couvrir le col (une petite bosse arrondie et ferme, un peu comme le bout du nez). S'il s'est écoulé plus de quatre heures entre l'insertion du diaphragme et le coït, il faut ajouter de la gelée ou de la crème spermicide dans le vagin. Le diaphragme doit rester en place six heures après le coït. Si on veut avoir d'autres rapports sexuels durant ces six heures, on peut soit utiliser un autre moyen contraceptif, soit ajouter de la gelée spermicide à l'aide d'un applicateur, en prenant soin de ne pas déplacer le diaphragme. Il faudra alors attendre encore six heures après le dernier coït.

Un diaphragme n'est pas éternel. On doit vérifier régulièrement son état en l'examinant devant une source de lumière pour s'assurer qu'il n'est pas fendu ni troué.

Certaines femmes préfèrent insérer d'avance le diaphragme pour ne pas avoir à s'en préoccuper le moment venu. D'autres n'aiment pas planifier ainsi leurs relations sexuelles ; l'infirmière pourra alors suggérer au partenaire d'insérer le diaphragme au cours des préliminaires.

La **cape cervicale** est un dispositif en forme de capuchon qui enserre le col assez étroitement pour qu'un effet de ventouse le tienne en place (figure 4-5). Comme le diaphragme, la cape cervicale s'utilise avec une gelée ou une crème spermicide ; elle s'insère de façon analogue et son taux d'efficacité est similaire. Ses avantages, inconvénients et contre-indications sont les mêmes, à peu de chose près. À la différence du diaphragme, la cape cervicale peut rester en place pendant 48 heures sans qu'il soit nécessaire d'ajouter du spermicide pour des coïts répétés. Par contre, elle peut se révéler plus difficile à ajuster (choix de format limité), à insérer et à retirer que le diaphragme.

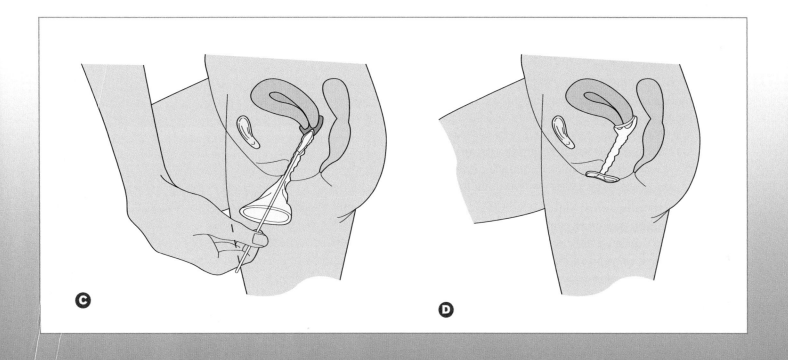

C   D

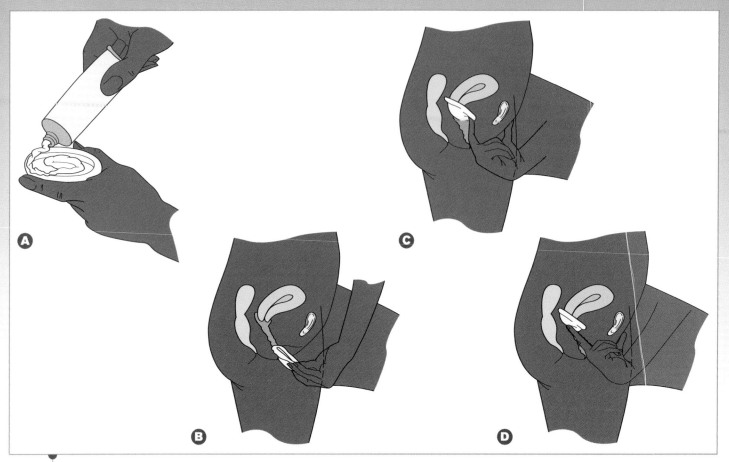

FIGURE 4-4 ▶ Insertion du diaphragme.
A. On applique la gelée sur l'anneau et le fond du diaphragme. **B.** On insère le diaphragme.
C. On pousse l'anneau du diaphragme sous la symphyse pubienne. **D.** On vérifie la position
du diaphragme ; on devrait sentir le col à travers la paroi du diaphragme.

Le diaphragme et la cape cervicale sont d'excellentes solutions contraceptives pour les femmes qui allaitent, les fumeuses de plus de 35 ans et toute autre femme qui, pour une raison ou pour une autre, ne veut pas ou ne peut pas recourir aux contraceptifs hormonaux (pilules, implants ou injections), ni au DIU (à cause du risque accru d'atteinte inflammatoire pelvienne qui y est associé, par exemple).

Le diaphragme et la cape cervicale ne conviennent pas aux femmes qui n'aiment pas toucher leurs organes génitaux, insérer un dispositif, vérifier sa position et le retirer. Le diaphragme n'est pas recommandé aux femmes qui ont des antécédents d'infection urinaire, car la pression qu'il exerce sur l'urètre peut empêcher la vessie de se vider complètement et favoriser ainsi des infections urinaires récurrentes.

Les femmes qui ont des antécédents de syndrome de choc toxique (SCT) devraient éviter les contraceptifs barrières qui doivent rester en place pendant de longues périodes, tels que le condom féminin, le diaphragme et la cape cervicale. Toujours pour éviter le risque de SCT, on déconseille leur utilisation pendant la menstruation ou en présence d'écoulement vaginal anormal.

Dispositif intra-utérin (DIU)

Souvent appelé *stérilet*, le **dispositif intra-utérin (DIU)** est, comme son nom l'indique, un petit dispositif que le médecin insère dans l'utérus pour une période prolongée, et qui offre ainsi une protection contraceptive continuelle.

FIGURE 4-5 ▶ Cape cervicale.

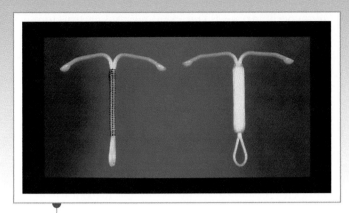

FIGURE 4-6 ▶ Deux types de dispositifs intra-utérins (stérilets).

La figure 4-6 ▶ montre les deux dispositifs intra-utérins offerts au Canada : le Nova-T au cuivre et le Mirena avec réservoir de lévonorgestrel, qui n'a été homologué au Canada qu'en 2001, mais qui est utilisé en Europe depuis plusieurs années.

Produits dans les années 1960, les premiers DIU, de tailles et de formes diverses, étaient en polyéthylène ou en acier inoxydable ; dans les deux cas, ils étaient « inertes », c'est-à-dire qu'ils ne libéraient aucune substance active (OMS, 1997). On trouve encore des DIU inertes dans certains pays, par exemple la Chine, l'Indonésie, le Pakistan et la Turquie. Cependant, au cours des 30 dernières années, ils ont été très largement remplacés par des dispositifs plus efficaces, dont le cadre inerte sert de support à une petite quantité de cuivre (collier ou mince fil enroulé) et, plus récemment, par des DIU dotés d'un réservoir qui libère progressivement une hormone (OMS, 1997).

Le mécanisme d'action précis du DIU n'est pas encore parfaitement élucidé. Les chercheurs ont cru longtemps qu'ils avaient une action strictement abortive, c'est-à-dire qu'ils empêchaient l'ovule fécondé de s'implanter dans l'utérus. Cependant, les études sur les nouvelles générations de DIU indiquent qu'il s'agit bel et bien de contraceptifs : d'une manière ou d'une autre, ils altèrent ou inhibent la migration des spermatozoïdes, et ils accélèrent probablement le transport de l'ovule dans la trompe (Chez et Strathman, 1999). On sait aussi qu'ils causent une réaction inflammatoire de l'endomètre (Hatcher *et al.*, 1998). En plus d'avoir ces mêmes effets, les DIU à diffusion hormonale épaississent la glaire cervicale et altèrent le développement de l'endomètre (OMS, 1997).

Le DIU a plusieurs avantages. C'est un moyen de contraception extrêmement efficace, réversible et discret ; il offre une protection immédiate et continuelle, sans exiger de préparation avant ou après le coït, et son coût à long terme est relativement faible. Le Nova-T et le Mirena peuvent rester en place pendant cinq ans. Le Nova-T peut être utilisé par les femmes pour qui les contraceptifs hormonaux sont contre-indiqués.

Le Nova-T et le Mirena ont également des désavantages : les principaux étant la douleur, le risque de perforation de l'utérus au moment de l'insertion et le risque de rejet du dispositif. De plus, le Nova-T peut causer la dysménorrhée et la ménorragie. En fait, les règles plus abondantes et plus douloureuses sont les principales raisons médicales données par les femmes pour faire retirer leur DIU (OMS, 1997). À l'inverse, le Mirena à diffusion de lévonorgestrel provoque une diminution importante du flux menstruel et, dans bien des cas, une aménorrhée – ce qui est en fait un avantage pour les femmes anémiées ou à risque d'anémie (OMS, 1997). Le Mirena peut aussi entraîner de légers effets secondaires hormonaux (maux de tête, sensibilité des seins, variation de poids, modifications de l'humeur) qui peuvent toutefois disparaître avec le temps.

Aucun DIU n'offre de protection contre les maladies transmissibles sexuellement. De plus, le risque d'atteinte inflammatoire pelvienne (AIP) est accru chez les utilisatrices du DIU traditionnel exposées à un risque de MTS ; pour cette raison, on déconseillait jusqu'ici le DIU aux femmes dont le risque de contracter une MTS était élevé (OMS, 1997). Cependant, ce qui est un avantage non négligeable, le Mirena au lévonorgestrel n'est pas associé à un risque accru d'AIP, même chez les femmes exposées à un risque élevé de MTS ; on croit même que ce DIU au lévonorgestrel pourrait avoir un effet protecteur contre l'atteinte inflammatoire pelvienne (OMS, 1997).

Durant la menstruation ou lors de l'examen post-partum (de quatre à six semaines après l'accouchement), le médecin insère le DIU dans l'utérus en laissant le fil sortir du col de l'utérus et descendre dans le vagin. On explique à la cliente qu'elle doit s'assurer de la présence du fil une fois par semaine durant le premier mois et après chaque menstruation par la suite. On la prévient qu'elle peut avoir des douleurs pelviennes et des saignements intermittents pendant deux à six semaines, et que ses premiers cycles menstruels seront peut-être irréguliers. On lui suggère de revenir pour un examen de suivi de quatre à huit semaines après l'insertion du DIU.

Les femmes qui portent un DIU devraient consulter leur médecin en présence d'une des manifestations suivantes : retard de la menstruation (DIU en cuivre) ; saignement, saignotement ou écoulement anormal ; douleur à la pénétration ; douleur abdominale ; signes d'infection (fièvre, frissons et sensation de malaise) ; absence du fil du DIU. Lorsqu'une femme portant un DIU tombe enceinte, on retire le dispositif si le fil est visible.

Méthodes hormonales

Contraceptifs oraux

Combinant généralement œstrogène et progestérone (pilules œstroprogestatives), les **contraceptifs oraux** empêchent la libération de l'ovule et maintiennent la production de glaire cervicale de type G néfaste aux spermatozoïdes. « La pilule » se prend quotidiennement pendant 21 jours, généralement à partir du dimanche suivant le premier jour du cycle menstruel.

Habituellement, la menstruation commence de un à quatre jours après la prise du dernier comprimé. Sept jours plus tard, la femme recommence à prendre la pilule ; ainsi, elle prend toujours le premier comprimé de l'emballage le même jour de la semaine. Certains fabricants offrent des conditionnements de 28 comprimés, dont 7 sont inertes, de sorte que la prise des comprimés est ininterrompue. Il vaut mieux prendre le comprimé à peu près au même moment de la journée ; la plupart des femmes choisissent le lever ou le coucher.

Les contraceptifs oraux sont très efficaces, mais ils peuvent produire des effets indésirables liés soit à l'œstrogène soit à la progestérone, qui vont de l'hémorragie utérine à la formation de thrombus (voir le tableau 4-1). L'avènement des préparations à faible dose (de 35 mg ou moins d'œstrogène) avait déjà réduit plusieurs de ces effets indésirables. Les dernières venues, qui ne contiennent que 20 mg d'œstrogène, semblent avoir une action comparable sur le cycle, tout en produisant encore moins d'effets indésirables.

L'emploi des contraceptifs oraux est contre-indiqué dans les cas suivants : grossesse ; antécédents de thrombophlébite ou de maladie thromboembolique ; maladie cholostatique aiguë ou chronique du foie modifiant la fonction hépatique ; présence de carcinomes œstrogénodépendants ; hémorragies utérines non diagnostiquées ; tabagisme ; hypertension artérielle ; diabète ; hyperlipidémie. Il faut examiner tous les trois mois les utilisatrices de contraceptifs oraux qui souffrent de migraines, d'épilepsie, de dépression, d'oligoménorrhée ou d'aménorrhée. On doit expliquer en détail les effets indésirables possibles des contraceptifs oraux aux femmes qui choisissent cette méthode.

Les contraceptifs oraux ont aussi d'importants avantages autres que contraceptifs. Chez de nombreuses femmes, ils soulagent les symptômes menstruels pénibles. Ils rendent les crampes moins douloureuses, l'écoulement moins abondant et le cycle plus régulier. Ils éliminent les saignotements intermenstruels et diminuent l'incidence des kystes fonctionnels ovariens. On observe également une diminution substantielle de l'incidence des grossesses ectopiques, du cancer des ovaires, du cancer de l'endomètre, de l'anémie ferriprive, des cancers bénins du sein et des hospitalisations pour des atteintes inflammatoires pelviennes (Wallach et Grimes, 2000). Les contraceptifs oraux peuvent être une bonne solution aux problèmes physiologiques que connaissent certaines femmes durant la périménopause ; leur utilisation par des non-fumeuses âgées de 40 à 45 ans a d'ailleurs quadruplé depuis 1990 (Speroff, 1998).

Les utilisatrices de contraceptifs oraux doivent consulter leur médecin en présence d'une ou de plusieurs des manifestations suivantes : humeur dépressive, masse au sein, forte douleur abdominale, douleur dans la poitrine ou souffle court, fortes céphalées, vertiges, troubles visuels (perte de vision ou vision brouillée), problèmes d'élocution ou fortes douleurs à la jambe.

La *minipilule* est un contraceptif oral à progestatif seul (pilule progestative), qu'on prescrit surtout aux femmes pour qui l'œstrogène des œstroprogestatifs est contre-indiqué – à cause d'antécédents de thrombophlébite, par exemple –, mais qui tiennent à utiliser un contraceptif oral. Les principaux inconvénients de la minipilule sont l'aménorrhée ou les saignements, ou saignotements, anormaux.

Progestatifs à action prolongée

Le système d'**implants sous-cutanés (Norplant)** consiste en six capsules de silastic, souples et fines, remplies d'un progestatif (le lévonorgestrel), que l'on insère sous la peau du bras. Leur efficacité peut durer jusqu'à cinq ans (figure 4-7 ▶). En plus d'inhiber l'ovulation chez la plupart des femmes, le lévonorgestrel stimule la production de glaire cervicale épaisse qui empêche la pénétration des spermatozoïdes. Ces implants assurent une contraception très efficace, continuelle et complètement dissociée du coït. Cependant, le lévonorgestrel a des effets indésirables : saignotements ou saignements épisodiques, aménorrhée, incidence accrue de kystes ovariens, gain pondéral, céphalée, rétention liquidienne, acné, changements d'humeur et dépression. Les clientes doivent savoir que cette méthode contraceptive requiert une intervention chirurgicale mineure et que l'implant peut être visible, surtout chez les femmes très minces. On travaille à la mise au point d'un implant biodégradable qu'on n'aurait pas à retirer au moyen d'une intervention chirurgicale.

Tableau 4-1

Effets indésirables des contraceptifs oraux

Œstrogène	Progestérone
Altération du métabolisme des lipides	Acné, peau huileuse
Grossissement, engorgement et sensibilité des seins	Grossissement et sensibilité des seins
Accident cardiovasculaire	Diminution de la libido
Changements dans le métabolisme des glucides	Baisse du taux de lipoprotéines de haute densité (HDL) dans le cholestérol sanguin
Chloasma	Dépression
Rétention liquidienne et gain pondéral cyclique	Fatigue
Céphalées	Hirsutisme
Adénomes hépatiques	Augmentation de l'appétit et gain pondéral
Hypertension artérielle	Hausse du taux de lipoprotéines de basse densité (LDL) dans le cholestérol sanguin
Leucorrhée, érosion cervicale, ectopies	Oligoménorrhée, aménorrhée
Nausée	Prurit
Nervosité, irritabilité	Kystes sébacés
Télangiectasie	
Complications thromboemboliques : thrombophlébite, embolie pulmonaire	

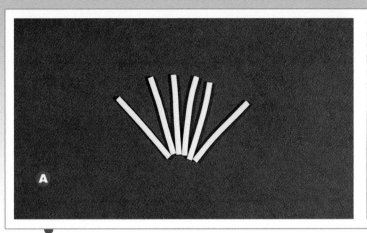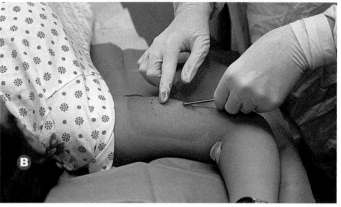

FIGURE 4-7 **A.** Implants sous-cutanés Norplant. **B.** Implantation de Norplant, un progestatif à action prolongée, dans le bras d'une cliente.

Un autre progestatif à action prolongée, l'acétate de médroxyprogestérone (**Depo-Provera**), offre en une seule injection de 150 mg tous les trois mois une efficacité contraceptive remarquable. L'acétate de médroxyprogestérone, qui agit principalement en inhibant l'ovulation, est sûr, pratique, discret et relativement peu cher, en plus de dissocier la contraception du coït. On peut le prescrire aux femmes qui allaitent, car il ne contient pas d'œstrogène. Il donne suffisamment de progestérone pour bloquer la libération de la LH, ce qui, en plus d'empêcher l'ovulation, épaissit la glaire cervicale et empêche ainsi la pénétration des spermatozoïdes. Ses principaux effets indésirables sont les irrégularités menstruelles, la céphalée, le gain pondéral, la sensibilité des seins et la dépression. Le retour de la fécondité prend en moyenne neuf mois (Kaunitz et Jordon, 1997).

Contraceptif injectable mensuellement

En 2000, la Food and Drug Administration (FDA) des États-Unis a approuvé un contraceptif injectable sur une base mensuelle, le Lunelle, qui combine l'acétate de médroxyprogestérone et le cypionate d'œstradiol (E_2C). Le Lunelle est extrêmement efficace, et ses effets sont similaires à ceux des contraceptifs oraux (Shulman, 2000). Au moment d'écrire ces lignes, ce médicament était encore à l'étude au Canada.

Contraception postcoïtale d'urgence

La **contraception postcoïtale** d'urgence est indiquée lorsque la cliente craint d'être enceinte soit parce qu'elle a eu une relation non protégée, soit parce qu'elle redoute les conséquences d'un échec de la contraception (condom brisé, diaphragme déplacé, intervalle trop long entre deux injections contraceptives, etc.). Le contraceptif postcoïtal d'urgence le plus prescrit est un contraceptif oral qui combine le lévonorgestrel et l'éthinyl œstradiol (Ovral), et qui contient 50 mg d'œstrogène. Bien qu'on parle souvent de «la pilule du lendemain», la femme doit prendre 4 pilules (2 comprimés dès que possible après le coït et 2 autres 12 heures plus tard) dans les 72 heures qui suivent la relation non protégée.

On peut également recourir à un autre contraceptif postcoïtal d'urgence, le Plan-B, qui contient un progestatif seul (le lévonorgestrel) que l'on prend selon le même horaire qu'Ovral. Le Plan-B est plus efficace que les autres contraceptifs postcoïtaux et moins susceptible d'entraîner de la nausée et des vomissements (Trussell *et al.*, 2000).

Stérilisation chirurgicale

Avant de procéder à la stérilisation, le médecin doit expliquer à l'homme ou à la femme, ainsi qu'à son ou sa partenaire s'il y a lieu, la nature et les conséquences de l'intervention. Même si, en théorie, la stérilisation chirurgicale peut être réversible chez les deux sexes, en pratique, rien n'est assuré; il importe donc d'insister sur le caractère définitif de l'intervention. Une telle décision ne doit pas se prendre à la légère ou sous le coup de l'émotion (immédiatement après une séparation ou un divorce, par exemple).

La **vasectomie** est une intervention chirurgicale légère qui stérilise l'homme en sectionnant le canal déférent de chaque côté du scrotum. Après 4 à 6 semaines et de 6 à 36 éjaculations, les spermatozoïdes restants ont été évacués des canaux déférents. Dans l'intervalle, on conseille au client d'utiliser une autre méthode contraceptive, et on lui demande d'apporter deux ou trois échantillons de sperme pour une numération des spermatozoïdes. On refera des numérations après 6 mois et après 12 mois pour s'assurer qu'une reperméabilisation n'a pas rétabli la fécondité. La vasectomie peut avoir des effets indésirables :

douleur; infection; hématome; formation de granulomes à partir des spermatozoïdes; reperméabilisation spontanée; etc. Dans certains cas, la microchirurgie permet de rendre la vasectomie réversible; le taux de succès de l'intervention (mesuré par une grossesse subséquente) se situe entre 30 et 76 %, et dépend essentiellement du temps écoulé depuis la vasectomie (Pollack et Barone, 2000).

La stérilisation de la femme est généralement une **stérilisation tubaire**. On repère les trompes de Fallope par une incision sous-ombilicale ou une minilaparotomie, et on les rend non fonctionnelles par ligature, écrasement ou électro-coagulation, ou encore par bandage ou obturation – deux nouvelles techniques réversibles. On peut procéder à la stérilisation tubaire en tout temps, mais le post-partum est le moment idéal, car les trompes sont alors un peu plus grosses et donc plus faciles à repérer.

Les principales complications de la stérilisation tubaire sont les brûlures de coagulation à l'intestin, la perforation de l'intestin, la douleur, l'infection, l'hémorragie et les réactions indésirables à l'anesthésie. La réversibilité de la stérilisation tubaire dépend du type d'intervention pratiquée. Avec les techniques microchirurgicales, on peut obtenir un taux de grossesse de 40 à 81 % (DeLeon et Peters, 2000).

Contraception masculine

Le condom et la vasectomie sont les deux seuls moyens de contraception dont disposent les hommes à l'heure actuelle. Bien qu'on y travaille, la contraception hormonale pour hommes n'existe toujours pas.

Soins infirmiers

L'infirmière qui donne des informations et des conseils sur la contraception s'adresse généralement à des femmes, car c'est à elles que s'appliquent la plupart des méthodes contraceptives. Les hommes peuvent acheter des condoms sans consulter un professionnel de la santé; en matière de contraception, seul le counseling relatif à la vasectomie les met en contact avec l'infirmière. Le counseling sur la contraception est une occasion privilégiée de transmettre de l'information sur les pratiques sexuelles sécuritaires qui permettent de prévenir les MTS.

L'infirmière peut apporter une aide inestimable à la femme qui doit choisir une méthode contraceptive acceptable pour elle et son ou ses partenaires. En plus de dresser le bilan de santé de la cliente et d'évaluer les contre-indications potentielles de certaines méthodes, l'infirmière devrait se renseigner sur son mode de vie, ses croyances religieuses, ses attitudes et ses idées préconçues à l'égard des différentes méthodes contraceptives, de même que sur ses éventuels projets de grossesse. Il est essentiel que l'infirmière soit capable d'établir une relation de

Tableau 4-2

Facteurs à considérer dans le choix d'une méthode contraceptive

Efficacité contraceptive de la méthode	Préférences, idées préconçues, etc.
Sécurité offerte par la méthode : Risques inhérents Protection contre les MTS ou d'autres pathologies	Mode de vie : Fréquence des rapports sexuels de la cliente Nombre de partenaires
Âge et projets éventuels de grossesse	Accès à des soins médicaux en cas de complications
Contre-indications liées aux antécédents médicaux	Coût de la méthode
Facteurs moraux ou religieux influant sur le choix	Soutien et collaboration du partenaire
	Motivation quant à l'utilisation de la méthode choisie

confiance avec les clientes et de tenir compte de leurs besoins particuliers, notamment de ceux des professionnelles du sexe. L'infirmière doit aussi informer la cliente des effets indésirables de la méthode choisie, des signes d'alarme et des mesures à prendre si elle croit être enceinte. Une fois que la cliente a choisi une méthode, l'infirmière peut l'aider à en faire une utilisation optimale. Le tableau 4-2 présente les facteurs à considérer dans le choix d'une méthode contraceptive.

Comme les clientes téléphonent souvent à l'improviste pour poser des questions ou exprimer leurs inquiétudes en matière de contraception, il est essentiel que l'infirmière soit bien informée et qu'elle dispose des ressources nécessaires pour répondre aux questions inhabituelles.

Le *Guide d'enseignement* sur l'utilisation d'une méthode contraceptive donne des indications sur la manière d'aider la cliente à employer correctement la méthode contraceptive qu'elle a choisie.

Interruption volontaire de grossesse (IVG)

L'interruption volontaire de grossesse (IVG) a longtemps été interdite au Canada. Dans l'arrêt Morgentaler de 1988, la Cour suprême du Canada a toutefois rendu inopérant l'article 251 du Code criminel, considérant qu'il portait atteinte aux droits garantis par l'article 7 de la Charte des droits et libertés de la personne. La Chambre des communes a ensuite adopté un projet de loi sur l'avortement, projet que le Sénat a rejeté en 1991. Il existe donc actuellement un vide juridique en ce qui concerne l'IVG. La controverse sur les aspects moraux, éthiques et juridiques de l'IVG reste très vive chez les professionnels de la santé comme dans les autres groupes de la société.

Guide d'enseignement — Utilisation d'une méthode contraceptive

Évaluation et analyse de la situation

L'infirmière évalue les connaissances générales de la cliente sur la contraception, l'interroge sur les méthodes contraceptives qu'elle a déjà utilisées (s'il y a lieu) et vérifie s'il y a des contre-indications ou des facteurs de risque pour l'une ou l'autre des méthodes. Puis, elle discute avec la cliente de ses préférences et de ses répugnances en matière de contraceptifs et évalue sa motivation (et celle de son partenaire, s'il y a lieu) quant à l'utilisation de la méthode choisie.

Diagnostics infirmiers

Le principal diagnostic de l'infirmière sera probablement le suivant : Recherche d'un meilleur niveau de santé : désir de combler un manque de connaissances sur la contraception afin d'éviter une grossesse non désirée ou imprévue.

Planification et interventions

Le plan d'enseignement vise d'abord à confirmer que la méthode choisie est celle qui convient le mieux à la cliente. Le cas échéant, l'infirmière l'aidera à apprendre comment l'utiliser efficacement.

Objectifs

Une fois l'enseignement terminé, la cliente pourra

- être certaine que la méthode contraceptive choisie lui convient ;

- expliquer les avantages, les inconvénients et les risques de la méthode choisie ;

- décrire la manière correcte d'utiliser la méthode choisie ou en faire la démonstration ;

- énumérer les signes alarmants qu'elle doit signaler à son médecin.

Plan d'enseignement

Contenu

Discuter des facteurs que la cliente devrait prendre en considération lorsqu'elle choisit une méthode contraceptive (tableau 4-2). S'il y a lieu, expliquer les contre-indications que comportent certaines méthodes. Souligner le fait que différentes méthodes conviennent à différentes périodes de la vie. Revoir les raisons qui ont motivé le choix d'une méthode donnée.

Discuter des avantages, des inconvénients et des risques inhérents à la méthode choisie.

Décrire étape par étape le mode d'utilisation de la méthode. S'arrêter régulièrement pour demander à la cliente de répéter les explications. Si elle doit apprendre certains procédés (tels que l'insertion d'un diaphragme ou la notation de la courbe de température basale), lui faire une démonstration et lui demander de la reprendre.

N.B. Si certains aspects pratiques dépassent ses connaissances ou son expérience, l'infirmière pourra transmettre les informations théoriques et veiller à ce que la cliente puisse faire une démonstration devant une personne qualifiée. Par exemple, l'infirmière qui n'a jamais fait l'ajustement d'une cape cervicale pourra expliquer à la cliente comment l'utiliser, lui demander d'insérer la cape, puis appeler un médecin ou une autre infirmière pour vérifier si son installation est adéquate.

Expliquer à la cliente les mesures à prendre dans des circonstances particulières – si elle oublie de prendre un comprimé, de prendre sa température un matin, etc.

Insister sur les signes et symptômes qui exigent une action immédiate ; expliquer à la cliente pourquoi ils peuvent indiquer un danger. Décrire soigneusement les mesures à prendre : appeler un professionnel de la santé ; cesser d'utiliser le contraceptif, etc.

Évaluation

Évaluer ce que la cliente a appris en lui demandant de décrire la méthode choisie, ses contre-indications et ses risques ainsi que son mode d'utilisation.

Méthode d'enseignement

Comme le choix d'un moyen contraceptif est une décision très personnelle, tenir l'entretien dans un endroit tranquille où on ne se fera pas déranger.

Par l'attitude et la façon de communiquer (verbale et non verbale), créer une ambiance chaleureuse et détendue ; faire en sorte que la cliente se sente soutenue.

Fournir une information rigoureuse ; éviter de porter des jugements.

Miser sur une discussion franche et ouverte. Autant que possible, fournir de la documentation écrite sur la méthode choisie. Si un consentement écrit est nécessaire (pour la stérilisation ou l'insertion d'un stérilet), le médecin devrait lui aussi discuter avec la cliente des avantages et inconvénients de la méthode, ainsi que des risques de l'intervention.

L'apprentissage se fait plus facilement si la matière est découpée en courtes étapes.

Pour aider la cliente à visualiser ce qu'on lui décrit, utiliser des moyens visuels : par exemple, lui montrer un modèle ou un schéma anatomique, des échantillons de contraceptifs (boîte de pilules, dispositif intra-utérin, graphique de température basale), etc.

Remettre à la cliente un dépliant décrivant les signes alarmants et les mesures à prendre s'ils apparaissent. Le dépliant devrait aussi expliquer ce qu'il faut faire dans des cas particuliers. Par exemple, que doit faire la femme qui prend des contraceptifs oraux si elle vomit ou si elle a la diarrhée ? Que faire si un condom se déchire pendant qu'on l'utilise ?

Prévoir un rendez-vous au téléphone ou en personne dans un avenir rapproché pour répondre aux questions de la cliente et s'assurer que tout va bien.

Certaines femmes sont totalement opposées à l'avortement pour des raisons religieuses, éthiques ou personnelles. Pour d'autres, l'accès à une IVG en toute sécurité et en toute légalité est un droit fondamental. De nombreuses raisons d'ordre physique et psychosocial peuvent motiver la décision d'avorter. L'IVG est souvent indiquée dans le cas d'une maladie ou d'un grave problème de santé qui menace la vie de la mère ou la santé du fœtus. Dans d'autres cas, le moment inopportun ou les circonstances difficiles de la grossesse créent un stress excessif pour la femme, qui décide alors d'interrompre sa grossesse. Un viol, un inceste ou un échec contraceptif peuvent inciter une femme à avorter.

Techniquement, l'IVG chirurgicale est plus sûre et plus facile au cours du premier trimestre : on peut alors procéder par mini-aspiration, par dilatation et curetage ou par aspiration et curetage. Les principaux risques sont la perforation de l'utérus, les déchirures du col, les réactions systémiques à l'anesthésique, l'hémorragie et l'infection. Au deuxième trimestre, on recourt à divers procédés : extraction après dilatation du col ; emploi d'une solution saline hypertonique ou de prostaglandines (systémiques ou intra-utérines).

L'IVG médicamenteuse

L'IVG médicamenteuse, qui ne se pratique qu'en début de grossesse, consiste à provoquer l'évacuation du contenu de l'utérus au moyen de médicaments. Deux combinaisons médicamenteuses permettent de provoquer un avortement (Sunnybrook and Women's College Health Sciences Centre [SWCHSC], 2001) :

- méthotrexate et misoprostol ;
- mifépristone (RU-486) et misoprostol.

Cependant, seule la première combinaison (méthotrexate et misoprostol) est commercialisée au Canada. Utilisée depuis plusieurs décennies dans plusieurs pays européens et approuvée en 2000 par la FDA américaine, la mifépristone (RU-486) n'est toujours pas approuvée par Santé Canada ; seuls certains établissements sont autorisés à s'en servir pour des essais cliniques (SWCHSC, 2001).

Les médicaments abortifs causent des malformations congénitales. De deux à trois semaines après l'intervention, on fait un examen de suivi pour s'assurer de la réussite de l'opération. En cas d'échec, la cliente doit être prête à subir un avortement chirurgical. (Voir *Points à retenir : IVG non chirurgicale*.)

Points à retenir

IVG non chirurgicale*

- Le méthotrexate est un médicament utilisé pour le traitement du psoriasis et du cancer. Administré à une femme enceinte, il interrompt également la croissance du fœtus. Le méthotrexate est administré par injection. Il est recommandé de ne pas consommer d'alcool pendant les deux semaines suivant l'injection. Comme l'acide folique interfère avec l'action du méthotrexate, vous ne devez pas prendre de suppléments d'acide folique ni consommer des aliments à haute teneur en acide folique, tels que le foie et les épinards.

- Le misoprostol est un médicament utilisé pour traiter les ulcères d'estomac. Il provoque une contraction des muscles de l'utérus, ce qui entraîne une expulsion de son contenu. Un comprimé de misoprostol est introduit dans le vagin de cinq à sept jours après l'injection de méthotrexate. Dans la plupart des cas, l'expulsion du contenu de l'utérus se produit dans les 24 heures, mais dans près de 35 % des cas, cela prend plusieurs jours, voire plusieurs semaines. Des médicaments vous seront prescrits pour soulager les douleurs provoquées par les crampes. [...]

- Dans la plupart des établissements, l'avortement non chirurgical au moyen du méthotrexate et du misoprostol sera pratiqué jusqu'à sept ou huit semaines après les dernières règles. Dans les centres où elle est offerte, la combinaison de mifépristone et de misoprostol pourra être utilisée sur une période un peu plus longue, soit jusqu'à neuf semaines après les dernières règles.

- Avantages
  - Elle permet d'éviter une intervention chirurgicale et le risque de lésions utérines causées par des instruments chirurgicaux ;
  - Le risque d'infection est très faible ;
  - Elle peut être effectuée bien avant l'apparition des premiers signes de grossesse ;
  - Elle est moins effractive qu'une chirurgie ;
  - Elle revêt un caractère plus intime, étant donné qu'elle est essentiellement pratiquée à domicile.

- Inconvénients
  - Elle dure une semaine ou plus et nécessite plusieurs visites chez le médecin ;
  - Dans 10 % des cas, l'intervention est inefficace, ce qui nécessite le recours à un avortement chirurgical ;
  - Elle provoque parfois de fortes hémorragies ;
  - Les médicaments peuvent causer des effets secondaires (nausées, diarrhée, douleurs ou crampes abdominales, vomissements, bouffées de chaleur).

---

* *Extrait de :* Sunnybrook and Women's College Health Sciences Centre (2001). « L'avortement non chirurgical », *Femme en santé* [en ligne], Toronto, chez l'auteur. Mis à jour le 3 décembre 2001 [réf. du 17 avril 2002]. On peut l'obtenir sur le Web à : <http://www.femmesensante.ca/centres/sex/abortion/medicalab.html>. Tous droits réservés par Sunnybrook and Women's College Health Sciences Centre. Reproduction autorisée.

Soins infirmiers

Les interventions auprès de la cliente qui choisit d'avorter consistent notamment à

- la renseigner sur les techniques d'avortement et les risques qu'elles comportent ;

- explorer avec elle les possibilités autres que l'IVG et l'inciter à s'exprimer sur le sujet ;

- lui apporter assistance et soutien avant, pendant et après l'intervention ;

- surveiller et noter ses signes vitaux ainsi que ses *ingesta* et *excreta* ;

- veiller à son bien-être physique et au respect de son intimité tout au long de l'intervention ;

- lui donner un enseignement sur les autosoins, la contraception et l'importance de l'examen de suivi qui a lieu après l'IVG.

Le dépistage gynécologique : procédés de base

Aujourd'hui, les normes de soins incluent des procédés qui visent le dépistage précoce des problèmes afin de les traiter plus efficacement. Cette section traite des procédés de dépistage gynécologique les plus courants : l'auto-examen des seins et l'examen des seins par un professionnel qualifié, la mammographie, le test de Papanicolaou et l'examen pelvien.

Examen et auto-examen des seins

Comme l'utérus, les seins subissent des changements cycliques sous l'influence des hormones. Tous les mois, au cours du cycle ovulatoire, les seins s'engorgent en se préparant à une éventuelle grossesse ; la femme peut alors y sentir de la tension, de petites bosses et même de la douleur. En l'absence de conception, le liquide accumulé s'écoule dans le réseau lymphatique. La *mastodynie* (tension douloureuse et œdème des seins avant la menstruation) est une manifestation courante ; elle apparaît généralement durant les trois ou quatre jours précédant la menstruation, mais elle peut persister pendant tout le cycle.

Après la ménopause, le tissu adipeux des seins s'atrophie et est remplacé par du tissu conjonctif. Les seins perdent leur élasticité, ce qui cause la ptose mammaire (seins tombants). L'engorgement cyclique des seins cesse avec l'ovulation. Si on utilise l'œstrogénothérapie pour soulager les autres symptômes de la ménopause, il est possible que les seins s'engorgent de nouveau.

L'**auto-examen des seins (AES)** est un excellent moyen de détecter le plus tôt possible une masse suspecte : une femme qui connaît bien la configuration normale de ses seins est mieux placée que quiconque pour y déceler un changement. Toutes les femmes devraient commencer, dès l'adolescence, à pratiquer l'AES mensuel. Cette pratique est particulièrement cruciale pour les clientes qui présentent un risque élevé de cancer du sein, car elle permet de détecter la maladie dès les premiers stades.

La sensibilisation à l'importance de l'AES et l'enseignement de sa technique peuvent se faire lors du premier examen gynécologique ou à l'occasion d'une visite de routine. L'AES est efficace dans la mesure où la femme le fait correctement et régulièrement, c'est-à-dire chaque mois, environ une semaine après la menstruation, lorsque les seins ne sont ni douloureux ni œdémateux. Après la ménopause, on procède à l'auto-examen chaque mois à la même date (n'importe laquelle, pourvu qu'on s'en souvienne facilement). L'auto-examen des seins est plus efficace quand on combine les techniques d'inspection et de palpation (voir le *Guide d'enseignement* ainsi que les figures 4-8 ▶ et 4-9 ▶).

L'examen des seins par un professionnel de la santé qualifié est une composante essentielle de l'examen gynécologique de routine. Comme leur formation leur permet de distinguer les changements bénins des changements suspects ou inquiétants, le médecin, l'infirmière ou la sage-femme peuvent rassurer la cliente si tout semble normal et, sinon, procéder à d'autres épreuves diagnostiques ou l'orienter vers un spécialiste.

Mammographie

La **mammographie** est une radiologie des tissus mous du sein sans qu'il y ait injection de substance de contraste. Elle permet de détecter les lésions mammaires avant qu'elles deviennent palpables, ce qui explique son efficacité reconnue dans le dépistage du cancer du sein. À l'heure actuelle, aux États-Unis, l'American Cancer Society, l'American Medical Association et l'American College of Radiology recommandent une mammographie de dépistage annuelle pour toutes les femmes de 40 ans et plus. Le National Cancer Institute recommande une mammographie annuelle ou bisannuelle pour les femmes de 40 à 49 ans, et une mammographie annuelle pour toutes les femmes de 50 ans et plus. Les recommandations canadiennes sont plus modestes. Ainsi, la Société canadienne du cancer recommande la mammographie de dépistage bisannuelle pour les femmes de 50 à 69 ans. Elle est appuyée en cela par la Fondation québécoise du cancer, qui recommande de surcroît la mammographie de dépistage annuelle à partir de 40 ans pour les femmes à risque. Le Programme québécois de dépistage du cancer du sein recommande la mammographie de dépistage bisannuelle pour les femmes de plus de 40 ans à haut risque et pour les femmes de 50 à 69 ans.

Guide d'enseignement   Auto-examen des seins (AES)

Évaluation et analyse de la situation

L'infirmière analyse et évalue les différentes données recueillies au sujet des connaissances générales de la cliente sur l'auto-examen des seins (AES), soit le but et les avantages de l'AES, le moment propice pour la pratique de l'AES, la technique et les étapes de l'examen tant visuel que par palpation, les observations courantes et les particularités à rechercher et à signaler ainsi que certaines ressources disponibles.

Diagnostics infirmiers

Le principal diagnostic infirmier serait probablement le suivant:

Recherche d'un meilleur niveau de santé: désir de combler un manque de connaissances générales sur l'AES afin de favoriser une détection précoce de toute anomalie.

Planification et interventions

Le plan d'enseignement vise à augmenter les connaissances générales de la cliente sur l'AES, à démontrer et à superviser l'exécution d'un AES ainsi qu'à encourager la pratique régulière de l'AES.

Objectifs

Une fois l'enseignement terminé, la cliente pourra:
- décrire le but et les avantages de l'AES;
- décrire le moment propice pour la pratique de l'AES;
- effectuer correctement l'AES visuel;
- effectuer correctement l'AES par palpation;
- décrire les observations courantes ainsi que les particularités à rechercher et à signaler;
- nommer certaines ressources disponibles.

Plan d'enseignement

Contenu

1. Discuter avec la cliente du but et des avantages de l'AES:
   - l'AES permet à la femme de mieux connaître ses seins, ce qui favorise une meilleure détection si une anomalie se présente;
   - 80 % des cancers diagnostiqués cliniquement sont découverts par la femme lors d'un AES;
   - le dépistage précoce augmente les chances de guérison et facilite le traitement;
   - l'AES ne nécessite que 5 minutes par mois.

2. Discuter avec la cliente du moment propice pour la pratique de l'AES soit:
   - 7 à 10 jours après le début des menstruations;
   - à date fixe pour les femmes enceintes, postménopausées ou postménopausées prenant une hormonothérapie substitutive.

3. Expliquer à la cliente la technique et les étapes de l'AES visuel:
   - L'inspection se fait en position debout ou assise devant un grand miroir;
   - L'examen visuel des seins se déroule en quatre étapes et selon différentes positions (figure 4-8 A à D);
   - Pour chacune des positions illustrées, l'inspection se fait de face, de profil gauche et de profil droit;
   - La cliente observe ses deux seins, ses deux mamelons et ses deux aisselles séparément, puis les compare;
   - L'observation inclut tout le tissu mammaire, de sous la clavicule à sous le sein, ainsi que le mamelon et les aires ganglionnaires (aisselles) (figure 4-8 E).

4. Expliquer à la cliente les caractéristiques normales des seins ainsi que les particularités ou les anomalies à signaler:
   - Volume et symétrie des seins
     - Les seins peuvent être normalement asymétriques.
     - Signaler toute asymétrie récente.
   - Forme et orientation des seins
     - Les seins peuvent être arrondis ou piriformes (en forme de poire) et légèrement différents l'un de l'autre. Les seins devraient légèrement pointer vers l'extérieur.
     - Signaler toute déformation ou toute déviation récente d'un sein.

Méthode d'enseignement

Parler de cancer du sein peut faire surgir diverses émotions. Assurez-vous de tenir l'entretien dans une pièce tranquille et propice à l'intimité. Par son attitude et sa communication verbale et non verbale, l'infirmière devrait créer une ambiance chaleureuse et détendue qui favorisera une discussion ouverte et permettra à la cliente de se sentir soutenue. De la documentation sur l'AES peut être remise à la cliente.

Insister sur le fait que la pratique mensuelle de l'AES permet de mieux connaître ses seins et favorise ainsi une détection précoce de tout changement. Suggérer à la cliente de trouver un truc afin de ne pas oublier d'effectuer son AES.

L'explication de la démarche se fait d'abord à l'aide de la documentation illustrée. L'infirmière s'assure que personne n'entrera dans la pièce et qu'elle dispose de tout le matériel nécessaire, dont un grand miroir, puis elle invite la cliente à se dévêtir partiellement. Elles effectuent ensuite ensemble les étapes de l'AES visuel, l'infirmière décrivant les caractéristiques des seins.

FIGURE 4-8 ▶ L'AES visuel.

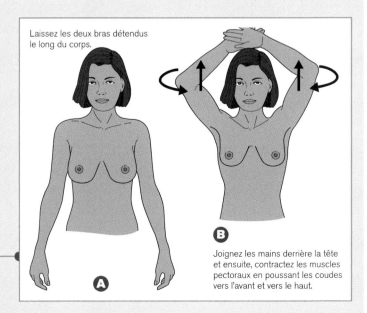

Laissez les deux bras détendus le long du corps.

Ⓐ

Ⓑ Joignez les mains derrière la tête et ensuite, contractez les muscles pectoraux en poussant les coudes vers l'avant et vers le haut.

Guide d'enseignement   Auto-examen des seins (AES) *(suite)*

Contenu (suite)

- Couleur, œdème, épaississement et réseaux veineux
  - La peau des seins est de la même couleur que celle du reste du corps, sans œdème ni épaississement; un discret réseau veineux est normal.
  - Signaler toute rougeur, tout œdème cutané manifesté par l'épaississement de la peau et la dilatation des pores, toute zone bleutée ou toute augmentation du réseau veineux.
- Surface des seins
  - La présence de vergetures est normale.
  - Signaler les capitons cutanés (plissement et rétraction de la peau).
- Mamelons
  - D'une pigmentation plus foncée, les mamelons pointent généralement vers le bas et vers l'extérieur et sont exempt d'écoulement ou d'ulcération.
  - Signaler l'inversion, la déviation, l'aplatissement ou l'agrandissement récent du mamelon. Signaler toute éruption ou ulcération et tout écoulement des mamelons.

FIGURE 4-8 ❱ L'AES visuel (suite).

Méthode d'enseignement (suite)

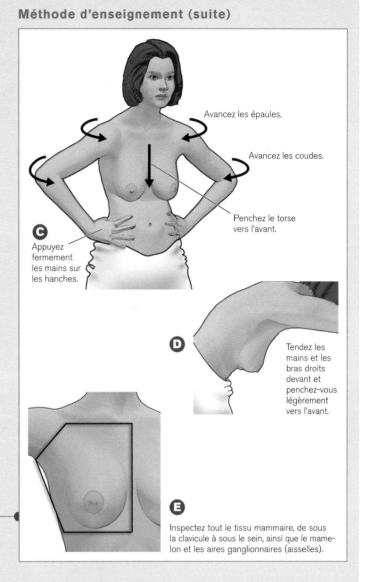

Avancez les épaules.

Avancez les coudes.

Penchez le torse vers l'avant.

C

Appuyez fermement les mains sur les hanches.

D Tendez les mains et les bras droits devant et penchez-vous légèrement vers l'avant.

E Inspectez tout le tissu mammaire, de sous la clavicule à sous le sein, ainsi que le mamelon et les aires ganglionnaires (aisselles).

---

5. Expliquer à la cliente la technique et les étapes de l'AES par palpation.
   - La palpation des seins se fait en plusieurs étapes (figures 4-9 A à D).
   - La palpation se fait à l'aide de la pulpe des trois doigts du milieu de la main opposée au sein examiné.
   - La palpation se fait en esquissant trois petits cercles (du diamètre d'une pièce de 10 cents) sur chaque zone; on presse d'abord légèrement, puis plus profondément et, finalement, fermement (figure 4-9E).
   - On ne relève pas les doigts entre chaque zone, on les glisse sur la peau (figure 4-9E). C'est pourquoi certaines femmes préfèrent effectuer cette partie de l'examen sous la douche ou à l'aide d'une lotion.
   - Afin de palper systématiquement tout le tissu, on peut utiliser diverses méthodes, dont les cercles, les lignes ou l'horloge (figure 4-9F). L'essentiel est de palper toute la surface du sein, de sous la clavicule à sous le sein, ainsi que le mamelon et l'aisselle.

Revoir avec la cliente les différentes composantes de l'AES par palpation à l'aide d'une documentation illustrée. Faire une démonstration de la technique de palpation. Superviser l'AES effectué par la cliente en l'encourageant et en répondant à ses questions.

Guide d'enseignement   Auto-examen des seins (AES) *(suite)*

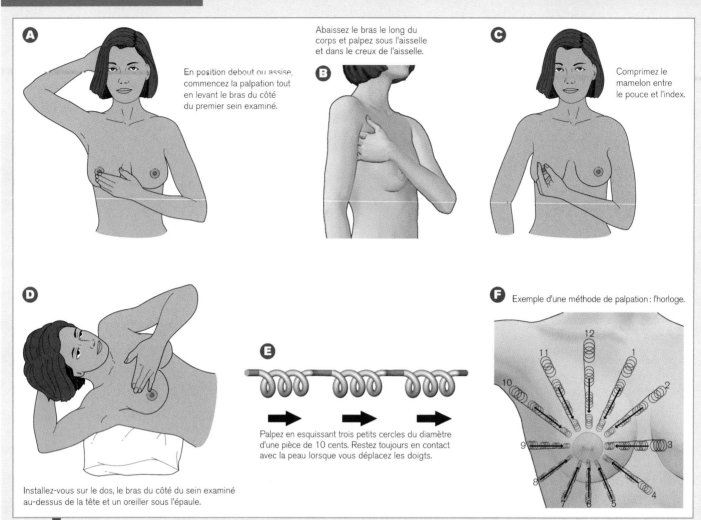

A En position debout ou assise, commencez la palpation tout en levant le bras du côté du premier sein examiné.

B Abaissez le bras le long du corps et palpez sous l'aisselle et dans le creux de l'aisselle.

C Comprimez le mamelon entre le pouce et l'index.

D Installez-vous sur le dos, le bras du côté du sein examiné au-dessus de la tête et un oreiller sous l'épaule.

E Palpez en esquissant trois petits cercles du diamètre d'une pièce de 10 cents. Restez toujours en contact avec la peau lorsque vous déplacez les doigts.

F Exemple d'une méthode de palpation : l'horloge.

FIGURE 4-9 ▶ L'AES par palpation.

Contenu (suite)

6. Expliquer à la cliente les caractéristiques normales des seins ainsi que les particularités ou les anomalies à signaler.

   - Un sein présente généralement un certain nombre de bosses et de structures palpables telles que : le bord de la glande mammaire, les canaux lactifères, des amas graisseux, des muscles, des ganglions et des côtes.

   - Signaler immédiatement toute nouvelle bosse : laissez au médecin la responsabilité de procéder aux examens qui confirmeront la bénignité ou la malignité de cette bosse. Signalez toute anomalie telle qu'un écoulement lors de la compression du mamelon.

7. Décrivez à la cliente certaines ressources, dont le CLSC, la Fondation québécoise du Cancer, la Société canadienne du cancer.

Évaluation

L'évaluation porte sur l'atteinte des objectifs.

Méthode d'enseignement (suite)

Au cours de l'enseignement de la palpation du sein, l'infirmière peut, à mesure qu'elle observe certaines structures normales telles que les côtes ou les ganglions, les signifier à la cliente afin qu'elle se familiarise avec la palpation de ces structures.

De même, l'infirmière peut utiliser un modèle de sein en silicone. Ainsi, la cliente apprendra comment palper des bosses et identifier les bosses anormales.

Rassurez la cliente en lui expliquant que 80 % des bosses ne sont pas cancéreuses mais que seul le médecin peut le confirmer.

Remettre à la cliente les coordonnées de ces ressources et divers documents pertinents sur l'AES ou sur le cancer du sein, qui décrivent les facteurs de risque ou les signes du cancer du sein.

L'évaluation se fait verbalement et tout au long de la séance d'enseignement. L'infirmière évalue les questions et les réponses de la cliente et complète l'information au fur et à mesure que se déroule l'enseignement.

Test de Papanicolaou et examen pelvien

Le **test de Papanicolaou** (test Pap) a largement contribué à diminuer l'incidence de la mortalité causée par le cancer du col utérin. Dans les pays où on ne pratique pas le test de Papanicolaou, le cancer du col vient au 1er ou au 2e rang des cancers mortels chez les femmes ; au Canada, il ne vient qu'au 14e rang (Institut national du cancer du Canada, 2001). Le test de Papanicolaou, ou cytologie vaginale, permet de détecter des anomalies cellulaires à l'aide d'un frottis de cellules provenant du col utérin et du canal endocervical. L'examen microscopique révélera les lésions cancéreuses et précancéreuses, les cellules atypiques et les modifications inflammatoires. Depuis quelques années, un nouveau procédé, le test de Papanicolaou à préparation liquide (*ThinPrep Pap test*), se révèle encore plus efficace que le test de Papanicolaou traditionnel (à préparation humide). Au lieu d'être étalé et fixé sur une lame de verre qu'on expédie au laboratoire, le frottis (qui est toujours obtenu par grattage ou brossage du col) est agité directement dans un flacon de liquide fixateur. La suspension homogène des cellules et la fixation immédiate permettent une préservation optimale de la totalité de l'échantillon ; de plus, le fixateur contient des agents qui dissolvent les globules rouges et le mucus.

On doit prévenir la cliente d'éviter le coït, la douche vaginale, les produits d'hygiène vaginale et les spermicides immédiatement avant le prélèvement d'un échantillon. De plus, le spécimen ne doit pas être prélevé durant la menstruation ni en présence d'une cervicite visible.

Toute femme âgée de 18 ans ou plus, ou qui a des relations sexuelles avec coït, devrait passer un examen pelvien et un test de Papanicolaou une fois l'an. L'examen pelvien permet d'évaluer divers facteurs relatifs au vagin, à l'utérus, aux ovaires et au bas de l'abdomen. On le fait généralement après le test de Papanicolaou, mais on peut aussi le faire seul à des fins diagnostiques.

Trop de femmes négligent de se soumettre à un examen gynécologique annuel ou le reportent, au péril de leur santé et de leur vie, et ce, parce qu'elles trouvent l'examen pelvien embarrassant et désagréable. Soucieux de changer cette attitude, certains professionnels de la santé cherchent à rendre le procédé moins redoutable en proposant à la cliente un «examen pelvien éducatif». On l'installe et on la couvre de manière qu'elle puisse regarder l'examinateur dans les yeux ; on lui offre un miroir pour qu'elle puisse suivre ce qui se passe ; on l'aide à repérer son col et d'autres parties de son anatomie intime ; on l'encourage à poser des questions et on reste en interaction constante avec elle.

Les professionnels de la santé habilités à faire l'examen pelvien sont les infirmières praticiennes, les sages-femmes et les médecins. L'infirmière les assiste pendant l'examen ; le procédé 4-1 explique en quoi consiste cette assistance.

La ménopause

La **ménopause** est l'arrêt normal de la fonction menstruelle ; elle met un terme à la capacité de procréer chez la femme. On appelle souvent *climatère* la période marquée par des changements endocriniens, somatiques et psychologiques qui surviennent à la ménopause.

Aujourd'hui, l'espérance de vie de la femme canadienne est de 81,2 ans. Comme la ménopause se produit en moyenne à 51 ans, la plupart des Canadiennes vivront un tiers de leur existence après la ménopause. De multiples facteurs influent sur l'adaptation d'une femme à la ménopause et au climatère : sa connaissance de ces phénomènes ; ses attentes ; son état physique et mental ; le climat familial et la stabilité de son couple ; les pressions socioculturelles ; etc. Étant donné que les femmes sont de plus en plus nombreuses à atteindre la ménopause, les connotations négatives qui y étaient associées jadis s'estompent ; les femmes composent mieux avec cette étape de la vie et peuvent même y voir une occasion de croissance.

Les caractéristiques physiques de la ménopause sont liées au passage d'une régulation hormonale cyclique à une régulation hormonale non cyclique. La ménopause a lieu généralement entre 45 et 52 ans, mais des facteurs nutritionnels, culturels et génétiques peuvent avancer ou repousser cet âge. On connaît mal les mécanismes physiologiques qui déclenchent la ménopause ; cependant, il est certain qu'elle survient lorsque le taux d'œstrogène chute à tel point qu'il ne peut plus y avoir de menstruation.

L'ovulation cesse ordinairement un an ou deux avant la ménopause (arrêt de la fonction menstruelle), mais cela peut varier selon les femmes. Les ovaires s'atrophient graduellement. Le taux de folliculostimuline (FSH) augmente, alors que la production d'œstrogène diminue. La ménopause entraîne également une atrophie du vagin, de la vulve et de l'urètre ainsi que du trigone vésical.

Pendant la ménopause, de nombreuses femmes souffrent de perturbations vasodilatatrices qu'on appelle des *bouffées de chaleur* – sensation soudaine de chaleur qui émane du thorax et se propage au cou et au visage. Les bouffées de chaleur s'accompagnent souvent de diaphorèse et de perturbations du sommeil ; elles peuvent se produire jusqu'à 20 ou 30 fois par jour et durent habituellement de 3 à 5 minutes. Certaines femmes souffrent également de vertiges, de palpitations et de

Procédé 4-1   Examen pelvien: assistance

Interventions infirmières	Explications

Objectif: Réchauffer la pièce

- Allumer les lumières chauffantes ou monter le thermostat.

La chaleur ambiante procure du confort à la cliente et l'aide à se détendre.

Objectif: Rassembler et préparer le matériel

- Rassembler et préparer le matériel :

  a) spéculums vaginaux de diverses tailles, réchauffés avec de l'eau ou un coussin chauffant avant l'insertion ;

  b) gants ;

  c) lubrifiant hydrosoluble ;

  d) matériel pour le test de Papanicolaou et les cultures ;

  e) source de lumière adéquate.

- Ne pas lubrifier le spéculum.

La préparation du matériel facilite l'examen.
Un spéculum tiède contribue à la lubrification et facilite l'insertion initiale pour les frottis et les cultures.

Le lubrifiant pourrait fausser les résultats des tests ou des cultures.

Objectif: Préparer la cliente

- Expliquer le procédé. S'il s'agit de son premier examen pelvien, montrer à la cliente le matériel et lui expliquer le procédé en détail avant de commencer.

La cliente sera moins anxieuse si elle est informée de la façon dont se déroule l'examen.

- Demander à la cliente de vider sa vessie et de retirer ses vêtements à partir de la taille ; si elle le désire, elle peut garder ses bas ou remettre ses chaussures.

La cliente sera plus à l'aise pendant l'examen interne si sa vessie est vide. Certaines femmes préfèrent garder leurs bas ou leurs chaussures pour ne pas avoir à poser leurs pieds nus dans les étriers froids.

- Donner à la cliente un drap qui la couvre de la taille aux genoux et lui demander de s'asseoir au bout de la table d'examen, le drap sur elle.

- Installer la femme en position gynécologique (décubitus dorsal, hanches et genoux fléchis, cuisses et jambes écartées, pieds dans les étriers). Ses fesses doivent dépasser légèrement de la table d'examen.

- Placer le drap de manière qu'on puisse exposer la vulve en relevant un coin.

Objectif: Soutenir la cliente pendant l'examen

- Expliquer à la cliente chaque étape de l'examen à mesure qu'il se déroule : inspection des organes génitaux externes, du vagin et du col ; examen bimanuel des organes internes.

Les explications favorisent la relaxation.

- Recommander à la cliente de se détendre et de respirer lentement.

- Prévenir la cliente avant l'insertion du spéculum et lui demander de pousser.

- Prévenir la cliente avant les prélèvements et avant le retrait du spéculum.

La femme peut sentir une pression intravaginale lors de l'insertion du spéculum. Pousser ouvre l'orifice vaginal et détend les muscles du périnée. La lubrification réduit la friction et facilite l'insertion.

- Bien lubrifier les doigts de l'examinateur avant l'examen bimanuel.

Objectif: Assurer le bien-être de la cliente à la fin de l'examen

- Aller au bout de la table, face au périnée de la cliente, et la couvrir du drap. Appliquer une légère pression sur les genoux de la cliente et lui demander de reculer sur la table d'examen. Lui tendre la main, retirer ses pieds des étriers et l'aider à s'asseoir. Une fois qu'elle est assise ou debout, s'assurer qu'elle ne se sent pas étourdie avant de quitter la pièce.

La position couchée peut entraîner une hypotension posturale.

- Donner à la cliente des mouchoirs de papier pour essuyer le lubrifiant sur le périnée.

Lorsque la cliente s'assoit, il peut y avoir écoulement de sécrétions vaginales et de lubrifiant.

faiblesse. Les moyens de lutter contre les bouffées de chaleur vont du recours à un éventail ou aux boissons froides à l'œstrogénothérapie substitutive, en passant par les médecines parallèles ou complémentaires (voir la page 99).

À la ménopause, l'endomètre et le myomètre s'atrophient, tout comme les glandes cervicales. La cavité utérine se contracte. Les trompes de Fallope et les ovaires s'atrophient considérablement. La muqueuse vaginale devient plus lisse et plus mince. Elle perd ses crêtes, ce qui provoque une perte d'élasticité et peut entraîner des douleurs lors des relations sexuelles, douleurs auxquelles on peut remédier en utilisant un gel lubrifiant. La sécheresse des muqueuses peut causer des démangeaisons et une sensation de brûlure. Le pH du vagin augmente, et les bacilles de Döderlein se raréfient.

Les femmes postménopausées peuvent encore avoir des orgasmes multiples. Libérées de la contraception, plus conscientes d'elles-mêmes et plus épanouies, certaines éprouvent un intérêt accru pour la sexualité et une amélioration de leur vie sexuelle ; d'autres connaissent au contraire une baisse de leur libido. Bien que tardive, l'atrophie vulvaire finit par se produire ; les poils pubiens s'éclaircissent, grisonnent ou blanchissent, et peuvent finalement disparaître. Les lèvres se dessèchent et perdent leur pigmentation prononcée. Le fascia et les muscles pelviens rétrécissent, ce qui réduit le support des organes du bassin. Les seins perdent volume et fermeté, et deviennent tombants.

L'**ostéoporose** (diminution de la masse osseuse) peut faire partie des effets physiques à long terme de la ménopause ; on l'attribue à la réduction des taux d'œstrogènes et d'androgènes, à la sédentarité et à une carence chronique en calcium. La carence en œstrogènes qu'entraîne la ménopause peut augmenter considérablement le risque de maladies coronariennes. Comme la peau et les tissus de soutien perdent des protéines, les rides apparaissent. Le gain pondéral qu'on observe souvent chez les femmes ménopausées serait dû à un apport énergétique excessif ou à la diminution des besoins énergétiques, alors que l'apport énergétique reste constant.

Traitement clinique

Hormonothérapie substitutive

Aussi appelée *hormonothérapie de remplacement (HTR)*, l'**hormonothérapie substitutive (HTS)** contient habituellement de l'œstrogène, avec ou sans progestatif, pour contrer les symptômes et les risques associés à la ménopause. Longtemps controversée, elle est aujourd'hui préconisée par la Société des obstétriciens et gynécologues du Canada (SOGC, 2001a, 2001c). Les œstrogènes mettent fin aux bouffées de chaleur et aux sueurs nocturnes, et font rétrocéder l'atrophie vaginale. Mais, surtout, la HTS peut diminuer le risque de maladie coronarienne, principale cause de décès chez les femmes postménopausées. De plus, la HTS prévient et traite la perte de masse osseuse associée à l'ostéoporose, augmente le tonus du vagin et de la

vessie, et contribue à améliorer la qualité de vie des femmes après la ménopause. Elle peut accroître la mémoire et offrir une certaine protection contre la maladie d'Alzheimer, le cancer du côlon et la dégénérescence de la macula (Hammond, 1999). Cette maladie, qui peut toucher un œil ou les deux, est responsable de 45 % de toutes les déficiences visuelles ; au Canada, c'est aussi la cause de cécité la plus répandue – plus de 33 % de tous les cas (Conseil consultatif national sur le troisième âge, 1997). Quant à savoir si la HTS augmente l'incidence du cancer du sein, la question fait encore l'objet d'un débat, mais les recherches indiquent un risque accru de cancer du sein chez les femmes sous HTS avec progestérone pendant de longues périodes (Schairer *et al.*, 2000).

Administré seul, l'œstrogène peut produire une hyperplasie endométriale et augmenter le risque de cancer de l'endomètre. Aussi, chez les femmes qui ont encore leur utérus, on combat les effets de l'œstrogène en le combinant à un progestatif (souvent le Provera) pendant une partie du cycle. La HTS peut être continuelle ou séquentielle. Une HTS continuelle suppose l'administration quotidienne de 0,625 mg d'œstrogène et de 2,5 mg de progestatif ; ce régime posologique diminue les saignements vaginaux et suffit à prévenir l'hyperplasie endométriale et l'ostéoporose ; il permet également d'obtenir les effets optimaux de l'œstrogène sur le système cardiovasculaire (Speroff, 1999). Dans la HTS séquentielle, on administre de l'œstrogène pendant les 25 premiers jours du cycle et on ajoute de 5 à 10 mg de progestatif durant les 12 derniers jours de l'administration d'œstrogène (du 14e au 25e jour). Bien que la plupart des femmes préfèrent prendre l'œstrogène par voie orale, certaines optent plutôt pour les timbres transdermiques ou les injections. On trouve également des préparations œstrogène-testostérone pour les femmes qui souffrent d'une baisse de la libido.

Avant de commencer la HTS, il faut dresser un bilan de santé complet et procéder à un examen physique comportant un frottis vaginal et une mammographie initiale. Une biopsie de l'endomètre est indiquée pour les femmes prédisposées au cancer de l'endomètre, de même que pour celles qui présentent des saignements vaginaux excessifs, inattendus ou prolongés. Il faut avertir les clientes qui prennent des œstrogènes qu'elles doivent mettre fin immédiatement au traitement si des maux de tête, des troubles visuels, des signes de thrombophlébite ou des douleurs thoraciques apparaissent.

Traitements complémentaires

Les femmes qui ne souhaitent pas recourir à l'hormonothérapie ou pour qui elle est contre-indiquée peuvent se tourner vers les mesures préventives, les médecines parallèles et les traitements complémentaires pour mieux composer avec les malaises de la périménopause et de la postménopause. Pour ce qui est de la nutrition, on recommande un régime alimentaire équilibré, riche en fibres et faible en gras, avec des suppléments de vitamines D et E. Les phytœstrogènes (œstrogènes naturels) que renferment certains aliments, en particulier la fève de soja

Pratique fondée sur des données probantes Ostéoporose

Vous devez passer une journée avec une infirmière qui offre de l'enseignement aux clientes de la clinique des femmes dans une maison de retraite. Votre instructrice vous demande de vous préparer à leur parler d'ostéoporose, de nutrition et de densitométrie osseuse. Elle vous suggère de consulter les sites Web de la Société de l'ostéoporose du Canada*, de la Société des obstétriciens et gynécologues du Canada (SOGC)** et de la National Osteoporosis Foundation (États-Unis), où vous trouverez le *Physician's Guide to Prevention and Treatment of Osteoporosis****.

Les données épidémiologiques citées par la Société de l'ostéoporose du Canada sont renversantes : 1,4 million de Canadiens sont atteints d'ostéoporose, et une femme sur quatre âgée de plus de 50 ans en souffre ! À titre préventif, la SOGC et la Société de l'ostéoporose du Canada recommandent aux femmes de plus de 50 ans de consommer de 1 000 à 1 500 mg de calcium par jour. Si elles n'arrivent pas à obtenir cette quantité de calcium de leur régime alimentaire – notamment des produits laitiers et de certains légumes (brocoli, chou à rosettes, chou frisé, feuille de moutarde, feuilles de navet, chou chinois, etc.) –, un apport supplémentaire de calcium (en capsules, en comprimés ou sous forme liquide) pourra devenir nécessaire. Selon le *Physician's Guide*, les études montrent que cette simple mesure peut réduire de 10 % l'incidence des fractures dues à l'ostéoporose. Si on y ajoute de la vitamine D (de 400 à 600 UI par jour pour les femmes susceptibles de présenter une carence), avance une autre étude, on obtient une diminution de 25 % des fractures de la hanche et de 15 % des autres

fractures. Vous pensez que ces informations importantes méritent d'être transmises aux clientes de la clinique.

La clinique propose également à ses clientes des tests de densité minérale osseuse (DMO), mais vous ne savez pas qui doit les passer. Toutes les femmes de 65 ans ou plus et celles de moins de 65 ans qui présentent des facteurs de risque autres que la ménopause, répond la Société des obstétriciens et gynécologues du Québec (2001c). Vous apprenez également qu'il existe diverses techniques pour mesurer la densité osseuse : l'absorptiométrie par émission de photon unique, la tomographie quantitative assistée par ordinateur et l'ostéodensitométrie à ultrasons.

Le *Physician's Guide* insiste sur le fait que les professionnels de la santé doivent conseiller vivement à toute femme postménopausée de se préoccuper de l'ostéoporose : « L'ostéoporose représente un risque latent de fracture comme l'hypertension représente un risque latent d'accident cardiovasculaire ». Les sites Web de la Société de l'ostéoporose du Canada et de la National Osteoporosis Foundation fournissent également des informations détaillées sur l'efficacité de l'hormonothérapie substitutive et sur les autres modalités thérapeutiques que nous avons abordées dans ce chapitre.

Munie de ces informations précises et récentes, vous vous sentez plus sûre de vous et mieux outillée pour rencontrer les clientes de la clinique. Vous remerciez votre instructrice de vous avoir orientée vers des sources aussi fiables, qui vous permettent de fonder votre pratique sur des données rigoureuses qui sont à jour.

* Société de l'ostéoporose du Canada, Ostéoporose en ligne : « http ://osteoporosis.ca/indexfr.shtml ». Conçu pour le grand public, ce site convivial contient, en plus d'une foule de renseignements sur l'ostéoporose, des outils pratiques : 1) un tableau nutritionnel fiable indiquant la teneur en calcium de plusieurs aliments courants ; 2) une calculatrice de calcium interactive qui permet d'évaluer l'apport en calcium des menus quotidiens ; 3) des trucs et des recettes pour « cuisiner avec du calcium ». Ligne téléphonique sans frais : 1-800-977-1778.

** Société des obstétriciens et gynécologues du Canada : « http ://sogc.org ». Voir plus particulièrement, dans les Directives cliniques de la SOGC : « Consensus canadien sur la ménopause et l'ostéoporose : Ostéoporose », n° 108. Date de mise à jour inconnue [réf. du 17 avril 2002]. Logiciel nécessaire : Adobe Acrobat Reader. On peut l'obtenir sur le Web à : « http ://www.sogc.org/SOGCnet/sogc_docs/common/guide/library_f.shtml ».

*** National Osteoporosis Foundation : « http ://www.nof.org ». Voir plus particulièrement : National Osteoporosis Foundation (1999). *Physician's Guide to Prevention and Treatment of Osteoporosis* [en ligne], Washington, chez l'auteur. Date de mise à jour inconnue [réf. du 17 avril 2002]. On peut l'obtenir sur le Web à : « http ://www.nof.org/professionals/clinical/clinical.htm ».

et les produits du lin, ont prouvé qu'ils peuvent réduire sensiblement les symptômes de la ménopause. De plus en plus de Nord-Américaines utlisent des herbes médicinales, telles que l'actée en grappes (*Cimicifuga racemosa*), le millepertuis ou l'huile d'onagre, sur lesquelles on a commencé à faire des études (SOGC, 2001b). Certaines femmes optent également pour des remèdes homéopathiques (Lindsay, 1999). Les exercices des articulations portantes, comme la marche, le jogging, le tennis et les exercices de danse aérobique sans sauts, contribuent à l'augmentation de la masse osseuse et diminuent le risque d'ostéoporose. L'exercice améliore également le taux de cholestérol et l'état de santé. Les techniques de gestion du stress et de relaxation, telles que la rétroaction biologique, la méditation, le yoga, la visualisation et le massage, procurent une sensation de bien-être.

Plus les revues médicales commencent à publier des résultats de recherche sur les thérapies non conventionnelles, plus les fournisseurs de soins de santé envisagent la possibilité d'incorporer à leur pratique des thérapies non conventionnelles qui s'appuient sur des preuves scientifiques (SOGC, 2001b).

Prévention et traitement de l'ostéoporose

L'ostéoporose est plus fréquente chez les femmes à partir de l'âge mûr. Les facteurs de risque suivants sont également associés à l'ostéoporose :

- origine blanche ou asiatique ;
- ossature délicate et minceur ;
- antécédents familiaux d'ostéoporose ;
- sédentarité ;
- fait d'être nullipare ;
- début précoce de la ménopause ;
- carence chronique en calcium ;
- tabagisme ;
- consommation d'alcool (modérée ou forte).

Les femmes préménopausées ou postménopausées qui présentent quatre de ces facteurs de risque ou plus devraient subir un test de densité minérale osseuse (DMO). On devrait mesurer la cliente à chaque visite, car une diminution de la taille est souvent un des premiers signes de tassements vertébraux dus à la réduction de la masse osseuse. L'usage chronique de cortisone ainsi que la présence de maladies, comme le syndrome de malabsorption, le cancer, la cirrhose du foie et la polyarthrite rhumatoïde, peuvent causer une arthrite secondaire qui ressemble à l'ostéoporose. Une fois ces causes secondaires éliminées, on entreprend le traitement de l'ostéoporose.

Les soins visent d'abord et avant tout la prévention de l'ostéoporose. On recommande aux femmes de maintenir un apport de calcium adéquat, soit de 1 000 mg de calcium élémentaire par jour en préménopause et de 1 500 mg en postménopause ; la plupart des femmes doivent prendre un supplément de calcium pour atteindre ces quantités. On recommande également un apport quotidien de 400 à 800 UI de vitamine D (SOGC, 2001c). En outre, on conseille aux femmes de faire de l'exercice régulièrement, de ne consommer de l'alcool et de la caféine qu'en petites quantités, et de cesser de fumer (l'alcool et le tabac contribuent à la résorption osseuse).

L'efficacité de l'œstrogénothérapie dans la prévention de l'ostéoporose est solidement documentée. Les femmes qui présentent des signes de perte de tissu osseux et pour qui il n'y a pas de contre-indications aux œstrogènes sont de bonnes candidates à l'hormonothérapie substitutive. Celles qui ne peuvent pas ou ne veulent pas prendre d'œstrogène peuvent recourir à d'autres médicaments (Société de l'ostéoporose du Canada, 2002) :

- les bisphosphonates, des régulateurs de calcium, inhibent la résorption osseuse et augmentent la masse osseuse ; les bisphosphonates approuvés au Canada sont l'alendronate (Fosamax), l'étidronate (Didrocal) et le risédronate (Actonel) ;

- les modulateurs sélectifs des récepteurs œstrogéniques (MSRE), une nouvelle catégorie de médicaments qui ressemblent aux œstrogènes et qui ont des effets bénéfiques sur les os (et sur le cœur) sans pour autant stimuler les tissus utérins et mammaires ; un des MSRE, le raloxifène, a été approuvé au Canada en vue de son utilisation dans la prévention de l'ostéoporose chez les femmes postménopausées ;

- la calcitonine intranasale, un régulateur de calcium qui inhiberait la perte osseuse, mais dont la valeur est moins reconnue que celle des deux médicaments précédents ; une forme de calcitonine synthétique, le Miacalcin en aérosol nasal, a été approuvée récemment au Canada pour le traitement de l'ostéoporose chez les femmes ménopausées depuis au moins cinq ans.

Soins infirmiers

Si la plupart des femmes ayant atteint la ménopause traversent sans problème cette étape développementale, certaines peuvent avoir besoin de counseling pour bien s'y adapter. La réaction de chaque femme à la ménopause dépend en grande partie de la façon dont elle a vécu, de la confiance qu'elle a en sa féminité, de son estime de soi et de la perception qu'elle a de sa propre valeur.

Les infirmières et les autres professionnels de la santé peuvent aider la femme ménopausée à rester très active durant cette étape de sa vie. Il est essentiel que l'infirmière comprenne le point de vue et les sentiments de la cliente, et qu'elle lui apporte son soutien. Que la cliente se montre soulagée et heureuse ou triste et effrayée d'être parvenue à la ménopause, l'infirmière doit adopter une attitude d'empathie lors du counseling, de l'enseignement ou des soins physiques.

L'infirmière devrait vérifier auprès de la cliente si elle éprouve des difficultés lors des relations sexuelles. Ainsi, elle peut dire pendant le counseling : « Après la ménopause, bien des femmes remarquent que leur vagin est plus sec. Les relations sexuelles peuvent devenir moins agréables. Avez-vous remarqué des changements ? » Une telle entrée en matière permet à la fois d'informer la cliente et d'amorcer la discussion. L'infirmière peut ensuite expliquer que la sécheresse et le rétrécissement du vagin rendent parfois la pénétration difficile, voire douloureuse, mais qu'il y a des moyens de remédier à ce problème. La lubrification à l'aide d'un gel hydrosoluble peut faciliter le coït ; le recours aux œstrogènes, par voie orale ou en crème vaginale, peut aussi être indiqué. Enfin, des relations sexuelles plus fréquentes préserveront une certaine élasticité du vagin.

Lorsqu'elle procède à l'évaluation initiale chez la femme ménopausée, l'infirmière doit aborder la question de la sexualité ouvertement, mais avec tact, car bien des femmes sont réticentes à parler de sexualité.

Durant la ménopause, les femmes ont un besoin crucial d'informations adéquates sur les changements qui surviennent dans leur corps et dans leur vie. Leur fournir ces informations est un défi des plus enrichissants pour les infirmières.

La violence envers les femmes

Aucune femme n'est à l'abri de la violence, quels que soient son âge, la couleur de sa peau, ses origines ethnoculturelles, son statut socioéconomique, son instruction et son mode de vie. Les deux formes de violence les plus courantes sont la violence envers la partenaire intime et l'agression sexuelle. Or, non seulement la société les tolère, mais elle en attribue trop souvent la responsabilité aux femmes elles-mêmes : « Que lui a-t-elle fait pour le rendre si furieux ? », « Pourquoi ne le quitte-t-elle pas ? », « Que faisait-elle seule dehors à cette heure de la nuit ? », « Pourquoi s'habille-t-elle de cette façon ? ».

La violence envers les femmes est un problème de santé majeur, qui prive la société de milliers d'êtres humains et qui coûte des millions de dollars en soins de santé et en services sociaux. Heureusement, les travailleuses et travailleurs de la santé connaissent de mieux en mieux les mesures à prendre pour offrir des soins adéquats aux femmes qui en sont victimes.

Violence envers la partenaire intime

Pourquoi utiliser le terme **violence envers la partenaire intime** plutôt que celui de *violence conjugale* pour désigner ce grave problème ? Parce que ce qu'on avait l'habitude d'appeler « violence conjugale » peut se définir plus largement comme un ensemble de comportements auxquels recourt une personne pour imposer son pouvoir et sa domination à une autre personne, et ce, à l'intérieur d'une relation intime, conjugale ou non ; autrement dit, les victimes ne sont pas nécessairement les épouses ou les conjointes de l'agresseur. De plus, bien que certains hommes homosexuels et certaines femmes hétérosexuelles ou lesbiennes utilisent la violence envers leur partenaire, en pratique, la plupart des agresseurs sont des hommes, et la très grande majorité des victimes sont des femmes (Gantt et Bickford, 1999).

Prévalence

À l'échelle mondiale, une femme sur trois sera victime de violence ou de coercition sexuelle à un moment ou un autre de sa vie (State of the World Population, 2000). La violence envers la partenaire intime est la forme de violence la plus répandue, mais c'est aussi le crime grave qui fait l'objet le moins souvent d'une dénonciation à la police. Aux États-Unis, des études indiquent que de 18 à 25 % des femmes soignées dans les urgences des hôpitaux, et presque le quart des femmes qui reçoivent des soins prénataux, sont victimes de violence (Valente, 2000). Au Canada comme ailleurs, le problème est grave. Une enquête menée par Statistique Canada en 1993 révélait que 29 % des femmes qui ont déjà été mariées ou qui ont déjà vécu avec un conjoint de fait déclaraient avoir été violentées par leur partenaire ; de plus, 21 % des femmes qui ont dit avoir été victimes de violence de la part de leur conjoint ont déclaré avoir subi ces sévices alors qu'elles étaient enceintes (Santé Canada, 1999). Selon la Société des obstétriciens et gynécologues du Canada, l'incidence de la violence pendant la grossesse se situerait entre 4 et 17 % (Santé Canada, 1999). Enfin, une étude canadienne menée auprès de patientes enceintes révèle que seulement 2,8 % des femmes qui déclarent avoir été victimes de violence pendant leur grossesse en ont parlé à leurs soignants (Santé Canada, 1999).

La violence envers la partenaire intime peut prendre de multiples formes, des agressions verbales aux agressions physiques, en passant par les insultes, les menaces et l'intimidation, les abus psychologiques, l'isolement social, les privations économiques, les moqueries et les railleries, les humiliations et la domination. La violence physique peut se traduire par les gifles, les coups de pied, les bousculades, les coups, la torture, les agressions avec des objets ou des armes et les agressions sexuelles. Les femmes qui subissent la violence physique sont également exposées à la violence psychologique et émotionnelle.

Cycle de la violence

Afin de mieux expliquer ce que vivent les femmes battues, Walker (1984) a élaboré la théorie du *cycle de la violence*, selon laquelle la violence se manifeste de façon cyclique. Le cycle de la violence comporte trois phases :

1. **LA MONTÉE DE LA TENSION** Durant cette phase, le batteur de femmes impose son pouvoir et sa domination. Il se met en colère, injurie sa partenaire, l'accuse d'être responsable de tous ses problèmes et se livre parfois à des actes de violence mineurs. La femme se sent coupable et pense qu'elle peut empêcher l'homme de se mettre en colère si elle agit selon ses souhaits.

2. **LA CRISE DE VIOLENCE GRAVE** L'incident de violence grave peut être déclenché par un événement extérieur ou par l'état intérieur de l'homme ; ce dernier perd la maîtrise de soi, devient imprévisible et se livre à des actes très destructeurs. Des interventions appropriées avant la crise de violence grave peuvent interrompre le cycle de la violence.

3. **LA RÉCONCILIATION ET LE RETOUR AU CALME** Parfois appelée « nouvelle lune de miel », cette phase se caractérise souvent par un comportement très amoureux et attentionné de la part de l'agresseur – celui-ci tentant de reconquérir la victime –, mais il peut aussi s'agir tout simplement d'une absence de tension et de violence. Si rien n'est fait pour changer la dynamique du couple, cette phase prendra fin et le cycle de la violence recommencera, avec des crises de plus en plus fréquentes et de plus en plus graves.

Caractéristiques des femmes battues

Les femmes battues ont souvent une vision traditionnelle des rôles sexuels. Leur éducation leur a appris à se montrer soumises, passives et dépendantes, et à chercher l'approbation des hommes. Certaines ont vu leur mère se faire battre par son conjoint, d'autres non. De nombreuses femmes battues ne travaillent pas à l'extérieur. Souvent, tant sur le plan économique que sur le plan émotionnel, elles dépendent entièrement de leur partenaire, celui-ci ayant réussi par la manipulation à les couper de leurs proches et de leur réseau de soutien.

Les femmes battues attribuent souvent la violence qu'elles subissent à leurs propres limites et insuffisances ; elles croient leur partenaire lorsqu'il les accuse d'être de mauvaises femmes ou de mauvaises mères. Plus elles sont isolées, plus elles ont du mal à faire la part des choses, tant et si bien qu'elles finissent par se croire bonnes à rien et, faute d'estime de soi, à penser qu'elles méritent d'être battues. Les femmes battues sont souvent en proie au sentiment de culpabilité, à la peur et à la dépression. Leur désespoir et leur sentiment d'impuissance altèrent leur capacité de résolution de problème. Certaines adoptent un mode de comportement qu'on appelle l'*impuissance acquise*, où tout ce qui est inconnu devient terrifiant. L'impuissance acquise joue souvent un rôle dans la décision de la femme battue de rester dans une situation pénible mais connue, plutôt que d'en sortir et d'affronter l'inconnu. Selon certains chercheurs, une théorie de la survie décrirait mieux le comportement de nombreuses femmes maltraitées : ces dernières cherchent activement de l'aide et trouvent des moyens créatifs pour survivre jusqu'à ce qu'elles en reçoivent (Poirier, 1997).

Caractéristiques des batteurs de femmes

Les batteurs de femmes proviennent de tous les milieux culturels, religieux, professionnels et socioéconomiques. Souvent, ils sont dominés par des sentiments d'insécurité, d'infériorité socioéconomique et d'impuissance, sentiments qui vont à l'encontre de leur vision de la suprématie mâle. Les hommes agressifs et émotionnellement immatures ont tendance à exprimer par la violence leur conviction accablante de ne pas être à la hauteur de leur partenaire, même s'ils accusent et punissent celle-là même qu'ils valorisent.

Les femmes battues décrivent souvent leurs partenaires comme des hommes n'ayant aucun respect pour les femmes en général ; des hommes qui, dans leur enfance, ont vu leur mère se faire battre et qui ont eux-mêmes parfois été battus ; des hommes dont la rage contenue explose périodiquement. Les batteurs de femmes endossent les vieilles valeurs machistes et sont souvent très respectés dans la communauté. Paradoxalement, quand ils ne sont pas en colère ou d'humeur agressive, ils se montrent enfantins, dépendants, séducteurs et manipulateurs, et semblent avoir terriblement besoin qu'on prenne soin d'eux. Cette double personnalité reflète le conflit qu'ils vivent, écartelés qu'ils sont entre la conviction d'avoir à vivre selon leur image de macho et le sentiment de ne pas être à la hauteur de leur rôle de mari ou de pourvoyeur. S'ajoutant à leur faible tolérance à la frustration et au peu de maîtrise qu'ils ont de leurs pulsions, ce sentiment d'impuissance omniprésent les pousse à réagir aux injustices de la vie en s'attaquant aux femmes.

Soins infirmiers

Quel que soit le milieu où elles pratiquent, les infirmières entrent souvent en contact avec des femmes battues sans parvenir à les repérer, surtout en l'absence de lésions visibles. Les clientes à risque élevé sont celles qui ont des antécédents d'abus d'alcool ou de drogue, celles qui ont subi des violences physiques et sexuelles durant leur enfance, et celles qui ont déjà été battues par leur partenaire actuel ou par les précédents. D'autres signes peuvent indiquer qu'une femme est victime de violence, notamment : les expressions de vulnérabilité et d'impuissance ; une faible estime de soi perceptible à l'apparence générale, à la tenue vestimentaire et à l'attitude envers les travailleurs de la santé ; des symptômes dépressifs (fatigue, désespoir, céphalée, insomnie, douleurs dorsales, thoraciques ou pelviennes, tentatives de suicide, etc.). La cliente peut aussi avoir des antécédents de rendez-vous manqués ou souvent reportés – peut-être parce que des traces visibles de mauvais traitements l'ont empêchée de venir ou que son partenaire le lui a interdit.

La violence envers la partenaire intime est si courante que de nombreux professionnels de la santé préconisent maintenant le *dépistage systématique de toutes les clientes à toutes les visites*. Ce dépistage devrait se faire en tête-à-tête avec la cliente dans un endroit tranquille et privé. Les questions directes et précises sont les plus susceptibles d'inciter la victime à faire des révélations. En voici quelques exemples (SOGC, mars 1996) :

- Votre partenaire ou un proche a-t-il commis un acte d'agression physique ou psychologique à votre endroit ?
- Au cours de la dernière année, avez-vous été frappée ou giflée par quelqu'un ? Vous a-t-on donné des coups de pied ou vous a-t-on agressée physiquement ?
- Depuis que vous êtes enceinte, avez-vous été frappée ou giflée par quelqu'un ? Vous a-t-on donné des coups de pied ou vous a-t-on agressée ?
- Au cours de la dernière année, vous a-t-on forcée à avoir des rapports sexuels ?
- Avez-vous peur de votre conjoint ?

Durant l'entrevue de dépistage, l'infirmière devrait assurer la cliente de la confidentialité de ses propos, et adopter une attitude exempte de tout jugement, chaleureuse et compréhensive qui sera propice aux échanges. Lorsque l'infirmière se montre prête à parler de violence, la femme battue a souvent l'impression qu'elle a enfin le droit d'en faire autant.

Lorsqu'une femme se présente pour faire soigner une blessure, l'infirmière devrait être attentive aux indices suivants :

- hésitation au moment de fournir des détails sur la blessure et sur son origine ;
- affect inapproprié à la situation ;
- blessures typiques de mauvais traitements, comme des lésions à plusieurs endroits du corps : hématomes, abrasions, contusions à la tête (yeux et nuque), à la gorge, à la poitrine, à l'abdomen ou aux organes génitaux ;
- explications inadéquates des blessures ;
- absence de contact visuel ;
- signes d'anxiété accrus en présence de l'agresseur présumé, lequel se montre souvent beaucoup plus bavard que la cliente.

Lorsqu'une femme battue vient se faire traiter, elle a besoin de se sentir en sécurité sur le plan physique, mais aussi de parler librement de ses blessures et de ses problèmes. Si un homme l'accompagne, l'infirmière devrait lui demander de rester dans la salle d'attente pendant qu'on examine la cliente. Une femme battue a aussi besoin de reprendre son univers en main, de savoir ce qui va lui arriver et ce qu'elle peut faire. L'infirmière devrait donc expliquer à la cliente à quoi elle peut s'attendre, et ce, en des termes qu'elle peut comprendre.

Pendant qu'elle la soigne, l'infirmière devrait laisser la cliente raconter son histoire, et décrire ses problèmes et sa situation à son propre rythme, tout en lui montrant qu'elle la croit et qu'elle ne la pense pas folle. L'infirmière doit s'attendre à ce que la cliente manifeste de l'ambivalence (dictée par la peur et éventuellement par une relation amour-haine avec son agresseur). Il est essentiel que l'infirmière respecte le rythme de la cliente et comprenne que celle-ci ne pourra changer que quand elle se sentira prête à le faire. Entre-temps, elle pourra avoir besoin d'aide pour cerner des problèmes particuliers et trouver des moyens concrets de les atténuer ou de les régler. En toute occasion, l'infirmière devrait insister sur le fait que personne ne mérite d'être maltraité, et que la cliente n'est pas responsable de la violence de son partenaire.

 Soins infirmiers communautaires

L'infirmière qui soupçonne une femme de subir de mauvais traitements devrait l'informer des services et des ressources offerts par le système de santé et par la communauté. Une femme battue peut avoir divers besoins :

- un traitement médical pour ses blessures ;
- un refuge temporaire où elle et ses enfants seront en sécurité ;
- un counseling pour améliorer son estime de soi et l'aider à comprendre la dynamique de la violence familiale ;
- une assistance juridique pour obtenir une injonction, pour être protégée ou pour entamer des poursuites ;
- une aide financière pour se trouver un toit, de la nourriture et des vêtements ;
- une formation professionnelle ou des services d'orientation professionnelle ;
- l'appui constant d'un groupe de soutien et un service de counseling accessible.

Si la cliente décide de retourner auprès de son agresseur, l'infirmière devrait l'inciter à planifier un départ d'urgence pour elle et ses enfants, au cas où la situation se détériorerait. Ainsi, elle devrait préparer un bagage léger comportant des vêtements de rechange, des accessoires de toilette et un deuxième trousseau de clés (maison et voiture) ; elle devrait laisser ce bagage ailleurs que chez elle, chez des voisins ou des proches,

par exemple. Dans la mesure du possible, elle devrait pouvoir partir avec de l'argent, ses papiers d'identité et ceux de ses enfants (permis de conduire, cartes d'assurance-maladie et d'assurance sociale, actes de naissance, etc.), son chéquier, son carnet bancaire et d'autres documents importants (papiers de la maison et de la voiture, reçus, bulletins des enfants pour pouvoir les inscrire à l'école, etc.). L'infirmière doit s'assurer que la cliente dispose d'un endroit où elle peut se réfugier à n'importe quelle heure du jour ou de la nuit, et d'une liste de numéros de téléphone (police, ligne d'urgence, refuge pour femmes, etc.).

Travailler avec des femmes battues n'est pas une tâche facile. Nombre de travailleurs de la santé se sentent frustrés et impuissants lorsqu'une cliente battue de façon répétitive retourne à chaque fois auprès de son agresseur, sans acquérir la force intérieure ou adopter les stratégies d'adaptation qui pourraient l'en libérer. En moyenne, les femmes battues quittent sept fois la personne qui les agresse avant de le faire pour de bon. Les infirmières doivent comprendre qu'elles ne peuvent pas « sauver » les femmes battues, que ces dernières doivent prendre leurs propres décisions. L'infirmière efficace collabore au plan d'intervention élaboré par une équipe interdisciplinaire d'intervenants pour ce type de clientèle. Elle fournit aux clientes toute l'information susceptible d'accroître leur autonomie et les appuie dans leurs décisions, sachant que le mieux qu'elle puisse faire est de les aider ponctuellement jusqu'à ce qu'elles soient prêtes à explorer d'autres possibilités.

Agression sexuelle

Depuis 1983, le terme « viol » a été banni du Code criminel canadien et remplacé par l'expression **agression sexuelle**. Une agression sexuelle est un geste à caractère sexuel, avec ou sans contact physique, commis par un individu sans le consentement de la personne visée ou, dans certains cas, notamment dans celui des enfants, par le recours à une manipulation affective ou au chantage (Gouvernement du Québec, 2001). Tout acte sexuel imposé sans consentement, y compris entre conjoints, constitue donc une agression sexuelle. La gravité du crime dépend de la violence subie et de ses conséquences pour la victime. On distingue trois types d'agression sexuelle : 1) l'agression sexuelle simple ; 2) l'agression sexuelle avec menaces de blessures ; 3) l'agression sexuelle grave qui met en danger la vie de la victime, ou au cours de laquelle cette dernière est mutilée ou défigurée.

L'agression sexuelle est d'abord un acte de violence par lequel un être humain – généralement un homme – déverse sa rage et exerce sa domination sur un autre être humain – généralement une femme. C'est l'un des crimes violents qui fait le moins l'objet d'une dénonciation aux États-Unis.

Quels que soient son âge et son apparence, aucune femme n'est à l'abri de l'agression sexuelle. Diverses études canadiennes indiquent cependant que les femmes marginalisées (professionnelles du sexe, itinérantes, etc.), les femmes handicapées et les femmes autochtones y sont davantage exposées que les autres (Gouvernement du Québec, 2001). Les adolescentes qui survivent à une agression sexuelle hésitent à porter plainte, et ce, pour plusieurs raisons : honte, sentiment de culpabilité, peur des représailles, méconnaissance de leurs droits juridiques, peur de voir leur vie étalée au grand jour, manque de confiance dans les services de santé et les services sociaux, etc. Les plus jeunes peuvent aussi redouter d'avoir à dévoiler les circonstances de l'agression, surtout si elles croient que les autorités jugeront leur comportement répréhensible : par exemple, parce qu'elles avaient consommé de l'alcool ou de la drogue, accepté de monter en voiture avec un étranger, fréquenté un homme plus âgé, etc. (Holmes, 1998).

Comme leurs victimes, les agresseurs sexuels proviennent de tous les horizons et de tous les milieux sociaux et ethnoculturels. Plus de la moitié ont moins de 25 ans ; 3 sur 5 sont mariés et ont une vie sexuelle « normale ». Pourquoi ces hommes commettent-ils des agressions sexuelles ? Aucune des nombreuses théories avancées ne répond de manière pleinement satisfaisante à cette question.

Une si faible proportion des agresseurs sexuels sont inculpés et condamnés qu'on n'a pas encore réussi à dresser leur profil type. On sait cependant que les violeurs ont tendance à être des hommes émotionnellement faibles et inquiets, et qu'ils ont du mal à entretenir des relations personnelles. De nombreux agresseurs sexuels ont également du mal à composer avec le stress au quotidien. De tels hommes peuvent accumuler de la colère et être submergés par leur sentiment d'impuissance. Commettre une agression sexuelle devient alors pour eux une façon d'exprimer leur rage et d'affirmer leur pouvoir.

L'agression sexuelle commise par une connaissance est un problème de plus en plus répandu dans les écoles secondaires, les collèges et les universités. Dans certains cas, l'agresseur recourt à l'alcool ou à d'autres substances pour « endormir » sa future victime ; ainsi, de plus en plus d'agresseurs droguent leur victime au flunitrazépam (Rohypnol). Cette benzodiazépine vendue illégalement au Canada a été baptisée la « drogue du viol » parce que, outre son effet incapacitant, elle provoque souvent une amnésie. Dans des situations de viol commis par une connaissance, l'agresseur est habituellement déterminé à avoir une relation sexuelle avec la femme qu'il convoite et prêt à faire ce qu'il faut pour obtenir satisfaction si elle lui oppose un refus. En ce sens, on peut dire que sa motivation est un désir d'ordre sexuel (Crooks et Baur, 1998), mais qui s'exprime néanmoins sous forme de violence envers la femme.

Réactions à l'agression sexuelle

Une agression sexuelle est une situation de crise. C'est un événement traumatique avec lequel la victime n'est jamais prête à composer puisqu'il est par nature imprévu. À la suite d'une agression sexuelle, la victime présente généralement une série de symptômes qui durent beaucoup plus longtemps que l'agression elle-même, et que Burgess et Holmstrom (1979) ont englobés sous le terme *syndrome du traumatisme de viol*.

L'évolution de la réaction à l'agression sexuelle a d'abord été décrite en deux phases : *la crise aiguë* et *l'adaptation*. Par la suite, Sutherland et Scherl ont proposé l'ajout d'une phase intermédiaire : *l'adaptation apparente* (Golan, 1978). Récemment, Holmes (1998) a recommandé l'ajout d'une quatrième phase : *l'intégration et le rétablissement*. Le tableau 4-3 présente une description des quatre phases qui suivent. Notons qu'elles peuvent se recouper et que leur durée ainsi que leurs manifestations varient selon les victimes.

Les recherches indiquent également que les survivantes d'une agression sexuelle peuvent souffrir d'un *état de stress post-traumatique* ; il s'agit d'un trouble psychiatrique qu'on observe chez certaines personnes qui ont vécu des événements traumatiques graves (guerres, catastrophes naturelles, attentats terroristes, etc.). Souvent, les victimes d'agression sexuelle qui sont dans un *état de stress post-traumatique* doivent suivre un traitement intensif de longue durée avant de se sentir à nouveau en sécurité et de retrouver la maîtrise d'elles-mêmes.

Soins à la victime d'une agression sexuelle

Les victimes d'agression sexuelle entrent souvent dans le système de santé par l'intermédiaire des urgences des hôpitaux ; l'infirmière est alors la première personne à leur parler et à les conseiller. Certaines victimes, comme les femmes autochtones, les immigrantes, les personnes handicapées ainsi que les lesbiennes, les professionnelles du sexe, les personnes toxicomanes et itinérantes, font face à de nombreux préjugés et nécessitent des interventions adaptées à leur réalité (Gouvernement du Québec, 2001). Or, on le sait, les croyances, les valeurs et les attitudes des professionnels de la santé influent sur la qualité et l'orientation des soins. Il est donc essentiel que les infirmières clarifient leurs sentiments envers l'agression sexuelle et envers ses victimes, et qu'elles résolvent les conflits éventuels. Dans certaines communautés, des infirmières qui ont reçu une formation spécialisée coordonnent les soins aux victimes d'agression sexuelle, recueillent les preuves médicolégales et, s'il y a des poursuites contre l'agresseur, peuvent être appelées à la barre en tant que témoins experts.

La victime d'une agression sexuelle a besoin en priorité qu'on lui fournisse un environnement où elle est en sécurité. L'infirmière devrait la rassurer sur ce point et insister sur le fait qu'on ne la laissera pas seule. Le questionnaire d'admission sera rempli dans une pièce calme et privée. La planification des soins exige que l'infirmière évalue l'apparence de la cliente, ses comportements et sa façon de communiquer ; une évaluation initiale rigoureuse et détaillée est essentielle. Dans un premier

Tableau 4-3

Phases que traversent les victimes d'une agression sexuelle

Phase	Réaction
Crise aiguë (désorganisation)	Peur, choc, incrédulité, désir de vengeance, colère, anxiété, sentiment de culpabilité, déni, honte, humiliation, sentiment d'impuissance, dépendance, auto-accusation, manifestations physiques diverses, altération ou perte des mécanismes d'adaptation.
Adaptation apparente (déni)	La victime semble calme, car elle nie et refoule ses sentiments (par exemple, elle retourne travailler, s'achète une arme, etc.); elle refuse de parler de l'agression et nie avoir besoin de counseling.
Réorganisation	La victime fait plusieurs changements dans sa vie (déménager, changer de numéro de téléphone, etc.) et prend ses distances avec les autres sur le plan émotionnel. Elle peut avoir des comportements sexuels à risque et présenter les symptômes suivants : dysfonctionnement sexuel, phobies, souvenirs récurrents (*flashbacks*), cauchemars et troubles du sommeil, anxiété, etc. Elle éprouve un besoin pressant de parler de ses sentiments ou de les dissiper; elle pourra demander de l'aide ou se taire.
Intégration et rétablissement	Période de résolution : la victime recommence à se sentir en sécurité et à pouvoir accorder sa confiance à autrui. Elle sait maintenant qui blâmer : l'agresseur. Elle pourra vouloir prendre la défense d'autres victimes.

temps, l'infirmière évalue si l'état de la cliente exige des soins d'urgence. Une fois ces soins donnés, on procède à la collecte des preuves éventuelles à l'aide d'une trousse médicolégale conçue à cet effet.

La cliente doit recevoir des explications détaillées sur les divers examens et prélèvements qu'elle s'apprête à subir, et elle doit signer tous les formulaires de consentement préalable. La trousse médicolégale contient des formulaires et tout le matériel nécessaire pour recueillir et étiqueter les éléments de preuve (vêtements, fibres, particules, etc.) et les prélèvements (sang, salive, sperme, sécrétions, urine, selles, cheveux, ongles, etc.). On prend des photos. On procède également à un examen clinique complet (examen vaginal et rectal compris) afin de déceler tout trauma. On propose à la cliente un traitement prophylactique contre les MTS. On la questionne également sur son cycle menstruel et ses pratiques contraceptives; s'il y a un risque de grossesse à la suite du viol, on lui propose un traitement contraceptif postcoïtal.

Tout au long de cette difficile expérience, l'infirmière se fait l'avocate de la victime en lui apportant son soutien sans pour autant se substituer à elle. L'infirmière n'a pas à approuver toutes les décisions de la cliente, mais elle se doit de les respecter et de défendre son droit de les prendre.

Les proches de la victime auront besoin, eux aussi, de soins infirmiers. Comme celles de la cliente, leurs réactions dépendront en bonne partie des valeurs auxquelles ils souscrivent. Souvent, les proches et les conjoints des victimes rendent ces dernières responsables de ce qui leur est arrivé et leur reprochent plus ou moins ouvertement d'avoir manqué de prudence. Comme ils assimilent l'agression à une relation sexuelle plutôt

qu'à un acte de violence, certains sont obnubilés par l'idée que la victime les a trompés ou ils voient en elle une femme souillée et avilie. Inutile de le préciser, de telles réactions risquent d'aggraver la crise que traverse la victime. En passant du temps avec les proches avant leur première interaction avec la cliente, l'infirmière pourra diminuer leur anxiété et absorber une partie de leurs frustrations, épargnant ainsi un traumatisme supplémentaire à la cliente.

Le counseling assuré par une infirmière ou une autre personne qualifiée peut aider la victime à surmonter l'agression sexuelle et ses répercussions; on l'incite à explorer et à clarifier ses sentiments ainsi qu'à déterminer les mesures nécessaires pour dissiper ses inquiétudes et résoudre ses problèmes. On doit éviter soigneusement de souscrire au mythe selon lequel l'agression sexuelle est toujours «provoquée» d'une manière ou d'une autre par la femme. Le responsable de l'agression sexuelle est l'agresseur, et non la victime. Au cours du counseling, l'infirmière doit insister sur le fait que l'impuissance qu'a éprouvée la victime pendant l'agression sexuelle était temporaire et qu'elle peut reprendre la maîtrise de sa vie. De plus, l'infirmière travaille en concertation intersectorielle avec les différents réseaux concernés par le problème : le réseau de la santé et des services sociaux, le réseau communautaire, le réseau judiciaire et correctionnel (Gouvernement du Québec, 2001).

Poursuites contre l'agresseur

Sur le plan juridique, l'agression sexuelle relève du droit public, car il s'agit d'une infraction criminelle. La poursuite de l'assaillant est donc une responsabilité de la société, représentée par le procureur. Toutefois, la victime doit amorcer le processus judiciaire en signalant l'agression et en portant plainte contre l'agresseur. On le sait, la police et le système judiciaire se sont montrés très insensibles à l'égard des victimes d'agression sexuelle dans le passé. Les policiers suivent maintenant des cours pour apprendre à travailler efficacement avec les victimes d'agression sexuelle, et on constitue des équipes spéciales pour mener à bien cet important travail.

Malheureusement, les victimes d'agression sexuelle qui ont recours à la procédure judiciaire la décrivent comme une deuxième agression. Non seulement elles doivent décrire l'expérience jusque dans ses détails les plus intimes, et ce, à maintes reprises, mais leur témoignage est passé au crible et on peut tenter de ternir leur réputation. De plus, le battage médiatique peut accroître leur sentiment d'humiliation. Enfin, si l'assaillant est libéré sous caution ou déclaré non coupable, elles peuvent craindre de subir des représailles.

L'infirmière qui intervient auprès de la victime d'une agression sexuelle doit connaître le processus judiciaire pour prévoir la montée de la tension et des frustrations chez la victime et ses proches, qui auront besoin d'un soutien consistant et efficace durant cette période critique.

Les maladies bénignes des seins

La femme peut souffrir de diverses affections des seins au cours de sa vie. Certaines sont aiguës, comme la mastite; d'autres chroniques, comme la mastose sclérokystique. Cette section traite des maladies bénignes des seins les plus courantes. Pour en savoir plus sur le cancer du sein, on consultera un manuel de soins infirmiers en médecine-chirurgie.

Mastose sclérokystique

La plus courante des maladies bénignes des seins est la **mastose sclérokystique**, particulièrement répandue chez les femmes âgées de 30 à 50 ans. Certaines femmes atteintes présentent des modifications histologiques (qu'on découvre généralement lors d'une biopsie) indiquant un risque accru de cancer. La sclérose mammaire est un épaississement des tissus normaux du sein; la formation de kystes qui peut accompagner la sclérose survient assez tard dans l'évolution de la maladie. La mastose sclérokystique est probablement due à un déséquilibre de l'œstrogène et de la progestérone, déséquilibre qui perturbe les changements normaux du cycle menstruel. Les symptômes de la maladie s'accentuent souvent à l'approche de la ménopause et s'atténuent généralement en postménopause. L'hormonothérapie substitutive peut entraîner la reprise des changements cycliques aux seins chez les femmes postménopausées.

La cliente atteinte de mastose sclérokystique se plaint souvent de douleur, de tension et d'œdème cycliques, particulièrement prononcés juste avant le début de la menstruation. À l'examen clinique, les seins peuvent ne présenter que de légères irrégularités ou, dans les cas plus sérieux, une densité tissulaire marquée, avec des régions irrégulières et nodulaires. Les femmes décrivent souvent ces irrégularités comme des «grumeaux» ou des «bosselures». Dans certains cas, on peut aussi exprimer un liquide des mamelons; le phénomène est plus inquiétant si l'écoulement est unilatéral et sérosanguinolent, mais tout écoulement mammaire devrait faire l'objet d'un examen plus approfondi.

La femme qui a un gros kyste rempli de liquide peut ressentir une douleur localisée lorsque la capsule qui contient ce liquide se distend au cours du cycle. S'il s'agit de petits kystes, on observera une sensibilité diffuse plutôt qu'une douleur localisée. Le kyste se distingue souvent de la tumeur maligne par sa mobilité, sa sensibilité et l'absence de rétraction de la peau environnante.

Pour confirmer le diagnostic, on recourt à la mammographie, à l'échographie, à la palpation et à la cytoponction. Souvent, la cytoponction est également thérapeutique, car elle soulage la sensibilité ou la douleur. Le traitement des kystes palpables est généralement non effractif; on ne fait appel aux interventions effractives, comme la biopsie, que si on doute du diagnostic.

Si les symptômes sont légers, on peut recommander à la cliente de réduire sa consommation de sodium et de prendre un diurétique doux dans la semaine qui précède la menstruation. Ces mesures empêchent l'accumulation de liquide, soulagent la tension dans les seins et contribuent à réduire la douleur. Si les symptômes sont plus prononcés, un analgésique doux peut se révéler nécessaire; on peut également les traiter avec de la thiamine et de la vitamine E. Dans les cas graves, le médicament le plus indiqué est le danazol, un inhibiteur d'hormones. D'autres traitements pharmaceutiques peuvent être utiles, notamment les contraceptifs hormonaux et la bromocriptine.

Selon certains chercheurs, les dérivés méthylés de la xanthine contribueraient à produire des modifications sclérokystiques; on pourrait donc diminuer ces modifications en réduisant la consommation des produits qui contiennent des dérivés méthylés de la xanthine, c'est-à-dire les produits à base de caféine (café, thé, colas et chocolat) ainsi que quelques médicaments. Cependant, une autre étude n'a pas pu établir une association concluante entre les dérivés méthylés de la xanthine et les modifications sclérokystiques.

Autres affections bénignes des seins

Adénofibrome

Fréquent chez les adolescentes et les femmes au début de la vingtaine, l'*adénofibrome* est bénin et ne semble pas associé au cancer du sein. Les adénofibromes sont des tumeurs solides rondes et caoutchouteuses, aux contours précis, qui bougent librement et tranchent sur les tissus mammaires. Ils sont asymptomatiques et indolores.

Si une masse présente des caractéristiques suspectes, une cytoponction ou une excision peut être indiquée. Toutefois, on ne doit jamais faire une biopsie à la légère, car l'excision de la masse chez une très jeune fille peut compromettre le développement normal du sein. En présence d'un adénofibrome, on s'en tient souvent à une observation attentive. L'excision chirurgicale constitue le seul traitement offert, mais on diffère souvent l'opération tant qu'elle ne s'impose pas.

Adénomes dendritiques intracanaliculaires

Apparaissant généralement durant la ménopause, les *adénomes dendritiques intracanaliculaires* sont des tumeurs qui se forment dans la portion terminale d'un canal ou, parfois, dans tout le réseau de canaux d'une région du sein. Habituellement bénins, ils peuvent devenir malins. Quoique relativement rares, ils sont la cause première des écoulements mammaires chez les femmes qui ne sont pas enceintes et qui n'allaitent pas.

La majorité des adénomes intracanaliculaires sont des nodules isolés. Ces lésions forment de petites boules que la palpation ne permet pas de déceler, mais que la mammographie révèle. Le premier symptôme de l'adénome est souvent angoissant, puisqu'il s'agit d'un écoulement mamelonnaire sérosanguinolent ou brun verdâtre (à cause de la présence de sang vieilli). La présence ou l'absence d'écoulement dépend de la localisation de l'adénome dans le réseau de canaux et de son mode d'évolution.

Si la femme signale un écoulement mamelonnaire, on doit exprimer un peu de liquide et l'envoyer au laboratoire pour un test de Papanicolaou. Si la présence de cellules papillaires confirme le diagnostic, il faut exciser la lésion et procéder à un examen histologique pour établir s'il s'agit d'un adénome bénin ou d'un carcinome papillaire (épithéliome dendritique) – deux affections difficiles à distinguer autrement.

Ectasie des canaux (comédomastite)

L'*ectasie des canaux* (ou *comédomastite*), qui n'est pas associée à la malignité, survient souvent juste avant ou durant la ménopause, généralement chez les femmes qui ont allaité. Ce problème se caractérise par un écoulement mamelonnaire épais et collant, du prurit, de l'inflammation et une sensation de brûlure. On observe parfois une rétraction mamelonnaire, surtout chez les femmes postménopausées. Généralement, le traitement, non effractif, mise sur une pharmacothérapie visant le soulagement des symptômes ; il arrive cependant qu'on doive exciser les canaux centraux du sein.

Soins infirmiers

Évaluation et analyse de la situation

La cliente qui attend un diagnostic relatif à une maladie potentielle des seins redoute souvent un cancer ou une altération de son image corporelle. L'infirmière peut recourir à la communication thérapeutique pour évaluer les facteurs qui peuvent influer sur son adaptation : l'importance qu'elle accorde à ses seins ; son état émotionnel ; les mécanismes d'adaptation qu'elle utilise en situation de stress ; ses connaissances et ses croyances sur le cancer ; etc.

Voici des exemples de diagnostics infirmiers courants pour les clientes qui souffrent d'une maladie bénigne des seins :

- *manque de connaissances* sur les procédés diagnostiques ;
- *anxiété* reliée à la possibilité d'un diagnostic de cancer du sein.

Planification et interventions

Durant la période d'attente du diagnostic, l'infirmière doit inciter la femme à exprimer son anxiété et dissiper les idées fausses qu'elle peut entretenir. Une fois le diagnostic posé, elle s'assurera que la cliente comprend bien la nature de l'affection, son rapport avec le cancer du sein et les traitements possibles.

L'infirmière peut aussi rappeler à la cliente que des examens médicaux fréquents, des mammographies régulières et la pratique de l'auto-examen mensuel des seins aident à déceler les anomalies, et qu'en prenant ces mesures et en suivant les recommandations des professionnels de la santé, elle protège sa santé.

Évaluation et résultats escomptés

Les résultats escomptés des soins infirmiers peuvent être les suivants :

- la cliente en attente d'un diagnostic pose des questions et discute ouvertement de ses peurs et de ses inquiétudes ;
- le diagnostic est rapide et précis.

L'endométriose

L'**endométriose**, une affection caractérisée par la présence de tissu endométrial hors de la cavité de l'endomètre, touche de 5 à 10 % des femmes préménopausées (Esposito, Tureck et Mastroianni, 1999). On a trouvé des foyers d'endométriose presque partout dans l'organisme – notamment dans le col utérin, le vagin, les poumons, le système nerveux central et le tube digestif –, mais ils se concentrent généralement dans le bassin. Ce tissu endométrial réagit aux variations hormonales du cycle menstruel et saigne au moment de la menstruation ; ces saignements entraînent l'inflammation et la cicatrisation du péritoine, ainsi que la formation d'adhérences.

L'endométriose peut survenir à n'importe quel âge après la puberté, mais elle est plus fréquente chez les femmes de 30 à 40 ans, et assez rare chez les femmes ménopausées. On ne connaît pas la cause exacte de l'endométriose. Les théories les plus répandues l'attribuent au reflux de cellules endométriales pendant la menstruation, à une prédisposition héréditaire ou à une anomalie du système immunitaire.

Le symptôme le plus fréquent de l'endométriose est la douleur pelvienne, souvent sourde ou crampoïde. Comme cette douleur est généralement associée à la menstruation, la femme croit qu'il s'agit de dysménorrhée. La **dyspareunie** (douleur lors du coït) et les saignements utérins anormaux sont d'autres signes caractéristiques. On diagnostique souvent la maladie lorsque la femme vient en consultation pour infertilité. Un examen bimanuel peut révéler un utérus fixe, sensible et rétroversé, ainsi que des nodules palpables dans le cul-de-sac de Douglas. La laparoscopie confirme le diagnostic. Cependant, pour éviter de pratiquer une chirurgie diagnostique dans certains cas, on peut entreprendre un traitement médical sur la base des signes et symptômes, et d'un bilan exhaustif (American College of Obstetricians and Gynecologists [ACOG],1999).

Le traitement peut être médical, chirurgical, ou les deux à la fois. Au cours d'une laparoscopie qui confirme le diagnostic, on retire tout implant de tissu endométrial par excision, endocoagulation, électrocautérisation ou vaporisation laser (ACOG, 1999). La chirurgie soulage très efficacement les symptômes, du moins pour un temps. Lorsque les symptômes sont légers, le traitement consiste en une observation attentive et dans l'administration d'analgésiques et d'anti-inflammatoires non stéroïdiens (AINS). Si la cliente ne souhaite pas une grossesse dans l'immédiat, on peut lui donner des contraceptifs oraux combinés, lesquels créent un état de pseudo-grossesse et diminuent les saignements. Si les contraceptifs oraux combinés ne soulagent pas les symptômes, un traitement à l'acétate de médroxyprogestérone, au danazol ou à un antagoniste de la gonadolibérine (Gn-Rh) pourra être indiqué.

L'acétate de médroxyprogestérone entraîne l'atrophie du tissu endométrial et, par conséquent, réduit les symptômes. On peut l'administrer par voie orale une fois par jour ou par injection intramusculaire à une périodicité de un à trois mois. Ses principaux effets indésirables sont le gain pondéral, le ballonnement, l'acné, la céphalée, les perturbations émotionnelles et la métrorragie (Propst et Laufer, 1999).

Le danazol, un dérivé de la progestérone qui supprime la Gn-Rh, stimule la production des androgènes et inhibe la production d'œstrogènes, ce qui cause l'atrophie de l'endomètre. Il supprime l'ovulation et cause l'aménorrhée. Cependant, il a d'importants effets indésirables : hirsutisme, saignements vaginaux, acné, peau grasse, gain pondéral, baisse de la libido, modification de la voix et enrouement, grossissement du clitoris et diminution du volume des seins.

Souvent mieux tolérés que le danazol et produisant des effets comparables sur l'endométriose, les antagonistes de la Gn-Rh, tels que l'acétate de nafareline (en pulvérisation nasale dosée biquotidienne) et l'acétate de leuproréline (en injection intramusculaire mensuelle), sont de plus en plus populaires. Les antagonistes de la Gn-Rh suppriment le cycle menstruel en bloquant la sécrétion d'œstrogène. Le manque d'œstrogène peut produire des effets secondaires comme les bouffées de chaleur, la sécheresse vaginale, la baisse de la libido et une diminution de la densité osseuse (Kim et Adamson, 2000).

Dans les cas plus graves, on peut recourir à la chirurgie pour retirer les implants d'endomètre et détacher les adhérences. S'il y a dyspareunie et dysménorrhée graves, le chirurgien peut procéder à une névrectomie (résection d'un nerf) présacrée. Si la maladie est avancée et que l'éventualité d'une grossesse est exclue, le traitement peut consister en une hystérectomie avec salpingo-ovariectomie.

Soins infirmiers

Évaluation et analyse de la situation

L'infirmière doit bien connaître les symptômes de l'endométriose et dresser un profil précis et détaillé de la cliente qui les signale. Si la cliente doit suivre un traitement, l'infirmière doit évaluer sa compréhension de la maladie, de ses conséquences et des traitements offerts.

Voici des exemples de diagnostics infirmiers courants pour les clientes qui souffrent d'endométriose :

- *douleur* reliée à l'irritation du péritoine causée par l'endométriose ;
- *stratégies d'adaptation individuelle inefficaces* reliées à la dépression consécutive au diagnostic de stérilité.

Planification et interventions

Au besoin, l'infirmière peut expliquer à la cliente la maladie, ses symptômes, les traitements possibles et le pronostic. Elle peut l'aider à évaluer les traitements et à choisir celui qui lui convient le mieux. Si la cliente entreprend une pharmacothérapie, l'infirmière peut passer en revue le régime posologique, les effets indésirables possibles et les signes alarmants. À cause du risque de stérilité, on recommande souvent aux femmes qui souhaitent une grossesse de ne pas la remettre à plus tard. La cliente pourra alors vouloir discuter des répercussions qu'aurait une telle décision sur son mode de vie, de sa relation avec son partenaire et de ce qu'elle a envie de faire. L'infirmière pourra l'écouter avec impartialité et l'aider à envisager toutes les possibilités.

Évaluation et résultats escomptés

Les résultats escomptés des soins infirmiers peuvent être les suivants :

- la cliente peut expliquer sa maladie, les conséquences qu'elle a sur sa fécondité et les traitements possibles ;
- après avoir envisagé toutes les possibilités, la cliente choisit des modalités thérapeutiques adéquates.

Le syndrome de choc toxique

Bien qu'on ait signalé des cas de **syndrome de choc toxique (SCT)** chez des enfants, des femmes ménopausées et des hommes, cette maladie frappe surtout les femmes en âge de procréer – en général, juste avant et pendant la menstruation ou durant le post-partum. L'agent pathogène est une souche du *Staphylococcus aureus*. On l'a vu, l'usage de tampons superabsorbants a déjà été associé à une incidence accrue du SCT. Aujourd'hui, le phénomène est en recul, probablement grâce à la modification de la forme des tampons et à des pratiques d'hygiène menstruelle préventives. L'occlusion de l'orifice du col de l'utérus par un contraceptif barrière (condom féminin, diaphragme ou cape cervicale) durant la menstruation pourrait également accroître le risque de SCT, surtout si on laisse le dispositif en place plus de 24 heures (McGregor, 2000).

Pour éviter une issue fatale, il faut diagnostiquer et traiter la maladie le plus tôt possible. Les signes les plus courants du SCT sont : l'hyperthermie (souvent, température supérieure à 38,9 °C) ; une érythrodermie localisée ou généralisée suivie, une à deux semaines plus tard, d'une desquamation (surtout palmaire et plantaire) ; une éruption ; l'hypotension artérielle ; les étourdissements. Les symptômes systémiques les plus fréquents sont les vomissements, la diarrhée, une myalgie grave et l'inflammation des muqueuses oropharyngées, conjonctivales ou vaginales. Des troubles du système nerveux central (SNC), comme l'altération de la conscience, la désorientation et le coma, peuvent survenir. Les analyses de laboratoire indiquent une élévation de l'urée, de la créatinine, de l'aspartate-aminotransférase (AST), de l'alanine-aminotransférase (ALT) et de la bilirubine totale, alors que le concentré de plaquettes (CP) est inférieur à 100×10^9/L.

Généralement, on hospitalise les personnes atteintes de SCT et on entreprend un traitement de soutien incluant les perfusions intraveineuses pour maintenir la pression artérielle. Les cas les plus graves requièrent parfois l'hémodialyse, l'administration de vasopresseurs et l'intubation. Dès qu'on a éliminé un diagnostic de septicémie, on entreprend un traitement aux antibiotiques à large spectre (incluant des agents antistaphylococciques) ; cette antibiothérapie réduit aussi le risque de récidive (McGregor, 2000).

Soins infirmiers

Les infirmières jouent un rôle de premier plan dans l'éducation des femmes en matière de prévention du SCT. Il est essentiel que les femmes comprennent la nécessité d'éviter les tampons superabsorbants et le port prolongé de tout tampon (on doit en changer toutes les trois à six heures). Certaines femmes peuvent opter pour les serviettes ou les miniserviettes. Celles qui continuent à porter des tampons peuvent réduire les risques de SCT en alternant tampons et serviettes et en optant la nuit pour les serviettes.

On conseille aux femmes qui viennent d'accoucher d'attendre de six à huit semaines avant de porter des tampons. Les femmes qui ont des antécédents de SCT ne devraient jamais en porter. Les utilisatrices du diaphragme ou de la cape cervicale ne devraient pas porter ces dispositifs pendant de longues périodes, ni les utiliser durant la menstruation et le post-partum. Enfin, les infirmières peuvent informer les femmes sur les signes et symptômes du SCT, et sur la nécessité de consulter un médecin dès leur apparition.

La vulvovaginite candidosique

Aussi appelée *candidose vulvovaginale (CVV)*, la *vulvovaginite candidosique* (VVC) est une levurose, c'est-à-dire une infection fongique. C'est la forme la plus courante de vaginite qui touche à la fois le vagin et la vulve, et certaines femmes en souffrent de manière récurrente. *Candida albicans* est l'agent pathogène responsable de la plupart des levuroses (infections à levures) humaines. Les contraceptifs hormonaux, les antibiotiques, les douches vaginales fréquentes, la grossesse, le diabète et les immunosuppresseurs favorisent l'apparition de la VVC.

La cliente qui souffre d'une VVC se plaint souvent de pertes vaginales épaisses et caséeuses, de prurit, de dysurie et de dyspareunie. Le partenaire masculin peut présenter des symptômes – une éruption ou une excoriation de la peau du pénis et parfois un prurit –, même si sa partenaire en est exempte.

Si le prurit a été intense, l'examen physique révèle des lèvres œdémateuses et excoriées. L'examen au spéculum permet de voir des plaques caséeuses épaisses, blanches et tenaces adhérant à la muqueuse vaginale. L'examen microscopique d'une préparation à l'état frais révèle des hyphes et des spores, ce qui confirme le diagnostic (figure 4-10).

Le traitement pharmacologique de la vulvovaginite candidosique repose sur l'insertion vaginale d'ovules ou de crème de miconazole, de tioconazole, de butoconazole, de terconazole, de clotrimazole ou de nystatin au coucher, pendant trois à sept jours (Santé Canada, 1998). Si la vulve est atteinte, on fait aussi une application topique. La VVC peut aussi se traiter avec une seule dose (150 mg) de fluconazole ; cependant, comme il a été associé à une toxicité hépatique, on ne devrait prescrire ce médicament que dans des situations particulières, telles que des infections récalcitrantes (Cullins *et al.*, 1999). Les médicaments topiques en vente libre conviennent aux clientes qui ont des antécédents de VVC et qui en reconnaissent les symptômes.

Le miconazole topique élimine habituellement la levurose chez l'homme, mais le traitement du partenaire masculin

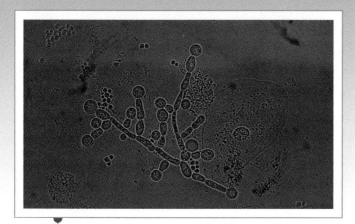

FIGURE 4-10 Hyphes et spores de *Candida albicans*. *Source :* Gracieuseté des Centers for Disease Control and Prevention.

n'est nécessaire que s'il souffre d'une balanite à *Candida* (Santé Canada, 1998).

En présence d'une VVC récurrente, on devrait vérifier la glycémie de la cliente pour exclure la présence d'un diabète ou d'un état prédiabétique. De même, les femmes qui présentent un risque élevé d'infection au VIH devraient passer un test de dépistage du virus. On traite les femmes enceintes de la même façon que les autres clientes (Santé Canada, 1998). Si la mère souffre d'une VVC lors de l'accouchement, le nouveau-né risque de contracter le muguet (levurose buccale).

Soins infirmiers

Évaluation et analyse de la situation

Dès qu'une cliente se plaint de prurit vulvaire intense et de pertes blanches et caséeuses, l'infirmière devrait envisager un diagnostic de vulvovaginite candidosique. Comme les diabétiques enceintes sont particulièrement vulnérables à cette infection, l'infirmière devrait rester à l'affût de tels symptômes chez ces clientes. Dans les régions éloignées où elles sont formées pour faire les examens au spéculum et les préparations humides, les infirmières peuvent confirmer elles-mêmes le diagnostic. Ailleurs, l'infirmière qui soupçonne une infection vaginale doit orienter la femme vers son médecin. (Voir *Points à retenir : Infection vaginale.*)

Voici des exemples de diagnostics infirmiers courants pour les clientes qui souffrent de vulvovaginite candidosique :

- *risque d'atteinte à l'intégrité de la peau* relié au grattage pour soulager le prurit causé par l'infection ;
- *manque de connaissances* sur les moyens de prévenir l'infection.

Planification et interventions

L'infirmière peut recommander à la cliente incommodée par le prurit de baigner sa vulve dans une solution faible de bicarbonate de soude (avant d'appliquer un médicament topique, si elle en utilise un).

L'infirmière informe la cliente sur les facteurs qui favorisent la VVC, ainsi que sur les moyens de prévenir les récurrences. Elle lui suggérera, par exemple, de porter une culotte de coton, d'éviter les poudres et aérosols vaginaux qui peuvent irriter la vulve, etc. Certaines femmes disent que l'ajout de yogourt à leur régime alimentaire ou de cultures activées de yogourt nature aux douches vaginales contribue à prévenir les récurrences de VVC en maintenant un taux élevé de lactobacilles.

Évaluation et résultats escomptés

Les résultats escomptés par les soins infirmiers peuvent être les suivants :

- la cliente n'a plus de symptômes et l'infection est jugulée ;
- la cliente peut énumérer les autosoins susceptibles de prévenir la récurrence de la vulvovaginite candidosique.

Les maladies transmissibles sexuellement

L'incidence des **maladies transmissibles sexuellement (MTS)**, aussi appelées *infections transmissibles sexuellement* (ITS), augmente depuis plusieurs décennies. En fait, la VVC et les MTS sont les principales raisons pour lesquelles les femmes reçoivent un traitement dans les services de santé ambulatoires.

Vaginose bactérienne

Autrefois appelée *vaginite non spécifique* ou *vaginite à Gardnerella vaginalis*[1], la *vaginose bactérienne (VB)* se transmet rarement par l'activité sexuelle, mais elle y est associée (Santé Canada, 1998). C'est la cause spécifique la plus fréquente d'infection vaginale, et son taux de prévalence est plus élevé chez les femmes actives sexuellement (Santé Canada, 1998).

Normalement, les lactobacilles constituent la presque totalité de la flore bactérienne vaginale, où l'on trouve également un petit nombre d'agents pathogènes comme *Gardnerella vaginalis*, des microplasmes et des germes anaérobies. La VB résulte d'une modification de la flore vaginale qui inhibe la peroxydase productrice de lactobacilles : en l'absence de cette défense naturelle, les agents pathogènes se mettent à proliférer, causant une vaginose (Thomason et Scaglione, 1999). On connaît mal les raisons de cette prolifération, mais on y associe parfois les traumas des tissus et les relations sexuelles.

La vaginose n'est pas toujours symptomatique, mais la femme atteinte remarque souvent un écoulement vaginal clair, aqueux et d'un gris jaunâtre, qui dégage une odeur d'amines caractéristique (odeur de poisson). Une préparation à l'état frais (hydroxyde de potassium) permet d'observer des cellules épithéliales couvertes de coccobacilles (*clue cells*) caractéristiques de la vaginose bactérienne (figure 4-11 ▶). Le pH vaginal est généralement supérieur à 4,5.

On traite généralement la femme qui n'est pas enceinte au métronidazole (Flagyl) ou à la clindamycine par voie orale ou en crème vaginale. Durant le premier trimestre de la grossesse, à cause de ses effets tératogènes potentiels, on remplace le métronidazole par un plein applicateur de clindamycine intravaginale au coucher. Durant les deuxième et troisième trimestres, on peut utiliser le métronidazole ou la clindamycine par voie orale, ou un gel vaginal de métronidazole (Santé

---

1. N.D.T. : On a créé le terme vaginose bactérienne pour décrire l'état caractérisé par une prolifération bactérienne dans le vagin et un écoulement vaginal accru *en l'absence d'inflammation vulvovaginale* (le suffixe *-ite* ajouté à la région atteinte signifiant état inflammatoire). La documentation tend à présenter la vaginose bactérienne et la vaginite à *Gardnerella vaginalis* comme des synonymes parce que *Gardnerella vaginalis* est présent dans la plupart des vaginoses bactériennes. *Source :* Office de la langue française, 1998.

Canada, 1998). Lorsqu'elle survient durant la grossesse, la VB peut entraîner la rupture prématurée des membranes et la naissance avant terme. Le traitement des partenaires sexuels n'est indiqué que dans les cas récurrents de VB (Thomason et Scaglione, 1999).

Trichomonase

Trichomonas est un protozoaire microscopique très mobile qui prolifère en milieu alcalin. La plupart des trichomonases se transmettent au cours de l'activité sexuelle, mais *Trichomonas* peut aussi se propager par les salles de bain communes, les serviettes mouillées ou les maillots de bain mouillés (Sonstegard *et al.*, 1982).

Les symptômes de la trichomonase sont un écoulement jaune-verdâtre, spumeux et malodorant, souvent accompagné d'inflammation du col et du vagin, de dysurie et de dyspareunie. Notons cependant que jusqu'à 50 % des cas sont asymptomatiques (Santé Canada, 1998). Au microscope, une préparation à l'état frais de l'écoulement vaginal révèle la présence de *Trichomonas* flagellés (figure 4-12 ▶), ce qui confirme le diagnostic.

La trichomonase se traite par l'administration de 2 g de métronidazole en dose unique chez les deux partenaires ; il existe également un traitement oral de 7 jours. Les deux partenaires devraient s'abstenir de relations sexuelles jusqu'à ce qu'ils soient tous deux guéris. (Voir *Points à retenir : Infection vaginale.*)

La cliente enceinte doit savoir qu'on ne prescrit pas de métronidazole durant le premier trimestre de la grossesse (toujours à cause d'effets tératogènes potentiels), et ce, bien qu'il n'existe aucun autre traitement adéquat. La trichomonase peut se transmettre au nouveau-né de sexe féminin lors de la naissance, mais l'infection évolue spontanément vers la guérison.

FIGURE 4-11 ▶ Cellules épithéliales vaginales couvertes de coccobacilles (*clue cells*) caractéristiques de la vaginose bactérienne.

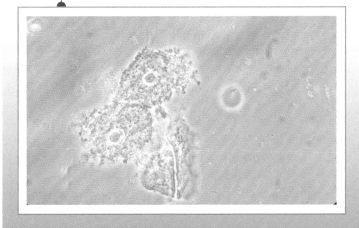

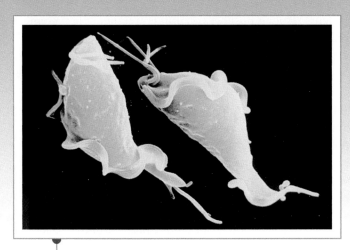

FIGURE 4-12 ▶ Aspect microscopique de *Trichomonas vaginalis*.

Si les symptômes sont importants, une fois le premier trimestre passé, on pourra envisager l'administration de 2 g de métronidazole en dose unique (Eschenbach, 2000). On doit conseiller aux partenaires d'éviter l'alcool pendant qu'ils prennent du métronidazole, car cette association produit des effets semblables à ceux de l'association alcool/Antabuse : douleurs abdominales, rougeur de la peau ou tremblements.

Chlamydiose génitale

Causée par *Chlamydia trachomatis*, la *chlamydiose* est la MTS d'origine bactérienne la plus répandue au Canada (Santé Canada, mai 1999a). *Chlamydia trachomatis* est une bactérie intracellulaire dotée de plusieurs immunotypes, dont certains causent la lymphogranulomatose vénérienne ainsi que le trachome, principale cause de cécité évitable dans le monde.

Chlamydia trachomatis est une cause majeure de l'urétrite non gonococcique (UNG) chez les hommes. Chez les femmes, *Chlamydia trachomatis* peut causer des infections aussi graves que la gonorrhée. Il peut infecter l'urètre, les glandes de Bartholin, le col utérin et les trompes de Fallope, et il est associé à l'atteinte inflammatoire pelvienne, à la grossesse ectopique et à la stérilité. L'enfant d'une femme atteinte d'une chlamydiose non traitée risque d'être atteint d'une ophtalmie néonatale ; cette infection peut survenir malgré la prophylaxie oculaire au nitrate d'argent, mais elle répond aux onguents à l'érythromycine.

Les symptômes de chlamydiose comprennent des pertes claires ou purulentes, des brûlures à la miction et une pollakiurie, une douleur abdominale basse et des saignements vaginaux anormaux (Santé Canada, 1998). Toutefois, chez la majorité des femmes, l'infection est asymptomatique ; on décèle souvent sa présence après qu'un partenaire sexuel s'est fait traiter pour une UNG, ou à la suite d'une culture de gonocoques négative chez une cliente qui présente des symptômes. Aujourd'hui,

les nouveaux tests d'amplification des acides nucléiques par polymérase (*polymerase chain reaction* [PRC]) ou ligase (*ligase chain reaction* [LCR]) facilitent grandement le diagnostic en laboratoire de la chlamydiose. En plus d'être très sensibles à *Chlamydia trachomatis* (97 % de spécificité), ces tests ne sont pas effractifs puisqu'ils se font sur la première urine du jour (Hammerschlag, 1999).

Le traitement de choix pour cette infection est l'azythromycine (1 g par voie orale en dose unique) ou la doxycycline (100 mg par voie orale pendant 7 jours). On l'applique aux partenaires sexuels, qui doivent s'abstenir de relations sexuelles pendant une semaine. On devrait administrer aux femmes enceintes de l'éthylsuccinate d'érythromycine ou de l'amoxyline, bien qu'aucun de ces deux médicaments ne soit très efficace (CDC, 1998).

Gonorrhée

La *gonorrhée* est la deuxième MTS d'origine bactérienne en importance au Canada ; cependant, elle est 7 fois moins fréquente que le chlamydia, et elle est en baisse constante – son taux est aujourd'hui 14 fois plus bas qu'en 1980 (Santé Canada, mai 1999b).

La gonorrhée est une infection causée par la bactérie *Neisseria gonorrhœæ* (gonocoque). La femme qui la contracte risque de souffrir d'une atteinte inflammatoire pelvienne, sauf si elle est contaminée après le troisième mois de la grossesse. En effet, le bouchon muqueux empêche alors l'infection de monter, la confinant à l'urètre, au col et aux glandes de Bartholin jusqu'à la rupture des membranes – après quoi elle peut se propager vers le haut.

La majorité des femmes atteintes n'ont pas de symptômes. Le dépistage de *Neisseria gonorrhœæ* par culture cervicale est donc de règle au moment du premier examen prénatal ; pour les clientes présentant un risque élevé, on peut refaire la culture au dernier mois de la grossesse. Des cultures de prélèvements de l'urètre ainsi que, selon les pratiques sexuelles de la cliente, de la gorge et du rectum peuvent faciliter le diagnostic.

Les symptômes les plus courants de la gonorrhée sont l'écoulement vaginal jaune-verdâtre et purulent, la dysurie et la pollakiurie. Chez certaines femmes, on observe un œdème et une inflammation de la vulve. Le col peut être œdémateux et érodé, et sécréter une substance nauséabonde contenant des gonocoques.

Le traitement consiste en une antibiothérapie à la ceftriaxone par voie intramusculaire, en association avec de la doxycycline ou de l'azythromycine par voie orale. Cette combinaison permet de traiter du même coup la gonorrhée et la chlamydiose, car ces deux infections coexistent souvent. Un traitement supplémentaire peut s'avérer nécessaire si les cultures restent positives de 7 à 14 jours après la fin du traitement. Il faut traiter tous les partenaires sexuels, sinon la femme risque d'être réinfectée. On devrait administrer de la ceftriaxone par voie intramusculaire ou de la cefixime par voie orale aux femmes enceintes, ainsi que de l'érythromycine ou de l'amoxicilline pour contrer le risque d'infection à *Chlamydia* (Santé Canada, 1998).

On doit informer les clientes que d'autres cultures seront nécessaires pour confirmer la guérison, et leur expliquer que l'abstinence ou l'emploi de condoms sont essentiels jusque-là.

Herpès génital

L'*herpès* est causé par le virus de l'herpès simplex (HSV), qui peut produire deux types d'infection : de manière générale, le HSV-1 (« feux sauvages ») se manifeste au-dessus de la taille et n'est pas transmis sexuellement, alors que le HSV-2 est associé aux infections génitales. Les symptômes cliniques et le traitement sont les mêmes. Comme l'infection herpétique n'est pas une maladie à déclaration obligatoire au Canada, on ne peut déterminer sa prévalence à l'échelle nationale.

La première poussée d'herpès génital se caractérise par l'apparition d'une ou de plusieurs vésicules, généralement dans la région génitale et parfois sur les parois vaginales, le col, l'urètre et l'anus. Ces vésicules peuvent se manifester de quelques heures à 20 jours après l'exposition et se rompre spontanément pour former des lésions ulcérées très douloureuses. L'inflammation et la douleur liées aux lésions herpétiques peuvent entraîner des difficultés à la miction et une rétention urinaire. On observe parfois une intumescence des ganglions inguinaux, un syndrome pseudo-grippal et un fourmillement ou un prurit génital. La première poussée est généralement la plus longue et la plus grave. Les lésions guérissent spontanément en deux à quatre semaines.

Une fois les lésions guéries, le virus entre dans une phase inactive et reste à l'état latent dans les ganglions sensitifs de la région atteinte. Parfois, il n'y a aucune récurrence, mais la plupart des gens connaissent des infections récurrentes ; chez certains, elles sont régulières. Généralement moins graves, les récurrences semblent déclenchées par le stress émotionnel ; la menstruation, l'ovulation ou la grossesse ; les relations sexuelles fréquentes ou vigoureuses ; un mauvais état de santé ou l'épuisement physique ; des vêtements serrés ou une chaleur excessive. Le diagnostic repose sur l'aspect des lésions, un test de Papanicolaou ou une culture (écouvillon de lésions) et, parfois, la recherche d'anticorps dans le sang.

L'herpès est incurable, mais il existe un traitement sur ordonnance pour soulager la douleur et prévenir les complications liées à la surinfection. Le traitement de choix pour le premier épisode est l'acyclovir, le valacyclovir ou le famcyclovir par voie orale. Avec des régimes posologiques légèrement différents, ces médicaments sont également recommandés pour les poussées récurrentes ou en traitement de suppression prolongé dans les cas de récurrences fréquentes. Pour obtenir les meilleurs résultats possibles, on doit entreprendre le traitement dès la phase des prodromes (CDC, 1998).

Les autosoins recommandés sont le nettoyage à l'aide d'une solution de polyvidone iodée (Betadine) pour prévenir la surinfection, puis d'une solution d'acétate d'aluminium (solution de Burow) pour soulager la douleur et la gêne. On conseille souvent le recours à la vitamine C et à la lysine pour prévenir les récurrences, mais les recherches ne confirment pas l'efficacité de ces traitements. On facilite la guérison des lésions en gardant la région génitale propre et sèche, en choisissant des vêtements lâches et en portant une culotte de coton (ou pas de culotte du tout). Que ce soit lors de la première poussée ou lors d'une récurrence, les lésions herpétiques cicatriseront même sans traitement.

Le VHS, s'il est actif dans les organes génitaux de la mère lors de l'accouchement, peut avoir un effet dévastateur et même fatal sur le nouveau-né. Nous traiterons de ce sujet au chapitre 12.

Syphilis

Des trois MTS d'origine bactérienne – la chlamydiose, la gonorrhée et la syphilis –, la syphilis infectieuse est la moins fréquemment signalée au Canada, à tel point qu'au milieu des années 1990, on a pu croire à sa disparition. Malheureusement, depuis quelques années, son taux augmente tant chez les hommes que chez les femmes (Santé Canada, février 2002).

La syphilis est une infection chronique causée par un spirochète appelé *Treponema pallidum* (tréponème pâle). La syphilis peut se contracter congénitalement par inoculation transplacentaire, et elle peut résulter de l'exposition de la mère à un exsudat infecté au cours de rapports sexuels ou du contact avec des plaies ou du sang infecté. La période d'incubation dure de 10 à 90 jours, durant lesquels le sang contient des spirochètes et est infectieux, même en l'absence de tout symptôme et de toute lésion.

On distingue deux stades dans la syphilis : celui de la syphilis précoce et celui de la syphilis tardive. Au stade précoce (primaire) de la syphilis, un chancre indolore apparaît au site où le tréponème pâle a pénétré dans l'organisme. Les autres symptômes sont, notamment, une légère hyperthermie, une perte pondérale et un certain malaise. Le chancre persiste environ quatre semaines et disparaît. Souvent, de six semaines à six mois plus tard, des symptômes secondaires se manifestent : apparition sur la vulve de condylomes plats très infectieux, semblables à des plaques verruqueuses ; arthrite aiguë ; augmentation de volume du foie et de la rate ; adénopathie indolore ; iritis ; mal de gorge chronique avec enrouement. Lorsqu'il est infecté pendant la vie intra-utérine, le nouveau-né présente les symptômes du stade secondaire. La syphilis transmise par voie transplacentaire peut entraîner un retard de croissance du fœtus, la naissance prématurée et la mortinaissance. À cause des effets tératogènes de la maladie sur le fœtus, le dépistage universel chez les femmes enceintes est la norme dans la plupart des provinces et territoires du Canada (Santé Canada, 1998).

Le diagnostic repose sur la découverte de spirochètes lors de l'examen au microscope à fond noir (ultramicroscope). À des fins de dépistage, on utilise des tests de détection des antigènes sanguins non spécifiques aux tréponèmes – comme le VDRL (*Venereal Disease Research Laboratory*) et le test rapide des réagines plasmatiques RPR (*Rapid Plasma Reagin*) – ou le test plus spécifique de l'immunofluorescence absorbée FTA-ABS (*Fluorescent Treponemal Antibody Absorption Test*).

Pour les femmes atteintes de syphilis depuis moins d'un an, enceintes ou non, on recommande 2,4 millions UI de benzathine pénicilline G par voie intramusculaire (Santé Canada 1998). Si l'infection remonte à plus d'un an, on prescrit 2,4 millions UI de benzathine pénicilline G par voie intramusculaire une fois par semaine pendant trois semaines (Santé Canada 1998). On peut traiter à la doxycycline les femmes allergiques à la pénicilline qui ne sont pas enceintes. La femme enceinte allergique à la pénicilline devrait être désensibilisée (Santé Canada, 1998). Chez la femme, le sérodiagnostic peut demeurer positif jusqu'à huit mois après le traitement, alors qu'il peut être positif pendant trois mois chez le nouveau-né.

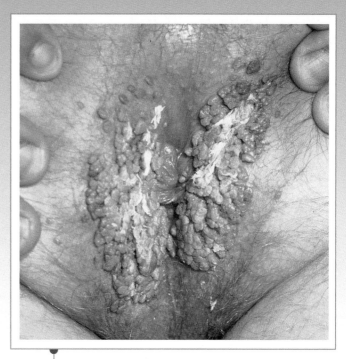

FIGURE 4-13 ❱ Condylomes acuminés sur la vulve.

Condylome acuminé et infections génitales à papillomavirus

Le *condylome acuminé* est une MTS causée par le papillomavirus, ou virus du papillome humain (VPH). Comme on est de plus en plus convaincu de l'existence d'un lien entre le VPH et le cancer du col de l'utérus – plus de 90 % des femmes affligées de ce cancer du col ont aussi le VPH –, on se préoccupe de plus en plus de cette affection, qui serait la plus répandue aux États-Unis (Santé Canada, 2000). On estime que sa prévalence, toutes souches de VPH confondues, se situe entre 20 et 33 % de la population féminine canadienne, et entre 11 et 25 % pour les seules souches pouvant causer le cancer. Notons cependant que seulement une partie de ces femmes vont présenter les signes avant-coureurs du cancer du col de l'utérus (Santé Canada, 2000).

Souvent, la femme consulte un médecin après avoir observé une ou plusieurs lésions molles d'un rose grisâtre, qui peuvent être groupées en bouquets ou en forme de chou-fleur, dans la région génitale (figure 4-13 ❱). Ce milieu chaud et humide favorise la prolifération des verrues, qui peuvent s'étendre sur la vulve, le vagin, le col et l'anus. La période d'incubation peut durer de trois semaines à trois ans après l'exposition au virus.

Puisque le condylome ressemble parfois à d'autres lésions et qu'il peut se transformer en tumeur maligne, toutes les lésions pigmentées, les ulcérations, les lésions constamment prurigineuses ou les lésions récalcitrantes suspectes devraient

être examinées par un spécialiste et traitées sans retard (Santé Canada, 1998).

Santé Canada (1998) ne propose aucun traitement de choix pour les verrues anogénitales ; on recommande de le déterminer selon les préférences des clientes, les ressources disponibles et l'expérience du personnel. Les traitements à domicile comprennent l'application d'une solution ou d'un gel de podofilox, ou encore d'une crème d'imiquimod, un immunomodulateur topique (Santé Canada, 1998). Les autres traitements disponibles sont la cryothérapie à l'azote liquide ou par cryosonde ; la podophylline topique ; l'acide trichloracétique ou bichloracétique ; l'interféron intralésionnel ; l'excision chirurgicale ou la vaporisation au laser. En doses importantes, l'imiquimod, le podofilox et la podophylline sont associés à la mort fœtale ; de plus, on les soupçonne d'avoir des effets tératogènes ; on ne doit donc pas utiliser ces médicaments durant la grossesse.

Syndrome d'immunodéficience acquise (sida)

Le *syndrome d'immunodéficience acquise* ou *sida* est une affection mortelle causée par le *virus d'immunodéficience acquise* (VIH). Les manuels de médecine-chirurgie décrivent abondamment les soins donnés aux clients séropositifs et sidéens. Nous traiterons cependant au chapitre 12 des graves conséquences pour le fœtus d'un diagnostic de sida ou de la présence des anticorps du sida chez la femme enceinte.

Soins infirmiers

Évaluation et analyse de la situation

L'infirmière qui travaille auprès des femmes doit maîtriser l'art d'établir une anamnèse complète et de reconnaître les femmes à risque en ce qui a trait aux MTS. Les principaux facteurs de risque sont les suivants : partenaires multiples ou contact sexuel avec un partenaire qui a des partenaires multiples ; comportements sexuels à risque élevé (comme la fellation, le coït ou la pénétration anale sans condom) ou contact sexuel avec un partenaire qui a de tels comportements ; antibiothérapie associée à la prise de contraceptifs hormonaux ; début de l'activité sexuelle à un âge précoce. L'infirmière doit être à l'affût des signes et symptômes des MTS et connaître les épreuves diagnostiques indiquées lorsqu'on soupçonne une MTS.

Chaque MTS possède des caractéristiques distinctives, mais les symptômes suivants évoquent la possibilité d'une infection et justifient une évaluation plus poussée :

- lésion vulvaire ;
- écoulement vaginal accru ou malodorant ;
- brûlures à la miction ;
- dyspaneurie ;
- saignement après le coït ;
- douleur pelvienne.

Souvent, la femme n'a aucun symptôme, mais il se peut que son partenaire en ait, notamment une douleur à la miction ou un écoulement urétral. Il est donc utile d'interroger la cliente à ce propos.

Voici des exemples de diagnostics infirmiers courants pour les clientes qui ont une MTS :

- *altération de la dynamique familiale* reliée aux répercussions d'un diagnostic de MTS sur la relation de couple ;
- *connaissances insuffisantes* sur les conséquences à long terme d'un diagnostic de MTS (répercussions sur la capacité reproductive, sur la grossesse, sur le fœtus, sur l'accouchement, etc.)

Planification et interventions

Avec objectivité et compassion, l'infirmière renseigne la cliente atteinte d'une MTS sur la maladie, son mode de transmission et ses conséquences sur la grossesse et la fécondité, ainsi que sur le traitement et la nécessité de le poursuivre jusqu'à la fin. Si le traitement des partenaires, l'abstinence sexuelle ou le port du condom durant le traitement s'imposent, la cliente doit comprendre l'importance de ces mesures pour éviter de tomber dans un cycle de réinfection.

Certaines MTS, comme la trichomonase et la chlamydiose, peuvent inquiéter la cliente, mais elles se soignent assez facilement une fois le diagnostic posé. D'autres MTS, bien qu'elles soient aussi faciles à traiter du point de vue médical, peuvent entraîner un rejet social et se révéler profondément bouleversantes.

L'infirmière peut apporter une aide précieuse à la cliente en l'encourageant à explorer ses sentiments envers la maladie. La femme atteinte d'une MTS peut éprouver de la colère et avoir le sentiment d'avoir été trahie par son partenaire. Elle peut ressentir un sentiment de culpabilité qui lui fait envisager la maladie comme une sorte de punition. Elle peut s'inquiéter des répercussions à long terme de la maladie sur ses relations intimes et sur sa fécondité. Bref, elle peut vivre toute une gamme d'émotions déconcertantes. Avoir la possibilité d'en discuter dans un contexte exempt de préjugés et de jugements de valeur peut lui être très utile. Au besoin, l'infirmière pourra l'orienter vers des groupes d'entraide et l'aider à prendre des décisions sur ses pratiques sexuelles.

Plus subtilement, le fait que l'infirmière accepte la situation en toute simplicité, en adoptant une approche pragmatique, montre à la cliente qu'avoir contracté une MTS ne fait pas d'elle une personne moins respectable. (Voir *Points à retenir : Informations clés sur les MTS*.)

Évaluation et résultats escomptés

Les résultats escomptés des soins infirmiers peuvent être les suivants :

- l'infection est diagnostiquée et, si possible, guérie ; sinon, la cliente reçoit un traitement de soutien ;

Points à retenir

Informations clés sur les MTS

- Le risque de contracter une MTS augmente avec le nombre de partenaires sexuels. Comme l'infection au VIH peut prendre des années à se manifester, chaque relation sexuelle avec une nouvelle personne nous expose à tous les autres partenaires sexuels qu'elle a eus depuis au moins cinq ans.

- À l'heure actuelle, le condom est la méthode contraceptive qui offre la meilleure protection contre les MTS (à part l'abstinence, bien entendu).

- D'autres méthodes contraceptives, comme le diaphragme ou la cape cervicale utilisés en association avec un spermicide, offrent une certaine protection contre les MTS.

- Toute personne qui reçoit un diagnostic de MTS a la responsabilité de prévenir ses partenaires sexuels pour qu'ils puissent se faire traiter.

- Lorsqu'elle a des raisons de croire qu'elle a été exposée à une MTS, une cliente peut avoir besoin d'un traitement même si elle ne présente pas ou ne présente plus de symptômes. Elle doit absolument consulter un médecin pour obtenir un diagnostic et un traitement. Tout traitement prescrit pour une MTS doit être suivi à la lettre jusqu'à la fin.

- Comme certaines infections génitales peuvent fausser le test de Papanicolaou, les femmes qui en souffrent pourront avoir à passer le test plus fréquemment ; il importe qu'elles respectent les recommandations du médecin à cet égard.

- la cliente et son partenaire sont en mesure de décrire l'infection, son mode de transmission, ses conséquences et ses modalités thérapeutiques ;
- la cliente réussit à composer avec les répercussions du diagnostic sur son concept de soi.

L'atteinte inflammatoire pelvienne

Le terme **atteinte inflammatoire pelvienne (AIP)** désigne tout état inflammatoire touchant l'endomètre, les trompes de Fallope, le péritoine pelvien et/ou les structures adjacentes (Santé Canada, 1998). L'AIP touche environ 1 % des femmes âgées de 15 à 39 ans, mais on trouve le taux d'infection le plus élevé chez les femmes de 15 à 24 ans qui sont sexuellement actives (Eschenbach, 1999). L'AIP est plus fréquente chez les femmes qui ont de nombreux partenaires sexuels, qui ont déjà contracté cette maladie ou qui portent un stérilet. Elle entraîne généralement une infection des trompes (salpingite), accompagnée ou non d'un abcès pelvien. Toutefois, ce sont surtout les séquelles de l'AIP qui en font un problème de santé aussi grave, parce qu'elles sont étroitement associées à la grossesse ectopique et à la stérilité tubaire (Santé Canada, 1998).

Chlamydia trachomatis, *Neisseria gonorrhœæ* et *Mycoplasma hominis* sont les principaux responsables de l'AIP. Une vaginose bactérienne peut favoriser la propagation des agents pathogènes vers le haut.

Les principaux symptômes de l'AIP sont une vive douleur crampoïde bilatérale dans les quadrants inférieurs de l'abdomen, des saignements vaginaux anormaux, de l'hyperthermie, des frissons, un écoulement vaginal purulent, des cycles menstruels irréguliers, un malaise généralisé, des nausées et des vomissements. Cependant, la maladie peut être asymptomatique et les constantes biologiques, normales.

Pour poser le diagnostic, on procède à un examen clinique afin de cerner les symptômes. On fait ensuite des analyses de sang, une culture de gonocoques et un test d'amplification des acides nucléiques (LCR ou PCR) pour déceler la présence de *Chlamydia trachomatis*. L'examen physique révèle généralement une sensibilité abdominale directe à la palpation, une sensibilité des annexes, ainsi qu'une sensibilité cervicale et utérine à la mobilisation. L'échographie permet d'évaluer toute masse palpable. À l'aide d'une seringue, on peut aspirer du liquide dans le cul-de-sac de Douglas en passant par le vagin ; sa purulence indique une infection intra-abdominale. On peut recourir à la laparoscopie pour confirmer le diagnostic et pour prélever, à des fins de culture, un échantillon des trompes de Fallope et, directement cette fois, du liquide dans le cul-de-sac de Douglas.

Dans les cas graves, on hospitalise la femme et on la traite par voie intraveineuse, le plus souvent à la céfoxitine sodique,

au céfotétan disodique ou à la clindamycine avec gentamicine. Le traitement ambulatoire se fait avec divers antibiotiques (céfoxitine, ceftriaxone, doxycycline et clindamycine) utilisés seuls ou en association. Si l'AIP est causée par *Chlamydia trachomatis* ou *Neisseria gonorrhœæ*, on peut également recourir à l'ofloxacine (Floxin) par voie orale deux fois par jour pendant 10 à 14 jours, traitement dont le taux d'efficacité atteint 98 % (« A simpler cure for pelvic infections », 1997). Souvent, la gravité des symptômes impose un traitement de soutien. Si la cliente porte un stérilet, on le retire généralement de 24 à 48 heures après le début de l'antibiothérapie. Il faut également traiter le partenaire sexuel.

Soins infirmiers

Évaluation et analyse de la situation

Lorsqu'elle procède à l'évaluation initiale, l'infirmière doit rester à l'affût des facteurs qui prédisposent la cliente à l'AIP. L'infirmière doit vérifier si la cliente porte un DIU et, le cas échéant, s'il s'agit d'un DIU inerte ou au cuivre, et si elle est exposée aux MTS. Si c'est le cas, elle doit lui demander si elle éprouve des symptômes, tels qu'une douleur abdominale basse, des pertes nauséabondes, des malaises, etc. La femme qui souffre d'une AIP aiguë présentera des symptômes évidents, mais une AIP chronique peut se manifester plus discrètement.

Voici des exemples de diagnostics infirmiers courants pour les clientes qui souffrent d'une atteinte inflammatoire pelvienne :

- *douleur* reliée à l'inflammation du péritoine ;
- *connaissances insuffisantes* sur les répercussions possibles d'une AIP sur la fécondité.

Planification et interventions

Comme son rôle est capital dans la prévention et la détection de l'atteinte inflammatoire pelvienne, l'infirmière doit prendre le temps de discuter avec la cliente des facteurs reliés à cette infection. La cliente qui porte un DIU inerte ou au cuivre et qui a plusieurs partenaires sexuels doit connaître les risques auxquels elle s'expose. L'infirmière doit expliquer les signes et symptômes de l'AIP, et souligner l'importance du dépistage rapide de la maladie.

On doit informer la cliente qui souffre d'une AIP de la nécessité de prendre tous ses antibiotiques et de se présenter à l'examen de suivi. On doit aussi la prévenir des répercussions éventuelles de l'infection sur sa fécondité.

Évaluation et résultats escomptés

Les résultats escomptés des soins infirmiers peuvent être les suivants :

- la cliente peut décrire correctement la maladie, son traitement et ses répercussions éventuelles sur sa fécondité ;
- la cliente qui suit le traitement jusqu'à la fin est guérie.

Les anomalies détectées lors d'un examen pelvien

Résultats anormaux au test de Papanicolaou

Le système Bethesda (tableau 4-4) est le système de classification des frottis de Papanicolaou le plus répandu aux États-Unis. Fondé sur l'état actuel de la connaissance en matière de pathologies cervicales, il uniformise la classification et la terminologie des résultats. La détection précoce des anomalies permet d'entreprendre un traitement avant que les cellules n'atteignent les stades précancéreux ou cancéreux.

Il faut prendre certaines précautions lorsqu'on avise une cliente que les résultats de son test de Papanicolaou sont anormaux, car cette information génère habituellement de l'anxiété. Les appréhensions des femmes, selon les études, sont liées à l'incompréhension des résultats et de leur portée, à la peur du cancer et à la peur de la stérilité (Lauver, Baggot et Kruse, 1999). Il importe donc d'expliquer de manière claire et précise la signification des résultats ainsi que les étapes à venir, et de laisser à la cliente le temps de poser des questions et d'exprimer ses inquiétudes.

Les modalités diagnostiques ou thérapeutiques en cas de résultats anormaux au test de Papanicolaou sont notamment : la répétition du test de Papanicolaou avec la méthode à préparation liquide (*ThinPrep*) plutôt que la méthode à préparation humide (traditionnelle) ; la colposcopie et la biopsie endocervicale ; la cryothérapie ; la conisation au laser ; l'excision électrochirurgicale des lésions (LLETZ[2]). Les résultats de l'examen déterminent le choix du traitement.

Dans bien des cas où il y a des résultats anormaux au test de Papanicolaou, l'étape suivante est la **colposcopie**,

---

2. NDT : Acronyme de « *large loop excision of the transformation zone* » (le courant électrique passe par une boucle de fil extrêmement fin).

Tableau 4-4

Classification des frottis de Papanicolaou : le système Bethesda révisé

Qualité de l'échantillon
Satisfaisante
Satisfaisante, mais de valeur limitée (préciser la raison)
Sans valeur (préciser la raison)

Catégorie générale
Dans les limites de la normale (normal ou non suspect)
Modifications cellulaires bénignes (voir Diagnostics descriptifs)
Anomalies des cellules épithéliales (voir Diagnostics descriptifs)

Diagnostics descriptifs
Modifications cellulaires bénignes
  Infections
    Trichomonas vaginalis
    Levures morphologiquement évocatrices de *Candida* sp.
    Prédominance de coccobacilles évocatrice d'une modification de la flore vaginale
    Bactéries morphologiquement évocatrices de *Actinomyces* sp.
    Modifications cellulaires associées au virus de l'herpès simplex (VHS)
    Autre
  Atypies réactives
    Modifications cellulaires réactives associées à
    Inflammation (inclut la réparation typique)
    Atrophie avec inflammation (vaginite atrophique)
    Radiation
    Dispositif intra-utérin (stérilet)
    Autre

Anomalies des cellules épithéliales
  Anomalies des cellules épithéliales malpighiennes
  ASCUS (atypie des cellules malpighiennes de signification indéterminée) (les qualifier[*])
  LIBH (lésion malpighienne intra-épithéliale de bas grade histologique) lésion à VPH[**], dysplasie légère/CIN 1
  LIHG (lésion malpighienne intra-épithéliale de haut grade histologique) dysplasie modérée et sévère, CIS/CIN 2 et CIN 3
  Carcinome épidémoïde
  Anomalies des cellules épithéliales glandulaires
  Cellules endométriales bénignes chez une femme postménopausée
  AGUS (atypie des cellules glandulaires de signification indéterminée) (les qualifier)
  Adénocarcinome endocervical
  Adénocarcinome endométrial
  Adénocarcinome extra-utérin
  Adénocarcinome NS
Autres néoplasmes malins (les spécifier)
  Évaluation hormonale (ne s'applique qu'aux frottis vaginaux)
  Modèle hormonal compatible avec l'âge et les antécédents
  Modèle hormonal incompatible avec l'âge et les antécédents (le spécifier)
  Évaluation hormonale impossible (préciser la raison)

---

* On devrait qualifier ultérieurement ces cellules selon qu'elles sont associées à un processus réactif ou à un processus prémalin/malin.
** Les modifications cellulaires du virus du papillome humain (VPH) – appelées auparavant koilocytose, atypie koilocytotiques ou atypie condylomateuse – sont incluses dans la catégorie « Lésion malpighienne intra-épithéliale de bas grade ».

habituellement pratiquée dans un cabinet de médecin ou un service ambulatoire. Ce procédé permet d'examiner le col utérin avec un microscope binoculaire à faible grossissement (X6 à X40) muni d'un système d'éclairage intégré (colposcope). On procède à un examen du col d'abord sans préparation, puis après application d'une solution d'acide acétique à 3% qui donne une coloration blanchâtre aux anomalies de l'épithélium. Le colposcope permet de déceler les zones où il y a transformation de la muqueuse et, éventuellement, de faire un prélèvement biopsique.

Les facteurs associés à un risque élevé de dysplasie cervicale et de cancer du col sont les suivants: premier coït à un âge précoce, partenaires sexuels multiples, antécédents de MTS, traitement immunosuppresseur et exposition néonatale au diéthylstilbestrol (DES).

Masses ovariennes

De 70 à 80% des masses ovariennes sont bénignes. Plus de 50% sont des kystes fonctionnels qui apparaissent le plus souvent chez les femmes âgées de 20 à 40 ans. Les kystes fonctionnels sont rares chez les femmes qui prennent des contraceptifs oraux.

Les kystes ovariens traduisent en général des variations physiologiques du cycle menstruel. Les kystes dermoïdes (tératomes kystiques) comptent pour 10% de toutes les masses ovariennes bénignes. On peut y trouver du cartilage, de l'os, des dents, de la peau ou des poils. Les endométriomes («kystes en chocolat») sont un autre type courant de kystes ovariens.

Une masse ovarienne peut être asymptomatique: on la découvre lors d'un examen pelvien de routine. Les symptômes les plus courants sont une sensation de plénitude; des douleurs de type crampoïde, souvent unilatérales, dans les quadrants inférieurs de l'abdomen; la dyspareunie; les cycles menstruels irréguliers; un retard de la menstruation.

Le diagnostic repose sur la présence d'une masse palpable, sensible ou non, ainsi que sur d'autres symptômes. La radiographie ou l'échographie peuvent contribuer au diagnostic.

Comme la plupart des kystes sont inoffensifs et se résorbent spontanément, on place souvent la cliente en observation pendant un mois ou deux; durant cette période, on peut lui prescrire des contraceptifs hormonaux afin d'inhiber la fonction ovarienne. Si ce régime est efficace, un nouvel examen des organes pelviens devrait montrer un retour à la normale. Si la masse persiste après 60 jours d'observation et de prise de contraceptifs oraux hormonaux, on peut envisager une laparoscopie ou une laparotomie diagnostique. Le diagnostic n'est pas confirmé tant qu'on n'a pas écarté la possibilité de lésions tubaires ou ovariennes, de grossesse ectopique, de cancer, d'infection ou d'appendicite.

L'intervention chirurgicale n'est pas toujours nécessaire, mais on doit l'envisager si la masse a une circonférence supérieure à 6 ou 7 cm; si une cliente de plus de 40 ans présente une masse annexielle, une masse persistante ou une douleur continuelle; si la cliente prend des contraceptifs hormonaux. Une intervention chirurgicale exploratrice est également indiquée en présence d'une masse palpable chez un nourrisson, chez une fillette ou chez une femme postménopausée.

On devrait expliquer aux clientes pourquoi le traitement commence par une période d'observation: des explications sur l'origine et la résolution des kystes ovariens clarifieront le plan de traitement. On devrait aussi informer les femmes qui prennent des contraceptifs hormonaux de leurs effets préventifs contre les masses ovariennes. Si le traitement chirurgical peut conduire à l'ablation ou à l'altération d'un ovaire, il faut alors rassurer la cliente en lui expliquant que l'autre ovaire pourra assurer la fonction ovarienne et que, le cas échéant, la grossesse restera possible.

Masses utérines

Chez les femmes, les fibromes utérins – ou plus exactement les *fibromyomes* – sont au nombre des entités morbides bénignes les plus fréquentes et constituent le principal motif d'intervention chirurgicale en gynécologie. Entre 20 et 50% des femmes ont un fibromyome avant 40 ans, et ce pourcentage est encore plus élevé chez les femmes d'ascendance africaine. Heureusement, le risque de cancer est minime.

Ces masses utérines sont des tumeurs bénignes qui se forment aux dépens des tissus fibreux (d'où le terme fibrome) et des tissus musculaires (ce sont des myomes), d'où le terme *fibromyome*[3]. Leur taille varie: les plus petits ont de 1 à 2 cm, d'autres ont la grosseur d'un fœtus de 10 semaines. Ils sont souvent asymptomatiques, mais ils peuvent aussi causer des douleurs abdominales basses, une sensation de plénitude ou de pression, une ménorragie, une métrorragie ou une aggravation de la dysménorrhée, surtout s'ils sont gros. L'échographie révèle des masses ou des nodules, ce qui confirme le diagnostic. On peut aussi envisager un diagnostic de fibromyomes si on palpe des masses ou des nodules adhérant à l'utérus lors de l'examen pelvien.

Dans la majorité des cas, il n'est pas nécessaire de traiter ces masses, qui régresseront après la ménopause. La seule intervention nécessaire chez la plupart des femmes est une surveillance étroite visant à déceler toute augmentation du volume de l'utérus ou des masses. En l'absence d'autres symptômes, on recommande souvent un examen pelvien tous les trois à six mois.

Si les symptômes de la cliente ou l'examen des organes pelviens révèlent que le volume de la masse augmente, on

---

3. NDT: Au point de vue histologique, ce sont des *myomes*. On les désigne souvent fautivement par les termes «fibromes, tumeurs fibreuses ou corps fibreux». *Source:* Office de la langue française, 1998.

recommandera une intervention chirurgicale (myomectomie, dilatation et curetage, ou hystérectomie). Le type de chirurgie sera déterminé par l'âge de la femme, ses possibilités reproductrices et la signification des changements observés. Aucun médicament ou traitement ne permet la prévention des fibromyomes.

Le cancer de l'endomètre, une maladie plus courante chez les femmes postménopausées, a un excellent taux de guérison s'il est détecté tôt. Son signe le plus caractéristique est le saignement vaginal chez des femmes postménopausées qui ne suivent pas une hormonothérapie substitutive. Le diagnostic repose sur une biopsie endométriale ou sur l'examen pathologique consécutif à une hystérectomie. Le traitement consiste en une hystérectomie abdominale totale avec salpingo-ovariectomie. Selon le stade du cancer, une radiothérapie peut être indiquée.

Soins infirmiers

Sauf exception, les infirmières ne font pas l'examen des organes pelviens ni les frottis vaginaux. Dans la plupart des cas, l'évaluation initiale vise donc à déterminer la compréhension qu'a la cliente des anomalies décelées et de leurs conséquences, ainsi que sa réaction psychosociale.

La cliente a besoin d'informations sur l'étiologie et la symptomatologie de la maladie, ainsi que sur les traitements possibles. L'infirmière doit l'inciter à signaler tous les signes et symptômes qu'elle observe, et à se présenter à ses rendez-vous de suivi. Si le problème est bénin, l'infirmière pourra rassurer la cliente en restant réaliste. Par contre, si la malignité est probable, la cliente pourra avoir besoin d'un counseling et d'un soutien émotionnel efficaces. Si le plan de traitement prévoit une intervention chirurgicale, l'infirmière pourra aider la cliente à obtenir l'opinion d'un autre médecin et à prendre une décision.

 Les infections urinaires

Souvent appelée tout simplement *infection urinaire*, l'*infection des voies urinaires (IVU)* n'entraîne parfois qu'une simple gêne, mais elle peut aussi être assez grave pour menacer la vie. Capables d'avancer contre le courant descendant de l'urine, les micro-organismes entrent généralement dans les voies urinaires par l'urètre ; le fait que l'urètre de la femme soit très court facilite leur passage dans la vessie. Des facteurs, tels que l'incompétence relative du sphincter externe de l'urètre, l'énurésie (incontinence nocturne) fréquente avant l'adolescence et le cathétérisme urétral, sont associés à l'IVU. L'habitude de s'essuyer de l'arrière vers l'avant après la miction peut aussi apporter vers l'urètre les bactéries de la région anorectale.

La répression volontaire du besoin d'uriner est un facteur de prédisposition, car la rétention d'urine distend exagérément la vessie et peut causer une infection. Il semble exister un lien entre les infections urinaires récurrentes et les rapports sexuels. Une mauvaise santé générale ou un affaiblissement de la résistance à l'infection peut augmenter le risque d'IVU chez la femme.

La *bactériurie asymptomatique* (des bactéries se multiplient dans l'urine sans qu'il y ait de symptômes cliniques) compte pour 6 à 8 % des IVU. Elle devient particulièrement préoccupante si la femme est enceinte, car de 20 à 30 % des femmes enceintes atteintes d'une bactériurie asymptomatique non traitée souffriront d'une cystite ou d'une pyélonéphrite aiguë avant la fin du troisième trimestre de la grossesse (Lentz, 2000). La bactériurie asymptomatique est presque toujours causée par un seul micro-organisme, généralement *Escherichia coli*, bien que *Proteus* et *Klebsiella* soient aussi des agents pathogènes courants. Si la culture révèle la présence de plus d'un type de bactéries, il faut songer à une contamination de l'échantillon d'urine.

La femme qui a déjà contracté une IVU est sujette aux récurrences. Chez la femme enceinte, une IVU aiguë, surtout accompagnée d'une hyperthermie marquée, peut causer une infection du liquide amniotique et retarder la croissance du placenta.

Infection urinaire basse (cystite)

Comme les infections urinaires sont ascendantes, pour éviter les séquelles associées aux infections urinaires hautes, il importe de reconnaître et de diagnostiquer rapidement les infections urinaires basses.

La présence de pollakiurie, de pyurie et de dysurie sans bactériurie peut indiquer une urétrite causée par *Chlamydia trachomatis*, un agent pathogène qu'on trouve maintenant fréquemment dans l'appareil génito-urinaire.

Dans le cas de la cystite, le symptôme initial est souvent la dysurie, surtout à la fin de la miction. On note également des mictions fréquentes et impérieuses. La cystite s'accompagne généralement d'une légère hyperthermie (38,3 °C ou moins) et, parfois, d'hématurie. Les échantillons d'urine contiennent généralement une quantité anormale de leucocytes et de bactéries. Le diagnostic repose sur une culture d'urine.

Le traitement dépend de la bactérie en cause. On utilise souvent, en dose unique ou en régimes posologiques de 3 jours ou de 7 jours, le triméthoprime/sulfaméthoxazole, la tro-méthamine de fosfomycine et les fluoroquinolones. (Pour les modalités thérapeutiques durant la grossesse, voir le tableau 13-3, page 369). On peut également prescrire de la phénazopyridine (Pyridium), un analgésique de la vessie, pour traiter la dysurie.

Soins infirmiers

Évaluation et analyse de la situation

À chaque visite, l'infirmière note toute plainte relative à une douleur à la miction et d'autres symptômes urinaires. S'il y a lieu, elle demande à la cliente un échantillon d'urine par mi-jet.

Voici des exemples de diagnostics infirmiers courants pour les clientes qui souffrent d'une infection urinaire basse :

- *douleur* reliée à la dysurie causée par l'IVU ;
- *connaissances insuffisantes* sur les autosoins qui contribuent à prévenir la récurrence de l'IVU.

Planification et interventions

L'infirmière doit s'assurer que la cliente connaît l'importance des pratiques d'hygiène préventive, car la plupart des bactéries gagnent l'urètre après avoir avoir été transportées de la région anale (voir *Points à retenir: Consignes pour la prévention de la cystite chez la femme*). L'infirmière doit aussi réitérer les directives relatives à l'antibiotique prescrit et à l'apport liquidien recommandé, expliquer les raisons de ces mesures et répondre aux questions de la cliente. En général, la cystite répond bien au traitement, mais les cultures de suivi sont importantes.

Points à retenir

Consignes pour la prévention de la cystite chez la femme

- Si vous utilisez un diaphragme, essayez de changer de méthode contraceptive ou d'employer un diaphragme d'une autre taille.
- Évitez les irritants vésicaux comme l'alcool, la caféine et les boissons gazeuses.
- Augmentez votre apport liquidien, surtout en eau (au moins de six à huit verres par jour).
- Prenez l'habitude d'uriner régulièrement ; évitez de vous retenir longtemps.
- Pratiquez une bonne hygiène génitale, notamment en vous essuyant de l'avant vers l'arrière après la miction et la défécation.
- Sachez que les rapports sexuels fréquents ou vigoureux peuvent contribuer à l'apparition d'infections urinaires.
- Urinez avant et après les rapports sexuels pour vider la vessie et nettoyer l'urètre.
- Prenez tous les médicaments prescrits même si les symptômes s'atténuent.
- Ne vous traitez pas en prenant le reste des médicaments prescrits pour des infections antérieures.
- Buvez du jus de canneberges pour acidifier l'urine ; cela fait disparaître les symptômes dans certains cas.

Évaluation et résultats escomptés

Les résultats escomptés des soins infirmiers peuvent être les suivants :

- la cliente intègre à ses habitudes de vie les autosoins qui contribuent à prévenir la cystite ;
- la cliente peut décrire les signes et symptômes, le traitement et les complications possibles de la cystite ;
- l'infection de la cliente est guérie.

Infection urinaire haute (pyélonéphrite)

La *pyélonéphrite* (maladie inflammatoire du rein) est plus rare, mais aussi plus grave que la cystite ; elle est souvent la conséquence d'une infection urinaire basse. L'IVU haute est plus courante pendant la dernière partie de la grossesse et au début du post-partum, et elle compromet gravement le bien-être de la mère et du fœtus. Les femmes qui ont des symptômes de pyélonéphrite durant la grossesse présentent un risque accru de retard de croissance intra-utérin et d'accouchement prématuré.

La pyélonéphrite aiguë apparaît brusquement, avec des frissons, une fièvre élevée (de 39,6 °C à 40,6 °C) et une douleur au flanc (unilatérale ou bilatérale). Le côté droit est presque toujours touché chez la femme enceinte, car l'importante masse intestinale à gauche pousse l'utérus vers la droite, ce qui exerce une pression sur l'uretère et le rein droits. La nausée, les vomissements et un malaise général peuvent s'ensuivre. Une cystite concomitante ajoutera à ces symptômes des mictions fréquentes et impérieuses et des brûlures à la miction.

L'œdème du parenchyme rénal ou l'urétérite avec occlusion et tuméfaction de l'uretère peuvent entraîner une suppression temporaire de l'élimination urinaire, accompagnée de coliques (spasmes violents et très douloureux), de vomissements, de déshydratation et d'iléus du gros intestin. La femme atteinte d'une pyélonéphrite aiguë présente habituellement une augmentation de la pression artérielle diastolique, une réaction d'immunofluorescence positive, une diminution de la clairance de la créatinine, une bactériurie marquée, de la pyurie et des cylindres leucocytaires.

Souvent, la femme est hospitalisée et reçoit des antibiotiques par voie intraveineuse. Dans le cas d'une pyélonéphrite obstructive, on fait une hémoculture et on prescrit le repos au lit. Selon les résultats de l'antibiogramme, s'il y a lieu, on change l'antibiotique. Si les signes d'obstruction urinaire persistent, on peut pratiquer un cathétérisme urétral pour établir un drainage adéquat.

Un traitement médicamenteux approprié devrait ramener la température à la normale. Après une période de deux à trois jours, la douleur cède et les urines ne contiennent plus de bactéries. On fera des cultures d'urine de suivi pour s'assurer que l'infection est complètement guérie.

Soins infirmiers

Évaluation et analyse de la situation

Lors de la visite, l'infirmière établit les antécédents médicaux et sexuels de la cliente pour déterminer si elle est prédisposée aux IVU, et s'assure qu'il n'y a pas de bactériurie asymptomatique en faisant analyser un échantillon d'urine par mi-jet.

Voici des exemples de diagnostics infirmiers courants pour les clientes qui souffrent d'une infection urinaire haute :

- *connaissances insuffisantes* sur la pyélonéphrite et son traitement ;
- *peur* reliée aux répercussions à long terme de la maladie.

Planification et interventions

L'infirmière informe la cliente sur les signes qui permettent de déceler l'infection urinaire et sur la nécessité de consulter un médecin dès qu'ils se manifestent. Elle lui explique également les pratiques d'hygiène préventives, les avantages des culottes de coton et la nécessité d'uriner fréquemment pour prévenir la stase urinaire.

L'infirmière souligne à quel point il est important de maintenir un apport liquidien adéquat. Un verre de jus de canneberge et 500 mg de vitamine C par jour acidifient l'urine et contribuent ainsi à prévenir les récurrences. La cliente qui a des antécédents d'IVU aura avantage à boire un verre de liquide avant les relations sexuelles et à uriner après.

Évaluation et résultats escomptés

Les résultats escomptés des soins infirmiers peuvent être les suivants :

- la cliente suit rigoureusement l'antibiothérapie prescrite ;

- l'infection de la cliente est guérie ;
- la cliente intègre à ses habitudes de vie les autosoins préventifs.

Le relâchement pelvien

La *cystocèle* est une descente de la vessie, qui forme alors une saillie sur la paroi antérieure du vagin. De manière arbitraire, on classe souvent la cystocèle sur une échelle allant de légère à prononcée. Une prédisposition génétique, la grossesse, l'obésité et l'âge avancé peuvent favoriser la cystocèle.

Le symptôme le plus courant de la cystocèle est l'incontinence urinaire à l'effort, y compris les pertes d'urine lorsque la cliente tousse, éternue, rit ou fait un mouvement brusque. On peut aussi observer une plénitude vaginale, une protubérance vers l'extérieur de la paroi vaginale et une sensation de lourdeur.

Si le relâchement est léger, l'exercice de Kegel – contraction et relâchement du muscle pubococcygien – contribue à rétablir le tonus pelvien, comme il aide à maintenir le tonus musculaire du vagin avant et après l'accouchement (voir le chapitre 9). L'œstrogène peut améliorer l'état de la muqueuse vaginale, notamment chez les femmes ménopausées. Dans les cas de cystocèle moyenne ou prononcée, on envisagera une intervention chirurgicale. En attendant cette intervention, ou encore si elle n'est pas souhaitable ou pas possible, on peut recourir à un pessaire ou à un anneau intravaginal.

L'infirmière peut aider la cliente en lui enseignant l'exercice de Kegel et en lui expliquant les causes de la cystocèle, les facteurs qui la favorisent et les traitements envisageables.

Le chapitre en bref

Notions fondamentales

- L'infirmière renseigne les petites filles, les adolescentes et les femmes sur la fonction menstruelle et sur les autosoins liés à la menstruation : utilisation des tampons (capacité d'absorption et présence de désodorisant), des douches et aérosols vaginaux ; prévention et soulagement des malaises menstruels (alimentation, exercice, chaleur, massages, repos) ; etc.
- La dysménorrhée commence habituellement la veille ou le jour du déclenchement de la menstruation, et disparaît un peu avant sa fin. L'hormonothérapie (contraceptifs), les anti-inflammatoires non stéroïdiens (AINS) et les inhibiteurs des prostaglandines peuvent être utiles. Les autosoins (alimentation, exercice, chaleur et repos, etc.) contribuent à la prévenir et à la soulager.
- Le syndrome prémenstruel survient en général chez les femmes de plus de 30 ans. Ses symptômes apparaissent 2 ou 3 jours avant

la menstruation et s'atténuent lorsqu'elle se déclenche, avec ou sans traitement. Le traitement médical repose sur les agonistes de la progestérone et les inhibiteurs des prostaglandines. Les autosoins comprennent une meilleure nutrition (prendre des vitamines du complexe B et de la vitamine E, et éviter les dérivés méthyles de la xanthine, comme le chocolat et la caféine), un programme d'exercices aérobiques et la participation à des groupes d'entraide.

- Les méthodes contraceptives qui misent sur l'abstinence périodique sont naturelles, non effractives et bien acceptées par les gens à qui leur religion interdit d'utiliser d'autres méthodes.
- Utilisés seuls, les spermicides sont beaucoup moins efficaces que s'ils sont employés avec un contraceptif barrière (condom, diaphragme, cape cervicale).

- Les contraceptifs mécaniques sont de deux types :
  - les contraceptifs barrières, comme le diaphragme, la cape cervicale et le condom, s'utilisent avec un spermicide et font obstacle à la migration des spermatozoïdes vers l'ovule ;
  - le dispositif intra-utérin (DIU) ou stérilet, dont on comprend encore mal le mode d'action, altère ou inhibe d'une manière ou d'une autre la migration des spermatozoïdes vers l'ovule (et accélère peut-être le transport de l'ovule dans les trompes de Fallope), cause une réaction inflammatoire de l'endomètre et, dans le cas du DIU à réservoir de lévonorgestrel, épaissit la glaire cervicale et altère le développement de l'endomètre.

- Les méthodes contraceptives hormonales – les contraceptifs oraux combinant œstrogène et progestérone (la « pilule ») ou strictement progestatifs (« minipilule »), les progestatifs à action prolongée (injections ou implants sous-cutanés) et un œstroprogestatif injectable – sont les plus efficaces des méthodes réversibles si on respecte leur mode d'emploi.

- La stérilisation permanente se fait par la stérilisation tubaire chez la femme et par la vasectomie chez l'homme. Les clients doivent la considérer comme définitive, même si, en théorie, elle peut être réversible.

- Les recommandations sur la fréquence des mammographies de dépistage du cancer du sein varient quelque peu selon les experts. Ainsi, la Société canadienne du cancer recommande la mammographie de dépistage bisannuelle pour les femmes de 50 à 69 ans. Elle est appuyée en cela par la Fondation québécoise du cancer, qui recommande de surcroît la mammographie de dépistage annuelle à partir de 40 ans pour les femmes à risque. Le Programme québécois de dépistage du cancer du sein recommande la mammographie de dépistage bisannuelle pour les femmes de plus de 40 ans à haut risque et pour les femmes de 50 à 69 ans.

- La ménopause est un changement physiologique qui marque une étape dans la vie d'une femme. Ses principales manifestations physiologiques sont l'arrêt de la fonction menstruelle et la diminution des hormones circulantes. Les changements hormonaux peuvent produire des perturbations émotionnelles. Les symptômes physiologiques les plus courants sont les bouffées de chaleur, les palpitations, les vertiges et la diaphorèse nocturne. L'anatomie de la femme connaît également des changements, notamment l'atrophie du vagin, la diminution du volume et de la pigmentation des lèvres vaginales, et l'atrophie du myomètre. Avec l'âge, les risques d'ostéoporose deviennent de plus en plus importants. La prise en charge de la ménopause est axée sur l'œstrogénothérapie substitutive et l'éducation de la cliente en matière de soins de santé et d'hygiène de vie.

- La violence envers la partenaire intime s'exerce de manière cyclique, selon un modèle qu'on appelle le « cycle de la violence » ; avec le temps, les crises de violence physique deviennent de plus en plus fréquentes et de plus en plus graves. L'infirmière est particulièrement bien placée pour intervenir auprès des femmes battues et leur apporter de l'aide en détectant les indices de violence, en posant les diagnostics appropriés et en tenant compte de la dynamique complexe de la violence familiale. Elle peut aussi les informer sur les services de santé, les ressources communautaires et les groupes d'entraide auxquels elles peuvent recourir.

- Le mot viol a été remplacé dans le Code criminel canadien par le terme « agression sexuelle », ce qui montre bien que ce crime contre la personne est d'abord et avant tout un acte de violence. La plupart des agressions sexuelles sont des expressions de rage et de désir de domination. La victime d'une agression sexuelle présente généralement un ensemble de symptômes que l'on appelle le syndrome du traumatisme de viol.

- La mastose sclérokystique se manifeste par des kystes mammaires généralement ronds, mobiles et bien délimités, ainsi que par des seins congestionnés, œdémateux et douloureux avant les menstruations. Comme la femme qui en souffre présente un risque accru de cancer du sein, on doit l'informer sur la nécessité de pratiquer l'auto-examen mensuel des seins.

- L'endométriose se caractérise par la présence hors de l'endomètre de tissu endométrial, qui saigne périodiquement en réponse aux variations hormonales du cycle menstruel. Ces saignements entraînent de l'inflammation et la formation de cicatrices et d'adhérences. Les principaux symptômes de l'endométriose sont la dysménorrhée, la dyspareunie et la stérilité. Le traitement peut être médical, chirurgical ou les deux à la fois. On peut prescrire à la cliente qui ne désire pas une grossesse dans l'immédiat des contraceptifs oraux.

- Causé par une toxine de *Staphylococcus aureus*, le syndrome de choc toxique (SCT) frappe surtout les femmes en âge de procréer. Son incidence est plus élevée chez les femmes qui utilisent des tampons ou des contraceptifs barrières, tels que le condom féminin, le diaphragme et la cape cervicale.

- La vulvovaginite candidosique (VVC) ou candidose vulvovaginale est une levurose causée par *Candida albicans*. Elle est plus fréquente chez les femmes qui prennent des contraceptifs hormonaux ou des antibiotiques, les femmes enceintes et les diabétiques. Son traitement repose sur l'administration de crèmes, d'ovules vaginaux ou, dans certains cas, de médicament oraux.

- La vaginose bactérienne, une infection vaginale courante, se caractérise par un écoulement vaginal qui dégage une odeur de poisson et la présence de bâtonnets adhérant aux cellules épithéliales dans un frottis vaginal. Sauf durant le premier trimestre de la grossesse, on la traite au métronidazole.

- Causée par *Chlamydia trachomatis* et souvent difficile à détecter chez la femme, la chlamydiose peut causer une atteinte inflammatoire pelvienne et entraîner la stérilité. Son traitement repose sur l'antibiothérapie.

- Causée par la bactérie *Neisseria gonorrhœæ*, la gonorrhée est une MTS courante. Souvent asymptomatique au début, elle peut causer une atteinte inflammatoire pelvienne si elle n'est pas diagnostiquée à temps. Le traitement de choix est la pénicilline.

- Causé par le virus de l'herpès simplex (VHS), l'herpès génital est une infection récurrente chronique encore incurable. Un traitement à l'acyclovir (Zovirax), au valacyclovir ou au famcyclovir peut atténuer les symptômes et diminuer la fréquence des poussées herpétiques.

- Causée par *Treponema pallidum*, la syphilis se manifeste par un chancre caractéristique ; c'est une MTS curable lorsqu'elle est diagnostiquée à temps. Lorsqu'elle atteint une femme enceinte, la syphilis peut se transmettre au fœtus pendant la vie intra-utérine. Le traitement de choix est la pénicilline.

- Causés par le virus du papillome humain (VPH), les condylomes acuminés (verrues vénériennes) doivent être traités, car les recherches indiquent qu'ils peuvent être liés à des modifications anormales du col utérin. Le traitement varie selon le siège et les dimensions des verrues.

- L'atteinte inflammatoire pelvienne peut entraîner la stérilité et peut même être mortelle.

- Lorsque l'examen pelvien et les analyses de laboratoire révèlent des anomalies, on doit expliquer à la cliente la signification de ces résultats, ainsi que les procédés diagnostiques ou thérapeutiques qui suivront. L'infirmière doit apporter son soutien à la cliente qui est en attente d'un diagnostic.

- Les symptômes typiques d'une infection urinaire basse sont la dysurie, la miction impérieuse, la pollakiurie et, parfois, l'hématurie.

- L'infection urinaire haute est une infection grave qui peut causer des lésions rénales permanentes si elle n'est pas traitée. La femme est généralement très malade et peut avoir besoin d'un traitement de soutien en plus de l'antibiothérapie.

- La cystocèle est une descente de la vessie, qui forme alors une saillie dans le vagin. Cette affection s'accompagne souvent d'incontinence urinaire à l'effort. Dans les cas légers, l'exercice de Kegel peut rétablir le tonus.

Références

AMERICAN COLLEGE OF OBSTETRICIANS AND GYNECOLOGISTS (1999). « Medical management of endometriosis », *ACOG Practice Bulletin*, n° 11, Washington, chez l'auteur.

« A simpler cure for pelvic infections » (avril 1997). *Health*, p. 18.

BURGESS, A. W., et L. L. HOLMSTROM (1979). *Rape: Crisis and recovery*, Englewood Cliffs, Prentice-Hall.

CENTERS FOR DISEASE CONTROL AND PREVENTION (1998). « 1998 sexually transmitted disease treatment guidelines », *Mortality and Morbidity Weekly Report*, 47(RR-1), p. 1-116.

CHEZ, R. A., ET I. STRATHMAN (1999). « Contraception and sterilization », *in* J. R. Scott, P. J. DiSaia, C. B. Hammond et W. N. Spellacy (dir.), *Danforth's Obstetrics and Gynecology,* 8ᵉ éd., Philadelphie, Lippincott Williams & Wilkins, p. 553-566.

CONSEIL CONSULTATIF NATIONAL SUR LE TROISIÈME ÂGE (1997). « Les pertes sensorielles : la vision », *Vignettes Vieillissement*, n° 86 [en ligne], Ottawa, Division du vieillissement et des aînés, Santé Canada. Mis à jour le 17 avril 2002 [réf. du 17 avril 2002]. On peut l'obtenir sur le Web : < http://www.hc-sc.gc.ca/seniors-aines/pubs/vignette/vigf86.htm#86 >.

COX, J. T. (1999). « New primary cervical screening technologies ». *The Female Patient*, 24(10), p. 37-56.

CROOKS, R., et K. BAUR (1998). *Our sexuality,* 7ᵉ éd., Monterey, Brooks/Cole.

CULLINS, V. E., L. DOMINGUEZ, T. GUBERSKY, R. M. SECOR et S. J. WYSOCKI (1999). « Treating vaginitis », *The Nurse Practitioner*, 24(10), p. 46-60.

DELEON, F. D., ET A. J. PETERS (2000). « Reversal of female sterilization », *in* J. J. Sciarra (dir.), *Gynecology and obstetrics*, vol. 6, chap. 46, Philadelphie, Lippincott Williams & Wilkins, p. 1-6.

ENDICOTT, J., L. BARDACK, T. A. GRADY-WELIK, F. W. LING et P. J. SCHMIDT, (2000). « An update on premenstrual dysphoric disorder », *The Female Patient*, 25(2), p. 45-56.

ESCHENBACH, D. A. (1999). « Pelvic infections and sexually transmitted diseases », *in* J. R. Scott, P. J. DiSaia, C. B. Hammond et W. N. Spellacy (dir.), *Danforth's Obstetrics and Gynecology,* 8ᵉ éd., Philadelphie, Lippincott Williams & Wilkins, p. 579-600.

ESCHENBACH, D. A. (2000). « Infectious vaginitis », *in* J. J. Sciarra (dir.), *Gynecology and obstetrics*, vol. 1, chap. 40, Philadelphie, Lippincott Williams & Wilkins, p. 1-17.

ESPOSITO, M. A., R. W. TURECK et L. MASTROIANNI (1999). « Understanding endometriosis », *The Female Patient*, 24(6), p. 79-85.

GANTT, L., et A. BICKFORD (1999). « Screening for domestic violence », *AWHONN Lifelines*, 3(2), p. 36-42.

GOLAN, N., *Treatment in Crisis Situation*, New York, Free Press, 1978.

GOUVERNEMENT DU QUÉBEC (2001). *Orientations gouvernementales en matière d'agression sexuelle : plan d'action,* Québec, Direction des communications du ministère de la Santé et des Services sociaux, p. 22, 47.

HADDIX-HILL, K. (1997). « The violence of rape », *Critical Care Nursing Clinics of North America*, 9(2), p. 167-174.

HAMMERSCHLAG, M. R. (1999). « New diagnostic methods for chlamydial infection in women », *Medscape Women's Health*, 4(5), p. 1-7.

HAMMOND, C. B. (1999). *Confronting aging and disease : The role of HRT,* Symposium tenu lors du congrès annuel de l'American College of Obstetricians and Gynecologists, Philadelphie.

HATCHER, R. A., J. TRUSSELL, F. STEWART, W. JR. CATES, G. K. STEWART, F. GUEST D. KOWAL, (1998). *Contraceptive technology,* 17ᵉ éd., New York, Ardent Media.

HOLMES, M. M. (1998). « The clinical management of rape in adolescents », *Contemporary OB/GYN*, 43(5), p. 62-78.

INSTITUT NATIONAL DU CANCER DU CANADA (2001). « Figure 1.2 : Répartition en pourcentage des nouveaux cas et des décès estimés pour certains sièges ou types de cancer, femmes, Canada », *Statistiques canadiennes sur le cancer 2001* [en ligne], Toronto, chez l'auteur. On peut l'obtenir sur le Web : < http://66.59.133.166/stats/figures/fig1bf.htm >.

KAUNITZ, A., et C. JORDON, C. (1997). « Two long-acting hormonal contraceptive options », *Contemporary Nurse Practitioner*, 2(2), p. 10-12.

KIM, A. H., et G. D. ADAMSON (2000). « Endometriosis », *in* J. J. Sciarra (dir.), *Gynecology and obstetrics*, vol. 1, chap. 20, Philadelphie, Lippincott Williams & Wilkins, p. 1-22.

LAUVER, D. R., A. BAGGOT et K. KRUSE (1999). « Women's experiences in coping with abnormal Papanicolaou results and follow-up colposcopy », *Journal of Obstetric, Gynecologic and Neonatal Nursing*, 28(3), p. 283-290.

LENTZ, G. M. (2000). « Urinary tract infections in obstetrics and gynecology », *in* J. J. Sciarra (dir.), *Gynecology and obstetrics*, vol. 2, Philadelphie, Lippincott Williams & Wilkins.

LINDSAY, S. H. (1999). « Menopause, naturally », *AWHONN Lifelines*, 3(5), p. 32-38.

MCGREGOR, J. A. (2000). « Toxic shock syndrome », *in* J. J. Sciarra (dir.), *Gynecology and obstetrics*, vol. 1, chap. 43, Philadelphie, Lippincott Williams & Wilkins, p. 1-9.

MOLINE, M. L., et S. M. ZENDELL (mars 2000). « Evaluating and managing premenstrual syndrome », *Medscape Women's Health*, 5(2), p. 1-3.

NACHTIGALL, L. E. (juin 2000). « Assessing alternative approaches to menopause », supplément de *Contemporary OB/GYN*, p. 3-10.

NATIONAL INSTITUTES OF HEALTH (27-29 mars 2000). « Osteoporosis prevention, diagnosis, and therapy », *NIH Consensus Statement Online*, 17(2), p. 1-34.

ORGANISATION MONDIALE DE LA SANTÉ (1997). *Dispositifs intra-utérins : ce que les agents de santé doivent savoir* [en ligne], Genève, Division de la santé reproductive. Mis à jour le 17 avril 2002 [réf. du 17 avril 2002]. On peut l'obtenir sur le Web : < http://wwwlive.who.ch/reproductive-health/publications/French_FPP_97_32/French_FPP_97_32_abstract.fr.html >

POIRIER, L. (1997). « The importance of screening for domestic violence in all women », *The Nurse Practitioner*, 22(5), p. 105-115.

POLLACK, A. E., et M. A. BARONE (2000). « Reversing vasectomy », *in* J. J. Sciarra (dir.), *Gynecology and obstetrics,* vol. 6, chap. 48, Philadelphie, Lippincott Williams & Wilkins, p. 1-5.

PROPST, A. M., et M. R. LAUFER (1999). « Diagnosing and treating adolescent endometriosis », *Contemporary OB/GYN*, 44(12), p. 52-59.

ROSENBERG, M. J., A. MEYERS et V. ROY (1999). « Efficacy, cycle control, and side effects of low- and lower-dose oral contraceptives : A randomized trial of 20 micrograms and 35 micrograms estrogen preparations », *Contraception*, 60(6), p. 21-329.

SANTÉ CANADA (1998). *Lignes directrices canadiennes pour les MTS – Édition 1998* [en ligne], Division de la promotion de la santé sexuelle, de la prévention et du contrôle des MTS, Bureau du VIH/sida, des MTS et de la tuberculose, Ottawa, chez l'auteur. Mis à jour le 25 mars 2002 [réf. du 17 avril 2002]. Logiciel nécessaire : Adobe Acrobat Reader. On peut l'obtenir sur le Web : < http://www.hc-sc.gc.ca/pphb-dgspsp/hast vsmt/public_f.html#mts >.

SANTÉ CANADA (1999). *Guide à l'intention des professionnels de la santé et des services sociaux réagissant face à la violence pendant la grossesse* [en ligne], préparé par Jamieson, Beals, Lalonde and Associates pour l'Unité de la prévention de la violence familiale, Direction générale de la promotion et des programmes de la santé, Ottawa, chez l'auteur. Révisé le 2 avril 2000 [réf. du 17 avril 2002] On peut l'obtenir sur le Web : < http://www.hcsc.gc.ca/hppb/violencefamiliale/html/pregnancy/french/index.htm >.

SANTÉ CANADA (mai 1999a). « La chlamydiose génitale au Canada », *Actualités du Bureau du VIH/sida, des MTS et de la tuberculose* [en ligne], Division de la promotion de la santé sexuelle, de la prévention et du contrôle des MTS, Ottawa, chez l'auteur. Mis à jour le 9 septembre 1999 [réf. du 17 avril 2002]. On peut l'obtenir sur le Web : < http://www.hcsc.gc.ca/hpb/lcdc/bah/epi/chla_f.html >.

SANTÉ CANADA (mai 1999b). « La gonorrhée », *Actualités du Bureau du VIH/sida, des MTS et de la tuberculose* [en ligne], Division de la promotion de la santé sexuelle, de la prévention et du contrôle des MTS, Ottawa, chez l'auteur. Mis à jour le 29 avril 1999 [réf. du 17 avril 2002]. On peut l'obtenir sur le Web : < http://www.hcsc.gc.ca/hpb/lcdc/bah/epi/gono_f.html >.

SANTÉ CANADA (septembre 2000). « Le virus du papillome humain : questions et réponses », *Actualités du Bureau du VIH/sida, des MTS et de la tuberculose* [en ligne], Division de la promotion de la santé sexuelle, de la prévention et du contrôle des MTS, Ottawa, chez l'auteur. Mis à jour le 5 septembre 2000 [réf. du 17 avril 2002]. On peut l'obtenir sur le Web : < http://www.hcsc.gc.ca/hpb/lcdc/bah/epi/hpv_f.html >.

SANTÉ CANADA (février 2002). « La syphilis infectieuse au Canada », *Actualités du Bureau du VIH/sida, des MTS et de la tuberculose* [en ligne], Division de la promotion de la santé sexuelle, de la prévention et du contrôle des MTS, Ottawa, chez l'auteur. Mis à jour le 11 février 2002 [réf. du 17 avril 2002]. On peut l'obtenir sur le Web : < http://www.hcsc.gc.ca/pphb-dgspsp/publicat/epiu-aepi/std-mts/infsyph_f.html >.

SCHAIRER, C., J. LUBIN, R. TROISI, S. STURGEON, L. BRINTON et R. HOOVER (2000). « Menopausal estrogen and estrogen-progestin replacement therapy and breast cancer risk », *JAMA*, n° 283, p. 485-491.

SHULMAN, L. P. (2000). « Monthly contraceptive injection », *The Female Patient*, 25(11), p. 14-20.

SOCIÉTÉ DE L'OSTÉOPOROSE DU CANADA (2002). *L'hormonothérapie : son rôle dans la prévention et le traitement de l'ostéoporose* [en ligne], Toronto, chez l'auteur. Mis à jour le 13 avril 2002 [réf. du 17 avril 2002]. On peut l'obtenir sur le Web : < http://osteoporosis.ca/indexfr.shtml >.

SOCIÉTÉ DES OBSTÉTRICIENS ET GYNÉCOLOGUES DU CANADA (mars 1996). « La violence faite aux femmes », *Directives cliniques de la SOGC*, déclaration de principe n° 46 [en ligne], Ottawa, chez l'auteur. Date de mise à jour inconnue [réf. du 17 avril 2002]. Logiciel nécessaire : Adobe Acrobat Reader. On peut l'obtenir sur le Web : < http://www.sogc.org/SOGCnet/sogc_docs/common/guide/library_f.shtml >.

SOCIÉTÉ DES OBSTÉTRICIENS ET GYNÉCOLOGUES DU CANADA (mai 1998). « Le point sur l'hormonothérapie substitutive », *Directives cliniques de la SOGC*, déclaration de principe n° 73, [en ligne], Ottawa, chez l'auteur. Date de mise à jour inconnue [réf. du 17 avril 2002]. Logiciel nécessaire : Adobe Acrobat Reader. On peut l'obtenir sur le Web : < http://www.sogc.org/SOGCnet/sogc_docs/common/guide/library_f.shtml >.

SOCIÉTÉ DES OBSTÉTRICIENS ET GYNÉCOLOGUES DU CANADA (mars 2000). « Lignes directrices sur la santé des lesbiennes », *Directives cliniques de la SOGC*, déclaration de principe n° 87, [en ligne], Ottawa, chez l'auteur. Date de mise à jour inconnue [réf. du 17 avril 2002]. Logiciel nécessaire: Adobe Acrobat Reader. On peut l'obtenir sur le Web : < http://www.sogc.org/SOGCnet/sogc_docs/common/guide/library_f.shtml >.

SOCIÉTÉ DES OBSTÉTRICIENS ET GYNÉCOLOGUES DU CANADA (2001a). « Consensus canadien sur la ménopause et l'ostéoporose : hormonothérapie substitutive et maladies cardiovasculaires », *Directives cliniques de la SOGC*, n° 108 [en ligne], Ottawa, chez l'auteur. Date de mise à jour inconnue [réf. du 17 avril 2002]. Logiciel nécessaire: Adobe Acrobat Reader. On peut l'obtenir sur le Web : < http://www.sogc.org/SOGCnet/sogc_docs/common/guide/library_f.shtml >.

SOCIÉTÉ DES OBSTÉTRICIENS ET GYNÉCOLOGUES DU CANADA (2001b). « Consensus canadien sur la ménopause et l'ostéoporose : approches complémentaires », *Directives cliniques de la SOGC*, n° 108 [en ligne], Ottawa, chez l'auteur. Date de mise à jour inconnue [réf. du 17 avril 2002]. Logiciel nécessaire : Adobe Acrobat Reader. On peut l'obtenir sur le Web : < http://www.sogc.org/SOGCnet/sogc_docs/common/guide/library_f.shtml >.

SOCIÉTÉ DES OBSTÉTRICIENS ET GYNÉCOLOGUES DU CANADA (2001c). « Consensus canadien sur la ménopause et l'ostéoporose : ostéoporose », *Directives cliniques de la SOGC*, n° 108 [en ligne], Ottawa, chez l'auteur. Date de mise à jour inconnue [réf. du 17 avril 2002]. Logiciel nécessaire: Adobe Acrobat Reader. On peut l'obtenir sur le Web : < http://www.sogc.org/SOGCnet/sogc_docs/common/guide/library_f.shtml >.

SOCIÉTÉ DES OBSTÉTRICIENS ET GYNÉCOLOGUES DU CANADA *et al.* (2002). « Comment choisir la bonne méthode de contraception pour vos patientes », *Ma sexualité. com*, module Professionnels de la santé [en ligne], Ottawa, chez l'auteur. Date de mise à jour inconnue [réf. du 17 avril 2002]. Logiciel nécessaire : Adobe Acrobat Reader. On peut l'obtenir sur le Web : < http://www.masexualite.ca/fre/includes/health/pdf/HCPModuleChoosingRightContraceptionFrench.pdf >.

SPEROFF, L. (mai 1998). « A quarter century of contraception : Remarkable advances, increasing success », *Contemporary OB/GYN*, 43(S), p. 13-26.

SPEROFF, L. (novembre 1999). « Hormone therapy and hearth health in postmenopausal women », *Contemporary OB/GYN*, 44(S), p. 4-26.

STATE OF THE WORLD POPULATION (2000). « Ending Violence Against Women and Girls », New York, United Nations Population Fund.

SUNNYBROOK AND WOMEN'S COLLEGE HEALTH SCIENCES CENTRE (2001). « L'avortement non chirurgical », *Femme en santé* [en ligne], Toronto, chez l'auteur. Mis à jour le 3 décembre 2001 [réf. du 17 avril 2002]. On peut l'obtenir sur le Web : < http://www.femmesensante.ca/centres/sex/abortion/medicalab.html >.

THOMASON, J. L., et N. J. SCAGLIONE (1999). « Bacterial vaginosis », *Contemporary OB/GYN*, 44(6), p. 15-24.

TRUSSELL, J., C. ELLERTSON, F. STEWART *et al.* (2000). « Emergency contraception : A cost-effective approach to preventing unwanted pregnancy », *Office of Population Research*, *Medscape/Women's Health*.

VALENTE, S. M. (2000). « Evaluating and managing intimate partner violence », *The Nurse Practitioner*, 25(5), p. 18-33.

WALKER, L. (1984). *The battered woman syndrome*, New York, Springer.

WALLACH, M., et D. A. GRIMES (2000). *Modern oral contraception : Update from the Contraception Report*, Totowa, Emron.

WÖLNER-HANSSEN, P. (1999). « Pelvic inflammatory disease : Diagnosis », *Contemporary OB/GYN*, 44(8), p.108-116.

chapitre

5

Problèmes de procréation : infertilité et anomalies génétiques

Objectifs

- Énumérer les conditions essentielles de la fertilité
- Décrire les principaux éléments du bilan préliminaire d'infertilité
- Résumer les indications des procédés diagnostiques et thérapeutiques (y compris les techniques de reproduction assistée) dans la prise en charge de l'infertilité
- Résumer les effets psychologiques et physiologiques de l'infertilité sur les conjoints
- Décrire le rôle que joue l'infirmière auprès des couples – counseling, enseignement et défense de leurs intérêts – au cours de l'évaluation et du traitement de l'infertilité
- Expliquer quelles sont les indications de l'analyse chromosomique avant la conception et des tests prénataux
- Décrire les caractéristiques des maladies dominantes autosomiques, des maladies récessives autosomiques et des maladies récessives liées au chromosome X (liées au sexe)
- Comparer les procédés diagnostiques prénataux et postnataux utilisés pour déceler les anomalies génétiques
- Évaluer les répercussions émotionnelles sur le couple : 1) du dépistage génétique ; 2) de la perspective de donner naissance à un enfant atteint d'une maladie héréditaire ; 3) de la naissance d'un enfant atteint d'une telle maladie
- Expliquer le rôle de l'infirmière en matière de counseling génétique

Vocabulaire

LA PLUPART DES COUPLES QUI DÉSIRENT PROCRÉER y parviennent aisément: de manière générale, la grossesse et l'accouchement se déroulent normalement, et un bébé en santé voit le jour. Toutefois, certains couples moins chanceux n'arrivent pas à mettre au monde l'enfant qu'ils désirent parce qu'ils sont aux prises avec des problèmes de procréation.

Ce chapitre porte sur deux problèmes de procréation particulièrement bouleversants pour les couples qui les vivent: l'incapacité de concevoir et le risque de porter un enfant atteint d'anomalies génétiques.

L'infertilité

L'**infertilité** se définit comme l'absence de conception après au moins 12 mois de coïts sans contraception (Bopp et Seifer, 2000). L'infertilité a d'importantes répercussions émotionnelles, psychologiques et économiques, tant pour les couples qui en souffrent que pour l'ensemble de la société. De 10% à 15% des couples en âge de se reproduire sont infertiles (Speroff, Glass et Kase, 1999).

Lorsqu'un facteur empêche toute procréation, on peut parler de *stérilité*. Si les deux partenaires ont une fertilité réduite, on utilise le terme d'**hypofertilité** (Hatcher *et al.*, 1998). On parle d'*infertilité primaire* lorsque la femme n'a jamais conçu, et d'*infertilité secondaire* lorsque la femme a déjà été enceinte, mais n'a pas conçu après un an ou plus de coïts sans contraception (Hatcher *et al.*, 1998).

Les gens ont souvent l'impression que l'incidence de l'infertilité augmente; pourtant, la proportion de couples infertiles n'a pratiquement pas bougé aux États-Unis, au Canada et au Québec (Speroff *et al.*, 1999). Ce qui a changé, c'est la composition de la population infertile: à cause des grossesses retardées et de l'arrivée de la cohorte des baby-boomers occidentaux dans ce groupe d'âge, les diagnostics d'infertilité ont augmenté chez les 25-44 ans (Bopp et Seifer, 2000). Plus précisément, l'impression que l'infertilité est en hausse peut s'expliquer par les facteurs suivants:

- la procréation remise à un âge plus avancé, puis le désir d'engendrer plusieurs enfants dans un court laps de temps;
- la multiplication des techniques de procréation assistée;
- l'accessibilité et le recours accrus aux techniques de procréation assistée;
- la meilleure couverture d'assurance dont jouissent certains groupes pour le diagnostic et le traitement de l'infertilité;
- le nombre accru de femmes de plus de 35 ans sans enfants qui consultent le médecin pour infertilité;
- la sensibilisation accrue au problème de l'infertilité.

Conditions essentielles de la fécondité

Pour discerner le ou les facteurs responsables de l'infertilité, l'infirmière doit connaître les conditions essentielles d'une fécondité normale. Ces conditions sont les suivantes:

Chez la femme

- la glaire cervicale doit être propice à la survie des spermatozoïdes et faciliter leur migration vers l'ovule;
- les trompes de Fallope doivent être perméables et avoir un mouvement péristaltique normal pour permettre le transport et l'interaction des spermatozoïdes et de l'ovule;
- les ovaires doivent produire et libérer des ovules normaux, et ce, de manière cyclique et régulière;
- il ne doit y avoir aucune obstruction entre les ovaires et l'utérus;
- l'état physiologique de l'endomètre doit être normal pour permettre l'implantation et la croissance normale du blastocyste;
- les hormones de reproduction doivent fournir la stimulation appropriée.

Chez l'homme

- les testicules doivent produire des spermatozoïdes dont la qualité, la quantité et la motilité sont normales ;
- les voies génitales ne doivent pas être obstruées ;
- les sécrétions des voies génitales doivent être normales ;
- les spermatozoïdes, lors de l'éjaculation, doivent être déposés dans les voies génitales de la femme de manière qu'ils puissent atteindre le col.

Le tableau 5-1 met en parallèle ces conditions essentielles et les anomalies qui peuvent causer l'infertilité.

Compte tenu du rôle crucial que jouent dans la conception la conjugaison d'un moment opportun et d'un milieu propice, on doit s'émerveiller que la procréation soit malgré tout un phénomène naturel et que la plupart des couples puissent concevoir. Chez la minorité des couples qui n'y arrivent pas, cette incapacité est due soit à un problème chez l'homme (35 %) ou chez la femme (50 %), soit à une cause inconnue (infertilité inexpliquée) ou à des problèmes chez les deux partenaires (15 %) (Speroff *et al.*, 1999). Dans 35 % des cas, l'infertilité a une étiologie multifactorielle. L'intervention professionnelle peut aider environ 65 % des couples infertiles à concevoir un enfant et à mener une grossesse à terme.

On devrait proposer un bilan d'infertilité aux couples qui ont essayé en vain, pendant au moins un an, d'avoir un enfant. Si la femme a plus de 35 ans, on peut le proposer après 6 à 9 mois de relations sexuelles non protégées sans conception. À l'âge de 25 ans, au moment où les couples sont dans leur période la plus féconde, le temps moyen requis pour concevoir est de 5,3 mois. Dans environ 20 % des cas, la conception survient au cours du premier mois de coïts sans contraception (Speroff *et al.*, 1999).

Bilan préliminaire

Avant de procéder aux tests, il faut commencer par s'assurer que le moment et la durée du coït sont adéquats. L'infirmière informe les partenaires sur les moments les plus fertiles du cycle menstruel. Il suffit parfois d'enseigner au couple à reconnaître les signes de l'ovulation et le moment où elle se produit dans le cycle, ainsi que quelques mesures susceptibles de favoriser la fécondité (tableau 5-2) pour résoudre leur problème.

Avant d'entamer une investigation longue, coûteuse et émotionnellement éprouvante, on procède à un bilan préliminaire comprenant une anamnèse exhaustive ainsi qu'à un examen

Tableau 5-1

Causes possibles de l'infertilité

Conditions essentielles	Anomalies
FEMME	
Glaire cervicale favorable à la survie des spermatozoïdes	Cervicite, sténose cervicale, usage de lubrifiants lors du coït, anticorps antispermatozoïdes (réaction immunitaire)
Libre passage entre le col et les trompes	Myomes, adhérences, adénomyose, polypes, endométrite, sténose cervicale, endométriose, anomalies congénitales (p. ex. utérus cloisonné, exposition au diethylstilbestrol [DES])
Perméabilité tubaire et mobilité normale	Atteinte inflammatoire pelvienne, adhérences péritubaires, endométriose, stérilet (DIU), salpingite (chlamydia, MTS récurrente, etc.), néoplasme, grossesse extra-utérine, ligature des trompes
Ovulation et libération régulières des ovules	Carence ovarienne primaire, polykystose ovarienne, hypothyroïdie, tumeur hypophysaire, lactation, adhérences périovariennes, endométriose, insuffisance ovarienne prématurée, hyperprolactinémie, syndrome de Turner
Aucune obstruction entre l'ovaire et le pavillon de la trompe	Adhérences, endométriose, atteinte inflammatoire pelvienne
Préparation de l'endomètre	Anovulation, anomalie de la phase lutéale, malformation, infection utérine, syndrome d'Asherman
HOMME	
Spermogramme normal	Anomalies des spermatozoïdes ou du sperme, polyspermie, anomalie congénitale du développement testiculaire, oreillons après l'adolescence, cryptorchidie, infections, exposition des gonades aux rayons X, chimiothérapie, tabagisme, abus d'alcool, malnutrition, maladie métabolique chronique ou aiguë, médicaments (morphine, AAS, ibuprofène), usage de cocaïne ou de marijuana, sous-vêtements trop serrés, chaleur
Voies génitales perméables	Infections, tumeurs, anomalies congénitales, vasectomie, rétrécissements, trauma, varicocèle
Sécrétions des voies génitales normales	Infections, auto-immunisation au sperme, tumeurs
Éjaculat déposé au col	Éjaculation précoce, impuissance, hypospadias, éjaculation rétrograde (p. ex. diabète), lésions neurologiques des cordons spermatiques, obésité (empêchant une pénétration adéquate)

Tableau 5-2

Comment favoriser la fertilité

- Éviter les douches vaginales et les lubrifiants artificiels qui peuvent modifier le pH du vagin et y introduire des agents spermicides.

- Favoriser la rétention du sperme. La position du missionnaire (l'homme sur la femme) pendant le coït permet à un plus grand nombre de spermatozoïdes d'atteindre le col, surtout si la femme reste allongée au moins une heure après les rapports sexuels.

- Éviter les fuites de sperme. Pendant l'heure qui suit le coït, la femme doit surélever les hanches à l'aide d'un oreiller et éviter de se lever pour aller uriner.

- Optimiser les chances de fécondation. Pratiquer le coït 1 à 3 fois par semaine en laissant un intervalle d'au moins 48 heures entre chaque relation.

- Éviter de se concentrer sur la conception pendant les rapports sexuels pour réduire l'anxiété et les risques de dysfonction sexuelle.

- Bien s'alimenter et réduire le stress. Les techniques de gestion du stress et les bonnes habitudes alimentaires augmentent la production de spermatozoïdes.

- Explorer d'autres méthodes pour favoriser la fécondité, comme l'étude de la glaire cervicale et l'enregistrement de la température basale.

- Demander l'avis et les conseils d'un proche en qui vous avez confiance.

- Envisager le recours à d'autres méthodes susceptibles d'améliorer la fécondité en tenant compte de sa culture et de ses valeurs.

clinique qui révélera toute cause évidente d'infertilité. Lors de la première rencontre, l'infirmière explique au couple les grandes lignes de la prise en charge de l'infertilité. Bien que les tests puissent différer selon les antécédents du couple, le bilan préliminaire comporte habituellement des évaluations de la fonction ovarienne, de la glaire cervicale et de sa réceptivité aux spermatozoïdes, de la capacité fécondante du sperme, de la perméabilité tubaire et de l'état général des organes pelviens (Bradshaw, 1998). Comme 35 % des cas d'infertilité découlent d'un problème chez l'homme, l'un des premiers tests que l'on pratique est le spermogramme ; ses résultats détermineront la nécessité de procéder à des épreuves diagnostiques plus effractives sur la femme.

Le désir d'avoir des enfants est la pierre angulaire de nombreuses unions. Étant donné que les problèmes de fécondité atteignent l'intimité profonde du couple, leur charge émotive est considérable. Si elle est perçue comme un manque de virilité ou de féminité, l'incapacité de concevoir peut ébranler l'estime de soi d'un des partenaires ou des deux (Leon, 2000). L'infirmière peut réconforter le couple en l'écoutant avec empathie sans porter de jugement ; elle lui fournit également des informations et les directives appropriées tout au long du processus diagnostique et thérapeutique. Comme ce counseling suppose des discussions portant sur des sujets éminemment

personnels, l'infirmière qui assume sa propre sexualité sera mieux placée pour établir une relation de confiance avec les clients et pour obtenir d'eux des informations pertinentes.

La première visite, on l'a vu, comprend une anamnèse complète et un examen physique. Le tableau 5-3 énumère tous les examens et toutes les épreuves de laboratoire du bilan initial d'infertilité. On trouvera à la figure 5-1 ▶ un ordinogramme qui présente la démarche de prise en charge dans les cas d'infertilité : anamnèse, épreuves diagnostiques courantes et interventions des professionnels de la santé.

Tests d'infertilité

À cause de l'incidence élevée de l'infertilité multifactorielle, le bilan d'infertilité approfondi de la femme comprend des évaluations de la fonction ovulatoire ainsi que des structures et fonctions du col, de l'utérus, des trompes de Fallope et des ovaires (pour un exposé détaillé sur le cycle de la fertilité, voir le chapitre 3).

Si les antécédents de l'homme le justifient, on l'enverra consulter un urologue qui procédera à des tests plus poussés. Au moins deux spermogrammes s'imposent pour confirmer ou éliminer une déficience séminale. On pourra également faire d'autres tests : le SPA (*Sperm Penetration Assay*), qui vérifie la capacité de pénétration du spermatozoïde dans un ovocyte de hamster sans zone pellucide ; le test de la réaction acrosomique ; l'évaluation du nombre de spermatozoïdes dans le sperme ; et des tests qui détectent la présence d'anticorps antispermatozoïdes (réaction immunitaire). L'utilité de ces tests est controversée.

Bilan de fertilité de la femme

Évaluation de la fonction ovulatoire

Les problèmes d'ovulation sont responsables d'environ 15 % des cas d'infertilité (Speroff *et al.*, 1999). Les méthodes les plus précises pour évaluer l'ovulation sont l'enregistrement de la température basale (courbe thermique), l'observation de la glaire cervicale et la biopsie de l'endomètre (pour un exposé détaillé sur les caractéristiques du cycle ovulatoire, voir le chapitre 2).

L'un des tests de base de la fonction ovulatoire est l'enregistrement de la **température basale** (courbe thermique), qui aide à déceler les anomalies des phases folliculaire et lutéale. Lors de la première visite, on enseigne à la femme la technique d'enregistrement de la température basale. La cliente doit prendre sa température tous les matins (après 6 à 8 heures de sommeil ininterrompu) avant de sortir du lit et avant de se livrer à toute autre activité (Moghissi, 1998). Pour ce faire, elle peut utiliser soit un thermomètre oral ou anal ordinaire, mais gradué en dixièmes de degré afin de déceler les plus légères variations de température (Carcio, 1998), soit un thermomètre basal spécialement conçu pour mesurer les températures

Tableau 5-3

Bilan préliminaire de l'infertilité : examen physique et épreuves de laboratoire

Femme

EXAMEN PHYSIQUE

Évaluation de l'état général (mesures de la taille, du poids, de la tension artérielle et de la température)

Évaluation endocrinienne de la glande thyroïde (exophtalmie, signe de von Graefe, tremblement, glande papable)

Examen du fond de l'œil pour déceler une éventuelle hypertension intracrânienne, surtout chez les femmes oligoménorrhéiques ou aménorrhéiques (possibilité d'une tumeur hypophysaire)

Examen des organes génitaux (notamment des seins et des organes génitaux externes)

Vérification de la capacité physique de supporter la grossesse

EXAMEN PELVIEN

Test de Papanicolaou

Culture de gonocoques, si nécessaire, et possiblement – les opinions sont divergentes – culture de *Chlamydia trachomatis* ou de mycoplasmes

Signes d'infection vaginale (voir le chapitre 4)

Forme de la toison pubienne (p. ex. distribution des poils similaire à celle de l'homme chez une femme)

Volume du clitoris (hypertrophie provoquée par des troubles endocriniens)

Examen du col: cicatrices, déchirures, érosion, polypes, état et forme de l'orifice du col, signes d'infection, glaire cervicale (évaluer la filance et la cristallisation en frondes de fougère dues à l'œstrogène)

EXAMEN BIMANUEL

Volume, forme, position et mobilité de l'utérus

Présence d'anomalies congénitales

Présence d'endométriose

Examen des annexes: volume des ovaires, kystes, adhérences ou tumeurs

EXAMEN RECTO-VAGINAL

Présence d'une rétroflexion ou d'une rétroversion de l'utérus

Présence d'une masse dans le cul-de-sac de Douglas

Présence d'endométriose

ÉPREUVES DE LABORATOIRE

Numération globulaire complète

Vitesse de sédimentation, si nécessaire

Sérologie

Analyse d'urine

Facteur Rhésus et groupe sanguin

Si nécessaire, examen de la fonction thyroïdienne, taux de prolactine, épreuve d'hyperglycémie provoquée, dosages hormonaux (œstradiol, FSH, LH, progestérone, déhydroépiandrostérone [DHA], androsténédione, testostérone, 17 alpha-hydroxiprogestérone [17-OHP])

Homme

EXAMEN PHYSIQUE

État général (mesures de la taille, du poids et de la tension artérielle)

Évaluation endocrinienne (p. ex. présence de gynécomastie)

Évaluation du champ visuel pour déceler une hémianopsie bitemporale

Pilosité anormale

EXAMEN UROLOGIQUE

Présence ou absence de phimosis

Situation du méat urétral

Volume et consistance de chaque testicule, canal déférent et épididyme

Présence de varicocèle

EXAMEN RECTAL

Volume et consistance de la prostate et examen microscopique du liquide prostatique pour déceler des signes d'infection

Volume et consistance des vésicules séminales

ÉPREUVES DE LABORATOIRE

Numération globulaire complète

Vitesse de sédimentation, si nécessaire

Sérologie

Analyse d'urine

Facteur rhésus et groupe sanguin

Spermogramme

Si nécessaire, biopsie testiculaire et frottis buccal

Dosages hormonaux (FSH, LH, prolactine)

---

comprises entre 35 °C et 37,8 °C. Le thermomètre tympanique, qui donne une lecture en quelques secondes, peut remplacer avantageusement le traditionnel thermomètre de verre et de mercure. Enfin, certains dispositifs électroniques ou numériques, disponibles en pharmacie, permettent maintenant de déterminer plus précisément les périodes fertiles.

La cliente enregistre sur un graphique les variations quotidiennes de sa température basale. Si le cycle est ovulatoire, la courbe thermique est biphasique; s'il est anovulatoire, elle est monophasique. Ces courbes thermiques permettent à la femme de déterminer le moment de l'ovulation et la période la plus propice à la conception (figure 5-2 ▶).

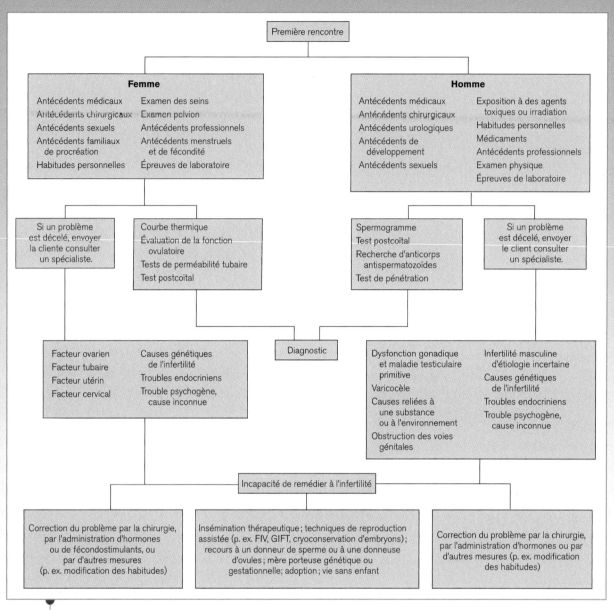

FIGURE 5-1 ▶ Ordinogramme du traitement de l'infertilité.

La température basale d'une femme en phase préovulatoire se situe habituellement au-dessous de 36,7 °C. À mesure que l'ovulation approche, la production d'œstrogènes augmente et, lorsqu'elle atteint son sommet, elle peut provoquer une légère baisse de la température basale, suivie d'une hausse. Notons que la légère baisse de température basale qui précède l'ovulation est souvent difficile à déceler (Carcio, 1998). Juste avant l'ovulation, un brusque surcroît de lutéostimuline (LH) entraîne une augmentation de la production de progestérone, ce qui provoque une hausse de 0,3 °C à 0,6 °C de la température basale. Ces changements sont représentés sur une courbe ovulatoire et biphasique (figure 5-2B ▶) : comme elle est thermogène, la progestérone maintient l'élévation de la température durant la deuxième moitié du cycle menstruel (phase lutéale). La hausse de température ne permet donc pas de prédire le jour de l'ovulation, mais elle indique qu'une ovulation

a eu lieu un jour plus tôt. La libération de l'ovule se produit probablement de 24 à 36 heures avant la première hausse de température (Carcio, 1998 ; Speroff *et al.*, 1999).

En s'appuyant sur les courbes thermiques de la cliente, le médecin pourra suggérer au couple d'avoir des relations sexuelles avec coït tous les deux jours durant la période présumée fertile, c'est-à-dire de trois à quatre jours avant la date d'ovulation prévue jusqu'à deux ou trois jours après (voir le *Guide d'enseignement : Détermination du moment de l'ovulation*, p. 134).

Deux types de tests hormonaux permettent d'évaluer la fonction ovulatoire :

1. Les *dosages de gonadotrophines (FSH, LH)*. Les dosages de FSH et de LH fournissent de précieuses informations sur la fonction ovulatoire. Le dosage de FSH au 3e jour

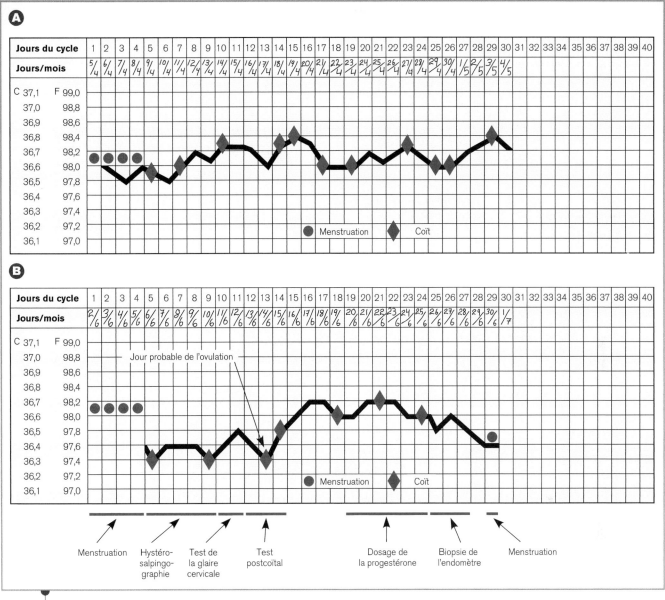

FIGURE 5-2 ❱ **A.** Tracé de la température basale anovulatoire monophasique. **B.** Tracé de la température basale biphasique, indiquant l'ovulation, les divers tests et le moment du cycle où chacun sera effectué.

du cycle est le test le plus révélateur sur la réserve et la fonction ovariennes. On devrait toujours mesurer la FSH, surtout chez les femmes de 35 ans et plus, pour estimer les chances de succès des cycles de traitement par stimulation ovarienne. Un dosage de LH au début du cycle permet d'éliminer la possibilité d'un excès d'hormones androgènes nuisibles au développement folliculaire et à la maturation de l'ovocyte. De plus, des prélèvements quotidiens de LH sérique au milieu du cycle permettent de détecter la brusque décharge de LH ; on pense que le jour où elle survient est le jour de fécondité optimale. Enfin, les trousses d'analyse de LH urinaire (trousses de planification avec indicateur d'ovulation) destinées à l'usage à domicile permettent

de mieux planifier les coïts, l'insémination et les tests postcoïtaux (Moghissi, 1998).

2. Les *dosages de progestérone.* Le taux de progestérone est le meilleur indicateur de l'ovulation et de la fonction lutéale. Le taux de progestérone sérique commence à augmenter avec la brusque décharge de LH pour atteindre son sommet environ 8 jours plus tard. Un taux de 16 nmol/L obtenu 3 jours après cette décharge confirme qu'il y a ovulation (Moghissi, 1998). Un taux de 32 nmol/L ou plus obtenu au 21e jour (soit 7 jours après l'ovulation) indique une phase lutéale adéquate.

On peut également faire des dosages de prolactine, de thyréostimuline (TSH) et d'androgènes (testostérone, déhydro-épiandrostérone (DHA) et androsténédione).

Guide d'enseignement
Détermination du moment de l'ovulation

Évaluation et analyse de la situation

L'infirmière évalue les croyances et les connaissances de la cliente sur la fonction ovulatoire, la glaire cervicale et le cycle menstruel.

Diagnostics infirmiers

Le principal diagnostic infirmier sera probablement :
Recherche d'un meilleur niveau de santé : détermination du moment de l'ovulation reliée au désir de planifier une grossesse (ou d'utiliser une méthode de contraception naturelle).

Planification et interventions

Le plan d'enseignement comporte de l'information sur les modifications de la glaire cervicale et les variations de la température basale au cours

du cycle menstruel, sur les signes indiquant que l'ovulation a eu lieu et sur les moyens de déterminer soi-même ses jours de fécondité.

Objectifs

Une fois l'enseignement terminé, la cliente pourra :

- évaluer avec précision les modifications de la glaire cervicale ;
- prendre sa température basale (TB) et la consigner ;
- décrire les modifications de la glaire cervicale et les variations de la température basale indiquant que l'ovulation a eu lieu ;
- énumérer les symptômes physiques indiquant que l'ovulation a eu lieu.

Plan d'enseignement

Contenu

Méthode de la température basale (TB)

Décrire les variations normales de la température basale durant un cycle ovulatoire (courbe thermique biphasique). Insister sur le fait que la cliente devra surveiller la TB pendant 3 ou 4 mois avant de pouvoir dégager des constantes. Expliquer comment la méthode de la TB permet de déterminer le moment des coïts selon qu'on veut obtenir ou éviter une grossesse.

Décrire la façon de procéder pour mesurer la TB :

- prendre la TB toujours au même endroit (bouche, tympan, rectum ou vagin) en utilisant un thermomètre basal ou un thermomètre gradué en dixièmes de degré ;
- prendre la TB tous les jours pendant 5 minutes avant le lever et toute autre activité (manger, fumer, etc.) ;
- consigner immédiatement le résultat sur un graphique de TB (on pourra ainsi tracer une courbe thermique en reliant les points correspondant aux TB quotidiennes) ;
- secouer le thermomètre pour qu'il soit prêt à utiliser le lendemain.

Expliquer à la cliente que certains facteurs peuvent perturber la température corporelle : grosse consommation d'alcool, manque de sommeil, hyperthermie, chaleur ambiante, couverture chauffante, décalage horaire, quarts de travail variables, etc.

Méthode de la glaire cervicale

Expliquer à la cliente que, au cours du cycle menstruel, la glaire cervicale subit des modifications qui permettent de prédire l'ovulation. Lui décrire les caractéristiques de la glaire cervicale à divers moments du cycle. Insister sur le fait qu'elle devra observer ces modifications pendant plusieurs cycles pour pouvoir les déceler avec précision.

Décrire la façon de procéder pour évaluer les modifications de la glaire cervicale :

- vérifier le vagin tous les jours en tamponnant l'ouverture avec du papier hygiénique ou en y introduisant un doigt ;
- noter le degré d'humidité (présence de glaire) ; recueillir un peu de glaire pour évaluer sa couleur et sa consistance ; consigner ces observations sur un graphique ;
- se laver les mains avant et après la vérification.

Expliquer à la cliente que certains facteurs peuvent influer sur la présence et sur la consistance de la glaire cervicale : infection vaginale, médicament administré par voie vaginale, spermicide, lubrifiant, douche vaginale, excitation sexuelle et présence de sperme.

Évaluation

Évaluer l'apprentissage en prévoyant du temps pour la discussion, les questions et la démonstration de l'utilisation du thermomètre et des graphiques. Demander à la cliente de décrire dans ses mots la méthode choisie.

Méthode d'enseignement

Choisir un endroit privé où on ne vous dérangera pas.

Créer une ambiance chaleureuse et détendue par votre attitude et votre façon de communiquer (verbale et non verbale) ; faire en sorte que la cliente se sente soutenue.

Expliquer *brièvement* comment la TB permet de prédire l'ovulation.

Utiliser des illustrations ou des graphiques pour montrer les variations de TB indiquant des cycles ovulatoires et anovulatoires.

L'apprentissage est plus facile si on découpe la matière en courtes étapes.

Montrer à la cliente un thermomètre basal et lui faire une démonstration de son fonctionnement.
Note : On peut aussi utiliser un thermomètre tympanique à infrarouge.

Remettre à la cliente un graphique vierge de TB et lui demander d'y consigner trois TB que vous lui donnez.

Remettre à la cliente une description écrite de la façon de procéder.

Donner à la cliente l'occasion de poser des questions et de discuter de la méthode.

Décrire les caractéristiques de la glaire à divers moments du cycle et expliquer ce qui entraîne ces modifications.

Explorer avec la cliente les sentiments que lui inspire l'utilisation de cette méthode.

Utiliser des illustrations montrant les modifications de la glaire, y compris les variations de sa filance à divers moments du cycle.

Encourager la cliente à poser des questions.

Remettre à la cliente une description écrite de la façon de procéder qui lui servira d'aide-mémoire au besoin.

La **biopsie de l'endomètre** fournit des informations sur les effets de la progestérone sécrétée par le corps jaune après l'ovulation, ainsi que sur la réceptivité de l'endomètre. L'intervention se pratique de 10 à 12 jours au moins après l'ovulation en prélevant un échantillon de l'endomètre à l'aide d'une pipette d'aspiration (Speroff *et al.*, 1999). La cliente doit être prévenue que l'intervention peut causer certains malaises, des crampes pelviennes et des saignotements durant et après l'intervention. Elle devra informer le médecin du début de sa menstruation pour qu'il en tienne compte dans l'interprétation des résultats de l'analyse.

On peut penser à un dysfonctionnement si l'endomètre ne présente pas la quantité de tissu sécrétoire prévue pour ce jour du cycle menstruel. D'autres biopsies de l'endomètre et d'autres dosages de progestérone sérique pourront se révéler nécessaires pour confirmer l'anomalie de la phase lutéale.

L'**échographie vaginale** est un apport inestimable au diagnostic et au traitement de l'infertilité. C'est le moyen de prédilection pour suivre le développement folliculaire lors d'un traitement de stimulation ovarienne, pour planifier le coït et l'insémination, pour prélever les ovocytes à des fins de fécondation in vitro et pour suivre les débuts de la grossesse. Bientôt, grâce à l'échographie vaginale Doppler en couleur qui permet de suivre l'irrigation sanguine de l'utérus, l'endocrinologue pourra mieux évaluer le développement folliculaire, la maturation de l'ovocyte, de même que le développement et les réactions de l'endomètre ; cette technique améliorera également le diagnostic des anomalies de la phase lutéale (Moghissi, 1998).

Évaluation des facteurs cervicaux

Les cellules de la muqueuse de l'endocol (endomètre du col) se composent en grande partie d'eau. Au fur et à mesure que l'ovulation approche, l'ovaire sécrète de plus en plus d'œstrogènes et provoque des modifications de la glaire cervicale : sa quantité décuple et sa teneur en eau s'accroît sensiblement.

Au moment de l'ovulation, la **filance** (élasticité) de la glaire cervicale augmente, et sa viscosité diminue. On considère que la filance est excellente quand on peut étirer la glaire de 8 à 10 cm ou plus (Speroff *et al.*, 1999). Ce test se fait soit en étirant la glaire entre deux lames de verre (figure 5-3A ❱), soit en prenant un peu de glaire sur l'orifice externe du col et en l'étirant vers l'orifice vaginal (voir le *Guide d'enseignement : Détermination du moment de l'ovulation*).

Comme la filance, la **capacité de cristallisation en frondes de fougère** de la glaire cervicale (figure 5-3B ❱) augmente à l'approche de l'ovulation. La cristallisation en frondes de fougère est due à l'interaction des glycoprotéines de la glaire avec l'eau et le sel qui s'y trouvent en moindre quantité durant la phase ovulatoire ; autrement dit, la cristallisation en frondes de fougère signale indirectement qu'il y a production d'œstrogènes. Pour évaluer la cristallisation, on recueille de la glaire à l'orifice externe du col, on l'étale sur

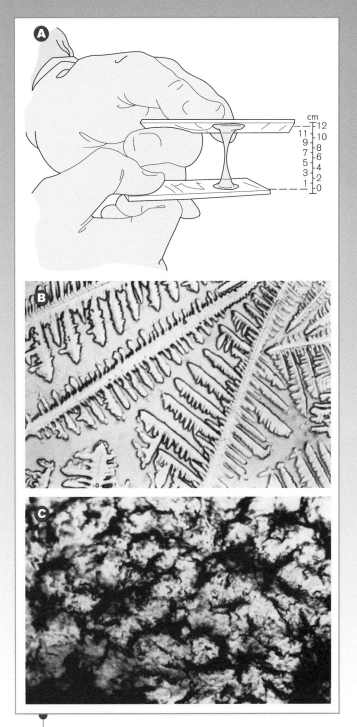

FIGURE 5-3 ❱ **A.** Test de filance de la glaire cervicale. **B.** Cristallisation en frondes de fougère. **C.** Absence de frondes de fougère. *Source :* Speroff, L. *et al.* (1994), *Clinical gynecologic endocrinology and infertility*, 5ᵉ éd., Baltimore, Williams and Wilkins, p. 818.

une lame de verre, on la laisse sécher à l'air libre et on l'examine au microscope. Au cours des 24 à 48 heures qui suivent l'ovulation, les taux croissants de progestérone entraînent une diminution marquée de la quantité de glaire, ainsi qu'une augmentation de sa viscosité et de sa cellularité. L'absence de filance et de capacité de cristallisation en frondes de fougère de la glaire cervicale compromet la survie des spermatozoïdes.

Pour être perméable aux spermatozoïdes, la glaire cervicale doit être fluide, claire, aqueuse, profuse, alcaline et acellulaire : comme l'illustre la figure 5-4 ▶, les filaments microscopiques qui autrement forment une espèce de labyrinthe s'alignent alors parallèlement pour faciliter le passage des spermatozoïdes. Si ces changements ne se produisent pas, on dit que la glaire est imperméable aux spermatozoïdes.

Une glaire cervicale imperméable peut avoir plusieurs causes, dont certaines peuvent être traitées. Par exemple, la sécrétion d'œstrogènes peut être insuffisante pour rendre la glaire perméable. Une infection du col, qui est une autre cause de l'imperméabilité de la glaire, peut aussi être soignée si son étiologie le permet. La conisation, l'électrocautérisation et la cryochirurgie du col peuvent supprimer de nombreuses glandes productrices de glaire, créant ainsi un « col sec », hostile à la survie des spermatozoïdes. Enfin, à cause des propriétés anti-œstrogéniques du médicament, le traitement au citrate de clomifène peut avoir des effets néfastes sur la glaire cervicale. Par conséquent, l'administration d'un supplément d'œstrogènes durant les six jours qui précèdent le jour prévu de l'ovulation contribue à rétablir une filance adéquate (Speroff *et al.*, 1999). Cependant, l'insémination intra-utérine (IIU) est souvent le traitement le plus approprié pour surmonter ces obstacles. Une glaire profuse est essentielle pour créer un milieu favorable aux spermatozoïdes.

Des réactions immunitaires sécrétoires peuvent produire, dans le col, des anticorps antispermatozoïdes, ce qui entraîne l'agglutination ou l'immobilisation des spermatozoïdes. Le radio-immunodosage est le dosage sérum-spermatozoïdes le plus répandu pour la détection de types d'anticorps spécifiques dans le sperme ou le sérum. Le traitement d'un problème

d'infertilité lié aux anticorps antispermatozoïdes peut comporter une IIU de sperme lavé, ce qui permet de surmonter l'obstacle cervical.

Aussi appelé **test de Hühner**, le **test postcoïtal** consiste à évaluer la glaire cervicale, la motilité des spermatozoïdes, l'interaction spermatozoïdes-glaire et la capacité des spermatozoïdes à traverser la glaire (Speroff *et al.*, 1999). Ce test se pratique un ou deux jours avant la date d'ovulation prévue (selon la longueur des cycles précédents, les courbes thermiques antérieures ou à l'aide d'une trousse d'analyse de LH urinaire). L'examen peut se faire jusqu'à 12 heures après le coït ; si les résultats sont anormaux, on répétera le test dans des conditions optimales, soit 2 ou 3 heures après le coït. À l'aide d'un petit cathéter de plastique, on aspire de la glaire à l'orifice externe et interne du col ; puis on la mesure et on l'examine au microscope afin d'y déceler d'éventuels signes d'infection, d'évaluer la filance et la cristallisation en frondes de fougère, et de compter le nombre de spermatozoïdes mobiles, peu mobiles ou immobiles par champ à fort grossissement. Cependant, le fait que le moment du coït soit déterminant dans le test postcoïtal peut entraîner des difficultés sexuelles chez certains couples.

Évaluation des structures utérines et de la capacité tubaire

Habituellement, on ne procède aux tests de capacité tubaire qu'après avoir eu recours aux courbes thermiques, au spermogramme et à d'autres tests moins effractifs. L'hystérosalpingographie est le test de prédilection pour évaluer la perméabilité des trompes de Fallope et la structure utérine. D'autres examens effractifs, comme la laparoscopie et l'hystéroscopie, permettent de vérifier le fonctionnement tubaire. L'hystéroscopie peut se faire plus tôt dans l'évaluation si l'anamnèse semble indiquer une maladie des trompes, des adhérences ou une anomalie utérine.

L'**hystérosalpingographie (HSG)** exige l'instillation d'un produit de contraste dans la cavité utérine : on l'observe aux rayons X pendant qu'il remplit l'utérus et les trompes de Fallope et se répand dans la cavité péritonéale. Cet examen permet de vérifier la perméabilité des trompes et révèle les anomalies de la cavité endométriale. De plus, le colorant à base d'huile et la pression de l'injection ont parfois un effet thérapeutique : l'instillation peut chasser les débris, libérer les adhérences ou déclencher le péristaltisme (Carcio, 1998).

L'HSG doit avoir lieu durant la phase proliférative du cycle pour ne pas interrompre un début de grossesse, mais aussi pour éviter que les importantes modifications sécrétoires que connaît l'endomètre après l'ovulation empêchent la diffusion du colorant dans les trompes, ce qui donnerait une fausse image d'obstruction. L'HSG cause une douleur modérée, qui peut s'étendre du péritoine (irrité par l'accumulation de gaz sous le diaphragme) jusqu'à l'épaule. On peut diminuer les crampes en réchauffant le produit de contraste à la température du corps avant l'instillation. La cliente peut aussi prendre

FIGURE 5-4 ▶ Passage des spermatozoïdes à travers la glaire cervicale. **A.** Au moment de l'ovulation, la glaire forme des canaux qui favorisent la pénétration des spermatozoïdes et leur migration vers le haut. **B.** Durant le reste du cycle menstruel, la configuration labyrinthique de la glaire entrave le passage des spermatozoïdes.

Source : Corson, S. (1990), *Conquering infertility,* New York, Prentice-Hall, p. 16.

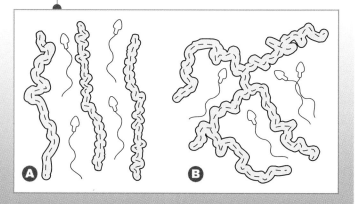

un inhibiteur de la synthèse des prostaglandines (ISG) en vente libre (comme l'ibuprofène), 30 minutes avant l'intervention pour atténuer la douleur, les crampes et les malaises. Comme l'HSG risque d'entraîner la récurrence d'une atteinte inflammatoire pelvienne, on recommande également l'administration prophylactique d'antibiotiques (Speroff *et al.*, 1999).

L'*hystéroscopie* peut servir à étudier de plus près toute région utérine ou tubaire suspecte révélée par l'HSG. On insère dans l'utérus un instrument à fibres optiques qui permet l'observation rapprochée des polypes, des fibromyomes et des anomalies structurelles (Speroff *et al.*, 1999). Bien qu'on l'associe souvent à la laparoscopie, l'hystéroscopie peut aussi se pratiquer seule et n'exige pas d'anesthésie générale.

La **laparoscopie** permet d'observer directement les organes pelviens. Sauf si les symptômes exigent qu'on la fasse plus tôt, on la pratique habituellement de six à huit mois après l'hystérosalpingographie. La laparoscopie est une opération ambulatoire qui requiert une anesthésie générale. Généralement, on fait trois courtes incisions : une sous l'ombilic pour introduire le laparoscope dans la cavité abdominale et deux autres près des poils pubiens pour les instruments de support. On distend la cavité péritonéale avec du gaz carbonique, ce qui permet d'observer les organes pelviens et, le cas échéant, de déceler la présence d'endométriose, d'adhérences, de problèmes de fixation des organes, d'atteintes inflammatoires pelviennes, de tumeurs ou de kystes. On peut aussi vérifier la capacité tubaire en instillant, par le col, un colorant dans la cavité utérine. À la fin de l'intervention, on exprime manuellement le gaz intrapéritonéal. Lorsqu'on donne les informations pré-anesthésiques d'usage, on avertit la cliente qu'elle éprouvera certains malaises dus au déplacement des organes, ainsi que des douleurs à la poitrine et aux épaules causées par le gaz qui distend l'abdomen. La prise d'analgésiques et le fait de rester en position allongée pourront soulager ces malaises postopératoires. Si elle se sent bien, la cliente pourra reprendre ses activités normales 24 heures après l'intervention.

Bilan de fertilité de l'homme

Le spermogramme est le test le plus important du bilan de fertilité masculine. Comme il est simple et qu'il peut éviter de soumettre inutilement la femme à des interventions effractives, c'est l'un des premiers que l'on pratique dans le bilan initial d'infertilité du couple, d'autant plus que, si le test postcoïtal peut fournir de l'information sur la viabilité des spermatozoïdes, il ne révèle pas grand-chose sur les paramètres séminaux normaux. Pour que les résultats du spermogramme soient précis, on doit prélever l'échantillon après deux ou trois jours d'abstinence, habituellement par masturbation afin d'éviter la perte ou la contamination de l'éjaculat. S'il a de la difficulté à produire du sperme par masturbation, l'homme peut se servir de condoms médicaux spécialement conçus pour recueillir du sperme durant le coït. Les condoms ordinaires, qu'ils soient ou non en latex, ne conviennent pas à cet usage parce qu'ils contiennent des agents spermicides et qu'on ne peut en retirer tout le sperme. Comme la plupart des lubrifiants ont des propriétés spermicides, on ne doit pas en utiliser sans l'approbation du laboratoire d'andrologie. Des facteurs saisonniers et conjoncturels peuvent faire varier le nombre et la motilité des spermatozoïdes de divers échantillons provenant d'un même sujet. Il faut donc procéder parfois à plusieurs spermogrammes pour déterminer adéquatement la capacité fécondante du sperme ; il est recommandé d'en effectuer au moins deux pour confirmer le diagnostic. En présence d'une atteinte testiculaire connue (infection, fièvre ou chirurgie), les prélèvements doivent se faire à 74 jours d'intervalle au moins pour permettre la maturation de nouveaux spermatozoïdes.

Le spermogramme fournit des informations sur la motilité et la morphologie des spermatozoïdes, et il permet de déterminer le nombre absolu de spermatozoïdes présents (tableau 5-4). Bien que la rareté ou la motilité réduite des spermatozoïdes puissent compromettre la fertilité, d'autres paramètres, comme leur morphologie, leur façon de se mouvoir et de progresser, représentent d'importants indicateurs pronostiques. Si on prend en considération ces facteurs, des valeurs que l'on associait autrefois à l'hypofertilité peuvent être compatibles avec une fertilité normale. L'échantillon de sperme est considéré comme infertile s'il présente moins de 20 millions de spermatozoïdes par millilitre, une motilité de 50 % obtenue 6 heures après l'émission du sperme ou moins de 30 % de formes normales (Damani et Shaban, 1999). Certaines études indiquent que la qualité du sperme diminue avec l'âge (Speroff *et al.*, 1999).

On a démontré que les spermatozoïdes possèdent des antigènes intrinsèques qui peuvent provoquer une infertilité par auto-immunisation antispermatozoïde. Ce type d'infertilité est plus fréquent dans les cas de vasovasostomie (réanastomose des

---

Tableau 5-4

Spermogramme normal

Facteur	Valeur
Volume	> 2 mL
pH	7,0 à 8,0
Numération des spermatozoïdes	> 20 millions/mL
Temps de liquéfaction complète	1 heure
Motilité	Mouvement vers l'avant : 50 % ou plus
Formes normales	30 % ou plus
Globules rouges	> 5 millions/mL
Globules blancs	> 1 million/mL

Source : World Health Organisation (1993), *The WHO laboratory manual for the examination of human semen and sperm-cervical mucus interaction*, 3e éd., Genève, disponible chez l'auteur.

canaux déférents après une vasectomie) ou de traumatisme génital (une torsion testiculaire, par exemple), où se développe une auto-immunisation au sperme (l'homme produit des anticorps dirigés contre son propre sperme). Les recherches montrent que c'est la présence d'anticorps à la surface des spermatozoïdes (et non pas seulement dans le sérum) qui affecte le fonctionnement des spermatozoïdes et entraîne l'hypofertilité. Le traitement vise à prévenir la formation des anticorps ou à stopper le mécanisme sous-jacent qui compromet le fonctionnement des spermatozoïdes. On a essayé sans succès des traitements tels que l'utilisation conjointe de l'immunosuppression aux corticostéroïdes et de l'insémination intra-utérine (IIU). Le traitement de prédilection en présence d'un nombre cliniquement significatif d'anticorps antispermatozoïdes est donc la fécondation in vitro (FIV) accompagnée de l'insémination intra-utérine (Damani et Shaban, 1999).

Moyens de vaincre l'infertilité

Pharmacothérapie

Si les tests ont permis de déceler un problème d'ovulation, le traitement dépendra de sa cause spécifique. Lorsque les ovaires sont normaux, que le taux de prolactine est adéquat et que l'hypophyse est intacte, on utilise souvent le *citrate de clomifène* (Clomid ou Serophene). Agissant à la fois sur l'hypothalamus et sur les taux d'hormones ovariennes, ce médicament déclenche l'ovulation chez 80 % des femmes ; 40 % d'entre elles deviennent enceintes par la suite ; 5 % environ ont des grossesses multiples (presque exclusivement des jumeaux).

Le citrate de clomifène agit en augmentant la sécrétion de FSH et de LH, ce qui stimule la croissance folliculaire. Habituellement, la femme en prend de 50 à 150 mg/jour pendant 5 jours, à partir du 3e, 4e ou 5e jour du cycle menstruel (Miller et Soules, 1998 ; Leibowitz et Hoffman, 2000). La dose de départ est de 50 mg/jour ; on l'augmente à chaque cycle jusqu'à 200 à 250 mg/jour. Si la glaire cervicale se raréfie, on administre également de l'œstrogène.

On informe la femme que si l'ovulation survient, elle se produira de 5 à 10 jours après l'arrêt de la médication. Pour vérifier la présence de l'ovulation et évaluer la réaction au traitement, on utilise la température basale ou une trousse d'analyse de LH urinaire, une échographie, ou parfois des dosages de progestérone associés à une biopsie de l'endomètre.

Après le premier cycle de traitement, le médecin effectue un examen pelvien pour s'assurer qu'il n'y a pas d'hypertrophie ovarienne ou de syndrome d'hyperstimulation. L'hypertrophie ovarienne et une sensation de ballonnement résultent de la croissance folliculaire et de la formation de plusieurs corps jaunes. La persistance de kystes ovariens est une contre-indication à la poursuite du traitement au citrate de clomifène. Les autres effets indésirables du médicament sont les bouffées de chaleur, la distension abdominale, une sensation de ballon-

nement, une sensation de tension mammaire, la nausée et les vomissements, les troubles visuels (des éblouissements, par exemple), la céphalée, et le dessèchement ou la perte des cheveux (Carcio, 1998 ; Leibowitz et Hoffman, 2000). On peut administrer de faibles doses d'œstrogènes pour assurer une qualité et une quantité adéquates de glaire cervicale.

L'infirmière doit rappeler aux partenaires d'avoir des relations sexuelles tous les deux jours pendant une semaine à partir du cinquième jour après l'arrêt de la médication ; en l'absence de menstruation, la femme devra passer un test de grossesse avant d'entreprendre un autre cycle de traitement au citrate de clomifène.

La femme peut vérifier elle-même si le traitement a déclenché une ovulation en prenant sa température basale et en testant sa LH urinaire. Elle doit connaître les possibles effets indésirables de la médication et prévenir son médecin s'ils se manifestent. Si elle souffre de troubles visuels (éblouissements, vision trouble ou « mouches volantes »), elle doit éviter les endroits très éclairés. Ces effets indésirables disparaissent dans les jours ou les semaines qui suivent l'arrêt du traitement (Speroff *et al.*, 1999). Les propriétés anti-œstrogéniques du citrate de clomifène peuvent causer des bouffées de chaleur, que la femme pourra soulager en augmentant son apport liquidien et en utilisant un ventilateur.

Le traitement aux *gonadotrophines ménopausiques humaines (hMG)* – notamment la ménotropine (Pergonal, Hemegon et Repronex) et l'urorofollitropine (Fertinex) – est le traitement de prédilection pour les femmes infertiles anovulatoires qui ont de faibles taux de gonadotrophines (FSH et LH) ; ce traitement offre une autre possibilité de traitement aux femmes qui n'arrivent pas à ovuler ou à concevoir grâce au traitement au citrate de clomifène ; il favorise également la stimulation ovarienne chez les candidates à la fécondation in vitro. La ménotropine est une combinaison de FSH et de LH extraites des urines de femmes postménopausées. Le traitement aux gonadotrophines exige une étroite surveillance, effectuée à l'aide de dosages d'œstradiol sérique et d'échographies. Une surveillance du développement folliculaire s'impose pour réduire les risques de grossesses multiples et pour éviter le syndrome de l'hyperstimulation ovarienne. La dose quotidienne de médicament est titrée selon les taux d'œstradiol sérique et les résultats échographiques. Lorsque le follicule est parvenu à maturation, on peut faire des injections intramusculaires d'hCG pour stimuler l'ovulation. On demande au couple d'avoir des relations sexuelles de 24 à 36 heures après l'administration d'hCG et pendant les deux jours qui suivent. La femme qui choisit de prendre des hMG a généralement essayé toutes les autres formes de traitement sans parvenir à concevoir. Comme le traitement exige de nombreuses visites chez le médecin, de multiples injections et des échographies mensuelles, la cliente doit recevoir beaucoup d'information et de soutien émotionnel. Souvent, on enseigne au conjoint comment faire les injections quotidiennes et on lui demande de se livrer à une démonstration pour s'assurer qu'il les effectue correctement (Leibowitz et Hoffman, 2000).

Des taux de prolactine élevés peuvent inhiber la sécrétion endocrinienne de FSH et de LH ou bloquer leur action sur les ovaires. Lorsqu'il y a hyperprolactinémie et anovulation, on peut traiter l'infertilité à la *bromocriptine* (Parlodel). Ce médicament agit directement sur les cellules qui sécrètent la prolactine dans l'hypophyse antérieure. Il inhibe la sécrétion de prolactine, ce qui prévient la suppression de la sécrétion pulsatile de FSH et de LH. Le rétablissement de la production de FSH et de LH ramène des cycles menstruels normaux et déclenche l'ovulation. Si le traitement réussit, les tests de fonction ovulatoire révéleront qu'il y a une ovulation et une phase lutéale normale. La médication doit être interrompue si on soupçonne une grossesse ou au moment prévu de l'ovulation, car la bromocriptine peut être tératogène. Les autres effets indésirables sont surtout la nausée, la diarrhée, les vertiges, les céphalées et l'épuisement. Pour atténuer ces effets indésirables chez les femmes qui y sont particulièrement sujettes, on peut commencer par une dose de départ de 1,25 mg et bâtir progressivement la tolérance jusqu'à la dose habituelle de 2,5 mg, 2 fois par jour. L'utilisation de bromocriptine en préparation vaginale peut aussi en atténuer les effets indésirables (Carcio, 1998).

Si l'infertilité est causée par l'endométriose, on peut administrer du *danazol* (Danocrine) pour supprimer l'ovulation et la menstruation, et provoquer ainsi l'atrophie du tissu endométrial ectopique ; les recherches démontrent que cette suppression temporaire peut guérir l'endométriose. Le traitement peut durer de 6 à 12 mois ou plus, selon la gravité de la maladie. L'endométriose se traite aussi avec des contraceptifs oraux, de l'acétate de médroxyprogestérone par voie orale ou des antagonistes de la gonadolibérine (GnRH) (Yuen, 1999 ; Leibovitz et Hoffman, 2000). Le chapitre 4 décrit plus en détail la prise en charge de l'endométriose.

Le traitement des anomalies de la phase lutéale peut comprendre l'administration de progestérone pour augmenter sa concentration durant la phase lutéale. On peut aussi recourir à des stimulants ovariens, comme le citrate de clomifène ou la ménotropine, pour augmenter la sécrétion de FSH dans le follicule en développement pendant la phase proliférative. Souvent, on associe aussi des suppléments de progestérone aux stimulants ovariens lorsque ces derniers ne suffisent pas à eux seuls pour corriger une anomalie de la phase lutéale. À l'occasion, on prescrit un traitement aux hCG pour stimuler la sécrétion de progestérone par le corps jaune durant la phase lutéale.

Insémination thérapeutique

Appelée autrefois *insémination artificielle,* l'**insémination thérapeutique** consiste à déposer du sperme dans l'orifice du col (*insémination intracervicale,* ou *IIC*) ou dans l'utérus (*insémination intra-utérine,* ou *IIU*) par un moyen mécanique. L'*insémination*

thérapeutique avec sperme du conjoint (ITSC) est indiquée dans les cas suivants : un volume spermatique inadéquat ; une trop faible motilité des spermatozoïdes ; des anomalies anatomiques associées à des problèmes de pénétration ou de dépôt du sperme ; et une éjaculation rétrograde (Sigman, 1999). L'ITSC peut également résoudre des problèmes d'infertilité inexpliquée et certains cas d'infertilité féminine liée à des facteurs comme la rareté ou l'imperméabilité de la glaire, une cervicite persistante ou une sténose du col. L'insémination intra-utérine (IIU) permet d'éviter la violente réaction (nausée, crampes aiguës, douleur abdominale et diarrhée) que déclenche l'absorption par la paroi utérine de la grande quantité de prostaglandines présente dans le sperme (Sigman, 1999). L'IIU est en effet pratiquée avec du sperme « lavé », c'est-à-dire avec une préparation de spermatozoïdes sans plasma séminal.

On envisage l'*insémination thérapeutique avec sperme de donneur (ITSD)* lorsqu'il y a azoospermie, ou encore dans les cas d'oligozoospermie ou d'asthénozoospermie graves, de maladies dont la transmission est liée au chromosome X ou à transmission autosomique dominante. Dans certains États américains, la législation donne des précisions concernant les droits parentaux des donneurs de sperme et des femmes célibataires mais, dans la plupart d'entre eux, cette question est passée sous silence (Speroff *et al.*, 1999).

Durant la dernière décennie, l'ITSD est devenue une intervention beaucoup plus complexe et beaucoup plus coûteuse qu'autrefois, à cause du resserrement des normes sur le traitement et la distribution du sperme. Établies par la Société canadienne de fertilité et d'andragogie, les *Lignes directrices* de Santé Canada stipulent quels sont les tests de dépistage médicaux et génétiques obligatoires pour les donneurs de sperme et pour les candidates à l'insémination ; on exige le consentement éclairé de toutes les parties ; on limite le nombre de grossesses par donneur ; et on donne des indications précises sur la tenue des dossiers. De plus, à cause du risque de transmission de maladies infectieuses, le sperme recueilli doit être congelé et mis en quarantaine pendant six mois, au terme desquels le donneur doit repasser des tests avant que le sperme soit distribué.

On doit évaluer de nombreux facteurs avant de procéder à une ITSD. A-t-on fait tout ce qui était possible pour diagnostiquer et traiter la cause de la stérilité du conjoint ? Les examens effectués chez la femme indiquent-ils une fécondité et un transport spermatocyte-ovule normaux ? Le couple a-t-il eu la possibilité de discuter avec un conseiller en infertilité de tous les aspects de l'ITSD : secret, divulgation, regrets éventuels (surtout de la part de l'homme), etc. ? Y a-t-il des obstacles d'ordre moral ou religieux à l'ITSD ? Une fois leur décision prise, les partenaires devraient encore se donner du temps pour y réfléchir chacun de son côté et ensemble.

L'insémination intra-utérine avec ou sans stimulation ovarienne peut représenter une solution pour de nombreux couples. On devrait toujours l'envisager avant d'entamer des traitements plus effractifs, comme la fécondation in vitro (FIV) ou le transfert intratubaire des gamètes (GIFT).

Fécondation in vitro

On utilise la **fécondation in vitro (FIV)** de façon sélective lorsque l'infertilité résulte de facteurs tubaires ou cervicaux, d'anomalies de la glaire, de l'infertilité masculine, d'une infertilité inexpliquée ou d'une infertilité immunitaire chez l'un ou l'autre des conjoints. Pour effectuer une FIV, on prélève un ovule mature dans l'ovaire, on le féconde en laboratoire et, si l'embryon se développe normalement, on le dépose dans l'utérus. Si le procédé réussit, l'embryon continue à se développer dans l'utérus, et la grossesse se poursuit normalement.

Les chances de grossesse par FIV sont beaucoup plus grandes lorsqu'on dépose trois ou quatre embryons dans l'utérus plutôt qu'un seul. C'est pour cette raison qu'on utilise des stimulants ovariens avant l'intervention. Puis, autour du 5e jour du cycle, on commence à surveiller étroitement le développement folliculaire et la maturation des ovocytes à l'aide d'échographies et de dosages d'hormones ; les médicaments sont titrés en fonction de la réaction individuelle. Lorsque les follicules semblent parvenus à maturité, on administre de l'hCG pour stimuler la maturation finale des ovules et maîtriser la stimulation ovarienne. Environ 35 heures plus tard, on prélève les ovules et on les féconde ; lorsqu'ils parviennent au stade embryonnaire, on les dépose dans l'utérus. Pour faciliter l'implantation, dans les 12 à 24 heures qui suivent l'intervention, la cliente doit limiter ses activités ; on lui prescrit également des suppléments de progestérone.

Le succès de la FIV dépend de plusieurs facteurs, mais plus particulièrement de l'âge de la cliente et des indications de la FIV dans son cas. Les femmes ont de bonnes chances d'être enceintes après trois cycles de FIV. Bien des couples n'ont pas les ressources suffisantes pour assumer les coûts financiers, physiques et émotionnels de plus de trois cycles de FIV (Speroff *et al.*, 1999). En 1996, la Society of Assisted Reproduction Technology (SART) déclarait un taux de grossesse clinique de 26% par transfert d'embryons, sans égard à l'âge et aux indications (American Society for Reproductive Medicine, 1999). Le taux accru de morbidité maternelle et néonatale associé à la FIV en raison de la fréquence des grossesses multiples fait encore problème. Les taux de succès de la FIV peuvent différer selon les groupes ethniques (Sharara et McClamrock, 2000).

Autres techniques de reproduction assistée (TRA)

Le *transfert intratubaire des gamètes (GIFT)* est un procédé qui consiste à prélever (par laparotomie) des ovocytes qu'on met immédiatement dans un cathéter avec des spermatozoïdes motiles (sperme lavé), et à déposer ensuite les gamètes dans les franges du pavillon de la trompe. Comme pour la conception normale (in vivo), la fécondation a lieu dans la trompe. Le GIFT a engendré des procédés dérivés, comme le *transfert intratubaire de zygotes (ZIFT)* et le **transfert d'embryons dans la trompe (TET)**. Dans ces deux procédés comme dans le GIFT, on prélève des ovules qu'on laisse incuber avec des spermatozoïdes. Cependant, dans le ZIFT, le transfert dans le corps de la femme a lieu à un stade de division cellulaire beaucoup moins avancé que dans la FIV, et le dépôt se fait non pas dans l'utérus mais dans la ou les trompes. Dans le TET, le dépôt se fait au stade embryonnaire. Ces deux procédés permettent de s'assurer qu'il y a bel et bien fécondation, ce qui est impossible avec le GIFT ; de plus, en théorie, les chances de grossesse sont meilleures si on dépose l'ovule fécondé dans la trompe plutôt que dans l'utérus. En pratique, les taux de succès de la FIV, procédé beaucoup moins effractif et onéreux, sont très proches de ceux du GIFT, ce qui explique que, de plus en plus, on la préfère au GIFT et autres procédés tubaires. Toutefois, ces derniers peuvent sembler plus acceptables aux adeptes de certaines religions, car la conception n'a pas lieu à l'extérieur du corps de la mère.

D'autres techniques nouvelles de reproduction assistée peuvent aider les familles qui ont des problèmes génétiques et les femmes incapables de mener une grossesse à terme. Certains procédés ont rendu possible le don d'ovocytes et la cryoconservation d'embryons pour une conception différée (Kingsberg, Applegarth et Janata, 2000). Le dépistage des anomalies génétiques d'un embryon avant son implantation dans l'utérus (diagnostic pré-implantatoire) donne au couple la possibilité de renoncer à une grossesse plutôt que d'avoir à envisager son interruption parce que l'embryon est atteint (Verp, 1999a). L'éclosion assistée d'embryons est une micromanipulation qui s'est révélée efficace pour améliorer les résultats de la FIV. La fécondation in vitro d'une mère porteuse gestationnelle permet à une mère infertile génétiquement saine, mais incapable de mener une grossesse à terme, d'avoir un enfant qui est biologiquement le sien (Pergament et Fiddler, 2000).

 Soins infirmiers communautaires

Le diagnostic et le traitement de l'infertilité imposent au couple un lourd fardeau, tant aux points de vue financier et physique qu'émotionnel. Les procédés sont très onéreux, et la plupart des frais ne sont remboursés ni par la RAMQ ni par les régimes d'assurance privés. Il faut souvent des années d'efforts et d'innombrables examens pour parvenir à concevoir un enfant, et parfois on n'y parvient pas. Dans une société où l'on valorise les enfants et où on les considère comme le fruit naturel d'une union, les couples stériles subissent beaucoup de tension et de discrimination.

L'infirmière doit être attentive aux besoins émotionnels du couple qui se soumet à des procédés diagnostiques et thérapeutiques dans l'espoir d'avoir un enfant. Souvent, même les couples les plus solides se ressentent de ces intrusions dans leur intimité. Avoir les yeux rivés sur des courbes thermiques, programmer des coïts et faire l'amour en suivant les instructions d'une tierce personne, tout cela nuit à la spontanéité des ébats sexuels. Les innombrables tests et examens peuvent susciter ou exacerber les frustrations et les griefs des partenaires. La nécessité de dévoiler un aspect aussi intime de leur relation peut engendrer des sentiments de culpabilité et de honte, surtout si on découvre qu'un des conjoints est « la cause » de l'infertilité.

Le rôle de l'infirmière consiste essentiellement à conseiller le couple, à l'éduquer et à défendre ses intérêts. Le tableau 5-5 résume les tâches du couple infertile et les interventions infirmières correspondantes. Tout au long du processus diagnostique et thérapeutique, l'infirmière joue un rôle clé : elle aide à réduire le stress que subissent les conjoints en leur apportant les informations et le soutien indispensables pour composer avec les exigences physiques, émotionnelles et financières auxquelles ils sont soumis (Glover *et al.*, 2000).

La capacité de l'infirmière à reconnaître, et à satisfaire, le besoin d'information et de soutien émotionnel des conjoints est déterminante pour que le couple infertile ait le sentiment de garder la maîtrise de la situation (Carcio, 1998 ; Klock et Greenfeld, 2000). Le *Questionnaire portant sur l'infertilité* présenté au tableau 5-6 peut s'avérer utile. L'infirmière devra peut-être répéter plusieurs fois ses explications, car l'anxiété du couple risque de nuire à leur capacité de retenir toute l'information reçue. Il importe de recourir à une vision globale des soins infirmiers, c'est-à-dire à une vision qui reconnaît les besoins multidimensionnels de la personne ou du couple infertile sur les plans physique, social, psychologique, spirituel et environnemental.

Tableau 5-5

Les tâches du couple infertile

Tâches	Interventions infirmières
Constater l'effet de l'infertilité sur leur vie et sur l'expression de leurs sentiments (un des partenaires peut entretenir des sentiments négatifs envers lui-même ou envers l'autre)	Offrir son appui aux conjoints : les aider à comprendre leurs émotions et à leur donner libre cours
Déplorer le vide causé par l'absence d'enfant	Aider les conjoints à reconnaître leurs émotions
Évaluer les raisons de vouloir avoir un enfant	Aider les conjoints à comprendre leur motivation
Prendre une décision au sujet des traitements	Déterminer les solutions possibles et faciliter la communication entre les partenaires

Source : Sawatsky, M. (1981), « Tasks of the infertile couple », *Journal of Obstetrics, Gynecologic, and Neonatal Nursing,* vol. 10, p. 132.

Tableau 5-6

Questionnaire portant sur l'infertilité

Image de soi

1. J'ai une mauvaise opinion de mon corps parce que nous sommes incapables d'avoir un enfant.
2. Depuis que nous avons ce problème d'infertilité, j'ai l'impression de ne plus rien faire aussi bien qu'avant.
3. Depuis que nous avons ce problème d'infertilité, je me sens aussi attirant/attirante qu'auparavant.
4. Je me sens moins viril/féminine qu'avant parce que nous sommes incapables d'avoir un enfant.
5. Quand je me compare aux autres, j'ai l'impression de n'avoir aucune valeur.
6. Ces derniers temps, je me sens désirable aux yeux de ma femme/de mon mari.
7. Si nous ne pouvons pas avoir d'enfant, j'aurai l'impression de ne pas être un homme/une femme accompli(e).
8. Avoir un problème d'infertilité me donne l'impression d'être physiquement inapte.

Sentiment de culpabilité/blâme

1. Je me sens coupable d'avoir causé notre infertilité d'une manière ou d'une autre.
2. Je me demande si notre problème d'infertilité vient de quelque chose que j'aurais fait dans le passé.
3. Mon conjoint/ma conjointe me fait sentir coupable de notre infertilité.
4. Il m'arrive de blâmer mon conjoint/ma conjointe pour notre infertilité.
5. J'ai l'impression que notre infertilité est ma punition.

Sexualité

1. Depuis quelque temps, je me sens capable de combler mon conjoint/ma conjointe sur le plan sexuel.
2. J'ai l'impression que l'activité sexuelle est un devoir, et non un plaisir.
3. Depuis que nous avons ce problème d'infertilité, j'apprécie mes relations sexuelles avec mon conjoint/ma conjointe.
4. Nous avons des relations sexuelles pour essayer de concevoir un enfant.
5. Je me sens parfois comme une machine programmée pour faire l'amour dans les périodes fertiles.
6. Nos problèmes de fertilité ont amélioré notre relation sexuelle.
7. Notre incapacité à avoir un enfant a augmenté mon désir d'avoir des rapports sexuels.
8. Notre incapacité à avoir un enfant a diminué mon désir d'avoir des rapports sexuels.

Note : Ce questionnaire est évalué sur l'échelle de Likert, les réponses allant de « Complètement d'accord » à « Complètement en désaccord ». On note chaque question séparément, on fait la moyenne de chacune des sections (Image de soi ; Sentiment de culpabilité/Blâme ; Sexualité) et on les additionne. On divise ensuite la note totale par 3. Un résultat supérieur à 3 indique une certaine détresse.

Source : Bernstein, J. (1985), « Assessment of psychological dysfunction associated with infertility «, *Journal of Obstetric, Gynecology, and Neonatal Nursing,* vol. 14, nº 63, suppl.

Souvent, le couple ou l'un des conjoints vit l'infertilité comme un deuil. Les personnes à qui cela arrive expriment un sentiment de perte : perte de leur relation avec leur conjoint, leur famille ou leurs amis ; de leur santé ; de leur statut ou de leur prestige ; de leur estime de soi et de leur confiance en soi ; de leur sentiment de sécurité ; d'un enfant en puissance. Une seule de ces pertes pourrait mener à la dépression ; or, durant la crise de l'infertilité, l'individu a l'impression de les vivre toutes (Bradshaw, 1998). Chaque couple passe par une série de sentiments qui ressemblent étrangement aux stades du processus de deuil décrits par Kübler-Ross : surprise, dénégation, colère, négociation, isolement, culpabilité, chagrin et résolution. L'intensité de ces sentiments et le temps que met l'individu à parvenir à la résolution – s'il y parvient – peuvent dépendre de la cause de l'infertilité et de la durée du traitement. Les conjoints ne traversent pas nécessairement les mêmes stades au même moment (Sandelowski, 1994). Par sa compréhension, son impartialité, sa bienveillance et son attitude professionnelle, l'infirmière peut contribuer énormément à dissiper les émotions négatives liées à ce difficile processus.

Durant cette période, l'infirmière pourra évaluer la qualité de la relation des conjoints. Sont-ils capables, et désireux, de se parler de leurs sentiments, de s'ouvrir à l'autre ? S'offrent-ils un soutien réciproque ? Les réponses à ces questions peuvent aider l'infirmière à déterminer les forces et faiblesses du couple et à élaborer un plan de soins approprié. Si les problèmes émotionnels perturbent trop la vie ou la relation du couple, l'infirmière pourra proposer une consultation avec un professionnel de la santé mentale. Le counseling individuel ou en groupe avec d'autres couples infertiles peut parfois aider un couple à résoudre les problèmes engendrés par la situation difficile où il se trouve. L'Association québécoise pour la fertilité organise des groupes d'échange pour les couples infertiles et des séances d'information. De plus, il existe différentes ressources communautaires qui offrent du soutien ; on les trouve en consultant le bottin de la région.

Adoption

Les couples infertiles envisagent diverses solutions pour résoudre leur problème ; l'adoption en est une à laquelle ils reviennent souvent durant le traitement. L'adoption d'un bébé peut aussi être une expérience éprouvante et frustrante pour toutes les personnes en cause. Lorsqu'un couple commence à envisager l'adoption, on devrait les inciter à lire des ouvrages et des articles sur la question, à assister à des réunions et à des conférences organisées par des associations qui travaillent dans le domaine de l'adoption et à discuter avec des parents adoptifs (Carcio, 1998). Certains couples envisagent l'adoption internationale ou l'adoption d'un enfant plus âgé, handicapé ou d'une autre origine ethnique parce que le processus d'adoption est alors plus rapide et les enfants à adopter, plus nombreux. Les infirmières qui travaillent en milieu communautaire peuvent

aider les couples à prendre une décision éclairée en leur fournissant des informations, en les aiguillant vers les services et les ressources appropriées et en leur apportant du soutien durant le processus d'adoption. Les couples infertiles qui choisissent de rester sans enfant auront également besoin de soutien.

La grossesse après l'infertilité

Les sentiments liés à l'infertilité ne s'évanouissent pas nécessairement avec la grossesse. Après l'euphorie première, les couples infertiles qui ont enfin réussi à concevoir se retrouvent souvent aux prises avec de nouvelles craintes et de nouvelles sources d'anxiété ; ils ne savent plus trop à quel groupe ils appartiennent ni auprès de qui trouver du réconfort. Souvent, ils se sentent très isolés parce que ceux qui, parmi leurs proches et leurs connaissances, n'ont jamais eu de mal à concevoir ne peuvent imaginer toute la douleur physique et morale qu'ils ont endurée pour obtenir cette grossesse. D'autre part, leur ancien réseau de soutien composé de couples infertiles peut se dissoudre complètement lorsque ceux-ci apprennent que leur problème d'infertilité est résolu. Si la volonté désespérée de concevoir avait jusque-là fait taire leurs inquiétudes au sujet des traitements et procédés qu'ils subissaient, ils peuvent commencer à se poser des questions sur les effets de certains médicaments et de certaines interventions, ou sur l'issue d'une grossesse obtenue par fécondation in vitro ou par cryoconservation, etc. Ils ont souvent très peur que ces traitements et ces procédés aient causé du tort au fœtus (Buitendijk, 1999) et ils ont besoin de soutien pour apaiser ces craintes. L'infirmière peut aider ces couples en tenant compte des traitements qu'ils ont dû subir pour vaincre l'infertilité, en prenant au sérieux leurs inquiétudes et leurs peurs relatives aux cours prénataux, à l'accouchement et aux problèmes parentaux, bref en les accompagnant et en les informant tout au long de la grossesse.

Les anomalies génétiques

Même si la conception est possible, d'autres problèmes de procréation peuvent se poser. L'issue désirée et attendue de toute grossesse est évidemment la naissance d'un bébé en santé, d'un bébé « parfait ». Lorsqu'ils découvrent que leur nouveau-né souffre d'une malformation ou d'une maladie héréditaire, les parents éprouvent du chagrin, de la peur et de la colère. De telles anomalies peuvent être évidentes dès la naissance, mais elles peuvent aussi passer inaperçues pendant un certain temps. Une affection congénitale risque d'engendrer encore plus de culpabilité et de conflits familiaux si elle a été transmise au bébé par un des parents.

Quelles que soient la nature et l'ampleur du problème, les parents se poseront des questions telles que : « Qu'est-ce que j'ai fait de mal ? » ; « Qu'est-ce qui a causé cela ? » ; « Est-ce que tous nos enfants en seront atteints ?». L'infirmière doit être prête à leur répondre, à les guider, à les orienter et à apporter son appui à toute la famille (Olsen, 1994). Pour ce faire, elle doit posséder des connaissances de base en génétique et en counseling génétique. Bon nombre de maladies ou de malformations congénitales sont héréditaires ou ont une importante composante génétique ; d'autres n'ont rien à voir avec l'hérédité. Le conseiller génétique tentera de déterminer de quelle catégorie relève le problème et de répondre aux questions de la famille. L'infirmière peut accélérer et faciliter ce processus si elle comprend les principes en cause et qu'elle est en mesure d'orienter les clients vers les services et les ressources appropriés.

Chromosomes et analyses chromosomiques

Tout le matériel génétique est stocké sur des brins d'ADN étroitement spiralés qu'on appelle les **chromosomes**. Les chromosomes portent les gènes, qui sont les plus petites unités de matériel génétique.

Toutes les *cellules somatiques* contiennent *le nombre diploïde* de chromosomes, soit 46 ; les spermatozoïdes et les ovules n'en contiennent que 23, c'est-à-dire le *nombre haploïde* de chromosomes (voir le chapitre 3). II y a 23 paires de chromosomes homologues (chromosomes assortis en paires, dont chaque élément est transmis par l'un des parents) ; 22 de ces paires sont constituées d'**autosomes** (chromosomes non sexuels), la 23e étant constituée des **gonosomes** X et Y (ou **chromosomes sexuels**). La femme normale a la constitution chromosomique 46, XX (figure 5-5 ▶) et l'homme normal, la constitution chromosomique 46, XY (figure 5-6 ▶). Le **caryotype** (représentation picturale des chromosomes) s'obtient habituellement par le traitement et la coloration de lymphocytes du sang périphérique. On peut également dresser un caryotype à partir d'un échantillon du tissu placentaire prélevé près du siège de l'insertion du cordon ombilical et extrait assez profondément pour retirer du chorion.

Les aberrations chromosomiques peuvent toucher les autosomes ou les chromosomes sexuels. Elles sont de deux types : les anomalies numériques et les anomalies structurales. La plus petite anomalie chromosomique peut causer des problèmes, notamment des retards de croissance et de développement, ou une déficience mentale. L'enfant peut être atteint sans présenter pour autant des malformations majeures évidentes. De plus, certaines de ces anomalies peuvent se transmettre à d'autres descendants ; dans certains cas, une analyse chromosomique peut donc être justifiée, même si les manifestations cliniques sont bénignes. De manière générale, tout surplus, ou toute lacune, du matériel génétique a des répercussions néfastes sur la croissance et le développement de l'enfant.

Anomalies autosomiques

Les *anomalies chromosomiques numériques* les plus courantes sont les trisomies, les monosomies et le mosaïcisme. Dans les trois cas, l'anomalie résulte la plupart du temps d'une non-disjonction : les chromosomes appariés ne se séparent pas au moment de la division cellulaire. Si la non-disjonction a lieu dans le spermatozoïde ou l'ovule avant la fécondation, le zygote qui en résulte a une constitution chromosomique anormale dans toutes les cellules (trisomie ou monosomie). Si la non-disjonction se produit après la fécondation, le zygote en développement aura des cellules de deux ou plusieurs constitutions chromosomiques différentes, qui évolueront en deux ou plusieurs lignées cellulaires différentes (mosaïcisme).

FIGURE 5-5 ▶ Caryotype d'une femme normale.
Source : Reproduction aimablement autorisée par Dr David Peakman, Reproductive Genetics Center, Denver.

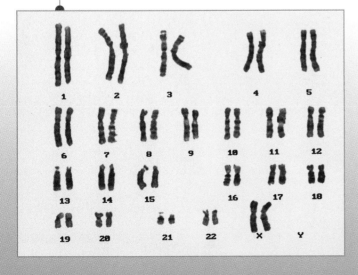

FIGURE 5-6 ▶ Caryotype d'un homme normal.
Source : Reproduction aimablement autorisée par Dr David Peakman, Reproductive Genetics Center, Denver.

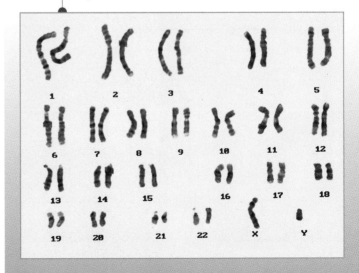

Les **trisomies** résultent de l'union d'un gamète (spermatozoïde ou ovule) normal et d'un gamète comportant un chromosome surnuméraire (excédentaire). L'enfant aura 47 chromosomes et sera trisomique (il aura trois chromosomes, au lieu de deux, dans une paire donnée). Le syndrome de Down (qu'on appelait autrefois mongolisme) est l'anomalie trisomique la plus courante chez les enfants (figure 5-7 ▶). La présence d'un chromosome 21 surnuméraire donne lieu à des manifestations cliniques distinctives (voir le tableau 5-7 et la figure 5-8 ▶). L'avènement des antibiotiques et des techniques chirurgicales modernes permet maintenant aux enfants trisomiques de vivre jusqu'à l'âge de 50 à 60 ans.

Les trisomies peuvent toucher d'autres autosomes. Les plus courantes sont la trisomie 18 et la trisomie 13 (voir le tableau 5-7 et les figures 5-9 ▶ et 5-10 ▶), deux maladies dont le pronostic est extrêmement sombre. La majorité (70 %) des enfants atteints meurent avant l'âge de 3 mois, de complications reliées à des anomalies respiratoires et cardiaques. Cependant, comme 10 % vivent plus d'un an, il importe de planifier des soins de longue durée pour l'enfant gravement atteint, de même que des mesures de soutien à sa famille.

Les **monosomies** proviennent de l'union d'un gamète normal et d'un gamète auquel il manque un chromosome.

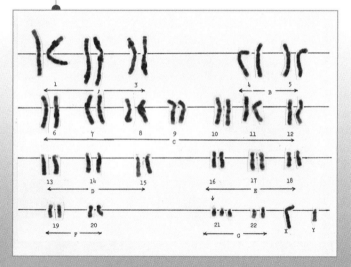

FIGURE 5-7 ▶ Caryotype d'un garçon atteint de trisomie 21, ou syndrome de Down. Noter le chromosome 21 excédentaire. *Source :* Reproduction aimablement autorisée par Dr Arthur Robinson, National Jewish Hospital and Research Center.

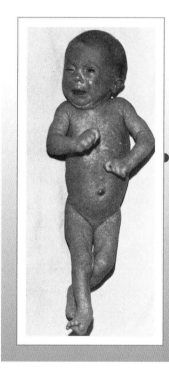

FIGURE 5-9 ▶ Nouveau-né atteint de trisomie 18. *Source :* Jones, K. L. (1988), *Smith's Recognizable Patterns of Human Malformations*, 4e éd., Philadelphie, Saunders.

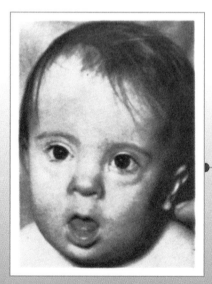

FIGURE 5-8 ▶ Enfant atteint du syndrome de Down. *Source :* Jones, K. L. (1988), *Smith's Recognizable Patterns of Human Malformations*, 4e éd., Philadelphie, Saunders.

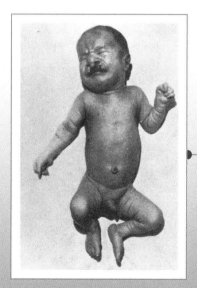

FIGURE 5-10 ▶ Nouveau-né atteint de trisomie 13. *Source :* Jones, K. L. (1988), *Smith's Recognizable Patterns of Human Malformations*, 4e éd., Philadelphie, Saunders.

Tableau 5-7

Syndromes chromosomiques

Chromosome affecté : 21

Anomalie génétique : trisomie 21 (syndrome de Down ; non-disjonction secondaire ou translocation non équilibrée 14/21)

Incidence : 1 sur 700 naissances vivantes ; varie selon l'âge de la femme (figure 5-8 ◗)

Caractéristiques

SNC : déficience mentale ; hypotonie à la naissance

Tête : occiput plat ; racine du nez aplatie ; yeux bridés de type mongoloïde ; brides épicanthiques ; nodules blanchâtres sur l'iris (taches de Brushfield) ; protrusion de la langue ; palais haut et arqué ; implantation basse des oreilles

Extrémités : doigts larges et courts ; anomalies des doigts et des pieds ; anomalies des dermatoglyphes ; pli palmaire transverse (pli simien)

Autre : cardiopathie congénitale

Chromosome affecté : 18

Anomalie génétique : trisomie 18

Incidence : 1 sur 3 000 naissances vivantes (figure 5-9 ◗)

Caractéristiques

SNC : déficience mentale ; hypertonie prononcée

Tête : occiput proéminent ; implantation basse des oreilles ; opacités cornéennes ; ptosis (paupières tombantes)

Mains : deuxième et cinquième doigts chevauchant les troisième et quatrième doigts ; anomalies des dermatoglyphes ; syndactylie (doigts palmés)

Autres : cardiopathie congénitale ; anomalies rénales ; artère ombilicale unique ; anomalies du tube digestif ; pied bot en piolet ; cryptorchidie ; malformations d'autres organes

Chromosome affecté : 13

Anomalie génétique : trisomie 13

Incidence : 1 sur 5 000 naissances vivantes (figure 5-10 ◗)

Caractéristiques

SNC : déficience mentale ; hypertonie prononcée ; convulsions

Tête : microcéphalie ; microphtalmie et/ou colobome (pupilles en forme de trou de serrure) ; oreilles difformes ; aplasie du conduit auditif externe ; micrognathie (mâchoire inférieure anormalement petite) ; fissure labiale et palatine

Extrémités : polydactylie (doigts ou orteils excédentaires) ; position anormale des doigts ; anomalies des dermatoglyphes

Autres : cardiopathie congénitale ; hémangiomes ; malformations du tube digestif ; malformations d'autres organes

Chromosome affecté : 5 P

Anomalie génétique : délétion du bras court du chromosome 5 (syndrome du cri du chat)

Incidence : 1 sur 20 000 naissances vivantes

Caractéristiques

SNC : déficience mentale grave ; pendant la petite enfance, cri ressemblant à la plainte d'un chat

Tête : microcéphalie ; hypertélorisme ; brides épicanthiques ; implantation basse des oreilles

Autres : développement pondéro-structural anormal ; malformations d'autres organes

Chromosome affecté : X0 (chromosome sexuel)

Anomalie génétique : un seul chromosome chez la fille (syndrome de Turner)

Incidence : 1 sur 300 à 7 000 naissances vivantes de filles (figure 5-11 ◗)

Caractéristiques

SNC : Pas de déficience intellectuelle ; quelques difficultés de perception

Tête : Implantation basse des cheveux ; cou palmé

Tronc : Insuffisance staturale ; cubitus valgus (angle huméro-cubital physiologique accentué) ; nævi trop nombreux ; thorax élargi en bouclier avec mamelons très écartés ; pieds bouffis ; absence d'ongles d'orteils

Autres : stries fibreuses dans les ovaires ; caractères sexuels secondaires sous-développés ; aménorrhée primaire ; stérilité dans la plupart des cas ; anomalies rénales ; coarctation de l'aorte

Chromosome affecté : XXY

Anomalie génétique : chromosome X surnuméraire chez le garçon (syndrome de Klinefelter)

Incidence : 1 sur 300 à 7 000 naissances vivantes de garçons (1 % ou 2 % des garçons/hommes en institution)

Caractéristiques

SNC : déficience mentale légère

Tronc : gynécomastie (seins anormalement développés chez le garçon) occasionnelle ; proportions physiques eunuchoïdes (absence de développement musculaire et sexuel masculin normal)

Autres : testicules petits et mous ; caractères sexuels secondaires sous-développés ; stérilité dans la plupart des cas

L'individu monosomique n'a donc que 45 chromosomes. L'absence d'un autosome complet est incompatible avec la vie.

Le **mosaïcisme** se produit après la fécondation. L'individu qui en résulte est doté de deux lignées cellulaires différentes, chacune ayant un nombre particulier de chromosomes. Le mosaïcisme touche plus fréquemment les chromosomes sexuels; quand il touche des autosomes, ce sont généralement ceux du syndrome de Down. Lorsqu'un enfant doté d'une intelligence normale ou quasi normale présente de nombreux signes typiques du syndrome de Down, il faut vérifier s'il y a mosaïcisme.

Les *anomalies chromosomiques structurales* touchent seulement certaines parties du chromosome et se présentent sous deux formes : les translocations et les délétions et/ou additions. Les enfants atteints du syndrome de Down n'ont pas tous une trisomie 21; le syndrome peut être dû à une *translocation*, c'est-à-dire à un réarrangement anormal du matériel chromosomique. Sur le plan clinique, les deux types de syndrome de Down sont impossibles à distinguer. Cependant, il existe une différence primordiale pour la famille : le risque d'avoir d'autres enfants atteints du syndrome de Down diffère considérablement. En effet, l'incidence de la trisomie est de 1 cas sur 700 naissances vivantes, tandis que l'incidence de la translocation équilibrée est de 1 cas sur 1 500 naissances vivantes. Seule une analyse chromosomique permet d'établir si le syndrome de Down résulte d'une trisomie ou d'une translocation équilibrée.

La translocation se produit lorsqu'un parent a 45 chromosomes; en général, l'un des chromosomes 21 est soudé à l'un des chromosomes 14. Ce parent porteur possède donc un chromosome 14 normal, un chromosome 21 normal et un chromosome 14/21. Comme tout le matériel chromosomique est présent et fonctionne normalement, le parent porteur d'une *translocation équilibrée* est cliniquement normal. S'il a un enfant avec une personne qui a une constitution chromosomique de structure normale, l'enfant peut avoir un nombre de chromosomes normal, être porteur de la translocation, ou encore avoir un chromosome 21 surnuméraire. Dans ce dernier cas, l'enfant a une translocation non équilibrée et présente le syndrome de Down.

L'autre type d'anomalie structurale est causé par des *additions* et/ou des *délétions* de matériel chromosomique. Toute portion d'un chromosome peut être perdue ou ajoutée, ce qui a généralement des effets néfastes. La gravité des manifestations cliniques dépend de la quantité de matériel chromosomique affecté. On a décrit et étudié de nombreux types d'additions et de délétions, comme la délétion du bras court du chromosome 5 (syndrome du cri du chat) et la délétion du bras long du chromosome 18 (voir le tableau 5-7).

Anomalies des chromosomes sexuels

Pour mieux comprendre la fonction du chromosome X normal, et par le fait même les anomalies liées à ce chromosome,

l'infirmière doit savoir que, chez la fille, l'un des deux chromosomes X normaux devient inactif au début du stade embryonnaire. Ce chromosome inactif forme une tache sombre appelée *corpuscule de Barr*, ou *chromatine sexuelle*. La femme normale a un corpuscule de Barr, puisque l'un de ses deux chromosomes X est devenu inactif. Quant à l'homme normal, comme il n'a qu'un seul chromosome X, il n'a pas de corpuscule de Barr.

Les anomalies des chromosomes sexuels les plus répandues sont le syndrome de Turner chez les femmes (45, XO sans aucun corpuscule de Barr; voir la figure 5-11 ▶) et le syndrome de Klinefelter chez les hommes (47, XXY avec un corpuscule de Barr). Le tableau 5-7 donne la description clinique de ces anomalies.

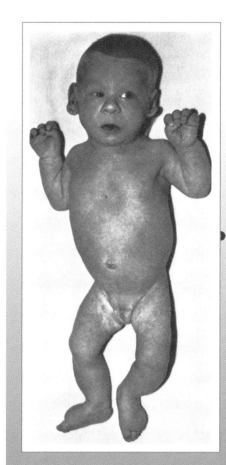

FIGURE 5-11 ▶
Nourrisson de 1 mois atteint du syndrome de Turner. Noter la proéminence des oreilles.
Source : Lemli, L., et D. W. Smith (1963), «The XO syndrome : A study of the differentiated phenotype in 25 patients «, *Journal of Pediatrics*, 63, p. 577.

Modes de transmission héréditaire

De nombreuses maladies héréditaires résultent d'une anomalie d'un seul gène ou d'une paire de gènes. L'anomalie se situant au niveau des gènes, les chromosomes sont à peu près normaux. Des analyses d'ADN et des dosages biochimiques permettent de détecter certaines de ces anomalies génétiques.

Il existe deux grands types d'hérédité : l'**hérédité mendélienne** (ou **hérédité monogénique**) et l'**hérédité non** mendélienne (**hérédité multigénique et multifactorielle**). Chaque trait monogénique est déterminé par une paire de gènes qui travaillent conjointement. Ces gènes sont responsables du **phénotype**, c'est-à-dire de l'expression observable des traits (yeux bleus, teint clair, etc.), la totalité de la constitution génétique d'une personne étant déterminée par son **génotype** (arrangement des gènes sur les chromosomes).

L'un des gènes de chaque trait est transmis héréditairement par la mère, l'autre par le père. Une personne qui possède deux gènes identiques sur un locus déterminé est *homozygote*. Une personne est *hétérozygote* pour tel ou tel trait lorsqu'elle possède deux allèles (formes alternatives d'un gène) différents sur un locus donné d'une paire de chromosomes homologues.

Les modes de transmission héréditaire monogénique les plus connus sont la transmission autosomique dominante, la transmission autosomique récessive et la transmission récessive liée au chromosome X (liée à l'X). Il existe également une transmission dominante liée à l'X, moins courante, ainsi qu'un autre mode de transmission découvert récemment, le syndrome du X fragile.

Transmission autosomique dominante

On dit d'une personne qu'elle est atteinte d'une maladie à transmission autosomique dominante si le trait de cette maladie est hétérozygote, c'est-à-dire si le gène anormal masque le gène normal de la paire pour produire le trait. En matière de maladies à transmission autosomique dominante, il est essentiel de retenir les faits qui suivent.

1. L'individu atteint a généralement un parent touché, et son **arbre généalogique** montre habituellement des atteintes sur plusieurs générations.

2. Les probabilités que l'individu transmette le gène anormal à chacun de ses enfants sont de 50 % (figure 5-12 ▶).

3. Les maladies à transmission autosomique dominante touchent autant les hommes que les femmes ; un père peut donc transmettre le gène anormal à son fils. Il est important de le savoir pour distinguer les affections à transmission autosomique dominante de celles dont la transmission est liée à l'X.

4. Les maladies à transmission autosomique dominante ne se manifestent pas toutes au même degré. Il importe de souligner ce fait lorsqu'on informe les familles sur ces affections, car le parent qui présente une forme bénigne de la maladie peut donner naissance à un enfant atteint plus gravement.

Parmi les maladies à transmission autosomique dominante les plus courantes, on trouve la chorée de Huntington, la polykystose rénale, la neurofibromatose (maladie de von Recklinghausen) et le nanisme achondroplasique.

Transmission autosomique récessive

Dans le cas d'une maladie à transmission autosomique récessive, l'individu doit avoir deux gènes anormaux pour être atteint. La notion de *porteur* est importante ici. L'individu hétérozygote pour le gène anormal est cliniquement normal. Ce n'est que lorsque deux personnes s'unissent et transmettent le même gène anormal que l'enfant risque d'être atteint. En matière de maladies à transmission autosomique récessive, il est essentiel de retenir les faits qui suivent.

1. L'individu atteint a des parents cliniquement normaux, mais qui sont tous deux porteurs du gène anormal (figure 5-13 ▶).

FIGURE 5-13 ▶ Arbre généalogique d'une famille dont certains membres sont atteints d'une affection héréditaire à transmission autosomique récessive. Les deux parents sont porteurs. Statistiquement, 25 % des enfants seront atteints, peu importe leur sexe.

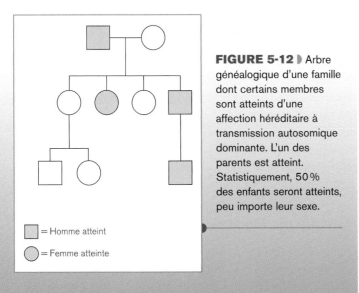

FIGURE 5-12 ▶ Arbre généalogique d'une famille dont certains membres sont atteints d'une affection héréditaire à transmission autosomique dominante. L'un des parents est atteint. Statistiquement, 50 % des enfants seront atteints, peu importe leur sexe.

■ = Homme atteint

● = Femme atteinte

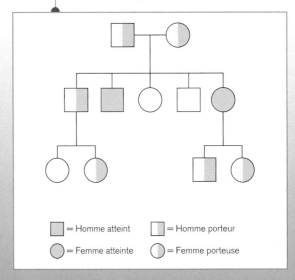

■ = Homme atteint   ▯ = Homme porteur

● = Femme atteinte   ◖ = Femme porteuse

2. Si les deux parents sont porteurs du même gène anormal, les probabilités qu'ils donnent naissance à un enfant atteint sont de 25 %. À chaque grossesse, le risque que l'enfant soit atteint est de 25 %.

3. Si l'enfant de deux porteurs est cliniquement normal, les probabilités qu'il soit porteur du gène anormal sont de 50 %.

4. Les maladies à transmission autosomique récessive touchent autant les hommes que les femmes.

5. La probabilité de transmission autosomique récessive est plus forte lorsqu'il y a des antécédents familiaux d'unions consanguines.

Les affections héréditaires à transmission autosomique récessive les plus courantes sont la fibrose kystique (mucoviscidose), la phénylcétonurie (PCU), la galactosémie, l'anémie à hématies falciformes (drépanocytose), la maladie de Tay-Sachs et la plupart des maladies du métabolisme.

Transmission récessive liée au chromosome X

Les maladies à transmission récessive liée à l'X (liée au sexe) sont celles où le gène anormal se trouve sur le chromosome X. Par conséquent, les affections liées à l'X se manifestent chez l'homme qui porte le gène anormal sur son chromosome X. On considère que sa mère est porteuse quand le gène normal sur l'un des chromosomes X masque le gène anormal sur l'autre chromosome X. En matière de maladies à transmission récessive liée à l'X, il est essentiel de retenir les faits qui suivent.

1. Il n'y a pas de transmission d'un homme à un autre homme. Les mâles atteints font partie d'une lignée féminine (figure 5-14 ▶).

2. Pour la mère porteuse du gène anormal, les probabilités de le transmettre à chacun de ses fils et de le voir atteint sont de 50 % ; les probabilités de transmettre le gène normal à chacun de ses fils, qui alors ne sera pas atteint, sont donc de 50 %. Les probabilités de transmettre le gène anormal à chacune de ses filles, qui alors sera porteuse comme sa mère, sont également de 50 %.

3. Les pères atteints d'une maladie à transmission liée au chromosome X ne peuvent pas la transmettre à leurs fils, mais toutes leurs filles seront porteuses du gène de la maladie.

Les maladies à transmission récessive liée à l'X les plus courantes sont l'hémophilie, la myopathie pseudohypertrophique de Duchenne et le daltonisme.

Transmission dominante liée au chromosome X

Extrêmement rares, les maladies à transmission dominante liée à l'X ont un mode de transmission similaire aux maladies à transmission récessive liée à l'X, à ceci près que les femmes hétérozygotes sont atteintes. En matière de maladies à transmission

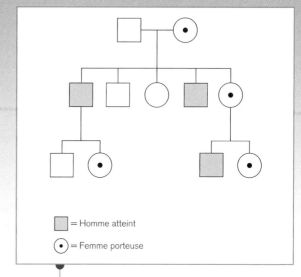

FIGURE 5-14 ▶ Arbre généalogique d'une famille dont certains membres sont atteints d'une affection héréditaire récessive liée au chromosome X. La mère porte le gène. Sur le plan statistique, 50 % des enfants de sexe masculin seront atteints, et 50 % des enfants de sexe féminin seront porteuses.

■ = Homme atteint

⊙ = Femme porteuse

dominante liée au chromosome X, il est essentiel de retenir les faits qui suivent.

1. Il n'y a pas de transmission d'un homme à un autre homme.

2. Les filles d'un père atteint seront atteintes, alors que ses fils ne le seront pas.

La maladie à transmission dominante liée au chromosome X la plus courante est le rachitisme vitaminorésistant.

Syndrome du X fragile

Le syndrome du X fragile est une forme héréditaire de déficience mentale très commune ; après le syndrome de Down, c'est la deuxième cause de déficience mentale modérée chez les mâles (Hogge et Lanasa, 1999). Il s'agit d'un trouble du système nerveux central lié à une zone de fragilité sur le chromosome X. Le syndrome du X fragile se caractérise par une déficience mentale modérée, de grandes oreilles proéminentes et de gros testicules après la puberté. Les femmes porteuses ne présentent aucune anomalie physique, mais environ le tiers d'entre elles souffrent de déficience mentale légère.

Hérédité multifactorielle

De nombreuses malformations congénitales courantes, comme la fissure palatine, les cardiopathies congénitales, les anomalies du tube neural, la luxation de la hanche, le pied bot et la sténose du pylore, sont dues à l'interaction de plusieurs gènes et de facteurs environnementaux. Leur étiologie est donc multigénique et multifactorielle. En matière d'hérédité multifactorielle, il est essentiel de retenir les faits qui suivent.

1. La gravité des malformations varie. Le spina-bifida, par exemple, peut être bénin (spina-bifida occulta) ou grave (myéloméningocèle). On croit que plus la malformation est grave, plus les gènes en cause sont nombreux.

2. Certaines affections sont plus courantes chez l'homme ou chez la femme. La sténose du pylore, par exemple, est plus répandue chez les sujets masculins, alors que la fissure palatine est plus courante chez les sujets féminins. Quand un individu est atteint d'une anomalie habituellement plus fréquente chez l'autre sexe, les gènes en cause sont généralement plus nombreux.

3. Quand l'environnement exerce une influence (changements saisonniers, altitude, irradiation, pollution chimique, exposition à des substances toxiques, par exemple), il n'est pas nécessaire qu'autant de gènes soient atteints pour que l'affection se manifeste chez la descendance.

4. Contrairement aux troubles monogéniques, la transmission héréditaire multifactorielle a un effet synergique: plus il y a de membres de la famille qui présentent l'anomalie, plus il y a de risques que l'enfant issu de la prochaine grossesse en présente aussi.

Même si la majorité des malformations congénitales constituent des traits multifactoriels, il est important d'étudier les antécédents familiaux, car la fissure labiale et palatine, certaines cardiopathies congénitales et d'autres anomalies peuvent se transmettre héréditairement, sous la forme de traits autosomiques dominants ou récessifs. On croit que le diabète, l'hypertension, certaines cardiopathies et la maladie mentale se transmettent par hérédité multifactorielle.

Tests du diagnostic prénatal

Le counseling parent-enfant et les consultations de planification familiale comptent maintenant au nombre des principales responsabilités du personnel infirmier. Pour être en mesure de conseiller de manière efficace en matière de diagnostic prénatal, l'infirmière doit disposer d'informations complètes et à jour. Il est essentiel qu'elle soit en mesure d'informer le couple sur tous les risques connus ou potentiels de chacun des procédés du diagnostic génétique. Elle doit aussi tenir compte des répercussions émotionnelles que peut avoir sur la famille la décision de se soumettre ou non à un procédé diagnostique génétique.

La capacité de diagnostiquer certaines maladies génétiques a des répercussions considérables sur la pratique des soins préventifs. Il existe plusieurs méthodes de diagnostic prénatal, dont certaines sont encore au stade expérimental.

Échographie génétique

L'échographie peut servir à déceler chez le fœtus des problèmes congénitaux et/ou héréditaires. Ainsi, elle permet d'examiner la tête du fœtus pour s'assurer que sa grosseur, sa forme et sa structure sont normales (voir le chapitre 14 pour un exposé détaillé concernant la technique de l'échographie). Les malformations cérébrales et médullaires (anencéphalie, microcéphalie, hydrocéphalie), gasto-intestinales (omphalocèle, gastroschisis), rénales (dysplasies ou obstruction), thoraciques (hernie du diaphragme) et squelettiques (régression caudale, jumeaux conjoints) ne sont que quelques-uns des nombreux troubles que l'échographie permet maintenant de diagnostiquer in utero.

L'échographie de dépistage des anomalies congénitales se pratique entre la 18e et la 20e semaine de la grossesse, lorsque le développement des structures fœtales est achevé. Jusqu'ici, rien n'indique que l'échographie ait des effets nocifs sur la mère ou sur le fœtus. Cependant, son innocuité totale n'est pas garantie; par conséquent, le médecin et les parents doivent en soupeser les risques et les avantages cas par cas.

Amniocentèse génétique

L'amniocentèse génétique (décrite en détail au chapitre 14) est le principal procédé du diagnostic prénatal (figure 5-15 ▶). Ses indications sont les suivantes.

1. **MÈRE DE 35 ANS OU PLUS** Les femmes de 35 ans ou plus présentent un risque accru de concevoir des enfants ayant des anomalies chromosomiques (voir le chapitre 10 pour un exposé plus approfondi sur le sujet); ces anomalies sont la trisomie 21, la trisomie 13, la trisomie 18, le XXX ou le XXY. Chez les femmes de 35 ans ou plus, le risque de mettre au monde un enfant vivant mais ayant un problème chromosomique est de 1 sur 200, et le risque de trisomie 21 est de 1 sur 400 (Hook, Cross et Jackson, 1988). Chez les femmes de 45 ans ou plus, le risque de problème chromosomique est de 1 sur 20; le risque de trisomie 21, de 1 sur 40.

2. **AUTRE ENFANT ATTEINT D'UNE ANOMALIE CHROMOSOMIQUE** Chez les jeunes couples qui ont déjà eu un enfant atteint de trisomie 21, de trisomie 18 ou de trisomie 13, les risques d'avoir un autre enfant présentant une anomalie chromosomique sont de 1% à 2%.

3. **PARENT PORTEUR D'UNE ANOMALIE CHROMOSOMIQUE (TRANSLOCATION ÉQUILIBRÉE)** Chez une femme porteuse d'une translocation équilibrée 14/21, les risques d'avoir un enfant atteint de la translocation déséquilibrée du syndrome de Down sont d'environ 10% à 15%; si c'est le père qui est porteur, les risques sont de 2% à 5%.

4. **MÈRE PORTEUSE DU GÈNE D'UNE MALADIE LIÉE AU CHROMOSOME X** Lorsqu'on sait, ou qu'on soupçonne,

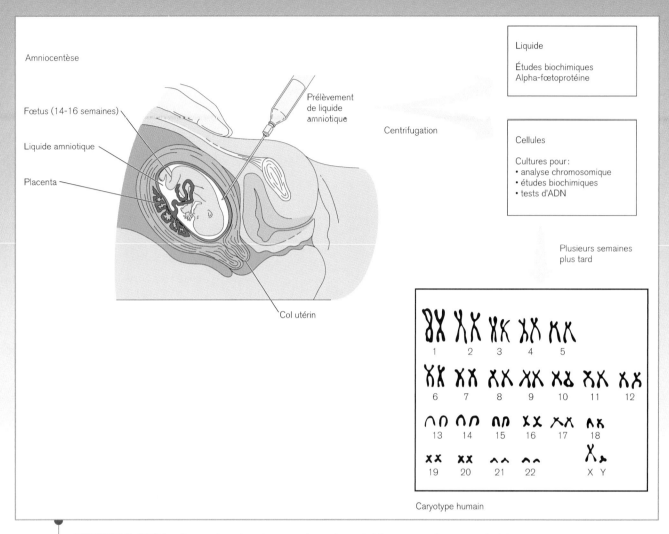

Amniocentèse

Fœtus (14-16 semaines)

Liquide amniotique

Placenta

Prélèvement
de liquide
amniotique

Col utérin

Centrifugation

Liquide

Études biochimiques
Alpha-fœtoprotéine

Cellules

Cultures pour :
• analyse chromosomique
• études biochimiques
• tests d'ADN

Plusieurs semaines
plus tard

Caryotype humain

FIGURE 5-15 ▶ Le diagnostic prénatal par amniocentèse génétique se pratique entre la 14e et la 16e semaine de gestation.

que la femme est porteuse d'une maladie liée à l'X, comme l'hémophilie ou la myopathie pseudohypertrophique de Duchenne, on peut envisager une amniocentèse, une cordocentèse (prélèvement de sang du cordon ombilical) ou une choriocentèse (prélèvement de villosités choriales). Si la mère est une porteuse connue, le risque d'une atteinte au fœtus mâle est de 50%. Avec les tests d'ADN, il deviendra possible de savoir, pour certaines maladies, les mâles qui sont atteints et ceux qui ne le sont pas. Dans le cas de maladies où il est possible de savoir si la femme est porteuse, on ne proposera le diagnostic prénatal qu'aux porteuses.

5. **Parents porteurs d'une erreur innée du métabolisme détectable in utero** Les maladies métaboliques héréditaires détectables sont, notamment, l'acidurie arginosuccinique, la cystinose, la maladie de Fabry, la galactosémie, la maladie de Gaucher, l'homocystinurie, le syndrome de Hunter, le syndrome de Hurler, la maladie de Krabbe, le syndrome de Lesch-

Nyhan, la leucinose (ou maladie des urines à odeur de sirop d'érable), la leucodystrophie métachromatique, l'acidurie méthylmalonique, la maladie de Niemann-Pick, la maladie de Pompe, le syndrome Sanfilippo et la maladie de Tay-Sachs.

6. **Deux parents porteurs d'une maladie à transmission autosomique récessive** Lorsque les deux parents sont porteurs d'une maladie à transmission autosomique récessive, les risques pour le fœtus sont de 25% à chaque grossesse. On procède au diagnostic en examinant les cellules cultivées du liquide amniotique (taux d'enzymes, taux de substrats, taux de produits ou ADN) ou encore le liquide lui-même. Les maladies à transmission autosomique récessive décelées par amniocentèse sont les hémoglobinopathies, telles que l'anémie à hématies falciformes, la thalassémie et la fibrose kystique.

7. **Antécédents familiaux d'anomalies du tube neural** Les couples qui ont eu un enfant atteint d'une

anomalie du tube neural (comme l'anencéphalie, le spina-bifida et la myéloméningocèle) ou qui ont des antécédents familiaux de ces malformations se voient proposer l'amniocentèse génétique. Les anomalies du tube neural sont des traits multifactoriels.

Cordocentèse et choriocentèse

La cordocentèse (prélèvement de sang du cordon ombilical) permet d'accélérer le diagnostic chromosomique, les études génétiques ou la transfusion dans les cas d'allo-immunisation Rh ou d'anasarque. La choriocentèse (prélèvement de villosités choriales) est une nouvelle technique qui, au Québec, ne s'effectue que dans les centres spécialisés. Elle offre à peu près les mêmes possibilités diagnostiques que l'amniocentèse; elle présente toutefois l'avantage de se pratiquer, après 8 à 10 semaines de gestation, directement sur le produit de la conception (voir le chapitre 14).

Dosage de l'alpha-fœtoprotéine

On procède au dosage de l'alpha-fœtoprotéine (AFP) dans le sérum maternel ou dans le liquide amniotique. Le taux d'AFP dans le sérum maternel est élevé dans les cas suivants: anomalies de fermeture du tube neural, anencéphalie, omphalocèle;

laparoschisis; mort du fœtus; saignements vaginaux ou grossesse multiple (Rose et Mennuti, 2000). Les femmes qui ont des antécédents d'anomalies du tube neural devraient consulter leur médecin pour savoir quelle est la dose d'acide folique recommandée. Un faible taux sérique d'AFP a été associé au syndrome de Down. Le dosage d'AFP dans le sérum maternel se pratique entre les 15e et 22e semaines de grossesse (Scioscia, 1999). On propose l'échographie et l'amniocentèse aux clientes dont le taux sérique d'AFP est trop faible ou trop élevé. L'échographie est cruciale parce qu'un taux d'AFP anormal dans le sérum maternel s'explique le plus souvent par une erreur sur la date de conception (Rose et Mennuti, 2000). Un taux élevé d'AFP dans le sérum maternel associé à un taux normal d'AFP dans le liquide amniotique et à une échographie normale indique qu'il existe un risque accru de travail prématuré, de mort périnatale et de retard de la croissance intra-utérine.

Répercussions du diagnostic prénatal

Avant d'entreprendre quelque examen de diagnostic prénatal que ce soit, il est essentiel d'offrir au couple un counseling, car il doit réfléchir à de nombreux facteurs pour être en mesure de prendre une décision éclairée. (Voir le tableau 5-8 et l'encadré *Points à retenir: Indications du diagnostic prénatal*).

Tableau 5-8

Dépistage génétique recommandé selon les groupes d'âge et les groupes ethniques

Populations à risque	Affection	Test de dépistage	Test final
Juifs ashkénazes	Maladie de Tay-Sachs	Taux d'hexosaminidase-A anormalement bas	Choriocentèse ou amniocentèse pour le dosage de l'hexosaminidase-A
Africains; Latino-Américains des Antilles, d'Amérique centrale et d'Amérique du Sud	Anémie à hématies falciformes (drépanocytose)	Présence d'hémoglobine à cellules falciformes; confirmation par électrophorèse de l'hémoglobine	Choriocentèse ou amniocentèse pour la détermination du génotype; étude moléculaire directe
Grecs, Italiens	Thalassémie bêta	Volume corpusculaire < 80%; confirmation par électrophorèse de l'hémoglobine	Choriocentèse ou amniocentèse pour la détermination du génotype (études moléculaires directes ou analyse indirecte RFLP*)
Personnes originaires de l'Asie du Sud-Est (Vietnamiens, Laotiens, Cambodgiens); Philippins	Thalassémie alpha	Volume corpusculaire < 80%; confirmation par électrophorèse de l'hémoglobine	Choriocentèse ou amniocentèse (études moléculaires directes)
Femmes de 35 ans ou plus (de tous les groupes ethniques)	Trisomies chromosomiques	Aucun	Choriocentèse ou amniocentèse pour des analyses cytogénétiques
Femmes de tous les âges et de tous les groupes ethniques (et plus particulièrement celles qui viennent des îles Britanniques et de l'Irlande)	Anomalies du tube neural et autres anomalies spécifiques	Dosage de l'alpha-fœtoprotéine du sérum maternel	Amniocentèse pour des dosages de l'alpha-fœtoprotéine et de l'acéthylcholinestérase dans le liquide amniotique

* Polymorphismes de longueur des fragments de restriction.

Indications du diagnostic prénatal

Le diagnostic prénatal est justifié dans les cas suivants :

- la femme aura 35 ans ou plus au moment de l'accouchement ;
- le couple présente une translocation équilibrée (anomalie chromosomique) ;
- la femme est porteuse d'une maladie liée au chromosome X (l'hémophilie, par exemple) ;
- le couple a déjà eu un enfant ayant une anomalie chromosomique ;
- l'un des partenaires ou l'un des enfants du couple est atteint d'un trouble métabolique décelable ;
- les deux partenaires sont porteurs d'une maladie métabolique héréditaire ou d'une maladie à transmission autosomique récessive susceptible d'être décelée ;
- le couple a des antécédents familiaux ou personnels d'anomalies du tube neural ;
- les partenaires appartiennent à un groupe ethnique à risque pour une maladie héréditaire spécifique (tableau 5-8) ;
- le couple a des antécédents d'avortements spontanés (deux ou plus) durant le premier trimestre de la grossesse ;
- le taux d'alpha-fœtoprotéine du sérum maternel est anormal.

Depuis l'avènement de procédés diagnostiques tels que l'amniocentèse et la choriocentèse, des couples à risque qui, autrement, auraient renoncé à avoir d'autres enfants peuvent décider de le faire. Après le diagnostic prénatal, un couple peut décider de ne pas mettre au monde un enfant atteint d'une affection génétique. Pour de nombreux parents toutefois, le diagnostic prénatal ne constitue pas une solution, puisque la seule façon d'écarter l'affection génétique en cause est d'empêcher la naissance du fœtus atteint en recourant à l'avortement. Cette décision revient au couple, et à lui seul. Cependant, même si les parents excluent d'avance tout avortement thérapeutique, le diagnostic prénatal peut leur permettre de poursuivre la grossesse en toute quiétude ou de se préparer à la naissance d'un enfant ayant des besoins particuliers, par exemple en contactant des services de soutien ou des groupes d'entraide.

Toute grossesse comporte de 3 % à 4 % de risques de donner naissance à un enfant qui présente une malformation ou une maladie congénitale. Lorsqu'on soupçonne ou qu'on détecte une anomalie avant la naissance, on essaie de préciser le diagnostic en étudiant les antécédents familiaux (grâce à l'arbre généalogique) et l'anamnèse de la grossesse, et en évaluant la ou les anomalies fœtales au moyen d'une échographie. Selon les résultats, les professionnels de la santé offriront au couple diverses possibilités. Si le fœtus présente une anomalie létale comme la trisomie 13 ou la trisomie 18, les parents pourront envisager une intervention non effractive. Le diagnostic prénatal permet déjà de repérer de nombreuses anomalies, dont la liste s'allonge continuellement. Les infirmières doivent donc consulter des experts avant d'informer les couples ou de discuter avec eux des possibilités à envisager.

Dans certains cas, le traitement du trouble décelé par le diagnostic prénatal peut commencer durant la grossesse et empêcher que des dommages irréversibles se produisent. Pour n'en donner qu'un exemple, la femme dont le fœtus est atteint de galactosémie peut suivre une diète sans galactose. Dans une optique de soins préventifs, tous les couples qui attendent un enfant ou qui envisagent une grossesse devraient disposer de toute l'information utile avant la naissance.

Diagnostic postnatal

C'est généralement à la pouponnière ou dans les premiers mois de la vie du nouveau-né que se posent les premières questions relatives à la cause, au traitement et au pronostic des affections génétiques. Lorsqu'un enfant naît avec des anomalies, que ses progrès sont trop lents ou que la période néonatale est orageuse, une évaluation génétique peut être justifiée. On obtiendra un diagnostic exact et un plan de traitement optimal en effectuant notamment :

- une anamnèse complète et détaillée pour déterminer si le problème est d'origine familiale, prénatale (congénitale) ou postnatale ;
- un examen clinique approfondi, comprenant une étude des dermatoglyphes (figure 5-16 ▶) ;
- des analyses de laboratoire, dont une analyse chromosomique, un dosage enzymatique pour dépister les erreurs innées du métabolisme (voir le chapitre 25 pour une description détaillée de ces tests) ; des analyses d'ADN (directes et par lignage) ; et des titrages d'anticorps pour déceler les agents tératogènes infectieux, comme ceux des infections du groupe TORCH (toxoplasmose, rubéole, cytomégalovirus et herpès) (voir le chapitre 13).

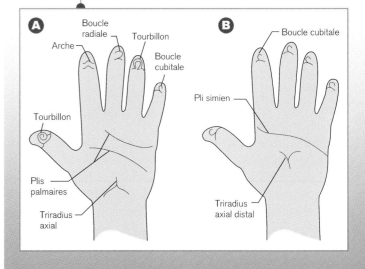

FIGURE 5-16 ▶ Dermatoglyphes. **A.** Main d'une personne normale. **B.** Main d'un enfant atteint du syndrome de Down. Noter le pli simien, le triradius axial situé en aval et le nombre accru de boucles cubitales.

Pour être en mesure de poser un diagnostic précis, le généticien doit consulter d'autres spécialistes et passer en revue la documentation récente. Il peut ainsi évaluer toutes les informations disponibles sur le sujet avant d'arriver à un diagnostic et d'élaborer un plan d'action.

Soins infirmiers communautaires

Le *counseling génétique* est un processus de communication par lequel le couple reçoit des renseignements complets et précis sur la présence éventuelle d'une affection génétique dans la famille et sur les risques de récurrence (Verp, 1999b).

Lorsque le counseling génétique est rétrospectif, le facteur temps est crucial. On ne peut s'attendre à ce que des parents qui viennent tout juste d'apprendre que leur enfant souffre du syndrome de Down ou d'une autre anomalie congénitale assimilent quelque information que ce soit sur les risques futurs. Cependant, il ne faut pas attendre trop longtemps pour leur en parler, car ils risquent, faute d'information, d'engendrer un autre enfant atteint de la même anomalie. Les membres de l'équipe de soins infirmiers périnataux sont souvent les premiers à entrer en contact avec les parents d'un nouveau-né atteint d'une anomalie congénitale. Au moment opportun, l'infirmière pourra leur suggérer d'avoir recours au counseling génétique avant d'envisager d'avoir un autre enfant. Proposer un counseling génétique constitue une réponse appropriée aux parents qui demandent: «Est-ce que cela se reproduira?» Les infirmières qui travaillent dans des cliniques communautaires ou des cliniques de planification familiale sont bien placées pour joindre les personnes à risque, et orienter, dans plusieurs cas, les couples vers le counseling génétique.

1. **ANOMALIES CONGÉNITALES, Y COMPRIS LA DÉFICIENCE MENTALE** Tout couple qui a un enfant atteint d'une anomalie congénitale ou des antécédents familiaux d'anomalie congénitale présente un risque accru et doit en être informé. Si on trouve dans les antécédents familiaux un cas de déficience mentale d'origine inconnue, il y a risque de récurrence. Souvent, le counseling génétique permet de découvrir que l'anomalie a été causée par un agent tératogène (voir le chapitre 9), auquel cas il est important d'informer toutes les personnes concernées pour éviter l'exposition lors d'autres grossesses.

2. **MALADIES FAMILIALES** Il faut avertir les familles que certaines maladies – dont le diabète, les cardiopathies, le cancer et les affections mentales – peuvent avoir une composante génétique, et que leur incidence est donc plus élevée dans certaines familles que dans la population en général.

3. **MALADIES HÉRÉDITAIRES CONNUES** Même si les membres d'une famille savent qu'une affection est héréditaire, ils peuvent en méconnaître le mécanisme de transmission ou ignorer quels sont les risques dans leur cas personnel. Trop souvent, on néglige d'informer aussi les membres de la famille qui ne risquent pas de transmettre l'affection, ce qui est pourtant essentiel.

4. **TROUBLES MÉTABOLIQUES** Les familles qui risquent d'avoir un enfant atteint d'une anomalie métabolique ou biochimique doivent être orientées vers un spécialiste. Comme la plupart des erreurs innées du métabolisme sont des maladies à transmission autosomique récessive, on peut ignorer qu'une famille est à risque jusqu'à ce que naisse un enfant atteint. Il est possible de dépister les porteurs du trait drépanocytaire avant qu'ils conçoivent et de déterminer leurs risques d'avoir un enfant atteint d'anémie à hématies falciformes (le diagnostic prénatal de cette maladie est encore au stade expérimental).

5. **ANOMALIES CHROMOSOMIQUES** On l'a vu, le couple qui a eu un enfant atteint d'une anomalie chromosomique peut présenter un risque accru d'avoir un autre enfant atteint de la même anomalie. Ce groupe à risque comprend les familles dont certains membres sont porteurs d'une translocation.

Le couple qu'on a orienté vers une clinique de génétique reçoit par la poste un formulaire de renseignements sur l'état de santé de divers membres de leurs familles. À cette étape, l'infirmière peut les aider à remplir le formulaire en leur donnant les explications nécessaires. Elle pourra par exemple leur expliquer la pertinence des données sur leur origine ethnique et sur la provenance de leurs familles. De nombreux troubles génétiques sont plus fréquents chez certains groupes ethniques ou dans certaines régions géographiques. C'est le cas par exemple des anomalies du tube neural chez les familles originaires des îles Britanniques et de l'Irlande, de la maladie de Tay-Sachs chez les Juifs ashkénazes (originaires d'Europe de l'Est), de l'anémie à hématies falciformes chez les personnes d'ascendance africaine et de la thalassémie chez les personnes d'ascendance méditerranéenne.

L'arbre généalogique et les antécédents familiaux facilitent le repérage des autres membres de la famille qui peuvent être à risque (figure 5-17 ▶). Le couple pourra souhaiter les en informer pour qu'ils puissent également bénéficier du counseling génétique. S'ils sont établis adéquatement, l'arbre généalogique et les antécédents familiaux sont de précieux outils pour déterminer le risque familial.

Le conseiller rassemble ensuite des informations supplémentaires sur la grossesse, la croissance et le développement de l'enfant atteint, ainsi que sur l'état des connaissances des parents concernant le problème. On fait généralement passer un examen physique à l'enfant et parfois à d'autres membres de la famille. Si certaines épreuves de laboratoire sont indiquées (analyse chromosomique, études métaboliques ou titrages viraux, par exemple), on les effectue à ce moment-là.

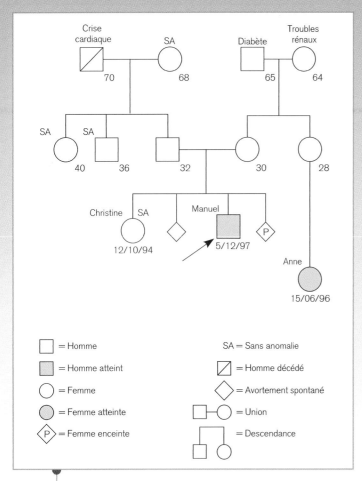

FIGURE 5-17 ▶ Arbre généalogique de dépistage génétique. La flèche indique le plus proche membre de la famille atteint du problème sur lequel on enquête. Les données essentielles y figurent. Les chiffres précisent l'âge de chacun des membres de la famille.

Dès lors, à partir des données qu'il a en main, le conseiller génétique peut déjà fournir à la famille certaines informations préliminaires.

Suivi du counseling génétique

Une fois ces données soigneusement examinées et analysées, on revoit le couple et on lui transmet toutes les informations disponibles : les faits médicaux, le diagnostic, la cause probable de la maladie et, éventuellement, les possibilités de prise en charge ; le mode de transmission héréditaire, les risques de récurrence et les moyens de composer avec ces risques. Le reste de la séance est consacré à discuter d'une ligne de conduite qui serait appropriée pour ce couple, compte tenu des risques et de ses objectifs. Voici quelques possibilités : le diagnostic prénatal, le dépistage et le traitement précoces, et, dans certains cas, l'adoption, l'insémination thérapeutique ou le report de la grossesse.

Il est possible que le couple envisage l'insémination thérapeutique avec sperme de donneur (ITSD), dont nous avons

déjà traité dans ce chapitre. Cette solution peut être appropriée dans de nombreux cas :

- Si l'homme a une maladie à transmission autosomique dominante, l'ITSD élimine complètement les risques que l'enfant soit atteint puisqu'il ne reçoit aucun gène du parent atteint (à condition que le sperme du donneur soit sain).

- Si l'homme souffre d'une affection liée au chromosome X et que le couple veut éviter de perpétuer le gène dans la famille (toutes ses filles seraient atteintes), l'ITSD leur évite d'avoir recours à l'avortement chaque fois qu'un fœtus de sexe féminin est conçu.

- Si l'homme est porteur d'une translocation équilibrée et que l'interruption volontaire de grossesse va à l'encontre des valeurs du couple, l'ITSD représente la meilleure solution de rechange.

- Si les deux parents sont porteurs d'une maladie à transmission autosomique récessive, l'ITSD est également appropriée, ses risques étant pratiquement nuls si les tests ont prouvé que le donneur est sain.

- L'ITSD peut aussi être une solution de rechange appropriée lorsque les risques d'anomalies multifactorielles sont élevés.

S'il est jeune, le couple à risque peut décider d'attendre quelques années avant d'avoir des enfants. Comme le diagnostic prénatal et le traitement précoce des maladies génétiques progressent continuellement, il peut espérer bénéficier, dans quelques années, d'une découverte qui lui offre une solution satisfaisante.

Le couple peut revenir en consultation à plusieurs reprises pour poser des questions et parler de ses inquiétudes. Dans la mesure du possible, l'infirmière qui travaille auprès de la famille devrait assister à toutes ces séances. Étant donné qu'elle a déjà établi une relation de confiance avec le couple, elle peut servir d'agent de liaison entre la famille et le conseiller génétique. Si elle assiste aux séances et qu'elle a entendu les propos du conseiller génétique, il lui sera plus facile de clarifier les points obscurs, ce qui aidera le couple à formuler ses questions.

Lorsque le counseling génétique est terminé, le conseiller fait parvenir aux clients, au médecin et, s'il y a lieu, à la sage-femme, un compte rendu des séances ; au besoin, la famille pourra le consulter ultérieurement. (Voir l'encadré *Points à retenir : Responsabilités de l'infirmière dans le counseling génétique*.)

L'infirmière qui a des connaissances adéquates en génétique est dans une position idéale pour aider le couple à bien saisir tous les points discutés avec le conseiller génétique et pour répondre aux nouvelles questions qui surgissent. Lorsque la famille reprend les activités quotidiennes, l'infirmière peut prodiguer de précieux conseils sur les soins qu'exige l'enfant au jour le jour, répondre aux questions, appuyer les décisions de la famille et l'orienter vers d'autres services communautaires (Mackta et Weiss, 1994).

Si le couple envisage d'avoir d'autres enfants ou si les frères et sœurs de l'enfant veulent en savoir plus sur son affection, l'infirmière devrait recommander une autre visite chez le conseiller génétique. La famille aura ainsi l'occasion de recevoir des informations supplémentaires et de réexaminer diverses solutions. Dans plusieurs centres de génétique, on juge que l'infirmière est la professionnelle de la santé la mieux placée pour offrir ce type de suivi.

Les infirmières doivent se garder de poser un diagnostic médical, de spéculer sur un statut de porteur ou sur des risques de récurrence, et de faire du counseling génétique sans avoir la formation et la compétence voulues. Des informations inexactes, inadéquates ou inappropriées peuvent donner lieu à des malentendus ou avoir des conséquences désastreuses. Les professionnels de la santé doivent donc savoir vers quels services et ressources de leur région orienter les clients.

Points à retenir

Responsabilités de l'infirmière dans le counseling génétique

- Dépister les familles susceptibles d'avoir des problèmes héréditaires.
- Déterminer avant d'entamer le processus comment les clients envisagent le problème et de quelles informations ils ont besoin.
- Aider les familles à obtenir des informations adéquates sur le problème qui les préoccupe.
- Servir d'agent de liaison entre la famille et le conseiller génétique.
- Aider la famille à comprendre et à assimiler les informations reçues.
- Informer la famille sur les groupes d'entraide.
- Aider la famille à surmonter la crise.
- Fournir des informations sur les facteurs génétiques connus.
- Assurer la continuité des soins infirmiers auprès de la famille.

Le chapitre en bref

Notions fondamentales

- On considère qu'un couple est infertile lorsqu'il n'a pas conçu après un an de relations sexuelles sans contraception.
- Aux États-Unis, de 10 % à 15 % des couples sont infertiles. Au Canada et au Québec, 10 % des couples sont hypofertiles ou infertiles.
- Un bilan préliminaire d'infertilité comprend : 1) l'évaluation des antécédents du couple ; 2) un examen clinique des deux partenaires.
- Un bilan général d'infertilité comprend : 1) l'évaluation de la fonction ovarienne, de la glaire cervicale et de sa perméabilité aux spermatozoïdes, de la capacité fécondante du sperme, de la perméabilité et du fonctionnement des trompes, et de l'état général des organes pelviens ; 2) des épreuves de laboratoire.
- Les causes de l'infertilité sont multiples : 35 % des cas sont reliés à l'homme, 50 % à la femme et 15 % à des facteurs inconnus. On estime que 35 % des cas d'infertilité ont une étiologie multifactorielle.
- Dans le traitement de l'infertilité, on peut recourir aux médicaments pour stimuler l'ovulation, pour favoriser la formation de glaire cervicale, pour diminuer la concentration d'anticorps, pour augmenter la numération et la motilité des spermatozoïdes, et pour supprimer l'endométriose.
- Les aspects émotionnels de l'infertilité peuvent être encore plus éprouvants pour le couple que les procédés diagnostiques et thérapeutiques.
- L'infirmière doit être en mesure de dissiper les mythes sur l'infertilité et de fournir aux clients des informations exactes et à jour.
- L'infirmière doit évaluer les stratégies d'adaptation des conjoints et, selon les indications, les orienter vers des services de counseling.
- Dans le cas des affections héréditaires à transmission autosomique dominante, les probabilités qu'un parent atteint conçoive un enfant atteint s'élèvent à 50 %. Ces maladies touchent autant les hommes que les femmes. Parmi les maladies à transmission autosomique domi-

nante les plus courantes, on trouve la chorée de Huntington, la polykystose rénale, la neurofibromatose (maladie de von Recklinghausen) et le nanisme achondroplasique.

- Les affections héréditaires à transmission autosomique récessive se caractérisent par le fait que les deux parents sont porteurs. À chaque grossesse, les probabilités que l'enfant soit atteint sont de 25 % ; les probabilités qu'il soit porteur sont de 50 %, et les probabilités qu'il ne soit ni atteint ni porteur sont de 25 %. Les affections de ce type touchent autant les femmes que les hommes. Les affections héréditaires à transmission autosomique récessive les plus courantes sont la fibrose kystique (mucoviscidose), la phénylcétonurie (PCU), la galactosémie, l'anémie à hématies falciformes (drépanocytose), la maladie de Tay-Sachs et la plupart des erreurs innées du métabolisme.

- Les affections héréditaires à transmission récessive liée au chromosome X se caractérisent par le fait qu'elles ne se transmettent pas d'un homme à un autre homme, mais que seuls les hommes en sont atteints. Les probabilités qu'une mère porteuse du gène anormal le transmette à son fils sont de 50 % (et les probabilités qu'elle ne le lui transmette pas sont donc également de 50 %). Les probabilités que sa fille soit porteuse sont de 50 %. Si le père est atteint, toutes ses filles seront porteuses. Les maladies à transmission récessive liée au chromosome X les plus courantes sont l'hémophilie, le daltonisme et la myopathie pseudohypertrophique de Duchenne.

- Les affections héréditaires multigéniques/multifactorielles comprennent la fissure labiale et palatine, le spina-bifida, la luxation de la hanche, le pied bot et la sténose du pylore.

- Nombre d'affections peuvent faire aujourd'hui l'objet d'un diagnostic prénatal, notamment les malformations cérébrales et médullaires, les malformations rénales, l'hémophilie, le syndrome du X fragile, la thalassémie, la fibrose kystique, de même que plusieurs erreurs innées du métabolisme (comme la maladie de Tay-Sachs) et les anomalies du tube neural.

- Les principaux outils du diagnostic prénatal sont l'échographie, le dosage de l'alpha-fœtoprotéine sérique, l'amniocentèse, la choriocentèse et la cordocentèse.

- Une fois dotée de solides connaissances sur les troubles génétiques courants, l'infirmière devrait préparer la famille au counseling génétique et jouer le rôle de personne-ressource durant et après les séances.

Références

AMERICAN FERTILITY SOCIETY (1994), *Infertility : Questions and Answers,* Washington, disponible chez l'auteur.

AMERICAN SOCIETY FOR REPRODUCTIVE MEDICINE (1999), « Assisted reproductive technology in the United States :1996 results generated from the American Society for Reproductive Medicine/Society for Assisted Reproductive Technology Registry », *Fertility and Sterility,* vol. 7, n° 5, p. 798-807.

BERNSTEIN, J. (1985), « Assessment of psychological dysfunction associated with infertility », *Journal of Obstetrics, Gynecologic, and Neonatal Nursing,* vol.14, n° 63, suppl.

BOPP, B. L., ET D. B. SEIFER (2000), « Age and reproduction », *in* J. J. Sciarra et T. J. Watkins (dir.), *Gynecology and obstetrics,* Philadelphie, Lippincott, Williams and Wilkins, vol. 5, chap. 72, p. 1-26.

BRADSHAW, K. D. (1998), « Evaluation and management of the infertile couple », *in* J. J. Sciarra et T. J. Watkins (dir.), *Gynecology and obstetrics,* Hagerstown, Harper and Row, vol. 5, chap. 50, p. 1-15.

BUITENDIJK, S. E. (1999), « Children after in vitro fertilization », *International Journal of Technology Assessment in Health Care,* vol. 15, n° 1, p. 52-65.

CARCIO, H. A. (1998), *Management of the infertile woman,* Philadelphie, Lippincott-Raven.

DAMANI, M. N., et S. F. SHABAN (1999), « Medical treatment of male infertility », *in* J. J. Sciarra et T. J. Watkins (dir.), *Gynecology and obstetrics,* Hagerstown, Harper and Row, vol. 6, chap. 72, p. 1-29.

GLOVER, L., M. HUNTER, J. M. RICHARDS. M. KATZ et P. D. ABEL (2000), « Development of the fertility adjustment scale », *Fertility and Sterility,* vol. 72, n° 4, p. 623-628.

HATCHER, R. A., F. STEWART, J. TRUSSEL, D. KOWAL, F. GUEST. G. K. STEWART, W. GATES et M. POLICAT (1998), *Contraceptive technology,* 17e éd., New York, Ardent Media.

HOGGE, W. A., et M. C. LANASA (1999), « Molecular and Mendelian disorders », *in* J. J. Sciarra et T. J. Watkins (dir.), *Gynecology and obstetrics,* Hagerstown, Harper and Row, vol. 5, chap. 115, p. 1-13.

HOOK, E. B., P. K. CROSS et L. JACKSON (1988), « Maternal age-specific rates of 47,121 and other cytogenetic abnormalities diagnosed in the first trimester of pregnancy in chorionic villus biopsy specimens : Comparison with rates expected from observations at amniocentesis », *American Journal of Human Genetics,* vol. 42, p. 797.

KINGSBERG, S. A., L. D. APPLEGARTH et J. W. JANATA (2000), « Embryo donation programs and policies in North America : Survey results and implications for health and mental health professionals », *Fertility and Sterility,* vol. 73, n° 2, p. 215-220.

KLOCK, S. C., et D. A. GREENFELD (2000), « Psychological status of in vitro fertilization patients during pregnancy : a longitudinal study », *Fertility and Sterility,* vol. 73, n° 6, p. 1159-1164.

LEIBOWITZ, D., et D. HOFFMAN (2000), « Fertility drug therapies : Past, present, and future », *Journal of Obstetrics, Gynecologic, and Neonatal Nursing,* vol. 29, n° 2, p. 201-210.

LEON, I. G. (2000), « Psychology of reproduction : Pregnancy, parenthood, and parental ties », *in* J. J. Sciarra et T. J. Watkins (dir.), *Gynecology and obstetrics,* Philadelphie, Lippincott, Williams and Wilkins, vol. 6, chap. 62, p. 1-29.

MACKTA, J., et J. O. WEISS (1994), « The role of genetic support groups », *Journal of Obstetrics, Gynecologic, and Neonatal Nursing,* vol. 23, n° 6, p. 519-523.

MILLER, P. B., et M. R. SOULES (1998), « Luteal phase deficiency : Pathophysiology, diagnosis, and treatment », *in* J. J. Sciarra et T. J. Watkins (dir.), *Gynecology and obstetrics,* Hagerstown, Harper and Row, vol. 5, chap. 56, p. 1-29.

MOGHISSI, K. S. (1998), « How to document ovulation », *in* J. J. Sciarra et T. J. Watkins (dir.), *Gynecology and obstetrics,* Hagerstown, Harper and Row, vol. 5, chap. 54, p. 1-14.

OLSEN, D. G. (1994), « Parental adjustment to a child with a genetic disease : One parent's reflections », *Journal of Obstetrics, Gynecologic, and Neonatal Nursing,* vol. 23, n° 6, p. 516-518.

PERGAMENT, E., et M. FIDDLER (2000), « Indications and patient selection for preimplantation-related chromosome abnormalities », *in* J. J. Sciarra et T. J. Watkins (dir.), *Gynecology and obstetrics,* Philadelphie, Lippincott, Williams and Wilkins, vol. 5, chap. 107, p. 1-7.

ROSE, N. C., et M. T. MENNUTI (2000), « Alpha-fetoprotein and neural tube defects », *in* J. J. Sciarra et T. J. Watkins (dir.), *Gynecology and obstetrics,* Philadelphie, Lippincott Williams and Wilkins, vol. 3, chap. 116, p. 1-14.

SANDELOWSKI, M. (1994), « On infertility », *Journal of Obstetrics, Gynecologic, and Neonatal Nursing,* vol. 23, n° 9, p. 749-752.

SAWATZKY, M. (1981), « Tasks of the infertile couple », *Journal of Obstetrics, Gynecologic, and Neonatal Nursing,* vol. 10, p. 132-133.

SCIOSCIA, A. L. (1999), « Prenatal genetic diagnosis », *in* R. K. Creasy et R. Resnik (dir.), *Maternal-fetal medecine,* 4e éd., Philadelphie, Saunders, p. 40-62.

SHARARA, F. I., et H. D. McCLAMROCK (2000), « Differences in in vitro fertilization (IVF) outcome between white and black women in an inner-city, university-based IVF program », *Fertility and Sterility,* vol. 73, n° 6, p. 1170-1173.

SIGMAN, M. (1999), « Therapeutic insemination », *in* J. J. Sciarra et T. J. Watkins (dir.), *Gynecology and obstetrics,* Hagerstown, Harper and Row, vol. 5, chap. 67, p. 1-21.

SPEROFF, L., R. H. GLASS et N. G. KASE (1999), *Clinical gynecologic endocrinology and infertility,* 6e éd., Philadelphie, Lippincott, Williams and Wilkins.

VERP, M. S. (1999a), « Antenatal diagnosis of chromosomal abnormalities », *in* J. J. Sciarra et T. J. Watkins (dir.), *Gynecology and obstetrics,* Hagerstown, Harper and Row, vol. 3, chap. 113, p. 1-17.

VERP, M. S. (1999b), « Genetic counseling », *in* J. J. Sciarra et T. J. Watkins (dir.), *Gynecology and obstetrics,* Hagerstown, Harper and Row, vol. 3, chap. 111, p. 1-13.

WORLD HEALTH ORGANIZATION (1992), *WHO manual for the examination of human semen and sperm-cervical mucus interaction,* Cambridge, Royaume-Uni, Cambridge University Press.

YUEN, B. H. (1999), « New methods for induction of ovulation », *in* J. J. Sciarra et T. J. Watkins (dir.), *Gynecology and obstetrics,* Hagerstown, Harper and Row, vol. 5, chap. 70, p. 1-13.

La préparation de la famille à l'arrivée d'un enfant

Objectifs

- Expliquer ce qu'est le counseling préconceptionnel et quelle est son utilité

- Énumérer les diverses décisions que les parents peuvent devoir prendre relativement à la grossesse, au travail et à l'accouchement

- Expliquer les principaux objectifs de l'enseignement prénatal

- Décrire les divers types de rencontres prénatales offertes aux futurs parents et à leur famille

- Expliquer comment la personne qui donne l'enseignement prénatal peut aider à atténuer l'anxiété de la femme enceinte

- Comparer les diverses méthodes de préparation à l'accouchement

- Énumérer les moyens dont dispose l'infirmière pour exprimer son respect de l'individualité des clients dans la préparation à l'accouchement

Vocabulaire

TANDIS QUE LA GROSSESSE ÉVOLUE, les futurs parents commencent à réfléchir à l'accouchement et aux défis que représente le rôle parental. En plus de s'informer sur la grossesse, ils doivent planifier et prendre des décisions. Où l'accouchement aura-t-il lieu ? Qui y assistera ? Comment les futurs parents doivent-ils se préparer à cet heureux événement ? Comment envisagent-ils leurs rôles de mère et de père ?

L'infirmière peut aider la femme enceinte – et le futur père, s'il est présent – à prendre les décisions qui s'imposent durant la grossesse et l'accouchement. En leur fournissant des informations exactes et à jour, elle peut les aider à choisir un ou une prestataire de soins, à trouver des rencontres prénatales qui répondent à leurs besoins et à prendre des décisions éclairées. Mais, plus important encore, elle peut les aider à mieux exercer leur pouvoir décisionnel et leur rôle parental. Surtout s'ils en sont à leur première grossesse, les futurs parents risquent de se sentir débordés par le nombre et la complexité des décisions à prendre. L'infirmière y trouvera une occasion unique de leur inculquer un mode de prise de décision qui leur servira tout au long de leur vie de parents.

Au Québec en 1991, une femme enceinte sur cinq touchait un revenu inférieur au seuil de pauvreté, et on estime que la moitié d'entre elles vivaient en situation d'extrême pauvreté. Plusieurs projets d'intervention novateurs, dont le programme « Naître égaux » (Colin et al. 1992 ; MSSS, 1993), ont été mis sur pied afin d'aider les familles issues de milieux d'extrême pauvreté à s'adapter à leur rôle parental. L'infirmière peut jouer un rôle pivot, à titre d'intervenante de première ligne, dans ces programmes qui s'adressent en premier lieu aux femmes enceintes appartenant aux couches défavorisées.

Le counseling préconceptionnel

Avant de concevoir, le couple devrait, bien entendu, se demander s'il désire avoir des enfants. Cette réflexion doit tenir compte des objectifs des deux partenaires, de ce qu'ils attendent de leur union et de leur désir d'être parents. Si l'un d'entre eux désire avoir un enfant et l'autre pas, c'est en discutant franchement qu'ils parviendront à une décision susceptible de les satisfaire l'un et l'autre.

Les couples qui veulent avoir un enfant doivent aussi choisir le moment de la grossesse : selon eux, à quelle étape de leur vie seront-ils prêts à devenir parents ? Il est bon de le rappeler, la grossesse bouleverse tant de choses que, même planifiée et attendue, elle prend toujours un peu au dépourvu.

Les couples qui s'opposent à la contraception par conviction religieuse ou parce qu'ils ne la trouvent pas naturelle peuvent juger inacceptable ou inutile de planifier une naissance. Ils devraient alors prendre les mesures nécessaires pour optimiser leur état physique et mental afin d'être prêts à une éventuelle grossesse. Quant aux femmes en situation d'extrême pauvreté, elles savent bien qu'en donnant naissance à un enfant elles risquent de perpétuer le cycle de la pauvreté, mais c'est par choix qu'elles ont des enfants. En effet, c'est souvent le désir de donner un sens à leur vie et d'acquérir une identité personnelle et sociale qui les incite à devenir mères.

Santé

L'infirmière commence par renseigner le couple qui envisage une grossesse sur tous les facteurs de risque connus ou présumés. Elle recommande à la femme de cesser de fumer ou de réduire sa consommation à moins d'un demi-paquet de cigarettes par jour. À cause des risques inhérents au tabagisme passif, elle conseille aussi au conjoint de ne pas fumer en sa présence. Même si on connaît moins bien les effets de la caféine, on recommande à la femme de l'éviter ou de réduire sa consommation. L'alcool et les drogues de rue représentent une menace réelle pour le fœtus. Ainsi, à cause des risques d'alcoolisme fœtal, la femme ne devrait pas consommer d'alcool durant la grossesse. L'infirmière peut suggérer à la mère de mieux gérer son stress et lui offrir des solutions de remplacement pour compenser le manque de tabac, de drogue ou d'alcool. Au besoin, elle oriente la femme enceinte vers des groupes d'aide aux personnes atteintes de toxicomanie. La femme qui prend quelque médicament que ce soit, sur ordonnance ou non, doit discuter de ses effets sur la grossesse avec son médecin ou son pharmacien ; idéalement, elle devrait n'en prendre aucun. Les conjoints doivent aussi déterminer si leur travail ou leur milieu de vie les expose à des agents tératogènes.

Examen physique

On conseille aux deux partenaires de passer un examen physique pour dépister et, autant que possible éliminer, d'éventuels problèmes de santé. Il peut s'agir de facteurs de risque, comme l'hypertension ou l'obésité ; de maladies qui réduisent leur fécondité, comme certaines MTS ; ou de problèmes qui minent leur santé, comme l'anémie ou la colite. Si la femme a plus de 35 ans ou si le couple a des antécédents familiaux de troubles héréditaires, on pourra suggérer un counseling génétique (voir le chapitre 5). En plus de l'anamnèse et de l'examen physique, on pourra faire passer à la femme et à son conjoint diverses épreuves de laboratoire (voir le *Guide d'évaluation initiale de la période prénatale*, chapitre 8, p. 205). Enfin, on recommande à la femme de passer un examen dentaire et de faire exécuter tous les travaux nécessaires pour éviter les rayons X et les risques d'infections durant la grossesse.

Nutrition

Idéalement, avant de concevoir, la femme devrait atteindre le poids recommandé pour sa taille et sa constitution morphologique. Elle devrait aussi adopter un régime alimentaire équilibré, qui lui procure les nutriments essentiels en quantités suffisantes. Certains nutritionnistes conseillent aux femmes enceintes de surveiller plus particulièrement leur consommation des nutriments suivants : calcium, protéines, fer, vitamines du groupe B, vitamine C, acide folique et magnésium. Notons qu'une consommation de vitamines supérieure à l'apport quotidien recommandé (AQR) peut causer de graves dommages au fœtus. (Consulter le chapitre 11 sur la nutrition de la femme enceinte.)

Exercice

On recommande à la femme de poursuivre son programme d'exercice régulier ou d'en commencer un au moins trois mois avant d'essayer de concevoir. Un programme qui lui plaît et auquel elle sera fidèle donnera de meilleurs résultats. Les activités aérobiques et les exercices qui augmentent le tonus musculaire améliorent la circulation et l'état de santé général. D'habitude, on recommande à la femme de poursuivre son programme d'exercice durant la grossesse.

Contraception

La femme qui prend des contraceptifs hormonaux, par voie orale ou autre, devrait attendre d'avoir eu deux ou trois cycles menstruels normaux avant d'essayer de concevoir ; ce délai

permet de revenir au cycle hormonal naturel et facilite la datation de la grossesse. Pour la femme qui porte un DIU (stérilet), le délai recommandé est de un mois après son retrait. Durant la période d'attente, le couple peut recourir aux contraceptifs barrières (condom, diaphragme ou cape cervicale avec spermicide).

Conception

La plupart des recommandations préconceptionnelles visent à améliorer autant que possible l'état de santé du couple pour éliminer les facteurs de risques évitables avant d'entamer la grossesse. La conception est une expérience émotionnelle et personnelle, à l'égard de laquelle même un couple bien préparé peut ressentir une certaine ambivalence. Cette ambivalence est normale et passagère, mais certains couples ont besoin d'être rassurés à ce sujet. Il arrive aussi qu'un couple se laisse obnubiler par les préparatifs et le désir de «bien faire les choses» au point d'oublier le plaisir qu'ils ont à être ensemble et de perdre de vue les joies que procure la spontanéité dans leur relation.

Les décisions à prendre pendant la grossesse

Une fois que la conception a eu lieu, les futurs parents doivent prendre plusieurs décisions, notamment concernant le choix du professionnel qui donnera les soins (en fonction de l'accessibilité des services et des ressources du milieu), le lieu de l'accouchement, son déroulement, l'accompagnement pendant le travail et, le cas échéant, la préparation des frères et sœurs à l'arrivée du nouveau bébé.

Prestataire de soins, services et milieu

L'un des premiers choix que les futurs parents doivent faire est celui du professionnel qui donnera les soins, puis celui des services qu'ils souhaitent recevoir en fonction des ressources du milieu. L'infirmière peut aider les futurs parents en les renseignant sur les possibilités qui s'offrent à eux et sur ce qu'ils peuvent en attendre. Il est essentiel qu'ils comprennent parfaitement en quoi diffèrent les professions d'obstétricien, de médecin de famille, de sage-femme et d'infirmière : leur formation, leur champ de compétence, leur philosophie, leur type de pratique, etc. Pour ne prendre qu'un exemple, des recherches révèlent qu'aux États-Unis 40 % des adultes recourent à une forme ou l'autre de médecine complémentaire ou parallèle (Allaire, Moos et Wells, 2000) ; on retrouve sensiblement les mêmes proportions au Québec. Or, l'innocuité de telles pratiques ne peut être déterminée que si les futurs parents et le principal intervenant en discutent ouvertement.

De plus, les futurs parents peuvent trouver, dans leur milieu, diverses ressources, tels les organismes communautaires et les groupes d'entraide, qui leur proposent un soutien complémentaire. Toutefois, certaines études démontrent que le non-recours aux services de santé chez les familles en situation d'extrême pauvreté s'explique par la présence de nombreux obstacles financiers et culturels. Ainsi, les femmes défavorisées ont le sentiment qu'une certaine distance sociale les sépare des intervenants du réseau de la santé, de sorte qu'elles craignent d'être jugées si elles les consultent. L'infirmière doit alors les orienter vers des services accessibles et adaptés à leurs besoins.

Par ailleurs, l'infirmière peut préparer avec les futurs parents des questions qui les aideront à déterminer s'ils ont des affinités avec le médecin de famille, l'obstétricien ou la sage-femme qu'ils rencontrent pour la première fois. Les questions suivantes pourraient servir de point de départ :

- Qui pratique avec vous ? Qui vous remplace en votre absence ? Comment la philosophie de vos associés se compare-t-elle à la vôtre ?
- Que pensez-vous de la présence de mon conjoint (de ma sage-femme, de mes enfants) aux consultations prénatales ?
- Que pensez-vous de… (la cliente précise ce qu'elle désire savoir concernant l'accouchement : positions pour le travail, épisiotomie, déclenchement du travail, accompagnement durant l'accouchement, allaitement au sein immédiatement après l'accouchement, cohabitation avec le nouveau-né après l'accouchement, etc.) ?
- Si une césarienne s'impose, mon conjoint pourra-t-il être présent ?
- Que pensez-vous de… (la cliente précise les formes de médecine complémentaire ou parallèle auxquelles elle souhaite pouvoir recourir, comme l'accompagnement par une sage-femme) ? Comment ces pratiques peuvent-elles s'intégrer au plan de soins ?

Le choix du prestataire de soins n'est qu'une des nombreuses décisions à prendre. Pour faciliter ce processus décisionnel, la femme enceinte et son partenaire peuvent dresser un **plan de naissance** indiquant leurs choix et préférences pour le travail et l'accouchement. La figure 6-1 ▶ présente un

FIGURE 6-1 ▶ Exemple de plan de naissance. La colonne de gauche énumère les divers aspects du travail et de l'accouchement sur lesquels les futurs parents peuvent exprimer leurs choix et préférences. Après en avoir discuté, ils pourront cocher OUI ou NON dans la colonne du centre. La colonne de droite leur permettra de vérifier si la réalisation de leurs souhaits est possible. Par exemple, bien que séduisante, l'idée de recourir à l'hydrothérapie (bain ou baignoire à remous) peut être irréaliste si l'hôpital ou la maison des naissances ne dispose pas des installations nécessaires. Ces choix doivent forcément tenir compte des ressources de l'environnement.

Sujets	Souhait de la cliente Oui	Non	Souhait réalisable Oui	Non
Prestataire(s) de soins				
Sage-femme	___	___	___	___
Médecin de famille	___	___	___	___
Obstétricien	___	___	___	___
Infirmière	___	___	___	___
Lieu de l'accouchement				
Hôpital				
Chambre de naissance	___	___	___	___
Chambre de maternité	___	___	___	___
Salle d'accouchement	___	___	___	___
Maison de naissances	___	___	___	___
À domicile	___	___	___	___
Présence du conjoint et/ou de l'accompagnante				
Pendant le travail	___	___	___	___
Pendant l'accouchement	___	___	___	___
Pendant une césarienne	___	___	___	___
Durant le post-partum	___	___	___	___
Durant le travail				
Marcher à volonté	___	___	___	___
Se doucher	___	___	___	___
Porter ses propres vêtements	___	___	___	___
Utiliser une baignoire thérapeutique (ou prendre un bain)	___	___	___	___
Utiliser une berceuse	___	___	___	___
Se faire donner un lavement	___	___	___	___
Accouchement dans l'eau	___	___	___	___
Monitorage fœtal intermittent	___	___	___	___
Ruptures des membranes				
Rupture naturelle	___	___	___	___
Amniotomie au besoin	___	___	___	___
Stimulation du travail au besoin	___	___	___	___
Médicaments				
Préciser ses préférences	___	___	___	___
Aliments et liquides (ou glaçons) à volonté	___	___	___	___
Musique durant le travail et l'accouchement	___	___	___	___
Massage	___	___	___	___
Toucher thérapeutique	___	___	___	___
Positions durant l'accouchement				
Sur le côté	___	___	___	___
À quatre pattes	___	___	___	___
À genoux	___	___	___	___
Accroupie	___	___	___	___
Chaise d'accouchement	___	___	___	___
Lit d'accouchement	___	___	___	___
Autre	___	___	___	___
Présence de la famille (frères et sœurs)	___	___	___	___
Filmage de l'accouchement	___	___	___	___
Méthode Leboyer	___	___	___	___
Épisiotomie	___	___	___	___
Sectionnement du cordon par le partenaire	___	___	___	___
Prendre le bébé immédiatement après la naissance	___	___	___	___
Allaiter immédiatement après la naissance	___	___	___	___
Pas de séparation après l'accouchement	___	___	___	___
Garder le placenta	___	___	___	___
Garder le sang du cordon ombilical	___	___	___	___
Soins du nouveau-né				
Traitement oculaire	___	___	___	___
Injection de vitamine K	___	___	___	___
Allaitement au sein	___	___	___	___
Alimentation au biberon	___	___	___	___
Eau glucosée	___	___	___	___
Circoncision (pratiquée à la demande des parents)	___	___	___	___
Soins durant le post-partum				
Cohabitation	___	___	___	___
Séjour abrégé (48 h après l'accouchement vaginal)	___	___	___	___
Visite des frères et sœurs	___	___	___	___
Cours sur les soins du nouveau-né	___	___	___	___
Cours sur les autosoins	___	___	___	___
Visites à domicile après le congé	___	___	___	___
Accompagnante à domicile	___	___	___	___
Autres	___	___	___	___

exemple de plan de naissance qui énumère les points à considérer et permet aux parents de vérifier s'il est possible de réaliser leurs souhaits; il sert ainsi d'outil de communication entre le couple, l'intervenant privilégié et les autres membres de l'équipe de santé (England et Horowitz, 1998).

Le plan de naissance aide aussi les femmes enceintes et les couples à établir leurs priorités et à déterminer parmi toutes les possibilités celles qu'ils aimeraient intégrer à leur accouche-

ment. Une fois le plan établi, ils pourront en discuter avec leur médecin ou leur sage-femme pour voir si leurs souhaits sont compatibles avec sa philosophie et son approche. Ils pourront également l'utiliser durant le travail et l'accouchement pour faire connaître leurs besoins au personnel soignant.

Les femmes enceintes et les couples feront bien d'autres choix, dont certains sont énumérés au tableau 6-1. Bien que la plupart des naissances se déroulent à peu de choses près

---

Tableau 6-1

Choix à faire durant la grossesse, le travail et l'accouchement

Choix	Avantages	Inconvénients
Allaitement au sein	Sans frais et toujours disponible Transmission des anticorps maternels au bébé Réduction de l'incidence des otites moyennes, des vomissements et des diarrhées chez le bébé Lait plus digeste que les préparations lactées Allaitement immédiatement après l'accouchement: augmentation des contractions utérines et diminution des risques d'hémorragie de la délivrance	Possibilité de transmission de polluants Ovulations et menstruations irrégulières incitant le couple à penser qu'il ne peut concevoir et qu'il n'a donc pas à utiliser de contraceptifs Besoins nutritionnels accrus chez la mère
Lavement	Favorable au travail dans certains cas Libération de l'espace pour le bébé dans le bassin Augmentation de l'intensité des contractions dans certains cas Prévention de la contamination du champ stérile dans certains cas	Malaises et anxiété accrus

Déambulation pendant le travail	Augmentation du bien-être de la femme en travail
	Amélioration de la progression du travail dans certains cas:
	  a) en stimulant les contractions
	  b) en permettant à la force de gravité de faire descendre le fœtus
	  c) en donnant à la mère le sentiment d'être autonome et de maîtriser la situation
		Prolapsus du cordon et rupture des membranes sans engagement
		Naissance de l'enfant dans des conditions peu souhaitables

Monitorage fœtal	Facilitation
	  a) de l'évaluation du bien-être fœtal
	  b) du diagnostic de la souffrance fœtale
	  c) des épreuves diagnostiques
	  c) de l'évaluation de la progression du travail
		Syndrome utérocave
		Perforation intra-utérine (monitorage interne au moyen d'un mécanisme permettant de surveiller la pression)
		Infection (monitorage interne)
		Interaction réduite avec la mère (à cause de l'attention qu'on prête à l'appareil)
		Impossibilité pour la mère de marcher ou de changer librement de position

Baignoire à remous (hydrothérapie à jets)	Relaxation Diminution de l'anxiété Stimulation du travail Soulagement de la douleur sans médication Légère diminution de la pression artérielle Augmentation de la diurèse	Ralentissement des contractions (si on y recourt avant le début du travail actif) Infection (si les membranes sont rompues) Légère augmentation de la température et de la fréquence cardiaque maternelles ainsi que de la fréquence cardiaque fœtale durant l'hydrothérapie à jets et/ou dans les 30 premières minutes du bain
Analgésie	Relaxation de la mère et facilitation du travail	Tous les médicaments affectent le fœtus à des degrés divers et avec des effets divers Ralentissement des contractions (si on y recourt avant le début du travail actif)
Épisiotomie	Facilitation de l'accouchement dans certaines situations d'urgence	Douleur accrue immédiatement après l'accouchement, qui persiste durant plusieurs semaines Risque d'infection Incidence accrue des déchirures du 3e et du 4e degré (Wolcott et Conry, 2000)

comme les parents le souhaitaient, il arrive qu'on ne puisse répondre à leurs attentes parce que les installations ne le permettent pas ou bien parce que des problèmes surgissent durant la grossesse ou l'accouchement. Tout en défendant les intérêts des parents, les infirmières doivent les aider à rester réalistes. De plus, l'intervenante privilégiée, souvent l'infirmière, peut dans un premier temps faire l'inventaire des besoins pour, d'une part, instaurer des rapports de confiance et, d'autre part, examiner plus particulièrement les besoins des femmes enceintes appartenant aux couches défavorisées. Par la suite, ces informations seront présentées à l'équipe interdisciplinaire, ce qui lui permettra d'assurer le suivi de cette clientèle.

Lieu de l'accouchement

L'infirmière peut aussi aider les parents à choisir le lieu de l'accouchement en leur suggérant de visiter divers endroits, de parler au personnel soignant et de discuter avec des amis ou des connaissances qui viennent d'avoir un enfant. Notons que le choix du lieu de l'accouchement est largement déterminé par le choix du principal prestataire de soins. Voici quelques questions que les futurs parents peuvent poser à des femmes qui ont accouché récemment :

- Quel genre de soins et de soutien avez-vous reçu pendant le travail ?
- Avez-vous pu obtenir une chambre de naissance (dans le cas où l'établissement choisi en possédait) ?
- Vous a-t-on encouragée à vous déplacer et à faire ce que vous désiriez pendant le travail (marcher, vous asseoir dans une berceuse, rester au lit, prendre un bain chaud, rester debout sous la douche, utiliser la baignoire à remous, etc.) ? Dans le cas contraire, croyez-vous que les circonstances justifiaient qu'on vous oppose un refus ?
- Vous a-t-on incitée à participer à l'élaboration de votre plan de soins ? Vous a-t-on tenue informée de l'évolution de la situation et, le cas échéant, des changements apportés à votre plan de soins ?
- S'est-on bien occupé de votre partenaire durant le travail ?
- A-t-on respecté votre plan de naissance ? Aviez-vous pu en discuter avec le personnel à votre arrivée ? S'il y a eu quelque anicroche, quelle était la cause du problème, selon vous ?
- Durant le travail, l'infirmière vous a-t-elle offert ou suggéré diverses mesures pour vous soulager ou améliorer votre bien-être ?
- Comment a-t-on géré la question des médicaments pendant le travail ? Que pensez-vous de cette façon de faire ?

- Si vous souhaitiez qu'ils soient présents, vos autres enfants étaient-ils les bienvenus pendant le travail ? pendant l'accouchement ? après l'accouchement ?
- Le personnel infirmier vous a-t-il aidée après la naissance de votre enfant ? Vous a-t-on donné de l'information sur les autosoins et sur les soins du nouveau-né ? Pouviez-vous choisir le type d'information que vous désiriez recevoir ?

L'infirmière devrait inciter les futurs parents à explorer les possibilités de leur milieu dès le début de la grossesse ; ainsi, ils auront le temps de visiter divers endroits et d'en discuter avec leurs prestataires de soins et avec des gens qui viennent d'avoir un enfant.

Accompagnement

Le couple qui attend un enfant doit prendre une décision importante : jusqu'à quel point le père, ou le partenaire, jouera-t-il un rôle actif durant le travail et l'accouchement ? De nombreux conjoints se montrent disposés à devenir la principale source de soutien physique et émotionnel de la femme en travail, mais ce n'est pas le cas de tous. Selon les recherches, bien des hommes se découragent quand ils constatent que les mesures qu'ils ont apprises dans les rencontres prénatales ne semblent pas efficaces pendant le travail et ils gardent ensuite un mauvais souvenir de l'expérience (Chapman, 2000). Par contre, la participation du père aux soins de l'enfant peut avoir pour conséquence de prévenir les mauvais traitements, grâce au soutien, direct ou indirect, ainsi apporté à la mère (Turcotte, 1994). Depuis une décennie, la clientèle et les professionnels de la santé comprennent mieux les besoins individuels et les respectent davantage, de sorte que d'autres modes d'accompagnement sont apparus (Simkin, 1999). Ainsi, une autre personne parmi les proches peut assister à l'accouchement pour apporter de l'aide et du soutien à la mère ; on peut aussi contacter une association communautaire pour trouver une bénévole apte à jouer ce rôle ou encore engager une **accompagnante** professionnelle.

Le rôle de l'accompagnante professionnelle est de répondre aux besoins de la femme qui accouche et de sa famille. Spécialement formée pour leur apporter du soutien et une aide non médicale, notamment durant le travail et l'accouchement, elle assiste l'équipe de santé. Dans les établissements où le personnel infirmier est très occupé, l'accompagnante peut apporter une aide précieuse à l'infirmière en veillant au confort et au bien-être de la parturiente et de ses proches (England et Horowitz, 1998 ; Simkin, 1999).

L'infirmière, en tant qu'**intervenante privilégiée**, s'avère être le pivot entre la famille et l'équipe interdisciplinaire du CLSC. Elle permet notamment à la famille vivant dans une situation d'extrême pauvreté d'exprimer ses besoins d'ordre socioéconomique, médical ou psychosocial, et elle veille à élaborer avec les futurs parents un plan d'intervention approprié.

Présence des frères et sœurs

Certains parents souhaitent que leurs enfants assistent à l'accouchement. Livres, matériel audiovisuel, mannequins, discussions sur le sujet et rencontres prénatales sont autant de moyens de les préparer à vivre une telle expérience. L'infirmière contribue à cette préparation en aidant les parents à comprendre les réactions de stress d'un enfant dans ces circonstances. Par exemple, l'enfant peut avoir peur si sa mère se montre irritable ou souffre visiblement pendant le travail ; il peut aussi se sentir délaissé par ses parents au profit du nouveau-né ou encore être très déçu par l'arrivée d'un petit frère, alors qu'il attendait une petite sœur.

Il est fortement recommandé que l'enfant soit accompagné d'une personne dont la seule préoccupation sera d'en prendre soin et d'être à l'écoute de ses besoins pendant le travail et l'accouchement. En plus de bien connaître l'enfant, cette personne devrait être chaleureuse, sensible, souple, bien informée sur le déroulement de l'accouchement et ouverte à l'égard de la sexualité et de l'accouchement. Elle doit aussi être capable d'interpréter le comportement de l'enfant et d'intervenir au besoin : ainsi, elle ne devrait pas hésiter à quitter la pièce avec l'enfant si ce dernier le désire ou si la situation l'exige.

On devrait laisser l'enfant vivre l'accouchement comme bon lui semble, pourvu qu'il ne dérange pas. Il doit savoir que c'est à lui de décider s'il reste et qu'il peut quitter la pièce quand il le veut. L'infirmière peut demander à l'enfant d'exprimer ses attentes à l'égard de l'accouchement, et faire en sorte qu'il se sente libre de poser des questions et d'exprimer ses sentiments.

En général, les enfants qui assistent à la naissance du nouveau-né lui montrent plus d'intérêt et sont plus enclins à prendre soin de « leur » bébé qu'à se montrer jaloux du « bébé de maman » et à le considérer comme un rival. Au lieu de voir leur mère disparaître mystérieusement pour revenir à la maison avec un petit étranger exigeant, ils assistent à l'arrivée du dernier-né et vivent en famille un événement qui rapproche ses membres et les grandit.

L'enseignement prénatal

L'**enseignement prénatal** fournit une occasion privilégiée d'informer les femmes enceintes et leur famille sur la grossesse et l'accouchement, et d'aider les parents à améliorer leurs habiletés décisionnelles. Il existe plusieurs types de rencontres prénatales, leur contenu variant selon les objectifs visés. Ainsi, un cours axé sur l'enseignement préconceptionnel traite surtout de la préparation à la grossesse, tandis que d'autres rencontres seront consacrées plus particulièrement aux divers types d'accouchement, à la préparation des parents à la grossesse et à l'accouchement, à la préparation à l'accouchement vaginal après une césarienne (lors d'une grossesse précédente) ou à la préparation

de clientèles particulières, comme les frères et sœurs ou les grands-parents. L'infirmière qui connaît les divers types de cours prénataux donnés dans la communauté pourra orienter les clients vers ceux qui correspondent le plus à leurs objectifs d'apprentissage et à leurs besoins précis (voir *Points à retenir : Contenu des rencontres prénatales*).

Du point de vue des futurs parents, la meilleure façon de présenter le contenu des rencontres consiste à suivre la chronologie de la grossesse. Il importe de commencer les rencontres en demandant aux futurs parents ce qu'ils souhaitent apprendre et de prévoir des exposés sur ces sujets. Même si les deux conjoints veulent en savoir plus long sur les techniques

---

Points à retenir

Contenu des rencontres prénatales

Rencontres du premier trimestre

- Changements qui surviennent au premier trimestre
- Autosoins durant la grossesse
- Développement fœtal et risques environnementaux
- Activité sexuelle durant la grossesse
- Choix du prestataire de soins et du lieu de l'accouchement
- Alimentation, repos et exercice
- Soulagement des malaises courants de la grossesse
- Changements psychologiques liés à la grossesse
- Informations visant à donner un bon départ à la grossesse

Rencontres du deuxième et du troisième trimestre

- Préparation au travail et à l'accouchement
- Autosoins durant le post-partum
- Choix relatifs au travail et à l'accouchement (épisiotomie, médication, monitorage fœtal, lavement, etc.)
- Techniques de relaxation
- Techniques de respiration
- Stimulation et massage du bébé
- Sécurité du nouveau-né (siège d'auto, etc.)

Préparation des futurs parents adolescents

- Comment être un bon parent
- Soins au nouveau-né
- Menaces à la santé du bébé
- Alimentation maternelle durant la grossesse
- Signes de maladie chez l'enfant
- Comment s'occuper du bébé (sur le plan physique et sur le plan émotionnel)

Programmes d'information sur l'allaitement au sein

- Avantages et inconvénients de l'allaitement au sein
- Techniques d'allaitement au sein
- Méthodes de conservation du lait
- Participation du père

de relaxation et de respiration et les soins du nouveau-né, généralement le futur père s'attend à recevoir de l'information factuelle, alors que la future mère s'intéresse plutôt aux stratégies d'adaptation. Les rencontres prénatales à l'intention des parents se divisent souvent en cours initiaux (rencontres du premier trimestre) et cours avancés (rencontres du deuxième et du troisième trimestre). Toutefois, les femmes vivant dans une situation de pauvreté chronique participeront moins aux rencontres prénatales et fréquenteront peu les services périnataux préventifs. L'infirmière doit donc mettre au point des stratégies destinées plus particulièrement à ces femmes défavorisées.

Rencontres du premier trimestre

Souvent, les rencontres du premier trimestre s'adressent aux couples qui envisagent une grossesse aussi bien qu'à ceux dont la femme est en début de grossesse. On y traite de sujets tels que les changements qui surviennent en début de grossesse ; les autosoins et la sexualité durant la grossesse ; le développement fœtal et les risques environnementaux ; le choix du principal prestataire de soins et du lieu de l'accouchement ; l'alimentation, le repos et l'exercice ; les malaises courants de la grossesse et les moyens de les soulager ; les changements psychologiques liés à la grossesse chez l'homme et chez la femme ; les stratégies d'adaptation au stress ; l'importance d'un mode de vie sain ; les facteurs qui augmentent le risque de travail prématuré ainsi que les signes et symptômes du travail prématuré. Comme la majorité des femmes (de 50 % à 80 %) choisissent le mode d'allaitement de leur bébé avant le sixième mois de grossesse, les rencontres du premier trimestre devraient également informer les futurs parents sur les avantages et les inconvénients de l'allaitement au sein et de l'alimentation au biberon.

Par ailleurs, des outils adaptés, tels des ouvrages illustrés sur la grossesse, permettent d'explorer les perceptions du corps durant la grossesse chez les femmes en situation de pauvreté. La création d'une chanson s'avère un outil pertinent pour connaître les manières d'imaginer l'enfant à naître dans les milieux défavorisés (Colin *et al.*, 1992).

Rencontres du deuxième et du troisième trimestre

Les rencontres des deuxième et troisième trimestres portent principalement sur la préparation à la naissance : le choix des interventions pendant le travail et l'accouchement (épisiotomie, médicaments, monitorage fœtal, épidurale, etc.) ; les autosoins du post-partum ; l'allaitement ; les soins et la sécurité du nouveau-né ; etc. Comme ils l'achètent souvent avant la naissance du bébé, on devrait également informer les parents sur l'importance du siège d'auto, sur les critères servant à en choisir un qui réponde aux normes de sécurité et sur la façon de l'utiliser.

Les cours de préparation à l'accouchement constituent le moment idéal pour expliquer aux parents ce qu'est la stimulation du bébé et comment ils peuvent développer leurs habiletés parentales ; c'est ainsi qu'ils renforceront leurs liens avec l'enfant à naître et le nouveau-né en lui procurant une stimulation auditive, vestibulaire et tactile.

Ainsi, on peut profiter d'une discussion sur l'anatomie et la physiologie maternelles pour expliquer la façon dont s'effectue la stimulation tactile. Au fur et à mesure que la paroi de l'utérus gravide s'amincit, la mère et le père sentiront mieux le fœtus, qui pourra lui-même mieux percevoir leurs caresses et leurs tapotements à travers la paroi abdominale. Dès lors, ils pourront utiliser l'effleurage abdominal – qui consiste à promener le bout des doigts sur le ventre maternel – pour lui apporter une stimulation tactile.

Lorsque la femme enceinte se livre à des exercices de bascule du bassin ou qu'elle se détend dans une chaise berceuse, elle provoque des mouvements fœtaux qui procurent une stimulation vestibulaire au fœtus.

Enfin, on a démontré que la musique classique – et plus particulièrement celle de Vivaldi, de Bach, de Beethoven et de Mozart – procure une stimulation auditive au fœtus.

Préparation des futurs parents adolescents

Les futurs parents adolescents ont des besoins d'apprentissage particuliers. Ils se préoccupent au premier chef d'apprendre à devenir de bons parents, à prendre soin d'un bébé et à bien se nourrir durant la grossesse. Ils ont également besoin d'apprendre à reconnaître les signes indiquant que le bébé est malade ; ils doivent savoir comment le protéger des accidents et comment s'assurer que le bébé est heureux et se sent aimé. Les futurs parents adolescents sont souvent avides d'information concernant le travail et l'accouchement (en particulier les moyens de gérer la douleur), la santé de la mère, la sexualité, ainsi que les changements et les malaises qu'entraîne la grossesse.

Séances d'information sur l'allaitement au sein

Les programmes d'information sur l'allaitement au sein sont de plus en plus nombreux. La principale source d'information à ce sujet était autrefois la Ligue La Leche, qui en fait depuis longtemps la promotion ; il s'agit d'une association à but non lucratif et à vocation internationale, qui est bien structurée et bien documentée. Aujourd'hui, on peut trouver au Québec et au Canada de l'information valable auprès des groupes d'encouragement à l'allaitement, des conseillères en allaitement maternel, des maisons de naissances, des hôpitaux et des CLSC. On y apprend quels sont les avantages et les inconvénients de l'allaitement au sein, les positions et les techniques d'allaitement, la façon d'extraire et de conserver le lait, etc. Comme son soutien et son encouragement sont cruciaux, il est important d'inciter le conjoint à participer aux séances d'information et à la prise de décision. L'allaitement au sein suscite de l'ambivalence, ou même du ressentiment, chez certains pères; il convient donc de leur fournir l'occasion d'en discuter durant la période prénatale afin qu'ils puissent se défaire de certaines idées reçues et de certains préjugés.

Préparation des frères et sœurs

La naissance d'un petit frère ou d'une petite sœur est un événement de taille dans la vie d'un enfant. Les rencontres prénatales destinées aux autres enfants de la famille peuvent faciliter leur adaptation à la venue du nouveau-né (figure 6-2 ▶). Ces rencontres visent habituellement à atténuer l'anxiété des enfants en leur permettant d'exprimer leurs sentiments et leurs inquiétudes, et en les encourageant à entretenir des attentes réalistes envers le nouveau-né. Les parents y trouvent des stratégies pour préparer leur enfant à la naissance et l'aider à accepter le nouveau membre de la famille.

La préparation des frères et sœurs peut s'effectuer dans un cours structuré ou, de manière plus spontanée, à l'aide d'une brochure qui explique aux parents les répercussions d'une naissance sur le couple et sur leurs enfants.

Rencontres prénatales avec les grands-parents

Les grands-parents peuvent apporter un soutien et un savoir précieux aux parents avant et après la naissance, et même pendant, puisqu'ils participent de plus en plus souvent à l'accouchement.

FIGURE 6-2 ▶ Lorsque la famille attend un bébé, il est important d'informer les frères et sœurs sur l'accouchement et le nouveau-né. Les enfants qui assisteront à l'accouchement de leur mère doivent y être particulièrement bien préparés.

Les rencontres prénatales qui leur sont destinées leur fournissent des informations précieuses; elles leur seront particulièrement utiles si elles retracent l'évolution des croyances et des pratiques en matière de périnatalité et d'éducation des enfants, et si elles indiquent des moyens concrets de soutenir les parents. Les grands-parents qui prévoient participer pleinement au travail et à l'accouchement doivent également recevoir de l'information sur l'accompagnement.

▬ ■ L'enseignement sur la césarienne

La césarienne est la méthode d'accouchement pratiquée quand l'accouchement par voie vaginale est impossible. Comme on peut rarement savoir à l'avance s'il y a aura accouchement par césarienne, les rencontres prénatales consacrent peu de temps à cette méthode. Cependant, toutes les rencontres prénatales devraient préparer les clients à cette éventualité étant donné qu'un accouchement sur cinq se fait par césarienne.

Préparation à une première césarienne

Les rencontres prénatales devraient informer les futurs parents sur les indications et le déroulement d'un accouchement par césarienne, sur ce qu'ils peuvent ressentir et sur les possibilités qui s'offrent à eux. On devrait les inciter à discuter de cette éventualité avec leur médecin ou leur sage-femme de même qu'à indiquer leurs préférences : choix de l'anesthésique, présence du père ou d'un autre proche durant l'accouchement, contact immédiat avec le nouveau-né, etc.

Préparation à une césarienne itérative

Si la femme n'en est pas à sa première césarienne, le couple a le temps de se préparer à l'intervention. De nombreuses unités d'obstétrique, de même que certains groupes communautaires (dont les coordonnées peuvent être fournies par les CLSC ou les centres médicaux de chacune des régions du Québec), offrent des cours de préparation à l'accouchement par césarienne. Les couples qui ont mal vécu une césarienne antérieure ont besoin d'en parler; on devrait les inciter à réfléchir aux changements qu'ils souhaitent et à dresser une liste des interventions qui rendraient l'expérience plus positive. Les couples satisfaits du déroulement d'une césarienne précédente doivent avoir l'assurance qu'on répondra cette fois encore à leurs besoins et à leurs désirs. Dans les deux cas, on doit donner aux conjoints l'occasion de discuter de leurs craintes et de leur anxiété.

La femme qui a déjà eu une césarienne redoute souvent la douleur dont elle garde le souvenir. On doit la rassurer : l'intervention est souvent moins douloureuse que la première fois, et une césarienne planifiée lui évitera le long et exténuant travail qui précède souvent une première césarienne. Ces informations l'aideront à s'adapter plus efficacement aux facteurs de stress, notamment à la douleur. L'infirmière peut aussi rappeler à la cliente que, ayant déjà vécu l'expérience, elle saura mieux comment éviter les stimuli douloureux et comment soulager la douleur dans les jours qui suivent l'intervention.

La préparation à l'accouchement vaginal après une césarienne

Les parents qui prévoient un accouchement vaginal après une césarienne (AVAC) ont des besoins particuliers. On a avantage à commencer la série de rencontres par une séance d'information générale où ils peuvent poser des questions sur leur dernier accouchement, raconter leur expérience et faire connaissance avec les autres couples. L'infirmière peut aussi expliquer à quelles conditions la femme peut tenter un accouchement vaginal et quelles seront les décisions à prendre selon les circonstances. On recommande souvent aux parents de préparer deux plans de naissance, un pour l'accouchement vaginal et l'autre pour la césarienne. Cette démarche semble leur donner le sentiment de mieux maîtriser la situation et tend à rendre l'expérience plus positive.

Après la première séance d'information, les clients qui ont obtenu l'information qu'ils désiraient peuvent choisir de s'inscrire à des rencontres prénatales ordinaires. On pourra regrouper les participants selon leurs besoins : les femmes et les couples qui ont déjà une expérience d'accouchement pourront vouloir simplement se rafraîchir la mémoire, tandis que les autres suivront la formation complète.

La préparation à l'accouchement

Généralement, les cours de préparation à l'accouchement sont donnés par des groupes d'entraide, des sages-femmes ou des infirmières spécialisées. Les méthodes diffèrent, et le contenu de l'enseignement peut varier, mais le principe reste le même : on mise sur l'information pour atténuer les craintes. Toutes les rencontres expliquent aux futurs parents à quoi ils peuvent s'attendre durant le travail et l'accouchement, et leur enseignent des techniques de relaxation et des stratégies d'adaptation. La plupart des rencontres comportent également des exercices de relaxation, de respiration et de conditionnement physique. Les diverses méthodes se distinguent par les théories qui les sous-tendent et par les techniques de relaxation et de respiration qu'elles préconisent.

La préparation à l'accouchement comporte plusieurs avantages, le premier étant d'optimiser l'état de santé du bébé par un usage judicieux des analgésiques et des anesthésiques. Autre avantage de taille : la satisfaction accrue des parents, pour qui l'accouchement devient une expérience affective profonde et partagée. De plus, les études cliniques démontrent que chacune de ces méthodes abrège le travail. Pour être en mesure d'apporter une assistance efficace lors de l'accouchement, les infirmières rattachées au secteur de la périnatalité doivent connaître les caractéristiques de chacune de ces méthodes.

Méthodes de préparation à l'accouchement

Les rencontres prénatales axées sur la préparation à l'accouchement portent souvent le nom de la méthode de réduction de la douleur qu'on y enseigne. Les méthodes les plus connues sont la méthode Bonapace (méthode d'autogestion de la douleur), la méthode De Gasquet (méthode physico-respiratoire), la méthode Lamaze (méthode psychoprophylactique), la méthode Bradley (accouchement assisté par un accompagnant) et la méthode Kitzinger (méthode psychosexuelle). Toutes ces méthodes visent à enseigner à la femme ou au couple des auto-soins et d'autres mesures qui les aideront à vivre la grossesse et l'accouchement de manière saine et heureuse. Le tableau 6-2 résume les caractéristiques de ces quatre méthodes.

La méthode Bonapace (1992) est une méthode simple et efficace pour gérer la douleur et l'atténuer lors de l'accouche-

Tableau 6-2

Les principales méthodes de préparation à l'accouchement

Méthode	Caractéristiques	Technique de respiration
Bonapace	Cette méthode vise à gérer la douleur et à l'atténuer grâce à la maîtrise de soi.	Elle utilise la respiration et la concentration.
De Gasquet	Cette méthode est basée sur le respect de la physiologie de la femme et sur des principes de prévention, notamment au niveau du périnée.	Elle met l'accent sur des techniques physico-respiratoires.
Lamaze	Voir le texte courant.	Elle module la respiration selon l'intensité de la contraction.
Bradley	Souvent appelée « accouchement naturel assisté par un accompagnant », cette méthode recourt à divers exercices de respiration abdominale, lente et maîtrisée, pour atteindre la relaxation.	Elle recourt surtout à la respiration abdominale.
Kitzinger	Cette méthode utilise la mémoire sensorielle pour aider la femme à comprendre son corps et à effectuer un travail de préparation à l'accouchement ; elle recourt à la méthode de jeu d'acteur de Stanislavsky pour enseigner la relaxation.	Elle se sert de la respiration thoracique et de la relaxation abdominale conjointement.

ment. Elle a été mise au point par Julie Bonapace, à la fin des années 1990, dans le cadre d'un programme de maîtrise. Cette méthode est de plus en plus utilisée par le personnel soignant et par les couples pour mieux préparer l'accouchement.

À ses débuts, la méthode Lamaze comprenait des exercices visant à tonifier les muscles, des exercices et des techniques de relaxation, ainsi que des techniques de respiration utilisées pendant le travail. Au fil des ans toutefois, les animatrices ont diversifié le contenu des rencontres en y ajoutant de l'information concernant l'alimentation pendant la grossesse, l'allaitement, l'accouchement par césarienne et tout ce qui peut survenir pendant l'accouchement ; elles y greffent également des séances de discussion portant sur la sexualité, sur les futurs parents adolescents et sur les stratégies d'adaptation postnatales. Bien des exercices originaux ont été modifiés, mais la théorie du réflexe conditionné demeure à la base de l'enseignement, c'est-à-dire que la femme enceinte apprend à remplacer les « mauvais » réflexes par de « bons » réflexes.

Exercices de conditionnement physique

Au cours des rencontres de préparation à l'accouchement, on enseigne aux femmes certains exercices de conditionnement physique, notamment la bascule du bassin, la rotation pelvienne, les exercices de Kegel (contraction et relâchement des muscles périnéaux) et des exercices de renforcement des muscles abdominaux sollicités pendant la phase d'expulsion du travail (voir le chapitre 8 pour la description des exercices recommandés).

Exercices de relaxation

La relaxation pendant le travail permet à la femme de conserver son énergie et d'augmenter l'efficacité de ses muscles utérins. Sans entraînement, il est très difficile de relaxer tout le corps au beau milieu d'une contraction utérine intense. Cependant, les exercices de *relaxation progressive*, comme ceux qu'on enseigne pour favoriser le sommeil, peuvent être utiles. Les instructions à donner sont les suivantes :

- Couchez-vous sur le dos ou sur le côté (le côté gauche est préférable pour la femme enceinte) ;
- Contractez les muscles des deux pieds, maintenez la contraction quelques secondes, puis relâchez complètement les muscles en relâchant toute la tension ;
- Contractez les mollets, maintenez la contraction quelques secondes, puis relâchez complètement les muscles en relâchant toute la tension ;
- Contractez et décontractez ainsi toutes les parties de votre corps, en remontant des pieds jusqu'au front.

La *relaxation par le toucher* est un autre type d'exercice de relaxation, basé celui-là sur l'interaction entre la femme et son partenaire ou son accompagnante (voir le tableau 6-3).

Tableau 6-3

La relaxation par le toucher

La technique de la relaxation par le toucher combine souvent la respiration abdominale, modulée selon l'intensité de la contraction, et la relaxation consciente. On peut y recourir pour la relaxation de certaines parties du corps ou de tout le corps.

Buts

La femme apprend à relâcher la tension dans les parties du corps que touche son partenaire. Le partenaire apprend à surveiller attentivement la femme et à déceler les tensions et les raideurs musculaires.

Technique

- Le partenaire touche doucement le front de la femme.
- La femme utilise la respiration abdominale : elle inspire par le nez et son abdomen se soulève ; elle expire par la bouche et il redescend. À chaque expiration, elle expulse les tensions et les raideurs en même temps que l'air.
- Le partenaire continue à toucher doucement le front de la femme jusqu'à ce qu'il sente que la relaxation est complète. Il peut l'encourager tranquillement : « Oui, c'est bien, tu relâches la tension de ton front. »
- Après au moins cinq respirations, le partenaire peut toucher l'épaule de la femme et recommencer le processus que nous venons de décrire. Il touche ainsi successivement les bras, la poitrine, l'abdomen, les cuisses et les mollets.
- La dernière étape consiste pour la femme à inspirer, à laisser tout le corps se détendre et devenir mou, puis à relâcher l'air. Durant le travail, il sera utile, à la fin de chaque contraction, de laisser ainsi le corps se ramollir et relâcher toute la tension.
- Lorsque le couple s'entraîne à cet exercice, il est important que la femme détende toutes les parties de son corps. Durant le travail, il ne lui sera pas possible de faire l'exercice pour tout le corps, mais elle pourra dire à son partenaire ce qui l'aiderait le plus (par exemple qu'il touche son épaule durant chaque contraction) ; de son côté, le partenaire pourra rester attentif aux signes de tension et de raideur musculaire.
- Durant l'entraînement, les conjoints pourront rendre l'exercice plus réaliste en imaginant, par exemple, que les contractions surviennent toutes les 5 minutes et qu'elles durent 30 secondes. Le partenaire surveille l'horloge, prévient la femme qu'une « contraction » arrive et lui suggère de commencer ses respirations. Pour l'aider à se concentrer sur une partie du corps, il pourra lui toucher l'épaule ou la main, ou encore faire les respirations avec elle. À chaque couple de déterminer ce qui fonctionne le mieux.

La *relaxation de dissociation* est un type d'exercice particulier à la méthode Lamaze. La femme apprend d'abord à reconnaître les signes de contraction et de décontraction de tous ses groupes de muscles volontaires, puis à contracter un groupe de muscles en décontractant le reste de son corps. Cet exercice conditionne la femme à décontracter les muscles non sollicités quand l'utérus se contracte ; il s'agit donc d'une relaxation active (par opposition à la relaxation passive).

Ces techniques de relaxation sont d'autant plus efficaces que la femme enceinte les pratique régulièrement, tantôt seule, tantôt avec son partenaire. Dans ce dernier cas, le partenaire vérifie si le cou, les épaules, les bras et les jambes sont bien décontractés durant l'exercice ; quand il sent une tension, il encourage la femme à décontracter cette région. Cette dernière apprend à réagir à sa propre perception d'une tension, mais aussi aux suggestions d'autrui. Pratiqués tous les jours, ces exercices deviennent faciles et agréables.

La stimulation cutanée peut également favoriser la relaxation. Ainsi, avant la phase de transition du travail, on utilise souvent l'**effleurage abdominal** (figure 6-3 ❚). Cette légère caresse abdominale soulage efficacement la douleur légère ou modérée, mais se révèle inefficace contre la douleur intense. Une pression ferme exercée sur le sacrum soulage la lombalgie. En plus de voir à l'application de ces mesures, l'infirmière peut favoriser la relaxation en assistant la cliente dans ses exercices de respiration.

Techniques de respiration

Les techniques de respiration sont un élément clé de la plupart des cours de préparation à l'accouchement. En plus d'assurer l'oxygénation adéquate de l'enfant à naître et de la mère, elles aident cette dernière à se détendre et à se concentrer. Le moment le plus propice pour enseigner les techniques de relaxation est le dernier trimestre de la grossesse, lorsque l'attention de la femme se concentre sur l'accouchement. Durant le travail, l'infirmière assiste la cliente dans ses exercices de respiration. (Voir *Points à retenir : Objectifs des techniques de respiration*.)

▬ Préparation à l'accouchement et individualité

Lorsqu'elles transmettent des informations aux futurs parents, les infirmières qui enseignent la préparation à l'accouchement

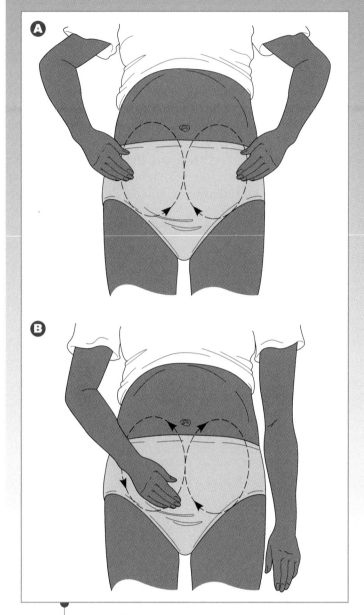

FIGURE 6-3 ❚ L'effleurage abdominal consiste à promener légèrement le bout des doigts sur l'abdomen. **A.** En commençant à la symphyse pubienne, la femme glisse le bout de ses doigts sur l'abdomen dans un mouvement circulaire. **B.** Une autre technique consiste à faire des huit avec une seule main ; le conjoint ou la personne qui accompagne la femme peut effectuer cet effleurage.

doivent insister sur la notion d'individualité. Le recours à des techniques de respiration très rigoureuses est controversé. En enseignement prénatal, la tendance actuelle consiste plutôt à encourager les femmes à utiliser leurs stratégies naturelles d'adaptation aux douleurs du travail et de l'accouchement, notamment :

- les manifestations vocales ou sonores pour évacuer la tension durant la grossesse et le travail ;

Points à retenir

Objectifs des techniques de respiration

- Assurer une oxygénation adéquate à la mère et au bébé ; ouvrir les voies respiratoires de la mère et éviter l'utilisation inefficace des muscles respiratoires.
- Accroître la relaxation physique et mentale.
- Atténuer la douleur et l'anxiété.
- Concentrer l'attention de la mère.
- Remédier aux modes de ventilation inadéquats liés à la douleur et au stress.

- le massage (en douceur) pour favoriser la relaxation ;
- la douche ou le bain chaud durant le travail ;
- l'imagerie mentale ;
- la musique de détente et l'éclairage tamisé.

Les infirmières devraient inciter les femmes enceintes et les couples à personnaliser l'expérience de l'accouchement. Elles peuvent leur suggérer par exemple d'apporter des objets et des articles personnels qui rendront les lieux plus chaleureux et leur procureront du confort : couverture préférée, oreillers supplémentaires, bas chauds, poudre de toilette, lotion, photos significatives, livres, musique, vidéo, etc. Les parents qui s'approprient l'expérience de l'accouchement sont plus sereins et plus autonomes (England et Horowitz, 1998).

Le chapitre en bref

Notions fondamentales

- Le counseling préconceptionnel peut aider les femmes et les couples à prendre des décisions éclairées en matière de procréation.
- Les futurs parents peuvent suivre des cours prénataux au début de la grossesse (rencontres du premier trimestre) et lorsque celle-ci est plus avancée (rencontres des deuxième et troisième trimestres). Du point de vue des futurs parents, la meilleure façon de présenter le contenu des rencontres consiste à suivre la chronologie de la grossesse.
- Les futurs parents adolescents ont des besoins d'apprentissage particuliers en ce qui concerne la grossesse, le travail et l'accouchement ainsi que les soins au nouveau-né.
- Certains organismes offrent des programmes d'information sur l'allaitement au sein à l'intention des futurs parents.
- Les frères et sœurs peuvent participer pleinement au processus de la naissance. Il existe des rencontres prénatales qui leur sont tout particulièrement destinées.

- Les grands-parents ont des besoins particuliers en matière d'information. Il existe des rencontres prénatales qui leur sont tout particulièrement destinées.
- Les rencontres prénatales traitent notamment de l'accouchement par césarienne afin de préparer les parents à cette éventualité.
- Les rencontres prénatales peuvent différer par leur objectifs, leur contenu et leur approche pédagogique, mais toutes visent à accroître les connaissances des futurs parents et à diminuer leur anxiété.
- Les principales méthodes de préparation à l'accouchement sont les méthodes Bonapace, De Gasquet, Lamaze, Bradley et Kitzinger.
- De nombreux groupes éducatifs fournissent de l'information au grand public et forment les personnes aptes à donner de l'enseignement prénatal.
- Les cours de préparation à l'accouchement doivent tenir compte des besoins individuels et familiaux des femmes, des couples et des familles.

Références

ALLAIRE, A. D., M. K. MOOS, et S. R. WELLS (2000), « Complementary and alternative medecine in pregnancy : A survey of North Carolina certified nurse-midwives », *Obstetrics and Gynecology*, vol. 95, n° 1, p. 19-23.

BONAPACE, JULIE (1992), *Préparation à la naissance : un guide pratique pour développer la maîtrise de soi*, publié par l'auteure.

CHAPMAN, L. L. (2000), « Expectant fathers and labor epidurals », *American Journal of Maternal-Child Nursing*, vol. 25, n° 3, p. 133-138.

COLIN, C., F. OUELLET, G. BOYER, et C. MARTIN (1992), *Extrême pauvreté, maternité et santé*, Montréal, Éditions Saint-Martin.

DE GASQUET, B. (2002), *Bien-être et maternité*, 5e éd., Paris, Éditions Implexe.

ENGLAND, P., et R. HOROWITZ (1998), *Birthing from within*, Albuquerque, Pantera Press.

HAIRE, D. (1999), « The history of childbirth education », *International Journal of Childbirth Education*, vol. 14, n° 4, p. 26.

INTERNATIONAL CHILDBIRTH EDUCATION ASSOCIATION (2000), « ICEA philosophy statement », *International Journal of Childbirth Education*, vol. 15, n° 1.

MARTIN, C., et G. BOYER (1995), *Naître égaux : grandir en santé*, Québec, MSSS, Gouvernement du Québec.

MSSS (1993), *Politique de périnatalité*, Québec, Gouvernement du Québec.

SIMKIN, P. (1999), « Labor support : Where has it been and where is it going ? », *International Journal of Childbirth Education*, vol. 14, n° 4, p. 22.

TURCOTTE, G. (1994), « L'implication paternelle : déterminants et modèles d'intervention », *Les cahiers d'analyse du GRAVE*, vol. 1, n° 4.

WOLCOTT, H. D., et J. A. CONRY (2000), « Normal labor », *in* A. T. Evans et K.R. Niswander (dir.), *Manual of Obstetrics*, 6e éd., Philadelphie, Lippincott, Williams and White, p. 392-424.

La grossesse et la famille

Sommaire

Les manifestations physiques et psychologiques de la grossesse

Objectifs

- Décrire les changements anatomiques et physiologiques qui surviennent au cours d'une grossesse, et les relier aux signes et symptômes que présente la mère

- Énumérer, tout en les différenciant, les signes subjectifs (possibles), objectifs (probables) et positifs (certains) de la grossesse

- Comparer les divers types de tests de grossesse

- Décrire les principaux effets émotionnels et psychologiques de la grossesse sur la future mère, le futur père et le reste de la famille

- Résumer les facteurs culturels qui peuvent influer sur l'attitude des parents et des proches à l'égard de la grossesse

Vocabulaire

PEU IMPORTE LA SOMME DE NOS CONNAISSANCES sur la grossesse et sur les changements qu'elle amène chez la mère et le fœtus, on ne cesse jamais de s'émerveiller. Que l'union de deux entités microscopiques – un ovule et un spermatozoïde – puisse produire un être vivant tient vraiment du miracle, et la façon dont le corps de la femme doit se transformer pour porter cet être et le mettre au monde est proprement fabuleuse.

On divise habituellement la grossesse en trois trimestres de trois mois, chacun correspondant à une série de changements prévisibles chez la mère et chez le fœtus. Le présent chapitre décrit les changements physiques et psychologiques qui caractérisent chaque trimestre de la grossesse. Dans les chapitres suivants, l'infirmière apprendra à utiliser ses connaissances pour planifier efficacement les soins qu'elle donnera.

L'anatomie et la physiologie de la grossesse

Appareil génital

Utérus

Durant la grossesse, l'utérus se métamorphose littéralement. Avant la conception, c'est un petit organe assez ferme, piriforme, qui mesure environ 7,5 cm sur 5 cm sur 2,5 cm et pèse autour de 60 g. Au terme de la grossesse, il mesure à peu près 28 cm sur 24 cm sur 21 cm et pèse environ 1 000 g. Sa capacité est passée d'environ 10 mL à 5 L ou plus. Son pH est alcalin.

L'augmentation du volume de l'utérus s'explique essentiellement par l'hypertrophie et l'hyperplasie des cellules du myomètre qui résultent de l'action des œstrogènes et de la distension créée par la croissance du fœtus. Notons que la prolifération (hyperplasie) des cellules endométriales reste limitée. Le tissu fibreux situé entre les bandes musculaires augmente sensiblement, ce qui accroît la force et l'élasticité des parois utérines. Pour répondre aux besoins de l'utérus qui grossit, du placenta qui se développe et du fœtus en croissance, l'irrigation sanguine de la région gagne en importance. Vers la fin de la grossesse, un sixième du volume total du sang maternel se retrouve dans la circulation utéroplacentaire.

Les **contractions de Braxton-Hicks** sont des contractions utérines irrégulières et habituellement indolores qui se manifestent par intermittence tout au long de la grossesse. Vers le 4e mois, elles sont perceptibles à travers la paroi abdominale ; durant les derniers mois de gestation, elles deviennent plus fortes au point qu'on peut les confondre avec les contractions utérines du vrai travail.

Col de l'utérus

Les œstrogènes stimulent le tissu glandulaire du col utérin, ce qui déclenche une multiplication de ses cellules et son hyperactivité. Les glandes endocervicales sécrètent une glaire épaisse et visqueuse qui scelle le canal endocervical et protège l'utérus de toute contamination ; ce bouchon muqueux sera expulsé au début de la dilatation du col. L'hyperactivité du tissu glandulaire provoque une augmentation des mucosités normales qui peut occasionner un écoulement abondant. La vascularisation accrue ramollit le col (**signe de Goodell**) et lui donne une coloration légèrement violacée (**signe de Chadwick**).

Ovaires

Durant la grossesse, les ovaires cessent de produire des ovules, mais le corps jaune continue à fabriquer des hormones jusqu'à la 10e ou 12e semaine. La progestérone qu'il sécrète jusqu'à la 7e semaine environ entretient l'endomètre jusqu'à ce que le placenta prenne le relais. Le corps jaune commence alors à régresser ; vers le milieu de la grossesse, il a presque complètement disparu.

Vagin

Sous l'action des œstrogènes, la muqueuse vaginale s'épaissit, le tissu conjonctif s'assouplit et les sécrétions vaginales augmentent. L'acidité de ces sécrétions épaisses et blanches (pH de 3,5 à 6,0) empêche les infections bactériennes ; cependant, elle favorise le développement des levures, prédisposant la femme enceinte aux candidoses.

Le tissu conjonctif qui forme les parois du vagin s'assouplit tout au long de la gestation. Au terme de la grossesse, le vagin et le périnée sont suffisamment relâchés pour permettre le passage du bébé. La circulation sanguine accrue confère à la muqueuse vaginale le même aspect violacé qu'au col (signe de Chadwick).

Seins

Les œstrogènes et la progestérone provoquent plusieurs transformations dans les glandes mammaires. À mesure que le nombre et le volume des glandes sécrétrices de lait augmentent en préparation à la lactation, les seins gonflent et deviennent plus nodulaires. Le réseau veineux superficiel se démarque, l'érectilité du mamelon augmente et l'aréole prend une teinte plus foncée. Les tubercules de Montgomery se développent et saillent, et des **vergetures** (marques rougeâtres d'étirement de la peau qui prennent une coloration argentée après l'accouchement) peuvent se former.

Au cours du dernier trimestre, le colostrum, sécrétion jaunâtre riche en anticorps, peut s'écouler spontanément ou être exprimé du sein ; quelques jours après l'accouchement, il se transforme en sécrétion lactée.

Appareil respiratoire

L'appareil respiratoire doit s'adapter aux besoins accrus en oxygène de la femme enceinte. Le volume respiratoire courant augmente de 30 % à 40 %. De plus, en diminuant la résistance au passage de l'air, la progestérone augmente la consommation d'oxygène de 15 % à 20 % et elle accroît la production de CO_2 de même que la capacité respiratoire. Le volume résiduel et le volume inspiratoire augmentent légèrement tout au long de la grossesse. Ainsi, on note à l'auscultation un murmure vésiculaire plus long à l'inspiration.

À mesure qu'il grossit, l'utérus repousse le diaphragme vers le haut. L'angle sous-sternal augmente, de sorte que la cage thoracique s'évase. Le diamètre antéropostérieur s'agrandit, et la circonférence du thorax s'accroît (parfois jusqu'à 6 cm), de sorte que le volume intrathoracique ne diminue pas de façon sensible. D'abdominale qu'elle était avant la grossesse, la respiration devient peu à peu thoracique, car la descente du diaphragme lors de l'inspiration est de moins en moins possible. On constate parfois une hyperventilation et des difficultés respiratoires.

L'œdème et la congestion vasculaire de la muqueuse nasale causés par les œstrogènes peuvent aussi occasionner une sensation de plénitude nasale et des épistaxis (saignements de nez).

Appareil cardiovasculaire

Le volume sanguin s'accroît graduellement à partir du premier trimestre de la grossesse ; cette augmentation s'accélère au deuxième trimestre, ralentit par la suite et atteint un plateau durant les dernières semaines de la grossesse. Le volume sanguin culmine au milieu du troisième trimestre ; il est alors de 45 % supérieur à ce qu'il était avant la grossesse. Cet accroissement s'explique par l'augmentation à la fois des érythrocytes (de 18 % à 33 %) et du plasma sanguin. Ces changements hémodynamiques maintiennent l'intégrité vasculaire maternelle tout en répondant aux besoins du fœtus.

Durant la grossesse, les organes qui fournissent un surcroît de travail reçoivent une irrigation sanguine plus importante. Ainsi, l'apport sanguin à l'utérus et aux reins augmente, tandis que la circulation hépatique et cérébrale reste stable. La fréquence cardiaque augmente au début de la grossesse et reste élevée jusqu'à la fin de la grossesse ; l'augmentation peut alors être de 10 à 15 battements par minute. L'apex du cœur est poussé vers la gauche par l'élévation du diaphragme. Le volume du cœur augmente lui aussi. La tension artérielle diminue légèrement en début de grossesse ; elle est à son plus bas au milieu du second trimestre, puis elle remonte peu à peu pour revenir au troisième trimestre à ce qu'elle était avant la grossesse, ou presque.

L'utérus gravide peut comprimer les vaisseaux sanguins pelviens et fémoraux et gêner ainsi le retour veineux des jambes vers le cœur. En fin de grossesse, la mauvaise circulation dans les membres inférieurs peut provoquer un œdème sus-pubien et des membres inférieurs, ainsi que des varices aux jambes, à la vulve et au rectum (hémorroïdes). Le volume sanguin accru dans les membres inférieurs peut aussi rendre la femme enceinte plus sujette à l'hypotension orthostatique.

Lorsque la femme enceinte est en décubitus dorsal, l'utérus peut comprimer la veine cave inférieure ; le débit sanguin diminue dans l'oreillette droite et la tension artérielle baisse, ce qui provoque des étourdissements et rend la peau pâle, moite et froide. Les recherches indiquent que l'utérus gravide peut aussi comprimer l'aorte et gêner sa circulation latérale (Cunningham *et al.*, 2001). La femme enceinte peut éviter ce **syndrome aortocave de la grossesse** (figure 7-1 ▶) – aussi appelé **syndrome utérocave** ou **syndrome de compression de la veine cave** – en se couchant sur le côté gauche ou en glissant un oreiller ou un support sous sa hanche droite.

La numération érythrocytaire augmente d'environ 30 % à 33 % chez les femmes enceintes qui prennent un supplément de fer, mais de 18 % seulement chez celles qui n'en prennent

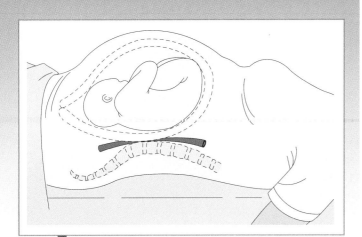

FIGURE 7-1 ▶ Syndrome aortocave de la grossesse. Lorsque la femme enceinte est couchée sur le dos, l'utérus gravide comprime la veine cave inférieure et réduit le retour au cœur du sang veineux, ce qui peut causer une hypotension chez la mère.

pas (Cruikshank, Wigton et Hays, 1996). Les besoins en fer sont d'environ 1 000 mg pendant la grossesse ; de cela, 300 mg vont au fœtus par le placenta et 200 mg sont excrétés par la mère (Cunningham *et al.*, 2001). Cette augmentation des érythrocytes est indispensable au transport du surcroît d'oxygène que nécessite la grossesse. Cependant, comme le volume plasmatique augmente encore plus (50 % en moyenne), l'hématocrite – qui mesure la concentration d'érythrocytes dans le plasma – diminue de 7 % en moyenne. Ce déséquilibre provoque l'**anémie physiologique de la grossesse** (ou pseudo-anémie).

Le fer est nécessaire à la formation de l'hémoglobine, la composante des érythrocytes qui assure le transport de l'oxygène. La concentration érythrocytaire accrue entraîne donc l'accroissement des besoins en fer chez la femme enceinte. Même si l'absorption gastro-intestinale de fer n'augmente que légèrement, un supplément de fer est généralement nécessaire pour répondre aux besoins des globules rouges de la mère et du fœtus.

La production de leucocytes augmente légèrement chez la femme enceinte ; en moyenne, la concentration est de 5×10^9/L à 12×10^9/L ; chez certaines femmes, elle peut atteindre 15×10^9/L. Durant le travail et au début du post-partum, elle peut s'élever jusqu'à 25×10^9/L ou plus (Cunningham *et al.*, 2001).

Les concentrations de fibrine et de fibrinogène augmentent aussi. Bien que le temps de coagulation ne change pas, les facteurs de coagulation VII, IX et X sont plus abondants ; la grossesse est donc en quelque sorte un état d'hypercoagulabilité. Ces changements, qui s'ajoutent à l'insuffisance veineuse en fin de grossesse, augmentent les risques de thrombose veineuse.

Appareil digestif

Les nausées et les vomissements sont fréquents au cours du premier trimestre, probablement à cause de la forte concentration de gonadotrophines chorioniques (hCG) et de la transformation du métabolisme des glucides. Les gencives peuvent se ramollir et saigner plus facilement. La sécrétion de salive augmente et devient même parfois excessive (*ptyalisme*).

Le déplacement mécanique de l'estomac et des intestins ainsi que la concentration élevée de progestérone, qui provoque le relâchement des muscles lisses, prolongent le temps de vidange gastrique et réduisent le péristaltisme. La femme enceinte peut donc souffrir de ballonnement et de constipation ; ces symptômes s'aggravent à mesure que l'utérus gravide repousse l'estomac vers le haut, et les intestins vers l'arrière et le flanc. Le cardia se relâche aussi, et le reflux des sécrétions acides dans la partie inférieure de l'œsophage peut provoquer des brûlures d'estomac (pyrosis). Vers la fin de la grossesse, la constipation et la pression exercée sur les vaisseaux sanguins situés sous le niveau de l'utérus provoquent souvent des hémorroïdes.

Le foie ne subit que des changements mineurs. La concentration sérique d'albumine et l'activité de la cholinestérase sérique diminuent durant la grossesse normale comme au cours de certaines maladies hépatiques.

Sous l'effet de la progestérone, la vésicule biliaire se relâche comme les autres muscles lisses et met donc plus de temps à se vider. Ce phénomène, associé à la concentration élevée de cholestérol dans la bile, prédispose la femme enceinte à la formation de calculs biliaires.

Voies urinaires

Durant le premier trimestre, l'utérus distendu, mais qui est encore un organe pelvien, comprime la vessie et provoque la pollakiurie. Cette pression s'atténue au second trimestre, alors que l'utérus est devenu un organe abdominal, puis s'exerce de nouveau au troisième trimestre, lorsque le fœtus descend dans le bassin et appuie sur la vessie, ce qui l'irrite, réduit sa capacité et contribue à son hyperémie.

Les uretères, surtout le droit, se dilatent et s'allongent au-dessus du détroit supérieur. Au deuxième trimestre, la filtration glomérulaire augmente (de 50 % dans certains cas) et reste élevée jusqu'à l'accouchement ; pour compenser ce phénomène, la réabsorption tubulaire augmente aussi. Cependant, on observe parfois chez la femme enceinte une glycosurie causée par l'incapacité des reins de réabsorber tout le glucose filtré par les glomérules. En présence de toute glycosurie, on doit faire des examens plus poussés car, s'il peut s'agir d'une simple glycosurie physiologique, ce symptôme peut aussi indiquer un diabète gestationnel.

Peau, cheveux et dents

La grossesse s'accompagne souvent de modifications de la pigmentation de la peau, dont les taux élevés d'œstrogènes, de progestérone et de mélanostimuline (MSH) seraient responsables (Cruikshank, Wigton et Hays, 1996). La pigmentation de la peau s'accentue principalement dans les régions où elle est déjà prononcée : les aréoles, les mamelons, la vulve et la région périanale. Une **ligne brune** (linea nigra) se dessine souvent sur la ligne médiane de l'abdomen (figure 7-2 ❯). Des taches brunâtres peuvent apparaître au front et autour des yeux, formant le **chloasma**. Plus apparent chez les femmes aux cheveux sombres, ce « masque de grossesse », comme on l'appelle communément, s'accentue avec l'exposition au soleil ; heureusement, il s'atténue ou disparaît peu après l'accouchement, à mesure que les hormones de grossesse se résorbent. De plus, les glandes sébacées et sudoripares sont souvent hyperactives durant la grossesse.

Les vergetures, des stries rougeâtres au tracé sinueux, peuvent apparaître sur l'abdomen, les cuisses, les fesses et les seins ; elles résultent de la rupture du tissu conjonctif sous l'influence du taux accru de corticostéroïdes.

Des *angiomes stellaires* – petites protubérances rouge vif qui rayonnent à partir d'un point central – peuvent apparaître à la poitrine, au cou, au visage, aux bras et aux jambes ; ils seraient dus à l'accroissement de la circulation sous-cutanée sous l'effet d'un taux d'œstrogènes plus élevé.

Durant la grossesse, la pousse des cheveux peut ralentir, et le nombre de follicules pileux en phase de repos peut décroître. Après l'accouchement, la quantité de follicules en phase de repos s'accroît sensiblement, et la femme peut perdre plus de cheveux que d'habitude pendant une période allant de 1 à 4 mois ; toutefois, la presque totalité des cheveux perdus sera remplacée en 6 à 12 mois (Cunningham *et al.*, 2001). Les dents de la femme

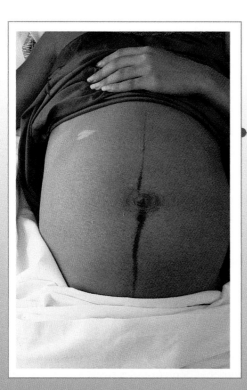

FIGURE 7-2 ❯
Ligne brune
(*linea nigra*).

enceinte ne subissent aucun changement appréciable. Les caries qui accompagnent parfois la grossesse sont probablement attribuables à une hygiène buccale déficiente, surtout chez la femme dont les gencives saignent ou qui souffre de nausées et de vomissements.

Appareil locomoteur

À cause de l'action hormonale, la mobilité du cartilage à la jonction du pubis, des vertèbres sacro-iliaques et coccygiennes s'accroît, donc les articulations du bassin se relâchent quelque peu, ce qui se traduit souvent par une démarche de canard. À mesure que le centre de gravité de la femme enceinte se déplace vers l'avant à cause du poids de l'utérus, la lordose et la courbure cervicale s'accentuent, et la posture se modifie (figure 7-3 ❯). Ce changement postural, qui compense le poids accru de l'utérus et son déplacement vers l'avant, entraîne souvent des lombalgies basses. En fin de grossesse, la femme enceinte peut ressentir des engourdissements ou une certaine faiblesse aux membres supérieurs.

La pression de l'utérus gravide sur les muscles abdominaux peut causer un **diastasis des grands droits** (figure 7-4 ❯). Si le diastasis (écart) est prononcé et que les muscles ne retrouvent pas leur tonus après l'accouchement, le support ne sera pas adéquat lors des grossesses subséquentes, et le ventre pourra devenir pendant.

Yeux

Durant la grossesse, la pression intra-oculaire baisse (probablement à cause d'une augmentation du drainage de l'humeur aqueuse), et la cornée s'épaissit légèrement (à cause de la plus grande rétention d'eau), de sorte que certaines femmes enceintes ont du mal à supporter leurs lentilles cornéennes (Cunningham *et al.*, 2001). Ces changements disparaissent généralement dans les six semaines qui suivent l'accouchement.

Métabolisme

Pour répondre aux besoins de plus en plus importants du fœtus en croissance et de son système de soutien, la plupart des fonctions métaboliques s'accélèrent. La future mère doit pourvoir à la régénération de ses propres tissus et à la synthèse de ceux de son enfant. De plus, son organisme doit se préparer à l'accouchement et à la lactation. Vous trouverez au chapitre 11 une explication détaillée du métabolisme des éléments nutritifs, des vitamines et des minéraux.

Gain pondéral

Le gain pondéral recommandé pour les femmes dont le poids est normal avant la grossesse se situe entre 11,4 et 15,9 kg. Les

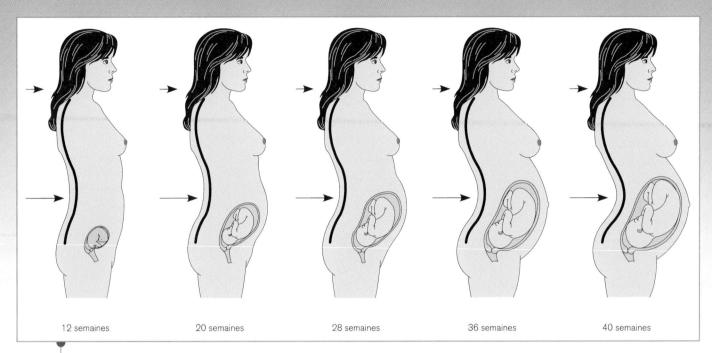

| 12 semaines | 20 semaines | 28 semaines | 36 semaines | 40 semaines |

FIGURE 7-3 ❭ Changements posturaux au cours de la grossesse. Notez la lordose accrue dans la région lombosacrée de la colonne vertébrale et la courbure de plus en plus prononcée dans la région thoracique.

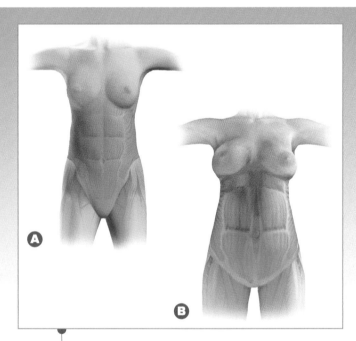

FIGURE 7-4 ❭ Changements possibles des grands droits au cours de la grossesse. **A.** Position normale. **B.** Diastasis des grands droits chez la femme enceinte.

femmes qui ont une surcharge pondérale avant la grossesse ne devraient prendre que de 6,8 à 11,4 kg, tandis que celles qui ont un déficit pondéral devraient prendre suffisamment de poids pour combler ce déficit, puis de 11,4 à 15,9 kg supplémentaires (Mattson et Smith, 2000). Le gain pondéral moyen est de 1,6 à 2,3 kg au premier trimestre, et de 5,5 à 6,8 kg à chacun des deux trimestres suivants. Une bonne nutrition et un gain pondéral adéquat sont importants durant la grossesse (voir le chapitre 11).

Métabolisme de l'eau

L'accroissement de la rétention d'eau, qui s'explique par plusieurs facteurs interreliés, constitue l'un des changements fondamentaux associés à la grossesse. Les taux plus élevés de stéroïdes hormonaux influent sur la rétention du sodium et des liquides ; la diminution des protéines plasmatiques a également un effet sur l'équilibre hydrique, de même que sur l'augmentation de la perméabilité des capillaires et de la pression intra-capillaire. Le surplus d'eau provient du produit de la conception (le fœtus à terme, le placenta et le liquide amniotique totalisent 3,5 L d'eau). L'augmentation du volume sanguin, de l'utérus, des seins et des liquides interstitiels ainsi que l'hypertrophie d'autres organes représentent environ 3 L de plus (Cunningham *et al.*, 2001).

Métabolisme des nutriments

C'est durant la seconde moitié de la grossesse que les besoins du fœtus en protéines et en lipides se font les plus pressants ; durant les six à huit dernières semaines, son poids doublera. Tout au long de la gestation, des réserves protéiniques doivent se constituer afin d'assurer un taux de protéines constant dans le lait maternel et d'éviter la déplétion des tissus maternels. Les besoins en glucides augmentent également, en particulier aux deuxième et troisième trimestres.

Pendant la grossesse, l'absorption des lipides est plus complète et, sous l'effet de l'hormone lactogène placentaire, il y a davantage d'acides gras libres. Les concentrations de lipoprotéines et de cholestérol sont aussi plus élevées. À cause de ces changements, un apport alimentaire accru de matières grasses, une production réduite de glucides ou encore une période de jeûne prolongé, comme un repas retardé, peuvent entraîner une cétonurie chez la femme enceinte.

Système endocrinien

Glande thyroïde

À cause de la vascularisation accrue et de l'hyperplasie du tissu glandulaire, il arrive souvent que la thyroïde grossisse légèrement durant la gestation. Comme sa capacité à lier la thyroxine s'accroît, il en résulte une augmentation de l'iode lié aux protéines. Ces changements découlent de l'élévation du taux d'œstrogènes circulants.

Durant la grossesse, le métabolisme basal peut augmenter de 25 %; cependant, la fonction thyroïdienne revient à la normale quelques semaines après l'accouchement.

Hypophyse

La grossesse est rendue possible par la stimulation hypothalamique de l'hypophyse antérieure, laquelle sécrète alors la folliculostimuline (FSH), qui stimule la croissance de l'ovule, et la lutéinostimuline (LH), qui déclenche l'ovulation. La stimulation exercée par l'hypophyse prolonge la phase lutéale de l'ovaire, ce qui assure le maintien de l'endomètre s'il y a eu conception. La prolactine, qui est une autre hormone sécrétée par l'hypophyse antérieure, est responsable de la montée laiteuse.

L'hypophyse postérieure sécrète la vasopressine (hormone antidiurétique) et l'ocytocine. La vasopressine entraîne une vasoconstriction qui augmente la tension artérielle (qui peut être abaissée au cours de la grossesse à cause du relâchement des muscles lisses entourant les vaisseaux sanguins); elle contribue également à l'équilibre hydrique. L'ocytocine stimule les contractions du muscle utérin et favorise l'éjection du lait maternel (réflexe d'éjection) pendant le post-partum. Il peut arriver que l'hypophyse augmente considérablement de volume, allant jusqu'à comprimer le chiasma optique et à diminuer ainsi le champ visuel (Cunningham *et al.*, 2001).

Surrénales

On n'observe aucune augmentation appréciable du poids des surrénales durant la grossesse. Le cortisol circulant, qui régule le métabolisme des glucides et des protéines, augmente en réponse à l'élévation du taux d'œstrogènes et il revient à la normale de une à six semaines après l'accouchement.

Au début du deuxième trimestre (à la 15e semaine environ) jusqu'au troisième trimestre, les surrénales sécrètent davantage d'aldostérone. Ce surcroît d'aldostérone dans toute grossesse normale est, croit-on, une réaction de défense de l'organisme maternel à la sécrétion accrue de sodium associée à la progestérone (Cunningham *et al.*, 2001).

Pancréas

La femme enceinte a un besoin accru d'insuline, ce qui soumet les îlots de Langerhans, qui sécrètent cette hormone, à un stress. Une insuffisance pancréatique latente peut alors se manifester, auquel cas la femme enceinte présentera des signes de diabète gestationnel.

Hormones placentaires

Hormone gonadotrophine chorionique (hCG)

Au début de la grossesse, le trophoblaste sécrète l'hormone gonadotrophine chorionique (hCG), aussi appelée gonadostimuline chorionique. Cette hormone stimule la production de progestérone et d'œstrogènes par le corps jaune afin de maintenir la grossesse jusqu'à ce que le placenta soit suffisamment développé pour assurer cette fonction.

Hormone lactogène placentaire (hPL)

L'hormone lactogène placentaire (hPL), aussi appelée somatomammotrophine chorionique, est sécrétée par le syncytiotrophoblaste. Antagoniste physiologique de l'insuline, l'hPL a pour effet d'augmenter, dans le métabolisme maternel, le taux d'acides gras libres et de diminuer le métabolisme du glucose afin de favoriser le développement fœtal.

Œstrogènes

D'abord sécrétés par le corps jaune, dès la septième semaine de grossesse, les œstrogènes sont produits principalement par le placenta. Les œstrogènes stimulent le développement utérin afin de fournir au fœtus un milieu adéquat; ils contribuent également au développement des canaux galactophores en préparation à la lactation.

Progestérone

Elle aussi produite initialement par le corps jaune et ensuite par le placenta, la progestérone joue un rôle essentiel dans la poursuite de la grossesse. Elle permet à l'endomètre de se développer et, en inhibant la contractilité spontanée de l'utérus, elle prévient l'avortement spontané. La progestérone contribue aussi au développement des acini et des canaux des seins en vue de la lactation.

Relaxine

S'il y a conception, on peut déceler la présence de relaxine dans le sérum maternel dès le jour où la menstruation aurait dû commencer. Même si son rôle n'est pas clairement établi, on croit que la relaxine inhibe l'activité utérine, diminue l'intensité des contractions, contribue à l'assouplissement du col utérin et, à long terme, régénère le collagène. Elle assouplit certaines articulations, comme celle de la jonction du pubis, et les relâche. Le corps jaune est la principale source de relaxine, mais on pense que le placenta et la caduque en produisent aussi de petites quantités (Buster et Carson, 1996).

Prostaglandines durant la grossesse

Les prostaglandines (PG) sont des substances lipidiques que peuvent synthétiser la plupart des tissus du corps humain, mais qu'on trouve en grande concentration dans l'appareil génital féminin et, durant la grossesse, dans la caduque. On ignore encore la fonction exacte des prostaglandines durant la gestation, mais on sait qu'elles maintiennent une résistance vasculaire placentaire réduite. Il y a plusieurs types de récepteurs chimiques pour les prostaglandines. La baisse du taux de prostaglandines peut contribuer à l'hypertension causée par la grossesse, car certaines prostaglandines provoquent un relâchement des muscles lisses ainsi qu'une vasodilatation (Cunningham *et al.*, 2001). On croit que les prostaglandines jouent aussi un rôle dans la biochimie complexe qui préside au déclenchement du travail, car leur taux durant le travail est plus élevé dans le liquide amniotique, le sérum et l'urine maternelle. À titre expérimental, on utilise actuellement certains inhibiteurs de prostaglandines spécifiques pour faire obstacle au déclenchement prématuré du travail (Cunningham *et al.*, 2001).

Les signes de la grossesse

Plusieurs des changements que vivent les femmes enceintes servent d'indicateurs dans le diagnostic de la grossesse. Selon leur nature, ces signes sont dits subjectifs (possibles), objectifs (probables) ou positifs (certains). L'encadré *Points à retenir : Signes de la grossesse* présente les critères qui aident à différencier ces trois types de signes.

Signes subjectifs (possibles)

Les signes subjectifs de la grossesse sont des manifestations que la cliente observe et signale à l'examinateur, mais qu'on ne peut considérer comme probantes parce qu'elles peuvent avoir d'autres causes que la grossesse (tableau 7-1). Chacun des signes subjectifs énumérés ici devient un indice diagnostique en présence d'autres signes ou symptômes de grossesse.

Points à retenir

Signes de la grossesse

Les critères suivants permettent de distinguer les signes subjectifs, les signes objectifs et les signes positifs de la grossesse.

- **Signes subjectifs (possibles)**

  Symptômes ressentis et signalés par la femme.

  Ils peuvent avoir une autre cause que la grossesse.

- **Signes objectifs (probables)**

  Signes perçus par l'examinateur.

  Ils peuvent avoir une autre cause que la grossesse.

- **Signes positifs (certains)**

  Signes perçus par l'examinateur.

  Ils ne peuvent avoir d'autre cause que la grossesse.

L'*aménorrhée* (absence de règles) est le premier signe de la grossesse. L'absence de plus d'une menstruation, surtout chez une femme au cycle menstruel régulier, est un indice diagnostique particulièrement utile.

Les *nausées* et les *vomissements* sont fréquents durant le premier trimestre de la grossesse. Comme ces symptômes se manifestent généralement en début de journée, on parle souvent de **nausées du matin,** mais elles peuvent survenir à toute heure du jour, leur intensité allant du simple dégoût pour certains aliments jusqu'aux vomissements graves. Les recherches associent les nausées et les vomissements en début de grossesse à une incidence plus faible d'avortement spontané, de mort fœtale et d'accouchement prématuré (Cruikshank *et al.*, 1996).

Une *fatigue excessive* peut apparaître quelques semaines après la date prévue de la menstruation et persister tout au long du premier trimestre.

La *pollakiurie* (mictions fréquentes) au premier trimestre peut indiquer que l'utérus gravide comprime la vessie.

Des *modifications des seins* surviennent souvent en début de grossesse : tension, picotements, pigmentation accrue de l'aréole et du mamelon et modifications des tubercules de Montgomery. Les veines deviennent plus visibles et on distingue leur réseau bleuté sous la peau.

Les **premiers mouvements actifs du fœtus** deviennent perceptibles entre la 18e et la 20e semaine après la dernière menstruation (DM) pour la femme qui en est à sa première grossesse ; cependant, ils peuvent survenir dès la 16e semaine, ou même avant, chez la femme qui a déjà été enceinte. Ils se traduisent par une sensation de déplacement

---

Conseil pratique

Certaines femmes disent qu'on peut se faire une meilleure idée de la sensation de déplacement associée aux premiers mouvements actifs du fœtus en brossant le bout des cils sur un doigt et en imaginant cette même sensation au creux de l'abdomen.

Tableau 7-1

Diagnostic différentiel de la grossesse : signes subjectifs

Signes subjectifs	Autres causes possibles
Aménorrhée	Facteurs endocriniens : ménopause précoce, lactation, troubles thyroïdiens, hypophysaires, surrénaux ou ovariens
	Facteurs métaboliques : malnutrition, anémie, changements climatiques, diabète, maladies dégénératives, course de fond
	Facteurs psychologiques : choc émotionnel, peur de la grossesse ou d'une MTS, désir intense d'être enceinte (grossesse nerveuse), stress
	Synéchie utérine causée par une infection ou un curetage
	Maladies systémiques (aiguës ou chroniques), comme la tuberculose ou le cancer
Nausées et vomissements	Troubles gastro-intestinaux
	Infections aiguës, comme l'encéphalite
	Troubles psychiatriques, comme la grossesse nerveuse et l'anorexie mentale
Pollakiurie	Infection urinaire
	Cystocèle
	Tumeurs pelviennes
	Diverticules de l'urètre
	Stress
Tension mammaire	Tension prémenstruelle
	Mastose sclérokystique chronique
	Grossesse nerveuse
	Hyperœstrogénie
Premiers mouvements actifs du fœtus	Augmentation du péristaltisme
	Flatulences
	Contractions des muscles abdominaux
	Déplacement du contenu de l'abdomen

Tableau 7-2

Diagnostic différentiel de la grossesse : signes objectifs

Signes objectifs	Autres causes possibles
Modifications des organes pelviens	Congestion vasculaire accrue
Signe de Goodell	Contraceptifs oraux combinés (œstroprogestatifs)
Signe de Chadwick	Hyperémie vulvaire, vaginale, cervicale
Signe de Hegar	Mollesse excessive des parois de l'utérus non gravide
Signe de McDonald	Flexion du corps utérin sur le col
Augmentation du volume de l'utérus	Tumeurs utérines
Signe de Braun von Fernwald	Tumeurs utérines
Signe de Piskacek	Tumeurs utérines
Augmentation du volume de l'abdomen	Obésité, ascite, tumeurs pelviennes
Contractions de Braxton-Hicks	Hématomètre, myome pédiculé, myome sous-muqueux
Souffle utérin	Gros léiomyomes, grosses tumeurs ovariennes ou toute affection causant une forte augmentation de la circulation utérine
Modifications de la pigmentation cutanée	Contraceptifs oraux combinés
Chloasma	Stimulation hormonale des mélanocytes
Ligne brune	
Mamelon et aréole	
Vergetures abdominales	Obésité, tumeurs pelviennes
Ballottement	Tumeurs ou polypes utérins, ascite
Tests de grossesse	Augmentation des gonadotrophines hypophysaires à la ménopause, choriocarcinome, môle hydatiforme
Palpation du contour fœtal	Léiomyomes

du contenu abdominal, sensation qui augmente peu à peu en fréquence et en intensité.

Signes objectifs (probables)

Les signes objectifs de la grossesse sont des manifestations que l'observateur perçoit, mais qu'on ne peut considérer comme probantes parce qu'elles peuvent avoir d'autres causes (tableau 7-2).

Les *modifications des organes pelviens*, qui résultent d'une congestion vasculaire croissante, sont les seuls changements physiques observables dans les trois premiers mois de la grossesse. L'examen gynécologique permet en effet de déceler le ramollissement du col utérin (signe de Goodell) ; la coloration violacée ou rouge vif de la muqueuse du col, du vagin et de la vulve (signe de Chadwick), que certains classent parmi les signes subjectifs ; le ramollissement de l'isthme de l'utérus, région située entre le col et le corps de l'utérus (**signe de Hegar,** voir la figure 7-5 ▶) ; et la facilité de flexion du corps utérin sur le col (**signe de McDonald**).

L'augmentation de volume du corps utérin et son ramollissement s'observent après la 8ᵉ semaine de grossesse. Le fond

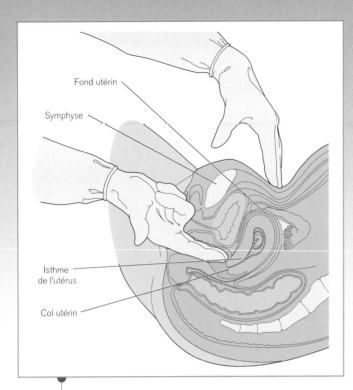

FIGURE 7-5 Lors de l'examen vaginal, l'observateur peut constater le ramollissement de l'isthme de l'utérus (signe de Hegar).

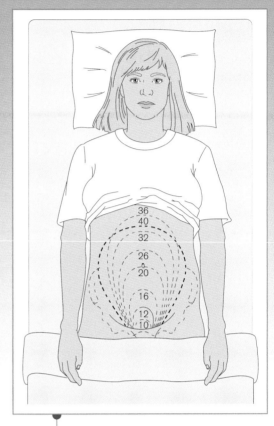

FIGURE 7-6 Hauteur approximative du fond utérin selon le nombre de semaines de gestation.

utérin peut être palpé juste au-dessus de la symphyse pubienne vers la 10ᵉ ou la 12ᵉ semaine et au niveau de l'ombilic vers la 20ᵉ ou la 22ᵉ semaine (figure 7-6).

On considère *l'augmentation du volume de l'abdomen* chez la femme en âge de procréer comme un signe de grossesse, surtout si cette augmentation est continuelle et s'accompagne d'aménorrhée.

Les *contractions de Braxton-Hicks* sont généralement perceptibles par palpation à partir de la 28ᵉ semaine. À la fin de la grossesse, elles peuvent être assez douloureuses pour qu'on les qualifie de «faux travail».

Le *souffle utérin* peut s'entendre à l'auscultation de l'abdomen au-dessus de l'utérus. Ce souffle léger, qui suit la fréquence du pouls de la mère, résulte de la circulation utérine accrue et du passage du sang dans le placenta. On le confond parfois avec le *souffle funiculaire*, souffle doux produit par la pulsation du sang dans le cordon ombilical.

Des *modifications de la pigmentation* sont fréquentes durant la grossesse : assombrissement de l'aréole et du mamelon ; apparition d'une ligne brune sur l'abdomen, du chloasma et de vergetures.

Le *contour fœtal* devient généralement palpable à partir de la 24ᵉ semaine de gestation. Le **ballottement** est le mouvement fœtal passif que provoque l'examinateur en tapotant légèrement, avec deux doigts, le col utérin. Le fœtus est alors poussé vers le haut de l'utérus et, lorsqu'il revient à sa position originale, l'examinateur sent le rebond.

Les *tests de grossesse* permettent de déceler la présence d'hCG dans le sang ou dans l'urine de la femme enceinte. Notons qu'un taux élevé d'hCG n'est pas un signe positif de grossesse, car il peut avoir une autre cause.

Tests de grossesse en laboratoire

Divers tests de laboratoire permettent de détecter la présence d'hCG au début de la grossesse.

- La *réaction d'inhibition de l'hémagglutination* (Pregnosticon R) est une méthode immunologique basée sur l'absence d'hémagglutination lorsqu'on ajoute l'urine d'une femme enceinte à des globules rouges de mouton sensibilisés à l'hCG. L'interprétation en est difficile lorsque le test est faiblement positif. Il est très peu utilisé de nos jours.

- La *réaction d'inhibition d'agglutination des particules de latex* (Gravindex et Pregnosticon SlideTest) est une autre méthode immunologique, basée celle-là sur le fait que le contact avec l'urine contenant de l'hCG inhibe l'agglutination des particules de latex. Ce test est très peu utilisé de nos jours

Les deux tests que nous venons de décrire se font de 10 à 14 jours après la date prévue de la menstruation et avec la première **urine du matin**, la seule qui soit suffisamment concentrée.

On peut également pratiquer plusieurs tests sur le sérum de la femme, notamment les suivants.

- Le *dosage par radio-immunologie de sous-unité* β-*hCG* (RIA) utilise un antisérum spécifique à la fraction β de l'hCG. Ce test très précis peut donner des résultats positifs quelques jours après l'implantation éventuelle du zygote dans l'utérus et permet d'effectuer un diagnostic précoce de la grossesse ; il sert également au diagnostic de grossesse ectopique ou de maladie trophoblastique. Cependant, parce qu'il faut plusieurs heures pour l'exécuter et qu'il n'a qu'une sensibilité limitée, on l'a remplacé par des tests techniquement plus simples, comme le dosage par immunoradiométrie (Buster et Carson, 1996).

- Le *dosage par immunoradiométrie* (IRMA) (Neocept, Pregnosis) utilise un anticorps radioactif pour déceler l'hCG dans le sérum sanguin ; il détecte des concentrations très faibles et se fait en une trentaine de minutes.

- Le *dosage immunoenzymatique* (ELISA) (Model Sensichrome, Quest Confidot) utilise, plutôt que des radio-isotopes, une substance qui change de couleur une fois liée. Le test est sensible, rapide et peut détecter l'hCG de 7 à 9 jours après l'ovulation et la conception, soit 5 jours avant la date prévue de la première menstruation manquante (Buster et Carson, 1996).

- Le *dosage par immunofluorométrie* (FIA) (Opus hCG, Stratus hCG) utilise un anticorps avec marqueur fluorescent pour détecter l'hCG sérique. Le test, qui s'exécute en 2 à 3 heures, est extrêmement sensible et sert principalement à détecter et à suivre les concentrations d'hCG.

- Le *dosage par radiorécepteur* (Biocept-G) utilise le principe des récepteurs à haute affinité pour détecter la grossesse. Le test est sensible et peut s'effectuer en une heure mais, à cause de la similitude entre l'hCG et la LH, une réaction croisée peut le fausser. On lui préfère généralement des tests plus efficaces.

- À cause des normes édictées par Énergie atomique du Canada, les tests impliquant de la radiation sont très peu utilisés au Québec. Les normes sont rigoureuses et le temps d'exécution est parfois trop long. En résumé, la recherche et le dosage de β-hCG (bêta-hCG) se font à partir de l'urine du matin ou du sérum maternel. Le dosage dans le sérum est constant si on le compare à celui de l'urine, qui se dilue au cours de la journée. Les tests s'effectuent sur différents appareils nommés plus haut (Opus, Stratus, Élecsys, Laxime, etc.) selon leur disponibilité en laboraroire. Il existe une entreprise qui propose des tests effectués à la fois sur l'urine et sur le plasma (Combo).

- La plupart des tests de grossesse sont sensibles à 25 UI de β-hCG, mais certains (comme Access) sont sensibles à un dosage de 5 UI et sont utilisés dans des cas bien particuliers, tels que la môle hydatiforme ou le cancer. Ces tests sont sensibles 10 jours après la fécondation.

Tests de grossesse en vente libre

On trouve en pharmacie des tests de grossesse relativement peu coûteux. Ces tests de *dosage immunoenzymatique,* qui s'effectuent à partir d'un échantillon d'urine, sont assez sensibles et décèlent même de faibles concentrations de β-hCG (25 UI), selon les entreprises qui les produisent.

Ces tests s'accompagnent d'instructions très claires, que l'on doit suivre à la lettre pour des résultats optimaux. Bien que certains puissent être faits à partir de n'importe quel échantillon d'urine, ils sont plus précis lorsqu'on utilise l'urine du matin. De plus, comme les plus récents n'exigent qu'une courte attente (de 3 à 5 minutes), leur marge d'erreur est très mince. Pour éviter les faux négatifs, on devait attendre de 6 à 9 jours après la date prévue de la menstruation pour faire le test, même si la plupart peuvent détecter la grossesse dès le premier jour d'aménorrhée.

Signes positifs (certains)

Un signe positif de grossesse est un signe totalement objectif, qui ne peut résulter d'un état pathologique et qui constitue une preuve indubitable de la grossesse.

Les *battements du cœur fœtal* sont audibles au fœtoscope après 17 ou 20 semaines de grossesse. Le Doppler (ultrasons) permet à l'examinateur de les entendre dès la 10e ou 12e semaine.

Les *mouvements fœtaux* peuvent être palpés par un examinateur expérimenté après la 20e semaine de grossesse environ.

La *visualisation du fœtus* par échographie confirme la grossesse. On peut observer le sac gestationnel après 4 ou 5 semaines de gestation (de 2 à 3 semaines après la conception) et des parties du fœtus ainsi que ses mouvements après 8 semaines de gestation. Récemment, une échographie à sonde vaginale a permis de détecter un sac gestationnel implanté depuis seulement 10 jours (Cunningham *et al.*, 2001).

■ Les réactions psychologiques à la grossesse

La grossesse est un défi développemental de taille, un point tournant de la vie familiale. Désirée ou non, elle apporte son lot de stress et d'inquiétude. La grossesse est une confirmation de la capacité biologique de procréer et l'affirmation d'une sexualité active. Pour le couple sans enfant, la grossesse est aussi une période de transition entre la vie à deux et la vie à trois ; si elle mène à la naissance d'un enfant, le couple entreprend une nouvelle étape de sa vie et il ne pourra plus revenir en arrière.

Les futurs parents ne sont pas toujours préparés aux transformations physiques, affectives et cognitives qui accompagnent la grossesse. Des sentiments et des comportements par ailleurs tout à fait normaux pourront plonger dans la confusion et le désarroi le couple qui s'attendait à ce que ce processus normal se déroule sans heurts.

La future mère n'est plus seulement une amante et une compagne pour son partenaire. Dorénavant, elle devra assumer le rôle de mère, et son partenaire, celui de père. La maternité et la paternité modifient sensiblement les rôles au sein du couple, en plus de se répercuter sur la vie professionnelle et sur la mobilité des conjoints. Leur relation prend une nouvelle signification, tant pour eux-mêmes que pour leurs proches et pour la collectivité. Chaque naissance modifie les habitudes et la dynamique de la famille, et suppose donc une adaptation et une réorientation.

À mesure que la grossesse évolue, les futurs parents doivent composer avec l'anxiété que génère l'approche du travail et de l'accouchement, et avec la crainte que le bébé soit malade ou difforme. Les rencontres prénatales les aideront à surmonter les peurs engendrées par l'insuffisance de connaissances et les fausses croyances.

Quant à la femme enceinte sans conjoint, à moins qu'elle ne trouve du soutien auprès de ses proches, elle devra affronter seule les changements de rôle, les peurs et les réaménagements inhérents à la grossesse, de même que la perspective d'une vie de mère monoparentale. Elle doit également prendre des dispositions pour l'avenir. Même si elle prévoit confier son enfant en adoption, elle doit s'adapter à la grossesse – adaptation qui risque d'être particulièrement difficile en l'absence d'un réseau de soutien.

La plupart des grossesses soulèvent des questions financières. La tradition veut que le père assume le rôle de principal pourvoyeur, de sorte que l'incidence financière d'une naissance constitue souvent une préoccupation centrale pour les pères. Cependant, de nos jours, même les femmes enceintes qui ont un partenaire stable sont conscientes des implications financières de la grossesse et elles s'en préoccupent également. Pour une mère célibataire, l'argent peut devenir une grande source d'inquiétude.

La grossesse est aussi une période où l'on doit prendre des décisions d'ordre financier. La future mère travaillera-t-elle durant sa grossesse? Retournera-t-elle au travail après la naissance du bébé? Si oui, qui s'occupera de lui? Les futurs parents devront peut-être repenser le partage des tâches ménagères. Toute divergence d'opinion concernant ces questions devrait être discutée franchement et réglée de manière à satisfaire les besoins de chacun des membres de la famille.

La grossesse peut être perçue comme un stade développemental qui comporte des tâches précises. Selon le degré d'adaptation de chacun des partenaires et les réaménagements auxquels ils consentent de part et d'autre, ce sera pour le couple une source de gratifications ou une source de conflits.

C'est souvent ensemble que les futurs parents préparent l'arrivée de leur premier enfant et se renseignent sur leur rôle de parent, chacun continuant par ailleurs de son côté à voir ses amis et sa parenté. Le réseau de soutien est un facteur important du bien-être psychosocial durant la grossesse. Les femmes enceintes y trouvent souvent une source de conseils privilégiée, certains très avisés, d'autres beaucoup moins.

Pendant la grossesse, les futurs parents vivent tous deux d'importants changements psychosociaux auxquels ils doivent s'adapter (tableau 7-3). D'autres membres de la famille, en particulier les autres enfants du couple et les futurs grands-parents, devront aussi s'adapter à la grossesse.

Plus qu'une étape, la grossesse représente pour certains une véritable *crise,* c'est-à-dire une perturbation ou un conflit qui risque de rompre leur équilibre. Puisque la grossesse est un événement inhérent à la croissance et au développement normal de la famille, on peut la considérer comme une *crise développementale.* L'individu ou la famille sont déséquilibrés. Le moi faiblit; les mécanismes de défense habituels n'opèrent plus; les conflits non résolus refont surface; les rapports avec les autres se modifient. Cette période de déséquilibre et de désorganisation se caractérise par des tentatives infructueuses de résoudre les problèmes. Si la crise n'est pas surmontée, il en résultera des comportements inadaptés chez un ou plusieurs membres de la famille et peut-être la désintégration de cette famille. Cependant, les familles qui parviennent à surmonter cette crise retrouvent ensuite un fonctionnement normal, et les liens qui unissent leurs membres peuvent même en être resserrés. La mère doit être à l'écoute d'elle-même et veiller à son bien-être; il lui faut se reposer, profiter des bons moments de la vie en s'adonnant à des activités simples et des plus ordinaires. Elle doit aussi laisser son compagnon de vie prendre soin d'elle et de l'enfant à venir, et ce, dans des gestes qui peuvent paraître banals.

Réactions de la mère

La grossesse modifie l'image corporelle, exige une réorganisation des relations sociales et modifie les rôles de chacun des membres de la famille. Plusieurs facteurs influent sur la façon dont la femme réagit à ce stress: son profil émotionnel, son bagage socioculturel et, bien sûr, l'acceptation ou non de son nouvel état.

L'anxiété que connaît la femme enceinte ne vient pas nécessairement de la grossesse elle-même, mais plutôt de ce qu'on a trop peu de considération pour elle, qu'on ne reconnaît pas ses besoins, etc. Comme la grossesse est une période chargée d'émotions, il est normal que resurgissent les angoisses du passé mal maîtrisées. Il est important d'établir avec la femme enceinte des rapports de confiance, car elle a besoin d'être écoutée et rassurée; les questions qui restent sans réponse ou les silences peuvent accroître son anxiété. La plupart des femmes passent par toute une gamme de réactions psychologiques et

Tableau 7-3

Réactions des parents à la grossesse

Premier trimestre

RÉACTIONS DE LA MÈRE

Informe le père de manière ouverte ou détournée.

Éprouve de l'ambivalence par rapport à la grossesse ; est anxieuse à l'idée de l'accouchement et de la responsabilité que représente un enfant.

Perçoit les changements physiques ; pense à la fausse-couche.

Porte un nouvel intérêt à sa propre mère, au fur et à mesure qu'elle s'identifie elle-même à son rôle de mère.

RÉACTIONS DU PÈRE

Réagit différemment selon divers facteurs : l'âge, la parité, le désir d'avoir un enfant, la stabilité financière.

Accepte l'attitude de la femme enceinte ou, au contraire, la rejette complètement et rompt la communication.

Est très conscient de ce qu'il ressent sur le plan sexuel ; voit son désir sexuel augmenter ou diminuer.

Selon le cas, accepte ou rejette sa belle-mère, ou encore lui en veut.

Peut se trouver de nouvelles occupations hors du foyer pour réduire le stress.

Deuxième trimestre

RÉACTIONS DE LA MÈRE

Se replie sur elle-même et se livre à l'introspection ; projette sur son conjoint tous les problèmes reliés à l'autorité ; peut s'irriter du peu d'intérêt de celui-ci, qu'elle interprète comme un signe de faiblesse.

Évolue dans ses sentiments maternels ; s'intéresse à des choses concrètes, comme les meubles et la layette du bébé ou, au contraire, manifeste son anxiété en attendant à la dernière minute pour préparer meubles et layette.

Perçoit la présence et les mouvements du fœtus, qu'elle intègre à elle-même.

Imagine la mort de son conjoint et lui téléphone souvent pour se rassurer.

Vit des changements physiques plus marqués ; peut voir son désir sexuel augmenter ou diminuer.

RÉACTIONS DU PÈRE

S'il peut faire face à la situation, il donne à sa compagne l'attention dont elle a besoin ; sinon, il consacre plus de temps à des activités hors du foyer.

Peut se sentir plus créateur, plus « près de la nature ».

Peut se sentir partie prenante de la grossesse, avoir envie d'acheter ou de fabriquer des meubles pour le bébé, etc.

Palpe les mouvements fœtaux et écoute le cœur fœtal, ou bien reste à l'écart, sans contact physique.

Peut avoir l'impression d'être lui-même « enceint » et s'inquiéter de ce côté féminin de sa personnalité.

Peut réagir négativement si sa compagne est trop exigeante, ou se montrer jaloux du médecin, de l'importance qu'il prend pour sa partenaire et du rôle qu'il joue dans la grossesse.

Troisième trimestre

RÉACTIONS DE LA MÈRE

Éprouve davantage d'anxiété et de tension ; son corps l'embarrasse.

Souffre d'insomnie et de divers malaises.

Se prépare à l'accouchement, rassemble la layette, choisit des prénoms.

Rêve souvent qu'elle est incapable d'accoucher ou qu'on confond son bébé avec un autre à la pouponnière ; a peur que l'enfant soit difforme.

Éprouve surexcitation et exaltation ; a un regain d'énergie au dernier mois.

RÉACTIONS DU PÈRE

S'adapte à d'autres pratiques sexuelles.

Se préoccupe de ses responsabilités financières.

Peut manifester un nouvel intérêt, un nouvel élan de tendresse envers sa compagne. Peut s'inquiéter pour elle et la traiter comme une poupée fragile.

Imagine son enfant non comme un nouveau-né, mais comme un enfant plus âgé ; rêve qu'il perd sa compagne.

Ressent une nouvelle attirance physique pour sa compagne.

Se sent responsable de ce tout ce qui peut se produire.

émotionnelles durant la grossesse : ambivalence, acceptation, introversion, sautes d'humeur, problèmes d'image corporelle, etc.

La future mère doit absolument reconnaître son ambivalence, et surtout l'accepter. Il est tout à fait normal de désirer un enfant et d'avoir peur, en même temps, de ne pas être une bonne mère ou de ne plus susciter de désir chez son conjoint.

L'attitude de la femme influe considérablement sur le déroulement et l'issue de la grossesse. Même prévue, la grossesse prend toujours un peu au dépourvu. Souvent, les femmes se sentent ambivalentes au début de leur grossesse, et ce, pour diverses raisons : crainte que le moment soit mal choisi ; inquiétude quant aux répercussions de leur état sur leurs rapports personnels et sur leurs projets professionnels ; appréhension devant le rôle qui les attend ; résurgence de conflits émotionnels non résolus avec leur propre mère ; peur de la grossesse et de l'accouchement. Si la grossesse n'était pas prévue ou pas désirée, ces sentiments risquent d'être plus prononcés. Des malaises physiques importants, des périodes de dépression fréquentes ou prolongées, un dégoût marqué pour son corps transformé par la grossesse, une humeur excessivement changeante et une grande difficulté à s'adapter aux changements de vie que commande la grossesse sont souvent des manifestations indirectes de cette ambivalence (Lederman, 1996).

Les femmes qui n'ont pas désiré leur grossesse se montrent plus enclines à retarder les consultations prénatales et présentent des risques plus élevés de complications. Les recherches indiquent que l'opinion et l'attitude du partenaire du moment – qu'il soit ou non le père de l'enfant – influent considérablement sur le fait que la grossesse soit désirée ou non. Le soutien affectif et financier du partenaire s'avère essentiel pour que la future mère adopte une attitude positive (Kroelinger et Oths, 2000). Associer le partenaire aux soins prénataux peut l'inciter à appuyer davantage sa compagne enceinte.

Contrairement à ce qu'on pourrait croire, les femmes de 35 ans ou plus n'ont pas plus de mal que les autres à s'adapter à la grossesse. Au contraire, elles ont tendance à moins s'inquiéter des changements normaux que subit leur corps et à se montrer plus confiantes de surmonter les embûches liées à la grossesse et au rôle maternel ; cette différence s'explique probablement par leur plus grande expérience de la résolution de problèmes. Par contre, les femmes plus âgées comptent souvent moins de femmes enceintes parmi leurs connaissances et elles ont donc moins de proches avec qui parler de leurs attentes et de leurs préoccupations (Stark, 1997).

La grossesse produit des changements marqués dans le corps de la femme, et ce, dans un temps relativement court. À cause de ces transformations physiques, les femmes enceintes voient leur image corporelle changer et elles peuvent avoir l'impression de perdre la maîtrise de leur corps durant la grossesse et l'accouchement. Selon les recherches, la phrase «Je veux retrouver mon corps» traduirait assez bien ces sentiments (Cline, Martin et Deyo, 1998). Jusqu'à un certain point, ces perceptions dépendent de facteurs comme les traits de personnalité, la réaction des réseaux sociaux et les attitudes à l'égard de la grossesse. Bien que normaux, les changements de l'image corporelle peuvent être très stressants. On peut aider la femme enceinte et son partenaire à mieux composer avec ce stress en leur expliquant ces changements et en en discutant avec eux. Les femmes enceintes fantasment souvent sur l'enfant à naître. Les thèmes de ces fantasmes (l'apparence du bébé, son sexe, ses traits, l'effet de son arrivée sur les parents, etc.) diffèrent selon le trimestre. On note aussi des différences entre les femmes qui vivent leur première grossesse et celles qui ont déjà des enfants (Sorenson et Schuelke, 1999).

Premier trimestre

Au premier trimestre, les sentiments qui dominent chez la future mère sont l'incrédulité et l'ambivalence. Elle n'avait pas la certitude de pouvoir concevoir et elle est étonnée de recevoir la confirmation de sa grossesse. On a beau lui répéter que c'est le meilleur moment de sa vie, elle aurait aimé attendre

encore un peu… Le bébé qu'elle porte ne lui semble pas réel, et elle se centre sur elle-même et sur sa grossesse. Elle peut éprouver un ou plusieurs des premiers symptômes de la grossesse, comme la sensibilité des seins et les nausées matinales ; ces malaises déplaisants et parfois franchement pénibles lui confirment qu'elle est enceinte. Peut-être tardera-t-elle à annoncer sa grossesse à son entourage de peur de perdre le bébé spontanément, ou bien elle attendra les résultats de l'échographie ou de l'amniocentèse avant de répandre la nouvelle.

Dès le premier trimestre, la femme enceinte commence aussi à présenter des changements comportementaux caractéristiques. Elle peut devenir plus passive et plus introspective, et manifester une labilité émotionnelle déconcertante, c'est-à-dire de brusques changements d'humeur qui la font passer de la joie au désespoir en quelques instants. Son instabilité et sa fragilité sont parfois concrétisées par de nouveaux désirs ou par des «envies». Elle peut se laisser aller à des fantasmes de fausse-couche, puis se sentir coupable et craindre que de telles pensées ne fassent du tort au bébé.

On constate parfois chez elle une reprise de la dépendance à l'égard de sa mère. Toutefois, si la femme enceinte ne s'entendait pas avec sa propre mère, elle peut avoir peur de devenir mère à son tour.

Chose certaine, elle doit établir, dès cette période de la grossesse, des rapports de confiance avec ceux qui assurent les soins de santé pendant cette période, c'est-à-dire les infirmières, la sage-femme ou le médecin.

Deuxième trimestre

Au deuxième trimestre, la future mère commence à sentir les mouvements actifs de son bébé. Elle prend conscience de l'individualité de l'enfant qu'elle porte et manifeste généralement pour sa grossesse un intérêt qu'elle n'éprouvait peut-être pas jusque-là. Ce qu'elle ressent, elle veut en faire part aux autres. D'ambivalente, elle devient plus narcissique ; elle s'occupe davantage d'elle-même et de son apparence (maquillage, chevelure, vêtements, etc.).

Plus la grossesse évolue, plus la future mère devient encline à l'introspection. Elle fait le point sur sa vie, réévalue ses projets et imagine l'avenir de son enfant ; bref, elle se prépare à son nouveau rôle de mère. Une certaine labilité émotionnelle persiste, qui peut dérouter le conjoint. Dans certains cas, ce dernier s'éloigne ; cette réaction est particulièrement difficile à vivre pour la femme enceinte, qui a un besoin accru d'amour et d'affection. Si les deux partenaires comprennent que ces comportements sont caractéristiques de la grossesse, le couple pourra mieux les assumer ; cependant, ils restent souvent une source d'anxiété tout au long de la grossesse. La future mère se permet alors des compensations orales.

À mesure que son état devient plus apparent, la femme enceinte perçoit son corps différemment. Il se peut qu'elle éprouve une grande fierté, comme il se peut qu'elle ressente de la gêne ou de l'inquiétude ; elle doit continuer à parler de ses craintes. Elle aime faire sentir les mouvements du fœtus à son conjoint, qui doit laisser reposer sa main au moins cinq minutes sur le ventre de sa compagne s'il tient à les percevoir, car le bébé ne bouge que lorsqu'il veut !

Les changements qui touchent leur libido et leurs désirs sexuels peuvent étonner certaines femmes ; ils sont dus probablement à la plus grande vascularisation des organes génitaux. D'autres auront plutôt des besoins de tendresse à satisfaire.

On tourne aussi les pages de l'album de famille pour savoir à qui ressemblera l'enfant, et les deux partenaires choisissent ensemble un prénom.

Dans l'ensemble, c'est durant ce second trimestre, relativement paisible, que les femmes enceintes se sentent le mieux. C'est le trimestre de la quiétude et de la tranquillité.

Troisième trimestre

Au troisième trimestre, la femme enceinte est à la fois fière de sa grossesse et inquiète en pensant au travail et à l'accouchement. Avec l'augmentation des malaises vient le désir que la grossesse arrive à terme. La fatigue s'intensifie, les mouvements deviennent plus maladroits et l'intérêt pour les activités sexuelles peut s'émousser. À mesure que la grossesse évolue, le sommeil devient plus léger et moins réparateur. Certains rêves d'accouchement sont impressionnants. Durant cette période, la future mère a tendance à s'inquiéter de la santé et de la sécurité de l'enfant à naître, et elle craint peut-être de ne pas être à la hauteur lors de l'accouchement. En fin de grossesse, on voit souvent la mère s'activer à la préparation du « nid » de l'enfant : de nombreuses femmes disent avoir un regain d'énergie et elles en profitent pour tout nettoyer et tout organiser dans la maison. Plusieurs sont impatientes d'accoucher et désirent le faire avant la date prévue. D'autres ont peur d'avoir un enfant handicapé ou mort-né. Au fond, cette peur est universelle ; c'est pourquoi il est important pour les femmes de parler de leurs craintes avec confiance.

Tâches psychologiques de la future mère

Rubin (1984) a décrit les quatre grandes tâches dont la future mère doit s'acquitter pour préserver son intégrité et celle de sa famille, tout en intégrant le nouvel enfant au cercle familial. L'accomplissement de ces tâches jette les bases d'une relation entre la mère et l'enfant mutuellement satisfaisante.

1. *Veiller au bon déroulement de la grossesse et de l'accouchement.* La future mère s'inquiète pour l'enfant à naître et pour elle-même. Elle recherche des soins prénataux de qualité pour avoir le sentiment de mieux maîtriser la situation. Elle s'informe en lisant, en observant les femmes enceintes et les nouvelles mères, en discutant avec elles et avec d'autres. Elle essaie de mettre toutes les chances de son côté en prenant diverses mesures : faire de l'exercice, surveiller son alimentation et sa consommation d'alcool,

etc. (Patterson, Freese et Goldenberg, 1990). Au troisième trimestre, la future mère devient plus attentive aux dangers qu'une femme dans son état peut trouver autour d'elle : jouet qui traîne dans les marches, escalier roulant, etc. Elle s'inquiète lorsque son conjoint est en retard ou qu'elle est seule à la maison. Elle dort moins bien. Elle a hâte d'accoucher, tout en redoutant ce moment.

2. *Faire accepter son enfant par les siens.* La naissance d'un enfant a des répercussions sur le réseau de soutien immédiat de la mère (sa famille et ses proches) ainsi que sur les autres groupes sociaux auxquels elle appartient. Durant toute la grossesse, lentement et subtilement, la femme enceinte adapte son réseau social à ses nouveaux besoins. Le conjoint est le premier touché par cette adaptation ; son acceptation de la grossesse et son appui aideront la femme enceinte à établir son identité maternelle. Si le foyer compte déjà d'autres enfants, la mère s'efforce de les amener, eux aussi, à accepter le nouveau bébé. L'acceptation des changements à venir ne va pas toujours de soi, et la future mère doit se réserver des moments privilégiés avec son conjoint et avec ses autres enfants, si elle en a. La mère célibataire cherche parmi ses proches quelqu'un qui pourra lui apporter du soutien.

3. *Assumer son rôle de mère et créer des liens avec l'enfant.* Au premier trimestre, l'enfant à naître reste encore un concept assez abstrait pour la femme enceinte ; cependant, ses premiers mouvements actifs font de lui une personne beaucoup plus réelle. Dès lors, la femme commence à s'y attacher. Pour la future mère, sentir son enfant bouger en elle est une expérience intime et exclusive, à partir de laquelle se tisse un lien d'amour. La mère élabore une image fantasmatique de l'enfant idéal. Ce processus d'attachement, caractérisé par une très forte composante émotionnelle, pousse la femme enceinte à devenir compétente dans son rôle de mère et à en tirer satisfaction (Mercer, 1995). Son amour possessif l'engage à protéger son fœtus et, plus tard, son enfant.

4. *Apprendre à faire don de soi dans l'intérêt de l'enfant.* Mettre un enfant au monde suppose plusieurs gestes de *don*. L'homme *donne* un enfant à la femme qui, en retour, *donne* un enfant à l'homme. Tous deux *donnent* vie à l'enfant. Les parents *donnent* un nouveau petit frère ou une nouvelle petite sœur à leurs enfants plus âgés. La future mère devient capable d'abnégation : elle apprend à reporter les gratifications immédiates pour répondre aux besoins d'un autre être. Les fêtes en l'honneur de l'enfant à naître et les cadeaux qu'on lui offre sont aussi des *dons* ; ils confortent l'estime de soi de la future mère et l'aident à comprendre que l'enfant qu'elle porte est une personne distincte, qui a ses propres besoins.

L'accomplissement de ces tâches amène la femme enceinte à se considérer comme une mère et à intégrer cette dimension à l'idée qu'elle se fait d'elle-même. Si elle croit que sa propre mère s'est bien occupée d'elle, la femme enceinte pourra la prendre comme modèle et tâcher de l'imiter dans son rôle de mère. Si au contraire elle a l'impression d'avoir eu une mère inadéquate, elle peut avoir peur de faire les mêmes erreurs (Lederman, 1996). L'intégration du rôle de mère au concept de soi s'approfondit avec l'expérience, le nombre de grossesses et l'éducation des enfants. Il arrive que la femme rejette le rôle de mère pour endosser plutôt celui de gardienne ou de grande sœur.

Réactions du père

La grossesse est également une période de stress psychologique pour le futur père, qui doit s'adapter au fait de devenir père ou d'avoir un autre enfant. Les recherches semblent indiquer que certains futurs pères ont tendance à trouver la grossesse moins stressante et à envisager plus sereinement la perspective de devenir parent : ce sont ceux qui ont des comportements davantage axés sur l'accomplissement personnel, qui font régulièrement de l'exercice, qui utilisent les techniques de gestion du stress et qui ont un bon réseau de soutien (Walker, Fleschler et Heaman, 1998).

Au début, le futur père peut s'enorgueillir de la grossesse comme d'une confirmation de sa virilité, mais il peut aussi éprouver la même ambivalence que la femme enceinte. De nombreux facteurs peuvent y contribuer, notamment la nature de sa relation avec la future mère, son expérience de la grossesse, son âge, sa situation financière et le fait que la grossesse soit prévue ou non. Certains se sentiront bousculés par les événements ou incapables de s'adapter à tous ces changements brusques. On pourrait croire qu'ils se désintéressent de la grossesse, car ils s'engagent à fond dans les activités professionnelles, les sports ou les sorties, ou encore ils décident de « construire » le nid. En fait, il leur faut un certain temps pour bien saisir quelles seront les conséquences de ce changement de vie. Ils ont rarement la possibilité d'exprimer leurs sentiments, comme peut le faire la femme enceinte.

Pour s'adapter à son rôle, le futur père doit d'abord prendre conscience de la réalité de la grossesse, puis arriver à se faire reconnaître comme parent par sa partenaire, sa famille et ses proches, les collègues et la société, sans compter le bébé lui-même ! Si elle a vraiment l'impression qu'il s'agit de *leur* grossesse et de *leur* bébé, et non de *sa* grossesse et de *son* bébé, la future mère peut aider son partenaire à vraiment participer à la grossesse plutôt que de simplement l'accompagner (Jordan, 1990).

Comme la femme enceinte doit s'adapter à son rôle de mère, le futur père doit se préparer à son rôle de père. Les hommes qui y réussissent le mieux sont généralement ceux qui aiment les enfants, que la perspective de la paternité enchante, qui sont désireux de s'occuper d'un enfant et qui ont confiance en leur capacité d'être parent. Comme l'explique le tableau 7-3, ces pères partagent avec leurs compagnes les expériences de la grossesse et de l'accouchement (Lederman, 1996).

Premier trimestre

À l'émoi et la fierté que ressent souvent le futur père à l'annonce de la grossesse peut succéder le sentiment d'être délaissé ou mis à l'écart. Les sautes d'humeur de sa compagne peuvent le déconcerter. Il peut se froisser de toute l'attention qu'on porte à la mère et du fait qu'elle veuille modifier leurs rapports parce qu'elle se sent fatiguée ou parce que sa libido baisse. Il se sent ambivalent, lui aussi. De plus, il peut se demander quelle sorte de père il sera et s'il pourra être à la hauteur de son nouveau rôle. Au premier trimestre, le fœtus est un enfant « en puissance ». Les pères s'imaginent plus souvent en train de jouer avec un bambin de 5 ou 6 ans qu'avec un nouveau-né qu'on tient dans les bras. Tant que leur partenaire ne présente aucun signe physique, la grossesse peut leur sembler irréelle.

Deuxième trimestre

Au cours du deuxième trimestre, le rôle du futur père reste assez vague, mais il peut se préciser une fois que l'homme a palpé les mouvements du fœtus ou écouté les battements du cœur fœtal lors d'une visite chez le médecin. Comme la future mère, le futur père doit affronter certains conflits non résolus liés à la perception qu'il a de son propre père et décider quels comportements paternels il veut imiter ou, au contraire, ne pas reproduire.

Selon certaines données de recherche, le futur père est moins anxieux durant la grossesse lorsque le couple s'entend sur le rôle qu'il aura à assumer. Par exemple, si les deux partenaires sont d'accord pour que l'homme endosse le rôle de pourvoyeur, ce dernier ressentira peu de stress. Par contre, si l'homme croit que son rôle en est un de pourvoyeur, alors que sa partenaire s'attend à ce qu'il s'occupe lui aussi du bébé, son stress sera élevé. Par conséquent, la capacité du couple à définir le rôle du père à leur satisfaction mutuelle peut vraiment aider l'homme à trouver des stratégies d'adaptation efficaces (Diemer, 1997).

L'homme peut réagir de diverses manières lorsque le corps de sa partenaire enceinte commence à changer. Ces transformations peuvent inhiber son désir sexuel ou, au contraire, l'intensifier. Comme les deux partenaires éprouvent des émotions à la fois diverses et changeantes, il est important qu'ils acceptent ce fait et qu'ils en discutent ouvertement tout au long de la grossesse. Il est bon de rappeler que le fœtus est bien protégé et qu'il ne court aucun risque. Le futur père ne doit pas s'étonner si désir sexuel de sa partenaire est plus vif, ou moins vif, que d'habitude, mais il doit discuter avec elle de toute réaction inattendue ou surprenante.

Troisième trimestre

Les couples qui ont su communiquer efficacement et resserrer leurs liens au cours des deux premiers trimestres en récoltent souvent les fruits au troisième. Ensemble, ils pourront assister à des rencontres prénatales, préparer concrètement l'arrivée du bébé, etc. Par contre, il est peu probable que le futur père qui n'aurait manifesté jusque-là que du détachement se mette soudain à participer activement à la grossesse au troisième trimestre, et ce, même si son rôle devient plus évident. Ou bien il s'engage davantage, et c'est auprès de lui que la femme enceinte vient se ressourcer, ou bien il a tendance à fuir puisqu'il a besoin lui aussi de parler ou d'exprimer ce qu'il éprouve. Il lui faut recevoir de l'attention lui aussi, et non pas se sentir uniquement «la bonbonne d'oxygène» de sa compagne.

Le futur père peut voir resurgir son anxiété et ses appréhensions: il peut craindre de blesser le bébé au cours des rapports sexuels, redouter le travail et l'accouchement, s'interroger sur leur aptitude, en tant qu'adultes, à devenir parents, etc. Il a par ailleurs à sa disposition une multitude de façons de manifester sa tendresse et son amour; encore une fois, il faut communiquer.

Couvade

Traditionnellement, le terme **couvade** désigne un ensemble de rituels et de tabous par lesquels l'homme s'initie à la paternité; en les observant, il proclame la relation psychosociale et biophysique qu'il entretient avec la femme et l'enfant. Ainsi, dans certaines cultures, le père doit s'abstenir de manger certains aliments ou de porter certaines armes avant et immédiatement après la naissance de l'enfant.

Récemment, on a repris le terme *couvade* pour décrire le développement involontaire de divers symptômes chez le conjoint d'une femme enceinte: fatigue, appétit accru, perturbations du sommeil, dépression, céphalées, douleurs lombaires, etc. Les hommes qui présentent le syndrome de la couvade ont tendance à s'être beaucoup investis dans la préparation à leur rôle de père et à s'être engagés très activement dans les activités liées à cette préparation. Selon certaines études, 20% des pères sont affectés par ce syndrome.

Réactions des frères et sœurs

L'arrivée d'un nouveau bébé à la maison marque généralement le début d'une rivalité fraternelle. Pour les autres enfants du couple, le bébé représente une menace, car il ébranle la sécurité de leur relation avec leurs parents. Les parents avertis de ce problème potentiel peuvent prendre, dès le début de la grossesse, des mesures constructives pour limiter la rivalité au sein de la fratrie.

Comme ils n'ont pas de notion du temps très précise, la préparation des enfants d'âge préscolaire commence quelques semaines avant la date prévue de l'accouchement. De leur point de vue, quelques semaines, c'est déjà très long; il vaut donc mieux ne pas leur en parler trop tôt durant la grossesse. La mère peut laisser le jeune enfant sentir les mouvements du

fœtus et lui expliquer que l'utérus est «un endroit spécial où grandissent les bébés». Le bambin pourra aussi aider ses parents à ranger les vêtements du bébé ou à préparer sa chambre.

La cohérence est primordiale quand on a affaire à de jeunes enfants. Ils ont besoin qu'on les rassure, qu'on leur confirme que les personnes, les objets et les lieux familiers seront toujours là après l'arrivée du nouveau-né. Même s'il n'y dort plus, le lit de bébé reste souvent, pour l'enfant, un objet important dans sa vie; s'il doit céder «le sien» au nouveau-né, les parents devront l'aider à accepter cette idée. S'il y dormait encore et qu'il doit changer de lit, ou s'il doit changer de chambre, on procédera à ces changements plusieurs semaines, sinon plusieurs mois, avant la naissance du bébé. Enfin, si le nouveau-né doit partager la chambre d'un ou de plusieurs de ses frères ou sœurs, les parents devront en discuter d'avance avec eux.

Pour les parents qui ont l'intention d'installer le nouveau-né dans leur chambre, le problème ne se pose pas dans l'immédiat. Très répandue dans d'autres cultures, cette pratique gagne en popularité aux États-Unis (Small, 1998) et au Québec, même si ses avantages et ses risques font l'objet de discussions assez vives. Les parents qui dorment avec le nouveau-né devront aussi en discuter avec ses frères et sœurs.

Si le cadet est prêt à faire l'apprentissage de la propreté, il est préférable de s'en occuper quelques mois avant la naissance ou quelques mois après. Il n'est pas rare qu'un enfant plus âgé régresse à l'arrivée du nouveau-né. L'enfant qui était propre depuis un certain temps pourra se mouiller ou se souiller pour imiter le nouveau-né et recevoir comme lui de l'attention grâce à ce comportement. De même, l'enfant déjà sevré réclamera peut-être un biberon ou voudra boire au sein maternel. La mère qui s'attend à de tels comportements dans les premiers jours du post-partum en sera moins déconcertée.

La femme enceinte voudra peut-être amener ses enfants plus âgés à une visite prénatale chez le médecin ou la sage-femme pour leur donner l'occasion d'entendre le cœur fœtal. Grâce à ce genre d'activités, l'enfant à naître acquiert pour eux une certaine réalité.

Pour les frères et sœurs d'âge scolaire, la grossesse doit devenir une affaire de famille. L'enseignement doit être adapté à leur âge et à leur expérience, et complété par des livres bien choisis. Prendre part aux discussions familiales, assister aux rencontres prénatales prévues pour eux, palper les mouvements du fœtus, écouter battre son cœur, voilà autant d'activités qui permettent aux enfants d'âge scolaire de participer activement à la grossesse et de ne pas se sentir exclus ou rejetés. Même s'ils semblent très renseignés, les adolescents et les préadolescents entretiennent souvent des idées fausses sur la grossesse et l'accouchement. Les parents devraient leur donner l'occasion de poser des questions, d'exprimer leurs inquiétudes et de jouer un rôle dans la grossesse.

Même après la naissance, les frères et sœurs du nouveau-né ont besoin de sentir qu'ils continuent à participer à l'événement.

Rendre visite à leur mère et au nouveau-né à l'hôpital ou à la maison des naissances les y aidera. Une fois le bébé arrivé à la maison, ils pourront se partager le plaisir de le « montrer » aux visiteurs.

Si la préparation des frères et sœurs à la venue du nouveau bébé est essentielle, deux autres facteurs le sont tout autant : l'attention que les parents accordent aux enfants plus âgés une fois le nouveau-né installé à la maison et la réaction parentale aux manifestations de régression ou d'hostilité.

Réactions des grands-parents

Habituellement, les grands-parents sont les premiers à qui on annonce la nouvelle de la grossesse. Souvent, ils offrent au couple un soutien accru, en dépit des conflits qui pouvaient les opposer jusque-là. Cependant, même pour des grands-parents sensibles et discrets, il est difficile de savoir jusqu'à quel point ils peuvent participer à l'éducation de leurs petits-enfants.

Comme ils peuvent devenir grands-parents alors qu'ils sont très jeunes et conserver ce rôle jusqu'à un âge très avancé, les réactions que les gens peuvent avoir varient considérablement. Des grands-parents encore jeunes et très actifs ne manifesteront pas toujours autant d'intérêt que le souhaiterait le jeune couple. D'autres, au contraire, ne ménageront ni les cadeaux ni les conseils. Des conflits peuvent survenir lorsque les futurs grands-parents se heurtent à des futurs parents déterminés à mener leur vie comme bon leur semble, ou encore à la suite d'événements qui marquent un changement de rôle dans leur vie (retraite, difficultés financières, ménopause, mort d'un ami). S'ils ont déjà d'autres petits-enfants, les grands-parents peuvent avoir une conception très précise de leur rôle, qui déterminera en partie leur réaction à la nouvelle grossesse.

Les opinions sur la grossesse, l'accouchement et l'éducation des enfants ont beaucoup changé, aussi les discussions franches et ouvertes entre le jeune couple et les futurs grands-parents sur ces changements et sur leur raison d'être peuvent contribuer à préserver la cohésion familiale. Clarifier le rôle des grands-parents désireux d'apporter leur aide peut mettre tout le monde plus à l'aise.

Il existe maintenant des cours destinés aux grands-parents, qui portent sur les nouvelles méthodes d'accouchement et d'éducation des enfants. Ces cours amènent les grands-parents à se familiariser avec les besoins des futurs parents et leur suggèrent des façons de les aider et de les soutenir.

Les aspects culturels de la procréation

La tendance à entourer de rites ou de cérémonies rituelles les grands événements de la vie – la grossesse, la naissance, le mariage et la mort – est universelle. Dans la mesure où les rites et les coutumes d'un groupe sont le reflet de ses valeurs, connaître les valeurs culturelles de la cliente et de ses proches permet de prévoir leurs réactions à la grossesse. Ainsi, certaines manifestations de joie ou de honte s'expliquent mieux quand on sait en quoi consistent les rôles masculin et féminin, le mode de vie familial, les valeurs religieuses ou la place réservée aux enfants dans une culture ou un groupe social donné.

Les croyances et les valeurs en matière de santé ont également leur importance pour l'analyse des réactions et des comportements. On ne s'attendra pas aux mêmes comportements dans un milieu culturel où l'on perçoit la grossesse comme une maladie que dans un autre où on la considère comme un événement parfaitement naturel. Dans ce dernier cas, par exemple, les soins prénataux ne représenteront pas nécessairement une priorité pour les femmes.

Les généralisations concernant les valeurs ou les traits culturels ne sont pas d'une grande utilité, car la personne qui provient de tel ou tel groupe n'en partage pas nécessairement toutes les valeurs, pas plus qu'elle n'en présente tous les traits. Ainsi, les croyances et les valeurs d'une famille d'origine cambodgienne établie en Amérique du Nord depuis trois générations diffèrent sensiblement de celles d'une famille cambodgienne qui vient d'immigrer. Les connaissances générales de l'infirmière sur le groupe culturel auquel appartient sa cliente ne la dispensent donc pas de procéder à une évaluation complète des valeurs et des pratiques propres à sa cliente de même qu'à ses proches.

La conception de la grossesse varie selon les cultures. Chez la plupart des peuples autochtones, la grossesse est perçue par tradition comme un état naturel et les enfants sont désirés. Dans certaines cultures, la femme qui accouche voit son statut s'élever, surtout si elle donne naissance à un garçon ; c'est le cas dans la famille chinoise traditionnelle, par exemple. De même, pour les mormons de l'Ouest américain, la maternité représente l'aspect le plus important de la vie d'une femme, comparable au rôle essentiellement masculin de la prêtrise (Conley, 1990). Dans la famille mexicaine traditionnelle, avoir des enfants peut être considéré comme un gage de virilité, de ce *machismo* que valorisent bien des hommes d'origine mexicaine. Pour les Latino-Américains, il est primordial d'appartenir à une famille qui les soutiendra en toutes circonstances. Ainsi, le niveau d'anxiété augmente dans une famille immigrante isolée lorsqu'on ne peut trouver personne pour jouer le rôle de parrain dans sa parentèle. En effet, l'enfant se trouve alors « sans protection », puisque c'est au parrain que revient la responsabilité de soutenir son filleul tout au long de sa vie. Chez les Latino-Américains, le rapport entre la mère et l'enfant constitue un lien de sang plus fort que tout autre lien, même celui du mariage.

Croyances concernant la santé

Bien que de nombreuses cultures y voient un phénomène naturel, la grossesse peut aussi être perçue comme une période de plus grande vulnérabilité. Par exemple, dans le judaïsme orthodoxe, si l'homme a la responsabilité de procréer, pour la femme, il s'agit d'un droit et non d'une obligation. En effet, selon les principes juridiques du judaïsme orthodoxe, la santé physique et mentale de la mère passe avant tout, et celle-ci ne devrait jamais être obligée de faire quoi que ce soit qui pourrait mettre sa vie en danger (Bodo et Gibson, 1999a).

Dans de nombreuses cultures, les gens prennent durant la grossesse certaines précautions inspirées par leurs croyances. Ainsi, beaucoup de femmes originaires de l'Asie du Sud-Est croient que le fait de s'asseoir dans l'embrasure d'une porte ou sur une marche peut entraîner des complications lors du travail et de l'accouchement ; elles évitent donc la proximité des portes dans les salles d'attente et les salles d'examen (Mattson, 1995). Pour bien des femmes vietnamiennes, lever les bras au-dessus de la tête augmente le risque d'accouchement prématuré ; on leur recommande de ne pas rester assises ou allongées trop longtemps, sinon leur bébé pourrait devenir trop gros (Bodo et Gibson, 1999a).

Dans la culture mexicaine, on associe parfois le *mal aire* («mauvais air») aux esprits maléfiques ; on croit que l'air, et surtout l'air nocturne, peut s'insinuer dans le corps et faire du tort. Quant aux Latino-Américains, ils entretiennent une vision assez approximative du temps ; pour eux, l'espace a une importance au moins aussi grande. Ainsi, la distance que l'infirmière, pour des raisons qui tiennent à sa propre culture, maintient entre elle et sa cliente peut être interprétée par celle-ci comme le signe d'une absence d'intérêt à l'égard de ses besoins. Au Mexique et en Amérique centrale, les femmes enceintes doivent prendre des bains de vapeur semblables à des saunas pour éliminer les influences négatives de la grossesse. Elles reçoivent aussi des massages qui «préparent à l'accouchement et qui donnent une bonne position à l'enfant à naître». Quant au nouveau-né, il «appartiendra» toute sa vie au lieu où seront enterrés le cordon et le placenta (Maldonado-Duran *et al.*, 2000).

Certaines coutumes doivent aussi être respectées dans le cas de la femme inuite. Ainsi, son alimentation doit être abondante et variée ; par ailleurs, on croit que la nourriture locale est supérieure à celle des Blancs, car elle «forme» l'enfant. L'abondance est de rigueur pendant la grossesse, tant pour la nourriture que pour les rapports sexuels (seulement avec le conjoint), mais il faut éviter de se livrer à des travaux lourds. Dans le ventre de la mère, les filles bougent plus que les garçons. Comme ses comportements peuvent influencer l'enfant à naître, la mère doit donc être active et se lever la première le matin. Il lui faut sortir immédiatement de son habitation lorsque quelqu'un s'y présente, regarder dans toutes les directions pour que les douleurs de l'accouchement soient brèves et pour que le bébé «glisse» rapidement vers l'extérieur. On prévient les circulaires du cordon en «laissant traîner les cordons de ses bottes sur le plancher». La durée de la grossesse est de 10 lunes ; c'est pourquoi on observe la forme de celle-ci pour savoir à quel moment aura lieu l'accouchement (Dufour, 1988).

Les femmes des communautés cries et d'autres communautés amérindiennes participent traditionnellement à l'enfantement en observant la femme qui accouche ; le soutien fourni par une femme expérimentée est primordial. Pour ces femmes, la dimension sociale et morale prime la dimension technique (médicalisée) de l'accouchement. S'il y a trop d'interventions extérieures, la femme amérindienne en vient à perdre sa confiance dans sa façon d'accoucher : «La mère et le fœtus forment un tout, le mental et le physique forment un tout, la douleur peut se transformer en énergie mentale.» Traditionnellement, on conseillait à la femme de ne pas trop faire de prévisions durant sa grossesse, d'éviter les émotions fortes pour ne pas nuire à la présentation du bébé, d'éviter le bruit et l'énervement pour ne pas accoucher prématurément, de s'abstenir des querelles pour ne pas avoir un accouchement difficile. On lui faisait de nombreuses recommandations portant sur le froid, les courants d'air et les efforts physiques intenses. Si elle devait être active, elle devait également savoir se reposer. Aujourd'hui, on note également que jamais les femmes ne se plaignent ni s'apitoient sur leur sort pendant l'accouchement. Autrefois, la femme prenait la position qui lui convenait pour l'accouchement, mais ne s'allongeait pas sur le dos. Pour faciliter la sortie du placenta, on plaçait de la chaleur sur le ventre et on faisait tout le nécessaire pour éviter l'infection. Il était moins important d'atténuer la douleur que d'assurer la sécurité aussi bien de la mère que de l'enfant (Cournoyer, 1986).

La plupart des tabous inspirés par la croyance aux mauvais esprits découlent de la peur de nuire à l'enfant à naître, mais certains se rapportent à l'idée que la femme enceinte exerce un pouvoir maléfique. Pour ces raisons, on interdit parfois aux femmes enceintes de participer à certaines activités collectives.

La santé peut par ailleurs se concevoir comme un état d'équilibre entre la lumière et l'obscurité, entre le chaud et le froid. Ainsi, certaines philosophies orientales accordent une importance primordiale aux principes cosmologiques du *yin* et du *yang*. Le *yin* correspond au principe de la passivité, du féminin – obscurité, froid, humidité –, alors que le *yang* correspond au principe de l'activité, du masculin – lumière, chaleur, sécheresse. Lorsque ces deux principes se combinent, ils constituent toute la réalité possible. Cette classification chaud/froid se retrouve aussi en Amérique latine, au Proche-Orient et en Asie.

Pour bien des personnes originaires du Mexique par exemple, la maladie résulte d'un excès de «chaleur» ou de «froideur». Pour rétablir la santé, on doit corriger ce déséquilibre à l'aide d'aliments, de médicaments et de plantes, ces substances étant également classées comme «chaudes» ou «froides». Ainsi, on traitera une maladie attribuée à une «froideur» excessive par des médicaments ou des aliments «chauds». Cette classification des aliments n'est pas toujours cohérente, mais elle se conforme à la structure traditionnelle du savoir. On pense que certains aliments, épices, plantes et médicaments ont la propriété de réchauffer ou de refroidir le corps, sans que cet effet corresponde nécessairement à leur température réelle ; ainsi, on prête à certains mets chauds une qualité rafraîchissante.

Les personnes originaires de l'Asie du Sud-Est croient qu'il est important de garder la femme « chaude » après l'accouchement, car, comme elle a perdu du sang (chaud), elle risque de trop « se refroidir » ; elle devra donc éviter les boissons et les aliments « froids » après l'accouchement (Mattson, 1995). En Inde où on considère au contraire que la grossesse constitue une période « chaude », bien des femmes mangent des aliments « frais » pendant les relevailles pour rétablir l'équilibre (Choudhry, 1997).

Si les principes du chaud et du froid n'ont pas la même importance chez les Autochtones d'Amérique du Nord ou chez les Noirs américains, toutes ces cultures ont en commun la notion d'équilibre de la nature.

Pratiques culturelles et soins de santé

De nombreux facteurs influent sur les pratiques en matière de santé durant la grossesse, notamment la fidélité aux croyances, aux remèdes et aux guérisseurs traditionnels par rapport à la crédibilité qu'on accorde aux professionnels de la santé. En milieu urbain, l'âge, le nombre d'années passées en ville, l'état civil et la solidité de la structure familiale sont également des facteurs d'influence. Le statut socioéconomique est une donnée non négligeable : dans certains pays (les États-Unis, par exemple), les services médicaux modernes sont plus accessibles à ceux qui ont les moyens d'en acquitter les coûts. Ici, au Québec, les frais médicaux sont assumés par l'État, de sorte que même les personnes appartenant aux milieux économiquement faibles peuvent bénéficier des services de santé (voir, au chapitre 11, les informations concernant le programme OLO).

Les professionnels de la santé doivent absolument tenir compte de la diversité des pratiques en matière de santé, car elle peut être déterminante. Par exemple, dans la tradition mexicaine ou dans d'autres cultures, les mères sont souvent très influencées par le « familialisme », c'est-à-dire par un réseau qui relie très étroitement les membres de la famille nucléaire et de la famille étendue, et ce, dans l'intérêt du groupe familial. Cette influence se traduit également par un grand respect des rôles parentaux, de sorte que souvent les jeunes femmes demanderont à leur mère ou à des femmes plus âgées de les conseiller durant leur grossesse (Lederman et Miller, 1998).

Les guérisseurs jouent également un rôle important dans certaines cultures. Ainsi, dans la culture mexicaine traditionnelle, on va voir le *curandero* ou la *curandera* ; dans certaines tribus autochtones, on consulte le chaman (homme médecine ou femme médecine) ; chez les Asiatiques, on recourt souvent à l'herboriste ; et dans certaines cultures africaines ou antillaises, on se tourne vers un guérisseur spirituel, un « docteur racine » ou un spirite. Chez les Amérindiens, les proches sont présents lors de l'accouchement, et leur soutien moral est suffisant (Cournoyer, 1986). Pour les Inuits, « celle qui aide » joue le rôle

de seconde mère et guide l'enfant de la naissance jusqu'à l'âge adulte (Dufour, 1988).

Facteurs culturels et soins infirmiers

Il arrive trop souvent que les travailleurs de la santé n'aient pas conscience des valeurs et des traits culturels qu'ils véhiculent. En effet, ils ont tendance à projeter leurs propres réactions culturelles sur leurs clients : des clients nés dans d'autres pays ou dans d'autres régions du pays ; des clients qui proviennent de divers groupes ethnoculturels, religieux ou socioéconomiques ; des clients dont l'expérience peut différer considérablement de la leur. Cette projection les amène à attribuer aux comportements des clients les mêmes motivations qu'aux leurs. De plus, les travailleurs de la santé ne voient pas que la médecine a aussi sa culture, marquée historiquement par les valeurs et les croyances de la classe moyenne (American College of Obstetricians and Gynecologists, 1998).

On appelle *ethnocentrisme* la tendance à croire que les valeurs et les croyances de son propre groupe culturel sont les meilleures, sinon les seules valables. L'ethnocentrisme se caractérise par l'incapacité à comprendre les croyances et la vision du monde de ceux qui appartiennent à d'autres cultures. Dans une certaine mesure, nous sommes tous et toutes plus ou moins ethnocentriques, du moins à certains moments. Ainsi, l'infirmière dont la culture valorise le stoïcisme durant l'accouchement risque d'être mal à l'aise devant les manifestations bruyantes d'une cliente latino-américaine. Sa collègue pourra être tout aussi déconcertée par une cliente venant de l'Asie du Sud-Est qui considère que la douleur doit être supportée, plutôt que soulagée, et qui tient à rester maîtresse d'elle-même tout au long du travail (Mattson, 1995).

Certains travailleurs de la santé croient que les gens qui viennent de cultures qui ne partagent pas les valeurs et les croyances de l'Occident devraient les adopter. Par exemple, une infirmière qui croit fermement à l'égalité des sexes pourra trouver difficile de se taire lorsqu'une cliente originaire du Moyen-Orient s'en remet à son mari pour toutes les décisions. N'oublions pas que les incitations à défier les valeurs et les croyances culturelles peuvent être une source de stress et d'anxiété pour ces femmes.

Pour tenir compte de la diversité culturelle dans la prestation des soins de santé, l'infirmière doit acquérir des compétences culturelles, c'est-à-dire des connaissances et des habiletés permettant d'estimer les personnes appartenant à d'autres cultures, de les respecter et de leur donner des soins. Cela exige une bonne connaissance de soi, une conscience et une compréhension des différences culturelles, ainsi que la capacité d'adapter, au besoin, ses pratiques et ses habiletés cliniques (Beckman et Dysart, 2000).

L'évaluation culturelle est un aspect important des soins prénataux. Les travailleurs de la santé sont de plus en plus conscients de la nécessité de procéder à une évaluation des besoins culturels lors de l'évaluation prénatale pour assurer des soins de santé adéquats durant la grossesse. L'infirmière doit déterminer les croyances, les valeurs et les comportements des futurs parents à propos de la grossesse et de la maternité. Elle doit aussi recueillir des informations concernant leur origine ethnoculturelle, leurs rapports avec leur groupe culturel, leur façon de prendre des décisions, leurs croyances et leurs pratiques religieuses, leur langue et leur style de communication ainsi que leurs normes en matière de convenances. L'infirmière peut aussi explorer les attentes de la future mère (et de ses proches) envers le système de santé.

Lorsqu'elle établit le plan de soins, l'infirmière essaie de voir dans quelle mesure les valeurs, les croyances et les traditions de la cliente concordent avec les valeurs, les croyances et les traditions du groupe culturel auquel appartient cette dernière, de même qu'avec celles de l'infirmière soignante et de l'établissement de santé. En cas de divergences, l'infirmière déterminera si le système de la cliente est en accord, neutre ou en désaccord avec les interventions éventuelles. Les systèmes qui sont en accord avec les interventions éventuelles, ou neutres par rapport à celles-ci, pourront s'insérer dans le plan de soins. Par exemple, les pratiques alimentaires de la cliente ou ses réactions devant la douleur peuvent s'écarter des habitudes de l'infirmière ou de l'établissement de santé sans pour autant compromettre le plan de soins. Par contre, d'autres pratiques culturelles peuvent compromettre la santé de la femme enceinte. Ainsi, certaines femmes originaires des Philippines refusent de prendre tout médicament durant la grossesse. Si le médecin estime qu'une médication est essentielle à son bien-être, on considérera que les croyances culturelles de la cliente peuvent nuire à sa santé. L'infirmière doit discuter à fond avec la cliente des raisons de son refus. Une fois ces raisons exposées et comprises, l'infirmière pourra envisager les trois possibilités suivantes : 1) chercher les moyens de convaincre la cliente d'accepter la médication proposée ; 2) accepter le refus de la cliente ; 3) proposer à la cliente d'autres traitements qui pourraient lui sembler acceptables compte tenu de ses croyances culturelles.

L'encadré *Points à retenir : Donner des soins périnataux de qualité à une clientèle diverse* présente les mesures que peut prendre l'infirmière soucieuse d'améliorer sa conscience des différences culturelles.

Points à retenir

Donner des soins périnataux de qualité à une clientèle diverse

L'infirmière qui travaille avec des familles appartenant à divers groupes ethniques et culturels pourra leur offrir des soins périnataux plus efficaces et plus respectueux si elle observe les consignes suivantes :

- soumettre ses propres croyances à un examen critique ;
- cerner ses propres penchants, stéréotypes et préjugés ;
- s'engager consciemment à respecter les valeurs et les croyances d'autrui ;
- décrire les valeurs et les croyances d'autrui en termes respectueux ;
- se renseigner sur les rites, les us et coutumes et les pratiques des principaux groupes ethniques et culturels avec lesquels elle est en relation ;
- inclure systématiquement, dans l'évaluation prénatale, une évaluation culturelle de la cliente et de ses proches, ainsi que de leurs attentes en matière de soins de santé ;
- dans la mesure du possible, intégrer au plan de soins les pratiques culturelles de la cliente et de ses proches ;
- adopter une attitude de respect et de coopération avec les soignants issus d'autres traditions ;
- faire appel aux services d'un interprète s'il y a une barrière linguistique ;
- apprendre la langue (ou du moins les expressions clés) d'au moins un des groupes culturels avec lequel elle travaille ;
- reconnaître que la cliente a le droit de prendre ses propres décisions en matière de soins de santé ;
- déterminer si les croyances de la cliente peuvent avoir des répercussions négatives sur sa santé.

Le chapitre en bref

Notions fondamentales

- Presque tous les systèmes et appareils de l'organisme maternel subissent des changements durant la grossesse.
- La tension artérielle diminue légèrement durant la grossesse. Elle descend à son plus bas au deuxième trimestre, puis revient peu à peu à la normale au cours du troisième trimestre.
- Lorsque la femme enceinte est couchée sur le dos, l'utérus gravide peut comprimer la veine cave et causer ce qu'on appelle le syndrome aortocave de la grossesse.

- Une anémie physiologique peut apparaître durant la grossesse parce que le volume plasmatique total augmente davantage que la numération érythrocytaire, ce qui entraîne une baisse de l'hématocrite.
- La filtration glomérulaire augmente légèrement durant la grossesse. L'incapacité de l'organisme de réabsorber tout le glucose filtré par les glomérules peut se traduire par une glycosurie.
- Les modifications de la peau qu'on peut observer durant la grossesse comprennent le chloasma, la ligne brune, la pigmentation

accrue de l'aréole, du mamelon et de la vulve, les vergetures et les angiomes stellaires.

- Les besoins en insuline augmentent durant la grossesse. Chez la femme qui souffre d'une insuffisance pancréatique latente, le stress exercé sur les îlots de Langherans peut causer un diabète gestationnel.

- Les signes subjectifs (possibles) de la grossesse sont des symptômes que ressent la cliente et qu'elle signale au médecin : aménorrhée, nausées et vomissements, fatigue, pollakiurie, modifications des seins et mouvements actifs du fœtus.

- Les signes objectifs (probables) de la grossesse sont ceux que l'examinateur peut percevoir, mais qui peuvent avoir une autre cause que la grossesse.

- Les signes positifs (certains) de la grossesse sont ceux que l'examinateur peut percevoir et qui ne peuvent avoir d'autre cause que la grossesse.

- Au cours de sa grossesse, la femme peut passer par plusieurs réactions psychologiques : ambivalence, acceptation, introversion, labilité émotionnelle, perturbations de l'image corporelle, etc.

- Selon Rubin (1984), la femme enceinte doit mener à bien quatre tâches : 1) veiller au bon déroulement de la grossesse et de l'accou-chement ; 2) faire accepter son enfant par les siens ; 3) assumer son rôle de mère et créer des liens avec l'enfant ; 4) apprendre à faire don de soi dans l'intérêt de l'enfant.

- Le père doit lui aussi s'adapter à son nouveau rôle. Il doit prendre conscience de la réalité de la grossesse, se faire reconnaître comme parent et affronter les conflits non résolus liés à la perception qu'il a de son propre père.

- Les frères et sœurs de l'enfant à naître ont besoin qu'on les aide à s'adapter à l'arrivée du nouveau bébé.

- Les valeurs, les croyances et les comportements culturels influent sur la façon dont la femme enceinte et ses proches réagissent à la maternité et aux services de santé.

- L'ethnocentrisme se définit comme la tendance à considérer que ses propres croyances, valeurs et pratiques sont les meilleures, sinon les seules valables. Pour combattre l'ethnocentrisme, les prestataires de soins de santé doivent acquérir des compétences culturelles.

- L'évaluation culturelle de la cliente et de ses proches n'a pas à être exhaustive, mais elle doit mettre en lumière les facteurs susceptibles d'influer sur leurs pratiques en matière de soins de santé.

Références

AMERICAN COLLEGE OF OBSTETRICIANS AND GYNECOLOGISTS (1998), *Cultural competency in health care,* Opinion n° 201, Washington, DC, disponible chez l'auteur.

BECKMAN, C. R. B., et D. DYSART (2000), « The challenge of multicultural medical care », *Contemporary OB/GYN,* vol. 45, n° 12, p. 12-33.

BODO, K., et N. GIBSON (1999a), « Childbirth customs in Orthodox Jewish tradition », *Canadian Family Physician,* vol. 45, p. 682-686.

BODO, K., et N. GIBSON (1999b), « Childbirth customs in Vietnamese tradition », *Canadian Family Physician,* vol. 45, p. 690-697.

BUSTER, J. E., et S. A. CARSON (1996), « Endocrinology and diagnosis of pregnancy », *in* S. G. Gabbe, J. R. Niebyl et J. L. Simpson (dir.), *Obstetrics : Normal and problem pregnancies,* 3e éd., New York, Churchill-Livingstone.

CHOUDHRY, U. K. (1997), « Traditional practices of women from India : Pregnancy, childbirth and new-born care », *Journal of Obstetrics, Gynecologic and Neonatal Nursing,* vol. 26, n° 5, p. 533-539.

CLINE, C. R., D. P. MARTIN et R. A. DEYO (1998), « Health consequences of pregnancy and childbirth as perceived by women and clinicians », *Obstetrics and Gynecology,* vol. 92, n° 5, p. 842-848.

CONLEY, L. J. (1990), « Childbearing and childrearing practices in Mormonism », *Neonatal Network,* vol. 9, n° 3, p 41-48.

COURNOYER, Monique (1986), *Où et comment accoucher. Étude des perceptions des femmes cries sur les conditions de l'accouchement,* Département de santé communautaire, Hôpital Général de Montréal.

CRUIKSHANK, D. P., T. R. WIGTON et P. M. HAYS (1996), « Maternal physiology in pregnancy », *in* S. G. Gabbe, J. R. Niebyl et J. L. Simpson (dir.), *Obstetrics : Normal and problem pregnancies,* 3e éd., New York, Churchill-Livingstone.

CUNNINGHAM, F. G., N. F. GANT, K. J. LEVENO, L. C. GILSTRAP III, J. C. HAUTH ET K. D. WENSTROM (2001), *Williams Obstetrics,* 21e éd., New York, McGraw-Hill.

DIEMER, G. A. (1997), « Expectant fathers : Influence of perinatal education on stress, coping, and spousal relations », *Research in Nursing and Health,* vol. 20, n° 4, p. 281-293.

DUFOUR, Rose (1988), *Femme et enfantement. Sagesse dans la culture inuit,* Québec, Les Éditions Papyrus.

JORDAN, P. L. (1990), « Laboring for relevance : Expectant and new fatherhood », *Nursing Research,* vol. 39, n° 1, p. 11-16.

KROELINGER, C. D., et K. S. OTHS (2000), « Partner support and pregnancy wantedness », *Birth,* vol. 27, n° 2, p. 112-119.

LEDERMAN, R. P. (1996), *Psychosocial adaptation in pregnancy,* 2e éd., New York, Springer.

LEDERMAN, R., et D. S. MILLER (1998), « Adaptation to pregnancy in three different ethnic groups : Latin-American, African-American, and Anglo-American », *Canadian Journal of Nursing Research,* vol. 30, n° 3, p. 37-51.

MALDONADO-DURAN, J. M., M. S. W. MUNGUIA-WELLMAN, O. T. SARI-LUBIN et TERESA LARTIGNE (2000), *Latino families in the perinatal period, cultural issue in dealing with the healthcare system,* <www.org/latino.htm>.

MALDONADO-DURAN, J. M., T. LARTIGUE et M. FEINTUCH (2000), « Perinatal psychiatry : Infant mental healt intervention during pregnancy », *Bulletin of the Menninger Clinic,* vol. 64, p. 317-343.

MATTSON, S. (1995), « Culturally sensitive perinatal care for Southeast Asians », *Journal of Obstetrics, Gynecologic and Neonatal Nursing,* vol. 24, n° 4, p. 335-341.

MATTSON, S., et J. E. SMITH (2000), *Core curriculum for maternal-newborn nursing,* 2e éd., Philadelphie, Saunders.

MERCER, R. T. (1995), *Becoming a mother,* New York, Springer.

PATTERSON, E. T., M. P. FREESE et R. L. GOLDENBERG (1990), « Seeking safe passage : Utilizing Health care during pregnancy », *Image,* vol. 22, n° 1, p. 27-31.

RUBIN, R. (1984), *Maternal identity and the maternal experience,* New York, Springer.

SMALL, M. F. (novembre 1998), « Sleep with me : A trans-cultural look at the power and protection of sharing a bed », *Mothering,* p. 62-64.

SORENSON, D. S., et P. SCHUELKE (1999), « Fantasies of the unborn among pregnant women », *Maternal-Child Nursing,* vol. 24, n° 2, p. 92-97.

STARK, M. A. (1997), « Psychosocial adjustment during pregnancy : The experience of mature gravidas », *Journal of Obstetrics, Gynecologic and Neonatal Nursing,* vol. 26, n° 2, p. 206-211.

WALKER, L. O., R. G. FLESCHLER et M. HEAMAN (1998), « Is a healthy lifestyle related to stress, parenting confidence, and health symptoms among new fathers ? », *Canadian Journal of Nursing Research,* vol. 30, n° 3, p. 21-36.

Lectures complémentaires

Attendre un enfant (1999), Montréal, Éditions Hurtubise.

BRABANT, Isabelle (2001), *Pour une naissance heureuse*, Montréal, Éditions Saint-Martin.

DAYAN, Jacques (2002), *Maman, pourquoi tu pleures ?, Les désordres émotionnels de la grossesse et de la maternité*, Paris, Éditions Odile Jacob.

HEATHER, Noah (2000), *S'épanouir en attendant bébé*, Éditions Michel Lafont.

ROTSART DE HERTAING, I., et J. COURTEJOIE (2000), *Maternité en santé*, Limette, Kinshasa, Éditions de la Communauté française de Belgique.

SAILLANT, Francine, et Michel O'NEIL (1987), *Accoucher autrement, Repères historiques, sociaux et culturels de la grossesse et de l'accouchement au Québec*, Montréal, Éditions Saint-Martin.

SCHILTE, Christine, et René FRYDMAN (2002), *Attendre bébé*, Hachette.

L'évaluation prénatale

Objectifs

- Résumer les éléments essentiels que fournit l'évaluation des données effectuée lors de la première visite prénatale
- Définir les termes obstétricaux utilisés dans l'anamnèse des clientes en maternité
- Énumérer les données relatives à la santé du père qui figurent généralement dans le dossier prénatal
- Énumérer les principaux éléments de l'évaluation culturelle et psychosociale prénatale
- Décrire les changements physiologiques normaux qu'on s'attend à constater lors de l'examen clinique d'une femme enceinte
- Comparer les méthodes les plus courantes pour déterminer la date prévue de l'accouchement (DPA)
- Décrire brièvement les mensurations essentielles de la pelvimétrie clinique
- Décrire les signes alarmants qui peuvent apparaître durant la grossesse et en énumérer les causes possibles
- Établir des rapports entre, d'une part, les éléments recueillis lors des visites prénatales subséquentes et, d'autre part, l'évaluation de la grossesse à ses divers stades

Vocabulaire

LORS DE CHAQUE VISITE PRÉNATALE, l'infirmière doit instaurer un climat chaleureux et une communication franche avec la cliente, lui témoigner de l'intérêt en tant qu'individu et discuter avec elle de ses désirs et de ses préoccupations. Elle doit aussi participer activement à l'évaluation lors de la première visite prénatale et des visites prénatales subséquentes. La formation et la compétence dont disposent les infirmières en pratique avancée, par exemple les infirmières cliniciennes et les infirmières sages-femmes, leur permettent de faire des évaluations prénatales complètes.

Ce chapitre est consacré à la première visite prénatale et aux visites prénatales subséquentes, lesquelles visent à fournir les meilleurs soins possible à la femme enceinte et à sa famille.

L'anamnèse

De nombreux facteurs influent sur le déroulement de la grossesse, notamment l'état de santé de la cliente avant la grossesse, les maladies dont elle souffre, son état émotionnel et les soins de santé antérieurs. Établir une anamnèse complète est un bon moyen de déterminer l'état de santé de la cliente avant sa grossesse.

Définition des termes obstétricaux

Les termes suivants servent à décrire les antécédents obstétricaux des clientes enceintes :

âge gestationnel : temps écoulé (en semaines) depuis la date (premier jour) de la dernière menstruation (DDM)

ante-partum : période qui va de la conception au début du travail ; terme souvent utilisé pour désigner la période durant laquelle la femme est enceinte ; synonyme de période prénatale

à terme : à la fin de la durée normale d'une grossesse (de 38 à 42 semaines)

avortement : interruption spontanée ou provoquée de la grossesse avant la fin de la 20ᵉ semaine (on écrit souvent « aborta » dans les dossiers) ; lorsque l'avortement est spontané, on parle de « fausse couche » en langage populaire

gravida (gravidité) : toute grossesse, peu importe sa durée, y compris la grossesse en cours

grossesse prolongée : grossesse qui dure plus de 42 semaines

intra-partum : période qui va du début du vrai travail jusqu'à l'expulsion de l'enfant et du placenta ; elle englobe parfois également les deux heures qui suivent la sortie du placenta

ménarche : première menstruation

mort-né : enfant mort quand il vient au monde après 20 semaines de gestation ou plus

multigeste : femme enceinte pour la deuxième fois ou plus

multipare : femme qui a accouché deux fois ou plus, à plus de 20 semaines de grossesse

nulligeste : femme qui n'a jamais été enceinte

nullipare : femme qui n'a jamais mené une grossesse au-delà de 20 semaines

para (parité) : accouchement après la 20ᵉ semaine de grossesse, que l'enfant naisse vivant ou mort

post-partum : période qui suit l'accouchement jusqu'au retour du corps de la mère à l'état prégestationnel

primigeste : femme enceinte pour la première fois

primipare : femme qui a accouché une fois, d'un enfant vivant ou mort, à plus de 20 semaines de grossesse

travail prématuré : travail qui survient entre la 20ᵉ et la 37ᵉ semaine de grossesse

Les termes *gravida* et *para* s'emploient pour désigner le nombre de grossesses, et non le nombre de fœtus. Ainsi, même s'il s'agit de jumeaux ou de triplets, on parle d'*une* grossesse (multiple) et d'*un* accouchement.

Les exemples suivants illustrent l'emploi de ces termes en situation clinique.

1. Jeanne Tremblay a eu un enfant né à 38 semaines de grossesse et elle est enceinte pour la deuxième fois. Lors de sa première visite prénatale, l'infirmière note ainsi ses antécédents obstétricaux : «gravida 2 para 1 aborta 0». Cette deuxième grossesse de Jeanne Tremblay s'interrompt à 16 semaines de grossesse. Ses antécédents sont maintenant : «gravida 2 para 1 aborta 1».

2. Maria Sanchez est enceinte pour la quatrième fois. Elle a eu des jumeaux qui sont nés à 35 semaines de grossesse. Une autre de ses grossesses s'est interrompue à 10 semaines et elle a accouché à terme d'un enfant mort-né. Lors de la première visite prénatale, l'infirmière note ainsi ses antécédents obstétricaux : «gravida 4 para 2 aborta 1». Remarquez que ses jumeaux comptent pour une grossesse et un accouchement.

Par souci de précision, certains établissements utilisent une méthode plus détaillée : le terme *gravida* garde le même sens, mais le terme *para* devient T et P afin de distinguer les grossesses antérieures s'étant terminées après 37 semaines (T) de celles s'étant terminées avant 37 semaines (P).

On désigne cette méthode par l'acronyme TPAV :

T nombre de grossesses antérieures rendues à *terme,* c'est-à-dire à plus de 37 semaines ;

P nombre de *prématurés,* c'est-à-dire le nombre de grossesses antérieures terminées entre la 20e et la 37e semaine de grossesse ;

A nombre de grossesses antérieures qui se sont terminées par un *avortement* spontané ou provoqué avant 20 semaines ;

V nombre d'enfants *vivants* nés à l'issue des grossesses antérieures.

L'infirmière qui aurait employé cette méthode aurait décrit Jeanne Tremblay (premier exemple) comme «gravida 2 TPAV 1 0 0 1» lors de la première visite prénatale ; après son avortement, Jeanne Tremblay aurait été «gravida 2 TPAV 1 0 1 1». Maria Sanchez, quant à elle, serait «gravida 4 TPAV 1 1 1 2». (La figure 8-1 ▶ illustre cette méthode.)

FIGURE 8-1 ▶ La méthode TPAV donne des informations plus détaillées sur les antécédents de grossesse de la cliente.

Nom	Gravida	À **T**erme	**P**rématurés	**A**vortements	Enfants **V**ivants
Jeanne Tremblay	2	1	0	0	1
Maria Sanchez	4	1	1	1	2

Exercice de pensée critique

Karine Mallette, 23 ans (gravida 1, para 0), est enceinte de 10 semaines lorsqu'elle rencontre pour la première fois l'infirmière en pratique avancée. À part de légères nausées et de la fatigue, elle se porte relativement bien. Elle demande à l'infirmière si elle peut continuer son programme d'exercice quotidien (marche de 5 km et travail musculaire avec de petits haltères), ses baignades dans une piscine chauffée et ses bains chauds. Que devrait lui répondre l'infirmière ?

Voir les réponses à l'appendice F.

Profil de la cliente

L'anamnèse est essentiellement un outil de dépistage, puisqu'elle permet de déceler les facteurs qui peuvent présenter un risque pour la mère ou pour le fœtus. Voici les renseignements que l'on doit obtenir de la cliente lors de la première visite prénatale.

1. Grossesse actuelle
   - Premier jour de la dernière menstruation normale
   - Crampes, saignements ou saignotements depuis la dernière menstruation normale
   - Opinion de la femme quant à la date de la conception et quant à la date du terme
   - Attitude de la femme envers la grossesse (celle-ci était-elle prévue ? désirée ?)
   - Résultat des tests de grossesse, le cas échéant
   - Malaises depuis la dernière menstruation normale : nausées, vomissements, pollakiurie, épuisement, sensibilité mammaire, etc.

2. Grossesses antérieures
   - Nombre de grossesses
   - Nombre d'avortements spontanés ou provoqués
   - Nombre d'enfants vivants
   - Histoire des grossesses antérieures : durée de la grossesse ; durée du travail et de l'accouchement ; type d'accouchement (vaginal, avec forceps ou ventouse, césarienne, etc.) ; développement général ; complications (avant, pendant et après le travail et l'accouchement)
   - État néonatal de chacun des enfants : indice d'Apgar ; poids à la naissance ; développement général ; complications ; alimentation
   - Perte d'un enfant (fausse couche, avortement provoqué par choix ou pour des raisons médicales, enfant mort-né, mort néonatale, abandon ou mort après la période néonatale) : comment a-t-elle vécu cette

perte? quelles sont les stratégies d'adaptation qui l'ont aidée? comment le conjoint a-t-il réagi?

- Si la cliente est Rh négatif, lui a-t-on administré de l'immunoglobuline anti-D après l'accouchement?
- Cours prénataux et ressources éducatives (livres)

3. Antécédents gynécologiques
- Date du dernier test de Papanicolaou; antécédents d'anomalies
- Infections antérieures: infections vaginales ou cervicales, MTS
- Interventions chirurgicales
- Âge à la ménarche
- Régularité, fréquence et durée des menstruations
- Antécédents de dysménorrhée
- Antécédents sexuels
- Antécédents de contraception (dans le cas des contraceptifs oraux, la grossesse est-elle survenue immédiatement après l'arrêt de la médication? sinon, après combien de temps?)

4. État de santé actuel
- Poids corporel
- Groupe sanguin et facteur Rh, si la cliente les connaît
- État de santé général, y compris l'alimentation, les habitudes alimentaires et l'exercice (genre, fréquence, durée)
- Médicaments consommés actuellement ou depuis le début de la grossesse (y compris les médicaments en vente libre, les produits homéopathiques et les herbes médicinales)
- Consommation antérieure ou actuelle de tabac, d'alcool et de caféine (se renseigner sur la quantité d'alcool, de cigarettes et de caféine – café, thé, colas et chocolat – consommée quotidiennement)
- Consommation ou abus de drogues (préciser: cocaïne, crack, marijuana, ecstasy, GHB, mescaline, etc.)
- Allergies médicamenteuses, autres allergies, intolérances alimentaires (lactose, gluten, etc.)
- Exposition à des agents tératogènes durant la grossesse actuelle (contacts avec des substances chimiques toxiques au travail, infections virales, médicaments, rayons X), interventions chirurgicales ou présence d'un chat à domicile (risque de toxoplasmose)
- États pathologiques connus (diabète, hypertension, maladie cardiovasculaire, troubles rénaux, troubles thyroïdiens, etc.)
- Immunisations (surtout contre la rubéole)
- Symptômes anormaux

5. Antécédents médicaux
- Maladies infantiles

- Traitements pour des maladies antérieures (hospitalisations, antécédents d'hépatite, rhumatisme articulaire aigu, pyélonéphrite)
- Interventions chirurgicales
- Affection hématologique ou tendance aux saignements (a-t-elle reçu des transfusions sanguines?)

6. Antécédents médicaux familiaux
- Antécédents familiaux de diabète, de maladie cardiovasculaire, de cancer, d'hypertension, d'affections hématologiques, de tuberculose, de prééclampsie ou d'éclampsie (hypertension gravidique)
- Précédents de naissances multiples
- Antécédents de maladies congénitales ou de malformations
- Précédents de césariennes (préciser les causes, si la cliente les connaît)

7. Antécédents culturels et religieux
- Religion: la femme souhaite-t-elle qu'on l'indique dans son dossier? a-t-elle des croyances ou des pratiques religieuses qui pourraient influer sur les soins qui lui seront prodigués, ainsi qu'à son enfant (refus de recevoir des produits sanguins, règles alimentaires, circoncision, suivi et accouchement par une femme, etc.)?
- Pratiques essentielles à son bien-être spirituel
- Pratiques, rites ou coutumes culturels (pour elle ou pour son conjoint) qui pourraient influer sur les soins prodigués à la mère et à l'enfant
- Depuis quand vit-elle dans notre pays?
- Quelle langue parle-t-elle? Faut-il lui fournir un interprète?

8. Antécédents professionnels
- Emploi
- Conditions de travail: la cliente reste-t-elle debout toute la journée ou a-t-elle l'occasion de s'asseoir et de surélever ses jambes? doit-elle soulever des objets lourds?
- Exposition à des produits chimiques ou à d'autres substances ou agents dangereux
- Possibilité de prendre un repas et des goûters nutritifs à heures régulières
- Possibilité de prendre un congé de maternité (dans quelles conditions?) et des congés pour raisons familiales

9. Renseignements sur le conjoint
- Présence d'anomalies génétiques ou de maladies héréditaires
- Âge
- Problèmes de santé notables

- Consommation antérieure et actuelle de tabac, d'alcool et de drogues
- Groupe sanguin et facteur Rh
- Emploi
- Niveau d'instruction; méthodes d'apprentissage privilégiées
- Attitude envers cette grossesse

10. Renseignements personnels sur la cliente
    - Âge
    - Niveau d'instruction; méthodes d'apprentissage privilégiées
    - Origine ethnique (pour déterminer s'il faut avoir recours au dépistage ou au counseling génétiques)
    - Conditions d'habitation; stabilité des conditions de vie
    - Situation socioéconomique
    - Acceptation de la grossesse
    - Antécédents (chez elle ou chez ses enfants) de violence conjugale ou familiale, d'agression physique ou sexuelle, ou encore de négligence physique ou émotionnelle (demander à la cliente si, au cours des dernières années ou depuis qu'elle est enceinte, elle a été bousculée, giflée, frappée à coups de poing, à coups de pied ou avec des objets; demander si elle a peur de son conjoint ou de quelqu'un d'autre)
    - Antécédents de troubles émotionnels
    - Réseau de soutien (il est très important de l'établir avant la naissance)
    - Préférences en ce qui concerne le travail et l'accouchement: attentes de la cliente et de son conjoint, accompagnement, présence d'autres personnes, etc. (voir le chapitre 6)
    - Soins prodigués à l'enfant après la naissance (qui s'en occupera?)
    - Préférences quant à l'allaitement (au sein ou au biberon?)

Obtention des données

Dans la plupart des établissements, on utilise un questionnaire pour recueillir la majorité des informations; le cas échéant, la femme devrait pouvoir le remplir dans un endroit tranquille, où elle ne sera pas dérangée. L'infirmière pourra ensuite recueillir des informations supplémentaires lors d'un entretien avec la cliente, ce qui permettra à cette dernière d'expliquer et de préciser ses réponses, et leur donnera l'occasion de jeter les bases d'une relation de confiance.

On devrait inciter le futur père à assister aux examens prénataux ainsi qu'aux rencontres d'information: il pourra ainsi donner des précisions sur ses antécédents, poser des questions et exprimer ses préoccupations.

Dépistage des risques prénataux

Tous les éléments qui donnent à penser que le déroulement ou l'issue de la grossesse pourrait être problématique pour la femme ou pour l'enfant à naître sont des **facteurs de risque**. Le dépistage des facteurs de risque est l'un des principaux objectifs de la collecte des données prénatales. Plusieurs facteurs de risque peuvent être décelés dès la première visite prénatale; d'autres peuvent l'être lors des visites subséquentes. Il importe de dépister les grossesses à risque élevé le plus tôt possible pour prendre sans tarder les mesures appropriées. Les facteurs de risque ne représentent pas tous un danger égal; dans plusieurs établissements, on se sert d'une grille de cotation pour déterminer l'importance relative des risques. Ces renseignements doivent rester à jour tout au long de la grossesse, car il peut arriver que des complications transforment une grossesse sans risque prévisible en grossesse à risque élevé.

Le tableau 8-1 énumère les principaux facteurs de risque connus à l'heure actuelle, ainsi que leurs répercussions sur la mère, le fœtus ou le nouveau-né.

▄ La première visite prénatale

Lors de la première visite prénatale, l'infirmière adopte une approche holistique en passant en revue les facteurs physiques, culturels et psychosociaux qui peuvent influer sur la santé de la cliente. À sa première visite, il se peut que cette dernière se préoccupe surtout du diagnostic de la grossesse, mais elle (et son conjoint, s'il est présent) évalue aussi l'équipe de soins qu'elle a choisie. L'instauration d'une bonne relation entre l'infirmière et la cliente l'aidera à le faire, et contribuera à créer une ambiance propice à la collecte des données, au soutien et à l'enseignement.

Comme les clientes sont souvent anxieuses et surexcitées à leur première visite prénatale, l'évaluation psychosociale et culturelle reste générale. L'infirmière discute avec la cliente des facteurs socioéconomiques, culturels, religieux ou spirituels qui influent sur ses attentes et sur celles de son conjoint en ce qui concerne la grossesse et l'accouchement. Cet entretien sera particulièrement utile si l'infirmière connaît les pratiques courantes des groupes religieux et ethnoculturels de la communauté. Le tact et la considération dont elle fait preuve en recueillant ces informations peuvent contribuer à mettre la cliente en confiance et l'aider à mieux vivre sa grossesse.

Une fois l'anamnèse terminée, l'infirmière prépare la cliente à l'examen clinique. Comme elle le lui explique, cet examen commencera par l'évaluation des signes vitaux, se poursuivra avec l'examen général et se terminera par l'examen pelvien.

Avant l'examen, l'infirmière demande à la cliente de fournir un échantillon d'urine par mi-jet à des fins d'analyse, mais

Tableau 8-1

Principaux facteurs de risque pour la mère, le fœtus et le nouveau-né

Facteurs de risque	Effets sur la mère	Effets sur le fœtus ou le nouveau-né
Facteurs sociaux ou personnels		
Faible revenu et/ou faible niveau d'instruction	Soins prénataux déficients Mauvais état nutritionnel ↑ du risque de prééclampsie	Faible poids à la naissance Retard de la croissance intra-utérine (RCIU)
Mauvaise alimentation	Malnutrition ↑ du risque d'anémie ↑ du risque de prééclampsie	Malnutrition fœtale Prématurité RCIU
Vie en haute altitude	↑ de l'hémoglobine	Prématurité RCIU ↑ de l'hémoglobine (polycythémie)
Multiparité >3	↑ des risques d'hémorragie (ante partum et post-partum)	Anémie Mort fœtale
Poids <45 kg	Mauvais état nutritionnel Disproportion fœtopelvienne	RCIU Hypoxie associée à un travail et à un accouchement difficiles
Poids >90 kg	Travail prolongé ↑ du risque d'hypertension ↑ du risque de disproportion fœtopelvienne ↑ du diabète	↓ de la nutrition fœtale ↑ du risque de macrosomie
Âge <16 ans	Mauvais état nutritionnel Soins prénataux déficients ↑ du risque de prééclampsie ↑ du risque de disproportion fœtopelvienne	Faible poids à la naissance ↑ du risque de mort fœtale RCIU
Âge >35 ans	↑ du risque de prééclampsie ↑ du risque de césarienne	↑ du risque d'anomalies congénitales ↑ du risque d'aberrations chromosomiques
Tabagisme (nombre de cigarettes par jour)	↑ du risque d'hypertension ↑ du risque de cancer	↓ de la perfusion placentaire →↓O_2 et nutriments Faible poids à la naissance RCIU Naissance prématurée
Consommation de drogues	↑ du risque de mauvais état nutritionnel ↑ du risque d'infection (drogues intraveineuses) ↑ du risque de VIH et d'hépatite C	↑ du risque d'anomalies congénitales ↑ du risque de faible poids à la naissance Syndrome du sevrage chez le nouveau-né Faible bilirubine sérique
Consommation excessive d'alcool	↑ du risque de mauvais état nutritionnel Possibilité d'effets sur le foie (consommation prolongée)	↑ du risque de syndrome d'alcoolisme fœtal
Problèmes médicaux préexistants		
Diabète	↑ du risque de prééclampsie et d'hypertension Épisodes d'hypoglycémie et d'hyperglycémie ↑ du risque de césarienne	Faible poids à la naissance Macrosomie Hypoglycémie néonatale ↑ du risque d'anomalies congénitales ↑ du risque de détresse respiratoire
Cardiopathie	Décompensation cardiaque Effort supplémentaire pour l'organisme maternel ↑ du taux de mortalité maternelle	↑ du risque de mort fœtale ↑ de la mortalité prénatale

Tableau 8-1 (suite)

Principaux facteurs de risque pour la mère, le fœtus et le nouveau-né (suite)

Facteurs de risque	Effets sur la mère	Effets sur le fœtus ou le nouveau-né
Problèmes médicaux préexistants (suite)		
Anémie: hémoglobine <90 g/L (femmes de race blanche) • hématocrite <0,29 (femmes de race blanche) • hémoglobine <82 g/L (femmes de race noire) • hématocrite <0,26 (femmes de race noire)	Anémie ferriprive Faible niveau d'énergie Diminution du pouvoir oxyphorique de l'hémoglobine	Mort fœtale Prématurité Faible poids à la naissance
Hypertension	↑ de l'angiospasme ↑ du risque d'irritabilité du SNC → convulsions ↑du risque d'accident vasculaire cérébral ↑ du risque de lésion rénale	↓ de la perfusion placentaire → faible poids à la naissance Naissance prématurée
Troubles thyroïdiens	↑ de l'infertilité	↑ du risque d'avortement spontané
Hypothyroïdie	↓ du métabolisme basal, goitre, myxœdème	↑ du risque de goitre congénital
Hyperthyroïdie	↑ du risque d'hémorragie post-partale ↑ du risque de prééclampsie Risque de crise thyréotoxique	Arriération mentale → crétinisme ↑ de l'incidence des anomalies congénitales ↑ de l'incidence des naissances prématurées ↑ de la tendance à la thyréotoxicose
Maladie rénale (modérée à grave)	↑ du risque d'insuffisance rénale	↑ du risque de RCIU ↑ du risque de naissance prématurée
Exposition au diéthylstilbestrol (DES)	↑ du risque d'infertilité et d'avortement spontané ↑ de la béance isthmique	↑ des avortements spontanés ↑ du risque de naissance prématurée

Données obstétricales

Grossesses antérieures

Facteurs de risque	Effets sur la mère	Effets sur le fœtus ou le nouveau-né
Enfant mort-né	↑ de la détresse affective/psychologique	↑ du risque de RCIU ↑ du risque de naissance prématurée
Avortements à répétition	↑ de la détresse émotionnelle/psychologique ↑ de la possibilité de préciser le diagnostic	↑ du risque d'avortement
Césarienne	↑ de la probabilité d'une autre césarienne	↑ du risque de naissance prématurée ↑ du risque de détresse respiratoire
Sensibilisation au facteur Rh ou à un groupe sanguin	↑ du nombre de tests	Anasarque fœtoplacentaire Érythroblastose fœtale Anémie néonatale Ictère nucléaire Hypoglycémie
Gros bébé	↑ du risque de césarienne ↑ du risque de diabète gestationnel	Traumatisme de la naissance Hypoglycémie

Grossesse actuelle

Facteurs de risque	Effets sur la mère	Effets sur le fœtus ou le nouveau-né
Rubéole (premier trimestre)		Cardiopathie congénitale Cataractes Surdité nerveuse Lésions osseuses Incubation prolongée du virus
Rubéole (deuxième trimestre)		Hépatite Thrombopénie
Cytomégalovirus	Fièvre, adénopathie, pharyngite, etc., ou absence de symptômes	RCIU Encéphalopathie Symptômes semblables à ceux de la rubéole

Tableau 8-1 (suite)

Principaux facteurs de risque pour la mère, le fœtus et le nouveau-né (suite)

Facteurs de risque	Effets sur la mère	Effets sur le fœtus ou le nouveau-né
Données obstétricales (suite)		
Grossesse actuelle (suite)		
Virus de l'herpès simplex de type 2	Prurit Inquiétude quant à la possibilité de césarienne et d'infection fœtale ↑ de l'incidence des avortements (s'il ne s'agit pas d'une infection primaire) Risque d'accouchement prématuré (s'il y a eu contamination en fin de grossesse)	Herpès de type 2 chez 50 % des nouveau-nés si l'infection maternelle est primaire et chez 4 ou 5 % d'entre eux s'il s'agit d'une infection récurrente Éruptions à la naissance ou quelques semaines plus tard Naissance prématurée (dans 50 % des cas) RCIU Dissémination aux principaux organes Ictère Lésions siégeant au SNC, aux yeux, à la peau, aux muqueuses Asymptomatique
Syphilis	Chancre primaire pendant 2 à 6 semaines De 4 à 10 semaines après la guérison du chancre, syphilis secondaire	↑ de la mort fœtale Syphilis congénitale Hépatosplénomégalie
Chlamydiose	Urétrite, cervicite purulente, bartholinite, ou absence de symptômes	Conjonctivite (l'onguent antibiotique ou le nitrate d'argent sont inefficaces) Pneumonie
Décollement prématuré du placenta et placenta prævia	↑ du risque d'hémorragie Repos au lit Hospitalisation prolongée	Anémie fœtale/néonatale Hémorragie intra-utérine ↑ du risque de mort fœtale Anoxie Acidose
Prééclampsie ou éclampsie (hypertension liée à la grossesse)	Voir *Hypertension*	↑ de la perfusion placentaire → faible poids à la naissance
Grossesse multiple	↑ du risque d'hémorragie du post-partum ↑ du risque de naissance prématurée	↑ du risque de naissance prématurée ↑ du risque de mort fœtale
Hématocrite élevé • >0,41 (femmes de race blanche) • >0,38 (femmes de race noire)	Augmentation de la viscosité du sang	Taux de mort fœtale 5 fois plus élevé que la normale
Rupture prématurée des membranes	↑ des infections utérines	↑ du risque de naissance prématurée ↑ du risque de mort fœtale

aussi parce que la cliente sera plus à l'aise durant l'examen pelvien si sa vessie est vide et parce que ses organes pelviens seront plus faciles à palper. Lorsque la cliente a uriné, l'infirmière l'invite à se déshabiller et lui donne une blouse ou un drap pour se couvrir.

De plus en plus d'infirmières sont habilitées à procéder elles-mêmes à l'examen clinique. L'infirmière qui n'a pas encore toute la formation nécessaire prend les signes vitaux de la cliente, lui explique comment se déroulera l'examen pour apaiser ses appréhensions, l'installe dans la position appropriée, c'est-à-dire à demi assise selon un angle de 30° à 45° et les jambes fléchies (Brûlé et Cloutier, 2002), et elle assiste l'examinateur durant l'examen. Toute infirmière a la responsabilité de satisfaire aux normes qui correspondent à ses qualifications.

Il est essentiel que l'examen clinique se fasse de manière systématique avec rigueur et minutie. Pour permettre un examen complet et approfondi lors de la première visite prénatale, le *Guide d'évaluation initiale de la période prénatale* se divise en trois colonnes : 1) les éléments à examiner et les résultats normaux correspondants ; 2) les anomalies et leurs causes possibles ; 3) les interventions infirmières dictées par les données. Notons que, lors de l'examen clinique, divers organes, appareils et systèmes peuvent être évalués en même temps.

Nous étudierons au chapitre 9 les interventions infirmières qui découlent de l'évaluation des transformations physiologiques et psychosociales normales pendant la grossesse, de l'évaluation des influences ethnoculturelles, ainsi que des besoins de la cliente enceinte en matière d'enseignement et de counseling.

Détermination de la date prévue de l'accouchement (DPA)

Les femmes enceintes et leur proches veulent généralement connaître la date approximative de l'accouchement, soit, en termes médicaux, la **date prévue de l'accouchement (DPA)**. Connaître la **date de la dernière menstruation (DDM)** permet d'estimer facilement la DPA. Cependant, comme certaines femmes ne notent pas les dates de leurs menstruations, ou encore ont des menstruations irrégulières ou des ménorragies, on peut recourir à d'autres moyens pour déterminer le nombre de semaines de grossesse (c'est-à-dire l'âge gestationnel) : évaluation des dimensions utérines, début des mouvements actifs du fœtus et auscultation du cœur fœtal à l'aide d'un fœtoscope à ultrasons, de l'échographie ou encore, plus tard au cours de la grossesse, du fœtoscope traditionnel.

Règle de Nägele

La méthode de détermination de la DPA la plus répandue est la **règle de Nägele** : on prend le premier jour de la dernière menstruation, on soustrait 3 mois, puis on ajoute 7 jours.

Premier jour de la dernière menstruation (DDM)	21 novembre
Soustraction de 3 mois	− 3 mois
	21 août
Addition de 7 jours	+ 7 jours
DPA	28 août

Le calcul est plus simple si on exprime les mois en chiffres.

Premier jour de la dernière menstruation (DDM)	21/11
Soustraction de 3 mois	− 3
	21/8
Addition de 7 jours	+ 7
DPA	28/8 (28 août)

Si la cliente ne prenait pas de contraceptifs oraux avant la grossesse, qu'elle était menstruée tous les 28 jours et qu'elle se souvient de la DDM, la règle de Nägele permet de déterminer assez précisément la date de l'accouchement. Cependant, *l'ovulation se produit généralement 14 jours avant le début de la menstruation suivante, et non 14 jours après la menstruation précédente.* Par conséquent, si la cliente a des cycles irréguliers ou des

Guide d'évaluation initiale de la période prénatale

Examen/Résultats normaux	Anomalies et causes possibles*	Interventions infirmières dictées par les données**
Signes vitaux		
Tension artérielle (TA) : 90-140/ 60-90 mm Hg	TA élevée (hypertension artérielle essentielle ; maladie rénale ; hypertension prégestationnelle ; appréhension et anxiété liées au diagnostic de grossesse, à l'examen ou à une autre situation de crise ; éclampsie ou prééclampsie si la première visite prénatale a lieu après 20 semaines de grossesse)	Toute TA >140/90 exige une attention immédiate ; déterminer la TA et, au besoin, orienter vers le médecin Évaluer les connaissances de la cliente sur l'hypertension ; faire du counseling sur les autosoins et le traitement médical
Pouls : 60-90 pulsations/min. Possibilité d'augmentation de 10 pulsations/min durant la grossesse	Accélération du pouls (excitation ou anxiété, trouble cardiaque)	Compter pendant une minute complète ; noter les irrégularités
Respiration : 16-24 respirations/min (ou le pouls divisé par quatre)	Tachypnée prononcée ou rythme anormal	Rechercher les signes de maladie respiratoire
La grossesse peut produire une certaine hyperventilation. Prédominance de la respiration thoracique		
Température : de 36,2 °C à 37,6 °C	Température élevée (infection)	Rechercher les signes d'infection ou de maladie ; orienter vers le médecin

* Les causes possibles des anomalies se trouvent entre parenthèses.

** Cette colonne donne les lignes directrices de l'intervention infirmière initiale et d'une évaluation plus approfondie.

Guide d'évaluation initiale de la période prénatale (suite)

Examen/Résultats normaux	Anomalies et causes possibles*	Interventions infirmières dictées par les données**
Poids		
Selon la morphologie	Poids <45 kg ou >90 kg ; gain pondéral rapide et soudain	Évaluer le besoin de counseling en nutrition : s'informer sur les habitudes alimentaires, les modes de cuisson, les aliments consommés régulièrement, les contraintes budgétaires, les suppléments alimentaires indispensables, le pica et tout autre comportement alimentaire anormal
		Noter le poids initial pour pouvoir mesurer le gain pondéral pendant la grossesse
Peau		
Couleur : selon l'origine raciale ; lits unguéaux roses	Pâleur (anémie) ; peau de couleur bronze ou jaune (maladie hépatique, autres causes d'ictère)	Tests : formule sanguine complète, concentration de bilirubine et d'urée, analyse d'urine
	Peau bleuâtre, rougeâtre, tachetée ; lits unguéaux et paumes sombres ou pâles chez les femmes à la peau sombre (anémie)	En cas d'anomalie, orienter vers le médecin
État : absence d'œdème (un léger œdème des membres inférieurs est normal durant la grossesse)	Œdème (prééclampsie) ; éruptions, dermite (réaction allergique)	Informer la cliente sur le soulagement de l'œdème léger
		Commencer l'évaluation de la prééclampsie ; orienter vers le médecin
Lésions : absence de lésions	Ulcération (varices, mauvaise circulation)	Procéder à une évaluation plus approfondie de l'état circulatoire
		Si la lésion est grave, orienter vers le médecin
Angiome stellaire, fréquent durant la grossesse	Pétéchies, plusieurs contusions, ecchymoses (trouble hémorragique, traces de violence)	Rechercher les signes de trouble hémorragique ou de trouble de la coagulation ; si on croit qu'il peut s'agir de traces de coups, donner à la cliente l'occasion d'en parler
Nævi	Changement des dimensions ou de la couleur (carcinome)	Orienter vers le médecin
Pigmentation : changements de la pigmentation, tels que la ligne brune, les vergetures et le chloasma		Rassurer la cliente sur le fait qu'il s'agit de changements normaux durant la grossesse et en expliquer la cause physiologique
Taches « café au lait »	Six ou plus (syndrome d'Albright ou neurofibromatose)	Orienter vers le médecin
Nez		
Apparence de la muqueuse : plus rouge que la muqueuse buccale ; œdémateuse (à cause du surcroît d'œstrogènes), ce qui favorise la congestion nasale (rhinite de la grossesse) et les saignements de nez	Perte olfactive (déficience du premier nerf crânien)	Indiquer à la cliente comment soulager la congestion nasale et les saignements de nez (épistaxis) ; en cas de perte olfactive, orienter vers le médecin

* Les causes possibles des anomalies se trouvent entre parenthèses.

** Cette colonne donne les lignes directrices de l'intervention infirmière initiale et d'une évaluation plus approfondie.

Guide d'évaluation initiale de la période prénatale (suite)

Examen/Résultats normaux	Anomalies et causes possibles*	Interventions infirmières dictées par les données**
Bouche		
Possibilité d'hypertrophie des tissus gingivaux liée aux œstrogènes	Œdème, inflammation (infection); pâleur (anémie)	Voir si l'hématocrite révèle une anémie; faire du counseling sur l'hygiène dentaire; au besoin, orienter vers le médecin ou le dentiste (soins dentaires appropriés durant la grossesse: pas de rayons X ni d'anesthésie à l'azote)
Cou		
Ganglions: petits, mobiles et non sensibles au toucher	Sensibles, durs, fixes ou proéminents (infection ou carcinome)	Rechercher les signes d'infection locale; orienter vers le médecin
Glande thyroïde: petite, molle; lobes latéraux lisses et palpables de chaque côté de la trachée; légère hyperplasie à partir du 3e mois de la grossesse	Hypertrophie ou sensibilité nodulaire (hyperthyroïdie)	Ausculter (la présence de bruits au-dessus de la thyroïde peut indiquer une hyperthyroïdie); questionner la cliente sur ses habitudes alimentaires (apport d'iode) et sur d'éventuels antécédents de problèmes thyroïdiens; orienter vers le médecin
Thorax et poumons		
Thorax: symétrique, elliptique, diamètre antéropostérieur (A-P) < que le diamètre transverse	Augmentation du diamètre A-P, thorax en entonnoir, thorax en carène (emphysème, asthme, bronchopneumopathie chronique obstructive ([BPCO])	Rechercher les signes d'emphysème, d'asthme, de BPCO
Côtes: inclinées vers le bas à partir de la ligne médioclaviculaire	Plus horizontales (BPCO)	Rechercher les signes de BPCO
	Saillies angulaires	Rechercher les signes de fractures
	Chapelet costal (carence en vitamine C)	Consulter le médecin
		Consulter une nutritionniste
Inspection et palpation: pas de tirage ou de saillie des espaces intercostaux pendant l'inspiration ou l'expiration; ampliation symétrique	Tirage intercostal à l'inspiration, saillie à l'expiration; ampliation asymétrique (maladie respiratoire)	Procéder à un examen initial minutieux; orienter vers le médecin
Vibrations vocales	Tachypnée, hyperpnée, respiration de Cheyne-Stokes (maladie respiratoire)	Orienter vers le médecin
Percussion: symétrie bilatérale de la sonorité	Matité à la percussion, qui peut être modifiée par l'épaisseur de la paroi thoracique	Rechercher les signes d'épanchement pleural, de tumeur ou de consolidation
Sonorité grave d'intensité moyenne	Diaphragme haut (atélectasie ou paralysie), épanchement pleural	Orienter vers le médecin
Auscultation des lobes supérieurs: bruit bronchovésiculaire sur le manubrium et en haut des omoplates; phases inspiratoire et expiratoire égales	Anormal si on l'entend sur d'autres régions du thorax	Orienter vers le médecin
Reste du thorax: murmure vésiculaire audible; phase inspiratoire plus longue (3:1)	Râles, ronflements, sifflements; frottement pleural; absence de murmure vésiculaire; bronchophonie; égophonie; pectoriloquie aphone	Orienter vers le médecin

* Les causes possibles des anomalies se trouvent entre parenthèses.

** Cette colonne donne les lignes directrices de l'intervention infirmière initiale et d'une évaluation plus approfondie.

Guide d'évaluation initiale de la période prénatale (suite)

Examen/Résultats normaux	Anomalies et causes possibles*	Interventions infirmières dictées par les données**
Seins		
Lisses ; volume et contour symétriques ; pigmentation foncée du mamelon et de l'aréole ; possibilité de mamelons surnuméraires (généralement situés de 5 à 6 cm sous la ligne normale des mamelons)	«Peau de porc» ou peau d'orange, rétraction du mamelon, œdème, induration (carcinome) ; rougeur, chaleur, sensibilité, mamelons gercés ou fissurés (infection)	Promouvoir l'auto-examen mensuel des seins et enseigner comment l'effectuer Au besoin, orienter vers le médecin
Ganglions axillaires non palpables ou de la grosseur d'une pilule	Sensibilité, tuméfaction, ganglion dur (carcinome) ; possibilité de bosse visible (infection)	En présence de signes d'inflammation, orienter vers le médecin
Changements pendant la grossesse :		Discuter avec la femme de la normalité de ces changements et de leur signification ; enseigner les mesures de soulagement appropriées ou les appliquer ; inciter la femme à porter un soutien-gorge adéquat
1. Augmentation de volume observée surtout durant les 20 premières semaines		
2. Apparition de nodules		
3. Picotements possibles durant le premier et le troisième trimestre ; sensation de lourdeur		
4. Mamelons et aréoles qui prennent une pigmentation plus sombre		
5. Veines superficielles qui se dilatent et deviennent plus saillantes		
6. Vergetures chez la multipare		
7. Augmentation de volume des tubercules de Montgomery		
8. Après la 12ᵉ semaine, possibilité d'écoulement de colostrum		
9. Après 20 semaines, apparition de l'aréole secondaire caractérisée par des taches délavées autour de l'aréole primaire		
10. Chez la multipare, possibilité d'observer une fermeté moindre et de vieilles vergetures		
Cœur		
Fréquence, rythme et bruits cardiaques normaux	Hypertrophie, frémissement vibratoire, chocs, irrégularité du rythme ou pauses post-extrasystoliques, bruit de galop, bruits surajoutés (cardiopathie)	Procéder à une évaluation initiale ; expliquer la normalité des changements provoqués par la grossesse ; au besoin, orienter vers le médecin
Changements pendant la grossesse :		
1. Possibilité de palpitations dues à des perturbations du système nerveux sympathique		
2. Courts souffles systoliques qui augmentent lors d'une respiration retenue et qui sont dus à l'accroissement du volume		
Abdomen		
Apparence, texture de la peau et pilosité normales ; foie impalpable ; absence de douleur à la palpation	Défense musculaire (anxiété, sensibilité aiguë) ; sensibilité, poids (grossesse ectopique, inflammation, carcinome)	Expliquer à la cliente que le diastasis est normal ; commencer à l'informer sur les exercices à faire durant la grossesse et le post-partum ; évaluer l'anxiété de la cliente ; au besoin, l'orienter vers le médecin
Changements durant la grossesse :		
1. Possibilité de vergetures rose violacé (ou nacrées chez la multipare) ou de ligne noire		
2. Diastasis des grands droits vers la fin de la grossesse		

* Les causes possibles des anomalies se trouvent entre parenthèses.

** Cette colonne donne les lignes directrices de l'intervention infirmière initiale et d'une évaluation plus approfondie.

Guide d'évaluation initiale de la période prénatale (suite)

Examen/Résultats normaux	Anomalies et causes possibles*	Interventions infirmières dictées par les données**
Abdomen (suite)		
3. **Dimensions :** abdomen plat ou arrondi ; augmentation progressive du volume	Volume de l'utérus ne correspondant pas au temps de gestation (retard de la croissance intra-utérine [RCIU], grossesse multiple, mort fœtale, môle hydatiforme)	Réévaluer les antécédents menstruels pour valider la DDM et le début de la grossesse ; évaluer l'augmentation du volume selon la méthode de McDonald ; utiliser l'échographie pour poser le diagnostic
10-12 semaines : fond utérin légèrement plus haut que la symphyse pubienne		
16 semaines : fond utérin à mi-chemin entre la symphyse et l'ombilic		
20-22 semaines : fond utérin au niveau de l'ombilic		
28 semaines : fond utérin à trois doigts au-dessus de l'ombilic		
36 semaines : fond utérin juste sous l'appendice xiphoïde		
4. **Battements du cœur fœtal :**	Bruits du cœur fœtal inaudibles à l'échographie Doppler (mort fœtale, môle hydatiforme)	Orienter vers le médecin ; refaire des tests de grossesse ; utiliser l'échographie pour poser le diagnostic
10-12 semaines : 120-160 battements/min à l'échographie Doppler		
17-20 semaines : audibles au fœtoscope		
5. **Mouvements du fœtus :** perceptibles à la palpation après la 18ᵉ semaine (examinateur expérimenté)	Mouvements fœtaux imperceptibles après la 20ᵉ semaine (mort fœtale, môle hydatiforme)	Orienter vers le médecin pour une évaluation de l'état fœtal
6. **Ballottement :** durant les 4ᵉ et 5ᵉ mois, le fœtus bouge, puis reprend sa position initiale quand on frappe le col de l'utérus	Absence de ballottement (oligoamnios)	Orienter vers le médecin pour une évaluation de l'état fœtal
Membres		
Peau tiède, pouls palpables, amplitude des mouvements normale ; possibilité d'œdème des mains et des chevilles à la fin de la grossesse ; possibilité de varices plus prononcées et d'érythème palmaire	Pouls affaibli ou imperceptible à la palpation (insuffisance artérielle) ; œdème prononcé (prééclampsie)	Rechercher d'autres symptômes de cardiopathie ; prévoir un suivi si la cliente dit que ses bagues sont trop serrées ; discuter de la prévention et du soulagement des varices ; au besoin, orienter vers le médecin
Colonne vertébrale		
Courbures normales : courbure cervicale concave, courbure thoracique convexe, courbure lombaire concave	Courbures anormales : absence de courbures, kyphose, lordose	Orienter vers le médecin pour évaluer la possibilité de disproportion fœtopelvienne (DFP)
Possibilité d'accentuation de la courbure lombaire durant la grossesse	Lombalgie	À signaler (on peut avoir à en tenir compte lors de la rachianesthésie) ; suggérer des mesures de soulagement (voir le chapitre 9)
Épaules et crêtes iliaques égales	Épaules et crêtes iliaques inégales (scoliose)	Orienter la très jeune femme vers le médecin ; parler des exercices d'étirement du dos avec la femme plus âgée
Réflexes		
Normaux et symétriques	Hyperactivité, clonus (hypertension gravidique)	Rechercher d'autres symptômes de prééclampsie

* Les causes possibles des anomalies se trouvent entre parenthèses.

** Cette colonne donne les lignes directrices de l'intervention infirmière initiale et d'une évaluation plus approfondie.

Guide d'évaluation initiale de la période prénatale (suite)

Examen/Résultats normaux	Anomalies et causes possibles*	Interventions infirmières dictées par les données**
Région pelvienne		
Organes génitaux externes : conformation normale et pilosité féminine ; grandes lèvres relâchées et pigmentées chez la multipare ; méat urétral et orifice du vagin visibles et normalement situés	Lésions, hématomes, varices, inflammation des glandes de Bartholin ; hypertrophie du clitoris (masculinisation)	Expliquer l'examen pelvien (procédé 4-1, p. 98) ; inciter la cliente à détendre ses hanches pour réduire le désagrément ; veiller au respect de son intimité
Vagin : rose ou rose foncé ; pertes vaginales inodores et non irritantes ; crêtes vaginales lisses et aplanies chez la multipare ; possibilité d'une cicatrice d'épisiotomie	Pertes anormales associées aux infections vaginales	Faire un test de Papanicolaou ; au besoin, donner à la cliente (et à son partenaire, si cela est indiqué) des instructions orales et écrites sur le traitement
Col : rose ; orifice fermé chez la nullipare et la primipare (chez la multipare, on peut insérer le bout du doigt)	Éversion, érosion rougeâtre, tufs de Naboth ou kystes de rétention, polype cervical ; région granuleuse qui saigne (carcinome du col) ; lésions (herpès, condylomes acuminés) ; fil ou morceau de plastique dans le col (présence d'un DIU dans l'utérus)	Donner à la femme un miroir à main et nommer les structures génitales ; l'inviter à regarder son col si elle le désire Au besoin, orienter vers le médecin Expliquer les risques élevés liés à la présence du DIU dans l'utérus pendant la grossesse ; orienter vers le médecin pour le retrait du DIU
Changements pendant la grossesse : **1-4 semaines :** augmentation du diamètre antéropostérieur	Absence du signe de Goodell (états inflammatoires, carcinome)	Orienter vers le médecin
4-6 semaines : ramollissement du col (signe de Goodell) ; ramollissement de l'isthme utérin (signe de Hegar) ; col bleu-violet (signe de Chadwick)		
8-12 semaines : vagin et col bleu-violet (signe de Chadwick)		
Utérus : piriforme, mobile, surface lisse	Fixe (atteinte inflammatoire pelvienne) ; surface nodulaire (fibromes)	Orienter vers le médecin
Ovaires : petits, en forme de noix de Grenoble, indolore à la palpation (les ovaires et les trompes de Fallope se trouvent dans les régions annexielles)	Douleur au mouvement du col (atteinte inflammatoire pelvienne) ; ovaires augmentés de volume ou nodulaires (kyste, tumeur, grossesse ectopique, corps jaune de la grossesse)	Évaluer les régions annexielles ; orienter vers le médecin
Dimensions du bassin		
Dimensions internes : 1. Conjugué diagonal mesurant au moins 11,5 cm (figure 8-5 ▶)	Dimensions inférieures à la normale	En cas d'anomalie, l'accouchement vaginal peut être impossible.
2. Conjugué obstétrical (estimé en soustrayant 1,5-2 cm du conjugué diagonal)	Disproportion de l'arcade pubienne	
3. Inclinaison du sacrum	Courbure anormale du sacrum	
4. Mobilité du coccyx ; diamètre bi-ischiatique externe >8 cm	Coccyx fixe ou dévié	
Anus et rectum		
Absence de masses, d'éruptions, d'excoriation, de douleur ; col palpable à travers la paroi du rectum	Hémorroïdes, prolapsus rectal ; lésion nodulaire (carcinome)	Counseling sur la prévention ou le traitement ; orienter vers le médecin pour un examen plus approfondi

* Les causes possibles des anomalies se trouvent entre parenthèses.

** Cette colonne donne les lignes directrices de l'intervention infirmière initiale et d'une évaluation plus approfondie.

Guide d'évaluation initiale de la période prénatale (suite)

Examen/Résultats normaux	Anomalies et causes possibles*	Interventions infirmières dictées par les données**
Épreuves de laboratoire		
Hémoglobine: 120-160 g/L Chez les femmes vivant en altitude, possibilité d'une hémoglobine plus élevée	<120 g/L (anémie)	Porter des gants pour prélever et manipuler les échantillons sanguins. Hémoglobine <120 g/L: recourir au counseling nutritionnel; <110 g/L: des supplément de fer sont nécessaires
Détermination du groupe ABO et du facteur Rh: distribution normale	Rh négatif	Chez la femme Rh négatif, rechercher la présence d'anticorps anti-Rh Obtenir le groupe sanguin du partenaire: s'il est Rh positif, informer la cliente sur la nécessité des titrages d'anticorps durant la grossesse, sur la prise en charge du travail et de l'accouchement et sur une éventuelle administration d'immunoglobulines anti-D (Rh IgG)
Formule sanguine complète **Hématocrite:** 0,37-0,47; possibilité d'anémie physiologique (pseudo-anémie)	Anémie prononcée ou dyscrasie	Demander une formule sanguine complète et un test de Schilling (diminution de l'absorption intestinale de la vitamine B_{12} marquée aux radio-isotopes)
Érythrocytes: 4,2-5,4 x 10^{12}/L		
Leucocytes: 5,0-12,0 x 10^9/L	Présence d'une infection; possibilité d'un taux élevé de leucocytes pendant la grossesse et le travail	Rechercher d'autres signes d'infection
Formule leucocytaire **Neutrophiles:** 48%-72%		
Neutrophiles non segmentés à noyau incurvé: jusqu'à 5%		
Éosinophiles: 1%-3%		
Basophiles: jusqu'à 1%		
Lymphocytes: 20%-40%		
Monocytes: 4%-8%		
Dépistage de la syphilis: sérodiagnostic de la syphilis, réaction de fixation du complément, absence de réaction au VDRL	Réaction positive au sérodiagnostic de la syphilis; 25% à 45% de résultats faussement positifs, ce qui peut être dû à une infection virale ou bactérienne aiguë, à une réaction d'hypersensibilité, à une vaccination récente, à une maladie du collagène, au paludisme ou à la tuberculose	Confirmation des résultats positifs par le test FTA-ABS; résultats positifs de tous les tests de la syphilis durant le stade secondaire de la maladie; possibilité de résultats négatifs en cas de prise d'antibiotiques
Culture de gonocoques: résultat négatif	Résultat positif	Orienter vers le médecin
Analyse d'urine: couleur et densité normales; pH de 4,6 à 8,0	Couleur anormale (porphyrie, hémoglobinurie, bilirubinurie); urine alcaline (alcalémie métabolique, infection à *Proteus*, échantillon trop vieux)	Effectuer une nouvelle analyse; orienter vers le médecin
Absence de protéines, d'érythrocytes, de leucocytes et de cylindres urinaires	Résultats positifs (échantillon contaminé, maladie rénale)	Effectuer une nouvelle analyse; orienter vers le médecin
Glucose: négatif (il peut y avoir une légère glycosurie durant la grossesse)	Glycosurie (seuil rénal un peu plus bas durant la grossesse, ce qui permet au glucose d'être excrété, diabète)	Évaluer la glycémie; rechercher des corps cétoniques dans l'urine

* Les causes possibles des anomalies se trouvent entre parenthèses.

** Cette colonne donne les lignes directrices de l'intervention infirmière initiale et d'une évaluation plus approfondie.

Guide d'évaluation initiale de la période prénatale (suite)

Examen/Résultats normaux	Anomalies et causes possibles*	Interventions infirmières dictées par les données**
Épreuves de laboratoire (suite)		
Titrage des anticorps de la rubéole : épreuve d'inhibition de l'hémagglutination (HAI) ; 1 :10 indique que la cliente est immunisée	HAI<1 :10	Immunisation pendant le post-partum ou dans les six semaines qui suivent l'accouchement ; recommander à la cliente d'éviter les enfants atteints de rubéole
Dépistage de l'hépatite B : absence de l'antigène de surface du virus de l'hépatite B (HBsAg)	Positif	Résultat négatif : envisager la vaccination Résultat positif : orienter vers le médecin (on administre au nouveau-né de la mère infectée des immunoglobulines contre l'hépatite B (IgHB), puis une première dose de vaccin)
Dépistage du VIH	Positif	Orienter vers le médecin
Dépistage de drogues	Positif	Orienter vers le médecin
Recherche de la drépanocytose chez les femmes de race noire : négatif	Positif (les résultats devraient comprendre une description des hématies)	Orienter vers le médecin
Test de Papanicolaou : négatif	Cellules atypiques	Orienter vers le médecin ; discuter avec la femme de la signification des résultats selon leur catégorie et de l'importance du suivi

Évaluation culturelle	Variables à prendre en considération	Interventions infirmières dictées par les données
Déterminer si la cliente parle couramment le français	La langue maternelle de la cliente n'est pas le français.	Recourir à un interprète qualifié pour fournir de l'information et recueillir les données
Demander à la cliente comment elle souhaite qu'on s'adresse à elle	Certaines femmes préfèrent qu'on les appelle par leur nom (madame Une Telle) ; d'autres, par leur prénom.	Respecter les préférences de la cliente et en tenir compte dans la façon dont on se présente à elle
Déterminer les pratiques en matière de soins périnataux	Les croyances religieuses, les attentes du groupe culturel et les convictions ou les préférences personnelles influent sur ces pratiques.	Respecter les pratiques de la cliente et lui donner la possibilité de s'y adonner à moins qu'elles ne présentent un danger
Demander à la cliente si elle compte s'adonner à certaines pratiques particulières durant sa grossesse	Certaines femmes croient qu'elles doivent respecter certaines pratiques en matière de sommeil, d'activités ou de vêtements.	Avoir à sa disposition de la documentation rédigée dans toutes les langues des groupes de la communauté
Demander à la cliente s'il y a des activités auxquelles elle devra renoncer durant sa grossesse	Certaines femmes se conforment à des restrictions ou obéissent à des tabous en raison de facteurs professionnels, sexuels, environnementaux ou émotionnels.	
Demander à la cliente si elle compte manger ou éviter de manger certains aliments pendant sa grossesse ; déterminer si elle souffre d'intolérance au lactose	L'alimentation est fortement influencée par des facteurs culturels. Certaines femmes s'obligent à manger certains aliments ou à les éviter. De nombreuses femmes souffrent d'intolérance au lactose et peuvent avoir du mal à consommer suffisamment de calcium.	Respecter les préférences alimentaires de la cliente ; l'aider à planifier un régime alimentaire prénatal qui en tienne compte ; au besoin, l'orienter vers une diététiste
Demander à la cliente si elle a une préférence quant au sexe de son prestataire de soins	Certaines femmes ne sont à l'aise que si leur prestataire de soins est une femme.	Au besoin, faire en sorte que la cliente ait une femme comme prestataire de soins
Demander à la cliente quelles sont ses attentes quant à la participation de ses proches (conjoint, mère, etc.) à sa grossesse et à son accouchement	Les clientes ne souhaitent pas toutes que leur conjoint participe à la grossesse et à l'accouchement. Pour certaines, ce rôle revient plutôt à leur mère, à une parente ou à une amie.	Respecter le choix de la cliente quant à la participation de son conjoint et de ses proches ; éviter d'imposer ses valeurs et ses attentes

* Les causes possibles des anomalies se trouvent entre parenthèses.

** Cette colonne donne les lignes directrices de l'intervention infirmière initiale et d'une évaluation plus approfondie.

Guide d'évaluation initiale de la période prénatale (suite)

Évaluation culturelle (suite)	Variables à prendre en considération	Interventions infirmières dictées par les données
Demander à la cliente vers qui elle se tournera pour recevoir counseling et soutien durant sa grossesse	Certaines femmes se tournent vers un membre de la famille, un *curandero* ou une *curandera*, un guérisseur ou une guérisseuse, etc.	Respecter les personnes qui soutiennent la cliente

Évaluation psychosociale	Variables à prendre en considération	Interventions infirmières dictées par les données
État psychologique		
Excitation et/ou appréhension ; ambivalence	Anxiété prononcée (peur du diagnostic de grossesse, peur de l'établissement de santé)	Établir des canaux de communication (au besoin, recourir à l'écoute active) ; établir une relation de confiance ; inciter la femme à participer activement aux soins
	Apathie ; expression de colère lors du diagnostic d'une grossesse	Établir la communication et commencer le counseling ; utiliser les techniques d'écoute active
Information		
La cliente peut avoir des questions à poser sur la grossesse ou avoir besoin de temps pour s'adapter à la réalité de la grossesse.		Créer un climat favorable au soutien et à l'apprentissage pendant toute la grossesse
Réseau de soutien		
La cliente peut nommer au moins deux ou trois personnes avec lesquelles elle a des rapports étroits (conjoint, parent, frère ou sœur, amie, etc.).	La cliente est isolée (pas de téléphone, numéro confidentiel) ; incapable de nommer quelqu'un à qui faire appel en cas d'urgence ; ne considère pas que ses parents font partie de son réseau de soutien.	Constituer un réseau de soutien en recourant à des groupes communautaires ; établir une relation de confiance
Dynamique familiale		
Soutien affectif adéquat Communication adéquate Satisfaction mutuelle Cohésion durant les périodes difficiles	Problèmes de longue date ou problèmes liés à cette grossesse ; facteurs de stress dans la famille ; attitudes pessimistes ; processus décisionnel unilatéral ; attentes irréalistes par rapport à la grossesse et/ou à l'enfant	Aider à déterminer les problèmes et les facteurs de stress ; promouvoir la communication ; discuter des changements et des réajustements des rôles
Situation financière		
Revenu stable et suffisant pour satisfaire les besoins de la vie quotidienne et les besoins médicaux	Soins prénataux réduits Mauvaise santé physique Accès limité au système de santé Situation financière instable	Discuter avec la cliente des ressources dont elle dispose pour rester en santé, bien vivre l'accouchement et accueillir le nouveau-né ; l'orienter vers les organismes qui peuvent l'aider à satisfaire les besoins de la famille (CLSC, banques alimentaires, etc.)
Stabilité des conditions de vie		
Domicile stable et répondant aux besoins de la famille qui s'agrandit	Domicile surpeuplé ; conditions douteuses pour le bien-être du nouveau-né	Orienter la cliente vers les organismes appropriés ; travailler avec la famille pour trouver des moyens d'améliorer la situation
	* Les causes possibles des anomalies se trouvent entre parenthèses.	** Cette colonne donne les lignes directrices de l'intervention infirmière initiale et d'une évaluation plus approfondie.

cycles de 35 à 40 jours, il peut s'écouler plus de 14 jours entre le début d'une menstruation et l'ovulation *qui suit*. (Pour un cycle de 35 jours, l'ovulation aura lieu le 21ᵉ jour du cycle. Si le cycle est de 40 jours, l'ovulation se produira le 26ᵉ jour du cycle, toujours 14 jours *avant* la menstruation suivante.) D'autre part, si la cliente prenait des contraceptifs hormonaux, l'ovulation peut se produire plusieurs semaines après la dernière menstruation. Enfin, chez la femme en post-partum qui allaite, l'aménorrhée peut persister un certain temps après le retour de l'ovulation, ce qui rend le calcul impossible. Pour toutes ces raisons, bien qu'utile, la règle de Nägele n'est pas infaillible.

Le calendrier de grossesse (figure 8-2 ▶) permet de calculer encore plus rapidement la DPA.

Évaluation de l'utérus

Examen clinique

L'évaluation des dimensions de l'utérus peut être la meilleure méthode clinique pour déterminer l'âge gestationnel si on examine la cliente entre la 10ᵉ et la 12ᵉ semaine de grossesse et que les dimensions utérines concordent avec ses antécédents menstruels. Cependant, bien des femmes attendent que le deuxième trimestre soit déjà avancé pour consulter un professionnel de la santé, et il devient alors beaucoup plus difficile d'évaluer correctement les dimensions de l'utérus. Chez la cliente obèse, il est difficile de déterminer les dimensions utérines au début de la grossesse parce que l'utérus est plus difficile à palper.

Hauteur utérine

Bien que moins fiable en fin de grossesse, la hauteur utérine peut servir d'indicateur des dimensions de l'utérus. À l'aide d'un ruban gradué en centimètres, on mesure l'abdomen pour évaluer la distance entre le bord supérieur de la symphyse pubienne et le fond utérin (méthode de McDonald, figure 8-3 ▶). Entre la 22ᵉ à la 24ᵉ semaine et la 34ᵉ semaine de grossesse, la hauteur utérine en centimètres correspond ordinairement à l'âge gestationnel : ainsi, à 26 semaines, la hauteur utérine sera probablement d'environ 26 cm. Notons que la relation entre le fond utérin et l'ombilic sera différente chez les femmes très grandes ou très petites. Les mensurations sont plus exactes si elles sont toujours prises par la même personne. La femme devrait toujours s'allonger dans la même position et avoir uriné dans la demi-heure qui précède. Au troisième trimestre, la hauteur utérine devient moins révélatrice de l'âge gestationnel à cause des variations du poids fœtal.

Une progression trop lente de la hauteur utérine de mois en mois et de semaine en semaine peut indiquer un retard de la croissance intra-utérine (RCIU), et une brusque augmentation de la hauteur utérine peut révéler la présence de jumeaux ou d'un hydramnios (quantité excessive de liquide amniotique).

FIGURE 8-2 ▶ Le calendrier de grossesse sous forme de roulette facilite le calcul de la date prévue de l'accouchement. Il suffit de placer la flèche sur la date du premier jour de la dernière menstruation (DDM) et de lire la date figurant au-dessus de la flèche indiquant la 40ᵉ semaine. Ici, la DDM est le 8 septembre, et la DPA, le 16 juin.
Source : Reproduit avec la permission de Wyeth Pharmaceuticals.

> **Attention !**
>
> Lorsque vous prenez sa tension artérielle, demandez à la cliente de s'asseoir et de poser son bras sur la table pour qu'il soit à la hauteur de son cœur.
>
> Normalement, à cause de changements physiologiques normaux, vous devriez constater une baisse de la tension artérielle au deuxième trimestre de la grossesse. Si vous n'observez pas cette baisse, surveillez les signes d'hypertension gravidique.

Exercice **de pensée critique**

Éléna Samson, 28 ans, G3 TPAV 2 0 0 2, en est à sa 33ᵉ semaine de gestation. Elle se présente à la clinique pour une visite prénatale. Sa tension artérielle est de 125/80 mm Hg, comme aux visites précédentes, et son poids a augmenté de 9 kg depuis le début de la grossesse ; la mesure de la hauteur utérine est de 35 cm. Quelles explications l'infirmière donne-t-elle à Éléna en ce qui concerne le gain de poids et la hauteur utérine ? Quelles informations complémentaires doit-elle recueillir pour s'assurer que la grossesse se déroule normalement ?

Voir les réponses à l'appendice F (p. A9).

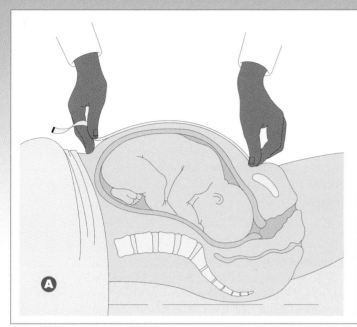

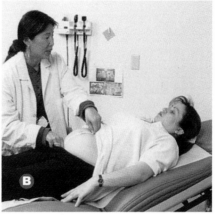

FIGURE 8-3 ▶
A. Coupe latérale montrant la position du fœtus pendant la mesure de la hauteur utérine selon la méthode de McDonald. **B.** Mesure de la hauteur utérine par la sage-femme.

Développement fœtal

Mouvements actifs du fœtus

Le fait que la mère commence à sentir les mouvements actifs du fœtus peut indiquer qu'on approche de la 20ᵉ semaine de grossesse. Cependant, cet indicateur n'est pas très précis, car les mouvements actifs du fœtus peuvent devenir perceptibles entre la 16ᵉ et la 22ᵉ semaine.

Battements du cœur fœtal

L'échographie Doppler est généralement la méthode de prédilection pour détecter les battements du cœur fœtal entre la 8ᵉ et la 12ᵉ semaine de grossesse (figure 8-4 ▶). S'il n'est pas possible de recourir à l'échographie Doppler, on peut – bien qu'en pratique, ce soit rarement nécessaire – utiliser le fœtoscope, qui permet d'entendre les battements du cœur fœtal parfois dès la 16ᵉ semaine de grossesse, et presque toujours à partir de la 19ᵉ ou de la 20ᵉ semaine.

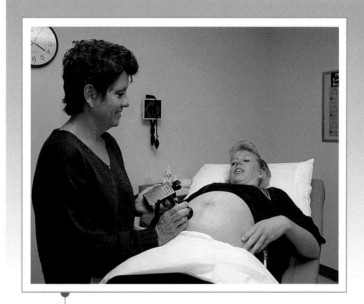

FIGURE 8-4 ▶ Écoute des battements du cœur fœtal par échographie Doppler.

Échographie

L'échographie permet de déceler le sac gestationnel de 5 à 6 semaines après la DDM, l'activité du cœur fœtal vers la 6ᵉ ou la 7ᵉ semaine et les mouvements respiratoires du fœtus vers la 10ᵉ ou la 11ᵉ semaine. On peut mesurer la longueur vertex-coccyx (V-C) pour évaluer l'âge du fœtus jusqu'à ce que sa tête devienne bien visible. Dès lors, soit à partir de la 12ᵉ ou de la 13ᵉ semaine, on peut commencer à utiliser le diamètre bipariétal (DBP) ; c'est entre la 20ᵉ et la 30ᵉ semaine, alors que le DBP augmente rapidement, qu'il est le plus précis (voir le chapitre 14 pour un exposé sur l'échographie fœtale).

Évaluation de l'adéquation du bassin (pelvimétrie clinique)

On peut mesurer les dimensions du bassin obstétrical par le vagin pour s'assurer qu'elles permettent l'accouchement vaginal. Ce procédé s'appelle *pelvimétrie clinique* ; il relève du médecin, de la sage-femme ou encore des infirmières en pratique avancées, telles que les infirmières sages-femmes ou les infirmières cliniciennes. Certains praticiens évaluent l'adéquation du bassin lors de l'examen clinique initial ; d'autres le font plus tard dans la grossesse, lorsque l'effet des hormones est plus important et qu'on peut estimer jusqu'à un certain point les dimensions fœtales. Les manuels d'obstétrique traitent en détail de la pelvimétrie clinique. Nous nous en tiendrons ici aux informations de base concernant l'évaluation des détroits supérieur et inférieur (voir les figures 8-5 ▶ et 8-6 ▶).

1. Détroit supérieur (figure 8-5 ▶)

   a) **Conjugué diagonal** ou *diamètre promonto-sous-pubien* (distance entre le bord inférieur de la symphyse pubienne et le promontoire sacré), au moins 11,5 cm ;

b) **Conjugué obstétrical** ou *diamètre promonto-rétro-pubien* (ce diamètre mesure de 1,5 à 2 cm de moins que le conjugué diagonal), au moins 10 cm.

2. Détroit inférieur (figures 8-5 ▶ et 8-6 ▶)

   a) Diamètre antéropostérieur, de 9,5 à 11,5 cm ;

   b) Diamètre transverse (aussi appelé diamètre bi-ischiatique ou bi-épineux), de 8 à 10 cm.

La pelvimétrie clinique ne permet pas de mesurer précisément la cavité pelvienne (détroit moyen). Les examinateurs estiment son adéquation, mais ce sujet déborde du cadre de cet ouvrage.

FIGURE 8-5 ▶ Mesure manuelle du détroit supérieur et du détroit inférieur. **A.** Estimation du conjugué diagonal, qui s'étend du bord inférieur de la symphyse pubienne jusqu'au promontoire sacré. **B.** Estimation du diamètre antéropostérieur du détroit inférieur, diamètre qui s'étend du bord inférieur de la symphyse pubienne jusqu'à l'extrémité du sacrum. **C.** et **D.** Méthodes utilisées pour vérifier l'estimation manuelle du diamètre antéropostérieur.

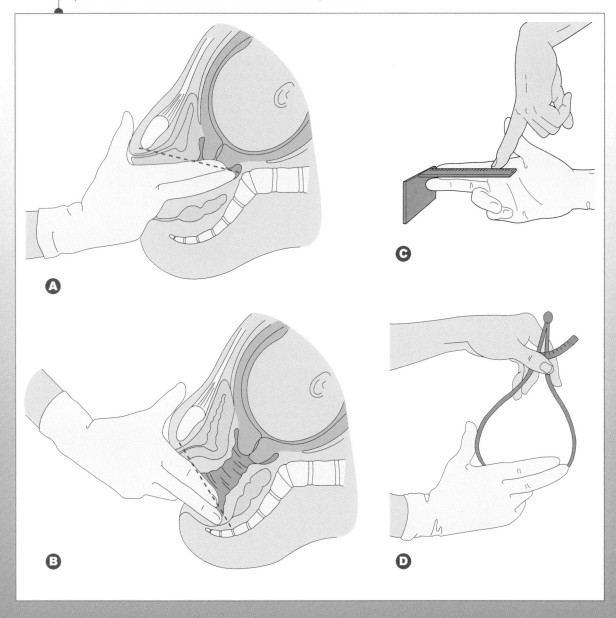

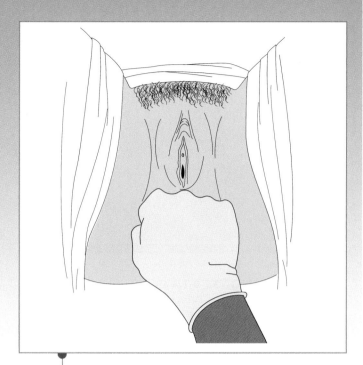

FIGURE 8-6 ▶ Utilisation du poing pour mesurer le diamètre transverse du détroit inférieur. La plupart des examinateurs connaissent la distance entre la première et la dernière jointures de leur index ; sinon, ils recourent à un appareil de mesure.

Les anamnèses subséquentes

Au cours des visites prénatales subséquentes, l'infirmière continue à recueillir des données sur le déroulement de la grossesse et les réactions de la cliente, et à s'enquérir de la façon dont son conjoint et ses enfants s'adaptent à la situation. Tandis que la grossesse avance, l'infirmière s'informe des préparatifs de la famille en vue de l'arrivée du nouveau-né.

Plus précisément, l'infirmière demande à la femme si elle éprouve des malaises, notamment ceux qui caractérisent généralement la période de la grossesse correspondante. Elle pose aussi des questions sur les changements physiques directement reliés à la grossesse, comme les mouvements fœtaux, et sur la présence éventuelle de signes alarmants durant la grossesse (voir *Points à retenir : Signes alarmants qui peuvent apparaître durant la grossesse*). Enfin, elle s'informe sur l'exposition à des maladies contagieuses, sur les traitements et les médicaments prescrits depuis la dernière visite pour des problèmes n'ayant rien à voir avec la grossesse, ainsi que sur la prise de tout autre médicament en vente libre hors du cadre des soins prénataux.

Les examens prénataux réguliers permettent à l'infirmière d'évaluer l'état émotionnel et psychosocial de la femme enceinte, ainsi que les besoins et préoccupations de son conjoint s'il assiste aux visites prénatales.

Les échanges entre l'infirmière et la cliente (ou le couple) seront facilités s'ils se déroulent dans un climat empreint de

Points à retenir

Signes alarmants qui peuvent apparaître durant la grossesse

La femme enceinte devrait signaler immédiatement l'apparition de l'un des signes suivants.

Signes alarmants	Causes possibles
Jet de liquide s'écoulant du vagin	Rupture prématurée des membranes
Saignement vaginal	Décollement prématuré du placenta, placenta prævia
	Lésions du col et/ou du vagin
	Perte du bouchon muqueux
Douleur abdominale	Travail prématuré, décollement prématuré du placenta
Hyperthermie (>38,3 °C) et frissons	Infection
Étourdissements, vision trouble, diplopie, mouches volantes	Hypertension, prééclampsie
Vomissements persistants	Causes de l'hyperémèse de la grossesse
Céphalée violente	Hypertension, prééclampsie
Œdème des mains, du visage, des jambes et des pieds	Prééclampsie
Irritabilité musculaire, convulsions	Prééclampsie, éclampsie
Douleur épigastrique	Prééclampsie, ischémie des gros vaisseaux abdominaux
Oligurie	Atteinte rénale, apport liquidien réduit
Dysurie	Infection urinaire
Absence de mouvements fœtaux	Médication, obésité, mort fœtale

chaleur et de confiance. Si l'infirmière lui accorde suffisamment de temps et lui témoigne un intérêt sincère, la cliente sera plus à l'aise pour poser des questions qui, de prime abord, pouvaient lui paraître ridicules ou pour aborder des sujets dont elle hésitait à parler. L'infirmière qui a une connaissance approfondie de tous les changements qu'entraîne la grossesse sera en mesure de lui répondre en lui donnant des informations claires et précises, au besoin à l'aide d'illustrations comme celles qu'on trouve dans le tableau sur le développement maternel et fœtal présenté à l'intérieur de la couverture au début et à la fin du livre.

L'infirmière devrait également se montrer attentive aux facteurs socioéconomiques, ethnoculturels, religieux ou spirituels qui peuvent influer sur les réactions à la grossesse tant de la cliente et que de ses proches et sur leurs attentes à l'égard du système de santé. L'infirmière peut éviter de céder aux stéréotypes en demandant à *toutes* les clientes quelles sont leurs préférences et leurs attentes : la plupart répondront probablement conformément aux normes dominantes, mais certaines exprimeront des vues ou des attentes qui reflètent d'autres croyances ou d'autres normes culturelles.

Il est essentiel de commencer dès la période prénatale à évaluer la capacité de la future mère et du futur père (si possible) à assumer adéquatement leurs responsabilités parentales. Le tableau 8-2 résume les éléments à évaluer et propose des questions qui aideront l'infirmière à obtenir les informations nécessaires.

Les visites prénatales subséquentes

Le *Guide d'évaluation subséquente de la période prénatale* (p. 221-224) propose une énumération systématique des examens physiques que passe régulièrement la femme enceinte qui bénéficie de soins prénataux optimaux (figure 8-7 ▶), ainsi qu'un modèle d'évaluation holistique de la future mère et, s'il participe à la grossesse, du futur père.

Les recommandations concernant la fréquence des visites prénatales au cours d'une grossesse sans complications sont les suivantes :

- toutes les quatre semaines jusqu'à la 28e semaine de grossesse ;
- toutes les deux semaines jusqu'à la 36e semaine ;
- après la 36e semaine, toutes les semaines jusqu'à l'accouchement.

Lors des évaluations psychosociales subséquentes, on observe chez la plupart des femmes des comportements qui indiquent qu'elles s'adaptent progressivement à la grossesse. Cependant, certaines d'entre elles peuvent présenter des signes indiquant des problèmes psychologiques :

- anxiété croissante ;
- incapacité d'établir la communication ;

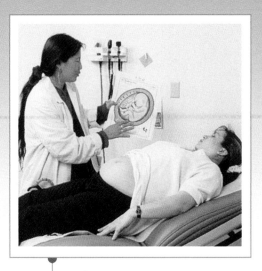

FIGURE 8-7 ▶ Au cours d'une visite prénatale, la sage-femme explique à la future mère comment se développe le fœtus.

- comportements inappropriés ;
- déni de la grossesse ;
- incapacité de s'adapter au stress ;
- préoccupation excessive au sujet du sexe de l'enfant à naître ;
- déni de la présence avérée des mouvements actifs du fœtus ;
- absence de préparation à l'arrivée du bébé (domicile, vêtements et accessoires, mode d'allaitement, etc.) ;
- signes de consommation de substances psychotropes.

Si le comportement de la cliente dénote d'éventuels troubles psychologiques, l'infirmière devrait lui offrir du soutien et faire du counseling, et l'orienter également vers les professionnels qualifiés.

Tableau 8-2

Guide de l'évaluation prénatale de la préparation au rôle parental

Éléments à évaluer	Exemples de questions
I. Comment la femme enceinte perçoit-elle son rôle de mère ?	
A. Le bébé est désiré pour lui-même.	1. Aviez-vous prévu cette grossesse ?
Positif	2. Quels sentiments le fait d'être enceinte vous inspire-t-il ?
1. La femme se sent bien disposée envers la grossesse.	3. Pourquoi souhaitez-vous avoir ce bébé ?
Négatif	
1. Elle souhaite avoir un bébé pour satisfaire ses propres besoins (avoir quelqu'un qui l'aime, quitter une famille où elle est malheureuse, etc.).	

Tableau 8-2 (suite)

Guide de l'évaluation prénatale de la préparation au rôle parental (suite)

Éléments à évaluer	Exemples de questions

I. Comment la femme enceinte perçoit-elle son rôle de mère ? (suite)

B. La femme se préoccupe des répercussions de son rôle de mère sur ses autres rôles (au travail, à l'école, avec son partenaire, etc.).

Positif
1. Elle envisage avec réalisme les répercussions de la maternité sur son travail, ses études, sa carrière et ses objectifs personnels.
2. Elle désire apprendre à bien s'occuper de son enfant.

Négatif
1. Elle ne se rend pas compte que l'arrivée du bébé exigera des efforts supplémentaires, sur les plans physique, émotionnel et social.
2. Elle ne comprend pas que la maternité modifiera ses autres rôles et son mode de vie.

1. Comment imaginez-vous l'expérience de prendre soin d'un bébé ?
2. En quoi votre vie changera-t-elle après l'arrivée du bébé ?
3. Quelles répercussions la venue de cet enfant aura-t-elle sur votre travail, vos études, votre carrière et vos objectifs personnels ?
4. En quoi la venue du bébé modifiera-t-elle vos rapports avec votre conjoint ?
5. Avez-vous déjà gardé un bébé ou pris soin d'un enfant ? Avez-vous lu sur ce sujet ?

C. La femme renonce à certaines habitudes «mauvaises pour le bébé» (fumer, se coucher tard, autres mauvaises habitudes de vie, etc.).

Positif
1. Elle renonce aux habitudes qui peuvent nuire au bébé (cesse de fumer, améliore son régime alimentaire, etc.).

II. La femme enceinte a-t-elle de l'attachement pour son bébé ?

A. La femme exprime une préférence marquée quant au sexe du bébé. Pourquoi ?

Positif
1. Elle verbalise des pensées positives au sujet du bébé.

Négatif
1. Elle croit que le bébé exhibera ce qu'il y a de négatif en elle-même ou chez le père.

1. Pourquoi préférez-vous qu'il soit d'un sexe plutôt que de l'autre ? (La raison est-elle inappropriée ?)
2. Noter les commentaires de la cliente sur la possibilité que le bébé ne soit pas normal et sur les raisons qui le lui font croire.

B. Intérêt pour les données concernant le fœtus (croissance et développement, bruits du cœur fœtal, etc.).

Positif
1. La femme s'intéresse à la croissance et au développement du fœtus, aux bruits du cœur fœtal, aux mouvements actifs, etc.

Négatif
1. Elle ne s'intéresse pas à la croissance et au développement du fœtus, aux bruits du cœur fœtal, aux mouvements actifs, etc.
2. Elle exprime des sentiments négatifs à l'égard du fœtus en rejetant les conseils concernant l'alimentation, le repos et l'hygiène.

C. Fantasmes au sujet du bébé

Positif
1. La femme se prépare à la venue de l'enfant conformément aux normes de sa culture.
2. Elle manifeste un comportement d'attachement approprié par rapport à ses grossesses ou avortements antérieurs.

Négatif
1. Elle exprime un attachement conditionnel au sexe ou à l'âge de l'enfant et/ou au déroulement du travail et de l'accouchement.
2. Elle ne pense qu'à ses propres besoins lorsqu'elle prend des dispositions pour le bébé.
3. Elle ne montre pas de comportement d'attachement après ce qui a été la période critique lors des grossesses antérieures.
4. Elle ne se prépare pas de manière appropriée, selon les normes de sa culture.

1. Qu'avez-vous pensé ou éprouvé lorsque vous avez senti le bébé bouger pour la première fois ?
2. Avez-vous commencé à vous préparer à l'arrivée du bébé ?
3. Comment imaginez-vous votre bébé ? À quel âge vous le représentez-vous ? De quoi a-t-il l'air ?
4. Quelle apparence voudriez-vous que le bébé ait ?

Tableau 8-2 (suite)

Guide de l'évaluation prénatale de la préparation au rôle parental (suite)

Éléments à évaluer	Exemples de questions

III. Les personnes clés acceptent-elles l'enfant ?

A. La femme confirme que les personnes clés acceptent les responsabilités inhérentes à la venue de l'enfant.

Positif

1. Elle confirme l'acceptation inconditionnelle de la grossesse et du bébé par les personnes clés.

2. Elle confirme que le conjoint accepte les responsabilités inhérentes à la venue de l'enfant.

3. Elle partage adéquatement l'expérience de la grossesse avec les personnes clés.

Négatif

1. Les personnes clés ne participent pas à la grossesse en soutenant la mère.

2. L'acceptation du bébé par les personnes clés est conditionnelle à son sexe, à son âge, à ses traits raciaux, à ses traits de caractère, etc.

3. Les décisions que prennent les personnes clés ne tiennent pas compte des besoins de la mère et du bébé à naître (par exemple, acheter une voiture plutôt que de satisfaire les besoins alimentaires).

4. Les personnes clés prennent peu de responsabilités – ou n'en prennent aucune – quant à la satisfaction des besoins de la femme enceinte et de l'enfant à naître.

Exemples de questions (colonne de droite) :

1. Quels sont les sentiments de votre conjoint envers cette grossesse ?

2. Quels sont les sentiments de vos parents envers cette grossesse ?

3. Quels sont les sentiments de vos amis envers cette grossesse ?

4. Votre conjoint a-t-il une préférence quant au sexe de l'enfant ? Pourquoi ?

5. Que ressent votre conjoint à l'idée de devenir père ?

6. Quel genre de père sera-t-il selon vous ?

7. Comment vous aidera-t-il à prendre soin du bébé ?

8. Avez-vous parlé avec votre conjoint des changements que la venue du bébé entraînera dans vos vies ?

9. À qui avez-vous annoncé votre grossesse ?

B. Preuves concrètes de l'acceptation de la grossesse et de l'enfant à naître par les personnes clés (par exemple, donner une fête en l'honneur de la naissance prochaine du bébé, participer aux rencontres prénatales, etc.).

Positif

1. On organise une fête pour la venue du bébé.

2. Une personne clé accompagne la cliente aux rencontres prénatales.

Exemples de questions :

1. Noter si le conjoint accompagne la cliente aux visites prénatales et s'il manifeste de l'intérêt (écoute du cœur fœtal, etc.).

2. Comment votre conjoint et vos proches comptent-ils soutenir la cliente durant le travail et l'accouchement ?

3. Votre partenaire vous apporte-t-il une aide financière ?

IV. Quelles sont les dispositions prises pour assurer le bien-être physique du bébé ?

A. La femme se soucie d'avoir une grossesse, un travail et un accouchement sans complications, et un bébé normal et en santé.

Positif

1. Elle se prépare au travail et à l'accouchement, participe à des rencontres prénatales, s'intéresse au travail et à l'accouchement.

2. Elle connaît les signes alarmants qui peuvent apparaître pendant la grossesse.

3. Elle utilise les services de santé de manière appropriée (se présente à la première visite prénatale au moment approprié, respecte les rendez-vous subséquents, suit les recommandations, etc.).

Négatif

1. Elle nie la présence de signes et de symptômes pouvant indiquer des complications liées à la grossesse.

2. Elle exprime une peur extrême du travail et de l'accouchement ou refuse d'en parler.

3. Elle ne vient pas aux rendez-vous, ne suit pas les instructions ou refuse de participer à des rencontres prénatales.

Exemples de questions :

1. Que vous a-t-on dit sur le travail et l'accouchement ?

2. Noter la réaction de la cliente aux données fournies lors des rencontres prénatales.

B. Les décisions de la cliente et de ses proches montrent qu'ils se préoccupent de la santé de la mère et du bébé (par exemple leur façon d'utiliser l'argent et le temps dont ils disposent).

Positif

1. Voir plus haut.

Note : Lorsqu'il n'y a pas de catégorie *Négatif*, cela signifie que l'absence de réactions positives est en soi négative.

Source : Minneapolis Health Department, Minneapolis.

Guide d'évaluation subséquente de la période prénatale

Examen/Résultats normaux	Anomalies et causes possibles*	Interventions infirmières dictées par les données**
Signes vitaux		
Température : 36,2 °C à 37,6 °C	Température élevée (infection)	Rechercher les signes d'infection ; orienter vers le médecin
Pouls : 60-90/min Cette fréquence peut augmenter de 10 battements/min durant la grossesse.	Accélération du pouls (anxiété, trouble cardiaque)	Noter les irrégularités ; évaluer l'anxiété et le stress
Respiration : 16-24/min	Tachypnée prononcée ou cycle ventilatoire anormal (maladie respiratoire)	Orienter vers le médecin
Tension artérielle : 90-140/60-90 (chute au deuxième trimestre)	>140/90 ou augmentation de 30 mm de la pression systolique et de 15 mm de la pression diastolique (prééclampsie)	Évaluer l'œdème, la protéinurie et l'hyperréflexie ; orienter vers le médecin ; prévoir des visites plus fréquentes
Gain pondéral		
Premier trimestre : 1-3 kg **Deuxième trimestre :** 5,5-6,8 kg **Troisième trimestre :** 5,5-6,8 kg	Gain pondéral insuffisant (malnutrition, nausées, RCIU) ou excessif (apport énergétique excessif, œdème, prééclampsie)	Discuter du gain pondéral adéquat ; donner une consultation sur la nutrition ; évaluer l'œdème ou l'anémie
Œdème		
Léger œdème déclive, notamment durant les dernières semaines de la grossesse	Œdème des mains, du visage, des jambes, des pieds (prééclampsie)	Rechercher les corrélations entre l'œdème et les activités, la tension artérielle ou la protéinurie ; au besoin, orienter vers le médecin
Volume de l'utérus		
Pour les résultats normaux, voir le *Guide d'évaluation initiale de la période prénatale*	Croissance exceptionnellement rapide (grossesse multiple, môle hydatiforme, hydramnios, erreur dans le calcul de la DPA)	Évaluer l'état du fœtus ; déterminer la hauteur utérine (voir p. 214) ; recourir à l'échographie pour le diagnostic
Battements du cœur fœtal		
120-160 battements/min Souffle funiculaire	Absence de battements du cœur fœtal après 20 semaines (obésité de la mère, mort fœtale)	Évaluer l'état du fœtus
Épreuves de laboratoire		
Hémoglobine : 120-160 g/L Pseudo-anémie de la grossesse	<120 g/L (anémie)	Donner une consultation sur la nutrition ; réévaluer l'hémoglobine au 7e mois de grossesse ; suivre de près l'hémoglobine des clientes d'origine méditerranéenne (risque accru de thalassémie)

* Les causes possibles des anomalies se trouvent entre parenthèses.

** Cette colonne donne les lignes directrices de l'intervention infirmière initiale et d'une évaluation plus approfondie.

Guide d'évaluation subséquente de la période prénatale (suite)

Examen/Résultats normaux	Anomalies et causes possibles*	Interventions infirmières dictées par les données**
Épreuves de laboratoire (suite)		
Triple test (ou test à marqueur multiple): pratiqué entre la 16ᵉ et la 18ᵉ semaine pour évaluer les taux sériques d'alpha-fœtoprotéine, d'œstriol et de hCG: taux normaux	Taux d'alpha-fœtoprotéine élevé (anomalies du tube neural, sous-estimation de l'âge gestationnel, grossesse multiple, maladie hémolytique du fœtus) Faible taux d'alpha-fœtoprotéine (trisomie 21 [syndrome de Down], trisomie 18) Taux d'hCG élevé associé à des taux anormalement faibles d'alpha-fœtoprotéine et d'œstriol (syndrome de Down) (American College of Obstetricians and Gynecologists, 2000)	Orienter vers le médecin
Test de Coombs indirect pratiqué chez les femmes Rh négatif: négatif (à 28 semaines de grossesse)	Présence d'anticorps anti-Rh (il y a eu immunisation maternelle)	Mère Rh négatif et non immunisée: administration prophylactique de Rh IgG (voir le chapitre 16) Présence d'anticorps anti-Rh, pas d'administration de Rh IgG; surveillance étroite du fœtus pour déceler la maladie hémolytique du fœtus
Épreuve d'hyperglycémie provoquée par voie orale (HGPO): cette épreuve s'effectue 1 h après avoir avalé, en 5 min, 50 g de glucose (entre 24 et 28 semaines de gestation)	Concentration plasmatique de glucose >7,8 mmol/L (diabète gestationnel) Certains établissements utilisent la norme >7 mmol/L, qui permet de déceler 90% des cas de diadète chez les femmes (American Diabetes Association, 2000)	Expliquer les effets du diabète gestationnel; orienter vers le médecin pour une épreuve d'HGPO avec une charge de 100 g de glucose
Analyse d'urine: pour déterminer quels sont les résultats normaux, voir le *Guide d'évaluation initiale de la période prénatale*	Voir le *Guide d'évaluation initiale de la période prénatale*	Refaire une analyse d'urine au 7ᵉ mois de grossesse; faire une épreuve avec bandelette réactive à chaque visite
Protéines: négatif	Protéinurie, albuminurie (contamination par l'écoulement vaginal, infection urinaire, prééclampsie)	Demander un échantillon d'urine pour épreuve avec la bandelette réactive; en présence d'une anomalie, orienter vers le médecin
Glucose: négatif *Note:* La glycosurie peut être due à des modifications physiologiques de la filtration glomérulaire et du seuil rénal.	Glycosurie persistante (diabète)	Orienter vers le médecin

Évaluation culturelle	Variables à prendre en considération*	Interventions infirmières dictées par les données**
Attitude de la cliente (et de ses proches) envers le sexe de l'enfant à naître	Certaines femmes n'ont aucune préférence quant au sexe de l'enfant; d'autres en ont une plus ou moins marquée. Dans plusieurs cultures, on souhaite vivement que le premier enfant soit un garçon.	Favoriser les discussions sur les préférences quant au sexe de l'enfant à naître; éviter d'imposer ses propres valeurs
Attentes de la cliente quant à l'accouchement: veut-elle que quelqu'un soit à ses côtés pendant le travail et l'accouchement? qui a-t-elle choisi? quel sera le rôle de cette personne?	Certaines femmes souhaitent que leur conjoint soit présent durant le travail et l'accouchement; d'autres préfèrent la présence d'une parente ou d'une amie; d'autres encore veulent que leur conjoint se retire une fois le col dilaté (Andrews et Boyle, 1998).	Fournir de l'information sur les méthodes de préparation à l'accouchement; respecter la décision de la cliente quant à l'accompagnement

* Les causes possibles des anomalies se trouvent entre parenthèses.

** Cette colonne donne les lignes directrices de l'intervention infirmière initiale et d'une évaluation plus approfondie.

Guide d'évaluation subséquente de la période prénatale (suite)

Évaluation culturelle (suite)	Variables à prendre en considération*	Interventions infirmières dictées par les données**
Préparation à la venue de l'enfant : déterminer les intentions de la mère et les coutumes familiales ou culturelles	Certaines femmes préparent une chambre d'enfant ; d'autres ne prévoient pas d'espace distinct pour le bébé.	Explorer les raisons de l'absence de préparation à la venue du bébé ; respecter les décisions de la mère Si l'absence de préparation est due au manque de ressources, orienter la cliente vers des organismes qui peuvent l'aider

Évaluation psychosociale	Variables à prendre en considération*	Interventions infirmières dictées par les données**
Future mère		
État psychologique	Augmentation du stress et de l'anxiété	Inciter la femme à participer activement aux soins ; établir des canaux de communication ; établir une relation de confiance ; au besoin, offrir du counseling et/ou orienter vers un autre professionnel
Premier trimestre : assume la grossesse ; peut se sentir ambivalente, surtout si elle doit renoncer à un rôle important pour elle ; attentive aux signes qui attestent la grossesse (augmentation du volume de l'abdomen, mouvements fœtaux, etc.).	Incapacité d'établir la communication ; incapacité d'accepter la grossesse ; réactions et comportements inadéquats ; déni de la grossesse ; incapacité de s'adapter	
Deuxième trimestre : lorsque le volume de l'abdomen augmente et que le fœtus bouge, le bébé devient plus réel pour la femme ; elle devient plus introspective.		
Troisième trimestre : commence à penser au bébé comme à une personne distincte ; peut se sentir agitée et penser que le travail ne commencera jamais ; reste centrée sur elle-même et se concentre sur la préparation de la place du bébé.	Information insuffisante	Donner de l'information et offrir du counseling

Information
Autosoins et connaissances concernant les éléments suivants :
    Maintien de la santé
    Soins des seins
    Hygiène
    Repos
    Exercice
    Nutrition
    Mesures pour soulager les malaises courants de la grossesse
    Signes alarmants qui apparaissent durant la grossesse (voir *Points à retenir* p. 217).		

Activité sexuelle : connaissance adéquate des effets de la grossesse sur l'activité sexuelle	Information insuffisante sur les effets de la grossesse et/ou sur les positions possibles pendant les rapports sexuels	Offrir du counseling
Préparation au rôle parental : préparation adéquate (voir le tableau 8-2)	Préparation insuffisante (déni, incapacité de s'adapter au bébé, enfant non désiré) (Voir le tableau 8-2)	Offrir du counseling ; si le manque de préparation résulte d'un manque d'information, fournir des informations (voir le chapitre 9)

* Les causes possibles des anomalies se trouvent entre parenthèses.

** Cette colonne donne les lignes directrices de l'intervention infirmière initiale et d'une évaluation plus approfondie.

Guide d'évaluation subséquente de la période prénatale (suite)

Évaluation psychosociale (suite)	Variables à prendre en considération*	Interventions infirmières dictées par les données**
Future mère (suite)		
Préparation à l'accouchement La cliente connaît:		Si le couple choisit une méthode particulière, l'orienter vers les cours prénatals appropriés (voir le chapitre 6 pour la description des méthodes de préparation à l'accouchement); inciter le couple à suivre des cours prénatals
1. les méthodes de préparation à l'accouchement;		
2. les étapes normales de l'accouchement et les changements qu'il entraîne;		Lors de chaque visite, donner un enseignement en fonction de l'état physique de la cliente; lui suggérer des lectures plus approfondies sur des sujets particuliers
3. les problèmes liés à l'usage de tabac, d'alcool et de drogues durant la grossesse.	Consommation de tabac, d'alcool ou de drogues; déni des effets néfastes sur elle-même et sur le fœtus	Répéter les informations relatives aux signes alarmants présentées lors de la première visite
La femme a rencontré le médecin ou la sage-femme qui l'aidera à accoucher si son médecin ou sa sage-femme ne peut le faire comme prévu.	Voir arriver une personne inconnue au moment de l'accouchement peut accroître le stress et l'anxiété de la femme en travail et de son conjoint.	Présenter la cliente à tous les professionnels susceptibles de remplacer le principal prestataire de soins
Travail imminent La cliente connaît les signes du travail imminent:	Information insuffisante	Donner un enseignement adéquat en insistant sur l'importance de soins médicaux appropriés
1. contractions utérines dont la fréquence, la durée et l'intensité vont en augmentant;		
2. perte du bouchon muqueux;		
3. rupture des membranes.		
Futur père		
État psychologique **Premier trimestre:** peut manifester de l'excitation à la suite de la confirmation de la grossesse, et donc de sa virilité; se préoccupe ensuite des questions financières; se montre énergique; peut s'identifier à la mère au point de ressentir certains malaises et symptômes de la grossesse.	Augmentation du stress et de l'anxiété; incapacité d'établir la communication; incapacité d'accepter le diagnostic de grossesse; retrait du soutien à la mère; abandon de la mère	Inciter le futur père à assister aux visites prénatales; établir la communication et une relation de confiance
Deuxième trimestre: peut se sentir plus confiant et moins préoccupé par les questions financières; peut s'inquiéter des transformations du corps de sa partenaire et de son attitude de plus en plus introspective.		Offrir du counseling; expliquer au futur père que ce qu'il éprouve est normal
Troisième trimestre: peut se sentir en rivalité avec le fœtus, surtout lors des relations sexuelles; peut modifier son apparence et s'intéresser davantage à lui-même; peut devenir plus énergique; fantasme sur l'enfant à naître, mais l'imagine souvent plus âgé; redoute les mutilations et la mort de la mère et de l'enfant.		Faire participer le futur père qui le désire aux activités de la grossesse; lui fournir de l'information et du soutien De plus en plus de futurs pères souhaitent être bien informés et participer à tous les aspects des soins prénatals et de la préparation à l'accouchement, de même qu'à leur rôle de père.

* Les causes possibles des anomalies se trouvent entre parenthèses.

** Cette colonne donne les lignes directrices de l'intervention infirmière initiale et d'une évaluation plus approfondie.

Le chapitre en bref

Notions fondamentales

- Une anamnèse complète constitue la base des soins prénataux ; au besoin, elle sera réévaluée et mise à jour durant la grossesse.
- Le premier examen clinique prénatal comprend un examen physique complet et approfondi destiné à déceler les changements physiques et les facteurs de risque, ainsi qu'une évaluation psychosociale et culturelle.
- Les épreuves de laboratoire demandées lors de la visite initiale – formule sanguine, détermination du groupe ABO et du facteur Rh, sommaire et analyse d'urine, test de Papanicolaou, culture de gonocoques, titrage des anticorps de la rubéole et autres tests sanguins – donnent des informations sur la santé de la femme au début de la grossesse et contribuent au dépistage des problèmes éventuels.
- La date prévue de l'accouchement (DPA) peut se calculer selon la règle de Nägele : on soustrait 3 mois de la date de la dernière menstruation (DDM), puis on ajoute 7 jours. On peut aussi utiliser un calendrier de grossesse pour calculer la DPA.

- On peut vérifier l'exactitude de la DPA en évaluant les dimensions de l'utérus et la hauteur utérine au cours de l'examen clinique, et en procédant à une échographie. La perception des mouvements actifs du fœtus et l'auscultation des battements du cœur fœtal sont également des indicateurs de l'âge gestationnel.
- Le conjugué diagonal est la distance entre le bord inférieur de la symphyse pubienne et le promontoire sacré. Le conjugué obstétrical est estimé en soustrayant 1,5 à 2 cm au conjugué diagonal.
- L'infirmière amorce l'évaluation psychosociale et culturelle de la cliente dès la première visite prénatale et la poursuit tout au long de la grossesse.
- Les croyances culturelles et ethniques peuvent exercer une influence importante sur les attitudes de la cliente et sur la coopération, à tout le moins apparente, qu'elle apporte aux soins durant la grossesse.

Références

AMERICAN COLLEGE OF OBSTETRICIANS AND GYNECOLOGISTS (2000), *Planning your pregnancy and birth,* 3e éd., Washington, DC, chez l'auteur.

AMERICAN DIABETES ASSOCIATION (2000), «Position statement : Gestationnal diabetes mellitus», *Diabetes Care,* n° 23, suppl. 1, p. 1-6.

ANDREWS, M. M., et J. S. BOYLE, (1998), *Transcultural concepts in nursing care,* 2e éd., Glenview, IL, Scott, Forestman/Little, Brown.

BRÛLÉ, M., et L. CLOUTIER (2002), *L'examen clinique dans la pratique infirmière,* Saint-Laurent, Éditions du Renouveau Pédagogique.

VARNEY, H. (1997), *Varney's midwifery,* 3e éd., Sudbury, MA, Jones and Bartlett.

La femme enceinte et sa famille : besoins et soins

Objectifs

- Analyser l'étiologie des malaises courants de la grossesse et indiquer quelles sont les mesures susceptibles de les soulager adéquatement

- Décrire les informations de base que l'infirmière doit transmettre à la femme enceinte et à ses proches pour qu'ils soient en mesure de s'administrer les autosoins appropriés

- Exposer quelques-unes des préoccupations d'ordre sexuel des futurs parents

- Expliquer l'importance des considérations d'ordre culturel dans la prestation de soins prénataux efficaces

- Décrire les risques médicaux d'une grossesse chez les femmes de plus de 35 ans ainsi que les préoccupations particulières des futurs parents plus âgés

- Exposer quelles sont les similarités et les différences de besoins entre les femmes enceintes appartenant à divers groupes d'âge

Vocabulaire

DÈS LORS QU'ELLE DÉCOUVRE QU'ELLE EST ENCEINTE, la femme qui souhaite poursuivre sa grossesse peut s'attendre à ce qu'il y ait de profonds changements dans sa vie : son apparence, ses relations avec autrui et même son état psychologique vont bientôt se transformer. Composer avec tous ces changements l'obligera à réaménager sa vie quotidienne, et il en sera de même pour les siens. Non seulement les rôles et les responsabilités se modifieront-ils au fur et à mesure qu'évoluera sa capacité à accomplir certaines tâches, mais sa famille devra également s'adapter psychologiquement à cette nouvelle situation.

La future mère et ses proches auront probablement beaucoup de questions à poser sur la grossesse et sur ses répercussions, surtout s'il s'agit d'une première grossesse. Les activités quotidiennes de la femme enceinte et ses pratiques en matière de soins de santé sont d'une importance capitale pour son bien-être et pour celui de l'enfant qu'elle porte.

Les infirmières qui travaillent auprès des femmes enceintes doivent avoir des connaissances approfondies, et à jour, sur le processus de la grossesse pour appliquer efficacement la démarche de soins infirmiers lorsqu'elles planifient leurs interventions et les mettent en œuvre. Afin de répondre à ce besoin, nous avons présenté au chapitre 7 un ensemble de données concernant les changements normaux qu'entraîne la grossesse sur les plans physiologique, social, culturel et psychologique. Au chapitre 8, nous avons utilisé ces données pour commencer à traiter de la gestion des soins infirmiers durant la grossesse en nous concentrant sur l'évaluation prénatale. Dans le présent chapitre, nous poursuivrons notre exposé sur la gestion des soins infirmiers en nous penchant sur les besoins de la femme enceinte et de ses proches.

Les soins infirmiers durant la grossesse

Diagnostics infirmiers

Dans les premiers mois de la grossesse, l'infirmière ne voit généralement la cliente que toutes les trois ou quatre semaines. Pour assurer la continuité des soins, elle doit donc disposer d'un plan de soins où sont consignées les données recueillies, l'analyse et l'interprétation qu'on en fait, ainsi que les objectifs de soins qui en découlent.

Les diagnostics infirmiers relèvent de l'autonomie du travail infirmier. Ils varient évidemment d'une cliente à l'autre ; cependant, dans le cas des grossesses à faible risque, l'infirmière peut s'attendre à poser certains diagnostics plus souvent que d'autres. Ceux-ci, par exemple :

- *constipation* reliée aux effets physiologiques de la grossesse ;
- *habitudes sexuelles perturbées* reliées aux malaises de fin de grossesse.

Une fois les diagnostics formulés, l'infirmière et la cliente fixent ensemble les objectifs qui guideront la planification des soins et les interventions qui en découlent.

Planification et interventions

L'étape suivante consiste à déterminer les priorités du plan de soins. Dans certains cas, les priorités correspondent aux besoins les plus pressants et aux préoccupations les plus immédiates de la cliente. Au premier trimestre par exemple, la cliente qui souffre de nausées ou qui s'inquiète des relations sexuelles qu'elle peut avoir avec son partenaire ne sentira probablement pas le besoin de discuter longuement du travail et de l'accouchement. Dans d'autres cas, des priorités s'imposent lors d'un examen prénatal. Ainsi, une femme qui présente des signes d'éclampsie – il s'agit d'une complication de la grossesse dont nous traiterons au chapitre 13 – peut se sentir en pleine forme et avoir du mal à comprendre pourquoi l'infirmière insiste tant pour qu'elle s'accorde de fréquentes périodes de repos. Il revient alors aux professionnels de la santé d'aider la cliente et ses proches à saisir toutes les ramifications d'un problème et à planifier les interventions qui peuvent y remédier.

 Soins infirmiers communautaires

Les soins prénataux, surtout s'il s'agit de grossesses à faible risque, sont généralement donnés dans la communauté, au

CLSC ou dans un cabinet médical. La communauté médicale le reconnaît, les soins infirmiers primaires donnés dans ce contexte permettent de coordonner les efforts et d'offrir des soins holistiques aux familles qui attendent un enfant. Souvent, l'infirmière du CLSC ou de la polyclinique est la seule professionnelle à assurer la continuité des soins, puisque la cliente ne voit pas nécessairement le même médecin à chaque visite.

L'infirmière peut intervenir très efficacement auprès de la femme enceinte et des siens en répondant à leurs questions, en leur transmettant des informations complètes sur la grossesse, les soins prénataux et les ressources communautaires, et en soutenant leurs efforts en matière de santé prénatale.

La plupart des collectivités offrent aux femmes enceintes et à leur famille des services et des ressources éducatives ; l'infirmière compétente doit les connaître et inciter les clientes à y recourir. Cette façon de faire permet aux usagers de partager à part égale avec les prestataires des soins de santé la responsabilité d'atteindre leur but commun : faire de l'accouchement une expérience positive (voir *Points à retenir : Interventions infirmières clés durant la grossesse*).

Points à retenir

Interventions infirmières clés durant la grossesse

Durant la grossesse, les interventions infirmières consistent à :

- Expliquer à la famille quels sont les changements normaux durant la grossesse.
- Donner des précisions concernant les signes ou les symptômes annonciateurs de problèmes potentiels.
- Fournir à la femme enceinte toute l'information utile concernant les mesures dont elle dispose pour soulager les symptômes courants de la grossesse.
- Répondre aux questions concernant les sujets de préoccupation qui se présentent le plus fréquemment durant la grossesse.
- Orienter la cliente vers des soins complémentaires ou spécialisés quand cela s'avère nécessaire.

Durant toute la grossesse, l'infirmière transmet des informations à la femme enceinte et à ses proches, tant verbalement que par écrit. Qu'il s'agisse d'enseignement structuré ou de renseignements ponctuels, l'objectif est le même : les aider, d'une part, à s'administrer les autosoins et à mettre en œuvre les autres mesures susceptibles de contribuer à leur bien-être et leur apprendre, d'autre part, à détecter et à signaler tout changement qui pourrait donner à penser qu'il existe un problème de santé.

L'infirmière peut aussi faire de la guidance parentale pour aider la famille à se préparer aux changements qu'entraînera la venue du nouveau-né. Elle incite le couple à repérer les sources éventuelles de stress durant le post-partum, à en discuter et à prendre d'avance les décisions qui peuvent l'être. Ainsi, les conjoints peuvent s'entendre avant l'accouchement sur le partage des tâches domestiques et des soins au nouveau-né, sur la possibilité de recourir à une aide domestique durant les relevailles ou d'engager une gardienne d'enfants pour avoir un peu de temps libre après la naissance de l'enfant, sur le retour au travail de la mère, sur la façon d'agir avec les frères et sœurs en cas de rivalité, etc. Chaque couple résout ces problèmes à sa manière, mais l'adaptation postnatale tend à être plus facile pour ceux qui se sont mis d'accord sur de tels sujets que pour ceux qui n'en ont jamais discuté ou qui ne s'entendent pas sur la conduite à adopter.

Soins à domicile

Selon sa formation et son expérience, l'infirmière à domicile pourra : recueillir l'anamnèse ; mesurer les signes vitaux, le poids ; évaluer l'état nutritionnel, l'activité physique et les réflexes ; prélever des échantillons de sang et d'urine à des fins d'analyse ; effectuer des tests pour jauger le bien-être fœtal. Elle pourra ensuite déterminer la fréquence des visites ou des coups de fil de suivi.

Le suivi prénatal à domicile – visites et/ou coups de fil – peut également être utile aux femmes qui prévoient quitter rapidement l'hôpital après l'accouchement. Lors des rencontres prénatales, l'infirmière explique en quoi consiste le suivi postnatal à domicile et répond aux questions de la cliente et de ses proches. Pour un exposé plus complet sur les soins périnataux à domicile, reportez-vous au chapitre 29.

De manière générale, on recourt aux soins prénataux à domicile pour les clientes dont la grossesse présente des complications, mais qui peuvent éviter l'hospitalisation si elles bénéficient du suivi et des soins d'une infirmière efficace (voir les chapitres 12 et 13). Les clientes du programme OLO bénéficient, elles aussi, de visites à domicile durant la grossesse.

Les soins au père et à la fratrie

Durant la grossesse, on se préoccupe grandement de l'état de santé physique, psychologique et spirituel de la femme enceinte, de ses malaises, de ses problèmes et de ses inquiétudes. Or, le bien-être de la mère est étroitement lié à celui de ses proches. L'infirmière doit donc s'efforcer de répondre aux besoins de chacun des membres de la famille afin de préserver autant que possible l'intégrité de la cellule familiale. Même si le père est généralement présent, ce n'est pas toujours le cas. Si le père ne fait pas partie de la structure familiale, il importe d'évaluer le réseau de soutien de la cliente et de déterminer lesquels de ses proches joueront un rôle important durant sa grossesse.

Si le père est présent, le plan de soins devrait nécessairement prévoir counseling et guidance parentale à son intention.

Le futur père peut avoir besoin d'informations sur les changements anatomiques, physiologiques, émotionnels et sexuels qui accompagnent la grossesse et le post-partum, sur la sexualité du couple, sur ses propres réactions, etc. Il pourra aussi vouloir exprimer ses sentiments sur le choix du mode d'allaitement, sur le sexe du bébé ou sur d'autres sujets.

Si le contexte culturel et l'attitude du père s'y prêtent, l'infirmière pourra suggérer au couple de participer à des rencontres prénatales. On l'a vu, ces rencontres recourent à diverses stratégies pédagogiques (exposés et discussions, films, démonstrations comportant mises en situation et jeux de rôles, documentation écrite) pour transmettre de précieuses informations sur la grossesse et l'accouchement. Certaines proposent même aux pères de revêtir un «simulateur de grossesse» (figure 9-1 ▶); cette veste lestée leur permet de ressentir certains effets de la grossesse. Les cours prénataux donnent aussi aux conjoints l'occasion de rencontrer d'autres futurs parents et de trouver du soutien auprès d'eux.

L'infirmière évalue les intentions du couple quant au rôle du père durant le travail et l'accouchement, ainsi que ses connaissances en la matière. Même si le couple a prévu que le père y participerait seulement de loin ou en partie, l'infirmière soutient cette décision sans réserve. De telles marques de respect dénotent une réelle volonté de collaboration; grâce à elles, le père risque moins de se sentir exclu, inutile ou coupable durant la grossesse. Si les liens du couple s'en trouvent renforcés et l'estime de soi du père rehaussée, ce dernier sera davantage en mesure d'offrir à sa compagne le soutien physique et affectif dont elle aura besoin pendant le travail et l'accouchement.

Lorsqu'elle planifie les soins prénataux, l'infirmière prévoit une conversation avec le couple sur les sentiments négatifs que pourraient éprouver leurs autres enfants. Les parents sont souvent bouleversés lorsqu'un enfant plus âgé montre de l'agressivité envers le nouveau-né. S'ils ne s'attendent pas à ces sentiments de colère, de jalousie et de rejet, ils risquent d'être pris au dépourvu et de mal réagir. L'infirmière explique aux parents que le fait de parler ouvertement de leurs émotions (ou de les mimer avec une poupée, s'ils sont trop jeunes pour les exprimer verbalement) aide habituellement les enfants à les maîtriser. Ils se sentent moins délaissés et plus rassurés s'ils savent que leurs parents sont prêts à les aider à composer avec leur agressivité et leur hostilité.

FIGURE 9-1 ▶ L'*Empathy Belly* est un simulateur de grossesse qui permet aux hommes et aux femmes qui n'en ont jamais fait l'expérience d'éprouver certains des symptômes de la grossesse. Le «bedon», une veste lestée qui pèse environ 13,6 à 15 kg (elle est proposée en deux tailles), permet à la personne qui le porte de ressentir une vingtaine de symptômes : diminution de l'amplitude respiratoire, pression sur la vessie, déplacement du centre de gravité et démarche dandinante, lordose accrue et douleurs lombaires, fatigue, etc. Le dispositif peut même simuler de légers coups de pieds. Pour de plus amples informations à propos de l'*Empathy Belly*, consultez le site : www.empathybelly.org.
Source : Reproduction grâce à l'aimable autorisation du Birthways Childbirth Resource Center, Inc.

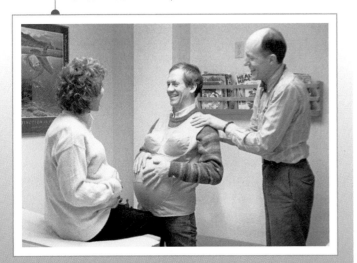

Le soulagement des malaises courants de la grossesse

La plupart des malaises courants de la grossesse résultent de phénomènes anatomiques et physiologiques qui se rapportent à chacun des trimestres. Les professionnels en parlent souvent comme de malaises «bénins», mais ils ne le sont pas pour la femme enceinte. En fait, ils peuvent être assez difficiles à supporter et anxiogènes pour la femme qui ne s'y attendait pas.

Le tableau 9-1 décrit les malaises les plus courants de la grossesse, leurs causes et les autosoins qui peuvent les soulager.

Premier trimestre

Nausées et vomissements

Les nausées et les vomissements sont des symptômes très courants durant le premier trimestre de la grossesse. Ils apparaissent parfois peu de temps après la conception (quelques jours après la date où aurait dû se produire la menstruation) et ils cessent habituellement avant le quatrième mois de la grossesse. Certaines femmes enceintes développent simplement une aversion pour certains aliments, un grand nombre souffrent de nausées le matin, tandis qu'une minorité en ont toute la journée ou en soirée.

L'étiologie des nausées et des vomissements durant la grossesse est encore mal connue, mais on la croit multifactorielle.

Tableau 9-1

Malaises courants de la grossesse et autosoins appropriés

Malaise	Facteurs	Autosoins
Premier trimestre		
Nausées et vomissements	Augmentation du taux de hCG Changements dans le métabolisme des glucides Facteurs émotionnels Fatigue	Éviter les odeurs et les autres facteurs incommodants Manger des craquelins ou du pain grillé avant de se lever le matin Prendre plusieurs petits repas Éviter les aliments gras ou très épicés Ne pas boire en mangeant, mais plutôt entre les repas Prendre des boissons chaudes ou froides
Pollakiurie	Pression exercée par l'utérus sur la vessie au premier et au troisième trimestre	Uriner dès que le besoin s'en fait sentir Augmenter l'ingestion de liquides pendant la journée Diminuer l'ingestion de liquides dans la soirée (seulement) pour prévenir la nycturie
Fatigue	Facteurs causals spécifiques encore inconnus Peut être aggravée par la nycturie liée à la pollakiurie	Prévoir une sieste ou une période de repos quotidienne Se coucher plus tôt Demander de l'aide aux proches pour pouvoir prendre plus de repos
Tension mammaire	Augmentation des concentrations d'œstrogènes et de progestérone	Porter un soutien-gorge adéquat et qui offre un bon maintien
Pertes vaginales plus abondantes	Hyperplasie de la muqueuse vaginale et augmentation de la sécrétion de glaire par les glandes endocervicales, toutes deux causées par la hausse du taux d'œstrogènes	Maintenir la propreté corporelle en prenant un bain tous les jours Éviter les douches vaginales, les culottes de tissu synthétique et les bas-culottes ; porter des culottes de coton, ou à entrejambe de coton ; au besoin, utiliser des protège-dessous
Congestion nasale et épistaxis	Hausse du taux d'œstrogènes	Difficile à corriger, mais on peut atténuer le malaise en recourant à un humidificateur à air froid Utiliser des gouttes de sérum physiologique (Salinex) Éviter les vaporisateurs et les décongestionnants nasaux
Ptyalisme	Facteurs causals spécifiques encore inconnus	Utiliser un rince-bouche astringent, mâcher de la gomme ou sucer un bonbon
Deuxième et troisième trimestres		
Pyrosis (brûlures d'estomac)	Sécrétion de progestérone plus abondante ; réduction de la motilité gastro-intestinale et relâchement du cardia ; estomac refoulé vers le haut sous la poussée de l'utérus gravide ; retour du contenu gastrique acide dans l'œsophage	Manger peu, mais plus souvent Prendre des antiacides à faible teneur en sodium Ne pas manger avec excès ; éviter les aliments gras et les fritures ; ne pas s'allonger après les repas ; ne pas prendre de bicarbonate de sodium Se coucher avec un oreiller supplémentaire, au besoin

Tableau 9-1 (suite)

Malaises courants de la grossesse et autosoins appropriés (suite)

Malaise	Facteurs	Autosoins
Deuxième et troisième trimestres (suite)		
Œdème des chevilles	Station debout ou assise prolongée Augmentation de la concentration de sodium à cause de l'action hormonale Congestion des membres inférieurs Perméabilité capillaire accrue Varices	Entrecouper les longues stations debout ou assise de dorsiflexions fréquentes En position assise ou couchée, surélever les jambes Éviter les gaines trop serrées ou les bas munis d'une bande élastique
Varices	Congestion veineuse dans les membres inférieurs, aggravée par la grossesse Facteurs héréditaires (faiblesse des parois veineuses, mauvais fonctionnement des valvules) Âge avancé et gain pondéral excessif	Surélever souvent les jambes Porter des bas de soutien et les enfiler avant de se lever Éviter de croiser les jambes et de rester longtemps debout Éviter les gaines trop serrées et les bas munis d'une bande élastique
Hémorroïdes	Constipation (voir ci-dessous) Pression accrue de l'utérus gravide sur les veines hémorroïdales	Prévenir la constipation Appliquer un sac de glace, un onguent ou un anesthésique topique ; prendre des bains d'eau tiède ou des bains de siège Si nécessaire, réinsérer doucement dans le rectum
Constipation	Hausse du taux de progestérone, provoquant une certaine paresse intestinale Pression de l'utérus gravide sur les intestins Supplément de fer Régime alimentaire inadéquat, absorption de liquides insuffisante Manque d'exercice	Augmenter l'apport de liquides et de fibres Faire de l'exercice S'efforcer d'aller à la selle régulièrement Prendre un émollient fécal selon les recommandations du médecin
Lombalgie	Accentuation de la cambrure lombosacrée due au poids de l'utérus gravide Taux d'hormones élevés, entraînant un ramollissement du cartilage des articulations Fatigue Mauvaise application des principes de la mécanique corporelle	Appliquer correctement les principes de la mécanique corporelle Pratiquer la bascule du bassin Éviter de se fatiguer, de travailler à une hauteur inconfortable, de porter des talons hauts et de soulever des objets lourds
Crampes aux jambes	Déséquilibre du rapport calcium/phosphore Compression des nerfs par l'utérus Fatigue Mauvaise circulation dans les membres inférieurs Extension du pied	Placer le pied en dorsiflexion pour étirer le muscle touché Revoir l'alimentation Appliquer de la chaleur sur le muscle
Étourdissements	Hypotension orthostatique Changement brusque de position, provoquant une accumulation de sang dans les veines déclives Station debout prolongée sous une chaleur excessive Anémie	Se lever lentement lorsqu'on est assise ou couchée Éviter de rester longtemps debout dans un endroit trop chaud ou mal aéré Mesurer l'hémoglobine et l'hématocrite
Dyspnée	Diminution de la capacité respiratoire, causée par la pression de l'utérus gravide sur le diaphragme	Adopter une bonne posture en position assise ou debout Si le problème se manifeste la nuit, dormir appuyée sur plusieurs oreillers

Tableau 9-1 (suite)

Malaises courants de la grossesse et autosoins appropriés (suite)

Malaise	Facteurs	Autosoins
Deuxième et troisième trimestres (suite)		
Flatulences	Diminution de la motilité intestinale qui retarde l'élimination Pression de l'utérus gravide sur le gros intestin Ingurgitation d'air	Éviter les aliments qui favorisent la formation de gaz intestinaux Bien mastiquer les aliments Faire de l'exercice quotidiennement S'efforcer d'aller à la selle régulièrement
Syndrome du canal carpien	Compression du nerf médian dans le canal carpien, aggravée par des mouvements répétitifs de la main ou par une mauvaise position durant le sommeil	Éviter les mouvements de la main qui risquent d'aggraver le syndrome Utiliser l'orthèse selon les recommandations du médecin Surélever la main ou le bras touché

Le taux accru de gonadotrophines chorioniques humaines (hCG) semble un facteur important, mais les changements dans le métabolisme des glucides, la fatigue et les facteurs émotionnels pourraient aussi être en cause.

En plus des autosoins habituels, la digitopuncture, appliquée sur un point précis du poignet, se révèle souvent efficace (Chez et Murphy, 2000). Cette «technique de massothérapie, qui dérive de la médecine traditionnelle chinoise, consiste à stimuler les points d'acupuncture par la pression des doigts dans le but d'aider à diminuer le stress et la fatigue» (Office de la langue française, 2000). Dans certains cas, la prise de 25 mg de pyridoxine (vitamine B_6) trois fois par jour atténue les symptômes ; sinon, on recommande souvent la doxylamine (Diclectin) (Chez et Niebyl, 2000). Le Diclectin qui est très employé au Canada contient de la doxylamine et de la pyridoxine. Quant aux médicaments en vente libre, aucun d'entre eux n'est recommandé à l'heure actuelle, qu'il s'agisse de dimenhydrinate (Gravol) ou de remèdes homéopathiques. Le gingembre, intégré aux plats ou absorbé en infusion, pourrait aider à atténuer les nausées selon certains naturopathes, mais cette assertion n'a pas encore été étayée par des données probantes. La femme enceinte qui vomit plus d'une fois par jour ou qui présente des signes de déshydratation, tels que bouche sèche ou urines concentrées, doit consulter son médecin ou sa sage-femme ; dans certains cas, on lui prescrira un anti-émétique. Elle doit surtout éviter d'avoir recours au premier médicament venu à cause du risque d'effets tératogènes.

Pollakiurie

La pollakiurie fait partie des malaises courants de la grossesse. Elle se manifeste au début de la grossesse, puis s'atténue pour réapparaître au troisième trimestre, à cause de la pression qu'exerce l'utérus gravide sur la vessie. On considère la polla-kiurie comme normale aux premier et dernier trimestres, tant qu'elle ne s'accompagne pas de symptômes d'infection uri-naire (comme la dysurie ou l'hématurie), auquel cas la cliente doit prévenir le médecin. Il ne faut jamais réduire l'apport liquidien pour diminuer la fréquence des mictions. On doit inciter la cliente à maintenir un apport liquidien normal, c'est-à-dire d'au moins 2 L par jour, et à vider fréquemment sa vessie (environ toutes les 2 heures lorsqu'elle ne dort pas).

Fatigue

Il est si courant de ressentir une grande fatigue en début de grossesse qu'on considère justement cette fatigue comme un indice de grossesse. Elle peut être aggravée par une pollakiurie qui oblige la femme à se lever la nuit pour uriner. La fatigue disparaît habituellement au début du deuxième trimestre.

Tension mammaire

La tension mammaire apparaît au tout début de la grossesse et persiste jusqu'à l'accouchement. Les taux élevés d'œstrogènes et de progestérone jouent un rôle dans cette douleur diffuse, accompagnée de picotements et d'une sensibilité accrue des mamelons. Le port d'un soutien-gorge adéquat peut aider à atténuer la douleur.

Leucorrhée plus abondante

La **leucorrhée** (pertes vaginales blanchâtres) est souvent plus abondante durant la grossesse. On recommande de porter une culotte de coton, ou à entrejambe de coton, pour diminuer l'irritation, de même qu'un protège-dessous si désiré. La leucorrhée abondante résulte de l'hyperplasie de la muqueuse vaginale et de la sécrétion accrue de glaire par les glandes endocervicales. L'acidité plus importante des sécrétions favorise la croissance de *Candida albicans*, ce qui rend la femme enceinte plus sujette à la candidose. Il serait peut-être bon de choisir des aliments à résidu plus alcalin, notamment le yaourt.

Pratique fondée sur des données probantes   La fatigue

Lorsque vous lisez qu'on considère la fatigue comme un indice de grossesse, cela vous étonne! Comme vous savez que la fatigue a des répercussions sur l'attitude, la concentration et la prise de décision, vous décidez d'approfondir la question.

Vos recherches bibliographiques sur le sujet peuvent vous mener à un article qui rapporte certaines études effectuées sur la fatigue de la grossesse. Chercheurs en soins infirmiers, ses auteurs ont testé deux instruments de mesure de la fatigue chez les femmes enceintes (Pugh *et al.*, 1999) en s'appuyant sur la définition de la fatigue de la North American Nursing Diagnosis Association: «sensation d'épuisement écrasante et persistante, accompagnée d'une diminution de l'aptitude physique et mentale au travail»; cette définition a le mérite de clarifier ce qu'on entend par «fatigue de la grossesse».

Les deux instruments de mesure, le *Questionnaire de détection de la fatigue* (*Fatigue Identification Form*) et le *Questionnaire du continuum de la fatigue* (*Fatigue Continuum Form*), comportent 30 questions et leur contenu est essentiellement semblable. Leur différence réside dans la conception des questions et dans la méthode de calcul des résultats: l'un est un questionnaire dichotomique (Oui/Non); l'autre utilise une échelle graduée sur laquelle la femme évalue l'intensité des symptômes.

Cet article recommande que la fatigue liée à la grossesse fasse l'objet d'études plus poussées, qui pourraient se baser principalement sur

le *Questionnaire du continuum de la fatigue*. Les auteurs soulignent tout de même que le *Questionnaire de détection de la fatigue* pourrait se révéler utile en milieu clinique pour quantifier la fatigue de la grossesse.

L'article de Pugh et ses collaborateurs (1999) ne fournit pas une recension systématique de la documentation qui évaluerait chacune des études antérieures selon des critères précis, pas plus qu'il ne propose des lignes directrices fondées sur des données probantes concernant la validité des résultats. Cependant, ces limites ne devraient pas nous amener à exclure l'usage clinique d'un instrument de mesure de la fatigue; s'il est soutenu par une formation adéquate du personnel ainsi que par une méthode rigoureuse de collecte et d'analyse des données, un tel instrument permettrait de dégager des données importantes en milieu clinique.

Supposons que, la semaine prochaine, vous commenciez un stage dans une clinique prénatale. Vous comptez vérifier si on y utilise un instrument de mesure de la fatigue, car cela vous semble un bon moyen de quantifier ce facteur qui peut avoir d'importantes répercussions sur la vie de la femme enceinte. Vous savez que les recherches ont appris aux cliniciens que la meilleure façon d'évaluer l'intensité de la douleur consiste à demander aux clients de la quantifier sur une échelle de 1 à 10. Il vous semble donc logique d'utiliser un instrument de mesure similaire pour évaluer la fatigue.

Source: Pugh, L. C., R. Milligan, P. L. Parks, E. R. Lenz et H. Kitzman (1999), «Clinical approaches in the assessment of chilbearing fatigue», *Journal of Obstetric, Gynecologic, and Neonatal Nursing*, vol. 28, n° 1, p. 74-80.

Congestion nasale et épistaxis

Une fois la grossesse bien entamée, le taux élevé d'œstrogènes peut provoquer un œdème de la muqueuse nasale, entraînant de la congestion, des écoulements et une gêne respiratoire. Des saignements de nez (épistaxis) peuvent aussi survenir. Un humidificateur à air froid ou un vaporisateur de solution saline ordinaire peuvent apporter un certain soulagement, mais en général le malaise persiste malgré tout. Les femmes qui en souffrent ont du mal à dormir et sont tentées de recourir aux décongestionnants ou aux vaporisateurs nasaux médicamenteux. Or, s'ils peuvent les soulager dans l'immédiat, ces médicaments risquent d'augmenter la congestion nasale. Autant que possible, les femmes enceintes devraient s'abstenir de tout médicament. Selon Lansac *et al.* (2000), une rhinorrhée séreuse, des éternuements et une obstruction nasale avec ou sans céphalée peuvent apparaître pendant la grossesse et disparaître quelque temps après l'accouchement. Par contre, les rhinites allergiques ont tendance à s'atténuer pendant la grossesse (Lansac *et al.*, 2000).

Ptyalisme

Une petite minorité de femmes enceintes souffrent de **ptyalisme** (sécrétion excessive de salive, souvent amère). On ne connaît pas la cause exacte de ce problème, difficile à traiter efficacement.

Deuxième et troisième trimestres

Il est plus difficile de classer les malaises du deuxième trimestre et ceux du troisième trimestre, car ils dépendent de facteurs variant d'une femme à l'autre. Les problèmes décrits ci-dessous n'apparaissent généralement pas avant le troisième trimestre chez les primigestes, mais ils peuvent survenir de plus en plus tôt lors des grossesses subséquentes.

Pyrosis (brûlures d'estomac)

Causé par le reflux du contenu gastrique acide dans l'œsophage, le pyrosis produit une sensation de brûlure qui laisse parfois un mauvais goût dans la bouche. Le refoulement de l'estomac sous la poussée de l'utérus semble en être la principale cause, mais la hausse du taux de progestérone, la moindre motilité gastro-intestinale et le relâchement du cardia y contribuent également.

Les antiacides liquides à faible teneur en sodium procurent presque toujours un soulagement efficace. On doit avertir les clientes que les antiacides à base d'aluminium sont associés à la constipation, et ceux à base de magnésium à la diarrhée. Le bicarbonate de sodium (soda à pâte) et l'Alka-Seltzer sont à déconseiller, car ils peuvent causer un déséquilibre électrolytique.

Si le pyrosis est grave, que les antiacides ne le soulagent pas et qu'il s'accompagne de reflux gastro-intestinal, un antisécrétoire (anti-H_2) – ranitidine (Zantac), cimétidine (Tagamet) ou oméprazole (Losec) – peut être indiqué. Jusqu'à maintenant, les recherches n'ont relié aucun de ces antisécrétoires à un risque important de malformation congénitale, de naissance prématurée ou de retard de la croissance intra-utérine, et plus de 85 % des femmes enceintes en utilisent au moins un pour lutter contre le reflux gastrique (« Good News for Pregnant Women », 1999). Cependant, il vaut mieux éviter de donner quelque médicament que ce soit à la femme enceinte.

Œdème des chevilles

À cause du ralentissement du retour veineux dans les membres inférieurs, la plupart des femmes souffrent d'œdème des chevilles en fin de grossesse. Une longue station debout ou assise sous la chaleur peut aggraver cet œdème, qui est également associé aux varices. On conseille à la femme enceinte d'élever les jambes lorsqu'elle est assise et de ne pas croiser les jambes si elle ne peut les allonger. Si elle doit rester debout, on lui recommande de transférer son poids d'un pied à l'autre pour ne pas aggraver la stagnation sanguine (ceci vaut aussi pour les varices des membres inférieurs). La meilleure position est la position déclive allongée, qui diminue la pression de l'utérus gravide (Lansac *et al.*, 2000). L'œdème des chevilles ne devient préoccupant que s'il s'accompagne d'hypertension ou de protéinurie, ou s'il n'est pas d'origine posturale.

Varices

L'apparition de varices chez la femme enceinte découle souvent d'une prédisposition congénitale. Les varices s'aggravent au fur et à mesure que la grossesse évolue, et les futures mères plus âgées en souffrent davantage que les autres (Cunningham *et al.*, 2001). Les varices résultent de la faiblesse des parois veineuses ou d'un fonctionnement déficient des valvules. De plus, le relâchement des muscles lisses entourant les vaisseaux (phénomène d'origine hormonale) et l'augmentation de la masse sanguine circulante prédisposent à l'apparition des varices (Lansac *et al.*, 2000). Par ailleurs, plus la parité est élevée, plus la femme risque de souffrir de varices.

Une mauvaise circulation dans les membres inférieurs prédispose aux varices des jambes et des cuisses, de même que les stations debout ou assise prolongées. La pression de l'utérus gravide sur les vaisseaux pelviens rend le retour veineux plus difficile ; elle peut donc aggraver des problèmes préexistants ou amener des changements évidents dans les veines des jambes (figure 9-2 ▶). L'infirmière conseillera à la future mère de porter des bas de soutien (à enfiler avant de se lever), de faire de petites promenades plusieurs fois par jour, de se reposer en surélevant les jambes, de prendre des douches froides ou d'appliquer des compresses aux membres inférieurs. Certains mouvements de gymnastique pourraient également lui être utiles : par exemple le matin et le soir, en position couchée sur le dos, faire des flexions, des extensions et des rotations des chevilles ainsi que des mouvements de bicyclette (Lansac *et al.*, 2000).

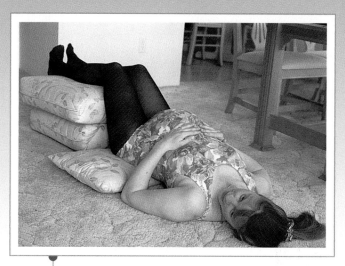

FIGURE 9-2 ▶ Le repos en position couchée, les deux jambes et une hanche surélevées (pour éviter la compression de la veine cave) peut soulager l'œdème et la douleur causés par les varices.

La sclérothérapie et le traitement chirurgical des varices ne sont pas recommandés durant la grossesse (Cunningham *et al.*, 2001). Cependant, on devrait recommander à la cliente d'envisager un traitement après l'accouchement pour éviter que le problème s'aggrave à la prochaine grossesse.

Bien que ce soit plus rare, des varices peuvent apparaître à la vulve et au périnée, provoquant une sensation de lourdeur et de la douleur. Le port de deux serviettes hygiéniques dans la culotte offre parfois un certain soutien aux varices vulvaires. La femme enceinte allégera la pression qu'exerce l'utérus sur les vaisseaux pelviens en se couchant sur le côté (sur le côté *gauche*, précisons-le, afin de prévenir la compression de la veine cave inférieure) ; elle peut également soulever le pied de son lit avec des planches de bois pour maintenir ses jambes légèrement surélevées.

Flatulences

Les flatulences résultent de la diminution de la motilité gastro-intestinale, qui retarde la vidange, et de la pression de l'utérus gravide sur le gros intestin. L'ingestion d'air contribue également au problème.

Hémorroïdes

Les hémorroïdes sont des varices au rectum et à l'anus. Elles sont causées par la pression que l'utérus gravide exerce sur les veines, pression qui gêne la circulation veineuse, bien que les efforts de défécation de la femme constipée puissent contribuer à leur apparition.

Certaines femmes n'ont aucun problème d'hémorroïdes jusqu'à la deuxième période du travail, moment où les efforts expulsifs les font apparaître. Ces hémorroïdes redeviennent généralement asymptomatiques au début du post-partum. Les principaux symptômes d'hémorroïdes sont le prurit, la douleur, l'œdème et les saignements. La grossesse risque d'aggraver les hémorroïdes chez les femmes qui en souffraient déjà.

La cliente peut soulager ses hémorroïdes en les réinsérant doucement dans le rectum. Allongée sur le côté, elle appuie un doigt lubrifié sur les hémorroïdes, les réinsère, puis les maintient en place une ou deux minutes avant de retirer doucement son doigt. Le sphincter anal les retiendra alors à l'intérieur. Comme la réduction est plus efficace si la femme reste couchée sur le côté (position de Sims), cette technique s'utilise de préférence au coucher ou avant la sieste. On conseillera à la femme enceinte d'absorber des aliments qui préviennent la constipation, de diminuer la consommation d'épices et les excès alimentaires, de prendre des bains de siège, à l'eau fraîche de préférence (Lansac *et al.*, 2000).

Constipation

Certaines conditions prédisposent la femme enceinte à la constipation : la paresse intestinale causée par l'accélération du métabolisme de la progestérone et des stéroïdes ; le refoulement des intestins, qui s'accentue avec la croissance du fœtus ; et les suppléments oraux de fer que doivent prendre la plupart des femmes enceintes. L'infirmière lui proposera d'abord des traitements de type hygiéno-diététique : augmenter l'apport de fruits, de légumes et de fibres, favoriser le réflexe gastro-colique en buvant un verre d'eau froide le matin au lever, en s'efforçant d'aller aux toilettes à heure fixe et en ne résistant pas à l'envie d'aller à la selle (Lansac *et al.*, 2000). Devant les cas de constipation préexistante ou persistante, on pourra prescrire un laxatif doux, un émollient des selles ou des suppositoires.

Lombalgies

De nombreuses femmes enceintes souffrent de lombalgies, principalement à cause de l'accentuation de la cambrure lombosacrée au fur et à mesure que l'utérus grossit et s'alourdit, et aussi à cause du relâchement ligamentaire, intervertébral et sacro-iliaque (Lansac *et al.*, 2000). Une bonne posture ainsi qu'une application correcte des principes de la mécanique corporelle peuvent contribuer à la prévention des lombalgies. On recommande à la femme enceinte de fléchir les genoux plutôt que de courber le dos lorsqu'elle ramasse un objet (figure 9-3 ▶) ; elle devrait alors écarter les pieds de 30 à 50 cm pour garder son équilibre. Si la cliente a l'habitude de travailler à une hauteur qui l'oblige à courber le dos, l'infirmière lui conseillera de faire les rectifications nécessaires.

FIGURE 9-3 ▶ La femme enceinte doit appliquer correctement les principes de la mécanique corporelle lorsqu'elle ramasse un objet au sol ou lorsqu'elle soulève des objets.

Crampes aux jambes

Les crampes aux jambes sont des spasmes douloureux des muscles jumeaux. Plus fréquentes la nuit, elles peuvent cependant survenir à n'importe quel moment. L'extension du pied provoque souvent une crampe à la jambe. L'infirmière conseillera donc à la cliente d'éviter de tendre le pied pendant les exercices prénataux ou lorsqu'elle se repose. On ne connaît pas la cause exacte des crampes aux jambes, mais la pression de l'utérus gravide sur les nerfs et les vaisseaux pelviens pourrait y contribuer (Varney, 1997), surtout au troisième trimestre.

L'étirement du muscle procure un soulagement instantané. La femme se couche sur le dos, et une autre personne pousse le pied vers la jambe en appuyant sur le genou pour qu'elle reste droite (figure 9-4 ▶). Si elle est seule, la femme peut aussi se lever et poser le pied à plat sur le sol. Les massages et les compresses chaudes apaisent les crampes aux jambes. Un régime alimentaire qui assure un apport quotidien de calcium et de phosphore peut contribuer à la prévention des crampes (Varney, 1997). On propose également (Lansac *et al.*, 2000) un traitement aux vitamines B et/ou au magnésium.

FIGURE 9-4 ▶ Le futur père peut soulager les crampes aux jambes de sa partenaire en repliant le pied et en maintenant la jambe droite.

Étourdissements

Beaucoup de femmes enceintes ont des étourdissements, en particulier lorsqu'elles se trouvent dans des endroits trop chauds ou surpeuplés. Ces malaises s'expliquent par les changements dans le volume sanguin et par l'hypotension orthostatique résultant de l'accumulation de sang dans les veines déclives. Les brusques changements de position ou les stations debout prolongées peuvent aussi entraîner ce phénomène et provoquer des étourdissements.

La femme qui se sent étourdie parce qu'elle est debout depuis longtemps ou parce qu'elle se trouve dans une pièce bondée et surchauffée devrait s'asseoir et mettre sa tête entre les genoux ; si cela ne suffit pas, elle devrait demander qu'on l'aide à trouver un endroit où elle pourrait s'allonger et respirer de l'air frais. Lorsqu'elle quitte une position de repos, la femme doit penser à se relever lentement. Les femmes dont le travail exige de longues stations debout devraient faire régulièrement de la «marche sur place» pour favoriser le retour veineux des jambes vers le cœur.

Dyspnée

La pression qu'exerce l'utérus gravide sur le diaphragme occasionne souvent des difficultés respiratoires. La dyspnée s'aggrave au cours du dernier trimestre de la grossesse, car l'utérus gravide appuie alors directement sur le diaphragme, diminuant la capacité respiratoire. Chez la primigeste, ces malaises s'atténuent grandement durant les dernières semaines de grossesse, quand le fœtus et l'utérus descendent dans le bassin. Chez la multigeste, ce phénomène qu'on appelle l'**allégement** ne se produit pas avant le travail, de sorte qu'elle risque d'avoir le souffle court durant toute la dernière partie de sa grossesse. Le volume inspiratoire augmente, ce qui accroît l'apport d'oxygène (Cunningham *et al.*, 2001 ; Brûlé et Cloutier, 2002).

Sommeil perturbé

Plusieurs facteurs peuvent perturber le sommeil en fin de grossesse. Il devient difficile de trouver une position confortable à cause de la dimension de l'utérus, et les mouvements actifs du fœtus n'arrangent pas la situation. D'autres malaises reliés à la grossesse, comme la pollakiurie, la dyspnée et les crampes aux jambes, peuvent également aggraver les problèmes de sommeil. Ce sont les réveils fréquents en fin de grossesse qui perturbent le sommeil et le rendent moins réparateur (Cunningham *et al.*, 2001). L'anxiété concernant le travail et l'accouchement peut aussi être un élément perturbateur (Lansac *et al.*, 2000).

Douleur du ligament rond de l'utérus

Au fur et à mesure que l'utérus gravide augmente de volume et monte dans l'abdomen, le ligament rond s'étire et s'hypertrophie. La douleur du ligament rond vient de cet étirement. Cette douleur, souvent intense, produit dans le bas de l'abdomen et dans la région inguinale une sensation de tirage qui peut être inquiétante lorsqu'on l'éprouve pour la première fois. L'infirmière devrait donc prévenir la cliente qu'elle peut éprouver ce symptôme. Le cas échéant, après avoir écarté la possibilité d'une complication comme l'appendicite, on pourra lui recommander d'appliquer un coussin chauffant sur l'abdomen pour soulager la douleur.

Syndrome du canal carpien

Environ le quart des femmes enceintes souffrent du syndrome du canal carpien, et ce, pour des raisons encore inconnues (Cunningham *et al.*, 2001). Causé par la compression du nerf médian dans le canal carpien, ce syndrome se manifeste par une sensation de picotements et d'engourdissement de la main près du pouce ; il s'agit à l'occasion d'une sensation de brûlure. Les clientes ont l'impression de porter des gants et laissent parfois échapper des objets (Lansac *et al.*, 2000). Ces sensations se présentent souvent la nuit et surtout à partir du sixième mois de la grossesse (Lansac *et al.*, 2000). Les mouvements répétitifs de la main (comme de taper sur un clavier) aggravent ce syndrome, qui peut disparaître spontanément trois jours après l'accouchement. Le traitement consiste habituellement à porter une orthèse, à éviter les mouvements qui risquent d'aggraver les symptômes et à dormir les mains posées sur un oreiller (Lansac *et al.*, 2000). Si ces mesures ne suffisent pas, on pourra envisager une chirurgie dans les cas plus graves.

Les autosoins durant la grossesse

Considérations d'ordre culturel

On l'a vu au chapitre 8, de nombreux comportements liés à la grossesse sont dictés par des croyances culturelles. Le tableau 9-2 donne un aperçu des activités que diverses cultures recommandent ou interdisent aux femmes enceintes. Soulignons-le, le fait pour une cliente d'appartenir à un groupe culturel donné ne signifie pas qu'elle assume toutes ses croyances et ses pratiques. Notons également que ce tableau n'a rien d'un inventaire exhaustif ; il donne simplement quelques exemples de pratiques qui peuvent avoir de l'importance pour certaines clientes enceintes et leurs proches.

Lorsqu'ils travaillent avec des clients issus d'autres groupes culturels, les professionnels de la santé doivent respecter leurs croyances et faire preuve d'ouverture d'esprit. Les infirmières compétentes savent que, durant la grossesse et l'accouchement, les attentes de la famille tant à l'égard de ses membres que du système de santé sont teintées par leurs influences culturelles et leurs expériences de vie.

Les barrières de langage représentent souvent un défi de taille dans la prestation de soins prénataux efficaces. Autant que possible, l'infirmière verra à ce qu'un proche ou un membre du personnel serve d'interprète lorsqu'elle transmet à la cliente des informations essentielles sur la grossesse et les soins prénataux. Elle verra également à ce que la cliente puisse poser ses questions et exprimer ses préoccupations. Enfin, l'idéal est de fournir à la cliente de la documentation écrite dans sa langue.

> **Conseil pratique**
>
> À chaque visite prénatale, axez votre enseignement sur les changements ou les malaises que la cliente risque de connaître durant le mois et le trimestre qui suivront. Si la grossesse évolue normalement, prenez quelques minutes pour décrire le fœtus à ce stade de développement.

Évaluation de l'activité fœtale par la mère

De nombreux professionnels de la santé incitent les femmes enceintes à surveiller le bien-être de l'enfant à naître en évaluant régulièrement l'activité fœtale à partir de la 28e semaine

---

Tableau 9-2

Croyances et pratiques culturelles durant la grossesse

Vous trouverez dans ce tableau quelques exemples de croyances et de pratiques associées à la grossesse dans diverses cultures. Comme les normes culturelles varient considérablement au sein d'un même groupe culturel et d'une génération à l'autre, il importe d'éviter les *a priori* concernant les croyances de la cliente. L'infirmière doit l'observer attentivement et prendre le temps de l'interroger à ce sujet. Une bonne connaissance des particularités culturelles de la cliente et de ses proches peut se révéler très importante dans la prestation des soins. Puisqu'elle est un être unique et qu'elle est dotée d'une sensibilité accrue pendant la grossesse, il faut accorder à chaque cliente une écoute particulière et toute l'attention nécessaire.

Croyance ou pratique	Interventions infirmières
Remèdes maison	
Les clientes d'origine autochtone recourent parfois à des herbes médicinales comme le pissenlit, dont les tiges contiennent un liquide laiteux censé favoriser la lactation chez les femmes qui allaitent (Spector, 2000). Les clientes d'origine chinoise peuvent boire des infusions de ginseng pour lutter contre les faiblesses du post-partum ou de feuilles de bambou comme sédatif. Certaines clientes d'origine africaine ont tendance à recourir à l'automédication pour soulager les malaises de la grossesse : par exemple, à prendre des laxatifs pour soulager la constipation (Spector, 2000).	Interroger la cliente sur tous les médicaments qu'elle prend, y compris les remèdes maison et les infusions, et l'informer sur leurs effets.
	Formuler les questions avec tact et éviter les jugements péremptoires : les clientes hésitent souvent à avouer aux professionnels de la santé qu'elles prennent des remèdes maison de peur d'être jugées défavorablement.
	Si le remède maison est sans danger, il n'y a aucune raison de demander à la cliente d'y renoncer.

Tableau 9-2 (suite)

Croyances et pratiques culturelles durant la grossesse (suite)

Croyance ou pratique	Interventions infirmières
Nutrition Certaines clientes d'origine italienne peuvent croire qu'il est essentiel de satisfaire leurs désirs d'aliments particuliers pour éviter les anomalies congénitales, ou encore qu'elles doivent manger tous les aliments qu'elles sentent pour éviter que le fœtus s'agite «à l'intérieur», ce qui pourrait déclencher une fausse-couche. Les clientes d'ascendance africaine peuvent respecter la tradition qui consiste à manger de l'argile, de la terre ou de l'amidon, matières censément bénéfiques à la femme enceinte et au fœtus (Spector, 2000). Les femmes d'origine coréenne qui pratiquent le *Tae Kyo* – série de prescriptions visant à assurer une grossesse sans danger – doivent manger certains aliments considérés comme bénéfiques pour le fœtus et en éviter d'autres, réputés malsains (Choi, 1995). Pour la femme inuite, la nourriture doit être abondante et variée, et cela sans aucune restriction; cependant, la nourriture locale est de beaucoup préférable, car la croissance du fœtus en dépend (Dufour, 1988).	Interroger la cliente sur ses croyances et ses pratiques en matière d'alimentation durant la grossesse; lui demander de décrire son régime alimentaire depuis qu'elle est enceinte. Expliquer à la cliente l'importance d'un régime alimentaire équilibré pendant la grossesse, tout en tenant compte de ses particularités culturelles. Au besoin, indiquer à la cliente des remèdes plus efficaces: par exemple, manger des aliments à forte teneur en fibres pour soulager la constipation. Si les pratiques de la cliente sont sans danger, il n'y aucune raison de lui demander d'y renoncer.
Médecine traditionnelle Les clientes d'origine mexicaine peuvent retenir les services d'une *partera* (sage-femme) pour assurer leurs soins prénataux et les assister pendant le travail et l'accouchement. La *partera* parle leur langue maternelle, partage leur culture et leur permet d'accoucher à domicile ou dans une maison de naissances plutôt qu'à l'hôpital. Dans certaines communautés latino-américaines, on consulte le *curandero* ou la *curandera*, guérisseur traditionnel qui soigne avec des herbes, des massages et des artefacts religieux (Spector, 2000). La femme inuite aime être suivie par «celle qui aide» – *ikajurti* – durant l'accouchement, car cette dernière suit les conseils des personnes plus âgées et plus expérimentées (Dufour, 1988).	Informer la cliente des possibilités qui s'offrent à elle quant au choix du principal prestataire de soins et du lieu de l'accouchement; expliquer leurs avantages et inconvénients respectifs. Indiquer à la cliente, pour la rassurer, que l'objectif des soins de santé durant la grossesse et l'accouchement est de faire en sorte que tout se passe bien pour la mère et l'enfant, et ce, dans le respect de ses particularités culturelles.
Exercice Les clientes d'origine italienne peuvent craindre que certaines positions du corps entraînent un développement anormal du fœtus (Spector, 2000). Certaines clientes originaires de l'Asie du Sud-Est croient que l'inactivité chez la femme enceinte peut rendre le travail particulièrement difficile (Mattson, 1995). Certaines clientes d'origine européenne, africaine et mexicaine croient que lever les bras au-dessus de la tête durant la grossesse peut nuire au fœtus. La femme inuite doit être vive et vigilante, car ses attitudes et ses comportements incitent l'enfant à naître rapidement (Dufour, 1988).	Demander à la cliente si elle redoute de s'adonner à certaines activités à cause de sa grossesse. Indiquer à la cliente que lever les bras au-dessus de la tête durant la grossesse ne nuit aucunement au fœtus; évaluer l'effet des autres activités sur la grossesse. Rappeler que le repos est essentiel pendant la grossesse et que l'exercice est bénéfique si on le pratique de façon modérée.
Spiritualité Deux mois avant l'accouchement, certaines clientes navajos rencontrent le chaman, dont les prières doivent faciliter l'accouchement et assurer la naissance d'un enfant en santé. Les clientes d'origine européenne peuvent faire une plus grande place à la spiritualité dans leur vie pour apaiser leurs craintes et faire en sorte que l'accouchement se passe bien.	Favoriser tout recours au réseau de soutien et aux pratiques spirituelles qui réconfortent la mère.

de grossesse. De manière générale, une activité fœtale vigoureuse confirme le bien-être du fœtus, alors qu'un arrêt ou un net ralentissement de l'activité fœtale peut indiquer une modification du bien-être du fœtus qui exige une attention immédiate. Plusieurs facteurs influent sur l'activité fœtale, notamment le sommeil fœtal, le bruit, le moment de la journée, le taux de glucose sanguin, la consommation de tabac ou de certaines drogues, comme la cocaïne ou le crack. Un fœtus en santé a des périodes d'immobilité ou d'activité réduite de temps à autre. On a mis au point diverses techniques pour suivre l'évolution de l'activité fœtale; toutes exigent que la mère tienne une **fiche d'enregistrement des mouvements fœtaux (FEMF)**, selon la technique d'enregistrement quotidien des mouvements fœtaux (EQMF) ou selon la technique Cardiff. Consultez le *Guide d'enseignement*: *Évaluation maternelle de l'activité fœtale*.

Guide d'enseignement   Évaluation maternelle de l'activité fœtale

Évaluation et analyse de la situation

L'infirmière détermine si la femme connaît ou a déjà utilisé les techniques d'enregistrement des mouvements fœtaux (EMF), s'informe de son nombre de semaines de grossesse, évalue sa capacité de comprendre l'information, de la traiter et de la communiquer.

Diagnostics infirmiers

Le principal diagnostic infirmier pourrait être :

Recherche d'un meilleur niveau de santé : besoin d'information sur l'enregistrement de l'activité fœtale relié au désir exprimé de surveiller le bien-être du fœtus qu'elle porte.

Planification et interventions

Le plan d'enseignement vise à fournir à la cliente enceinte de l'information sur l'activité fœtale et à lui apprendre des techniques d'enregistrement des mouvements fœtaux qu'elle pourra utiliser chez elle.

Objectifs

Une fois l'enseignement terminé, la cliente pourra :

- décrire les diverses techniques d'évaluation de l'activité fœtale dont elle dispose, expliquer leur raison d'être et montrer la façon de procéder à l'évaluation des résultats et de les consigner ;
- expliquer la manière dont elle doit remplir la fiche d'enregistrement des mouvements fœtaux (FEMF) ;
- donner le nom et les coordonnées d'une personne qu'elle peut contacter si elle a des questions à poser ;
- accepter d'apporter une FEMF à chaque visite prénatale.

Plan d'enseignement

Contenu

Expliquer à la cliente que :

- les mouvements fœtaux commencent à devenir perceptibles vers la 18e semaine de grossesse ;
- par la suite, les mouvements s'intensifient et deviennent plus faciles à déceler ;
- l'arrêt ou la diminution des mouvements fœtaux peut indiquer qu'il y a une modification du bien-être du fœtus, qui doit être signalée sans retard.

Expliquer verbalement à la cliente comment utiliser la technique Cardiff ou la technique d'enregistrement quotidien des mouvements fœtaux (EQMF).

Pour les deux techniques, demander à la cliente de :

- commencer vers la 27e semaine de grossesse à enregistrer quotidiennement les mouvements fœtaux ;
- autant que possible, commencer le comptage à la même heure tous les jours, de préférence une heure après le repas ;
- s'allonger sur le côté (décubitus latéral) dans un endroit tranquille pour faire le comptage.

Technique Cardiff Demander à la cliente d'inscrire un X sur la fiche à chaque mouvement fœtal jusqu'à ce qu'elle en ait compté 10. L'activité fœtale est très variable, mais la plupart des femmes sentent le fœtus bouger au moins 10 fois en 3 heures (voir figure 9-5).

Technique EQMF Demander à la cliente de compter les mouvements fœtaux pendant 20 à 30 minutes, 3 fois par jour ; s'il y a moins de 3 mouvements fœtaux pendant une des séances, elle devra compter durant 1 heure ou plus.

Expliquer à la cliente qu'elle doit appeler son prestataire de soins dans l'un ou l'autre des cas suivants :

- il y a moins de 10 mouvements en 3 heures ;
- l'activité fœtale globale diminue, et il faut beaucoup plus de temps pour arriver à 10 mouvements ;
- il n'y a aucune activité fœtale dans la matinée ;
- il y a moins de 3 mouvements en 8 heures.

Méthode d'enseignement

Décrire la façon de procéder à l'évaluation de l'activité fœtale et en faire la démonstration ; s'asseoir près de la cliente et lui montrer comment placer sa main sur le fond utérin pour sentir les mouvements fœtaux.

Fournir à la cliente des explications écrites qu'elle pourra consulter chez elle.

Montrer à la cliente comment enregistrer les mouvements fœtaux sur une fiche de Cardiff ou sur une fiche d'EQMF.

Demander à la cliente de faire une démonstration en lui fournissant des exemples.

Inciter la cliente à remplir sa fiche quotidiennement et à l'apporter à chaque visite prénatale ; l'assurer qu'on en discutera alors avec elle et qu'on répondra à ses questions, si elle en a.

Donner à la cliente le nom et les coordonnées d'une personne qu'elle peut contacter si elle a des questions à poser.

Évaluation

Évaluer l'apprentissage en demandant à la cliente d'expliquer la technique et de remplir une fiche d'après un exemple fictif.

Examiner les fiches de la cliente à chaque visite prénatale afin d'évaluer son apprentissage et de lui donner l'occasion de poser des questions et de demander des précisions.

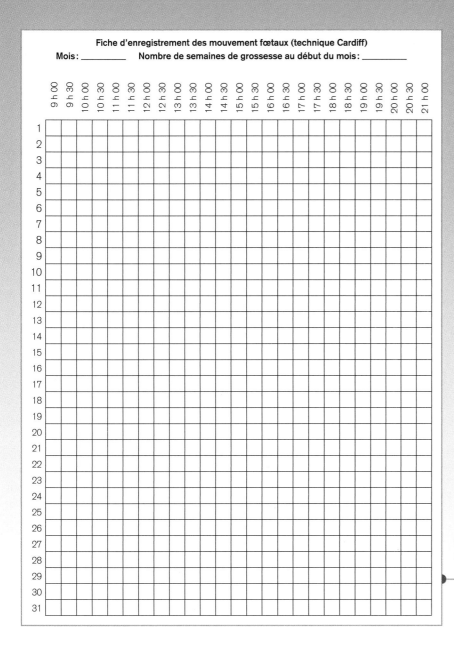

FIGURE 9-5 Enregistrement des mouvements fœtaux : fiche pour la technique Cardiff (adaptation).

Soins des seins

Qu'elle prévoie allaiter ou donner le biberon, la femme enceinte doit absolument, surtout si ses seins deviennent très gros et très lourds, porter un soutien-gorge qui, en plus d'être confortable, préserve la forme des seins, prévient les douleurs lombaires et soulage la tension mammaire. Un bon soutien-gorge présente les caractéristiques suivantes :

- les bretelles sont larges et ne s'étirent pas (le poids des seins et les lavages fréquents font rapidement perdre leur tension aux bretelles élastiques) ;

- le bonnet enveloppe tout le sein sans le comprimer ;

- le soutien-gorge est muni d'agrafes ou d'un autre dispositif permettant d'agrandir le tour de poitrine au fur et à mesure que le thorax prend de l'expansion ;

- la ligne mamelonnaire est maintenue à peu près à mi-chemin entre le coude et l'épaule, et le soutien-gorge ne remonte pas dans le dos sous le poids des seins.

La propreté des seins est très importante, surtout à partir du moment où la production de colostrum commence. Si le colostrum forme une croûte sur les mamelons, on l'enlèvera avec de l'eau tiède. La femme qui prévoit allaiter ne doit pas utiliser de savon sur les mamelons, car cela risque de les dessécher.

Si la femme compte allaiter, on commence à préparer les mamelons au dernier trimestre pour prévenir l'apparition de lésions cutanées les premiers jours de l'allaitement. La **préparation des mamelons** favorise la distribution des lubrifiants naturels sécrétés par les tubercules de Montgomery et le développement de la couche de peau protectrice du mamelon. La femme peut commencer cette préparation en retirant son soutien-gorge lorsque c'est possible et en exposant sa poitrine à l'air et au soleil. Frotter le mamelon enlève la couche d'huile protectrice, mais le rouler délicatement entre le pouce et l'index pendant un court moment chaque jour contribue à le préparer pour l'allaitement. La femme qui a déjà accouché prématurément ne doit pas pratiquer ce massage parce que la stimulation du mamelon déclenche la sécrétion d'ocytocine. Le chapitre 14 traite de façon détaillée des effets de la stimulation des mamelons sur les contractions.

Il est plus difficile, mais non moins profitable, de masser les mamelons plats ou ombiliqués. Le port d'un bouclier spécialement conçu pour corriger l'inversion des mamelons semble être la seule mesure vraiment efficace pour remédier à ce problème (figure 9-6 ▶). Pour de plus amples informations sur les mamelons ombiliqués, voir le chapitre 29.

La stimulation orale des seins au cours des jeux sexuels est une excellente technique de préparation à l'allaitement. On encouragera le couple qui pratique cette stimulation à la poursuivre tout au long de la grossesse sauf, évidemment, si la femme a des antécédents d'accouchement prématuré.

FIGURE 9-6 ▶ Ce bouclier, spécialement conçu pour développer la protraction des mamelons ombiliqués, se porte durant les trois ou quatre derniers mois de la grossesse ; en exerçant une légère traction sur le pourtour de l'aréole, le dispositif force graduellement le mamelon à émerger. Au besoin, la mère pourra continuer à le porter après l'accouchement.

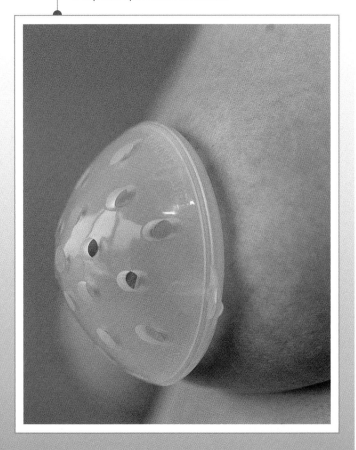

Vêtements

Les vêtements jouent souvent un rôle important dans la perception que la femme enceinte a d'elle-même et de son apparence. Ils doivent être assez amples pour ne pas gêner ses mouvements. Spécialement conçus pour accommoder l'augmentation du volume abdominal au cours de la grossesse, les vêtements de maternité sont souvent dispendieux et ne servent pas longtemps. Les femmes enceintes peuvent économiser en portant des vêtements ordinaires de plus grande taille, en échangeant des vêtements entre amies, en cousant leurs propres vêtements ou en achetant d'occasion leurs vêtements de maternité.

Les souliers à talons hauts aggravent les lombalgies en accentuant la cambrure lombosacrée ; la femme enceinte qui souffre de maux de dos ou qui a des problèmes d'équilibre devrait donc les éviter. Il est particulièrement important de porter, durant la grossesse, des chaussures à talons de hauteur moyenne, bien ajustées et confortables.

Bains

Les pratiques d'hygiène corporelle sont souvent déterminées par des normes culturelles. La transpiration et les écoulements vaginaux augmentent durant la grossesse ; les femmes enceintes doivent donc laver plus souvent certaines parties de leur corps, ou encore prendre des douches ou des bains plus fréquemment. Comme il est plus difficile de garder l'équilibre en fin de grossesse, elles doivent être particulièrement prudentes dans la douche ou la baignoire ; la présence d'un tapis en caoutchouc au fond de la baignoire et de poignées solides auxquelles elles peuvent s'agripper est essentielle. De plus, à cause de la vasodilatation qu'entraîne un bain chaud, la femme enceinte risque d'avoir un étourdissement ; elle aura peut-être besoin d'aide pour sortir de la baignoire, surtout au dernier trimestre. Il vaudrait mieux qu'elle évite d'utiliser les savons parfumés, susceptibles de provoquer de la dermatose ou des démangeaisons.

Emploi

Les recherches sur les femmes qui travaillent à l'extérieur durant la grossesse révèlent essentiellement deux choses. Par rapport aux femmes enceintes sans emploi, les femmes enceintes qui travaillent dans des bureaux risquent moins de mettre au monde un bébé petit pour son âge gestationnel, ce qui pourrait s'expliquer par un meilleur accès aux soins de santé ou par le meilleur état de santé des femmes de ce groupe. Par ailleurs, on observe une incidence accrue des accouchements prématurés chez les femmes dont l'emploi exige de longues stations debout (Cunningham *et al.*, 2001).

Les principaux facteurs de risque associés au travail à l'extérieur durant la grossesse sont une fatigue extrême, l'exposition à des agents fœtotoxiques, les problèmes d'origine ergonomique et les complications médicales ou obstétricales. Dans la dernière moitié de la grossesse, on devrait protéger la femme enceinte en l'exemptant des travaux qui exigent beaucoup d'équilibre. Si certains aspects de son travail risquent de nuire à sa santé ou à celle du fœtus, la femme enceinte devrait obtenir un retrait préventif.

Les gens qui attendent un enfant s'inquiètent de plus en plus de la présence d'agents fœtotoxiques dans leur environnement. La travailleuse enceinte (ou qui envisage de le devenir) devrait s'informer des risques que présente son milieu de travail auprès du médecin ou de l'infirmière de l'entreprise ; elle devrait également se renseigner auprès d'autres sources (lectures, résultats de recherche, etc.). De même, le futur père devrait s'assurer que son milieu de travail est exempt d'agents qui pourraient affecter ses spermatozoïdes.

Voyages

S'il n'y a pas de complication médicale ou obstétricale, rien ne s'oppose à ce que la femme enceinte voyage. Elle devrait cependant s'en abstenir si elle a des antécédents de saignements ou d'hypertension gestationnelle, et s'il s'agit d'une grossesse multiple.

Particulièrement épuisants, les voyages en voiture peuvent aggraver les malaises de la grossesse. Des arrêts fréquents s'imposent pour permettre à la femme enceinte de sortir de la voiture et de se dégourdir les jambes (on recommande d'effectuer 10 minutes de marche toutes les 2 heures). Les femmes enceintes doivent porter et la ceinture de sécurité abdominale et le baudrier ; la ceinture abdominale doit passer sous l'abdomen (en haut des cuisses) et être bien ajustée. Les ceintures de sécurité jouent un rôle important dans la prévention de la mortalité maternelle avec mort fœtale subséquente (Cunningham *et al.*, 2001). L'hématome rétroplacentaire résultant d'une distorsion utérine est également une cause de mort fœtale dans les accidents de voiture ; le port du baudrier réduit le risque de flexion traumatique du corps maternel.

À la fin de la grossesse, la femme devrait préférer le train ou l'avion pour les longs trajets ; elle devrait également s'assurer qu'elle pourra obtenir des soins médicaux là où elle se rend.

Activité physique et repos

En plus d'aider la femme à rester en forme et à garder son tonus musculaire, l'exercice physique durant la grossesse rehausse l'image de soi, favorise la régularité intestinale, donne de l'énergie, améliore le sommeil, soulage les tensions, contribue à la maîtrise du poids et facilite le rétablissement après l'accouchement. En l'absence de complications, la femme peut se livrer à des exercices physiques normaux tout au long de la grossesse ; en fait, on l'encourage à le faire. Pour ce qui est des sports plus exigeants comme le ski ou l'équitation, il vaut mieux prendre l'avis du médecin ou de la sage-femme. La grossesse n'est certainement pas le moment indiqué pour l'apprentissage de tels sports, mais de manière générale, on ne les interdit plus aux sportives accomplies dont la grossesse se déroule sans complications.

L'exercice peut être contre-indiqué durant la grossesse, notamment dans les cas suivants : rupture des membranes ; hypertension gestationnelle ; béance du col utérin et cerclage cervical ; saignement vaginal persistant ; risque d'accouchement prématuré ; signe de retard de la croissance intra-utérine ; et problèmes médicaux chroniques que des exercices vigoureux pourraient aggraver (Dickerson et Chez, 1999).

L'American College of Obstetricians and Gynecologists propose les lignes directrices suivantes sur l'exercice physique durant la grossesse (ACOG, 1994).

- Même léger ou modéré, l'exercice est bénéfique durant la grossesse ; l'exercice régulier, pratiqué au moins trois fois par semaine, est le plus profitable.

- Après le premier trimestre de grossesse, on devrait éviter les exercices en décubitus dorsal. En elle-même, cette position est associée à une diminution du débit cardiaque chez la plupart des femmes enceintes. Or, comme l'exercice réduit l'irrigation utérine en dirigeant le sang des viscères vers les muscles, le débit cardiaque s'en trouve diminué encore davantage. Pour la même raison, les femmes enceintes devraient éviter de rester debout sans bouger durant de longues périodes.

- Comme la quantité d'oxygène disponible pour les exercices aérobiques est moins considérable durant la grossesse, les femmes enceintes devraient modifier l'intensité des exercices selon leurs symptômes, s'arrêter lorsqu'elles ressentent de la fatigue et éviter de s'épuiser. Les exercices qui soulagent le corps de son poids, comme la bicyclette et la natation, sont d'autant plus bénéfiques qu'ils réduisent le risque de blessure et permettent de garder la forme en tout confort.

- Au fur et à mesure que la grossesse avance, le centre de gravité se déplace ; on devrait donc éviter les exercices où la perte d'équilibre pourrait faire courir un risque à la femme enceinte ou au fœtus, surtout au dernier trimestre. De même, on devrait s'abstenir de tout type d'exercice qui pourrait occasionner un trauma abdominal, même léger.

- Comme la grossesse normale exige 300 kcal (1 250 kJ) supplémentaires, les femmes enceintes qui font régulièrement de l'exercice doivent adapter leur régime alimentaire en conséquence.

- Pour favoriser la dissipation de la chaleur, surtout au premier trimestre, les femmes enceintes qui font de l'exercice devraient porter des vêtements amples et confortables, s'hydrater adéquatement et éviter l'hyperthermie prolongée associée à l'exercice vigoureux par temps chaud et humide, car l'hyperthermie maternelle peut avoir des effets tératogènes sur le fœtus (Heffernan, 2000). Pour la même raison, les femmes enceintes devraient éviter les bains très chauds et les saunas.

- Les femmes enceintes ne devraient pas pousser leur corps à fournir un effort physique maximal; de manière générale, le pouls ne devrait pas dépasser 140 battements par minute (Shrock, 2000).

L'infirmière peut aussi recommander à la femme enceinte de porter des chaussures appropriées et un soutien-gorge qui offre un maintien ferme pour faire de l'exercice. Elle devrait aussi lui rappeler qu'il faut commencer la séance d'exercice par une période d'échauffement et d'étirement pour préparer les muscles et les articulations, et la terminer par une période d'étirements et d'activités légères pour rétablir la circulation, et ainsi favoriser le retour veineux normal. Un programme d'exercices modérés et rythmiques qui font travailler de grands groupes de muscles, comme la natation, la bicyclette ou la marche rapide, serait le plus approprié. Le jogging ou la course à pied sont acceptables pour les femmes qui sont déjà entraînées à ces activités, à condition qu'elles évitent de pousser leur corps à bout et de provoquer une hyperthermie prolongée.

La femme enceinte devrait mettre fin aux exercices et modifier son programme en présence de l'un ou l'autre des signes d'alarme suivants : douleur, quelle qu'elle soit; nausée ou vomissement; œdème; lombalgie; diminution ou arrêt de l'activité fœtale; difficulté à marcher; vertige; vision trouble; palpitations; douleur pubienne; souffle court, tachycardie; contractions utérines; saignement vaginal ou perte de liquide amniotique (Heffernan, 2000). Si le symptôme persiste, la femme doit contacter son prestataire de soins. «Les changements physiques et psychologiques inhérents à la grossesse peuvent augmenter les risques de blessure à cause de l'augmentation de la laxité ligamentaire ou du déplacement du centre de gravité» (Dumoulin, 2001). Les exercices ne doivent être pratiqués que pour conserver la force et l'endurance, et non pour les développer.

Le repos est également essentiel à la santé physique et mentale. Les femmes enceintes ont un besoin de sommeil plus important, surtout au premier et au dernier trimestre, alors qu'elles se fatiguent facilement; si elles ne se reposent pas assez, elles seront moins résistantes. Trouver le temps de se reposer durant la journée peut sembler difficile aux clientes qui travaillent à l'extérieur ou qui ont de jeunes enfants; l'infirmière peut examiner avec elles leur horaire quotidien pour les aider à planifier de courtes plages de repos et de relaxation.

On l'a vu, les femmes enceintes ont souvent plus de mal à dormir au troisième trimestre à cause du volume de l'abdomen, des mouvements fœtaux et de la pollakiurie. Plus la grossesse avance, plus il devient difficile de trouver une position confortable pour le repos; cependant, celle qu'illustre la figure 9-7 ▶ convient à la plupart des femmes enceintes. Les techniques de relaxation progressive qu'on enseigne dans les cours prénataux peuvent favoriser le sommeil.

FIGURE 9-7 ▶ Position à adopter pour le repos et la détente en fin de grossesse.

Exercices de préparation à l'accouchement

Certains exercices de préparation à l'accouchement améliorent le tonus musculaire et accélèrent sa restauration après l'accouchement. La pratique régulière de ces exercices de conditionnement peut atténuer de manière significative plusieurs des changements physiques liés à la grossesse. Il existe une multitude d'exercices de préparation à la grossesse; nous nous contenterons ici d'en décrire quelques-uns.

La **bascule du bassin** contribue à prévenir ou à atténuer la tension exercée sur la région lombaire en renforçant les muscles abdominaux. Pour pratiquer cet exercice, la femme enceinte s'allonge sur le dos, les pieds à plat sur le sol — ce fléchissement des genoux lui évite l'inconfort et les tensions —; puis elle efface sa cambrure lombaire en appuyant sa colonne vertébrale sur le sol et, dans cette position, elle contracte les muscles abdominaux tout en serrant et rentrant les fesses. Cet exercice peut aussi se pratiquer sur les mains et les genoux (figure 9-8 ▶), sur une chaise, ou debout adossée au mur. Autant que possible, la femme devrait s'efforcer de maintenir toute la journée l'alignement corporel produit par une bascule du bassin bien exécutée.

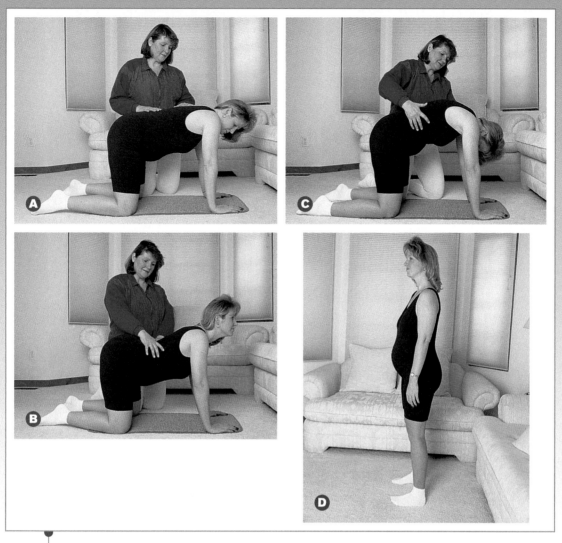

FIGURE 9-8 ▶ **A.** Position de départ pour la bascule du bassin effectuée sur les mains et les genoux. Le dos est droit et parallèle au sol, les mains sous la tête et les genoux directement sous le siège. **B.** La monitrice de yoga prénatal indique la position correcte pour la première partie de la bascule du bassin : tête relevée, cou allongé et bien dégagé des épaules, siège relevé et bassin poussé vers le haut, ce qui permet au dos de descendre et de se relâcher pendant l'inspiration. **C.** La monitrice aide la femme enceinte à prendre la bonne position pour la deuxième partie de la bascule du bassin. En expirant lentement, la femme enceinte arque le dos, laisse tomber la tête, pousse sur ses mains et contracte ses muscles abdominaux pour les renforcer. Notez que, dans cette position, le bassin et les fesses sont contractés et rentrés. **D.** Posture correcte. Les genoux ne sont pas tendus, mais légèrement fléchis ; le bassin et le siège sont rentrés, ce qui allonge la colonne vertébrale et aide à supporter le poids de l'abdomen. Le menton est bien rentré ; le cou, les épaules, les hanches, les genoux et les pieds forment une droite perpendiculaire au sol. Les pieds sont parallèles. C'est aussi la position de départ pour pratiquer la bascule du bassin debout.

Exercices abdominaux

Un exercice simple pour tonifier les muscles abdominaux consiste à les contracter au rythme de la respiration. La femme peut pratiquer cet exercice dans n'importe quelle position, mais elle l'apprendra plus facilement lorsqu'elle est allongée sur le dos. Les genoux fléchis, les pieds bien à plat sur le sol, elle gonfle son abdomen en prenant une profonde inspiration ; puis, en expirant lentement, elle rentre l'abdomen jusqu'à contraction complète des muscles abdominaux. Elle se détend quelques secondes, puis recommence l'exercice.

La femme enceinte peut également pratiquer à son rythme des redressements assis partiels pour tonifier ses muscles abdominaux. Elle se couche sur le dos en prenant soin de fléchir les genoux et de poser les pieds à plat sur le sol pour éviter d'accentuer une lombalgie ; puis, elle tend les bras vers les genoux et redresse lentement la tête et les épaules, autant qu'elle le peut (si son tonus musculaire est faible, elle ne pourra pas se soulever beaucoup). Elle revient ensuite lentement à sa position initiale, prend une grande inspiration et recommence l'exercice. Pour renforcer les muscles grands obliques, elle refait l'exercice en tendant cette fois le bras gauche vers son genou droit, revient au sol, prend une grande inspiration, puis tend le bras droit vers le genou gauche, et ainsi de suite.

Les exercices que nous venons de décrire peuvent se faire en série de cinq, aussi souvent qu'on le désire dans la journée. Il est très important de les faire lentement pour éviter la tension musculaire et la fatigue excessive.

Exercices périnéaux

Aussi appelées **exercices de Kegel,** les contractions des muscles périnéaux resserrent le muscle pubococcygien et en augmentent l'élasticité (figure 9-9 ▶). La femme peut sentir ce groupe musculaire si elle arrête d'uriner au milieu du jet. Cependant, la pratique de ces exercices pendant la miction est déconseillée parce qu'on l'a associée à la stase urinaire et à l'infection des voies urinaires.

Pour enseigner les exercices de Kegel, les monitrices de cours prénataux recourent parfois à une technique de visualisation. La cliente doit s'imaginer ses muscles périnéaux comme un ascenseur. Lorsqu'elle se détend, l'ascenseur est au rez-de-chaussée. Pour faire l'exercice, elle se contracte de manière à amener l'ascenseur au premier étage, puis au deuxième et enfin au troisième ; elle maintient l'ascenseur quelques secondes au troisième étage, puis le fait redescendre en relâchant graduellement les muscles. Si l'exercice est pratiqué correctement, les muscles des fesses et des cuisses ne sont pas contractés.

Les exercices de Kegel peuvent se pratiquer à peu près n'importe quand. Certaines femmes se servent de certains moments précis du quotidien – un arrêt à un feu rouge, par exemple – pour les effectuer ; d'autres les font en attendant dans une file, en parlant au téléphone ou en regardant la télévision.

Exercices pour l'intérieur des cuisses

La femme enceinte devrait s'asseoir en tailleur le plus souvent possible, car cette position étire les muscles de l'intérieur des cuisses et les prépare au travail et à l'accouchement.

Activité sexuelle

Tous les changements physiologiques, anatomiques et émotionnels qu'entraîne la grossesse amènent souvent les couples à s'interroger sur leur vie sexuelle. Leurs questions portent le plus souvent sur les risques éventuels pour la mère ou le fœtus et sur les modifications du désir sexuel que les partenaires éprouvent l'un pour l'autre.

Autrefois, on recommandait généralement aux couples d'éviter le coït durant les six à huit dernières semaines de la grossesse pour éviter des complications, telles que l'infection ou la rupture prématurée des membranes. Cependant, ces craintes n'étaient pas fondées et, si la grossesse se déroule normalement, il n'y aucune raison médicale de limiter les activités sexuelles. Dans certains cas cependant, le coït proprement dit est contre-indiqué et toute forme de jeu sexuel, déconseillée : grossesse multiple, risque d'accouchement prématuré, béance du col, MTS chez le partenaire, antécédents maternels de fausse-couche à la suite d'un orgasme (Shrock, 2000). La plupart des prestataires de soins recommandent également d'éviter le coït après la rupture des membranes ou si la mère a des antécédents de travail prématuré.

La femme enceinte peut observer des changements tant sur le plan de son désir que de sa réponse sexuelle. Ces changements sont souvent reliés aux malaises de la grossesse. Au premier trimestre par exemple, la fatigue, les nausées et les vomissements peuvent faire diminuer le désir sexuel, et la tension mammaire peut empêcher la femme d'apprécier la stimulation des seins. Au deuxième trimestre, plusieurs de ces malaises s'atténuent et, grâce à la congestion vasculaire des

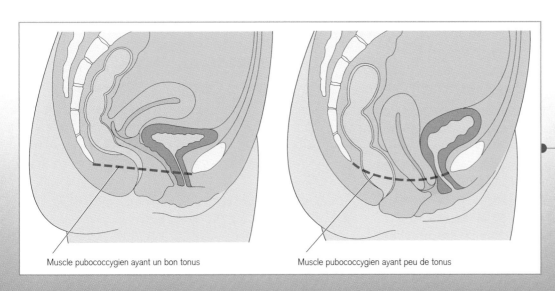

FIGURE 9-9 ▶ Exercices de Kegel. La femme apprend à contracter le muscle pubococcygien pour améliorer le support des organes pelviens.

Muscle pubococcygien ayant un bon tonus

Muscle pubococcygien ayant peu de tonus

organes pelviens, la femme peut éprouver une satisfaction sexuelle plus intense qu'avant la grossesse.

Au troisième trimestre, la femme enceinte peut de nouveau perdre de l'intérêt pour le coït parce qu'elle se sent moins bien et plus fatiguée. De plus, la dyspnée, les ligaments pelviens douloureux, la pollakiurie et la mobilité restreinte peuvent réduire le désir et la fréquence des activités sexuelles. Si ce n'est pas déjà fait, le couple peut alors adopter d'autres positions que celle du missionnaire, comme la position latérale, la position où la femme se trouve sur l'homme ou encore la pénétration vaginale par l'arrière.

L'activité sexuelle ne mène pas nécessairement au coït. Les baisers, les caresses et les manifestations de tendresse de son partenaire peuvent combler une grande partie des besoins sexuels et affectifs de la femme. Le plaisir sensuel, la chaleur et le bien-être que procurent ces échanges peuvent être une fin en soi. S'il le désire, le partenaire peut se masturber plus fréquemment.

Plusieurs facteurs reliés à la grossesse peuvent aussi influer sur le désir sexuel de l'homme : les rapports qu'il entretient avec sa partenaire, son acceptation de la grossesse, ses réactions aux changements physiques qui en découlent, la crainte de blesser la mère ou le bébé, etc. Certains hommes ont du mal à trouver leur partenaire attirante sur le plan sexuel au moment où ils s'habituent à penser à elle comme à une mère. D'autres hommes, au contraire, trouvent leur partenaire enceinte très excitante et vivent avec elle des moments de rapprochement, d'intimité et de bonheur.

Pour pouvoir s'adapter harmonieusement aux changements qu'ils vivent dans leur désir sexuel, les conjoints doivent en prendre conscience, comprendre qu'ils sont normaux et arriver à en discuter entre eux. L'infirmière peut leur apporter une aide précieuse au cours de cette démarche, à condition toutefois qu'ils se sentent assez en confiance pour lui confier leurs inquiétudes d'ordre sexuel, et qu'elle-même puisse répondre à leurs questions et leur donner enseignement et counseling sans gêne ni timidité. Voir le *Guide d'enseignement : Activité sexuelle durant la grossesse.*

Soins dentaires

Il est très important d'avoir une bonne hygiène dentaire durant la grossesse. En effet, certaines études ont relié la parodontopathie chez les femmes enceintes à la naissance prématurée et au faible poids des bébés à la naissance (Carl *et al.*, 2000). Malgré la nausée et les vomissements, l'hypertrophie et la sensibilité des gencives, les brûlures d'estomac (et, dans certains cas, le ptyalisme) et la variation du pH, l'hygiène buccale ne doit pas être négligée.

L'infirmière peut recommander à la femme enceinte de passer un examen dentaire dès le début de la grossesse. On peut procéder aux extractions et aux réparations mineures durant la grossesse, de préférence sous anesthésie locale. On considère

généralement que le deuxième trimestre est le meilleur moment pour effectuer les traitements dentaires (Carl *et al.*, 2000). La cliente doit prévenir le dentiste qu'elle est enceinte afin d'éviter toute exposition à des agents tératogènes ou aux rayons X. Autant que possible, on attendra après l'accouchement pour faire des radiographies ou des traitements dentaires majeurs.

Vaccins

Toute femme en âge de procréer doit connaître les risques liés à certains vaccins s'il y a possibilité de grossesse. À cause de leurs effets tératogènes, les vaccins à base de virus vivants atténués, comme le vaccin contre la rubéole, sont à proscrire durant la grossesse. On peut cependant administrer des vaccins à base de virus morts.

Médecines parallèles

Nous l'avons vu au chapitre 1, de nombreuses femmes intègrent les médecines parallèles – homéopathie, phytothérapie, acupuncture et digitopuncture, rétroaction biologique, toucher thérapeutique, massage, chiropratique, etc. – à leur vision holistique des soins de santé. Cependant, elles omettent souvent d'en parler à leur prestataire de soins (Eisenberg *et al.*, 1998). Il est important que les infirmières qui travaillent auprès des femmes enceintes et de leurs proches acquièrent une certaine connaissance des thérapies parallèles les plus courantes associées à la grossesse pour pouvoir répondre aux questions fréquemment posées et, au besoin, fournir les ressources nécessaires. Cette section se penche sur l'homéopathie et la phytothérapie à cause de leurs répercussions potentielles sur la femme enceinte et sur le fœtus.

Le terme « homéopathie » signifie « semblable à ce qu'on éprouve ». La médecine homéopathique se fonde sur la théorie selon laquelle, en utilisant des doses infinitésimales d'une substance donnée, il est possible de guérir une personne atteinte de symptômes similaires à ceux que cette substance provoquerait à plus fortes doses chez une personne saine. Ainsi, on pourra utiliser une dilution d'ipéca, substance qui a des propriétés émétiques, pour traiter une personne qui vomit, par exemple une femme enceinte qui souffre de nausées et de vomissements. En fait, les homéopathes emploient ainsi environ 2 000 substances végétales, animales ou minérales.

Il existe des préparations homéopathiques destinées à soulager certains symptômes associés à la grossesse : troubles musculosquelettiques, anémie, nausée, ptyalisme, pica, risque de fausse-couche, travail prématuré, etc. Selon la théorie homéopathique, les remèdes proposés ou bien aident la personne qui les prend, ou bien n'ont aucun effet ; cependant, des doses trop fortes ou trop fréquentes peuvent entraîner une crise curative/ crise de nettoyage, c'est-à-dire une aggravation des symptômes.

Guide d'enseignement | Activité sexuelle durant la grossesse

Évaluation et analyse de la situation

S'il arrive que la cliente enceinte dévoile sa façon d'envisager l'activité sexuelle durant la grossesse en posant une question directe à ce sujet, l'infirmière doit la plupart du temps poser quelques questions générales pour déterminer son niveau de compréhension en la matière. Dans bien des cas, l'enseignement se double d'une collecte des données sur les connaissances et les attitudes de la cliente en matière d'activité sexuelle durant la grossesse.

Diagnostics infirmiers

Le principal diagnostic de l'infirmière sera probablement le suivant :

Recherche d'un meilleur niveau de santé : besoin d'information sur la sexualité durant la grossesse relié au désir exprimé d'obtenir des clarifications sur le sujet.

Planification et interventions

Le plan d'enseignement sera généralement axé sur la discussion. La communication entre les conjoints sera probablement plus facile s'ils assistent tous deux aux séances d'enseignement, à condition évidemment que ce soit acceptable pour eux sur le plan individuel et culturel.

Objectifs

À la fin des séances d'enseignement, la cliente pourra :

- associer, d'une part, les changements que la grossesse peut entraîner dans la sexualité et, d'autre part, la réponse sexuelle aux changements (techniques, fréquence, réactions, etc.) qui pourrait être indiquée ;
- explorer ses attitudes, ses croyances et ses attentes personnelles en matière d'activité sexuelle durant la grossesse ;
- énumérer les facteurs maternels qui sont une contre-indication aux rapports sexuels durant la grossesse.

Plan d'enseignement

Contenu

Commencer par expliquer que la femme enceinte peut vivre des changements dans son désir sexuel :

- au premier trimestre, les nausées, la fatigue et la tension mammaire rendent les relations sexuelles moins attrayantes pour beaucoup de femmes ;
- au deuxième trimestre, à mesure que les symptômes s'atténuent, le désir peut augmenter ;
- au troisième trimestre, les malaises et la fatigue pourront de nouveau faire baisser le désir.

Expliquer que beaucoup d'hommes constatent eux aussi des changements dans leur désir. Ces changements peuvent venir notamment des sentiments que leur inspire la nouvelle apparence de leur partenaire, de la crainte de blesser la mère ou le fœtus, ou encore de leur perception de l'acceptabilité d'avoir des relations sexuelles avec une femme enceinte. Certains hommes sont érotisés par les changements que provoque la grossesse ; d'autres doivent s'habituer à voir leur partenaire sexuelle devenir mère.

Expliquer que l'orgasme féminin peut s'intensifier considérablement au cours des dernières semaines de la grossesse et qu'il peut être suivi de crampes. À cause de la pression exercée par l'utérus sur la veine cave après le quatrième mois, la femme ne devrait pas être allongée sur le dos pendant le coït. Si le couple préfère cette position, ils placeront un oreiller sous la hanche droite de la femme afin de déplacer l'utérus. Au fur et à mesure que l'utérus grossit, le couple devra peut-être adopter d'autres positions, comme la position latérale, la position de la femme sur l'homme ou la pénétration vaginale par l'arrière.

Préciser que, de manière générale, rien n'empêche le couple de poursuivre les pratiques sexuelles que les deux partenaires apprécient. Il n'est cependant pas recommandé au couple qui pratique le coït anal de passer de la pénétration anale à la pénétration vaginale, à cause du risque d'introduire la bactérie *E. coli* dans le vagin.

Méthode d'enseignement

Amorcer la discussion avec un énoncé général et une question ouverte, par exemple : « Beaucoup de couples voient leur désir sexuel se modifier durant la grossesse. Quels changements avez-vous remarqués ? »

Au besoin, poursuivre la discussion en entrant plus ou moins dans les détails selon le niveau de connaissances et de compréhension de la cliente (du couple).

Si le conjoint est présent, adopter avec lui la même attitude ouverte et objective qu'avec la cliente.

Si le conjoint est absent, demander à la cliente si elle a observé des changements dans son attitude ou s'il a exprimé certaines inquiétudes.

Répondre aux questions du couple concernant les changements physiologiques et psychologiques qui accompagnent la grossesse.

Discuter avec le couple des diverses formes d'activités sexuelles, ce qui exige que l'infirmière soit à l'aise avec sa propre sexualité et capable de tact.

Guide d'enseignement — Activité sexuelle durant la grossesse *(suite)*

Contenu

Suggérer aux partenaires d'autres façons de satisfaire leurs besoins d'affection et d'intimité sexuelle : se serrer l'un contre l'autre, s'embrasser, se caresser mutuellement, etc.

Si l'homme désire recevoir une stimulation sexuelle plus intense, sa partenaire pourra le masturber jusqu'à l'éjaculation ou il pourra le faire lui-même, avec elle ou en privé.

Prévenir la femme que les contractions orgasmiques peuvent être particulièrement intenses en fin de grossesse. Cela ne fait problème que s'il existe un risque d'accouchement prématuré (ou s'il y a d'autres contre-indications).

Prévenir la femme ou le couple que le coït est contre-indiqué après la rupture des membranes ou en présence de saignements. Avertir la femme qui a des antécédents d'accouchement prématuré qu'elle devrait éviter les rapports sexuels, car l'ocytocine sécrétée lors de l'orgasme stimule les contractions utérines et peut déclencher prématurément le travail. Puisque la stimulation des seins provoque aussi la sécrétion d'ocytocine, les caresses des seins, tout comme les autres stimuli sexuels, peuvent également être contre-indiquées dans un tel cas.

Dans toute discussion concernant la sexualité et l'activité sexuelle, on doit insister sur la nécessité de parler ouvertement de ces questions ; ainsi, les partenaires se sentiront plus à l'aise d'exprimer leurs sentiments, leurs préférences et leurs préoccupations.

Évaluation

Évaluer l'apprentissage de la cliente (et de son partenaire) à la lumière de sa réaction aux informations qui lui sont transmises tout au long de la discussion. Modifier l'enseignement au besoin.

Demander à la cliente de reprendre dans ses propres termes certaines explications : dans quelles circonstances il serait contre-indiqué d'avoir des rapports sexuels, par exemple.

Les discussions ultérieures de même que les questions de la cliente permettront également à l'infirmière d'évaluer l'efficacité de son enseignement.

Méthode d'enseignement

Évaluer si le couple peut adopter sans problème d'autres moyens de satisfaire leurs besoins sexuels ou si les partenaires ont besoin d'être rassurés sur la « normalité » de telles pratiques.

En expliquant et en justifiant ces contre-indications, l'infirmière fournit des critères précis, ce que la majorité des couples trouve fort rassurant.

Tenir compte du fait que, si certains couples expriment facilement ce qu'ils ressentent en matière de sexualité, d'autres ont du mal à le faire et ont besoin d'explications claires.

Inciter la cliente et son partenaire à poser des questions et à discuter ouvertement du sujet avec elle et entre eux.

Fournir de la documentation sur la sexualité durant la grossesse ; ces lectures pourront aider le couple et répondre à des questions qui n'ont pas été abordées verbalement.

La phytothérapie repose sur le traitement des maladies par les plantes. Plusieurs de ces traitements sont utilisés depuis des siècles, dans diverses parties du monde, et leur efficacité est largement reconnue. Des pays comme l'Allemagne, le Canada, l'Angleterre et la France reconnaissent les bienfaits d'une multitude de plantes médicinales ; durant leur cursus, les médecins et les pharmaciens reçoivent de l'information concernant leur innocuité et leur emploi.

Aux États-Unis et au Canada, les produits à base de plantes sont considérés comme des suppléments alimentaires plutôt que comme des médicaments, et les femmes enceintes y ont souvent recours. On doit recommander aux clientes qui envisagent d'en prendre durant leur grossesse de respecter les trois principes suivants : 1) autant que possible, éviter d'utiliser les plantes et herbes médicinales, même sous forme de tonique, durant le premier trimestre ; 2) éviter les extraits végétaux standardisés ou très concentrés dont les effets secondaires tendent à être plus marqués que ceux des extraits de la plante entière ; 3) ne pas ingérer d'huiles essentielles (Belew, 1999). De plus, les femmes enceintes doivent éviter d'absorber certaines catégories de plantes médicinales : celles qui ont des propriétés abortives ou qui déclenchent la menstruation, les stimulants du système nerveux central, les laxatifs, etc. Il existe des listes des plantes et des herbes à éviter ou à utiliser avec prudence durant la grossesse.

Les infirmières qui travaillent auprès des femmes enceintes peuvent préparer de la documentation écrite qui explique comment utiliser les remèdes homéopathiques et les plantes médicinales durant la grossesse, et qui met les femmes en garde contre les traitements qui présentent des risques. Il est très important que les femmes qui recourent aux médecines parallèles consultent des professionnels reconnus, qui ont la compétence et l'expérience requises dans leur discipline, et qu'elles achètent leurs remèdes de manufacturiers réputés (Belew, 1999).

Agents tératogènes

Les agents *tératogènes* sont des agents qui peuvent nuire à la croissance et au développement normal du fœtus (voir le chapitre 3). Un grand nombre de substances – dont le tabac, l'alcool, certains médicaments et certains psychotropes – ont des effets tératogènes avérés ou présumés. On a aussi prouvé les effets néfastes de l'exposition aux pesticides et aux rayons X durant le premier trimestre de la grossesse. Il est essentiel de mettre les femmes enceintes en garde contre les agents tératogènes et les risques environnementaux connus.

Médicaments

Qu'il s'agisse de médicaments prescrits, de préparations en vente libre ou d'herbes médicinales, l'usage de médicaments pendant la grossesse exige une extrême prudence. Pour les nombreuses femmes enceintes qui ont besoin d'une médication pour une infection, une allergie ou toute autre affection médicale, le problème peut devenir très complexe. Comme on ne peut pas prescrire des médicaments dont on sait qu'ils ont des effets tératogènes, on les remplace généralement par des médicaments jugés inoffensifs. Mais, même la femme la plus déterminée à ne prendre aucun médicament pendant sa grossesse peut avoir absorbé des médicaments potentiellement tératogènes avant de savoir qu'elle était enceinte, surtout si elle a un cycle menstruel irrégulier.

Le risque de malformations graves chez le fœtus est particulièrement important au cours du premier trimestre de la grossesse, lorsque les organes se forment. Chez une femme qui a un cycle de 28 jours, la période de tératogenèse s'étend du 31e jour après la date de la dernière menstruation, soit 17 jours après la conception, au 71e jour, soit 54 jours après la conception (Niebyl, 1999). Plusieurs facteurs influent sur la gravité des effets tératogènes, notamment le type et la dose de l'agent en cause, le stade du développement embryonnaire et la sensibilité génétique de la mère et du fœtus à cet agent (ACOG, 1997c). Par exemple, lorsqu'il est pris durant la grossesse, le médicament à l'isotrétinoïde (Accutane) prescrit pour combattre l'acné est associé à une forte incidence d'avortements spontanés et de malformations congénitales.

Pour fournir des balises aux prestataires de soins et aux clientes, la U.S. Food and Drugs Administration (FDA) a mis au point un système de classification des médicaments administrés durant la grossesse :

Catégorie A : Les études contrôlées effectuées sur des femmes n'ont révélé aucune association à des risques pour le fœtus. Peu de médicaments entrent dans cette catégorie.

Catégorie B : Les études effectuées sur les animaux n'ont révélé aucun risque, mais il n'y a pas eu d'études contrôlées sur les femmes ; ou les études contrôlées réalisées sur les animaux révèlent un risque que les études contrôlées sur des humains n'ont pas confirmé. La pénicilline entre dans cette catégorie.

Catégorie C : Deux possibilités peuvent se présenter : 1) il n'existe aucune étude adéquate sur les animaux ou sur les humains ; 2) les études sur les animaux révèlent des effets tératogènes, mais il n'existe aucune étude contrôlée sur les femmes. Plusieurs médicaments entrent dans cette catégorie, ce qui, faute d'information, est problématique pour les prestataires de soins, notamment l'épinéphrine, les bêtabloquants et la zidovudine (médicament utilisé pour réduire la transmission périnatale du VIH).

Catégorie D : Le médicament présente des risques pour le fœtus humain, mais dans certaines situations, on juge que les effets bénéfiques l'emportent sur les risques. La tétracycline, la vincristine, le lithium et l'hydrochlorothiazide représentent des exemples de médicaments qui entrent dans cette catégorie.

Catégorie X : Les risques fœtaux avérés sont nettement plus importants que tout effet bénéfique possible. L'isotrétinoïde (Accutane) – médicament contre l'acné qui cause de multiples anomalies du système nerveux central (SNC), du système cardiovasculaire et du visage – est un exemple de médicament qui fait partie de cette catégorie.

La cliente enceinte qui a pris un médicament de la catégorie D ou X doit être informée des risques associés à ce médicament et des possibilités qui s'offrent à elle. On pourra rassurer la cliente qui a pris un médicament moins dangereux (Cunningham *et al.*, 2001).

Bien qu'utile, le système de classification de la FDA a fait l'objet de critiques, notamment parce que l'emploi des lettres A, B, C, D et X semble indiquer une gradation des risques qui n'est pas nécessairement exacte, mais surtout parce que les médicaments d'une même catégorie ne présentent pas tous le même degré de risque. La FDA s'efforce actuellement de mettre au point un autre système d'étiquetage (Whitney, 1999).

Bien que la tératogenèse survienne surtout au cours du premier trimestre, on sait que certains médicaments ont des effets tératogènes durant les deuxième et troisième trimestres. Ainsi, la tétracycline en fin de grossesse tache les dents de l'enfant ; de plus, on a démontré qu'elle entrave la croissance osseuse chez les bébés prématurés. On sait aussi que, dans les dernières semaines de grossesse, les sulfonamides entrent en compétition avec la bilirubine pour se fixer aux protéines, ce qui accroît le risque d'ictère chez le nouveau-né (Niebyl, 1999).

Idéalement, les femmes enceintes devraient éviter toute médication : médicaments prescrits ou en vente libre, remèdes homéopathiques, plantes médicinales, etc. Si ce n'est pas possible, le prestataire de soins devrait :

- choisir un médicament très connu plutôt qu'un nouveau médicament qui pourrait avoir des effets tératogènes que l'on ignore ;
- si possible, privilégier l'administration par voie orale ;
- prescrire la dose thérapeutique minimale sur la plus courte période possible ;
- étudier soigneusement les diverses composantes du médicament.

Pour l'infirmière qui travaille auprès de femmes enceintes qui ont pris des médicaments, la prudence est de règle. Il est essentiel que les clientes parlent à leur médecin de tous les médicaments, remèdes ou herbes qu'elles ont pris depuis le moment de la conception ou qu'elles envisagent de prendre durant leur grossesse. Les bénéfices de la médication doivent l'emporter nettement sur les risques éventuels. Il vaut mieux éviter tout médicament qui pourrait avoir des effets tératogènes.

Tabac

Les nouveau-nés dont la mère fume tendent à avoir un poids à la naissance inférieur à celui des nouveau-nés dont la mère ne fume pas (Cunningham *et al.*, 2001). Cet effet est encore plus prononcé dans les cas de grossesse multiple (Pollack *et al.*, 2000). De plus, les femmes enceintes qui fument présentent un risque accru d'accouchement prématuré, de placenta prævia, de décollement placentaire, de grossesse ectopique et de rupture prématurée des membranes (Castles *et al.*, 1999). Le risque est proportionnel au nombre de cigarettes fumées. On a aussi relié le tabagisme à un risque accru de fissure labiale et palatine chez le nouveau-né (Chung *et al.*, 2000). Les études révèlent également que le tabagisme maternel durant et après la grossesse est lié à un risque accru de mort subite du nouveau-né, ainsi qu'à un risque accru de maladie respiratoire aiguë et de symptômes respiratoires chroniques chez les bébés (ACOG, 1997b). On ne connaît pas le mécanisme d'action spécifique du tabagisme sur le fœtus, mais les principales composantes de la fumée de cigarette qui sont responsables des effets nocifs sur le fœtus sont le monoxyde de carbone et la nicotine, qui causent une hypoxie maternelle et fœtale.

À l'heure actuelle, environ 12,9 % des femmes fument durant la grossesse, et ce taux est en diminution constante depuis 1989 ; cette tendance est encourageante. Malheureusement, l'usage du tabac chez les adolescentes enceintes continue à augmenter (Ventura *et al.*, 2000). Les fumeuses ont tendance à arrêter de fumer ou du moins à réduire leur consommation de cigarettes une fois qu'elles se savent enceintes. Cependant, la majorité des femmes qui cessent de fumer durant la grossesse recommencent après l'accouchement, quoique ce pourcentage

baisse lorsqu'elles renoncent au tabac en début de grossesse. Ces données autorisent à penser que, si elles sont conscientes des effets nocifs de leur tabagisme sur le fœtus, les femmes connaissent moins bien les effets du tabagisme passif sur le bébé.

Les études confirment que toute diminution de la consommation de tabac durant la grossesse a des effets positifs sur la santé du fœtus et les chercheurs s'efforcent de trouver des moyens d'aider les femmes à arrêter de fumer. La grossesse risque de ne pas être le moment idéal pour renoncer au tabac, mais l'infirmière devrait encourager la femme enceinte à réduire sa consommation quotidienne de cigarettes. La nécessité de protéger l'enfant à naître peut constituer une motivation importante.

Alcool

Les fœtus des femmes qui consomment beaucoup d'alcool durant la grossesse présentent un risque élevé (voir le chapitre 25) de **syndrome d'alcoolisme fœtal (SAF)** et d'**effets de l'alcoolisme fœtal (EAF)**. Caractérisé par un retard de croissance, des anomalies faciales et des dysfonctionnements du système nerveux dont la gravité varie, ce syndrome est la principale cause de retard mental en Occident (Brennan, 1999).

On connaît encore mal les effets d'une consommation d'alcool modérée (EAF) durant la grossesse, mais les recherches révèlent une incidence accrue d'un faible poids à la naissance de même que certains effets neurologiques, tel le trouble déficitaire de l'attention. Les études indiquent également que le risque d'effets tératogènes est proportionnel à la consommation d'alcool quotidienne. Bien que le fait de prendre un verre à l'occasion ne présente aucun risque connu, on n'a pas réussi à établir quel serait le niveau de consommation d'alcool qui ne présenterait aucun danger (Niebyl, 1999) ; par conséquent, les professionnels de la santé recommandent aux femmes enceintes de ne pas du tout consommer d'alcool. Dans la plupart des cas, les femmes réduisent leur consommation dès qu'elles se savent enceintes, mais l'alcool consommé entre le moment de la conception et celui où la grossesse est diagnostiquée reste un motif d'inquiétude.

L'évaluation de la consommation d'alcool est une composante essentielle de l'anamnèse. Les questions de l'infirmière à ce sujet doivent être directes, et son attitude doit rester impartiale, quelles que soient les réponses. Toutes les femmes doivent recevoir des informations et un counseling sur les effets de l'alcool durant la grossesse. Si la cliente enceinte a un problème d'alcool, l'infirmière pourra l'orienter immédiatement vers un programme de traitement de l'alcoolisme. Les responsables du traitement doivent être avisés de la grossesse de la cliente, à cause des risques que présentent certaines thérapies médicamenteuses pour le fœtus. Par exemple, on soupçonne le disulfirame (Antabuse), médicament souvent utilisé dans le traitement de l'alcoolisme, d'être un agent tératogène.

Caféine

À l'heure actuelle, rien n'indique que la caféine puisse avoir des effets tératogènes sur les humains. Cependant, la consommation de caféine inhibe l'absorption du fer et peut accroître le risque d'anémie chez la mère (Niebyl, 1999). Tant que nous ne disposons pas de données plus fiables, les infirmières peuvent recommander aux clientes de diminuer leur consommation de caféine (café, thé, colas, chocolat, etc.).

Cannabis

Le fait que l'usage du cannabis soit si répandu dans notre société soulève de nombreuses questions quant à ses effets tératogènes éventuels. Jusqu'ici, les études n'en ont révélé aucun (Niebyl, 1999). Cependant, comme il s'agit d'une substance illégale, il est difficile de recueillir des données sur son usage durant la grossesse. La non-fiabilité des réponses, l'absence d'échantillon représentatif, l'impossibilité de déterminer la force du cannabis consommé et ses composantes (y compris les pesticides), ainsi que la consommation simultanée d'autres substances comptent parmi les facteurs qui ajoutent à la complexité des recherches menées dans ce domaine. On sait cependant que l'utilisation fréquente et prolongée du cannabis (plus de 3 ans) perturbe le sommeil. Les risques de déficience neurocomportementale et de retard de croissance s'en trouvent augmentés, tout comme le taux de monoxyde de carbone. Il faut 30 jours pour que le cannabis soit éliminé de la circulation sanguine du fœtus.

Cocaïne

La femme enceinte qui consomme de la cocaïne s'expose à un risque accru d'infarctus aigu du myocarde, d'arythmie cardiaque, de rupture de l'aorte ascendante, de convulsions, d'accident vasculaire cérébral, d'hyperthermie, d'ischémie intestinale ou de mort subite (Cunningham *et al.*, 2001). De plus, à cause de la vasoconstriction provoquée par la consommation de cocaïne, le flux placentaire diminue de 40%. L'usage de la cocaïne durant la grossesse a aussi été relié au décollement placentaire, à la naissance prématurée, à la détresse fœtale, au faible poids à la naissance, au retrait néonatal, à la mort subite du nourrisson et au pneumothorax spontané (Chan, Pham et Reece, 1997). On a également associé à la consommation maternelle de cocaïne plusieurs anomalies congénitales chez le nouveau-né, notamment les anomalies génito-urinaires, les malformations cardiaques congénitales, les malformations des membres et les anomalies du système nerveux central (Cunningham *et al.*, 2001 ; voir aussi le chapitre 12).

Comme la consommation de cocaïne se répand chez les femmes en âge de procréer, les professionnels de la santé doivent savoir déceler les signes précoces de cette toxicomanie. Il est souvent difficile pour un médecin, une sage-femme ou une infirmière d'envisager qu'une cliente enceinte puisse consommer de la cocaïne, mais il est essentiel d'adopter une attitude ouverte et impartiale afin d'effectuer un dépistage précoce. Les tests d'urine peuvent être d'une certaine utilité, mais les traces de la drogue disparaissent de 48 à 72 heures après la dernière dose. Il est donc probable que de nombreuses femmes enceintes qui consomment de la cocaïne échapperont au dépistage.

L'évaluation

Tout au long de la grossesse, l'évaluation continue fait partie intégrante des soins infirmiers. Au fur et à mesure qu'elle interroge la femme enceinte et ses proches ou qu'elle observe elle-même les changements physiques, l'infirmière peut juger des résultats de ses interventions. Lorsqu'elle en évalue l'efficacité, elle ne doit pas hésiter à essayer d'appliquer des solutions originales pourvu qu'elles soient logiques et réfléchies. Cette ouverture d'esprit est particulièrement importante si elle travaille auprès de familles appartenant à d'autres groupes culturels : ainsi, elle ne tentera pas de dissuader la cliente de se livrer à des pratiques qui lui tiennent à cœur, à moins qu'elles ne soient nocives.

Lors de son évaluation, l'infirmière doit aussi savoir reconnaître les situations qui requièrent l'intervention du médecin ou de la sage-femme. Par exemple, la femme enceinte qui a pris deux kilos en une semaine n'a pas besoin de conseils sur l'alimentation, mais d'un examen pour détecter les signes de prééclampsie. L'infirmière compétente envisagera immédiatement cette possibilité et agira en conséquence.

La nature cyclique et continue de la démarche de soins infirmiers est particulièrement évidente dans les soins prénataux. Cela dit, certains critères permettent d'évaluer la qualité des soins infirmiers durant la grossesse. Pour l'essentiel, les soins infirmiers sont efficaces si :

- les malaises habituels de la grossesse sont rapidement décelés et soulagés, complètement ou du moins partiellement ;
- la cliente est capable de parler des changements physiologiques et psychologiques qu'entraîne la grossesse ;
- la cliente met en pratique les autosoins qui s'imposent durant sa grossesse ;
- la cliente évite les situations et les substances qui présentent un risque pour son bien-être ou pour celui du fœtus ;
- la cliente se présente régulièrement à ses rendez-vous de soins prénataux.

Les soins à la femme enceinte de plus de 35 ans

Les femmes qui décident d'avoir leur premier enfant après l'âge de 35 ans sont de plus en plus nombreuses. Au Québec comme aux États-Unis, le taux de première naissance chez les femmes âgées de 35 à 39 ans a presque doublé depuis 1978, passant de 19 femmes pour 1 000 à 37,4 pour 1 000. Durant la même période, le nombre de naissances chez les femmes de 40 à 44 ans a augmenté de 90% (Ventura *et al.*, 2000). Plusieurs facteurs rendent compte de cette tendance:

- la découverte de méthodes contraceptives efficaces;
- la diversification des rôles féminins et des possibilités professionnelles qui s'offrent aux femmes;
- le nombre accru de femmes qui font des études plus poussées, qui font carrière et qui attendent la stabilité professionnelle pour avoir des enfants;
- le plus grand nombre de mariages différés et de seconds mariages;
- l'augmentation du coût de la vie, qui incite plusieurs jeunes couples à attendre que leur situation financière soit plus stable pour avoir des enfants;
- le pourcentage plus élevé de femmes de cette tranche d'âge dans la population, à cause du baby-boom qui se produisit de 1946 à 1964;
- la plus grande accessibilité pour les femmes autrefois considérées comme infertiles à des procédés de conception spécialisés.

Avoir son premier enfant à plus de 35 ans comporte des avantages. Les femmes célibataires ou les couples qui attendent d'être plus âgés pour avoir des enfants tendent à avoir une bonne instruction et une situation financière stable. Habituellement, leur décision d'avoir un enfant est longuement mûrie (figure 9-10 ❱). Par rapport aux plus jeunes, les femmes de plus de 35 ans ont tendance à être émotionnellement plus stables, plus susceptibles d'obtenir des soins prénataux

FIGURE 9-10 ❱ Pour bien des couples plus âgés, avoir un enfant est une expérience très satisfaisante.

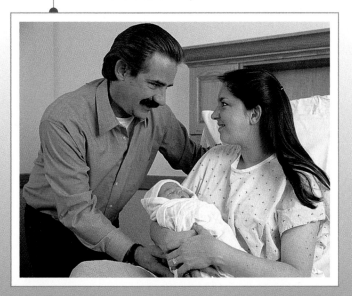

précoces et d'avoir des comportements sains durant leur grossesse (Catanzarite *et al.*, 1995). Comme elles ont une plus grande expérience de la vie, elles sont plus conscientes de la portée réelle de l'arrivée d'un enfant et de ce que cela signifie d'avoir un bébé à leur âge (Windridge et Berryman, 1999). Souvent, elles se sont épanouies dans leur carrière et se sentent capables d'assumer cette nouvelle responsabilité qu'est l'éducation d'un enfant. Certaines sont prêtes à effectuer des changements dans leur vie et désirent rester à la maison avec le nouveau-né. Celles qui ont l'intention de continuer à travailler ont habituellement les moyens de s'offrir de bons services de garde.

Risques sur le plan médical

Au Québec tout comme aux États-Unis, les progrès réalisés en matière de santé maternelle et de pratique obstétricale ont considérablement réduit les risques de mort fœtale chez les femmes de tous les âges. Cependant, le risque de mort fœtale reste plus élevé chez les adolescentes et les femmes de 40 ans et plus (National Center for Health Statistics, 1999). De plus, les femmes qui mettent au monde un premier enfant après l'âge de 40 ans présentent un risque plus élevé d'accouchement prématuré, de prééclampsie et de mortalité périnatale (Scholz *et al.*, 1999). Enfin, l'incidence de faible poids à la naissance et de malformation congénitale (la trisomie, par exemple) est plus élevée chez leurs bébés (Gilbert *et al.*, 1999).

De même, au Canada comme aux États-Unis, le risque de mortalité maternelle, bien que faible dans l'ensemble, augmente avec l'âge maternel. Le risque de mourir d'un problème lié à la grossesse ou aggravé par la grossesse est 5 fois plus élevé pour les femmes de 40 ans ou plus que pour les femmes de 20 à 24 ans (Hoyert *et al.*, 2000).

Les femmes de plus de 35 ans, et à plus forte raison les femmes de plus de 40 ans, sont plus susceptibles de souffrir d'une affection médicale chronique qui pourrait compliquer la grossesse. Les problèmes médicaux préexistants, comme l'hypertension ou le diabète, influent probablement davantage que l'âge sur le bien-être maternel et sur l'issue de la grossesse. Chez les femmes enceintes de plus de 35 ans, on note une augmentation de la fréquence des complications médicales liées aux systèmes cardiovasculaire, neurologique, rénal et pulmonaire ainsi qu'au tissu conjonctif (Cunningham *et al.*, 2001).

Le taux de naissance par césarienne est également plus élevé chez les femmes de plus de 35 ans, ce qui peut être dû à des complications de la grossesse, mais aussi à l'inquiétude accrue des femmes et de leurs médecins quant à l'issue de la grossesse (Windridge et Berryman, 1999).

Le risque de concevoir un enfant atteint du syndrome de Down augmente avec l'âge, surtout chez les femmes de plus de 35 ans. Pour le dépistage précoce de plusieurs anomalies congénitales, notamment du syndrome de Down, on propose une amniocentèse de routine à toutes les femmes de plus de 35 ans. Faute de données suffisantes pour déterminer un âge paternel précis à partir duquel on devrait commencer le dépistage génétique, on n'offre pas de dépistage génétique de routine aux couples où seul le père est plus âgé. Cependant, on sait qu'un âge paternel avancé influe sur la transmission des maladies à transmission autosomique dominante, comme la neurofibromatose, l'achondroplasie et le syndrome de Marfan (ACOG, 1997a).

Les recherches ont également mis l'accent sur l'utilisation de marqueurs multiples pour détecter le syndrome de Down et la trisomie 18. On fait un test sanguin pour déceler les niveaux de divers marqueurs sériques, plus précisément l'alpha-fœtoprotéine, la gonadotrophine chorionique humaine (hCG) et l'œstriol libre. À l'échographie, la « clarté nucale » est révélatrice, mais elle doit être évaluée par un médecin expert en la matière pour éviter toute erreur d'interprétation. Les marqueurs sont plus fiables au deuxième trimestre. Lorsque ce triple test révèle certains schémas d'augmentation et de diminution, on les considère comme positifs et on recommande à la femme d'envisager une amniocentèse. Le triple test n'est pas aussi fiable que l'amniocentèse ou la choriocentèse pour détecter les anomalies, mais il est plus sûr et moins coûteux (Rose et Mennuti, 1995) (voir *Points à retenir : Grossesse chez la femme de plus de 35 ans*).

Préoccupations particulières des parents de plus de 35 ans

Peu importe leur âge, la plupart des futurs parents ont des inquiétudes quant au bien-être du fœtus et à leur capacité d'être de bons parents. Les couples plus mûrs ont en outre des préoccupations reliées à leur âge. Surtout s'ils approchent de la quarantaine, ils se demandent souvent s'ils auront assez d'énergie pour prendre soin d'un nouveau-né et, plus important encore, s'ils seront en mesure de répondre aux besoins de l'enfant en vieillissant.

En général, les préoccupations d'ordre financier du couple d'âge mûr diffèrent de celle du jeune couple. Au moment de la naissance, les parents plus âgés jouissent souvent d'une plus grande aisance financière, mais lorsque leur « bébé » entrera au collège, ils risquent d'être à la veille de la retraite et de ne plus avoir les moyens de subvenir à ses besoins.

Lorsqu'ils pensent à leur avenir financier et à leur retraite, les futurs parents plus âgés sont parfois amenés à envisager leur propre mort. Au lieu d'entamer cette réflexion vers le milieu de la quarantaine ou plus tard, comme tant d'autres le font, ils doivent le faire quelques années plus tôt en pensant à l'avenir de leur enfant.

Que ce soit à cause d'une union tardive, d'un remariage ou d'un traitement pour infertilité, les conjoints qui vivent une grossesse à un âge plus avancé risquent de se sentir quelque peu isolés sur le plan social. Comme ils sont souvent le seul couple de leur cercle à attendre leur premier enfant – leurs amis étant déjà parents d'adolescents ou de jeunes adultes, ou même grands-parents –, ils ont souvent l'impression d'être « différents ».

Lorsqu'ils découvrent que la femme est enceinte, les conjoints plus âgés qui ont déjà d'autres enfants peuvent réagir très différemment selon que cette grossesse était prévue ou inattendue. D'autres facteurs entrent aussi en jeu : la réaction de leurs enfants, de leur famille et de leurs amis ; les conséquences de cette grossesse sur leur mode de vie ; ses répercussions financières, etc. Il arrive que des conjoints qui ont déjà été mariés de part et d'autre décident d'avoir un enfant ensemble. La notion de famille reconstituée s'applique à cette situation où ses enfants « à elle », ses enfants « à lui » et leur(s) enfant(s) « à eux » forment une nouvelle cellule familiale.

Les professionnels de la santé traitent parfois les futurs parents plus âgés différemment des autres, en particulier si la femme attend son premier enfant. Ils pourront lui proposer des interventions médicales supplémentaires, comme l'amniocentèse et l'échographie, et refuser qu'elle accouche dans une chambre de naissance, même si elle est en bonne santé, à cause des risques plus élevés liés à son âge.

La femme qui a retardé le moment d'avoir des enfants s'inquiète parfois du peu de temps que lui laisse son « horloge biologique ». Si la grossesse ne s'amorce pas aussi vite qu'elle le voudrait, elle peut devenir de plus en plus anxieuse au fur et à mesure que le temps passe. Si elle fait une fausse-couche, son chagrin peut être exacerbé par la peur de ne pas réussir à concevoir une autre fois avant qu'il ne soit trop tard.

Points à retenir

Grossesse chez la femme de plus de 35 ans

- Habituellement, les couples qui décident d'avoir un enfant à un âge plus avancé sont plus stables financièrement et leur décision est mûrement réfléchie.

- En l'absence de problèmes de santé préexistants, la grossesse de la femme de plus de 35 ans ne présente pas beaucoup plus de risques que celle de la femme plus jeune.

- Comme la fécondité diminue après 35 ans, la conception peut être plus difficile à obtenir.

- L'incidence du syndrome de Down est un peu plus élevée chez les bébés des femmes de plus de 35 ans (1/356), et considérablement plus élevée chez ceux des femmes de plus de 40 ans (1 %).

- Le couple peut demander une amniocentèse ou une choriocentèse pour en savoir davantage sur l'état de santé du fœtus (le risque de perte fœtale lié à l'amniocentèse est de 0,5 à 1 %).

Soins infirmiers

Évaluation et analyse de la situation

L'infirmière qui travaille auprès d'une femme enceinte qui est dans la trentaine ou la quarantaine recueille les mêmes données que pour les autres femmes enceintes : état physique ; connaissances sur la grossesse et les changements qu'elle entraîne ; connaissances des soins au bébé ; réaction des conjoints à la grossesse et attentes quant à ses répercussions sur leur vie ; réseau de soutien ; besoins d'enseignement ; etc.

En plus des diagnostics infirmiers qui peuvent s'appliquer à toutes les femmes enceintes, voici des exemples d'autres diagnostics qui peuvent s'appliquer :

- *conflit décisionnel* relié à une grossesse inattendue ;
- *anxiété modérée* reliée aux craintes quant à l'état de santé du fœtus.

Planification et interventions

Quand un couple plus âgé décide d'avoir un enfant, l'infirmière a la responsabilité de respecter et de soutenir cette décision. Comme avec tous les autres clients, elle doit discuter des risques, déterminer les sujets d'inquiétude du couple et consolider les atouts des deux partenaires. L'âge de la femme ne doit pas être envisagé comme un problème en soi. À moins que la grossesse ne présente des risques particuliers, l'infirmière devrait la traiter comme une grossesse normale, car cela contribue au bien-être de la mère.

Tout au long de la grossesse, l'infirmière détecte les inquiétudes de la cliente quant à son âge ou à ses problèmes de santé particuliers, et elle en discute avec celle-ci. Souvent, la cliente plus âgée qui a décidé d'avoir un enfant a longuement réfléchi aux problèmes éventuels, si bien qu'en fin de compte, elle manifeste moins d'inquiétude qu'une cliente plus jeune ou dont la grossesse n'était pas prévue.

Les cours prénataux aident les futurs parents de tous âges à bien se préparer à l'accouchement. Cependant, les futurs parents plus âgés ne sont pas toujours à l'aise dans un groupe où la grande majorité des participants sont beaucoup plus jeunes qu'eux. Plusieurs communautés offrent donc des cours prénataux destinés aux plus de 35 ans s'ils sont suffisamment nombreux.

Les femmes qui ont leur premier bébé à 35 ans ou plus ont tendance à être plus instruites et mieux informées que les autres usagers des services de santé. Souvent, ces clientes savent quel type de soins et de services elles veulent avoir et montrent plus d'assurance dans leurs rapports avec le système de santé. L'infirmière ne doit pas se laisser intimider par ces futures mères, ni présumer qu'elles peuvent se dispenser de counseling, de soutien et de guidance parentale. Elle doit plutôt renforcer les atouts du couple et se montrer sensible à leurs besoins particuliers.

L'une des situations particulièrement difficiles que vivent ces couples est la possibilité que le fœtus soit anormal ou qu'il souffre d'une maladie génétique. Proposé à toutes les femmes enceintes entre la 16e et la 18e semaine de grossesse, le triple test de dépistage des anomalies congénitales est particulièrement important pour les femmes de plus de 35 ans, à cause du risque accru de syndrome de Down. Ce test sanguin évalue trois facteurs : l'alpha-fœtoprotéine sérique maternelle, l'œstriol et l'hCG. Si le fœtus est atteint du syndrome de Down, le taux d'hCG a tendance à être plus élevé que la normale, alors que les taux d'œstriol et d'alpha-fœtoprotéine seront plus faibles que la normale. Lorsque les résultats du triple test indiquent un risque élevé, on procède à d'autres épreuves diagnostiques (ACOG, 2000). Comme le risque de syndrome de Down est plus élevé pour eux, on recommande souvent l'amniocentèse aux futurs parents de plus de 35 ans.

Pour les couples qui acceptent l'amniocentèse, les premiers mois de la grossesse sont souvent difficiles, car l'amniocentèse ne se pratique qu'à partir de la 14e semaine de grossesse, après quoi il faut compter encore 2 semaines pour effectuer les analyses chromosomiques. Dans ces conditions, la peur de porter un fœtus anormal peut compromettre l'accomplissement des tâches psychologiques du début de la grossesse.

L'infirmière peut aider les couples qui décident de procéder à l'amniocentèse en les renseignant et en répondant à leurs questions sur le procédé, puis en leur apportant soutien et réconfort durant l'amniocentèse, et après. Si les résultats révèlent que le fœtus est atteint du syndrome de Down ou d'une autre anomalie génétique, l'infirmière s'assurera que le couple a toute l'information nécessaire sur cette affection, ses diverses manifestations et ses conséquences sur le développement de l'enfant.

Évaluation et résultats escomptés

Les résultats escomptés des soins infirmiers peuvent être les suivants :

- la cliente et son partenaire sont bien renseignés sur la grossesse et se disent en mesure de prendre des décisions adéquates en matière de santé ;
- les futurs parents (et leurs autres enfants) sont capables de composer avec la grossesse et avec ses conséquences sur leur avenir ;
- la cliente reçoit des soins de santé efficaces pendant la grossesse, l'accouchement et le post-partum ;
- la femme et son partenaire développent leurs habiletés parentales et leurs compétences en matière de soins à l'enfant.

Le chapitre en bref

Notions fondamentales

- L'une des principales responsabilités de l'infirmière qui donne des soins prénataux est d'offrir du counseling sur l'accouchement, le post-partum et les soins au nouveau-né.

- L'infirmière évalue les connaissances du futur père ainsi que la manière dont il entend participer à la grossesse et à l'accouchement, après quoi elle collabore avec le couple pour en faire une expérience positive.

- Les pratiques recommandées ou proscrites dans certains groupes culturels peuvent avoir des répercussions sur la famille qui attend un enfant.

- Les malaises courants durant la grossesse résultent de changements physiologiques et anatomiques. L'infirmière renseignera la cliente sur les autosoins qui peuvent la soulager ou atténuer ses malaises.

- Pour faire des choix appropriés et acquérir de saines habitudes de vie, la femme enceinte a besoin d'informations exactes et précises sur des sujets très variés : exercice physique, activité sexuelle, hygiène corporelle, vaccins, etc.

- Les substances tératogènes ont des effets néfastes sur la croissance et le développement du fœtus.

- Idéalement, la femme enceinte devrait éviter tout médicament durant sa grossesse, qu'il s'agisse de médicaments d'ordonnance ou de préparations en vente libre.

- Des études ont démontré que la consommation de tabac, d'alcool et de drogues « sociales », telles que le cannabis ou la cocaïne, durant la grossesse peut être dommageable pour le fœtus.

- L'évaluation de l'activité fœtale par la mère resserre son contact avec son fœtus et permet une surveillance continuelle de l'état fœtal.

- Les femmes enceintes de plus de 35 ans sont de plus en plus nombreuses. Ces grossesses comportent moins de risques qu'on ne le pensait autrefois et semblent présenter des avantages certains pour les femmes et les couples qui les ont désirées.

- La fréquence accrue du syndrome de Down chez les enfants conçus par des femmes de plus de 35 ou 40 ans est un des principaux risques pour les futurs parents plus âgés. L'amniocentèse leur permet de savoir si le fœtus est atteint du syndrome de Down. Le couple peut alors décider d'interrompre la grossesse ou de la poursuivre.

Références

AMERICAN COLLEGE OF OBSTETRICIANS AND GYNECOLOGISTS (1994), *Exercise during pregnancy and the postpartum period,* ACOG Technical Bulletin, n° 189, Washington.

AMERICAN COLLEGE OF OBSTETRICIANS AND GYNECOLOGISTS (1997a), *Advanced paternal age,* ACOG Committee Opinion, n° 189, Washington.

AMERICAN COLLEGE OF OBSTETRICIANS AND GYNECOLOGISTS (1997b), *Smoking and women's health,* ACOG Educational Bulletin, n° 240, Washington.

AMERICAN COLLEGE OF OBSTETRICIANS AND GYNECOLOGISTS (1997c), *Teratology,* ACOG Educational Bulletin, n° 236, Washington.

AMERICAN COLLEGE OF OBSTETRICIANS AND GYNECOLOGISTS (2000), *Planning your pregnancy and birth,* 3e éd., Washington.

BELEW, C. (1999), « Herbs and the childbearing woman : Guidelines for midwives », *Journal of Nurse-Midwifery,* vol. 44, n° 3, p. 231-246.

BRENNAN, P. (1999), « Homeopathic remedies in prenatal care », *Journal of Nurse-Midwifery,* vol. 44, n° 3, p. 291-299.

BRÛLÉ, M., et L. CLOUTIER (2002), *L'examen clinique dans la pratique infirmière,* Saint-Laurent, Éditions du Renouveau Pédagogique.

CARL, D. L., G. ROUX et R. MATACALE (2000), « Exploring dental hygiene and perinatal outcomes », *AWHONN Lifelines,* vol. 4, n° 1, p. 22-27.

CASTLES, A., E. K. ADAMS, C. L. MELVIN, C. KELSCH et M. L. BOULTON (1999), « Effects of smoking during pregnancy : Five meta-analyses », *American Journal of Preventive Medicine,* vol. 16, n° 3, p. 208-215.

CATANZARITE, V., M. DEUTCHMAN, C. A. JOHNSON et J. E. SCHERGER (1995), « Pregnancy after 35 : What's the real risk ? », *Patient Care,* vol. 29, n° 1, p. 41-48, 51.

CHAN, L., H. PHAM et E. A REECE (1997), « Pneumothorax in pregnancy associated with cocaine use », *American Journal of Perinatology,* vol. 14, n° 7, p. 385-388.

CHEZ, R. A., et P. MURPHY (2000), « Management of nausea and vomiting in pregnancy : Alternative therapies », *Contemporary OB/GYN,* vol. 45, n° 4, p. 55-64.

CHEZ, R. A., et J. NIEBYL (2000), « Management of nausea and vomiting in pregnancy : Traditional therapies », *Contemporary OB/GYN,* vol. 45, n° 3, p. 130-136.

CHOI, E. C. (1995), « A contrast of mothering behaviors in women from Korea and the United States », *Journal of Obstetric, Gynecologic, and Neonatal Nursing,* vol. 24, n° 4, p. 363-369.

CHUNG, K. C., C. P. KOWALSKI, H. M. KIM et S. R. BUCHMAN (2000), « Maternal cigarette smoking during pregnancy and the risk of having a child with cleft lip/palate », *Plastic and Reconstructive Surgery,* vol. 105, n° 2, p. 485-491.

CUNNINGHAM, F. G., N. F. GANT, K. J. LEVENO, L. C. GILSTRAP III, J. C. HAUTH ET K. D. WENSTROM (2001), *Williams Obstetrics,* 21e éd., New York, McGraw-Hill.

DICKERSON, V. M., et R. A. CHEZ (1999), « Normal pregnancy and prenatal case », *in* J. R. Scott, P. J. DiSaia, C. B. Hammond et W. N. Spellacy (dir.), *Danforth's obstetrics and gynecology,* 8e éd., Philadelphie, Lippincott, Williams & Wilkins, p. 65-90.

DUFOUR, ROSE (1988), *Femme et enfantement. Sagesse dans la culture inuite,* Québec, Éditions Papyrus.

DUMOULIN, C. (2001), *En forme en attendant bébé. Exercices et conseils,* Montréal, Éditions de l'Hôpital Sainte-Justine.

EISENBERG, D. M., R. B. DAVIS, S. L. ETTNER, S. APPEL, S. WILKEY, M. VAN ROMPEY et R. C. KESSLER (1998), «Trends in alternative medicine use in the United States, 1990-1997», *JAMA*, n° 280, p. 1569-1575.

GILBERT, W. M., T. S. NESBITT et B. DANIELSON (1999), «Childbearing beyond age 40 : Pregnancy outcome in 24,032 cases», *Obstetrics and Gynecology,* vol. 93, n° 1, p. 9-14.

«Good news for pregnant women with heartburn» (1999), *Contemporary OBIGYN*, vol. 44, n° 12, p. 50.

HEFFERNAN, A. E. (2000), «Exercise and pregnancy in primary care», *Nurse Practitioner,* vol. 25, n° 3, p. 42-60.

HOYERT, D. L., I. DANEL et P. TULLY (2000), «Maternal mortality, United States and Canada, 1982-97», *Birth*, vol. 27, n° 1, p. 4-11.

LANSAC, P., G. BERGER et G. MAGNIN (2000), *Obstétrique pour le praticien,* Paris, Masson.

MATTSON, S. (1995), «Culturally sensitive perinatal care for Southeast Asians», *Journal of Obstetric, Gynecologic, and Neonatal Nursing,* vol. 24, n° 4, p. 335-341.

NATIONAL CENTER FOR HEALTH STATISTICS (1999), «Infant mortality rates vary by race and ethnicity», communiqué de presse, 15 décembre, Hyattsville, Maryland.

NIEBYL, J. R. (1999), «Teratology and drugs in pregnancy», *in* J. R. Scott, P. J. DiSaia, C. B. Hammond et W. N. Spellacy (dir.), *Danforth's obstetrics and gynecology,* 8e éd., Philadelphie, Lippincott, Williams & Wilkins, p. 197-212.

OFFICE DE LA LANGUE FRANÇAISE (2000), *Le grand dictionnaire terminologique*, fiche «Digitopuncture», disponible sur le site Internet de l'OLF : <www.granddictionnaire.com>.

POLLACK, H., P. M. LANTZ et J. G. FROHNA (2000), «Maternal smoking and adverse birth outcomes among singletons and twins», *American Journal of Public Health,* vol. 90, n° 3, p. 395-400.

PUGH, L.C., MULLIGAN, R., PARKS, P.L. et H. KITZMAN (1999), «Clinical approaches in the assessment of childbearing fatigue», *Journal of Obstetric and Neonatal Nursing,* vol. 28, n° 1, p.74-80.

ROSE, N. C. et M. T. MENNUTI (1995), «Multiple marker screening for women 35 and older», *Contemporary OB/GYN,* vol. 40, n° 9, p. 55-68.

SCHOLZ, H. S., J. HAAS et E. PETRU (1999), «Do primipares aged 40 years or older carry an increased obstetric risk ?», *Preventive Medicine,* vol. 29, n° 4, p. 263-266.

SHROCK, P. (2000), «Exercise and physical activity during pregnancy», *in* J. J. Sciarra (dir.), *Gynecology and Obstetrics,* vol. 2, chap. 8, Philadelphie, Lippincott, Williams & Wilkins, p. 1-17.

SPECTOR, R. E. (2000), *Cultural diversity in health and illness,* 5e éd., Upper Saddle River, NJ, Prentice Hall Health.

VARNEY, H. (1997), *Varney's midwifery,* 3e éd., Sudbury, MA, Jones and Bartlett.

VENTURA, S. J., J. A. MARTIN, S. A. CURTIN, T. J. MATHEWS et M. M. PARKS (2000), «Births : Final data for 1998», *National Vital Statistic Reports,* vol. 48, n° 3, p. 1-105.

WHITNEY, J. L. (1999), «Drug labeling and pregnancy update : What has the FDA done lately ?», *Contemporary OBIGYN,* vol. 44, n° 1, p. 85-95.

WINDRIDGE, K. C., et J. C. BERRYMAN (1999), «Women's experiences of giving birth after 35», *Birth,* vol. 26, n° 1, p. 16-23.

Lectures complémentaires

BÉLAND, N. (1996), «Les soins périnatals, c'est aussi une histoire de famille», *Le Médecin du Québec,* vol. 31, n° 10, p. 33-37.

COUTURIER, F. (2000), «La grossesse n'est pas une maladie», *Le Médecin du Québec,* vol. 35, n° 6, p. 61-64.

DÉCARIE, S. (1994), «Futur Père», *Santé,* n° 97, avril, p. 32.

DELAHAYE, M.-C. (2000), *Guide pratique de la femme enceinte,* Marabout.

DELAHAYE, M.-C. (2001), *Le livre de bord de la future maman,* 8e éd., Marabout.

EISENBERG, A., H. MURKOFF et S. HATAWAY (1997), *Vous attendez bébé,* Outremont, Éditions Québécor.

HÔPITAL SAINTE-JUSTINE (2001), *Le coffret de maternité,* Montréal, Éditions de l'Hôpital Sainte-Justine.

IMBERT, C. (1998), *L'avenir se joue avant la naissance. La thérapie de la vie intra-utérine,* Paris, Éditions Visualisation Holistique.

JEANNIOT, M.-C. (1998), «L'aventure d'être mère», *La Vie,* n° 2732, 8 janv., p. 69-70.

LANGE, A.-M. (1994), «La maternité à 20 ans, 30 ans, 40 ans», *Femme Plus,* vol. 7, n° 10, nov., p. 24-27.

LEDUC, Y. (1999), «Les nausées et vomissements de la grossesse, n'ayons pas peur de les traiter», *Le Médecin du Québec,* vol. 34, n° 1, p. 75-76.

LÉGER, F. (2002), «Je suis enceinte et j'ai beaucoup de nausées», *MedActuel FMC,* vol. 2, n° 1, p. 13-23.

LENT, B., P. MORRIS et S. RECHNER (2000), «Comprendre les répercussions de la violence conjugale sur la grossesse, le travail et l'accouchement», *Le médecin de famille canadien,* vol. 46, p. 516-519.

MARCHI, C. (2001), «Ai-je vraiment envie de faire un enfant ?», *Psychologie,* n° 196, p. 44-48.

PAPIN, L. (1999), «Le triple test, un outil efficace de dépistage», *Le Médecin du Québec,* vol. 34, n° 5, p. 101.

PERNOUD, L. (2002), *J'attends un enfant,* Paris, Éditions Pierre Horay.

RAFFIN, C. (1997), «Le fœtus sait quand sa mère est heureuse», *Psychologie,* n° 157, oct., p. 58-59.

SOCIÉTÉ DES OBSTÉTRICIENS ET GYNÉCOLOGUES DU CANADA, *Nausées et vomissements durant la grossesse,* Ottawa, Fondation canadienne de la santé des femmes ; < www.cfwh.org>.

STOPPS, R. (2001), «Mise à jour sur les options d'aide à la procréation pour les femmes âgées de plus de 40 ans», *Le Clinicien,* août, p. 67-72.

THOMPSON, J. (2000), *Ma grossesse, de la conception à la naissance,* Outremont, Éditions du Trécarré.

WEST, Z. (2002), *La grossesse au naturel,* Montréal, HMH.

La grossesse à l'adolescence

Objectifs

- Exposer le problème de la grossesse chez les adolescentes

- Énumérer les facteurs qui contribuent à la grossesse chez les adolescentes

- Décrire les risques physiques, psychologiques et sociologiques auxquels est exposée l'adolescente enceinte

- Cerner ce qui caractérise les pères des enfants des mères adolescentes

- Décrire les réactions habituelles de la famille et du réseau de soutien en cas de grossesse chez une adolescente

- Formuler un plan de soins répondant aux besoins d'une adolescente enceinte

- Décrire quelques approches communautaires susceptibles de prévenir avec efficacité la grossesse chez les adolescentes

Vocabulaire

LA GROSSESSE EST UNE PÉRIODE ÉPROUVANTE POUR LA FEMME, car elle doit à la fois s'adapter à tous les changements qu'elle vit et se préparer à assumer son nouveau rôle de mère, ou de mère de plusieurs enfants. De manière générale, le défi est encore plus considérable pour la future mère adolescente, à plus forte raison si elle n'a pas fini de se développer physiquement et d'accomplir les tâches développementales de l'adolescence. La grossesse présente alors des risques élevés pour la mère comme pour l'enfant.

Au Canada, le nombre de grossesses chez les adolescentes de 15 à 19 ans est assez élevé puisqu'il est de 42 000 par année (Fortin, 2001). Au Québec, le taux de grossesse (c'est-à-dire le nombre de grossesses pour 1 000 adolescentes) était de 19,6 chez les adolescentes de 14 à 17 ans au cours des années 1996 à 1998, soit un taux de natalité (le nombre de naissances pour 1 000 adolescentes) de 5,5, un taux d'IVG (interruptions volontaires de grossesse) de 13,2, et un taux d'avortements spontanés de 0,9. On compte 3 731 grossesses durant cette période. Pour les mêmes années, on obtient des résultats différents chez les jeunes femmes de 18 et 19 ans. Le nombre de grossesses atteint 6 634, pour un taux de grossesse de 68,4. Ce taux comprend un taux de natalité de 28,6, un taux d'IVG de 36,4 et un taux d'avortements spontanés de 3,4 (Institut national de santé publique, 2001).

Aux États-Unis, le taux de natalité chez les adolescentes est passé de 62 pour 1 000 en 1991 à 51 pour 1 000 en 1998. Bien qu'en baisse, ce taux est encore l'un des plus élevés des pays industrialisés, environ 2 fois plus élevé que ceux du Canada et de l'Angleterre, et 10 fois plus élevé que celui du Japon (Allan Guttmacher Institute, 1999). Au Québec (Institut national de santé publique, 2001), le taux de natalité chez les adolescentes de 14 à 17 ans est passé de 19,2 (1995) à 19,6 (1998), et le taux de grossesse de 69,8 (1995) à 69,4 (1998). Le tableau 10-1 indique comment se répartissent les grossesses au Québec selon les régions sociosanitaires.

Ce chapitre porte sur la grossesse chez l'adolescente et sur le rôle que joue l'infirmière quant il s'agit de répondre aux besoins particuliers des adolescentes enceintes et de leurs proches. On y trouvera également en conclusion un exposé sur les efforts de prévention de la grossesse chez les adolescentes.

■ Survol de l'adolescence

Changements physiques

La puberté – période durant laquelle l'individu devient apte à la reproduction – est un processus de maturation qui peut durer d'un an et demi à six ans. Les principaux changements physiques qui y sont liés sont une poussée de croissance, un changement de poids et l'apparition des caractères sexuels secondaires. La *ménarche* – apparition des premières règles – survient généralement dans la première moitié de ce processus de maturation, vers l'âge de 12 ou 13 ans en moyenne. Notons que certaines jeunes filles sont menstruées dès l'âge de 10 ans et que, à 14 ans, elles ont déjà l'allure d'une femme (Association des hôpitaux du Québec, 1987).

Bien que les premiers cycles menstruels soient généralement irréguliers et souvent anovulatoires, ce n'est pas toujours le cas; toutes les adolescentes sexuellement actives devraient donc utiliser des contraceptifs.

Développement psychosocial

Plusieurs auteurs ont décrit les tâches développementales de l'adolescence en s'appuyant sur diverses théories classiques. Ces tâches sont essentiellement les suivantes (Steinberg, 1999) :

- développer un sentiment d'identité ;
- acquérir autonomie et indépendance ;
- établir des rapports véritablement personnels avec les autres, c'est-à-dire des rapports caractérisés par l'honnêteté, l'ouverture et la confiance ;
- apprivoiser sa propre sexualité ;
- développer un sentiment d'accomplissement.

Ces tâches se réalisent selon un processus développemental qui se déroule sur plusieurs années et qui influe sur les comportements des jeunes durant toute l'adolescence. On a déterminé des âges moyens correspondant à l'accomplissement de ces tâches ; cependant, l'âge est relativement secondaire et peut varier selon divers facteurs, notamment la culture, la religion et la situation socioéconomique.

Tableau 10-1

Nombre de grossesses et taux de grossesse au Québec, pour 1 000 jeunes filles de moins de 20 ans

Régions sociosanitaires	Nombre			Taux pour 1 000		
	Grossesses	Naissances vivantes	Avortements provoqués	Grossesses	Naissances vivantes	Avortements provoqués
Bas-Saint-Laurent	195	80	104	20,6	8,5	11,0
Saguenay – Lac-St-Jean	464	147	290	32,3	10,2	20,2
Capitale-Nationale	663	169	476	28,1	7,2	20,2
Mauricie – Centre du Québec	723	304	382	34,7	14,6	18,3
Estrie	432	163	251	36,0	13,6	20,9
Montréal	2 908	898	1 847	52,1	16,1	34,0
Outaouais	514	183	304	42,6	15,2	25,2
Abitibi-Témiscamingue	269	159	95	37,1	21,9	13,1
Côte-Nord	182	96	76	38,8	20,5	16,2
Nord-du-Québec	34	16	16	35,4	16,6	16,6
Gaspésie – Îles-de-la-Madeleine	130	62	65	29,2	13,9	14,6
Chaudières-Appalaches	354	120	215	20,2	6,9	12,3
Laval	473	103	348	36,8	8,0	27,1
Lanaudière	499	183	294	31,0	11,4	18,3
Laurentides	640	208	407	35,3	11,5	22,4
Montérégie	1 849	579	1 161	34,3	10,7	21,5
Nunavik	80	70	9	168,4	147,4	18,9
Terres-Cries-de-la-Baie-James	81	66	11	111,3	90,7	15,1
TOTAL	**10 490**	**3 606**	**6 401**	**36,8**	**12,6**	**22,4**

Source : Unité des études et des analyses, Service de la recherche, DGPE, MSSS, cité dans ministère de l'Éducation (2002a), *Jeunes filles enceintes et mères adolescentes, un portrait statistique*, Québec, Gouvernement du Québec. Les régions sociosanitaires correspondent à une division territoriale utilisée par le ministère de la Santé et des Services sociaux. Elle ne coïncident pas nécessairement avec les régions administratives utilisées par le ministère de l'Éducation, mais le découpage est similaire.

Au **début de l'adolescence** (14 ans ou moins), l'adolescente (on peut en dire autant de l'adolescent) reconnaît encore l'autorité de ses parents, mais elle commence à acquérir de l'indépendance par rapport à sa famille. Elle passe plus de temps avec ses amis, et il devient important pour elle de se conformer aux normes de son groupe de pairs. Durant cette étape, l'adolescente est très égocentrique, et sa pensée en est encore au stade des opérations concrètes : elle parvient très mal à se projeter dans l'avenir ou à prévoir les conséquences de ses actes. Elle perçoit son lieu de contrôle comme externe ; autrement dit, elle considère que sa destinée est entre les mains d'autrui (parents, autorités scolaires, etc.). Au début de l'adolescence, son jugement moral se fonde sur l'attribution de punitions et de récompenses ; puis la jeune fille devient plus conventionnelle et elle cherche à obtenir l'approbation des autres, souvent celle de ses pairs. Elle a une mine très soucieuse, veut bousculer les valeurs et croyances auxquelles elle adhérait,

recherche la confrontation, se montre impatiente et exigeante envers ses parents. L'adolescente souhaite acquérir davantage d'autonomie, mais n'y réussit pas complètement (AHQ, 1987).

Le **milieu de l'adolescence** (de 15 à 17 ans) est le temps de la contestation : l'adolescente exprime souvent sa rébellion en expérimentant la drogue, l'alcool et la sexualité. Elle aspire à l'indépendance et se tourne de plus en plus vers son groupe de pairs. Sa pensée commence à passer du stade des opérations concrètes à celui des opérations formelles, mais elle n'est pas encore capable d'imaginer les répercussions à long terme de tous ses actes. Ces années sont souvent très tumultueuses pour la famille de l'adolescente, car celle-ci se bat pour son indépendance et conteste les valeurs et les attentes familiales. Elle veut dépasser les limites, mais elle évalue mal les risques. Souvent, elle s'affirme en affichant un air de supériorité. Ses amis occupent une place de choix ; ils lui offrent la stabilité et la solidarité. L'adolescente se concentre sur son propre développement.

«L'importance d'être aimé et accepté, de ne pas paraître «niaiseux» amènera certains [adolescents] à vivre des relations sexuelles plus tôt qu'ils ne les avaient souhaitées» (AHQ, 1987).

À la **fin de l'adolescence** (18 et 19 ans), la jeune femme assume mieux son individualité et devient plus habile dans la prise de décision. Elle peut penser abstraitement et prévoir les conséquences de ses actes; elle est capable d'opérations mentales formelles. Elle apprend à résoudre des problèmes, à conceptualiser et à prendre des décisions. Grâce à ces habiletés, elle commence à percevoir son lieu de contrôle non plus comme externe, mais comme interne, ce qui lui permet avec le temps de comprendre et d'accepter les conséquences de ses actes. Vers la fin de cette période, l'adolescente est plus autonome. Les valeurs et les principes qu'elle a acquis lui permettent de comprendre que les autres peuvent être différents et de les accepter tels qu'ils sont. Les adolescentes «entrevoient la place qu'elles occuperont au sein de la société» (AHQ, 1987).

La sexualité comporte également des étapes de développement, d'une durée plus ou moins longue. Une étude réalisée par l'Université McGill, et citée dans Fortin (2001), conclut que «les adolescents dotés d'une intelligence supérieure seraient moins enclins à avoir des relations sexuelles précoces».

Les étapes de la sexualité sont les suivantes (AHQ, 1987):

- la puberté, les changements physiques;
- la masturbation, la découverte de son corps, les premières notions de plaisir sexuel;
- les premières sorties, l'intérêt pour l'autre sexe ou pour son propre sexe en cas d'homosexualité;
- les baisers;
- les caresses;
- les rapports sexuels complets.

Ces étapes seront franchies plus ou moins rapidement selon les adolescents. Il ne s'agit pas de satisfaire à des normes, mais de comprendre le vécu de chacun.

■ Les facteurs qui contribuent à la grossesse précoce

L'énorme pression exercée par les pairs pousse les jeunes Nord-Américaines à devenir sexuellement actives durant leur adolescence. Les relations sexuelles prémaritales sont monnaie courante, et la société accepte mieux qu'autrefois la grossesse chez les adolescentes. Si les allusions sexuelles sont omniprésentes dans les médias populaires – musique, vidéoclips, télévision et cinéma –, il n'y est jamais question de responsabilité sexuelle. La figure 10-1 ▶ énumère les raisons que donnent respectivement les adolescents et les adolescentes pour justifier leurs relations sexuelles.

FIGURE 10-1 ▶ Pour quelles raisons les adolescents et les adolescentes ont-ils des relations sexuelles? *Source*: The Kaiser Family Foundation Survey on Teens and Sex: What They Say. *Teens Today Need to Know, and Who They Listen To,* Menlo Park, CA, The Harry J. Kaiser Family Foundation, juin 1996.

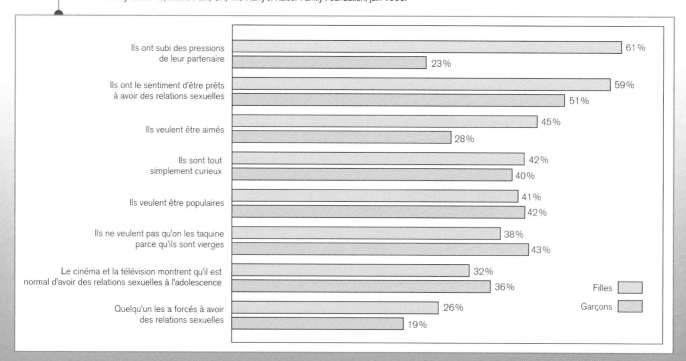

	Filles	Garçons
Ils ont subi des pressions de leur partenaire	61%	23%
Ils ont le sentiment d'être prêts à avoir des relations sexuelles	59%	51%
Ils veulent être aimés	45%	28%
Ils sont tout simplement curieux	42%	40%
Ils veulent être populaires	41%	42%
Ils ne veulent pas qu'on les taquine parce qu'ils sont vierges	38%	43%
Le cinéma et la télévision montrent qu'il est normal d'avoir des relations sexuelles à l'adolescence	32%	36%
Quelqu'un les a forcés à avoir des relations sexuelles	26%	19%

Divers facteurs expliqueraient que les adolescentes prennent le risque de devenir enceintes en ayant des coïts sans prendre de mesures contraceptives. D'abord, il arrive très souvent qu'elles ne prennent pas consciemment la décision de devenir sexuellement actives ; ainsi, quand on leur demande pourquoi elles n'ont pas utilisé de méthode contraceptive, leur réponse la plus fréquente est qu'elles ne prévoyaient pas faire l'amour, qu'elles ne s'y attendaient pas (National Campain to Prevent Teen Pregnancy, 1997). On a également associé ce comportement au manque d'information sur la contraception. La difficulté de se procurer des contraceptifs, le fait de ne pas en avoir sous la main au moment propice, leur coût et la peur qu'on découvre qu'elles en font usage constituent d'autres facteurs dissuasifs.

Au Québec, 50 % des jeunes de 16 ans n'ont jamais eu de relations sexuelles et, à 18 ans, 25 % d'entre eux sont encore vierges. Certains sous-groupes présentent plus de risque dans ce domaine. Les adolescents précoces ne savent pas plus que les autres comment se protéger d'une grossesse non désirée ou contre les MTS (Cloutier, 1998).

Certaines adolescentes deviennent délibérément enceintes, et ce, pour diverses raisons, conscientes ou inconscientes : pour punir leur père et/ou leur mère ; pour échapper à une situation familiale difficile ; pour attirer l'attention ; pour avoir quelqu'un à aimer et qui les aimera, etc. Dans certains cas, la grossesse peut être une façon de s'extérioriser.

Environ 75 % des adolescentes utilisent un moyen de contraception (souvent un condom) lors de leur première relation sexuelle. Lorsqu'elles sont sexuellement actives, 9 adolescentes sur 10 utilisent un contraceptif avec leur partenaire, quoique pas toujours ni toujours correctement (Allan Guttmacher Institute, 1999). Dans une enquête menée dans 3 villes canadiennes, on retrouve des résultats semblables chez les jeunes filles de 15 à 18 ans qui sont sexuellement actives : 1 adolescente sur 4 n'utilise aucun moyen de contraception (Dufort *et al.*, 2000). Les statistiques révèlent que l'usage du condom est en hausse dans la population adolescente, probablement à cause de l'ampleur des campagnes d'information sur la prévention de l'infection au VIH (National Campaign to Prevent Teen Pregnancy, 1997). Certains facteurs contribuent à expliquer l'absence de contraception chez l'adolescente : l'appréhension à l'égard du premier examen gynécologique, l'embarras à propos de la sexualité, la crainte que la consultation auprès des intervenants ne demeure pas confidentielle et qu'elle ne fasse l'objet d'un jugement de leur part et, finalement, des ressources financières insuffisantes (Fortin, 2001).

Par rapport aux autres, les adolescentes qui ont des projets d'avenir (études ou emploi) ont tendance à utiliser plus systématiquement la contraception ; lorsqu'elles elles deviennent enceintes, elles sont aussi plus enclines à recourir à l'avortement. Au contraire, les adolescentes qui ne disposent pas des mêmes avantages que la classe moyenne ont tendance à poursuivre la grossesse, qu'elles perçoivent comme leur seul moyen

d'acquérir le statut d'adulte ; 83 % des adolescentes célibataires qui mettent un enfant au monde proviennent de familles pauvres ou à faible revenu (Allan Guttmacher Institute, 1999).

Plus l'adolescente est jeune lorsqu'elle devient enceinte pour la première fois, plus elle est susceptible de vivre une autre grossesse durant son adolescence (East et Felice, 1996). De plus, la probabilité de grossesses répétées augmente lorsque l'adolescente vit avec son partenaire sexuel et qu'elle a abandonné l'école. Les filles des femmes qui ont eu un bébé au début de l'adolescence présentent un risque accru de devenir elles-mêmes enceintes durant l'adolescence (Jones et Mondy, 1994).

Facteurs sociaux et facteurs culturels

Aux États-Unis, le taux de natalité est plus élevé chez les adolescentes de race noire ou de culture hispanique que chez les adolescentes blanches. Cet écart peut s'expliquer par le fait qu'un plus grand pourcentage d'adolescentes afro-américaines et hispano-américaines sont sexuellement actives (Clark, Cohall et Joffe, 1998). Cependant, il est probable qu'il reflète aussi la pauvreté dans laquelle vivent un nombre considérablement plus élevé de jeunes de race noire ou de culture hispanique, de même que par des normes ethnoculturelles différentes.

Sur le plan international, et si l'on s'en tient au cadre matrimonial, les adolescentes sont plus susceptibles d'accueillir favorablement une grossesse dans les pays où l'Islam est la religion dominante, où l'on valorise les familles nombreuses, où les changements sociaux sont lents et où la plupart des grossesses surviennent dans le mariage. L'inverse est vrai dans les pays où on observe les phénomènes contraires. Par ailleurs, plus la femme est instruite, plus elle est susceptible de retarder le mariage et la grossesse, et ce, partout dans le monde (Allan Guttmacher Institute, 1996).

Agression sexuelle et grossesse chez les adolescentes

Les adolescentes qui deviennent enceintes sont plus nombreuses que les autres à avoir été victimes d'agression sexuelle dans leur enfance. En fait, tout type de maltraitance est un facteur de prédisposition à la grossesse précoce (Stock *et al.*, 1997). Pour elles, s'adonner à des activités sexuelles durant l'enfance était une façon d'être aimées et protégées. Souvent, leur confiance en soi est très faible, et leur estime de soi, passablement fragile. Elles ont de la difficulté à résister aux sollicitations sexuelles ; elles sont ambivalentes, fragiles et vulnérables (AHQ, 1987).

La grossesse chez l'adolescente peut être le résultat d'une relation incestueuse ou d'une agression sexuelle perpétrée par un proche ou une connaissance. On devrait toujours envisager ces possibilités, à plus forte raison si l'adolescente est très jeune.

Les risques de la grossesse à l'adolescence

Risques sur le plan physiologique

Si elles reçoivent des soins prénataux de qualité dès le début de la grossesse, les adolescentes de plus de 15 ans ne présentent pas plus de risques que les femmes de plus de 20 ans. Leurs besoins énergétiques sont cependant plus importants que ceux de l'adulte, car leur propre croissance n'est pas encore terminée. Donc, il faut augmenter l'apport d'énergie, de fer, de protéines et de calcium (Fortin, 2001). Malheureusement, de nombreuses adolescentes ne bénéficient pas de tels soins ou ne suivent pas les recommandations qu'elles reçoivent, de sorte que leur grossesse précoce comporte de nombreux risques : l'anémie ferriprive ; l'hypertension gravidique et ses séquelles ; la disproportion fœtopelvienne (DFP) ; l'accouchement prématuré ; un bébé de faible poids à la naissance, etc. Chez les adolescentes, les soins prénataux constituent le facteur le plus déterminant du bon déroulement de la grossesse.

Les adolescentes de 15 à 19 ans présentent un risque accru de MTS, notamment l'infection au VIH, la syphilis, la gonorrhée, ainsi que l'infection à *Chlamydia,* dont l'incidence augmente dans ce groupe d'âge. Or, la présence de ces maladies durant la grossesse augmente considérablement les risques pour le fœtus (voir le chapitre 13). Le tabagisme et l'usage de drogues représentent d'autres problèmes fréquents, car au moment où on pose le diagnostic de grossesse, ces substances risquent d'avoir déjà endommagé le fœtus.

Risques sur le plan psychologique

Sur le plan psychologique, le principal risque que présente la grossesse chez l'adolescente est celui de suspendre l'accomplissement des tâches développementales. Comme ces dernières s'ajoutent aux tâches de la grossesse, l'adolescente se retrouve avec un énorme fardeau de travail psychologique dont l'achèvement est déterminant pour son avenir et pour celui de son enfant.

Le tableau 10-2 décrit les comportements typiques de l'adolescente qui découvre qu'elle est enceinte, selon qu'elle est au début, au milieu ou à la fin de l'adolescence. Notons que de nombreux autres facteurs peuvent influer sur les réactions individuelles.

Risques sur le plan sociologique

L'obligation d'assumer des rôles d'adultes avant d'avoir achevé les tâches développementales de l'adolescence entraîne une série de conséquences – dépendance prolongée à l'égard des parents, absence de relations suivies avec l'autre sexe, instabilité économique et sociale, etc. – qui auront des répercussions néfastes sur toute la vie de la femme.

De nombreuses mères adolescentes abandonnent l'école. Souvent, elles ne terminent jamais leurs études, et leur faible niveau de scolarité les confine à des emplois de piètre qualité. La grossesse précoce est un important facteur prédictif du recours à l'aide sociale, en particulier si l'adolescente appartient à un groupe dont le statut socioéconomique est précaire ou

Tableau 10-2

Réaction initiale de l'adolescente à la grossesse

Âge	Comportement de l'adolescente	Interventions infirmières
Début de l'adolescence (14 ans ou moins)	Elle craint d'être rejetée par sa famille et par ses pairs. Elle est accompagnée dans le système de santé par un adulte, probablement sa mère (perçoit encore son lieu de contrôle comme externe) ; comme son système de valeurs reflète encore en grande partie celui de ses parents, elle se tourne vers eux pour qu'ils prennent la décision ou qu'ils l'approuvent. Sa grossesse n'est probablement pas le fruit d'une relation intime et suivie. Elle est embarrassée par les changements physiques de l'adolescence ; la croissance rapide des seins et du ventre qu'engendre la grossesse risque d'accroître cet embarras et de diminuer son estime de soi.	Adopter une attitude objective et exempt de jugement Se concentrer sur les besoins et les préoccupations de l'adolescente, mais si ses parents l'accompagnent, les faire participer à la planification des soins Inciter la cliente et ses parents à exprimer leurs sentiments et leurs inquiétudes par rapport à la grossesse et aux possibilités envisageables (avorter, poursuivre la grossesse, garder l'enfant ou le confier en adoption) ; discuter des répercussions de chacune de ces décisions de manière concrète et réaliste Durant l'examen physique, respecter la pudeur de l'adolescente, même si elle peut sembler excessive ; lui expliquer en termes simples et concrets chacune des étapes de l'examen Expliquer en termes simples et concrets les changements physiques qu'entraîne la grossesse

Tableau 10-2 (suite)

Réaction initiale de l'adolescente à la grossesse (suite)

Âge	Comportement de l'adolescente	Interventions infirmières
Milieu de l'adolescence (15-17 ans)	Elle craint d'être rejetée par sa famille et par ses pairs, et ne sait pas à qui se confier. Elle peut tenter de confirmer elle-même la grossesse en utilisant un test de grossesse en vente libre. Si elle entretient une relation suivie et chaleureuse avec son partenaire (pair), elle peut le prendre comme confident ; son degré de dépendance financière envers ses parents peut déterminer si elle leur en parlera et, le cas échéant, quand elle le fera. La nature de ses projets d'avenir (étude, emploi) et le soutien parental qu'elle peut obtenir influent de manière importante sur sa décision d'interrompre ou de poursuivre la grossesse ; il est possible qu'elle soit en conflit avec ses parents et qu'elle ait façonné son propre système de valeurs.	Adopter une attitude objective et exempte de jugement, et rassurer l'adolescente sur la confidentialité de l'entretien. Aider la cliente à trouver des proches à qui elle peut se confier et qui peuvent l'aider à prendre une décision sur sa grossesse. Si la cliente envisage un avortement ou un mariage, prendre en considération les dispositions de la loi quant au consentement parental. Inciter l'adolescente à avoir des attentes réalistes quant à la réaction de ses parents à sa grossesse
Fin de l'adolescence (18-19 ans)	Parce qu'elle comprend et accepte mieux les conséquences de ses actes, il est probable qu'elle confirme elle-même sa grossesse (test de grossesse en vente libre) plus rapidement. La nature de sa relation avec son partenaire, ses projets d'avenir (études, emploi) et ses valeurs influent de manière importante sur sa décision d'interrompre ou de poursuivre la grossesse.	Adopter une attitude objective et exempte de jugement, et rassurer la cliente sur la confidentialité de l'entretien. Aider la cliente à trouver des proches à qui elle peut se confier et qui peuvent l'aider à prendre une décision sur sa grossesse. Au besoin, orienter la cliente vers un autre professionnel qui pourrait lui offrir du counseling

que sa famille ne la soutient pas (National Campaign to Prevent Teen Pregnancy, 1997).

Surtout si elles ont un deuxième enfant durant leur adolescence, les très jeunes mères se révèlent souvent incapables de fonder une famille stable ; elles reproduisent souvent la structure familiale monoparentale et matriarcale qu'elles ont connue dans leur enfance.

Certaines adolescentes décident d'épouser le père de leur enfant, qui peut être lui-même un adolescent. Malheureusement, la majorité des mariages d'adolescents se terminent par un divorce (Roye et Balk, 1996). Le fait n'a rien d'étonnant, car la grossesse et le mariage mettent fin à leur enfance et à leur éducation de base. Le manque de maturité dans les rapports intimes contribue également aux ruptures conjugales dans ce groupe d'âge.

L'incidence accrue des complications maternelles, des naissances prématurées et du faible poids à la naissance des bébés mis au monde par les adolescentes a également des répercussions sur la société. La nécessité d'investir davantage dans les soins prénataux et les programmes d'aide alimentaire reste vitale.

Le tableau 10-3 décrit comment réagit habituellement la très jeune adolescente aux tâches développementales de la grossesse. Les femmes qui vivent une grossesse au milieu ou à la fin de l'adolescence réagissent différemment, ce qui montre qu'elles ont progressé dans l'accomplissement de leurs tâches développementales. Outre le degré de maturité de l'adolescente enceinte, l'importance des soins dont elle bénéficie est un facteur décisif dans la façon dont elle compose avec la grossesse et la maternité.

Risques pour l'enfant

Les enfants nés de parents adolescents sont désavantagés à plusieurs égards, car leurs géniteurs n'ont ni la maturité ni les ressources nécessaires pour assumer leur rôle parental. De manière générale, les enfants nés de mères adolescentes ont un désavantage développemental par rapport à ceux dont la mère était plus âgée au moment de leur naissance. Les différences s'expliquent notamment par les conditions sociales et économiques particulièrement difficiles qu'affrontent de nombreuses mères adolescentes. Il en résulte pour leurs enfants un taux élevé d'instabilité familiale, des milieux de vie défavorables et une forte incidence de comportements problématiques. Leur rendement scolaire est plus faible et ils sont moins nombreux à terminer leur secondaire. Enfin, ils sont plus souvent victimes d'agressions sexuelles, de maltraitance et de négligence, de sorte que leur taux de placement en foyer d'accueil est sensiblement plus élevé (National Campaign to Prevent Teen Pregnancy, 1997).

Tableau 10-3

Réactions typiques de la très jeune adolescente aux tâches développementales de la grossesse

Étape	Tâches développementales de la grossesse	Réactions de la très jeune adolescente	Interventions infirmières
Premier trimestre	Confirmation de la grossesse et obtention de soins prénataux Évaluation du régime alimentaire et des habitudes de vie qui ont des répercussions sur la santé Ambivalence envers la grossesse En général, soutien du partenaire	Elle peut tarder à confirmer la grossesse, et ce, pour diverses raisons : ignorance de son état, peur d'en parler, déni, etc. Elle peut être embarrassée ou effrayée par la croissance rapide de ses seins, leur sensibilité ; elle peut aussi croire qu'il s'agit de changements normaux à la puberté. Si elle se confie à sa mère, elle peut plonger toute la famille dans le désarroi.	Enseigner à la cliente à distinguer les changements liés à la grossesse de ceux qu'entraîne la puberté. Expliquer que l'ambivalence est normale chez toute femme enceinte, tout en reconnaissant que la grossesse est beaucoup plus inquiétante pour une adolescente de son âge Insister sur l'importance d'une bonne nutrition pour son bien-être et celui de l'enfant à naître (prévention de l'anémie et de l'hypertension gravidique) Miser sur des explications simples et utiliser beaucoup de documents audiovisuels Faire écouter le cœur fœtal à l'adolescente (Doppler)
Deuxième trimestre	Intégration de la réalité de la grossesse au fur et à mesure que les changements physiques et les mouvements actifs du fœtus la rendent plus perceptible Port de vêtements de maternité Dès ses premiers mouvements actifs, le fœtus est perçu comme un « vrai bébé ». Préparation aux exigences du rôle maternel et aux changements qu'il provoquera dans ses relations avec son partenaire et ses proches	Elle peut omettre de confirmer la grossesse jusqu'à que celle-ci devienne apparente et plonge sa famille dans le désarroi. Avec le grossissement du ventre et les mouvements actifs du fœtus, elle peut avoir l'impression de perdre la maîtrise de son corps et de son image corporelle. Elle peut essayer de maintenir son poids d'avant la grossesse ou encore de porter des vêtements étouffants pour maîtriser les changements de son corps et les dissimuler. Elle devient dépendante du soutien de sa mère ; elle est égocentrique et encore incapable d'assumer son rôle maternel.	Continuer à parler de l'importance d'une bonne nutrition et d'une prise de poids suffisante Encourager le port de vêtements amples pour les jeunes (grands T-shirts, chemises amples, etc.) qui, tout en étant confortables, permettent à la jeune mère de préserver dans une certaine mesure son image d'ado Discuter des projets concernant le bébé et la poursuite des études, et du rôle des parents adolescents
Troisième trimestre	Prise de conscience (à partir de la fin du deuxième trimestre) du fait que le fœtus est un être distinct de soi Achat de vêtements et du mobilier pour le bébé Aménagement d'une pièce pour le bébé Acquisition d'une vision réaliste de ce qu'est un bébé Préparation à l'accouchement Anxiété croissante à l'approche de l'accouchement et inquiétude quant au bien-être du fœtus	Elle peut se concentrer sur le désir « que tout ça soit fini ». Elle peut avoir du mal à percevoir le fœtus comme un être distinct. Peut avoir des fantasmes, des rêves ou des cauchemars à propos du bébé. Elle peut avoir très peur du travail et de l'accouchement (davantage que les primigestes plus âgées). Comme elle n'a probablement jamais été dans un hôpital, elle risque d'associer le fait de s'y trouver à des expériences négatives.	Évaluer dans quelle mesure l'adolescente se prépare à l'arrivée du bébé (achat de mobilier, aménagement de la maison, etc.) Accorder beaucoup d'importance à la préparation à l'accouchement Faire visiter le centre de naissance Évaluer les malaises de la grossesse, comme les brûlures d'estomac, la constipation, etc. (Les adolescentes peuvent être trop embarrassées par ce genre de problèmes pour en parler d'elles-mêmes.)

Les partenaires des adolescentes enceintes

Environ la moitié des pères d'enfants nés d'adolescentes ne sont pas des adolescents, mais des hommes de 20 ans ou plus (East et Felice, 1996) ; 20 % d'entre eux ont 6 ans de plus que la mère, ou davantage (Taylor *et al.*, 1997). Moins un homme est instruit, plus il est susceptible de provoquer une grossesse chez une adolescente, peut-être parce qu'il est à la recherche d'une égale sur les plans intellectuel et émotionnel. Le profil socioéconomique des hommes qui provoquent une grossesse chez une adolescente est souvent similaire à celui des pères adolescents : comme eux, ils ont connu très tôt des échecs scolaires et ils sont sans emploi, de sorte qu'ils ne sont pas plus en mesure de soutenir la mère (Roye et Balk, 1996).

Les garçons ont tendance à devenir sexuellement actifs à un âge plus précoce que les adolescentes et ils ont davantage de partenaires durant leurs années d'adolescence. Le père adolescent n'a pas, lui non plus, achevé les tâches développementales de son groupe d'âge et, psychologiquement, il n'est pas mieux préparé que l'adolescente à assumer les conséquences de la grossesse. Par conséquent, s'il tente d'endosser sa responsabilité paternelle, il est exposé à plusieurs des risques psychologiques et sociologiques qui guettent la mère adolescente. En général, la mère et le père viennent de milieux socioéconomiques semblables et ont un degré de scolarité similaire.

Les pères adolescents tendent à quitter l'école plus tôt que les pères plus âgés, et à entrer plus jeunes sur le marché du travail ; en général, leur emploi est moins prestigieux et ils retirent moins de satisfaction de leur travail. De plus, ils se marient souvent plus tôt et ils ont un plus grand nombre d'enfants.

Même s'ils ne sont pas mariés, de nombreux couples adolescents entretiennent des rapports privilégiés. Lorsque c'est le cas, les pères adolescents sont souvent très présents durant la grossesse et plusieurs assistent à l'accouchement. Les recherches indiquent que l'adolescente qui a des rapports étroits et satisfaisants avec le père de son enfant est plus encline à manifester des comportements maternels durant la grossesse et à développer un lien d'attachement positif avec son enfant que l'adolescente qui a des rapports orageux ou inexistants avec le père (Bloom, 1998). Malheureusement, les recherches révèlent également que les pères s'éloignent progressivement de la mère et de l'enfant, et ce, même lorsqu'ils ont participé à l'accouchement (Roye et Balk, 1996).

Le rôle des parents des pères adolescents reste mal connu. Cependant, certaines études indiquent que les garçons s'occupent davantage de leur bébé lorsque leur mère s'attend à ce qu'il en soit ainsi. De même, les mères des pères adolescents semblent influer sur les comportements parentaux de leurs fils. Le manque de maturité et le fait qu'ils ont eux-mêmes encore besoin que leurs parents s'occupent d'eux sont les principaux facteurs qui empêchent un certain nombre de pères adolescents d'assumer le rôle parental (Dallas et Chen, 1999).

Certains pères adolescents doivent affronter les réactions négatives de leur entourage. En plus d'essuyer la colère, la honte et la déception de leur famille et de celle de leur jeune partenaire, leurs relations avec leurs pairs peuvent se voir compromises.

L'irresponsabilité manifeste d'un bon nombre de pères célibataires a fait évoluer les attitudes socioculturelles. De nos jours, le nom du père figure beaucoup plus souvent qu'autrefois sur l'acte de naissance. Cette mention garantit les droits du père et l'encourage à assumer ses responsabilités envers l'enfant. De plus, la paternité juridique permet à l'enfant d'avoir accès à des informations sur les antécédents médicaux de son père.

Dans certains cas – notamment le viol, l'exploitation sexuelle, l'inceste ou une relation sexuelle ponctuelle –, les adolescentes peuvent refuser de dévoiler le nom du père ou de l'informer de sa paternité. Lorsqu'ils soupçonnent que l'adolescente enceinte se tait pour l'un des trois premiers motifs, il est important pour son bien-être que les prestataires de soins approfondissent leur évaluation ; au besoin, ils orienteront la cliente vers les professionnels ou les services appropriés.

Les prestataires de soins doivent soutenir le père adolescent qui décide d'assumer ses responsabilités. Notons cependant que l'adolescente enceinte doit d'abord décider si elle désire ou non que le père participe aux soins de santé.

Si les deux adolescents se sentent liés, l'adolescent peut vouloir soutenir et protéger sa jeune compagne sans pour autant comprendre les changements physiologiques et psychologiques qu'elle vit. Il aura donc besoin d'enseignement sur la grossesse, l'accouchement, les soins à l'enfant et le rôle parental.

Même lorsque le père adolescent participe aux soins prénataux durant la grossesse, il n'est pas rare que la mère adolescente, surtout si elle est très jeune, préfère que sa mère l'assiste durant le travail et l'accouchement. Il est important d'appuyer le choix de l'adolescente enceinte, tout en reconnaissant et en appuyant les souhaits légitimes du père.

Dans le counseling auprès de l'adolescent, l'infirmière doit évaluer les agents stressants auxquels il est soumis, son réseau de soutien, le rôle qu'il entend jouer dans la grossesse et l'éducation de l'enfant, ainsi que ses autres projets d'avenir. Elle devrait aussi l'orienter vers les services sociaux qui pourront lui offrir des services scolaires et professionnels.

Lorsque le père participe à la grossesse, la jeune mère se sent moins abandonnée, elle est plus sûre d'elle dans la prise de décision et il lui est plus facile de discuter de son avenir.

Les réactions de la famille et du réseau social à la grossesse de l'adolescente

Les réactions de la famille et du réseau social à la grossesse de l'adolescente sont aussi diversifiées que les causes et les motivations de la grossesse. Dans les familles qui valorisent les ambitions scolaires et professionnelles de leurs enfants, l'annonce de la grossesse est souvent un choc, qui déclenche des réactions de colère, de honte et de chagrin. La plupart du temps, sauf si des motifs culturels ou religieux les en empêchent, les adolescentes qui proviennent de telles familles utilisent des contraceptifs ou recourent à l'avortement. Ayant consulté des intervenants auprès des adolescents, Dufort et ses collaborateurs (2000) font remarquer que «la position des jeunes filles serait grandement influencée par le milieu social» pour ce qui est de poursuivre ou non la grossesse.

Dans les milieux où il est plus fréquent et mieux accepté de voir une adolescente poursuivre sa grossesse, la famille et les amis des parents de la mère pourront leur apporter un plus grand soutien. Souvent, la mère et les amies de l'adolescente seront présentes lors de l'accouchement. Les futurs parents ont souvent des amis de leur âge qui sont eux-mêmes déjà parents. Dans certains cas, les partenaires des adolescentes enceintes envisagent la grossesse et la naissance de l'enfant comme le signe de leur statut d'adulte et de leur puissance sexuelle, et ils en sont très fiers.

La mère de l'adolescente enceinte est habituellement parmi les premières à apprendre sa grossesse. En général, et surtout si sa fille est très jeune, elle participe aux décisions concernant l'interruption ou la poursuite de la grossesse et les relations avec le futur père et sa famille.

Une fois que l'adolescente enceinte a décidé de ce qu'elle fera, c'est souvent sa mère qui l'oriente vers les services de santé adéquats et qui l'accompagne lors de la première visite. Si l'adolescente veut poursuivre sa grossesse, sa mère peut participer aux cours prénataux et lui apporter un précieux soutien; dans les cas où les deux femmes ont de bons rapports, on devrait donc favoriser cette participation. Si le père de l'enfant à naître est présent, lui et la mère de l'adolescente enceinte arriveront peut-être à établir une collaboration pour soutenir cette dernière.

On doit aider la mère de l'adolescente enceinte à mettre à jour ses connaissances sur les pratiques obstétricales et à dissiper les idées fausses qu'elle pourrait entretenir. Durant le travail et l'accouchement, la mère peut jouer un rôle clé auprès de sa fille en la rassurant et en lui donnant confiance en elle-même.

On a souvent l'impression que l'adolescente et son enfant se portent beaucoup mieux s'ils vivent avec la grand-mère, mais les recherches révèlent qu'ils s'en tirent mieux lorsqu'ils bénéficient de son aide sans cohabiter avec elle (Spieker et Bensley, 1994). La grand-mère avisée essaie d'équilibrer la situation en aidant sa fille à assumer ses tâches parentales et en lui permettant d'accomplir les tâches développementales de l'adolescence. Au fur et à mesure que sa fille prend de l'assurance en tant que parent, elle peut l'encourager à acquérir plus d'autonomie. Les adolescentes qui gardent le bébé voient plusieurs avantages à cette décision: elles croient s'assurer l'amour de leur enfant, elles grandissent grâce à cette expérience et elles sentent qu'elles ont vraiment une place dans la société (Dufort *et al.*, 2000).

Soins infirmiers

Évaluation et analyse de la situation

Pour pouvoir planifier les interventions appropriées, l'infirmière doit recueillir toutes les données pertinentes sur l'adolescente enceinte et ses proches. Ainsi, elle évalue ses antécédents médicaux personnels et familiaux, son degré de maturité et les conséquences de la grossesse sur son développement, le soutien émotionnel et financier sur lequel elle peut compter, l'état de son réseau social et familial, ainsi que le degré d'engagement du père.

Comme pour toute cliente enceinte, une collecte de données sur l'état de santé général de l'adolescente s'impose. Il se peut que la jeune cliente n'ait encore jamais fourni elle-même ce type d'information; l'infirmière a donc intérêt à lui poser des questions très précises et à lui donner des exemples pour clarifier ce qui semble obscur. Comme l'adolescente connaît rarement bien les antécédents médicaux de sa famille, il se peut que sa mère soit mieux placée qu'elle pour répondre à ce type de questions.

La collecte des données devrait englober les points suivants:

- histoire personnelle et familiale;
- antécédents médicaux;
- antécédents menstruels;
- antécédents gynécologiques et obstétricaux;
- antécédents de toxicomanie.

Il est très important de recueillir des données sur le degré de maturité de chaque cliente. Pour ce faire, l'infirmière évalue sa compréhension des réalités de la grossesse précoce et des responsabilités liées au rôle parental, ainsi que plusieurs autres facteurs significatifs: l'image de soi de l'adolescente (y compris l'image corporelle), sa relation avec les adultes, son attitude par rapport à sa grossesse, ses mécanismes d'adaptation à la situation, sa connaissance des soins à donner au bébé, sa capacité éventuelle de les prodiguer et son attitude à cet égard.

À cause du statut socioéconomique précaire de l'adolescente enceinte, son enfant court souvent plus de risques, dès sa conception et jusqu'à la fin de ses jours. Il est donc primordial d'évaluer les réseaux familial et social de la cliente, ainsi que le soutien financier dont elle pourra bénéficier. L'adolescente qui se prostituait pour payer sa consommation de drogue et qui, enceinte, décide d'accepter un traitement à la méthadone pour prévenir toute difficulté et pour combler les besoins de son fœtus est souvent très pauvre. Elle était habituée à des rentrées d'argent assez importantes et, soudain, elle doit se contenter de l'aide sociale. Sa détermination doit être suffisamment ferme, et elle doit bénéficier d'un bon suivi et d'un solide soutien pour poursuivre sainement sa grossesse.

Les diagnostics infirmiers qui s'appliquent aux autres femmes enceintes peuvent également s'appliquer à l'adolescente. D'autres diagnostics infirmiers pourront s'y ajouter en fonction de son âge, de son réseau de soutien, de son statut socioéconomique, de sa santé et de son degré de maturité. En voici quelques exemples :

- *recherche d'un meilleur niveau de santé* : besoin d'information sur les soins à donner à l'enfant relié au désir exprimé d'être une bonne mère ;
- *déficit nutritionnel* relié à de mauvaises habitudes alimentaires ;
- *perturbation de l'estime de soi* reliée à une grossesse imprévue.

Planification et interventions

 Soins infirmiers communautaires

Le facteur qui influe le plus sur la réduction des risques pour la mère adolescente et son enfant est la prestation de soins prénataux complets dès le début de la grossesse. Pour relever ce défi, l'infirmière doit avoir une bonne compréhension des besoins particuliers de la mère adolescente (voir l'encadré *Points à retenir : Adolescente enceinte*).

De nombreux programmes communautaires inventifs et novateurs permettent maintenant d'offrir des soins périnataux adaptés aux besoins des clientes qui présentent un risque élevé. Les premières recherches sur ces programmes révèlent qu'une approche multidisciplinaire et planifiée – misant sur une combinaison de cours de préparation à la maternité et de visites à domicile régulières durant la grossesse et mensuelles dans l'année qui suit la naissance – réduit le taux de naissance prématurée et le nombre de jours d'hospitalisation du bébé (Koniak-Griffin *et al.*, 1999).

Les infirmières des CLSC peuvent aider les adolescentes à se prévaloir des services de santé, des services sociaux et des autres ressources communautaires (banques alimentaires, programme OLO, etc.). Elles font également beaucoup de counseling et donnent de l'enseignement aux clientes.

Points à retenir

Adolescente enceinte

- À Montréal, le taux de grossesse précoce est plus élevé qu'en province.
- Des soins prénataux de qualité donnés dès le début de la grossesse peuvent prévenir la plupart des problèmes reliés à la grossesse précoce, surtout chez la très jeune adolescente.
- Les cours prénataux conçus spécialement pour les adolescentes peuvent contribuer de manière importante à l'amélioration des connaissances de l'adolescente et à la réduction des complications chez la mère, le fœtus et le nouveau-né.

Respect de la confidentialité

Le Code civil du Québec permet à certains mineurs – dits mineurs émancipés – d'exercer des droits d'adultes. Ainsi, les mineurs de 16 ans et plus qui veulent vivre de façon plus autonome et moins dépendre de leurs parents peuvent demander une émancipation qui limitera le rôle de ceux-ci à une simple assistance. Les jeunes qui se marient ou ceux qui, pour des motifs sérieux, y sont autorisés par le juge deviennent pleinement émancipés, et ils peuvent exercer leurs droits comme s'ils étaient majeurs. Le fait d'être parent donne au mineur certains droits ordinairement exercés par les adultes, par exemple le droit de prendre des décisions concernant son enfant. Habituellement, c'est à partir de 14 ans que l'adolescente peut consulter un médecin ou un autre professionnel de la santé sans que ses parents en soient informés. Elle peut également prendre les décisions qui la concernent sans l'approbation des parents ou du tuteur. Même si elle est très jeune, l'adolescente enceinte est généralement considérée comme émancipée. En tant que telle, elle a le droit et la responsabilité de consentir aux soins de santé qu'on lui prodigue et qui seront plus tard prodigués à son enfant ; ce n'est donc qu'avec son consentement que les adultes, y compris ses parents, seront informés de ces soins.

Établissement d'une relation de confiance avec l'adolescente enceinte

Lors de sa première visite à la clinique ou au cabinet du médecin pour le diagnostic de la grossesse ou pour le début des soins prénataux, l'adolescente peut se sentir anxieuse et vulnérable. Plus on rendra l'expérience positive, plus elle sera motivée à revenir pour le suivi et à coopérer avec les professionnels de la santé, et mieux on pourra lui inculquer l'importance des soins de santé pour elle-même et pour son bébé.

Au cours de la visite initiale, la jeune cliente passe peut-être son premier examen pelvien, ce qui constitue une expérience anxiogène pour toute femme. L'infirmière pourra lui expliquer le procédé avant et durant l'examen. Une bonne technique d'examen et beaucoup de douceur aident l'adolescente à se détendre. On peut utiliser un miroir pour lui faire voir le col utérin, pour la renseigner sur son anatomie et pour lui donner un rôle actif durant l'examen.

Il est essentiel d'établir une relation de confiance avec l'adolescente enceinte. Une attitude honnête, respectueuse et compréhensive améliore l'estime de soi de l'adolescente. L'attitude de l'infirmière à l'égard de l'autonomie et des responsabilités de l'adolescente pourra alors influer sur le processus développemental de celle-ci.

Promotion de l'estime de soi et des habiletés de résolution de problème

L'infirmière aide l'adolescente à améliorer ses habiletés en matière de résolution de problème et de prise de décision pour qu'elle soit en mesure d'accomplir ses tâches développementales et de commencer à assumer la responsabilité de sa propre vie et de celle de son bébé. Les adolescentes ignorent souvent toutes les possibilités juridiques qui s'offrent à elles lors d'une grossesse imprévue. L'infirmière doit donc:

- expliquer à la cliente, de manière claire et objective, sans tenter de lui imposer ses valeurs, qu'elle peut choisir d'interrompre la grossesse ou de la poursuivre, et qu'elle peut garder l'enfant ou le confier en adoption;
- informer la cliente des services et des ressources sur lesquels elle peut compter dans chacune de ces éventualités;
- encourager la cliente à exprimer ses sentiments par rapport à chacune de ces possibilités et à discuter de leurs répercussions sur sa situation particulière.

Une fois que l'adolescente a décidé de ce qu'elle veut faire, les prestataires de soins doivent respecter sa décision et l'aider à atteindre ses objectifs.

Si l'adolescente décide de poursuivre sa grossesse, l'infirmière lui décrit dans les grandes lignes à quoi elle peut s'attendre durant la période prénatale et lui explique au fur et à mesure le pourquoi et le comment de tout procédé qui se révèle nécessaire. Ces explications aident la jeune cliente à comprendre ce qui se passe et à mieux maîtriser la situation (figure 10-2 ▶).

Les très jeunes adolescentes ont tendance à être égocentriques et centrées sur le présent. Comme elles sont peu enclines à se soucier des répercussions sur le fœtus de leur état de santé et de leurs habitudes de vie, il est souvent plus utile d'insister sur les effets de telles ou telles pratiques sur leur propre santé. Elles ont aussi besoin qu'on les aide à résoudre leurs problèmes, à se représenter l'avenir et à ébaucher des projets réalistes.

Au milieu de l'adolescence, les jeunes filles développent leur capacité d'abstraction et comprennent que leurs actions peuvent avoir des conséquences à long terme. Cependant, il se peut qu'elles ne maîtrisent pas encore très bien leurs habiletés de communication et qu'elles hésitent à poser des questions; l'infirmière doit donc leur demander directement si elles en ont. À ce stade de l'adolescence, les jeunes peuvent assimiler un enseignement plus poussé et le mettre en pratique.

Les adolescentes enceintes les plus âgées peuvent manier la pensée abstraite, élaborer des projets d'avenir et fonctionner sensiblement comme les femmes enceintes qui ont plus de 20 ans. Elles peuvent également assimiler et utiliser des informations complexes.

Promotion du bien-être physique

Les valeurs initiales du poids et de la tension artérielle permettent d'évaluer le gain pondéral et la prédisposition à l'hypertension gravidique. L'infirmière peut inciter l'adolescente enceinte à participer aux soins en se pesant et en notant son poids. On peut profiter de l'occasion pour aider la jeune cliente à résoudre d'éventuels problèmes en se posant des questions comme celles-ci: « Ai-je pris trop de poids ou pas assez? », « Comment mon régime alimentaire influe-t-il sur mon poids? », « Comment puis-je améliorer mes habitudes alimentaires? ».

On peut également parler de nutrition lorsqu'on mesure les valeurs de l'hémoglobine et de l'hématocrite au début de la grossesse et par la suite. Comme l'adolescente enceinte est prédisposée à l'anémie, on doit la renseigner sur l'importance de l'apport en fer dans son régime alimentaire. L'enseignement des notions de base en nutrition est une composante essentielle des soins prénataux aux adolescentes enceintes.

L'hypertension gravidique est la complication médicale la plus courante chez les adolescentes enceintes. Dans leur cas, on ne peut pas se baser sur une tension artérielle de 140/90 mm Hg pour poser un diagnostic d'hypertension gravidique. Les jeunes femmes de 14 à 20 ans qui ne présentent pas de signes d'hypertension ont habituellement une pression diastolique de 50 à 66 mm Hg. Une augmentation graduelle de la pression diastolique par rapport à ce qu'elle était avant la grossesse de même qu'un gain pondéral excessif doivent être considérés comme des signes avant-coureurs d'hypertension gravidique. La mesure des valeurs initiales à des fins de comparaison est l'une des raisons pour lesquelles il est si important que l'adolescente obtienne des soins prénataux dès le début de la grossesse.

Comme l'incidence des MTS est plus élevée chez les adolescentes, le premier examen prénatal devrait comprendre des prélèvements pour des cultures de gonocoques et de *Chlamydia,* des préparations humides pour le dépistage de *Candida, Trichomonas* et *Gardnerella,* ainsi qu'un test de dépistage de la syphilis. Il est important de renseigner l'adolescente sur les MTS et de surveiller, tout au long de la grossesse, l'apparition éventuelle de lésions herpétiques ou d'autres symptômes. Si elles sont souvent bien informées sur l'infection au VIH et sur le sida, les adolescentes d'aujourd'hui sont beaucoup moins averties en ce qui concerne les symptômes et la prévention des autres MTS. Si les antécédents de la cliente indiquent un risque accru d'infection au VIH, on devrait l'en informer et lui proposer un test de dépistage.

FIGURE 10-2 ▶ L'infirmière donne à cette jeune mère l'occasion d'entendre les battements du cœur de son bébé.

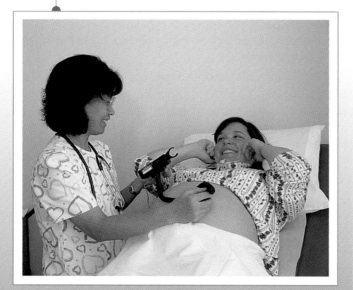

L'infirmière doit discuter avec l'adolescence enceinte des risques reliés à la consommation de tabac, de caféine, d'alcool, de médicaments et de drogues ; la cliente doit connaître les effets de ces substances sur son propre développement et sur le développement fœtal.

Pour le reste, la collecte des données sur l'adolescente enceinte se déroule comme pour toute femme enceinte. L'infirmière doit accorder une attention particulière à la croissance fœtale en évaluant la hauteur du fond utérin, les bruits du cœur fœtal et les mouvements actifs du fœtus. Pour établir avec précision la date prévue de l'accouchement, il peut être utile de vérifier si la date de la dernière menstruation, celle de la première auscultation des bruits du cœur fœtal et celle du début des mouvements actifs du fœtus correspondent. Si la hauteur du fond utérin s'écarte de plus de 2 cm de ce qu'elle devrait être, on fera une échographie pour établir l'âge fœtal, et pouvoir ainsi diagnostiquer et traiter le plus tôt possible un éventuel retard de la croissance intra-utérine.

Promotion de l'adaptation de la famille

Lors de la première visite prénatale, l'infirmière s'informe de la situation familiale de l'adolescente. Elle détermine dans quelle mesure cette dernière souhaite que ses proches et le père de l'enfant participent à sa grossesse, et elle évalue le soutien qu'ils lui donnent déjà. Une exploration délicate de la relation mère-fille peut favoriser la communication entre les deux femmes ; si elles y consentent toutes les deux, la mère devrait participer aux soins de la cliente.

L'infirmière devrait également aider la mère à évaluer les besoins de sa fille et à y répondre adéquatement. Certaines adolescentes deviennent plus dépendantes durant leur grossesse, tandis que d'autres deviennent au contraire plus autonomes. Si elle comprend quelle est la meilleure façon de soutenir sa fille et de répondre à ses besoins, la mère peut l'aider à poursuivre son développement et à acquérir de la maturité.

La grossesse de l'adolescente modifie également ses rapports avec son père. Dans la mesure où fille et père le souhaitent, l'infirmière peut informer régulièrement ce dernier et favoriser sa participation aux soins.

Enfin, il ne faut pas oublier le rôle du père de l'enfant dans la promotion de l'adaptation de la famille à la grossesse de l'adolescente. S'il le désire et si la cliente y consent, on devrait favoriser sa participation aux visites prénatales, aux cours prénataux et à l'accouchement. On devrait aussi répondre à ses questions et lui donner l'occasion d'exprimer ses sentiments et ses inquiétudes.

Facilitation de l'enseignement prénatal

Les adolescentes peuvent participer aux cours prénataux offerts par les CLSC. Certains intègrent les adolescentes aux cours prénataux ordinaires ; d'autres préfèrent les regrouper pour former un groupe homogène. Idéalement, les programmes de cours prénataux devraient être élaborés conjointement par le CLSC et l'établissement scolaire. De nombreuses adolescentes préfèrent recevoir leurs cours périnataux à l'école durant la grossesse et après l'accouchement. À Montréal, l'école Rosalie-Jetté, seule école francophone du Québec qui s'adresse à cette clientèle, offre un programme d'enseignement individualisé pour les adolescentes enceintes et les jeunes mères. C'est une école secondaire pour filles où la seule condition d'admission est la grossesse. En plus du programme scolaire, cette école donne des cours prénataux et postnataux. D'autres établissements scolaires, collaborant avec les CLSC locaux, offrent aussi des cours aux adolescentes enceintes et aux jeunes mères. C'est le cas de l'école secondaire de l'Île à Hull, de l'école Joseph-Francois Perreault à Québec, du Centre Saint-Michel et de la Villa Marie-Claire à Sherbrooke. Certaines commissions scolaires proposent, dans différentes régions, une formation et des services destinés aux jeunes ou aux adultes. Le tableau 10-4 indique comment se répartissent les services spécialisés selon les directions régionales.

Les cours sur la croissance et le développement du nouveau-né et du nourrisson peuvent aider les parents adolescents à entretenir des attentes plus réalistes envers leur enfant, et réduire ainsi les risques de maltraitance. Permettre aux adolescentes enceintes de continuer à fréquenter l'école régulière est la meilleure façon de les aider à terminer leurs études, tout en les préparant à la naissance et à l'éducation de leur enfant. L'orientation professionnelle offerte à l'école leur sera également utile pour préparer leur avenir.

La plupart des spécialistes en enseignement prénatal croient préférable de regrouper les adolescentes dans des cours périnataux spécialement conçus à leur intention (figure 10-3 ▶), et ce, même si ces cours ne sont pas faciles à donner. En effet, les adolescentes enceintes risquent de ne s'y présenter que de façon sporadique, accompagnées tantôt de leur mère, tantôt de leur petit ami ou d'une copine, pas toujours la même. Les ricanements et les bavardages ne sont pas rares, et sont assez typiques de la capacité de concentration de courte durée des adolescents. Pour garder l'attention des participantes, on devra donc recourir à diverses stratégies d'enseignement adaptées à leur âge, misant notamment sur du matériel audiovisuel, des démonstrations et des jeux.

Ces cours prénataux visent notamment les objectifs suivants :
- offrir un counseling préventif sur la grossesse ;
- préparer les participantes au travail et à l'accouchement ;
- aider les participantes à surmonter les problèmes et les embûches de la grossesse et du rôle parental ;
- améliorer l'estime de soi des participantes ;
- informer les participantes sur les ressources de la communauté ;
- aider les participantes à recourir à des stratégies d'adaptation appropriées.

Bien que ces cours prénataux abordent parfois des sujets comme les soins au nouveau-né et le rôle parental, les adolescentes risquent de ne pas retenir ces informations, car elles sont

Tableau 10-4

Services spécialisés offerts selon la direction régionale, la commission scolaire et le secteur éducatif

Direction régionale	Commission scolaire (CS)	Secteur des jeunes	Secteur des adultes
Bas-Saint-Laurent et Gaspésie – Îles-de-la-Madeleine	CS des Monts-et-Marées	●	
Saguenay – Lac-Saint-Jean	CS de Jonquière		●
	CS du Pays-des-Bleuets		●
Capitale-Nationale et Chaudière-Appalaches	CS de la Capitale	●	
	CS de Portneuf	●	
	CS des Navigateurs	●	
Mauricie et Centre-du-Québec	CS du Chemin-du-Roy	●	●
Estrie	CS de la Région-de-Sherbrooke	●	●
	CS Eastern Townships		
Laval, Laurentides et Lanaudière	CS de Laval		●
	CS des Affluents	●	
	CS de la Rivière-du-Nord		●
	CS Sir-Wilfrid-Laurier	●	●
Montérégie	CS de Saint-Hyacinthe	●	
	CS de la Vallée-des-Tisserands		●
Montréal	CS de Montréal	●	●
	CS English-Montréal	●	
Abitibi-Témiscamingue et Nord-du-Québec	CS Kativik		●
Outaouais	CS des Portages-de-l'Outaouais	●	●

Source : Étude sur l'organisation des services éducatifs offerts aux jeunes filles enceintes et aux mères adolescentes dans le réseau scolaire, MEQ, 2001, cité dans ministère de l'Éducation (2002), *Organisation des services éducatifs offerts aux jeunes filles enceintes et aux mères adolescentes,* Québec, Gouvernement du Québec.

FIGURE 10-3 ▌ Les jeunes adolescentes peuvent bénéficier de cours prénataux spécialement conçus pour elles.

Soins infirmiers en milieu hospitalier

très axées sur le présent. Les habiletés parentales sont cruciales, mais les adolescentes sont rarement prêtes à les acquérir tant qu'elles n'y sont pas forcées par l'arrivée du nouveau-né.

Souvent, la mère de l'adolescente est présente durant le travail et l'accouchement. Le père du bébé peut également y participer et les amies de la jeune cliente peuvent commencer à arriver dès qu'elle est admise. Il est donc important que l'infirmière qui est chargée de l'admission note au dossier le nom de la principale personne qui doit assister la cliente durant le travail et l'accouchement, ainsi que les noms des autres personnes qui doivent y participer.

Durant le travail, l'adolescente a les mêmes besoins que n'importe quelle femme enceinte, mais elle peut nécessiter des soins plus soutenus. L'infirmière doit se montrer très disponible et répondre aux questions avec honnêteté et simplicité, en s'abstenant d'utiliser des termes techniques. Elle doit aussi aider les proches à comprendre quel rôle chacun d'entre eux

Exercice de pensée critique

Anouk Gauthier, une jeune femme de 15 ans enceinte de 16 semaines, se présente à la clinique pour sa deuxième visite prénatale. Dans la salle d'attente, elle bavarde avec son petit ami en mangeant des croustilles et en buvant du cola. L'infirmière consulte son dossier et se souvient qu'Anouk a essayé durant des mois de devenir enceinte. Âgé de 18 ans, le père de l'enfant a abandonné ses études avant la fin de son secondaire et il travaille maintenant à mi-temps. Anouk vit encore chez ses parents, bien qu'elle ne s'entende pas très bien avec sa mère et sa sœur. Elle compte fréquenter l'école jusqu'à la naissance du bébé, car deux de ses compagnes de classe sont elles aussi enceintes. L'infirmière pèse Anouk et lui pose quelques questions sur ses habitudes alimentaires ; elle découvre alors que l'adolescente se gave d'aliments à calories vides et ne mange que très peu de fruits et de légumes. Comment devrait-elle s'y prendre pour discuter avec Anouk de ses besoins nutritionnels ?

Voir les réponses à l'appendice F.

peut jouer auprès de l'adolescente, et à assumer ce rôle. Si le père du bébé est présent, elle doit l'encourager à participer aussi activement qu'il le peut à toutes les phases de l'accouchement. Ainsi, elle pourra lui suggérer d'aider sa compagne à appliquer les techniques de relaxation, de lui offrir des glaçons, de calculer l'intervalle entre les contractions, de la seconder dans ses respirations, de lui tenir la main, de lui frotter le dos, de la réconforter, de la toucher, etc.

Durant le post-partum, la plupart des adolescentes ne prévoient pas redevenir sexuellement actives dans un proche avenir et jurent qu'elles ne redeviendront pas enceintes de sitôt ; pourtant, selon les statistiques, la réalité est tout autre. Par conséquent, avant que la jeune mère reçoive son congé, l'infirmière doit lui donner un enseignement complet sur le retour de l'ovulation et l'importance de la contraception. Si l'adolescente a un petit ami, il serait très utile qu'il reçoive également cet enseignement. L'infirmière pourra leur proposer d'utiliser le condom avec spermicide jusqu'à ce qu'ils aient choisi une autre méthode contraceptive.

Lorsqu'elle planifie le congé, l'infirmière doit s'assurer que l'adolescente connaît les services et les ressources communautaires qui pourront lui apporter de l'aide ainsi qu'à sa famille. Les cours postnataux et, en particulier, ceux qui sont conçus pour les adolescentes peuvent se révéler particulièrement utiles ; on y traite de l'adaptation postnatale, du développement du bébé et de l'enfant, des habiletés parentales, etc.

Évaluation et résultats escomptés

Les résultats escomptés des soins infirmiers peuvent être les suivants :

- l'adolescente enceinte entretient une relation de confiance avec l'infirmière ;
- l'adolescente est capable d'utiliser ses habiletés de résolution de problème pour faire les choix appropriés ;
- l'adolescente observe les recommandations de l'équipe de santé et reçoit des soins de santé efficaces pendant la grossesse, l'accouchement et le post-partum ;
- l'adolescente, son partenaire (s'il participe) et leur famille respective parviennent à bien s'adapter aux conséquences de la grossesse ;
- l'adolescente est capable de discuter de sa grossesse, des soins prénataux et de l'accouchement ;
- l'adolescente s'acquitte des tâches développementales de l'adolescence et des tâches de la grossesse selon les paramètres normaux ;
- l'adolescente acquiert des compétences dans les soins à l'enfant et développe ses habiletés parentales.

Le chapitre en bref

Notions fondamentales

- Aux États-Unis, le taux de natalité (le nombre de naissances pour 1 000 femmes) chez les adolescentes est passé de 62 pour 1 000 en 1991 à 51 pour 1 000 en 1998. Bien qu'en baisse, ce taux reste l'un des plus élevés des pays industrialisés. Au Québec ce taux tend à rester relativement stable depuis 1993. Cependant, on estime que, chaque année, environ 2 % des filles de moins de 18 ans et 8 % des filles de 18 et 19 ans deviennent enceintes. En 1997, le risque cumulé de devenir enceinte une première fois était de 22 % chez les jeunes filles de moins de 20 ans.

- Plusieurs facteurs contribuent à l'incidence élevée de la grossesse chez les adolescentes, notamment : l'âge plus précoce des premiers rapports sexuels ; le manque d'information sur la conception ; la difficulté de se procurer des contraceptifs ; une plus grande tolérance de la grossesse précoce dans certains milieux ; la pauvreté ; les échecs scolaires précoces ; et l'agression sexuelle durant l'enfance.

- Au plan physiologique, les principaux risques de la grossesse à l'adolescence sont : l'accouchement prématuré ; le faible poids du bébé à la naissance ; la disproportion fœtopelvienne ; l'anémie ferriprive ; ainsi que l'hypertension gravidique et ses séquelles.

- Chez les adolescentes, les soins prénataux sont le facteur le plus décisif quant à l'issue de la grossesse.

- Au plan psychologique, le principal risque que court l'adolescente enceinte est l'interruption de ses propres tâches développementales.

- De manière générale, les enfants nés de mères adolescentes sont désavantagés sur le plan développemental par rapport aux enfants nés de mères plus âgées.

- Près de la moitié des pères de bébés nés de mères adolescentes ont plus de 20 ans. Cependant, leur profil psychosocial est similaire à celui des pères adolescents et ils ne sont pas plus qu'eux en mesure de soutenir la mère.

- La réaction de l'adolescente à sa grossesse dépend de là où elle en est dans l'accomplissement des tâches développementales de l'adolescence (facteur qui peut être étroitement lié à son âge) ainsi que de facteurs culturels, religieux et socioéconomiques.

- L'adolescente sait souvent très peu de choses sur la grossesse, l'accouchement et le rôle parental. L'enseignement est donc une des principales responsabilités de l'infirmière qui travaille auprès des adolescentes enceintes.

Références

ALLAN GUTTMACHER INSTITUTE (1996), *Issues in brief: Risks and realities of early childbearing,* Washington, disponible chez l'auteur.

ALLAN GUTTMACHER INSTITUTE (1999), *Issues in brief: Teen sex and pregnancy,* Washington, disponible chez l'auteur.

ASSOCIATION DES HÔPITAUX DU QUÉBEC (1987), *Adolescence et fertilité: une responsabilité personnelle et sociale. Avis sur la grossesse à l'adolescence,* Québec, Ministère de la Santé et des Services Sociaux et le Comité Famille-Enfance de la Division santé communautaire de l'Association des hôpitaux du Québec.

BLOOM, K. C. (1998), «Perceived relationship with the father of the baby and maternal attachment in adolescent», *Journal of Obstetric, Gynecologic, and Neonatal Nursing,* vol. 27, n° 4, p. 420-430.

CLARK, L. R., A. T. COHALL et A. JOFFE (1998), «Beyond the birds and the bees: Talking to teens about sex», *Contemporary OB/GYN,* vol. 43, n° 4, p. 35-61.

CLOUTIER, R. (1998), «Les adolescents de l'an 2000», *Le Médecin du Québec,* vol. 33, n° 7, p. 31-36.

COCKEY, C. D. (1997), «Preventing teen pregnancy: It's time to stop kidding around», *AWHONN Lifelines,* vol. 1, n° 3, p. 32-40.

DALLAS, C. M., et S. C. CHEN (1999), «Perspectives of women whose sons become adolescent fathers», *Maternal-Child Nursing,* vol. 24, n° 5, p. 247-251.

DUFORT, F., E. GUILBERT et L. SAINT-LAURENT (2000), *La grossesse à l'adolescence et sa prévention au-delà de la pensée magique!,* recherche subventionnée par le Conseil québécois de la recherche sociale, Québec, École de psychologie, Université Laval.

EAST, P. L., et M. E. FELICE (1996), *Adolescent pregnancy and parenting: Findings from a racially diverse sample,* Hillsdale, Erlbaum.

FORTIN, S. (2001), «La grossesse à l'adolescence», *Le Clinicien,* vol .16, n° 8, p. 83-91.

INSTITUT NATIONAL DE SANTÉ PUBLIQUE (2001), *Portrait de santé,* partie 3.1 : les déterminants de la santé; <www.inspq.qc.ca/pdf/publications/050_portrait/partie_3_1.pdf>.

JONES, M. E., et L. W. MONDY (1994), «Lessons for prevention and intervention in adolescent pregnancy: A five-year comparison of outcomes of two programs for school-aged pregnant adolescents», *Journal of Pediatric Health Care,* vol. 8, n° 4, p. 152-159.

KIRBY, D. (1997), *No easy answers: Research findings on programs to reduce teen pregnancy (summary),* Washington, National Campaign to Prevent Teen Pregnancy.

KONIAK-GRIFFIN, D., C. MATHENGE, N. L. R. ANDERSON et I. VERZEMNIEKS (1999), «An early intervention program for adolescent mothers: A nursing demonstration project», *Journal of Obstetric, Gynecologic, and Neonatal Nursing,* vol. 28, n° 1, p. 51-59.

MOORE, K., et B. SUGLAND (1996), *Next steps and best bets: Approaches to preventing adolescent chidbearing,* Washington, Child Trends.

NATIONAL CAMPAIGN TO PREVENT TEEN PREGNANCY (1997), *Whatever happened to childhood? The problem of teen pregnancy in the United States.* Washington, disponible chez l'auteur.

PHILLIBERT, S., et P. NAMEROW (1995), «Trying to maximise the odds: Using what we know to prevent teen pregnancy – Paper presented at technical assistance workshop to support the Teen Pregnancy Prevention Program», Division of reproductive Health, Centers for Disease Control and Prevention, Atlanta.

ROYE, C. F., et S. J. BALK (1996), «The relationship of partner support to outcomes for teenage mothers and their children: A review», *Journal of Adolescent Health,* vol. 19, n° 2, p. 86-93.

SINGH, S., et J. E. DARROCH (2000), «Adolescent pregnancy and childbearing: Levels and trends in developped countries», *Family Planning Perspectives,* vol. 32, n° 1, p. 14-23.

SPIEKER, S. J., et L. BENSLEY (1994), «Roles of living arrangements and grandmother social support in adolescent mothering and infant attachment», *Developmental Psychology,* vol. 30, n° 1, p. 102-111.

STEINBERG, L. (1999), *Adolescence,* 5e éd., Boston, McGraw-Hill.

STEVENS-SIMON, C., L. KELLY, D. SINGER et A. COX (1996), «Why pregnant adolescents say they did not use contraceptives prior to conception», *Journal of Adolescent Health,* vol. 19, n° 1, p. 48-53.

STOCK, J. L., M. A. BELL, D. K. BOYER et F. A. CONNELL (1997), «Adolescent pregnancy and sexual risk-taking among sexually abused girls», *Family Planning Perspectives,* vol. 29, n° 5, p. 200-203 et 227.

TAYLOR, D., G. CHAVEZ, A. CHABRA et J. BOGGESS (1997), «Risk factors for adult paternity in births to adolescents», *Obstetrics and Gynecology,* vol. 89, n° 2, p. 199-205.

Lectures complémentaires

BERTHIAUME, S. (1998), «Une grossesse désirée malgré tout», *Le Médecin du Québec,* vol. 33, n° 12, p. 39-42.

BLAIN, L. (1997), «Bébé-farine à transit-jeunesse», *Intervention,* n° 104, p. 71-73.

LEMARE, P. (1996), «Mère et enfant à la fois», *Vie et Santé,* n° 1228, p.16-18.

LEMARE, P. (1997), «Grossesse et maternité à l'adolescence... Être mère et enfant à la fois», *Revue de l'infirmière,* n° 30, p. 54-57.

VÉZINA, M. (1994), «Comme si c'était vrai: le projet Boom», *La Gazette des femmes,* vol. 16, n° 1, p.12.

Vidéos

MINISTÈRE DE L'ÉDUCATION (1993), *Sac à couches et sac d'école,* 25 minutes.

MINISTÈRE DE L'ÉDUCATION (1995), *Enceinte... j'ai encore ma place à l'école,* 18 minutes.

L'alimentation de la mère

Objectifs

- Savoir quels sont les gains pondéraux recommandés durant la grossesse
- Décrire le rôle des principaux éléments nutritifs dans l'alimentation de la femme enceinte
- Comparer les besoins nutritionnels de la femme durant la grossesse, le post-partum et l'allaitement, aux besoins nutritionnels de la femme non enceinte
- Planifier des régimes alimentaires végétariens, qui répondent aux besoins nutritionnels de la femme enceinte
- Décrire les facteurs physiques, psychosociaux et culturels qui peuvent influer sur l'apport alimentaire et sur l'état nutritionnel
- Comparer le gain pondéral et les apports nutritionnels recommandés pour l'adolescente enceinte et pour l'adulte enceinte
- Expliquer quels sont les principaux facteurs dont l'infirmière doit tenir compte dans les conseils d'ordre nutritionnel qu'elle donne à l'adolescente enceinte
- Comparer les besoins nutritionnels de la mère qui allaite à ceux de la mère qui n'allaite pas
- Établir un plan de soins nutritionnels pour la femme enceinte après avoir diagnostiqué un problème nutritionnel

L'ÉTAT NUTRITIONNEL DE LA FEMME AVANT ET PENDANT LA GROSSESSE se répercute de manière significative sur sa santé et sur celle de son fœtus. Dans les cabinets de médecins et les cliniques prénatales, l'infirmière conseille elle-même la cliente sur la nutrition ou travaille en étroite collaboration avec la nutritionniste afin d'évaluer les besoins alimentaires de la cliente et de donner l'enseignement nécessaire.

Le présent chapitre porte sur les besoins nutritionnels de la femme durant une grossesse normale. Certaines sections sont plus particulièrement consacrées aux besoins nutritionnels de l'adolescente enceinte et à l'alimentation pendant le post-partum.

L'état nutritionnel d'une femme durant sa grossesse est le résultat des bonnes habitudes alimentaires qu'elle observe depuis toujours, et pas seulement de celles qu'elle a adoptées en apprenant qu'elle était enceinte. La possibilité d'atteindre un bon état nutritionnel dépend de plusieurs facteurs :

- *L'état nutritionnel de la femme avant la grossesse.* Une carence nutritionnelle présente au moment de la conception et en début de grossesse influe sur l'issue de la grossesse.
- *L'âge de la mère.* L'adolescente enceinte doit pourvoir simultanément à ses propres besoins de croissance et à ceux de la grossesse.
- *Le nombre d'accouchements.* Le nombre de grossesses antérieures ainsi que l'intervalle entre celles-ci influent sur les besoins nutritionnels de la femme enceinte et sur l'issue de la grossesse.

La croissance fœtale se fait en trois étapes qui se chevauchent : 1) une augmentation du nombre de cellules ; 2) une augmentation du nombre et du volume des cellules ; 3) une augmentation du volume des cellules. Les problèmes nutritionnels qui entravent la division cellulaire peuvent avoir des conséquences permanentes. Toutefois, si les carences surviennent au moment où les cellules ne font que grossir, une bonne nutrition pourra corriger la situation.

La croissance des tissus maternels et fœtaux requiert l'absorption, en quantité accrue, de tous les éléments essentiels du régime alimentaire. Le tableau 11-1 présente les **apports nutritionnels recommandés (ANR)**, notamment ceux des femmes enceintes et allaitantes. Une alimentation quotidienne équilibrée suffit à fournir la majorité des éléments nutritifs recommandés. Le tableau 11-2 (voir la page 282) énumère les groupes alimentaires de base et les quantités recommandées pour la femme enceinte et allaitante.

Gain pondéral

Le gain pondéral de la mère représente un facteur important pour la croissance du fœtus et le poids de l'enfant à la naissance. Le gain pondéral idéal dépend de la masse corporelle de la femme par rapport à sa taille (c'est-à-dire de son indice de masse corporelle [IMC]) et de son état nutritionnel avant la grossesse. Un gain de poids adéquat indique qu'il y a un apport énergétique adéquat, mais pas nécessairement un apport *nutritionnel* suffisant. La femme enceinte doit s'assurer de la qualité nutritionnelle de son alimentation en même temps qu'elle prend du poids

Les gains pondéraux recommandés par l'Institute of Medicine (1992) et par Santé Canada (1999) sont ceux compris dans les quatre intervalles que voici :

- Femme de poids insuffisant : de 12,5 à 18 kg
- Femme de poids normal : de 11,5 à 16 kg
- Femme avec surcharge pondérale : de 7 à 11,5 kg
- Femme obèse : ≥ 7 kg
- Femme en attente de jumeaux : de 16 à 20,5 kg

Le gain pondéral moyen au cours de la grossesse se répartit à peu près comme suit :

5,0 kg	Fœtus, placenta, liquide amniotique
0,9 kg	Utérus

1,8 kg	Volume sanguin
1,4 kg	Tissu mammaire
2,3 à 4,5 kg	Réserves lipidiques maternelles

Pour une femme dont le poids est normal, le gain pondéral idéal devrait atteindre de 1 à 3 kg au cours du premier trimestre, suivi d'un gain moyen de 0,5 kg par semaine durant les deux trimestres suivants. La femme de poids normal qui attend des jumeaux devrait prendre environ 0,8 kg par semaine durant les deuxième et troisième trimestres de sa grossesse (Brown et Carlson, 2000).

Il est important que la prise de poids se fasse de façon régulière. Ainsi, à 20 semaines de gestation, la femme devrait avoir pris de 4,5 à 6 kg. Si tel n'est pas le cas, l'infirmière devrait réévaluer le régime alimentaire de la femme et donner les conseils qui s'imposent. Une hausse de poids subite (gain de 1,4 à 2,3 kg en 1 semaine) peut indiquer qu'il y a une rétention d'eau excessive, susceptible de révéler une hypertension gravidique ; il s'agit d'un problème qu'il faut examiner. De même, si la femme présente un gain pondéral insuffisant (moins de 1 kg par mois au cours des deux derniers trimestres) ou excessif (plus de 3 kg par mois), l'infirmière devrait en déterminer la raison et fournir l'enseignement nécessaire.

Évidemment, il est déconseillé de suivre un régime amaigrissant durant la grossesse ; une perte de poids importante au cours de cette période peut provoquer une cétose chez la mère, c'est-à-dire un trouble métabolique pouvant nuire au fœtus. En recommandant à la cliente de s'alimenter selon la pyramide nutritionnelle (voir la figure 11-1 ▶ à la page 283), l'infirmière met l'accent sur la qualité de l'apport alimentaire plutôt que sur le seul gain pondéral.

La femme qui pesait avant la grossesse 10 % de moins que son poids normal court plus de risques d'accoucher d'un bébé de poids insuffisant, sans compter qu'elle est prédisposée à l'hypertension gravidique (Institute of Medicine, 1990). On conseille habituellement à la femme maigre, autrement dit de masse corporelle inférieure à la normale, d'augmenter son apport énergétique quotidien de 500 kilocalories (kcal), plutôt que de 300 kcal pour les femmes dont le poids était normal avant la grossesse. Elle devra aussi consommer 20 g supplémentaires de protéines. Cela peut être difficile pour la femme trop maigre, surtout si elle n'a pas beaucoup d'appétit ; elle aura besoin de soutien et d'encouragement, tant de la part de sa famille que de la part des professionnels de la santé.

▬ Les apports nutritionnels

Proportionnellement aux besoins accrus de la mère et du fœtus en développement (tableau 11-1), l'apport recommandé de presque tous les éléments nutritifs augmente durant la grossesse. Cette augmentation varie cependant d'un élément nutritif à l'autre.

L'acide folique et le fer sont les seuls suppléments alimentaires habituellement recommandés durant la grossesse. Le maintien d'une alimentation équilibrée suffit généralement à combler les besoins accrus en vitamines et minéraux autres que l'acide folique et le fer. Toutefois, pour éviter qu'il y ait des carences, plusieurs professionnels de la santé recommandent de prendre également un supplément vitaminique.

Énergie

La **calorie** (cal) désigne la quantité de chaleur requise pour élever la température de 1 g d'eau à 1° C. La **kilocalorie** (kcal) équivaut à 1 000 cal ; elle est utilisée pour exprimer le contenu énergétique des aliments[*].

Sur le plan de l'apport énergétique recommandé durant la grossesse, on ne préconise aucune augmentation durant le premier trimestre, mais une hausse de 300 kcal/jour durant les deuxième et troisième trimestres. On doit mesurer le poids de la mère régulièrement durant la grossesse en tenant compte des facteurs qui influent sur ses besoins énergétiques : son poids avant la grossesse, sa taille, son âge, son état de santé et son activité physique. Le *Guide d'enseignement* (page 284) propose des façons d'aider la femme à adopter un régime alimentaire répondant à ses besoins nutritionnels pendant la grossesse.

Glucides

Les glucides représentent la principale source d'énergie de l'organisme et fournissent les fibres nécessaires au bon fonctionnement de l'intestin. Si l'apport énergétique total n'est pas adéquat, l'organisme utilise les protéines comme source d'énergie, et non pour la croissance, ce qui entraîne la production de corps cétoniques. Lorsqu'ils sont présents en quantité excessive, ces corps cétoniques s'accumulent dans le sang et causent la cétose. Cette concentration peut être source de problèmes, surtout chez les clients diabétiques, car elle provoque une glycosurie, une diminution des réserves alcalines et une lipémie.

Les besoins en glucides et en énergie augmentent tout particulièrement durant les deux derniers trimestres de la grossesse. Les glucides facilitent le gain pondéral ainsi que la croissance du fœtus, du placenta et des autres tissus maternels. Les produits laitiers, les fruits, les légumes, les céréales et le pain de blé entier sont de bonnes sources de glucides ainsi que d'autres éléments nutritifs importants.

---

[*] Le joule (J) et le kilojoule (kJ) sont les unités d'énergie du système international (SI). Pour faire la conversion, on peut considérer que 1 kcal est égale à 4,2 kJ.

Tableau 11-1

Apports nutritionnels recommandés (ANR) pour les femmes non enceintes, enceintes et allaitantes, 1989*

| Âge (ans) | Poids[†] kg | Taille[†] cm | Protéines g | Vitamines liposolubles | | | | | Vitamines hydrosolubles | | |
				Vitamine A µgR[‡]	Vitamine D µg[§]	Vitamine E mgαTE[‖]	Vitamine K µg		Vitamine C mg	Thiamine mg	Riboflavine mg
Femmes											
11-14	46	157	46	800	10	8	45		50	1,1	1,3
15-18	55	163	44	800	10	8	55		50	1,1	1,3
19-24	58	164	46	800	10	8	60		60	1,1	1,3
25-50	63	163	50	800	5	8	65		60	1,1	1,3
51+	65	160	50	800	5	8	65		60	1,0	1,2
Enceintes			60	800	10	10	65		70	1,5	1,6
Allaitantes											
Du 1er au 6e mois			65	1300	10	12	65		95	1,6	1,8
Du 6e au 12e mois			62	1200	10	11	65		90	1,6	1,7

* Les quantités, exprimées en apports quotidiens moyens, tiennent compte des variations individuelles moyennes chez des personnes vivant en Occident dans un environnement correspondant aux normes habituelles. L'alimentation doit être variée afin de tenir compte d'autres éléments nutritifs pour lesquels les besoins n'ont pas encore été clairement établis.

† Les poids et les tailles mentionnés sont des médianes réelles pour la population nord-américaine de l'âge indiqué, telles que fournies par NHANES II. Les poids et tailles médians des femmes de moins de 19 ans proviennent de Hamill, P. V. V. *et al.* (1979), *Physical growth*, National Center for Health Statistics Percentiles ; consulter également *Nutrition pour une grossesse en santé* (Santé Canada, 1999).

Les rapports taille-poids présentés ici ne sont pas nécessairement idéaux (*American Journal of Clinical Nutrition*, vol. 32, n° 607).

‡ Équivalents rétinol : 1 équivalent rétinol = 1µg rétinol ou 6µg β-carotène.

§ Sous forme de cholécalciférol : 10 µg cholécalciférol = 400 UI de vitamine D.

‖ Équivalents alpha-tocophérol (vitamine E) : 1 mg d-alpha-tocophérol = 1 alpha-TE.

1 équivalent niacine (EN) est égal à 1 mg de niacine ou 60 mg de tryptophane diététique (aminoacide).

Source : Recommended dietary allowances, 10e éd., 1989, Washington, DC, National Academy of Sciences, National Research Council, Food and Nutrition Board.

Protéines

Les protéines fournissent les acides aminés essentiels à l'hyperplasie et à l'hypertrophie des tissus maternels, comme ceux de l'utérus et des seins ; elles servent aussi à satisfaire les besoins du fœtus. Ces besoins sont particulièrement importants durant la seconde moitié de la grossesse, au moment où le développement fœtal atteint son apogée. Les protéines contribuent aussi au métabolisme de l'énergie corporelle.

Les besoins en protéines durant la grossesse sont de 60 g/jour, soit 20 % de plus qu'en temps normal (Reifsnider et Gill, 2000). Les produits animaux, comme la viande, le poisson, la volaille et les œufs, sont de bonnes sources de protéines. Plusieurs études sont menées actuellement pour savoir quels sont les effets des acides gras oméga-3 que l'on retrouve dans les poissons de mer. La consommation de poisson trois fois par semaine par la future mère durant la grossesse entraîne un accroissement du poids et de la taille du nouveau-né (Olsen *et al.*, 1993). Au Danemark, dans une région où les femmes enceintes mangent beaucoup de poisson de mer, la grossesse est prolongée de 5,7 jours, comparativement à ce qu'il en est pour les autres femmes du pays (Olsen *et al.*, 1991). On a entrepris des études semblables dans le nord du Québec, chez la population inuite dont les sources protéiniques sont principalement marines.

Les produits laitiers représentent également une importante source de protéines. Un litre de lait, par exemple, fournit 32 g de protéines, ce qui comble environ la moitié des besoins quotidiens en protéines. Le lait peut s'incorporer à l'alimentation sous différentes formes, par exemple dans les soupes, la crème anglaise, les sauces et le yogourt. On peut aussi boire du lait chocolaté ou parfumé à l'arôme de fruits ; ces boissons sont cependant riches en énergie. Les fromages à pâte dure ou à pâte molle ainsi que le fromage cottage constituent d'excellentes sources de protéines. Quant au fromage à la crème, il est d'abord et avant tout considéré comme une source de lipides.

| Vitamines hydrosolubles | | | | Minéraux | | | | | | |
Niacine (B₃) mg EN#	Vitamine B₆ (pyridoxine) mg	Acide folique μg	Vitamine B₁₂ μg	Calcium mg	Phosphore mg	Magnésium mg	Fer mg	Zinc mg	Iode μg	Sélénium μg
15	1,4	150	2,0	1200	1200	280	15	12	150	45
15	1,5	180	2,0	1200	1200	300	15	12	150	50
15	1,6	180	2,0	1200	1200	280	15	12	150	55
15	1,6	180	2,0	800	800	280	15	12	150	55
13	1,6	180	2,0	800	800	280	10	12	150	55
17	2,2	400	2,2	1200	1200	320	30	15	175	65
20	2,1	280	2,6	1200	1200	355	15	19	200	75
20	2,1	280	2,6	1200	1200	340	15	16	200	75

Les femmes qui souffrent d'intolérance au lactose et celles qui sont végétariennes trouveront dans le lait de soja (en poudre ou en conserve) un substitut acceptable. On l'utilise dans la préparation de certains mets et comme boisson. Le tofu, ou caillé de soja, peut remplacer le fromage cottage.

Si la femme ne consomme pas suffisamment de protéines d'origine animale, il est alors essentiel qu'elle combine des aliments d'origine végétale, de façon à obtenir les acides aminés nécessaires à la formation de protéines complètes. Haricots et riz, beurre d'arachide et pain entier, ainsi que céréales entières et lait sont des exemples de combinaisons qui fournissent des protéines complètes. Sauf dans quelques cas où un problème de santé l'interdit, la femme doit puiser les protéines nécessaires dans les aliments, et non dans les suppléments de protéines ou d'acides aminés. Elle doit éviter de consommer des viandes crues (notamment des charcuteries crues), des poissons crus et/ou fumés, ainsi que des fromages de lait cru. Ceux-ci peuvent provoquer une listériose, préjudiciable pour le fœtus

(AWHONN, 2001). Chez les Inuits, les aliments traditionnels représentent une source importante de protéines, de vitamine D, de fer, de sélénium, de phosphore et de zinc; comme l'apport en calcium et en vitamine A est faible, les femmes inuites doivent se procurer des aliments qui en contiennent au marché d'alimentation de leur localité. Il est important qu'elles conservent leurs traditions alimentaires (Blanchet *et al.*, 2000).

Lipides

Les lipides sont une bonne source d'énergie pour l'organisme. Le métabolisme des lipides étant plus efficace durant la grossesse, on observe une importante augmentation des concentrations sériques de lipides, de lipoprotéines et de cholestérol ainsi qu'une réduction de l'élimination intestinale des lipides. Le fœtus accumule aussi des dépôts de graisse; la graisse compte pour 2% de son poids vers le milieu de la grossesse et pour 12% environ à

Tableau 11-2

Alimentation quotidienne durant la grossesse et l'allaitement

Groupes alimentaires	Éléments nutritifs	Sources alimentaires	Apports quotidiens recommandés durant la grossesse	Apports quotidiens recommandés durant l'allaitement
Laits et produits laitiers	Protéines ; riboflavine ; vitamines A, D et autres ; calcium ; phosphore ; zinc, magnésium	Lait entier, 2 %, écrémé, en poudre, lait de beurre ; fromages à pâte dure, à pâte molle, cottage Yogourt nature, faible en matières grasses Lait de soja en conserve, en poudre	4 verres de 250 mL (5 pour les adolescentes), nature ou aromatisé (lait fouetté, soupes, crème anglaise, lait chocolaté) ; le calcium contenu dans 250 mL de lait entier équivaut à 500 mL de fromage cottage 2 %, à 45 g de fromage à pâte dure ou à pâte molle, à 175 mL de yogourt, à 400 mL de crème glacée (riche en lipides et en glucides)	4 verres de 250 mL (5 pour les adolescentes) ou une quantité équivalente de fromage, de yogourt, etc.
Viande, poisson, volaille et substituts	Protéines ; fer ; thiamine, niacine et autres vitamines ; minéraux	Bœuf, porc, veau, agneau, poulet, dindon, abats, poissons, œufs, etc. ; légumineuses ; noix, graines, beurre d'arachide dans un régime végétarien (supplément de vitamine B_{12} nécessaire)	2 ou 3 portions (1 portion = 60 à 90 g) ; combinaisons en quantité nécessaire pour obtenir la même valeur nutritive (celle-ci varie beaucoup)	2 portions
Pain et céréales entières ou enrichies	Vitamines B ; fer ; les céréales entières contiennent aussi du zinc, du magnésium et d'autres oligoéléments ; fibres	Pain de blé entier, pain de seigle, gruau, chapelure de blé entier, muffins au blé entier, galettes de sarrasin, crêpes de blé entier, pâtes de blé entier, riz brun	De 5 à 12 portions : 1 portion = 1 tranche de pain de blé entier, 175 mL (30 g) de céréales entières et prêtes à servir, de 125 à 175 mL (après cuisson) de riz brun, de millet ou de pâtes de blé entier	Comme pendant la grossesse
Fruits et jus de fruits	Vitamines A et C ; minéraux, fruits frais pour les fibres	Agrumes et jus d'agrumes, melons, baies, tous les autres fruits et jus de fruits	3 à 5 portions (1 portion pour la vitamine C) : 1 portion = 1 fruit de grosseur moyenne, 125 mL de fruits, 125 mL de jus d'orange ou de pamplemousse	Comme pendant la grossesse
Légumes et jus de légumes	Vitamines A et C ; minéraux ; fibres	Légumes verts à feuilles ; légumes jaunes ou orangés (carottes, patates douces, courges, tomates) ; légumes verts (épinards, haricots, brocoli) ; autres légumes (betteraves, chou, pommes de terre, maïs, haricots de Lima)	De 3 à 5 portions (1 portion de légumes verts ou jaunes pour la vitamine A) : 1 portion = 125 mL de légumes, 1 tomate, 1 pomme de terre moyenne	Comme pendant la grossesse
Matières grasses	Vitamines A et D ; acide linoléique	Beurre, fromage à la crème, produits à tartiner enrichis ; crème, crème fouettée et substituts ; avocat, mayonnaise, huile, noix	1 ou 2 portions (riches en énergie, favorisent l'absorption des vitamines liposolubles) : 1 portion = 15 mL de beurre ou de margarine enrichie	Comme pendant la grossesse
Sucres		Sucre, cassonade, miel, mélasse	Au goût, à l'occasion	Comme pendant la grossesse
Desserts		Desserts nutritifs : crème anglaise, mousses et croustades de fruits ; pâtisseries et autres desserts riches et sucrés	Au goût, à l'occasion	Comme pendant la grossesse
Boissons		Café, boissons décaféinées, thé, bouillons, boissons gazeuses	Au goût, avec modération	Comme pendant la grossesse
Autres		Sel iodé, fines herbes, épices, condiments	Au goût	Comme pendant la grossesse

Note : La femme enceinte devrait manger à des heures régulières, prendre trois repas par jour, et prendre des collations nutritives composées de fruits, de fromage ou de lait. (Des repas plus fréquents, mais moins abondants, sont aussi recommandés.) De 8 à 10 verres (250 mL) de liquides, dont 4 à 6 d'eau, sont nécessaires quotidiennement. L'eau est un élément nutritif essentiel.

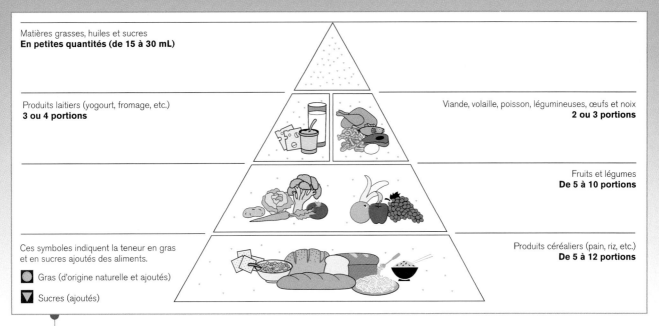

FIGURE 11-1 ▶ Cette pyramide des groupes alimentaires résume les principes d'une saine alimentation. La base de la pyramide est réservée aux produits céréaliers (riz, pain et pâtes alimentaires), tandis que la partie la plus petite de la pyramide renferme les matières grasses, les huiles et les sucres, à consommer seulement en petites quantités. *Sources :* U.S. Department of Agriculture ; U.S. Department of Health and Human Services ; Santé Canada (1999), *Le guide alimentaire canadien.*

terme. Les ANR en lipides sont inférieurs à 30% de l'apport énergétique quotidien, dont moins de 10% en gras saturés.

Minéraux

L'absorption des sels minéraux s'accroît pendant la grossesse. Combinée à un apport alimentaire accru en minéraux, cette meilleure absorption pourvoit à la croissance des nouveaux tissus.

Calcium et phosphore

Le calcium et le phosphore participent à la minéralisation des dents et des os du fœtus, à la formation des cellules, à la production d'énergie et au maintien de l'équilibre acidobasique. Une petite quantité de calcium et de phosphore est requise en début de grossesse, mais il en faut surtout au cours des deux ou trois derniers mois, alors que les os du fœtus se minéralisent. En outre, la formation des dents commence vers la huitième semaine de gestation et se termine au moment de la naissance. Les molaires de 6 ans commencent à se calcifier tout juste avant la naissance.

L'apport en calcium recommandé à la femme enceinte ou allaitante, quel que soit son âge, est de 1 200 mg/jour. Si l'apport en calcium est faible, les besoins du fœtus seront satisfaits au détriment de ceux de la mère, qui subira alors une déminéralisation osseuse. Chez 50% des femmes en âge de procréer, l'apport en calcium est inférieur aux recommandations (Laurendeau et Coutu, 1999). La vitamine D facilite l'absorption du calcium. Un faible taux sérique de vitamine D a été observé «chez les membres de certains groupes culturels dont les coutumes vestimentaires réduisent l'exposition de la peau aux rayons du soleil ou dont les habitudes alimentaires excluent la consommation de lait enrichi de vitamine D» (Santé Canada, 1999).

Un régime alimentaire qui comprend quotidiennement un litre de lait, ou l'équivalent, fournit suffisamment de calcium. On trouve aussi du calcium, en plus petite quantité, dans les légumes verts tels que les épinards, le brocoli et le chou, les légumineuses, les noix et les fruits secs. Il ne faut cependant pas oublier qu'une partie du calcium contenu dans les feuilles de betterave, les épinards et la bette à carde est liée à l'acide oxalique, ce qui empêche son absorption. Il est conseillé de prendre le supplément de calcium entre les repas et de ne pas l'associer à un supplément de fer, car le calcium inhibe l'absorption du fer.

L'apport en phosphore recommandé à la femme enceinte ou allaitante est de 1 200 mg/jour. Le phosphore étant présent dans de nombreux aliments, les besoins en phosphore sont facilement comblés par la consommation d'aliments riches en calcium et en protéines.

Iode

L'iode est une partie essentielle de la thyroxine, qui est une hormone thyroïdienne. L'iode inorganique est excrété dans l'urine pendant la grossesse. Une hypertrophie de la glande thyroïde peut se produire si un apport alimentaire d'iode insuffisant

Guide d'enseignement

Comment favoriser l'adoption d'un régime alimentaire répondant aux besoins nutritionnels de la femme enceinte

Évaluation et analyse de la situation

L'infirmière comprend que l'idée de «manger pour deux» peut conduire la femme enceinte à surestimer la quantité de nourriture qu'elle doit consommer durant sa grossesse. L'infirmière évaluera les connaissances de base de la cliente en matière de nutrition, y compris sa compréhension de la pyramide des groupes alimentaires (figure 11-1 ▶), et déterminera si elle connaît la meilleure façon d'augmenter l'apport d'éléments nutritifs dans son alimentation.

Diagnostics infirmiers

Le principal diagnostic infirmier pourrait être :

Recherche d'un meilleur niveau de santé : information sur les apports nutritionnels recommandés durant la grossesse, reliée au désir exprimé de maintenir une bonne alimentation.

Planification et interventions

Le plan d'enseignement mettra l'accent sur la pyramide des groupes alimentaires de la figure 11-1 ▶ et sur la meilleure façon d'utiliser les 300 kcal que la femme enceinte doit ajouter quotidiennement à son alimentation.

Objectifs

Une fois l'enseignement terminé, la cliente pourra :

1. Décrire les groupes alimentaires de la pyramide et les aliments qu'ils contiennent.

2. Indiquer quel est le supplément quotidien de kilojoules recommandé durant la grossesse.

3. Discuter de la meilleure façon d'utiliser ces kilojoules supplémentaires.

4. Utiliser les informations reçues pour planifier un menu équilibré et sain.

Plan d'enseignement

Contenu

Décrire les groupes alimentaires de base, qui sont les suivants (les quantités sont données pour un adulte) :

   Pain et céréales : de 5 à 12 portions (1 portion = 1 tranche de pain ; ½ pain à hamburger ; 175 mL de céréales prêtes à servir ; 1 tortilla ; 125 à 175 mL de pâtes, de riz brun ou de gruau).
   Fruits : de 3 à 5 portions, dont 1 portion d'une bonne source de vitamine C (1 portion = 1 fruit de grosseur moyenne ; 125 mL de jus).
   Légumes : de 3 à 5 portions (1 portion = 250 mL de légumes crus, 250 mL de légumes verts à feuilles, 125 mL de légumes cuits).
   Produits laitiers : 3 ou 4 portions (1 portion = 250 mL de lait ; 160 mL de yogourt ; 45 g de fromage à pâte dure ; 500 mL de fromage cottage 2% ; 250 mL de crème anglaise à base de lait).
   Viandes et substituts : 2 ou 3 portions (1 portion = 50 à 100 g de viande maigre, de volaille ou de poisson cuits ; 1 ou 2 œufs ; 125 mL de fromage cottage ; 125 à 250 mL de légumineuses [haricots rouges ou haricots de Lima, pois chiches, germes de haricot, pois cassés, etc.] ; 100 à 160 g de tofu, 60 g de noix ou de graines, 30 à 60 mL de beurre d'arachide).

Il convient de préciser que des aliments équivalents au point de vue nutritif n'ont pas nécessairement la même valeur énergétique ; il est important de se le rappeler quand on choisit des aliments.

Expliquer en quoi consiste la pyramide des groupes alimentaires.

La pyramide des groupes alimentaires est une représentation schématique d'un régime équilibré. Les groupes alimentaires des produits céréaliers, des fruits et des légumes se trouvent à la base de la pyramide et devraient constituer la majeure partie de l'apport alimentaire. Une partie un peu moins importante de l'apport revient au groupe des produits laitiers et à celui des viandes et substituts ; ces groupes alimentaires figurent donc dans la portion centrale de la pyramide. Enfin, les gras, les huiles et les sucres se situent tout en haut de la pyramide parce que, à cause de leur valeur nutritive moindre, on devrait les consommer à l'occasion seulement, en tant qu'extra.

Insister sur le fait que la femme n'a besoin que de 300 kcal de plus par jour pendant les deuxième et troisième trimestres de la grossesse, ce qui s'obtient en ajoutant 2 portions de produits laitiers, 1 portion de viande, ainsi que 1 ou 2 portions de fruits ou de légumes. Étant donné que la valeur énergétique des aliments varie beaucoup, la femme enceinte pourra envisager de consommer du lait écrémé, des viandes maigres et des poissons grillés ou rôtis plutôt que frits, etc.

Méthode

Demander à la cliente si elle connaît déjà les groupes alimentaires. Évaluer l'étendue de ses connaissances et planifier l'information à donner selon son niveau de compréhension.

À l'aide d'un graphique ou d'un dépliant, expliquer quels sont les groupes alimentaires de base et donner des exemples d'équivalents.

À l'aide d'un guide énumérant la valeur nutritive des aliments, comparer la valeur énergétique de divers aliments de même valeur nutritive, par exemple 60 g de bœuf et 60 g de poisson, ou 250 mL de lait écrémé et 250 mL de lait entier.

Évaluer de la même manière la valeur énergétique des extras ; évaluer aussi leur contenu en éléments nutritifs, surtout en vitamine C, en fer, etc.

Pour aider la cliente à établir un régime alimentaire équilibré mais ne contenant pas trop de calories additionnelles, il est souvent utile de lui faire dresser un menu type tenant compte des apports nutritionnels.

| Guide d'enseignement | Comment favoriser l'adoption d'un régime alimentaire répondant aux besoins nutritionnels de la femme enceinte *(suite)* |

Contenu

Les aliments peuvent être combinés : par exemple, 250 mL de spaghetti avec une boulette de viande de 60 g comptent pour 1 portion de viande ; 175 mL de spaghetti équivalent à 1 portion de pain ; 60 mL de sauce tomate à ½ portion de légumes.

Évaluation

Évaluer l'apprentissage en discutant avec la cliente, en lui posant des questions et en lui faisant utiliser le guide de la valeur nutritive des aliments, qu'on lui aura remis.

L'enseignement a été efficace si tous les objectifs ont été atteints et si la cliente planifie son alimentation de façon à combler le mieux possible ses besoins nutritionnels.

Méthode

Remettre à la cliente des fiches sur lesquelles elle inscrira les aliments consommés et le groupe auxquels ils appartiennent. Lui demander d'apporter à la visite suivante les fiches qu'elle aura remplies.

---

n'est pas corrigé par l'administration d'un supplément. De plus, une sévère carence maternelle en iode peut entraîner le crétinisme chez l'enfant. L'utilisation de sel iodé dans la cuisine suffit à combler les besoins en iode, qui s'élèvent à 175 g/jour. Si la femme doit limiter sa consommation de sodium, le médecin pourra lui prescrire un supplément d'iode.

Sodium

Le sodium est un ion essentiel au métabolisme et à la régulation de l'équilibre hydrique, et l'ingestion de sodium sous forme de sel ne doit jamais être totalement abolie pendant la grossesse, même en présence d'hypertension essentielle ou gravidique. La femme enceinte peut assaisonner les aliments au goût pendant la cuisson, mais elle devrait éviter de les saler à table. Pour prévenir un apport excessif, elle évitera aussi les aliments très salés, comme les croustilles, le jambon, la saucisse et les assaisonnements à base de sodium.

Zinc

Le zinc participe au métabolisme des protéines ainsi qu'à la synthèse de l'ADN et de l'ARN. Il est essentiel à la croissance et au développement du fœtus, de même qu'à la sécrétion lactée durant la l'allaitement. Un apport quotidien de 15 mg est recommandé durant la grossesse. La viande, les fruits de mer, la volaille, les céréales entières et les légumineuses sont de bonnes sources de zinc. On a établi un lien entre une carence en zinc durant la grossesse et un taux de morbidité maternelle ou fœtale plus élevé (Prasad, 1996). L'ingestion d'une trop grande quantité de fibres ou de fer peut nuire à l'absorption du zinc. Les sources de zinc à recommander aux végétariens sont les noix, les légumineuses, les céréales entières, le lait et les jaunes d'œufs (Santé Canada, 1999).

Magnésium

Le magnésium est essentiel au métabolisme cellulaire ainsi qu'à la croissance des organes et des tissus. Un apport quotidien de 320 mg/jour est recommandé durant la grossesse. Le lait, les céréales entières, les légumes verts, les noix et les légumineuses constituent de bonnes sources de magnésium.

Fer

Les besoins en fer augmentent considérablement durant la grossesse, en raison de la croissance du fœtus et du placenta ainsi que de l'augmentation du volume sanguin maternel. Pendant la grossesse, l'anémie résulte principalement d'une réserve insuffisante de fer, quoiqu'elle puisse aussi être causée par un apport insuffisant d'autres éléments nutritifs, tels que les vitamines B_6 et B_{12}, la folacine, l'acide ascorbique, le cuivre et le zinc. L'anémie se définit habituellement comme une diminution de la capacité du sang à transporter l'oxygène, ce qui produit alors une réduction importante de l'hémoglobine et du volume de globules rouges concentrés par décilitre de sang (hématocrite) ou du nombre d'érythrocytes. L'anémie ferriprive a été associée à la prématurité et à un taux de morbidité maternelle plus élevé (Wenstrom et Malee, 1999).

Les besoins en fer du fœtus contribuent également à l'apparition de symptômes d'anémie chez la mère. Le fer s'emmagasine dans le foie du fœtus, particulièrement au cours du troisième trimestre. Le nourrisson aura besoin de ces réserves de fer durant ses quatre premiers mois afin de compenser le contenu en fer généralement trop faible du lait humain et des préparations artificielles non enrichies de fer.

Pour éviter l'anémie, l'ingestion de fer doit correspondre aux besoins de l'organisme. Cet équilibre pose problème chez les femmes non enceintes et, à plus forte raison, chez les femmes enceintes. Les adolescentes, à cause de leur alimentation faible en aliments énergétiques et de leur préférence pour les aliments d'origine végétale, pourraient présenter un taux de fer sérique inférieur à la normale (Santé Canada, 1999). Choisir des aliments riches en fer peut augmenter sensiblement l'apport quotidien. Les aliments qu'on recommande à cet effet sont les viandes maigres, les légumes verts à feuilles, les œufs, le pain et les céréales entières ou enrichies de fer. Les fruits secs, les légumineuses, les fruits de mer et la mélasse représentent aussi de bonnes sources de fer. Le boudin, la viande de cheval, le foie, les fruits de mer, le gibier et les rognons sont tous des aliments riches en fer; dans une portion de 90 g, il y a 3,5 mg de fer ou davantage. On trouvera la quantité nécessaire de fer non hémique dans les céréales prêtes à servir enrichies de fer (30 g), dans les céréales chaudes (175 mL), les légumineuses (125 mL) ou le tofu (100 g) (Laurendeau et Coutu, 1999).

Le fer d'origine animale, ou fer hémique, dont la biodisponibilité est peu influencée par d'autres composantes alimentaires, est généralement mieux absorbé que le fer d'origine végétale qui, lui, est dit non hémique. Certains facteurs inhibent l'absorption du fer non hémique: les polyphénols présents dans le thé et le café, les phytates qu'on trouve dans les légumineuses, le soja et les céréales entières, l'oxalate dans les épinards, la bette à carde, les feuilles de betterave, la rhubarbe et la patate douce, ainsi que le calcium de source alimentaire ou provenant de suppléments (Santé Canada, 1999). L'absorption du fer contenu dans les aliments autres que les viandes sera facilitée si on mange en même temps une viande ou un aliment riche en vitamine C.

L'ANR en fer est de 13 à 18 mg/jour durant le deuxième trimestre de la grossesse et de 23 mg pendant le troisième trimestre; le comité de révision scientifique de Santé Canada (1999) conseille cependant d'ingérer 30 mg durant les deux derniers trimestres de la grossesse. Comme il est presque impossible de puiser cette quantité dans les aliments, la femme enceinte devrait prendre un supplément d'un sel de fer, tel que le gluconate ferreux, le fumarate ferreux ou le sulfate ferreux. Les Centers for Disease Control and Prevention (ou CDC; il s'agit d'organismes américains, mais les normes de Santé Canada sont les mêmes) recommandent aux femmes enceintes, et cela dès la première visite prénatale, d'absorber un supplément quotidien de 30 mg de fer élémentaire (CDC, 1998).

Malheureusement, les suppléments de fer, surtout pris à jeun, provoquent souvent des problèmes gastro-intestinaux. En prenant les suppléments de fer après un repas, ou entre les repas, on atténue souvent ces difficultés. Puisque les suppléments de fer sont mieux absorbés en l'absence de facteurs alimentaires, il vaut mieux les prendre entre les repas. Comme nous l'avons vu, les polyphénols du thé et du café nuisent à l'absorption du fer; c'est pourquoi il vaut mieux ne pas prendre ces liquides aux repas ni avec les suppléments de fer. Comme les suppléments de fer peuvent aussi causer de la constipation, on verra à boire une quantité suffisante de liquide (eau, jus de pruneaux) et à marcher beaucoup (Laurendeau et Coutu, 1999). Un dosage trop élevé en fer peut diminuer l'absorption du zinc. Il est donc important d'ajouter 15 mg de zinc et 2 mg de cuivre lorsque l'apport en fer est de 30 mg/jour; ces combinaisons de suppléments sont d'ailleurs offertes dans le commerce (Laurendeau et Coutu, 1999).

Vitamines

Les vitamines sont des substances organiques nécessaires à la vie et à la croissance. Présentes en petites quantités dans certains aliments, elles ne peuvent généralement pas être synthétisées en quantité suffisante par l'organisme.

On classe habituellement les vitamines en fonction de leur solubilité. Les vitamines A, D, E et K sont liposolubles, c'est-à-dire qu'elles se dissolvent dans les gras. Les vitamines du complexe B et la vitamine C sont hydrosolubles, et leur surplus est facilement éliminé. Un apport suffisant de chacune de ces vitamines est essentiel durant la grossesse. Certaines d'entre elles sont toutefois requises en plus grande quantité afin de répondre à des besoins précis.

Vitamines liposolubles

Le foie emmagasine les vitamines liposolubles (A, D, E et K), de sorte que l'organisme pourra les utiliser si l'apport alimentaire devient insuffisant. La principale complication associée à ces vitamines n'est pas la carence, mais plutôt l'intoxication causée par une surdose car, contrairement aux vitamines hydrosolubles, les vitamines A, D, E et K excédentaires ne sont pas excrétées dans l'urine. Les symptômes d'intoxication comprennent les nausées, les malaises gastro-intestinaux, la sécheresse et le fendillement de la peau, ainsi que la chute des cheveux.

La *vitamine A* contribue à la croissance des cellules épithéliales, qui tapissent le tube digestif et qui forment la peau. Elle joue également un rôle dans le métabolisme des glucides et des lipides. Ainsi, l'organisme ne peut plus synthétiser de glycogène en l'absence de vitamine A. De plus, la synthèse de certaines protéines serait sous la dépendance de cette vitamine. La couche de tissu protecteur qui entoure les fibres nerveuses ne peut se constituer normalement s'il y a carence en vitamine A.

La propriété la mieux connue de la vitamine A est sans doute son effet sur la vision dans la pénombre. Le rétinol, une forme de vitamine A, est en effet essentiel à la vision dans le noir. La vitamine A est également nécessaire à la formation et au développement des yeux du fœtus.

Si les réserves maternelles en vitamine A sont suffisantes, la grossesse ne modifiera pas les besoins en vitamine A. La concentration sérique de vitamine A diminue légèrement en début de grossesse, augmente vers la fin de la grossesse, puis baisse un peu avant le début du travail. L'apport recommandé (ANR) en vitamine A n'augmente pas durant la grossesse.

On ne recommande habituellement pas de suppléments de vitamine A aux femmes enceintes, mais un supplément de 5 000 UI est indiqué pour la femme dont l'apport nutritionnel est inadéquat, qui est végétalienne ou qui vient d'émigrer d'un pays où la carence en vitamine A est endémique (American College of Obstetricians and Gynecologists [ACOG], 1998).

Un apport excessif de vitamine A préformée est toxique, chez les adultes comme chez les enfants. Il semble qu'une surdose de cette vitamine puisse causer chez le fœtus des anomalies congénitales.

Les légumes très colorés (jaune, orange, rouge ou vert foncé) sont de bonnes sources végétales de vitamine A. Les principales sources animales de vitamine A sont le foie, les huiles de foie de poisson, les rognons, le jaune d'œuf, la crème, le beurre, la margarine enrichie et le lait. On sait depuis longtemps que le foie est une bonne source de vitamine A. Malheureusement, à cause des pratiques d'alimentation actuellement utilisées chez les animaux, le foie animal renferme des quantités exceptionnellement élevées de vitamine A ; en fait, une seule portion peut contenir une quantité deux fois plus grande que l'ANR. Par conséquent, pour éviter la toxicité, on déconseille aux femmes enceintes ou qui essaient de concevoir de manger du foie ou des produits fabriqués avec du foie, y compris les saucissons et les pâtés à base de foie (Doyle, 1998).

La *vitamine D* est surtout connue pour le rôle important qu'elle joue dans l'absorption et l'utilisation du calcium et du phosphore au cours du développement osseux. Pour répondre aux besoins du fœtus, la femme enceinte doit avoir un apport de vitamine D de 10 mg/jour.

Les principales sources alimentaires de vitamine D sont le lait enrichi, la margarine, le beurre, le foie et le jaune d'œuf. Un litre de lait par jour fournit la quantité de vitamine D requise pendant la grossesse.

En général, la surdose de vitamine D est associée à l'ingestion d'un supplément à haute dose plutôt qu'à l'alimentation. L'ingestion excessive de vitamine D pendant la grossesse peut causer une hypercalcémie (un taux trop élevé de calcium dans le sang) qui résulte du retrait du calcium des tissus squelettiques. Les principaux symptômes d'intoxication sont la soif excessive, la perte de l'appétit, les vomissements, la perte de poids, l'irritabilité et l'hypercalcémie.

L'antioxydation est la principale fonction de la *vitamine E* (tocophérol). En captant l'oxygène, la vitamine E empêche d'autres substances de subir certaines transformations chimiques. Par exemple, elle permet le stockage de la vitamine A en l'empêchant de s'oxyder dans l'intestin et dans les tissus. Elle diminue aussi l'oxydation des graisses polyinsaturées et préserve ainsi la souplesse et l'intégrité des membranes cellulaires. La vitamine E a donc un effet sur la santé de toutes les cellules de l'organisme.

La vitamine E intervient également dans certaines réactions enzymatiques et métaboliques. Elle est indispensable à la synthèse des acides nucléiques nécessaires à la formation des globules rouges dans la moelle osseuse. On utilise la vitamine E pour traiter certaines douleurs musculaires et la claudication intermittente, pour faciliter la cicatrisation en surface des blessures et des brûlures et pour protéger les tissus pulmonaires de la pollution atmosphérique. Tout cela explique en partie la grande popularité de la vitamine E ainsi que les effets curatifs qu'on lui attribue, même si certains d'entre eux n'ont pas encore été scientifiquement prouvés.

Les ANR de vitamine E passent de 8 UI pour la femme non enceinte à 10 UI pendant la grossesse. Les besoins en vitamine E varient en fonction de la teneur en graisses polyinsaturées de l'alimentation. Une grande variété de produits alimentaires contiennent de la vitamine E, particulièrement les graisses et les huiles végétales, les céréales entières, les légumes verts et les œufs.

Certaines femmes enceintes appliquent une huile à base de vitamine E sur leur abdomen afin de prévenir les vergetures et de conserver à la peau toute son élasticité. Par ailleurs, il est douteux que l'ingestion de fortes doses de vitamine E produise le même effet ou confirme toute prétention quant à ses effets sur la virilité et la procréation. Un apport excessif de vitamine E peut entraîner des troubles de la coagulation chez le nouveau-né.

La *vitamine K* (ou encore la ménadione synthétique qu'on utilise en médecine) est essentielle à la synthèse de la prothrombine ; son rôle est ainsi relié à la coagulation normale du sang. La bactérie *Escherichia coli*, normalement présente dans le gros intestin, synthétise la vitamine K en quantité suffisante pour l'organisme. Cette synthèse ne suffit toutefois pas à combler entièrement les besoins en vitamine K. Les légumes verts à feuilles et le foie constituent d'excellentes sources de vitamine K. Les ANR de vitamine K n'augmentent pas durant la grossesse.

Une alimentation équilibrée contient suffisamment de vitamine K. Des problèmes secondaires peuvent surgir en présence d'une maladie causant la malabsorption des lipides ou à la suite d'une antibiothérapie prolongée qui inhibe la synthèse de la vitamine K en détruisant *E. coli*.

Vitamines hydrosolubles

Les vitamines hydrosolubles s'éliminent dans l'urine. Comme elles ne sont stockées qu'en petites quantités, l'organisme est mal protégé si l'apport alimentaire est inadéquat. Il faut donc ingérer quotidiennement une quantité suffisante de ces vitamines. Durant la grossesse, les taux de vitamines hydrosolubles dans le sérum maternel diminuent, tandis que de fortes concentrations se retrouvent chez le fœtus.

Les besoins en *vitamine C* (acide ascorbique) passent de 60 à 70 mg par jour durant la grossesse. Cette vitamine a pour fonction principale d'aider à la formation et au développement des tissus conjonctifs et du système vasculaire. L'acide ascorbique est essentiel à la formation du collagène, cette substance de soutien qui lie les cellules entre elles. Si le collagène se désintègre à la suite d'une carence en vitamine C, la fonction cellulaire est perturbée et la structure cellulaire se brise, ce qui entraîne une faiblesse musculaire, des hémorragies capillaires et même la mort. Ce sont là les symptômes du scorbut qui est causé par une carence en vitamine C. Les enfants nourris exclusivement au lait de vache souffrent d'une déficience en vitamine C et ils sont les plus susceptibles de présenter les symptômes du scorbut. Étonnamment, les nouveau-nés dont la mère prenait des mégadoses de vitamine C présentent parfois un scorbut réactionnel.

La concentration de vitamine C dans le sérum maternel diminue graduellement au cours de la grossesse; à terme, sa valeur n'est plus que la moitié de celle qui avait été mesurée en milieu de grossesse. L'acide ascorbique semble se concentrer dans le placenta; chez le fœtus, la concentration sérique est d'au moins 50 % supérieure à celle de la mère.

Une alimentation équilibrée devrait contenir suffisamment de vitamine C pour répondre aux besoins de la femme enceinte, sans qu'elle ait recours à des suppléments. Cette vitamine se trouve, à raison de 30 mg ou plus par portion, dans les agrumes, les cantaloups, les fraises, le brocoli, les poivrons, les kiwis, les pois mange-tout et les papayes. Une quantité moindre, soit de 18 à 29 mg, est présente dans d'autres légumes verts à feuilles, les pommes de terre au four avec pelure, les mangues, les melons miel et les tomates (Laurendeau et Coutu, 1999). Comme l'oxydation et l'eau détruisent la vitamine C, les aliments qui en contiennent doivent être préparés et entreposés avec soin.

Les *vitamines B* sont la thiamine (B_1), la riboflavine (B_2), la niacine, l'acide folique, l'acide panthoténique, la vitamine B_6 et la vitamine B_{12}. Ces vitamines constituent des coenzymes essentielles à plusieurs réactions, telles que la respiration cellulaire, l'oxydation du glucose et le métabolisme de l'énergie. Les quantités nécessaires augmentent donc en fonction de l'augmentation de l'apport énergétique destiné à répondre aux besoins croissants de la femme enceinte.

Les besoins en *thiamine* passent de 1,1 mg par jour avant la grossesse à 1,5 mg par jour pendant celle-ci. Le porc, le foie, le lait, les pommes de terre, les céréales et le pain enrichi représentent de bonnes sources de thiamine.

Une carence en *riboflavine* se manifeste par la chéilite (inflammation des commissures des lèvres) ou par d'autres lésions cutanées. Même si elle en excrète moins pendant la grossesse, la femme peut avoir un besoin accru de riboflavine, étant donné l'augmentation de ses besoins en protéines et en énergie. On recommande donc de consommer un supplément quotidien de 0,3 mg par jour pendant le premier trimestre. Le lait, le foie, les œufs, les céréales et le pain enrichi contiennent de la riboflavine.

On recommande d'ingérer un supplément de 2 mg par jour de *niacine* durant les deux derniers trimestres de la grossesse et de 5 mg par jour pendant l'allaitement. La niacine se trouve dans la viande, le poisson, la volaille, le foie, les céréales entières, le pain enrichi et les arachides.

L'**acide folique**, ou folacine, est nécessaire à la croissance, à la reproduction et à l'allaitement; de plus, il prévient l'anémie macrocytaire et mégaloblastique de la grossesse. L'anémie mégaloblastique, due à une carence en acide folique, est plutôt rare en Amérique du Nord, mais elle existe.

Un apport insuffisant d'acide folique peut surtout causer des anomalies du tube neural (spina bifida, méningo-myélocèle) chez le fœtus ou le nouveau-né. Étant donné que l'apport quotidien moyen d'acide folique provenant de l'alimentation équivaut à environ la moitié seulement de l'ANR (0,4 mg), il est important de sensibiliser les femmes à la nécessité de consommer chaque jour des aliments riches en acide folique. Plus précisément, on recommande à toutes les femmes en âge de procréer (de 15 à 45 ans) de consommer chaque jour 0,4 mg d'acide folique, parce qu'un grand nombre de grossesses ne sont pas planifiées et que les anomalies du tube neural se produisent au tout début de la grossesse (3 ou 4 semaines après la conception), au moment où la plupart des femmes ignorent qu'elles sont enceintes (Mersereau, 2000). Les Centers for Disease Control estiment que de 50 % à 70 % des anomalies du tube neural pourraient être évitées si cette recommandation était suivie, surtout avant la conception ou au tout début de la grossesse, c'est-à-dire au premier trimestre (CDC, 2000).

Les suppléments en dose élevée (4,0 mg/jour) sont recommandés *seulement* aux femmes présentant un antécédent d'anomalie du tube neural et qui planifient une autre grossesse (ACOG, 1996).

Les meilleures sources d'acide folique (fournissant 55 μg et plus) sont les légumes verts frais, les artichauts, l'avocat, les arachides, les germes de soja sautés, le jus d'orange, les légumineuses, les céréales et le pain fait de céréales entières (Laurendeau et Coutu, 1999). Une conservation ou une cuisson inadéquate peut, à cause de l'oxydation, de la lumière ultraviolette ou de la chaleur, détruire l'acide folique. Pour éviter cela, on doit protéger les aliments de la lumière, les faire cuire dans une petite quantité d'eau pas trop longtemps.

Il n'existe aucune recommandation quant à l'apport d'*acide panthoténique* durant la grossesse, mais on considère qu'un apport quotidien de 5 mg/jour est suffisant et sûr. La viande, le jaune d'œuf, les légumineuses, les céréales entières sont de bonnes sources d'acide panthoténique.

La *vitamine B_6* (pyridoxine) participe au métabolisme des acides aminés. Puisqu'elle augmente son apport en protéines, la femme enceinte doit aussi augmenter son apport en vitamine B_6. Les ANR de vitamine B_6 sont de 2,2 mg par jour durant la grossesse, soit 0,6 mg de plus qu'en temps normal. En général, les besoins légèrement accrus de la femme enceinte seront généralement satisfaits en recourant à des sources alimentaires, comme le germe de blé, les levures, le poisson, le foie, le porc, les pommes de terre et les lentilles.

La *vitamine B$_{12}$*, ou cyanocobalamine, qui contient du cobalt, ne se retrouve que dans les sources animales. On observe peu de carences en vitamine B$_{12}$ chez les femmes en âge de procréer. Les végétariennes (voir la section suivante sur le végétarisme) peuvent toutefois présenter une carence en vitamine B$_{12}$. Il est donc essentiel qu'elles prennent un supplément de cette vitamine. Le taux de vitamine B$_{12}$ diminue parfois pendant la grossesse, mais augmente de nouveau après l'accouchement. Les ANR sont de 2,2 mg/jour durant la grossesse. L'incapacité congénitale d'absorber la vitamine B$_{12}$ peut entraîner une carence, qui est elle-même à l'origine d'une anémie pernicieuse pouvant causer l'infertilité.

Liquides

Essentielle à la vie, l'eau est un élément qu'on retrouve dans tous les tissus du corps humain. Sans elle, plusieurs réactions biochimiques ne pourraient avoir lieu. L'eau exerce aussi une action lubrifiante, sert à transporter les substances ingérées et excrétées et aide à régulariser la température corporelle. Une femme enceinte doit boire au moins 8 à 10 verres (de 250 mL) de liquide chaque jour, dont 4 à 6 verres d'eau.

Les boissons gazeuses «sans sucre» ont une forte teneur en sodium et devraient être consommées avec modération. Quant aux boissons contenant de la caféine, leur effet diurétique risque d'annuler l'augmentation de l'apport liquidien.

Le végétarisme

Une certaine partie de la population pratique le végétarisme pour des motifs religieux ou moraux, ou encore pour des raisons de santé. Les **ovo-lacto-végétariens** incluent dans leur régime le lait, les produits laitiers et les œufs. Les **lacto-végétariens** consomment des produits laitiers, mais pas d'œufs. Les **végétaliens** sont des végétariens «stricts» qui ne mangent aucun produit d'origine animale.

La femme enceinte qui est végétarienne doit veiller à combiner correctement les aliments pour obtenir toutes les matières nutritives dont elle a besoin. Si ces aliments lui sont permis, elle trouvera dans les œufs et les produits laitiers toutes les protéines complètes qui lui sont nécessaires. Dans un régime végétarien strict, les protéines proviendront des céréales non raffinées (riz brun, blé entier), des légumineuses (haricots, pois, lentilles), des noix (en grandes quantités), des fruits et des légumes frais ou cuits. Les graines, pourvu qu'elles soient mangées en assez grande quantité, peuvent aussi être utiles dans un régime végétarien. Si les aliments sont combinés de façon à lui procurer des protéines complètes, il suffira à la femme végétarienne de maintenir un régime lui fournissant un apport énergétique suffisamment élevé pour obtenir une quantité adéquate de protéines. La figure 11-2) présente la pyramide alimentaire végétarienne.

Dans les régimes végétaliens, tout produit animal est exclu ; on recommande, dans ce cas, un supplément quotidien de 4 mg

FIGURE 11-2) Pyramide végétarienne des groupes alimentaires
Sources : Health Connection, 55 West Oak Ridge Drive, Hagertown, Maryland, États-Unis ; Santé Canada (1999), *Le Guide alimentaire canadien.*

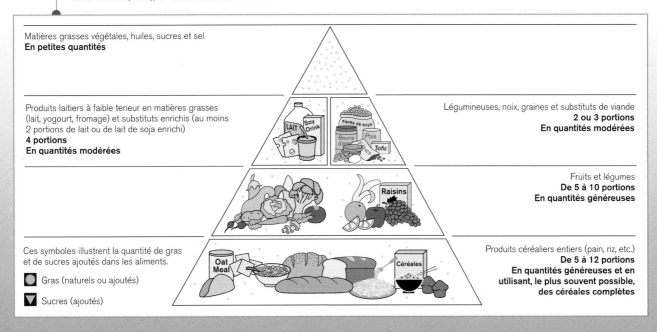

de vitamine B$_{12}$ par jour ou moins, si le régime comprend du lait de soja. En l'absence de lait de soja, des suppléments de 1 200 mg de calcium et de 10 mg de vitamine D sont requis.

Les régimes végétaliens sont aussi pauvres en fer et en zinc, car ces minéraux proviennent surtout de sources animales. De plus, un apport alimentaire riche en fibres peut réduire la bio-disponibilité des minéraux (calcium, fer, zinc). L'infirmière mettra alors l'accent sur les aliments qui contiennent ces éléments nutritifs. Le tableau 11-3 indique de quoi se composent les groupes alimentaires végétariens.

Les facteurs qui influent sur l'état nutritionnel

Outre les besoins nutritionnels et le régime alimentaire, l'infirmière doit connaître les autres facteurs qui influent sur l'état nutritionnel de la femme enceinte : son âge, son mode de vie, son milieu culturel, ses habitudes alimentaires et ses opinions concernant l'alimentation. Ce que mange une personne dépend de ses moyens financiers, des aliments offerts dans sa région et du symbolisme qui leur est rattaché. Ces facteurs, et d'autres encore, déterminent dans quelle mesure la cliente acceptera l'intervention infirmière.

Carence en lactase (intolérance au lactose)

Certaines personnes digèrent mal le lait et les produits laitiers. Ce problème est causé par une **carence en lactase** (ou **intolérance au lactose**), c'est-à-dire par une quantité insuffisante de lactase, l'enzyme qui fractionne le lactose (sucre de lait) en de plus petites substances digestibles.

La carence en lactase est courante chez les Noirs, les Mexicains, les Amérindiens, les Juifs ashkénases et les Asiatiques. Les personnes d'ascendance nord-européenne ne sont pas touchées par ce problème. Les symptômes de la carence en lactase sont les douleurs abdominales, le ballonnement, les nausées, les vomissements, la diarrhée et les crampes.

L'infirmière qui donne des conseils d'ordre nutritionnel aux femmes enceintes doit savoir qu'un seul verre de lait peut provoquer des symptômes chez une femme souffrant de carence en lactase. Le lait cuit, comme dans la crème anglaise, est parfois toléré, de même que les produits laitiers de culture ou de fermentation, tels que le babeurre, certains fromages et le yogourt. Dans certains cas, l'ingestion de lactase atténuera la difficulté. On trouve en pharmacie des comprimés de lactase à prendre avant l'ingestion de produits laitiers ainsi que du lactase sous forme liquide à ajouter directement dans le lait. Certains marchés d'alimentation offrent également du lait déjà additionné de lactase.

Troubles alimentaires

Dans toute clientèle, on trouvera probablement 3 % de personnes aux prises avec un trouble alimentaire (Herrin, 1999). Deux troubles alimentaires graves, l'*anorexie mentale* et la *boulimie*, apparaissent le plus souvent chez les adolescentes et ont tendance à persister à l'âge adulte. Ce sont des affections d'origine psychologique qui peuvent avoir de graves conséquences physiologiques.

L'anorexie mentale est caractérisée par une peur déraisonnable de prendre du poids. Les femmes anorexiques présentent des troubles de l'image corporelle et se considèrent comme grasses, alors qu'elles sont extrêmement maigres. Elles limitent

Tableau 11-3

Groupes alimentaires végétariens

Groupe alimentaire	Régime mixte	Régime ovo-lacto-végétarien	Régime lacto-végétarien	Régime végétalien
Produits céréaliers	Pain, produits céréaliers, riz, pâtes alimentaires	Pain, produits céréaliers, riz, pâtes alimentaires	Pain, produits céréaliers, riz, pâtes alimentaires	Pain, produits céréaliers, riz, pâtes alimentaires
Fruits	Fruits et jus de fruits	Fruits et jus de fruits	Fruit et jus de fruits	Fruit et jus de fruits
Légumes	Légumes et jus de légumes	Légumes et jus de légumes	Légumes et jus de légumes	Légumes et jus de légumes
Produits laitiers et substituts	Lait, yogourt et fromage	Lait, yogourt et fromage	Lait, yogourt et fromage, lait de soja enrichi, lait de riz	Lait de soja enrichi, lait de riz
Viande et substituts	Viande, poisson, volaille, œufs, légumineuses, tofu, noix et beurres de noix	Œufs, légumineuses, tofu, noix et beurres de noix	Légumineuses, tofu, noix et beurres de noix	Légumineuses, tofu, noix et beurres de noix

à l'extrême leur apport nutritionnel, à la fois sur le plan de la variété et sur celui de la quantité. Certaines anorexiques veillent également à multiplier indûment les séances d'exercice dans le but de ne pas prendre de poids.

La boulimie se caractérise par des épisodes d'alimentation excessive (consommation en secret de grandes quantités de nourriture, et ce, en très peu de temps), suivis d'épisodes de «purge». Les vomissements provoqués par la personne elle-même constituent la forme de purge la plus courante. Certaines femmes boulimiques utilisent aussi des laxatifs et des diurétiques. Comme les boulimiques maintiennent souvent un poids normal ou près de la normale pour leur taille, il est difficile de se rendre compte de leurs épisodes d'alimentation excessive suivis de purge.

Les anorexiques ne sont pas souvent enceintes, car l'anorexie a des effets néfastes sur l'appareil génital. Les boulimiques, par contre, le sont plus souvent. Les vomissements qu'elles s'infligent peuvent provoquer des complications semblables à celles de l'hyperémèse gravidique. L'anorexie et la boulimie nécessitent la mise en œuvre d'un traitement multidisciplinaire auquel participent des médecins, des infirmières, des psychiatres et des nutritionnistes. On verra à suivre de près la femme enceinte aux prises avec un trouble alimentaire et à lui fournir du soutien tout au long de sa grossesse.

Pica

Le **pica** consiste en l'ingestion de substances non comestibles : terre, argile, givre du congélateur, allumettes brûlées, cendres, etc. La plupart des femmes ne s'adonnent au pica que durant la grossesse.

L'anémie ferriprive est le principal problème associé au pica. En effet, l'ingestion d'empois (amidon) ou de certains types d'argile entrave le processus d'absorption du fer et entraîne une carence en fer. L'ingestion d'empois peut également causer un gain pondéral excessif, alors que l'argile prise en grande quantité peut remplir l'intestin et provoquer un fécalome.

Il est important que l'infirmière sache ce qu'est le pica et qu'elle en connaisse les conséquences chez la mère et le fœtus. Pendant la collecte des données sur les habitudes alimentaires de la cliente, l'infirmière recherchera les signes de pica. Cependant, la cliente peut trouver embarrassant de révéler ses envies alimentaires irrépressibles et craindre qu'on la critique. Aussi l'infirmière adoptera-t-elle une attitude ouverte lorsqu'elle fournira des informations qui aideront sa cliente à diminuer le pica ou à l'éliminer.

Malaises courants de la grossesse

Le fonctionnement gastro-intestinal est souvent perturbé durant la grossesse, ce qui peut entraîner divers malaises : nausées,

vomissements, aigreurs d'estomac, constipation, etc. Ces malaises peuvent certes s'avérer incommodants pour la femme, mais ils constituent rarement un problème grave. Le chapitre 9 décrit les malaises courants de la grossesse ainsi que les modifications alimentaires qui peuvent les soulager.

Influences culturelles, ethniques et religieuses

L'origine culturelle ou ethnique et, parfois, les croyances religieuses déterminent les expériences alimentaires et influent sur les préférences et les habitudes alimentaires (figure 11-3 ▶). Les membres des groupes ethniques continuent souvent à consommer les aliments faciles à obtenir dans leur pays d'origine. Le mode de préparation des aliments varie aussi selon les traditions des groupes ethniques et culturels. De plus, certaines religions prescrivent certains aliments, en interdisent d'autres et dictent la manière de préparer et de servir les repas.

Dans chaque culture, certains aliments ont une valeur symbolique habituellement rattachée à un événement important de la vie, la naissance ou la mort par exemple, ou bien à une étape du développement. On peut dresser un tableau général des pratiques alimentaires propres aux différents groupes ethniques et religieux ; toutefois, ces pratiques varient grandement. La tendance à continuer de s'alimenter comme dans son pays d'origine et à suivre certaines coutumes en matière d'alimentation dépend de plusieurs facteurs : le contact avec d'autres cultures, la disponibilité, la qualité et le coût des aliments traditionnels, la durée du séjour dans le pays d'adoption.

L'infirmière aura probablement tendance elle-même à intervenir selon son propre contexte culturel. Si elle travaille auprès d'une clientèle multiculturelle cependant, elle devra comprendre en quoi les croyances culturelles de ses clientes influent sur leurs habitudes alimentaires et être au fait des

FIGURE 11-3 ▶ Les facteurs culturels influent aussi sur les préférences et les habitudes alimentaires.

croyances qu'elle-même peut avoir au sujet de la nourriture et de la grossesse. L'infirmière s'entretiendra d'abord avec la cliente pour mesurer l'influence de ses coutumes alimentaires traditionnelles, puis elle la conseillera de manière utile.

Facteurs psychosociaux

Toutes sortes de facteurs psychosociaux déterminent les choix alimentaires d'une femme enceinte, et l'infirmière doit en tenir compte. Dans la plupart des sociétés, le partage de la nourriture est depuis longtemps symbole d'amitié, de chaleur humaine et d'intégration sociale. Certains aliments et certaines pratiques alimentaires sont étroitement reliés au statut social. Il y a certains plats qu'on ne prépare que « pour la visite » et d'autres qu'on ne sert que dans les grandes occasions, par exemple à Noël ou à Pâques.

Le niveau socioéconomique est parfois un facteur déterminant de l'état nutritionnel. Les familles à faible revenu ne pouvant se procurer les mêmes aliments que les familles à revenus plus élevés, le risque de carences alimentaires est plus grand chez les femmes enceintes dont le revenu familial est faible.

Il est très important de connaître les éléments essentiels d'une alimentation équilibrée. En effet, une personne qui ne dispose que d'un faible revenu peut réussir à composer des repas équilibrés si ses connaissances en nutrition sont suffisantes. Le niveau des connaissances n'est pas obligatoirement fonction de la situation financière. Voici un certain nombre d'aliments des plus nutritifs et des plus économiques : les œufs, le lait entier, le jus d'orange, les céréales entières, le gruau et la crème de blé enrichie, les pommes de terre, les choux, les fruits et les légumes surgelés, les carottes, les patates douces et les courges, les lentilles, les pois chiches et les autres légumineuses, les arachides en écales et le beurre d'arachide non hydrogéné, le tofu, la dinde et le poulet entiers, le bœuf haché ordinaire et le thon en conserve.

L'attitude et les sentiments de la femme enceinte face à sa grossesse influent aussi sur son état nutritionnel. Par exemple, certaines femmes utiliseront la nourriture comme une façon de refouler des émotions, telles que la colère ou la frustration, ou encore pour exprimer un sentiment de joie. De même, les sentiments d'une femme déprimée ou n'ayant pas désiré la grossesse pourront se manifester par une perte d'appétit ou par une consommation excessive de certains aliments.

■ Le régime alimentaire de l'adolescente enceinte

Le régime alimentaire de l'adolescente enceinte pose un défi particulier aux professionnels de la santé. Chez les adolescentes, une grande variété de facteurs complexes, émotionnels, sociaux et économiques, créent un risque important de carences alimentaires. Les facteurs d'ordre nutritionnel dont il faut tenir compte chez les adolescentes sont les suivants : poids insuffisant avant la grossesse, gain pondéral insuffisant durant la grossesse, puberté précoce, tabagisme, poids excessif avant la grossesse, anémie, style de vie malsain (drogues ou alcool), maladie chronique et antécédents de trouble alimentaire.

On évalue les besoins nutritionnels des adolescentes enceintes à partir des ANR pour les adolescentes non enceintes (de 11 à 14 ans ou de 15 à 18 ans), auxquels on ajoute les suppléments recommandés à toutes les femmes (voir le tableau 11-1). Si l'adolescente enceinte est arrivée à maturité physique (si plus de 4 ans se sont écoulés depuis la première apparition des règles), ses besoins nutritionnels se rapprochent de ceux de l'adulte enceinte. Toutefois, les adolescentes qui deviennent enceintes moins de 4 ans après leurs premières règles présentent un risque biologique élevé, dû à leur immaturité physiologique et anatomique. Dans ce cas, en effet, il est probable qu'elles n'ont pas encore terminé leur croissance, ce qui peut nuire au développement du fœtus. Par conséquent, le gain pondéral des jeunes adolescentes (14 ans et moins) doit être supérieur à celui des adolescentes plus âgées, ou des jeunes femmes de moins de 20 ans (18 ans ou plus), pour produire des bébés de même poids.

Pour déterminer le gain pondéral optimal de l'adolescente enceinte, l'infirmière additionne le gain pondéral recommandé à une adulte enceinte et le gain pondéral qui serait normalement attribuable à la croissance de l'adolescente durant l'année où la grossesse se déroule. Si l'adolescente était trop maigre avant la grossesse, on recommande un gain additionnel afin qu'elle atteigne un poids normal pour sa taille. Les jeunes mères de moins de 20 ans risquent plus que les autres de souffrir d'hypertension gravidique et elles sont également plus susceptibles de mettre au monde un enfant prématuré ou atteint d'une anomalie congénitale. Certaines d'entre elles s'inquiètent peu de la qualité de leur alimentation. Le tabac, l'alcool, les drogues ou un milieu socioéconomiquement défavorisé (revenu insuffisant ou monoparentalité) constituent tous des facteurs de malnutrition (Laurendeau et Coutu, 1999).

Besoins nutritionnels spécifiques

Les besoins énergétiques de l'adolescente enceinte varient sensiblement. Pour déterminer l'apport nécessaire, il faut se demander si la croissance est terminée et évaluer l'activité physique. Chez les adolescentes en pleine croissance et très actives physiquement, les besoins peuvent atteindre 50 kcal par kilogramme. Dans la plupart des cas, un gain pondéral adéquat confirmera que l'apport énergétique est suffisant.

Le régime alimentaire des adolescentes ne fournit pas toujours suffisamment de fer. Les besoins en fer de l'adolescente enceinte sont importants, car le développement de la masse musculaire et du volume sanguin demande beaucoup de fer. Un supplément de fer (de 30 à 60 mg) est absolument nécessaire.

Le calcium est un autre élément nutritif à surveiller chez les adolescentes enceintes, puisque les carences sont fréquentes dans ce groupe d'âge. On recommande un apport de 1 200 mg/jour pour soutenir la minéralisation osseuse de l'adolescente ainsi que la croissance squelettique du fœtus. Cet apport représente 400 mg de plus par jour que pour les adultes enceintes. Une portion supplémentaire de produits laitiers est généralement recommandée aux adolescentes enceintes. Un supplément de calcium se révèle nécessaire pour les adolescentes qui n'aiment pas le lait, à moins que d'autres produits laitiers ou d'autres bonnes sources de calcium soient ingérés en quantité suffisante.

L'acide folique est également un élément nutritif important pour les adolescentes enceintes, car il joue un rôle dans la reproduction cellulaire. Comme il en a été fait mention précédemment, on recommande habituellement un supplément d'acide folique aux femmes enceintes, adultes ou adolescentes.

D'autres éléments nutritifs et vitamines doivent également être considérés lorsqu'on évalue la qualité nutritionnelle de l'alimentation chez l'adolescente. L'apport en zinc ainsi qu'en vitamines A, D et B_6 est souvent insuffisant dans ce groupe d'âge. Il faudra inclure dans le régime une grande variété d'aliments – surtout des aliments frais ou très peu transformés – afin d'obtenir les quantités suffisantes d'oligo-éléments, de fibres et d'autres vitamines.

Habitudes alimentaires

La plupart des adolescents en bonne santé ont des habitudes alimentaires plutôt irrégulières et peu nombreux sont ceux qui se plient à la pratique courante des trois repas par jour. Beaucoup ne déjeunent pas, mais la plupart optent pour des collations fréquentes. Leurs apports nutritionnels peuvent varier considérablement d'une journée à l'autre, et les combinaisons d'aliments qu'ils apprécient peuvent sembler bizarres aux adultes. Malgré tout, leur équilibre nutritionnel est généralement bien meilleur que ne le pensent la plupart des adultes.

Les choix alimentaires des adolescents sont conditionnés par toutes sortes de facteurs: la faim, les envies soudaines, le temps et l'aspect pratique, l'apparence et la disponibilité des aliments, l'influence parentale (y compris l'appartenance culturelle et religieuse), les bienfaits espérés, l'humeur, l'image du corps, l'habitude, les médias, le coût, les croyances végétariennes et les facteurs propres à la situation de vie. Lorsqu'ils énumèrent les facteurs qui les empêchent de consommer plus de légumes, de fruits, de produits laitiers et moins d'aliments très gras, les adolescents citent leurs préférences strictement gustatives, l'absence de sentiment d'urgence face à leur santé et le coût des aliments plus nutritifs. En outre, les endroits où la plupart des adolescents mangent lorsqu'ils ne sont pas à la maison, en l'occurrence l'école ou les établissements de restauration

rapide, n'offrent guère d'aliments santé ou ne les présentent pas de façon appétissante (Neumark-Sztainer *et al.*,1999).

Lorsqu'elle évalue le régime alimentaire de l'adolescente enceinte, l'infirmière doit considérer les habitudes de celle-ci sur une période suffisamment longue, et non pas sur une seule journée. Une fois ces habitudes bien cernées, les interventions pourront viser à corriger les carences.

Conseils d'ordre nutritionnel

L'enseignement axé sur la nutrition et l'alimentation constitue une partie importante des soins apportés à l'adolescente enceinte et peut être prodigué en milieu communautaire. L'infirmière peut recourir à des rencontres individuelles auxquelles l'adolescente assiste seule, à des rencontres de groupe auxquelles plusieurs adolescentes enceintes assistent en même temps ou à une alternance des deux types de rencontres. Si l'adolescente accepte, il peut être utile d'inviter également la personne qui s'occupe principalement des repas à la maison. Certaines cliniques et certaines écoles offrent également des cours et des activités qui portent sur le régime alimentaire des adolescentes enceintes.

L'adolescente enceinte sera bientôt mère, et ses connaissances en nutrition se refléteront non seulement sur sa santé, mais aussi sur celle de son enfant. Comme les adolescentes ont tendance à vivre dans le présent, les conseils portant sur des changements à long terme risquent toutefois d'être moins efficaces qu'une approche concrète. Les rencontres de groupe se révèlent la plupart du temps efficaces, surtout si le groupe se compose d'autres adolescentes. Dans cette atmosphère, les adolescentes pourront planifier ensemble des repas équilibrés qui tiendront compte de leurs préférences alimentaires.

■ La nutrition pendant le post-partum

Les besoins nutritionnels changent après l'accouchement. Selon que la femme allaite son enfant ou non, elle n'a pas besoin des mêmes éléments nutritifs. Avant de conseiller la nouvelle mère au sujet de son alimentation, il est indispensable d'évaluer son état nutritionnel.

État nutritionnel pendant le post-partum

Pour déterminer l'état nutritionnel de la nouvelle mère, on se base sur son poids, son taux d'hémoglobine et son hématocrite, ses signes vitaux et ses antécédents nutritionnels. Idéalement, la femme a pris de 11 à 16 kg pendant sa grossesse. À l'accouchement, la femme perd en moyenne de 4,5 à 5,5 kg. Les kilogrammes qui restent se perdent généralement au cours des quelques semaines qui suivent, au fur et à mesure que l'organisme maternel s'adapte à la fin de la grossesse. Le poids commencera alors à se stabiliser ; ce processus pourra s'étendre sur six mois ou plus.

Le gain pondéral accru que l'on recommande aujourd'hui peut avoir des répercussions considérables pour la femme après son accouchement ; il est donc important de bien l'informer. Les femmes qui prennent entre 11 et 16 kg durant leur grossesse se retrouvent, 6 mois après l'accouchement, avec un gain net d'environ 1,6 kg ; ou plus dans le cas des femmes multipares, lesquelles ont tendance à perdre moins de poids après l'accouchement que les femmes primipares, ce gain est plus élevé. Par ailleurs, les femmes qui retournent sur le marché du travail ont tendance à perdre plus de poids que celles qui demeurent à la maison. On doit considérer le poids de la mère à la lumière de son poids santé, de son poids avant la grossesse et du nombre de kilos qui se sont ajoutés au cours de la grossesse. Si la femme souhaite perdre du poids, l'infirmière l'adressera à une nutritionniste.

Les taux d'hémoglobine et d'érythrocytes reviennent à la normale en deux à six semaines après l'accouchement. L'hématocrite s'élève graduellement à cause de l'hémoconcentration résultant de l'excrétion des liquides interstitiels. Pour regarnir la réserve de fer que la grossesse a épuisée, on continue généralement à prescrire un supplément de fer pendant les deux ou trois mois qui suivent l'accouchement.

L'infirmière doit évaluer les symptômes cliniques de la nouvelle mère. La constipation est un problème particulièrement fréquent pendant le post-partum. L'infirmière incitera donc la cliente à boire beaucoup, ce qui ramollira les selles. Les sources de fibres alimentaires, comme les céréales entières, les fruits et les légumes, aident aussi à prévenir la constipation.

L'infirmière doit obtenir directement de la mère les données concernant ses apports nutritionnels et ses habitudes alimentaires. Une visite à l'heure des repas peut être l'occasion d'évaluer discrètement son alimentation. Quels aliments a-t-elle choisis ? Son régime alimentaire est-il sain ? Des commentaires qui feront ressortir les aspects positifs de son choix pourront amorcer une discussion sur la nutrition.

On préviendra la nutritionniste des besoins particuliers des femmes qui, pour des motifs culturels ou religieux, requièrent une diète spéciale. Des repas appropriés pourront alors être planifiés pour elles. L'infirmière peut aussi adresser à la nutritionniste les femmes qui ont des habitudes alimentaires particulières ou qui se posent de nombreuses questions sur la nutrition. Dans tous les cas, l'infirmière fournira à la nouvelle mère de la documentation qu'elle pourra consulter à la maison.

Alimentation de la mère qui n'allaite pas

Après l'accouchement, les besoins nutritionnels de la mère qui n'allaite pas reviennent au même niveau qu'avant la grossesse (voir le tableau 11-1). Si elle a une bonne connaissance des principes alimentaires de base, il suffira qu'on lui indique de réduire son apport énergétique d'environ 300 kcal par jour et de revenir à une consommation normale de tous les éléments nutritifs.

Si, par contre, la nouvelle mère a des connaissances limitées dans ce domaine, on profitera de l'occasion pour lui expliquer les bases de la nutrition et l'importance d'un régime alimentaire équilibré. Ses habitudes et ses pratiques alimentaires se refléteront éventuellement dans l'alimentation de son enfant.

On adresse à la nutritionniste la cliente qui a pris trop de poids durant la grossesse (ou qui était obèse avant la grossesse) et qui souhaite perdre du poids. La nutritionniste pourra suggérer un régime amaigrissant qui satisfasse aux besoins nutritionnels et corresponde aux goûts de la cliente. On recommande généralement une perte pondérale de 0,5 à 1,0 kg par semaine.

En plus de répondre à ses propres besoins nutritionnels, la nouvelle mère s'intéressera à ceux de son enfant et voudra apprendre comment les satisfaire. Elle appréciera qu'on lui donne des conseils concernant l'alimentation des nourrissons, le choix d'une préparation lactée et les suppléments de vitamines et de minéraux.

Alimentation de la mère qui allaite

Les besoins en éléments nutritifs sont plus importants pendant l'allaitement. Le tableau 11-1 donne les ANR durant l'allaitement, alors que le tableau 11-2 présente un guide alimentaire pour les femmes qui allaitent. Si l'apport énergétique de la mère est insuffisant, la production de lait peut ralentir. La qualité nutritionnelle du lait ne change cependant pas. On a longtemps recommandé que la mère qui allaite consomme environ 200 kcal de plus que pendant la grossesse, soit 500 kcal de plus qu'avant la grossesse. Or, selon Santé Canada (2000), cela ne semble pas nécessaire, l'essentiel étant que la mère ait un régime équilibré et qu'elle mange à sa faim. Chez la femme qui nourrit son bébé exclusivement au sein, l'apport énergétique atteint habituellement son maximum six mois après l'accouchement ; après six mois, la plupart des bébés commencent à manger des aliments solides (Reifsnider et Gill, 2000).

Étant donné que les protéines constituent un ingrédient important du lait maternel, il est essentiel que la mère allaitante ait un apport suffisant en protéines. On recommande un apport de 65 g par jour durant les six premiers mois de l'allaitement et de 62 g durant les six mois suivants. Comme durant la grossesse, la mère doit consommer suffisamment de calories ne provenant pas de protéines afin que l'organisme n'utilise pas les protéines comme source d'énergie.

Le calcium est un autre ingrédient important du lait maternel. Les apports requis demeurent à peu près les mêmes que pendant la grossesse, c'est-à-dire qu'il faut un supplément de 1 200 mg par jour. Si le régime alimentaire ne fournit pas les quantités nécessaires, on recommande un supplément de calcium.

Le fer n'étant pas un des principaux ingrédients du lait maternel, les besoins de la mère allaitante diffèrent peu de ceux de la femme non enceinte. Cependant, comme il en a déjà été fait mention, on recommande un supplément de fer durant les deux ou trois mois qui suivent l'accouchement afin de regarnir les réserves maternelles épuisées par la grossesse.

Contrairement à ce que l'on croyait jusqu'à récemment, l'ingestion de liquides n'est pas particulièrement importante durant l'allaitement. On recommande de boire de 8 à 10 verres de liquides (eau, jus, lait, bouillons, etc.) par jour comme en temps ordinaire.

En plus de conseiller la mère sur ses besoins nutritionnels pendant l'allaitement, il est important de discuter aussi de l'alimentation du bébé. Par exemple, bien des mères se demandent si les aliments qu'elles consomment peuvent avoir des effets sur le nourrisson. Il n'est généralement pas nécessaire d'exclure d'autres aliments que ceux auxquels la femme est allergique. Toutefois, certaines femmes qui allaitent rapportent que tel ou tel aliment affecte le nourrisson. Les oignons, le navet, le chou, le chocolat, les épices et les assaisonnements font partie des aliments qui peuvent à l'occasion incommoder l'enfant. On conseillera alors à la nouvelle mère d'éviter ce qui semble gêner son bébé. En général, elle peut cependant consommer tous les aliments nutritifs qu'elle désire sans craindre pour son enfant. Le chapitre 24 traite plus en détail de l'alimentation du nourrisson.

Soins infirmiers

Évaluation et analyse de la situation

Pour être en mesure de planifier une alimentation équilibrée, l'infirmière doit d'abord recueillir des données précises sur l'état nutritionnel de la cliente. Elle obtiendra ces données en interrogeant la cliente et en consultant son profil. L'évaluation portera sur : 1) sa taille et son poids, de même que sur le gain pondéral durant la grossesse ; 2) les résultats des tests de laboratoire, particulièrement le taux d'hémoglobine et l'hématocrite ; 3) les signes cliniques possiblement reliés à la nutrition, comme la constipation, l'anorexie ou les brûlures d'estomac ; 4) les antécédents alimentaires afin d'évaluer les opinions de la cliente sur la nutrition ainsi que ses apports nutritionnels.

La collecte des données permet à l'infirmière d'expliquer certains aspects importants de la nutrition tout en les situant dans le cadre des besoins et du mode de vie de la famille. L'infirmière recueillera aussi des données sur les facteurs psychologiques, culturels et socioéconomiques qui peuvent avoir un effet sur l'alimentation.

L'infirmière peut utiliser un questionnaire pour rassembler, et enregistrer, les données de base à partir desquelles elle établira un plan de soins adapté aux besoins propres de la cliente. On présente à la figure 11-4 ▶ un questionnaire dûment rempli, en guise d'illustration.

Une fois qu'elle a en main toutes les données, l'infirmière les analyse, formule les diagnostics infirmiers appropriés et, avec la cliente, établit les objectifs et les résultats escomptés. Au cours du premier trimestre, par exemple, le diagnostic pourra être « déficit nutritionnel, relié aux nausées et aux vomissements ». Dans d'autres cas, le diagnostic sera relatif à un gain pondéral excessif. Il peut alors être formulé ainsi : « excès nutritionnel, relié à un apport énergétique excessif ». Les diagnostics infirmiers ont une portée assez large, mais l'infirmière doit être précise lorsqu'elle formule les causes du problème. Voici quelques exemples d'étiologie formulée de manière précise : connaissances insuffisantes concernant les sources d'éléments nutritifs (fer, calcium, folacine) ; budget alimentaire limité ; crainte excessive de prendre du poids ; troubles physiologiques (anorexie, aigreurs, nausées, par exemple) ; etc. Dans d'autres cas, le diagnostic infirmier « recherche d'un meilleur niveau de santé » est le plus approprié, surtout si la cliente souhaite recevoir de l'information sur la nutrition.

Planification et interventions

Une fois le diagnostic infirmier établi, l'infirmière planifie ses interventions afin de corriger les carences nutritionnelles ou d'améliorer la qualité générale de l'alimentation. Pour qu'il soit réellement efficace, elle devra établir le plan de soins avec la collaboration de la cliente. L'exemple suivant montre comment l'infirmière, en s'appuyant sur son diagnostic, planifie avec la cliente les interventions appropriées.

Diagnostic : alimentation déficiente : apport insuffisant en calcium, relié à un manque de connaissances des besoins et des sources de calcium.

Objectif : la cliente augmentera son apport quotidien en calcium afin d'atteindre l'ANR.

Plan de soins :

1. Déterminer avec la cliente comment ajouter plus de lait ou de produits laitiers à son alimentation (préciser les quantités).

2. Encourager l'ingestion d'aliments riches en calcium, comme les légumes verts à feuilles et les légumineuses.

3. Prévoir l'ajout de lait en poudre dans les plats préparés.

4. Si aucune de ces solutions n'est réaliste ou acceptable, prévoir l'emploi d'un supplément de calcium.

La plupart des familles bénéficieront des conseils qu'une infirmière peut donner au sujet de l'achat et de la préparation des aliments. L'infirmière devrait recommander à la cliente de planifier ses repas en préparant des menus et en dressant une liste d'épicerie. Elle peut aussi lui suggérer de comparer les prix et les marques et de se méfier des aliments « prêts-à-servir », qui coûtent souvent cher. Il existe bien d'autres moyens de réduire le coût de l'épicerie sans faire de compromis sur la qualité. On peut notamment acheter des aliments de saison ou des aliments en vrac lorsque c'est possible, utiliser des produits enrichis ou provenant de céréales entières, acheter des œufs de grade inférieur (le grade n'a aucun lien avec la valeur nutritive des œufs ; il indique plutôt la couleur de la coquille, la finesse du goût, et ainsi de suite) ; éviter les aliments vendus dans les magasins spécialisés ou présentés dans des emballages raffinés.

QUESTIONNAIRE SUR L'ALIMENTATION

Nom Suzanne Longpré **Date** 03-09-04

Âge 20 ans

Appartenance socioculturelle Blanche, classe moyenne

Religion Catholique

Gravida 1 **Para** 0 **DPA** 04-04-10

Âge du plus jeune enfant Sans objet

Poids de naissance des enfants Sans objet

Poids habituel 52 kg **Poids actuel** 56 kg

Gain pondéral durant la dernière grossesse Sans objet

Supplément de vitamines Aucun

Prise de médicaments Aspirine pour les maux de tête

Cigarette Oui **Consommation quotidienne** Un paquet à un paquet et demi

Alimentation

1. Combien de repas par jour? 2 **Quand?** 12 h 30   18 h 30

2. Combien de collations par jour? 3 **Quand?** 10 h 30   16 h   22 h

3. D'autres aliments font-ils partie
de votre régime alimentaire habituel? Tablettes de chocolat

4. Quantité par jour 4 tablettes par semaine

5. Avez-vous maintenant de nouvelles préférences alimentaires? Non

6. Mangez-vous des substances non comestibles, telles que:

	Quantité
empois	Non Sans objet
glace	Oui 10 cubes par jour
autres (préciser)	Non Sans objet

7. Y a-t-il des aliments que vous ne mangez jamais? Épinards et haricots secs

8. Pour plus de renseignements, demandez une liste des aliments ingérés pendant une journée
typique (24 heures de préférence).

Auriez-vous des difficultés à préparer les repas à cause de l'un ou l'autre des problèmes suivants:

1. Handicap physique Oui ___ Non ✓ **Préciser** ___

2. Appareils de cuisson inadéquats Oui ___ Non ✓ **Préciser** ___

3. Absence de réfrigération Oui ___ Non ✓ **Préciser** ___

Qui planifie les repas? Moi **Qui fait les courses?** Mon mari et moi

Qui fait la cuisine? Moi, la plupart du temps, mais mon mari aime m'aider.

Avez-vous des problèmes pour vous déplacer? Nous n'avons qu'une voiture, mais
nous faisons les courses dans la soirée.

Situation financière Mon mari travaille et suit des cours.

Je n'ai pas d'emploi. **Coupons alimentaires** Oui **OLQ** Non

Avez-vous déjà eu des problèmes d'ordre nutritionnel? Je n'ai jamais beaucoup pensé
à l'alimentation, mais je me pose beaucoup de questions maintenant.

Avez-vous des problèmes associés à la grossesse actuelle? Nausées Oui, le matin

Constipation Non **Autres** Non

Évaluation de l'infirmière, après le départ de la cliente

Encercler la réponse appropriée

Apport protéique	faible	adéquat	élevé
Apport énergétique	faible	adéquat	élevé
Apport de calcium	faible	adéquat	élevé
Apport de fer	faible	adéquat	élevé
Apport de vitamine C	faible	adéquat	élevé

FIGURE 11-4 Exemple de questionnaire sur l'alimentation de la femme enceinte.

Soins infirmiers communautaires

L'alimentation représentant une partie considérable du budget, les familles à faible revenu peuvent trouver difficile de répondre aux besoins nutritionnels de chacun de leurs membres. Ces familles peuvent trouver de l'aide auprès des services communautaires qui sont offerts dans les cliniques, les écoles, les organismes locaux et les organisations bénévoles, au sein desquels les infirmières jouent un rôle de plus en plus important, surtout en matière d'éducation de la clientèle.

Au Québec, la Fondation OLO contribue depuis 1992 à la naissance de bébés en santé ; en effet, « chaque année, près de 16 000 femmes sont susceptibles de mettre au monde un bébé de petit poids (moins de 2,5 kg) ou prématuré en raison de malnutrition avant et pendant la grossesse » (Fondation OLO, 2001). Pour répondre aux besoins de ces futures mères vivant au-dessous du seuil de la pauvreté, on leur offre tous les jours un œuf, un litre de lait, une orange ou un jus d'orange, de même des suppléments de vitamines et de minéraux. La Fondation assure de plus à ces femmes un suivi régulier par l'entremise des 137 CLSC qui travaillent en collaboration avec elle ; des professionnels de la santé (nutritionnistes, infirmières, travailleurs sociaux, médecins, psycholoques) « leur prodiguent des soins, des conseils et différents services pour obtenir des résultats durables » (Fondation OLO, 2001). Le coût de ces interventions de prévention ne se monte qu'à 250 $ par bébé. Les femmes enceintes peuvent également bénéficier du programme OLO pour d'autres raisons : la maigreur, un gain de poids inadéquat, une grossesse gémellaire, des grossesses rapprochées, le fait d'être adolescente et/ou étudiante, d'être une primipare âgée de 35 ans ou plus, ou encore une multipare (au moins 4 enfants). Le programme est offert aussi aux futures mères qui recoivent peu de soutien familial, qui ont un faible niveau de scolarité, qui souffrent de toxicomanie ou d'un état physiologique ou psychologique pouvant affecter la grossesse. Tous ces facteurs peuvent empêcher la femme enceinte de bien s'alimenter.

Évaluation

Une fois le plan de soins établi et mis en pratique, l'infirmière et la cliente voudront sans doute trouver des moyens d'en évaluer l'efficacité. Les méthodes d'évaluation peuvent consister à tenir un journal alimentaire, à préparer le menu de la semaine qui vient, à se peser toutes les semaines, etc. L'encadré *Points à retenir : Nutrition pendant la grossesse* résume les principaux points que la femme enceinte doit comprendre parfaitement.

Les femmes qui souffrent de graves carences nutritionnelles devront consulter une nutritionniste. L'infirmière travaillera en étroite collaboration avec la nutritionniste et la cliente afin d'améliorer la santé de cette dernière en apportant les changements nécessaires dans son régime alimentaire.

Points à retenir

Nutrition pendant la grossesse

- La femme enceinte devrait manger à des heures régulières, prendre trois repas par jour et consommer des fruits, du fromage, du lait et d'autres aliments nutritifs comme collations entre les repas.
- Il est parfois recommandé de prendre de petits repas plus fréquents.
- La femme qui désire suivre un régime amaigrissant ne devrait le faire que sous la surveillance du médecin ou d'un professionnel de la santé.
- L'eau est un élément nutritif essentiel. La femme devrait en boire de 4 à 6 verres (de 250 mL) parmi ses 8 à 10 verres de liquide quotidiens.
- Si la femme s'alimente bien, le fer et l'acide folique sont les seuls suppléments recommandés durant la grossesse.
- Un supplément de multivitamines est recommandé pour la femme qui s'alimente mal ou qui présente un risque élevé de carence.
- Pour prévenir toute carence, de nombreux médecins, ou d'autres professionnels de la santé, prescrivent un supplément de vitamines.
- La prise de mégadoses de vitamines pendant la grossesse est inutile et même potentiellement néfaste.

Exercice de pensée critique

Jeanne est enceinte de 14 semaines. Le poids qu'elle a pris durant le premier trimestre de sa grossesse est conforme aux recommandations, à la fois en quantité et en régularité. Elle a pris en moyenne 0,5 kg par semaine au cours des 2 dernières semaines. Elle a bon appétit et mange des collations à l'occasion.

Jeanne a modifié son alimentation dernièrement parce qu'elle a peur de prendre trop de poids. Elle a dit à l'infirmière qu'elle avait réduit le nombre de portions de produits céréaliers et de produits laitiers dans le but de restreindre son apport énergétique. Comme elle a exclu presque tous les produits laitiers, elle a augmenté la quantité de salades et de brocoli comme sources de calcium.

Voici les données recueillies au sujet de son alimentation :

Produits céréaliers :	3 ou 4 portions, surtout des céréales et du riz
Fruits :	de 2 à 4 portions de fruits frais
Légumes :	de 3 à 5 portions de salade, petits pois, maïs, brocoli
Viande :	de 4 à 5 portions de bœuf, porc, poulet à l'occasion, du fromage, de la crème glacée ou une crème-dessert
Produits laitiers :	
Huiles, gras et desserts :	à l'occasion, des vinaigrettes, de la margarine ou des desserts
Boissons :	de 8 à 10 verres de boisson gazeuse, jus ou eau

Évaluez le régime alimentaire de Jeanne, puis donnez-en votre appréciation. Comment pourriez-vous la conseiller ?

Voir les réponses à l'appendice F.

Le chapitre en bref

Notions fondamentales

- Chez une femme de poids normal, un gain pondéral de 11,5 à 16 kg durant la grossesse est optimal pour l'enfant à naître.

- Si le régime alimentaire est adéquat, seuls des suppléments de fer et d'acide folique sont recommandés durant la grossesse.

- En raison du risque d'anomalie du tube neural, on essaie présentement d'encourager toutes les femmes en âge de procréer à prendre un supplément d'acide folique de 0,4 mg par jour.

- La femme enceinte ne doit pas limiter son apport énergétique dans le but de maigrir.

- La femme enceinte devrait manger régulièrement des aliments variés, et surtout des aliments frais ou n'ayant subi qu'une transformation minimale.

- Il est inutile et même potentiellement dangereux de prendre des mégadoses de vitamines durant la grossesse.

- Dans les régimes végétariens, on mettra l'accent sur un apport suffisant en protéines complètes, en énergie, en calcium, en fer, en vitamine D, en vitamine B_{12} et en zinc, qui sera obtenu par l'ingestion des aliments appropriés ou, si nécessaire, par des suppléments.

- Pour déterminer l'état nutritionnel de la cliente et planifier les interventions appropriées, il est essentiel d'évaluer les facteurs physiques, psychosociaux et culturels qui peuvent avoir un effet sur l'alimentation.

- Les adolescentes qui deviennent enceintes moins de quatre ans après l'apparition de leurs premières menstruations ont des besoins nutritionnels plus élevés que celles qui sont pubères depuis plus de quatre ans et elles présentent un risque biologique élevé.

- Le gain pondéral recommandé à l'adolescente enceinte comprend le gain recommandé pendant une grossesse normale plus le gain attribuable à la croissance.

- Après l'accouchement, les besoins nutritionnels de la femme qui n'allaite pas sont les mêmes qu'avant la grossesse.

- Les mères qui allaitent doivent maintenir un apport énergétique adéquat et surtout un régime alimentaire équilibré et varié.

Références

AMERICAN COLLEGE OF OBSTETRICIANS AND GYNECOLOGISTS (1996), *Nutrition and women*, ACOG Educational Bulletin n° 229, Washington, DC, chez l'auteur.

AMERICAN COLLEGE OF OBSTETRICIANS AND GYNECOLOGISTS (1998), *Vitamin A supplementation during pregnancy*, ACOG Committee Opinion n° 196, Washington, DC, chez l'auteur.

ASSOCIATION OF WOMEN'S HEALTH OBSTETRIC AND NEO-NATAL NURSES (AWHONN) (2001), *Listeriosis and Pregnancy: What is Your Risk? Safe food handling for a healty pregnancy;* on peut consulter aussi le site <www.awhonn.org>.

BLANCHET, C., É. DEWAILLY, P. AYOTTE, S. BRUNEAU, O. RECEVEUR et B. J. HOLUB (2000), «Contribution of selected traditional and market foods to the diet of Nunavik Inuit women», *Revue canadienne de la pratique et de la recherche en diététique*, vol. 61, n° 2, p. 50-59.

BROWN, J. E., et M. CARLSON (2000), «Nutrition and multifetal pregnancy», *Journal of the American Dietetic Association*, vol. 100, n° 3, p. 343-348.

CENTERS FOR DISEASE CONTROL AND PREVENTION (1998), «Recommendations to prevent and control iron deficiency in the United States», *Morbidity and Mortality Weekly Reports*, vol. 47, n° RR-3, p. 1-36.

CENTERS FOR DISEASE CONTROL AND PREVENTION (2000), *Folic acid now,* Birth Defects and Pediatric Genetics Branch, National Center for Environmental Health, Atlanta, GA, chez l'auteur.

DOYLE, W. (1998), «Nutrition and pregnancy», *Nursing Times*, vol. 94, suppl. 16, p. 22-28.

FONDATION OLO (2001): <www.fondation-olo.qc.ca>.

HERRIN, M. (1999), «Balancing the scales: Nutritional counseling for women with eating disorders», *AWHONN Lifelines*, vol. 3, n° 4, p. 26-34.

INSTITUTE OF MEDICINE, Subcommittee for a Clinical Application Guide (1992), *Nutrition during pregnancy and lactation: An implementation guide*, Washington, DC, National Academy Press.

INSTITUTE OF MEDICINE, Subcommittee on Dietary Intake and Nutrient Supplements during Pregnancy, Committee on Nutrition Status during Pregnancy and Lactation, Food and Nutrition Board (1990), *Nutrition during pregnancy: Weight gain and nutrient supplements.* Washington, DC, National Academy Press.

LAURENDEAU, H., et B. COUTU (1999), *L'alimentation durant la grossesse*, Montréal, Les Éditions de l'Homme.

MERSEREAU, P. W. (2000), «Preventing neural tube birth defects: A national campaign», *Small Talk*, vol. 12, n° 2, p. 1-5.

MOSS, N., et K. CARVER (1998), «The effect of WIC and Medicaid on infant mortality in the United States», *American Journal of Public Health*, vol. 88, n° 9, p. 1354-1361.

NATIONAL RESEARCH COUNCIL, FOOD AND NUTRITION BOARD (1989), *Recommended dietary allowances*, 10e éd., Washington, DC, National Academy Press.

NEUMARK-SZTAINER, D., M. STORY, C. PERRY et M. A. CASEY (1999), «Factors influencing food choices of adolescents: Findings from focus-group discussions with adolescents», *Journal of the American Dietetic Association*, vol. 99, n° 8, p. 929-938.

OLSEN, S., H. HARSEN, S. SOMMER, B. JENSEN, T. SORENSEN, N. SECHER et P. ZACHARIASSEN (1991), «Gestational age in relation to marine *n*-3 fatty acids in maternal erythrocytes: a study of women in the Fareo Islands and Danemark», *American Journal of Obstetrics and Gynecology*, vol. 164, n° 5, p. 1203-1209.

OLSEN, S., P. GRANDJEAN, P. WEIHE et I. VIDERO (1993), «Frequency of seafood intake in pregnancy as a determinent of birth weight: evidence for a dose dependant relationship», *Journal of Epidemiology Community Health*, n° 47, p. 436-440.

PRASAD, A. S. (1996), «Zinc deficiency in women, infants and children», *Journal of the American College of Nutrition*, vol. 15, n° 2, p. 113-120.

REIFSNIDER, E., et S. L. GILL (2000), «Nutrition for the childbearing years», *Journal of Obstetric, Gynecologic and Neonatal Nursing*, vol. 29, n° 1, p. 43-55.

SANTÉ CANADA (1999), *Nutrition pour une grossesse en santé: lignes directrices nationales à l'intention des femmes en âge de procréer*, Ottawa, Publications de Santé Canada; voir également le site <www.hc-gc.ca>.

SANTÉ CANADA (2000), *Les soins à la mère et au nouveau-né dans une perspective familiale: lignes directrices nationales*, Ottawa, ministère des Travaux publics et des Services gouvernementaux du Canada.

WENSTROM, K. D., et D. W. MALEE (1999), «Medical and surgical complications of pregnancy», *in* J. R. Scott, P. J. DiSaia, C. B. Hammond et W. N. Spellacy (dir.), *Danforth's obstetrics and gynecology*, 8e éd., Philadelphie, Lippincott, Williams & Wilkins, p. 327-362.

Lectures complémentaires

BARIBEAU, H. (2000), «Un bébé sain dans un ventre sain», *Guide Ressources*, vol. 15, no 6, p. 24-29.

BARAY, J. (2001), *Encyclopédie des produits bio et des recettes naturelles à réaliser soi-même,* Paris, Grancher.

BASDEVANT, A., M. LAVILLE et É. LEREBOURS (2001), *Traité de nutrition clinique de l'adulte,* Paris, Flammarion.

BJERREGAARD, P., et J. C. HANSEN (1996), «Effect of smoking and marine diet on birthweight in Greenland», *Artic Medical Research*, vol. 55, p. 156-164.

DUBOST, M., et W. SCHEINER (2000), *La nutrition,* 2e éd., Montréal, Chenelière/McGraw-Hill.

FOLSEN, S., J. OLSEN et G. FRISCHE (1990), «Does fish consumption during pregnancy increase fetal growth? A study of the size of the newborn, placental weight and gestational age in relation to fish consumption during pregnancy, *International Journal of Epidemiology*», vol. 19, n° 4, p. 971-977.

LAMBOLEY, D. (2001), *Les vertus des légumes, des fruits et des céréales,* Marabout.

SCHNEIDER, A. (2000), «Pour fabriquer un beau bébé», *Guide Ressources*, vol.15, n° 6, p. 30-34.

SYLVAIN, C., (1999), «Alimentation et grossesse I, manger pour deux... ou deux fois mieux!», *Le Médecin du Québec*, vol. 34, n° 10, p. 145.

SYLVAIN, C., (1999), «Alimentation et grossesse II, la qualité... c'est important», *Le Médecin du Québec*, vol. 34, no 11, p. 103-104.

SYLVAIN, C. (2000), «Alimentation et grossesse III, diabète gestationnel... parlons nutrition», *Le Médecin du Québec,* vol. 35, n° 1, p. 109-110.

La grossesse à risque : problèmes de santé préexistants

Objectifs

- Énumérer les effets des substances psychotropes sur la femme enceinte et sur le fœtus ou le nouveau-né

- Mettre en rapport les manifestations pathologiques du diabète et ses modalités thérapeutiques chez la femme enceinte avec les interventions infirmières appropriées

- Décrire les manifestations et les modalités thérapeutiques des divers types d'anémie de même que leurs répercussions sur la grossesse

- Analyser la problématique du sida et de l'infection au VIH durant la grossesse, expliquer notamment en quoi consistent, d'une part, les soins donnés à la cliente séropositive ou sidéenne et, d'autre part, les répercussions de l'infection sur son fœtus ou son nouveau-né et sur ses proches

- Décrire les effets de diverses cardiopathies durant la grossesse, ainsi que les interventions infirmières qu'elles supposent

- Décrire les effets d'un certain nombre de problèmes médicaux prégestationnels sur la femme enceinte et sur son fœtus ou son nouveau-né

Vocabulaire

BIEN QUE LA GROSSESSE CONSTITUE UN PROCESSUS NORMAL, il peut arriver que des complications mettent en danger la vie des femmes enceintes. Ces complications peuvent résulter de l'âge, de la parité, du groupe sanguin, du statut socioéconomique, de la santé psychologique ou de maladies chroniques préexistantes. Les soins prénataux efficaces visent à repérer les facteurs qui augmentent les risques pour la femme enceinte et à mettre en œuvre des traitements de soutien qui optimisent la santé de la mère et du fœtus.

Ce chapitre traite des soins aux femmes qui ont des problèmes médicaux prégestationnels et des effets de ces problèmes sur la grossesse.

▪ L'abus de substances psychotropes

On parle d'abus de substances lorsque la consommation d'alcool, de médicaments ou de drogues cause des problèmes de santé ou des problèmes professionnels, familiaux ou relationnels. Les recherches révèlent que plus de 5 % des femmes enceintes font usage de drogues au cours de leur grossesse ; ce taux est plus élevé dans certains groupes de la population (Howell, Heiser et Harrington, 1999). Par ailleurs, près de 19 % des femmes enceintes consomment de l'alcool et plus de 20 %, du tabac (Andres, 1999). Au Québec, dans certains milieux défavorisés (dans l'est de Montréal, par exemple), près de 10 % des nouveau-nés subissent les effets des habitudes de consommation – d'alcool ou de tabac – adoptées par leur mère ; de plus, on sait qu'au Canada, de 7 % à 9 % des femmes enceintes consomment de l'alcool (Lecompte *et al.*, 2002).

Les **substances psychotropes** les plus souvent consommées de façon inappropriée sont l'alcool, la cocaïne, le cannabis, les amphétamines, les barbituriques, les hallucinogènes, l'héroïne et les autres narcotiques. Le tableau 12-1 décrit les effets potentiels sur le fœtus ou le nouveau-né des principales substances psychotropes.

La consommation de substances psychotropes au cours de la grossesse, et surtout durant le premier trimestre, peut avoir des effets néfastes tant sur la santé de la mère que sur la croissance et le développement du fœtus. Malheureusement, c'est probablement l'un des problèmes qui échappent le plus souvent aux professionnels qui font du suivi prénatal. Pour diverses raisons – ignorance, embarras ou préjugés –, les médecins, les sages-femmes et les infirmières peuvent omettre d'interroger les clientes sur leur consommation d'alcool et de drogues. Or, les femmes qui consomment ces substances tardent souvent à demander des soins prénataux, et même celles qui consultent au début de la grossesse peuvent se refuser à dévoiler leur dépendance. Les prestataires de soins devraient donc être particulièrement attentifs aux antécédents et aux signes qui peuvent indiquer qu'ils ont affaire à une personne qui s'adonne à une consommation inappropriée de ces substances.

Donner des soins prénataux efficaces à des femmes qui ont un problème de toxicomanie pose de nombreux défis cliniques. En contrepartie, la grossesse est une période où elles sont plus enclines à admettre qu'elles ont besoin d'aide et plus réceptives aux interventions bienveillantes.

Substances psychotropes consommées durant la grossesse

Alcool

L'alcool est un dépresseur du système nerveux central (SNC) et un puissant agent tératogène, à tel point que la consommation d'alcool durant la grossesse est la première cause évitable

Tableau 12-1

Effets potentiels de quelques substances psychotropes sur le fœtus ou le nouveau-né (abus ou dépendance de la mère pendant la grossesse)

Dépresseurs

Alcool	Déficience intellectuelle, microcéphalie, hypoplasie du massif facial, anomalies cardiaques, retard de la croissance intra-utérine (RCIU), effets tératogènes, syndrome d'alcoolisme fœtal (SAF), effets de l'alcoolisme fœtal (EAF)
Opiacés	
Héroïne	Syndrome de sevrage, convulsions, décès, RCIU, alcalose respiratoire, hyperbilirubinémie
Méthadone	Souffrance fœtale, aspiration de méconium ; en cas de sevrage brutal, syndrome de sevrage grave, mort du nouveau-né
Barbituriques	Dépression néonatale du SNC, risque d'anomalies plus élevé ; effets tératogènes (?) ; syndrome de sevrage, convulsions, hyperactivité, hyperréflexie, instabilité vasomotrice
Phénobarbital	Hémorragie (en doses excessives)
Tranquillisants	
Phénothiazine et dérivés	Syndrome de sevrage, syndrome extrapyramidal, retard du déclenchement de la respiration, hyperbilirubinémie, hypotonie ou hyperactivité, numération plaquettaire basse
Diazépam (Valium)	Hypotonie, hypothermie, indice d'Apgar faible, dépression respiratoire, réflexe de succion faible, fissure labiale
Antimaniaque	
Lithium	Anomalies congénitales, en particulier maladie d'Ebstein ; léthargie et cyanose du nouveau-né

Stimulants

Amphétamines	
Sulfate d'amphétamine (Benzédrine)	Arthrite généralisée, troubles d'apprentissage, mauvaise coordination motrice, transposition des gros vaisseaux, fissures palatines
Sulfate de dexamphétamine (Dexédrine)	Cardiopathies congénitales, hyperbilirubinérnie
Cocaïne	Lésions cérébrales, microcéphalie, troubles d'apprentissage, troubles de la maîtrise des états de conscience, inhibition des comportements interactifs, anomalies du SNC, anomalies cardiaques, anomalies génito-urinaires, syndrome de la mort subite du nourrisson
Caféine (plus de 600 mg/jour)	Avortement spontané, RCIU, risque accru de fissure palatine, autres anomalies soupçonnées
Nicotine (de 1/2 à 1 paquet/jour)	Risque accru d'avortement spontané, risque accru de décollement prématuré du placenta, hypotrophie, petit périmètre crânien, petite taille, syndrome de la mort subite du nourrisson

Autres psychotropes

PCP (phencyclidine)	Flaccidité, faible maîtrise de la tête, modification du développement neurologique
LSD (acide lysergique diéthylamide)	Aberrations chromosomiques (?)
Cannabis	RCIU, affaiblissement des mécanismes immunitaires

de déficience intellectuelle chez l'enfant (Andres, 1999). C'est chez les femmes âgées de 20 à 40 ans qu'on observe la plus forte incidence d'abus d'alcool, mais il y en a aussi chez les adolescentes. L'abus chronique d'alcool peut miner la santé de la future mère, entraînant la malnutrition, la thrombopénie, des infections plus fréquentes et des troubles hépatiques.

Bien que la toxicité de l'alcool pour le fœtus ne fasse aucun doute, les effets précis de cette substance sont complexes et encore mal compris. L'éthanol que contient l'alcool pourrait interférer dans la synthèse des protéines et dans le transfert placentaire du glucose et des acides aminés ; il pourrait aussi contribuer à une vasoconstriction et produire ainsi une hypoxémie fœtale (Andres, 1999).

Les effets de l'alcool sur le fœtus peuvent se traduire par ce qu'on appelle le *syndrome d'alcoolisme fœtal (SAF)*. Ce syndrome se manifeste par des anomalies physiques et mentales caractéristiques, dont la gravité et le type d'association varient selon les cas (pour un exposé détaillé sur le sujet, voir le chapitre 25). Comme on n'a pas réussi à déterminer quelle quantité d'alcool elle peut consommer en toute sécurité, il vaut mieux que la femme enceinte s'abstienne de tout alcool durant les premières semaines de la grossesse, c'est-à-dire durant la période de l'organogenèse. Durant le reste de la grossesse, prendre un verre d'alcool à l'occasion ne présente aucun risque connu, mais l'abstinence totale est encore plus sûre (Niebyl, 1999).

La femme alcoolique peut présenter des symptômes aigus de sevrage pendant le travail et l'accouchement, et ce, même après 12 à 48 heures seulement sans alcool. Elle peut aussi souffrir de *delirium tremens* pendant le post-partum, alors que le nouveau-né peut présenter le syndrome de sevrage. Les infirmières de l'unité d'obstétrique doivent connaître les diverses manifestations de l'abus d'alcool pour se préparer à répondre aux besoins particuliers de la cliente. Le programme thérapeutique recourt à une sédation (pour diminuer l'irritabilité et les tremblements), à des précautions liées au risque de crise convulsive et à une hydratation intraveineuse ; on doit aussi se préparer à administrer les soins requis au nouveau-né intoxiqué. L'administration de fortes doses de sédatifs et d'analgésiques peut se révéler nécessaire ; toutefois, la prudence est de règle, car ces médicaments peuvent entraîner une dépression du SNC chez le fœtus.

L'allaitement au sein n'est habituellement pas contre-indiqué. Cependant, comme l'alcool passe dans le lait maternel, une consommation excessive d'alcool peut intoxiquer le nouveau-né et inhiber le réflexe d'éjection du lait. Les services sociaux devraient participer à l'élaboration du plan de congé de la mère alcoolique et de son nouveau-né.

Cocaïne et crack

Aux États-Unis (Lecompte *et al.*, 2002), 1,1 % des nouveau-nés ont été exposés à la cocaïne in utero. La cocaïne agit sur les terminaisons nerveuses, où elle inhibe la réception de la dopamine et de la noradrénaline, ce qui produit de la vasoconstriction, de la tachycardie et de l'hypertension. La vasoconstriction placentaire réduit l'apport sanguin au fœtus.

Les effets de la cocaïne se manifestent rapidement, mais l'euphorie et l'excitation ne durent qu'une trentaine de minutes. Comme cet état est généralement suivi d'irritabilité, de pessimisme, d'humeur dépressive et d'un fort désir de reprendre de la cocaïne, les usagers ont tendance à prendre de nouvelles doses pour maintenir l'effet. Les métabolites de la cocaïne peuvent subsister dans l'urine de la femme enceinte de 48 à 72 heures après la dernière dose.

La cocaïne se consomme par injection intraveineuse ou par inhalation de poudre. La cocaïne peut aussi se fumer sous forme de *crack*, c'est-à-dire de cocaïne épurée, obtenue en chauffant un mélange pâteux de bicarbonate de soude, d'eau et de cocaïne jusqu'à l'obtention de petites roches. L'effet du crack est alors plus rapide et plus intense, car la drogue est absorbée par toute la surface des poumons.

Le dépistage prénatal de la cocaïnomanie maternelle n'est pas facile. Comme il s'agit d'une drogue illégale, bien des femmes hésitent à révéler spontanément qu'elles en font usage. Lorsqu'elle connaît la cliente, l'infirmière peut parfois déceler chez elle des signes subtils : brusques changements d'humeur, variations de l'appétit et symptômes de sevrage (humeur dépressive, irritabilité, nausée, manque de motivation, changements psychomoteurs, etc.).

Chez la mère, les principaux effets néfastes de la cocaïne sont les convulsions et les hallucinations, l'œdème pulmonaire, l'hémorragie cérébrale, la dépression respiratoire et les troubles cardiaques. On observe aussi chez les cocaïnomanes une incidence accrue d'avortement spontané, de décollement placentaire, d'accouchement prématuré et de mortinaissances.

L'exposition du fœtus à la cocaïne augmente le risque de retard de la croissance intra-utérine (RCIU), de microcéphalie, de petite taille à la naissance, de malformations génito-urinaires et de faible indice d'Apgar. Les nouveau-nés qui ont été exposés in utero à la cocaïne peuvent présenter des troubles neuro-comportementaux, une irritabilité accrue, un réflexe de sursaut exagéré, une humeur labile et un risque accru de mort subite du nourrisson. (Pour un exposé plus détaillé, voir le chapitre 25.)

Comme elle passe dans le lait maternel, la cocaïne peut causer chez le nouveau-né des symptômes, tels qu'une extrême irritabilité, des vomissements, de la diarrhée, la dilatation des pupilles et l'apnée. Les femmes qui consomment de la cocaïne après l'accouchement devraient donc éviter l'allaitement au sein.

Cannabis

Les estimations du taux de consommation de cannabis durant la grossesse varient considérablement, allant de 3 %, taux basé sur les déclarations des clientes, à 35 %, taux basé sur les tests d'urine (Andres, 1999). Jusqu'ici, rien n'indique que le cannabis a des effets tératogènes sur le fœtus (Niebyl, 1999). Cependant, on peut difficilement évaluer les effets d'une forte consommation de cannabis durant la grossesse à cause des nombreux facteurs sociaux qui peuvent influer sur les résultats.

Héroïne

L'héroïne est un opiacé dépresseur du SNC qui modifie les perceptions et produit l'euphorie. Cette drogue, qui entraîne une accoutumance, s'administre généralement par voie intraveineuse. On considère que les héroïnomanes ont des grossesses à risque à cause de l'incidence accrue de malnutrition, d'anémie ferriprive et de prééclampsie dans ce groupe. L'incidence des MTS y est aussi plus élevée, notamment parce que nombre d'héroïnomanes se prostituent pour payer leur consommation.

Le fœtus de l'héroïnomane présente un risque accru de RCIU, d'aspiration de méconium et d'hypoxie. Le nouveau-né présente souvent des signes de sevrage : agitation, pleurs stridents, irritabilité, poing dans la bouche, vomissements, convulsions, etc. Ces signes apparaissent généralement dans les 72 heures après la naissance et peuvent persister pendant plusieurs jours. (Le chapitre 25 traite plus en profondeur des effets de la toxicomanie sur le nouveau-né.)

Méthadone

La méthadone est un succédané de la morphine, utilisé dans le traitement des toxicomanes qui ont une dépendance à une drogue, par exemple l'héroïne ; elle bloque les symptômes de sevrage et réduit ou élimine le besoin pressant d'opiacé. Établi selon les besoins de chaque client, le dosage doit être le plus faible possible. La méthadone traverse la paroi placentaire, et son utilisation durant la grossesse est associée à la prééclampsie, à des problèmes placentaires et à une présentation anormale du fœtus (Kearney, 1997).

L'exposition prénatale à la méthadone semble moins préjudiciable au fœtus que la consommation d'héroïne. Aucune étude ne démontre ce fait, mais les observations cliniques semblent indiquer que la dépendance à l'héroïne est associée à une plus grande instabilité fœtale et à un risque plus élevé de morbidité et de mortalité (Lecompte *et al.*, 2002).

Traitement clinique

Les soins prénataux à la future mère toxicomane ont des répercussions médicales, socioéconomiques et juridiques. Une approche interdisciplinaire s'impose donc pour assurer la prise en charge globale des soins et faire ainsi en sorte que le travail et l'accouchement se déroulent le mieux possible pour la cliente et pour le nouveau-né.

La prise en charge de la toxicomanie peut exiger l'hospitalisation de la mère pour une désintoxication. À cause des risques pour le fœtus, le sevrage brutal n'est pas recommandé. On peut assurer un traitement de maintien et de soutien lors de visites prénatales hebdomadaires. En présence d'un problème de toxicomanie avéré ou potentiel, des analyses d'urine régulières durant toute la grossesse aideront à déterminer, le cas échéant, le type et la quantité de substance que consomme la cliente.

Soins infirmiers

Évaluation et analyse de la situation

La prévalence de la toxicomanie est telle dans la société contemporaine que les prestataires de soins devraient procéder à son dépistage systématique lors de l'évaluation prénatale initiale, d'autant plus que, pour ce faire, on dispose maintenant de plusieurs tests assez simples. En outre, l'infirmière devrait toujours rester à l'affût des indices de consommation de substances que révèlent l'anamnèse et l'apparence générale de la cliente. Au moindre doute, elle devrait aborder directement le sujet, en commençant par les questions les moins menaçantes : après avoir interrogé la cliente sur sa consommation de tabac, de caféine et de médicaments en vente libre, elle pourra passer à sa consommation d'alcool, pour finalement en venir à sa consommation passée et actuelle de drogues. Une attitude objective et exempte de jugement incitera la cliente à répondre plus honnêtement.

Lorsqu'elle recueille des données auprès d'une cliente qui consomme une ou plusieurs substances psychotropes, l'infirmière évalue son état de santé général en accordant une attention particulière à l'état nutritionnel, à la vulnérabilité aux infections et au fonctionnement de chacun des systèmes de l'organisme. Elle évalue également dans quelle mesure la cliente connaît les effets des substances qu'elle consomme, tant sur sa santé que sur sa grossesse.

Voici quelques exemples de diagnostics infirmiers qui peuvent s'appliquer à la cliente enceinte qui consomme une ou plusieurs substances psychotropes :

- *alimentation déficiente* reliée à la consommation de (nommer la ou les substances) ;
- *risque d'infection* relié à l'usage de seringues souillées pour l'administration intraveineuse de (nommer la ou les substances) ;
- *connaissances insuffisantes* sur les effets de la consommation de substances psychotropes sur le fœtus.

Planification et interventions

Idéalement, l'objectif des soins infirmiers est de miser sur l'enseignement et l'information pour prévenir la consommation de substances psychotropes durant la grossesse. Cependant, de nombreuses femmes qui ont un problème de toxicomanie ne reçoivent pas de soins médicaux réguliers, et leur grossesse est souvent très avancée lorsqu'elles consultent un professionnel de la santé.

Le rôle de l'infirmière qui donne des soins prénataux à la cliente toxicomane est axé sur l'évaluation continue et sur l'enseignement. En plus de l'informer des liens entre sa consommation, ses problèmes de santé et leurs répercussions sur le fœtus, l'infirmière peut l'inciter à coopérer au traitement en gagnant sa confiance et en lui apportant son soutien. L'infirmière bien documentée pourra aussi discuter avec la cliente des stratégies qui peuvent l'aider à régler son problème (programmes de désintoxication, groupes d'entraide, counseling individuel et, au besoin, consultation d'un spécialiste pour une évaluation plus approfondie).

La préparation au travail et à l'accouchement devrait faire partie du plan de soins prénatal. On peut atténuer la peur, la tension et la douleur de la cliente sans recourir aux narcotiques, en lui expliquant en détail le déroulement du travail et en lui apportant du soutien psychologique. Cela dit, si elle se révèle nécessaire, refuser une médication antidouleur sous prétexte qu'elle contribuerait à la dépendance de la cliente serait une erreur. Les méthodes de prédilection en ce qui concerne le soulagement de la douleur sont la psychoprophylaxie obstétricale, l'anesthésie péridurale et les anesthésies circonscrites, telles que l'infiltration locale (des tissus du périnée) et l'infiltration du nerf honteux. Par ailleurs, on doit se préparer à donner immédiatement des soins intensifs au nouveau-né, qui risque fort de présenter une dépression du SNC, en plus d'être prématuré et hypotrophique.

Évaluation et résultats escomptés

Les résultats escomptés des soins infirmiers peuvent être les suivants :

- la cliente est capable de décrire les effets des substances qu'elle consomme sur elle-même et sur le fœtus ou le nouveau-né ;

- la cliente met au monde un enfant en santé ;
- la cliente accepte qu'on l'oriente vers les services sociaux pour assurer la continuité des soins après l'accouchement.

Le diabète

Le diabète, qui est un trouble endocrinien du métabolisme glucidique résultant d'une sécrétion ou d'une utilisation inadéquate de l'insuline, complique de 1% à 14% des grossesses selon les populations considérées (American Diabetes Association [ADA], 2000a). Sécrétée dans le pancréas par les cellules β des îlots de Langerhans, l'insuline abaisse la glycémie en permettant au glucose de passer du sang aux cellules des tissus musculaires et adipeux.

Métabolisme des glucides dans la grossesse normale

Au début de la grossesse, l'augmentation de la concentration sérique d'œstrogènes, de progestérone et d'autres hormones accroît à la fois la sécrétion d'insuline par le pancréas maternel et la réaction tissulaire à l'insuline. Il en résulte donc, dans la première moitié de la grossesse, un état anabolique avec stockage de glycogène dans le foie et les autres tissus.

Dans la deuxième moitié de la grossesse, la sécrétion d'hormone lactogène placentaire (hPL) et de prolactine (dans la déciduale) de même que l'accroissement des taux de cortisol et de glycogène augmentent l'insulinorésistance et diminuent la tolérance au glucose. Cette moindre efficacité de l'insuline crée un état catabolique lorsque le sujet est à jeun, la nuit par exemple, ou une fois le repas terminé. Le fœtus détournant de la circulation maternelle d'importantes quantités de glucose et d'acides aminés, lorsque la femme est à jeun, la lipolyse (métabolisme des graisses maternelles) s'accélère, et l'urine peut contenir des corps cétoniques.

Chez la femme enceinte, l'équilibre délicat entre la sécrétion et l'utilisation du glucose se trouve fragilisé par un fœtus en développement qui puise toute son énergie dans le glucose des réserves maternelles ; c'est ce qu'on appelle l'*effet diabétogène* de la grossesse. Toute perturbation préexistante du métabolisme glucidique est donc exacerbée par la grossesse et tout diabète potentiel peut précipiter un diabète gestationnel.

Physiopathologie du diabète

Dans le cas du diabète, le pancréas ne sécrète pas assez d'insuline pour que le métabolisme glucidique soit adéquat. En l'absence d'une sécrétion suffisante d'insuline, le glucose ne pénètre pas dans les cellules, qui manquent alors d'énergie. La glycémie reste élevée (hyperglycémie), et les cellules tirent leur énergie de la dégradation de leurs réserves de graisses et de protéines. La dégradation des protéines crée un bilan azoté négatif ; le métabolisme des graisses entraîne la cétose.

Ces processus pathologiques sont responsables des quatre principaux signes et symptômes du diabète :

- la *polyurie* (mictions fréquentes et abondantes) : l'effet osmotique du glucose empêche la réabsorption de l'eau par les tubules rénaux ;
- la *polydipsie* (soif excessive) : la polyurie entraîne la déshydratation ;
- la *polyphagie* (faim excessive) : l'incapacité des cellules à utiliser le glucose sanguin cause la perte de tissus et l'état d'inanition ;
- la perte pondérale (lorsque l'hyperglycémie est prononcée) : l'organisme puise son énergie dans les tissus adipeux et musculaires.

Classification

On a établi plusieurs classifications des troubles du métabolisme glucidique. Celle que propose le tableau 12-2 date de 1999 ; elle repose sur l'étiologie du trouble et distingue quatre types de diabète : le diabète de type 1 ; le diabète de type 2 ; les autres types de diabète ; et le diabète gestationnel. La classification antérieure, qui avait été élaborée en 1979 par le National Diabetes Data Group, se fondait en partie sur des considérations

---

Tableau 12-2

Classification étiologique des types de diabète

I. Diabète de type 1* (destruction des cellules β aboutissant habituellement à une carence insulinique absolue)
   A. d'origine immunologique
   B. idiopathique

II. Diabète de type 2* (celui-ci va de l'insulinorésistance dominante avec carence plus ou moins prononcée en insuline au problème dominant d'insulinosécrétion avec insulinorésistance)

III. Autres types particuliers de diabète**

IV. Diabète gestationnel

---

* Comme tous les diabétiques peuvent avoir besoin d'un traitement à l'insuline un jour ou l'autre, le recours à l'insuline ne permet pas à lui seul de classer les clients.

** La source originale de même que les manuels de médecine-chirurgie classent ces types de diabète en huit sous-catégories.

Source : « 1999 Report of the Expert Committee on the Diagnosis and Classification of Diabetes Mellitus », *Diabetes Care*, suppl. 5.

pharmacothérapeutiques et distinguait trois types de diabète : le diabète de type 1 (diabète insulinodépendant [DID]) ; le diabète de type 2 (diabète non insulinodépendant [DNID]) ; et une dernière grande catégorie, qui comprenait la diminution de la tolérance glucidique (DTG) et le diabète gestationnel (DG). Les professionnels de la santé n'ayant pas encore tous adopté la nouvelle classification basée sur l'étiologie, l'ancienne classification reste en usage dans certains établissements de santé.

Le tableau 12-3 présente la classification établie par White (1978) des diabètes qu'on observe durant la grossesse ; cette classification est utile pour décrire l'ampleur de la maladie. On appelle **diabète gestationnel** toute intolérance au glucose qui apparaît ou qui est diagnostiquée pour la première fois durant la grossesse. La femme peut souffrir d'une forme bénigne de la maladie ou même ne présenter aucun autre symptôme qu'une tolérance diminuée au glucose. Il est cependant essentiel de diagnostiquer le diabète gestationnel, car même un léger diabète augmente les risques de morbidité et de mortalité périnatales ; de plus, avec le temps, bien des femmes qui souffrent de diabète gestationnel développent un diabète de type 1 ou de type 2.

Effets de la grossesse sur le diabète

La grossesse peut avoir des effets importants sur le diabète parce que les changements physiologiques qu'elle entraîne peuvent modifier considérablement les besoins en insuline. La grossesse peut aussi influer sur l'évolution d'une maladie vasculaire secondaire au diabète.

Voici les principaux effets potentiels de la grossesse sur le diabète :

- Le diabète peut devenir difficile à maîtriser parce que les besoins en insuline fluctuent :
  - au premier trimestre, les besoins en insuline diminuent souvent ; le taux de hPL (un antagoniste de l'insuline) est bas, les besoins fœtaux sont minimes, et il se peut que la femme mange moins à cause des nausées et vomissements ;
  - les nausées et les vomissements peuvent entraîner des fluctuations alimentaires et augmenter ainsi le risque d'hypoglycémie (autrefois appelée « choc insulinique ») ;
  - à partir du deuxième trimestre, les besoins en insuline augmentent au fur et à mesure que la mère et le fœtus utilisent et stockent davantage de glucose. Avec la maturation placentaire et la production de hPL, les besoins en insuline peuvent doubler ou même quadrupler avant la fin de la grossesse ;
  - durant le travail, l'augmentation des besoins énergétiques peut exiger un surcroît d'insuline pour équilibrer le glucose intraveineux ;
  - généralement, les besoins en insuline déclinent brusquement après le passage du placenta et la chute du taux de hPL dans la circulation maternelle qui en résulte.
- La baisse du seuil rénal de glucose entraîne une incidence accrue de glycosurie.
- Le risque d'acidocétose – trouble qui peut survenir chez toutes les diabétiques ayant un faible taux de glucose sérique – augmente.
- La maladie vasculaire qui accompagne le diabète peut progresser durant la grossesse :
  - l'hypertension peut survenir, contribuant aux changements vasculaires ;
  - les troubles rénaux peuvent dégénérer en néphropathie et une rétinopathie peut se développer.

Tableau 12-3

Classification (White) du diabète chez la femme enceinte

A	Diabète chimique
B	Diabète de la maturité (personne de plus de 20 ans), qui dure depuis moins de 10 ans, sans lésion vasculaire
C_1	Sujet âgé de 10 à 19 ans à l'apparition du diabète
C_2	Diabète qui dure depuis 10 à 19 ans
D_1	Sujet âgé de moins de 10 ans à l'apparition du diabète
D_2	Diabète qui dure depuis plus de 20 ans
D_3	Rétinopathie bénigne
D_4	Calcification des vaisseaux des jambes
D_5	Hypertension
E	Recherche abandonnée
F	Néphropathie
G	Nombreuses insuffisances
H	Cardiopathie
R	Rétinopathie proliférante
T	Greffe de rein (catégorie ajoutée par Tagatz et ses collaborateurs de l'Université du Minnesota)

Source : WHITE, P. (1978), « Classification of obstetric diabetes », *American Journal of Obstetrics and Gynecology*, vol. 130, n° 228, reproduction autorisée.

Effets du diabète sur l'issue de la grossesse

La grossesse d'une diabétique présente un risque accru de complications, surtout en ce qui concerne la mortalité périnatale et les anomalies congénitales. Heureusement, ce risque a diminué depuis qu'on connaît l'importance d'une stricte maîtrise du métabolisme (le taux de glucose doit se maintenir entre 3,9 et 6,7 mmol/L). Les nouvelles méthodes de contrôle de la glycémie, d'administration de l'insuline et de monitorage fœtal ont également réduit la mortalité périnatale.

Risques pour la mère

Pour la femme enceinte atteinte de diabète gestationnel, de diabète de type 1 ou de diabète de type 2 sans lésions vasculaires importantes, le pronostic est bon. Cela dit, la grossesse d'une diabétique comporte tout de même un plus grand risque de complications qu'une grossesse normale.

L'*hydramnios* (surabondance de liquide amniotique) survient dans environ 10 % à 20 % des grossesses chez les femmes diabétiques ; on croit qu'il résulte d'une diurèse fœtale excessive due à l'hyperglycémie fœtale (Spellacy, 1999). L'hydramnios entraîne parfois la rupture prématurée des membranes et le déclenchement du travail.

La *prééclampsie* et l'*éclampsie* (hypertension gravidique) sont plus fréquentes dans les grossesses diabétiques que dans les grossesses normales, surtout s'il y avait des lésions vasculaires préexistantes (Moore, 1999).

À cause de la libération accrue de corps cétoniques (acides) dans le sang résultant du métabolisme des acides gras, l'hyperglycémie peut mener à une *acidocétose*. La diminution de la motilité gastrique et les effets anti-insuliniques de l'hPL prédisposent également la femme à l'acidocétose. En général, l'acidocétose évolue lentement ; cependant, en l'absence de traitement, elle peut mener au coma et à la mort de la mère et du fœtus.

La femme qui souffre de diabète durant sa grossesse présente également un risque accru de vulvovaginite candidosique et d'infection des voies urinaires, car la glycosurie accrue offre un terrain favorable à la prolifération des bactéries.

Risques pour le fœtus ou le nouveau-né

Plusieurs des problèmes qui affectent les nouveau-nés découlent directement du taux élevé de glucose dans le plasma maternel. Dans les cas d'acidocétose maternelle non traitée, le risque de mort fœtale s'élève à 50 % (Spellacy, 1999).

Dans la population en général, le risque de mettre au monde un enfant atteint d'une anomalie congénitale est de 1 % à 2 % ; pour les femmes diabétiques, il est trois fois plus élevé (Spellacy, 1999). Cette incidence accrue des anomalies congénitales serait reliée, selon les résultats des recherches, à une glycémie maternelle élevée en début de grossesse (Moore, 1999). La plupart des anomalies touchent le cœur, le système nerveux central et le squelette. Une de ces anomalies ne se voit pratiquement que chez les bébés nés de mères diabétiques ; il s'agit de l'agénésie sacrée, où le sacrum et la colonne lombaire ne se forment pas et où le développement des membres inférieurs reste incomplet. Le counseling prégestationnel et une stricte maîtrise du diabète avant la conception sont donc indiqués pour réduire l'incidence des anomalies congénitales.

Les nouveau-nés de mères diabétiques traitées à l'insuline (diabète de types A, B et C selon la classification de White ; voir le tableau 12-3) sont souvent macrosomiques. Le taux élevé de glucose dans le sang maternel, où le fœtus puise son glucose, en est responsable, car il stimule continuellement la production d'insuline par les îlots de Langerhans du fœtus. À cause de cet hyperinsulinisme, le fœtus utilise le glucose disponible, ce qui entraîne une croissance excessive (**macrosomie**) et la formation de dépôts graisseux. Le bébé macrosomique présente un risque accru de dystocie des épaules et d'autres traumas lors de l'accouchement vaginal, de même qu'un risque accru d'intolérance au glucose durant l'enfance (Moore, 1999).

Une fois le cordon ombilical coupé, le généreux apport de glucose sanguin maternel est interrompu, mais l'hyperactivité des îlots de Langerhans persiste ; le taux d'insuline devient excessif, et le glucose sanguin s'épuise en deux à quatre heures, ce qui entraîne une hypoglycémie. On peut diminuer la macrosomie en surveillant étroitement la glycémie maternelle.

Les nouveau-nés de mères souffrant de diabète avancé (avec atteintes vasculaires) peuvent présenter un retard de la croissance intra-utérine (RCIU) : les lésions vasculaires de la mère diminuent l'efficacité de l'irrigation placentaire, et le fœtus ne reçoit alors pas suffisamment d'éléments nutritifs.

La *détresse respiratoire du nouveau-né* semble résulter de l'inhibition (causée par l'hyperinsulinisme fœtal) de certaines enzymes fœtales nécessaires à la sécrétion de surfactant. La *polyglobulie* (surabondance de globules rouges) du nouveau-né s'explique principalement par le fait que l'hémoglobine glyquée maternelle ne libère pas assez d'oxygène. Enfin, l'*hyperbilirubinémie* découle directement de l'incapacité des enzymes hépatiques immatures à métaboliser l'excès de bilirubine associé à la polycythémie.

Traitement clinique

Jusqu'à récemment, il était d'usage de faire passer à *toutes* les femmes enceintes un test de dépistage de diabète gestationnel d'une durée de 1 heure entre les 24ᵉ et 28ᵉ semaines de grossesse. Cependant, on ne préconise plus d'effectuer ce dépistage universel ; on recommande plutôt de faire passer ce test aux femmes à risque moyen, c'est-à-dire :

- aux femmes âgées de 25 ans ou plus ;
- aux femmes obèses de tout âge ;
- aux femmes dont un membre de la famille immédiate souffre de diabète ;
- aux femmes provenant d'un groupe ethnique où il y a une forte prévalence du diabète (origine sud-américaine, africaine, autochtone ou asiatique) ;
- aux femmes qui ont des antécédents d'intolérance au glucose ;
- aux femmes ayant des antécédents de problèmes obstétricaux (Meltzer, 1998).

Le test de dépistage de 1 heure comprend l'ingestion d'une solution de 50 g de glucose (à boire en 10 minutes) à n'importe quel moment de la journée, suivie d'un prélèvement sanguin une heure plus tard. L'interprétation des résultats s'effectue comme suit :

- ≤7,7 mmol/L : le résultat est normal ;
- de 7,8 mmol/L à 10,2 mmol/L : il faut faire subir une hyperglycémie provoquée orale (HGPO) de 75 g ;
- ≥10,3 mmol/L : on diagnostigne d'emblée un diabète gestationnel.

Le diagnostic repose donc en partie sur une HGPO de 2 heures avec 75 g de glucose. Le matin de l'épreuve, on mesure la glycémie de la femme enceinte, alors qu'elle est à jeun depuis 8 à 14 heures ; puis on la mesure de nouveau 1 heure, puis 2 heures, après l'ingestion d'une solution de 75 g de glucose. On diagnostique un diabète gestationnel si deux des valeurs obtenues dépassent les valeurs suivantes (lorsqu'une seule valeur est dépassée, la patiente souffre plutôt d'une intolérance au glucose).

À jeun	≥5,3 mmol/L
1 heure	≥10,6 mmol/L
2 heures	≥8,9 mmol/L

L'Organisation mondiale de la santé (OMS) recommande d'effectuer une HGPO de 2 heures avec 75 g de glucose pour diagnostiquer le diabète, une valeur >9,0 mmol/L après 2 heures confirmant le diagnostic (Curet, 2000).

Évaluation en laboratoire de l'équilibre glucosique à long terme

La mesure du taux d'hémoglobine glyquée informe sur la maîtrise à long terme de l'hyperglycémie (équilibre glucosique des 4 à 8 semaines précédentes). Ce test mesure le pourcentage d'hémoglobine glycosylée (HbA_{1c}), c'est-à-dire une hémoglobine sur laquelle s'est fixée une molécule de glucose. Comme la glycolysation est un processus plutôt lent et essentiellement irréversible, le test n'est pas fiable pour le dépistage du diabète gestationnel ou pour une surveillance quotidienne étroite. Chez les femmes dont le taux de HbA_{1c} est anormal – valeur de 9,2 % à 11,1 % –, le risque de mettre au monde un enfant atteint d'une malformation est de 23 % (Moore, 1999).

Prise en charge pendant la grossesse

Les principaux objectifs de la prise en charge du diabète, et ce, pour toutes les femmes enceintes, consistent à :

- maintenir l'équilibre physiologique de l'insuline disponible et de l'utilisation du glucose durant la grossesse ;
- assurer à la mère et au bébé un état de santé optimal.

Pour atteindre ces objectifs, il est prioritaire que des soins prénataux de qualité soient donnés par une équipe multidisciplinaire. La cliente qui apprend qu'elle souffre de diabète gestationnel peut être bouleversée par ce diagnostic. Elle aura besoin d'information et d'enseignement pour être en mesure de coopérer pleinement au traitement, qui vise à assurer une issue heureuse à sa grossesse ; l'infirmière joue un rôle déterminant dans ce counseling. De même, la femme qui souffre de diabète avant de tomber enceinte devrait savoir à quels changements s'attendre en cas de grossesse ; on devrait donc l'en informer lors du counseling prégestationnel.

Régime alimentaire

La femme diabétique qui est enceinte doit augmenter son apport énergétique d'environ 300 kcal (1 260 kJ) par jour. De manière générale, au premier trimestre, elle a besoin d'un apport énergétique quotidien d'environ 30 kcal (126 kJ) par kilogramme de son poids idéal, et de 35 kcal/kg (147 kJ/kg) au deuxième et au troisième trimestres (Spellacy, 1999). De 40 % à 50 % de ces calories devraient provenir de glucides complexes, de 15 % à 20 %, de protéines et autour de 30 % des lipides (Curet, 2000). Les aliments seront répartis sur trois repas et trois collations. La collation du soir est la plus importante ; elle doit contenir à la fois des protéines et des glucides complexes afin de prévenir l'hypoglycémie nocturne. Avec la collaboration de la cliente, la diététiste dresse des menus qui conviennent à son mode de vie, à sa culture et à ses goûts. La femme diabétique doit ensuite apprendre à trouver des substituts aux aliments pour pouvoir établir elle-même ses menus.

Surveillance de la glycémie

L'autocontrôle de la glycémie est essentiel pour évaluer l'équilibre glucosique et pour doser l'insuline. De nombreux médecins demandent à la cliente enceinte de se soumettre à une évaluation hebdomadaire de la glycémie à jeun, et à un ou deux tests postprandiaux. Cependant, l'autocontrôle constant de la glycémie (voir p. 311) reste crucial pour garder une bonne maîtrise du glucose.

Administration d'insuline

De nombreuses femmes atteintes de diabète gestationnel doivent recourir à l'insulinothérapie pour normaliser leur glycémie. Souvent, les femmes qui souffrent de diabète prégestationnel prenaient déjà de l'insuline avant la grossesse. Dans tous les cas, elles devraient utiliser de l'insuline humaine, car c'est la moins susceptible de provoquer une réaction allergique.

Administrer l'insuline par injections multiples est une méthode qui donne d'excellents résultats. La plupart des femmes reçoivent un mélange d'insuline à action intermédiaire (NPH) et d'insuline à action rapide (ordinaire). Récemment, certains cliniciens ont abandonné l'utilisation de l'insuline humaine ordinaire pour la remplacer par l'insuline lispro (un analogue de l'insuline humaine à action ultrarapide), associée à une meilleure maîtrise glucosique (Jovanovic, 2000). On utilise souvent un traitement en quatre doses. Certains cliniciens préconisent d'administrer une dose d'insuline ordinaire ou de lispro avant chaque repas, et une dose d'insuline NPH ou lente au coucher (Curet, 2000) ; d'autres proposent d'employer des combinaisons légèrement différentes de NHP et d'insuline ordinaire, mais préfèrent quand même le traitement en quatre doses.

On ne recourt jamais aux hypoglycémiants oraux durant la grossesse parce que les femmes qui en prennent perdent souvent la maîtrise de leur glycémie et deviennent gravement hyperglycémiques, ce qui représente un risque élevé pour le fœtus. Les hypoglycémiants oraux ont été associés à l'hypoglycémie fœtale prolongée et ils peuvent être tératogènes (Spellacy, 1999).

Évaluation de l'état fœtal

Il est important d'avoir des données sur le bien-être et la maturation du fœtus pour suivre le déroulement de la grossesse et pour prévoir le moment de l'accouchement. Les grossesses compliquées par le diabète comportent un risque accru d'anomalies du tube neural chez le fœtus, comme le spina-bifida. Par conséquent, on pratique une épreuve d'alpha-fœtoprotéine sérique maternelle entre la 14e et la 22e semaine de grossesse (voir le chapitre 14).

On fait une première échographie à 18 semaines de grossesse pour établir l'âge gestationnel et détecter d'éventuelles anomalies, puis une deuxième à 28 semaines pour évaluer la croissance fœtale et, le cas échéant, déceler le RCIU ou la macrosomie. Dans certains établissements, l'évaluation continue de l'état fœtal comprend des *profils biophysiques fœtaux* (PBF), autrement dit des évaluations échographiques du bien-être fœtal où l'on collecte des données sur les mouvements respiratoires fœtaux, l'activité et la réactivité fœtales, le tonus musculaire et le volume de liquide amniotique.

L'évaluation quotidienne de l'activité fœtale par la mère commence vers la 28e semaine de grossesse. Pour les femmes qui souffraient déjà de diabète avant la grossesse et pour celles dont le diabète gestationnel exige une insulinothérapie, on commence généralement à pratiquer des examens de réactivité fœtale (ERF) bihebdomadaires à l'aide d'un moniteur fœtal vers la 32e semaine ; notons cependant que certains cliniciens ne recourent à l'ERF que lorsque l'accouchement est imminent (Landon, 2000). Si l'ERF est négatif, on dresse un profil biophysique fœtal ou on pratique une épreuve à l'ocytocine (EO) ; pour de plus amples informations sur ces épreuves, voir le chapitre 14.

Prise en charge pendant le travail et l'accouchement

Durant le travail et l'accouchement, le traitement médical se concentre sur les deux éléments suivants.

- **MOMENT DE L'ACCOUCHEMENT** Quel que soit le type de diabète dont elles souffrent, la plupart des femmes diabétiques peuvent mener leur grossesse à terme, c'est-à-dire jusqu'au début du travail (spontané ou déclenché, selon le cas) et à l'accouchement vaginal prévu entre la 38e et la 40e semaine. S'il y a des signes de détresse fœtale, la césarienne peut être indiquée. On

pourra envisager un accouchement provoqué avant terme pour les clientes qui présentent des atteintes vasculaires ou dont l'hypertension s'aggrave, ou encore s'il y a des signes de RCIU (Landon, 2000). Pour s'assurer que le fœtus a atteint la maturité pulmonaire, on prélève du liquide amniotique (par amniocentèse) pour mesurer le rapport lécithine/sphingomyéline et établir la présence de phosphatidylglycérol, ou PG (voir le chapitre 14). On doit aussi envisager un accouchement provoqué avant terme, souvent par césarienne, si les épreuves diagnostiques indiquent une détérioration de l'état du fœtus.

- **PRISE EN CHARGE PENDANT LE TRAVAIL** Comme les besoins en insuline de la mère chutent souvent de manière spectaculaire durant le travail, on mesure la glycémie maternelle toutes les heures pour doser le besoin en insuline. Le maintien d'une glycémie maternelle normale pendant le travail (entre 4 et 8 mmol/L) vise à éviter l'hypoglycémie néonatale (Curet, 2000). Chez la mère qui a besoin d'insuline, on installe deux perfusions intraveineuses, l'une fournissant une solution de dextrose à 5 % (ou à 10 %, selon les établissements) et l'autre une solution saline, cette dernière restant disponible pour l'injection rapide d'insuline ou d'un autre médicament. Comme l'insuline adhère aux parois des sacs et des tubulures de plastique, on doit lorsqu'on fait le vide d'air de la tubulure jeter les 50 premiers millilitres de la solution saline contenant l'insuline. Lorsque la glycémie capillaire se maintient à un taux inférieur à 6 mmol/L et que la cliente ne reçoit pas d'insuline, une solution de Lactate Ringer sera perfusée au lieu d'une solution contenant du dextrose. Chez les clientes recevant de l'insuline, il arrive très souvent qu'on doive interrompre la perfusion pendant le deuxième stade du travail ou immédiatement après l'expulsion du fœtus. Dans tous les cas, on interrompt la perfusion intraveineuse d'insuline après le troisième stade du travail.

Prise en charge pendant le post-partum

En général, quel que soit le type de diabète, les besoins de la mère en insuline diminuent considérablement après l'accouchement : le décollement du placenta fait chuter les taux d'hormones, et l'insulinorésistance cesse. La plupart du temps, la femme qui était diabétique avant la grossesse ne requiert que très peu d'insuline la première journée du post-partum ; on détermine ses besoins en fonction des valeurs de la glycémie mesurées à l'aide d'un glucomètre, jusqu'à ce qu'on puisse régulariser le dosage d'insuline. Souvent, les femmes qui n'ont qu'un léger diabète, n'exigeant pas d'insulinothérapie, maîtrisent assez bien leur équilibre glucosique et n'ont besoin d'aucun traitement durant leur hospitalisation. Comme les hypoglycémiants oraux sont contre-indiqués durant l'allaitement, la mère diabétique qui allaite et dont la glycémie n'est pas maîtrisée uniquement par l'alimentation peut parfois avoir besoin d'insuline (Kjos, 2000).

Les clientes dont le diabète gestationnel a nécessité une insulinothérapie pendant la grossesse n'en ont généralement pas besoin pendant le post-partum; il est donc d'usage de cesser l'administration d'insuline après l'accouchement et de surveiller la glycémie. On pourra essayer d'utiliser les hypoglycémiants oraux pour corriger une glycémie élevée chez une femme qui n'allaite pas (Curet, 2000). La cliente devra être réévaluée de 6 semaines à 6 mois après l'accouchement; une HGPO (75 g/2 h) devrait être effectuée pour écarter la possibilité d'une intolérance au glucose ou de diabète (Meltzer *et al.*, 1998).

L'établissement des liens parents-enfant doit être une priorité des soins à la mère diabétique, au nouveau-né et aux proches durant le post-partum. Si le nouveau-né doit être soigné dans une unité de néonatologie, il faut continuellement informer les parents de son état, les soutenir et les inciter à lui rendre visite et à participer à ses soins.

Bénéfique pour la mère et pour l'enfant, l'allaitement maternel doit être encouragé: les recherches indiquent que les nouveau-nés allaités risquent moins de développer un diabète (Moore, 1999). Comme la lactation peut augmenter les besoins énergétiques maternels, on dose l'insuline en conséquence. La mère diabétique insulinodépendante devra continuer à surveiller sa glycémie à la maison.

La femme diabétique et son partenaire doivent recevoir un counseling sur la contraception. Pour la diabétique insulinodépendante, les contraceptifs barrières (diaphragme, cape cervicale et condom), utilisés avec un spermicide, sont la méthode de prédilection, car ils sont sans danger, efficaces et économiques. L'administration de contraceptifs oraux (CO) aux diabétiques reste controversée. De nombreux médecins prescrivent des CO à faibles doses aux diabétiques non fumeuses qui ne présentent aucune maladie vasculaire. Les CO à progestatif seul ont un taux d'échec plus élevé, mais ils sont plus sûrs pour la santé de la mère. De nombreux couples qui ne veulent pas d'autres enfants optent pour la stérilisation chirurgicale.

Soins infirmiers

Le *Cheminement clinique pour la cliente diabétique* résume l'essentiel des soins infirmiers durant la grossesse, le travail et l'accouchement, de même que durant le post-partum.

Évaluation et analyse de la situation

Que le diabète ait été diagnostiqué avant la grossesse, ou pendant (diabète gestationnel), il est essentiel d'évaluer soigneusement l'évolution de la maladie et le degré de compréhension qu'en a la cliente. Lors de la première visite prénatale, on doit procéder à un examen physique complet, avec évaluation des complications vasculaires de la maladie, recherche des signes d'infection et mesure de la glycémie et de la glycosurie. Habituellement, les visites ultérieures sont bimensuelles aux deux premiers trimestres, et hebdomadaires au dernier.

L'évaluation initiale permet également de recueillir des informations cruciales sur la capacité d'adaptation de la cliente au stress créé par la grossesse et le diabète, ainsi que sur sa capacité d'observer le programme thérapeutique prescrit. Avant de préparer un plan d'enseignement, l'infirmière doit déterminer quelles sont les connaissances de la cliente concernant son diabète et ses autosoins.

Voici quelques exemples de diagnostics infirmiers qui peuvent s'appliquer à la femme diabétique qui est enceinte:

- *risque d'alimentation excessive* relié au déséquilibre entre l'apport nutritionnel et l'insuline disponible;
- *risque de trauma* relié à d'éventuelles complications de l'hypoglycémie ou de l'hyperglycémie;
- *dynamique familiale perturbée* reliée à l'hospitalisation consécutive au diabète.

Planification et interventions

Idéalement, le médecin, la sage-femme et l'infirmière offrent en équipe un counseling prégestationnel à la femme diabétique et à son partenaire, et ils évaluent le diabète avant la conception. Si la maladie est récente et qu'il n'y a pas de complications vasculaires, le pronostic de la grossesse est bon, à condition bien sûr que la glycémie puisse être maîtrisée.

Les soins infirmiers donnés à la cliente qui souffre de diabète gestationnel visent en grande partie à la renseigner sur la maladie, ses effets et sa prise en charge.

 Soins infirmiers communautaires

Comme les femmes qui souffrent de diabète gestationnel sont souvent stabilisées en milieu hospitalier, il arrive qu'on hospitalise des femmes enceintes pour stabiliser un diabète préexistant. Dans les deux cas, on entreprend à l'hôpital l'enseignement des autosoins qui s'imposent. Cependant, par la suite, ce sont les infirmières qui travaillent dans le domaine des soins ambulatoires, dans les cliniques externes, les cliniques communautaires ou à domicile, qui assurent la plus grande partie de l'enseignement et du suivi des diabétiques enceintes.

Usage efficace de l'insuline

L'infirmière s'assure que la cliente et son partenaire comprennent bien l'utilité de l'insuline dans le traitement du diabète, qu'ils savent distinguer les divers types d'insuline et qu'ils en connaissent le mode d'administration. Il est important que le partenaire de la femme enceinte sache comment lui administrer l'insuline, au cas où il aurait à le faire.

Cheminement clinique pour la cliente diabétique

Catégorie	Prise en charge durant la grossesse	Prise en charge durant le travail et l'accouchement*	Prise en charge durant le post-partum*
Orientation	• Spécialiste en périnatologie • Endocrinologue • Néonatologiste • Travailleuse sociale, au besoin • Infirmière responsable du suivi ambulatoire • Diététiste/technicienne en diététique • Physiothérapeute/ergothérapeute	• Obtenir le dossier prénatal	• Soins infirmiers à domicile, au besoin • Suivi ambulatoire **Résultat escompté** La cliente connaît et utilise les services et les ressources appropriés.
Évaluation	• Monitorage électronique du fœtus, au besoin • Épreuve à l'ocytocine, au besoin • Échographie, au besoin • Amniocentèse entre la 34e et la 36e semaine pour vérifier la maturité pulmonaire • Dosage de l'alpha-fœtoprotéine (généralement vers la 15e semaine)	• Surveiller les signes et symptômes d'hypoglycémie durant le travail (transpiration, picotements épisodiques, désorientation, tremblements, pâleur et moiteur de la peau, irritabilité, faim, céphalée et vision trouble) • Monitorage électronique continu du fœtus • Évaluer la glycémie au glucomètre selon l'ordonnance ou en cas de signes et symptômes d'hypoglycémie	• Évaluer la glycémie au glucomètre: généralement, les besoins en insuline diminuent considérablement après l'expulsion du fœtus • Poursuivre l'évaluation post-partum q8h • Évaluer la technique d'allaitement, qui devrait s'améliorer • Évaluer les signes vitaux q8h; s'assurer qu'ils sont tous dans les limites de la normale ; signaler toute hyperthermie (> 38 °C) • Évaluer continuellement le degré de bien-être **Résultats escomptés** L'équilibre glucosique et les éventuelles complications sont maîtrisées ; la croissance et le développement néonatal se déroulent normalement.
Enseignement/ Aspects psychosociaux	• Prévenir la cliente de l'importance d'aviser l'infirmière en présence de signes et symptômes d'hypoglycémie, de contractions utérines, de diminution des mouvements fœtaux, d'écoulement et/ou de saignement vaginal, et de dysurie • Évaluer la situation familiale et les besoins psychosociaux • Évaluer les besoins d'apprentissage • Insister sur l'importance de respecter la diète prescrite • Faire visiter la salle d'accouchement et de soins néonataux intensifs • Suggérer de suivre des cours prénataux • Évaluer les résultats de l'enseignement	• Évaluer les résultats de l'enseignement • Évaluer continuellement les besoins d'apprentissage	• Terminer l'enseignement post-partum **Résultat escompté** La cliente affirme, et démontre, qu'elle comprend l'enseignement relatif au diabète et aux soins de santé.
Soins infirmiers et notes au dossier	• Hémogramme • Analyse d'urine/bandelette urinaire (protéinurie, présence de corps cétoniques) • Profil biochimique • Mesure quotidienne du taux d'hémoglobine glyquée (HbA_{1c}) • Urines des 24 heures (protéinurie, clairance de la créatinine) • Glycémie capillaire, tous les matins, avant les repas et 2 h après les repas • Signes vitaux q4h • Hauteur du fond utérin toutes les semaines • Pesée quotidienne	• Monitorage de la glycémie selon l'indication	• Continuer les bains de siège prn • Autoriser les douches si la cliente marche sans difficulté **Résultats escomptés** Les analyses indiquent une glycémie normale et stable. Le bien-être maternel et celui du nouveau-né se maintiennent. La cliente collabore activement au plan de soins pour la prise en charge de son diabète.
Activité	• Repos au lit • Activités de divertissement	• Repos au lit selon la tolérance	• Lever à volonté **Résultat escompté** L'activité n'a pas aggravé l'état de la cliente.

Cheminement clinique pour la cliente diabétique *(suite)*

Catégorie	Prise en charge durant la grossesse	Prise en charge durant le travail et l'accouchement*	Prise en charge durant le post-partum*
Bien-être	• Évaluer la douleur et les malaises • Prendre les mesures appropriées pour améliorer le bien-être	• Évaluer la douleur et les malaises • Prendre les mesures appropriées pour améliorer le bien-être	• Continuer à appliquer les techniques de gestion de la douleur **Résultat escompté** Le bien-être de la cliente est optimal.
Nutrition	• Suivre la diète recommandée par la diététiste • Inciter la cliente à prendre des liquides	• Glaçons et bonbons à sucer prn	• Encourager l'allaitement maternel • Poursuivre la diète et la prise de liquides **Résultat escompté** Les besoins énergétiques sont comblés et le diabète est bien maîtrisé.
Élimination	• Prendre des mesures pour éviter les IVU	**Résultats escomptés** Contrôler et noter les ingesta et les excreta	**Résultat escompté** Les ingesta et les excreta sont dans les limites de la normale.
Médicaments	• Insuline selon l'ordonnance → _____ • Vitamines prénatales et fer	• On installe généralement 2 perfusions intraveineuses, l'une fournissant une solution de dextrose à 5 % et l'autre, une solution saline, qui sert à l'administration d'insuline au besoin. • On cesse généralement d'administrer l'IV d'insuline à la fin de la troisième phase du travail.	• La cliente peut prendre elle-même ses vitamines prénatales, au besoin. • Administrer de l'immunoglobuline anti-D (RhoGAM) et un vaccin contre la rubéole, si indiqué **Résultat escompté** La glycémie reste dans des limites médicalement acceptables.
Planification du congé/Continuité des soins	• Expliquer les objectifs des épreuves et des procédés prévus • Donner aux proches de l'enseignement sur le diabète • Évaluer le soutien familial	• Évaluer le soutien familial	• Revoir les instructions relatives aux congés • Décrire les signes d'alarme et expliquer quand il faut prévenir le médecin • Fournir l'ordonnance (prescriptions médicales écrites) • Fixer un rendez-vous pour la prochaine visite postnatale • Fixer un rendez-vous pour le suivi du nouveau-né **Résultat escompté** Au moment du congé, la cliente a reçu l'enseignement et les informations nécessaires, notamment en ce qui concerne la continuité des soins et le réseau de soutien.
Famille et réseau de soutien	• Trouver les personnes clés qui peuvent soutenir la cliente • Évaluer comment les proches voient la situation	• Amener les personnes clés à participer aux soins	• Évaluer les comportements d'attachement parentaux • Donner de l'enseignement aux personnes clés • Voir à ce que la mère continue à recevoir du soutien une fois qu'elle a obtenu son congé **Résultat escompté** La famille connaît les services et les ressources disponibles et elle les utilise.
Date			

* On trouvera ici les interventions appropriées pour la cliente dont le travail, l'accouchement et les premiers jours du post-partum se déroulent normalement.

Note : hémogramme = analyse sanguine avec numération globulaire ; IV = intraveineuse ; prn (*pro re nata*) = au besoin ; q8h = toutes les 8 heures ; q4h = toutes les 4 heures ; IVU = infection des voies urinaires.

L'infirmière enseigne à la femme enceinte le moment et la façon de mesurer sa glycémie, les valeurs désirées et l'importance de l'équilibre glucosique (figure 12-1 ▌). La plupart des diabétiques mesurent leur glycémie à l'aide d'un glucomètre. Quel que soit l'instrument utilisé, l'infirmière enseigne à la cliente à suivre à la lettre les instructions du manufacturier, à se laver les mains soigneusement avant de se piquer, à déposer la goutte de sang (et non le doigt) sur la zone réactive de la bandelette, à bien ranger les bandelettes et à les jeter à la date de péremption.

L'infirmière peut aussi donner à la cliente quelques trucs sur la façon de se piquer le doigt : 1) il existe plusieurs modèles de lancettes à ressort qui rendent les piqûres moins douloureuses ; 2) si on laisse pendre le bras une trentaine de secondes, l'afflux sanguin dans les doigts sera plus important ; 3) il vaut mieux piquer le côté de la pulpe du doigt plutôt que le bout, qui est plus sensible à la douleur.

FIGURE 12-1 ▌ Une infirmière enseigne à une future mère à mesurer sa glycémie.

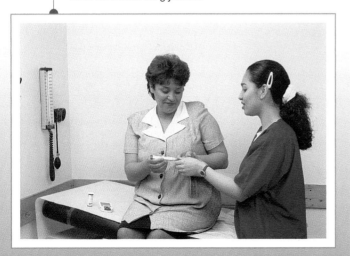

Pour bien gérer leur maladie, les diabétiques doivent enregistrer toutes leurs valeurs glycémiques ; il existe d'ailleurs des tableaux conçus à cette fin.

Planification d'un programme d'exercices

Quel que soit le type de diabète dont elle souffre, et à moins qu'il y ait contre-indication médicale, on recommande à la cliente de s'adonner à l'exercice physique pour se maintenir en santé. Si la cliente a déjà un programme d'exercices régulier, l'infirmière l'encourage à persévérer en respectant les recommandations suivantes : faire ses exercices après les repas, lorsque sa glycémie est élevée ; porter un bracelet ou un pendentif qui indique son diabète ; garder sur elle un sucre simple comme un bonbon ; doser sa glycémie régulièrement ; et éviter d'injecter son insuline dans un membre dont elle s'apprête à se servir pour l'exercice.

Lorsque la cliente ne s'adonne à aucun programme d'exercices, l'infirmière l'incite à le faire graduellement, pas avant que sa glycémie soit bien maîtrisée toutefois, car l'exercice modifie le métabolisme.

Enseignement des autosoins

En s'appuyant sur l'information recueillie auprès de la femme enceinte qui souffre de diabète, l'infirmière donne l'enseignement nécessaire pour qu'avec ses proches, elle puisse autant que possible assumer elle-même ses soins de santé. Cet enseignement porte notamment sur les points suivants :

- *Autocontrôle de la glycémie.* L'autocontrôle de la glycémie est le moyen le plus facile et le plus précis de doser l'insuline et d'assurer l'équilibre glucosique. On enseigne aux clientes diabétiques des techniques d'autocontrôle qu'elles appliquent de quatre à six fois par jour, à heures régulières ; elles peuvent ainsi doser leur insuline selon les valeurs glycémiques obtenues et le degré d'activité anticipé. On leur recommande de maintenir leurs valeurs glycémiques à l'intérieur des limites normales, soit : <5,3 mmol/L pour une glycémie à jeun ; <7,8 mmol/L pour une glycémie effectuée 1 heure après le repas ; <6,7 mmol/L pour une glycémie effectuée 2 heures après le repas (Meltzer *et al.*, 1998).

- *Symptômes d'hypoglycémie et d'acidocétose.* La diabétique enceinte doit reconnaître les symptômes d'une variation de sa glycémie et vérifier immédiatement sa glycémie capillaire. Si la glycémie capillaire est en deçà de 3,3 mmol/L, la femme doit absorber 20 g de glucides et la mesurer de nouveau 20 minutes plus tard. On peut obtenir 20 g de glucides en buvant 411 mL de lait entier, 340 mL de jus d'orange ou de pomme ou 377 mL de cola (Mandeville, 1992). Absorber de plus grandes quantités d'aliments dans l'espoir de supprimer les symptômes, comme le font bien des diabétiques, risque de provoquer une hyperglycémie rebond. La diabétique devrait toujours avoir avec elle une collation et d'autres sources rapides de glucose (glucides simples) pour pouvoir traiter l'hypo-glycémie lorsqu'elle ne peut trouver de lait. On enseigne également à ses proches comment lui injecter du glucagon si la nourriture est inefficace ou si elle ne peut pas manger (lorsqu'elle a de fortes nausées matinales, par exemple).

- *Tabagisme.* Le tabac a des effets nocifs sur le système vasculaire maternel et sur le fœtus. Il est contre-indiqué tant à cause de la grossesse que du diabète.

- *Voyages.* L'insuline peut se conserver à la température ambiante lorsqu'on voyage ; on devrait la transporter avec soi, et non dans ses valises. La plupart des lignes aériennes fournissent des repas conçus pour les personnes diabétiques, si on en fait la demande quelques jours avant le départ. La diabétique devrait consulter son médecin avant de partir et porter un bracelet ou un pendentif indiquant son état.

- *Groupes d'entraide.* De nombreuses collectivités se sont dotées de groupes d'entraide et de programmes éducatifs pour les diabétiques ; ces ressources sont particulièrement utiles aux femmes qui viennent de recevoir le diagnostic.

- *Césarienne.* Les probabilités d'accoucher par césarienne sont plus grandes pour les femmes diabétiques, qui devraient donc se préparer à cette éventualité. Les prestataires de soins peuvent lui suggérer de s'inscrire à des rencontres prénatales destinées aux futurs parents ; de nombreux CLSC et d'autres organismes offrent ce type de cours ainsi que de la documentation sur le sujet. Certains couples préfèrent simplement faire des lectures sur le sujet et en discuter avec l'infirmière et l'obstétricien.

Soins infirmiers en milieu hospitalier

Au cours de la grossesse, il peut être nécessaire d'hospitaliser la cliente diabétique pour évaluer sa glycémie et doser l'insuline en conséquence. Le cas échéant, l'infirmière surveille l'état de la cliente et poursuit l'enseignement pour l'aider à mieux connaître sa maladie et à mieux la gérer.

Durant le travail, en plus de donner les soins habituels, l'infirmière continue à surveiller l'état de la cliente diabétique, elle voit à l'apport de liquides intraveineux et reste à l'affût des signes d'hypoglycémie. Si une césarienne se révèle nécessaire, elle donne les soins appropriés (voir le chapitre 20).

Évaluation et résultats escomptés

Les résultats escomptés des soins infirmiers peuvent être les suivants :

- la cliente est capable de décrire la maladie dont elle souffre et ses répercussions potentielles durant la grossesse, le travail et l'accouchement, de même que durant le post-partum ;

- la cliente collabore à l'élaboration d'un programme thérapeutique adapté à ses besoins et elle l'observe durant toute sa grossesse ;

- la cliente évite l'hypoglycémie et l'hyperglycémie ;

- la cliente met au monde un bébé en santé ;

- la cliente est capable de prendre soin de son nouveau-né.

L'anémie

L'état d'**anémie** indique que le taux sanguin d'hémoglobine (Hb) est insuffisant ; durant la grossesse, on parle d'anémie lorsque ce taux est inférieur à 100 g/L (Wenstrom et Malee, 1999). Les anémies communes de la grossesse sont dues soit à une production insuffisante d'hémoglobine, reliée à une carence en fer ou en acide folique dans l'alimentation, soit à la destruction de l'hémoglobine par une maladie héréditaire, telle que l'anémie à hématies falciformes (drépanocytose). Le tableau 12-4 décrit les types d'anémie les plus courants.

L'infection au VIH

Le **virus de l'immunodéficience humaine (VIH)** est responsable d'un des problèmes de santé les plus graves de notre époque. Il cause une maladie progressive, qui finit par se transformer en **syndrome d'immunodéficience acquise (sida).**

Au 30 juin 2001, on comptait au Canada 17 818 cas de sida diagnostiqués et signalés au CPCMI (Centre de prévention et de contrôle des maladies infectieuses). Le Québec occupe le deuxième rang après l'Ontario pour le nombre de cas de sida au Canada ; 1 366 (7,7 %) des personnes atteintes sont des femmes adultes (15 ans ou plus). Parmi ces femmes, 1 089 (soit 7,9 %) sont en âge de procréer (elles ont de 15 à 44 ans). De plus, on dénombre 207 cas déclarés de sida chez les enfants âgés de 0 à 14 ans ; chez 163 d'entre eux (78,7 %), la maladie est le résultat d'une transmission périnatale (Santé Canada, 2001a).

Physiopathologie de l'infection au VIH et du sida

D'ordinaire, le virus de l'immunodéficience humaine (VIH), responsable du sida, pénètre dans l'organisme par l'intermédiaire du sang, des produits sanguins ou d'autres liquides biologiques, comme le sperme, les sécrétions vaginales et le lait maternel. Le VIH attaque certains lymphocytes T (les lymphocytes CD4), ce qui diminue la réponse immunitaire. La personne atteinte devient alors vulnérable aux infections opportunistes, par exemple la pneumonie grave causée par *Pneumocystis carinii,* la candidose, le cytomégalovirus, la tuberculose et la toxoplasmose.

La personne infectée par le VIH développe des anticorps que le test ELISA (*enzyme-linked immunosorbent assay*) permet

Tableau 12-4

Anémie et grossesse

Type d'anémie	Brève description	Effets chez la mère	Effets chez le fœtus ou le nouveau-né
Anémie ferriprive	Affection causée par une carence en fer et se traduisant par un taux d'hémoglobine <110 g/L. Pour prévenir l'apparition de cette carence, on recommande à la plupart des femmes de prendre un supplément de fer pendant la grossesse.	La femme enceinte qui souffre de ce type d'anémie se fatigue facilement, est plus sujette aux infections, présente un risque plus élevé d'hémorragie de la délivrance et ne peut tolérer aucune perte de sang, même minime, durant l'accouchement.	Le risque d'hypotrophie fœtale, de naissance prématurée, de mortinaissance et de mort néonatale est plus élevé lorsque la mère souffre d'une grave anémie ferriprive (taux d'hémoglobine <60 g/L). Le fœtus peut être hypoxique durant le travail en raison d'une oxygénation utéroplacentaire insuffisante.
Anémie à hématies falciformes (drépanocytose)	Maladie à transmission autosomique récessive qui touche une personne sur 600 dans la population noire des États-Unis, 8 % de cette population étant porteuse du trait drépanocytaire (Scioscia, 1999). Caractérisée par la falciformation des hématies lorsque l'oxygénation diminue, la maladie peut se manifester par un état de crise avec anémie grave, ictère, hyperthermie, infarctus et douleur aiguë. Le traitement de la crise consiste en une transfusion d'échange partielle, la réhydratation intraveineuse et l'administration d'antibiotiques et d'analgésiques. Le fœtus est placé sous monitorage continu durant le traitement.	La grossesse peut aggraver l'anémie et augmenter la fréquence des crises. Le risque de prééclampsie est plus élevé, de même que le risque d'infection des voies urinaires, de pneumonie, d'insuffisance cardiaque et d'infarctus pulmonaire. Le traitement vise à diminuer l'anémie et à maintenir la santé. On devrait administrer de l'oxygène en permanence durant le travail et se procurer du sang au cas où une transfusion serait nécessaire après l'accouchement.	L'avortement, la mort fœtale et la prématurité peuvent se produire. Le RCIU est aussi une caractéristique du nouveau-né dont la mère souffre de drépanocytose.
Anémie mégaloblastique	La carence en acide folique est la cause la plus courante de l'anémie mégaloblastique. En l'absence d'acide folique, les hématies immatures, incapables de se diviser, deviennent très grosses (mégaloblastiques) et se raréfient. L'augmentation du métabolisme de l'acide folique pendant la grossesse et la lactation peut entraîner une carence en acide folique. Comme la maladie est difficile à diagnostiquer, le mieux est de la prévenir en administrant à toute femme qui peut devenir enceinte un supplément multivitaminique quotidien contenant 400 µg (0,4 mg) d'acide folique (dose que l'on trouve dans la plupart des suppléments vitaminiques prénataux), et ce, avant la conception et pendant le premier trimestre de la grossesse, au moins (Mersereau, 2000). Certains spécialistes recommandent d'augmenter la dose à 600 µg (0,6 mg) dès que la grossesse est confirmée (Institute of Medicine, 1998). On traite la maladie par un supplément quotidien de 1 000 µg (1 mg) d'acide folique (voir le chapitre 11).	La carence en acide folique est la deuxième cause d'anémie la plus courante durant la grossesse. Une carence grave augmente la probabilité que la mère ait besoin d'une transfusion après l'accouchement. À cause de la thrombopénie, le risque d'hémorragie et d'infection est aussi plus élevé. L'acide folique se trouve en bonne quantité dans les légumes verts à feuilles (frais) et les légumineuses, mais une cuisson prolongée ou dans une grande quantité d'eau suffit à le détruire.	La carence maternelle en acide folique est associée à un risque accru d'anomalies du tube neural, comme le spina-bifida, la myéloméningocèle et l'anencéphalie chez le nouveau-né. Un apport adéquat d'acide folique peut réduire de 50 % à 70 % l'incidence des anomalies du tube neural (Centers for Disease Control and Prevention, 1999a). L'acide folique peut aussi prévenir d'autres malformations congénitales, notamment les fissures labiopalatines (March of Dimes, 1999). On recommande généralement aux femmes qui ont déjà mis au monde un bébé ayant une anomalie du tube neural de prendre une dose quotidienne plus importante d'acide folique, habituellement 4 000 µg (4 mg) (March of Dimes, 1999).

de détecter et dont la présence ou l'absence doit être confirmée par un autre test, le *Western blot*. Ces anticorps apparaissent généralement dans les 6 à 12 semaines qui suivent l'exposition au virus, mais chez certains sujets, la période de latence est plus longue. La séroconversion est suivie d'une période asymptomatique de 5 à 11 ans (Minkoff, 1999) ; la plupart des femmes enceintes en sont à ce stade.

On pose le diagnostic de sida lorsqu'on décèle, chez une personne séropositive pour le VIH, une ou plusieurs maladies caractéristiques d'un système immunitaire affaibli.

Risques pour la mère

Parmi les maladies qui justifient un diagnostic de sida chez un sujet séropositif, certaines sont plus fréquentes chez les femmes que chez les hommes, comme la cachexie, la candidose œsophagienne et l'infection herpétique. Bien qu'ils ne justifient pas un diagnostic de sida, d'autres troubles gynécologiques, comme la vaginite candidosique et les pathologies cervicales, sont très courants à tous les stades de l'infection au VIH.

De nombreuses femmes séropositives choisissent d'éviter ou d'interrompre leur grossesse à cause du risque d'infecter le fœtus ou de mourir avant d'avoir terminé l'éducation de leur enfant. On devrait informer les femmes séropositives ou sidéennes qui deviennent enceintes que la grossesse ne semble pas accélérer l'évolution de la maladie, que le traitement à l'AZT durant la grossesse réduit de manière significative le risque de transmission périnatale et que la plupart des médicaments utilisés pour traiter l'infection au VIH peuvent être administrés durant la grossesse (Minkoff, 1999).

Risques pour le fœtus et le nouveau-né

Les nouveau-nés dont la mère est séropositive peuvent contracter le sida, surtout à cause de la transmission périnatale du VIH. Par transmission périnatale (verticale), on entend la transmission de l'infection de la mère à l'enfant, soit durant la grossesse (in utero, par voie transplacentaire), soit lors de l'accouchement (par contact du fœtus avec le sang ou les muqueuses de la mère lorsqu'il traverse la filière génitale) ou encore après l'accouchement (par le lait maternel).

Aux États-Unis, on estime que, pour les nouveau-nés de mères séropositives pour le VIH, le risque est de l'ordre de 25 %. Si la femme enceinte est traitée à l'AZT, ce risque n'est plus que de 5 % à 8 %, et il tombe à 2 % si on associe l'accouchement par césarienne au traitement à l'AZT (American College of Obstetricians and Gynecologists [ACOG], 1999). Une étude effectuée à l'Hôpital Sainte-Justine, à Montréal, démontre que l'utilisation de la thérapie antirétrovirale (AZT) chez la mère et le nourrisson a permis de faire passer le taux de contamination verticale de 28,3 % à 3,75 % (Santé Canada, 2001b).

À cause du transfert passif des anticorps maternels, les dosages d'anticorps des nourrissons restent souvent positifs pendant plus de 15 mois. (Pour un exposé plus détaillé sur le nouveau-né séropositif, voir le chapitre 25.)

Traitement clinique

L'objectif des soins prénataux pour l'infection au VIH est le dépistage des femmes enceintes à risque. On devrait proposer à toutes les femmes enceintes, ou qui prévoient le devenir, de passer le test ELISA et, au besoin, le test de confirmation *Western blot*. En cas de résultat positif, on devrait leur offrir un counseling sur le sens du diagnostic pour elles-mêmes et pour le fœtus afin de les aider à faire des choix éclairés. Les soins aux clientes séropositives ou sidéennes qui poursuivent une grossesse visent à :

- stabiliser la maladie ;
- prévenir les maladies opportunistes et la transmission périnatale ;
- donner de l'information et de l'enseignement ;
- apporter un soutien psychosocial.

Pour réduire le risque de transmission périnatale, on devrait recommander à toutes les femmes enceintes qui sont infectées de suivre un traitement à l'AZT, ce qui suppose qu'on administre de l'AZT à la mère durant la grossesse et le travail, et au nouveau-né durant les six premières semaines (Mofenson, 1999).

On devrait vérifier si la cliente infectée au VIH souffre d'autres MTS ou d'autres affections associées au VIH, telles que la tuberculose, le cytomégalovirus, la toxoplasmose ou une dysplasie cervicale ; le cas échéant, on la traitera. Si elle n'a pas d'antécédents d'hépatite B, la cliente devrait recevoir le vaccin contre cette maladie, de même qu'un vaccin antipneumococcique et un vaccin annuel contre la grippe. En plus des analyses de laboratoire prénatales de routine, on devrait pratiquer une numération plaquettaire et un hémogramme avec numération différentielle lors de la première visite, et effectuer de nouveau ces analyses à chaque trimestre pour déceler la présence éventuelle d'anémie, de thrombocytopénie ou de leucopénie, qui sont associées à la fois à l'infection au VIH et aux traitements antiviraux.

Si la cliente séropositive ne présente aucun symptôme, on surveille à chaque visite prénatale l'apparition de signes précoces de complications, tels que l'hyperthermie ou une perte de poids au deuxième ou au troisième trimestre. On inspecte la bouche pour déceler des signes d'infections, comme le muguet (candidose) ou la leucoplasie orale chevelue ; on ausculte les poumons pour déceler les signes de pneumonie ; on palpe les ganglions lymphatiques, le foie et la rate pour s'assurer qu'ils n'ont pas grossi. De plus, on pratique à chaque trimestre un examen de la rétine, ou examen du fond de l'œil, pour détecter la présence de complications comme la toxoplasmose.

En plus des épreuves prénatales de routine, la cliente devrait passer régulièrement des tests visant à déceler tout changement sérologique indiquant une progression de l'infection au VIH ou du sida. Cette évaluation comprend une numération des lymphocytes CD4, qui indique le nombre de cellules T4 auxiliaires. Lorsque la numération des lymphocytes CD4 est égale ou inférieure à 200 cellules/mm³, des infections opportunistes risquent de se développer.

Une grossesse compliquée par une infection au VIH, même asymptomatique, est considérée comme une grossesse à risque élevé et exige une étroite surveillance du fœtus. On commence à effectuer les examens de réactivité fœtale à la 32e semaine de grossesse et on pratique des échographies en série pour détecter tout RCIU éventuel. Des profils biophysiques sont également indiqués (voir le chapitre 14). Autant que possible, on évite d'avoir recours à des procédés effractifs, l'amniocentèse par exemple, qui risqueraient de contaminer un fœtus qui n'est pas infecté.

Comme l'accouchement par césarienne réduit encore les risques de transmission verticale du virus (de la mère à l'enfant), l'American College of Obstetricians and Gynecologists recommande qu'on offre une césarienne planifiée à toutes les femmes infectées au VIH. Pour diminuer le risque de rupture prématurée des membranes avant le début du travail, cette césarienne se fait après 38 semaines de grossesse. On devrait administrer un traitement prophylactique intraveineux à l'AZT avant la chirurgie (American College of Obstetricians and Gynecologists, 1999). Durant la période pernatale, les soins sont les mêmes que pour toute femme qui accouche par césarienne, à ceci près que le strict respect des pratiques de base est encore plus crucial pour éviter l'apparition d'une infection nosocomiale.

Les femmes séropositives présentent un risque accru de complications, par exemple l'hémorragie pernatale ou postnatale, l'infection postnatale, une cicatrisation médiocre et une infection des voies génito-urinaires; elles exigent donc une surveillance étroite et un traitement approprié. Les recherches indiquent que l'allaitement au sein augmente le risque de transmission du VIH au fœtus; par conséquent, on doit le déconseiller aux mères séropositives.

À cause des conséquences très graves de l'infection au VIH pour la femme, son enfant et ses proches, mais aussi pour les prestataires de soins, on recommande de faire passer un test de dépistage à toutes les femmes à risque, soit: les usagères de drogues injectables; les prostituées; les femmes qui ont, ou ont eu, un partenaire séropositif, hémophile, usager de drogues injectables ou bisexuel; et les femmes en provenance de pays où la transmission hétérosexuelle est fréquente. De plus, les cliniques situées dans les quartiers où on trouve un plus grand nombre de personnes séropositives peuvent demander que l'on procède au dépistage systématique du virus chez toutes les femmes enceintes.

Soins infirmiers

Évaluation et analyse de la situation

La femme séropositive pour le VIH peut n'avoir aucun symptôme, comme elle peut présenter un ou plusieurs des symptômes suivants : fatigue, anémie, malaise général, perte de poids progressive, adénopathie, diarrhée, fièvre, troubles neurologiques, déficience de l'immunité cellulaire ou signes du sarcome de Kaposi (lésions externes ou internes violacées ou brun-rouge).

Si la cliente est séropositive ou qu'elle entretient une relation à risque élevé, l'infirmière doit évaluer ses connaissances au sujet de la maladie, de ses répercussions sur elle-même et sur l'enfant à naître, et des autosoins appropriés.

Voici quelques exemples de diagnostics infirmiers qui peuvent s'appliquer à la femme enceinte séropositive :

- *connaissances insuffisantes* sur le VIH/sida et sur ses répercussions à long terme, tant pour la femme que pour son enfant à naître ;
- *risque d'infection* relié au déficit immunitaire causé par le sida ;
- *stratégies d'adaptation familiale compromises* reliées aux répercussions de la présence du virus chez l'un des membres de la famille.

Planification et interventions

 Soins infirmiers communautaires

Les infirmières doivent aider les femmes à comprendre que l'infection au VIH mène au sida, qui est une maladie mortelle. Or, il leur est possible de l'éviter en adoptant des pratiques sexuelles sécuritaires (notamment l'utilisation du condom de latex à chaque relation sexuelle) et en évitant de partager des seringues.

Depuis 1997, le ministère de la Santé et des Services sociaux du Québec, en collaboration avec le Collège des médecins, recommande d'offrir la possibilité de subir un test de dépistage du sida à toute femme enceinte, ou qui songe à entreprendre une grossesse. Souvent, l'infirmière sera chargée du counseling relatif au test et à ses répercussions sur la cliente, sur son partenaire, et sur l'enfant à naître si elle devient enceinte.

Lorsqu'elle suit la grossesse d'une cliente séropositive pour le VIH, l'infirmière doit rester à l'affût des symptômes non spécifiques qui peuvent indiquer une progression de la maladie : hyperthermie, perte de poids, fatigue, candidose persistante, diarrhée, toux, lésions cutanées et changements comportementaux. Par ailleurs, des résultats d'analyse indiquant une diminution de l'hémoglobine, de l'hématocrite et des lymphocytes CD4, une vitesse de sédimentation (VS) érythrocytaire élevée et des anomalies dans l'hémogramme, la numération différentielle et la numération plaquettaire peuvent indiquer des complications, notamment qu'il y a infection ou progression de la maladie.

Les recommandations concernant une nutrition optimale et le maintien du bien-être sont cruciales, aussi devrait-on y revenir souvent avec la cliente. On devrait également l'informer sur le traitement prophylactique à l'AZT et sur l'importance de se conformer au programme thérapeutique prescrit pour elle-même et pour son enfant quand il sera né.

Soins infirmiers en milieu hospitalier

Le *Cheminement clinique pour la cliente séropositive ou sidéenne* résume l'essentiel des soins infirmiers durant la grossesse, le travail et l'accouchement, de même que durant le post-partum.

En 1987, les Centers for Disease Control (CDC) constataient qu'aux États-Unis, la prévalence de l'infection au VIH et le risque d'infection pour les travailleurs de la santé devenaient assez importants pour justifier qu'on prenne des précautions, surtout lors de la manipulation du sang et des autres liquides biologiques, *avec tous les clients* (et pas seulement avec les clients que l'on sait séropositifs). Depuis, ces précautions sont qualifiées de *pratiques de base.*

Les infirmières qui travaillent en périnatalité sont souvent en contact avec du sang et des liquides biologiques ; elles doivent donc respecter scrupuleusement les lignes de conduites élaborées par les CDC, que l'on enseigne en même temps que les rudiments de la pratique clinique. (Voir aussi *Points à retenir : Femme enceinte infectée au VIH.*)

Il existe également un protocole pour le traitement des travailleurs de la santé qui ont été exposés, à cause d'une piqûre ou autrement, aux liquides biologiques d'un client infecté au VIH ou dont on ignore s'il l'est. Ce traitement (habituellement une combinaison de médicaments) est d'autant plus efficace qu'il est administré rapidement (Catanzarite *et al.*, 1999) ; il importe donc de signaler immédiatement toute exposition au virus.

Enseignement des autosoins

L'infection au VIH a des répercussions psychologiques considérables sur la femme infectée et sur ses proches. La cliente séropositive ou sidéenne doit faire face au fait que son espérance de vie est réduite, de même que celle de son nouveau-né s'il est infecté ; s'il ne l'est pas, elle doit envisager la possibilité qu'il soit élevé par d'autres. Elle et son partenaire doivent aussi composer avec les répercussions de la maladie sur ce dernier, qui peut ou non être infecté, et sur leurs autres enfants.

Le soutien exempt de jugement que l'infirmière apporte à la cliente joue un rôle essentiel, notamment en ce qui concerne son droit à la confidentialité et au respect de son intimité. L'infirmière peut aussi veiller à ce que :

- la cliente reçoive de l'information précise et détaillée sur sa maladie et sur les façons de composer avec elle ;
- la cliente et son partenaire reçoivent de l'enseignement sur les moyens d'éviter la transmission de la maladie, et ce, dans leur langue et selon leur niveau de langage ;

Points à retenir

Femme enceinte infectée au VIH

- Habituellement, les anticorps deviennent détectables dans les 6 à 12 semaines qui suivent l'infection initiale au VIH, mais ils peuvent mettre plus de 6 mois à apparaître. *Pendant tout ce temps, la femme est infectée et contagieuse.*
- L'infection au VIH se propage essentiellement par contact sexuel, par exposition au sang contaminé ou par transmission périnatale (de la mère infectée à l'enfant).
- De nombreuses femmes séropositives pour le VIH ne présentent aucun symptôme et ignorent qu'elles sont infectées. *Les pratiques de base s'imposent pour les soins de toute femme enceinte.*
- Une femme enceinte infectée au VIH devrait recevoir un counseling prénatal sur les effets éventuels du virus sur le fœtus pour pouvoir faire un choix éclairé quant à la poursuite de sa grossesse. Quel qu'il soit, ce choix devra être respecté.
- Durant la grossesse, les prestataires de soins devraient rester à l'affût de tout signe non spécifique, comme la perte de poids ou la fatigue, pouvant indiquer une progression de l'infection au VIH.
- L'administration d'AZT à la mère durant la grossesse et le travail, de même qu'à l'enfant après la naissance, a beaucoup réduit l'incidence de la transmission verticale (de la mère au fœtus ou au nouveau-né) de l'infection au VIH.
- L'American College of Obstetricians and Gynecologists (1999) recommande que l'on planifie un accouchement par césarienne à la fin de la 38e semaine de grossesse pour réduire encore le risque de transmission verticale de la maladie.
- Durant la période pernatale, les procédés effractifs augmentent le risque d'exposer au VIH un fœtus qui n'est peut-être pas infecté ; on n'y recourt donc qu'après avoir soigneusement pesé les avantages et les risques.
- **La règle d'or des soins aux femmes enceintes est la suivante : si c'est liquide et que ce n'est pas à vous, n'y touchez pas sans protection !**

- la cliente bénéficie des soins de santé, des services sociaux et du soutien psychologique dont elle a besoin (Sinclair, 1999/2000).

Évaluation et résultats escomptés

Les résultats escomptés des soins infirmiers peuvent être les suivants :

- la cliente est capable d'expliquer les conséquences de l'infection au VIH pour elle-même et pour l'enfant à naître, le mode de transmission du virus et les possibilités de traitement ;
- la cliente accepte de se faire suivre, aider et conseiller par les services de santé et les services sociaux ;
- la cliente commence à verbaliser ses sentiments en ce qui concerne sa maladie et ses répercussions sur elle et sur sa famille.

Cheminement clinique pour la cliente séropositive ou sidéenne

Catégorie	Prise en charge durant la grossesse	Prise en charge durant le travail et l'accouchement*	Prise en charge durant le post-partum*
Orientation	• Spécialiste en périnatologie • Interniste • Travailleuse sociale • Infirmière psychiatrique, s'il y a lieu • Diététiste/technicienne en diététique • Spécialiste des maladies infectieuses	• Obtenir le dossier prénatal	• Soins infirmiers à domicile, au besoin **Résultat escompté** La cliente connaît et utilise les services et les ressources appropriés.

Évaluation	• Déroulement de la grossesse actuelle
	• Estimation de l'âge gestationnel
	• Sensibilité à un ou à plusieurs médicaments
	• Antécédents d'infection
	• Examen physique complet, comprenant les données suivantes :
	  – taille du fœtus, état fœtal, maturité fœtale
	  – signes de fatigue, faiblesse, diarrhée récurrente, pâleur, sueurs nocturnes
	  – adénopathie
	  – poids actuel/gain ou perte de poids
	  – toux improductive, hyperthermie, frissons, souffle court (pneumonie à *Pneumocystis carinii*)
	  – marques ou lésions de couleur sombre et violacée, surtout sur les membres inférieurs (sarcome de Kaposi)
	  – lésions gingivales ou buccales
	• Résultat des épreuves diagnostiques:
	  – échographie(s)
	  – études de la maturité fœtale rapport L/S (rapport lécithine/sphingomyéline); PG (phosphatidylglycérol); créatinine
	  – hémoglobine et hématocrite
	  – leucocytes
	  – VIH-I
	  – CD4 + numération des lymphocytes T
	  – vitesse de sédimentation des érythrocytes
	  – numération différentielle
	  – numération plaquettaire
		• Rechercher et évaluer les signes d'infection	• Évaluer quotidiennement l'HCT (hématocrite)
			• Poursuivre l'évaluation post-partum q8h
			• Évaluer la technique d'allaitement, qui devrait s'améliorer
			• Évaluer les signes vitaux q8h; s'assurer qu'ils sont tous dans les limites de la normale; noter au dossier toute hyperthermie > 38 °C
			• Évaluer continuellement le degré de bien-être
			Résultat escompté
			Les problèmes de santé et les complications, réels et potentiels, sont maîtrisés.

Enseignement/ Aspects psychosociaux	• Expliquer les signes et symptômes d'aggravation de la maladie et l'importance d'aviser l'infirmière s'ils se manifestent
	• Expliquer les signes et symptômes du travail
	• Sensibiliser la cliente au monitorage fœtal
	• Évaluer les résultats de l'enseignement
		• Discuter avec la cliente de :
		  a. la méthode d'accouchement
		  b. ce qu'elle prévoit pour le post-partum
			• Terminer l'enseignement post-partum et offrir un soutien psychosocial
			Résultat escompté
			La cliente affirme, et démontre, qu'elle comprend l'enseignement et qu'elle l'applique

Soins infirmiers et notes au dossier	• Évaluer l'état émotionnel de la cliente ; planifier le soutien et l'enseignement en conséquence • Peser la cliente • Recueillir les antécédents nutritionnels • Établir une relation de confiance • Trouver des occasions de parler avec la cliente sans être dérangées • Surveiller les signes d'infection • Maintenir les mesures d'isolement appropriées	• Surveiller continuellement la tension artérielle • Mettre en place le monitorage électronique du fœtus • Faire en sorte que les mêmes infirmières s'occupent de la cliente durant son hospitalisation • Maintenir les précautions applicables aux liquides organiques • Surveiller l'apparition de signes d'infection • Offrir du soutien	• Continuer les bains de siège prn • Autoriser les douches si la cliente marche sans difficulté • Maintenir les mesures d'isolement, s'il y a lieu • Surveiller l'apparition de signes d'infection **Résultats escomptés** Le bien-être maternel et fœtal est optimal. La cliente collabore activement au plan de soins afin de combler ses besoins physiques, émotionnels et spirituels.

Cheminement clinique pour la cliente séropositive ou sidéenne *(suite)*

Catégorie	Prise en charge durant la grossesse	Prise en charge durant le travail et l'accouchement*	Prise en charge durant le post-partum*
Activité	• Réduire les stimuli dans la chambre • Limiter les visites	• Encourager les changements de position et l'activité selon la tolérance	• Lever à volonté **Résultat escompté** L'activité n'a pas aggravé l'état de la cliente.
Bien-être	• Évaluer la douleur et les malaises • Prendre les mesures appropriées pour améliorer le bien-être	• Évaluer la douleur et les malaises • Prendre les mesures appropriées pour améliorer le bien-être	• Continuer à appliquer les techniques de gestion de la douleur **Résultat escompté** Le bien-être de la cliente est optimal.
Nutrition	• Diète hypercalorique et hyperprotéinique	• Glaçons	• Poursuivre la diète et la prise de liquides **Résultat escompté** Les besoins énergétiques sont comblés, les carences réduites et l'appétit amélioré.
Élimination			**Résultat escompté** Les ingesta et les excreta sont dans les limites de la normale.
Médicaments		• Perfusion IV continue	• La cliente peut prendre elle-même ses vitamines prénatales, au besoin. • Administrer de l'immunoglobuline anti-D (WinRho) et un vaccin contre la rubéole, si indiqué **Résultats escomptés** La cliente tolère bien la perfusion et l'hydratation. La pharmacothérapie est maintenue.

Planification du congé/ Continuité des soins	• Évaluer s'il est nécessaire de fournir des soins à domicile
	• Si la cliente est dans la phase asymptomatique de la maladie, la principale intervention infirmière est l'enseignement concernant les points suivants :
	  – évolution de la maladie
	  – dépistage et soins de santé appropriés pour le(s) partenaire(s) sexuel(s)
	  – effets de la maladie sur la grossesse
	  – mode de transmission du VIH
	  – précautions à prendre pour ne pas transmettre l'infection
	  – décisions possibles en ce qui concerne l'issue de la grossesse
	  – services et ressources communautaires
	  – signes et symptômes à signaler aux prestataires de soins (y compris les malaises communs de la grossesse, comme la nausée et la fatigue, et les complications, comme la rupture prématurée des membranes, les saignements vaginaux et le travail prématuré)
	• Donner de l'enseignement sur les besoins nutritionnels
	• Orienter la cliente vers les services et ressources communautaires appropriés
	• Discuter avec la cliente des processus pathologiques, de leurs effets sur la grossesse et des décisions possibles en ce qui concerne l'issue de la grossesse
	• Offrir du soutien et du counseling
			• Revoir les instructions relatives au congé
			• Décrire les signes d'alarme et expliquer quand il faut prévenir le médecin
			• Fournir l'ordonnance (prescriptions médicales écrites)
			• Fixer un rendez-vous pour la prochaine visite postnatale
			• Fixer un rendez-vous pour le suivi du nouveau-né
			• Discuter avec la cliente des risques de l'allaitement maternel (les recherches indiquent que le VIH pourrait se transmettre par le lait maternel)
			• Fournir de l'information sur la transmission du VIH et sur les mesures à prendre pour éviter l'infection. Discuter des précautions à prendre à domicile, par exemple :
			  – pratiques acceptables (se servir de la même vaisselle ; dormir dans le même lit ; utiliser la même salle de bain ; tenir le bébé dans ses bras et le caresser)
			  – à éviter (utiliser le même rasoir ou la même brosse à dents)
			  – précautions (porter des gants et utiliser une solution à 10 % d'eau de Javel pour désinfecter la salle de bain et pour nettoyer les éclaboussures de liquides physiologiques)
			  – prévenir la femme que l'abstinence sexuelle est plus sûre ; sinon, le port de condom de latex s'impose
			Résultat escompté
			Au moment du congé, la cliente a reçu l'enseignement et les informations nécessaires, concernant notamment la continuité des soins et du réseau de soutien.

Catégorie	Prise en charge durant la grossesse	Prise en charge durant le travail et l'accouchement*	Prise en charge durant le post-partum*
Famille et réseau de soutien	• Évaluer les inquiétudes de la cliente : peur de perdre le fœtus, rapports avec les autres enfants et avec le partenaire, etc. • Évaluer le réseau de soutien	• Inciter les proches à rester le plus longtemps possible auprès de la cliente durant le travail et l'accouchement	• Inciter les proches à rendre visite à la cliente • Continuer à donner de l'enseignement aux personnes clés • Évaluer les liens d'attachement parents-enfant • Voir à ce que la mère continue à recevoir du soutien une fois qu'elle a obtenu son congé • S'assurer que les personnes clés comprennent que la cliente a besoin de se reposer, de bien se nourrir et de récupérer **Résultat escompté** La famille utilise les services et les ressources disponibles, accueille le nouveau-né et s'adapte bien à la situation.
Date			

* On trouvera ici les interventions appropriées pour la cliente dont le travail, l'accouchement et les premiers jours du post-partum se déroulent normalement.

La cardiopathie

La grossesse entraîne une augmentation du débit cardiaque, de la fréquence cardiaque et du volume sanguin ; ce sont des changements auxquels un cœur normal s'adapte sans trop de difficulté. Par contre, la femme atteinte d'une **cardiopathie** a une réserve cardiaque moindre, de sorte que son cœur a plus de mal à s'accommoder de la surcharge de travail que lui impose la grossesse.

Environ 4 % des femmes enceintes souffrent d'une cardiopathie préexistante (Wenstrom et Malee, 1999). Les troubles dont elles souffrent durant la grossesse dépendent du type d'affection en cause. Les paragraphes qui suivent décrivent brièvement les affections les plus courantes.

De nos jours, les maladies cardiaques les plus fréquentes chez les femmes en âge de procréer sont les cardiopathies congénitales (Wenstrom et Malee, 1999). Les plus courantes chez les femmes enceintes sont : la communication interauriculaire, la communication interventriculaire, la persistance du canal artériel, le rétrécissement pulmonaire, la coarctation de l'aorte et la tétralogie de Fallot.

La grossesse est plus ou moins difficile selon la nature de la malformation. Si celle-ci a été corrigée chirurgicalement et qu'il ne subsiste aucun signe de maladie cardiaque organique, la femme peut entreprendre une grossesse en toute confiance. Une antibioprophylaxie pendant l'accouchement peut cependant être indiquée, car, même corrigées par la chirurgie, de nombreuses lésions cardiaques prédisposent à l'endocardite bactérienne subaiguë. On devrait déconseiller la grossesse à toute cliente qui souffre de cardiopathie cyanogène à cause des risques très élevés pour elle-même et pour le fœtus.

Le rhumatisme articulaire aigu (RAA) se développe à la suite d'une infection à streptocoque β-hémolytique du groupe A non traitée. Cette maladie des tissus conjonctifs peut s'attaquer au cœur, aux articulations, au système nerveux central, à la peau et au tissu sous-cutané. Une fois contractée, la maladie peut se déclarer de nouveau ; sa gravité tient surtout aux dommages permanents qu'elle peut causer au cœur ; on appelle cet état *cardite rhumatismale*. Heureusement, le rhumatisme articulaire aigu est beaucoup moins fréquent qu'autrefois, surtout grâce au diagnostic et au traitement précoces des infections streptococciques pharyngées.

La cardite rhumatismale – inflammation récurrente causée par des accès de rhumatisme articulaire – entraîne la formation de tissu cicatriciel sur les valvules cardiaques. Ces cicatrices entraînent une sténose (la valvule ne peut plus s'ouvrir complètement) ou une régurgitation (la valvule ne peut plus se fermer complètement), parfois les deux, imposant au cœur une surcharge de travail. Bien que la sténose mitrale soit plus courante, on observe parfois une sténose aortique ou tricuspidienne.

Pendant la grossesse, l'accroissement du volume sanguin et la nécessité d'un débit cardiaque accru imposent un stress au cœur qui présente un rétrécissement mitral, ce qui augmente le risque d'insuffisance cardiaque congestive. Même la femme qui ne présente aucun symptôme au début de sa grossesse est exposée à ce risque.

Le *prolapsus de la valvule mitrale* (PVM) est une affection généralement asymptomatique et assez fréquente chez les femmes en âge de procréer ; plus courant chez les femmes que chez les hommes, le PVM semble être une maladie familiale. Dans cette affection, à cause d'une élongation des cordages tendineux qui les soutiennent, les valves ont tendance à descendre dans l'oreillette gauche durant la systole ventriculaire, ce qui produit un clic systolique caractéristique à l'auscultation. Dans les cas plus prononcés, il y a une régurgitation mitrale, ce qui produit un souffle systolique.

Habituellement, les femmes qui présentent un prolapsus de la valvule mitrale supportent bien la grossesse et la plupart d'entre elles n'ont besoin que d'être rassurées sur le fait qu'elles peuvent poursuivre leurs activités habituelles. Toutefois, certaines signalent des symptômes – surtout des palpitations, des douleurs thoraciques et de la dyspnée – souvent causés par des arythmies ; généralement, on les traite au chlorhydrate de propranolol (Indéral). Limiter la consommation de caféine peut aussi diminuer les palpitations. Pour les clientes chez qui le seul signe de prolapsus de la valvule mitrale est un clic systolique, il n'est pas nécessaire de recourir à l'antibiothérapie durant l'accouchement pour prévenir l'endocardite bactérienne ; par contre, on recommande de l'administrer à celles qui ont un souffle systolique (Shabetai, 1999).

La *cardiomyopathie puerpérale* (ou syndrome de Meadows) est un dysfonctionnement du ventricule gauche qui survient chez une femme sans antécédent de cardiopathie, soit au cours du dernier mois de la grossesse ou dans les cinq mois qui suivent l'accouchement. On ne connaît pas la cause de cette affection, mais le taux de mortalité est très élevé, de 25 % à 50 % (Sheffield et Cunningham, 1999). Les symptômes rappellent ceux de l'insuffisance cardiaque congestive : dyspnée, orthopnée, fatigue, toux, douleurs thoraciques, palpitations et œdème. La femme peut présenter une hypertrophie ventriculaire gauche, de la tachycardie, des râles et un troisième bruit cardiaque audible. La *cardiomyopathie puerpérale* se traite par la digitoxine, les diurétiques, les anticoagulants, des vasodilatateurs au besoin et un strict repos au lit (Wenstrom et Malee, 1999). Le repos au lit peut amener la guérison, le cœur retrouvant peu à peu son volume normal. Les grossesses ultérieures sont fortement déconseillées, car la maladie tend à réapparaître à chaque grossesse.

Traitement clinique

Le traitement clinique vise essentiellement à fournir un diagnostic précoce et à prendre en charge la cliente atteinte d'une cardiopathie. L'échocardiogramme, la radiographie thoracique, l'auscultation des bruits cardiaques et, dans certains cas, le cathétérisme cardiaque sont essentiels pour déterminer la nature et la gravité de la cardiopathie. On peut aussi évaluer la gravité d'une cardiopathie à la capacité fonctionnelle du sujet, c'est-à-dire à sa capacité de se livrer à des activités physiques ordinaires. La New York Heart Association a établi des catégories de capacité fonctionnelle (Criteria Committee of the New York Hearth Association, 1979) :

I. Asymptomatique. Aucune restriction de l'activité physique.

II. Activité physique légèrement restreinte. Asymptomatique au repos. Les symptômes apparaissent quand il y a activité physique intense.

III. Restriction modérée ou importante de l'activité physique. Une activité physique plus légère que la normale occasionne l'apparition des symptômes.

IV. Incapacité de se livrer à la moindre activité physique sans éprouver de malaises. Même au repos, l'individu souffre d'insuffisance cardiaque ou de douleur angineuse.

Les femmes qui répondent aux critères des catégories I et II ont habituellement une grossesse normale et présentent peu de complications, tandis que celles qui répondent aux critères des catégories III et IV sont sujettes à des complications plus graves. Comme l'anémie oblige le cœur à travailler davantage, on doit la diagnostiquer et la traiter le plus tôt possible. Il en va de même pour les infections, même mineures.

Pharmacothérapie

En plus des suppléments de fer et des vitamines qu'on prescrit habituellement durant la grossesse, la femme enceinte atteinte d'une cardiopathie peut avoir besoin d'autres médicaments pour préserver sa santé durant cette période. Ainsi, on recommande d'administrer une antibiothérapie – à la pénicilline s'il n'y a pas d'allergie – pour prévenir les accès de rhumatisme articulaire aigu et les dommages cardiaques subséquents. L'antibiothérapie est également recommandée durant le travail et l'accouchement pour prévenir l'endocardite bactérienne chez les femmes qui souffrent de la forme acquise ou congénitale de la maladie. Si des troubles de la coagulation apparaissent, on peut utiliser l'héparine ; comme cet anticoagulant ne traverse pas la barrière placentaire, c'est le plus sûr pour le fœtus. On peut recourir aux diurétiques thiazidiques et au furosémide (Lasix) en cas d'insuffisance cardiaque congestive ; ce problème, de même que les arythmies, se traite aussi avec des glucosides digitaliques et des anti-arythmiques courants ; ces médicaments traversent le placenta, mais on ne leur connaît aucun effet tératogène.

Travail et accouchement

Pour les femmes qui répondent aux critères des catégories I et II, on recommande habituellement le déclenchement spontané et naturel du travail avec un soulagement de la douleur adéquat ; les soins doivent viser la détection et le traitement rapides de tout signe de défaillance cardiaque. Pour les femmes qui répondent aux critères des catégories III et IV, on pourra provoquer le travail ; l'hospitalisation peut être nécessaire pour stabiliser le cœur avant le début du travail. Ces clientes requièrent un monitorage cardiaque effractif durant le travail.

L'application basse de forceps avec une épidurale lombaire pour réduire les efforts expulsifs est la méthode d'accouchement la plus sûre. On ne pratique la césarienne que si elle est indiquée pour la mère ou le fœtus, et non à cause de la seule cardiopathie.

Soins infirmiers

Évaluation et analyse de la situation

À chaque visite prénatale, l'infirmière évalue l'effet de la grossesse sur la capacité fonctionnelle du cœur. Elle note à quelle catégorie appartient la cliente, prend le pouls, évalue la respiration et mesure la tension artérielle, puis compare les résultats aux valeurs normales durant la grossesse. Elle évalue ensuite le degré d'activité de la cliente (en tenant compte des périodes consacrées au repos) et note tout changement du pouls et de la respiration depuis la dernière visite. Comme la fatigue est un signe avant-coureur de décompensation, elle doit à chaque visite demander à la cliente si l'activité physique lui cause une fatigue accrue. Enfin, elle doit rechercher et évaluer tout autre facteur qui pourrait imposer un effort au cœur : anémie, infection, anxiété, stress professionnel ou familial, tâches domestiques trop lourdes, réseau de soutien insuffisant, etc.

Lorsqu'ils sont évolutifs, les symptômes suivants indiquent une insuffisance cardiaque congestive :

- toux : fréquente, avec ou sans expectoration teintée de sang (hémoptysie) ;
- dyspnée : évolutive, à l'effort ;
- œdème : évolutif, généralisé (touchant les membres, le visage et les paupières) ;
- souffles cardiaques (entendus à l'auscultation) ;
- palpitations ;
- râles (à la base des poumons) ;
- gain pondéral.

Le caractère évolutif de ces symptômes est l'indice crucial, car certains s'observent aussi, dans une moindre mesure, lors de grossesses sans troubles cardiaques.

Voici quelques exemples de diagnostics infirmiers qui peuvent s'appliquer à la femme enceinte qui souffre d'une cardiopathie :

- *débit cardiaque diminué,* grande fatigabilité ;
- *échanges gazeux perturbés* reliés à un œdème pulmonaire causé par la décompensation cardiaque ;
- *peur* reliée aux conséquences éventuelles de la cardiopathie maternelle sur le bien-être fœtal.

Planification et interventions

Les soins infirmiers visent avant tout à maintenir l'équilibre entre la réserve cardiaque et la surcharge de travail imposée au cœur.

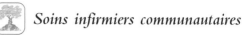 *Soins infirmiers communautaires*

Prise en charge pendant la grossesse

Les interventions infirmières visent à répondre aux besoins physiologiques et psychosociaux de la femme enceinte qui souffre d'une cardiopathie ; leur priorité varie selon la gravité du processus pathologique et selon les résultats de l'évaluation initiale des besoins particuliers de la cliente.

La cliente et ses proches devraient connaître parfaitement la maladie et son traitement, et être en mesure de reconnaître les signes de complications, ce qui réduira leur niveau d'anxiété. Si l'infirmière lui donne des explications détaillées, lui fournit de la documentation et lui donne l'occasion de poser des questions et de discuter de ce qui l'inquiète, la femme enceinte est plus attentive à ses besoins et elle saura demander de l'aide quand il le faut.

Lorsqu'elle donne son enseignement, l'infirmière explique à la cliente les raisons des changements qui lui sont prescrits dans son alimentation et dans ses activités. Elle établit le régime alimentaire afin qu'il réponde le mieux possible aux besoins nutritionnels de la cliente qui souffre d'une cardiopathie : il sera faible en sodium, riche en fer, protéines et nutriments essentiels, et fournira un apport énergétique suffisant pour assurer un gain pondéral normal. La cliente devra peut-être restreindre ses activités pour conserver sa réserve cardiaque. De plus, il est essentiel qu'elle dorme de 8 à 10 heures par nuit et qu'elle se réserve plusieurs périodes de repos dans la journée. Comme les infections des voies respiratoires supérieures peuvent fatiguer le cœur et conduire à la décompensation, elle doit éviter tout contact avec des sources d'infection.

Environ tous les 15 jours durant la première moitié de la grossesse, puis toutes les semaines jusqu'à l'accouchement, on procède à une évaluation de l'état cardiaque. Ces examens sont particulièrement importants entre la 28e et la 30e semaine, quand le volume sanguin atteint son paroxysme. Si des symptômes de décompensation cardiaque apparaissent, une intervention médicale rapide s'impose pour corriger le problème.

Soins infirmiers en milieu hospitalier

Prise en charge pendant le travail et l'accouchement

Le travail et l'accouchement infligent un stress énorme à la femme et au fœtus. Lorsque la mère souffre d'une cardiopathie, ce stress risque d'entraîner une diminution de l'apport en sang et en oxygène qui serait fatale pour le fœtus. C'est pourquoi, pendant toute la période pernatale, les soins infirmiers viseront à réduire l'effort physique et la fatigue qui en découle.

L'infirmière prend fréquemment les signes vitaux de la mère pour évaluer sa réaction au travail : un pouls supérieur à 100 battements par minute ou plus de 25 respirations par minute peuvent être les signes d'un début de décompensation cardiaque et exigent donc une évaluation plus poussée. De plus, l'infirmière ausculte régulièrement les poumons de la cliente pour déceler la présence de râles ou de tout autre signe de décompensation.

Pour assurer la vidange cardiaque et une oxygénation suffisante, l'infirmière conseille à la parturiente de s'installer soit en position semi-Fowler, soit en décubitus latéral, la tête et les épaules surélevées. L'état de la mère peut exiger l'administration d'oxygène par masque, de diurétiques pour réduire la rétention liquidienne, de sédatifs et d'analgésiques, d'antibioprophylaxie ou de digitaline.

L'infirmière reste auprès de la cliente pour la soutenir et l'informer, elle ainsi que ses proches, sur le déroulement du travail et les modalités thérapeutiques. Elle doit aussi collaborer avec eux pour que l'accouchement se passe autant que possible selon leurs désirs. Enfin, l'infirmière doit maintenir une atmosphère de calme afin d'atténuer l'anxiété de la cliente et de ses proches.

Le monitorage électronique continu du fœtus permet de surveiller ses réactions durant le travail. L'infirmière incite la mère à se détendre et à dormir entre les contractions pour éviter le surmenage et l'épuisement. On propose souvent une péridurale pour diminuer la fatigue. Au moment des efforts expulsifs, l'infirmière encourage la cliente à pousser – mais en retenant son souffle moins longtemps et en ne fermant pas entièrement la glotte –, et à se détendre complètement entre les poussées. Si les efforts expulsifs sont trop difficiles, on pourra recourir aux forceps ou aux ventouses. La deuxième phase du travail exige une surveillance très étroite des signes vitaux.

Prise en charge pendant le post-partum

Pour la cliente atteinte d'une cardiopathie, le post-partum est une période critique. En effet, le retour du liquide extravasculaire dans la circulation avant son excrétion augmente le débit cardiaque et le volume sanguin. Cette adaptation physiologique qui impose au cœur un effort considérable peut provoquer une décompensation, surtout dans les 48 premières heures du post-partum.

Pour que l'équipe de santé puisse déceler tout problème éventuel, on garde la cliente à l'hôpital environ une semaine, le temps qu'elle se repose et se rétablisse. On prend fréquemment ses signes vitaux et on se tient à l'affût des signes de décompensation. La cliente reste en position semi-Fowler ou en décubitus latéral, la tête et les épaules surélevées, et elle reprend graduellement un certain niveau d'activité. On réduit les efforts de défécation en prescrivant un régime approprié et un émollient des selles.

L'infirmière fournit à la nouvelle mère des occasions de discuter de son accouchement et elle l'aide à surmonter les émotions ou les préoccupations qui la perturbent. Pour faciliter l'attachement mère-enfant, l'infirmière ménage des interactions fréquentes entre la cliente et le nouveau-né.

Rien n'indique que l'allaitement maternel affecte le débit cardiaque. Par conséquent, seuls les médicaments que prend la mère souffrant de maladie cardiovasculaire font l'objet de préoccupations (Friedman et Polifka, 1996) : on doit vérifier s'ils passent dans le lait ou s'ils ont un effet sur la lactation. L'infirmière devrait aider la mère qui allaite à s'installer confortablement sur le côté, la tête modérément surélevée, en position semi-Fowler, puis à mettre le nouveau-né au sein. Afin de ménager l'énergie de la mère, elle devrait rester à sa disposition pour faire éructer le bébé et l'installer à l'autre sein.

En plus de donner l'enseignement postnatal habituel en préparation au congé, l'infirmière doit s'assurer que la cliente et ses proches connaissent les signes et symptômes des problèmes liés à la cardiopathie ou à d'autres complications du post-partum. Elle doit également planifier avec eux le programme d'activités de la nouvelle mère. Selon l'état de cette dernière, les visites d'une infirmière à domicile peuvent se révéler nécessaires.

Évaluation et résultats escomptés

Les résultats escomptés des soins infirmiers peuvent être les suivants :

- la cliente est capable de décrire la maladie dont elle souffre et ses répercussions potentielles durant la grossesse, le travail et l'accouchement, puis le post-partum ;
- la cliente participe à l'élaboration de son régime thérapeutique et l'observe durant toute sa grossesse ;
- la cliente donne naissance à un enfant en santé ;
- la cliente évite l'insuffisance cardiaque congestive, la maladie thromboembolique et l'infection ;
- la cliente est capable de reconnaître les signes et symptômes des complications possibles durant le post-partum ;
- la cliente se montre capable d'assumer efficacement les soins au nouveau-né.

Autres maladies préexistantes

Toute femme qui a un problème médical devrait connaître les effets possibles d'une grossesse sur l'évolution de sa maladie et les effets possibles de sa maladie sur le déroulement de sa grossesse. Le tableau 12-5 décrit brièvement quelques affections moins courantes que celles que nous avons étudiées dans ce chapitre et s'intéresse à leurs effets éventuels sur la mère et sur le fœtus ou le nouveau-né. L'encadré *Pratique fondée sur des données probantes* (p. 328) traite plus en profondeur d'une de ces maladies : l'hépatite B.

Tableau 12-5

Grossesse et affections médicales moins courantes

Affection	Brève description	Effets chez la mère	Effets chez le fœtus ou le nouveau-né
Polyarthrite rhumatoïde	Cette maladie inflammatoire chronique, qu'on croit causée par une réaction antigène-anticorps à composante génétique, se manifeste par les symptômes suivants : fatigue, fébricule, douleur et tuméfaction des articulations, raideur articulaire matinale, mouvements douloureux. Elle se traite avec des salicylés, de la physiothérapie et du repos. Si ce traitement ne suffit pas, un recours prudent aux corticostéroïdes peut être indiqué.	Habituellement, on observe une rémission des symptômes de la polyarthrite rhumatoïde pendant la grossesse, souvent suivie d'une rechute pendant le post-partum. Une perte de sang associée au traitement aux salicylés peut causer de l'anémie. La mère a besoin de repos, surtout pour soulager les articulations porteuses, mais elle doit aussi continuer à faire des exercices d'amplitude des mouvements. En cas de rémission, on peut suspendre la médication pendant la grossesse.	Chez celles qui prennent de fortes doses de salicylés, il y a possibilité de grossesse prolongée et de travail plus long. Les salicylés peuvent avoir des effets tératogènes.
Épilepsie	Cette maladie chronique caractérisée par des crises convulsives peut être idiopathique ou consécutive à d'autres troubles : traumatisme crânien, troubles métaboliques ou nutritionnels (comme la phénylcétonurie ou la carence en vitamine B_6), encéphalite, néoplasme ou obstruction circulatoire, par exemple. L'épilepsie se traite à l'aide d'anticonvulsivants.	La plupart des grossesses chez les femmes atteintes d'épilepsie sont sans problèmes, et le pronostic est excellent. Les femmes qui avaient des crises fréquentes avant la grossesse peuvent en avoir encore plus durant cette période, mais cela peut être dû à la non-observance du régime posologique de la médication ou au manque de sommeil. On devrait continuer à traiter la femme enceinte avec la médication qui maîtrise le mieux ses crises convulsives. Si possible, on devrait entreprendre un traitement à l'acide folique avant la conception. On recommande l'administration d'acide folique et de vitamine D durant toute la grossesse (Samuels, 1996b).	L'incidence de la mortalité périnatale est plus élevée chez les clientes épileptiques. Certains anticonvulsivants sont associés à une incidence accrue d'anomalies congénitales, en particulier de fissures labiopalatines et de malformations cardiaques. Cependant, cette incidence a diminué depuis quelques années, probablement parce qu'on peut maintenant mesurer la concentration des médicaments dans le sang et adapter la posologie en conséquence. Un seul médicament peut alors suffire, et le recours à de nombreux médicaments est plus rare qu'autrefois (Samuels, 1996b).
Hépatite B	Causée par le virus de l'hépatite B (VHB), ce problème de santé majeur est de plus en plus répandu. Les groupes à risque comprennent les personnes provenant de zones où la maladie est courante (surtout les pays en voie de développement) ; les usagers de drogues injectables ; les personnes qui se prostituent, qui ont de nombreux partenaires sexuels ou qui sont en contact avec du sang ou des produits sanguins au cours de leur travail ; et les homosexuels. Cela dit, bien des personnes contractent l'infection sans qu'on puisse en déterminer la source. La maladie se transmet par contact avec du sang ou d'autres liquides biologiques infectés, surtout par voie sexuelle et périnatale. À cause de l'augmentation spectaculaire du nombre de cas et de la difficulté de vacciner les sujets à risque élevé avant qu'ils ne contractent la maladie, le Comité d'immunisation du Québec recommande (Direction des communications de la santé et des services sociaux, 1999) la vaccination universelle contre le virus de l'hépatite B (VHB). Cependant, on accorde la priorité aux élèves de 4ᵉ année du primaire et à toute personne présentant un risque élevé de contracter le virus. Aux États-Unis, on propose : 1) le dépistage systématique de l'antigène de surface du virus de l'hépatite B (HbsAg) chez toutes les femmes enceintes ; 2) la vaccination de tous les nouveau-nés ; 3) la vaccination des enfants plus âgés à risque élevé ; 4) la vaccination des enfants de 11 et 12 ans qui n'ont pas encore reçu le vaccin ; 5) la vaccination des adolescents et des adultes à risque élevé (CDC, 1998).	L'hépatite B n'affecte habituellement pas le déroulement de la grossesse. Cependant, les porteuses de VHB risquent d'infecter quiconque entre en contact avec leur sang et leurs liquides biologiques. De plus, à long terme, les porteuses chroniques peuvent souffrir de séquelles, telles que la maladie hépatique chronique ou le cancer du foie. La maladie hépatique associée au VHB cause de 4 000 à 5 000 décès chaque année aux États-Unis. On recommande maintenant d'effectuer un dépistage de l'antigène de surface du virus de l'hépatite B chez toutes les femmes enceintes ; si le test est négatif, on peut administrer à la cliente le vaccin contre l'hépatite B.	La transmission périnatale survient le plus souvent pendant l'accouchement ou juste avant. Pour les nouveau-nés ainsi infectés, les probabilités de contracter une infection chronique sont de 90 % en l'absence de traitement (CDC, 1998). On recommande maintenant de vacciner tout nouveau-né d'une mère dont le test de dépistage de l'HbsAg est positif. Il convient de plus de pratiquer l'immunoprophylaxie à l'égard de tout enfant né d'une mère au statut immunologique inconnu, au moment de l'accouchement et jusqu'à ce que les résultats soient connus.

Tableau 12-5 (suite)

Grossesse et affections médicales moins courantes (suite)

Affection	Brève description	Effets chez la mère	Effets chez le fœtus ou le nouveau-né
Hyperthyroïdie (thyréotoxicose)	Une hypertrophie et une hyperactivité de la glande thyroïde, ainsi qu'une augmentation de la TBG (*thyroxine binding globulin*), de la thyroxine (T4) libre et du métabolisme basal caractérisent ce trouble. Celui-ci produit les symptômes suivants : atrophie musculaire, tachycardie, diaphorèse et exophtalmie. Il se traite au propylthiouracile (PTU), un antithyroïdien de synthèse, avec surveillance du taux de T4 libre. On ne recourt à la chirurgie qu'en cas d'intolérance au médicament.	L'hyperthyroïdie bénigne n'est pas dangereuse. Cependant, on observe une incidence accrue d'hypertension gravidique et d'hémorragie de la délivrance lorsque l'hyperthyroïdie n'est pas bien maîtrisée. Caractérisée par une forte hyperthermie, la tachycardie, la diaphorèse et l'insuffisance cardiaque, la crise thyréotoxique comporte des risques importants ; heureusement, elle est rare de nos jours. L'hyperthyroïdie diagnostiquée durant la grossesse peut être transitoire ou permanente.	La thyréotoxicose est rare chez le nouveau-né. À faibles doses, les antithyroïdiens administrés à la mère peuvent entraîner une légère hypothyroïdie chez le fœtus ou le nouveau-né ; de plus fortes doses peuvent causer un goitre ou une déficience mentale. La mort fœtale n'est pas plus fréquente chez la mère euthyroïdienne, mais, en l'absence de traitement, les taux d'avortement spontané, de mort fœtale intra-utérine et de mortinatalité sont plus élevés. L'allaitement maternel est contre-indiqué pour les clientes traitées aux antithyroïdiens, qui passent dans le lait (les femmes qui prennent de faibles doses peuvent essayer d'allaiter si le taux de T4 du nouveau-né est surveillé).
Hypothyroïdie	Une insuffisance des sécrétions thyroïdiennes (rapport T4 :TBG inférieure à la normale), une augmentation de la TSH (thyréostimuline), une diminution du métabolisme basal et une hypertrophie de la thyroïde (goitre) caractérisent ce trouble. Il produit les symptômes suivants : manque d'énergie, gain pondéral excessif, intolérance au froid, peau sèche et constipation. Il se corrige par un traitement substitutif à la thyroxine.	Habituellement, on poursuit le traitement substitutif à long terme pendant la grossesse, aux mêmes doses qu'avant. À partir de la 35e semaine de grossesse, on effectue un examen de réactivité fœtale (ERF) hebdomadaire.	Si la mère n'est pas soignée, le risque de perdre le fœtus est de l'ordre de 50 %, et le risque de goitre congénital ou de crétinisme est élevé ; on mesure donc le taux de T4 du nouveau-né. Les enfants dont la mère avait une carence, même légère, peuvent présenter des signes d'anomalie du développement neuropsychologique (Haddow *et al.*, 1999).
Phénylcétonurie maternelle (hyperphénylalaninémie)	Cette anomalie héréditaire à transmission autosomique récessive se caractérise par une carence de l'enzyme hépatique qui catalyse la transformation de la phénylalanine (un acide aminé) en tyrosine ; cette carence se traduit par un taux sérique élevé de phénylalanine. Si elle n'est pas traitée très tôt, la maladie cause des lésions cérébrales et la déficience intellectuelle.	La femme doit suivre une diète à faible teneur en phénylalanine avant la conception et durant sa grossesse. On doit la prévenir que ses enfants seront soit atteints soit porteurs de la maladie, selon que le père transmet ou non le gène qui en est responsable. On recommande le traitement dans un établissement spécialisé.	Si la mère n'est pas traitée avant la conception, le fœtus est à risque. Le taux de phénylalanine fœtale est d'environ 50 % plus élevé que le taux de phénylalanine maternel. Chez les nouveau-nés des mères non traitées, on observe une incidence accrue de déficience intellectuelle, de microcéphalie, de cardiopathie congénitale et de retard de croissance.
Sclérose en plaques	Ce trouble neurologique se caractérise par la destruction de la gaine de myéline qui entoure les fibres nerveuses. L'affection, qui atteint surtout les jeunes adultes (et plus souvent les femmes), comporte des périodes de rémission et évolue jusqu'à une incapacité physique importante après 10 à 20 ans.	On observe souvent une rémission durant la grossesse, ainsi qu'un taux de rechute légèrement accru durant le post-partum (Confavreux *et al.*, 1998). Comme le repos est important, la mère devrait avoir de l'aide pour prendre soin de l'enfant. La force des contractions utérines n'est pas diminuée, mais comme la maladie atténue souvent les sensations, le travail peut être presque indolore.	Comme les recherches indiquent de plus en plus clairement une prédisposition génétique, on recommande aux couples de recourir au counseling génétique.
Lupus érythémateux disséminé (LED)	Caractérisée par des poussées évolutives suivies de rémissions, cette maladie auto-immune chronique du collagène produit les symptômes suivants : éruption caractéristique, inflammation et douleurs articulaires, fièvre, néphrite, dépression, troubles des nerfs crâniens et neuropathies périphériques.	On prévient habituellement les femmes atteintes de LED que la maladie devrait être en rémission depuis 5 à 7 mois au moins au moment de la conception. La grossesse ne semble pas modifier l'évolution à long terme du LED, mais l'incidence de la mortalité et de la morbidité maternelles augmente. La plupart des décès maternels sont causés par une hémorragie pulmonaire ou un *lupus pneumonitis*, qui surviennent durant le post-partum (Samuels, 1996a). De plus, la mère s'expose à un risque accru de dommages permanents aux reins ou au système nerveux central (SNC) après la grossesse (Classen *et al.*, 1998).	Le LED est responsable d'une incidence accrue d'avortement spontané, de mortinatalité, de prématurité et de RCIU. Les nouveau-nés des femmes qui en sont atteintes peuvent présenter une éruption cutanée caractéristique, qui disparaît généralement après 6 mois. Ils courent également un risque accru de bloc cardiaque complet congénital, une affection qu'on peut diagnostiquer avant la naissance. Les femmes qui ont le LED et certains anticorps sont à risque. On pratique un échocardiogramme entre la 18e et la 24e semaine de grossesse et, au besoin, on entreprend immédiatement un traitement (Reichlin, 1998).

Tableau 12-5 (suite)

Grossesse et affections médicales moins courantes (suite)

Affection	Brève description	Effets chez la mère	Effets chez le fœtus ou le nouveau-né
Tuberculose	Causé par *Mycobacterium tuberculosis,* le processus inflammatoire entraîne une destruction du tissu pulmonaire, de la toux et des expectorations accrues. La tuberculose est surtout associée à la pauvreté, à la surpopulation et à la malnutrition, de sorte qu'on la diagnostique souvent chez les réfugiés venant de pays où la maladie est courante. Les femmes enceintes atteintes de tuberculose active reçoivent une trithérapie associant l'isoniazide, la rifampicine et l'éthambutol ; pour les femmes qui allaitent, on ajoute un quatrième médicament, la pyrazinamide (Newton, 2000).	Depuis la fin des années 1980, on observe une recrudescence importante de la tuberculose, de plus en plus associée à l'infection au VIH (Newton, 2000). Si la maladie a été inactivée par un traitement, le taux de récidive n'est pas plus élevé que chez les femmes qui ne sont pas enceintes. Si on utilise de l'isoniazide pendant la grossesse, on devrait également prescrire un supplément de pyridoxine (vitamine B_6). Il est important que la cliente se repose et limite ses contacts avec autrui jusqu'à ce que le virus soit inactivé.	Si sa maladie est inactivée, la mère peut allaiter son enfant et en prendre soin. Si le virus est actif et que la mère *n'est pas* sous traitement au moment de l'accouchement, on la traite de même que le nouveau-né. Certains médecins recommandent de séparer la mère et l'enfant durant la première semaine du traitement, mais d'autres estiment que cette séparation risque de faire plus de mal que de bien (Newton, 2000). L'isoniazide et la rifampicine traversent le placenta. Dans le cas de l'isoniazide, la plupart des études n'indiquent aucun effet tératogène ; dans le cas de la rifampicine, les données ne sont pas encore concluantes.

Pratique fondée sur des données probantes   Hépatite B

Dans la petite salle d'urgence de l'hôpital régional où vous travaillez de nuit, vous et vos collègues voyez des problèmes de toutes sortes. Bien que l'établissement n'ait pas d'unité d'obstétrique, la semaine dernière une femme qui n'avait pas reçu de soins prénataux a accouché à l'urgence, et vous vous êtes occupée d'elle. Vous pensiez que tout s'était bien passé jusqu'à ce que le Comité de prévention des infections de l'établissement demande des explications sur le fait que le médecin ait omis de prescrire de l'immunoglobuline au nouveau-né, alors qu'il ignorait si la cliente était ou non porteuse du virus de l'hépatite B (VHB). Cette demande a déclenché une enquête sur le protocole de la salle d'urgence en matière d'accouchement. Cette enquête a mis en lumière de graves lacunes quant à la sensibilisation du personnel au problème de l'hépatite B et à l'application des recommandations du Comité d'immunisation du Québec (CIQ) visant à éviter la transmission périnatale du VHB.

L'hépatite B est un problème de santé publique majeur. Le nouveau-né dont la mère est séropositive pour le virus de l'hépatite B présente un risque élevé de souffrir de cette maladie (CDC, 1999b). L'absence de suivi prénatal chez une femme sur le point d'accoucher devrait alerter l'infirmière, car le dépistage de routine de l'hépatite B fait partie intégrante des soins prénataux. Comme on ignorait si la femme était ou non porteuse du VHB, le bébé courait un risque élevé : les probabilités que le nouveau-né contracte la maladie à la suite d'une exposition périnatale sont de l'ordre de 90 %. Par conséquent, ce nouveau-né – comme tous les nouveau-nés des mères dont on ignore si elles sont porteuses du VHB – aurait dû recevoir des immunoglobulines et un vaccin (Recombivax HB ou Engerix-B) dans les 12 heures qui ont suivi sa naissance. De plus, on aurait dû faire passer à la mère un test de dépistage de l'antigène de surface de l'hépatite B (HbsAg).

La Direction de la santé publique tente de localiser la mère et l'enfant pour leur faire passer des tests. Si les tests de la mère révèlent la présence d'HbsAg, on devra administrer au bébé de l'immunoglobuline anti-hépatite B (IGHB) et une première dose de vaccin à l'âge d'une semaine, puis une deuxième dose de vaccin lorsqu'il aura un mois ou deux, et une troisième dose à l'âge de six mois.

Finalement, le directeur médical a effectué le suivi auprès du personnel afin que le nouveau protocole soit connu de tous ; un exemplaire du Programme d'immunisation du Québec, fourni par la Direction de la santé publique, a été distribué.

Références

Centers for Disease Control and Prevention (1999b). « Program to prevent prérinatal hepatitis B transmission », *Morbidity and Mortality Weekly Report,* vol. 46, n° 17, p. 378-380.

Direction des communications de la Santé et des Services sociaux (1999), *Protocole d'immunisation du Québec,* Gouvernement du Québec.

Stevenson, A. (1999). « Immunizations for women and infants », *Journal of Obstetrics, Gynecologic, and Neonatal Nursing,* vol. 28, n° 5, p. 534-544.

Turcotte, A. (2000), « Les contacts infectieux pendant la grossesse », *Le Médecin du Québec,* vol. 35, n° 6.

Le chapitre en bref

Notions fondamentales

- Presque tous les problèmes médicaux dont peut souffrir une personne qui n'est pas enceinte peuvent coexister avec la grossesse. Certains, comme l'anémie, sont aggravés par la grossesse, d'autres, comme les maladies du collagène, peuvent entrer en rémission. Quel que soit le problème de santé en cause, des soins attentifs durant toute la grossesse sont essentiels pour que son issue soit optimale tant pour la mère que pour le fœtus.

- Recevoir un diagnostic de grossesse à risque élevé peut causer un choc aux futurs parents. L'infirmière doit aider la cliente et ses proches à s'y adapter en les informant sur la maladie, en leur enseignant les autosoins appropriés et en leur offrant du soutien.

- En plus d'être nocif pour la santé de la mère, la consommation de substances psychotropes (alcool, médicaments ou drogues illégales) peut avoir des effets profonds et persistants sur le fœtus et le nouveau-né. L'infirmière doit rester à l'affût des signes d'abus de substances et elle doit adopter une attitude exempte de jugement lorsqu'elle donne des soins à la cliente toxicomane.

- L'élément capital dans les soins à la cliente diabétique enceinte est la maîtrise stricte et constante de la glycémie maternelle. L'autocontrôle de la glycémie, plusieurs injections quotidiennes d'insuline et un régime alimentaire adéquat sont les meilleurs moyens d'y parvenir. Pour diminuer les risques d'anomalies congénitales et d'autres problèmes chez le nouveau-né, le diabète devrait être maîtrisé avant la conception et le demeurer pendant toute la grossesse. Plus que la plupart des autres clientes, les femmes diabétiques doivent être parfaitement informées sur leur maladie et participer à leurs soins.

- L'infection au VIH, qui se transmet par le sang et les liquides biologiques, peut également se transmettre verticalement, de la mère au fœtus. À l'heure actuelle, aucun traitement ne peut la guérir. L'administration d'AZT à la mère durant la grossesse et le travail, et au nouveau-né durant les premières semaines, a réduit de manière spectaculaire les risques de transmission périnatale de l'infection au VIH; l'accouchement par césarienne avant le début du travail ou la rupture des membranes peut encore diminuer ce risque. Les infirmières doivent respecter rigoureusement les pratiques de base pour éviter de contracter ou de propager l'infection.

- La femme enceinte atteinte d'une cardiopathie doit être étroitement suivie tout au long de sa grossesse, durant laquelle elle devra éventuellement restreindre ses activités. Elle et l'infirmière doivent connaître les signes d'une décompensation cardiaque imminente et les signaler dès qu'ils se manifestent.

Références

AMERICAN COLLEGE OF OBSTETRICIANS AND GYNECOLOGISTS (1997), *Human immunodeficiency virus infections in pregnancy,* AGOG Technical Bulletin, nᵒ 232, Washington, chez l'auteur.

AMERICAN COLLEGE OF OBSTETRICIANS AND GYNECOLOGISTS (1999), *Scheduled cesarean delivery and the prevention of vertical transmission of HIV infection,* AGOG Committee Opinion, nᵒ 219, Washington, chez l'auteur.

AMERICAN DIABETES ASSOCIATION (2000a), «Position statement: Gestational diabetes mellitus», *Diabetes Care,* nᵒ 23, suppl. 1, p. S77-S79.

AMERICAN DIABETES ASSOCIATION (2000b), «Position statement: Preconception care of women with diabetes», *Diabetes Care,* nᵒ 23, suppl. 1, p. S65-S68.

ANDRES, R. L. (1999), «Social and illicit drug use in pregnancy», *in* R. K. Creasy et R. Resnik (dir.), *Maternal-fetal medicine,* 4ᵉ éd., Philadelphie, Saunders, p. 145-164.

CATANZARITE, V. A., K. M. PIACQUADIO, L. M. STANCO, N. KOLLISCH, R. CHINN et S. GARDNER (1999), «Preventing transmission of AIDS and hepatitis to obstetric-care workers», *Contemporary OB/GYN,* vol. 44, nᵒ 8, p. 39-55.

CENTERS FOR DISEASE CONTROL AND PREVENTION (1998), «1998 guidelines for the treatment of sexually transmitted disease», *Morbidity and Mortality Weekly Report,* nᵒ 47, RR-1.

CENTERS FOR DISEASE CONTROL AND PREVENTION (1999), *National Folic Acid Program of the National Center for Environmental Health,* NCEH Publication, nᵒ 99-0082, Atlanta, chez l'auteur.

CENTERS FOR DISEASE CONTROL AND PREVENTION (2000), *HIV/AIDS Surveillance Report,* vol. 12, nᵒ 1, p. 1-18.

CLASSEN, S., P. R. PAULSON et S. R. ZACHARIAS (1998), «Systemic lupus erythematosis: Perinatal and neonatal implications», *Journal of Obstetric, Gynecologic and Neonatal Nursing,* vol. 27, nᵒ 5, p. 493-500.

CONFAVREUX, C., M. HUTCHISON, M. M. HOURS, P. CORTINOVIS-TOURNIAIRE et T. MOREAU (1998), «Rate of pregnancy-related relapse in multiple sclerosis», *New England Journal of Medicine,* vol. 339, nᵒ 5, p. 339-340.

CRITERIA COMMITTEE OF THE NEW YORK HEARTH ASSOCIATION (1979), *Nomenclature and criteria for diagnosis of disease of the heart and great vessels,* 8ᵉ éd., New York, New York Hearth Association.

CUNNINGHAM, F. G., N. F. GANT, K. J. LEVENO, L. C. GILSTRAP III, J. C. HAUTH et K. D. WENSTROM (2001), *Williams Obstetrics,* 21ᵉ éd., New York, McGraw-Hill.

CURET, L. B. (2000), «Obstetric management of diabetes mellitus in pregnancy», *in* J. J. Sciarra (dir.), *Maternal and fetal medicine,* vol. 3, chap. 14, p. 1-10.

DIRECTION DES COMMUNICATIONS DE LA SANTÉ ET DES SERVICES SOCIAUX (1999), *Protocole d'immunisation du Québec,* Gouvernement du Québec.

FRIEDMAN, J. M. et J. E. POLIFKA (1996), *The effects of drugs on the fetus and nursing infant,* Baltimore, Johns Hopkins University Press.

GUYON, L., M. DE KONINCK, P. MORISSETTE et L. CHAYER (1998), *Toxicomanie et maternité, un projet possible. Une synthèse des connaissances actuelles,* Montréal, Comité permanent de lutte à la toxicomanie, p. 24.

HADDOW, J. E., G. E. PALOMAKI, W. C. ALLAN, J. R. WILLIAMS, G. J. KNIGHT, J. GAGNON, C. E. O'HEIR, M. L. MITCHELL, R. J. HERMOS, S. E. WAISBREN, J. D. FAIX et R. Z. KLEIN (1999), «Maternal thyroid deficiency during pregnancy and subsequent neuropsychological development of the child», *New England Journal of Medicine,* vol. 341, nᵒ 8, p. 549-555 et p. 601-602.

HOFFMAN-TERRY, M. L. (1999), «Defining the epidemic in American women», 1999 National Conference on Women and HIV/AIDS: Navigating into the New Millennium through Collaboration, Los Angeles.

HOWELL, E. M., N. HEISER et M. HARRINGTON (1999), «A review of recent findings on substance abuse treatment for pregnant women», *Journal of Substance Abuse Treatment,* vol. 16, n° 3, p. 195-219.

INSTITUTE OF MEDICINE, STANDING COMMITTEE ON THE SCIENTIFIC EVALUATION OF DIETARY REFERENCE INTAKES, FOOD AND NUTRITION BOARD (1998), *Dietary reference intakes: Folate, other B vitamins, and choline,* Washington, National Academy Press.

JOVANOVIC, L. (2000), «Role of diet and insulin treatment of diabetes in pregnancy», *Clinical Obstetrics and Gynecology,* vol. 43, n° 1, p. 46-55.

KEARNEY, M. H. (1997), «Drug treatment for women: Traditional models and new directions», *Journal of Obstetric, Gynecologic and Neonatal Nursing,* vol. 26, n° 4, p. 459-468.

KENNER, C., et K. D'APOLITO, (1997), «Outcomes for children exposed to drugs in utero», *Journal of Obstetric, Gynecologic and Neonatal Nursing,* vol. 26, n° 5, p. 595-603.

KJOS, S. L. (2000), «Postpartum care of the woman with diabetes», *Clinical Obstetrics and Gynecology,* vol. 43, n° 1, p. 75-82.

LALUMIÈRE, G., et H. AMMAN (2001), «Normes contemporaines du dépistage, du diagnostic et du suivi biologique du diabète», *Le médecin du Québec,* vol. 36, n° 11.

LANDON, M. B. (2000), «Obstetric management of pregnancies complicated by diabetes mellitus», *Clinical Obstetrics and Gynecology,* vol. 43, n° 1, p. 65-74.

LECOMPTE, J., É. PERREAULT, M. VIENNE et K.-A. LAVANDIER (2002), *Impacts de la toxicomanie maternelle sur le développement de l'enfant et portrait des services existants au Québec,* Comité permanent de lutte à la toxicomanie, Gouvernement du Québec. Disponible sur le Web: <www.cplt.com>.

LINDEGREN, M. L., R. H. BYERS, P. THOMAS, S. F. DAVIS, B. CALDWELL, M. ROGERS, M. GWINN, J. W. WARD et P. L. FLEMING (1999), «Trends in perinatal transmission of HIV/AIDS in the United States», *JAMA,* vol. 282, n° 6, p. 531-540.

MANDEVILLE, L. K. (1992), «Diabetes mellitus in pregnancy», *in* L. K. Mandeville et N. H. Troiano (dir.), *High-risk intrapartum nursing,* Philadelphie, Lippincott, p. 165-186.

MARCH OF DIMES (1999), *Folic acid,* Wikes-Barre, chez l'auteur.

MELTZER, S. *et al.* (1998), «Lignes directrices de pratique clinique 1998 pour le traitement du diabète au Canada», *JAMC,* 159 (8 suppl.).

MERSEREAU, P. W. (2000), «Preventing neural tube defects: A national campaign», *Small Talk,* vol. 12, n° 2, p. 1-5.

MINKOFF, H. L. (1999), «Human immunodeficiency virus and other perinatal infections», *in* J. R. Scott *et al.* (dir.), *Danforth's obstetrics and gynecology,* 8e éd., Philadelphie, Lippincott, Williams & Wilkins, p. 393-406.

MOFENSON, L. M. (1999), «Can perinatal HIV infection be eliminated in the United States?», *JAMA,* vol. 282, n° 6, p. 577-579.

MOORE, T. R. (1999), «Diabetes in pregnancy», *in* R. K. Creasy et R. Resnik (dir.), *Maternal-fetal medecine,* 4e éd., Philadelphie, Saunders, p. 964-995.

NEWTON, E. R. (2000), «Tuberculosis and pregnancy», *in* J. J. Sciarra (dir.), *Maternal and fetal medicine,* vol. 3, chap. 49, p. 1-15.

NIEBYL, J. R. (1999), «Teratology and drugs in pregnancy», *in* J. R. Scott *et al.* (dir.), *Danforth's obstetrics and gynecology,* 8e éd., Philadelphie, Lippincott, Williams & Wilkins, p. 197-212.

PAGANA, K. D., et T. J. PAGANA (2000), *L'infirmière et les examens paracliniques,* Paris, Maloine, 5e éd., p. 329-330.

REICHLIN, M. (1998), «Systemic, lupus erythematosis and pregnancy», *Journal of Reproductive Medicine,* vol. 43, n° 4, p. 355-360.

SAMUELS, P. (1996a), «Collagen vascular diseases», *in* S. G. Gabbe, J. R. Niebyl et J. L. Simpson (dir.), *Obstetrics: Normal and problem pregnancies,* 3e éd., New York, Churchill Livingstone, p. 1101-1118.

SAMUELS, P. (1996b), «Neurologic disorders», *in* S. G. Gabbe, J. R. Niebyl et J. L. Simpson (dir.), *Obstetrics: Normal and problem pregnancies,* 3e éd., New York, Churchill Livingstone, p. 1135-1154.

SANTÉ CANADA (2001a), *Le VIH et le sida au Canada: rapport de surveillance au 30 juin 2001,* Division de l'épidémiologie et de la surveillance du VIH/sida, Bureau du VIH/sida, des MTS et de la tuberculose, Centre de prévention et de contrôle des maladies infectieuses, chez l'auteur.

SANTÉ CANADA (2001b), *La transmission périnatale du VIH, l'actualité en épidémiologie sur le VIH/sida.* Disponible sur le Web.

SCIOSCIA, A. L. (1999) «Prenatal genetic diagnosis», *in* R. K. Creasy et R. Resnik (dir.), *Maternal-fetal medicine,* 4e éd., Philadelphie, Saunders, p. 918-926.

SHABETAI, R. (1999), «Cardiac diseases», *in* R. K. Creasy et R. Resnik (dir.), *Maternal-fetal medicine,* 4e éd., Philadelphie, Saunders, p. 927-941.

SHEFFIELD, J. S., et F. G. CUNNINGHAM (1999), «Diagnosing and managing cardiomyopathy», *Contemporary OB/GYN,* n° 44, p. 74-78.

SINCLAIR, B. P. (1999/2000), «HIV and women: Understand your responsibilities; reduce your risk», *AWHONN lifelines,* vol. 3, n° 6, p. 615-622.

SPELLACY, W. N. (1999), «Diabetes mellitus and pregnancy», *in* J. R. Scott *et al.* (dir.), *Danforth's obstetrics and gynecology,* 8e éd., Philadelphie, Lippincott, Williams & Wilkins, p. 301-308.

TURCOTTE, A. (2000), «Les contacts infectueux pendant la grossesse», *Le médecin du Québec,* vol. 35, n° 6.

WANG, E. C. (1999), «Methadone treatment during pregnancy», *Journal of Obstetric, Gynecologic, and Neonatal Nursing,* vol. 28, n° 6, p. 615-622.

WENSTROM, K. D., et M. P. MALEE (1999), «Medical and surgical complications of pregnancy», *in* J. R. Scott *et al.* (dir.), *Danforth's obstetrics and gynecology,* 8e éd., Philadelphie, Lippincott, Williams & Wilkins, p. 327-362.

Lectures complémentaires

«Dossier VIH/sida» (2002), *L'infirmière du Québec,* vol. 9, n° 4.

GENDRON, C., et P. GUIMOND-PAPAI (1999), «Le dépistage du VIH chez la femme enceinte: un choix volontaire», *L'infirmière du Québec,* vol. 7, n° 2.

SANTÉ CANADA (1999), *L'alcool et la grossesse,* Système canadien de surveillance périnatale.

VAN ALLEN, M. I., C. MCCOURT et N. S. LEE (2002), *La santé avant la grossesse, l'acide folique pour la prévention primaire des anomalies du tube neural,* Santé Canada.

La grossesse à risque : problèmes de santé qui se déclarent durant la gestation

Objectifs

- Comparer l'étiologie des divers problèmes de saignements, leur traitement médical et les soins infirmiers qu'ils requièrent

- Expliquer le traitement médical et les soins infirmiers à donner à la cliente qui souffre de béance isthmique

- Expliquer quels sont le traitement médical et les soins infirmiers indiqués pour la cliente qui souffre d'hyperémèse gravidique

- Décrire les soins infirmiers que requiert la cliente qui présente une rupture prématurée des membranes ou un travail prématuré

- Décrire l'étiologie et l'évolution des troubles hypertensifs associés à la grossesse

- Comparer l'incompatibilité Rh à l'incompatibilité ABO : prévalence, traitement et conséquences pour le fœtus ou le nouveau-né

- Résumer les effets des procédés chirurgicaux sur la grossesse et expliquer en quoi la grossesse peut compliquer le diagnostic

- Expliquer les effets d'un trauma accidentel sur la femme enceinte et son fœtus

- Décrire les besoins de la femme enceinte qui est victime de mauvais traitements et les soins qu'elle requiert

- Décrire les effets de divers types d'infections sur la femme enceinte et sur le fœtus

LA PLUPART DES GROSSESSES se déroulent sans difficulté, mais dans certains cas des complications imprévues surviennent, mettant en danger la mère et le fœtus. Les soins prénataux réguliers visent à détecter rapidement de telles complications pour les traiter le plus efficacement possible. Ce chapitre traite des problèmes médicaux qui se déclarent durant la grossesse.

Les saignements vaginaux

La principale cause des saignements vaginaux au cours des premier et deuxième trimestres de la grossesse est l'**avortement**. L'avortement se définit comme l'expulsion d'un embryon ou d'un fœtus non viable, c'est-à-dire d'un fœtus qui a moins de 20 semaines ou qui pèse moins de 500 g (Cunningham *et al.*, 2001). On distingue deux types d'avortement :

- l'**avortement spontané**, qui survient de lui-même, et qu'on appelle souvent **fausse-couche** à cause de la connotation péjorative que peut avoir le terme d'« avortement » ;
- l'avortement provoqué, qui est déclenché délibérément par des moyens artificiels ou mécaniques, et qu'on appelle **avortement thérapeutique**, ou **interruption volontaire de grossesse (IVG)**.

Durant la première moitié de la grossesse, deux autres complications, dont nous traiterons brièvement, peuvent causer des saignements : la grossesse ectopique et la maladie trophoblastique. Durant la deuxième moitié de la grossesse, et plus particulièrement au troisième trimestre, les deux principales causes de saignements sont le placenta prævia et le décollement prématuré du placenta, dont nous traiterons au chapitre 19. Quelle que soit la cause du saignement, l'infirmière doit assumer certaines responsabilités.

Principes de l'intervention infirmière

Les saignotements sont relativement courants durant la grossesse. Habituellement, ils surviennent après une relation sexuelle ou une séance d'exercice et ils résultent d'un trauma au col, qui est alors très vascularisé. On conseille à la femme enceinte de signaler systématiquement tout saignotement ou saignement pour qu'on puisse l'évaluer.

L'évaluation initiale d'un saignement incombe souvent à l'infirmière. De manière générale, lorsqu'une femme enceinte présente des saignements, l'infirmière devrait prendre les mesures suivantes :

- vérifier fréquemment le pouls et la tension artérielle ;
- surveiller l'apparition des signes de choc (pâleur, peau moite et froide, transpiration, dyspnée ou agitation) ;
- compter les serviettes hygiéniques pour évaluer la quantité de sang perdu durant une période donnée ; conserver tout tissu ou caillot expulsé ;
- à partir de 12 semaines de grossesse, évaluer les bruits du cœur fœtal au Doppler ;
- se préparer à faire une perfusion intraveineuse (l'installation d'une intraveineuse peut faire partie du protocole de soins pour les clientes qui ont des saignements) ;
- préparer le matériel pour l'examen pelvien ;
- préparer le matériel pour l'oxygénothérapie ;
- recueillir et classer toutes les données, notamment les antécédents prénataux, l'heure du déclenchement des saignements et les résultats des analyses de laboratoire (hémoglobine, hématocrite et dosages hormonaux) ;
- remplir un formulaire de réquisition pour déterminer le groupe sanguin et procéder à l'épreuve de compatibilité ;
- évaluer les stratégies d'adaptation de la cliente en crise ; rester auprès d'elle et lui offrir un soutien émotionnel constant pour l'aider à composer avec la situation ; lui expliquer clairement les procédés en cours et informer ses proches de son état ;

• préparer la cliente à la possibilité de perdre le fœtus et évaluer toute manifestation de colère, de déni, de culpabilité, de dépression et d'auto-accusation.

Avortement spontané (fausse-couche)

Beaucoup de grossesses se terminent par un avortement spontané au cours du premier trimestre. Souvent, la femme prend pour une menstruation abondante ce qui est en fait un avortement précoce ; par conséquent, les statistiques restent imprécises. De 10% à 20% des grossesses cliniquement confirmées se terminent par un avortement spontané, mais si on considère l'ensemble des grossesses, le pourcentage d'avortement spontané pourrait atteindre 60% (Carter, 1999).

La majorité des avortements spontanés précoces sont liés à des aberrations chromosomiques. Les autres peuvent avoir diverses causes : exposition à des substances tératogènes ; nidation anormale, due à des anomalies de l'appareil génital ; faiblesse du col utérin (béance isthmique) ; anomalies placentaires ; maladie chronique chez la mère ; déséquilibre endocrinien ; infection du complexe TORCH chez la mère ou autre infection ; etc. Les études ne confirment pas la croyance selon laquelle les accidents et traumatismes psychiques seraient une des principales causes d'avortement spontané.

L'avortement spontané est une expérience très pénible pour le couple qui désire avoir un enfant. La femme qui a eu un avortement spontané a autant de chances de mener sa deuxième grossesse à terme que n'importe quelle autre femme ; cependant, après chaque fausse-couche subséquente, les probabilités de mener une grossesse à terme diminuent.

Classification

En fonction de ses caractéristiques cliniques, on classe l'avortement spontané selon les catégories suivantes.

• *Menace d'avortement.* Des saignements inexpliqués, des crampes et des douleurs lombaires indiquent que l'embryon ou le fœtus est en danger. Le col est fermé. Les saignements peuvent persister plusieurs jours et peuvent être suivis de l'expulsion partielle ou complète du produit de la conception, c'est-à-dire de l'embryon ou du fœtus, du placenta et des membranes (figure 13-1 ▶).

• *Avortement imminent (ou avortement inévitable).* Les saignements et les crampes augmentent. L'orifice interne du col de l'utérus se dilate. Les membranes peuvent se rompre.

• *Avortement complet.* Tout le produit de la conception a été expulsé.

• *Avortement incomplet.* Une partie du produit de la conception, en général le placenta, reste dans l'utérus. L'orifice interne du col est légèrement dilaté.

• *Rétention fœtale.* Le fœtus meurt in utero, mais n'est pas expulsé. La croissance utérine cesse, les modifications des seins régressent et la cliente signale parfois des pertes vaginales brunâtres. Le col de l'utérus est fermé. Si le fœtus est retenu pendant plus de six semaines, la dégradation des tissus fœtaux peut provoquer la libération de thromboplastine et entraîner une coagulation intravasculaire disséminée (CIVD).

• *Avortements à répétition.* Trois grossesses consécutives ou plus se terminent par un avortement spontané.

• *Avortement septique.* Une infection peut se produire lorsque la rupture des membranes passe inaperçue durant

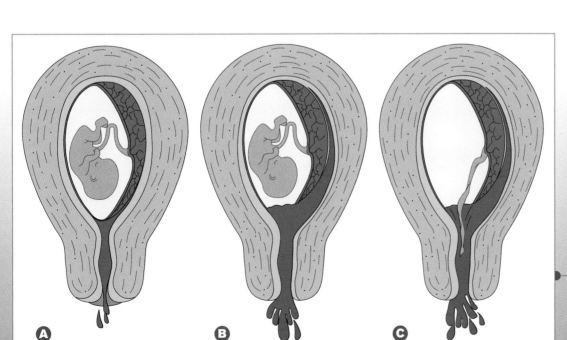

FIGURE 13-1 ▶ Types d'avortement spontané. **A.** Menace d'avortement. Le col n'est pas dilaté et le placenta est toujours attaché à la paroi utérine, mais il y a saignement. **B.** Avortement imminent. Le placenta s'est décollé de la paroi utérine, le col s'est dilaté et le saignement augmente. **C.** Avortement incomplet. L'embryon ou le fœtus a été expulsé de l'utérus, mais le placenta y est encore.

une longue période, lors d'une grossesse avec DIU ou à la suite d'une tentative d'IVG par une personne non qualifiée.

Traitement clinique

La présence de crampes pelviennes et de douleurs lombaires est particulièrement révélatrice, puisque ces symptômes sont généralement absents quand les saignements sont causés par des polypes, par l'éclatement de vaisseaux sanguins cervicaux ou par une érosion du col. Si l'étiologie des saignements est incertaine, on peut faire une échographie pour déceler un sac gestationnel ou une activité cardiaque. Le dosage de la gonadotrophine chorionique humaine (hCG) n'est pas vraiment utile, car le taux d'hCG diminue trop lentement après la mort fœtale pour indiquer si l'embryon ou le fœtus est vivant ou non. On vérifie l'hémoglobine et l'hématocrite pour évaluer la perte de sang, puis on détermine le groupe sanguin et la compatibilité au cas où une transfusion serait nécessaire.

On recommande à la cliente enceinte le repos au lit, l'absence de coït pour une période pouvant aller jusqu'à 10 jours après les saignements et, dans certains cas, une sédation. Si les saignements persistent et qu'on diagnostique un avortement imminent ou incomplet, on pourra hospitaliser la cliente. Au besoin, on lui administre une thérapie intraveineuse ou des transfusions sanguines pour remplacer les liquides perdus, après quoi on pratique une dilatation et un curetage, ou encore un curetage par aspiration pour évacuer le reste du produit de la conception. Si la cliente est Rh négatif et non sensibilisée, on lui administre des immunoglobulines anti-D (WinRho) dans les 72 heures qui suivent (voir p. 359).

Dans le cas d'une rétention fœtale, l'expulsion du produit de la conception surviendra spontanément. Le diagnostic se fonde sur les antécédents de la cliente, sur l'examen pelvien et sur le test de grossesse négatif ; au besoin, on pourra le confirmer par échographie. Si le produit de la conception n'a toujours pas été expulsé quatre à six semaines après la mort fœtale, il faut hospitaliser la cliente. Au premier trimestre, on pratique une dilatation et un curetage ou un curetage par aspiration. Après 12 semaines de grossesse, on peut déclencher le travail par l'administration endovaginale de prostaglandines E_2, ou par l'application de misoprostol (Cytotec) sur l'orifice externe du col. On peut aussi procéder par dilatation et curetage (Scott, 1999).

Soins infirmiers

Évaluation et analyse de la situation

L'infirmière évalue les signes vitaux, la quantité et l'aspect des pertes sanguines, l'intensité de la douleur et l'état général de la

cliente. Si la grossesse remonte à plus de 10 ou 12 semaines, l'infirmière mesure également les battements du cœur fœtal au Doppler. Enfin, elle évalue les réactions de la cliente et de sa famille à cette crise, ainsi que leurs mécanismes d'adaptation et leur capacité de se réconforter mutuellement.

Voici des exemples de diagnostics infirmiers courants pour les clientes enceintes qui ont des saignements vaginaux :

- *douleur* reliée aux crampes abdominales causées par la menace d'avortement ;
- *deuil anticipé* relié à la perspective de perdre le fœtus.

Planification et interventions

 Soins infirmiers communautaires

L'évaluation initiale de la cliente enceinte qui présente des saignements ou des crampes au premier trimestre se fait souvent dans un cabinet de médecin ou une clinique. Si les crampes sont fortes, l'infirmière donne à la cliente un analgésique pour soulager la douleur et lui explique au fur et à mesure ce qui se passe.

Les réactions de choc et de déni sont normales. Le couple qui vivait la grossesse dans la joie et l'impatience éprouve maintenant du chagrin, de la tristesse et peut-être même de la colère. Comme bien des femmes éprouvent une certaine ambivalence au début d'une grossesse, même désirée, on observe fréquemment chez elles un sentiment de culpabilité. Ce sentiment peut être exacerbé chez la cliente qui acceptait mal sa grossesse ; elle risque de s'en vouloir ou de vivre l'avortement comme une punition.

L'infirmière peut apporter un soutien psychologique précieux aux conjoints en les encourageant à parler de leurs sentiments, en les laissant pleurer leur perte dans l'intimité et en les écoutant avec compassion lorsqu'ils parlent de leurs préoccupations quant à cette grossesse ou aux prochaines. Elle peut également atténuer leur sentiment de culpabilité et éviter les blâmes inutiles en expliquant à la cliente et à ses proches les causes de l'avortement spontané. Enfin, elle peut, au besoin, orienter la femme et son partenaire vers d'autres professionnels de la santé qui pourront leur offrir un soutien plus spécialisé.

La période de deuil qui suit un avortement spontané dure habituellement de 6 à 24 mois. Beaucoup de couples trouvent du réconfort auprès d'organismes ou de groupes d'entraide destinés aux parents qui ont perdu un fœtus ou un nouveau-né.

Soins infirmiers en milieu hospitalier

La femme qui a fait un avortement incomplet ou une rétention fœtale peut avoir besoin d'une dilatation et d'un curetage, ou encore d'une autre intervention nécessitant habituellement une hospitalisation de jour. S'il n'y a aucune complication, la cliente peut rentrer chez elle quelques heures plus tard. L'infirmière surveille étroitement l'état de la cliente, lui explique les autosoins nécessaires et, au besoin, lui administre des immunoglobulines anti-D.

Évaluation et résultats ecomptés

Les résultats escomptés des soins infirmiers peuvent être les suivants :

- la cliente peut expliquer l'avortement spontané, son traitement et ses répercussions sur les grossesses à venir ;
- la cliente ne souffre d'aucune complication ;
- la cliente et son partenaire commencent à verbaliser le chagrin que leur cause la perte du fœtus et sont conscients que le processus de deuil dure habituellement plusieurs mois.

La grossesse ectopique

On parle de **grossesse ectopique** lorsque l'ovule fécondé s'implante ailleurs que dans l'endomètre utérin. Ses causes sont diverses : lésions tubaires consécutives à un syndrome inflammatoire pelvien ; intervention chirurgicale aux trompes ; anomalie tubaire congénitale ; endométriose ; grossesse ectopique antérieure ; présence d'un DIU ; exposition in utero au diéthylstilbestrol (DES). Trois facteurs peuvent également exercer une influence : le tabagisme, le reflux menstruel et l'usage d'un contraceptif à progestatif seul, qui réduit les mouvements ciliaires normaux dans les trompes (Carter, 1999).

L'incidence de la grossesse ectopique s'est considérablement accrue ces dernières années : en 1997, on comptait au Canada 16,8 grossesses ectopiques pour 1 000 grossesses (Santé Canada, 2000). La grossesse ectopique se produit quand le passage de l'ovule fécondé dans la trompe est ralenti ou gêné ; l'ovule s'implante alors hors de l'endomètre, la plupart du temps dans l'ampoule de la trompe de Fallope. La figure 13-2 ▶ indique d'autres sièges d'implantation possibles.

Au début d'une grossesse ectopique, la cliente peut présenter les symptômes normaux de la grossesse, notamment l'aménorrhée, la tension mammaire et les nausées. On trouve également de l'hCG dans le sang et l'urine. À mesure que la grossesse avance, les villosités choriales se développent dans la paroi de la trompe (ou dans un autre siège d'implantation) et une irrigation sanguine s'établit. Lorsque l'embryon devient trop gros, la trompe se rompt, et du sang se répand dans la cavité abdominale. Ce saignement est à l'origine des symptômes caractéristiques de la grossesse extra-utérine : douleur unilatérale vive, syncope et douleur irradiant dans l'épaule. La cliente peut également éprouver une douleur abdominale basse. Les saignements vaginaux sont fréquents ; ils se produisent quand l'embryon meurt et que la caduque commence à se détacher.

L'examen physique révèle habituellement une sensibilité des annexes (parties du bas-ventre situées au-dessus de chaque ovaire et de chaque trompe de Fallope). Dans la moitié des grossesses ectopiques, on peut palper une masse annexielle. Le saignement est souvent lent et chronique : l'abdomen se durcit peu à peu et devient très sensible. Si une grande quantité de sang s'est répandue dans la cavité abdominale, l'examen pelvien est extrêmement douloureux et on peut parfois palper une masse de sang dans le cul-de-sac de Douglas.

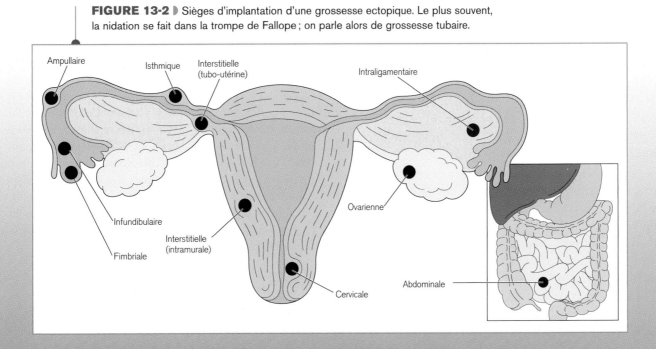

FIGURE 13-2 ▶ Sièges d'implantation d'une grossesse ectopique. Le plus souvent, la nidation se fait dans la trompe de Fallope ; on parle alors de grossesse tubaire.

Les analyses de laboratoire peuvent révéler une diminution du taux d'hémoglobine et de l'hématocrite ainsi qu'une augmentation des leucocytes. La concentration d'hCG est moins importante que lors d'une grossesse intra-utérine.

Traitement clinique

Pour poser le diagnostic d'une grossesse ectopique, on procède de la façon suivante :

- On recueille les antécédents menstruels et, en particulier, la date de la dernière menstruation (DDM).
- On procède à un examen pelvien minutieux pour déceler toute anomalie (masse ou sensibilité pelvienne).
- On mesure le taux de β-hCG et, au besoin, on le mesure de nouveau 48 heures plus tard. Chez la femme qui fait une grossesse ectopique, le taux d'hCG est anormalement bas. De plus, lors d'une grossesse normale, le taux d'hCG double toutes les 48 à 72 heures ; le fait qu'il ne double pas indique qu'il s'agit d'une grossesse ectopique ou d'une grossesse utérine non viable. Si le taux de β-hCG est au-dessus de 1 500 UI/L, on fait une échographie vaginale pour déceler une grossesse utérine ou une masse annexielle. La confirmation d'une grossesse normale écarte habituellement la possibilité d'une grossesse ectopique (Tulandi, 1999).

Le traitement peut être médical ou chirurgical. Le traitement médical au méthotrexate est indiqué pour la patiente qui désire une autre grossesse si les conditions suivantes sont réunies :

- la trompe est intacte ;
- l'ovule fécondé mesure 3,5 cm ou moins ;
- l'état de la cliente est stable ;
- il n'y a aucune activité cardiaque fœtale ;
- la cliente ne présente aucun signe de trouble sanguin ou de maladie hépatique ou rénale.

Le méthotrexate s'administre par injection intramusculaire, et les soins sont ambulatoires : on s'assure que les douleurs abdominales n'augmentent pas et on dose régulièrement la β-hCG. Habituellement, le taux d'hCG augmente pendant un à quatre jours, puis diminue. Si ce n'est pas le cas, la cliente devra recevoir une deuxième dose de méthotrexate ou subir une intervention chirurgicale (ACOG, 1998a).

Si une chirurgie est indiquée et que la cliente souhaite mener à terme d'autres grossesses, on pratique une salpingotomie linéaire par laparoscopie ; autrement dit, on pratique une incision linéaire dans la trompe et on retire doucement le produit de la conception. On laisse l'incision ouverte pour qu'elle se cicatrise par deuxième intention (Tulandi, 1999). S'il y a eu rupture de la trompe ou si la cliente n'envisage pas pas d'autres grossesses, on pratique une salpingectomie par laparoscopie en laissant l'ovaire en place, à moins qu'il ne soit endommagé lui aussi.

Que le traitement soit médical ou chirurgical, on administre à la cliente Rh négatif non sensibilisée au facteur Rh des immunoglobulines anti-D pour empêcher l'allo-immunisation.

Soins infirmiers

Évaluation et analyse de la situation

Lorsqu'une cliente est admise au centre hospitalier pour une présumée grossesse ectopique, l'infirmière évalue l'aspect et la quantité des saignements vaginaux, et elle surveille les signes vitaux pour détecter d'éventuels signes de choc.

L'infirmière évalue également l'état émotionnel et la capacité d'adaptation de la cliente, de même que les besoins d'information du couple. La cliente peut souffrir d'une douleur abdominale importante, dont l'infirmière doit évaluer l'intensité. Enfin, si une intervention chirurgicale s'impose, l'infirmière assure la surveillance postopératoire dictée par le protocole des soins infirmiers en chirurgie.

Voici des exemples de diagnostics infirmiers courants pour les clientes qui présentent une grossesse ectopique :

- ***douleur*** reliée au saignement abdominal consécutif à la rupture de la trompe ;
- ***recherche d'un meilleur niveau de santé :*** désir exprimé de combler le manque de connaissances sur le traitement de la grossesse ectopique et sur ses conséquences à long terme.

Planification et interventions

 Soins infirmiers communautaires

L'évaluation initiale de la cliente qui présente une grossesse ectopique s'effectue souvent dans un cabinet de médecin ou une clinique. L'infirmière doit envisager la possibilité d'une grossesse ectopique lorsqu'une cliente se plaint de douleurs abdominales et a sauté une ou deux menstruations. Le traitement au méthotrexate exige un suivi ambulatoire. L'infirmière prévient la cliente que les douleurs abdominales sont fréquentes après l'injection, mais qu'elles sont habituellement mineures et ne durent que 24 à 48 heures. Une douleur importante peut indiquer l'échec du traitement et doit être évaluée. La cliente doit aussi signaler les saignements vaginaux importants, les étourdissements et la tachycardie (ACOG, 1998a). L'infirmière doit insister sur l'importance de la consultation de suivi où l'on pratiquera un dosage d'hCG.

Soins infirmiers en milieu hospitalier

Une fois qu'on a diagnostiqué une grossesse ectopique et prévu une intervention chirurgicale, l'infirmière installe la perfusion intraveineuse prescrite et donne l'enseignement préopératoire. Elle doit signaler immédiatement tout signe d'état de choc. Si la cliente souffre de douleurs abdominales aiguës, l'infirmière lui administre les analgésiques appropriés et évalue leur efficacité. En période postopératoire, le rôle de l'infirmière consiste également à donner toute l'information nécessaire à la cliente, à lui indiquer quels sont les signes et symptômes à surveiller et en quoi consistent les mesures visant à diminuer les risques d'infection.

Quel que soit le traitement, la cliente et ses proches auront besoin de soutien émotionnel durant cette période difficile. Leurs sentiments et réactions pendant cette crise ressemblent généralement à ceux qu'on observe lors d'un avortement spontané et les interventions infirmières sont donc similaires.

Évaluation et résultats escomptés

Les résultats escomptés des soins infirmiers peuvent être les suivants :

- la cliente est capable d'expliquer ce qu'est une grossesse ectopique, les traitements possibles et les répercussions éventuelles sur ses prochaines grossesses ;
- la cliente et le personnel soignant détectent rapidement les complications éventuelles du traitement et les soignent de manière satisfaisante ;
- la cliente et son partenaire commencent à verbaliser le chagrin que leur cause la perte du fœtus.

La maladie trophoblastique

La **maladie trophoblastique** regroupe la môle hydatiforme, la môle envahissante (chorioadénome) et le choriocarcinome.

Dans la **môle hydatiforme** (grossesse môlaire) : 1) les villosités choriales du placenta se transforment en grappes de vésicules remplies de liquide (hydropiques), tandis qu'un espace rempli de liquide se forme au centre du placenta (formation d'une citerne centrale) ; 2) le tissu trophoblastique prolifère. L'embryon est donc perdu, et il y a un léger risque qu'un choriocarcinome se développe aux dépens du tissu trophoblastique.

On distingue deux types de grossesses môlaires, la môle complète et la môle partielle, qui présentent toutes deux les caractéristiques que nous venons de décrire. En Amérique du Nord, le nombre de môles hydatiformes est de 0,6 à 1,1 pour 1 000 grossesses ; ce taux est 3 fois plus élevé en Asie (SOGC, 2002). Aux États-Unis, la môle complète, qui est la plus commune, survient dans 1 grossesse sur 1 500 ou 2 000. La môle complète se développe à partir d'un ovule dénué de tout matériel génétique maternel – un « ovule vide » – fécondé par un spermatozoïde normal. L'embryon meurt très

tôt : aucune circulation ne s'établit, les vésicules hydropiques sont avasculaires et on ne trouve ni tissu ni membrane embryonnaires. Le choriocarcinome semble associé uniquement à la môle complète.

La môle partielle a habituellement un caryotype triploïde (69 chromosomes), en général parce que l'ovule ou le spermatozoïde n'a pas subi la première division méiotique. Il peut y avoir un sac fœtal, ou même un fœtus dont le cœur bat. Ce fœtus, atteint d'anomalies multiples à cause de la triploïdie, a peu de chances de survivre. Les villosités sont souvent vascularisées et peuvent n'être hydropiques que dans quelques parties du placenta. Les môles partielles ne sont souvent détectées qu'après l'avortement spontané, et même alors, elles peuvent passer inaperçues.

La môle envahissante (chorioadénome) est similaire à la môle complète, mais elle affecte le myomètre utérin. Elle se traite comme la môle complète.

Traitement clinique

Au début de la grossesse, le tableau clinique semble normal, mais bientôt des signes caractéristiques apparaissent. Dans presque tous les cas, un saignement vaginal se produit. Provenant de la liquéfaction du caillot utérin, l'écoulement est souvent brunâtre (appelé jus de prune), mais il peut également être rouge vif. Un utérus plus gros que la normale, compte tenu de l'âge gestationnel, est un signe typique qu'on observe dans environ 50 % des cas. Dans les autres cas, l'utérus est normal ou petit pour l'âge gestationnel. La femme peut perdre des vésicules hydropiques qui mèneront à un diagnostic ; cependant, dans la môle partielle, comme elles sont plus petites, les vésicules risquent de passer inaperçues. En outre, comme les taux sériques d'hCG sont plus élevés que lors d'une grossesse normale, la femme peut souffrir d'*hyperémèse gravidique* (vomissements incoercibles). À cause de la perte de sang et de la mauvaise nutrition résultant des vomissements, l'anémie est fréquente. L'apparition de symptômes d'hypertension gravidique avant la 24e semaine de gestation est très évocatrice d'une grossesse môlaire. On ne perçoit aucun bruit du cœur fœtal et aucun mouvement fœtal. Grâce à l'échographie vaginale (transcervicale), on peut maintenant diagnostiquer la grossesse môlaire plus tôt, souvent dès le premier trimestre.

Le traitement commence par l'évacuation de la môle et le curetage de l'utérus pour en retirer tous les fragments de placenta. L'évacuation précoce diminue le risque d'autres complications. Si la femme est plus âgée et n'envisage pas d'autres grossesses, ou si le saignement est excessif, l'hystérectomie peut devenir le traitement de choix pour éliminer le risque de choriocarcinome.

À cause du risque de maladie trophoblastique persistante et de choriocarcinome, la cliente traitée pour une môle hydatiforme est étroitement suivie, souvent pendant un an : radiographies du thorax pour détecter les métastases, examen physique comportant un examen pelvien et des dosages réguliers de l'hCG sérique. La cliente doit éviter de devenir enceinte durant cette période, car le taux élevé d'hCG pendant la grossesse rendrait impossible la détection d'un éventuel choriocarcinome (Hammond, 1999).

Un taux d'hCG élevé ou croissant est anormal. Dans un tel cas, on pratique une dilatation et un curetage, et on examine les tissus prélevés. Si on y trouve des cellules malignes, on recommande le traitement dans un centre spécialisé dans la maladie trophoblastique. On entreprend une chimiothérapie contre le choriocarcinome en utilisant le méthotrexate seul ou en association avec d'autres agents de chimiothérapie. La maladie trophoblastique persistante est curable dans presque 100% des cas si elle est diagnostiquée rapidement et traitée adéquatement.

Si, après une année de surveillance, le taux sérique d'hCG se situe dans les limites de la normale, on peut rassurer la cliente : elle peut envisager une grossesse normale et les risques de récurrence sont faibles.

Soins infirmiers

Évaluation et analyse de la situation

Il est important que les infirmières qui donnent des soins prénataux connaissent les symptômes de la môle hydatiforme et s'assurent à chaque visite prénatale que la cliente n'en présente aucun. Les symptômes typiques qui permettent de diagnostiquer la grossesse môlaire se manifestent plus souvent dans le cas d'une môle complète que dans le cas d'une môle partielle, laquelle peut être difficile à distinguer de la rétention fœtale avant l'évacuation. Si on diagnostique une grossesse môlaire, l'infirmière évalue les connaissances de la cliente (ou du couple) sur la maladie et sur ses répercussions.

Voici des exemples de diagnostics infirmiers courants pour les clientes qui souffrent de môle hydatiforme :

- *peur* reliée à l'éventualité d'un choriocarcinome ;
- *deuil anticipé* relié à la perspective de perdre le fœtus à cause de la maladie trophoblastique.

Planification et interventions

Soins infirmiers communautaires

La cliente chez qui on soupçonne une grossesse môlaire a besoin de soutien émotionnel. L'infirmière peut apaiser son anxiété en répondant à ses questions sur la maladie et en lui expliquant les raisons de l'échographie et des autres procédés

diagnostiques prescrits. Si le diagnostic est positif, l'infirmière soutient la cliente et son partenaire, qui doivent surmonter leur chagrin de perdre le fœtus. D'autres professionnels de la santé, l'aumônier de l'hôpital ou leur conseiller spirituel peuvent également les aider.

Soins infirmiers en milieu hospitalier

Lorsqu'on hospitalise la cliente pour l'évacuation de la môle, l'infirmière surveille ses signes vitaux et évalue ses saignements vaginaux pour détecter des signes éventuels d'hémorragie. De plus, elle détermine si la cliente souffre de douleurs abdominales et elle évalue son état émotionnel de même que sa capacité d'adaptation. À cause du sang déjà perdu et du risque d'hémorragie, on s'assure de la disponibilité de sang compatible au cas où une transfusion soit nécessaire lors de l'intervention chirurgicale. On administre de l'ocytocine pour que l'utérus reste contracté et pour prévenir l'hémorragie. Si la cliente est Rh négatif et non sensibilisée, on lui administre des immunoglobulines anti-D pour empêcher la formation d'anticorps.

La cliente doit comprendre l'importance des visites de suivi. On lui recommande d'éviter la grossesse jusqu'à la fin du suivi.

Évaluation et résultats escomptés

Les résultats escomptés des soins infirmiers peuvent être les suivants :

- la cliente se rétablit bien après l'évacuation réussie de la môle ;
- la cliente peut expliquer ce qu'est la maladie trophoblastique, son traitement, son suivi et ses répercussions à long terme sur les grossesses à venir ;
- la cliente et son conjoint commencent à verbaliser le chagrin que leur cause la perte du fœtus ;
- la cliente montre qu'elle comprend l'importance des évaluations régulières et qu'elle observe le programme thérapeutique.

La béance isthmique

On appelle **béance isthmique**, ou *incompétence du col*, une dilatation prématurée du col utérin survenant habituellement vers le 4ᵉ ou le 5ᵉ mois de grossesse. Associée aux avortements à répétition du deuxième trimestre, la béance isthmique peut résulter d'un trauma cervical, d'une infection, d'anomalies cervicales ou utérines congénitales, ou encore de l'augmentation du volume utérin (lors d'une grossesse multiple, par exemple).

On pose un diagnostic de béance isthmique quand les antécédents de la cliente révèlent des avortements à répétition, relativement indolores et non sanglants, au cours du deuxième trimestre. Une série d'examens pelviens pratiqués au début du deuxième trimestre fait voir la progression de l'effacement et de la dilatation du col, ainsi que la saillie des membranes dans l'orifice externe du col. Lorsqu'on soupçonne une béance isthmique, l'échographie permet de vérifier s'il y a dilatation de l'orifice interne du col avant que la dilatation de l'orifice externe soit apparente.

La béance isthmique exige une prise en charge chirurgicale : on pratique l'opération de Shirodkar-Barter, dite « cerclage du col », ou sa version modifiée par McDonald. Le cerclage du col consiste à resserrer le col affaibli en l'encerclant d'un fil de suture au niveau de l'orifice interne ; cette suture en bourse se fait au premier trimestre ou au début du second. Une fois la suture en place, on peut prévoir une césarienne (pour éviter d'avoir à refaire le cerclage lors des grossesses ultérieures) ou choisir de retirer la suture à la fin de la grossesse pour permettre un accouchement vaginal. La cliente doit comprendre qu'il faut appeler le médecin sur-le-champ si les membranes se rompent ou si le travail commence. Le médecin peut retirer la suture pour prévenir d'éventuelles complications.

L'hyperémèse gravidique

Le terme **hyperémèse gravidique** désigne les vomissements incoercibles qui surviennent dans près de 1 % des grossesses. Parfois bénins en début de grossesse, ces vomissements s'aggravent au point que la femme vomit tout ce qu'elle avale et a même des haut-le-cœur entre les repas.

Bien qu'on ne connaisse pas la cause exacte de l'hyperémèse gravidique, on croit que cette affection est liée à l'élévation du taux d'hCG. On étudie également d'autres variables qui pourraient y contribuer, notamment un éventuel dysfonctionnement de l'axe hypophyse-surrénales, l'augmentation transitoire de la fonction thyroïdienne et des facteurs psychologiques (Wenstrom et Malee, 1999).

Dans les cas les plus graves, la pathologie de l'hyperémèse gravidique se manifeste d'abord par une déshydratation, laquelle entraîne un déséquilibre électrolytique et une alcalose résultant de la perte d'acide chlorhydrique. L'hypovolémie, l'hypotension, la tachycardie, une augmentation de l'hématocrite et de l'urée sanguine ainsi qu'une diminution de la diurèse peuvent également apparaître. En l'absence de traitement, une acidose métabolique peut s'installer. Une perte potassique importante peut perturber le fonctionnement du cœur. L'inanition peut aussi causer une perte musculaire importante, ainsi que de graves carences en protéines et en vitamines. Ces troubles peuvent entraîner la mort de l'embryon ou du fœtus, de même que des changements métaboliques irréversibles chez la mère, ou même le décès de celle-ci.

Traitement clinique

Le traitement vise à faire cesser les vomissements, à corriger la déshydratation, à rétablir l'équilibre électrolytique et à maintenir un bon état nutritionnel. Dans environ 1 % à 5 % des cas d'hyperémèse gravidique, on doit hospitaliser la cliente (Simon et Schwartz, 1999). Au début, on ne lui fait rien absorber par voie orale et on lui administre des liquides par voie intraveineuse. Habituellement, on ajoute du chlorure de potassium à la perfusion intraveineuse pour éviter l'hypokaliémie. Les substances communément utilisées pour traiter les nausées et les vomissements associés à l'hyperémèse gravidique sont les phénothiazines (prochlorpérazine, chlorpromazine, prométhazine) et les antihistaminiques, la méclizine et le dimenhydrinate par exemple. En général, la cliente n'absorbe rien par voie orale pendant 48 heures. Si son état ne s'améliore pas, on pourra recourir à l'alimentation parentérale totale. Dès que la femme a faim, on l'encourage à manger de petites quantités d'aliments.

Soins infirmiers

Évaluation et analyse de la situation

Lorsqu'on hospitalise une cliente pour traiter une hyperémèse gravidique, l'infirmière évalue régulièrement la quantité et l'aspect des vomissements, mesure les ingesta et excreta, surveille la fréquence cardiaque fœtale et reste à l'affût des signes d'ictère ou d'hémorragie. Elle doit également savoir quel est l'état émotionnel de la mère.

Voici des exemples de diagnostics infirmiers courants pour les clientes qui souffrent d'hyperémèse gravidique :

- *alimentation déficiente* reliée à l'hyperémèse gravidique ;
- *peur* reliée aux répercussions potentielles de l'hyperémèse sur le bien-être fœtal.

Planification et interventions

 Soins infirmiers communautaires

L'alimentation parentérale à domicile, administrée par une infirmière en collaboration avec un médecin et une diététiste, permet parfois à la cliente d'éviter l'hospitalisation. L'infirmière aura alors l'occasion d'observer l'environnement de la future mère et la dynamique familiale, ce qui lui permettra d'évaluer le soutien que reçoit la cliente, les facteurs de stress auxquels elle est soumise, ainsi que ses connaissances et ses pratiques en matière de nutrition et d'autosoins.

Soins infirmiers en milieu hospitalier

Les soins infirmiers visent à soutenir la cliente et à lui assurer une atmosphère tranquille et réconfortante, sans odeurs incommodantes (odeurs de nourriture ou autres). Lorsque la cliente recommence à manger, l'infirmière voit à ce qu'on présente les aliments de manière attrayante. L'hygiène orale est importante, car la bouche risque d'être sèche et irritée par les vomissements. On doit peser régulièrement la cliente. Comme les facteurs émotionnels influent considérablement sur l'hyperémèse gravidique, une psychothérapie peut être indiquée. Avec un traitement adéquat, le pronostic est favorable.

Évaluation et résultats escomptés

Les résultats escomptés des soins infirmiers peuvent être les suivants :

- la cliente peut expliquer ce qu'est l'hyperémèse gravidique, son traitement et ses effets possibles sur sa grossesse ;
- l'hyperémèse est maîtrisée, la cliente se rétablit et on évite les complications.

La rupture prématurée des membranes

L'expression **rupture prématurée des membranes (RPM)** désigne une rupture spontanée des membranes avec perte de liquide amniotique avant le début du travail. Lorsque la rupture des membranes survient avant la 37e semaine de grossesse, ce qui arrive dans 2 % des grossesses, on parle de RPM préterme (RPMPT) (voir Parsons et Spellacy, 1999a). La RPM est associée aux facteurs suivants : infection, antécédents de RPM, hydramnios, grossesse multiple, infection des voies urinaires (IVU), amniocentèse, placenta prævia, décollement prématuré du placenta, trauma, béance isthmique, saignements durant la grossesse et anomalies du tractus génital maternel.

Chez la mère, la RPM comporte un risque d'infection, et plus particulièrement de chorioamniotite (infection intra-amniotique causée par une invasion bactérienne) et d'endométrite (infection de l'endomètre durant le post-partum). De plus, le décollement prématuré du placenta est plus fréquent chez les femmes qui présentent une RPM.

Les risques pour le fœtus ou le nouveau-né sont les suivants : détresse respiratoire (dans le cas d'une RPMPT), septicémie fœtale due à l'ascension d'agents pathogènes, présentation dystocique, procidence du cordon ombilical, morbidité et mortalité périnatales.

Traitement clinique

On fait un examen au spéculum stérile pour détecter la présence de liquide amniotique dans le vagin ; si l'écoulement du liquide amniotique n'est pas évident, on confirme le diagnostic à l'aide de papier à la nitrazine (qui tourne au bleu foncé) et/ou d'un examen au microscope (présence de cristallisation en frondes de fougère). L'examen manuel augmente le risque d'infection et n'est pas donc recommandé, à moins que l'accouchement ne soit imminent (ACOG, 1998c).

On évalue le bien-être fœtal en vérifiant la fréquence cardiaque du fœtus ou en dressant un profil biophysique, et on calcule l'âge gestationnel pour orienter la prise en charge de la RPM. L'âge gestationnel ainsi que la présence ou l'absence d'infection dictent le programme thérapeutique. Si la mère présente les signes et symptômes d'une infection, on entreprend immédiatement une antibiothérapie (généralement par voie intraveineuse) et, quel que soit l'âge gestationnel, on procède à l'accouchement par voie vaginale ou par césarienne. On administre souvent à la mère une antibiothérapie prophylactique durant les 48 premières heures de l'attente du résultat des cultures. Dès l'arrivée du nouveau-né à la pouponnière, on recherche des signes de septicémie et on entreprend une antibiothérapie. (Pour un exposé plus approfondi sur la septicémie chez le nouveau-né, voir le chapitre 26.)

En l'absence d'infection, le traitement de la RPM avant la 37e semaine de grossesse (RPMPT) est généralement conservateur. On hospitalise la mère et on lui prescrit le repos au lit. Dès l'admission, on procède à diverses analyses : hémogramme, protéine C-réactive et analyse d'urine. Au début du traitement, le médecin peut prescrire un monitorage électronique continu du fœtus, qu'on interrompra probablement après quelques heures sauf si le fœtus est très hypotrophique. On évalue le bien-être fœtal en pratiquant des examens de réactivité fœtale (ERF) ou des profils biophysiques (pour une description de ces épreuves, voir le chapitre 14). On mesure la tension artérielle, le pouls et la température de la mère ainsi que la fréquence cardiaque fœtale (FCF) toutes les quatre heures, et on effectue régulièrement des analyses de laboratoire pour déceler tout début d'infection chez la femme enceinte. On évite les touchers vaginaux pour réduire les risques d'infection. Vers la 34e semaine de grossesse, l'évaluation de la maturité pulmonaire fœtale est indiquée (American Academy of Pediatrics [AAP] et ACOG, 1997).

Bien que cette façon de faire reste controversée, après le traitement et une période d'observation, si l'écoulement de liquide amniotique a cessé, certaines clientes peuvent être suivies à domicile : tout particulièrement celles qui ont suffisamment de liquide amniotique, qui sont exemptes d'infection et dont la dilatation cervicale est inférieure à 4 cm. Elles doivent alors garder le lit (avec permission d'aller aux toilettes), prendre leur température et leur pouls quatre fois par jour, remplir une fiche d'enregistrement des mouvements fœtaux et passer régulièrement des ERF (Parsons et Spellacy, 1999a).

L'administration de corticostéroïdes peut favoriser la maturation pulmonaire fœtale et éviter la détresse respiratoire du nouveau-né, mais ce traitement ne fait pas l'unanimité à cause de ses effets potentiels indésirables sur la mère et le fœtus. De manière générale, le recours aux corticostéroïdes est indiqué pour les clientes qui présentent une RPMPT avant 30 à 32 semaines de grossesse, et seulement s'il n'y a aucun signe de chorioamniotite. Après le traitement initial, l'ACOG (1998c) recommande de n'administrer des doses supplémentaires qu'au besoin, dans les cas où on doit traiter de nouveau la cliente pour une menace d'accouchement prématuré (voir le *Guide pharmacologique : Bétaméthasone*).

Soins infirmiers

Évaluation et analyse de la situation

La détermination du moment de la rupture des membranes est un aspect important de l'évaluation effectuée pendant le travail. L'infirmière demande à la cliente quand ses membranes se sont rompues et quand le travail a commencé, car le risque d'infection peut être directement relié au temps écoulé. Il faut aussi établir l'âge gestationnel pour se préparer adéquatement en cas d'accouchement prématuré. L'infirmière recherche les signes

---

Guide pharmacologique — Bétaméthasone (Celestone Solupan)

Risques pendant la grossesse : catégorie C
Survol du mécanisme d'action fœtomaternel

Les études ont amplement démontré que les glucocorticoïdes, la bétaméthasone par exemple, peuvent accélérer la maturation pulmonaire fœtale et prévenir ainsi le syndrome de détresse respiratoire chez le nouveau-né prématuré. On comprend mal l'action des corticostéroïdes sur l'accélération de la maturation pulmonaire fœtale, mais on sait qu'elle est liée à la stimulation de l'activité enzymatique. L'enzyme est nécessaire à la biosynthèse (par les pneumocytes de type II) du surfactant, lequel assure le bon fonctionnement des poumons en réduisant la tension superficielle dans les alvéoles. De plus, les glucocorticoïdes accélèrent la dégradation du glycogène, ce qui entraîne un amincissement des septums interalvéolaires et accroît la taille des alvéoles. L'amincissement de l'épithélium amène les capillaires plus près des sacs d'air et améliore ainsi l'échange d'oxygène.

Administration, posologie, fréquence

On administre à la femme enceinte 12 mg de bétaméthasone par voie intramusculaire 1 fois par jour, 2 jours de suite. On peut aussi administrer la bétaméthasone en 4 doses, à raison de 6 mg toutes les 6 heures (Guinn et Lee, 2000). Pour optimiser les résultats, on retarde l'accouchement d'au moins 24 heures après le premier traitement. Les effets des corticostéroïdes peuvent être transitoires. Certains cliniciens préconisent d'administrer le traitement toutes les semaines jusqu'à la 34e semaine de grossesse pour le fœtus in utero qui n'a pas atteint la maturité pulmonaire, mais ce régime thérapeutique est controversé (Guinn et Lee, 2000).

Contre-indications

- Impossibilité de retarder la naissance.
- Ratio L/S inadéquat.
- Présence d'un problème qui nécessite de pratiquer un accouchement immédiat (une hémorragie, par exemple).
- Présence chez la mère d'infection, de diabète ou d'hypertension.
- Âge gestationnel > 34 semaines complètes.

Effets indésirables chez la mère

Des études portant sur un grand nombre de cas n'ont pas confirmé l'hypothèse selon laquelle l'administration du bétaméthasone entraînerait un risque accru d'infection. Cependant, le risque d'infection pourrait être légèrement plus élevé chez les femmes qui présentent une RPM. Une hyperglycémie maternelle peut survenir pendant le traitement aux corticostéroïdes, et les diabétiques insulinodépendantes peuvent avoir besoin d'infusions d'insuline pendant plusieurs jours pour éviter l'acidocétose. Enfin, les corticostéroïdes peuvent augmenter le risque d'œdème pulmonaire, surtout s'ils sont utilisés avec des tocolytiques (Iams, 1996a ; National Institutes of Health, 1994).

Effets indésirables chez le fœtus et le nouveau-né

- Diminution du taux de cortisol plasmatique à la naissance, avec rebond deux heures plus tard.
- Hypoglycémie.
- Risque accru de septicémie néonatale.
- Les essais sur des animaux ont révélé d'importants effets indésirables sur les fœtus – réduction du périmètre crânien, diminution du poids des surrénales, de la thyroïde et du placenta, etc. –, mais les essais sur les humains n'ont rien montré de tel.

Soins infirmiers

- Évaluer les contre-indications éventuelles.
- Informer la cliente des effets indésirables du médicament.
- Injecter la bétaméthasone en profondeur dans le muscle fessier, et jamais dans le deltoïde, à cause du risque élevé d'atrophie locale. (La dexaméthasone peut s'administrer par voie intramusculaire ou intraveineuse.)
- Évaluer régulièrement la tension artérielle, le pouls, le poids et l'œdème.
- Évaluer les électrolytes et la glycémie.

Note : Bien que la combinaison bétaméthasone et tocolytiques soit associée à un risque accru d'œdème pulmonaire, la bétaméthasone elle-même a peu d'activité corticoïde minérale, et elle n'augmente probablement que très peu la rétention d'eau et de sel causée par les β-mimétiques (antagonistes β-adrénergiques). Lorsqu'une cliente en travail prématuré traitée à la bétaméthasone souffre d'œdème pulmonaire, on devrait rechercher aussi d'autres causes d'œdème pulmonaire non cardiogénique.

d'infection chez la mère, notamment en évaluant la formule leucocytaire, la température, le pouls et les caractéristiques du liquide amniotique. Si la cliente est fiévreuse, l'infirmière s'assure qu'elle est bien hydratée. Si on envisage un accouchement prématuré ou une césarienne, l'infirmière évalue les capacités d'adaptation de la cliente et de son partenaire, ainsi que leur préparation à l'accouchement.

Voici des exemples de diagnostics infirmiers courants pour les clientes qui présentent une rupture prématurée des membranes :

- *risque d'infection* relié à la rupture prématurée des membranes ;
- *échanges gazeux perturbés* chez le fœtus reliés à la compression du cordon ombilical consécutive à sa procidence ;
- *stratégies d'adaptation inefficaces* reliées à l'issue incertaine de la grossesse.

Planification et interventions

Les interventions infirmières visent à la fois la mère, le conjoint et le fœtus. L'infirmière note l'heure de la rupture des membranes et l'heure du début du travail. Elle surveille attentivement l'apparition de signes d'infection chez la mère et, le cas échéant, les signale immédiatement au médecin ou à la sage-femme. Elle évalue l'activité utérine et les réactions du fœtus au travail, mais ne pratique le toucher vaginal qu'en cas d'absolue nécessité. Elle incite la cliente à se coucher sur le côté gauche pour optimiser la perfusion utéroplacentaire et elle met en place des mesures de bien-être qui favorisent le repos et la relaxation. Enfin, elle s'assure que l'hydratation maternelle est adéquate, surtout si la température de la cliente est élevée.

L'enseignement est un volet important du rôle de l'infirmière. La cliente et son partenaire doivent comprendre les conséquences de la RPM, connaître toutes les modalités thérapeutiques et être informés des effets indésirables de la pharmacothérapie ou de tout autre traitement. Enfin, il faut leur expliquer que la production de liquide amniotique continue, même après la rupture des membranes.

Il est impérieux d'offrir à la cliente et à son partenaire le soutien psychologique dont ils ont besoin. L'infirmière peut soulager leur anxiété en les écoutant avec empathie, en les renseignant adéquatement et en leur expliquant toutes les interventions thérapeutiques. Il peut être nécessaire de préparer la cliente et son partenaire à un accouchement prématuré, à une césarienne ou à la possibilité de la mort du fœtus ou du nouveau-né.

Évaluation et résultats escomptés

Les résultats escomptés des soins infirmiers peuvent être les suivants :

- les risques d'infection et de procidence du cordon ombilical diminuent ;

- la cliente et son partenaire peuvent expliquer les conséquences éventuelles de la RPM et décrire tous les traitements envisageables ;
- la grossesse se poursuit sans trauma pour la mère ou pour le fœtus.

Le travail prématuré

On appelle **travail prématuré** le travail qui se déclenche entre la 20e et la fin de la 37e semaine de grossesse. La prématurité reste le principal problème périnatal et néonatal aux États-Unis, où 11 % des naissances vivantes surviennent prématurément (Creasy et Iams, 1999) ; au Québec, la proportion est de 7,5 % (Ministère de la Santé et des Services sociaux du Québec, 2002). Il est rare que le travail prématuré ait une seule cause ; la plupart du temps, il est associé à plusieurs facteurs de risque, lesquels sont classés comme suit (Aerts et Iams, 1999) :

- *les facteurs de risque non récurrents :* placenta prævia, décollement prématuré du placenta, hydramnios, saignement du second trimestre, anomalie fœtale et mort fœtale ;
- *les facteurs de risque récurrents, mais curables chez la mère :* infection des voies urinaires, béance isthmique, malformations utérines, fibromes utérins (fibromyomes), situation socioéconomique précaire, soins prénataux déficients, mauvais état nutritionnel, déficit pondéral avant la grossesse, usage de tabac ou de drogues, exigences liées au type de travail ou d'emploi, activité sexuelle, anémie (voir *Pratique fondée sur des données probantes : Accouchement prématuré et infection*) ;
- *les facteurs de risque récurrents et incurables :* antécédents d'accouchement prématuré, origine ethnoculturelle, exposition au diéthylstilbestrol (DES).

La mère en travail prématuré est soumise à un stress psychologique parce qu'elle s'inquiète de l'état du fœtus et à un stress physiologique à cause du traitement médical. Par ailleurs, le travail prématuré expose le fœtus et le nouveau-né à un risque accru de morbidité et de mortalité (principalement dues à la détresse respiratoire du nouveau-né), de trauma durant l'accouchement et de carences développementales (stockage de graisses, thermorégulation, immaturité des systèmes et appareils).

Traitement clinique

On enseigne aux clientes à risque à reconnaître les symptômes du travail prématuré et à les signaler à leur médecin ou à leur sage-femme. Un diagnostic immédiat s'impose pour arrêter le travail prématuré avant qu'il soit trop avancé pour qu'on puisse intervenir.

Pratique fondée sur des données probantes

Accouchement prématuré et infection

L'unité mère-enfant du centre hospitalier où vous travaillez révise ses politiques et son protocole de soins en matière de prévention du travail prématuré. À l'heure actuelle, l'unité dispose d'un programme éducatif reposant sur une brochure, une vidéocassette et des séances d'information. Les clientes à risque bénéficient d'un suivi intensif.

La directrice médicale et la directrice des soins infirmiers s'interrogent à présent sur les liens qu'il pourrait y avoir entre la vaginose bactérienne et l'accouchement prématuré. En effet, bien qu'on ne sache pas exactement comment la vaginose bactérienne déclenche prématurément le travail, sept études ont mis en lumière l'existence d'un risque accru d'accouchement prématuré chez les femmes qui souffrent de vaginose bactérienne, et cinq études ont montré que le traitement de cette infection réduit le taux d'accouchement prématuré (Paige *et al.,* 1998).

Comme l'infection est asymptomatique chez 50 % des femmes, votre groupe de travail envisage de mettre au point un cheminement clinique pour son dépistage et son traitement. Vos recherches documentaires vous amènent à examiner le modèle de dépistage étudié par Hauth et ses collaborateurs (1995) et à passer en revue la documentation concernant les modalités thérapeutiques. Vous apprenez que 1 dose de 2 g de métronidazole a la même efficacité que 2 doses quotidiennes de 500 mg administrées pendant 7 jours. Comme le métronidazole est contre-indiqué au premier trimestre, on le remplace alors par un plein applicateur de clindamycine intravaginale une fois par jour. Sachant que plus le traitement agrée aux clientes, plus il a de chances de réussir, vous décidez d'enquêter auprès de vos clientes pour savoir comment elles préfèrent prendre leur médication avant d'émettre des directives à ce sujet.

Références

PAIGE, D., M. AUGUSTYN, W. ADIH *et al.* (1998), «Bacterial vaginosis and preterm birth: A comprehensive review of the litterature», *Journal of Nurse-Midwifery*, 43 (2), p. 83-89.

HAUTH, J., R. GOLDENBER, W. ANDREW *et al.* (1995), «Reduced incidence of preterm delivery with metronidazole and erythromycin in woman with bacterial vaginosis», *New England Journal of Medicine*, n° 333, p. 1732-1736.

Trois épreuves diagnostiques facilitent le dépistage des clientes à risque élevé et permettent de confirmer le diagnostic de travail prématuré.

- *Le test de la fibronectine fœtale (fFN).* La fibronectine fœtale est une protéine qu'on trouve normalement dans les membranes fœtales et dans la caduque déciduale. Normale en début de grossesse, sa présence en quantité importante dans les sécrétions du col et du vagin est inhabituelle entre les 16e et 36e semaines de grossesse. À ce stade, un test de fFN positif (présence de fFN dans les sécrétions cervicales et vaginales) indique un risque accru de travail prématuré, alors qu'un test négatif permet de prédire dans plus de 99 % des cas qu'il n'y aura pas de naissance prématurée dans les 7 jours à venir. Le prélèvement de l'échantillon se fait comme pour un test de Papanicolaou et on obtient le résultat dans l'heure qui suit (Chez, 1999).

- *Le dosage de l'œstriol dans la salive.* Les recherches indiquent que le taux d'œstriol maternel augmente environ trois semaines avant l'accouchement, qu'il soit prématuré ou à terme. L'œstriol se mesure dans le sang ou la salive, mais il vaut mieux utiliser la salive, car le test est plus stable et n'exige pas de ponction veineuse. Le dosage de l'œstriol dans la salive est un prédicteur de prématurité plus fiable après la 30e semaine de grossesse. On doit prélever l'échantillon le jour (la nuit, le taux d'œstriol augmente) et au moins 30 minutes après que la cliente a mangé (Chez, 1999).

- *L'échographie vaginale.* Après la 16e semaine de grossesse, on peut mesurer assez précisément la longueur du col en insérant une sonde échographique dans le vagin. Un col plus court que prévu peut aider le médecin à diagnostiquer une béance isthmique qui exige un cerclage du col pour prévenir un accouchement prématuré. De manière générale, un col qui mesure moins de 25 mm avant terme est anormal (Aerts et Iams, 1999).

Le diagnostic de travail prématuré est confirmé si, entre les 20e et 37e semaines de grossesse, on constate la présence de contractions utérines (4 en 20 minutes, ou de 6 à 8 en 1 heure), d'un effacement du col de 1 cm ou plus, d'une dilatation de 2 cm ou plus, ou encore d'un test de fFN positif (Creasy et Iams, 1999).

On laisse le travail se poursuivre en présence d'une ou de plusieurs des manifestations suivantes: prééclampsie ou éclampsie grave, chorioamniotite, hémorragie, cardiopathie maternelle, thyréotoxicose ou diabète mal maîtrisé, décollement placentaire grave, anomalies fœtales incompatibles avec la vie, mort fœtale, souffrance fœtale aiguë ou maturité fœtale.

L'objectif des interventions cliniques est d'éviter que le travail prématuré progresse jusqu'au point où il ne répondra plus au traitement médical. La prise en charge initiale vise à maintenir une bonne perfusion utéroplacentaire, à détecter les contractions utérines et à calmer le fœtus. On demande à la mère de se coucher sur le côté pour augmenter le flux sanguin utérin et on installe une perfusion intraveineuse pour favoriser l'hydratation maternelle.

Le terme **tocolyse** désigne le recours à la médication pour tenter d'arrêter le travail. Les antagonistes β-adrénergiques (souvent appelés les β-mimétiques), le sulfate de magnésium ($MgSO_4$), les inhibiteurs de synthèse des prostaglandines et les inhibiteurs des canaux calciques peuvent servir de tocolytiques, mais les plus utilisés sont les β-mimétiques : le sulfate de terbutaline (Bricanyl) et le sulfate de magnésium.

Les tocolytiques inhibent les contractions et permettent la poursuite de la grossesse, mais ils peuvent avoir des effets indésirables sur la mère, le plus sérieux étant l'œdème pulmonaire. On peut parfois atténuer ces effets en réduisant les doses et la durée du traitement.

Le sulfate de magnésium est efficace et produit moins d'effets indésirables que les β-mimétiques ; c'est pourquoi son administration par voie intraveineuse est souvent le traitement initial de prédilection. Le traitement au MgSO₄ est indiqué pour les femmes qui souffrent de troubles cardiopulmonaires, de diabète ou d'infection. Dans tous les autres cas, le choix entre le MgSO₄ et les β-mimétiques dépend de l'expérience des prestataires de soins. L'utilité des tocolytiques oraux pour un traitement ambulatoire continu est douteuse (Parsons et Spellacy, 1999b).

Pour le MgSO₄, on recommande habituellement de commencer par une dose d'attaque de 4 à 6 g administrée en 20 minutes par voie intraveineuse avec une pompe à perfusion, suivie d'une dose d'entretien de 1 à 4 g par heure selon la réaction et les effets secondaires observés (Creasy et Iams, 1999). On poursuit le traitement pendant 12 à 24 heures en administrant le plus faible dosage qui entretient la tocolyse.

La dose d'attaque peut provoquer des effets indésirables : rougeurs, sensation de chaleur, céphalée, nystagmus, nausées et étourdissements, etc. Le MgSO₄ peut aussi causer de la léthargie, de l'apathie ou un œdème pulmonaire chez la mère (voir le *Guide pharmacologique : Sulfate de magnésium*). Chez le fœtus, il peut entraîner une hypotonie et une léthargie qui persisteront un ou deux jours après la naissance.

Parce qu'elle s'administre facilement (par voie orale ou sublinguale) et qu'elle a peu d'effets indésirables sur la mère, la nifédipine, un inhibiteur calcique, est un tocolytique de plus en plus populaire. La nifédipine diminue les contractions des muscles lisses en bloquant l'entrée du calcium par les canaux calciques à la surface des cellules. Ses effets secondaires les plus courants sont liés à la vasodilatation artérielle : hypotension, tachycardie, rougeur faciale et céphalée. La nifédipine peut s'administrer conjointement avec les β-mimétiques, mais pas avec le magnésium ; en effet, ces deux substances bloquent le calcium, et la chute du taux de calcium qui résulte de leur administration simultanée est associée à de graves effets secondaires chez la mère.

Dans certains cas, on utilise, pour la tocolyse, les inhibiteurs de la synthèse des prostaglandines, par exemple l'indométhacine (Indocin). Cependant, surtout à partir de la 32ᵉ semaine de grossesse, on les soupçonne d'avoir des effets indésirables, tels que la fermeture prématurée du canal artériel fœtal. Par conséquent, on n'y recourt qu'avant la 32ᵉ semaine et, autant que possible, pour un traitement de moins de 72 heures (Vermillion et Scardo, 2000).

Un traitement prénatal aux corticostéroïdes semble favoriser la maturation pulmonaire fœtale ; il s'agit habituellement de 2 doses de bétaméthasone administrées par voie intramusculaire à 24 heures d'intervalle, ou de 4 doses de dexaméthasone à 6 heures d'intervalle. On recommande un traitement aux corticostéroïdes avant la 34ᵉ semaine de grossesse à toutes les femmes admissibles à une tocolyse, et ce, sans égard au sexe ou à la race du fœtus (National Institutes of Health, 1994). Toutefois, les traitements multiples aux corticostéroïdes sont controversés parce qu'ils peuvent entraîner des complications chez le nouveau-né (Guinn et Lee, 2000). Voir le *Guide pharmacologique : Bétaméthasone*, page 341.

Soins infirmiers

Évaluation et analyse de la situation

Pendant la grossesse, l'infirmière détermine si la cliente présente des facteurs de risque qui la prédisposent au travail prématuré. Pendant le travail et l'accouchement, elle évalue la progression du travail et ses effets physiologiques sur la mère et sur le fœtus.

Voici des exemples de diagnostics infirmiers courants pour les clientes qui présentent un risque de travail prématuré :

- ***peur*** reliée aux risques que comportent le travail et l'accouchement prématurés ;
- ***stratégies d'adaptation inefficaces*** reliées à la nécessité de se préoccuper constamment de la grossesse.

Planification et interventions

 Soins infirmiers communautaires

Une fois qu'on a établi qu'il y a un risque de travail prématuré, on doit renseigner la cliente sur l'importance d'en reconnaître les symptômes (voir le *Guide d'enseignement : Travail prématuré*, page 347). Ce sont souvent les infirmières qui travaillent dans une clinique ou à domicile qui donnent cet enseignement.

Pour assurer la continuité des soins à la cliente qui reçoit son congé de l'hôpital, on a beaucoup utilisé le télémonitorage à domicile de l'activité utérine avec appel téléphonique quotidien d'une infirmière qui offre soutien et conseils. Cependant, aucune recherche n'a confirmé l'efficacité de cette méthode, et son utilisation n'est pas recommandée (ACOG, 1996). Les visites à domicile d'une infirmière gardent donc toute leur importance dans le traitement de la cliente menacée de travail prématuré.

Lors de ces visites, l'infirmière procède comme elle le ferait à l'hôpital lors de l'évaluation de l'état physique et émotionnel de la cliente. Elle peut aussi fournir à celle-ci de l'information sur

Guide pharmacologique — Sulfate de magnésium (MgSO₄)

Risques pendant la grossesse : catégorie B
Survol du mécanisme d'action obstétrical

Le MgSO$_4$ produit une dépression du système nerveux central (SNC) en réduisant la quantité d'acétylcholine libérée par l'influx des nerfs moteurs, ce qui bloque la transmission neuromusculaire. Cette action diminue le risque de convulsions, d'où l'utilité du MgSO$_4$ dans le traitement de la prééclampsie. Comme il permet aussi de relâcher les muscles lisses, le MgSO$_4$ peut faire baisser la tension artérielle (bien qu'il ne soit pas considéré comme un antihypertenseur). Le MgSO$_4$ peut aussi réduire la fréquence et l'intensité des contractions utérines, et peut donc être utilisé comme tocolytique dans le traitement du travail prématuré.

Administration, posologie, fréquence

En général, on administre le sulfate de magnésium par voie intraveineuse. De rares médecins prescrivent encore son administration par voie intramusculaire, mais les injections sont douloureuses, le produit irritant pour les tissus et le dosage moins facile à maîtriser. L'administration intraveineuse, effectuée avec une pompe à perfusion pour obtenir le dosage le plus précis possible, permet d'obtenir une action immédiate et d'éviter le surdosage.

Pour le traitement du travail prématuré

Dose d'attaque : 4 à 6 g de MgSO$_4$ dans une solution de 250 mL en 20 minutes.

Dose d'entretien : 1 à 4 g/h par pompe à perfusion (Creasy et Iams, 1999).

Pour le traitement de la prééclampsie

Dose d'attaque : 2 à 4 g de MgSO$_4$ en 5 minutes.

Dose d'entretien : 1 g/h par pompe à perfusion (Roberts, 1999).

Note : Le MgSO$_4$ est excrété par les reins. De manière générale, il faut pour obtenir un effet thérapeutique un taux de magnésium plus élevé chez les femmes en travail prématuré dont la fonction rénale est normale que chez les femmes qui souffrent de prééclampsie et dont la fonction rénale est affectée. La dose d'entretien pourra être modifiée en fonction du taux sérique de magnésium.

Contre-indications pour la mère

La myasthénie maternelle grave est la seule contre-indication absolue à l'administration de MgSO$_4$. Des antécédents de lésions du myocarde ou de bloc cardiaque peuvent être une contre-indication relative à cause des effets du MgSO$_4$ sur la transmission nerveuse et sur la contractilité musculaire. Comme le MgSO$_4$ est éliminé par les reins, on doit surveiller très étroitement la cliente qui souffre d'insuffisance rénale, car elle peut atteindre rapidement le taux toxique de MgSO$_4$.

Effets indésirables chez la mère

La plupart des effets indésirables sont reliés à la toxicité du magnésium. La léthargie et la faiblesse dues au blocage neuromusculaire sont courantes. La vasodilatation périphérique peut entraîner des sueurs, une sensation de chaleur, des bouffées vasomotrices et une congestion nasale. Les nausées et vomissements, la constipation, la vision trouble, la céphalée et les troubles de l'élocution sont d'autres effets indésirables courants. Les signes d'intoxication sont la diminution des réflexes ou leur absence, l'oligurie, la confusion, la dépression respiratoire, le collapsus cardiovasculaire et la paralysie respiratoire. L'administration rapide de fortes doses de MgSO$_4$ peut provoquer un arrêt cardiaque.

Effets indésirables chez le fœtus et le nouveau-né

Le sulfate de magnésium traverse facilement le placenta. Selon certains experts, il pourrait entraîner une diminution passagère de la variabilité de la fréquence cardiaque fœtale (FCF), ce que d'autres experts contestent. En général, le traitement au MgSO$_4$ est sans risque pour le fœtus. À l'occasion, le nouveau-né peut présenter une dépression neurologique ou respiratoire, une aréflexie et une hypotonie, mais ces effets indésirables peuvent en fait résulter d'un RCIU, de la prématurité ou de l'asphyxie périnatale.

Soins infirmiers

1. Surveiller étroitement la tension artérielle durant l'administration du médicament.

2. Surveiller le taux sérique de magnésium chez la mère selon l'horaire prescrit (généralement toutes les 6 ou 8 heures). Les taux thérapeutiques se situent entre 2 et 4 mmol/L. Souvent, les réflexes disparaissent avec des taux sériques de magnésium de 3,3 à 5,0 mmol/L, la dépression respiratoire apparaît à des taux de 6 à 7 mmol/L et l'arrêt cardiaque survient à un taux supérieur à 12,3 mmol/L (Sibai, 1996 ; Silver, 1996).

3. Surveiller étroitement la respiration. Une fréquence respiratoire inférieure à 12 respirations/min peut indiquer une intoxication au magnésium, auquel cas il faut procéder à d'autres examens. Plusieurs protocoles dictent l'interruption du traitement si la fréquence respiratoire est en deçà de 12 respirations/min.

4. Évaluer le réflexe rotulien pour détecter la diminution des réflexes ou leur absence, ce qui est souvent le premier signe de toxicité. Noter aussi la léthargie, la modification du niveau de conscience et l'hypotension.

5. Mesurer la diurèse. Une diurèse inférieure à 30 mL/h peut entraîner une concentration toxique de magnésium.

6. Si la fréquence respiratoire ou la diurèse tombe en deçà des valeurs indiquées ou si on constate une diminution ou une absence des réflexes, on doit interrompre l'administration de magnésium jusqu'à ce que ces facteurs reviennent à la normale.

7. L'antagoniste du sulfate de magnésium est le calcium. On devrait donc garder une ampoule de gluconate de calcium au chevet de la cliente. La dose habituelle est de 1 g par voie intraveineuse en 3 minutes environ.

8. Surveiller continuellement la fréquence cardiaque fœtale (FCF) pendant toute la durée du traitement intraveineux.

9. Si le médicament est administré pour traiter une hypertension gravidique, continuer la perfusion de MgSO$_4$ durant environ 24 heures après l'accouchement pour prévenir les crises convulsives pendant le post-partum.

10. Pendant 24 à 48 heures après sa naissance, observer de près le nouveau-né dont la mère a reçu du MgSO$_4$ peu avant l'accouchement afin de déceler tout signe d'intoxication au magnésium.

Note : Les protocoles concernant l'administration du sulfate de magnésium varient selon les établissements de soins. Il importe de suivre les lignes directrices en vigueur dans l'établissement où la cliente est traitée.

les groupes de soutien et les services communautaires destinés aux femmes qui présentent un risque de travail prématuré. L'un des objectifs les plus importants de l'enseignement à la cliente est de faire en sorte qu'elle puisse reconnaître les signes subtils du travail prématuré :

- contractions utérines aux 10 minutes ou plus rapprochées, avec ou sans douleurs ;
- douleurs abdominales basses, semblables aux douleurs menstruelles ;
- sensation (constante ou intermittente) de pression pelvienne, comme si le bébé poussait vers le bas ;
- rupture des membranes ;
- lombalgie sourde, constante ou intermittente ;
- modification des sécrétions vaginales (quantité accrue, écoulement plus translucide et plus aqueux, ou rosâtre) ;
- crampes abdominales avec ou sans diarrhée.

Il faut aussi enseigner à la cliente à évaluer les contractions utérines une ou deux fois par jour. Pour ce faire, elle s'allonge sur le côté, le dos appuyé sur un oreiller ; elle pose le bout des doigts au-dessus de l'ombilic, à la hauteur du fond utérin ; et elle compte les contractions utérines (durcissement de l'utérus), pendant environ une heure. La cliente doit savoir que des contractions utérines occasionnelles peuvent survenir pendant toute la grossesse ; toutefois, si elles reviennent toutes les 10 minutes pendant 1 heure, le col peut commencer à se dilater et le travail peut se déclencher.

L'infirmière s'assure que la cliente sait quand elle doit téléphoner au médecin, à la sage-femme, à la clinique ou au centre hospitalier pour qu'on vérifie si le travail a commencé : si les contractions se produisent aux 10 minutes ou plus souvent pendant 1 heure, si un ou plusieurs des symptômes mentionnés plus haut se manifestent ou si un liquide translucide s'écoule de son vagin. Le personnel soignant doit prendre au sérieux ce type d'appel. La cliente qui risque un travail prématuré peut avoir plusieurs épisodes de contractions, ou d'autres signes et symptômes ; si on la soigne avec bienveillance, elle hésitera moins à les signaler.

Compte tenu de l'importance des autosoins préventifs (voir le tableau 13-1), l'infirmière qui les enseigne à la cliente joue un rôle vital.

Soins infirmiers en milieu hospitalier

Il importe que la cliente qui présente un risque de travail prématuré reçoive des soins infirmiers de soutien durant son hospitalisation. Ces soins consistent à :

- inciter la mère à garder le lit (l'installation en décubitus latéral gauche favorise la circulation fœtomaternelle) ;
- surveiller les signes vitaux, en particulier la tension artérielle et la respiration ;
- mesurer les ingesta et excreta ;
- procéder au monitorage continu des contractions utérines et de la FCF ;

Tableau 13-1

Autosoins visant à prévenir le travail prématuré

Se reposer allongée sur le côté gauche 2 ou 3 fois pendant la journée.

Boire 2 ou 3 L d'eau ou de jus de fruits par jour (se servir à partir d'un contenant de 1 L pour ne pas avoir à compter les verres qu'on boit) ; éviter les boissons qui contiennent de la caféine.

Vider sa vessie au moins toutes les 2 heures (sauf la nuit).

Éviter de soulever des objets lourds ; s'il y a de jeunes enfants à la maison, trouver d'autres moyens de les prendre, par exemple s'asseoir sur une chaise et les inviter à grimper sur vos genoux.

Éviter les techniques de préparation des seins à l'allaitement, comme le massage des mamelons (il ne s'agit pas de déconseiller l'allaitement au sein, mais d'éviter d'augmenter l'irritabilité utérine).

Planifier les activités de manière à ne pas s'épuiser.

Au besoin, limiter ou éviter les activités sexuelles.

Trouver des façons agréables de compenser la limitation des activités et de garder le moral.

Essayer de prendre la vie un jour ou une semaine à la fois.

Si le repos au lit est obligatoire, s'habiller tous les jours et s'étendre sur un divan plutôt que de s'isoler dans sa chambre.

- éviter autant que possible les touchers vaginaux ;
- s'il y a administration de tocolytiques, surveiller attentivement l'apparition d'effets indésirables chez la mère ou le fœtus.

Qu'on réussisse ou non à arrêter le travail prématuré, la cliente et son partenaire sont soumis à un stress psychologique important. Un des principaux objectifs de l'infirmière est d'atténuer l'anxiété qu'engendre la crainte d'avoir un bébé prématuré ; elle doit également les aider à trouver des façons satisfaisantes de composer avec le stress lié à l'inactivité forcée et avec l'absence de relations sexuelles. En leur parlant avec empathie et en leur donnant l'occasion d'exprimer leurs émotions – anxiété, sentiment de culpabilité, etc. –, l'infirmière aide les conjoints à trouver des stratégies d'adaptation et à les utiliser. Elle doit aussi les renseigner sur la progression du travail, sur le programme thérapeutique et sur l'état du fœtus. Si l'accouchement (vaginal ou par césarienne) est imminent, elle leur donne au fur et à mesure des explications succinctes pour les préparer à l'accouchement lui-même et à la suite des événements.

Évaluation et résultats escomptés

Les résultats escomptés des soins infirmiers peuvent être les suivants :

- la cliente peut expliquer la cause, les symptômes et le traitement du travail prématuré ;
- la cliente dit avoir confiance en sa capacité de composer avec la situation et montre qu'elle a les ressources nécessaires pour y parvenir ;

Guide d'enseignement Travail prématuré

Évaluation et analyse de la situation

En général, la cliente qui présente un risque accru de travail prématuré est dépistée durant la grossesse. L'infirmière évalue alors ses connaissances sur les dangers du travail prématuré, ses signes et symptômes, et les mesures à prendre pour le prévenir. Si la cliente fait partie d'un programme de télémonitorage à domicile, l'infirmière évalue également sa compréhension des objectifs de ce programme et des raisons de sa mise en œuvre.

Diagnostics infirmiers

Le principal diagnostic de l'infirmière sera probablement le suivant : « Recherche d'un meilleur niveau de santé : désir de combler un manque de connaissances sur la prévention du travail prématuré et/ou sur les moyens de le détecter rapidement s'il se déclenche. »

Planification et interventions

L'enseignement est axé sur les risques liés au travail prématuré, le fonctionnement du télémonitorage à domicile et les procédés qu'il suppose, ainsi que sur les autosoins qui réduisent les risques de travail prématuré.

Objectifs

Une fois l'enseignement terminé, la cliente pourra :

- décrire les risques associés au travail prématuré ;
- expliquer le but du télémonitorage à domicile ;
- faire la démonstration des procédés que nécessite le télémonitorage à domicile ;
- expliquer les autosoins qui peuvent réduire le risque de travail prématuré.

Plan d'enseignement

Contenu

Décrire les dangers du travail prématuré en insistant sur les risques que court le bébé prématuré et sur tous les problèmes qui peuvent s'ensuivre.

Insister sur l'utilité du télémonitorage à domicile pour l'évaluation régulière de l'activité utérine. Expliquer que nombre de signes précoces du travail prématuré, comme la lombalgie ainsi que l'augmentation et la modification des pertes vaginales, peuvent être très subtils au début. Le télémonitorage à domicile permet souvent de déceler l'activité utérine avant que le col se soit effacé et dilaté au point où le travail est impossible à arrêter. Cela dit, les études ne révèlent aucune différence significative dans l'incidence des naissances prématurées chez les clientes suivies quotidiennement par une infirmière, mais sans télémonitorage à domicile (Iams, 1996b).

Si la cliente fait partie d'un programme de télémonitorage à domicile, l'infirmière qui s'occupe de ce programme lui aura probablement donné l'enseignement initial. Il faut cependant être prête à le donner de nouveau et à répondre aux questions de la cliente à ce sujet.

Rappeler les autosoins qui peuvent prévenir le travail prématuré :

- maintenir un généreux apport liquidien (de 2 à 3 L par jour) ;
- uriner toutes les 2 h ;
- éviter de soulever des objets lourds ou de s'épuiser ;
- éviter la stimulation des seins et l'orgasme ; limiter les activités sexuelles ;
- respecter les recommandations concernant la limitation de l'activité et le repos au lit.

Évaluation

À la fin de la séance d'enseignement, la cliente pourra expliquer les risques liés au travail prématuré, faire la démonstration des techniques de monitorage à domicile et expliquer leur raison d'être ; de même, elle pourra se prodiguer les autosoins nécessaires pour réduire les risques de travail prématuré.

Méthode d'enseignement

Décrire les risques de manière précise et détaillée ; bien des gens savent que la prématurité peut être dangereuse, mais ignorent les effets qu'elle peut avoir sur le fœtus.

Utiliser de la documentation durant la discussion. Comme l'efficacité du télémonitorage à domicile repose sur sa pleine et entière collaboration, il importe que la mère soit convaincue de l'utilité du programme.

Enseigner à la cliente à palper ses contractions utérines. Faire une démonstration de la méthode et demander à la cliente d'en faire une à son tour.

Utiliser de la documentation et favoriser la discussion. Si la cliente s'inquiète de sa capacité à respecter certaines recommandations, essayer de les adapter de manière à mieux répondre à ses besoins.

- la cliente peut décrire les autosoins essentiels pour prévenir le travail prématuré, de même que les signes et symptômes qu'elle doit signaler à son prestataire de soins ;
- la cliente met au monde un bébé en santé et se rétablit bien.

Les troubles hypertensifs

Divers troubles hypertensifs peuvent survenir au cours de la grossesse. On a mis au point diverses classifications de ces troubles ; l'ACOG recommande d'utiliser la classification suivante (Branch et Porter, 1999) :

- prééclampsie-éclampsie ;

- hypertension essentielle antérieure à la grossesse, quelle qu'en soit la cause ;
- hypertension essentielle avec prééclampsie surajoutée ou éclampsie surajoutée ;
- hypertension transitoire.

On utilise souvent les termes d'**hypertension gravidique** pour englober à la fois la prééclampsie-éclampsie et l'hypertension transitoire. De fait, ce n'est souvent en pratique qu'après coup qu'on peut distinguer ces deux troubles, de sorte qu'on traite généralement l'hypertension transitoire comme la prééclampsie (Branch et Porter, 1999). Dans cet ouvrage, nous utilisons indifféremment les termes de *prééclampsie-éclampsie* et d'*hypertension gravidique*.

Prééclampsie et éclampsie

La **prééclampsie**, qui est le trouble hypertensif le plus courant pendant la grossesse, se caractérise par l'hypertension, la protéinurie et l'œdème. Comme l'hypertension peut être la seule manifestation de la maladie à ses débuts, le diagnostic se fonde sur ce symptôme.

On pose un diagnostic de prééclampsie lorsqu'on observe une augmentation de 30 mm Hg de la pression systolique et/ou de 15 mm Hg de la pression diastolique par rapport aux valeurs initiales, et ce, au moins 2 fois à plus de 6 heures d'intervalle. Lorsqu'on ignore les valeurs initiales, on considère une tension artérielle de 140/90 mm Hg comme une hypertension (Roberts, 1999).

La prééclampsie, qui peut être bénigne ou grave, est une maladie évolutive qui peut dégénérer au point d'entraîner des convulsions généralisées ou un coma ; on parle alors d'**éclampsie**. Si la cliente a une crise convulsive, on la considère comme « éclamptique ». La plupart du temps, l'hypertension gravidique se manifeste au cours des 10 dernières semaines de grossesse, pendant le travail ou durant les 48 heures qui suivent l'accouchement. Bien que l'accouchement soit le seul véritable traitement de la prééclampsie que l'on connaisse, un diagnostic rapide et un traitement minutieux permettent de la maîtriser. Aux États-Unis, la prééclampsie survient dans 7 % des grossesses, mais son incidence est nettement plus élevée chez les primigestes (Roberts, 1999). La prééclampsie frappe plus souvent les adolescentes et les femmes de plus de 35 ans, surtout si elles sont primigestes. Les femmes qui ont des antécédents de prééclampsie et celles qui ont une grosse masse placentaire (en raison d'une grossesse multiple, d'une môle hydatiforme, d'une incompatibilité Rh ou d'un diabète) présentent un risque accru.

Physiopathologie de l'hypertension gravidique

Après des décennies de recherche, on ne connaît toujours pas la cause de l'hypertension gravidique. On a longtemps cru qu'elle résultait d'une toxine produite par l'organisme de la femme enceinte, d'où le nom de « toxémie » qu'on lui avait donné ; les données de recherche n'ayant jamais confirmé cette théorie, ce terme est tombé en désuétude.

La prééclampsie affecte tous les appareils et systèmes de l'organisme. Les modifications physiopathologiques suivantes y sont associées.

- Au cours d'une grossesse normale, la diminution de la résistance vasculaire périphérique et l'augmentation de la résistance maternelle aux effets vasopresseurs de l'angiotensine II entraînent une baisse de la tension artérielle. Chez la femme prééclamptique, la tension artérielle commence à augmenter après la 20e semaine de grossesse, probablement à cause d'une diminution graduelle de la résistance à l'angiotensine II. Cette réaction a été reliée au ratio des prostaglandines prostacycline et thromboxane. La prostacycline est un puissant vasodilatateur ; or, lorsqu'il y a prééclampsie, sa concentration diminue, souvent plusieurs semaines avant l'apparition des symptômes, ce qui modifie le ratio prostacycline/thromboxane et accroît les effets de vasoconstriction et d'agrégation des plaquettes du thromboxane. Au cours des dernières semaines de la grossesse prééclamptique, le taux de thromboxane augmente, de sorte que ses effets s'accentuent (Mills *et al.*, 1999).

- On sait également que l'oxyde nitrique, un puissant vasodilatateur, joue un rôle dans la résistance maternelle aux vasopresseurs. Dans la grossesse prééclamptique, la diminution de la production d'oxyde nitrique pourrait favoriser l'apparition de l'hypertension (Branch et Porter, 1999).

- La disparition de la vasodilatation normale des artérioles utérines et l'angiospasme maternel concomitant réduisent la perfusion placentaire. Cette perturbation peut avoir des effets néfastes sur le fœtus : RCIU, diminution des mouvements fœtaux, hypoxie chronique ou souffrance fœtale.

- L'irrigation rénale diminue. À cause de la diminution du débit de filtration glomérulaire, les taux sériques de créatinine, d'urée et d'acide urique commencent à excéder les taux normaux durant la grossesse, alors que la diurèse diminue. La rétention de sodium s'accroît, ce qui augmente le volume extracellulaire, la sensibilité à l'angiotensine II et l'œdème. L'étirement des parois capillaires des cellules endothéliales des glomérules permet aux grosses molécules comme les protéines, notamment l'albumine, de s'échapper dans l'urine, réduisant ainsi le taux sérique d'albumine. Cette baisse du taux sérique d'albumine entraîne à son tour une diminution de la pression oncotique ; ce phénomène accentue le déplacement des liquides vers les espaces extracellulaires et aggrave ainsi l'œdème.

- La diminution du volume intravasculaire augmente la viscosité du sang, et donc l'hématocrite.

La prééclampsie grave conduit parfois au **syndrome HELLP** – acronyme anglais signifiant *hémolysis* (hémolyse), *elevated liver enzymes* (élévation des enzymes hépatiques), *low platelet count* (thrombocytopénie) –, qui est associé à des taux de morbidité et de mortalité élevés chez les mères comme chez leur progéniture.

L'hémolyse observée dans le syndrome HELLP est qualifiée d'*anémie hémolytique microangiopathique*, car on croit que les globules rouges sont déformés ou fragmentés lors de leur passage dans les vaisseaux sanguins endommagés.

L'élévation des enzymes hépatiques résulte de l'ischémie causée par des dépôts de fibrine. On observe parfois une hyperbilirubinémie et un ictère, et la distension du foie se traduit par des douleurs épigastriques.

La thrombocytopénie (diminution du nombre de plaquettes dans le sang) est courante dans la prééclampsie. L'angiospasme produit des lésions vasculaires, et les plaquettes (thrombocytes) s'agglomèrent dans ces sites, ce qui explique la diminution de la teneur en plaquettes du sang ($<100 \times 10^9$/L). La thrombocytopénie peut se manifester par des nausées, des vomissements, des symptômes grippaux et des douleurs épigastriques.

Il est préférable de traiter les femmes atteintes du syndrome HELLP dans un établissement de soins tertiaires. On commence par évaluer et stabiliser l'état de la mère, surtout si la thrombocytopénie est importante : une transfusion de plaquettes est indiquée en deçà de 20×10^9/L. On évalue également le bien-être fœtal en pratiquant un examen de réactivité fœtale et des profils biophysiques. Une fois le syndrome HELLP diagnostiqué et l'état de la mère stabilisé, un accouchement rapide est indiqué. Les recherches indiquent qu'un traitement intraveineux à la dexaméthasone peut être avantageux pour la cliente si le syndrome HELLP est diagnostiqué avant qu'il ait causé des lésions multi-organiques (Martin et Magann, 1999).

Risques pour la mère

Les troubles du système nerveux central associés à l'hypertension gravidique sont l'hyperréflexie, les céphalées et les crises convulsives. L'hyperréflexie provient peut-être de l'augmentation du taux extracellulaire de sodium et de la baisse du taux intracellulaire de potassium. Les céphalées sont causées par l'angiospasme cérébral. Quant aux convulsions, elles résultent de la vasoconstriction et de l'œdème cérébraux.

Les femmes qui souffrent de prééclampsie-éclampsie grave présentent un risque accru d'insuffisance rénale, de décollement prématuré du placenta, de coagulation intravasculaire disséminée (CIVD), de rupture du foie et d'embolie pulmonaire.

Risques pour le nouveau-né

Les nouveau-nés de mères qui ont souffert d'hypertension pendant leur grossesse ont tendance à être hypotrophiques. Ce problème est directement causé par l'angiospasme et l'hypo-

volémie maternels, lesquels entraînent l'hypoxie et la malnutrition chez le fœtus. De plus, si un accouchement précoce s'impose, le nouveau-né risque d'être prématuré. Le taux de mortalité périnatale associé à la prééclampsie est d'environ 10 % ; celui qui est associé à l'éclampsie, d'environ 24 %.

À la naissance, le nouveau-né peut être sous l'effet des sédatifs administrés à la mère. De plus, à cause des fortes doses de sulfate de magnésium qu'a reçues cette dernière, il risque de souffrir d'hypermagnésémie.

Traitement clinique

La prise en charge médicale vise les objectifs suivants :

- diagnostiquer la maladie le plus tôt possible ;
- prévenir l'hémorragie cérébrale, les convulsions, les complications hématologiques, ainsi que les troubles rénaux et hépatiques ;
- permettre la naissance d'un enfant en santé, et ce, le plus près possible du terme.

Pour atteindre ces objectifs, il est essentiel de faire baisser la tension artérielle.

Manifestations cliniques et diagnostic

PRÉÉCLAMPSIE BÉNIGNE   En général, les femmes qui souffrent de prééclampsie bénigne présentent peu de symptômes, et parfois aucun, à ceci près que la tension artérielle est de 140/90 mm Hg ou plus, ou encore que la pression systolique a augmenté de 30 mm Hg et la pression diastolique de 15 mm Hg par rapport aux valeurs initiales. Ainsi, une jeune femme dont la tension artérielle est habituellement de 90/60 mm Hg souffre d'hypertension à 120/76 mm Hg. Il est donc essentiel de mesurer la tension artérielle au début de la grossesse.

La cliente peut présenter un œdème généralisé, c'est-à-dire une bouffissure du visage, des mains et des régions déclives, les chevilles par exemple. On parle d'œdème en présence d'un gain pondéral de plus de 1,5 kg/mois au 2e trimestre ou de plus de 0,5 kg/sem au 3e trimestre. On mesure l'œdème sur une échelle de 1+ à 4+. L'analyse d'urine peut révéler une protéinurie de 1+ ou 2+, bien qu'il s'agisse là du dernier des trois signes cardinaux à apparaître.

PRÉÉCLAMPSIE GRAVE   La prééclampsie grave peut se manifester brusquement. L'œdème, caractérisé par un gain pondéral de plus de 0,9 kg en moins d'une semaine, se généralise, envahissant rapidement le visage, les mains, la région sacrée, les membres inférieurs et l'abdomen. La tension artérielle est à 160/110 mm Hg ou plus, la protéinurie mesurée à l'aide d'un bâtonnet réactif se situe entre 3+ et 4+, et la protéinurie des 24 heures est égale ou inférieure à 5 g. L'hématocrite et les taux de créatinine sérique et d'acide urique sont élevés. Les autres symptômes caractéristiques sont les suivants : céphalée frontale, vision trouble, scotomes, nausées, vomissements, irritabilité, hyperréflexie, troubles cérébraux, oligurie (≤ de 500 mL d'urine en 24 heures), œdème pulmonaire avec bruits respiratoires crépitants et dyspnée, cyanose, œdème rétinien (les rétines semblent mouillées et luisantes), rétrécissement de certains segments des artérioles rétiniennes à l'examen ophtalmoscopique et, finalement, douleurs épigastriques, ces dernières, qu'on croit causées par l'engorgement vasculaire du foie, étant souvent un signe de crise convulsive imminente.

ÉCLAMPSIE L'éclampsie, caractérisée par des convulsions de type grand mal ou par le coma, peut survenir avant le début du travail, pendant le travail ou au début du post-partum. Certaines femmes n'ont qu'une seule crise convulsive; d'autres en ont plusieurs. À moins que les crises convulsives ne soient très fréquentes, la femme reprend habituellement conscience entre chacune d'elles.

Prise en charge pendant la grossesse

Le traitement médical de l'hypertension gravidique diffère selon la gravité de l'atteinte.

SOINS À DOMICILE DE LA PRÉÉCLAMPSIE BÉNIGNE En général, on hospitalise les clientes atteintes de prééclampsie, mais certains cas de prééclampsie bénigne peuvent maintenant être traités à domicile. On évalue deux fois par semaine l'état de la mère et du fœtus, et on encourage la mère à se ménager au moins deux périodes de repos de deux à trois heures chacune en décubitus latéral gauche pour réduire la pression sur la veine cave, et augmenter ainsi le retour veineux, le volume du sang circulant et l'irrigation du placenta et des reins. Une amélioration du débit sanguin rénal contribue à faire baisser le taux d'angiotensine II, accroît la diurèse et abaisse la tension artérielle. Il est extrêmement important que la cliente prévienne son prestataire de soins au moindre signe d'aggravation de la maladie (Branch et Porter, 1999).

SOINS EN MILIEU HOSPITALIER DE LA PRÉÉCLAMPSIE BÉNIGNE La cliente hospitalisée doit garder le lit, autant que possible, en décubitus latéral gauche.

Le régime alimentaire devrait être équilibré et comporter une quantité modérée ou importante de protéines (de 80 à 100 g/jour ou 1,5 g/kg/jour) pour remplacer les protéines perdues dans l'urine. La consommation de sodium devrait être modérée (pas plus de 6 g/jour). Même si on ne lui prescrit plus un régime hyposodé et des diurétiques, la cliente prééclamptique doit éviter les aliments très salés.

À mesure que la prééclampsie évolue, les examens visant à évaluer le bien-être fœtal et à assurer une issue heureuse à la grossesse se font de plus en plus fréquents. Plus précisément, on recourt aux examens et épreuves suivants:

- enregistrement des mouvements fœtaux (EMF);
- examen de la réactivité fœtale (ERF);
- échographies en série (toutes les trois ou quatre semaines) pour évaluer la croissance fœtale;
- profils biophysiques;
- dosage de la créatinine sérique;

- amniocentèse afin de déterminer la maturité des poumons du fœtus;
- vélocimétrie Doppler ombilicale à partir des 30e et 32e semaines pour dépister les problèmes qui compromettent la santé ou la vie du fœtus.

PRÉÉCLAMPSIE GRAVE Si le milieu utérin se révèle nocif au bien-être fœtal, l'accouchement peut être le meilleur traitement pour la mère et pour le fœtus, même si ce dernier est encore immature. On peut aussi traiter la prééclampsie grave par les mesures suivantes.

- *Repos au lit.* Le repos au lit doit être complet. On devrait éviter tous les stimuli susceptibles de provoquer des convulsions.

- *Diète.* Tant que la cliente est alerte, qu'elle ne souffre pas de nausées et qu'elle ne présente pas de signes de convulsions imminentes, on lui prescrit une diète à haute teneur en protéines et à teneur modérée en sodium.

- *Anticonvulsivants.* Le sulfate de magnésium (MgSO$_4$), qui produit une dépression du système nerveux central et réduit ainsi le risque de crise convulsive, est l'anticonvulsivant de prédilection (voir le *Guide pharmacologique: Sulfate de magnésium*).

- *Équilibre hydrique et électrolytique.* L'apport liquidien doit être dosé de manière à corriger l'hypovolémie sans entraîner une surcharge circulatoire; on peut l'assurer entièrement par voie orale ou le compléter par voie intraveineuse. Même si l'apport liquidien oral est suffisant, on peut installer une perfusion intraveineuse pour être prêt à administrer une thérapie médicamenteuse, si nécessaire. On remplace les électrolytes, au besoin, selon le taux sérique d'électrolytes mesuré quotidiennement.

- *Sédatifs.* On prescrit parfois du diazépam (Valium) ou du phénobarbital pour que le repos au lit soit paisible.

- *Antihypertenseurs.* Les antihypertenseurs les plus utilisés sont l'hydralazine (Apresoline) et le labétalol (Trandate) (Branch et Porter, 1999). En général, on ne prescrit un antihypertenseur que si la pression diastolique dépasse 110 mm Hg et que le fœtus est à un âge critique (de 25 à 30 semaines); après 30 semaines de grossesse, on provoque l'accouchement (Roberts, 1999).

ÉCLAMPSIE Une crise éclamptique exige un traitement immédiat et efficace. Pour maîtriser les convulsions, on administre par voie intraveineuse un bolus de 4 à 6 g de MgSO$_4$ en 5 minutes. On n'utilise des sédatifs, par exemple le diazépam ou l'amobarbital, que si le sulfate de magnésium ne parvient pas à enrayer les convulsions. On administre parfois du Dilantin pour prévenir les crises convulsives. On ausculte les poumons pour déceler les signes d'œdème pulmonaire, et on recherche les signes de collapsus cardiovasculaire, d'insuffisance rénale et d'hémorragie cérébrale. On peut administrer du furosémide (Lasix) en cas d'œdème pulmonaire, et de la digitoxine en cas de collapsus cardiovasculaire. On mesure les ingesta et excreta aux heures.

On surveille de près les signes de déclenchement du travail. On vérifie toutes les 15 minutes s'il y a hémorragie vaginale et rigidité abdominale ; ces signes pourraient indiquer un décollement prématuré du placenta. On allonge la cliente dans le coma sur le côté et on remonte les ridelles.

À cause de la gravité de son état, la cliente est souvent soignée à l'unité des soins intensifs. On peut entreprendre un monitorage hémodynamique effractif de la pression veineuse centrale ou de l'artère pulmonaire à l'aide d'un cathéter de Swan-Ganz. Une fois l'état de la cliente et celui du fœtus stabilisés, il faut envisager de provoquer le travail, l'accouchement étant le seul véritable traitement de l'hypertension gravidique. On informe la cliente et ses proches de son état et de celui du fœtus, on leur explique le traitement qu'ils reçoivent, et on discute avec eux du traitement à venir et de l'accouchement.

Prise en charge pendant le travail et l'accouchement

Si la maturité fœtale est satisfaisante et que le col est mûr, on peut déclencher le travail en administrant de l'ocytocine par voie intraveineuse. Dans les cas très graves, une césarienne peut s'imposer, même si le fœtus est immature. On peut administrer simultanément l'ocytocine et le sulfate de magnésium par voie intraveineuse ; on utilise des pompes à perfusion et on étiquette soigneusement les sacs et les tubulures.

Pendant le travail, on peut administrer de la mépéridine (Demerol) ou du fentanyl par voie intraveineuse. Pour l'accouchement vaginal, on fait souvent un bloc honteux. On peut aussi pratiquer une épidurale, mais elle doit être conduite par un anesthésiste chevronné, qui connaît bien la prééclampsie.

On devrait envisager un accouchement en position de Sims ou en position semi-assise. Si on opte pour la position gynécologique, on glisse un coussin sous la fesse droite de la cliente pour déplacer l'utérus ; on fait de même pour une césarienne. On administre de l'oxygène à la cliente pendant le travail, si la réaction du fœtus aux contractions l'exige.

Un pédiatre ou une infirmière spécialisée en néonatologie doit être sur place pour prendre soin du nouveau-né à sa naissance ; on doit l'informer de tous les médicaments administrés à la mère pendant le travail (dosages et horaires).

Prise en charge pendant le post-partum

En général, l'état de la cliente qui souffre d'hypertension gravidique s'améliore rapidement après l'accouchement. Cependant, des crises convulsives peuvent encore survenir durant les 48 heures qui suivent l'accouchement ; dans les cas d'hypertension grave, on continue donc à administrer de l'hydralazine ou du sulfate de magnésium après l'accouchement.

Soins infirmiers

Pour une description plus détaillée des soins infirmiers, voir le *Cheminement clinique pour la cliente prééclamptique ou éclamptique.*

Cheminement clinique pour la cliente prééclamptique ou éclamptique

Catégorie	Prise en charge durant la grossesse	Prise en charge durant le travail et l'accouchement*	Prise en charge durant le post-partum
Orientation	• Spécialiste en périnatologie • Spécialiste en médecine interne • Néonatologiste • Infirmière responsable du suivi en période anténatale • Travailleuse sociale, s'il y a lieu • Diététiste/technicienne en diététique	• Obtenir le dossier prénatal	• Soins infirmiers à domicile, au besoin **Résultat escompté** La cliente connaît et utilise les services et les ressources appropriés.
Évaluation	• Monitorage électronique du fœtus q4h q8h continu • ERF, au besoin • Échographie, au besoin • Surveiller les signes et symptômes suivants : céphalée, troubles visuels, douleur épigastrique, œdème, anomalies des réflexes ostéotendineux, clonus et protéinurie	• Évaluer les valeurs de la TA prénatales et les comparer aux valeurs de référence • Surveiller les signes et symptômes suivants : céphalée, troubles visuels, douleur épigastrique, œdème, anomalies des réflexes ostéotendineux, clonus de la cheville et protéinurie	• Évaluer la TA q4h pendant les premières 48 heures, puis q8h • Évaluer l'hématocrite quotidiennement • Poursuivre l'évaluation du post-partum q8h • Évaluer la technique d'allaitement, qui devrait s'améliorer • Évaluer les signes vitaux q8h ; s'assurer qu'ils sont tous dans les limites de la normale ; signaler T > 38 °C

Cheminement clinique   pour la cliente prééclamptique ou éclamptique *(suite)*

Catégorie	Prise en charge durant la grossesse	Prise en charge durant le travail et l'accouchement*	Prise en charge durant le post-partum
Évaluation (suite)			• Évaluer continuellement le degré de bien-être • Surveiller les signes et symptômes suivants : céphalée, troubles visuels, douleur épigastrique, œdème, réflexes ostéotendineux, clonus de la cheville et protéinurie **Résultat escompté** L'hypertension a diminué ou s'est stabilisée, malgré des épisodes d'hypertension ou d'instabilité de la TA.
Enseignement/ Aspects psychosociaux	• Prévenir la cliente de l'importance d'aviser l'infirmière en présence de signes et symptômes d'aggravation de la maladie • Expliquer les signes et symptômes du travail • Insister sur l'importance de la surveillance fœtale, du repos au lit et de la position (décubitus latéral gauche) • Évaluer les résultats de l'enseignement	• Discuter avec la cliente des points suivants : a. Mode d'accouchement b. Évolution de la maladie et administration possible de $MgSO_4$ avant l'accouchement c. Attentes concernant le post-partum	• Terminer l'enseignement post-natal et offrir un soutien psycho-social (voir le chapitre 20) **Résultats escomptés** La cliente affirme ou démontre qu'elle comprend l'enseignement portant sur la prise en charge de sa prééclampsie ou de son éclampsie. La cliente intègre cet enseignement à ses autosoins.
Soins infirmiers et notes au dossier	• Hémogramme quotidien • Profil biochimique • Analyse d'urine/bandelette urinaire (protéinurie, présence de corps cétoniques) et densité relative de l'urine à chaque miction • Urines des 24 heures (protéinurie, clairance de la créatinine) • Signes vitaux q4h ou plus souvent, si indiqué • Ingesta et excreta q8h ; restriction liquidienne à mL, tel que prescrit • Réflexes ostéotendineux et clonus de la cheville q4h ; signaler tout résultat de 3+ ou 4+ • Pesée quotidienne • Précautions contre les crises convulsives • Signaler toute anomalie : céphalées, troubles visuels, douleur épigastrique, etc. • Évaluation continue de l'œdème • Ausculter les poumons ; signaler les bruits respiratoires crépitants • Vérifier q1h s'il y a des saignements vaginaux et/ou de l'irritabilité ou des contractions utérines • Surveiller l'état de conscience, les sautes d'humeur et les signes précurseurs de crise convulsive ou de coma • Évaluer l'état émotionnel pour planifier le soutien et l'enseignement en conséquence	• TA (surveillance continue) • Œdème (surveillance continue) • Protéinurie à chaque quart de travail • Monitorage électronique continu du fœtus • Signes et symptômes d'aggravation (décollement placentaire, œdème pulmonaire, insuffisance rénale, souffrance fœtale) • Autant que possible, assigner à la cliente les mêmes infirmières pour toute la durée de son séjour	• Continuer les bains de siège prn • Autoriser les douches si la cliente marche sans difficulté • Continuer à surveiller les signes vitaux et les symptômes suivants : bruits respiratoires, œdème, douleur épigastrique, réflexes ostéotendineux, clonus de la cheville et protéinurie, jusqu'à ce que tout redevienne normal **Résultats escomptés** L'hypertension a diminué ou s'est stabilisée. Les complications maternelles ont été rapidement décelées et maîtrisées. La cliente ne se blesse pas et se sent en sécurité.

Cheminement clinique   pour la cliente prééclamptique ou éclamptique *(suite)*

Catégorie	Prise en charge durant la grossesse	Prise en charge durant le travail et l'accouchement*	Prise en charge durant le post-partum
Bien-être	• Évaluer la douleur et les malaises • Prendre les mesures de bien-être appropriées	• Évaluer la douleur et les malaises • Prendre les mesures de bien-être appropriées	• Continuer à appliquer les techniques de gestion de la douleur **Résultat escompté** Le bien-être de la cliente est optimal.
Activité	• Repos au lit avec autorisation d'aller aux toilettes (encourager la cliente à adopter le décubitus latéral gauche) • Stimulation réduite • Visites limitées	• Encourager la cliente à adopter le décubitus latéral gauche • Inciter la patiente à pousser en décubitus latéral • Accouchement en décubitus latéral, si possible	• Lever à volonté une fois les signes vitaux stabilisés **Résultat escompté** L'activité n'a pas aggravé l'état de la cliente.
Nutrition	• Alimentation équilibrée • Inciter la cliente à prendre des liquides	• Glace concassée	• Alimentation et apport liquidien **Résultat escompté** Les besoins nutritionnels sont comblés.
Élimination	• Contrôler l'élimination urinaire	• Signaler une élimination urinaire <30 mL/h	**Résultat escompté** Les ingesta et les excreta sont dans les limites de la normale.

Médicaments	• Perfuseur intermittent ou IV
	• Si indiqué, compte tenu de l'âge gestationnel :
	  – bétaméthasone (Celestone Solupan)
	  – antihypertenseurs
	• MgSO$_4$ par pompe à perfusion, si indiqué
	• Évaluer les besoins en matière de soins à domicile
		• Perfusion IV continue
		• MgSO$_4$ par pompe à perfusion, si indiqué
			• Continuer l'administration de MgSO$_4$ avec la pompe à perfusion, s'il y a lieu
			• La cliente peut prendre ses vitamines prénatales, au besoin
			• Administrer des immunoglobulines anti-D et un vaccin antirubéolique, si indiqué
			Résultats escomptés
			On a pu prévenir les crises hypertensives.
			La douleur a été maîtrisée.

Planification du congé/Continuité des soins			• Revoir les instructions relatives aux congés • Décrire les signes alarmants et expliquer quand il faut prévenir le médecin, la sage-femme ou l'infirmière • Remettre l'ordonnance médicale (prescriptions médicales écrites) • Fixer un rendez-vous pour la prochaine visite postnatale • Fixer un rendez-vous pour le suivi du nouveau-né **Résultats escomptés** Au moment du congé, la cliente a reçu tout l'enseignement nécessaire concernant les autosoins et la surveillance de la TA ; le suivi est planifié ; le réseau de soutien est prêt.
Famille et réseau de soutien	• Évaluer les principales inquiétudes de la cliente (peur pour son fœtus, rapports avec son partenaire, rapports avec ses autres enfants, etc.)	• Inciter les proches à rester autant que possible auprès de la cliente durant le travail et l'accouchement	• Inciter les proches à rendre visite à la cliente • Continuer à donner de l'enseignement aux personnes clés • Évaluer les comportements d'attachement parentaux

Catégorie	Prise en charge durant la grossesse	Prise en charge durant le travail et l'accouchement*	Prise en charge durant le post-partum
Famille et réseau de soutien (suite)			• Les proches sont prêts à soutenir la cliente une fois qu'elle a obtenu son congé ; les personnes clés disent savoir qu'elle doit se reposer, bien se nourrir et prendre le temps de récupérer. **Résultat escompté** La famille et les proches se disent prêts à participer aux soins et sont en mesure de le faire adéquatement.
Date			

* On trouvera ici les interventions appropriées pour la cliente dont le travail, l'accouchement et les premiers jours du post-partum se déroulent normalement.

Note : hémogramme = analyse sanguine avec numération globulaire ; IV = intraveineuse ; prn (*pro re nata*) = au besoin ; q8h = toutes les 8 heures ; q4h = toutes les 4 heures ; IVU = infection des voies urinaires.

Évaluation et analyse de la situation

À chaque visite prénatale, l'infirmière mesure et note la tension artérielle de la cliente. En présence d'une hausse de la tension artérielle ou en l'absence de la légère baisse de tension artérielle qui survient habituellement entre la 8e et la 28e semaine de grossesse, on doit surveiller de près l'état de la cliente. À chaque visite, on fait un test d'urine pour dépister la protéinurie.

Si l'hospitalisation s'impose, l'infirmière procède à une évaluation comprenant les éléments suivants.

- *Tension artérielle.* Prendre la tension artérielle régulièrement, selon un intervalle allant de 1 à 4 heures, ou plus souvent si la médication ou des changements dans l'état de la cliente l'exigent.

- *Température.* Prendre la température toutes les 4 heures, ou toutes les 2 heures en cas d'hyperthermie.

- *Pulsation et respiration.* Évaluer les fréquences cardiaque et respiratoire en même temps que la tension artérielle.

- *Fréquence cardiaque fœtale.* Évaluer la fréquence cardiaque fœtale en même temps que les signes vitaux maternels ; au besoin, recourir au monitorage électronique continu du fœtus.

- *Diurèse.* Mesurer chaque miction. Si la cliente a une sonde à demeure, comme c'est souvent le cas, évaluer la diurèse horaire ; celle-ci devrait être de 700 mL ou plus par 24 heures, ou d'au moins 30 mL par heure.

- *Protéinurie.* Évaluer la protéinurie à chaque miction, ou aux heures si la cliente a une sonde à demeure. Des valeurs de 3+ ou 4+ indiquent une perte de protéines de 5 g ou plus par 24 heures.

- *Densité relative de l'urine.* Déterminer la densité relative de l'urine à chaque miction ou aux heures (sonde à demeure). Des valeurs de plus de 1,040 révèlent une oligurie et une protéinurie.

- *Œdème.* Inspecter et palper le visage (surtout les paupières et les pommettes), les doigts, les mains, les bras (la face cubitale et le poignet), les jambes (la face tibiale), les chevilles, les pieds et la région sacrée pour évaluer l'œdème. Exercer une pression sur les zones osseuses pour déterminer jusqu'à quel point l'œdème conserve l'empreinte du doigt (signe du godet).

- *Poids corporel.* Peser la cliente tous les jours à la même heure, avec les mêmes vêtements et pantoufles (on peut omettre la pesée si la cliente doit impérativement rester au lit).

- *Œdème pulmonaire.* Vérifier si la cliente tousse et s'il y a présence de crépitants à l'auscultation.

- *Réflexes ostéotendineux.* Vérifier si la cliente présente une exagération des réflexes bicipital, styloradial, rotulien et achilléen (voir le tableau 13-2) ; le réflexe rotulien est le plus facile à évaluer (voir le procédé 13-1). Évaluer aussi le clonus de la cheville en exerçant une dorsiflexion vigoureuse du pied, tout en maintenant le genou immobile. Normalement, il n'y a pas de clonus ; s'il y en a un, mesurer et noter les secousses.

- *Décollement du placenta.* Examiner la cliente toutes les heures pour détecter s'il y a des saignements vaginaux et/ou une rigidité de l'utérus.

- *Céphalée.* Demander à la cliente si elle a mal à la tête ; le cas échéant, déterminer le siège de la douleur.

- *Troubles visuels.* Demander à la cliente si elle a des troubles visuels (vison trouble, scotomes, etc.) ; noter les résultats de l'examen du fond de l'œil effectué quotidiennement.

- *Douleur épigastrique.* Demander à la cliente si elle éprouve une douleur épigastrique (ne pas confondre ces

Conseil pratique

Voici quelques erreurs courantes à éviter lorsqu'on prend la tension artérielle :

1. **Manchon de tensiomètre trop petit ou trop grand.** Un manchon trop petit donne une TA plus élevée qu'elle ne l'est en réalité, et un manchon trop grand, une TA plus basse qu'elle ne l'est en réalité.

2. **Bras plus haut que le niveau du cœur.** Prendre la TA sur un bras placé plus haut que le niveau du cœur – par exemple, sur le bras droit d'une cliente couchée sur le côté gauche – donnera une TA plus basse qu'elle ne l'est en réalité (de 10 à 20 mm Hg).

3. **Phase de Korotkoff.** Lorsqu'on prend la pression d'une femme enceinte, la perception de bruits jusqu'au zéro de pression peut rendre impossible l'appréciation de la phase V (disparition des bruits). Pour standardiser les mesures, l'assourdissement du son (phase IV) est l'indicateur de prédilection.

4. **Anxiété et exercice.** L'anxiété et l'exercice peuvent élever la TA. Il vaut donc mieux attendre 10 minutes après l'arrivée de la cliente pour prendre sa pression au repos.

douleurs avec les brûlures d'estomac, moins intenses et plus familières).

- *Analyses de sang en laboratoire.* Mesure quotidienne de l'hématocrite pour évaluer l'hémoconcentration ; taux d'urée, de créatinine et d'acide urique (évaluation du fonctionnement rénal) ; étude de la coagulation (dépistage des signes de thrombopénie ou de coagulation intravasculaire disséminée) ; enzymes hépatiques ; taux d'électrolytes (pour détecter les carences). La fréquence des analyses dépend de la gravité de la prééclampsie.

- *Niveau de conscience.* Évaluer la lucidité, noter les changements d'humeur et tout signe annonçant l'imminence d'une crise convulsive ou d'un coma.

- *État émotionnel et compréhension.* Évaluer attentivement la réaction émotionnelle de la cliente de façon à prévoir la meilleure façon d'apporter du soutien et de donner de l'enseignement.

L'infirmière doit également évaluer les effets des médicaments qu'elle administre à la cliente. L'administration des médicaments prescrits étant un aspect important des soins, l'infirmière doit évidemment connaître les médicaments les plus utilisés, leur utilité, leurs répercussions et leurs effets indésirables ou toxiques.

Voici des exemples de diagnostics infirmiers courants pour les clientes prééclamptiques :

- **déficit du volume liquidien** relié au passage de liquide du lit vasculaire à l'espace extravasculaire en raison de l'angiospasme ;

- **risque d'accident** relié au risque de crises convulsives consécutives à l'angiospasme ou à l'œdème.

Tableau 13-2

Échelle d'évaluation des réflexes ostéotendineux

Note	Évaluation
4+	Hyperactivité ; réaction très vive, saccadée ou clonique ; réflexes anormaux
3+	Réaction plus vive que la moyenne, mais réflexes pas nécessairement anormaux
2+	Réaction moyenne ; réflexes normaux
1+	Réaction faible ; limite inférieure à la normale
0	Absence de réaction ; réflexes anormaux

Planification et interventions

 Soins infirmiers communautaires

La cliente qui souffre d'hypertension gravidique a de sérieux motifs d'inquiétude. Elle peut craindre pour la vie et la santé de son fœtus, et s'inquiéter de ses relations avec ses autres enfants, ainsi que de sa vie affective et sexuelle avec son conjoint. Elle peut aussi avoir des soucis financiers et domestiques. Si elle doit garder le lit pendant une longue période, elle risque de s'ennuyer et peut même éprouver un certain ressentiment. Si elle a de jeunes enfants, elle peut avoir du mal à s'occuper d'eux.

L'infirmière aide la cliente et son conjoint à analyser leurs sentiments et à discuter de ce qui les préoccupe. Si l'un ou l'autre a du mal à comprendre ou à accepter certains aspects du traitement, l'infirmière leur donne les explications qui s'imposent. Elle peut aussi orienter le couple vers des organismes communautaires (groupes de soutien ou d'entraide, service d'entretien ménager, etc.).

La cliente doit savoir reconnaître les symptômes qu'elle doit signaler immédiatement. En général, la cliente qui souffre de

Attention !

Lorsque vous donnez des soins à une cliente dont l'hypertension gravidique est traitée au moyen de sulfate de magnésium par voie intraveineuse, vous devez impérativement respecter le protocole de surveillance du taux de magnésium dans le sang. Vous connaissez probablement déjà les signes typiques qui dénotent l'accroissement du taux de magnésium, comme la diminution des réflexes et de la fréquence respiratoire, mais vous devez également surveiller certains indices subtils qui permettent de distinguer le taux thérapeutique du taux toxique. Lorsque le taux de magnésium atteint le seuil thérapeutique, la cliente présente habituellement quelques troubles d'élocution, une certaine maladresse des mouvements et une diminution de l'appétit. Si elle commence à avoir du mal à avaler et qu'elle se met à baver, cela peut signifier que le taux de magnésium a atteint le seuil toxique.

prééclampsie bénigne voit le médecin ou la sage-femme une ou deux fois par semaine, mais il se peut qu'elle doive devancer son rendez-vous si des symptômes indiquent une aggravation de son état. Enfin, elle doit bien comprendre les exigences de sa diète, laquelle doit être conciliable avec sa culture, son budget et son mode de vie.

Procédé 13-1 Évaluation des réflexes ostéotendineux

Interventions infirmières	**Explications**

Objectif : Rassembler et préparer le matériel

- Placer à portée de la main un marteau à percussion. À défaut d'un marteau à percussion, on peut se servir du côté de la main pour évaluer les réflexes ostéotendineux.

Le marteau à percussion permet de donner un petit coup vif et précis.

Objectif : Préparer la cliente

- Expliquer le procédé, ses indications et les résultats escomptés. Vérifier au moins le réflexe rotulien. La plupart des infirmières vérifient également un deuxième réflexe (bicipital, tricipital ou styloradial).

Les explications atténuent l'anxiété. L'évaluation des réflexes ostéotendineux fournit de l'information sur l'état du SNC et sur les effets du $MgSO_4$ si on en a administré.

Objectif : Déclencher les réflexes

- *Réflexe rotulien.* Position assise, jambes pendantes (les pieds ne doivent pas toucher le sol) (figure 13-3 ▶), ou position allongée, genoux légèrement fléchis et soutenus par l'examinatrice. Cette dernière donne un petit coup vif sur le tendon rotulien (situé juste sous la rotule). Réaction normale : extension ou poussée du pied vers l'avant.

- *Réflexe bicipital.* Coude fléchi, avec le pouce de l'examinateur sur le tendon bicipital. L'examinateur percute son pouce d'un mouvement légèrement descendant. Réaction normale : flexion de l'avant-bras.

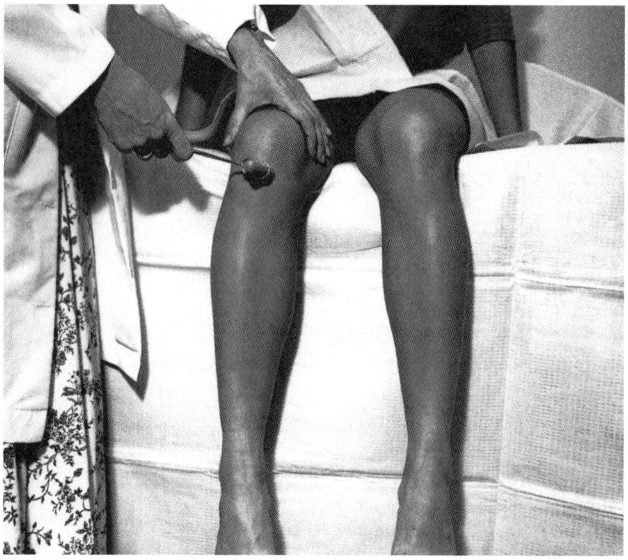

Pour déclencher le réflexe, il est essentiel d'avoir la bonne position et la bonne technique. Si la position est correcte, le muscle est légèrement étiré ; il devrait donc se contracter quand le coup étire le tendon.

FIGURE 13-3 ▶ Position correcte pour déclencher le réflexe rotulien.

Objectif : Évaluer les réflexes

On évalue les réflexes sur une échelle de 0 à 4+. (Voir le tableau 13-2 à la page 355.)

Les réflexes normaux vont de 1+ à 2+. Une irritation du SNC peut causer une hyperréflexie. Un taux élevé de magnésium peut diminuer ou éliminer les réflexes.

Procédé 13-1   Évaluation des réflexes ostéotendineux *(suite)*

Interventions infirmières

Explications

Objectif: Déceler le clonus de la cheville

Genou fléchi et soutenu. L'examinatrice opère une dorsiflexion vigoureuse, la maintient un moment, puis la relâche (figure 13-4 ▶). Réaction normale: retour du pied à sa flexion plantaire normale. Il y a clonus de la cheville si le pied a des mouvements rythmiques de flexion-extension (secousses) ou heurte la main de l'examinatrice.

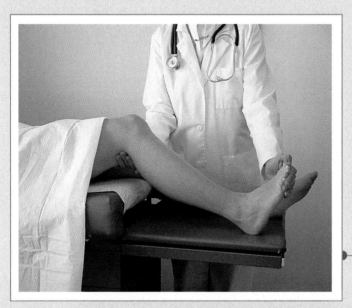

FIGURE 13-4 ▶ Pour déclencher le clonus de la cheville, on doit faire une dorsiflexion vigoureuse.

Objectif: Consigner les observations au dossier

Par exemple:

- ROT 2+, absence de clonus;
- ROT 4+, clonus avec 2 secousses.

Le dossier doit être complet et à jour.

Soins infirmiers en milieu hospitalier

La prééclampsie grave est extrêmement inquiétante pour la cliente et ses proches. Habituellement, leur préoccupation la plus immédiate est le pronostic pour la mère et l'enfant à naître. L'infirmière leur explique de manière aussi honnête et constructive que possible la nature du traitement et ses objectifs, les informe au fur et à mesure de l'état du fœtus et discute avec eux de leurs autres motifs d'inquiétude. Elle leur donne le plus d'information possible et les oriente, si nécessaire, vers des professionnels, des services ou des organismes qui pourront mieux répondre à leurs questions ou à leurs besoins. Elle peut aussi leur proposer de contacter l'aumônier de l'hôpital ou un autre conseiller spirituel.

L'infirmière doit veiller à ce que la cliente qui souffre de prééclampsie grave jouisse d'un environnement calme, où on peut la surveiller de près et où les stimuli sont réduits au strict minimum. On l'installe dans une chambre individuelle, et seuls ses proches peuvent lui rendre visite. Autant que possible, la cliente doit rester allongée en décubitus latéral gauche, et les ridelles du lit doivent être relevées pour sa sécurité. On limite les appels téléphoniques, car tout stimulus fort et soudain, par exemple une sonnerie inattendue ou une lumière trop vive, peut déclencher une crise convulsive. Pour ne pas se sentir trop isolées, certaines clientes préfèrent recevoir leurs appels dans certaines plages horaires.

Assister à une crise convulsive peut être effrayant pour les proches, alors que la principale intéressée ne s'en souviendra pas quand elle reprendra conscience. Il est donc essentiel que l'infirmière donne des explications aux témoins de la crise, ainsi qu'à la cliente lorsqu'elle revient à elle.

Une crise convulsive de type grand mal comporte une phase tonique, caractérisée par une contraction et une rigidité musculaires prononcées, et une phase clonique, caractérisée par une succession de contractions et de relâchements musculaires qui secouent bizarrement le corps de la victime. Quand la phase tonique de la contraction commence, il faut allonger la cliente sur le côté (si elle n'est pas déjà dans cette position) pour favoriser l'irrigation placentaire et tourner sa tête vers le bas pour que la salive puisse s'écouler. De nombreux établissements ont abandonné la pratique qui consiste à essayer d'insérer dans la bouche un abaisse-langue capitonné, alors que, dans d'autres, on l'utilise encore lorsqu'on peut l'insérer sans forcer, car il peut prévenir des lésions buccales. Si les ridelles du lit ne sont pas capitonnées, on doit glisser un oreiller de chaque côté de la cliente pour éviter qu'elle ne se blesse.

De 15 à 20 secondes plus tard, la phase clonique commence. Quand les contractions diminuent, on commence la surveillance et les soins intensifs. On installe une canule oropharyngée, on aspire les sécrétions du nasopharynx et on administre de l'oxygène par sonde nasale. On instaure un monitorage continu du fœtus. On évalue les signes vitaux de la mère toutes les 5 minutes jusqu'à ce qu'ils soient stables, puis toutes les 15 minutes.

Prise en charge pendant le travail et l'accouchement

La parturiente prééclamptique requiert, en plus des soins et des précautions d'usage pendant le travail, les soins et les précautions nécessaires à la maîtrise de l'hypertension. Autant que possible, la parturiente doit demeurer allongée sur le côté gauche. Tout comme le fœtus, elle reste sous étroite surveillance pendant toute la durée du travail. L'infirmière suit, et consigne, l'évolution du travail et elle reste à l'affût des signes d'aggravation de l'hypertension gravidique et de ses complications.

Pendant la deuxième phase du travail, on encourage la parturiente à rester en décubitus latéral pour faire les efforts expulsifs. Si cette position est inconfortable ou inefficace, on l'installe en position semi-assise lorsqu'elle pousse et on la recouche sur le côté entre les contractions. L'accouchement se fait en décubitus latéral ou en position gynécologique avec un coussin sous la hanche.

Autant que possible, la personne clé ou un autre proche doit rester auprès de la cliente. L'infirmière les informe au fur et à mesure de l'évolution du travail et du plan de soins. On doit essayer de respecter la façon dont ils veulent vivre l'accouchement. Dans la mesure du possible, les mêmes infirmières devraient s'occuper de la cliente durant tout son séjour.

Prise en charge pendant le post-partum

Comme la cliente prééclamptique est en état d'hypovolémie, même une perte de sang normale peut être grave. On doit donc évaluer la quantité des saignements vaginaux et rester à l'affût des signes d'état de choc. Pendant les deux premiers jours du post-partum, on prend la tension artérielle et le pouls toutes les quatre heures, et on surveille l'hématocrite quotidiennement. On examine la cliente pour déceler tout signe de prééclampsie. On mesure les ingesta et les excreta ; une diurèse normale pendant le post-partum est un bon signe, car elle aide à éliminer l'œdème.

Après une grossesse aussi difficile, la cliente peut souffrir de dépression du post-partum. En favorisant les fréquents contacts avec son enfant et en incitant ses proches à lui rendre visite, on peut contribuer à prévenir cette dépression.

Le couple a souvent beaucoup de questions à poser et l'infirmière doit prendre le temps de discuter avec eux. Elle doit aussi leur donner de l'information sur la contraception. Si sa tension artérielle est revenue à la normale, la cliente pourra prendre des contraceptifs oraux au moment où on les prescrit habituellement, c'est-à-dire de quatre à six semaines après l'accouchement.

Pour un bref exposé sur l'hypertension gravidique, consulter les *Points à retenir : Prééclampsie et éclampsie*.

Points à retenir

Prééclampsie et éclampsie

- La prééclampsie et l'éclampsie surviennent après la 20e semaine de grossesse et se manifestent par une tension artérielle élevée, de l'œdème et une protéinurie. La maladie peut être bénigne ou grave.

- Quand la cliente prééclamptique fait une crise convulsive, on la dit atteinte d'éclampsie.

- On ignore la cause exacte de la prééclampsie.

- L'angiospasme est responsable de la plupart des manifestations cliniques de la prééclampsie, et notamment des troubles du SNC comme les céphalées, l'hyperréflexie et les convulsions. De plus, il entrave l'irrigation placentaire, ce qui peut entraîner un RCIU.

- La seule cure de l'hypertension gravidique que l'on connaisse est l'accouchement, mais les symptômes peuvent apparaître durant le post-partum.

- Le traitement de soutien repose sur l'administration d'un anticonvulsivant, habituellement le $MgSO_4$, la prévention des complications rénales, hépatiques et hématologiques, et la surveillance étroite du bien-être fœtal.

- Les soins infirmiers consistent à mettre en œuvre les interventions nécessaires, en fonction de l'évaluation régulière des paramètres suivants : signes vitaux, réflexes, gravité de l'œdème et de la protéinurie, réaction au traitement, état fœtal, risques de complications, état de conscience et état émotionnel de la cliente et de ses proches.

Évaluation et résultats escomptés

Les résultats escomptés des soins infirmiers peuvent être les suivants :

- la cliente peut décrire l'hypertension gravidique, ses répercussions sur la grossesse, le programme thérapeutique qu'elle nécessite et ses complications éventuelles ;

- la cliente n'a aucune crise convulsive ;
- la cliente et le personnel soignant détectent rapidement les signes qui indiquent une aggravation de la maladie ou des complications, et ils prennent immédiatement les mesures appropriées ;
- la cliente donne naissance à un nouveau-né en santé et se rétablit bien.

Hypertension essentielle chronique

On parle d'hypertension essentielle chronique quand la tension artérielle est à 140/90 mm Hg ou plus avant la conception ou avant la 20e semaine de grossesse, ou bien quand l'hypertension persiste indéfiniment après l'accouchement (Branch et Porter, 1999). Si la pression diastolique est supérieure à 80 mm Hg durant le deuxième trimestre, on devrait envisager la possibilité d'une hypertension essentielle. On ignore la cause de cette maladie, qui reste bénigne chez la plupart des femmes atteintes.

Les soins infirmiers visent à prévenir l'apparition de prééclampsie et à assurer une croissance fœtale normale. On examine régulièrement la cliente (toutes les 2 semaines jusqu'à la 28e semaine, puis toutes les semaines jusqu'à l'accouchement). On explique à la cliente qu'elle doit s'accorder tous les jours des moments de repos en décubitus latéral gauche, on lui enseigne à prendre elle-même sa tension artérielle et on limite sa consommation de sodium à 2 g/jour. Dans les cas d'hypertension essentielle grave (TA ≥160/100 mm Hg), l'administration d'antihypertenseurs se poursuit pendant toute la grossesse ; le médicament de prédilection est la méthyldopa (Aldomet). Des mesures en série de l'hématocrite, de la créatinine sérique, de l'acide urique sérique, de la clairance de la créatinine et de la protéinurie des 24 heures peuvent se révéler nécessaires (Branch et Porter, 1999).

Les soins infirmiers visent à informer la cliente pour qu'elle puisse bien prendre soin d'elle-même. On doit donc la renseigner sur la diète appropriée, sur l'importance du repos, sur la médication, sur l'autosurveillance de la tension artérielle et sur tous les procédés d'évaluation du bien-être fœtal.

Hypertension essentielle avec prééclampsie surajoutée

La femme enceinte qui souffrait déjà d'hypertension essentielle peut voir son état se compliquer de prééclampsie. Une surveillance étroite et une prise en charge minutieuse s'imposent en présence des signes suivants : 1) à deux reprises en moins de 6 heures, la pression systolique dépasse de 30 mm Hg la valeur initiale, ou la pression diastolique dépasse de 15 à 20 mm Hg la valeur initiale ; 2) une protéinurie survient ; 3) un œdème appa-raît sur le haut du corps. Lorsqu'il y a hypertension essentielle avec prééclampsie surajoutée, la maladie évolue souvent très vite vers l'éclampsie, parfois avant la 30e semaine de grossesse.

Hypertension transitoire ou tardive

On parle d'hypertension tardive ou transitoire lorsque la tension artérielle augmente temporairement pendant le travail ou au début du post-partum, pour revenir à la normale dans les 10 jours qui suivent l'accouchement.

Le risque d'allo-immunisation rhésus (Rh)

On trouve l'antigène rhésus ou Rh (D) à la surface des érythrocytes de la majorité des gens. Le cas échéant, on dit que la personne est rhésus positif ; si l'antigène Rh est absent, on dit que la personne est rhésus négatif. Lorsqu'un individu rhésus négatif est exposé à du sang rhésus positif, une réaction antigène-anticorps se produit dans son organisme, ce qui produit une agglutinine anti-Rh ; on dit alors que cet individu est sensibilisé. Des expositions subséquentes à du sang rhésus positif pourront alors déclencher une grave réaction d'agglutination et d'hémolyse des globules rouges. La sensibilisation Rh peut survenir quand un individu rhésus négatif reçoit une transfusion de sang rhésus positif, mais le plus souvent elle se produit quand une femme rhésus négatif porte un fœtus rhésus positif, qu'il y ait accouchement à terme ou avortement (spontané ou provoqué). Les globules rouges du fœtus envahissent alors la circulation maternelle, où ils stimulent la production d'anticorps anti-Rh. Comme ce phénomène se produit habituellement pendant l'accouchement, le premier enfant n'est pas affecté. Toutefois si, lors d'une grossesse subséquente, le fœtus est Rh positif, les anticorps anti-Rh traversent le placenta, pénètrent dans la circulation fœtale et provoquent une hémolyse grave. Cette destruction des hématies fœtales provoque chez le fœtus une anémie proportionnelle au degré d'allo-immunisation de la mère (figure 13-5 ▶).

Risques pour le fœtus et le nouveau-né

Bien qu'on puisse aujourd'hui prévenir l'allo-immunisation maternelle par l'administration d'immunoglobulines anti-D (WinRho), il arrive encore que des nouveau-nés meurent de la maladie hémolytique qu'elle cause. En l'absence de traitement, l'anémie qui résulte de l'allo-immunisation maternelle peut provoquer un œdème fœtal intense qu'on appelle **anasarque fœtoplacentaire**. Une insuffisance cardiaque congestive peut en résulter, de même qu'un ictère prononcé qui peut mener à des lésions neurologiques (ictère nucléaire). Ce grave syndrome hémolytique s'appelle **érythroblastose fœtale**.

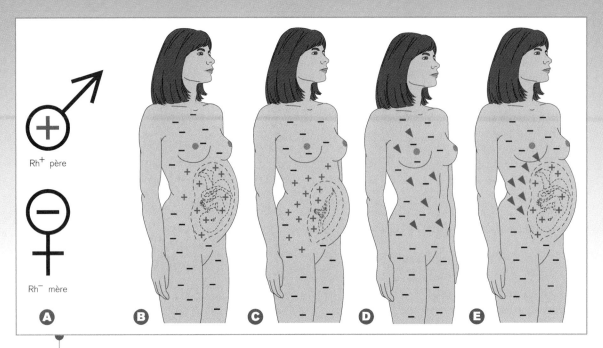

FIGURE 13-5 ▶ Processus de l'allo-immunisation Rh. **A.** Père Rh positif et mère Rh négatif.
B. Mère enceinte d'un fœtus Rh positif. Un peu de sang Rh positif pénètre dans !a circulation
maternelle. **C.** Au fur et à mesure que le placenta se décolle, la mère est de plus en plus exposée
au sang Rh positif. **D.** Des anticorps anti-Rh (les triangles) se forment. **E.** Quand la mère est
enceinte d'un autre fœtus Rh positif, les globules rouges Rh positif du fœtus sont attaqués par
les anticorps maternels anti-Rh, ce qui provoque l'hémolyse des globules rouges du fœtus.

Dépistage de l'incompatibilité Rh et de l'allo-immunisation Rh

Lors de la première visite prénatale, il faut : 1) évaluer les antécédents d'allo-immunisation, d'avortements, de transfusions sanguines ou d'enfants ayant souffert d'ictère ou d'anémie pendant la période néonatale ; 2) déterminer le groupe sanguin (ABO) et le facteur rhésus de la mère, et procéder au dépistage de routine des anticorps anti-Rh ; 3) dépister les autres complications médicales, notamment le diabète, l'infection ou l'hypertension.

Si l'évaluation révèle qu'une mère rhésus négatif pourrait être enceinte d'un fœtus rhésus positif, on fait un test de dépistage des anticorps (test de Coombs indirect) pour savoir si la mère est sensibilisée à l'antigène Rh (si elle est allo-immunisée). Le test de Coombs indirect mesure le nombre d'anticorps dans le sang maternel.

L'absence d'anticorps ainsi qu'un résultat négatif au test de Coombs indirect permettent de déterminer que le fœtus ne court aucun risque. Cependant, le titre des anticorps ne correspond pas à la gravité de la maladie ; il ne permet pas à lui seul de savoir avec certitude si un fœtus est en danger. On mesure le titre d'anticorps maternels périodiquement pendant toute la grossesse ; s'il est de 1:16 ou plus, on fait une analyse de la densité optique (ΔOD) du liquide amniotique. Ce test permet de mesurer la quantité de pigments provenant de la dégradation des globules rouges et de déterminer ainsi la gravité du processus hémolytique.

Entre la 14e et la 16e semaine, on pratique une échographie pour déterminer l'âge gestationnel. Par la suite, on peut utiliser des séries d'échographies et d'analyses du liquide amniotique pour évaluer l'état fœtal. L'ascite et l'œdème sous-cutané sont des signes d'atteinte fœtale grave. La cardiomégalie et l'hydramnios en sont d'autres indicateurs.

Traitement clinique

L'objectif de la prise en charge clinique est la naissance d'un fœtus à maturité qui n'a pas souffert d'hémolyse grave in utero. Pour atteindre cet objectif, il faut dépister et traiter rapidement les troubles maternels qui prédisposent à la maladie hémolytique ; détecter et évaluer l'allo-immunisation Rh maternelle ; administrer un traitement obstétrical et pédiatrique au nouveau-né gravement atteint ; et prévenir l'allo-immunisation Rh si elle ne s'est pas déjà produite.

Prise en charge pendant la grossesse

Les deux interventions qui peuvent aider le fœtus dont les hématies sont en train d'être détruites par les anticorps maternels sont l'accouchement prématuré et la transfusion intra-utérine ;

toutes deux comportent des risques. Idéalement, on devrait retarder l'accouchement jusqu'à ce que le fœtus soit parvenu à maturité, c'est-à-dire jusqu'à la 36e ou 37e semaine.

Si l'analyse de densité optique révèle une anémie grave ou s'il y a anasarque fœtoplacentaire, on pratique une cordocentèse (voir le chapitre 14) pour déterminer l'hématocrite fœtale; si elle est basse (généralement à 25 %), on fera une transfusion sanguine intra-utérine au fœtus (Scott et Branch, 1999). Si le fœtus est gravement atteint, on doit provoquer l'accouchement entre les 32e et 34e semaines.

Prise en charge pendant le post-partum

La mère rhésus négatif qui n'a pas d'anticorps anti-Rh (test de Coombs indirect négatif, non sensibilisée) et qui a accouché d'un enfant rhésus positif (test de Coombs direct négatif) reçoit par voie intramusculaire ou intraveineuse des **immunoglobulines anti-D (WinRho)**. Cette immunisation passive contre les antigènes Rh déjoue la réaction de l'organisme, de sorte qu'il ne produit pas d'anticorps (immunité active). La cliente doit recevoir le WinRho dans les 72 heures qui suivent l'accouchement pour que son organisme n'ait pas le temps de produire des anticorps contre les hématies fœtales qui ont pénétré dans sa circulation lors du décollement du placenta. Habituellement, l'administration d'une dose de 300 μg d'immunoglobulines anti-D donne à la mère une immunité passive temporaire qui prévient le développement d'une immunité active permanente (formation d'anticorps).

Quand la femme est rhésus négatif et non sensibilisée, et que le père est rhésus positif (ou qu'on ignore s'il l'est ou non), on administre également des immunoglobulines anti-D après chaque avortement, grossesse ectopique, amniocentèse ou version. Si l'avortement ou la grossesse ectopique surviennent au premier trimestre, on donne une dose plus faible (50 μg) d'immunoglobulines (HypRho-D). Après l'amniocentèse du second trimestre, on administre une dose complète (Scott et Branch, 1999).

Comme on ne peut exclure la possibilité d'une hémorragie transplacentaire pendant la grossesse, on soumet généralement la femme rhésus négatif à un dépistage d'anticorps vers la 28e semaine de grossesse. Si le résultat est négatif, on lui administre une dose prophylactique d'immunoglobulines anti-D. Ni le nouveau-né ni le père ne reçoivent d'immunoglobulines anti-D, pas plus que la mère déjà sensibilisée chez qui elles seraient inefficaces. Il arrive parfois qu'après un accouchement ou un avortement les résultats de l'analyse sanguine n'indiquent pas clairement si la mère est déjà sensibilisée à l'antigène Rh; il vaut mieux lui administrer alors les immunoglobulines anti-D, puisqu'elles n'auront aucun effet nocif.

L'encadré *Points à retenir: Sensibilisation Rh* résume l'essentiel de ce qu'il faut savoir sur le sujet. (Le chapitre 25 décrit le traitement du nouveau-né qui souffre d'une maladie hémolytique consécutive à une iso-immunisation Rh.)

Points à retenir

Sensibilisation Rh

En matière de problèmes reliés au facteur rhésus, l'infirmière doit retenir les points suivants:

- Si une femme Rh- et un homme Rh+ conçoivent un enfant Rh+, il peut y avoir un problème;
- Le cas échéant, la mère peut être sensibilisée ou produire des anticorps contre le sang Rh+ de son fœtus.

Pour diagnostiquer l'allo-immunisation Rh, on utilise les tests suivants:

- Test de Coombs indirect, pratiqué sur le sang maternel pour mesurer le nombre d'anticorps anti-Rh;
- Test de Coombs direct, pratiqué sur le sang de l'enfant pour détecter les hématies Rh+ recouvertes d'anticorps.

Selon les résultats de ces tests, on prend les mesures appropriées.

- Si le test de Coombs indirect de la mère est négatif et que le test de Coombs direct de l'enfant est négatif également, on administre des immunoglobulines anti-D à la mère dans les 72 heures qui suivent l'accouchement.
- Si le test de Coombs indirect de la mère est positif et que le test de Coombs direct de l'enfant est positif, on n'administre pas d'immunoglobulines anti-D. On surveille de près le nouveau-né pour détecter les signes de la maladie hémolytique.
- L'administration prophylactique d'immunoglobulines anti-D à la 28e semaine de grossesse est indiquée pour réduire les risques associés à d'éventuels saignements transplacentaires.
- On administre également des immunoglobulines anti-D après chaque avortement (spontané ou provoqué), grossesse ectopique, amniocentèse ou version.

Soins infirmiers

Évaluation et analyse de la situation

Lors de la première évaluation prénatale, l'infirmière demande à la cliente si elle connaît son groupe sanguin et son facteur Rh. Bien des femmes savent déjà qu'elles sont rhésus négatif et que cet état peut affecter la grossesse.

Si la cliente se sait rhésus négatif, l'infirmière évalue ses connaissances sur le phénomène de l'allo-immunisation, puis lui demande si elle a déjà reçu des immunoglobulines anti-D, si elle a déjà été enceinte, comment se sont déroulées ses autres grossesses et si elle connaît le facteur rhésus de son partenaire. Si le père est rhésus négatif, le fœtus ne peut être que rhésus négatif et ne court donc aucun risque.

Si la cliente ne connaît pas son facteur Rh, l'infirmière attend les résultats des premières analyses de laboratoire, puis planifie ses interventions selon les résultats.

Si la sensibilisation survient durant la grossesse, l'évaluation doit porter sur les connaissances et la capacité d'adaptation de la cliente et de ses proches. L'infirmière continue également à recueillir des données sur tous les procédés d'évaluation du bien-être fœtal, notamment l'échographie et l'amniocentèse.

Après l'accouchement, l'infirmière consulte les données concernant le facteur Rh du fœtus. S'il est rhésus positif et que la mère est rhésus négatif et non sensibilisée, l'administration d'immunoglobulines anti-D s'impose.

Voici des exemples de diagnostics infirmiers courants pour les clientes enceintes qui présentent un risque de sensibilisation Rh :

- *recherche d'un meilleur niveau de santé* : désir exprimé de combler un manque de connaissances sur les conséquences d'être Rh négatif lorsqu'on est enceinte, ainsi que sur les immunoglobulines anti-D ;
- *stratégies d'adaptation inefficaces* reliées à une humeur dépressive consécutive à l'apparition de signes indiquant la nécessité d'une transfusion intra-utérine.

Planification et interventions

Pendant la grossesse, l'infirmière explique les mécanismes de l'allo-immunisation à la cliente et à son partenaire, et elle répond à leurs questions. Il est primordial que la cliente comprenne la nécessité de recevoir des immunoglobulines anti-D après chaque avortement spontané ou thérapeutique, ainsi qu'après une grossesse ectopique. L'infirmière doit également expliquer pourquoi, si la mère n'est pas sensibilisée, on doit lui administrer des immunoglobulines anti-D à la 28e semaine de grossesse.

La sensibilisation de la mère au facteur rhésus représente une menace pour tout fœtus rhésus positif. L'infirmière soutient émotionnellement la cliente et son partenaire pour les aider à surmonter leur chagrin et, le cas échéant, le sentiment de culpabilité que leur inspire l'état du fœtus. Si une transfusion intra-utérine devient nécessaire, l'infirmière continue d'épauler la famille, tout en assumant ses autres responsabilités en tant que membre de l'équipe de soins.

Durant le travail, l'infirmière qui s'occupe d'une femme rhésus négatif non sensibilisée veille à ce que le sang maternel fasse l'objet d'une recherche d'anticorps et elle s'assure qu'on a fait une épreuve de compatibilité sanguine avec les immunoglobulines anti-D. Dans l'unité d'obstétrique, c'est habituellement l'infirmière qui administre les immunoglobulines anti-D par voie intramusculaire ou intraveineuse lorsque le nouveau-né est Rh positif (voir le procédé 13-2).

Évaluation et résultats escomptés

Les résultats escomptés des soins infirmiers peuvent être les suivants :

- la cliente peut expliquer le processus d'allo-immunisation Rh ainsi que ses répercussions sur l'enfant à naître et sur ses prochaines grossesses ;

Procédé 13-2   Administration d'immunoglobulines anti-D (Ig Rh ; WinRho SDF)

Interventions infirmières	Explications
Objectif : Confirmer que l'administration d'immunoglobulines anti-D est indiquée	
S'assurer : 1) que la cliente est bien Rh négatif en consultant son dossier ; 2) qu'elle n'est pas sensibilisée (test de Coombs indirect négatif chez la mère).	*La sensibilisation survient quand une femme Rh négatif est exposée à du sang Rh positif. Elle développe alors des anticorps au sang Rh positif. Ces anticorps peuvent attaquer les érythrocytes du fœtus, causant une grave anémie.*
S'assurer : 1) que le nouveau-né est bien Rh positif (habituellement, on envoie au laboratoire un échantillon de sang du cordon ombilical, immédiatement après la naissance, afin d'obtenir le groupe sanguin et d'effectuer une recherche d'anticorps) ; 2) qu'il n'y a pas eu de sensibilisation (test de Coombs direct négatif chez le nouveau-né).	*Si les tests de Coombs direct et indirect sont tous deux négatifs, il n'y a pas eu de sensibilisation, et l'administration d'immunoglobulines anti-D est indiquée.*
Objectif : Confirmer que la cliente n'a pas d'antécédent d'allergie aux immunoglobulines	
Passer en revue les entrées du dossier concernant les allergies et demander à la cliente si elle a déjà eu une réaction allergique.	*Comme elle est produite à partir de plasma sanguin, l'immunoglobuline peut déclencher des réactions allergiques.*
Objectif : Expliquer à la cliente le but de la médication et le procédé utilisé	
Informer la cliente que l'objectif de ce traitement est de protéger les nouveau-nés issus des grossesses ultérieures.	*La cliente doit bien comprendre l'objectif du traitement, sa raison d'être, son déroulement et ses risques éventuels (les principaux effets secondaires sont l'érythème et la sensibilité au siège de l'injection, ainsi que les réactions allergiques).*
Objectif : Obtenir le bon médicament	
Selon les établissements, on se procure les immunoglobulines anti-D dans une banque de sang ou à la pharmacie.	*Comme la préparation contient des produits sanguins, une vérification rigoureuse s'impose.*

Procédé 13-2   Administration d'immunoglobulines anti-D (Ig Rh ; WinRho SDF) *(suite)*

Interventions infirmières	Explications
Objectif : Confirmer l'identité de la cliente et administrer le médicament	
On procède à l'administration intramusculaire ou intraveineuse du médicament dans les 72 heures suivant l'accouchement. La dose normalisée de 300 mg d'Ig Rh (D) prévient la sensibilisation à une exposition à au moins 15 mL de globules rouges fœtaux Rh positif, soit environ 30 mL de sang fœtal. Afin de déterminer la quantité de sang fœtal dans la circulation maternelle, on effectue un prélèvement sanguin chez la mère (test de Kleihauer-Betke). Si on soupçonne un saignement plus abondant (en cas d'hémorragie rétroplacentaire, par exemple), on peut administrer des doses plus importantes à des sièges multiples ou à intervalles réguliers, pourvu que toutes les doses soient administrées dans les 72 heures suivant l'accouchement.	*La médication entraîne une immunisation passive et déjoue l'organisme en lui faisant croire qu'il n'a pas besoin de produire d'anticorps.* *On devrait administrer des immunoglobulines anti-D aux femmes Rh négatif non sensibilisées, vers la 28ᵉ ou la 29ᵉ semaine de grossesse et dans les 72 heures suivant l'accouchement d'un nouveau-né Rh positif, ainsi qu'après un avortement (provoqué ou spontané), une grossesse ectopique, une amniocentèse ou une version.*
Objectif : Terminer l'enseignement	
Donner à la cliente l'occasion de poser des questions et d'exprimer ses inquiétudes.	*De nombreuses femmes, surtout chez les primigestes, ignorent les risques que court le fœtus Rh positif né d'une mère Rh négatif sensibilisée. On doit les en informer et leur expliquer l'importance de recevoir la médication à chaque grossesse pour assurer une protection continue.*
Objectif : Consigner le traitement au dossier	
Consigner le traitement selon les normes de l'établissement (en général, on note le numéro de lot, la voie d'administration, la dose, l'enseignement donné ainsi que les réactions de la cliente, s'il y a lieu).	*Le dossier doit être complet et à jour.*

- la cliente non sensibilisée peut expliquer l'importance qu'il y a à recevoir les immunoglobulines anti-D chaque fois que c'est nécessaire, et elle respecte la dose et l'horaire recommandés ;
- la cliente donne naissance à un enfant en santé ;
- si le fœtus ou le nouveau-né présente des complications, l'équipe de soins les détecte et les traite rapidement.

L'incompatibilité ABO

L'incompatibilité ABO survient dans 20 % à 25 % des grossesses, mais elle ne cause que rarement une hémolyse importante (Scott et Branch, 1999). Dans la plupart des cas, l'incompatibilité ABO touche les mères du groupe sanguin O enceintes d'un fœtus du groupe A ou B. Les nouveau-nés du groupe O, comme ils n'ont pas de déterminant antigénique sur leurs hématies, ne sont jamais atteints, quel que soit le groupe sanguin de leur mère. L'incompatibilité ABO provient de l'interaction entre les anticorps présents dans le sérum maternel et les anticorps situés sur les hématies fœtales.

Les anticorps anti-A et anti-B sont toujours présents, c'est-à-dire que toutes les femmes sont naturellement exposées aux antigènes A et B par la nourriture qu'elles absorbent et par l'exposition aux bactéries à Gram négatif. Par conséquent, certaines femmes ont des titres sériques élevés d'anticorps anti-A et anti-B avant la grossesse. Lors de la grossesse, les anticorps anti-A et anti-B du sérum maternel traversent le placenta et provoquent l'hémolyse des hématies fœtales. Le premier enfant est souvent affecté, et il n'existe aucun lien entre l'apparition de la maladie et la sensibilisation d'une grossesse à l'autre.

Dans l'incompatibilité ABO, contrairement à l'incompatibilité Rh, le traitement avant la naissance n'est jamais justifié. Cependant, lors de l'évaluation initiale, l'infirmière devrait vérifier s'il existe un risque d'incompatibilité ABO (mère de groupe O et père de groupe A ou B) et, le cas échéant, le consigner au dossier. Ainsi, le personnel soignant alerté observera le nouveau-né encore plus attentivement pour déceler tout signe d'hyperbilirubinémie (voir le chapitre 26).

L'intervention chirurgicale

S'il vaut mieux attendre après l'accouchement pour procéder à une intervention chirurgicale non urgente, une chirurgie essentielle peut généralement se pratiquer pendant la grossesse.

Cela dit, la chirurgie présente certains risques. Ainsi, l'incidence des avortements spontanés est plus élevée chez les femmes qui subissent une chirurgie au premier trimestre. Le risque de mort fœtale et d'hypotrophie du nouveau-né (moins de 2 500 g à la naissance) est également plus élevé. Enfin, lorsqu'une intervention chirurgicale s'impose, le risque de travail prématuré et de RCIU augmente.

Les soins préopératoires et postopératoires généraux sont à peu près les mêmes que la cliente soit enceinte ou non, mais la grossesse exige certaines précautions. Le début du deuxième trimestre est le meilleur moment pour opérer : les risques d'avortement spontané et de travail prématuré sont moindres, et l'utérus n'occupe pas encore suffisamment d'espace pour empiéter sur le champ abdominal.

Pour empêcher l'utérus de comprimer les gros vaisseaux quand la cliente est allongée sur le dos, on glisse un coussin sous sa hanche droite durant l'opération et la période postopératoire immédiate. À cause de la diminution de la motilité intestinale et du ralentissement de l'évacuation gastrique durant la grossesse, la cliente enceinte risque davantage de vomir après l'administration d'anesthésiques et pendant la période postopératoire. On recommande donc d'insérer une sonde nasogastrique avant une intervention chirurgicale majeure. L'installation d'une sonde urinaire à demeure évite la distension de la vessie, diminue le risque de lésion vésicale et facilite l'évaluation de la diurèse.

La grossesse entraîne une augmentation des sécrétions des voies respiratoires et une congestion de la muqueuse nasale, ce qui rend la respiration par le nez plus difficile. Par conséquent, la femme enceinte doit souvent subir une intubation endotrachéale qui lui assure une respiration adéquate pendant l'intervention chirurgicale.

Le personnel soignant doit veiller à éviter l'hypoxie maternelle pendant l'intervention chirurgicale. Comme la circulation utérine est alors restreinte, l'oxygénation fœtale peut diminuer très rapidement. Par conséquent, le monitorage électronique continu du fœtus s'impose avant, pendant et après l'opération. De plus, on doit surveiller attentivement la perte de sang durant et après l'intervention.

Après l'intervention, l'infirmière encourage la cliente à se tourner, à respirer profondément, à tousser régulièrement et à pratiquer des exercices respiratoires, tels que la spirométrie pour éviter de contracter une pneumonie. En raison d'un risque accru de thrombophlébite chez la femme enceinte, l'infirmière met des bas anti-embolie à la cliente confinée au lit, l'incite à faire des exercices pour les jambes et la fait marcher le plus vite possible.

L'enseignement préalable au congé est particulièrement important. La cliente et ses proches doivent savoir exactement à quoi s'attendre en ce qui concerne la reprise des activités, la douleur, le régime alimentaire, la médication et les signes alarmants qu'ils doivent signaler immédiatement au médecin.

Le trauma accidentel

Les traumas compliquent environ 1 grossesse sur 12. Les deux tiers des traumas chez les femmes enceintes résultent d'accidents de voitures ; la presque totalité des autres, de chutes ou d'agressions. (La section suivante aborde les traumas liés à la violence contre la partenaire intime.) La plupart des accidents causent des blessures légères qui ne mettent pas la vie de la mère en danger. Dans 1 % à 5 % des cas, le trauma met fin à la grossesse. On estime que les blessures graves chez les femmes enceintes entraînent le décollement prématuré du placenta dans 40 % à 50 % des cas (ACOG, 1998b).

Vers la fin de la grossesse, quand l'équilibre et la coordination des mouvements sont compromis, la femme enceinte risque de tomber. Son ventre proéminent est exposé à diverses blessures légères. Habituellement, le fœtus est bien protégé par le liquide amniotique, qui répartit la force d'un coup également dans toutes les directions, de même que par les couches musculaires de l'utérus et de la paroi abdominale. En début de grossesse, quand l'utérus est encore dans le bassin, le fœtus est protégé des coups par les organes, les muscles et les os qui l'entourent.

Les blessures les plus inquiétantes sont les lésions internes (celles qui se produisent lors d'un accident de voiture, par exemple), les plaies pénétrantes dans la région abdominale (comme celles que font les couteaux ou les projectiles d'arme à feu) et les traumas qui entraînent des complications (telles que l'état de choc, le travail prématuré et l'avortement spontané). Le plus souvent, la mort de la mère résulte d'un traumatisme crânien ou d'une hémorragie. La rupture utérine est une complication rare, mais potentiellement fatale du trauma ; elle peut être causée par la force de décélération lors d'un accident de la circulation (avec ou sans ceinture de sécurité). Le décollement traumatique du placenta, très souvent fatal pour le fœtus, peut également survenir. Le travail prématuré, souvent consécutif à une rupture des membranes lors d'un accident, représente aussi un risque sérieux pour le fœtus ; il peut survenir même si la femme n'est pas blessée.

Dans un premier temps, le traitement des blessures graves durant la grossesse vise à sauver la vie de la femme : on dégage les voies respiratoires, on jugule les hémorragies externes et on administre des liquides intraveineux pour atténuer le choc. La cliente doit rester allongée sur le côté gauche pour éviter d'aggraver l'hypotension. On entreprend ensuite un monitorage des bruits du cœur fœtal. Dans le cas d'un traumatisme abdominal, une intervention exploratrice peut se révéler nécessaire pour déterminer l'étendue des lésions. Si la grossesse approche de son terme et que l'utérus est atteint, une césarienne est indiquée. Si le fœtus est encore immature, on peut souvent réparer l'utérus pour que la grossesse puisse se poursuivre jusqu'à son terme.

Si la vie de la mère n'est pas en danger, quatre heures de monitorage fœtal devraient suffire en l'absence de contractions, de saignements vaginaux, de douleur utérine ou d'écoulement de liquide amniotique. Un coup à l'abdomen peut entraîner un décollement prématuré du placenta; une irritabilité utérine accrue dans les heures qui suivent le trauma permet de dépister cette complication potentiellement catastrophique.

Les mauvais traitements

Comme nous l'avons vu au chapitre 4, la *violence envers la partenaire intime* commence ou s'aggrave souvent pendant une grossesse. Selon la Société des obstétriciens et gynécologues du Canada (SOGC, 1996), l'incidence de la violence pendant la grossesse se situerait entre 4% et 17%. Les mauvais traitements physiques pendant la grossesse peuvent entraîner l'avortement spontané, l'interruption de la grossesse, le travail prématuré, l'hypotrophie du nouveau-né et la mort fœtale. De plus, les femmes enceintes victimes de mauvais traitements présentent un taux sensiblement plus élevé de complications, telles que l'anémie, l'infection, un gain pondéral insuffisant et des saignements aux premier et deuxième trimestres (McFarlane *et al.*, 1999).

La première chose à faire pour aider une femme battue est de dépister le problème. Or, une étude canadienne révèle que seulement 2,8% des femmes qui déclarent avoir été victimes de violence pendant leur grossesse en ont parlé aux personnes qui les soignent (SOGC, 1996). La violence envers la partenaire intime est si courante que de nombreux professionnels de la santé préconisent maintenant le *dépistage systématique de toutes les clientes, à toutes les visites.* Ce dépistage devrait se faire en tête-à-tête avec la cliente et dans un endroit tranquille; la victime se confiera plus volontiers si on lui pose des questions directes et précises (SOGC, 1996).

Certains symptômes psychosomatiques chroniques peuvent indiquer qu'il y a eu des mauvais traitements. La femme peut se plaindre de symptômes vagues et non spécifiques. Il est important de rechercher de vieilles cicatrices à la tête, sur la poitrine, les bras, le ventre et les organes génitaux. Les signes de traumas aux seins, à l'abdomen et sur les zones génitales sont particulièrement révélateurs, car ces endroits sont souvent visés par ceux qui battent les femmes durant la grossesse. L'infirmière doit aussi évaluer les ecchymoses et les signes de douleur. D'autres indices peuvent mener à une présomption de mauvais traitements: la cliente a du mal à regarder l'infirmière dans les yeux; elle se tait quand son partenaire est dans la pièce; elle a des antécédents de nervosité, d'insomnie, de surdose de drogues, d'alcoolisme, de visites fréquentes à l'urgence et d'accidents inexpliqués.

Les soins visent à dépister la cliente à risque, à renforcer sa capacité de prendre des décisions pour diminuer le risque qu'elle fasse de nouveau l'objet de mauvais traitements et à lui offrir un environnement sûr, tant pour elle que pour l'enfant à naître. Une attitude respectueuse de la vie privée, empreinte d'acceptation et exempte de jugement de valeur, est essentielle pour inciter la cliente à se confier. On doit aussi lui donner des informations sur les services communautaires qui peuvent lui venir en aide: centres d'hébergement, services policiers, juridiques, sociaux et psychologiques, counseling, etc. En dernière instance, c'est à la cliente qu'appartient la décision de demander de l'aide ou d'accepter le statu quo.

Comme la violence envers la partenaire intime commence souvent pendant une grossesse, il se peut qu'il s'agisse qu'une expérience tout à fait nouvelle et inattendue pour la cliente, et elle peut y voir un incident isolé. On doit la prévenir que les mauvais traitements risquent de se poursuivre après l'accouchement et que l'enfant risque lui aussi d'en être victime. L'infirmière doit profiter de l'occasion pour informer la cliente et établir avec elle des rapports de confiance. (Pour un exposé plus approfondi sur la violence envers la partenaire intime, voir le chapitre 4).

Les infections du complexe TORCH

Les infections du **complexe TORCH** – la *to*xoplasmose, la *r*ubéole, le *c*ytomégalovirus et l'*h*erpès génital (selon certaines sources, la lettre **O** signifie *other infections*, c'est-à-dire «autres infections») – sont les plus dommageables pour l'embryon ou le fœtus. L'exposition de la mère à l'une de ces infections durant les 12 premières semaines de la grossesse peut causer de graves anomalies congénitales. Par conséquent, on n'insistera jamais assez sur la nécessité de comprendre la nature des infections du complexe TORCH et de connaître les risques qui y sont associés.

Toxoplasmose

Causée par un protozoaire appelé *Toxoplasma gondii,* la toxoplasmose est une maladie sans danger chez les adultes, mais qui peut affecter le fœtus lorsqu'elle est contractée pendant la grossesse. La femme enceinte peut être contaminée en mangeant de la viande crue ou mal cuite, ou en touchant les excréments d'un chat atteint lorsqu'elle change sa litière ou qu'elle jardine à l'extérieur.

Risques pour le fœtus et le nouveau-né

Plus la grossesse avance, plus le risque que le fœtus soit infecté augmente, mais plus le risque d'atteinte grave diminue. Autrement dit, la toxoplasmose contractée au premier trimestre est associée à la plus faible incidence d'infection fœtale, mais aussi au risque le plus élevé d'atteinte fœtale grave ou mortelle. L'infection contractée avant la conception ne cause que très rarement des anomalies congénitales (Lopez *et al.,* 2000). La plupart des bébés infectés ne présentent aucun symptôme à la naissance ; les symptômes apparaissent plus tard et leur gravité varie. Dans les cas très bénins, la choriorétinite (inflammation de la rétine et de la choroïde) peut être la seule atteinte visible et, comme d'autres manifestations, elle peut n'apparaître qu'à l'adolescence ou au début de l'âge adulte. Chez le nouveau-né, les troubles néonataux graves reliés à l'infection congénitale sont, notamment, les convulsions, le coma, la microcéphalie et l'hydrocéphalie. Les nouveau-nés gravement atteints peuvent mourir peu après la naissance ; ceux qui survivent souffrent souvent de cécité, de surdité ou de déficience mentale profonde.

Traitement clinique

La prise en charge clinique vise à dépister la cliente à risque et, une fois l'infection diagnostiquée, à la traiter immédiatement. Le diagnostic se fonde sur des analyses sérologiques, notamment le dosage des anticorps IgG spécifiques au *Toxoplasma gondii* et des IgM par immunofluorescence indirecte. Les titres deviennent positifs une semaine ou deux après l'infection et peuvent le rester pendant des mois ou même des années (Minkoff, 1999).

Le diagnostic prénatal de la toxoplasmose peut se faire par une culture du liquide amniotique ou par la détection d'anticorps IgM spécifiques dans un échantillon de sang fœtal prélevé au moyen d'une cordocentèse guidée par échographie. Si l'examen physique, les antécédents et les résultats des tests sérologiques confirment le diagnostic, on peut traiter la cliente enceinte par une association de sulfadiazine, de pyriméthamine, de spiramycine et d'acide folinique. Le traitement de la mère réduit sensiblement le risque d'infection fœtale.

Si la toxoplasmose est diagnostiquée avant la 20e semaine de grossesse, on doit éviter d'utiliser la pyriméthamine sauf si on a décidé de recourir à un avortement thérapeutique, car ce médicament a des effets tératogènes.

Soins infirmiers

Évaluation et analyse de la situation

La période d'incubation de la toxoplasmose est de 10 jours. La femme atteinte de toxoplasmose aiguë peut ne présenter aucun symptôme, mais l'infection peut aussi se manifester par les symptômes suivants : myalgie, malaise généralisé, éruption, splénomégalie et enflure des ganglions postérieurs du cou. Habituellement, les symptômes disparaissent après quelques jours ou quelques semaines.

Voici un exemple de diagnostic infirmier courant pour les clientes qui souffrent de toxoplasmose :

- **deuil anticipé** relié aux effets éventuels de la toxoplasmose sur le fœtus ou le nouveau-né.

Planification et interventions

Lorsqu'elle donne des soins prénataux, l'infirmière doit expliquer à la cliente les précautions à prendre pour éviter de contracter la toxoplasmose : ne pas consommer de viande crue ou mal cuite, surtout s'il s'agit de porc, de bœuf, d'agneau ou de caribou ; bien laver les fruits et les légumes ; éviter tout contact avec les excréments de chat et trouver quelqu'un pour changer régulièrement la litière (les excréments deviennent contagieux après 48 heures) ; porter des gants pour jardiner et éviter les endroits du jardin fréquentés par des chats.

Évaluation et résultats escomptés

Les résultats escomptés des soins infirmiers peuvent être les suivants :

- la cliente peut expliquer ce qu'est la toxoplasmose, son mode de transmission, les risques qu'elle fait courir au fœtus et les précautions à prendre pour éviter de la contracter ;
- la cliente prend toutes les précautions nécessaires pour éviter de contracter la toxoplasmose ;
- la cliente donne naissance à un enfant en santé.

Rubéole

Les effets et les complications de la rubéole ne sont pas plus graves chez la femme enceinte que chez la femme du même âge qui n'est pas enceinte. Cependant, la rubéole a des effets sérieux sur le fœtus et le nouveau-né : elle cause une infection chronique qui commence au premier trimestre de la grossesse et peut persister plusieurs mois après la naissance.

Risques pour le fœtus et le nouveau-né

C'est au premier trimestre que les risques d'effets tératogènes de la rubéole sont les plus élevés. Les signes cliniques de la rubéole congénitale sont la cardiopathie congénitale, le RCIU et les cataractes. Les malformations cardiaques les plus courantes sont la persistance du canal artériel et la sténose des artères pulmonaires périphériques. Les cataractes, qui peuvent toucher un œil ou les deux yeux, peuvent être présentes dès la naissance ou apparaître par la suite. Certains bébés ont une éruption de pétéchies. L'hépatosplénomégalie et l'hyperbilirubinémie sont fréquentes.

D'autres anomalies, comme la déficience mentale ou la paralysie cérébrale, peuvent se révéler durant la petite enfance. La présence d'anomalies et un titre élevé d'IgM rubéoleuses à la naissance confirment le diagnostic.

Les nouveau-nés atteints du syndrome rubéolique congénital sont contagieux et doivent être isolés. Ils peuvent excréter le virus pendant des mois. Le syndrome rubéolique congénital peut produire des manifestations tardives qui apparaissent des années après l'infection, notamment le diabète insulinodépendant, une perte auditive soudaine, le glaucome, ainsi qu'une forme lente et évolutive d'encéphalite.

Traitement clinique

Le meilleur traitement contre la rubéole est la prévention. On doit administrer à tous les enfants le vaccin vivant atténué. On doit aussi vérifier l'immunisation de toutes les femmes en âge de procréer et susceptibles de le faire, et vacciner toutes celles qui ne sont pas immunisées dès qu'on a écarté la possibilité qu'elles soient enceintes.

Lors du dépistage prénatal de routine, on vérifie si la cliente est immunisée au moyen d'un test sérologique appelé réaction d'inhibition de l'hémagglutination. Un titre de 1:16 ou plus prouve l'immunité ; un titre inférieur à 1:8 indique qu'il existe un risque de contracter la rubéole.

Comme le vaccin est fait de virus atténué, on ne vaccine pas les femmes enceintes, mais le contact avec des enfants nouvellement vaccinés est sans danger pour elles.

Quand la femme contracte la maladie au cours du premier trimestre de sa grossesse, le couple peut opter pour un avortement thérapeutique.

Soins infirmiers

Évaluation et analyse de la situation

La femme qui contracte la rubéole pendant sa grossesse peut ne présenter aucun symptôme, mais la maladie peut aussi se manifester sous la forme d'une infection bénigne : éruption maculopapuleuse, lymphadénopathie, raideur musculaire et douleurs articulaires. La présence d'IgM rubéoleuses confirme une infection récente. Les titres restent élevés environ un mois après le contact infectant.

Voici un exemple de diagnostic infirmier courant pour les clientes qui contractent la rubéole en début de grossesse :

- ***stratégies d'adaptation familiale compromises*** reliées à l'incapacité d'accepter la possibilité d'anomalies fœtales consécutives à l'exposition maternelle à la rubéole.

Planification et interventions

Le soutien et la compréhension du personnel infirmier sont essentiels aux conjoints qui doivent envisager un avortement à la suite d'un diagnostic de rubéole. Une telle décision peut déclencher une crise chez le couple qui avait désiré la grossesse. Les conjoints ont besoin d'information objective pour bien comprendre les effets possibles de la maladie sur le fœtus ainsi que le pronostic qui en découle.

Évaluation et résultats escomptés

Les résultats escomptés des soins infirmiers peuvent être les suivants :

- la cliente peut expliquer les conséquences d'une exposition maternelle à la rubéole au cours du premier trimestre de la grossesse ;
- la cliente non immunisée et qui ne contracte pas la rubéole durant sa grossesse donne naissance à un enfant en santé et reçoit le vaccin contre la rubéole au début du post-partum ;
- la cliente qui n'était pas immunisée et qui a été exposée à la rubéole en début de grossesse est en mesure d'expliquer les possibilités qui s'offrent à elle et de prendre une décision acceptable pour elle et pour son partenaire quant à l'issue de sa grossesse.

Cytomégalovirus

Le cytomégalovirus (CMV) appartient à la famille des *Herpesviridae* et cause une infection congénitale ou acquise appelée *maladie des inclusions cytomégaliques*. L'importance qu'on accorde à ce virus pendant la grossesse vient du fait qu'une femme ne présentant aucun symptôme peut le transmettre au fœtus par voie transplacentaire ou par voie cervicale pendant l'accouchement.

Le CMV est la principale cause d'infection congénitale aux États-Unis (Oshiro, 1999). Près de la moitié des adultes possèdent des anticorps contre le CMV. Le virus peut se retrouver dans tous les liquides biologiques : urine, salive, glaire cervicale, sperme et lait maternel ; il se transmet par des contacts intimes, tels que les baisers, l'allaitement maternel ou les rapports sexuels. L'infection asymptomatique au CMV se voit surtout chez les enfants et les femmes enceintes. Comme il s'agit d'une infection chronique et persistante, un individu peut répandre le virus pendant des années. Le cytomégalovirus peut se loger dans le col utérin et causer une infection ascendante après l'accouchement. Habituellement inoffensif chez les adultes et les enfants, le CMV peut être fatal pour le fœtus.

La confirmation du diagnostic chez la femme enceinte repose sur la présence du CMV dans l'urine, sur l'augmentation du taux d'IgM et sur la découverte d'IgM spécifiques dans le sang. Actuellement, il n'existe aucun traitement contre le cytomégalovirus chez la mère, ni contre la maladie congénitale chez le nouveau-né.

L'infection congénitale au cytomégalovirus frappe de 1 à 2 % des nouveau-nés aux États-Unis ; 10 % présentent des symptômes à la naissance ; et de 5 % à 15 % ont des problèmes par la suite (Oshiro, 1999). Chez les nouveau-nés qui présentent une infection symptomatique, le taux de mortalité est de 30 % (Minkoff, 1999). L'infection infraclinique chez le nouveau-né peut causer une déficience mentale ou des pertes auditives qui peuvent passer inaperçues pendant plusieurs mois, ou encore des troubles d'apprentissage qui seront détectés durant l'enfance. Il se peut que le CMV soit la principale cause de la déficience mentale.

Les conséquences de l'infection du fœtus varient. Dans certains cas, les lésions tissulaires gravissimes sont incompatibles avec la vie ; dans d'autres cas, l'enfant survit mais présente des anomalies, comme la microcéphalie, l'hydrocéphalie, la paralysie cérébrale ou la déficience mentale ; dans d'autres cas encore, il n'y a aucune lésion, et l'enfant s'en sort indemne. Le nouveau-né infecté subit souvent un RCIU. Les principaux tissus et organes touchés sont le sang, le cerveau et le foie, mais ils sont tous menacés.

Virus de l'herpès simplex (HSV)

Le virus de l'herpès simplex (HSV-1 et HSV-2) cause une infection virale qui peut se manifester par des lésions douloureuses, sises dans la région génitale et, parfois, sur le col utérin. Nous avons traité, au chapitre 4, de cette maladie et de ses répercussions sur la femme qui n'est pas enceinte. Cependant, comme la présence de lésions herpétiques dans la filière pelvigénitale de la femme enceinte peut affecter gravement le fœtus, nous devons en traiter à nouveau dans cet exposé concernant les infections du complexe TORCH.

Risques pour le fœtus et le nouveau-né

Associée à l'avortement spontané, à la prématurité et à l'hypotrophie, la primo-infection est la plus dangereuse pour la mère et pour l'enfant. La contamination fœtale se fait après la rupture des membranes et l'ascension du virus, ou lorsque le fœtus passe dans la filière pelvigénitale infectée. La contamination transplacentaire est rare. Environ 50 % des bébés nés par voie vaginale d'une mère victime d'une primo-infection d'herpès génital contractent l'une ou l'autre forme d'infection herpétique ; environ 60 % d'entre eux mourront peu après la naissance, et environ la moitié des survivants souffriront de problèmes graves, par exemple la microcéphalie, la déficience mentale, les crises convulsives, la dysplasie rétinienne, l'apnée et le coma (Minkoff, 1999).

Souvent, le nouveau-né infecté ne présente aucun symptôme à la naissance ; ce n'est qu'après environ 2 à 12 jours d'incubation qu'apparaissent les premières manifestations : hyperthermie (ou hypothermie), ictère, crises convulsives, difficulté à s'alimenter et, chez environ la moitié des nouveau-nés infectés, vésicules cutanées caractéristiques de la maladie. La vidarabine s'est révélée utile pour atténuer les effets graves de la maladie herpétique néonatale, mais on ne connaît encore aucun traitement qui la guérisse. Certains experts traitent à l'acyclovir tous les nouveau-nés exposés au virus ; avant d'entreprendre un tel traitement, on doit obtenir des cultures positives d'échantillons prélevés de 24 à 48 heures après la naissance (Centers for Disease Control and Prevention [CDC], 1998).

Traitement clinique

Les lésions vésiculeuses de l'herpès ont un aspect caractéristique et elles se rompent facilement. On confirme le diagnostic par une culture de l'écoulement des lésions actives.

L'ACOG (1999b) recommande un traitement antiviral pour les femmes qui ont une primo-infection au VHS durant la grossesse afin de limiter la propagation virale et favoriser le rétablissement. Les femmes qui souffrent d'herpès génital récurrent peuvent également bénéficier du traitement antiviral. Trois médicaments peuvent servir à cette fin : l'acyclovir, le valacyclovir et le famcyclovir. L'acyclovir s'est révélé efficace et sûr durant la grossesse, mais il n'est pas aussi bien absorbé que les deux autres médicaments.

S'il n'y a aucun signe d'infection génitale, l'accouchement vaginal est préférable. Cependant, si la femme présente des lésions génitales actives ou les signes précurseurs d'une infection, comme une douleur ou une sensation de brûlure à la vulve, la césarienne est indiquée. La femme qui a une infection herpétique active et dont les membranes sont rompues devrait également accoucher par césarienne aussitôt qu'on a réuni le personnel soignant et l'équipement nécessaire (ACOG, 1999b).

On n'a jamais trouvé le virus dans le lait maternel. L'expérience indique que l'allaitement maternel est acceptable si la mère n'a pas de lésions herpétiques aux seins et si elle se lave bien les mains avant d'allaiter pour éviter la transmission directe du virus au nourrisson.

Exercice **de pensée critique**

Votre amie Rachel, qui est enceinte de 6 mois, vous dit qu'elle présente des symptômes d'infection de la vessie. Ces dernières années, elle a eu plusieurs infections de la vessie, dont elle affirme s'être débarrassée en augmentant son apport liquidien et en buvant des jus acides. Elle a l'intention de faire de même cette fois, car sa dernière visite prénatale date de quelques jours à peine. Elle vous assure que si les symptômes persistent, elle en parlera à son médecin à son prochain rendez-vous. Que conseillez-vous à Rachel ?

Voir les réponses à l'Appendice F.

Soins infirmiers

Évaluation et analyse de la situation

Lors de la première visite prénatale, il est important de demander à la cliente si elle ou son partenaire ont déjà eu une infection herpétique. Le cas échéant, une évaluation continue s'impose durant toute la grossesse.

Voici des exemples de diagnostics infirmiers courants pour les clientes enceintes qui ont une infection au VHS :

- *dysfonctionnement sexuel* relié au refus d'avoir des relations sexuelles à cause des lésions herpétiques ;
- *stratégies d'adaptation inefficaces* reliées à l'humeur dépressive causée par la peur des risques auxquels sera exposé le fœtus s'il y a des lésions herpétiques au moment de l'accouchement.

Planification et interventions

L'infirmière doit accorder une attention particulière à l'enseignement concernant cette maladie qui se transmet rapidement. La cliente doit savoir que l'infection herpétique est associée à l'avortement spontané, ainsi qu'à un taux accru de morbidité et de mortalité néonatales, et qu'elle peut nécessiter un accouchement par césarienne. L'infirmière doit rappeler à la cliente de prévenir tous ses prestataires de soins qu'elle souffre de cette infection. Elle doit aussi l'informer du lien possible entre l'herpès génital et le cancer du col utérin, en insistant sur l'importance de passer le test de Papanicolaou annuellement.

La jeune femme qui a contracté l'infection à l'adolescence peut se sentir très découragée à cause des répercussions de la maladie sur son désir de fonder une famille. Le counseling peut l'aider à exprimer la colère, la honte et la détresse qu'éprouvent souvent les clientes herpétiques. De nombreux CLSC et des organismes, comme les Presses de la santé de Montréal, offrent de la documentation sur le sujet. Aux États-Unis, l'American Social Health Association a mis sur pied le programme HELP afin d'informer la population sur la maladie et de diffuser les résultats des plus récentes études sur l'herpès génital. Cette association publie aussi une revue trimestrielle (The Helper) destinée aux infirmières et aux victimes de l'herpès.

Évaluation et résultats escomptés

Les résultats escomptés des soins infirmiers peuvent être les suivants :

- la cliente peut décrire l'infection au VHS, le mode de transmission du virus, les traitements et autosoins qui peuvent atténuer les effets de la maladie, ses conséquences sur la grossesse et ses répercussions à long terme ;
- la cliente donne naissance à un enfant en santé.

Autres infections

Outre celles du complexe TORCH, d'autres infections représentent un risque pendant la grossesse. Les avortements spontanés résultent souvent d'une infection maternelle grave. Certaines études indiquent l'existence d'un lien entre l'infection et la prématurité. De plus, lorsque la grossesse est menée à terme malgré la présence d'une infection, les risques de morbidité et de mortalité maternelles et fœtales augmentent. Il est donc essentiel de diagnostiquer et traiter rapidement les infections pour préserver la santé de la mère et de son fœtus.

Le chapitre 4 décrit de façon détaillée les infections vaginales, les MTS et les infections des voies urinaires. Le tableau 13-3 présente brièvement les signes et symptômes de ces infections, leur traitement et leurs conséquences sur la grossesse.

Tableau 13-3

Infections qui peuvent compliquer la grossesse

Maladie et agent pathogène	Signes et symptômes	Traitement	Répercussions sur la grossesse
Infections des voies urinaires (IVU)			
Bactériurie asymptomatique : le plus souvent *Escherichia coli*, *Klebsiella* ou *Proteus*	Présence de bactéries dans l'urine (culture) sans autre symptôme.	Sulfonamides oraux en début de grossesse ; ampicilline et nitrofurantoïne en fin de grossesse.	En l'absence de traitement, une IVU en début de grossesse peut entraîner une cystite ou une pyélonéphrite aiguë au troisième trimestre. Dans les dernières semaines de grossesse, les sulfonamides oraux peuvent causer une hyperbilirubinémie et un ictère nucléaire chez le nouveau-né.

Tableau 13-3 (suite)

Infections qui peuvent compliquer la grossesse (suite)

Maladie et agent pathogène	Signes et symptômes	Traitement	Répercussions sur la grossesse
Infections des voies urinaires (IVU) (suite)			
Cystite (IVU basse): le plus souvent *Escherichia coli*, *Klebsiella* ou *Proteus*	Une dysurie, des mictions fréquentes et impérieuses, une légère hyperthermie et une hématurie peuvent survenir. La culture d'urine (technique stérile) montre la présence de leuco-cytes T. Présence de colonies de 10^5 (100 000) bactéries ou plus par mL d'urine.	Même traitement.	En l'absence de traitement, l'infection peut monter et entraîner une pyélonéphrite aiguë.
Pyélonéphrite aiguë: le plus souvent *Escherichia coli*, *Klebsiella* ou *Proteus*	Apparition soudaine. Frissons, hyperthermie importante, douleurs lombaires d'un côté ou des deux côtés. Nausées et vomissements, modification de l'état général. Dans certains cas, diminution de l'élimination urinaire, douleur aiguë de type colique, douleur, déshydratation. Augmentation de la PA diasto-lique, faible clairance de la créatinine, bactériémie impor-tante (culture d'urine), pyurie, formule leucocytaire.	Hospitalisation; antibiothérapie intraveineuse. Les autres anti-biotiques jugés sûrs durant la grossesse sont la carbénicilline, la méthénamine et les céphalo-sporines. Sonde urinaire si la diurèse est diminuée. Traitement de soutien pour assurer le bien-être. Des cultures d'urine s'imposent durant le suivi.	Risque accru d'accouchement prématuré et de RCIU. Ces antibiotiques modifient le taux d'œstriol dans l'urine et peuvent fausser l'interprétation des dosages d'œstriol durant la grossesse.
Infections vaginales			
Vulvovaginite candidosique (infection fongique): *Candida albicans*	Écoulement souvent épais, blanc et caséeux, prurit important, dysurie, dyspareunie. Le dia-gnostic se fonde sur la présence d'hyphes et de spores dans une préparation à l'état frais des sécrétions vaginales.	Suppositoires vaginaux de miconazole ou de clotrimazole au coucher pendant une semaine. Au besoin, application topique de crème sur la vulve.	Si l'infection est présente lors de l'accouchement vaginal, le fœtus risque de contracter le muguet.
Vaginose bactérienne: *Gardnerella vaginales*	Écoulement clair, aqueux, d'un gris jaunâtre, nauséabond (odeur de poisson). Une préparation à l'état frais de l'écoulement vaginal révèle la présence de cellules épithéliales revêtues de coccobacilles. L'application d'hydroxyde de potassium sur un échantillon des sécrétions vaginales révèle une forte odeur d'amines (poisson).	Si la femme n'est pas enceinte, on la traite généralement au métronidazole (Flagyl) ou à la clindamycine par voie orale ou en crème vaginale. Au premier trimestre de la grossesse, on remplace le métronidazole par un plein applicateur de clindamycine intravaginale au coucher. Aux deuxième et troisième trimestres, on peut utiliser le métronidazole ou la clindamycine par voie orale, ou un gel vaginal de métronida-zole (Santé Canada, 1998).	Le métronidazole pourrait avoir des effets tératogènes au premier trimestre. Possibilité d'un risque accru de rupture prématurée des membranes et d'accouchement prématuré. D'autres études seront néces-saires pour évaluer ces effets (CDC, 1998).

Tableau 13-3 (suite)

Infections qui peuvent compliquer la grossesse (suite)

Maladie et agent pathogène	Signes et symptômes	Traitement	Répercussions sur la grossesse
Infections vaginales (suite)			
Trichomonase: *Trichomonas vaginalis*	Parfois asymptomatique. La maladie peut causer un écoulement jaune verdâtre et spumeux, un prurit et des symptômes urinaires. On voit parfois des taches de couleur fraise sur le col ou sur les parois vaginales. Une préparation à l'état frais de l'écoulement vaginal révèle la présence de *Trichomonas* flagellés.	Au premier trimestre de la grossesse, on peut soulager les symptômes à l'aide de clindamycine intravaginale, mais il n'existe aucun traitement adéquat. Aux deuxième et troisième trimestres, on peut utiliser le métronidazole ou la clindamycine par voie orale, ou un gel vaginal de métronidazole. On doit traiter les deux partenaires (Santé Canada, 1998).	On soupçonne le métronidazole d'avoir des effets tératogènes. Il est associé à une incidence accrue de rupture prématurée des membranes et de travail prématuré (CDC, 1998).
Maladies transmissibles sexuellement			
Chlamydiose: *Chlamydia trachomatis*	Souvent asymptomatique chez les femmes, la maladie peut causer des pertes claires ou purulentes, des brûlures à la miction et une pollakiurie, une douleur abdominale basse et des saignements vaginaux anormaux (Santé Canada, 1998). Des analyses de laboratoire permettent maintenant de détecter les anticorps monoclonaux spécifiques de *Chlamydia*.	Les femmes enceintes devraient être traitées à l'éthylsuccinate d'érythromycine ou à l'amoxyline, bien qu'aucun de ces deux médicaments ne soit très efficace (CDC, 1998).	Le bébé d'une femme atteinte d'une chlamydiose non traitée risque de souffrir d'une ophtalmie néonatale, infection qui répond à l'érythromycine (mais pas au nitrate d'agent). Le bébé peut aussi contracter une pneumonie à *Chlamydia*. Enfin, la chlamydiose génitale maternelle peut entraîner le travail prématuré et la mort fœtale.
Syphilis: spirochète *Treponema pallidum* (tréponème pâle)	Stade précoce (primaire): chancre indolore, malaise. Le chancre persiste environ 4 semaines, puis disparaît. Stade secondaire (de 6 semaines à 6 mois après l'infection): apparition sur la vulve de condylomes plats très infectieux, symptômes d'arthrite aiguë; augmentation de volume du foie et de la rate, adénopathie indolore, iritis, mal de gorge chronique avec enrouement. Le diagnostic repose sur des analyses sanguines — VDRL, RPR, FTA-ABS — ou sur la découverte de spirochètes lors de l'examen au microscope à fond noir (ultramicroscope).	Pour les femmes atteintes de syphilis depuis moins de 1 an, enceintes ou non, on recommande d'administrer 2,4 millions UI de benzathine pénicilline G par voie intramusculaire (Santé Canada, 1998). Si l'infection remonte à plus d'un an, on prescrit 2,4 millions UI de benzathine pénicilline G par voie intramusculaire 1 fois par semaine pendant 3 semaines (Santé Canada, 1998). On peut traiter à la doxycycline les femmes qui sont allergiques à la pénicilline, mais ne sont pas enceintes. La femme enceinte allergique à la pénicilline devrait être désensibilisée (Santé Canada, 1998). Les partenaires sexuels doivent être dépistés et traités.	La syphilis maternelle peut se transmettre au fœtus par voie transplacentaire. En l'absence de traitement, il peut y avoir, selon les cas: avortement au second trimestre, mortinaissance, infection congénitale du nouveau-né ou naissance d'un enfant non infecté.

Tableau 13-3 (suite)

Infections qui peuvent compliquer la grossesse (suite)

Maladie et agent pathogène	Signes et symptômes	Traitement	Répercussions sur la grossesse
Maladies transmissibles sexuellement (suite)			
Gonorrhée : *Neisseria gonorrhœæ* (gonocoque)	Asymptomatique chez la majorité des femmes, la maladie est souvent dépistée lors du premier examen prénatal grâce à la culture cervicale de routine. Les symptômes les plus courants de la gonorrhée sont l'écoulement vaginal jaune verdâtre et purulent, la dysurie et la pollakiurie. Chez certaines femmes, on observe un œdème et une inflammation de la vulve. Le col peut être œdémateux et érodé, et sécréter une substance nauséabonde contenant des gonocoques.	On devrait traiter les femmes enceintes à la ceftriaxone par voie intramusculaire ou à la cefixime par voie orale, en association avec de l'érythromycine ou de l'amoxicilline pour contrer le risque d'infection au chlamydia. Il faut traiter tous les partenaires sexuels (Santé Canada, 1998).	Si la femme est infectée au moment de l'accouchement, le nouveau-né risque de souffrir d'ophtalmie gonococcique.
Condylome acuminé : virus du papillome humain (VPH), ou *papillomavirus*	Lésions molles d'un rose grisâtre sur la vulve, le vagin, le col ou l'anus.	On évite le traitement habituel au podofilox, à la podophylline ou à l'imiquimod pendant la grossesse. Les autres traitements disponibles sont la cryothérapie à l'azote liquide ou par cryosonde ; l'acide trichloracétique ou bichloracétique ; l'interféron intralésionnel ; l'excision chirurgicale ou la vaporisation au laser. (Santé Canada, 1998).	En doses importantes, l'imiquimod, le podofilox et la podophylline sont associés à la mort fœtale ; de plus, on les soupçonne d'avoir des effets tératogènes.
Streptocoque du groupe B (SGB) : *Streptococcus agalactiæ*	Les femmes présentent une bactériurie (symptomatique ou asymptomatique) au SGB durant leur grossesse. Les femmes touchées, dont l'âge gestationnel se situe entre la 35ᵉ et la 37ᵉ semaine, présentent une colonisation par le SGB décelée au moyen de cultures vaginales et anales.	Antibioprophylaxie (pénicilline G par voie intraveineuse) en période pernatale	L'administration d'antibiotiques, en période pernatale, aux femmes atteintes et exposées à des facteurs de risque réduit l'incidence de colonisation et d'infection précoce chez les nouveau-nés, le SGB étant un organisme extrêmement virulent pour le nouveau-né (Santé Canada, 2000).
Maladie infectieuse			
Érythème infectieux aigu (cinquième maladie) : *parvovirus* B19	Il s'agit d'une maladie fébrile bénigne, caractérisée par une éruption cutanée passagère et par de l'arthralgie, mais beaucoup de femmes demeurent asymptomatiques.	Il n'existe à l'heure actuelle aucun médicament ou vaccin pouvant traiter ou prévenir cette maladie.	Si la femme est infectée, le taux de transmission de la mère au fœtus va de 17 % à 33 %. Le taux d'avortement spontané des fœtus affectés par le *parvovirus* B19 avant la 20ᵉ semaine de grossesse est de 14,8 %, et de 2,3 % après 20 semaines. Dans 8 % à 10 % des cas, le fœtus est atteint d'anasarque fœtoplacentaire (SOGC, 2002).

Tableau 13-3 (suite)

Infections qui peuvent compliquer la grossesse (suite)

Maladie et agent pathogène	Signes et symptômes	Traitement	Répercussions sur la grossesse
Infection alimentaire			
Listériose: *Listeria monocytogenes*	La femme présente des symptômes pseudo-grippaux: • fièvre, • céphalée, • douleurs musculaires.	Antibiothérapie: une combinaison d'ampicilline et de gentamicine est habituellement administrée.	Si la femme est infectée, il y a transmission de la mère au fœtus par voie sanguine dans 90% des cas, et par contamination du liquide amniotique ou au cours du passage dans la filière pelvigénitale, dans moins de 10% des cas. L'infection fœtomaternelle entraîne le travail prématuré, l'avortement spontané ou la mort in utero (Lagassé et Roberge, 2002).

Le chapitre en bref
Notions fondamentales

- Plusieurs des problèmes de santé associés aux saignements vaginaux résultent de la grossesse elle-même, notamment l'avortement spontané, la grossesse ectopique et la maladie trophoblastique. L'infirmière à l'affût des signes précoces de tels problèmes peut prévenir l'hémorragie et l'état de choc, faciliter le traitement médical et donner enseignement et soutien à la cliente et à ses proches.

- Il y a grossesse ectopique quand un ovule fécondé s'implante ailleurs que dans l'endomètre utérin. Le traitement peut être médical (méthotrexate intramusculaire) ou chirurgical.

- La béance isthmique, ou dilatation prématurée du col utérin, est la principale cause d'avortement spontané au deuxième trimestre. Elle se traite par l'opération de Shirodkar-Barter (cerclage du col), qui consiste à resserrer le col affaibli en l'encerclant d'un fil de suture (suture en bourse).

- L'hyperémèse gravidique, ou vomissements incoercibles de la grossesse, peut causer le déséquilibre électrolytique, la déshydratation et des signes d'inanition maternelle ainsi que, dans les cas graves, la mort fœtale. Le traitement vise à maîtriser les vomissements, à rétablir l'équilibre électrolytique, à corriger la déshydratation et à améliorer l'état nutritionnel.

- La rupture prématurée des membranes et le travail prématuré sont deux complications qui mettent le fœtus en danger. Lorsque la rupture prématurée des membranes ne s'accompagne d'aucun signe d'infection, le traitement est conservateur: repos au lit et évaluation continue du bien-être fœtal. Pour les femmes qui ont des antécédents de travail prématuré, on recourt souvent au télémonitorage fœtal à domicile. Les tocolytiques réussissent souvent à arrêter le travail prématuré, mais ils ont des effets indésirables.

- Les troubles hypertensifs peuvent précéder la conception, mais le plus souvent, ils apparaissent durant la grossesse. La prééclampsie peut entraîner un RCIU, des crises convulsives (éclampsie) en l'absence de traitement, et même la mort de la mère et du fœtus. La femme qui comprend bien le processus de la maladie sera plus motivée à s'accorder des périodes de repos en décubitus latéral gauche. Les antihypertenseurs ou les anticonvulsivants peuvent faire partie du traitement.

- Lorsqu'un femme rhésus négatif et un homme rhésus positif conçoivent un enfant rhésus positif, il peut y avoir allo-immunisation rhésus. Les immunoglobulines anti-D ont considérablement réduit l'incidence des séquelles graves de l'incompatibilité rhésus en déjouant l'organisme qui les confond avec des anticorps produits en réponse à l'antigène Rh.

- Les effets d'une chirurgie, d'un trauma accidentel ou d'une agression physique varient selon la gravité de l'état de la mère, le moment de la grossesse et d'autres facteurs qui peuvent influer sur la situation.

- Souvent, la violence envers la partenaire intime commence ou s'aggrave durant la grossesse. L'infirmière doit être à l'affût des signes de mauvais traitements, notamment les hématomes ou les plaies sur les seins, l'abdomen ou la région génitale. Elle doit informer la victime sur le phénomène de la violence envers la partenaire intime et sur les services communautaires et les groupes d'entraide qui peuvent l'aider.

- Les infections du complexe TORCH – la **to**xoplasmose, la **r**ubéole, le **c**ytomégalovirus et l'**h**erpès génital – représentent un grave danger pour le fœtus.

- Les MTS sont moins dangereuses pour le fœtus si elles sont dépistées et traitées rapidement.

Références

AERTS, M., et J. D. IAMS (1999), «Prevention of spontaneous preterm birth», *Contemporary OBIGYN,* 44 (5), p. 128-136.

AMERICAN ACADEMY OF PEDIATRICS et AMERICAN COLLEGE OF OBSTETRICIANS AND GYNECOLOGISTS (1997), «Obstetric complications», *in Guidelines for prenatal care,* 4e éd., Elk Grove Village, chez l'auteur, p. 127-146.

AMERICAN COLLEGE OF OBSTETRICIANS AND GYNECOLOGISTS (1996), *Home uterine activity monitoring,* ACOG Committee Opinion, n° 172, Washington, chez l'auteur.

AMERICAN COLLEGE OF OBSTETRICIANS AND GYNECOLOGISTS (1998a), *Medical management of tubal pregnancy,* ACOG Practice Bulletin, n° 3, Washington, chez l'auteur.

AMERICAN COLLEGE OF OBSTETRICIANS AND GYNECOLOGISTS (1998b), *Obstetric aspects of trauma management,* ACOG Educational Bulletin, n° 251, Washington, chez l'auteur.

AMERICAN COLLEGE OF OBSTETRICIANS AND GYNECOLOGISTS (1998c), *Premature rupture of membranes,* ACOG Practice Bulletin, n° 1, Washington, chez l'auteur.

AMERICAN COLLEGE OF OBSTETRICIANS AND GYNECOLOGISTS (1999a), *Domestic violence,* ACOG Educational Bulletin, n° 257, Washington, chez l'auteur.

AMERICAN COLLEGE OF OBSTETRICIANS AND GYNECOLOGISTS (1999b), Management of herpes in pregnancy, ACOG Practice Bulletin, n° 8, Washington, chez l'auteur.

BRANCH, D. W., et T. F. PORTER (1999), «Hypertensive disorders of pregnancy», *in* J. R. Scott, P. J. DiSaia, C. B. Hammond et W. N. Spellacy (dir.), *Danforth's obstetrics and gynecology,* 8e éd., Philadelphie, Lippincott, Williams & Wilkins, p. 309-326.

CARTER, S. (1999), «Overview of common obstetric bleeding disorders», *Nurse Practitioner,* 24 (3), p. 50-73.

CENTERS FOR DISEASE CONTROL AND PREVENTION (1998), «1998 sexually transmitted disease treatment guidelines», *Morbidity and Mortality Weekly Report,* 47 (RR-1), p. 1-116.

CHEZ, R. A. (1999), «Prevention of preterm birth : Putting three new tools into practice», *Contemporary OBIGYN,* 44 (6), p. 53-78.

CREASY, R. K., et J. D. IAMS (1999). «Preterm labor and delivery», *in* R. K. Creasy et R. Resnik (dir.), *Maternal fetal medicine,* 4e éd., Philadelphie, Saunders, p. 498-531.

CUNNINGHAM, F. G., N. F. GANT, K. J. LEVENO, L. C. GILSTRAP III, J. C. HAUTH et K. D. WENSTROM (2001), *Williams Obstetrics,* 21e éd., New York, McGraw-Hill.

GUINN, D., et M. J. LEE (2000), «Multiple courses of antenatal corticosteroids : New concerns», *Contemporary OBIGYN* 45 (2), p. 63-69.

HAMMOND, C. B. (1999), «Gestational trophoblastic neoplasms», *in* J. R. Scott, P. J. DiSaia, C. B. Hammond et W. N. Spellacy (dir.), *Danforth's obstetrics and gynecology,* 8e éd., Philadelphie, Lippincott, Williams & Wilkins, p. 927-938.

IAMS, J. (1996a), «Preterm birth», *in* S. G. Gabbe, J. R. Niebyl et J. L. Simpson (dir.), *Obstetrics : Normal and problem pregnancies,* 3e éd., New York, Churchill-Livingstone, p. 743-820.

IAMS, J. (1996b), «Tocolysis», *in* J. T Queenan et J. C. Hobbins (dir.), *Protocole for high risk pregnancies,* Cambridge, Blackwell, p. 539-546.

LAGASSÉ, M. et V. ROBERGE (2002), «La listériose et la femme enceinte», *L'infirmière,* 10 (2).

LOPEZ, A., V. J. DIETZ, M. WILSON, T. R. NAVIN et J. L. JONES (2000), «Preventing congenital toxoplasmoses», *Morbidity and Mortality Weekly Report,* 49 (RR-2), p. 57-75.

MARTIN, J. N., et E. F MAGANN, (1999), «High-dose dexamethasone : A promising therapeutic option for HELLP», *Contemporary OBIGYN,* 44 (11), p. 55-64.

McFARLANE, J., B. PARKER, K. SOEKEN, C. SILVA et S. REED (1999), «Severity of abuse before and during pregnancy for African American, Hispanic, and Anglo women», *Journal of Nurse-Midwifery* 44 (2), p. 139-144.

MILLS, J. L., R. DERSIMONIAN, E. RAYMOND, J. D. MORROW, L. J. ROBERTS II, J. D. CLEMENS, J. C. HAUTH, P. CATALANO, B. SIBAI, L. B. CURET et R. J. LEVINE (1999), «Prostacyclin and thromboxane changes predating clinical onset of preeclampsia», *JAMA,* 282 (4), p. 356-362.

MINISTÈRE DE LA SANTÉ ET DES SERVICES SOCIAUX (2002), *Statistiques,* Accouchements et naissances, Naissances vivantes, Évolution des caractéristiques des nouveau-nés au Québec, Insuffisance de poids et prématurité, 1965-1998, Québec, Gouvernement du Québec. On peut consulter le texte sur Internet, à l'adresse suivante : <http://www.msss.gouv.qc.ca/f/statistiques/index.html>.

MINKOFF, H. L. (1999), «Human immunodeficiency virus and other perinatal infections», *in* J. R. Scott, P. J. DiSaia, C. B. Hammond et W. N.. Spellacy (dir.), *Danforth's obstetrics and gynecology,* 8e éd., Philadelphie, Lippincott, Williams & Wilkins, p. 393-406.

NATIONAL INSTITUTES OF HEALTH (1994). *Effect of corticosteroids for fetal maturation on perinatal outcomes,* National Institutes of Health Consensus Development Conference Statement.

OSHIRO, B. T (1999), «Cytomegalovirus infection in pregnancy», *Contemporary OBIGYN* 44 (11), p. 16-24.

PARSONS, M. T., et W. N. SPELLACY (1999a), «Premature rupture of membranes», *in* J. R. Scott, P. J. DiSaia, C. B. Hammond et W. N. Spellacy (dir.), *Danforth's obstetrics and gynecology,* 8e éd., Philadelphie, Lippincott, Williams & Wilkins, p. 269-278.

PARSONS, M. T., et W. N. SPELLACY, (1999b), «Preterm labor», *in* J. R. Scott, P. J. DiSaia, C. B. Hammond et W. N.. Spellacy (dir.), *Danforth's obstetrics and gynecology,* 8e éd., Philadelphie, Lippincott, Williams & Wilkins, p. 257-268.

ROBERTS, J. M. (1999), «Pregnancy-related hypertension», *in* R. K. Creasy et R. Resnik (dir.), *Maternal fetal medicine,* 4e éd., Philadelphie, Saunders, p. 833-872.

SANTÉ CANADA (1998), *Lignes directrices canadiennes pour les MTS,* Division de la promotion de la santé sexuelle, de la prévention et du contrôle des MTS, Bureau du VIH/sida, des MTS et de la tuberculose, Ottawa, chez l'auteur. Ce texte a été mis à jour le 25 mars 2002 ; on peut le consulter sur Internet, à l'adresse suivante : < http://www.hc-sc.gc.ca/pphb-dgspsp/hast vsmt/public_f.htm#mts>.

SANTÉ CANADA (2000), *Rapport sur la santé périnatale au Canada,* Ottawa, ministère des Travaux publics et des Services gouvernementaux.

SCOTT J. R. (1999), «Early pregnancy loss», *in* J. R. Scott, P. J. DiSaia, C. B. Hammond et W. N. Spellacy (dir.), *Danforth's obstetrics and gynecology,* 8e éd., Philadelphie, Lippincott, Williams & Wilkins, p. 143-154.

SCOTT, J. R., et D.W. BRANCH (1999), «Immunologic disorders in pregnancy», *in* J. R. Scott, P. J. DiSaia, C. B. Hammond et W. N. Spellacy (dir.), *Danforth's obstetrics and gynecology,* 8e éd., Philadelphie, Lippincott, Williams & Wilkins, p. 363-392.

SIBAI, B. M. (1996), «Hypertension in pregnancy», *in* S. G. Gabbe, J. R. Niebyl et J. L. Simpson (dir.), *Obstetrics : Normal and problem pregnancies,* 3e éd., New York, Churchill-Livingstone, p. 935-996.

SILVER, H. (1996), «Hypertensive disorders», *in* K. R. Niswander et A. T. Evans (dir), *Manual of obstetrics,* Boston, Little, Brown, p. 283-295.

SIMON, E. P., et J. SCHWARTZ (1999), « Medical hypnosis for hyperemesis gravidarum », *Birth*, 26 (4), p. 248-253.

SOCIÉTÉ DES OBSTÉTRICIENS ET GYNÉCOLOGUES DU CANADA (1996), *La violence faite aux femmes*, Directives cliniques de la SOGC, déclaration de principe n° 46, Ottawa, chez l'auteur.

SOCIÉTÉ DES OBSTÉTRICIENS ET GYNÉCOLOGUES DU CANADA (2002), *Infection au parvovirus B19 en cours de grossesse*, Directives cliniques de la SOGC, déclaration de principe n° 119, Ottawa, chez l'auteur. On peut consulter ce texte sur Internet, à l'adresse suivante : <http://www.sogc.org/SOGCnet/sogc_docs/common/guide/library_f.shtml>.

TULANDI, T. (1999), « New protocols for ectopic pregnancy », *Contemporary OB/GYN*, 44 (10), p. 42-55.

VERMILLION, S. T., et J. A. SCARDO (2000), « Using indomethacin as a tocolytic », *Contemporary OB/GYN*, 45 (7), p. 102-108.

WENSTROM, K. D., et M. P. MALEE (1999), « Medical and surgical complications of pregnancy », *in* J. R. Scott, P. J. DiSaia, C. B. Hammond et W. N. Spellacy (dir.), *Danforth's obstetrics and gynecology*, 8e éd., Philadelphie, Lippincott, Williams & Wilkins, p. 327-362.

Lectures complémentaires

BÉLANGER, N. (1998), « Y-a-t-il une meilleure façon de suivre les patientes à risque de travail prématuré ? », *L'actualité médicale*. Disponible sur le Web : <http://www.crsfa.ulaval.ca/umf/articles/1998/98_05_20.htm>.

BRÛLÉ, M., ET L. CLOUTIER (2002), *L'examen clinique dans la pratique infirmière*, Saint-Laurent, Éditions du Renouveau Pédagogique, p. 287.

COUTURIER, B. (2001), « Pertes fœtales à répétition », *Le Médecin du Québec*, 36 (8).

GENNAOUI, J.-P., et V. MORIN (2001), « Quand prescrire une antibioprophylaxie en obstétrique ? », *Le clinicien*, vol. 16, n° 1.

GRÉGOIRE, J. (1999), « La prévention de l'infection périnatale causée par le streptocoque du groupe B », *Le Médecin du Québec*, 34 (3).

GROUPE D'ÉTUDE CANADIEN SUR LES SOINS DE SANTÉ PRÉVENTIFS (2002), « Prévention de l'infection à streptocoques du groupe bêta-hémolytique chez les nouveau-nés », *Le Médecin du Québec*, 37 (5), p. 95-98.

HOPFER DEGLIN, J., et A. H. VALLERAND (1995), *Guide des médicaments*, Saint-Laurent, Éditions du Renouveau Pédagogique.

LEDUC, Y. (1999), « Nausées et vomissements de la grossesse : n'ayons pas peur de traiter », *Le Médecin du Québec*, 34 (1), p. 77.

MARIEB, E. N. (1999), *Anatomie et physiologie humaines*, 2e éd., Saint-Laurent, Québec, Éditions du Renouveau Pédagogique, p. 773.

SOCIÉTÉ DE PÉDIATRIE DU CANADA (1999), *Des questions courantes sur le diagnostic et la prise en charge de la toxoplasmose congénitale*, Comité des maladies infectieuses et d'immunisation, Société canadienne de pédiatrie, Ottawa, chez l'auteur.

SOCIÉTÉ DES OBSTÉTRICIENS ET GYNÉCOLOGUES DU CANADA (2002), *Maladie trophoblastique gravidique*, Directives cliniques de la SOGC, déclaration de principe n° 114, Ottawa, chez l'auteur. On peut consulter ce texte sur internet, à l'adresse suivante : <http://www.sogc.org/SOGCnet/sogc_docs/common/guide/library_f.shtml>.

L'évaluation du bien-être fœtal

Objectifs

- Présenter dans ses grandes lignes l'information à donner à la cliente concernant l'évaluation maternelle de l'activité fœtale et les méthodes utilisées pour enregistrer cette activité

- Énumérer les indications de l'échographie et détailler les informations qu'on peut en retirer

- Comparer les procédés suivants et les données qu'ils fournissent respectivement: Doppler, examen de réactivité fœtale (ERF), épreuve à l'ocytocine (EO) et profil biophysique

- Discuter du recours à l'amniocentèse à des fins diagnostiques

- Décrire les analyses qu'on peut effectuer à partir du liquide amniotique

Vocabulaire

LES TECHNIQUES D'ÉVALUATION DU BIEN-ÊTRE FŒTAL se sont développées considérablement au cours des dernières décennies. De la simple évaluation maternelle de l'activité fœtale aux complexes examens diagnostiques sous guidage échographique, ces procédés permettent d'obtenir des données précises et révélatrices sur le fœtus en croissance. Par exemple, des épreuves diagnostiques spécialisées peuvent fournir des informations sur la normalité de la croissance fœtale, sur la présence d'anomalies congénitales, sur la localisation du placenta et sur la maturité pulmonaire fœtale (tableau 14-1). Il suffit parfois d'un seul examen pour obtenir les informations nécessaires; dans d'autres cas, on doit en effectuer toute une série.

Certains de ces examens comportent des risques pour le fœtus et même pour la mère. Avant de les prescrire, les prestataires de soins doivent donc s'assurer que les avantages l'emportent sur les risques et qu'ils compensent les coûts qu'ils entraînent. Par ailleurs, ces épreuves n'ont pas toutes la même précision ni les mêmes applications diagnostiques. Il n'est évidemment pas indispensable d'avoir recours aux mêmes épreuves diagnostiques dans toutes les grossesses à risque élevé.

On peut parler de grossesse à risque élevé dans les cas suivants :

- *mère âgée de moins de 16 ans ou de plus de 35 ans ;*
- *hypertension chronique, prééclampsie, diabète ou cardiopathie chez la mère ;*
- *allo-immunisation Rh ;*
- *mortinaissance inexpliquée lors d'une grossesse antérieure ;*
- *possibilité de retard de la croissance intra-utérine (RCIU) ;*
- *grossesse qui se prolonge après 42 semaines ;*
- *grossesse multiple.*

Le chapitre 7 décrit les facteurs de risque prénataux, et les chapitres 12 et 13 traitent des états maternels qui risquent de compromettre le succès de la grossesse.

Les soins infirmiers à la cliente soumise à des épreuves diagnostiques visent à :

- *s'assurer qu'elle en comprend l'utilité et les résultats ;*
- *lui apporter du soutien pendant qu'elle les subit ;*
- *éviter les complications qui pourraient y être associées ;*
- *veiller à la sécurité de la mère et du fœtus.*

L'observation maternelle de l'activité fœtale

La plupart des cliniciens considèrent qu'une activité fœtale vigoureuse est rassurante, tandis qu'une nette diminution ou un arrêt de l'activité fœtale peut indiquer qu'il y a une modification de l'état du fœtus ou la mort fœtale ; ce sont des situations auxquelles on doit prêter une attention immédiate (Richardson et Gagnon, 1999).

Bien qu'on observe des différences considérables selon les individus, le nombre de mouvements fœtaux au 3ᵉ trimestre peut atteindre un maximum de 575 par jour à 32 semaines de grossesse, après quoi l'activité fœtale diminue jusqu'à 280 mouvements fœtaux par jour en moyenne, soit de 12 à 15 par heure (Jasper, 2000). Notons que les mouvements fœtaux sont sensiblement plus nombreux lors d'une grossesse multiple. Durant les dernières semaines de gestation, le fœtus passe de 60% à 70% de son temps en état de sommeil actif (Jasper, 2000).

De nombreux facteurs influent sur l'activité fœtale, notamment le moment de la journée, les états de sommeil du fœtus, le bruit, la glycémie ainsi que la consommation maternelle de tabac ou d'autres substances psychotropes. Les clientes ne perçoivent pas toutes avec la même acuité les mouvements du fœtus et elles ne remplissent pas toutes avec la même fidélité

Tableau 14-1

Épreuves de dépistage et épreuves diagnostiques

Objectif	Test	Quand faire le test
Confirmer la grossesse	Échographie pratiquée afin de déterminer le volume du sac gestationnel	5 ou 6 semaines après la DM, par échographie vaginale
Déterminer l'âge gestationnel	Échographie : longueur vertex-coccyx	Entre les 6ᵉ et 10ᵉ semaines de grossesse
	Échographie : diamètre bipariétal, longueur fémorale et circonférence abdominale	Entre les 13ᵉ et 40ᵉ semaines de grossesse
Évaluer la normalité de la croissance du fœtus	Échographie : diamètre pariétal	Plus utile entre les 20ᵉ et 30ᵉ semaines de grossesse
	Échographie : ratio tête/abdomen	Entre les 13ᵉ et 40ᵉ semaines de grossesse
	Échographie : estimation du poids fœtal	Entre les 24ᵉ et 40ᵉ semaines de grossesse environ
Détecter les anomalies congénitales	Échographie	Entre les 18ᵉ et 40ᵉ semaines de grossesse
	Prélèvement des villosités choriales (PVC)	Entre les 8ᵉ et 12ᵉ semaines de grossesse
	Amniocentèse	Entre les 16ᵉ et 18ᵉ semaines de grossesse
	Fœtoscopie	À 18 semaines de grossesse
	Cordocentèse	Aux 2ᵉ et 3ᵉ trimestres
	Triple test ou quadruple test	Au 1ᵉʳ trimestre, vers la 12ᵉ semaine de grossesse, ou bien au 2ᵉ trimestre, vers la 15ᵉ semaine de grossesse
Localiser le placenta	Échographie	Habituellement au 3ᵉ trimestre, ou avant l'amniocentèse
Évaluer l'état fœtal	Profil biophysique	De la 28ᵉ semaine de grossesse environ jusqu'à l'accouchement
	Évaluation maternelle de l'activité fœtale (voir page 240)	De la 28ᵉ semaine de grossesse environ jusqu'à l'accouchement
	Examen de réactivité fœtale (ERF)	De la 28ᵉ semaine de grossesse environ jusqu'à l'accouchement
	Épreuve à l'ocytocine (EO)	Après la 28ᵉ semaine
Diagnostiquer les cardiopathies	Échocardiogramme fœtal	Aux 2ᵉ et 3ᵉ trimestres
Évaluer la maturité pulmonaire fœtale	Amniocentèse	Entre les 33ᵉ et 40ᵉ semaines de grossesse
	Rapport L/S	Entre la 33ᵉ semaine de grossesse et la naissance
	Phosphatidylglycérol	Entre la 33ᵉ semaine de grossesse et la naissance
	Phoshatidylcholine	Entre la 33ᵉ semaine de grossesse et la naissance
Obtenir des informations plus précises sur la présentation du siège	Échographie	Juste avant le début du travail ou pendant le travail

leur fiche d'enregistrement des mouvements fœtaux. Cependant, de manière générale, les clientes collaborent bien à l'enregistrement des mouvements fœtaux si elles en comprennent l'objectif, si elles savent comment remplir la fiche, ce qu'elles doivent signaler et qui appeler quand elles ont des questions à poser, et si leur prestataire de soins se penche sur leurs observations à chaque visite prénatale. (Pour un exposé plus complet sur le sujet, voir le chapitre 9, où vous trouverez notamment un guide d'enseignement sur l'évaluation maternelle de l'activité fœtale.)

L'échographie

L'**échographie** diagnostique fournit des informations très utiles sur le fœtus. Des ondes ultrasonores (ondes sonores de haute fréquence) intermittentes sont transmises par un courant alternatif à un transducteur appliqué sur l'abdomen de la mère (technique transabdominale) ou dans son vagin (technique transcervicale). Ces faisceaux d'ondes ultrasonores se répercutent sur les tissus et l'enregistrement graphique de leurs échos fait apparaître des structures de densités diverses (figures 14-1 ▶ et 14-2 ▶).

Tableau 14-2

Comment aborder l'enseignement préalable aux examens: quelques exemples

Déterminer si la cliente comprend l'utilité de l'examen.

Exemples:

«Est-ce que votre médecin/votre sage-femme vous a expliqué pourquoi on effectue cet examen?»

«On pratique des examens pour diverses raisons. Savez-vous pourquoi vous allez passer cet examen?»

«Selon vous, à quoi cet examen sert-il?»

Expliquer en quoi consiste le procédé, en insistant sur la façon dont la cliente doit s'y préparer.

Exemple:

«L'examen qu'on vous a prescrit sert à...» (Donner des informations précises sur l'examen, et ce, d'une manière à la fois simple et claire.)

S'assurer que la cliente a compris comment elle doit se préparer à l'examen.

Exemple:

«Dites-moi ce qu'il faut faire pour vous préparer à ce test.»

Donner à la cliente l'occasion de poser des questions.

Exemples:

«Avez-vous des questions au sujet de cet examen?»

«Y a-t-il quelque chose que vous ne comprenez pas à propos de cet examen?»

Permettre à la cliente de poser d'autres questions, au besoin.

Exemples:

«Je serai à vos côtés durant tout le test. Si vous avez des questions, n'hésitez pas à me les poser.»

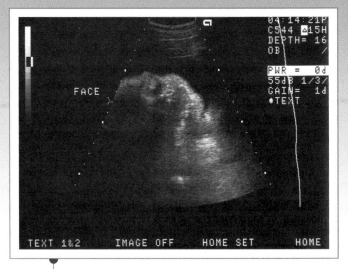

FIGURE 14-2 Échographie du visage fœtal.

et de comparaison. L'échographie permet de différencier les masses de tissus mous (par exemple les tumeurs), de visualiser le fœtus, de suivre la croissance fœtale (surtout dans les cas de grossesse multiple) et de déceler une multitude de problèmes potentiels (Barnhart, Simhan et Kamelle, 1999). De plus, l'examinateur obtient les résultats de l'examen sur-le-champ.

Au cours des prochaines années, l'utilisation de l'échographie tridimensionnelle (3D) devrait encore faire avancer la recherche sur l'évaluation du bien-être fœtal, en améliorant la précision des données sur la croissance et le poids du fœtus (Zelop, 2000).

Procédés

Les deux techniques échographiques les plus courantes sont l'échographie transabdominale et l'échographie vaginale.

Échographie transabdominale

Dans la technique de l'échographie transabdominale, on promène un transducteur sur l'abdomen de la femme enceinte. L'examen se fait souvent lorsque cette dernière a la vessie pleine pour permettre à l'examinateur d'évaluer les autres structures, notamment le vagin et le col, en relation avec la vessie, ce qui est particulièrement important en présence de saignements vaginaux qu'on croit causés par un placenta prævia. On recommande à la femme de boire à peu près un litre d'eau dans les deux heures qui précèdent l'examen et de s'abstenir d'uriner. Si la vessie n'est pas encore assez pleine, on lui demande de boire encore 3 ou 4 verres (250 mL) d'eau et on reprend l'examen environ 30 à 45 minutes plus tard. Après avoir enduit l'abdomen maternel d'une généreuse quantité d'huile minérale ou de gel de transmission ultrasonique, l'échographiste y glisse lentement le transducteur de manière à obtenir une image du

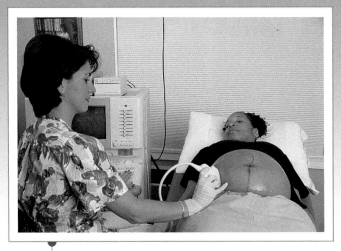

FIGURE 14-1 L'exploration échographique permet de visualiser le fœtus dans l'utérus.

L'échographie diagnostique comporte plusieurs avantages: non effractive et indolore, elle n'irradie ni la femme enceinte ni le fœtus, et elle n'a aucun effet nocif connu. On peut donc pratiquer des échographies en série (plusieurs échographies échelonnées sur une certaine période) à des fins d'évaluation

contenu de l'utérus. L'examen dure de 20 à 30 minutes. L'application d'une pression sur la vessie pleine est souvent désagréable pour la cliente et le fait d'être allongée sur le dos durant l'examen peut causer un essoufflement, qu'on soulagera en surélevant le haut du corps, ou encore en insérant un petit coussin sous l'une ou l'autre des hanches afin de favoriser la circulation sanguine.

Échographie vaginale

Comme son nom l'indique, l'échographie vaginale exige l'insertion d'une sonde dans le vagin ; le transducteur se trouve ainsi plus près des structures à examiner qu'avec la technique transabdominale, ce qui améliore la résolution de l'image. La netteté des images obtenues par échographie vaginale permet aux échographistes de discerner les structures et les caractéristiques fœtales plus tôt dans la grossesse (Owen, Neely et Northen, 1999). L'échographie vaginale peut également servir à prévoir un accouchement prématuré dans les grossesses à risque élevé (Berghella *et al.*, 1999). Cette technique permet en effet de détecter le raccourcissement cervical ou la dilatation en entonnoir de l'orifice interne du col, signes associés au travail prématuré, en particulier chez les femmes qui ont des antécédents d'accouchement prématuré (Andrews *et al.*, 2000).

Après avoir bien expliqué le procédé à la cliente, on la prépare comme pour un examen pelvien : on l'installe en position de lithotomie, on la couvre d'un drap pour lui assurer une certaine intimité et une tierce personne reste dans la pièce. Il est important que les fesses de la cliente soient posées tout à fait à l'extrémité de la table d'examen pour que, une fois la sonde insérée, on puisse la déplacer dans toutes les directions. On gaine le petit transducteur vaginal (sonde endovaginale) d'un fourreau de sonde, d'un condom ou d'un doigt de gant stérile, que l'on enduit de gel de transmission ultrasonique pour faciliter l'insertion dans le vagin et favoriser la transmission de l'image. L'échographie vaginale se fait sur une vessie vide, et la plupart des femmes n'éprouvent aucun malaise durant l'examen. Comme la sonde est plus petite qu'un spéculum, normalement son insertion est aisée ; la cliente peut ensuite la sentir bouger lorsque l'échographiste explore les diverses structures. Certaines femmes préfèrent insérer la sonde elles-mêmes, mais d'autres seraient embarrassées par le seul fait qu'on le leur suggère. Selon son rapport avec la cliente, le médecin, la sage-femme ou l'échographiste jugera de l'à-propos d'une telle suggestion.

Applications cliniques

L'échographie peut servir à diverses fins (Barnhart, Simhan et Kamelle, 1999).

- Confirmer précocement la grossesse (dès la 5e ou la 6e semaine après la dernière menstruation [DM]).

- Observer les battements du cœur fœtal et les mouvements respiratoires fœtaux (MRF), qui sont visibles dès la 11e semaine de grossesse.

- Détecter une grossesse multiple.

- Mesurer le diamètre bipariétal du crâne fœtal ou la longueur fémorale pour déterminer plus précisément l'âge gestationnel et dépister un RCIU.

- Faire une estimation clinique du poids à la naissance afin de déceler la macrosomie (plus de 4 000 g à la naissance), qui est un prédicteur de traumatisme obstétrical (O'Reilly-Green et Divon, 2000).

- Détecter certaines anomalies fœtales, par exemple l'anencéphalie ou l'hydrocéphalie.

- Examiner les structures cardiaques du fœtus (échocardiogramme).

- Déterminer l'index amniotique (IA). Pour ce faire, on divise l'abdomen maternel en quadrants (l'ombilic délimitant les quadrants inférieurs et supérieurs, et la ligne noire, les quadrants gauches et droits), on mesure le diamètre vertical de la poche amniotique la plus profonde dans chaque quadrant et on additionne ces mesures pour obtenir l'IA en centimètres. Un IA supérieur à 20 cm correspond à un hydramnios et un IA inférieur à 5 cm (au terme de la grossesse), à un oligohydramnios : deux problèmes associés à un risque accru pour le fœtus (Panting-Kemp *et al.*, 1999).

- Localiser le placenta avant une amniocentèse pour ne pas le percer.

- Détecter un placenta prævia.

- Coter le placenta. Au fur et à mesure que la maturation du fœtus progresse, le placenta se calcifie ; l'échographie permet de détecter cette calcification et de lui attribuer une cote (Jasper, 2000).

- Détecter la mort fœtale, révélée par l'impossibilité de visualiser les battements cardiaques et la séparation des os du crâne fœtal.

- Déterminer la position et la présentation fœtales.

- Guider l'amniocentèse, la cordocentèse et certains procédés intra-utérins, ainsi que d'autres procédés brièvement décrits dans ce chapitre.

Risques associés à l'échographie

Après 40 ans d'utilisation clinique de l'échographie, aucune étude n'a démontré le moindre effet nocif sur la femme, sur le fœtus ou sur le nouveau-né. Ce procédé se répand depuis plus de trois générations, et bon nombre de femmes enceintes ont passé une échographie diagnostique in utero sans qu'on observe d'effets indésirables (Manning, 1999).

Soins infirmiers

L'infirmière doit s'assurer que la cliente comprend pourquoi on lui recommande de subir une échographie et lui donner l'occasion de poser les questions qu'elle pourrait avoir. L'infirmière peut également défendre les intérêts de la cliente s'il y a des questions ou des inquiétudes qui subsistent avant l'échographie. Elle doit expliquer à la femme comment se préparer à l'examen et vérifier qu'elle a bien suivi ses recommandations. Après l'examen, l'infirmière peut aider la cliente et son partenaire à clarifier et à interpréter les résultats, et répondre à leurs questions à ce sujet.

La vélocimétrie Doppler ombilicale

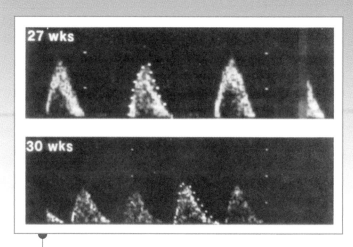

FIGURE 14-4 Deux exemples de vélocimétrie Doppler ombilicale anormale chez une cliente ayant un RCIU.
Source : Cundiff, J. L., K. L. Haybrich et H. G. Hinzman (1990), « Umbilical artery Doppler flow studies during pregnancy », *Journal of Obstretric, Gynecologic, and Neonatal Nursing,* 19 (6), p. 475, figure 4.

La **vélocimétrie Doppler ombilicale**, un examen échographique non effractif, mesure les modifications du flux sanguin dans la circulation maternelle et fœtale afin d'évaluer le fonctionnement placentaire. Un faisceau ultrasonore, par exemple celui produit par le Doppler de poche (Doppler portatif), est dirigé sur l'artère ombilicale (dans certains cas, on peut aussi utiliser un vaisseau maternel en forme d'arc). Le signal ultrasonore émis par la sonde est renvoyé par les globules rouges en circulation et transformé en un son qui varie selon la vitesse du sang. L'enregistrement de ce son produit une image qui ressemble à une série de vagues (figures 14-3 et 14-4). Le pic de haute vélocité des vagues correspond à la mesure systolique, et le creux des vagues à la mesure diastolique. Pour interpréter l'image, on divise le pic systolique (S) par la composante diastolique (D) et on obtient ce qu'on appelle le ratio systolique/diastolique (S/D). Le ratio S/D normal est inférieur à 2,6 à 26 semaines de grossesse et inférieur à 3,0 à terme. Lorsque la perfusion utéroplacentaire diminue (à cause d'un rétrécissement des vaisseaux), il y a résistance accrue du lit placentaire et chute du flux diastolique, ce qui se

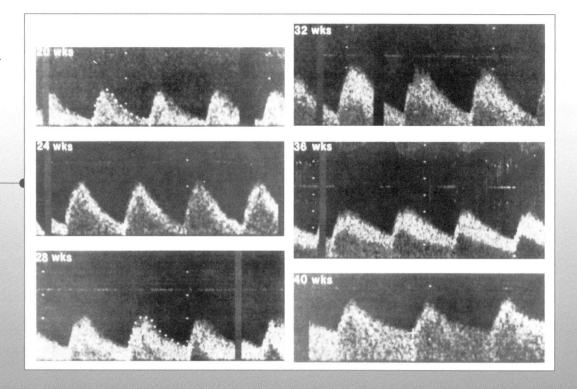

FIGURE 14-3 Série de vélocimétries Doppler ombilicales au cours d'une grossesse normale.
Source : Cundiff, J. L., K. L. Haybrich et H. G. Hinzman (1990), « Umbilical artery Doppler flow studies during pregnancy », *Journal of Obstretric, Gynecologic, and Neonatal Nursing,* 19 (6), p. 475, figure 3.

traduit par un ratio S/D élevé (Trudinger, 1999). Au-delà de 3,0, on le considère comme anormalement élevé (Jasper, 2000). Les vélocimétries Doppler ombilicales sont utiles pour évaluer les grossesses où on soupçonne une insuffisance utéro-placentaire et, éventuellement, pour les prendre en charge avant l'asphyxie (Jasper, 2000).

La vélocimétrie Doppler ombilicale est un procédé relativement simple. La cliente se couche sur le dos, un coussin calé sous sa hanche gauche (pour favoriser la perfusion utéroplacentaire). On enduit son abdomen d'un gel de transmission réchauffé et on utilise un Doppler pulsé pour évaluer le flux sanguin. L'examen dure de 15 à 20 minutes. On peut pratiquer la première vélocimétrie Doppler entre la 16e et la 18e semaine, puis refaire l'examen à intervalles réguliers chez les femmes à risque.

L'examen de réactivité fœtale

L'**examen de réactivité fœtale**, ou ERF (aussi appelé *test de réactivité fœtale* ou TRF), est une technique d'évaluation du bien-être fœtal très répandue, qui peut s'utiliser seule ou comme appoint à une évaluation diagnostique plus complète qu'on appelle *profil biophysique*. Selon le principe sur lequel repose l'ERF, si l'oxygénation du fœtus est adéquate et que son système nerveux central est normal, les mouvements fœtaux (MF) s'accompagnent d'accélérations de la fréquence cardiaque fœtale (FCF). L'ERF consiste à observer et à enregistrer, à l'aide d'un moniteur électronique du fœtus, ces accélérations de la FCF (pour un exposé plus détaillé, voir le chapitre 16). L'ERF non réactif est relativement fiable pour dépister les fœtus à risque (Murray, 1997). Les avantages de l'ERF sont les suivants :

- il s'effectue rapidement, il est facile à interpréter et il est peu coûteux ;
- il peut se pratiquer dans un cabinet de médecin ou dans une clinique ;
- il n'a aucun effet secondaire connu.

Ses principaux désavantages sont les suivants :

- il est parfois difficile d'obtenir un tracé adéquat ;
- la femme doit rester relativement immobile pendant au moins 20 minutes.

Procédé

Pour cet examen, la cliente s'installe dans un fauteuil inclinable ou sur un lit, en décubitus latéral ou en position semi-Fowler. Les recherches indiquent que la position semi-Fowler peut réduire la durée de l'examen (Nathan *et al.,* 2000). Pour obtenir des tracés de la FCF et des MF, l'examinateur relie la cliente à un moniteur électronique du fœtus : il place deux ceintures élastiques sur son abdomen, l'une portant un capteur

des mouvements utérins ou fœtaux et l'autre, un capteur de la FCF. Pendant l'examen, chaque mouvement fœtal est enregistré et on peut ainsi évaluer les changements, simultanés ou associés, de la FCF.

Les femmes qui présentent un facteur de risque élevé passeront habituellement un ERF entre la 30e et la 32e semaine de grossesse, puis à intervalles réguliers jusqu'à l'accouchement.

Interprétation des résultats de l'ERF

Les résultats de l'ERF s'interprètent comme suit.

- L'examen est dit *réactif* si on peut associer aux mouvements fœtaux au moins 2 accélérations de 15 battements par minute pendant au moins 15 secondes au cours d'une épreuve de 20 minutes (figure 14-5 ▶). C'est là le résultat désiré. (Voir les *Points à retenir : Examen de réactivité fœtale.*)

Points à retenir

Examen de réactivité fœtale

Valeur diagnostique : l'examen démontre la capacité du fœtus à réagir à son environnement par une accélération de la FCF accompagnant le mouvement.

Résultats

- ERF réactif : la présence d'au moins 2 accélérations de 15 bpm (par rapport à la normale) pendant au moins 15 secondes au cours d'une épreuve de 20 minutes est un signe de bien-être fœtal.
- ERF non réactif : l'absence d'accélérations indique soit que le fœtus est à risque, soit qu'il dort.

- L'examen est dit *non réactif* en l'absence des paramètres d'un test réactif : par exemple, les accélérations n'atteignent pas 15 battements par minute, ne durent pas 15 secondes, etc. (figure 14-6 ▶).
- L'examen est dit *insatisfaisant* quand les résultats sont impossibles à interpréter ou que l'activité fœtale est insuffisante.

Il est essentiel que tous ceux qui effectuent des ERF comprennent la signification des décélérations de la FCF pendant l'examen. Si des décélérations se produisent, il faut avertir le médecin ou la sage-femme, qui devra procéder à une évaluation plus poussée de l'état du fœtus. (Pour un exposé plus approfondi concernant l'étude des décélérations de la FCF, voir le chapitre 16.)

Prise en charge clinique

La prise en charge clinique d'une possibilité de souffrance ou de détresse fœtale peut varier quelque peu selon les cliniciens

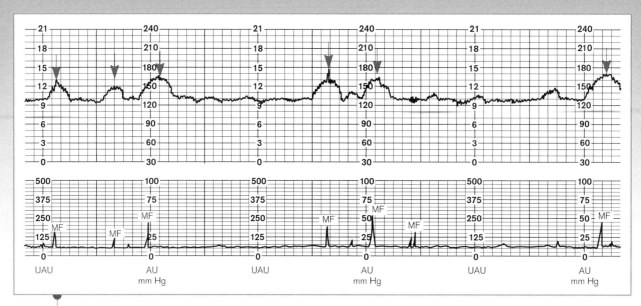

FIGURE 14-5 ▶ Exemple d'un examen de réactivité fœtale (ERF) réactif : accélération de 15 bpm pendant plus de 15 secondes avec chaque mouvement fœtal (MF). Le haut de la bande montre le tracé de la FCF et le bas de la bande, celui de l'activité utérine. Notez que la FCF s'accélère d'au moins 15 battements par minute (bpm) pendant au moins 15 secondes (un carré = 10 s), avant de revenir à la normale.

et selon le jugement clinique du prestataire de soins. Cela dit, le protocole suivant est courant :

- Si l'ERF est réactif en moins de 30 minutes, l'examen est terminé, et on en programme un autre selon les indications relatives au facteur de risque en cause ;

- Si l'ERF est non réactif, on prolonge l'examen d'une ou de plusieurs périodes de 30 minutes, jusqu'à ce qu'il soit réactif, et on programme un autre ERF selon les indications ;

FIGURE 14-6 ▶ Exemple d'un examen de réactivité fœtale non réactif. Il n'y a pas d'accélérations de la FCF avec les mouvements fœtaux. La FCF est de 130 bpm. Le tracé du bas de la bande est celui de l'activité utérine.

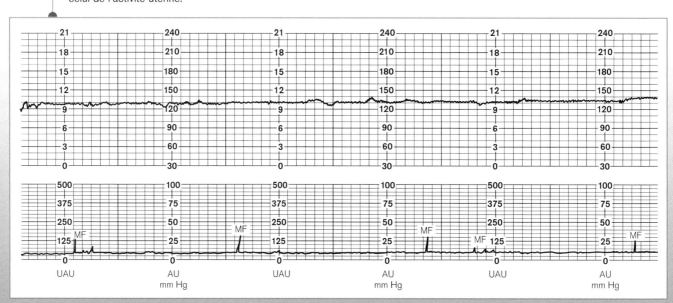

- Si la FCF reste non réactive, on peut procéder à des examens plus poussés (tels qu'une échographie diagnostique et un bilan biophysique) ou envisager un accouchement immédiat ;
- Si l'ERF est non réactif et qu'on observe des décélérations spontanées de la FCF, on fait une échographie diagnostique et un profil biophysique, et l'accouchement est alors recommandé (figure 14-7 ▶).

Les lignes directrices concernant la fréquence des ERF varient ; selon la nature et la gravité du facteur de risque en cause, on recommande de le faire toutes les semaines ou toutes les deux semaines. Dans certains cas, comme la rupture prématurée des membranes, on peut prescrire un ERF quotidien (Jasper, 2000 ; Parer, 1999).

Soins infirmiers

Après avoir évalué si la cliente comprend l'examen de réactivité fœtale et la signification de ses résultats, l'infirmière passe en revue les raisons et les étapes du procédé. Elle effectue ensuite l'ERF, interprète ses résultats et les communique au médecin ou à la sage-femme, ainsi qu'à la cliente.

L'épreuve de stimulation acoustique fœtale et l'épreuve de stimulation vibro-acoustique fœtale

L'**épreuve de stimulation acoustique** (son) et l'**épreuve de stimulation vibro-acoustique** (son et vibration) du fœtus peut servir d'appoint à l'ERF. Lorsque l'ERF est non réactif ou lorsque la variabilité de la FCF diminue pendant le travail (voir à ce sujet le chapitre 16), on applique sur l'abdomen maternel, à la hauteur de la tête fœtale, un appareil portatif (à pile) qui génère une vibration à basse fréquence et un bourdonnement pour stimuler le mouvement et l'accélération de la FCF qui y est associée. Le stimulus sonore dure de 2 à 5 secondes ; en l'absence d'accélération, on peut répéter le stimulus jusqu'à 3 fois à 1 minute d'intervalle (Richardson et

FIGURE 14-7 ▶ Schéma de gestion de l'ERF. *Source :* Devoe, L. D. (1989), « Examen de réactivité fœtale et épreuve à l'ocytocine », *in* R. Depp, D. A. Eschenbach et J. J. Sciarri (dir.), *Gynecology and Obstetrics,* Philadelphie, Lippincott, 3, p. 9, figure 5.

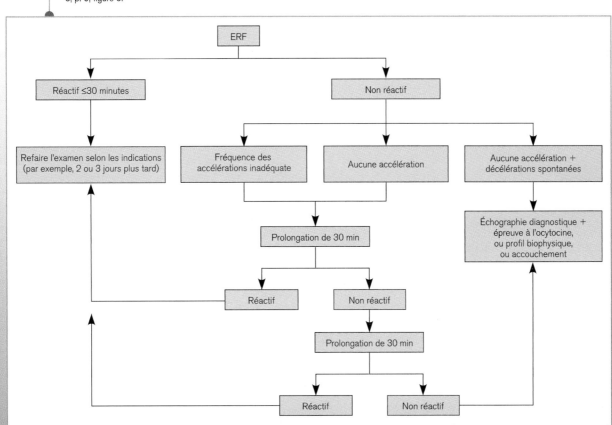

Gagnon, 1999 ; Gegor et Kriebs, 1997). On ne sait pas si le fœtus réagit davantage au son ou à la vibration. L'épreuve est dite réactive quand on enregistre deux accélérations de 15 battements par minute pendant au moins 15 secondes en 10 minutes ou moins (Jasper, 2000 ; Schmidt, 2000).

Les épreuves de stimulation acoustique et vibro-acoustique du fœtus ont les avantages suivants :

- elles sont non effractives et faciles à exécuter ;
- leurs résultats sont rapides ;
- elles réduisent la durée de l'ERF.

Le profil biophysique

Le **profil biophysique (PB)** consiste en une évaluation approfondie de cinq variables biophysiques :

- les mouvements respiratoires fœtaux ;
- les mouvements du corps ou des membres fœtaux ;
- le tonus fœtal (extension et flexion des extrémités) ;
- le volume de liquide amniotique (visualisation des poches de liquide entourant le fœtus) ;
- la réactivité de la FCF aux mouvements (ERF réactif).

Les quatre premières variables sont évaluées à l'échographie et la cinquième, à l'ERF. En combinant ces cinq variables, le profil biophysique permet de confirmer que le fœtus se porte bien ou de constater que son bien-être est compromis. Le tableau 14-3 fournit les critères précis qui départagent les manifestations normales et anormales. On assigne deux points à chaque manifestation normale (et aucun point aux manifestations anormales) pour un total maximal de 10 points. L'absence d'une activité particulière est difficile à interpréter, car elle peut indiquer une dépression du SNC fœtal ou un simple état de repos chez un fœtus normal. Des notes allant de 8 (avec liquide amniotique normal) à 10 sont considérées comme normales ; le risque que le bien-être fœtal soit compromis est alors très faible, à moins qu'on observe une diminution du volume de liquide amniotique, auquel cas l'accouchement pourra être indiqué (Jasper, 2000). Le tableau 14-3 décrit le protocole de prise en charge.

Le profil biophysique est indiqué en présence d'un risque d'insuffisance placentaire ou d'atteinte fœtale, qui est associé aux facteurs suivants :

- retard de la croissance intra-utérine (RCIU) ;
- diabète maternel ;

Tableau 14-3

Résultats du profil biophysique : notation et interprétation

Variables biophysiques	Normal (2 points)	Anormal (0 points)
Mouvements respiratoires	≥1 épisode de ≥30 s en 30 min	Absents ou aucun épisode ≥30 s dans une période de 30 min
Mouvement du fœtus	≥3 mouvements discrets du corps ou des membres en 30 min (on considère qu'un épisode de mouvements actifs continuels correspond à un mouvement)	≤2 épisodes de mouvements du corps ou des membres en 30 min
Tonus fœtal	≥1 épisode d'extension active avec retour à la flexion du tronc ou d'un membre fœtal (l'ouverture ou la fermeture de la main indique un tonus normal)	Extension lente avec retour à la flexion partielle du membre ou du tronc ou mouvement d'un membre en pleine extension, ou absence de mouvement fœtal
Fréquence cardiaque fœtale (FCF) réactive	≥2 épisodes d'accélération de ≥15 bpm et de ≥15 s associés au mouvement fœtal en 20 min	<2 épisodes d'accélération de la FCF ou accélérations <15 bpm en 20 min
Volume du liquide amniotique	≥1 poche amniotique mesurant ≥1 cm sur 2 plans perpendiculaires	Aucune poche amniotique ou une poche <1 cm sur 2 plans perpendiculaires

Prise en charge selon les résultats du profil biophysique

Résultat du test (note)	Intervention
10/10 ou 8/10 avec volume normal de liquide amniotique	Résultat normal ; aucune intervention n'est nécessaire.
8/10 avec volume anormal de liquide amniotique	Si la fonction rénale fœtale est normale et que les membranes sont intactes, l'accouchement est indiqué.
6/10 avec volume normal de liquide amniotique	Résultat douteux
4/10, 2/10 ou 0/10	Accouchement

Source : Manning, F. (1999), « Fetal assessment by evaluation of biophysical variables », *in* R. K. Creasy et R. Resnick (dir.), *Maternal-Fœtal Medicine*, 4e édition, Philadelphie, Saunders, p. 319-330.

- cardiopathie maternelle ;
- hypertension maternelle chronique ;
- prééclampsie-éclampsie (hypertension gravidique) ;
- anémie à hématies falciformes (drépanocytose) ;
- possibilité de postmaturité fœtale (grossesse de plus de 42 semaines) ;
- mortinaissance lors d'une grossesse précédente ;
- allo-immunisation Rh ;
- excrétion anormale d'œstriol ;
- hyperthyroïdie ;
- maladie rénale ;
- ERF non réactif.

L'épreuve à l'ocytocine

L'**épreuve à l'ocytocine (EO)**, aussi appelée *test de tolérance aux contractions utérines* (TTCU), est une technique d'évaluation de la fonction respiratoire du placenta (échange d'oxygène et de dioxyde de carbone). Elle permet à l'équipe de santé de détecter les fœtus qui risquent l'asphyxie intra-utérine, et ce, en observant la réaction de la FCF au stress des contractions utérines (spontanées ou provoquées). Pendant les contractions, la pression intra-utérine augmente, et le volume de sang dans la chambre intervilleuse du placenta diminue momentanément, ce qui réduit l'apport d'oxygène au fœtus. Généralement, le fœtus en santé supporte bien cette diminution et sa fréquence cardiaque reste stable. Par contre, si la réserve placentaire est insuffisante, on observe une hypoxie fœtale, une dépression du myocarde et une diminution de la FCF.

L'épreuve à l'ocytocine n'est plus utilisée aussi souvent qu'autrefois, mais elle est encore utile quand l'accès à d'autres moyens technologiques est limité (par exemple la nuit ou encore dans un petit hôpital ou une maison de naissances). On peut également l'utiliser comme appoint à d'autres techniques d'évaluation du bien-être fœtal. Cela dit, dans bien des endroits, l'EO a cédé la place au profil biophysique.

L'épreuve à l'ocytocine est contre-indiquée dans les cas suivants : hémorragie du troisième trimestre associée à un placenta prævia ou à un décollement prématuré du placenta ; césarienne antérieure avec incision utérine classique (incision verticale du fond utérin) ; rupture prématurée des membranes ; béance isthmique ; grossesse multiple.

Procédé

L'essentiel dans l'épreuve à l'ocytocine est la présence de contractions utérines, qu'elles soient spontanées (ce qui est inhabituel avant le début du travail) ou provoquées (stimulées) par l'administration intraveineuse d'ocytocine (Syntocinon).

Une autre façon d'obtenir de l'ocytocine est l'autostimulation des seins (ou stimulation du mamelon) ; cette technique est basée sur le fait que l'hypophyse postérieure sécrète de l'ocytocine en réaction à la stimulation des seins ou des mamelons.

L'utilisation d'un moniteur fœtal permet d'obtenir des données continues sur la fréquence cardiaque fœtale et sur les contractions utérines. On enregistre d'abord pendant 15 minutes les valeurs basales de l'activité utérine et de la FCF, puis on recherche les signes de contractions spontanées. Si 3 contractions spontanées de bonne qualité et d'une durée de 40 à 60 secondes se produisent en 10 minutes, on évalue les résultats et on met fin à l'épreuve. S'il n'y a pas de contractions ou si elles ne sont pas assez intenses pour qu'on les interprète, on procède à l'administration intraveineuse d'ocytocine ou à la stimulation des seins pour provoquer des contractions de bonne qualité. (Pour plus d'information sur les soins infirmiers liés à l'administration d'ocytocine, voir le chapitre 20.)

Interprétation des résultats de l'EO

Les résultats de l'épreuve sont classés comme suit.

- L'EO est dite *négative* si elle montre 3 contractions de bonne qualité et d'une durée de 40 à 60 secondes en moins de 10 minutes, et ce, sans provoquer de décélérations tardives. C'est le résultat désiré, car il signifie que le fœtus peut supporter le stress hypoxique des contractions utérines.
- L'EO est dite *positive* si elle montre des décélérations tardives persistantes associées à plus de 50 % des contractions (figure 14-8 ▶). Ce résultat est indésirable, car il signifie que le stress hypoxique de la contraction utérine entraîne un ralentissement de la FCF. Loin de s'améliorer, le phénomène risque d'empirer avec les contractions suivantes.
- L'EO est dite *douteuse* si elle montre des décélérations tardives non persistantes ou des décélérations associées à une hyperstimulation (fréquence des contractions <2 minutes ou durée >90 secondes). Un tel résultat exige de se livrer à une évaluation plus poussée.

Application clinique

Une EO négative signifie que le placenta fonctionne normalement, que l'oxygénation fœtale est adéquate et que le fœtus sera en mesure de supporter le travail s'il survient dans la semaine qui suit.

Une EO positive avec un ERF non réactif laisse entrevoir que le fœtus ne pourra probablement pas supporter le stress du travail (Gegor et Kriebs, 1997). Notons cependant que si l'EO négative est un indicateur fiable de l'état du fœtus, l'EO positive doit être vérifiée, les faux positifs étant assez fréquents. Plus

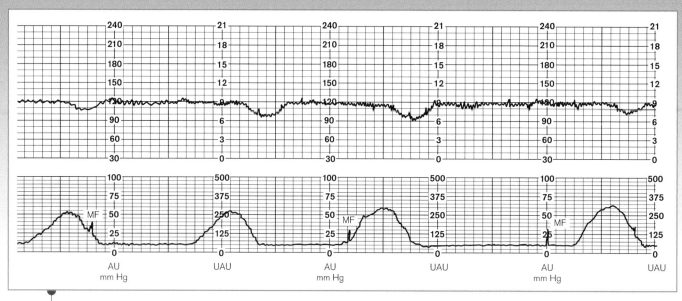

FIGURE 14-8 ▶ Exemple d'épreuve à l'ocytocine (EO) positive. Des décélérations tardives répétées se produisent lors de chaque contraction. On ne note pas d'accélérations de la FCF lors de trois mouvements fœtaux (MF). La FCF de base est de 120 bpm. On a observé 4 contractions utérines (au bas de la bande) en 12 minutes.

de 50% des fœtus qui ont une EO positive peuvent tolérer le travail sans présenter d'autres signes de stress (Parer, 1999). (Voir les *Points à retenir : Épreuve à l'ocytocine*).

au médecin ou à la sage-femme, ainsi qu'à la cliente. Pendant l'intervention, elle effectue des évaluations et elle rassure la cliente et la personne qui l'accompagne.

Points à retenir

Épreuve à l'ocytocine

Valeur diagnostique : l'épreuve démontre une réaction de la FCF au stress de la contraction utérine.

Résultats

- EO négative : le stress de la contraction utérine ne provoque pas de décélération tardive de la FCF.
- EO positive : le stress de la contraction utérine est associé à une décélération tardive de la FCF.

▪ Les analyses du liquide amniotique

L'**amniocentèse** est un procédé utilisé pour prélever un peu de liquide amniotique à des fins d'analyse ; le liquide amniotique est aspiré dans l'utérus à l'aide d'une aiguille insérée à travers la paroi abdominale (figure 14-9 ▶). L'analyse du liquide amniotique fournit des informations précieuses sur l'état fœtal. L'amniocentèse est un procédé assez simple, bien que de rares complications puissent survenir (dans moins de 1% des cas). Le procédé 14-1 décrit les interventions infirmières effectuées pendant l'amniocentèse.

Soins infirmiers

L'infirmière s'assure que la cliente comprend la nature de l'EO, son utilité, ainsi que la signification des résultats éventuels. Dans certains établissements, la cliente doit donner un consentement écrit ; le cas échéant, le médecin ou la sage-femme ont la responsabilité de bien informer la cliente sur l'épreuve. L'infirmière administre l'ocytocine, interprète les résultats et les communique

Soins infirmiers

Durant l'amniocentèse, l'infirmière assiste le médecin et apporte du soutien à la cliente (procédé 14-1). Même si le médecin lui a expliqué en quoi consiste le procédé pour qu'elle puisse donner un consentement éclairé, la cliente risque d'appréhender

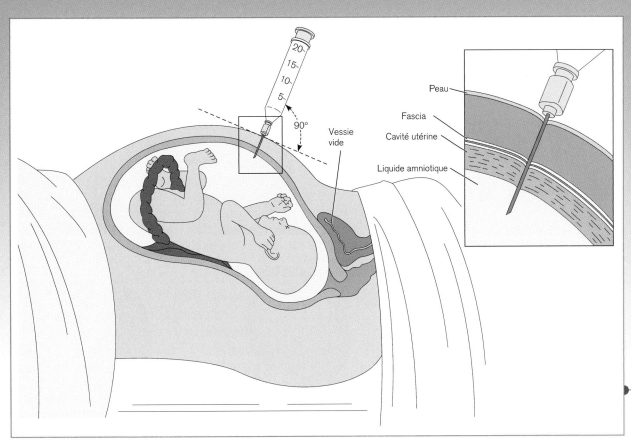

Peau
Fascia
Cavité utérine
Liquide amniotique

Vessie vide

90°

FIGURE 14-9
Amniocentèse. On pratique une échographie pour localiser le placenta et une poche de liquide amniotique. On insère ensuite l'aiguille dans la cavité utérine pour y aspirer un peu de liquide amniotique.

Procédé 14-1   Interventions de l'infirmière durant l'amniocentèse

Intervention infirmière	Explication
Objectif : Préparer la cliente	
• Expliquer le procédé et rassurer la cliente.	*L'explication du procédé diminue l'anxiété.*
• Demander à la cliente de signer le consentement écrit.	*Le médecin a la responsabilité d'obtenir un consentement éclairé. La signature de la cliente indique qu'elle connaît les risques de l'intervention et qu'elle y consent.*
Objectif : Rassembler le matériel Préparer et mettre à portée de la main les fournitures suivantes :	
• une aiguille spinale de calibre 22 avec mandrin ;	
• une seringue de 10 mL et une seringue de 20 mL ;	
• de la xylocaïne à 1% ;	
• de la providone iodée (Betadine) ;	
• trois tubes à essai de 10 mL (ambrés ou recouverts de ruban adhésif opaque) avec bouchon.	*Le liquide amniotique doit rester à l'abri de la lumière pour éviter la dégradation de la bilirubine.*
Objectif : Surveiller les signes vitaux maternels Obtenir les valeurs initiales de la tension artérielle, de la température, du pouls et de la respiration de la mère, ainsi que la FCF, puis réévaluer les signes vitaux aux 15 minutes.	
Objectif : Localiser le fœtus et le placenta Assister le médecin au cours de l'échographie en temps réel qui guide l'insertion de l'aiguille pendant l'amniocentèse.	*On fait généralement l'amniocentèse sur le côté, là où se trouvent les membres du fœtus et où, souvent, on voit des poches de liquide amniotique. L'échographie en temps réel permet d'identifier les parties fœtales et de localiser les poches amniotiques.*

Procédé 14-1 Interventions de l'infirmière durant l'amniocentèse *(suite)*

Intervention infirmière	Explication
Objectif : Nettoyer l'abdomen de la cliente	*Le nettoyage de l'abdomen maternel réduit le risque d'infection.*
Objectif : Recueillir les échantillons de liquide amniotique	
• Prendre les tubes remplis par le médecin.	
• Bien étiqueter les tubes et les envoyer au laboratoire avec la demande d'analyses dûment remplie.	
Objectif : Surveiller l'état de la mère et prendre de nouveau ses signes vitaux	*Il est important de déterminer si le fœtus n'a par été piqué par inadvertance.*
• Mesurer la tension artérielle, le pouls, la respiration de la mère et la FCF.	
• Palper le fond utérin pour évaluer l'activité utérine.	
• Installer un moniteur fœtal externe pendant environ 20 à 30 minutes après l'amniocentèse.	
Objectif : Surveiller l'état de la mère et prendre de nouveau ses signes vitaux (suite)	
• Déterminer les modalités thérapeutiques pour compenser toute hypotension posturale et pour améliorer le retour veineux et le débit cardiaque.	
• Déterminer le type sanguin de la cliente et vérifier si elle a besoin d'immunoglobuline.	
• Faire coucher la cliente sur le côté gauche.	
Objectif : Rassurer la cliente et l'informer sur les auto-soins à effectuer	
• Rassurer la cliente et l'avertir de signaler les réactions indésirables suivantes :	
a) hyperactivité fœtale ou absence prolongée de mouvements fœtaux ;	
b) écoulement vaginal, clair ou sanguinolent ;	
c) contractions utérines ou douleur abdominale ;	
d) fièvre ou frissons.	
• Inciter la cliente à s'en tenir à une activité légère dans les 24 heures qui suivent.	
• Inciter la cliente à augmenter son apport liquidien.	
La cliente sera en mesure de reconnaître les effets indésirables et les problèmes qui exigeraient un traitement.	
Objectif : Remplir le dossier de la cliente	*Le dossier doit toujours être complet et à jour.*
• Noter la date et l'heure, le type d'intervention et le nom du médecin qui l'a pratiquée.	
• Noter les réactions de la mère et du fœtus, ainsi que l'enseignement donné.	

tant l'amniocentèse elle-même que ce qu'elle risque de révéler. Pendant l'intervention, elle peut devenir anxieuse et avoir besoin d'un soutien émotionnel. L'infirmière peut l'aider en clarifiant les instructions et les explications du médecin, en soulageant ses malaises ainsi qu'en répondant verbalement et physiquement à son besoin de réconfort.

Après l'amniocentèse, l'infirmière reprend les explications fournies par le médecin et donne à la cliente l'occasion de poser des questions. Elle passe le procédé en revue et explique quels sont les autosoins à effectuer après l'amniocentèse.

Utilisation diagnostique de l'amniocentèse

Une fois l'amniocentèse effectuée, on peut soumettre le liquide amniotique à diverses analyses pour obtenir de l'information concernant certains troubles génétiques (voir le chapitre 5), la santé fœtale et la maturité pulmonaire fœtale. La dernière partie de cette section décrit ces analyses du liquide amniotique.

Le professionnel de la santé qui prend en charge une grossesse à risque élevé doit envisager la possibilité qu'un travail prématuré spontané se déclenche ou qu'il devienne nécessaire d'interrompre la grossesse en provoquant le travail ou en procédant à une césarienne. L'interruption précoce de la grossesse est indiquée dans les cas suivants : rupture prématurée des membranes, amniotite évolutive (infection de l'amnios), prééclampsie ou éclampsie grave, trouble hémorragique (syndrome HELLP, placenta prævia, décollement prématuré des membranes, coagulation intravasculaire disséminée [CIVD], aggravation de l'allo-immunisation Rh ou insuffisance placentaire. Notons que, si l'enfant naît avant d'avoir atteint la maturité pulmonaire, cela accroît le risque de complications, comme la détresse respiratoire du nouveau-né.

Évaluation de la maturité fœtale

Comme l'âge gestationnel, le poids à la naissance et le stade de développement des appareils et des systèmes ne correspondent pas nécessairement, on doit aussi analyser le liquide amniotique pour évaluer la maturité des poumons fœtaux.

Rapport lécithine/sphingomyéline

Les alvéoles pulmonaires sont tapissées de **surfactant** ; cette substance composée de phospholipides diminue la tension superficielle dans les alvéoles lors de l'expiration. Lorsqu'un nouveau-né dont la fonction pulmonaire est à maturité prend sa première respiration, il faut une pression extraordinairement élevée pour ouvrir ses poumons. En diminuant la tension superficielle, le surfactant stabilise les alvéoles, et une certaine quantité d'air reste toujours dans les poumons durant l'expiration, ce qui leur évite de s'affaisser. L'enfant qui naît avant que la synthèse de surfactant soit terminée ne peut pas atteindre la stabilité pulmonaire : comme chacune de ses respirations exige le même effort que la première, la distension des poumons est insuffisante, et on voit apparaître la détresse respiratoire du nouveau-né (DRN).

On peut évaluer la maturité pulmonaire fœtale en déterminant le rapport entre deux des composants du surfactant, la lécithine et la sphingomyéline. Au début de la grossesse, le liquide amniotique contient plus de sphingomyéline que de lécithine ; autrement dit, le **rapport lécithine/sphingomyéline (L/S)** est bas. Vers la 32e semaine de gestation, le taux de sphingomyéline commence à baisser et le taux de lécithine, à augmenter. Vers la 35e semaine, si le fœtus est normal, le rapport L/S est habituellement de 2:1. Ce rapport de 2:1 indique que le risque de détresse respiratoire est très faible (Jobe, 1999). Notons que certains problèmes physiologiques – maternels, placentaires ou fœtaux – accélèrent la maturation pulmonaire fœtale.

Phosphatidylglycérol

Le **phosphatidylglycérol (PG)** est un autre phospholipide du surfactant. Absent des poumons fœtaux en début de grossesse, il n'apparaît que lorsque la maturité fœtale est atteinte, c'est-à-dire vers la 35e semaine. Comme la présence de PG est un signe de maturité pulmonaire, elle indique que le risque de détresse respiratoire est faible. Le dosage du phosphatidylglycérol est également utile lorsque l'échantillon est contaminé par du sang : comme ni le sang ni les sécrétions vaginales ne contiennent de PG, sa présence est un indicateur fiable de maturité pulmonaire fœtale (Jobe, 1999). (Voir les *Points à retenir : Rapport lécithine/sphingomyéline (L/S) et PG*.)

Points à retenir

Rapport lécithine/sphingomyéline (L/S) et PG

Valeur diagnostique : il fournit des informations sur la maturité pulmonaire fœtale.

Résultats

- Une grossesse de 35 semaines est en corrélation avec la présence de PG et un rapport L/S de 2:1.
- Un rapport L/S inférieur à 2:1 et/ou l'absence de PG peuvent indiquer une distension insuffisante des poumons fœtaux et un risque accru de détresse respiratoire du nouveau-né.

Autres épreuves de dépistage et de diagnostic

La concentration de certaines substances dans le sang maternel nous informe sur l'état du fœtus. Par exemple, le **dépistage maternel sérique (DMS)**, communément appelé **triple test**, permet d'évaluer trois éléments ; ce test s'effectue de deux façons différentes selon le moment de la grossesse où il est pratiqué. Au premier trimestre, il sert à évaluer le taux de deux marqueurs sériques – la protéine A associée à la grossesse (PAPP-A) et l'hormone gonadotrophine chorionique (hCG) – au moyen d'un prélèvement sanguin effectué vers la 12e semaine de grossesse. Le triple test comporte également l'évaluation du niveau de la clarté nucale chez le fœtus ; cette analyse se fait par échographie entre la 10e et la 14e semaine de grossesse. Au deuxième trimestre, on évalue si les taux d'alphafoetoprotéine (AFP), de gonadotrophine chorionique humaine (hCG) et d'œstriol non conjugé (uE3) sont appropriés ; le prélèvement s'effectue vers la 15e semaine de grossesse.

Grâce au dosage des marqueurs sériques de la mère, on peut déterminer si une femme enceinte est exposée à un risque plus élevé de porter un bébé atteint du syndrome de Down (trisomie 21), de trisomie 18 ou d'une anomalie du tube neural. Il s'agit d'un programme de dépistage d'anomalies congénitales en pleine évolution et la disponibilité des épreuves de dépistage varie d'une province à l'autre ; dans certaines provinces, notamment au Québec, les femmes doivent en assumer les coûts (Santé Canada, 2000).

Le dépistage maternel sérique ne permet pas à lui seul de savoir si le fœtus est porteur d'une anomalie congénitale. On devra également recourir à une amniocentèse, afin d'analyser le liquide amniotique, ainsi qu'à une échographie. Cette méthode de dépistage peut être une source de stress pour les femmes. Il est donc essentiel de donner une information complète sur le dépistage, d'offrir un service de counseling et de soutien adéquat, particulièrement si le diagnostic est sombre.

Dans un proche avenir, le dépistage sérique maternel comprendra également le dosage dimère de l'inhibine-A, c'est-à-dire un test de dépistage de la trisomie 21 encore plus sensible et précis ; on parle alors de quadruple test (McColgin, 1999).

La **choriocentèse**, ou **prélèvement des villosités choriales (PVC)**, est une technique qui permet de prélever un échantillon des villosités choriales du fœtus en développement pour faire des études génétiques, métaboliques et d'ADN. Utilisé dans certains établissements pour le diagnostic prénatal du premier trimestre, ce procédé a l'avantage de se pratiquer entre la 8e et la 12e semaine de grossesse (alors qu'il faut attendre au moins la 16e semaine pour faire une amniocentèse) ; de plus, ses résultats ne sont pas longs à obtenir (Scioscia, 1999).

La **cordocentèse**, ou **prélèvement percutané de sang ombilical (PPSO)**, est un procédé qui permet de prélever un échantillon de sang fœtal afin de déterminer le caryotype fœtal et de dépister divers troubles sanguins, certaines anomalies chromosomiques et certaines maladies. On recourt au guidage échographique pour localiser le cordon ombilical : on introduit une aiguille dans l'abdomen jusqu'au cordon et on aspire un échantillon de sang ombilical.

Le chapitre en bref

Notions fondamentales

- L'évaluation maternelle de l'activité fœtale fournit de l'information sur le bien-être fœtal et peut donc servir au dépistage prénatal.

- L'échographie est un excellent moyen d'évaluer la croissance fœtale, car elle permet de la suivre au fil du temps. C'est un procédé non effractif et indolore, qui permet au médecin ou à la sage-femme de faire une étude sérielle de la gestation ; elle n'irradie ni la femme ni le fœtus, et elle n'a aucun effet néfaste connu.

- Les vélocimétries Doppler ombilicales servent à évaluer la fonction placentaire et à s'assurer qu'elle est suffisante.

- L'examen de réactivité fœtale (ERF) est basé sur le fait que la fréquence cardiaque augmente en réaction à l'activité fœtale et aux stimuli sonores. Le résultat désiré est un examen réactif.

- Le profil biophysique mesure cinq variables – les mouvements respiratoires, les mouvements corporels, le tonus fœtal, le volume de

liquide amniotique et la réactivité de la FCF – pour évaluer le risque que la santé fœtale soit compromise.

- L'épreuve à l'ocytocine permet d'observer l'effet du stress des contractions utérines sur la fréquence cardiaque fœtale. Le résultat désiré est un test négatif.

- L'amniocentèse sert à prélever du liquide amniotique afin de pratiquer diverses analyses, notamment le rapport L/S et le PG.

- Le rapport L/S sert à évaluer la maturité des poumons fœtaux. La présence de PG renseigne également sur la maturité pulmonaire fœtale.

- Le dépistage maternel sérique – triple test ou quadruple test – mesure les taux de certaines substances dans le sang maternel afin de dépister certaines anomalies fœtales, notamment les malformations du tube neural et le syndrome de Down.

Références

ANDREWS, W. W., R. COPPER, J. C. HAUTH, R. L. GOLDENBERG, C. NEELY et M. DUBARD (2000), « Second-trimester cervical ultrasound associations with increased risk of recurrent early spontaneous delivery », *Obstetrics and Gynecology*, 95 (2), p. 222-226.

BARNHART, K. T., H. SIMHAN et S. A. KAMELLE (1999), « Diagnostic accuracy of ultrasound above and below the beta-hCG discriminatory zone », *Obstetrics and Gynecology*, 94, p. 583-586.

BERGHELLA, V., S. F. DALY, J. E. TOLOSA, M. DIVITO, R. CHALMERS, N. GARG, A. BHULLAR, R. J. WAPNER et al. (1999), « Prediction of preterm delivery with transvaginal ultrasound of the cervix in patients with high-risk pregnancies : Does cerclage prevent prematurity ? *American Journal of Obstetrics and Gynecology*, 181, p. 809-810.

GEGOR, C. L., et J. M. KRIEBS (1997), « Fetal assessment », *in* H. Varney (dir.), *Midwifery*, 3e éd., Sudbury, Jones & Barlett, p. 283-316.

JASPER, M. L. (2000), « Antepartum fetal assessment », *in* S. Mattson et J. E. Smith (dir.), *AWHONN : Maternal newborn nursing*, 2e éd., Philadelphie, Saunders, p. 127-160.

JOBE, A. H. (1999), « Fetal lung development : Tests for maturation, induction of maturation, and treatment », *in* R. K. Creasy et R. Resnik (dir.), *Maternal-fetal medicine*, 4e éd., Philadelphie, Saunders, p. 404-422.

MANNING, F. (1999), « General principles and applications of ultrasound », *in* R. K. Creasy et R. Resnik (dir.), *Maternal-fetal medicine*, 4e éd., Philadelphie, Saunders, p. 169-206.

McCOLGIN, S. W. (1999), « Multiples marker screening revisited », communication présentée à la Memorial Hospitals 3rd Annual Obstetrics Conference et mise à jour dans *OB/GYN*, Colorado Springs.

MURRAY, M. (1997), *Antepartal and intrapartal fetal monitoring*, Albuquerque, Learning Resources International.

NATHAN, E. B., S. HABERMAN, T. BURGESS et H. MINKOFF (2000), « The relationship of maternal position to the results of brief nonstress tests : A randomized clinical trial », *American Journal of Obstetrics and Gynecology*, 182 (5), p. 1070-1072.

O'REILLY-GREEN, C., et M. DIVON (2000), « Sonographic and clinical methods of diagnosis of macrosomia », *Clinical Obstetrics and Gynecology*, 44, p. 309-320.

OWEN, J., C. NEELY et A. NORTHEN (1999), « Transperineal versus endovaginal ultrasonography examination of the cervix in the midtrimester : A blended comparison », *American Journal of Obstetrics and Gynecology*, 181, p. 780.

PANTING-KEMP, A., T. NGUYEN, E. CHANG, E. QUILLEN, L. CASTRO et al. (1999), « Idiopathic polyhydramnios and perinatal outcomes », *American Journal of Obstetrics and Gynecology*, 181, p. 1079-1082.

PARER, J. T. (1999), « Fetal heart rate », *in* R. K. Creasy et R. Resnik (dir.), *Maternal-fetal medicine*, 4e éd., Philadelphie, Saunders, p. 270-299.

RICHARDSON, B. S., et R. GAGNON (1999), « Fetal breathing and body movements », *in* R. K. Creasy et R. Resnik (dir.), *Maternal-fetal medicine*, 4e éd., Philadelphie, Saunders, p. 231-247.

SANTÉ CANADA (2000), *Les soins à la mère et au nouveau-né dans une perspective familiale : lignes directrices nationales*, ministère des Travaux publics et Services gouvernementaux du Canada.

SCHMIDT, J. (2000), « Intrapartum fetal assessment », *in* S. Mattson et J. E. Smith (dir.), *AWHONN : Maternal newborn nursing*, 2e éd., Philadelphie, Saunders, p. 272-299.

SCIOSCIA, A. L. (1999), « Prenatal genetic diagnosis », *in* R. K. Creasy et R. Resnik (dir.), *Maternal-fetal medicine*, 4e éd., Philadelphie, Saunders, p. 40-62.

TRUDINGER, B. (1999), « Doppler ultrasound assessment of blood flow », *in* R. K. Creasy et R. Resnik (dir.), *Maternal-fetal medicine*, 4e éd., Philadelphie, Saunders, p. 216-229.

ZELOP, C. M. (2000), « Prediction of fetal weight with the use of three-dimensional ultrasound », *Clinical Obstetrics and Gynecology*, 44, p. 321-325.

Lectures complémentaires

Delisle, C. (2000), « Pour un bébé parfait... », *Le Médecin du Québec*, 35 (6).

Melançon, S. B. (2001), « Le programme de dépistage prénatal privé (Prénatest) au Québec, un an déjà », *Le Médecin du Québec*, 36 (4).

L'accouchement et la famille

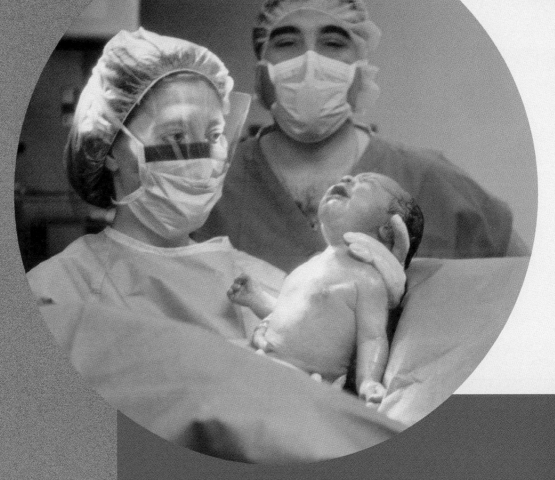

Sommaire

Mécanismes et stades de l'accouchement

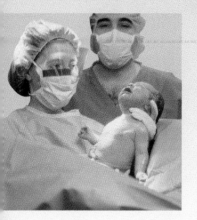

DANS LES DERNIÈRES SEMAINES DE LA GROSSESSE, la mère et le bébé commencent tous deux à se préparer à la naissance. Le fœtus poursuit la croissance et le développement qui le rendront apte à la vie extra-utérine, et la femme enceinte connaît divers changements physiologiques et psychologiques qui la préparent graduellement à l'accouchement et au rôle de mère. Avec le début du travail, un changement remarquable s'amorcera dans la relation entre la mère et son bébé.

Durant le travail, et surtout vers la fin, la femme sait instinctivement qu'elle est en train d'accomplir l'une des tâches les plus importantes de son existence. Une vie précieuse est sur le point de naître. Au cours des quelques heures que durent le travail et l'accouchement, le processus de la naissance semble mobiliser toute la puissance de l'univers. Il arrive que la future mère et son partenaire doivent aller au-delà de leurs limites habituelles de concentration, de volonté, d'endurance et de résistance à la douleur. C'est le caractère dynamique de cette expérience qui fait de la naissance d'un bébé un passage à la fois physiologique et psychologique à la fonction parentale (Stern et Bruschweiler-Stern, 1998).

◼ Les facteurs critiques du travail

Cinq facteurs ont une influence critique sur le travail et l'accouchement: 1) la filière pelvigénitale; 2) le fœtus; 3) la relation entre la filière pelvigénitale et le fœtus; 4) les forces du travail; 5) les caractéristiques psychosociales. L'évolution du travail repose essentiellement sur l'interaction de ces cinq facteurs. Toute anomalie affectant l'un d'eux peut compromettre l'issue du travail et menacer la femme enceinte et le fœtus. Cette section décrit ces cinq facteurs critiques qui sont résumés dans l'encadré *Points à retenir: Facteurs critiques du travail.*

Points à retenir

Facteurs critiques du travail

1. Filière pelvigénitale

- Dimensions du bassin (diamètres du détroit supérieur, du détroit moyen ou cavité pelvienne, et du détroit inférieur)
- Types de bassin (gynécoïde, androïde, anthropoïde, platypelloïde ou mixte)
- Capacité de dilatation et d'effacement du col; capacité de distension du canal vaginal et de l'orifice vaginal (*introitus*)

2. Fœtus

- Crâne fœtal (dimensions et présence de modelage)
- Attitude fœtale (flexion ou extension du corps et des membres)
- Orientation fœtale
- Présentation fœtale (partie du corps qui s'engage la première dans le bassin lors d'une grossesse simple ou multiple)
- Placenta (siège d'insertion)

3. Relations fonctionnelles entre la présentation fœtale et la filière pelvigénitale

- Engagement de la présentation fœtale
- Station (localisation de la présentation fœtale dans le bassin de la mère)
- Position fœtale (position du repère de la présentation dans un des quatre quadrants du bassin maternel)

4. Forces du travail

- Fréquence, durée et intensité des contractions utérines pendant la progression du fœtus dans la filière pelvigénitale
- Efficacité des efforts expulsifs
- Durée du travail

5. Caractéristiques psychosociales

- Préparation physique à l'accouchement
- Bagage socioculturel (valeurs, croyances, etc.)
- Expérience antérieure de l'accouchement
- Soutien des personnes clés
- État émotionnel

Filière pelvigénitale

Le petit bassin, qui forme le canal osseux dans lequel doit passer le fœtus, se divise en trois sections : le détroit supérieur, le détroit moyen (ou cavité pelvienne) et le détroit inférieur. (Vous trouverez la description des os du bassin au chapitre 2 et la description des techniques de mesure du bassin au chapitre 8.)

Très répandue, la classification de Caldwell-Moloy, illustrée à la figure 15-1 ▶, distingue quatre types de bassin : le *bassin gynécoïde,* le *bassin androïde,* le *bassin anthropoïde* et le *bassin platypelloïde* (Caldwell et Moloy, 1933). Aussi appelé bassin féminin, le bassin gynécoïde est le plus courant, et tous ses diamètres sont appropriés à l'accouchement vaginal. Le tableau 15-1 résume les caractéristiques des quatre types de bassin et leurs répercussions sur l'accouchement.

FIGURE 15-1 ▶ Comparaison des types de bassins selon la classification de Caldwell-Moloy

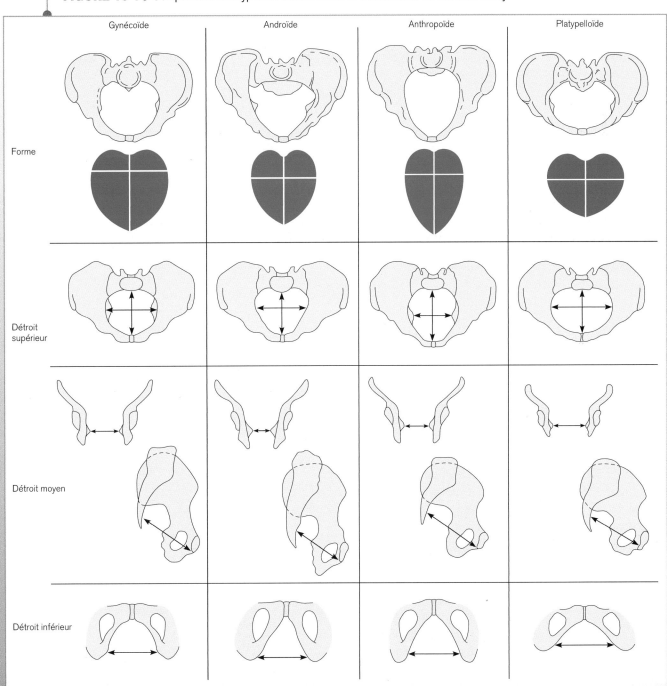

Tableau 15-1

Répercussions du type de bassin sur le travail et l'accouchement

Type de bassin	Caractéristiques pertinentes	Répercussions sur l'accouchement
Gynécoïde	Détroit supérieur de forme arrondie aux diamètres adéquats Détroit moyen aux diamètres antéro-postérieur et transverse presque égaux et adéquats Détroit inférieur adéquat	Favorable à l'accouchement vaginal
Androïde	Détroit supérieur en forme de cœur au diamètre sagittal (antéropostérieur) court Détroit moyen aux diamètres restreints Détroit inférieur de capacité restreinte	Défavorable à l'accouchement vaginal Descente dans le bassin plus lente Engagement de la tête fœtale en position transverse ou postérieure ; arrêt du travail fréquent
Anthropoïde	Détroit supérieur de forme ovale au diamètre antéropostérieur long Détroit moyen aux diamètres adéquats Détroit inférieur adéquat	Favorable à l'accouchement vaginal
Platypelloïde	Détroit supérieur de forme ovale aux diamètres transverses longs Détroit moyen aux diamètres restreints Détroit inférieur de capacité inadéquate	Défavorable à l'accouchement vaginal Engagement de la tête fœtale en position transverse Descente difficile dans le détroit moyen Ralentissement fréquent du travail dans le détroit inférieur

Note: La description de la forme du bassin est exagérée pour faciliter la compréhension.

Fœtus

Crâne fœtal

Le crâne fœtal est constitué de parties osseuses qui peuvent, selon le cas, faciliter l'accouchement ou le rendre plus difficile. Une fois que la tête (la partie la plus grosse et la moins compressible du fœtus) est sortie, le reste du corps suit presque toujours très vite. Le crâne fœtal se divise en trois parties : la face, la base et la voûte. Les os de la face et de la base du crâne sont bien soudés et essentiellement fixes. La base du crâne se compose des deux os temporaux, chacun comportant un os sphénoïde et un os ethmoïde. Les os qui forment la voûte crânienne sont les deux os frontaux, les deux os pariétaux et l'os occipital (figure 15-2) ; comme ces os ne sont pas soudés, cette partie de la tête peut adapter sa forme aux parties étroites du bassin pendant le passage de la présentation. La pression des forces du travail et la rigidité du bassin entraînent un chevauchement des os du crâne fœtal ; on appelle ce phénomène le **modelage**.

Les espaces membraneux situés entre les os crâniens s'appellent les **sutures** du crâne fœtal, et leurs points de jonction, les **fontanelles**. Les sutures permettent le modelage. Pendant le toucher vaginal, leur palpation aide l'examinateur à déterminer la position du crâne fœtal. Les principales sutures de la voûte crânienne (figure 15-2) sont :

- *la suture métopique, ou frontale*, située entre les deux os frontaux, devient le prolongement antérieur de la suture sagittale ;

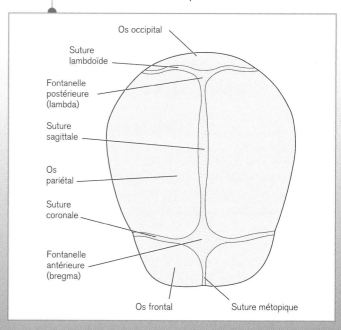

FIGURE 15-2 Vue supérieure du crâne fœtal.

- *la suture sagittale*, située entre les os pariétaux, divise le crâne en ses moitiés gauche et droite, suit un trajet antéropostérieur et relie les deux fontanelles ;

- *la suture coronale*, située entre les os frontaux et les os pariétaux, est une suture transverse s'étendant à gauche et à droite de la fontanelle antérieure ;

- *la suture lambdoïde*, située entre les deux os pariétaux et l'os occipital, est une suture transverse s'étendant à gauche et à droite de la fontanelle postérieure.

La palpation des fontanelles antérieure et postérieure (et des sutures) permet de préciser la position de la tête fœtale dans le bassin et d'évaluer l'état du nouveau-né après la naissance. La fontanelle antérieure est losangique et mesure environ 2 cm sur 3 cm ; pour permettre la croissance du cerveau, elle ne s'ossifie pas avant l'âge de 18 mois. Beaucoup plus petite, la fontanelle postérieure se ferme de 8 à 12 semaines après la naissance ; triangulaire, elle forme le point de jonction des sutures sagittale et lambdoïde (Turley, 2000).

Voici quelques repères importants du crâne fœtal (figure 15-3 ▶) :

- *le menton fœtal* ;

- *le sinciput*, partie antérieure qu'on appelle couramment le front ;

- *le bregma*, grande fontanelle antérieure en forme de losange ;

- *le sommet*, région située entre les fontanelles antérieure et postérieure ;

- *le lambda*, fontanelle postérieure en forme de triangle ;

- *l'occiput*, région du crâne fœtal occupée par l'os occipital, sous la fontanelle postérieure.

Les diamètres normaux du crâne fœtal varient considérablement. Durant le travail, à cause du modelage, certains diminuent,

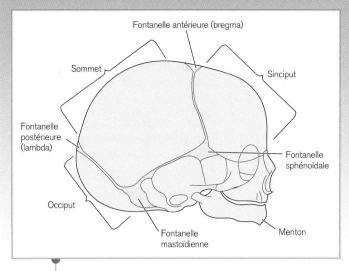

FIGURE 15-3 ▶ Vue latérale du crâne fœtal montrant les repères importants durant l'accouchement.

alors que d'autres augmentent. On mesure les diamètres du crâne fœtal entre les différents points de repère et on les désigne par des termes composés descriptifs ; par exemple, le diamètre sous-occipito-bregmatique correspond à la distance entre le dessous de l'occiput et le centre du bregma (fontanelle antérieure). La figure 15-4 ▶ montre les diamètres typiques du crâne fœtal.

Attitude fœtale

L'**attitude fœtale** décrit la position relative des parties du corps du fœtus. Dans son attitude normale, le fœtus a la tête modérément fléchie, les bras fléchis sur la poitrine et les jambes fléchies sur l'abdomen (figure 15-5 ▶).

FIGURE 15-4 ▶

A. Diamètres antéropostérieurs typiques du crâne fœtal. Lorsque le sommet se présente et que la tête fœtale est fléchie, menton sur la poitrine, le plus petit diamètre antéropostérieur (le diamètre sous-occipito-bregmatique) passe dans la filière pelvigénitale. **B.** Diamètres transverses du crâne fœtal.

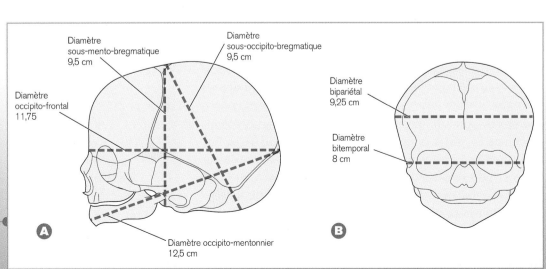

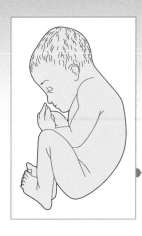

FIGURE 15-5 ▶ Attitude fœtale. L'attitude (position relative des parties du corps) de ce fœtus est normale : sa tête est fléchie vers l'avant, le menton reposant presque sur la poitrine ; les bras et les jambes sont fléchis.

Orientation fœtale

L'**orientation fœtale** décrit la relation entre l'axe céphalocaudal du fœtus et l'axe céphalocaudal de la femme. Le fœtus peut adopter une *orientation longitudinale* – son axe céphalocaudal est parallèle à la colonne vertébrale de la femme – ou une *orientation transverse* – son axe céphalocaudal forme un angle droit avec la colonne vertébrale de la femme.

Présentation fœtale

La **présentation fœtale** est déterminée par : 1) l'orientation fœtale ; 2) la partie du corps fœtal qui s'engage la première dans la filière pelvigénitale. Un point précis de cette partie devient le **repère de la présentation.** On distingue trois types de présentation fœtale : la présentation céphalique, la présentation du siège et la présentation de l'épaule ; les deux premières sont longitudinales et la troisième est transversale. La plus propice à un travail et à un accouchement normaux, la présentation céphalique, est aussi la plus fréquente. Les présentations du siège et de l'épaule sont associées à des difficultés durant le travail, et à un accouchement qui ne se déroule pas comme prévu ; on en parle donc comme de **présentations dystociques** (pour en savoir plus long à ce sujet, voir le chapitre 19).

Présentation céphalique

Dans près de 97 % des accouchements à terme, c'est la tête fœtale qui se présente dans la filière pelvigénitale. Selon le degré de flexion ou d'extension de la tête fœtale (attitude), on distingue diverses présentations céphaliques.

PRÉSENTATION DU SOMMET Dans cette présentation, la plus commune de toutes, la tête fœtale est complètement fléchie sur la poitrine, et le plus petit diamètre du crâne fœtal (le diamètre sous-occipito-bregmatique) se présente dans le bassin maternel (figure 15-6A ▶). Le repère de la présentation est l'occiput.

PRÉSENTATION DU BREGMA La tête n'est ni en flexion ni en extension, et le diamètre occipito-frontal se présente dans le bassin maternel (figure 15-6B ▶). Le repère de la présentation est la fontanelle antérieure (bregma).

PRÉSENTATION DU FRONT La tête fœtale est en légère déflexion, et le plus grand diamètre antéropostérieur, le diamètre occipito-mentonnier, se présente dans le bassin maternel (figure 15-6C ▶). Le repère de la présentation est le sinciput.

PRÉSENTATION DE LA FACE La tête fœtale est en hyperextension (extension complète), et le diamètre sous-mento-bregmatique se présente dans le bassin maternel (figure 15-6D ▶). Le repère de la présentation est le menton.

FIGURE 15-6 ▶ Présentations céphaliques: **A.** Présentation du sommet : la flexion complète de la tête permet au diamètre sous-occipito-bregmatique de se présenter dans le bassin. **B.** Présentation du bregma sans flexion ni extension : le diamètre occipito-frontal se présente dans le bassin. **C.** Présentation du front : la tête est en extension partielle; le diamètre occipito-mentonnier, le plus grand du crâne fœtal, se présente dans le bassin. **D.** Présentation de la face : la tête fœtale est en extension complète; le diamètre sous-mento-bregmatique se présente dans le bassin.

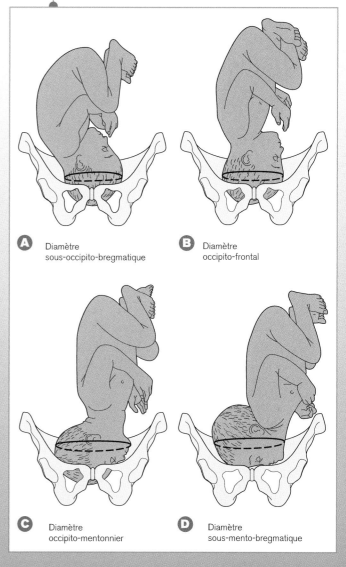

A Diamètre sous-occipito-bregmatique

B Diamètre occipito-frontal

C Diamètre occipito-mentonnier

D Diamètre sous-mento-bregmatique

Présentation du siège

Dans 3% des accouchements à terme, c'est le siège qui se présente. On classe les présentations du siège selon l'attitude des hanches et des genoux du fœtus, mais le point de repère reste toujours le sacrum.

SIÈGE COMPLET Les genoux et les hanches du fœtus sont fléchis; les cuisses reposent sur l'abdomen et les mollets sur la face postérieure des cuisses. Les fesses et les pieds du fœtus se présentent dans le bassin maternel (voir au chapitre 19 la figure 19-7 ▶).

SIÈGE DÉCOMPLÉTÉ : MODE DES FESSES Les hanches du fœtus sont fléchies, et ses genoux, en extension. Les fesses fœtales se présentent dans le bassin maternel.

SIÈGE DÉCOMPLÉTÉ : MODE DES PIEDS Les hanches et les jambes du fœtus sont en extension. Les pieds du fœtus se présentent dans le bassin maternel. Selon le cas, un seul pied ou les deux se présentent.

Présentation de l'épaule

La présentation de l'épaule est aussi appelée présentation transverse. La plupart du temps, c'est l'épaule qui se présente dans le bassin maternel, et l'acromion (apophyse de l'omoplate) est alors le repère de la présentation. Toutefois, le bras, le dos, l'abdomen ou le flanc du fœtus peuvent aussi se présenter. (Voir le chapitre 19 pour de plus amples informations sur la présentation transverse.)

Relations fonctionnelles entre la présentation fœtale et la filière pelvigénitale

Engagement

On dit qu'il y a **engagement** de la présentation lorsque son plus grand diamètre atteint ou franchit le détroit supérieur (figure 15-7 ▶). On peut évaluer l'engagement par un toucher

FIGURE 15-7 ▶ Processus de l'engagement lors d'une présentation céphalique. **A.** Tête mobile: la tête fœtale se dirige vers le bas du bassin, mais peut encore facilement s'éloigner du détroit supérieur. **B.** Tête plongée: la tête fœtale est engagée dans le détroit supérieur, mais peut encore en être éloignée par une pression sur le fœtus. **C.** Tête engagée: le diamètre bipariétal (DBP) de la tête fœtale est dans le détroit supérieur; dans la plupart des cas, le repère de la présentation (l'occiput) est au niveau des épines sciatiques (station zéro).

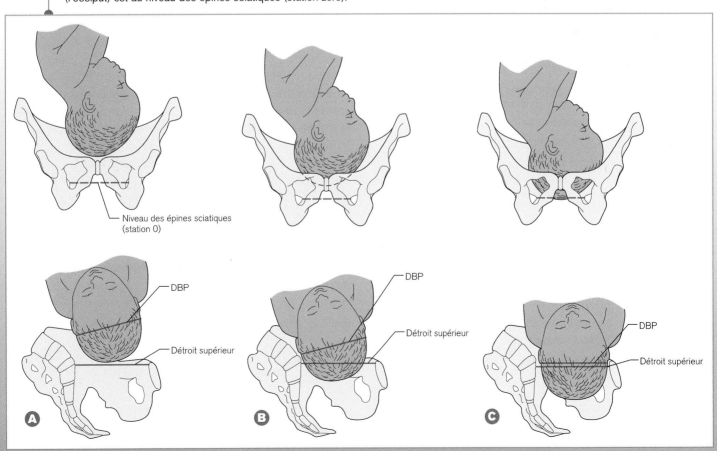

vaginal. Chez les primigestes, l'engagement se produit générale-ment deux semaines avant le terme; chez les multipares, il peut survenir plusieurs semaines avant le déclenchement du travail ou pendant le travail. L'engagement confirme que les dimensions du détroit supérieur sont adéquates, mais ne prouve pas que celles du détroit moyen et du détroit inférieur le sont aussi.

Station

La **station** est la relation entre la présentation et une ligne ima-ginaire qui relie les épines sciatiques du bassin maternel. Dans le bassin normal, ce diamètre bisciatique est le plus petit diamètre que le fœtus aura à franchir. Situées dans le détroit moyen, les épines ne sont pas des saillies tranchantes dangereuses pour le fœtus, mais plutôt des proéminences arrondies. Elles corres-pondent au repère qu'on appelle la station zéro (figure 15-8). Quand la présentation se situe au-dessus des épines, un nombre négatif indique la distance en centimètres qui la sépare de la sta-tion zéro; quand la présentation a dépassé les épines, ce nombre devient positif. Ainsi, la station −5 se trouve dans le détroit supérieur et la station +4, dans le détroit inférieur. Lorsque la présentation est visible au périnée de la femme, l'accouche-ment est imminent. Au cours de l'accouchement, la présentation devrait progresser des stations négatives à la station zéro (détroit moyen), puis aux stations positives. Une présentation qui ne descend pas malgré de fortes contractions peut s'expliquer par une disproportion entre le bassin maternel et la présentation.

Position fœtale

La **position fœtale** décrit le rapport entre un repère donné de la présentation fœtale (longitudinale ou transverse), et l'avant, les côtés ou l'arrière du bassin maternel. On situe le repère de la présentation dans des quadrants imaginaires du bassin: anté-rieur gauche, antérieur droit, postérieur gauche, postérieur droit. Le quadrant où se situe le repère de la présentation indique si elle est dirigée vers l'avant (antérieur) (A), l'arrière (postérieur) (P), le côté (transverse) (T), la gauche (G) ou la droite (D) de la filière pelvigénitale maternelle (l'os illiaque) (I). Le repère varie selon la présentation: il s'agit de l'occiput dans la présen-tation du sommet; du menton ou du sinciput dans la présen-tation de la face; du sacrum dans la présentation du siège; de l'acromion dans la présentation de l'épaule. Si le repère de la présentation se dirige vers le côté du bassin, on dit que la posi-tion du fœtus est *transverse,* plutôt qu'antérieure ou postérieure.

Trois éléments servent à décrire la position du fœtus:

1. l'orientation: vers l'os iliaque droit (ID) ou vers l'os iliaque gauche (IG) de la mère;

2. le repère de la présentation: occiput (O), menton (M), sacrum (S) ou acromion (A);

3. la position dans le bassin: antérieure (A), postérieure (P) ou transverse (T), selon que le repère se dirige vers l'avant, l'arrière ou le côté du bassin.

Les abréviations utilisées aident les membres de l'équipe de santé à se communiquer la position fœtale. Ainsi, lorsque l'occiput du fœtus est dirigé vers l'arrière et la gauche de la filière pelvigénitale, on emploie l'abréviation OIGP (occipito-iliaque gauche postérieure). Dans les présentations transverses, le dos du fœtus peut être placé soit vers l'avant, soit vers l'arrière; le terme *dorsal* (D) permet alors de décrire plus précisément la position fœtale. Ainsi, l'abréviation AIDDA indique que l'acro-mion fœtal est dirigé vers la droite du corps maternel, et le dos fœtal, vers l'avant du corps maternel. La figure 15-9 illustre les positions fœtales les plus courantes. La position occipito-iliaque antérieure est la plus fréquente et celle qui offre les meilleures chances d'accouchement normal. Les autres positions sont plus souvent associées à des problèmes pendant le travail; c'est pourquoi on les qualifie de *positions dystociques.* (Le chapitre 19 décrit les positions dystociques et leur traitement.)

Forces du travail

Deux types de forces concourent à expulser de l'utérus le fœtus, les membranes fœtales et le placenta:

- la *force primaire,* celle des contractions utérines, qui entraînent l'effacement et la dilatation complets du col, ainsi que l'engagement ou la descente du fœtus pendant le premier stade de l'accouchement;

**FIGURE 15-8 ** Mesure de la station de la tête fœtale pendant sa descente. Ici, la station est −2/−3.

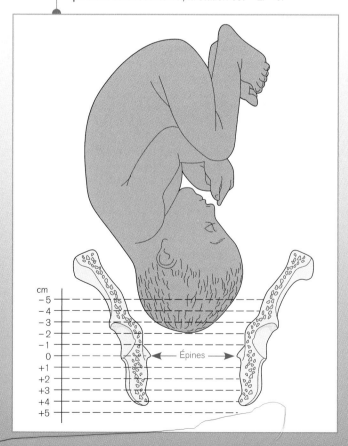

cm
−5
−4
−3
−2
−1
0 ← Épines →
+1
+2
+3
+4
+5

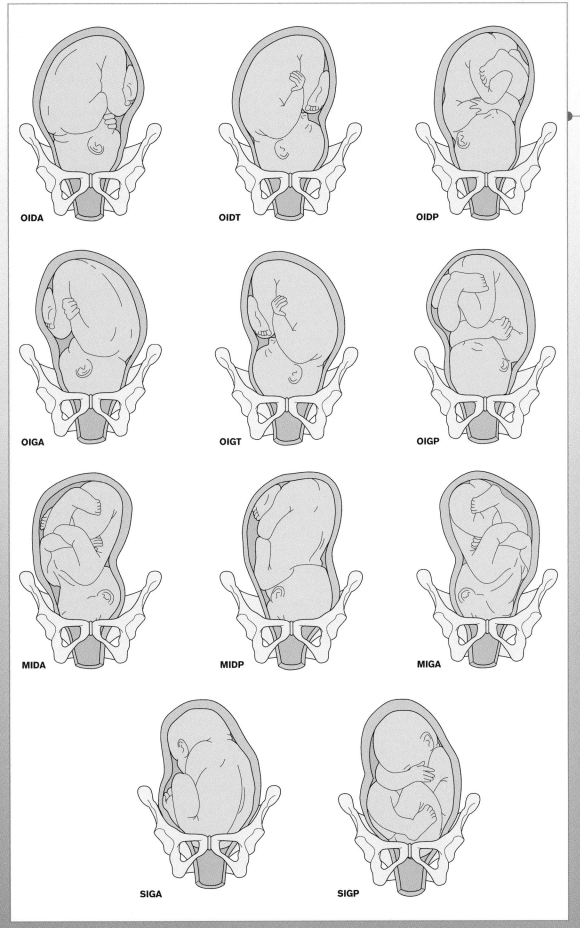

FIGURE 15-9
Catégories de présentation.
Source : Gracieuseté de Ross
Laboratories, Columbus, Ohio.

- la *force secondaire,* celle des poussées des muscles abdominaux pendant les efforts expulsifs du deuxième stade, poussées qui s'ajoutent à la force primaire une fois que la dilatation est complète.

Les contractions utérines lors du travail sont rythmiques, mais intermittentes : elles sont entrecoupées de périodes de repos, qui permettent aux muscles utérins de se détendre et d'offrir un répit à la parturiente. Elles rétablissent aussi la circulation utéroplacentaire afin d'assurer l'oxygénation du fœtus ainsi qu'une circulation adéquate dans les vaisseaux utérins.

Chaque contraction comporte trois phases :

1. la *phase ascendante,* ou « montée » de la contraction (la phase la plus longue) ;
2. l'*acmé,* ou sommet de la contraction ;
3. la *phase descendante,* ou diminution de la contraction.

Les professionnels de la santé décrivent les contractions utérines selon leur *fréquence,* leur *durée* et leur *intensité.* Pour obtenir la **fréquence** des contractions, on mesure le temps qui sépare le début d'une contraction du début de la contraction suivante. La **durée** de chaque contraction se mesure du début de la phase ascendante à la fin de la phase descendante (figure 15-10 ▶). L'**intensité** de la contraction, c'est-à-dire sa force à l'acmé, s'estime généralement par la palpation, mais on peut la mesurer directement à l'aide d'un cathéter intra-utérin. Pour estimer l'intensité de la contraction par palpation, l'infirmière doit essayer de déprimer la paroi utérine à l'acmé de la contraction. La contraction est considérée comme légère si la paroi se déprime facilement (comme quand on touche la joue) ; modérée si la paroi offre une certaine résistance (comme quand on touche le bout du nez, soit du cartilage) ; ou forte si la paroi est impossible à déprimer (comme quand on touche le front, soit une partie osseuse).

Mesuré à l'aide d'un cathéter intra-utérin, le tonus normal de la paroi se situe en moyenne entre 10 et 12 mm Hg au repos (entre les contractions). À l'acmé, il se situe entre 25 et 40 mm Hg au début du travail ; entre 50 et 70 mm Hg dans la phase active du travail ; entre 70 et 90 mm Hg durant la phase de transition ; et entre 70 et 100 mm Hg lorsque la parturiente pousse dans la deuxième phase du travail (Varney, 1997).

Au début du travail, les contractions, qui sont généralement légères, durent environ 30 secondes et se produisent à peu près toutes les 5 à 7 minutes. À mesure que le travail avance, elles deviennent plus longues (durée moyenne de 60 secondes), plus intenses et plus fréquentes (toutes les 2 à 3 minutes). Comme les contractions sont involontaires, la parturiente ne peut agir ni sur leur durée, ni sur leur fréquence, ni sur leur intensité (Varney, 1997). (Le chapitre 16 décrit de façon plus détaillée les techniques d'évaluation des contractions.)

Caractéristiques psychosociales

Les facteurs psychosociaux qui influent sur la mère et sur le père sont similaires : tous deux s'apprêtent à endosser un nouveau rôle, et ils ont des attentes envers eux-mêmes en ce qui concerne l'expérience du travail et de l'accouchement – comme les professionnels de la santé en ont en ce qui concerne l'enfant et sa nouvelle famille. Même si beaucoup de futurs parents ont participé à des rencontres prénatales, ils ont tendance à s'inquiéter : ils se demandent comment se déroulera le travail ; si le malaise et la douleur dépasseront les attentes de la femme ou son endurance ; si le père pourra lui apporter tout le soutien voulu ; s'ils seront à la hauteur, etc. (Mauger, 2000). Une peur souvent exprimée dans les cours prénataux est celle de « manquer son coup », c'est-à-dire de perdre la maîtrise de soi ou de ne pas être à la hauteur de l'image qu'on se fait de la « bonne » manière d'accoucher. Il est donc utile de rappeler aux futurs parents que « la » façon correcte de vivre le travail et l'accouchement n'existe pas (England et Horowitz, 1998).

Toute femme enceinte se demande comment se passera le travail : pour la nullipare, l'expérience est tout à fait inédite, et la multipare sait qu'on ne peut jamais prévoir comment se déroulera le travail d'une fois à l'autre. La femme se demande si elle se comportera aussi bien qu'elle l'espère devant ses parents et amis, si elle subira des lésions (déchirures, épisiotomie,

FIGURE 15-10 ▶ Caractéristiques des contractions utérines.

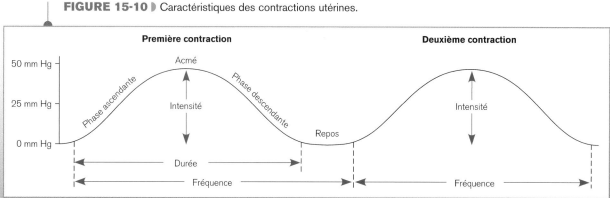

césarienne, etc.) et si les personnes clés lui apporteront tout le soutien qu'elle attend d'elles. La femme qui va accoucher se prépare à un événement irrévocable – la naissance d'un nouveau membre de la famille –, qui bouleversera son mode de vie, ses relations avec les autres et l'image qu'elle a d'elle-même. Enfin, elle s'inquiète parce qu'elle risque de perdre la maîtrise de ses fonctions naturelles, et qu'elle ne peut pas prévoir ses réactions émotionnelles dans une situation imprévue ni ses réactions à la douleur associée au travail.

Divers facteurs influent sur la réaction de la femme à cette crise physique et émotionnelle qu'est le travail (tableau 15-2), notamment le degré d'accomplissement des tâches de la grossesse, les mécanismes habituels d'adaptation aux événements stressants, le réseau de soutien, la préparation à l'accouchement et les influences culturelles (Mullaly, 2000).

Les femmes enceintes se préparent mentalement au travail en se livrant à des activités concrètes et à des répétitions fictives. On observe souvent un «comportement de nidification» – ménage de la maison, préparation de la chambre du bébé – ainsi qu'une «préparation mentale» au travail qui varient selon la confiance en soi, l'estime de soi et les expériences stressantes antérieures. Les activités propres à la préparation au travail visent habituellement à mieux s'informer et à mieux s'équiper. De plus, tout comme l'«essai» du rôle de mère pendant la grossesse, les imaginations de la femme sur le travail semblent l'aider à le comprendre et à s'y préparer. Enfin, anticiper l'émotion que provoquera la naissance du bébé et le partage de cette expérience offre à la femme une préparation constructive.

Tableau 15-2

Facteurs associés à une expérience positive de l'accouchement

- Grossesse désirée
- Participation à des rencontres prénatales de préparation à l'accouchement
- Sentiment de compétence ou de réussite
- Confiance en soi et estime de soi
- Relations positives avec le partenaire
- Maintien de la maîtrise des événements pendant le travail
- Soutien du partenaire ou d'une autre personne pendant le travail
- Présence constante d'une autre personne pendant le travail
- Confiance dans le personnel médical et infirmier
- Maîtrise de son mode de respiration et des moyens d'assurer son bien-être
- Choix d'un médecin ou d'une sage-femme qui a la même conception des soins que soi
- Clarté des informations reçues sur les interventions effectuées

Bien des femmes redoutent la douleur des contractions. Tout en la percevant comme une menace en soi, elles l'associent à une perte de maîtrise de leur corps et de leurs émotions. Il importe de leur faire comprendre que la gêne et les tensions du travail sont inhérentes au processus de l'accouchement. Le fait de dire régulièrement à la parturiente que le travail se déroule normalement peut réduire grandement l'anxiété et, par le fait même, la douleur. De nombreuses techniques d'adaptation – comme les exercices de relaxation, le massage et la respiration contrôlée – peuvent aider la femme en travail et son partenaire. On sous-estime parfois à quel point le seul fait d'admettre qu'il n'est ni important ni même possible de garder la maîtrise de soi pendant le travail peut aider la parturiente à avoir le sentiment de s'assumer et de s'adapter à la situation (England et Horowitz, 1998).

Le réseau de soutien de la parturiente peut également influer sur le déroulement du travail et de l'accouchement. Bien que certaines femmes préfèrent accoucher sans le soutien d'un membre de la famille ou d'une autre personne clé, la plupart du temps, la présence du père et d'autres personnes clés (notamment l'infirmière) a un effet positif sur la parturiente. La présence du conjoint au chevet de la mère pendant le travail favorise la communication et les témoignages d'amour. La parturiente peut avoir besoin de lui parler ou de l'entendre exprimer son affection et sa compréhension. Il pourra aussi lui manifester son amour en lui tenant la main, en la serrant dans ses bras ou en la touchant (England et Horowitz, 1998).

La manière dont la femme perçoit après coup son expérience de l'accouchement peut influer sur son comportement maternel. Il existe en effet un lien étroit entre l'expérience de l'accouchement et le comportement maternel. Il semble que toute activité – qu'elle vienne de la mère ou des soignants – susceptible de rendre l'expérience de l'accouchement plus positive aura des effets bénéfiques sur le lien d'attachement mère-enfant. Par ailleurs, la façon dont le futur père vit l'accouchement et les occasions que cette expérience lui donne de s'attacher à son enfant pourraient avoir des répercussions tout aussi importantes sur son comportement paternel (England et Horowitz, 1998).

La physiologie du travail

Causes possibles du déclenchement du travail

Le processus du travail commence habituellement entre la 38e et la 42e semaine de grossesse, quand le fœtus est à maturité et prêt à naître. Malgré les progrès de la médecine, la cause exacte du début du travail reste encore obscure. On a cependant découvert certains éléments importants : la progestérone détend le tissu musculaire lisse de l'utérus, l'œstrogène stimule les contractions du muscle utérin, et le tissu conjonctif se relâche pour permettre le ramollissement, l'amincissement et, finalement, l'ouverture du col (R. Smith, 1999). À l'heure actuelle, les chercheurs étudient le rôle que jouent les membranes fœtales (chorion et amnios), la déciduale, le retrait de la progestérone, les prostaglandines et l'hormone de libération de la corticotrophine dans le déclenchement du travail (R. Smith, 1999).

Théorie du retrait de la progestérone

Produite par le placenta, la progestérone détend les muscles lisses de l'utérus en empêchant la conduction des influx d'une cellule à l'autre. Durant la grossesse, la progestérone exerce donc un effet calmant, et l'utérus n'a généralement pas de contractions coordonnées. Vers la fin de la grossesse, des modifications biochimiques diminuent la disponibilité de la progestérone pour les cellules du myomètre ; ces modifications pourraient être associées à une antiprogestine qui inhibe les effets relaxants de la progestérone, mais pas ses autres effets, comme la lactogenèse (Liggins, 1997). Comme la progestérone est moins disponible, l'œstrogène peut plus facilement stimuler les contractions (Challis, 1999).

Théorie des prostaglandines

Même si on n'a pas encore établi la nature précise de la relation entre les prostaglandines et le déclenchement du travail, leur effet est cliniquement prouvé : l'application vaginale de prostaglandine E déclenche le travail. De plus, on peut stopper le travail prématuré en utilisant un inhibiteur de la synthèse des prostaglandines (Challis, 1999 ; Liggins, 1997).

C'est sur l'amnios et la déciduale que sont axées les recherches sur la source des prostaglandines. Une fois la prostaglandine produite, sa synthèse pourrait être stimulée par les taux accrus d'œstrogènes, la disponibilité moindre de la progestérone et les taux accrus d'ocytocine, de facteur d'activation plaquettaire et d'endothéline-1 (Challis, 1999 ; Liggins, 1997).

Hormone de libération de la corticotrophine

L'hormone de libération de la corticotrophine (CRH), dont le taux augmente tout au long de la grossesse, avec un net pic à terme, pourrait jouer un rôle dans le déclenchement du travail. De plus, on observe une augmentation de la CRH plasmatique avant le travail prématuré, et les taux de CRH sont élevés dans les grossesses multiples. Enfin, on sait que la CRH stimule la synthèse de la prostaglandine F et de la prostaglandine E par les cellules amniotiques (R. Smith, 1999).

Activité du myomètre

Durant le travail, à chaque contraction, les muscles du segment utérin supérieur raccourcissent et exercent une traction

longitudinale sur le col, entraînant son effacement. L'**efface-ment du col** est la disparition progressive du relief de l'orifice interne et du canal cervical dans les parois latérales de l'utérus. Le col, structure épaisse et longue, devient graduellement aussi mince qu'un mouchoir de papier (figure 15-11 ▶). Chez les primigestes, l'effacement précède généralement la dilatation du col.

À chaque contraction, l'utérus s'allonge, et son diamètre horizontal diminue. Cette élongation redresse le corps du fœtus, comprime son extrémité supérieure contre le fond utérin et pousse la présentation fœtale vers le bas, en direction du segment utérin inférieur et du col. La pression exercée par le fœtus s'appelle pression de l'axe fœtal. À mesure que l'utérus s'allonge, les fibres musculaires longitudinales sont tirées vers le haut sur la présentation fœtale. Cette action conjuguée à la pression hydrostatique des membranes fœtales entraîne la dilatation du col. L'orifice cervical et le canal cervical passent d'un diamètre de moins de 1 cm à un diamètre d'environ 10 cm, ce qui permet l'expulsion du fœtus. Une fois complètement dilaté et incorporé dans le segment utérin inférieur, le col n'est plus palpable. En même temps, le ligament rond tire l'utérus vers l'avant, ce qui place le fœtus dans l'axe de la cavité pelvienne.

Pression intra-abdominale

Une fois le col complètement dilaté, les muscles de l'abdomen maternel se contractent, lorsque la mère fait des efforts expulsifs. Les poussées aident à l'expulsion du fœtus et du placenta. Cependant, si le col n'est pas entièrement dilaté, les efforts expulsifs risquent de provoquer un œdème cervical (qui retarde la dilatation), des contusions et des déchirures du col, ainsi que l'épuisement de la mère.

Modifications de la musculature du plancher pelvien

À chaque contraction, le releveur de l'anus et le fascia du plancher pelvien tirent le rectum et le vagin vers le haut et vers l'avant, en direction de la symphyse pubienne. Pendant la descente de la tête fœtale, la pression exercée par la présentation amincit le périnée, dont l'épaisseur passe de 5 cm à moins de 1 cm. La descente vers l'avant de la tête fœtale provoque l'éversion de l'anus et l'exposition de la paroi interne du rectum (Cunningham *et al.*, 2001).

Signes précurseurs du travail

Chez la plupart des primigestes et de nombreuses multipares, certains signes et symptômes annoncent l'imminence du travail.

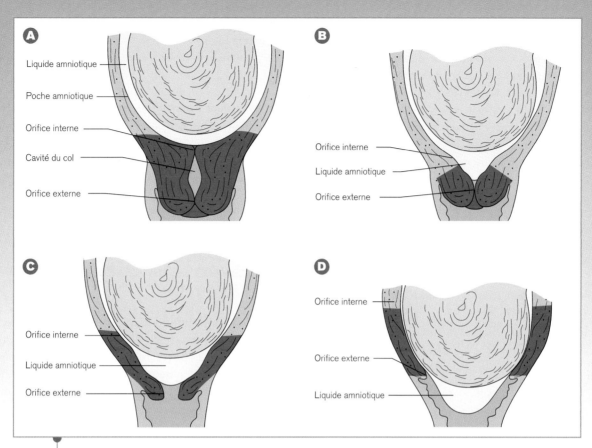

FIGURE 15-11 ▶ Effacement du col chez la primigeste. **A.** Début du travail : il n'y a ni effacement ni dilatation du col ; la tête fœtale est protégée par le liquide amniotique. **B.** Début de l'effacement du col ; une quantité plus importante de liquide amniotique s'accumule sous la tête fœtale. **C.** Le col est à demi effacé et légèrement dilaté ; l'accumulation du liquide amniotique exerce une pression hydrostatique. **D.** Le col est complètement effacé et dilaté.

Allégement

L'**allégement** se produit parce que, en s'engageant dans le détroit supérieur, le fœtus entraîne l'utérus vers l'avant, ce qui supprime la pression exercée par le fond utérin sur le diaphragme ; de ce fait, la respiration devient plus facile. Cependant, la présentation fœtale exerce une plus grande pression vers le bas, ce qui peut causer les symptômes suivants :

- crampes ou douleurs aux jambes dues à la pression sur les nerfs qui traversent le trou ischio-pubien ;
- augmentation de la pression pelvienne ;
- augmentation de la stase veineuse entraînant un œdème déclive ;
- augmentation des sécrétions vaginales causée par la congestion de la muqueuse du vagin.

Contractions de Braxton-Hicks

Peu avant le déclenchement du travail, les **contractions de Braxton-Hicks** (contractions irrégulières qui se produisent par intermittence pendant toute la grossesse) peuvent devenir désagréables. Siégeant dans l'abdomen et l'aine, la douleur peut aussi s'apparenter à la sensation d'étirement dont se plaignent certaines femmes qui souffrent de dysménorrhée. Lorsque ces contractions deviennent si intenses que la femme croit le travail commencé, on parle de *faux travail*. Le faux travail est désagréable et peut devenir épuisant. Comme les contractions peuvent être assez régulières, la femme n'a aucun moyen de savoir si c'est le début du vrai travail ou non. Elle se présente donc parfois à la maison de naissances ou au centre hospitalier pour qu'on détermine par toucher vaginal s'il y a dilatation du col. La répétition de telles visites au cabinet du médecin ou de la sage-femme ou encore à l'hôpital est frustrante et embarrassante pour la cliente, qui a l'impression qu'elle devrait pouvoir distinguer le vrai travail du faux. L'infirmière doit la rassurer et la mettre à l'aise.

Modifications du col de l'utérus

Le col utérin subit des changements considérables durant la grossesse, le travail et l'accouchement. Rigide et ferme en début de grossesse, il doit se ramollir afin de pouvoir s'étirer et se dilater suffisamment pour laisser passer le fœtus. Ce ramollissement du col s'appelle la *maturation*.

Lorsque le terme de la grossesse approche, les fibres de collagène du col utérin se brisent sous l'action d'enzymes, comme la collagénase et l'élastase. À mesure que les fibres de collagène se modifient, leur capacité à se lier les unes aux autres diminue sous l'effet d'une quantité accrue d'acide hyaluronique (qui relie souplement les fibrilles de collagène) et d'une quantité moindre de dermatan-sulfate (qui relie fermement les fibrilles de collagène). De plus, la teneur en eau du col augmente. Tous ces changements entraînent l'affaiblissement et le ramollissement du col.

Perte du bouchon muqueux

Pendant la grossesse, des sécrétions cervicales s'accumulent dans le canal cervical et forment ce qu'on appelle le bouchon muqueux. La maturation et l'effacement du col sont souvent suivis de la **perte du bouchon muqueux,** laquelle entraîne l'écoulement d'une petite quantité de sang provenant des capillaires cervicaux exposés. On considère que la perte du bouchon muqueux indique un travail imminent, qui se déclenchera dans les 24 à 48 heures qui suivent. Le toucher vaginal avec manipulation du col peut aussi causer un écoulement sanguinolent qu'on attribue parfois à tort à la perte du bouchon muqueux.

Rupture des membranes

Chez environ 12% des femmes enceintes à terme (de 38 à 41 semaines de grossesse), la *rupture des membranes amniotiques* se produit avant le déclenchement du travail. Dans 80% des cas, le travail commence dans les 24 heures qui suivent la rupture des membranes. Si les membranes sont rompues et le travail ne commence pas dans les 12 à 24 heures qui suivent, on peut le déclencher artificiellement pour réduire le risque d'infection, mais seulement si la grossesse est presque à terme (Varney, 1997).

Quand les membranes se rompent, une grande quantité de liquide amniotique peut s'écouler. Si l'engagement ne s'est pas encore produit, le cordon ombilical risque alors d'être entraîné vers le bas avec le liquide (*procidence du cordon*); de plus, l'ouverture de l'orifice de l'utérus augmente le risque d'infection. On recommande donc à la femme dont les membranes se rompent d'avertir son médecin ou sa sage-femme, et de se rendre au centre hospitalier ou à la maison de naissances. Il arrive que le liquide amniotique s'écoule en petites quantités, et on peut alors croire qu'il s'agit d'épisodes d'incontinence urinaire associés à la miction impérieuse, à la toux ou aux éternuements. Il faut donc vérifier la nature de l'écoulement pour déterminer la marche à suivre. (Pour un exposé sur les techniques d'évaluation, voir le chapitre 16.)

Brusque regain d'énergie

Dans les 24 à 48 heures qui précèdent le début du travail, certaines femmes ont un regain d'énergie dont on ignore la cause. Lors de l'enseignement prénatal, l'infirmière doit recommander à la future mère de ne pas abuser de ses forces durant cette période pour ne pas être épuisée quand le travail se déclenchera.

Autres signes

Le travail peut également s'annoncer par les signes suivants :

- perte pondérale de 0,5 à 1,5 kg, résultant de la perte liquidienne et des échanges électrolytiques provoqués par les modifications des taux d'œstrogènes et de progestérone ;
- diarrhée, indigestion ou nausées et vomissements juste avant le déclenchement du travail.

On ignore les causes de ces signes.

Différences entre le vrai travail et le faux travail

Les contractions du vrai travail entraînent une dilatation et un effacement progressifs du col. Régulières, elles augmentent en fréquence, en durée et en intensité. La douleur associée aux contractions du vrai travail prend naissance dans la région lombaire, irradie dans les parois de l'abdomen, et la marche ne la soulage pas (elle risque en fait de l'accentuer).

Les contractions du faux travail n'entraînent pas l'effacement et la dilatation du col. En règle générale, elles sont irrégulières, et leur fréquence, leur durée et leur intensité n'augmentent pas. Ces contractions sont parfois perçues comme un durcissement indolore ou comme une gêne se manifestant principalement au bas de l'abdomen et à l'aine. La marche, les changements de position ou une douche chaude soulagent cette gêne (Lieberman et Holt, 2000).

La femme aime connaître les caractéristiques du vrai travail ainsi que ses signes précurseurs, mais souvent seule l'évaluation de la dilatation permet de distinguer le vrai travail du faux. Elle doit donc être certaine qu'on l'accueillera bien, si elle se présente pour une telle évaluation, et qu'on ne la trouvera pas ridicule s'il s'agit d'un faux travail. Le cas échéant, l'infirmière la rassurera en lui expliquant que le faux travail est fréquent et que seul le toucher vaginal permet de le distinguer du vrai. (Voir les *Points à retenir : Comparaison entre le vrai travail et le faux travail.*)

■ Les stades du travail et de l'accouchement

Pour se donner des repères, les professionnels de la santé subdivisent le processus du travail en stades et en phases. Ces divisions sont toutefois purement théoriques, et la parturiente ne sent généralement pas le passage de l'une à l'autre.

Le *premier stade* commence avec le début du vrai travail et se termine lorsque le col est complètement dilaté, à 10 cm. Le *deuxième stade* commence avec la dilatation complète du col et se termine avec la naissance de l'enfant. Le *troisième stade* commence avec la naissance et se termine avec la délivrance. Certains cliniciens distinguent un *quatrième stade* du travail, qui dure de une à quatre heures après la délivrance, et pendant lequel l'utérus se contracte de manière à réprimer l'hémorragie au siège d'insertion du placenta (Cunningham *et al.*, 2001). (Le chapitre 17 traite des soins à la parturiente.)

Premier stade

Le premier stade du travail se divise en trois phases – la *phase de latence, la phase active* et la *phase de transition* –, chacune se caractérisant par certains changements physiques et psychologiques.

Phase de latence

La *phase de latence* commence avec le début des contractions régulières, qui sont habituellement légères. La femme se sent capable de supporter la douleur, et peut être soulagée que le travail commence enfin et que sa grossesse se termine. Si elle est anxieuse, elle en a conscience et est capable d'exprimer ses sentiments. Elle se montre souvent souriante et loquace, et répond volontiers aux questions. Son excitation est grande et souvent partagée par son partenaire ou par la personne qui l'accompagne.

Durant la phase de latence, les contractions utérines s'établissent, puis augmentent en fréquence, en durée et en intensité. Au début, elles sont généralement légères, durent de 15 à 20 secondes et se produisent toutes les 10 à 20 minutes; puis elles deviennent modérées, durent de 30 à 40 secondes et ont lieu toutes les 5 à 7 minutes. Le col commence à se dilater (de 3 ou 4 cm) et à s'effacer dans une proportion allant jusqu'à 90% à 100% (chez la primigeste-nullipare, l'effacement se fait avant la dilatation, durant la phase de latence), mais les signes de descente fœtale sont encore très légers. Chez la nullipare, la phase de latence dure en moyenne 8,6 heures, et ne doit pas excéder 20 heures (en général, cette phase prend les 2/3 du temps total du travail). Chez les multipares, elle dure 5,3 heures en moyenne, et ne doit pas excéder 14 heures.

Au début du travail, les membranes amniotiques saillent en cornet dans le col: on dit alors qu'elles sont bombantes. La **rupture spontanée des membranes (RSM)** survient généralement au plus fort d'une intense contraction et s'accompagne d'un jaillissement de liquide dans le vagin. Dans bien des cas, la sage-femme ou le médecin crèvent les eaux avec un instrument appelé *perce-membrane*, une intervention qu'on appelle amniotomie, ou **rupture artificielle des membranes (RAM).**

Phase active

Lorsque la parturiente entre dans la *phase active* du travail, son anxiété tend à augmenter, car elle sent les contractions et la douleur s'intensifier. Elle commence à craindre de perdre la maîtrise d'elle-même et peut recourir à diverses stratégies d'adaptation pour la conserver. Généralement, elle commence à bouger plus souvent pendant la contraction. Si elle est couchée, elle balancera un membre, soit une jambe, soit un bras. Certaines femmes ont du mal à s'adapter et éprouvent un sentiment d'impuissance. Les parturientes soutenues par des proches ressentent souvent plus de satisfaction et moins d'anxiété que celles qui n'ont pas ce soutien.

Durant cette phase, la dilatation passe de 4 à 5 cm à 7 à 8 cm, et le fœtus descend progressivement. Le col se dilate en moyenne de 1,2 cm/h chez les nullipares et de 1,5 cm/h chez les multipares (Varney, 1997).

Phase de transition

La *phase de transition* est la dernière du premier stade du travail. L'anxiété est souvent marquée au début de la phase de transition. Il peut y avoir une perte de sang vaginal rouge clair due à la dilatation rapide du col (7 à 8 cm). La femme devient pleinement consciente de l'augmentation de la force et de l'intensité des contractions. Elle peut devenir agitée et changer souvent de position. Durant cette phase, la parturiente est généralement centrée sur elle-même et se sent souvent fatiguée. Elle peut paraître se reposer entre les contractions, mais elle est très sensible et vulnérable; elle croit que ce qui est dit pour quelqu'un d'autre l'est pour elle. Il faut s'adresser à elle avec un minimum de mots et, si possible, éviter de lui parler, puis diminuer tous les stimuli sensoriels. Elle a grand besoin de l'appui silencieux des gens qui l'entourent. Si le conjoint ou le proche qui la soutient doit prendre un moment de repos, elle peut avoir peur qu'on la laisse seule. Il est crucial que l'infirmière lui assure qu'on ne l'abandonnera pas, prenne la relève au besoin et lui dise où sont ses proches s'ils sortent de la chambre.

Pendant les phases active et de transition, les contractions deviennent de plus en plus fréquentes, longues et intenses. Elles sont ressenties comme les plus fortes du travail. À 7 ou 8 cm, elles atteignent une intensité maximale. À la fin de la phase active, elles reviennent toutes les 2 à 3 minutes, durent 60 secondes et sont fortes. Durant la phase de transition, elles restent aussi fortes, mais durent de 60 à 90 secondes et reviennent à intervalles de 1,5 minute à 2 minutes (Varney, 1997). Le col se dilate plus lentement – passant de 8 cm à 10 cm. La descente fœtale s'accélère : ses vitesses moyenne et minimale sont respectivement de 1,6 cm/h et de 1 cm/h chez les nullipares, et de 5,4 cm et de 2 cm/h chez les multipares. La phase de transition, habituellement assez courte dans le travail naturel, n'excède en général pas 3 heures chez les nullipares et 1 heure chez les multipares (Varney, 1997).

Lorsque la dilatation atteint 10 cm, on observe une augmentation de la pression rectale, une envie irrépressible de pousser, une augmentation de l'écoulement sanguin associé à l'étirement du col et à la rupture des vaisseaux qui l'irriguent. La parturiente peut avoir peur que son abdomen «se déchire» ou «se fende» sous la pression des contractions. À l'acmé d'une très forte contraction, la pression peut devenir si grande qu'elle a l'impression que son ventre va éclater. L'infirmière doit lui expliquer que cette sensation est normale. En effet, son anxiété peut en grande partie être axée sur la crainte que les formidables forces qui s'exercent sur elle indiquent que quelque chose ne va pas. Dès qu'elle pourra pousser, elle ressentira un grand soulagement.

Durant la phase de transition, la parturiente peut douter de plus en plus de sa capacité de faire face au travail ; elle risque de devenir craintive et irritable, et de se replier sur elle-même. Tout en refusant qu'on lui parle ou qu'on la touche, elle peut se montrer terrifiée à l'idée qu'on la laisse seule et demander du soutien verbal et physique à chaque nouvelle contraction. Voici d'autres caractéristiques de cette phase (Varney, 1997) :

- augmentation des saignements ;
- hyperventilation accompagnée d'une augmentation de la fréquence respiratoire ;
- malaise généralisé, avec douleur lombaire, tremblements, crampes aux jambes et sensibilité accrue au toucher ;
- besoin plus grand de la présence et du soutien du conjoint et/ou de l'infirmière ;
- agitation ;
- accroissement de la peur et de l'irritabilité ;
- difficulté à comprendre les directives* ;

- stupéfaction, frustration et colère suscitées par les contractions ;
- demandes d'analgésiques ;
- hoquet, éructation, nausées, vomissements ;
- sueur perlant sur la lèvre supérieure et le front ;
- augmentation de la pression rectale et de l'envie de pousser.

À cette étape, la parturiente a hâte «que ça finisse». Entre les contractions, maintenant fréquentes, elle peut être amnésique et s'endormir. Commençant à se sentir impuissants à la soulager malgré leurs efforts, les proches peuvent demander l'aide de l'infirmière.

Deuxième stade

Le deuxième stade du travail commence lorsque le col est complètement dilaté (10 cm) et se termine avec la naissance de l'enfant. Le fait de pousser soulage la douleur. Traditionnellement, on considère que le deuxième stade de l'accouchement doit être terminé dans les 2 heures qui suivent la dilatation complète du col chez les primigestes ; chez les multipares, il dure en moyenne 15 minutes.

Les contractions reviennent à une fréquence de 2 à 5 minutes, durent 60 à 90 secondes et sont fortes (Varney, 1997). La présentation fœtale continue à descendre jusqu'à ce qu'elle atteigne le périnée.

Pendant sa descente, la tête fœtale exerce une pression sur les nerfs sacrés et obturateurs, et la parturiente ressent habituellement l'envie de faire des efforts expulsifs. Pendant ces poussées, la contraction des muscles abdominaux exerce une pression intra-abdominale. À cause de la descente de la tête fœtale, le périnée fait saillie, s'amincit et se déplace vers l'avant. On peut noter une augmentation de l'écoulement sanguin. Les lèvres commencent à s'écarter à chaque contraction. Entre les contractions, la tête fœtale a l'air de reculer, mais les contractions et les efforts expulsifs la font descendre de plus en plus. Lorsqu'elle est encerclée par l'orifice externe du vagin (*introitus*), on dit qu'elle est au **couronnement** ; la naissance est alors imminente.

En général, la femme bien préparée à l'accouchement est soulagée que la douleur intense de la phase de transition soit disparue (voir le tableau 15-3) ; elle sait que la naissance est imminente et peut enfin faire des efforts expulsifs. Certaines parturientes ont l'impression de mieux maîtriser la situation, car elles jouent maintenant un rôle actif. D'autres, surtout

---

* Pour faire passer la parturiente d'un lit civière à la table d'accouchement, on doit dissocier les mouvements qui seront effectués en disant : « Transfert sur la table des épaules, des pieds, des fesses ». Les directives doivent être claires et brèves.

Tableau 15-3

Caractéristiques du travail

	Premier stade			Deuxième stade
	Phase latente	**Phase active**	**Phase de transition**	
Nullipare	8,6 h	4,6 h	3,6 h	Jusqu'à 3 h
Multipare	5,3 h	2,4 h	Variable	0-30 min
Dilatation du col	0-4 cm	4-7 cm	8-10 cm	
Contractions				
Fréquence	Toutes les 5-7 min	Toutes les 2-3 min	Toutes les 1,5-2 min	Toutes les 1,5-2 min ou toutes les 5 min
Durée	30-40 s	40-60 s	60-90 s	60-90 s
Intensité	D'abord légères, puis modérées ; 25 – 40 mm Hg (cathéter intra-utérin)	D'abord modérées, puis fortes ; 50 – 70 mm Hg (cathéter intra-utérin)	Fortes (palpation) ; 70 – 90 mm Hg (cathéter intra-utérin)	Fortes (palpation) ; 70-100 mm Hg (cathéter intra-utérin)

celles qui n'ont pas suivi de cours prénataux, sont effrayées et ont tendance à combattre chaque contraction – une attitude qui peut déconcerter les proches. La parturiente qui se sent dépassée par les événements et qui tente de surmonter son sentiment d'impuissance devant des forces externes peut s'excuser à tous ou, au contraire, se montrer extrêmement irritable avec ses proches et avec le personnel. Si elle n'est pas capable de suivre le rythme des respirations de poussées qui lui est proposé, l'enfant pourra faire de l'acidose et avoir plus de difficulté à respirer à la naissance. Par ailleurs, la distension du périnée provoque chez la plupart des femmes une douleur de plus en plus aiguë ainsi qu'une sensation de brûlure.

Accouchement spontané (présentation du sommet)

À mesure que la tête fœtale distend la vulve sous l'effet des contractions, le périnée s'amincit à l'extrême, et l'anus s'étire et fait saillie. Avec le temps, la tête s'étend sous la symphyse pubienne et sort. Lorsque l'épaule antérieure atteint le dessous de la symphyse pubienne, une légère poussée de la mère fait sortir les épaules, et le reste du corps suit (figure 15-12 ▶). (Vous trouverez au chapitre 19 la description de la naissance dans les autres présentations.)

Changements de position du fœtus

Pour passer dans la filière pelvigénitale, la tête et le corps du fœtus doivent changer de position pour épouser ses formes. Ces changements de position, qu'on appelle les **mécanismes de l'accouchement,** sont décrits selon l'ordre dans lequel ils se produisent (figure 15-13 ▶, p. 415).

Descente

Quatre forces permettent la descente : 1) la pression du liquide amniotique ; 2) la pression directe du fond utérin sur le siège ; 3) la contraction des muscles abdominaux ; 4) l'extension et le redressement du corps fœtal. Le détroit supérieur étant plus large que profond, la tête fœtale y entre en position occipito-iliaque transverse (ou oblique). La suture sagittale se trouve alors à égale distance de la symphyse pubienne et du promontoire sacré.

Flexion

La flexion se produit pendant la descente, lorsque les tissus mous, les muscles du plancher pelvien et le col opposent une résistance à la tête fœtale. Cette dernière se penche alors vers l'avant, de sorte que le menton fœtal repose sur la poitrine.

Rotation intrapelvienne

La tête fœtale doit faire une rotation pour s'adapter au plus grand diamètre de la cavité pelvienne (détroit moyen), le diamètre antéropostérieur. Lorsque l'occiput rencontre la résistance opposée par le releveur de l'anus et son fascia, il effectue une rotation, généralement de droite à gauche, et la suture sagittale s'aligne sur le diamètre antéropostérieur.

Extension

La résistance du plancher pelvien ainsi que le mouvement d'ouverture de la vulve vers le haut et vers l'avant contribuent à l'extension de la tête fœtale au moment où elle passe sous la symphyse pubienne. C'est dans cette nouvelle position que l'occiput, le front et la face émergent du vagin.

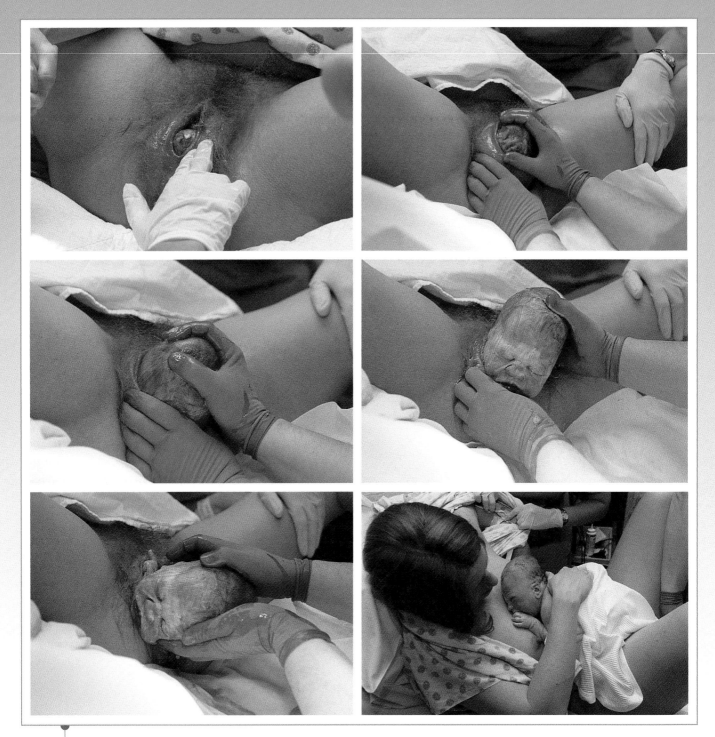

FIGURE 15-12 ▌ La séquence de la naissance.

Restitution

Les épaules entrent dans le bassin en position oblique et restent dans cette position quand la tête fait sa rotation intrapelvienne pour s'adapter au diamètre antéropostérieur. Il y a donc torsion du cou jusqu'à ce que la tête soit expulsée et libre de toute résistance pelvienne. Le cou se détord alors et fait tourner la tête de côté (restitution), ce qui l'aligne avec le dos, qui est encore dans la filière pelvigénitale.

Rotation externe

Lorsque les épaules se tournent pour s'adapter au diamètre antéropostérieur, la tête pivote encore plus sur le côté (rotation externe).

Expulsion

Après la rotation externe et grâce aux efforts expulsifs de la parturiente, l'épaule antérieure rencontre la symphyse

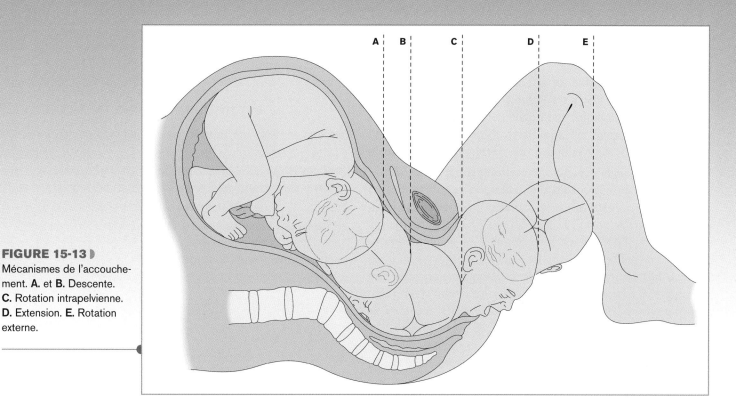

FIGURE 15-13
Mécanismes de l'accouchement. **A.** et **B.** Descente. **C.** Rotation intrapelvienne. **D.** Extension. **E.** Rotation externe.

pubienne et glisse sous elle. L'épaule et la tête opèrent une flexion latérale, et l'épaule antérieure est expulsée avant l'épaule postérieure. Le reste du corps suit rapidement.

Troisième stade

Décollement placentaire

Après la naissance de l'enfant, l'utérus se contracte fortement, ce qui diminue sa capacité et, par conséquent, la surface d'insertion du placenta. À cause de cette diminution de sa surface d'insertion, le placenta commence à se décoller. L'hémorragie qui en résulte forme un hématome entre le placenta et le reste de la déciduale, ce qui accélère le processus de décollement. Les membranes, qui sont les dernières à se décoller, se détachent de la paroi utérine pendant la descente du placenta dans le vagin.

Généralement, les signes du décollement placentaire apparaissent environ 5 minutes après la naissance de l'enfant. Ces signes sont les suivants : 1) un utérus globulaire ; 2) la montée du fond utérin dans l'abdomen ; 3) un jaillissement ou un suintement de sang ; 4) la présence d'une plus longue partie du cordon ombilical à l'extérieur du vagin.

Délivrance

Lorsque les signes de décollement placentaire apparaissent, la parturiente peut faire des efforts expulsifs pour faciliter la délivrance. Si ces efforts sont infructueux, le médecin ou la sage-femme peut, après s'être assuré que le fond utérin est ferme, exercer une légère traction sur le cordon, tout en appuyant sur le fond utérin. Le poids du placenta ainsi guidé dans la cuvette placentaire contribue à détacher les membranes de la paroi utérine. On parle de *rétention placentaire* quand le placenta n'a pas été expulsé 30 minutes après la fin du deuxième stade du travail.

Si le placenta se décolle du centre vers les bords, on en voit d'abord la face fœtale, lisse et luisante ; on appelle ce type de délivrance le *mécanisme de Schultze* (figure 15-14 ▸). Si le placenta se décolle des bords vers l'intérieur, il glisse sur lui-même pour se présenter de côté, et on en voit d'abord la face maternelle, à la surface bosselée ; on parle alors du *mécanisme de Duncan*. (Le chapitre 17 décrit les interventions s'appliquant au troisième stade du travail.)

Quatrième stade

Le quatrième stade du travail dure de 1 à 4 heures après la naissance. Durant cette période, l'organisme maternel commence à retrouver son équilibre physiologique. L'accouchement entraîne des changements hémodynamiques. Ainsi, la femme perd de 250 à 500 mL de sang ; cette perte sanguine et la disparition de la pression exercée par le poids de l'utérus gravide sur les vaisseaux entraînent une redistribution du sang dans les lits veineux. Il en résulte une baisse des tensions systolique et diastolique, une augmentation de la tension différentielle et une tachycardie modérée (Cunningham *et al.*, 2001). L'utérus est normalement ferme, ce qui contrôle l'hémorragie (contraction

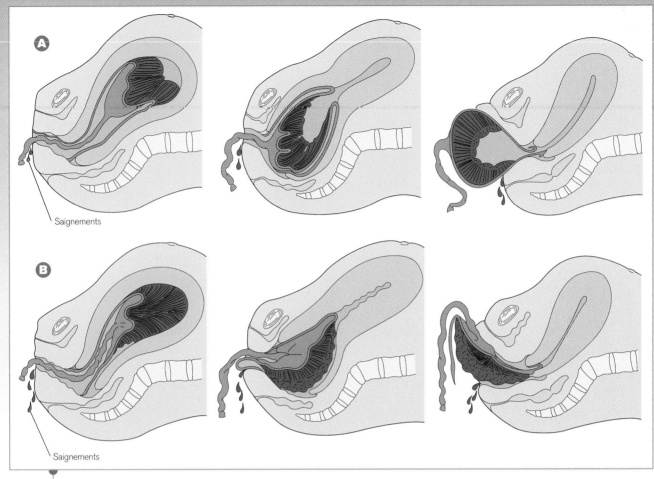

FIGURE 15-14 ▶ Décollement et expulsion du placenta. **A.** Mécanisme de Schultze. **B.** Mécanisme de Duncan.

des fibres musculaires entourant les vaisseaux sanguins de l'endomètre, surtout au siège placentaire). Si l'utérus est atone, ou mou, l'hémorragie sera importante et pourra avoir des conséquences graves. La position de l'utérus est habituellement centrale, et le fond utérin se trouve au niveau de l'ombilic. Durant ce stade, si l'utérus est au-dessus de l'ombilic, il faut envisager deux causes, qui toutes deux peuvent entraîner une augmentation des saignements : 1) des caillots sanguins se sont accumulés dans l'utérus ; ou 2) de l'urine s'est accumulée dans la vessie. Dans l'hémorragie normale, le sang est rouge clair, sans caillots et s'écoule en quantité variable. Il est considéré comme normal que le sang imbibe complètement une serviette hygiénique et une deuxième légèrement toutes les 15 minutes pendant la première heure, toutes les 30 minutes pendant la deuxième heure et que son écoulement continue de diminuer pendant les troisième et quatrième heures.

Les nausées et les vomissements cessent habituellement au quatrième stade. La femme peut avoir faim et soif. Elle a parfois de grands frissons, associés croit-on à la fin des efforts qu'a exigé le travail. En raison de traumas subis au deuxième stade du travail et/ou de l'administration d'anesthésiques qui réduisent les sensations, la vessie est souvent hypotonique, et cette hypotonie peut causer la rétention urinaire. (Le chapitre 17 décrit les soins infirmiers relatifs au quatrième stade.)

■ Les réactions systémiques au travail chez la mère

Appareil cardiovasculaire

L'appareil cardiovasculaire de la parturiente est mis à rude épreuve tant par les contractions que par la douleur, l'anxiété et l'appréhension. On observe une augmentation notable du débit cardiaque durant le travail. À chaque contraction, de 300 à 500 mL de sang sont réintroduits dans la circulation maternelle, et l'augmentation du débit cardiaque qui s'ensuit peut aller jusqu'à 31 % (Monga, 1999). Le débit s'accroît encore avec l'augmentation de la douleur, de l'anxiété et de l'appréhension.

La position de la parturiente influe également sur son débit cardiaque. Lorsqu'elle est couchée sur le dos, le débit cardiaque diminue, la fréquence cardiaque augmente et le débit systolique diminue. Lorsqu'elle est couchée sur le côté, le débit cardiaque peut augmenter de 25 % à 30 % (Monga, 1999).

Tension artérielle

À cause de l'augmentation du débit cardiaque, la tension artérielle (systolique et diastolique) s'accroît durant les contractions utérines. Au premier stade, la tension systolique augmente de 35 mm Hg, et la tension diastolique, de 25 mm Hg. La tension artérielle peut s'accroître encore davantage au deuxième stade, avec les efforts expulsifs (Monga, 1999).

Appareil respiratoire

Lorsque le travail commence, la demande et la consommation d'oxygène augmentent à cause des contractions utérines. L'augmentation de l'anxiété et de la douleur engendrées par les contractions entraîne souvent une hyperventilation. La chute de la $PaCO_2$ qui s'ensuit peut provoquer une alcalose respiratoire (K. Smith, 2000).

À la fin du premier stade, la plupart des femmes présentent une légère acidose métabolique, compensée par l'alcalose respiratoire. Lors des efforts expulsifs du deuxième stade du travail, le taux de $PaCO_2$ peut s'accroître en même temps que le taux de lactate dans le sang (à cause de l'activité musculaire) ; il en résulte une légère alcalose respiratoire. Après la naissance du bébé (fin du deuxième stade), l'acidose métabolique n'est plus compensée par l'alcalose respiratoire (Blackburn et Loper, 1992).

Les modifications de l'état acidobasique de la femme qui surviennent durant le travail s'annulent rapidement au quatrième stade à cause des changements qui se produisent dans sa fréquence respiratoire. Vingt-quatre heures après la naissance, les taux acidobasiques sont revenus à ce qu'ils étaient durant la grossesse ; quelques semaines plus tard, ces valeurs sont les mêmes qu'avant la grossesse (Blackburn et Loper, 1992).

Appareil urinaire

Durant le travail, on note une augmentation de la rénine maternelle, de l'activité de la rénine plasmatique et de l'angiotensine ; cette augmentation, croit-on, joue un rôle important dans la régulation de la circulation utéroplacentaire pendant la naissance et immédiatement après (Blackburn et Loper, 1992).

Sur le plan structurel, la base de la vessie est poussée vers l'avant et le haut lors de l'engagement. La pression exercée par la présentation peut gêner l'apport sanguin et lymphatique provenant de la base de la vessie, causant de l'œdème (Cunningham *et al.*, 2001).

Appareil digestif

Pendant le travail, la motilité gastrique et l'absorption des aliments solides diminuent. Le temps d'évacuation gastrique est prolongé, et le volume gastrique (volume du contenu de l'estomac) reste élevé, peu importe l'heure du dernier repas (K. Smith, 2000). Certains narcotiques retardent également l'évacuation gastrique, ce qui augmente le risque d'aspiration en cas d'anesthésie générale.

Système immunitaire et autres valeurs sanguines

Durant le travail et immédiatement après l'accouchement, la numération leucocytaire peut atteindre de 25 à 30 × 10^9/L. Essentiellement due à une augmentation des neutrophiles résultant d'une réaction physiologique au stress, cette élévation du nombre des globules blancs peut rendre l'infection plus difficile à détecter.

Par ailleurs, comme l'organisme puise dans le glucose le surcroît d'énergie que requièrent les contractions utérines, la glycémie maternelle diminue, de même que les besoins en insuline (Varney, 1997)

Douleur

Selon la *théorie du portillon,* la douleur résulte de l'activité interactive de plusieurs systèmes neuraux spécialisés. Cette théorie veut qu'un mécanisme situé dans la corne supérieure de la moelle épinière joue le rôle d'un portillon, ou valve, qui augmente ou diminue la transmission des influx nerveux de la périphérie vers le système nerveux central (SNC). La grosseur des fibres qui transmettent l'information et les impulsions nerveuses qui proviennent du cerveau influent sur le mécanisme du portillon. Certains facteurs psychologiques – comme les expériences antérieures, l'attention et les émotions – peuvent, en activant le mécanisme du portillon, jouer un rôle dans la perception de la douleur et la réaction à celle-ci. Enfin, les activités du SNC, comme l'anxiété et l'excitation, de même que l'activité sélective, c'est-à-dire le choix des pensées, de la concentration mentale, peuvent ouvrir et fermer le portillon.

Deux éléments de la théorie du portillon sont importants en obstétrique. On peut : 1) réduire la douleur par des stimulations tactiles ; 2) la modifier par des activités contrôlées du SNC (fixer un point focal, écouter de la musique, générer des images mentales de son choix, respirer lentement, etc.). Par conséquent, on peut soulager la parturiente en recourant à des techniques, telles que la friction du dos, la pression sacrée et l'effleurage (stimulations tactiles), la suggestion, la diversion et le conditionnement (activités contrôlées du SNC).

Causes de la douleur pendant le travail

La douleur associée au travail a ceci d'unique qu'elle accompagne un processus physiologique normal. Même si la perception de la douleur du premier stade du travail varie d'une femme à l'autre, elle a des causes physiologiques : 1) la dilatation du col (principale source de douleur) ; 2) l'étirement du segment utérin inférieur ; 3) la pression sur les structures adjacentes ; 4) l'hypoxie des cellules musculaires de l'utérus pendant les contractions (Wesson, 2000). La douleur se fait sentir principalement au bas de la paroi abdominale et elle irradie dans le bas de la région lombaire et au-dessus du sacrum (figure 15-15 ▶).

Au deuxième stade du travail, la douleur est due à : 1) l'hypoxie des cellules musculaires de l'utérus qui se contracte ; 2) la distension du vagin et du périnée ; 3) la pression sur les structures adjacentes. Les figure 15-16 ▶ et figure 15-17 ▶ montrent comment la douleur se propage.

Au troisième stade du travail, la douleur provient des contractions utérines et de la dilatation cervicale associées à l'expulsion du placenta. Ce stade ne dure pas longtemps. Par la suite, l'anesthésie est surtout nécessaire s'il y a suture de l'épisiotomie.

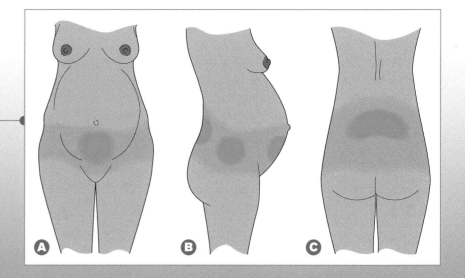

FIGURE 15-15 ▶ Irradiation de la douleur pendant le premier stade du travail. Les zones les plus foncées sont celles où la douleur est la plus intense. *Source :* BONICA, J. J. (1972), *Principles and practice of obstetric analgesia and anesthesia,* Philadelphie, Davis, p. 108.

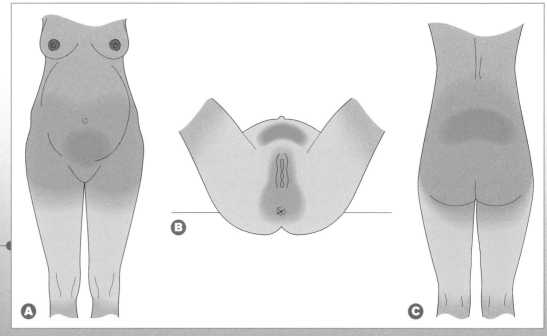

FIGURE 15-16 ▶ Distribution de la douleur à la fin du premier stade et au début du deuxième. Les zones les plus foncées indiquent la douleur la plus intense ; les zones moins foncées, la douleur modérée ; les zones pâles, la douleur légère. Les contractions utérines, qui sont alors très fortes, provoquent une douleur intense. *Source :* BONICA, J. J. (1972), *Principles and practice of obstetric analgesia and anesthesia,* Philadelphie, Davis, p. 109.

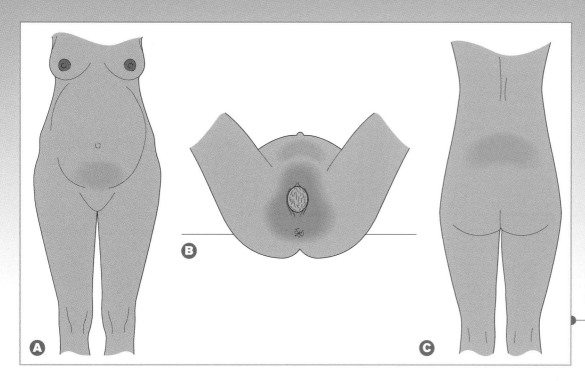

FIGURE 15-17
Distribution de la douleur à la fin du deuxième stade et pendant l'accouchement proprement dit. Le principal siège de la douleur est le périnée. Les contractions contribuent alors beaucoup moins à la douleur. *Source :* BONICA, J. J. (1972), *Principles and practice of obstetric analgesia and anesthesia,* Philadelphie, Davis, p. 109.

Facteurs qui influent sur la réaction à la douleur

De nombreux facteurs influent sur la perception des influx douloureux et sur la réaction à la douleur. Par exemple, les cours prénataux peuvent diminuer le besoin d'analgésie pendant le travail. De plus, une personne a tendance à réagir aux stimuli douloureux de la manière qu'on juge acceptable dans sa culture. Ainsi, dans certaines cultures, on trouve naturel d'exprimer sa réaction à une douleur même légère ; dans d'autres cultures, on la supporte stoïquement parce que c'est l'usage ou parce qu'on en a peur. La fatigue et le manque de sommeil peuvent également influer sur la réaction à la douleur. La fatigue diminue l'énergie de la parturiente, ainsi que sa capacité de recourir à des stratégies, comme la diversion et l'imagination pour soulager la douleur. Parfois, la parturiente épuisée demande des analgésiques ou d'autres médicaments pour soulager la douleur.

Les expériences antérieures de la douleur et le niveau d'anxiété influent aussi sur la capacité de supporter une douleur présente ou appréhendée. Les parturientes qui ont déjà connu la douleur semblent plus sensibles aux stimuli douloureux que celles qui n'ont jamais souffert. Un environnement inconnu et des événements inattendus peuvent accroître l'anxiété, tout comme la séparation d'avec le partenaire et les proches. L'anxiété peut aussi être plus aiguë chez la femme qui appréhende la douleur ou qui craint de ne pas pouvoir supporter les contractions.

L'attention et la diversion influent sur la perception de la douleur. Lorsque l'attention se centre sur la douleur, celle-ci est perçue plus intensément. Un stimulus sensoriel, tel que la friction du dos, peut faire diversion ; l'attention de la parturiente se détourne alors de la douleur pour se reporter sur le stimulus. Plus grande est la diversité des informations transmises simultanément au cerveau par le toucher, la vision, l'audition, les images mentales, la respiration contrôlée et la douleur de la contraction, moins marquée est la sensation provoquée par chacune d'entre elles. Le SNC perçoit donc moins la douleur.

Les réactions du fœtus au travail

Les phénomènes mécaniques et hémodynamiques associés au travail normal n'ont aucun effet néfaste sur un fœtus sain.

Changements de la fréquence cardiaque

Lorsque la tête fœtale pousse sur le col et que la pression intracrânienne atteint 40 à 55 mm Hg, des décélérations précoces de la fréquence cardiaque peuvent se produire. À l'heure actuelle, on croit que l'augmentation transitoire de la pression intracrânienne stimule le nerf vague, entraînant une dépression hypoxique du SNC qui serait responsable des ralentissements de la fréquence cardiaque. L'absence de décélérations associées à la compression de la tête chez certains fœtus s'expliquerait par l'existence d'un seuil atteint plus graduellement, lorsque les membranes sont intactes et que la mère ne résiste pas aux contractions. Les décélérations précoces ne sont pas dangereuses pour le fœtus normal.

Équilibre acidobasique

L'apport de sang au fœtus diminue à l'acmé de chaque contraction, ce qui entraîne une lente diminution du pH fœtal. Au deuxième stade du travail, lorsque les contractions deviennent plus longues et plus fortes, et que la parturiente retient sa respiration pour pousser, le pH fœtal diminue plus rapidement. Le déficit basique augmente, et la saturation en oxygène diminue d'environ 10 % (Manning, 1999).

Changements hémodynamiques

L'échange des éléments nutritifs et des gaz dans les capillaires fœtaux et la chambre intervilleuse dépend en partie de la tension artérielle du fœtus, laquelle constitue un mécanisme qui protège le fœtus normal pendant les périodes d'anoxie causées par les contractions utérines. Grâce à la réserve placentaire et fœtale, le fœtus normal n'est pas affecté par ces épisodes d'anoxie (Meschia, 1999).

Sensations fœtales

À partir de la 37e ou de la 38e semaine de grossesse (terme), le fœtus peut percevoir la lumière, le son et le toucher. Le fœtus à terme peut entendre la musique et la voix maternelle. Même dans l'utérus, il est sensible à la lumière et se détournera d'une source de lumière vive. De plus, durant le travail, il perçoit les pressions comme celle qui s'exerce contre sa tête lors d'une contraction ou celle que produit la main de l'examinateur lors d'un toucher vaginal. Bien que le fœtus ne soit peut-être pas en mesure de traiter ces stimuli, il est important de noter qu'il ressent aussi le travail.

Le chapitre en bref
Notions fondamentales

- Cinq facteurs sont en interaction constante durant le processus du travail et de l'accouchement : 1) la filière pelvigénitale ; 2) le fœtus ; 3) les relations fonctionnelles entre la filière pelvigénitale et la présentation fœtale ; 4) les forces du travail (contractions et efforts expulsifs) ; 5) les composantes émotionnelles propres à la parturiente (caractéristiques psychosociales).
- Le bassin maternel se divise en trois parties principales : le détroit supérieur, le détroit moyen (ou cavité pelvienne) et le détroit inférieur.
- Le crâne fœtal contient des os qui, parce qu'ils ne sont pas fusionnés, peuvent se chevaucher jusqu'à un certain point, ce qui permet à la tête fœtale de changer de forme (modelage) pour faciliter l'accouchement.
- L'attitude fœtale décrit la position relative des parties du corps du fœtus. Habituellement, le fœtus a la tête en position médiane et modérément fléchie, les bras fléchis sur la poitrine et les jambes fléchies sur l'abdomen.
- L'orientation fœtale décrit la relation entre l'axe céphalocaudal du fœtus et la colonne vertébrale de la femme. L'orientation fœtale peut être longitudinale ou transverse.
- La présentation fœtale est déterminée par l'orientation fœtale et par la partie du corps fœtal qui s'engage la première dans la filière pelvigénitale. On rencontre des présentations céphaliques, du siège (fesses ou encore un ou deux pieds) et de l'épaule.
- La position fœtale décrit la relation entre le repère de la présentation et l'avant, le côté ou l'arrière du bassin maternel.
- Il y a engagement de la présentation fœtale lorsque son plus grand diamètre atteint ou franchit le détroit supérieur.
- La station est la relation entre la présentation fœtale et une ligne imaginaire qui relie les épines sciatiques du bassin maternel, lesquelles correspondent au repère qu'on appelle la station zéro. Quand la présentation se situe au-dessus des épines, un nombre négatif (de −1 à −5) indique la distance en centimètres qui la

sépare de la station zéro (les épines) ; quand la présentation a dépassé les épines, ce nombre devient positif (+1 à +4).
- Chaque contraction comporte une phase ascendante, une acmé et une phase descendante.
- La fréquence des contractions est le temps qui sépare le début d'une contraction et le début de la contraction suivante, par exemple 5 minutes.
- La durée d'une contraction est le temps qui s'écoule entre le début et la fin d'une contraction, par exemple 45 secondes.
- L'intensité d'une contraction est sa force à l'acmé. Elle peut être légère, modérée ou forte. On dit, par exemple, qu'une contraction est légère.
- De nombreux facteurs influent sur la réaction de la femme aux douleurs du travail, notamment les connaissances, les croyances culturelles, la fatigue, la signification donnée à la douleur, les expériences antérieures, l'anxiété et l'efficacité des mécanismes d'adaptation et de soutien.
- Parmi les causes possibles du déclenchement du travail, on trouve le retrait de la progestérone, l'action des prostaglandines ou le taux accru de CRH.
- Les signes précurseurs du travail sont l'allégement, les contractions de Braxton-Hicks, la maturation et l'effacement du col, la perte du bouchon muqueux, le regain d'énergie, la perte pondérale et, parfois, la rupture des membranes.
- Les contractions du vrai travail sont régulières et augmentent en fréquence, en durée et en intensité. La douleur qu'elles causent prend naissance dans la région lombaire, irradie dans les parois de l'abdomen et n'est pas soulagée par la marche ou le repos. Les contractions du faux travail n'entraînent pas l'effacement et la dilatation du col. Elles sont habituellement irrégulières, et leur intensité n'augmente pas. La douleur qu'elles causent peut être soulagée par un changement d'activité.

- Le processus du travail et de l'accouchement comporte quatre stades. Le premier s'étend du début du travail jusqu'à la dilatation complète du col ; le deuxième, de la dilatation complète du col jusqu'à la naissance ; le troisième, de la naissance jusqu'à l'expulsion du placenta ; et le quatrième stade, de l'expulsion du placenta jusqu'à l'écoulement d'une période de 1 à 4 heures.

- Pour s'adapter au bassin maternel, le fœtus fait une série de mouvements qu'on appelle les mécanismes de l'accouchement. Ces mouvements sont : la descente, la flexion, la rotation intrapelvienne, l'extension, la restitution, la rotation externe et l'expulsion.

- Le décollement placentaire se manifeste par la présence d'une plus longue partie du cordon à l'extérieur du vagin, un léger jaillissement de sang, une modification de la forme de l'utérus et la montée du fond utérin dans l'abdomen.

- Selon la manière dont le placenta se décolle de la paroi utérine, la délivrance se fait par le mécanisme de Duncan ou par le mécanisme de Schultze.

- Les réactions systémiques de la mère au travail se répercutent sur ses fonctions cardiovasculaire, respiratoire, rénale, gastro-intestinale et immunitaire.

- Le fœtus peut généralement tolérer le processus du travail sans conséquences fâcheuses.

Références

BLACKBURN, S. T., et D. L. LOPER (1992). *Maternal, fetal, and neonatal physiology.* Philadelphie, Saunders.

CALDWELL, W. E., et H. C. MOLOY (1933). «Anatomical variations in the female pelvis and their effect on labor with a suggested classification», *American Journal of Obstetrics and Gynecology,* 26, p. 479.

CHALLIS, J. R. G. (1999). «Characteristics of parturition», *in* R. K. Creasy et R. R. Resnik (dir.), *Maternal-fetal medicine,* 4e éd., Philadelphie, Saunders, p. 484-497.

CUNNINGHAM, F. G., N. F. GANT, K. J. LEVENO, L. C. GILSTRAP III, J. C. HAUTH ET K. D. WENSTROM (2001). *Williams Obstetrics,* 21e éd., New York, McGraw-Hill.

ENGLAND, P., et R. HOROWITZ (1998). *Birthing from within,* Albuquerque, Pantera Press.

LIEBERMAN, A. B., et L. H. HOLT (2000). *Nine months and a day,* Boston, Harvard Common Press.

LIGGINS, G. C. (1997). «Biology of parturition», *in* R. K. Creasy (dir.), *Management of labor and deliver,* Malden, Blackwell.

MANNING, F. (1999). «Fetal assessment by evaluation of biophysical variables», *in* R. K. Creasy et R. R. Resnik (dir.), *Maternal-fetal medicine,* 4e éd., Philadelphie, Saunders, p. 319-330.

MAUGER, B. (2000). *Reclaiming the spirituality of birth: Healing for mothers and babies,* Rochester, Healing Arts Press.

MESCHIA, G. (1999). «Placental respiratory gas exchange and fetal oxygenation», *in* R. K. Creasy et R. R. Resnik (dir.), *Maternal-fetal medicine,* 4e éd., Philadelphie, Saunders, p. 260-269.

MONGA, M. (1999). «Maternal cardiovascular and renal adaptation to pregnancy», *in* R. K. Creasy et R. R. Resnik (dir.), *Maternal-fetal medicine,* 4e éd., Philadelphie, Saunders, p. 783-796.

MULLALY, L. M. (2000). «Psychology of pregnancy», *in* S. Mattson et J. E. Smith (dir.), *AWHONN: Maternal newborn nursing,* 2e éd., Philadelphie, Saunders, p. 101-114.

SMITH, K. (2000). «Normal childbirth», *in* S. Mattson et J. E. Smith (dir.), *AWHONN: Maternal newborn nursing,* 2e éd., Philadelphie, Saunders, p. 241-270.

SMITH, R. (1999). «Corticotrophin-releasing hormone and the fetoplacental clock: An Australian perspective», *American Journal of Obstetrics and Gynecology,* 180, S269-S271.

STERN, D. N., et N. BRUSCHWEILER-STERN (1998). *The birth of a mother,* New York, Perseus Books.

TURLEY, G. M. (2000). «Essential forces and factors in labor», *in* S. Mattson et J. E. Smith (dir.), *AWHONN: Maternal newborn nursing,* 2e éd., Philadelphie, Saunders, p. 204-240.

VARNEY, H. (1997). *Nurse-midwifery,* 3e éd., Boston, Blackwell.

WESSON, N. (2000). *Labor pain: A natural approach to easing delivery,* Rochester, Healing Arts Press.

Lectures complémentaires

BONAPACE, J. (1997). *Du cœur au ventre,* 2e éd., Rouyn-Noranda, J. Bonapace.

BRABANT, I. (1995). *Une naissance heureuse,* 2e éd., Montréal, Éditions Saint-Martin.

DE GASQUET, B. (1998). *Bien-être et maternité,* 2e éd., Paris, Implexe Éditions –SECI.

L'évaluation pendant le travail et l'accouchement

Objectifs

- Expliquer en quoi consiste le dépistage des risques élevés et l'évaluation des facteurs physiques et psychosocioculturels maternels pendant le travail et l'accouchement
- Décrire brièvement les techniques qui permettent d'évaluer la progression du travail
- Décrire l'auscultation de la fréquence cardiaque fœtale
- Décrire les manœuvres de Léopold et résumer les informations que fournit cette technique
- Distinguer la fréquence cardiaque fœtale de référence et les modifications périodiques de la fréquence cardiaque fœtale sur le tracé du moniteur fœtal, les décrire et expliquer leur signification
- Décrire les étapes de l'évaluation systématique du tracé de la fréquence cardiaque fœtale
- Reconnaître les tracés de fréquence cardiaque fœtale inquiétants et décrire les interventions infirmières dans la prise en charge des cas de stress ou de souffrance chez le fœtus
- Décrire les indications du prélèvement d'un échantillon de sang fœtal et déterminer les valeurs du pH qui y correspondent
- Traiter des différentes réactions psychologiques des clientes au monitorage fœtal électronique

LES PHÉNOMÈNES PHYSIOLOGIQUES qui surviennent durant le travail exigent de nombreuses adaptations de la part de la mère et du fœtus. Les évaluations doivent être fréquentes et précises, car les changements qui résultent de ces adaptations sont rapides et touchent deux individus, la mère et l'enfant qui va naître. De plus, dans la mesure où ils assument de nouveaux rôles au sein d'une nouvelle unité familiale, le conjoint ou la personne clé choisie font également partie de l'expérience de la naissance.

Dans la pratique infirmière contemporaine, les techniques traditionnelles d'observation, de palpation et d'auscultation sont soutenues par l'utilisation judicieuse d'une technologie qui peut fournir des données plus précises et plus détaillées, comme l'échographie et le monitorage fœtal électronique. Cela dit, on ne doit jamais oublier que ces techniques ne font que donner de l'information; c'est l'infirmière qui surveille la mère et l'enfant.

L'évaluation initiale de la mère

Antécédents

Lorsque la femme est admise à l'unité des naissances, l'infirmière lui pose quelques questions sur ses antécédents. Chaque établissement a ses propres formulaires d'admission, mais on recueille habituellement les données suivantes:

- nom et âge de la femme;
- nom du médecin traitant ou de la sage-femme;
- données personnelles: groupe sanguin; facteur Rh; résultats des tests sérologiques; résultats du dépistage du streptocoque du groupe B et de l'hépatite B; poids avant la grossesse et poids actuel; allergies médicamenteuses, alimentaires ou autres; médicaments d'ordonnance ou en vente libre pris pendant la grossesse; usage de tabac, d'alcool et de drogues durant la grossesse; activités, repos et qualité du sommeil; alimentation, digestion, fonctions intestinale et urinaire, etc.;
- maladies préexistantes: tuberculose, cardiopathie, diabète, trouble convulsif, troubles thyroïdiens, maladies transmissibles sexuellement (MTS), etc.;
- problèmes apparus en cours de grossesse: hypertension, hémorragies, infections urinaires récurrentes, MTS, etc.;
- données sur les grossesses antérieures: gravida, para, avortements, mortinaissances, etc.;
- mode d'allaitement choisi par la mère;
- type de cours prénataux;

- préférences de la femme pour le travail et l'accouchement: par exemple pas d'épisiotomie, pas d'analgésie ou d'anesthésie, présence du père et/ou d'autres membres de la famille dans la salle d'accouchement, rôle de l'infirmière, etc.;
- pédiatre ou médecin de famille;
- autres données: examens particuliers – examen de réactivité fœtale (ERF), profil biophysique, échographie, etc.; antécédents de travail prématuré; début du travail; état des membranes et du liquide amniotique; brève description du travail et de l'accouchement lors des grossesses antérieures.

Les antécédents psychosociaux sont une composante essentielle de l'évaluation initiale pendant le travail et l'accouchement. Dès l'admission de la cliente à l'unité des naissances, l'infirmière commence son évaluation en posant les questions suivantes:

- Avez-vous un conjoint? Qui sont les personnes qui vous soutiennent?
- Quelle relation entretenez-vous avec le père de l'enfant? Avez-vous subi de la violence physique ou psychologique avant ou durant la grossesse? Le cas échéant, quelles mesures avez-vous pensé prendre?

Lorsqu'elle pose à la cliente des questions sur la sécurité et la violence, l'infirmière doit se souvenir qu'au moins 25% à 30% des femmes enceintes sont victimes de mauvais traitements (McFarland et Gondolf, 1998). Le dépistage doit se faire en tête-à-tête avec la cliente pour qu'elle puisse répondre librement et, bien que les questions ouvertes soient préférables pour faire évoluer la conversation, les questions fermées ou la confrontation sont parfois nécessaires. Si la femme semble avoir un problème de cet ordre, on lui posera les questions suivantes (McFarland et Gondolf, 1998) :

- Votre conjoint ou un proche a-t-il commis un acte d'agression physique ou psychologique à votre endroit ?
- Au cours de la dernière année, avez-vous été frappée ou giflée par quelqu'un ? Vous a-t-on donné des coups de pied ou agressée physiquement ? Si oui, par qui ? Combien de fois en tout ?
- Depuis que vous êtes enceinte, avez-vous été frappée, giflée par quelqu'un ? Avez-vous reçu des coups de pied ou été agressée ? Si oui, par qui ? Combien de fois en tout ?
- Au cours de la dernière année, avez-vous été forcée d'avoir des rapports sexuels ? Si oui, par qui ? Combien de fois en tout ?
- Avez-vous peur de votre conjoint ou de quelqu'un d'autre ?
- Lors de vos précédentes expériences de grossesse, de travail et d'accouchement, avez-vous éprouvé des problèmes qui vous rendent plus anxieuse aujourd'hui ?
- Au cours des derniers mois, avez-vous eu des problèmes d'ordre émotionnel ? Si oui, quelles mesures ont été prises (Austin *et al.*, 1999) ?

Compte tenu de la prévalence de la violence sexuelle envers les femmes dans notre société – on rapporte qu'une femme sur trois, tous âges confondus, en est victime –, l'infirmière doit envisager que la cliente risque d'avoir subi une agression sexuelle à un moment ou l'autre de sa vie. Si tel est le cas, la cliente peut appréhender le processus du travail ou manifester de l'anxiété pendant son déroulement. En effet, comme les facteurs psychosociaux sont parfois complexes, il arrive que les conséquences de l'expérience de la femme ne se révèlent que plus tard au cours du travail et de l'accouchement. L'infirmière doit connaître certains aspects de ses antécédents psychosociaux. À cette fin, elle lui pose les questions suivantes :

- Avez-vous été victime de viol ou d'agression sexuelle ?
- Quelles sont les signes de soutien de la part de votre conjoint ?
- Votre conjoint est-il dominateur ? Prend-il unilatéralement des décisions ?

Il est important que l'infirmière recueille les données dans un contexte qui favorise la confiance et l'établissement d'un lien réciproque. Certaines questions sont simples, mais d'autres nécessitent du tact et un climat de confidentialité (l'infirmière et la femme sont en tête-à-tête) afin que la femme se sente suffisamment rassurée pour y répondre.

Dépistage des risques élevés durant le travail et l'accouchement

Le dépistage des risques élevés fait partie intégrante de l'évaluation de toute parturiente. (Notons que les antécédents de violence dont il vient d'être question constituent un facteur d'augmentation des risques durant le travail et l'accouchement.) À mesure qu'elle note les antécédents de la cliente, l'infirmière réagit efficacement à la présence de facteurs associés à des risques élevés. Par exemple, si la femme signale des saignements intermittents, un examen plus poussé s'impose avant de poursuivre les formalités d'admission pour écarter la possibilité d'un décollement prématuré du placenta ou d'un placenta prævia. L'infirmière doit non seulement déceler la présence d'un problème associé à des risques élevés, mais aussi prévoir les répercussions que ce problème pourrait avoir sur l'état de la femme et du fœtus. Ainsi, en cas de présentation dystocique, l'infirmière doit envisager un travail prolongé et des risques accrus de procidence du cordon et de césarienne.

Bien que les problèmes physiques soient souvent les principaux facteurs de risque pendant le travail et l'accouchement, des facteurs socioculturels, comme la pauvreté, la nutrition, l'importance accordée aux soins prénataux, les croyances culturelles liées à la grossesse et les modes de communication, peuvent également accentuer les risques. De plus, des recherches récentes indiquent que les femmes en état de stress post-traumatique présentent un risque accru de complications durant la grossesse (Seng *et al.,* 2001). Une consultation rapide du dossier prénatal révèle le nombre de visites prénatales, le gain pondéral pendant la grossesse, la progression de la hauteur utérine, les groupes communautaires auxquels la cliente a fait appel, l'exposition à des agents environnementaux et les antécédents d'événements traumatiques.

L'évaluation des facteurs socioculturels peut commencer dès l'admission de la femme à l'unité des naissances. L'infirmière observe les modes de communication entre la cliente et les personnes qui l'accompagnent, leurs réponses aux questions posées pendant l'admission et leurs réactions à l'enseignement initial. Si la cliente et les personnes qui l'accompagnent ne

Conseil pratique

De nombreuses infirmières ont du mal à poser des questions sur la violence familiale, l'agression sexuelle et l'usage de drogues ou d'alcool durant la grossesse. Il est pourtant essentiel de recueillir ce type de données pour offrir les meilleurs soins infirmiers possibles. Les conseils suivants pourront vous être utiles pour mettre la cliente en confiance et l'amener à répondre à des questions embarrassantes :

- explorez vos propres croyances et valeurs ;
- posez des questions ouvertes ;
- montrez-vous réceptive aux réponses de la cliente ;
- faites preuve d'acceptation envers les expériences de vie d'autrui.

parlent pas français et qu'on ne peut pas trouver d'interprète parmi le personnel de l'unité d'obstétrique, le déroulement du travail en souffrira, de même que la capacité de l'infirmière d'interagir, d'aider et de conseiller. De plus, pour être à même de prendre des décisions éclairées, les conjoints doivent recevoir toutes les informations pertinentes dans leur langue. Divers facteurs culturels peuvent également influer sur l'efficacité de la communication, notamment les croyances sur le moment opportun pour parler, sur la personne qui doit poser des questions et sur les expressions de la souffrance jugées acceptables (Austin *et al.*, 1999).

Le tableau 16-1 présente une liste partielle des facteurs de risque qui influent sur le travail et l'accouchement. Comme il est essentiel de garder ces facteurs de risque à l'esprit pendant l'évaluation, cette liste précède le *Guide d'évaluation initiale : Premier stade du travail.*

Tableau 16-1

Facteurs de risque qui influent sur le travail et l'accouchement

Facteur	Effets chez la mère	Effets chez le fœtus ou le nouveau-né
Présentation anormale (dystocique)	↑ des cas de césarienne ↑ des cas de travail prolongé	↑ des cas de placenta prævia, Prématurité ↑ du risque d'anomalie congénitale Traumatisme physique chez le nouveau-né ↑ du risque de retard de croissance intra-utérine (RCIU) ↑ du risque de procidence
Grossesse multiple (jumeaux, triplets, etc.)	↑ de la distension de l'utérus → ↑du risque d'hémorragie de la délivrance ↑ du risque de césarienne ↑ du risque de travail prématuré	Hypotrophie Prématurité ↑ du risque d'anomalie congénitale Échanges de fœtus à fœtus
Hydramnios (excès de liquide amniotique)	↑ de la douleur ↑ de la dyspnée ↑ du risque de travail prématuré Œdème des pieds et des jambes	↑ du risque d'atrésie de l'œsophage ou d'une autre partie des voies digestives supérieures ↑ du risque d'anomalie du SNC (myélocèle)
Oligoamnios (quantité insuffisante de liquide amniotique)	Peur d'un accouchement « à sec »	↑ des cas d'anomalies congénitales ↑ des cas de lésions rénales ↑ du risque de RCIU ↑ du risque d'acidose fœtale ↑ du risque de compression du cordon Postmaturité
Liquide amniotique teinté de méconium	↑ du stress psychologique causé par la peur pour le fœtus	↑ du risque d'asphyxie fœtale ↑ du risque d'aspiration de méconium ↑ du risque de pneumonie à cause de l'aspiration de méconium
Rupture prématurée des membranes	↑ du risque d'infection (chorioamniotite) ↑ du risque de travail prématuré ↑ de l'anxiété Peur pour le bébé Hospitalisation prolongée ↑ des cas d'administration d'agents tocolytiques	↑ de la morbidité prénatale Prématurité ↓ du poids à la naissance ↑ du risque du syndrome de détresse respiratoire Hospitalisation prolongée
Déclenchement artificiel du travail	↑ du risque d'hypercontractilité de l'utérus ↑ du risque de rupture de l'utérus ↑ de la durée du travail si le col n'est pas prêt ↑ de l'anxiété	Prématurité si l'âge gestationnel n'est pas correctement évalué Hypoxie s'il y a hyperstimulation Décollement placentaire
Décollement prématuré du placenta/placenta prævia	Hémorragie Atonie ou tétanie utérine ↑ du risque de césarienne	Hypoxie/acidose fœtale Exsanguination du fœtus ↑ de la mortalité périnatale
Travail sans progression	Épuisement de la mère ↑ de cas de travail anormalement long ↑ des cas de césarienne	Hypoxie/acidose fœtale Traumatisme intracrânien

Tableau 16-1 (suite)

Facteurs de risque qui influent sur le travail et l'accouchement (suite)

Facteur	Effets chez la mère	Effets chez le fœtus ou le nouveau-né
Travail précipité (< 3 heures)	Déchirure des tissus périnéaux vaginaux ou cervicaux ↑ du risque d'hémorragie de la délivrance	↓ de l'oxygénation Paralysie de Duchenne-Erb dans le tiers des cas (Cunningham *et al.*, 2001)
Procidence du cordon ombilical	↑ de la peur pour le fœtus Césarienne	Acidose/hypoxie fœtale aiguë
Aberrations cardiaques chez le fœtus	↑ de la peur pour le fœtus ↑ du risque de césarienne, d'accouchement avec des forceps ou une ventouse Monitorage électronique continu et intervention chirurgicale durant le travail	Tachycardie, asphyxie chronique, bradycardie, épisode d'asphyxie aiguë Hypoxie chronique Bloc cardiaque congénital
Rupture de l'utérus	Hémorragie Césarienne pour hystérectomie ↑ du risque de mortalité	Anoxie fœtale Hémorragie fœtale ↑ de la morbidité et de la mortalité fœtale
Postmaturité (> 42 semaines)	↑ de l'anxiété ↑ du risque de déclenchement artificiel du travail ↑ des cas de césarienne ↑ de l'utilisation de la technologie pour surveiller l'état du fœtus ↑ du risque de dystocie de l'épaule	Syndrome de postmaturité ↑ du risque de morbidité et de mortalité fœtale et néonatale ↑ du risque de mort fœtale ↑ des cas d'hypertrophie ou du risque d'hypertrophie
Diabète	↑ du risque d'hydramnios ↑ du risque d'hypoglycémie ou d'hyperglycémie ↑ du risque d'hypertension gravidique	↑ du risque de présentation dystocique ↑ du risque de macrosomie ↑ du risque de RCIU ↑ du risque de syndrome de détresse respiratoire ↑ du risque d'anomalie congénitale
Hypertension gravidique	↑ du risque de crise convulsive ↑ du risque d'accident vasculaire cérébral ↑ du risque de syndrome HELLP	↑ du risque d'hypotrophie ↑ du risque de prématurité ↑ du risque de mortalité
Sida / MTS	↑ du risque d'infections additionnelles	↑ du risque de transmission transplacentaire et de contamination durant la naissance

Évaluation physique, culturelle et psychosociale durant le travail et l'accouchement

L'examen physique fait partie des formalités d'admission et des soins donnés à la cliente durant le travail et l'accouchement. Bien qu'il ne soit pas aussi complet et approfondi que l'examen physique initial (chapitre 8), il suppose l'évaluation de certains systèmes de l'organisme ainsi que du déroulement du travail. La première partie du *Guide d'évaluation : Premier stade du travail* fournit une grille de référence à l'infirmière qui procède à l'examen physique de la parturiente. Il décrit les éléments à évaluer lors de l'admission et durant le travail et l'accouchement. Si le travail progresse très rapidement, l'infirmière risque de ne pas avoir le temps de procéder à un examen physique complet et devra s'en tenir à l'essentiel : signes vitaux maternels, déroulement du travail, état du fœtus et résultats des analyses de laboratoire.

La deuxième partie du *Guide* sert de point de départ à l'évaluation culturelle, à laquelle on accorde de plus en plus

d'importance. On peut d'autant mieux planifier des soins infirmiers personnalisés et les prodiguer qu'on connaît les valeurs et les croyances de la parturiente et qu'on les prend en considération (Callister, 2001). Pourtant, peut-être parce qu'elles n'ont pas eu l'occasion d'être sensibilisées aux diverses valeurs et croyances culturelles, les infirmières se demandent souvent quelles questions poser aux clientes et quels éléments prendre en considération.

La troisième et dernière partie de ce *Guide* porte sur les facteurs psychosociaux. Toute femme a des idées préconçues, des connaissances et des peurs à l'égard de la grossesse et de l'accouchement. L'évaluation psychosociale est un aspect essentiel de l'évaluation initiale, car elle permet à l'infirmière de répondre adéquatement aux besoins de la parturiente, de pouvoir mieux l'informer et l'assister ainsi que son conjoint ou, en l'absence de ce dernier, de jouer le rôle de personne clé.

L'infirmière qui examine une parturiente doit suivre les directives de la Direction de la santé publique, qui est régie par le ministère de la Santé et des Services Sociaux du Québec (ces directives sont aussi conformes à celles de Santé Canada), pour éviter l'exposition aux substances biologiques. L'infirmière pourra expliquer ces pratiques à la parturiente de manière factuelle, en lui disant, par exemple : « Pour changer le piqué sur lequel vous êtes couchée, et pour différents soins, je vais porter des gants afin de respecter les principes d'hygiène. » Communiquer ce type d'information à la cliente et à la personne clé contribue à instaurer un climat de confiance.

Guide d'évaluation — Premier stade du travail

Examen/Résultats normaux	Anomalies et causes possibles*	Interventions infirmières dictées par les données**
Signes vitaux		
Tension artérielle (TA) : < 130 systolique et < 85 diastolique chez les adultes de 18 ans ou plus, ou augmentation maximale de 15 à 20 mm Hg de la tension systolique par rapport à la valeur de référence enregistrée en début de grossesse	Hypertension (hypertension essentielle, prééclampsie, maladie rénale, anxiété ou angoisse)	Évaluer les antécédents de problèmes préexistants et rechercher les autres signes de prééclampsie
	Hypotension (en décubitus dorsal)	Ne pas évaluer pendant les contractions ; prendre des mesures pour soulager l'anxiété et réévaluer
		Tourner la cliente sur le côté gauche et mesurer de nouveau la TA
		Assurer un environnement calme
Pouls : 60 – 90 bpm	Augmentation de la fréquence du pouls (excitation ou anxiété, trouble cardiaque, début de choc)	Rechercher la cause ; réévaluer pour voir si la fréquence accrue persiste ; signaler au médecin
Respirations : 14 – 22 respirations/min (ou fréquence du pouls divisée par 4)	Tachypnée prononcée (maladie respiratoire) ; hyperventilation en phase de transition	Évaluer entre deux contractions ; si la tachypnée prononcée persiste, rechercher les signes de maladie respiratoire. Avoir de l'O$_2$ à proximité
	Hyperventilation (anxiété)	Inciter la cliente à respirer lentement
Saturation de 95 % ou plus	> 90 % ; hypoxie, hypotension, hémorragie	Donner de l'O$_2$; prévenir le médecin
Température : de 36,2 °C à 37,6 °C	Hyperthermie (infection, déshydratation, rupture prolongée des membranes ; péridurale régionale)	Évaluer les autres signes d'infection ou de déshydratation
Poids		
10 à 14 kg de plus qu'avant la grossesse	Gain pondéral > 14 kg (rétention liquidienne, obésité, fœtus macrosomique, diabète, hypertension gravidique)	Rechercher les signes d'œdème
	Gain pondéral < 7 kg (fœtus hypotrophique)	Évaluer les données consignées au dossier prénatal
Poumons		
Bruits respiratoires normaux, clairs et réguliers	Bruits inhabituels : ronchi, frottement pleural, crépitements rudes ou fins, sibilants, wheezing, stridor (infection, œdème pulmonaire, asthme)	Réévaluer ; prévenir le médecin
Fond utérin		
À 40 semaines de grossesse, juste au-dessous de l'appendice xiphoïde	Volume de l'utérus incompatible avec la date prévue pour l'accouchement (fœtus hypotrophique ou hypertrophique, hydramnios, grossesse multiple)	Réévaluer les données de datation de la grossesse
		Demander au médecin de procéder à une évaluation plus poussée

* Les causes possibles des anomalies sont entre parenthèses.

** Cette colonne donne des indications pour approfondir l'évaluation et effectuer l'intervention infirmière initiale.

Guide d'évaluation   Premier stade du travail *(suite)*

Examen/Résultats normaux	Anomalies et causes possibles*	Interventions infirmières dictées par les données**
Œdème		
Léger œdème déclive	Œdème à godet au visage, aux mains, aux jambes, à l'abdomen et dans la région sacrée (prééclampsie)	Rechercher les réflexes ostéotendineux pour déceler l'hyperactivité ; surveiller le clonus ; prévenir le médecin
Hydratation		
Élasticité et souplesse cutanées normales	Peau peu élastique (déshydratation)	Évaluer l'élasticité de la peau ; prévenir le médecin en cas d'anomalie
		Administrer les liquides prescrits
Périnée		
Tissus lisses, roses (voir le chapitre 8)	Varices vulvaires ; lésions herpétiques ou autres	Noter au dossier de la cliente la nécessité d'un suivi postnatal ; réexaminer après l'accouchement ; prévenir le médecin
Glaire translucide qui peut être teintée de sang avec une odeur terreuse ou humaine	Écoulement purulent abondant et nauséabond	Soupçonner la présence d'une gonorrhée, d'une autre infection ou d'une chorioamniotite ; signaler au médecin ; aviser le personnel soignant de la pouponnière et le pédiatre
Pertes sanguinolentes qui augmentent au fur et à mesure que le col se dilate	Hémorragie	Évaluer la TA et le pouls, la pâleur, la diaphorèse ; signaler toute modification marquée
		Note : La béance du vagin ou de l'anus et la protubérance du périnée sont des signes associés au deuxième stade du travail.
		Respecter les pratiques de base
Évolution du travail		
Contractions utérines régulières	Incapacité d'établir un rythme de contractions régulier, prolongation de la phase latente Hypertonie Hypotonie	Déterminer s'il s'agit du vrai travail ; demander à la parturiente de se lever si le travail est à son début
		Évaluer l'état de la cliente et le rythme des contractions
		Obtenir un tracé de MFE de 20 min
		Prévenir le médecin ou la sage-femme
Dilatation du col : dilatation graduelle – allant du diamètre du bout d'un doigt jusqu'à un diamètre de 10 cm (procédé 16-1)	Rigidité du col (infections fréquentes, tissu cicatriciel, retard de la descente de la présentation)	Évaluer les contractions, l'engagement et la position du fœtus ainsi que la dilatation du col. Renseigner la femme sur la progression du travail
Effacement du col : amincissement graduel du col (procédé 16-1)	Absence d'effacement (rigidité du col, la présentation tarde à s'engager), œdème du col (efforts expulsifs avant la dilatation et l'effacement complets du col), bandelette persistante du col (col qui ne se dilate pas complètement de façon égale et qui persiste en partie)	Évaluer les contractions, l'engagement du fœtus et sa position
		Aviser le médecin ou la sage-femme si le col devient œdémateux ; travailler avec la parturiente pour l'empêcher de pousser avant la dilatation complète du col
		Éviter autant que possible les touchers vaginaux

* Les causes possibles des anomalies sont entre parenthèses.

** Cette colonne donne des indications pour approfondir l'évaluation et effectuer l'intervention infirmière initiale.

Examen/Résultats normaux	Anomalies et causes possibles*	Interventions infirmières dictées par les données**
Évolution du travail (suite)		
Descente fœtale : descente progressive de la présentation fœtale, de la station −5 à la station +4 (voir la figure 16-4 ▶ et le procédé 16-1)	Absence de descente (position ou présentation fœtale anormale, fœtus macrosomique, disproportion fœtopelvienne)	Évaluer la position du fœtus, sa présentation et sa grosseur
		Évaluer certaines dimensions du bassin maternel
Membranes : possibilité de rupture avant ou pendant le travail	Rupture des membranes plus de 12 à 24 heures avant le début du travail	Vérifier si les membranes sont rompues à l'aide d'un papier à la nitrazine avant de pratiquer un toucher vaginal
		Respecter les pratiques de base
		Si la présentation n'est pas engagée ou si elle ne s'appuie pas fermement contre le col, demander à la cliente dont les membranes viennent de se rompre de rester au lit. Pratiquer le moins possible de touchers vaginaux pour éviter l'infection. Lorsque les membranes se rompent à l'unité des naissances, **mesurer immédiatement la FCF** pour déceler les modifications provoquées par une procidence du cordon ombilical (ralentissement de la FCF)
Résultats de la détermination du pH avec un papier à la nitrazine :	Résultats faussement positifs en cas d'une perte importante de sang, si un toucher vaginal a été pratiqué en employant du lubrifiant, ou si l'infirmière a touché le ruban	Évaluer la consistance, la quantité et l'odeur de l'écoulement. Mesurer fréquemment la FCF Examiner l'écoulement à intervalles réguliers pour déceler la présence de méconium
Membranes probablement intactes		Respecter les pratiques de base durant l'évaluation du liquide amniotique
jaune pH 5,0		
olive pâle pH 5,5		
olive foncé pH 6,0		
Membranes probablement rompues		Expliquer à la cliente que la production de liquide amniotique est constante pour calmer sa peur d'un accouchement «à sec»
bleu-vert pH 6,5		
bleu-gris pH 7,0		Expliquer à la cliente qu'elle peut sentir le liquide amniotique couler ou même jaillir pendant les contractions
bleu foncé pH 7,5		
		Changer souvent les piqués absorbants
Liquide amniotique clair, avec une odeur terreuse ou humaine, pas nauséabonde	Liquide amniotique verdâtre (souffrance fœtale)	Évaluer la FCF, pratiquer un examen vaginal pour déceler une éventuelle procidence du cordon, installer le moniteur fœtal pour obtenir des données continues ; prévenir le médecin
	Odeur forte ou nauséabonde (amniotite)	Prendre la température de la cliente et prévenir le médecin
État fœtal		
FCF : 120 – 160 bpm	FCF <120 bpm ou >160 bpm (souffrance fœtale) ; tracés anormaux sur le moniteur : variabilité réduite, décélérations tardives, décélérations variables, absence d'accélérations lors de l'activité fœtale	Entreprendre les interventions indiquées selon le tracé de la FCF
Présentation	Présentation de la face, du front du siège ou de l'épaule	Avertir le médecin ; après la confirmation d'une présentation de la face, du front, du siège ou de l'épaule, préparer s'il y a lieu la cliente pour une césarienne
céphalique, 97 %		
du siège, 3 %		

* Les causes possibles des anomalies sont entre parenthèses.

** Cette colonne donne des indications pour approfondir l'évaluation et effectuer l'intervention infirmière initiale.

Guide d'évaluation   Premier stade du travail *(suite)*

Examen/Résultats normaux	Anomalies et causes possibles*	Interventions infirmières dictées par les données**
État fœtal (suite)		
Position la plus fréquente : occipito-iliaque gauche antérieure (OIGA)	Position occipito-iliaque postérieure persistante ; arrêt en position transverse	Surveiller attentivement l'état de la mère et du fœtus
Activité : mouvements fœtaux	Hyperactivité (peut précéder l'hypoxie du fœtus)	Évaluer soigneusement la FCF ; installer le moniteur fœtal
	Absence complète de mouvements (souffrance ou mort fœtale)	Évaluer soigneusement la FCF ; installer le moniteur fœtal ; prévenir le médecin ou la sage-femme
Analyses de laboratoire		
Tests hématologiques FSC (formule sanguine complète) Hémoglobine : 120 – 160 g/L	<120 g/L (anémie, hémorragie)	Évaluer la cliente pour déceler les problèmes dus à la diminution de la capacité oxyphorique du sang associée à la diminution de l'hémoglobine
Hématocrite : 0,38 – 0,47 Érythrocytes : 4,2 – 5,4 × 10^{12}/L Leucocytes : 4,5 – 11,0 × 10^9/L bien qu'une leucocytose allant jusqu'à 20,0 et même 25,0 × 10^9/L ne soit pas rare Plaquettes : 150 – 400 × 10^9/L	Présence d'une infection ou d'une dyscrasie sanguine, perte de sang (hémorragie, syndrome de coagulation intravasculaire disséminée)	Rechercher les autres signes d'infection, ainsi que les pétéchies, les hématomes ou les hémorragies inhabituelles
Analyses sérologiques Sérodiagnostic de la syphilis ou VDRL : pas de réaction	Réaction positive (voir le *Guide d'évaluation initiale de la période prénatale* au chapitre 8)	En cas de réaction positive, aviser la pouponnière et le pédiatre
Rh	Fœtus Rh positif chez une mère Rh négatif	Consulter le dossier prénatal pour évaluer les titres durant la grossesse (typage et dépistage).
		Prélever du sang du cordon ombilical et pratiquer un test de Coombs direct à la naissance
Analyse d'urine Glucose : négatif	Glycosurie (seuil rénal bas pour le glucose, diabète sucré)	Évaluer la glycémie ; rechercher la présence de corps cétoniques dans l'urine ; la cétonurie et la glycosurie exigent une évaluation plus poussée des sucres sanguins***.
Corps cétoniques : négatif	Acétonurie (cétose de jeûne)	
Protéines : négatif	Protéinurie (échantillon d'urine souillé par les sécrétions vaginales, hyperthermie, maladie rénale) ; une protéinurie de 2+ ou davantage dans une urine non souillée peut être le signe d'une prééclampsie (hypertension gravidique)	Expliquer à la cliente la technique de prélèvement de l'urine ; la contamination par l'écoulement vaginal est fréquente.
Érythrocytes : négatif	Sang dans l'urine (calculs, cystite, gloméru-lonéphrite, néoplasie)	Évaluer la technique de prélèvement de l'urine (la présence de sang peut être due à la perte du bouchon muqueux et non pas à une anomalie de la fonction urinaire)
Leucocytes : négatif	Présence de leucocytes (infection génito-urinaire)	Évaluer les signes d'infection des voies urinaires
Cylindres urinaires : absents	Présence de cylindres urinaires (syndrome néphrotique)	

* Les causes possibles des anomalies sont entre parenthèses.

** Cette colonne donne des indications pour approfondir l'évaluation et effectuer l'intervention infirmière initiale.

***La glycosurie ne doit pas être négligée ; sa présence exige un suivi.

Guide d'évaluation — Premier stade du travail *(suite)*

Évaluation culturelle§	Variations à prendre en considération	Interventions infirmières dictées par les données**
Les influences culturelles déterminent les coutumes et les pratiques durant le travail et l'accouchement. Poser les questions suivantes :	Les préférences individuelles peuvent varier.	
• Qui aimeriez-vous voir rester auprès de vous durant le travail et l'accouchement ?	La femme pourra préférer n'avoir que la personne clé auprès d'elle ou, au contraire, vouloir être entourée de membres de sa famille et/ou d'amis.	Soutenir les choix de la femme en incitant les personnes qu'elle désire avoir auprès d'elle à rester. Avec sa permission, informer les personnes qui ne sont pas dans la chambre de ce qui s'y passe
• Quels vêtements aimeriez-vous porter durant le travail ?	La femme peut être plus à l'aise dans ses propres vêtements.	Au besoin, proposer à la femme de protéger ses vêtements avec une serviette hygiénique ou un piqué (à changer régulièrement pour prévenir l'infection). Éviter de lui faire sentir qu'elle n'aurait pas dû garder ses propres vêtements. Prévoir d'autres vêtements au cas où elle voudrait se changer. Si ses vêtements deviennent contaminés, les mettre dans un sac de plastique ou les faire tremper dans l'eau froide. Porter des gants jetables et un tablier de plastique s'il y a risque d'éclaboussures
• À quelle activité voudriez-vous vous livrer durant le travail ?	À sa convenance, la femme pourra marcher la plupart du temps ; rester debout sous la douche ; s'asseoir dans la baignoire à remous (si le travail est assez avancé, car, dans le cas contraire, il pourrait arrêter ou ralentir beaucoup), sur une chaise ou un tabouret ; garder le lit, etc.	Soutenir les désirs de la femme, l'encourager et procéder à des évaluations complètes, de manière à déranger le moins possible ses activités et ses positions préférées
• Dans quelle position aimeriez-vous accoucher ?	La femme pourra se sentir plus à l'aise en position gynécologique avec le haut du corps surélevé, couchée sur le côté ou assise dans le lit d'accouchement, debout, accroupie, à quatre pattes, etc.	Réunir tout l'équipement et le matériel nécessaire pour permettre à la femme d'accoucher dans la position de son choix. Informer la personne clé de tout changement qui peut se révéler nécessaire selon la position choisie
• Y a-t-il quelque chose de particulier que vous aimeriez ?	La femme peut désirer un éclairage tamisé ou éclatant (rideaux ouverts ou fermés), une musique douce, l'utilisation de la méthode Leboyer ; elle peut souhaiter que la personne clé coupe le cordon ombilical, qu'on conserve une partie du cordon ou le placenta, ou encore, que l'accouchement soit filmé, etc.	Respecter et soutenir les désirs de la femme et en informer les autres membres du personnel infirmier et médical pour qu'ils ne les remettent pas en question. Si une infirmière ou un médecin ne respecte pas une de ses demandes, plaider en sa faveur, à moins que ce qu'elle souhaite soit vraiment dangereux
Demander à la femme si elle désire boire quelque chose et à quelle température elle préfère sa boisson	La femme pourra préférer des liquides clairs autres que de l'eau (thé, jus dilué, etc.). Elle pourra les vouloir glacés, à la température ambiante ou chauds.	Fournir des liquides sur demande

§ Nous ne présentons ici que quelques suggestions. Elles ne permettent pas de faire une évaluation approfondie, mais constituent plutôt un outil de sensibilisation aux facteurs psychosociaux.

** Cette colonne donne des indications pour approfondir l'évaluation et effectuer l'intervention infirmière initiale.

Guide d'évaluation   Premier stade du travail *(suite)*

Évaluation culturelle§ (suite)

Observer les réactions de la cliente lorsqu'il devient difficile de préserver son intimité et que son corps est exposé à la vue

Si la femme a choisi d'allaiter au sein, lui demander si elle souhaite nourrir son bébé immédiatement après l'accouchement

Variations à prendre en considération

Certaines femmes ne semblent pas se soucier que leur corps soit exposé à la vue durant les examens ou autres interventions, tandis que d'autres se sentent extrêmement mal à l'aise.

Certaines femmes tiennent à allaiter immédiatement après l'accouchement; d'autres préfèrent attendre un peu.

Interventions infirmières dictées par les données**

Veiller à assurer une certaine intimité à la cliente et à respecter sa pudeur

Si la femme est incapable de fournir une information, s'inspirer de ce qu'on sait des différences culturelles. Ainsi, une femme sud-asiatique ne voudra peut-être aucun membre de sa famille dans la chambre pendant les examens et les autres interventions, et son conjoint préférera peut-être ne pas participer au travail et à l'accouchement. Certaines femmes saoudiennes doivent rester couvertes durant tout le travail et l'accouchement pour qu'on ne voit aucune partie de leur corps; leur mari pourra vouloir rester dans la chambre, mais derrière un rideau ou un écran de manière à ne pas voir son épouse.

Évaluation psychosociale†

Préparation à l'accouchement

La femme a certaines connaissances sur le déroulement normal du travail et de l'accouchement.

La femme connaît des techniques de respiration et de relaxation qu'elle peut utiliser pendant le travail.

Variations à prendre en considération

Certaines femmes n'ont aucune information sur le déroulement normal du travail et de l'accouchement.

Certaines femmes ne connaissent aucune technique de respiration et de relaxation (manque d'information) et certaines préfèrent ne pas les appliquer.

Interventions infirmières dictées par les données**

Fournir des informations nécessaires à la cliente

Aider la femme à appliquer les techniques de respiration et de relaxation; la renseigner au besoin

Réactions au travail

Phase latente: la femme est détendue, a hâte que le travail commence vraiment.

Phase active: la femme devient plus tendue, commence à se fatiguer, bouge un membre durant la contraction si elle est au lit.

Phase de transition: la femme se sent fatiguée; elle peut avoir l'impression d'être dépassée par les événements; a besoin de conseils et d'encouragements fréquents pour maintenir le rythme des respirations.

La femme peut se sentir incapable de faire face aux contractions (peur, anxiété, manque de connaissances).

La femme peut rester calme et ne montrer aucun signe de douleur ou d'anxiété ou répéter qu'elle est incapable de continuer, qu'elle n'y arrivera pas.

Soutenir et encourager la femme; établir une relation de confiance

Soutenir la femme et la conseiller au besoin

Tamiser les lumières, réduire le plus possible le bruit et parler le moins possible; la femme doit se sentir en sécurité et non surveillée ou observée.

§ Nous ne présentons ici que quelques suggestions. Elles ne permettent pas de faire une évaluation approfondie, mais constituent plutôt un outil de sensibilisation à la diversité culturelle.

† Nous ne présentons ici que quelques suggestions. Elles ne permettent pas de faire une évaluation approfondie, mais constituent plutôt un outil de sensibilisation aux facteurs psychosociaux.

** Cette colonne donne des indications pour approfondir l'évaluation et effectuer l'intervention infirmière initiale.

Évaluation psychosociale† (suite)	Variations à prendre en considération	Interventions infirmières dictées par les données**
Réactions au travail (suite)		
Mécanismes d'adaptation : capacité de faire face au travail en recourant au réseau de soutien et aux techniques de respiration et de relaxation	La femme peut ressentir une anxiété et une appréhension marquées, ne pas avoir les mécanismes d'adaptation nécessaires pour affronter cette expérience ou être incapable de les utiliser à ce moment précis.	Soutenir les mécanismes d'adaptation s'ils se révèlent efficaces ; fournir des renseignements et aider la cliente si elle manifeste de l'anxiété ou si elle a besoin qu'on lui enseigne d'autres mécanismes d'adaptation
	Les survivantes d'agression sexuelle peuvent avoir peur des intraveineuses et des aiguilles ; avoir un mouvement de recul lorsqu'on les touche ; insister pour que les soins soient donnés par une femme ; se montrer très sensibles à l'écoulement des liquides biologiques et à la propreté ; ou encore, être incapables de rester allongées pendant le travail (Burrian, 1995).	Encourager la participation de la personne clé si son intervention semble bénéfique
		Établir une relation de confiance avec la cliente. Lui présenter les choses telles qu'elles sont et lui offrir votre présence
Anxiété		
Une certaine anxiété et une certaine appréhension sont normales.	La femme peut présenter des signes d'anxiété : respiration rapide, tremblements de nervosité, sourcils froncés, grimaces ou mâchoires serrées, mouvements convulsifs, pleurs, accélération du pouls et de la tension artérielle. La libération d'un surplus d'adrénaline peut entraîner une vasoconstriction qui diminue l'apport d'oxygène au fœtus.	Apporter soutien, calme, encouragement et information à la cliente. Lui enseigner des techniques de relaxation et l'aider à pratiquer la respiration contrôlée. Si la cliente dit que ses lèvres picotent, la faire respirer dans ses mains fermées en recouvrant son nez et sa bouche. Noter la FCF
Sons émis durant le travail		
	Certaines femmes sont très peu bruyantes ; d'autres geignent ou émettent toutes sortes de bruits.	Soutenir la cliente et l'encourager à faire ce qui la soulage
Réseau de soutien		
Intimité physique entre la mère et le père (ou la personne clé) : activités réconfortantes comme les conversations apaisantes, les caresses	Certaines femmes préfèrent éviter les contacts physiques ; d'autres s'accrochent à leur conjoint ou à la personne clé.	Encourager les activités qui semblent aider et réconforter la femme ; si le soutien est insuffisant, jouer un rôle plus actif
La personne clé reste à proximité.	Des interactions limitées peuvent dénoter un désir de tranquillité.	Encourager la personne clé à rester auprès de la cliente (si ce conseil semble approprié)
Relations mère-père (ou mère-personne clé) : interactions soutenues	La personne clé peut sembler détachée, ne donner que peu de soutien ou d'attention ou ne parler que très peu.	Soutenir les interactions ; si elles sont insuffisantes, fournir davantage d'information et de soutien
		Accorder de brefs moments de répit au conjoint ou à la personne clé, surtout avant la phase de transition

† Nous ne présentons ici que quelques suggestions. Elles ne permettent pas de faire une évaluation approfondie, mais constituent plutôt un outil de sensibilisation aux facteurs psychosociaux.

** Cette colonne donne des indications pour approfondir l'évaluation et effectuer l'intervention infirmière initiale.

Techniques d'évaluation de la progression du travail

Évaluation des contractions

On peut évaluer les contractions utérines en recourant à la palpation et/ou au monitorage électronique continu.

Palpation

L'infirmière évalue la fréquence, la durée et l'intensité des contractions en plaçant une main sur le fond utérin. Il faut garder la main relativement immobile, car des mouvements excessifs pourraient provoquer des contractions ou des douleurs. L'infirmière détermine la fréquence des contractions en notant l'intervalle entre le début d'une contraction et le début de la suivante. Par exemple, si les contractions commencent à 7 h 00, à 7 h 04 et à 7 h 08, leur fréquence est de 4 minutes. Pour déterminer la durée de la contraction, l'infirmière note le moment où elle sent que le fond se tend (début de la contraction) et celui où elle sent qu'il se détend (fin de la contraction). À l'acmé d'une contraction, l'infirmière peut en évaluer l'intensité en palpant le fond utérin. Pour bien évaluer les contractions, il faut recueillir des données sur au moins trois contractions successives (voir l'encadré *Points à retenir : Caractéristiques des contractions et de la progression du travail*).

La palpation est également un moment propice pour évaluer la façon dont la parturiente perçoit la douleur. Comment la décrit-elle ? Quel est son affect ? La contraction en cours est-elle plus douloureuse que la précédente ? L'évaluation que fait l'infirmière de l'intensité de la contraction correspond-elle à la perception de la parturiente ? Par exemple, l'infirmière peut juger que l'intensité de la contraction est légère, alors que la parturiente la trouve très forte. L'évaluation de l'infirmière n'est pas terminée tant qu'elle n'a pas observé l'affect et la réaction de la femme aux contractions et qu'elle ne les a pas consignés.

Monitorage électronique des contractions

Le monitorage électronique des contractions utérines fournit des données continues. Dans beaucoup d'unités des naissances, on recourt systématiquement au monitorage pour les parturientes qui présentent des risques élevés et pour celles dont le travail a été déclenché artificiellement ; dans d'autres établissements, le monitorage est de règle pour toutes.

Le monitorage peut se faire à l'aide d'un dispositif externe placé contre l'abdomen maternel, ou à l'aide d'un dispositif interne appelé **cathéter intra-utérin à pression.**

Pour le monitorage externe, on place le tocodynamomètre («toco»), ou cardiotocographe, – partie de l'appareil munie d'un disque souple qui réagit à la pression – contre l'abdomen de la mère, au-dessus du fond utérin, et on le fixe à l'aide d'une ceinture élastique (figure 16-1). Lorsque l'utérus se contracte, le fond utérin se resserre, et le «toco» amplifie et transmet le changement de pression au moniteur, lequel inscrit ces données sous forme d'un tracé qui s'imprime sur un papier millimétré.

Le monitorage externe est non effractif et permet l'enregistrement continu de la durée et de la fréquence des contractions. Cependant, il ne permet pas d'enregistrer avec précision

---

FIGURE 16-1 ▶ On installe un moniteur externe à la parturiente. Le tocodynamomètre fixé à la hauteur du fond utérin enregistre les contractions utérines. La ceinture du bas retient le dispositif ultrasonique qui enregistre la fréquence cardiaque fœtale. Les ceintures sont réglables.

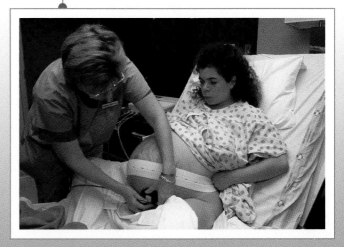

l'intensité de la contraction et, dans certains cas – notamment chez les femmes qui sont très obèses, qui présentent un hydramnios (quantité excessive de liquide amniotique) ou dont le fœtus est très actif –, il est difficile d'obtenir des données précises sur la fréquence cardiaque fœtale. Enfin, la parturiente peut être gênée par la ceinture qu'on doit souvent réajuster lorsqu'elle change de position.

Le monitorage interne (intra-utérin) fournit les mêmes données, mais permet en outre de mesurer avec précision l'intensité des contractions utérines (force et pression réelle dans l'utérus). Une fois les membranes rompues, le médecin ou la sage-femme insère le cathéter à pression dans l'utérus et le branche au moniteur fœtal électronique. Un petit dispositif à micropression situé à l'extrémité du cathéter enregistre la pression intra-utérine à l'état de repos et durant chaque contraction. On recourt au monitorage intra-utérin lorsqu'on a impérativement besoin de lectures précises pour évaluer la tension exercée sur l'utérus.

Il importe que l'infirmière évalue également la progression du travail en palpant l'intensité du resserrement du fond utérin et sa tonicité de repos durant les contractions. Le monitorage électronique est un outil qui n'est utile que dans la mesure où l'infirmière possède de solides compétences en matière d'évaluation.

Évaluation du col

On peut évaluer directement la dilatation et l'effacement du col par un toucher vaginal stérile (voir le procédé 16-1). Le toucher vaginal peut également renseigner les professionnels de la santé sur l'état des membranes, les caractéristiques du liquide amniotique, la position fœtale et la station de la présentation fœtale.

Procédé 16-1   Toucher vaginal pendant le travail

Interventions infirmières	**Explication**
Objectif : Rassembler le matériel	
Pour vérifier la rupture des membranes :	*Préparer le matériel à l'avance facilite l'examen.*
• Préparer et mettre à portée de la main les fournitures suivantes :	*Si les membranes sont intactes, on peut utiliser des gants jetables propres, mais si elles sont rompues, on doit utiliser des gants jetables stériles pour éviter d'introduire des bactéries dans le vagin pendant l'examen.*
– des gants jetables propres ou stériles,	
– du lubrifiant (si on n'a pas de prélèvement à faire),	
– papier à la nitrazine,	
– lame de verre,	
– coton-tige stérile.	
Objectif : Préparer la cliente	
• Expliquer à la femme le procédé, ses indications, les données qu'il permet d'obtenir et ses désagréments.	*L'explication du procédé diminue l'anxiété de la femme et favorise la relaxation.*
• Vérifier si la femme est allergique au latex.	*Le cas échéant, utiliser des gants qui ne sont pas en latex.*
• Installer la femme cuisses fléchies et en abduction ; lui demander de joindre les talons. Elle peut glisser ses poings sous ses fesses. La couvrir d'un drap de façon à n'exposer que le périnée.	*Le drap préserve l'intimité de la femme.*
• Encourager la femme à relaxer ses muscles et ses jambes au cours de l'examen.	*La relaxation diminue la tension musculaire et rend l'examen moins désagréable.*
• Prévenir la femme avant de la toucher et agir avec délicatesse.	*Ces attentions montrent à la femme que l'infirmière la respecte et ménage sa pudeur.*

Procédé 16-1   Toucher vaginal pendant le travail *(suite)*

Interventions infirmières	Explication

Interventions infirmières

Objectif : Déterminer au besoin s'il y a écoulement de liquide amniotique

- Si un écoulement a été observé ou signalé, utiliser le papier à la nitrazine enroulé autour des doigts gantés pour l'examen sans lubrifiant, mais avant le toucher vaginal ; utiliser le coton-tige et la lame pour faire un test de cristallisation en feuille de fougère.

  - Pour effectuer le test de cristallisation en feuille de fougère, on insère le coton-tige dans la partie postérieure du vagin afin de recueillir le liquide amniotique qui s'y trouve et le déposer sur une lame.

Objectif : Utiliser une technique stérile de toucher vaginal

- Enfiler un gant sur la main dominante.
- Placer adéquatement la main gantée : poignet bien droit et coude vers le bas ; à l'aide du pouce et de l'index de l'autre main, ouvrir largement les lèvres ; introduire à la verticale, dans le vagin, l'index et le majeur gantés et bien lubrifiés, jusqu'à ce qu'ils touchent le col.
- Si la femme se plaint d'avoir mal, reconnaître le fait et s'excuser.

Objectif : Évaluer la progression du travail

- Évaluer la progression du travail entre deux contractions.

Objectif : Évaluer la dilatation et l'effacement du col (figure 16-2 ▶)

- Palper en recherchant une ouverture ou une dépression du col ; estimer le diamètre de la dépression pour évaluer la dilatation.

Explication

La présence de liquide amniotique provoque une modification du pH que révèle le papier à la nitrazine (à condition qu'on n'ait pas encore utilisé de lubrifiant).

On peut reporter l'examen digital si les membranes sont rompues et si la femme n'est pas en travail actif (AAP et ACOG, 1997).

Si l'examen doit être stérile, mettre des gants stériles sur les deux mains.

Dans cette position, les extrémités des doigts peuvent pointer vers le nombril et toucher le col.

Valider ce qu'éprouve la femme l'aide à sentir qu'elle maîtrise la situation.

La dilatation cervicale, l'effacement du col et la station fœtale changent en présence d'une contraction.

La palpation permet d'évaluer l'effacement et la dilatation du col.

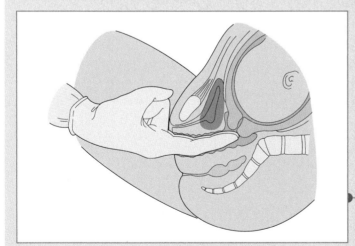

FIGURE 16-2 ▶ Pour évaluer la dilatation cervicale, l'infirmière place l'index et le majeur contre le col et détermine la taille de l'ouverture. Avant le début du travail, le col est long (environ 2,5 cm), ses côtés sont épais et il est fermé, de sorte qu'on ne peut y insérer le doigt. Durant le travail, le col se dilate et s'ouvre de plus en plus ; son diamètre passe de 1 à 10 cm et il s'efface à 100 %.

Procédé 16-1 Toucher vaginal pendant le travail *(suite)*

Interventions infirmières	Explication

Objectif : Déterminer l'état des membranes fœtales

- Vérifier s'il y a écoulement de liquide amniotique.

Le cas échéant, tester le liquide amniotique.

Objectif : Palper la présentation fœtale (figure 16-3 ▶)

La palpation permet d'évaluer la descente fœtale et les mouvements cardinaux.

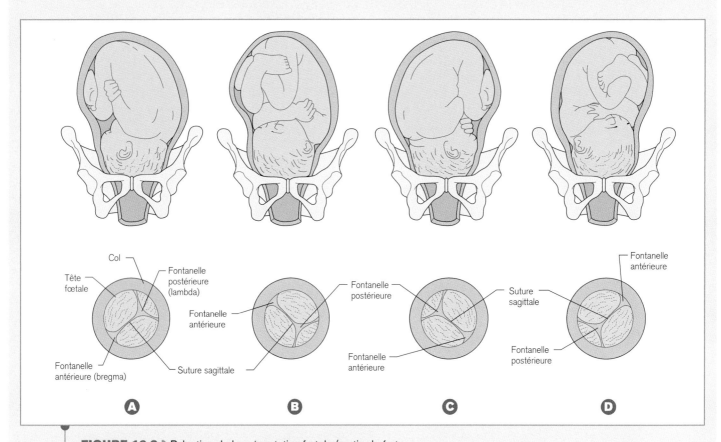

FIGURE 16-3 ▶ Palpation de la présentation fœtale (partie du fœtus qui pénètre la première dans le bassin). **A.** Occipito-iliaque gauche antérieure (OIGA). L'occiput (partie postérieure du crâne fœtal formée par l'os occipital) est dans le quadrant antérieur gauche du bassin maternel. Lorsque le fœtus est en OIGA, sa fontanelle postérieure (partie triangulaire située à la jonction des pariétaux et de l'os occipital) est dans le quadrant supérieur gauche du bassin maternel. **B.** Occipito-iliaque gauche postérieure (OIGP). La fontanelle postérieure est dans le quadrant inférieur gauche du bassin maternel. **C.** Occipito-iliaque droite antérieure (OIDA). La fontanelle postérieure est dans le quadrant supérieur droit du bassin maternel. **D.** Occipito-iliaque droite postérieure (OIDP). La fontanelle postérieure est dans le quadrant inférieur droit du bassin maternel. *Note :* La fontanelle antérieure a la forme d'un losange. À cause de la rondeur de la tête, elle n'est visible qu'en partie dans chacune des illustrations.

Procédé 16-1   Toucher vaginal pendant le travail *(suite)*

Interventions infirmières	Explication

Objectif : Évaluer la descente fœtale (figure 16-4 ▶)

- Évaluer la station ; déterminer la position de la fontanelle postérieure.

Cette évaluation fournit des informations sur la descente et la position fœtales.

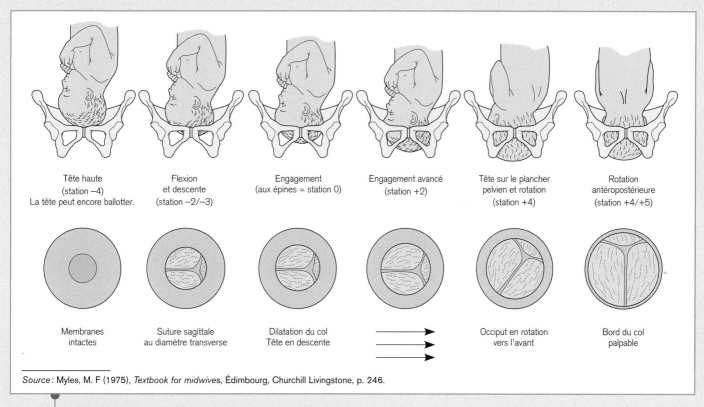

Tête haute (station −4) La tête peut encore ballotter.	Flexion et descente (station −2/−3)	Engagement (aux épines = station 0)	Engagement avancé (station +2)	Tête sur le plancher pelvien et rotation (station +4)	Rotation antéropostérieure (station +4/+5)
Membranes intactes	Suture sagittale au diamètre transverse	Dilatation du col Tête en descente		Occiput en rotation vers l'avant	Bord du col palpable

Source : Myles, M. F (1975), *Textbook for midwives,* Édimbourg, Churchill Livingstone, p. 246.

FIGURE 16-4 ▶ En haut, la tête du fœtus descend dans le bassin. En bas, ce sont les modifications que l'infirmière peut déceler en palpant l'occiput dans le col pendant le toucher vaginal.

L'évaluation initiale du fœtus

Position fœtale

On peut déterminer la position du fœtus de plusieurs façons :

- une inspection de l'abdomen maternel ;
- une palpation de l'abdomen maternel ;
- un toucher vaginal pour déterminer le repère de la présentation ;
- une échographie ;
- une auscultation de la fréquence cardiaque fœtale.

Inspection

L'infirmière doit observer le volume et la forme de l'abdomen de la cliente. Pour évaluer l'orientation fœtale, on détermine si l'utérus est plus long que large (orientation longitudinale) ou plus large que long (orientation transverse).

Palpation (manœuvres de Léopold)

Les **manœuvres de Léopold** sont une méthode systématique d'examen de l'abdomen de la mère. Avec la pratique, il devient plus facile de déterminer la position du fœtus par la palpation. Notons que les manœuvres de Léopold peuvent être difficiles à exécuter chez une cliente obèse ou qui a un excès de liquide amniotique (hydramnios). Avant d'exécuter les manœuvres de Léopold, demander à la femme : 1) de vider sa vessie ; 2) de s'installer en décubitus dorsal, pieds posés sur le lit et genoux fléchis. (Pour la technique, voir la figure 16-5 ▶.)

Toucher vaginal et échographie

Le toucher vaginal et l'échographie permettent également de déterminer la position et la présentation fœtales. Le toucher vaginal permet de palper la présentation fœtale si le col est dilaté. En cas de présentation céphalique, il permet également d'obtenir des données sur la position du fœtus et sur le degré de flexion de sa tête (voir le procédé 16-1). Si la palpation abdominale ne permet pas de déterminer la position du fœtus, on recourt à l'échographie (voir le chapitre 14).

Auscultation de la fréquence cardiaque fœtale (FCF)

On utilise le fœtoscope ou le Doppler portatif pour ausculter la fréquence cardiaque fœtale (FCF) entre les contractions utérines, pendant celles-ci et immédiatement après. Au lieu d'ausculter au hasard l'abdomen de la parturiente, l'infirmière peut commencer par les manœuvres de Léopold, qui l'aideront non seulement à déterminer la situation probable du cœur du fœtus, son orientation et sa présentation, mais aussi à déceler la présence de plusieurs fœtus, le cas échéant. On distingue mieux la FCF en l'auscultant sur le dos du fœtus (figure 16-6 ▶). En cas de présentation céphalique, la FCF est plus facilement audible dans un quadrant inférieur de l'abdomen de la mère ; en cas de présentation du siège, on l'entend au niveau de

FIGURE 16-5 ▶ Manœuvres de Léopold pour évaluer la position et la présentation fœtales.
A. *Première manœuvre.* S'installer face à la cliente. Palper des deux mains le haut de l'abdomen. Noter la forme, la consistance et la mobilité de la partie palpée. La tête du fœtus est ferme, dure et ronde ; elle bouge indépendamment du tronc. Le siège est plus mou et bouge en même temps que le tronc.
B. *Deuxième manœuvre.* En déplaçant les mains vers le bassin, palper l'abdomen ; exercer une pression douce mais profonde. Le dos fœtal, qui se trouve d'un côté de l'abdomen, est lisse à la palpation ; l'autre côté de l'abdomen, où se trouvent les membres, est bosselé. **C.** *Troisième manœuvre.* Placer une main juste au-dessus de la symphyse pubienne. Déterminer si la partie palpée est la tête ou le siège du fœtus, et vérifier si la présentation est engagée. **D.** *Quatrième manœuvre.* S'installer devant les pieds de la cliente. Placer les deux mains sur le bas de l'abdomen et les glisser sur les côtés de l'utérus vers le pubis. Rechercher une proéminence céphalique ou frontale.

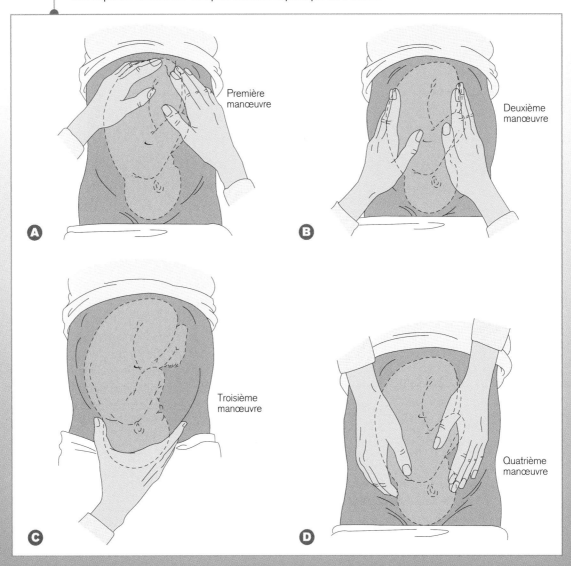

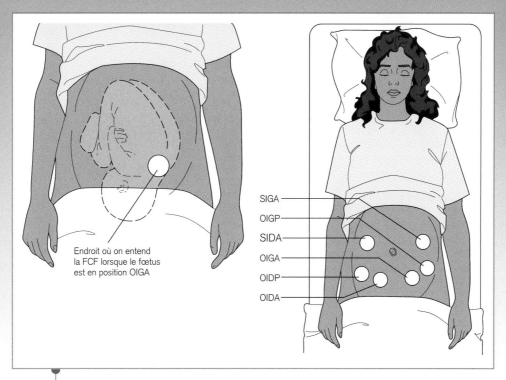

FIGURE 16-6 ❱ Points d'auscultation de la FCF dans les positions fœtales les plus courantes.

l'ombilic maternel ou juste au-dessus et, en cas de présentation transverse, juste au-dessus ou au-dessous du nombril de la mère. Le point où on perçoit la FCF tend à descendre et à se rapprocher de la ligne médiane au fur et à mesure que la présentation descend et tourne dans le bassin pendant le travail.

Après avoir localisé le point où l'on entend la FCF, on compte en général les battements pendant 30 secondes et on multiplie par 2 le nombre obtenu, ce qui donne le nombre de battements par minute (bpm). De temps à autre, l'infirmière doit ausculter la FCF pendant une minute durant une contraction et juste après, afin de déceler d'éventuelles anomalies, surtout en présence d'une tachycardie (FCF >160 bpm), d'une bradycardie (FCF <120 bpm) ou de battements irréguliers. Si la FCF est irrégulière ou s'est beaucoup modifiée par rapport à la dernière évaluation, l'infirmière doit de nouveau ausculter pendant une minute durant une contraction et immédiatement après. (Voir le procédé 16-2 et l'encadré *Points à retenir : Fréquence de l'auscultation : évaluation et consignation des données*, où nous indiquons le nombre recommandé d'auscultations de la FCF, page 444).

Il importe de le souligner, l'auscultation intermittente s'est révélée aussi efficace pour la surveillance fœtale que le monitorage fœtal électronique, de sorte qu'un nombre croissant de professionnels de la santé – médecins, sages-femmes et infirmières – s'interrogent sur le recours généralisé à une technologie dont les avantages véritables restent à prouver (Feinstein, 2000 ; Parer et King, 2000).

Procédé 16-2   Auscultation de la fréquence cardiaque fœtale

Interventions infirmières	Explication
Objectif : Rassembler le matériel	
• Se procurer un fœtoscope ou un Doppler.	*Ces dispositifs amplifient les bruits du cœur fœtal.*
Objectif : Préparer la cliente	
• Expliquer le procédé, ses indications et les données qu'il permet d'obtenir.	*L'explication du procédé diminue l'anxiété et favorise la relaxation.*
• Découvrir l'abdomen de la femme.	

Procédé 16-2   Auscultation de la fréquence cardiaque fœtale *(suite)*

Interventions infirmières	Explication

Objectif : Utiliser un fœtoscope ou un Doppler, tel qu'indiqué, et écouter attentivement la FCF

Objectif : Prendre le pouls de la parturiente, puis compter la FCF

- Comparer le pouls de la femme aux bruits fœtaux que vous entendez :
  - si leurs fréquences sont les mêmes, les pulsations localisées sont probablement celles de la mère ; le cas échéant, déplacer le fœtoscope ou le dispositif ultrasonique ;
  - si les fréquences ne sont pas les mêmes, compter la FCF pendant une minute ; notez que le rythme du cœur fœtal est double et qu'on ne compte qu'un bruit.

- En cas de difficulté à trouver la FCF, déplacer le fœtoscope ou le dispositif ultrasonique sur le côté.

Objectif : Évaluer systématiquement la FCF

- Ausculter entre deux contractions, pendant une contraction et durant 30 secondes après la fin de celle-ci.

  L'auscultation de la FCF permet d'évaluer l'état du fœtus et sa réaction à la progression du travail.

- *Recommandations de l'AWHONN (1998) sur la fréquence des évaluations :*
  - femme à faible risque : toutes les heures durant la phase latente ; toutes les 30 minutes durant la phase active ; toutes les 15 minutes après la rupture des membranes et au deuxième stade ;
  - femme à risque élevé : toutes les 30 minutes durant la phase latente ; toutes les 15 minutes durant la phase active ; toutes les 5 minutes au deuxième stade.

Objectif : Consigner les données au dossier de la cliente

- Consigner les données relatives à la FCF (fréquence et rythme), les caractéristiques des contractions utérines (CU) et toute intervention effectuée après avoir ausculté la FCF. Consigner ces informations au dossier est une obligation légale.

Notes au dossier : Exemples

Inscrire la FCF, le rythme cardiaque et la réaction fœtale à la progression du travail.

1-1-02   FCF 140 à l'auscultation, rythme régulier, pulsations maternelles 88. CU q3min × 60 s, forte intensité.

0730   Absence de variation de la FCF durant et après les CU.

L. Dandurand, inf.

Inscrire la FCF, la réaction aux contractions utérines, l'intervention infirmière et la réaction fœtale.

1-1-02   FCF 136 à l'auscultation avec ralentissement à 130 bpm à l'acmé de la CU et 10 s après, présence de VP, VC

0730   moyenne. Cliente tournée sur le côté gauche. Pulsations maternelles 80, FCF 140, rythme régulier, absence de diminution de la variabilité durant et après les deux CU suivantes. CU q3min × 60 s, forte intensité.

L. Dandurand, inf.

Procédé 16-2   Auscultation de la fréquence cardiaque fœtale *(suite)*

Interventions infirmières

Utiliser un fœtoscope ou un Doppler

Le fœtoscope

Le fœtoscope est un outil d'évaluation plus ancien que le Doppler, mais que certains cliniciens préfèrent, car il leur semble plus «naturel» et évite le recours aux ultrasons.

Pour utiliser le fœtoscope:

- Placer les écouteurs dans les oreilles et utiliser la poignée pour appliquer le capteur sur l'abdomen maternel.

- Placer le diaphragme à mi-chemin entre l'ombilic et la symphyse pubienne, sur la ligne médiane, *là où la FCF est le plus susceptible d'être entendue.*

- Sans toucher le fœtoscope, écouter attentivement la FCF (figure 16-7A ▶).

Le Doppler

Pour utiliser le Doppler:

- Enduire le diaphragme de gel de transmission (ce gel augmente l'adhérence à l'abdomen maternel et améliore la transmission des ultrasons).

- Placer le diaphragme sur l'abdomen de la femme, à mi-chemin entre l'ombilic et la symphyse pubienne, sur la ligne médiane, *là où la FCF est le plus susceptible d'être entendue.*

- Écouter attentivement la FCF (figure 16-7B ▶).

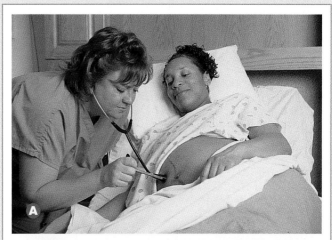

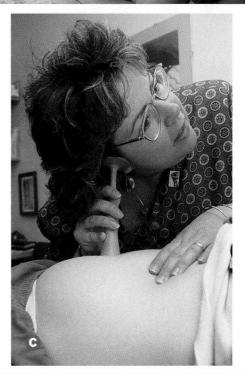

FIGURE 16-7 ▶ **A.** L'infirmière tient le fœtoscope par la poignée, puis retire ses doigts de l'appareil et compte les battements du cœur fœtal. **B.** Lorsque le moniteur fœtal électronique capte les bruits du cœur fœtal, toutes les personnes qui se trouvent dans la pièce peuvent les entendre. **C.** Le fœtoscope Pinard peut facilement être utilisé hors du milieu hospitalier.

Points à retenir

Fréquence de l'auscultation : évaluation et consignation des données

Clientes à faible risque	Clientes à risque élevé
Premier stade du travail :	Premier stade du travail :
q1h durant la phase latente	q30min durant la phase latente
q30min durant la phase active	q15min durant la phase active
q15min après la rupture des membranes	q15min après la rupture des membranes
Deuxième stade du travail :	Deuxième stade du travail :
q15min	q5min

Événements durant le travail

Évaluer la FCF avant :

les procédés qui stimulent le travail (par exemple la rupture artificielle des membranes);

les périodes de marche de la parturiente;

l'administration de médicaments;

l'administration ou l'induction d'une analgésie ou d'une anesthésie.

Évaluer la FCF après :

la rupture des membranes;

la détection d'anomalies dans l'activité utérine (par exemple une tonicité basale accrue ou tachysystole);

l'évaluation de l'ocytocine (augmentation, maintien ou diminution de la dose);

l'administration de médicaments (au pic de leur action);

l'expulsion du lavement;

le cathétérisme vésical;

le toucher vaginal;

les périodes de marche de la parturiente;

l'évaluation de l'analgésie et/ou de l'anesthésie (augmentation, maintien ou diminution de la dose).

Source: AWHONN (1998), *Standards for professionnal nursing practice in the care of women and newborns,* 5ᵉ édition, chez l'auteur.

Monitorage électronique de la fréquence cardiaque fœtale

Le **monitorage fœtal électronique (MFE)** fournit un tracé continu de la FCF et permet ainsi d'évaluer visuellement nombre de ses caractéristiques (voir le procédé 16-3).

Indications du monitorage fœtal électronique

On recourt au MFE pour surveiller la fréquence cardiaque fœtale et les contractions en présence d'un ou de plusieurs des facteurs suivants :

1. antécédents de mortinaissance (mort du fœtus dans l'utérus) à 38 semaines de gestation ou plus tard;

2. complications de la grossesse (hypertension gravidique, placenta prævia, décollement prématuré du placenta), grossesse multiple, rupture prématurée ou prolongée des membranes, etc.;

3. déclenchement artificiel du travail (le travail a commencé à la suite d'une intervention comme l'administration intraveineuse d'ocytocine (Syntocinon));

4. travail prématuré (grossesse de moins de 37 semaines terminées);

5. diminution des mouvements fœtaux;

6. stress ou souffrance fœtale;

7. liquide amniotique teinté de méconium (le fœtus a expulsé du méconium dans le liquide amniotique, ce qui peut indiquer un problème).

Techniques de monitorage électronique de la FCF

Le *monitorage externe* du fœtus se fait habituellement à l'aide d'ultrasons. On place sur l'abdomen de la mère un transducteur qui émet des ondes ultrasonores continues. Lorsque ce transducteur est placé correctement, les ondes ultrasonores rebondissent sur le cœur du fœtus et sont captées par le moniteur

---

Procédé 16-3 — Monitorage fœtal électronique

Interventions infirmières	Explication
Objectif : Préparer la cliente	
• Expliquer à la cliente le procédé, ses indications et les données qu'il permet d'obtenir.	*L'explication du procédé diminue l'anxiété et favorise la relaxation.*
Objectif : Installer le moniteur fœtal externe	
• Ouvrir le moniteur.	
• Installer deux ceintures élastiques ou une bande abdominale autour du ventre de la femme.	

Procédé 16-3   Monitorage fœtal électronique *(suite)*

Interventions infirmières	Explication

Objectif : Installer le moniteur fœtal externe (suite)

- Placer le tocodynamomètre au-dessus du fond utérin, un peu à l'extérieur de la ligne médiane, au point le plus ferme, et fixez le «toco» avec une ceinture. Si on utilise une bande abdominale, insérer les fils des capteurs par le haut de la bande pour qu'elle soit plus confortable.

Le fond utérin est la zone la plus contractile.

- Regarder le tracé des CU. Le tracé de la tonicité de repos (sans contraction utérine) devrait s'enregistrer sur la ligne correspondant à une pression de 10 à 15 mm Hg. Ajustez la ligne de manière à obtenir cette lecture.

Si le tracé est sur la ligne du zéro, il risque d'y avoir un grincement continu.

- Enduire le diaphragme du transducteur de gel de transmission.

Le gel de transmission améliore l'adhérence à l'abdomen maternel.

- Appliquer le diaphragme sur la ligne médiane de l'abdomen maternel, entre l'ombilic et la symphyse pubienne.

Le faisceau ultrasonique est ainsi dirigé vers le cœur fœtal.

- Écouter en cherchant la FCF, qui produit un bruit semblable à des claquements de fouet. Une fois la FCF localisée, fixer le diaphragme à l'abdomen maternel à l'aide de la ceinture ou de la bande. Pour que le tracé soit continu, le diaphragme doit demeurer bien en place.

Objectif : Identifier le tracé

- Consigner les informations suivantes au début du papier millimétré sur lequel sera imprimé le tracé : date, heure, nom de la cliente, gravida, para, état des membranes, nom du médecin ou de la sage-femme. *Note* : Respecter les consignes de l'établissement quant aux informations supplémentaires à consigner.

Cette opération permet d'identifier le tracé avec précision.

Objectif : Interpréter le tracé du MFE (monitage fœtal electronique)

- Voir les directives pour interpréter le tracé du MFE, ainsi que les explications et les exemples donnés dans le reste du chapitre.

Objectif : Consigner les données au dossier de la cliente

On constitue ainsi un dossier permanent.

Notes au dossier : Exemples

Inscrire les caractéristiques de la FCF et la réaction aux CU.

1-1-02	FCF de référence 135 – 140 ; présence de variabilité passagère ou continue. Deux accélérations de 20 bpm × 20 s
0700	avec mouvement fœtal en 10 min. CU q3min × 50 – 60 s, d'intensité moyenne à la palpation, tonicité de repos : souple. Absence de décélérations.

B. Carrière, inf.

Inscrire la FCF, sa variabilité, sa réaction aux CU, l'intervention infirmière effectuée et la réaction fœtale positive à cette intervention.

1-1-02	FCF de référence 135 – 140 et présence de variabilité passagère ou continue. Décélérations tardives avec diminution
0730	de la FCF à 130 bpm pendant 20 s. CU q3min × 50 – 60 s, d'intensité moyenne à la palpation. Cliente tournée sur le côté gauche. Absence de décélération pendant les trois CU suivantes. Deux accélérations de 20 bpm × 20 s avec mouvement fœtal. Cliente prévenue de rester sur le côté gauche.

B. Carrière, inf.

Procédé 16-3 Monitorage fœtal électronique *(suite)*

Interventions infirmières	Explication
Directives pour l'interprétation du tracé du MFE	*L'AWHONN (1998) recommande d'évaluer le tracé du MFE :*

L'interprétation du tracé du MFE permet de constater l'état fœtal et la réaction au travail. Un tracé aux caractéristiques rassurantes est associé à un bon pronostic pour le fœtus. La reconnaissance rapide des caractéristiques alarmantes permet d'intervenir promptement et de déterminer la réaction fœtale aux interventions.

L'AWHONN (1998) recommande d'évaluer le tracé du MFE :

– *pour les femmes à risque élevé : toutes les 15 minutes au premier stade du travail et toutes les 5 minutes au deuxième stade du travail ;*

– *pour les femmes à faible risque : toutes les 15 à 30 minutes au premier stade du travail et toutes les 5 à 15 minutes au deuxième stade du travail (tant que le tracé est rassurant).*

Si le tracé présente des caractéristiques alarmantes, les évaluations doivent être plus fréquentes.

électronique. La fréquence cardiaque fœtale s'affiche à l'écran en temps réel (figure 16-8 ❱). Il peut arriver que le moniteur capte la fréquence cardiaque maternelle plutôt que la fréquence cardiaque fœtale ; l'infirmière peut éviter cette erreur en comparant le pouls maternel à la FCF.

Les récents progrès de la technologie ont permis la mise au point d'une technique de monitorage électronique ambulatoire. Un petit transducteur à piles transmet des signaux à un récepteur branché au moniteur au moyen d'un système télémétrique. Tenu en place par une courroie à l'épaule, cet appareillage permet à la femme de marcher, de sorte qu'elle se sent plus à l'aise et plus libre durant le travail qu'avec le système traditionnel, lequel exige qu'elle reste à proximité de la source de courant électrique qui alimente le moniteur.

FIGURE 16-8 ❱ Monitorage électronique fœtal externe. Appliqué à la hauteur du fond utérin, le tocodynamomètre (« toco ») fournit des données qui permettent de surveiller les contractions utérines. Appliqué à la hauteur du dos fœtal, le dispositif ultrasonique fournit de l'information sur la fréquence cardiaque fœtale. Les données provenant du « toco » et du dispositif ultrasonique sont transmises au moniteur électronique fœtal. La FCF (lumière clignotante) est affichée sur le moniteur (affichage numérique) et est enregistrée sur un papier millimétré ; on peut également l'entendre en réglant le volume de l'appareil. Les contactions utérines dessinent également un tracé sur le papier.

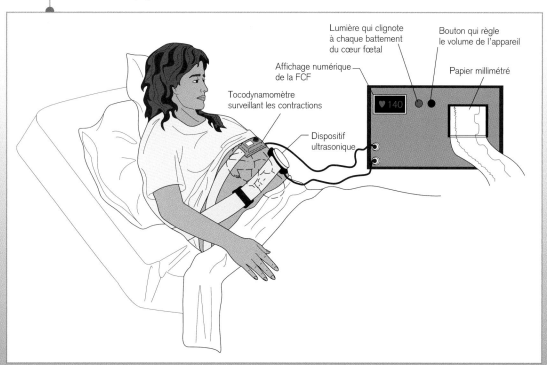

Le *monitorage interne* se fait au moyen d'une électrode interne à spirale. Pour que l'électrode à spirale puisse être placée sur l'occiput fœtal, les conditions suivantes doivent être réunies : rupture des membranes amniotiques ; dilation du col d'au moins 2 cm ; présentation fœtale connue et accessible par toucher vaginal (l'infirmière est en mesure de déterminer quelle partie du fœtus s'appuie contre le col). Si ces conditions sont remplies, l'infirmière, le médecin ou la sage-femme introduit l'électrode interne stérile dans le vagin, l'applique sur la présentation et tourne ensuite l'électrode à spirale dans le sens des aiguilles d'une montre jusqu'à ce qu'elle se fixe sur la présentation. Les fils qui partent de l'électrode sont reliés à une plaque attachée sur la cuisse de la femme, puis au moniteur. Cette technique de monitorage de la FCF permet d'obtenir des données continues plus précises que celles fournies par le monitorage externe parce que le signal est plus clair et que les mouvements de la mère ou du fœtus ne l'interrompent pas (figure 16-9 ▶).

Le tracé de la fréquence cardiaque fœtale qui apparaît en haut de la figure 16-10 ▶ a été obtenu par monitorage interne avec une électrode à spirale, et le tracé des contractions utérines qui apparaît en bas de la figure, par monitorage externe avec un tocodynamomètre. Notons que la FCF varie (la ligne monte et descend). Dans cette figure, chaque ligne verticale foncée correspond à une minute ; les contractions surviennent donc toutes les 2 1/2 à 3 min. On évalue la FCF en observant la fréquence cardiaque de référence, sa variabilité de référence et ses changements périodiques sur le tracé du moniteur électronique.

Fréquence cardiaque fœtale de référence

La **fréquence cardiaque fœtale de référence** est la fréquence moyenne observée sur une période de 10 minutes. La FCF normale (fréquence de référence) se situe entre 120 et 160 bpm. Il existe deux types de variations anormales de la fréquence de référence : la tachycardie (>160 bpm) et la bradycardie (<120 bpm). Par ailleurs, on appelle *variabilité* de la FCF de référence une modification qui survient dans une période de quelques secondes ou de quelques minutes (2 à 5 min).

La **tachycardie fœtale** est une FCF soutenue de 161 bpm ou plus. Si elle dépasse 180, on parle de tachycardie prononcée. La tachycardie fœtale peut être causée par (Parer, 1999) :

1. l'hypoxie fœtale précoce, qui entraîne une stimulation du système sympathique du fœtus pour compenser la réduction de l'apport sanguin ;

2. l'hyperthermie maternelle, qui accélère le métabolisme fœtal ;

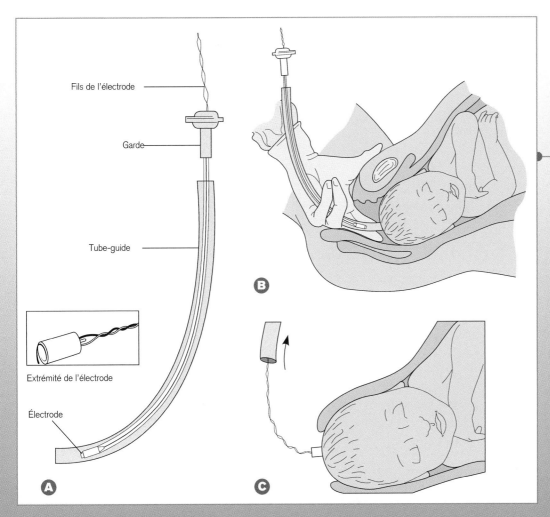

Fils de l'électrode

Garde

Tube-guide

Extrémité de l'électrode

Électrode

A   **B**   **C**

FIGURE 16-9 ▶ Technique de monitorage fœtal interne direct. **A.** Électrode à spirale. **B.** Fixation de l'électrode à spirale au cuir chevelu. **C.** Électrode à spirale fixée et tube-guide retiré.

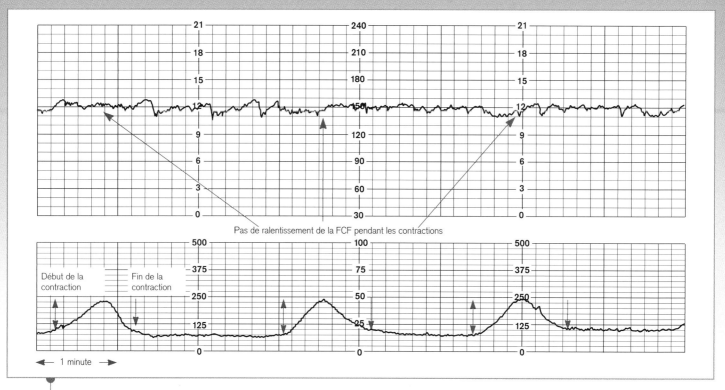

FIGURE 16-10 ▶ Tracé d'une fréquence cardiaque fœtale normale, obtenu par monitorage interne. Il montre une FCF normale (de 140 à 158 bpm), la présence de variabilité passagère et de variabilité continue et l'absence de décélérations lors des contractions efficaces. Les flèches au bas du tracé indiquent le début des contractions utérines.

3. la déshydratation de la mère ;

4. des médicaments β-symphatomimétiques (salbutamol, ventolin, terbutaline [en inhalateur], atropine, etc.) qui ont un effet stimulant sur le cœur ;

5. l'amniotite (la tachycardie fœtale peut être le premier signe d'une infection intra-utérine (Murray, 1997)) ;

6. l'hyperthyroïdie maternelle (la thyréostimuline peut traverser le placenta et stimuler la FCF) ;

7. l'anémie fœtale (la FCF augmente pour compenser la perfusion tissulaire).

On considère que la tachycardie est inquiétante si elle s'accompagne de décélérations tardives, de décélérations variables graves ou d'une diminution de la variabilité. Si la tachycardie fœtale est associée à une hyperthermie maternelle, on la traite par antipyrétiques et/ou par antibiotiques.

La **bradycardie fœtale** est une FCF de moins de 110 à 120 bpm qui dure 10 minutes ou plus. La bradycardie fœtale peut notamment être causée par (Parer, 1999 ; Schmidt, 2000) :

1. l'hypoxie fœtale tardive (profonde) – dépression de l'activité du myocarde ;

2. l'hypotension maternelle, qui réduit l'apport sanguin au fœtus ;

3. la compression prolongée du cordon ombilical – les barorécepteurs fœtaux sont activés par la compression, ce qui produit une stimulation vagale qui entraîne un ralentissement de la FCF ;

4. l'arythmie fœtale, qui est associée à un bloc cardiaque complet chez le fœtus.

La bradycardie peut être bénigne ou alarmante (préterminale). Si la variabilité continue est moyenne, on la considère comme bénigne, mais une bradycardie accompagnée d'une diminution de la variabilité continue et de décélérations tardives dénote une souffrance fœtale avancée et est donc alarmante (Parer, 1999).

Variabilité

La *variabilité de référence* mesure l'interaction des systèmes nerveux sympathique et parasympathique (effet accélérateur-ralentisseur). La variabilité de la fréquence cardiaque fœtale peut être passagère ou continue. La **variabilité passagère (VP)** est une modification de la FCF d'un battement à l'autre. Elle correspond à des fluctuations de la FCF de référence ; on ne peut la mesurer que par des moyens internes (électrode sur le cuir chevelu fœtal) et, selon le cas, on la dit présente ou absente. La **variabilité continue (VC)** se traduit sur le tracé de la FCF par des fluctuations rythmiques ou ondulantes (appelées cycles) qui se produisent de trois à cinq fois par minute. La variabilité continue peut être absente, décroissante, moyenne, croissante ou prononcée (figure 16-11 ▶). Il est très important d'interpréter la variabilité, car, tant qu'elle reste normale, on sait que le fœtus ne souffre pas d'asphyxie cérébrale, même si le tracé de la FCF est suspect ou anormal (Murray, 1997).

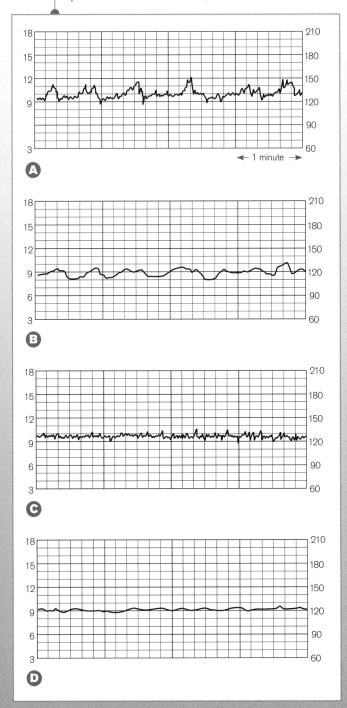

FIGURE 16-11 ▶ Variabilité passagère et continue de la FCF. **A.** Augmentation de la VC ; présence de VP. **B.** VC moyenne ; absence de VP. **C.** Absence de VC ; présence de VP. **D.** VC nulle ; absence de VP.

Les causes de la diminution de la variabilité sont notamment (Parer, 1999) :

1. l'hypoxie et l'acidose fœtales (diminution de l'apport sanguin au fœtus) ;

2. l'administration à la mère de certains médicaments, comme le chlorhydrate de mépédrine (Demerol), le diazépam (Valium) ou l'hydroxyzine (Atarax), qui dépriment le système nerveux central du fœtus ;

3. le cycle du sommeil fœtal (durant le sommeil fœtal, la variabilité continue diminue ; les cycles du sommeil fœtal durent habituellement de 20 à 30 minutes) ;

4. une grossesse de moins de 32 semaines (le système neurologique fœtal, qui détermine la fréquence cardiaque, est immature).

Les causes de l'augmentation de la variabilité sont notamment (Parer, 1999) :

1. une légère hypoxie précoce (la variabilité augmente pour la compenser) ;

2. la stimulation fœtale (stimulation du système nerveux autonome due à la palpation abdominale, à un toucher vaginal, à l'application de l'électrode à spirale sur la tête fœtale ou à une stimulation acoustique).

Une diminution de la variabilité qui ne semble pas associée à un cycle de sommeil fœtal ou à l'administration de médicaments peut être un signe de souffrance fœtale. En substance, elle est particulièrement inquiétante si elle s'accompagne de décélérations tardives.

Le monitorage fœtal électronique externe ne permet pas d'évaluer adéquatement la variabilité passagère. Lorsque le moniteur indique qu'elle diminue, on doit envisager l'installation d'une électrode à spirale sur le cuir chevelu fœtal pour d'obtenir des données plus précises.

Accélérations

Les **accélérations** sont des élévations passagères de la FCF normalement causées par les mouvements fœtaux. Lorsque le fœtus bouge, sa fréquence cardiaque augmente, tout comme celle des adultes augmente à l'effort. Les accélérations accompagnent souvent les contractions utérines ; elles résultent alors généralement des mouvements fœtaux en réaction à la pression des contractions. Les accélérations de ce type sont considérées comme un signe que le fœtus se porte bien et que sa réserve d'oxygène est adéquate. L'examen de réactivité fœtale (voir le chapitre 14) repose sur les accélérations associées aux mouvements fœtaux.

Décélérations

Les **décélérations** sont des diminutions périodiques de la FCF par rapport à la fréquence de référence normale. On les classe en trois catégories — précoces, tardives et variables —

selon le moment où elles surviennent dans le cycle des contractions et la forme des ondes qu'elles produisent (figure 16-12 ▶). Lorsque la tête du fœtus est comprimée, l'irrigation sanguine du cerveau diminue, ce qui provoque une stimulation vagale centrale, puis une décélération précoce. Les **décélérations précoces** commencent avant les contractions utérines et se traduisent par un tracé uniforme; habituellement considérées comme bénignes, elles ne nécessitent aucune intervention.

Les **décélérations tardives** sont dues à une insuffisance utéroplacentaire résultant de la réduction de l'apport en sang et en oxygène transféré au fœtus par la chambre intervilleuse lors des contractions utérines. La décélération commence après le début de la contraction utérine et donne un tracé uniforme, qui tend à refléter les contractions utérines qui lui sont associées. Un tracé montrant des décélérations tardives est considéré comme un signe inquiétant, mais qui n'exige pas nécessairement un accouchement immédiat.

Les **décélérations variables** se produisent lorsque le cordon ombilical est comprimé, ce qui réduit la circulation sanguine utéroplacentaire. L'élévation de la résistance périphérique de la circulation fœtale qui s'ensuit provoque une hypertension chez le fœtus. L'hypertension fœtale stimule les barorécepteurs de l'arc aortique et des sinus carotidiens, ce qui ralentit la FCF. Le début des décélérations variables survient à

FIGURE 16-12 ▶ Types de décélérations et caractéristiques des décélérations précoces, tardives et variables. *Source*: Hon, E. (1976), *An Introduction to Fetal Heart Rate Monitoring*, 2ᵉ éd., Los Angeles, University of Southern California School of Medicine , p. 29.

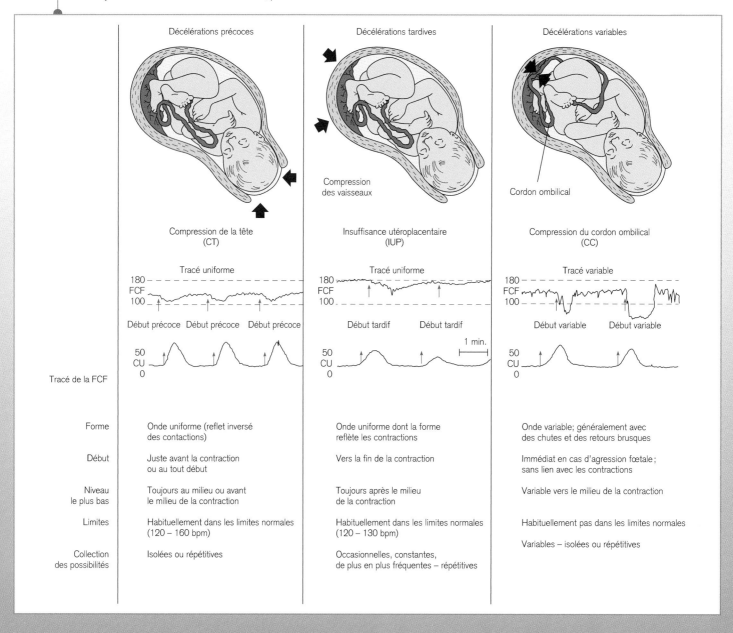

divers moments par rapport au début des contractions. Le tracé ainsi obtenu étant variable, une évaluation plus poussée s'impose. Le tableau 16-2 résume les interventions infirmières nécessaires en cas de décélérations tardives et de décélérations variables de la FCF.

Le *tracé sinusoïdal* ressemble à une onde. Parmi ses caractéristiques, on note la présence de variabilité continue, l'absence de variabilité passagère et des accélérations associées aux mouvements fœtaux. Un tel tracé est associé à l'allo-immunisation Rh, à l'anémie fœtale et à l'hémorragie fœtale chronique. Il peut également résulter de l'administration d'un médicament comme la mépédrine (Demerol) – auquel cas il est habituellement temporaire (Kang et Boehm, 1999 ; Murray, 1997) (voir la figure 16-11D ▶).

Réactions psychologiques au monitorage fœtal électronique

Les réactions au monitorage fœtal électronique sont variées et complexes. Si elles n'ont pas suivi de cours prénataux où l'on

---

Tableau 16-2

Directives pour la prise en charge des décélérations variables tardives et prolongées

Tracé	Interventions infirmières
Décélérations variables	Transmettre les données au médecin ou à la sage-femme et les consigner au dossier.
Décélérations isolées ou occasionnelles	Expliquer ce qui se passe à la femme et à son conjoint.
Décélérations modérées	Installer la mère dans la position où le tracé montre la plus grande amélioration de la FCF.
	Interrompre, s'il y a lieu, l'administration d'ocytocine si les décélérations variables persistent malgré les autres interventions.
	Faire un toucher vaginal pour écarter la possibilité d'une procidence du cordon, d'une modification dans le déroulement du travail ou d'un accouchement imminent.
	Surveiller continuellement la FCF pour évaluer le tracé en cours et les modifications subséquentes.
Décélérations graves et impossibles à corriger	Administrer de l'oxygène, au besoin.
	Transmettre les données au médecin ou à la sage-femme et les consigner au dossier.
	Expliquer ce qui se passe à la femme et à son conjoint.
	Envisager la possibilité d'une césarienne. Observer les directives qui suivent.
	Se préparer à un accouchement vaginal, sauf si la variabilité de référence diminue ou si la FCF augmente graduellement, auquel cas un accouchement par césarienne, forceps ou ventouse est indiqué.
	Assister le médecin s'il effectue un prélèvement du sang fœtal.
	Se préparer à une césarienne si les résultats du prélèvement du sang fœtal indiquent une acidose ou une tendance à la baisse du pH.
Décélérations tardives	Transmettre les données au médecin ou à la sage-femme et les consigner au dossier.
	Expliquer ce qui se passe à la femme et à son conjoint.
	Surveiller les modifications du tracé de la FCF.
	Maintenir la femme en décubitus latéral gauche.
	Augmenter l'administration de liquides intraveineux pour maintenir le volume sanguin et l'hydratation (solution saline normale, lactate de Ringer ou autre solution).
	Interrompre, s'il y a lieu, l'administration d'ocytocine si les décélérations tardives persistent malgré les autres interventions.
	Administrer de l'oxygène par masque facial à raison de 7 à 10 L/min.
	Surveiller la tension artérielle et le pouls de la mère pour déceler les signes d'hypotension ; au besoin, augmenter le débit des liquides intraveineux pour traiter l'hypotension.
	Traiter l'hypotension selon les directives du médecin, s'il est présent.
	Évaluer la progression du travail (dilatation et station).
	Assister le médecin s'il effectue un prélèvement du sang fœtal. Si le pH reste supérieur à 7,25, le médecin continuera la surveillance et fera un nouveau prélèvement ; si le pH tend à baisser (entre 7,25 et 7,20), ou est inférieur à 7,20, se préparer le plus promptement possible à un accouchement.

Tableau 16-2 (suite)

Directives pour la prise en charge des décélérations variables tardives et prolongées (suite)

Tracé	Interventions infirmières
Décélérations tardives avec tachycardie ou diminution de la variabilité	Transmettre les données au médecin ou à la sage-femme et les consigner au dossier.
	Garder la femme en décubitus latéral gauche.
	Administrer de l'oxygène par masque facial à raison de 7 à 10 L/min.
	Interrompre, s'il y a lieu, l'administration d'ocytocine.
	Évaluer la tension artérielle et le pouls de la mère.
	Augmenter l'administration de liquides intraveineux (solution saline normale ou lactate de Ringer).
	Évaluer la progression du travail (dilatation et station).
	Se préparer à une césarienne immédiate.
	Expliquer le plan thérapeutique à la femme et à son conjoint.
	Assister le médecin s'il effectue un prélèvement du sang fœtal.
Décélérations prolongées	Pratiquer un toucher vaginal pour exclure la possibilité d'une procidence du cordon ombilical et/ou pour évaluer la progression du travail.
	Modifier la position de la parturiente pour essayer de réduire les décélérations.
	Interrompre, s'il y a lieu, l'administration d'ocytocine.
	Administrer de l'oxygène par masque facial à raison de 7 à 10 L/min.
	Transmettre les données au médecin ou à la sage-femme et les consigner au dossier.
	Expliquer ce qui se passe à la femme et à son conjoint.
	Augmenter l'administration de liquides intraveineux (solution saline normale ou lactate de Ringer).
	En cas d'hypertonicité, administrer, s'il y a lieu, le tocolytique prescrit par le médecin ou la sage-femme.
	Si la FCF était normale avant la décélération du cœur, s'attendre à ce qu'elle revienne à la normale après la contraction.
	Si la FCF était anormale avant la décélération ou si celle-ci dure plus de trois minutes, aviser le médecin ou la sage-femme et se préparer à intervenir.

a abordé le sujet, les clientes savent généralement peu de choses de cette forme de surveillance. Certaines y réagissent positivement, car elles y voient un moyen de s'assurer que «le bébé se porte bien» ou qu'on détectera promptement d'éventuels problèmes durant le travail. D'autres éprouvent des sentiments ambivalents ou même négatifs à l'égard du monitorage : certaines trouvent qu'il dérange un processus naturel et n'apprécient pas cette intrusion; d'autres pensent que le temps et l'attention qu'on accorde au moniteur seraient mieux employés aux soins infirmiers; d'autres encore ont le sentiment que tout ce matériel, ces fils et ces bruits augmentent leur anxiété. Enfin, le désagrément de rester allongée dans la même position et la peur de lésions chez le bébé sont d'autres objections courantes au monitorage fœtal électronique.

Responsabilités de l'infirmière

Le principal avantage de la technologie réside dans sa capacité à expliquer – et parfois à prédire – avec précision des modèles ou des problèmes, mais cet avantage risque de déshumaniser la relation entre l'infirmière et la cliente (Bernardo, 1998). Il devient donc d'autant plus important de considérer chaque rencontre avec la femme enceinte, son conjoint et ses proches comme une occasion de faire de l'enseignement et de promouvoir l'autonomisation, y compris lorsqu'on a recours à la technologie. L'infirmière peut établir une relation de confiance avec la cliente en la renseignant au besoin, en répondant à ses questions et en l'encourageant à prendre des décisions. L'établissement de ce lien repose sur la conscience qu'a l'infirmière de l'intégrité de la cliente et du pouvoir guérisseur de chaque moment passé avec elle. Pour l'infirmière qui a cette conscience, la routine n'existe pas; chaque famille devient unique, spéciale, et chaque moment passé avec elle devient une occasion d'enseignement.

La technologie a progressé très rapidement dans le domaine de l'obstétrique, et chacune de ses avancées représente un défi pour l'infirmière, qui doit la comprendre et l'intégrer dans une pratique holistique. Le recours à la technologie en soins infirmiers est un phénomène inéluctable qui soulève d'innombrables questions sur l'évolution du rôle de l'infirmière. Mais il est certain que la reconnaissance et l'application de principes holistiques respectueux du corps, de l'esprit et de la spiritualité de chaque être humain ne peut qu'améliorer les soins infirmiers que nous donnons.

Avant d'installer le moniteur fœtal électronique, l'infirmière doit bien expliquer la raison de son utilisation et les données qu'il fournit. Dès que le moniteur est installé, elle doit inscrire, sur la bande de papier, les données suivantes : date, nom de la cliente, nom du médecin et/ou de la sage-femme, numéro de dossier, âge, gravida, para, DPA, état des membranes et signes vitaux. L'infirmière doit ensuite consigner tant sur la bande du moniteur qu'au dossier de la cliente tous les événements qui surviennent pendant le travail. En effet, ces informations aideront l'équipe de soins à évaluer l'état de la parturiente et à interpréter le tracé.

Voici les informations qu'il faut inscrire sur le tracé (American Academy of Pediatrics (AAP) et American College of Obstetricians and Gynecologists (ACOG), 1997) :

1. toucher vaginal (dilatation, effacement, station et position) ;
2. amniotomie ou rupture spontanée des membranes, couleur et quantité approximative du liquide amniotique ;
3. signes vitaux maternels ;
4. position de la mère dans le lit et changements de position ;
5. application d'une électrode à spirale ou d'un cathéter intra-utérin à pression ;
6. médicaments administrés ;
7. administration d'oxygène ;
8. comportements de la mère (vomissements, toux, hoquets) ;
9. stimulation du cuir chevelu fœtal ou prélèvement du sang fœtal ;
10. nature des vomissements ;
11. anesthésies.

De plus, il est essentiel de noter l'heure chaque fois qu'on ajoute une inscription sur la bande de papier, si le moniteur ne l'indique pas automatiquement. Chaque inscription devra être suivie des initiales de l'infirmière, s'il y en a plus d'une. Du point de vue juridique, le tracé fait partie du dossier et peut servir de preuve devant le tribunal.

Enfin, il importe que la femme sente qu'elle et son bébé sont le centre d'attention. L'infirmière répondra à ce besoin en la regardant et en lui parlant toujours avant de consulter le moniteur quand elle entre dans la chambre.

Interprétation des tracés de la fréquence cardiaque fœtale

Pour éviter d'interpréter les tracés de la FCF sur la base de données erronées ou inadéquates, l'infirmière doit adopter une approche systématique. Elle pourra ainsi faire une évaluation plus rapide et plus juste, communiquer plus facilement les données à la parturiente, au médecin ou à la sage-femme et au personnel soignant, et inscrire les données dans le dossier selon un code compris de tous.

Lorsqu'elle évalue les tracés du moniteur fœtal électronique, l'infirmière doit d'abord observer les contractions utérines. Pour ce faire, elle doit :

1. déterminer la tonicité de l'utérus au repos ;
2. évaluer les contractions : fréquence, durée, intensité (s'il y a monitorage interne).

L'étape suivante consiste à interpréter le tracé de la FCF. Pour ce faire, elle doit :

1. déterminer la fréquence de référence : Est-elle dans les limites de la normale ? Y a-t-il tachycardie ou bradycardie ?
2. déterminer la variabilité de la FCF : Y a-t-il présence ou absence de variabilité passagère ? La variabilité continue est-elle moyenne, minime, absente, modérée ou prononcée ?
3. déterminer s'il y a un tracé sinusoïdal.
4. déterminer s'il y a des modifications périodiques : Y a-t-il des accélérations ? Les critères d'un test de réactivité fœtale sont-ils réunis ? Y a-t-il des décélérations ? Leur tracé est-il uniforme ? Si oui, s'agit-il de décélérations précoces ou tardives ? Leur tracé est-il irrégulier ? Si oui, s'agit-il de décélérations variables ?

Après avoir ainsi évalué les tracés de la FCF, l'infirmière doit déterminer s'ils sont rassurants (normaux) ou inquiétants. Les tracés rassurants correspondent aux paramètres normaux et n'exigent ni intervention ni traitement. Leurs caractéristiques sont les suivantes :

- fréquence de référence : 120 - 160 bpm ;
- présence de variabilité passagère ;
- variabilité continue : de 3 à 5 cycles par minute – les modifications périodiques consistent en accélérations associées aux mouvements fœtaux et, possiblement, en décélérations précoces.

Les tracés inquiétants peuvent indiquer que le fœtus subit un stress et qu'une intervention est nécessaire. Ils peuvent présenter les caractéristiques suivantes :

- décélérations variables graves (la FCF descend sous 80 bpm durant plus de 30 à 45 secondes et est accompagnée d'une augmentation de la fréquence de référence, d'une diminution de la variabilité ou d'un retour lent à la fréquence de référence) ;
- décélérations tardives, quelle que soit leur amplitude ;
- absence de variabilité (passagère ou continue) ;
- décélérations prolongées (durant 60 à 90 secondes ou davantage) ;
- bradycardie prononcée (FCF de référence : 80 bpm ou moins).

Les tracés inquiétants peuvent exiger un monitorage continu et des interventions et des traitements plus complexes (voir le tableau 16-2).

Il est vital d'informer la parturiente des résultats de l'évaluation de la FCF et, le cas échéant, des interventions à entreprendre pour aider son fœtus. La plupart des clientes se rendent compte de ce qui se passe ; il faut leur expliquer clairement qu'un problème potentiel ou réel a été détecté et qu'elles peuvent participer activement aux interventions susceptibles de le corriger. Il arrive qu'un problème exige une intervention immédiate ; dans ce cas, l'infirmière pourra dire à la parturiente : « Il faut que vous vous tourniez tout de suite sur le côté gauche parce que le bébé éprouve un peu de difficulté ; je vais vous expliquer ce qui se passe dans un moment. » Ce type d'explication indique à la femme que, même s'il faut agir rapidement, elle saura bientôt à quoi s'en tenir. Même lorsqu'il faut intervenir très vite, l'infirmière et les autres soignants ne doivent jamais oublier qu'ils s'agit du corps et du bébé de la cliente.

Épreuve de stimulation du cuir chevelu fœtal

Lorsqu'on a des doutes sur l'état du fœtus, on peut d'abord recourir à l'épreuve de stimulation du cuir chevelu fœtal, qui est une intervention moins effractive que le prélèvement du sang fœtal. Pour cette épreuve, l'examinateur exerce une pression sur le cuir chevelu fœtal lors d'un toucher vaginal ; le fœtus qui ne présente ni stress ni souffrance y réagit par une accélération de la FCF (Cunningham *et al.*, 2001).

Prélèvement de sang fœtal sur le cuir chevelu

Quand on observe des tracés de la FCF déconcertants ou inquiétants, on doit évaluer l'équilibre acidobasique du fœtus. Pour obtenir ce type de données, le médecin doit faire un **prélèvement de sang fœtal (PSF).** Le prélèvement se fait habituellement sur le cuir chevelu, mais peut aussi se faire sur les fesses en cas de présentation du siège (Gilstrap, 1999).

Le prélèvement ne peut être effectué que lorsque les conditions suivantes sont réunies : les membranes sont rompues, le col est dilaté d'au moins 2 à 3 cm et la présentation n'est pas au-dessus de la station −2. Notons qu'on ne pratique pas cette intervention lorsque les tracés de la FCF sont alarmants. Elle est contre-indiquée en cas d'urgence ou de saignement vaginal, car un accouchement immédiat s'impose alors.

Durant le travail, les valeurs normales du pH fœtal doivent être supérieures à 7,25. Un pH de 7,20 à 7,25 est considéré comme préacidosique et exige un autre prélèvement. Un pH inférieur à 7,20 est inquiétant et nécessite un accouchement immédiat (Gilstrap, 1999).

Plus le tracé du moniteur fournit des informations sur la fréquence cardiaque fœtale, moins le PSF est justifié. Cette intervention d'appoint n'est indiquée que si on n'arrive pas à interpréter le tracé de la FCF, ou si ce dernier indique une détérioration de l'état du fœtus ou des risques élevés. Le PSF peut éviter une césarienne inutile. Parfois, un saturomètre est installé dans l'utérus sur la joue du fœtus afin de connaître sa saturométrie.

Le chapitre en bref

Notions fondamentales

- L'évaluation pendant le travail consiste à observer les paramètres physiques, culturels et psychosociaux de la parturiente, à évaluer l'état du fœtus et à suivre l'évolution des facteurs de risque pour la mère et son fœtus.

- Le toucher vaginal permet de déterminer l'état des membranes amniotiques, la dilatation et l'effacement du col ainsi que la présentation, la position et la station fœtales.

- On peut évaluer les contractions utérines par la palpation ou par le monitorage électronique.

- Les manœuvres de Léopold permettent une évaluation systématique de la présentation et de la position fœtales.

- On peut aussi évaluer la présentation et la position du fœtus par un toucher vaginal ou par une échographie.

- On peut évaluer la fréquence cardiaque fœtale par auscultation (avec un fœtoscope ou un Doppler) ou par monitorage électronique fœtal.

- Le monitorage électronique fœtal se fait au moyen des ultrasons (monitorage indirect) ou d'une électrode à spirale fixée sur la présentation fœtale (monitorage direct).

- Le monitorage électronique est indiqué en présence de certains facteurs fœtaux, maternels et utérins, de complications de la grossesse et d'anesthésie régionale ; il peut également être électif.

- Seul le monitorage électronique direct permet d'évaluer la variabilité passagère de la FCF.

- La fréquence cardiaque fœtale de référence est la fréquence cardiaque moyenne observée entre les contractions pendant une période de 10 minutes.

- La fréquence cardiaque fœtale normale se situe entre 120 et 160 battements par minute.

- Les modifications de la fréquence cardiaque fœtale de référence comprennent la tachycardie, la bradycardie et la variabilité.

- La tachycardie fœtale se définit comme une FCF de 161 battements par minute ou plus pendant une période de 10 minutes.

- La bradycardie se définit comme une FCF inférieure à 120 battements par minute pendant une période de 10 minutes.

- La variabilité de la fréquence de référence est un paramètre important dans l'évaluation du bien-être fœtal. Cette variabilité peut être passagère ou continue.

- Les modifications périodiques sont les accélérations et les décélérations transitoires de la FCF par rapport à la fréquence de référence. Les accélérations sont normalement causées par les mouvements du fœtus ; les décélérations peuvent être précoces, tardives, variables ou sinusoïdales.

- Les décélérations précoces sont dues à la compression de la tête fœtale au cours des contractions ; elles sont considérées comme rassurantes.

- Les décélérations tardives sont provoquées par l'insuffisance utéroplacentaire ; elles sont considérées comme alarmantes.

- Les décélérations variables sont associées à la compression du cordon ombilical et exigent une évaluation plus approfondie.

- Le tracé sinusoïdal se caractérise par une onde en forme de S.

- Les réactions psychologiques des parturientes au monitorage varient : certaines le trouvent rassurant, et d'autres, astreignant.

- Les infirmières en obstétrique doivent interpréter les différents tracés de la fréquence cardiaque fœtale, signaler les problèmes au médecin ou à la sage-femme et prendre, au besoin, l'initiative des mesures de correction et de soutien nécessaires.

- Lorsqu'on a des doutes sur l'état du fœtus, on peut recourir à l'épreuve de stimulation du cuir chevelu fœtal.

- Le prélèvement du sang fœtal permet d'évaluer l'équilibre acidobasique du fœtus.

Références

AMERICAN ACADEMY OF PEDIATRICS et AMERICAN COLLEGE OF OBSTETRICIANS AND GYNECOLOGISTS (1997). *Guidelines for prenatal care,* 4e édition, Washington, chez l'auteur.

AUSTIN, G., R. GALLOP, E. McCAY, C. PETERNELJ-TAYLOR et M. BAYER (1999). « Culturally competent care for psychiatric clients who have a history of sexual abuse », *Clinical Nursing Research, 8,* p. 5-25.

AWHONN (1998). *Standards for professional Nursing. Practice in the Care of Women anf Newborn,* 5e édition.

BERNARDO, A. (1998). «Technology and true presence in nursing », *Holistic Nursing Practice,* 12, p. 40-49.

BURRIAN, J. (1995). «Helping survivors of sexual abuse through labor », *Maternal-Child Nursing Journal,* 20(5), p. 252-255.

CALLISTER, L. C. (2001). « Culturally competent care of women and newborns : knowledge, attitude, and skills », *Journal of Obstetric, Gynecologic, and Neonatal Nursing,* 30(2), p. 209-215.

CUNNINGNHAM F. G., N. F. GANT, K. J. LEVENO, L. C. GILSTRAP III, J. C. HAUTH ET K. D. WENSTROM (2001). *Williams Obstetrics,* 21e éd., New York, McGraw-Hill.

FEINSTEIN, N. (2000). « Fetal heart rate auscultation : Current and future practice », *Journal of Obstetric and Gynecological Nurses,* 29(3), p. 306-314.

GILSTRAP, L. (1999). «Fetal acid-base balance », *in* R. K. Creasy et R. Resnik (dir.), *Maternal-fetal medicine,* 4e éd., Philadelphie, Saunders, p. 331-340.

KANG, A. H., et F. H. BOEHM (1999). «The clinical significance of intermittent sinusoidal fetal heart rate », *American Journal of Obstetrics and Gynecology,* 180, p. 151-152.

McFARLAND, J., et E. GONDOLF (1998). «Preventing abuse during pregnancy : A clinical protocol », *Maternal-child Nursing Journal,* 23, p. 22-26.

MURRAY, M. (1997). *Antepartal and interpartal fetal monitoring,* 2e éd., Albuquerque, Learning Resources International.

PARER, J. (1999). «Fetal heart rate », *in* R. K. Creasy et R. Resnik (dir.), *Maternal-fetal medicine,* 4e éd., Philadelphie, Saunders, p. 270-299.

PARER, J., et T. KING (2000). «Fetal heart rate monitoring : Is it salvageable ? », *American Journal of Obstetrics and Gynecology, 182*(4), p. 982-987.

SCHMIDT, J. (2000) «Intrapartal fetal assessment », *in* S. Mattson et J. E. Smith (dir.), *Maternal-newborn nursing,* 2e éd., Philadelphie, Saunders, p. 271-299

SENG, J. S., D. J. OAKLEY, C. M. SAMSELLE, C. KILLION, S. GRAHAM-BERMANN et I. LIBERZON (2001). «Post-traumatic stress disorder and pregnancy complications », *Obstetrics & Gynecology, 97*(1), p. 17-22.

Lecture complémentaire

BRULÉ, M., et L. CLOUTIER (DIR.) (2002). *L'examen clinique dans la pratique infirmière,* Saint-Laurent, Éditions du Renouveau Pédagogique.

La famille pendant le travail et l'accouchement : besoins et soins

Objectifs

- Déterminer la base de données à créer à partir de l'information obtenue lors de l'admission d'une cliente à l'unité d'obstétrique

- Récapituler les soins infirmiers à donner au moment de l'admission

- Décrire les interventions infirmières visant à répondre aux besoins physiologiques et psychologiques de la femme à chaque stade du travail

- Comparer les mesures visant à favoriser le bien-être de la femme pendant les premier et deuxième stades de l'accouchement

- Résumer les besoins immédiats du nouveau-né après la naissance

- Décrire la prise en charge d'un accouchement précipité

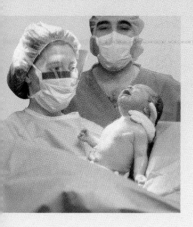

UN ENFANT VA BIENTÔT NAÎTRE. L'attente prend fin, car le travail s'est déclenché. Les rêves et les désirs des derniers mois pâlissent devant la réalité des tâches qui attendent les futurs parents : la naissance et l'éducation de leur enfant.

Les conjoints sont sur le point de vivre l'une des expériences les plus importantes et les plus stressantes de leur vie ; leur préparation à l'accouchement ainsi que les mécanismes d'adaptation, de communication et de soutien qu'ils ont élaborés en tant que couple seront bientôt mis à l'épreuve. La femme, en particulier, peut avoir l'impression qu'elle s'apprête à toucher les limites de ses ressources psychologiques et physiques (Stern et Bruschweiler-Stern, 1998). Le défi est encore plus grand pour la femme seule, surtout si elle ne peut pas s'appuyer sur un réseau de soutien solide.

Les conjoints se sont aussi informés sur les divers lieux d'accouchement possibles, et ils ont pris des décisions à ce sujet. Pour répondre à la tendance actuelle de l'accouchement centré sur la famille, beaucoup de centres hospitaliers ont aménagé des chambres où la femme peut rester pendant le travail, l'accouchement, le post-partum immédiat (chambre de naissance) et, parfois même, pendant tout son séjour (chambre de maternité).

L'atmosphère des chambres de naissance ou de maternité est plus décontractée que celle de la salle de travail traditionnelle, et les familles y semblent plus à l'aise. L'absence de déplacement de la salle de travail à la salle d'accouchement permet à la femme de s'approprier les lieux de l'accouchement et favorise la participation des proches. Les chambres de naissance et de maternité sont généralement équipées d'un lit qu'on peut transformer en lit d'accouchement en enlevant une section à son pied. La décoration est conçue de façon à reproduire une ambiance familiale à la fois sécurisante et détendue.

Les soins infirmiers en périnatalité se sont eux aussi adaptés à cette nouvelle façon d'envisager l'accouchement. Les infirmières de l'unité d'obstétrique ont maintenant l'occasion d'utiliser pleinement toutes leurs compétences et de donner des soins individualisés de haute qualité tant à la femme qui accouche entourée de sa famille qu'à celle qui accouche seule.

Les deux chapitres précédents présentaient de l'information sur les changements physiologiques et psychologiques qui surviennent durant le travail et l'accouchement, ainsi que sur l'évaluation nécessaire. Le présent chapitre se penche sur les soins infirmiers durant le travail et l'accouchement, qui sont résumés dans le Cheminement clinique *qu'on trouve à la page 460.*

Les diagnostics infirmiers durant le travail et l'accouchement

L'infirmière peut élaborer un plan de soins global qui comprend les quatre stades du travail et de l'accouchement, ou encore, un plan pour chaque stade. Le plan global présente un survol de l'ensemble du processus, tandis que celui qui fait état des diagnostics infirmiers s'appliquant à chaque stade permet de déterminer plus précisément les soins qui s'imposent. Voici quelques exemples de diagnostics infirmiers possibles :

Au premier stade

- peur reliée à la douleur du travail et à l'incertitude quant à son issue ;

- douleur reliée aux contractions utérines, à la dilatation cervicale et à la descente fœtale ;

- manque de connaissances sur le processus normal de l'accouchement et sur les mesures qui améliorent le bien-être.

Aux deuxième et troisième stades

- douleur reliée aux contractions utérines, au processus de l'accouchement et/ou à un trauma du périnée pendant l'accouchement ;

- manque de connaissances sur les façons de pousser avant l'accouchement ;

- peur reliée à l'incertitude quant à l'issue de l'accouchement.

Au quatrième stade

- douleur reliée à un trauma du périnée et/ou aux tranchées post-partum chez la multipare;

- manque de connaissances sur le processus d'involution et sur les autosoins requis;

- perturbation de la dynamique familiale reliée à l'intégration du nouveau-né.

Les soins infirmiers durant l'admission

Au cours des visites prénatales, la femme a appris qu'elle devait se rendre au centre hospitalier si l'une des situations suivantes se produisait:

- rupture des membranes (RM);

- contractions utérines régulières et fréquentes (chez la nullipare, toutes les 5 minutes depuis 1 heure et, chez la multipare, toutes les 10 à 15 minutes depuis 1 heure);

- saignement vaginal.

La parturiente et son conjoint ou une autre personne clé redoutent souvent de ne pas arriver à l'unité des naissances à temps pour l'accouchement. Parfois, le travail est déjà avancé et l'accouchement, imminent, mais la cliente est généralement au tout début du travail lors de son admission. Si elle en a le temps et si la famille n'est pas bien au fait de ce qui se passera durant le travail, l'infirmière pourra les renseigner. (Voir le *Guide d'enseignement: À quoi s'attendre durant le travail*, p. 463; et les fiches d'enseignement «Les soins infirmiers au cours du travail», «Les techniques de respiration durant le travail» et «Le monitorage de la fréquence cardiaque fœtale».)

La manière dont l'infirmière accueille la cliente et son conjoint ou la personne qui la soutiendra influe sur tout son séjour au centre hospitalier. Le changement de milieu soudain ainsi que le côté parfois impersonnel et technique du processus d'admission peuvent engendrer un stress profond. La cliente qu'on a accueillie de façon bourrue sera moins portée à rechercher le soutien de l'infirmière. Par contre, un accueil calme et aimable montre à la cliente qu'on lui accorde de l'importance et donne confiance au couple quant à la capacité du personnel de donner des soins de qualité en ce moment crucial.

Après l'avoir accueillie, l'infirmière conduit la femme dans la chambre de naissance et lui indique rapidement où sont les commodités – toilettes, coin repos, téléphone public, bouton d'appel, etc. – pour qu'elle et ses proches se sentent plus à l'aise. Elle explique également le fonctionnement du moniteur et des autres appareils ou dispositifs techniques. Il importe de tout faire pour démystifier le nouvel environnement. Certaines femmes souhaitent que leur conjoint reste à leurs côtés pendant le processus d'admission, alors que d'autres préfèrent qu'il attende à l'extérieur de la pièce.

Pendant qu'elle aide la femme à se déshabiller et à revêtir une chemise d'hôpital, l'infirmière peut commencer à converser avec elle pour établir une relation et collecter les données dont elle a besoin. L'infirmière en obstétrique expérimentée n'a besoin que de quelques minutes pour obtenir l'information essentielle sur la cliente et sur sa grossesse, entreprendre au besoin des interventions immédiates et établir des priorités personnalisées. Formuler des objectifs réalistes pour la parturiente représente pour l'infirmière une tâche particulièrement difficile, car les mécanismes d'adaptation et les réseaux de soutien diffèrent d'une femme à l'autre.

Plusieurs procédés routiniers pour les professionnels de la santé peuvent être inconnus de la parturiente. On ne doit jamais oublier que toute femme a le droit de décider de ce qui arrive à son corps, et qu'il est essentiel d'obtenir son consentement éclairé avant d'entreprendre toute intervention qui nécessite un contact physique.

Si cela est indiqué, on aide la femme à s'installer au lit. Plus confortables que le décubitus dorsal, la position semi-Fowler et le décubitus latéral gauche préviennent le syndrome utérocave. Une fois qu'elle a collecté les informations nécessaires en consultant la cliente et son dossier, l'infirmière commence l'évaluation initiale relative au travail et à l'accouchement. (Le chapitre 16 décrit en détail l'évaluation pendant le travail et l'accouchement.)

- Vaut-il mieux privilégier la marche ou le repos au lit?

- Est-il nécessaire d'évaluer plus souvent l'état de la femme et du fœtus?

- Que désire la femme pendant son travail et son accouchement?

- Est-elle accompagnée d'une personne clé?

- Quels sont les besoins particuliers de la femme et de son conjoint?

L'infirmière ausculte la FCF. (Le chapitre 16 présente des explications détaillées sur la surveillance de la fréquence cardiaque fœtale.) Elle prend les signes vitaux de la parturiente (tension artérielle, pouls, respirations et température buccale) et évalue la fréquence, la durée et l'intensité des contractions (ce qu'elle peut faire tout en collectant d'autres données). Avant de procéder au toucher vaginal stérile, elle explique à la parturiente la nature et l'utilité de ce procédé; après l'examen, elle l'informe des résultats. Si la parturiente présente des signes de travail avancé (contractions fréquentes, légère perte sanguine, envie de pousser, etc.), le toucher vaginal doit être effectué sans tarder. Par contre, si elle présente des signes d'hémorragie ou si elle fait état de saignements indolores pendant le dernier trimestre, le toucher vaginal est *contre-indiqué*.

Les résultats de l'auscultation de la FCF, de l'évaluation des contractions utérines et du toucher vaginal permettent de déterminer si le processus d'admission peut se poursuivre sans hâte ou si d'autres interventions s'imposent. Par exemple, si la fréquence cardiaque fœtale, régulière ou non, est de moins de

Cheminement clinique pour les quatre stades de l'accouchement

Catégorie	Premier stade	Deuxième et troisième stades	Quatrième stade De 1 à 4 h après la naissance
Orientation	Consulter le dossier prénatal. Prévenir la sage-femme ou le médecin de l'admission de la femme.	Noter au dossier l'évolution et consulter les données relatives au premier stade.	Transmettre les données à l'infirmière de la salle de réveil ou du post partum immédiat (si ce n'est pas elle qui a assisté à la naissance). **Résultat escompté** Les ressources appropriées auront été trouvées et utilisées.
Évaluation	*Admission* Problèmes survenus depuis la dernière visite ; progression du travail (fréquence et durée des contractions) ; état des membranes (intactes ou rompues) ; degré d'adaptation ; soutien ; désirs de la cliente quant au travail et à l'accouchement ; capacité d'exprimer verbalement ses besoins ; épreuves de laboratoire (analyse du sang et de l'urine). *Travail et accouchement* Dilatation du col : de 1 à 10 cm ; nullipares (1,2 cm/h), multipares (1,5 cm/h). Effacement du col : de 0 % à 100 %. Descente fœtale : progression de −4 à +4. État des membranes : intactes ou rompues. Rompues : réaction positive à la nitrazine, liquide amniotique clair et sans odeur nauséabonde. Niveau de douleur : la cliente se dit capable de supporter les contractions. Caractéristiques comportementales : expressions faciales, ton de voix et expression verbale concordant avec le degré de douleur et la capacité d'adaptation. *Phase de latence* • TA, pouls, respirations q1h si normaux (TA <90 – 140/60 – 90 ou aucune augmentation systolique >30 mm Hg ou diastolique >15 mm Hg au-dessus de la valeur de référence ; pouls 60 – 90; respirations 12 – 20/min, calmes et faciles). • Température q4h; q2h si >37,6 °C ou si les membranes sont rompues. • Contractions utérines q30min (contractions q5 – 10 min, 15 – 40 s, faibles). • FCF q60min (femme à faible risque) et q30min (femme à risque élevé) si le tracé est rassurant (FCF de référence 120 – 160, présence de VP ; VC moyenne ; accélérations avec le mouvement fœtal ; absence de décélérations variables et de décélérations tardives). Si les évaluations ne sont pas rassurantes : décubitus latéral ; administration de O_2 ; surveillance de l'hypotension, surveillance continue, avis à la sage-femme ou au médecin. *Phase active* • TA, pouls, respirations q1h si normaux. • Température q4h; q2h si > 37,6 °C ou si les membranes sont rompues. • Contractions utérines q15 – 30min (contractions q2 – 3 min, 60 s, de modérées à fortes). • FCF q30min (femme à faible risque) et q15min (femme à risque élevé) si le tracé est rassurant. Sinon, commencer les interventions. *Phase de transition* • TA, pouls, respirations q30 min • Contractions utérines q15 – 30min (contractions q2min, 60 – 75 s, fortes) • FCF q15 – 30min (femme à faible risque) et q15min (femme à risque élevé) si le tracé est rassurant. Sinon, commencer les interventions.	*Deuxième stade* • TA, pouls, respirations q5 – 15 min. • Contractions utérines palpées continuellement. • FCF q15min (femme à faible risque) et q5min (femme à risque élevé) si le tracé est rassurant. Sinon, monitorage continu. • Descente fœtale : continue jusqu'à la naissance. • Caractéristiques comportementales : réaction aux efforts expulsifs ; expressions faciales ; expressions verbales. *Troisième stade* • TA, pouls, respirations q5 min. • Contractions utérines palpées occasionnellement jusqu'à la délivrance ; maintien de la fermeté du fond utérin et du rythme des contractions jusqu'à la délivrance. *Nouveau-né* • Évaluation de l'indice d'Apgar. • Respirations : 30 – 60, irrégulières. • Pouls apexien : 120 – 160, légèrement irrégulier. • Température cutanée : >36,5 °C ; axillaire : >36,5 °C • Cordon ombilical : deux artères, une veine (s'il y a une seule artère, évaluer les anomalies et la diurèse). • Âge gestationnel : 38 – 42 sem.	*Évaluations du post-partum immédiat q15 min pendant la première heure et q30 min pendant la deuxième heure.* • TA : doit retourner aux valeurs d'avant le travail ; pas de variation sinon <15 mm Hg / <10 mm Hg. • Pouls : légèrement plus lent que durant le travail ; 60 – 90 ; retour des valeurs d'avant le travail. • Respirations : 12 – 20/min, faciles, calmes. • Température : 36,2 °C – 37,6 °C. • Fond utérin ferme, situé au niveau de l'ombilic, sur la ligne médiane. • Lochies rouges ; quantité modérée ; <1 serviette par 15 min; absence d'écoulement abondant et de caillots après le massage. • Périnée : sutures intactes; absence de saillie ou d'œdème ; léger hématome possible ; absence de douleur intense au niveau du périnée et du rectum. • Absence de globe vésical ; élimination urinaire spontanée >100 mL ; urine claire, jaune paille ; vessie vide après la miction. • Hémorroïdes (s'il y en a) : absence de douleur et d'engorgement prononcé ; diamètre <2 cm. Niveau de douleur : <3 sur une échelle de 1 à 10. Niveau d'énergie : mère réveillée et capable de prendre le nouveau-né. *Nouveau-né (s'il reste avec ses parents)* • Respirations : 30 – 60; irrégulières. • Pouls apexien : 120 – 160; légèrement irrégulier. • Température cutanée : > 36,5 °C ; peau tiède au toucher. • Coloration de la peau : absence de cyanose. • Mucus : clair ; facile à aspirer avec une poire ou un cathéter DeLee sans qu'il y ait modification de la coloration de la peau. • Comportement : grande ouverture des yeux si l'éclairage est tamisé. • Mouvements rythmiques : absence de tremblement des mains. **Résultats escomptés** Les données recueillies indiqueront une évolution normale et sans complication.

TA = tension artérielle, FCF = fréquence cardiaque fœtale, MFE = monitorage fœtal électronique, VP = variabilité passagère, VC = variabilité continue, IV = intraveineuse.

Catégorie	Premier stade	Deuxième et troisième stades	Quatrième stade De 1 à 4 h après la naissance
Enseignement/ Aspects psychosociaux	Établir une relation de confiance. Faire visiter les lieux ; expliquer les évaluations et les interventions prévues. Répondre aux questions et informer. Familiariser la femme avec le MFE si on prévoit l'utiliser. Au besoin, enseigner des techniques de relaxation, de visualisation et de respiration. Expliquer les mesures qui peuvent améliorer le bien-être. Défendre les intérêts de la femme et de ses proches.	Expliquer les évaluations et les interventions prévues. Répondre aux questions et informer. Expliquer les mesures qui peuvent améliorer le bien-être. Continuer à défendre les intérêts de la femme et de ses proches.	Expliquer les évaluations immédiates et les soins subéquents. Enseigner l'automassage du fond utérin et ses résultats escomptés. Avertir la cliente qu'elle doit demander de l'aide si elle désire sortir de son lit. Commencer l'enseignement relatif au nouveau-né : poire, positionnement, maintien de la chaleur. Aider les parents à découvrir leur nouveau-né. Aider la mère à donner le sein pour la première fois. **Résultat escompté** La femme et son conjoint diront ou montreront qu'ils comprennent l'enseignement.
Soins infirmiers et notes au dossier	Cathétérisme vésical prn (en présence de globe vésical et si la parturiente est incapable d'uriner naturellement). S'il y a anesthésie régionale, surveiller la TA, la FCF et les sensations selon les directives cliniques. Informer continuellement la sage-femme ou le médecin de l'état de la parturiente. Rasage périnéal sur demande de la femme. Léger lavement sur demande de la femme. Touchers vaginaux stériles selon les indications.	Deuxième stade : cathétérisme vésical prn (en présence de globe vésical). S'il y a eu anesthésie régionale, continuer à surveiller la TA, la FCF et les sensations.	Cathétérisme vésical prn (en présence de globe vésical) 4 – 6 heures après l'accouchement. S'il y a eu anesthésie régionale, surveiller le retour des fonctions motrices et des sensations. Peser et conserver pour évaluation les serviettes hygiéniques si l'imbibition des lochies > 1 serviette par 15 min ; s'il y a présence de mollesse utérine et de caillots ; s'il y a ↓ de la TA et ↑ du pouls. **Résultats escomptés** Le bien-être physique et psychologique de la mère et du bébé sera préservé et soutenu. L'accouchement ne mettra en danger ni la mère ni l'enfant. La famille participera à l'événement autant qu'elle le désire.
Activité	Encourager la marche sauf s'il y a contre-indication et insister sur les changements de position. Maintenir la parturiente au lit immédiatement après l'administration d'un anti-douleur IV ou d'une anesthésie régionale. La femme repose dans une position confortable entre les contractions. Sa position doit faciliter la descente de la présentation.	Placer la femme dans une position confortable pour l'accouchement. La femme se repose dans une position confortable entre les efforts expulsifs et en attendant la délivrance.	Position confortable. **Résultats escomptés** La femme restera aussi active qu'elle le souhaite, sauf si l'activité est contre-indiquée. L'activité et le choix des positions augmenteront le bien-être de la femme. Si elle a eu une épidurale, attendre qu'elle sente ses jambes capables de la porter avant le premier lever (elle devra être accompagnée de 2 personnes).
Bien-être	*Mesures de bien-être* : marche, changements de position fréquents, effleurage, focalisation, respiration rythmée, visualisation, toucher thérapeutique, friction du dos, serviette humide sur le visage, stimulation tactile (tenir la main ou le bras), encouragements, changement d'alaise, douche, baignoire à remous, présence auprès de la cliente et de la famille, application d'une couverture chauffée sur le dos, pression sur la région sacrée. Offrir des analgésiques ou les administrer si la femme en fait la demande. Aider à l'administration d'une anesthésie régionale.	*Mesures de bien-être* • Au deuxième stade : serviette froide sur le front ; directives brèves et encouragements ; si nécessaire, soutien des jambes pendant les poussées ; position confortable pour pousser et pour accoucher. • Au troisième stade : serviette froide sur le front ; aide aux parents pour qu'ils voient le nouveau-né ; installation de la mère pour qu'elle puisse le prendre ; encouragements.	*Mesures de bien-être* • Douleur au périnée : lavage délicat et application de glace ; position qui diminue la pression sur le périnée. • Douleur utérine : palper doucement le fond utérin. • Hémorroïdes : application de glace. • Tremblements : couvertures chaudes. • Fatigue générale : encourager la mère à se reposer dans une position confortable ; lui faire prendre son nouveau-né. • Administration d'un anti-douleur. • Installation et aide pour le premier allaitement **Résultats escomptés** Le bien-être de la femme restera optimal. La douleur et les malaises de la femme seront soulagés efficacement.

Cheminement clinique pour les quatre stades de l'accouchement *(suite)*

Catégorie	Premier stade	Deuxième et troisième stades	Quatrième stade De 1 à 4 h après la naissance
Nutrition	Offrir de la glace concassée et des liquides clairs. Surveiller les signes de déshydratation. Offrir des aliments solides selon l'ordonnance.	Offrir de la glace concassée et des liquides clairs.	Alimentation habituelle si les données sont normales. Inciter la femme à s'hydrater. **Résultat escompté** Les besoins nutritionnels de la femme seront comblés.
Élimination	Miction au moins toutes les 2 h ; urine claire, jaune paille ; absence de protéines. Absence de globe vésical. La descente fœtale peut faire évacuer le rectum. Surveillance des ingesta et des excreta, s'il y a perfusion IV.	Miction ou défécation spontanée possible lors d'une poussée.	Miction spontanée. **Résultat escompté** La femme n'aura aucun problème d'élimination urinaire ou fécale.
Médicaments	Administrer la médication anti-douleur selon l'ordonnance. Préparer la femme pour l'épidurale.	Infiltration locale d'un anesthésique pour l'accouchement (sage-femme ou médecin). Syntocinon, 10 UI par tubulure IV (au troisième stade) ou ajoutée à la perfusion IV (sur ordonnance).	Continuer l'administration de Syntocinon. Administration d'un anti-douleur. **Résultat escompté** Les techniques de soulagement de la douleur et l'administration d'une substance analgésique ou anesthésique augmenteront le bien-être de la femme.
Planification du congé	Évaluer les connaissances de la femme au sujet du travail et de l'accouchement. Évaluer le réseau de soutien et les besoins après l'accouchement.		Informer la mère si elle doit être transférée dans une chambre autre que la chambre de naissance. Donner aux parents l'occasion de poser des questions sur le nouveau-né. Évaluer les connaissances sur le post-partum et sur les soins au nouveau-né. **Résultat escompté** La mère et le nouveau-né à faible risque seront transférés dans une autre chambre.
Famille et réseau de soutien	Déterminer quelles personnes peuvent apporter du soutien à la femme. Tenir compte de l'influence possible des facteurs culturels sur les réactions de la femme et des proches. Observer les interactions entre la femme et son conjoint. Passer un moment en tête-à-tête avec la femme afin de vérifier si elle est victime de violence. Évaluer les habiletés parentales existantes ou en devenir.	Donner à la femme et à ses proches l'occasion d'assister à l'évaluation initiale du nouveau-né. Si possible, procéder à l'évaluation initiale alors que le nouveau-né repose sur l'abdomen ou sur la poitrine de sa mère.	Donner l'occasion aux parents d'être avec le nouveau-né. Les encourager à toucher le nouveau-né. Tamiser l'éclairage pour favoriser le contact visuel avec le nouveau-né. Laisser à la nouvelle famille des moments de tranquillité. Rôle parental : premiers comportements conformes aux attentes culturelles. **Résultats escomptés** Le nouveau-né s'intégrera à la famille. La famille dira ou montrera qu'elle est à l'aise avec le nouveau-né.
Date			

120 bpm, on doit installer immédiatement un moniteur fœtal pour obtenir des données complémentaires. Cela fait, on pourra évaluer les signes vitaux maternels.

Après avoir collectées les données initiales, on prélève un échantillon d'urine à mi-jet. Si les membranes sont intactes, la femme peut se rendre à la toilette pour le prélèvement ; par contre, si les membranes sont rompues et que la présentation n'est pas engagée, elle demeure habituellement au lit pour

prévenir la procidence du cordon ombilical. Une fois les membranes rompues, la décision de marcher ou non dépend du désir de la femme, de sa sécurité et des politiques de l'établissement.

Avant d'envoyer l'échantillon d'urine au laboratoire, l'infirmière pourra la tester à l'aide d'un bâtonnet réactif pour y détecter la présence de protéines, de corps cétoniques et de glucose ; il s'agit d'une intervention particulièrement importante en présence d'œdème ou d'hypertension artérielle. Une

Guide d'enseignement — À quoi s'attendre pendant le travail

Évaluation et analyse de la situation

Quand une cliente arrive à l'unité d'obstétrique, l'infirmière évalue ses connaissances sur l'accouchement. Celles-ci dépendent de ses accouchements antérieurs, de sa participation à des rencontres prénatales et de la quantité d'informations qu'elle a recueilli pendant sa grossesse. L'infirmière évalue également les facteurs qui influent sur les aptitudes à communiquer et le niveau d'anxiété. Enfin, elle évalue la progression du travail pour déterminer la nature de l'enseignement à dispenser et le temps dont elle dispose pour le faire. Lorsque la cliente en est au début du travail et a besoin d'information, l'infirmière commence l'enseignement.

Diagnostics infirmiers

Le principal diagnostic sera probablement :

Recherche d'un meilleur niveau de santé : information sur le processus du travail et de l'accouchement reliée à un désir manifeste de réagir efficacement à l'expérience de la naissance.

Planification et interventions

Le plan d'enseignement couvre les informations sur les évaluations et le soutien dont la femme fera l'objet pendant le travail.

Objectifs

Après avoir reçu l'enseignement, la cliente pourra :

1. Décrire les évaluations que l'infirmière effectuera pendant le travail.
2. Parler des mesures de soutien et de bien-être qui lui sont offertes.

Plan d'enseignement

Contenu	Méthode d'enseignement
Présenter les différents volets du processus d'admission :	Donner de l'information sur les évaluations et les soins de routine. Si l'évolution du travail le permet, prévoir du temps pour les questions et la discussion.
• résumé des antécédents ;	
• examen physique (signes vitaux maternels [SV], fréquence cardiaque fœtale [FCF] et état des membranes) ;	Fournir de la documentation, particulièrement au conjoint ou à la personne clé.
• évaluation des contractions utérines (fréquence, durée et intensité) ;	Si le temps le permet, il peut être utile de présenter une courte vidéo décrivant les interventions.
• description des lieux ;	
• présentation aux autres membres du personnel ;	
• détermination des attentes de la femme et de la personne clé à l'égard de l'infirmière.	
Expliquer les différents aspects des soins physiques continus : fréquence de l'évaluation des signes vitaux maternels, de la FCF et des contractions.	
Si on utilise un moniteur fœtal électronique, expliquer à la femme son fonctionnement et les données qu'il fournit. La familiariser avec les images et les sons que produit l'appareil.	Montrer le fonctionnement du moniteur fœtal. Répondre aux questions soulevées par la démonstration.
Lui expliquer à quoi ressemblent les données « normales » et les caractéristiques qu'on surveille.	
Avertir la femme qu'on procédera à des évaluations plus fréquentes à mesure que le travail avancera, en particulier durant la phase de transition, pour déceler toute anomalie qui menacerait la sécurité de la mère et du bébé.	
Expliquer en quoi consiste le toucher vaginal et quelle information il permet d'obtenir.	Utiliser un diagramme pour illustrer la dilatation du col.
Passer en revue les mesures qui améliorent le bien-être pendant le travail et déterminer avec la femme lesquelles lui semblent les plus susceptibles de la soulager.	Privilégier une discussion ouverte.
Passer en revue les techniques de respiration que la femme a apprises pour pouvoir l'aider à les appliquer.	Demander à la femme de faire la démonstration de ces techniques.
Revoir avec la femme les diverses mesures de soutien et de bien-être : positions, massage du dos, effleurage, toucher, techniques de distraction, marche, etc.	
Si la femme est au début du travail, lui offrir de visiter l'unité d'obstétrique.	Faire une visite des lieux avec la femme et son conjoint ; leur expliquer l'équipement et la routine.

Évaluation

Évaluer l'apprentissage en discutant avec la femme. Lui demander de décrire les évaluations qu'on fera durant son travail et d'énumérer les mesures de soutien et de bien-être qu'on pourra utiliser.

protéinurie supérieure à 1+ peut être un signe de prééclampsie imminente. Bien que, en raison de l'augmentation de la vitesse de la filtration glomérulaire dans les tubes proximaux et de l'incapacité de ces derniers à accroître la réabsorption du glucose, la glycosurie soit courante chez la femme enceinte, on ne doit pas la prendre à la légère, car elle peut aussi être associée au diabète gestationnel.

Pendant que la cliente prélève son échantillon d'urine, l'infirmière peut rassembler le matériel nécessaire aux interventions prescrites par le médecin ou la sage-femme. Autrefois, on faisait systématiquement le rasage complet ou partiel de la région pubienne, mais ce procédé est de plus en plus rare aujourd'hui, car son utilité est douteuse (Varney, 1997).

Les épreuves de laboratoire sont effectuées au début du processus d'admission. Les valeurs de l'hémoglobine et de l'hématocrite aident à déterminer le pouvoir oxyphorique de l'appareil circulatoire et la capacité de la femme de supporter une perte de sang durant l'accouchement. Une augmentation de l'hématocrite indique une hémoconcentration résultant de l'œdème ou de la déshydratation. En l'absence d'hémorragie, une hémoglobine basse peut être un signe d'anémie. Si la parturiente fait partie d'un groupe à risque élevé, on peut déterminer son groupe sanguin et faire une épreuve de compatibilité croisée. Au besoin, on fait aussi d'autres tests sérologiques.

Dans de nombreux centres hospitaliers, le processus d'admission comprend la signature d'un formulaire de consentement aux traitements et aux soins qui seront administrés (notamment l'épidurale). Dans tous les cas, on met un bracelet d'identité au poignet de la parturiente.

Selon que le travail évolue rapidement ou non, l'infirmière appelle la sage-femme ou le médecin avant d'avoir terminé les modalités d'admission ou elle le fait après. Son rapport doit comprendre les renseignements suivants : parité, effacement et dilatation du col, station, présentation fœtale, état des membranes, évolution des contractions, FCF, signes vitaux hors des limites normales, antécédents prénataux importants, désirs formulés par la cliente quant à l'accouchement et réaction de cette dernière au travail.

L'infirmière note au dossier obstétrical la raison de l'admission, la date et l'heure de l'arrivée de la cliente, la date et l'heure auxquelles la sage-femme ou le médecin a été prévenu, l'état de la parturiente et du fœtus, ainsi que l'état des membranes et des contractions (American Academy of Pediatrics (AAP) et American College of Obstericians and Gynecologists (ACOG), 1997).

Les soins infirmiers durant le premier stade de l'accouchement

Une fois son évaluation initiale faite et ses diagnostics infirmiers formulés, l'infirmière établit un plan de soins en fonction d'objectifs infirmiers précis. Par exemple, si la cliente et son conjoint (ou la personne clé) n'ont pas participé à des rencontres prénatales, un des objectifs infirmiers pourrait être de leur fournir l'information qui leur manque. À cette fin, l'infirmière évalue les connaissances actuelles du couple, puis prépare de brèves explications à donner au fur et à mesure que le travail progresse.

Intégration des attentes de la famille

Outre le fait qu'on ne leur fera pas de mal et que le travail et l'accouchement se dérouleront bien pour la mère et l'enfant, quelles sont les attentes des familles qui arrivent à l'unité des naissances ? À quoi s'attendent-elles de la part de l'infirmière qui sera auprès d'eux pendant cet important moment de leur vie ? Selon une étude de Hodnett (1996), les femmes signalent cinq grandes catégories de mesures de soutien utiles pendant le travail :

1. *le soutien émotionnel* : présence physique de l'infirmière, encouragements et félicitations, réconfort, accompagnement, etc.
2. *les mesures de bien-être* : glaçons, boissons chaudes ou fraîches, massages, assistance dans les soins personnels, bain ou douche, etc. ;
3. *les renseignements et les conseils* : sur les procédés et les interventions au fur et à mesure qu'on les effectue, ainsi que sur la progression du travail ;
4. *la défense de leurs intérêts* : la parturiente et son conjoint ont des buts, des espoirs et des rêves quant au déroulement du travail et de l'accouchement, mais ils connaissent mal le milieu qui, souvent, les intimide ; au besoin, l'infirmière peut servir d'intermédiaire entre eux et le médecin, la sage-femme ou d'autres professionnels de la santé ;
5. *le soutien au conjoint* : encouragements et félicitations pour les efforts qu'il déploie, lui accorder des moments de répit, lui montrer comment s'y prendre en donnant l'exemple, etc.

Intégration des croyances culturelles

Pendant le travail comme pendant la grossesse, il est important de connaître les valeurs, les coutumes et les pratiques particulières des groupes culturels. L'infirmière qui les ignore risque de mal comprendre le comportement de la femme et de lui imposer ses propres valeurs et croyances. Plus sa sensibilité aux différences culturelles s'aiguise, meilleures sont ses chances de donner des soins de haute qualité (Callister, 2001).

Les sections qui suivent présentent brièvement quelques réactions culturelles possibles au travail. Il est difficile d'aborder la question, ne serait-ce qu'en quelques paragraphes, de façon claire et sans porter de jugement. En effet, chaque énoncé risque d'apparaître comme un stéréotype, et, bien sûr,

Soutien aux femmes pendant le travail et l'accouchement

Vous travaillez à l'unité des naissances d'un établissement hospitalier qui offre des soins de niveau tertiaire en matière de périnatalité. Vous comptez deux années d'expérience et, bien que vous vous sentiez encore nerveuse à l'idée de devoir accomplir des tâches plus complexes, vous êtes sûre de vous lorsqu'il s'agit de donner des soins à la femme dont le travail se déroule normalement. Or, vous entendez dire que l'équipe chargée d'améliorer les méthodes de travail de l'hôpital réexamine les soins courants.

L'équipe communique au personnel infirmier les résultats de recherches portant sur l'efficacité des mesures de bien-être et du soutien destinés aux femmes en travail. Quatorze essais cliniques aléatoires s'étendant à plus de 5 000 femmes démontrent que le fait de recevoir des soins continus de la part d'un membre du personnel soignant pendant le travail et l'accouchement a des répercussions positives sur l'évolution de l'état de santé des patientes. On constate que le recours aux analgésiques est

moins nécessaire, que l'accouchement par voie vaginale requiert moins d'interventions et que le risque de césarienne diminue. De plus, 5 minutes après la naissance, l'indice d'Apgar du nouveau-né est moins susceptible d'être inférieur à 7 (Hodnett, 1999).

Vous prenez aussi connaissance de deux autres études qui révèlent que l'infirmière consacre moins de 10 % de son temps à favoriser le bien-être de la parturiente et à la soutenir. Pourtant, on a constaté que ces activités ont un effet bénéfique sur l'état de santé des patientes (Gagnon et Waghorn, 1996 ; McNiven, Hodnett et Obrien-Pallas, 1992).

Comment remédier à cette anomalie dans votre unité, où le travail ne manque pas ? Vous êtes déjà débordée par vos obligations professionnelles. Toutefois, vous reconnaissez que, si les infirmières veulent prouver qu'elles contribuent à améliorer l'efficacité des soins, elles ne peuvent fermer les yeux sur ces données.

Références

Gagnon, A. J. et K. Waghorn (1996). « Supportive care by maternity nurses : A work sampling study in an intrapartum unit ». *Birth, 23*, 1-6.

Hodnett, E. D. (2000). Caregiver support for women during childbirth. *Cochrane Review. The Cochrane Library*, 1. Oxford : Update Software.

McNiven, P., E. Hodnett et S. Obrien-Pallas (1992). « Supporting women in labor. A work sampling study of the activities of labor and delivery nurses », *Birth, 19*, 3-9.

aucune description d'un comportement observable dans un groupe ne peut rendre fidèlement compte des préférences de tous les membres de ce groupe. L'infirmière ne doit jamais oublier qu'un exemple de pratique d'accouchement ne s'applique jamais à toutes les femmes d'un groupe donné, car au sein de chaque culture, chaque individu établit ses propres valeurs et croyances. Toute information sur une culture ou un système de croyances doit donc être considérée par les professionnels de la santé comme une simple toile de fond qui les aide à mieux répondre aux besoins et aux désirs de chaque individu.

Pudeur

Indépendamment du groupe culturel auquel appartient la cliente, la pudeur est un facteur à prendre en considération. Les interventions nécessaires durant le travail et l'accouchement gênent certaines femmes davantage que d'autres parce qu'elles les forcent à exposer leur corps. Certaines femmes sont particulièrement embarrassées s'il y a des hommes dans la pièce, mais se sentent à l'aise avec des femmes ; d'autres n'aiment pas montrer les parties intimes de leur corps, quel que soit le sexe de l'examinateur ou de la personne qui l'assiste. L'infirmière doit rester attentive à la façon dont la femme réagit aux divers examens et interventions et lui assurer la couverture et l'isolement désirés. En cas de doute, il vaut mieux présumer de l'embarras de la cliente et prendre les mesures nécessaires que de tenir pour acquis que l'exposition de son corps ne la dérangera pas. Certaines femmes d'origine orientale ne sont pas habituées aux médecins et au personnel soignant de sexe

masculin ; le respect de la pudeur devient alors très important, et il est fortement recommandé de limiter au minimum l'exposition du corps de la femme.

Expression de la douleur

La manière dont les femmes choisissent de faire face aux douleurs du travail varie considérablement. Certaines semblent intérioriser leur réaction et restent très silencieuses pendant tout le processus, ne parlant que pour demander qu'on quitte la pièce ou qu'on se taise. D'autres, au contraire, s'expriment beaucoup plus vocalement : elles comptent à voix haute, gémissent doucement, pleurent ou crient fort. D'autres encore réagissent en se tournant sur un côté, puis sur l'autre ou en changeant souvent de position. Dans les cultures orientales, il importe de se comporter de façon à ne pas faire honte à sa famille. Ainsi, la femme coréenne pourra ne pas exprimer ouvertement sa douleur par crainte d'attirer la honte sur elle ou sa famille (Lauderdale, 1999 ; Wesson, 2000). Les Latino-Américaines apprennent à être patientes et à ne pas crier « pour ne pas faire remonter l'utérus » (Lauderdale, 1999). En encourageant la parturiente à exprimer sa douleur de la manière qui lui convient (pourvu qu'elle ne fasse de mal à personne), l'infirmière facilite l'expérience de l'accouchement à la mère, au bébé et à la famille.

Exemples de croyances culturelles

On observe des différences culturelles dans les pratiques relatives au travail (expression verbale, positions, aliments et boissons).

Ainsi, les croyances d'une parturiente sino-américaine en matière d'expression vocale et de perception de la douleur peuvent différer de celles d'une musulmane. La société chinoise valorise le silence, de sorte que les femmes issues de cette culture se montrent souvent stoïques pour ne pas déshonorer leur famille ou se déshonorer (Wesson, 2000). Les Latino-Américaines ont tendance à voir dans les douleurs du travail un symbole d'amour envers le bébé : plus la douleur est intense, plus l'amour est intense (Scott-Ramos, 1996). Les Autochtones ont parfois recours à la méditation, à la maîtrise de soi ou aux plantes indigènes durant le travail (Lipson, Dibble et Minarik, 1996).

Les femmes hmongs qui viennent du Laos disent que l'accroupissement est une position d'accouchement courante dans leur culture (Lauderdale, 1999). Elles peuvent vouloir bouger et marcher pendant le travail. Souvent leur mari reste à leurs côtés et veille activement à leur bien-être. Habituellement, les Hmongs préfèrent que les membranes ne soient pas rompues avant que la naissance ne soit imminente, car elles croient que l'écoulement du liquide amniotique facilite alors l'expulsion du bébé. Durant le travail, elles n'avalent en général que des aliments « chauds » et de l'eau tiède. Dès que le bébé est né, on doit donner un œuf mollet à la mère pour qu'elle retrouve ses forces.

Les Vietnamiennes ont tendance à afficher un grand calme, voire un sourire, pendant tout le travail. Elles préfèrent souvent marcher pendant le travail et accoucher en position accroupie. Elles évitent de boire de l'eau froide, optant plutôt pour des boissons à la température ambiante. L'entourage évite de faire l'éloge du nouveau-né pour ne pas susciter la jalousie (Calhoun, 1986).

La femme latine a des attentes précises à l'égard de son conjoint durant le travail et l'accouchement : elle veut qu'il reste auprès d'elle, qu'il la rassure, qu'il lui montre son amour et qu'il lui dise des mots affectueux (Khazoyan et Anderson, 1994).

Selon le cas, les femmes musulmanes accoucheront en présence de leur mari, d'une parente, d'une amie ou d'un homme de la famille. Si important soit-il, le soutien familial n'empêche pas la présence de l'infirmière de demeurer essentielle. Certaines veulent garder leur coiffure (*khimar*), et on pourra leur offrir deux blouses à manches longues pour ménager leur pudeur. Autant que possible, il est préférable que les examens soient faits par une femme – médecin, sage-femme ou infirmière ; s'ils doivent l'être par un médecin ou un infirmier, la cliente pourra demander que son mari reste dans la pièce. Après l'accouchement, les pères musulmans profèrent parfois des louanges à Allah (*adhan*) dans l'oreille droite du nouveau-né et le lavent (Hutchinson et Baqi-Aziz, 1994).

L'infirmière en obstétrique qui connaît les pratiques et les croyances des différents groupes culturels de son milieu pourra leur prodiguer des soins plus personnalisés. Dans ce domaine, la véritable efficacité consiste à favoriser les pratiques culturelles de la famille tant et aussi longtemps qu'elles ne présentent aucun danger.

Soutien à l'adolescente qui accouche

Quel que soit son âge, chaque femme vit le travail à sa façon. L'infirmière doit donc évaluer la situation particulière de l'adolescente en se posant les questions suivantes :

- La jeune femme a-t-elle reçu des soins prénataux ?
- Quels sont ses sentiments et ses attitudes par rapport à sa grossesse ?
- Qui assistera à son accouchement ? Quel lien existe-t-il entre elle et cette personne ?
- Dans quelle mesure l'adolescente s'est-elle préparée à ce qui l'attend ?
- Quelles sont ses attentes et ses peurs face au travail et à l'accouchement ?
- De quelle façon sa culture l'influence-t-elle ?
- Quels sont ses mécanismes d'adaptation habituels ?
- A-t-elle l'intention de garder l'enfant ?

Si l'adolescente n'a pas reçu de soins prénataux, une observation attentive s'impose tout au long du travail. On utilise un moniteur pour veiller au bien-être du fœtus. Comme le risque de complications pendant la grossesse et l'accouchement est élevé chez les adolescentes, il faut les surveiller étroitement. L'infirmière doit être à l'affût de tout signe de complication pendant le travail et passer soigneusement en revue le dossier prénatal de la jeune femme pour apprécier les risques : hypertension gravidique, disproportion fœtopelvienne (DFP), anémie, toxicomanie, maladies transmissibles sexuellement (MTS) et inadéquation entre la taille du fœtus et l'âge gestationnel.

L'aide que l'infirmière apportera à la jeune parturiente pendant le travail est fonction du réseau de soutien de cette dernière. Il arrive qu'elle n'ait personne à ses côtés ; parfois, elle est accompagnée de sa mère, du père de l'enfant ou d'un proche. Quel que soit le cas, il importe que l'infirmière établisse une relation de confiance avec l'adolescente de façon à pouvoir l'aider à comprendre ce qui lui arrive. Même si le comportement de l'adolescente est inadapté, il faut s'abstenir de toute récrimination. L'adolescente qu'on félicite d'avoir « bien travaillé » sortira de l'expérience avec une meilleure estime d'elle-même, malgré les autres problèmes émotionnels que sa situation risque de susciter.

Si quelqu'un accompagne l'adolescente, l'infirmière doit aussi encourager et soutenir cette personne, notamment en lui expliquant les changements de comportement de la parturiente et en justifiant ses désirs. Le personnel infirmier doit encourager l'adolescente en lui faisant sentir qu'elle est importante et qu'on apprécie sa présence.

L'adolescente qui a participé à des rencontres prénatales est habituellement mieux préparée que celle qui ne l'a pas fait, mais, dans un cas comme dans l'autre, l'infirmière doit comprendre que plus la parturiente est jeune, plus il lui est difficile de participer activement au processus de l'accouchement.

La très jeune adolescente (moins de 14 ans) possède moins d'expérience de la vie et moins de mécanismes d'adaptation que les femmes plus âgées. Comme son développement cognitif n'est pas achevé, sa capacité à résoudre les problèmes risque aussi d'être moindre. L'accouchement peut ébranler l'intégrité de son moi, et elle peut être plus vulnérable au stress et à la douleur.

La très jeune adolescente a besoin d'avoir à ses côtés une personne sur qui elle peut compter tout au long du travail. Elle peut se comporter de façon plus infantile et plus dépendante que l'adolescente plus âgée. L'infirmière doit lui donner des explications et des directives simples et concrètes. Pendant la phase de transition, l'adolescente peut se replier sur elle-même et être incapable de montrer qu'elle a besoin qu'on s'occupe d'elle. Le toucher, les encouragements et les mesures de bien-être l'aident à garder la maîtrise d'elle-même et à satisfaire son besoin de dépendance. Pendant le deuxième stade du travail, elle peut se sentir dépassée et se tourner vers les gens qui l'entourent. L'infirmière l'aidera à surmonter son sentiment d'impuissance en restant calme et en lui disant quoi faire.

Souvent, l'adolescence un peu plus vieille (de 15 à 17 ans) s'efforce de rester calme et stoïque pendant le travail. Même si elle n'arrive pas à faire tomber ce mur de stoïcisme, l'infirmière doit surmonter sa frustration et se dire qu'une attitude bienveillante sera quand même bénéfique. Bien des adolescentes de cet âge ont l'impression de tout savoir, mais elles sont parfois aussi peu préparées à l'accouchement que les plus jeunes. L'attitude impartiale et le soutien de l'infirmière aideront l'adolescente à sauver la face. Si cette dernière n'a pas assisté à des rencontres prénatales, elle peut avoir besoin de préparation et d'explications.

La réaction de la jeune femme de 18 ou 19 ans au stress et au travail est assez semblable à celle de la femme adulte (Drake, 1996).

Même si l'adolescente a l'intention de donner son enfant en adoption, on devrait lui offrir de le voir et de le prendre dans ses bras. Elle peut d'abord se montrer réticente, mais le processus de deuil est plus facile quand la mère a vu son enfant. Cependant, la décision revient à la jeune femme. (Voir le chapitre 28, qui traite de façon plus détaillée de la mère adolescente et de la mère qui donne son enfant en adoption.)

Mesures favorisant le bien-être au cours du premier stade

La première chose à faire quand on dresse le plan de soins, c'est de parler à la cliente et à son conjoint (s'il est présent) pour connaître leurs objectifs. Habituellement, ils sont préoccupés par les divers malaises qu'éprouve la femme, de sorte que l'infirmière commence par déterminer les facteurs qui y contribuent : position inconfortable, diaphorèse, écoulement continuel du liquide amniotique, vessie pleine, bouche sèche, anxiété et peur. Les interventions infirmières décrites dans cette section visent à atténuer les effets de ces facteurs.

On observe plusieurs types de réaction à la douleur. Lorsque le travail progresse et que les contractions s'intensifient, la parturiente devient de moins en moins consciente de son entourage et elle peut avoir du mal à entendre et à comprendre les directives verbales. Les mécanismes d'adaptation aux douleurs des contractions vont de la pratique de techniques respiratoires très structurées au repli sur soi. Les gémissements sourds qui partent du fond de la gorge, les balancements ou les oscillations, les grimaces et les expressions vocales sont autant de moyens efficaces de composer avec la puissance du travail et de l'accouchement (England et Horowitz, 1998). Certaines femmes trouvent qu'émettre des sons les aide à supporter le travail, tandis que d'autres ne poussent des cris qu'à partir du moment où elles ne se sentent plus capables de maîtriser la situation.

Les manifestations physiologiques les plus courantes de la douleur sont l'augmentation de la fréquence du pouls et de la fréquence respiratoire, la dilatation des pupilles, l'augmentation de la tension artérielle, ainsi que de la tension musculaire. Pendant le travail, ces réactions sont transitoires, car la douleur est intermittente. L'augmentation de la tension musculaire est la réaction la plus significative, car elle peut gêner l'évolution du travail. Souvent, la parturiente contracte délibérément ses muscles squelettiques et reste immobile durant une contraction. La tension musculaire ainsi provoquée risque d'intensifier sa douleur, mais la femme est parfois convaincue que c'est le seul moyen valable de surmonter la douleur.

Habituellement, la parturiente apprécie le toucher, le massage, l'effleurage et d'autres formes de contacts physiques durant la première partie du travail, mais quand elle entre en phase de transition, elle peut rabrouer ceux qui la touchent et s'écarter d'eux. Les femmes peuvent communiquer au moyen de signes verbaux ou non verbaux – pleurer, gémir, supplier l'accompagnatrice ou l'infirmière de leur tenir la main ou de leur frotter le dos, etc. Elles peuvent s'agripper à leur conjoint ou lui montrer leur anxiété ou leur crainte à la faveur d'un contact visuel. Certaines femmes n'aiment pas qu'on les touche, peu importe à quel stade du travail elles sont. Il est essentiel de valider les forces et les techniques d'adaptation personnelles de chaque cliente et de répondre aux besoins particuliers de chaque famille en n'oubliant jamais qu'il s'agit de *leur* expérience.

De nombreuses infirmières aiment intégrer le toucher aux soins qu'elles prodiguent et répondent volontiers aux besoins de la cliente. Lorsque l'infirmière et la femme ou le couple s'efforcent ensemble d'atténuer la douleur pendant les contractions, un rituel de mesures de soutien s'installe peu à peu. L'infirmière surveille les indices et les comportements non verbaux, et s'informe auprès de la femme. À mesure que le travail progresse, elle et le couple utilisent leur expérience antérieure et leur complicité grandissante pour modifier au besoin les mesures de soutien.

Les soins infirmiers visent notamment à diminuer l'intensité de la douleur des contractions. Voici les mesures à prendre pour atteindre cet objectif :

- favoriser le bien-être général ;
- donner de l'information pour réduire l'anxiété ;
- utiliser les techniques de relaxation appropriées ;
- encourager le recours aux techniques de respiration ;
- administrer les agents pharmacologiques prescrits par la sage-femme ou le médecin.

Bien-être général

Les mesures visant à favoriser le bien-être général sont de la plus grande importance pendant tout le travail. En soulageant la femme de ses petits malaises, l'infirmière l'aide à canaliser ses mécanismes d'adaptation vers la maîtrise de la douleur.

Selon Santé Canada (2000), la femme devrait marcher pendant le travail :

> Une politique visant à encourager la parturiente à marcher, en particulier au début du travail, peut faciliter la progression du travail et accroître le confort de la parturiente (Nikodem, 1995). La liberté de choisir différentes positions lors du travail et de la naissance entraîne peu de risques et peut même s'avérer bénéfique (Nikodem, 1995).

> Les politiques qui encouragent les parturientes à adopter une position assise verticale ou à rester debout durant la première phase du travail sont généralement associées à une réduction des douleurs et à une administration moindre de narcotiques et d'analgésies épidurales. On constate aussi une moins grande variabilité de la fréquence cardiaque fœtale pour les parturientes qui adoptent des positions verticales plutôt qu'horizontales. Toutefois, aucun essai clinique n'a réussi à confirmer que, durant la première phase du travail, les positions verticales par rapport aux positions horizontales produisent des différences au plan des indicateurs de l'état néonatal (Nikodem, 1995).

Si la femme reste au lit, l'infirmière peut l'encourager à prendre les positions qu'elle trouve confortables, tout en gardant une antéversion du bassin : elle pourra se pencher vers l'avant, se mettre à quatre pattes ou s'installer sur le côté (De Gasquet, 1996). Le décubitus latéral gauche est habituellement la meilleure position pour la parturiente, bien que des changements fréquents de position semblent augmenter l'efficacité des contractions. Toutes les parties du corps doivent être soutenues, les articulations étant légèrement fléchies. Par exemple, quand la femme est couchée sur le côté, on peut placer des oreillers contre sa poitrine et sous son bras du dessus et un oreiller ou une serviette pliée entre ses genoux pour soutenir sa jambe du dessus et soulager la tension ou l'effort musculaire. On peut aussi soutenir son dos avec un oreiller. Si la femme préfère le décubitus dorsal, il faut relever la tête du lit pour diminuer la pression de l'utérus sur la veine cave. On place alors des oreillers sous les bras et les genoux. Comme la femme enceinte est prédisposée aux thrombophlébites, il faut éviter que l'arrière des genoux et les mollets subissent une trop forte pression et examiner fréquemment les points de pression. Les massages du dos et les changements de position

fréquents aident la parturiente à se détendre et à se sentir mieux (figure 17-1 ▶). Si elle a froid aux pieds, on lui suggère d'enfiler des chaussettes ou des pantoufles. Si elle a trop chaud, on baisse la température de la chambre. En réglant ces petits détails, on permet à la parturiente de se concentrer sur l'essentiel : le travail et l'accouchement.

La diaphorèse et l'écoulement continu de liquide amniotique peuvent tremper la chemise et les draps ; des draps frais, secs et doux sont évidemment plus confortables. Pour ne pas avoir à changer le drap du dessous après la rupture des membranes, l'infirmière peut remplacer régulièrement les piqués en veillant à éviter tout contact avec les liquides physiologiques (pratiques de base). Garder la région du périnée aussi propre et sèche que possible favorise le bien-être et prévient les infections. Une vessie pleine risque d'accentuer la douleur des contractions et de prolonger le travail en gênant la descente du fœtus. On doit la maintenir aussi vide que possible en encourageant la cliente à uriner toutes les heures ou toutes les deux heures. Cependant, la pression exercée par la présentation fœtale peut empêcher la vessie de se vider ; l'infirmière détectera une

FIGURE 17-1 ▶ La parturiente soutenue par son conjoint marche dans le couloir de l'hôpital.

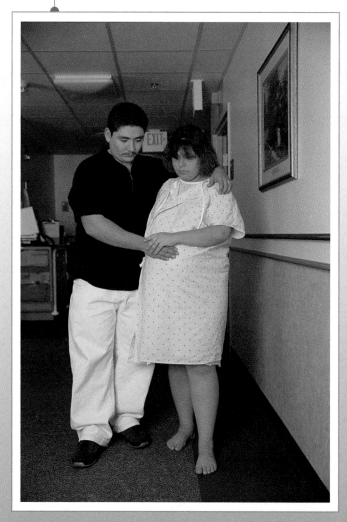

vessie pleine par une palpation juste au-dessus de la symphyse pubienne. Certaines anesthésies régionales empêchent la miction, et un cathétérisme vésical peut s'imposer.

Comme l'attention des proches est centrée sur la femme en travail, ils risquent de négliger leurs propres besoins. L'infirmière doit donc les inviter à prendre des moments de répit, à boire et à manger suffisamment, et à se reposer.

Maîtrise de l'anxiété

L'anxiété qu'éprouve la parturiente au début du travail s'explique par une combinaison de facteurs inhérents au processus. Une certaine anxiété au sujet de la douleur améliore sa capacité de s'y adapter, tandis qu'une anxiété excessive la diminue. Les femmes qui éprouvent durant la phase de latence du travail une anxiété croissante par rapport à leur sécurité et à leur capacité de faire face au travail et à l'accouchement sont beaucoup plus enclines à décrire leur douleur comme intolérable. Elles présentent également un risque accru de décélérations de la FCF ainsi que de ralentissement du travail au deuxième stade et/ou de césarienne. Enfin, leur nouveau-né risque davantage d'avoir besoin d'une assistance pédiatrique pour une réanimation à la naissance (Varney, 1997).

Pour apaiser l'anxiété qui ne provient pas de la douleur, on peut expliquer à la femme ce qui se passe (afin de réduire sa peur de l'inconnu), établir une bonne relation avec le conjoint (afin de l'aider à préserver son intégrité personnelle) et leur montrer qu'on a confiance en leur capacité d'affronter le processus du travail. L'infirmière doit non seulement savoir écouter la parturiente, mais aussi lui témoigner un intérêt sincère. En restant le plus possible auprès de sa cliente, l'infirmière lui montre sa bienveillance et dissipe sa peur d'être abandonnée. De même, en félicitant la femme qui réussit à bien respirer, à se détendre et à faire des efforts expulsifs, l'infirmière l'encourage à continuer et réduit son anxiété quant à sa capacité de supporter le travail (Hodnett, 1996).

Lorsque l'évaluation de l'état du fœtus suscite des inquiétudes, il faut choisir les termes employés pour expliquer la situation aux parents. On doit éviter de parler de «souffrance fœtale», d'«asphyxie» ou de «dysfonctionnement placentaire». Le cas échéant, on expliquera aux parents que les données de la surveillance fœtale sont «rassurantes» ou «non rassurantes» (Santé Canada, 2000).

Enseignement à la cliente

Il est important d'informer la femme sur la véritable nature des douleurs qu'elle ressentira durant le travail. Il peut être très utile d'insister sur le caractère intermittent des contractions et sur leur durée maximale; la cliente supportera mieux la douleur si elle sait que les contractions sont toujours suivies d'une trêve. De même, le fait qu'on lui ait décrit à l'avance les sensations et les douleurs inhérentes à la progression du travail l'aide à les considérer comme normales et à s'y attendre.

Lorsqu'elle décrit à la cliente les sensations qu'elle éprouvera pendant le travail, l'infirmière doit l'informer en même temps des mesures qui pourront la soulager. Par exemple, certaines femmes éprouvent une envie pressante de faire des efforts expulsifs pendant la phase de transition, alors que le col n'est pas complètement dilaté et effacé. Or, il est possible de réprimer cette envie en haletant (en effet, il est difficile de haleter et de pousser simultanément). L'infirmière doit donc enseigner d'avance à la femme la technique du halètement.

Orienter la cliente et lui décrire en détail les lieux, les interventions et le fonctionnement des appareils peut apaiser son anxiété et, par conséquent, réduire sa douleur. Le fait d'être reliée à un moniteur électronique peut inquiéter la cliente, car on associe ce type d'appareil aux maladies très graves. L'infirmière peut expliquer en termes simples la signification des bips, des clics et des autres bruits étranges qu'émet l'appareil, ainsi que du tracé qu'il produit, en insistant sur le fait que le moniteur permet de s'assurer que le fœtus se porte bien pendant le travail. L'infirmière peut également montrer à la femme et à son conjoint ou à la personne clé la façon dont l'appareil leur permet de prévoir les contractions et, par conséquent, d'encourager la femme à appliquer dès leur début la technique de respiration appropriée pour atténuer sa perception de la douleur.

Le travail et l'accouchement peuvent être une période critique pour les femmes qui ont des antécédents d'agression sexuelle dans leur enfance. Bien que les résultats des diverses recherches sur la prévalence de l'agression sexuelle durant l'enfance ne concordent pas, on s'entend généralement sur le fait qu'au moins 25 % à 35 % des femmes qui accouchent en ont été victimes. Pour dresser un plan de soins adéquat, on devrait donc évaluer les antécédents d'agression sexuelle de toute femme qui reçoit des soins de santé (Waymire, 1997). Cependant, la cliente ne sera pas nécessairement capable d'aborder une question aussi intime avec une étrangère. L'infirmière doit donc rester à l'affût des indices non verbaux – anxiété inexplicable, douleur tenace et/ou peur incompréhensible durant les touchers vaginaux – et, au besoin, être prête à donner de l'enseignement additionnel et un soutien accru aux techniques de relaxation pour compenser autant que possible l'anxiété de la cliente.

Techniques de relaxation

La tension musculaire augmente la résistance à la descente du fœtus et contribue à la fatigue de la mère. Cette fatigue accroît la perception de la douleur et diminue la capacité de s'y adapter. Les mesures de bien-être, les massages, les techniques de maîtrise de l'anxiété et l'enseignement peuvent contribuer à la relaxation. Il importe aussi que la parturiente prenne suffisamment de sommeil et de repos. Même si les contractions ne sont ni fréquentes ni intenses, l'excitation bien naturelle que la femme ressent au moment du déclenchement du travail ou une phase de latence prolongée peut l'avoir empêchée de dormir ou même de se reposer. On doit inciter la parturiente à profiter des périodes de trêve entre les contractions pour se reposer et se détendre.

La distraction est une autre méthode qui favorise la relaxation et aide à mieux supporter la douleur. Au début du travail, la femme peut se distraire en conversant, en lisant un peu, en jouant aux cartes ou à d'autres jeux. La diversion – technique où l'on suggère à la femme de se concentrer sur une expérience agréable qu'elle a vécue – soulage la douleur modérée. La focalisation visuelle ou mentale, la visualisation, de même que la respiration contrôlée et les bruits qui l'accompagnent, sont d'autres techniques de distraction qui peuvent être utiles (England et Horowitz, 1998).

Le toucher est aussi une forme de distraction (théorie du portillon de Melzack et Wall citée dans Bonapace, 1997) (figure 17-2 ▶). Certaines femmes considèrent le toucher comme une intrusion dans leur intimité ou une menace à leur indépendance, mais la plupart veulent toucher quelqu'un ou être touchées lorsqu'elles ont mal. L'infirmière peut laisser sa main sur le bord du lit à la portée de la cliente; si cette dernière en ressent le besoin, elle pourra la saisir; ce signal permettra à l'infirmière de doser ses interventions de manière à satisfaire le besoin de contact physique de la femme. Le ballon ergonomique et la baignoire à remous sont indiqués pour soulager la douleur.

Durant les contractions, on peut soulager ou diminuer la douleur abdominale légère ou modérée par l'effleurage, et la dorsalgie associée au travail, par une pression ferme exercée sur la chute des reins ou sur la région sacrée soit avec la main, soit avec une serviette chauffée et roulée. L'infirmière peut aussi aider la femme à se relaxer en l'encourageant et en la soutenant dans l'exécution de ses techniques de respiration.

Techniques de respiration

Les techniques de respiration peuvent aider la parturiente. Exécutées correctement, elles haussent son seuil de douleur, lui permettent de se relaxer, l'aident à supporter les contractions utérines et favorisent un fonctionnement plus efficace de l'utérus.

Habituellement, la femme apprend une technique de respiration contrôlée pendant les rencontres prénatales. L'une d'elles, la technique de Lamaze, comporte trois niveaux. Généralement, la parturiente commence par le premier niveau et passe au deuxième, puis au troisième, quand elle en ressent la nécessité. Les trois niveaux commencent et se terminent par une respiration de nettoyage. La respiration de nettoyage ne mobilise que le thorax; il s'agit d'inspirer par le nez et d'expirer par la bouche, les lèvres pincées (tableau 17-1).

Premier niveau

Le premier niveau pourrait être appelé respiration profonde, ou respiration lente. Seul le thorax bouge. La femme inspire lentement par le nez en soulevant le thorax (en comptant jusqu'à 3), puis elle expire en soufflant (en comptant jusqu'à 4), les lèvres pincées, comme pour refroidir un aliment trop chaud. La fréquence respiratoire est de 6 à 9 respirations par minute. La respiration abdominale et diaphragmatique est basée sur une expiration active et sur une inspiration par relâchement du ventre (De Gasquet, 1996).

Deuxième niveau

Le deuxième niveau pourrait être appelé respiration superficielle, ou respiration modifiée. La femme commence par une respiration de nettoyage à la fin de laquelle elle pousse un souffle court. Puis, elle inspire et expire par la bouche à une fréquence d'environ 4 respirations par 5 secondes. À ce niveau, la fréquence respiratoire peut augmenter jusqu'à 2 respirations ou 2 ½ respirations par seconde.

Troisième niveau

Le troisième niveau est aussi appelé «haleter-souffler», ou respiration rythmée. Il est similaire à la respiration modifiée, à ceci près que, après quelques respirations, la femme expire vigoureusement, les lèvres pincées. Elle peut commencer par le faire toutes les 4 respirations, lesquelles doivent rester égales et rythmées. À mesure que les contractions s'intensifient, elle adoptera un rythme de 3:1, 2:1 et, finalement, 1:1.

Si la cliente n'a pas appris la méthode Lamaze et ne connaît aucune autre technique de respiration contrôlée, il peut être difficile de les lui enseigner lorsqu'on l'admet en plein travail. L'infirmière peut alors lui apprendre la respiration abdominale et la respiration «haleter-haleter-souffler» (voir le tableau 17-1). La respiration abdominale consiste à soulever la paroi abdominale en inspirant et à l'abaisser en expirant. Cette méthode permet d'éloigner l'utérus en contraction de la paroi abdominale et, par le fait même, de réduire un peu la douleur. La respiration doit être profonde et rythmée. Lorsque la phase de transition approche, la cliente peut ressentir le besoin de respirer plus rapidement. Pour éviter de respirer trop rapidement, ce qui se produit parfois lorsqu'elle pratique la respiration

FIGURE 17-2 ▶ Le conjoint de la parturiente la soutient et l'encourage.

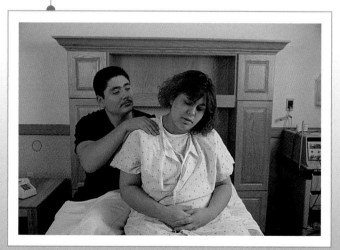

Tableau 17-1

Soutien infirmier aux techniques de respiration contrôlée

Déterminer la méthode de respiration que la femme (le couple) a apprise. Encourager au besoin la femme à continuer d'exécuter ses respirations. Soutenir la personne clé et l'assister si nécessaire.

Niveaux de respiration de la méthode Lamaze
Premier niveau (respiration lente)

Ce niveau de respiration commence et se termine par une respiration de nettoyage (inspiration par le nez et expiration par la bouche, les lèvres pincées comme pour souffler sur un aliment trop chaud). Le premier niveau consiste à inspirer et à expirer ainsi, lentement, en ne bougeant que le thorax. La fréquence respiratoire doit être d'environ 6 à 9 respirations/min, 2 respirations/15 s. L'infirmière ou la personne clé peut aider la femme en lui rappelant de faire une respiration de nettoyage, après quoi on peut au besoin compter les respirations à voix haute pour maintenir le rythme. Ainsi, la femme inspire pendant que l'autre personne compte « mille et un, mille et deux, mille et trois, mille et quatre ». L'expiration commence et se poursuit selon le même comptage.

Premier niveau de respiration utilisé durant les contractions utérines – commence et se termine par une respiration de nettoyage (RN)

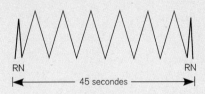

Deuxième niveau (respiration modifiée)

Ce niveau de respiration commence et se termine par une respiration de nettoyage. Il faut ensuite inspirer et expirer silencieusement par la bouche à une fréquence d'environ 4 respirations/5 s. La mâchoire et tout le corps doivent être détendus. La fréquence peut augmenter à 2 à 2,5 respirations/5 s. On peut maintenir le rythme en comptant « un et deux et … », les nombres correspondant aux expirations et les « et » aux inspirations.

Deuxième niveau

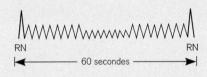

Troisième niveau (respiration rythmée)

Ce niveau de respiration commence et se termine par une respiration de nettoyage. Toutes les respirations sont rythmées, et la femme inspire et expire par la bouche. Les expirations sont marquées par le son « hi » ou « hou » selon un schéma qui varie en fonction de l'intensité des contractions. Ainsi, on peut commencer par un rythme de 3 : 1 (hi-hi-hi-hou), puis passer à 2 : 1 (hi-hi-hou) et ensuite à 1 : 1 (hi-hou). La fréquence respiratoire ne doit pas excéder 2 à 2,5 respirations/s. Le rythme respiratoire se ponctue par le comptage « un et deux et… ».

Troisième niveau (les pics foncés représentent les « hou »).

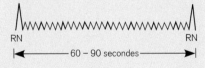

Technique de respiration abdominale

L'abdomen se soulève pendant l'inspiration et s'abaisse pendant l'expiration. La fréquence respiratoire reste lente – de 6 à 9 resp./min.

Schéma de la respiration abdominale

Méthode rapide

Si la cliente n'a appris aucune technique particulière et qu'elle se trouve en phase active, l'infirmière peut lui enseigner une combinaison de deux méthodes de respiration. On peut utiliser la respiration abdominale jusqu'à ce que le travail soit plus avancé. On peut ensuite utiliser un rythme plus rapide selon lequel la femme souffle rapidement deux fois par la bouche, puis souffle une troisième fois plus longuement. (Cette méthode est appelée « haleter-haleter-souffler », même si en fait la femme souffle trois fois.)

Schéma « haleter-haleter-souffler »

Tableau 17-2

Premier et deuxième stades du travail : évolution normale, caractéristiques psychologiques et soutien infirmier

Phase	Dilatation du col	Contractions utérines	Réaction de la cliente	Mesures de soutien
Stade 1				
Phase de latence	1 – 4 cm	Toutes les 10 – 20 min, durée de 15 – 20 s ; faible intensité. *puis* Toutes les 5 – 7 min, durée de 30 – 40 s, intensité modérée.	Habituellement, la femme est contente, loquace et impatiente d'être en travail. Elle affirme son besoin d'indépendance en répondant elle-même à ses besoins physiques et en demandant de l'information.	Établir une relation lors de l'admission et la consolider pendant les soins. Évaluer les connaissances et les besoins d'apprentissage. Être à la disposition de la cliente pour la conseiller, si nécessaire, sur la façon de respirer ; au besoin et si le travail ne fait que commencer, lui enseigner une technique de respiration. Familiariser la famille avec la pièce, l'équipement, les moniteurs et les interventions. Encourager la cliente et son partenaire à participer aux soins s'ils le désirent. Fournir l'information requise. Aider la cliente à trouver une position confortable ; l'encourager à en changer souvent, et à marcher au début du travail. Lui offrir des boissons ou de la glace concassée. Tenir le couple au courant de l'évolution du travail. Encourager la cliente à uriner toutes les heures ou toutes les deux heures. Voir si l'imagerie mentale favoriserait la relaxation et, si la cliente se montre intéressée, lui enseigner cette technique.
Phase active	5 – 7 cm	Toutes les 2 – 3 min, durée de 40 – 60 s ; intensité de modérée à forte.	La femme peut éprouver un sentiment d'impuissance. Elle montre une fatigue et une vulnérabilité plus grandes. Elle peut commencer à se sentir agitée et anxieuse à mesure que les contractions s'intensifient. Elle exprime sa peur de l'abandon. Elle devient plus dépendante parce que moins capable de répondre elle-même à ses besoins.	Encourager la femme à continuer ses respirations contrôlées. Assurer un environnement tranquille pour réduire les stimuli externes. Rassurer, encourager et soutenir la parturiente ; tenir le couple au courant de l'évolution du travail. Favoriser le bien-être de la femme (friction du dos, pression sacrée, serviette fraîche sur le front, aide pour changer de position, oreillers pour la supporter, effleurage). Lui offrir de la glace concassée et de la vaseline pour prévenir la sécheresse de la bouche et des lèvres. L'encourager à uriner toutes les heures ou toutes les deux heures.
Phase de transition	8 – 10 cm	Toutes les 2 min, durée de 60 – 75 s ; forte intensité.	La femme se sent fatiguée et peut montrer une agitation et une irritabilité croissante. Elle peut avoir l'impression d'être incapable de continuer et de ne plus se maîtriser. Elle ressent de la douleur. Elle a peur qu'on la laisse seule. Elle peut avoir peur que son ventre se déchire ou éclate pendant une contraction. Elle ne prend plus de décisions. Elle est très vulnérable.	Encourager la femme à se reposer entre les contractions. Si elle parvient à s'assoupir, la réveiller au début des contractions pour qu'elle commence ses respirations (on l'aide ainsi à sentir qu'elle maîtrise la situation). La soutenir, l'encourager et la féliciter de ses efforts. Tenir le couple au courant de l'évolution du travail ; encourager les proches à maintenir leur participation. Favoriser le bien-être de la parturiente (mesures décrites plus haut). Ne pas oublier que beaucoup de femmes ne veulent pas qu'on les touche pendant la phase de transition. Parler peu et, si on a à le faire, donner des consignes brèves. Ménager la pudeur de la cliente. Lui offrir de la glace concassée et de la vaseline pour les lèvres. Garder les lumières tamisées et réduire au minimum le bruit autour d'elle. L'encourager à uriner toutes les heures ou toutes les deux heures ; vérifier la vessie (globe vésical).
Stade 2	Complète	Toutes les 2 – 5 min.	La femme peut se sentir dépassée, impuissante, paniquée.	Aider la femme à faire les efforts expulsifs. L'inviter à prendre une position confortable. L'encourager et la féliciter de ses efforts. Tenir le couple au courant de l'évolution du travail. Offrir de la glace concassée. Respecter le besoin d'intimité de la femme.

abdominale profonde, la cliente peut exécuter la technique de respiration « haleter-haleter-souffler » ; l'important est toutefois qu'elle expire plus longuement.

L'infirmière peut profiter de ce que la cliente exécute ses techniques de respiration pour évaluer et soutenir l'interaction entre cette dernière et son conjoint ou la personne clé. Si la cliente n'est pas accompagnée ou si son conjoint souhaite la soutenir moins activement, une autre personne – une accompagnatrice (souvent appelée *doula*) – peut l'assister. Le rôle de l'accompagnatrice est de veiller au confort de la parturiente et de ses proches, et de calmer leur anxiété. Elle peut non seulement défendre les intérêts de la parturiente, mais aussi être un atout pour l'infirmière. Par exemple, elle peut aider la parturiente à déterminer le début de chaque contraction et l'encourager à bien respirer jusqu'à ce qu'elle soit terminée. L'encouragement et le soutien continus pendant toutes les contractions et tout au long du travail ont des avantages incommensurables.

L'**hyperventilation** résulte d'un déséquilibre entre l'oxygène et le gaz carbonique – trop de gaz carbonique est expiré et trop d'oxygène reste dans l'organisme. Ce déséquilibre peut survenir lorsqu'on respire très rapidement pendant une période prolongée. Les signes et symptômes de l'hyperventilation sont les suivants : fourmillement ou engourdissement du bout du nez, des lèvres, des doigts ou des orteils ; étourdissement ; apparition de mouches volantes ; spasmes des mains ou des pieds (spasmes carpiens ou tarsiens). En cas d'hyperventilation, il faut inciter la parturiente à ralentir sa fréquence respiratoire et à faire des respirations superficielles. Avec de bonnes directives et des encouragements, bien des femmes arrivent à modifier leur mode de respiration et à régler le problème. Inciter la cliente à se détendre et à compter à voix haute pour rythmer sa respiration pendant les contractions sont aussi des mesures utiles. Si toutefois les signes et symptômes ne se dissipent pas ou s'aggravent (c'est-à-dire s'ils évoluent de l'engourdissement jusqu'aux spasmes), on peut faire respirer la cliente dans un masque chirurgical de papier ou dans ses mains fermées jusqu'à ce que les spasmes disparaissent. En respirant dans un masque, dans un sac de papier ou dans ses mains fermées, la femme se trouve à respirer le gaz carbonique qu'elle vient d'expirer. L'infirmière doit rester auprès de la cliente pour la rassurer.

Dans certains cas, on peut utiliser des analgésiques ou une anesthésie régionale pour améliorer le bien-être et la relaxation durant le travail. (Le chapitre 18 décrit les différentes formes d'analgésie et d'anesthésie). Le tableau 17-2 résume l'évolution du travail, les réactions possibles de la parturiente ainsi que les mesures de soutien.

Évaluation et soins infirmiers durant le premier stade de l'accouchement

Phase de latence

Comme nous l'avons vu au chapitre 16, l'infirmière doit évaluer les paramètres physiques de la femme et du fœtus. Elle

prend la température maternelle toutes les 4 heures ; si la température est supérieure à 37,5 °C, elle le fait toutes les heures. Elle mesure la tension artérielle, le pouls et la fréquence respiratoire toutes les heures. Si la tension artérielle dépasse 140/90 mm Hg ou si le pouls est supérieur à 100, l'infirmière doit prévenir la sage-femme ou le médecin et contrôler plus souvent ces signes vitaux. Elle palpe les contractions utérines pour apprécier leur fréquence, leur intensité et leur durée. Elle ausculte la FCF toutes les 60 minutes pour les femmes à faible risque, et toutes les 30 minutes pour les femmes à risque élevé tant que les valeurs restent entre 120 et 160 battements par minute. On doit ausculter la FCF pendant toute une contraction et durant les 15 secondes suivantes pour vérifier s'il y a des décélérations. Si la FCF ne se situe pas entre 120 et 160 battements ou si on perçoit des décélérations, il est recommandé d'installer un moniteur fœtal (tableau 17-3).

Sauf en présence de complications qui pourraient rendre une césarienne nécessaire, l'infirmière offre fréquemment à la cliente des liquides sous forme de boissons claires ou de glace concassée. Au cours des rencontres prénatales, on suggère parfois aux femmes d'apporter des sucettes pour pallier la sécheresse de la bouche qu'occasionnent certaines techniques de respiration. Comme le temps d'évacuation gastrique est plus long pendant le travail, on préfère habituellement que la parturiente évite les aliments solides. Notons cependant que le jeûne pendant le travail est une pratique controversée. Certains professionnels de la santé croient que la parturiente devrait pouvoir manger et boire. Ainsi, s'appuyant sur les recherches récentes, de nombreuses sages-femmes proposent maintenant à leurs clientes de manger et de boire tant qu'elles le tolèrent bien (Varney, 1997).

Phase active

Pendant la phase active, les contractions surviennent à une fréquence de 2 à 3 minutes, durent de 50 à 60 secondes et sont d'intensité modérée ; on doit les palper toutes les 15 à 30 minutes. Lorsque les contractions se rapprochent et s'intensifient, on effectue des touchers vaginaux pour évaluer l'effacement et la dilatation du col, ainsi que la station et la position du fœtus. Pendant la phase active, la dilatation du col de l'utérus passe de 4 à 7 cm, et les pertes vaginales et les saignements se font plus abondants. On doit mesurer la tension artérielle, le pouls et la fréquence respiratoire toutes les heures pour les femmes à faible risque (plus souvent si les valeurs sont élevées, comme on l'a vu) et toutes les 30 minutes pour les femmes à risque élevé. On ausculte et évalue la FCF toutes les 30 minutes pour les femmes à faible risque et toutes les 15 minutes pour les femmes à risque élevé (AWHONN, 1999).

La parturiente qui marchait jusque-là peut maintenant vouloir s'asseoir dans un fauteuil ou dans son lit (figure 17-3 ▶). Si elle souhaite s'allonger, on lui suggère de se coucher sur le côté gauche. L'infirmière l'aide à trouver une position confortable et installe des oreillers qui la supporteront, lui masse le dos, pratique l'effleurage de l'abdomen ou pose une

Tableau 17-3

Évaluation au premier stade du travail

Phase	Mère	Fœtus
Phase de latence	Tension artérielle, pouls et fréquence respiratoire toutes les heures si les valeurs sont normales. Température toutes les 4 heures; toutes les heures (ou selon les pratiques de l'établissement) si elle dépasse 37,5 °C ou si les membranes sont rompues. Contractions utérines toutes les 30 minutes.	FCF toutes les 60 minutes pour les femmes à faible risque et toutes les 30 minutes pour les femmes à risque élevé si les caractéristiques sont normales: variabilité moyenne, FCF de référence de 120 à 160 bpm, absence de décélérations tardives ou variables (AWHONN, 1998). Noter l'activité fœtale. Si on utilise un moniteur fœtal électronique, évaluer les résultats de l'examen de réactivité fœtale (ERF).
Phase active	Tension artérielle, pouls et fréquence respiratoire toutes les heures si les valeurs sont normales. Contractions utérines toutes les 30 minutes.	FCF toutes les 30 minutes pour les femmes à faible risque et toutes les 15 minutes pour les femmes à risque élevé si les caractéristiques sont normales (AWHONN, 1998).
Phase de transition	Tension artérielle, pouls et fréquence respiratoire toutes les 30 minutes.	FCF toutes les 30 minutes pour les femmes à faible risque et toutes les 15 minutes pour les femmes à risque élevé si les caractéristiques sont normales (AWHONN, 1998).

FIGURE 17-3 ▶ On encourage la parturiente à choisir une position confortable. Au besoin, l'infirmière adapte ses évaluations et ses interventions.

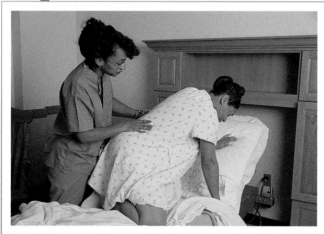
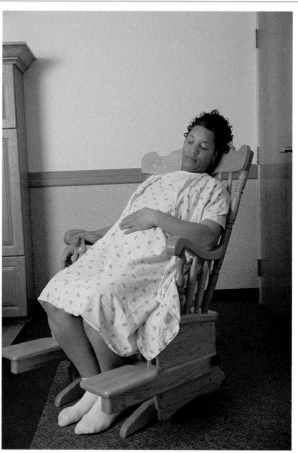

serviette fraîche sur son front ou dans son cou. Comme l'écoulement vaginal augmente, il faut changer plus souvent le piqué et laver le périnée à l'eau tiède et au savon pour éliminer les sécrétions et faire en sorte que la cliente se sente mieux.

Si elle n'a pas encore eu lieu, la rupture des membranes peut se produire pendant cette phase. L'infirmière note alors l'heure de la rupture, la couleur, l'odeur et la consistance du liquide amniotique et ausculte immédiatement la FCF. Le liquide amniotique devrait être translucide et inodore. La souffrance fœtale peut provoquer un relâchement des intestins et des sphincters de l'anus entraînant l'émission de méconium dans le liquide amniotique, qui devient alors brun-verdâtre. Si le liquide amniotique est teinté de méconium, on installe un moniteur électronique fœtal pour exercer une surveillance continue de la FCF. Il est important que l'infirmière note l'heure de la rupture des membranes, car, selon les normes médicales actuelles, on estime que l'accouchement se produira dans les 24 heures suivant cette rupture.

Si les membranes se rompent avant que le fœtus soit engagé, il y a risque de procidence du cordon ombilical : le liquide amniotique qui s'écoule vers le col peut y entraîner le cordon. On ausculte alors la FCF, car une chute peut indiquer une procidence du cordon non détectée. Si c'est le cas, une intervention immédiate s'impose pour supprimer la pression exercée sur le cordon (voir le chapitre 19). Le tableau 17-4 décrit certaines anomalies de l'évolution du travail.

Tableau 17-4

Anomalies au cours du travail exigeant une intervention immédiate

Problème	Intervention immédiate
Présence d'un saignement vaginal à l'arrivée ou antécédents de saignements vaginaux indolores	Ne pas faire de toucher vaginal. Ausculter la FCF. Évaluer la quantité de sang perdue. Évaluer les contractions utérines. Prévenir immédiatement la sage-femme ou le médecin. Garder au lit et au repos. Procéder aux tests sanguins et installer une perfusion intraveineuse pour avoir une veine ouverte (selon le protocole de l'établissement).
Présence de liquide amniotique verdâtre ou brunâtre	Installer un moniteur pour surveiller continuellement la FCF. Évaluer la dilatation du col utérin et déterminer s'il y a procidence du cordon ombilical. Évaluer la présentation fœtale (sommet ou siège). Mettre la femme au repos complet au lit (décubitus latéral). Prévenir immédiatement la sage-femme ou le médecin.
Absence de FCF et de mouvements fœtaux	Prévenir la sage-femme ou le médecin. Informer franchement la cliente et son conjoint de ce qui se passe et leur offrir un soutien émotionnel. Rester auprès d'eux.
Procidence du cordon ombilical	Diminuer manuellement la pression exercée sur le cordon. Surveiller continuellement la FCF ; noter tout changement. Prévenir la sage-femme ou le médecin. Aider la femme à se mettre en position genupectorale. Administrer de l'oxygène. Si le cordon apparaît à l'extérieur du vagin, l'entourer d'un linge imbibé de sérum physiologique stérile et tiède.
Travail avancé à l'arrivée ; accouchement imminent	Se préparer pour un accouchement immédiat. Recueillir les renseignements nécessaires : • date prévue de l'accouchement (DPA) ; • antécédents de saignements ; • antécédents de problèmes médicaux ou obstétricaux ; • usage ou abus passé ou présent de médicaments prescrits ou en vente libre, d'alcool ou de drogues illicites ; • problèmes durant la grossesse actuelle ; • FCF et signes vitaux maternels ; • état des membranes et, s'il y a lieu, temps écoulé depuis leur rupture ; • groupe sanguin et facteur Rh. Demander à un autre membre du personnel d'appeler la sage-femme ou le médecin. Ne pas laisser la femme seule. Offrir du soutien à la femme et à son conjoint. Enfiler des gants.

Phase de transition

Pendant la phase de transition, les contractions surviennent toutes les 1,5 à 2 minutes, durent de 60 à 90 secondes et sont de forte intensité. La dilatation du col de l'utérus passe de 8 à 10 cm ; l'effacement est terminé (100 %), et l'écoulement de sécrétions sanguinolentes est habituellement abondant. L'infirmière palpe les contractions toutes les 15 minutes au moins. Elle augmente la fréquence des touchers vaginaux stériles, car les changements sont habituellement rapides durant cette phase du travail. Elle mesure, au moins toutes les 30 minutes, la tension artérielle, le pouls et la fréquence respiratoire de la mère et ausculte la FCF toutes les 15 minutes.

Les mesures de bien-être deviennent très importantes durant cette phase du travail, mais une évaluation continue s'impose pour déterminer les interventions nécessaires. Les besoins de la femme peuvent changer très rapidement : elle peut demander un massage du dos ou d'autres soins de ce genre, puis vouloir tout à coup qu'on la laisse complètement seule. La personne clé et l'infirmière doivent modifier leurs interventions en conséquence. Comme la parturiente respire plus vite et risque d'avoir la bouche sèche, l'infirmière peut lui offrir de petites cuillerées de glace concassée ou lui appliquer de la vaseline sur les lèvres. Elle encourage aussi la femme à se reposer entre les contractions. La parturiente qui a reçu des analgésiques se reposera mieux dans un environnement calme. L'infirmière pourra la réveiller juste avant une nouvelle contraction pour qu'elle commence ses respirations.

Les soins infirmiers durant le deuxième stade de l'accouchement

Le deuxième stade de l'accouchement commence quand le col de l'utérus est complètement dilaté (10 cm). Les contactions utérines se poursuivent comme dans la phase de transition. On évalue la tension artérielle et le pouls de la mère ainsi que la FCF toutes les 5 à 15 minutes.

La femme qui fait des efforts expulsifs au deuxième stade du travail peut émettre divers sons. Ainsi, un grognement sourd (« ouhhh ») indique généralement qu'elle travaille avec les poussées. L'infirmière qui est à l'aise avec les sons émis par la mère et qui reste attentive à leurs changements pourra détecter à l'oreille que la cliente est en train de perdre sa capacité d'adaptation. Par exemple, si cette dernière a peur des sensations que produit son effort expulsif, son grognement pourra se transformer en un cri ou en un gémissement aigu, et l'infirmière saura qu'elle a besoin d'un soutien accru (Wesson, 2000). Certains professionnels de la santé, qui valorisent le fait de « garder la maîtrise de soi » durant le travail, l'encourageront et lui diront alors de pousser plus fort sans laisser sortir un souffle. On croit généralement qu'en émettant des sons, la femme affaiblit l'effort expulsif, mais les recherches mettent en doute cette croyance.

Au deuxième stade du travail, la compression du rectum peut donner à la parturiente l'impression qu'elle a besoin de déféquer, et sa réaction instinctive est alors de se retenir en contractant les muscles plutôt que de pousser. Vers la fin de ce stade, la femme peut aussi avoir l'impression que son ventre va éclater et redouter l'envie de pousser. La parturiente qui s'attend à ces sensations et qui comprend que les efforts font avancer le travail sera plus encline à poursuivre ses efforts expulsifs.

Quand l'envie de faire des efforts expulsifs devient irrépressible, l'infirmière assiste la femme en l'encourageant et en l'aidant à trouver une bonne position (figure 17-4 ▶). La femme peut s'adosser à des oreillers pour être en position demi-assise, se coucher sur le côté (gauche de préférence), se mettre à quatre pattes ou utiliser une barre d'appui pour s'accroupir. La plupart des femmes poussent spontanément d'une manière très efficace. Cependant, dans plusieurs établissements, on considère que des poussées prolongées et vigoureuses sont nécessaires. Dans ce cas, quand la contraction commence, l'infirmière dit à la femme de faire une ou deux respirations de nettoyage, puis de prendre une grande inspiration et de retenir son souffle en ramenant les genoux vers l'arrière et en poussant avec ses muscles abdominaux (*manœuvre de Valsalva*). Cependant, la femme peut aussi choisir de pousser quand et comme elle le désire en se fiant aux signaux de son corps. Les études révèlent en effet que, chez les femmes qui adoptent cette façon plus naturelle de pousser, le deuxième stade du travail est de la même durée ou plus court que chez les femmes qui utilisent la manœuvre de Valsalva (Varney, 1997). Pour faciliter la descente du fœtus, la parturiente peut rester couchée sur le côté gauche, les genoux remontés vers l'abdomen. Si elle est sur le dos, pour faciliter le

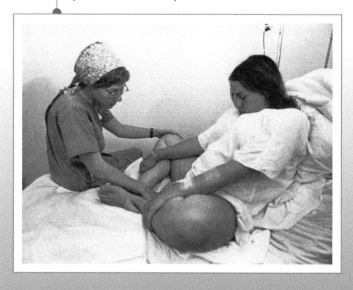

FIGURE 17-4 ▶ L'infirmière encourage la femme pendant les efforts expulsifs.

dégagement grâce à la rétroversion du bassin, elle peut relever ses jambes vers sa poitrine et prendre ses genoux dans ses mains (De Gasquet, 1996).

Habituellement, la nullipare doit être préparée à accoucher quand son périnée est bombé. Chez la multipare, le travail progresse généralement beaucoup plus vite, de sorte qu'elle peut être préparée à accoucher quand son col est dilaté de 7 à 8 cm. Quand l'accouchement approche, le conjoint ou la personne clé de la cliente doit aussi s'y préparer (voir *Points à retenir : Signes d'accouchement imminent*).

Mesures favorisant le bien-être au cours du deuxième stade

La plupart des mesures utilisées au premier stade du travail sont aussi appropriées au deuxième stade. Durant cet exercice physique intense que représentent les efforts expulsifs, on peut rafraîchir le visage et le front de la femme avec une serviette humide. La parturiente qui a chaud peut vouloir repousser les couvertures ; si elle le fait, on veillera tout de même à préserver son intimité. Entre les contractions, on l'encourage à se reposer et à détendre tous ses muscles. Pour ménager ses forces, on peut l'aider à reprendre une position adéquate lorsqu'une contraction s'annonce. On peut aussi lui offrir quelques gorgées de liquide ou de la glace concassée pour se mouiller la bouche et se désaltérer.

Assistance pendant l'accouchement

Juste avant la naissance, on prépare la chambre de naissance ou la salle d'accouchement, de manière à disposer de tout l'équipement et du matériel dont on pourrait avoir besoin. Si l'accouchement a lieu dans une chambre de naissance, les proches n'ont pas besoin de revêtir une tenue chirurgicale comme ils doivent le faire dans une salle d'accouchement ou de chirurgie. La sage-femme ou le médecin et les infirmières doivent se laver soigneusement les mains. Les infirmières qui seront en

contact direct avec la parturiente pendant l'accouchement doivent porter des vêtements protecteurs (blouse ou tablier anti-éclaboussures, gants jetables et lunettes). Pour sa part, la sage-femme ou le médecin doit porter une blouse ou un tablier anti-éclaboussures, des lunettes et des gants stériles.

Si, pour une raison ou pour une autre, la parturiente doit accoucher ailleurs que dans une chambre de naissance (comme c'est le cas lorsqu'on fait une césarienne), on la transporte juste avant dans son lit ou sur une civière. Si on doit la mettre dans un autre lit ou sur une civière, il importe de le faire *entre deux contractions*, car la douleur, les efforts expulsifs et le gonflement du périnée durant une contraction risquent de rendre le déplacement plus malaisé et plus pénible. Il est aussi important de ménager la pudeur de la femme pendant le transport. Par prudence, il faut toujours monter et verrouiller les ridelles du lit ou de la civière ; une fois la cliente arrivée en salle d'accouchement, on doit appuyer solidement le lit de travail ou la civière contre la table d'accouchement pour que le transfert se fasse en toute sécurité.

Même si la salle d'accouchement est moins conviviale que la chambre de naissance, les proches de la parturiente peuvent rester à ses côtés. Il est important de les encourager à participer à l'événement, car ils risquent d'être intimidés par cet environnement peu familier et d'avoir peur de déranger le personnel ou de lui nuire.

Positions d'accouchement

Jusqu'à l'ère moderne, dans la plupart des sociétés, on trouvait normal que les femmes accouchent en position verticale – accroupies, à genoux, debout ou assises. L'accouchement en position gynécologique (lithotomie) n'est devenu courant en Occident que pour la commodité qu'elle offrait dans l'utilisation des nouvelles techniques. Peu à peu, la position gynécologique est ainsi devenue la position d'accouchement habituelle dans les centres hospitaliers. Les femmes et les professionnels de la santé, qui tentent aujourd'hui de trouver de nouvelles positions, remettent l'accent sur le bien-être de la parturiente plutôt que sur la commodité pour le médecin ou la sage-femme (voir les figures 17-5 ▶ et 17-6 ▶, le tableau 17-5).

Pour l'accouchement, la femme est habituellement installée dans un lit, avec un support pour ses jambes, en position accroupie ou, parfois, à quatre pattes. Si on utilise un lit ou une table d'accouchement, on élève sa tête de 30° à 60° pour faciliter les efforts expulsifs. Si on se sert d'étriers, on les matelasse pour réduire la pression ; lorsqu'on aide la femme à s'installer, on doit soulever ses deux jambes en même temps pour éviter la tension sur les muscles de l'abdomen, de la région lombaire et du périnée. Il faut régler la position des étriers en fonction des jambes de la femme : on place les pieds sur les supports, on règle ensuite la hauteur et l'angle des étriers pour que l'arrière des genoux ou les mollets ne soient pas comprimés, ce qui risque non seulement d'être douloureux, mais aussi d'entraîner des problèmes vasculaires après l'accouchement.

Points à retenir

Signes d'accouchement imminent

L'accouchement est imminent quand la femme présente les changements suivants :

- périnée bombé ;
- envie irrépressible de faire des efforts expulsifs ;
- augmentation de l'écoulement de sécrétions sanguinolentes.

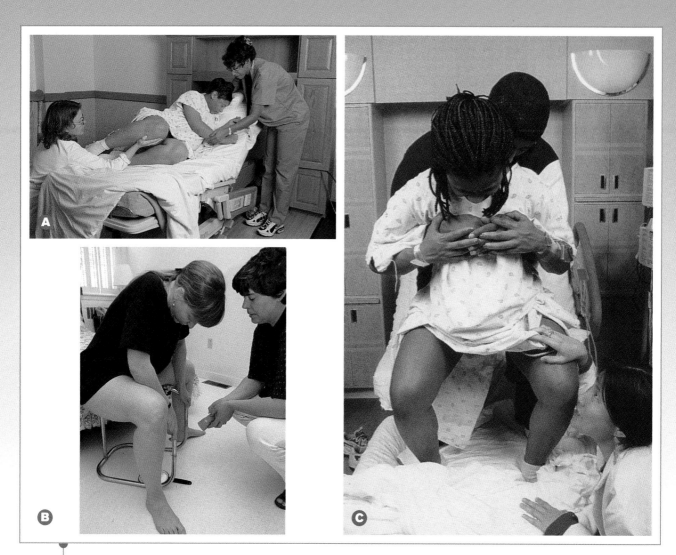

FIGURE 17-5 ▶ Positions d'accouchement. **A.** Accouchement en décubitus latéral.
B. Banc d'accouchement. **C.** Accouchement en position debout.

Tableau 17-5

Comparaison des positions d'accouchement

Position	Avantages	Inconvénients	Soins infirmiers
Assise sur un banc d'accouchement	La force de gravité contribue à la descente et à l'expulsion du fœtus. Cette position ne gêne pas le retour veineux des membres inférieurs. La femme peut voir son accouchement.	Il est difficile de soutenir le dos de la femme.	Encourager la femme à s'asseoir dans une position confortable.
Semi-Fowler	Cette position ne gêne pas le retour veineux des membres inférieurs. La femme peut voir son accouchement.	Si les jambes sont très écartées, les tissus du périnée sont moins décontractés.	Veiller à ce que le thorax soit également supporté. Augmenter le support en changeant la position du lit ou en utilisant des oreillers.
Sims gauche	Cette position ne gêne pas le retour veineux des membres inférieurs. Elle semble prévenir une descente rapide du fœtus. Le périnée est plus décontracté, et la femme a moins souvent besoin d'une épisiotomie.	La femme peut difficilement voir son accouchement.	Modifier la position de façon que la jambe du dessus repose sur le lit (en ciseaux) ou soit supportée par le conjoint ou par des oreillers.

Tableau 17-5 (suite)

Comparaison des positions d'accouchement (suite)

Position	Avantages	Inconvénients	Soins infirmiers
Accroupie	Le détroit inférieur se trouve agrandi. La force de gravité contribue à la descente et à l'expulsion du fœtus. Le deuxième stade peut être plus court.	Il peut se révéler difficile de maintenir son équilibre dans cette position.	Aider la femme à garder l'équilibre. Utiliser une barre d'accroupissement, si possible.
Assise dans un lit d'accouchement	La force de gravité contribue à la descente et à l'expulsion du fœtus. Cette position ne gêne pas le retour veineux des membres inférieurs. La femme peut voir son accouchement. La femme peut changer à volonté la position de ses jambes.		S'assurer que les jambes et les pieds sont bien supportés.
À quatre pattes	Le périnée est plus décontracté et l'épisiotomie est plus rare. Cette position augmente l'apport sanguin placentaire et ombilical, et réduit le risque de souffrance fœtale. Elle facilite la rotation fœtale. Elle facilite l'évaluation du périnée. Elle facilite l'accouchement du bébé qui présente une dystocie de l'épaule. L'infirmière peut plus facilement aspirer les sécrétions nasales et buccales du nouveau-né au moment de l'accouchement.	La femme ne peut pas voir l'accouchement. Le contact avec la personne qui fait l'accouchement est moins étroit. Le personnel ne peut pas utiliser d'instruments. L'accouchement peut être plus fatigant pour la mère.	Adapter le lit d'accouchement en descendant son pied. Ajouter des oreillers pour procurer à la femme un meilleur support.

Nettoyage du périnée

Une fois la femme en position d'accouchement, on lave sa vulve et son périnée pour éliminer les sécrétions sanguinolentes qui s'écoulent avant l'accouchement et améliorer ainsi son confort. Selon les directives cliniques de l'établissement ou les consignes de la sage-femme ou du médecin, on fait un simple lavage à l'eau tiède savonneuse ou on recourt à une technique de nettoyage stérile. Une fois le nettoyage terminé, la parturiente reprend sa position d'accouchement.

Le conjoint de la cliente et l'infirmière qui l'a accompagnée tout au long du travail continuent de la soutenir en l'encourageant à pousser pendant les contractions. Lorsque la tête fœtale apparaît, on lui demande de prendre des respirations superficielles ou de haleter pour éviter de pousser. Tout en soutenant la tête du fœtus, la sage-femme ou le médecin vérifie si le cordon ombilical est enroulé autour de son cou, le dégage s'il y a lieu, puis aspire avec une poire le mucus de la bouche et du nez du bébé. Il faut aspirer dans la bouche en premier pour éviter l'inhalation réflexe du mucus quand on touche avec le bout de la poire les narines, qui sont très sensibles. Cela fait, on encourage ensuite la femme à pousser encore pour expulser le reste du corps. Les photos de la figure 17-6 ▶ montrent le déroulement d'un accouchement.

Les soins infirmiers durant les troisième et quatrième stades de l'accouchement

Soins immédiats au nouveau-né

Après la naissance, la sage-femme ou le médecin dépose le nouveau-né sur l'abdomen de la mère ou dans un berceau à chaleur radiante. On installe le nouveau-né en position dorsale ou sur le côté, ou parfois en position de Trendelenburg modifiée, laquelle favorise le drainage des sécrétions du nasopharynx et de la trachée par la force de gravité. On sèche immédiatement le nouveau-né. Lorsque le cordon a cessé de battre, l'accoucheur place 2 pinces respectivement à 2 cm et à 3 ou 4 cm de l'abdomen de l'enfant, puis il le coupe lui-même entre les 2 pinces ou demande au nouveau père de le faire. Pour que le corps du nouveau-né reste bien chaud, on lui met un bonnet chaud, puis on le place contre la peau de sa mère et on le couvre de couvertures chauffées ou on le dépose sur une couverture sèche sous la chaleur radiante d'un berceau chauffant sans le couvrir ; en effet, comme la chaleur radiante réchauffe la surface extérieure des objets, il ne faut pas envelopper le nouveau-né si l'on veut qu'il bénéficie de la chaleur.

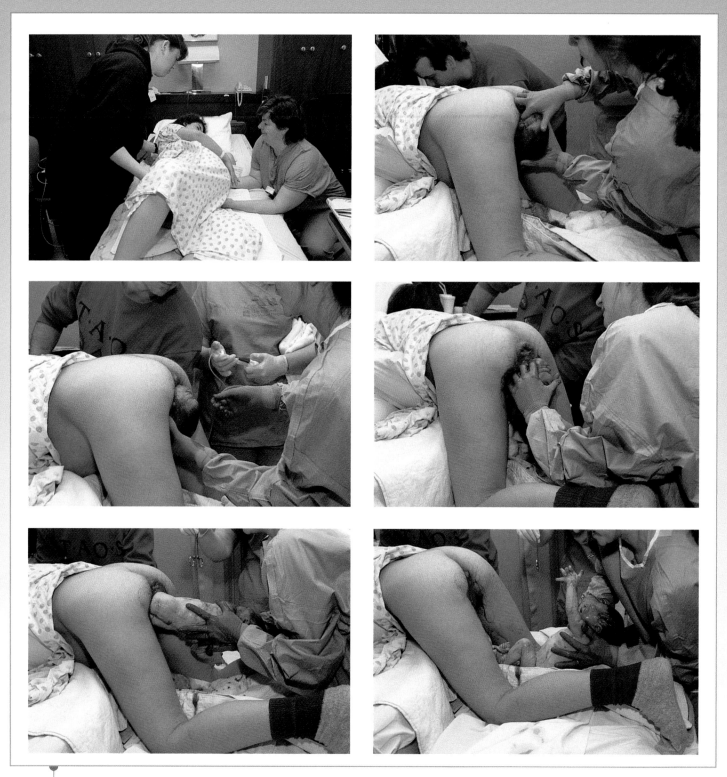

FIGURE 17-6 ▶ Un accouchement en six photos.

Au besoin, on aspire les sécrétions de la bouche et du nez du nouveau-né à l'aide d'une poire. La plupart des soins immédiats au nouveau-né peuvent être administrés pendant que l'enfant est dans les bras de ses parents ou dans le berceau à chaleur radiante.

Indice d'Apgar

L'indice d'Apgar (tableau 17-6) sert à évaluer l'état physique du nouveau-né à la naissance. On examine l'enfant 1 minute après la naissance, puis 5 minutes plus tard, et on donne une note totale, appelée **indice d'Apgar** sur une échelle de 0 à 10 en fonction des cinq critères suivants:

1. *Fréquence cardiaque* On ausculte ou on palpe la fréquence cardiaque à la jonction du cordon ombilical et de la peau. Ce critère est le plus important: si la fréquence cardiaque est inférieure à 100 battements par minute, le nouveau-né a besoin d'une réanimation immédiate.

2. *Respiration* L'évaluation de la respiration est le deuxième critère en importance. L'absence totale de respiration s'appelle *apnée*. Les pleurs vigoureux indiquent une respiration adéquate.

3. *Tonus musculaire* On détermine le tonus musculaire en évaluant le degré de flexion des membres, ainsi que leur résistance au redressement. Le nouveau-né normal a les coudes et les hanches fléchies, et les genoux repliés sur l'abdomen.

4. *Réactivité aux stimuli* On évalue la réactivité aux stimuli en passant la main le long de la colonne vertébrale du bébé ou en donnant de petites chiquenaudes sur la plante des pieds. Le bébé qui pleure obtient une note de 2 (note maximale); celui qui grimace, une note de 1; celui qui ne réagit pas, une note de 0.

5. *Coloration de la peau* On examine la coloration de la peau pour déceler la pâleur et la cyanose. Chez 85% des nouveau-nés normaux, les extrémités sont bleuâtres et le reste du corps est rose 1 minute après la naissance; cette coloration, appelée acrocyanose, leur vaut une note de 1. On accorde une note de 2 au nouveau-né complètement rose, et une note de 0 au nouveau-né complètement pâle et cyanosé. Comme le nouveau-né à la pigmentation foncée n'a pas la peau rose, on détermine s'il y a présence de pâleur ou d'acrocyanose, et on lui attribue le coefficient approprié.

Le nouveau-né qui obtient un indice de 8 à 10 est en bonne santé physique: il a seulement besoin d'une aspiration nasopharyngienne et peut-être aussi d'un peu d'oxygène près de son visage. Si l'indice d'Apgar est inférieur à 8, des mesures de réanimation peuvent s'imposer (voir le chapitre 25).

Soins du cordon ombilical

Si le médecin a mis une pince hémostatique et n'a pas fixé de clamp sur le cordon ombilical du nouveau-né, l'infirmière doit le faire. Avant de mettre le clamp, elle vérifie le bout coupé du cordon pour voir s'il y a bien deux artères et une veine, et note le résultat au dossier du bébé. Le plus gros vaisseau est la veine ombilicale, et les deux plus petits sont les artères. Elle fixe ensuite le clamp à 1 ou 2 cm de l'abdomen du bébé – cet espace est nécessaire, car le cordon rétrécira en séchant. Pour éviter de provoquer une nécrose tissulaire, elle doit veiller à ne pas pincer la peau de l'abdomen dans le clamp. On emploie habituellement le clamp de plastique Hollister (figure 17-7 ▶), lequel est retiré à la pouponnière environ 24 heures après que le cordon a séché.

Prélèvement de sang du cordon ombilical

De plus en plus de parents participent à des programmes de conservation du sang ombilical (pour un exposé sur le sujet, voir le chapitre 1). Dès qu'on a clampé et coupé le cordon (avant ou après l'expulsion du placenta), la sage-femme ou le médecin prélève du sang du cordon pour la conservation, l'analyse de la formule sanguine, le typage (groupe sanguin et facteur Rh), le dépistage, le test de Coombs et, si nécessaire, le dosage de la bilirubine.

Examen physique du nouveau-né

L'infirmière procède systématiquement à un bref examen physique du nouveau-né pour détecter d'éventuelles anomalies (tableau 17-7). D'abord, elle note la grosseur du nouveau-né, de même que la grosseur et la forme de sa tête en proportion du reste du corps. L'attitude et les mouvements du nouveau-né donnent des indications sur le tonus musculaire et l'état neurologique.

L'infirmière inspecte ensuite la peau du bébé pour déceler des anomalies de la coloration, la présence de vernix caseosa et de lanugo, ou des signes de trauma et de desquamation. Le *vernix caseosa* est une substance blanche et caséeuse qui recouvre normalement le corps du nouveau-né et qui pénètre dans la peau durant les 24 heures qui suivent la naissance. Le vernix est abondant chez les prématurés et inexistant chez les nouveau-nés postmatures. Le lanugo est un fin duvet souvent

Tableau 17-6

Indice d'Apgar

Signe	Coefficient		
	0	1	2
Fréquence cardiaque	Absente	Lente, inférieure à 100	Supérieure à 100
Respiration	Absente	Lente, irrégulière	Pleurs vigoureux
Tonus musculaire	Flaccidité	Légère flexion des membres	Mouvements actifs
Réactivité aux stimuli	Aucune	Grimace	Cri vigoureux
Coloration	Pâle, bleue	Corps rose, extrémités bleues	Complètement rose

Source: APGAR, V. (août 1966), «The Newborn (Apgar) scoring system, reflections and advice», *Pediatric Clinics of North America*, 13, p. 645.

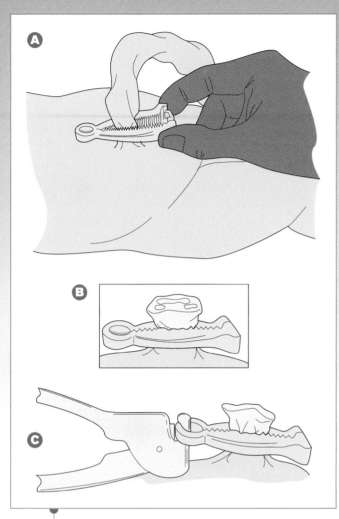

FIGURE 17-7 Clamp à cordon Hollister. **A.** On place le clamp à 1 ou 2 cm de l'abdomen et on le ferme. **B.** Cordon coupé. On peut voir la veine et les deux artères. **C.** Instrument en plastique servant à enlever le clamp une fois le cordon sec. Après avoir coupé le clamp, l'infirmière prend chaque branche du clamp et les sépare délicatement.

abondant chez les prématurés – surtout sur les épaules, le front, le dos et les joues. La desquamation de la peau se voit chez les nouveau-nés postmatures.

L'infirmière vérifie s'il y a un battement des ailes du nez et profite des pleurs du nouveau-né pour regarder s'il présente une fissure palatine. De temps à autre, elle vérifie si son nez et sa bouche contiennent des sécrétions et, s'il y a lieu, elle les aspire à l'aide d'une poire. Elle examine aussi le thorax pour évaluer la fréquence respiratoire, laquelle se situe normalement entre 30 et 60 respirations par minute. Si elle décèle du tirage, elle vérifie s'il y a présence de geignements expiratoires ou de stridor. Elle ausculte les poumons de chaque côté pour écouter le murmure vésiculaire – l'absence de murmure vésiculaire d'un côté peut être un signe de pneumothorax. Parfois, des râles

Tableau 17-7

Examen initial du nouveau-né

Examen	Résultats normaux
Respirations	Fréquence de 30 à 60, irrégulières. Aucun tirage, aucun geignement.
Pouls apexien	Fréquence de 120 à 160, quelque peu irrégulier.
Température	Température cutanée supérieure à 36,5 °C.
Coloration de la peau	Corps rose et extrémités bleuâtres (acrocyanose).
Cordon ombilical	Deux artères et une veine.
Âge gestationnel	Pour demeurer longtemps avec ses parents après la naissance, le nouveau-né doit avoir de 38 à 42 semaines de gestation.
Plis plantaires	Les plis plantaires doivent aller jusqu'au talon.

Aspect habituel :

- vernix peu abondant dans le haut du dos, les aisselles et les aines ;
- lanugo seulement dans le haut du dos ;
- oreilles – les deux tiers supérieurs du pavillon sont incurvés et le cartilage mince reprend sa forme après avoir été replié ;
- organes génitaux masculins – testicules palpables dans la partie inférieure ou supérieure du scrotum ;
- organes génitaux féminins – grandes lèvres renflées, clitoris presque recouvert.

Dans les situations suivantes, on doit généralement stabiliser l'état du nouveau-né plutôt que de le laisser avec ses parents pendant une longue période :

- L'indice d'Apgar est inférieur à 8 à 1 min et inférieur à 9 à 5 min, ou le nouveau-né a besoin de soins de réanimation (en plus des bouffées d'oxygène).
- La fréquence respiratoire est inférieure à 30 ou supérieure à 60, avec tirage et/ou geignements ; le pouls apexien est inférieur à 120 ou supérieur à 160, et présente des irrégularités marquées.
- La température cutanée est inférieure à 36,5 °C.
- La peau est bleue ou le nouveau-né présente une pâleur péribuccale.
- L'âge gestationnel du bébé est inférieur à 38 semaines ou supérieur à 42.
- Le bébé est hypotrophique ou macrosomique.
- Le bébé souffre d'anomalies congénitales avec lésions cutanées (myéloméningocèle).

sont perceptibles immédiatement après la naissance parce que les poumons contiennent encore un peu de liquide, lequel sera absorbé par la suite. Les ronchi indiquent que le nouveau-né a aspiré des sécrétions buccales. S'il y a trop de sécrétions ou une détresse respiratoire, l'infirmière fait une aspiration à l'aide d'un cathéter DeLee. (Voir le procédé 17-1 et la figure 17-8.) Enfin, elle note au dossier de l'enfant toute élimination d'urine ou de méconium.

Procédé 17-1   Aspiration nasopharyngée chez le nouveau-né

Intervention infirmière	Explication

Objectif : Retirer les sécrétions du nez ou de l'oropharynx du nouveau-né en présence de dépression respiratoire ou de liquide amniotique teinté de méconium

- Serrer le couvercle du contenant pour les mucosités du cathéter DeLee ou d'un autre dispositif d'aspiration. (Si on utilise un appareil de succion mécanique, la pression doit être de moins de 80 mm.)

Cela empêche les sécrétions de se répandre et l'air de sortir par le couvercle.

- Insérer une extrémité de la tubulure du cathéter DeLee dans l'appareil de succion mécanique (ou bien dans votre bouche : le cathéter est conçu de telle sorte que vous ne courez aucun danger d'aspirer les sécrétions).

- Insérer l'autre extrémité de la tubulure dans le nez ou la bouche du nouveau-né, à une profondeur de 7,5 à 12,5 cm (figure 17-8 ▶).

- Aspirer et continuer d'aspirer en retirant le tube.

Cela évite de redéposer les sécrétions aspirées dans le nasopharynx du nouveau-né.

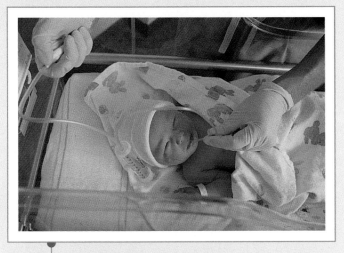

FIGURE 17-8 ▶ Cathéter DeLee.

- Réinsérer le tube et aspirer de nouveau tant qu'il reste des sécrétions. *Note : Une aspiration excessive peut causer une stimulation vagale, ce qui diminue la fréquence cardiaque.*

- Il faut parfois insérer le tube jusque dans l'estomac pour retirer le méconium avalé avant la naissance ; dans ce cas, insérer le tube dans la bouche du bébé, puis jusque dans son estomac. Aspirer. Continuer d'aspirer en retirant le tube.

Objectif : Noter toute information pertinente au dossier du nouveau-né

- Noter l'intervention ainsi que la quantité et le type de sécrétions aspirées.

Cela permet de documenter l'intervention et l'état du nouveau-né.

Identification du nouveau-né

Pour éviter toute erreur, dans la chambre de naissance ou la salle d'accouchement, l'infirmière met à l'enfant, à la mère et au père des bracelets d'identité assortis – bracelets qui leur donnent accès à la pouponnière et qu'ils conserveront jusqu'à leur sortie de l'établissement. Elle en met deux à l'enfant, l'un au poignet et l'autre à la cheville (ou les deux aux chevilles), en les ajustant bien pour ne pas qu'il les perde.

Dans certains centres hospitaliers, on prend l'empreinte d'un pied de l'enfant et l'empreinte d'un pouce de la mère pour plus de sécurité. Avant de prendre les empreintes de l'enfant, l'infirmière lui essuie la plante du pied pour enlever toute trace de vernix caseosa (l'encre laissée sous le pied s'enlève facilement avec un corps gras).

Délivrance

Après la naissance, la sage-femme ou le médecin se prépare pour la délivrance (voir le chapitre 15). Voici les signes du décollement du placenta :

1. L'utérus monte vers le haut de l'abdomen.
2. À mesure que le placenta descend, le cordon ombilical s'allonge.
3. Du sang jaillit ou suinte soudainement.
4. L'utérus perd sa forme discoïde pour devenir globulaire.

En attendant l'apparition de ces signes, l'infirmière palpe l'utérus pour vérifier s'il présente des signes de ballonnement dus à la détente de l'utérus et au saignement qui s'ensuit dans la cavité utérine. Après le décollement du placenta, on peut demander à la femme de pousser pour en faciliter l'expulsion.

Au moment de l'expulsion du placenta, on administre souvent des ocytociques pour favoriser la contraction de l'utérus et réduire le saignement. On peut ajouter 10 UI d'ocytocine (Syntocinon) à une perfusion intraveineuse (IV), les administrer par voie intramusculaire ou encore, lentement et directement, par voie intraveineuse. Certains médecins prescrivent l'administration par voie intramusculaire de 0,2 mg de maléate de méthylergonovine (Methergine). L'infirmière qui donne la médication prend la tension artérielle de la mère avant et après l'intervention et la note au dossier. Pour plus de détails, consulter le guide pharmacologique de l'ocytocine (chapitre 20) et celui du maléate de méthylergonovine (chapitre 28).

Après la délivrance, la sage-femme ou le médecin examine le placenta et les membranes amniotiques pour s'assurer qu'elles sont intactes et qu'il ne manque aucun cotylédon. Si on constate une anomalie placentaire ou l'absence d'une partie du placenta, il faut procéder à une révision utérine. L'infirmière doit noter, au dossier obstétrical, l'heure de l'expulsion du placenta. Le placenta est ensuite pesé et envoyé au laboratoire d'anatomopathologie pour une analyse complète.

Évaluation et soins infirmiers relatifs à la nouvelle mère

Après la délivrance, la sage-femme ou le médecin vérifie si le vagin et le col ont subi des déchirures et, le cas échéant, procède aux corrections nécessaires. Si ce n'est pas déjà fait, on peut suturer l'épisiotomie (chapitre 20).

L'infirmière palpe le fond utérin pour s'assurer de sa fermeté. Le fond utérin devrait normalement se trouver sur la ligne médiane et sous le nombril, mais une vessie pleine ou une accumulation de sang dans l'utérus peut entraîner un

déplacement. On peut vider l'utérus de ce sang en plaçant une main sur sa partie antérieure et l'autre sur sa partie postérieure, puis en exerçant une pression. L'infirmière continuera ensuite à palper le fond utérin à intervalles rapprochés (pendant plus de 4 h) pour s'assurer qu'il reste bien contracté. À moins qu'il ne soit mou, on doit le palper (figure 17-9 ▶), mais non le masser. Si le fond utérin devient mou ou semble monter dans l'abdomen, l'infirmière le masse (en soutenant le segment inférieur de l'utérus de sa main libre) jusqu'à ce qu'il redevienne ferme, puis y exerce une pression ferme afin d'exprimer les caillots retenus. Comme l'utérus est alors très sensible, la palpation et le massage doivent être faits aussi délicatement que possible.

L'infirmière lave le périnée avec des compresses de gaze et une solution réchauffée, puis l'assèche bien avec une serviette avant d'y appliquer une serviette hygiénique. Si on en a utilisé pendant l'accouchement, on retire les deux jambes de la cliente en même temps des étriers pour éviter une tension musculaire. On suggère à la femme de faire des mouvements de pédalage pour rétablir la circulation dans ses jambes. Elle reste dans son lit si elle a accouché dans une chambre de naissance ou elle est transportée dans un lit de la salle de réveil, et l'infirmière l'aide à revêtir une chemise propre.

FIGURE 17-9 ▶ Méthode de palpation du fond utérin pendant le quatrième stade de l'accouchement. On place la main gauche juste au-dessus de la symphyse pubienne et on exerce une légère pression vers le bas. On place la main droite en coupe autour du fond utérin.

Pendant le quatrième stade (post-partum immédiat), qui dure de 1 à 4 heures après la délivrance, on surveille étroitement la cliente en prêtant une attention particulière à toute anomalie des signes vitaux. On mesure la tension artérielle de la mère toutes les 5 à 15 minutes afin de détecter tout changement. La tension artérielle devrait revenir à sa valeur d'avant le travail, puisqu'un important volume de sang retourne dans la circulation maternelle depuis la circulation utéro-placentaire. La fréquence du pouls devrait être légèrement inférieure à ce qu'elle était durant le travail, car les barorécepteurs provoquent une réaction vagale qui ralentit le pouls. Une augmentation de la tension artérielle peut être causée par les ocytociques ou indiquer une hypertension gravidique. La perte de sang peut se traduire par une baisse de la tension artérielle et une accélération du pouls (tableau 17-8).

L'infirmière surveille également la température de la nouvelle mère. Les tremblements sont fréquents pendant le post-partum immédiat, une réaction qui s'explique peut-être par un écart entre les températures profonde et externe (une température profonde plus élevée que la température externe). Selon une autre théorie, les tremblements traduiraient la réaction maternelle aux cellules fœtales qui ont pénétré dans sa circulation par le siège d'insertion du placenta. On peut calmer ces tremblements en plaçant un drap de bain chauffé à côté de la femme et en le changeant aussi souvent qu'elle le désire.

L'infirmière doit aussi examiner l'écoulement vaginal et en évaluer la quantité (faible, modérée ou forte) ainsi que l'aspect (avec ou sans caillots). Cet écoulement, ou lochies rouges, doit normalement être rouge vif. Une serviette hygiénique imbibée contient environ 100 mL de sang. Si la serviette s'imbibe en 15 minutes ou moins ou si du sang coule jusque sous les fesses, il faut surveiller continuellement l'état de la mère (voir le procédé 17-2). Lorsque le fond utérin est ferme et qu'un filet de sang s'écoule continuellement, l'hémorragie peut provenir de déchirures du vagin, du col ou d'un vaisseau non ligaturé de l'épisiotomie. (Voir *Points à retenir : Signes alarmants pendant le post-partum immédiat*.)

Si le fond utérin se soulève et se déplace vers la droite, l'infirmière doit envisager les deux facteurs suivants :

- quand l'utérus se soulève, les contractions utérines se font moins efficaces, ce qui peut entraîner un saignement plus abondant ;
- le plus souvent, le déplacement de l'utérus est causé par une distension vésicale.

L'infirmière doit donc palper la vessie pour déceler la présence éventuelle d'un globe vésical. Après un accouchement, la vessie se remplit rapidement en raison du surplus de liquide provenant de la circulation utéroplacentaire (et aussi de l'administration de liquides intraveineux pendant le travail et l'accouchement). Que ce soit à cause de traumas à la vessie et à l'urètre durant l'accouchement ou d'une anesthésie régionale qui a réduit le tonus vésical et supprimé l'envie d'uriner, il arrive que la femme qui vient d'accoucher ne se rende pas compte que sa vessie est pleine.

On doit prendre toutes les mesures possibles pour permettre à la femme d'uriner. L'infirmière peut appliquer une serviette chaude sur le bas-ventre ou verser de l'eau tiède sur le périnée pour décontracter le sphincter externe de l'urètre et favoriser ainsi la miction. Si la femme est toujours incapable d'uriner, on doit procéder à un cathétérisme vésical.

L'infirmière examine le périnée pour détecter la présence d'un œdème ou d'un hématome. Souvent, un sac de glace réduit le gonflement et soulage la douleur causée pas l'épisiotomie.

Après l'accouchement, les conjoints risquent d'être fatigués, et d'avoir faim et soif. Dans certains établissements, on

---

Tableau 17-8

Changements chez la mère après l'accouchement

Caractéristiques	Résultats normaux
Tension artérielle	Retour à la valeur d'avant le travail
Pouls	Légèrement inférieur à ce qu'il était pendant le travail
Fond utérin	Sur la ligne médiane de l'abdomen au niveau du nombril ou à un ou deux doigts sous le nombril
Lochies	Rouges, en quantité faible (tachetures sur la serviette) ou modérée (imbibition du quart à la moitié d'une serviette en 15 minutes) ; pas plus d'une serviette imbibée durant la première heure
Vessie	Impalpable
Périnée	Lisse, rose, sans contusions ni œdème
État émotionnel	Variations considérables : la femme peut se montrer excitée, euphorique, souriante, larmoyante, épuisée, loquace, calme, pensive, somnolente, etc.

Points à retenir

Signes alarmants pendant le post-partum immédiat

Pendant le post-partum immédiat, il faut signaler à la sage-femme ou au médecin l'apparition des signes suivants :

- hypotension,
- tachycardie,
- atonie utérine,
- hémorragie,
- hématome.

Procédé 17-2   Évaluation des lochies après l'accouchement

Intervention infirmière	Explication
Objectif : Préparer la femme	
• Expliquer le procédé, sa raison d'être et l'information qu'il fournit.	*Expliquer le procédé diminue l'anxiété et favorise la relaxation.*
Objectif : Prendre et évaluer les signes vitaux maternels	
• Évaluer la température, la tension artérielle et le pouls.	*Cette évaluation fournit de l'information sur l'état physiologique de la femme.*
Objectif : Évaluer avec précision la quantité des lochies après l'accouchement	
• Enfiler des gants jetables.	*Les pratiques de base prescrivent le port de gants lorsqu'il y a exposition aux sécrétions corporelles.*
• Regarder la serviette hygiénique pour voir la quantité de lochies.	
• Palper le fond utérin, situé sur la ligne médiane au niveau du nombril ou un ou deux doigts plus bas, en plaçant une main sur le fond et l'autre juste au-dessus de la symphyse pubienne et en appuyant vers le bas.	*La pression exercée juste sous la symphyse pubienne évite que l'utérus descende trop bas durant l'évaluation.*
• Évaluer la fermeté du fond utérin ; s'il est mou, masser dans un mouvement circulaire.	*L'utérus doit rester fermement contracté pour éviter une perte sanguine excessive. La pression manuelle stimule les contractions utérines.*
• Évaluer la coloration et la quantité des lochies et vérifier s'il y a des caillots.	

Références pour évaluer la quantité de lochies

Faible : tache <10 cm sur la serviette ; 10 – 25 mL

Modérée : tache <15 cm ; 25 – 50 mL

Forte : tache >15 cm ; 50 – 80 mL

Si la perte sanguine est supérieure à ces valeurs, peser *les serviettes et le piqué* pour l'estimer avec plus de précision (1g = 1 mL).	*Peser les serviettes et le piqué peut fournir des données pertinentes. Comme une certaine perte de sang est normale, cette précaution permet de déceler une perte excessive, qui autrement pourrait passer inaperçue.*

leur sert un repas. La fatigue aura probablement raison de la mère, qui se laissera emporter par le sommeil. On doit aussi encourager le nouveau père ou la personne clé à se reposer, car le rôle de soutien pendant le travail et l'accouchement est physiquement et mentalement exigeant. Si elle n'a pas accouché dans une chambre de naissance, on transporte habituellement la femme de la salle de réveil à une chambre ordinaire. Le moment de ce déplacement dépend des règlements de l'établissement et de l'état de la cliente, qui doit satisfaire aux critères suivants :

- signes vitaux stables ;
- pas d'hémorragie ;
- pas de globe vésical ;
- fond utérin ferme ;
- retour des sensations supprimées par les anesthésiques administrés au cours de l'accouchement.

Certaines femmes ont connu un accouchement extrêmement douloureux au cours duquel elles se sont senties dépassées et impuissantes pendant des heures. Elles sont alors particulièrement exposées au syndrome de stress post-traumatique (Reynolds, 1997). (Voir le chapitre 19 pour de plus amples explications.)

Promotion de l'attachement

Des preuves indiscutables montrent très clairement que les premières heures, et même les premières minutes, qui suivent la naissance sont une période importante pour l'attachement de la mère et du nouveau-né. Pendant cette période, le nouveau-né doit être en contact physique avec sa mère. Quand ce contact a lieu au cours de la première heure suivant la naissance, le nouveau-né se montrera calme, capable d'interagir avec ses parents en les regardant et de tourner la tête vers la personne qui parle. (Pour un exposé plus approfondi sur les états du nouveau-né, voir le chapitre 21.)

Après un bref premier contact parents-nouveau-né (quelques minutes), on doit procéder à certaines interventions incommodantes (délivrance, suture de l'épisiotomie). Cela fait, l'infirmière rapporte le bébé à sa mère et aide cette dernière à l'allaiter si elle le désire. Souvent, le bébé cherche le sein de sa mère, et ces premiers contacts peuvent contribuer grandement au succès de l'allaitement. Même si le nouveau-né ne tète pas activement, il peut lécher, goûter et sentir la peau de sa mère ; ces activités stimulent la libération de prolactine chez la mère et favorisent le déclenchement de la lactation (voir le chapitre 24).

Si on tamise l'éclairage de la salle d'accouchement ou de la chambre, le nouveau-né ouvrira ses yeux pour regarder autour de lui et sera porté à échanger des regards avec ses parents. (Si le médecin a besoin de lumière, on peut laisser le scialytique allumé.) On peut aussi reporter à plus tard le traitement des yeux du nouveau-né. Nombreux sont les parents qui établissent un contact visuel avec leur bébé et se contentent de le contempler tranquillement ; d'autres, plus actifs, le touchent ou l'examinent. Certaines mères parlent à leur bébé en prenant une petite voix aiguë, qui semble apaiser les nouveau-nés. D'autres se disent étonnés et fiers d'avoir engendré un bébé magnifique et en bonne santé. Le fait de s'exprimer ainsi conforte leur ravissement et leur sentiment d'avoir accompli une grande chose. La figure 17-10 ▶ montre un nouveau père en train d'établir des liens avec son fils nouveau-né.

Il faut inciter les deux parents à agir de la façon qui leur convient le mieux. Certains parents préfèrent ne passer que quelques instants en compagnie de l'enfant immédiatement après la naissance ; ils veulent plutôt rester ensemble dans l'intimité d'un endroit tranquille. En dépit de la tendance actuelle à promouvoir vigoureusement les contacts immédiats, le personnel infirmier doit respecter le désir des parents ; ceux qui préfèrent attendre un peu avant d'entrer en interaction avec leur nouveau-né n'ont pas nécessairement moins d'aptitudes à s'attacher à leur enfant. (Les chapitres 23 et 28 décrivent l'attachement entre les parents et le nouveau-né.)

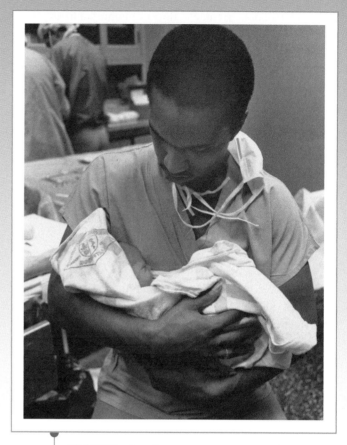

FIGURE 17-10 ▶ Un nouveau-né dans les bras de son père.

Les soins infirmiers durant l'accouchement précipité

Parfois, le travail évolue si rapidement que l'infirmière doit faire office d'accoucheuse. En cas d'**accouchement précipité**, elle doit assumer la responsabilité de l'accouchement et veiller à la santé physique et psychologique de la mère et de l'enfant. En l'absence de sa sage-femme ou de son médecin, la cliente risque d'être déçue, effrayée, en colère, de se sentir trahie et abandonnée, d'avoir peur de ce qui va arriver et de sentir

qu'elle perd toute maîtrise de la situation. L'infirmière qui s'occupe d'elle doit lui assurer qu'elle va rester à ses côtés et l'informer continuellement de l'évolution du travail. Si l'accouchement est imminent, l'infirmière ne doit pas quitter la parturiente ; elle demandera à un autre membre du personnel d'appeler le médecin et d'apporter la trousse d'accouchement d'urgence. Cette trousse, qui doit toujours être prête à utiliser, contient généralement le matériel suivant :

1. un petit drap qu'on peut mettre sous les fesses de la femme pour créer un champ stérile ;

2. une poire pour aspirer le mucus dans la bouche du nouveau-né ;

3. deux clamps stériles (Kelly ou Rochester) pour clamper le cordon ombilical avant de fixer un clamp ombilical ;

4. des ciseaux stériles pour couper le cordon ombilical ;

5. un clamp ombilical stérile (Hesseltine ou Hollister) ;

6. une couverture pour envelopper le nouveau-né ;

7. des gants stériles.

La parturiente sera plus rassurée si elle se sent entre les mains d'une professionnelle compétente. L'infirmière doit donc garder son calme pendant qu'on rassemble le matériel. Tout au long de l'accouchement, elle devra soutenir la cliente, la rassurer et la guider, par exemple en lui indiquant quand recourir à la respiration contrôlée et quand pousser.

En cas d'accouchement précipité, l'infirmière procède comme suit :

D'abord, elle encourage la parturiente à prendre une position confortable. Si elle en a le temps, elle se brosse soigneusement les mains avec de l'eau et du savon et enfile les gants stériles. Elle glisse le drap stérile sous les fesses de la femme. Elle peut ensuite insérer son index dans la portion inférieure du vagin, placer son pouce sur le périnée et masser doucement cette région. Ce type de massage (« repassage du périnée ») aide les tissus périnéaux à s'étirer et contribue à prévenir les déchirures.

Lorsque la tête du fœtus commence à sortir, l'infirmière demande à la parturiente de haleter pour retenir son envie de pousser. Elle vérifie ensuite si les membranes sont rompues. Si elles ne le sont pas, l'infirmière doit les rompre pour que le nouveau-né n'inhale pas de liquide amniotique en prenant sa première respiration.

D'une main, l'infirmière exerce une légère pression contre la tête du fœtus pour que celle-ci ne sorte pas trop rapidement ; cependant, elle ne doit pas retenir la tête avec force. Une sortie trop rapide de la tête peut provoquer des déchirures du périnée. Le fœtus peut subir des déchirures durales ou sous-durales si sa pression intracrânienne change trop rapidement. De l'autre main, l'infirmière soutient le périnée et laisse la tête sortir entre les contractions. Pendant que la femme continue de haleter, l'infirmière insère un ou deux doigts le long de la nuque du fœtus pour chercher le cordon ombilical. S'il y a circulaires du cordon (enroulement du cordon autour du cou du fœtus), l'infirmière replie ses doigts pour former un crochet, saisit le cordon et le fait passer par-dessus la tête du bébé. Il est important de s'assurer que le cordon n'est pas enroulé plus d'une fois autour du cou de l'enfant. Si l'enroulement est trop serré pour qu'on puisse faire passer le cordon par-dessus la tête du bébé, on pince le cordon avec deux clamps, on le coupe entre les clamps et on le déroule.

Immédiatement après l'expulsion de la tête, l'infirmière aspire les sécrétions de la bouche et du nez du bébé. Elle place ensuite une main de chaque côté de la tête et tire doucement vers le bas, jusqu'à ce que l'épaule antérieure franchisse la symphyse pubienne ; elle tire ensuite doucement vers le haut pour aider l'épaule postérieure à sortir. Elle peut alors demander à la parturiente de pousser légèrement pour expulser rapidement le reste du corps du bébé, qui doit être soutenu pendant qu'il sort.

L'infirmière tient le nouveau-né au niveau de l'utérus pour favoriser la circulation sanguine dans le cordon ombilical. Recouvert de liquide amniotique et de vernix, le corps du nouveau-né est très glissant, et il faut faire attention de ne pas l'échapper. L'infirmière aspire de nouveau dans le nez et la bouche du bébé à l'aide de la poire, puis sèche sa peau pour éviter une perte de chaleur.

Dès qu'elle a constaté que l'enfant respire bien, l'infirmière peut le déposer sur l'abdomen de la mère en plaçant sa tête légèrement plus bas que son corps pour faciliter l'écoulement des liquides et du mucus. Le poids du nouveau-né sur l'abdomen de la mère stimule les contractions utérines, lesquelles favorisent le décollement du placenta. Il ne faut pas tirer sur le cordon ombilical.

L'infirmière doit être attentive aux signes de décollement du placenta : un petit jet de sang foncé sort du vagin, le cordon s'allonge ou l'utérus passe d'une forme discoïde à une forme globulaire. Dès qu'elle observe l'un de ces signes, elle demande à la femme de pousser pour expulser le placenta, puis examine le placenta expulsé pour vérifier qu'il est intact.

L'infirmière vérifie la fermeté de l'utérus. Elle peut masser doucement le fond utérin pour stimuler les contractions et réduire le saignement. On peut aussi mettre l'enfant au sein ; l'hypophyse libère alors de l'ocytocine, qui stimulera les contractions utérines.

L'infirmière peut ensuite couper le cordon ombilical. Elle place deux clamps Kelly stériles sur le cordon, l'un à 2 ou 3 cm de l'abdomen du nouveau-né et l'autre à 4 ou 6 cm, et coupe le cordon entre ces deux clamps avec des ciseaux stériles (il vaut mieux laisser le cordon trop long, même jusqu'à 10 à 15 cm ; il pourra être recoupé plus tard). Enfin, elle fixe un clamp ombilical stérile entre l'abdomen de l'enfant et le clamp déjà en place. Le clamp ombilical doit être à au moins 2 cm de l'abdomen, car le cordon rétrécira en séchant.

L'infirmière doit changer l'alaise et examiner le périnée pour voir s'il présente des déchirures. Si elle observe des déchirures qui saignent, elle peut appuyer une serviette hygiénique propre contre le périnée et demander à la femme de garder les cuisses ensemble.

Si la sage-femme ou le médecin n'est pas encore arrivé ou si le nouveau-né souffre de détresse respiratoire, il faut le transporter immédiatement à la pouponnière en s'assurant toutefois qu'il porte ses bracelets d'identité avant de quitter la pièce.

L'infirmière doit consigner dans le dossier obstétrical les informations suivantes :

1. position du fœtus à la naissance ;
2. enroulement du cordon autour du cou ou de l'épaule (circulaires du cordon) ;
3. heure de la naissance ;
4. indices d'Apgar à 1 minute et à 5 minutes ;
5. sexe du nouveau-né ;
6. heure de la délivrance ;
7. mécanisme de la délivrance ;
8. apparence et intégrité du placenta ;
9. état de la mère ;
10. médicaments administrés à la mère ou au nouveau-né (selon les règlements de l'établissement).

■ Évaluation et résultats escomptés

L'évaluation permet de déterminer l'efficacité des soins infirmiers. Dans le cas de soins infirmiers complets pendant le travail et l'accouchement, les résultats suivants peuvent être escomptés :

- le bien-être physique et psychologique de la mère sera préservé et soutenu ;

- le bien-être physique et psychologique du bébé sera protégé et soutenu ;

- les conjoints pourront manifester leurs désirs pendant le travail et l'accouchement et y participer autant qu'ils le désirent ;

- l'accouchement ne mettra en danger ni la mère ni l'enfant.

Le chapitre en bref

Notions fondamentales

- Avant d'entreprendre une intervention durant le travail et l'accouchement, on doit expliquer en quoi elle consiste, ce qui la motive, ses bienfaits et ses risques potentiels, ainsi que les solutions de rechange. Ces explications aident la parturiente à comprendre ce qui arrive à son corps.

- Les réactions comportementales au travail varient selon la phase du travail, la préparation pendant la grossesse, les expériences antérieures, les croyances culturelles et le niveau de développement de la parturiente.

- Durant le travail et l'accouchement, la parturiente et sa famille peuvent avoir différentes attentes envers l'infirmière. Certaines familles tiennent à prendre elles-mêmes toutes les décisions et n'ont que des contacts limités avec l'infirmière ; d'autres souhaitent un contact plus soutenu et envisagent leur relation avec l'infirmière sous l'angle de la coopération ; d'autres enfin veulent qu'elle prenne une part très active à l'événement et comptent sur elle pour les rassurer.

- Les croyances culturelles de la parturiente influent sur son besoin d'intimité, sur sa façon d'exprimer la douleur, sur ses attentes quant à l'accouchement et au rôle du père pendant cet événement.

- L'adolescente a des besoins particuliers pendant le travail et l'accouchement ; ses besoins développementaux exigent des soins infirmiers spécialisés.

- Les mesures de bien-être général, les techniques de relaxation, les techniques de maîtrise de l'anxiété et les techniques de respiration

et le soutien d'une personne bienveillante peuvent augmenter le bien-être de la parturiente.

- Il existe de nombreuses positions d'accouchement : la mère peut être en décubitus latéral, assise, accroupie, en semi-Fowler, en décubitus dorsal, etc.

- La collecte des données initiale auprès du nouveau-né comprend la mesure de l'indice d'Apgar et un bref examen physique ; les données obtenues permettent de déterminer si l'enfant a besoin de réanimation et si son adaptation à la vie extra-utérine se déroule normalement. Le nouveau-né qui ne présente aucun problème peut rester avec ses parents pendant une période prolongée après l'accouchement.

- Les soins immédiats du nouveau-né incluent aussi le maintien de la respiration, le maintien de la chaleur du corps, la prévention des infections et une identification précise.

- Le placenta se décolle de la paroi utérine ; lors de son expulsion, soit la face maternelle, soit la face fœtale émerge du vagin. Bosselée, la face maternelle du placenta contient les cotylédons, et peut être associée à la rétention de fragments dans l'utérus.

- Le quatrième stade de l'accouchement, ou post-partum immédiat, dure de une à quatre heures et donne lieu à de nombreux changements physiologiques et psychologiques.

- Il arrive qu'un bébé naisse si rapidement que la sage-femme ou le médecin n'a pas le temps d'arriver. En cas d'accouchement précipité, l'infirmière reste aux côtés de la femme et l'aide à accoucher jusqu'à ce que la sage-femme ou le médecin prenne la relève.

Références

AMERICAN ACADEMY OF PEDIATRICS et AMERICAN COLLEGE OF OBSTETRICIANS AND GYNECOLOGISTS (1997). *Guidelines for perinatal care*, 4e éd., Washington, chez l'auteur.

ASSOCIATION OF WOMEN'S HEALTH, OBSTETRIC, AND NEONATAL NURSES (1999). « Guidelines for fetal monitoring », *in* L. K. Mandeville et N. H. Troiano (dir.), *High-risk & critical care intrapartum nursing*, Philadelphie, Lippincott.

AWHONN (1998). *Standards for Professional Nursing Practice in the Care of Women and Newborns*, 5e éd.

BONAPACE, J. (1997). *Du cœur au ventre*, 2e éd., Rouyn-Noranda, l'auteur. <julie.bonapace@uqat.uquebec.ca>, <www.UQAT.UQUEBEC.CA/BONAPACE>.

CALHOUN, M. A. (1986). «The Vietnamese woman : Health/illness attitudes and behaviors», *in* P. N. Stearn (dir.), *Women, health and culture,* Washington, DC, Hemisphere.

CALLISTER, L. C. (2001). «Culturally competent care of women and newborns : knowledge, attitude, and skills», *Journal of Obstetric, Gynecologic, and Neonatal Nursing, 30*(2), p. 209-215.

DE GASQUET, B. (1996). *Bien-être et maternité,* 3e éd., Paris, Implexe Édition.

DRAKE, P. (1996), «Addressing developmental needs of pregnant adolescents», *Journal of Obstetric, Gynecologic, and Neonatal Nursing, 25,* p. 518.

ENGLAND, P., et R. HOROWITZ (1998). *Birthing from within,* Albuquerque, NM, Partera Press.

HODNETT, E. (1996). «Nursing support of the laboring woman», *Journal of Obstetric, Gynecologic, and Neonatal Nursing, 25,* p. 257.

HUTCHINSON, M. K., et M. BAQI-AZIZ (1994). «Nursing care of the childbearing Muslim family», *Journal of Obstetric, Gynecologic, and Neonatal Nursing, 23*(9), p. 767.

KHAZOYAN, C. M., et N. L. R. ANDERSON (1994). «Latinas' expectations for their partners during childbirth», *Maternal-Child Nursing Journal, 19,* p. 226.

LAUDERDALE, J. (1999). «Childbearing and transcultural nursing care issues», *in* M. M. Andrews et J. S. Boyle (dir.), *Transcultural concepts in nursing care,* 3e éd., Philadelphie, Lippincott, p. 81-106.

LIPSON, J. G., S. L. DIBBLE et P. A. MINARIK (1996). *Culture and nursing care : A pocket guide,* San Francisco, University of California at San Francisco Nursing Press.

NIKODEM, V.C. (1995). «Upright vs recumbent position during second stage of labour [révisé le 14 octobre 1993]», *in* Keirse, M. J. N. C., M. J. Renfrew, J. P. Neilson et C. Crowther (dir.), *Pregnancy and Childbirth. Module of the Cochrane Pregnancy and Childbirth Database,* Centre de collaboration Cochrane, 2e éd., Oxford. Logiciel mis à jour : 1995.

REYNOLDS, J. L. (1997). «Post-traumatic stress disorder after childbirth : The phenomenon of traumatic birth», *Canadian Medical Association Journal, 156,* p. 831-835.

SANTÉ CANADA (2000). *Les soins à la mère et au nouveau-né dans une perspective familiale : lignes directrices nationales,* Ottawa, ministre des Travaux publics et Services gouvernementaux Canada.

SCOTT-RAMOS, I. (1996). «Culturally sensitive care giving for the Latino women» (dir), *Journal of Obstetric, Gynecologic, and Neonatal Nursing, 25,* p. 67.

STERN, D. N., et N. BRUSCHWEILER-STERN (1998). *The birth of a mother,* New York, Basic Books.

VARNEY, H. (1997). *Varney's midwifery,* 3e éd., Sudbury, MA, Jones & Bartlett.

WAYMIRE, V. (1997). «A triggering time : Childbirth may recall sexual abuse memories», *Association of Women's Health, Obstetric, and Neonatal Nursing-Lifelines, 23,* p. 47-50.

WESSON, N. (2000). *Labor pain : A natural approach to easing delivery,* Rochester, NY, Healing Arts Press.

Vidéo

DE GASQUET, B., et L. BÉLANGER, *L'aider à naître – accompagner son enfant,* Granby, Service Vidéo Image PVI.

Analgésie et anesthésie obstétricales

Objectifs

- Décrire l'emploi des médicaments à action systémique qui aident à soulager la douleur pendant le travail
- Comparer les principaux types d'analgésie et d'anesthésie régionales en indiquant les territoires touchés, les avantages, les inconvénients, les méthodes d'administration et les soins infirmiers qui s'y rattachent
- Expliquer les complications possibles de l'anesthésie régionale
- Décrire les soins infirmiers rattachés à l'anesthésie générale
- Décrire les principales complications de l'anesthésie générale

Vocabulaire

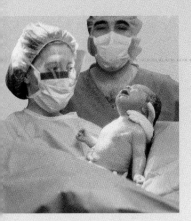

LA PARTURIENTE ÉPROUVE DES SENSATIONS PÉNIBLES et des malaises de toutes sortes durant le travail et l'accouchement. En lui proposant des mesures de soulagement efficaces, l'infirmière peut l'aider à faire de la naissance une expérience positive. Les premières interventions infirmières qui visent le soulagement de la douleur sont non pharmacologiques : elles sont axées notamment sur l'information, le soutien et le bien-être physique. Ainsi, le massage du dos, les douches, les bains dans une baignoire de massage, l'application de compresses froides sur le front et l'encouragement font partie des mesures qui favorisent le bien-être. Chez certaines parturientes, ces mesures suffisent. Chez d'autres, la capacité de réagir efficacement au travail est entravée par les douleurs de plus en plus intenses qui l'accompagnent. On peut alors recourir à des agents pharmacologiques – médicaments à action systémique, analgésiques épiduraux, narcotiques en injection intrathécale (dans l'espace sous-arachnoïdien), anesthésiques régionaux, etc. – pour diminuer la douleur, augmenter la relaxation et aider la femme à reprendre son aplomb. Ces méthodes ne sont pas toutes incompatibles ; de fait, chacune peut être combinée à d'autres mesures de bien-être.

Les analgésiques systémiques et les anesthésiques régionaux peuvent certes nuire au fœtus, mais on peut en dire autant de la douleur et du stress éprouvés par la parturiente. Durant le travail et l'accouchement, la fréquence respiratoire et la consommation d'oxygène augmentent chez la mère, ce qui réduit la quantité d'oxygène disponible pour le fœtus. En outre, la douleur et le stress peuvent causer une acidose métabolique et la libération de catécholamine, laquelle provoque une contraction des vaisseaux sanguins maternels suivie d'une réduction de l'apport d'oxygène et de nutriments au fœtus (Russell et Reynolds, 1997).

Dans de nombreux cas, le couple qui a suivi un cours prénatal est persuadé que les techniques apprises dans ce cours lui suffiront pour surmonter les moments difficiles de l'accouchement. L'entourage peut également exercer sur les futurs parents une pression de conformité en définissant implicitement ce qu'est un accouchement «idéal». Les futurs parents qui se sont préparés à un accouchement naturel éprouvent parfois un sentiment d'incompétence et de culpabilité devant la nécessité de recourir à l'analgésie. L'infirmière est fort bien placée pour aider la femme et son conjoint à accepter une modification de leur plan original et à reconnaître le caractère unique de chaque naissance. Afin de préserver l'estime de soi de la future mère, l'infirmière ne manquera pas de lui dire que l'acceptation d'une analgésie ou d'une anesthésie ne constitue en rien un échec, l'important étant que la famille vive une expérience saine et heureuse.

■ Les médicaments à action systémique

Au cours du travail, l'administration d'analgésiques a pour but de soulager de façon optimale la douleur en produisant le moins de risques possible pour la mère et le fœtus. Afin d'atteindre ce but, les cliniciens doivent tenir compte d'un certain nombre de facteurs, dont les suivants :

- Tous les médicaments à action systémique administrés pour soulager la douleur au cours du travail traversent la barrière placentaire par diffusion simple, mais certains le font plus facilement que d'autres.
- L'effet du médicament sur l'organisme dépend de la vitesse à laquelle la substance est métabolisée par les enzymes hépatiques et excrétée par les reins.

- Administrés à fortes doses, les analgésiques peuvent rester dans l'organisme du fœtus pendant une longue période, car ses enzymes hépatiques et son excrétion rénale sont insuffisantes pour les métaboliser.

Soins infirmiers

Les analgésiques soulagent la douleur de la parturiente, mais ils agissent aussi sur le fœtus et le déroulement du travail. Ainsi, donnés trop tôt, ils peuvent prolonger le travail et déprimer les fonctions fœtales ; donnés trop tard, ils n'aident plus guère la parturiente et peuvent causer une dépression respiratoire chez le nouveau-né. L'infirmière doit évaluer la mère et le fœtus de même que les caractéristiques des contractions avant d'administrer les médicaments à action systémique prescrits.

Paramètres de l'évaluation initiale chez la mère

- La femme est d'accord pour recevoir les médicaments prescrits.
- Les signes vitaux sont stables.
- Il n'y a aucune contre-indication (par exemple une allergie à un médicament, un trouble respiratoire, une toxicomanie).

Paramètres de l'évaluation initiale chez le fœtus

- La fréquence cardiaque fœtale (FCF) de référence se situe entre 120 et 160 battements par minute sans décélérations tardives ni tracés inquiétants.
- On observe une variabilité passagère (VP) ; la variabilité continue (VC) est tendancielle.
- Le fœtus bouge normalement, et ses mouvements s'accompagnent d'accélérations de la fréquence cardiaque.
- Le fœtus est à terme.

Paramètres de l'évaluation initiale relative au travail

- Le rythme des contractions est bien établi.
- Le col est dilaté d'au moins 4 à 5 cm chez la nullipare et de 3 à 4 cm chez la multipare.
- La présentation est engagée.
- La présentation descend progressivement.

En l'absence de ces paramètres normaux, l'infirmière procédera avec le médecin à des évaluations plus poussées.

Avant d'administrer le médicament, l'infirmière vérifie à nouveau si la femme a des antécédents de réactions ou d'allergies médicamenteuses, puis elle lui donne l'information pertinente. (Voir *Points à retenir : Ce que la femme doit savoir à propos des analgésiques*.) Après l'administration du médicament, l'infirmière inscrit sur la bande de papier du moniteur fœtal et dans le dossier obstétrical le nom du médicament, la dose, la voie d'administration, le point d'injection, ainsi que le pouls et la tension artérielle (TA) de la femme. Si la parturiente est laissée seule, on doit relever les ridelles par mesure de sûreté. L'infirmière surveille la FCF afin de déceler les éventuels effets néfastes du médicament.

Lorsqu'on administre un analgésique par voie intramusculaire ou sous-cutanée, il s'écoule quelques minutes avant que l'effet se fasse sentir. En attendant, l'infirmière peut continuer à favoriser le bien-être de la femme par des interventions de soutien : maintenir un climat de calme, masser le dos de la parturiente ou lui appliquer une compresse fraîche sur le front, l'aider à faire des exercices de relaxation et de visualisation, recourir au toucher thérapeutique, etc. Lorsque le médicament commencera à faire effet, la femme pourra s'assoupir entre les contractions. Ces brèves périodes de repos l'aideront à se relaxer et lui redonneront un peu d'énergie. Lorsque le médecin prescrit un médicament administré par voie intraveineuse, l'effet se fait ressentir plus rapidement. Par conséquent, si la femme doit changer de position ou vider sa vessie, l'infirmière lui recommandera de le faire avant l'administration du médicament. Cependant, certaines femmes ont tellement mal qu'elles ne souhaitent rien d'autre que le médicament. Il est alors préférable pour elles de le recevoir tout de suite.

Analgésique narcotique : fentanyl (Sublimaze)

Le fentanyl est un analgésique parentéral synthétique qui s'administre par voie intraveineuse (comme analgésique). Sa durée d'action étant très courte, soit de quelques minutes seulement, il est souvent administré dans une perfusion intraveineuse. La dose initiale recommandée est de 1 à 4 µg/kg de poids/dose ou encore de 50 à 100 µg, avec répétition toutes les heures si nécessaire. Comme c'est un narcotique synthétique, les risques d'allergie sont minimes. Malgré la brièveté de son action, il peut occasionner, comme tous les narcotiques, une dépression respiratoire chez la mère, le fœtus ou le nouveau-né. Le fentanyl peut également causer une rétention urinaire. L'infirmière doit donc rechercher les signes de globe vésical lorsqu'une femme a reçu une telle substance par voie intraveineuse durant le travail ou lors d'une anesthésie régionale pour l'accouchement. On peut contrecarrer les effets du fentanyl avec la naloxone (Narcan).

Le fentanyl doit être conservé à la température de la pièce, soit entre 15 °C et 30 °C et, selon certains, à l'abri de la lumière (*Compendium des produits et spécialités pharmaceutiques*, 1999 et 2002). De plus, ce médicament doit être gardé sous clé.

Points à retenir

Ce que la femme doit savoir à propos des analgésiques

Avant de recevoir un médicament, la femme doit comprendre les informations suivantes :

- le type de médicament administré ;
- la voie d'administration ;
- les effets prévus du médicament ;
- les conséquences chez le fœtus et le nouveau-né ;
- les mesures de sécurité nécessaires (par exemple, rester au lit avec les ridelles relevées).

Antagoniste des opiacés : naloxone (Narcan)

Comme la naloxone est un antagoniste pratiquement dénué d'effets agonistes, elle n'exerce pratiquement aucune activité pharmacologique en l'absence d'un narcotique. On peut l'utiliser pour contrecarrer la légère dépression respiratoire qui suit l'administration d'une petite dose d'un opiacé, tel que le fentanyl, la morphine, la mépéridine (Demerol) ainsi que le chlorhydrate de nalbuphine (Nubain). *La naloxone (Narcan) est le médicament privilégié lorsqu'on ne connaît pas l'agent dépresseur, car il n'aggravera pas la dépression respiratoire* (Wilson *et al.*, 2001). Une dose initiale de 0,4 à 2,0 mg peut être administrée par voie intraveineuse à la parturiente. La naloxone peut aussi être donnée au nouveau-né après la naissance s'il en a besoin (Karch, 2001). (Voir le guide pharmacologique du chlorhydrate de naloxone (Narcan) au chapitre 26.)

Quand on administre de la naloxone, il faut préparer le matériel pour la réanimation et avoir sur place un personnel hautement qualifié. Comme la durée d'action de la naloxone est plus courte que celle de l'analgésique dont elle est l'antagoniste, l'infirmière doit être préparée à une récidive de la dépression respiratoire de manière à pouvoir administrer au besoin des doses répétées. La naloxone doit être administrée avec précaution aux femmes ayant une dépendance avérée ou soupçonnée aux opiacés, étant donné qu'elle peut précipiter une grave crise de sevrage (Way, Fields et Way, 1998).

Anesthésie et analgésie régionales

Une **anesthésie régionale** est une perte temporaire des sensations consécutive à l'injection d'un anesthésique local qui entre en contact direct avec les tissus nerveux. La perte des sensations se produit parce que les agents locaux stabilisent la membrane cellulaire, ce qui bloque le déclenchement et la transmission des influx nerveux. Les anesthésies régionales les plus couramment utilisées pendant le travail sont l'anesthésie épidurale, la rachianesthésie et l'anesthésie périrachidienne. À cause de son effet à la fois rapide et prolongé, cette dernière, qui est une combinaison des deux autres, est de plus en plus utilisée pour les césariennes.

L'anesthésie épidurale peut être utilisée comme analgésie durant le travail et l'accouchement vaginal et comme anesthésie pour la césarienne. L'anesthésie épidurale soulage la douleur associée au premier stade du travail en bloquant les nerfs sensitifs qui innervent l'utérus. La douleur qui se manifeste pendant le deuxième stade peut être soulagée au moyen d'une anesthésie épidurale, d'une anesthésie périrachidienne ou de l'infiltration du nerf honteux (figure 18-1 ▶).

Jusqu'à récemment, les agents anesthésiques utilisés pour réaliser des anesthésies épidurales étaient aussi utilisés pour l'**analgésie régionale** (sédation de la douleur) durant le travail. Le problème, c'est que ces anesthésiques altèrent la transmission des influx nerveux à la vessie, ce qui entrave la miction. De plus, ils compromettent la stabilité de la tension artérielle et la mobilité des jambes. Ils peuvent également ralentir la descente du fœtus en diminuant la capacité de pousser de la femme durant le deuxième stade du travail (Fishburne, 1999). Pour contrer ces difficultés, on réalise aujourd'hui l'analgésie régionale en injectant un narcotique, tel que le fentanyl, en même temps qu'une petite quantité d'anesthésique local. Cette combinaison soulage la douleur et réduit au minimum les effets secondaires.

L'injection *intrathécale* d'un narcotique produit un autre type d'analgésie régionale, mais cette forme d'analgésie est très peu utilisée dans nos milieux. Dans ce cas, on injecte le narcotique dans l'espace sous-arachnoïdien. Le citrate de fentanyl (Sublimaze) et la morphine sans agent de conservation (Épimorphe) sont les médicaments les plus couramment utilisés. Ils soulagent la douleur, mais ils peuvent causer une rétention urinaire, un prurit, des nausées et des vomissements (Fishburne, 1999 ; Karch, 2001).

Lors de l'administration d'analgésiques régionaux, l'infirmière doit aider la femme à vider sa vessie avant l'injection, à prendre la position requise pour l'injection et à s'installer après celle-ci ; elle doit de plus surveiller les signes vitaux et l'état respiratoire de la femme, observer les effets de l'analgésique et déterminer si le fœtus se porte bien. D'autres mesures pourront être prises si le médicament entraîne un prurit, des nausées et des vomissements ou une rétention urinaire.

Comme pour toute intervention, on doit d'abord informer la parturiente sur la méthode d'administration de l'anesthésie, l'effet qu'elle aura sur elle et son fœtus, ses avantages et ses inconvénients, de même que ses complications possibles (Pattee, Ballantyne et Milne, 1997). Souvent, la femme aura déjà discuté de l'anesthésie avec un professionnel de la santé à un moment ou à un autre de sa grossesse. Si ce n'est pas le cas, il est important que l'infirmière fournisse les informations nécessaires à la parturiente et l'invite à poser des questions avant qu'elle reçoive l'anesthésie en cours de travail.

Exercice **de pensée critique**

Luisa Silva, 33 ans, en est à sa 32ᵉ semaine de grossesse. Elle se demande si elle doit ou non accepter l'analgésie pendant le travail. Elle vient de terminer ses rencontres prénatales et souhaite ne pas recourir aux médicaments durant son travail et son accouchement. Elle vous dit : « Je veux accoucher naturellement, sans aide, mais j'ai peur que ce soit trop difficile. Est-ce que je pourrai prendre quelque chose si j'en ai besoin ? » Que répondrez-vous à cette femme ?

Voir les réponses à l'appendice F.

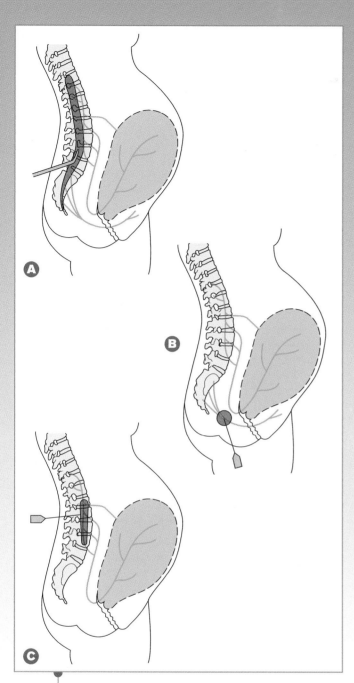

central en empêchant les potentiels d'action de se propager à partir de la source de la douleur (Russell et Reynolds, 1997). La réaction des fibres nerveuses dépend du type de fibre touché et de l'anesthésique utilisé. En général, plus la fibre est petite, plus elle est sensible aux effets des anesthésiques locaux. Par exemple, il est possible de bloquer les petites fibres delta C et A, qui transmettent la douleur et la température, sans bloquer les grosses fibres alpha A, beta A et gamma A, qui continuent de maintenir la sensibilité à la pression, le tonus musculaire, la sensibilité posturale et la fonction motrice.

L'absorption des anesthésiques locaux dépend surtout de la vascularisation du territoire où ils sont injectés. Ces agents eux-mêmes augmentent le débit sanguin en causant une vasodilatation. Plus la concentration du médicament est élevée, plus la vasodilatation est grande. L'absorption est meilleure quand la mère est en bonne condition physique et quand la vitesse de son métabolisme est rapide. La malnutrition, la déshydratation, les déséquilibres électrolytiques et les troubles cardiovasculaires et pulmonaires augmentent le risque d'effets toxiques. En outre, le pH des tissus influe sur la vitesse d'absorption; il joue donc un rôle dans les complications, telles que l'acidose, chez le fœtus. L'addition d'un vasoconstricteur, comme l'épinéphrine, retarde l'absorption et prolonge l'effet anesthésique. L'épinéphrine diminue le débit sanguin utéroplacentaire, ce qui en rend l'administration indésirable dans de nombreuses situations. La dégradation des anesthésiques locaux est accomplie par le foie et l'estérase plasmatique, et les résidus de cette dégradation sont éliminés par les reins. Il est important de n'administrer que la plus faible concentration et la plus petite quantité nécessaires pour produire l'effet désiré.

FIGURE 18-1 Représentation schématique des voies empruntées par les influx douloureux et des endroits où on peut les arrêter. **A.** Anesthésie épidurale lombaire: la zone ombrée délimite l'espace épidural et les nerfs touchés; le tube gris représente le cathéter en plastique pour la perfusion continue. **B.** Infiltration du nerf honteux: soulagement des douleurs périnéales. **C.** Anesthésie sympathique lombaire: soulagement de la douleur utérine.
Source: Bonica, J. J. (1972), *Principles and practice of obstetric analgesia and anesthesia*, Philadelphia, Davis, p. 492, 512, 521 et 614.

Types d'anesthésiques locaux

Il existe aujourd'hui trois types d'anesthésiques locaux: les esters, les amides et les opiacés. Parmi les esters, on trouve le chlorhydrate de procaïne (Novocain), le chlorhydrate de chloroprocaïne (Nesacaine-CE) et le chlorhydrate de tétracaïne (Pontocaine). Comme ils sont rapidement métabolisés, les esters ne risquent pas d'atteindre des concentrations toxiques chez la mère ni de traverser le placenta pour pénétrer dans l'organisme du fœtus. Le chlorhydrate de lidocaïne (Xylocaine), le chlorhydrate de mépivacaïne (Carboncaine) et le chlorhydrate de bupivacaïne (Marcaine) comptent parmi les amides. Ces agents sont plus puissants que les esters, et leur durée d'action est plus longue. Ils traversent facilement le placenta, peuvent être mesurés dans la circulation fœtale et agissent sur le fœtus pendant une période prolongée.

Certains opiacés sont utilisés pour l'anesthésie épidurale durant le travail: ce sont la morphine, le fentanyl et la mépéridine (Russell et Reynolds, 1997). Lorsqu'on administre seulement des opiacés en injection épidurale au lieu de les combiner avec un autre agent, le soulagement de la douleur est moins

Anesthésiques locaux

Les anesthésiques locaux bloquent la conduction des influx nerveux du système nerveux périphérique au système nerveux

efficace, surtout vers la fin du travail ; c'est pourquoi on les administre avec une faible dose d'un autre anesthésique local (Russell et Reynolds, 1997).

Réactions indésirables aux anesthésiques chez la mère

La gamme des réactions aux anesthésiques locaux s'étend des symptômes bénins au collapsus cardiovasculaire. Parmi les réactions bénignes, citons les palpitations, les acouphènes, l'appréhension, la confusion et un goût métallique dans la bouche. Les réactions modérées comprennent les symptômes bénins aggravés et accompagnés de nausées et de vomissements, l'hypotension et des contractions musculaires pouvant dégénérer en convulsions. Les réactions graves sont la perte soudaine de conscience, le coma, l'hypotension grave, la bradycardie, la dépression respiratoire et l'arrêt cardiaque. Il ne faut pas administrer d'anesthésiques avant d'avoir installé une perfusion intraveineuse.

Le traitement privilégié contre les effets toxiques bénins est l'administration d'oxygène et l'injection intraveineuse d'un barbiturique à action brève pour atténuer l'anxiété. Les interventions infirmières à effectuer dans les cas de réactions indésirables figurent dans le *Cheminement clinique pour les quatre stades de l'accouchement et l'anesthésie épidurale.*

Effets de l'anesthésie et de l'analgésie sur le comportement neurologique du nouveau-né

De nombreux chercheurs ont étudié les effets des agents pharmacologiques utilisés durant le travail et l'accouchement sur le comportement neurologique du nouveau-né. Tout comme les analgésiques et les anesthésiques, certains facteurs, tels que la faim, l'état liquidien et le moment du cycle de veille et de sommeil du fœtus, peuvent avoir des répercussions sur les fonctions comportementales et adaptatives du nouveau-né (Ezekiel, 1997).

Cheminement clinique pour les quatre stades de l'accouchement et l'anesthésie épidurale

Catégorie	Premier stade	Deuxième et troisième stades	Quatrième stade De 1 à 4 h après la naissance
Orientation	Revoir le dossier prénatal. Prévenir le médecin de l'admission de la cliente et l'aviser de tout changement. *Prévenir l'anesthésiste en temps opportun ; noter l'heure des appels et de l'arrivée de la cliente.*	*Noter au dossier l'évolution et consulter les données relatives au premier stade.*	*Transmettre les données à l'infirmière de la salle de réveil ou du post-partum immédiat (si ce n'est pas elle qui a assisté à la naissance).* **Résultat escompté** *Les ressources appropriées auront été trouvées et utilisées.*
Évaluation	*Admission* Problèmes survenus depuis la dernière visite prénatale ; progression du travail (fréquence et durée des contractions utérines, dilatation, effacement) ; état des membranes ; degré d'adaptation ; soutien ; désirs de la parturiente à l'égard du travail et de l'accouchement ; capacité d'exprimer verbalement ses besoins ; épreuves de laboratoires (analyse du sang et de l'urine). Demande d'une épidurale de la part de la parturiente. *Phase de latence* • TA, pouls, respirations q1h si les valeurs sont normales (TA : aucune augmentation systolique >30 mm Hg ou diastolique >15 mm Hg au-dessus de la valeur de référence); pouls : 60 – 90; respirations : 12 – 20/min, calmes, faciles. • Température q4h; q2h si >37,6 °C ou si les membranes sont rompues ; contractions utérines q30min ; contractions q5 – 10min, 15 – 40 s, faible intensité.	• TA, pouls et respirations q5 à 15min. • Contractions utérines palpées continuellement ou q5 – 15min, au même rythme que l'auscultation de la FCF. • FCF q15min pour la femme à faible risque et q5min pour la femme à risque élevé, si les valeurs sont rassurantes ; sinon, monitorage continu. Descente fœtale : progression jusqu'à la naissance.	Évaluations du post-partum immédiat q15min pendant la première heure et q30min pendant la deuxième heure. • TA : retour des valeurs d'avant le début du travail. • Pouls : légèrement inférieur à la valeur mesurée durant le travail ; entre 60 et 90. • Respirations : 12 – 20/min ; aisées et calmes. • Température : 36,2 – 37,6 °C. • Fond utérin ferme, à la ligne médiane, vis-à-vis le nombril ou à 1 ou 2 doigts sous le celui-ci. • Lochies rouges ; quantité modérée ; <1 serviette hygiénique/h; absence d'écoulement continu et de caillots après le massage. • Périnée: sutures intactes; aucune saillie ni œdème marqué; possibilité d'un hématome très léger; absence de douleur intense au niveau du périnée ou du rectum. • Absence de globe vésical; miction spontanée abondante >350 mL, urine claire, jaune paille ; absence de globe vésical après la miction (utilisation d'un cathéter au besoin).

TA = tension artérielle, FCF = fréquence cardiaque fœtale, MFE = monitorage fœtal électronique, IV = intraveineuse, IM = intramusculaire, VC = variabilité continue, O$_2$ = oxygène ; VP = variabilité passagère, SV = signes vitaux.

Cheminement clinique pour les quatre stades de l'accouchement et l'anesthésie épidurale *(suite)*

Catégorie	Premier stade	Deuxième et troisième stades	Quatrième stade De 1 à 4 h après la naissance
Évaluation (suite)	*Phase de latence (suite)* • FCF q60min (pour la femme à faible risque) et q15 – 30min pour la femme à risque élevé si les valeurs sont rassurantes (FCF de référence 120 – 160, VP présente, VC moyenne, accélérations lors des mouvements fœtaux, absence de décélérations tardives ou de décélérations variables) ; si les valeurs sont inquiétantes, placer la parturiente sur le côté gauche, commencer l'administration de O_2, rechercher des signes d'hypotension, observer continuellement, prévenir le médecin. *Phase active* • TA, pouls, respirations q1h si les sont valeurs normales. • Température comme durant phase de latence. • Contractions utérines évaluées continuellement. • FCF q15min ou continuellement par monitorage électronique. • Saturation maternelle en oxygène >95 %. *Phase de transition* • TA, pouls, respirations q30min si les valeurs sont normales. • Contractions utérines q15 – 30min ou continuellement. • FCF q15 – 30min (pour la femme à faible risque) ; pour la femme à risque élevé, q5 – 15min si les valeurs sont rassurantes ; continuellement, si les valeurs sont inquiétantes, voir les directives relatives à la phase de latence. • Saturation en oxygène >95 %. • État du col : dilatation de 1 à 10 cm ; nullipare 1,2 cm/h et multipare 1,5 cm/h. Effacement : de 0 % à 100 %. Descente fœtale : progressive de −4 à +4. État des membranes : si rompues, réaction positive à la Nitrazine (alcalinité), liquide clair, sans odeur nauséabonde. Caractéristiques comportementales : réaction au travail, expressions faciales, expressions verbales, ton de voix, changement de comportement durant les contractions, mouvement corporel.	Caractéristiques comportementales : réaction aux efforts expulsifs, expressions faciales, expressions verbales. *Troisième stade* • TA, pouls, respirations q5min ou continuellement. • Contractions utérines, palpées occasionnellement jusqu'à la délivrance, maintien de la fermeté du fond utérin et du rythme des contractions jusqu'à la délivrance. *Nouveau-né* • Mesure de l'indice d'Apgar. • Respirations : 30 – 60, irrégulières. • Pouls apexien : 120 – 160, légèrement irrégulier. • Température : température cutanée >36,5 °C. • Cordon ombilical : deux artères, une veine (s'il y a une seule artère, rechercher les signes d'anomalies et vérifier la diurèse). • Âge gestationnel : 38 – 42 semaines.	*Évaluations du post-partum immédiat (suite)* • Hémorroïdes (s'il y en a) : absence de tension et d'engorgement prononcés ; diamètre <2 cm. • Niveau de douleur : <3 sur une échelle de 1 à 10. • Niveau d'énergie : éveillée et capable de tenir son nouveau-né. *Nouveau-né (s'il reste avec ses parents)* • Respirations : 30 – 60 ; irrégulières. • Pouls apexien : 120 – 160 ; légèrement irrégulier. • Température : température cutanée >36,5 °C ; peau tiède au toucher. • Absence de cyanose. • Mucus : peu abondant, clair, facilement aspiré avec une poire ou un cathéter DeLee sans modification de la coloration de la peau. • Comportement : grande ouverture des yeux si la pièce est légèrement assombrie. • Mouvements rythmiques ; absence de tremblement des mains. **Résultats escomptés** Les données recueillies indiqueront que le travail progresse normalement, que les signes vitaux de la mère sont stables et conformes aux paramètres établis et que la FCF est normale. Le bien-être de la mère et du fœtus ne sera pas compromis.
Enseignement/ Aspects psychosociaux	Établir une relation de confiance. Faire visiter les lieux ; expliquer les évaluations et les interventions prévues. Répondre aux questions et informer ; apporter un soutien émotionnel. Familiariser la femme avec le MFE. Au besoin, enseigner des techniques de relaxation, de visualisation et de respiration. Expliquer les mesures de bien-être offertes ; donner de l'information sur le motif de l'anesthésie, les effets secondaires possibles et les soins infirmiers à prévoir. Défendre les intérêts de la femme et de sa famille durant le travail et l'accouchement. Expliquer les possibles effets différés des anesthésiques sur le fœtus.	*Favoriser le repos.* *Répondre aux questions et informer.* *Continuer de défendre les intérêts de la femme et de sa famille.* *Prévenir la femme qu'elle doit garder le lit jusqu'à ce qu'elle recouvre totalement la mobilité de ses jambes.*	Expliquer les évaluations immédiates et les soins subséquents. Enseigner l'automassage du fond utérin et ses résultats escomptés. *Avertir la cliente qu'elle doit demander de l'aide si elle désire sortir de son lit.* Commencer l'enseignement concernant le nouveau-né : poire, positionnement, maintien de la chaleur. Aider la mère à donner le sein pour la première fois. **Résultat escompté** La femme dira ou démontrera qu'elle comprend l'enseignement prodigué.
Soins infirmiers et notes au dossier	Cathétérisme vésical prn en présence de globe vésical. S'il y a une anesthésie régionale, surveiller la TA, la FCF et les sensations selon les directives cliniques ; obtenir le consentement pour l'intervention.	*Cathétérisme vésical prn en présence de globe vésical.*	*Cathétérisme vésical prn en présence de globe vésical.* *Surveiller le retour des fonctions motrices et des sensations si la femme a reçu une anesthésie régionale.*

Cheminement clinique pour les quatre stades de l'accouchement et l'anesthésie épidurale *(suite)*

Catégorie	Premier stade	Deuxième et troisième stades	Quatrième stade De 1 à 4 h après la naissance
Soins infirmiers et notes au dossier (suite)	Faire un suivi continu de l'état de la femme. Effectuer le rasage du périnée si la femme le demande. Effectuer un léger lavement si la femme le demande. Effectuer un toucher vaginal stérile selon les indications. *Aider la femme à prendre la position requise pour l'anesthésie régionale.* Évaluation de l'état de la mère • *Mesurer les signes vitaux avant l'administration de l'anesthésique.* • *Surveiller le pouls et la respiration.* • *Mesurer la tension artérielle q1 – 2min pendant 10 min, puis q5 – 15min après l'administration de l'anesthésique.* • *Surveiller continuellement la FCF et les contractions utérines.* *Observer, inscrire et signaler les symptômes d'hypotension: tension systolique <100 mm Hg ou chute de 20 – 30% de la tension systolique, appréhension, agitation, vertige, acouphènes et céphalée.* *Observer, inscrire et signaler les complications de l'anesthésie: hypotension, souffrance fœtale, paralysie respiratoire, modification des contractions utérines, diminution des efforts musculaires involontaires, traumas aux membres, nausées et vomissements et perte du tonus vésical.* *Entreprendre les interventions thérapeutiques:* • *Augmenter le débit de la perfusion IV non médicamenteuse (lactate de Ringer: >500 mL donnés en bolus ou rapidement) selon l'ordonnance de l'anesthésiste.* • *Installer la femme en décubitus latéral gauche ou dans la position prescrite ou placer un coussin sous sa fesse droite et surélever ses jambes.* • *Administrer de l'oxygène par masque, à un débit de 7 – 10 L/min, selon les besoins.* • *Administrer des vasopresseurs selon l'ordonnance du médecin (habituellement 5 – 15 mg d'éphédrine par voie intraveineuse).* • *Manuellement ou à l'aide d'un coussin placé sous la fesse droite, déplacer l'utérus vers la gauche.* • *Garder la femme en décubitus dorsal (semi-allongée) pendant 5 – 10 min après l'administration de l'anesthésique pour favoriser la diffusion bilatérale du médicament, puis l'installer sur le côté gauche.* *Observer, inscrire et signaler la bradycardie fœtale (FCF <120 bpm) et la perte de la variabilité de la ligne de base.*	*Continuer le monitorage des SV, de la FCF et des sensations.* *Rechercher les signes possibles des effets secondaires de l'anesthésie épidurale: sédation, nausées, vomissements, prurit, hypotension, difficulté respiratoire et réapparition de la douleur.*	Peser les serviettes hygiéniques si l'imbibition des lochies >1 serviette/h; s'il y a présence de molesse utérine et de caillots; s'il y a ↓ de la TA et ↑ du pouls. *Noter le retour à la sensibilité et à la mobilité normales.* **Résultats escomptés** Le travail et l'accouchement ne mettront en danger ni la mère ni le fœtus. Les complications réelles ou potentielles seront détectées et réduites au minimum. La femme et sa famille participeront activement aux décisions de même qu'à la planification et aux soins.
Activité	Sauf s'il y a contre-indication, encourager la femme à marcher et à changer fréquemment de position (à poser un pied sur un tabouret). *Garder la femme au lit immédiatement après l'administration d'un analgésique IV ou d'une anesthésie régionale.* *La femme se repose dans une position confortable qui facilite la descente fœtale.*	*Placer la femme dans une position confortable et appropriée pour l'accouchement.* *La femme se repose dans une position confortable entre les efforts expulsifs en attendant la délivrance.*	*Position confortable.* *Le premier lever se fait avec l'aide de deux personnes.* **Résultats escomptés** *L'activité sera maintenue selon les directives cliniques; la position ou le mouvement pourra améliorer le bien-être et la perfusion utérine.*
Bien-être	La femme indique qu'elle désire une anesthésie régionale. L'aider à maintenir une position adéquate pour recevoir l'anesthésie épidurale.	*Deuxième stade* Évaluer la progression du travail et en informer la femme; la rassurer tout au long du travail; *l'aider à s'installer pour l'injection supplémentaire administrée en vue de la naissance si ce n'est pas déjà fait; l'encourager; soulever son tronc selon un angle de 30° ou plus; faciliter son étirement, l'aider à tenir ses jambes durant les efforts expulsifs; s'assurer qu'elle adopte une position confortable pour les efforts expulsifs et l'accouchement en facilitant la bascule du bassin.*	*Appliquer les mesures de bien-être.* *Douleur périnéale: nettoyer doucement le périnée et appliquer de la glace; aider la mère à s'installer de façon à réduire la pression sur le périnée.* *Douleur utérine: palper doucement le fonds utérin.* *Hémorroïdes: appliquer de la glace.* *Fatigue générale: s'assurer que la mère est confortablement installée et l'inciter à se reposer.*

Cheminement clinique — pour les quatre stades de l'accouchement et l'anesthésie épidurale *(suite)*

Catégorie	Premier stade	Deuxième et troisième stades	Quatrième stade De 1 à 4 h après la naissance
Bien-être (suite)		*Troisième stade* Appliquer des compresses fraîches sur le front ; aider les parents à voir le nouveau-né ; aider la mère à s'installer pour prendre son nouveau-né ; le mettre au sein si elle allaite ; encourager et féliciter les parents.	Administrer un analgésique. **Résultat escompté** Le bien-être de la femme demeurera optimal.
Nutrition	*Offrir de la glace concassée et des liquides clairs. Rechercher les signes de déshydratation. Installer les perfusions intraveineuses (N) et en régler le débit.*	*Offrir de la glace concassée et des liquides clairs.*	*Alimentation habituelle si les données recueillies sont normales. Inciter la mère à s'hydrater. Vérifier la perfusion IV ; la retirer après que le danger d'hémorragie et d'hypotension est passé.* **Résultat escompté** *Les besoins nutritionnels et liquidiens de la mère seront comblés.*
Élimination	Miction au moins toutes les 2 – 3 h ; urine claire, jaune paille, sans protéinurie. Absence de globe vésical ; vessie vide avant l'administration de l'anesthésie régionale. La descente fœtale peut faire évacuer le rectum. Il est parfois nécessaire de mesurer les ingesta et les excreta quand il y a perfusion IV.	Palper la vessie fréquemment.	Déterminer l'état de la vessie à chaque évaluation de l'utérus. **Résultat escompté** Les ingesta et les excreta seront dans les limites de la normale.
Médicaments	*Si la femme doit recevoir une anesthésie épidurale, lui donner 500 – 1 000 mL de liquide avant l'intervention (on recommande une solution sans dextrose, soit le lactate de Ringer). (Cette pratique a toutefois été abandonnée dans certains hôpitaux.)*	*Infiltration locale d'un anesthésique pour l'accouchement (médecin). Syntocinon : 5 – 10 unités ajoutées au soluté en dérivation (ou secondaire), 1 unité par 100 mL de solution IV. Après la délivrance (3ᵉ stade), l'ocytocique peut être donné par voie IV, ajouté au soluté ou administré par voie IM.*	*Continuer la perfusion de Syntocinon. Administrer un analgésique prn.* **Résultats escomptés** *La perfusion et l'hydratation seront assurées. L'hémorragie utérine sera évitée ou traitée avec succès.*
Planification du congé/ Continuité des soins	Évaluer les connaissances de la femme au sujet du travail et de l'accouchement. Évaluer son réseau de soutien et la nécessité d'un suivi après l'accouchement. La mettre en rapport avec le CLSC de sa localité.		Si la mère doit être transférée dans une chambre autre que la chambre de naissance, la renseigner à ce sujet. Donner aux parents l'occasion de poser des questions sur le nouveau-né. Évaluer les connaissances de la mère concernant le post-partum et les soins au nouveau-né. **Résultat escompté** La femme recevra un enseignement individualisé en vue de son congé.
Famille et réseau de soutien	Déterminer quelles personnes peuvent apporter du soutien à la femme. Tenir compte de l'influence possible des facteurs culturels sur les réactions de la femme et de ses proches. Observer les interactions entre la femme et son conjoint. Profiter d'un moment en tête-à-tête avec la femme afin de vérifier si elle est victime de violence. Évaluer les habiletés parentales existantes ou en devenir.	Permettre à la femme et à ses proches d'assister à l'évaluation initiale du nouveau-né. Si possible, procéder à l'évaluation alors que le nouveau-né repose sur l'abdomen ou la poitrine de la mère, ou encore, à côté des parents dans la chambre de naissance ou dans une autre chambre.	Donner aux parents l'occasion d'être avec leur enfant. Les encourager à toucher le nouveau-né. Tamiser l'éclairage pour favoriser le contact visuel avec le nouveau-né. Laisser à la nouvelle famille des moments de tranquillité. Rôle parental : les premiers comportements des parents sont conformes aux attentes culturelles. **Résultats escomptés** Les membres de la famille se soutiendront les uns les autres. La famille connaîtra les sources de soutien qui existent dans sa communauté.
Date			

Anesthésie épidurale

L'**anesthésie épidurale** (également appelée *anesthésie péridurale*) consiste en l'injection d'un agent anesthésique dans l'espace épidural lombaire en vue de soulager la douleur tout au long du travail. L'espace épidural est un espace virtuel entre le ligament jaune et la dure-mère. On peut y accéder dans la région lombaire (figure 18-2 ▶). L'anesthésie épidurale est généralement utilisée de manière continue pour assurer l'analgésie et l'anesthésie du début de la phase active du travail jusqu'à la fin de la suture du périnée (figures 18-3 ▶ et 18-4 ▶).

En Amérique du Nord, l'anesthésie épidurale est devenue une méthode d'analgésie et d'anesthésie très répandue pour soulager la douleur du travail et de l'accouchement. On peut administrer une anesthésie épidurale dès que la phase active du travail est amorcée (Holt, Diehl et Wright, 1999). En milieu hospitalier, si on dispose des services d'un anesthésiste, l'épidurale est recommandée pour la parturiente qui ne désire pas accoucher de façon naturelle.

Avantages

L'anesthésie épidurale soulage la douleur du travail et de l'accouchement, tout en laissant la femme pleinement éveillée et à même de participer au processus de l'accouchement. L'anesthésie épidurale continue permet d'anesthésier différentes régions en fonction des stades du travail, de sorte que le fœtus est capable de descendre et de pivoter dans le bassin maternel. Souvent, la femme éprouve quand même le besoin de faire des efforts expulsifs.

Inconvénients

La complication la plus courante de l'anesthésie épidurale est l'hypotension maternelle, qu'on prévient généralement en administrant une solution intraveineuse, en déplaçant manuellement l'utérus vers la gauche et en installant la mère en décubitus latéral. Dans certains cas, étant donné que le travail et la descente fœtale sont ralentis et que les efforts expulsifs du deuxième stade sont moins efficaces, on doit recourir à la ventouse obstétricale (on utilise aussi parfois les forceps) (Main, Main et Moore, 2000). Si le retour des sensations au niveau de la vessie est retardé, on peut devoir effectuer un cathétérisme durant le travail et au quatrième stade.

Contre-indications

Les contre-indications absolues d'une anesthésie épidurale sont le refus de la cliente, la présence d'une infection au point d'injection, un trouble de la coagulation chez la mère, une allergie à l'agent utilisé et un choc hypovolémique (Russell et Reynolds, 1997).

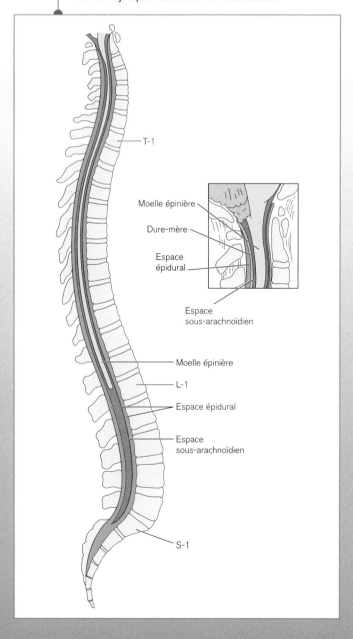

FIGURE 18-2 ▶ L'espace épidural se trouve entre la dure-mère et le ligament jaune. Il s'étend de la base du crâne jusqu'à l'extrémité du canal sacré.

T-1

Moelle épinière

Dure-mère

Espace épidural

Espace sous-arachnoïdien

Moelle épinière

L-1

Espace épidural

Espace sous-arachnoïdien

S-1

Soins infirmiers

Il est essentiel que l'infirmière évalue les connaissances de la mère au sujet de l'anesthésie épidurale. Avant de l'informer, elle détermine donc ses connaissances actuelles ainsi que les facteurs liés à sa capacité d'apprentissage : la langue maternelle, l'aptitude à entendre et à interpréter l'information reçue et l'anxiété. Si la femme est incapable de comprendre parce qu'elle parle une autre langue ou éprouve des problèmes d'audition, l'infirmière doit trouver un interprète. Bien que l'infirmière soit bien placée pour informer la cliente, c'est à l'anesthésiste qu'il revient de fournir les renseignements nécessaires à l'obtention d'un consentement éclairé.

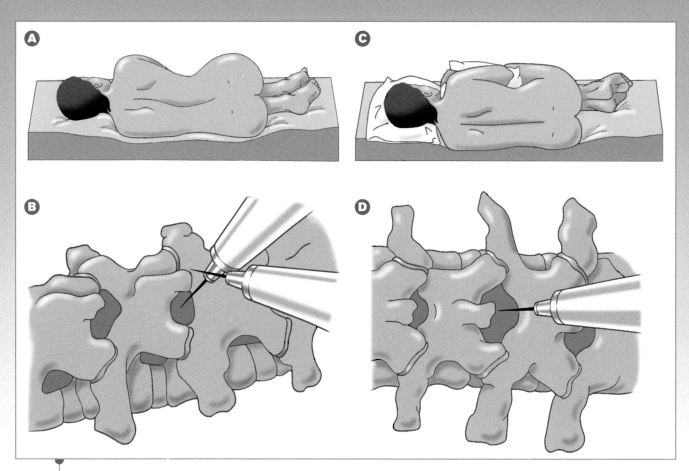

FIGURE 18-3 ▶ Position de la femme pour l'anesthésie épidurale. **A.** Position incorrecte pour l'anesthésie sous-arachnoïdienne ou épidurale. L'épaule supérieure est tournée vers l'avant, la jambe supérieure est placée devant l'autre jambe et la femme est installée au centre du lit, de sorte qu'elle n'est pas soutenue par le bord du lit et que son dos est courbé. **B.** Alignement des vertèbres quand la femme est dans la position incorrecte. Les vertèbres sont tournées vers l'avant et, si on insère l'aiguille de la manière habituelle (1), on pique l'apophyse. **C.** Position correcte de la femme. Le dos est droit et à la verticale. Les épaules sont droites, et la jambe supérieure n'est pas placée devant l'autre jambe. **D.** Position des vertèbres quand la femme est dans la bonne position.

Source : Shnider, S. M., et G. Levinson (1993), *Anesthesia for Obstetrics*, 3ᵉ éd., Baltimore, Williams & Wilkins, fig. 9.0, 9.10, 9.11, 9.12.

En vue de l'épidurale, l'infirmière encourage la femme à vider sa vessie, car l'anesthésie peut entraver sa capacité d'uriner. Ensuite, elle mesure la tension artérielle, le pouls et la fréquence respiratoire de la mère ainsi que la FCF afin d'établir les valeurs de référence. Elle évalue également la progression du travail, les contractions utérines ainsi que les réactions et les comportements de la parturiente. L'anesthésie épidurale exige l'utilisation du monitorage électronique continu pour surveiller l'état du fœtus et, tout au long du travail, la mesure fréquente de la tension artérielle et du pouls de la mère pour déceler l'hypotension. On commence habituellement la perfusion intraveineuse au moyen d'un cathéter à demeure en plastique de grand diamètre, qui permet d'administrer rapidement une solution intraveineuse en cas d'hypotension. Avant de réaliser l'anesthésie épidurale, on donne une dose de charge de 500 à 1 000 mL de solution intraveineuse.

L'infirmière aide la femme à s'installer en décubitus latéral au bord du lit, car le matelas y est plus ferme et offre davantage de soutien. Elle place ensuite un petit oreiller sous la tête de la femme de façon à aligner la tête avec la colonne vertébrale. Elle peut aussi placer contre la poitrine de la femme un oreiller sur lequel celle-ci appuiera le bras du dessus. La femme doit garder le dos et les épaules bien droits (en ligne droite avec les crêtes iliaques). Ses jambes doivent être fléchies, et ses genoux, collés ensemble afin que la hanche faisant face au plafond ne roule pas vers l'avant, ce qui causerait une torsion de la colonne. On lui demande aussi de faire ressortir sa région lombaire (c'est ce qu'on appelle souvent « faire le dos rond »). Ensuite, placée devant la femme, l'infirmière la tient solidement en passant un bras sous ses genoux, tandis que l'autre lui entoure la tête et l'épaule du dessus. La parturiente se trouve ainsi en position de sécurité tant sur le plan physique que sur le plan émotif.

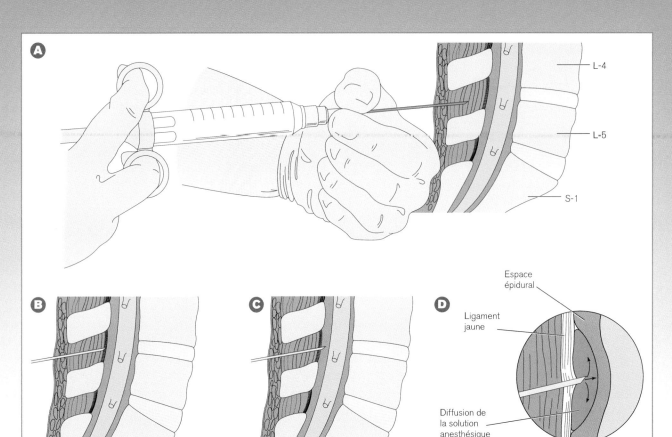

FIGURE 18-4 ▶ Technique d'administration de l'anesthésie épidurale lombaire : **A.** Manière correcte d'introduire l'aiguille. **B.** Aiguille dans le ligament jaune. **C.** Extrémité de l'aiguille dans l'espace épidural. **D.** Jet de liquide écartant la dure-mère du bout de l'aiguille. *Source :* Bonica, J. J. (1972), *Principles and practice of obstetric analgesia and anesthesia*, Philadelphie, Davis, p. 631.

Pour recevoir l'anesthésie épidurale, la femme peut également être en position assise, le dos courbé (de manière à faire ressortir sa région lombaire), la tête penchée vers l'avant et les pieds reposant sur un tabouret. Après avoir aidé la femme à s'installer, l'infirmière se place devant elle et s'assure que les crêtes iliaques et les épaules sont bien alignées. Un oreiller peut être placé sur le ventre de la femme pour qu'elle y fasse reposer ses bras. L'infirmière lui tient les épaules, l'encourage, s'informe de ses contractions et veille à ce qu'elle ne bouge pas durant l'intervention. Une fois l'anesthésique administré, c'est le médecin anesthésiste qui indique quand la parturiente peut être replacée en décubitus dorsal. L'infirmière mesure les signes vitaux de la mère à intervalles fréquents, selon les directives cliniques, jusqu'après la naissance et le post-partum immédiat (s'il y a stabilité). Immédiatement après l'épidurale, les signes vitaux de la mère et la FCF sont pris toutes les minutes (ou toutes les 2 minutes) pendant 10 minutes, puis toutes les 5 minutes à 3 ou 4 reprises, et enfin toutes les 15 minutes jusqu'à la naissance (ou plus souvent si il n'y a pas de stabilité). L'infirmière peut mesurer la tension artérielle directement ou à l'aide d'un appareil mécanique. Elle inscrit ensuite les valeurs obtenues sur la bande de papier du moniteur fœtal et/ou dans le dossier de la cliente. L'infirmière invite la femme à rester en décubitus latéral afin de maximiser le débit sanguin utéroplacentaire. De plus, elle l'encourage à changer régulièrement de côté, ce qui active sa circulation, augmente son bien-être, évite une anesthésie unilatérale et facilite l'engagement fœtal. Toutes les 30 minutes, en vue de contrôler les effets de l'anesthésie, l'infirmière doit vérifier les sensations de la femme et sa capacité de lever ses jambes.

À intervalles rapprochés, l'infirmière recherche aussi les signes de globe vésical, car l'anesthésie épidurale diminue l'envie d'uriner. Au cours du deuxième stade du travail, elle devra éventuellement aider la femme à faire des efforts expulsifs. Elle lui dira, par exemple, à quel moment la contraction apparaît et l'aidera à soutenir ses jambes durant les poussées. Il faut protéger les jambes de la femme contre la pression qui s'exerce sur elles, alors que leur sensibilité est réduite.

L'effet secondaire le plus courant de l'anesthésie épidurale est l'hypotension. On peut réduire ce risque en administrant un bolus de solution cristalloïde (Pentaspan) (Ezekiel, 1997). Si une hypotension survient, l'infirmière augmente le débit de la perfusion IV (afin d'augmenter le volume intravasculaire et la tension artérielle), s'assure que l'utérus est déplacé vers la gauche (pour activer la circulation et libérer la veine cave inférieure de la mère) et administre de l'oxygène (pour améliorer l'oxygénation). Si la tension artérielle n'est pas rétablie au bout de 1 ou 2 minutes, l'infirmière administre de l'éphédrine, soit 5 à 10 mg par voie intraveineuse, selon l'ordonnance du médecin (Fishburne, 1999). De plus, elle mesure continuellement la fréquence cardiaque fœtale afin de surveiller les effets de l'hypotension sur le fœtus.

L'anesthésie épidurale peut causer une élévation de la température corporelle de la mère (pyrexie). Cette pyrexie, qui peut faire croire à une infection chez la mère, donne souvent lieu à des examens supplémentaires destinés à écarter la possibilité d'une infection chez le nouveau-né (Bowes, 1999).

L'anesthésie épidurale ne provoque pas de céphalées (au contraire de la rachianesthésie), puisque l'aiguille ne pénètre pas dans la dure-mère et qu'il n'y a pas de fuite de liquide céphalorachidien. Il est donc inutile que la femme reste couchée à plat pendant un nombre d'heures prescrit après l'accouchement. Par ailleurs, les capacités motrices des jambes sont affaiblies, mais pas totalement absentes après l'accouchement. Avant que la femme puisse se lever, il faut absolument que toutes les sensations et les capacités motrices de ses jambes soient revenues à la normale. Cela peut prendre plusieurs heures selon la nature et la dose de l'anesthésique administré.

Pour évaluer les sensations de la femme, l'infirmière peut toucher diverses parties de ses jambes et son abdomen des deux côtés de son corps, puis lui demander si elle peut percevoir ce contact. Pour évaluer ses capacités motrices, elle peut demander à la femme de remonter ses genoux, de soulever un pied après l'autre ou de faire des mouvements de dorsiflexion des pieds, ou encore, de plier les genoux en gardant les pieds à plat sur le matelas et de soulever son siège. L'infirmière saura ainsi si les jambes de la femme pourront la porter lorsqu'elle se lèvera. Même si cet examen indique que les sensations et les capacités motrices sont revenues à la normale, lorsque la femme se lève, l'infirmière doit se tenir prête à soutenir son poids et

à l'aider à se recoucher rapidement si elle ne maîtrise pas suffisamment ses mouvements. Par ailleurs, les valeurs de la tension artérielle aident l'infirmière à déterminer si la femme peut se lever en toute sécurité. Elle mesure la tension artérielle de la femme en position couchée, puis en position assise. Si les valeurs mesurées restent stables (aucun signe d'hypotension orthostatique), l'infirmière mesure ensuite la tension artérielle de la femme assise sur le bord du lit, les pieds pendants. Lorsque la femme se lève pour le première fois, il est fortement recommandé de prévoir l'aide d'une autre personne (infirmière, conjoint ou proche) afin d'assurer sa sécurité. Il est aussi important de l'avertir que les saignements se feront probablement plus abondants au moment du lever.

Anesthésie épidurale en perfusion continue

L'anesthésie épidurale peut également être administrée en perfusion continue. Cela comporte plusieurs avantages : analgésie améliorée, nausées moins fréquentes, sédation minimale, anxiété moindre, mobilisation plus rapide, préservation du réflexe tussigène, risque réduit de thrombose veineuse profonde, besoins en oxygène du myocarde moindres, ainsi que facilité d'administration.

Évidemment, la facilitation de l'administration de l'anesthésique n'exclut en rien la nécessité d'une surveillance étroite, car il y a toujours un risque de surdose consécutive à une défaillance de l'équipement. Heureusement, les pompes à perfusion conçues expressément pour l'anesthésie épidurale sont munies de dispositifs de sécurité. Les perfusions épidurales continues doivent être administrées avec les mêmes précautions que les injections intermittentes. Pour prévenir toute erreur, la tubulure utilisée ne doit pas avoir de point de jonction en Y ni d'autre point d'entrée.

La perfusion épidurale peut s'accompagner de certains problèmes, notamment la réapparition de la douleur, la sédation, les nausées et les vomissements, le prurit et l'hypotension. La réapparition de la douleur peut survenir à n'importe quel moment de la perfusion, mais elle se produit généralement lorsque le débit de la perfusion de l'anesthésique est inférieur au débit thérapeutique. Ce problème peut aussi être dû à une modification du débit de la pompe à perfusion ou à un défaut de la tubulure. Lorsqu'il y a réapparition de la douleur, l'infirmière doit donc vérifier l'intégrité de la tubulure et prévenir l'anesthésiste. Même s'il existe une consigne concernant le traitement de la réapparition de la douleur, il est préférable de prévenir l'anesthésiste en cas de problème.

Les effets systémiques de l'anesthésique épidural au moment il est absorbé dans la circulation sanguine peuvent comprendre une sédation générale accompagnée de dépression respiratoire. L'infirmière doit alors mesurer la fréquence respiratoire ainsi que la qualité des respirations au moins toutes les 15 à 30 minutes. Elle doit prévenir l'anesthésiste de toute baisse importante de la fréquence respiratoire ou de toute modification du mode de respiration. Si la fréquence respiratoire devient inférieure à 10 à 12 respirations par minute, on peut administrer de la naloxone pour contrer l'effet de l'anesthésique. Habituellement, cette intervention permet de rétablir la fréquence respiratoire. Dans plusieurs centres de naissance, il est d'usage d'installer des lunettes d'oxygène à la mère tout de suite après l'épidurale et de les lui laisser jusqu'à la naissance. Tout en se fiant aux observations objectives, l'infirmière doit toujours rester sensible aux perceptions subjectives de la mère ainsi qu'à ses propres perceptions et intuitions.

Des nausées et des vomissements peuvent se produire à n'importe quel moment durant ou après la perfusion épidurale. L'infirmière doit donner à la femme un antiémétique si le médecin en a prescrit un et prévenir l'anesthésiste. Les nausées et les vomissements peuvent être fort incommodants pour la femme ; afin de les éliminer, on doit parfois réduire le débit de la perfusion ou même l'interrompre.

Le prurit (démangeaison et éruption cutanée) peut lui aussi survenir à n'importe quel moment durant la perfusion épidurale. Apparaissant d'abord sur le visage, le cou ou le torse, le prurit est habituellement causé par l'anesthésique. En général, le traitement consiste à administrer du chlorhydrate de diphenhydramine (Benadryl). En l'absence de consigne en ce sens, l'infirmière doit prévenir l'anesthésiste et lui décrire le problème. Il faudra peut-être réduire le débit de la perfusion ou l'interrompre.

Une hypotension peut résulter soit d'une hypovolémie, soit de l'anesthésie épidurale elle-même. Le traitement consiste à administrer de l'oxygène par masque et une dose de charge de solution cristalloïde et à prévenir l'anesthésiste. Habituellement, les consignes concernant le traitement de l'hypotension sont fonction de sa gravité. On doit parfois interrompre

la perfusion épidurale et élever les jambes de la femme. Avant de modifier de façon importante la position de la femme (de la placer en position déclive ou de Trendelenburg), l'infirmière doit consulter l'anesthésiste, car le médicament utilisé peut être hypobare, hyperbare ou isobare selon sa densité. Il faut éviter d'étendre l'anesthésie à d'autres régions, par exemple le diaphragme. Si la mère dit qu'elle a de la difficulté à respirer ou qu'elle sent une modification de son état, il faut vite avertir l'anesthésiste. Le *Cheminement clinique pour l'anesthésie épidurale* fournit d'autres détails au sujet de l'évaluation et des interventions infirmières.

Analgésie narcotique épidurale après l'accouchement

Pour réaliser une analgésie qui durera environ 24 heures, l'anesthésiste peut injecter un opiacé, tel que le sulfate de morphine (Duramorph ou Epimorph), dans l'espace épidural immédiatement après une césarienne. L'effet analgésique commence environ 30 à 60 minutes après l'injection. Les effets secondaires comprennent le prurit, les nausées et les vomissements, et la rétention urinaire (*PDR Nurse's Handbook*, 2001). Ces effets ont tendance à apparaître peu après l'injection et se résorbent 14 à 16 heures après l'accouchement. (Voir le *Guide pharmacologique* concernant l'injection épidurale de morphine après l'accouchement.)

Rachianesthésie

La **rachianesthésie** consiste en l'injection d'un anesthésique local directement dans l'espace sous-arachnoïdien, où circule le liquide céphalorachidien, pour la césarienne et parfois pour l'accouchement par voie vaginale. La technique d'administration varie selon le mode d'accouchement (figure 18-5 ▶).

FIGURE 18-5 ▶ Niveaux d'anesthésie pour un accouchement par voie vaginale et pour une césarienne.
Source : Avec l'autorisation de Ross Laboratories, Columbus, OH. Clinical Education Aid, n° 17.

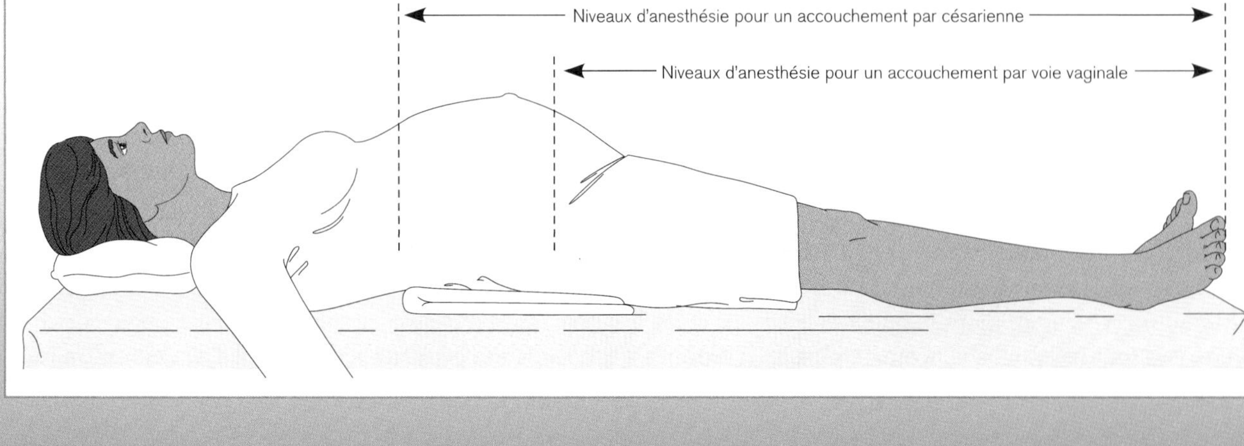

Avantages

Les avantages de la rachianesthésie sont l'effet anesthésique immédiat, la relative facilité d'administration, l'utilisation d'une quantité moindre de médicament et la compartimentation maternelle du médicament (qui ne passe pas la barrière placentaire).

Inconvénients

Le principal inconvénient de la rachianesthésie est la forte incidence des cas d'hypotension résultant du blocage des fibres nerveuses sympathiques. Or, l'hypotension chez la mère peut entraîner une hypoxie chez le fœtus. En outre, le maintien du tonus utérin rend difficile la manipulation intra-utérine. Après une rachianesthésie, la femme doit rester couchée à plat pendant au moins 6 à 12 heures, période pendant laquelle on doit l'aider à faire des exercices légers des membres inférieurs.

Contre-indications

Les contre-indications de la rachianesthésie sont une hypovolémie grave, quelle qu'en soit la cause ; une maladie du système nerveux central ; une infection cutanée près du point prévu pour l'injection ; une allergie aux anesthésiques locaux ; des troubles de la coagulation ; et le refus de la cliente (Cunningham *et al.*, 2001).

Guide pharmacologique — Injection épidurale de morphine après l'accouchement

Survol du mécanisme d'action

L'injection épidurale de morphine sert à soulager la douleur associée à la césarienne, à une épisiotomie importante (médio-latérale) ou à des déchirures des troisième et quatrième degrés. Le soulagement de la douleur par injection épidurale de morphine provient directement de ses effets sur les récepteurs des opiacés dans la moelle épinière (la morphine inhibe la propagation des influx douloureux). En se liant aux récepteurs des opiacés, la morphine modifie à la fois la perception de la douleur et la réaction émotionnelle à cette dernière. La cliente ne ressent pratiquement pas de malaise ni de douleur durant le post-partum immédiat et jusqu'à 24 heures après l'accouchement. L'injection épidurale de morphine ne cause pas le blocage des nerfs sympathiques ni des nerfs moteurs ; elle n'entraîne pas non plus d'hypotension. Son effet est plus lent à se faire sentir, mais il dure plus longtemps.

Administration, posologie

On injecte 5 à 10 mg de morphine dans l'espace épidural au moyen d'un cathéter, et le soulagement dure environ 24 heures (Wilson, Shannon et Strang, 2001).

Contre-indications

Hypersensibilité aux opiacés

Dépendance aux narcotiques

Maladie respiratoire invalidante chronique

Volume sanguin réduit

Effets indésirables chez la mère

Dépression respiratoire tardive (rare, mais pouvant survenir 8 à 12 heures après l'injection)

Nausées et vomissements (se produisant 4 à 7 heures après l'injection)

Démangeaisons (commençant dans les 3 heures suivant l'injection et pouvant durer jusqu'à 10 heures).

Rétention urinaire

Somnolence (dans de rares cas)

La naloxone peut contrer les effets secondaires (Cunningham *et al.*, 1997)

Effets indésirables chez le fœtus ou le nouveau-né

Il n'existe aucun effet indésirable puisque le médicament est injecté après la naissance de l'enfant

Soins infirmiers

Évaluer la sensibilité de la cliente aux narcotiques lors de son admission.

Surveiller et évaluer l'effet analgésique. Demander à la femme comment elle se sent. Prévenir l'anesthésiste si le soulagement est insuffisant.

S'il y a lieu, vérifier le cathéter pour s'assurer qu'il ne présente pas de nœuds, de ruptures ou de fuites au niveau du point d'insertion ou du point de raccord.

Rechercher les signes de prurit (la cliente se gratte et se frotte, surtout le visage et le cou).

Administrer les mesures de bien-être qui s'appliquent au prurit causé par un narcotique : lotion, massages du dos, compresses froides ou chaudes, distraction, etc. Si les démangeaisons sont tolérables, on évitera la naloxone, car elle neutralise le soulagement de la douleur.

En cas de réaction allergique (urticaire, œdème ou difficulté respiratoire), administrer de la naloxone ou du diphenhydramine selon l'ordonnance du médecin.

Appliquer les mesures de bien-être contre la nausée et les vomissements : nettoyages fréquents de la bouche ou augmentation graduelle de l'activité ; administration de naloxone ou de métoclopramide (Maxéram) selon l'ordonnance du médecin.

Mesurer la tension artérielle orthostatique et la fréquence cardiaque avant de laisser la femme se lever.

Soutenir la femme la première fois qu'elle se lève, puis l'aider au besoin.

Évaluer souvent la fonction respiratoire au cours des 24 premières heures, puis toutes les 2 à 8 heures, au besoin. Évaluer également le niveau de conscience et la couleur des muqueuses. Il peut être nécessaire de surveiller la femme à l'aide d'un moniteur d'apnée pendant 24 heures et d'utiliser un sphygmo-oxymètre de façon continue.

Évaluer la diurèse et rechercher les signes de globe vésical. Aider la cliente à uriner.

Soins infirmiers

Si ce n'est pas déjà fait, l'infirmière met en place une perfusion intraveineuse à l'aide d'un cathéter de calibre 16 à 18, puis elle administre rapidement une dose de charge de 500 à 1 000 mL. Elle prend les signes vitaux de la mère et ausculte la FCF pour établir les valeurs de référence, pose les électrodes pour le suivi cardiaque de la mère (dans certains établissements), puis aide la femme à s'installer en position assise (ou en décubitus latéral). La femme est assise sur le bord du lit ou de la table d'opération, les pieds reposant sur un tabouret. Elle place ses bras entre ses genoux ou sur un oreiller placé sur ses genoux, contre son ventre, ou encore, autour des épaules de l'infirmière ; elle penche ensuite la tête et courbe le dos (elle exerce une pression pour faire ressortir sa région lombaire) afin d'élargir les espaces intervertébraux. Ses hanches et ses épaules doivent être droites et alignées. L'infirmière aide la femme à garder cette position et palpe son utérus pour détecter le début d'une contraction (si le travail est commencé). Le médecin injecte l'anesthésique entre deux contractions. Si l'anesthésique est injecté au cours d'une contraction, l'effet de l'anesthésie est amplifié et peut compromettre la respiration.

La femme demeure assise pendant 30 secondes ou plus selon le cas. Ensuite, l'infirmière l'aide à se recoucher et place une serviette ou une couverture enroulée sous sa hanche droite afin d'éviter la compression de la veine cave par l'utérus. Elle mesure le pouls et la tension artérielle de la mère ainsi que la FCF à intervalles fréquents, selon les directives cliniques ou l'ordonnance du médecin. Comme le mouvement ou le changement de position peut faire baisser la tension artérielle, l'infirmière doit la mesurer à nouveau au moment où on déplace la femme après l'accouchement. Il est important qu'elle le fasse après avoir baissé ensemble et lentement les deux jambes de la mère. En effet, le passage trop rapide des jambes de la position gynécologique à la position allongée peut entraîner l'arrivée d'un surplus de sang dans ces membres et aggraver le déséquilibre circulatoire.

Si la rachianesthésie est réalisée pour un accouchement par voie vaginale, l'infirmière surveille les contractions utérines et signale à la femme le moment où elle doit pousser. Habituellement, cette anesthésie diminue la capacité de la femme de faire des efforts expulsifs, et il faut parfois utiliser les forceps ou la ventouse obstétricale pour aider à l'expulsion du fœtus (voir le chapitre 20).

Après l'accouchement, la paralysie motrice passagère des membres inférieurs continue. Lorsqu'elle transfère la femme du lit d'accouchement (ou de la table d'opération) à un autre lit, l'infirmière doit prendre des précautions afin de la protéger contre les accidents. La femme doit rester étendue à plat pendant 6 à 12 heures après l'anesthésie. Comme elle risque de ne pas retrouver ses sensations et la maîtrise de sa vessie avant 8 à 12 heures, un cathétérisme vésical peut se révéler nécessaire. Chez la femme qui subit une césarienne, on insère en général avant l'intervention chirurgicale un cathéter à demeure qu'on enlève habituellement 24 heures après.

Anesthésie périrachidienne

L'anesthésie périrachidienne est une combinaison de la rachianesthésie et de l'anesthésie épidurale. On peut y recourir pour soulager la douleur durant le travail ou pour pratiquer une césarienne. Les anesthésiques et les analgésiques utilisés dépendent de la raison pour laquelle on réalise l'anesthésie. Pour produire une anesthésie périrachidienne, on insère une aiguille d'épidurale dans l'espace épidural. On insère ensuite une aiguille atraumatique (de calibre 24 à 27) dans l'aiguille d'épidurale et, via la dure-mère, on la fait pénétrer jusque dans le liquide céphalorachidien. On injecte alors une petite quantité d'anesthésique local ou d'opiacé, ou les deux, puis on retire l'aiguille atraumatique. À travers l'aiguille d'épidurale, on fait ensuite passer un cathéter d'épidurale jusque dans l'espace épidural. Enfin, on retire l'aiguille et on fixe le cathéter.

Un des avantages de l'anesthésie périrachidienne est le fait que l'anesthésique et/ou l'analgésique rachidien (intrathécal) produit un effet plus rapidement que les médicaments injectés dans l'espace épidural. La plupart des médicaments sont administrés à faible dose, de sorte qu'on peut réaliser une analgésie rachidienne au début du travail pour aider à atténuer la douleur. L'anesthésie épidurale fait effet plus tard, lorsque la phase active du travail est commencée (Ezekiel, 1997).

Infiltration du nerf honteux

Administrée par voie transvaginale, l'**infiltration du nerf honteux** bloque les signaux envoyés à ce dernier. Ce blocage nerveux assure l'anesthésie du périnée pendant la dernière partie du premier stade du travail, le deuxième stade, l'accouchement et la suture du périnée. L'infiltration du nerf honteux supprime la douleur causée par la distension du périnée, mais pas celle des contractions utérines (figure 18-6 ▶).

Les avantages de l'infiltration du nerf honteux sont la facilité d'administration et l'absence d'hypotension maternelle. On peut également y recourir pour réduire la douleur causée par l'application de forceps à la partie basse ou par l'utilisation d'une ventouse obstétricale. Étant donné que l'infiltration du nerf honteux ne modifie ni les signes vitaux de la mère ni la FCF, aucune évaluation additionnelle ne s'impose. L'infirmière explique l'intervention à la cliente et répond à ses questions.

Les inconvénients de l'infiltration du nerf honteux sont le risque de formation d'hématomes dans le ligament large, de perforation du rectum et de trauma au nerf sciatique. Une dose modérée d'anesthésique a très peu d'effets indésirables sur la

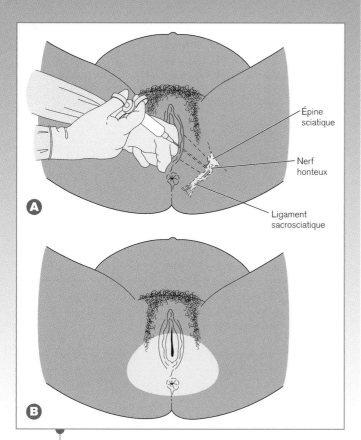

FIGURE 18-6 ▶ **A.** Infiltration du nerf honteux par voie transvaginale. **B.** Région du périnée touchée par l'infiltration du nerf honteux.

progression du travail, mais risque d'atténuer l'envie de faire des efforts expulsifs.

Anesthésie par infiltration locale

L'**anesthésie par infiltration locale** consiste en l'injection d'un anesthésique dans les tissus intradermiques, sous-cutanés et intramusculaires du périnée (figure 18-7 ▶). On utilise généralement ce type d'anesthésie après l'accouchement, tant en vue d'une épisiotomie, si celle-ci est nécessaire, que pour la suture du périnée. Les femmes qui ont suivi une méthode de préparation à l'accouchement et qui désirent le moins d'analgésie et d'anesthésie possible ne s'opposent habituellement pas à l'utilisation d'une anesthésie locale pour l'épisiotomie. La technique d'administration est simple et pratiquement dénuée de complications.

La nécessité d'injecter une grande quantité d'anesthésique constitue le principal inconvénient de l'infiltration locale. Bien qu'on puisse utiliser n'importe quel anesthésique local, le chlorhydrate de chloroprocaïne (Nesacaine), la lidocaïne (Xylocaïne) et la carbocaïne sont les agents privilégiés en raison de leur capacité de diffusion. Étant donné que les anesthésiques locaux ne modifient pas les signes vitaux de la mère ni la FCF, aucune évaluation additionnelle n'est nécessaire.

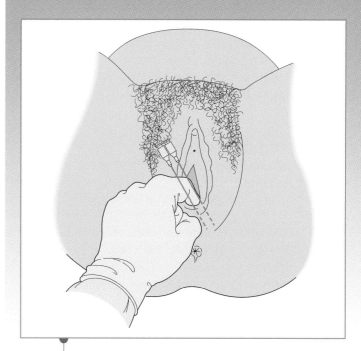

FIGURE 18-7 ▶ Anesthésie par infiltration locale pour l'épisiotomie et la suture du périnée.
Source : Bonica, J. J. (1972), *Principles and practice of obstetric analgesia and anesthesia*, Philadelphie, Davis, p. 505.

◼ L'anesthésie générale

Parfois, on doit recourir à l'**anesthésie générale** pour faire une césarienne ou pour pratiquer une intervention chirurgicale rendue nécessaire par certaines complications. La méthode utilisée pour réaliser une anesthésie générale consiste à combiner une injection intraveineuse et une inhalation d'anesthésiques.

Complications de l'anesthésie générale

La dépression des fonctions fœtales est le principal danger de l'anesthésie générale. La plupart des anesthésiques généraux atteignent le fœtus en 2 minutes environ. La dépression des fonctions fœtales est directement proportionnelle à la profondeur et à la durée de l'anesthésie. Le métabolisme des anesthésiques généraux chez le fœtus est aussi mauvais que celui des analgésiques administrés au cours du travail. L'anesthésie générale n'est pas recommandée quand le fœtus est à risque élevé, particulièrement au cours d'un accouchement prématuré.

La majorité des anesthésiques généraux causent un certain relâchement de l'utérus. Ils peuvent également provoquer des vomissements et une aspiration du contenu gastrique. Étant donné que la motilité gastrique est diminuée pendant la grossesse et qu'elle s'arrête presque entièrement au début du travail, les aliments consommés quelques heures auparavant peuvent rester dans l'estomac sans être digérés. L'infirmière doit déterminer à quelle heure la parturiente a mangé pour la dernière fois et inscrire cette donnée dans le dossier obstétrical et sur la feuille d'anesthésie. Même si la femme n'a pas consommé d'aliments ni de liquides, le suc gastrique produit au cours du jeûne est très acide et peut provoquer une pneumonie chimique en cas d'aspiration.

Soins infirmiers durant l'anesthésie générale

L'administration prophylactique d'antiacides avant l'anesthésie générale est devenue pratique courante. On utilise souvent un antiacide sans particule, comme le citrate de sodium. La cimétidine (Tagamet) est peu utilisée. Par ailleurs, certains anesthésistes conseillent de prendre de la ranitidine (Zantac) la veille et/ou le matin de l'intervention (Cunningham *et al.*, 2001).

Avant l'induction de l'anesthésie, l'infirmière place un coussin sous la hanche droite de la femme afin de déplacer l'utérus et d'éviter la compression de la veine cave. Elle doit également assurer la pré-oxygénation de la parturiente en lui administrant de l'oxygène à 100 % pendant 3 à 5 minutes. Elle installe aussi une perfusion intraveineuse de façon à assurer un accès immédiat au système vasculaire.

Au cours de l'induction rapide de l'anesthésie, l'infirmière applique une pression sur le cartilage cricoïde en vue d'occlure l'œsophage et de prévenir l'aspiration. À cette fin, elle déprime la partie postérieure du cartilage cricoïde de 2 à 3 cm. Il faut maintenir la pression jusqu'à ce que l'anesthésiste ait installé une sonde trachéale (ou tube endotrachéal) et indiqué qu'on peut cesser la pression. La figure 18-8 ▶ illustre cette technique.

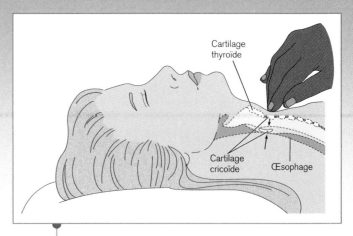

FIGURE 18-8 ▶ Position des doigts pour appliquer une pression sur le cartilage cricoïde jusqu'à l'installation d'une sonde trachéale (ou tube endotrachéal) à ballonnet par l'anesthésiste. On doit déprimer de 2 à 3 cm la partie postérieure du cartilage cricoïde pour assurer l'occlusion de l'œsophage.

Il est à noter que le présent exposé sur l'analgésie et l'anesthésie obstétricales ne s'applique qu'à la femme et au fœtus bien portants. Chez les femmes à risque élevé, par exemple, en cas de travail prématuré, d'hypertension gravidique ou de diabète sucré, le soulagement de la douleur durant le travail et l'accouchement nécessite l'intervention d'un personnel spécialisé, une surveillance étroite et une bonne connaissance de tous les dangers courus par la mère et son bébé.

Le chapitre en bref

Notions fondamentales

- Le soulagement de la douleur au cours du travail peut être amélioré par des méthodes de préparation à l'accouchement et par l'administration d'analgésiques et d'anesthésiques locaux.
- Le but de l'administration d'analgésiques au cours de travail est d'assurer le soulagement maximal de la douleur en créant le minimum de risques pour la mère et le fœtus.
- Le meilleur moment pour administrer des analgésiques est déterminé après une évaluation initiale complète. Chez la nullipare, l'analgésique est généralement donné lorsque le col est dilaté de 4 à 5 cm et, chez la multipare, lorsqu'il est dilaté de 3 à 4 cm.
- Il existe diverses sortes d'analgésiques, dont le fentanyl (Sublimaze) et le chlorhydrate de nalbuphine (Nubain).
- Les antagonistes des narcotiques (comme la naloxone) contrecarrent les effets dépresseurs des opiacés sur la respiration en agissant aux récepteurs spécifiques du système nerveux central (SNC).

- On réalise l'analgésie et l'anesthésie régionales en injectant des anesthésiques locaux dans un territoire où l'agent se trouvera directement en contact avec le tissu nerveux. Les méthodes le plus couramment utilisées en obstétrique sont l'anesthésie épidurale, la rachianesthésie, l'infiltration du nerf honteux et l'anesthésie par infiltration locale.
- Les trois familles d'anesthésiques locaux utilisés pour l'anesthésie régionale sont les amides, les esters et les opiacés.
- Chez la femme, les effets nocifs des anesthésiques locaux vont des symptômes bénins, comme les palpitations, au collapsus cardiovasculaire.
- Les principales complications de l'anesthésie générale sont la dépression des fonctions fœtales, la relaxation utérine, les vomissements et l'aspiration.
- Le choix de l'analgésie et de l'anesthésie chez la femme et le fœtus à risque élevé exige une évaluation attentive.

Références

Bowes, W. A. (1999), « Clinical aspects of normal and abnormal labor », *in* R. K. Creasy et R. Resnik (dir.), *Maternal-fetal medicine,* 4e éd., Philadelphie, Saunders, p. 541-568.

Compendiun des produits et spécialités pharmaceutiques (1999 et 2002), 34e éd., Ottawa, Association des pharmaciens du Canada.

Cunningham, F. G., N. F. Gant, K. J. Leveno, L. C. Gilstrap III, J. C. Hauth et K. D. Wenstrom (2001), *Williams Obstetrics,* 21e éd., New York, McGraw-Hill.

Ezekiel, M. R. (1997), *Handbook of anesthesiology,* Laguna Hills, CA, Current Clinical Strategies Publishing.

Fishburne, J., Jr. (1999), « Obstetric analgesia and anesthesia », *in* J. R. Scott, P. J. DiSaia, C. B. Hammond et W. N. Spellacy (dir.), *Danforth's Obstetrics and gynecology,* 8e éd., Philadelphie, Lippincott, Williams & Wilkins, p. 111-129.

Holt, R. O., S. J. Diehl et J. Wright (1999), « Station and cervical dilation at epidural placement in predicting cesarean risk », *Obstetrics and Gynecology, 93,* 1999, p. 281-284.

Karch, A. M. (2001), *Lippincott's nursing drug guide,* Philadelphie, Lippincott Williams & Wilkins.

Main, D. M., E. K. Main et D. H. Moore (2001), « The relationship between maternal care and uterine dysfunction : A continuous effect throughout reproductive life », *American Journal of Obstetrics and Gynecology, 182*(6), p. 1312-1317.

PDR nurse's handbook (2001), Montvale, NJ, Demar Publishers.

Pattee, C., M. Ballantyne et B. Milne (1997), « Epidural analgesia for labour and delivery : Informed consent issues », *Canadian Journal of Anesthesia, 44*(9), p. 918-923.

Russell, R., et F. Reynolds (1997), « Pain relief and anesthesia during labor », *in* R. K. Creasy (dir.), *Management of labor and delivery,* Malden, MA, Blackwell, p. 183-222.

Way, W., H. L. Fields et E. L. Way (1998), « Opioid analgesics and antagonists », *in* B. G. Katzung (dir.), *Basic and clinical pharmacology,* 7e éd., Stamford, CT, Appleton & Lange, p. 512-513.

Wilson, B. A., M. T. Shannon et C. L. Strang (dir.) (2001), *Nursing drug guide : 2001,* Upper Saddle River, NJ, Prentice-Hall.

Lectures complémentaires

Foucault, J. (2000), « Bien soulager la douleur en obstétrique : un but à atteindre », *Le Médecin du Québec, 35*(6), p. 69-73.

Louis, S. (1999), « Accoucher sous épidurale », *Enfants Québec, 12*(6), p. 46-50.

Adam Le Roch, S. (1997), « L'acupuncture « maternante », *Guide ressources, 12*(6), p.18-20.

Gauthier, D. (1996), « Je n'en peux plus, soulagez moi ! », *Le Médecin du Québec, 31*(10), p.57-62.

Lévesque, S. (1996), « Réflexions sur l'algie lors de l'accouchement et du postpartum », *Le Clinicien, 11*(5), p.197-203.

Les complications du travail et de l'accouchement

Objectifs

- Décrire les facteurs psychologiques qui peuvent entraîner des complications au cours du travail et de l'accouchement
- Décrire les différents types de travail dystocique
- Décrire les effets possibles de la grossesse prolongée sur les futurs parents
- Expliquer les diverses positions et présentations dystociques ainsi que leurs complications possibles
- Expliquer les caractéristiques de la macrosomie ainsi que les interventions qui s'y rattachent
- Décrire les soins infirmiers qui se rapportent à la grossesse multiple
- Décrire les soins infirmiers qui s'imposent en cas de souffrance fœtale
- Aborder la mort fœtale in utero, notamment ses causes, son diagnostic et le traitement de la mère, ainsi que le rôle de l'infirmière auprès de la famille
- Décrire le décollement prématuré du placenta normalement inséré et le placenta prævia
- Énumérer les anomalies du cordon ombilical et de son insertion dans le placenta
- Comparer le diagnostic, le traitement et les soins infirmiers qui se rattachent à l'embolie amniotique, à l'hydramnios et à l'oligoamnios
- Préciser l'effet des diamètres pelviens limites ou insuffisants sur le travail et l'accouchement
- Expliquer les complications des troisième et quatrième stades de l'accouchement

Vocabulaire

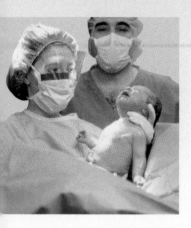

LE DÉNOUEMENT HEUREUX DE LA GROSSESSE exige le fonctionnement harmonieux de cinq éléments : les facteurs psychosociaux (état émotionnel de la mère), les forces du travail, le fœtus, la filière pelvigénitale et les relations entre le fœtus et la filière pelvigénitale. (Ces éléments sont décrits en détail au chapitre 15.) Les perturbations qui touchent l'un ou l'autre de ces cinq éléments peuvent se répercuter sur les autres et entraîner une dystocie *(difficulté durant le travail et l'accouchement), par opposition à l'eutocie (déroulement harmonieux des différents stades de l'accouchement). Le présent chapitre traite des perturbations les plus courantes.*

◼ L'anxiété et la peur

L'anxiété et la peur ont de très fortes répercussions sur le travail et l'accouchement, surtout lorsque des complications imprévues viennent compromettre la santé ou la vie de la mère et/ou du fœtus. La confiance avec laquelle la famille anticipait l'expérience de la naissance peut alors céder la place à l'anxiété et à l'incertitude. Or, durant le travail, la peur et l'anxiété peuvent intensifier la perception de la douleur. La libération de catécholamines qui en résulte provoque à son tour une augmentation de la souffrance physique et un dysfonctionnement du myomètre susceptible de rendre le travail inefficace.

Le syndrome de stress post-traumatique (SSPT) est une conséquence fréquente d'une exacerbation de la peur, de l'anxiété ainsi que de la perte de la maîtrise de soi au cours du travail. La parturiente qui subit un grand nombre d'interventions imprévues et qui est insatisfaite des soins reçus court beaucoup plus de risques de présenter à long terme les symptômes du syndrome de stress post-traumatique, notamment une peur intense, la reviviscence constante des événements traumatisants ainsi que des sentiments d'impuissance et d'horreur (Creedy, Shochet et Horsfall, 2000).

Traitement clinique

Le traitement clinique vise à fournir à la mère et à son conjoint des stratégies qui contribueront à atténuer leur anxiété. Des recherches indiquent que, si le personnel soignant donne à la parturiente l'occasion d'exprimer ses préoccupations et de prendre des décisions concernant les soins, même en présence de complications, l'expérience de l'accouchement sera meilleure (Berg et Dahlberg, 1998). L'infirmière peut recourir à la communication thérapeutique et à l'échange d'informations pour soulager l'anxiété de la femme et de son conjoint ou de son proche. Au besoin, le médecin prescrira des analgésiques ou des sédatifs qui aideront la femme à se détendre. On préconise toutefois davantage les méthodes de soulagement naturelles : bain thérapeutique, stimulation électrique transcutanée (appareil Tens Eclipse), changements de position (De Gasquet, 2002), stimulation de points lombaires (Gauthier, 1996 ; Bonapace, 1997), visualisation, relaxation, respiration contrôlée, etc.

Soins infirmiers

Évaluation et analyse de la situation

À moins que l'accouchement soit imminent ou qu'il y ait des complications graves, l'infirmière commence son évaluation par la récapitulation des antécédents de la femme. En effet, les facteurs tels que l'âge, l'état matrimonial, le niveau socioéconomique, le groupe culturel, les stratégies d'adaptation et la compréhension du processus de l'accouchement influent tous sur la réaction psychologique de la femme durant le travail. En outre, si elle a d'autres enfants, il est possible que la femme entretienne des craintes liées à un accouchement précédent. Pendant tout le travail, l'infirmière doit rester à l'affût des réactions verbales et non verbales de la parturiente à la douleur et à l'anxiété. Si la femme est très agitée et ne coopère pas ou, au contraire, si elle est excessivement calme et docile, on procédera à une évaluation plus approfondie pour déceler les symptômes de stress post-traumatique (Saito, Ylikorkala et Halmesmaki, 1999). Des commentaires tels que : « Est-ce que tout va bien ? », « Je suis tellement nerveuse ! » ou « Qu'est-ce qui se passe ? » témoignent ordinairement d'une certaine anxiété. D'autres femmes sont irritables, exigent de fréquentes explications ou posent plusieurs fois les mêmes questions. L'infirmière observe les réactions non verbales : attitude tendue, poings serrés ou douleurs trop fortes pour le stade du travail (S. J. Roberts, Reardon et Rosenfeld, 1999). Enfin, la reconnaissance des conséquences de la fatigue sur la douleur et l'anxiété constitue une autre fonction importante de l'infirmière.

Voici des diagnostics infirmiers pouvant s'appliquer à la femme souffrant d'anxiété ou de peur excessive :

- *anxiété* reliée au stress provoqué par le processus du travail ;

- *peur* reliée au dénouement inconnu du travail ;

- *douleur* reliée à l'intensification de l'anxiété et du stress.

Planification et interventions

Les principales interventions infirmières visent à fournir du soutien à la parturiente et à son conjoint ou ses proches. Les couples qui ont eu l'occasion de participer à des rencontres prénatales peuvent bénéficier de l'encouragement qu'ils reçoivent, tandis qu'ils mettent en pratique les techniques qu'ils y ont apprises (voir le chapitre 6). Lorsqu'une complication imprévue survient (par exemple le stress ou la souffrance fœtale), la mère se met parfois à douter de sa capacité à supporter la douleur et à maîtriser la situation. L'infirmière l'aidera à reprendre de l'assurance en lui expliquant ce qui se passe et en lui donnant l'occasion de prendre part aux décisions (voir les chapitres 17 et 18).

Pour les couples non préparés, on peut entreprendre un enseignement assez exhaustif au moment de l'admission, surtout si la phase active du travail n'a pas encore commencé. Des informations claires, mais succinctes, sur le déroulement du travail, les interventions médicales et le cadre de l'accouchement, de même que l'enseignement d'exercices de respiration simples et de techniques de relaxation, contribueront à prévenir ou à alléger l'appréhension et la peur du couple. Même la femme n'ayant reçu aucune préparation prénatale peut parvenir à une bonne relaxation pendant la phase active grâce aux mesures de bien-être, au toucher, à une attention soutenue, à l'interaction thérapeutique (relation d'aide) et, au besoin seulement, aux analgésiques prescrits.

L'aptitude de l'infirmière à aider la femme et son conjoint à faire face au stress du travail dépend de la relation qui s'est établie entre elle et le couple. En adoptant une attitude calme, bienveillante, confiante et tolérante, l'infirmière peut non seulement reconnaître l'anxiété, mais aussi en déceler la cause. Une fois qu'elle connaît les facteurs de stress, elle peut mettre en œuvre les interventions appropriées, telles que l'enseignement, les mesures de bien-être, le toucher ou la communication thérapeutique. À certains moments, la parturiente (ou le couple) aux prises avec une anxiété croissante présente des difficultés si nombreuses que l'infirmière hésite à demeurer dans la chambre pendant de longues périodes. Pourtant, la présence de l'infirmière est de loin l'élément que les femmes trouvent le plus rassurant durant leur travail (Dahlberg, Berg et Lundgren, 1999).

Évaluation et résultats escomptés

Les résultats escomptés des soins infirmiers peuvent être les suivants :

- la femme présentera moins de signes physiologiques de stress et ressentira un plus grand bien-être physique et psychologique ;

- la femme et sa famille éprouveront moins de peur ;

- la femme sera capable d'exprimer verbalement ses sentiments à l'égard du travail.

La dystocie reliée à des contractions utérines dysfonctionnelles

La **dystocie**, ou travail anormal ou difficile, peut être due à toutes sortes de problèmes, dont le plus fréquent consiste en des contractions utérines dysfonctionnelles (ou non coordonnées), qui ont pour effet de prolonger le travail (Bowes, 1999). Les contractions qui favorisent la progression normale du travail ont tendance à avoir une intensité modérée à forte à la palpation ainsi qu'une fréquence régulière (2 à 4 contractions par période de 10 minutes au début du travail et 4 à 5 contractions par période de 10 minutes dans les phases subséquentes). Elles partent du fond utérin, près de l'entrée des trompes de Fallope, et agissent comme des « pacemakers ». Plus intenses au fond utérin, elles diminuent progressivement jusqu'au col, ce qui favorise la descente fœtale. Les contractions normales durant le travail ont une intensité d'au moins 25 mm Hg, et leur fréquence est de moins de 4 minutes. On considère donc que le travail est normal quand on observe un minimum de 3 contractions de plus de 25 mm Hg d'intensité à une fréquence de moins de 4 minutes (Cunningham *et al.*, 2001). Dans le cas de contractions dysfonctionnelles, l'intensité ou la fréquence des contractions est irrégulière (ou les deux le sont). Les contractions dysfonctionnelles ont souvent pour effet de freiner la dilatation du col.

Hypertonie utérine

L'hypertonie utérine se caractérise par une augmentation du tonus de repos du myomètre et l'incoordination des contractions utérines. La fréquence des contractions a tendance à augmenter, mais leur intensité peut diminuer (figure 19-1 ▶). Bien que douloureuses, ces contractions n'entraînent pas la dilatation et l'effacement du col. L'hypertonie serait due à la présence de contractions plus fortes au segment du milieu qu'au fond utérin et/ou à une impulsion désordonnée provenant des « pacemakers » (Cunningham *et al.*, 2001). Ce type de dystocie s'observe habituellement pendant la phase de latence, qu'elle peut prolonger.

Chez la mère, les risques possibles de l'hypertonie utérine sont les suivants :

- douleur accrue à cause de l'anoxie des cellules du myomètre ;
- épuisement quand l'hypertonie persiste et que le travail n'évolue pas ;
- perturbation des stratégies d'adaptation ;
- déshydratation et fréquence accrue des infections en cas de travail prolongé.

Chez le fœtus et le nouveau-né, les risques possibles sont les suivants :

- souffrance fœtale parce que les contractions et l'augmentation du tonus de base gênent les échanges utéroplacentaires ;
- pression prolongée sur la tête du fœtus, ce qui peut causer un céphalhématome, une bosse sérosanguine ou un modelage excessif (figure 19-2 ▶).

Traitement clinique

Pour traiter l'hypertonie utérine, on peut recourir au repos au lit et à l'administration de sédatifs, mais on doit surtout encourager l'utilisation de méthodes naturelles pour favoriser la relaxation et réduire la douleur. Si l'hypertonie se poursuit et prolonge la phase de latence, il se peut qu'on pratique une amniotomie ou qu'on administre de l'ocytocine par voie intraveineuse (voir le chapitre 20). On n'utilisera cependant ces méthodes qu'après avoir écarté toute possibilité de disproportion fœtopelvienne (DFP) ou de présentation dystocique. Si on doit stimuler les contractions utérines par une perfusion d'ocytocine, le médecin ou la sage-femme s'assurera d'abord que l'accouchement par voie vaginale est possible (c'est-à-dire que le bassin maternel est suffisamment grand pour permettre le passage du fœtus et que la présentation fœtale est eutocique). Si les diamètres du bassin sont plus petits que la moyenne ou si le fœtus est particulièrement gros, on dit qu'il y a disproportion fœtopelvienne (DFP). En présence d'une telle disproportion, on ne stimule pas le travail, car la naissance par voie vaginale n'est pas possible. En clinique, dans les cas d'hypertonie utérine avec peu de relâchement entre les contractions, on remarque souvent, après l'accouchement, sur la face maternelle du placenta un petit caillot ou une zone nécrosée indiquant un décollement placentaire.

FIGURE 19-1 ▶ Comparaison des types de contractions. **A.** Contractions utérines normales. Dans cet exemple, les contractions se produisent à une fréquence de 3 minutes et durent 60 secondes. La ligne de base (entre les contractions) indique une intensité inférieure à 10 mm Hg. **B.** Hypotonie utérine. Dans cet exemple, les contractions se produisent toutes les 7 minutes (une certaine activité utérine apparaît entre les contractions), durent 50 secondes et ont une intensité d'environ 25 mm Hg.

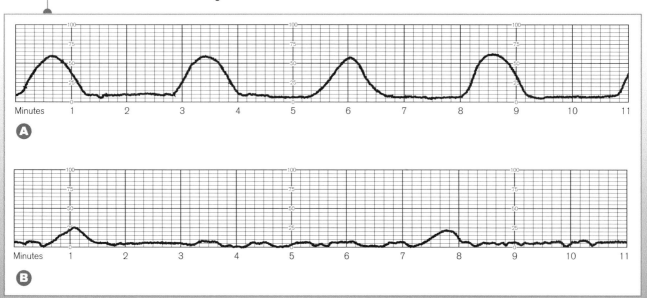

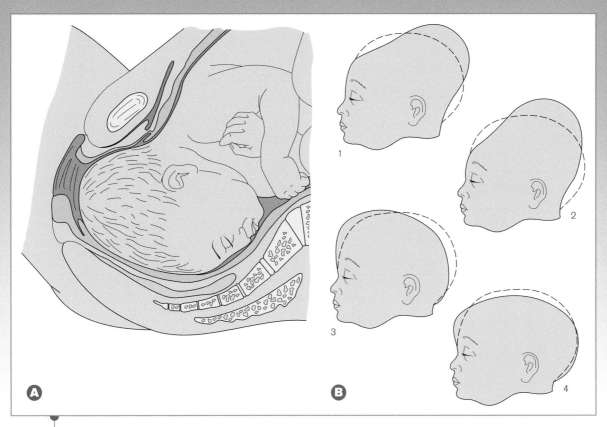

FIGURE 19-2 ▶ Effets du travail sur la tête du fœtus. **A.** Formation d'une bosse sérosanguine. Cet œdème des tissus mous résulte de la compression de la présentation par le col durant le travail. **B.** Modelage de la tête fœtale dans les présentations céphaliques : (1) occipito-antérieure ; (2) occipito-postérieure ; (3) front ; (4) face.

Soins infirmiers

Évaluation et analyse de la situation

Lorsqu'elle évalue le déroulement du travail, l'infirmière doit établir la relation entre l'intensité de la douleur, d'une part, et la dilatation et l'effacement du col, d'autre part. Elle vérifie également si l'anxiété a un effet néfaste sur le travail. Si le découragement et la frustration semblent s'emparer de la femme et de son conjoint, l'infirmière veillera à leur donner plus d'informations ou à les rassurer davantage. En effet, le stress engendre la production d'un surplus d'adrénaline ; il favorise ainsi la vasoconstriction et, par conséquent, la diminution de l'oxygénation du muscle utérin.

Voici des diagnostics infirmiers pouvant s'appliquer à la femme présentant une hypertonie utérine :

- *douleur* reliée à l'incapacité de la femme de se détendre en raison des contractions hypertoniques ;

- *stratégies d'adaptation individuelle inefficaces* reliées à l'inefficacité des techniques de respiration ou de relaxation pour soulager la douleur ;

- *anxiété* reliée à l'évolution trop lente du travail.

Planification et interventions

Une des responsabilités premières de l'infirmière est de procurer soutien et réconfort à la femme et à son conjoint. L'hypertonie utérine provoque beaucoup de douleur en raison de l'augmentation de l'intensité des contractions. La parturiente et son conjoint peuvent éprouver une grande anxiété. L'infirmière tente de soulager la douleur de la femme et de favoriser l'efficacité des contractions.

L'infirmière peut proposer des mesures de soutien comme un changement de position : décubitus latéral gauche ; position de Fowler haute, à genoux sur le lit, les bras sur la tête du lit ; elle peut aussi inviter la femme à se bercer, à s'asseoir ou à marcher. Le recours aux mesures de soulagement (douche chaude, bain dans une baignoire à remous, maintien d'une ambiance calme, musique douce choisie par la mère, massage du dos, installation d'un appareil Tens, toucher thérapeutique et visualisation) et aux mesures de bien-être (soins de la bouche, changement des draps, effleurage, exercices de relaxation, etc.) peut aussi être utile. Si des sédatifs sont prescrits, l'infirmière s'efforcera de créer une ambiance propice à la relaxation. Dans certains cas, l'anesthésie épidurale est indiquée durant la phase de latence, mais il faut suivre l'évolution du travail de très près. Le conjoint peut aussi avoir besoin qu'on le soutienne dans ses efforts pour aider la mère. Or, l'infirmière qui se montre calme et compréhensive inspire davantage confiance au couple. Fournir des informations sur les causes de l'hypertonie utérine et assurer à la femme qu'elle ne réagit pas de façon excessive à la situation constituent aussi d'importantes interventions infirmières.

L'enseignement joue un rôle important dans un cas d'hypertonie utérine. La parturiente a besoin d'information au sujet du problème et de ses effets potentiels sur elle-même et sur le fœtus. En réduisant l'anxiété de la mère, ces informations favorisent sa relaxation et son bien-être. L'infirmière explique également les traitements possibles, tout en donnant aux conjoints l'occasion de poser des questions.

Évaluation et résultats escomptés

Les résultats escomptés des soins infirmiers peuvent être les suivants :

- la femme se sentira mieux et éprouvera moins d'anxiété ;
- la femme et son conjoint seront capables de s'adapter au travail ;
- les contractions utérines seront plus efficaces.

Hypotonie utérine

L'hypotonie utérine apparaît habituellement pendant la phase active, lorsque le travail est déjà bien établi. Ce problème se caractérise par des contractions utérines d'une fréquence inférieure à 2 ou 3 en 10 minutes (figure 19-1B ▶) et d'une intensité inférieure à 25 mm Hg (Cunningham *et al.*, 2001). L'hypotonie utérine peut être causée par l'étirement excessif des fibres utérines associé à une grossesse multiple, à un gros fœtus, à l'hydramnios ou à une grande multiparité ; elle peut aussi résulter d'une distention intestinale ou vésicale, d'une disproportion fœtopelvienne, ou encore, d'une incoordination de la contraction, c'est-à-dire que la contraction peut à l'origine remplir normalement son rôle de « pacemaker », mais ne pas être syncrone dans sa progression dans la musculature utérine (Cunningham *et al.*, 2001).

Chez la mère, les conséquences possibles de l'hypotonie utérine sont les suivantes :

- épuisement ;
- perturbation des stratégies d'adaptation ;
- hémorragie de la délivrance due aux contractions utérines inefficaces ;
- infection intra-utérine si le travail se prolonge ;
- formation d'un anneau de rétraction (anneau de Bandle) (Cunningham *et al.*, 2001).

Chez le fœtus et le nouveau-né, les risques possibles sont les suivants :

- souffrance fœtale due au travail prolongé ;

- septicémie fœtale due à l'ascension d'agents pathogènes d'origine maternelle dans la filière pelvigénitale.

Traitement clinique

Le traitement clinique a pour but d'améliorer la qualité des contractions, tout en assurant la sécurité de la mère et de l'enfant. Avant d'entreprendre un traitement, le médecin ou la sage-femme s'assure que les dimensions du bassin sont adéquates et, s'il existe un doute quant à la maturité du fœtus, effectue des tests qui permettront d'établir l'âge gestationnel. Lorsqu'on a écarté la possibilité de disproportion fœtopelvienne, de présentation dystocique et d'immaturité du fœtus, on peut administrer de l'ocytocine (Syntocinon) par voie intraveineuse pour améliorer la qualité des contractions. La perfusion intraveineuse permet de maintenir une bonne hydratation et réduit le risque d'épuisement chez la mère. On peut aussi pratiquer l'amniotomie pour stimuler le travail et/ou donner une médication orale ou d'application locale (col utérin).

Certains médecins favorisent le **suivi actif du travail**, c'est-à-dire qu'ils observent systématiquement l'évolution du travail dès son début en pratiquant une amniotomie et en effectuant des examens réguliers du col utérin ; de plus, lorsque le travail ne progresse pas selon certains critères, ils intensifient les contractions au moyen d'ocytocine administrée par voie intraveineuse ou localement (col utérin). On considère qu'il y a arrêt de la dilatation quand le col n'a subi aucun changement depuis deux heures et arrêt de la descente quand plus d'une heure s'est écoulée sans que la présentation n'ait progressé (Cunningham, *et al.*, 2001). Les partisans du suivi actif du travail estiment que cette pratique constitue un traitement préventif qui réduit le risque de travail prolongé (Lopez-Zeno, 1997).

L'amélioration de la qualité des contractions utérines se manifeste par une évolution significative du travail. Si les contractions demeurent inefficaces ou si d'autres complications surviennent, d'autres interventions, dont la césarienne, peuvent s'avérer nécessaires.

Soins infirmiers

Évaluation et analyse de la situation

L'évaluation de la fréquence et de l'intensité des contractions, des signes vitaux de la mère et de la fréquence cardiaque fœtale (FCF) fournit à l'infirmière les données dont elle a besoin pour évaluer l'état de la mère et du fœtus. Elle surveille aussi les signes et les symptômes d'infection et de déshydratation. À cause du stress associé au travail prolongé, il importe qu'elle observe si la femme et son conjoint réussissent à appliquer leurs stratégies d'adaptation.

Voici des diagnostics infirmiers pouvant s'appliquer à la femme présentant une hypotonie utérine :

Pratique fondée sur des données probantes   Dystocie

Vous faites partie d'un comité pour l'amélioration de la pratique dans l'unité d'obstétrique où vous travaillez. Actuellement, vous étudiez le taux d'accouchements par césarienne, qui, selon l'Institut de la statistique du Québec, était de 18,5 % en 2000-2001 comparativement à 16,4 % en 1995-1996. Un des principaux projets du comité est de recueillir des données sur les diagnostics qui motivent la pratique d'une césarienne. La *dystocie* est un de vos principaux sujets d'étude. En effet, aux États-Unis, elle vient au deuxième rang des raisons les plus souvent invoquées pour justifier une césarienne (Spellicy-Gifford *et al.*, 2000). Au Québec, en 2000-2001, la dystocie et une première césarienne ont motivé respectivement 32,2 % et 32 % des césariennes. Toujours en 2000-2001, les autres causes de césarienne se répartissaient comme suit : présentation du siège, 17,4 %, souffrance fœtale, 8,8 %, autres, 9,6 %. Enfin, 33,7 % de toutes les femmes qui avaient déjà subi une césarienne ont par la suite accouché par les voies naturelles (accouchement vaginal après une césarienne) (Institut de la statistique du Québec, 2001).

Vous avez déjà donné des soins à des femmes chez qui on avait diagnostiqué un arrêt du travail et/ou une dystocie avant de procéder à une césarienne. Maintenant, vous vous proposez d'examiner leurs dossiers et de recueillir des données en temps réel sur le déroulement du travail. L'examen des dossiers vous permettra de comparer l'état des patientes avec les critères établis par l'American College of Obstetricians and Gynecologists (ACOG) relativement au diagnostic de dystocie.

Aux États-Unis, environ 30 % des césariennes sont consécutives à un diagnostic de dystocie, et des études récentes montrent qu'un grand nombre de femmes présentant une dystocie sont diagnostiquées au cours de la phase de latence du travail (Spellicy-Gifford *et al.*, 2000). Or, on ne peut pas poser un diagnostic de dystocie valable chez une femme en phase de latence ; on n'établit ce diagnostic que lorsque la parturiente est en phase active, que son col est dilaté de 3 à 4 cm et que la dilatation cesse en dépit de l'efficacité des contractions (Austin et Calderon, 1999).

Vous constatez que les infirmières peuvent avoir une influence directe sur le taux de césariennes en effectuant une évaluation précise et en procédant à un triage avant l'admission des femmes à l'unité d'obstétrique. Une étude récente démontre une amélioration des critères d'évaluation clinique concernant 1) la durée du travail ; 2) le recours à l'analgésie ; et 3) l'administration d'ocytocine en vue d'intensifier les contractions, lorsque l'infirmière procède au triage des femmes en travail actif avant de procéder à leur admission à la maison de naissances ou au centre hospitalier (Austin et Calderon, 1999).

Références

Austin, D., et L. Calderon (1999). « Triaging patients in the latent phase of labor », *Journal of Nurse Midwifery*, vol. *44*, n° 6, p. 585-591.

Institut de la Statistique du Québec (2001). Disponible sur le Web : <http://stat.gouv.qc.ca>.

Spellicy-Gifford, D., S. Morton, M. Fisk, J. Keesye *et al.* (2000). « Lack of progress in labor as a reason for cesarean », *Obstetrics and Gynecology*, vol. *95*, n° 4, p. 589-595.

- *douleur* reliée aux contractions utérines dystociques ;
- *connaissances insuffisantes* sur le travail dystocique.

Planification et interventions

Les soins infirmiers qui favoriseront le bien-être physique de la mère et du fœtus comprennent la surveillance fréquente des contractions utérines, des signes vitaux maternels et de la FCF. Si les membranes sont rompues, l'infirmière doit vérifier si le liquide amniotique est teinté de méconium (selles noires ou vert foncé se trouvant dans le gros intestin du fœtus). La présence de méconium dans le liquide amniotique exige une surveillance plus étroite de l'état du fœtus, car elle indique souvent que le fœtus subit un stress. Cela peut s'expliquer par l'acidose fœtale, qui cause un relâchement des muscles lisses comme ceux des intestins. Le bilan des ingesta et des excreta permet de déterminer si la femme est bien hydratée ou non. On encourage la mère à uriner toutes les 2 heures et on vérifie la présence de globe vésical. Le travail pouvant se prolonger, l'infirmière doit continuer à rechercher les signes d'infection (température élevée, frissons, odeur nauséabonde du liquide amniotique). Afin de réduire le risque d'infection et d'œdème du col, elle n'effectue que les touchers vaginaux vraiment nécessaires. (Les soins infirmiers associés à la perfusion d'ocytocine sont décrits au chapitre 20.)

La femme présentant une hypotonie utérine a besoin de soutien émotionnel. L'infirmière aide donc la femme et son conjoint à faire face à la frustration que provoque un travail prolongé. Tout en adoptant une attitude chaleureuse et bienveillante, elle applique des techniques de soulagement de l'anxiété et de la douleur.

Le plan d'enseignement doit comprendre des informations sur le travail dystocique et ses effets chez la mère et le bébé. Il faut aussi discuter des inconvénients du traitement ainsi que des autres solutions possibles, et s'assurer que les conjoints ont bien compris ces informations.

Évaluation et résultats escomptés

Les résultats escomptés des soins infirmiers peuvent être les suivants :

- le bien-être de la femme sera préservé durant le travail ;
- la femme comprendra ce qu'est l'hypotonie utérine et le traitement qu'elle devra recevoir.

Travail et accouchement précipités

Le **travail précipité** dure moins de 3 heures et aboutit à un accouchement rapide. Voici les facteurs pouvant contribuer à ce phénomène : a) la multiparité ; b) un grand bassin ; c) des antécédents de travail précipité ; d) un petit fœtus dans une position favorable. Associée à des contractions utérines intenses, la présence d'un ou de plusieurs de ces éléments provoque une descente rapide du fœtus dans la filière pelvigénitale (Cunningham *et al.*, 1997).

Il faut distinguer le travail précipité de l'accouchement précipité. L'accouchement précipité, inattendu et soudain, a souvent lieu sans assistance. (Voir le chapitre 17 qui traite de l'accouchement précipité.)

Chez la mère, les risques possibles du travail précipité sont les suivants :

- perte de la capacité d'adaptation ;
- déchirures du col, du vagin et du périnée dues à la descente et à l'expulsion rapides du fœtus ;
- hémorragie de la délivrance résultant de déchirures non détectées ou de contractions utérines inefficaces après la naissance.

Chez le fœtus et le nouveau-né, les conséquences possibles sont les suivantes :

- souffrance fœtale ou hypoxie résultant d'une diminution de la circulation utéroplacentaire due à la forte intensité des contractions ;
- trauma au cerveau résultant de la descente rapide du fœtus dans la filière pelvigénitale.

Traitement clinique

Toute femme qui présente des antécédents de travail précipité doit être suivie étroitement au cours des dernières semaines de sa grossesse. Si le col se ramollit et commence à se dilater, le médecin pourra décider de déclencher immédiatement le travail.

Soins infirmiers

Évaluation et analyse de la situation

Au cours de l'évaluation effectuée pendant le travail et l'accouchement, l'infirmière peut déterminer si la femme est prédisposée au travail précipité (par exemple ses antécédents de travail précipité ou rapide). Pendant le travail, la présence d'un ou des deux éléments suivants indique un problème potentiel :

- dilatation rapide du col (plus de 2 cm/h chez la multigeste et plus de 1,2 cm/h chez la primigeste) et descente fœtale accélérée ;
- contractions utérines intenses et faible relâchement de l'utérus entre les contractions.

Voici des diagnostics infirmiers pouvant s'appliquer à la femme présentant un travail précipité :

- *risque d'accident* relié à la rapidité du travail et de l'accouchement ;
- *douleur* reliée à la rapidité du travail.

Planification et interventions

Lorsque la femme présente des antécédents de travail précipité, l'infirmière doit la suivre de près et avoir sous la main une trousse d'accouchement d'urgence. Si possible, elle reste constamment auprès de la parturiente. Elle favorise son repos et son bien-être en l'aidant à trouver une position confortable, en veillant à ce que l'environnement soit calme, sombre et paisible et en lui administrant au besoin des sédatifs. Avant et après l'accouchement, elle renseigne la femme et lui offre son soutien.

Pour éviter la possibilité d'un travail précipité et d'une stimulation excessive de l'utérus pendant l'administration d'ocytocine, l'infirmière doit connaître les risques associés au surdosage de ce médicament (voir le *Guide pharmacologique : Ocytocine* au chapitre 20) (Cunningham *et al.*, 2001). Lorsqu'on observe des signes de travail précipité, on interrompt immédiatement la perfusion d'ocytocine et on fait coucher la femme sur le côté gauche pour améliorer l'irrigation utérine. On peut donner de l'oxygène afin d'accroître sa concentration dans le sang périphérique de la mère, ce qui permet d'augmenter la quantité d'oxygène pouvant servir aux échanges transplacentaires. On surveille les signes de souffrance fœtale, notamment les signes d'hypoxie.

Évaluation et résultats escomptés

Les résultats escomptés des soins infirmiers peuvent être les suivants :

- la mère et l'enfant seront étroitement surveillés durant le travail, et l'accouchement ne les mettra pas en danger ;
- le bien-être de la femme sera préservé le plus possible.

La grossesse prolongée

La **grossesse prolongée** est une grossesse qui se poursuit au-delà de 294 jours, ou 42 semaines complètes, après le premier jour des dernières menstruations. Il est important de ne pas confondre les termes *dépassement de la date*, qui signifie que la grossesse se prolonge au-delà de la date prévue pour l'accouchement (DPA), et *dépassement du terme*, qui signifie que la grossesse se poursuit au moins 1 jour au-delà de 42 semaines complètes après le premier jour des dernières menstruations (Martin, 2000). Dans les faits, l'incidence des grossesses prolongées est faible, c'est-à-dire qu'elle est d'environ 3 % à 7 % (en 1997, 8 % des 4 millions d'enfants nés aux États-Unis sont nés après terme, et 11 %, prématurément, soit après 36 semaines de grossesse ou moins) (Cunningham *et al.*, 2001). On ne connaît pas la cause exacte de la grossesse prolongée, mais il semble qu'elle soit plus fréquente chez les primigestes et les femmes âgées de plus de 35 ans (Clausson, Cnattingius et Axelsson, 1999).

Chez la mère, les risques possibles de la grossesse prolongée sont les suivants (Martin, 2000 ; Cunningham *et al.*, 2001) :

- déclenchement artificiel du travail ;
- augmentation des cas de macrosomie fœtale ;
- augmentation des cas d'accouchement avec forceps ou ventouse obstétricale ou de césarienne ;
- stress psychologique accru en raison du dépassement du terme et de l'inquiétude croissante pour le bien-être de l'enfant ;
- travail long avec disproportion fœtopelvienne ;
- hypertension gravidique.

Chez le fœtus, les risques possibles sont les suivants (Martin, 2000) :

- diminution de l'irrigation placentaire et diminution du poids à la naissance ;
- oligoamnios (insuffisance du liquide amniotique) entraînant une augmentation du risque de compression du cordon ;
- inhalation de méconium (aspiration par le fœtus de liquide amniotique teinté de méconium au moment de l'accouchement) ; ce problème est plus susceptible de survenir en présence d'oligoamnios et de méconium épais.

Certains fœtus continuent leur croissance après la 42e semaine de gestation et peuvent être très gros à la naissance (macrosomie). Dans d'autres cas, le milieu utérin devient défavorable à la croissance du fœtus, qui perdra une partie de sa masse musculaire et de ses tissus adipeux jusqu'à la naissance. Le fœtus macrosomique présente un risque de trauma à l'accouchement, tandis que le fœtus microsomique présente un risque de souffrance fœtale durant le travail à cause de l'incidence accrue d'oligoamnios (Martin, 2000). L'enfant postmature a la peau mal hydratée (plissée ou ridée avec desquamations), les yeux ouverts et un regard inquiet. Ses ongles sont très longs, et son poids à la naissance se situe sous le 10e percentile pour l'âge gestationnel (Cunningham *et al.*, 2001).

Traitement clinique

Lorsque la 40e semaine de grossesse se termine sans que l'accouchement n'ait eu lieu, la plupart des obstétriciens ont recours à l'examen de réactivité fœtale (ERF) et au profil biophysique pour évaluer le bien-être du fœtus. Dans le profil biophysique, c'est surtout la portion volumique du liquide amniotique, soit l'évaluation de la quantité de liquide, qui importe, mais on observe aussi les mouvements respiratoires, les mouvements des membres et du tronc, le tonus et la réactivité de la fréquence cardiaque fœtale. On peut effectuer ces tests deux ou trois fois par semaine (Parer, 1999). Ils sont recommandés par la Société des Gynécologues et Obstétriciens du Canada (SGOC) (Plante, 1996). Si les tests révèlent la présence d'un problème, on a recours aux interventions nécessaires pour déclencher l'accouchement.

Par ailleurs, la postmaturité comprend 3 stades, soit : 1) le liquide amniotique est clair ; 2) la peau est verdâtre ; 3) la peau est décolorée et jaune verdâtre (Cunningham *et al.*, 2001).

Soins infirmiers

Évaluation et analyse de la situation

Lorsque la femme est admise à l'unité d'obstétrique, on commence la surveillance continue du fœtus, dès que la grossesse prolongée est confirmée. L'infirmière s'assure que la FCF présente des caractéristiques rassurantes et est à l'affût des tracés inquiétants, par exemple les décélérations variables non périodiques (associées à la compression du cordon), afin que les mesures qui s'imposent puissent être prises. Lorsque les membranes sont rompues, l'infirmière recherche la présence de méconium dans le liquide amniotique. Elle évalue aussi les connaissances de la femme au sujet de la grossesse prolongée, de ses effets sur le bébé et des interventions possibles.

Voici des diagnostics infirmiers pouvant s'appliquer à la femme qui présente une grossesse prolongée :

- ***connaissances insuffisantes*** sur la grossesse prolongée ;
- ***peur*** reliée au dénouement incertain de la grossesse pour le fœtus ;
- ***stratégies d'adaptation individuelle inefficaces*** reliées à l'anxiété éprouvée à l'égard de l'état du fœtus.

Planification et interventions

 Soins infirmiers communautaires

Si la femme n'a pas appris à évaluer quotidiennement les mouvements fœtaux, l'infirmière lui enseigne comment le faire. Il est très important que la femme soit en mesure de reconnaître les anomalies et qu'elle consulte immédiatement si elle en décèle. (Voir le chapitre 9 sur les méthodes de détection des mouvements fœtaux.)

L'enseignement constitue une autre responsabilité importante de l'infirmière dont la cliente présente une grossesse prolongée. Elle doit renseigner la femme sur son état, autant en ce qui a trait aux conséquences et aux risques pour le fœtus qu'aux interventions possibles. Elle veillera aussi à donner au couple l'occasion de poser des questions et de demander des explications.

Soins infirmiers en milieu hospitalier

La préservation du bien-être fœtal dépend de l'évaluation attentive de sa réaction durant le travail. En cas d'oligoamnios, on s'assure d'obtenir un tracé continu de la FCF et de l'analyser fréquemment. Les décélérations variables sont souvent associées à l'oligoamnios, car l'insuffisance de liquide amniotique entraîne une compression du cordon ombilical. Si le fœtus est macrosomique, on doit également surveiller de près la progression du travail (caractéristiques des contractions, dilatation progressive du col, descente fœtale).

En cas de grossesse prolongée, le soutien émotionnel apporté par l'infirmière est essentiel. En effet, les femmes qui présentent ce problème éprouvent davantage de stress et d'anxiété et ont de la difficulté à s'adapter à la situation. Les encouragements, le soutien et la reconnaissance de l'anxiété sont des mesures utiles auprès de ces femmes.

Évaluation et résultats escomptés

Les résultats escomptés des soins infirmiers peuvent être les suivants :

- la femme saura ce qu'est une grossesse prolongée ;
- la femme et son conjoint se sentiront soutenus et capables de faire face à la grossesse prolongée ;
- le bien-être fœtal sera maintenu, les anomalies seront découvertes rapidement et les soins nécessaires seront entrepris.

La position dystocique

La position fœtale *occipito-postérieure (OP)* est la position dystocique la plus fréquente. Dans cette position, l'occiput du fœtus est dirigé vers l'arrière du bassin maternel. Durant le travail, 87 % des fœtus en position occipito-postérieure effectuent une rotation qui les fait passer à la position occipito-antérieure (OA) (Rivlin, 2000).

La **position occipito-postérieure persistante (OPP)** est une variante de la position OP, qu'on observe chez environ 5 % des fœtus. Dans ce cas, le fœtus descend la filière pelvigénitale et naît dans cette position. La position occipito-postérieure persistante est associée aux bassins de forme androïde et anthropoïde, à une mauvaise flexion de la tête et à des contractions inefficaces (Cunningham *et al.*, 2001). Le travail peut s'en trouver prolongé, mais la plupart des fœtus se trouvant dans cette position naissent sans l'aide de forceps (Rivlin, 2000). Les changements de position de la mère pendant le travail aident parfois le fœtus à effectuer sa rotation.

Chez la mère, les risques possibles d'une position occipito-postérieure persistante sont les suivants :

- déchirure périnéale du troisième ou du quatrième degré pendant l'accouchement ;
- extension de l'épisiotomie médiane.

Chez le fœtus, la position occipito postérieure persistante n'est pas associée à une augmentation du risque de mortalité, à moins que le travail ne se prolonge ou que des interventions obstétricales ne soient nécessaires pendant l'accouchement (forceps, ventouse ou césarienne).

Traitement clinique

Le traitement clinique est axé sur la surveillance étroite de l'état de la mère et du fœtus, de même que de l'évolution du travail, afin de déterminer s'il est préférable de procéder à un accouchement par voie vaginale ou à une césarienne. Le médecin choisira la césarienne si des problèmes chez la mère ou le fœtus rendent dangereux l'accouchement par voie vaginale ou en présence d'une disproportion fœtopelvienne (DFP). La majorité des fœtus en position occipito-postérieure persistante naissent par voie vaginale, mais il est parfois nécessaire d'utiliser les forceps. On peut appliquer les forceps pour expulser le fœtus pendant qu'il est encore en position occipito-postérieure ou pour effectuer la rotation permettant d'amener l'occiput en position antérieure (manœuvre de Scanzoni). À l'aide d'une ventouse obstétricale, on peut aussi effectuer une rotation permettant de passer d'une position occipito-postérieure gauche ou droite à une position antérieure. Il arrive aussi que le médecin aide à la rotation fœtale pendant une contraction. (Voir le chapitre 20 sur l'utilisation des forceps ou de la ventouse obstétricale.)

Soins infirmiers

Évaluation et analyse de la situation

Les signes et les symptômes d'une position occipito-postérieure persistante sont les douleurs lombaires intenses ressenties par la parturiente, les contractions dysfonctionnelles, le travail hypotonique (la tête fœtale n'exerce pas une pression suffisante sur le col), l'arrêt de la dilatation ou l'arrêt de la descente fœtale. La douleur lombaire est causée par la compression qu'exerce la tête fœtale sur les nerfs sacrés. Une observation plus poussée peut révéler une dépression de l'abdomen maternel au-dessus de la symphyse pubienne. La FCF s'entend à l'extrême droite ou à l'extrême gauche de l'abdomen maternel. Pendant le toucher vaginal, on peut palper la fontanelle antérieure, qui est en forme de losange, dans le quadrant antérieur droit ou gauche du bassin. Le modelage de la tête fœtale peut toutefois rendre cette palpation difficile.

Voici des diagnostics infirmiers pouvant s'appliquer à la mère dont le fœtus est en position occipito-postérieure persistante :

- *douleur* lombaire reliée à la position occipito-postérieure du fœtus ;
- *stratégies d'adaptation individuelle inefficaces* reliées à la douleur inattendue et à la lente évolution du travail.

Planification et interventions

Depuis de nombreuses années, pour faciliter le passage du fœtus de la position occipito-postérieure ou transverse à la position occipito-antérieure, on utilise les changements de la position maternelle. Plusieurs possibilités existent. Par exemple, on demandera à la femme de se coucher sur un côté, puis de se tourner sur l'autre lorsque le fœtus amorcera sa rotation. La position latérale peut favoriser la rotation ; elle permet de plus au conjoint d'exercer une pression sur la région sacrée afin d'atténuer la douleur lombaire de la mère. La position genupectorale donne au vagin une inclinaison qui dirige vers le bas la présentation fœtale. La rotation du fœtus s'effectue souvent quand la mère se met à quatre pattes. Dans cette position, la mère peut aussi effectuer la bascule pelvienne. Le conjoint masse fermement l'abdomen de la mère, du dos du fœtus jusqu'à l'autre côté de l'abdomen. Une fois la rotation du fœtus effectuée, la mère adopte la position de Sims, sur le côté opposé au dos du fœtus.

Évaluation et résultats escomptés

Les résultats escomptés des soins infirmiers peuvent être les suivants :

- la femme éprouvera moins de douleur ;
- les stratégies d'adaptation de la femme et de son conjoint seront renforcées.

La présentation dystocique

La présentation du sommet, dont le repère est l'occiput, est la présentation normale (figure 19-3A ▶). On considère comme dystociques les présentations du front, de la face, du siège et de l'épaule (transverse), ainsi que les présentations mixtes.

Présentation du front

Dans la présentation du front, le repère de la présentation est le sinciput. La tête fœtale se trouve en légère déflexion, et c'est le plus grand diamètre du crâne fœtal (le diamètre occipitomentonnier mesurant 13,5 cm) qui s'engage dans la filière pelvigénitale (figure 19-3C ▶).

Cette présentation, plus fréquente chez la multipare que chez la nullipare, résulterait de la faiblesse de la musculature abdominale et pelvienne. De nombreuses présentations du front se convertissent spontanément en présentations de la face ou du sommet (Bowes, 1999).

Chez la mère, les conséquences possibles de la présentation du front sont les suivantes :

- risque accru de travail prolongé dû à des contractions inefficaces et au ralentissement ou à l'arrêt de la descente fœtale ;
- risque accru de césarienne en cas de persistance de la présentation du front.

Chez le fœtus et le nouveau-né, les risques possibles comprennent une augmentation de la mortalité due à la compression du crâne et du cou et aux lésions de la trachée et du larynx (Rivlin, 2000). On peut aussi observer un œdème facial et un modelage excessif de la tête.

Traitement clinique

Lorsque la conversion d'une présentation du front en présentation de l'occiput ou de la face ne se produit pas, la césarienne est indiquée dans la plupart des cas (Rivlin, 2000). Si on tente un accouchement par voie vaginale, on doit s'assurer que la femme ne présente pas une disproportion fœtopelvienne (DFP). Une épisiotomie est d'habitude nécessaire. Une épisiotomie *médiolatérale droite (MLD)* ou *médiolatérale gauche (MLG)* est préférable, car l'épisiotomie *médiane*, plus fréquente, présente un risque d'extension jusqu'à l'anus et au rectum (déchirure du quatrième degré).

Soins infirmiers

Évaluation et analyse de la situation

La présentation du front se détecte au toucher vaginal et se confirme par échographie ou par radiographie ; on palpera la fontanelle antérieure d'un côté et les orbites et la racine du nez de l'autre côté (Rivlin, 2000).

Voici des diagnostics infirmiers pouvant s'appliquer à la femme dans les cas de présentation du front :

- *connaissances insuffisantes* sur les conséquences d'une présentation du front pour la mère et le fœtus ;
- *risque d'accident* chez le fœtus relié à la compression que ce type de présentation exerce sur les structures fœtales.

Planification et interventions

L'infirmière doit surveiller attentivement les signes de travail dystocique chez la mère et les signes de stress ou de souffrance chez le fœtus. Tout au long du travail, elle suit de près le fœtus afin de détecter l'hypoxie, qui se manifeste par des décélérations tardives et de la bradycardie.

L'infirmière doit aussi apporter un soutien émotionnel à la famille. À cette fin, elle explique au couple en quoi consiste la présentation dystocique ou précise les informations données par le médecin ou la sage-femme. Elle demeure près du couple pour le rassurer, l'informer des changements qui surviennent et l'aider à appliquer les techniques d'adaptation au travail. Dans les cas de présentation de la face ou du front, le visage du nouveau-né risque d'être œdémateux, et les conjoints peuvent avoir besoin d'assistance pour amorcer le processus d'attachement. Quand l'examen initial ne révèle pas d'anomalies, le pédiatre et l'infirmière rassurent les parents en leur disant que l'œdème facial disparaîtra après 3 ou 4 jours et que le modelage excessif de la tête sera beaucoup moins apparent dans quelques jours (bien que sa disparition complète puisse prendre plusieurs semaines).

Évaluation et résultats escomptés

Les résultats escomptés des soins infirmiers peuvent être les suivants :

- la femme et son conjoint comprendront les conséquences d'une présentation du front et les problèmes qui y sont associés ;
- le travail et l'accouchement ne mettront en danger ni la mère ni le fœtus.

Présentation de la face

Dans la présentation de la face, le repère est le menton (figures 19-4 ▶ et 19-3D ▶). La tête du fœtus est en hyperextension. La présentation de la face se produit plus souvent chez les multipares et dans les cas de prématurité ou d'anencéphalie. L'incidence de la présentation de la face est d'environ 1 cas sur 500 accouchements (Bowes, 1999).

Chez la mère, les conséquences possibles d'une présentation de la face sont les suivantes :

- risque accru de disproportion fœtopelvienne (DFP) et de travail prolongé ;
- risque accru d'infection (si le travail se prolonge) ;
- accouchement par césarienne si le menton est en position postérieure.

Chez le fœtus et le nouveau-né, les conséquences possibles sont les suivantes :

- céphalhématome de la face ;
- œdème de la face et de la gorge lorsque le menton fœtal est en position antérieure et que l'accouchement se fait par voie vaginale (peut aussi se produire durant la descente fœtale) ;
- modelage prononcé de la tête fœtale.

Traitement clinique

S'il n'y a pas de disproportion fœtopelvienne (DFP), si le menton est en position antérieure, si les contractions sont efficaces

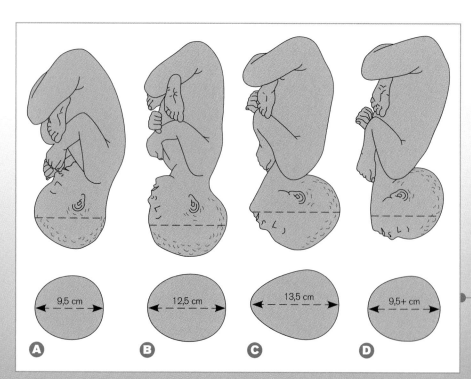

FIGURE 19-3 ▶ Présentations céphaliques.
A. Présentation du sommet. L'occiput est le repère de la présentation parce que la tête est fléchie et que le menton repose sur la poitrine. Le plus grand diamètre antéropostérieur qui s'engage dans le bassin est d'environ 9,5 cm. **B.** Présentation du bregma, sans flexion ni extension. Le diamètre antéropostérieur de cette présentation est d'environ 12,5 cm. **C.** Présentation du front. C'est le diamètre occipito-mentonnier, le plus grand du crâne fœtal (13,5 cm), qui s'engage dans le bassin. **D.** Présentation de la face. Le diamètre antéropostérieur est de 9,5 cm. *Source :* Danforth, D. N., et J. R. Scott (dir.) (1990). *Obstetrics and Gynecology*, 5ᵉ éd., New York, Lippincott., p. 170, figure 8-9.

A — 9,5 cm   B — 12,5 cm   C — 13,5 cm   D — 9,5+ cm

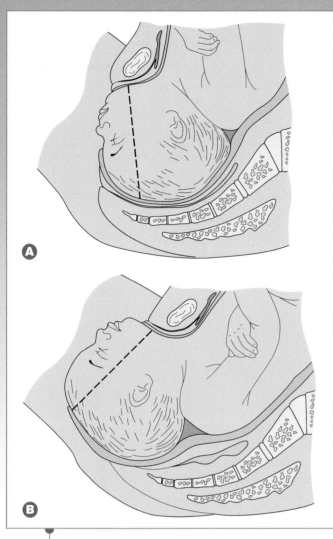

FIGURE 19-4 ▶ Mécanisme de la naissance en position mentoantérieure. **A.** Le diamètre sous-mentobregmatique est au détroit inférieur. **B.** Dégagement de la tête par un mouvement de flexion.

et si on n'observe aucun signe de stress ou de souffrance fœtale, l'accouchement par voie vaginale est possible. Par contre, si le menton est en position postérieure, la césarienne s'impose (figure 19-5 ▶).

<hr>

Soins infirmiers

Évaluation et analyse de la situation

Pendant les manœuvres de Léopold, l'infirmière peut avoir de la difficulté à repérer les contours du dos. Elle palpe toutefois une dépression profonde entre l'occiput et le dos (figure 19-6 ▶). Les bruits du cœur fœtal peuvent s'entendre du côté où se

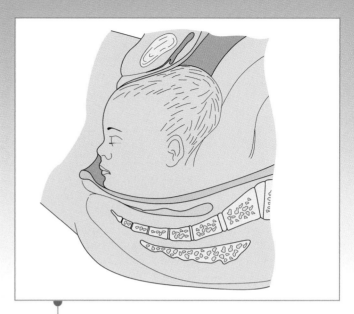

FIGURE 19-5 ▶ Présentation de la face. Mécanisme de dégagement en position mentopostérieure. La tête du fœtus est en extension complète. La face ne peut plus bouger.

trouvent les pieds. Lors du toucher vaginal, il peut être difficile de distinguer une présentation du siège d'une présentation de la face, surtout si la face est déjà œdémateuse. Il faut alors tenter de palper la racine du nez et les gencives. Lorsque l'infirmière évalue l'engagement, elle doit se rappeler que le diamètre bipariétal ne pénètre dans le détroit supérieur que quand la face est descendue très bas dans le bassin.

Voici des diagnostics infirmiers pouvant s'appliquer à la femme dans les cas de présentation de la face :

- **peur** reliée au dénouement incertain du travail ;
- **risque d'accident** touchant la face du nouveau-né relié à l'œdème consécutif à l'accouchement.

Planification et interventions

Les interventions infirmières sont les mêmes que dans les cas de présentation du front.

Évaluation et résultats escomptés

Les résultats escomptés des soins infirmiers peuvent être les suivants :

- la femme et son conjoint comprendront les conséquences d'une présentation de la face et les problèmes qui y sont associés ;
- le travail et l'accouchement ne mettront pas en danger la mère et son bébé.

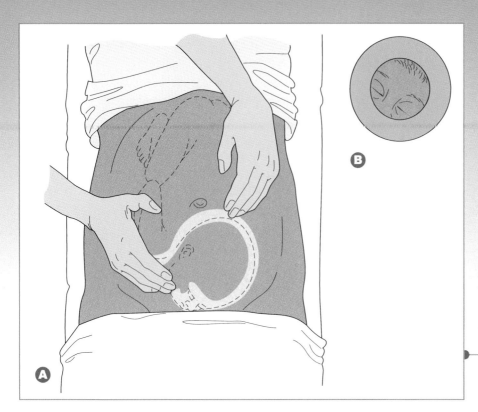

FIGURE 19-6 Présentation de la face.
A. Palpation de l'abdomen de la mère alors que le fœtus est en position mento-iliaque droite postérieure (MIDP). **B.** Le toucher vaginal permet de palper le visage du fœtus.

Présentation du siège

On ne connaît pas encore la cause précise de la présentation du siège (figure 19-7). Cette présentation dystocique se produit chez 3% ou 4% des parturientes et est souvent asso-ciée à la prématurité, au placenta prævia (dans le segment bas de l'utérus), à l'hydramnios, à la grossesse multiple, à des anomalies utérines (telles que l'utérus bicorne) et à certaines anomalies fœtales (surtout l'anencéphalie et l'hydrocéphalie) (Bofill, 2000).

FIGURE 19-7 Présentation du siège. **A.** Siège décomplété mode des fesses. **B.** Siège décomplété mode des pieds. **C.** Siège complet en position sacro-iliaque gauche antérieure (SIGA). **D.** Le toucher vaginal permet de palper le sphincter anal. Les fesses du fœtus sont molles au toucher.

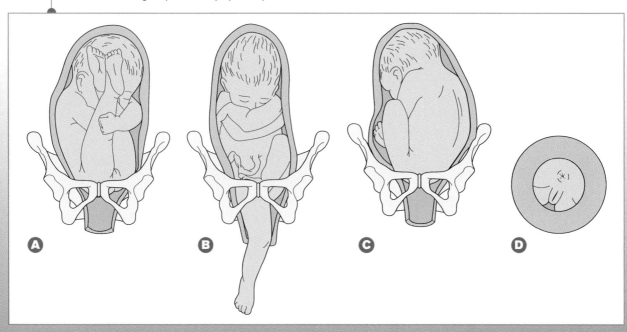

Chez la mère, la nécessité d'un accouchement par césarienne est la conséquence possible d'une présentation du siège. Chez le fœtus et le nouveau-né, les conséquences possibles sont les suivantes (Bowes, 1999) :

- taux de morbidité et de mortalité périnatales plus élevés ;
- risque accru de procidence du cordon ombilical, surtout dans les cas de sièges décomplétés, parce que le cordon peut se glisser dans l'espace existant entre le col et la présentation ;
- risque accru de lésions de la moelle épinière cervicale à cause de l'hyperextension de la tête au cours de l'accouchement par voie vaginale ;
- risque accru de trauma de la naissance (surtout à la tête) tant dans le cas d'un accouchement par voie vaginale que dans celui d'une césarienne.

Traitement clinique

Le traitement clinique actuel vise à convertir la présentation du siège en présentation céphalique avant le début du travail. On peut donc tenter une version céphalique externe (VCE) entre la 36ᵉ et la 38ᵉ semaine de gestation, à condition que le travail ne soit pas commencé (Bowes, 1999 ; Bowfill, 2000). (Voir le chapitre 20 sur la version externe.) Il n'existe pas de consensus au sujet de la meilleure méthode d'accouchement en cas de présentation du siège. Si le fœtus se présente encore par le siège lorsque le travail débute, la méthode d'accouchement dépendra de l'âge gestationnel, du poids estimé à la naissance, du type de présentation du siège et des préférences du médecin. Au Québec, on privilégie nettement la césarienne (Bazin, 2002).

Soins infirmiers

Évaluation et analyse de la situation

L'infirmière est souvent la personne qui découvre la présentation du siège lorsqu'elle exécute les manœuvres de Léopold. Elle palpe alors la tête fœtale, qui est ferme, au fond utérin, et le sacrum, plus large, au bas de l'abdomen. Si le sacrum n'a pas amorcé sa descente, le corps entier bouge quand on le fait ballotter. De plus, on ausculte généralement les bruits du cœur fœtal au-dessus de l'ombilic. À cause de la compression du tube digestif du fœtus durant la descente, l'expulsion de méconium dans le liquide amniotique est assez fréquente (Bofill, 2000).

Si les membranes sont rompues, l'infirmière doit surveiller attentivement tout signe de procidence du cordon ombilical, surtout dans le cas d'un siège décomplété mode des pieds, parce que le cordon peut se glisser dans l'espace entre le col et la présentation. Le risque de procidence du cordon est d'autant plus élevé que le fœtus est petit et que les membranes sont rompues. C'est pourquoi la femme qui arrive à l'unité d'obstétrique après la rupture des membranes ne doit pas être autorisée à se lever avant qu'un examen complet, dont un toucher vaginal, n'ait été effectué.

Voici des diagnostics infirmiers pouvant s'appliquer à la femme en cas de présentation du siège :

- ***échanges gazeux perturbés*** chez le fœtus reliés à l'interruption de la circulation sanguine dans le cordon ombilical résultant de la compression du cordon ;
- ***connaissances insuffisantes*** reliées à un manque d'information sur les conséquences d'une présentation du siège pour la mère et le fœtus et sur les complications qui y sont associées.

Planification et interventions

Durant le travail, l'infirmière veille au bien-être physique de la mère et du fœtus en évaluant fréquemment leur état. Comme il existe un risque accru de procidence du cordon ombilical, le protocole de certains établissements exige le monitorage fœtal continu, bien qu'aucune étude récente n'appuie cette pratique. L'infirmière doit offrir aux conjoints de l'enseignement et de l'information sur la présentation du siège et les soins infirmiers requis.

Même si on a recours à la césarienne dans 90 % des cas de présentation du siège, l'accouchement se fait aussi par voie vaginale (Bofill, 2000). Lorsque l'infirmière prépare le matériel nécessaire pour l'accouchement par voie vaginale, elle ne doit pas oublier les forceps de Piper (utilisés pour guider la tête qui arrive après le corps). Elle peut aussi être appelée à aider le médecin s'il doit appliquer les forceps. Pour que le thorax du fœtus ne soit pas comprimé (afin de ne pas provoquer de mouvement respiratoire pendant que la tête est encore dans le vagin), on peut également maintenir le corps à cheval sur l'avant-bras de l'accoucheur, ce qui constitue la manœuvre de Mauriceau (figure 19-8 ▶) (Cunningham *et al.*, 2001). De plus,

FIGURE 19-8 ▶ Accouchement par le siège selon la manœuvre de Mauriceau.

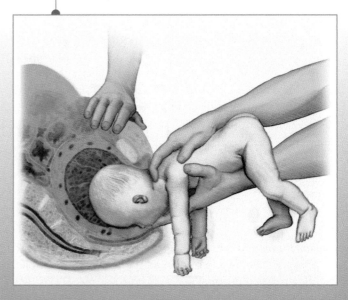

lors de l'accouchement par voie vaginale, il est primordial de laisser le fœtus qui se présente par le siège sortir spontanément jusqu'à l'ombilic en évitant toute traction qui risquerait de provoquer la déflexion de la tête (Girouard, 1996). Si, pour diverses raisons, dont le poids du fœtus (plus de 4 kg ou moins de 2,5 kg), le médecin et la famille optent pour la césarienne, les interventions infirmières seront les mêmes que pour toute autre césarienne (Girouard, 1996).

Évaluation et résultats escomptés

Les résultats escomptés des soins infirmiers peuvent être les suivants :

- la femme et son conjoint comprendront les conséquences d'une présentation du siège et les problèmes qui y sont associés ;
- les complications majeures seront diagnostiquées tôt et des mesures correctives seront prises ;
- le travail et l'accouchement ne mettront pas en danger la mère ni le bébé.

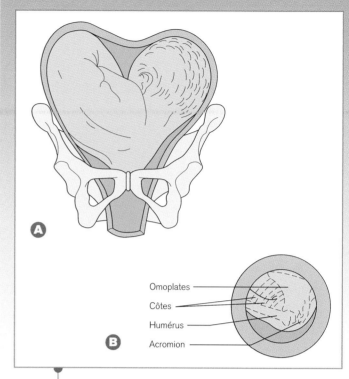

FIGURE 19-9 ▶ **A.** Position transverse. **B.** Au toucher vaginal, la présentation palpée par l'infirmière peut être l'acromion.

Position transverse (présentation de l'épaule) d'un fœtus unique

L'incidence de la présentation de l'épaule est de 1 cas sur 300 accouchements à terme (Bowes, 1999). On rencontre cette complication chez les grandes multipares qui présentent un relâchement de la musculature utérine et dans les cas de placenta prævia (figure 19-9 ▶).

Traitement clinique

Le traitement de la présentation de l'épaule dépend de l'âge gestationnel. Si on découvre le problème avant le terme, la ligne de conduite consiste à attendre (en surveillant), car certains fœtus changent de position sans aucune intervention extérieure. Lorsque le fœtus se présente encore par l'épaule après 37 semaines de gestation complètes, la version céphalique externe (suivie, si elle réussit, d'un déclenchement du travail) est recommandée en raison du risque considérable de procidence du cordon ombilical. La VCE réussit dans de nombreux cas et peut réduire de 50 % la nécessité de recourir à la césarienne (Rivlin, 2000).

Soins infirmiers

L'infirmière peut reconnaître la présentation de l'épaule à l'aide de l'inspection et de la palpation de l'abdomen, de l'auscultation des bruits du cœur fœtal et du toucher vaginal. À l'inspection,

l'abdomen de la femme apparaît plus large que haut puisque l'axe long du corps fœtal s'étend parallèlement au sol, d'un côté à l'autre de l'utérus maternel.

À la palpation, on ne trouve aucune partie du fœtus au fond utérin ni au-dessus de la symphyse pubienne. On peut palper la tête d'un côté de l'abdomen et le siège de l'autre. On ausculte les bruits du cœur fœtal qui s'entendent généralement sur la ligne médiane de l'abdomen juste au-dessous de l'ombilic. Au toucher vaginal, on peut palper les côtes ou un bras serré contre le thorax.

L'infirmière participe à la détermination de la présentation et offre information et soutien aux conjoints. Elle évalue fréquemment l'état de la mère et du fœtus et prépare la femme pour une césarienne. (Voir au chapitre 20 l'enseignement relatif à l'accouchement par césarienne.)

Présentation mixte

Dans la présentation mixte, deux parties du fœtus se présentent dans la filière pelvigénitale, par exemple l'occiput et une main ou le siège et une main. Dans la plupart des cas, le présentation mixte se résout d'elle-même, mais il arrive que des manœuvres additionnelles soient nécessaires au moment de l'accouchement.

La macrosomie

On parle de **macrosomie** fœtale lorsque l'enfant pèse plus de 4 000 g à la naissance. Selon certains chercheurs, un fœtus n'est macrosomique que s'il pèse 4 500 g et plus, et le diagnostic de macrosomie fœtale doit tenir compte des particularités ethniques (Hogg et Kimberlin, 2000). Ce problème se rencontre plus souvent chez les enfants dont les parents sont fortement constitués ou dont la mère est diabétique, de même que dans les cas de grande multiparité et de grossesse prolongée (Berkus, Conway et Langer, 1999).

Chez la mère, les conséquences possibles de la macrosomie fœtale comprennent un risque accru :

- de disproportion fœtopelvienne ;
- de travail dystocique ;
- de déchirures des tissus mous pendant l'accouchement ;
- d'hémorragie de la délivrance.

Chez le fœtus et le nouveau-né, les conséquences comprennent un risque accru :

- d'inhalation de méconium ;
- d'asphyxie ;
- de dystocie des épaules (après l'expulsion de la tête, l'épaule antérieure ne sort pas spontanément ni à l'aide d'une légère traction [Bowes, 1999]) ;
- de lésion du plexus brachial supérieur et de fracture des clavicules.

Traitement clinique

En diagnostiquant la macrosomie avant le début du travail, on peut réduire un peu la fréquence des complications maternelles et fœtales qu'elle provoque. Si on soupçonne une macrosomie, on évalue avec précision les dimensions du bassin de la mère. On peut estimer la grosseur du fœtus en palpant sa longueur vertex-coccyx et en mesurant le bassin par des moyens échographiques ou radiologiques. Les études cliniques montrent que la palpation et l'échographie sont des outils aussi efficaces l'un que l'autre pour estimer le poids fœtal ; les deux donnent des estimations justes dans environ 65 % des cas (O'Reilly-Green et Divon, 2000). Quand l'utérus semble excessivement gros, on doit envisager la possibilité d'un hydramnios, d'un fœtus macrosomique ou d'une grossesse multiple.

Quand on juge que le fœtus pèse 4 500 g ou plus, on planifie habituellement une césarienne. On ne s'entend pas sur la méthode d'accouchement à privilégier pour un fœtus de 4 000 g à 4 500 g. Le débat porte principalement sur l'incidence de la dystocie des épaules au cours de l'accouchement par voie vaginale et sur la difficulté d'estimer de manière précise le poids fœtal. De fait, une dystocie des épaules inattendue au cours de l'accouchement par voie vaginale peut constituer un problème grave. En guise de mesure d'urgence, le médecin ou la sage-femme peut demander à l'infirmière d'aider la parturiente à effectuer la manœuvre de McRoberts (flexion marquée des cuisses sur les hanches et l'abdomen) ou d'appliquer une légère pression sus-pubienne afin de favoriser l'expulsion des épaules du fœtus (Schmidt, 1999).

Soins infirmiers

L'infirmière aide à dépister les femmes qui risquent de porter un gros fœtus ou celles qui présentent des signes de macrosomie fœtale. Étant donné la prédisposition de ces femmes au travail dystocique et à ses complications, l'infirmière doit souvent évaluer la fréquence cardiaque fœtale pour détecter les signes de souffrance fœtale. Elle évalue aussi la vitesse de la dilatation cervicale et de la descente fœtale.

On utilise le monitorage fœtal continu. Les décélérations précoces (causées par la compression de la tête fœtale) peuvent indiquer une disproportion au détroit supérieur. Tout signe de travail dystocique ou de souffrance fœtale doit être rapporté au médecin ou à la sage-femme.

L'infirmière apporte le soutien nécessaire à la parturiente et à son conjoint et les renseigne sur les effets de la macrosomie et les complications qu'elle peut entraîner. Elle continue à offrir soutien et encouragement durant l'accouchement.

Après la naissance, l'infirmière examine le nouveau-né macrosomique pour voir s'il souffre de céphalhématome ou de paralysie de Duchenne-Erb ; elle informe de tout problème le personnel de la pouponnière, qui surveillera attentivement les signes de problèmes cérébraux, neurologiques ou moteurs (10 % des dystocies des épaules sont la cause d'un problème persistant du plexus brachial [Cunningham *et al.*, 2001]). La présence d'un fœtus macrosomique signifie que l'utérus a été étiré davantage qu'il ne l'aurait été avec un fœtus de poids moyen. Cet étirement excessif peut entraîner des problèmes contractiles au cours du travail ou après l'accouchement. Après l'accouchement, l'utérus trop étiré peut ne pas se contracter suffisamment (atonie utérine) et sembler mou à la palpation, ce qui augmente le risque d'hémorragie. On masse le fond utérin pour stimuler sa contraction et on peut faire une perfusion d'ocytocine, si nécessaire. On surveille étroitement les signes vitaux de la mère pour déceler les anomalies pouvant indiquer la présence d'un choc.

La grossesse multiple

C'est en partie à cause de l'évolution des traitements offerts aux couples infertiles que l'incidence de la gémellité est d'environ 1 cas sur 45 grossesses aux États-Unis et que le nombre total des **grossesses multiples** a plus que doublé depuis 1991

(Miller *et al.*, 2000). Selon l'Institut de la statistique, au Québec, en 1998, 97,5 % des grossesses étaient simples, 2,4 % étaient doubles et 0,1 % étaient triples. Aux États-Unis, l'incidence des grossesses gémellaires et multiples spontanées (non provoquées par des médicaments) est de 1 cas sur 80 chez les Noires, de 1 cas sur 100 chez les Blanches et de 1 cas sur 155 chez les Asiatiques (Cunningham *et al.*, 2001). Ces grossesses sont attribuables soit à la fécondation de deux ovules distincts (ou plus), soit à la division d'un seul ovule fécondé. Les jumeaux provenant de la fécondation de deux ovules sont *dizygotes*; ils peuvent être du même sexe ou de sexes différents. Dans un tel cas, il y a deux amnios (jumeaux diamniotiques) et deux chorions (jumeaux dichorioniques). Habituellement, dans une grossesse multiple, chaque fœtus a son propre sac amniotique. L'incidence de la gémellité spontanée varie, mais elle est plus élevée chez les Afro-Américaines, chez les femmes plus âgées, chez les multipares ainsi que chez les femmes grandes et d'un poids supérieur à la moyenne; en revanche, elle est faible dans la population asiatique (Benirschke, 1999; Miller *et al.*, 2000).

Toujours du même sexe, les jumeaux qui proviennent de la fécondation d'un seul ovule sont dits *monozygotes*. Si l'ovule fécondé (zygote) se divise dans les 72 heures suivant la fécondation, les jumeaux seront dichorioniques (ou trichorioniques dans le cas de triplés, et ainsi de suite) et diamniotiques (ou triamniotiques dans le cas de triplés, et ainsi de suite). Le plus souvent, les jumeaux monozygotes sont issus de la division qui a lieu entre le quatrième jour et le huitième jour suivant la fécondation; les embryons sont dotés d'un seul chorion (monochorioniques) et d'amnios distincts (diamniotiques ou multiamniotiques). Pour les triplés et les autres fœtus multiples, le rapport entre les membranes suit généralement les mêmes principes que pour les jumeaux, sauf que des sacs amniotiques monochorioniques et dichorioniques peuvent coexister (Benirschke, 1999; W. E. Roberts, 2000). L'utilisation d'une terminologie précise est importante ici, car les taux de morbidité et de mortalité périnatales varient considérablement d'un type de grossesse multiple à l'autre (Keith, Papiernik et Oleszcuzuk, 1998).

Pendant la période prénatale, les principaux indices de grossesse multiple sont les suivants: visualisation de deux sacs gestationnels (embryonnaires) à 5 ou 6 semaines de gestation, fond utérin plus haut que la normale pour la durée de la gestation et auscultation révélant des fréquences cardiaques qui diffèrent d'au moins 10 battements par minute. De plus, le taux d'alphafœtoprotéine est habituellement plus élevé lors d'une grossesse gémellaire ou multiple, et bon nombre de femmes souffrent de nausées et de vomissements importants (à cause des taux élevés de l'hormone gonadotrophine chorionique [hCG]) (Malone et D'Alton, 1999).

Conséquences chez la mère

Durant sa grossesse, la mère peut souffrir de malaises physiques tels que l'essoufflement, la dyspnée d'effort, la lombalgie et l'œdème des pieds. Les problèmes associés à la grossesse multiple comprennent également l'infection urinaire, l'hypertension gravidique, l'accouchement prématuré et le placenta prævia (Malone et D'Alton, 1999). Les complications du travail incluent les présentations dystociques, la dysfonction utérine, la procidence du cordon ombilical et l'hémorragie au moment de l'accouchement ou peu après (W. E. Roberts, 2000).

Conséquences chez le fœtus et le nouveau-né

Chez les jumeaux, le taux de mortalité périnatale est environ 10 fois plus élevé que chez les fœtus uniques (W. E. Roberts, 2000). On estime que le taux de mortalité périnatale peut atteindre 50 % à 60 % chez les jumeaux monoamniotiques (Benirschke, 1999). Voici les problèmes qu'ils peuvent présenter: retard de la croissance intra-utérine chez les deux fœtus, fréquence accrue d'anomalies fœtales, risque accru de prématurité et des problèmes qui y sont associés, présentations dystociques (W. E. Roberts, 2000).

Traitement clinique

Une fois la grossesse gémellaire diagnostiquée, le principal objectif clinique consiste à prévenir et à traiter les problèmes pouvant empêcher le développement et la naissance de fœtus normaux. Les visites prénatales sont plus fréquentes pour la femme qui attend des jumeaux que pour celle qui porte un seul enfant. La femme présentant une grossesse multiple doit comprendre ses besoins nutritionnels, savoir observer l'activité fœtale et connaître les signes de travail prématuré et les signes alarmants.

Une série d'échographies permettra d'évaluer le développement de chaque fœtus et de dépister rapidement le retard de la croissance intra-utérine (RCIU). Certains médecins estiment que le repos au lit en décubitus latéral favorise la circulation utérus-placenta-fœtus et réduit le risque de travail prématuré. D'autres mettent en doute la valeur thérapeutique du repos au lit pour prévenir les contractions utérines périodiques, lesquelles semblent précéder le travail prématuré (W. E. Roberts, 2000). Parmi les stratégies plus récentes, on trouve l'arrêt des activités professionnelles et la modification du style de vie (Papiernik *et al.*, 1998).

Entre la 30e et la 34e semaine de la grossesse, on commence généralement à effectuer des tests d'évaluation du bien-être fœtal, comme l'examen de réactivité fœtale (ERF), le profil biophysique du fœtus et l'échographie Doppler pour évaluer la circulation du sang dans le cordon ombilical (Rodis *et al.*, 1999). Un ERF réactif annonce généralement une issue heureuse pour le fœtus, si la naissance survient moins d'une semaine après l'examen. L'ERF est effectué tous les 3 à 7 jours jusqu'à la naissance ou jusqu'à ce qu'il devienne non réactif.

Le profil biophysique du fœtus est aussi un outil efficace pour évaluer l'état des fœtus dans les grossesses gémellaires. On considère comme rassurant un profil biophysique de 8 ou plus pour chaque fœtus ; les profils biophysiques et les ERF se poursuivent au rythme de 1 ou 2 fois par semaine jusqu'à l'accouchement (Parer, 1999).

Durant le travail et l'accouchement, il faut observer attentivement l'état de la mère et des fœtus. On installe à la mère une perfusion intraveineuse avec une aiguille de gros calibre, on prévoit la possibilité d'une anesthésie et on garde une réserve de sang compatible. On surveille l'état des jumeaux à l'aide de deux moniteurs.

On peut attendre le début du travail pour choisir la méthode d'accouchement, qui est fonction de divers facteurs. Chez la mère, des complications telles que le placenta prævia, le décollement prématuré du placenta ou l'hypertension gravidique grave indiquent habituellement la nécessité d'une césarienne. Ce choix s'impose également en cas de RCIU important, de prématurité, d'anomalies fœtales, de souffrance fœtale, de position ou de présentation dystocique.

Dans les grossesses multiples, on peut rencontrer toutes sortes de positions et de présentations. La figure 19-10 montre quelques-unes des présentations possibles chez les jumeaux. Dans les cas où le premier jumeau à s'engager dans le bassin ne se présente pas par le sommet, une césarienne est habituellement indiquée (Malone et D'Alton, 1999).

Soins infirmiers

 Soins infirmiers communautaires

Au cours d'une grossesse multiple, la femme peut avoir besoin de conseils sur l'alimentation et l'activité quotidienne. L'infirmière peut l'aider à composer des menus qui satisferont à ses besoins accrus. Un apport quotidien d'au moins 4 000 kcal et de 135 g de protéines est recommandé pour une croissance fœtale et un gain pondéral optimaux. La prise quotidienne d'un supplément vitaminique et de 1 mg d'acide folique est également recommandée. La femme qui porte plus d'un fœtus devrait avoir pris 7 à 9 kg à 20 semaines de grossesse, pour un total se situant entre 18 et 23 kg au terme de sa grossesse (Papiernik *et al.*, 1998).

On encourage la femme à prévoir de fréquentes périodes de repos durant la journée. Le repos sera particulièrement utile si la femme se couche sur le côté (gauche de préférence) afin de favoriser l'irrigation utéroplacentaire, et si elle s'assoit le bas des jambes et les pieds surélevés pour réduire l'œdème. La bascule pelvienne, une bonne posture et l'application des principes de la mécanique corporelle lorsqu'elle soulève des objets ou se déplace réduiront la lombalgie.

Soins infirmiers en milieu hospitalier

Au cours du travail, on surveille la FCF de chacun des fœtus par monitorage électronique. De nos jours, les appareils de monitorage électronique permettent de surveiller les fœtus simultanément, de manière externe ou interne. On continue le monitorage tout au long du travail et de l'accouchement par voie vaginale ou jusqu'au moment de l'incision abdominale si une césarienne est pratiquée.

L'infirmière doit se préparer à recevoir deux nouveau-nés (ou plus) plutôt qu'un seul, ce qui signifie qu'elle doit multiplier tout le matériel par le nombre de fœtus : matériel de réanimation, berceaux à chaleur radiante, papiers et bracelets d'identité. Deux membres du personnel ou plus doivent se tenir prêts à donner des soins de réanimation aux nouveau-nés.

La souffrance fœtale

Un apport en oxygène insuffisant pour répondre aux besoins physiologiques du fœtus peut provoquer la souffrance fœtale, qui peut être aiguë ou chronique ou les deux à la fois. Plusieurs facteurs peuvent contribuer à la souffrance fœtale. Les plus courants sont la compression du cordon et l'insuffisance utéroplacentaire, que les anomalies placentaires et les maladies préexistantes chez la mère ou le fœtus sont susceptibles de causer. Lorsque l'hypoxie qui en résulte persiste et qu'une acidose métabolique apparaît, le fœtus peut subir des dommages permanents ou être en danger de mort.

En général, les premiers signes de la souffrance fœtale sont la présence de méconium dans le liquide amniotique et des tracés de FCF inquiétants, tels que des décélérations tardives persistantes (quels que soient leur profondeur ou le temps de récupération) et des décélérations variables prononcées et persistantes (surtout si le retour aux valeurs de référence est prolongé) et des décélérations prolongées (Uckan et Townsend, 1999). Lorsqu'on décèle une souffrance fœtale, on doit entreprendre immédiatement une **réanimation intra-utérine** (mesures correctives utilisées pour optimiser

Conseil pratique

Pour déterminer si un tracé de la fréquence cardiaque fœtale est rassurant, on recherche les signes suivants (Schmidt, 2000) :

- fréquence cardiaque de référence entre 120 et 160 bpm ;
- variabilité continue moyenne ;
- présence de variabilité passagère (mesurable uniquement à l'aide d'un appareil de monitorage interne) ;
- accélérations spontanées ;
- décélérations absentes ou se limitant à des décélérations variables précoces ou occasionnelles (voir le chapitre 14).

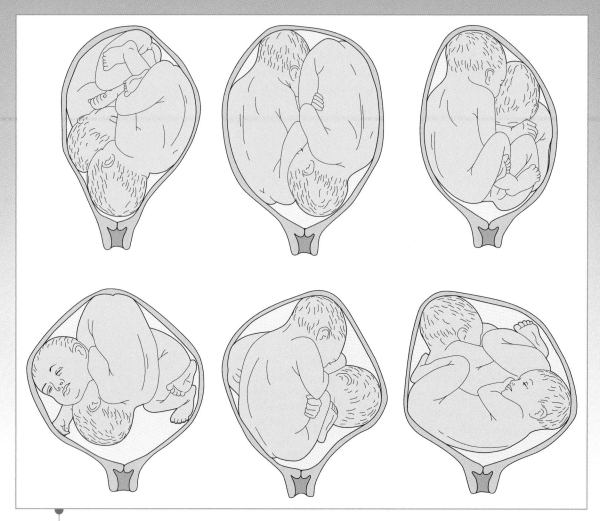

FIGURE 19-10 ▸ Les jumeaux peuvent adopter ces présentations in utero.

les échanges d'oxygène dans la circulation mère-fœtus et diminuer les risques d'acidose). Pour traiter l'hypotension maternelle, on installe la mère en décubitus latéral gauche (on peut aussi essayer le décubitus latéral droit), on installe une perfusion intraveineuse ou on augmente le débit de celle qui est déjà en place ; ou, si on soupçonne une procidence du cordon, on demande à la femme de se placer en position genupectorale. Pour faire cesser l'activité utérine, on peut interrompre l'administration d'ocytocine par voie intraveineuse ou administrer un agent tocolytique (comme la terbutaline), qui réduira la fréquence et l'intensité des contractions. On administre également de l'oxygène par masque à la femme (Uckan et Townsend, 1999).

Pour en savoir davantage sur l'état du fœtus, on peut aussi lui faire subir les interventions suivantes : prélèvement de sang au cuir chevelu, stimulation du cuir chevelu ou stimulation acoustique (voir le chapitre 14). La conduite à suivre en cas de souffrance fœtale est illustrée à la figure 19-11 ▸.

Conséquences chez la mère

Les signes de souffrance fœtale aggravent énormément le stress psychologique de la parturiente. Le personnel soignant, affairé à évaluer l'état fœtal et à instituer les mesures correctives appropriées, peut négliger d'expliquer la situation à la parturiente et à son conjoint, et de leur offrir un soutien émotionnel. Or, l'information et le soutien sont impératifs. En effet, dans bien des cas, on procède à une césarienne si la naissance n'est pas imminente, et cette intervention peut être source de crainte et de frustration pour le couple, surtout s'il s'était préparé à partager l'expérience d'un accouchement par voie vaginale.

Traitement clinique

Lorsque des signes de souffrance fœtale existent, le traitement vise à améliorer l'apport sanguin au fœtus ; pour y arriver, on corrige l'hypotension maternelle, on réduit l'intensité et la fréquence

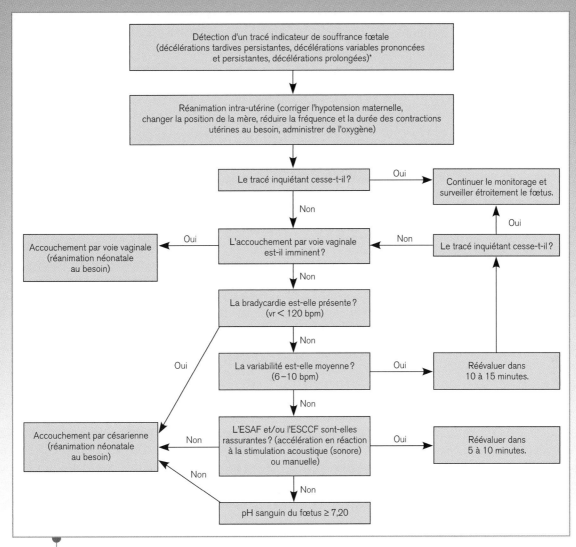

FIGURE 19-11 Traitement de la souffrance fœtale au cours du travail et de l'accouchement.
Note : vr = valeur de référence ; ESAF = épreuve de stimulation acoustique fœtale ;
ESCCF = épreuve de stimulation du cuir chevelu fœtal. *Sources :* Strong, T. H. (1990). « Fetal distress
in the intrapartum period », *in* E. J. Quilligan et F. P. Zuspan's (dir.), *Current Therapy in Obstetrics and Gynecolocy,* 3ᵉ éd.,
Philadelphie, Saunders. *Huddleston, J. F. et R. K. Freeman (1992). « Estimation of fetal well-being », *in* A. A. Fanaroff et
R. S. Martin's (dir.), *Neonatal-Perinatal Medicine : Diseases of the fetus and newborn,* 5ᵉ éd., St. Louis, Mosby-Year Book.

des contractions si une perfusion d'ocytocine est en cours (en dérivation secondaire), on administre (ou on en augmente le débit) la solution primaire de lactate de Ringer, on donne de l'oxygène et on recueille des données additionnelles sur l'état du fœtus. C'est la réaction du fœtus aux mesures de réanimation intra-utérine qui dicte les interventions subséquentes.

Soins infirmiers

À l'admission, l'infirmière passe en revue les antécédents prénataux de la femme et note la présence de problèmes susceptibles de nuire aux échanges sanguins entre l'utérus, le placenta et le fœtus (comme l'hypertension gravidique, le diabète, la néphropathie, le RCIU). Lorsque les membranes se rompent, elle doit mesurer immédiatement la FCF et noter l'heure de la rupture et

les caractéristiques du liquide amniotique (quantité, qualité). Pendant tout le travail, l'infirmière sera particulièrement attentive aux changements suspects de la FCF. En tout temps, elle encouragera la mère à s'installer dans des positions qui maximisent les échanges sanguins entre l'utérus, le placenta et le fœtus.

La mort fœtale in utero

La **mort fœtale in utero (MFIU)** représente la moitié de la mortalité périnatale après 20 semaines de gestation. Sa cause peut être inconnue ou relever de diverses mésadaptations physiologiques, dont la prééclampsie ou l'éclampsie, le décollement prématuré du placenta, le placenta prævia, le diabète, l'infection, les anomalies congénitales et l'érythroblastose fœtale.

La rétention prolongée d'un fœtus mort peut entraîner chez la mère la *coagulation intravasculaire disséminée (CIVD)*, aussi appelée coagulopathie de consommation. Après la libération dans la circulation maternelle de la thromboplastine provenant des tissus fœtaux en dégénérescence, on observe une activation de la voie extrinsèque de la coagulation et la formation de nombreux microcaillots. Ce phénomène entraîne la consommation du fibrinogène et des facteurs V et VII, et l'apparition des signes de CIVD. Trois ou quatre semaines après la mort du fœtus, la concentration de fibrinogène commence une descente linéaire et, en l'absence de soins médicaux, continue à décroître.

Traitement clinique

En cas de mort fœtale, une radiographie de l'abdomen peut révéler le signe de Spalding, c'est-à-dire le chevauchement des os du crâne fœtal. On observe également une chute des taux d'œstriol chez la mère. La cessation de la perception des mouvements fœtaux par la mère et l'absence d'activité cardiaque durant une échographie confirment le diagnostic de MFIU. Comme, dans la plupart des cas, le travail se déclenche spontanément dans les 2 semaines suivant la mort fœtale, certains médecins n'interviennent pas s'il n'existe aucune autre complication (Anderson, 2000). Si le travail ne se déclenche pas spontanément, on le provoque artificiellement.

Soins infirmiers

Évaluation et analyse de la situation

La disparition des mouvements fœtaux signalée par la mère à l'infirmière est souvent la première indication de mort fœtale. Elle est suivie par la disparition graduelle des signes et symptômes de la grossesse. Les bruits du cœur fœtal sont absents. Aucun mouvement fœtal n'est palpable. Une fois la mort fœtale confirmée, l'infirmière évalue la capacité des membres de la famille de surmonter l'épreuve. Pour comprendre de façon réaliste la situation et les traitements qu'elle nécessite, la femme, son conjoint et les membres du personnel soignant doivent communiquer ouvertement. L'infirmière peut discuter avec les parents des épreuves qu'ils ont traversées dans le passé et leur demander comment ils perçoivent les capacités d'adaptation dont ils ont alors fait preuve. Il est également important de repérer les ressources et le soutien dont la famille dispose sur le plan social.

Voici des diagnostics infirmiers pouvant s'appliquer dans les cas de mort fœtale in utero :

- *chagrin* relié à la mort du fœtus ;

- *stratégies d'adaptation individuelle et familiale inefficaces* reliées à la dépression consécutive à la perte d'un enfant ;
- *stratégies d'adaptation familiale inefficaces* reliées à la mort d'un enfant.

Planification et interventions

Les parents d'un enfant mort-né vivent une épreuve accablante qui entraîne un choc émotionnel intense. Pendant la grossesse, les conjoints avaient déjà amorcé le processus d'attachement à l'égard de l'enfant, et ils doivent maintenant y mettre fin et traverser les étapes du processus de deuil. Bien qu'il existe suffisamment de similarité d'une expérience de deuil à l'autre pour qu'on puisse dégager des étapes communes à la majorité des cas, le processus de deuil est «davantage un continuum fluide qu'une suite ordonnée de phases discrètes» (Kay, Roman et Schulte, 1997). Il est donc important de reconnaître les variations individuelles et de les respecter, et de ne voir qu'un modèle dans les trois étapes énumérées ci-dessous (Kay, Roman et Schulte, 1997). (Voir également les étapes du processus de deuil selon Kübler-Ross au chapitre 5.)

1. La première étape, le *refus* de la mort du fœtus, a généralement lieu au cours de la réaction de choc qui suit l'annonce de la mort fœtale et elle est suivie par l'incrédulité et le déni. Dans la plupart des cas, cette incapacité à comprendre la réalité de la perte dure peu de temps et laisse ensuite place à la détresse. Lorsqu'on soupçonne la mort fœtale, les parents ont parfois comme réaction de rejeter cette éventualité parce qu'elle est trop difficile à concevoir. Lorsque la mort fœtale est confirmée, il peut y avoir une brève période durant laquelle la famille refuse d'y croire, puis des manifestations de chagrin tels que les pleurs.

2. Au cours de la deuxième étape qui est la *désorganisation*, la famille prend conscience de la finalité de la perte. Apparaissent alors une profonde tristesse et un immense sentiment de perte. Des sentiments d'isolement, de solitude et de vide amènent ensuite les parents à se replier sur eux-mêmes. Les pensées douloureuses et les visions du bébé perdu sont les caractéristiques les plus courantes de la désorganisation.

3. La *réorganisation*, la troisième et dernière étape du processus de deuil, est aussi la plus individuelle. Les parents éprouvés sortent lentement de leur repli. La durée de l'étape de réorganisation varie grandement, mais les pensées douloureuses finissent par devenir moins fréquentes, et les parents s'engagent peu à peu dans de nouvelles activités. Ils peuvent néanmoins éprouver un sentiment transitoire de culpabilité parce qu'ils recommencent à jouir de la vie en dépit de leur perte.

Dans certains établissements de soins, le personnel soignant utilise une liste de contrôle pour s'assurer de n'oublier aucun aspect dans son travail d'intervention auprès des parents. Cette liste devient un instrument de communication qui permet aux membres du personnel d'échanger des informations sur un couple. La liste de contrôle peut comprendre les points suivants :

- Lorsque la mort du fœtus est connue avant l'admission de la mère, informer le personnel afin d'éviter les gestes ou les commentaires inappropriés.

- Permettre aux deux conjoints de rester ensemble aussi longtemps qu'ils le désirent ; veiller à leur donner à la fois de l'intimité et du soutien.

- Rester auprès des conjoints ; éviter de les laisser seuls.

- Dans la mesure du possible, affecter la même infirmière auprès des conjoints pour qu'ils reçoivent un meilleur soutien ; élaborer un plan d'interventions qui assure la continuité des soins.

- Assigner à l'infirmière la plus expérimentée en obstétrique la tâche d'ausculter les bruits du cœur fœtal afin d'éviter les tâtonnements d'une infirmière moins expérimentée. Résister à la tentation d'ausculter à nouveau « pour être sûre ».

- Écouter les conjoints sans essayer de leur donner des explications. Ils ont besoin d'être consolés sans que l'on minimise la gravité de la situation.

- Favoriser la participation de la femme et de son conjoint au travail et à l'accouchement. Si possible, leur laisser décider qui assistera à l'accouchement et quels rituels seront appliqués. Demander à la femme ce qu'elle souhaite en matière d'analgésie et d'anesthésie durant le travail et l'accouchement.

- S'assurer que la femme est installée confortablement, surtout si elle doit traverser le processus du travail et de l'accouchement. L'inciter à utiliser des techniques de respiration et de relaxation et lui administrer des médicaments, au besoin.

- Expliquer avec précision le plan de soins relatifs au travail et à l'accouchement.

- Laisser les parents poser toutes les questions qu'ils désirent.

- Prendre des dispositions pour que la chambre assignée à la femme soit loin de celles des nouvelles mères et de leur bébé. S'il est possible que la femme ait son congé rapidement, laisser la famille prendre cette décision.

- Inciter les conjoints à exprimer leur chagrin. Comme ils éprouvent parfois des sentiments intenses qu'ils sont incapables de partager l'un avec l'autre, les encourager à se parler et à exprimer librement leurs émotions. Les aider à comprendre qu'ils peuvent l'un et l'autre éprouver des sentiments différents.

- Donner au couple la possibilité de voir et de toucher l'enfant mort-né dans un endroit calme et retiré. (Les partisans de cette pratique croient que le fait de voir l'enfant aide à dissiper le déni et permet au couple de passer à l'étape suivante du processus de deuil.) Si les parents désirent voir le bébé, les préparer en leur expliquant,

par exemple, que l'enfant est bleu, qu'il est froid, qu'il est contusionné, que sa peau est rouge et fragile ou en faisant d'autres commentaires pertinents. Insister aussi sur les points positifs de sa morphologie.

- Certains parents voudront donner un bain au bébé mort-né et l'habiller ; appuyer cette initiative.

- Prendre une photo de l'enfant et laisser savoir aux parents qu'ils peuvent l'avoir maintenant ou plus tard, s'ils le désirent.

- Donner aux parents une carte portant les empreintes de pieds du bébé, sa fiche de pouponnière, son bracelet d'identité et peut-être une mèche de cheveux. On peut conserver ces souvenirs avec la photo de l'enfant si les parents n'en veulent pas tout de suite.

- Préparer les parents pour leur retour à la maison. S'ils ont déjà des enfants, le plus souvent, chacun d'entre eux passera par un processus de deuil propre à son âge. Informer les parents sur les réactions psychologiques et physiologiques normalement provoquées par le deuil.

- Fournir à la mère des informations écrites sur les changements qu'elle connaîtra au cours du post-partum.

- Informer les parents sur les groupes de soutien communautaires qui existent. Leur fournir le nom de ces groupes, leur numéro de téléphone et, si possible, le nom de la personne à contacter. Utiliser des ouvrages comme *La perte d'un bébé,* de Yarwood (1983), qu'on peut se procurer auprès de l'Institut canadien de la santé infantile.

- Faire appel à des réseaux de soutien religieux si les parents le souhaitent.

> **Conseil pratique**
>
> Quelle que soit votre position ou votre expérience professionnelle, votre réaction devant des parents en deuil d'un bébé sera probablement de ne pas savoir quoi dire. Dites simplement : « Je suis désolée et je ne sais trop quoi vous dire ». Demeurez auprès d'eux, ne négligez pas les soins physiques et ne fuyez pas devant leur chagrin.

Comme les parents, l'infirmière éprouve elle aussi du chagrin à la naissance d'un enfant mort-né. Il est donc important qu'elle soit entourée de proches et de collègues qui peuvent la conseiller et la soutenir.

Évaluation et résultats escomptés

Les résultats escomptés des soins infirmiers peuvent être les suivants :

- les membres de la famille exprimeront leurs émotions face à la mort du bébé ;

- les membres de la famille prendront ensemble la décision de voir ou non le bébé, de même que les autres décisions qui le concernent ;

- la famille disposera des ressources nécessaires pour bénéficier d'un soutien continu ;

- les membres de la famille connaîtront les ressources communautaires qu'ils peuvent contacter au besoin ; ils auront les noms et les numéros de téléphone des personnes à joindre ;
- la famille amorcera le processus de deuil et traversera ses différentes étapes.

Pour permettre aux parents d'aller jusqu'au bout du processus de deuil, on leur conseille d'attendre environ 12 mois avant d'entreprendre une nouvelle grossesse (Cunningham *et al.*, 2001). Ce délai leur permet aussi d'éviter d'avoir un « enfant de remplacement » ; en effet, chaque enfant doit être désiré pour lui-même et non pour combler un vide.

Les problèmes placentaires

Les problèmes placentaires les plus courants sont le décollement prématuré du placement normalement inséré (DPPNI), le placenta prævia et les anomalies du développement ou de la structure du placenta. Étant donné que le placenta est très vascularisé, les problèmes sont associés la plupart du temps à une hémorragie maternelle et, parfois, à une hémorragie fœtale. Le décollement prématuré du placenta, une complication grave du travail et de l'accouchement, exige des interventions rapides et efficaces. Quant au placenta prævia, il s'agit d'une complication qui survient généralement pendant la grossesse et qui est présentée ici à des fins de comparaison. Les causes et les origines des hémorragies sont présentées dans l'encadré *Points à retenir : Causes et origines des hémorragies.*

Décollement prématuré du placenta normalement inséré

Le **décollement prématuré du placenta normalement inséré (DPPNI)**, aussi appelé hématome rétroplacentaire, consiste en la séparation prématurée (et plus ou moins étendue) d'un placenta normal de la paroi utérine. Le décollement prématuré est considéré comme un problème extrêmement sérieux en raison de la gravité de l'hémorragie qu'il provoque (la plupart du temps, celle-ci est interne et une quantité de sang souvent négligeable s'écoule à l'extérieur [Cunningham *et al.*, 2001]). L'incidence du DPPNI est d'environ 1 cas sur 100 naissances et survient plus souvent lors des grossesses compliquées par l'hypertension ou l'abus de cocaïne. Le risque de récurrence au cours des grossesses ultérieures est beaucoup plus élevé que le risque pour la population en général (Scott, 1999).

Les causes du DPPNI sont en grande partie inconnues. Selon certaines théories, ce phénomène serait lié à la diminution de l'irrigation placentaire par les sinus utérins au cours du dernier trimestre. D'autres mettent en cause la pression intra-utérine excessive provoquée par l'hydramnios ou une grossesse multiple, l'hypertension maternelle, le tabagisme, l'ingestion d'alcool, l'âge avancé et la grande multiparité de la mère, les traumas et les brusques changements de la pression intra-utérine (comme celui que provoque l'amniotomie) (Scott, 1999).

Il existe trois types de décollement prématuré du placenta normalement inséré (figure 19-12 ◗) :

- *Marginal.* Seuls les bords du placenta se décollent ; le sang s'infiltre entre les membranes et la paroi utérine et s'écoule par le vagin.

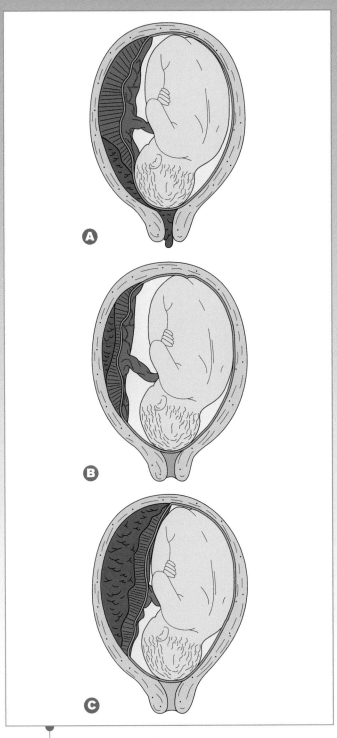

FIGURE 19-12 ▶ Décollement prématuré du placenta normalement inséré. **A.** Décollement marginal avec hémorragie externe. **B.** Décollement central avec hémorragie occulte. **C.** Décollement complet.

Les signes et les symptômes de ces trois types de DPPNI sont présentés dans l'encadré *Points à retenir : Signes et symptômes différentiels du placenta prævia et du décollement prématuré du placenta normalement inséré*. Dans le cas d'un décollement central important, le sang envahit les tissus du myomètre entre les fibres musculaires, ce qui explique l'irritabilité utérine, un signe important de DPPNI. Si l'hémorragie continue, l'utérus finit par devenir entièrement cyanosé parce que les fibres musculaires sont gorgées de sang. Après l'accouchement, l'utérus se contracte peu. Ce problème, appelé *syndrome de Couvelaire*, nécessite souvent une hystérectomie.

À cause des lésions de la paroi utérine et de la coagulation rétroplacentaire (qui surviennent à la suite du décollement central), une grande quantité de thromboplastine est libérée dans la circulation maternelle. Cette abondante thromboplastine déclenche à son tour une coagulation intravasculaire disséminée (CIVD) et l'hypofibrinogénémie qui en résulte. La concentration de fibrinogène, habituellement élevée au cours de la grossesse, peut en quelques minutes diminuer à un point tel que la coagulation devient impossible (Perry, 2000a).

Conséquences chez la mère

Les complications postnatales dépendent principalement de la gravité de l'hémorragie pendant l'accouchement, des troubles de la coagulation (CIVD), de l'hypofibrinogénémie et de l'intervalle entre le décollement du placenta et l'accouchement. Une hémorragie modérée à grave conduit à un état de choc hémorragique qui peut s'avérer fatal pour la mère s'il n'est pas rapidement traité. Au cours du post-partum, la femme qui a souffert de ce problème est prédisposée aux hémorragies et à l'insuffisance rénale secondaire au choc, à l'angiospasme, à la coagulation intravasculaire disséminée ou à une combinaison de ces phénomènes (Scott, 1999).

Conséquences chez le fœtus et le nouveau-né

Le taux de mortalité périnatale relié au décollement prématuré du placenta varie entre 25 % et 35 % (Perry, 2000a). Dans les cas graves, où le décollement du placenta est presque complet, ce taux atteint 100 %. Dans les cas moins graves, la survie du fœtus dépend de sa maturité. Chez le nouveau-né, les complications les plus sérieuses relèvent de la prématurité, de l'anémie et de l'hypoxie. Si l'hypoxie n'est pas soignée, elle peut provoquer des lésions irréversibles au cerveau et la mort fœtale. Une évaluation approfondie et une intervention rapide de la part du personnel soignant augmentent les chances de survie de la mère et du fœtus.

- *Central*. Le centre du placenta se décolle, et le sang s'accumule entre le placenta et la paroi utérine. Le saignement est donc occulte.
- *Complet*. Le placenta se décolle complètement et entraîne un saignement vaginal abondant.

Traitement clinique

À cause du risque de CIVD, l'évaluation des résultats des tests de coagulation s'impose. Généralement, la concentration de

Points à retenir

Signes et symptômes différentiels du placenta prævia et du décollement prématuré du placenta normalement inséré

	Placenta prævia	Décollement prématuré du placenta normalement inséré
Apparition	Discrète et sournoise	Soudaine et franche
Saignement	Externe	Externe ou occulte
Couleur du sang	Rouge clair	Rouge foncé
Anémie	Proportionnelle à la perte de sang	Supérieure à la perte de sang apparente
Choc	Proportionnel à la perte de sang	Supérieur à la perte de sang apparente
Toxémie	Absente	Peut être présente
Douleur	Seulement durant le travail	Intense et régulière
Sensibilité utérine	Absente	Présente
Tonus utérin	Mou et détendu	Ferme à dur comme de la pierre
Contour de l'utérus	Normal	Peut augmenter de volume et changer de forme
Bruits du cœur fœtal	Habituellement présents	Présents ou absents
Engagement	Absent	Peut être présent
Présentation	Peut être anormale	Sans rapport avec le décollement placentaire

Source: Oxorn, H. (1986). *Human labor and birth*, 5ᵉ éd., Norwalk, Appleton & Lange, p. 507.

fibrinogène et la numération plaquettaire diminuent en cas de CIVD, alors que les temps de prothrombine et de céphaline sont normaux ou plus longs. Si les résultats de ces tests ne sont manifestement pas anormaux, on peut en faire plusieurs, ce qui permettra de déceler une tendance anormale indiquant une coagulopathie. Il existe aussi un test qui permet de déterminer le taux de produits de dégradation de la fibrine; ce taux augmente s'il y a CIVD.

Une fois le diagnostic posé, le traitement vise à préserver l'état cardiovasculaire de la mère et à élaborer une stratégie pour la naissance de l'enfant. La méthode d'accouchement choisie dépend de l'état de la mère et du fœtus; la plupart du temps, la césarienne représente le choix le mieux avisé.

Quand un léger décollement se produit peu avant le terme de la grossesse, on peut déclencher le travail et procéder à un accouchement vaginal sans créer de risques importants. Si l'amniotomie et la perfusion d'ocytocine par contrôleur volumétrique ne déclenchent pas le travail dans les 8 heures, on a généralement recours à la césarienne. Un long délai accroît le risque d'hémorragie grave et, par conséquent, d'hypofibrinogénémie. Dans le cadre des interventions de soutien destinées à diminuer les risques de CIVD, on détermine le groupe sanguin et on effectue des épreuves de compatibilité croisée en prévision de transfusions sanguines (au moins 4 unités), on procède à une évaluation du mécanisme de la coagulation et on installe une perfusion intraveineuse (Perry, 2000a).

Dans les cas de décollement modéré ou grave du placenta, on pratique une césarienne, après avoir traité l'hypofibrinogénémie au moyen d'une perfusion intraveineuse de cryoprécipité ou de plasma. Dans le cas du syndrome de Couvelaire, l'inefficacité des contractions utérines rend impossible l'accouchement par voie vaginale. En présence d'une hémorragie grave, on a recours à l'accouchement par césarienne afin de pratiquer le plus tôt possible l'hystérectomie qui sauvera la mère et l'enfant.

L'hypovolémie associée à un décollement grave du placenta met en danger la vie de la mère et requiert l'administration de sang complet. Lorsqu'un fœtus est en difficulté, mais vivant, on privilégie la césarienne; lorsqu'il est mort, l'accouchement par voie vaginale est préférable, à moins que le choc produit chez la mère par l'hémorragie ne soit irrépressible (Perry, 2000a). Il peut être nécessaire de surveiller la pression veineuse centrale (PVC) pour évaluer le volume de remplacement. On vise à obtenir une PVC normale de 10 cm H_2O. La PVC est mesurée toutes les heures, et les résultats sont transmis au médecin. Une élévation de la PVC peut indiquer une surcharge liquidienne et un œdème pulmonaire. On prescrit des épreuves de laboratoire destinées à fournir des données continues sur l'hémoglobine, l'hématocrite et la coagulation. L'hématocrite est maintenu par l'administration de sang entier ou de globules rouges concentrés (Perry, 2000a).

Afin de prévenir la CIVD, on prend les mesures nécessaires pour stimuler le travail. On peut pratiquer une amniotomie et administrer de l'ocytocine pour hâter l'accouchement, ce qui entraîne généralement la dilatation et l'effacement progressifs du col (Perry, 2000a).

Soins infirmiers

Le monitorage électronique des contractions et du tonus de repos (de base) de l'utérus fournit des renseignements sur le déroulement du travail et l'efficacité de l'ocytocine. Étant donné que le tonus de repos de l'utérus augmente souvent dans les cas de décollement du placenta, on doit l'évaluer fréquemment afin de relever toute nouvelle augmentation. Toutes les heures, on peut évaluer à l'aide d'un ruban à mesurer la circonférence abdominale de la mère au niveau de l'ombilic. Une autre façon d'évaluer le volume de l'utérus, qui augmente en fonction du saignement au siège du décollement, consiste à faire sur l'abdomen une marque qui correspond à la hauteur du fond utérin. La distance entre la symphyse pubienne et cette marque peut ensuite être mesurée toutes les heures.

Placenta prævia

Le **placenta prævia** se caractérise par l'insertion du placenta sur le segment inférieur de l'utérus plutôt que sur le segment supérieur. Le placenta peut s'insérer sur une partie du segment inférieur ou recouvrir l'orifice interne du col. Au cours des dernières semaines de la grossesse, les contactions et la dilatation du segment inférieur détachent les villosités placentaires de la paroi utérine, ce qui a pour effet d'exposer les sinus utérins au siège du placenta. Un saignement s'ensuit, mais comme son importance dépend du nombre de sinus exposés, il peut d'abord être léger ou abondant (figure 19-13 ▶).

On ne connaît pas la cause du placenta prævia, une complication dont l'incidence est de 1 cas sur 200 accouchements. Chez les femmes qui ont déjà eu un placenta prævia, le taux de récurrence atteint 10 % à 15 % (Perry, 2000b). Le placenta prævia est également associé à la multiparité, à l'âge avancé, au placenta accreta (attachement anormal du placenta dû à l'insuffisance de la vascularisation au segment inférieur [Cunningham *et al.*, 2001]), au développement anormal des vaisseaux sanguins dans la caduque et au placenta de grande taille (Perry, 2000b).

Conséquences chez le fœtus et le nouveau-né

Le pronostic pour le fœtus est étroitement lié à l'importance du placenta prævia. On observe parfois des modifications de la FCF et la présence de méconium dans le liquide amniotique. Une hémorragie abondante entraîne l'hypoxie fœtale et réduit

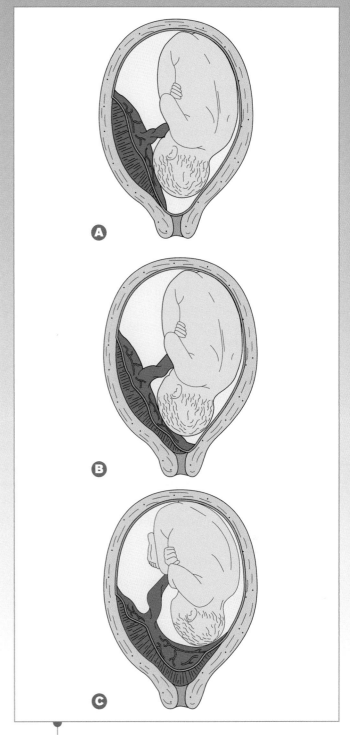

FIGURE 19-13 ▶ Placenta prævia. **A.** Placenta prævia non recouvrant ou marginal. **B.** Placenta prævia partiellement recouvrant. **C.** Placenta prævia recouvrant.

les chances de survie du fœtus. Il faut absolument procéder au monitorage de la FCF dès l'arrivée de la femme, surtout si l'on envisage un accouchement par voie vaginale, car la présentation peut entraver la circulation du sang provenant du placenta ou du cordon ombilical. Au moindre signe de souffrance fœtale, l'accouchement par césarienne s'impose. Après la naissance, on effectue un prélèvement de sang chez le nouveau-né afin de déterminer s'il souffre d'une anémie causée par les saignements intra-utérins de la mère.

Traitement clinique

Le traitement médical a pour but de déterminer l'origine des saignements et d'assurer la naissance d'un fœtus ayant atteint la maturité. Certains tests permettent un diagnostic indirect du placenta prævia, sans avoir recours à l'examen vaginal. L'échographie est le plus utilisé de ces tests (figure 19-14 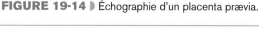). Si la possibilité de placenta prævia est écartée, on effectue un examen vaginal à l'aide d'un spéculum afin de diagnostiquer la cause du saignement (par exemple des lésions cervicales).

Poser un diagnostic différentiel d'hémorragie utérine ou cervicale suppose un examen minutieux. En effet, il arrive qu'un décollement partiel du placenta se manifeste par un saignement indolore, tout comme il se peut que le véritable placenta prævia ne provoque pas de saignement manifeste avant que le travail commence.

Le traitement de la femme qui présente un écoulement sanguin indolore vers la fin de sa grossesse dépend : 1) de la semaine de la grossesse où le premier saignement s'est produit ; 2) de l'importance du saignement (figure 19-15 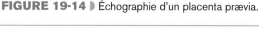). Avant la 37e semaine, on instaure un traitement abstentionniste visant à retarder l'accouchement jusqu'à la 37e semaine et à donner ainsi au fœtus une chance d'atteindre la maturité. Le traitement abstentionniste consiste à appliquer rigoureusement les mesures suivantes :

1. repos au lit, l'utilisation des toilettes étant autorisée seulement si la cliente n'a pas de saignement ;
2. **absolument aucun** toucher vaginal ;
3. surveillance des pertes sanguines, de la douleur et des contractions utérines ;

FIGURE 19-14 Échographie d'un placenta prævia.

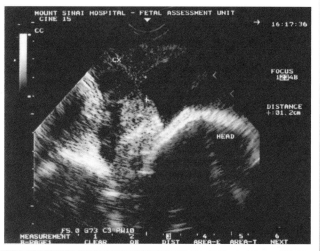

4. monitorage externe de la fréquence cardiaque fœtale ;
5. surveillance des signes vitaux de la mère ;
6. épreuves de laboratoire : hémoglobine, hématocrite, facteur Rh, analyse d'urine, compatibilité croisée (toutes les 48 heures) ;
7. administration de liquides par voie intraveineuse (lactate de Ringer) ;
8. préparation de 2 unités de sang compatible par la banque de sang pour une éventuelle transfusion.

Si les saignements sont fréquents, persistants ou abondants, ou si le bien-être du fœtus semble menacé, on peut avoir recours à la césarienne.

Soins infirmiers

Évaluation et analyse de la situation

Dans les cas de placenta prævia, l'évaluation doit être continue afin de prévenir ou de corriger des complications potentiellement fatales pour la mère et le fœtus. Un écoulement sanguin rouge clair et indolore constitue le signe le plus probant d'un placenta prævia. Lorsque ce signe se manifeste durant le dernier trimestre de la grossesse, il faut toujours envisager la possibilité d'un placenta prævia. Le premier saignement est généralement peu abondant et, si on ne pratique aucun toucher vaginal, il cesse souvent spontanément. Les hémorragies suivantes seront cependant de plus en plus abondantes.

L'utérus reste souple et, si le travail commence, il se relâche complètement entre chaque contraction. La FCF demeure en général stable, à moins que la mère ne souffre d'une hémorragie abondante ou ne soit en état de choc. À cause de l'insertion vicieuse du placenta, la présentation transverse et l'absence d'engagement de la présentation sont fréquentes.

Tant subjectivement qu'objectivement, l'infirmière évalue la perte sanguine, la douleur et les contractions utérines. Les signes vitaux de la mère ainsi que les résultats des analyses de sang et d'urine fournissent à l'infirmière d'autres données sur l'état de la cliente. La FCF doit être surveillée par monitorage externe continu. Il appartient également à l'infirmière de vérifier sans tarder si la famille est capable de faire face à l'anxiété associée à l'issue incertaine de la grossesse.

Voici quelques-uns des diagnostics infirmiers pouvant s'appliquer au placenta prævia :

- *déficit de volume liquidien* relié à une hypovolémie secondaire à une perte de sang excessive ;
- *risque d'échanges gazeux perturbés* chez le fœtus relié à une diminution du volume sanguin et à l'hypotension maternelle ;
- *anxiété* reliée à l'inquiétude de la mère au sujet de son propre état et de la sécurité de l'enfant.

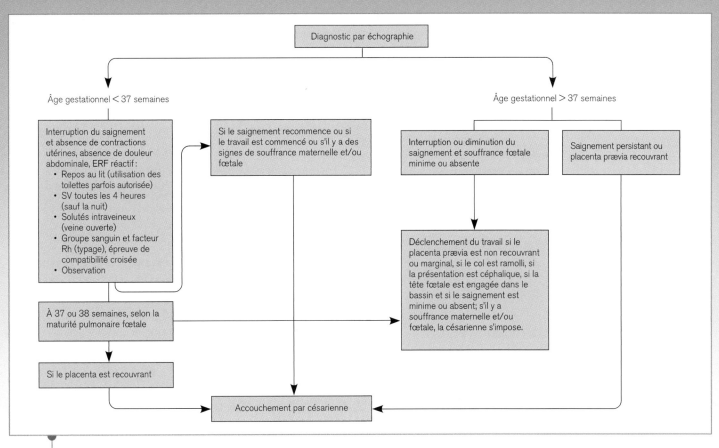

FIGURE 19-15 ▶ Traitement du placenta prævia. *Source :* Données provenant de R. K. Barker, D. H. Fields et
S. A. Kaufman (1990). *Quick Reference to OB-GYN Procedures,* 3ᵉ éd., New York, Lippincott/Harper & Row.

Planification et interventions

L'infirmière surveille la mère et le fœtus afin d'évaluer l'abondance de la perte sanguine ainsi que les réactions maternelles et fœtales. Elle mesure fréquemment les signes vitaux, les ingesta et les excreta, et procède fréquemment aux évaluations pertinentes. Elle évalue l'état du fœtus en interprétant le tracé du moniteur électronique. Avant toute intervention effractive, on doit préparer tout le matériel requis pour une transfusion sanguine et installer une ligne de perfusion intraveineuse perméable. En l'absence d'hémorragie, les signes vitaux de la mère sont mesurés toutes les 15 minutes ; dans le cas contraire, ils le sont toutes les 5 minutes. L'application du tocodynamomètre sur l'abdomen maternel permet la surveillance continue de l'activité utérine.

Un objectif important des soins infirmiers consiste à apporter un soutien émotionnel à la famille. Bien que, pendant une hémorragie, les évaluations et les interventions soient davantage axées sur le soutien physique de la mère et du fœtus, il ne faut pas négliger les facteurs émotionnels. L'infirmière peut expliquer les examens et la méthode de traitement et offrir à la famille l'occasion de poser des questions. Elle peut intercéder en faveur de la famille qui désire obtenir des informations. Enfin, elle peut aussi lui offrir du soutien en demeurant auprès de la famille et en utilisant le toucher thérapeutique.

La promotion de l'adaptation physiologique du nouveau-né constitue pour l'infirmière une autre importante responsabilité. Immédiatement après la naissance, elle vérifie le taux d'hémoglobine, l'hématocrite et la numération érythrocytaire du nouveau-né, puis elle suit de près l'évolution de ces valeurs. Au besoin, on administre à l'enfant du sang et de l'oxygène, et on le transfère à la pouponnière de soins spéciaux. Les soins à prodiguer à la femme en hémorragie sont décrits dans le *Cheminement clinique pour l'hémorragie survenant au troisième trimestre et lors de l'accouchement,* à la page 543.

Évaluation et résultats escomptés

Les résultats escomptés des soins infirmiers peuvent être les suivants :

- la cause de l'hémorragie sera découverte rapidement, et les mesures thérapeutiques nécessaires seront prises ;
- les signes vitaux de la mère demeureront dans les limites de la normale ;

- les autres complications seront promptement diagnostiquées et traitées ;
- la famille comprendra ce qu'est le placenta prævia et connaîtra les complications et les problèmes qui y sont associés ;
- le travail et l'accouchement ne mettront en danger ni la mère ni son bébé.

Autres anomalies du placenta

Le tableau 19-1 décrit d'autres anomalies du placenta.

La procidence du cordon ombilical

Il y a **procidence du cordon ombilical** lorsque celui-ci descend en avant de la présentation. Une pression s'exerce alors sur le cordon, coincé entre le bassin maternel et la présentation, et les vaisseaux sanguins qui assurent la circulation fœtoplacentaire sont comprimés (figure 19-16 ▶). La procidence du cordon peut se produire au moment de la rupture des membranes si la présentation n'est pas bien engagée dans le bassin.

Conséquences chez la mère

Bien que la procidence du cordon ne provoque pas directement de problèmes physiques chez la mère, celle-ci peut ressentir un stress intense causé par son inquiétude au sujet du bébé. Il se peut que la parturiente ait à faire face à des interventions

FIGURE 19-16 ▶ Procidence du cordon ombilical.

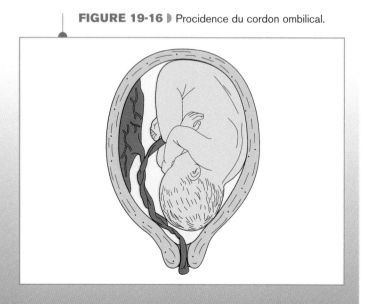

inhabituelles, à un accouchement par césarienne et, dans certaines circonstances, à la mort de son enfant.

Conséquences chez le fœtus et le nouveau-né

La compression du cordon ombilical diminue la circulation sanguine et mène à la souffrance fœtale. Lorsque le travail est en cours, chaque contraction comprime davantage le cordon, et, si on n'arrive pas à éliminer cette pression, le fœtus mourra.

Traitement clinique

La prévention est le meilleur traitement de la procidence du cordon. Lorsque la rupture des membranes est confirmée chez une parturiente, celle-ci doit demeurer en position horizontale, habituellement au lit, jusqu'à ce que la tête fœtale soit bien engagée dans le bassin et que le risque de procidence du cordon soit considérablement réduit. Quand la procidence du cordon ne peut être évitée, il est impérieux de remédier à la compression du cordon pour sauver l'enfant. Les membres de l'équipe de soins doivent alors unir leurs efforts pour faciliter l'accouchement.

L'alitement est de rigueur pour toutes les parturientes dont les membranes sont rompues, jusqu'à ce qu'on ait constaté l'engagement du fœtus et l'absence de procidence du cordon. De plus, au moment de la rupture spontanée des membranes ou lors de l'amniotomie, on doit mesurer la FCF pendant au moins une minute, puis avant et après quelques contractions consécutives. Lorsque l'auscultation révèle une bradycardie fœtale, on effectue un toucher vaginal pour écarter la possibilité d'une procidence du cordon. S'il y a procidence du cordon, les tracés du moniteur fœtal montrent des décélérations variables graves, modérées ou prolongées, accompagnées de bradycardie. On doit alors procéder à un toucher vaginal.

Si le toucher vaginal permet de palper une boucle de cordon, on doit laisser les doigts gantés dans le vagin et exercer une pression ferme sur la tête du fœtus (pour réduire la compression du cordon) jusqu'à l'arrivée du médecin ou de la sage-femme. Cette intervention peut sauver la vie de l'enfant. On administre de l'oxygène par masque à la mère et on surveille la FCF afin de vérifier si la réduction de la compression est efficace.

On peut avoir recours à la gravité pour soulager la pression exercée sur le cordon. On fait prendre à la mère la position genupectorale, ou on incline le lit en position de Trendelenburg, et c'est dans cette position qu'on conduit la mère à la salle d'accouchement ou d'opération. L'infirmière ne doit jamais oublier que la procidence peut aussi être occulte, la boucle de cordon se trouvant alors coincée contre la présentation. La pulsation du cordon peut être forte ou au contraire si faible qu'il est difficile, par la seule palpation, de savoir si le fœtus est encore vivant.

Tableau 19-1

Anomalies du placenta et du cordon ombilical

Anomalie	Conséquences chez la mère	Conséquences chez le fœtus et le nouveau-né	
Placenta succenturié Un ou plusieurs lobes supplémentaires de villosités fœtales se développent à une distance variable du bord du placenta.	Hémorragie de la délivrance due à la rétention des lobes supplémentaires	Aucune, tant que toutes les parties du placenta demeurent attachées jusqu'après l'expulsion du fœtus	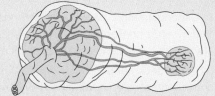
Placenta bordé Une double couche d'amnios et de chorion forme un anneau autour du cordon ombilical sur la face fœtale du placenta.	Fréquence accrue d'avortement tardif, d'hémorragie prénatale et de travail prématuré	Retard de la croissance intra-utérine, prématurité, mort fœtale	
Insertion marginale du cordon ombilical Le cordon s'insère sur le bord du placenta ou près de celui-ci.	Fréquence accrue de travail prématuré et de saignement	Prématurité, souffrance fœtale	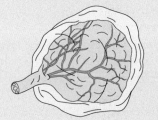
Insertion vélamenteuse du cordon ombilical Les vaisseaux du cordon se divisent à une certaine distance du placenta dans les membranes placentaires.	Hémorragie si l'un des vaisseaux se déchire	Souffrance fœtale, hémorragie	

Soins infirmiers

Comme bien peu de signes extérieurs révèlent la procidence du cordon ombilical, on recommande à toutes les femmes enceintes d'appeler leur médecin ou leur sage-femme dès la rupture des membranes et de se rendre ensuite à son bureau, au centre hospitalier ou à la maison de naissances. Un toucher vaginal stérile permettra alors de déterminer s'il y a risque de procidence du cordon. Si la présentation est bien engagée, ce risque est minime, et la cliente peut marcher. Par contre, si la présentation n'est pas encore engagée ou si elle n'est pas céphalique, on recommande le repos au lit comme mesure préventive.

Étant donné qu'on associe souvent la procidence du cordon à la mort fœtale, certains médecins et sages-femmes peuvent imposer le repos au lit après la rupture des membranes, que la présentation fœtale soit engagée ou non. Cette obligation peut créer un conflit si la parturiente et son conjoint ne partagent pas l'opinion du médecin ou de la sage-femme. L'infirmière peut essayer de détendre la situation en facilitant la communication entre les deux parties.

Au cours du travail, en présence de toute modification de la FCF ou de méconium dans le liquide amniotique, il est nécessaire de s'assurer qu'il n'y a pas de procidence du cordon. L'accouchement par voie vaginale est possible en cas de procidence du cordon, lorsque le col utérin est complètement dilaté et que les dimensions du bassin sont adéquates.

Si ces deux conditions ne sont pas remplies, on privilégie l'accouchement par césarienne. Pendant qu'on transporte la mère à la salle d'opération, l'examinateur continue, jusqu'à la naissance, de repousser la présentation pour réduire la pression exercée sur le cordon. Quand le cordon est visible à l'extérieur du vagin, on doit le garder humide dans un enveloppement de soluté physiologique à la température du corps (37 °C à 39 °C) pour reproduire la physiologie naturelle.

Les problèmes relatifs au liquide amniotique

Embolie amniotique

Lorsqu'il se produit une légère déchirure du chorion ou de l'amnios dans le haut de l'utérus, une petite quantité de liquide amniotique peut s'infiltrer dans la plaque choriale, puis passer dans la circulation de la mère et provoquer une **embolie amniotique**. Le liquide peut aussi s'infiltrer au siège du décollement du placenta ou dans les déchirures du col. Sous l'effet de la pression créée par les contractions utérines, le liquide pénètre dans la circulation de la mère, puis dans ses poumons. La gravité de l'embolie est proportionnelle à la quantité de débris (tels que le méconium) qui se trouvent dans le liquide amniotique. Un travail difficile et rapide augmente le risque de cette complication pendant ou après l'accouchement. Lorsque l'embolie obstrue les vaisseaux pulmonaires, la mère est soudain atteinte de détresse respiratoire, de collapsus circulatoire, d'hémorragie grave et de cœur pulmonaire. La dyspnée, la cyanose, le collapsus cardiovasculaire, l'état de choc et le coma apparaissent ensuite brusquement. Un accouchement d'urgence s'impose alors pour sauver la vie de l'enfant.

Traitement clinique

Lorsque la femme présente des douleurs thoraciques, de la dyspnée, de la cyanose, des expectorations mousseuses, de la tachycardie, de l'hypotension et une hémorragie massive, toute l'équipe de soins doit travailler de concert pour sauver sa vie. On a recours à des interventions de soutien, car la guérison dépend de la stabilisation de l'état cardiovasculaire et respiratoire. Dès que possible, on procède à l'accouchement afin de protéger la santé de l'enfant.

Beaucoup de femmes meurent à la suite d'une embolie amniotique, et seulement 8 % de celles qui survivent n'ont pas de séquelles neurologiques. Pour leur part, les nouveau-nés survivent dans une proportion de 70 %, mais plus de la moitié d'entre eux ont des séquelles neurologiques (Cunningham *et al.*, 2001).

Soins infirmiers

En l'absence du médecin ou de la sage-femme, l'infirmière administre de l'oxygène à l'aide d'un appareil à pression positive jusqu'à son arrivée. On doit installer rapidement une perfusion intraveineuse. En cas d'arrêt cardiaque et respiratoire, on pratique aussitôt la réanimation cardiorespiratoire (RCR).

L'infirmière prépare aussi le matériel nécessaire à la transfusion sanguine et à l'insertion d'un cathéter pour la mesure de la pression veineuse centrale (PVC). On restaure le volume sanguin à l'aide de sang entier frais, qui contient des facteurs de coagulation. On mesure fréquemment la PVC. En présence d'un cœur pulmonaire, une surcharge liquidienne peut facilement se produire.

Hydramnios

L'**hydramnios** (qu'on appelle aussi polyhydramnios) se caractérise par une abondance anormale, soit plus de 2 000 mL, de liquide amniotique dans l'utérus (la normale étant 1 000 mL). On ne connaît pas la cause exacte de ce phénomène. Cependant, dans environ 20 % des cas, l'hydramnios est associé à des anomalies congénitales graves (Rosemond, 2000). En outre, il augmente considérablement l'incidence de l'accouchement par césarienne (Biggio *et al.*, 1999).

Au cours de la seconde moitié de la grossesse, le fœtus commence à avaler, et donc à inspirer du liquide amniotique, et à uriner, ce qui influe sur la quantité de liquide amniotique. Dans l'hydramnios, l'épithélium de l'amnios ne présente aucun état pathologique. L'hydramnios est cependant associée aux malformations qui perturbent le mécanisme de déglutition du fœtus et aux anomalies neurologiques qui provoquent l'exposition des méninges dans la cavité amniotique. L'hydramnios se produit également dans les cas d'anencéphalie où, estime-t-on, le fœtus urine de façon excessive en raison de la

Cheminement clinique pour l'hémorragie survenant au troisième trimestre et lors de l'accouchement

Catégorie	Soins immédiats	Résultats
Orientation	Spécialiste en périnatalogie ou en néonatologie	**Résultat escompté** Les ressources appropriées seront trouvées et utilisées.
Évaluation	Vérifier les antécédents pour déterminer la présence de certains facteurs prédisposant la mère à l'hémorragie : • Prééclampsie ou éclampsie (hypertension gravidique) • Surdistension utérine (grossesse multiple, hydramnios) • Grande multiparité • Âge avancé • Dystocie dynamique (hypotonie, hypertonie) • Saignement vaginal indolore après le 7e mois • Hypertension • Diabète • Antécédents d'hémorragies ou de saignements, de troubles de la coagulation, d'avortements • Rétention placentaire • Déchirures cervicales et/ou vaginales S'informer des croyances religieuses afin de savoir si la cliente accepte les transfusions sanguines	**Résultats escomptés** • L'hémorragie ou le risque d'hémorragie sera constaté. • Les complications associées seront soignées.
Enseignement/ Aspects psychosociaux	Tenir la cliente au courant de son état et de celui du fœtus Lui fournir des informations exactes Lui donner l'occasion de poser des questions Établir un rapport de confiance avec elle L'encourager à participer à la prise de décisions lorsque c'est possible Lui demander de garder sa vessie vide Lui dire de prévenir l'infirmière si elle constate un saignement ou un écoulement vaginal ; une diminution des mouvements fœtaux ; des douleurs abdominales ou des contractions utérines ; ou une serviette hygiénique devient très imbibée en 1 heure ou moins	**Résultat escompté** La femme démontrera ou dira qu'elle comprend l'enseignement reçu.
Soins infirmiers et notes au dossier	Observer, noter et signaler les pertes sanguines Évaluer la situaton à l'aide des paramètres suivants : • Surveiller fréquemment la fréquence et la qualité des respirations • Mesurer le pouls • Évaluer la qualité du pouls par la palpation directe • Prendre le pouls apicoradial pour déceler un pouls déficitaire • Comparer la tension artérielle de la femme à sa tension artérielle de référence ; noter la tension différentielle • Vérifier si la peau est pâle, cyanosée, froide ou moite • Vérifier fréquemment l'état de conscience • Mesurer la pression veineuse centrale (PVC) : la PVC normale est de 5 à 10 cm H_2O • Évaluer la quantité de sang perdue • Compter les serviettes hygiéniques utilisées • Peser les serviettes hygiéniques et les piqués (1 g = environ 1 mL de sang) • Noter la quantité perdue en une période donnée (par exemple 50 mL de sang rouge clair sur la serviette hygiénique en 20 minutes) Remédier à l'hypotension en administrant du sang entier selon l'ordonnance du médecin En attendant le sang entier, administrer des solutions isotoniques, du plasma, un substitut de plasma ou du sérum-albumine selon l'ordonnance du médecin En présence d'un décollement marginal du placenta : • Évaluer la perte sanguine • Évaluer les contractions utérines, la sensibilité et la hauteur du fond utérin	**Résultats escomptés** La perte de sang sera réduite et maîtrisée ou arrêtée. La perfusion et l'oxygénation seront assurées.

Cheminement clinique pour l'hémorragie survenant au troisième trimestre et lors de l'accouchement *(suite)*

Catégorie	Soins immédiats	Résultats
Soins infirmiers et notes au dossier (suite)	• Commencer la surveillance continue des contractions utérines par moniteur • Mesurer les signes vitaux de la mère • Évaluer l'état du fœtus par monitorage continu • Évaluer la dilatation et l'effacement du col pour déterminer l'évolution du travail si les contractions sont présentes et s'il ne s'agit **pas** d'un placenta prævia • S'assurer qu'il ne s'agit pas d'un placenta prævia • Aider à pratiquer l'amniotomie et commencer la perfusion d'ocytocine si le travail ne se déclenche pas immédiatement ou n'est pas efficace • Consulter et évaluer les résultats des épreuves de laboratoire (hémoglobine, hématocrite, temps de Quick, temps de céphaline, produits de dégradation de la fibrine, fibrinogène, plaquettes) En cas de décollement central du placenta avec hémorragie abondante : • Procéder aux mêmes évaluations que dans le cas d'un décollement marginal • Surveiller la PVC • Remplacer le sang perdu • Procéder immédiatement à l'accouchement • Rechercher les signes et les symptômes de CIVD Si la femme risque de présenter une atonie utérine après l'accouchement : • Évaluer la contractilité de l'utérus et l'importance du saignement vaginal • Évaluer l'utérus q5 – 15 min pendant 1 heure, puis q15 – 30 min au cours de l'heure suivante et q60 min pendant les 2 à 4 heures qui suivent ou jusqu'à la stabilisation et/ou au retour à la normale ; évaluer plus fréquemment si l'utérus est mou ou ne se trouve pas sur la ligne médiane ; administrer de l'ocytocine selon le protocole ou l'ordonnance du médecin	
Activité	Repos complet au lit Distraction, encouragement	**Résultat escompté** L'hémorragie ne s'aggravera pas.
Bien-être	Évaluer le bien-être de la femme	**Résultat escompté** Le bien-être de la femme sera maintenu.
Nutrition	Administrer des solutés intraveineux (pour garder une veine ouverte [GVO]) Ne rien donner par voie orale si l'hémorragie est abondante et si une chirurgie est prévue	**Résultat escompté** L'hydratation sera optimale et le volume sanguin sera maintenu.
Élimination	Mesurer la diurèse (une quantité <30 mL/h indique un choc) : • Insérer une sonde de Foley • Mesurer la diurèse toutes les heures • Mesurer la densité de l'urine pour déterminer sa concentration	**Résultat escompté** La diurèse demeurera normale.
Médicaments	Perfusion de lactate de Ringer à raison de 150 mL/h En cas de prématurité : bétaméthasone O_2 au besoin	**Résultats escomptés** La circulation et la perfusion seront maintenues. La maturation des poumons du fœtus se sera accélérée. La mère et le fœtus seront bien oxygénés.
Planification du congé/Continuité des soins	Déterminer si la cliente a besoin d'aide à domicile Offrir de l'information sur les ressources communautaires	**Résultat escompté** Quand la femme recevra son congé, les soins relatifs à la fatigue et aux pertes sanguines auront été planifiés.
Famille et réseau de soutien	Établir un rapport de confiance avec la famille	**Résultat escompté** L'épanouissement de la famille et l'attachement au nouveau-né ne seront pas perturbés.
Date		

surstimulation des centres nerveux céphalorachidiens. Dans les cas d'hydramnios chez des jumeaux monozygotes, le jumeau qui a le plus grand volume sanguin urine en trop grande quantité. Dans certains cas d'hydramnios, le placenta est plus lourd que la normale, ce qui indique qu'une suractivation du tissu placentaire pourrait contribuer à ce problème.

Il existe deux formes d'hydramnios : la forme chronique et la forme aiguë. Dans la première, qui est la plus courante, le volume du liquide amniotique augmente graduellement et pose problème au cours du troisième trimestre de la grossesse. Dans la seconde, le volume augmente rapidement en quelques jours. Cette forme est habituellement diagnostiquée entre les 20e et 24e semaines de grossesse.

Conséquences chez la mère

Lorsque la quantité de liquide amniotique dépasse 3 000 mL, la femme présente de la dyspnée et de l'œdème aux membres inférieurs en raison de la compression de la veine cave. Les formes moins prononcées d'hydramnios sont plus courantes et provoquent très peu de symptômes. On associe l'hydramnios à des problèmes maternels tels que le diabète, la sensibilisation Rh et la grossesse multiple.

Un prélèvement trop rapide de liquide amniotique avant l'accouchement peut, en modifiant trop soudainement le volume de l'utérus, causer un décollement du placenta. De plus, l'étirement excessif des muscles de l'utérus peut provoquer un travail dystocique et augmenter de ce fait le risque d'hémorragie de la délivrance.

Conséquences chez le fœtus et le nouveau-né

Comme les malformations fœtales et l'accouchement prématuré sont fréquents en cas d'hydramnios, le taux de mortalité périnatale qui y est associé est assez élevé. Le risque de procidence du cordon, lors de la rupture des membranes, vient augmenter la fréquence des complications. Les présentations dystociques sont également plus courantes.

Traitement clinique

On se contente d'instaurer un traitement de soutien, à moins que la gravité des symptômes ou de la détresse de la mère n'imposent d'autres mesures. Si l'excès de liquide amniotique cause de la douleur et de la dyspnée, il convient d'hospitaliser la mère et de pratiquer une ponction du liquide amniotique. Ce prélèvement peut s'effectuer par amniocentèse ou par voie vaginale. Cette dernière méthode risque toutefois de causer une procidence du cordon et elle ne permet pas de retirer le liquide lentement. L'amniocentèse doit se faire à l'aide de l'échographie afin d'éviter les lésions au fœtus et au placenta. Le liquide est prélevé lentement de façon à prévenir le décollement prématuré du placenta (Rosemond, 2000).

Soins infirmiers

Un fond utérin trop haut pour l'âge gestationnel peut être un signe d'hydramnios. Avec l'augmentation de la quantité de liquide, la palpation du fœtus et la mesure de la FCF peuvent devenir plus difficiles. Dans les cas plus graves, l'abdomen est très distendu et ferme à la palpation. L'échographie révèle de grands espaces entre le fœtus et la paroi utérine.

Afin d'éviter toute infection, il est vital d'utiliser une technique stérile pour pratiquer l'amniocentèse. L'infirmière épaule les parents en leur expliquant l'intervention.

Lorsqu'on détecte une anomalie congénitale in utero ou que le fœtus naît avec une malformation, la famille a besoin d'un soutien psychologique. Souvent, l'infirmière collabore avec les services sociaux afin de procurer à la famille cette aide supplémentaire.

Oligoamnios

L'**oligoamnios**, une complication plutôt rare, se caractérise par une quantité extrêmement réduite de liquide amniotique concentré. On ignore la cause précise de ce phénomène, qui survient dans les cas de postmaturité, de RCIU consécutif à une insuffisance placentaire et d'anomalies fœtales associées à des malformations rénales importantes, telles que l'aplasie rénale avec reins dysplasiques et les lésions obstructives des voies urinaires inférieures (Rosemond, 2000). Si ce problème apparaît au cours de la première moitié de la grossesse, il y a risque d'adhérences chez le fœtus (une partie du corps du fœtus adhère à une autre).

Conséquences chez la mère

Le travail peut être dystocique, et son évolution, lente.

Conséquences chez le fœtus et le nouveau-né

Durant la grossesse, des anomalies cutanées et squelettiques peuvent apparaître chez le fœtus parce que l'insuffisance de liquide amniotique restreint les mouvements fœtaux. Étant donné que le liquide pouvant servir aux mouvements respiratoires du fœtus est insuffisant, une hypoplasie pulmonaire peut se développer. Durant le travail et l'accouchement, le manque de liquide amniotique augmente le risque de compression du cordon ombilical, car l'effet tampon est moindre. Le manque de liquide amniotique contribue aussi à la compression de la tête et des pieds du fœtus.

Traitement clinique

Durant la période prénatale, on peut soupçonner un oligoamnios lorsque le volume de l'utérus ne correspond pas à l'âge gestationnel, que l'examinateur peut facilement palper le fœtus et distinguer ses formes et ne peut le faire ballotter dans l'utérus. On peut évaluer l'état du fœtus à l'aide de profils biophysiques, d'examens de réactivité fœtale et d'échographies périodiques. Au cours du travail, on surveille le fœtus par monitorage électronique continu pour déceler la compression du cordon ombilical, laquelle se manifeste par des décélérations variables. Certains cliniciens préconisent l'amnio-infusion (instillation par le col de 500 mL de solution saline stérile réchauffée, suivie d'une perfusion continue d'un débit de 100 à 200 mL/h), après la rupture des membranes, afin de réduire la fréquence et l'intensité des décélérations variables de la FCF durant le travail (Rosemond, 2000; Cunningham *et al.*, 2001). La perfusion de solution saline augmente la quantité de liquide amniotique, ce qui permet au cordon de flotter et donc d'atténuer ou de prévenir sa compression.

Soins infirmiers

Le monitorage fœtal électronique continu est important durant le travail et l'accouchement. L'infirmière en évalue les tracés et recherche la présence de décélérations variables ou d'autres signes inquiétants (comme l'augmentation ou la diminution des valeurs de référence, la diminution de la variabilité, la présence de décélérations tardives). Si elle observe des décélérations variables, elle peut demander à la parturiente de changer de position (pour réduire la pression exercée sur le cordon) et elle doit prévenir le médecin ou la sage-femme. Après l'accouchement, elle examine le nouveau-né en vérifiant s'il présente des signes d'anomalies congénitales, d'hypoplasie pulmonaire et de postmaturité.

Exercice **de pensée critique**

Un tracé de FCF indique une fréquence cardiaque de référence de 140 avec une variabilité de 6 à 10 bpm. Lorsque vous comparez ce tracé avec celui des contractions utérines, vous notez qu'il y a un ralentissement de la FCF à chaque contraction et que le tracé de la FCF ressemble à celui de la contraction, mais qu'il est inversé. Dans un tel cas, que faites-vous?

Voir les réponses à l'appendice F.

La disproportion fœtopelvienne (DFP)

La filière pelvigénitale comprend le bassin, partie osseuse qui s'étend du détroit supérieur au détroit inférieur, et les tissus mous qui se trouvent à l'intérieur de ces structures anatomiques. Un fœtus plus gros que les diamètres pelviens peut engendrer une **disproportion fœtopelvienne (DFP)**. Le fœtus tentera alors de s'adapter à la filière pelvigénitale en adoptant des positions et des présentations dystociques.

Les bassins de forme gynécoïde et anthropoïde permettent normalement l'accouchement par le sommet, tandis que les formes platypellique et androïde prédisposent aux présentations dystociques. Une combinaison de ces formes peut aussi produire des diamètres pelviens trop petits pour permettre l'accouchement par le sommet. (Voir le chapitre 15 pour une description des différents types de bassin et leurs conséquences sur l'accouchement.)

Types de rétrécissements

Il y a rétrécissement du détroit supérieur lorsque le diamètre antéropostérieur mesure moins de 10 cm ou lorsque le plus grand diamètre transverse mesure moins de 12 cm. On peut estimer le diamètre antéropostérieur en mesurant le conjugué diagonal, lequel mesure moins de 11,5 cm en cas de rétrécissement du détroit supérieur. L'examen clinique et la radiopelvimétrie permettent de déterminer le plus petit diamètre antéropostérieur par lequel la tête fœtale peut passer.

Le traitement vise à permettre aux forces naturelles du travail de pousser le diamètre bipariétal de la tête fœtale au-delà de l'obstruction que peuvent former les épines sciatiques. On peut utiliser les forceps, mais ils posent problème, car la traction de la tête fœtale annule la flexion, ce qui réduit d'autant l'espace. De plus, l'utilisation de forceps moyens est risquée pour le fœtus. Un périnée bombé et le couronnement de la tête fœtale signifient que l'obstruction a été franchie.

Lorsque le diamètre entre les tubérosités ischiatiques mesure moins de 8 cm, il y a rétrécissement du détroit inférieur. Le rétrécissement du détroit inférieur et celui du détroit moyen se présentent souvent simultanément. Le diamètre entre les tubérosités ischiatiques du bassin maternel et le diamètre postérosagittal du fœtus déterminent si l'accouchement par voie vaginale est possible ou non.

Conséquences chez la mère

Une disproportion fœtopelvienne prolonge le travail. La distribution inégale de la force des contractions utérines peut provoquer la rupture des membranes. En cas d'arrêt de la progression du travail, alors que le fœtus ne peut descendre, une rupture de l'utérus peut survenir. Un retard dans la descente du fœtus, qui accroît la pression exercée par la tête fœtale, peut provoquer une nécrose des tissus mous. Cette nécrose peut finir par entraîner la formation de fistules faisant communiquer le vagin et des structures avoisinantes. Un accouchement difficile avec application de forceps peut aussi se solder par des lésions aux tissus mous de la mère.

Conséquences chez le fœtus et le nouveau-né

Si la tête fœtale n'est pas encore engagée dans le détroit supérieur au moment de la rupture des membranes, il existe un risque de procidence du cordon. Un modelage excessif de la tête fœtale peut aussi se produire. Un accouchement particulièrement difficile avec application de forceps peut provoquer des lésions au crâne et au système nerveux central du fœtus.

Traitement clinique

Pour évaluer l'adéquation entre la grosseur du fœtus et les dimensions du bassin de la mère, on peut comparer les dimensions pelviennes obtenues par examen manuel avant le travail et par tomodensitométrie (TDM) avec le poids estimatif du fœtus obtenu par échographie.

Si les diamètres pelviens sont tout justes suffisants ou douteux, une épreuve du travail peut être tentée. On laisse alors le travail suivre son cours, tandis que le médecin et l'infirmière évaluent fréquemment et avec précision le dilatation du col et la descente du fœtus. Tant que le travail évolue, on le laisse suivre son cours, mais dès qu'il cesse, on effectue une césarienne.

Soins infirmiers

L'évaluation des dimensions du bassin maternel doit se faire non seulement durant la grossesse, mais aussi durant le travail. Lorsqu'on procède à cette évaluation au cours du travail, on doit en outre tenir compte de la grosseur, de la présentation, de l'attitude et de l'orientation du fœtus. (Voir au chapitre 16 les techniques d'évaluation pendant le travail.)

Lorsque le travail se prolonge, que la dilatation et l'effacement sont lents et que l'engagement de la présentation tarde, l'infirmière doit soupçonner une disproportion fœtopelvienne. Les conjoints peuvent avoir besoin de soutien pour affronter cette complication du travail. L'infirmière doit les tenir au courant de la situation et leur expliquer les interventions mises en œuvre. Ces informations les rassureront en leur démontrant qu'on prend les mesures nécessaires.

Au cours de l'épreuve du travail, les soins infirmiers sont les mêmes que ceux prodigués au cours du travail normal, sauf qu'on évalue plus fréquemment la dilatation du col et la descente fœtale. On surveille continuellement les contractions utérines et l'état du fœtus. Tout signe de souffrance fœtale est immédiatement signalé au médecin ou à la sage-femme.

On peut faire prendre à la mère différentes positions pour accroître les diamètres pelviens. La position assise ou accroupie augmente les diamètres du détroit inférieur et peut donner de bons résultats, lorsque la descente fœtale ne s'amorce pas ou est très lente. Se tourner d'un côté à l'autre ou se mettre à quatre pattes peut aider le fœtus en position occipito-postérieure à passer en position occipito-antérieure. Instinctivement, la mère peut vouloir adopter l'une de ces positions ; dans le cas contraire, l'infirmière l'y incitera.

Les complications du troisième stade du travail

Déchirures

Lorsqu'on constate un saignement vaginal persistant et rouge clair en présence d'un utérus bien contracté, on peut soupçonner des déchirures du col ou du vagin. L'incidence des déchirures est plus élevée lorsque la parturiente est jeune ou nullipare, a eu une anesthésie épidurale, a subi l'application de forceps et une épisiotomie ou n'a pas pratiqué de massages périnéaux ni d'autres soins préventifs durant sa grossesse. On classe les déchirures du vagin et du périnée selon quatre degrés :

- Les déchirures du premier degré se limitent à la commissure postérieure des petites lèvres, à la peau du périnée et à la muqueuse vaginale.
- Les déchirures du second degré touchent la peau du périnée, la muqueuse vaginale, le fascia sous-jacent et les muscles du noyau fibreux central du périnée ; elles peuvent s'étendre vers le haut sur un seul côté du vagin ou sur les deux.
- Les déchirures du troisième degré entament la peau du périnée, la muqueuse vaginale et le noyau fibreux central du périnée ainsi que le sphincter anal ; elles peuvent s'étendre jusqu'à la paroi antérieure du rectum.
- Les déchirures du quatrième degré atteignent toutes les structures du troisième degré, mais également la muqueuse rectale jusqu'à la lumière du rectum ; on peut dire qu'il s'agit de déchirures du troisième degré avec extension à la paroi rectale.

Placenta accreta

Le *placenta accreta* est une forme de rétention placentaire dans laquelle les villosités choriales sont directement attachées au myomètre. Deux autres types de rétention placentaire existent : le *placenta increta,* dans lequel les villosités recouvrent le myomètre et le *placenta percreta,* dans lequel les villosités pénètrent dans le myomètre. Selon la portion du placenta qui adhère à la paroi utérine, la rétention peut être totale (tous les cotylédons ont pénétré le myomètre), partielle (quelques cotylédons ont pénétré le myomètre) ou focale (un seul cotylédon a pénétré le myomètre). L'incidence du placenta accreta est de 1 cas sur 2 500 grossesses (Cunningham *et al.*, 2001). Le placenta accreta représente 80 % des cas de rétention placentaire.

La principale complication du placenta accreta est l'hémorragie maternelle et l'absence de décollement total du placenta après l'expulsion du fœtus. Une hystérectomie abdominale peut s'avérer nécessaire selon la gravité de la rétention et de l'hémorragie.

Le chapitre en bref

Notions fondamentales

- L'anxiété et la peur influent sur le travail, particulièrement lorsque des complications mettent en péril la mère et le fœtus.

- L'hypertonie utérine se caractérise par des contractions douloureuses, mais insuffisantes pour effacer et dilater le col utérin. Cette complication entraîne habituellement la prolongation de la phase de latence.

- L'hypotonie utérine se caractérise par des contractions peu fréquentes et peu efficaces commençant une fois le travail normalement établi.

- Le travail précipité est extrêmement rapide ; il dure moins de 3 heures. Il est associé à des risques accrus pour la mère et le nouveau-né.

- La grossesse prolongée est une grossesse qui se poursuit au-delà de 294 jours, ou 42 semaines, après le 1er jour de la dernière menstruation.

- La position occipito-postérieure du fœtus durant le travail prolonge le travail, cause une douleur lombaire intense chez la mère et la prédispose aux traumas et aux déchirures du vagin et du périnée au cours de l'accouchement.

- Les présentations dystociques sont les présentations de la face, du front, du siège et de l'épaule.

- Le fœtus ou le nouveau-né qui pèse plus de 4 000 g est qualifié de macrosomique. La macrosomie peut causer des problèmes pendant le travail et l'accouchement ainsi qu'au début de la période néonatale.

- Une fois la grossesse gémellaire ou multiple diagnostiquée, l'équipe de soins concentre ses efforts sur la prévention et le traitement des problèmes qui pourraient compromettre le développement et la naissance de fœtus normaux.

- La souffrance fœtale se manifeste par des décélérations tardives persistantes, des décélérations variables prononcées et persistantes, ainsi que des décélérations prolongées. La détection et le traitement rapides de la souffrance fœtale peuvent empêcher le fœtus de subir des dommages irréversibles.

- La mort fœtale in utero représente un grand défi pour l'infirmière, qui doit offrir aux parents son soutien et sa sollicitude.

- Les principales causes des saignements pendant le travail et l'accouchement sont le décollement prématuré du placenta normalement inséré (DPPNI) et le placenta prævia.

- Le DPPNI consiste en la séparation du placenta de la paroi latérale de l'utérus avant la naissance de l'enfant. Le décollement peut être central, marginal ou complet.

- Le placenta prævia se caractérise par l'insertion du placenta sur le segment inférieur de l'utérus, près du col (à moins de 10 cm de l'orifice du col) ou sur son orifice interne. Dans le placenta prævia non recouvrant ou marginal, l'implantation est près du col ; dans le placenta prævia partiellement couvrant, une partie du placenta recouvre le col, tandis que, dans le placenta prævia recouvrant, le col utérin est entièrement recouvert. Les risques d'hémorragie postnatale sont plus élevés, car il y a moins de tissus contractiles au segment inférieur de l'utérus.

- Dans la procidence du cordon ombilical, le cordon descend en avant de la présentation. Il est alors comprimé, ce qui diminue l'apport sanguin au fœtus.

- L'embolie amniotique survient lorsqu'une petite quantité de liquide amniotique pénètre dans la circulation, puis dans les poumons de la mère. Cette complication s'accompagne d'un taux extrêmement élevé de mortalité maternelle.

- L'hydramnios (ou polyhydramnios) se caractérise par une quantité supérieure à 2 000 mL de liquide amniotique dans la cavité amniotique. Il s'associe aux malformations fœtales qui touchent la déglutition et à la grossesse multiple ainsi qu'au diabète sucré et à la sensibilisation Rh chez la mère.

- L'oligoamnios se caractérise par une quantité excessivement réduite de liquide amniotique. Il est associé au RCIU, à la postmaturité et aux anomalies des fonctions rénales ou urinaires du fœtus. Le fœtus est alors prédisposé aux décélérations variables parce qu'il n'y a pas assez de liquide amniotique pour empêcher la compression du cordon.

- Lorsque l'un des diamètres du bassin maternel est trop petit, on parle de disproportion fœtopelvienne (DFP). Ce rétrécissement peut se produire dans le détroit supérieur, la cavité pelvienne ou le détroit inférieur. Si les dimensions du bassin sont tout juste suffisantes, on peut tenter une épreuve du travail. Quand la dilatation cervicale et la descente fœtale ne s'effectuent pas, on doit recourir à la césarienne.

- Les complications des troisième et quatrième stades de l'accouchement sont généralement associées à l'hémorragie. Les causes de l'hémorragie comprennent les déchirures de la filière pelvigénitale ou du col ainsi que le placenta accreta.

Références

ANDERSON, G. D. (2000). «Fetal demise», *in* M. E. Rivlin et R. W. Martin (dir.), *Manual of clinical problems in obstetrics and gynecology,* 5e éd., Philadelphie, Lippincott, p. 122-126.

BAZIN, S. (2002). «Présentation du siège, pourquoi cesser d'offrir l'accouchement vaginal?», *Le Médecin du Québec, 37* (4), p. 133-134.

BENIRSCHKE, K. (1999). «Multiple gestation: Incidence, etiology, and inheritance», *in* R. K. Creasy et R. Resnik (dir.), *Maternal-fetal medicine,* 4e éd., Philadelphie, Saunders, p. 585-597.

BERG, M., et K. DAHLBERG (1998). «A phenomenological study of women's experiences of complicated childbirth», *Midwifery, 14,* p. 23-29.

BERKUS, M. D., D. CONWAY et O. LANGER (1999). «The large fetus», *Clinical Obstetrics and Gynecology, 42* (4), p. 766-784.

BIGGIO, J. R., K. D. WENSTROM, M. B. DUBARD et S. P. CLIVER (1999). «Hydramnios: Prediction of adverse perinatal outcomes», *Obstetrics and Gynecology, 94*(5), p. 762-773.

BOFILL, J. A. (2000). «Breech presentation», *in* M. E. Rivlin et R. W. Martin (dir.), *Manual of clinical problems in obstetrics and gynecology,* 5e éd., Philadelphie, Lippincott, p. 143-146.

BONAPACE, J. (1997). *Du cœur au ventre,* Rouyn-Noranda, chez l'auteur. < Julie.bonapace@uqat.uquebec.ca> < http://uqat.iquebec.ca/bonapace >

BOWES, W. A. (1999). «Clinical aspects of normal and abnormal labor», *in* R. K. Creasy et R. Resnik (dir.), *Maternal-fetal medicine,* 4e éd., Philadelphie, Saunders. p. 541-568.

CLAUSSON, B., S. CNATTINGIUS et O. AXELSSON (1999). «Outcomes of post-term births: The role of fetal growth restriction and malformations», *Obstetrics and Gynecology, 94* (5), p. 758-762.

CREEDY, D. K., I. M. SHOCHET et J. HORSFALL (2000). «Childbirth and the development of acute traumatic symptoms: Incidence and contributing factors», *Birth, 27*(2), p. 104-111.

CUNNINGHAM, F. G., P. C. MACDONALD, N. F. GANT, K. J. LEVENO, L. C. GILSTRAP III, G. D. V. HANKINS et S. L. CLARK (1997). *Williams obstetrics,* 20e éd., Stamford, Appleton & Lange.

CUNNINGHAM, F. G., N. F. GANT, K. J. LEVENO, L. C. GILSTRAP III, J. C. HAUTH et K. D. WENSTROM (2001). *Williams Obstetrics,* 21e éd., New York, McGraw-Hill.

DAHLBERG, K., M. BERG et I. LUNDGREN (1999). «Commentary: Studying maternal experiences of childbirth», *Birth, 26* (4), p.215-217.

DE GASQUET, B. (2002). *Bien-être et maternité,* 5e éd., Paris, Implexe Éditions.

GAUTHIER, D. (1996). «Je n'en peux plus, soulagez-moi!», *Le Médecin du Québec,* 31(10), p. 57-62.

GIROUARD, N. (1996). «Présentation du siège à terme», *Le Médecin du Québec, 31* (10), p. 41-46.

HOGG, B. B., et D. F. KIMBERLIN (2000). «Delivery of the small and large infant», *in* M. E. Rivlin et R. W. Martin (dir.), *Manual of clinical problems in obstetrics and gynecology,* 5e éd., Philadelphie, Lippincott, p. 179-182.

KAY, J., B. ROMAN et H. M. SCHULTE (1997). «Pregnancy loss and the grief process», *in* J. R. Woods et J. L. Esposito (dir.), *Loss during pregnancy or in the newborn period: Principles of care with clinical cases and analyses,* Pittman, Jannetti Publications, p. 5-36.

KEITH, L., E. PAPIERNIK et J. J. OLESZCUZUK (1998). «How should the efficacy of prenatal care be tested in twin gestation?» *Clinical Obstetrics and Gynecology, 41,* p. 85-93.

LOPEZ-ZENO, J. A. (1997). *Active management of labor: The American experience. Clinical Obstetric and Gynecology, 40,* p. 510-515.

MALONE, F. D., et M. E. D'ALTON (1999). «Multiple gestation: Clinical characteristics and management,» *in* R. K. Creasy et R. Resnik (dir.), *Maternal-fetal medicine,* 4e éd., Philadelphie, Saunders, p. 598-615.

MARTIN, J. N. (2000). «Posterm pregnancy,» *in* M. E. Rivlin et R. W. Martin (dir.), *Manual of clinical problems in obstetrics and gynecology,* 5e éd., Philadelphie, Lippincott, p. 105-108.

MILLER, V. L., S. B. RANSOM, A. SHALHOUB, R. J. SOKOL et M. I. EVANS (2000). «Multifetal pregnancy reduction: Perinatal and fiscal outcomes,» *American journal of Obstetrics and Gynecology, 182* (6), p.1575-1579.

O'REILLY-GREEN, C., et M. DIVON (2000). «Sonographic and clinical methods in diagnosis of macrosomia,» *Clinical Obstetrics and Gynecology, 43* (2) p. 309-325.

PAPIERNIK, E., L. KEITH, J. J. OLESZCUZUK et A. CERVANTES (1998). «What interventions are useful in reducing the rate of preterm delivery in twins?», *Clinical Obstetrics and Gynecology, 41,* p. 13-23.

PARER, J. T. (1999). «Fetal heart rate», *in* R. K. Creasy et R. Resnik (dir.), *Maternal-fetal medicine,* 4e éd., Philadelphie, Saunders, p. 270-299.

PERRY, K. G. JR. (2000a). «Abruptio placentae», *in* M. E. Rivlin et R. W. Martin (dir.), *Manual of clinical problems in obstetrics and gynecology,* 5e éd., Philadelphie, Lippincott, p. 21-23.

PERRY, K. G. JR. (2000b). «Placenta praevia», *in* M. E. Rivlin et R. W. Martin (dir.), *Manual of clinical problems in obstetrics and gynecology,* 5e éd., Philadelphie, Lippincott, p. 18-20.

PLANTE, B. (1996). «La grossesse prolongée», *Le Médecin du Québec, 31*(10), p. 49-54.

RIVLIN, M. E. (2000). «Nonbreech abnormal presentation, positions, and lies», *in* M. E. Rivlin et R. W. Martin (dir.), *Manual of clinical problems in obstetrics and gynecology,* 5e éd., Philadelphie, Lippincott, p. 146-149.

ROBERTS, S. J., K. M. REARDON et S. ROSENFELD (1999). «Childbirth sexual abuse: Surveying its impact on primary care», *AWHONN Lifelines, 3,* p. 39-45.

ROBERTS, W. E. (2000). «Multifetal gestation», *in* M. E. Rivlin et R. W. Martin (dir.), *Manual of clinical problems in obstetrics and gynecology,* 5e éd., Philadelphie, Lippincott, p. 95-100.

RODIS, J. F., L. ARKY, J. F. X. EGAN, A. F. BORGIDA, M. V. LEO et W. A. CAMPBELL (1999). Comprehensive fetal ultrasonography measurements in triplet gestation. *American Journal of Obstetrics and Gynecology, 181*(5), p.1128-1132.

ROSEMOND, R. L. (2000). «Hydramnios and oligohydramnios», *in* M. E. Rivlin et R. W. Martin (dir.), *Manual of clinical problems in obstetrics and gynecology,* 5e éd., Philadelphie, Lippincott, p. 149-152.

SAITO, T., O. YLIKORKALA et E. HALMESMAKI (1999). «Factors associated with fear of delivery in second pregnancies», *Obstetrics and Gynecology, 94*(5), p. 679-682.

SCHMIDT, J. (1999). «Prolonged labor», *in* L. K. Mandeville et N. H. Troiano (dir.), *AWHONN: High risk and critical care intrapartum nursing,* 2e éd., Philadelphie, Lippincott, p. 123-138.

SCHMIDT, J. (2000). «Intrapartum fetal assessment», *in* S. Mattson et J. E. Smiths (dir.), *AWHONN: Maternal newborn nursing,* 4e éd., Philadelphie, Saunders, p. 272-299.

SCHWIEBERT, P. et P. KIRK (1985). *When hello means goodbye.* Eugene, Health Sciences University.

SCOTT, J. R. (1999). «Placenta previa and abruption», *in* J. R. Scott, P. J. DiSaia, C. B. Hammond et W. N. Spellacy (dir.), *Danforth's obstetrics and gynecology,* 8e éd., Philadelphie, Lippincott, p. 407-418.

UCKAN, E. M., et N. S. TOWNSEND (1999). «Fetal adaptation», *in* L. K. Mandevill et N. H. Troiano (dir.), *AWHONN: High-risk and critical care intrapartum nursing,* 2e éd., Philadelphie, Lippincott, p. 32-50.

YARWOOD, A. (1983). *La perte d'un bébé,* Ottawa, Institut canadien de la santé infantile.

Lectures complémentaires

AUDIBERT, F., et V. CAYOT (2001). *Gynéco-obstétrique,* Paris, Estern.

DETOURRIS, H., G. MAGNIN et F. PIERRE (1998). *Gynécologie et obstétrique,* 5ᵉ éd., Paris, Masson.

Les procédés obstétricaux

Objectifs

- Décrire l'objectif et les techniques des versions interne et externe
- Traiter du recours à l'amniotomie dans la pratique obstétricale actuelle
- Comparer les diverses méthodes de déclenchement du travail en expliquant leurs avantages et leurs inconvénients respectifs
- Nommer au moins deux des indications de l'amnio-infusion
- Décrire les divers types d'épisiotomie et les interventions infirmières qui leur sont associées
- Résumer les indications de l'accouchement par application de forceps
- Expliquer l'utilisation de la ventouse obstétricale pour faciliter l'accouchement
- Expliquer les indications de la césarienne, ses répercussions sur la famille, la préparation et l'enseignement qu'elle exige ainsi que les soins infirmiers qui s'y rapportent
- Expliquer l'accouchement vaginal après une césarienne (AVAC)

Vocabulaire

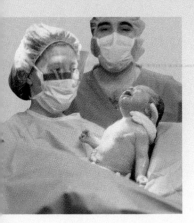

LA PLUPART DES ACCOUCHEMENTS se déroulent sans qu'aucune intervention obstétricale ne soit nécessaire. Cependant, le recours à certains procédés obstétricaux s'impose parfois pour assurer la sécurité de la femme et du fœtus. Les plus courants sont l'amniotomie, le déclenchement artificiel du travail, l'épisiotomie, la césarienne et l'accouchement vaginal après une césarienne.

Les femmes savent généralement qu'il est possible qu'on ait à recourir à un procédé obstétrical durant le travail ou l'accouchement, mais certaines, qui s'attendent à un accouchement «naturel», n'entrevoient pas cette possibilité. Ce conflit entre les attentes et la nécessité d'une intervention représente un défi pour l'infirmière en obstétrique. Elle doit informer les futurs parents sur le procédé envisagé afin de les aider à comprendre ses résultats escomptés et ses risques potentiels et, le cas échéant, les solutions de rechange qui s'offrent à eux.

La version

La version est un procédé qui consiste à modifier la position fœtale par des manipulations abdominales ou intra-utérines. Il s'agit d'un acte médical qui nécessite une surveillance étroite.

Le type de version le plus courant est la **version céphalique externe (VCE)**, dans laquelle on place une main sur le siège du fœtus et l'autre sur sa tête, puis on le fait tourner de façon qu'il se présente par le sommet plutôt que par le siège (figure 20-1 ▶).

Plus rare, la **version interne** (ou *podalique*) ne sert que dans les cas d'accouchement gémellaire par voie vaginale : elle permet de placer le deuxième fœtus en présentation céphalique, mais seulement lorsqu'il ne descend pas facilement ou qu'il présente des signes de souffrance. Lors d'une version interne, le médecin introduit une main dans la cavité utérine, saisit les pieds du deuxième fœtus et les fait descendre dans le col.

Version externe

Si on détecte une présentation du siège ou de l'épaule (position transverse) durant les dernières semaines de grossesse, soit entre la 36ᵉ et la 38ᵉ semaine, on peut tenter une version externe, après avoir fait une échographie pour localiser le placenta et confirmer la présentation fœtale.

Pour qu'une version externe puisse être pratiquée, les conditions suivantes doivent être réunies :

- la grossesse date d'au moins 36 à 38 semaines – la version peut entraîner des complications qui commandent une césarienne immédiate (Cruikshank, 1999)[*];

- l'examen de réactivité fœtale (ERF) pratiqué immédiatement avant la version est réactif – ce qui indique que le fœtus se porte bien ;

- la présentation du siège n'est pas engagée – une fois qu'elle l'est, il devient difficile, sinon impossible, de pratiquer une version.

Les contre-indications sont les suivantes :

- problèmes maternels, comme des anomalies utérines, une hypertension gravidique ou des saignements au troisième trimestre ;

- complications de la grossesse, comme la rupture des membranes, l'oligoamnios, l'hydramnios ou le placenta prævia ;

- césarienne antérieure ou autre chirurgie utérine majeure ;

- grossesse multiple ;

- tracés de fréquence cardiaque fœtale (FCF) peu rassurants ou autre signe d'insuffisance utéroplacentaire ;

- anomalies fœtales, comme un retard de la croissance intra-utérine (RCIU) ou un cordon nucal ;

- grossesse de moins de 36 semaines ou de plus de 38 semaines.

Avant de commencer la version externe, on installe une perfusion intraveineuse afin de pouvoir administrer des médicaments, le cas échéant. La femme reçoit de la nitroglycérine en vaporisation pour faciliter la dilatation des vaisseaux. La version se fait sous échographie. En présence de douleur maternelle importante ou encore de bradycardie ou de décélérations de la FCF, il faut arrêter les manipulations.

Après la version, on installe un cardiotocographe (appareil qui mesure les contractions et les battements du cœur fœtal ; aussi appelé moniteur fœtal) pendant une heure afin de vérifier les contractions utérines et toute variation de la FCF. Dans

---

[*] Après 38 semaines, on pratique d'emblée une césarienne dans les cas de présentation du siège.

En recourant au moniteur fœtal électronique (MFE), à l'échographie ou aux deux techniques, l'infirmière évalue l'état du fœtus avant la version, puis à intervalles réguliers pendant la version et pendant au moins 60 minutes après. Elle doit également évaluer la réaction maternelle. Le protocole de suivi peut inclure le monitorage des contractions utérines et des mouvements fœtaux (décompte).

L'amniotomie

L'**amniotomie**, c'est-à-dire la rupture artificielle des membranes (RAM), est probablement le procédé chirurgical le plus courant en obstétrique. Le col doit être dilaté d'au moins 2 cm afin qu'on y insère un petit instrument appelé *amniotome* (ou *perce-membranes*). On peut pratiquer une amniotomie pour essayer de déclencher le travail ou, à n'importe quel moment au cours du premier stade, pour le stimuler (accélérer sa progression). Si le col est dilaté de plus de 3 cm, le procédé abrégera probablement le travail (Wolcott et Conry, 2000). L'amniotomie peut aussi se faire pendant le travail pour appliquer une électrode sur le cuir chevelu fœtal à des fins de monitorage interne de la FCF, pour insérer un cathéter intra-utérin à pression ou pour effectuer un prélèvement de sang au cuir chevelu fœtal en vue de déterminer l'état acidobasique du fœtus et de surveiller son pH. De plus, l'amniotomie permet d'évaluer la couleur et la composition du liquide amniotique. Santé Canada (2000) met en garde les professionnels de la santé contre l'amniotomie systématique pratiquée en début de travail, car celle-ci augmenterait les décélérations cardiaques fœtales.

Procédé de la rupture artificielle des membranes (RAM)

Pendant un toucher vaginal stérile, le médecin ou la sage-femme introduit dans le vagin un amniotome et pratique une petite incision des membranes pour permettre l'écoulement du liquide amniotique.

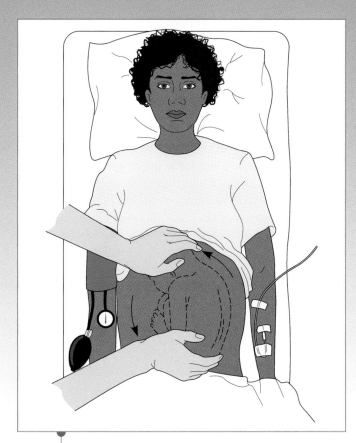

FIGURE 20-1 ▶ Version céphalique externe. La nouvelle technique consiste à exercer une pression sur la tête et les fesses du fœtus, de façon qu'il roule vers l'avant ou qu'il bascule vers l'arrière.

les cas d'anomalie sérieuse, on pratique une césarienne immédiatement.

Soins infirmiers

Au moment de l'admission, l'infirmière procède à une évaluation initiale complète en s'assurant qu'il n'y a aucune contre-indication à la version. Elle prend les signes vitaux maternels, puis fait un ERF – qui doit être réactif. Cette évaluation est une occasion idéale pour donner un enseignement à la femme et à son conjoint et pour répondre à leurs préoccupations. L'infirmière les incitera à dire ce qu'ils comprennent du procédé et ce qu'ils en attendent, elle soulèvera la possibilité que la version échoue et elle évoquera le léger risque de césarienne en cas de souffrance fœtale. En effet, lorsqu'on leur explique ce qui se produira dans chacune de ces éventualités, les parents sont mieux préparés à l'intervention chirurgicale, si elle s'avère nécessaire.

Pendant la version, l'infirmière continue à surveiller étroitement la tension artérielle, le pouls et le bien-être de la mère (la version peut être douloureuse).

Soins infirmiers

L'infirmière explique le procédé de la RAM, puis évalue la présentation, la position et la station du fœtus, l'amniotomie ne se pratiquant habituellement qu'une fois le fœtus engagé. La femme est installée en position semi-allongée et couverte pour ménager sa pudeur. L'infirmière évalue la FCF immédiatement avant et immédiatement après l'amniotomie, et compare les deux résultats ; en présence de changements marqués, elle s'assure qu'il n'y a pas de procidence du cordon (voir le chapitre 19). Elle évalue la quantité, la couleur et l'odeur du liquide amniotique, et vérifie s'il contient du méconium ou du sang. Cela fait, elle nettoie et assèche la vulve, puis change les serviettes et l'alaise sans enlever ses gants jetables. Après l'amniotomie, les micro-organismes peuvent monter librement dans l'utérus ; on fait donc le moins de touchers vaginaux possible pour réduire les risques d'infection, et on prend la température de la femme toutes les 2 heures. De plus, on enregistre la FCF toutes les 15 minutes jusqu'à l'accouchement.

L'infirmière doit expliquer à la parturiente que, grâce à l'amniotomie, la présentation fœtale appuie davantage sur le col et accentue le mécanisme de la dilatation. Il est aussi important qu'elle sache que le liquide amniotique se renouvelle constamment, car elle pourrait craindre un « accouchement à sec ».

La maturation du col

Gel de prostaglandine

Lorsqu'il y a une indication de déclenchement artificiel du travail chez une cliente à terme ou près du terme, on peut utiliser un gel de prostaglandine E_2 (PGE_2) en vue d'entraîner la **maturation du col** (ramollissement et effacement) (Plante, 1996). Les gels les plus utilisés sont le Prepidil et le Cervidil, deux préparations qui amènent le col à maturation, abrègent le travail et diminuent les doses d'ocytocine nécessaires pour le déclenchement du travail. Chez la plupart des femmes, l'accouchement par voie vaginale a lieu moins de 24 heures après l'administration de la prostaglandine (Oei, Lidewijde et Mol, 2000).

Il est préférable de n'utiliser le gel de prostaglandine que dans l'unité des naissances d'un centre hospitalier et de s'assurer de la disponibilité d'un obstétricien au cas où une césarienne d'urgence s'imposerait (American College of Obstetricans and Gynecologists [ACOG], 1998b). Pour plus d'informations, voir le *Guide pharmacologique : Dinoprostone (Cervidil)*.

Misoprostol (Cytotec)

Le misoprostol (Cytotec) est un analogue synthétique de la PGE_2 qu'on peut également utiliser pour amener le col à maturité et déclencher le travail. Il se présente sous forme de comprimés. Voici certaines de ses contre-indications (ACOG, 1999b) :

- présence de 3 contractions utérines en 10 minutes ;
- asthme maternel important ;

Guide pharmacologique — Dinoprostone (Cervidil)

Risques pendant la grossesse : catégorie C

Survol du mécanisme d'action fœtomaternel

Le dinoprostone est une forme naturelle de prostaglandine E_2. On peut l'utiliser à terme pour entraîner la maturation du col et pour stimuler le muscle lisse de l'utérus afin d'augmenter les contractions utérines. On peut utiliser un seul ovule pour amener le col à maturité, puis administrer de l'ocytocine (Forrest Pharmaceuticals inc., notice d'information, 1995 ; Zatuchi et Slupik, 1996).

Administration, posologie, fréquence

Un ovule contient 10 mg de dinoprostone. On insère l'ovule en travers du cul-de-sac postérieur du vagin. La cliente reste allongée pendant 1 ou 2 heures, après quoi elle peut se lever et marcher. Le dinoprostone se libère à un rythme d'environ 0,3 mg/h pendant 12 heures. Au début des contractions ou après 12 heures, on retire l'ovule en tirant sur le fil prévu à cet effet (Forrest Pharmaceuticals inc., notice d'information, 1995).

Contre-indications

- Cliente qui présente une sensibilité connue aux prostaglandines.
- Souffrance fœtale.
- Saignements inexpliqués durant la grossesse.
- Forte probabilité de disproportion fœtopelvienne.
- Cliente qui reçoit déjà de l'ocytocine.
- Cliente qui a déjà mené à terme 6 grossesses ou davantage.
- Cliente qu'on ne croit pas capable d'avoir un accouchement vaginal.

L'ovule vaginal de dinoprostone doit être utilisé avec *prudence* en cas de rupture des membranes, de présentation du siège, de glaucome ou d'antécédents d'asthme (Forrest Pharmaceuticals inc., notice d'information, 1995).

Effets indésirables chez la mère

Dans un très petit nombre de cas (2,8 % à 4,7 %), on a observé une hyperstimulation utérine avec ou sans souffrance fœtale. Moins de 1 % des clientes ont présenté de l'hyperthermie, des nausées, des vomissements, de la diarrhée ou des douleurs abdominales (Forrest Pharmaceuticals inc., notice d'information, 1995).

Effets indésirables chez le fœtus ou le nouveau-né

Souffrance fœtale (Zatuchi et Slupik, 1996).

Soins infirmiers

- Exclure la présence de contre-indications.
- Surveiller attentivement les signes vitaux maternels ainsi que la dilatation et l'effacement du col.
- S'assurer que le tracé de la FCF est rassurant (FCF de référence de 120 – 160 bpm, présence de variabilité passagère, variabilité moyenne, présence d'accélérations avec les mouvements fœtaux, absence de décélérations variables ou tardives).
- Retirer l'ovule en présence d'hyperstimulation utérine, de contractions utérines soutenues, de souffrance fœtale ou de tout autre effet indésirable chez la mère.

- cicatrice utérine ou antécédents de saignements durant la grossesse ;
- placenta prævia ;
- tracé de FCF inquiétant.

Soins infirmiers

Les médecins, les sages-femmes ainsi que les infirmières en obstétrique qui ont reçu une formation appropriée peuvent administrer les préparations de PGE$_2$ et le misoprostol. Après avoir informé la femme et la personne qui l'accompagne sur le procédé et répondu à leurs questions, l'infirmière prend les signes vitaux maternels pour établir leurs valeurs de référence, puis installe un moniteur fœtal électronique (MFE). Le tracé du MFE doit révéler une activité utérine minime ou nulle, une FCF rassurante et un ERF réactif. En l'absence de contractions utérines régulières, on insère dans le vagin un ovule de PGE$_2$ ou un comprimé de 25 mg de misoprostol. On demande à la femme de rester allongée sur le dos, la hanche droite surélevée, pendant un certain temps (habituellement au moins 1 heure), après quoi elle peut reprendre la position qui lui convient. L'infirmière surveille la cliente pendant au moins 2 heures après l'administration du médicament afin de déceler les signes d'hyperstimulation utérine ou les anomalies de la FCF (modifications de la FCF de référence, variabilité, décélérations) (Schmidt, 1999).

En présence de nausées et de vomissements ou de contractions d'une fréquence de plus de 2 minutes (ou d'une durée de plus de 75 secondes), on retire (si possible) ce qui reste de l'ovule de PGE$_2$.

■ Le déclenchement artificiel du travail

L'ACOG définit le **déclenchement artificiel du travail** comme la stimulation délibérée des contractions utérines avant le début du travail spontané, que les membranes soient rompues ou non, pour provoquer l'accouchement. Le déclenchement artificiel du travail peut être indiqué dans les cas suivants (ACOG, 1999a) :

- diabète ;
- néphropathie ;
- hypertension gravidique ;
- rupture prématurée des membranes ;
- antécédents de travail précipité ;
- chorioamniotite ;
- grossesse prolongée ;

- décollement prématuré du placenta sans souffrance fœtale ;
- mort fœtale in utero (MFIU) ;
- retard de la croissance intra-utérine (RCIU) ;
- allo-immunisation.

Toutes les contre-indications relatives au travail spontané et à l'accouchement vaginal s'appliquent au déclenchement artificiel du travail. S'y ajoutent notamment les contre-indications suivantes (ACOG, 1999a) :

- refus de la cliente ;
- placenta prævia ;
- position fœtale transverse ;
- incision utérine classique antérieure (incision verticale dans la partie supérieure de l'utérus) ou même toute césarienne antérieure ;
- infection herpétique génitale active ;
- certains cas d'infection maternelle au virus de l'immunodéficience humaine (VIH).

Avant de tenter de déclencher le travail, on doit s'assurer par une évaluation complète (incluant une évaluation de la maturité du fœtus et de l'état de préparation du col) que la femme et le fœtus sont prêts.

Conditions nécessaires au déclenchement du travail

Maturité du fœtus

La datation précise des dernières menstruations de la mère et les échographies en série constituent les meilleurs moyens de déterminer l'âge gestationnel du fœtus. Les analyses du liquide amniotique fournissent également des renseignements précieux sur sa maturité pulmonaire (voir le chapitre 14).

État de préparation du col

Les touchers vaginaux permettent de déterminer si le col a subi les modifications propices au déclenchement du travail. Bishop (1964) a mis au point un système de cotation servant à évaluer les chances de succès du déclenchement artificiel du travail (tableau 20-1). Selon ce système, on évalue la dilatation, l'effacement, la consistance et la position du col, de même que la station de la présentation fœtale, et on attribue à chacun de ces éléments une note de 0 à 3. Plus la note totale est élevée, plus le déclenchement du travail a de chances de réussir ; plus la note est basse, plus le taux d'échec est élevé. L'état de préparation du col est le facteur le plus important dans la réussite du déclenchement du travail (Cunningham *et al.,* 2001). La présence d'un col en position antérieure, mou, effacé à 50% et dilaté d'au moins 2 cm, et d'une tête fœtale à une station de − 1 à + 1 ou plus basse (note de 9 selon le système Bishop)

Tableau 20-1

Cotation de Bishop

Facteur	Note assignée			
	0	1	2	3
Dilatation du col	Fermé	1 – 2 cm	3 – 4 cm	5 cm ou plus
Effacement du col	0 – 30 %	40 % – 50 %	60 % – 70 %	80 % ou plus
Station fœtale	– 3	– 2	– 1	+ 1 ou plus basse
Consistance du col	Ferme	Moyenne	Molle	
Position du col	Postérieure	Médiane	Antérieure	

Source : Bishop, E. H. (1964). « Pelvic scoring for elective inductions », *Obstetrics and Gynecology, vol. 24*, p. 266.

est propice au déclenchement du travail (ACOG, 1995). Si le col n'est pas prêt, on pourra tenter de remédier à la situation en recourant à un procédé de maturation du col.

Déclenchement du travail par perfusion d'ocytocine

L'administration d'ocytocine est un moyen efficace de provoquer le début des contractions utérines et de déclencher le travail ; elle peut aussi servir à améliorer l'efficacité des contractions (**stimulation du travail**). On installe une ligne de perfusion intraveineuse primaire par laquelle on administre 1 000 mL d'une solution d'électrolytes (lactate de Ringer, par exemple). On ajoute ensuite 10 unités d'ocytocine (Syntocinon) à une perfusion intraveineuse secondaire. Le mélange ainsi obtenu contient 10 mU/mL d'ocytocine (une unité par 100 mL de soluté ; 1 mU/min ou 6 mL/h), et la dose prescrite se calcule facilement. Une fois la perfusion primaire commencée, on installe, dans l'orifice d'insertion de la ligne de perfusion primaire qui se trouve le plus près du point d'entrée du cathéter, une ligne de perfusion en Y contenant la solution d'ocytocine. La perfusion est ensuite administrée à l'aide d'un contrôleur volumétrique, qui permet un réglage précis du débit. La détermination du débit repose sur le protocole du médecin ou de la sage-femme et sur une évaluation attentive des contractions. Le but de la perfusion est de produire des contractions stables, d'une durée de 40 à 50 secondes, à toutes les 2 à 3 minutes. Entre les contractions, l'utérus doit se décontracter et retrouver son tonus de repos de référence. On évalue l'évolution du travail par les changements qui surviennent dans la dilatation et l'effacement du col, ainsi que dans la station fœtale.

Le déclenchement du travail par l'ocytocine comporte certains risques, notamment l'*hyperstimulation* de l'utérus, qui donne lieu à des contractions trop fréquentes ou trop intenses s'accompagnant d'une élévation du tonus de repos de l'utérus.

Les contractions hypertoniques peuvent réduire la perfusion placentaire et causer la souffrance fœtale. Parmi les autres risques, notons la rupture utérine et l'intoxication par l'eau (Wilson, Shannon et Strang, 2001).

Déclenchement du travail par misoprostol

Pour l'administration du misoprostol, on installe une perfusion intraveineuse afin de s'assurer un accès veineux en cas de besoin, et on insère un comprimé de 25 mg dans le cul-de-sac postérieur du vagin. Au besoin, on répète la dose toutes les 3 ou 4 heures jusqu'à ce qu'on obtienne au moins 3 contractions utérines en 10 minutes (ACOG, 1999b).

Soins infirmiers

L'enseignement doit porter sur le but du déclenchement du travail et la conduite de l'intervention, sur les soins infirmiers qu'elle nécessite, ainsi que sur les évaluations, les mesures de bien-être et les techniques de respiration auxquelles on pourra recourir pendant le travail. Quelle que soit la méthode utilisée, une observation attentive et des évaluations constantes et précises sont essentielles pour assurer à la femme et à son fœtus les meilleurs soins possibles. De plus, un obstétricien qualifié doit se tenir prêt à prendre en charge une éventuelle complication. Une fois que les contractions ont commencé, on pratique des touchers vaginaux pour évaluer la dilatation et l'effacement du col ainsi que la station fœtale. La fréquence de ces touchers vaginaux dépend surtout de la parité de la femme, de son niveau de bien-être et de l'intensité de ses contractions. Lorsqu'on évalue le besoin d'analgésie ou d'anesthésie, on doit pratiquer un toucher vaginal pour éviter d'administrer la médication trop tôt, ce qui risquerait de prolonger le travail, et pour déceler une dilatation importante et un accouchement imminent.

Au Québec, on utilise parfois le misoprostol dans les grossesses à terme, mais son emploi est plus courant dans les grossesses de moins de 20 semaines. Bien qu'on étudie, depuis 1993, l'utilisation du misoprostol (Cytotec) pour le déclenchement du travail, il n'existe toujours pas de protocole universel. Voici l'un des protocoles proposés (Wilson, 2000):

- Après chaque administration de Cytotec, établir les valeurs de référence des signes vitaux; par la suite, vérifier la tension artérielle, le pouls et la respiration d'abord toutes les 30 minutes (× 2), puis toutes les 4 heures (prendre la température toutes les 2 heures si les membranes sont rompues).
- Pratiquer des touchers vaginaux au rythme habituel pour évaluer l'état du col et la présentation fœtale.
- Installer un moniteur fœtal et faire un examen de réactivité fœtale.
- Surveiller l'activité utérine et la FCF continuellement durant 1 à 2 heures (selon l'établissement); si les résultats sont rassurants, la femme pourra être autorisée à marcher jusqu'à ce qu'on lui administre la prochaine dose.
- Installer une perfusion intraveineuse et administrer les liquides intraveineux selon l'ordonnance ou selon le temps et la progression du travail indiqués dans votre centre de naissance.
- En cas de rupture des membranes, attendre 2 heures avant d'administrer une autre dose de misoprostol (et surveiller l'activité utérine).
- L'ocytocine peut être administrée 2 heures après la dernière dose de misoprostol.

Dans le cas de l'ocytocine, les protocoles recommandent d'obtenir avant le début de la perfusion:

- des données de référence (température, pouls, respirations et tension artérielle de la mère);
- un tracé du cardiotocographe (monitorage fœtal électronique) montrant une FCF rassurante pendant 20 à 30 minutes et un ERF réactif;
- une évaluation des contractions utérines par monitorage électronique et/ou examen manuel. Le moniteur fœtal permet d'obtenir des données continues.

Avant chaque augmentation du débit de la perfusion, l'infirmière doit procéder aux évaluations suivantes:

- tension artérielle et pouls de la mère;
- fréquence, intensité et durée des contractions, et tonus de repos de l'utérus;
- valeur de référence, variabilité et réactivité de la FCF – noter la présence d'accélérations, de décélérations, de bradycardie ou de tachycardie.

L'installation d'une perfusion intraveineuse est importante. On administre d'abord un lactate de Ringer, puis, en dérivation, un autre soluté contenant l'ocytocique. Si l'ocytocique (Prostin) est donné en comprimés sublinguaux, on peut attendre pour installer la perfusion intraveineuse.

Pour des informations supplémentaires sur les interventions infirmières durant l'administration d'ocytocine, consulter le *Guide pharmacologique: Ocytocine (Syntocinon)* et le *Cheminement clinique pour le déclenchement artificiel du travail.*

Exercice de pensée critique

Vous êtes infirmière dans une unité de naissances et vous vous occupez de Linda Carrière, gravida 2, para 1, pendant qu'on lui administre une perfusion d'ocytocine pour déclencher le travail. Linda reçoit le médicament par contrôleur volumétrique depuis 4 heures, et le débit actuel est de 6 mU/min (36 mL/h). Vous venez de faire une évaluation dont les résultats sont les suivants: TA 120/80, pouls 80, respirations 16, contractions fortes d'une durée de 60 s toutes les 3 min; FCF de référence 144 – 150, avec variabilité continue moyenne; dilatation cervicale de 6 cm. Allez-vous conserver le même débit, l'augmenter ou le diminuer?

Voir les réponses à l'appendice F.

Méthodes holistiques pour favoriser la maturation du col et le déclenchement du travail

Outre les procédés médicaux (allopathiques) que nous venons de décrire, il existe des moyens plus naturels et moins effractifs pour favoriser la maturation du col et le déclenchement du travail. Ce sont notamment: le coït et la stimulation des mamelons ou des seins (par la femme elle-même ou par son conjoint), les herbes médicinales, l'huile de ricin ou les lavements, l'acupuncture; le stripping ou le balayage des membranes amniotiques et la dilatation mécanique du col à l'aide de cathéters à ballonnets (Summers, 1997). Les précautions et les contre-indications relatives à ces méthodes naturelles sont les mêmes que pour toute autre méthode de déclenchement du travail.

Bien qu'elles soient rarement mentionnées dans les manuels de médecine et de soins infirmiers, les méthodes naturelles sont très efficaces (Summers, 1997). Nombreuses sont les sages-femmes et leurs clientes qui favorisent une approche moins médicalisée de l'accouchement et privilégient autant que possible les méthodes naturelles. Il est important que les étudiantes en soins infirmiers, les infirmières et les clientes soient sensibilisées à tous les aspects des soins relatifs à la grossesse.

Le coït est un moyen logique d'amener le col à maturité et de déclencher le travail; en effet, l'orgasme féminin stimule les contractions et le sperme est riche en prostaglandines. De plus, la stimulation des seins et des mamelons, qui fait souvent partie

Guide pharmacologique   Ocytocine (Syntocinon)

Survol du mécanisme d'action obstétrical

L'ocytocine (Syntocinon) exerce un effet stimulant électif sur le muscle lisse de l'utérus et sur les vaisseaux sanguins. Elle augmente l'excitabilité des cellules du myomètre utérin, ce qui accroît la force des contractions et favorise la propagation rythmique de la contraction (mouvement de la contraction d'une cellule du myomètre à l'autre). Ses effets sur la contraction utérine dépendent de la posologie et de l'excitabilité des cellules du myomètre. Durant la première moitié de la grossesse, le myomètre est peu excitable, et l'utérus est donc assez résistant aux effets de l'ocytocine. Toutefois, à partir de la deuxième moitié de la grossesse, il devient de plus en plus sensible à l'ocytocine exogène administrée par voie intraveineuse. Lorsque la grossesse arrive à terme, une administration intraveineuse prudente d'ocytocine diluée provoque une lente augmentation de l'activité utérine.

La demi-vie de l'ocytocine circulante est de 3 à 5 minutes; il faut environ 40 minutes pour qu'une dose d'ocytocine produise une concentration plasmatique stable.

L'ocytocine peut produire des effets importants sur l'appareil cardiovasculaire. On peut observer une diminution initiale de la tension artérielle, mais une administration prolongée peut produire une augmentation de 30 % par rapport à sa valeur de référence. Le débit cardiaque et le volume systolique augmentent. À des doses de 20 mU/min ou plus, l'effet antidiurétique de l'ocytocine entraîne une diminution des échanges d'eau libre dans les reins et une diminution importante du débit urinaire.

On utilise l'ocytocine pour déclencher le travail à terme ainsi que pour augmenter les contractions utérines aux premier et deuxième stades du travail. On peut également s'en servir immédiatement après l'accouchement pour stimuler les contractions utérines et corriger ainsi l'atonie utérine.

Administration, posologie, fréquence

Pour déclencher le travail

Ajouter 10 unités de Syntocinon (1 mL) à 1 000 mL de solution intraveineuse (1 unité/100 mL de solution). Administrer par voie intraveineuse au moyen d'un contrôleur volumétrique, en commençant par 0,5 – 1 mU/min et en augmentant le débit de 1 – 2 mU/min toutes les 40 à 60 min – ou encore en commençant par 1 – 2 mU/min et en augmentant lentement de 1 mU/min toutes les 15 min (4 gouttes/min si la tubulure est calibrée à 10 gouttes/mL) – jusqu'à l'apparition de contractions nettes et régulières (d'une durée de 40 à 60 secondes toutes les 2 à 3 minutes).

Contre-indications chez la mère

- Prééclampsie ou éclampsie grave (hypertension gravidique).
- Prédisposition à la rupture de l'utérus (nullipare de plus de 35 ans, multigeste (4 grossesses ou plus), surdistension de l'utérus (hydramnios, grossesse gémellaire, etc), antécédents d'intervention chirurgicale majeure au col ou à l'utérus).
- Disproportion fœtopelvienne.
- Présentation ou position fœtale dystocique, procidence du cordon.
- Prématurité.
- Rigidité, immaturité du col, placenta prævia recouvrant.
- Souffrance fœtale.

Effets indésirables chez la mère

La stimulation excessive de l'utérus entraîne une hypercontractilité qui peut provoquer les problèmes suivants :

- décollement prématuré du placenta;

- diminution de l'irrigation sanguine de l'utérus provoquant une hypoxie fœtale;
- travail rapide provoquant des déchirures du col;
- travail et accouchement rapides provoquant des déchirures du col, du vagin et du périnée, une atonie utérine, un trauma fœtal;
- rupture de l'utérus;
- intoxication par l'eau (nausées, vomissements, hypotension, tachycardie, arythmie cardiaque) si l'ocytocine est diluée dans une solution sans électrolytes ou administrée à un débit supérieur à 20 mU/min; hypotension à la suite d'une administration intraveineuse rapide après l'accouchement.

Effets indésirables chez le fœtus ou le nouveau-né

Les effets chez le fœtus proviennent surtout de l'hypercontractilité de l'utérus, qui diminue l'apport d'oxygène au fœtus et se manifeste par des irrégularités dans la fréquence cardiaque fœtale (FCF) ou par son ralentissement. On observe aussi les problèmes suivants :

- hyperbilirubinémie;
- traumas consécutifs à un accouchement rapide.

Soins infirmiers

- Expliquer à la cliente le procédé du déclenchement ou de la stimulation du travail.
- Avant de commencer la perfusion intraveineuse d'ocytocine, installer le moniteur fœtal et obtenir un tracé de 15 à 20 min ainsi qu'un examen de réactivité fœtale (ERF) pour évaluer la FCF.
- Pour déclencher ou stimuler le travail, installer d'abord la perfusion intraveineuse primaire et y raccorder la perfusion secondaire contenant l'ocytocine et le contrôleur volumétrique.
- Assurer un monitorage continu du fœtus et des contractions utérines.
- Le débit maximal est de 40 mU/min (ACOG, 1999a). Les protocoles ne recommandent pas tous une dose maximale. Dans les cas où elle est indiquée, la dose maximale se situe généralement entre 16 et 40 mU/min. Une fois que le col est dilaté de 5 – 6 cm, diminuer la dose d'ocytocine selon la même progression que pour son augmentation. Les protocoles peuvent varier d'un établissement à l'autre.
  0,5 mU/min = 3 mL/h
  1,0 mU/min = 6 mL/h
  1,5 mU/min = 9 mL/h
   2 mU/min = 12 mL/h
   4 mU/min = 24 mL/h
   6 mU/min = 36 mL/h
   8 mU/min = 48 mL/h
  10 mU/min = 60 mL/h
  12 mU/min = 72 mL/h
  15 mU/min = 90 mL/h
  18 mU/min = 108 mL/h
  20 mU/min = 120 mL/h
- Avant chaque augmentation du débit de la perfusion d'ocytocine, évaluer la FCF, la tension artérielle et le pouls de la mère (selon le protocole du centre de naissance) ainsi que la fréquence et la durée des contractions utérines et le tonus de repos de l'utérus.
- Inscrire toutes les données recueillies et le débit de la perfusion intraveineuse sur la bande du moniteur et au dossier de la cliente.
- Noter le débit de la perfusion d'ocytocine en milliunités à la minute et en millilitres à l'heure (par exemple 0,5 mU/min [3 mL/h]).
- Évaluer la dilatation du col au besoin.

Guide pharmacologique — Ocytocine (Syntocinon) *(suite)*

Soins infirmiers (suite)

- Administrer des mesures de bien-être.

- Interrompre la perfusion intraveineuse d'ocytocine et administrer la solution contenue dans la ligne de perfusion primaire dans les cas suivants : 1) souffrance fœtale (bradycardie, décélérations tardives ou variables) ; 2) contractions utérines d'une fréquence de plus de 2 minutes ; 3) contractions utérines d'une durée de plus de 60 secondes ; 4) relaxation insuffisante de l'utérus entre les contractions ou augmentation constante du tonus de repos (ACOG, 1999a). Ensuite, demander à la cliente de se tourner sur le côté gauche et, s'il y a souffrance fœtale, administrer de l'oxygène par masque facial bien ajusté, à un débit de 7 – 10 L/min ; prévenir le médecin ou la sage-femme.

- Noter les ingesta et les excreta (selon le protocole du centre de naissance).

Pour stimuler le travail

Préparer et administrer la perfusion intraveineuse d'ocytocine de la même manière que pour déclencher le travail. Augmenter le débit jusqu'à ce que les contractions soient de bonne qualité. Augmenter le débit graduellement à des intervalles d'au moins 30 minutes jusqu'à un maximum de 10 mU/min (Cunningham *et al.*, 2001). Dans certains établissements ou dans les cas où il faut restreindre l'administration de liquides, on peut utiliser une solution plus concentrée. Lorsqu'on ajoute 10 U de Syntocinon à 500 mL de solution intraveineuse, la concentration obtenue est de 1 mU/min = 3 mL/h. Si on ajoute 10 U de Syntocinon à 250 mL de solution intraveineuse, la concentration est de 1 mU/min = 1,5 mL/h. Comme cette concentration risque de provoquer des contractions très fortes et un décollement placentaire, elle n'est indiquée que dans de très rares cas.

Pendant le travail

- Administrer une dose de 10 unités de Syntocinon (1 mL) par voie intramusculaire et/ou l'ajouter à une solution intraveineuse pour une perfusion continue.

- Avant chaque augmentation du débit de la perfusion d'ocytocine, évaluer la FCF, la tension artérielle et le pouls de la mère, la fréquence et la durée des contractions utérines ainsi que le tonus de repos de l'utérus.

- Inscrire toutes les données recueillies et le débit d'administration intraveineuse sur la bande du moniteur et au dossier de la cliente. Inscrire le débit de la perfusion d'ocytocine en milliunités à la minute et en millilitres à l'heure (par exemple 0,5 mU/min [3 mL/h]).

- Afin de permettre l'interprétation et l'évaluation des tracés, noter sur la bande du moniteur toutes les activités de la cliente (changements de position, vomissements, etc.), de même que les interventions ou les mesures de bien-être (amniotomie, touchers vaginaux stériles, bain dans une baignoire de massage, etc.) utilisées et les analgésiques ou les anesthésiques (anesthésie épidurale) administrés.

- Évaluer la dilatation du col au besoin.

- Administrer des mesures de bien-être.

- Interrompre la perfusion intraveineuse d'ocytocine et administrer la solution primaire dans les cas suivants : 1) souffrance fœtale (bradycardie, décélérations tardives ou variables) ; 2) contractions utérines d'une fréquence de plus de 2 minutes ; 3) contractions utérines d'une durée de plus de 60 secondes ; 4) relaxation insuffisante de l'utérus entre les contractions ou augmentation constante du tonus de repos (ACOG, 1999a). Ensuite, demander à la cliente de se tourner sur le côté gauche et, s'il y a souffrance fœtale, administrer de l'oxygène par masque facial bien ajusté, à un débit de 7–10 L/min ; prévenir le médecin ou la sage-femme.

- Noter les ingesta et les excreta et les évaluer toutes les heures (ou selon le protocole du centre de naissance).

Cheminement clinique — pour le déclenchement artificiel du travail

Catégorie	Soins immédiats	Résultats
Orientation	Consulter le dossier prénatal Prévenir la sage-femme ou le médecin Anesthésie	**Résultat escompté** Les ressources appropriées seront trouvées et utilisées.
Évaluation	Grossesses antérieures, grossesse actuelle et préparation à l'accouchement Âge gestationnel estimatif du fœtus Évaluer la réaction émotionnelle de la cliente au déclenchement artificiel du travail et ses connaissances sur le procédé envisagé Évaluer la connaissance des techniques de respiration ; si la femme n'en a appris aucune, fournir l'enseignement nécessaire avant de commencer la perfusion d'ocytocine	**Résultat escompté** Les complications tant potentielles que réelles seront décelées.
Enseignement/Aspects psychosociaux	Offrir du soutien émotionnel en donnant de l'enseignement et en répondant aux questions	**Résultat escompté** La femme dira ou montrera qu'elle comprend les informations données.

TA = tension artérielle ; bpm = battements par minute ; EO = épreuve à l'ocytocine ; FCF = fréquence cardiaque fœtale ;
IV = intraveineuse ; ERF = examen de réactivité fœtale ; prn = au besoin.

Cheminement clinique pour le déclenchement artificiel du travail *(suite)*

Catégorie	Soins immédiats	Résultats
Soins infirmiers et notes au dossier	Examen de l'utérus (manœuvre de Léopold pour déterminer la taille et la position du fœtus) Toucher vaginal pour évaluer l'état de préparation du col : • col mûr : mou au toucher, en position médiane ou antérieure, effacé à plus de 50 %, dilaté de 2 à 3 cm • col non mûr : ferme au toucher, long et épais, peut être en position postérieure, peu ou pas dilaté Présence de contractions Membranes intactes ou rompues Signes vitaux maternels et monitorage des contractions et de la FCF pendant 20 min pour évaluer le bien-être fœtal avant de déclencher le travail Épreuves diagnostiques : • épreuve de maturité fœtale (rapport lécithine/sphingomyéline [L/S], taux de créatinine, échographie, ERF, EO, profil biophysique • analyses du sang maternel (hémogramme, hémoglobine, hématocrite, groupe sanguin, facteur Rh) • analyses d'urine Surveiller l'apparition des manifestations suivantes : nausée, vomissement, hypotension, tachycardie, arythmie cardiaque, céphalée, confusion mentale, diminution de la diurèse Surveiller la FCF par monitorage fœtal électronique continu : ne pas commencer la perfusion ni en augmenter le débit (si elle est déjà commencée) si la FCF ne se situe pas entre 120 et 160 bpm, s'il y a des décélérations ou si la variabilité diminue Évaluer et noter la TA et le pouls de la mère avant de commencer la perfusion, puis avant chaque augmentation de son débit ; ne pas augmenter le débit en présence d'hypertension ou d'hypotension maternelle ou de changements radicaux dans la fréquence du pouls Si la femme souffre d'hypotension : • lui demander de rester allongée sur le côté (l'autoriser à changer de côté) • interrompre la perfusion d'ocytocine • augmenter le débit de la perfusion primaire • surveiller la FCF • prévenir le médecin ou la sage-femme • chercher la cause de l'hypotension Évaluer et noter la fréquence, la durée et l'intensité des contractions avant chaque augmentation du débit de la perfusion Arrêter la perfusion dans les cas suivants : • fréquence des contractions supérieure à 2 min • durée des contractions supérieure à 90 s • absence de relaxation de l'utérus entre les contractions Augmenter le débit de la perfusion intraveineuse toutes les 15 min jusqu'à l'obtention de contractions adéquates. Ne pas dépasser un débit de 20 – 40 mL/min (*Note* : Selon les protocoles, la fréquence recommandée pour l'augmentation du débit de la perfusion va de 15 à 60 min. Pour des lignes directrices, voir ACOG (1999a) et consulter le protocole de votre centre de naissance.) Effectuer les contrôles suivants pour s'assurer que la perfusion d'ocytocine est en cours : vérifier si le contrôleur volumétrique fonctionne, si les chambres se remplissent et se vident, si le niveau de liquide baisse dans le sac pour perfusion IV. Corriger tout problème décelé et recommencer la perfusion à la dose initiale. Vérifier fréquemment le principal point de perfusion IV. S'assurer que la ligne de perfusion secondaire est perméable (soluté avec ocytocique) et que la ligne de perfusion primaire (liquide IV, lactate de Ringer) est fermée Au besoin, faire un toucher vaginal pour évaluer la dilatation du col Surveiller continuellement la FCF (valeurs normales : 120 – 160 bpm) En présence d'épisodes de bradycardie (<120 bmp) de plus de 30 s, administrer de l'oxygène par masque facial (7 – 10 L/min) Arrêter la perfusion d'ocytocine. Si la FCF ne revient pas rapidement à la normale, demander à la femme de s'allonger sur le côté gauche Évaluer soigneusement la tachycardie fœtale (>160 bpm). Une tachycardie prolongée peut exiger l'arrêt de la perfusion d'ocytocine. Évaluer la présence de méconium dans le liquide amniotique. Donner de l'oxygène à la mère et la faire tourner sur le côté gauche. Prévenir le médecin	**Résultats escomptés** Le travail et l'accouchement se dérouleront sans problème. Les complications seront prises en charge efficacement et les risques de complications seront réduits.

Cheminement clinique pour le déclenchement artificiel du travail *(suite)*

Catégorie	Soins immédiats	Résultats
Activité	Marche jusqu'à une dilatation de 5 à 10 cm, puis alitement (ou position d'accouchement choisie) Décubitus latéral gauche ou semi-Fowler Inciter la cliente à changer de position, mais à éviter de se coucher sur le dos	**Résultat escompté** L'activité sera personnalisée.
Bien-être	Aider la femme à pratiquer ses techniques de respiration Encourager l'effleurage, le massage du dos et d'autres mesures de bien-être Évaluer la nécessité de recourir à l'analgésie ou à l'anesthésie	**Résultat escompté** Le bien-être de la femme restera optimal.
Nutrition	Liquides IV ou solution de lactate de Ringer Glace concassée et liquides clairs Autres aliments en consultation avec la mère (Santé Canada, 2000)	**Résultat escompté** Les besoins nutritionnels et liquidiens de la femme seront comblés.
Élimination	Encourager la cliente à uriner toutes les 2 à 3 h ; surveiller et consigner les ingesta et les excreta (s'il s'agit d'une pratique courante dans votre centre de naissance)	**Résultat escompté** Les ingesta et les excreta demeureront dans les limites de la normale.
Médicaments	Commencer la perfusion IV primaire selon l'ordonnance Administrer l'octytocine dans une solution contenant des électrolytes (perfusion d'ocytocine raccordée à la perfusion primaire le plus près possible du point d'injection) Médicaments antidouleur prn (analgésiques ou anesthésiques)	**Résultat escompté** Le déclenchement ou la stimulation du travail sera conforme aux paramètres prévus.
Planification du congé/ Continuité des soins	Remise des documents suivants : • *Mieux vivre avec son enfant de la naissance à deux ans* • Certificat de naissance (enregistrement civil) Vérification du siège d'auto (marque/année de fabrication, etc.) et conseils d'usage sur la façon d'y installer le nouveau-né Visite des frères et sœurs (observation de leurs réactions au nouveau membre de la famille) Information sur les ressources disponibles dans la région Transfert des données au CLSC	**Résultat escompté** Un enseignement individualisé sera donné avant le congé.
Famille et réseau de soutien	Visite des proches selon les règles de l'établissement Encourager le conjoint ou le proche à rester près de la femme et à l'aider à faire ses respirations	**Résultat escompté** La participation du conjoint ou du proche sera optimale.
Date		

des rapports sexuels, entraîne la production d'une ocytocine endogène qui stimule les contractions utérines (Summers, 1997).

Il existe moins de recherches scientifiques sur les herbes médicinales et les préparations homéopathiques que sur les autres méthodes naturelles. Il est donc essentiel d'avoir soi-même une connaissance approfondie de leurs effets ou de consulter un herboriste ou un homéopathe qualifié pour prescrire ce genre de préparations en fin de grossesse (McFarlin *et al.*, 1999).

Ce n'est pas d'hier que les femmes recourent à l'huile de ricin pour déclencher l'accouchement, mais l'utilisation de cette substance à cette fin a été peu étudiée. On ignore par quel mécanisme l'huile de ricin stimule les contractions utérines. Certains praticiens n'y voient qu'un remède de bonne femme inutile et désuet, mais d'autres affirment qu'il est particulièrement efficace chez les primigestes (Summers, 1997).

 ## L'amnio-infusion

L'**amnio-infusion (AI)** est un procédé qui consiste à introduire une solution saline ou une solution de lactate de Ringer tiédie dans l'utérus à l'aide d'un cathéter à pression intra-utérin (CPIU). On peut recourir à l'amnio-infusion pendant le travail pour accroître le volume de liquide dans les cas d'oligoamnios, quand la compression du cordon entraîne la décélération de la FCF et la souffrance fœtale ; le coussin formé par l'addition de liquide soulage la compression du cordon ombilical et augmente la perfusion utéroplacentaire. On peut également pratiquer une amnio-infusion pour diluer les quantités modérées ou importantes de méconium que libère dans l'utérus un fœtus stressé ; utilisée à cette fin, l'amnio-infusion diminue de façon importante la quantité de méconium présente après l'accouchement et réduit son aspiration ; si le fœtus inhale du méconium dans le liquide amniotique lors de l'accouchement, des problèmes respiratoires graves et la pneumonie peuvent en résulter. Enfin, l'amnio-infusion peut aussi être indiquée dans les cas de travail prématuré avec rupture prématurée des membranes (Schmidt, 1997).

Soins infirmiers

L'infirmière est souvent la première personne à déceler les changements dans la fréquence cardiaque fœtale associés à la compression du cordon ou à constater que le liquide amniotique est teinté de méconium. Lorsqu'on soupçonne une compression du cordon, l'intervention immédiate qui s'impose est d'aider la cliente à changer de position. Si cette mesure ne suffit pas à ramener la FCF à la normale, on peut envisager une amnio-infusion.

L'infirmière apporte son assistance lors de l'amnio-infusion, évalue les signes vitaux et les contractions de la parturiente et surveille la fréquence cardiaque du fœtus par monitorage continu. Il est important d'informer continuellement la parturiente et son conjoint de l'évolution de la situation et de répondre au fur et à mesure à leurs questions. Les mesures de bien-être et les changements de position deviennent cruciaux lors d'une amnio-infusion, car la cliente est alitée. De plus, en raison de l'écoulement vaginal constant, l'infirmière doit fréquemment nettoyer le périnée et changer les alaises.

■ L'épisiotomie

L'**épisiotomie** consiste en une incision chirurgicale du périnée destinée à agrandir l'orifice vaginal. Au deuxième rang des procédés les plus courants en obstétrique, l'épisiotomie a longtemps été pratiquée parce qu'on croyait qu'elle prévenait les lacérations du périnée et l'étirement des tissus périnéaux (Peleg *et al.*, 1999). Bien qu'encore très répandue, la pratique systématique de l'épisiotomie est maintenant sérieusement remise en question. En effet, des recherches indiquent que : 1) loin de protéger le périnée des lacérations, l'épisiotomie augmente le risque de déchirures périnéales profondes ; 2) les lacérations périnéales guérissent plus rapidement que les déchirures périnéales profondes (Keane, 1997).

Les études cliniques révèlent que l'incidence du trauma périnéal majeur (déchirures s'étendant jusqu'au sphincter anal ou au-delà) est quatre fois plus élevée lorsqu'on pratique une épisiotomie médiane (Maier et Maloni, 1997) et que le trauma risque de se reproduire lors des accouchements ultérieurs (Peleg *et al.*, 1999). De plus, l'épisiotomie peut donner lieu à d'autres complications : perte de sang, infection ainsi que douleurs et malaises périnéaux – y compris pendant les relations sexuelles – qui peuvent persister des jours ou des semaines après l'accouchement (Peleg *et al.*, 1999).

Facteurs de prédisposition à l'épisiotomie

Certains facteurs augmentent le risque d'épisiotomie : une première grossesse, un fœtus gros ou macrosomique, une position occipitopostérieure, le recours aux forceps ou à la ventouse obstétricale, de même que la dystocie de l'épaule. D'autres facteurs de risque peuvent être atténués par les infirmières et les médecins ou les sages-femmes :

- privilégier la position gynécologique ou toute autre position allongée (cause un étirement excessif et inégal du périnée) ;
- encourager ou exiger que la parturiente retienne longuement sa respiration pendant les efforts expulsifs du deuxième stade (cause un étirement périnéal rapide et excessif ; peut produire un effet néfaste sur le débit sanguin tant chez la mère que chez le fœtus ; oblige la femme à faire des efforts expulsifs quand le personnel soignant l'y incite plutôt que quand elle en ressent spontanément l'envie) ;
- imposer arbitrairement une limite à la durée du deuxième stade.

Mesures préventives

Voici quelques conseils qui peuvent contribuer à réduire la fréquence des épisiotomies de routine :

- pratiquer les exercices de Kegel durant la grossesse pour améliorer le tonus vaginal ;
- pratiquer des massages périnéaux durant la grossesse (Labrecque *et al.*, 1999) ;
- privilégier les efforts expulsifs spontanés durant le travail ; éviter la position gynécologique ou s'abstenir de tirer les jambes vers l'arrière (car cela contracte le périnée) (England et Horowitz, 1998 ; De Gasquet, 1998) ;
- privilégier la position allongée sur le côté pendant les efforts expulsifs, ce qui aide à ralentir l'expulsion du fœtus et à réduire le risque de déchirure (England et Horowitz, 1998) ;
- appliquer des compresses chaudes ou tièdes sur le périnée et exercer une contrepression ferme.

Procédé de l'épisiotomie

On trouve deux types d'épisiotomie dans la pratique courante : l'épisiotomie médiane et l'épisiotomie médiolatérale (figure 20-2 ▶). On pratique l'épisiotomie à l'aide de ciseaux

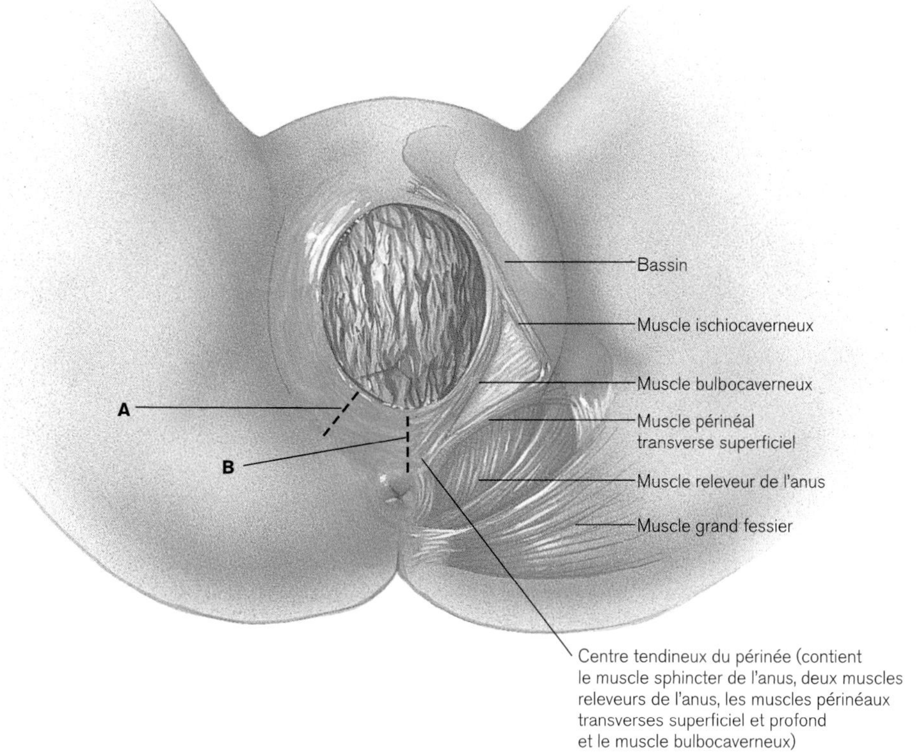

Bassin

Muscle ischiocaverneux

Muscle bulbocaverneux

Muscle périnéal transverse superficiel

Muscle releveur de l'anus

Muscle grand fessier

Centre tendineux du périnée (contient le muscle sphincter de l'anus, deux muscles releveurs de l'anus, les muscles périnéaux transverses superficiel et profond et le muscle bulbocaverneux)

FIGURE 20-2 Les deux types les plus courants d'épisiotomie sont l'épisiotomie médiane et l'épisiotomie médiolatérale. **A.** Épisiotomie médiolatérale droite. **B.** Épisiotomie médiane.

bien aiguisés à bouts ronds juste avant l'accouchement, lorsqu'on peut voir 3 à 4 cm de la tête fœtale durant une contraction (Cunningham *et al.,* 2001). L'incision part de la ligne médiane du centre tendineux du périnée et s'étend soit en ligne droite vers le bas, soit en direction médiolatérale (vers la droite ou la gauche) selon un angle de 45°.

L'épisiotomie se pratique généralement sous anesthésie locale ou régionale, mais peut se faire sans anesthésie en cas d'urgence. On considère en général que la distension des tissus au moment où la présentation est couronnée cause un engourdissement. La suture de l'épisiotomie (épisiorraphie) et des déchirures périnéales se fait soit entre la naissance du nouveau-né et l'expulsion du placenta, soit après l'expulsion du placenta. L'intervention exige l'administration d'un anesthésique adéquat.

Soins infirmiers

La femme a besoin de soutien tant au cours de l'épisiotomie que de la suture, car elle peut éprouver une sensation de pression. Si l'anesthésie est insuffisante, elle peut ressentir de la douleur. L'infirmière pourra lui mettre une main sur l'épaule et lui parler pour la réconforter et la distraire pendant la suture. Si la douleur devient difficile à supporter, elle doit intervenir en faveur de la

cliente et communiquer ses besoins au médecin ou à la sage-femme. En tout temps, c'est à la femme de décider si la douleur est supportable ou non. On ne doit jamais lui dire « Cela ne fait pas mal », car c'est elle qui ressent la douleur, et on doit respecter l'évaluation qu'elle en fait.

L'infirmière note au dossier obstétrical le type d'épisiotomie pratiqué et transmet l'information au personnel qui prendra la relève, afin qu'il procède aux évaluations requises et prenne les mesures qui s'imposent pour soulager la femme.

Immédiatement après l'accouchement, on peut soulager la douleur en appliquant un sac de glace sur le périnée. On obtiendra un soulagement optimal en le laissant en place de 20 à 30 minutes, puis en le retirant et en attendant une vingtaine de minutes au moins avant de recommencer l'application. L'infirmière inspecte fréquemment les tissus du périnée afin d'éviter qu'ils soient endommagés par la glace. Dans l'heure qui suit l'accouchement, elle doit examiner attentivement le siège de l'épisiotomie toutes les 15 minutes pour déceler la rougeur, l'œdème, la sensibilité et les hématomes. Les soins du post-partum devront inclure un enseignement à la cliente sur les soins d'hygiène périnéale et les mesures de bien-être.

Les infirmières doivent savoir que la douleur périnéale peut persister pendant un certain temps. Chez de nombreuses femmes, elle reste importante au cours de la semaine qui suit l'accouchement; chez d'autres, elle persiste jusqu'à 8 semaines et, dans 10 % des cas, elle dure beaucoup plus longtemps (Glazener,

1997). On ne doit pas négliger cette douleur, car les femmes qui souffrent pendant une longue période ont tendance à avoir des problèmes d'allaitement et de dépression, et hésitent à reprendre leurs activités sexuelles.

Les infirmières doivent intervenir afin de promouvoir la pratique élective de l'épisiotomie plutôt que sa pratique systématique. Chaque infirmière a le devoir de se tenir au courant des recherches et des données nouvelles afin de maintenir la qualité actuelle des normes de sa profession.

L'accouchement par application de forceps

Les **forceps** sont des instruments chirurgicaux conçus pour faciliter l'expulsion du fœtus soit en le tirant, soit en tournant sa tête pour l'amener en position occipitoantérieure. Tant dans les publications médicales que dans la pratique, *l'accouchement par application de forceps* est aussi appelé *accouchement instrumental* ou *accouchement vaginal opératoire*. Il existe trois types d'application de forceps :

1. *l'application de forceps de dégagement* se pratique lorsque le crâne fœtal a atteint le périnée, que le cuir chevelu est visible et que la suture sagittale forme un angle de 45° ou moins avec la ligne médiane ;

2. *l'application basse de forceps* se pratique quand la station de la présentation est à + 2 ou plus ;

3. *l'application moyenne de forceps* se pratique quand le crâne fœtal est engagé.

L'application de forceps peut être indiquée en présence de tout problème qui menace la mère ou le fœtus et auquel l'accouchement peut remédier. Chez la mère, il peut s'agir de cardiopathie, d'œdème pulmonaire, d'infection ou d'épuisement ; chez le fœtus, de décollement prématuré du placenta ou de souffrance fœtale. On peut utiliser électivement les forceps pour abréger la deuxième période du travail et améliorer l'efficacité des efforts expulsifs de la parturiente, ou encore, quand l'anesthésie régionale ou générale a touché ses nerfs moteurs, de sorte que ses efforts expulsifs sont inefficaces.

Certaines conditions doivent être réunies pour qu'on puisse appliquer les forceps (Charles, 1999) :

- le col doit être complètement dilaté et on doit connaître la position et la station exactes de la tête fœtale ;
- les membranes doivent être rompues pour qu'on puisse saisir fermement la tête fœtale, laquelle doit se présenter par le sommet ou la face ;
- on doit connaître le type de bassin de la mère, car certains types de bassin ne permettent pas la rotation ;

- la vessie de la mère doit être vide, et on doit avoir administré une anesthésie adéquate ;
- il ne doit pas y avoir la moindre disproportion fœto-pelvienne.

Risques pour la mère et le nouveau-né

Certains nouveau-nés peuvent présenter une petite zone d'ecchymose et/ou d'œdème sur les côtés du visage à la suite de l'application de forceps. On observe parfois une bosse sérosanguine, un céphalhématome (suivi d'hyperbilirubinémie) ou une paralysie faciale passagère.

Pour la mère, les risques sont les suivants : déchirures de la filière pelvigénitale, extension jusque dans l'anus d'une épisiotomie médiane, saignement accru, hématome et œdème périnéal.

Soins infirmiers

Grâce à l'évaluation continue, l'infirmière pourra observer des facteurs associés à un taux élevé d'accouchement par application de forceps. Elle sera alors en mesure d'axer ses soins sur les variables susceptibles de réduire le nombre de ces facteurs. Par exemple, elle peut remédier à un travail dystocique en aidant la mère à changer de position, en la faisant marcher et en s'assurant qu'elle urine fréquemment. Les anomalies de la FCF peuvent se corriger par des changements de position, un apport liquidien accru et/ou des échanges d'oxygène adéquats.

Quand l'application de forceps devient nécessaire, l'infirmière explique brièvement l'intervention à la femme. Avec une anesthésie régionale adéquate, cette dernière devrait ressentir une certaine pression, mais pas de douleur. L'infirmière l'encourage à utiliser une technique de respiration qui l'empêche de faire des efforts expulsifs pendant l'intervention (figure 20-3 ▶). Elle doit surveiller les contractions et prévenir le médecin lorsqu'il y en a une, car l'application des forceps ne se fait que pendant une contraction ; le médecin exerce alors une traction sur les forceps pendant que la parturiente pousse. Cette traction entraîne souvent une légère bradycardie fœtale, qui est passagère en raison de la compression de la tête fœtale.

Immédiatement après la naissance, l'infirmière vérifie si le nouveau-né présente un œdème facial, des contusions, une bosse sérosanguine, un céphalhématome ou un signe d'œdème cérébral. Au quatrième stade, elle recherche chez la mère des signes d'œdème périnéal, d'hématomes, de saignement excessif ou d'hémorragie. S'il y a eu lacération, il est important de surveiller l'apparition de signes d'infection durant le post-partum. L'infirmière donne à la femme l'occasion de poser des questions et répète les explications qu'elle lui a données. Elle lui parle aussi des évaluations dont elle et son nouveau-né feront l'objet.

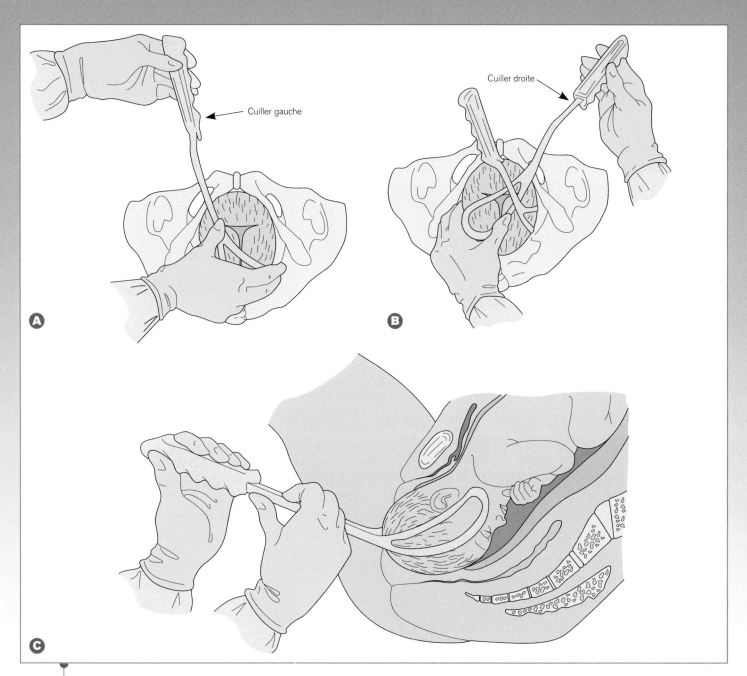

Cuiller gauche

Cuiller droite

A

B

C

FIGURE 20-3 ▶ Application de forceps en position occipitoantérieure (OA). **A.** On introduit la cuiller gauche le long de la paroi latérale gauche du bassin et on l'applique sur l'os pariétal. **B.** On introduit la cuiller droite le long de la paroi latérale droite du bassin et on l'applique sur l'os pariétal. **C.** Si les cuillers sont correctement introduites, les deux parties du manche s'enclenchent facilement. Pendant les contractions, on exerce une traction vers le bas et vers l'extérieur, de façon à suivre la filière pelvigénitale.

L'extraction à l'aide de la ventouse obstétricale

L'**extraction à l'aide de la ventouse obstétricale** est un procédé qui consiste à faciliter l'expulsion du fœtus en appliquant une succion sur sa tête. La *ventouse obstétricale* se compose d'une cupule souple reliée par un tube à une pompe aspirante. On place la cupule, qui existe en plusieurs tailles, sur l'occiput du fœtus, puis on actionne la pompe pour créer une pression négative (succion) à l'intérieur de la cupule. La traction exercée pendant les contractions utérines fait descendre le fœtus et sortir sa tête (figure 20-4 ▶). Selon les recommandations générales, la descente doit se faire progressivement avec les deux premières tractions, et la durée du procédé, se limiter à 30 minutes (Teng et Sayre, 1997).

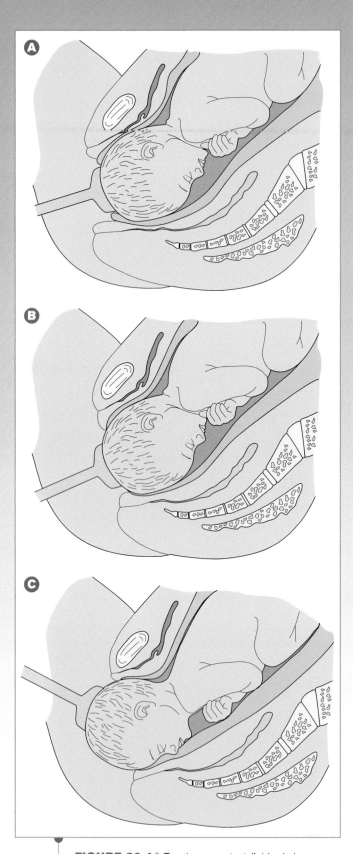

FIGURE 20-4 ▶ Traction exercée à l'aide de la ventouse obstétricale. **A.** On applique la cupule sur l'occiput fœtal, on crée une succion et on exerce une traction vers le bas et vers l'extérieur. **B.** On continue à exercer la traction vers le bas jusqu'à ce que la tête fœtale émerge du vagin. **C.** On continue à tirer vers le haut jusqu'à ce que la tête fœtale soit expulsée du vagin.

Soins infirmiers

C'est à l'infirmière qu'il appartient de tenir la femme et son conjoint au courant du déroulement de l'intervention. Si l'anesthésie régionale est adéquate, la parturiente ne ressent qu'une pression. L'infirmière surveille la FCF par MFE continu ou au moins toutes les 5 minutes par auscultation. Elle doit expliquer aux parents que la bosse sérosanguine qui se forme sur la tête du bébé disparaîtra en 2 ou 3 jours. L'évaluation du nouveau-né doit inclure une inspection et une observation continue en vue de détecter les signes de céphalhématome, d'hémorragie intracérébrale et d'hémorragies rétinienne (Sachs *et al.*, 1999).

La césarienne

La césarienne est un accouchement chirurgical réalisé par incision de l'abdomen et de l'utérus. C'est l'un des plus anciens procédés chirurgicaux connus. Jusqu'au xxe siècle, on l'utilisait surtout pour tenter de sauver le fœtus d'une mère à l'agonie. Au cours du xxe siècle, les taux de morbidité et de mortalité maternelles et périnatales associés à la césarienne ont baissé constamment, et l'intervention est devenue de plus en plus fréquente. Au début des années 1970, 5,5% de tous les accouchements aux États-Unis se faisaient par césarienne; deux décennies plus tard, ce pourcentage atteignait près de 25% (Curtin et Kozak, 1997). Il en est de même pour le Québec. Selon l'Institut de la statistique du Québec et Santé Canada, le taux de césarienne était de 18,5% en 2001-2002, comparativement à 16,4% en 1995-1996 (voir le chapitre 19). Au Brésil, les césariennes sont pratiquées à la demande de la femme, sans autre condition. Cependant, aux États-Unis, l'augmentation spectaculaire du nombre des accouchements chirurgicaux a été suivie, depuis 1989, d'un déclin constant dû essentiellement à la volonté de réduire les coûts des services de santé. En 1996, 20,6% des accouchements se faisaient par césarienne (Curtin et Mathews, 2000). Ces dernières années, le pourcentage a recommencé à augmenter; à la fin de 1999, il s'élevait à 22% (Cockey, 2000).

Indications

La césarienne se pratique en présence de divers problèmes maternels et fœtaux. Ses indications les plus couramment admises sont : le placenta prævia recouvrant, la disproportion fœtopelvienne, le décollement prématuré du placenta, l'herpès génital actif, la procidence du cordon ombilical, l'arrêt du travail, la souffrance fœtale avérée et les tumeurs bénignes ou malignes qui obstruent la filière pelvigénitale (Keane, 1997). D'autres indications de la césarienne comme la présentation du siège, une césarienne antérieure, des anomalies congénitales majeures et une allo-immunisation Rh grave sont plus ou moins controversées (par exemple, une présentation du siège nécessite automatiquement une césarienne lorsque les circonstances le permettent, tandis qu'une césarienne antérieure constitue une indication discutable). Notons que le taux de mortalité maternelle est plus élevé pour la césarienne que pour l'accouchement vaginal et que les facteurs de morbidité qui sont associés à cette opération sont l'infection, les réactions aux anesthésiques, les saignements et les caillots (Bowes, 1999).

Incisions de la peau

Pour la césarienne, on pratique une incision cutanée transversale (incision de Pfannenstiel) ou verticale, qui n'est pas nécessairement faite dans le même sens que l'incision de l'utérus. L'incision transversale se fait dans la partie la plus basse et la plus étroite de l'abdomen. Comme elle se situe juste au-dessous de la lisière des poils pubiens, elle devient presque invisible après la cicatrisation; son inconvénient est qu'on ne peut pas l'agrandir au besoin. Parce qu'elle est habituellement plus longue à réaliser et à suturer, on ne la pratique que si le facteur temps ne joue pas (arrêt du travail et absence de souffrance maternelle ou fœtale, par exemple).

L'incision verticale, ou longitudinale, se fait entre le nombril et la symphyse pubienne. Parce qu'elle s'exécute plus rapidement, on la privilégie dans les cas de souffrance fœtale, de prématurité et de macrosomie, ou en présence d'une obésité maternelle importante (Cunningham *et al.*, 2001).

Le type d'incision cutanée est déterminé par le facteur temps, ainsi que par les préférences de la cliente ou du médecin.

Incisions de l'utérus

Le choix du type d'incision de l'utérus dépend de la raison de la césarienne. Chez la femme, ce choix influe sur la possibilité d'un accouchement vaginal ultérieur et sur les risques de rupture des tissus cicatriciels lors d'une grossesse ultérieure. Les deux types d'incision les plus courants sont l'incision du segment inférieur du corps de l'utérus et celle du segment supérieur classique. L'incision du segment inférieur la plus pratiquée est une incision transverse, mais on peut aussi pratiquer une incision verticale (figure 20-5 ▶).

Soins infirmiers

Préparation à la césarienne

Comme un accouchement sur 5 ou 6 se fait par césarienne, la préparation à cette éventualité doit faire partie intégrante de tous les cours prénataux. De même, on doit inciter toutes les femmes enceintes et leur conjoint à discuter avec leur obstétricien ou leur sage-femme de la possibilité d'une césarienne, ainsi que de leurs besoins et leurs désirs dans ces circonstances. En général, les préférences concernent les points suivants :

- participation au choix de l'anesthésique ;
- présence du père (ou d'une autre personne proche) pendant la césarienne ;
- présence du père (ou d'une autre personne proche) dans la salle de réveil ou de post-partum ;

FIGURE 20-5 ▶ Incisions de l'utérus pour une césarienne. **A.** Cette incision transversale dans le segment inférieur de l'utérus s'appelle l'incision de Kerr. **B.** L'incision de Sellheim est une incision longitudinale pratiquée dans le segment inférieur de l'utérus. **C.** On voit ici l'incision utérine traditionnelle pratiquée dans le corps de l'utérus. Autrefois courante, cette incision est associée à un risque accru de rupture de l'utérus lors d'une grossesse ou d'un travail subséquent.

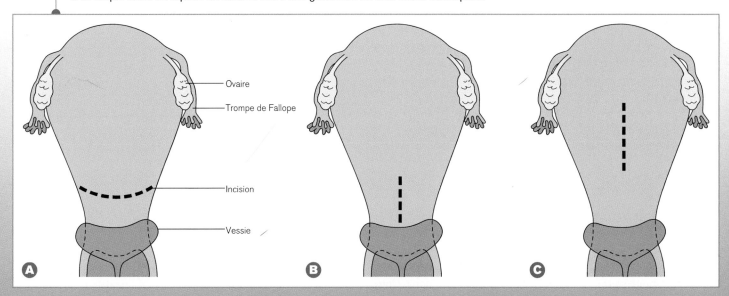

- enregistrement sur bande vidéo et/ou prise de photos pendant l'accouchement ;
- délai avant l'instillation des gouttes oculaires, pour que le nouveau-né puisse échanger des regards avec ses parents durant ses premières heures de vie ;
- contact physique avec le nouveau-né dans la salle d'opération et/ou de réveil (si la mère ne peut pas tenir le nouveau-né, le père peut s'en charger) ;
- allaitement immédiatement après l'accouchement, dans la salle de réveil ou au retour dans l'unité postnatale selon les rituels du centre de naissance.

Les renseignements dont les couples ont besoin à propos de la césarienne touchent les points suivants :

- étapes de la préparation à l'intervention ;
- description ou visite d'une salle d'accouchement ou d'une salle d'opération ;
- types d'anesthésie pendant l'accouchement et types d'analgésiques auxquels on peut recourir pendant le post-partum ;
- sensations auxquelles la cliente peut s'attendre ;
- rôle des personnes clés ;
- interactions avec le nouveau-né ;
- période postopératoire immédiate ;
- post-partum.

Lorsqu'on transmet ces informations, on doit adopter une approche centrée sur l'accouchement plutôt que sur le procédé chirurgical.

Césarienne prévue (ou itérative)

Quand un couple s'attend à une césarienne, il a le temps d'analyser l'information reçue et de se préparer à cette expérience. De nombreux hôpitaux et CLSC offrent des cours de préparation à la césarienne. La personne responsable de cet enseignement doit donner une information factuelle et un aperçu de la norme qui permettra au couple de faire des choix et de participer activement à l'accouchement. Les couples qui ont mal vécu une césarienne précédente doivent avoir l'occasion d'exprimer ce qu'ils ont ressenti. On pourra les aider à déterminer ce qu'ils voudraient voir changer et à faire la liste des options susceptibles de rendre l'expérience plus positive. Ceux qui ont déjà vécu une expérience positive doivent avoir l'assurance qu'on répondra cette fois encore à leurs besoins et à leurs désirs. Par ailleurs, on doit permettre à la femme et à son conjoint de discuter de leurs craintes ou de leurs angoisses.

Préparation à la césarienne d'urgence

La période qui précède l'intervention chirurgicale doit être employée à bon escient. Il est impératif que le personnel soignant ait recours aux techniques de communication les plus efficaces pour soutenir le couple. L'infirmière lui décrit les événements auxquels il peut s'attendre dans les heures qui viennent. Une

question ouverte comme « Avez-vous des questions ou des inquiétudes à propos de la décision de pratiquer une césarienne ? » lui donne l'occasion de solliciter des explications supplémentaires. L'infirmière prépare la cliente par étapes en lui expliquant la nature et la raison de chaque intervention avant de l'entreprendre. Il est essentiel de la prévenir : 1) des interventions qui seront réalisées ; 2) des raisons qui les justifient ; 3) des sensations qu'elle pourra éprouver. Ainsi, la femme sera non seulement informée et en mesure de consentir à l'intervention, mais elle aura aussi le sentiment d'avoir une certaine emprise sur les événements et se sentira moins impuissante.

Pour réduire le risque de lésions pulmonaires graves en cas d'aspiration du contenu de l'estomac, on peut administrer des antiacides à la cliente 30 minutes avant l'intervention chirurgicale. Si on pratique une anesthésie épidurale, l'infirmière peut apporter son assistance pendant l'intervention, surveiller la tension artérielle et les réactions de la femme et poursuivre le monitorage fœtal.

Après la préparation de l'abdomen et du périnée, on installe une sonde à demeure pour prévenir la distension de la vessie. L'infirmière installe une perfusion intraveineuse avec une aiguille de gros calibre au cas où une transfusion sanguine serait nécessaire. Elle administre, s'il y a lieu, la prémédication prescrite. Elle prévient le pédiatre, s'occupe des préparatifs pour accueillir le nouveau-né, s'assure que le berceau à chaleur radiante fonctionne et qu'on dispose du matériel de réanimation nécessaire.

L'infirmière aide ensuite la femme à s'installer sur la table d'opération et évalue la FCF avant l'intervention et au cours de la préparation (le décubitus dorsal peut entraîner une hypoxie fœtale). On peut glisser une couverture pliée ou des serviettes roulées sous la hanche droite pour incliner légèrement l'utérus et soulager la pression exercée sur les vaisseaux sanguins. Enfin, s'il y a eu monitorage interne, l'infirmière s'assure qu'on a bien retiré l'électrode fixée au cuir chevelu fœtal.

Accouchement

On doit faire tout ce qu'on peut pour permettre au père ou au proche de participer à l'accouchement. S'il assiste à la césarienne, il doit porter, comme toutes les personnes présentes dans la salle d'opération, une tenue chirurgicale et un masque. On peut prévoir un tabouret à son intention à côté de la tête de la femme pour lui permettre de la toucher et de la réconforter par le regard et la parole.

Si le père choisit de ne pas assister à la césarienne, l'infirmière pourra quand même prendre certaines mesures pour favoriser sa participation, par exemple :

1. lui permettre de rester près de la salle d'accouchement pour qu'il entende le premier cri du nouveau-né ;
2. lui proposer de porter ou d'accompagner le nouveau-né jusqu'à la pouponnière pour l'examen initial ;

3. le faire participer aux soins du post-partum dans la salle de réveil.

Après la césarienne, l'infirmière évalue l'indice d'Apgar du nouveau-né et procède à son examen initial et à son identification de la même manière qu'après un accouchement vaginal. Il faut tout faire pour aider les parents à établir un lien d'attachement avec leur nouveau-né. Si la mère est éveillée, on pourra libérer un de ses bras pour lui permettre de le caresser ; on peut aussi le coucher sur sa poitrine ou le tenir face à elle. Si le contact physique n'est pas possible, l'infirmière peut raconter au fur et à mesure à la mère ce qui arrive à son bébé. Elle aide l'anesthésiste ou l'infirmière anesthésiste à soulever la tête de la mère pour qu'elle puisse voir le nouveau-né immédiatement après l'accouchement. Elle peut inviter les parents à lui parler, et le père, à le tenir jusqu'à ce qu'on l'emmène à la pouponnière.

Analgésie et anesthésie

Bien qu'on privilégie l'épidurale et la rachianesthésie au moyen de morphine sans agent de conservation (Epimorph), il n'y a pas d'anesthésie parfaite pour la césarienne. Chaque méthode comporte des avantages, des inconvénients, des risques et des effets secondaires. Quoi qu'il en soit, les objectifs de l'analgésie et de l'anesthésie sont la sécurité, le bien-être et la satisfaction émotionnelle de la cliente (voir le chapitre 18).

Post-partum immédiat

L'infirmière mesure les signes vitaux de la femme toutes les 5 minutes jusqu'à ce qu'ils se stabilisent, puis toutes les 15 minutes pendant une heure et, enfin, toutes les 30 minutes jusqu'à ce qu'elle soit transportée à l'unité de post-partum. L'infirmière doit rester auprès d'elle tant que son état n'est pas stabilisé.

On doit inspecter le pansement et la serviette hygiénique toutes les 15 minutes pendant au moins 1 heure. On doit aussi palper délicatement le fond utérin pour vérifier s'il reste ferme ; on peut le palper latéralement d'une main en soutenant l'incision de l'autre main. On administre généralement de l'ocytocine par voie intraveineuse pour favoriser la contractilité de la musculature utérine. Si la femme a subi une anesthésie générale, on l'installe sur le côté pour faciliter l'écoulement des sécrétions. On l'aide aussi à changer de côté et à effectuer des exercices de toux et de respiration diaphragmatique toutes les 2 heures pendant 24 heures au moins. Si elle a subi une épidurale ou une rachianesthésie, on vérifie le degré d'anesthésie toutes les 15 minutes jusqu'au retour complet des sensations. Il est important que l'infirmière surveille les ingesta et les excreta et vérifie si l'urine est teintée de sang, ce qui pourrait signifier que la vessie a été lésée pendant l'intervention chirurgicale. Le médecin prescrit des médicaments pour soulager la douleur et les nausées, lesquels sont administrés au besoin.

▨ L'accouchement vaginal après une césarienne (AVAC)

De plus en plus, on a tendance à faire un essai de travail et d'**accouchement vaginal après une césarienne (AVAC)** dans les cas où son indication ne se reproduit pas (par exemple la procidence du cordon ombilical, le placenta prævia, la souffrance fœtale). Cette tendance procède de la demande des parents, mais aussi des résultats d'études qui confirment que l'AVAC est une solution de rechange viable pour éviter les césariennes répétées (Keane, 1997).

Selon les lignes directrices de l'ACOG (1998a), on doit prendre en considération les facteurs suivants pour l'accouchement vaginal après une césarienne :

- on doit conseiller à la femme qui a eu une seule césarienne avec incision utérine transversale basse de tenter un AVAC ;
- une femme qui a eu deux césariennes ou davantage peut tenter un AVAC ;
- l'incision utérine classique est une contre-indication à l'AVAC ;
- on doit être en mesure de pratiquer une césarienne en moins de 30 minutes ;
- un médecin capable de pratiquer une césarienne doit être disponible.

Les risques les plus communément associés à l'AVAC sont l'hémorragie et, dans moins de 1 % des cas, la disjonction, ou rupture, d'une cicatrice utérine (Sachs *et al.*, 1999).

Soins infirmiers

Les protocoles de soins infirmiers à la femme qui tente un AVAC varient selon les établissements. En général, si les risques sont très faibles, on installe un cathéter de gros calibre pour avoir un accès intraveineux au besoin, on recourt au MFE continu, et la cliente peut prendre des liquides clairs. Si les risques sont plus élevés, on devra prendre des précautions supplémentaires. On s'assurera que la femme et son conjoint se sentent en sécurité, sans pour autant avoir l'impression que l'AVAC leur impose trop de restrictions.

Le soutien et les mesures de bien-être sont particulièrement importants. Certaines femmes se montrent ravies de pouvoir faire l'expérience du travail et de l'accouchement vaginal, tandis que d'autres hésitent et redoutent d'éventuelles complications. Il est donc important que l'infirmière demeure auprès de la parturiente et de son conjoint pour les informer et les encourager.

Le chapitre en bref

Notions fondamentales

- La version céphalique externe se pratique après la 36e semaine de grossesse pour transformer une présentation du siège en présentation céphalique. La version réduit les risques anticipés d'un accouchement vaginal. On effectue la version après l'administration de tocolytiques qui assurent le relâchement de l'utérus.

- L'amniotomie, ou rupture artificielle des membranes (RAM), vise à accélérer le travail. Ses risques sont la procidence du cordon ombilical et l'infection.

- Avant le déclenchement artificiel du travail, on peut administrer un gel de prostaglandine E$_2$ pour ramollir le col (pour l'amener à maturité). À cette fin, on introduit le gel dans le vagin.

- On déclenche artificiellement le travail pour diverses raisons. Parmi les s médicaux (allopathiques) utilisés à cette fin, on trouve l'amniotomie et la perfusion intraveineuse d'ocytocine. Les responsabilités de l'infirmière sont accrues au cours du travail déclenché artificiellement.

- Juste avant l'expulsion du fœtus, on peut pratiquer une épisiotomie. Bien que cette intervention soit très commune en Amérique du Nord, sa pratique systématique est de plus en plus controversée.

- Lors d'un accouchement par application de forceps, on peut pratiquer l'application de forceps de dégagement, l'application basse ou l'application moyenne de forceps. Les forceps de dégagement sont ceux qu'on utilise le plus souvent ; ils entraînent peu de complications chez la mère et le fœtus. Notons toutefois que les forceps ne sont presque plus employés dans nos établissements de santé.

- La ventouse obstétricale consiste en une cupule souple, qu'on relie à une pompe aspirante. On applique la cupule sur la tête fœtale et on procède à peu près de la même façon que pour l'accouchement par application de forceps.

- De nos jours, un accouchement sur cinq se fait par césarienne. L'infirmière a le rôle vital d'informer, de soutenir et d'encourager le couple qui doit faire face à une césarienne.

- L'accouchement vaginal après une césarienne (AVAC) est plus fréquent que par le passé.

Références

AMERICAN COLLEGE OF OBSTETRICIANS AND GYNECOLOGISTS (1995). *Dystocia and augmentation of labor* (Technical Bulletin n° 217). Washington, chez l'auteur.

AMERICAN COLLEGE OF OBSTETRICIANS AND GYNECOLOGISTS (1998a). *Guidelines for vaginal birth after previous cesarian birth* (ACOG Committee Opinion 64), Washington, chez l'auteur.

AMERICAN COLLEGE OF OBSTETRICIANS AND GYNECOLOGISTS (1998b). *Prostaglandine E gel for cervical ripening* (ACOG Committee Opinion 123), Washington, chez l'auteur.

AMERICAN COLLEGE OF OBSTETRICIANS AND GYNECOLOGISTS (1999a). *Induction of labor* (Practical Bulletin n° 10), Washington, chez l'auteur.

AMERICAN COLLEGE OF OBSTETRICIANS AND GYNECOLOGISTS, COMMITTEE ON PRACTICE (1999b). *Induction of labor with misoprostol*, Washington, chez l'auteur.

BISHOP, E. H. (1964). « Pelvic scoring for elective inductions », *Obstetrics and Gynecology*, 24, p. 266.

BOWES, W. A., JR (1999). « Clinical aspects of normal and abnormal labor », *in* R. K. Creasy et R. Resnik (dir.), *Maternal-fetal medicine*, 4e éd., Philadelphie, Saunders, p. 541-568.

CHARLES, A. G. (1999). « Forceps delivery and vacuum extraction », *in* P. V. Dilts et J. J. Sciarri (dir), *Gynecology and Obstetrics, 2*, Philadelphie, Lippincott.

COCKEY, C. D. (2000). « Curbing cesarean rates ; ACOG releases new comprehensive recommendations », *AWHONN : Lifelines*, 4 (5), p. 17.

CRUIKSHANK, D. P. (1999). « Malpresentation an umbilical cord complications », *in* J. R. Scott, P. J. DiSaia, C. B. Hammond et W. N. Spellacy (dir.), *Danforth's obstetrics an gynecology*, 8e éd., Philadelphie, Lippincott Williams & Wilkins, p. 419-436.

CUNNINGHAM, F. G., N. F. GANT, K. J. LEVENO, L. C. GILSTRAP III, J. C. HAUTH et K. D. WENSTROM (2001). *Williams Obstetrics*, 21e éd., New York, McGraw-Hill.

CURTIN, S. C. et L. J. KOZAK (1997). « Cesarian delivery rates in 1995 continue to decline in the United States », *Birth*, 24, p. 194-196.

CURTIN, S. C. et T. J. MATHEWS (2000). « U. S. obstetric procedures, 1998 », *Birth*, 27(2), p. 136-140.

DE GASQUET, B. (1998). *Bien-être et maternité*, 3e éd., Paris, Implexe Édition.

ENGLAND, P. et R. HOROWITZ (1998). *Birthing from within*, Albuquerque, Pareta Press, p. 136-140.

FORREST PHARMACEUTICALS INC. (1995). *Cervidil Sinoprostone 10 mg. Vaginal inserts*, St. Louis, UAB Laboratories.

GLAZENER, C. M. A. (1997). « Sexual function after chilbirth : Women's experiences, persistent morbidity, and lack of professional recognition », *British Journal of Obstetrics and Gynecology*, 104, p. 330-335.

INSTITUT DE LA STATISTIQUE DU QUÉBEC. Disponible sur le Web : <http://stat.gouv.qc.ca>.

KEANE, D. P. (1997). « Operative procedures », *in* R. K. Creasy (dir), *Management of labor and delivery*, Malden, Blackwell Science, p. 414-457.

LABRECQUE, M., E. EASON, S. MARCOUX, F. LEMIEUX, J. PINAULT, P. FELDMAN et L. LAPERRIÈRE (1999). «Randomized controlled trial of prevention of preineal trauma by perineal massage during pregnancy», *American Journal of Obstetrics and Gynecology*, 180(3), p. 593-600.

MAIER, J. S. et J. A. MALONI (1997). «Nurse advocacy for selective versus routine episiotomy», *Journal of Obstetric, Gynecologic and Neonatal Nursing, 26*, p. 155-161.

MCFARLIN, B. L., M. H. GIBSON, J. O'REAR et P. HARMAN (1999). « A national survey of herbal preparation use by nurse-midwives for labor stimulation: Review of the litterature and recommandations for practice», *Journal of Nurse-Midwiferiy, 44*, p. 205-216.

OEI, S. G., J. LIDEWIJDE et B. W. J. MOL (2000). «Randomized trial of administration of prostaglandin E_2 gel for induction of labor in the morning or the evening», *Journal of Perinatal Medecine, 28,* p. 20-25.

PELEG, D., C. M. KENNEDY, D. MERRILL et F. J. ZLATNIK (1999). «Risk of repetitions of a severe perineal laceration», *Obstetrics and Gynecology, 93*, p. 1021-1024.

PLANTE, B. (1996). «La grossesse prolongée», *Le Médecin du Québec,* 31(10), p. 49-54.

SACHS, B. P., C. KOBELIN, M. A. CASTRO et F. FRIGOLETTO (1999). «Sounding: The risks of lowering the cesarean-delivery rate», *New England Journal of Medecine, 340*, p. 54-57.

SANTÉ CANADA (2000). *Les soins à la mère et au nouveau-né dans une perspective familiale. Lignes directrices nationales,* Ottawa, ministre des Travaux publics et Services gouvernementaux Canada.

SCHMIDT, J. (1997). «Fluid check: Making the case for intrapartum amnioinfusion», *AWHONN: Lifelines,* (1) p. 47-51.

SCHMIDT, J. (1999). « Prolonged pregnancy», *in* L. K. Mandeville et N. H. Troiano (dir.), *AWHONN: High risk and criterial care intrapartum nursing,* 2e éd., Philadelphie, Lippincott, p. 123-138.

SUMMERS, L. (1997). «Methods of cervical ripening and labor induction», *Journal of Nurse-Midwiferiy, 42*, p. 71-82.

TENG, F. Y. et J. W. SAYRE (1997). «Vacuum extraction: Does duration predict scalp injury?», *Obstetrics and Gynecology, 89*, p. 281-285.

WILSON, B. A., M. T. SHANNON et C. L. STRANG (dir.) (2001). *Nursing drug guide: 2001,* Upper Saddle River, Prentice-Hall.

WILSON, C. (2000). «The nurse's role in misoprostol induction: A proposed protocol», *Journal of Obstetric, Gynecologic and Neonatal Nursing, 28*(6), p. 574-583.

WOLCOTT, H. D. et J. A. CONRY. «Normal labor», *in* A. T. Evans et K. R. Niswander (dir.), *Manual of obstetrics,* 6e éd., Philadelphie, Lippincott Williams & Wilkins, p. 392-424.

ZATUCHI, G. L. et R. I. SLUPIK (1996). *Obstetrics and gynecology drug handbook,* 2e éd., St. Louis, Mosby.

Le nouveau-né

Sommaire

Les réactions physiologiques du nouveau-né à la naissance

Objectifs

- Résumer les changements respiratoires et cardio-vasculaires qui se produisent à la naissance
- Décrire l'effet de différents facteurs sur les valeurs hématologiques du nouveau-né
- Décrire la thermogenèse et les principaux mécanismes de déperdition de chaleur chez le nouveau-né
- Expliquer les différentes étapes de la conjugaison et de l'excrétion de la bilirubine chez le nouveau-né
- Examiner les causes de l'ictère chez le nouveau-né
- Décrire les capacités fonctionnelles du foie et du tube digestif chez le nouveau-né
- Donner trois raisons pour lesquelles les reins du nouveau-né ont de la difficulté à maintenir l'équilibre hydroélectrolytique
- Énumérer les réponses immunitaires du nouveau-né
- Expliquer les réactions physiologiques et comportementales du nouveau-né au cours des deux périodes de réactivité et préciser les interventions possibles
- Décrire les capacités sensorielles et perceptives du nouveau-né ainsi que ses comportements

Vocabulaire

LA PÉRIODE NÉONATALE va de la naissance au 28ᵉ jour de la vie et permet au nouveau-né de s'adapter à la vie extra-utérine. Elle est marquée par différents phénomènes d'adaptation physiologiques et comportementaux que l'infirmière doit connaître pour être en mesure de détecter d'éventuelles anomalies.

Pour vivre hors du milieu utérin, le nouveau-né doit dès sa naissance établir des échanges gazeux respiratoires avec son milieu en même temps qu'il subit des changements circulatoires majeurs. Ces changements rapides et radicaux sont indispensables à sa survie extra-utérine. Les premières heures de la vie, pendant lesquelles le nouveau-né stabilise ses fonctions respiratoires et circulatoires, constituent la période de transition. Tous les autres systèmes et appareils du bébé disposent d'un délai plus long, en l'occurrence toute la période néonatale, pour s'ajuster et s'établir.

Les adaptations respiratoires

Certains phénomènes respiratoires importants se produisent seulement à la naissance. Cependant, plusieurs facteurs stimulant l'aptitude à la respiration se mettent en place pendant la gestation.

Facteurs intra-utérins favorisant la fonction respiratoire

Développement pulmonaire du fœtus

L'appareil respiratoire se développe pendant toute la gestation et la petite enfance. Au cours des 20 premières semaines de gestation, ce développement se limite à la différenciation des structures pulmonaires, vasculaires et lymphatiques.

Les canaux alvéolaires font leur apparition entre la 20ᵉ et la 24ᵉ semaine. Durant la même période, les cellules épithéliales alvéolaires commencent à se différencier pour former les pneumocytes de type I (structures nécessaires aux échanges gazeux) et les pneumocytes de type II (structures assurant la synthèse et le stockage du surfactant). Le **surfactant** est un mélange de phospholipides tensio-actifs qui réduit la tension superficielle du liquide pulmonaire et joue un rôle déterminant dans l'élasticité des tissus pulmonaires.

Entre la 28ᵉ et la 32ᵉ semaine de gestation, les pneumocytes de type II se multiplient et sécrètent le surfactant par la choline. La production de surfactant par cette voie atteint son maximum vers la 35ᵉ semaine de gestation. Elle reste élevée jusqu'au terme de la grossesse, c'est-à-dire jusqu'à ce que le développement des poumons soit achevé. À la naissance, la structure des poumons est suffisamment avancée pour assurer une bonne expansion et des échanges gazeux adéquats.

Du point de vue clinique, on observe une incidence faible du syndrome de détresse respiratoire chez les bébés nés après 35 semaines de gestation et qui présentent une production maximale de lécithine. La production de sphingomyéline (une autre composante du surfactant) demeure constante pendant toute la grossesse. Si le rapport lécithine/sphingomyéline (L/S) n'a pas atteint 2:1 ou si le phosphatidylglycérol (PG) est déficient au moment de la naissance, le bébé souffrira de détresse respiratoire à divers degrés. (On trouvera au chapitre 14 des explications plus détaillées sur le rapport L/S et le PG.)

Mouvements respiratoires fœtaux (MRF)

L'aptitude du nouveau-né à respirer dès sa naissance semble être le fait de plusieurs semaines « d'entraînement » in utero. La respiration est en effet une continuation du processus intra-utérin, à cette différence près que les poumons se remplissent désormais de gaz et non de liquide. Les mouvements respiratoires fœtaux peuvent apparaître dès la 11ᵉ semaine de gestation (voir le chapitre 14). Ils sont essentiels au développement des muscles de la paroi thoracique et du diaphragme. Ils contribuent aussi, quoique dans une moindre mesure, à la régulation du volume liquidien pulmonaire, puis au développement des poumons.

Déclenchement de la respiration

Pour que l'enfant vive, il est essentiel que ses poumons fonctionnent bien dès sa naissance. Il faut pour cela que deux changements majeurs surviennent :

1. L'établissement de la ventilation pulmonaire grâce à l'expansion des poumons après la naissance ;
2. L'augmentation massive de la circulation pulmonaire.

La toute première respiration du nouveau-né – celle qui survient en réaction aux changements mécaniques, chimiques, thermiques et sensoriels qui se produisent à la naissance – déclenche l'ouverture successive des alvéoles. L'enfant passe ainsi du milieu intra-utérin (entièrement liquide) au milieu extra-utérin (aérien), où il doit respirer et vivre de façon indépendante. La figure 21-1 ❭ illustre le déclenchement de la respiration.

Phénomènes mécaniques

Pendant la seconde moitié de la grossesse, les poumons du fœtus sécrètent continuellement un liquide qui dilate presque entièrement les poumons et remplit leurs cavités aériennes.

Une partie de ce liquide pulmonaire remonte dans la trachée, puis s'écoule dans la cavité amniotique.

La sécrétion de liquide pulmonaire diminue deux à quatre jours avant le déclenchement du travail. Toutefois, environ 80 à 110 mL de liquide se trouvent encore dans les voies respiratoires au moment de la naissance (pour un enfant normal et né à terme). Ce liquide doit être évacué des poumons pour permettre une circulation d'air adéquate.

L'expulsion du liquide contenu dans les poumons quand le bébé franchit la filière pelvigénitale compte donc au nombre des principaux phénomènes mécaniques déclencheurs de la respiration. Au cours de la descente du fœtus dans le bassin, le thorax de l'enfant subit une compression qui augmente la pression intrathoracique et chasse vers le nez et la bouche une partie du liquide pulmonaire. (Environ un tiers du liquide pulmonaire est évacué de cette façon.) Le thorax retrouve ensuite son volume de repos, ce qui crée une pression intrathoracique négative qui fait entrer passivement un peu d'air dans les poumons. L'air ainsi inspiré remplace le liquide expulsé.

Après cette première inspiration, le nouveau-né expire en poussant des pleurs contre sa glotte partiellement fermée, créant

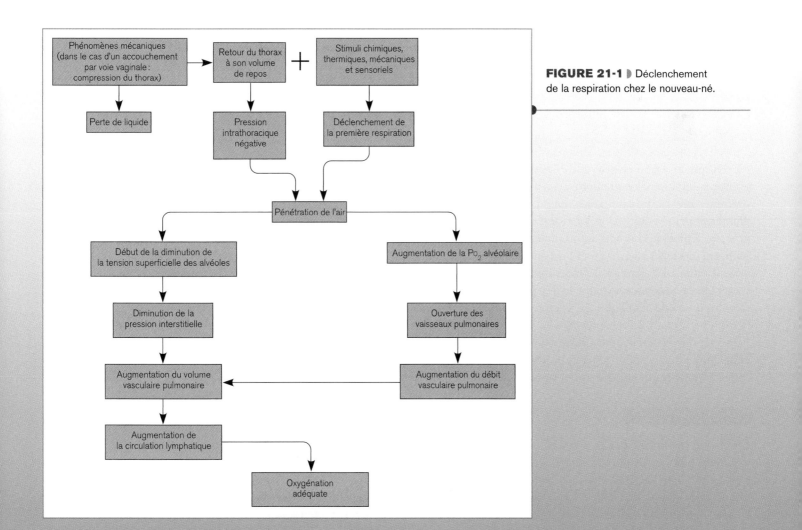

FIGURE 21-1 ❭ Déclenchement de la respiration chez le nouveau-né.

ainsi une forte pression intrathoracique positive. Celle-ci répartit dans les alvéoles l'air inspiré et amorce l'établissement de la *capacité résiduelle fonctionnelle* (*CRF*), c'est-à-dire la quantité d'air contenue dans les voies respiratoires à la fin d'une expiration normale. L'augmentation de la pression intrathoracique stimule l'absorption du liquide par les capillaires et le système lymphatique. À l'inspiration, la pression intrathoracique négative causée par l'abaissement du diaphragme expulse le liquide pulmonaire des alvéoles et lui fait traverser les membranes alvéolaires pour l'envoyer dans le tissu interstitiel pulmonaire.

Chacune des respirations subséquentes contribue à l'expansion des poumons. La concentration de protéines étant plus élevée dans les capillaires pulmonaires que dans le tissu interstitiel, la pression oncotique dirige le liquide interstitiel dans ces capillaires et dans les vaisseaux lymphatiques. L'expansion des poumons pousse le liquide restant vers le tissu interstitiel. À mesure que la résistance vasculaire des poumons diminue, le débit sanguin pulmonaire et la quantité de liquide absorbée dans la circulation sanguine augmentent. Chez l'enfant bien portant né à terme, le liquide pulmonaire passe rapidement dans le tissu interstitiel, mais peut prendre plusieurs heures pour se rendre dans les vaisseaux sanguins et lymphatiques. Le liquide est réabsorbé à environ 80% durant les 2 heures suivant la naissance; la réabsorption est terminée après 12 à 24 heures.

En général, la première expiration débarrasse les voies aériennes du liquide accumulé et permet une nouvelle inspiration. Certains cliniciens estiment cependant plus prudent d'aspirer les mucosités et le liquide de la bouche et de l'arrière-gorge du bébé à l'aide d'un cathéter collecteur de mucus, dès que la tête et les épaules sont sorties; pour plus de sûreté, ils reprennent l'opération pendant que l'enfant s'adapte à la vie extra-utérine et se stabilise (voir le procédé 17-1).

Différents facteurs peuvent entraver le dégagement des poumons et le déclenchement de l'activité respiratoire. Par exemple, un retard dans le développement des vaisseaux lymphatiques peut réduire le débit d'absorption du liquide pulmonaire. Différentes complications survenant pendant la période prénatale ou durant le travail et l'accouchement peuvent également nuire à l'expansion pulmonaire et causer une augmentation de la résistance vasculaire des poumons ainsi qu'une diminution du débit sanguin, par exemple la compression insuffisante de la paroi thoracique chez le nouveau-né très petit; l'absence de compression de cette paroi chez l'enfant né par césarienne; la dépression respiratoire due à l'anesthésie maternelle; l'aspiration de liquide amniotique ou de méconium.

Stimuli chimiques

L'asphyxie transitoire du fœtus et du nouveau-né constitue un stimulus chimique important du déclenchement de la respiration. La première respiration est une inspiration déclenchée par une augmentation de la P_{CO_2} et par une diminution du pH et de la P_{O_2}. Ces deux phénomènes surviennent naturellement quand les échanges gazeux placentaires cessent et que le cordon est coupé (lors des accouchements normaux par voie vaginale), mais ils se produisent d'une manière ou d'une autre chez tous les nouveau-nés. Ils stimulent les chémorécepteurs aortiques et carotidiens et provoquent des impulsions qui déclenchent le fonctionnement du centre respiratoire médullaire. Cette brève période d'asphyxie constitue donc un stimulant important. Il est par contre anormal que cette asphyxie se prolonge, car elle joue alors le rôle d'un dépresseur respiratoire du système nerveux central (SNC).

Stimuli thermiques

À la naissance, le nouveau-né passe d'une température intra-utérine de 37 °C à une température ambiante de 21 à 23 °C. Cet écart thermique contribue aussi au déclenchement respiratoire. Il stimule les terminaisons nerveuses de la peau du bébé, qui réagit par des respirations rythmiques. Le changement de température survenant normalement à la naissance se trouve en deçà des limites physiologiques acceptables. Un refroidissement excessif peut par contre provoquer un stress hypothermique (voir la description détaillée du stress hypothermique au chapitre 26).

Stimuli sensoriels

Un certain nombre de stimuli sensoriels et physiques contribuent également au déclenchement de la respiration à la naissance, quand le fœtus passe d'un milieu paisible, familier et confortable à un milieu riche en stimuli tactiles, auditifs et visuels.

Le fœtus vit dans un milieu liquide, insonorisé et sombre, pratiquement en apesanteur. À la naissance, le nouveau-né découvre la lumière, le son et la pesanteur. Si l'on a longtemps cru qu'il fallait le stimuler vigoureusement par une tape sur les fesses ou sur le talon, les spécialistes préconisent maintenant le contact physique doux. On peut par exemple sécher le nouveau-né et le placer sur la poitrine de sa mère pour le stimuler d'une manière plus réconfortante et prévenir les pertes de chaleur.

Facteurs entravant la première respiration

On distingue essentiellement trois facteurs susceptibles d'entraver le déclenchement de l'activité respiratoire: 1) la tension superficielle alvéolaire; 2) la viscosité du liquide pulmonaire à l'intérieur des voies respiratoires; 3) le degré de compliance pulmonaire.

La force d'attraction qui s'exerce entre les surfaces humides des alvéoles, c'est-à-dire la tension superficielle alvéolaire, est indispensable à la fonction respiratoire. En l'absence de surfactant, elle causerait toutefois un affaissement des petites voies aériennes et des alvéoles entre chaque inspiration. En réduisant la force d'attraction entre les alvéoles, le surfactant empêche celles-ci de s'affaisser complètement à chaque expiration et favorise donc l'expansion des poumons. Le surfactant augmente aussi la compliance pulmonaire, c'est-à-dire la capacité du poumon à se remplir d'air. La diminution de la production de surfactant fait baisser la compliance et augmenter la pression nécessaire à l'expansion des alvéoles à l'inspiration. Comme le poumon rempli de liquide exerce une résistance et que le rayon des voies aériennes est petit, il faut une pression de 30 à 40 cm d'eau pour amorcer l'expansion (Thureen *et al.*, 1999). En général, la première respiration de l'enfant produit une capacité résiduelle fonctionnelle (CRF) représentant 30% à 40% de la capacité pulmonaire totale. Cette CRF permet aux sacs alvéolaires de conserver une expansion partielle durant l'expiration. Grâce à l'air qui reste dans les poumons après la première expiration, l'ouverture des alvéoles n'exigera par la suite qu'une pression de 6 à 8 cm de H_2O. En d'autres termes, la toute première respiration du nouveau-né est aussi la plus difficile.

Physiologie cardiorespiratoire

Lors du déclenchement de la respiration, le système cardiovasculaire du nouveau-né subit plusieurs changements qui lui sont indispensables pour s'adapter à la vie extra-utérine, d'où le terme d'**adaptation cardiorespiratoire**. La PO_2 augmente dans les alvéoles, dès que l'air pénètre dans les poumons. Les artères pulmonaires se relâchent et la résistance vasculaire diminue, ce qui induit une augmentation du débit vasculaire (qui atteint 100%, 24 heures après la naissance). C'est notamment par cet accroissement du volume du sang pénétrant dans les poumons que l'enfant passe de la circulation fœtale à la circulation néonatale. Que les alvéoles soient complètement ouvertes ou non, le sang se répartit dans tout le poumon, dès que la circulation pulmonaire est établie. Pour que le bébé soit bien oxygéné, il faut que son cœur apporte une quantité suffisante de sang aux alvéoles et que celles-ci soient ouvertes et fonctionnelles. Le shunt est courant au début de la période néonatale. Une circulation sanguine bidirectionelle, ou shunt droite-gauche dans le canal artériel, prive parfois les poumons d'une quantité considérable de sang, selon les fluctuations dans la pression respiratoire, les pleurs et le rythme cardiaque. Pendant la période néonatale, un shunt de ce type peut aussi entraîner une instabilité passagère de la fonction cardiorespiratoire.

Transport de l'oxygène

Le transport de l'oxygène jusqu'aux tissus périphériques dépend du type d'hémoglobine contenue dans les érythrocytes. Il en existe plusieurs types; les plus courants sont l'hémoglobine fœtale (HbF, qui représente entre 70% et 90% de l'hémoglobine totale) et l'hémoglobine adulte (HbA). La principale différence entre l'HbF et l'HbA réside dans les modalités du transport de l'oxygène.

Comme l'HbF présente une affinité plus grande avec l'oxygène, la saturation en oxygène est plus forte chez le nouveau-né que chez l'adulte, mais les tissus reçoivent moins d'oxygène. Pendant la période prénatale, ce phénomène s'avère nécessaire pour assurer une captation suffisante d'oxygène malgré la faible pression (la PO_2 veineuse ombilicale ne peut pas excéder la PO_2 veineuse utérine). La forte concentration d'oxygène dans le sang rend particulièrement difficile le diagnostic de l'hypoxie chez le nouveau-né. En effet, les manifestations cliniques de la cyanose apparaissent uniquement si la concentration sanguine d'oxygène est faible. En outre, l'alcalose (augmentation du pH sanguin) et l'hypothermie peuvent causer une diminution de la quantité d'oxygène disponible pour les tissus, tandis que l'acidose, l'hypercapnie et l'hyperthermie peuvent réduire la quantité d'oxygène qui se lie à l'hémoglobine et augmenter celle qui se libère dans les tissus.

Maintien de la fonction respiratoire

La compliance pulmonaire et la résistance des voies respiratoires influent sur la capacité du poumon à maintenir l'oxygénation et la ventilation (les échanges d'oxygène et de gaz carbonique). Du fait de ses particularités anatomiques, le nouveau-né présente un tissu pulmonaire moins élastique que celui de l'adulte et, par conséquent, une compliance pulmonaire plus basse. Les dimensions relativement importantes du cœur et des structures médiastinales restreignent l'espace pulmonaire. Le thorax du nouveau-né se caractérise par des muscles intercostaux faibles, une cage rigide avec des côtes horizontales et un diaphragme haut, ce qui réduit encore plus l'espace disponible pour l'expansion des poumons. L'abdomen proéminent empiète aussi sur cet espace en refoulant le diaphragme, qui est déjà haut. Enfin, la ventilation est limitée par la résistance des voies respiratoires, laquelle dépend de leur rayon, de leur longueur et de leur nombre.

Caractéristiques respiratoires du nouveau-né

La fréquence respiratoire normale du nouveau-né est de 30 à 60 respirations par minute. Il arrive que les premières respirations soient en grande partie diaphragmatiques, peu profondes et irrégulières. Le mouvement de l'abdomen et celui du thorax sont synchronisés. Une respiration interrompue par des pauses de 5 à 15 secondes est appelée **respiration périodique**. Elle s'accompagne rarement de changements dans la coloration de la peau ou dans la fréquence cardiaque et ne présente aucune signification pronostique particulière. Les stimulations sensorielles, tactiles ou autres, font augmenter la quantité d'oxygène inspirée et ramènent la respiration périodique à la normale pendant la période de transition. La respiration est assez régulière durant le sommeil profond, mais périodique durant le sommeil léger (sommeil paradoxal). Elle devient nettement irrégulière en période d'activité motrice, mais aussi quand l'enfant boit ou pleure. Les pauses respiratoires de plus de 20 secondes sont des périodes d'apnée qui doivent être considérées comme anormales chez le bébé né à terme. L'apnée s'accompagne parfois d'un changement de coloration de la peau ou d'un ralentissement de la fréquence cardiaque (qui passe alors à moins de 100 battements par minute). Les épisodes d'apnée doivent toujours faire l'objet d'un examen approfondi.

Les nouveau-nés respirent obligatoirement par le nez. Il est important d'assurer la perméabilité de leur gorge et de leur nez, car toute obstruction provoque une détresse respiratoire. Il est normal que la fréquence respiratoire soit de 60 à 70 respirations par minute tout de suite après la naissance et pendant environ les 2 heures qui suivent. Il est aussi tout à fait habituel que l'enfant présente une cyanose et une acrocyanose légères après la naissance, mais la peau prend sa teinte définitive peu après. L'infirmière doit prévenir le médecin si la fréquence respiratoire au repos devient inférieure à 30 respirations par minute ou supérieure à 60, ou si elle constate un tirage, une cyanose ou un battement des ailes du nez avec geignement expiratoire (*grunting*). Une utilisation accrue des muscles intercostaux (tirage) constitue parfois le signe d'une détresse respiratoire. (Voir le chapitre 26 et le tableau 26-1 pour une description détaillée de la détresse respiratoire.)

Les adaptations cardiovasculaires

Ainsi que nous l'avons vu, la première respiration accroît le débit sanguin qui afflue vers les poumons, ce qui contribue à faire passer l'enfant de la circulation fœtale à la circulation néonatale.

Physiologie de la transition

Pendant la vie intra-utérine, le sang riche en oxygène est détourné vers le cœur et le cerveau, tandis que le sang moins oxygéné, celui de l'aorte descendante, alimente les reins et les voies gastro-intestinales avant de retourner au placenta. Propulsées du ventricule droit vers les poumons, de petites quantités de sang pénètrent dans les vaisseaux pulmonaires. Chez le fœtus, la résistance pulmonaire étant plus forte, la majeure partie de ce sang traverse le canal artériel pour arriver dans l'aorte descendante (voir le tableau 21-1).

L'appareil cardiovasculaire subit des changements importants à la naissance. L'expansion pulmonaire qui se produit lors de la première respiration réduit la résistance vasculaire des poumons et augmente leur débit sanguin. La pression dans l'oreillette gauche augmente quand le sang quitte les veines

Tableau 21-1

Circulation fœtale et circulation néonatale

Système	Fœtus	Nouveau-né
Vaisseaux sanguins pulmonaires	Contractés; débit sanguin très faible; aucune expansion des poumons.	Vasodilatation et augmentation du débit sanguin; expansion des poumons; l'augmentation de l'apport en oxygène stimule la vasodilatation.
Vaisseaux sanguins systémiques	Dilatés; résistance faible; la majeure partie du sang se trouve dans le placenta.	Augmentation de la tension artérielle causée par la séparation du placenta; augmentation du volume sanguin et de la résistance systémique.
Canal artériel	Gros, sans tonus; le sang circule de l'artère pulmonaire à l'aorte.	Renversement du débit sanguin; le sang circule maintenant de l'aorte à l'artère pulmonaire à cause de l'augmentation de la pression dans l'oreillette gauche. Le canal artériel réagit à l'augmentation de l'apport en oxygène et en produits chimiques et commence à se refermer.
Foramen ovale	Perméable, avec un débit sanguin accru de l'oreillette droite à l'oreillette gauche.	L'augmentation de la pression dans l'oreillette gauche tend à renverser le débit sanguin et à fermer la valve unidirectionnelle.

pulmonaires. La pression dans l'oreillette droite diminue et la résistance vasculaire systémique augmente au moment où le clampage du cordon interrompt le débit sanguin de la veine ombilicale. Ces mécanismes physiologiques marquent le passage de la circulation fœtale à la circulation néonatale et rendent compte des interactions entre les appareils cardiovasculaire et respiratoire (figure 21-2 ▶). On observe cinq grands changements au cours de l'adaptation cardiorespiratoire (figure 21-3 ▶).

1. *Augmentation de la pression aortique et diminution de la pression veineuse.* La coupure du cordon ombilical élimine le lit vasculaire placentaire et provoque une diminution de l'espace intravasculaire. Par conséquent, la pression

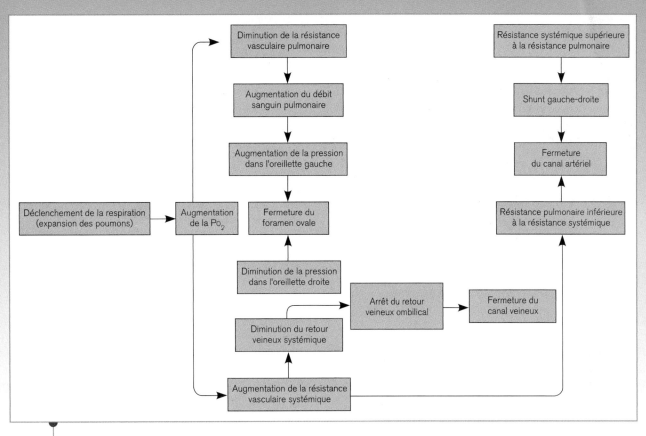

FIGURE 21-2 ▶ Circulation de transition : passage de la circulation fœtale à la circulation néonatale.

aortique augmente. Au même moment, le retour sanguin par la veine cave inférieure diminue, ce qui entraîne une réduction de la pression dans l'oreillette droite et une légère baisse de pression dans la circulation veineuse.

2. *Augmentation de la pression systémique et diminution de la pression artérielle pulmonaire.* La disparition de la circulation placentaire provoque une augmentation de la résistance systémique et, par conséquent, une augmentation de la pression systémique. Au même moment, l'expansion des poumons fait augmenter le débit sanguin pulmonaire. L'augmentation de la P_{O_2} sanguine associée au déclenchement de la respiration induit une dilatation des vaisseaux sanguins pulmonaires. L'augmentation du débit sanguin pulmonaire et la vasodilatation font diminuer la résistance artérielle pulmonaire. La pression vasculaire systémique augmente à cause de l'ouverture des lits vasculaires, ce qui améliore la perfusion des autres appareils et systèmes de l'organisme.

3. *Fermeture du foramen ovale.* La fermeture du foramen ovale dépend de la pression auriculaire. In utero, la pression est plus forte dans l'oreillette droite que dans l'oreillette gauche. La diminution de la résistance pulmonaire et l'augmentation du débit sanguin pulmonaire font augmenter le retour veineux pulmonaire dans l'oreillette gauche, ce qui provoque une légère élévation de la pres-

sion dans cette oreillette. La diminution de la résistance vasculaire pulmonaire et du retour veineux ombilical vers l'oreillette droite fait en outre baisser la pression dans l'oreillette droite. Par conséquent, les gradients de pression dans les oreillettes sont alors inversés ; la pression dans l'oreillette gauche est plus forte et la fermeture fonctionnelle du foramen ovale survient une à deux heures après la naissance. Cependant, un léger shunt droite-gauche peut survenir au début de la période néonatale. Toute augmentation de la résistance pulmonaire ou de la pression dans l'oreillette droite (causée par des pleurs, une acidose ou un stress hypothermique, par exemple) peut entraîner la réouverture du foramen ovale et causer un shunt droite-gauche. Le foramen ovale se ferme de façon définitive au cours des six premiers mois de la vie.

4. *Fermeture du canal artériel.* L'augmentation initiale de la pression vasculaire systémique, qui devient alors supérieure à la pression vasculaire pulmonaire, fait augmenter le débit sanguin pulmonaire et cause une inversion de la circulation par le canal artériel : le sang circule maintenant de l'aorte à l'artère pulmonaire. De plus, même si la présence d'oxygène entraîne la dilatation des artérioles, l'augmentation de la P_{O_2} sanguine déclenche une réaction inverse dans le canal artériel, c'est-à-dire une contraction.

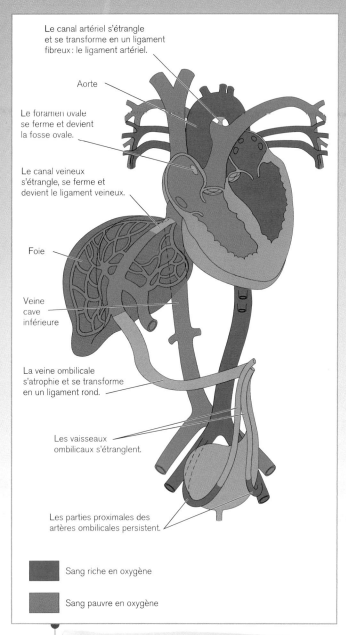

Le canal artériel s'étrangle et se transforme en un ligament fibreux : le ligament artériel.

Aorte

Le foramen ovale se ferme et devient la fosse ovale.

Le canal veineux s'étrangle, se ferme et devient le ligament veineux.

Foie

Veine cave inférieure

La veine ombilicale s'atrophie et se transforme en un ligament rond.

Les vaisseaux ombilicaux s'étranglent.

Les parties proximales des artères ombilicales persistent.

Sang riche en oxygène

Sang pauvre en oxygène

FIGURE 21-3 ▶ Principaux changements dans le système circulatoire du nouveau-né. *Source :* Hole J. W. (1993), *Human Anatomy and Physiology*, 6e éd., Dubuque, IA, W. C. Brown. Tous droits réservés. Reproduction autorisée.

Dans l'utérus, les prostaglandines E_2 produites par le placenta dilatent le canal. Avec la perte du placenta et l'augmentation du débit sanguin pulmonaire, les concentrations de prostaglandines E_2 chutent et ne s'opposent plus à la constriction active causée par la PO_2. Si l'expansion des poumons ne se produit pas, ou si la PO_2 chute, le canal reste perméable. La transformation du canal en tissu fibreux se fait dans les trois premières semaines de la vie, mais sa fermeture fonctionnelle s'effectue dans les 15 heures suivant la naissance (Nelson, 1999).

5. *Fermeture du canal veineux.* On ne sait pas exactement ce qui déclenche la fermeture du canal veineux. Il semble

cependant qu'elle est causée par les changements de pression mécaniques induits par la coupure du cordon, la redistribution du sang et le débit cardiaque. Cette oblitération entraîne l'irrigation sanguine du foie. La transformation du canal veineux en tissu fibreux se fait au cours des deux premiers mois de la vie.

Caractéristiques de la fonction cardiaque

Fréquence cardiaque

Peu après les premiers pleurs et la transformation de la circulation cardiopulmonaire, la fréquence cardiaque du nouveau-né monte à 175 ou 180 battements par minute. Chez l'enfant né à terme, la fréquence cardiaque moyenne dans la première semaine de la vie est de 125 à 130 battements par minute au repos (Fanaroff et Martin, 1999). Elle peut toutefois descendre à 85 à 90 battements par minute pendant le sommeil et monter jusqu'à 120 à 160 dans les périodes d'éveil. Le pouls apexien doit être mesuré par auscultation sur une minute entière, de préférence quand l'enfant dort. L'équipe soignante vérifiera aussi les pouls périphériques à toutes les extrémités pour déceler les inégalités ou autres anomalies. Les pouls radiaux périphériques sont difficiles à palper chez le nouveau-né. On peut les évaluer à partir de la tension artérielle si celle-ci est prise aux quatre membres.

Tension artérielle

La tension artérielle du nouveau-né atteint en principe son maximum tout de suite après la naissance et son minimum environ trois heures après. Elle est généralement revenue à son niveau initial vers l'âge de quatre à six jours. La tension artérielle fluctue en fonction des variations du volume sanguin qui se produisent lors de la mise en place de la circulation néonatale (figure 21-4 ▶). La pression de la perfusion périphérique constitue un indicateur particulièrement fiable et précis de la capacité du nouveau-né à compenser les altérations du volume sanguin qui précèdent les modifications de la tension artérielle. Le temps de remplissage capillaire devrait en principe être inférieur à deux ou trois secondes quand on relâche la pression exercée sur la peau blanchie.

Pendant les 12 premières heures de la vie, la tension artérielle dépend du poids à la naissance. Au repos, elle est en moyenne de 72/47 mm Hg chez l'enfant né à terme et de 64/39 mm Hg chez l'enfant prématuré (Fanaroff et Martin, 1999). Les pleurs peuvent faire monter la pression systolique et diastolique de 20 mm Hg. Pour mesurer la tension artérielle avec précision, il est préférable d'utiliser la méthode Doppler ou un brassard de 3 à 5 cm avec un stéthoscope placé sur l'artère brachiale.

Souffles cardiaques

Les souffles sont causés par des turbulences dans la circulation sanguine. Ils peuvent donc être dus à une anomalie ou à une

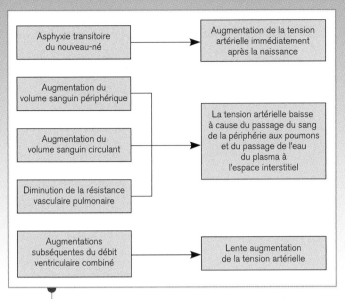

FIGURE 21-4 ▶ Effets des changements du volume sanguin sur la tension artérielle chez le nouveau-né.

sténose valvulaire, à une communication interventriculaire ou interauriculaire ou à une augmentation du débit dans une valve normale. Chez les nouveau-nés, 90 % des souffles cardiaques sont transitoires et ne révèlent aucune anomalie. Comme le séjour hospitalier a été écourté ces dernières années, il arrive souvent que les souffles associés à une communication interventriculaire ou à une persistance du canal artériel soient détectés seulement lors du premier examen de santé, entre la première et la deuxième semaine de vie. Même les malformations cardiaques graves ne produisent pas toujours de souffle (Johnston, 1998).

Travail cardiaque

Le ventricule droit effectue environ les deux tiers du travail cardiaque pendant la gestation. À la naissance, il est donc plus gros et plus épais que le gauche. Par contre, le ventricule gauche assume une plus grande partie du travail après la naissance ; il doit par conséquent grossir et s'épaissir. Ce phénomène explique peut-être que les malformations du cœur droit sont mieux tolérées que celles du cœur gauche, et que les malformations du cœur gauche deviennent rapidement symptomatiques après la naissance.

■ Le système hématopoïétique

Les érythrocytes du fœtus sont gros, mais peu nombreux. Après la naissance, ils augmentent progressivement en nombre, tandis que leur volume diminue. Ils ont chez le nouveau-né une durée de vie de 80 à 100 jours, soit environ les deux tiers de leur durée de vie chez l'adulte. La concentration de l'hémoglobine peut augmenter durant les premiers jours de la vie pour dépasser de 100 à 200 g/L la concentration fœtale, et ce, à cause de la trans-

fusion placentaire, du faible apport liquidien par voie orale et de la diminution du volume liquidien extracellulaire. Une semaine après la naissance, la concentration d'hémoglobine périphérique du nouveau-né redevient comparable à celle du fœtus. Elle baisse ensuite progressivement au cours des deux à trois premiers mois de vie (Polin et Fox, 1998). Cette baisse initiale de l'hémoglobine provoque l'**anémie physiologique du nouveau-né**.

Il est normal d'observer une leucocytose chez le nouveau-né, car le stress de la naissance fait augmenter la production de granulocytes pendant les premiers jours de la vie. Dès la deuxième semaine, le nombre des granulocytes diminue et représente 35 % de la numération leucocytaire totale. Plus tard, les lymphocytes deviennent prédominants et la numération leucocytaire diminue.

À la naissance, le volume sanguin de l'enfant né à terme se situe entre 80 et 85 mL/kg de masse corporelle. Par exemple, un nouveau-né de 3,6 kg a un volume sanguin de 288 à 306 mL. Le volume sanguin dépend du volume de la transfusion placentaire de la délivrance et de plusieurs autres facteurs indiqués ci-dessous.

1. *Retard dans le clampage du cordon et déplacement normal du plasma vers les espaces extravasculaires.* Les valeurs d'hémoglobine et d'hématocrite sont plus élevées chez le nouveau-né dans les cas de transfusion placentaire postnatale. Les vaisseaux placentaires contiennent environ 100 mL de sang à la fin de la gestation. La majeure partie de ce sang peut être transfusée au nouveau-né en le plaçant plus bas que le placenta et en retardant le clampage du cordon. Le volume sanguin augmente ainsi de 50 % (Polin et Fox, 1998). Cet accroissement induit une élévation du taux d'hémoglobine et fait passer l'hématocrite à 0,65 après la naissance (contre 0,48 quand le cordon est clampé immédiatement). Pour obtenir les résultats les plus exacts possible, on peut aussi mesurer les concentrations initiales d'hémoglobine et d'hématocrite dans le sang du cordon.

2. *Âge gestationnel.* Il semble exister un lien entre l'âge gestationnel, le nombre des érythrocytes et la concentration de l'hémoglobine. On peut estimer par conséquent que l'âge gestationnel détermine en partie les valeurs hématologiques.

3. *Hémorragie prénatale ou périnatale.* Les hémorragies prénatales ou périnatales importantes font baisser l'hématocrite et provoquent une hypovolémie.

4. *Mode de prélèvement.* Les concentrations d'hémoglobine et l'hématocrite sont considérablement plus élevés dans le sang capillaire que dans le sang veineux. La circulation paresseuse du sang périphérique entraîne une stase des érythrocytes, qui se retrouvent par conséquent en plus grand nombre dans les capillaires. Les résultats des échantillons de sang veineux s'avèrent donc plus exacts que ceux des échantillons de sang capillaire.

La concentration des électrolytes sériques donne une indication de l'équilibre hydroélectrolytique du bébé. On trouvera au tableau 21-2 les valeurs normales de la formule sanguine et des électrolytes chez l'enfant né à terme.

Tableau 21-2

Valeurs normales de la formule sanguine et des électrolytes chez le nouveau-né*

Hémoglobine	150 à 200 g/L
Hématocrite	0,51 à 0,56
Leucocytes	10×10^9 à 30×10^9/L
Granulocytes	0,40 à 0,80
Leucocytes immatures	0,03 à 0,10
Plaquettes (sang du cordon)	150×10^9 à 400×10^9/L
Réticulocytes	0,03 à 0,06
Volume sanguin	82,3 mL/kg (trois jours après le clampage du cordon s'il est exécuté dès la naissance)
	92,6 mL/kg (trois jours après le clampage retardé du cordon)
Sodium	135 à 147 µmol/L
Potassium	4 à 6 µmol/L
Chlorure	90 à 114 µmol/L
Calcium	1,9 à 2,6 µmol/L
Glucose	2,2 à 5 µmol/L

* Ces valeurs sont approximatives.

La thermorégulation

La thermorégulation (régulation de la température) est un mécanisme permettant de maintenir l'équilibre thermique par un dégagement de chaleur égal à sa production. Le nouveau-né est *homéotherme*, c'est-à-dire qu'il tend à maintenir sa température interne (centrale) dans d'étroites limites en dépit des variations de température considérables du milieu extérieur.

Chez le nouveau-né, la thermorégulation est étroitement liée à la vitesse du métabolisme et à la consommation d'oxygène. À l'intérieur d'une plage précise de températures ambiantes, la **zone de neutralité thermique** (ZNT), la vitesse du métabolisme et la consommation d'oxygène sont minimales, et la température interne se maintient grâce à l'équilibre thermique (tableau 21-3). Pour un enfant né à terme et nu, la zone de neutralité thermique s'étend de 32° à 34 °C. Chez l'adulte, elle se situe entre 26° et 28 °C (Polin et Fox, 1998). Par rapport à l'adulte, le nouveau-né doit donc être placé dans un milieu plus chaud pour se maintenir en neutralité thermique.

Les caractéristiques ci-dessous déterminent l'établissement de la ZNT chez le nouveau-né.

- Le nouveau-né possède un épiderme mince et peu de tissu adipeux.

- Ses vaisseaux sanguins se trouvent plus près de la peau que ceux de l'adulte. Les variations de la température ambiante exercent donc une incidence plus forte sur le sang circulant et, par conséquent, sur le centre hypothalamique de la thermorégulation.

- La posture fléchie caractéristique de l'enfant né à terme réduit la surface corporelle exposée au milieu extérieur et limite les pertes de chaleur.

Le poids et l'âge de l'enfant peuvent également jouer un rôle dans l'établissement de la zone de neutralité thermique. Par exemple, les nouveau-nés prématurés ou hypotrophiques ont moins de tissu adipeux, et leur posture est peu fléchie ; ils ont par conséquent besoin d'une température ambiante plus élevée pour se maintenir en neutralité thermique. Les nouveau-nés plus gros (donc mieux isolés du froid) peuvent s'adapter à une température ambiante plus basse. Si la température ambiante tombe sous la limite inférieure de la ZNT, le nouveau-né consomme plus d'oxygène, et son métabolisme s'accélère. Par conséquent, sa production de chaleur augmente. Une exposition prolongée au froid peut entraîner un épuisement des réserves en glycogène et une acidose. La consommation d'oxygène du bébé augmente également si la température ambiante dépasse la limite supérieure de la zone de neutralité thermique.

Déperditions de chaleur

Le nouveau-né a beaucoup de difficulté à maintenir une température normale. En raison de la grande surface de son corps par rapport à sa masse et du peu de graisses sous-cutanées isolantes qu'il possède, l'enfant né à terme perd environ quatre fois plus de chaleur que l'adulte. La relative instabilité thermique du nouveau-né est en plus grande partie attribuable aux pertes de chaleur qu'à la difficulté d'en produire (thermogenèse). Il est donc essentiel de réduire le plus possible les déperditions de chaleur afin d'éviter l'hypothermie et le stress hypothermique (voir les interventions infirmières aux chapitres 17 et 23).

Le nouveau-né perd de la chaleur principalement selon deux axes : de l'intérieur de l'organisme vers la surface cutanée et de la surface cutanée vers le milieu extérieur. La température centrale du corps est en général supérieure à la température cutanée, ce qui provoque un transfert continuel de chaleur de l'intérieur du corps vers sa surface (Fanaroff et Martin, 1999). Plus l'écart entre la température centrale et la température cutanée est grand, plus ce transfert est rapide. Le transfert de chaleur s'effectue par l'augmentation de la consommation d'oxygène, l'utilisation des réserves de glycogène et le métabolisme du tissu adipeux brun. La déperdition de chaleur de la surface corporelle vers le milieu ambiant

Tableau 21-3

Zones de neutralité thermique

Âge et poids*	Zone thermique (°C)	Âge et poids	Zone thermique (°C)
0 à 6 HEURES		**72 à 96 HEURES**	
Moins de 1 200 g	34,0 – 35,4	Moins de 1 200 g	34,0 – 35,0
1 200 à 1 500 g	33,9 – 34,4	1 200 à 1 500 g	33,0 – 34,0
1 501 à 2 500 g	32,8 – 33,8	1 501 à 2 500 g	31,1 – 33,2
Plus de 2 500 g	32,0 – 33,8	Plus de 2 500 g	29,8 – 32,8
(après 36 semaines)		(arès 36 semaines)	
6 à 12 HEURES		**4 à 12 JOURS**	
Moins de 1 200 g	34,0 – 35,4	Moins de 1 500 g	33,0 – 34,4
1 200 à 1 500 g	33,5 – 34,4	1 500 à 2 500 g	31,0 – 33,2
1 501 à 2 500 g	32,2 – 33,8	Plus de 2 500 g	
Plus de 2 500 g	31,4 – 33,8	(après 36 semaines)	
(après 36 semaines)		4 à 5 jours	29,5 – 32,6
		5 à 6 jours	29,4 – 32,3
12 à 24 HEURES		6 à 8 jours	29,0 – 32,2
Moins de 1 200g	34,0 – 35,4	8 à 10 jours	29,0 – 31,8
1 200 à 1 500 g	33,3 – 34,3	10 à 12 jours	29,0 – 31,4
1 501 à 2 500 g	31,8 – 33,8		
Plus de 2 500 g	31,0 – 33,7	**12 à 14 JOURS**	
(après 36 semaines)		Moins de 1 500 g	32,6 – 34,0
		1 500 à 2 500 g	31,0 – 33,2
24 à 36 HEURES		Plus de 2 500 g	29,0 – 30,8
Moins de 1 200 g	34,0 – 35,0	(après 36 semaines)	
1 200 à 1 500 g	33,1 – 34,2		
1 501 à 2 500 g	31,6 – 33,6	**2 à 3 SEMAINES**	
Plus de 2 500 g	30,7 – 33,5	Moins de 1 500 g	31,6 – 33,6
(après 36 semaines)		1 500 à 2 500 g	30,6 – 32,7
36 à 48 HEURES		**3 à 4 SEMAINES**	
Moins de 1 200 g	34,0 – 35,0	Moins de 1 500 g	31,6 – 33,6
1 200 à 1 500 g	33,0 – 34,1	1 500 à 2 500 g	30,0 – 32,7
1 501 à 2 500 g	31,4 – 33,5		
Plus de 2 500 g	30,5 – 33,3	**4 à 5 SEMAINES**	
(après 36 semaines)		Moins de 1 500 g	31,2 – 33,0
		1 500 à 2 500 g	29,5 – 32,2
48 à 72 HEURES			
Moins de 1 200 g	34,0 – 35,0	**5 à 6 SEMAINES**	
1 200 à 1 500 g	33,0 – 34,0	Moins de 1 500 g	30,6 – 32,3
1 501 à 2 500 g	31,2 – 33,4	1 500 à 2 500 g	29,0 – 31,8
Plus de 2500 g	30,1 – 33,2		
(après 36 semaines)			

* Dans chaque tranche de poids, les bébés les plus petits ont en général besoin d'une température ambiante se situant dans la partie supérieure de l'écart. De même, dans chaque tranche d'âge, les bébés plus jeunes ont besoin de températures plus élevées.

Source: Scopes et Ahmed (1966). Pour établir ce tableau, Scopes a maintenu les parois des incubateurs à une température supérieure de 1° à 2° à la température ambiante. Reproduction autorisée de M. H. Klaus et A. A. Fanaroff (1986), *Care of the High-Risk Neonate*, 3e éd., Philadelphie, Saunders, p. 103.

s'effectue selon quatre modalités : la convection, la radiation, l'évaporation et la conduction (figure 21-5 ▶).

- La **convection** consiste en une perte de chaleur au détriment d'une surface cutanée chaude et au profit de courants d'air plus froids. La perte de chaleur par convection est plus grande dans une pièce climatisée, lors de l'administration d'oxygène par masque, lors des interventions faites à l'extérieur de l'incubateur et en présence de courants d'air plus froids que la température cutanée de l'enfant.

- La déperdition par **radiation** se produit quand la chaleur passe d'une surface cutanée chaude à des surfaces ou objets plus froids qui ne sont pas en contact direct avec la peau. Les murs d'une pièce ou les parois d'un incubateur peuvent causer une déperdition de chaleur par radiation, même si la température ambiante se situe dans les limites de la zone de neutralité thermique de l'enfant. On observe de la même façon une déperdition par radiation quand des objets froids sont posés sur l'incubateur (la glace pour les gaz artériels, par exemple) ou près de l'enfant sur la table à infrarouge.

- La déperdition de chaleur par **évaporation** est causée par le passage de l'eau de l'état liquide à l'état gazeux (vapeur). Elle touche notamment le nouveau-né encore couvert de liquide amniotique. Les bains peuvent aussi provoquer une perte de chaleur par évaporation. Il est donc capital de bien sécher le nouveau-né.

- La déperdition de chaleur par **conduction** se produit par contact direct entre la peau et une surface froide : les mains des adultes qui s'occupent de l'enfant, le plateau du pèse-personne, la surface d'une table d'examen ou le stéthoscope. Même si l'on prend soin de réchauffer les objets à la température de l'incubateur, la différence entre la température centrale du bébé et la température ambiante est parfois considérable et provoque un transfert de chaleur.

Une fois le nouveau-né séché, les pertes de chaleur les plus importantes s'effectuent en général par radiation et par convection, car la surface corporelle du nouveau-né est grande par rapport à sa masse. On observe aussi des pertes par conduction à cause de l'écart important entre la température centrale et la température cutanée. Le nouveau-né peut réagir à une température ambiante plus froide par une conduction thermique continuelle. C'est pourquoi il est essentiel de réduire la déperdition de chaleur et de prévenir l'hypothermie chez le nouveau-né. (Voir les interventions infirmières de prévention de l'hypothermie et du stress hypothermique au chapitre 26.)

Production de chaleur (thermogenèse)

Le nouveau-né doit produire un surplus de chaleur quand il est exposé à une température ambiante fraîche. Son organisme

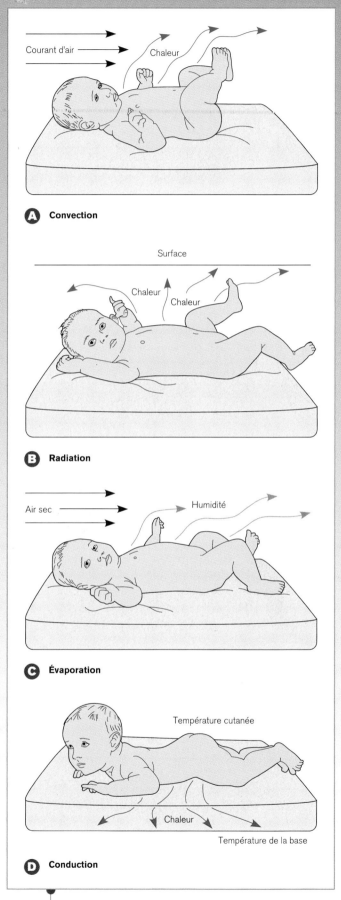

FIGURE 21-5 ▶ Modes de déperdition de chaleur. **A.** Convection. **B.** Radiation. **C.** Évaporation. **D.** Conduction.

dispose de certains mécanismes physiologiques lui permettant d'augmenter sa production thermique (sa thermogenèse), notamment l'accélération du métabolisme basal, l'activité musculaire et la thermogenèse chimique (dite aussi *thermogenèse sans frissons*) (Baumgart, Harrsch et Touch, 1999).

La thermogenèse sans frissons est un mécanisme important de production de chaleur propre au nouveau-né. Percevant une baisse de la température ambiante, les récepteurs cutanés en informent le système nerveux. La thermogenèse sans frissons s'effectue grâce à la mise à contribution des réserves de **tissu adipeux brun** (aussi appelé *graisse brune*), lequel constitue la principale source de chaleur du nouveau-né en stress hypothermique. Cette couche de tissu commence à apparaître chez le fœtus entre la 26e et la 30e semaine de gestation et se développe jusqu'à 2 à 5 semaines après la naissance (si elle survient à terme), à moins qu'un stress hypothermique n'en épuise les réserves avant cela. Le tissu adipeux brun se dépose dans la région médioscapulaire, autour du cou ainsi qu'aux aisselles et, plus en profondeur, autour de la trachée, de l'œsophage, de l'aorte abdominale, des reins et des glandes surrénales (figure 21-6 ▶). Il représente entre 2% et 6% de la masse corporelle totale du nouveau-né. Son nom provient de sa coloration foncée causée par son contenu cellulaire dense, de sa forte irrigation sanguine et de ses multiples terminaisons nerveuses. L'abondance du tissu adipeux brun accélère le métabolisme des triglycérides, ce qui

produit de la chaleur. En raison de l'accélération du métabolisme général, l'organisme produit de la chaleur et la transfère à la circulation périphérique.

Le frisson est rare chez le nouveau-né, mais on l'observe parfois à des températures ambiantes inférieures à 15 °C (Polin et Fox, 1998). Toutefois, la vitesse du métabolisme a déjà doublé au moment où l'enfant frissonne ; cette réaction ne l'aide donc pas vraiment à produire la chaleur dont il a besoin.

Des études thermographiques sur des nouveau-nés exposés au froid montrent que la température augmente dans les zones d'accumulation de tissu adipeux brun entre le 1er et le 14e jour. Par contre, la réaction métabolique au froid s'avère insuffisante ou nulle si les réserves de tissu adipeux brun sont épuisées. L'hypothermie entraîne alors une accélération du métabolisme basal et une augmentation de la consommation d'oxygène. Si la température ambiante passe de 33° à 31 °C, cette baisse de 2 °C suffit pour faire doubler la consommation d'oxygène chez l'enfant né à terme. Chez le nouveau-né normal, le maintien de la chaleur favorise une consommation d'oxygène normale, alors que le refroidissement peut entraîner des signes de détresse respiratoire.

Lorsqu'il est exposé au froid, l'enfant normal, né à terme, peut en général s'adapter à l'augmentation des besoins de son organisme en oxygène. Par contre, le prématuré n'arrive pas toujours à accélérer sa ventilation d'une manière suffisante pour atteindre la consommation d'oxygène souhaitable. (On trouvera une description du stress hypothermique au chapitre 26.) Puisque l'oxydation des acides gras dépend de la disponibilité de l'oxygène, du glucose et de l'adénosine triphosphate (ATP), certains problèmes, tels que l'hypoxie, l'acidose et l'hypoglycémie, et certains médicaments bloquant la libération de la noradrénaline peuvent réduire la thermogenèse chez le nouveau-né. Des médicaments, tels que la mépéridine, peuvent aussi entraver le métabolisme du tissu adipeux brun. L'administration de mépéridine à la mère pendant le travail provoque une baisse plus importante de la température corporelle du bébé pendant la période néonatale. Il est important de retenir que l'hypothermie néonatale prolonge et accentue les effets de nombreux analgésiques et anesthésiques.

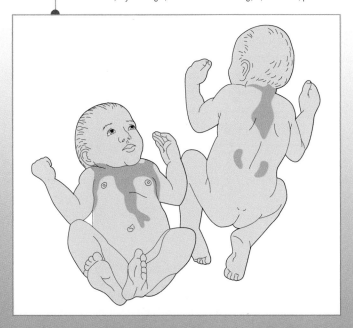

FIGURE 21-6 ▶ Répartition du tissu adipeux brun (graisse brune) chez le nouveau-né. *Source* : Davis, V. (1980), « Structure and function of brown adipose tissue in the neonate », *Journal of Obstetric, Gynecologic, and Neonatal Nursing*, 9, nov./déc., p. 364.

Réactions à la chaleur

Chez l'enfant né à terme, l'hyperthermie se manifeste tout d'abord, en général, par la transpiration. Les glandes sudoripares du nouveau-né ne fonctionnent pleinement qu'après la quatrième semaine de vie extra-utérine. La chaleur est évacuée par vasodilatation périphérique et par évaporation des pertes hydriques insensibles. La consommation d'oxygène et la vitesse du métabolisme augmentent aussi en cas d'hyperthermie. L'hyperthermie grave peut provoquer la mort de l'enfant ou des lésions cérébrales permanentes.

Les adaptations hépatiques

Le foie du nouveau-né, généralement palpable à 2 ou 3 cm sous le rebord costal droit, est relativement gros : il occupe environ 40 % de la cavité abdominale. Il joue un rôle important dans le stockage du fer, le métabolisme des glucides, la conjugaison de la bilirubine et la coagulation.

Stockage du fer et production des érythrocytes

Après la naissance, à mesure que les érythrocytes sont détruits, le foie stocke du fer qui servira ultérieurement à la production de nouveaux érythrocytes. Les réserves en fer du nouveau-né dépendent de la teneur totale de son organisme en hémoglobine et de son âge gestationnel. Le bébé né à terme possède à peu près 270 mg de fer à la naissance, dont environ 140 à 170 mg dans l'hémoglobine. Si la mère a consommé assez de fer pendant sa grossesse, le nouveau-né a des réserves suffisantes jusqu'à l'âge de 5 mois. À partir du 5e ou 6e mois, il aura cependant besoin d'aliments riches en fer ou de suppléments pour éviter l'anémie.

Métabolisme des glucides

La glycémie de l'enfant né à terme représente 70 % à 80 % de la glycémie de la mère (Cornblath *et al.*, 2000). Les réserves en glucides du nouveau-né sont assez faibles, et le tiers de celles-ci se trouve dans le foie sous forme de glycogène. À la naissance, les réserves de glycogène du bébé sont deux fois plus importantes que celles de l'adulte. La cessation de l'apport maternel en glucose et la forte dépense d'énergie qu'exigent la naissance et l'adaptation à la vie extra-utérine font baisser considérablement les réserves énergétiques du nouveau-né. Le travail respiratoire, les éventuelles pertes de chaleur, l'activité et l'activation du tonus musculaire les mettent également à contribution.

Le glucose constitue la principale source d'énergie du nouveau-né pendant les quatre à six heures suivant la naissance. Dans les deux premières heures de la vie, la glycémie sérique baisse, puis augmente pour finir par se stabiliser deux ou trois heures après la naissance (Cornblath *et al.*, 2000). À mesure que les réserves hépatiques et musculaires de glucose diminuent et que la glycémie baisse, le nouveau-né compense en métabolisant en priorité les lipides. Tout comme les glucides, les lipides et les protéines sont des sources d'énergie. La quantité et la disponibilité de ces sources énergétiques dépendent de la capacité des voies métaboliques encore immatures (à cause de la carence en certaines enzymes ou hormones) à fonctionner dans les premiers jours de la vie.

Conjugaison de la bilirubine

La *conjugaison* de la bilirubine est la transformation du pigment biliaire jaune liposoluble en un pigment hydrosoluble. La bilirubine non conjuguée (ou indirecte) provient du catabolisme de l'hémoglobine libérée principalement par les érythrocytes détruits. La bilirubine non conjuguée ne peut pas être excrétée et s'avère toxique dans certains cas. La **bilirubine sérique totale** est la somme de la bilirubine directe (conjuguée) et de la bilirubine indirecte (non conjuguée).

Comme la bilirubine fœtale non conjuguée traverse le placenta pour être excrétée, le fœtus n'a pas besoin de la conjuguer. À la naissance, la bilirubine totale est en général inférieure à 51 μmol/L, sauf en cas d'hémolyse in utero. Après la naissance, le foie du nouveau-né doit commencer à conjuguer la bilirubine. Cette transformation entraîne une augmentation de la bilirubine sérique durant les premiers jours de la vie.

La bilirubine formée après la destruction des érythrocytes est transportée dans le sang liée à l'albumine. Elle est ensuite transférée dans les hépatocytes et s'associe à deux protéines de liaison intracellulaires. Ces deux protéines déterminent la quantité de bilirubine captée et traitée par les cellules du foie et, par conséquent, le niveau de captation hépatique. La glucuronyltransférase catalyse le lien entre la bilirubine non conjuguée et l'acide glucuronique (produit du glycogène hépatique) pour former la bilirubine conjuguée (directe). La bilirubine directe est excrétée dans le canal hépatique commun, puis dans le duodénum. Elle passe ensuite dans les intestins, où l'activité bactérienne la transforme en urobilinogène. Celle-ci n'est pas réabsorbée, mais excrétée sous forme de pigment jaune-brun dans les selles.

La bilirubine conjuguée et liée peut être reconvertie en bilirubine non conjuguée dans la circulation entérohépatique. En effet, dans les intestins, la β-glucuronidase sépare la bilirubine de l'acide glucuronique, si la bilirubine n'a pas déjà été réduite en urobilinogène par les bactéries intestinales. La bilirubine libre est alors réabsorbée par la paroi intestinale et retourne vers le foie par la veine porte. Chez certains nouveau-nés, l'activité soutenue de la β-glucuronidase et la prolifération tardive des bactéries intestinales (par exemple en cas d'antibiothérapie) s'accompagnent souvent d'une reconversion de la bilirubine conjuguée et d'un défaut d'excrétion de la bilirubine, ce qui augmente le risque d'ictère (figure 21-7).

La glucuronyltransférase est relativement moins active chez le nouveau-né dans les premières semaines de la vie qu'elle ne l'est chez l'adulte. Cette faible activité hépatique, jumelée à la quantité relativement grande de bilirubine, diminue la capacité du foie à conjuguer la bilirubine, ce qui augmente aussi le risque d'ictère.

Ictère physiologique du nouveau-né

L'**ictère physiologique** est causé par une destruction accélérée des érythrocytes fœtaux, par une altération de la conjugaison

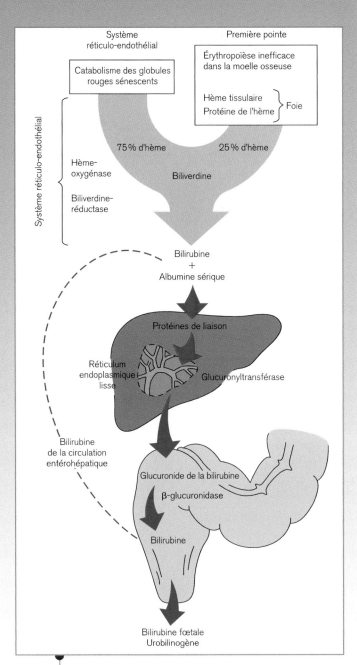

FIGURE 21-7 ▌ Conjugaison de la bilirubine chez le nouveau-né. *Source*: G. B. Avery, M. A. Fletcher et M. G. MacDonald (1994), *Neonatalogy : Pathophysiology and management of the newborn*, 4ᵉ éd., Philadelphie, Lippincott, p. 635.

de la bilirubine et par une réabsorption accrue de bilirubine par voie intestinale. Il ne s'agit pas d'un trouble pathologique, mais d'une réaction biologique normale.

Maisels (1999) décrit les quatre facteurs, dont les interactions peuvent provoquer l'ictère physiologique.

1. *Quantité accrue de bilirubine transportée au foie.* L'augmentation du volume sanguin (causée par un retard de clampage du cordon et la destruction accélérée des érythrocytes) peut entraîner une augmentation de la concentration sanguine de bilirubine. Proportionnellement, les

nouveau-nés sécrètent plus de bilirubine non érythrocytaire que les adultes. Ils présentent une production et une dégradation de la bilirubine deux à trois fois supérieures à celles de l'adulte. L'utilisation des forceps provoque parfois une ecchymose faciale ou un céphalhématome qui peut augmenter la quantité de bilirubine que le foie doit traiter. En cas d'hypoxie néonatale ou de cardiopathie congénitale réduisant la quantité d'oxygène atteignant le foie, la concentration de bilirubine augmente. Un ralentissement du transit intestinal, une occlusion intestinale ou un retard dans l'expulsion du méconium peut aussi stimuler la circulation de la bilirubine dans la voie entérohépatique et en augmenter, par conséquent, la concentration.

2. *Captation hépatique insuffisante de la bilirubine dans le plasma.* Si le nouveau-né ne bénéficie pas d'un apport énergétique suffisant, la formation de protéines hépatiques de liaison diminue, ce qui fait augmenter la concentration de bilirubine.

3. *Défaut de conjugaison de la bilirubine.* En cas de baisse de l'activité de la glucuronyltransférase (par exemple chez les enfants hypothyroïdiens) et d'insuffisance de l'apport énergétique, les protéines intracellulaires de liaison restent saturées, et le taux de bilirubine non conjuguée dans le sang augmente. Il semble aussi que les acides gras du lait maternel font concurrence à la bilirubine pour les sites de liaison de l'albumine, entravant ainsi le traitement de la bilirubine.

4. *Excrétion anormale de la bilirubine.* Certaines infections congénitales peuvent gêner l'excrétion de la bilirubine. Un retard dans la formation de la flore intestinale ou un ralentissement du transit intestinal peut aussi retarder l'excrétion et augmenter la circulation entérohépatique de bilirubine.

Deux à trois jours après la naissance, 50 % des bébés nés à terme et 80 % des prématurés souffrent d'un ictère physiologique. Ils deviennent d'un jaune caractéristique qui s'explique par une augmentation de la concentration de bilirubine non conjuguée (indirecte), un produit normal de la dégradation des érythrocytes. L'ictère indique que l'organisme se trouve temporairement dans l'incapacité d'éliminer la bilirubine. Avant que ne commence le jaunissement de la peau et de la sclérotique, les taux sériques de bilirubine se situent aux alentours de 68 à 102 μmol/L. Contrairement aux signes cliniques de l'ictère pathologique (voir le chapitre 26), qui se manifestent dès la naissance ou dans les 24 heures suivantes, les signes de l'ictère physiologique apparaissent seulement après le premier jour de vie.

On a longtemps cru que la concentration de bilirubine non conjuguée ne devait pas excéder 222 μmol/L, la première semaine, dans les cas d'ictère physiologique, tant pour les enfants nés à terme que pour les prématurés. La concentration de bilirubine atteint son maximum entre le troisième et le cinquième jour chez l'enfant né à terme, et entre le cinquième et le septième chez le prématuré. Ces valeurs s'appliquent aux nouveau-nés européens et américains. La concentration de bilirubine est considérablement plus élevée, et cet écart persiste plus longtemps, chez les bébés chinois, japonais, coréens et amérindiens ; toutefois, ce phénomène ne produit apparemment aucun effet indésirable (MacMahon, Stevenson et Oski, 1998). Selon la Société canadienne de pédiatrie (1999, cité dans Santé Canada, 2000), on ne devrait entreprendre une photothérapie contre l'hyperbilirubinémie chez les nouveau-nés à terme que si la concentration de bilirubine est égale ou supérieure à 340 μmol/L entre le 3e et le 5e jour de vie, qu'il existe ou non des facteurs de risque (voir le chapitre 26).

À la pouponnière ou à l'unité de post-partum, il est parfois difficile de dépister rapidement un ictère et d'en déterminer le type et la gravité, notamment à cause de l'éclairage. Par exemple, un début d'ictère peut facilement passer inaperçu dans une pouponnière aux murs roses dont l'éclairage est artificiel. Si on élimine les distorsions de la lumière artificielle, on peut détecter l'ictère plus vite à la lumière du jour.

Si elle soupçonne un ictère, l'infirmière doit évaluer rapidement la coloration du nouveau-né. Il lui suffit pour ce faire de presser avec un doigt sur la peau de l'enfant, habituellement sur le front ou le nez, pour obtenir une zone blanche qui mettra la coloration jaune en évidence.

Les interventions infirmières suivantes visent à prévenir l'augmentation de la concentration de bilirubine.

- Maintenir la température cutanée du nouveau-né à au moins 36,5 °C, car le stress hypothermique provoque une acidose qui réduit le nombre de sites sériques de liaison de l'albumine et affaiblit le pouvoir de liaison de l'albumine, provoquant une augmentation de la concentration de bilirubine non conjuguée.

- Évaluer régulièrement la quantité et l'aspect des selles. La bilirubine étant éliminée dans les matières fécales, la constipation peut entraîner sa reconversion et sa réabsorption. Le colostrum ayant des propriétés laxatives, il est souhaitable que le nouveau-né soit nourri au sein le plus rapidement possible après la naissance.

- Encourager la mère à nourrir son bébé dès que possible après l'accouchement. L'allaitement maternel stimule l'élimination intestinale et la colonisation bactérienne de l'intestin chez l'enfant, et lui fournit l'apport énergétique nécessaire à la formation des protéines de liaison hépatiques.

Si elle constate la présence d'un ictère, l'infirmière doit prendre des mesures nécessaires pour assurer une bonne hydratation de l'enfant et stimuler l'élimination intestinale. Au chapitre 26, le *Cheminement clinique pour le nouveau-né atteint d'hyperbilirubinémie* décrit la marche à suivre et les traitements appropriés.

L'ictère physiologique inquiète vivement certains parents. Ceux-ci ont alors besoin de soutien et d'explications

détaillées. L'allongement du séjour hospitalier du bébé pour la photothérapie peut aussi les alarmer. L'infirmière doit dans ce cas les inviter à continuer de nourrir l'enfant, de le prendre dans leurs bras et de le caresser afin de répondre à ses besoins émotionnels. Si la mère a déjà quitté l'établissement, l'infirmière incitera les parents à rendre visite à leur bébé, à venir le nourrir et à téléphoner aussi fréquemment que possible. Les mères, surtout si elles allaitent, se montrent souvent désireuses de prolonger leur séjour. L'infirmière doit les y encourager. On peut aussi, dans certains cas, mettre en place un programme de photothérapie à domicile qui évite de prolonger le séjour hospitalier.

Ictère dû au lait maternel

L'allaitement maternel retarde, chez certains nouveau-nés, la disparition de l'ictère. Entre 2 % et 4 % des nouveau-nés nourris au sein souffrent d'un ictère dû aux constituants du lait maternel. Leur concentration de bilirubine commence à augmenter environ une semaine après le début de l'allaitement, atteint son apogée entre le 10e et le 15e jour et peut durer plusieurs semaines. Cette forme d'ictère est bénin chez les nouveau-nés en santé et ne nécessite pas d'interrompre l'allaitement (Santé Canada, 2000). Cependant, comme l'ictère tardif peut être confondu avec des troubles tels que l'hypothyroïdie, l'atrésie des voies biliaires et l'infection urinaire, il est important d'en déterminer la cause. Une autre forme d'ictère est associée à l'allaitement : l'ictère causé par l'allaitement inefficace, aussi appelé ictère précoce. Il apparaît dans les trois à cinq premiers jours de vie en raison d'une insuffisance de l'apport énergétique (tétées inefficaces ou trop espacées) retardant l'élimination du méconium. (Voir les *Points à retenir : Ictère*.)

Points à retenir

Ictère

Ictère physiologique

- L'ictère physiologique apparaît *après* le 1er jour de vie.

- Pendant la 1re semaine, la concentration de bilirubine non conjuguée ne devrait pas excéder 340 μmol/L.

- Chez les bébés nés à terme, la concentration de bilirubine atteint son apogée entre le 3e et le 5e jour de vie.

Ictère dû au lait maternel

- Deux formes d'ictère sont associées à l'allaitement : l'ictère précoce et l'ictère tardif. Pour prévenir le premier, il faut assurer des tétées fréquentes (au moins 8 par période de 24 heures). Dans l'ictère tardif, la concentration de bilirubine commence à augmenter vers la fin de la 1re semaine et atteint son apogée entre le 10e et le 15e jour.

- Il est rarement indiqué d'interrompre l'allaitement chez les bébés ictériques.

Coagulation

Le foie du fœtus joue un rôle important dans la coagulation sanguine pendant la gestation, et cette fonction se maintient en partie dans les mois suivant la naissance. Les facteurs de coagulation II, VII, IX et X (synthétisés par le foie) sont activés par la vitamine K et sont donc considérés comme dépendants de cette vitamine. La concentration de vitamine K est faible chez le nouveau-né normal, car l'absence de la flore intestinale indispensable à sa synthèse provoque une altération temporaire des facteurs dépendants de cette vitamine entre le deuxième et le cinquième jour de vie. Ces facteurs se trouvent à leur niveau le plus faible deux ou trois jours après la naissance, puis leur concentration augmente lentement. Il faut cependant neuf mois pour qu'ils atteignent la concentration habituelle que l'on retrouve chez l'adulte. Chez le nouveau-né normal, la concentration des facteurs XI, XII et XIII dans le sang du cordon est également faible. La concentration de fibrinogènes et celle des facteurs V et VII sont semblables à celles de l'adulte.

Bien que le syndrome hémorragique soit rare, on injecte de la vitamine K_1 aux nouveau-nés, le jour de leur naissance, par mesure de précaution. (On trouvera une description de ce syndrome au chapitre 26.)

La numération plaquettaire du bébé à la naissance est semblable à celle de l'adulte. On observe toutefois un léger trouble fonctionnel transitoire de l'agrégation plaquettaire chez certains nouveau-nés, un trouble que la photothérapie accentue.

Si la mère a subi un traitement à la phénytoïne (Dilantin) ou au phénobarbital pendant sa grossesse, les épreuves de coagulation du nouveau-né sont anormales, et l'enfant présente des saignements dans les 24 heures suivant sa naissance. Les nouveau-nés dont la mère est traitée aux coumarines (warfarine) peuvent aussi faire des hémorragies, car ces agents traversent la barrière placentaire et accentuent les carences en facteurs dépendants de la vitamine K_1.

■ Les adaptations gastro-intestinales

L'appareil digestif du fœtus arrive à maturité entre la 36e et la 38e semaine de la gestation. L'activité enzymatique et la capacité à transporter les éléments nutritifs sont dès lors mises en place. Le bébé né à terme possède suffisamment d'enzymes intestinales et pancréatiques pour digérer la plupart des glucides, des protéines et des lipides simples.

Les glucides que le nouveau-né doit digérer sont en général des disaccharides (lactose, maltose et saccharose). Le principal glucide du lait maternel est le lactose. Il se digère en principe facilement et il est bien absorbé. L'amylase pancréatique ne s'amorce toutefois pas avant plusieurs mois. Le nouveau-né digère donc mal les féculents (transformation des glucides complexes en maltose), et il vaut mieux attendre quelques mois avant de lui proposer des aliments de cette famille.

Bien qu'elles soient plus longues à digérer que les glucides, les protéines ne posent pas de problèmes particuliers de digestion aux nouveau-nés et sont bien absorbées par leurs intestins. Par contre, à cause de la faible activité de la lipase pancréatique, les nouveau-nés digèrent et absorbent moins bien les lipides. Ils éliminent environ 10 % à 20 % des lipides qu'ils ingèrent, contre 10 % chez l'adulte. Comme le lait maternel contient de la lipase et davantage de triglycérides à chaînes moyennes que le lait de vache, les nouveau-nés absorbent mieux les lipides du lait maternel que ceux du lait de vache. (On trouvera plus de détails sur l'alimentation du nouveau-né au chapitre 24.)

Le fœtus découvre, avant la naissance, la déglutition, l'évacuation gastrique et la propulsion intestinale. In utero, la déglutition s'accompagne d'une évacuation gastrique et d'un péristaltisme intestinal. Le péristaltisme devient beaucoup plus prononcé à la fin de la gestation, préparant ainsi l'enfant à la vie extra-utérine. Il est également stimulé par l'anoxie, qui provoque l'expulsion de méconium dans le liquide amniotique à la fin de la gestation.

De l'air pénètre dans l'estomac du bébé immédiatement après la naissance. L'intestin grêle se remplit en 2 à 12 heures, et le gros intestin en 24 heures. Comme les glandes salivaires sont immatures à la naissance, le bébé produit peu de salive jusqu'à l'âge de 3 mois environ. L'estomac du nouveau-né possède une capacité approximative de 50 à 60 mL et se vide par intermittence. L'évacuation commence dès les premières minutes de la tétée et s'achève deux à quatre heures après. Le pH du liquide gastrique du nouveau-né devient moins acide que celui de l'adulte environ une semaine après la naissance et le reste pendant deux ou trois mois.

La valvule cardio-œsophagienne et le contrôle nerveux de l'estomac du nouveau-né sont immatures. Les régurgitations sont donc normales pendant la période néonatale. Il suffit souvent de ne pas suralimenter l'enfant et de le faire éructer pendant et après chaque tétée pour réduire ces régurgitations.

Quand ils ne s'accompagnent d'aucun autre signe ou symptôme, les vomissements cessent en général d'eux-mêmes durant les premiers jours. Il faut toutefois surveiller de près le bébé s'il vomit ou régurgite continuellement. S'il a absorbé du liquide amniotique purulent ou sanguinolent, l'équipe soignante devra dans certains cas procéder à un lavage gastrique. Les vomissements bilieux sont anormaux et doivent faire l'objet d'une évaluation plus approfondie, car ils peuvent indiquer la présence d'un problème exigeant une intervention chirurgicale rapide.

Le nouveau-né doit bénéficier d'une bonne digestion et d'une absorption adéquate pour grandir et se développer normalement. Avec un apport énergétique optimal, la croissance postnatale devrait en principe équivaloir à la croissance intra-utérine. Après la 30e semaine de gestation, le fœtus grossit de 30 g et grandit de 1,2 cm par jour. L'enfant né à terme doit consommer 120 calories/kg/jour pour prendre du poids à ce rythme. L'apport énergétique étant insuffisant jusqu'à l'âge de 5 à 10 jours, le bébé perd en général 5% à 10% de son poids durant cette période (pour un enfant né à terme). Les échanges liquidiens entre l'espace intracellulaire et l'espace extracellulaire et les pertes hydriques insensibles contribuent à cette perte de poids. Si l'enfant ne maigrit pas au cours de cette période, l'infirmière doit soupçonner un problème de rétention de liquide.

Le bébé né à terme élimine le méconium dans les 8 à 24 heures suivant la naissance – et au plus tard, en général, dans les 48 heures suivantes. Le **méconium** se forme in utero à partir du liquide amniotique et de ses composants, de sécrétions intestinales et de cellules muqueuses nécrosées. On le reconnaît à sa consistance épaisse et goudronneuse ainsi qu'à sa couleur noire ou vert foncé. Les selles qui suivent l'évacuation du méconium sont dites « de transition ». De couleur brune ou vert clair, elles se composent de méconium et de matières fécales et persistent quelques jours. Les selles ne contiennent plus ensuite que des matières fécales. Les selles des bébés nourris au sein sont en général jaune or. Elles sont plus fréquentes, plus liquides et plus foncées que celles des bébés nourris de préparation lactée (figure 21-8). La fréquence des selles varie selon l'enfant et s'échelonne de une fois tous les deux ou trois jours à une dizaine de fois par jour. Les bébés nourris exclusivement au lait maternel peuvent même déféquer une seule fois tous les cinq à sept jours. L'équipe soignante doit d'ailleurs informer la mère que le nouveau-né n'est pas constipé dans ce cas, sauf si ses selles sont dures. (Voir *Points à retenir: Mécanismes d'adaptation physiologique du nouveau-né*.)

Points à retenir

Mécanismes d'adaptation physiologique du nouveau-né

- La respiration peut être périodique.
- La température cutanée souhaitable se situe entre 36 et 36,5 °C et se stabilise 4 à 6 heures après la naissance.
- Trois jours après la naissance, la glycémie devrait idéalement atteindre 3,3 à 3,9 μmol/L.
- Évolution des selles :
  1. Méconium (substance consistante, goudronneuse, noire);
  2. Selles de transition (brun ou vert clair);
  3. a) Selles jaune or, molles ou spongieuses chez le bébé nourri au sein;
     b) Selles jaune pâle, consistantes et pâteuses chez le bébé nourri au biberon.

Les adaptations urinaires

Développement et fonctionnement des reins

Il est important de connaître les caractéristiques rénales du nouveau-né pour comprendre les mécanismes de la prise en charge des liquides organiques et de l'excrétion de l'urine.

1. Les reins de l'enfant né à terme possèdent un assortiment complet de néphrons qui sont fonctionnels à partir de la 35e semaine de gestation environ.

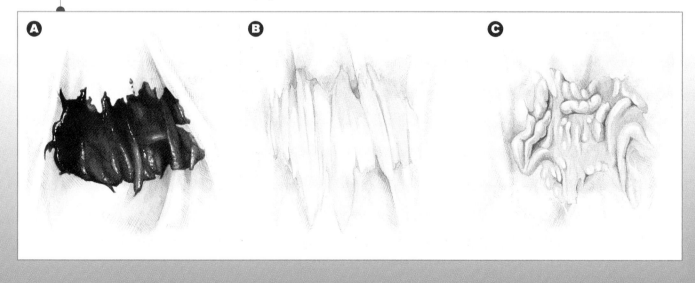

FIGURE 21-8 Échantillons de selles de nouveau-né. **A.** Méconium. **B.** Selles d'un bébé nourri au sein. **C.** Selles d'un bébé nourri de préparation lactée.

2. La vitesse de filtration glomérulaire des reins du nouveau-né est faible par rapport à celle de l'adulte. En raison de cette insuffisance physiologique, les reins du nouveau-né favorisent la réabsorption du sodium et ne peuvent donc pas évacuer l'eau rapidement en cas de nécessité.

3. La partie juxtamédullaire du néphron ne possède qu'un faible pouvoir de concentration urinaire et de réabsorption du HCO_3^- et du H^-. La faiblesse de cette réabsorption tubulaire peut entraîner une perte excessive des substances contenues dans le filtre glomérulaire, par exemple les acides aminés, le bicarbonate, le glucose et le sodium.

Le pouvoir de concentration urinaire des reins du bébé né à terme (c'est-à-dire sa capacité de réabsorption de l'eau dans le sang) est inférieur à celui de l'adulte, car ses tubules rénaux sont étroits et courts. Le pouvoir de filtration glomérulaire est supérieur au pouvoir de réabsorption et de sécrétion tubulaires. Bien que l'alimentation puisse exercer une incidence sur l'osmolarité urinaire, le pouvoir de concentration maximal correspond, chez le nouveau-né, à une densité de 1,025. Cette faiblesse du pouvoir de concentration s'explique par une excrétion limitée de solutés (surtout le sodium, le potassium, le chlorure, le bicarbonate, l'urée et le phosphate). Le plein pouvoir de concentration urinaire est atteint seulement vers l'âge de 3 mois.

À cause de cette faiblesse du pouvoir de concentration, il est impossible de prévoir les conséquences des pertes hydriques insensibles trop abondantes ou d'une restriction liquidienne. La capacité de dilution des reins du nouveau-né est elle aussi limitée et correspond à une densité de 1,001. Pour éviter la déshydratation ou l'hyperhydratation, l'infirmière doit tenir compte du faible pouvoir de concentration et de dilution des reins du nouveau-né dans la surveillance des traitements liquidiens.

Caractéristiques urinaires du nouveau-né

Il n'est pas rare que le nouveau-né urine immédiatement après la naissance, mais cette miction passe souvent inaperçue. On estime que 92% des nouveau-nés normaux urinent dans les 24 heures suivant la naissance et 99%, dans les 48 heures (Thureen *et al.*, 1999). Si l'enfant n'a pas uriné dans les 48 heures, l'équipe doit évaluer l'apport liquidien et vérifier la présence éventuelle de signes d'une distension vésicale, d'agitation ou de douleur. Si nécessaire, elle avertira le personnel médical spécialisé.

La capacité initiale de la vessie se situe entre 6 et 44 mL. Si le bébé ne présente pas d'œdème, l'excrétion urinaire normale est généralement faible, et les mictions restent peu abondantes jusqu'à l'augmentation de l'apport liquidien. Le liquide œdémateux étant éliminé par les reins, l'excrétion urinaire est plus forte chez les bébés souffrant d'œdème. Durant les 2 premiers jours, le nouveau-né urine entre 2 et 6 fois par jour, ce qui correspond à un débit urinaire quotidien de 15 mL/kg/jour.

Il urine ensuite entre 5 et 25 fois par période de 24 heures, et son débit urinaire s'élève à 25 mL/kg/jour.

Après la première miction, l'urine du bébé est souvent trouble, car elle présente une forte teneur en mucus. Sa densité est élevée, mais elle diminue à mesure que l'apport liquidien augmente. On observe parfois des taches orange dans la couche du bébé. Ces taches sans gravité sont causées par les urates. Il arrive aussi que la couche des petites filles contienne des traces de sang dues à une *pseudomenstruation* consécutive au retrait des hormones maternelles. Les petits garçons circoncis peuvent tacher leur couche d'un peu de sang. Tous les saignements inexpliqués doivent être signalés au médecin. L'urine du nourrisson est en principe presque inodore et de couleur paille. Certains médicaments, troubles métaboliques ou infections peuvent toutefois lui donner une odeur. On trouvera au tableau 21-4 les valeurs normales de l'analyse urinaire chez le nouveau-né normal.

Tableau 21-4

Valeurs normales de l'analyse d'urine chez le nouveau-né

Protéines	Moins de 0,05 à 0,10 g/L
Leucocytes	Moins de 2 à 3
Érythrocytes	0
Cylindres	0
Bactéries	0
Densité relative	1,00 – 1,025
Couleur	Jaune pâle

Les adaptations immunitaires

Le système immunitaire du bébé ne devient pleinement actif qu'après la naissance. La réaction inflammatoire étant limitée, l'organisme du nouveau-né ne peut pas reconnaître les bactéries qui l'agressent, et encore moins les repérer et les détruire. Les signes et symptômes d'infection sont par conséquent souvent subtils et non spécifiques. L'organisme du nouveau-né réagit par ailleurs faiblement aux pyrétogènes; la fièvre n'est donc pas un indicateur crédible de l'infection. Durant la période néonatale, l'hypothermie constitue en fait un signe d'infection plus fiable.

Les immunoglobulines (une sorte d'anticorps sécrétés dans les liquides corporels par les lymphocytes et les cellules plasmatiques) sont les cellules immunitaires les plus nombreuses. Des trois immunoglobulines principales qui interviennent dans le processus immunitaire – IgG, IgA et IgM –, seules les IgG traversent la barrière placentaire. La femme enceinte peut produire des anticorps en réaction à une maladie ou à une sensibilisation: ce phénomène s'appelle l'**immunité acquise active**. Quand elles lui sont transmises in utero, les IgG de la mère confèrent au fœtus une **immunité acquise passive** («passive» parce que ces anticorps ne sont pas produits par le fœtus lui-même). Les IgG sont très efficaces contre les toxines bactériennes.

Les immunoglobulines maternelles ne sont transmises au fœtus qu'au cours du troisième trimestre de la gestation. Les bébés prématurés (surtout ceux qui naissent à moins de 34 semaines) sont donc plus vulnérables aux infections. Le nouveau-né est en général naturellement immunisé contre le tétanos, la diphtérie, la variole, la rougeole, les oreillons, la poliomyélite et plusieurs autres maladies virales et bactériennes. La période de résistance varie selon le pathogène en cause : entre quatre et huit mois pour les infections virales courantes, telles que la rougeole, mais seulement entre quatre et huit semaines pour certaines bactéries.

Le nouveau-né normal est capable de produire des anticorps en réponse à un antigène, mais de façon moins efficace que l'enfant plus âgé. Le programme de vaccination commence en général dès l'âge de 2 mois, car l'enfant est alors en mesure d'intégrer une immunité active acquise.

Les IgM sont produites en réaction aux antigènes des groupes sanguins, aux bactéries entériques Gram négatifs et à certains virus présents dans l'organisme de la mère. Comme elles ne traversent pas, en principe, la barrière placentaire, les IgM sont presque toutes produites par le fœtus lui-même à partir de la 10ᵉ à la 15ᵉ semaine de gestation. Une concentration élevée d'IgM chez le nouveau-né peut indiquer des fuites placentaires ou, plus souvent, une stimulation antigénique in utero, c'est-à-dire une exposition à une infection intra-utérine, telle que la syphilis ou une infection du groupe TORCH (toxoplasmose, rubéole, cytomégalovirus, herpèsvirus de type 2). (Voir le chapitre 13 pour une explication plus détaillée.) Comme les IgM maternelles ne lui sont pas transmises, le bébé est également plus vulnérable aux bactéries entériques Gram négatifs comme *Escherichia coli*.

Le rôle des IgA nous est encore mal connu. Elles semblent protéger les surfaces sécrétrices, telles que les voies respiratoires, le tube digestif et les yeux. Les IgA sériques ne traversent pas la barrière placentaire et ne sont en principe pas produites par le fœtus in utero. Contrairement aux autres immunoglobulines, elles ne sont pas touchées par l'activité gastrique. Le colostrum, qui est le produit de sécrétion qui précède l'apparition du lait maternel, est très riche en IgA sécrétoires. Il peut donc aider le bébé à acquérir une immunité passive. L'enfant commence à produire des IgA sécrétoires dans ses muqueuses intestinales vers 4 semaines.

Le fonctionnement neurologique, sensoriel et perceptif

Le cerveau du nouveau-né est environ quatre fois plus petit que celui de l'adulte, et la myélinisation de ses fibres nerveuses n'est pas encore terminée. Contrairement aux systèmes cardiovasculaire et respiratoire, qui subissent d'énormes modifications à la naissance, le système nerveux ne change guère à ce moment-là.

Par contre, le cerveau du nouveau-né subit de nombreuses évolutions biochimiques et histologiques après la naissance ; la période postnatale s'avère donc critique pour le développement cérébral et neurologique. Le développement du système nerveux, surtout celui de l'intellect, exige que le cerveau et les autres structures neurologiques parviennent à maturité de façon organisée et sans entraves.

Facteurs intra-utérins influençant le comportement du nouveau-né

Le nouveau-né interagit avec son milieu et y réagit d'une manière prévisible, qui est partiellement déterminée par son évolution intra-utérine : les facteurs intrinsèques (par exemple l'alimentation de la mère) et extrinsèques (les conditions de vie, etc.). Le comportement du nouveau-né est donc conditionné par cette expérience ; en cas de stress, ses réactions peuvent aller, selon le cas, du calme à l'hyperactivité en passant par la tension et tous les états intermédiaires.

Certains facteurs, comme l'exposition à des stimuli auditifs intenses in utero, peuvent se refléter dans le comportement du nouveau-né. Par exemple, la fréquence cardiaque du fœtus augmente quand la femme enceinte est exposée à un stimulus auditif, mais elle diminue en cas de répétition de ce stimulus. Par conséquent, le bébé qui a été exposé à des bruits intenses pendant sa vie intra-utérine réagit beaucoup moins aux sons forts après sa naissance.

Caractéristiques neurologiques du nouveau-né

Les membres du nouveau-né normal sont en général partiellement fléchis et ses jambes sont repliées vers l'abdomen. Ses membres effectuent parfois des mouvements bilatéraux involontaires quand il est éveillé.

Certains facteurs influent sur le degré d'organisation et sur la qualité de l'activité motrice du nouveau-né, en particulier (Brazelton, 1984) :

- les états de veille ou de sommeil ;
- la présence de stimuli externes : chaleur, lumière, froid, bruit, etc. ;
- les troubles entraînant un déséquilibre chimique, par exemple l'hypoglycémie ;
- le niveau d'hydratation ;
- l'état de santé ;
- le degré de récupération après le stress causé par la naissance.

On observe chez le nouveau-né différents mouvements oculaires dans les jours suivant la naissance. Il peut fixer un visage, une forme géométrique ou certains motifs (par exemple des rayures noires et blanches). Si l'on braque une lumière vive sur ses yeux, il réagit par un clignement.

Les pleurs du nouveau-né sont en principe forts et vigoureux. L'infirmière doit donc prêter attention aux pleurs aigus ou faibles, ainsi qu'à l'absence de pleurs.

L'enfant grandit selon les axes céphalocaudal (de la tête aux pieds) et proximodistal. Le nouveau-né est un peu hypertonique, c'est-à-dire que les articulations de ses coudes et de ses genoux résistent à l'extension. La flaccidité et le manque de tonus musculaire peuvent trahir un dysfonctionnement neurologique.

On peut provoquer certains réflexes ostéotendineux symétriques précis chez le nouveau-né. La flexion plantaire est présente. Le réflexe rotulien est vif ; un clonus du pied normal peut donner trois ou quatre contractions. D'autres réflexes confirment l'intégrité neurologique : réflexe de Moro, réflexe de préhension, signe de Babinski, réflexe des points cardinaux et réflexe de succion (voir le chapitre 22).

Les comportements complexes du nouveau-né traduisent sa maturation et son intégrité neurologiques. En se mettant la main dans la bouche, par exemple, il fait preuve de coordination motrice, manifeste une bonne aptitude à s'autocalmer, et accroît le degré de complexité et de raffinement de ses réactions comportementales. On observe aussi chez le nouveau-né des mécanismes moteurs de défense complexes et organisés, tels que la capacité d'éloigner un objet encombrant, par exemple une débarbouillette placée sur son visage.

Périodes de réactivité

Dans les premières heures suivant sa naissance, le bébé présente habituellement une structuration comportementale prévisible et caractérisée par deux **périodes de réactivité** séparées par une phase de sommeil.

Première période de réactivité

La première période de réactivité correspond aux 30 minutes environ qui suivent la naissance. Le nouveau-né est alors éveillé et actif. Il peut sembler affamé et manifester un puissant réflexe de succion. Si la mère le désire, elle peut en profiter pour amorcer l'allaitement au sein. Cette période se caractérise aussi par des accès de mouvements diffus et désordonnés entrecoupés d'une relative immobilité. La respiration est rapide et peut atteindre 70 mouvements respiratoires par minute. On observe parfois un tirage thoracique, des battements passagers des ailes du nez et des geignements. Le cœur bat vite, parfois irrégulièrement. On ne note pas, en général, de bruits intestinaux.

Période d'inactivité menant à la phase de sommeil

L'activité du nouveau-né diminue graduellement au bout d'environ 30 minutes. La fréquence cardiaque et la respiration ralentissent, tandis que le nouveau-né s'enfonce dans le sommeil. Cette phase de sommeil peut durer entre quelques minutes et deux à quatre heures. L'enfant est alors difficile à réveiller et ne manifeste aucun intérêt envers la tétée. Les bruits intestinaux deviennent audibles. La fréquence cardiaque et la fréquence respiratoire reviennent aux valeurs initiales.

Deuxième période de réactivité

Le nouveau-né redevient ensuite éveillé et attentif. Cette deuxième période de réactivité dure en principe entre quatre et six heures. Les réactions physiologiques sont variables d'un enfant à l'autre. La fréquence cardiaque et la fréquence respiratoire augmentent. L'infirmière doit rester à l'affût d'éventuelles périodes d'apnée qui provoqueraient une chute de la fréquence cardiaque et exigeraient une stimulation respiratoire. La peau peut changer très vite de couleur et devenir légèrement cyanosée ou tachetée. La production des mucosités respiratoires et gastriques augmente, ce qui provoque parfois des haut-le-cœur, de la suffocation ou des régurgitations.

Pendant cette deuxième période de réactivité, l'infirmière doit exercer une surveillance étroite et effectuer les interventions nécessaires pour maintenir la perméabilité des voies aériennes. Le tube digestif du bébé devient plus actif. La première évacuation de méconium et la première miction ont souvent lieu pendant cette période. Le nouveau-né manifeste sa faim par divers réflexes : succion, points cardinaux ou déglutition. Si l'enfant n'a pas été nourri pendant la première période de réactivité, le moment est venu de lui faire prendre son tout premier repas. (Voir le chapitre 24 pour plus de détails sur la première tétée.)

États de conscience du nouveau-né

Les comportements du nouveau-né se répartissent selon son état : la veille ou le sommeil (Brazelton, 1999). Déjà présents pendant la gestation, ces deux états comportementaux se subdivisent en différents types.

États de sommeil

Il existe deux types de sommeil.

1. *Sommeil profond (ou sommeil calme)*. Les yeux du bébé sont fermés, et on n'observe aucun mouvement oculaire ; la respiration est régulière. On note à intervalles réguliers des mouvements saccadés ou des sursauts. La réaction aux stimuli externes est généralement lente. Les sursauts cessent rapidement et sont peu susceptibles de provoquer un changement d'état. La fréquence cardiaque peut fluctuer entre 100 et 120 battements par minute.

2. *Sommeil léger ou actif (ou sommeil paradoxal).* Le sommeil léger se caractérise par une respiration irrégulière ; les yeux sont fermés, mais on observe à travers les paupières des mouvements oculaires rapides. On constate aussi des mouvements de succion irréguliers et une activité minimale ; les membranes bougent de façon irrégulière, mais sans à-coups. Les stimuli internes et externes entraînent une réaction de sursaut et un changement d'état.

On sait aujourd'hui qu'il existe chez le nouveau-né différentes phases du sommeil qui sont définies selon leur durée. La longueur totale du cycle dépend de l'âge. Chez les enfants nés à terme, les périodes de sommeil léger et de sommeil profond durent de 45 à 50 minutes. Le sommeil léger occupe environ 45 % à 50 % du sommeil total et le sommeil profond, 35 % à 45 %. Entre ces deux phases, le sommeil de transition représente 10 % du total. Les spécialistes estiment que le sommeil paradoxal stimule le développement du système nerveux. Après un certain temps, les rythmes de veille et de sommeil s'adaptent au cycle diurne : le bébé dort la nuit et reste éveillé le jour. (On trouvera au chapitre 22 un bref exposé sur l'évaluation des états de sommeil et de veille du nouveau-né selon Brazelton.)

États de veille

Pendant les 30 à 60 minutes suivant la naissance, le nouveau-né se trouve souvent dans un état de veille calme, caractéristique de la première période de réactivité (figure 21-9 ▶). L'infirmière doit profiter de cet état de veille pour stimuler l'attachement et l'allaitement. Dans les deux premiers jours, le bébé se remet de l'expérience de la naissance, et ses périodes de veille sont donc plutôt courtes. Les états de veille surviennent ensuite par choix ou par nécessité (Brazelton, 1999). En choisissant de prolonger ou de multiplier ses épisodes de veille, le nouveau-né manifeste une capacité grandissante à rester volontairement conscient. Les états de veille par nécessité sont provoqués par des stimuli, tels que la chaleur, le froid, la faim, etc. Le sommeil revient généralement dès que le stimulus disparaît.

Brazelton décrit ainsi les différents états de veille (1999).

1. *Somnolence ou assoupissement.* Les yeux sont ouverts ou fermés. On observe des battements de paupières, un aspect somnolent, des mouvements lents et réguliers des membres. L'enfant est agité de temps à autre de petits sursauts. Les stimuli sensoriels entraînent une réaction lente, mais souvent aussi, un changement d'état.

2. *Éveil paisible.* Le bébé suit des yeux les visages et les objets qui l'attirent et les fixe du regard. Il est attentif aux stimuli auditifs et présente une faible activité motrice ; sa réaction aux stimuli externes est lente.

3. *Éveil actif (agitation).* Les yeux du bébé sont ouverts, son activité motrice est assez intense et ses membres exercent des mouvements de poussée. Les stimuli externes intensifient les sursauts ou l'activité motrice du bébé, mais il est difficile de distinguer ses différentes réactions, car il est en général très actif à tous les niveaux.

4. *Pleurs.* Cet état se caractérise par des cris intenses accompagnés de mouvements saccadés. Le nouveau-né peut pleurer pour différentes raisons : se distraire d'un stimulus dérangeant, par exemple la faim ou la douleur ; dépenser son trop-plein d'énergie ; réorganiser son comportement ; etc. Mais surtout, les pleurs constituent des appels à l'aide et provoquent d'ailleurs, en général, une réaction et une intervention des parents.

Capacités sensorielles et motrices du nouveau-né

L'**habituation** est la capacité du nouveau-né à atténuer ses réactions aux stimulations visuelles et auditives répétitives. Par exemple, si l'on braque une lumière vive sur ses yeux, sa première réaction sera de cligner des yeux, de contracter les pupilles et, le cas échéant, de sursauter légèrement. Si la stimulation se répète, les réactions du bébé s'atténuent et finissent par disparaître. Cette capacité à cesser graduellement de réagir à un stimulus désagréable qui se répète constitue en fait un mécanisme de défense ; on l'observe notamment dans les pouponnières bruyantes et très éclairées.

L'**orientation** est la capacité du nouveau-né à prêter attention aux stimuli visuels et auditifs complexes qui l'attirent et à tourner la tête pour les suivre du regard. Le nouveau-né est souvent attiré par les objets brillants et de couleurs vives. Quand un visage ou un objet entre dans son champ visuel, il réagit : ses yeux pétillent, s'ouvrent grand et fixent le visage ou l'objet ; ses membres restent immobiles. Cette réaction visuelle intense peut durer plusieurs minutes ; pendant tout ce temps, l'enfant peut suivre le stimulus en tournant son visage. La

FIGURE 21-9 ▶ Une mère et son enfant se regardent. Le bébé est dans un état d'éveil paisible ; c'est le moment idéal pour entrer en contact avec lui.

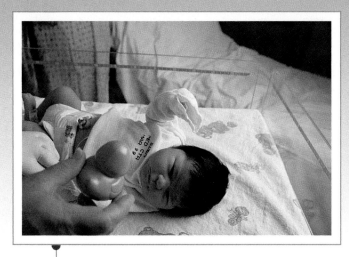

FIGURE 21-10 ▶ Le nouveau-né tourne la tête pour suivre un objet du regard.

Si le son est agréable, le nouveau-né y prête attention et en cherche la provenance.

Réactions olfactives

Les nouveau-nés semblent être en mesure de reconnaître les gens à leur odeur. Une étude montre ainsi que le nouveau-né distingue les compresses d'allaitement de sa mère de celles des autres mamans, dès le cinquième jour de sa vie (Brazelton, 1999).

Goût et succion

Le nouveau-né ne réagit pas de la même façon à tous les goûts. Par exemple, le goût sucré le fait téter davantage. Les bébés nourris à la tétine de caoutchouc ont des habitudes de succion différentes des enfants allaités au sein. Les premiers tètent en général à un rythme régulier et prennent peu de pauses ; les seconds tètent par poussées et marquent des pauses fréquentes et régulières.

Si l'enfant est éveillé et qu'il a faim, le réflexe des points cardinaux lui fait effectuer des mouvements d'exploration rapides. Il établit, dès le début de la tétée, un mode de succion correspondant à la méthode d'allaitement. Le réflexe de succion des doigts est acquis dès avant la naissance. Le nouveau-né a souvent recours à la succion non nutritive pour se calmer, ce qui contribue au développement de l'aptitude à s'autocalmer. Il n'est pas déconseillé de donner une tétine à l'enfant pour qu'il se calme s'il est nourri au biberon. Pour les enfants nourris au sein, par contre, il vaut mieux attendre que l'allaitement maternel soit bien établi afin que le bébé apprenne à téter correctement (voir le chapitre 24).

figure 21-10 ▶ illustre cette réaction. C'est grâce à cette aptitude sensorielle que le nouveau-né se familiarise avec sa famille, son entourage et son cadre de vie.

L'**aptitude à s'autocalmer** permet au nouveau-né de s'apaiser et de se réconforter grâce à ses propres ressources, par exemple en portant ses mains à sa bouche, en suçant son poing ou sa langue, ou en prêtant attention aux stimuli externes. Les nouveau-nés atteints de troubles neurologiques sont incapables de se calmer d'eux-mêmes et ont davantage besoin d'être consolés. Ainsi, les nouveau-nés exposés à des drogues in utero sont souvent irritables et présentent des troubles du sommeil et de l'alimentation.

Réactions auditives

Le nouveau-né réagit à la stimulation auditive par un ensemble organisé de comportements bien précis. Pour évaluer ses réactions auditives, l'équipe hospitalière doit choisir un stimulus correspondant à son état de conscience : agiter un hochet s'il est assoupi ; lui parler s'il est éveillé ; taper des mains s'il est profondément endormi. Le stimulus sonore provoque une accélération de la fréquence cardiaque et, parfois, un léger sursaut.

Réactions tactiles

Les nouveau-nés sont très sensibles aux stimulations tactiles ; ils aiment qu'on les touche, qu'on les caresse et qu'on les prenne dans les bras. Quand un nouveau-né pleure, la première réaction de sa mère consiste d'ailleurs en général à le toucher ou à le prendre contre elle. Elle peut aussi l'emmailloter pour le calmer, poser une main sur son ventre ou lui tenir les bras pour l'empêcher de sursauter. Une fois consolé, l'enfant peut à nouveau prêter attention à son environnement et y réagir.

Le chapitre en bref

Notions fondamentales

- Ce sont surtout des phénomènes chimiques et mécaniques, mais aussi les stimulations thermiques et sensorielles, qui déclenchent la respiration chez le nouveau-né.

- La production de surfactant est indispensable, car celui-ci abaisse la tension superficielle des alvéoles et permet ainsi aux poumons de maintenir leur expansion à l'expiration.

- Les nouveau-nés ne peuvent respirer que par le nez. D'abord superficielle, irrégulière et diaphragmatique, leur respiration devient ensuite synchronisée, abdominale et thoracique. La fréquence respiratoire normale se situe entre 30 et 60 respirations par minute.

- Il est normal que la respiration du nouveau-né soit périodique. Les états de sommeil déterminent en partie les rythmes respiratoires.

- La fréquence cardiaque, la tension artérielle et la présence éventuelle de souffles permettent de faire le point sur l'état de l'appareil cardio-respiratoire. Les fréquences cardiaques normales s'échelonnent entre 120 et 160 battements par minute.

- Chez le nouveau-né, le transport de l'oxygène est fortement déterminé par le fait que le système sanguin contient beaucoup plus d'HbF (hémoglobine fœtale) que d'HbA (hémoglobine adulte); l'HbF retient mieux l'oxygène et la libère dans les tissus uniquement si la Po_2 est faible.

- Les valeurs de la formule sanguine des nouveau-nés dépendent de différents facteurs, par exemple le mode de prélèvement du sang, l'âge gestationnel, la présence éventuelle d'une hémorragie prénatale ou postnatale et le délai de clampage du cordon ombilical.

- La glycémie du nouveau-né doit en principe se stabiliser environ quatre heures après la naissance.

- On considère la thermorégulation du nouveau-né comme établie, dès que sa consommation d'oxygène et son activité métabolique ont atteint leurs valeurs minimales.

- Quand l'enfant est mouillé (couvert de liquide amniotique à la naissance, ou au sortir du bain par la suite), c'est surtout par évaporation qu'il perd sa chaleur. La radiation et la convection constituent aussi des mécanismes de déperdition de chaleur majeurs chez les nouveau-nés, car leur surface corporelle est grande par rapport à leur poids; enfin, l'écart important qui sépare leur température centrale de leur température cutanée provoque également des pertes thermiques par conduction.

- Le tissu adipeux brun constitue la principale source de chaleur interne chez le nouveau-né en stress hypothermique.

- Les nouveau-nés normaux digèrent et absorbent sans difficultés les éléments nutritifs nécessaires à leur croissance et à leur développement.

- Le foie du nouveau-né joue un rôle essentiel dans le stockage du fer, le métabolisme des glucides, la conjugaison de la bilirubine et la coagulation.

- L'ictère physiologique apparaît entre le troisième et le cinquième jour chez l'enfant né à terme.

- Les selles du nouveau-né évoluent au fil des jours. Les toutes premières se composent de méconium (une substance consistante, pâteuse et vert foncé). Les suivantes, dites de transition, sont brunes ou vert foncé. Les selles de l'enfant prennent ensuite un aspect et une texture qui dépendent du type d'alimentation : selles jaune or, molles et spongieuses chez les bébés nourris au sein; jaune pâle, consistantes et pâteuses chez les bébés nourris au biberon. La plupart des nouveau-nés expulsent leurs premières selles dans les 24 heures suivant la naissance.

- Les reins du nouveau-né présentent plusieurs caractéristiques majeures : filtration glomérulaire faible; réabsorption tubulaire limitée; élimination insuffisante des solutés; faible pouvoir de concentration de l'urine. La première miction survient en général dans les 24 heures suivant la naissance.

- Même si son système immunitaire n'est pas encore pleinement actif, l'enfant possède déjà, à la naissance, certaines défenses immunitaires.

- Les interactions avec l'environnement, le degré de synchronisation de l'activité motrice et le niveau de développement des capacités sensorielles témoignent du fonctionnement neurologique, sensoriel et perceptif du nouveau-né.

- La première période de réactivité dure 30 minutes et commence dès la naissance. L'enfant est éveillé et il a faim, ce qui fournit à son entourage une excellente occasion d'établir avec lui un lien d'attachement.

- L'infirmière doit surveiller attentivement le nouveau-né pendant la deuxième période de réactivité. Elle relèvera notamment tous les signes indiquant une possibilité d'apnée, de ralentissement de la fréquence cardiaque, de haut-le-cœur, de suffocation et de régurgitations exigeant une intervention immédiate.

- Le nouveau-né passe par différents états de conscience s'échelonnant du sommeil profond aux pleurs. Chacun de ces états de conscience s'accompagne de comportements qui lui sont propres.

Références

BAUMGART, S., S. C. HARRSCH et S. M. TOUCH (1999), «Thermoregulation» *in* G. B. Avery, M. A. Fletcher et M. G. MacDonald (dir.), *Neonatology : Pathophysiology and management of the newborn,* 5e éd., Philadelphie, Lippincott, chap. 24, p. 395-408.

BRAZELTON, T. B. (1984), *Neonatal behavioral assessment scale,* 2e éd., Londres, Heineman.

BRAZELTON, T. B. (1999), «Behavioral competence» *in* G. B. Avery, M. A. Fletcher et M. G. MacDonald (dir.), *Neonatology : Pathophysiology and management of the newborn,* 5e éd., Philadelphie, Lippincott, chap. 20, p. 321-332.

CORNBLATH, M., J. M. HAWDON, A. F. WILLIAMS, A. AYNSELEY-GREEN, M. P. WARD-PLATT, R. SCHWARTZ et S. C. KALHAN (1999), «Controversies regarding definition of neonatal hypoglycemia : Suggested operational thresholds», *Pediatrics,* 105(5), 1141-1145.

FANAROFF, A. A., et R. J. MARTIN (1999), *Neonatal-perinatal medicine,* 7e éd., Saint-Louis, Mosby.

JOHNSTON, P. G. B. (1998), *The newborn child,* 8e éd., New York, Churchill.

MACMAHON, J. R., D. K. STEVENSON et F. A. OSKI (1998), «Physiologic jaundice», *in* H. W. Taeusch et R. A. Ballard (dir.), *Avery's diseases of the newborn,* 7e éd., Philadelphie, Saunders, chap. 82, p. 1003-1007.

MAISELS, M. J. (1999), «Jaundice», *in* G. B. Avery, M. A. Fletcher et M. G. MacDonald (dir.), *Neonatology : Pathophysiology and management of the newborn,* 5e éd., Philadelphie, Lippincott, chap. 38, p. 765-819.

NELSON, N. M. (1999), «The onset of respiration», *in* G. B. Avery, M. A. Fletcher et M. G. MacDonald (dir.), *Neonatology : Pathophysiology and management of the newborn,* 5e éd., Philadelphie, Lippincott, chap. 17, p. 257-278.

POLIN, R. A., et W. W. FOX. (1998), *Fetal and neonatal physiology,* 2e éd., Philadelphie, Saunders.

REBAR, R. W. (1999), «The breast and the physiology of lactation», *in* R. K. Creasy et R. Resnik (dir.), *Maternal-fetal medicine,* 4e éd., Philadelphie, Saunders, chap. 8, p. 106-121.

SANTÉ CANADA (2000), *Les soins à la mère et au nouveau-né dans une perspective familiale : lignes directrices nationales,* Ottawa, ministre de Travaux publics et Services gouvernementaux du Canada, p. 7.24.

THUREEN, P. J., J. DEACON, P. O'NEILL et J. HERNANDEZ (1999), *Assessment and care of the well newborn,* Philadelphie, Saunders.

L'évaluation du nouveau-né

Vocabulaire

CONTRAIREMENT À L'ADULTE, le nouveau-né exprime ses besoins d'abord et avant tout par son comportement. Une observation attentive du bébé permet à l'infirmière d'interpréter son comportement pour intervenir de façon appropriée. Le présent chapitre traite de l'évaluation du nouveau-né (collecte, analyse et interprétation des données). L'évaluation est un processus continu qui permet d'apprécier le développement du nouveau-né et son adaptation à la vie extra-utérine. La détermination de l'indice d'Apgar (voir le chapitre 17) et la surveillance étroite du nouveau-né à l'unité des naissances constituent les données principales, auxquelles s'ajoutent les informations suivantes :

- *Bilan des soins prénatals de la mère*
- *Bilan obstétrical*
- *Analgésiques ou anesthésiques administrés à la mère*
- *Complications du travail ou de l'accouchement*
- *Traitement entrepris immédiatement après la naissance et estimation de l'âge gestationnel*
- *Classification du nouveau-né selon le poids et l'âge gestationnel et selon les risques de mortalité néonatale*
- *Examen physique du nouveau-né*

Pour établir son plan de soins, l'infirmière analyse et interprète ces données ainsi que celles recueillies au cours des quatre heures qui suivent la naissance. Les évaluations effectuées pendant la période néonatale se font devant les parents. On doit associer les parents aux soins du bébé dès la naissance en leur expliquant en quoi consiste l'indice d'Apgar et ce qu'il signifie. On les fait également participer, dès que possible, aux évaluations physiques et comportementales de leur bébé (figure 22-1 ▶).

L'infirmière aide les parents à reconnaître les traits de comportement propres à leur bébé. Elle favorise l'établissement de liens d'attachement en permettant aux parents de rester seuls avec leur enfant pour apprendre à le connaître et à découvrir ses caractéristiques physiques et comportementales. Durant l'évaluation, il est essentiel que l'infirmière soutienne les parents en répondant à toutes leurs questions et en se montrant réceptive à leurs observations. L'évaluation physique du nouveau-né représente le premier examen de santé de l'enfant ainsi que l'amorce d'une éducation à la santé qui se poursuivra hors du milieu hospitalier.

Le déroulement des examens

Les 24 premières heures sont primordiales pour le nouveau-né, car elles constituent la période de transition entre la vie intra-utérine et la vie extra-utérine. Statistiquement, les risques de mortalité et de morbidité sont élevés au cours de cette période. Il est donc essentiel d'évaluer le bébé à ce moment pour s'assurer que la transition se déroule normalement (Rinehart, Terrone et Magann, 2000).

Pendant le séjour du bébé à l'unité des naissances, on effectue généralement trois ou quatre évaluations majeures :

- La première évaluation se déroule dans la chambre de naissance, immédiatement après l'accouchement, afin de déterminer s'il faut effectuer une réanimation ou d'autres interventions. Si l'état du nouveau-né est stable, il peut cohabiter avec sa mère, ce qui permet d'amorcer rapidement le processus d'attachement. Par contre, si le nouveau-né présente des complications, il est transféré à la pouponnière, où l'on procède à d'autres examens et, si nécessaire, à des traitements.

- La deuxième évaluation, effectuée dans les quatre heures qui suivent la naissance, fait partie des formalités d'admission. Réalisée par l'infirmière, elle consiste en un examen physique destiné à vérifier si le bébé s'adapte bien à la vie extra-utérine, à estimer son âge gestationnel et à rechercher tous les signes d'anomalies susceptibles de constituer un risque pour lui (American Academy of Pediatrics [AAP] et American College of Obstetricians and Gynecologists [ACOG], 1997).

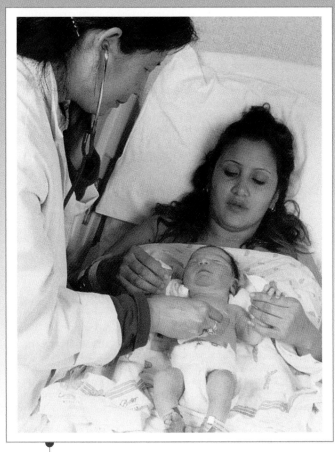

FIGURE 22-1 ▶ La sage-femme procède à l'examen physique du nouveau-né en présence des parents.

- Une troisième évaluation, effectuée par le pédiatre, est réalisée avant que le bébé n'ait complété ses 24 premières heures de vie.
- La dernière évaluation a lieu avant le départ du bébé pour la maison. Elle comporte un examen physique complet par le pédiatre et vise à détecter les problèmes ou les risques de problèmes.

L'infirmière assure une surveillance continue et doit rapporter tous les faits susceptibles d'indiquer un problème physique ou comportemental.

Le présent chapitre porte sur les méthodes d'estimation de l'âge gestationnel, l'examen physique complet et l'évaluation comportementale. Voir les *Points à retenir : Principales évaluations du nouveau-né.* (Le chapitre 17 présente l'évaluation qui suit immédiatement la naissance.)

L'estimation de l'âge gestationnel

L'infirmière doit procéder à l'estimation de l'âge gestationnel du nouveau-né dans les quatre heures qui suivent la naissance

afin de planifier les soins requis pour tout enfant présentant des problèmes liés à l'âge. On a longtemps calculé l'âge gestationnel à partir du premier jour de la dernière menstruation de la mère, mais cette méthode n'est exacte que dans 75 % à 85 % des cas. On a donc mis au point une méthode plus précise afin de mieux traiter les problèmes propres aux bébés prématurés ou hypotrophiques. L'estimation de l'âge gestationnel selon cette méthode n'exige que quelques minutes. *Il est essentiel que l'infirmière porte des gants quand elle évalue le nouveau-né dans les heures qui suivent la naissance, avant le premier bain.*

La **méthode d'estimation clinique de l'âge gestationnel** permet de déterminer la maturité physique et la maturité neuromusculaire du nouveau-né. On évalue la maturité physique à partir de l'œdème, des caractéristiques de la peau, des plis plantaires, de la quantité de tissu mammaire et de la formation du mamelon, de la quantité de lanugo, de la forme de l'oreille, du développement du cartilage et du développement des organes génitaux externes. Ces critères objectifs ne sont pas influencés par le travail et l'accouchement. De plus, aucun changement important ne les affecte au cours des 24 premières heures de vie. L'évaluation de l'âge gestationnel est plus précise si elle a lieu dans les 12 heures suivant la naissance.

L'examen neuromusculaire permet d'apprécier la maturité fonctionnelle ou physiologique, en plus du développement physique. Cependant, au cours des 24 premières heures, le système nerveux du nouveau-né n'est pas encore stabilisé. Il est donc difficile de se fier entièrement aux résultats d'une évaluation reposant sur des réflexes ou des éléments relevant des centres nerveux supérieurs. Si l'évaluation de la maturité neuromusculaire ne correspond pas à l'évaluation de la maturité physique, on effectue une seconde évaluation dans les 24 heures suivantes.

L'évaluation de la maturité neuromusculaire – sauf pour ce qui est des réflexes – est utile pour les nouveau-nés dont l'âge gestationnel est inférieur à 34 semaines, car le développement neurologique se fait surtout entre la 26e et la 34e semaine de gestation, alors qu'on observe peu de changements physiques. Le remplacement du tonus extenseur par un tonus fléchisseur allant des membres inférieurs aux membres supérieurs constitue un des changements neurologiques importants de cette période.

L'estimation de l'âge gestationnel selon la maturité, mise au point par Ballard, Khoury, Wedig et leur équipe (1991), est une version simplifiée d'une méthode bien documentée élaborée par Dubowitz et Dubowitz. Avec l'échelle d'évaluation de Ballard, on accorde un score pour chaque observation physique et neuromusculaire, puis on calcule le score total, qui indique l'âge gestationnel (figure 22-2 ▶). Le score le plus élevé sur l'échelle de Ballard est de 50, et il correspond à 44 semaines de gestation.

Voici un exemple. Lors de l'estimation de l'âge gestationnel d'un nouveau-né âgé de 1 heure, on accorde un score de 3 à chacun des 6 critères physiques, ce qui donne un total de 18, et un score de 3 à chacun des 6 critères neuromusculaires, pour un autre total de 18. Quand on ajoute le score des caractéristiques physiques (18) à celui des caractéristiques neuromusculaires (18), on obtient une valeur de 36, ce qui correspond à un âge gestationnel de 38 semaines ou plus. Cependant, cet exemple n'est pas représentatif, car le développement physique et la maturation neurologique varient légèrement d'un bébé à l'autre ; il est donc normal que le score ne soit pas le même pour chaque élément évalué.

Les échelles d'évaluation de l'âge gestationnel postnatal utilisées aujourd'hui surestiment parfois la prématurité ou sous-estiment la postmaturité. À l'occasion, les deux méthodes décrites ci-haut s'avèrent moins exactes pour les nouveau-nés de moins de 28 semaines ou de plus de 43 semaines de gestation. Les évaluations effectuées dans les 12 heures suivant la naissance donnent des résultats plus précis, surtout si le nouveau-né a moins de 26 semaines de gestation. (Ballard *et al.*, 1991). Les recherches montrent que les échelles d'évaluation manquent d'exactitude lorsqu'elles servent à déterminer l'âge gestationnel de grands prématurés (Donovan *et al.*, 1999).

L'infirmière doit se rappeler que certains facteurs maternels risquent de fausser l'estimation de l'âge gestationnel ; ils justifient donc un examen plus approfondi. C'est le cas, notamment, lorsque la mère souffre de diabète ou d'hypertension artérielle, ou qu'on lui a administré des anesthésiques ou des analgésiques. Ainsi, le diabète de la mère accélère la croissance du fœtus, mais semble retarder sa maturation. À l'inverse, l'hypertension artérielle retarde la croissance, mais accélérerait la maturation.

Chez les bébés dont la mère a souffert d'hypertension gravidique, les critères d'évaluation du tonus musculaire actif et de l'œdème sont peu fiables. Les bébés dont la mère a reçu un agent anesthésique ou analgésique risquent de souffrir de détresse respiratoire. Ces enfants présentent généralement de la flaccidité et de l'œdème ; leurs jambes ont la même position que celles des grenouilles. Tous ces facteurs faussent le score des éléments neuromusculaires.

Évaluation de la maturité physique

L'infirmière évalue d'abord les caractéristiques du bébé au repos (Rinehart *et al.*, 2000). Voici certaines caractéristiques physiques communes à toutes les méthodes d'estimation de l'âge gestationnel présentées dans l'ordre assurant l'évaluation la plus fiable.

1. *Position au repos.* Bien qu'il s'agisse d'un élément neuromusculaire, la position au repos doit être évaluée lorsque l'enfant est étendu, au repos, sur une surface plane (figure 22-3 ▶).

2. *Peau.* La peau du bébé prématuré est mince et transparente. Chez l'enfant très prématuré, l'abdomen présente de grosses veines superficielles. Plus la gestation avance, plus la peau est opaque par suite de la prolifération du tissu sous-cutané. Chez les enfants postmatures âgés de plus de 42 semaines et présentant des signes d'insuffisance placentaire, la peau se desquame souvent par suite de la disparition du *vernix caseosa*, une substance protectrice (voir le chapitre 25).

3. *Lanugo.* Le lanugo est un fin duvet qui recouvre les surfaces pileuses. C'est entre la 28e et la 30e semaine qu'il est le plus abondant, puis il disparaît peu à peu, d'abord du visage, et ensuite du tronc et des membres.

4. *Plis plantaires.* Les plis plantaires constituent de bons indices de l'âge gestationnel dans les 12 heures qui suivent la naissance. Par la suite, la peau des pieds commence à sécher, et des plis superficiels se forment. Les plis plantaires apparaissent d'abord près des orteils, c'est-à-dire sur la partie antérieure de la plante du pied, puis progressent vers le talon (figure 22-4 ▶). On peut aussi observer une desquamation. Les plis plantaires diffèrent d'une race à l'autre. Chez les nouveau-nés à terme de race noire, par exemple, ils sont parfois moins développés.

5. *Tissu mammaire.* On examine l'*aréole* et le tissu mammaire. Le bourgeon mammaire d'un bébé à terme mesure entre 0,5 et 1,0 cm (5 à 10 mm). L'aréole est d'autant plus large et la masse du tissu mammaire plus importante que la gestation est avancée. Pour procéder à l'examen du tissu mammaire, l'infirmière palpe doucement le *bourgeon mammaire* entre l'index et le majeur ; elle le mesure ensuite en centimètres ou en millimètres (figure 22-5 ▶). Il ne faut pas saisir le mamelon, car l'épaisseur de la peau et

ÉVALUATION ET CLASSIFICATION DE LA MATURITÉ DU NOUVEAU-NÉ

ESTIMATION DE L'ÂGE GESTATIONNEL
Symboles : X = 1er examen   O = 2^e examen

MATURITÉ NEUROMUSCULAIRE

	−1	0	1	2	3	4	5
Posture							
Flexion du poignet	>90°	90°	60°	45°	30°	0°	
Retour des bras		180°	140°–180°	110°–140°	90°–110°	<90°	
Angle poplité	180°	160°	140°	120°	100°	90°	<90°
Signe de l'écharpe							
Talon-oreille							

Âge gestationnel selon les dates (semaines) ____

Heure de naissance ____ h ____

APGAR : 1 min = ____   5 min = ____

SCORE DE MATURITÉ

Score	Semaines
−10	20
−5	22
0	24
5	26
10	28
15	30
20	32
25	34
30	36
35	38
40	40
45	42
50	44

MATURITÉ PHYSIQUE

Peau	Collante, friable, transparente	Rouge, gélatineuse, translucide	Douce, rose, veines visibles	Rose, desquamation superficielle et/ou rash, quelques veines	Rose pâle, zone fissurée pâle, veines rares	Fissures profondes de type parcheminé, pas de veines	Parcheminée, fissurée, ridée
Lanugo	Aucun	Clairsemé	Abondant	Mince	Zones nues	Clairsemé	
Plis plantaires	Talon-orteil 40-50 mm : −1 < 40 mm : −2	>50 mm Plis absents	Plis peu prononcés, marques rouges	Plis antérieurs transverses seulement	2/3 des plis antérieurs	Plis sur toute la plante	
Tissu mammaire	Invisible	À peine visible	Aréole plate, sans bourgeon	Aréole ponctuée, bourgeon de 1-2 mm	Aréole surélevée, bourgeon de 3-4 mm	Aréole mature, bourgeon de 5-10 mm	
Oreilles et yeux	Paupières fusionnées Lâchement : −1 Fermement : −2	Paupières ouvertes. Pavillon de l'oreille plat, reste plié	Pavillon peu incurvé, mou, rétraction lente	Pavillon bien incurvé, mou, rétraction rapide	Formé et ferme, rétraction instantanée	Cartilage épais, oreille rigide	
Organes génitaux masculins	Scrotum plat, lisse	Scrotum vide, pas de plis	Testicules dans le canal supérieur, plis rares	Testicules descendants, quelques plis	Testicules descendus, nombreux plis	Testicules tombants, plis profonds	
Organes génitaux féminins	Clitoris proéminent, lèvres plates	Clitoris proéminent, petites lèvres minuscules	Clitoris proéminent, petites lèvres visibles	Grandes et petites lèvres également proéminentes	Grandes lèvres bien développées, petites lèvres réduites	Clitoris et petites lèvres entièrement recouverts	

TOTAL DES POINTS

	1er examen = X	2e examen = 0
Estimation de l'âge gestationnel	____ semaines	____ semaines
Moment de l'examen	Date : _____ Heure : _____	Date : _____ Heure : _____
Âge à l'examen	____ heures	____ heures
Signature de la personne ayant effectué l'examen		

FIGURE 22-2 ▶ Évaluation et classification de la maturité du nouveau-né. Si, chez un nouveau-né âgé de 1 heure, on accorde 3 points à chaque caractéristique physique et neuromusculaire, le total des points sera de 36. Un score de 36 correspond à 38 semaines de gestation et plus.

Source : Ballard J. L., J. C. Khoury, K. Wedig, L. Wang, B. L. Eilers-Walsmann et R. Lipp (1991), « New Ballard score, expanded to include extremely premature infants », *Journal of Pediatrics*, vol. 119, p. 417.

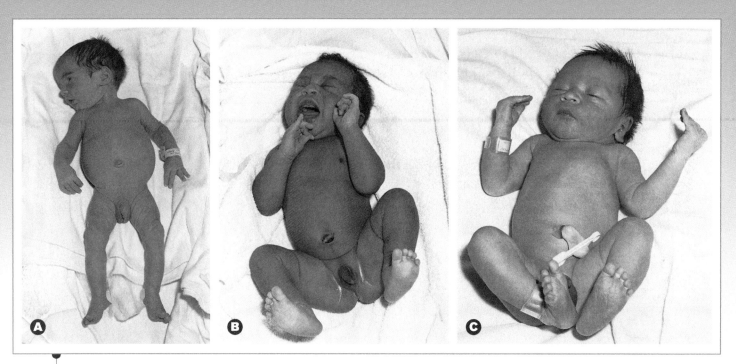

FIGURE 22-3 ❭ Position au repos. **A.** Une légère flexion des cuisses ainsi qu'une extension des membres supérieurs indiquent un âge gestationnel de 31 semaines environ. **B.** Ce bébé présente une flexion plus marquée des bras, des hanches et des cuisses ; son âge gestationnel est de 35 semaines environ. **C.** Ce bébé à terme présente une flexion hypertonique de tous les membres. *Source :* Dubowitz, L., et V. Dubowitz (1977). *The gestational age of the newborn*, Menlo Park, CA, Addison-Wesley. Reproduit avec l'autorisation du Dr V. Dubowitz, Hammersmith Hospital, Londres, Angleterre.

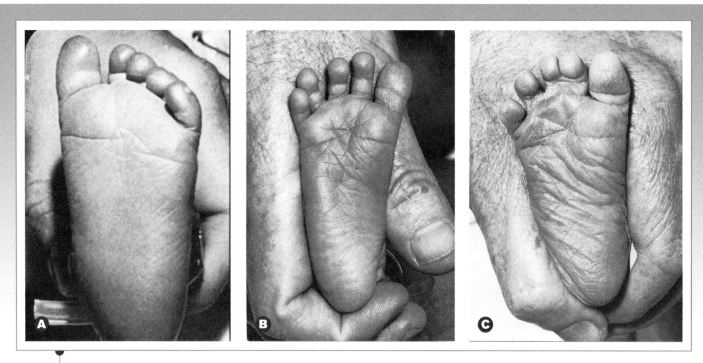

FIGURE 22-4 ❭ Plis plantaires. **A.** Quelques plis plantaires sur la partie antérieure du pied et un talon d'aspect lisse : âge gestationnel de 35 semaines environ. **B.** Un réseau de plis plantaires plus profonds sur les deux tiers de la partie antérieure de la plante du pied et un talon d'aspect lisse : âge gestationnel de 37 semaines environ. **C.** Plis plantaires profonds d'un nouveau-né à terme qui vont jusqu'au talon à cause de la perte liquidienne et de l'assèchement de la peau après la naissance. *Source de B et C :* Dubowitz, L., et V. Dubowitz (1977). *The gestational age of the newborn*, Menlo Park, CA, Addison-Wesley. Reproduit avec l'autorisation du Dr V. Dubowitz, Hammersmith Hospital, Londres, Angleterre.

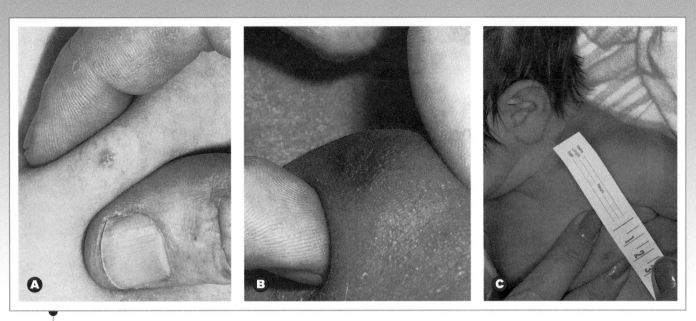

FIGURE 22-5 ▶ Tissu mammaire. **A.** La région mammaire est visiblement surélevée et mesure 4 mm à la palpation. L'âge gestationnel est de 38 semaines environ. **B.** Bourgeon de 10 mm environ. L'âge gestationnel est de 40 à 44 semaines. **C.** Comprimer doucement le tissu mammaire entre le majeur et l'index, et le mesurer en centimètres ou en millimètres. Une absence ou une réduction du tissu mammaire s'observe souvent chez les bébés prématurés ou hypotrophiques. *Source de A et B* : Dubowitz, L., et V. Dubowitz (1977). *The gestational age of the newborn*, Menlo Park, CA, Addison-Wesley. Reproduit avec l'autorisation du Dr V. Dubowitz, Hammersmith Hospital, Londres, Angleterre.

du tissu sous-cutané fausserait la mesure. L'infirmière doit procéder avec douceur afin de ne pas léser les tissus. La quantité de tissu mammaire ne dépend pas toujours de l'âge gestationnel ou des effets des hormones maternelles. Par exemple, les bébés de mères diabétiques sont généralement macrosomiques, et leur tissu mammaire se développe rapidement par suite de la formation de dépôts adipeux sous-cutanés. Par ailleurs, il arrive que les bébés hypotrophiques ou postmatures aient utilisé les graisses sous-cutanées qui auraient formé le tissu mammaire afin de survivre dans l'utérus. Dans ce cas, la masse du tissu mammaire peut correspondre à un âge gestationnel de 34 à 35 semaines seulement.

6. *Forme et consistance de l'oreille.* Il est possible de déterminer l'âge gestationnel en se basant sur la forme de l'oreille et sur le développement du cartilage. En effet, ce tissu donne à l'oreille sa forme et sa consistance (figure 22-6 ▶). Chez le nouveau-né de moins de 34 semaines de gestation, l'oreille est relativement informe et plate ; elle contient peu de cartilage, de sorte qu'elle reste pliée sur elle-même. Vers la 36ᵉ semaine de gestation, elle contient davantage de cartilage, et la partie supérieure du pavillon est légèrement incurvée. Le pavillon reprend lentement sa forme après avoir été plié. Pour vérifier cette caractéristique, l'infirmière plie entre le pouce et l'index la partie supérieure du pavillon sur sa partie inférieure, puis la relâche. Elle peut aussi plier le pavillon de l'oreille vers l'avant contre le côté de la tête. Chez le bébé à terme, le pavillon est ferme et s'écarte de la tête ; il reprend rapidement sa forme.

7. *Organes génitaux masculins.* L'infirmière doit évaluer les plis du scrotum et la descente des testicules (figure 22-7 ▶). Chez le bébé de moins de 36 semaines de gestation, le scrotum présente peu de plis et les testicules sont palpables dans le canal inguinal. Entre 36 et 38 semaines de gestation, les testicules se trouvent dans la partie supérieure du scrotum ; la partie antérieure du scrotum présente des plis. Chez le bébé à terme, les testicules sont en général complètement descendus dans le scrotum, qui est pendant et couvert de plis.

8. *Organes génitaux féminins.* L'aspect des organes génitaux féminins dépend notamment de la répartition du tissu adipeux sous-cutané et, par conséquent, de l'état nutritionnel fœtal (figure 22-8 ▶). La taille du clitoris varie considérablement ; il est parfois si proéminent qu'il devient difficile de déterminer le sexe de l'enfant. Cette anomalie est causée notamment par une hyperplasie surrénale congénitale, qui se caractérise par une hypersécrétion surrénalienne d'androgènes et d'autres hormones. Entre 30 et 32 semaines de gestation, le clitoris est proéminent, et les grandes lèvres sont peu développées et largement écartées. La taille des grandes lèvres augmente à mesure que la gestation avance. Entre 36 et 40 semaines de gestation, elles recouvrent presque le clitoris, de sorte qu'à 40 semaines et plus, elles recouvrent les petites lèvres et le clitoris.

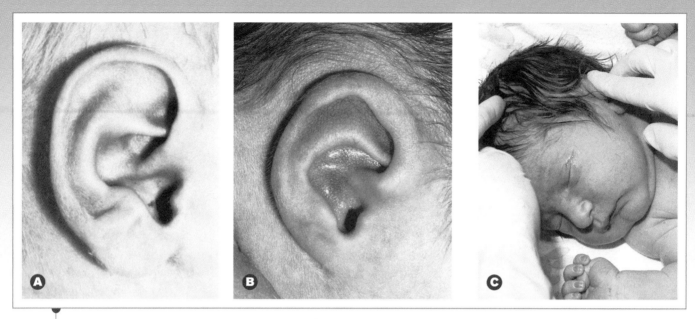

FIGURE 22-6 ▶ Forme et cartilage de l'oreille. **A.** À 36 semaines de gestation environ, les deux tiers supérieurs du pavillon de l'oreille sont incurvés. **B.** Chez le nouveau-né à terme, l'incurvation du pavillon est nettement définie. **C.** Si, après avoir été pliée, l'oreille ne reprend pas sa forme ou la reprend lentement, on peut présumer que l'âge gestationnel est inférieur à 38 semaines.
Source de A et B: Dubowitz, L., et V. Dubowitz (1977). *The gestational age of the newborn*, Menlo Park, CA, Addison-Wesley. Reproduit avec l'autorisation du Dʳ V. Dubowitz, Hammersmith Hospital, Londres, Angleterre.

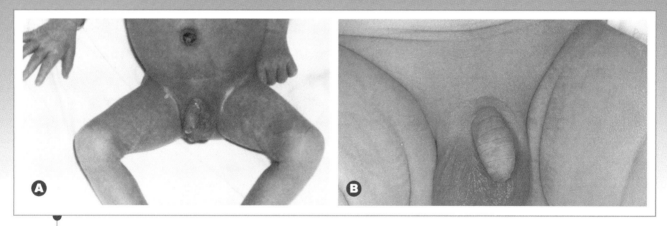

FIGURE 22-7 ▶ Organes génitaux masculins. **A.** Les testicules du nouveau-né prématuré ne sont pas encore descendus dans le scrotum, lequel présente peu de plis. **B.** En général, les testicules du bébé à terme sont complètement descendus et toute la surface du scrotum présente des plis.
Source de A: Dubowitz, L., et V. Dubowitz (1977). *The gestational age of the newborn*, Menlo Park, CA, Addison-Wesley. Reproduit avec l'autorisation du Dʳ V. Dubowitz, Hammersmith Hospital, Londres, Angleterre.

Certaines méthodes d'estimation de l'âge gestationnel comprennent l'évaluation des caractéristiques suivantes :

1. Le *vernix caseosa* recouvre le corps du nouveau-né prématuré, tandis qu'il est presque absent chez le bébé postmature. L'infirmière de la salle d'accouchement doit noter la quantité de vernix et sa répartition à l'intention de l'infirmière de la pouponnière. En effet, lorsque, les mains gantées, elle sèche le bébé pour éviter une perte de chaleur par évaporation, l'infirmière de la salle d'accouchement enlève une partie du vernix, altérant ainsi un indicateur important de l'âge gestationnel.

2. Chez l'enfant prématuré, les *cheveux* forment des touffes et ressemblent à de la laine emmêlée ou à de la fourrure. Chez le bébé à terme, ils sont séparés et soyeux.

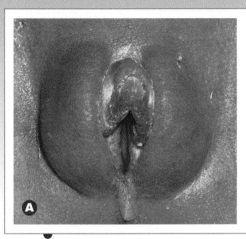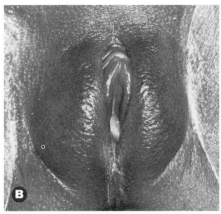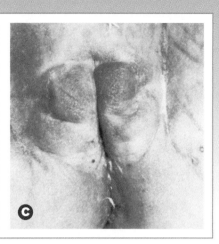

FIGURE 22-8 ▶ Organes génitaux féminins. **A.** Clitoris proéminent, grandes lèvres très écartées et petites lèvres qui dépassent les grandes lèvres, si vues latéralement : âge gestationnel de 30 à 36 semaines. **B.** Clitoris encore apparent, et grandes lèvres recouvrant les petites lèvres : âge gestationnel de 36 à 40 semaines. **C.** Chez le bébé de 40 semaines, les grandes lèvres sont larges et bien développées ; elles recouvrent à la fois le clitoris et les petites lèvres. *Source :* Dubowitz, L., et V. Dubowitz (1977). *The gestational age of the newborn*, Menlo Park, CA, Addison-Wesley. Reproduit avec l'autorisation du Dr V. Dubowitz, Hammersmith Hospital, Londres, Angleterre.

3. La *fermeté du crâne* s'accroît en fonction de la maturation. Chez le bébé à terme, les os sont durs et les sutures solides.

4. Les *ongles* apparaissent vers la 20ᵉ semaine de gestation et recouvrent le lit unguéal. Des ongles qui dépassent le bout des doigts peuvent être un signe de postmaturité.

Évaluation de la maturité neuromusculaire

Le système nerveux central du fœtus humain se développe à un rythme relativement constant. Les tests actuels permettent d'évaluer l'état neurologique du nouveau-né selon le développement du tonus musculaire et l'âge gestationnel.

L'évaluation neuromusculaire exige plus de manipulations que l'examen physique, ce qui perturbe davantage le bébé. Il est donc préférable de procéder à cette évaluation après avoir stabilisé l'état de l'enfant (figure 22-2 ▶). Voici les caractéristiques à évaluer.

1. L'infirmière détermine la *flexion du poignet* en fléchissant doucement la main du bébé vers la partie antérieure de l'avant-bras. Quand elle sent une résistance, elle mesure l'angle formé (figure 22-9 ▶).

2. Le test du *retour en flexion des membres* permet d'évaluer le développement de la capacité de flexion. Comme celle-ci se développe d'abord dans les membres inférieurs, l'infirmière commence le test par les jambes. Après avoir couché le nouveau-né sur le dos, sur une surface plane, elle place une main sur les genoux du bébé, puis elle exerce une extension complète en gardant les jambes parallèles. Quand elle relâche les jambes, le bébé réagit normalement par une flexion. Selon l'âge gestationnel, les jambes ne bougent pas ou retournent en position fléchie, soit lentement, soit rapidement. Comme le tonus musculaire du prématuré est moindre que celui du bébé à terme, le retour en flexion des membres est plus faible chez le prématuré. Pour évaluer la flexion des bras, l'infirmière exerce une flexion au niveau du coude, puis une extension le long du corps. Elle couche d'abord l'enfant sur le dos, puis elle exerce une flexion complète des coudes. Elle maintient les bras dans cette position pendant cinq secondes ; elle les place ensuite en extension le long du corps, puis elle les relâche. Chez l'enfant à terme, les coudes reviennent rapidement en position fléchie à un angle de moins de 90°. Le retour des bras à la position fléchie étant plus lent chez le nouveau-né en santé fatigué par l'expérience de la naissance, il est préférable d'effectuer ce test au moins une heure après la naissance. Le sommeil profond atténue également le retour en flexion des bras. L'évaluation du retour en flexion des bras devrait se faire bilatéralement afin d'écarter la possibilité d'une paralysie brachiale.

3. Pour mesurer *l'angle poplité*, l'infirmière couche le nouveau-né sur le dos. Elle fléchit sa cuisse vers l'abdomen et la poitrine, elle place ensuite l'index de la main libre sur la face postérieure de sa cheville et elle étend la jambe du bébé jusqu'à ce qu'elle sente une résistance. Elle mesure alors l'angle poplité ainsi formé. Les résultats varient en fonction de l'âge gestationnel. Chez l'enfant très prématuré, l'infirmière n'observe aucune résistance, tandis que, chez le nouveau-né à terme, l'angle est de 80°.

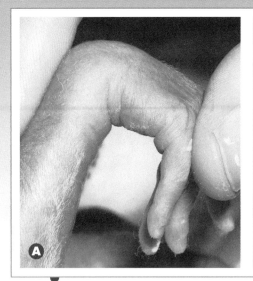
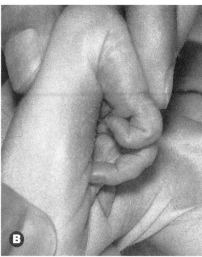
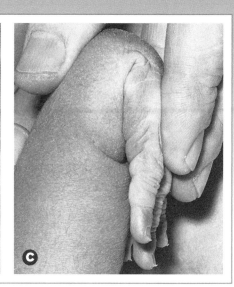

FIGURE 22-9 ⟩ Flexion du poignet. **A.** Poignet formant un angle de 90° indiquant un âge gestationnel de 28 à 32 semaines. **B.** À un âge gestationnel de 38 à 40 semaines, l'angle est souvent de 30°. **C.** À un âge gestationnel de 40 à 42 semaines, l'angle est généralement de 0°.
Source: Dubowitz, L., et V. Dubowitz (1977). *The gestational age of the newborn*, Menlo Park, CA, Addison-Wesley. Reproduit avec l'autorisation du Dr V. Dubowitz, Hammersmith Hospital, Londres, Angleterre.

4. Pour évaluer le *signe de l'écharpe*, l'infirmière place le nouveau-né sur le dos et allonge un de ses bras en travers de sa poitrine vers l'épaule opposée, jusqu'à ce qu'elle sente une résistance. Elle note alors la position du coude par rapport à la ligne médiane du thorax (figure 22-10 ⟩).

5. Pour évaluer l'*extension talon-oreille*, l'infirmière place le bébé sur le dos et amène doucement le pied vers l'oreille située du même côté jusqu'à ce qu'elle sente une résistance. Elle doit laisser le genou fléchir durant le test. Il est important aussi qu'elle retienne les fesses du bébé pour éviter que celui-ci ne roule vers l'arrière.

FIGURE 22-10 ⟩ Signe de l'écharpe. **A.** Avant l'âge gestationnel de 30 semaines, on n'observe aucune résistance : le coude s'étire facilement au-delà de la ligne médiane. **B.** À un âge gestationnel de 36 à 40 semaines, le coude ne dépasse pas la ligne médiane. **C.** À plus de 40 semaines de gestation, le coude n'atteint pas la ligne médiane. *Source*: Dubowitz, L., et V. Dubowitz (1977). *The gestational age of the newborn*, Menlo Park, CA, Addison-Wesley. Reproduit avec l'autorisation du Dr V. Dubowitz, Hammersmith Hospital, Londres, Angleterre.

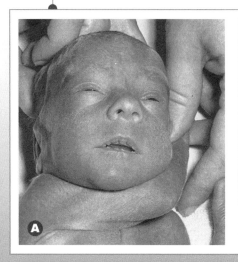
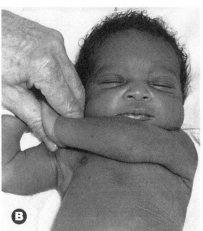
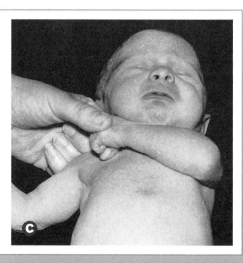

Elle mesure alors la distance entre le pied et l'oreille ainsi que le degré d'extension du genou. Chez l'enfant prématuré et immature, la jambe reste droite, et le pied se rend à l'oreille ou la dépasse. Plus l'âge gestationnel est avancé, plus le nouveau-né oppose une résistance à l'extension de la jambe vers l'oreille. Dans les cas de présentation du siège, il faut attendre que les jambes aient repris leur position normale avant de manipuler les membres inférieurs.

6. Pour mesurer la *dorsiflexion du pied*, l'infirmière fléchit le pied du bébé vers le tibia. Elle provoque cette flexion en appuyant avec le pouce sur la plante du pied, tout en retenant l'arrière de la jambe avec les autres doigts. Elle mesure ensuite l'angle formé entre le pied et la face antérieure de la jambe (figure 22-11 ▶). La position du bébé dans l'utérus ainsi que certaines anomalies congénitales peuvent influer sur la dorsiflexion du pied.

7. Pour évaluer le *redressement de la tête* (tonus du cou), l'infirmière amène le bébé en position assise en le tirant doucement par les bras et elle note le degré de flexion de la tête vers l'arrière. Jusqu'à 34 semaines de gestation, il est fréquent que la tête reste complètement en arrière, tandis que, chez le bébé postmature (42 semaines), la tête se maintient en avant de la ligne du corps. Le bébé né à terme arrive à redresser la tête un court instant.

8. Pour évaluer la *suspension ventrale*, l'infirmière place le nouveau-né à plat ventre dans sa main. Elle note alors la position de la tête et du dos, de même que le degré de flexion des bras et des jambes. Chez le bébé de 36 à 38 semaines de gestation, les bras et les jambes sont légèrement fléchis. Chez l'enfant à terme, les membres sont complètement fléchis, et la tête est au même niveau que le dos.

9. Au cours de l'examen néonatal, on doit aussi évaluer les *principaux réflexes* (de succion, des point cardinaux, de préhension, de Moro, tonique du cou, de Babinski). (Voir la description de ces réflexes aux pages 627-628.)

L'estimation de l'âge gestationnel par rapport au poids à la naissance permet de déterminer *si le nouveau-né est hypotrophique (sous le 10ᵉ percentile), eutrophique ou hypertrophique (c'est-à-dire macrosomique, au-dessus du 90ᵉ percentile)* (figure 22-12 ▶). Cette classification permet à l'infirmière de déceler les risques de problèmes physiologiques. Quand elle dispose des résultats de l'examen physique complet, l'infirmière est en mesure d'établir un plan de soins adapté à l'enfant (Dodd, 1996). Par exemple, dans le cas d'un nouveau-né hypotrophique, on mesure fréquemment sa glycémie et on s'assure qu'il commence à s'alimenter dès que possible après la naissance. (Voir le chapitre 25 pour une description détaillée de cette classification et des problèmes possibles selon les catégories.)

L'infirmière reporte aussi l'âge gestationnel du bébé sur une courbe de croissance, en même temps que la taille, le périmètre crânien et le poids, afin de déterminer si les mesures prises se situent dans les limites de la normale, c'est-à-dire entre la ligne du 10ᵉ percentile et celle du 90ᵉ percentile (figure 22-13 ▶). Ces corrélations confirment le degré de maturité de l'enfant et la catégorie à laquelle il appartient. La comparaison du rapport poids/taille aide aussi à déterminer si un nouveau-né hypotrophique présente un retard de croissance symétrique ou asymétrique. (Voir le chapitre 25 pour de plus amples détails.)

FIGURE 22-11 ▶ Dorsiflexion du pied. **A.** Un angle de 45° indique un âge gestationnel de 32 à 36 semaines, tandis qu'un angle de 20° indique un âge gestationnel de 36 à 40 semaines. **B.** À l'âge gestationnel de plus de 40 semaines, l'angle est souvent de 0°. *Source* : Dubowitz, L., et V. Dubowitz (1977). *The gestational age of the newborn*, Menlo Park, CA, Addison-Wesley. Reproduit avec l'autorisation du Dʳ V. Dubowitz, M.D., Hammersmith Hospital, Londres, Angleterre.

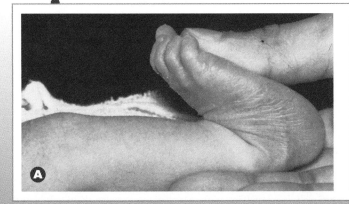
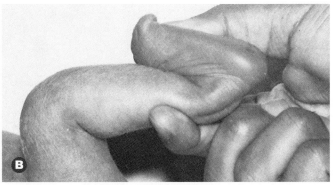

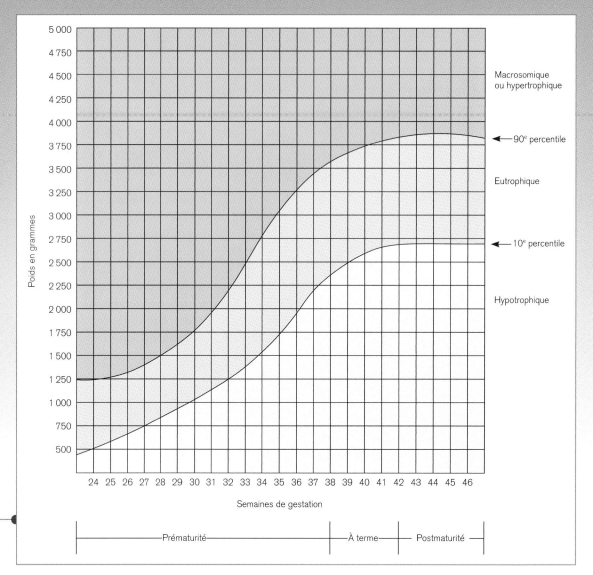

FIGURE 22-12

Classification des nouveau-nés en fonction du poids à la naissance et de l'âge gestationnel. L'infirmière reporte d'abord sur le graphique les mesures correspondant au poids et à l'âge gestationnel ; elle détermine ensuite si l'enfant est macrosomique, eutrophique ou hypotrophique. *Source :* Battaglia, F. C., et L. O Lubchenco (1967). « A practical classification of newborn infants by weight and gestational age », *Journal of Pediatrics*, vol. 71, p. 161.

L'examen physique

Après avoir évalué l'âge gestationnel et décelé les problèmes qui s'y rattachent, le cas échéant, on procède à un examen physique plus approfondi. Cet examen est effectué dans un endroit chaud et bien éclairé, à l'abri des courants d'air. Il peut se faire en présence des parents, ce qui leur permettra de mieux connaître leur enfant. Il doit être effectué de façon systématique, de la tête aux pieds. Il faut consigner toutes les observations. On note d'abord l'apparence générale de l'enfant avant de procéder à l'examen de chaque partie du corps.

On trouvera aux pages 630 à 644 un guide pour procéder à l'examen systématique du nouveau-né avec les résultats normaux pour les nouveau-nés à terme. Ce guide indique aussi les

anomalies possibles et leurs causes, ainsi que les interventions infirmières appropriées.

Apparence générale

La tête du nouveau-né est démesurément grosse par rapport au reste du corps. Le centre du corps est le nombril, et non la symphyse pubienne comme chez l'adulte. Le tronc semble long, alors que les membres paraissent courts, notamment à cause de leur position fléchie. Le bébé garde les poings bien fermés. Le cou semble court, car le menton repose sur la poitrine. L'abdomen est proéminent, les épaules tombantes, les hanches étroites et le thorax arrondi. En général, le nouveau-né se tient en position fléchie comme dans l'utérus, et ses membres résistent à

CLASSIFICATION DES NOUVEAU-NÉS EN FONCTION DU NIVEAU DE DÉVELOPPEMENT ET DE LA CROISSANCE INTRA-UTÉRINE

Symboles : X = 1er examen O = 2e examen

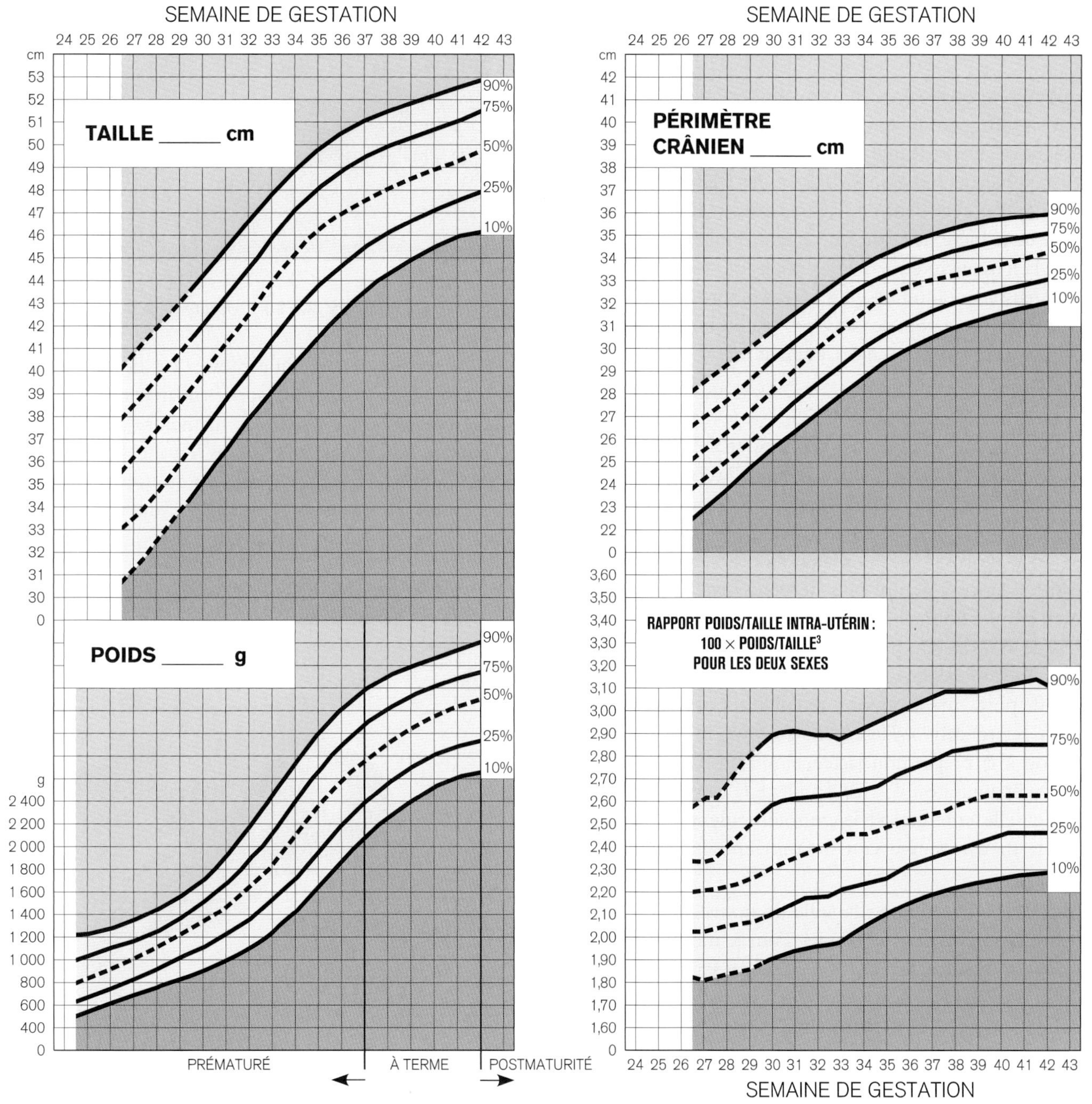

	1er examen = X	2e examen = 0
HYPERTROPHIQUE (MACROSOMIQUE)		
EUTROPHIQUE		
HYPOTROPHIQUE		
Âge au moment de l'examen	heures	heures
Signature de la personne ayant effectué l'examen		

FIGURE 22-13 Classification des nouveau-nés en fonction du niveau de développement et de la croissance intra-utérine. *Sources :* Adaptation de Lubchenco, L. O., C. Hansman et E. Boyd (1966). « Intrauterine growth in length and head circumference as estimated from live births at gestational ages from 26 to 42 weeks », *Pediatrics*, vol. 37, p. 403-408 ; Battaglia, F. C. et L. O. Lubchenco (1967). « A practical classification of newborn infants by weight and gestational age », *Journal of Pediatrics*, vol. 71, p. 159.

l'extension. Dans le cas d'une présentation du siège, les pieds sont généralement en dorsiflexion. Cette position des pieds persiste parfois pendant plusieurs semaines.

Poids et mensurations

À la naissance, le nouveau-né à terme de race blanche pèse en moyenne 3 400 g, tandis que les nouveau-nés d'origine africaine, asiatique et mexicaine sont un peu moins gros (Brooks *et al.*, 1995 ; Overpeck *et al.*, 1999). Le poids à la naissance d'un enfant dépend notamment de l'âge et de la taille des parents, de la santé de la mère (le tabagisme et la malnutrition réduisent le poids à la naissance) et de l'espacement de ses grossesses. Le poids à la naissance diminue dans les cas de grossesses rapprochées (une grossesse tous les ans, par exemple) (Basso *et al.*, 1998). Entre 1 semaine et 6 mois, l'enfant prend environ 200 g par semaine.

L'eau constitue environ 70 % à 75 % de la masse corporelle du nouveau-né. Au début de la période néonatale (c'est-à-dire pendant les 3 ou 4 premiers jours), le bébé à terme perd environ 5 % à 10 % de son poids physiologique à cause des échanges liquidiens. Chez certains prématurés, il arrive que cette perte atteigne 15 % de leur poids à la naissance. Les gros bébés ont eux aussi tendance à perdre plus de poids, car la perte liquidienne est proportionnelle au poids à la naissance. Si un bébé perd plus de 10 % de son poids, il est recommandé de procéder à un nouvel examen physique. Parmi les facteurs contribuant à la perte de poids, mentionnons un faible apport liquidien par suite d'un retard dans l'allaitement au sein ou de difficultés d'adaptation à la préparation lactée, ainsi que d'une excrétion accrue de méconium ou d'urine. La fièvre (à cause de la déshydratation qu'elle entraîne) et les refroidissements constants (à cause de la thermogenèse sans frissons) entraînent aussi une perte de poids.

Il est difficile de mesurer la taille du nouveau-né normal, car ses jambes sont fléchies et rigides. Pour le mesurer l'enfant, on le couche à plat sur le dos et on étend ses jambes au maximum (figure 22-14 ▶). Le nouveau-né mesure habituellement entre 48 et 53 cm, soit 50 cm en moyenne. Le bébé grandit d'environ 2,5 cm par mois pendant les 6 premiers mois. Il s'agit de la plus forte période de croissance.

À la naissance, la tête du bébé est trois fois plus petite que celle de l'adulte. Le périmètre crânien varie de 32 à 36 cm. Pour mesurer la tête avec exactitude, on place le ruban sur la partie la plus proéminente de l'occiput et on l'amène juste au-dessus des sourcils (figure 22-15A ▶). Le périmètre crânien dépasse d'environ 2 cm le périmètre du thorax, et cette proportion reste la même pendant quelques mois. (Les facteurs qui influent sur ces mesures sont décrits dans la section intitulée « Tête », plus loin dans ce chapitre.) Si le bébé présente un modelage important du crâne ou une bosse sérosanguine, on reprend le périmètre crânien le deuxième jour après la naissance.

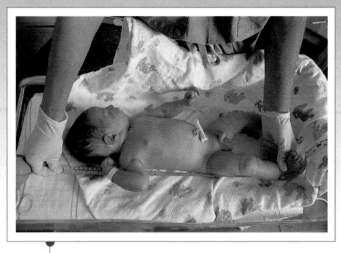

FIGURE 22-14 ▶ Mesure de la taille.

Le périmètre thoracique moyen est de 32 cm à la naissance. Pour le mesurer, on place le ruban sous les omoplates et on l'amène juste au-dessus des mamelons (figure 22-15B ▶). On peut mesurer en même temps le tour de taille en plaçant le ruban autour du bébé à la hauteur du nombril, le bord inférieur du ruban sur le bord supérieur du nombril. (Voir les *Points à retenir : Mesures chez le nouveau-né.*)

FIGURE 22-15 ▶ A. Mesure du périmètre crânien. B. Mesure du périmètre thoracique.

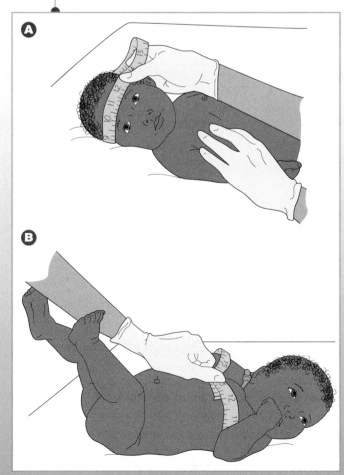

Points à retenir

Mesures chez le nouveau-né

Poids

Moyenne : 3 405 g

Limites normales : 2 500 à 4 000 g

Facteurs influant sur le poids : l'origine ethnique ainsi que l'âge et la taille de la mère

Perte de poids physiologique : 5 % à 10 % pour les bébés nés à terme ; jusqu'à 15 % pour les enfants prématurés

Croissance : 200 g par semaine pendant les 6 premiers mois

Taille

Moyenne : 50 cm

Limites normales : 48 à 53 cm

Croissance : 2,5 cm par mois pendant les 6 premiers mois

Périmètre crânien

32 à 36 cm

Plus long que le périmètre du thorax d'environ 2 cm

Périmètre thoracique

Moyenne : 32 cm

Limites normales : 30 à 35 cm

Température

La première prise de température est cruciale. Dans l'utérus, la température du fœtus est pratiquement identique à celle de la mère, voire un peu plus élevée. Au moment de la naissance, il arrive toutefois qu'elle baisse brusquement sous l'action des mécanismes de déperdition de chaleur cutanée.

Si on ne prend aucune mesure pour conserver la chaleur, la température centrale du bébé normal né à terme peut chuter de 0,1 °C par minute, et sa température cutanée, de 0,3 °C par minute. La température cutanée baisse considérablement après une exposition de 10 minutes à l'air ambiant. Habituellement, la température se stabilise 8 à 12 heures après la naissance. On doit la prendre à l'arrivée à la pouponnière, puis au moins toutes les 30 minutes jusqu'à sa stabilisation durant 2 heures. Par la suite, on la prend au moins une fois par quart de travail de huit heures ou selon le protocole en vigueur dans l'établissement (AAP et ACOG, 1997). (L'aspect physiologique de la régulation thermique est traité au chapitre 21.)

On peut prendre la température corporelle axillaire, cutanée (au moyen d'une sonde thermométrique), rectale ou tympanique. La température axillaire indique la température corporelle (centrale) et la réaction de compensation au milieu thermique. On recommande de prendre la température axillaire, qui est considérée comme une bonne approximation de la température rectale. Chez les bébés prématurés comme chez les enfants à terme, l'écart entre la température axillaire et la température rectale est inférieur à 0,1 °C. La température axillaire se prend en laissant le thermomètre sous l'aisselle pendant au moins trois minutes, sauf si on utilise un thermomètre électronique (figure 22-16 ▶). Elle se situe normalement entre 36,5 °C et 37,2 °C. Il faut toutefois se rappeler que la température axillaire peut être faussement élevée à cause de la proximité du tissu adipeux brun et des frictions entre la peau de la partie interne du bras et la partie supérieure de la paroi thoracique.

La sonde thermométrique est l'instrument le plus précis pour prendre la température cutanée, surtout chez les bébés de faible poids à la naissance ou que l'on a placés dans un incubateur ou dans un berceau à chaleur radiante. La température cutanée normale se situe entre 36 °C et 36,5 °C. La mesure continue de la température cutanée permet d'intervenir avant que la température centrale ne baisse trop (figure 22-17 ▶).

Normalement comprise entre 36,6 °C et 37,2 °C, la température rectale est celle qui se rapproche le plus de la température centrale, à condition que le thermomètre soit inséré à la bonne profondeur. On déconseille cependant les prises répétées de température rectale à cause des risques de perforation et d'irritation des muqueuses.

Dans plusieurs établissements, on utilise un thermomètre tympanique. Cet instrument est constitué d'une sonde portative dont on insère l'embout, couvert d'un capuchon jetable, dans le conduit auditif. Au moyen de rayons infrarouges, la sonde mesure en quelques secondes la température du sang qui circule dans l'artère carotide interne. Les études semblent indiquer que les températures tympanique et axillaire (prise à l'aide d'un thermomètre numérique) constituent de bonnes estimations de la température corporelle du nouveau-né en santé (Sganga et al., 2000). On semble toutefois mettre en doute la validité des températures tympaniques prises chez des nouveau-nés malades ou à risque (Sganga et al., 2000).

FIGURE 22-16 ▶ Température axillaire. Pour prendre la température axillaire, on laisse le thermomètre en place pendant trois minutes. On presse fermement, mais doucement le bras de l'enfant contre le thermomètre.

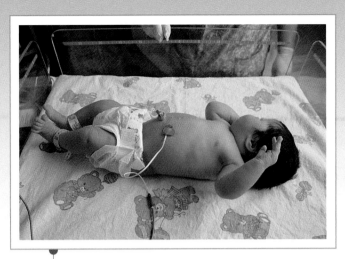

FIGURE 22-17 ▶ Mesure continue de la température cutanée. À l'aide de ruban poreux ou d'une éponge en mousse recouverte de papier d'aluminium, on fixe une sonde thermométrique sur l'abdomen du nouveau-né, sur le haut de la cuisse ou sur le bras.

Des écarts de température supérieurs à 1 °C ou une température en-dessous de la normale peuvent révéler une infection. Chez le nouveau-né, la fièvre indique aussi une déshydratation ou une exposition à une température trop élevée (trop de couvertures ou une pièce surchauffée), contrairement à ce qui se produit chez les enfants plus âgés. Une déshydratation accompagnée d'hyperthermie s'observe chez le nouveau-né, si on retarde, pour une raison ou pour une autre, le moment de son alimentation. Le bébé réagit à la chaleur excessive (température supérieure à 37,5 °C) par une plus grande agitation, suivie d'une perspiration, d'abord sur la tête et le visage, ensuite sur la poitrine. Le bébé étant souvent incapable de perspiration, sa fréquence respiratoire et sa fréquence cardiaque augmentent, ce qui accroît alors la consommation d'oxygène.

Caractéristiques de la peau du nouveau-né

La couleur de la peau varie selon le bagage génétique, mais tous les nouveau-nés en santé ont une peau rosée. La coloration rougeâtre est due à une forte concentration de globules rouges dans les vaisseaux sanguins et à la faible quantité de graisses sous-cutanées.

Comme la peau n'est que faiblement pigmentée au cours de la période néonatale, il est possible d'observer une altération de la couleur de la peau même chez les bébés à la peau foncée. Un nouveau-né cyanosé au repos et dont la peau n'est rose que lorsqu'il pleure peut souffrir d'*atrésie des choanes* (occlusion congénitale entre les fosses nasales et le pharynx). Des pleurs qui exacerbent la cyanose peuvent indiquer des problèmes cardiaques ou pulmonaires. Une grande pâleur est parfois causée par une anémie ou par l'hypovolémie (la diminution du volume sanguin entraîne une baisse de la tension artérielle). Ces manifestations justifient un examen plus approfondi.

Au cours des deux à six heures suivant la naissance, il arrive que le bébé présente une **acrocyanose** (coloration bleutée des mains et des pieds) (figure 22-18 ▶). Ce phénomène est dû à une mauvaise circulation périphérique responsable d'une instabilité vasomotrice et d'une stase capillaire. L'acrocyanose survient surtout après une exposition au froid. Si la circulation centrale est adéquate, l'irrigation sanguine revient rapidement après que l'on ait exercé une pression sur la peau avec le doigt. Chez le nouveau-né, la coloration bleutée des mains et des ongles n'est pas forcément un signe de mauvaise oxygénation. Une bonne oxygénation se voit plutôt par la teinte rosée du visage et des muqueuses.

Les **marbrures** (sortes de dentelle formée par des vaisseaux sanguins dilatés) proviennent des fluctuations de la circulation générale. Elles persistent de quelques heures à quelques semaines, ou apparaissent et disparaissent périodiquement. Les marbrures sont parfois associées à un refroidissement ou à une apnée prolongée.

Quelquefois, le nouveau-né présente le **syndrome d'arlequin**. Ce syndrome se manifeste par l'apparition d'une coloration rouge vif d'un seul côté du corps, de sorte que la peau, devenue bicolore, ressemble à un habit de clown. Ce changement de couleur provient d'une perturbation vasomotrice caractérisée par une dilatation des vaisseaux sanguins d'un côté du corps et leur contraction de l'autre côté. Le syndrome d'arlequin est passager – il dure habituellement de 1 à 20 minutes – et survient une seule fois ou à plusieurs reprises. Il n'a pas de signification clinique.

L'**ictère** apparaît d'abord sur le visage (aux endroits où la peau recouvre du cartilage) et sur les muqueuses de la bouche, puis il progresse vers le bas du corps (Moyer, Ahn et Sneed, 2000). Pour dépister un ictère, on fait pâlir, en appuyant avec le doigt, le bout du nez, le front, le sternum ou les gencives, sous un éclairage suffisant. En cas d'ictère, la peau devient jaunâtre immédiatement après avoir pâli, et la conjonctive prend

FIGURE 22-18 ▶ Acrocyanose.

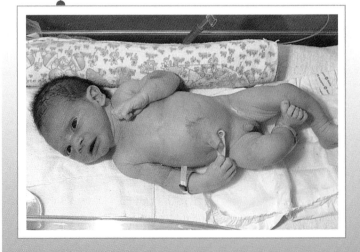

une coloration jaunâtre. Il est très important de dépister l'ictère et d'en déterminer la cause le plus tôt possible pour éviter les séquelles graves susceptibles de l'accompagner. On associe l'ictère à l'allaitement maternel (dans quelques cas), à des hématomes, à l'immaturité de la fonction hépatique ou à des ecchymoses causées par les forceps. Il peut aussi être causé par une incompatibilité sanguine, l'administration d'ocytocine (Syntocinon) ou une hémolyse grave. Si l'ictère apparaît durant les 24 heures suivant la naissance, on doit prévenir le médecin. On explique plus longuement au chapitre 26 les méthodes de dépistage.

L'**érythème allergique**, aussi appelé «rash du nouveauné», est une éruption périfolliculaire caractérisée par des papules ou des pustules blanches ou jaune pâle érythémateuses de 1 à 3 cm. On n'en connaît pas l'origine et aucun traitement n'est nécessaire. Selon certains médecins, il s'agirait d'une irritation causée par les vêtements. Il peut apparaître soudainement, la plupart du temps, sur le tronc et sur les régions en contact avec la couche, et il est souvent assez étendu (figure 22-19 ▶). On n'observe pas de lésions sur la paume des mains, ni sur la plante des pieds. L'érythème allergique se manifeste le plus souvent entre 24 et 48 heures après la naissance, rarement à la naissance ou après 5 jours. Les lésions disparaissent en quelques heures ou en quelques jours. En présence d'une éruption maculopapuleuse, on procède à un frottis du contenu d'une papule. S'il s'agit d'un érythème allergique, la coloration révèle la présence de nombreux éosinophiles et l'absence de bactéries.

Le **milium** se caractérise par des lésions cutanées bénignes constituées de petits kystes épidermiques formant des points blancs saillants sur le visage, surtout sur le nez (figure 22-20 ▶). Aucun traitement n'est nécessaire, car le milium disparaît spontanément au cours du premier mois. Les bébés d'origine africaine présentent parfois un trouble cutané similaire, appelé mélanose pustuleuse néonatale transitoire.

L'infirmière évalue l'**élasticité de la peau** pour vérifier l'hydratation du bébé et la présence d'une infection; l'élasticité

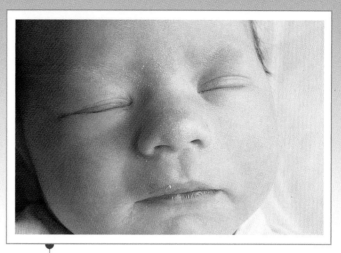

FIGURE 22-20 ▶ Milium.

de la peau indique également si une alimentation rapide est nécessaire. On la mesure habituellement au niveau de l'abdomen ou de la cuisse. L'infirmière pince, à l'aide de son pouce et de son index, une section où la peau est assez lâche pour former un pli cutané et elle la relâche aussitôt. Si elle est élastique, la peau reprend rapidement sa forme.

Le **vernix caseosa** est une substance blanchâtre et grasse qui recouvre le fœtus dans l'utérus et qui lubrifie la peau du nouveau-né. Chez les enfants à terme ou postmatures, le *vernix caseosa* est moins abondant; la peau est souvent sèche et la desquamation fréquente, surtout sur les mains et les pieds.

À la suite d'un accouchement par application de forceps, il arrive que le nouveau-né porte des **marques de forceps** et présente des rougeurs sur les joues ou la mâchoire. Il est important de rassurer les parents et de leur dire que ces marques disparaîtront, la plupart du temps, après un ou deux jours. Plus rarement, la compression exercée par les forceps cause une paralysie faciale transitoire. La ventouse obstétricale qu'on utilise parfois pour faciliter la sortie de la tête du fœtus peut aussi causer des marques, cette fois sur le sommet du crâne. Ces marques sont bénignes et n'indiquent aucunement la présence de lésions cérébrales sous-jacentes.

Nævus

Le **nævus télangiectasique** apparaît sous forme de points rose pâle ou rouges, souvent sur les paupières, sur le nez, sous l'occipital inférieur et sur la nuque (figure 22-21 ▶). Ce type de lésion est courant chez les bébés au teint clair et devient plus visible quand l'enfant pleure. Le nævus télangiectasique pâlit sous la pression du doigt, n'a pas d'importance clinique et disparaît habituellement avant l'âge de 2 ans.

Les **taches mongoliques** forment des zones maculaires de pigmentation bleu-noir ou gris-bleu, situées dans la région

FIGURE 22-19 ▶ Érythème allergique.

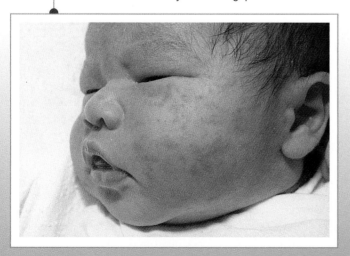

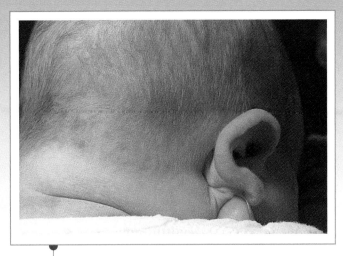

FIGURE 22-21 ▶ Nævus télangiectasique.

FIGURE 22-23 ▶ Nævus flammeus.

dorsale ou sur les fesses (figure 22-22 ▶). Elles sont fréquentes chez les bébés asiatiques et noirs ainsi que chez les enfants d'autres races à peau foncée. Les taches mongoliques disparaissent graduellement au cours de la première ou de la deuxième année de vie. Parfois prises pour des ecchymoses, les taches mongoliques doivent être inscrites dans le dossier de l'enfant.

Le **nævus flammeus** (tache de vin) est un angiome capillaire situé juste sous l'épiderme. Il s'agit d'une agglomération de capillaires, de couleur rouge à pourpre, non saillante et nettement délimitée (figure 22-23 ▶). Chez les bébés d'origine africaine, le nævus flammeus ressemble parfois à une tache de couleur violet-noir. De taille et de forme très variables, le nævus flammeus apparaît souvent sur le visage. Habituellement, il ne grossit pas, ne pâlit pas avec le temps et ne perd pas sa couleur sous la pression du doigt. Il se dissimule à l'aide de fond de teint opaque. Un nævus flammeus qui s'accompagne de convulsions et d'autres problèmes neurologiques peut

FIGURE 22-22 ▶ Tache mongolique.

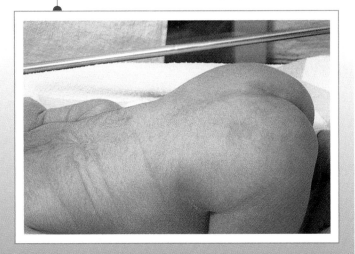

révéler la présence de la *maladie de Sturge-Weber*, qui affecte la cinquième paire de nerfs crâniens (branche ophtalmique du nerf trijumeau).

L'angiome tubéreux (ou **fraise**) est un hémangiome capillaire. Il se compose de capillaires élargis et nouvellement formés dans les couches dermiques et sous-dermiques. Il s'agit d'une lésion saillante, bien délimitée, de couleur rouge vif, dont la surface est rugueuse. On l'observe surtout sur la tête. En général, l'angiome tubéreux grossit (souvent rapidement) à partir de la 2e ou la 3e semaine après la naissance et atteint généralement sa taille maximale avant 1 à 3 mois (Rinehart *et al.*, 2000). Ensuite, il diminue progressivement et se résorbe spontanément quelques semaines ou quelques mois plus tard. On peut dire aux parents que la disparition de l'angiome est imminente si sa surface porte un point gris ou pourpre pâle. Sur le plan esthétique, il est préférable de le laisser se résorber spontanément.

Les nævus et autres taches de naissance inquiètent souvent les parents, et surtout la mère, qui peut éprouver de la culpabilité («Ai-je fait quelque chose qui a marqué mon bébé?») par manque d'information. Il est donc important de pouvoir reconnaître les différents nævus et d'expliquer aux parents en quoi ils consistent. En informant les parents sur la cause et l'évolution d'un nævus, l'infirmière apaise leurs craintes et leur anxiété. L'infirmière devrait consigner les ecchymoses, les écorchures ou les nævus qui se trouvent sur la peau du bébé, lors de son admission à la pouponnière.

Tête

Apparence générale

La tête du nouveau-né est volumineuse; elle représente environ le quart de la surface totale du corps. Les os qui la forment sont mous et flexibles. Dans les présentations du sommet, la tête peut sembler asymétrique. Cette asymétrie, appelée **modelage** du crâne, est due au chevauchement des os du crâne pendant le travail et l'accouchement (figure 22-24 ▶). L'ampleur du modelage dépend de la pression exercée sur le crâne durant l'accouchement. Habituellement, le chevauchement se résorbe après quelques jours, et les sutures deviennent palpables. Comme le modelage du crâne risque de la fausser, il est préférable de reprendre la mesure du périmètre crânien quelques jours après la naissance. Dans les cas de présentation du siège ou de césarienne élective, la tête est ronde et bien formée puisqu'elle n'a pas été comprimée pendant l'accouchement. Une tête beaucoup trop petite peut indiquer une microcéphalie, et une tête beaucoup trop grosse, une hydrocéphalie. Les variations de forme, de grosseur ou d'apparence de la tête peuvent être dues à une *craniosténose* (fermeture prématurée des sutures), qu'on doit corriger chirurgicalement pour permettre la croissance du cerveau, ou à une *plagiocéphalie* (asymétrie causée par une pression exercée pendant la gestation).

Le dessus du crâne du nouveau-né porte deux *fontanelles*. Les fontanelles sont des ouvertures palpables à la jonction des os du crâne. On peut les mesurer de façon précise en plaçant un doigt horizontalement, puis en mesurant en centimètres la partie du doigt qui les recouvre. Le bébé doit être calme et en position assise. La *fontanelle antérieure* (bregma), en forme de losange, mesure de 3 à 4 cm de long sur 2 à 3 cm de large. Elle se trouve à la jonction de l'os frontal et des deux os pariétaux. La *fontanelle postérieure* (lambda), triangulaire et plus petite (1 à 2 cm), se trouve entre les pariétaux et l'occipital. Immédiatement après la naissance, les fontanelles sont plus petites qu'elles ne le seront quelques jours plus tard, en raison du modelage. La fontanelle postérieure se ferme après 8 à 12 semaines, tandis que la fontanelle antérieure se referme après 12 et 18 mois.

Les fontanelles révèlent l'état du nouveau-né. Ainsi, la fontanelle antérieure peut pulser avec le cœur du bébé, ou se soulever quand il pleure ou défèque, ce qui est normal. Une fontanelle bombée indique habituellement une augmentation de la pression intracrânienne, alors qu'une fontanelle déprimée est un signe de déshydratation. On doit palper les sutures entre les os du crâne pour évaluer l'ampleur du chevauchement. Chez le nouveau-né qui accuse un retard de croissance, les sutures sont parfois plus larges que la normale, et les fontanelles peuvent aussi être plus larges à cause du retard de croissance des os crâniens. En plus d'évaluer l'ampleur du modelage et la dimension de la tête, l'infirmière doit déceler la présence d'œdème des tissus mous et de contusions.

Céphalhématome

Le **céphalhématome** est un épanchement de sang causé par la rupture de vaisseaux sanguins entre la surface d'un os crânien (la plupart du temps, le pariétal) et la membrane périostique (figure 22-25 ▶). La zone atteinte est lâche et légèrement œdémateuse au toucher. L'hématome se définit un ou deux jours après la naissance. La masse qu'il forme peut se déplacer sous une pression externe, mais les pleurs ne la font pas grossir. Le céphalhématome, toujours limité par des sutures, est unilatéral ou bilatéral. Assez fréquent dans les cas de présentation céphalique, il peut disparaître en deux ou trois semaines, ou se résorber très lentement en quelques mois. Il est parfois associé à l'ictère physiologique, parce que des globules rouges supplémentaires sont détruits dans le céphalhématome.

Bosse sérosanguine

La **bosse sérosanguine** est une zone molle, localisée et facilement reconnaissable. Elle est habituellement la conséquence d'un travail long et difficile ou d'une extraction par ventouse obstétricale. Dans le premier cas, la pression soutenue exercée par le col utérin sur les vaisseaux sanguins de la région crânienne provoque un ralentissement du retour veineux et une accumulation de liquide tissulaire, un œdème et, parfois, des saignements sous le cuir chevelu. La bosse est de grosseur variable : elle peut ne couvrir qu'une petite région ou, au contraire, allonger sensiblement la tête. La résorption du liquide contenu dans la bosse sérosanguine peut prendre de 12 heures à quelques jours. Lorsqu'il y a eu extraction par ventouse obstétricale, la bosse sérosanguine est circulaire et bien définie. Elle peut atteindre jusqu'à 2 cm d'épaisseur. Elle est plus longue à se résorber qu'un œdème de cause naturelle. Deux caractéristiques permettent de distinguer le céphalhématome de la bosse sérosanguine.

FIGURE 22-24 ▶ Le chevauchement des os du crâne forme une crête bien visible chez le prématuré de faible poids à la naissance. Chez le nouveau-né à terme, le chevauchement des os du crâne est rarement apparent.
Source : Korones, S. B. (1989). *High-Risk Newborn Infants*, 4ᵉ éd., St. Louis, Mosby.

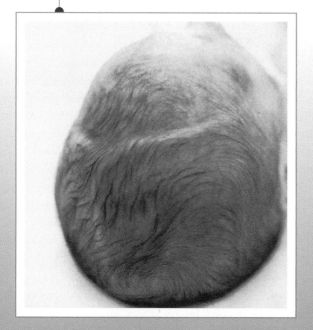

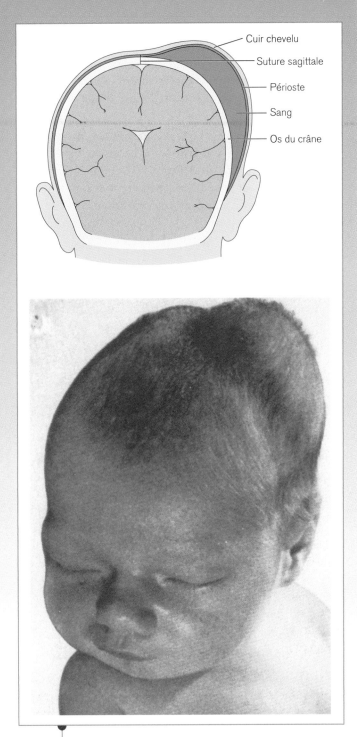

FIGURE 22-25 ▶ Le céphalhématome se caractérise par un épanchement de sang entre la surface d'un os crânien et sa membrane périostique. On voit ici un céphalhématome situé sur l'os pariétal gauche. *Source :* Potter, E. L., et J. M. Craig (1975). *Pathology of the fetus and infant*, 3ᵉ éd., Chicago, Year Book Medical Publishers. Reproduction autorisée.

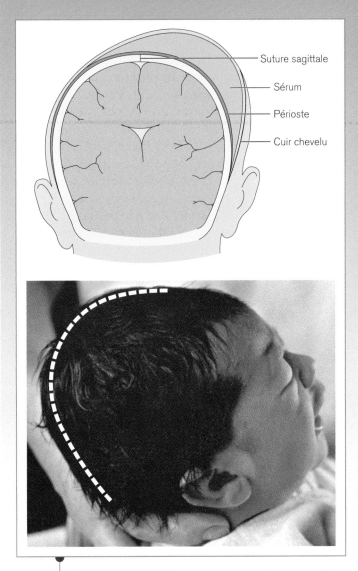

FIGURE 22-26 ▶ La bosse sérosanguine se caractérise par une accumulation de liquide séreux sous le cuir chevelu. *Source :* Photo reproduite avec la permission de Mead Johnson Laboratories, Evansville, IN.

Face

Le visage du nouveau-né est doté de certaines caractéristiques qui favorisent la succion : les joues contiennent des coussinets adipeux ; le centre de la lèvre supérieure présente souvent un nodule du succion ; le menton est rentré et le nez, aplati ; les lèvres sont sensibles au toucher ; le réflexe de succion est facile à provoquer.

L'examen du visage d'un nouveau-né comprend l'évaluation de la symétrie des yeux, du nez et des oreilles. On trouvera dans le *Guide d'évaluation physique du nouveau-né*, présenté aux pages 630-644, les différentes asymétries ainsi que les variations normales dans les dimensions, la forme et l'espacement des traits du visage.

L'infirmière évalue également la symétrie des mouvements faciaux pour déceler les paralysies faciales. Quand le bébé

Premièrement, la bosse sérosanguine franchit les lignes de suture (figure 22-26 ▶), tandis que le céphalhématome est toujours limité par les lignes de suture en raison de son siège. Deuxièmement, la bosse sérosanguine est présente à la naissance, alors que le céphalhématome ne l'est pas.

pleure, la paralysie faciale se manifeste par une immobilité du côté atteint et par un élargissement de la fente palpébrale (figure 22-27). Cette paralysie peut être due à l'utilisation de forceps ou à la compression du nerf facial par le bassin de la mère pendant l'accouchement. Habituellement, elle disparaît après quelques jours ou, au plus tard, après trois semaines. Dans certains cas, elle est permanente.

Yeux

Les yeux des nouveau-nés de race blanche sont bleu-gris ou bleu ardoise. La sclérotique est souvent bleutée, car elle est relativement mince. Une sclérotique bleue est associée à l'ostéogenèse imparfaite (Tappero et Honeyfield, 1996). Les yeux prennent habituellement leur couleur définitive vers l'âge de 3 mois, mais ils peuvent encore changer de couleur jusqu'à l'âge de 1 an. Les bébés au teint foncé ont souvent les yeux foncés à la naissance.

L'examen des yeux comprend une vérification de leur grosseur, de la symétrie du diamètre des pupilles, de la réaction des pupilles à la lumière et du réflexe de clignement à la lumière. On vérifie si la cornée est claire et brillante et on note aussi la présence d'un œdème ou d'une rougeur des paupières. Ces dernières sont souvent œdémateuses durant les premiers jours suivant la naissance à cause de la pression exercée durant l'accouchement.

Il est fréquent aujourd'hui d'instiller dans les yeux du bébé de l'érythromycine et de la tétracycline de manière prophylactique plutôt que du nitrate d'argent; ces agents causent habituellement peu d'irritation médicamenteuse et préviennent la conjonctivite due au gonocoque. L'instillation de nitrate d'argent dans les yeux du bébé risque d'entraîner un œdème; une **conjonctivite médicamenteuse** peut apparaître quelques heures après l'instillation, mais elle disparaît sans traitement après un ou deux jours. Si le bébé souffre d'une conjonctivite infectieuse, on observe la présence d'un écoulement purulent (jaune-vert) semblable à celui de la conjonctivite médicamenteuse, mais d'apparition un peu plus tardive, environ deux à trois jours après la naissance, ou plus tôt s'il y a eu une rupture prématurée des membranes. Les principales causes de la conjonctivite infectieuse sont le chlamydia, les gonocoques et les staphylocoques dorés. La conjonctivite infectieuse nécessite une antibiothérapie ophtalmique.

Environ 10% des nouveau-nés présentent une **hémorragie sous-conjonctivale** légère. Cette hémorragie est due aux variations de la tension vasculaire ou de la pression oculaire au cours de la naissance. Elle dure quelques semaines et n'a pas d'importance clinique. Il faut donc rassurer les parents et leur expliquer que les saignements sont superficiels et n'affecteront pas la vue du bébé.

Le nouveau-né présente parfois un strabisme transitoire en raison d'un mauvais contrôle neuromusculaire (figure 22-28). Ce strabisme se résorbe graduellement en trois ou quatre mois. Pendant une dizaine de jours après la naissance, on peut aussi observer le «phénomène des yeux de poupée», au cours duquel les yeux se déplacent vers la droite quand la tête tourne vers la gauche et vice versa. Ce phénomène est dû à une mauvaise coordination des yeux et de la tête.

FIGURE 22-27) Paralysie faciale du côté droit du visage due à une lésion du nerf facial droit. *Source:* Potter, E. L., et J. M. Craig (1975). *Pathology of the fetus and infant*, 3e éd., Chicago, Year Book Medical Publishers. Photo reproduite avec la permission du Dr Ralph Platow.

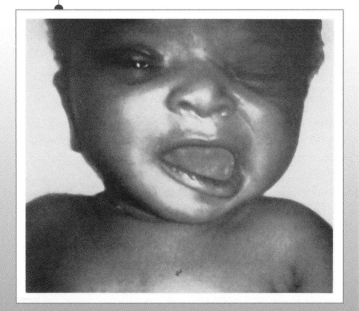

FIGURE 22-28) Le nouveau-né peut présenter un strabisme transitoire à cause d'un faible contrôle neuromusculaire. *Source:* Photo reproduite avec la permission de Mead Johnson Laboratories, Evansville, IN.

L'infirmière doit également examiner les pupilles du nouveau-né pour y déceler des opacités, des zones blanches ou l'absence de reflet rétinien. Le reflet rétinien est une lueur rouge orangé observée dans le fond de l'œil, quand celui-ci est éclairé. Chez le nouveau-né à la peau foncée, la rétine peut sembler pâle ou grisâtre. L'absence de reflet rétinien est associée à la présence de cataractes, fréquentes chez le bébé dont la mère a souffert pendant la grossesse de la rubéole, d'une infection à cytomégalovirus ou de la syphilis.

Les pleurs du nouveau-né ne s'accompagnent généralement pas de larmes, car les structures lacrymales sont immatures à la naissance et ne deviennent pleinement fonctionnelles que deux mois après la naissance. Toutefois, certains bébés produisent des larmes dès la période néonatale. Même si le manque de coordination oculomotrice et l'absence d'accommodation restreignent ses facultés visuelles, le nouveau-né dispose d'une vision périphérique. Il peut fixer brièvement les objets proches de son visage (25 à 35 cm); il est capable d'accommodation à de gros objets (4,5 cm sur 4,5 cm) et peut suivre des yeux des formes géométriques de couleurs contrastées. Le nouveau-né perçoit les visages, les formes et les couleurs, et il manifeste très tôt ses préférences visuelles. Des recherches ont démontré qu'il possède une acuité visuelle de 6/120 (20/400) (Reed et Davidhizar, 1997). Il cligne des yeux en réaction à une lumière vive, à un tapotement sur l'arête du nez (réflexe de la glabelle) ou à l'effleurement de ses paupières. Le réflexe pupillaire à la lumière est aussi présent. Pour faire un bon examen des yeux, on peut tenir l'enfant dans ses bras et le faire passer doucement de la position horizontale à la position verticale à quelques reprises, ou lui faire ouvrir les yeux par une autre méthode (en réduisant l'éclairage venant du plafond, par exemple).

Nez

Le nez du nouveau-né est petit et étroit. Pendant les premiers mois, l'enfant ne respire que par le nez et se débarrasse généralement des obstructions en éternuant. Il a une bonne perméabilité nasale s'il respire bien la bouche fermée. Si un bébé a des difficultés respiratoires, l'infirmière doit s'assurer qu'il ne souffre pas d'une atrésie des choanes.

Une fois que ses voies nasales sont débarrassées du liquide amniotique et du mucus, le nouveau-né perçoit les odeurs. À preuve, l'odeur du lait lui fait tourner invariablement la tête vers le sein ou le biberon. Le nouveau-né réagit aussi aux odeurs fortes, telles que celle de l'alcool, en détournant la tête ou en clignant des yeux.

Bouche

Normalement, les lèvres du nouveau-né sont roses et réagissent au toucher par des mouvements de succion. Habituellement,

le bébé produit très peu de salive. Comme ses papilles gustatives se développent avant la naissance, il différencie déjà très bien le goût sucré du goût amer.

Pour faciliter l'examen complet de la bouche du nouveau-né, on le fait pleurer en lui abaissant doucement la langue avec le doigt pour qu'il ouvre grand la bouche. Il est extrêmement important de procéder à l'examen de toute la bouche pour déceler une éventuelle fissure palatine, qui peut exister même en l'absence d'une fissure labiale (Thurdeen *et al.*, 1999) (figure 22-29 ▶).

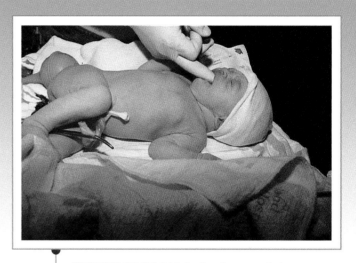

FIGURE 22-29 ▶ L'infirmière insère un index ganté dans la bouche du nouveau-né pour déceler les fissures dans le voile du palais et la voûte palatine.
Note: L'infirmière doit toujours porter des gants.

L'examen des gencives révèle parfois la présence de *dents précoces* sur la mâchoire inférieure, là où sort l'incisive centrale. Si ces dents sont lâches, le médecin les enlèvera pour éviter que l'enfant ne les aspire. Il arrive également que les gencives présentent de petits nodules gris-blanc (*kystes d'inclusion*), qu'il ne faut pas confondre avec des dents. Les **kystes gingivaux**, aussi appelés **perles d'Epstein**, sont fréquents. Ce sont de petites surélévations blanches et brillantes contenant de la kératine qui apparaissent sur la voûte palatine et le bord des gencives. Ils sont anodins et se résorbent habituellement après quelques semaines. L'examen de la bouche permet aussi de constater la présence de **muguet**. Il s'agit de plaques blanches qui ressemblent à du lait caillé et qui adhèrent aux muqueuses. Des saignements se produisent si on les détache. Le muguet est causé par un champignon, *Candida albicans,* et peut être transmis par une mère infectée lors d'un accouchement par voie vaginale ou par des mains contaminées. On traite le muguet à l'aide d'une préparation de nystatine (Mycostatin).

L'examen de la bouche révèle parfois une *ankyloglossie.* Cette anomalie se caractérise par un raccourcissement plus ou moins prononcé du frein de la langue qui donne au bout de la langue une forme en cœur. Il est déconseillé de tailler la langue, ou de couper le frein, car l'ankyloglossie n'affecte ni l'élocution ni la mastication, tandis que le sectionnement du frein ouvre la porte aux infections.

La paralysie faciale transitoire causée par un traumatisme lors de la naissance peut se manifester par des mouvements asymétriques de la bouche, quand le nouveau-né pleure, ou par des difficultés de succion et d'alimentation.

Oreilles

Les oreilles du nouveau-né, molles et flexibles, devraient reprendre leur forme rapidement après avoir été pliées. Chez le bébé normal, le pavillon de l'oreille est parallèle aux canthus externe et interne de l'œil. On examine les oreilles pour évaluer leur forme, leur grosseur, leur position et la fermeté du cartilage. Des *oreilles implantées bas* sont caractéristiques de plusieurs syndromes et peuvent indiquer une aberration chromosomique (les trisomies 13, 18 et 21), une arriération mentale ou des anomalies des organes internes, notamment l'agénésie rénale bilatérale causée par un arrêt partiel du développement embryonnaire (figure 22-30 ▶).

L'ouïe du nouveau-né s'affine après les premiers pleurs, car les mucosités de l'oreille moyenne se résorbent. La trompe d'Eustache se dégage et la membrane du tympan devient visible. Pour évaluer l'ouïe du nouveau-né, l'infirmière observe sa réaction à des bruits forts ou modérément forts, mais exempts de vibrations. Les bruits rapprochés devraient faire sursauter le bébé endormi ou le réveiller. (Ce test n'est pas très précis, mais il peut indiquer la présence d'un problème.) Le nouveau-né est capable de distinguer les caractéristiques individuelles de la voix humaine, et il est particulièrement sensible aux sons de même intensité que la voix conversationnelle (Sininger, Doyle

et Moore, 1999). Le nouveau-né installé dans une pouponnière bruyante s'habitue aux sons et ne sursaute qu'en réaction à un bruit soudain ou plus fort qu'à l'accoutumée.

Cou   *Réflexe de de préhension*

Habituellement, le cou du nouveau-né normal est court et plissé. Le tonus musculaire étant peu développé, le cou ne peut supporter tout le poids de la tête, laquelle pivote librement. Quand le bébé passe de la position couchée sur le dos à la position assise, il arrive à maintenir sa tête dans l'axe du tronc pendant quelques secondes. De plus, quand il est couché sur le ventre, il lève un peu la tête. Il faut palper le cou pour déceler la présence de masses et de ganglions lymphatiques. On vérifie également si le cou est palmé (présence de plis cutanés au niveau de la nuque). Pour déterminer si l'amplitude des mouvements et la fonction musculaire du cou sont adéquates, on mobilise la tête dans toutes les directions. Une raideur peut indiquer une lésion du muscle sternomastoïdien (torticolis congénital).

L'infirmière procède également à un examen des clavicules pour déceler les fractures qui surviennent occasionnellement à la suite d'un accouchement difficile ou chez les bébés possédant de larges épaules. Normalement, la clavicule est droite. S'il y a fracture, la palpation révèle une bosse et une crépitation. De plus, seul le côté non fracturé répond à la stimulation du réflexe de Moro (p. 627), et le mouvement de bras est inégal.

Thorax

À la naissance, le thorax est cylindrique et les côtes, flexibles. On doit d'abord évaluer l'apparence générale de la poitrine. Souvent, chez le nouveau-né, l'*appendice xiphoïde* est visible sous la forme d'une protrusion sous-cutanée située sur la partie inférieure du sternum. Il deviendra moins visible quelques semaines après la naissance par suite de l'accumulation de tissu adipeux.

L'engorgement mammaire est fréquent, tant chez les garçons que chez les filles. Il se manifeste avant le troisième jour et peut durer jusqu'à deux semaines. Il est dû à l'influence des hormones maternelles (figure 22-31 ▶). Les mamelons laissent parfois exsuder un écoulement blanchâtre. On évite de masser ou de presser les seins du bébé pour ne pas provoquer un abcès. On note parfois la présence de *mamelons surnuméraires* sous les vrais mamelons ou vis-à-vis de ceux-ci, sous la forme de taches roses (brunes chez le nouveau-né à la peau foncée). Ces taches anodines de différentes grosseurs ne contiennent pas de tissu glandulaire. Pour distinguer un mamelon accessoire d'un nævus pigmentaire, on étire latéralement le tissu adjacent du bout des doigts ; le mamelon accessoire forme alors une fossette. Il peut devenir plus foncé au moment de la puberté.

FIGURE 22-30 ▶ Pour évaluer la position de l'oreille externe, on trace une ligne imaginaire des canthus interne et externe au sommet de l'oreille. **A.** Position normale. **B.** Implantation basse de l'oreille. *Source :* Photo reproduite avec la permission de Mead Johnson Laboratories, Evansville, IN.

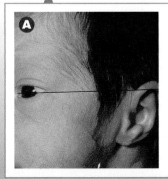
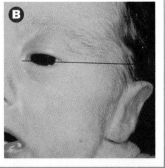

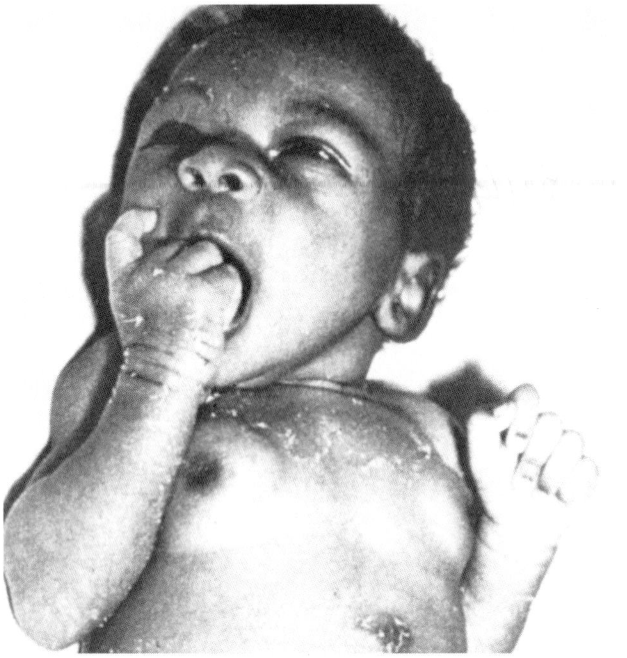

FIGURE 22-31 ▶ Engorgement mammaire. *Source:*
Korones, S. B. (1986). *High-risk newborn infants*, 4ᵉ éd., St. Louis, Mosby.

Pleurs

Les pleurs du nouveau-né sont normalement forts et vigoureux, ni trop aigus ni trop graves. Un cri perçant et aigu est
anormal et peut être un signe de troubles neurologiques. Les
pleurs constituent un important moyen de communication, car
ils signalent les changements dans l'état du bébé et ses besoins.

Respiration

Normalement, la respiration du nouveau-né à terme est surtout diaphragmatique et s'accompagne du soulèvement de
l'abdomen à l'inspiration et de son abaissement à l'expiration.
Le nouveau-né a généralement de 30 à 60 respirations par
minute. L'infirmière doit noter tous les signes de détresse respiratoire: battement des ailes du nez, tirage xiphoïde ou intercostal, geignement ou soupir à l'expiration, asynchronisme,
balancement thoraco-abdominal et tachypnée (fréquence respiratoire supérieure à 60 respirations par minute). Elle vérifie
également s'il y a hyperextension (aspect élevé) ou hypoexten-
sion (aspect abaissé) du diamètre antéropostérieur du thorax.

On ausculte le thorax du côté antérieur et du côté postérieur. Certains murmures vésiculaires se perçoivent mieux
quand l'enfant pleure, mais ils sont généralement difficiles à
localiser et à reconnaître chez le nouveau-né. Les bruits des voies
respiratoires supérieures ou les bruits intestinaux perturbent
parfois l'auscultation. Il est difficile d'identifier les zones où
les murmures sont atténués ou absents, car les murmures se

transmettent d'un poumon à l'autre. L'inspiration est parfois
bruyante au cours des premières heures de vie, jusqu'à ce que
le liquide pulmonaire soit expulsé, surtout chez les bébés nés
par césarienne. De courtes périodes d'apnée surviennent occasionnellement. Toutefois, chez le nouveau-né à terme bien
portant, ces arrêts plus ou moins prolongés de la respiration ne
provoquent pas de changements de couleur de la peau et
n'altèrent pas la fréquence cardiaque.

Cœur

Chez le nouveau-né, la fréquence cardiaque fluctue beaucoup,
surtout lorsque le bébé bouge ou sursaute; elle peut atteindre
alors 180 battements par minute. Elle se situe normalement
entre 120 et 160 battements par minute. L'infirmière note la
fréquence, le rythme et l'amplitude cardiaques, la position du
choc apexien et l'intensité des bruits du cœur. Les arythmies
doivent être signalées au médecin.

La fréquence du pouls est variable. Elle dépend de l'activité physique, des pleurs, du degré d'éveil et de la température
corporelle. On doit ausculter toute la région du cœur (région
précordiale), sous l'aisselle gauche et sous les omoplates. On
prend également le pouls apexien par auscultation pendant
une minute, de préférence au cours du sommeil.

La position du cœur doit être déterminée pendant que le
bébé est au repos. Relativement gros à la naissance, le cœur se
situe haut dans la poitrine, et son apex se trouve quelque part
entre le troisième et le quatrième espace intercostal. Le déplacement latéral des bruits médiastinaux peut indiquer un pneumothorax, une dextrocardie (cœur dans l'hémithorax droit) ou
une hernie diaphragmatique. À l'aide d'un stéthoscope, l'infirmière expérimentée arrive à identifier rapidement ces affections ainsi que beaucoup d'autres.

Normalement, les battements cardiaques font «toc-tic».
Un bruit indistinct ou un frémissement (le plus souvent après
le premier bruit du cœur) traduisent habituellement la présence
d'un *souffle*. Même si 90 % des souffles sont transitoires et considérés comme normaux, le médecin doit garder en observation
le bébé qui en présente. Dans de nombreux cas, les souffles
sont associés à une persistance du canal artériel, lequel se
referme un ou deux jours après la naissance. Chez le nouveau-
né, il est assez courant de percevoir un souffle musical de
timbre grave juste à droite de la pointe du cœur. Occasionnellement, on perçoit un souffle plus bruyant dû à une persistance du canal artériel, à une sténose pulmonaire ou aortique,
ou à une légère communication interventriculaire. (Les cardiopathies congénitales sont traitées au chapitre 25.)

On doit aussi prendre les pouls périphériques (brachial,
fémoral et pédieux) afin de déceler les arythmies et autres anomalies. On prend d'abord le pouls brachial des deux côtés pour
vérifier s'il y a concordance, puis on le compare avec le pouls
fémoral. Pour prendre le pouls fémoral, on presse légèrement

avec le majeur sur le canal fémoral (figure 22-32 ▶). L'absence ou la faiblesse du pouls fémoral peut indiquer une coarctation de l'aorte et exige un examen plus approfondi. La coarctation de l'aorte se manifeste également par un écart important entre la tension artérielle des membres inférieurs et celle des membres supérieurs.

Pour prendre la tension artérielle, on utilisera de préférence la méthode Doppler ou un brassard de 2,5 à 5 cm avec un stéthoscope placé sur l'artère brachiale (figure 22-33 ▶). Si on utilise la méthode Doppler, il faut immobiliser les membres du nouveau-né durant l'examen ; le brassard doit couvrir les deux tiers de la partie supérieure du bras ou de la jambe. Les mouvements, les pleurs et un brassard trop grand ou trop petit risquent de fausser la mesure de la tension artérielle.

On ne prend pas régulièrement la tension artérielle chez le nouveau-né bien portant, mais il est préférable de le faire si

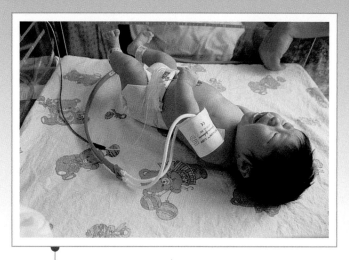

FIGURE 22-33 ▶ Mesure de la tension artérielle à l'aide de la méthode Doppler. On peut appliquer le brassard sur le haut de la cuisse ou du bras.

FIGURE 22-32 ▶ A. Palpation bilatérale des artères fémorales visant à vérifier la fréquence et l'amplitude des pouls. On appuie doucement sur l'aine avec l'index, tel qu'illustré. **B.** Palpation simultanée des pouls fémoral et brachial visant à comparer leur fréquence et leur amplitude.

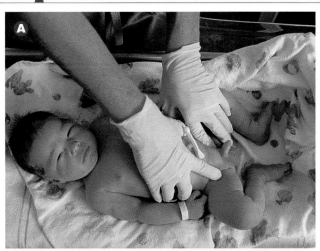

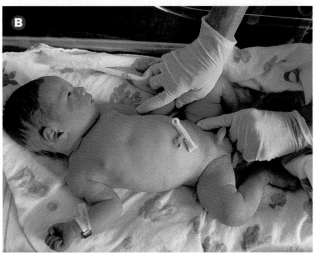

le bébé souffre de détresse respiratoire, s'il est prématuré ou si on soupçonne une anomalie cardiaque. La tension artérielle systolique et diastolique d'un nouveau-né qui a souffert d'asphyxie à la naissance et qui respire à l'aide d'un ventilateur est beaucoup plus basse que celle d'un bébé en santé. La tension artérielle doit être prise aux quatre membres si on soupçonne une anomalie cardiaque (voir les *Points à retenir : Signes vitaux du nouveau-né*).

> **Conseil pratique**
>
> La mesure des signes vitaux étant plus précise chez le nouveau-né au repos, il est préférable de mesurer le pouls et la respiration une première fois lorsque le bébé est calme. Pour consoler un bébé qui pleure, essayez le truc suivant : placez un doigt ganté mouillé dans la bouche du bébé, puis poursuivez votre évaluation pendant que l'enfant suce votre doigt.

Abdomen

L'infirmière peut procéder à un examen de l'abdomen sans même déranger l'enfant. L'abdomen du bébé est cylindrique et légèrement saillant, et les muscles abdominaux sont légèrement relâchés. Une forme scaphoïde (profil creux) peut indiquer une absence de contenu gastrique. L'abdomen du bébé normal ne présente pas de cyanose, et les vaisseaux sanguins ne sont pas apparents ; il n'est pas très distendu ni saillant. Sous l'effet de la distension abdominale, la peau s'étire et laisse apparaître des vaisseaux engorgés. La distension abdominale est l'un des premiers signes de nombreuses anomalies des voies gastro-intestinales.

La palpation entraîne parfois une diminution ou une augmentation temporaire de l'intensité des bruits intestinaux. Aussi, avant de palper l'abdomen, on doit établir si ces bruits sont présents ou absents. Les bruits intestinaux sont audibles une heure après la naissance.

La palpation des quatre quadrants abdominaux doit être effectuée systématiquement, dans le sens des aiguilles d'une montre, afin de déceler les masses, les régions sensibles ou les ramollissements.

Cordon ombilical

À la naissance, le cordon ombilical est blanc et d'apparence gélatineuse. Les deux artères ombilicales et la veine ombilicale sont apparentes. La présence d'une seule artère ombilicale étant souvent associée à des anomalies congénitales, on doit compter les vaisseaux ombilicaux lors de l'examen. Le cordon ombilical commence à se dessécher une à deux heures après la naissance, puis il se racornit et noircit après deux ou trois jours. Il tombe entre 7 et 21 jours après la naissance, mais la région peut rester granulée pendant quelques jours.

Les saignements du cordon sont anormaux et peuvent être imputables à une lésion causée par inadvertance ou à un relâchement du clamp. Un écoulement de liquide nauséabond est également anormal. Il est habituellement dû à une infection, qui doit être traitée immédiatement pour éviter une septicémie. Quand la perméabilité de l'ouraque persiste (communication anormale entre la vessie et l'ombilic), on constate parfois une moiteur ou un écoulement d'urine à la base du cordon.

Un écoulement séreux ou sérosanguinolent qui persiste après la chute du cordon peut indiquer la présence d'un granulome. Il s'agit d'un petite tumeur rouge située au fond du nombril. Le médecin cautérise la tumeur avec du nitrate d'argent (O'Donnell, Glick et Cory, 1998).

Organes génitaux

Nouveau-né de sexe féminin

L'évaluation des organes génitaux des nouveau-nés de sexe féminin comprend l'examen des grandes lèvres, des petites lèvres et du clitoris, ainsi que la mesure de leurs dimensions en fonction de l'âge gestationnel. Souvent, on observe la présence d'un acrochordon vaginal ou hyménéal. Ces lésions disparaissent habituellement après quelques semaines. Au cours de la première semaine, on note parfois un écoulement vaginal qui est constitué d'un épais mucus blanchâtre, parfois teinté de sang. Cet écoulement, appelé **pseudomenstruation**, est causé par le retrait des hormones maternelles. Fréquemment, les lèvres cachent une substance blanche de consistance molle, appelée smegma ; l'enlever peut léser les tissus fragiles sous-jacents.

Nouveau-né de sexe masculin

Chez le bébé de sexe masculin, on examine le pénis afin de vérifier si le méat urinaire est bien placé. On appelle *hypospadias* une anomalie de position du méat urinaire, caractérisée par l'ouverture de l'urètre sur la face inférieure du pénis. Cette malformation est plus fréquente chez les enfants de race blanche. Le *phimosis* est une anomalie courante, caractérisée par un rétrécissement du prépuce qui ne peut être rétracté. Comme le phimosis peut gêner la miction, on vérifiera si le jet urinaire est adéquat.

L'infirmière doit aussi évaluer le volume et la symétrie du scrotum, puis le palper pour vérifier si les testicules sont présents et éliminer la possibilité d'une *cryptorchidie* (descente incomplète des testicules). On palpe les testicules l'un après l'autre entre le pouce et l'index, et on place le pouce et l'index de l'autre main ensemble sur le canal inguinal. Dans les cas de présentation du siège, il est fréquent d'observer, chez les bébés, un œdème et une décoloration du scrotum. L'*hydrocèle* (une accumulation de liquide autour des testicules) est courante chez les nouveau-nés, et il est important de la dépister. En général, elle se résorbe sans intervention. La présence d'un scrotum décoloré ou empourpré et d'un testicule dur peut être un signe de torsion du testicule (Juretschke, 2000).

Anus

L'infirmière examine la région anale afin de s'assurer que l'anus n'est pas obstrué et qu'il n'y a pas de fissures. Elle peut éliminer par simple observation l'imperforation de l'anus ou l'atrésie rectale. Au besoin, on procède à un toucher rectal. L'infirmière note également la première émission de méconium. S'il n'y a eu aucune excrétion de méconium 24 heures après la naissance, on doit considérer la possibilité d'une obstruction par atrésie des voies gastro-intestinales ou d'un iléus méconial.

Membres

L'infirmière examine les membres du nouveau-né pour évaluer l'amplitude des mouvements et pour déceler les malformations importantes, comme les doigts ou les orteils surnuméraires ou palmés, ou encore un pied bot. Les membres du nouveau-né normal semblent courts; ils sont habituellement flexibles et bougent de façon symétrique.

> ### Conseil pratique
>
> Si le nouveau-né que vous examinez résiste à la mobilisation d'un membre, faites un examen plus poussé. Les fractures sont souvent asymptomatiques chez le nouveau-né, et les lésions paralytiques se caractérisent par l'immobilité d'un membre.

Bras et mains

Chez le nouveau-né à terme, les ongles arrivent au bout des doigts. On comptera d'abord les doigts et les orteils. La *polydactylie* se caractérise par la présence de doigts ou d'orteils surnuméraires. La syndactylie consiste en une fusion des doigts ou des orteils. On doit aussi vérifier si les plis palmaires sont normaux. Chez le bébé atteint du syndrome de Down, on constate souvent la présence d'un seul pli palmaire, appelé *pli simien* (voir le chapitre 5, figure 5-16).

La *paralysie brachiale* est une paralysie partielle ou totale de différentes parties du bras, consécutive à un traumatisme du plexus brachial survenu au cours d'un accouchement difficile. Elle se produit souvent quand on exerce une forte traction sur la tête pour faire sortir une épaule bloquée derrière la symphyse pubienne. Elle peut également survenir, dans les cas de présentation du siège, quand on exerce une traction pour dégager un bras bloqué au-dessus de la tête.

La partie atteinte varie selon le siège de la lésion nerveuse. Dans la **paralysie de Duchenne-Erb**, la plus courante des paralysies brachiales, la lésion se situe au niveau de la partie supérieure du plexus brachial (C5, C6), et les parties atteintes sont les muscles de l'épaule et du coude. Plus rare, l'atteinte de la partie inférieure du plexus brachial (C7, C8 et D1) affecte les muscles de l'avant-bras et de la main. Une atteinte de tout le bras est attribuable à une lésion du plexus entier.

Le bras du nouveau-né qui souffre de paralysie de Duchenne-Erb est inerte; le coude est en extension et l'avant-bras, en pronation. L'enfant est incapable de lever le bras, et on ne peut provoquer le réflexe de Moro du côté atteint

(figure 22-34 ▶). La lésion de l'avant-bras cause une paralysie de la main et du poignet, tandis que l'atteinte du bras entier entraîne une paralysie complète de ce membre.

L'infirmière doit enseigner aux parents comment effectuer les exercices d'amplitude passifs (afin de prévenir les contractures et de rétablir la fonction de la partie atteinte). Elle doit prévoir quelques séances durant lesquelles les parents peuvent s'exercer sous sa surveillance. Dans les cas plus graves, il est indiqué de placer une attelle jusqu'à ce que l'œdème diminue. On immobilise le bras en abduction et en rotation externe, le coude fléchi à 90°.

Si l'atteinte est bénigne (la lésion nerveuse provoquée par le trauma et l'hémorragie à l'intérieur de la gaine du nerf est minime), le rétablissement se fait en quelques mois. Un suivi orthopédique doit être prévu dans tous les cas, car il est possible que des problèmes touchant le cartilage de conjugaison surviennent beaucoup plus tard. S'il s'agit d'une lésion de gravité moyenne, une paralysie partielle peut subsister. Enfin, dans le cas d'une lésion grave, le pronostic est médiocre, et une atrophie musculaire risque de survenir.

Jambes et pieds

Les jambes du nouveau-né doivent être d'égale longueur et présenter des plis cutanés symétriques. La **manœuvre d'Ortolani** permet de dépister une luxation congénitale de la hanche, alors que la **manœuvre de Barlow** sert à découvrir une instabilité de la hanche, sans qu'il y ait nécessairement une luxation. Lorsqu'on exécute ces manœuvres, le bébé doit être calme. L'examinateur le couche sur le dos et place les

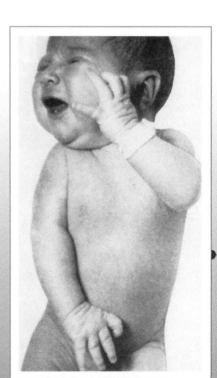

FIGURE 22-34 ▶
Paralysie de Duchenne-Erb consécutive à une lésion des cinquième et sixième racines cervicales du plexus brachial. *Source:* Potter, E. L., et J. M. Craig (1975). *Pathology of the fetus and infant*, 3ᵉ éd., Chicago, Year Book Medical Publishers. Reproduction autorisée.

hanches et les genoux selon un angle de 90° (figure 22-35 ▶). En présence d'une subluxation ou d'une luxation congénitale de la hanche, il est impossible de faire une abduction complète de la cuisse atteinte (signe d'Ortolani). De plus, lorsque la hanche est luxée, l'abduction et la rotation externe du fémur peuvent provoquer un «ploc» audible ou un ressaut palpable, lorsque la tête fémorale réintègre l'acétabulum. Il faut noter qu'une luxation, qu'elle soit partielle ou complète, peut passer inaperçue à la naissance. Aussi, l'infirmière doit rappeler aux parents qu'il faut faire examiner leur enfant périodiquement durant la première année.

L'infirmière procède ensuite à l'examen des pieds pour déceler les signes de pied bot. À cause de la position qu'il occupe dans l'utérus, le nouveau-né a souvent les pieds tournés vers l'intérieur (figure 22-36 ▶). Ces pieds bots sont transitoires et, si les pieds reprennent facilement leur position droite par simple manipulation, il n'y a pas lieu d'entreprendre de traitement. Il suffit à l'infirmière d'enseigner aux parents les exercices d'amplitude nécessaires. Par contre, s'il est impossible ou difficile de replacer les pieds en position droite, il s'agit d'un vrai pied bot (pied varus équin), et un examen plus approfondi est indiqué.

FIGURE 22-35 ▶ A. Luxation congénitale de la hanche droite, évidente au premier coup d'œil. **B.** Manœuvre de Barlow. On saisit la cuisse du bébé et on exerce une adduction avec une légère pression vers le bas. On sent la luxation quand la tête du fémur glisse de l'acétabulum. **C.** Dans la manœuvre d'Ortolani, on exerce une pression vers le bas sur la hanche, puis une rotation vers l'intérieur (mouvement d'abduction). S'il y a luxation, on peut sentir un ressaut et entendre un «ploc» lorsque la tête du fémur réintègre l'acétabulum (signe d'Ortolani).

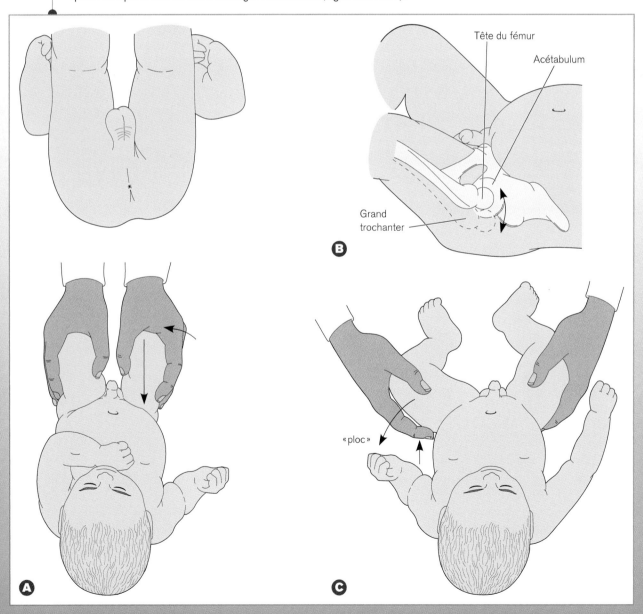

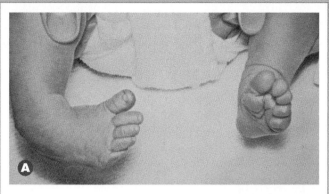

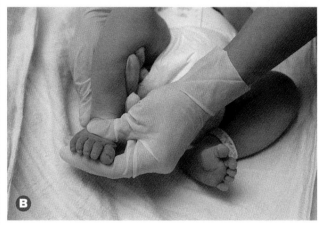

FIGURE 22-36 ▶ **A.** Pied bot varus équin unilatéral.
B. Un vrai pied bot offre une résistance quand
on le déplace vers la ligne médiane.

Dos

L'examen du dos se fait en décubitus ventral. La colonne vertébrale doit avoir une apparence droite et plane, car les courbures lombaires et sacrées ne se forment que lorsque l'enfant commence à s'asseoir. On examine ensuite la base de la colonne pour dépister la présence d'un sinus dermique. On observe parfois à la base de la colonne un nævus pileux ; il s'agit d'un signe important, souvent relié au spina bifida. La présence d'un sinus pilonidal requiert un examen plus approfondi afin de s'assurer qu'il n'est pas relié au canal vertébral.

Examen neurologique

L'examen neurologique commence par une période d'observation au cours de laquelle on note les caractéristiques physiques et comportementales générales de l'enfant, notamment son *état de conscience*, sa *position au repos*, ses *pleurs*, ainsi que la *qualité du tonus musculaire et de l'activité motrice*.

Habituellement, les quatre membres sont partiellement fléchis et les jambes, en abduction vers l'abdomen. Quand le nouveau-né est éveillé, les membres exécutent des mouvement bilatéraux, non coordonnés et involontaires. Si ces mouvements sont absents, insuffisants ou très asymétriques, on peut soupçonner une dysfonction neurologique. On observe des mouvements oculaires dès les premiers jours suivant la naissance. À l'état d'éveil paisible, le nouveau-né est capable de fixer les visages et les objets de couleur vive. Si on dirige une lumière forte dans ses yeux, on provoque une réaction de clignement.

Pour évaluer le tonus musculaire, l'infirmière place la tête de l'enfant en position neutre et procède à des mobilisations passives des différentes parties du corps. Le nouveau-né étant quelque peu hypertonique, on doit sentir une résistance à l'extension dans l'articulation du coude et du genou. Le tonus musculaire doit être symétrique. Un examen plus approfondi est indiqué dans les cas de faible tonus musculaire ou de flaccidité.

Les tremblements sont assez courants chez le nouveau-né à terme, mais on doit les évaluer pour s'assurer qu'il ne s'agit pas de convulsions. De légers sursauts musculaires indiquent quelquefois un trouble du système nerveux central et exigent un examen détaillé. Les tremblements accompagnent également l'hypoglycémie ou l'hypocalcémie. Chez le nouveau-né dont le système nerveux central est immature, il arrive que les convulsions se manifestent seulement par des mouvements de mastication ou de déglutition, des déviations oculaires, de la raideur ou de la flaccidité.

Il est possible de provoquer des réflexes ostéotendineux chez le nouveau-né, mais ceux-ci sont peu significatifs, à moins qu'ils ne soient nettement asymétriques. Le réflexe rotulien est habituellement vif ; le clonus du pied peut comporter trois ou quatre contractions. La flexion plantaire est présente.

Le système nerveux central du nouveau-né est immature et se caractérise par différents réflexes. Comme les mouvements du bébé ne sont pas coordonnés, que ses moyens de communication sont limités et que la maîtrise de ses fonctions physiques est minimale, ces réflexes s'avèrent très utiles. Certains réflexes servent à le protéger (clignement, nausée, éternuement) ; d'autres lui permettent de s'alimenter (points cardinaux et succion) et ne sont pas très marqués si l'enfant vient de boire ; et d'autres encore contribuent à favoriser les contacts humains (préhension). On doit donc évaluer soigneusement les réflexes du nouveau-né ainsi que son activité neurologique (Pressler et Hepworth, 1997).

Voici les réflexes les plus couramment observés chez le nouveau-né à terme.

- Le **réflexe tonique du cou** (position de l'escrimeur), que l'on déclenche quand on tourne sur le côté la tête du bébé couché sur le dos. Il se manifeste par une extension des membres situés du même côté et une flexion des membres du côté opposé (figure 22-37 ▶). Ce réflexe est parfois absent au tout début de la période néonatale, mais une fois qu'il est apparu, il persiste jusqu'à 3 mois environ.

- Le **réflexe de Moro**, que l'on provoque soit en faisant un bruit fort, soit en soulevant le bébé légèrement de son lit pour l'y redéposer subitement. Il se manifeste par une ouverture des bras et des mains vers l'extérieur et une flexion des genoux. Les bras reviennent ensuite lentement vers la poitrine dans un mouvement d'étreinte. Les mains s'ouvrent en forme de C, et le bébé pleure parfois (figure 22-38 ▶). Le réflexe de Moro persiste parfois jusqu'à 6 mois environ.

- Le **réflexe de préhension**, que l'on provoque quand on stimule la paume des mains du nouveau-né avec un doigt ou un objet. Le nouveau-né saisit alors le doigt ou l'objet et le tient assez fermement pour qu'on puisse le soulever un peu de son lit (figure 22-39 ▶).

- Le **réflexe des points cardinaux**, que l'on déclenche en effleurant le côté de la bouche ou la joue de l'enfant. Celui-ci réagit en tournant la tête vers le côté stimulé et en ouvrant la bouche pour téter (sauf si on vient tout juste de le nourrir) (figure 22-40 ▶).

- Le **réflexe de succion**, que l'on provoque en plaçant un objet dans la bouche du bébé ou en touchant ses lèvres. Le nouveau-né tète même en dormant. Cette succion «non nutritive» peut avoir un effet apaisant sur le bébé.

- Le **réflexe de Babinski**, que l'on déclenche en effleurant la région externe de la plante du pied, depuis le talon jusqu'aux orteils. On observe alors une hyperextension de tous les orteils. Chez un adulte, la réaction consiste au contraire en une flexion des orteils.

- Le **réflexe d'incurvation latérale du tronc (réflexe de Galant)**, que l'on provoque par l'effleurement d'un côté de la colonne vertébrale. Il se manifeste par une rotation du bassin vers le côté stimulé.

Le nouveau-né est également capable de cligner des yeux, de bâiller, de tousser, d'éternuer et d'exécuter un mouvement de recul en réaction à la douleur (réflexes de protection). Il se

FIGURE 22-37 ▶ Réflexe tonique du cou.

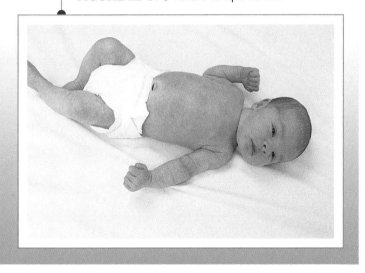

FIGURE 22-39 ▶ Réflexe de préhension.

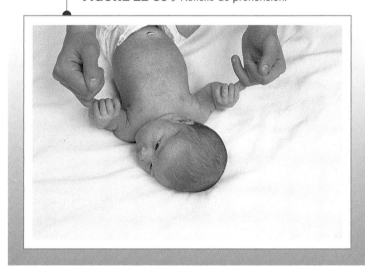

FIGURE 22-38 ▶ Réflexe de Moro.

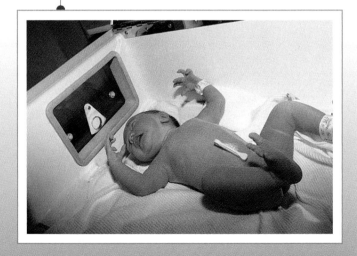

FIGURE 22-40 ▶ Réflexe des points cardinaux.

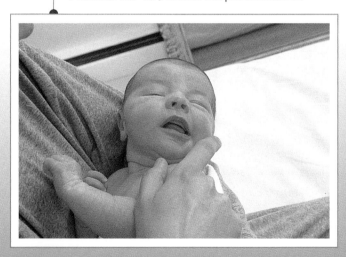

déplace même un peu par lui-même. Quand on le couche sur le ventre, il se soulève et essaie de ramper. Lorsqu'on le tient en position debout avec un pied sur une surface plane, il met un pied devant l'autre et marche (réflexe de marche automatique) (figure 22-41 ▶). Le réflexe de marche automatique est plus marqué à la naissance, puis il disparaît vers l'âge de 4 ou 5 mois.

On peut suivre les étapes suivantes pour évaluer l'intégrité du système nerveux central :

1. Insérer un doigt ganté dans la bouche du nouveau-né pour déclencher le réflexe de succion.

2. Dès qu'il se met à sucer vigoureusement, évaluer ses réactions auditives et visuelles en notant les changements que produisent, sur la succion, une lumière, le bruit d'un hochet et le son d'une voix.

3. La stimulation devrait provoquer un bref arrêt de la succion, mais sa répétition ne devrait pas déclencher de réaction.

Cet examen permet de démontrer l'intégrité auditive et visuelle du nouveau-né, de même que ses capacités d'interaction comportementale complexe (Pressler et Hepworth, 1997). Dans le *Guide d'évaluation physique du nouveau-né*, on décrit les principaux réflexes observés chez le nouveau-né, les stimulations qui les déclenchent et les réactions qui les caractérisent.

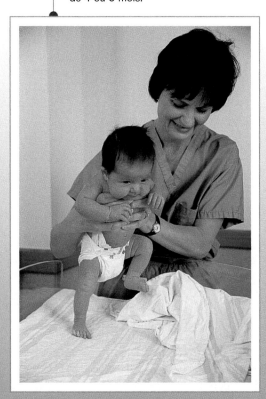

FIGURE 22-41 ▶ Le réflexe de marche automatique disparaît vers l'âge de 4 ou 5 mois.

Examen physique du nouveau-né

Le *Guide d'évaluation physique du nouveau-né* présente les résultats normaux, puis les différentes anomalies et leurs origines possibles en relation avec les interventions infirmières dictées par les données. Les résultats normaux sont ceux du nouveau-né à terme.

Évaluation comportementale du nouveau-né

Les parents perçoivent leur nouveau-né en fonction de deux influences conflictuelles. La première, fondée sur leurs craintes et leurs espoirs, dépend de l'idée qu'ils se font de leur bébé. Quant à la seconde, elle découle de leur première impression de son tempérament, de son comportement et de son apparence physique. L'infirmière peut aider les parents à reconnaître les comportements propres à leur bébé.

La **méthode d'évaluation comportementale du nouveau-né de Brazelton** offre des directives précieuses qui facilitent l'évaluation des changements de l'état du bébé, de son tempérament et de la structuration de son comportement. Grâce à cette méthode, le personnel soignant, en collaboration avec les parents, est en mesure de reconnaître et de comprendre les comportements et les capacités propres à chaque nouveau-né. Cette méthode permet aussi aux parents de découvrir les réactions, les interventions et les activités les mieux adaptées aux besoins de leur enfant, ce qui favorise la formation de liens d'attachement.

La méthode d'évaluation de Brazelton vise à établir le répertoire des réactions comportementales du nouveau-né à son environnement et permet de vérifier les aptitudes et l'état neurologique du nouveau-né. Cette évaluation dure entre 20 et 30 minutes.

Exercice de pensée critique

Il y a 24 heures, Maria Reyes, 19 ans, G2P1, a donné naissance à une fille après 40 semaines de grossesse. L'examen du bébé est normal. Maria s'informe des résultats, car elle trouve que sa fille pleure plus que son premier enfant et qu'elle a besoin de se faire prendre plus longtemps après la tétée pour se calmer. En fait, Maria se demande si elle fait ce qu'il faut et elle aimerait savoir à quel moment son bébé commencera à se comporter comme son premier enfant. Que lui diriez-vous au sujet du comportement des nouveau-nés ?

Voir les réponses à l'appendice F.

Guide d'évaluation physique du nouveau-né

Examen/Résultats normaux	Anomalies et causes possibles*	Interventions infirmières dictées par les données**
Signes vitaux		
Tension artérielle (TA)		
À la naissance : 80-60/45-40 mm Hg 10e jour : 100/50 mm Hg (il est parfois impossible de mesurer la tension diastolique avec un sphygmomanomètre ordinaire)	Hypotension (hypovolémie, choc)	Prendre régulièrement la TA dans tous les cas de détresse, de prématurité ou d'anomalie présumée Hypotension : informer le médecin immédiatement
Pouls		
120-160 battements/min (durant le sommeil : 100/min ; en période de pleurs : 180/min) Rythme régulier Amplitude normale	Amplitude faible (diminution du débit cardiaque) Bradycardie (asphyxie grave, arythmie) Tachycardie (plus de 160 battements/min au repos) (infection, troubles du système nerveux central [SNC], arythmie)	Évaluer l'irrigation de la peau par pression du doigt (test du remplissage capillaire) Faire la corrélation des résultats avec les valeurs de la TA : informer le médecin Procéder à un examen neurologique et évaluer la thermorégulation
Respiration		
30-60 respirations/min Synchronisme des mouvements thoraciques et abdominaux	Tachypnée (pneumonie, syndrome de détresse respiratoire [SDR])	Déterminer l'état de veille et de sommeil ; faire la corrélation avec le mode de respiration
Respiration diaphragmatique et abdominale	Respiration rapide et superficielle (hypermagnésémie due à l'administration de fortes doses de magnésium à une mère ayant souffert d'hypertension gravidique) Fréquence inférieure à 30 respirations/min (anesthésie ou analgésie chez la mère)	Noter les signes de détresse respiratoire ; communiquer les résultats au médecin
Tachypnée transitoire	Geignement expiratoire, tirage intercostal et sous-sternal ; battement des ailes du nez (détresse respiratoire) ; apnée (stress hypothermique, trouble respiratoire)	Rechercher les signes de stress hypothermique Prévenir le médecin
Pleurs		
Forts et vigoureux Ton et timbre d'intensité moyenne Une fois qu'on a fait le nécessaire pour consoler l'enfant, les pleurs durent de 3 à 7 minutes.	Cris aigus perçants (trouble neurologique, hypoglycémie) Aucun pleur, pleurs faibles (trouble du SNC, trouble laryngien)	Étudier la façon dont le nouveau-né utilise les pleurs pour communiquer Évaluer et noter les cris anormaux Réduire les bruits ambiants
Température		
Axillaire : 36,5°C-37,2 °C Rectale : 36,6 °C-37,2 °C ; température souhaitable : 36,8 °C La température corporelle des nouveau-nés macrosomiques a tendance à être plus élevée.	Hyperthermie (pièce trop chaude, trop de vêtements ou de couvertures, déshydratation, infection, lésions cérébrales) Hypothermie (atteinte du tronc cérébral, pièce froide) Variations de température de plus de 1 °C ou hypothermie (infection)	Prévenir le médecin des fluctuations de température Informer les parents des causes des variations de température, leur enseigner les traitements qu'ils peuvent donner à la maison et leur indiquer les situations qui exigent une consultation médicale Enseigner aux parents comment prendre la température rectale ou axillaire ; évaluer leurs connaissances et adapter l'enseignement à leurs besoins
Poids		
2 500-4 000 g	Poids inférieur à 2 800 g = hypotrophique ou prématuré Poids supérieur à 4 050 g = macrosomique ou enfant de mère diabétique	Déterminer le poids et l'âge gestationnel afin d'évaluer les risques Vérifier la taille et le poids des parents Conseiller les parents sur l'apport énergétique approprié

* Les causes possibles des anomalies se trouvent entre parenthèses.

** Cette colonne donne les lignes directrices de l'intervention infirmière initiale et d'une évaluation plus approfondie.

Guide d'évaluation physique du nouveau-né (suite)

Examen/Résultats normaux	Anomalies et causes possibles*	Interventions infirmières dictées par les données**
Signes vitaux (suite)		
Poids (suite)		
Perte de poids normale de 5% à 10% pendant les 3 ou 4 premiers jours	Perte supérieure à 15% (faible apport liquidien, élimination de méconium et d'urine, problèmes d'alimentation)	Signaler les pertes ou gains nets au médecin
Les bébés macrosomiques, sauf ceux de mère diabétique, ont tendance à perdre plus de poids, car la perte liquidienne est proportionnelle au poids à la naissance.		Calculer l'apport liquidien et les pertes de toutes sortes (perspiration insensible, chauffage à chaleur radiante et photothérapie)
Taille		
48 à 53 cm	Taille inférieure à 45 cm (nanisme congénital)	Noter tout autre signe de nanisme
Le bébé grandit de 10 cm pendant les 3 premiers mois.	Anomalie de croissance distale des os longs et courts (dysplasie chondro-ectodermique)	Noter les autres signes d'atteinte du squelette
		Noter l'évolution lors de visites subséquentes en clinique externe
Posture		
Corps habituellement fléchi, poings bien fermés, cou d'aspect court, le menton reposant sur la poitrine	Mouvement d'extension seulement, immobilité des membres (traumatisme, hypoxie, immaturité)	Noter la spontanéité de l'activité motrice et la symétrie des mouvements
Dans les cas de présentation du siège, les pieds sont généralement en dorsiflexion.	Agitation (ingestion de caféine par la mère)	Rassurer les parents s'ils s'inquiètent et, s'il y a lieu, procéder à une évaluation plus approfondie
Peau		
Couleur		
Couleur correspondant au bagage génétique	Pâleur du visage, de la conjonctive (anémie, hypothermie, anoxie)	Discuter avec les parents des variations courantes de la couleur de la peau afin de dissiper leur inquiétude
Bébés de race blanche : visage, tronc et membres rosés, ou rougeâtres		
Bébés d'origine africaine ou autochtone : rose pâle teinté de jaune ou de rouge	Coloration rouge foncé (hypoglycémie, immaturité des réflexes vasomoteurs, polycythémie)	Déterminer l'ampleur du changement de couleur ainsi que le moment où il se produit
Bébés d'origine asiatique : rose teinté de rouge rosé à jaune		
Variations courantes : acrocyanose, cyanose péribuccale ou syndrome d'arlequin	Liquide amniotique teinté de méconium (souffrance fœtale)	Noter les signes de troubles respiratoires
	Ictère (réaction hémolytique due à une incompatibilité sanguine, maladie infectieuse)	Obtenir une mesure de l'hémoglobine et de l'hématocrite ainsi que des concentrations de bilirubine
		Déterminer s'il s'agit d'un ictère physiologique ou pathologique
Peau marbrée quand l'enfant est nu	Cyanose (atrésie des choanes, lésion ou traumatisme du SNC, troubles respiratoires ou cardiaques, stress hypothermique)	Évaluer la gravité de la cyanose (centrale ou périphérique) ainsi que ses causes ; informer le médecin
Légers hématomes sur les fesses dans les cas de présentation du siège, sur les yeux et le front dans les cas de présentation céphalique		Informer les parents de la cause et de l'évolution des hématomes légers liés au travail et à l'accouchement

* Les causes possibles des anomalies se trouvent entre parenthèses.

** Cette colonne donne les lignes directrices de l'intervention infirmière initiale et d'une évaluation plus approfondie.

Guide d'évaluation physique du nouveau-né (suite)

Examen/Résultats normaux	Anomalies et causes possibles*	Interventions infirmières dictées par les données**
Peau (suite)		
Texture		
Douce, lisse, souple ; parfois sèche et desquamée sur les mains et les pieds	Peau crevassée ou desquamée sur toute la surface du corps (hypotrophie ou postmaturité ; incompatibilité sanguine ; trouble rénal ou métabolique) Eczéma séborrhéique Absence de vernix caseosa (postmaturité) Vernix caseosa de couleur jaune (liquide amniotique teinté de bilirubine)	Prévenir le médecin
Élasticité de la peau		
Élastique, reprenant sa forme initiale après avoir été pincée	Peau tardant à reprendre sa forme après avoir été pincée (déshydratation)	Noter tout autre signe et symptôme de déshydratation
Pigmentation		
Claire Milium sur le nez ou le front disparaissant en quelques semaines Taches «café au lait» (une ou deux)	Six taches ou plus (trouble neurologique, comme la maladie de von Rechlinghausen ou la neurofibromatose cutanée)	Conseiller aux parents de ne pas pincer ou crever les lésions S'il y a plus de six taches «café au lait», aviser le médecin
Taches mongoliques : fréquentes chez les nouveau-nés à la peau foncée, sur la région dorsale et les fesses		Informer les parents du caractère normal de cette pigmentation, qui disparaîtra au cours de la première ou de la deuxième année
Érythème allergique	Impétigo (infection à streptocoques β-hémolytiques du groupe A ou à *Staphylococcus aureus*)	Dans les cas d'impétigo, enseigner aux parents comment se laver les mains et comment laver les draps et les serviettes
Nævus télangiectasique	Angiomes : • *nævus flammeus* (tache de vin) • angiome tubéreux (fraise) • angiome caverneux	Travailler en collaboration avec le médecin Renseigner les parents sur l'évolution des nævus afin de dissiper leurs préjugés Noter la dimension et la forme de l'angiome
Éruptions	Éruptions (infections)	Noter le siège et la nature de l'éruption (maculaire, papulaire, vésiculaire) Dresser un bilan : moment de l'apparition, antécédents prénatals, signes et symptômes connexes
Pétéchies sur la tête ou le cou (présentation du siège, cordon enroulé autour du cou)	Pétéchies sur toute la surface du corps (troubles de la coagulation)	Déterminer la cause ; informer les parents si des soins plus poussés sont nécessaires
Tête		
Apparence générale, dimensions, mouvement		
Ronde, symétrique ; bouge facilement d'un côté à l'autre et de haut en bas ; souple et malléable	Asymétrie, occiput aplati d'un côté ou l'autre de la tête (plagiocéphalie) Tête angulée (torticolis) Absence de mouvement latéral de la tête (lésion neurologique)	Conseiller aux parents de changer souvent la position de l'enfant Évaluer tous les signes neurologiques Mesurer le périmètre crânien depuis l'occiput jusqu'au front au moyen d'un ruban

* Les causes possibles des anomalies se trouvent entre parenthèses.

** Cette colonne donne les lignes directrices de l'intervention infirmière initiale et d'une évaluation plus approfondie.

Guide d'évaluation physique du nouveau-né (suite)

Examen/Résultats normaux	Anomalies et causes possibles*	Interventions infirmières dictées par les données**
Tête (suite)		
Apparence générale, dimensions, mouvement Périmètre : 32-37 cm ; plus long que le périmètre thoracique de 2 cm La tête représente le quart de la superficie corporelle.	Mesure du périmètre crânien très éloignée des valeurs normales : microcéphalie (maladie de Cornelia de Lange, infection à cytomégalovirus, rubéole, toxoplasmose, aberrations chromosomiques) ; hydrocéphalie (myéloméningocèle, achondroplasie) ; anencéphalie (absence de tube neural) Périmètre crânien dépassant de 3 cm ou plus le périmètre thoracique (prématurité, hydrocéphalie)	Mesurer le périmètre thoracique à l'aide d'un ruban et le comparer à celui de la tête Reporter les mesures sur une courbe de croissance Évaluer de nouveau lors des consultations à la clinique du nourrisson
Variations courantes Modelage du crâne Dans les cas de présentation du siège ou de césarienne, la tête est ronde et bien formée.	Céphalhématome (trauma au cours de l'accouchement, peut persister jusqu'à trois semaines) Bosse sérosanguine (travail et accouchement longs ; disparaît en quelques jours	Évaluer les réactions neurologiques Rechercher les signes d'hyperbilirubinémie Rassurer les parents quant aux anomalies transitoires dues à l'accouchement, et leur dire quand elles devraient se résorber
Fontanelles Jonction palpable des os du crâne Fontanelle antérieure : 3 à 4 cm de longueur sur 2 à 3 cm de largeur, en forme de losange Fontanelle postérieure : 1 à 2 cm à la naissance, en forme de triangle	Chevauchement de la fontanelle antérieure (malnutrition ou prématurité) Fermeture prématurée des sutures (craniosténose) Fermeture tardive (hydrocéphalie)	Informer les parents sur le moment de la fermeture des fontanelles et leur enseigner les précautions à prendre pour protéger les « tissus mous » afin de dissiper les idées fausses Consulter un médecin Noter les signes et symptômes d'hydrocéphalie
Légère pulsation	Pulsation d'intensité moyenne à forte (troubles vasculaires)	Consulter un médecin
Renflement modéré, quand l'enfant pleure ou défèque, ou battement au rythme du cœur	Renflement (pression intracrânienne accrue, méningite) Dépression (déshydratation)	Évaluer le bilan hydrique et l'état neurologique Prévenir le médecin
Cheveux		
Texture Doux avec de légères variations de texture (en fonction de l'origine ethnique)	Cheveux crépus cassants et secs (hypothyroïdie) Mèche blanche (syndrome de Waardenburg)	Enseigner aux parents les soins des cheveux et du cuir chevelu
Répartition Cheveux implantés haut sur le front (chez les bébés hispano-américains, les cheveux vont du milieu du front jusqu'au bas de la nuque)	Un front bas et une implantation des cheveux très basse sur la nuque sont des signes de troubles chromosomiques.	Noter les autres signes d'aberrations chromosomiques Consulter un médecin
Visage		
Mouvements symétriques de tous les traits faciaux, implantation normale des cheveux, présence de sourcils et de cils		Évaluer et noter la symétrie de toutes les parties du visage, les formes, la régularité des traits ainsi que leurs similitudes ou différences

* Les causes possibles des anomalies se trouvent entre parenthèses.

** Cette colonne donne les lignes directrices de l'intervention infirmière initiale et d'une évaluation plus approfondie.

Guide d'évaluation physique du nouveau-né (suite)

Examen/Résultats normaux	Anomalies et causes possibles*	Interventions infirmières dictées par les données**
Visage (suite)		
Espacement des traits		
Yeux au même niveau, narines de la même grosseur, joues pleines contenant des coussinets adipeux pour la succion	Yeux très écartés – hypertélorisme oculaire (syndrome d'Apert, maladie du cri du chat, syndrome de Turner)	Noter les autres signes et symptômes de maladies ou d'aberrations chromosomiques
Lèvres d'égales dimensions de chaque côté du sillon naso-labial	Visage anormal (syndrome de Down, crétinisme, maladie de Hurler)	
Os du menton rentré comparativement aux autres os de la face	Mâchoire anormalement petite – micrognathie (syndrome de Pierre Robin, syndrome de Treacher Collins)	Maintenir la perméabilité des voies respiratoires Prévenir le médecin
Mouvement		
Capacité de grimacer	Incapacité de téter, de grimacer et de fermer les paupières (lésion d'un nerf crânien)	Préparer l'examen neurologique et avertir le médecin
Mouvements symétriques au repos ou pendant les pleurs	Asymétrie (paralysie d'un nerf facial)	Évaluer et noter la symétrie de toutes les parties du visage, les formes, la régularité des traits ainsi que leurs similitudes ou différences
Yeux		
Position et apparence générale		
Brillants et clairs ; position symétrique ; léger nystagmus (mouvements oculaires cycliques involontaires)	Nystagmus marqué (lésions des troisième, quatrième et sixième nerfs crâniens)	
Strabisme transitoire	Strabisme constant et fixe	Informer les parents que le strabisme est considéré comme normal jusqu'à l'âge de 6 mois
Mouvements dans toutes les directions		
Gris-bleu ou bleu ardoise	Pigmentation insuffisante (albinisme) Taches de Brushfield – taches pâles ou blanches dans les deux tiers extérieurs de l'iris – (signe du syndrome de Down)	Discuter avec les parents des précautions à prendre Noter les autres signes du syndrome de Down
Bruns à la naissance si l'enfant a la peau foncée		Expliquer aux parents que les yeux prennent leur couleur définitive avant la fin de la première année
Paupières		
Au-dessus de la pupille, tout en touchant l'iris, non tombantes	Élévation ou rétraction de la paupière supérieure (hyperthyroïdie)	Noter les signes d'hydrocéphalie et d'hyperthyroïdie
	« Signe du coucher de soleil », rétraction de la paupière et regard vers le bas (hydrocéphalie), ptosis (origine congénitale ou paralysie du nerf moteur oculaire commun)	Évaluer l'atteinte visuelle lors des consultations de suivi à la clinique du nourrisson
Yeux parallèles Épicanthus chez les Asiatiques et chez 20 % des bébés de race blanche	Yeux bridés chez un enfant non asiatique (syndrome de Down) Épicanthus (syndrome de Down, maladie du cri du chat)	Noter les autres signes du syndrome de Down
Mouvement		
Réflexe de clignement en réaction à la lumière Yeux grand ouverts dans un éclairage tamisé	Absence de clignement (lésion du SNC)	Évaluer l'état neurologique Consulter un médecin

* Les causes possibles des anomalies se trouvent entre parenthèses.

** Cette colonne donne les lignes directrices de l'intervention infirmière initiale et d'une évaluation plus approfondie.

Guide d'évaluation physique du nouveau-né (suite)

Examen/Résultats normaux	Anomalies et causes possibles*	Interventions infirmières dictées par les données**
Yeux (suite)		

Aspect
  Œdémateux pendant les premiers jours, à cause de l'accouchement et d'une réaction médicamenteuse (conjonctivite médicamenteuse); pas de masses ni de rougeurs

Écoulement purulent (infection); conjonctivite infectieuse (gonocoque, chlamydia, staphylocoque ou autres germes)
Bords des paupières rougis, croûteux, squameux (blépharite marginale)

Bien se laver les mains avant l'examen
Aviser le médecin
Noter les signes d'eczéma séborrhéique (les squames s'enlèvent facilement)

Cornée
  Claire
  Présence du reflet cornéen

Ulcération (infection herpétique); augmentation du volume du globe oculaire ou cornées d'épaisseurs différentes (glaucome congénital)
Opacité du cristallin (cataracte)

Aviser le médecin
Noter les autres manifestations d'herpès congénital; prodiguer les soins nécessaires

Sclérotique
  Peut sembler bleutée chez le nouveau-né, blanche par la suite; souvent légèrement brunâtre chez les bébés de race noire

Sclérotique très bleue (ostéogenèse imparfaite)

Consulter un médecin

Pupilles
  De même diamètre, rondes; réaction à la lumière par une accommodation

Anisocorie – inégalité du diamètre des pupilles (lésions du SNC)
Dilatation ou constriction (lésions intracrânienne, rétinoblastome, glaucome)
Absence de réaction des pupilles à la lumière ou absence d'accommodation (lésions cérébrales)

Demander un examen neurologique

  Léger nystagmus à cause d'un défaut d'accommodation
  Le réflexe pupillaire à la lumière existe à la naissance ou apparaît au cours des 3 semaines qui suivent.

Nystagmus (syndrome labyrinthique, trouble du SNC)

Conjonctive
  Conjonctive médicamenteuse
  Hémorragie sous-conjonctivale

Coloration pâle (anémie)

Obtenir la détermination de l'hémoglobine et de l'hématocrite
Expliquer aux parents que la conjonctivite médicamenteuse disparaît après un jour ou deux et que l'hémorragie sous-conjonctivale se résorbe en quelques semaines

  Conjonctive palpébrale : rouge, mais non congestionnée

Inflammation ou œdème (infection, obstruction du conduit lacrymal)

Vision
  6/120 (20/400)
  Suit les objets en mouvement jusqu'au plan médian
  Fixe sur les objets situés à environ 25 à 40 cm de distance; parfois difficile à évaluer
  Préfère les visages et les formes géométriques, et le noir et blanc aux couleurs

Cataractes (infection congénitale)

Noter les risques de perte de l'acuité visuelle et commencer le suivi lors de la première consultation à la clinique du nourrisson

Cils et glandes lacrymales
  Présence de cils (les prématurés n'en ont pas toujours)

Absence de cils sur les deux tiers internes de la paupière (syndrome de Treacher Collins); cils touffus (maladie de Hurler); longs cils (maladie de Cornelia de Lange)

---

* Les causes possibles des anomalies se trouvent entre parenthèses.

** Cette colonne donne les lignes directrices de l'intervention infirmière initiale et d'une évaluation plus approfondie.

Guide d'évaluation physique du nouveau-né (suite)

Examen/Résultats normaux	Anomalies et causes possibles*	Interventions infirmières dictées par les données**
Yeux (suite)		
Cils et glandes lacrymales (suite)		
Pleurs : la plupart du temps sans larmes	Excès de larmes (obstruction du conduit lacrymal, syndrome de sevrage), glaucome	Enseigner aux parents comment désobstruer un conduit lacrymal bouché Adresser à un médecin les bébés de moins de 3 mois qui produisent une quantité excessive de larmes
Nez		
Apparence extérieure		
Peut sembler aplati à cause de l'accouchement	Arête du nez large ou élargie (syndrome de Down)	Demander une consultation médicale
Court et étroit ; centré par rapport aux yeux et à la bouche	Arête du nez basse ; nez aquilin (syndrome d'Apert, syndrome de Treacher Collins) Nez retroussé (maladie de Cornelia de Lange)	Commencer l'évaluation des anomalies chromosomiques
Narines perméables (le nouveau-né respire par le nez)	Obstruction des narines (mucus ou sécrétions), atrésie des choanes	Vérifier la perméabilité des narines
Éternuements fréquents (servent à désobstruer les cavités nasales)	Battement des ailes du nez (détresse respiratoire)	Maintenir la perméabilité orale jusqu'à correction chirurgicale
Réaction aux odeurs (peut percevoir l'odeur du lait maternel)	Aucune réaction à la stimulation olfactive	Vérifier la perméabilité des narines
Bouche		
Fonction des nerfs faciaux, hypoglosse, glossopharyngien et pneumogastrique	Bouche tirée d'un côté (paralysie transitoire du septième nerf crânien due à une pression in utero ou à un trauma au cours de l'accouchement, paralysie congénitale)	Aviser le médecin
Symétrie de mouvement et de force	Bouche rappelant celle du poisson (syndrome de Treacher Collins)	Administrer des soins oculaires si l'œil atteint ne ferme pas
Présence de réflexes nauséeux et de déglutition coordonnés avec le réflexe de succion Salivation adéquate	Réflexes inexistants ou inhibés	Évaluer le fonctionnement des nerfs atteints
Palais (voile du palais et voûte palatine)		
Voûte palatine en forme de dôme Luette au milieu avec mouvements symétriques du voile du palais	Palais ogival (syndrome de Treacher Collins), luette dédoublée (anomalie congénitale)	Rechercher d'autres anomalies congénitales
Palais intact, bonne succion, si stimulé	Fissures de la voûte palatine ou du voile du palais (trouble polygénique)	Prévenir le médecin
Perles d'Epstein sur les muqueuses		Expliquer aux parents que les perles d'Epstein sont normales et disparaissent vers l'âge de 2 ou 3 mois
Œsophage perméable (il est normal que le bébé bave un peu)	Formation excessive de bave ou de bulles (atrésie congénitale de l'œsophage)	Vérifier la perméabilité de l'œsophage

* Les causes possibles des anomalies se trouvent entre parenthèses.

** Cette colonne donne les lignes directrices de l'intervention infirmière initiale et d'une évaluation plus approfondie.

Guide d'évaluation physique du nouveau-né (suite)

Examen/Résultats normaux	Anomalies et causes possibles*	Interventions infirmières dictées par les données**
Bouche (suite)		
Langue		
Mouvements dans toutes les directions, centrée	Mouvements limités ou asymétriques (atteinte neurologique) Ankyloglossie	Faire un examen plus approfondi des fonctions neurologiques Vérifier le réflexe d'élévation de la langue au moyen d'un abaisse-langue
	Non centrée (lésion d'un nerf crânien)	Noter les signes de faiblesse ou de déviation
Couleur rose, texture variable (de lisse à rugueuse)	Enduit blanc et gras (muguet)	S'assurer qu'il s'agit de muguet et non de lait caillé
	Sillons profonds	Indiquer aux parents que la morphologie de la langue peut varier d'un jour à l'autre
Grosseur proportionnelle à celle de la bouche	Langue large avec frein court (crétinisme, syndrome de Down, autres syndromes)	Évaluer les retards de développement lors des consultations à la clinique du nourrisson Demander des consultations avec des spécialistes
Oreilles		
Oreille externe		
Sans lésions, kystes ni nodules	Présence de nodules, de kystes ou de cavités sinusales devant le tragus Adhérence des lobes Acrochordons préauriculaires	Évaluer les caractéristiques des lésions Conseiller aux parents de nettoyer l'oreille externe avec une débarbouillette et d'éviter l'utilisation de cotons-tiges
Ouïe		
Désobstruction de la trompe d'Eustache après le premier pleur		
L'enfant porte attention aux sons; un bruit fort ou soudain provoque le réflexe de Moro.	Aucune réaction à la stimulation auditive (surdité)	Établir les antécédents familiaux de surdité Vérifier le réflexe de Moro
Cou		
Apparence		
Court, droit, présence de plis cutanés	Cou anormalement court (syndrome de Turner) Cou arqué ou absence de flexion (méningite, anomalie congénitale)	Avertir le médecin
Absence de plis cutanés lâches et superflus	Cou palmé (syndrome de Turner, syndrome de Down, trisomie 18)	Noter les autres signes de ces syndromes
Clavicules		
Droites et intactes	Nodule ou bosse sur une clavicule (fracture au cours d'un accouchement difficile)	Obtenir le compte rendu détaillé du travail et de l'accouchement; appliquer un bandage en «8»
Présence du réflexe de Moro	Réflexe de Moro limité au côté non atteint (fracture de la clavicule, paralysie brachiale, paralysie de Duchenne-Erb)	Travailler en collaboration avec le médecin
Épaules symétriques	Hypoplasie	

* Les causes possibles des anomalies se trouvent entre parenthèses.

** Cette colonne donne les lignes directrices de l'intervention infirmière initiale et d'une évaluation plus approfondie.

Guide d'évaluation physique du nouveau-né (suite)

Examen/Résultats normaux	Anomalies et causes possibles*	Interventions infirmières dictées par les données**
Thorax		
Apparence et dimension		
Périmètre : 32 cm, 1 à 2 cm de moins que le périmètre crânien		Mesurer le périmètre thoracique au niveau des mamelons après expiration
Plus large que long		
Forme normale, sans dépression ou proéminence du sternum	Thorax en entonnoir (congénital ou associé au syndrome de Marfan)	Évaluer les autres signes de troubles respiratoires et circulatoires
La partie inférieure du sternum (appendice xiphoïde) est parfois saillante, mais devient moins visible après quelques semaines.	Saillie persistante de l'appendice xiphoïde (syndrome de Marfan, thorax en carène) Thorax en tonneau	Noter les autres signes et symptômes des divers syndromes
Expansion et tirage		
Expansion bilatérale	Expansion thoracique inégale (pneumonie, pneumothorax, détresse respiratoire)	Évaluer la régularité de la respiration, le battement des ailes du nez, les difficultés à l'inspiration comme à l'expiration
Pas de tirage intercostal, sous-costal ou sus-costal	Tirage (détresse respiratoire) Balancement thoraco-abdominal (détresse respiratoire)	Noter les observations et informer le médecin
Auscultation		
Murmures vésiculaires forts	Murmures vésiculaires faibles (diminution de l'activité respiratoire, atélectasie, pneumothorax)	Procéder à un examen et signaler au médecin tout résultat anormal
Poitrine et aisselles sans murmures pendant les pleurs	Murmures vésiculaires forts (pneumothorax en voie de résorption ou naissance par césarienne)	
Souffles bronchiques (perçus là où la trachée et les bronches sont le plus proches de la paroi thoracique, au-dessus du sternum et entre les omoplates)		
Souffles bronchiques bilatéraux	Bruits anormaux ou surajoutés (détresse ou maladie respiratoire)	Noter la pâleur ou la cyanose Prévenir le médecin
Voies respiratoires dégagées		
Râles pouvant traduire une atélectasie transitoire		
Apparition du réflexe de la toux quelques heures après la naissance		
Seins		
Plats, mamelons symétriques	Insuffisance de tissu mammaire (prématurité ou hypotrophie)	Rechercher les signes d'infection
Diamètre du tissu mammaire : 5 cm ou plus chez le bébé à terme	Écoulement	
Distance entre les mamelons : 8 cm	Abcès mammaire	
Engorgement mammaire	Engorgement	Expliquer aux parents que l'engorgement mammaire est normal
Présence de mamelons	Mamelons surnuméraires Mamelons foncés	Aucune intervention n'est nécessaire
Cœur		
Auscultation		
Situation : position horizontale, bord gauche se prolongeant à gauche de la ligne médioclaviculaire		
Fréquence et rythme réguliers	Arythmie (anoxie), tachycardie, bradycardie	Avertir le médecin dans tous les cas d'arythmie ou de bruits de galop

* Les causes possibles des anomalies se trouvent entre parenthèses.

** Cette colonne donne les lignes directrices de l'intervention infirmière initiale et d'une évaluation plus approfondie.

Guide d'évaluation physique du nouveau-né (suite)

Examen/Résultats normaux	Anomalies et causes possibles*	Interventions infirmières dictées par les données**
Cœur (suite)		
Auscultation (suite)		
Position du choc apexien	Déviation (hypertrophie ou malposition du cœur, pneumothorax, dextrocardie, hernie diaphragmatique)	Demander une évaluation médicale
Habituellement en position latérale gauche par rapport à la ligne médio-claviculaire, au troisième ou quatrième espace intercostal		
Souffles fonctionnels	Présence de souffles (anomalie cardiaque congénitale)	Évaluer les souffles : localisation et durée ; noter les autres symptômes de cardiopathie ; vérifier les antécédents familiaux
Pas de frémissement vibratoire	Élargissement marqué de la cage thoracique (carence en vitamine D)	Avertir le médecin ; prendre le pouls et la tension artérielle dans les quatre membres et vérifier si les valeurs sont identiques et normales
	Mouvements respiratoires insuffisants	
Abdomen		
Apparence		
Cylindrique et un peu saillant ; semble gros par rapport au bassin ; muscles abdominaux quelque peu relâchés	Distension, peau brillante avec vaisseaux engorgés (anomalies gastro-intestinales, infection, mégacôlon congénital)	Procéder à un examen complet de l'abdomen pour dépister les masses ou l'hyperthrophie d'un organe.
Pas de cyanose, peu de vaisseaux apparents	Abdomen d'aspect scaphoïde (hernie diaphragmatique)	Mesurer le périmètre de l'abdomen
Diastasis des grands droits fréquent chez les nouveau-nés de race noire	Diminution ou augmentation du péristaltisme (sténose du pylore, obstruction de l'intestin grêle)	Signaler tout écart de la normale dans les dimensions de l'abdomen
	Renflement localisé du flanc (hypertrophie des reins, ascite ou absence de muscles abdominaux)	Noter les autres signes et symptômes d'occlusion Consulter un médecin
Nombril		
Nombril non saillant (saillie du nombril fréquente chez les nouveau-nés de race noire)	Hernie ombilicale	Mesurer la hernie ombilicale en palpant l'ouverture et noter le résultat. Si la hernie n'est pas refermée à l'âge de 1 an, conseiller aux parents de consulter un médecin
Tissu de granulation dans le nombril	Persistance de la perméabilité de l'ouraque (anomalie congénitale)	
Cordon ombilical	Omphalocèle	Couvrir l'omphalocèle avec un pansement stérile et humide
Couleur : blanc bleuté	Rougeur ou exsudat autour du cordon (infection)	Enseigner aux parents les soins et l'hygiène de la région ombilicale
	Coloration jaune (maladie hémolytique, liquide amniotique teinté de méconium)	
Présence de deux artères et d'une veine	Présence d'une seule artère ombilicale (anomalies congénitales)	Signaler les anomalies au médecin
Commence à sécher 1 à 2 heures après la naissance	Écoulement ou suintement de sang du cordon	
Pas de saignements		
Auscultation et percussion	Bruits intestinaux perceptibles dans le thorax (hernie diaphragmatique)	Travailler en collaboration avec le médecin
Légers bruits intestinaux perçus peu après la naissance, toutes les 10 à 30 secondes	Absence de bruits intestinaux	
	Hyperpéristaltisme (occlusion intestinale)	Noter les autres signes de déshydratation ou d'infection
Pouls fémoraux		
Palpables, égaux, bilatéraux	Absence ou faiblesse des pouls fémoraux (coarctation de l'aorte)	Prendre régulièrement la tension artérielle aux membres inférieurs et supérieurs

* Les causes possibles des anomalies se trouvent entre parenthèses.

** Cette colonne donne les lignes directrices de l'intervention infirmière initiale et d'une évaluation plus approfondie.

Guide d'évaluation physique du nouveau-né (suite)

Examen/Résultats normaux	Anomalies et causes possibles*	Interventions infirmières dictées par les données**
Abdomen (suite)		
Région inguinale		
Absence de renflement le long de la région inguinale	Hernie inguinale	Demander une consultation
Absence de ganglions inguinaux à la palpation		Poursuivre le suivi à la clinique du nourrisson
Vessie		
Percussion : 1 à 4 cm au-dessus de la symphyse	Absence de miction dans les 24 à 48 heures qui suivent la naissance	Vérifier s'il y a eu miction à la naissance
Première miction : pendant les 24 premières heures	Exposition de la muqueuse vésicale (extrophie vésicale)	Recueillir un échantillon d'urine si on soupçonne une infection
Urine : légère odeur, non désagréable	Odeur nauséabonde (infection)	Consulter le médecin
Organes génitaux		
Sexe facilement reconnaissable	Organes génitaux ambigus	Demander une consultation médicale
Organes génitaux masculins		
Pénis		
Paraît mince, 2,5 cm de longueur et 1 cm de largeur à la naissance	Microcaulie (anomalie congénitale) Atrésie méatique	Examiner la première miction et noter les observations
Orifice urinaire normal, méat urétral au bout du pénis	Hypospadias, épispadias	Si une anomalie est présente, travailler en collaboration avec le médecin
Pas d'inflammation de l'ouverture urétrale	Urétrite du méat (infection)	Vérifier par palpation la présence de ganglions inguinaux hypertrophiés et noter la couleur à la miction
Le prépuce adhère au gland.	Ulcération du méat (infection, inflammation)	Vérifier si l'ulcère est causé par un érythème fessier ; enseigner aux parents les soins appropriés
Prépuce non circoncis : étroit pendant 2 ou 3 mois	Phimosis (si le prépuce est encore étroit après 3 mois)	Enseigner aux parents les soins du pénis non circoncis
Prépuce circoncis Présence de tissu érectile		Enseigner aux parents les soins du pénis circoncis
Scrotum		
Peau lâche et pendante, ou serrée ; replis nombreux ; taille normale	Scrotum plus gros que la normale et contenant du liquide (hydrocèle)	Demander une consultation médicale
Couleur normale de la peau	Peau rouge et brillante (orchite)	Rechercher les signes de prématurité
Décoloration du scrotum : fréquente dans les cas de présentation du siège	Plis rares, petit scrotum	
Testicules		
Déjà descendus à la naissance ; ne sont pas toujours palpables dans le scrotum	Testicules non descendus (cryptorchidie)	Si les testicules ne sont pas palpables dans le scrotum, palper doucement les régions fémorale, inguinale, périnéale et abdominale pour vérifier s'ils s'y trouvent
Grosseur : 1,5 à 2 cm à la naissance	Gros testicules (tumeur) Petits testicules (syndrome de Klinefelter ou hyperplasie surrénale)	Consulter le médecin et travailler en collaboration avec lui au cours des études diagnostiques plus approfondies

* Les causes possibles des anomalies se trouvent entre parenthèses.

** Cette colonne donne les lignes directrices de l'intervention infirmière initiale et d'une évaluation plus approfondie.

Guide d'évaluation physique du nouveau-né (suite)

Examen/Résultats normaux	Anomalies et causes possibles*	Interventions infirmières dictées par les données**
Organes génitaux féminins		
Mont de Vénus		
Couleur normale de la peau ; région pigmentée chez les nouveau-nées à la peau foncée		
Grandes lèvres recouvrant les petites lèvres chez les bébés nés à terme et après terme ; dimensions symétriques et conformes à l'âge gestationnel	Hématome, lésions (traumatisme) Petites lèvres proéminentes	Noter les signes de traumatisme récent Rechercher les signes de prématurité
Clitoris		
Normalement gros	Hypertrophie (hermaphrodisme)	Demander une consultation médicale
Dans les cas de présentation du siège, œdème et hématome		
Vagin		
Méat urinaire et orifice vaginal visibles (circonférence de 0,5 cm)	Inflammation ; érythème et pertes (urétrite)	Recueillir un échantillon d'urine pour un examen en laboratoire
Acrochordons vaginaux et hyménéaux qui disparaissent après quelques semaines	Absence congénitale de vagin	Consulter un médecin
Pertes : smegma sous les lèvres	Pertes nauséabondes (infection)	Recueillir les données nécessaires et rechercher la cause de l'écoulement
Pertes sanglantes ou mucoïdes	Saignement vaginal excessif (trouble de la coagulation sanguine)	
Fesse et anus		
Fesses symétriques	Sinus pilonidal	Rechercher la présence d'un sinus Enseigner aux parents comment nettoyer cette région
Anus perméable ; émission de méconium 24 à 48 heures après la naissance	Imperforation de l'anus, imperforation du rectum (anomalie gastro-intestinale congénitale)	Évaluer la gravité du problème Avertir le médecin Vérifier la perméabilité par un toucher rectal, si cela est indiqué
Pas de fissures, de déchirures, d'acrochordons	Fissures	
Membres et tronc		
Membres courts et généralement fléchis ; mouvements symétriques avec une certaine amplitude, mais sans atteindre l'extension complète	Mouvements unilatéraux ou inexistants (atteinte de la moelle épinière) Position fœtale ou flaccidité (anoxie, troubles du SNC, hypoglycémie)	Revoir le compte rendu de l'accouchement
Mobilisation spontanée des articulations ; bon tonus musculaire, de type fléchisseur pendant les deux premiers mois	Spasticité dans les mouvements d'extension (paralysie cérébrale, insuffisance de tonus musculaire, syndrome du «bébé flasque») Hypotonie (syndrome de Down)	Travailler en collaboration avec le médecin
Bras		
Longueur égale	Paralysie brachiale (accouchement difficile)	Avertir le médecin
Mouvements bilatéraux	Paralysie de Duchenne-Erb	
Fléchis au repos	Faiblesse musculaire, fracture de la clavicule Membre manquant ou atrophié (phocomélie, amélie)	

* Les causes possibles des anomalies se trouvent entre parenthèses.

** Cette colonne donne les lignes directrices de l'intervention infirmière initiale et d'une évaluation plus approfondie.

Guide d'évaluation physique du nouveau-né (suite)

Examen/Résultats normaux	Anomalies et causes possibles*	Interventions infirmières dictées par les données**
Membres et tronc (suite)		
Mains		
Nombre normal de doigts	Polydactylie (doigts ou orteils surnuméraires) Syndactylie (doigts ou orteils fusionnés) Syndactylie touchant un membre (anomalie de développement) Syndactylie touchant les deux membres (trouble de nature génétique)	Avertir le médecin
Plis palmaires normaux	Pli simien sur la paume (syndrome de Down)	Avertir le médecin
Mains de dimensions normales	Doigts courts et main large (syndrome de Hurler)	
Présence d'ongles au bout des doigts chez le bébé à terme	Cyanose et hippocratisme digital (anomalies cardiaques) Ongles longs ou tachetés de jaune (postmaturité)	Vérifier la présence d'antécédents de souffrance in utero
Colonne vertébrale		
Colonne en forme de C Plate et droite quand l'enfant est en position ventrale Légère lordose lombaire Facile à fléchir et intacte à la palpation Absence de lanugo sur au moins la moitié du dos Le nouveau-né à terme en suspension ventrale devrait normalement tenir sa tête selon un angle de 45° et son dos droit.	Spina bifida occulta (nævus pileux) Sinus dermique Myéloméningocèle Retard de redressement de la tête, tronc flasque (trouble neurologique)	Évaluer la gravité de l'atteinte neurologique; donner les soins requis dans les cas d'ouverture du canal rachidien
Hanches		
Aucun signe d'instabilité	Mouvement anormal ou saccadé, ressaut caractéristique d'une luxation de la hanche	Procéder au dépistage des luxations de la hanche avant le congé du centre hospitalier
Abduction complète	Incapacité de faire une abduction complète	Si on soupçonne une luxation, avertir le médecin Informer les parents de l'importance d'un suivi périodique
Plis cutanés de la région inguinale et des fesses		
Plis symétriques	Asymétrie du côté atteint (luxation de la hanche)	Avertir le médecin Vérifier si les parents comprennent l'importance d'un suivi
Jambes		
Longueur égale, plus courtes que les bras à la naissance	Une jambe plus courte (luxation de la hanche) Mouvements insuffisants des jambes (fractures, atteintes spinales)	Adresser l'enfant à un médecin pour évaluation Informer les parents des symptômes importants et discuter avec eux du traitement
Pieds		
Pieds en ligne droite Pied bot transitoire (causé par la position intra-utérine)	Pied bot (pied varus équin)	Expliquer aux parents la différence entre le pied bot dû à la position intra-utérine et le vrai pied bot Travailler en collaboration avec le médecin Enseigner aux parents comment pratiquer des mobilisations passives du pied et les informer qu'ils doivent consulter un pédiatre si le pied bot n'est pas replacé à l'âge de 3 mois
Coussins adipeux et plis sur la plante des pieds Pieds plats: normal avant l'âge de 3 ans	Plis plantaires incomplets au cours des 24 premières heures (prématurité)	Expliquer aux parents que les pieds plats sont normaux chez le bébé

* Les causes possibles des anomalies se trouvent entre parenthèses.

** Cette colonne donne les lignes directrices de l'intervention infirmière initiale et d'une évaluation plus approfondie.

Guide d'évaluation physique du nouveau-né (suite)

Examen/Résultats normaux	Anomalies et causes possibles*	Interventions infirmières dictées par les données**
Caractéristiques neuromusculaires		
Fonction motrice		
Mouvement et force symétriques dans tous les membres	Flaccidité ou hypertonie (trouble du SNC, infection, déshydratation, fracture)	Évaluer la posture et les fonctions motrices en observant les activités motrices
Mouvements parfois saccadés ou secousses musculaires	Tremblements (hypoglycémie, hypocalcémie, infection, lésion neurologique)	Évaluer le déséquilibre électrolytique, l'hypoglycémie et le fonctionnement neurologique
Fléchissement de la tête vers l'arrière ne dépassant pas 45°	Retard ou anomalie de développement (prématurité, atteinte neurologique)	
Maîtrise du cou suffisante pour maintenir la tête droite pendant un court instant	Asymétrie du tonus et de la force musculaire (atteinte neurologique)	Avertir le médecin
Réflexes		
Réflexe de clignement		
Stimulation à l'aide d'une lampe de poche ; réaction de fermeture des paupières	Réflexe de clignement absent (lésion d'un nerf crânien, atteinte du SNC)	Évaluer l'état neurologique
Réflexe pupillaire		
Stimulation à l'aide d'une lampe de poche ; réaction de contraction des pupilles	Réflexe pupillaire absent (lésion d'un nerf crânien, atteinte du SNC)	
Réflexe de Moro		
En réaction à un bruit fort ou à un mouvement soudain, l'enfant bouge normalement les bras en extension et en abduction de façon symétrique et ouvre les mains ; il reprend ensuite sa position fléchie et détendue. Pour déclencher ce réflexe, on couche l'enfant sur le dos et on soulève légèrement sa tête pour la relâcher brusquement, ou on le tient en position horizontale, on l'incline rapidement de 15 cm environ et on arrête brusquement. Les doigts forment un C. Le réflexe de Moro est présent à la naissance et disparaît avant l'âge de 6 mois.	Réaction asymétrique (fracture de la clavicule, lésion du plexus brachial) Absence persistante de réaction (lésion cérébrale)	Expliquer aux parents qu'il s'agit d'un réflexe normal en réaction à des bruits forts ou à des mouvements brusques L'absence de ce réflexe justifie une évaluation neurologique.
Réflexe des points cardinaux et réflexe de succion		
Si on touche la joue ou la bouche du bébé, il tourne la tête en direction du stimulus ; il ouvre la bouche et tète de façon rythmée quand on met un doigt ou un mamelon dans sa bouche ; réflexe difficile à déclencher après la tétée et disparaissant entre l'âge de 4 à 7 mois. La succion doit être suffisante pour répondre aux besoins nutritionnels et de stimulation orale ; le réflexe de succion disparaît avant l'âge de 12 mois.	Mauvaise succion ou fatigabilité (prématurité, allaitement au sein par une mère toxicomane, cardiopathie) Absence de réaction (prématurité, atteinte neurologique, dépression)	Évaluer la force et la coordination de la succion Observer le nouveau-né pendant la tétée et discuter avec les parents du lien entre l'allaitement et les réactions du bébé

* Les causes possibles des anomalies se trouvent entre parenthèses.

** Cette colonne donne les lignes directrices de l'intervention infirmière initiale et d'une évaluation plus approfondie.

Guide d'évaluation physique du nouveau-né (suite)

Examen/Résultats normaux	Anomalies et causes possibles*	Interventions infirmières dictées par les données**
Réflexes (suite)		
Réflexe de préhension palmaire Si on stimule la paume de la main du bébé avec un doigt, il saisit le doigt et le retient pendant un moment. Ce réflexe s'atténue vers l'âge de 3 ou 4 mois.	Réaction asymétrique (troubles neurologiques)	Évaluer d'autres réflexes ainsi que le fonctionnement neurologique général
Réflexe de préhension plantaire Lorsqu'on pose un doigt sur la plante du pied, les orteils se replient vers l'intérieur. Ce réflexe s'atténue vers l'âge de 8 mois	Absence de réaction (atteinte de la partie inférieure de la colonne vertébrale)	Rechercher la présence d'autres troubles neurologiques touchant les membres inférieurs
Réflexe de marche automatique Si on tient le bébé debout et qu'un de ses pieds touche une surface plane, il avance les pieds l'un après l'autre. Ce réflexe disparaît vers 4 ou 5 mois.	Marche asymétrique (trouble neurologique)	Évaluer le tonus et la fonction musculaire de chaque côté du corps Consulter un spécialiste
Réflexe de Babinski Écartement en éventail et extension de tous les orteils quand on stimule la région externe de la plante du pied, du talon aux orteils. Ce réflexe disparaît avant l'âge de 2 ans.	Absence de réaction (atteinte de la partie inférieure de la colonne vertébrale)	Demander une évaluation neurologique plus approfondie
Réflexe tonique du cou Position de l'«escrimeur»: si on tourne la tête de l'enfant d'un côté, on observe une extension des membres situés du même côté et une flexion des membres du côté opposé. Ce réflexe, parfois difficile à observer au tout début de la période néonatale, disparaît vers l'âge de 3 ou 4 mois. Réflexe souvent plus marqué dans les jambes que dans les bras	Absence de réaction après l'âge de 1 mois ou asymétrie persistante (lésion cérébrale)	Évaluer le fonctionnement neurologique
Réflexe de reptation Se déclenche en position ventrale et se manifeste par des poussées vers le haut et des tentatives de rampement	Réaction inexistante ou variable (prématurité, faiblesse ou dépression)	Évaluer le fonctionnement moteur Adresser l'enfant à un spécialiste
Réflexe d'incurvation latérale du tronc (réflexe de Galant) Se déclenche par un léger frottement de la colonne et se manifeste par une rotation du bassin vers le côté stimulé	Pas de rotation vers le côté stimulé (lésion neurologique)	
	* Les causes possibles des anomalies se trouvent entre parenthèses.	** Cette colonne donne les lignes directrices de l'intervention infirmière initiale et d'une évaluation plus approfondie.

Pour certains éléments de l'évaluation, le score est fonction de la réaction du bébé à un stimulus précis. Pour d'autres, par exemple l'aptitude à se calmer et le degré d'éveil, le score dépend plutôt de l'observation du comportement de l'enfant tout au long de l'évaluation. (Pour de plus amples détails sur cette période, consulter Brazelton et Nugent, 1995).

L'évaluation doit se faire, si possible, dans une pièce calme et faiblement éclairée. L'infirmière détermine d'abord le degré d'éveil du bébé, car l'établissement des scores et la succession des éléments du test sont fonction de l'état de veille ou de sommeil de l'enfant. L'état du nouveau-né dépend de certaines variables physiologiques, comme le temps écoulé depuis la dernière tétée, sa position, la température ambiante et son état de santé. Il dépend aussi de stimuli externes, comme le bruit et la lumière vive, et du cycle de sommeil et d'éveil. Le profil des états du bébé est une caractéristique importante de la période néonatale, de même que de la transition d'un état à l'autre. Le profil des états permet de prédire la réceptivité du bébé ainsi que son aptitude à réagir consciemment à des stimuli. Dans les conditions idéales d'apprentissage, le nouveau-né est calme et éveillé. Il se trouve dans un milieu favorable qui lui procure les stimuli appropriés.

L'infirmière doit observer le profil des rythmes de veille et de sommeil du nouveau-né (voir le chapitre 23, p. 673, et le tableau 29-2, p. 862-863), la rapidité avec laquelle il passe d'un état à l'autre, son aptitude à se consoler et à se détacher d'un stimulus désagréable. Les questions ci-après lui permettront d'établir la structure de son évaluation.

- Les réactions du nouveau-né et sa capacité d'adaptation aux stimuli exigent-elles que ses parents interviennent pour l'inciter à prendre conscience du milieu environnant afin de favoriser son développement social et cognitif?
- Les parents doivent-ils intervenir pour réduire les stimuli externes parce que leur bébé a des réactions intenses aux stimuli sensoriels?
- Le bébé est-il capable de décider de la quantité de stimuli sensoriels avec lesquels il peut composer?

On trouvera ci-dessous les caractéristiques de certains comportements spécifiques aux différents états de veille ou de sommeil.

1. *Habituation.* L'infirmière évalue la capacité de réduire ou de neutraliser une réaction innée à des stimuli répétés (par exemple un hochet, une cloche, une lumière, une piqûre sur le talon).

2. *Orientation par rapport aux stimuli auditifs et visuels, inanimés et animés.* L'infirmière observe la fréquence et la direction de la réaction du bébé aux stimuli visuels et auditifs. L'orientation du nouveau-né en fonction du milieu environnant dépend de sa capacité de réagir aux signaux et de son aptitude naturelle à fixer un objet et à le suivre des yeux horizontalement et verticalement. Il est important que les parents soient en mesure d'évaluer cette aptitude, car elle joue un rôle important dans l'établissement de la communication avec l'enfant. Leur présence (quand ils se placent devant l'enfant et lui parlent doucement et longuement) fournit à l'enfant des stimuli visuels et auditifs qui l'incitent à s'orienter dans leur direction. Une inaptitude à réagir ou de faibles réactions peuvent indiquer un trouble visuel ou auditif. Il est important que les parents sachent que, peu après la naissance ou dès l'âge de trois jours, leur enfant peut tourner la tête en direction des voix et porter attention aux sons à différents moments et à divers degrés.

3. *Activité motrice.* L'évaluation de l'activité motrice comporte plusieurs éléments. Le tonus moteur de l'enfant doit être évalué lorsqu'il est dans l'état de réactivité qui lui est le plus caractéristique. On évalue sommairement l'utilisation générale du tonus en réaction au toucher (au cours d'activités spontanées, lorsqu'on le place sur le ventre ou à l'horizontale) et on procède à une évaluation globale du tonus corporel en réaction à tous les stimuli.

4. *Labilité des états.* On estime la fréquence des états de veille, la rapidité des changements d'état, les changements de couleur (dans tous les états, selon la progression de l'évaluation), de même que l'activité et l'excitation à son point culminant.

5. *Aptitude à s'autocalmer.* On évalue la façon (fréquence, rapidité et efficacité) dont le nouveau-né utilise ses ressources personnelles pour se calmer et se consoler dans les moments d'irritation ou de douleur. On observera notamment les réactions autocalmantes suivantes: porter la main à la bouche, sucer le poing ou la langue, s'arrêter à un objet ou à un son. On tiendra également compte de son besoin de consolations extérieures (par exemple voir un visage, se faire prendre, bercer ou habiller, sucer une tétine ou être emmailloté).

6. *Réaction aux caresses ou comportement social.* On estime le besoin de l'enfant qu'une personne le prenne dans ses bras et ses réactions, de même que la fréquence de ses sourires. Le comportement de l'enfant lors des contacts physiques influe sur l'estime de soi des parents et sur leurs sentiments d'acceptation ou de rejet; de plus, il semble révélateur de sa personnalité. Ainsi, le nouveau-né affectueux semble aimer, accepter et rechercher les contacts physiques; il est plus facile à calmer, dort davantage et s'attache plus rapidement et plus intensément. À l'inverse, le nouveau-né moins affectueux est actif et agité, présente un développement moteur plus rapide et ne tolère pas les contraintes physiques. Même s'il n'est qu'une grimace chez le nouveau-né, le sourire influe grandement sur la relation parents-enfant, les parents le considérant comme une réaction positive.

Le chapitre en bref

Notions fondamentales

- L'examen complet d'un nouveau-né comprend un bilan périnatal, la détermination de son âge gestationnel, un examen physique et une évaluation comportementale.

- L'examen complet du nouveau-né permet d'évaluer son adaptation à la vie extra-utérine et de déceler tout problème physiologique.

- Les caractéristiques physiques qui servent généralement à estimer l'âge gestationnel sont l'aspect de la peau, le lanugo, les plis plantaires, la quantité de tissu mammaire et son aspect, la forme et le cartilage de l'oreille, ainsi que les organes génitaux.

- Les composantes neuromusculaires qui servent à estimer l'âge gestationnel sont généralement la posture, l'angle de flexion du poignet, l'angle poplité, le retour des bras en flexion, l'extension talon-oreille et le signe de l'écharpe.

- L'infirmière classifie le bébé dans une des catégories suivantes : hypotrophique, eutrophique ou hypertrophique (macrosomique) et adapte ses interventions aux besoins individuels de l'enfant.

- Les valeurs normales des signes vitaux chez le nouveau-né sont :
Fréquence cardiaque : 120-160 battements/minute
Fréquence respiratoire : 30-60 respirations/minute
Température axillaire : 36,5 °C à 37,2 °C
Température cutanée : 36 °C à 36,5 °C
Température rectale : 36,6 °C à 37,2 °C
Tension artérielle à la naissance : 80-60/45-40 mm Hg

- Les mensurations normales du nouveau-né sont :
Poids : 2 500-4 000 g (selon la taille et l'âge de la mère)
Taille : 46-53 cm
Périmètre crânien : 32-37 cm (plus long d'environ 2 cm que le périmètre thoracique)

- Les principaux réflexes du nouveau-né sont le réflexe de succion, le réflexe de Moro, le réflexe de préhension, le réflexe des points cardinaux, le réflexe de clignement et le réflexe de Babinski.

- En présence d'une subluxation ou une luxation congénitale de la hanche, il est impossible de faire une abduction complète de la cuisse atteinte (signe d'Ortolani).

- Les capacités comportementales du nouveau-né comprennent l'habituation, l'orientation par rapport aux stimuli auditifs et visuels, l'activité motrice, l'aptitude à s'autocalmer et la réaction aux caresses.

- Lors des évaluations physique et comportementale du nouveau-né, il est important que l'infirmière renseigne les parents et les fasse participer aux soins. Elle peut ainsi les aider à dissiper leurs craintes et à reconnaître le caractère unique de leur enfant.

Références

AMERICAN ACADEMY OF PEDIATRICS, COMMITTEE ON FETUS AND NEWBORN, et AMERICAN COLLEGE OF OBSTETRICIANS AND GYNECOLOGISTS, COMMITTEE ON OBSTETRICS (1997). *Guidelines for perinatal care*, 4e éd., Evanston, IL., chez l'auteur.

BALLARD, J. L., J. C. KHOURY, K. WEDIG, L. WANG, B. L. EILERS-WALSMANN et R. LIPP (1991). « New Ballard score, expanded to include extremely premature infants », *Journal of Pediatrics*, vol. 119, nº 3, p. 417-423.

BASSO, O., J. OLSEN, L. B. KNUDSEN et K. CHRISTENSEN (1998). « Low birth weight and preterm birth after short interpregnancy intervals », *American Journal of Obstetrics and Gynecology*, vol. 178, nº 2, p. 259-263.

BRAZELTON, T. B. et J. K. NUGENT (1995). *The neonatal behavioral assessment scale*, 3e éd., Londres, MacKeith.

BROOKS, A., M. R. JOHNSON, P. J. STEER, M. E. PAWSON et H. I. ABDELLA (1995). « Birth weight : Nature or nurture ? », *Early Human Development*, vol. 42, nº 1, p. 29-35.

DODD, V. (1996). « Gestational age assessment », *Neonatal Network*, vol. 15, nº 1, p 27.

DONOVAN, E. F., J. E. TYSON, R. A. EHRENKRANZ, J. VERTER, L. L. WRIGHT, S. B. KORONES, C. R. BAUER, S. SHANKARAN, B. J. STOLL, A. A. FANAROFF, W. OH, J. A. LEMONS, D. K. STEVENSENS et L. PAPILE (1999). « Inaccuracy of Ballard Scores before 28 weeks' gestation », *Journal of Pediatrics*, vol. 135, août, p. 147-152.

JURETSCHKE, L. J. (2000). « Unilateral neonatal testicular torsion », *Journal of Obstetric, Gynecologye, and Neonatal Nursing*, vol. 29, nº 5, p. 451-456.

MOYER, V. A., C. AHN et S. SNEED (2000). « Accuracy of clinical judgement in neonatal jaundice », *Archives of Pediatric and Adolescent Medicine*, vol. 154, avril, p. 391-394.

O'DONNELL, K. A., P. L. GLICK et M. G. CORY (1998). « Pediatric umbilical problem », *Pediatrics Clinics of North America*, vol. 45, nº 4, p. 791-799.

OVERPECK, M. D., M. L. HEDIGER, J. ZHANG, A. C. TRUMBLE et M. A. KLEBANOFF (1999). « Birth weight for gestational age of Mexican American infants born in the United States », *Obstetrics and Gynecology*, vol. 93, nº 6, p. 943-947.

PRESSLER, J. L., et J. T. HEPWORTH (1997). « Newborn neurologic screening using NBAS reflexes », *Neonatal Network*, vol. 16, nº 6, p. 33-46.

REED, B., et R. DAVIDHIZAR (1997). « Setting their sight : Visual development in newborns », *Advances for Nurse Practitioner*, vol. 5, nº 2 p. 67-68, 70.

RINEHART, T. T., D. A. TERRONE et E. MAGANN (2000). « The normal neonate : Assessment of early physical findings », *in* J. J. Sciarri et T. J. Watkins (dir.), *Gynecology and obstetrics*, Philadelphie, Lippincott, Williams & Wilkins, vol. 2, chap. 97, p. 1-15.

SGANGA, A., R. WALLACE, E. KIEHL, T. IRBING et L. WITTER (2000). « A comparison of four methods of normal newborn temperature measurements », *American Journal of Maternal Child Nursing*, vol. 52, nº 2, p. 76-79.

SININGER, Y. S., K. J. DOYLE et J. K. MOORE (1999). « The case for early identification of hearing loss in children », *Pediatric Clinics of North America*, vol. 46. nº 1, p. 1-14.

TAPPERO, E. P., et M. E. HONEYFIELD (1996). *Physical assessment of the newborn*, 2e éd., Petaluma, CA, NICU Ink.

THURDEEN, P. J., J. DEACON, O. O'NEILL et J. HERNANDEZ (1999). *Assessment and care of the well newborn*, Philadelphie, Saunders.

Lecture complémentaire

BRÛLÉ, M., et L. CLOUTIER (dir.) (2002). *L'examen clinique dans la pratique infirmière*, Saint-Laurent, Éditions du Renouveau Pédagogique.

Le nouveau-né : besoins et soins

Objectifs

- Résumer les points essentiels de l'évaluation initiale à la naissance et durant les premiers jours de vie

- Décrire les réactions physiologiques et comportementales du nouveau-né ainsi que les interventions qui peuvent s'y rattacher

- Décrire les principales observations et interventions de l'infirmière au cours des heures qui suivent la naissance (admission à la pouponnière et période de transition) et les soins quotidiens ultérieurs

- Reconnaître les interventions qui doivent faire partie des soins quotidiens d'un nouveau-né bien portant

- Énumérer les inquiétudes les plus fréquentes de la famille concernant le nouveau-né

- Décrire le contenu de l'enseignement à donner aux parents

- Reconnaître les moments propices pour donner l'enseignement aux parents, renforcer leurs compétences et améliorer leur confiance, tout en prenant soin du bébé à l'unité des naissances

- Connaître les informations à communiquer à la famille lors de la sortie du centre hospitalier

Vocabulaire

AU MOMENT DE SA NAISSANCE, le nouveau-né subit de nombreuses adaptations physiologiques. À cause de ces modifications importantes, on doit le surveiller étroitement pour s'assurer que le passage à la vie extra-utérine se déroule sans heurts. On doit également lui prodiguer les soins adéquats qui facilitent cette transition.

Au cours de cette période, les deux principaux objectifs des soins infirmiers sont de favoriser le bien-être physique du nouveau-né et de promouvoir la formation d'une cellule familiale qui joue bien son rôle. Pour atteindre le premier objectif, l'infirmière apporte au nouveau-né des soins complets pendant son séjour à l'unité des naissances. Pour atteindre le deuxième objectif, l'infirmière enseigne aux parents les soins qu'ils doivent prodiguer au nouveau-né et soutient leurs efforts afin qu'ils acquièrent la confiance et la compétence nécessaires. Par conséquent, l'infirmière doit bien connaître les adaptations familiales consécutives à la naissance, ainsi que les besoins du nouveau-né en matière de soins. Il est essentiel que la famille sente qu'elle est épaulée et qu'elle possède les informations et les aptitudes nécessaires pour s'occuper du bébé. Il est tout aussi essentiel que s'amorce une relation privilégiée entre les membres de la famille et le nouveau-né. Les attentes culturelles et sociales de la famille et de la collectivité à laquelle elle appartient influent sur la façon dont seront prodigués les soins au nouveau-né en santé.

Tandis que les chapitres 21 et 22 portent sur l'adaptation physiologique et comportementale du nouveau-né ainsi que sur les évaluations infirmières qui s'imposent, le présent chapitre vise à décrire la démarche clinique de l'infirmière pendant le séjour du bébé à l'unité des naissances. On trouvera aux pages 651-653 le Cheminement clinique pour les soins du nouveau-né.

Les soins infirmiers à l'admission et au cours des quatre premières heures suivant la naissance

Évaluation et analyse de la situation

Au cours des quatre premières heures qui suivent la naissance, l'infirmière effectue un examen physique préliminaire du nouveau-né, qui inclut l'évaluation des adaptations physiologiques. Dans plusieurs centres hospitaliers, c'est au cours de la première heure de vie que l'infirmière effectue cet examen physique. Elle en consigne les résultats et doit signaler toute anomalie au médecin. Un examen physique complet est effectué plus tard par le pédiatre, d'abord au cours des 24 heures qui suivent la naissance, puis dans les 24 heures qui précèdent le congé. (Voir au chapitre 22 l'encadré *Points à retenir: Principales évaluations du nouveau-né*.)

L'analyse et l'interprétation des données recueillies permettent de formuler les diagnostics infirmiers. La plupart d'entre eux reposent sur les changements physiologiques du nouveau-né, les soins prodigués par la famille ainsi que l'intégration du bébé dans cette famille. Voici quelques diagnostics infirmiers susceptibles de s'appliquer au nouveau-né et à sa famille:

- ***dégagement inefficace des voies respiratoires*** relié à des mucosités et à la rétention de liquide pulmonaire;
- ***risque d'altération de la température corporelle*** relié à des pertes de chaleur par évaporation, radiation, conduction et convection;
- ***risque d'alimentation déficiente*** relié à une faible succion;
- ***risque d'infection*** relié à une altération des mécanismes de défense (immunité acquise insuffisante);
- ***risque de perturbation de l'attachement parents–enfant*** relié à l'incapacité des parents de répondre aux besoins personnels de l'enfant.

Comme nous l'avons vu au chapitre 22, l'adaptation physiologique du nouveau-né à la vie extra-utérine se produit rapidement et fait intervenir tous les systèmes et appareils de l'organisme. Durant la période néonatale, il importe donc que l'infirmière procède promptement lorsqu'elle pose un diagnostic infirmier et exécute les interventions qui s'y rattachent. (Voir l'encadré *Points à retenir: Signes de transition chez le nouveau-né*.)

Points à retenir

Signes de transition chez le nouveau-né

Voici quelques-unes des valeurs normales au cours des premières heures de vie.

Pouls : 120-160 battements/min

Pendant le sommeil, il peut descendre jusqu'à 100 battements/min.

Pendant les pleurs, il peut monter jusqu'à 180 battements/min.

On mesure le pouls apexien durant 1 minute parce que le rythme peut fluctuer.

Respiration : 30-60 mouvements respiratoires/min

Surtout diaphragmatique, mais synchronisée avec les mouvements abdominaux

Respiration périodique (pauses de 5 à 15 s) sans altération de la couleur de la peau ou de la fréquence cardiaque

Température

Axillaire : 36,5-37 °C

Cutanée : 36-36,5 °C

Tension artérielle : 80-60/45-40 mm Hg à la naissance
100/50 mm Hg vers le 10e jour

Glucose : 2,2-3,3 mmol/L

Hématocrite : 0,44 à 0,64

Planification et interventions

L'infirmière commence l'évaluation nécessaire à l'admission et détermine si l'enfant doit demeurer en observation. Elle vérifie si le bébé arrive à maintenir sa température corporelle et ses voies respiratoires dégagées. Elle s'assure aussi que les signes vitaux sont stables, que l'état neurologique est normal, qu'il n'y a pas de complications observables et que la première tétée se déroule normalement. Des données normales indiquent que le nouveau-né amorce bien son adaptation à la vie extra-utérine. On peut alors le laisser dans la chambre de sa mère. Habituellement, les bébés bien portants cohabitent dès la naissance.

Admission du bébé

Après la naissance, le bébé est officiellement admis au centre hospitalier. La première évaluation comprend l'estimation de l'âge gestationnel ainsi qu'une évaluation initiale, qui permet de s'assurer que l'adaptation à la vie extra-utérine se déroule normalement. Cette évaluation de l'état du nouveau-né et des facteurs de risque doit absolument se dérouler au cours des deux heures suivant la naissance (AAP, 1997).

Si l'évaluation initiale indique l'absence de facteurs de risque physiologiques, l'infirmière procède aux interventions d'admission habituelles, dans la chambre de naissance, en présence des parents. Les soins dictés par les résultats de l'évaluation initiale peuvent être donnés par l'infirmière ou par les parents sous la supervision de l'infirmière. Il est possible de différer les autres interventions jusqu'à l'arrivée du nouveau-né à la pouponnière ou dans la chambre de sa mère.

L'infirmière chargée du nouveau-né doit d'abord et avant tout vérifier et confirmer l'identité de la mère et du bébé, puis elle consigne toutes les informations pertinentes. Les données essentielles à inscrire au dossier du bébé sont les suivantes :

1. *État du nouveau-né.* On note l'indice d'Apgar à 1 et 5 minutes, les mesures de réanimation appliquées dans la chambre de naissance, le cas échéant, l'examen physique, les signes vitaux, les mictions et l'expulsion du méconium. Les complications à signaler sont une augmentation des sécrétions, un retard de la réactivité ou de la respiration spontanée, un nombre anormal de vaisseaux dans le cordon ombilical et les anomalies physiques apparentes.

2. *Compte rendu du travail et de l'accouchement.* Une copie du compte rendu du travail et de l'accouchement doit figurer dans le dossier du nouveau-né ou être accessible sur fichier informatique. Ce compte rendu contient toutes les données importantes relatives à l'accouchement, telles la durée et le déroulement du travail, l'état de la mère et du fœtus tout au long du travail et de l'accouchement, et les analgésiques ou anesthésiques administrés à la mère. L'infirmière qui a assisté à l'accouchement doit noter minutieusement toute variation ou tout autre problème. Les éléments suivants devraient être rapportés : rupture prématurée des membranes, position fœtale anormale, présence de méconium dans le liquide amniotique, signes de souffrance fœtale au cours du travail, circulaires du cordon (enroulement du cordon autour du cou du nouveau-né à la naissance), accouchement précipité, utilisation des forceps ou de la ventouse obstétricale, analgésiques et anesthésiques administrés dans l'heure précédant la naissance, antibiotiques administrés durant le travail.

3. *Données prénatales.* L'infirmière note tous les troubles maternels susceptibles de compromettre la santé du fœtus. Parmi ceux-ci, mentionnons les troubles tels le diabète gestationnel, la prééclampsie, les pertes sanglantes, ainsi que certaines infections récentes, la rubéole, les résultats des tests sérologiques, les résultats de dépistage de l'hépatite B, les cas d'exposition aux streptocoques du groupe B, les antécédents de toxicomanie, etc. (AAP, 1997). Le dossier inclut également l'âge de la mère, la date présumée de l'accouchement, les grossesses antérieures et la présence d'anomalies congénitales. Si un test de dépistage du VIH a été effectué, le résultat devrait également apparaître au dossier.

4. *Données sur l'interaction parents-nouveau-né.* L'infirmière consigne également au dossier les interactions entre les parents et leur bébé, ainsi que leurs souhaits quant

au type d'alimentation. Les données concernant la présence d'autres enfants dans la famille, le réseau de soutien dont les parents disposent et le mode d'interaction à l'intérieur de la cellule familiale aident l'infirmière à élaborer son plan de soins.

Dans le cadre des formalités d'admission, l'infirmière pèse le nouveau-né. Le pèse-bébé doit être nettoyé et recouvert d'un piqué avant chaque pesée afin de prévenir les infections croisées et les pertes de chaleur par conduction (figure 23-1 ▶).

L'infirmière mesure ensuite le nouveau-né et consigne sa taille en centimètres. En fait, elle note systématiquement deux mesures : la taille et le périmètre crânien. Dans certains établissements, on évalue aussi le périmètre thoracique et le tour de taille. L'infirmière doit évaluer sommairement la couleur de la peau, le tonus musculaire, la vivacité et l'état général. Évidemment, il faut tenir compte du fait qu'une fois la première période de réactivité terminée, le nouveau-né s'endort et qu'il devient difficile de le réveiller. Après avoir évalué l'âge gestationnel selon les critères de base, l'infirmière poursuit l'examen physique (voir le chapitre 22).

En plus de mesurer les signes vitaux, l'infirmière évalue la glycémie si le bébé présente un facteur de risque particulier (hypotrophie, macrosomie ou tremblements, par exemple). Ces interventions peuvent être effectuées lors de l'admission ou au cours des quatre premières heures après la naissance (AAP, 1997).

Maintien de la perméabilité des voies respiratoires et de la stabilité des signes vitaux

L'infirmière couche le nouveau-né sur le dos. Au besoin, elle aspire les mucosités des voies nasales ou de la cavité buccale à l'aide d'une poire ou d'un cathéter DeLee (voir le procédé 17-1).

FIGURE 23-1 ▶ Pesée du nouveau-né. On étalonne le pèse-bébé avant chaque pesée après l'avoir recouvert d'un piqué. Par mesure de sécurité, on garde une main au-dessus du corps du bébé.

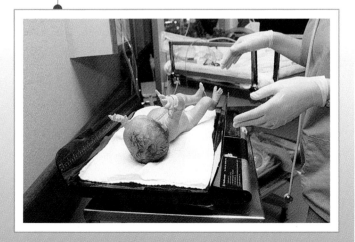

On peut relier le cathéter DeLee à un dispositif d'aspiration pour prévenir l'inhalation des mucosités gastriques et s'assurer ainsi que l'œsophage n'est pas obstrué avant la première tétée. L'aspiration gastrique peut causer la stimulation du nerf vague, ce qui entraîne parfois de la bradycardie et de l'apnée chez le nouveau-né dont l'état n'est pas encore stabilisé.

En l'absence de souffrance néonatale, l'infirmière poursuit l'évaluation pour l'admission en mesurant les signes vitaux. Elle prend d'abord la température corporelle initiale par la méthode axillaire ; la température axillaire normale varie entre 36,5 °C et 37 °C (Merestein et Gardner, 1998).

Après avoir noté la température initiale, l'infirmière surveille la température centrale soit en mesurant la température axillaire à intervalles réguliers, soit en utilisant une sonde thermométrique cutanée installée à demeure. Cette sonde donne des lectures assez fidèles de la température corporelle moyenne lorsqu'on la place loin des proéminences osseuses, c'est-à-dire sur l'abdomen du nouveau-né ou encore sur la partie supérieure de la cuisse ou du bras.

Les signes vitaux du bébé à terme et en santé devraient être mesurés au moins toutes les 60 minutes jusqu'à ce que l'état du bébé soit stable depuis 2 heures (AAP, 1997). Une respiration irrégulière n'est pas nécessairement anormale chez le nouveau-né. De la même façon, on considère comme normales les brèves périodes d'apnée qui ne dépassent pas plus de 15 secondes lorsqu'elles ne s'accompagnent pas d'une altération de la couleur de la peau ou de la fréquence cardiaque. Le pouls normal varie entre 120 et 160 battements par minute et la fréquence respiratoire, entre 30 et 60 respirations par minute.

Maintien d'un milieu thermique neutre

Il faut assurer au nouveau-né un milieu thermique neutre afin de réduire au maximum la consommation d'oxygène et l'utilisation d'énergie pour le maintien de la température dans les limites optimales, soit 36,5 à 37,2 °C. L'hypothermie risque d'entraîner une acidose métabolique, de l'hypoxie et un choc.

Pour assurer au nouveau-né un milieu thermique neutre pendant les examens et les interventions, on le place, une fois dévêtu, sous une source de chaleur radiante. Le thermostat du berceau à chaleur radiante se règle à partir des indications de la sonde thermométrique cutanée placée sur le nouveau-né. La sonde indique si la température corporelle se maintient dans les limites acceptables. L'infirmière doit éviter de bloquer les ondes de chaleur radiante en se penchant au-dessus de l'enfant. De plus, dans certains établissements, la tête du bébé est recouverte d'un bonnet de laine doublé de gaze ou de coton, afin de prévenir la déperdition de chaleur (*Neonatal thermoregulation*, 1997).

Conseil pratique

Pour réduire la déperdition de chaleur par la tête du bébé, il est possible de confectionner un bonnet à l'aide d'un morceau de jersey.

Cheminement clinique   pour les soins du nouveau-né

Catégorie	4 heures après la naissance	De 4 à 8 heures après la naissance	De 8 à 24 heures après la naissance
Orientation	• Revoir le dossier du travail et de l'accouchement • Vérifier les bracelets d'identité • Consulter le pédiatre au besoin	• Vérifier les bracelets d'identité	• Vérifier les bracelets d'identité au début de chaque quart de travail **Résultats escomptés** Au moment du congé, les bracelets d'identité de la mère et du bébé correspondent.
Évaluation	• Poursuivre l'évaluation commencée au cours de l'heure suivant la naissance • Signes vitaux : pouls, température, respiration q1h × 4 ; tension artérielle au besoin **Évaluation du nouveau-né** • État respiratoire : évaluer la présence de détresse respiratoire une fois, puis au besoin. En cas de détresse respiratoire, évaluer toutes les 5 à 15 minutes • Cordon : blanc bleuté, clamp en place • Couleur : peau, muqueuses, membres et tronc roses avec légère acrocyanose des mains et des pieds • Poids : 2 500 à 4 000 g Taille : 48 à 53 cm Périmètre crânien : 32 à 36 cm Périmètre thoracique : 32,5 cm (2,5 à 5 cm de moins que celui de la tête) • Mouvements des membres (peuvent être saccadés) • Classification de l'âge gestationnel : à terme, eutrophique • Anomalies (les anomalies congénitales peuvent perturber l'adaptation extra-utérine)	• Évaluer le bébé au cours des différentes périodes de réactivité • Signes vitaux : pouls, respiration, température toutes les 4 à 8 h et selon les besoins, tension artérielle si nécessaire **Évaluation du nouveau-né** • Couleur de la peau toutes les 4 h selon le cas (le système circulatoire se stabilise ; l'acrocyanose s'atténue) • Yeux : écoulement, rougeur, hémorragie • Ausculter les poumons toutes les 4 h (une respiration bruyante et la présence de mucosités sont normales). • Sécrétions accrues (normal durant la deuxième période de réactivité) • Vérifier le pouls apexien toutes les 4 h • Cordon : rougeur, écoulement, odeur nauséabonde, racornissement, clamp en place • Mouvements des membres : évaluer toutes les 4 h • Examen des réflexes normaux (succion, points cardinaux, Moro, préhension, clignement, bâillement, éternuement, tonique du cou, Babinski) • Noter les variations normales • Évaluer la succion et la déglutition durant la tétée • Noter les caractéristiques du comportement • Prendre la température avant et après le premier bain	• Prendre les signes vitaux toutes les 8 h ; température axillaire : 36,5-37,2 °C ; pouls : 120-160 ; respiration : 30-60 ; TA : 60-80/45-40 mm Hg **Évaluation continue du nouveau-né** • Évaluer couleur de la peau toutes les 4 h. • Racornissement ou infection du cordon • Vérifier le clamp jusqu'à ce qu'on l'enlève avant le congé
Enseignement/ Aspects psychosociaux	• Effectuer les procédures d'admission du bébé au chevet de la mère si possible ; informer les parents au sujet de la pouponnière ; enseigner le lavage de mains ; évaluer les besoins d'apprentissage de la famille • Montrer aux parents comment utiliser la poire, comment prévenir la suffocation, dans quelles positions installer le bébé et quand demander de l'aide • Expliquer aux parents pourquoi on utilise un berceau à chaleur radiante, un bonnet et des couvertures chaudes • Discuter des mesures de sécurité • Inviter les parents à prendre connaissance du formulaire de la déclaration de naissance qu'ils pourront remplir avant leur départ du centre hospitalier	• Renforcer l'enseignement portant sur la suffocation, l'utilisation de la poire, la mise en position et le maintien de la température (vêtements et couvertures) • Expliquer aux parents comment installer le bébé pour faciliter sa respiration et sa digestion • Enseigner aux nouveaux parents comment tenir et nourrir l'enfant • Suggérer aux parents différentes façons de calmer et de réconforter le bébé	• Donner l'enseignement précédant le congé : changement de couche, élimination intestinale et urinaire, bain, soins des ongles, du cordon et des organes génitaux (pénis circoncis ou non), éruptions, ictère, cycle de veille et de sommeil, activités de réconfort, prise de température, lecture du thermomètre • Décrire les signes et symptômes de maladie et indiquer dans quelle situation consulter • Prévenir le syndrome de mort subite du nourrisson • Informer les parents sur la sécurité du bébé : siège d'auto, vaccins, examens de dépistage des maladies métaboliques **Résultats escomptés** La mère ou la famille montre qu'elle comprend l'enseignement donné et qu'elle est capable de prodiguer les soins enseignés. Les parents savent que la déclaration de naissance doit être acheminée à l'état civil dans les 30 jours suivant la naissance du bébé.

Cheminement clinique pour les soins du nouveau-né *(suite)*

Catégorie	4 heures après la naissance	De 4 à 8 heures après la naissance	De 8 à 24 heures après la naissance
Soins infirmiers et notes au dossier	• Installer le bébé dans le berceau à chaleur radiante. • Lui mettre un bonnet (pour diminuer la perte de chaleur par convection) • Aspirer les mucosités nasales et buccales avec une poire, selon les besoins • Laisser la poire au chevet de l'enfant • Demander les tests de laboratoire nécessaires (glycémie, etc.) • Obtenir les données suivantes : groupe sanguin, facteur Rh, test de Coombs avec le sang du cordon, recherche du virus de l'herpès simplex en cas d'antécédents parentaux • Prévenir le médecin de la naissance et de l'état de l'enfant • Respecter les pratiques de base	• Sevrer l'enfant du berceau à chaleur radiante (température axillaire de 37 °C) • Glycémie capillaire au besoin ; tension artérielle au besoin • Saturation en oxygène au besoin • Premier bain du bébé selon protocole • Coucher le bébé sur le dos • Aspirer les mucosités nasales au besoin (surtout au cours de la deuxième période de réactivité) • Soins du cordon selon le protocole • Replier la couche sous le cordon (si on met des couches en plastique, éloigner le côté plastique de la peau)	• Peser le bébé avant son congé • Nettoyer le cordon toutes les 8 heures • Enlever le clamp ombilical avant le congé • Effectuer les examens de dépistage métabolique avant le congé **Résultats escomptés** Le nouveau-né maintient sa température corporelle ; les résultats de laboratoire sont dans les limites de la normale ; le cordon racornit sans signe d'infection, le clamp est enlevé ; les examens de dépistage sont effectués.
Activité et bien-être	• Placer le bébé dans le berceau à chaleur radiante ou l'envelopper dans des couvertures préchauffées jusqu'à la stabilisation de son état • Apaiser le bébé au besoin par la voix, le toucher, les caresses ou l'emmaillotement	• Laisser le bébé dans le berceau à chaleur radiante jusqu'à la stabilisation de son état, puis l'emmailloter • Coucher le bébé sur le dos	• Placer l'enfant dans un berceau ouvert • L'emmailloter de façon que ses membres puissent bouger (il peut porter ses mains à sa bouche par exemple) **Résultats escomptés** Le bébé maintient sa température dans les limites de la normale dans un berceau ouvert ; il essaie de s'autocalmer.
Nutrition	• Aider le nouveau-né à prendre le sein dès que son état et l'état de sa mère le permettent • Donner un supplément uniquement selon l'ordonnance ou le protocole • Donner le premier biberon au cours de la première heure • Alimenter par gavage au besoin pour prévenir l'hypoglycémie	• Allaitement au sein sur demande, au moins toutes les 3 à 4 h • Observer la tétée et aider la mère au besoin • Donner l'enseignement nécessaire : positions d'allaitement, soins des seins et des mamelons, établissement de la lactation, technique pour faire cesser la succion, signes de faim chez le bébé, technique pour prendre l'aréole, succion nutritive, éructation • Alimentation avec une préparation lactée sur demande, au moins toutes les 3 à 4 heures • Vérifier si le bébé est prêt pour la tétée et s'il la tolère	• Poursuivre l'allaitement naturel ou artificiel • Évaluer la tolérance à la tétée toutes les 4 heures • Expliquer les besoins habituels du nouveau-né en ce qui concerne les tétées ; décrire les signes de faim et de satiété, les problèmes d'alimentation possibles, les motifs de consultation **Résultats escomptés** La mère dit comprendre l'enseignement donné au sujet de l'alimentation ; elle donne le sein sur demande sans donner de supplément ; si elle donne une préparation lactée, l'enfant la tolère bien.
Élimination	• Noter la première miction et la première selle, si cela n'a pas été fait à la naissance	• Noter toutes les mictions, la quantité et la couleur des selles toutes les 4 h	• Évaluer les mictions, la présence de cristaux d'urate et la couleur des selles toutes les 8 h **Résultats escomptés** Les mictions du bébé sont normales ; les selles sont normales et sont émises sans difficulté ; la région couverte par la couche est exempte d'éruption ou de lésion.
Médicaments	• Appliquer un onguent ophtalmique prophylactique dans les deux yeux après les premiers contacts visuels avec les parents au cours de la première heure suivant la naissance • Administrer la vitamine K_1 selon le protocole	• Administrer le vaccin contre l'hépatite B selon l'ordonnance du médecin	**Résultats escomptés** Le bébé a reçu l'onguent ophtalmique et l'injection de vitamine K_1 ; le bébé a reçu son premier vaccin contre l'hépatite B selon l'ordonnance.

Cheminement clinique   pour les soins du nouveau-né *(suite)*

Catégorie	4 heures après la naissance	De 4 à 8 heures après la naissance	De 8 à 24 heures après la naissance
Planification du congé/ Continuité des soins	• Évaluer les besoins et le réseau de soutien des parents	• Revoir les soins à l'enfant avec les parents; renforcer l'enseignement au besoin • Vérifier si la famille est prête à recevoir le nouveau-né à la maison • Informer la famille sur l'établissement du certificat de naissance du bébé	• S'assurer que les examens de dépistage sont effectués avant le congé • S'assurer que les parents ont reçu l'information nécessaire sur le bain et l'allaitement (cours, vidéocassettes ou documents) • Remettre à la famille une copie du plan de congé • Remettre à la famille un exemplaire du guide *Mieux vivre avec son enfant de la naissance à deux ans* • S'assurer que le bébé rentrera à la maison dans un siège d'auto pour nouveau-né • S'assurer que les demandes de consultation sont faites, que les rendez-vous de suivi sont fixés • Informer les parents qu'une infirmière de l'unité des naissances leur téléphonera dans les 24 à 48 heures suivant le congé du bébé. En région, ce sont surtout les CLSC qui font le suivi téléphonique après le congé et qui planifient une visite à domicile selon les besoins de la famille **Résultats escomptés** L'enfant rentre à la maison avec sa famille; la mère connaît la date et l'heure du rendez-vous de suivi s'il y a lieu.
Famille et réseau de soutien	• Favoriser l'exploration des caractéristiques physiques du bébé (maintenir sa température lorsqu'on le démaillote); favoriser les contacts visuels entre le bébé, les parents et les frères et sœurs • Tamiser l'éclairage pour inciter le bébé à garder les yeux ouverts	• Évaluer les connaissances des parents sur le comportement des nouveau-nés (états de veille, réflexe de succion et des points cardinaux, réceptivité à la voix humaine, réaction aux techniques de consolation, etc.)	• Évaluer la formation de liens d'attachement et les interactions entre la mère et le bébé • Faire participer le père et la famille aux soins • Favoriser l'interaction des parents avec le nouveau-né en parlant avec eux des caractéristiques et comportements de leur enfant • Soutenir les comportements parentaux positifs • Déterminer les besoins de la famille en matière de soutien communautaire et les adresser aux services communautaires pertinents **Résultats escomptés** Les parents s'occupent bien du bébé et l'intègrent à la famille.
Date			

Comme la durée du séjour à l'unité de post-partum a diminué au cours des dernières années (elle varie maintenant entre 12 et 48 heures), on peut sans danger procéder à la toilette de l'enfant né à terme et bien portant immédiatement après les interventions d'admission (Varda et Behnke, 2000). L'infirmière qui fait la toilette du bébé dans la chambre de la mère profite de ce moment privilégié pour donner son enseignement aux parents et les inviter à participer aux soins. L'infirmière reprend la température après le bain. Si elle est stable, elle met au nouveau-né une couche, un cache-cœur, un bonnet et elle l'emmaillote. Elle le place ensuite dans un berceau ouvert, à la température ambiante, ou dans les bras de la mère. Si la température axillaire est inférieure à 36,4 °C (ou selon le protocole de l'établissement), l'infirmière replace le nouveau-né sous une source de chaleur radiante pour le réchauffer et prévenir l'hypothermie. On fait de plus en plus souvent appel à la méthode kangourou (voir la figure 25-10,

p. 728) avant d'utiliser la chaleur radiante. Un des parents prend le bébé, le tient dans ses bras peau contre peau, puis referme ses vêtements après avoir couvert le dos du bébé d'une couverture. Une fois le bébé réchauffé, on doit éviter les sources de refroidissement: surfaces froides, instruments froids, courants d'air, fenêtres ou portes ouvertes, appareils de climatisation. Il faut aussi ranger les couvertures et les vêtements dans un endroit chaud. (Voir la section «Thermorégulation» au chapitre 21, et le procédé 23-1.)

Prévention des complications de la maladie hémorragique du nouveau-né

L'administration d'une dose prophylactique de vitamine K_1 permet de prévenir une hémorragie due à une hypoprothrombinémie au cours des premiers jours de vie (voir le *Guide pharmacologique: Vitamine K_1 – Phytonadione*, à la page 657). Ces risques d'hémorragie sont associés à l'absence de la flore

Pratique fondée sur des données probantes
Le premier bain du nouveau-né

Dans votre établissement, la politique concernant le bain des nouveau-nés stipule que le bébé doit être né depuis au moins 2 heures avant de recevoir son premier bain et que ce bain doit avoir lieu à la pouponnière. On vous a chargée de réviser cette politique. Vous cherchez d'abord une directive nationale dont le contenu a été étudié et synthétisé par un groupe d'experts. Vous découvrez qu'il existe une directive en cours d'élaboration au sujet des soins de la peau du nouveau-né, mais elle n'est pas encore disponible. Par conséquent, vous consultez les plus récentes publications en soins infirmiers, la dernière édition d'un manuel de soins infirmiers en périnatalité, ainsi que le document *Guidelines for Perinatal Care* (American Academy of Pediatrics et American College of Obstetricians and Gynecologists, 1997).

Vous trouvez également une étude menée par Varda et Behnke (2000) qui reprend les résultats de Penny-MacGillivary (1996). Selon cette étude, les bébés à terme et en bonne santé dont la température *axillaire* est supérieure à 36,8 °C ou la température *rectale* est supérieure à 36,5 °C peuvent recevoir un bain 1 heure après la naissance. Il faut toutefois prendre les mesures appropriées pour assurer la stabilité thermique. Varda et Behnke, d'une part, et Penny-MacGillivary, d'autre part, insistent

sur la nécessité de favoriser la stabilité de la température corporelle du bébé et de maintenir un environnement réduisant au minimum les pertes de chaleur durant le bain. Après avoir lu ces documents, vous concluez que l'évaluation de la température du bébé est plus importante que le moment et le lieu où l'on donne le bain.

À partir de ces données, vous formulez trois recommandations en prévision de la révision de la politique de votre établissement:

- température axillaire stable d'au moins 36,8 °C;
- surveillance de la température corporelle;
- réduction des facteurs de refroidissement dans l'environnement durant le bain du bébé.

Vous joignez à vos recommandations les résultats de l'étude de Varda et Behnke (2000), en précisant qu'il est raisonnable de donner un bain 1 heure après la naissance à condition que la température axillaire du bébé soit supérieure à 36,8 °C et que l'on évite les déperditions de chaleur. Toutefois, comme vos recommandations se basent sur une seule étude, il faut attendre la publication d'autres résultats pour que cette pratique soit établie.

Références

AMERICAN ACADEMY OF PEDIATRICS ET AMERICAN COLLEGE OF OBSTETRICIANS AND GYNECOLOGISTS (1997). *Guidelines for perinatal care*, 4e éd., Elk Grove Village, IL, AAP & ACOG.

LUND, C., J. KULLER, A. LANE, J. WRIGHT-LOTT et D. RAINES (1999). «Neonatal skin care. The scientific basis for practice», *Journal of Obstetric, Gynecologic, and Neonatal Nursing*, vol. 28, n° 3, p. 241-254.

PENNY-MACGILLIVARY, T. (1996). «A newborn's first bath: When?», *Journal of Obstetric, Gynecologic and Neonatal Nursing*, vol. 25, p. 481-487.

VARDA, K. et R. BEHNKE (2000). «The effect of timing of initial bath on newborn's temperature», *Journal of Obstetric, Gynecologic and Neonatal Nursing*, vol. 29, n° 1, p. 27-32.

Procédé 23-1
Thermorégulation du nouveau-né

Interventions infirmières	Explications
Objectif: Préparer l'équipement chauffant	
• Préchauffer l'incubateur ou le berceau à chaleur radiante. S'assurer qu'on dispose de serviettes ou de couvertures légères réchauffées. • Maintenir la température de la chambre de naissance à 22 °C et l'humidité relative de 60% à 65%.	*Le passage du milieu chaud et humide qu'est l'utérus à un milieu aérien, sec et frais constitue un stress pour le nouveau-né, car ses mécanismes de thermorégulation ne sont pas encore parvenus à maturité.*
Objectif: Établir une température stable après la naissance	
• Avec des serviettes réchauffées, essuyer le nouveau-né pour enlever le sang et le vernix, surtout sur la tête.	*En essuyant le nouveau-né, on prévient les pertes de chaleur par évaporation cutanée.*
• Déposer le nouveau-né dans le berceau à chaleur radiante.	*Le berceau à chaleur radiante crée un milieu où la température corporelle du bébé peut augmenter.*
• Mettre un bonnet au nouveau-né, l'envelopper dans une couverture réchauffée et le donner à la mère.	*La couverture préalablement réchauffée réduit les pertes de chaleur par convection et permet le contact cutané avec la mère sans compromettre la thermorégulation du bébé.*
• Déposer le bébé sur la poitrine de la mère, peau contre peau, et le couvrir d'une couverture réchauffée.	*Les contacts peau contre peau avec la mère ou le père contribuent à maintenir la température du bébé.*

Procédé 23-1   Thermorégulation du nouveau-né *(suite)*

Interventions infirmières	Explications
Objectif : Assurer la stabilité de la température corporelle du nouveau-né	

Objectif : Assurer la stabilité de la température corporelle du nouveau-né

- Mettre une couche et un bonnet au bébé, puis l'installer dans le berceau à chaleur radiante (ne lui laisser que la couche et le bonnet).

La chaleur radiante réchauffe la peau ; il faut donc laisser la peau exposée.

- Attacher une sonde thermométrique (perle cutanée) sur la paroi abdominale antérieure du bébé, côté métallique contre la peau, et recouvrir la sonde d'un déflecteur de chaleur en aluminium.

Il ne faut pas placer la sonde sur les côtes du bébé. Le déflecteur en aluminium empêche le réchauffement direct de la sonde et le réchauffement excessif du bébé.

- Régler l'appareil au mode servocommande pour que la température cutanée soit maintenue entre 36,0 °C et 36,5 °C.

- Surveiller la température axillaire et cutanée du bébé conformément au protocole de l'établissement.

Le thermostat du berceau à chaleur radiante affiche continuellement la température de la sonde installée sur le bébé ; par conséquent, l'infirmière mesure elle-même la température axillaire pour s'assurer que la sonde indique la bonne température.

- Lorsque la température du bébé atteint 37 ° C, le retirer du berceau à chaleur radiante, lui mettre un cache-cœur et lui laisser le bonnet.

- Envelopper le bébé dans deux couvertures et l'installer dans un berceau ouvert.

- Reprendre la température axillaire du bébé une heure plus tard.

Il est important de vérifier si le bébé est capable d'assurer lui-même sa thermorégulation.

Objectif : Réchauffer le nouveau-né graduellement si sa température axillaire descend sous 36,1 °C

- Prendre la température axillaire régulièrement, selon le protocole de l'établissement (habituellement toutes les deux à quatre heures).

La prise fréquente de la température permet de détecter un refroidissement qui pourrait prédisposer le bébé au stress hypothermique.

- Si le nouveau-né a besoin d'être réchauffé, le placer (vêtu uniquement d'une couche) dans le berceau à chaleur radiante avec une sonde fixée sur sa paroi abdominale antérieure.

- Réchauffer l'enfant graduellement jusqu'à ce que sa température revienne à la normale.

- Reprendre la température du bébé après 30 minutes, puis toutes les heures. Quand la température est revenue à 37 °C, retirer le bébé du berceau à chaleur radiante, le vêtir, l'envelopper dans deux couvertures et l'installer dans un berceau ouvert. Reprendre sa température au bout d'une heure.

Le réchauffement doit se faire graduellement, sinon il risque d'entraîner une hyperthermie qui risque de provoquer de l'apnée, un accroissement des pertes hydriques insensibles et une accélération de la vitesse du métabolisme.

Objectif : Prévenir les chutes de température

L'infirmière effectue les interventions suivantes :

- Elle s'assure que les vêtements et la literie du bébé restent secs.
- Elle enveloppe le bébé dans deux couvertures et lui met un bonnet.
- Elle installe l'enfant dans le berceau à chaleur radiante lorsqu'elle lui donne des soins.
- Elle protège le bébé des courants d'air.
- Elle réchauffe les objets qui entrent en contact avec le bébé (par exemple le stéthoscope).
- Elle incite la mère à garder son bébé contre elle, sous des couvertures, à l'allaiter en lui laissant son bonnet et en le couvrant d'une couverture légère.

---

bactérienne intestinale qui contribue à la production de vitamine K_1 (consulter le chapitre 26 pour des explications supplémentaires). Le nouveau-né reçoit une dose unique de 0,5 à 1,0 mg de vitamine K_1 naturelle (phytonadione), par voie parentérale de préférence, dans l'heure suivant sa naissance (Zenk, Sills et Koeppel, 1999). Selon une étude récente, il serait possible de l'administrer sans danger jusqu'à deux heures après la naissance (Dumas *et al.*, 2002).

La vitamine K_1 s'administre par voie intramusculaire dans le tiers moyen du vaste externe, qui se trouve sur le côté de la

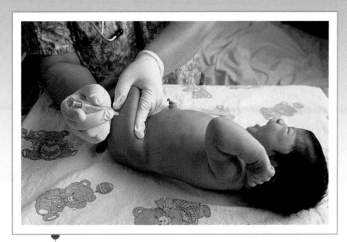

FIGURE 23-2 ❯ Injection de vitamine K₁. Nettoyer minutieusement le point d'injection avec un tampon d'alcool et laisser sécher. Comprimer le tissu de la partie supérieure latérale de la cuisse (muscle vaste externe) et introduire rapidement une aiguille de calibre 5/8 à un angle de 90°. Aspirer, puis injecter la solution. Il est essentiel que l'injection se fasse *lentement* pour répartir uniformément le médicament dans les tissus et réduire la douleur. Retirer l'aiguille et masser doucement le point d'injection avec un tampon sec.

cuisse (figure 23-2 ❯) ou encore dans le muscle droit antérieur de la cuisse. Toutefois, ce muscle étant proche du nerf sciatique et de l'artère fémorale, l'injection doit être effectuée avec une extrême prudence (figure 23-3 ❯).

Certains parents demandent que leur bébé reçoive la vitamine K₁ par voie orale plutôt que parentérale. Depuis 1988, la Société canadienne de pédiatrie approuve également l'administration orale de la vitamine K₁ en trois doses, la première dose étant donnée dans les six heures suivant la naissance (Dumas *et al.*, 2002).

Prévention de l'infection

L'infirmière a la responsabilité d'administrer le traitement prophylactique oculaire exigé par la *Loi sur la santé publique* contre l'infection par *Neisseria gonorrhœæ*, qui se contracte lors de l'accouchement. Plusieurs agents topiques semblent efficaces. Parmi les onguents ophtalmiques utilisés, on trouve le nitrate d'argent à 1 %, la tétracycline à 1 % et l'érythromycine à 0,5 % (Ilotycine Ophthalmique) (voir le *Guide pharmacologique : Érythromycine en onguent ophtalmique [Ilotycine Ophtalmique]*). L'érythromycine est également efficace contre les infections à *Chlamydia*, dont le taux d'incidence est plus élevé aujourd'hui que celui des infections gonococciques. Toutefois, l'administration préventive de cet antibiotique ne fait pas l'unanimité.

Pour que le traitement prophylactique soit efficace, l'infirmière doit appliquer le médicament dans le sac conjonctival inférieur de chaque œil (figure 23-4 ❯). Ensuite, elle masse doucement la paupière pour répartir l'onguent uniformément.

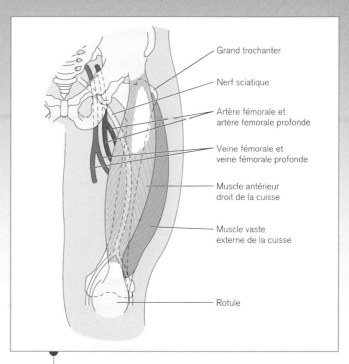

FIGURE 23-3 ❯ Points d'injection. Chez le nouveau-né, les injections intramusculaires se font de préférence dans le tiers moyen du vaste externe. On peut aussi administrer une injection dans le tiers moyen du droit antérieur de la cuisse, mais il faut alors procéder avec prudence à cause de la proximité de l'artère fémorale et du nerf sciatique.

FIGURE 23-4 ❯ Application d'onguent ophtalmique. Tirer la paupière inférieure vers l'extérieur et instiller 0,5 cm d'onguent d'un tube à usage unique dans le sac conjonctival inférieur.

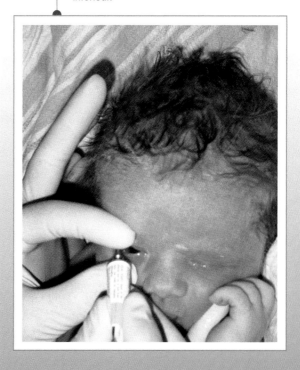

On peut attendre deux heures après la naissance pour appliquer le médicament afin de ne pas perturber les premiers contacts visuels qui contribuent à l'établissement des liens d'attachement entre les parents et le bébé (AAP, 1997). Selon Dumas *et al.* (2002), l'érythromycine devrait idéalement être administrée quatre heures après la naissance. Ces auteurs s'interrogent sur le bien-fondé d'un plus long délai avant son administration, compte tenu de la période d'incubation de la gonorrhée et de la chlamydiose.

Les médicaments provoquent parfois une conjonctivite médicamenteuse. Cette réaction peut causer un certain malaise chez l'enfant et le rendre incapable de fixer un visage. La conjonctivite médicamenteuse se manifeste par de l'œdème, une inflammation et des sécrétions. Si les parents s'inquiètent, il faut les informer que ces effets secondaires disparaissent spontanément après 24 ou 48 heures.

Détection des premiers signes de complications chez le nouveau-né

Dans les 24 premières heures qui suivent la naissance, l'infirmière doit être constamment à l'affût des signes de complications. Si le nouveau-né cohabite avec ses parents, l'infirmière doit leur enseigner comment maintenir la température corporelle. Elle doit aussi décrire les manifestations à surveiller et les mesures immédiates à prendre en cas de troubles respiratoires. Les parents doivent être capables de détecter les signes annonciateurs de troubles ou de complications : cyanose, diminution de la réactivité, accélération de la fréquence respiratoire avec tirage thoracique ou grimaces. Les parents doivent notamment apprendre à effectuer les aspirations nasales et buccales au moyen d'une poire, à installer l'enfant dans une position adéquate et à masser vigoureusement la colonne vertébrale du bout des doigts pour stimuler la respiration en cas de nécessité. L'infir-

mière doit également être prête à intervenir immédiatement si le bébé présente des signes de problèmes. (Voir l'encadré *Points à retenir : Signes de problèmes chez le nouveau-né.*)

La souffrance néonatale peut être causée par les premiers symptômes d'une infection à streptocoques du groupe B. Les mères infectées transmettent l'infection streptococcique à leur bébé durant le travail et l'accouchement. Il est donc recommandé que les mères à risque reçoivent un traitement prophylactique

---

Points à retenir

Signes de problèmes chez le nouveau-né

- Augmentation de la fréquence respiratoire (plus de 60/min) ou respiration laborieuse
- Tirage intercostal et sous-sternal
- Battement des ailes du nez
- Geignement respiratoire
- Quantité excessive de mucosités
- Grimaces
- Cyanose (centrale : peau, lèvres et langue)
- Distension abdominale ou présence d'une masse
- Vomissement de matières souillées de bile
- Aucune expulsion de méconium dans les 24 heures suivant la naissance
- Aucune miction dans les 24 heures suivant la naissance
- Ictère dans les 24 heures suivant la naissance ou dû à un trouble hémolytique
- Température instable (hypothermie ou hyperthermie)
- Tremblements ou glycémie inférieure à 2,5 mmol/L

Source : Tappero, E. P., et M. E. Honeyfield (1996), *Physical assessement of the newborn*, 2e éd., Petaluma, CA, NICU Ink.

Guide pharmacologique   Vitamine K₁ – Phytonadione

Survol du mécanisme d'action

La phytonadione prévient et traite la maladie hémorragique du nouveau-né. Ce produit favorise la production hépatique des facteurs de coagulation II, VII IX et X. Comme il ne possède pas à la naissance les bactéries intestinales nécessaires à la synthèse de la vitamine K₁ liposoluble, le nouveau-né peut présenter une hypoprothrombinémie se traduisant par un allongement du temps de prothrombine au cours des 5 à 8 premiers jours après la naissance.

Administration, posologie et fréquence

La vitamine K₁ s'administre par voie intramusculaire dans le tiers moyen du vaste externe de la cuisse. Si la mère a reçu des anticoagulants au cours de la grossesse, le médecin fait parfois administrer une seconde dose 6 à 8 heures après la première injection. Injection intramusculaire/ sous-cutanée : 1 mg/0,5 mL (concentration néonatale). On peut utiliser une concentration de 10 mg/mL pour réduire le volume injecté.

Effets indésirables

On observe parfois douleur et œdème au point d'injection. Des réactions allergiques comme une éruption et de l'urticaire surviennent à l'occasion.

Soins infirmiers

- Protéger le médicament de la lumière.
- Administrer la vitamine K₁ avant la circoncision.
- Rechercher les signes d'inflammation localisée.
- Rechercher les signes d'ictère et d'anémie hémolytique grave, surtout chez le prématuré.
- Rechercher les signes d'hémorragie. Celle-ci survient habituellement au cours de la deuxième ou de la troisième journée et se manifeste par des ecchymoses généralisées, par un saignement au niveau du cordon ombilical, du pénis, s'il est circoncis, du nez ou des voies gastro-intestinales. On détermine régulièrement le temps de céphaline et le temps de prothrombine pour tester la coagulation.

Guide pharmacologique — Érythromycine en onguent ophtalmique (Ilotycine Ophtalmique)

Survol du mécanisme d'action

L'érythromycine (Ilotycine Ophtalmique) est un antibiotique utilisé dans le traitement prophylactique de la conjonctivite gonococcique du nouveau-né causée par *Neisseria gonorrhoeæ*. Ce traitement prophylactique est imposé par le règlement d'application de la *Loi sur la santé publique*. L'érythromycine est bactériostatique ou bactéricide selon les micro-organismes présents et selon sa concentration.

Selon des recherches récentes, il semble que l'érythromycine ophtalmique ne prévient pas la conjonctivite à *Chlamydia* (Cunningham *et al.*, 2001). Une antibiothérapie orale à l'érythromycine est préférable aux antibiotiques topiques locaux en cas d'une chlamydiose déclarée.

Administration, posologie et fréquence

On applique 0,5 cm de cet onguent ophtalmique (0,5 %) dans le sac conjonctival inférieur de chaque œil, en commençant par le canthus interne. On peut l'administrer dans la chambre de naissance, mais on peut retarder son application pour que les parents et l'enfant puissent établir un premier contact visuel, favorisant ainsi la création de liens d'attachement.

Effets indésirables

On peut observer des réactions d'hypersensibilité, notamment de l'œdème, une inflammation ou un écoulement qui peuvent entraver l'accommodation. Les effets secondaires disparaissent habituellement en 24 à 48 heures.

Soins infirmiers

- Se laver les mains immédiatement avant l'instillation pour prévenir l'introduction de bactéries.
- Nettoyer les yeux du bébé s'il y a un écoulement.
- Utiliser un tube neuf ou un contenant à dose unique et appliquer l'onguent après le premier examen physique du bébé.
- Masser doucement les paupières pour répartir l'onguent uniformément (Zenk, Sills et Koeppel, 1999).
- Laisser agir une minute avant d'essuyer l'excédent, le cas échéant (AAP, 1997).
- Ne pas irriguer les yeux après l'instillation.
- Rechercher les signes d'hypersensibilité.
- Expliquer aux parents pourquoi on administre au bébé un traitement prophylactique. Leur décrire les effets secondaires et les signes qu'ils doivent signaler à un professionnel de la santé.

---

antimicrobien contre cette infection (voir le tableau 13-3, p. 372). On doit rechercher les signes et symptômes de septicémie (bactériémie, pneumonie ou méningite) chez tous les bébés de mères présumées à risque.

Première tétée

Le moment de la première tétée dépend du type d'allaitement choisi et de la présence de complications au cours de la grossesse ou de l'accouchement (diabète, retard de la croissance intra-utérine, etc.). La mère qui choisit l'allaitement maternel peut essayer de donner le sein peu après l'accouchement. L'infirmière doit favoriser cette pratique, car le succès et la durée de l'allaitement semblent liés à l'instauration de l'allaitement dès la naissance. Les états de veille influent sur les comportements liés à la tétée; on doit en tenir compte lorsqu'on évalue la succion du nouveau-né (MacMullen et Dulski, 2000). Quant au bébé nourri avec une préparation lactée, il reçoit habituellement son premier boire de une à quatre heures après la naissance, au cours de la deuxième période de réactivité, lorsqu'il est réveillé et semble avoir faim. On reconnaît que le nouveau-né est prêt à téter pour la première fois aux bruits de ses intestins, à l'absence de distension abdominale et à ses pleurs vigoureux qui se calment dès que l'on stimule les réflexes de succion et des points cardinaux.

Établissement de liens d'attachement

Il est extrêmement important que les parents et le bébé prennent le temps de se regarder au cours des heures qui suivent la naissance. Cette première prise de contact par le regard, les yeux dans les yeux, devrait avoir lieu durant la première période de réactivité. À ce moment, le nouveau-né est attentif; ses yeux sont grand ouverts et, souvent, il établit un contact visuel direct avec les visages humains qui se trouvent dans les limites optimales de son champ visuel, soit environ 20 cm. Les contacts visuels joueraient un rôle important dans l'établissement des liens d'attachement (Klaus et Klaus, 1985). C'est pourquoi on retarde souvent la prophylaxie oculaire.

Le bain *interactif* est une autre occasion de nouer des liens d'attachement. Lorsque le moment du bain se déroule de manière interactive, le nouveau-né devient un participant actif, tandis que ses parents réagissent à ses comportements. L'infirmière en profite pour interpréter les comportements du bébé, y réagir d'une manière qu'elle souhaite donner en exemple et soutenir les parents dans leurs façons de réagir (Karl, 1999).

Les soins infirmiers du nouveau-né durant son séjour à l'unité des naissances

Diagnostics infirmiers

Voici quelques exemples de diagnostics infirmiers susceptibles d'être établis durant le séjour du nouveau-né au centre hospitalier :

- *alimentation déficiente* reliée à un apport nutritionnel et liquidien insuffisant et à une dépense énergétique accrue ;
- *élimination urinaire altérée* reliée à un œdème du méat consécutif à la circoncision ;
- *risque d'infection* relié à la cicatrisation du cordon ombilical, à la cicatrisation de la circoncision ou à l'immaturité du système immunitaire ;
- *dynamique familiale preturbée* reliée à l'intégration du nouveau-né dans la cellule familiale ou aux exigences de l'horaire des tétées.

Planification et interventions

Maintien de la fonction cardiorespiratoire

L'infirmière évalue les signes vitaux toutes les six à huit heures ou plus fréquemment, selon le protocole de son établissement et selon l'état du nouveau-né. Quand le nouveau-né est laissé sans surveillance, il doit toujours être couché sur le dos. On doit toujours avoir sous la main une poire pour effectuer au besoin une aspiration oronasale. Si le nouveau-né présente des difficultés respiratoires, l'infirmière dégage ses voies respiratoires. Souvent, un massage vigoureux de la colonne vertébrale exercé du bout des doigts stimule l'activité respiratoire. On peut utiliser un moniteur cardiorespiratoire chez les nouveau-nés qui présentent des risques d'insuffisance respiratoire ou cardiaque et qui ne sont pas en observation constante. Ces risques se manifestent par un teint pâle, une cyanose, une peau rougeâtre, de l'apnée ou d'autres signes d'instabilité. Une modification de la couleur de la peau justifie parfois une évaluation plus poussée de la température, de l'état cardiorespiratoire, de l'hématocrite et de la concentration de bilirubine.

Maintien d'un milieu thermique neutre

L'infirmière doit absolument tout faire pour maintenir la température du nouveau-né dans les limites de la normale et s'assurer qu'il n'est pas inutilement dévêtu ou exposé à l'air. On doit recouvrir la tête des bébés de faible poids avec un bonnet en jersey ou en laine, car ils ont de la difficulté à maintenir leur température du fait qu'ils possèdent peu de tissu adipeux sous-cutané. Par ailleurs, la température ambiante de la pièce où se trouve l'enfant doit être surveillée continuellement. Enfin, l'infirmière procède rapidement lorsqu'elle donne des soins. Quand sa température corporelle descend sous la normale, le bébé utilise l'énergie alimentaire pour conserver sa chaleur corporelle au lieu d'assurer sa croissance. Par ailleurs, le refroidissement diminue l'affinité de l'albumine sérique pour la bilirubine (ce qui augmente les risques d'ictère néonatal), sans compter qu'il accroît l'utilisation d'oxygène et risque de provoquer une détresse respiratoire.

Chez le nouveau-né qui a trop chaud, on observe une augmentation de la fréquence respiratoire et de l'activité métabolique, ce qui épuise ses réserves énergétiques. De plus, l'accélération de la fréquence respiratoire entraîne une augmentation des pertes hydriques insensibles (*Neonatal Thermoregulation*, 1997).

Maintien d'une nutrition et d'une hydratation adéquates

La nutrition est traitée de façon détaillée au chapitre 24. L'infirmière note l'apport énergétique et liquidien du bébé. Pour favoriser l'hydratation, elle maintient un milieu thermique neutre et s'assure que le bébé reçoit la première tétée le plus tôt possible après la naissance, puis qu'il est nourri fréquemment par la suite. Allaiter souvent et dès que possible après la naissance facilite l'évacuation gastrique et augmente le péristaltisme. Cette accélération du transit intestinal réduit le risque d'hyperbilirubinémie par suite d'une plus faible réabsorption intestinale de la bilirubine dans le système circulatoire. En effet, comme elle reste moins longtemps en contact avec les selles, la bêta-glucoronidase (une enzyme) n'a pas le temps de libérer toute la bilirubine contenue dans les matières fécales. L'infirmière note les mictions et les selles du bébé. La première miction doit avoir lieu dans les 24 heures suivant la naissance et la première selle, dans les 48 heures. Dans le cas contraire, l'infirmière continue ses évaluations, mais elle vérifie si le bébé présente une distension abdominale et elle évalue les bruits intestinaux, l'hydratation, l'apport liquidien et la stabilité de la température.

L'infirmière pèse le nouveau-né chaque jour, de préférence à la même heure afin de pouvoir faire des comparaisons. Une perte de poids pouvant atteindre 10% chez le nouveau-né à terme se situe dans les limites de la normale durant la première semaine. Cette diminution de poids provient du faible apport énergétique reçu par le bébé, de la perte de l'excédent de liquide extracellulaire et de l'évacuation de méconium. L'infirmière informe les parents que cette perte de poids est normale, elle leur en explique la raison et elle leur indique que le bébé retrouvera le poids qu'il avait à la naissance, habituellement en deux semaines, si l'allaitement est adéquat.

Manipuler un bébé trop souvent augmente la vitesse de son métabolisme ainsi que sa dépense énergétique. L'infirmière doit savoir reconnaître les signes subtils de fatigue, notamment

---

Exercice **de pensée critique**

Une mère vous fait demander à sa chambre. D'une voix paniquée, elle vous dit que son bébé ne peut plus respirer. La mère tient son bébé dans ses bras. L'enfant, légèrement cyanosé, agite les bras. Des sécrétions sortent de son nez et de sa bouche. Que faites-vous ?

Voir les réponses à l'appendice F.

une baisse de la tension musculaire, une diminution des mouvements des membres et du cou, ainsi qu'une perte de contact visuel qui se manifeste par un battement des paupières ou la fermeture des yeux. L'infirmière doit interrompre la stimulation dès que ces signes apparaissent. Elle explique aux parents qu'il est important de reconnaître les signes de fatigue chez le nouveau-né et d'attendre les périodes d'éveil pour les contacts et les stimulations. L'infirmière évalue aussi le bien-être de la mère, ainsi que la façon dont le bébé prend le sein ou le biberon.

Maintien de l'intégrité de la peau

Les soins de la peau, y compris le bain, sont importants chez le nouveau-né pour préserver l'état et l'apparence de sa peau, de même que pour prévenir l'infection durant son séjour à la pouponnière. À chaque changement de couche, il faut nettoyer les fesses et la région péri-anale avec de l'eau et un linge de coton ou, s'il y a eu des selles, avec un savon doux et de l'eau. On doit aussi examiner régulièrement le cordon ombilical pour déceler les saignements ou les signes d'infection (suintement, odeur nauséabonde, etc.). Dans les pouponnières situées en milieu hospitalier, on applique parfois des agents antimicrobiens sur le cordon ombilical (Organisation mondiale de la santé [OMS], 1999). L'infirmière chargée du bébé doit nettoyer le cordon ombilical selon le protocole de son établissement, après qu'il ait été coupé, ce qui peut vouloir dire une fois par jour durant les trois premiers jours ou à chaque changement de couche. Lorsqu'il y a cohabitation et que la mère s'occupe du bébé et nettoie elle-même le cordon, il n'est probablement pas nécessaire d'appliquer un antiseptique sur le cordon en raison du faible risque de contamination (OMS, 1999). On doit se laver les mains à l'eau courante et au savon avant et après le nettoyage du cordon ombilical. Il semble que l'alcool ne soit pas efficace pour prévenir la colonisation microbienne du cordon et l'omphalite ; il peut même retarder le racornissement du cordon.

Maintien de la sécurité et prévention des complications

La sécurité du nouveau-né est primordiale. Avant de confier le nouveau-né à ses parents, il est impératif de vérifier son identité en comparant les numéros et les noms inscrits sur son bracelet et sur celui de la mère. Il existe aussi un dispositif de détection qui donne l'alarme quand le bébé est emmené au-delà des limites permises. Il incombe à chaque établissement d'appliquer les mesures de sécurité nécessaires pour prévenir l'enlèvement et d'expliquer aux parents leur responsabilité à ce sujet (Carroll, 2000). Voici quelques mesures que les parents peuvent prendre pour protéger leur enfant :

- Les parents doivent s'assurer que leur bébé porte ses bracelets d'identité en tout temps ; s'il manque un bracelet, il faut le faire remplacer immédiatement.
- Les parents ne doivent confier leur bébé qu'au personnel dûment identifié.

- Si les parents cohabitent avec l'enfant et doivent quitter la chambre, ne serait-ce qu'un instant, ils doivent ramener le bébé à la pouponnière ou l'emmener avec eux.
- Les parents doivent signaler la présence de toute personne suspecte.

Pour prévenir la contagion dans la pouponnière, tous les membres de l'équipe soignante en contact direct avec les nouveau-nés doivent procéder à un brossage des mains de trois minutes, depuis les doigts jusqu'aux coudes inclusivement, au début de leur quart de travail. Par ailleurs, il est également conseillé de se savonner les mains vigoureusement pendant 15 secondes avant et après tout contact avec un nouveau-né. Cette mesure s'applique aussi après que l'on a touché une surface souillée, comme un plancher, ou que l'on a porté les mains à ses cheveux ou à son visage (*Neonatal Skin Care*, 1997). On conseille souvent aux parents de se laver les mains avec un savon antiseptique avant de toucher leur bébé. Les personnes infectées doivent éviter tout contact avec les nouveau-nés. Dans certains établissements, on demande aux membres de la famille de porter une blouse (jetable de préférence) par-dessus leurs vêtements. De plus, les parents devraient demander à toutes les personnes qui entrent en contact avec leur bébé de se laver les mains avant de toucher l'enfant, même à la maison.

Tous les nouveau-nés présentent un risque continu de complications hémorragiques, cardiaques et infectieuses. La pâleur, qui peut être un premier signe d'hémorragie, doit être signalée au médecin. On utilisera un moniteur cardiorespiratoire si une observation constante est nécessaire. Certains troubles néonataux augmentent le risque d'hémorragie. Une cyanose non soulagée par l'administration d'oxygène nécessite une intervention d'urgence, car elle indique peut-être un trouble cardiaque ou un choc, et justifie une évaluation continue. L'infirmière examine aussi la région de la circoncision pour déceler les signes d'hémorragie et d'infection. La première miction après une circoncision est aussi une bonne occasion de déceler les signes d'obstruction urinaire causé par le trauma et l'œdème. L'infirmière peut appliquer une gaze enduite de vaseline sur la plaie de la circoncision afin de prévenir les saignements. Une fois souillée, la gaze doit être enlevée et remplacée.

Circoncision

La **circoncision** est une intervention chirurgicale qui consiste à séparer le prépuce (couche épithéliale qui recouvre le pénis) du gland et à l'exciser. Cette intervention est censée permettre l'exposition du gland et faciliter ainsi son nettoyage.

La décision de pratiquer la circoncision appartient aux parents. Elle est généralement déterminée par les traditions culturelles, sociales et familiales. La circoncision était à l'origine un rite des religions juive et musulmane. Elle est largement acceptée aux États-Unis, mais beaucoup moins courante au Québec et en Europe. De nombreux parents optent pour la circoncision parce qu'ils souhaitent que leur fils soit comme leur père ou comme la majorité des autres enfants de leur entourage. D'autres pensent que la société l'exige. Plusieurs parents disent choisir la circoncision pour éviter à l'enfant l'anesthésie, l'hospitalisation, les douleurs et le traumatisme qu'entraîne l'intervention lorsqu'elle est pratiquée à un âge plus avancé (AAP, Task Force on Circumcision, 1999). Durant la période prénatale, l'infirmière doit s'assurer que les parents ont une information juste et récente au sujet des complications et des avantages de la circoncision.

Recommandations actuelles

En mars 2002, la Société canadienne de pédiatrie (SCP) a réapprouvé l'énoncé de principes sur la circoncision publié en 1996, et selon lequel les avantages médicaux de la circoncision du nouveau-né ne sont pas supérieurs aux risques et aux coûts. Aussi, la SCP recommande de ne pas effectuer systématiquement la circoncision des nouveau-nés. Cet avis s'apparente à celui de l'American Academy of pediatrics (AAP) qui, en 1999, ne recommandait pas la circoncision de routine, tout en reconnaissant qu'il existait encore des indications médicales pour cette intervention.

Par ailleurs, la douleur occasionnée par la circoncision doit être soulagée. La SCP (1996) précise cependant que le type d'analgésique ou d'anesthésique le plus efficace ou le moins nocif demeure à déterminer et qu'il faut procéder à des études supplémentaires pour identifier les agents les plus appropriés et le moment de leur administration. L'AAP recommande l'utilisation d'un agent analgésique (crème EMLA, anesthésie pénienne dorsale, anesthésie sous-cutanée en anneau) durant la circoncision afin d'atténuer la douleur causée par l'intervention (AAP, Task Force on Circumcision, 1999). Il faut également choisir la méthode d'intervention la moins douloureuse.

On ne devrait pas circoncire les nouveau-nés prématurés ou dans un état précaire, ou encore qui souffrent de troubles hémorragiques connus. La circoncision est aussi contre-indiquée chez les bébés atteints de malformations génito-urinaires congénitales, comme l'hypospadias ou l'épispadias, car on peut devoir utiliser le prépuce pour la chirurgie plastique.

Rôle de l'infirmière

L'infirmière joue un rôle important lorsqu'elle informe les parents au sujet de la circoncision. Grâce à sa connaissance des aspects médicaux, sociaux et psychologiques de la circoncision du nouveau-né, l'infirmière aide les parents à prendre leur décision. Une infirmière bien informée peut soulager l'anxiété des parents en les renseignant et en étant à l'écoute de leurs préoccupations. Les parents doivent être prévenus des conséquences et des risques de la circoncision. Hémorragie, infection, difficulté à uriner, déhiscence (séparation des lèvres de la plaie), douleurs et agitation en sont les premières complications. Plus tard, le gland et le méat urétral risquent de s'irriter et de s'enflammer au contact de l'ammoniaque de l'urine. La

chirurgie plastique est parfois nécessaire pour traiter divers problèmes : adhérences, sténose évolutive, compression du pénis, lésions urétrales (AAP, Task Force on Circumcision, 1999). Parmi les avantages possibles de la circoncision, mentionnons la diminution du risque d'infection des voies urinaires, de maladie transmissible sexuellement et de cancer du pénis.

Il faut renseigner les parents d'un nouveau-né non circoncis sur l'hygiène. L'infirmière leur explique que le prépuce et le gland sont formés de couches cellulaires similaires qui se séparent graduellement l'une de l'autre. La séparation commence avant la naissance et se termine normalement entre 3 et 6 ans. Pendant ce processus, des cellules desquamées stériles s'accumulent entre les deux couches, formant un dépôt semblable au smegma sécrété après la puberté. Ce dépôt est tout à fait normal. De temps à autre, les parents peuvent vérifier délicatement s'il y a rétraction. Si tel est le cas, il suffit de laver doucement le gland avec de l'eau et du savon tous les jours pour assurer une hygiène adéquate. Plus tard, on apprend à l'enfant à le faire lors de sa toilette quotidienne.

Si les parents souhaitent la circoncision, on procède à l'intervention lorsque l'état du nouveau-né est stable et qu'il a subi son examen physique initial. Dans la plupart des hôpitaux canadiens, la circoncision est effectuée en clinique externe.

Avant la circoncision, l'infirmière vérifie si le médecin a expliqué l'intervention aux parents, s'il utilisera des agents anesthésiques, si les parents ont des questions au sujet de l'intervention et s'ils ont signé le formulaire de consentement. L'infirmière rassemble ensuite le matériel nécessaire et prépare le nouveau-né. Elle retire la couche du bébé et le place sur la table de circoncision ou l'immobilise au moyen d'un dispositif de contention (seules les jambes sont immobilisées). Dans les cérémonies de circoncision juives, le nouveau-né est tenu par son père ou son parrain et il reçoit du vin avant l'intervention (Reynolds, 1996). Comme le montrent les figures 23-5 ▶ et 23-6 ▶, il existe plusieurs méthodes de circoncision. L'intervention ne provoque presque aucun saignement. L'infirmière doit cependant s'assurer que le bébé ne présente pas d'antécédents de troubles hémorragiques et que la mère n'a pas pris d'anticoagulants, y compris de l'aspirine, avant la naissance. Durant l'intervention, l'infirmière évalue les réactions du nouveau-né, notamment la douleur. On étudie actuellement l'utilisation d'un anesthésique topique appliqué 60 à 90 minutes avant l'excision du prépuce, l'administration d'acétaminophène et la cryoanesthésie (AAP, Task Force on Circumcision, 1999 ; Taddio *et al.*, 2000). L'infirmière réconforte le bébé en lui caressant légèrement la tête, en lui offrant une tétine et en lui parlant.

Après la circoncision, un membre de la famille ou l'infirmière devrait prendre le bébé et le réconforter. L'infirmière vérifie si les mesures de réconfort stimulent le bébé plus qu'elles ne le calment. Parmi ces signes, notons le détournement de la tête, des mouvements généralisés du corps, des modifications de la coloration de la peau, une hyperréactivité et un hoquet. L'infirmière évalue le bébé toutes les heures durant les

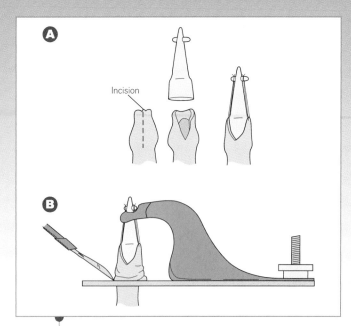

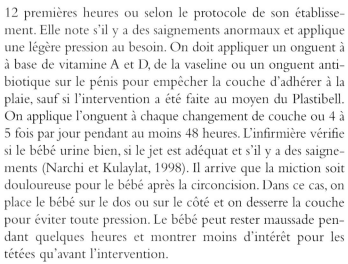

FIGURE 23-5 ▶ Circoncision au moyen d'un clamp conçu pour la circoncision. **A.** On remonte le prépuce par-dessus le cône. **B.** On applique le clamp. On maintient la pression pendant 3 à 4 minutes, puis on excise la peau en excès.

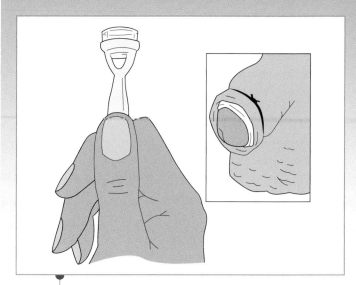

FIGURE 23-6 ▶ Circoncision au moyen du dispositif Plastibell. On applique la cupule sur le gland, puis on attache un fil autour de l'anneau de la cupule et on excise la peau en excès. L'anneau de plastique reste en place pendant 3 ou 4 jours, jusqu'à ce que la plaie se cicatrise. On peut laisser l'anneau se détacher de lui-même ou le retirer s'il est toujours en place après 8 jours.

12 premières heures ou selon le protocole de son établissement. Elle note s'il y a des saignements anormaux et applique une légère pression au besoin. On doit appliquer un onguent à à base de vitamine A et D, de la vaseline ou un onguent antibiotique sur le pénis pour empêcher la couche d'adhérer à la plaie, sauf si l'intervention a été faite au moyen du Plastibell. On applique l'onguent à chaque changement de couche ou 4 à 5 fois par jour pendant au moins 48 heures. L'infirmière vérifie si le bébé urine bien, si le jet est adéquat et s'il y a des saignements (Narchi et Kulaylat, 1998). Il arrive que la miction soit douloureuse pour le bébé après la circoncision. Dans ce cas, on place le bébé sur le dos ou sur le côté et on desserre la couche pour éviter toute pression. Le bébé peut rester maussade pendant quelques heures et montrer moins d'intérêt pour les tétées qu'avant l'intervention.

Avant le congé, on devrait expliquer aux parents à quoi ressemble un pénis circoncis. Au début, le gland est rouge foncé, puis il se couvre d'un exsudat blanc jaunâtre. L'infirmière explique aux parents que cet exsudat autour du gland se compose de tissu de granulation, qu'il est normal et qu'il ne constitue nullement un signe d'infection. L'exsudat persiste pendant deux ou trois jours et ne doit pas être retiré. L'infirmière explique également aux parents qu'ils doivent, à chaque changement de couche, asperger délicatement le pénis avec de l'eau pour enlever l'urine et les matières fécales, puis essuyer doucement le pénis en le tapotant. On utilise du savon une fois la plaie guérie. L'infirmière conseille également de ne pas trop serrer la couche pendant deux ou trois jours, tant que le pénis

est encore sensible. Durant un à deux jours, les parents veillent à prendre souvent l'enfant dans leurs bras et à lui offrir fréquemment le réconfort de la tétée et de la succion non nutritive. Les parents doivent aussi vérifier s'il y a des saignements ou des signes d'infection (écoulement verdâtre, enflure, rougeur). En cas de saignement, les parents appliquent une légère pression intermittente sur la plaie au moyen d'une gaze stérile et avertiront l'infirmière ou le médecin.

Si la circoncision a été pratiquée à l'aide du Plastibell, l'infirmière doit prévenir les parents que l'anneau peut rester en place jusqu'à huit jours avant de tomber de lui-même. Si l'anneau est toujours en place après huit jours, on doit faire appel au médecin.

Formation de liens d'attachement

C'est notamment en incitant les deux parents à participer aux soins du bébé que l'infirmière favorise l'établissement de **liens d'attachement**. (Les interventions qui favorisent la formation de liens d'attachement sont abordées aux chapitres 17, 27 et 28 ainsi que dans le *Guide d'enseignement : Favoriser le processus d'attachement,* p. 664.) Le massage du nouveau-né est une pratique courante dans plusieurs régions du monde ; il commence d'ailleurs à gagner du terrain en Amérique du Nord. Les parents peuvent apprendre à masser leur bébé tant pour renforcer le processus d'attachement que pour atténuer le stress et la douleur causés par les coliques, la constipation, les vaccins et la poussée des dents. Le massage n'aide pas seulement le bébé à se détendre : il permet aux parents de vivre une expérience relaxante et valorisante qui les aide à nouer un lien chaleureux et positif avec leur enfant. L'infirmière peut aussi suggérer aux parents quelques façons de réveiller le bébé : lui parler en le regardant, le tenir en position verticale (assise ou debout contre soi), le balancer doucement d'avant en arrière en lui soutenant le dos d'une main et la partie postérieure des cuisses de l'autre main, ou lui frotter doucement les pieds et les mains. Pour consoler le bébé, elle conseille aux parents de l'emmailloter ou de l'aider à se recroqueviller pour qu'il se sente en sécurité. Ils peuvent aussi le manipuler lentement et calmement, lui parler très doucement, chantonner ou fredonner. L'infirmière doit aussi tenir compte des différences culturelles concernant les soins à l'enfant qui déterminent, par exemple, le moment où l'on donne un nom au bébé, la manière d'exprimer des félicitations à son sujet et l'utilisation de breloques porte-bonheur. Manifestement, l'infirmière peut faire beaucoup pour renforcer l'établissement des liens d'attachement parents-enfant (figure 23-7 ▶). (Voir la fiche d'enseignement *Les techniques pour réveiller et apaiser le nouveau-né*.)

Préparation au congé

Il revient principalement à l'infirmière chargée des soins de la mère et du bébé d'assumer l'enseignement aux parents. Chaque rencontre donne aux parents l'occasion d'apprendre et d'acquérir plus d'assurance. À ce sujet, l'infirmière doit se rappeler qu'il existe plus d'une façon de prendre soin d'un bébé. Il faut donc qu'elle respecte les façons de faire des parents et qu'elle ne les déconseille que si elles mettent l'enfant en danger. Elle doit aussi tenir compte des croyances et des valeurs culturelles de la famille (voir le tableau 23-1 à la page 665).

La section suivante, qui porte sur l'enseignement aux parents, permettra à l'infirmière d'améliorer ses connaissances sur les soins au nourrisson. Certains parents savent déjà comment s'occuper d'un nouveau-né, alors que d'autres en sont à leur première expérience. Dans ce cas, l'infirmière doit enseigner graduellement aux parents leur nouveau rôle au moyen de directives et d'exemples adaptés à leurs besoins et à ce qu'ils savent déjà.

La mère et son bébé demeurent généralement 48 heures à l'unité des naissances, mais le séjour est parfois plus court. Dans ce contexte, l'infirmière doit profiter de la moindre occasion pour donner son enseignement aux parents, les conseiller et les soutenir afin de renforcer leurs compétences et leur assurance.

L'infirmière observe les interactions entre les parents et leur enfant au cours des tétées et des soins. La cohabitation, même pour de courtes périodes, permet à l'infirmière de communiquer des renseignements aux parents et d'observer s'ils se sentent à l'aise pour changer les couches du bébé, l'emmailloter, le tenir et le nourrir. Elle doit tenter de répondre aux questions suivantes : Les deux parents s'occupent-ils du nouveau-né ? La mère reçoit-elle de l'aide à la maison ? Semble-t-elle vouloir se

soustraire aux soins du bébé ? («Je suis trop fatiguée », «Mes points de suture me font mal» ou «J'apprendrai plus tard»). Lorsque les parents s'occupent du bébé, l'infirmière profite de l'occasion pour faire des commentaires positifs afin d'augmenter leur assurance. Lorsqu'ils éprouvent des difficultés, elle peut leur montrer qu'elle a confiance en leur capacité d'apprendre, leur faire des suggestions et donner l'exemple. Elle doit tenir compte de tous ces aspects dans son évaluation des besoins d'apprentissage des parents (Ruchala, 2000).

Lettre de votre bébé

Chers parents,

J'arrive au monde tout petit et sans défenses, avec mon propre tempérament et ma personnalité. Appréciez ma présence dans votre vie, car je suis entre vos mains pour peu de temps.

1. Je vous en prie, prenez le temps de découvrir l'être unique que je suis, de voir toute la joie que je peux vous apporter.

2. Je vous en prie, nourrissez-moi quand j'ai faim. Non seulement je n'ai jamais connu la faim dans le ventre de ma mère, mais l'heure et les horaires n'existent pas pour moi.

3. Je vous en prie, prenez-moi dans vos bras, câlinez-moi, embrassez-moi, touchez-moi, caressez-moi, fredonnez-moi des chansons. Je n'ai jamais été seul dans l'utérus de maman et je m'y suis toujours senti en sécurité.

4. Je vous en prie, ne soyez pas déçus de moi si je ne suis pas le bébé parfait que vous aviez souhaité, ni de vous si vous n'êtes pas des parents modèles.

5. Je vous en prie, n'exigez pas trop de moi comme nouveau-né ni trop de vous comme parents. Donnons-nous chacun six semaines, le temps pour moi de grandir un peu, de me développer, de me stabiliser et de devenir plus prévisible, le temps pour toi maman de te reposer, de te détendre et de retrouver ton corps d'avant.

6. Je vous en prie, pardonnez-moi si je pleure beaucoup. Faites preuve d'un peu de patience, car je passerai de moins en moins de temps à pleurer et de plus en plus de temps à m'intéresser au monde.

7. Je vous en prie, observez-moi attentivement et vous découvrirez ce qui me calme, ce qui me réconforte et ce qui me plaît. Je ne suis pas un tyran venu pour vous empoisonner la vie ; pleurer est mon seul moyen de vous dire que je ne suis pas bien.

8. Je vous en prie, rappelez-vous que je suis assez solide pour supporter les nombreuses erreurs que vous ferez avec moi. Tant que vous les faites avec affection, je m'en remettrai.

9. Je vous en prie, prenez soin de vous. Mangez bien, reposez-vous et faites de l'exercice ; vous aurez ainsi la santé et la forme nécessaires pour vous occuper de moi.

10. Je vous en prie, cultivez vos relations avec les autres. Les relations interpersonnelles qui sont bonnes pour vous sont aussi bonnes pour moi.

J'ai peut-être chambardé votre vie, mais soyez assurés que tout rentrera dans l'ordre très bientôt.

Votre enfant qui vous aime

FIGURE 23-7 ▶ Lettre de votre bébé.

Guide d'enseignement — Favoriser le processus d'attachement

Évaluation et analyse de la situation

L'infirmière offre aux parents le plus d'occasions possibles d'interagir avec leur bébé immédiatement après la naissance et tout au long de leur séjour. En observant et en consignant ces interactions, l'infirmière détermine les besoins de la famille en matière d'enseignement, de soutien ou d'interventions.

Diagnostic infirmier

Le principal diagnostic infirmier sera probablement le suivant:

Dynamique familiale perturbée reliée à l'arrivée d'un nouveau membre dans la famille.

Planification et interventions

Le plan d'enseignement comprend des informations sur l'état physique et les caractéristiques du bébé, sur les façons de le réconforter et sur ses besoins affectifs immédiatement après la naissance et durant la période néonatale.

Objectifs

Une fois l'enseignement donné, les parents seront capables:

1. de s'occuper du bébé correctement (ils le touchent, recherchent les interactions avec lui, lui parlent, l'embrassent et le prennent dans leurs bras);
2. de décrire les caractéristiques normales et les besoins affectifs du nouveau-né;
3. d'énumérer trois moyens de réconforter le nouveau-né.

Plan d'enseignement

Contenu	Méthode d'enseignement
Informer les parents au sujet des périodes de réactivité et des réactions normales du nouveau-né.	Axer l'enseignement sur la discussion ouverte.
Décrire les caractéristiques normales du nouveau-né.	Présenter des diapositives ou des photos de ces caractéristiques.
Expliquer le processus d'attachement, son développement graduel et les échanges réciproques qui le caractérisent.	
Décrire les capacités d'interaction du nouveau-né, par exemple sa capacité de communiquer non verbalement par le mouvement, le regard, le toucher, l'expression du visage et les sons, y compris les pleurs. Insister sur le fait que le contact visuel est un des facteurs cardinaux de l'attachement entre l'enfant et les parents, et qu'il devrait s'accompagner de paroles et de gestes tendres.	Présenter une bande vidéo sur les capacités d'interaction des nouveau-nés. Par la suite, discuter avec la mère (ou les parents) de sa réaction.
Expliquer que le toucher des parents (lorsqu'ils caressent, massent, embrassent l'enfant, par exemple) évoluera vers des échanges réciproques entre eux et le bébé; discuter de la nécessité d'intégrer le toucher dans le quotidien de l'enfant.	Utiliser une poupée ou le bébé pour faire la démonstration aux parents des comportements souhaités.
Expliquer et démontrer les différentes façons de réconforter un nouveau-né (parler doucement, emmailloter, bercer, caresser, masser, etc.).	Faire une démonstration et inviter les parents à essayer.
Décrire l'évolution du comportement du bébé avec le temps et insister sur l'importance que les parents réagissent de manière cohérente aux besoins exprimés par l'enfant. Renseigner les parents sur l'aide offerte dans leur communauté: brochures, vidéocassettes, groupes de soutien, etc.	Inviter les parents à poser des questions. Leur fournir du matériel écrit qu'ils pourront consulter au besoin.

Évaluation

Évaluer l'apprentissage en invitant les parents à discuter, à poser des questions et à démontrer certaines techniques durant leur séjour à l'unité des naissances, durant la consultation de suivi ou durant la visite à domicile. Continuer d'observer l'interaction positive des parents avec leur bébé durant le reste de leur séjour à l'unité des naissances.

L'enseignement individuel donné par l'infirmière dans la chambre de la mère demeure la méthode d'enseignement la plus efficace (figure 23-8 ▶). C'est ce qu'affirme un groupe de nouvelles mères et de mères expérimentées que des chercheurs ont interrogées (Beger et Loveland Cook, 1998). (Voir le *Guide d'enseignement: Directives aux parents sur les soins au nouveau-né*, à la page 667, et la fiche d'enseignement *L'information à donner avant le départ du nouveau-né*.) Si un des parents est malentendant, on utilise des vidéocassettes où l'information est donnée à la fois en langage parlé et en langage gestuel.

Tableau 23-1

Exemples de croyances et de pratiques culturelles en matière de soins au nouveau-né*

Cordon ombilical

En Amérique latine et aux Philippines, on utilise parfois une sorte de ceinture abdominale pour protéger le cordon contre la poussière, les blessures ou la hernie. On peut aussi appliquer des huiles ou du métal sur le cordon pour éloigner les mauvais esprits.

Les personnes de l'Europe du Nord peuvent demander une coupe stérile du cordon à la naissance. Ils le laissent sécher à l'air libre et le jettent une fois tombé.

Certains peuples d'Amérique latine cautérisent le cordon (avec une flamme ou un charbon ardent par exemple) (OMS, 1999).

Au Kenya, les femmes appliquent un peu de leur colostrum sur le cordon (OMS, 1999).

En Équateur, on laisse un long cordon chez les filles pour qu'elles n'aient pas un petit utérus et des problèmes d'accouchement (OMS, 1999).

Contact parents-bébé

Les femmes originaires d'Asie prennent le bébé dans leurs bras aussitôt qu'il pleure ou le portent sur elles tout le temps.

Certaines Amérindiennes, notamment d'origine navajo, utilisent une planche porte-bébé.

Les Coréennes hésitent à prendre leur nouveau-né ou à le toucher et laissent la grand-mère paternelle s'en occuper (Schneiderman, 1996).

Le père musulman récite habituellement une prière à Allah dans l'oreille droite du bébé et fait la toilette du nouveau-né après la naissance (Hutchinson et Baqi-Aziz, 1994).

Allaitement

Certaines femmes d'origine asiatique allaitent leur bébé pendant un ou deux ans.

De nombreuses réfugiées cambodgiennes allaitent leur enfant quand il le demande, sans restriction. Si elles nourrissent l'enfant au biberon, elles lui laissent un «biberon de réconfort» entre les boires (Rasbridge et Kulig, 1995).

Certaines femmes iraniennes allaitent leurs filles plus longtemps que leurs garçons.

Certaines femmes africaines sèvrent leur bébé après qu'il ait appris à marcher.

La plupart des femmes coréennes n'allaitent pas pendant leur séjour à l'hôpital ; elles disent qu'elles n'ont pas de «lait» et qu'elles commenceront l'allaitement à la maison (Schneiderman, 1996).

Certaines femmes d'Asie, de pays hispaniques, d'Europe de l'Est ou d'origine amérindienne retardent l'allaitement parce qu'elles croient que le colostrum est «mauvais» (Lipson, Dibble et Minarik, 1996).

Circoncision

Pour les Mulsulmans et les Juifs, la circoncision est un rite religieux (Hutchinson et Baqi-Aziz, 1994).

Pour beaucoup de peuples autochtones africains et australiens, la circoncision est un rite de puberté.

Les Amérindiens ainsi que les populations d'Asie et d'Amérique latine ont rarement recours à la circoncision.

Seulement 15 % de la population masculine mondiale subit la circoncision.

Santé et maladie

Certaines personnes d'Amérique latine croient que toucher le visage ou la tête d'un nouveau-né pendant qu'on l'admire le protège contre le *mauvais œil*. Elles peuvent également décider de ne pas couper les ongles du bébé pour prévenir la myopie et font donc porter des mitaines au bébé pour éviter les égratignures. Elles croient aussi qu'un poids très élevé à la naissance est un signe de santé.

Certaines personnes d'origine asiatique ne laissent toucher la tête de leur bébé qu'après en avoir donné la permission.

Certains Juifs orthodoxes croient que prononcer le nom du bébé avant la cérémonie du baptême est mauvais pour l'enfant.

Certains Asiatiques ou Haïtiens retardent l'octroi d'un nom à leur bébé (Geissler, 1998).

Certains Vietnamiens croient que couper les ongles ou les cheveux d'un bébé est une cause de maladie.

---

* *Note :* Ces exemples sont donnés dans le seul but d'illustrer les différences culturelles en matière de puériculture. Par ailleurs, tous les membres d'un groupe culturel n'ont pas les mêmes pratiques.

Enseignement aux parents

Positionnement et manipulation du nouveau-né

Les parents doivent apprendre à coucher le bébé sur le dos dans le berceau. Il est important de leur rappeler qu'un bébé normal et en bonne santé (même un nouveau-né) qui dort dans cette position ne risque pas de s'étouffer ni d'éprouver quelque difficulté que ce soit (Société canadienne de pédiatrie, 1998). Le nouveau-né devrait dormir sur un matelas plat et ferme, sans oreiller. Les études montrent que l'incidence du syndrome de mort subite du nourrisson est plus élevée chez les bébés qui dorment sur le ventre, tandis que rien n'indique que dormir sur le dos ou sur le côté est dangereux pour le bébé. Certains nourrissons doivent toutefois être couchés sur le ventre. C'est le cas, par exemple, des prématurés souffrant de détresse respiratoire (problèmes respiratoires graves), des bébés présentant les symptômes de reflux gastro-oesophagien (régurgitation excessive), ainsi que des bébés présentant certaines anomalies des voies respiratoires supérieures. Les parents doivent en discuter avec l'infirmière ou le médecin. Lorsque le bébé est sous surveillance, il faut alterner régulièrement les positions au cours des premiers mois de vie, car les os du crâne sont mous et risquent de s'aplatir de façon permanente si on laisse toujours le bébé dans la même position.

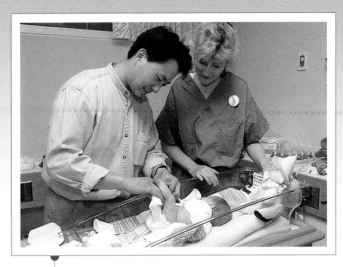

FIGURE 23-8 ❭ Apprentissage individualisé. Un père change une couche comme on vient de lui enseigner à le faire.

Les parents doivent savoir qu'on ne laisse jamais un bébé sans surveillance ailleurs que dans son berceau. De plus, ils ne doivent jamais le laisser seul dans la chambre, d'abord pour des raisons de sécurité, mais aussi parce que les régurgitations sont fréquentes au cours des deux premiers jours après la naissance.

Savoir prendre un nouveau-né est un des premiers soucis des parents qui ont eu peu de contacts avec des bébés. Pour prendre un nourrisson, on glisse une main sous son cou et ses épaules et l'autre main sous ses fesses ou entre ses jambes, puis on le soulève doucement. Cette méthode permet de soutenir la tête du nouveau-né, car il en est incapable de lui-même avant l'âge de 3 ou 4 mois. On enseigne aux parents trois façons

de tenir dans leurs bras le nouveau-né (figure 23-9 ❭). La *position du berceau* est la plus répandue, car elle offre au bébé intimité et chaleur. Elle favorise les contacts visuels, laisse libre l'une des mains de l'adulte et protège bien le bébé. Pour plus de sûreté, on peut tenir la cuisse du bébé avec sa main. La *position verticale* offre également intimité et sécurité. C'est la position idéale pour faire éructer le nouveau-né. Une main soutient le cou et les épaules, tandis que l'autre supporte les fesses ou est placée entre les jambes. On peut également placer le nouveau-né verticalement dans un porte-bébé ventral en tissu ; cela permet de garder le bébé confortablement appuyé contre la poitrine du parent qui a ainsi les mains libres. La *position du ballon de football* laisse libre l'une des mains de l'adulte et favorise les contacts visuels. Cette position est idéale pour le shampooing, les déplacements ou l'allaitement. Avec le bébé dans cette position, la mère peut répondre au téléphone ou à la porte, ou encore s'acquitter des nombreuses tâches qui l'attendent.

Soins du cordon ombilical

Avant le départ du bébé pour la maison, l'infirmière donne aux parents l'information nécessaire au sujet des soins du cordon

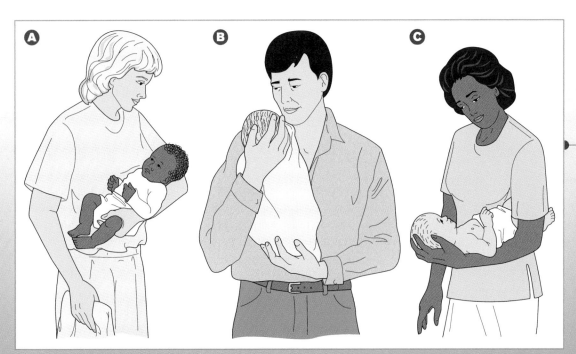

FIGURE 23-9 ❭ Diverses façons de tenir le nourrisson.
A. Position du berceau.
B. Position verticale.
C. Position du ballon de football.

Guide d'enseignement — Directives aux parents sur les soins au nouveau-né

Évaluation et analyse de la situation

L'infirmière détermine les connaissances des parents au sujet des nouveau-nés, leur expérience et leurs préoccupations.

Diagnostic infirmier

Le principal diagnostic infirmier sera probablement le suivant:

Recherche d'un meilleur niveau de santé relié au désir exprimé des parents de connaître les soins à donner au nouveau-né afin de bien s'occuper de leur bébé.

Planification et interventions

Le plan d'enseignement inclut des informations sur la toilette à l'éponge et le bain dans la baignoire, les soins du cordon ombilical, les techniques d'allaitement, les habitudes d'élimination, l'utilisation d'une poire nasale, les signes et symptômes de maladie, la prévention du syndrome de mort subite du nourrisson, les caractéristiques du sommeil, les mesures de bien-être et les comportements d'attachement.

Objectifs

À la fin de la séance d'enseignement, les parents pourront:

1. exécuter des techniques de soins simples, particulièrement l'utilisation de la poire, l'utilisation du thermomètre, le nettoyage du cordon et les mesures de bien-être;
2. énumérer les signes et symptômes de différentes maladies;
3. décrire les caractéristiques du sommeil du nouveau-né et les comportements d'attachement;
4. montrer qu'ils commencent à se sentir à l'aise et confiants pour s'occuper de leur bébé.

Plan d'enseignement

Contenu

Montrer aux parents comment faire la toilette à l'éponge et comment donner le bain dans la baignoire, en insistant sur la sécurité et le moment où le cordon tombera. Expliquer les soins du cordon ombilical à la maison (voir le *Guide d'enseignement: Directives aux parents sur les soins du cordon ombilical à la maison*).

Expliquer les soins du pénis circoncis et non circoncis.

Décrire les signes de maladie (voir les *Points à retenir: Signes de problèmes chez le nouveau-né* à la page 657) et enseigner l'utilisation du thermomètre et de la poire.

Décrire les habitudes normales du nouveau-né en ce qui a trait aux tétées, au sommeil et à l'élimination urinaire et intestinale, et décrire les caractéristiques comportementales.

Revoir les mesures de bien-être à utiliser avec les nouveau-nés.

Évaluation

Évaluer l'apprentissage des parents en leur demandant de décrire les soins généraux du nouveau-né et de faire la démonstration de l'utilisation de la poire, de la prise de température, des soins du cordon et des soins du pénis circoncis (le cas échéant) avant le départ de l'enfant pour la maison.

Méthode d'enseignement

Axer l'enseignement sur la discussion et la démonstration. Se concentrer sur l'information de base utile et nécessaire aux parents. Éviter de prendre un ton condescendant. Donner aux parents l'occasion de s'exercer.

Utiliser une démonstration sur bande vidéo que les parents pourront visionner aussi souvent que nécessaire.

Discussion, dépliants, brochures et affiches peuvent s'avérer utiles. S'assurer d'avoir des dépliants dans d'autres langues pour les familles qui ne parlent pas français.

Discuter avec les parents et les inviter à découvrir les particularités de leur bébé.

Commenter positivement les comportements des parents afin de leur donner de l'assurance.

---

ombilical. Les études ne recommandent pas l'application systématique d'antimicrobiens topiques sur le cordon qui sèche (Dore *et al.*, 1998; OMS, 1999). On doit décrire aux parents l'altération normale du cordon ombilical et les signes de problèmes (saignement rouge clair, écoulement verdâtre, etc.). S'ils constatent un saignement ou un écoulement, les parents doivent prévenir le médecin. (Voir le *Guide d'enseignement: Directives aux parents sur les soins du cordon ombilical à la maison*.)

Bain

La meilleure façon d'enseigner aux parents comment donner un bain au nouveau-né est d'en faire la démonstration. Dans certains établissements, on utilise une baignoire pour le faire.

On peut garder le matériel nécessaire au bain dans un sac en plastique ou dans un contenant quelconque afin de ne pas avoir à le rassembler chaque fois. À la maison, la famille peut décider d'utiliser un petit bassin en plastique, l'évier de la cuisine préalablement nettoyé ou un grand récipient. Les baignoires pour bébé coûteuses ne présentent aucun avantage, mais certains parents préfèrent quand même en faire l'achat. S'il est seul à la maison, le parent devrait, avant de commencer, décrocher le téléphone et indiquer sur la porte qu'il ne veut pas être dérangé. Les parents peuvent choisir le moment de la journée qui leur convient le mieux pour donner le bain. Le seul moment à éviter est immédiatement après le boire parce que les manipulations peuvent provoquer des régurgitations. La pièce doit être chaude, c'est-à-dire à 23 °C ou 24 °C, sans courants d'air.

Exercice **de pensée critique**

Vous prenez soin d'une femme qui a accouché, il y a quatre heures, de son premier enfant, une fille. La nouvelle mère est en train de changer la couche de sa fille et semble bouleversée. Elle dit que quelque chose sort du vagin de son bébé et qu'il y a du sang dans la couche. Que faites-vous ?

Voir les réponses à l'appendice F.

Toilette à l'éponge

Après avoir rassemblé le matériel, on remplit la baignoire ou le récipient utilisé à cette fin d'eau chaude au toucher. Même si l'on n'immerge pas le bébé dans l'eau, il faut vérifier la température de l'eau avec le coude ou l'avant-bras, ou encore au moyen d'un thermomètre. Elle doit être à 37,8 °C environ. Il est à noter que le bain à l'éponge exige une température un peu plus chaude puisque le bébé n'est pas directement en contact avec l'eau. On recommande d'utiliser un savon doux non parfumé qu'on évite de laisser dans l'eau (on le laisse plutôt

Guide d'enseignement — Directives aux parents sur les soins du cordon ombilical à la maison

Évaluation et analyse de la situation

L'infirmière évalue l'expérience antérieure des parents avec les nouveau-nés. Elle vérifie aussi ce qu'ils savent du cordon ombilical et de l'évolution normale de son aspect au cours des premières semaines de vie.

Diagnostic infirmier

Le principal diagnostic infirmier sera probablement le suivant :

Recherche d'un meilleur niveau de santé relié au désir des parents de connaître les soins à donner afin de prévenir l'infection du cordon.

Planification et interventions

Le plan d'enseignement comprend des informations sur l'importance de faire la toilette du bébé tous les jours, une explication des modifications normales du cordon, de même qu'une démonstration de la méthode à utiliser.

Objectifs

À la fin de la séance d'enseignement, les parents seront capables de :

1. décrire les modifications normales du cordon ombilical ;
2. décrire les signes d'infection du cordon ;
3. faire la démonstration des soins à donner.

Plan d'enseignement

Contenu

Se laver les mains à l'eau courante et au savon avant et après le nettoyage du cordon. Garder le cordon sec et exposé à l'air ou légèrement couvert d'un vêtement propre. (Si, en raison de leurs croyances culturelles, les parents veulent bander l'abdomen du bébé, leur recommander d'utiliser de la gaze propre pour le faire.) Au besoin, laver le cordon à l'eau courante (le nettoyage à l'alcool semble retarder la cicatrisation) et bien assécher à l'aide d'un coton-tige. Éviter de toucher le cordon, d'y appliquer des substances qui ne sont pas propres ou des bandages.

Replier la couche de façon à laisser circuler l'air autour du cordon. Le contact du cordon avec des couches mouillées ou souillées retarde la cicatrisation et augmente les risques d'infection.

Examiner le cordon tous les jours pour déceler les odeurs, les suintements ou les écoulements purulents verdâtres ou encore une rougeur dans la région ombilicale. La région ombilicale est parfois sensible au toucher. Signaler à un médecin ou à une infirmière tout signe d'infection.

Surveiller les modifications normales de l'aspect du cordon. Le cordon devrait avoir une apparence sèche et une couleur foncée avant de tomber. On peut observer une petite goutte de sang sur la couche quand le cordon est prêt à tomber. Ne jamais tirer sur le cordon ni essayer de le détacher.

Évaluation

Évaluer l'apprentissage en demandant aux parents de décrire les signes d'infection et les modifications normales de l'aspect du cordon avant qu'il ne tombe.

Leur demander de décrire les soins du cordon avant le départ du bébé pour la maison.

Méthode d'enseignement

Expliquer pourquoi il faut nettoyer régulièrement le cordon.

Utiliser des affiches ou une bande vidéo qui décrivent le nettoyage du cordon, les signes d'infection et la technique de changement de couche.

Revoir avec les parents le nettoyage du cordon et leur demander de faire une démonstration s'il y a lieu.

dans un porte-savon ou sur une serviette de papier). On enveloppe le nourrisson dans une couverture par-dessus son maillot de corps et sa couche afin de le garder au chaud et de lui donner un sentiment de sécurité.

La toilette commence par le nettoyage du visage. Pour ce faire, on enroule une débarbouillette autour de l'index, une seule fois, et on trempe dans l'eau la partie enroulée. On ne met pas de savon. Ensuite, on essuie délicatement les paupières, du coin intérieur vers le coin extérieur. On procède ainsi pour éviter d'obstruer les conduits lacrymaux situés aux coins intérieurs, où se fait l'écoulement des sécrétions. On utilise une partie différente de la débarbouillette pour chaque œil afin de prévenir les contaminations croisées. On peut également utiliser à cette fin deux tampons d'ouate, un pour chaque œil. On observe parfois une enflure et des écoulements oculaires au cours des premiers jours de vie. On lave ensuite les oreilles en enroulant la débarbouillette une fois autour de l'index. On nettoie délicatement l'oreille externe et l'arrière de l'oreille. Il ne faut jamais nettoyer le conduit auditif avec un coton-tige, car on risque de perforer le tympan si on l'enfonce trop profondément et de tasser les sécrétions dans le conduit. On passe ensuite une débarbouillette sans savon sur le visage du bébé. Beaucoup de bébés se mettent à pleurer à ce moment de la toilette. Les parents qui le désirent peuvent utiliser du savon pour laver le visage lorsque le bébé est plus âgé et qu'ils ne risquent pas de lui en mettre dans les yeux.

Après le visage, on lave délicatement, mais soigneusement le cou. On peut utiliser du savon. Étant donné que des résidus de lait ou des peluches peuvent s'accumuler dans les plis du cou, on peut placer le bébé en position assise et lui soutenir le cou et les épaules avec une main pour nettoyer les plis plus facilement.

On déplie ensuite la couverture et on retire le maillot de corps et la couche, puis on mouille à la débarbouillette le corps du bébé. On peut alors se savonner les mains et laver la poitrine, le dos, les bras, les jambes. On reprend la débarbouillette et le savon pour laver la région génitale. Après le savonnage, on rince soigneusement la peau avec une débarbouillette propre, en accordant une attention particulière aux différents plis. On termine en asséchant délicatement et complètement le corps avec une serviette ou un drap de bain. On enveloppe ensuite le bébé dans une couverture sèche et propre afin de prévenir le refroidissement.

Si la peau du nourrisson est sèche, on peut utiliser une petite quantité de lotion ou d'onguent non parfumé (vaseline ou onguent à base de vitamine A et D). Il semble que les onguents soient préférables aux lotions si la peau des pieds et des mains est fendillée par la sécheresse. On déconseille l'utilisation d'huile de bébé, car elle bouche les pores de la peau. L'utilisation de poudre pour bébé est également déconseillée, car elle risque de causer des troubles respiratoires graves si elle est inhalée par l'enfant. Si les parents veulent malgré tout utiliser de la poudre, ils devraient plutôt choisir une poudre sans talc et se

saupoudrer les mains, puis les passer sur le corps du bébé au lieu d'appliquer la poudre directement.

On nettoie la région génitale avec du savon et de l'eau tous les jours, et avec de l'eau à chaque changement de couche. Chez les petites filles, on lave la région génitale *de l'avant vers l'arrière* afin d'éviter la contamination de l'urètre et de la vessie par les matières fécales. On observe souvent un écoulement vaginal muqueux blanchâtre et épais ou un léger écoulement sanguinolent. Cet écoulement est normal pendant les deux premières semaines et on doit l'essuyer avec une débarbouillette humide lors des changements de couche. On nettoie tous les jours le pénis des petits garçons circoncis ou non. Chez le bébé non circoncis, toute rétraction du prépuce est déconseillée.

Il est important de nettoyer les fesses du bébé chaque fois que l'on change de couche afin de prévenir l'érythème fessier. Ce dernier peut cependant apparaître, même si on nettoie les fesses du bébé régulièrement. On déconseille l'utilisation de poudre pour bébé ou de fécule de maïs pour soulager l'érythème. En effet, la poudre peut former avec l'urine une pâte irritante pour la région périnéale, tandis que la fécule de maïs augmente les risques d'infection fongique. Il est préférable d'utiliser des onguents à base d'oxyde de zinc ou de vitamine A et D, car ils sont plus efficaces. Si l'onguent ne soulage pas l'érythème, on devra essayer une autre marque de couches jetables. Si on utilise des couches en tissu, on conseille de changer de détersif ou d'assouplisseur de tissus, de rincer les couches plus soigneusement et de les faire sécher au soleil. Si l'érythème persiste, les parents doivent consulter un médecin, car il peut être dû à une infection fongique.

On doit garder le cordon ombilical propre et sec. À cause de la proximité des vaisseaux sanguins, le cordon est l'une des principales voies de pénétration bactérienne. Après le bain, le cordon doit être bien asséché à l'aide d'un coton-tige. Le cordon tombe généralement après 7 à 14 jours et, dans certains cas, après 21 jours. Tant qu'il n'est pas tombé, on replie la couche vers le bas pour permettre une circulation d'air autour du cordon. Il faut consulter une personne qualifiée si on observe une rougeur, un écoulement de sang rouge vif ou un écoulement purulent et nauséabond, ou encore si la région ombilicale n'est pas cicatrisée deux ou trois jours après la chute du cordon.

La dernière étape de la toilette est le lavage des cheveux (certains conseillent de commencer par cette étape). On enveloppe le nouveau-né dans une couverture sèche, en laissant sa tête découverte. On tient l'enfant dans la position du ballon de football, la tête légèrement penchée vers l'arrière pour empêcher l'eau de pénétrer dans les yeux. On prend de l'eau dans le creux de la main, on mouille les cheveux, puis on les savonne avec une très petite quantité de shampooing. On peut utiliser une brosse très douce pour masser le cuir chevelu, même dans la région des fontanelles. On rince ensuite parfaitement les cheveux et on les assèche avec une serviette. Si le bébé a un casque séborrhéique, on humectera, 30 minutes avant le shampooing, les régions squameuses avec une lotion ou de l'huile minérale pour ramollir les croûtes ou les squames, qui se détacheront ainsi plus facilement à l'aide d'une brosse douce durant le shampooing.

Bain dans la baignoire

Normalement, les bébés préfèrent le bain dans la baignoire à la toilette à l'éponge, mais certains n'aiment ni l'un ni l'autre (figure 23-10 ▶).

On met dans la baignoire suffisamment d'eau pour que le bébé soit immergé. La température de l'eau doit être agréablement chaude, soit à environ 37 °C, lorsqu'on la vérifie avec l'intérieur du poignet. Pour éviter que le bébé ne glisse, on place une débarbouillette dans le fond de la baignoire. Certains parents préfèrent laver le bébé avec eux dans la baignoire de la salle de bain.

On lave le visage comme pour la toilette à l'éponge. On place ensuite le nouveau-né dans la baignoire en le tenant dans la position du berceau, tout en retenant la cuisse. Le cou est soutenu par le coude. On peut aussi appuyer la tête et le cou sur l'avant-bras et retenir avec la main l'épaule et le bras.

Pour éviter que le bébé ne glisse quand il est mouillé, certains parents enveloppent le bras qui soutient l'enfant avec un bas en coton dont ils ont coupé l'extrémité pour libérer les doigts. On peut laver le corps du bébé avec une débarbouillette savonneuse ou avec une main savonnée. Pour laver le dos, on

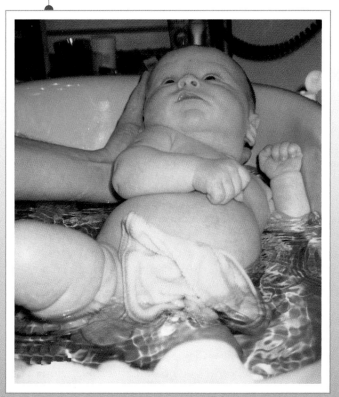

FIGURE 23-10 ▶ Pendant le bain, on doit soutenir la tête de l'enfant. Il faut faire attention, car le corps mouillé du nouveau-né est très glissant.

place la main libre sur la poitrine du bébé, le pouce sous le bras. On incline ensuite le bébé légèrement vers l'avant, sur la main qui le soutient, libérant ainsi l'autre main avec laquelle on lave le dos. Après le bain, on sort le bébé de la baignoire dans la position du berceau, on le sèche bien et on l'enveloppe dans une couverture sèche. On peut ensuite lui laver la tête comme pour la toilette à l'éponge. Rien n'empêche les parents de commencer par laver les cheveux du bébé dans la baignoire et de poursuivre comme on vient de le mentionner.

Soins des ongles

On coupe rarement les ongles du nouveau-né pendant son séjour à l'unité des naissances. Au cours des premiers jours de vie, ils adhèrent parfois à la peau ; il est donc déconseillé de les couper. Après une semaine, ils se séparent de la peau et cassent souvent. On les coupe s'ils sont longs ou si le nouveau-né s'égratigne. Il est plus facile de le faire pendant son sommeil. Les ongles devraient être coupés droits à l'aide de ciseaux à cuticules pour adultes ou de ciseaux mousses pour bébés.

Habillement du nouveau-né

Le nouveau-né doit porter un maillot de corps, une couche (avec une culotte imperméable si on utilise des couches en tissu) et un pyjama. Si la température est fraîche, on l'enveloppe dans une couverture légère pendant les tétées. Il faut aussi recouvrir le bébé d'une couverture quand on se trouve dans des locaux climatisés. Dans un immeuble chaud, on déroule ou on retire la couverture. À la maison, on habille l'enfant en fonction de la température ambiante. Par exemple, si la température est inférieure à 20 °C, on habille le nouveau-né plus chaudement que si elle se situe entre 20 °C et 22 °C.

À l'extérieur, l'enfant doit porter un bonnet pour protéger des courants d'air ses oreilles fragiles. On peut l'envelopper dans une couverture en laissant un coin libre que l'on place sur sa tête au besoin. L'infirmière doit prévenir les parents que la peau du bébé est très sensible aux coups de soleil. Pour prévenir les insolations, on installe le bébé à l'ombre, habillé d'un vêtement léger.

Il existe des couches de formes diverses, et le choix est souvent matière de préférence (figure 23-11 ▶). Les couches jetables, pliées d'avance, sont habituellement rectangulaires, mais il existe aussi des couches triangulaires et d'autres qui se plient en forme de cerf-volant. Pour favoriser l'absorption, on place la partie la plus épaisse devant pour les garçons, et derrière pour les filles.

On lave séparément les vêtements du bébé avec un savon ou un détersif doux. On peut mettre les couches à tremper avant le lavage. On rince deux fois tous les vêtements pour éliminer le savon et les résidus et réduire les risques d'éruption cutanée. Certains nouveau-nés ne tolèrent pas les vêtements traités avec des assouplisseurs de tissus, auquel cas on remplace ces produits par un peu de vinaigre blanc dans l'eau de rinçage.

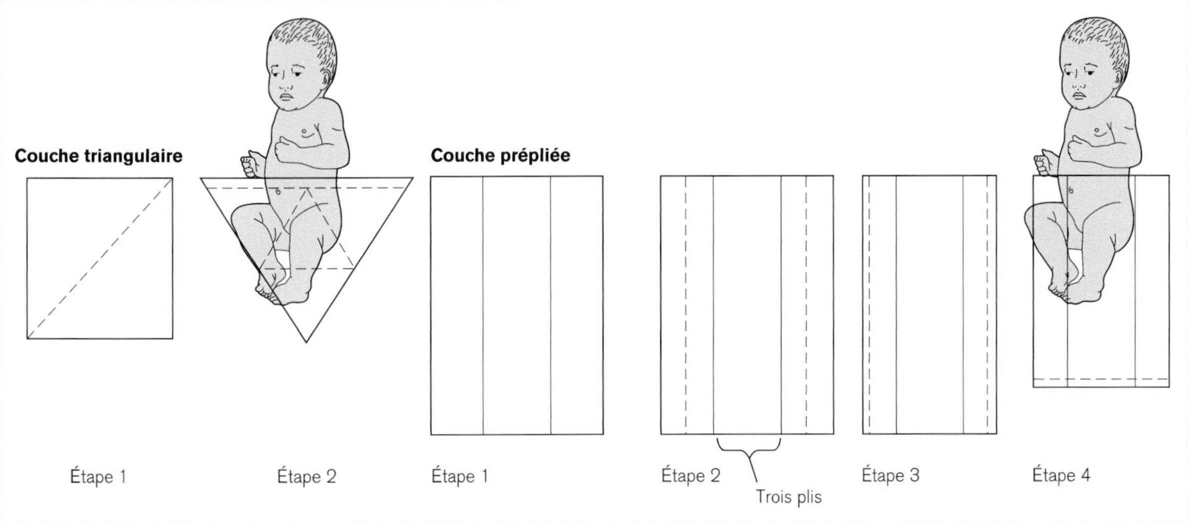

FIGURE 23-11 ▶
Deux formes de couches. Les lignes pointillées indiquent les plis.

Prise de la température

Lorsque l'infirmière doit leur montrer à prendre la température, il est important qu'elle prévoie du temps pour discuter du sujet avec les parents et pour leur demander qu'ils le fassent eux-mêmes. Les parents ont souvent besoin qu'on leur explique à plusieurs reprises comment prendre la température et à quel moment contacter le médecin.

L'infirmière décrit aux parents les différents types de thermomètres qu'on peut utiliser à la maison. Il est important que les parents connaissent ces différences pour pouvoir choisir le thermomètre qui leur convient. Les thermomètres tympaniques coûtent plus cher, mais leur efficacité et leur facilité d'utilisation les rendent très populaires. Beaucoup de parents achètent un thermomètre à affichage numérique. L'infirmière enseigne aux parents comment utiliser le thermomètre de leur choix.

Les parents ne devraient prendre la température du nouveau-né que s'il présente des signes de maladie. Ils devraient alors contacter le médecin ou l'infirmière immédiatement. (Voir l'encadré *Points à retenir : Quand consulter un médecin*, à la page 676.) Ils devraient également consulter le médecin s'ils ont besoin d'information sur les médicaments en vente libre qu'ils désirent avoir à la maison.

> ### Conseil pratique
>
> Les établissements de soins n'utilisent plus de thermomètres en verre à cause des risques associés au mercure en cas de bris. Certains parents les utilisent encore, mais de plus en plus rarement. Avant d'enseigner aux parents comment prendre la température, l'infirmière peut se rendre dans une pharmacie pour noter quels types de thermomètres on y vend, à quel prix et quelles informations les accompagnent. Elle est ainsi mieux renseignée pour répondre adéquatement aux questions des parents.

S'ils constatent que l'enfant a de la fièvre, les parents peuvent lui administrer un antipyrétique, tel que l'acétaminophène (Tylenol). Il faut éviter de donner de l'acide acétylsalicylique (Aspirine) à un enfant, sous quelque forme que ce soit, s'il souffre d'une maladie virale. En effet, il y aurait un lien entre l'usage de l'aspirine chez les enfants atteints d'une maladie virale et le syndrome de Reye. Les parents doivent discuter avec leur médecin des symptômes et du traitement de la grippe, des rhumes, des manifestations de l'éruption dentaire, de la constipation, de la diarrhée et des autres maladies courantes avant qu'elles ne se présentent. Les gouttes d'acétaminophène sont l'un des analgésiques ou des antipyrétiques que les pédiatres recommandent fréquemment.

Aspiration nasale et buccale

Au cours des premiers mois, la plupart des bébés respirent par le nez et dégagent leurs voies respiratoires en toussant ou en éternuant. Durant les premiers jours de sa vie, le nouveau-né secrète beaucoup de mucosités que l'on peut aspirer au moyen d'une poire. L'infirmière devrait enseigner aux parents à utiliser la poire et leur demander de le faire eux-mêmes tout de suite après. Les parents devraient avoir l'occasion de refaire cette démonstration juste avant le congé afin d'acquérir plus d'assurance encore. Il faut procéder très délicatement afin d'éviter les hémorragies nasales.

Pour pratiquer l'aspiration, on comprime la poire *avant* de placer la pointe dans la narine. Une fois la pointe de la poire dans la narine, on doit faire attention de ne pas obstruer la narine complètement, puis on relâche lentement la pression (figure 23-12 ▶). Finalement, on retire la poire de la narine et on comprime de nouveau la poire pour évacuer les mucosités dans un mouchoir en papier. La poire sert également pour aspirer les sécrétions buccales des nouveau-nés qui bavent de

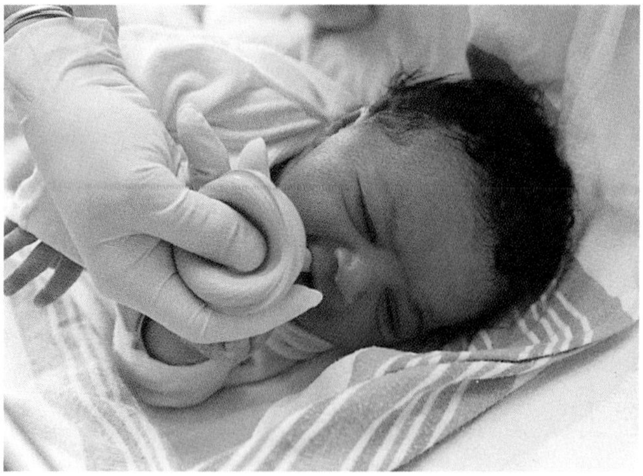

FIGURE 23-12 ▶ Aspiration nasale et buccale. On comprime la poire, on place la pointe de la poire dans le nez ou dans la bouche, puis on relâche.

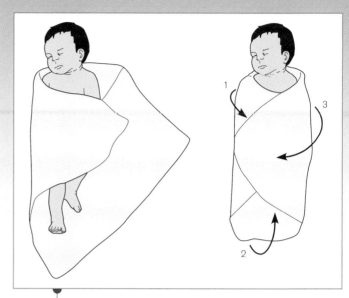

FIGURE 23-13 ▶ Une des façons d'emmailloter un bébé.

façon excessive. On comprime alors la poire et on en place la pointe sur un côté de la bouche à une profondeur de 2,5 cm environ, puis on relâche la pression. On répète l'intervention de l'autre côté de la bouche, en évitant de toucher la partie centrale arrière de la bouche pour ne pas stimuler le réflexe pharyngé. On doit laver la poire à l'eau chaude savonneuse et la rincer à l'eau chaude après chaque utilisation. Il est conseillé d'avoir toujours une poire à portée de la main. Les nouveaux parents et les infirmières peu expérimentées ont parfois peur que le bébé s'étouffe. Ils se sentent donc rassurés s'ils savent comment intervenir en cas d'urgence. Ils doivent aussi apprendre à tourner la tête du nouveau-né sur le côté au moindre signe de haut-le-cœur ou de vomissements.

Emmaillotement

L'emmaillotement contribue à maintenir la température corporelle du nouveau-né, lui procure un sentiment de sécurité et peut le calmer lorsqu'il pleure. Pour emmailloter un bébé, on place une couverture, en losange, sur son lit ou sur une surface sûre. Après avoir plié le coin supérieur de la couverture légèrement vers le bas, on place le bébé sur la couverture, le cou au niveau du pli supérieur. On replie ensuite le coin droit sur le bébé et on le glisse sous son corps en évitant de trop serrer pour laisser au bébé une certaine liberté de mouvement. On remonte ensuite le coin inférieur vers la poitrine, puis on ramène le coin gauche sous le côté droit du bébé (figure 23-13 ▶). L'infirmière peut enseigner cette technique d'emmaillotement aux parents afin qu'ils se sentent plus à l'aise et manipulent leur bébé avec assurance.

Selles et urines

Les parents s'inquiètent parfois de l'aspect et de la fréquence des selles de leur nouveau-né. L'infirmière doit leur expliquer les différences entre les selles des bébés nourris au lait maternel et celles des bébés nourris avec d'autres types de lait. Bien que l'aspect et la fréquence des selles diffèrent selon les bébés, il existe des caractéristiques générales (voir le chapitre 21, p. 592).

- Les bébés nourris au lait maternel produisent en moyenne 4 à 6 selles jaunes et semi-liquides par jour à partir du 3e ou 4e jour, quand la sécrétion lactée est établie, à moins que la lactation soit compromise. Une fois l'allaitement établi, environ un mois après la naissance, le nouveau-né peut encore évacuer plusieurs selles par jour ou une seule selle tous les deux ou trois jours en raison de la grande digestibilité du lait maternel. La constipation est rare chez les nouveau-nés qui boivent exclusivement du lait maternel. Des selles peu fréquentes au cours des premières semaines peuvent indiquer un apport de lait insuffisant.

- Chez les enfants nourris avec d'autres types de lait, on observe souvent une ou deux selles par jour. Celles-ci sont de couleur jaune à jaune-brun et sont plus formées.

On peut également expliquer aux parents les caractéristiques des selles de la constipation (en forme de petites pastilles) ou des selles caractéristiques de la diarrhée (molles, verdâtres et parfois tachées de sang). Les parents doivent savoir que les selles de transition sont souvent de couleur verte afin qu'ils évitent de les confondre avec les selles qui accompagnent une diarrhée.

La constipation indique parfois un apport liquidien insuffisant. Dans ce cas, une consommation supplémentaire d'eau peut la soulager.

Normalement, les nouveau-nés urinent six à huit fois par jour. Si le nombre des mictions est trop faible, le bébé a besoin d'un apport liquidien accru. La fréquence des mictions est facile à évaluer si on utilise des couches en tissu. Les parents qui utilisent des couches jetables superabsorbantes peuvent trouver difficile d'évaluer la fréquence des mictions puisque la surface de la couche reste sèche (l'urine s'écoule dans les espaces de remplissage internes de la couche). Ajouter un essuie-tout au fond de la couche peut aider à constater la présence d'urine.

Rythme de veille et de sommeil

Chaque nouveau-né possède son propre cycle de sommeil et d'éveil. Il est donc important que l'infirmière sache reconnaître les variations individuelles afin d'aider les parents à mieux comprendre les signaux de leur bébé et son rythme de veille et de sommeil. (Voir le tableau 29-2, p. 862-863.)

Après les périodes initiales de réactivité dont nous avons déjà fait mention, le rythme de veille et de sommeil varie d'un bébé à un autre. Souvent, le nouveau-né dort presque sans arrêt pendant les deux ou trois jours qui suivent sa naissance, ne se réveillant que pour boire toutes les trois ou quatre heures. Toutefois, certains nouveau-nés ne connaissent pas cette période de sommeil profond et n'ont besoin que de 12 à 16 heures de sommeil. Les parents doivent savoir que c'est normal.

Le **sommeil profond ou calme** se caractérise par une respiration régulière et une absence de mouvements, sauf pour quelques soubresauts. Au cours de cette phase, le nouveau-né n'est pas réveillé par les bruits normaux de la maison. Pendant le sommeil léger ou actif, il respire de façon irrégulière et présente quelques légers spasmes musculaires. Il peut parfois pleurer sans que cela signifie qu'il est réveillé ou qu'il ne se sent pas bien. Les bruits inhabituels le réveillent plus facilement, mais il se rendort rapidement.

Dans l'**état d'éveil paisible**, le nouveau-né est conscient de son environnement. Il observe les mouvements d'un mobile, sourit et, plus tard, découvre ses mains et ses pieds et joue avec ceux-ci. Quand une couche mouillée gêne le nouveau-né, quand il a faim, mal, froid ou chaud, il entre dans un **état d'agitation et de pleurs**. On doit alors déterminer la cause du malaise et la supprimer. Parfois les parents se sentent frustrés de ne pas arriver à déceler les stimuli externes ou internes responsables des pleurs. On peut alors leur conseiller de tenir le bébé en position verticale afin qu'il puisse regarder autour de lui et explorer son environnement ; généralement, il cesse de pleurer et s'apaise.

Pleurs

Pour le nouveau-né, les pleurs sont le seul moyen d'exprimer oralement ses besoins. Les parents doivent apprendre à en distinguer les différentes tonalités et qualités. Leur durée varie selon les bébés. Certains pleurent entre 15 et 30 minutes par 24 heures, d'autres jusqu'à 2 heures. Si le bébé continue de pleurer après que l'on a soulagé son malaise ou sa faim, on peut le réconforter en l'emmaillotant, en le berçant, etc. Il semble que les bébés que l'on prend davantage dans les bras ont tendance à être plus calmes et à moins pleurer. Les parents qui craignent de gâter leur enfant s'ils le prennent dans leurs bras doivent savoir que cela est faux. Prendre dans ses bras un bébé qui pleure, c'est lui faire comprendre que des adultes sont là pour répondre à ses besoins et pour s'en occuper. L'enfant peut ainsi apprendre à faire confiance aux êtres humains. On note les pleurs excessifs et on les évalue en fonction des autres facteurs possibles. Après les deux ou trois premiers jours, chaque nouveau-né adopte des habitudes particulières.

Sécurité du bébé

La moitié des enfants tués ou blessés dans un accident d'automobile auraient été mieux protégés s'ils avaient été installés adéquatement dans un siège d'auto conforme aux normes gouvernementales. Le trajet du centre hospitalier à la maison doit se faire dans un siège d'auto pour nouveau-né (figure 23-14▶). Le siège doit être installé dans le sens contraire de la circulation, et le bébé doit être en position demi-assise, soit à un angle d'environ 45°. Lorsque le véhicule est muni de coussins gonflables, le siège d'auto doit être installé au centre de la banquette arrière et non à l'avant du véhicule. Le siège du nouveau-né peut être utilisé jusqu'à ce que le bébé ait atteint un poids 9 kg ou une taille de 66 cm. Les jeunes enfants de 9 à 19 kg ou de 66 à 102 cm doivent voyager dans un siège pour enfant conforme aux exigences des règlements sur la sécurité des véhicules automobiles. L'infirmière doit s'assurer que les parents sont bien informés sur la protection qu'un siège d'auto

FIGURE 23-14▶ Siège d'auto pour nouveau-né, utilisé jusqu'à ce que l'enfant pèse 9 kg (environ 12 mois).

conforme et adéquatement utilisé procure à leur bébé (Société de l'assurance automobile du Québec, 2002).

Examens de dépistage

Avant le congé, on doit informer les parents des examens de dépistage disponibles pour leur enfant et du moment où ils doivent prélever un échantillon d'urine pour ces examens. On leur remet d'ailleurs le matériel nécessaire pour ces prélèvements. Les **examens de dépistage** permettent la détection de maladies qui, si elles ne sont pas traitées, peuvent entraîner l'arriération mentale, des handicaps physiques ou la mort (voir le chapitre 25, p. 748). À partir d'une goutte de sang prélevée sur le talon 48 heures ou, idéalement, 3 ou 4 jours après la naissance, on peut habituellement dépister les troubles métaboliques d'origine génétique, comme la phénylcétonurie, l'hypothyroïdie congénitale ou la tyrosinémie. La phénylcétonurie étant plus facilement identifiable après une ingestion suffisante de protéines, il faut demander aux parents de recueillir un échantillon d'urine quand le bébé est âgé de 21 jours. L'infirmière doit aussi expliquer clairement aux parents qu'un résultat positif à ce test de dépistage ne permet pas d'établir un diagnostic. Celui-ci doit être confirmé par des analyses plus précises. Il est important de suivre les protocoles concernant ces examens de dépistage. Un traitement n'est entrepris que si les analyses de confirmation donnent des résultats positifs. Certaines maladies dépistées sont traitées par une diète, d'autres, par une hormonothérapie de substitution. Elles ne sont pas contagieuses, mais peuvent être héréditaires. Lorsque la mère et son bébé demeurent très peu de temps à l'unité des naissances, on risque de retarder inutilement le diagnostic de phénylcétonurie et d'hypothyroïdie congénitale. On risque même de rater carrément le diagnostic puisque les examens de dépistage effectués trop tôt sont moins sensibles ; les nouveau-nés âgés de moins de 24 h qui subissent des examens de dépistage devraient les repasser à nouveau à l'âge de 2 semaines. L'exactitude du test de dépistage de la phénylcétonurie est directement proportionnelle à l'âge du nouveau-né. L'éventualité de détecter la phénylcétonurie augmente avec l'âge du bébé, et l'enfant doit être âgé d'au moins 24 heures pour que l'examen soit valide (Wallman, 1998). (Voir le chapitre 25.)

Les CDC et l'AAP recommandent la vaccination contre le virus de l'hépatite B durant la petite enfance (Selekman, 2000). Actuellement au Québec, la vaccination est offerte à tous les élèves de 4ᵉ année du primaire et à toute personne présentant un risque élevé de contracter le virus (voir le chapitre 12, tableau 12-5). C'est pourquoi, à la naissance, on ne vaccine que les bébés risquant d'être exposés à ce virus. Quant aux bébés nés d'une mère HbsAg positif, ils devraient recevoir le vaccin contre l'hépatite B ainsi que 0,5 mL d'immunoglobulines contre l'hépatite B (HBIG) dans les 12 heures qui suivent la naissance. L'injection de ces immunoglobulines doit être effectuée à des points d'injection distincts. Lorsque le bébé reçoit les vaccins contre l'hépatite au centre hospitalier, les parents doivent en être avisés afin de pouvoir faire un suivi adéquat.

L'infirmière doit avoir enseigné toutes les méthodes de soins avant que la mère reçoive son congé. L'infirmière peut utiliser une liste de contrôle pour s'assurer que l'enseignement est complet et vérifier les connaissances des parents avant leur départ (figure 23-15 ▶). L'infirmière doit prendre le temps de revoir tous les aspects des soins avec les parents et de répondre à leurs questions. Elle vérifie aussi que la mère connaît les coordonnées du CLSC de sa région et lui donne toutes les directives nécessaires. Pour rassurer la nouvelle mère, elle lui donne aussi le numéro de téléphone de la pouponnière et l'invite à téléphoner si elle a la moindre question.

Les infirmières qui font la relance téléphonique doivent observer une certaine procédure pour assurer des soins de qualité et éviter les problèmes légaux. Voici quelques recommandations à ce sujet (Cady, 1999) :

1. Établir des protocoles de triage pour les principaux types d'appels et respecter ces protocoles.

2. Consigner tous les appels avec minutie et exactitude.

3. Assurer un suivi au moment opportun. (Par exemple, l'infirmière demande à sa cliente de rappeler après une certaine période de temps ou si la situation ne s'est pas améliorée ; ou bien, elle s'occupe elle-même de rappeler sa cliente dans le but d'assurer un suivi.)

Soins infirmiers communautaires

L'infirmière dispose d'une occasion unique de mettre la nouvelle famille sur la bonne voie. Elle y contribue quand elle enseigne aux parents les différentes façons de satisfaire les besoins du nouveau-né, d'assurer sa sécurité et d'apprécier son caractère unique, et lorsqu'elle les renseigne sur les services de santé communautaires auxquels ils peuvent recourir. Les infirmières en santé communautaire jouent depuis longtemps le rôle de conseillères et d'éducatrices en matière de soins au nouveau-né. Les infirmières de certains établissements visitent les nouveaux parents à domicile quelques heures ou quelques jours après le congé pour maintenir un contact entre le départ du centre hospitalier et les premières consultations pédiatriques (AAP, Council on Child and Adolescent Health, 1999). Au Québec, ce service est offert par les infirmières des CLSC.

Les parents doivent connaître les signes de maladie, savoir comment joindre le pédiatre ou la clinique en dehors des heures de bureau, et comprendre la nécessité de se présenter aux visites de suivi. (Voir l'encadré *Points à retenir : Quand consulter un médecin* et la fiche d'enseignement *Les signes possibles de maladie pendant la période néonatale*.) Les parents devraient également demander au médecin quels médicaments sans ordonnance ils devraient garder dans leur armoire à pharmacie.

L'enseignement aux parents est un aspect privilégié des soins axés sur la famille. L'infirmière qui prend le temps de bien préparer la famille à sa nouvelle vie éprouve la satisfaction d'avoir offert les meilleurs soins possibles.

**LISTE DE CONTRÔLE DE L'ENSEIGNEMENT
À DONNER AUX PARENTS**

Lisez la documentation qui vous est remise après l'accouchement.
Ensuite, répondez aux questions pour déterminer si vous avez besoin
d'informations supplémentaires.

		Je sais déjà comment faire	Ne s'applique pas à mon cas	Je désire plus d'informations	**COLONNE RÉSERVÉE À L'INFIRMIÈRE** Enseignement ou explications donnés
Soins du bébé	Que faire si le bébé s'étouffe ou a des haut-le-cœur ?				
	Sécurité				
	Comment nettoyer la peau et le cordon ?				
	Comment nettoyer la plaie de la circoncision ou les parties génitales ?				
	Comment savoir si mon bébé est malade et que faire ?				
	Qu'est-ce que l'ictère et comment le détecter ?				
	Comment utiliser le thermomètre ?				
	Comment utiliser la poire nasale ?				
	Comment et quand faire éructer le bébé ?				
	Comportement du nouveau-né : pleurs et mesures de réconfort				
	Comment coucher le bébé après la tétée ?				
	Que signifie allaiter à la demande ?				
Allaitement au sein	J'ai assisté à des cours d'allaitement ou visionné une vidéocassette sur l'allaitement	OUI ☐ NON ☐			
	Positions d'allaitement				
	Comment m'assurer que le bébé prend correctement le mamelon ?				
	Quand allaiter et combien de temps ?				
	Comment faire lâcher le mamelon au bébé ?				
	Principe de l'offre et de la demande				
	Réflexe d'évacuation du lait				
	Transformation du colostrum en lait				
	Suppléments				
	Alimentation de la mère qui allaite				
	Prévention et traitement des mamelons douloureux				
	Prévention et traitement de l'engorgement				
	Quand et comment utiliser un tire-lait ?				
	Comment tirer son lait manuellement ?				
	Retourner sur le marché du travail tout en continuant d'allaiter				
Alimentation avec une préparation lactée	Comment nourrir mon bébé au biberon ?				
	Pourquoi il ne faut PAS laisser le bébé prendre son biberon seul				
	Comment nettoyer la tétine et le biberon ?				
	Comment mélanger la préparation lactée ?				
	Quel type de lait choisir pour mon bébé ?				

La loi oblige les parents à utiliser un siège d'auto pour nouveau-né.

J'ai un siège d'auto pour bébé et je sais comment l'utiliser.   OUI ☐   NON ☐

Autres informations

_____

_____

_____

_____

J'ai reçu et compris les directives données sur les sujets ci-haut.

Vidéocassettes visionnées ou documents lus :

_____

_____

_____

Signature de l'infirmière :

_____

_____

_____ _____

SIGNATURE DE LA MÈRE   DATE

FIGURE 23-15 ▶ Liste de contrôle de l'enseignement à donner aux parents
d'un nouveau-né. L'enseignement doit être terminé avant le départ du bébé pour la maison.
Source : Presbyterian/St.Luke's Medical Center, Denver, CO.

Points à retenir

Quand consulter un médecin

Température rectale supérieure à 38,4 °C ou inférieure à 36,7 °C, ou bien température axillaire supérieure à 38 °C ou inférieure à 36,5 °C

Élévation continue de la température corporelle

Plusieurs vomissements en jets ou vomissements fréquents (durant plus de 6 heures)

Refus de 2 tétées consécutives

Léthargie (apathie), bébé difficile à réveiller

Cyanose pendant ou entre les tétées

Aggravation de l'ictère (jaunissement de la peau)

Pustules, éruptions ou ampoules différents de l'érythème du nouveau-né

Apnée supérieure à 15 secondes

Pleurs inconsolables (les mesures de réconfort demeurent inefficaces) ou pleurs aigus continuels

Écoulement ou saignement du cordon ombilical, de la plaie de la circoncision ou de tout autre orifice (sauf mucosités vaginales ou pseudomenstruation)

Deux selles consécutives aqueuses et vertes ou noires chez un bébé de plus de 1 semaine, ou des selles très fréquentes

Distension abdominale, pleurs pendant la défécation ou absence de selles après l'établissement des habitudes d'élimination

Absence de miction pendant 18 à 24 heures, ou moins de 6 couches mouillées par jour chez un bébé âgé de 4 jours et plus

Écoulement oculaire

Évaluation et résultats escomptés

Les résultats escomptés des soins infirmiers peuvent être les suivants :

- L'adaptation du nouveau-né à la vie extra-utérine s'est déroulée sans heurts.
- Les habitudes d'allaitement établies sont satisfaisantes.

- Les parents utilisent des méthodes de soins sûres.
- Les parents comprennent le processus d'attachement et montrent par leur conduite qu'ils ont commencé à nouer des liens d'affection avec l'enfant.
- Les parents ont des attentes réalistes quant au comportement de leur bébé et ils connaissent les services communautaires qui peuvent prodiguer à leur enfant les soins de suivi.

Le chapitre en bref

Notions fondamentales

- Les interventions infirmières auprès du nouveau-né visent à offrir des soins complets tout en favorisant l'établissement de liens dans la nouvelle cellule familiale.
- Pendant la période qui suit immédiatement la naissance, au cours de laquelle se produit l'adaptation à la vie extra-utérine, il faut observer étroitement le nouveau-né afin de s'assurer que la transition se déroule bien.
- Les soins infirmiers prodigués au cours des quatre heures qui suivent la naissance (période d'admission) visent à maintenir la liberté des voies respiratoires, à assurer un milieu thermique neutre, à amorcer l'alimentation, à favoriser le processus d'attachement ainsi qu'à prévenir l'hémorragie et les infections.
- Dans le cadre des soins prophylactiques courants, on administre à l'enfant de la vitamine K_1 pour prévenir la maladie hémorragique du nouveau-né.
- La *Loi sur la santé publique* exige l'administration d'un traitement prophylactique oculaire des yeux contre *Neisseria gonorrhoeæ* chez tous les nouveau-nés.

- Les soins infirmiers continus du nouveau-né visent notamment les objectifs suivants : maintenir la fonction cardiorespiratoire, maintenir un milieu thermique neutre, assurer l'intégrité de la peau, favoriser une bonne hydratation et une alimentation adéquate, promouvoir la sécurité, favoriser la formation de liens d'attachement, enseigner à la famille les soins à prodiguer au nouveau-né, et prévenir les complications.
- Après la circoncision, on doit observer étroitement le nouveau-né pour déceler l'incapacité d'uriner ainsi que les signes d'hémorragie, de douleur et d'infection.
- Avant le congé, l'infirmière donne aux parents l'enseignement nécessaire sur les sujets suivants : position et manipulation, bain, prise de la température, aspiration nasale et buccale, emmaillotement, rythmes de sommeil et d'activité, mesures de sécurité.
- Le dépistage de la tyrosinémie, de l'hypothyroïdie congénitale et de la phénylcétonurie est effectué chez les nouveau-nés au cours des trois premiers jours de vie.

Références

AMERICAN ACADEMY OF PEDIATRICS (1997). *Guidelines for perinatal care*, 4ᵉ éd., Chicago,IL, American Academy of Pediatrics.

AMERICAN ACADEMY OF PEDIATRICS, COUNCIL ON CHILD AND ADOLESCENT HEALTH (1998). «The role of home-visitation programs in improving health outcomes for children and families», *Pediatrics*, vol. 101, n° 3, p. 486-489.

AMERICAN ACADEMY OF PEDIATRICS, COMMITTEE ON INJURY AND POISON PREVENTION (1999). « Safe transposition of newborns at hospital discharge», *Pediatrics*, vol. 104, n° 4, p. 986-987.

AMERICAN ACADEMY OF PEDIATRICS, TASK FORCE ON CIRCUMCISION (1999). «Circumcision policy statement», *Pediatrics*, vol. 103, n° 3, p. 686-693.

ANDREWS, M. M. (1999). *Transcultural perspectives in the nursing care of children and adolescents*, in M. M. Andrews et J. S. Boyle (dir.), *Transcultural concepts in nursing care*, 3ᵉ éd., Philadelphie, Lippincott, p. 107-159.

BEGER, D., et C. A. LOVELAND COOK (1998). «Postpartum teaching priorities : The viewpoints of nurses and mothers», *Journal of Obstetric, Gynecologic and Neonatal Nursing*, vol. 27, n° 2, p. 161-168.

CADY, R. (1999), «Telephone triage : Avoiding the pitfalls», *Maternal-Child Nursing*, vol. 24, n° 4, p. 209.

CARROLL, V. (2000), «Infant abduction : Lowering the risk», *AWHONN Lifelines*, vol. 3, n° 6, p. 25-27.

CAVENDISH, R., et L. JACKSON (1999). *Early discharge of the term newborn : Guideline for practice*, Des Plains, IL, NANN.

CUNNINGHAM, F. G., N. F. GANT, K. J. LEVENO, L. C. GILLSTRAP III, J. C. HAULT, et K. D. WENSTRON (2001). Williams Obstetrics, 21ᵉ éd, McGraw Hill.

DORE, S., D. BUCHAN, S. COULAS, L. HAMBER, M. STEWART, D. COWAN et L. JAMIESON (1998). «Alcohol versus natural drying for the newborn cord care», *Journal of Obstetrics, Gynecologic and Neonatal Nursing*, vol. 27, n° 6, p. 621-628.

DUMAS, L., I. LANDRY, et A. SAVOIE (2002). «Intervenir en périnatalité. L'importance des données probantes», *L'infirmière du Québec*, vol.10, n° 2.

GEISSLER, E.M. (1998). *Pocket guide to cultural assessment*, 2ᵉ éd., St. Louis, Mosby.

HUTCHINSON, M. K., et M. BAQI-AZIZ (1994). «Nursing care of the childbearing Muslim family», *Journal of Obstetric, Gynecology, and Neonatal Nursing*, vol. 23, n° 9, p. 767-771.

KARL, D. J. (1999). «The newborn bath : Using infant neurobehavior to connect parents and newborns», *American Journal of Maternal Child Nursing*, vol. 24, n° 6, p. 280-286.

KLAUS, M., et P. KLAUS (1985). *The amazing newborn*, Menlo Park, CA, Addison-Wesley.

LIPSON, J. G., S. L. DIBBLE et P. A. MINARIK (1996). *Culture and nursing care : A pocket guide*, San Francisco, CA, University of California at San Francisco Nursing Press.

MACMULLEN, N. J., et L. A. DULSKI (2000). «Factors related to sucking ability in healthy newborns», *Journal of Obstetric, Gynecology, and Neonatal Nursing*, vol. 29, n° 4, p. 390-396.

MERESTEIN, G. B., et S. L. GARDNER (1998). *Handbook of neonatal intensive care*, 4ᵉ éd., St Louis, Mosby.

NARCHI, H., et N. KULAYLA (1998). «Neonatal circumcision : When can infants reliably be expected to void ? «, *Pediatrics*, vol. 102, n° 10, p. 150-152.

NEONATAL SKIN CARE (1997). *NANN guidelines for practice*, Petaluma, CA, National Association of Neonatal Nurses.

NEONATAL THERMOREGULATION (1997). *NANN guidelines for practice*, Petaluma, CA, National Association of Neonatal Nurses.

ORGANISATION MONDIALE DE LA SANTÉ. *Care of the ombilical cord : A review of the evidence.* Disponible sur le Web : <www.who.int/rht/documents/MSM98-4>.

RASBRIDGE, L. A., et J. C. KULIG (1995). «Infant feeding among Cambodian refugees», *American Journal of Maternal Child Nursing*, vol. 20, n° 4, p. 213-218.

REYNOLDS, R. D. (1996). «Use of the Mogen clamp for neonatal circumcision», *American Family Physician*, vol. 54, n° 1, p. 177-182.

RIORDAN, J., et K. G. AUERBACK (1999). *Breastfeeding and human lactation*, 2ᵉ éd., Boston, Jones & Bartlett.

RUCHALA, P. L. (2000). «Teaching new mothers : Priorities of nurses and postpartum women», *Journal of Obstetric, Gynecology, and Neonatal Nursing*, vol. 29, n° 3, p. 265-273.

SCHNEIDERMAN, J. U. (1996). «Postpartum nursing for Korean mothers», *American Journal of Maternal Child Nursing*, vol. 21, n° 3, p. 155-158.

SELEKMAN, J. (2000), «Immunization schedule 2000», *Pediatric Nursing*, vol. 26, n° 2, p. 209-210.

SOCIÉTÉ CANADIENNE DE PÉDIATRIE (1996). *La circoncision néonatale revisitée*, énoncé de principes, réapprouvé en 2002. Disponible sur le Web : http://www.cps.ca/francais/enonces/FN/fn96-01.htm.

SOCIÉTÉ CANADIENNE DE PÉDIATRIE (1998). *La mort subite du nourrisson au Canada : réduire le risque*, énoncé de principes, réapprouvé en janvier 2002. Disponible sur le Web : <http://www.cps.ca/francais/enonces/IP/cps98-01.htm>.

SOCIÉTÉ DE L'ASSURANCE AUTOMOBILE DU QUÉBEC (2002). *Attachez-le à la vie.* Disponible sur le Web à l'adresse suivante : <http://www.saaq.gouv.qc.ca/publications/prevention/siege_fr.pdf>.

TADDIO, A., N. POLLOCK, C. GILBERT-MACLEOD et K. OHLSSON (2000). «Combined analgesia and local anesthesia to minimize pain during circumcision», *Archives of Pediatric and Adolescent Medicine*, vol. 154, p. 620-623.

VARDA, K. E., et R. S. BEHNKE (2000). «The effect of timing of initial bath on newborn's temperature», *Journal of Obstetric, Gynecologic and Neonatal Nursing*, vol. 29, n° 1, p. 27-32.

WALLMAN, C. M. (1998). «Newborn genetic screening», *Neonatal Network*, vol. 17, n° 3, p. 55-60.

ZENK, K. E., J. H. SILLS et R. M. KOEPPEL (1999). *Neonatal medications and nutrition : A comprehensive guide*, Santa Rosa, CA, NICU Ink.

Lectures complémentaires

LEGAULT, M., ET C. GOULET (1994). «Sortir le prématuré de l'incubateur. De la méthode traditionnelle à la méthode kangourou», *L'Infirmière du Québec*, vol. 2, n° 2, p. 34-41.

POLIQUIN, F., M.-J. ROUTHIER, J. FONTAINE et C. AUBIN (2003). «Une fleur sur la peau», *L'Infirmière du Québec*, vol. 10, n° 4, p. 32-33.

L'alimentation du nouveau-né

Objectifs

- Décrire les besoins nutritionnels du nouveau-né
- Comparer la valeur nutritive et la composition du lait maternel et des préparations lactées
- Décrire les avantages et les désavantages de l'allaitement maternel et de l'alimentation au biberon pour la mère et pour l'enfant
- Relever les critères pouvant servir à évaluer la réussite de l'allaitement
- Élaborer des directives destinées à aider les mères à nourrir adéquatement leur enfant, que l'allaitement se fasse au sein ou au biberon
- Tenir compte de l'influence des valeurs culturelles sur les soins prodigués au nouveau-né et particulièrement sur les pratiques d'allaitement
- Informer les parents sur les besoins nutritionnels du nouveau-né et sur la courbe de croissance normale

Vocabulaire

NOURRIR UN NOUVEAU-NÉ est une expérience intense, valorisante et, en même temps, une source d'inquiétude. Le fait de combler un besoin essentiel aide les parents à consolider leur lien d'attachement avec leur bébé, à mieux comprendre leur rôle de protecteurs et de pourvoyeurs, et à assumer cette extraordinaire responsabilité. Qu'elle choisisse de donner le sein ou le biberon, la mère est en mesure de répondre adéquatement aux besoins de son enfant, mais cette alternative ne va pas sans interrogations. Il incombe donc à l'infirmière d'aider la mère à se familiariser avec la méthode d'alimentation qu'elle a décidé d'adopter. Dans tous ses échanges avec la famille, l'infirmière se doit de soutenir les parents et d'accroître leur assurance.

Les besoins nutritionnels du nouveau-né

Le régime alimentaire doit apporter au nouveau-né tous les éléments nutritifs nécessaires à une croissance et à un développement rapides. Ce régime doit contenir des protéines, des glucides, des lipides, de l'eau, des vitamines ainsi que des minéraux. Les apports nutritionnels recommandés (ANR) de la naissance jusqu'à l'âge de 6 mois ont été établis comme suit. L'apport énergétique (110-120 kcal/kg/jour) est fourni par les glucides et les lipides. D'une façon générale, les protéines assurent la croissance rapide des cellules et participent à la vie cellulaire. Les glucides fournissent de l'énergie. Quant aux lipides, en plus de fournir de l'énergie, ils contribuent au développement du système nerveux central. Les besoins liquidiens sont élevés chez le nouveau-né (140-160 mL/kg/jour) en raison de son faible pouvoir de concentration urinaire, et ils sont accrus par la maladie et la chaleur. (Voir l'encadré *Points à retenir : Besoins énergétiques et liquidiens du nouveau-né.*)

Les bébés nourris au biberon prennent du poids plus rapidement que ceux nourris au sein parce que les préparations lactées contiennent plus de protéines que le lait maternel. Cependant, la digestibilité du lait maternel est supérieure à celle des préparations lactées, parce que les éléments nutritifs qu'il fournit sont plus facilement assimilables. De la naissance à 6 mois, les bébés nourris au biberon prennent généralement jusqu'à 30 g par jour. La plupart d'entre eux reprennent leur poids de naissance en moins de 10 jours et, en général, doublent leur poids de naissance entre 3½ mois et 4 mois. Pour leur part, les bébés en bonne santé nourris au sein peuvent suivre cette courbe de poids ou ne présenter qu'un gain pondéral de

15 g par jour pendant les 6 premiers mois. Ils reprennent leur poids de naissance 14 jours après la naissance et doublent leur poids vers l'âge de 5 à 6 mois.

Lait maternel

La composition du lait maternel varie en fonction du stade de la lactation, du moment de la journée, du moment de la tétée, de l'alimentation de la mère et de l'âge gestationnel du nouveau-né à la naissance. Trois sortes de lait sont produits selon le stade de la lactation : le colostrum, le lait de transition et le lait mature.

Le **colostrum**, un liquide jaunâtre ou d'aspect crémeux, est plus épais et plus riche en protéines, en vitamines liposolubles et en minéraux que le lait mature (Kunz *et al.,* 1999). Il contient également une forte concentration d'immunoglobulines, principalement des IgA sécrétoires, qui confèrent au nouveau-né une immunité passive. La production de colostrum commence en début de grossesse et se poursuit entre deux et quatre jours après l'accouchement, avant de faire place au lait de transition.

Le **lait de transition** remplace donc le colostrum et sa production s'arrête environ deux semaines après l'accouchement. Il contient du lactose, des vitamines hydrosolubles, ainsi qu'une forte concentration de lipides ; sa valeur énergétique est supérieure à celle du colostrum.

Le dernier lait produit, appelé **lait mature**, renferme environ 10 % de solides (glucides, protéines, lipides) servant à fournir de l'énergie et à assurer la croissance ; le reste est composé d'eau, une substance vitale pour maintenir l'hydratation. La composition du lait mature varie en fonction du moment de la tétée. Le **lait en début de tétée** est riche en eau et contient des vitamines et des protéines. Le **lait en fin de tétée** est le lait sécrété après le réflexe d'éjection initial. Clair et un peu bleuté, le lait mature a l'aspect du lait écrémé, ce qui porte certaines mères à s'interroger sur ses qualités nutritives. Pourtant, le lait mature contient beaucoup de lipides et fournit autant d'énergie que la majorité des préparations lactées, soit environ 20 kcal/30 mL. Comparativement à celles-ci, le lait maternel renferme toutefois une proportion moindre d'énergie provenant des protéines et une proportion plus grande d'énergie provenant des lipides. Chez les bébés nourris au sein, le métabolisme des protéines produit moins de déchets azotés que chez l'enfant nourri au biberon, ce qui épargne ses reins qui sont encore immatures.

La Société canadienne de pédiatrie, Les Diététistes du Canada et Santé Canada (1998) sont d'avis que le lait maternel constitue le meilleur aliment qui soit pendant les 6 à 12 premiers mois de vie. Le lait maternel procure au nouveau-né et au jeune bébé des avantages immunitaires, nutritionnels et psychologiques.

Avantages immunitaires

Comme le système immunitaire du nouveau-né est immature, l'allaitement au sein procure un degré variable de protection contre les infections respiratoires et gastro-intestinales, l'otite moyenne, la méningite, la septicémie et les allergies (Kelleher et Duggan, 1999). Cette protection conférée au bébé nourri au lait maternel pendant au moins trois mois dure jusqu'à l'âge de un an environ. De plus, le lait de chaque mère contient des anticorps qui protègent son bébé contre les maladies infectieuses auxquelles elle a été exposée. Les immunoglobulines contenues dans le colostrum et le lait maternel sont principalement des IgA sécrétoires. Ces anticorps possèdent des propriétés antivirales, antibactériennes et réagissent aussi avec d'autres antigènes. Les IgA sécrétoires contribuent à réduire la perméabilité de la muqueuse de l'intestin grêle aux macromolécules antigéniques (Johnson et Reddick, 2000). Le colostrum et le lait maternel renferment également d'autres agents qui inhibent la croissance des bactéries ou des virus. Parmi ces agents antimicrobiens, mentionnons le lysozyme, la lactoperoxydase, la lactoferrine, la sidérophiline, ainsi que diverses immunoglobulines. De plus, le lait maternel stimule le développement de *Bifidobacterium bifidum*, une bactérie dominante de la flore bactérienne intestinale des bébés nourris au sein. Cette bactérie exerce des effets bénéfiques sur le fonctionnement du tube digestif. Le lait maternel des mères immunisées contre la poliomyélite contient aussi des immunoglobulines contre ce virus. D'ailleurs, certaines cliniques recommandent de ne pas allaiter pendant les 30 à 60 minutes qui suivent l'administration du vaccin antipoliomyélitique oral, parce que le lait maternel pourrait inhiber chez le bébé l'infection intestinale recherchée ainsi que la réponse immunitaire. En plus de posséder ces propriétés immunitaires, le lait maternel est, comme on le sait, non allergène.

Avantages nutritionnels

Le lait maternel présente également des avantages nutritionnels. Il contient beaucoup plus de lactose que le lait de vache ; on y trouve aussi des lipides, des acides gras polyinsaturés et des acides aminés (particulièrement de la taurine). De plus, son rapport lactosérum-caséine lui confère une digestibilité supérieure à celle des préparations lactées (Johnson et Riddick, 2000). Sa forte teneur en cholestérol ainsi que sa composition en acides aminés en font l'aliment idéal pour favoriser la myélinisation et le développement neurologique. Par ailleurs, sa forte teneur en cholestérol stimulerait la production d'enzymes qui rendraient plus efficace le métabolisme de cette substance, ce qui réduirait ultérieurement ses méfaits sur le système cardiovasculaire.

La teneur en minéraux du lait maternel répond mieux aux besoins du nouveau-né que celle des préparations lactées (Lawrence et Lawrence, 1999). Le lait maternel est beaucoup moins riche en fer que les préparations lactées, mais le fer qu'il contient est assimilé beaucoup plus facilement et complètement. Il suffit aux besoins de l'enfant jusqu'à l'âge 4 à 6 mois. Selon la Société canadienne de pédiatrie, Les Diététistes du Canada et Santé Canada (1998), les suppléments de fer ne sont pas nécessaires avant l'âge de 4 à 6 mois chez les bébés nourris au sein. Ils risquent même de diminuer la protection que confère le lait maternel en interférant avec la lactoferrine ; cette protéine capte et transporte le fer, ce qui favorise son absorption, et possède des propriétés anti-infectieuses.

Le lait maternel possède en outre l'avantage que tous ses constituants restent intacts et que les vitamines qu'il contient ne sont pas dénaturées par la transformation ou le chauffage. C'est pourquoi il n'est pas nécessaire de fournir de suppléments de vitamine D aux bébés nourris exclusivement au lait maternel. Il faut cependant que la mère prenne quotidiennement des multivitamines, qu'elle ait un bon régime alimentaire et qu'elle expose régulièrement son bébé au soleil (30 minutes par semaine s'il porte seulement une couche, 2 heures par semaine s'il est vêtu de la tête aux pieds) (Lauwers et Shinski, 2000). Si le régime alimentaire ou l'apport vitaminique de la mère laissent à désirer, le médecin peut prescrire des vitamines au bébé.

Considérant qu'il est difficile d'identifier tous les nourrissons sujets à une éventuelle avitaminose D, la Société canadienne de pédiatrie recommande de donner un supplément de vitamine D à tous les bébés nourris au sein de la naissance jusqu'à ce que les apports alimentaires contiennent suffisamment de vitamine D (lait enrichi de vitamine D). La dose recommandée de 400 UI/jour comporte peu de risques et protège le bébé du rachitisme (Direction de la santé publique de l'Estrie, 2002).

Avantages psychosociaux

Les avantages psychosociaux de l'allaitement au sein proviennent essentiellement de la formation du lien d'attachement entre la mère et le bébé. Pour certains, ce lien pourrait faire intervenir des facteurs biologiques. Ainsi, on a noté que le taux d'ocytocine est plus élevé chez la mère qui allaite son bébé au sein que chez celle qui l'allaite au biberon ; les études indiquent que cette modification hormonale coïncide avec une humeur plus constante et un sentiment de bien-être accru chez la mère (Rogers, Golding et Emmett, 1997). L'allaitement maternel favorise la formation du lien d'attachement parce qu'il permet des contacts peau à peau très fréquents entre le nouveau-né et sa mère. Or, le toucher, très développé à la naissance, constitue l'un des principaux moyens de communication du nouveau-né. L'allaitement au sein comporte une stimulation tactile et communique chaleur, intimité et bien-être. L'intimité qu'il favorise aide la mère et son bébé à mieux connaître leurs besoins respectifs et à mieux se comprendre. De plus, la mère éprouve un sentiment d'accomplissement accru lorsqu'une tétée vigoureuse a rassasié et calmé son enfant. Il arrive aussi qu'une mère choisisse d'allaiter pour prolonger la relation intime, privilégiée et nourricière qui existait entre elle et son enfant avant la naissance. Le père peut participer à l'alimentation du nouveau-né en donnant un biberon de lait maternel décongelé ou fraîchement extrait par la mère.

L'allaitement de jumeaux est non seulement possible, mais il est souhaitable puisqu'il permet à la mère d'individualiser ses enfants et de nouer avec chacun des liens d'attachement particuliers. Les contacts intimes et fréquents avec l'un et l'autre des jumeaux aideront aussi la mère à accepter d'avoir deux bébés au lieu d'un seul, comme elle l'avait imaginé au départ.

Contre-indications et inconvénients

L'allaitement au sein est contre-indiqué dans certains cas. Une mère atteinte du cancer du sein, par exemple, ne devrait pas allaiter afin de pouvoir commencer immédiatement ses traitements. Une femme infectée par le VIH, séropositive ou symptomatique, devrait s'abstenir d'allaiter, sauf dans les pays où le risque de décès néonatal causé par la diarrhée ou une autre maladie (excluant le sida) est élevé. L'allaitement est aussi contre-indiqué lorsqu'une mère présente des lésions aux seins causées par le virus de l'herpès et lorsqu'une femme choisit de continuer à consommer certaines substances psychotropes. La mère qui contracte la varicelle cinq jours avant ou deux jours après la naissance risque de transmettre une infection grave à son bébé. La mère peut allaiter après l'administration de gammaglobulines au bébé (gammaglobulines spécifiques contre le virus *Varicella-zoster* [VZIG] dans les trois jours) ou lorsqu'elle n'est plus contagieuse (les lésions sont sèches) (Santé Canada, 2000).

L'allaitement au sein est également contre-indiqué lorsque le bébé souffre de galactosémie (Calamaro, 2000). Par ailleurs, certains médicaments pris par la mère sont incompatibles avec l'allaitement, comme il en a déjà été fait mention aux chapitres 12 et 25. Des médicaments tels que le métronidazole (Flagyl), utilisés pour traiter la trichomonase, passent dans le lait maternel et peuvent être nocifs pour le bébé (Johnson et Riddick, 2000).

En Occident, les femmes qui ont une vie très active à l'extérieur de la maison peuvent trouver incommode, stressant et contraignant de donner une dizaine de tétées par jour. Certains estiment également que l'allaitement au sein exclut le père des soins nourriciers. Les soins nourriciers ne sont toutefois pas les seuls dont un bébé a besoin, et rien n'empêche le père de participer activement aux autres soins du nouveau-né (figure 24-1 ▶).

FIGURE 24-1 ▶ Le père peut prodiguer bien des soins au nouveau-né.

La poursuite de l'allaitement au sein lorsque la mère devient enceinte d'un autre enfant ne fait pas l'unanimité. Selon certains, les besoins nutritionnels particuliers de la femme enceinte exigent le sevrage graduel de l'enfant encore au sein. D'autres pensent que l'allaitement en cours de grossesse est acceptable si la mère se repose suffisamment, et si elle a un bon régime alimentaire et bénéficie d'un solide soutien affectif. On appelle *allaitement en tandem* la pratique qui consiste à allaiter un enfant en cours de grossesse, puis à continuer d'allaiter cet enfant en même temps que le nouveau-né après l'accouchement. L'allaitement en cours de grossesse est un choix personnel qui dépend de la santé de la mère, de sa motivation ainsi que de l'âge de l'enfant encore au sein.

Même si les mères peuvent se renseigner amplement sur l'allaitement au sein dans des livres et des revues, de même qu'auprès de parents et amis ou de la Ligue La Leche (une organisation internationale d'aide et d'information sur l'allaitement maternel), l'infirmière doit être prête à leur offrir l'information, l'encouragement et l'aide dont elles ont besoin. Elle peut apporter un soutien précieux aux parents lorsqu'ils doivent prendre une décision concernant l'allaitement, dans les heures qui suivent la naissance au moment de la première tétée et après le retour à la maison.

Préparations lactées

Les préparations lactées constituent un choix valable, surtout dans les pays développés. Elles assurent à l'enfant une bonne croissance et lui procurent une chaleur et une intimité semblables à celles de l'allaitement au sein. L'alimentation au biberon a l'avantage de permettre aux deux parents de partager cette expérience affective qu'est l'alimentation du bébé. Toutefois, ce type de lait ne contribue pas à la protection immunitaire du nouveau-né.

Plusieurs sortes de préparations lactées enrichies ressemblent au lait maternel et contiennent suffisamment de glucides, de protéines, de lipides, de vitamines et de minéraux pour répondre aux besoins nutritionnels du nouveau-né. L'industrie des préparations lactées a amélioré ses produits de façon à réduire la quantité d'éléments nocifs provenant du lait de vache. Ils sont maintenant enrichis de carnitine et/ou de taurine et de vitamines, surtout de vitamine D. Certaines préparations sont également enrichies d'acides gras polyinsaturés à longue chaîne. Il existe trois catégories de préparations lactées : les préparations à base de lait de vache, les préparations à base de soya et les préparations thérapeutiques. Dans les préparations à base de soya, on remplace la protéine du lait de vache par la protéine de soya enrichie de méthionine. Ces préparations à base de soya sont données aux bébés qui présentent un déficit primaire en lactase ou une galactosémie. Quant aux préparations thérapeutiques, telles les préparations hydrolysées à base de caséine (Nutramigen, Pregestimil, Alimentum), on les donne

aux bébés allergiques aux protéines du lait de vache. L'AAP recommande de nourrir aux préparations hydrolysées les bébés allergiques à la protéine du lait de vache afin d'éviter le risque d'allergie concomitante à la protéine de soya (AAP, Committee on Nutrition, 2000). Les préparations hydrolysées à base de lactosérum (comme Carnation Good Start) peuvent aussi être données au bébé allergique au lait de vache, sauf s'il s'agit d'une allergie à médiation par les IgE.

Mise en garde et inconvénients

Lorsqu'on utilise une préparation concentrée liquide ou en poudre plutôt qu'une préparation prête à servir, on doit veiller à mélanger correctement la préparation. Si on n'ajoute pas suffisamment d'eau à la préparation, l'excès de sels (le sodium, notamment) risque d'avoir des effets nocifs sur les reins du bébé, de porter l'enfant à boire davantage pour étancher sa soif et, par le fait même, d'entraîner une suralimentation. Si au contraire on met trop d'eau, le bébé ne reçoit pas suffisamment d'éléments nutritifs. Les préparations à base de lait de vache présentent l'inconvénient de contenir de trop grandes quantités de minéraux, de protéines (notamment de caséine) et de lipides saturés, une quantité insuffisante d'acide linoléique (un acide gras considéré comme essentiel) et des minéraux difficiles à absorber. De plus, ces préparations présentent un risque accru d'allergie due aux protéines du lait de vache (Tigges, 1997). En effet, des réactions allergiques peuvent survenir par suite de la perméabilité de l'intestin grêle aux macromolécules provenant des préparations à base de lait de vache. Ces allergies imputables à l'introduction de protéines étrangères dans l'organisme du bébé se manifestent par diverses réactions : vomissements, coliques, diarrhées, colites, refus de téter et eczéma. (Voir les *Points à retenir : Comparaison entre le lait maternel et la préparation lactée enrichie de fer.*)

Les médecins recommandent aux parents qui choisissent l'alimentation au biberon d'utiliser des préparations lactées enrichies de fer ou de donner à l'enfant des suppléments de fer (6 mg/jour de la naissance jusqu'à 6 mois), de manière à prévenir l'anémie ferriprive (AAP, Committee on Nutrition, 1999). Cependant, un régime alimentaire trop riche en fer (par exemple les céréales pour bébé enrichies de fer) risque de perturber l'immunité naturelle du bébé. Par ailleurs, l'infirmière doit informer les parents des problèmes de constipation associés aux préparations lactées enrichis de fer et des mesures à prendre pour les atténuer. L'AAP et l'ACOG (1997) recommandent de donner à l'enfant du lait maternel ou des préparations lactées enrichies de fer plutôt que du lait de vache entier jusqu'à l'âge de 1 an. Ni le lait de vache entier ni le lait écrémé ou partiellement écrémé ne conviennent à l'alimentation du nouveau-né, et ce, pour plusieurs raisons. Le lait de vache contient trop de protéines (50 % à 75 % de plus que le lait maternel), il est difficile à digérer et il peut provoquer des saignements gastro-intestinaux. Il renferme également des quantités élevées de calcium, de phosphore, de sodium et de potassium qui augmentent la charge osmotique des substances filtrées et les pertes hydriques obligatoires. Quant au lait écrémé, sa valeur énergétique ainsi que sa teneur en lipides, notamment en acides gras essentiels, est trop faible pour assurer un bon développement du système nerveux. Les nutritionnistes déconseillent la consommation de lait écrémé ou partiellement écrémé avant l'âge de 2 ans.

 **La tétée**

Première tétée : signes de faim et avantages de l'alimentation précoce

L'apparition de certains signes physiologiques et comportementaux chez le nouveau-né détermine le moment propice à

Points à retenir

Comparaison entre le lait maternel et la préparation lactée enrichie de fer

Lait maternel	**Préparation lactée enrichie de fer**
Aspects nutritionnels	**Aspects nutritionnels**
Le lait maternel est un aliment spécifique d'espèce, ce qui signifie qu'il renferme un mélange parfaitement équilibré de protéines, de glucides, de lipides, de vitamines et de minéraux pour l'enfant humain.	La composition des préparations lactées est semblable à celle du lait maternel, mais les éléments nutritifs qu'elles contiennent ne sont pas utilisés aussi efficacement.
Comparativement à la préparation lactée, le lait maternel contient plus de lactose, de cystine et de cholestérol, des substances essentielles au développement du système nerveux central.	La bonne alimentation du bébé dépend de la façon dont la préparation lactée est préparée (trop diluée, la préparation ne fournit pas au bébé les nutriments dont il a besoin).
Les protéines sont facilement digérées et les lipides sont bien absorbés.	Certains bébés ne tolèrent pas les lipides ou les glucides contenus dans les préparations commerciales ordinaires. Il faut alors se procurer une autre sorte de lait.
La composition du lait maternel varie selon l'âge gestationnel et le stade de lactation, de sorte que le lait maternel répond aux besoins nutritionnels individuels du bébé en fonction de sa croissance.	
Le bébé détermine la quantité de lait dont il a besoin.	Il y a risque de suralimentation si la personne qui donne le biberon insiste pour que l'enfant le boive au complet.
La fréquence des tétées est déterminée par les signaux de l'enfant.	La fréquence des tétées est déterminée par les signaux de l'enfant.
Propriétés anti-infectieuses et anti-allergènes	**Propriétés anti-infectieuses et anti-allergènes**
Le lait maternel contient des immunoglobulines, des enzymes et des cellules immunitaires qui protègent le bébé contre les agents pathogènes.	Les préparations lactées sont associées à un plus grand risque d'infections gastro-intestinales et respiratoires.
Grâce à ses propriétés bactériostatiques, le lait maternel se conserve à la température ambiante pendant 6 heures, au réfrigérateur pendant 24 heures et au congélateur pendant 6 mois.	La préparation et l'entreposage des préparations lactées comportent un risque de contamination bactérienne.
Le lait maternel réduit les risques d'allergie puisqu'il n'expose pas l'enfant à des antigènes potentiels (telles les protéines du lait de vache ou de soya).	Certains bébés sont allergiques aux protéines du lait de vache ou de soya. Il faut alors utiliser les préparations thérapeutiques.
Aspects psychosociaux	**Aspects psychosociaux**
Le contact peau à peau favorise l'intimité.	L'alimentation au biberon est une occasion propice aux interactions positives entre les parents et le bébé.
Les hormones stimulées par l'allaitement ont un effet bénéfique sur l'état psychologique et affectif de la mère.	
En Occident, le système de valeurs dominant peut créer des barrières à l'allaitement au sein :	
• La mère peut se sentir embarrassée ou honteuse de donner le sein.	
• L'allaitement au sein après la reprise du travail par la mère peut s'avérer difficile.	
• Le père ne peut évidemment pas donner le sein, mais il peut donner un biberon de lait maternel et s'occuper du bébé de bien d'autres manières.	Le père peut nourrir le bébé.

Points à retenir

Comparaison entre le lait maternel et la préparation lactée enrichie de fer (suite)

Lait maternel

Coût

La mère a besoin d'un régime alimentaire équilibré.

Articles recommandés mais facultatifs : compresses d'allaitement et soutien-gorge d'allaitement

Un tire-lait peut être utile.

On doit disposer d'un réfrigérateur si on désire conserver le lait maternel extrait.

Commodité

Le lait maternel est toujours à la bonne température et ne nécessite aucune préparation. La mère doit demeurer disponible ou extraire du lait en prévision de son absence.

Si elle saute une tétée, elle doit tirer son lait pour maintenir la lactation.

La mère peut éprouver certains malaises au cours des premiers jours. Certains traitements médicamenteux nécessitent l'interruption de l'allaitement.

Préparation lactée enrichie de fer

Coût

Les préparations commerciales coûtent très cher.

Les dépenses comprennent aussi le coût des biberons, des tétines, des bagues et des sacs jetables (pour biberons).

On doit disposer d'un réfrigérateur si on prépare le mélange pour plus d'un boire et si on achète des contenants de préparation lactée qu'il faut conserver au froid une fois ouverts.

Commodité

La préparation du lait demande du temps si on n'utilise pas du prêt-à-servir.

N'importe qui peut nourrir le bébé.

---

la première tétée : bruits intestinaux actifs, absence de distension abdominale et pleurs vigoureux qui cessent pour faire place aux réflexes des points cardinaux et de succion quand les lèvres sont stimulées. Ces signes indiquent que le nouveau-né a faim et qu'il est physiquement prêt à tolérer la tétée.

L'infirmière doit profiter de cette première tétée pour évaluer l'efficacité du réflexe de succion, du réflexe de déglutition et du réflexe nauséeux du nouveau-né. La mère qui le désire peut donner le sein à son enfant immédiatement après l'accouchement et le laisser téter jusqu'à satiété. En effet, le colostrum n'est pas irritant pour les poumons s'il est aspiré, ce qui peut arriver par suite d'un manque de coordination entre la succion et la déglutition à la naissance. De plus, il est rapidement absorbé par le système respiratoire. Par contre, si la mère est sous forte sédation ou s'il y a un problème physique chez la mère ou le nouveau-né, l'allaitement peut être contre-indiqué.

Donner le sein immédiatement après la naissance est bénéfique tant pour la mère que pour le nouveau-né. En effet, la libération d'ocytocine provoquée par la succion du bébé facilite l'expulsion du placenta et prévient les saignements trop abondants de l'utérus. De plus, l'allaitement précoce au sein accélère l'établissement de la lactation et confère au bébé la protection immunitaire du colostrum. L'alimentation précoce présente plusieurs autres bienfaits, tant pour les bébés nourris au biberon qu'au sein : elle stimule le péristaltisme, facilitant ainsi l'élimination des sous-produits de la conjugaison de la bilirubine (ce qui réduit le risque d'ictère) et favorise le processus d'attachement.

Pendant les 2 premières heures qui suivent la naissance, et particulièrement au cours des 20 à 30 premières minutes, le nouveau-né est généralement bien éveillé et prêt à téter. Toutefois, les nouveau-nés n'ont pas tous le même comportement. Certains tètent vigoureusement dès qu'ils sont nés, d'autres se contentent de lécher le mamelon ou de le renifler. Le lèchement est bénéfique, car il stimule la sécrétion d'ocytocine, laquelle facilite l'involution de l'utérus et donne lieu au réflexe d'éjection. L'infirmière peut rassurer la mère quant au caractère positif de ce comportement du bébé (Riordan et Auerbach, 1999). Dans les minutes qui suivent sa naissance, le bébé est capable de reconnaître l'odeur des seins de sa mère. En se laissant guider par cette odeur, le nouveau-né arrive à diriger sa tête vers le sein (Porter et Winberg, 1999).

Évaluation de l'état physiologique du nouveau-né

Tout au long de la première tétée, l'infirmière doit évaluer soigneusement l'état physiologique du bébé. Une fatigue extrême accompagnée d'une accélération de la respiration, d'une cyanose péribuccale et d'une transpiration abondante au niveau du cuir chevelu et du visage sont peut-être les signes de troubles cardiovasculaires. Ces manifestations justifient un examen plus approfondi. La première tétée est également l'occasion de rechercher les signes de deux malformations congénitales rares : la fistule œsophagotrachéale et l'atrésie œsophagienne (voir le chapitre 25). Ces malformations œsophagiennes se manifestent notamment par un polyhydramnios chez la mère et une sécrétion excessive de mucosités buccales chez le bébé. Dans les cas d'atrésie œsophagienne congénitale, le lait est d'abord bien absorbé mais il est régurgité dès que la poche oesophagienne est pleine, sans avoir subi de transformations dans l'estomac. Quant à la fistule oesophagotrachéale, elle s'accompagne de nausées, de suffocation, d'une régurgitation de mucosités et, parfois, d'une cyanose provoquée par l'aspiration de liquide dans les poumons.

Même quand la tétée s'est déroulée sans difficulté, il arrive que le nouveau-né régurgite un peu d'eau et de mucosités. Il faut alors surveiller le bébé de près, le coucher sur le côté droit et faciliter l'évacuation gastrique.

Établissement de la fréquence et de l'horaire des tétées

L'allaitement «à la demande» respecte le rythme individuel du bébé et aide la mère à établir la lactation. Le nouveau-né digère rapidement le lait maternel et peut vouloir boire 8 à 10 fois par jour. Après la première période d'éveil, au cours de laquelle il a pu téter vigoureusement, le bébé s'endort d'un sommeil léger. Il passe ensuite à un sommeil profond ; il s'éveille à nouveau et manifeste sa faim. Souvent, durant cette période où il recommence à manifester son besoin de téter, le bébé tète brièvement, 5 à 10 fois en 2 ou 3 heures, puis il dort profondément pendant 4 ou 5 heures. Après ces tétées courtes et rapprochées suivies d'une période de sommeil, le nouveau-né continue de téter souvent, mais à des intervalles plus réguliers. Les médicaments administrés à la mère durant le travail peuvent retarder cette succession de courtes tétées. L'ampleur du retard dépend du type de médicament et de sa demi-vie. Chez certains nouveau-nés dont la mère a reçu une anesthésie épidurale, on observe parfois de l'irritabilité, une diminution de l'organisation motrice, une difficulté à s'autocalmer ainsi qu'une altération des aptitudes visuelles et de l'état de conscience (Riordan et Auerbach, 1999).

La cohabitation permet à la mère de se familiariser avec les comportements de son bébé et d'apprendre à y réagir. Plusieurs signes indiquent que le bébé cherche à téter : il porte les mains à sa bouche, fait passer ses mains devant sa bouche, geint, fait des mouvements de succion ou présente le réflexe des points cardinaux (Mulford, 1992). Les pleurs sont un signe tardif de faim. Lorsque la cohabitation n'est pas possible, on doit s'assurer que le personnel infirmier et les règlements de la pouponnière procurent à la mère la souplesse et le soutien dont elle a besoin pour nourrir son enfant à la demande. Rien n'est plus frustrant pour une mère que d'essayer d'allaiter un bébé profondément endormi, qui n'a pas faim ou qui est épuisé d'avoir trop pleuré. Le tableau 24-1 contient des indications susceptibles d'aider les parents à se familiariser avec les signes de faim et de satiété chez les nouveau-nés.

Tableau 24-1

Comportements associés à l'alimentation chez le nourrisson

Âge	Comportement exprimant la faim	Comportement pendant la tétée	Comportement exprimant la satiété
De la naissance à 13 semaines (0-3 mois)	Pleurs, poings fermés, corps tendu.	Réflexe des points cardinaux ; fermeture des lèvres ; réflexe de succion vigoureux ; mouvements de succion et de déglutition ; mouvements de poussée et de rétraction de la langue ; réflexe palmomentonnier ; réflexe nauséeux facilement déclenché ; besoin d'éructer.	Retrait du mamelon ou de la tétine, somnolence, mains détendues, relâchement de la tension corporelle.
De 14 à 24 semaines (4-6 mois)	Manifeste sa hâte, saisit le biberon et le porte à sa bouche ; avance sa bouche ouverte vers le mamelon.	A conscience de ses mains, avance tout le corps vers le sein ou le biberon, porte délibérément les mains à la bouche, lève la langue, pince le coin des lèvres ou les plisse, semble déplacer des aliments dans sa bouche (mouvements précurseurs de la mastication), sort la langue en attente de la tétine ou du mamelon, retient le mamelon ou la tétine fermement avec la langue, projette fortement la langue, augmente la force de la succion, tousse et s'étouffe facilement, manifeste ses préférences gustatives.	Rejette la tête vers l'arrière, s'agite ou pleure, se couvre la bouche avec les mains, régurgite, se laisse facilement distraire.

On a souvent tendance à considérer les pleurs comme un comportement normal et sain chez les nouveau-nés. Pourtant, les pleurs sont plutôt susceptibles de retarder la transition à la vie extra-utérine. Les pleurs de l'enfant produisent la manœuvre de Valsalva, ce qui fait augmenter la pression vasculaire pulmonaire. Cette augmentation de la pression peut faire dériver le sang non oxygéné dans la circulation systémique par le foramen ovale et le canal artériel. La cohabitation est normalement avantageuse pour le bébé, car la mère réagit plus vite que le personnel infirmier aux besoins de l'enfant, qui a alors moins besoin de pleurer.

Chez les bébés nourris aux préparations lactées, la fréquence des boires varie entre deux et cinq heures, mais la plupart se contentent d'un biberon toutes les trois ou quatre heures. Étant donné que les préparations lactées se digèrent plus lentement, le nouveau-né nourri au biberon peut boire moins fréquemment que le bébé nourri au sein. C'est en moyenne entre 8 et 12 semaines après la naissance que les bébés commencent à sauter la tétée nocturne (Riordan et Auerbach, 1999). À cet égard, il existe d'importantes variations, qui sont fonction du poids et de la croissance du bébé.

Qu'ils soient nourris au sein ou au biberon, les bébés ont des poussées périodiques de croissance durant lesquelles ils ont besoin de plus de lait. La mère qui allaite peut répondre à cette demande accrue en donnant le sein plus souvent afin d'augmenter sa production de lait. Il lui faut toutefois compter environ 24 heures avant que la production réponde aux besoins du bébé (Lawrence et Lawrence, 1999). Si le bébé est nourri au biberon, il suffira d'une légère augmentation de la quantité de lait.

Les soins infirmiers pour une alimentation réussie

L'allaitement occupe une place importante dans la vie de la nouvelle mère. Un sentiment de réussite ou d'échec à cet égard peut influencer sa confiance en ses compétences maternelles. Il appartient donc au personnel soignant de lui donner l'enseignement approprié, de la soutenir et de l'encourager pour que l'allaitement devienne une source de plaisir et de satisfaction autant pour les parents que pour l'enfant.

Soutien à la famille

L'alimentation est un élément important de la relation entre les parents et le nouveau-né. Quelle que soit la méthode choisie pour nourrir le bébé, l'infirmière peut favoriser la réussite de cette expérience pendant le séjour de la mère à l'unité des naissances et au cours des jours qui suivent son retour à la maison. Si l'alimentation et les soins au nouveau-né sont des tâches courantes pour l'infirmière, il n'en va pas nécessairement de même pour la mère, dont la confiance en ses aptitudes mater-

nelles est souvent tributaire du succès ou de l'échec des premières tétées.

La réaction du nouveau-né aux soins qu'on lui prodigue est importante en tant qu'expression de sa personnalité. Certains de ses comportements peuvent être interprétés par les parents comme des signes de rejet, ce qui peut entraver l'évolution de la relation parents-enfant. Un bébé somnolent qui refuse de téter ou qui régurgite beaucoup peut inciter ses parents à douter de leur compétence. De la même façon, la mère qui allaite peut douter de l'amour de son bébé si celui-ci semble refuser le sein. De son côté, l'enfant est sensible à la tension musculaire de la personne qui le tient dans ses bras.

L'infirmière à l'écoute des besoins de la mère est en mesure de créer avec celle-ci une relation qui peut facilement lui permettre de transmettre ses connaissances sur les techniques d'allaitement et les émotions qui y sont associées. Les mères qui allaitent se disent souvent déçues du peu d'encouragement, de soutien et d'informations pratiques qu'elles reçoivent des infirmières, surtout dans le contexte de séjours hospitaliers écourtés. Les mères qui nourrissent au biberon expriment les mêmes préoccupations. Il est par ailleurs essentiel que les infirmières offrent un enseignement uniforme, car il peut être très frustrant pour une mère que chaque infirmière enseigne avec sa propre méthode. Grâce aux progrès techniques dans le domaine de la production des préparations lactées et grâce aux nombreuses sources d'information sur l'allaitement maternel, on peut assurer la mère, peu importe si elle allaite ou non, qu'elle offre à son enfant un mode d'alimentation qui favorise sa croissance et son développement.

Habituellement, dès le sixième mois de grossesse, la mère a déjà décidé si elle nourrira son enfant au sein ou non. Nombreuses sont celles qui ont fait leur choix avant même d'être enceintes. Cependant, la décision finale n'est parfois prise qu'à l'admission de la mère à l'unité des naissances. Cette décision est plus souvent influencée par les membres de la famille (surtout le conjoint et la grand-mère maternelle) (Susin *et al.*, 1999), les amis et les coutumes du milieu social de la mère, plus que par des considérations d'ordre nutritionnel et psychologique.

En 1991, considérant que les hôpitaux devaient favoriser l'allaitement maternel, l'OMS et l'UNICEF proposaient l'**Initiative des hôpitaux «amis des bébés» (IHAB)** (Dodgson *et al.*, 1999). Pour mériter le titre «amis des bébés», les services de maternité devaient:

- respecter les 10 conditions pour le succès de l'allaitement maternel;
- respecter le Code international de commercialisation des substituts de lait maternel;
- obtenir un taux d'allaitement maternel exclusif de 75% à la sortie du centre de naissance ou atteindre le taux national s'il est plus élevé;
- se soumettre avec succès au processus d'évaluation et de reconnaissance.

En 1998, seulement 17 hôpitaux américains avaient adopté le programme (Davis *et al.*, 2000). Au Canada, seul l'hôpital Brome-Missisquoi-Perkins, de Cowansville (Québec), a été désigné hôpital «ami des bébés» en 1999 (Santé Canada, 2000). Il incombe au personnel soignant d'informer correctement les parents sur les avantages uniques de l'allaitement maternel, tant pour la mère que pour le bébé. Le concept de l'IHAB a été élargi et adapté au niveau communautaire pour devenir l'Initiative des «amis des bébés» (IAB). Ce programme a pour but d'étendre l'allaitement et les soins à la mère et à l'enfant en dehors du seul contexte hospitalier. Il veut aussi inciter les mères à poursuivre l'allaitement une fois de retour à la maison. Au Québec, l'IHAB et l'IAB sont maintenant considérées comme des stratégies prioritaires pour bien marquer le désir d'influencer les différents milieux côtoyés par la famille (MSSS, 2001, cité dans Direction de la santé publique de l'Estrie, 2002).

Une fois que les parents ont fait un *choix éclairé* quant à la méthode d'alimentation, la première responsabilité de l'infirmière consiste à respecter ce choix et à contribuer à en faire une expérience constructive. Elle doit notamment éviter de valoriser ou de dévaloriser la mère sur la base de la méthode qu'elle a retenue. Chaque formule a des avantages et des inconvénients et permet aux parents de tisser des liens solides avec leur enfant.

Si le nouveau-né n'est pas trop affamé, les parents peuvent en profiter pour faire plus ample connaissance avec lui avant de le nourrir. Il est utile que l'infirmière reste auprès d'eux durant une partie de la tétée pour répondre à leurs questions et les encourager. Si le bébé est somnolent, on peut faire précéder la tétée d'une période d'activité. Par exemple, on peut lui frotter doucement les pieds et les mains, replacer ses vêtements, le découvrir un peu afin de l'exposer à l'air ambiant ou le soutenir en position verticale, ce qui le réveillera et le prédisposera à téter avec appétit. Si au contraire l'enfant est très affamé et agité, on peut lui parler doucement et le bercer un peu pour l'aider à se calmer afin qu'il puisse trouver et saisir correctement le mamelon. Après la tétée, quand l'enfant est repu et endormi, les parents peuvent en profiter pour découvrir le caractère de leur enfant. Les règlements de l'établissement doivent être suffisamment souples pour que la famille profite de ces moments. La cohabitation permet aux parents d'avoir des contacts fréquents et spontanés avec leur bébé, d'apprendre à s'en occuper et d'accroître, par le fait même, leur assurance. Elle donne aussi la possibilité d'allaiter le bébé selon ses besoins et non selon un horaire fixe.

Valeurs culturelles et alimentation du nouveau-né

L'infirmière doit tenir compte des facteurs sociaux et culturels qui influent sur la façon d'alimenter le nouveau-né. L'expérience même de la maternité change le style de vie d'une femme. La façon dont la femme envisage son rôle de mère ainsi que sa perception de l'allaitement au sein comme un geste naturel détermineront son intention d'allaiter ou non. Certaines mères affirment qu'elles ont choisi de ne pas donner le sein parce qu'elles éprouvent de la honte, de la pudeur et de l'embarras. À cet égard, l'attitude des parents dépend aussi de la quantité de contacts physiques qu'ils jugent acceptable. En Amérique du Nord et en Europe, certaines personnes trouvent indécent d'exposer les seins, croient qu'on gâte un bébé en le prenant dans ses bras trop souvent et voient le sevrage comme un signe de maturité (Lawrence et Lawrence, 1999).

L'infirmière doit aussi comprendre l'incidence de la culture sur les idiosyncrasies des différentes pratiques d'allaitement, c'est-à-dire sur les dispositions des individus à réagir de façon particulière à un événement donné. Ainsi, le moment où la mère commence à donner le sein après son accouchement est déterminé culturellement. Par exemple, dans plusieurs cultures (chez les Mexicains, les Navajos, les Philippins et les Vietnamiens) et dans certains pays (Guinée, Pakistan), la mère ne donne pas de colostrum au nouveau-né (Geissler, 1998 ; Riordan et Auerbach, 1999). Elle ne commence à allaiter qu'une fois la sécrétion du lait établie. Dans de nombreuses cultures asiatiques, on donne de l'eau bouillie au nouveau-né jusqu'à ce que la mère produise du lait mature. L'enfant est nourri à la demande, et on répond immédiatement à ses pleurs. Si les pleurs ne cessent pas, on blâme les mauvais esprits et on demande parfois la bénédiction d'un prêtre. De nombreuses femmes Hmong du Laos pratiquent l'allaitement mixte (sein et biberon), mais trouvent inacceptable d'extraire leur lait manuellement ou à l'aide d'un tire-lait. Quand elles souffrent d'engorgement mammaire, on doit donc trouver d'autres moyens de les soulager. La plupart des mères musulmanes allaitent parce que le Coran le recommande jusqu'à l'âge de 2 ans (Hutchinson et Baqi-Aziz, 1994). Les Japonaises reviennent à leur habitude d'allaiter jusqu'à ce que leur bébé ait 1 an (Riordan et Auerbach, 1999).

Les Afro-Américaines ont tendance à suralimenter leur bébé. Elles introduisent très tôt les aliments solides et peuvent même les mélanger à la préparation lactée. Les tétées fréquentes sont perçues comme un signe de vigueur et comme un trait de tempérament positif qui augure bien pour l'avenir de l'enfant (Vezeau, 1991). Chez les Mexicains de culture traditionnelle, un bébé gras est perçu comme un bébé en bonne santé. On nourrit donc les bébés à la demande. Il est également bien vu de les gâter.

Il existe encore bien d'autres pratiques culturelles liées à l'alimentation du nouveau-né. Lorsqu'elle est confrontée à des pratiques de soins différentes de celles auxquelles elle est habituée, l'infirmière doit d'abord les évaluer et se rappeler qu'elles ne sont pas nécessairement inférieures. Elle n'intervient que si les pratiques ont un effet négatif sur la mère et le bébé.

Physiologie des seins et de la lactation

Le sein de la femme comprend entre 15 et 24 lobes séparés les uns des autres par du tissu adipeux et par du tissu conjonctif. Ces lobes se divisent en lobules composés de petites cavités, les *alvéoles*, à l'intérieur desquelles un épithélium sécrétoire synthétise le lait. Les lobules forment un réseau de canaux galactophores qui rejoignent de plus gros canaux pour finalement déboucher à la surface des mamelons. Pendant la grossesse, la concentration élevée d'œstrogènes stimule le développement de la partie glandulaire des seins en vue de la lactation.

L'accouchement entraîne une chute rapide des taux d'œstrogènes et une hausse concomitante de la sécrétion de **prolactine**. Cette hormone favorise la lactogenèse (production de lait) en stimulant les cellules alvéolaires du sein. Les taux de prolactine augmentent en réaction à la succion du mamelon, laquelle stimule à son tour la libération d'ocytocine par l'hypophyse postérieure. L'ocytocine accroît la contractilité des cellules myoépithéliales qui tapissent les parois des canaux mammaires, ce qui provoque l'écoulement du colostrum lorsque le bébé tète et celui du lait après la montée laiteuse. Ce phénomène est appelé **réflexe d'éjection**. Après la montée laiteuse, les femmes affirment que le réflexe d'éjection se traduit par une sensation de fourmillement ou de picotement durant laquelle elles sentent le lait monter. Le réflexe d'éjection peut aussi s'accompagner d'un accroissement des crampes utérines et des lochies (au début du post-partum), d'un écoulement de lait de l'autre sein et d'une sensation de relaxation. Il arrive que du lait s'écoule des seins avant la tétée proprement dite.

Le réflexe d'éjection peut être stimulé quand le bébé tète, quand il est près de sa mère, quand il pleure, voire quand la mère pense à lui. L'orgasme peut aussi déclencher ce réflexe, car il se produit alors une sécrétion d'ocytocine. À l'inverse, le manque d'assurance, la peur, l'embarras ou la douleur peuvent inhiber la sécrétion de cette hormone.

La production lactée peut diminuer si le réflexe d'éjection est inhibé de façon répétée, ou si les seins ne sont pas vidés souvent et complètement. L'accumulation du lait provoque alors une augmentation graduelle de la pression dans les alvéoles qui supprime la sécrétion du lait. Quand la lactation est bien établie, la production de prolactine diminue, et la production du lait est stimulée par l'ocytocine et la succion.

Enseignement à la mère qui allaite

Le succès de l'allaitement et l'autonomie de la mère à cet égard reposent souvent sur l'aide apportée par les infirmières (figure 24-2 ▶). Une infirmière armée de solides connaissances sur l'anatomie et la physiologie du sein et de la lactation, la composition et les bienfaits du lait maternel ainsi que les techniques d'allaitement peut aider la mère et sa famille à utiliser leurs propres ressources pour réussir l'expérience de l'allaitement.

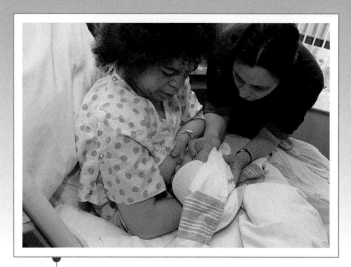

FIGURE 24-2 ▶ Pour de nombreuses mères, le soutien et le savoir de l'infirmière contribuent grandement au succès de l'allaitement.

Les objectifs de l'allaitement maternel sont : (1) de fournir à l'enfant une alimentation adéquate ; (2) de faciliter l'attachement entre la mère et l'enfant ; (3) de prévenir les lésions aux mamelons. Les informations et le soutien que l'infirmière fournit à la mère sont donc axés sur ces objectifs.

Mise en route de l'allaitement

On doit s'assurer que la mère qui se prépare à nourrir son bébé se sent à l'aise. Elle peut notamment aller uriner, se laver les mains et s'installer confortablement. Pour éviter les tensions musculaires, son dos, ses pieds et ses bras doivent être soutenus adéquatement. De plus, il serait souhaitable que la mère connaisse les différentes positions d'allaitement et comprenne l'utilité de varier les positions pour vider tous les canaux galactophores.

La mère place le bébé de façon que son nez se trouve à la hauteur du mamelon. Tout en soutenant son sein avec sa main libre dans la position en *C*, elle stimule la lèvre inférieure du bébé avec son mamelon jusqu'à ce que le bébé ouvre grand la bouche, puis elle lui donne le sein. La position en *C* consiste à placer le pouce sur le dessus du sein et les quatre autres doigts sous le sein pour le soutenir (figure 24-3 ▶). Cette position aide le bébé durant les premières tétées, particulièrement si les seins sont volumineux ou les mamelons plats (voir les *Points à retenir : Conseils à la mère qui allaite*). On peut également utiliser un coussin pour soutenir le sein. En règle générale, la mère ne devrait pas soutenir son sein une fois le bébé bien installé, car la pression exercée risquerait de comprimer le sein et de bloquer les canaux galactophores. Le bébé doit saisir toute l'aréole dans sa bouche de façon que ses gencives se trouvent sur le pourtour de l'aréole. Quand l'enfant tète ainsi, ses mâchoires compriment les canaux galactophores situés directement sous l'aréole (figure 24-4 ▶). Le nez et le menton du bébé devraient

Points à retenir

Conseils à la mère qui allaite

* Lorsque vous aidez une nouvelle mère à allaiter, il est important de créer un climat détendu. Encouragez la mère à s'installer confortablement avec des oreillers.

* Rappelez-lui de rapprocher son bébé au lieu de se pencher vers lui. Tout le corps du bébé doit lui faire face et être placé contre elle de manière à ce qu'il ne tire pas sur le mamelon.

* La mère peut dégager le nez du bébé en ramenant les fesses et les jambes du bébé vers elle et non en appuyant sur le sein.

* La position en C aide le bébé à prendre le sein ; il n'est pas nécessaire de maintenir cette position pendant la tétée, sauf si le bébé a tendance à lâcher le mamelon, s'il ne tète pas vigoureusement, si les mamelons sont plats ou si les seins sont lourds.

* Avant de retirer le bébé du sein, la mère insère son index dans la bouche du bébé pour empêcher le bébé de tirer sur le mamelon.

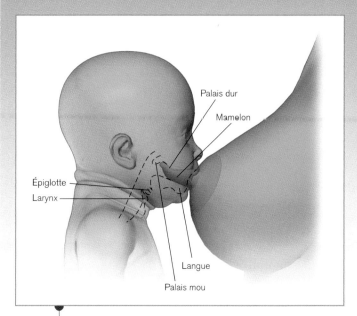

FIGURE 24-4 Bébé bien installé au sein : le nez est près du sein, les gencives touchent l'aréole, les lèvres sont décontractées, la langue repose sur la gencive inférieure.
Source : Adapté de Lawrence, R. A. (1994). *Breastfeeding : a guide for the medical profession*, 4ᵉ éd., St. Louis, Mosby, p. 219.

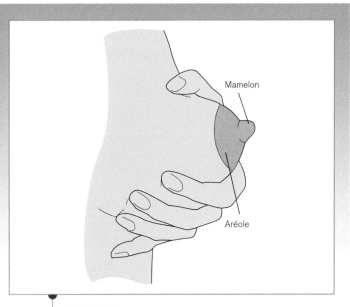

FIGURE 24-3 Position en C.
Source : Childbirth Graphics Ltd, Rochester, NY.

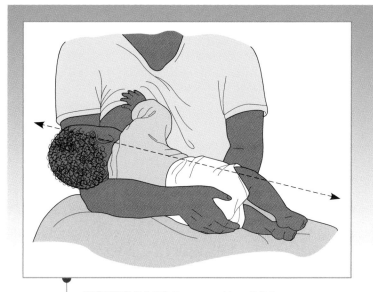

FIGURE 24-5 Bonne position d'allaitement : ventre contre ventre, avec l'alignement de l'oreille, de l'épaule et de la hanche. *Source* : Riordan, J., et K. Auerbach (1993). *Breastfeeding and lactation*, Boston, Jones et Bartlett, p. 248.

toucher le sein. Si les narines du bébé semblent obstruées par le sein, il suffira à la mère de soulever ou d'abaisser doucement le sein. Par ailleurs, la mère peut dégager le nez du bébé en ramenant simplement les fesses et les jambes du bébé contre son corps. Il n'est pas souhaitable de comprimer le sein pour dégager le nez car, comme pour la position en C, cela pourrait bloquer les canaux galactophores. Les lèvres du bébé devraient être décontractées et ouvertes vers l'extérieur, la langue reposant sur la gencive inférieure. Son corps devrait faire face à la mère (ventre contre ventre ou poitrine contre poitrine) ; il faut éviter que bébé ait à tourner la tête vers le sein. Comme l'illustre la figure 24-5 , l'oreille, l'épaule et la hanche du même côté sont alignées.

Quand elle commence à allaiter, la mère devrait donner les deux seins à chaque tétée pour stimuler la lactation. Toutefois, il arrive souvent que le nouveau-né s'endorme bien avant de prendre le deuxième sein. Dans ce cas, la mère peut donner un seul sein à chaque boire et faire durer la tétée le temps qu'elle veut, à condition que chaque sein soit offert fréquemment (au moins un boire sur deux). Avec le temps, le bébé finit par prendre les deux seins au cours d'une même tétée. La mère devrait allaiter jusqu'à ce qu'elle se sente détendue au point d'avoir sommeil (il s'agit d'un des effets agréables de la sécrétion d'ocytocine) ou jusqu'à ce que le bébé se montre repu (la succion cesse ou le bébé s'endort). La durée de la tétée dépend du bébé et de la mère; celle-ci n'a pas besoin de surveiller l'heure. Les études indiquent qu'imposer une limite de temps aux tétées ne prévient pas les douleurs aux mamelons. En réalité, cela ne fait qu'entraver la bonne marche de l'allaitement. Il ne faut pas oublier que le temps nécessaire pour stimuler le réflexe d'éjection varie d'une femme à une autre. Or, si la mère limite la durée de la tétée et qu'elle fait cesser la succion avant la survenue du réflexe d'éjection, le bébé n'obtiendra par le lait sécrété en fin de tétée. Et comme ce lait est plus riche en lipides et en énergie que le lait produit en début de tétée, le bébé est moins satisfait. Il manifestera donc de nouveau sa faim peu après la tétée et prendra moins de poids. C'est pourquoi la mère doit apprendre à allaiter selon les signaux émis par son bébé et selon son propre corps, et non selon un horaire arbitraire. Si elle désire mettre fin à la tétée avant que l'enfant s'endorme, elle n'a qu'à placer un doigt entre la gencive de l'enfant et le mamelon pour interrompre la succion. On fait éructer l'enfant après chaque sein et à la fin de la tétée. Si le bébé a pleuré avant la tétée, il est préférable de le faire éructer avant de le faire boire.

On encourage la mère à utiliser différentes positions d'allaitement pour changer l'axe de succion, ce qui réduit les risques de gerçures au mamelon, et pour faciliter le drainage de tous les canaux galactophores. De plus, en connaissant plusieurs positions d'allaitement, la mère est en mesure de choisir celle qui lui convient le mieux dans des situations particulières, notamment après une césarienne ou un engorgement. Après une césarienne, le bébé ne doit pas demeurer trop longtemps sur le ventre de sa mère. Si celle-ci allaite, elle se sent généralement mieux, une fois couchée sur le côté avec un oreiller derrière son dos et un autre entre ses jambes. L'infirmière peut déposer le bébé près du sein de la mère après l'avoir appuyé sur une serviette enroulée ou un petit oreiller. Au début, la mère a besoin d'aide pour se retourner et pour faire éructer son bébé. Si elle préfère allaiter assise, on place un oreiller sur ses genoux et on y couche l'enfant afin qu'il ne repose pas directement sur son ventre. On peut aussi placer un oreiller sous le bras qui supporte la tête de l'enfant.

La **position du ballon de football** est une position d'allaitement qui permet à la mère de donner le sein sans que le poids du bébé exerce une pression sur l'incision. Cette position favorise aussi les contacts visuels. La figure 24-6 ▶ montre quelques positions d'allaitement.

Évaluation de l'allaitement

Durant le séjour de la mère à l'unité des naissances, l'infirmière surveille de près le déroulement de l'allaitement. L'évaluation systématique de quelques tétées permet à l'infirmière d'informer la mère sur l'allaitement et l'établissement de la lactation, et de la conseiller en prévision de son retour à la maison. Pour évaluer une tétée, l'infirmière peut utiliser les critères présentés dans la fiche d'évaluation à la figure 24-7 ▶. Il existe d'autres outils d'évaluation de l'allaitement ainsi que de la documentation (Riordan et Koehn, 1997). (Pour connaître les soins à la mère qui présente des difficultés d'allaitement, voir le chapitre 29.)

Écoulements de lait entre les tétées

Après la montée laiteuse, il arrive que la quantité de lait produite dépasse les besoins de l'enfant. Au cours des premières semaines, la *demande* du bébé ne correspond pas toujours à l'*offre* de la mère, la durée et la fréquence des tétées demeurent très variables, et les écoulements sont fréquents. Ces écoulements se produisent notamment lorsque la mère entend son bébé pleurer ou, même, lorsqu'elle y pense. L'infirmière prévient la mère de cette possibilité et lui recommandera de placer dans son soutien-gorge des compresses d'allaitement qui absorberont les fuites. Elle insistera sur la nécessité de changer les compresses fréquemment pour éviter l'irritation et l'infection des mamelons. (Les compresses d'allaitement doublées de plastique empêche l'air de circuler; aussi la mère devrait-elle retirer la pellicule de plastique avant de les utiliser.) Une fois la lactation bien établie (après un mois environ), la mère peut faire cesser les écoulements intempestifs par une simple pression directe de la main ou de l'avant-bras sur ses seins.

Biberons de complément

Chez l'enfant nourri au sein, l'utilisation de biberons de complément peut affaiblir le réflexe de succion ou créer de la

---

Conseil pratique

Pour inciter un bébé endormi à téter, on peut le dévêtir et le mettre en contact direct avec la peau de la mère. On peut ainsi laisser l'enfant tout contre sa mère pour qu'il puisse sentir et toucher le sein. L'infirmière encourage la mère à surveiller les signes de faim: mains portées à la bouche, battement des paupières, sons qui ne sont pas nécessairement des pleurs, mouvements de la bouche.

Conseil pratique

Si le bébé ne place pas sa langue comme il faut, on peut utiliser la succion d'un doigt pour enseigner au bébé à abaisser sa langue vers l'avant. Pour ce faire, on introduit un doigt dans la bouche du bébé, côté charnu vers le haut. Lorsque le bébé tète bien, on tourne son doigt de façon que le côté charnu se trouve vers le bas. La succion du bébé est considérée comme adéquate si sa langue est tirée vers l'avant et enveloppe le doigt sur les côtés, et si la succion se poursuit. On peut faire cet exercice avant la tétée pour aider l'enfant à utiliser sa langue correctement.

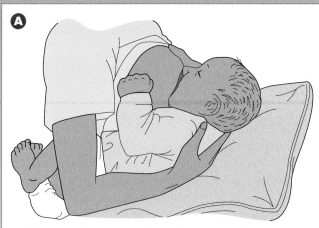

- De la paume de la main, soutenir le dos et les épaules du bébé.
- Glisser le bébé sous le bras ; l'oreille, l'épaule et la hanche du bébé sont alignées.
- Soutenir le sein et l'approcher des lèvres du bébé ; lorsque le bébé ouvre la bouche, l'approcher vers soi rapidement pour qu'il saisisse le mamelon.
- Soutenir le sein jusqu'à ce que le bébé tète facilement.

- S'étendre sur le côté, le dos appuyé contre un oreiller ; coucher le bébé devant soi de façon à lui faire face.
- Pour commencer, se soulever sur son coude et soutenir le sein avec la main du même côté.
- Approcher le bébé en plaçant sa bouche face au mamelon.
- Soutenir le sein avec la main du côté opposé. Lorsque le bébé tète bien, se recoucher sur le côté.

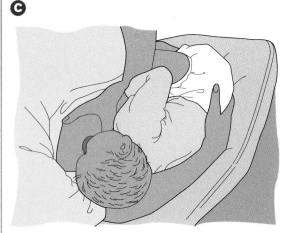

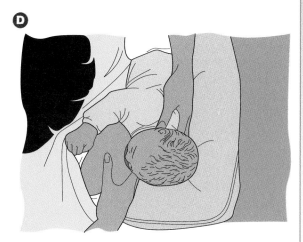

- Prendre le bébé contre soi en plaçant sa tête dans le creux du bras.
- Placer le corps du bébé face à soi, ventre contre ventre.
- Soutenir le sein avec la main du côté opposé.

- Coucher le bébé sur un oreiller posé au niveau de l'aine à la jonction du ventre et des cuisses.
- Placer le bébé face à soi.
- Soutenir le dos et les épaules du bébé avec la paume de la main.
- Soutenir le sein par dessous. Lorsque le bébé ouvre grand la bouche, l'approcher rapidement contre soi pour qu'il saisisse le mamelon.

FIGURE 24-6 ▶ Quatre positions d'allaitement. **A.** Position assise dite du ballon de football. **B.** Position couchée. **C.** Position madone assise ou traditionnelle. **D.** Position madone inversée assise.
Source : Breastfeeding : A Special Relationship, Breastfeeding Education Resources, 1-800-869-7892, Raleigh, NC., Copyright Lactation Consultants of NC.

confusion, ce qui risque ainsi de nuire au bon déroulement de l'allaitement. Cette confusion s'explique notamment par le fait que le nouveau-né doit ouvrir la bouche plus grand pour saisir l'aréole que pour saisir la tétine d'un biberon. De plus, la bouche et les lèvres ne se placent pas de la même façon pour la succion du sein que pour la succion d'une tétine. Au sein, la langue du bébé se déplace de l'avant vers l'arrière, pour extraire le lait du sein, tandis qu'au biberon, la langue pousse contre la tétine pour contrôler le débit de l'écoulement. On peut donc comprendre pourquoi les biberons de complément

créent parfois de la confusion chez le bébé nourri au sein. Si le bébé est incapable de s'habituer aux deux types de succion, il repousse le mamelon hors de sa bouche quand sa mère essaie de lui donner le sein. Cette situation peut être frustrante tant pour la mère que pour le bébé. La mère devrait donc attendre que la lactation soit bien établie avant d'introduire le biberon.

Les parents s'inquiètent souvent du fait qu'ils ne peuvent pas calculer la quantité de lait absorbée par l'enfant nourri au sein. L'infirmière devrait donc expliquer à la mère qu'elle dispose de certains signes qui indiquent que l'enfant boit (bruits

	0	1	2
S S'accroche au sein	Bébé somnolent ou réticent Ne prend pas l'aréole	Tentatives répétées Garde le mamelon dans sa bouche Succion après stimulation	Saisit le sein correctement Langue abaissée Lèvres ouvertes vers l'extérieur Succion rythmique
E État des mamelons et des seins	Gerçures, saignement, cloques (ampoule de lait) ou rougeurs importantes Douleur intense Engorgement	Cloques ou rougeurs mineures Douleurs légères Seins pleins	Mamelons intacts, seins souples
I Installation du bébé	Enseignement total (l'infirmière met l'enfant au sein)	Enseignement partiel (l'infirmière monte la tête du lit, installe des oreillers pour soutenir la mère, etc.) L'infirmière fait une démonstration au premier sein ; la mère donne l'autre sein sans aide. L'infirmière tient l'enfant, puis la mère prend la relève.	Aucun enseignement nécessaire Mère capable de placer et de tenir le bébé
N Normalité de la forme des mamelons	Ombiliqués	Plats	Érectiles (après stimulation)
S Sons de déglutition	Aucun	Quelques bruits de déglutition après stimulation	Spontanés et intermittents < 24 heures de vie Spontanés et fréquents > 24 heures de vie

FIGURE 24-7 ❱ SEINS : fiche d'évaluation de l'allaitement. Cette fiche a été conçue pour évaluer l'allaitement de façon systématique. On peut l'utiliser pour aider la mère à établir la lactation et pour déterminer les interventions nécessaires. Un score de 8 et plus pour 2 tétées consécutives indique généralement que l'allaitement est efficace. *Source :* Jensen, D., S. Wallace et P. Kelsay (1994). « LATCH : A breast-feeding charting system and documentation tool », J*ournal of Obstetric, Gynecologic, and Neonatal Nursing*, vol. 23, n° 1, p. 27-32.

de déglutition, présence de lait dans la bouche du bébé, sein souple après la tétée, écoulement de lait de l'autre sein) (Mulford, 1992). De plus, si le bébé prend du poids et mouille au moins six couches par jour sans recevoir de biberons de complément, c'est qu'il boit suffisamment de lait. Étant donné que le lait maternel se digère plus facilement que les autres types de lait, les parents doivent prévoir que l'enfant manifeste sa faim plus souvent. Les boires sont donc plus fréquents au sein qu'au biberon. Les parents doivent aussi s'attendre à ce que l'enfant ait besoin de téter plus souvent pendant ses poussées de croissance, qui surviennent notamment entre 10 jours et 2 semaines, entre 5 et 6 semaines, ainsi qu'entre 2½ mois et 3 mois.

Extraction du lait maternel

Si la mère ne peut allaiter à cause de son travail ou pour des raisons médicales, l'infirmière lui enseigne comment stimuler sa production lactée et comment conserver son lait. La méthode utilisée (manuellement ou à l'aide d'un tire-lait) dépend des préférences de la mère et de sa capacité physiologique de produire la quantité de lait souhaitée. Au début du post-partum,

si le bébé est incapable de prendre le sein (parce qu'il est prématuré ou malade, par exemple), la mère doit stimuler fréquemment ses seins, au moins huit fois par jour (Riordan et Auerbach, 1999), pour établir et accroître sa production lactée afin de pouvoir allaiter ultérieurement. L'emploi d'un tire-lait électrique peut s'avérer utile. Les études indiquent qu'un tire-lait de type pulsatile branché simultanément sur les deux seins en même temps provoque une sécrétion de prolactine plus élevée et une production de lait supérieure à ce que procure un extracteur manuel (Lauwers et Shinski, 2000) (figure 24-8 ❱). Une fois la lactation bien établie, la mère pourra extraire son lait avec la méthode qu'elle trouve la plus commode et la plus efficace.

Pour extraire son lait manuellement, la mère doit d'abord se laver les mains, puis se masser les seins afin de stimuler l'éjection. Pour ce faire, elle place ses deux mains à la base du sein, près de la paroi thoracique, puis elle fait glisser vigoureusement la paume de ses mains de la base du sein vers le mamelon, en répétant le mouvement à plusieurs reprises. Elle peut ensuite commencer à extraire son lait. La femme se sert généralement de la main gauche pour le sein droit et de la main droite pour le sein gauche, mais certaines femmes préfèrent utiliser la main

FIGURE 24-8 ▶ Extraction à l'aide d'un tire-lait électrique double.

qui se trouve du même côté. La femme devrait utiliser la méthode qu'elle juge la plus efficace. Elle place ensuite le pouce sur le dessus du sein, près du bord externe de l'aréole, et l'index et le majeur en-dessous du sein (figure 24-9 ▶). Sans laisser ses doigts glisser sur la peau, elle comprime le sein contre sa poitrine, puis elle presse son pouce contre l'index tout en tirant vers le mamelon. Elle recueille le liquide extrait dans un contenant, puis elle déplace légèrement ses doigts de manière à effectuer une rotation, et elle répète le mouvement. Elle fait ainsi le tour de l'aréole afin de vider tous les canaux galactophores.

Les tire-lait fonctionnent par aspiration. Certains sont munis d'un contenant qui peut servir à la conservation du lait. Les tire-lait manuels (figure 24-10 ▶) sont faciles à transporter et peu coûteux, les tire-lait à piles sont plus efficaces, mais plus coûteux. Quant aux tire-lait électriques, ils sont plus efficaces, mais encombrants et coûteux (on peut en louer dans certaines régions). Divers organismes offrent des tire-lait, en plus d'informer les femmes sur leur utilisation et sur l'allaitement maternel (tableau 24-2). Des vidéocassettes ou des photographies sont également disponibles pour expliquer ces méthodes aux nouvelles mères.

Conservation du lait maternel pour les bébés à terme et en bonne santé

La présence d'anticorps IgA et IgG confère au lait maternel des propriétés bactériostatiques qui retardent la prolifération bactérienne. Ainsi, le lait maternel se conserve à la température ambiante pendant 4 à 8 heures s'il s'agit de lait mature et 12 à 24 heures s'il s'agit de colostrum. Le lait mature se conserve jusqu'à 3 jours au réfrigérateur. Lorsqu'on conserve du lait maternel au réfrigérateur ou au congélateur, on peut utiliser un contenant de plastique ou de verre ou un sac de plastique pour la congélation. Les dernières recherches ont indiqué que les leucocytes contenu dans le lait maternel se libèrent avec le

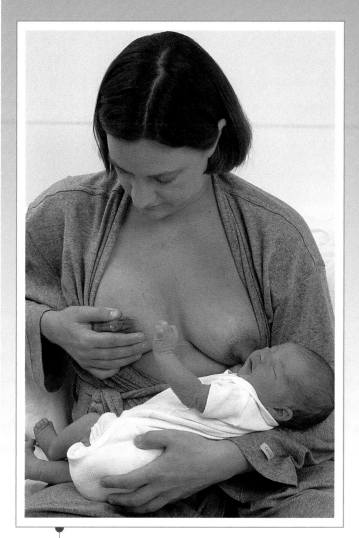

FIGURE 24-9 ▶ Extraction manuelle du lait.

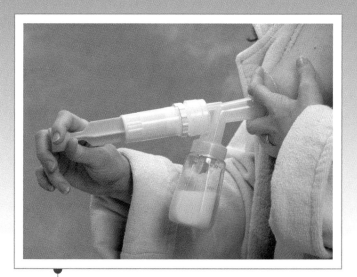

FIGURE 24-10 ▶ Extraction à l'aide d'un tire-lait manuel.

Tableau 24-2

Recommandations à la femme qui utilise un tire-lait

Recommandations générales

1. Lire les instructions concernant l'utilisation et le nettoyage avant de se servir du tire-lait.

2. Se laver les mains avant chaque séance d'extraction.

3. Fréquence : Si le tire-lait est utilisé à l'occasion seulement, choisir le moment qui donne les meilleurs résultats, soit durant une tétée, après une tétée ou entre les tétées. La plupart des mères ont plus de lait le matin. Les mères qui travaillent devraient utiliser le tire-lait régulièrement, selon la fréquence des tétées manquées. Si le bébé est prématuré ou malade, la mère devrait tirer son lait au moins 8 fois par jour. Elle devrait commencer l'extraction du lait au plus tard 6 heures après la naissance, à moins d'une contre-indication médicale, afin d'assurer le développement et la sensibilité appropriés des récepteurs de prolactine. L'extraction fréquente empêche l'accumulation d'une contre-pression excessive due à l'engorgement.

4. Durée : Avec un système simple (un seul sein à la fois), la durée d'extraction optimale est de 10 à 15 minutes si on utilise un tire-lait électrique et de 10 à 20 minutes si on utilise un tire-lait manuel. Avec un système double (les deux seins en même temps), la durée optimale est de 8 à 10 minutes pour un tire-lait électrique ou à piles. On doit recommander à la mère d'adapter ces durées à sa situation.

5. Technique :
   - Avant d'utiliser le tire-lait, quel qu'il soit, il faut stimuler le réflexe d'éjection du lait.
   - Pomper juste ce qu'il faut pour maintenir le débit, sans plus.
   - Masser le sein par quadrant durant l'extraction afin d'accroître la pression intramammaire.
   - Utiliser le tire-lait assez longtemps pour que la nervosité s'atténue.
   - Au besoin, améliorer l'ajustement entre le tire-lait et le sein en insérant un mouchoir plié ou en déplaçant le rebord.
   - Éviter de maintenir trop longtemps le vide créé par le pompage.
   - Cesser l'extraction quand le débit est minime ou terminé.

Recommandations selon le type de tire-lait

1. Éviter les tire-lait qui créent le vide au moyen d'une poire en caoutchouc, car ils peuvent meurtrir le sein.

2. Tire-lait manuel :
   - Si le tire-lait est muni de bagues d'étanchéité, s'assurer que les bagues sont en place.
   - Nettoyer les bagues d'étanchéité *après chaque utilisation* pour prévenir la multiplication des bactéries dans le tire-lait.
   - Avec les doigts, rouler la bague du cylindre intérieur pour lui redonner sa forme originale.
   - On doit parfois écourter le mouvement de pompage lorsque le cylindre extérieur se remplit de lait.
   - On peut devoir vider le cylindre extérieur 1 ou 2 fois durant le pompage.
   - Pour pomper, on garde la paume de la main vers le haut et le coude près du corps.

3. Tire-lait à piles :
   - Utiliser des piles alcalines.
   - Remplacer les piles lorsque le nombre de cycles par minute diminue.
   - Interrompre fréquemment le pompage pour éviter la douleur et les lésions au mamelon.
   - Utiliser un adaptateur pour prises électriques lorsque c'est possible, surtout si le tire-lait produit moins de 6 cycles par minute.
   - Envisager la location d'un tire-lait électrique si on prévoit une utilisation de plus de 1 ou 2 mois.
   - Utiliser 2 tire-lait à la fois si on dispose de peu de temps ou si on désire extraire plus de lait.
   - Choisir un tire-lait dont on peut régler la force d'aspiration.
   - Masser le sein par quadrant durant le pompage.

4. Tire-lait semi-automatique :
   - Le vide est parfois plus facile à contrôler si on bouche l'ouverture de façon intermittente avec son doigt au lieu de retirer complètement son doigt. De cette façon, le pompage demeure efficace sans être douloureux.

5. Tire-lait électrique :
   - Régler la pression au niveau le plus bas qui sera efficace.
   - Utiliser le tire-lait double (les 2 seins à la fois) si on manque de temps pour augmenter la production de lait, si le bébé est prématuré, si la mère ou le bébé est malade ou dans d'autres situations particulières.

Source : Riordan, J., et K. Auerbach (1999). *Breastfeeding and human lactation*, 2ᵉ éd., Boston, Jones & Bartlett, p. 397.

temps, que le contenant soit en verre ou en plastique (Direction de la santé publique de l'Estrie, 2002). Le lait maternel se conserve jusqu'à 2 semaines dans le compartiment de congélation à l'intérieur d'un réfrigérateur, de 3 à 4 mois dans le compartiment congélateur d'un réfrigérateur à deux compartiments et jusqu'à 6 mois dans un congélateur-coffre qui maintient la température sous 0 °C. Pour décongeler le lait maternel, on fait d'abord couler de l'eau fraîche sur le contenant, puis on passe graduellement à l'eau tiède jusqu'à ce que le lait soit décongelé. On doit ensuite agiter le contenant pour remettre en suspension les molécules de gras qui se seront séparées durant la congélation. On ne doit pas décongeler le lait maternel dans l'eau chaude ou bouillante. On déconseille également de le mettre au micro-ondes, car ce type de four réchauffe inégalement, ce qui peut altérer la composition du lait et créer des points chauds susceptibles de brûler la bouche du bébé. (Voir les *Points à retenir: Conservation du lait maternel*.)

Points à retenir

Conservation du lait maternel

- Se laver les mains et nettoyer le récipient avec de l'eau chaude et un détergent, puis le rincer soigneusement à l'eau claire avant de s'extraire du lait.
- Congeler des petites portions à la fois (120 mL au maximum).
- Laisser un espace vide dans le contenant, car le lait congelé prend de l'expansion.
- Inscrire la date sur le contenant.
- Dégeler le lait dans l'eau froide et augmenter la température de l'eau graduellement; ne pas utiliser d'eau bouillante ni de micro-ondes (le lait décongelé se conserve 24 heures au réfrigérateur)
- Bien mélanger le lait avant usage; le lait maternel n'étant pas homogénéisé, les matières grasses se trouvent sur le dessus.
- Réfrigérer plutôt que congeler le lait qui sera utilisé dans les 3 jours qui suivent l'extraction pour préserver ses propriétés immunologiques.

Groupes de soutien

Infirmières, nutritionnistes, éducateurs prénataux, sages-femmes, conseillères en allaitement, marraines d'allaitement, groupes de soutien et médecins doivent collaborer pour épauler la mère qui désire allaiter, l'informer de manière cohérente et adéquate, et répondre à ses besoins. Les mères qui continuent d'allaiter leur bébé après leur retour au travail le font plus longtemps si on les soutient dans leur décision.

La **Ligue La Leche** est un organisme international de bénévoles dont le travail consiste à offrir de l'information et de l'aide aux mères qui allaitent. Par l'entremise de petits groupes de soutien très ancrés dans le milieu, la Ligue La Leche fournit toutes sortes de services: marrainage, matériel écrit, location de tire-lait électriques, services d'aide et d'information individuels, rencontres de groupe. Les mères qui allaitent peuvent aussi consulter le CLSC pour connaître les ressources disponibles dans leur milieu. Plusieurs groupes de soutien composés de conseillères en allaitement bénévoles offrent divers services, dont un soutien téléphonique et des rencontres prénatales et postnatales.

Il existe également une multitude de brochures et de livres destinés à la mère qui allaite. Cependant, celle-ci a surtout besoin de l'aide de ceux qui l'entourent: les membres de sa famille, le médecin ou l'infirmière, le pédiatre et tous les membres du personnel soignant. Très souvent, la réussite de l'allaitement dépend du soutien reçu.

Médicaments et allaitement

On sait depuis longtemps que certains médicaments pris par la mère peuvent nuire au bébé allaité. Il faut se rappeler que la plupart des médicaments passent dans le lait maternel, mais seulement en petites quantités (habituellement moins de 1% de la dose maternelle) et que très peu de médicaments sont contre-indiqués dans les cas d'allaitement.

Les propriétés d'un médicament influent sur son passage dans le lait maternel, tout comme la dose, la fréquence et la voie d'administration, ainsi que le moment de la prise par rapport au moment de la tétée. Les effets d'un médicament dépendent de l'âge du bébé, de la fréquence des boires, du volume de lait ingéré et du degré d'absorption par le tube digestif.

Pour protéger un bébé allaité au sein des effets indésirables d'un médicament pris par sa mère, on doit considérer les quatre aspects suivants (Auerbach, 1999):

1. Il faut éviter les médicaments à action prolongée, car le bébé peut avoir de la difficulté à les métaboliser et à les excréter, sans compter que leur accumulation peut causer des problèmes.

2. On doit tenir compte du taux d'absorption et des concentrations sanguines maximales pour déterminer l'horaire d'administration le moins dérangeant pour le bébé. Par exemple, le bébé ingérera moins de médicament si celui-ci a été administré immédiatement après la tétée précédente.

3. Il faut surveiller les effets indésirables possibles: éruptions, bébé difficile à satisfaire, léthargie, détérioration du cycle de veille et de sommeil, altération de la fréquence des tétées.

4. On choisit toujours le médicament qui passe le moins facilement dans le lait maternel.

La mère devrait aussi mentionner à son médecin qu'elle allaite s'il lui prescrit des médicaments. Lorsqu'un membre du personnel soignant prodigue des conseils à une femme qui allaite, il doit évaluer si les bienfaits que l'allaitement procure à la mère et au bébé sont supérieurs aux risques d'exposer le bébé au médicament.

Problèmes associés à l'allaitement maternel

Comme les mères reçoivent leur congé de l'hôpital avant que la lactation soit établie, elles sont souvent seules quand surviennent certains changements dans le processus d'allaitement. Beaucoup de femmes cessent d'ailleurs d'allaiter parce qu'elles manquent de soutien pour résoudre ces difficultés. C'est pourquoi l'infirmière doit indiquer à l'avance à la mère les remèdes et les solutions à ces difficultés ainsi que les ressources qui lui sont offertes une fois de retour à la maison. (Le chapitre 29 aborde les divers moyens dont dispose une femme à la maison pour résoudre ses problèmes d'allaitement.)

L'infirmière doit également informer les parents sur la nature de la poussée de croissance. Le bébé nourri au sein devrait être évalué entre le 7e et le 10e jour après la naissance, voire avant, selon la situation et le moment du congé de l'hôpital.

L'infirmière peut contribuer à prévenir les complications associées à l'allaitement par diverses interventions :

- Offrir un soutien à la naissance, favoriser la relation immédiate entre la mère et son bébé et encourager la mère à allaiter le plus tôt possible.
- Faire participer le père et lui permettre d'exprimer ses sentiments par rapport à l'allaitement.
- Donner des informations simples et justes.
- Encourager les tétées fréquentes et déconseiller l'utilisation d'une sucette pour retarder la tétée.
- Vérifier les perceptions des parents et les corriger si elles sont erronées.
- Rappeler aux parents que leur bébé est unique et qu'ils doivent se donner du temps, c'est-à-dire plusieurs semaines et même jusqu'à trois mois, avant de se sentir à l'aise avec l'allaitement.
- Éviter de donner un supplément en plus du lait maternel sans indication thérapeutique.
- Renforcer les points positifs.
- Rappeler l'importance du repos entre les tétées, et ce, autant pour la mère que pour le père.
- Renseigner les parents sur les problèmes d'allaitement pouvant survenir à la maison et les solutions à ces problèmes (voir le tableau 29-3).
- Recommander aux parents qu'ils recourent à des ressources spécialisées lorsqu'ils éprouvent une difficulté.

Enseignement relatif à l'alimentation au biberon

Comme on attache beaucoup d'importance au succès de l'allaitement au sein, on a tendance à négliger l'enseignement destiné à la mère qui nourrit au biberon. La mère qui donne le biberon doit d'abord s'installer confortablement et appuyer son bras de manière à pouvoir tenir facilement l'enfant. La plupart des femmes prennent le bébé dans le creux de leur bras, tout près de leur corps. Cette position procure à l'enfant le contact physique intime dont il a tant besoin, comme lors de l'allaitement au sein. Si la mère n'est pas très familière avec l'alimentation du nouveau-né, elle aura sans doute besoin de conseils à ce sujet. Voici quelques renseignements qui peuvent

favoriser le processus d'attachement et aider les parents à mieux nourrir leur bébé.

1. On doit toujours tenir le biberon, et non l'appuyer sur une couverture. L'enfant qui boit en position couchée peut contracter une otite moyenne par suite de l'obstruction de la trompe d'Eustache par le lait et les sécrétions nasales. Par ailleurs, le fait de tenir l'enfant dans ses bras pendant la tétée procure au bébé un contact affectif et physique qui incite les parents à poursuivre le processus d'attachement (figure 24-11 ▶).

2. L'orifice de la tétine doit être assez large pour laisser le lait couler goutte à goutte quand on tient le biberon à l'envers. Si l'ouverture est trop large, le bébé boit trop vite, ce qui risque de le suralimenter ou de le faire régurgiter. Dans ce cas, il faut changer la tétine, ralentir l'absorption du lait et interrompre la tétée à plusieurs reprises pour faire éructer l'enfant et le câliner.

3. On doit diriger la tétine directement dans la bouche du bébé, et non vers le palais ou la langue, et s'assurer que la tétine se trouve par-dessus la langue. On incline ensuite le biberon pour que la tétine soit toujours pleine de lait ; on évite ainsi une ingestion d'air qui

FIGURE 24-11 ▶ Ce bébé est bien soutenu et à l'aise pendant qu'il prend son biberon.

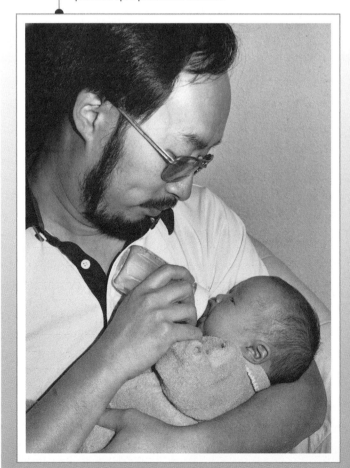

réduirait la quantité de lait absorbé et provoquerait des malaises. Il existe plusieurs modèles de tétines qui diffèrent par leur forme, leur débit et leur matériau (ces facteurs déterminent l'effort de succion nécessaire pour obtenir le lait) (Fadavi *et al.*, 1997).

4. On doit faire éructer l'enfant régulièrement, de préférence au milieu et à la fin de la tétée. Le bébé qui a tendance à avaler beaucoup d'air aura besoin d'éructer plus souvent. De même, l'enfant qui pleure avant la tétée a peut-être ingéré de l'air, et il est souhaitable de le faire éructer avant de lui donner le biberon ou après qu'il a bu juste ce qu'il faut pour se calmer. Pour faire éructer le bébé, on le place en position verticale contre son épaule ou on l'assoit sur ses genoux en soutenant d'une main son menton et sa poitrine. Puis, avec sa main libre, on lui frotte ou tapote doucement le dos. Il faut toutefois éviter d'interrompre trop souvent la tétée, car on risquerait alors de créer de la confusion chez un bébé déjà bien occupé à essayer de coordonner sa succion, sa déglutition et sa respiration.

5. Le nouveau-né régurgite souvent de petites quantités de lait. Les parents doivent savoir que ces régurgitations sont normales, même si elles leur semblent abondantes. Au cours des premiers jours, les régurgitations sont généralement dues à un excès de mucosités et à une irritation gastrique imputable à la présence de substances étrangères dans l'estomac. Par la suite, elles sont généralement causées par une absorption trop rapide de lait ou une ingestion d'air. Comme les régurgitations sont fréquentes chez les bébés, les infirmières et les parents expérimentés gardent habituellement une petite serviette à portée de la main. La régurgitation est normale, mais les vomissements ou l'expulsion violente de liquide ne le sont pas et exigent un examen, surtout si l'enfant présente d'autres symptômes.

6. Un bébé gras n'est pas nécessairement un bébé en bonne santé. Il faut éviter de donner du lait au bébé chaque fois qu'il pleure. Il est préférable d'inciter le nouveau-né à téter, sans toutefois l'y forcer, et de le laisse fixer son propre rythme une fois qu'il aura commencé à téter. Les parents se donnent parfois des objectifs arbitraires du genre *le bébé doit boire 150 mL* et s'acharnent à nourrir l'enfant jusqu'à ce qu'il ait vidé le biberon, même si l'enfant ne semble pas avoir faim. Or, la suralimentation entraîne l'obésité. Lors des premières tétées, il est parfois nécessaire de stimuler le bébé pour qu'il assure une succion adéquate jusqu'à la fin de la tétée. On peut lui frotter doucement les pieds et les mains, replacer ses vêtements ou le démailloter.

La quantité de lait à donner ainsi que la fréquence des boires varient en fonction de l'âge du bébé. De la naissance à 2 mois, le bébé prend 6 à 8 biberons de 60 à 120 mL par jour (Tigges, 1997). Les préparations commerciales existent sous trois formes : la préparation prête à servir, la préparation concentrée liquide et la préparation en poudre. (Voir les *Points à retenir : Préparations lactées*.)

<aside>

Conseil pratique

Quand vous aidez une mère à donner le biberon à son bébé pour la première fois, vous pouvez lui épargner plusieurs petites contrariétés. Tout d'abord, suggérez-lui d'envelopper le bébé pour l'empêcher d'agiter ses bras dans les airs durant la tétée. Montrez-lui aussi comment éviter que la tête du bébé retombe vers l'avant quand on le prend dans ses bras. Il peut également être agaçant pour la mère d'essayer en vain d'introduire la tétine dans la bouche du bébé. Conseillez-lui de poser son index sur le menton de l'enfant, d'abaisser doucement son menton et d'introduire rapidement la tétine dans la bouche du bébé, par-dessus la langue.

</aside>

<aside>

Points à retenir

Préparations lactées

Préparation prête à servir

(68 kcal/100 mL ; disponible en boîtes de 909 mL ou en bouteilles de 113,6 mL)

Utiliser au plus tard une heure après l'ouverture.

Ne pas diluer ; utiliser la préparation telle quelle.

Ajouter seulement une tétine propre au biberon.

La préparation prête à servir est la plus coûteuse.

Préparation concentrée liquide

(disponible en boîtes de 370 mL)

Mélanger le concentré et l'eau en quantités égales. Une fois diluée, cette préparation fournit 28 kcal/100 mL. Pour obtenir un biberon de 120 mL, on mélange 60 mL de concentré avec 60 mL d'eau.

Laver l'ouvre-boîte et le dessus de la boîte avant de l'ouvrir.

Pour préparer un seul biberon, mesurer l'eau et le concentré directement dans le biberon.

Recouvrir la boîte avec du papier d'aluminium ou une pellicule plastique, puis réfrigérer jusqu'à la préparation du prochain biberon.

Préparation en poudre

(52 cuillers par boîte)

Mélanger une cuiller non tassée de poudre et une portion de 60 mL d'eau tiède.

Toujours verser l'eau d'abord dans le biberon ; ensuite, ajouter la poudre et bien mélanger.

S'assurer que la poudre et l'eau sont bien mélangés pour que la formule procure 68 kcal/100 mL.

Une fois ouverte, garder la boîte hermétiquement fermée et utiliser dans les 30 jours.

Une fois diluée, la préparation se conserve pendant 24 heures.

La préparation en poudre est la moins coûteuse.

</aside>

Il est toujours important d'enseigner aux parents les méthodes de stérilisation et de préparation des biberons. La propreté est essentielle, mais la stérilisation n'est nécessaire que si la qualité de l'eau est douteuse. On peut laver les biberons au lave-vaisselle, ou alors les laver à fond avec de l'eau et du savon et les rincer soigneusement. Comme les tétines risquent d'être abîmées par la trop forte chaleur du lave-vaisselle, on doit les laver à la main et les rincer à fond. Si l'eau du robinet n'est pas contaminée, on peut s'en servir pour la préparation du lait en poudre, moins coûteux que les préparations concentrées ou prêtes à servir. Par ailleurs, on ne doit pas donner de miel à un bébé à cause des risques de botulisme.

On peut préparer les biberons un à un ou en préparer plusieurs à l'avance. On conserve au réfrigérateur ceux qui ne sont pas utilisés immédiatement, et on les réchauffe un peu avant de les donner au bébé. Les biberons de lait prêts à servir et jetables sont très pratiques, mais ils sont aussi très coûteux. On doit jeter le lait qui reste à la fin de la tétée.

■ L'évaluation nutritionnelle du nourrisson

Au cours des premiers mois, l'alimentation du bébé contribue à sa croissance et à son développement. À chaque consultation en clinique du nourrisson, l'infirmière doit évaluer l'état nutritionnel du bébé en tenant compte des quatre éléments suivants :

- le bilan nutritionnel établi par le parent;
- le gain pondéral depuis la dernière consultation;
- la courbe de croissance de l'enfant, selon les percentiles;
- l'examen physique.

Le bilan nutritionnel établi par le parent comprend le type et la quantité de lait, de vitamines, de minéraux et d'aliments solides donnés à l'enfant quotidiennement. Si le bébé est nourri de préparations lactées, on demande également au parent comment il mélange la préparation (faire attention à la dilution) et comment il la conserve. La courbe de croissance individuelle est établie en fonction de la taille, du poids et du périmètre crânien. Il est surtout important de s'assurer que la croissance se poursuit à un rythme qui est propre à l'enfant. Le bébé en bonne santé nourri au sein peut suivre cette courbe de poids ou ne présenter qu'un gain pondéral de 15 g par jour pendant les 6 premiers mois.

Lorsque la mère qui allaite s'inquiète de savoir si son bébé s'alimente adéquatement, l'infirmière devrait lui suggérer de noter l'évolution de son gain pondéral et de compter le nombre de couches mouillées et souillées par 24 heures. Si un bébé nourri uniquement au sein mouille 6 couches ou plus par jour et émet des selles régulièrement, c'est qu'il s'alimente suffisamment. Il est plus facile de vérifier la présence d'urine dans la couche lorsque celle-ci ne contient pas de selles. Comme le réflexe gastrocolique stimule souvent la défécation après la tétée,

on devrait vérifier la couche avant la tétée. Le parent inquiet de l'alimentation de son bébé peut également se rassurer en notant la fréquence et la durée des tétées, et en s'assurant que l'enfant déglutit. Ce genre de bilan permet d'apaiser ou de fonder ses craintes. (Voir les *Points à retenir: Évaluation de l'allaitement maternel*.)

L'examen physique contribue à déceler les troubles nutritionnels. La pâleur, une transpiration profuse et de l'irritabilité chez un bébé obèse peuvent indiquer une carence en fer (voir le chapitre 22 pour les signes de déshydratation).

Le calcul des besoins nutritionnels permet à l'infirmière de recommander aux parents un régime qui fournit au bébé la quantité d'éléments nutritifs nécessaires à son développement et à sa croissance. Cette évaluation quantitative des besoins nutritionnels est particulièrement utile pour les bébés de moins de 6 mois, car on a souvent tendance à les suralimenter. En général, les médecins recommandent de ne pas dépasser 1 000 à 1 200 mL de lait par jour. Si l'apport énergétique est inférieur aux besoins, on ajoutera des aliments solides. Cependant, si l'apport énergétique est adéquat ou trop élevé, le lait suffit, et on peut retarder l'introduction des aliments solides.

Si on constate un apport énergétique et un gain pondéral excessifs chez un bébé nourri au biberon, il ne faut pas lui faire suivre un régime amaigrissant, car la croissance des tissus est rapide chez le nourrisson et ne doit pas être entravée. Il faut plutôt adapter le régime alimentaire afin que l'apport énergétique permette à l'enfant de conserver un poids approprié à sa taille et à son développement.

Pour déterminer l'apport nutritionnel désiré, l'infirmière compare l'apport énergétique réel avec l'apport énergétique

---

Points à retenir

Évaluation de l'allaitement maternel

Le bébé absorbe probablement assez de lait quand

- il boit au sein de façon efficace au moins 8 fois par période de 24 heures.
- il montre des signes de faim au début de la tétée.
- la mère peut entendre des bruits de déglutition durant la tétée, particulièrement après la montée laiteuse.
- les seins de la mère qui a eu sa montée laiteuse sont souples après la tétée.
- il mouille plus de couches après 4 ou 5 jours de vie, ou il mouille 6 à 8 couches par 24 heures après 5 jours de vie.
- ses selles sont jaunes ou commencent à pâlir après 4 ou 5 jours de vie.
- sa croissance est normale et sa peau est saine.
- durant les périodes d'éveil, il est vif et a un bon tonus.

Note: Ce n'est pas parce qu'un bébé accepte un biberon de complément qu'il est juste de déduire que le lait maternel n'est pas suffisant. Certains bébés peuvent prendre quelques dizaines de mL de lait après la tétée, même s'ils reçoivent suffisamment de lait maternel.

souhaitable en fonction du poids et de l'âge. La majorité des préparations lactées destinées au nouveau-né normal contiennent 68 kcal par 100 mL. Si le bébé a commencé à consommer des aliments solides, on établit la valeur énergétique de ces aliments et on l'inclut dans le calcul de l'apport nutritionnel. En mesurant l'apport énergétique nécessaire en fonction du poids (108 kcal/kg/jour), l'infirmière est en mesure d'indiquer aux parents la quantité de lait nécessaire pour combler les besoins énergétiques quotidiens de l'enfant.

Au Québec, les nouvelles mères prestataires du programme d'assistance-emploi (aide sociale) peuvent bénéficier d'une prestation spéciale provenant du ministère de l'Emploi et de la Solidarité sociale. Les mères d'un bébé âgé de moins de 1 an qui allaitent peuvent recevoir 55 $ par mois. Celles qui donnent des préparations lactées et dont le bébé est âgé de moins de 9 mois peuvent obtenir un soutien financier pour l'achat des préparations lactées (normales, à base de soya ou sans lactose) (Communication Québec, 2002).

Le chapitre en bref

Notions fondamentales

- Le nouveau-né nourri au biberon a besoin de 110 à 120 kcal/kg/jour et de 140 à 160 mL d'eau/kg/jour.

- L'infirmière doit observer la toute première tétée, car c'est souvent à ce moment-là que les signes de complications cardiaques ou d'anomalies des voies digestives supérieures se manifestent.

- Le lait maternel possède des propriétés immunitaires et nutritionnelles qui en font l'aliment idéal pour la première année de vie de l'enfant.

- Certains signes indiquent que le nouveau-né est prêt pour sa toute première tétée : bruits intestinaux actifs, absence de distension abdominale et pleurs vigoureux cessant avec le déclenchement des réflexes des points cardinaux et de succion par une stimulation des lèvres.

- Le lait maternel mature et la plupart des préparations lactées fournissent environ 68 kcal/100 mL.

- Il n'est pas nécessaire de fournir de suppléments de fer avant l'âge de 6 mois aux bébés nourris au sein.

- L'infirmière doit reconnaître que les valeurs culturelles influent sur les pratiques d'alimentation du nouveau-né ; elle doit aussi tenir compte de l'origine ethnique des parents et comprendre que c'est toujours la culture dominante d'une société qui détermine les pratiques *normales* en matière d'alimentation du nouveau-né.

- L'enfant nourri au sein reçoit probablement suffisamment de lait s'il prend du poids et mouille au moins six couches par jour.

- On doit enseigner à la mère qui allaite au sein à installer correctement l'enfant et à s'assurer qu'il prend dans sa bouche la plus grande partie de l'aréole. On lui conseillera également de prendre une position d'allaitement différente à chaque tétée afin de vider tous les canaux galactophores.

- La plupart des médicaments pris par la mère passent dans le lait maternel à très faible concentration (moins de 1 % de la dose, en moyenne). Les effets des médicaments sur le bébé et la lactation dépendent de plusieurs facteurs, dont la voie d'administration, le moment de la prise par rapport au moment de la tétée et les propriétés du médicament.

- Les bébés nourris de préparations lactées reprennent le poids qu'ils avaient à la naissance en une dizaine de jours après la naissance ; il gagnent 30 g/jour pendant les 6 premiers mois ; ils doublent leur poids de naissance entre l'âge de 3 ½ mois et 4 mois. Les bébés en bonne santé nourris au sein reprennent leur poids de naissance en 14 jours et gagnent environ 15 g/jour durant les 6 premiers mois ; ils doublent leur poids de naissance vers l'âge de 5 mois.

- Les bébés nourris de préparations lactées enrichies de fer n'ont besoin d'aucun supplément de vitamines et de minéraux, sauf de fluor si l'eau de la localité n'est pas fluorée.

- La mère qui a choisi l'alimentation au biberon peut avoir besoin de conseils sur l'alimentation de son bébé et sur la façon de le faire éructer. Des renseignements sur la fréquence des tétées et les types de préparations lactées peuvent également s'avérer utiles.

- Le lait écrémé et le lait partiellement écrémé sont déconseillés avant l'âge de 2 ans.

- L'évaluation nutritionnelle du nourrisson comprend le bilan nutritionnel établi par les parents, le gain pondéral, la courbe de croissance selon les percentiles et l'examen physique.

Références

AMERICAN ACADEMY OF PEDIATRICS, COMMITTEE ON NUTRITION (2000). « Hypoallergenic infant formulas », *Pediatrics*, vol. 106, n° 2, p. 346-349.

AMERICAN ACADEMY OF PEDIATRICS, COMMITTEE ON NUTRITION (2000). « Iron fortification of infant formulas », *Pediatrics*, vol. 104, n°1, p. 119-123.

AUERBACH, K. G. (1999). «Breastfeeding and maternal medication use», *Journal of Obstetric, Gynecologic, and Neonatal Nursing*, vol. 28, n° 5, p. 554-562.

CALAMARO, C. J. (2000). «Infant nutrition in the first year of life: Tradition or science?» *Pediatric Nursing*, vol. 26, n° 2, p. 211-215.

COMMUNICATION QUÉBEC, MINISTÈRE DES RELATIONS AVEC LES CITOYENS ET DE L'IMMIGRATION (2002). *Bébé arrive*, chez l'auteur.

DAVIS, L. J., S. OKUBOYE et S. L. FERGUSON (2000). «Healthy People 2010: Examine a decade of maternal and infant health», *AWHONN Lifelines*, vol. 4, n° 3, p. 26-33.

DIRECTION DE LA SANTÉ PUBLIQUE DE L'ESTRIE (2002). *Allaitement maternel: Guide pratique à l'intention des intervenants et intervenantes*, Sherbrooke, chez l'auteur.

DODGSON, J. E., C. J. ALLARD-HALE, A. BRAMSCHER, F. BROWN et L. DUCKETT (1999) «Adherence to the ten steps of the Baby-Friendly Hospital Initiative in Minnesota hospitals», *Birth*, vol. 26, n° 4, p. 239-246.

FADAVI, S., I. C. PUNWANI, L. JAIN et D. VUDYASAGAR (1997). «Mechanics and energetics of nutritive sucking: A functional comparison of commercially available nipples», *Journal of Pediatrics*, vol. 130, n° 5, p. 740-745.

GEISSLER, E. M. (1998). *Pocket guide to cultural assessment*, 2ᵉ éd., St. Louis, Mosby.

HUTCHINSON, M. K., et M. BAQI-AZIZ (1994). «Nursing care of the childbearing Muslim Family», *Journal of Obstetric, Gynecologic, and Neonatal Nursing*, vol. 23 n° 9, p. 767-771.

JOHNSON, J. V. et D. H. RIDDICK (2000). «The breast during pregnancy and lactation», in J. J. Sciarra et T. J. Watkins (dir.), *Gynecology and Obstetrics*, Philadelphie, Lippincott Williams & Wilkins, vol. 5, chap. 3, p. 1-12.

KELLEHER, D. K., et C. DUGGAN (1999). «Breast milk and breastfeeding in the 1990s», *Current Opinion in Pediatrics*, vol. 11, p. 275-280.

KUNZ, C., M. RODRIGUEZ-PALMERO, B. KOLETZKO et R. JENSEN (1999). «Nutritional and biochemical properties of human milk, part 1: General aspects, proteins, and carbohydrates», *Clinics in Perinatology*, vol. 26, n° 2, p. 307-333.

LAUWERS, J., et D. SHINSKI (2000). *Counseling the nursing mother: A lactation consultant's guide*, 3ᵉ éd., Sudbury, MA, Jones & Bartlett.

LAWRENCE, R. A., et R. M. LAWRENCE (1999). *Breastfeeding: A guide for the medical profession*, 5ᵉ éd., St. Louis, Mosby.

MULFORD, C. (1992). «The mother-baby assessment (MBA): An *Apgar score* for breastfeeding», *Journal of Human Lactation*, vol. 8, n° 2, p. 79-82.

PORTER, R. H., et J. WINBERG (1999). «Unique salience of mother breast odors for newborn infants», *Neuroscience and Biochemical Reviews*, vol. 23, p. 439-449.

RIORDAN, J., et K. AUERBACH (1997). *Breastfeeding and human lactation*, 2ᵉ éd., Boston, Jones & Bartlett.

RIORDAN, J. M., et M. KOEHN (1997). «Reliability and validity testing of three breastfeeding assessment tools», *Journal of Obstetric, Gynecologic, and Neonatal Nursing*, vol. 26, n° 2, p. 181-187.

ROGERS, I. S., J. GOLDING et P. M. EMMETT (1997). «The effects of lactation on the mother», *Early Human Development*, vol. 49 (supplément), p. S191-S203.

SANTÉ CANADA (2000). *Soins à la mère et au nouveau-né dans une perspective familiale: lignes directrices nationales*, Ottawa, ministre des Travaux publics et Services gouvernementaux Canada.

SOCIÉTÉ CANADIENNE DE PÉDIATRIE, LES DIÉTÉTISTES DU CANADA ET SANTÉ CANADA (1998). *La nutrition du nourrisson né à terme et en santé*, Ottawa, ministre des Travaux publics et Services gouvernementaux Canada.

SUSIN, L. R. O., E. R. J. GUGLIANI, S. C. KUMMER, M. MACIEL, C. SIMON et L.C. DA SILVEIRA (1999). «Does parental breastfeeding knowledge increase breastfeeding rates?», *Birth*, vol. 26, n° 3, p. 49-156.

TIGGES, B. B. (1997). «Infant Formulas: Practical answers for common questions», *Nurse Practioner*, vol. 22, n° 8, p. 70, 73, 77-80, 82-83, 86-87.

VEZEAU, T. M. (1991). «Investigating *greedy*», *American Journal of Maternal Child Nursing*, vol. 16, n° 6, p. 337-338.

Lecture complémentaire

DIRECTION DES COMMUNICATIONS DU MINISTÈRE DE LA SANTÉ ET DES SERVICES SOCIAUX (2001). *L'allaitement maternel au Québec. Lignes directrices*, Québec, ministère de la Santé et des Services sociaux. Disponible sur le Web: <http://www.msss.gouv.qc.ca/f/documentation/index.htm>.

Le nouveau-né à risque : problèmes de santé présents à la naissance

Objectifs

- Nommer les facteurs présents à la naissance qui contribuent au dépistage des nouveau-nés à risque
- Comparer les causes des complications physiologiques chez les nouveau-nés hypotrophiques et chez les prématurés eutrophiques
- Décrire les séquelles du diabète maternel chez le nouveau-né
- Comparer les caractéristiques du nouveau-né postmature et du nouveau-né présentant le syndrome de postmaturité ainsi que les complications susceptibles de les affecter
- Décrire les caractéristiques physiologiques du nouveau-né prématuré qui prédisposent tous les systèmes et appareils de son organisme à diverses complications
- Déterminer les informations à utiliser pour formuler les diagnostics infirmiers nécessaires à l'élaboration du plan de soins destiné au prématuré eutrophique
- Expliquer les soins spéciaux dont a besoin le nouveau-né de mère toxicomane ou alcoolique
- Décrire les conséquences sur le nouveau-né de la séropositivité de la mère au VIH ainsi que les soins néonatals à donner à l'enfant
- Décrire les manifestations cliniques permettant à l'infirmière de soupçonner la présence d'une anomalie cardiaque congénitale au début de la période néonatale
- Résumer l'évaluation de certaines anomalies congénitales et les interventions infirmières qu'elles exigent
- Expliquer les soins spéciaux dont a besoin le nouveau-né atteint d'une erreur innée du métabolisme

LA NÉONATOLOGIE A CONSIDÉRABLEMENT PROGRESSÉ au cours des 30 dernières années. Les connaissances acquises dans ce domaine ont entraîné l'évolution des services spécialisés dans les pouponnières : soins aux prématurés, soins intermédiaires et soins intensifs, selon la gravité de l'état du nouveau-né. En tant que membre de l'équipe soignante multidisciplinaire, l'infirmière est une professionnelle qui apporte à la fois des compétences techniques et une note d'humanité dans l'environnement périnatal hautement technicisé d'aujourd'hui.

Le nouveau-né dit à risque bénéficie actuellement de soins ultraspécialisés, mais sa survie dépend de plusieurs facteurs, parmi lesquels :

- *son poids à la naissance ;*
- *son âge gestationnel ;*
- *la nature et la durée du problème qu'il présente ;*
- *l'état de la mère ;*
- *la séparation d'avec sa mère.*

Le dépistage des nouveau-nés à risque

Un nouveau-né à risque est prédisposé à la maladie (morbidité) ou même à la mort en raison d'un retard de croissance, d'une immaturité, de troubles physiques ou de complications survenues à la naissance. Dans la plupart des cas, le risque de morbidité ou de mortalité découle de problèmes qui existaient déjà pendant la grossesse, par exemple :

- un milieu socioéconomique défavorisé et un accès limité aux soins de santé ;
- une exposition à des risques environnementaux, tels que des produits chimiques toxiques et des drogues illicites ;
- une maladie chez la mère (cardiopathie, diabète, hypertension, néphropathie, etc.) ;
- des facteurs maternels, tels que l'âge ou le nombre de grossesses antérieures ;
- des problèmes médicaux liés à la grossesse et les complications qui y sont associées ;
- des complications au cours de la grossesse, comme le décollement placentaire.

Le tableau 8-1 énumère les principaux facteurs de risque ainsi que leurs répercussions sur la mère, le fœtus et le nouveau-né. Puisque l'on connaît bien ces facteurs de risque et leurs conséquences néonatales, il est possible, la plupart du temps, de prévoir la naissance d'un enfant à risque. On surveille alors étroitement la grossesse, on effectue les traitements nécessaires et on prend des dispositions pour que la mère accouche dans un centre hospitalier qui dispose des ressources spécialisées appropriées.

Il n'est cependant pas toujours possible de dépister les nouveau-nés à risque avant le déclenchement du travail, car on ne peut jamais prévoir comment se dérouleront le travail et l'accouchement, ni la réaction du fœtus. C'est pourquoi il importe de surveiller la fréquence cardiaque du fœtus au cours du travail afin de déceler le stress fœtal ou la souffrance fœtale. Cette surveillance s'effectue à l'aide d'un moniteur électronique ou par auscultation avec un fœtoscope ou un Doppler. La détermination de l'indice d'Apgar immédiatement après la naissance contribue aussi à dépister les nouveau-nés à risque, mais il ne constitue pas le seul indicateur de problèmes à long terme.

La courbe de classification des nouveau-nés et des risques de mortalité néonatale est un autre outil très utile pour dépister les nouveau-nés à risque. Avant de disposer de cette courbe, le seul critère que l'on considérait pour déterminer l'immaturité des nouveau-nés était un poids inférieur à 2 500 g. Depuis, on a observé que certains bébés pesant plus de 2 500 g sont immatures et que certains bébés de moins de 2 500 g sont à terme du point de vue fonctionnel. Aujourd'hui, la maturité et les risques de mortalité sont établis en fonction du poids à la naissance associé à l'âge gestationnel.

Dans la courbe de classification des nouveau-nés et des risques de mortalité néonatale, les nouveau-nés sont répartis en trois groupes selon le nombre de semaines de gestation :

- prématuré : 0 à 37 semaines (complètes) ;

- à terme : 38 à 41 semaines (complètes) ;

- postmature : 42 semaines et plus.

Comme l'illustre la figure 25-1 ▶, le nouveau-né macrosomique se situe au-dessus de la ligne du 90ᵉ percentile, le nouveau-né eutrophique se situe entre la ligne du 10ᵉ percentile et celle du 90ᵉ percentile, et le nouveau-né hypotrophique se situe sous la ligne du 10ᵉ percentile. Les nouveau-nés sont classés selon leur poids à la naissance et leur âge gestationnel. Par exemple, un nouveau-né peut être classé « prématuré hypotrophique », « à terme eutrophique », etc. Il ne faut pas oublier que les courbes de croissance intra-utérine varient selon l'altitude et le groupe ethnique, et inversement que la classification des nouveau-nés peut varier en fonction de la courbe de croissance utilisée. On doit donc utiliser une courbe de croissance qui correspond aux caractéristiques de la clientèle.

Le risque de mortalité néonatale représente la probabilité de décès au cours de la période néonatale, c'est-à-dire durant les 28 premiers jours suivant la naissance. Ce risque est inversement proportionnel au poids à la naissance et à l'âge gesta-

tionnel. Les nouveau-nés prématurés hypotrophiques sont donc les plus à risque. Le taux de mortalité auparavant élevé chez les nouveau-nés macrosomiques a diminué dans la plupart des centres périnatals grâce à l'amélioration du traitement du diabète pendant la grossesse et à une meilleure connaissance des problèmes potentiels des nouveau-nés de cette catégorie.

On peut donc prévoir la morbidité néonatale en se fondant sur le poids à la naissance et l'âge gestationnel. À la figure 25-2 ▶, l'âge gestationnel en semaines figure en abscisse (sur l'axe horizontal) et le poids à la naissance, en ordonnée (sur l'axe vertical). Au point de rencontre de ces deux variables, on trouve les problèmes les plus courants auxquels est exposé l'enfant. Ce tableau permet donc de déterminer les soins et la surveillance dont il a besoin. Par exemple, chez un bébé de 2 000 g né après 40 semaines de gestation, on observera minutieusement tout signe de détresse néonatale, d'hypoglycémie, d'anomalie congénitale, d'infection congénitale et de polycythémie.

La détermination des soins infirmiers à prodiguer à un nouveau-né à risque repose sur l'observation constante des

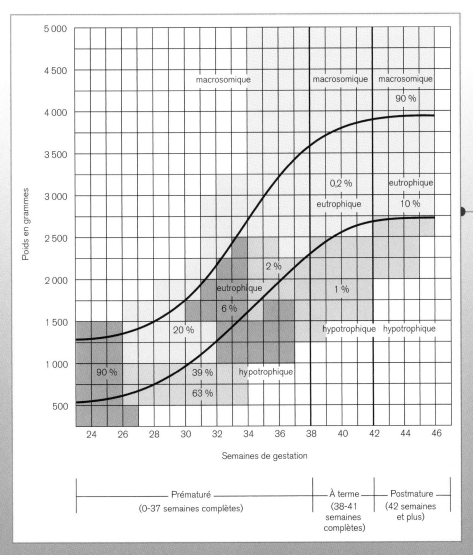

FIGURE 25-1 ▶ Classification des nouveau-nés et des risques de mortalité néonatale. Les nouveau-nés sont classés selon leur poids (hypotrophique, eutrophique ou macrosomique) et selon leur âge gestationnel (prématuré, à terme, postmature). Le pourcentage indique le risque de mortalité néonatale pour la zone ombrée.
Source : Koops, B. L., L. P. Morgan et F. C. Battaglia (1982). « Neonatal mortality risk in relationship to birth weigh and gestational age », *Journal of Pediatrics*, vol. 101, n° 6, p. 969.

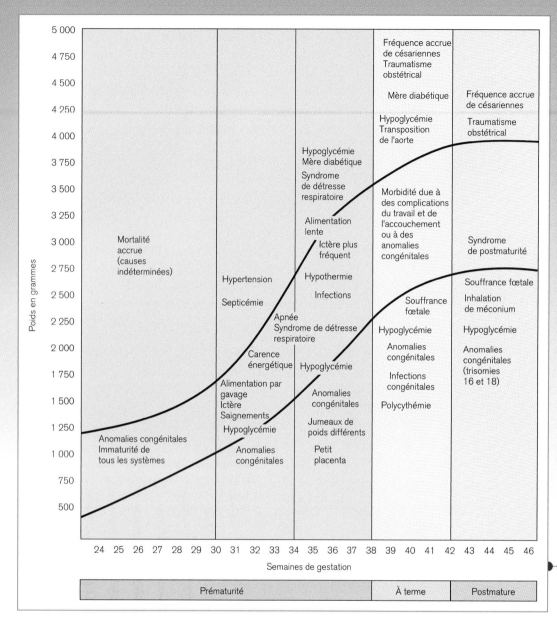

FIGURE 25-2 Risques de morbidité néonatale en fonction du poids à la naissance et de l'âge gestationnel. *Source:* Lubchenco, L. O. (1976). *The High Risk Infant*, Philadelphie, Saunders, p. 122.

variations de son état physiologique. Les soins infirmiers visent les objectifs suivants:

- Réduire les situations de stress physiologique.
- Assurer une surveillance constante afin de déceler les signes subtils de changement dans l'état clinique.
- Interpréter les résultats des examens de laboratoire et coordonner les interventions.
- Assurer la conservation de l'énergie du bébé afin de favoriser sa guérison et sa croissance.
- Offrir une stimulation sensorielle appropriée et préserver les cycles de sommeil.
- Aider la famille à nouer des liens d'attachement avec l'enfant.
- Faire participer la famille à la planification et à la prestation des soins.

Le nouveau-né hypotrophique

Le **nouveau-né hypotrophique** ne dépasse pas à la naissance le 10e percentile sur la courbe de croissance intra-utérine dans le tableau de classification des nouveau-nés (figure 25-3). La courbe de croissance utilisée doit avoir été établie en fonction de la population locale (Anderson et Hay, 1999). L'enfant hypotrophique peut être prématuré, à terme ou postmature. Lorsque la croissance est insuffisante pour le nombre de semaines de gestation, on dit également que le nouveau-né est *petit pour son âge gestationnel* ou encore qu'il présente un **retard de la croissance intra-utérine (RCIU)** ou une *dysmaturité*. Dans le présent chapitre, on parlera indifféremment de nouveau-né *hypotrophique* ou présentant un *retard de la croissance intra-utérine*.

Les risques d'asphyxie périnatale sont cinq fois plus élevés et le taux de mortalité périnatale huit fois plus élevé chez les

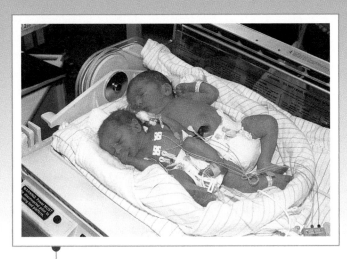

FIGURE 25-3 ▸ Jumeaux de 35 semaines de gestation. Le jumeau B (à gauche) est hypotrophique et pèse 1 260 g, tandis que le jumeau A (à droite) est eutrophique et pèse 2 605 g. *Source :* Carol Harrigan, RNC, MSN, NNP.

bébés hypotrophiques que chez les bébés eutrophiques (Sohl et Moore, 1998). L'incidence de polycythémie et d'hypoglycémie est également plus élevée dans ce groupe.

Facteurs favorisant le retard de la croissance intra-utérine

Le retard de la croissance intra-utérine (RCIU) relève de facteurs d'origine maternelle, placentaire ou fœtale, et n'est pas nécessairement apparent avant la naissance. De la 28ᵉ à la 38ᵉ semaine de grossesse, la croissance intra-utérine évolue de façon linéaire. Après la 38ᵉ semaine, elle varie selon le potentiel de croissance du fœtus et la fonction placentaire. Les causes les plus courantes du RCIU sont les suivantes :

- *Facteurs d'origine maternelle.* La primiparité, une grande multiparité, la grossesse multiple (jumeaux, triplés, etc.), le tabagisme, le manque de soins prénataux et l'âge (moins de 16 ans ou plus de 40 ans), de même qu'un faible niveau socioéconomique (associé généralement à de mauvaises habitudes, à une faible scolarité et à des conditions de vie défavorables) influent sur le RCIU (Anderson et Hay, 1999). Durant les deux premiers trimestres, l'apport nutritionnel dépasse de loin les besoins du fœtus. Ce n'est qu'au cours du troisième trimestre qu'une mauvaise alimentation de la mère risque d'inhiber la croissance fœtale.

- *Maladie chez la mère.* Il existe un lien entre le RCIU et les cardiopathies, la toxicomanie (drogues, médicaments, alcool, tabac), la drépanocytose, la phénylcétonurie et la pyélonéphrite asymptomatique. Les complications associées à l'hypertension gravidique, à l'hypertension chronique et au diabète avancé réduisent parfois l'irrigation sanguine de l'utérus.

- *Facteurs environnementaux.* La croissance fœtale est également affectée par la haute altitude, les radiographies, l'exercice excessif, l'exposition à des toxines en milieu de travail, l'hyperthermie et la consommation par la mère de médicaments qui ont des effets tératogènes (antimétabolites, anticonvulsivants, triméthadione, etc.) (Anderson et Hay, 1999).

- *Facteurs d'origine placentaire.* Les troubles placentaires comme un petit placenta, un infarctus placentaire, une insertion anormale du cordon ombilical, un placenta prævia ou une thrombose peuvent réduire graduellement la circulation sanguine fœtale.

- *Facteurs d'origine fœtale.* Les infections congénitales (rubéole, toxoplasmose, syphilis, maladie des inclusions cytomégaliques), les malformations congénitales, les jumeaux de poids très différents (voir le chapitre 3), le sexe du fœtus (les filles sont généralement plus petites), les syndromes chromosomiques et les erreurs innées du métabolisme peuvent prédisposer le fœtus à une perturbation de la croissance intra-utérine.

Le dépistage prénatal du retard de la croissance intra-utérine est la première étape de la détection des troubles qui y sont généralement associés. Le bilan de santé périnatal de la mère, la datation précoce de la grossesse à l'aide d'échographies effectuées au premier trimestre, les tests avant l'accouchement (examen de réactivité fœtale, épreuve à l'ocytocine, profil biophysique [voir le chapitre 14]), la vélocimétrie, l'évaluation de l'âge gestationnel, ainsi que les examens physiques et neurologiques permettent également de dépister les nouveau-nés qui risquent de souffrir de RCIU (Anderson et Hay, 1999).

Formes du retard de la croissance intra-utérine

La croissance intra-utérine dépend de l'accroissement du nombre de cellules de l'embryon et de l'augmentation de leur taille. Si une agression survient durant la période critique du développement des organes, il se forme moins de nouvelles cellules, les organes sont alors plus petits et leur poids est inférieur à la normale. En revanche, un problème de croissance qui survient après l'embryogenèse n'affecte pas le nombre total des cellules, mais seulement leur taille. Les organes sont alors fonctionnels, mais petits. Il existe deux formes cliniques de retard de croissance :

- Le *retard de la croissance intra-utérine symétrique* est dû à une maladie chronique affectant l'organisme maternel (hypertension chronique, malnutrition grave, infection intra-utérine chronique, toxicomanie, anémie) ou à des anomalies fœtales d'ordre génétique (Sohl et Moore, 1998). Le RCIU symétrique est généralement révélé par l'échographie durant la première moitié du second trimestre ; il apparaît avant la 32ᵉ semaine de gestation et se caractérise par un retard chronique et prolongé de croissance affectant la taille des organes, leurs poids ainsi que leur longueur et, dans les cas graves, le périmètre crânien.

- Le *retard de la croissance intra-utérine asymétrique* est associé à une insuffisance utéroplacentaire aiguë, causée notamment par des infarctus placentaires, une hypertension gravidique et un gain pondéral insuffisant durant la grossesse. Un retard de croissance de ce type n'est généralement pas apparent avant le troisième trimestre. En effet, même si le poids du fœtus est faible, sa taille et son périmètre crânien sont normaux pour son âge gestationnel. Un des premiers indicateurs du RCIU est une diminution du taux de croissance du périmètre abdominal. Ce ralentissement reflète une croissance hépatique au-dessous de la normale ainsi qu'un manque de tissu adipeux sous-cutané. Le poids à la naissance se situe sous le 10e percentile, tandis que le périmètre crânien et la taille se situent entre le 10e et le 90e percentile. Les nouveau-nés hypotrophiques asymétriques sont particulièrement sensibles à l'asphyxie périnatale, à l'hypocalcémie et à l'hypoglycémie au cours de la période néonatale.

La maturité physiologique ne dépend pas de la croissance, mais plutôt de l'âge gestationnel. Par conséquent, un nouveau-né hypotrophique peut avoir une maturité physiologique plus grande qu'un prématuré eutrophique, et il est moins prédisposé aux complications de la prématurité, comme le syndrome de détresse respiratoire ou l'hyperbilirubinémie. Les probabilités de survie du nouveau-né hypotrophique sont supérieures à celles du prématuré eutrophique parce que la maturité de ses organes est plus grande, mais il demeure exposé à de nombreux problèmes.

Principales complications chez le nouveau-né hypotrophique

Voici une liste des complications les plus fréquentes chez le nouveau-né hypotrophique :

- *Asphyxie périnatale.* Le fœtus de faible poids souffre d'hypoxie chronique in utero, et ne dispose que de peu de réserves pour supporter les exigences du travail et de l'accouchement normaux. Une asphyxie intra-utérine risque de s'ensuivre et de provoquer des troubles systémiques. Une césarienne peut s'avérer nécessaire.

- *Syndromes d'inhalation.* La suffocation causée par l'hypoxie in utero durant l'accouchement entraîne l'inhalation de liquide amniotique. Elle peut aussi provoquer un relâchement du sphincter anal accompagné d'une évacuation de méconium qui peut être inhalé quand le nouveau-né commence à respirer.

- *Pertes thermiques.* Le manque de tissu adipeux sous-cutané (utilisé pour survivre in utero), les faibles réserves de tissu adipeux brun et l'exposition d'une grande surface corporelle réduisent la capacité du nouveau-né à conserver la chaleur. La position en flexion diminue quelque peu la surface exposée chez le nouveau-né hypotrophique à terme.

- *Hypoglycémie.* La perte de chaleur et des réserves hépatiques de glycogène insuffisantes provoquent une augmentation du métabolisme qui entraîne à son tour une hypoglycémie. De plus, le nouveau-né ne dispose pas d'une quantité suffisante d'enzymes pour activer la néoglucogénèse, c'est-à-dire la synthèse de glucose à partir de substances non glucidiques, comme les acides aminés et les protéines.

- *Hypocalcémie.* Il s'agit d'un manque de calcium consécutif à une asphyxie à la naissance et à la prématurité.

- *Polycythémie.* Le nombre de globules rouges est plus élevé chez le nouveau-né hypotrophique. On considère cette complication comme une réaction physiologique à l'hypoxie chronique in utero.

Le pronostic est sombre chez les nouveau-nés atteints d'un retard de la croissance intra-utérine important, surtout s'ils sont nés avant la 37e semaine de gestation, à cause des facteurs suivants :

- *Anomalies congénitales.* Les anomalies congénitales sont 10 à 20 fois plus fréquentes chez les nouveau-nés hypotrophiques que chez les bébés eutrophiques. Plus le retard de croissance est important, plus les risques de malformations par suite d'une perturbation de l'activité mitotique et d'une hypoplasie cellulaire augmentent.

- *Infections intra-utérines.* Les fœtus exposés à des infections virales intra-utérines, comme la rubéole ou l'infection par le cytomégalovirus, sont gravement affectés, car ces virus envahissent directement le cerveau et les autres organes vitaux.

- *Problèmes de développement.* La taille des nouveau-nés hypotrophiques tend à être inférieure à celle des nouveau-nés eutrophiques. Le poids des nouveau-nés souffrant d'un retard de la croissance intra-utérine asymétrique rejoint celui des bébés eutrophiques à l'âge de 3 à 6 mois. Quant aux bébés atteints d'un retard de croissance symétrique, leur potentiel de croissance est variable, mais ils ne rattrapent généralement pas leurs pairs. Il convient de se rappeler que le taux de croissance au cours de la première année est le meilleur indicateur du potentiel de croissance de l'enfant (Anderson et Hay, 1999).

- *Difficultés d'apprentissage.* Souvent, les nouveau-nés hypotrophiques qui présentent un retard de développement mental ne réussissent pas à le rattraper et présentent des difficultés d'apprentissage. Ces difficultés se manifestent par une hyperactivité, une attention réduite et une faible coordination de la motricité fine (lecture, écriture, dessin). Ils sont parfois atteints d'une perte auditive ou de troubles d'élocution.

Traitement clinique

Le traitement clinique vise un dépistage précoce des problèmes qui peuvent affecter les nouveau-nés hypotrophiques et la prise en charge de ces problèmes.

Soins infirmiers

Évaluation et analyse de la situation

L'infirmière collabore à l'estimation de l'âge gestationnel et décèle les signes des complications affectant les nouveau-nés qui présentent un retard de la croissance. Chez le nouveau-né atteint d'un retard de la croissance intra-utérine symétrique, toutes les parties du corps sont proportionnées, mais leurs dimensions sont inférieures à la normale. La tête ne semble donc pas démesurément grosse ni le corps excessivement long. Ces nouveau-nés sont généralement vigoureux.

Pour sa part, le nouveau-né atteint d'un retard de la croissance intra-utérine asymétrique est long, mince et émacié ; il a peu de tissu adipeux sous-cutané et une masse musculaire insuffisante. Il présente des plis cutanés lâches, une peau sèche et desquamée ; le cordon ombilical est mince et souvent taché de méconium. Sa tête semble grosse (bien qu'elle soit de grosseur presque normale) parce que le thorax et l'abdomen sont peu développés. Il peut avoir un cri vigoureux et les yeux grand ouverts.

Les diagnostics infirmiers pouvant s'appliquer au nouveau-né hypotrophique sont les suivants :

- *échanges gazeux perturbés* reliés à l'inhalation de méconium ;
- *hypothermie* reliée à une insuffisance de tissu adipeux sous-cutané ;
- *risque d'accident* relié à une insuffisance des réserves de glycogène et à une perturbation de la néoglucogenèse ;
- *risque d'irrigation tissulaire inefficace* relié à une augmentation de la viscosité sanguine.

Planification et interventions

Soins infirmiers en milieu hospitalier

L'hypoglycémie est le trouble métabolique le plus fréquent chez les nouveau-nés atteints d'un retard de la croissance intra-utérine. Ses conséquences sont graves, car elle risque d'entraîner des lésions permanentes du système nerveux central ou un retard

mental. Des problèmes comme l'asphyxie, l'hyperviscosité et le stress hypothermique affectent parfois le développement du bébé. Une surveillance minutieuse des fonctions organiques s'impose, tant pour la prise en charge immédiate que pour la réduction des séquelles (voir le *Cheminement clinique pour le nouveau-né hypotrophique*).

 Soins infirmiers communautaires

À long terme, la croissance d'un nouveau-né hypotrophique et les incapacités susceptibles d'entraver plus tard son apprentissage ou sa motricité doivent faire l'objet d'une étroite surveillance. Le suivi à long terme est particulièrement important pour les nouveau-nés atteints d'anomalies congénitales, d'infections congénitales ou de séquelles manifestes de troubles physiologiques. Par ailleurs, il est important d'apporter de l'aide aux parents du nouveau-né souffrant d'un retard de la croissance intra-utérine, d'autant plus qu'un climat familial favorable ne peut qu'accroître le potentiel de croissance et d'épanouissement de l'enfant.

Évaluation et résultats escomptés

Les résultats escomptés des soins infirmiers peuvent être les suivants :

- le nouveau-né hypotrophique ne souffre pas de troubles respiratoires ;
- sa température corporelle est stable et sa glycémie, normale ;
- il prend du poids et tolère l'alimentation au sein ou au biberon sans se fatiguer et sans présenter de troubles physiologiques ;
- les parents expriment leurs préoccupations au sujet des problèmes de santé de leur bébé et comprennent les objectifs du traitement ;
- les parents développent un lien d'attachement avec le bébé.

Le nouveau-né macrosomique

Un **nouveau-né macrosomique** est un nouveau-né dont le poids à la naissance dépasse le 90e percentile de la courbe de croissance intra-utérine (peu importe la durée de la gestation). Certains nouveau-nés eutrophiques classés dans la catégorie des macrosomiques le sont à tort, parce que la date de l'accouchement a été mal calculée par suite d'un saignement après la conception. Une estimation précise de l'âge gestationnel est donc essentielle pour connaître les besoins et les problèmes potentiels des nouveau-nés qui appartiennent à cette catégorie.

Le diabète maternel (classes A à C, tableau 12-3) est le plus connu des facteurs associés à une croissance intra-utérine excessive. Toutefois, les enfants de mère diabétique ne représentent qu'une minorité des nouveau-nés macrosomiques. Dans la plupart des autres cas, on connaît mal la cause de l'excès pondéral, mais on l'associe souvent à certains facteurs ou à certaines situations (Langer, 2000) :

- Une prédisposition génétique en corrélation avec le poids de la mère avant la grossesse et son gain pondéral durant la grossesse. Les parents de forte taille ont tendance à avoir de gros bébés ;

- Le nombre de nouveau-nés macrosomiques deux à trois fois plus élevé chez les multipares que chez les primipares ;

- Les nouveau-nés de sexe masculin habituellement plus gros que ceux de sexe féminin ;

- Des affections telles l'érythroblastose fœtale, le syndrome de Beckwith-Wiedemann (affection génétique associée à l'omphalocèle et à l'hyperinsulinémie) ou une transposition des gros vaisseaux.

Le corps du nouveau-né macrosomique est généralement bien proportionné, quoique le périmètre crânien et la longueur du corps se situent dans les limites supérieures de la croissance intra-utérine. La seule exception à cette règle est l'enfant de mère diabétique dont le poids augmente, tandis que sa longueur et son périmètre crânien peuvent demeurer dans les limites de la normale. Les bébés macrosomiques ont de piètres habiletés motrices et de la difficulté à structurer leurs comportements. Ils atteignent souvent plus difficilement l'état d'éveil calme et risquent de présenter des problèmes d'alimentation (Pressler et Hepworth, 1997).

Principales complications chez le nouveau-né macrosomique

Voici les problèmes qui surviennent le plus fréquemment chez les nouveau-nés macrosomiques :

- *Traumatisme obstétrical dû à une disproportion fœtopelvienne.* Ces bébés ont souvent un diamètre bipariétal supérieur à 10 cm ou naissent d'une mère dont la hauteur utérine excède 42 cm, sans qu'il y ait hydramnios. Vu le poids élevé de ces bébés, les présentations du siège et les dystocies de l'épaule sont fréquentes ; ces complications provoquent parfois de l'asphyxie, une fracture de la clavicule, une paralysie brachiale, faciale ou phrénique, un enfoncement localisé du crâne, un hématome et une hémorragie causée par le traumatisme de la naissance.

- *Risque accru de césarienne ou d'accouchement provoqué par ocytocine, dû à la taille du fœtus.* Ces accouchements comportent plusieurs risques et inconvénients.

- *Hypoglycémie, polycythémie, hyperviscosité.* Ces troubles sont le plus souvent associés au diabète maternel, à l'érythroblastose fœtale et au syndrome de Beckwith-Wiedemann.

Cheminement clinique pour le nouveau-né hypotrophique

Catégorie	Les 4 premières heures de vie	Les 20 heures suivantes
Orientation	Compte rendu du travail et de l'accouchement. Vérifier les bracelets d'identité. Aviser le médecin, au besoin.	Vérifier les bracelets d'identité à chaque quart de travail. Consulter avec une infirmière spécialisée en lactation.
Évaluation	(Voir le *Cheminement clinique pour les soins au nouveau-né*, pages 651 à 653.) • Prendre les signes vitaux. • Inscrire le poids, la taille et le périmètre crânien au moment de l'admission. • Évaluer le couleur de la peau. • Évaluer l'âge gestationnel. • Rechercher les signes et symptômes d'hypoglycémie. Évaluer la glycémie au glucomètre dès que possible après la naissance ; suivre le protocole de l'établissement concernant la surveillance de la glycémie chez les bébés hypotrophiques. • Rechercher les signes de polycythémie : suivre le protocole de traitement.	Prendre les signes vitaux : température, pouls, respiration toutes les quatre heures, puis au besoin ; tension artérielle au besoin. Évaluation du nouveau-né à chaque quart de travail. (Voir le *Cheminement clinique pour les soins au nouveau-né*, pages 651 à 653.) Continuer à évaluer l'hypoglycémie ; évaluer la glycémie au glucomètre selon le protocole pour le nouveau-né hypotrophique. Évaluer les interactions mère-enfant.
Enseignement/ Aspects psychosociaux	(Voir le *Cheminement clinique pour les soins au nouveau-né*, pages 651 à 653.) Effectuer les interventions d'admission au chevet de la mère, si possible ; informer les parents sur la pouponnière et le lavage des mains ; évaluer leurs besoins en matière d'apprentissage. Expliquer aux parents les raisons du protocole s'appliquant aux bébés hypotrophiques.	(Voir le *Cheminement clinique pour les soins au nouveau-né*, pages 651 à 653.) Renforcer l'enseignement déjà donné. Donner aux parents l'enseignement nécessaire : méthodes d'allaitement, rots, couches, techniques d'apaisement, signes de stress, élimination.

Cheminement clinique pour le nouveau-né hypotrophique *(suite)*

Catégorie	Les 4 premières heures de vie	Les 20 heures suivantes
Soins infirmiers et notes au dossier	Examens diagnostiques : groupe sanguin, facteur Rh, test de Coombs sur le sang du cordon ombilical au besoin. Évaluer la glycémie au glucomètre après le premier boire au cours de l'heure suivant la naissance, selon le protocole. Évaluer la glycémie capillaire au glucomètre à 2 reprises au moins, juste avant une tétée, ou jusqu'à ce que l'état du bébé se stabilise (valeur > 2,2 mmol/L 2 fois d'affilée).	Évaluer la glycémie au glucomètre avant les boires, selon le protocole. Prendre le pouls fémoral ou la tension artérielle aux quatre membres si on donne un congé précoce. Mesurer l'hématocrite selon le protocole. Effectuer le test d'audition, le cas échéant. Procéder aux soins du cordon ombilical selon le protocole. Faire la toilette du nouveau-né selon le protocole.
Activité et bien-être	Placer l'enfant dans le berceau à chaleur radiante ; fixer une sonde cutanée pour maintenir un milieu thermique neutre (voir le tableau 21-3). Réconforter l'enfant en lui parlant, en le touchant ou en l'emmaillotant, au besoin.	Laisser le nouveau-né dans le berceau à chaleur radiante jusqu'à ce que son état se stabilise, puis l'emmailloter dans un berceau ordinaire. Placer l'enfant dans un incubateur si sa température est instable ; régler l'incubateur en fonction du poids du bébé et de son âge gestationnel afin de maintenir un milieu thermique neutre.
Nutrition	Amorcer l'allaitement au sein ou au biberon dès que l'état de la mère et celui du bébé le permettent. Administrer les gavages selon les besoins. Donner des biberons de complément (si le bébé est nourri au sein) sur indication médicale et selon le protocole. Nourrir le bébé toutes les 3 à 4 heures. Surveiller la tolérance du bébé à l'alimentation ; évaluer la succion.	Poursuivre l'alimentation : tétées courtes mais fréquentes, préparation lactée à haute valeur énergétique, fortifiants nutritionnels.
Élimination	Noter la première selle et la première miction si celles-ci ne se sont pas produites à la naissance.	Noter toutes les mictions, la quantité et la couleur des selles toutes les 4 heures.
Médicaments	Administrer la vitamine K$_1$ par voie intramusculaire, selon le poids du bébé et l'ordonnance du médecin ; appliquer l'onguent ophtalmique (Ilotycine) dans les deux yeux.	Administrer le vaccin contre l'hépatite B tel que prescrit, s'il y a lieu.
Planification du congé/Continuité des soins	Élaborer le plan de congé avec les parents. Évaluer les besoins de la famille en ce qui concerne les services sociaux, les soins à domicile et le retour à la maison.	Informer les parents au sujet du certificat de naissance. S'assurer que le bébé dispose d'un siège d'auto approprié avant le congé.
Famille et réseau de soutien	Évaluer les besoins psychosociaux de la famille. Déterminer l'enseignement à donner à la famille. Prendre les arrangements nécessaires pour que la famille ait accès aux services communautaires qui pourraient l'aider.	Évaluer les connaissances de la famille sur les comportements et les réflexes du nouveau-né. Encourager la famille à participer aux soins de l'enfant autant que possible et selon la tolérance du bébé.
Date		

Catégorie	Jour 1	Jours 2 et 3 (s'il y a lieu)
Orientation	Vérifier les bracelets d'identité à chaque quart de travail.	Vérifier les bracelets d'identité à chaque quart de travail. **Résultats escomptés** Les bracelets d'identité de la mère et du bébé correspondent au moment du congé. Les demandes de consultation sont faites.
Évaluation	Évaluer la thermorégulation. Évaluer les complications possibles : asphyxie périnatale, syndrome d'inhalation, hypoglycémie, hypocalcémie, polycythémie. Évaluer l'interaction mère-enfant.	Rechercher les signes d'ictère. Rechercher les signes d'apnée. Évaluer l'interaction mère-enfant. **Résultats escomptés** Les résultats des évaluations physiques ainsi que les signes vitaux sont dans les limites de la normale ; on n'observe aucune complication.

Cheminement clinique pour le nouveau-né hypotrophique *(suite)*

Catégorie	Jour 1	Jours 2 et 3 (s'il y a lieu)
Enseignement/ Aspects psychosociaux	(Voir le *Cheminement clinique pour les soins au nouveau-né*, pages 651 à 653.) Renforcer l'enseignement déjà donné. Donner l'enseignement nécessaire aux parents : bain, cordon ombilical, soins de la peau et des ongles, utilisation du thermomètre, activité, rythme veille-sommeil, techniques d'apaisement, réflexes, ictère, croissance et alimentation.	Donner l'enseignement précédant le congé (voir le *Cheminement clinique pour les soins au nouveau-né*, pages 651 à 653). Revoir avec les parents les informations concernant la sécurité du bébé, les signes de maladie et les situations où il faut consulter un médecin. **Résultat escompté** La mère dit comprendre l'enseignement reçu et se montre capable de s'occuper de son bébé.
Soins infirmiers et notes au dossier	Peser le bébé chaque jour. Évaluer l'état du nouveau-né à chaque quart de travail. Retirer le clamp ombilical, lorsque le cordon est sec. Nettoyer le cordon selon le protocole. Mesurer le taux de bilirubine totale au besoin.	Évaluer le nouveau-né à chaque quart de travail. Peser le bébé chaque jour. Nettoyer le cordon ombilical selon le protocole. Noter les résultats du test d'audition, le cas échéant. Prendre le pouls fémoral ou la tension artérielle aux quatre membres. **Résultats escomptés** Les résultats des évaluations physiques se situent dans les limites de la normale ; le clamp ombilical est retiré ; le cordon sèche sans signe d'infection ; le bébé prend du poids ou stabilise son poids sans perdre plus de 10 % ; les résultats de laboratoire sont dans les limites de la normale.
Activité et bien-être	Emmailloter le bébé dans un berceau ouvert. Placer l'enfant dans un incubateur si sa température est instable ; régler l'incubateur en fonction du poids de l'enfant et de son âge gestationnel afin de maintenir un milieu thermique neutre (voir le tableau 21-3).	**Résultats escomptés** La température corporelle du bébé se maintient dans les limites de la normale ; le bébé peut être emmailloté dans un berceau ouvert.
Nutrition	Poursuivre l'alimentation avec une préparation lactée à haute valeur énergétique ; procéder aux gavages selon l'ordonnance. Donner des biberons de complément seulement sur indication médicale ou selon le protocole. Encourager la mère à allaiter à la demande, au moins toutes les 3 à 4 heures, au sein ou au biberon.	Poursuivre l'alimentation avec une préparation lactée à haute valeur énergétique ; procéder aux gavages selon l'ordonnance. **Résultats escomptés** Le bébé tolère l'alimentation ; l'allaitement se fait à la demande ; il n'est pas nécessaire de donner des biberons de complément ; le bébé reprend le poids perdu ou stabilise son poids.
Élimination	Évaluer toutes les mictions et la couleur des selles toutes les 8 heures.	Noter toutes les mictions et la couleur des selles à chaque quart de travail. **Résultat escompté** Le bébé urine et défèque sans difficulté ; ses selles sont normales.
Médicaments	Le vaccin contre l'hépatite B est administré avant le congé, s'il y a lieu.	**Résultats escomptés** Le bébé a reçu l'application de l'onguent ophtalmique dans les deux yeux et l'injection de vitamine K_1 ; il a reçu son premier vaccin contre l'hépatite B, s'il y a lieu.
Planification du congé/Continuité des soins	S'assurer que les parents disposent des renseignements nécessaires pour le certificat de naissance. En cas d'accouchement vaginal, donner l'enseignement en prévision du congé.	En cas d'accouchement par césarienne, donner l'enseignement en prévision du congé (voir le *Cheminement clinique pour les soins au nouveau-né*, pages 651 à 653). **Résultats escomptés** Le bébé reçoit son congé en même temps que sa mère ; la mère connaît la date et l'heure du rendez-vous de suivi.
Famille et réseau de soutien	Encourager les parents à assister aux séances d'information offertes par la pouponnière sur le bain du nouveau-né, les soins généraux et l'allaitement, ou à visionner des vidéo-cassettes éducatives. Évaluer le processus d'attachement et l'interaction mère-enfant. Inviter le conjoint et les autres enfants à participer aux soins. Valoriser les comportements parentaux positifs. Évaluer les besoins d'apprentissage des parents.	Évaluer l'attachement et l'interaction mère-enfant. Déterminer les demandes de consultation nécessaires et adresser les parents aux services communautaires dont ils pourraient bénéficier. **Résultat escompté** Les parents montrent qu'ils peuvent s'occuper correctement de leur bébé et l'intègrent à la famille.
Date		

Soins infirmiers

Les antécédents prénatals jouent un rôle important dans le dépistage des bébés macrosomiques. Les soins infirmiers sont principalement axés sur la surveillance des signes vitaux, sur le dépistage de l'hypoglycémie et de la polycythémie, et sur l'observation des signes et des symptômes d'un traumatisme obstétrical.

L'infirmière rassure les parents s'ils s'inquiètent des signes apparents de traumatisme obstétrical et de l'obésité éventuelle de l'enfant. Elle les aide aussi à réveiller ou à réconforter le bébé, et favorise le processus d'attachement. La mère d'un bébé macrosomique dont le visage ou la tête est contusionné peut se montrer réticente à le prendre et à s'en occuper de peur de lui faire mal (Pressler et Hepworth, 1997). Les soins infirmiers exigés par les complications observées chez les nouveau-nés macrosomiques s'appliquent également aux bébés de mères diabétiques.

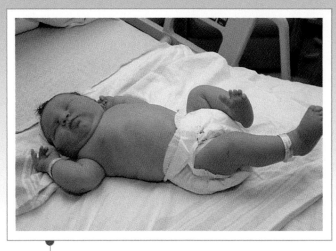

FIGURE 25-4 Bébé macrosomique de mère diabétique. Une radiographie de ce bébé pourrait révéler une régression caudale de la colonne vertébrale.

Le nouveau-né de mère diabétique

Le **nouveau-né de mère diabétique** est vulnérable et exige une étroite surveillance au cours des heures ou des jours qui suivent sa naissance. Si le diabète de la mère est grave ou qu'il est installé depuis longtemps (type 1, ou classes D à F [White], avec complications vasculaires), le bébé risque de naître hypotrophique. Toutefois, le bébé de mère diabétique de type 1, classes A à C (White), est généralement macrosomique. Il est rougeâtre et possède un excès de tissu adipeux sous-cutané (figure 25-4). De plus, le placenta et le cordon sont volumineux. L'incidence de bébés macrosomiques est plus élevée au sein de certains groupes ethniques (Autochtones, Latino-Américains, Noirs, etc.).

Chez le bébé macrosomique, le volume liquidien total est réduit, particulièrement dans les espaces extracellulaires. L'enfant ne présente donc pas d'œdème. Son excès de poids est plutôt imputable à la masse accrue des viscères, à la cardiomégalie (hypertrophie) et à la quantité excessive de tissu adipeux. Le cerveau est le seul organe à ne pas être endommagé.

La croissance excessive du fœtus de mère diabétique est causée par une exposition à des taux élevés de glucose, une substance qui traverse facilement la barrière placentaire ; elle entraîne une production accrue d'insuline et une hyperplasie des cellules β des îlots de Langerhans. L'insuline a pour principale fonction de favoriser l'utilisation du sucre par les cellules musculaires et par les cellules adipeuses, à la façon d'une hormone de croissance cellulaire. Le glucose est mis en réserve dans les cellules musculaires sous forme de glycogène et transformé en lipides dans les cellules adipeuses. De plus, l'insuline inhibe le catabolisme des lipides en acides gras libres, régularisant ainsi la synthèse des lipides. Elle augmente aussi l'utilisation des acides aminés par les cellules, ce qui favorise la synthèse des protéines. Importante dans la régulation du métabolisme fœtal, l'insuline a un effet semblable à l'hormone de croissance, car elle permet une croissance linéaire accrue. On a associé le diabète maternel à l'obésité de l'enfant (Uvena-Celebrezze et Catalano, 2000).

Principales complications chez le nouveau-né de mère diabétique

Bien qu'ils soient généralement gros, les nouveau-nés de mère diabétique sont physiologiquement immatures et présentent plusieurs problèmes caractéristiques des prématurés. Les principales complications qui les touchent sont :

- *Hypoglycémie.* Après la naissance, malgré la suppression de l'apport élevé en glucose provenant du sang maternel, le nouveau-né continue de produire beaucoup d'insuline, ce qui provoque une diminution de la glycémie durant plusieurs heures. De plus, le glucagon et les catécholamines, qui stimulent le catabolisme du glycogène et la libération du glucose (néoglucogenèse), sont sécrétés en moins grande quantité. L'incidence de l'hypoglycémie chez les nouveau-nés de mère diabétique est de l'ordre de 30 % à 50 % (Uvena-Celebrezze et Catalano, 2000). Elle varie selon le succès avec lequel on parvient à équilibrer le diabète maternel durant la grossesse, la glycémie de la mère au moment de l'accouchement, la durée du travail, le type de diabète en cause et le début rapide ou tardif de l'allaitement.

- *Hypocalcémie.* La trop faible concentration sanguine de calcium entraîne des tremblements. La prématurité et le stress d'une grossesse difficile ainsi que du travail et de l'accouchement sont des facteurs prédisposant les bébés à l'hypocalcémie. Les mères diabétiques présentent souvent un taux de magnésium sérique inférieur à la normale au terme de leur grossesse par suite d'une excrétion urinaire accrue de calcium, ce qui peut provoquer une hypoparathyroïdie secondaire chez le bébé.

- *Hyperbilirubinémie.* Cette complication se manifeste entre 48 et 72 heures après la naissance. Elle peut être causée par une immaturité du foie ou une légère diminution du volume de liquide extracellulaire, ce qui entraîne une augmentation de l'hématocrite. Une hémorragie interne due à un accouchement difficile peut aussi causer de l'hyperbilirubinémie. En présence de polycythémie, le nombre de globules rouges hémolysés est plus élevé, ce qui augmente la bilirubine.

- *Traumatisme obstétrical.* Étant donné que la plupart des nouveau-nés de mère diabétique sont macrosomiques, le travail et l'accouchement sont souvent difficiles et provoquent des lésions.

- *Polycythémie.* L'augmentation du nombre de globules rouges peut résulter de la diminution du volume extracellulaire. L'hyperglycémie et l'hyperinsulinisme du fœtus entraînent une augmentation de la consommation d'oxygène qui cause une hypoxie fœtale (Uvena-Celebrezze et Catalano, 2000). La liaison de l'hémoglobine A_{lc} avec l'oxygène réduit la quantité d'oxygène disponible pour les tissus fœtaux. L'hypoxie tissulaire qui en résulte favorise la production d'érythropoïétine, ce qui accroît à la fois l'hématocrite et le risque d'hyperbilirubinémie.

- *Syndrome de détresse respiratoire.* Cette complication survient surtout chez le nouveau-né dont la mère est atteinte de diabète de classe A à C. L'insuline s'oppose à la stimulation de la synthèse de la lécithine par le cortisol, laquelle est nécessaire à la maturation des poumons. Par conséquent, les bébés de mère diabétique ont parfois des poumons peu développés pour leur âge gestationnel. On observe aussi une quantité réduite de phosphatidylglycérol (PG), un phospholipide qui stabilise le surfactant. Cette insuffisance de PG augmente le risque de syndrome de détresse respiratoire. Le syndrome de détresse respiratoire ne semble pas toucher les bébés de mères atteintes de diabète de classe D à F. Le stress physiologique causé par la faible irrigation sanguine de l'utérus semblerait plutôt accroître la production de stéroïdes, ce qui accélérerait la maturation des poumons. Les bébés de mères diabétiques peuvent également présenter une fermeture tardive du canal artériel et une baisse de pression postnatale dans l'artère pulmonaire (Uvena-Celebrezze et Catalano, 2000).

- *Anomalies congénitales.* Parmi ces anomalies, on note la communication interventriculaire, la transposition des gros vaisseaux, la persistance du canal artériel, le syndrome du petit côlon gauche et l'agénésie sacrale (syndrome de régression caudale) (Uvena-Celebrezze et Catalano, 2000). Une surveillance étroite de la glycémie maternelle exercée dès le début de la grossesse diminue le risque d'anomalies congénitales.

Traitement clinique

En période prénatale, il importe surtout d'équilibrer le diabète maternel afin de réduire au maximum les complications chez le bébé. Comme l'hypoglycémie apparaît 1 à 3 après la naissance (avec un retour spontané à des valeurs normales 4 à 6 heures après la naissance), on mesure la glycémie du nouveau-né après le premier boire et, par la suite, avant chaque boire pour une période de 24 heures, c'est-à-dire jusqu'à la fin de la période dangereuse (qui dure environ 24 heures), ou selon le protocole de l'établissement.

Les nouveau-nés de mère diabétique dont le taux de glucose sérique est inférieur à 2,2 mmol/L doivent être nourris le plus tôt possible au biberon (préparation lactée) ou au sein (colostrum). L'alimentation par gavage peut s'avérer nécessaire si le bébé est léthargique. Lorsque l'alimentation orale ne parvient pas à maintenir une glycémie normale ou si des convulsions surviennent, on administre une solution de glucose par voie intraveineuse. Puis, lorsque la glycémie du bébé est stable depuis 24 heures, on réduit la perfusion tout en augmentant l'alimentation par voie buccale. Il faut surveiller étroitement la glycémie du nouveau-né. La perfusion rapide de dextrose (25 % à 50 %) est contre-indiquée parce qu'elle peut provoquer une grave hypoglycémie réactionnelle consécutive à une brève hyperglycémie.

Soins infirmiers

Évaluation et analyse de la situation

L'infirmière doit se rappeler qu'un gros bébé n'est pas forcément un bébé en bonne santé. Dans presque tous les cas, à cause de sa grosseur, le bébé de mère diabétique semble avoir un âge gestationnel plus avancé qu'il ne l'est en réalité. Pour planifier et prodiguer les meilleurs soins, l'infirmière doit tenir compte à la fois de l'âge gestationnel et du poids de l'enfant (s'il est macrosomique ou eutrophique). Elle doit rechercher chez le nouveau-né de mère diabétique tout signe de détresse respiratoire, d'hyperbilirubinémie, de traumatisme obstétrical et d'anomalies congénitales.

Les diagnostics infirmiers susceptibles de s'appliquer au nouveau-né de mère diabétique sont les suivants :

- **alimentation déficiente** reliée à une accélération du métabolisme du glucose consécutif à une hyperinsulinémie ;
- **échanges gazeux perturbés** reliés à une détresse respiratoire consécutive à une insuffisance de la production de surfactant ;
- **stratégies d'adaptation familiale compromises** reliées à la maladie du nouveau-né.

Planification et interventions

Les soins au nouveau-né de mère diabétique visent le dépistage précoce et la surveillance continue de l'hypoglycémie (par la mesure de la glycémie), de la polycythémie (par l'hématocrite sur le sang veineux), du syndrome de détresse respiratoire et de l'hyperbilirubinémie. (Ces troubles sont décrits au chapitre 26.) L'infirmière doit aussi rechercher les signes de traumatisme obstétrical et d'anomalies congénitales.

L'enseignement aux parents doit porter sur la prévention de la macrosomie et de ses complications par un équilibre précoce et continu du diabète. Il faut également expliquer aux parents que, grâce au dépistage et à la prévention, la plupart des problèmes néonatals des enfants de mère diabétique ne laissent pas de séquelles importantes.

Évaluation et résultats escomptés

Les résultats escomptés des soins infirmiers peuvent être les suivants :

- la détresse respiratoire et les troubles métaboliques du nouveau-né de mère diabétique sont réduits au minimum ;
- les parents comprennent les conséquences pour le nouveau-né du diabète maternel et connaissent les mesures préventives susceptibles d'en réduire les effets lors de grossesses futures ;
- les parents expriment leurs inquiétudes concernant la santé de leur bébé et comprennent la raison d'être des traitements qui lui sont administrés.

Le nouveau-né postmature

Le **nouveau-né postmature** est un bébé né après la 42ᵉ semaine de gestation (grossesse prolongée) et qui présente les caractéristiques du *syndrome de postmaturité*. Au Québec, en 1998, le taux de grossesse prolongée était de 0,7 %. On ne connaît pas exactement les causes de cette anomalie, mais on l'associe à certains facteurs. (Voir le chapitre 19 pour une description des facteurs d'origine maternelle.) Un certain nombre de

grossesses sont qualifiées à tort de prolongées à cause d'une simple erreur dans le calcul de la date prévue de l'accouchement. On a observé une corrélation positive entre la grossesse prolongée et certains groupes ethniques, en l'occurrence les Australiens, les Grecs et les Italiens. La plupart des nouveau-nés postmatures ont une taille normale et sont en bonne santé. Quelques-uns poursuivent leur croissance après terme et pèsent plus de 4 000 g, ce qui joue en faveur de l'hypothèse selon laquelle le fœtus continue de recevoir de sa mère des éléments nutritifs. Pendant le travail et l'accouchement, les problèmes qu'on peut rencontrer avec ces gros bébés en bonne santé sont généralement une disproportion fœtopelvienne et une dystocie de l'épaule.

Seulement 5 % environ des nouveau-nés postmatures présentent des signes du syndrome de postmaturité. L'exposé qui suit est consacré principalement aux soins des nouveau-nés qui ont mal toléré la prolongation de la grossesse, qui ont souffert d'une hypoxie imputable à une mauvaise circulation utéroplacentaire et qu'on estime atteints du syndrome de postmaturité.

Principales complications chez le nouveau-né postmature

Chez les nouveau-nés véritablement postmatures, les risques de morbidité sont grands et le taux de mortalité est deux à trois fois plus élevés que chez les nouveau-nés à terme. Bien que très rare aujourd'hui, le décès du nouveau-né postmature survient la plupart du temps durant le travail parce que le fœtus a déjà épuisé toutes ses réserves. L'insuffisance placentaire entrave l'oxygénation et le transport des éléments nutritifs, ce qui prédispose le fœtus à l'hypoglycémie et à l'asphyxie lorsque débute le stress du travail. Les complications les plus courantes chez le nouveau-né postmature sont les suivantes :

- *L'hypoglycémie*, due à une carence nutritionnelle qui entraîne une diminution des réserves en glycogène.
- *L'inhalation de méconium*, consécutive à une hypoxie intra-utérine. La présence d'un oligoamnios augmente le risque d'inhalation de méconium. Une inhalation grave augmente le risque d'hypertension pulmonaire persistante, de pneumothorax et de pneumonie.
- Une *polycythémie* attribuable à une production accrue d'érythrocytes en réaction à l'hypoxie.
- Des *anomalies congénitales* d'origine inconnue.
- Des *convulsions* consécutives à la souffrance fœtale.
- Un *stress hypothermique* dû à une insuffisance ou à une perte de tissu adipeux sous-cutané.

Les conséquences à long terme de la postmaturité sont mal connues, et les chercheurs ne s'entendent pas sur les effets qu'elle exerce sur le gain de poids et le quotient intellectuel (Resnik et Calder, 1999). La grossesse prolongée elle-même n'est pas l'unique responsable du syndrome de postmaturité.

Les caractéristiques du nouveau-né postmature sont surtout reliées à une combinaison de facteurs: l'âge gestationnel avancé, le vieillissement du placenta et l'insuffisance qui s'ensuit, et l'exposition continue au liquide amniotique.

Traitement clinique

Avant la naissance, on tente de déterminer si le fœtus est atteint du syndrome de postmaturité ou s'il est gros, bien nourri, éveillé et a bien toléré la grossesse prolongée. Des examens et des tests prénataux et périnataux permettent d'évaluer l'état du fœtus et de déterminer le traitement obstétrical approprié. Les chapitres 14 et 19 traitent de ces examens et tests, ainsi que de leur utilisation. Si le liquide amniotique est teinté de méconium, il est possible de procéder à une amnio-infusion durant le travail. Cette technique permet de diluer le méconium et, par le fait même, de réduire le risque qu'il soit aspiré par le fœtus. (Le chapitre 26 décrit le traitement clinique et les soins infirmiers qui s'appliquent à l'inhalation de méconium.) On surveille l'hypoglycémie en mesurant périodiquement le taux de glucose sanguin, selon le protocole de l'établissement. S'il n'y a pas de signes de détresse respiratoire, on peut administrer du glucose par perfusion intraveineuse ou nourrir le bébé le plus tôt possible après la naissance. Il faut cependant faire preuve d'une grande prudence à cause du risque d'asphyxie.

Pour dépister la polycythémie, on procède à des mesures de l'hématocrite sur le sang périphérique et sur le sang veineux, comme on le fait pour les nouveau-nés hypotrophiques. Dans les cas extrêmes, une exsanguinotransfusion partielle peut être nécessaire pour prévenir la polycythémie et ses effets nocifs, comme l'hyperviscosité. On administre de l'oxygène en cas de détresse respiratoire. Par ailleurs, l'insuffisance des réserves de glycogène hépatique peut entraîner une instabilité de la température corporelle et des pertes de chaleur excessives. (Le chapitre 26 explique les techniques de thermorégulation.)

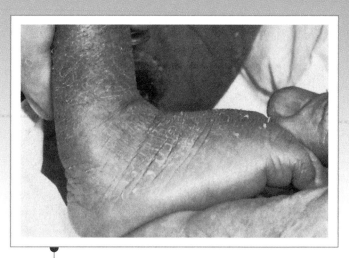

FIGURE 25-5 La peau du nouveau-né postmature est sèche et desquamée. *Source:* Dubowitz, L., et V. Dubowitz (1977). *The gestational age of the newborn*, Menlo Park, CA, Addison-Wesley. Reproduit avec l'autorisation du Dr V. Dubowitz, Hammersmith Hospital, Londres, Angleterre.

adipeux sous-cutané. Les couches de graisse sont pratiquement inexistantes.

Les ongles, la peau et le cordon sont souvent tachés de méconium. La couleur des taches (de jaune à vert) peut indiquer si l'expulsion de méconium in utero est récente ou non. Des taches vertes révèlent une expulsion récente.

Les diagnostics infirmiers pouvant s'appliquer à la postmaturité sont les suivants:

- **hypothermie** reliée à une insuffisance de réserves de tissu adipeux brun et de glycogène;
- **alimentation déficiente** reliée à une consommation accrue de glucose consécutive à un stress intra-utérin et à une insuffisance placentaire;
- **échanges gazeux perturbés** aux niveaux pulmonaire et cellulaire reliés à une obstruction des voies respiratoires provoquée par une inhalation de méconium.

Soins infirmiers

Évaluation et analyse de la situation

L'infirmière évalue le nouveau-né pour déceler les signes du syndrome de postmaturité. Le nouveau-né qui en est atteint est éveillé en apparence et a les yeux grand ouverts. Toutefois, il ne s'agit pas nécessairement de signes favorables, car ils indiquent parfois une hypoxie intra-utérine chronique. Les nouveau-nés postmatures sont souvent voraces.

En général, la peau du nouveau-né postmature est plissée, desquamée et parcheminée, sans vernix ni lanugo (figure 25-5). Les ongles sont longs et les cheveux, abondants. Le corps semble long et mince; la peau est lâche en raison de l'épuisement du tissu

Planification et interventions

Soins infirmiers en milieu hospitalier

Les interventions infirmières sont principalement des mesures de soutien. L'infirmière a pour fonction:

- de surveiller la fonction cardiorespiratoire, car le stress du travail et de l'accouchement est mal toléré par le bébé et risque de provoquer une hypoxie in utero ainsi qu'une asphyxie à la naissance;
- de maintenir la chaleur ambiante nécessaire pour compenser les effets du stress hypothermique et des réserves insuffisantes de tissu adipeux brun et de glycogène;
- de vérifier fréquemment la glycémie et de s'assurer que le bébé est allaité une ou deux heures après la naissance

Pratique fondée sur des données probantes

Analgésiques administrés au nouveau-né qui subit une intervention douloureuse

Bryan est né à 42 semaines de gestation. Sa peau est sèche, craquelée et ridée comme celle d'un vieillard. Heureusement, il ne montre pas de signes de détresse respiratoire.

Vous savez que vous allez devoir mesurer régulièrement sa glycémie par une piqûre du talon et qu'il s'agit d'une intervention douloureuse. Or, certains de vos collègues offrent du saccharose au nouveau-né qui subit une intervention douloureuse en affirmant que cela le réconforte. Vous vous interrogez sur cette pratique et décidez de vous documenter sur son bien-fondé.

En fait, il existe de la documentation qui justifie l'administration de saccharose, vous dit l'infirmière clinicienne. Pour en savoir plus sur l'administration de saccharose aux nouveau-nés, la *Cochrane Systematic Review* a effectué 10 essais au hasard. Les résultats indiquent que l'administration de saccharose après une intervention douloureuse réduit la fréquence cardiaque et les pleurs, deux indicateurs de la douleur chez le jeune bébé (Stevens et Ohlsson, 2000). Cependant, comme la quantité de saccharose administrée varie d'une étude à l'autre, on ne connaît pas la quantité idéale à administrer. De plus, les auteurs précisent qu'il est nécessaire d'effectuer des études plus approfondies sur l'emploi de doses répétées de saccharose et sur l'utilisation de saccharose chez les bébés de très petit poids et sous respirateur.

Bryan n'est ni de très petit poids ni branché à un respirateur, et vous souhaitez atténuer sa douleur lorsque vous le piquez au talon. Vous demandez à l'infirmière clinicienne si vous devriez évaluer par observation la quantité de saccharose à donner au bébé. Elle approuve votre idée et suggère également de demander à la mère de tenir le bébé dans ses bras pour le réconforter durant l'intervention, puis de lui offrir le saccharose après la piqûre. Elle vous recommande d'observer Bryan jusqu'à ce qu'il se calme ; à ce moment, la mère pourra cesser de lui donner le saccharose.

Référence

Stevens, B., et A. Ohlsson (2000). « Sucrose for analgesia in newborn infants undergoing painful procedures », *Cochrane Review, Cochrane Library*, vol. 2, Oxford, Update Software.

---

ou qu'il reçoit du glucose par perfusion intraveineuse, selon l'ordonnance du médecin ;

- d'obtenir l'hématocrite (de sang veineux) afin de déceler avec précision les signes de polycythémie.

L'infirmière encourage les parents à exprimer leurs sentiments et leurs craintes sur l'état de leur enfant et les problèmes susceptibles de l'affecter à long terme. Elle explique consciencieusement les interventions, encourage les parents à participer à la planification des soins et les incite à se conformer au suivi, s'il y a lieu.

Évaluation et résultats escomptés

Les résultats escomptés des soins infirmiers peuvent être les suivants :

- le nouveau-né postmature a établi une fonction respiratoire normale ;
- le nouveau-né postmature ne souffre pas de troubles du métabolisme (hypoglycémie), et sa température est stable.

Le nouveau-né prématuré

Grâce aux progrès technologiques, les prématurés réussissent à survivre à un âge gestationnel de plus en plus jeune, mais au prix d'un taux de morbidité considérable. Au Québec, en 1998, le taux de naissances prématurées était de 7,5 %. La prématurité et l'hypotrophie sont deux complications courantes chez les jeunes mères monoparentales.

Le **nouveau-né prématuré** est né avant la fin de la 37ᵉ semaine de gestation. Le degré de prématurité et d'immaturité varie d'un prématuré à l'autre. On peut voir un bébé prématuré à la figure 25-6 ▶.

Le principal problème du nouveau-né prématuré est l'immaturité de tous les appareils et systèmes de son organisme, immaturité dont le degré dépend de la durée de la gestation. Tout comme l'enfant né à terme, l'enfant prématuré doit franchir les étapes complexes de l'adaptation à la vie extra-utérine, mais son immaturité rend cette transition plus difficile. Le maintien de l'état général du nouveau-né prématuré se situe à l'intérieur d'étroits paramètres physiologiques.

FIGURE 25-6 ▶ Nouveau-né prématuré âgé de 6 jours, né à 28 semaines de gestation et pesant 960 g.
Source : Carol Harrigan, RNC, MSN, NNP.

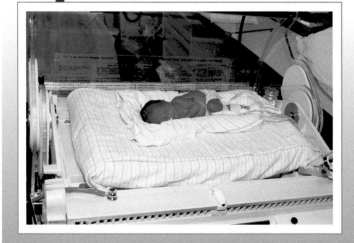

Anomalies de la physiologie cardiaque ou respiratoire

Le nouveau-né prématuré est prédisposé aux troubles respiratoires parce que ses poumons, n'ayant pas encore atteint leur pleine maturité, ne sont pas prêts à fonctionner de façon autonome. Les facteurs suivants jouent un rôle important dans l'apparition du syndrome de détresse respiratoire :

1. Le prématuré est incapable de produire une quantité suffisante de surfactant. (On trouvera au chapitre 21 un exposé sur le développement et l'adaptation de l'appareil respiratoire.) L'insuffisance de surfactant réduit la compliance pulmonaire (la facilité avec laquelle les poumons se remplissent d'air) et augmente la pression inspiratoire nécessaire à l'expansion des poumons. L'affaissement des alvéoles (atélectasie) entrave les échanges gazeux, ce qui provoque une hypoxie, une réduction de la circulation pulmonaire et un épuisement de l'énergie dont dispose le prématuré.

2. L'enveloppe musculaire des vaisseaux pulmonaires n'est pas complètement formée. Il s'ensuit donc une contraction insuffisante des artérioles pulmonaires en réaction à une réduction de la concentration d'oxygène. La diminution de la résistance vasculaire entraîne un shunt gauche-droite à travers le canal artériel vers les poumons.

3. L'augmentation de la concentration d'oxygène et de prostaglandines E déclenche la vasoconstriction du canal artériel. Chez le prématuré, davantage prédisposé à l'hypoxie, le canal artériel peut rester perméable. La persistance du canal artériel augmente l'écoulement sanguin vers les poumons et cause une congestion pulmonaire, un effort respiratoire accru, une rétention de gaz carbonique et des pouls fémoraux bondissants.

Les complications cardiopulmonaires les plus courantes sont décrites dans le présent chapitre et au chapitre 26.

Anomalies de la thermorégulation

Chez le prématuré, les pertes de chaleur constituent un problème que l'infirmière contribue largement à prévenir. Deux facteurs limitent la production de chaleur chez le prématuré : l'insuffisance des réserves de glycogène dans le foie et la faible quantité de tissu adipeux brun disponible pour le métabolisme. Ces deux facteurs apparaissent au troisième trimestre. Après la naissance, le prématuré réagit au froid en métabolisant rapidement le glycogène et le tissu adipeux brun pour produire de la chaleur, mais il épuise ses réserves. En outre, étant donné sa faible masse musculaire et son activité musculaire réduite (il est incapable de frissonner), sa production de chaleur est faible.

Cinq facteurs physiologiques et anatomiques contribuent aux pertes de chaleur :

1. La surface corporelle du prématuré est grande par rapport à son poids. Il est donc beaucoup plus susceptible de perdre de la chaleur (surface corporelle) que d'en produire (poids). Chez un prématuré de 1 500 g, la perte de chaleur est 5 fois plus grande, par unité de poids, que chez l'adulte.

2. Le tissu adipeux sous-cutané, qui joue le rôle d'isolant, est très mince chez le prématuré. La mauvaise isolation entraîne une transmission de la chaleur du centre de l'organisme (température plus chaude) vers la surface (température plus froide). Il se produit donc une perte de chaleur quand les vaisseaux amènent le sang de la partie centrale de l'organisme vers le tissu sous-cutané.

3. La peau du prématuré est plus mince et plus perméable que celle du bébé né à terme, ce qui augmente les pertes hydriques insensibles, de même que les pertes de chaleur.

4. La position du prématuré est un autre facteur qui le prédispose à des pertes de chaleur. La flexion des membres diminue la surface corporelle exposée à l'air ambiant, tandis que leur extension l'augmente et accroît les pertes de chaleur. L'âge gestationnel a une influence sur le degré de flexion, qui va de l'hypotonie et de l'extension complète à 28 semaines à une flexion marquée à 36 semaines.

5. Le prématuré possède une capacité réduite de contracter les vaisseaux sanguins superficiels et de conserver sa chaleur centrale.

En résumé, l'âge gestationnel d'un prématuré est directement proportionnel à sa capacité d'assurer sa thermorégulation. Par conséquent, plus l'enfant est prématuré, plus il maintient difficilement son équilibre thermique. La prévention des pertes de chaleur par le maintien d'un milieu thermique neutre est l'un des aspects les plus importants des soins infirmiers au prématuré, car il est possible de prévenir le stress hypothermique et les complications graves qui l'accompagnent (voir chapitre 26).

Anomalies de la physiologie gastro-intestinale

La structure de base de l'appareil digestif se forme au début de la gestation. Toutefois, le développement des mécanismes de digestion et d'absorption varie selon les individus et s'effectue plus tardivement au cours de la gestation. Par suite de cette immaturité gastro-intestinale, le nouveau-né prématuré présente les problèmes d'ingestion, de digestion et d'absorption suivants :

- Risque élevé d'inhalation, avec les complications qui y sont associées, à cause de la faiblesse du réflexe nauséeux et des réflexes de succion et de déglutition, et à cause de l'immaturité de la valvule cardio-œsophagienne.

- Capacité gastrique réduite, ce qui ne permet pas de combler les besoins énergétiques et liquidiens élevés des prématurés.

- Pouvoir limité de conversion de certains acides aminés essentiels en acides aminés non essentiels. Des acides aminés comme l'histidine, la taurine et la cystine sont indispensables au prématuré, contrairement à l'enfant né à terme.

- Incapacité de supporter l'augmentation de la pression osmotique provoquée par les préparations lactées riches en protéines, à cause d'une immaturité des reins, ce qui entraîne un besoin plus élevé en lactosérum qu'en caséine.

- Difficultés d'absorption des graisses saturées, à cause d'une insuffisance de sels biliaires et de lipase. Une altération grave de la fonction intestinale risque aussi de provoquer, chez le prématuré, une mauvaise absorption des éléments nutritifs.

- Perturbation de la digestion du lactose durant les premiers jours suivant la naissance, parce que les mécanismes de digestion ne sont pas encore pleinement fonctionnels. Le nouveau-né peut toutefois digérer et absorber la plupart des sucres simples.

- Carence en calcium et en phosphore, puisque les deux tiers des réserves de ces minéraux ne se forment qu'au cours du dernier trimestre de la gestation. Les risques de rachitisme et de déminéralisation osseuse sont donc importants.

- Accélération du métabolisme basal et augmentation des besoins en oxygène, à cause de la fatigue que provoque la succion.

- Intolérance à la nourriture et entérocolite nécrosante causée par une diminution du débit sanguin et de l'irrigation tissulaire de l'intestin consécutive à l'hypoxie et à l'hypoxémie prolongées à la naissance.

Anomalies de la physiologie rénale

Étant donné que les reins du prématuré sont immatures comparativement à ceux du bébé né à terme, il lui est difficile d'assurer son équilibre hydro-électrolytique. L'immaturité des reins se caractérise par :

- Un faible taux de filtration glomérulaire par suite d'une réduction du débit sanguin rénal. La filtration glomérulaire est directement reliée à l'âge gestationnel. Autrement dit, plus la prématurité est grande, plus le taux de filtration glomérulaire est faible. La filtration glomérulaire est également réduite en présence des troubles qui perturbent le débit sanguin rénal et l'oxygénation, comme la détresse respiratoire et l'asphyxie périnatale. Après une asphyxie grave accompagnée d'hypotension, le prématuré peut souffrir d'oligurie ou d'anurie.

- Une réduction du pouvoir de concentration urinaire et d'excrétion des excès de liquide, ce qui se traduit par une rétention liquidienne et une hyperhydratation après un apport excessif de liquides, et par une déshydratation en cas d'apport insuffisant.

- Une glycosurie rénale (excrétion de glucose dans l'urine) à des concentrations plasmatiques de glucose plus faibles que chez le bébé né à terme. Il n'est donc pas rare d'observer une glycosurie avec hypoglycémie concomitante.

- Une réduction du pouvoir tampon du rein qui prédispose à l'acidose métabolique. L'excrétion rénale des bicarbonates se fait à une concentration sérique faible, et l'excrétion des acides est plus lente. Ainsi, après des périodes d'hypoxie ou de souffrance, l'acide lactique accumulé sera excrété trop lentement. Il est souvent nécessaire d'administrer du bicarbonate de sodium pour traiter l'acidose métabolique.

- Une immaturité de l'appareil urinaire qui affecte le pouvoir d'excrétion des médicaments. Parce que l'excrétion se fait plus lentement, de nombreux médicaments doivent être administrés à intervalles moins rapprochés (toutes les 12 heures plutôt que toutes les 8 heures). On mesurera régulièrement la diurèse des bébés qui reçoivent des antibiotiques néphrotoxiques, tels que la gentamicine et la nafcilline. Si la diurèse est faible, ces médicaments peuvent avoir des effets toxiques beaucoup plus rapidement que chez l'adulte.

Anomalies des périodes de réactivité et des comportements

La réaction du nouveau-né à la vie extra-utérine se caractérise par deux périodes d'activité (voir le chapitre 21). Chez le prématuré, l'immaturité retarde ces périodes de réactivité. On observe parfois, chez le bébé gravement malade, une hypotonie et une absence complète de périodes de réactivité pendant quelques jours.

À mesure que le prématuré se développe et que son état se stabilise, on commence à discerner les comportements et les traits de caractères qui lui sont propres. En général, le prématuré dont l'état est stable ne se comporte pas comme le bébé né à terme. Il est moins attentif aux visages humains et aux objets qui l'entourent, et ses cycles de veille et de sommeil sont souvent désorganisés. Ses réactions neurologiques (succion, tonus musculaire, états d'éveil) sont aussi plus faibles.

Prise en charge des besoins nutritionnels et liquidiens

Nourrir un nouveau-né prématuré le plus tôt possible après sa naissance contribue à lui assurer un métabolisme normal et à prévenir les risques de complications, telles l'hypoglycémie, l'hyperbilirubinémie, l'hyperkaliémie et l'azotémie. Toutefois, le prématuré est également prédisposé aux complications qui découlent de l'immaturité des voies gastro-intestinales.

Pour sa croissance, le nouveau-né prématuré en bonne santé a besoin d'un apport énergétique relativement élevé (de 110 à 130 kcal/kg/jour) et d'une plus forte quantité de protéines, soit 3 à 3,5 g/kg/jour, comparativement à 2,0 à 2,5 g/kg/jour pour le bébé né à terme (Merenstein et Gardner, 1998). Pour répondre aux besoins nutritionnels du prématuré, plusieurs établissements utilisent du lait maternel ou une préparation lactée pour prématurés. Quel que soit le lait utilisé, on doit établir le régime alimentaire du bébé selon son poids et la capacité approximative de son estomac. On augmente graduellement la quantité de lait selon la tolérance de l'enfant. Souvent, pour assurer une bonne hydratation et un apport énergétique suffisant, on ajoute à l'alimentation orale une alimentation parentérale, jusqu'à ce que la tolérance du bébé augmente.

En plus d'avoir une alimentation à teneur énergétique et protéinique élevée, les prématurés devraient recevoir des suppléments de vitamines, notamment de la vitamine E et des oligominéraux. Les besoins en vitamine E sont plus élevés en raison du régime riche en acides gras polyinsaturés mieux toléré par les prématurés. Les prématurés qui reçoivent une préparation lactée enrichie de fer présentent une hémolyse érythrocytaire plus marquée et des concentrations plus faibles de vitamine E ; ils ont donc besoin d'un supplément de vitamine E. Les préparations lactées pour prématurés doivent aussi contenir des triglycérides à chaînes moyennes et des acides aminés, comme la cystéine, ainsi que des suppléments de calcium, de phosphore et de vitamine D pour accroître la minéralisation des os. Les bébés de très petit poids et les prématurés bien portants souffrent plus souvent de rachitisme ou d'une déminéralisation osseuse importante.

Un gain de poids constant de 20 à 30 g par jour indique que l'apport nutritionnel est adéquat. Au départ, le poids peut rester stable ou diminuer. Toutefois, la perte totale ne doit pas dépasser 15 % du poids à la naissance, ou 1 % à 2 % par jour. Dans certains centres hospitaliers, on considère également que l'accroissement du périmètre crânien et une augmentation de la taille de 1 cm par semaine, une fois que l'état du nouveau-né est stable, constituent des indicateurs de croissance normale.

Pour déterminer les besoins liquidiens du nouveau-né, on tient compte de son poids et de son âge postnatal. On recommande pour le prématuré un apport liquidien de 80 mL/kg à 100 mL/kg le 1er jour ; de 100 mL/kg à 120 mL/kg le 2e jour ; de 120 mL/kg à 150 mL/kg le 3e jour. Ces quantités peuvent être portées à 200 mL/kg par jour si l'enfant est très petit, soumis à la photothérapie ou exposé à une source de chaleur radiante, en raison de l'accroissement des pertes insensibles. On peut limiter les pertes liquidiennes en utilisant un parechaleur et en humidifiant l'air.

Complications fréquentes de la prématurité

Les soins médicaux et infirmiers visent à prévoir et traiter les complications associées à la prématurité ainsi qu'à répondre aux besoins du bébé en matière de croissance et de développement. Les complications les plus fréquentes sont les suivantes :

1. *Apnée.* L'apnée du prématuré est un arrêt de la respiration de plus de 20 secondes ou un arrêt de la respiration de moins de 20 secondes, accompagné de cyanose et de bradycardie. L'apnée est un problème courant chez le prématuré (moins de 37 semaines de gestation). Elle serait due principalement à l'immaturité des neurones, un facteur qui contribue à l'irrégularité de la respiration chez le prématuré. Les facteurs qui nuisent aux neurones cérébraux sont l'hypoxie, l'acidose, l'œdème, l'hémorragie intracrânienne, l'hyperbilirubinémie, l'hypoglycémie, l'hypocalcémie et la septicémie. Il semblerait que le reflux gastro-œsophagien puisse aussi contribuer à l'apnée ; on croit qu'il entraîne un spasme laryngé qui cause de la bradycardie et de l'apnée.

2. *Persistance du canal artériel.* Le canal artériel ne se ferme pas à cause de l'immaturité de l'enveloppe musculaire des artérioles pulmonaires et de l'hypoxémie. Souvent, les symptômes de ce trouble se manifestent durant la période où le prématuré se rétablit du syndrome de détresse respiratoire. La persistance du canal artériel prolonge la durée de l'anoxémie chez le prématuré et entraîne une dysfonction pulmonaire chronique.

3. *Syndrome de détresse respiratoire.* La détresse respiratoire est due à une production insuffisante de surfactant.

4. *Hémorragie intraventriculaire.* L'hémorragie intraventriculaire est l'hémorragie intracrânienne la plus fréquente chez les prématurés de petit poids, particulièrement ceux dont le poids est inférieur à 1 500 g ou qui sont nés avant 34 semaines de gestation. La matrice germinale, qui tapisse les ventricules cérébraux jusqu'à la 35e semaine de gestation, est très sensible aux troubles générateurs d'hypoxie, tels que la détresse respiratoire, le traumatisme obstétrical et l'asphyxie à la naissance. L'hypoxie peut provoquer la rupture des très nombreux vaisseaux sanguins contenus dans la matrice germinale.

5. *Anémie.* Le prématuré est prédisposé à l'anémie à cause d'une croissance rapide, de la durée de vie plus courte des érythrocytes, du grand nombre de prélèvements sanguins, de la diminution des réserves de fer et d'une carence en vitamine E.

D'autres problèmes courants chez les prématurés, comme l'hypocalcémie et l'entérocolite nécrosante, ont déjà été expliqués dans les sections consacrées à la physiologie du prématuré. (Le chapitre 26 décrit le syndrome de détresse respiratoire, l'hyperbilirubinémie, l'hypoglycémie et la septicémie.)

Besoins à long terme et évolution

Les soins destinés au prématuré et à sa famille doivent se poursuivre après que l'enfant a quitté la pouponnière. Le suivi médical est extrêmement important, en effet, car de nombreux troubles du développement ne se manifestent que plus tard par un retard psychomoteur ou une incapacité sensorielle.

Au cours de la première année, le taux de mortalité est plus élevé chez les prématurés que chez les enfants à terme. Parmi les causes de décès, on note le syndrome de mort subite du nourrisson (cinq fois plus fréquent chez les prématurés), les infections respiratoires et les neuropathies. Le taux de morbidité est également beaucoup plus élevé chez les prématurés, ceux de moins de 1 500 g présentant les risques les plus élevés d'affections chroniques.

Les affections chroniques les plus courantes chez le prématuré sont les suivantes :

- *Rétinopathie aiguë du prématuré.* Le nouveau-né prématuré est prédisposé à une altération caractéristique de la rétine, appelée rétinopathie aiguë, qui risque d'entraîner une perte de vision. On sait aujourd'hui que ce trouble est relié à plusieurs facteurs, tels que l'immaturité des capillaires rétiniens, l'insuffisance de poids à la naissance et la durée de l'oxygénothérapie (et non pas uniquement la concentration de l'oxygène). L'incidence accrue de la rétinopathie aiguë du prématuré est probablement due à l'augmentation du taux de survie des très petits prématurés.

- *Dysplasie bronchopulmonaire.* Cette affection pulmonaire chronique est causée par des lésions de l'épithélium alvéolaire consécutives à une ventilation à pression positive et à une forte concentration d'oxygène. La dysplasie bronchopulmonaire peut exiger plusieurs mois supplémentaires de ventilation assistée et prédispose aux infections des voies respiratoires au cours des premières années.

- *Défauts d'élocution.* Les défauts d'élocution proviennent principalement d'un retard de développement des capacités d'écoute et d'expression. Il arrive que les défauts d'élocution soient encore présents à l'âge scolaire.

- *Troubles neurologiques.* Les plus courants sont la paralysie cérébrale, l'hydrocéphalie, les convulsions, un quotient intellectuel faible et des difficultés d'apprentissage. Le milieu socioéconomique et le soutien dont bénéficie la famille exercent cependant une influence capitale sur le rendement scolaire de l'enfant qui ne souffre pas de troubles neurologiques majeurs. On peut également rappeler aux parents que la présence d'un risque ne signifie pas nécessairement qu'il y aura une atteinte, que la présence d'une atteinte ne signifie pas nécessairement qu'il y aura une lésion, et que même l'observation d'une lésion ne permet pas de faire un pronostic précis.

- *Troubles de l'audition.* Chez les prématurés, le risque de présenter un trouble auditif moyen à profond varie entre 1 % et 4 %. On procède donc à une évaluation audiométrique avant le départ du prématuré pour la maison et à une seconde entre l'âge de 3 et 6 mois

(âge corrigé). On utilise actuellement le test des émissions oto-acoustiques pour mesurer la fonction auditive du prématuré. L'obtention répétée de résultats anormaux exige une consultation en orthophonie.

Quand on procède à l'évaluation des capacités et des incapacités d'un enfant prématuré, il est important d'expliquer aux parents que les progrès du développement doivent être estimés en fonction de la date prévue de la naissance et non selon l'âge chronologique. De plus, les parents ont besoin d'un soutien constant et prolongé de la part des professionnels de la santé afin de pouvoir offrir à leur enfant la meilleure qualité de vie possible.

Soins infirmiers

Évaluation et analyse de la situation

Pour être en mesure de prévoir les besoins et les problèmes particuliers du bébé prématuré, il est essentiel que l'infirmière procède à une évaluation précise de ses caractéristiques physiques et à une estimation de son âge gestationnel. Les caractéristiques physiques varient considérablement selon l'âge gestationnel, mais on observe généralement celles-ci :

- Une peau rose ou rougeâtre et, parfois, une acrocyanose ; on notera la pâleur ainsi que les signes de cyanose et d'ictère, parce qu'ils sont anormaux.

- Une peau rougie et translucide, des veines apparentes et une couche trop mince de tissu adipeux.

- Une importante couche de lanugo sur presque tout le corps.

- Une tête qui semble grosse en comparaison du thorax.

- Des os du crâne mous et des fontanelles plates.

- Des oreilles souples et incurvées, avec peu de cartilage.

- Des ongles lisses et courts.

- Des organes génitaux petits ; des testicules parfois non descendus.

- Une flaccidité au repos, avec position en grenouille.

- Des pleurs faibles.

- De faibles réflexes de succion, de déglutition et nauséeux.

- Des mouvements saccadés généralisés (les convulsions sont anormales).

Pour estimer l'âge gestationnel du prématuré, il faut connaître et bien maîtriser les méthodes précises et fiables employées à cette fin. (On trouvera au chapitre 22 de plus amples renseignements à ce sujet.)

Les diagnostics infirmiers pouvant s'appliquer au nouveau-né prématuré sont les suivants :

- **échanges gazeux perturbés** reliés à l'immaturité des vaisseaux pulmonaires et à une production insuffisante de surfactant ;

- *alimentation déficiente* reliée à la faiblesse des réflexes de succion et de déglutition. ainsi qu'à la difficulté d'absorption des substances nutritives ;
- *thermorégulation inefficace* reliée à l'insuffisance des réserves de glycogène et de tissu adipeux brun ;
- *stratégies d'adaptation familiale compromises* reliées à des sentiments de colère et de culpabilité pour avoir mis au monde un enfant prématuré.

Planification et interventions

Maintien de la liberté des voies respiratoires

Chez le prématuré, les bronches et la trachée sont si étroites que la simple présence de mucus risque d'obstruer ces conduits. L'infirmière doit donc veiller à maintenir dégagées les voies respiratoires en effectuant des aspirations au moment opportun, seulement au besoin.

La position peut aussi affecter la fonction respiratoire chez le prématuré. Lorsque le bébé est couché en décubitus dorsal, l'infirmière doit surélever légèrement la tête de l'enfant pour maintenir les voies respiratoires dégagées, mais en évitant l'hyperextension du cou, susceptible de causer l'affaissement de la trachée. Comme le tonus des muscles du cou est faible et que les mouvements de la tête ne sont pas maîtrisés, l'infirmière place aussi une petite serviette enroulée sous les épaules du bébé pour s'assurer que sa tête demeure dans la position appropriée. Comme le décubitus ventral diminue l'effort respiratoire nécessaire à la mise en mouvement de la cage thoracique, il facilite l'expansion thoracique et améliore l'entrée d'air et l'oxygénation. La faiblesse ou l'absence des réflexes nauséeux et tussigène augmente les risques d'inhalation. L'infirmière doit donc s'assurer que la position du prématuré facilite l'écoulement du mucus et du lait régurgité.

L'infirmière doit observer l'enfant et surveiller ses rythmes cardiaque et respiratoire à l'aide d'un moniteur pour déceler tout changement dans son état cardiorespiratoire. Les signes de détresse respiratoire sont les suivants :

- cyanose (grave si elle est généralisée) ;
- tachypnée : accélération soutenue du rythme respiratoire à plus de 60 respirations/minute après les 4 premières heures de vie ;
- tirages ;
- geignements expiratoires ;
- battement des ailes du nez ;
- épisodes d'apnée ;
- râles ou rhonchi à l'auscultation ;
- diminution de l'entrée d'air.

L'infirmière qui observe l'un ou l'autre de ces signes doit le noter et le signaler au médecin pour qu'il procède à une évaluation plus poussée. En cas de détresse respiratoire, il faut administrer de l'oxygène, selon l'ordonnance du médecin, afin de soulager l'hypoxémie. En effet, si elle n'est pas traitée sans délai, l'hypoxémie risque de provoquer une acidose métabolique ou la persistance du canal artériel. L'infirmière doit absolument vérifier la concentration de l'oxygène administré au moyen de dispositifs comme le moniteur de la PaO_2 transcutané ($_{tc}PO_2$) ou le saturomètre, car l'hyperoxie est un des facteurs responsables de la rétinopathie aiguë du prématuré.

L'infirmière surveillera la fonction respiratoire au cours de l'alimentation également. Pour prévenir l'inhalation ainsi qu'une dépense excessive d'énergie ou une consommation excessive d'oxygène, on s'assure, avant de passer à l'alimentation au biberon, que le réflexe nauséeux et les réflexes de succion et de déglutition sont normaux.

Maintien d'un milieu thermique neutre

Un milieu thermique neutre réduit la consommation d'oxygène nécessaire au maintien de la température profonde ; il prévient aussi le stress hypothermique et favorise la croissance puisqu'il diminue la dépense énergétique nécessaire au maintien de la température. Chez le prématuré, la thermorégulation est perturbée à cause de l'immaturité du système nerveux central et de l'insuffisance des réserves de tissu adipeux brun. Chez un nouveau-né très petit (moins de 1 200 g), les pertes de chaleur par radiation atteignent jusqu'à 80 kcal/kg/jour.

L'infirmière prend toutes les mesures habituelles pour assurer la thermorégulation (voir le chapitre 23). Les mesures suivantes peuvent limiter les pertes de chaleur et les effets de l'instabilité de la température :

1. Réchauffer et humidifier l'oxygène pour limiter les pertes de chaleur par évaporation et réduire la consommation d'oxygène.

2. Placer le bébé dans un incubateur à double paroi. Installer un écran thermique en plexiglas au-dessus du très petit prématuré qui se trouve dans un incubateur à paroi simple afin d'éviter les pertes de chaleur par radiation. Dans certains établissements, on utilise un berceau à chaleur radiante, on place une couverture de plastique sur le bébé et on introduit de l'air humide par un tuyau. On ne doit pas utiliser d'écrans en plexiglas sur les berceaux à chaleur radiante parce qu'ils bloquent la chaleur infrarouge.

3. Éviter de placer le nouveau-né sur une surface froide comme une table d'examen en métal ou une plaque de radiographie ; recouvrir les surfaces froides avec des couches et placer le nouveau-né dans un berceau à chaleur radiante durant les traitements ; placer le bébé sur un matelas préchauffé ; se réchauffer les mains avant de toucher l'enfant afin de prévenir les pertes de chaleur par conduction.

4. Réchauffer l'humidité ambiante.

5. Garder sa peau sèche et couvrir la tête de l'enfant afin de prévenir les pertes de chaleur par évaporation. (La tête représente 25 % du volume corporel total.)

6. Éviter les pertes de chaleur par radiation en éloignant les incubateurs, les berceaux à chaleur radiante et les lits des fenêtres ou des murs et en évitant les courants d'air.

7. Prendre régulièrement la température du bébé au moyen d'une sonde thermique cutanée. Interpréter la température ambiante en corrélation avec celle indiquée par la sonde en utilisant la servocommande plutôt que le mode manuel. La température doit être maintenue entre 36° et 36,5 °C. Les fluctuations de température indiquent soit une hypothermie, soit une hyperthermie. Ne pas placer la sonde thermique sur les proéminences osseuses, sur les zones de tissu adipeux brun, sur les régions moins fiables, comme les extrémités, ou sur des excoriations (*Neonatal Thermoregulation*, 1997).

8. Réchauffer le lait avant de le donner au bébé.

9. Mettre un réflecteur sur la sonde thermique lorsqu'on utilise un berceau à chaleur radiante, de façon que la sonde ne confonde pas la chaleur infrarouge avec la température cutanée du bébé (ce qui ferait baisser la chaleur émise par l'appareil).

Lorsque le bébé prématuré est médicalement stable, on peut le vêtir d'un bonnet à double épaisseur, d'une chemisette de coton et d'une couche; si c'est possible, on l'enveloppe aussi dans une couverture. Avant de sevrer l'enfant du berceau à chaleur radiante ou de l'incubateur, l'infirmière doit s'assurer que son état est stable, qu'il n'a plus besoin de ventilation assistée et qu'il pèse environ 1 500 g. Elle vérifie aussi qu'il prend du poids depuis cinq jours, qu'il tolère l'alimentation orale et que les épisodes d'apnée et de bradycardie se sont stabilisés. L'infirmière doit être familière avec le protocole de son établissement en ce qui concerne le sevrage de l'incubateur.

Maintien de l'équilibre hydro-électrolytique

Pour assurer l'hydratation du bébé, l'infirmière calcule l'apport liquidien nécessaire en se basant sur le poids de l'enfant, son âge chronologique, son âge gestationnel ainsi que le volume des pertes hydriques sensibles et insensibles. Un apport liquidien adéquat doit compenser l'accroissement des pertes insensibles et l'excrétion rénale des métabolites. On peut réduire les pertes hydriques insensibles en maintenant une forte humidité, en humidifiant l'oxygène, en utilisant un écran thermique, en couvrant la peau d'un plastique et en plaçant l'enfant dans un incubateur à double paroi.

L'infirmière vérifie l'état d'hydratation du bébé en observant et en consignant au dossier les signes de déshydratation: dépression des fontanelles, perte pondérale, faible élasticité de la peau (persistance du pli cutané après un pincement léger), sécheresse des muqueuses, diminution de la diurèse et augmentation de la densité de l'urine (> 1,013). L'infirmière doit aussi déceler l'hyperhydratation en recherchant les signes d'œdème, en notant les gains pondéraux excessifs ainsi qu'en mesurant les ingesta et les excreta.

L'infirmière doit peser le prématuré au moins une fois par jour, toujours à la même heure, le changement de poids étant un indicateur très précis de l'équilibre hydrique. Il est important aussi de mesurer précisément les ingesta et les excreta. La comparaison de ces mesures sur une période de 8 ou 24 heures renseigne beaucoup sur la fonction rénale et l'équilibre hydrique du bébé. Le calcul des gains et des pertes nets sur plusieurs jours est également essentiel à l'évaluation des besoins liquidiens de l'enfant. Pour déceler les déséquilibres électrolytiques, on doit procéder à la mesure des taux d'électrolytes sériques et du pH sanguin. On vérifie régulièrement la densité et le pH de l'urine. L'osmolarité urinaire est un bon indicateur de l'état d'hydratation si elle est interprétée en corrélation avec d'autres mesures, par exemple le taux de sodium sérique. On considère que l'hydratation est adéquate quand la diurèse est de 1 à 3 mL/kg/h.

Quand on administre des liquides intraveineux à un nouveau-né, il faut calculer toutes les heures l'apport avec précision pour éviter la surcharge liquidienne. On utilise une pompe à perfusion pour nouveau-nés, afin d'obtenir des calculs précis. Pour prévenir les déséquilibres électrolytiques et la déshydratation, l'infirmière prendra soin de donner les bonnes solutions intraveineuses et de vérifier leur volume et leur concentration.

Alimentation adéquate et prévention de la fatigue durant les tétées et les gavages

Le prématuré est nourri de diverses façons selon son âge gestationnel, son état de santé, sa condition physique et son état neurologique. Les trois principales méthodes sont l'alimentation au biberon, l'allaitement maternel et l'alimentation par gavage (décrite plus loin dans cette section). Les prématurés qui ne tolèrent aucune alimentation par la bouche (entérale) peuvent être nourris par alimentation parentérale totale (APT). L'alimentation parentérale totale est une hyperalimentation qui procure au bébé de l'énergie, des vitamines, des minéraux, des protéines, du glucose et des émulsions lipidiques qui fournissent des acides gras essentiels.

Alimentation au biberon

Les prématurés qui ont de bons réflexes de succion et de déglutition ont habituellement un âge gestationnel d'au moins 34 semaines; ceux qui gagnent du poids régulièrement (20 à 30 g/jour) peuvent être nourris au biberon. Afin d'éviter toute dépense excessive d'énergie, on utilise généralement une tétine petite et souple. Pour nourrir le bébé, on le place en position semi-assise et on le fait éructer tous les 15 à 30 mL environ. La tétée ne doit pas durer plus de 15 ou 20 minutes. Souvent, le prématuré passe de l'alimentation parentérale à l'alimentation exclusivement orale en cinq ou six étapes. Quant au bébé qui passe du gavage à l'alimentation au biberon, l'infirmière devrait commencer par une seule tétée au biberon par jour, puis augmenter graduellement le nombre de tétées quotidiennes jusqu'à ce que le bébé tolère l'alimentation exclusivement orale.

L'infirmière doit aussi évaluer la capacité de succion du bébé. La succion dépend de l'âge et peut être affectée par l'asphyxie, la septicémie, l'hémorragie intraventriculaire et diverses atteintes neurologiques. Avant de commencer l'alimentation au biberon, il faut rechercher les signes de stress, tels que la tachypnée (plus de 60 respirations/minute), la détresse respiratoire et l'hypothermie, qui peuvent augmenter le risque d'inhalation. Durant la tétée, l'infirmière doit être à l'affût des signes de difficulté (tachypnée, cyanose, bradycardie, léthargie, manque de coordination des réflexes de succion et de déglutition).

Allaitement maternel

Si la mère désire donner le sein, elle doit pouvoir le faire dès que les réflexes de succion et de déglutition du nouveau-né sont coordonnés, qu'il prend du poids régulièrement et qu'il arrive à maintenir sa température corporelle à l'extérieur de l'incubateur, quel que soit son poids. Le prématuré tolère bien l'allaitement maternel. D'une part, la mesure transcutanée de la pression d'oxygène durant l'allaitement au sein est plus élevée que durant l'allaitement au biberon et, d'autre part, le maintien de la température corporelle est meilleur. Non seulement l'allaitement permet-il au bébé de bénéficier des nombreux avantages du lait maternel, il donne aussi à la mère l'occasion de contribuer très concrètement au bien-être de son bébé. Il incombe à l'infirmière d'encourager la mère qui désire allaiter son bébé et de lui faire prendre conscience des avantages de cette méthode.

La position dite du *ballon de football* est une position pratique pour allaiter le prématuré (figure 25-7 ▶). La tétée au sein peut prendre jusqu'à 45 minutes, et la mère fait éructer son bébé quand il change de sein. On doit s'assurer que la tétée ne dure pas trop longtemps afin que l'enfant ne dépense pas trop d'énergie. L'infirmière doit faire en sorte que l'horaire des boires demeure souple pour que le bébé puisse s'alimenter durant ses périodes d'éveil et établir son propre rythme. L'allaitement se fait donc à la demande, sans toutefois dépasser un certain nombre d'heures entre les tétées. Lorsque le prématuré est de faible poids, la mère peut commencer à avoir des contacts peau à peau avec son bébé dès le début des soins intensifs, car cela lui permet d'augmenter considérablement sa sécrétion de lait et de prévenir certains problèmes de lactation (Moran *et al.*, 1999). Si l'état de l'enfant ne permet pas de l'allaiter, la mère peut tirer son lait et le faire donner à son bébé par gavage.

Lorsque l'enfant passe de l'alimentation par gavage à l'allaitement au sein, la mère doit commencer par une seule tétée par jour, puis augmenter graduellement le nombre de tétées jusqu'à ce que l'enfant se nourrisse aisément. Si l'allaitement maternel n'est pas possible parce que le bébé est trop petit ou trop faible pour prendre le sein, la mère peut choisir de tirer son lait. On applique alors le lait sur les lèvres du bébé, qui le lèche alors avec sa langue (voir le chapitre 24).

Alimentation par gavage

Le gavage permet d'alimenter les prématurés nés avant 34 semaines de gestation, dont les réflexes de succion et de déglutition sont absents ou déficients, qui sont malades ou qui dépendent de la ventilation assistée. Si le bébé se fatigue vite, l'alimentation par gavage constitue un complément à l'allaitement ou au biberon. Si la succion représente une telle dépense d'énergie pour le bébé qu'il perd du poids, il faut recourir exclusivement au gavage (voir le procédé 25-1). Le gavage est administré par voie nasogastrique ou orogastrique, en bolus intermittent ou en goutte-à-goutte continu.

Passage à l'alimentation exclusivement entérale

Que l'enfant soit nourri au biberon ou par gavage, il doit recevoir une alimentation parentérale intraveineuse de complément jusqu'à ce que l'alimentation orale suffise à assurer sa croissance (entre 110 et 130 kcal/kg/jour). Des études ont montré que l'administration par voie entérale de repas hypocaloriques légers mais fréquents (0,1 à 0,5 mL/h), offerts dès que possible après la naissance, était bénéfique pour le prématuré de très faible poids. Cette alimentation entérale ne vise pas tant à compléter l'apport nutritionnel total qu'à produire une sensibilisation gastro-intestinale qui favorise le métabolisme intestinal. Les repas hypocaloriques aident également le bébé à passer plus tôt à une alimentation normale, ce qui freine l'évolution de l'entérocolite nécrosante et les complications de la nutrition parentérale (Newell, 2000). La préparation lactée ou le lait maternel (avec ou sans fortifiants visant à augmenter l'apport énergétique) est intégré lentement à l'alimentation. Le repas peut renfermer un quart de lait au début, puis la moitié, et ainsi de suite.

Avant chaque tétée ou chaque gavage, l'infirmière doit mesurer le volume abdominal et ausculter l'abdomen pour déceler la présence de bruits intestinaux et évaluer leurs caractéristiques. Ces examens permettent de dépister rapidement la distension abdominale, les anses intestinales visibles et le ralentissement

FIGURE 25-7 ▶ Cette mère allaite ses jumeaux, installés dans la position du ballon de football. Les bébés sont traités à l'unité de soins intensifs.

Procédé 25-1   Alimentation par gavage

Intervention infirmière	Explications

Objectif : Préparer le matériel nécessaire

- Tube de gavage Fr n° 5 ou 8. Voir la section ci-dessous pour savoir comment choisir le calibre du tube.

- Seringue de 10 à 30 mL.

- Ruban adhésif de 1 cm de largeur, pour marquer la profondeur de l'introduction et fixer le tube pendant le gavage.

- Stéthoscope, pour ausculter l'abdomen afin de déceler les mouvements d'air dans l'estomac lorsqu'on vérifie la position du tube.

- Préparation lactée appropriée.

- Petit verre d'eau stérile pour vérifier la position du tube et lubrifier le tube.

La préparation du matériel favorise le déroulement du procédé.

Objectif : Expliquer le procédé aux parents

Objectif : Introduire correctement le tube dans l'estomac

Voir la section ci-dessous pour savoir comment procéder au gavage.

Objectif : Rendre le gavage le plus agréable possible pour le bébé

- Si possible, prendre l'enfant dans ses bras durant le gavage. S'il est trop difficile de le faire pendant le gavage, prendre le temps de le faire après.

- Donner une sucette à l'enfant durant le gavage.

Le moment de l'alimentation est important pour le nouveau-né, car il lui procure une stimulation tactile.

La succion réconforte et détend l'enfant, ce qui favorise l'écoulement de la préparation lactée. Les nouveau-nés nourris longtemps par gavage perdent parfois leur réflexe de succion.

Comment effectuer le gavage

Choisir le calibre du tube

La taille du nouveau-né, le mode d'introduction du tube (orogastrique ou nasogastrique) et le débit désiré déterminent le calibre du tube. Le calibre du tube influe sur le débit.

Chez le bébé très petit (moins de 1 600 g), on utilise un tube Fr n° 5 ; le bébé de plus de 1 600 g peut tolérer un tube plus gros.

L'introduction orogastrique est préférable à l'introduction nasogastrique, car presque tous les nouveau-nés respirent par le nez. Si on choisit la voie nasogastrique, l'emploi d'un tube n° 5 réduira l'obstruction des voies respiratoires.

Introduire le tube et vérifier sa position

- Relever la tête du lit et placer le nouveau-né en position dorsale ou latérale pour faciliter l'introduction du tube.

- Mesurer du bout de l'oreille jusqu'au nez, puis jusqu'à l'appendice xyphoïde, et marquer la partie qui touche à l'appendice xyphoïde d'un petit morceau de ruban adhésif (figure 25-8 ▶) afin de déterminer la longueur de tube nécessaire pour atteindre l'estomac.

- Avant de l'introduire dans la narine, lubrifier l'extrémité du tube en le trempant dans l'eau stérile. Le secouer ensuite pour éliminer l'excès d'eau afin de prévenir l'inhalation. Il vaut mieux lubrifier le tube avec de l'eau qu'avec de l'huile, au cas où il pénétrerait par mégarde dans un poumon.

FIGURE 25-8 ▶ Mesure de la profondeur de l'introduction du tube de gavage.

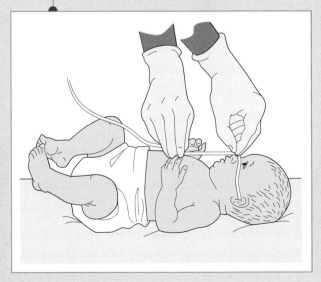

Procédé 25-1   Alimentation par gavage *(suite)*

Intervention infirmière

Introduire le tube et vérifier sa position (suite)

- Si on introduit le tube dans la bouche (gavage orogastrique), les sécrétions orales suffisent à lubrifier le tube.

- Immobiliser la tête de l'enfant d'une main et introduire le tube par la bouche (ou le nez) vers l'estomac, jusqu'au point marqué précédemment avec le ruban adhésif. Si l'enfant tousse, suffoque, devient cyanosé ou aphone, retirer immédiatement le tube, car celui-ci a probablement pénétré dans la trachée.

- Si l'enfant ne présente aucun signe de détresse respiratoire, fixer le tube avec du ruban adhésif, aspirer 0,5 à 1,0 mL d'air dans la seringue et fixer celle-ci au tube. Placer le stéthoscope sur l'épigastre et injecter l'air rapidement (figure 25-9 ▶). L'infirmière perçoit un mouvement d'air lorsque le tube pénètre dans l'estomac.

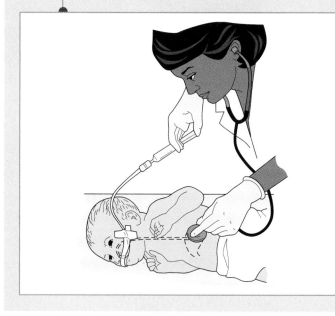

FIGURE 25-9 ▶ Vérification par auscultation de la position du tube.

- Aspirer le contenu gastrique avec la seringue et noter la quantité, la couleur et la consistance pour évaluer la tolérance de l'enfant au gavage. Retourner ensuite le contenu dans l'estomac à moins d'indication contraire. On ne jette habituellement pas le contenu gastrique à cause du risque de créer un déséquilibre électrolytique.

- Si on n'a aspiré que du liquide clair ou du mucus, ou si on doute que le tube est bien dans l'estomac, on peut mesurer le pH du liquide aspiré. Le liquide gastrique a un pH de 1 à 3.

Introduire le lait dans l'estomac

- Prendre l'enfant dans ses bras ou, si c'est impossible, le coucher sur le côté droit pour diminuer les risques d'inhalation en cas de régurgitation durant le gavage.

- Détacher la seringue du tube et en retirer le piston. Fixer le corps de la seringue au tube et verser le lait maternel ou la préparation lactée dans la seringue.

- Placer la seringue 15 à 20 cm plus haut que la tête du bébé et laisser la préparation s'écouler selon un débit lent et régulier jusqu'à ce que la seringue soit vide. Si l'écoulement ne s'amorce pas, on peut pousser la préparation avec le piston de la seringue jusqu'à ce qu'elle pénètre dans le tube. La préparation lactée ne doit pas être administrée sous pression.

- Le débit doit être régulier pour prévenir une distension soudaine de l'estomac, avec risques de vomissements et d'inhalation. Remplir à nouveau la seringue de préparation lactée jusqu'à ce que le volume désiré ait été administré.

Rincer et enlever le tube

- Rincer le tube avec 2 ou 3 mL d'eau stérile pour s'assurer que toute la préparation a été administrée. Si le tube est installé à demeure, il est encore plus important de le rincer pour prévenir la croissance bactérienne et l'obstruction.

- Décoller le ruban adhésif et retirer le tube en le repliant sur lui-même et en tirant d'un seul mouvement régulier. On procède ainsi pour empêcher que du liquide ne s'échappe au moment où le tube passe près de l'épiglotte, ce qui pourrait entraîner une inhalation. Si le tube doit rester en place, le fixer de façon que le bébé ne puisse pas l'enlever. Les tubes à demeure doivent être remplacés au moins toutes les 24 heures.

---

du péristaltisme, qui peuvent être des signes d'entérocolite nécrosante ou d'iléus paralytique. Si l'enfant est nourri par gavage, l'infirmière doit aussi vérifier le contenu résiduel de l'estomac. On peut aussi effectuer cette intervention lorsque le bébé nourri au sein ou au biberon présente une distension abdominale. La présence d'un résidu de préparation lactée indique une intolérance à la préparation elle-même, à la quantité administrée ou à l'augmentation de la quantité. On réadministre généralement le résidu parce que la digestion en est déjà amorcée, et on le soustrait de la quantité à donner à chaque gavage. L'infirmière doit rechercher minutieusement les autres signes d'intolérance, par exemple la présence de sang occulte dans les selles, la présence de lactose dans les selles (substance réductrice dans les selles), les vomissements et la diarrhée.

Les prématurés malades ou que l'alimentation au biberon fatigue trop sont habituellement nourris par gavage, car cette technique n'exige aucun effort de la part de l'enfant et lui permet de conserver son énergie. On remplace graduellement le gavage par l'alimentation au biberon ou au sein pour renforcer le réflexe de succion, répondre aux besoins affectifs de l'enfant et lui fournir une stimulation orale. Les signes indiquant que l'enfant est prêt pour l'allaitement au sein ou au biberon sont : un bon réflexe nauséeux, la présence de succion non nutritive, le réflexe des points cardinaux, un âge gestationnel de

> **Attention !**
>
> La présence d'un résidu gastrique peut être un signe d'entérocolite nécrosante et doit être signalée au médecin.

34 semaines ou plus et un poids supérieur à 1 500 g. Les bébés de faible poids de même que les bébés prématurés boivent au sein ou au biberon plus efficacement lorsqu'ils sont éveillés et calmes.

L'infirmière établit un plan d'alimentation graduel au biberon ou au sein. Par exemple, elle fait progressivement passer l'enfant d'une tétée par jour à une tétée toutes les huit heures, pour alterner ensuite les tétées et les gavages. Elle pèse quotidiennement le nouveau-né, car il arrive que l'on observe une légère perte de poids. Après la tétée ou le gavage, on couche le bébé sur le côté droit (avec un appui pour le maintenir dans cette position) afin de favoriser la vidange gastrique et de diminuer les risques d'inhalation en cas de régurgitation. Les reflux gastro-œsophagiens sont fréquents chez les prématurés.

L'infirmière doit faire participer les parents à l'alimentation de leur bébé prématuré, car leur présence active est essentielle à la formation de liens d'attachement avec l'enfant. De plus, les parents apprennent ainsi à s'adapter à leur enfant.

> **Attention !**
>
> La présence d'apnée et de bradycardie chez un prématuré qui se porte bien, qui prend du poids et qui reçoit une alimentation entérale totale peut être un signe de reflux plutôt que de septicémie, bien qu'il faille d'abord écarter cette possibilité.

Prévention des infections

L'immaturité de son système immunitaire ainsi que la minceur et la perméabilité de sa peau prédisposent le prématuré aux infections. De plus, les techniques effractives, telles que le cathétérisme ombilical et la ventilation assistée, de même que le séjour prolongé en milieu hospitalier sont autant de facteurs favorisant les infections.

Le lavage des mains, l'isolement de protection et l'emploi de matériel réservé exclusivement à l'enfant réduisent le risque d'exposition aux agents infectieux. Les membres du personnel doivent se brosser les mains durant deux ou trois minutes avec une solution antibactérienne iodée qui limite la croissance des cocci à Gram positif et des bacilles à Gram négatif. Parmi les autres interventions infirmières relatives à la prévention des infections, mentionnons la restriction du nombre de visiteurs, le lavage obligatoire des mains pour tous les visiteurs et le respect des mesures d'asepsie rigoureuses lors du remplacement des tubes et des solutions de perfusion (ce qui doit être fait toutes les 24 heures), lors de l'administration parentérale de liquides et lors des soins nécessitant un procédé stérile. Les incubateurs et les berceaux à chaleur radiante doivent être nettoyés toutes les semaines. Pour prévenir les escarres de décubitus, l'infirmière change le bébé de position régulièrement, lui fait effectuer des exercices d'amplitude et utilise une peau de mouton (recouverte d'un drap ou d'une couche de coton à la hauteur de la tête du bébé) ou un lit d'eau. Pour éviter les lésions cutanées, on peut appliquer une protection transparente sur les articulations vulnérables, mais avec parcimonie (Siegfried, 1998). On évite le plus possible d'utiliser des préparations cutanées et des rubans adhésifs contenant des produits chimiques susceptibles de provoquer des lésions cutanées.

L'infirmière peut être la première à remarquer chez le prématuré de subtils signes cliniques d'infection. Elle doit en informer immédiatement le médecin et appliquer ensuite le traitement prescrit. (Voir le chapitre 26 pour les interventions infirmières qui s'appliquent aux infections chez le nouveau-né.)

Formation du lien d'attachement entre les parents et l'enfant

L'infirmière doit prendre diverses mesures pour susciter chez les parents des sentiments positifs envers le nouveau-né prématuré. Elle leur remet des photos de l'enfant ou en fait parvenir à la mère si celle-ci se trouve dans un autre centre hospitalier ou si elle est trop malade pour se rendre à la pouponnière. Elle inscrit le prénom de l'enfant sur son incubateur pour souligner son individualité. Dans le but de favoriser l'attachement, elle fournit aux parents une fiche hebdomadaire sur laquelle se trouvent l'empreinte de pied du bébé, son poids et sa taille. Elle leur donne aussi le numéro de téléphone de la pouponnière ou de l'unité des soins intensifs ainsi que les noms des membres du personnel afin qu'ils puissent s'informer de leur enfant aussi bien la nuit que le jour.

En participant aux soins et à la prise de décision dès la naissance de l'enfant, les parents acquièrent une vision réaliste de la situation. La combinaison unique du tempérament du bébé et de celui des parents influe sur l'attachement et l'interaction familiale. C'est en observant les comportements et les réactions du bébé, et particulièrement ses rythmes de veille et de sommeil, que l'infirmière peut indiquer aux parents les moments les plus favorables aux interactions avec leur enfant. Les parents et l'infirmière peuvent s'arranger pour que les soins soient prodigués aux moments où le bébé est éveillé et réceptif. En outre, plus les parents sont familiers avec les réactions, les comportements et les signaux de leur enfant, mieux ils sont préparés à répondre à ses besoins et à nouer des liens positifs avec lui. Les parents ont besoin de l'enseignement de l'infirmière pour acquérir certaines compétences.

L'infirmière devrait inciter les parents à participer quotidiennement aux soins (si possible), à voir le bébé le plus tôt possible après sa naissance et à le visiter fréquemment. Les parents doivent avoir l'occasion de toucher le bébé, de le prendre, de lui parler et de lui prodiguer des soins. Le contact peau à peau (méthode kangourou) aide les parents à avoir un contact intime avec leur petit nouveau-né (figure 25-10 ▶). Des études ont montré que la méthode kangourou améliore les périodes de sommeil du bébé et la perception qu'ont les parents de leur capacité de s'occuper de leur enfant (Moran *et al.*, 1999).

Certains parents s'habituent rapidement à manipuler leur bébé prématuré, d'autres non. L'infirmière doit expliquer aux parents que c'est normal et qu'apprendre à connaître un enfant prend du temps. À cet égard, la cohabitation permet généralement aux parents de se familiariser avec leur bébé si son état est stable. De plus, elle leur procure une intimité qu'ils apprécient, tout en leur laissant la possibilité de demander de l'aide s'ils en ont besoin (figure 25-11 ▶).

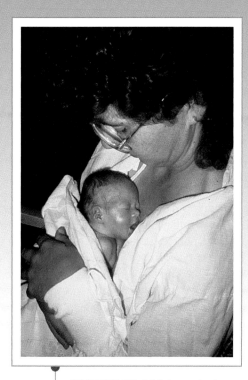

FIGURE 25-10 ❭ La méthode kangourou (peau à peau) procure de la chaleur humaine au bébé et favorise l'attachement entre les parents et leur enfant prématuré.
Source : Kadlac Medical Center Kangaroo Care Study, Gene Cranston, PhD, RN, FAAN et Carol Thompson, RNC, MSN, NNP.

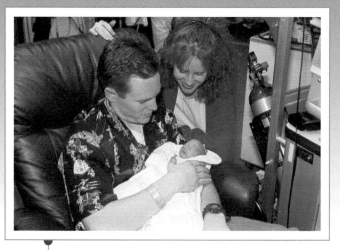

FIGURE 25-11 ❭ Les liens d'attachement se nouent lorsque les parents passent du temps avec leur nouveau-né.
Source : Carol Harrigan, RNC, MSN, NNP.

Stimulation propice au développement

À cause de l'environnement des soins intensifs néonatals et de la séparation prolongée d'avec les parents, le prématuré a besoin d'un programme personnalisé de stimulation sensorielle. L'infirmière contribue largement à déterminer le type et la quantité de stimulations visuelles, tactiles et auditives dont l'enfant a besoin (Horns, 1998).

Certains prématurés n'ont pas atteint le stade de développement qui leur permettrait de recevoir plus d'un stimulus à la fois. L'échelle d'appréciation du comportement du prématuré (Als *et al.*, 1982) permet de reconnaître les comportements individuels dans cinq domaines de développement. Après avoir observé les réactions comportementales de l'enfant aux stimulations, on établit des interventions destinées à réduire au minimum les stimuli environnementaux nuisibles et à fournir des stimuli propices au développement de l'enfant (Als, 1998).

Il est possible de réduire plusieurs stimuli désagréables et gênants de l'unité des soins intensifs. On peut, par exemple, diminuer le niveau de bruit ambiant en remplaçant les sonneries d'alarme par des avertisseurs lumineux, en éteignant les alarmes dès qu'elles sonnent et en évitant de tenir des conversations tout près du bébé. Pour protéger les yeux du bébé de la lumière vive, on peut utiliser des gradateurs ou étendre une couverture sur le dessus de l'incubateur. D'ailleurs, le tamisage de l'éclairage incite généralement le bébé à ouvrir les yeux et à se montrer plus réceptif à son entourage, notamment à ses parents. L'infirmière devrait également organiser ses soins de façon à déranger le bébé le moins souvent possible. Elle peut aussi placer une petite affiche près du lit du bébé indiquant de ne pas faire de bruit afin que l'enfant dispose de quelques périodes de sommeil ininterrompues (Blackburn, 1998). Voici d'autres exemples d'interventions qui favorisent le développement du prématuré :

- Tenir fermement l'enfant lorsqu'on le tourne ou le déplace, ou qu'on effectue certaines interventions comme l'aspiration. Autrement dit, on doit se servir de ses mains pour maintenir les bras et les jambes du bébé en position fléchies tout près de la ligne médiane de son corps. Ces mesures aident à stabiliser les sous-systèmes moteur et physiologique lors des activités génératrices de stress.

- Toucher le bébé avec douceur et éviter les changements soudains de posture.

- Favoriser tout ce qui peut réconforter le bébé, par exemple en plaçant des petites couvertures roulées autour de l'enfant et contre ses pieds pour qu'il puisse se blottir. (Il existe d'ailleurs des petits sacs semblables à des *nids d'ange* spécialement conçus pour cela.) Emmailloter le bébé, les membres fléchis, en s'assurant que ses mains se trouvent près de son visage pour qu'il puisse les porter à sa bouche, ce qui peut l'apaiser (figure 25-12 ❭).

- Coucher l'enfant sur une peau de mouton ou sur un lit d'eau pour simuler les sensations kinesthésiques rappelant celles du milieu intra-utérin (réduction de l'activité motrice, amélioration du sommeil, diminution des changements comportementaux).

- Donner à l'enfant une sucette ou une tétine à téter. La succion non nutritive améliore la saturation en oxygène, diminue les mouvements du corps, améliore le sommeil

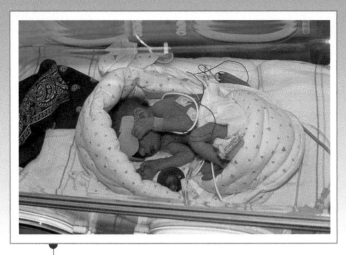

FIGURE 25-12 ▶ Le bébé se blottit. Il peut trouver du réconfort à porter la main à sa bouche.
Source : Theresa Kledzik, infirmière, Memorial Hospital, Colorado.

(surtout après les tétées ou les gavages) et favorise le gain pondéral (Engebretson et Wardell, 1997).

- Placer de petits objets (couverture, tube d'oxygène) ou un doigt à portée de la main du bébé durant les soins, car la possibilité de s'agripper peut réconforter le bébé.

L'infirmière doit aider les parents à interpréter les comportements de leur enfant afin de lui donner la stimulation sensorielle appropriée à son stade de développement. Les parents possèdent toutes les qualités nécessaires pour répondre à ces besoins de stimulation. Câliner l'enfant, le prendre, le bercer, lui parler, lui chanter des berceuses sont des stimuli qui font partie intégrante des soins. Il est également important de lui offrir des stimulations visuelles, par l'emploi de mobiles ou par des interactions face à face.

Préparation pour le retour à la maison

Les parents éprouvent souvent de l'anxiété lorsque leur bébé prématuré quitte les soins intensifs ou rentre à la maison. Les parents de l'enfant né avant terme doivent recevoir le même enseignement que les parents du nouveau-né à terme. Pendant la période qui précède immédiatement le congé, l'infirmière les incite à prendre soin eux-mêmes du bébé afin qu'ils se familiarisent avec les comportements de l'enfant et se fassent une idée juste de la situation. Certains services de soins intensifs ont une chambre réservée près de la pouponnière où les parents peuvent passer la nuit avec leur bébé avant le congé.

La préparation au congé comprend l'enseignement sur l'alimentation au sein ou au biberon, le mélange de la préparation lactée et l'administration de vitamines. On doit aussi enseigner aux mères qui désirent allaiter comment tirer leur lait pour assurer le maintien de la production lactée si l'allaitement au sein doit être retardé ou, si la situation le permet, pour commencer l'allaitement à la pouponnière. L'infirmière apprend aussi aux parents comment donner le bain et changer des couches. Elle leur explique les

mesures d'hygiène à appliquer et leur décrit les caractéristiques normales des urines et des selles. Pour ne pas s'inquiéter inutilement, les parents doivent également savoir que la couleur et la fréquence des selles changent lorsque le bébé passe de la préparation lactée au lait maternel. L'infirmière informe aussi les parents de la croissance, du développement, des réflexes et de l'activité que l'on observe habituellement chez les enfants prématurés. Ce faisant, elle doit insister sur les façons de favoriser le processus d'attachement et de répondre aux pleurs du nouveau-né. Enfin, l'infirmière indique aux parents les soins à donner au bébé qui présente des complications, les mesures de prévention des infections, les signes de maladie et l'importance du suivi médical.

La famille d'un prématuré n'a généralement pas besoin des services de soins à domicile du CLSC. Ces services peuvent toutefois être nécessaires dans les cas d'anomalies congénitales graves, de difficultés d'alimentation, d'infections et de troubles respiratoires ou si les parents semblent dépassés par la situation. Par ailleurs, les parents du prématuré tirent généralement profit de contacts avec d'autres parents qui vivent la même expérience et partagent les mêmes soucis. Il incombe à l'infirmière de les adresser à un groupe de soutien et à un centre de stimulation précoce, s'il y a lieu.

Évaluation et résultats escomptés

Les résultats escomptés des soins infirmiers peuvent être les suivants :

- le nouveau-né prématuré ne souffre pas de détresse respiratoire et a établi une fonction respiratoire normale ;
- le nouveau-né prématuré ne montre aucun signe de fatigue ou d'inhalation pendant les tétées et prend du poids ;
- les parents expriment leurs sentiments de colère et de culpabilité pour avoir donné naissance à un enfant prématuré. Ils témoignent de leur attachement par des visites fréquentes et une assurance croissante dans leur participation aux soins.

Le nouveau-né de mère toxicomane

Nous traiterons ici du nouveau-né d'une femme qui a abusé de l'alcool ou qui a consommé des drogues pendant sa grossesse, qu'elle souffre de dépendance à ces substances ou non. En effet, le bébé risque alors d'être atteint des mêmes problèmes que ceux d'une personne toxicomane. Ainsi, le **nouveau-né de mère toxicomane** ou alcoolique risque de présenter une dépendance à la substance consommée. La naissance coupe le nouveau-né de la circulation sanguine maternelle et provoque chez lui une forme de sevrage. De plus, les substances ingérées par la mère durant sa grossesse peuvent avoir eu des effets tératogènes sur l'enfant et avoir causé des anomalies congénitales.

Alcool

Le **syndrome d'alcoolisme fœtal (SAF)** se manifeste par une série de malformations affectant des nouveau-nés exposés à l'alcool in utero. On estime que l'incidence de ce syndrome est de 1 ou 2 cas pour 1 000 naissances vivantes, alors que les effets de l'alcoolisme fœtal (EAF) touchent de 3 à 5 enfants pour 1 000 naissances. L'incidence du SAF est plus élevée parmi les Autochtones, les Noirs et les populations défavorisées. Habituellement, les **malformations congénitales liées à l'alcool** sont déterminées uniquement par des antécédents de consommation abusive et sont associées à des troubles cognitifs chez le nouveau-né (Gardner, 2000). Les nouvelles catégories diagnostiques du syndrome d'alcoolisme fœtal tiennent compte de ses diverses manifestations cliniques, du milieu social et familial et, si on dispose de cette information, des antécédents maternels en matière de consommation d'alcool (Hess et Kenner, 1998).

Bien que l'on sache que l'éthanol traverse facilement la barrière placentaire, on ignore si l'alcool seul cause les dommages ou si les produits de sa dégradation contribuent également à ce syndrome. Le chapitre 12 traite de l'excès d'alcool durant la grossesse. D'autres substances souvent combinées à l'alcool, telles que la nicotine, le diazépam (Valium), la marijuana et la caféine, ainsi qu'une mauvaise alimentation accroissent le risque de syndrome d'alcoolisme fœtal.

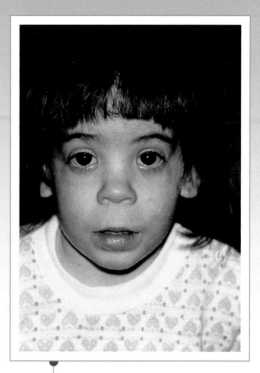

FIGURE 25-13 ▶ Syndrome d'alcoolisme fœtal. *Source :* D' Sterling Clarren, Seattle. S. K. Clarren et D. W. Smith (1978). «The fetal alcohol syndrome», *New England Journal of Medicine*, 298, p. 1063-1067. Copyright © 1978, Massachusetts Medical Society. Tous droits réservés.

Séquelles du syndrome d'alcoolisme fœtal

Le pronostic du syndrome d'alcoolisme fœtal est plutôt sombre. La plupart des nouveau-nés atteints souffrent d'un retard de développement staturo-pondéral d'ordre organique et non organique. Ces enfants présentent un retard dans l'alimentation orale, mais un développement normal de la motricité buccale. Un grand nombre d'entre eux s'alimentent difficilement ; ils s'adaptent mal à l'alimentation solide, ne démontrent qu'un faible intérêt pour la nourriture et souffrent de vomissements persistants jusqu'à 6 ou 7 mois.

La plupart du temps, le syndrome d'alcoolisme fœtal s'accompagne de dysfonctionnements du système nerveux central. Les bébés atteints sont hypotoniques, placides et ils ont de la difficulté à ignorer les stimuli répétitifs. Le retard mental profond n'est pas nécessairement associé à ce syndrome ; l'intelligence peut être normale. En général, plus la physionomie est anormale, plus le quotient intellectuel est faible (figure 25-13 ▶). La plupart du temps, les facteurs environnementaux positifs et l'éducation de l'enfant améliorent peu l'intelligence (telle que mesurée par le Q.I.) (Hess et Kenner, 1998). Les enfants atteints de ce syndrome sont impulsifs ; ils présentent aussi des troubles cognitifs, ainsi que des anomalies de la parole et du langage, révélatrices d'une atteinte du système nerveux central (Ostrea *et al.*, 1999).

Soins infirmiers

Évaluation et analyse de la situation

L'infirmière observe les manifestations les plus courantes du syndrome d'alcoolisme fœtal :

- *anomalies du développement structural et dysfonctionnement du système nerveux central* incluant un retard mental, une microcéphalie et une hyperactivité.

- *retard fréquent de la croissance intra-utérine* affectant le poids, la taille et le périmètre crânien. Ce retard persiste durant la période postnatale et touche alors principalement la taille et le périmètre crânien.

- *anomalies de la physionomie* incluant : rétrécissement des fentes palpébrales, épicanthus, voûte nasale large, aplatissement de la partie moyenne du massif facial, nez court, retroussé ou semblable à un bec, micrognathie (mâchoire inférieure anormalement petite), maxillaire hypoplasique, amincissement de la lèvre supérieure ou de la face cutanée de la lèvre, et sillon sous-nasal lisse (Malanga et Kosofsky, 1999).

- *anomalies associées* touchant le cœur (surtout des anomalies septales et valvulaires), les yeux, les reins et les os (principalement au niveau des articulations, comme la luxation congénitale de la hanche).

Au cours de la première semaine de sa vie, le nouveau-né exposé à l'alcool in utero présente divers symptômes : troubles du sommeil, état d'éveil excessif, pleurs inconsolables, réflexes anormaux, hyperactivité avec troubles de l'attention et nervosité. On note aussi une distension abdominale et une activité orale exagérée, qui se manifeste par une hyperactivité du réflexe des points cardinaux et une activité non productive du réflexe de succion. Généralement, ces symptômes persistent durant tout le premier mois, voire plus longtemps (Ostrea *et al.*, 1999). La dépendance est de nature physiologique, non psychologique. Les signes et les symptômes de sevrage apparaissent souvent dans les 6 à 12 premières heures après la naissance et toujours avant le 3e jour. Les convulsions sont rares après la période néonatale.

Planification et interventions

Soins infirmiers en milieu hospitalier

Pour planifier et donner les soins appropriés, il est important que l'infirmière connaisse les effets de l'alcool sur le fœtus. Les soins infirmiers destinés au nouveau-né atteint du SAF visent à prévenir les pertes de chaleur, à assurer une alimentation adéquate et à réduire les stimuli externes. Le nouveau-né souffrant de ce syndrome est plus à l'aise dans un endroit calme et peu éclairé. En outre, comme il a de la difficulté à s'alimenter, il faut du temps et de la patience pour le nourrir. Il est donc préférable d'affecter les mêmes personnes auprès du bébé et des parents, et de limiter en tout temps le nombre de visiteurs.

L'infirmière doit informer la mère souffrant de dépendance que l'allaitement n'est pas contre-indiqué, mais qu'une consommation excessive d'alcool risque d'intoxiquer le nourrisson et d'inhiber le réflexe d'éjection du lait. L'infirmière doit surveiller attentivement les signes vitaux de l'enfant et rechercher la présence de convulsions ou les signes de détresse respiratoire.

 Soins infirmiers communautaires

Les bébés affectés par la consommation excessive d'alcool de leur mère souffrent également de perturbations d'ordre psychologique. Ces bébés sont irritables ; ils sont agités et présentent des troubles du sommeil. Ils sont réfractaires aux contacts physiques et pleurent fréquemment, ce qui s'avère frustrant pour les parents qui tentent en vain de les apaiser. La difficulté du bébé à s'alimenter ne cause pas seulement des troubles digestifs ; elle risque aussi de frustrer les parents. Ceux-ci peuvent réagir en punissant l'enfant ou en s'éloignant de lui affectivement. Le climat familial instable qui en résulte peut provoquer chez l'enfant un retard de développement staturo-pondéral.

L'infirmière doit s'employer à soutenir la famille et à valoriser les comportements parentaux positifs. Avant le congé, il faut donner aux parents l'occasion de prendre soin du bébé afin qu'ils sachent interpréter ses comportements et répondre à ses besoins. Pour le bien-être de l'enfant, on doit adresser les parents à un CLSC afin qu'ils obtiennent l'aide des services sociaux et des services de soins à domicile. Un suivi et un enseignement appropriés aident souvent les parents à renforcer leurs compétences, à améliorer leurs capacités d'adaptation et à construire un environnement familial stable et sain autour de l'enfant. Les bébés atteints du syndrome d'alcoolisme fœtal ou d'une malformation congénitale liée à l'alcool devraient participer à des programmes d'intervention permettant de surveiller leur développement, leur santé et le milieu familial dans lequel ils vivent.

Au Québec, SAFERA (Syndrome d'alcoolisation fœtale effets relatifs à l'alcool) est le seul organisme qui s'adresse spécifiquement aux enfants exposés in utero à l'alcool. Il a pour mandat de sensibiliser la population au SAF et au EAF, et d'accompagner et soutenir les personnes qui en souffrent. Il offre aussi des ateliers de formation.

Évaluation et résultats escomptés

Les résultats escomptés des soins infirmiers peuvent être les suivants :

- le nouveau-né atteint du syndrome d'alcoolisme fœtal est capable de tolérer la nourriture et prend du poids ;
- l'irritabilité ou les convulsions sont maîtrisées, et le nouveau-né n'a subi aucune lésion ;
- les parents connaissent les besoins particuliers du nouveau-né et acceptent l'aide de l'extérieur en cas de besoin.

Médicaments et drogues

Le tabac, la cocaïne, la phencyclidine (PCP), les méthamphétamines, les substances inhalées, la marijuana, l'héroïne et la méthadone sont des substances suceptibles d'avoir des effets néfastes sur le fœtus.

Le nouveau-né dont la mère a consommé des médicaments ou des drogues pendant sa grossesse est prédisposé à de nombreux problèmes. Ces problèmes risquent d'apparaître au cours de la vie intra-utérine ou peu après la naissance, étant donné que presque tous les médicaments et drogues franchissent la barrière placentaire et pénètrent dans la circulation fœtale.

Le fœtus de la mère qui consomme des médicaments ou des drogues est prédisposé principalement aux affections suivantes :

- *Asphyxie intra-utérine.* L'asphyxie est souvent une conséquence directe d'un sevrage fœtal consécutif au sevrage maternel. Chez le fœtus, le sevrage se manifeste par une hyperactivité et une consommation accrue d'oxygène, laquelle peut entraîner une asphyxie. De plus, on constate chez les mères narcomanes une plus forte incidence d'hypertension gravidique, de décollement prématuré du placenta et de placenta prævia. Ces troubles risquent d'entraîner une insuffisance placentaire et une asphyxie fœtale.

- *Infections intra-utérines.* Certaines infections, notamment les maladies transmissibles sexuellement, telles que le sida et l'hépatite, sont fréquentes chez les toxicomanes et peuvent affecter le fœtus.

- *Poids anormal à la naissance.* Le poids du bébé peut dépendre du type de drogues dont la mère fait usage. Les héroïnomanes donnent naissance à des enfants de petit poids qui sont hypotrophiques. Les bébés nés de femmes qui prennent de la méthadone ont un poids plus élevé, ou sont parfois macrosomiques.

- *Indice d'Apgar faible.* Les indices d'Apgar faibles sont souvent imputables à une asphyxie intra-utérine ou aux médicaments administrés à la mère durant le travail. Il est contre-indiqué d'utiliser l'antagoniste des narcotiques (naloxone) pour traiter la détresse respiratoire, car il peut déclencher un sevrage aigu.

Les statistiques sont demeurées relativement stables quant au nombre de femmes enceintes qui consomment de l'alcool, de la marijuana et de l'héroïne. Toutefois, l'incidence de la consommation de cocaïne (surtout le crack) a beaucoup augmenté (voir le chapitre 12 sur la consommation de médicaments et de drogues durant la grossesse). La marijuana, l'alcool et la nicotine sont parfois consommés en même temps que la cocaïne.

Principales complications chez le nouveau-né exposé aux drogues

Le nouveau-né dont la mère a fait usage de drogues pendant la grossesse est prédisposé aux problèmes suivants :

- *Détresse respiratoire.* Le nouveau-né dont la mère a fait usage d'héroïne souffre fréquemment de détresse respiratoire, le plus souvent à cause d'une pneumonie par inhalation de méconium et d'une tachypnée transitoire. L'inhalation de méconium est habituellement due à une consommation accrue d'oxygène et à l'agitation causée par le sevrage intra-utérin. La tachypnée transitoire peut résulter de l'effet inhibiteur des narcotiques sur le réflexe de dégagement des poumons. Le syndrome de détresse respiratoire est cependant moins fréquent chez le nouveau-né intoxiqué à l'héroïne, même s'il est prématuré. En effet, sa capacité de libérer l'oxygène dans les tissus est comparable à celle d'un enfant de six semaines né à terme. En outre, l'héroïne stimule la production des glucocorticoïdes par le lobe antérieur de l'hypophyse.

- *Ictère.* Les nouveau-nés dont la mère a fait usage de méthadone risquent de souffrir d'un ictère dû à la prématurité. Toutefois, l'incidence de l'hyperbilirubinémie est plus faible chez les bébés de mère héroïnomane et cocaïnomane, car l'héroïne et la cocaïne contribuent au développement précoce du foie.

- *Anomalies congénitales et retard de la croissance.* Les anomalies des appareils génito-urinaire et cardiovasculaire sont légèrement plus nombreuses chez les bébés de mères héroïnomanes et cocaïnomanes, quoiqu'assez rares malgré tout. Les nouveau-nés de mères cocaïnomanes présentent parfois des malformations congénitales qui touchent la boîte crânienne (comme la microencéphalie), un retard de la croissance intra-utérine symétrique, des anomalies cardiaques et des anomalies de l'appareil génito-urinaire. Les anomalies congénitales sont toutefois rares (Bauer, 1999).

- *Anomalies du comportement.* Les nouveau-nés exposés à la cocaïne ont un comportement désorganisé et un nombre réduit de comportements interactifs sur l'échelle d'évaluation du comportement du nouveau-né de Brazelton (Bauer, 1999). De plus, ces bébés passent difficilement d'un état de sommeil à un état d'éveil ou vice versa. Ils éprouvent aussi des problèmes d'attention et de concentration en présence de stimuli auditifs et visuels.

- *Syndrome de sevrage.* Le plus important problème postnatal des nouveau-nés exposés aux drogues est le syndrome de sevrage associé aux opiacés (habituellement l'héroïne ou la méthadone). Les symptômes de sevrage apparaissent généralement plusieurs jours après la naissance, donc très souvent après le congé, étant donné que le séjour en milieu hospitalier est écourté. La section *Évaluation et analyse de la situation* traite des symptômes du sevrage.

Séquelles chez le nouveau-né exposé aux drogues

Durant les deux premières années, un grand nombre de bébés exposés à la cocaïne in utero présentent une labilité comportementale et sont incapables d'exprimer des sentiments intenses comme le plaisir, la colère ou la souffrance, ou encore de réagir fortement à la séparation d'avec leurs parents. Les bébés exposés à la cocaïne in utero souffrent plus fréquemment de retards moteurs et de troubles de l'expression du langage. Ils ont aussi plus de difficulté à s'alimenter à cause de problèmes de déglutition (Eyler et Behnke, 1999).

Chez ces enfants, les troubles gastro-intestinaux et respiratoires sont plus fréquents. Ce phénomène dépendrait plutôt du manque de connaissances de la mère au sujet des soins, de l'hygiène et de l'alimentation de l'enfant que de la toxicomanie.

Chez les nouveau-nés de mère ayant fait usage d'héroïne ou de méthadone, l'incidence du syndrome de mort subite du nourrisson est élevée (15 à 20 cas pour 1 000 naissances). Par ailleurs, ces bébés sont plus souvent victimes de négligence et de mauvais traitements (Ostrea *et al.*, 1999).

Traitement clinique

Pour réduire les conséquences de la dépendance aux opiacés chez le fœtus et le nouveau-né, il faut prodiguer des soins prénatals à la mère dès le début de sa grossesse (voir le chapitre 12). Il faut aussi procéder au traitement médicamenteux du sevrage chez le nouveau-né. On entreprend un sevrage à la méthadone durant la grossesse dont l'objectif est de prévenir l'usage d'héroïne (Buchi, 1998). La dose d'entretien doit être ajustée en conséquence (Kandall *et al.*, 1999). Il n'est pas recommandé de sevrer complètement la mère durant la grossesse à cause des conséquences graves que cela peut entraîner chez le fœtus.

La prise en charge du nouveau-né consiste à traiter les complications, à procéder aux tests sérologiques de dépistage de la syphilis, du VIH et de l'hépatite B, à faire les analyses d'urine, de cheveux ou de méconium pour dépister les drogues. Il faut adresser la famille aux services sociaux (Smeriglio et Wilcox, 1999). Les médicaments administrés pour traiter les symptômes de sevrage varient souvent d'un établissement à l'autre. On peut utiliser du phénobarbital, par voie orale ou intraveineuse, selon l'état du nouveau-né ou une solution orale de sulfate de morphine. Il est également important d'accroître l'apport nutritionnel pour compenser la dépense supplémentaire d'énergie imposée par le sevrage.

Soins infirmiers

Évaluation et analyse de la situation

Le dépistage rapide des nouveau-nés souffrant d'un syndrome de sevrage réduit la mortalité et la morbidité néonatales. Durant la période néonatale, l'évaluation vise les objectifs suivants :

- Déterminer, d'après les antécédents périnatals et les résultats des examens de laboratoire, la dernière consommation de drogue de la mère et la dose ingérée. Comme la patiente peut être réticente à dévoiler ces renseignements, il est essentiel de maintenir une attitude non critique durant l'entrevue (Smeriglio et Wilcox, 1999).
- Déceler les malformations congénitales et évaluer les complications reliées au sevrage intra-utérin : hypotrophie, asphyxie intra-utérine, inhalation de méconium et prématurité.
- Déceler les signes et symptômes du syndrome de sevrage ou d'abstinence chez le nouveau-né. Ces signes et symptômes se répartissent en cinq catégories :
  1. Signes neurologiques
     - Hyperactivité
     - Irritabilité (cris perçants aigus)
     - Hypertonicité
     - Réflexes exagérés
     - Tremblements, spasmes myocloniques
     - Éternuements, hoquets, bâillements
     - Sommeil court, agité
     - Fièvre (accompagnant une activité neuromusculaire accrue)
  2. Signes respiratoires
     - Tachypnée (> 60 respirations par minute à l'état calme)
     - Sécrétions excessives
  3. Signes gastro-intestinaux
     - Succion vigoureuse, sans coordination
     - Vomissements
     - Salivation
     - Augmentation du réflexe nauséeux
     - Hyperphagie
     - Diarrhée
     - Crampes abdominales
     - Faible apport nutritionnel (< 15 mL le premier jour ; tétées durant plus de 30 minutes)
  4. Signes vasomoteurs
     - Congestion nasale, bâillements, éternuements
     - Rougeurs
     - Transpiration
     - Pâleur péribuccale soudaine
  5. Signes cutanés
     - Excoriation des fesses, des genoux et des coudes
     - Égratignures faciales
     - Abrasion aux points de compression

Plusieurs signes et symptômes du syndrome de sevrage de drogues ressemblent à ceux de l'hypoglycémie et de l'hypocalcémie. Toutefois, les taux de glucose et de calcium restent normaux.

Une évaluation basée sur les manifestations cliniques permet de déterminer la gravité du sevrage. Elle sert à évaluer les signes dangereux chez le nouveau-né : vomissements, diarrhée, perte de poids, irritabilité, tremblements et tachypnée (figure 25-14 ▶).

Les diagnostics infirmiers pouvant s'appliquer au nouveau-né exposé aux drogues sont les suivants :

- ***alimentation déficiente*** reliée à des vomissements, à de la diarrhée, au manque de coordination des réflexes de succion et de déglutition, et à une hypertonie imputable au sevrage ;
- ***habitudes de sommeil perturbées*** reliées à l'excitation du SNC consécutive au sevrage ;

**CENTRE HOSPITALIER DE
L'UNIVERSITÉ DE MONTRÉAL**
HÔPITAL SAINT-LUC

SYNDROME DE RETRAIT NÉONATAL
ÉVALUATION

DATE: _____ ÂGE DU NOUVEAU-NÉ: _____ MASSE: _____
(année / mois / jour) · · · · · · · · (jours) · · · · · · · · (grammes)

PERTUR-BATIONS	SIGNES ET SYMPTÔMES Le symbole « * » réfère au formulaire « *OBSERVATIONS DE L'INFIRMIÈRE* »	SCORE	HEURE												
SYSTÈME NERVEUX CENTRAL	Cri aigu excessif	2													
	Cri aigu continu	3													
	Sommeil calme < 1 h entre boires	3													
	Sommeil calme < 2 h entre boires	2													
	Sommeil calme < 3 h entre boires	1													
	MORO hyperactif	2													
	MORO très hyperactif et persistant	3													
	Trémulations faibles provoquées	1													
	Trémulations plus sévères provoquées	2													
	Trémulations légères non provoquées	3													
	Trémulations plus sévères non provoquées	4													
	Tonus musculaire augmenté	2													
	Excoriations	1													
	Mouvements myocloniques	3													
	Convulsions généralisées	5													
MÉTABOLIQUES/RESPIRATOIRES	Diaphorèse	1													
	T° ax. < 38.^{3} (37.^{3} − 38.^{2})	1													
	T° ax.≥38.^{3}	2													
	Bâillements fréquents (>3-4/intervalle)	1													
	Marbrures	1													
	Congestion nasale	1													
	Éternuements (> 3-4/intervalle)	1													
	Battements des ailes du nez	2													
	Rythme respiratoire > 60 min.	1													
	Rythme respiratoire > 60 min. + tirage	2													
GASTRO-INTESTINALES	Succion excessive	1													
	S'alimente mal	2													
	Régurgitations	2													
	Vomissements en jet	3													
	Selles molles	2													
	Selles liquides	3													
	SCORE TOTAL														
INITIALES															

Traduction française et adaptation faites par le CHUM de la version originale du Neonatal Abstinence Scoring (NAS) System de Finnegan, L. P. (1986). Neonatal abstinence syndrome: assesment and pharmacology. Dans F. F. Rubatelli & B. Granti (Eds.), *Neonatal therapy: An update* (p. 136). New York: Excerpta Medica.
Révision 2003

FIGURE 25-14 ▶ Formulaire d'évaluation du syndrome de retrait néonatal, aussi appelé syndrome de sevrage néonétal. L'utilisation de ce type de formulaire permet une observation objective du nouveau-né.

- *exercice du rôle parental perturbé* relié à la grande irritabilité de l'enfant ;
- *stratégies d'adaptation familiale invalidantes* reliées à la consommation de drogues, à la pauvreté et au manque d'éducation.

Planification et interventions

Soins infirmiers en milieu hospitalier

Les soins au nouveau-né exposé aux drogues visent à réduire les symptômes de sevrage et à favoriser une respiration, une température et une nutrition normales. (Voir le *Cheminement clinique pour le nouveau-né de mère toxicomane.*) Voici quelques exemples de soins infirmiers à prodiguer.

- Assurer la thermorégulation.
- Mesurer le pouls et la fréquence respiratoire toutes les 15 minutes jusqu'à ce qu'ils soient stables ; stimuler en cas d'apnée.
- Administrer fréquemment de petites quantités de nourriture, particulièrement s'il y a vomissements, régurgitation et diarrhée.
- Procéder à une thérapie intraveineuse, au besoin.
- Administrer les médicaments prescrits : phénobarbital ou solution de morphine (la méthadone est contre-indiquée à cause des risques d'accoutumance) ; l'utilisation de l'élixir parégorique est controversée, car cet élixir contient de l'alcool et du camphre (AAP, Committee on Drugs, 1998).
- Prévenir l'inhalation des vomissements et des sécrétions en couchant le bébé sur le côté droit.
- Surveiller la fréquence des diarrhées et des vomissements.
- Observer le bébé attentivement, afin de déceler les troubles propres aux nouveau-nés hypotrophiques ou macrosomiques.
- Emmailloter l'enfant en laissant ses mains près de sa bouche pour éviter qu'il se blesse et pour favoriser l'organisation de son comportement ; il est possible de réconforter un bébé inconsolable en le berçant doucement en position verticale.
- Installer le bébé dans une zone calme et peu éclairée de la pouponnière.

Soins infirmiers communautaires

Il est nécessaire de préparer les parents à affronter les premiers mois à la maison. Avant que la mère ne quitte le centre hospitalier, l'infirmière doit l'informer que le bébé risque d'être agité et irritable pendant 8 à 16 semaines, selon la gravité du sevrage. Elle doit aussi lui enseigner les méthodes d'allaitement et les mesures d'apaisement, lui décrire les signaux émis par le nouveau-né et lui indiquer les meilleures façons d'y réagir (French *et al.*, 1998).

De plus, elle renseigne les parents sur les services communautaires dont ils pourraient bénéficier (comme les groupes de soutien), et elle leur indique les signes et symptômes qui exigent des soins médicaux. Une évaluation continue de l'enfant est nécessaire, car il risque de souffrir de problèmes chroniques. Le simple fait de contacter les parents s'ils ratent une consultation médicale peut leur permettre de réintégrer le système de soins de santé, ce qui contribue à améliorer la situation de la famille et favorise la création d'un milieu positif après la naissance.

Au Québec, il existe actuellement quelques services destinés aux mères toxicomanes et aux enfants exposés in utero aux médicaments et aux drogues. Le CHUM offre un programme de soins prénataux, pernataux et postnataux pour les parents toxicomanes. Ce programme vise à préparer les parents à la naissance et au sevrage du nouveau-né. Il vise aussi à créer le lien d'attachement parent-enfant en amenant les parents à s'occuper de leur nourrisson. Plusieurs centres offrent également divers services voués à l'amélioration de la santé des femmes et de leurs enfants, au développement des enfants, à l'acquisition des habilités parentales et à la diminution des risques de négligence et de mauvais traitements infligés aux enfants. Voici le nom de quelques ressources : L'Envol en Montérégie, le Pavillon Jellinek à Hull, le Centre de traitement et de réinsertion Le Portage dans les Laurentides et le Centre Jean-Patrick Chiasson à Sherbrooke.

Évaluation et résultats escomptés

Les résultats escomptés des soins infirmiers peuvent être les suivants :

- le nouveau-né tolère l'alimentation, son poids augmente et le nombre de ses selles diminue ;
- les parents savent comment réconforter le nouveau-né ;
- les parents supportent mieux leur frustration et font appel à une aide extérieure, en cas de besoin.

Le nouveau-né exposé au VIH

Un nombre croissant de nouveau-nés sont infectés par le virus de l'immunodéficience humaine (VIH) ou y sont exposés à la naissance et au cours des premiers mois de leur vie. Durant les périodes périnatale et néonatale, ce virus se transmet par la voie transplacentaire, par le lait maternel ou par du sang contaminé. Le taux de transmission verticale mère-enfant est d'environ 30 % des cas observés au Canada (Santé Canada, 2000). La majorité des enfants nés de mère infectée demeurent non infectés (Freij et Sever, 1999). L'administration de zidovudine (AZT) durant la grossesse réduit le risque de transmission verticale des deux tiers. (Voir le chapitre 12 pour les caractéristiques du sida en période fœtale et néonatale.)

Cheminement clinique pour le nouveau-né de mère toxicomane

Catégorie	Les 4 premières heures de vie	Les 20 heures suivantes
Orientation	Compte rendu du travail et de l'accouchement. Vérifier les bracelets d'identité. Aviser le médecin, au besoin.	Vérifier les bracelets d'identité à chaque quart de travail.
Évaluation	Prendre tous les signes vitaux. Noter le poids, la taille et le périmètre crânien à l'admission. Évaluer la coloration de la peau et déceler les éruptions et les lésions. Évaluer l'âge gestationnel. Surveiller l'activité (léthargie, cris perçants, sursauts exagérés). Déterminer la consommation de drogue de la mère durant chaque mois de grossesse. Obtenir les antécédents de dépendance et de traitement. Signes et symptômes de sevrage : hyperactivité, nervosité, irritabilité, pleurs perçants, vomissements, diarrhées, succion faible, congestion nasale, éternuements fréquents, bâillements, tachycardie, hypertension, apnée, convulsions. Le sevrage de la cocaïne se déroule parfois de façon imprévisible ou alors il est asymptomatique, à l'exception d'une légère désorganisation du comportement.	Signes vitaux : température, pouls, respiration toutes les 4 heures ; tension artérielle au besoin. Évaluation du nouveau-né à chaque quart de travail. Rechercher les signes d'hypothermie. Évaluer l'interaction mère-enfant.
Enseignement/ Aspects psychosociaux	(Voir le *Cheminement clinique pour les soins au nouveau-né*, pages 651 à 653.) Effectuer les interventions d'admission au chevet de la mère, si possible ; donner les informations nécessaires concernant la pouponnière et le lavage des mains ; évaluer les besoins d'apprentissage des parents et déterminer dans quelle mesure ils sont disposés à apprendre. Déterminer les besoins psychosociaux additionnels (donner aux parents le temps d'exprimer leurs inquiétudes, évaluer ce qu'ils savent de la toxicomanie). Donner les informations suivantes aux parents : • signes et symptômes de sevrage, état actuel du bébé et raison du traitement ; • capacités et comportements du nouveau-né par rapport au stade de développement ; • besoin de stimulations appropriées et de repos, selon les signaux de l'enfant ; • soins quotidiens du bébé (comment le nourrir, le baigner, le vêtir, le prendre, etc.) ; • mesures de sécurité : utilisation de la poire, risques d'inhalation, position.	Renforcer l'enseignement déjà donné. Discuter de la sécurité et des bracelets d'identité. Discuter de l'importance du maintien de la température avec des vêtements et des couvertures. Donner l'enseignement nécessaire aux parents ou au tuteur : allaitement, éructations, couches, selles et mictions. Expliquer aux parents les techniques d'apaisement, les signes et symptômes de stress et les réactions du bébé au stress.
Soins infirmiers et notes au dossier	• Faire analyser les électrolytes sériques pour vérifier si les vomissements et la diarrhée causent des déséquilibres. • Obtenir le groupe sanguin, le facteur Rh, et les résultats du test de Coombs sur le sang du cordon, s'il y a lieu. • Mesurer la glycémie ; prendre la tension artérielle, au besoin. • Procéder au test auditif de Bear (audiométrie du tronc cérébral). • Respecter les pratiques de base. • Baigner le nouveau-né dès que possible, si le liquide amniotique ou le cordon ombilical a une odeur nauséabonde, selon le protocole de l'établissement. • Administer le vaccin contre l'hépatite B, si celui-ci est prescrit. • Faire analyser l'hématocrite périphérique selon le protocole. • Procéder aux tests de dépistage pour déterminer les drogues consommées par la mère et les concentrations chez l'enfant. • Obtenir la formule sanguine et les hémocultures pour détecter une éventuelle septicémie. • Préparer un accès intraveineux pour la médication, l'hydratation et l'alimentation de soutien.	• Examiner les résultats au test d'audition de Baer. • Mesurer le pouls fémoral ou la tension artérielle aux quatre membres si la mère reçoit son congé rapidement. • Prendre les signes vitaux toutes les 4 heures (température, pouls, respiration). • Peser le bébé chaque jour. • Évaluer la coloration de la peau à chaque quart de travail et au besoin. • Nettoyer le cordon ombilical selon le protocole. • Surveiller les signes et symptômes de sevrage, les convulsions ; prévenir le médecin s'il y a lieu ; offrir les soins de soutien nécessaires. • Maintenir l'accès intraveineux au besoin.

Cheminement clinique pour le nouveau-né de mère toxicomane *(suite)*

Catégorie	Les 4 premières heures de vie	Les 20 heures suivantes
Activité et bien-être	• Régler le berceau à chaleur radiante de façon à maintenir la température corporelle du bébé jusqu'à ce qu'elle se soit stabilisée. • Utiliser des mesures de réconfort : emmailloter étroitement l'enfant et le coucher sur le côté ou sur le ventre en plaçant une couverture roulée pour qu'il demeure dans cette position ; aider l'enfant à se blottir ; maintenir un environnement calme et peu éclairé ; prendre le bébé dans les bras, le bercer, le câliner ; le toucher, lui sourire, lui parler ; le mettre dans un porte-bébé pour lui procurer chaleur et mouvement ; lui donner une sucette ou placer ses mains près de sa bouche quand on l'emmaillote.	Laisser le bébé dans le berceau à chaleur radiante jusqu'à ce que son état soit stable, puis l'emmailloter et le placer dans un berceau ouvert. Continuer d'utiliser des mesures de réconfort. Regrouper les soins et les donner en respectant, si possible, le cycle de veille et de sommeil du bébé. Éviter de trop stimuler l'enfant.
Nutrition	Commencer l'allaitement au biberon. Commencer l'allaitement au sein dès que l'état de la mère et celui du bébé le permettent. Donner des biberons de complément uniquement sur ordonnance médicale, selon le protocole. Déterminer si le bébé a besoin d'un apport nutritionnel accru en raison de divers facteurs (âge gestationnel, poids, absence de coordination de la succion et de la déglutition, vomissements, diarrhées et régurgitation).	Continuer l'allaitement. Encourager la mère à nourrir fréquemment son bébé, au moins toutes les 3 à 4 heures durant le jour. Favoriser l'allaitement à la demande. Envisager une analyse du lait maternel pour détecter la présence de drogues actives ou de résidus.
Élimination	Noter la première miction et la couleur des selles. Évaluer la densité urinaire pour déceler la déshydratation.	Évaluer régulièrement les selles (quantité, type, consistance, changement). Évaluer les mictions à chaque quart de travail.
Médicaments	Administrer les médicaments pour le sevrage tels que prescrits (solution de morphine, phénobarbital) et évaluer leur efficacité et les effets secondaires. Administrer, par voie intramusculaire, la vitamine K_1 dosée en fonction du poids du bébé et selon le protocole. Appliquer l'onguent ophtalmique dans les deux yeux.	Continuer d'administrer les médicaments prescrits, au besoin, pour atténuer les symptômes du sevrage, pour aider le bébé à se reposer, pour améliorer sa succion, pour maintenir son état nutritionnel.
Planification de congé/ Continuité des soins	Évaluer le besoin de recourir aux services sociaux ou aux services d'une infirmière visiteuse ; déterminer les besoins relatifs au plan de congé. Commencer à élaborer le plan de congé avec les parents ou le tuteur.	Donner les informations nécessaires au sujet du certificat de naissance. Vérifier si le bébé dispose d'un siège d'auto avant son départ.
Famille et réseau de soutien	Évaluer les besoins d'apprentissage des parents. Adresser la mère aux ressources communautaires appropriées. Encourager et soutenir les comportements parentaux positifs à l'égard du bébé.	Évaluer l'apprentissage des parents. Évaluer les connaissances des parents à propos des comportements et des réflexes des nouveau-nés. Inciter la famille à participer aux soins du bébé dès que possible après la naissance, selon la tolérance du bébé.
Date		

Catégorie	Jour 1	Jours 2 et 3 (s'il y a lieu)
Orientation	Vérifier les bracelets d'identité quand le bébé quitte la pouponnière. Consulter l'infirmière spécialisée en lactation au besoin.	Vérifier les bracelets d'identité à chaque quart de travail. **Résultats escomptés** Les bracelets d'identité de la mère et du bébé correspondent. Les demandes de consultation sont faites.
Évaluation	Évaluer l'interaction mère-enfant. Continuer d'évaluer le nouveau-né à chaque quart de travail. Évaluer la thermorégulation et les signes vitaux à chaque quart de travail et au besoin. Rechercher la présence d'une distension abdominale et de résidus gastriques. Évaluer le cycle de veille et de sommeil 24 heures et 48 heures après la naissance.	Évaluer l'interaction mère-enfant. Évaluer la distension abdominale, les résidus gastriques, le gain pondéral, les signes et symptômes du sevrage, les complications. **Résultats escomptés** Les résultats des évaluations physiques ainsi que les signes vitaux sont dans les limites de la normale. On n'observe aucune complication chez le nouveau-né.

Cheminement clinique pour le nouveau-né de mère toxicomane *(suite)*

Catégorie	Jour 1	Jours 2 et 3 (s'il y a lieu)
Enseignement/ Aspects psychosociaux	(Voir le *Cheminement clinique pour les soins au nouveau-né*, pages 651 à 653.) Renforcer l'enseignement déjà donné. Donner aux parents l'enseignement nécessaire sur le bain, les soins du cordon ombilical, de la peau et des ongles, l'utilisation du thermomètre, l'activité, le sommeil, les mesures d'apaisement, les réflexes, les signes et symptômes d'ictère, la courbe de croissance et l'alimentation, les besoins nutritionnels particuliers, la nécessité de signaler l'intolérance aux tétées. Déterminer les besoins d'apprentissage des parents ; renseigner les parents sur les signes et les symptômes du VIH, sur les groupes de soutien et les ressources communautaires auxquels ils peuvent recourir.	Donner l'enseignement nécessaire avant le congé (voir le *Cheminement clinique pour les soins au nouveau-né*, pages 651 à 653) : revoir la sécurité, les signes et symptômes de maladie, les situations justifiant de consulter un médecin. **Résultat escompté** La mère comprend l'enseignement et se montre capable de s'occuper du bébé.
Soins infirmiers et notes au dossier	Évaluer le bébé à chaque quart de travail. Peser le bébé quotidiennement. Mesurer le pouls fémoral ou la tension artérielle aux quatre membres avant le congé ou dans les 48 premières heures. Retirer le clamp ombilical, si le cordon est sec. Nettoyer le cordon, selon le protocole. Faire un prélèvement en vue d'identifier le virus de l'herpès simplex si les antécédents parentaux le justifient. Maintenir un milieu thermique neutre. Faire les tests de dépistage pour nouveau-nés. Continuer à surveiller les signes et symptômes de sevrage, les convulsions. Administrer les médicaments prescrits pour le sevrage ; évaluer la réaction du bébé et prévenir le médecin au besoin.	Évaluer le nouveau-né et mesurer les signes vitaux à chaque quart de travail. Peser le bébé quotidiennement. Nettoyer le cordon selon le protocole. Noter les résultats au test d'audition de Baer. **Résultats escomptés** Les résultats des évaluations physiques sont dans les limites de la normale ; le clamp ombilical est retiré et le cordon sèche sans signe d'infection ; le bébé prend du poids ou stabilise son poids sans perdre plus de 10 % ; les résultats de laboratoire sont dans les limites de la normale ; le bébé ne présente pas de signe et de symptôme de sevrage ou d'infection ; le bébé n'a pas besoin de médicaments pour soulager les symptômes de sevrage.
Activité et bien-être	Emmailloter le bébé et le placer dans un berceau ouvert. Le placer dans un incubateur si sa température corporelle est instable ; régler l'incubateur selon la taille du bébé, son âge gestationnel et ses vêtements afin de maintenir un milieu thermique neutre.	Emmailloter le bébé en laissant ses mains près de sa bouche. **Résultat escompté** Le bébé maintient sa température dans les limites de la normale lorsqu'il est emmailloté dans un berceau ouvert.
Nutrition	• Supplémenter les tétées ou les gavages par une alimentation intraveineuse selon l'ordonnance ; en évaluer la nécessité, au besoin. • Nourrir l'enfant fréquemment, mais peu à la fois, toutes les 3 ou 4 heures, tel que prescrit, et augmenter la proportion de lait selon la tolérance du bébé et selon l'ordonnance (on peut commencer par offrir une moitié de lait). • Augmenter le contenu énergétique du lait maternel ou de la préparation lactée offerts au bébé, selon l'ordonnance du médecin ; évaluer la tolérance du bébé aux tétées. • Vérifier la présence de résidus gastriques avant chaque gavage ; modifier le volume de lait selon la quantité de résidus ; prévenir le médecin si la quantité de résidus augmente. • Augmenter l'apport nutritionnel selon la tolérance du bébé, à mesure que l'hyperactivité s'atténue. • Si le bébé est nourri au sein, donner des biberons de complément seulement selon l'indication et l'ordonnance médicale. • Nourrir l'enfant à la demande, au moins toutes les 3 ou 4 heures.	Nourrir l'enfant à la demande, au moins toutes les 3 ou 4 heures. Administrer les gavages tels que prescrits pour maintenir l'état nutritionnel. Donner des biberons de complément seulement selon l'indication et l'ordonnance médicale. Encourager la mère à nourrir souvent son bébé durant le jour. Si la mère donne le sein, observer le bébé pour détecter les signes indiquant que le lait maternel contient des substances résiduelles ou actives consommées par la mère ; envisager l'analyse du lait maternel, frais ou congelé, pour déceler la présence de drogues. **Résultats escomptés** Le bébé tolère les tétées et est nourri à la demande ; il n'a pas besoin de suppléments ; il tète sans problème, reprend le poids perdu ou stabilise son poids.
Élimination	Évaluer les selles (quantité, consistance, modifications, présence de sang occulte, substances réductrices). Évaluer les mictions toutes les 8 heures.	Continuer d'évaluer toutes les mictions et toutes les selles, et noter les changements. **Résultats escomptés** Le bébé urine suffisamment ; les caractéristiques de ses selles sont dans les limites de la normale ; il ne présente aucun érythème fessier.

Cheminement clinique pour le nouveau-né de mère toxicomane *(suite)*

Catégorie	Jour 1	Jours 2 et 3 (s'il y a lieu)
Médicaments	Administrer le vaccin contre l'hépatite B avant le congé, s'il y a lieu. Administrer les médicaments pour le sevrage et les convulsions, selon l'ordonnance ; évaluer leur efficacité et les effets secondaires.	**Résultats escomptés** Le bébé a reçu l'onguent ophtalmique dans les deux yeux et l'injection de vitamine K_1. Le bébé a également reçu son premier vaccin contre l'hépatite B selon l'ordonnance, s'il y a lieu. Le bébé n'a besoin d'aucun médicament pour le sevrage ou les convulsions.
Planification du congé/ Continuité des soins	Demander aux parents de remplir le formulaire de certificat de naissance. Si la mère a accouché par voie vaginale, terminer l'enseignement précédant le congé. Faire les demandes de consultation nécessaires et adresser la mère aux services communautaires dont elle pourrait bénéficier (groupes de soutien, traitement pour toxicomanes, programmes pour nourrissons, aide financière, service d'infirmière visiteuse, etc.).	Si la mère a accouché par césarienne, terminer l'enseignement précédant le congé. Faire un résumé du plan de congé. (Voir le *Cheminement clinique pour les soins au nouveau-né*, pages 651 à 653.) **Résultats escomptés** Le bébé reçoit son congé en même temps que sa mère ; la mère connaît la date et l'heure du rendez-vous de suivi, ainsi que les sources d'aide.
Famille et réseau de soutien	Inciter les parents à assister aux cours offerts par la pouponnière sur les soins du nouveau-né (bain, allaitement, etc.) et à regarder l'émission diffusée en circuit fermé, si ce service est disponible dans l'établissement. Évaluer l'attachement et l'interaction entre la mère et son bébé. Faire participer le conjoint ou les autres enfants aux soins donnés au nouveau-né. Valoriser les comportements parentaux positifs. Déterminer l'enseignement à donner aux parents.	Évaluer l'interaction entre la mère et le bébé. Déterminer les services communautaires dont les parents ont besoin et les adresser aux organismes appropriés. Déterminer l'enseignement à donner aux parents. Les encourager à poser des questions. **Résultat escompté** La mère ou la famille démontrent de la bienveillance envers l'enfant et l'accueillent.
Date		

Le dépistage néonatal des bébés infectés au VIH ou exposés au virus est essentiel, mais il reste difficile. Les tests de dépistage sérologique du VIH actuellement utilisés (dosage immunoenzymatique par techniques ELISA et transfert de Western [Immunoblot]) ne permettent pas de distinguer les anticorps maternels de ceux du bébé. Ces tests ne conviennent donc pas au dépistage du VIH chez les bébés âgés de moins de 15 mois, car ce n'est pas avant cet âge que le bébé infecté produit ses propres anticorps anti-VIH (Bellanti, Zeligs et Pung, 1999). On doit plutôt recourir à la réaction d'amplification en chaîne par polymérase (RCP) ou à la culture virale, que l'on effectue à la naissance, puis à 1 mois et à 2 mois (Société canadienne de pédiatrie, 2000). On ne devrait pas utiliser le sang du cordon ombilical pour effectuer les tests de dépistage du VIH. Les infections opportunistes, comme les septicémies à bactéries à Gram négatif, ainsi que les problèmes associés à la prématurité sont la cause première de mortalité chez les bébés séropositifs.

Chez certains nourrissons infectés in utero, l'immunodéficience est grave à la naissance et l'infection au VIH évolue rapidement au cours de la première année. Chez d'autres bébés exposés au virus du sida, les résultats des tests de détection sont négatifs à deux reprises ou plus. Ces bébés devraient subir un dernier test de détection des anticorps à l'âge de 18 mois (Société canadienne de pédiatrie, 2000).

Soins infirmiers

Évaluation et analyse de la situation

Beaucoup d'enfants séropositifs ou infectés au VIH sont prématurés ou hypotrophiques (ou les deux à la fois). Ils présentent un retard de développement staturo-pondéral au cours de la période néonatale et durant la petite enfance. Certains signes et symptômes de la maladie se manifestent parfois durant la période néonatale. On observe notamment une hépatosplénomégalie, une hypertrophie des ganglions, des infections respiratoires récurrentes, une rhinorrhée, une pneumonie interstitielle (rare chez l'adulte). Ces enfants présentent aussi des troubles gastro-intestinaux à répétition (diarrhées et perte de poids), des infections des voies urinaires récurrentes, des candidoses buccales persistantes ou récurrentes, et des retards de développement (Freij et Sever, 1999). On a aussi associé au sida contracté in utero certains stigmates crâniens ou faciaux, mais ces anomalies ne permettent pas d'établir un diagnostic d'infection par le VIH à la naissance.

Les diagnostics infirmiers pouvant s'appliquer au nouveau-né infecté par le VIH sont les suivants :

- *alimentation déficiente* reliée à une intolérance aux préparations lactées et à un apport nutritionnel insuffisant ;

- *risque d'infection* relié à l'exposition périnatale au VIH ;
- *exercice du rôle parental perturbé* relié au diagnostic d'infection au VIH chez le nouveau-né et à la peur de l'issue de la maladie.

Planification et interventions

Soins infirmiers en milieu hospitalier

Les soins infirmiers à prodiguer au nouveau-né exposé au VIH ou infecté comprennent tous les soins normalement donnés au nouveau-né en pouponnière. À ces soins s'ajoutent l'ensemble des interventions s'appliquant au bébé qu'on croit atteint d'une infection transmissible par le sang, comme l'hépatite B. L'infirmière doit toujours appliquer les pratiques de base en prévention des infections lorsqu'elle s'occupe du bébé immédiatement après la naissance et lorsqu'elle prélève des échantillons sanguins par ponction veineuse ou piqûre du talon. En effet, le sang de tous les nouveau-nés doit être considéré comme potentiellement infecté, car les résultats des analyses sanguines du bébé ne sont souvent connus qu'après le départ de l'enfant pour la maison. Comme il s'écoule un certain temps avant que la séroconversion ait lieu, on doit considérer que le bébé est infecté durant cette période.

Les soins infirmiers consistent principalement à assurer le bien-être du nouveau-né, à le nourrir adéquatement, à le protéger des infections opportunistes, à favoriser sa croissance et son développement, et à promouvoir la formation de liens d'attachement entre les parents et l'enfant. La plupart des établissements recommandent le port de gants pour tous les examens des bébés. Il est également indispensable de porter des gants jetables quand on change les couches ou que l'on nettoie la surface réservée à cette fin, surtout en cas de diarrhée, car les selles peuvent contenir du sang (AAP, Committee on Pediatric AIDS and Committee on Infectious Diseases, 1999). Il est par ailleurs essentiel de bien soigner la peau du bébé pour prévenir les éruptions cutanées (voir le tableau 25-2).

 Soins infirmiers communautaires

Le lavage des mains étant d'une extrême importance dans les soins au nouveau-né infecté au VIH, l'infirmière doit enseigner aux parents la méthode appropriée. Il est également essentiel de fournir une alimentation adéquate, car les enfants atteints du sida présentent souvent un retard de développement staturopondéral. Il faut les nourrir souvent et peu à la fois, en ajoutant des suppléments alimentaires au besoin. L'infirmière doit discuter avec les parents de l'utilisation de mesures d'hygiène durant le mélange de la préparation lactée. Elle leur recommande aussi d'éviter de coucher leur bébé avec un biberon de jus ou de lait à cause du risque de prolifération bactérienne. Les parents doivent être à l'affût de tout signe d'intolérance alimentaire, comme des selles molles, des régurgitations fréquentes et une distension abdominale. Le nouveau-né doit être pesé trois fois par semaine.

Les objets, les serviettes et les débarbouillettes servant à la toilette du bébé doivent être réservés à son usage exclusif. Ses vêtements et sa literie peuvent généralement être lavés avec ceux du reste de la famille, mais les draps visiblement souillés de sang ou de liquides biologiques doivent être lavés séparément dans de l'eau chaude savonneuse additionnée d'eau de Javel. Des changements de couche fréquents et une bonne hygiène périnéale peuvent prévenir l'érythème fessier, ou du moins le réduire, et favoriser le bien-être du bébé. Les couches souillées doivent être placées dans des sacs en plastique scellés et être mises aux ordures le jour même. Il est important de se rappeler que les changements de couche à la maison ne doivent pas se faire dans un endroit où l'on prépare ou sert les aliments. La surface sur laquelle on change les couches du bébé doit être nettoyée après chaque usage avec une solution contenant 1 partie d'eau de Javel pour 10 parties d'eau. De plus, il faut garder les jouets aussi propres que possible et ne pas les donner à d'autres enfants. On doit aussi s'assurer qu'ils ne peuvent pas blesser l'enfant.

L'infirmière doit décrire aux parents les signes d'infection à surveiller et leur expliquer quand faire appel à leur médecin. La présence de douleur à chaque tétée peut révéler la présence d'une candidose buccale. Dans ce cas, on traite l'infection à l'aide de nystatine (Mycostatin). En cas de diarrhées, on doit maintenir une bonne hygiène périnéale, remplacer les pertes liquidiennes et appliquer un onguent topique à la nystatine pour traiter l'érythème fessier. Les médicaments contre la diarrhée sont souvent inefficaces. Il faut par ailleurs éviter de prendre la température par voie rectale, car cette intervention risque de stimuler la diarrhée. L'irritabilité peut être le premier signe de fièvre. On traitera celle-ci en épongeant l'enfant avec de l'eau tiède, en le faisant boire et en lui donnant un antipyrétique.

Il est rassurant pour les parents et les autres membres de la famille de savoir qu'il n'y a aucun cas connu de contamination chez les personnes chargées des soins courants à un bébé infecté au VIH. Les tensions et l'isolement sont fréquents dans les familles touchées par le sida, et un soutien psychologique peut s'avérer essentiel. De plus, les parents sont parfois inquiets de leur propre santé et de leur capacité de répondre aux besoins à long terme de leur enfant. C'est pourquoi certains

Tableau 25-1

Le personnel soignant et le VIH chez le nouveau-né

Réanimation	Pour l'aspiration, utiliser une poire ou un cathéter à aspiration branché sur un dispositif d'aspiration mural réglé à faible intensité. Porter un masque, des lunettes et des gants.	Échantillons	Les échantillons de sang ou d'autres liquides biologiques doivent être placés dans un double sac de plastique ou dans un contenant étanche scellé, et étiquetés selon le protocole de l'établissement.
Soins à l'admission	Aussitôt que possible après l'admission de l'enfant à la pouponnière, enlever le sang sur sa peau avec de l'eau tiède et un savon doux. Porter des gants.	Matériel et literie	On doit suivre le protocole de l'établissement lorsqu'on se débarrasse du matériel et de la literie souillés de sang ou de liquides biologiques (on les met, par exemple, dans un sac à part, etc.).
Lavage des mains	Il est recommandé de se laver soigneusement les mains avant et après chaque contact avec le nouveau-né. Se laver immédiatement les mains en cas de contamination présumée par du sang ou des liquides biologiques. Se laver les mains après avoir enlevé les gants.	Liquides biologiques	On doit nettoyer sans délai les surfaces souillées de sang ou de liquides biologiques avec une solution contenant 1 partie d'hypochlorite de sodium à 5,25 % (eau de Javel domestique) pour 10 parties d'eau. On laisse agir la solution pendant 30 secondes avant de l'essuyer.
Gants	Le port de gants est recommandé s'il y a risque de contact avec le sang ou les liquides biologiques. Le port de gants est obligatoire pour changer les couches et durant la manipulation du nouveau-né avant et pendant sa première toilette, les soins du cordon, l'application de l'onguent ophtalmique et l'administration de la vitamine K_1.	Enseignement et soutien	Il est important d'offrir aux parents et aux membres du personnel de l'information et un soutien psychologique. Les membres du personnel soignant qui évitent les contacts avec le nouveau-né infecté au VIH ou qui prennent des précautions exagérées risquent d'exacerber les tensions familiales. On peut obtenir des informations auprès du ministère de la Santé et des Services sociaux et auprès d'organismes privés.
Masque, lunettes et blouse	Le port du masque, des lunettes et de la blouse n'est généralement pas nécessaire, sauf lorsqu'il y a risque de contact avec le placenta, le sang ou le liquide amniotique présent sur la peau du nouveau-né.	Personnel exempté	Les personnes dont les défenses immunitaires sont affaiblies (les femmes enceintes peuvent faire partie de cette catégorie) ou qui présentent des risques d'infection devraient être exemptées des soins aux nouveau-nés sidatiques.
Aiguilles et seringues	Il ne faut pas remettre le capuchon sur les aiguilles souillées ni les plier. On doit les déposer dans un contenant en plastique à l'épreuve des perforations et réservé au nouveau-né. On jette le contenant après le départ de l'enfant.		

Sources: Adapté de American Academy of Pediatrics, Committee on Pediatric AIDS and Committee on Infectious Diseases (1999). «Issues related to human immunodeficiency virus transmission in schools, child care, medical settings, the home, and community», *Pediatrics*, vol. 104, n° 2, p. 318-324; H. Mendez et J. E. Jule (1990). «Care of the infant born exposed to HIV», *Obstetric and Gynecologic Clinics of North America*, vol. 17, n° 3, p. 637.

parents sont incapables d'établir des liens d'attachement avec l'enfant ou de lui fournir suffisamment de stimulations sensorielles. L'infirmière doit encourager les parents à prendre l'enfant dans leurs bras quand ils le nourrissent, car il bénéficie ainsi de contacts chaleureux fréquents. On peut aussi offrir au bébé une stimulation auditive, telle que de la musique ou un enregistrement de la voix des parents. Il importe que l'infirmière renseigne les parents sur les groupes de soutien et sur les services de consultation et d'information auxquels ils peuvent avoir recours. Les familles et les professionnels de la santé peuvent s'adresser au ministère de la Santé et des Services sociaux pour obtenir des renseignements sur le VIH. Par ailleurs, les CDC recommandent que les femmes séropositives vivant dans les pays développés n'allaitent pas leur bébé, parce que le VIH risque de se transmettre par le lait maternel. Ces mères devraient donc nourrir leur bébé avec une préparation lactée (AAP, Committee on Pediatric AIDS and Committee on Infectious Diseases, 1999).

Tous les enfants nés de mères séropositives doivent recevoir le même suivi clinique, immunologique et virologique que les autres enfants. Les soins préventifs donnés aux enfants exposés au VIH sont identiques à ceux que reçoivent les autres enfants et comprennent tous les vaccins réguliers, sauf le vaccin vivant contre la poliomyélite. À l'âge de 1 mois, l'examen physique du bébé inclut une évaluation de son développement et une formule sanguine (y compris la formule leucocytaire, la numération des lymphocytes T CD4+ et les plaquettes). Tous les bébés nés de mères séropositives doivent aussi recevoir un traitement prophylactique contre la pneumonie à *Pneumocystis carinii* à l'âge de 2 mois, car celle-ci se manifeste généralement entre 2 et 8 mois, et son taux de mortalité est élevé (quel que soit le nombre de lymphocytes T CD4+).

Le sida chez un enfant crée des situations difficiles pour la famille. Non seulement les parents doivent-ils faire face à d'innombrables problèmes psychologiques, sociaux et financiers, mais ils sont parfois incapables de s'occuper de leur bébé à cause de leur propre état de santé.

Évaluation et résultats escomptés

Les résultats escomptés des soins infirmiers peuvent être les suivants :

- les parents sont capables de nouer des liens d'affection avec leur enfant ;
- les infections opportunistes sont dépistées rapidement chez l'enfant et traitées aussitôt ;
- les parents expriment leurs inquiétudes au sujet des problèmes de santé actuels et futurs de leur bébé et au sujet des soins dont il aura besoin à long terme, et ils acceptent une aide extérieure.

Le nouveau-né atteint d'une anomalie congénitale

Une anomalie congénitale risque de mettre en danger la vie du nouveau-né et de perturber l'équilibre de sa famille. Certaines anomalies congénitales sont graves si elles ne sont pas traitées dans les heures suivant la naissance ; d'autres sont très visibles et bouleversent la famille de l'enfant. Lorsqu'on découvre une anomalie congénitale, on doit rechercher la présence d'autres anomalies, particulièrement dans les systèmes et appareils de l'organisme qui se développent au même moment durant la gestation. On trouvera dans le tableau 25-2 quelques-unes des anomalies congénitales les plus fréquentes, les interventions qu'elles exigent et les soins infirmiers à prodiguer en période néonatale.

Le nouveau-né atteint d'une cardiopathie congénitale

L'incidence des cardiopathies congénitales est de l'ordre de 4 ou 5 cas pour 1 000 naissances vivantes. Ces anomalies causent le tiers des décès dus à des anomalies congénitales au cours de la première année. Cependant, grâce au perfectionnement des examens diagnostiques et des traitements chirurgicaux, il est désormais possible de prévenir un grand nombre de décès. La chirurgie cardiaque correctrice est pratiquée sur des bébés de plus en plus jeunes. Ainsi, près de la moitié des enfants opérés sont âgés de moins de 1 an, et le quart ont moins de 1 mois. Il est essentiel que l'infirmière ait une connaissance approfondie des manifestations des cardiopathies congénitales afin de pouvoir les dépister facilement et d'entreprendre les interventions nécessaires.

Cardiopathies congénitales

Les facteurs responsables de l'apparition de cardiopathies congénitales sont d'origine infectieuse, environnementale ou génétique. Par exemple, l'infection maternelle par le virus de la rubéole, le cytomégalovirus, le virus de la grippe et les virus du groupe Coxsackie B entraîne parfois des malformations cardiaques chez le fœtus. On a également démontré que la consommation de stéroïdes, d'alcool, de lithium et de certains anticonvulsivants pouvait causer des malformations cardiaques, de même que l'épandage saisonnier de pesticides. Les cliniciens commencent également à observer des anomalies cardiaques chez les nouveau-nés dont la mère atteinte de phénylcétonurie n'a pas suivi le régime alimentaire prescrit. Les facteurs d'ordre génétique comprennent les enfants atteints du syndrome de Down (trisomie 21) et des trisomies 13 ou 15, ainsi que les enfants atteints des trisomies 16 ou 18 et souffrant d'une lésion cardiaque. On note aussi une prédisposition familiale à certaines anomalies.

Il est d'usage de classer les cardiopathies congénitales en deux groupes, selon qu'elles sont cyanogènes ou non cyanogènes. S'il existe une ouverture entre le côté droit et le côté gauche du cœur, le sang circule de la région où la pression est la plus forte (côté gauche) vers la région où la pression est la plus faible (côté droit). C'est ce qu'on appelle un shunt gauche-droite. Un shunt de ce type ne provoque pas de cyanose parce que le sang oxygéné (artériel) atteint la circulation générale. Mais si, à cause d'une obstruction de la circulation normale, la pression dans la moitié droite du cœur est supérieure à celle de la moitié gauche, le sang non oxygéné (veineux) va circuler de la droite vers la gauche du cœur et dans la circulation générale. Ce shunt droite-gauche entraîne une cyanose. Si l'ouverture est grande, le shunt est bilatéral et entraîne un mélange du sang veineux et du sang artériel, ce qui provoque aussi une cyanose.

Les anomalies cardiaques les plus fréquentes au cours des six premiers jours sont les obstructions de l'éjection ventriculaire gauche (sténose mitrale, sténose ou atrésie aortique), l'hypoplasie du cœur gauche, la coarctation de l'aorte, la persistance du canal artériel (l'anomalie la plus courante, surtout chez les prématurés), la transposition des gros vaisseaux, la tétralogie de Fallot et les communications interventriculaires ou interauriculaires. De nombreuses malformations cardiaques ne se manifestent qu'après le départ de l'enfant pour la maison.

Soins infirmiers

L'infirmière qui travaille auprès du nouveau-né doit avoir pour principal objectif le dépistage précoce des cardiopathies congénitales afin que les interventions médicales soient entreprises sans délai. Les principales manifestations des anomalies cardiaques sont la cyanose, un souffle cardiaque audible et des signes

Tableau 25-2

Anomalies congénitales : dépistage et soins néonatals

Anomalie congénitale	Évaluation initiale	Objectifs et interventions infirmières
Hydrocéphalie	Augmentation du volume de la tête Bombement des fontanelles Séparation ou élargissement des sutures Signe du coucher de soleil (abaissement spontané des globes oculaires) Périmètre crânien supérieur au 90ᵉ percentile sur la courbe de croissance	Établir la présence de l'hydrocéphalie : mesurer et porter sur la courbe de croissance le périmètre occipito-frontal pour obtenir une valeur de base ; mesurer ensuite le périmètre crânien tous les jours. Vérifier le bombement des fontanelles et l'élargissement des sutures. Collaborer à l'échographie et à la transillumination. Maintenir l'intégrité de la peau. Changer fréquemment la position du nouveau-né. Nettoyer les plis cutanés après les tétées ou les vomissements. Placer un oreiller en peau de mouton sous la tête. Après l'intervention chirurgicale, placer la tête du côté opposé à la région touchée. Surveiller les signes d'infection.
Atrésie des choanes	Occlusion des narines postérieures Cyanose et tirage au repos Respiration bruyante Difficulté respiratoire pendant les tétées Obstruction causée par un épais mucus	Vérifier la perméabilité des narines ; écouter les bruits respiratoires en gardant la bouche du bébé fermée et en comprimant ses narines l'une après l'autre. Collaborer à l'introduction d'une sonde de gavage pour confirmer le diagnostic. Maintenir la fonction respiratoire : collaborer à la mise en place d'une canule oropharyngienne visant à prévenir la détresse respiratoire. Soulever la tête du bébé pour faciliter les échanges gazeux.
Fissure labiale (bec-de-lièvre)	Fente unilatérale ou bilatérale visible Peut atteindre les narines externes, le cartilage du nez, la cloison des fosses nasales, le bord alvéolaire du maxillaire Dépression ou aplatissement caractéristique du contour médiofacial 	Nourrir avec une tétine spéciale. Faire émettre fréquemment des éructations (risques accrus d'absorption d'air et de vomissements réflexes). Nettoyer la fissure avec de l'eau stérile (afin de prévenir la formation de croûtes). Aider les parents à s'adapter à la situation et à accepter le défaut physique de leur enfant. Les encourager à exprimer verbalement leurs sentiments. Servir aux parents de modèle ; ceux-ci intégreront l'attitude de l'infirmière envers leur bébé. (À gauche) Fissure labiale unilatérale avec fente palatine touchant la voûte palatine et le palais mou.
Fente palatine	Fente allant de la cavité orale à la cavité nasale Peut affecter la luette et le palais mou Peut s'étendre aux narines et toucher la voûte palatine et les crêtes alvéolaires du maxillaire Problèmes de succion Expulsion du lait par le nez	Prévenir l'inhalation et l'infection : coucher l'enfant sur le côté ou sur le ventre pour faciliter l'écoulement. Procéder à une aspiration nasopharyngienne pour prévenir l'inhalation ainsi que l'obstruction des voies respiratoires. En période néonatale, placer l'enfant en position verticale pour le nourrir ; incliner légèrement sa tête et sa poitrine vers l'arrière afin de faciliter la déglutition et de prévenir l'inhalation. Utiliser une tétine spéciale qui bouche la fente et permet la succion. Les risques d'inhalation par la cavité nasale sont ainsi diminués. Nettoyer la bouche avec de l'eau après les tétées. Faire émettre une éructation après que l'enfant a bu 30 mL de liquide, car les risques d'absorption d'air sont élevés. Épaissir la préparation lactée afin d'accroître sa valeur énergétique. Tracer une courbe de gain pondéral afin d'évaluer si l'apport énergétique est suffisant. Soutien aux parents : les adresser à un organisme communautaire ou à un groupe de soutien. Les inciter à exprimer les frustrations qu'ils éprouvent lors des tétées qui n'en finissent plus. Les féliciter pour leurs efforts. Leur conseiller de voir rapidement un médecin si une infection des voies respiratoires supérieures se manifeste et leur enseigner comment réduire les risques d'infection de ce type.

Tableau 25-2 (suite)

Anomalies congénitales : dépistage et soins néonatals (suite)

Anomalie congénitale	Évaluation initiale	Objectifs et interventions infirmières
Fistule trachéo-œsophagienne	Antécédents d'hydramnios chez la mère Sécrétion excessive de mucosités Salivation continuelle Distension abdominale tôt après la naissance Suffocation périodique et épisodes de cyanose Régurgitation immédiate du lait Signes cliniques de pneumonie par inhalation (tachypnée, tirages, rhonchi, diminution des bruits respiratoires, cyanose) Impossibilité d'introduire un tube nasogastrique	Maintenir la fonction respiratoire et prévenir l'inhalation ; ne pas nourrir le nouveau-né avant que la perméabilité de l'œsophage n'ait été établie. Effectuer une aspiration intermittente à faible intensité de la salive et des mucosités pour prévenir la pneumonie par inhalation. Placer l'enfant dans un incubateur chaud et humide afin de fluidifier les sécrétions et de faciliter leur excrétion. Élever la tête du lit de 20° à 40° afin d'éviter le reflux des sécrétions gastriques. Garder l'enfant calme, car les pleurs font pénétrer de l'air dans la fistule, ce qui peut provoquer une distension intestinale et une gêne respiratoire. Maintenir l'équilibre liquidien et électrolytique : administrer des liquides pour compenser les pertes par l'œsophage et assurer une bonne hydratation. Donner l'enseignement aux parents : leur expliquer les étapes du traitement chirurgical – gastrotomie, ligature de la fistule, réparation de l'atrésie. Informer les parents : répéter et préciser les explications du médecin sur la malformation, les interventions chirurgicales, les soins préopératoires et postopératoires, le pronostic (les connaissances donnent de l'assurance). Faire participer les parents aux soins immédiats et à la planification des soins ultérieurs ; faciliter les contacts visuels et tactiles (pour dissiper leur sentiment d'impuissance, accroître leur estime de soi et faciliter l'intégration de l'enfant dans la famille).

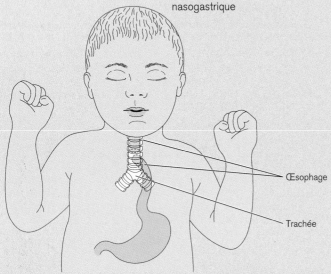

Œsophage

Trachée

(À gauche) Type le plus courant de fistule trachéo-œsophagienne et d'atrésie de l'œsophage.

| Hernie diaphragmatique | Difficulté à déclencher la respiration spontanée
Respiration haletante accompagnée d'un battement des ailes du nez et d'un tirage thoracique
Thorax en tonneau et abdomen scaphoïde
Expansion thoracique asymétrique
Absence de bruits respiratoires, généralement du côté gauche
Bruits du cœur déplacés vers la droite
Attaques spasmodiques de cyanose et difficultés d'alimentation
Bruits intestinaux audibles dans la cavité thoracique | Ne jamais donner d'oxygène avec un sac et un masque pour éviter le gonflement de l'estomac ne vienne comprimer davantage les poumons du bébé.
Maintenir la fonction respiratoire : administrer immédiatement de l'oxygène.
Commencer la décompression de l'estomac.
Placer le nouveau-né en position de semi-Fowler haute (les organes abdominaux ne compriment pas le diaphragme grâce à l'effet de la gravité).
Tourner l'enfant sur le côté atteint pour faciliter l'expansion du poumon sain.
Effectuer les interventions nécessaires pour réduire l'acidose métabolique et respiratoire.
Vérifier l'augmentation des sécrétions autour du tube de gastrotomie (signe d'obstruction).
Aspirer et irriguer le tube avec de l'air ou de l'eau stérile. |

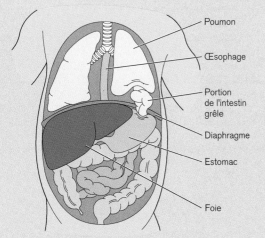

Poumon

Œsophage

Portion de l'intestin grêle

Diaphragme

Estomac

Foie

(À gauche) Hernie diaphragmatique.
Noter le compression du poumon par l'intestin du côté atteint.

Tableau 25-2 (suite)

Anomalies congénitales : dépistage et soins néonatals (suite)

Anomalie congénitale	Évaluation initiale	Objectifs et interventions infirmières
Myéloméningocèle	Présence d'un sac herniaire contenant des méninges, de la moelle épinière et des racines nerveuses dans la région thoracique ou lombaire Affecte directement l'espace sous-arachnoïdien et, par conséquent, s'accompagne fréquemment d'hydrocéphalie Pas de réactions sensorielles ou réactions variables au-dessous de la lésion Écoulement continu d'urine Incontinence fécale ou rétention des selles Flaccidité du sphincter anal	Prévenir les lésions et l'infection. Coucher l'enfant sur le ventre ou sur le côté et l'immobiliser pour éviter les lésions et les pressions sur le sac herniaire. Laver avec soin les fesses et les organes génitaux après chaque miction et défécation afin de prévenir la contamination du sac herniaire et de réduire les risques d'infection. Protéger le sac herniaire en le recouvrant afin d'empêcher qu'il ne se rompe et ne s'assèche. Noter tout suintement de liquide ou de pus. Pour éviter une stase urinaire, vider la vessie à l'aide de la méthode de Credé (avec les pouces, exercer une pression sur la vessie, vers le bas, pour déplacer l'urine vers l'urètre). Observer les signes de complications. Mesurer le périmètre occipito-frontal pour obtenir une valeur initiale, puis mesurer le périmètre crânien tous les jours afin de dépister l'hydrocéphalie. Vérifier si les fontanelles sont bombées.

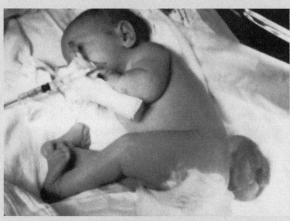

(À gauche) Nouveau-né avec myéloméningocèle.
Source : Dr Paul Winchester.

Omphalocèle	Hernie ombilicale caractérisée par la saillie d'une certaine quantité de viscères abdominaux à la base de l'ombilic Parfois recouverte d'une fine membrane transparente	Assurer l'hydratation et la thermorégulation : administrer du dextrose à 5 % dans du lactate de Ringer et de l'albumine pour prévenir l'hypovolémie. Placer l'enfant dans un sac stérile assez grand pour recouvrir et protéger l'anomalie. Recouvrir la lésion d'une gaze stérile et déposer un plastique par-dessus cette gaze afin de prévenir la rupture du sac herniaire et l'infection. Amorcer une décompression de l'estomac par l'introduction d'un tube nasogastrique relié à un appareil d'aspiration réglé à faible intensité afin d'empêcher la distension de la partie inférieure de l'intestin et la perturbation du débit sanguin. Prévenir l'infection et les lésions dans la région atteinte. Placer l'enfant de manière à prévenir les lésions dans la région atteinte. Administrer des antibiotiques à large spectre.
Imperforation de l'anus, luxation congénitale de la hanche, pied bot	Voir au chapitre 22, *Anus* et *Membres*.	Dépister l'anomalie et prévenir rapidement le médecin.

d'insuffisance cardiaque (tachycardie, tachypnée, diaphorèse, hépatomégalie et cardiomégalie). Le tableau 25-3 présente les manifestations cliniques des cardiopathies congénitales et leur traitement médico-chirurgical.

Il devient de plus en plus fréquent de corriger les anomalies cardiaques durant la période néonatale. Le personnel soignant de l'unité des soins intensifs néonatals collabore aux soins préopératoires et postopératoires du nouveau-né. Le fait d'être

Tableau 25-3

Cardiopathies congénitales observées en période néonatale

Cardiopathies congénitales	Signes cliniques	Traitements médicaux ou chirurgicaux
Malformations non cyanogènes		
Persistance du canal artériel Plus fréquente chez les filles, dans les cas de rubéole congénitale, du syndrome de détresse respiratoire, chez les prématurés de moins de 1 500 g, et chez les enfants vivant dans des régions en haute altitude 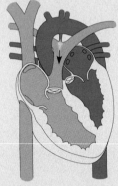	Souffle rude de stade 2 ou 3 au bord supérieur gauche du sternum, juste sous la clavicule gauche Augmentation de l'écart entre la pression systolique et la pression diastolique. Peut entraîner une insuffisance cardiaque droite et une congestion pulmonaire. Hypertrophie de l'oreillette gauche et du ventricule gauche, dilatation de l'aorte ascendante Augmentation de la vascularisation pulmonaire Le canal artériel permet, chez le fœtus, la communication entre l'aorte et l'artère pulmonaire, drainant la majeure partie du sang de l'artère pulmonaire directement vers l'aorte, sans qu'il passe dans les poumons. Après la naissance, le sang de l'aorte dévie dans le canal jusqu'à l'artère pulmonaire (shunt gauche-droite).	Indométhacine (inhibiteur des prostaglandines) – 0,2 mg/kg par voie orale Ligature chirurgicale Oxygénothérapie et transfusion sanguine pour améliorer l'oxygénation et l'irrigation des tissus Restriction des liquides et usage de diurétiques
Communication interauriculaire Plus fréquente chez les filles et chez les enfants atteints du syndrome de Down	Souvent asymptomatique au début Souffle systolique dans le deuxième espace intercostal gauche Si le shunt est important, roulement diastolique au bord inférieur gauche du sternum Retard de développement staturo-pondéral, infections des voies respiratoires supérieures, tolérance réduite à l'effort	Fermeture chirurgicale de la communication (suture ou pièce de Dacron)
Communication interventriculaire Plus fréquente chez les garçons	Asymptomatique au début, jusqu'à la fin du premier mois, ou shunt suffisamment important pour causer un œdème pulmonaire Souffle systolique long, intense et rude entre le troisième et le quatrième espace intercostal, accroissement du débit sanguin pulmonaire Hypertrophie du ventricule droit Respiration rapide, retard de croissance, difficultés d'alimentation Insuffisance cardiaque entre la 6e semaine et le 2e mois après la naissance	Suivi médical – possibilité de fermeture spontanée Administration de Lanoxin et de diurétiques dans les cas d'insuffisance cardiaque Fermeture chirurgicale au moyen d'une pièce de Dacron
Coarctation de l'aorte (précanalaire ou postcanalaire) 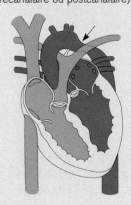	Pouls fémoraux faibles ou imperceptibles Pouls brachiaux accélérés Souffle systolique sous-claviculaire gauche Différence de tension artérielle entre les membres supérieurs et inférieurs Hypertrophie du ventricule gauche Insuffisance cardiaque possible apparaissant entre le 7e et le 21e jour après la naissance La coarctation de l'aorte se caractérise par un rétrécissement de la lumière aortique. Elle entraîne une obstruction de la circulation du sang dans l'aorte, ce qui cause une augmentation de la pression dans le ventricule gauche et une surcharge de travail pour ce ventricule.	Résection chirurgicale de la portion rétrécie de l'aorte Administration de prostaglandines E$_1$ pour maintenir la perfusion périphérique Aucun médicament pour réduire la pression diastolique

Tableau 25-3

Cardiopathies congénitales observées en période néonatale

Cardiopathies congénitales	Signes cliniques	Traitements médicaux ou chirurgicaux

Malformations non cyanogènes (suite)

Hypoplasie du ventricule gauche

Normal à la naissance – la cyanose et l'insuffisance cardiaque apparaissent quelques heures ou quelques jours après la naissance
Souffle systolique doux à gauche du sternum
Pouls faibles
Atrésie aortique et/ou mitrale
Hypoplasie du ventricule gauche avec épaississement des parois
Hypertrophie du ventricule droit
Radiographie : hypertrophie du cœur et congestion veineuse pulmonaire

Administration de prostaglandines jusqu'à ce qu'une décision soit prise
Transplantation
Il n'existe pas de traitement correcteur de l'hypoplasie ventriculaire gauche.

Malformations cyanogènes

Tétralogie de Fallot
(la plus fréquente des cardiopathies cyanogènes)
Sténose pulmonaire
Communication interventriculaire
Chevauchement de l'aorte
Hypertrophie du ventricule droit

Cyanose à la naissance ou apparaissant durant les premiers mois
Souffle systolique rude au bord gauche du sternum
Aggravation de la cyanose et de la détresse respiratoire par les pleurs et au cours de la tétée
Radiographie : cœur en sabot à cause d'une hypotrophie de l'artère pulmonaire
Hypertrophie du ventricule droit

Prévention de la déshydratation et des infections intercurrentes
Soulagement des crises de dyspnée paroxystique
Intervention chirurgicale palliative pour accroître le débit sanguin pulmonaire
Correction chirurgicale – résection de la sténose pulmonaire, fermeture de la communication interventriculaire à l'aide d'une pièce de Dacron

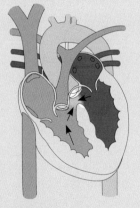

Dans la tétralogie de Fallot, la gravité des symptômes dépend de la gravité de la sténose pulmonaire, de l'importance de la communication interventriculaire et de l'étendue du chevauchement de l'aorte sur la communication interventriculaire.

Transposition des gros vaisseaux
Plus fréquente chez les filles, les nouveau-nés de mère diabétique et les nouveau-nés macrosomiques

Cyanose à la naissance ou apparaissant au cours des trois premiers jours
Souffle diastolique possible
Hypertrophie du ventricule droit
Polycythémie
Radiologie : cœur de silhouette ovoïde

Administration de prostaglandines E_1 pour dilater le canal et l'empêcher de se refermer
Soutien inotrope
Chirurgie initiale pour créer une communication entre le cœur droit et le cœur gauche
Réparation chirurgicale complète, habituellement au moyen d'un switch artériel (une technique pratiquée au cours des premiers jours suivant la naissance)

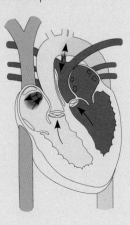

La transposition complète des gros vaisseaux est une embryopathie caractérisée par une division linéaire du tronc bulbaire. En conséquence, l'aorte naît directement du ventricule droit et l'artère pulmonaire du ventricule gauche. Un minimum de communication est nécessaire entre les deux circulations pour maintenir la vie.

soigné par ce personnel hautement spécialisé comporte certains avantages : les infirmières qui y travaillent connaissent bien l'anatomie, la physiologie et les besoins du nouveau-né, et elles ont une bonne expérience du soutien à offrir à la famille.

Une fois que l'état de l'enfant est stabilisé, on doit prendre certaines décisions au sujet du traitement dont il a besoin. Il faut alors donner aux parents des explications claires et détaillées, leur permettre d'intervenir dans le processus décisionnel et leur apporter un soutien émotionnel. S'ils désirent avoir d'autres enfants, les parents qui viennent d'avoir un bébé atteint d'une anomalie congénitale devront aller en consultation génétique. Les parents doivent pouvoir exprimer leurs inquiétudes à l'égard de la santé de leur bébé et comprendre les soins qui lui seront prodigués.

Le nouveau-né atteint d'une erreur innée du métabolisme

Les **erreurs innées du métabolisme** sont des maladies héréditaires transmises par des gènes mutants et caractérisées par des déficits enzymatiques responsables de l'accumulation de métabolites toxiques. La plupart de ces affections sont transmises sur le mode autosomique récessif, ce qui signifie que les deux parents doivent être porteurs du gène en cause et que l'enfant doit être homozygote pour souffrir de la maladie. Il existe des tests spéciaux pour dépister les parents hétérozygotes porteurs de gènes de plusieurs erreurs innées du métabolisme. On peut également dépister in utero certaines de ces affections. Un programme systématique permet aujourd'hui d'effectuer le dépistage néonatal de plusieurs erreurs innées du métabolisme, en particulier celles qui entraînent un retard mental.

La **phénylcétonurie (PCU)** est la plus fréquente des affections métaboliques touchant les acides aminés. Les programmes de dépistage montrent que son incidence serait de 1 cas pour 25 200 naissances vivantes au Québec et de 1 cas pour 11 000 naissances vivantes aux États-Unis. L'incidence varie toutefois considérablement d'un groupe ethnique à l'autre (Kenner et Dreyer, 2000). La maladie survient le plus fréquemment chez les enfants de race blanche des États-Unis et de l'Europe du Nord. Elle est rare chez les Africains, les Chinois et les Japonais.

La phénylalanine est un acide aminé essentiel que l'organisme utilise pour la croissance. L'acide aminé est normalement transformé en tyrosine. Le nouveau-né atteint de phénylcétonurie ne produit pas l'enzyme qui assure cette transformation, de sorte que la phénylalanine s'accumule dans son sang. La phénylalanine produit deux métabolites, l'acide phénylpyruvique et l'acide phénylacétique. Ces métabolites agissent comme des neurotoxiques et causent en quelques mois des lésions cérébrales et un retard mental progressif. Ils sont éliminés dans les urines, qui prennent alors une odeur de moisi.

La **maladie des urines à odeur de sirop d'érable**, aussi appelée leucinose, est une autre anomalie du métabolisme des acides aminés. En l'absence de traitement, elle progresse rapidement, souvent vers la mort. Cette maladie résulte d'un déficit enzymatique dans le métabolisme de la leucine, de l'isoleucine et de la valine, des acides aminés à chaîne ramifiée. Ces acides aminés et leurs métabolites s'accumulent dans le sang et passent dans l'urine, à laquelle ils donnent une odeur caractéristique de sirop d'érable. Pour diagnostiquer cette maladie, on analyse les concentrations sanguines de leucine, d'isoleucine et de valine. On confirme le diagnostic par un dosage sanguin des décarboxylases, des enzymes qui interviennent normalement dans ces réactions métaboliques.

La **galactosémie** est une erreur innée du métabolisme des glucides qui empêche l'organisme d'utiliser le galactose et le lactose. La conversion du galactose et du lactose en glucose se déroule dans le foie sous l'action de la galactose-1-phosphate-uridyl-transférase ou de la galactokinase. Dans la galactosémie, un défaut de l'activité de l'une ou l'autre de ces enzymes provoque l'accumulation dans le sang d'une forme instable de galactose. Cette accumulation entraîne des cataractes, des lésions cérébrales et des lésions hépatiques. L'âge auquel la maladie apparaît ainsi que la gravité de son évolution semblent différer d'un groupe ethnique à l'autre. Ainsi, chez les enfants de race blanche, les symptômes sont plus graves et se manifestent à un plus jeune âge (3 à 14 jours après la naissance) que chez les enfants de race noire (14 à 28 jours après la naissance).

L'**hypothyroïdie congénitale** est dépistée au cours des examens systématiques obligatoires chez le nourrisson. Le programme de dépistage montre que son incidence est de 1 cas pour 3 500 naissances vivantes au Québec. Il s'agit d'un déficit enzymatique causé par une carence en iode dans le régime alimentaire maternel ou par la prise de médicaments par la mère qui dépriment ou inhibent la fonction thyroïdienne.

La **tyrosinémie héréditaire** est une anomalie de la tyrosine, un acide aminé dont la dégradation est bloquée par une déficience de l'enzyme fumarylacétoacétate hydrolase (FAH). On retrouve également du succinylacétone dans le sang et les urines des tyrosinémiques. Au Québec, l'incidence est de 1 cas pour 17 350 naissances vivantes ; la région du Saguenay–Lac-Saint-Jean est particulièrement touchée par cette maladie.

Les erreurs innées du métabolisme sont relativement peu fréquentes, mais elles peuvent être mortelles et exigent souvent un traitement à vie.

Dépistage

Au Québec, le réseau de médecine génétique assure un programme de dépistage et de prévention de certaines maladies métaboliques héréditaires. Le dépistage se fait en deux temps. Premièrement, un prélèvement sanguin pour détecter l'hypothyroïdie congénitale, la phénylcétonurie et la tyrosinémie héréditaire. Deuxièmement, un prélèvement urinaire destiné à détecter dans les urines des nouveau-nés des maladies métaboliques héréditaires reliées aux acides aminés (AA) et à un acide organique, l'acide méthylmalonique. Le programme urinaire est orienté vers le dépistage des maladies que l'examen sanguin ne détecte pas.

Le test de dépistage sanguin doit être fait avant que le nouveau-né ne quitte le centre hospitalier. Il n'exige qu'un petit échantillon de sang prélevé par ponction au talon et recueilli sur un papier filtre. On devrait faire ce test au moins 24 heures après que le bébé a commencé à s'alimenter. De cette façon, les métabolites de la phénylalanine ont le temps de s'accumuler dans le sang du bébé si celui-ci souffre de phénylcétonurie. Chez les nouveau-nés à risque, le lait doit compter pour 60 % de l'alimentation et les liquides intraveineux sans protéines, pour 40 %. Le test de dépistage de la phénylcétonurie doit se faire au moins 48 heures après le début de la suralimentation.

Les parents doivent procéder au test de dépistage urinaire lorsque le nouveau-né est âgé de 21 jours. Il est essentiel que les parents comprennent la nécessité du test de dépistage. L'urine est prélevée à l'aide d'un papier filtre qui doit être complètement imbibé. Il est ensuite séché à la température de la pièce et envoyé (avec le formulaire remis par l'établissement de santé lors du congé du nouveau-né) au laboratoire de l'Université de Sherbrooke. Il est donc essentiel que les parents comprennent la nécessité du test de dépistage.

Tous les États américains ont un programme de dépistage et de prévention de la phénylcétonurie et de l'hypothyroïdie congénitale (AAP, Newborn Screening Task Force, 2000). Le dépistage néonatal systématique des autres erreurs innées du métabolisme varie d'un État à l'autre. Dans certains États, le dépistage est systématique pour la galactosémie, la maladie des urines à odeur de sirop d'érable, l'homocystinurie, la carence en biotinidase et la phénylalanine.

Soins infirmiers

L'infirmière évalue le nouveau-né pour déceler les signes d'erreurs innées du métabolisme et procède à tous les tests de dépistage obligatoires. Habituellement, l'aspect du nouveau-né atteint de phénylcétonurie est normal ; il a souvent les cheveux blonds, les yeux bleus et un teint clair. Sa faible pigmentation proviendrait d'une compétition entre la phénylalanine et la tyrosine pour la tyrosinase. La tyrosine est nécessaire à la formation de la mélanine, de même que de l'adrénaline et de la thyroxine. Sans traitement, le bébé présente un arrêt de croissance, des vomissements et de l'eczéma. Vers l'âge de 6 mois, on observe un retard mental et une atteinte du système nerveux central, caractérisée par des convulsions et par un tracé électroencéphalographique anormal.

Les nouveau-nés atteints de la maladie des urines à odeur de sirop d'érable présentent des difficultés d'alimentation et des troubles neurologiques (convulsions, spasticité, opisthotonos) au cours de leur première semaine de vie. La plupart du temps, ce sont les parents qui signalent l'odeur de sirop d'érable des urines de leur enfant. La couleur des urines tourne au gris-vert en présence de chlorure ferrique (Burton, 1999).

Les manifestations cliniques de la galactosémie comprennent des vomissements après l'ingestion de préparation lactée ou de lait maternel, de la diarrhée, un faible gain de poids, un ictère et un retard mental. Au cours de la période néonatale, la maladie est souvent associée à une septicémie à *Escherichia coli* et à des cataractes (Burton, 1999). À l'exception des cataractes et du retard mental, qui sont irréversibles, les autres manifestations se résorbent spontanément quand on retire le galactose de l'alimentation. On peut prévenir le retard mental par un diagnostic précoce et un régime alimentaire approprié.

L'enfant atteint d'hypothyroïdie congénitale présente souvent une hypertrophie de la langue, une hernie ombilicale, une peau moite avec des marbrures, une implantation basse des cheveux, une hypotonie et un élargissement des fontanelles. Parmi les premiers symptômes de cette affection, on note un ictère néonatal prolongé, des difficultés d'alimentation, de la constipation, un cri faible, un gain pondéral peu élevé, l'inactivité et un retard du développement moteur. En outre, chez les prématurés nés avant 30 semaines de gestation, les concentrations de thyroxine et de thyréostimuline sont inférieures à celles du nouveau-né à terme. Cette différence peut refléter une incapacité de lier les hormones thyroïdiennes et une prédisposition à l'hypothyroïdie.

Les manifestations cliniques de la tyrosinémie touchent principalement le foie, les reins et les nerfs périphériques. C'est pourquoi la maladie se manifeste habituellement par une cirrhose hépatique, une dysfonction tubulaire du rein et des crises neurologiques. Son évolution est variable, parfois mortelle par insuffisance hépatique ou transformation maligne de la cirrhose.

 Soins infirmiers communautaires

Si le bébé souffre de phénylcétonurie, on recommande aux parents de donner à l'enfant un régime pauvre en phénylalanine. Elle peut aussi leur préparer une liste des aliments prohibés et autorisés qui servira à établir le régime alimentaire approprié (Kirby, 1999). Il existe sur le marché des préparations lactées à faible teneur en phénylalanine (Lofenalac, Minafen, Albumaid XP, etc.). Il est possible de limiter les lésions cérébrales en commençant le traitement avant l'âge de 1 mois. Chez les femmes atteintes de phénylcétonurie, qui sont enceintes et qui ne suivent pas un régime pauvre en phénylalanine pendant leur grossesse, le risque d'avoir un enfant atteint d'un retard mental est plus élevé. On recommande donc à ces femmes de suivre à nouveau un régime alimentaire à faible teneur en phénylalanine avant de devenir enceintes (Kirby, 1999).

Dans le cas de la maladie des urines à odeur de sirop d'érable, il faut entreprendre sans délai un régime alimentaire à faible teneur en acides aminés ramifiés (leucine, isoleucine et valine) et le poursuivre indéfiniment. Il semble que l'adoption de ce régime avant l'âge de 12 jours permet à l'enfant d'avoir une intelligence normale (AAP, Committee on Genetics, 1996).

On traite la galactosémie par une diète sans galactose. Les préparations lactées sans galactose comprennent les hydrolysats protéiques (comme Nutramigen), les préparations lactées à base de viande et les préparations lactées à base de lait de soya. Il est impératif d'expliquer aux parents qu'ils doivent non seulement éviter le lait et les produits laitiers, mais aussi tous les aliments qui en contiennent. Même si le traitement commence très tôt, l'enfant atteint de galactosémie demeure prédisposé aux difficultés d'apprentissage, aux troubles du langage et au déficit ovarien (Burton, 1999).

Le bébé atteint d'hypothyroïdie congénitale a besoin d'un suivi serré, avec de fréquents examens de laboratoire. On doit notamment ajuster régulièrement la posologie de ses médicaments en fonction de sa croissance et de son développement. Le maintien d'un traitement adéquat permet à l'enfant de demeurer asymptomatique. En l'absence de traitement, on observe un ralentissement de la croissance et un retard mental.

Pour ce qui est des enfants atteints d'homocystinurie, leur régime alimentaire doit être pauvre en méthionine, mais contenir des suppléments de cystine et de pyridoxine (vitamine B_6).

Un diagnostic rapide et un traitement approprié permettent généralement de prévenir le retard mental.

On traite les enfants atteints de tyrosinémie par une diète fructovégétarienne stricte, contenant peu de tyrosine et de phénylalanine. Au Québec, depuis quelques années, le NTBC, un médicament administré par voie orale, permet d'obtenir de bons résultats.

Les parents d'un enfant atteint d'une erreur innée du métabolisme doivent être adressés à un groupe de soutien. L'infirmière doit également s'assurer qu'ils connaissent les organismes de consultation en génétique et en nutrition auxquels ils peuvent avoir recours.

Évaluation et résultats escomptés

Les résultats escomptés des soins infirmiers peuvent être les suivants :

- le risque d'erreur innée du métabolisme est promptement reconnu, et les interventions nécessaires sont entreprises sans délai ;
- les parents expriment leurs inquiétudes au sujet de la santé de leur enfant, de ses besoins futurs et des séquelles possibles de sa maladie ;
- les parents connaissent les ressources communautaires auxquelles ils ont accès et les utilisent au besoin.

Le chapitre en bref

Notions fondamentales

- Le dépistage précoce des fœtus susceptibles de présenter des problèmes (par l'évaluation initiale portant sur la conception, la grossesse et l'accouchement) permet à l'infirmière de recueillir les données appropriées et d'exécuter les interventions qui s'imposent au moment opportun.
- Les nouveau-nés prématurés, hypotrophiques, macrosomiques, nés d'une mère diabétique ou d'une mère toxicomane, souffrent de problèmes similaires, bien que relevant de processus physiologiques différents.
- Les nouveau-nés hypotrophiques sont prédisposés à l'asphyxie périnatale et au syndrome d'inhalation de méconium, à l'hypothermie, à l'hypoglycémie, à l'hypocalcémie, à la polycythémie, aux anomalies congénitales et aux infections intra-utérines. À long terme, ils connaissent des problèmes de croissance et des difficultés d'apprentissage.
- Les nouveau-nés macrosomiques sont prédisposés au traumatisme obstétrical (à cause d'une disproportion fœtopelvienne), à l'hypoglycémie, à la polycythémie et à l'hyperviscosité.
- Les nouveau-nés de mère diabétique sont prédisposés à l'hypoglycémie, à l'hypocalcémie, à l'hyperbilirubinémie, à la polycythémie et à la détresse respiratoire à cause de l'immaturité de leurs poumons.

- Les problèmes auxquels sont exposés les nouveau-nés postmatures sont la dystocie de l'épaule et la naissance traumatique, l'hypoglycémie, la polycythémie, le syndrome d'inhalation de méconium, l'hypothermie et, parfois, les convulsions. À long terme, ces enfants risquent de présenter un retard pondéral et un faible quotient intellectuel.
- Les problèmes les plus fréquents des prématurés sont dus à l'immaturité de tous leurs appareils et systèmes. Ces bébés risquent surtout de souffrir de détresse respiratoire, de persistance du canal artériel, d'hypothermie et de stress hypothermique. Ils sont aussi sujets à des difficultés d'alimentation et ils risquent de souffrir d'entérocolite nécrosante, d'importantes pertes hydriques insensibles, de pertes rénales de substances tampons, d'infections, d'anémie du prématuré, d'apnée et d'hémorragie intraventriculaire, de rétinopathie aiguë du prématuré ou d'une désorganisation du comportement. Parmi les séquelles de la prématurité, on note la dysplasie bronchopulmonaire, les défauts d'élocution, les pertes auditives neurosensorielles et les troubles neurologiques.
- Les nouveau-nés de mère alcoolique présentent souvent des traits physiques caractéristiques et éprouvent des difficultés d'alimentation qui laissent des séquelles. De plus, ils sont prédisposés à un dysfonctionnement du système nerveux central caractérisé notamment

par un retard mental, de l'hyperactivité et des défauts d'élocution, et par des anomalies congénitales.

- Les nouveau-nés de mères qui consomment des drogues peuvent présenter un syndrome de sevrage accompagné de détresse respiratoire, d'ictère, d'anomalies congénitales et d'anomalies du comportement. Un dépistage et une intervention rapide permettent de prévenir les séquelles physiologiques et psychologiques ou, du moins, d'en réduire la gravité.

- Les nouveau-nés exposés au VIH ont besoin d'un dépistage précoce, de même que d'un traitement qui vise à atténuer la gravité des effets physiologiques et émotionnels de l'infection de leur mère par le VIH.

- Les cardiopathies congénitales sont une importante cause de morbidité et de mortalité durant la période néonatale. Il est essentiel de procéder à un dépistage précoce et à un traitement approprié afin d'améliorer la qualité de vie des enfants atteints d'une anomalie cardiaque. Les soins visent à réduire la charge de travail du cœur et à réduire la consommation d'oxygène et d'énergie.

- Le dépistage des erreurs innées du métabolisme, comme la phénylcétonurie, l'hypothyroïdie congénitale et la tyrosinémie héréditaire, se déroule généralement dans le cadre d'un programme visant à prévenir les manifestations de la maladie par le régime alimentaire et l'administration de médicaments.

- Pour prodiguer efficacement ses soins au nouveau-né malade, l'infirmière doit d'abord avoir une bonne connaissance de la physiologie normale, de la physiopathologie des maladies, de leurs manifestations cliniques et de leurs traitements correctifs ou de soutien. Sans ces connaissances, elle ne peut observer adéquatement la réaction au traitement et l'apparition des complications.

- L'infirmière et les autres membres du personnel soignant doivent aider les parents du nouveau-né à risque à comprendre les besoins particuliers de leur enfant et à se sentir capables de s'en occuper à la maison.

Références

ALS, H. (1998). «Developmental care in the newborn intensive care unit», *Current Opinion in Pediatrics*, vol. 10, p. 138-142.

ALS, H., B. M. LESTER, E. TRONICK et T. B. BRAZELTON (1982). «Assessment of preterm infant behavior (APIB)», *in* B. M. Fitzgerald et M. W. Yogman (dir.), *Theory and research in behavioral* pediatrics, vol. 1, New York, Plenum, p. 35-82.

AMERICAN ACADEMY OF PEDIATRICS, COMMITTEE ON DRUGS (1998). «Neonatal drug withdrawal», *Pediatrics*, vol. 101, n° 6, p. 1079-1088.

AMERICAN ACADEMY OF PEDIATRICS, COMMITTEE ON GENETICS (1996). «Newborn screening fact sheets», *Pediatrics,* vol. 98, n° 3, p. 473-501.

AMERICAN ACADEMY OF PEDIATRICS, COMMITTEE ON PEDIATRIC AIDS AND COMMITTEE ON INFECTIOUS DISEASES (1999). «Issues related to human immunodeficiency virus transmission in schools, child care, medical settings, the home, and community», *Pediatrics*, vol. 104, n° 2, p. 318-324.

AMERICAN ACADEMY OF PEDIATRICS, NEWBORN SCEENING TASK FORCE (2000). «Newborn screening: A blueprint for the future», *Pediatrics*, vol. 106, n° 2, p. 389-427.

AMERICAN ACADEMY OF PEDIATRICS AND AMERICAN COLLEGE OF OBSTETRICIANS AND GYNECOLOGISTS (1997). *Guidelines for perinatal care*, 4e éd., Elk Grove Village, Il, chez l'auteur.

ANDERSON, M. S. et W. W. HAUY (1999). «Intrauterine growth restriction and the small-for-gestional-age infant», *in* G. B. Avery, M. A. Fletcher et M. G. MacDonald (dir.), *Neonatology: Pathophysiology and management of the newborn*, 5e éd., Philadelphie, Lippincott Williams & Wilkins, chap 25, p. 411-444.

BAUER, C. R. (1999). «Perinatal effects of prenatal drug exposure», *Clinics in Perinatology*, vol. 26, n° 1, p. 87-106.

BELLANTI, J. A., B. J. ZELIGS et Y. PUNG (1999). «Immunology of the fetus and newborn», *in* G. B. Avery, M. A. Fletcher et M. G. Macdonald (dir.), *Neonatology: Pathophysiology and management of the newborn*, 5e éd., Philadelphie, Lippincott Williams & Wilkins, chap. 46, p. 1093-1122.

BLACKBURN, S. (1998). «Environmental impact of the NICU on developmental outcomes», *Journal of Pediatric Nursing*, vol. 13, n° 5, p. 279-289.

BUCHI, K. F. (1998). «The drug-exposed infant in the well-baby», *Clinics in Perinatology*, vol. 25, n° 2, p. 335-350.

BURTON, B. K. (1999).: «Inherited metabolic disorders», *in* G. B. Avery, M. A. Fletcher et M. G. MacDonald (dir.), *Neonatology: Pathophysiology and management of the newborn*, 5e éd., Philadelphie, Lippincott Williams & Wilkins, chap. 39, p. 821-838.

ENGEBRETSON, J. C. et D. W. WARDELL (1997). «Developing of a pacifier for low-birth infants' non-nutritive sucking», *Journal of Obstetric, Gynecologic, and Neonatal Nursing*, vol. 26 n° 6, p. 107-105.

EYLER, F. D., et M. BEHNKE (1999). «Early development of infants exposed to drugs prenatally», *Clinics in Perinatology*, vol. 26, n° 1, p. 107-150.

FREIJ, B. J., et J. L. SEVER (1999). «Chronic infections», *in* G. B. Avery, M. A. Fletcher et M. G. MacDonald (dir.), *Neonatology: Pathophysiology and management of the newborn*, 5e éd., Philadelphie, Lippincott Williams & Wilkins, chap. 48, p. 1123-1188.

FRENCH, E. D., M. PITUCH, J. BRANDT et S. POHORECKI (1998). «Improving interactions between substance-abusing mothers and their substance-exposed newborns», *Journal of Obstetric, Gynecologic, and Neonatal Nursing*. vol. 27, n° 3, p. 262-269.

GARDNER, J. (2000). «Fetal alcohol syndrome», *American Journal of Maternal Child Nursing*, vol. 25, n° 5, p. 252-257.

HESS, D. J., et C. KENNER (1998), «Families caring for children with fetal alcohol syndrome: The nurse's role in early identification and intervention», *Holistic Nursing Pratice,* vol. 12, n° 3, p. 47-54.

HORNS, K. M. (1998). «Being-in-tune caregiving», *Journal of Perinatal Neonatal Nursing*, vol. 12, n° 3, p. 38-49.

KANDALL, S. R., T. M. DOBERCZAK, M. JANTUNEN et J. STEIN (1999). «The methadone-maintained pregnancy», *Clinics in Perinatology*, vol. 26, n° 1, p. 173-183.

KENNER, C., et L. A. DREYER (2000). «Prenatal and neonatal testing and screening: A double-edge sword», *Nursing Clinics of North American*, vol. 35, n° 3, p. 627-641.

KIRBY, R. B. (1999). «Maternal phenylketonuria : A new cause for concern», *Journal of Obstetric, Gynecologic, and Neonatal Nursing*, vol. 28, n° 30, p. 227-234.

LANGER, O. (2000). «Fetal macrosomia : Etiologic factors», *Clinical Obstetrics and Gynecology*, vol. 43, n° 2, p. 283-297.

MALANGA, C. J., et B. E. KOSOFSKY (1999). «Mechanisms of action of drugs of abuse on the developing fetal brain», *Clinics in Perinatology*, vol. 26, n° 1, p. 17-37.

MERENSTEIN, G. B., et S. L. GARDNER (1998). *Handbook of neonatal intensive care*, 4e éd., St. Louis, Mosby.

MORAN, M., S. G. RADZYMINSKI, K. R. HIGGINS, D. A. DOWLING, M. J. MILLER et G. CRANSTON ANDERSON (1999). «Maternal kangaroo (skin-to-skin) care inthe NICU beginning 4 hours postbirth», *Journal of Maternal Child Nursing*, vol. 24, n° 2, p. 74-79.

NEONATAL THERMOREGULATION (1997). *in NANN guidelines for practice*, Petaluma, CA, National Association of Neonatal Nurses, p. 1-15.

NEWELL, S. J. (2000). «Enteral feeding of the micropremie», *Clinics in Perinatology,* vol. 27, n° 1, p. 221-234.

OSTREA, E. M., E. C. POSECION et M. E. T. VILLANUEVA (1999). «The infant of the drug-dependent mother», *in* G. B. Avery, M. A. Fletcher et M. G. MacDonald (dir.), *Neonatology : Pathophysiology and management of the newborn*, 5e éd., Philadelphie, Lippincott Williams & Wilkins, chap. 56, p. 1407-1466.

PRESSLER, J. L., et J. T. HEPWORTH (19997). «Behavior of macrosomic and appropriate-for-gestational-age newborns», *Journal of Obstetric, Gynecologic, and Neonatal Nursing*, vol. 26, n° 2, p. 198-205.

RESNICK, R., et A. CALDER (1999). «Post-term pregnancy», *in* R. K. Creasy et R. Resnick (dir.), *Maternal-fetal medicine,* 4e éd., Philadelphie, Saunders, chap. 33, p. 532-540.

SANTÉ CANADA (2000). *Les soins à la mère et au nouveau-né dans une perspective familiale : lignes directrices nationales*, Ottawa, ministre des Travaux publics et Services gouvernementaux Canada.

SIEGFRIED, E. C. (1998). «Neonatal skin and skin care», *Dermatologic Clinics*, vol. 16, n° 3, p. 437-446.

SMERIGLIO, V. L., et H. C. WILCOX (1999). «Prenatal drug exposure and child outcome : Past, present, future», *Clinics in Perinatology*, vol. 26, n° 1, p. 1-16.

SOCIÉTÉ CANADIENNE DE PÉDIATRIE, COMITÉ DES MALADIES INFECTIEUSES ET D'IMMUNISATION (2000). «Les soins au nourrisson né d'une mère séropositive», Ottawa, n° de référence : ID 00-01.

SOHL, B., et T. R. MOORE (1998). «Abnormalities of fetal growth», *in* H. W. Taeusch et R. A. Ballard (dir.), *Aveny's diseases of the newborn*, 7e éd., Philadelphie, Saunders, chap. 9, p. 90-102.

UVENA-CELEBREZZE, J., et P. M. CATALANO (2000). «The infant of the woman with gestational diabetes mellitus», *Clinical Obstetrics and Gynecology*, vol. 43, n° 1, p. 127-139.

Lectures complémentaires

AURAY-BLAIS, C., R. GIGUÈRE et B. LEMIEUX (1989). «Dépistage urinaire – L'urine des bébés du Québec beaucoup plus précieuse que vous le pensez…», *Le chimiste*, février, p. 12-14.

BUSSIÈRE, J. F., et G. MITCHELL (1998). Groupe québécois d'étude sur le NTBC, «Le NTBC», *Québec Pharmacie*, vol. 45, n° 4, avril, p.361-367.

GRENIER, A., J. H. DUSSAULT, C. LABERGE et J. MORISSETTE (1989). «Le dépistage des maladies congénitales et héréditaires au Québec : le programme sanguin», *Le chimiste*, février, p.4-8.

LECOMPTE, J., E. PERREAULT,. M. VENNE et K. A. LAVANDIER (2002). *Impacts de la toxicomanie maternelle sur le développement de l'enfant et portrait des services existants au Québec,* Montréal, Comité permanent de lutte à la toxicomanie, septembre.

LEPIRE, É. (2000). «Des mères kangourous au Mexique», *L'Infirmière du Québec*, novembre/décembre, vol 8, n° 2, p. 42-47.

PELCHAT, D., N. RICARD et H. LEFEBVRE (2001). «L'adaptation des parents d'enfants atteints d'une déficience. Effets d'un programme d'intervention familiale précoce», *L'Infirmière du Québec*, novembre/décembre, vol. 9, n° 2, p. 15-24.

Le nouveau-né à risque : problèmes de santé associés à la naissance

Objectifs

- En se basant sur le compte rendu du travail et de l'accouchement ainsi que sur les signes physiologiques pertinents, reconnaître les nouveau-nés dont l'état exige une réanimation et préciser la méthode de réanimation qui convient

- Distinguer, d'après leurs manifestations cliniques, les principaux types de détresse respiratoire (syndrome de détresse respiratoire, tachypnée transitoire et syndrome d'inhalation de méconium)

- Décrire certains troubles du métabolisme (y compris le stress hypothermique et l'hypoglycémie), leurs effets sur le nouveau-né et les soins infirmiers indiqués

- Différencier l'ictère physiologique de l'ictère pathologique (apparition, causes, séquelles possibles et soins particuliers)

- Expliquer comment l'incompatibilité rhésus ou l'incompatibilité sanguine ABO peuvent entraîner l'hyperbilirubinémie

- Résumer le rôle de l'infirmière dans le traitement d'un nouveau-né atteint de la maladie hémolytique

- Connaître les soins infirmiers à prodiguer au bébé traité par photothérapie

- Décrire certains troubles hématologiques (comme l'anémie et la polycythémie) et les soins infirmiers qu'ils exigent

- Décrire l'évaluation qui permet à l'infirmière de dépister l'infection chez le nouveau-né

- Décrire les conséquences pour le nouveau-né de certaines infections transmises par la mère (syphilis, gonorrhée, herpès et chlamydiase) et les soins néonatals à donner au bébé atteint

- Décrire les besoins particuliers immédiats et à long terme des parents du nouveau-né à risque

LE PASSAGE DE LA VIE INTRA-UTÉRINE À LA VIE EXTRA-UTÉRINE se caractérise par d'importantes modifications de l'homéostasie. Les changements anatomiques et physiologiques qui surviennent le plus rapidement durant cette période concernent les appareils cardiovasculaire et respiratoire. C'est pourquoi les problèmes apparaissant à la naissance touchent surtout ces deux appareils : asphyxie, détresse respiratoire, stress hypothermique, ictère, maladie hémolytique et anémie. Idéalement, on détecte ces problèmes avant la naissance et on applique les interventions appropriées dès la naissance ou aussitôt après.

L'asphyxie

L'asphyxie néonatale est due à des facteurs de nature circulatoire, respiratoire et biochimique. Les manifestations circulatoires qui accompagnent l'asphyxie traduisent l'incapacité d'effectuer la transition vers la circulation extra-utérine. Autrement dit, il se produit un retour à la circulation fœtale. L'absence d'expansion pulmonaire et de respiration spontanée entraîne rapidement une hypoxie (diminution de la PaO_2), une acidose (réduction du pH) et une hypercapnie (augmentation de la PCO_2). Ces changements biochimiques provoquent une vasoconstriction pulmonaire, qui s'accompagne d'une augmentation de la résistance pulmonaire, d'une réduction de l'irrigation des poumons, d'une part, et d'un important shunt droite-gauche à travers le canal artériel, d'autre part. Comme la pression auriculaire droite dépasse la pression auriculaire gauche, le foramen ovale s'ouvre et le sang circule de droite à gauche. (Le chapitre 21 décrit l'adaptation cardiopulmonaire normale du nouveau-né.)

Les perturbations biochimiques provoquées par l'asphyxie contribuent à ces changements circulatoires. La plus grave de ces perturbations est causée par l'hypoxie qui entraîne le passage du métabolisme aérobie au métabolisme anaérobie avec, pour conséquence, l'accumulation d'acide lactique et une acidose métabolique. Une acidose respiratoire survient simultanément par suite d'une augmentation rapide de la $PaCO_2$ au cours de l'asphyxie. En réaction à l'hypoxie et au métabolisme anaérobie, les taux sanguins d'acides gras libres et de glycérol augmentent. Les réserves de glycogène sont aussi mobilisées pour assurer un apport constant de glucose au cerveau. L'asphyxie peut donc entraîner un épuisement rapide des réserves hépatique et cardiaque de glycogène.

Plusieurs mécanismes protègent le nouveau-né contre les agressions de l'hypoxie : un cerveau relativement immature et un métabolisme basal plus faible que celui de l'adulte, une capacité de mobiliser les substances organiques pour le métabolisme anaérobie et une utilisation plus efficace de l'énergie, ainsi qu'un appareil circulatoire intact capable de redistribuer le lactate et les ions hydrogène dans les tissus irrigués. Malheureusement, une hypoxie grave et prolongée triomphe de ces mécanismes et provoque des lésions cérébrales, voire la mort.

Un enfant apnéique à la naissance doit être réanimé d'urgence. Une réanimation est à prévoir si on décèle la présence de facteurs prédisposant au cours de la grossesse et du travail.

Facteurs prédisposant à l'asphyxie

Comme les facteurs de risque de l'asphyxie néonatale ont été présentés dans les tableaux 7-1 et 16-1, nous ne rappelons ici que les principaux :

- Des changements non rassurants dans la fréquence cardiaque fœtale.
- Une naissance difficile.
- Une hémorragie fœtale.
- Une période d'apnée sans réaction aux stimulations tactiles.
- Une ventilation insuffisante.
- La prématurité.
- Une anomalie pulmonaire structurelle (hernie diaphragmatique, hypoplasie pulmonaire).
- Un arrêt cardiaque.

Parfois, il n'y a aucun signe annonciateur avant la naissance. Dans le cas des grossesses à risque, une surveillance particulière s'impose. Certains aspects du travail et de l'accouchement compromettent l'apport d'oxygène au fœtus, sans compter que le fœtus à risque supporte souvent moins bien le stress de la naissance.

Traitement clinique

La démarche médicale vise d'abord le dépistage des fœtus prédisposés à l'asphyxie, afin d'entreprendre des mesures de réanimation dès la naissance. Il est possible de déceler une souffrance fœtale en procédant simultanément à l'évaluation biophysique du fœtus (voir le chapitre 14), à la surveillance continue du pH et des gaz sanguins fœtaux et maternels, ainsi qu'au monitorage de la fréquence cardiaque fœtale au cours du travail. On procède, dans ce cas, à un accouchement d'urgence, avant que l'asphyxie ne cause des lésions importantes, et on traite immédiatement l'asphyxie chez le nouveau-né.

Outre l'évaluation biophysique du fœtus, un échantillon de sang fœtal prélevé sur le cuir chevelu permet de déterminer le degré d'asphyxie et la gravité de l'acidose fœtale concomitante à l'évolution du travail, aux contractions et aux variations anormales de la fréquence cardiaque fœtale. Le stress du travail provoque en effet une diminution temporaire des échanges gazeux dans l'espace intervillositaire du placenta, causant une baisse du pH et une acidose fœtale. Cette acidose fœtale est essentiellement de nature métabolique.

Durant le travail, on considère comme normal un pH fœtal de 7,5 et plus. Un pH inférieur à 7,2 présage une asphyxie fœtale. Si elle ne s'accompagne pas d'hypoxie, la baisse de pH fœtal peut être causée par une acidose maternelle consécutive à un travail prolongé, à une déshydratation et à une production d'acide lactique par l'organisme maternel.

L'asphyxie fœtale et néonatale se traite par une réanimation, qui a pour but de dégager les voies respiratoires et de provoquer l'expansion des poumons, de diminuer la P_{CO_2} et d'augmenter la P_{O_2}, de maintenir le débit cardiaque et de diminuer la consommation d'oxygène en réduisant au minimum les pertes de chaleur.

Les premières minutes de la réanimation sont capitales. Avant la première inspiration, on place la tête du nouveau-né vers le bas pour éviter une inhalation des sécrétions oropharyngiennes. Puis on procède immédiatement à l'aspiration de l'oropharynx et du nasopharynx afin de dégager les voies respiratoires. On procède toujours à une aspiration avant la réanimation pour éviter l'inhalation dans les poumons de mucus, de sang ou de méconium.

Après les premières respirations, l'infirmière place le nouveau-né sur le dos sous une source de chaleur radiante et le sèche rapidement avec une serviette pour que sa température cutanée se maintienne aux alentours de 36,5 °C. Cette friction pour sécher la peau contribue aussi à stimuler la respiration. Les pertes de chaleur par évaporation sont considérables au cours des premières minutes de vie. Dans une salle d'accouchement maintenue à 16 °C, la température d'un nouveau-né de 1 500 g dont la peau est mouillée de liquide amniotique baisse de 1 °C toutes les 3 minutes. Or, l'hypothermie augmente la consommation d'oxygène. Chez un nouveau-né souffrant d'asphyxie, elle aggrave l'hypoxie et, par conséquent, les risques d'acidose grave et de détresse respiratoire.

C'est au moment de la naissance qu'on commence à évaluer la nécessité d'une réanimation. L'infirmière doit noter, dans l'ordre où ils se présentent, le moment de la première inspiration, le moment du premier cri et le début de la respiration soutenue. L'indice d'Apgar (voir le chapitre 17) facilite l'évaluation de la gravité de la souffrance néonatale, mais il ne faut jamais attendre l'Apgar à 1 minute pour procéder aux interventions qui s'imposent.

On établit la respiration en utilisant d'abord les mesures de réanimation les plus simples, puis on passe progressivement à des techniques plus complexes, selon les besoins.

1. On commence par frotter le dos ou la plante des pieds pour stimuler la respiration.
2. Si la respiration ne se déclenche pas ou est anormale (le bébé halète ou respire irrégulièrement), on procède à une dilatation des poumons par pression positive. On place correctement le masque sur la figure du nouveau-né (le masque doit couvrir la bouche et le nez, mais non les yeux). La tête doit être droite, car une hyperextension du cou obstruerait la trachée (figure 26-1 ▶). Un masque bien placé est étanche à l'air ambiant et permet au ballon de se gonfler. On dilate ensuite les poumons en comprimant le ballon selon un rythme régulier. On

FIGURE 26-1 ▶ Démonstration de la réanimation d'un nouveau-né à l'aide d'un masque et d'un ballon. Remarquez que le masque recouvre la bouche et le nez de l'enfant et que la tête est en position neutre (droite). On doit placer le ballon de réanimation à côté du bébé afin de pouvoir observer les mouvements du thorax de l'enfant.

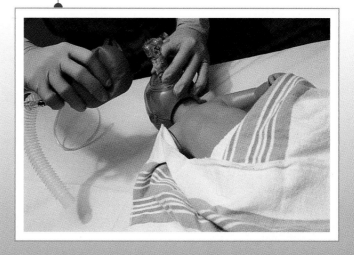

peut administrer de l'oxygène à 100 % avec un ballon d'anesthésie muni d'un manomètre ou avec un ballon autogonflable modifié, réglé à un débit adéquat. Les ballons autogonflables (Ambu) administrent seulement de l'oxygène à 40 % s'ils ne sont pas modifiés ; avec ces ballons, il est parfois difficile de maintenir une pression inspiratoire adéquate. Or, dans les situations critiques, il est essentiel d'administrer de l'oxygène à 100 % à la pression indiquée.

3. Pour s'assurer que la ventilation est adéquate, on observe les mouvements du thorax. On vérifie par auscultation la fréquence cardiaque et l'entrée de l'air dans les poumons. La réanimation manuelle doit être coordonnée avec les efforts respiratoires spontanés, s'il y en a. La ventilation se fait à une fréquence de 40 à 60 respirations par minute. La pression doit être suffisante pour entraîner le mouvement de la cage thoracique. Il faut utiliser le manomètre pour éviter la distension des poumons du nouveau-né et des problèmes tels que le pneumothorax et la distension abdominale. Chez les nouveau-nés aux poumons normaux, une pression de 15 à 25 cm H_2O devrait être adéquate. Si le nouveau-né souffre d'une pneumopathie, une pression de 20 à 40 cm H_2O est parfois nécessaire. Si le nouveau-né n'a pas encore pris sa première respiration, une pression supérieure à 30 cm H_2O peut s'avérer indispensable le temps de dilater les alvéoles affaissées. Si la ventilation est efficace, le thorax se soulève à chaque inspiration, on entend des murmures vésiculaires bilatéraux, les

lèvres et les muqueuses rosissent. La distension abdominale se corrige par l'insertion d'un tube nasogastrique pour décomprimer l'estomac.

4. L'intubation endotrachéale est parfois nécessaire. Toutefois, il est possible de réanimer la plupart des nouveau-nés, sauf ceux de très petit poids, à l'aide du masque ou du ballon. Si le bébé est intubé et que la ventilation n'améliore pas la coloration de la peau et la fréquence cardiaque, on vérifie la position du tube endotrachéal. Si la position du tube est correcte l'échec de la ventilation résulte probablement d'un pneumothorax, d'une hernie diaphragmatique ou du syndrome de Potter.

Une fois la respiration établie, la fréquence cardiaque doit monter à plus de 100 battements par minute. Si elle est inférieure à 60 battements par minute après 30 secondes de ventilation efficace en pression positive avec de l'oxygène à 100 %, on effectue un massage cardiaque externe (compression thoracique). On procède immédiatement au massage si le pouls est imperceptible. Les compressions thoraciques se font de la manière suivante :

1. Placer le nouveau-né sur une surface dure dans la position appropriée.

2. Pour trouver la bonne position, on trace une ligne imaginaire entre les mamelons et on place les deux pouces à une largeur de doigt sous cette ligne, les autres doigts repliés sous le dos du bébé pour le soutenir (figure 26-2 ▶).

3. La profondeur des compressions correspond à environ un tiers de la distance qui sépare le sternum de la colonne

FIGURE 26-2 ▶ Massage cardiaque externe. On comprime le tiers inférieur du sternum avec 2 doigts ou avec les 2 pouces à une fréquence de 90 compressions par minute. **A.** Dans la méthode des deux doigts, on utilise les deux doigts d'une même main pour comprimer le sternum pendant que l'autre main soutient le dos du bébé. **B.** Dans la méthode des deux pouces, on utilise les deux pouces pour comprimer le sternum pendant que les autres doigts soutiennent le dos du bébé.

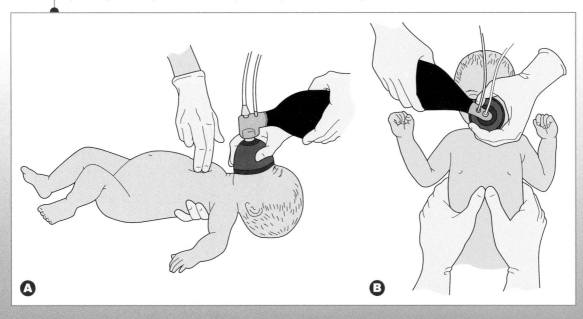

A   B

vertébrale, et leur fréquence est de 90 par minute (AAP et AHA, 2000). Le rapport compression/ventilation est de 3:1.

On doit avoir, dans la salle d'accouchement, les médicaments nécessaires au traitement du choc, de l'arrêt cardiaque ou de la narcose. À cause de son utilité dans la ventilation, l'oxygène est très largement utilisé.

Si, après 30 secondes de ventilation et de massage cardiaque, le nouveau-né n'a pas répondu à la réanimation par une respiration spontanée et une fréquence cardiaque supérieure à 60 battements par minute, on doit administrer des médicaments (AAP et AHA, 2000). La veine ombilicale est la voie d'administration la plus accessible. Si le nouveau-né présente de la bradycardie, on administre de l'adrénaline (0,1 à 0,3 mL/kg d'une solution à 1:10 000) par le cathéter veineux ombilical, par la perfusion intraveineuse périphérique ou par le tube endotrachéal (si la perfusion intraveineuse n'est pas encore en fonction). Lorsqu'on administre de l'adrénaline par le tube endotrachéal, on donne une dose équivalente à 2 ou 3 fois la dose prescrite par voie intraveineuse, suivie immédiatement par 1 mL de solution isotonique (Young et Mangum, 2000). En cas d'asphyxie grave, on administre du bicarbonate de sodium (1 ou 2 mEq/kg de la solution à 4,2%) très lentement, soit en prenant au moins 2 minutes, à un débit de 1 mEq/kg/min, pour corriger l'acidose métabolique, mais seulement lorsqu'une ventilation efficace a été établie. On administre du dextrose pour freiner l'hypoglycémie. Le dextrose à 10%, par voie intraveineuse, suffit habituellement pour prévenir ou traiter l'hypoglycémie dans la salle d'accouchement. Le chlorhydrate de naloxone (0,1 mg/kg), un antagoniste des narcotiques, sert à corriger la détresse que causent ces médicaments (Young et Mangum, 2000). (Voir le *Guide pharmacologique : Chlorhydrate de naloxone [Narcan]*.)

En cas de choc (tension artérielle basse ou mauvaise irrigation périphérique), on administre une solution de remplissage vasculaire pour corriger l'hypovolémie, par exemple une solution d'albumine à 5% ou une solution de lactate de Ringer à 10 mL/kg. On utilise aussi le sang entier, le plasma frais congelé, les protéines plasmatiques et le culot globulaire pour corriger l'hypovolémie et traiter le choc. Dans certaines situations de réanimation prolongée où le nouveau-né présente un choc et réagit peu à la réanimation, on peut administrer de la dopamine (5 mg/kg/min).

Soins infirmiers

Évaluation et analyse de la situation

La communication entre la clinique prénatale et la salle d'accouchement facilite le dépistage des nouveau-nés qui risquent d'avoir besoin d'une réanimation. L'infirmière doit avoir en

---

Guide pharmacologique   Chlorhydrate de naloxone (Narcan)

Survol du mécanisme d'action néonatal

Le chlorhydrate de naloxone sert à corriger la dépression respiratoire due à une intoxication aiguë par des narcotiques. Ce médicament déplace les opiacés des sites de récepteurs neuronaux, inhibant ainsi leur effet dépresseur. Il corrige la dépression respiratoire, l'analgésie, la sédation, l'hypotension et la contraction des pupilles que provoquent les narcotiques.

Contre-indications

Le naloxone ne devrait pas être utilisé chez le nouveau-né de mère toxicomane, car il précipite le syndrome de sevrage aigu (augmentation de la fréquence cardiaque et de la tension artérielle, vomissements, tremblements).

Ne pas administrer en cas de détresse respiratoire causée par des drogues non opiacées, comme les sédatifs, les hypnotiques, les anesthésiques ou les autres dépresseurs non narcotiques du système nerveux central.

Administration, posologie, fréquence

La dose par voie intraveineuse est de 0,1 à 0,2 mg/kg (0,25 à 0,5 mL/kg d'une préparation à 0,4 mg/mL) à la naissance, y compris pour les enfants prématurés. Ce médicament est habituellement administré par la veine ombilicale ou la sonde endotrachéale, mais il peut aussi l'être par voie intramusculaire ou sous-cutanée. Il est déconseillé d'utiliser le naloxone *néonatal* (Narcan 0,02 mg/mL) parce qu'il nécessite d'importants volumes de liquides.

Son action antagoniste est très rapide (une ou deux minutes après l'injection intraveineuse). Sa durée d'action est variable (de quelques minutes à quelques heures), selon la quantité administrée et la vitesse d'excrétion. On peut répéter la dose toutes les cinq minutes, mais on cessera l'administration si on ne note aucune amélioration après deux ou trois doses. Si la première dose produit l'effet antagoniste désiré, la répéter au besoin.

Effets indésirables

Un surdosage peut provoquer de l'irritabilité et des pleurs fréquents et, parfois, un allongement du temps de céphaline.

On observe parfois de la tachycardie.

Soins infirmiers

- Surveiller attentivement la fréquence et la profondeur de la respiration.
- Surveiller un retour de la dépression respiratoire correspondant à un épuisement de l'action du naloxone et à une réapparition des effets des narcotiques à action prolongée.
- Avoir sous la main du matériel de réanimation et de ventilation, de même que de l'oxygène.
- Prélever du sang pour des épreuves de coagulation.
- Le chlorhydrate de naloxone est incompatible avec les solutions alcalines.
- Conserver à la température ambiante et protéger de la lumière.
- Le chlorhydrate de naloxone est compatible avec l'héparine.

main le dossier de la cliente quand celle-ci arrive à la salle d'accouchement. Elle doit noter toutes les données utiles et évaluer l'état du fœtus. Au cours du travail, les interventions infirmières consistent à effectuer la surveillance continue de la fréquence cardiaque fœtale et des réactions du fœtus aux contractions, à assister le médecin lors d'un prélèvement de sang fœtal sur le cuir chevelu et à vérifier la présence de méconium dans le liquide amniotique afin de déceler l'asphyxie fœtale. De plus, s'il s'agit d'une grossesse à risque élevé, il faut également prévenir l'équipe de réanimation et le pédiatre.

Les diagnostics infirmiers pouvant s'appliquer au nouveau-né souffrant d'asphyxie sont les suivants :

- *mode de respiration inefficace* relié à l'absence de respiration spontanée à la naissance, consécutive à une asphyxie intra-utérine ;
- *débit cardiaque diminué* relié à une mauvaise oxygénation ;
- *stratégies d'adaptation familiale compromises* reliées à l'absence de respiration spontanée à la naissance et à la peur de perdre le bébé.

Planification et interventions

Soins infirmiers en milieu hospitalier

Si on croit qu'une réanimation s'impose, on rassemble le matériel nécessaire et on vérifie son fonctionnement. On se prépare aussi à obtenir une analyse du pH et des gaz sanguins. Il faut disposer également d'un berceau à chaleur radiante commandé par une sonde thermométrique cutanée fixée sur l'abdomen de l'enfant. Il est essentiel que l'infirmière garde le nouveau-né au chaud. Elle doit donc l'assécher, dès qu'il est né, avec des serviettes chaudes pour éviter toute perte de chaleur par évaporation, et le déposer sous la source de chaleur radiante réglée à 36,5 °C.

Le matériel de réanimation utilisé dans la salle d'accouchement doit être désinfecté immédiatement après son utilisation, car on peut en avoir besoin à tout moment. L'infirmière doit s'assurer du bon fonctionnement de tout le matériel (masque et ballon, niveau d'oxygène et débitmètre, laryngoscope, appareil d'aspiration) avant la naissance ou lors d'une nouvelle admission. Le chariot d'urgence doit être vérifié systématiquement à chaque quart de travail.

Il est essentiel que le personnel de la salle d'accouchement ait une formation en réanimation, aussi bien pour les accouchements à risque que pour les accouchements normaux. Comme la réanimation exige la présence d'au moins deux personnes, il faut que l'infirmière s'assure qu'elle dispose de l'aide nécessaire. Par ailleurs, elle doit inscrire au dossier du nouveau-né le compte rendu de la réanimation afin que tous les membres de l'équipe soignante y aient accès.

Enseignement aux parents

La réanimation d'un nouveau-né en salle d'accouchement est très éprouvante pour les parents. Si l'on prévoit une réanimation, il faut leur dire qu'une équipe compétente s'occupera spécialement de leur nouveau-né. Dès que l'état de l'enfant est stable, un membre de l'équipe multidisciplinaire doit leur donner les explications nécessaires pour calmer leurs craintes au sujet de la réanimation et de l'état de leur enfant après l'intervention.

Évaluation et résultats escomptés

Les résultats escomptés des soins infirmiers peuvent être les suivants :

- les risques d'asphyxie sont promptement établis, et une intervention est entreprise sans délai ;
- le métabolisme et les fonctions physiologiques du nouveau-né sont stables, et celui-ci se rétablit sans complications ;
- les parents peuvent expliquer les raisons de la réanimation et les manœuvres de réanimation ;
- les parents expriment leurs craintes au sujet de la réanimation et de ses séquelles possibles.

La détresse respiratoire

La détresse respiratoire (inadaptation de la respiration à la vie extra-utérine) est l'une des plus graves affections qui puissent toucher le nouveau-né. Les soins infirmiers au nouveau-né souffrant de détresse respiratoire exigent une connaissance de la physiologie pulmonaire et circulatoire normale (chapitre 21), de la physiopathologie de la détresse respiratoire, de ses manifestations cliniques et des traitements de correction et d'entretien. L'infirmière ne saurait autrement observer les réactions au traitement et prévoir l'apparition des complications. Contrairement à l'adulte, le nouveau-né ne peut s'exprimer verbalement; aussi communique-t-il ses besoins par ses comportements. L'infirmière doit donc savoir interpréter ces comportements comme des indicateurs de l'état de santé de l'enfant.

Le **syndrome de détresse respiratoire du nouveau-né**, ou *maladie des membranes hyalines*, est causé par une absence primaire de surfactant, une carence en surfactant ou une altération de la production de surfactant. Le syndrome de détresse respiratoire du nouveau-né est une affection complexe qui touche entre 20 000 et 30 000 nouveau-nés chaque année aux États-Unis. Ce syndrome touche surtout les prématurés. Près de 50 % des nouveau-nés atteints naissent entre 26 et 28 semaines de gestation (Whitsett *et al.*, 1999). Par ailleurs, il est plus fréquent chez les prématurés de race blanche que chez ceux de race noire; de plus, il touche les garçons deux fois plus souvent que les filles.

On ne connaît pas encore tous les facteurs qui précipitent les changements pathologiques caractéristiques du syndrome de détresse respiratoire, mais les deux facteurs suivants sont associés à cette maladie :

1. *Prématurité.* Tous les prématurés, qu'ils soient eutrophiques, hypotrophiques ou macrosomiques et, plus particulièrement, ceux dont la mère est diabétique, sont prédisposés au syndrome de détresse respiratoire. L'incidence de ce syndrome est proportionnelle au degré de prématurité, car la plupart des décès surviennent chez des nouveau-nés dont le poids à la naissance est inférieur à 1 500 g. Il existe également un lien entre la détresse respiratoire et les facteurs maternels et fœtaux associés à la prématurité, les complications de la grossesse et certaines indications de l'accouchement par césarienne. On observe aussi une prédisposition familiale à ce syndrome.

2. *Carence en surfactant.* Le syndrome de détresse respiratoire est dû à une altération de la quantité de surfactant, de sa composition, de sa fonction ou de sa production. L'adaptation pulmonaire normale nécessite une production suffisante de surfactant. Cette lipoprotéine qui tapisse l'intérieur des alvéoles réduit la tension superficielle des alvéoles, les empêche de s'affaisser et assure leur stabilité. Des quantités adéquates de surfactant favorisent la compliance pulmonaire et diminuent le travail respiratoire. Le surfactant est produit par les cellules alvéolaires de type II à partir de la 24ᵉ semaine de gestation. Dans le poumon du nouveau-né normal ou à terme, le surfactant est sécrété continuellement ; il s'oxyde au cours de la respiration, puis il est synthétisé de nouveau.

Le syndrome de détresse respiratoire est dû à un défaut de synthèse de la lécithine, un phospholipide nécessaire à la stabilité alvéolaire (voir le chapitre 21). Au moment de l'expiration, cette instabilité augmente l'atélectasie, ce qui provoque une hypoxie et une acidose par absence d'échanges gazeux. La production de surfactant est alors inhibée, et une vasoconstriction pulmonaire s'ensuit. Ce processus se manifeste par des perturbations biochimiques mises en évidence par l'hypoxémie (diminution de la P_{O_2}), l'hypercapnie (hausse de la P_{CO_2}) et l'acidémie (baisse du pH). Ces perturbations essentiellement métaboliques aggravent encore la vasoconstriction pulmonaire et l'hypoperfusion. La figure 26-3 ▶ illustre le cycle des manifestations du syndrome de détresse respiratoire.

Les manifestations physiopathologiques exigent du nouveau-né des efforts sans cesse croissants pour vaincre la résistance alvéolaire. On assiste alors à une atélectasie progressive, qui perturbe l'équilibre homéostasique des appareils respiratoire et cardiovasculaire, de même que les échanges gazeux. La compliance pulmonaire diminue, ce qui rend difficile l'expansion des poumons et augmente le travail respiratoire.

FIGURE 26-3 ▶ Cycle des manifestations du syndrome de détresse respiratoire chez le nouveau-né entraînant un risque d'insuffisance respiratoire. *Source* : Gluck, L., et M. V. Kulovich (1973). « Fetal lung development », *Pediatric Clinics of North America*, vol. 20, p.375.

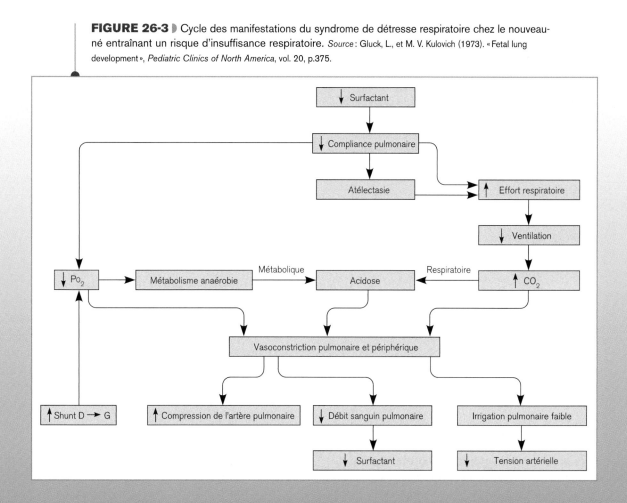

Ces anomalies physiologiques sont à l'origine des complications suivantes :

1. *Hypoxie.* L'hypoxie produit dans les poumons une vaso-constriction, une augmentation de la résistance vasculaire et une diminution de l'irrigation sanguine. À son tour, l'augmentation de la résistance risque de provoquer un retour à la circulation fœtale avec une ouverture du canal artériel et un shunt du débit sanguin dans les poumons. Ce shunt aggrave l'hypoxie et accentue l'irrigation pulmonaire. L'hypoxie engendre également une perturbation de la réaction métabolique au froid ou une absence de réaction et un retour au métabolisme anaérobie causant une accumulation d'acide lactique (acidose). L'hypoxie perturbe aussi le débit cardiaque, ce qui diminue l'irrigation des organes vitaux.

2. *Acidose respiratoire.* Sous l'effet de l'hypoventilation alvéolaire, la PCO_2 augmente et le pH diminue. Le pronostic est sombre si les perturbations de la PCO_2 et du pH persistent.

3. *Acidose métabolique.* L'hypoxie provoque un métabolisme anaérobie avec une augmentation des taux sanguins d'acide lactique et un déficit de substances basiques (perte de bicarbonate). À mesure que la concentration d'acide lactique augmente, l'organisme tente de réagir en faisant augmenter le pH afin d'en compenser le changement et de maintenir l'équilibre acido-basique.

À l'examen radiologique, le syndrome de détresse respiratoire se manifeste par une densité réticulogranuleuse diffuse bilatérale avec des segments aérés du tube trachéobronchique (bronchogramme aérien), délimités par des poumons opaques (points blancs) et par une atélectasie généralisée (Hansen, Cooper et Weisman, 1998) (figure 26-4 ▶). Les modifications radiologiques évoluent parallèlement à la résolution du syndrome de détresse respiratoire, qui prend de 4 à 7 jours, et à la reprise de la production de surfactant, sauf si on a traité ce syndrome par un apport de surfactant exogène. L'échocardiographie est un outil diagnostique précieux pour déceler les shunts vasculaires qui conduisent le sang vers les poumons ou qui l'en éloignent.

Traitement clinique

Avant la naissance, le traitement du syndrome de détresse respiratoire causé par un travail prématuré consiste à administrer des médicaments pour accélérer le développement pulmonaire fœtal (voir le chapitre 13). Après la naissance, le traitement vise à assurer une oxygénation et une ventilation adéquates, à corriger le déséquilibre acido-basique et à assurer l'homéostasie par le maintien des fonctions vitales.

Le traitement de soutien comprend la ventilation, le monitorage de la PaO_2 et de la $PaCO_2$ transcutanées ou de la saturation en O_2, le monitorage des gaz sanguins et la correction du déséquilibre acido-basique. Il porte également sur la

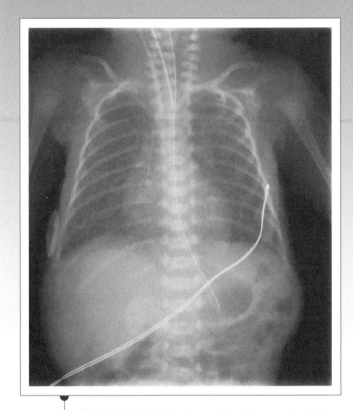

FIGURE 26-4 ▶ Radiographie du thorax d'un bébé atteint du syndrome de détresse respiratoire, caractérisée par une densité réticulogranuleuse avec des zones de micro-atélectasie d'opacité uniforme et des bronchogrammes aériens. *Source :* Carol Harrigan, infirmière.

régulation du milieu thermique, l'alimentation et la protection contre l'infection.

La ventilation vise à prévenir l'hypoventilation et l'hypoxie. Dans les cas de détresse respiratoire bénigne, il suffit simplement d'augmenter la concentration d'oxygène humidifié. Toutefois, dans les cas plus graves, la ventilation spontanée en pression positive continue (VSPPC) peut être indiquée. Chez les bébés gravement atteints, il faut faire appel à la ventilation mécanique assistée avec pression positive de fin d'expiration (PPFE) (figure 26-5 ▶). On essaie parfois la ventilation à haute fréquence lorsque le traitement de ventilation conventionnel ne réussit pas (Whitsett *et al.*, 1999). L'inhalation de monoxyde d'azote constitue également un traitement auxiliaire utile chez les bébés atteints du syndrome de détresse respiratoire (Gomez, Hansen et Corbet, 1998). Pour améliorer la fonction respiratoire, on a recours aussi aux stéroïdes de courte et longue durée et aux bronchodilatateurs. La morphine ou le fentanyl sont parfois indiqués comme analgésiques ou sédatifs chez les nouveau-nés qui présentent un problème respiratoire causé par une fuite d'air. L'utilisation concomitante de la ventilation assistée et de pancuronium (Pavulon) comme relaxant musculaire est controversée.

L'apport de surfactant exogène permet de réduire la gravité du syndrome de détresse respiratoire chez les nouveau-nés

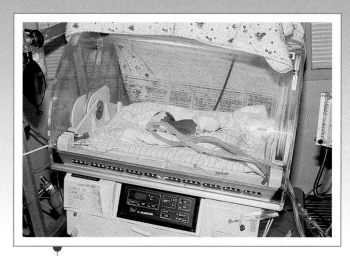

FIGURE 26-5 ▶ Bébé âgé de 1 jour, né à 29 semaines de gestation et pesant 1 450 g.

de faible poids. Ce traitement est administré par sonde endo-trachéale, soit dans la salle d'accouchement, soit à la pouponnière, selon la gravité du syndrome. Il est souvent nécessaire d'administrer plusieurs doses de surfactant. La plupart du temps, ce traitement améliore rapidement l'oxygénation et réduit le besoin de ventilation assistée (American Academy of Pediatrics [AAP], Committee on Fetus and Newborn, 1999).

Soins infirmiers

Évaluation et analyse de la situation

L'infirmière doit rechercher les caractéristiques du syndrome de détresse respiratoire, notamment une cyanose croissante, une tachypnée, des geignements expiratoires, un battement des ailes du nez, des tirages importants et de l'apnée. On trouvera au tableau 26-1 les manifestations cliniques de la détresse respiratoire. L'indice de Silverman-Anderson (figure 26-6 ▶, page 764) est utile pour l'évaluation de ces manifestations dans la salle d'accouchement.

Les diagnostics infirmiers qui s'appliquent généralement au nouveau-né atteint du syndrome de détresse respiratoire sont les suivants :

- *échanges gazeux perturbés* reliés à un manque de surfactant alvéolaire ;
- *alimentation déficiente* reliée aux besoins métaboliques accrus du nouveau-né en état de stress ;
- *risque d'infection* relié aux interventions effractives.

Planification et interventions

Soins infirmiers en milieu hospitalier

En se fondant sur des données cliniques, l'infirmière élabore une démarche thérapeutique visant à maintenir l'homéostasie

chez le nouveau-né souffrant du syndrome de détresse respiratoire et à lui prodiguer les soins d'appoint nécessaires. (Voir le *Cheminement clinique pour le nouveau-né souffrant du syndrome de détresse respiratoire*, aux pages 766-770.)

Les interventions infirmières et les critères qui s'appliquent à la ventilation assistée dépendent du protocole de l'établissement. Le tableau 26-2, page 765, décrit les méthodes de surveillance de l'oxygénation et les interventions infirmières appropriées. Les soins aux nouveau-nés ayant besoin d'un respirateur ou d'un cathéter ombilical artériel dépassent le cadre de cet ouvrage. Ces nouveau-nés souffrent d'une détresse respiratoire grave et sont traités dans des unités de soins intensifs néonatals par des infirmières qui ont reçu une formation appropriée. Les parents d'un bébé atteint de détresse respiratoire ont besoin de beaucoup de soutien.

Évaluation et résultats escomptés

Les résultats escomptés des soins infirmiers peuvent être les suivants :

- le risque de syndrome de détresse respiratoire est détecté rapidement, et le traitement est entrepris de façon précoce ;
- le nouveau-né ne présente aucune détresse respiratoire et aucune perturbation métabolique ;
- les parents expriment leurs préoccupations au sujet du problème de santé de leur bébé et comprennent les raisons du traitement entrepris.

Pratique fondée sur des données probantes

Traitement précoce par apport de surfactant exogène

Vous venez de terminer un quart de travail difficile de 12 heures durant lequel vous vous êtes occupée d'une femme qui a accouché d'un garçon à 30 semaines et 2 jours de gestation en dépit des efforts faits pour freiner ses contractions prématurées. Le bébé était flasque à la naissance, et l'équipe de soins néonatale l'a immédiatement intubé. Avant de rentrer à la maison, vous vous arrêtez aux soins intensifs néonatals pour prendre des nouvelles de l'enfant.

Le bébé reçoit un traitement par apport de surfactant afin de prévenir le syndrome de détresse respiratoire. L'infirmière vous dit que quatre études sur échantillon aléatoire et contrôlé montrent que l'administration précoce et sélective de surfactant réduit le risque de pneumopathie aiguë consécutive à des complications, telles que le pneumothorax et l'emphysème pulmonaire interstitiel. Les recherches indiquent également que l'apport de surfactant exogène diminue le risque de mortalité et de maladie pulmonaire chronique (Yost et Soll, 2000).

Les études en question ont comparé l'apport précoce de surfactant et l'apport tardif de surfactant chez les nouveau-nés intubés par suite d'un syndrome de détresse respiratoire au cours des deux premières heures suivant leur naissance. On a constaté que l'incidence des complications pulmonaires était bien inférieure chez les bébés traités de façon précoce.

Vous savez que cela signifie beaucoup sur le plan émotif pour la famille du bébé. Un nouveau-né qui peut éviter des complications prolongées reçoit habituellement plus tôt son congé de l'hôpital.

Référence

Yost, C. C., et R. F. Soll (2000). «Early versus delayed selective surfactant treatment for neonatal respiratory distress syndrome», *Cochrane Library*, vol. 2, Oxford, Update Software.

Tableau 26-1

Manifestations cliniques de la détresse respiratoire

Tableau clinique	Interprétation
PEAU	
Peau pâle ou avec des marbrures	Indique une mauvaise circulation périphérique causée par une hypotension et une vasoconstriction généralisée (habituellement en relation avec une grave hypoxie).
Cyanose (peau bleutée)	Dépend de la concentration de l'hémoglobine, de la circulation périphérique, de l'intensité et de la qualité de la lumière et de l'acuité visuelle de l'observateur; très apparente dans les cas d'hypoxie avancée. Il est plus facile de déceler la cyanose centrale par un examen de la langue et des muqueuses.
Ictère (coloration jaune de la peau et des muqueuses, causée par la présence de bilirubine non conjuguée [indirecte])	Les troubles métaboliques engendrés par la détresse respiratoire (acidose, hypercapnie, asphyxie) favorisent la dissociation de la bilirubine des sites de liaison à l'albumine et son absorption au niveau de la peau et du système nerveux central.
Œdème (peau lisse et lustrée)	Caractéristique chez le prématuré à cause d'une faible concentration de protéines totales, associée à une baisse de la pression osmotique colloïdale et à une transsudation; l'œdème des mains et des pieds, que l'on observe fréquemment au cours des 24 premières heures chez le nouveau-né souffrant d'une détresse respiratoire grave, disparaît vers le 5e jour.
APPAREIL RESPIRATOIRE	
Tachypnée (fréquence respiratoire normale : 30-50/min; fréquence respiratoire élevée : >60/min)	Après la naissance, l'accélération de la fréquence respiratoire est le signe le plus courant et le plus apparent de la détresse respiratoire. La tachypnée est un mécanisme de compensation qui tend à augmenter l'espace mort respiratoire afin de maintenir la ventilation alvéolaire et les échanges gazeux en présence d'une résistance mécanique accrue. Elle augmente le rendement énergétique (accélération de la fréquence respiratoire), ce qui entraîne un accroissement de la demande métabolique en oxygène et, par conséquent, une accélération de la ventilation alvéolaire. Au cours de respirations superficielles et rapides, on observe un accroissement de l'espace mort respiratoire avec diminution concomitante de la ventilation alvéolaire.
Apnée (arrêt temporaire de la respiration de plus de 20 s ; la respiration périodique, courante chez les prématurés, se caractérise par l'alternance régulière de périodes d'apnée de 5 à 10 s et d'hyperpnée de 10 à 15 s)	Pronostic sombre, indice de maladie cardiorespiratoire, d'atteinte du système nerveux central, de troubles métaboliques, d'hémorragie intracrânienne, d'infection ou d'immaturité ; les anomalies physiologiques caractéristiques de l'apnée sont une diminution de la saturation en oxygène, une acidose respiratoire et une bradycardie.

Tableau 26-1 (suite)

Manifestations cliniques de la détresse respiratoire (suite)

Tableau clinique	Interprétation
APPAREIL RESPIRATOIRE (suite)	
Thorax	À l'examen, on doit noter la forme et les dimensions de la cage thoracique ainsi que la symétrie des mouvements. Les mouvements respiratoires doivent être symétriques et diaphragmatiques ; l'asymétrie révèle une affection (pneumothorax, hernie diaphragmatique). Une augmentation du diamètre antéropostérieur indique une rétention d'air (syndrome d'inhalation de méconium).
Respiration laborieuse (se reporter à la figure 26-6 pour l'évaluation de la gravité des signes de détresse respiratoire [tirage, geignements et battement des ailes du nez], selon l'indice de Silverman-Anderson)	Indique une augmentation marquée du travail respiratoire.
Tirage (dépression des parties molles de la cage thoracique [sus-sternal, sous-sternal, sous-costal et intercostal] au moment de l'inspiration)	Révèle une importante augmentation de la pression intrathoracique négative nécessaire à la distension des poumons rigides (faible compliance) ; utilisation des muscles accessoires pour tenter d'améliorer la compliance ; réduction marquée de la distension pulmonaire ; balancement thoraco-abdominal ; tirage qui augmente le travail et les besoins en oxygène, entraînant un épuisement susceptible d'exiger une ventilation assistée.
Battement des ailes du nez (dilatation des narines à l'inspiration)	Mécanisme de compensation visant à réduire la résistance causée par le petit diamètre des voies nasales.
Geignements expiratoires causés par une expiration contre une glotte fermée (manœuvre de Valsalva)	Les geignements provoquent un accroissement de la pression transpulmonaire, ce qui prévient ou réduit l'atélectasie et favorise l'oxygénation et la ventilation alvéolaire ; à moins d'une détérioration rapide de l'état du nouveau-né, éviter l'intubation qui empêche la manœuvre de Valsalva et permet l'affaissement des alvéoles.
Mouvements rythmiques du corps accompagnant des respirations laborieuses (secousses du menton, balancement de la tête, rétractions de la région anale)	Conséquence de l'utilisation des muscles abdominaux et des autres muscles respiratoires accessoires dans les cas d'augmentation prolongée du travail respiratoire.
L'auscultation thoracique révèle une réduction des échanges d'air, des murmures vésiculaires rauques ou des râles inspiratoires fins ; il peut y avoir présence de rhonchi.	Des bruits respiratoires faibles et distants peuvent indiquer la présence d'air ou de liquide interstitiel ou intrapleural.
APPAREIL CARDIOVASCULAIRE	
Souffle systolique continuel	La persistance du canal artériel est courante dans les cas d'hypoxie, de vasoconstriction pulmonaire, de shunt droite-gauche et d'insuffisance cardiaque.
Fréquence cardiaque généralement dans les limites de la normale (parfois, fréquence cardiaque fixe à 110-120/min)	Une fréquence cardiaque fixe témoigne d'une diminution du contrôle du nerf vague.
Le choc apexien se situe habituellement entre le quatrième et le cinquième espace intercostal, à la limite gauche du sternum.	Un déplacement peut indiquer une dextrocardie, un pneumothorax ou une hernie diaphragmatique.
THERMORÉGULATION	
Hypothermie	Perturbation des mécanismes aérobies servant à maintenir la température corporelle.
TONUS MUSCULAIRE	
Flasque, hypotonique, aucune réaction aux stimuli	Peut indiquer la détérioration de l'état du nouveau-né, de même qu'une éventuelle atteinte du système nerveux central consécutive à une hypoxie, à une acidémie ou à une hémorragie.
Hypertonie et/ou convulsions	

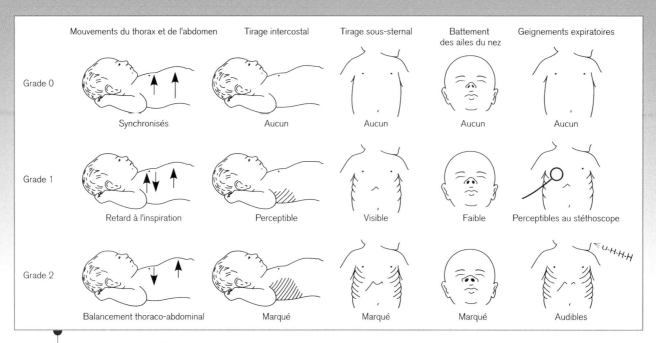

FIGURE 26-6 ▶ Évaluation de la fonction respiratoire au moyen de l'indice de Silverman-Anderson. On évalue 5 aspects de la fonction respiratoire du bébé sur une échelle de 0 à 2 ; on additionne les valeurs accordées, puis on note le total dans le dossier de l'enfant ou sur la fiche d'évaluation.

Source : Ross Laboratories, Nursing Aid nº 2, Colombus, Ohio ; Silverman, W. A., et D. H. Anderson (1956). *Pediatrics*, vol. 17, p. 1-10. Copyright ©1956, American Academy of Pediatrics.

Tachypnée transitoire du nouveau-né

Chez certains prématurés eutrophiques et certains nouveau-nés presque à terme, apparaît une forme progressive de détresse respiratoire qui s'apparente au syndrome classique. Ces enfants ont souvent souffert, in utero ou durant le travail, d'une asphyxie due à la sursédation de la mère, à un saignement chez la mère, à une procidence du cordon, à une présentation du siège ou au diabète maternel. Cette asphyxie provoque une obstruction des voies respiratoires par suite de l'accumulation du liquide pulmonaire, du mucus et d'autres sécrétions, ou d'une accumulation de liquide dans les poumons, consécutive à l'inhalation de liquide amniotique ou trachéal. La tachypnée transitoire est plus fréquente chez les bébés nés par césarienne. En effet, ces bébés ne subissent pas de compression thoracique comme dans la naissance vaginale, au cours de laquelle une partie du liquide pulmonaire est expulsée.

Dans les cas de tachypnée transitoire, le déclenchement de la respiration s'effectue généralement sans trop de difficultés. Toutefois, peu après la naissance, des grognements expiratoires, un battement des ailes du nez et une légère cyanose se manifestent à l'occasion chez l'enfant qui respire l'air ambiant. Six heures après la naissance, on observe généralement une tachypnée, et la fréquence respiratoire peut atteindre 100 à 140 respirations par minute.

Traitement clinique

Les premières radiographies ressemblent parfois à celles du syndrome de détresse respiratoire au cours des trois premières heures de vie. Cependant, s'il s'agit de tachypnée transitoire, les radiographies subséquentes révèlent une surdistension généralisée des poumons (hyperaération des alvéoles), principalement marquée par le contour aplati du diaphragme. Des stries denses (vascularité accrue) irradient de la région du hile pulmonaire, ce qui indique un engorgement des vaisseaux lymphatiques qui débarrassent les poumons du liquide alvéolaire au moment de la première inspiration. Deux à trois jours plus tard, les radiographies thoraciques sont normales (Hansen, Cooper et Weisman, 1998).

La correction de l'hypoxémie peut exiger l'administration d'oxygène (concentration entre 30 % et 50 %), habituellement sous une tente à oxygène (figure 26-7 ▶). On répond aux

Conseil pratique

Chez les bébés qui souffrent du syndrome de détresse respiratoire et qui sont placés sous respirateur, l'augmentation des mictions (déterminée par la pesée des couches) est un des premiers signes d'amélioration. À mesure que le liquide sort des poumons et pénètre dans la circulation sanguine, les alvéoles s'ouvrent et l'irrigation des reins augmente, ce qui accroît la miction. L'infirmière doit alors surveiller de très près l'expansion thoracique. Si l'expansion thoracique augmente, il peut être nécessaire de réduire la ventilation, car une ventilation trop importante peut rompre le poumon, et provoquer un pneumothorax.

Si l'hypoxémie est grave et la tachypnée, persistante, on doit suspecter une hypertension pulmonaire persistante et entreprendre le traitement qui s'impose. Si on soupçonne d'abord une pneumonie, on administre des antibiotiques prophylactiques.

Soins infirmiers

Les interventions infirmières figurent dans le *Cheminement clinique pour le nouveau-né atteint de détresse respiratoire*, aux pages 766 à 770.

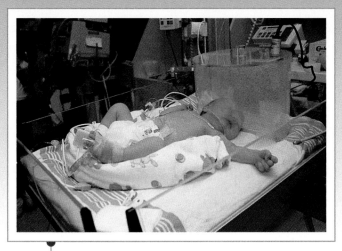

FIGURE 26-7 ▶ Bébé sous une tente à oxygène.

besoins liquidiens et électrolytiques de l'enfant en lui donnant des liquides intraveineux durant la phase aiguë de la maladie. L'alimentation orale est contre-indiquée en raison de la fréquence respiratoire élevée. L'état de l'enfant s'améliore généralement en 8 à 24 heures ; la tachypnée transitoire dure environ 72 heures. On observe parfois une légère acidose respiratoire et métabolique entre la deuxième et la sixième heure.

■ Le syndrome d'inhalation de méconium

La présence de méconium dans le liquide amniotique indique une souffrance fœtale avant ou durant le travail. L'évacuation de méconium dans le liquide amniotique est une réaction

Tableau 26–2		
Monitorage transcutané		
Appareil	**Usages et justifications**	**Interventions infirmières**
SATUROMÈTRE		
Sert au monitorage de la saturation en oxygène du sang artériel, battement par battement.	L'étalonnage se fait automatiquement.	
La mesure de la saturation en oxygène se fait au moyen d'un microprocesseur qui détecte les différences d'absorption de la lumière rouge ou infrarouge à travers les tissus.	Moins influencé par l'irrigation que la $TcPo_2$ et la $TcPco_2$, mais donne des résultats peu précis en cas de réduction de l'irrigation périphérique par suite d'un faible débit cardiaque.	Noter les lectures et établir la corrélation avec les gaz du sang artériel (Merenstein et Gardner, 1998).
Les variations de l'absorption, en relation avec la pulsation du sang dans les vaisseaux, permettent de déterminer la saturation et la fréquence du pouls (Merenstein et Gardner, 1998).	Temps de réponse beaucoup plus court que le moniteur transcutané ; donne des lectures « en temps réel ».	Utiliser un capteur jetable (les capteurs réutilisables laissent pénétrer trop de lumière, ce qui risque de fausser les lectures).
	Peut être placé sur un pied, un doigt ou la paume de la main, ce qui laisse la poitrine libre ; n'est pas affecté par les caractéristiques de la peau.	
	Un résultat de 85 % à 95 % révèle une saturation adéquate.	
	Extrêmement sensible au mouvement ; pour réduire cette sensibilité, on choisit une moyenne toutes les 7 ou 14 pulsations plutôt que de mesurer à chaque pulsation.	
	Faible corrélation avec les mesures effectuées sur le sang artériel dans les cas d'hyperoxie extrême.	

Tableau 26-2 (suite)

Monitorage transcutané (suite)

Appareil	**Usages et justifications**	**Interventions infirmières**
MONITEUR TRANSCUTANÉ OU TcPo$_2$ Mesure la diffusion de l'oxygène à travers la peau. On réchauffe l'électrode de Clark à 43 °C (prématurés) ou à 44 °C (bébés à terme) afin de réchauffer la peau et de favoriser la diffusion de l'oxygène à sa surface. On mesure la Po$_2$ quand l'oxygène se diffuse à travers la membrane des capillaires, la peau et la membrane de l'électrode (Merenstein et Gardner, 1998).	Un moniteur transcutané bien étalonné et dont les électrodes sont bien placées permet de mesurer de façon continue, non effractive et précise la Po$_2$, la Pco$_2$ et la saturation en oxygène. Une diminution de l'irrigation cutanée fait varier les résultats. Méthode fiable de surveillance de l'évolution. Un étalonnage fréquent est nécessaire pour prévenir les erreurs dues à des variations mécaniques. Après avoir changé la membrane, on doit laisser l'appareil se réchauffer pendant 1 heure avant de procéder à l'étalonnage. Sinon, on doit attendre qu'il se soit stabilisé pendant 30 minutes après l'avoir mis en marche. Les valeurs obtenues après avoir mis les électrodes en place sont trop basses tant que la peau n'est pas réchauffée, ce qui prend 15 minutes environ. Les brûlures au deuxième degré sont rares, mais peuvent se produire si on laisse les électrodes en place trop longtemps. La corrélation avec les valeurs obtenues sur le sang artériel est parfois faible chez les bébés plus âgés (à cause de l'épaisseur de la peau), chez ceux dont le débit cardiaque est faible (diminution de l'irrigation cutanée) et chez les bébés hyperoxiques. La substance adhésive qui sert à fixer l'électrode peut irriter la peau fragile du prématuré. Peut être utilisé pour le monitorage de l'oxygénation précanalaire et postcanalaire dans les cas de shunt.	Utiliser la TcPo$_2$ pour surveiller l'évolution de l'oxygénation au cours des interventions courantes. Nettoyer la surface de l'électrode pour en retirer les dépôts ; changer la membrane et la solution toutes les semaines. Attendre que l'appareil se soit stabilisé avant de procéder au prélèvement pour la mesure des gaz du sang artériel ; noter la lecture au moment du prélèvement pour établir la corrélation avec les résultats des examens sanguins. S'assurer que l'électrode adhère parfaitement à la peau. Placer l'électrode sur la partie supérieure de la poitrine, sur l'abdomen ou sur l'intérieur de la cuisse ; s'assurer que la peau est propre et sèche ; ne pas placer l'électrode sur une proéminence osseuse. Déplacer l'électrode au moins toutes les 4 heures et l'étalonner à nouveau. Si on observe la présence de brûlures, régler la température de l'appareil à son plus bas et déplacer l'électrode plus fréquemment.

Cheminement clinique pour le nouveau-né atteint de détresse respiratoire

Catégorie	De la naissance à 4 heures	De 4 heures à 24 heures après la naissance
Orientation	Compte rendu du travail et de l'accouchement. Vérifier les bracelets d'identité. Faire les demandes de consultation en pédiatrie et en néonatologie.	Vérifier les bracelets d'identité à chaque quart de travail. Consulter l'infirmière spécialisée en allaitement au besoin.
Évaluation	Évaluer l'évolution des signes et symptômes du syndrome de détresse respiratoire : • tachypnée (>60 respirations/min) ; • geignements expiratoires (audibles), tirage sous-costal, intercostal ou sous-sternal, battement des ailes du nez à l'expiration ;	Poursuivre les évaluations précédentes régulièrement (toutes les 2 à 4 heures), et au besoin. Évaluer la coloration de la peau et la fonction respiratoire. Évaluer l'interaction mère-enfant, s'il y a lieu.

Cheminement clinique pour le nouveau-né atteint de détresse respiratoire *(suite)*

Catégorie	De la naissance à 4 heures	De 4 heures à 24 heures après la naissance
Évaluation (suite)	Évaluer l'évolution des signes et symptômes du syndrome de détresse respiratoire (suite) : • cyanose et pâleur ; • signes indiquant un manque d'air croissant (apnée, hypotonie), respiration laborieuse ; • gaz sanguins artériels (indiquant une insuffisance respiratoire) : $PaO_2 < 50$ mm Hg et $PCO_2 > 60$ mm Hg. Auscultation : • bruits respiratoires normaux au début, puis apparition d'une perturbation des échanges gazeux se manifestant par des bruits respiratoires importants et des râles inspiratoires ; • plus tard, un souffle systolique de timbre grave indique la persistance du canal artériel. Déterminer l'effort respiratoire de base et les caractéristiques de la ventilation : • observer les mouvements thoraciques ; • évaluer la couleur de la peau et des muqueuses, ainsi que le remplissage capillaire ; • évaluer bilatéralement par auscultation la qualité de l'inspiration ; • mesurer les gaz du sang artériel et le pH. Concentrations d'oxygène de plus en plus grandes, nécessaires pour maintenir une PO_2 adéquate. Signes vitaux : température axillaire, pouls, respiration, tension artérielle. Poids, taille, périmètre crânien et pouls périphériques aux quatre membres à l'admission. Saturomètre Évaluer l'âge gestationnel (selon la tolérance de l'enfant, sans causer d'augmentation de son effort respiratoire, sinon retarder l'évaluation). Antécédents gestationnels : épisodes récents de souffrance fœtale ou néonatale (hypotension maternelle, saignement, sédation importante de la mère et, par conséquent, du bébé), circulation pulmonaire fœtale compromise. Évaluation du développement des poumons : prélèvement de liquide amniotique, trachéal et/ou gastrique pour l'analyse du phosphatidylglycérol. Antécédents néonatals : asphyxie à la naissance provoquant une hypoxie aiguë, hypothermie, indices d'Apgar faibles, réanimation par masque et ballon. Surveiller l'activité (léthargie croissante, convulsions).	Observer chez le nouveau-né les signes de température instable, de consommation accrue d'oxygène et d'acidose métabolique. Rechercher les signes de septicémie : apnée, léthargie, cyanose, température instable.
Enseignement/ Aspects psychosociaux	Effectuer les interventions d'admission, si possible au chevet de la mère ; informer les parents au sujet de la pouponnière et du lavage des mains ; évaluer les besoins d'apprentissage et l'attitude des parents à l'égard de l'enseignement donné. Informer les parents de l'état du bébé, leur expliquer pourquoi il faut le prendre le moins possible, leur décrire les appareils de monitorage utilisés.	Renforcer l'enseignement déjà donné ; tenir les parents informés de l'état de leur enfant. Discuter des mesures de sécurité. Enseigner aux parents les signes de détresse respiratoire, les techniques de réconfort, l'utilisation de la poire, les positions favorables, les situations où il faut demander de l'aide.
Soins infirmiers et notes au dossier	Admettre le bébé directement aux soins spéciaux de la pouponnière. Demander les examens de laboratoire prescrits : groupe sanguin, facteur Rh, test de Coombs sur le sang du cordon au besoin, aspiration trachéale ou gastrique pour l'analyse du phosphatidylglycérol, mesure de la glycémie au glucomètre, hématocrite périphérique, hémoculture, formule sanguine, électrolytes, gaz du sang artériel ou capillaire. Préparer l'accès intraveineux pour les médicaments, l'hydratation et le soutien nutritionnel. Administrer les antibiotiques intraveineux prescrits.	Prendre les signes vitaux toutes les 4 heures et selon les besoins ; utiliser des dispositifs de monitorage pour réduire la stimulation de l'enfant ; peser le bébé quotidiennement. Surveiller les concentrations d'antibiotiques. Continuer les évaluations toutes les 4 heures et selon les besoins. Soigner le cordon selon le protocole. Changer l'emplacement du saturomètre toutes les 8 heures et si nécessaire ; déplacer la sonde thermique cutanée toutes les 4 heures et au besoin, selon l'état de la peau de l'enfant.

Catégorie	De la naissance à 4 heures	De 4 heures à 24 heures après la naissance
Soins infirmiers et notes au dossier (suite)	Aider le médecin à placer les cathéters intra-artériels ou ombilicaux. Fixer la sonde thermique sur la peau de l'enfant dans le berceau à chaleur radiante. Fixer les électrodes pour ÉCG et monitorage cardiaque continu ; effectuer le monitorage de la respiration au besoin. Fixer le capteur du saturomètre sur un des membres du bébé. Préparer le matériel pour l'administration d'oxygène, la canule nasale, la tente à oxygène, et surveiller l'oxygénothérapie s'il y a lieu (ou aider l'inhalothérapeute).	
Activité et bien-être	Assurer le réglage et le monitorage du berceau à chaleur radiante de façon à maintenir la température cutanée et un milieu thermique neutre. Réconforter l'enfant au besoin. Regrouper les soins (laisser l'enfant récupérer entre les interventions), l'aider à se recroqueviller. Réduire la stimulation au minimum ; fournir au bébé un environnement calme et réduire l'éclairage. Lui donner une sucette pour encourager la succion non nutritive.	Laisser l'enfant dans le berceau à chaleur radiante jusqu'à la stabilisation de son état, puis l'emmailloter et le placer dans un incubateur ou un berceau ouvert, selon son état. Encourager les parents à interagir avec leur bébé et à le prendre dès qu'il le tolère. Éviter la stimulation excessive, regrouper les soins, respecter le rythme du bébé. Changer la position du bébé toutes les 4 heures et selon les besoins ; l'installer sur une surface dure lorsqu'il est en décubitus ventral.
Nutrition	Fournir une alimentation parentérale totale selon l'ordonnance. Fournir un apport énergétique adéquat ; tenir compte de l'apport, de la voie d'administration, du besoin d'un supplément par d'autres voies, du type de lait (maternel ou préparation lactée). Procéder aux gavages selon les besoins. Maintenir le débit de la perfusion intraveineuse (habituellement entre 60 à 80 mL/kg/jour, selon l'âge gestationnel et l'état du bébé). • Noter l'apport à chaque heure (oral, parentéral, type et quantité). • Surveiller les signes vitaux, ausculter les poumons et les bruits cardiaques pour déceler les signes et symptômes de surcharge liquidienne.	Selon la tolérance du bébé, passer de l'alimentation parentérale à l'alimentation gastro-intestinale. Procéder aux gavages et aux tétées, supplémenter par voie intraveineuse au besoin, cesser l'apport intraveineux lorsque l'apport oral est suffisant. Amorcer l'allaitement au sein dès que l'état de la mère et celui du bébé le permettent. Supplémenter le lait maternel seulement sur indication médicale. Commencer l'alimentation au biberon s'il y a lieu.
Élimination	Noter la première miction et la première selle. Noter le débit urinaire toutes les heures. Surveiller la densité urinaire.	Continuer à surveiller de près le débit urinaire (1 à 3 mL/kg/h). Surveiller l'élimination intestinale (changements dans la quantité, le type et la fréquence). Continuer de surveiller la densité urinaire.
Médicaments	Administrer la vitamine K_1 prescrite en fonction du poids de l'enfant. Appliquer l'onguent ophtalmique selon l'ordonnance dans les deux yeux après l'examen rétinien. Administrer les antibiotiques selon l'ordonnance.	Continuer le traitement antibiotique selon l'ordonnance.
Planification du congé/Continuité des soins	Élaborer le plan de congé avec les parents. Déterminer les services communautaires et les soins à domicile dont la famille pourrait bénéficier.	Informer les parents sur le certificat de naissance. S'assurer que le nouveau-né dispose d'un siège d'auto avant son congé.
Famille et réseau de soutien	Évaluer les besoins psychosociaux : donner aux parents l'occasion d'exprimer leurs inquiétudes, déterminer leur compréhension du syndrome de détresse respiratoire. Déterminer les besoins d'apprentissage des parents.	Encourager la famille à participer aux soins, selon la tolérance du bébé. Tenir la famille au courant de l'état de l'enfant et de ses progrès. Déterminer l'enseignement à donner aux parents.
Date		

Cheminement clinique
pour le nouveau-né atteint de détresse respiratoire *(suite)*

Catégorie	1 jour après la naissance	2 ou 3 jours après la naissance
Orientation	Vérifier les bracelets d'identité à chaque quart de travail.	**Résultats escomptés** Les bracelets d'identité de la mère et du bébé correspondent au moment du congé. Évaluer l'effort respiratoire et la gravité de la détresse.
Évaluation	Continuer à évaluer le syndrome de détresse respiratoire toutes les 4 heures. Évaluer l'effort respiratoire et la ventilation. Évaluer l'interaction entre la mère et le bébé. Évaluer la thermorégulation. Évaluer la distension abdominale et la présence de résidus gastriques. Surveiller les gaz sanguins, le remplissage capillaire, la saturation en oxygène, les pouls aux 4 membres.	Continuer à évaluer le syndrome de détresse respiratoire toutes les 4 heures. Évaluer l'interaction entre la mère et le bébé. Continuer à surveiller les gaz sanguins, le remplissage capillaire, la saturation en oxygène, les pouls aux 4 membres toutes les 4 heures prn, sevrer aux 8 heures à mesure que l'enfant se rétablit. **Résultats escomptés** Les résultats des examens physiques et les signes vitaux sont dans les limites de la normale ; on n'observe aucune complication ni aucune détresse respiratoire résiduelle.
Enseignement/ Aspects psychosociaux	(Voir le *Cheminement clinique pour les soins au nouveau-né*, pages 651-653.) Renforcer l'enseignement déjà donné. Donner l'enseignement nécessaire aux parents : bain, soins du cordon, soins de la peau et des ongles, utilisation du thermomètre, activité, rythme de veille et de sommeil, techniques de réconfort, réflexes, ictère, croissance et alimentation, éructation, changement de couche, élimination. Fournir aux parents de l'information sur : • les capacités du nouveau-né, ses comportements selon le stade de développement et ses signaux ; • le maintien de sa température à l'aide de vêtements et de couvertures ; • sa sécurité (suffocation, position, utilisation de la poire).	Enseignement relatif au congé (voir le *Cheminement clinique pour les soins au nouveau-né*, pages 651-653). Revoir les mesures de sécurité, les signes de maladie et les situations justifiant de consulter un médecin. **Résultat escompté** La mère dit comprendre les directives et se montre capable de s'occuper de son bébé.
Soins infirmiers et notes au dossier	Assurer le monitorage cardiaque et respiratoire : • vérifier et étalonner les moniteurs et les dispositifs de mesure toutes les 8 heures ; • étalonner les appareils à oxygène à 21 % et à 100 %. Administrer de l'air réchauffé et de l'oxygène humidifié. Vérifier la concentration d'oxygène au moins toutes les heures. Prendre les pouls fémoraux ou la tension artérielle aux 4 extrémités avant le congé ou 48 heures après la naissance. Prendre les signes vitaux toutes les 4 heures. Peser le bébé quotidiennement. Continuer les évaluations de la détresse respiratoire toutes les 4 heures, puis toutes les 8 heures lorsque l'état du bébé est stable. Placer le bébé dans un incubateur si sa température est instable ; assurer le maintien de la température corporelle et un milieu thermique neutre. Utiliser la sonde thermique cutanée pour maintenir la température. Surveiller l'activité. Administrer les médicaments prescrits. Procéder aux examens de dépistage néonatals, surveiller les concentrations de médicaments et vérifier les gaz sanguins au besoin.	Effectuer les évaluations toutes les 8 heures si la fonction respiratoire est dans les limites de la normale et stable. Procéder au test d'audition de Baer (audiométrie du tronc cérébral). Peser le bébé quotidiennement. Prendre les signes vitaux toutes les 8 heures et au besoin. Continuer l'administration d'oxygène au besoin (tente à oxygène, canule nasale). Vérifier la concentration d'oxygène toutes les heures ou toutes les 2 heures. Soigner le cordon ombilical selon le protocole. Administrer les antibiotiques prescrits et surveiller les concentrations de médicaments. Continuer à appliquer les pratiques de base afin de prévenir une infection. Demander une culture du virus de l'herpès si les antécédents parentaux le justifient. Sevrer l'enfant du berceau à chaleur radiante ou de l'incubateur si les signes vitaux sont stables et dans les limites de la normale. **Résultats escomptés** Les résultats des examens physiques sont dans les limites de la normale ; le clamp ombilical est retiré ; le cordon est sec et ne présente aucun signe d'infection ; il n'y a aucun signe de détresse respiratoire ; les résultats de laboratoire sont dans les limites de la normale ; le poids se stabilise et n'a pas diminué de plus de 10 % depuis la naissance.
Activité et bien-être	Changer la position de l'enfant toutes les 4 heures et au besoin. L'emmailloter dans un berceau ouvert si son état le permet. Le placer dans un incubateur si la température est instable ; régler la température en fonction du poids de l'enfant, de son âge gestationnel et de ses vêtements de façon à maintenir un milieu thermique neutre.	Emmailloter l'enfant dans un berceau ouvert si son état le permet. Faire en sorte que l'enfant puisse porter ses mains à sa bouche. **Résultat escompté** La température corporelle de l'enfant se maintient dans les limites de la normale lorsqu'il est emmailloté dans un berceau ouvert.

Cheminement clinique
pour le nouveau-né atteint de détresse respiratoire *(suite)*

Catégorie	1 jour après la naissance	2 ou 3 jours après la naissance
Nutrition	Supplémenter l'alimentation au sein seulement sur indication médicale. Administrer les gavages au besoin. Encourager la mère à allaiter à la demande, selon la tolérance du bébé, au moins toutes les 3 ou 4 heures. Si l'enfant est nourri avec une préparation lactée, le nourrir à la demande toutes les 3 ou 4 heures. Diminuer l'alimentation parentérale à mesure que l'alimentation orale augmente.	Continuer le rythme d'allaitement. Donner le sein ou le biberon à la demande. Supplémenter l'alimentation au sein seulement sur indication médicale. **Résultats escomptés** Le bébé tolère l'alimentation et il est nourri à la demande ; il boit au sein sans biberon de complément ou il boit au biberon sans problème et sans augmentation du travail respiratoire ; il reprend le poids perdu ou stabilise son poids.
Élimination	Évaluer les selles : quantité, consistance, changements, présence de sang occulte ou de substances réductrices. Évaluer les mictions toutes les 8 heures. Continuer de mesurer les ingesta et les excreta selon les besoins.	Continuer d'évaluer les mictions et les selles toutes les 8 heures, et noter les changements. Mesurer les ingesta et les excreta selon les besoins. **Résultats escomptés** L'enfant urine et défèque sans difficulté ; les caractéristiques des selles sont dans les limites de la normale.
Médicaments	Administrer le vaccin contre l'hépatite B s'il a été prescrit par le médecin.	Administrer le vaccin contre l'hépatite B, le cas échéant. **Résultats escomptés** L'enfant a reçu l'application d'onguent ophtalmique dans les deux yeux et l'injection de vitamine K_1 ; il a reçu son premier vaccin contre l'hépatite B si celui-ci a été prescrit ; l'antibiothérapie est terminée et le syndrome de détresse respiratoire est résolu.
Planification du congé/ Continuité des soins	Fournir aux parents tous les documents nécessaires à l'établissement du certificat de naissance. Continuer l'enseignement préalable au congé. Évaluer les services communautaires et les groupes de soutien dont la mère ou la famille pourraient bénéficier (aide financière, infirmière du CLSC, etc.).	Terminer l'enseignement préalable au congé. (Voir le *Cheminement clinique pour les soins au nouveau-né*, pages 651-653.) S'assurer que les demandes de consultation sont faites et les rendez-vous de suivi fixés. **Résultats escomptés** L'enfant rentre à la maison avec sa famille ; la mère connaît la date et l'heure du rendez-vous de suivi, ainsi que les services auxquels elle peut recourir (soutien à l'allaitement, groupe de soutien pour nouveaux parents, etc.).
Famille et réseau de soutien	Enseigner la façon de donner le bain et les méthodes d'allaitement. Encourager les parents à visionner les vidéocassettes sur les soins au nouveau-né, s'il y a lieu. Évaluer l'interaction et le processus d'attachement entre la mère et le bébé. Faire participer le père ainsi que les frères et sœurs aux soins de l'enfant. Valoriser les comportements parentaux constructifs. Évaluer l'enseignement à donner à la mère ou aux parents. Encourager le père à être présent lorsque le médecin vient examiner l'enfant pour faire le point sur ses progrès, son état et le plan de traitement.	Évaluer l'interaction et le processus d'attachement entre la mère et son bébé. Déterminer les services communautaires dont la mère a besoin et l'adresser aux organismes pertinents. **Résultat escompté** La mère se montre capable de s'occuper de son enfant et l'intègre à la cellule familiale.
Date		

physiologique du fœtus, qui se traduit par une augmentation du péristaltisme intestinal et un relâchement du sphincter anal. Toutefois, lors d'une naissance par le siège, l'évacuation de méconium n'est pas nécessairement un signe d'asphyxie.

Dans environ 13 % des naissances vivantes, le liquide amniotique est teinté de méconium. Dans 5 % à 12 % de ces cas, le nouveau-né présente le **syndrome d'inhalation de méconium** (Wiswell *et al.*, 2000), lequel est provoqué par l'inhalation du liquide amniotique dans l'arbre trachéobronchique, in utero ou au moment des premières respirations. Le syndrome d'inhalation de méconium touche plus particuliè-

rement les nouveau-nés à terme, ceux qui sont hypotrophiques et les bébés postmatures. Le travail prolongé contribue également à la présence de méconium dans le liquide amniotique.

Dans les poumons, le méconium agit comme un clapet à bille : il permet l'inspiration de l'air, mais non son expiration, ce qui provoque une surdistension des alvéoles. On observe fréquemment une rupture avec pneumomédiastin ou pneumothorax. La présence de méconium peut également entraîner une pneumonie chimique avec séquestration d'oxygène et de gaz carbonique, une distension et, souvent, une pneumonie bactérienne secondaire.

Le syndrome d'inhalation de méconium se manifeste notamment par une hypoxie fœtale et par des signes de détresse à la naissance. L'hypoxie survient in utero, quelques jours ou quelques minutes avant la naissance ; elle se traduit par une augmentation soudaine de l'activité fœtale suivie d'un ralentissement, par une diminution de la fréquence cardiaque ou des pulsations faibles et irrégulières, par une perte de la variabilité d'un battement à l'autre et par la présence de méconium dans le liquide amniotique. Quant à la détresse observée à la naissance, elle se manifeste par de la pâleur, une cyanose, de l'apnée, un ralentissement de la fréquence cardiaque et un indice d'Apgar faible (moins de 6 à 1 minute et à 5 minutes). Comme toutes les victimes d'asphyxie intra-utérine, les nouveau-nés qui ont inhalé du méconium présentent une détresse respiratoire à la naissance et doivent être réanimés pour rétablir la fonction respiratoire.

Après la réanimation, la gravité des symptômes cliniques dépend de l'importance de l'inhalation. Il est souvent nécessaire de recourir à la ventilation assistée, dès la naissance, en raison des signes de détresse (cyanose généralisée, tachypnée et tirage marqués). Le thorax a souvent l'aspect d'un tonneau à cause de l'augmentation du diamètre antéropostérieur. L'auscultation révèle une réduction du mouvement de l'air, ainsi que des râles et des rhonchi importants. La palpation de l'abdomen indique parfois un déplacement du foie, par suite de l'abaissement du diaphragme consécutif à la surdistension des poumons. La peau, les ongles et le cordon ombilical ont généralement une teinte jaune, surtout chez les nouveau-nés postmatures.

Les radiographies révèlent des opacités irrégulières, en forme de grumeaux, et une distension (expansion costale de 9 à 11). On observe souvent des signes de fuites pulmonaires. Le shunt cardiopulmonaire, responsable d'une oxygénation insuffisante, cause également une hypoxie très grave, qui risque d'aboutir à l'hypertension pulmonaire persistante du nouveau-né.

Traitement clinique

La prévention du syndrome d'inhalation de méconium repose sur les efforts conjugués de l'équipe pédiatrique. Voici les mesures de prévention les plus efficaces :

1. Dès la sortie de la tête, quand les épaules et le thorax se trouvent encore dans le vagin, effectuer une aspiration oropharyngienne, puis nasopharyngienne. Pratiquer l'aspiration de la même façon lors d'un accouchement par césarienne. Pour réduire les risques de transmission du virus du sida, utiliser un appareil d'aspiration mural.

2. Si le bébé est vigoureux et que le méconium rend le liquide amniotique très épais, repérer la glotte et aspirer le méconium de la trachée.

3. Si le bébé est vigoureux et que le méconium épaissit légèrement le liquide amniotique, aucune réanimation particulière n'est nécessaire.

4. Si le bébé est déprimé (fréquence cardiaque inférieure à 100 battements par minute ou faible effort respiratoire et liquide teinté de méconium), repérer la glotte et aspirer le méconium de la trachée.

Si l'aspiration est incomplète au moment où les épaules et le thorax se trouvent encore dans le vagin, les efforts de respiration ou de réanimation pousseront le méconium plus profondément dans les voies respiratoires et les poumons. Par conséquent, il faut éviter de stimuler le nouveau-né afin de limiter ses mouvements respiratoires. Si la réanimation est indiquée, on l'effectue selon les principes du traitement clinique utilisé en cas d'asphyxie (décrits précédemment dans le présent chapitre). Le nouveau-né qui a subi une réanimation doit demeurer en observation à la pouponnière. On peut utiliser un cathéter ombilical artériel pour la mesure directe de la tension artérielle, le prélèvement de sang pour les mesures du pH et des gaz sanguins et l'administration de liquides, de sang ou de médicaments.

On administre généralement une oxygénothérapie à forte concentration, combinée à une ventilation assistée sous faible pression positive de fin d'expiration pour éviter les fuites d'air. Malheureusement, de fortes pressions sont parfois nécessaires pour obtenir une dilatation expiratoire suffisante des bronches obstruées et une stabilisation des voies respiratoires affaiblies par l'inflammation, de sorte que l'aération atteigne les alvéoles atélectasiques distales.

Le traitement par apport de surfactant exogène est plus efficace lorsqu'on l'administre à titre prophylactique. Il améliore l'oxygénation et réduit l'incidence des fuites d'air. On doit assurer le maintien de la tension artérielle générale et du débit sanguin pulmonaire. Si nécessaire, on administre de la dopamine ou de la dobutamine ainsi que des solutés de remplissage vasculaire (ou les deux à la fois).

Si la ventilation assistée n'améliore pas l'état du nouveau-né à terme de plus de 3 170 g souffrant d'insuffisance respiratoire, il peut être nécessaire d'entreprendre un traitement par ventilation à haute fréquence, un traitement au monoxyde d'azote ou une oxygénation par membrane extracorporelle. L'oxygénation par membrane extracorporelle, sorte de pontage cœur-poumon, s'est avérée efficace chez les nouveau-nés atteints du syndrome d'inhalation de méconium, de pneumonie et d'hypertension pulmonaire persistante et dont on ne peut améliorer l'état par le traitement conventionnel.

La physiothérapie respiratoire (drainage par percussion et vibration) est un autre moyen qui permet d'évacuer les sécrétions. On peut administrer des antibiotiques intraveineux à titre prophylactique, et du bicarbonate de sodium pendant quelques jours pour corriger l'acidose chez le nouveau-né gravement atteint. Le taux de mortalité est très élevé chez les bébés à terme et postmatures parce qu'il est difficile de rompre le cycle de l'hypoxémie et de l'acidémie.

Soins infirmiers

Évaluation et analyse de la situation

Durant le travail et l'accouchement, l'infirmière doit déceler les signes qui indiquent une hypoxie fœtale et la présence de méconium dans le liquide amniotique. À la naissance, elle doit noter les signes de détresse. Elle observe attentivement le bébé afin de détecter l'apparition de diverses complications :

- des épanchements gazeux intrathoraciques ;
- des lésions cérébrales, qui se manifestent par un œdème cérébral ou des convulsions ;
- des lésions myocardiques, qui se manifestent par une insuffisance cardiaque ou une cardiomégalie ;
- une coagulation intravasculaire disséminée, imputable à des lésions hépatiques et responsable d'une baisse de l'activité des facteurs de coagulation ;
- des lésions rénales, qu'indique une hématurie ;
- une oligurie ou une anurie ;
- une surcharge liquidienne ;
- une septicémie consécutive à une pneumonie bactérienne ;
- une nécrose intestinale due à l'ischémie, marquée notamment par une obstruction gastro-intestinale ou une hémorragie.

Les diagnostics infirmiers susceptibles de s'appliquer au nouveau-né souffrant du syndrome d'inhalation de méconium sont les suivants :

- *échanges gazeux perturbés* reliés à l'inhalation de liquide amniotique contenant du méconium ;
- *alimentation insuffisante* reliée à la détresse respiratoire et à l'augmentation des besoins énergétiques ;
- *stratégies d'adaptation familiale compromises* reliées à la maladie grave qui menace la vie d'un nouveau-né à terme.

Planification et interventions

Soins infirmiers en milieu hospitalier

À la naissance, la première intervention de l'infirmière consiste à assister le médecin quand il procède à l'aspiration oropharyngienne et nasopharyngienne du méconium avant la première respiration afin d'en prévenir l'inhalation. En cas d'inhalation importante, le traitement a pour objectif d'assurer les échanges gazeux et de réduire au minimum les complications. Après la réanimation, les interventions infirmières visent notamment le maintien de l'oxygénation et de l'aération, la régularisation de la température et la recherche de l'hypoglycémie par des vérifications effectuées à l'aide d'un glucomètre deux heures après la naissance. L'infirmière doit également surveiller les perfusions intraveineuses, calculer les quantités de liquides nécessaires (il peut y avoir une restriction de liquides durant les 8 à 72 heures

qui suivent la naissance à cause d'un œdème cérébral), fournir un apport énergétique suffisant et surveiller l'antibiothérapie intraveineuse.

Évaluation et résultats escomptés

Les résultats escomptés des soins infirmiers peuvent être les suivants :

- le risque d'inhalation de méconium a été promptement établi, et les interventions nécessaires ont été entreprises ;
- le nouveau-né ne souffre ni de détresse respiratoire ni de trouble métabolique ;
- les parents expriment leurs inquiétudes quant à la santé et à la survie de leur enfant et comprennent le traitement.

Le stress hypothermique

Le **stress hypothermique** est causé par une perte excessive de chaleur. Il se caractérise par l'utilisation de mécanismes de compensation (comme l'accélération de la fréquence respiratoire et la thermogenèse sans frissons) afin de maintenir la température profonde. Les pertes de chaleur se font par évaporation, convection, conduction et radiation. (Voir le chapitre 21 pour la définition de ces termes.) Un stress hypothermique à la naissance risque d'aggraver la détresse respiratoire et de compromettre la santé future de l'enfant.

L'importance des pertes de chaleur chez le nouveau-né dépend dans une large mesure des interventions. Les nouveau-nés prématurés et les bébés hypotrophiques sont prédisposés au stress hypothermique, car ils manquent de tissu adipeux et leurs réserves de tissu adipeux brun et de glycogène sont insuffisantes.

Comme il en a été fait mention au chapitre 21, le métabolisme du tissu adipeux brun constitue pour le nouveau-né la principale source de production de chaleur par thermogenèse sans frissons. Plusieurs facteurs risquent de perturber la capacité du bébé de réagir au stress hypothermique par cette forme de thermogenèse, parmi lesquels :

- l'hypoxémie (PO_2 inférieure à 50 mm Hg [torr]) ;
- une hémorragie intracrânienne ou toute anomalie du système nerveux central ;
- l'hypoglycémie (< 2,2 mmol/L).

En présence de ces manifestations, on doit prendre régulièrement la température corporelle du nouveau-né et s'efforcer de maintenir un milieu thermique neutre. Il est important que l'infirmière sache reconnaître ces manifestations pour être en mesure d'intervenir rapidement. Les conséquences du stress hypothermique sur le métabolisme peuvent être dramatiques, voire fatales : augmentation de la consommation d'oxygène, utilisation accrue de glucose, acidose et diminution de la production de surfactant. La figure 26-8 ▮ propose une illustration schématisée de ces effets.

Soins infirmiers

L'infirmière doit observer attentivement le nouveau-né afin de déceler les signes du stress hypothermique : agitation, accélération de la fréquence respiratoire, baisse de la température cutanée, diminution de l'irrigation périphérique, hypoglycémie et, parfois, acidose métabolique.

Comme la première réaction au stress hypothermique est une vasoconstriction des artérioles superficielles qui entraîne une baisse de la température cutanée, l'infirmière doit prendre la température cutanée plutôt que la température rectale. Une baisse de la température rectale signifie que le bébé souffre de stress hypothermique depuis un bon moment déjà et que son organisme a réagi par une décompensation des mécanismes de maintien de la température profonde.

Si l'infirmière note une baisse de la température cutanée, elle doit dépister l'hypoglycémie, car elle est un effet métabolique du stress hypothermique. La mesure de la glycémie avec un glucomètre indique une concentration sanguine de glucose inférieure à 2,2 mmol/L. L'hypoglycémie se manifeste par des tremblements, de l'irritabilité ou une léthargie, de l'apnée et des convulsions.

Le stress hypothermique exige les interventions infirmières suivantes (*Neonatal Thermoregulation*, 1997) :

- Maintenir la température ambiante entre 1 et 1,5 °C de plus que la température corporelle de l'enfant.

- Réchauffer le nouveau-né lentement, car une hausse rapide de la température peut provoquer de l'hypertension et de l'apnée.
- Augmenter la température de l'air de 1 °C par heure jusqu'à la stabilisation de la température de l'enfant.
- Prendre la température cutanée toutes les 15 à 30 minutes pour déterminer si elle augmente.
- Ne pas utiliser de couvertures de plastique et d'écrans thermiques lorsqu'on réchauffe le nouveau-né afin de ne pas emprisonner d'air froid avec l'air chaud.
- Réchauffer les liquides intraveineux avant de les administrer.
- Appliquer les mesures nécessaires pour réduire les pertes de chaleur par évaporation, radiation, convection et conduction, et garder le nouveau-né dans un milieu thermique neutre.

Si l'infirmière observe des signes de métabolisme anaérobie, elle doit prendre les mesures nécessaires pour corriger l'acidose métabolique qui en résulte. L'acidose est due à une utilisation du tissu adipeux brun provoquant une augmentation de la consommation d'oxygène et du taux d'acide lactique. On traite l'hypoglycémie par un apport approprié de glucose, comme nous le décrivons dans la section suivante.

■ **L'hypoglycémie**

Une glycémie de 2,2 mmol/L et moins exige le traitement immédiat de l'**hypoglycémie** néonatale (Cornblath *et al.*,

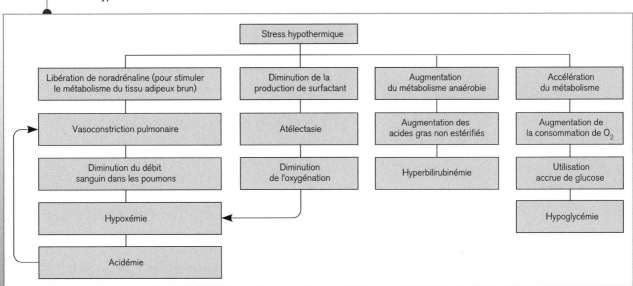

FIGURE 26-8 ▮ Chaîne des événements du stress hypothermique. Le nouveau-né souffrant de stress hypothermique essaie de conserver sa chaleur et d'en augmenter la production. Ces mécanismes compensatoires déclenchent une série d'activités métaboliques qui entraînent une hypoxémie et une baisse de la production de surfactant, une acidose métabolique, une hypoglycémie et une hyperbilirubinémie.

2000). Si la glycémie est inférieure à 1,1 à 1,4 mmol/L, on doit traiter le nouveau-né par administration parentérale de glucose, quel que soit son âge chronologique ou gestationnel. L'hypoglycémie est le trouble métabolique le plus fréquent chez les nouveau-nés de mère diabétique, chez les nouveau-nés hypotrophiques, de même que chez les prématurés eutrophiques. Cependant, la physiopathologie de l'hypoglycémie met en jeu des mécanismes différents dans ces trois cas.

Les prématurés eutrophiques n'ont pas eu le temps de constituer entièrement leurs réserves de glycogène et de lipides au cours de la vie intra-utérine, ce qui perturbe la néoglucogenèse. La situation s'aggrave par suite d'une utilisation accrue de glucose par les tissus (principalement le cerveau et le cœur), occasionnée par un stress ou une maladie (refroidissement, asphyxie, septicémie, syndrome de détresse respiratoire). Chez les nouveau-nés de mère diabétique de classes A à C (White) ou de type 1, les réserves de glycogène et de graisses sont supérieures à la normale (voir le chapitre 25), de même que la concentration d'insuline circulante et la réponse insulinique. Privés à la naissance du glucose fourni par leur mère, ces enfants présentent une hypoglycémie soudaine et importante (Ogata, 1999). Dans le cas de l'enfant hypotrophique, on observe une utilisation intra-utérine des réserves de glycogène et de lipides, causée par la malnutrition, et une carence des enzymes hépatiques nécessaires à la néoglucogenèse. Un stress à la naissance (asphyxie ou hypothermie) provoque également l'utilisation rapide des réserves de glucose et une hypoglycémie. De plus, il arrive que l'anesthésie épidurale perturbe l'homéostasie du glucose mère-fœtus et cause ainsi l'hypoglycémie.

Traitement clinique

Le traitement vise d'abord le diagnostic rapide de l'hypoglycémie par l'observation et le dépistage des nouveau-nés à risque. L'enfant peut être asymptomatique ou présenter les symptômes suivants :

- léthargie, agitation,
- difficultés d'alimentation,
- vomissements,
- pâleur,
- apnée, respiration irrégulière, détresse respiratoire, cyanose,
- hypotonie, perte possible du réflexe de déglutition,
- tremblements, spasmes, convulsions,
- cris perçants.

Avant d'établir un diagnostic d'hypoglycémie chez un bébé dont les symptômes ne sont pas spécifiques, on doit s'assurer qu'il ne souffre pas de l'une des affections suivantes :

- maladie du système nerveux central,
- septicémie,

- troubles métaboliques,
- polycythémie,
- cardiopathie congénitale,
- syndrome de sevrage,
- instabilité thermique,
- hypocalcémie.

Si l'enfant présente des signes d'hypoglycémie, on recommande d'entreprendre un traitement énergique après une seule mesure de glycémie inférieure à la normale. Chez le nouveau-né à risque, le dépistage systématique de l'hypoglycémie devrait être fait fréquemment au cours des quatre premières heures après la naissance, puis avant chaque boire jusqu'à la fin de la période de risque (Ogata, 1999) ou dès qu'une des manifestations cliniques apparaît.

On peut également suspecter une hypoglycémie lorsque la mesure qu'indique le glucomètre est inférieure à 2,2 mmol/L, à condition toutefois que ce résultat soit confirmé par une mesure de la glycémie plasmatique effectuée au laboratoire (voir le procédé 26-1). La mesure avec le glucomètre peut être effectuée au chevet de l'enfant, mais il faut attendre les résultats du laboratoire pour établir le diagnostic d'hypoglycémie. En effet, le glucomètre ne permet pas de détecter et de diagnostiquer l'hypoglycémie.

La technique utilisée pour effectuer les prélèvements sanguins peut influer considérablement sur l'exactitude des résultats. Les méthodes couramment utilisées au chevet du patient nécessitent du sang *entier*. Il est important de noter que la glycémie du sang entier est inférieure de 10 % à 15 % à celle du plasma. Plus l'hématocrite est élevé, plus la glycémie du sang entier diffère de la glycémie du plasma. En outre, la glycémie du sang veineux est moins élevée d'environ 15 % à 19 % que celle du sang artériel, car une petite quantité de glucose passe dans les tissus avant que le sang pénètre dans le système veineux (*Neonatal Hypoglycemia*, 2000). Les techniques plus récentes comme le dosage de la glucose-oxydase ou le dosage optique du glucose sont plus fiables pour le dépistage effectué au chevet du patient. Il faut toutefois les confirmer par des analyses de laboratoire.

Il est essentiel de fournir au nouveau-né un apport énergétique suffisant. L'un des principaux moyens de prévenir l'hypoglycémie est d'alimenter l'enfant aussitôt que possible après la naissance (lait maternel ou préparation lactée) afin de répondre aux besoins liquidiens et énergétiques. Une demi-heure à une heure après la tétée, on mesure à nouveau le glucose plasmatique. Dans le cas du nouveau-né à risque qui reçoit une alimentation orale, le prélèvement sanguin doit être fait avant la tétée.

> **Conseil pratique**
>
> Pour stimuler la vasodilatation avant de prélever un échantillon sanguin, on peut envelopper le pied du bébé dans un linge chaud ou une couche chaude.

Procédé 26-1   Ponction du talon chez le nouveau-né

Interventions infirmières	Justification

Objectif: Préparer le matériel

- Microlancette (ne pas utiliser d'aiguille)
- Tampons alcoolisés
- Compresses stériles 2 × 2
- Bandelettes pour glucomètre
- Glucomètre
- Gants

La préparation du matériel facilite l'intervention.

On n'utilise pas d'aiguille à cause des risques de lésion au périoste.

Le port de gants fait partie des pratiques de base afin de prévenir les infections nosocomiales.

Objectif: Préparer le talon du nouveau-né

- À l'aide d'un enveloppement chaud et humide ou d'un sac thermo-chimique spécial, réchauffer le talon du nouveau-né pendant 5 à 10 secondes afin d'accroître l'irrigation sanguine.
- Choisir un point qui n'a pas été ponctionné antérieurement.

- Nettoyer en frottant vigoureusement avec un tampon d'alcool isopropylique à 70 % et assécher avec une compresse.

- Assécher complètement le talon avec un papier mouchoir avant de procéder à la ponction.

Le choix d'un point de ponction non utilisé antérieurement réduit le risque d'infection, de même que la formation d'une cicatrice marquée.

La friction produit localement de la chaleur, ce qui contribue à la vasodilatation.

L'alcool irrite les tissus lésés et peut causer de l'hémolyse.

Objectif: Piquer le talon du bébé et prélever un échantillon sanguin adéquat

Voir les explications ci-dessous.

Objectif: Prévenir les saignements excessifs

- Appliquer une compresse repliée sur le point de ponction et la fixer à l'aide d'un ruban adhésif.
- Vérifier le point de ponction à plusieurs reprises durant l'heure suivant le prélèvement.

Objectif: Consigner les résultats au dossier du bébé

Signaler immédiatement tout résultat inférieur à 2,2 mmol/L ou supérieur à 9,8 mmol/L.

La consignation des résultats aide à déceler les complications possibles.

Piqûre du talon

Il est préférable de pratiquer la ponction sur la partie latérale du talon pour éviter de léser le nerf tibial postérieur, l'artère tibiale postérieure, l'artère plantaire et le coussin longitudinal du talon. Plus tard, ces lésions risqueraient de gêner la marche (figure 26-9). Ces précautions sont particulièrement importantes chez le nouveau-né qui doit subir de multiples prélèvements. S'il le faut, ponctionner sur les orteils.

Ponction:

- Tenir le bas de la jambe et le talon de manière à entraver légèrement le retour veineux afin de favoriser l'écoulement du sang.
- D'un mouvement précis et rapide, piquer le talon dans sa partie latérale avec la microlancette, en prenant soin de ne pas l'enfoncer trop profondément. La pénétration optimale est de 4 mm (figure 26-10).

FIGURE 26-9 Piqûre du talon.

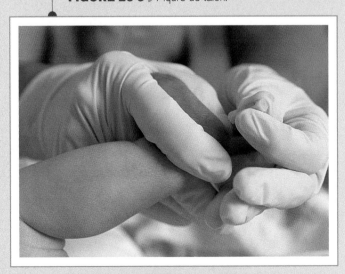

Procédé 26-1 Ponction du talon chez le nouveau-né *(suite)*

Interventions infirmières	Justification

Piqûre du talon (suite)

Prélèvement sanguin :

- Placer la goutte de sang sur la bandelette du glucomètre.
- Utiliser un tube capillaire pour mesurer l'hématocrite.

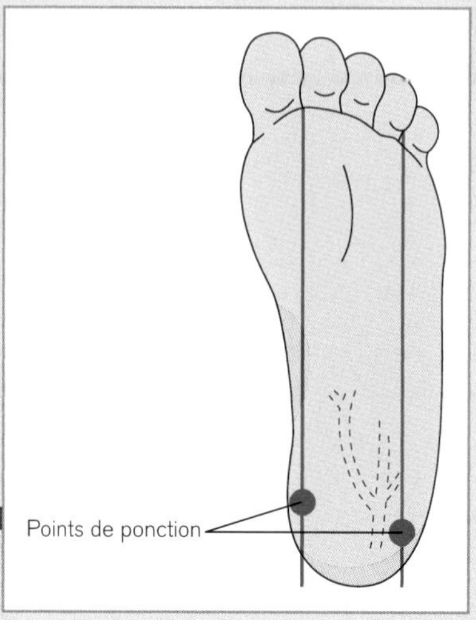

FIGURE 26-10 ▶ Points de ponction pour la piqûre du talon. Éviter les régions ombrées afin de prévenir les lésions aux artères et aux nerfs du pied.

Points de ponction

L'administration d'une solution intraveineuse de dextrose à une concentration de 5 % à 10 % immédiatement après la naissance permet habituellement d'éviter l'hypoglycémie. Les concentrations de glucose du plasma sont mesurées au moment où l'on commence la perfusion parentérale. Toutefois, chez le très petit nouveau-né eutrophique, le dextrose à 10 % risque de provoquer une hyperglycémie ; dans ce cas, il est nécessaire de modifier la concentration du glucose. La concentration du glucose nécessaire pour assurer une glycémie normale est de 6 à 10 mg/kg/min. Par conséquent, on doit calculer la concentration de la solution de glucose en fonction du poids de l'enfant et vérifier l'efficacité du traitement par des mesures de la glycémie.

La perfusion rapide d'une solution de dextrose à une concentration de 25 % à 50 % est contre-indiquée à cause des risques d'hypoglycémie réactionnelle. Dans les cas d'hypoglycémie prolongée, l'administration de corticostéroïdes favoriserait la néoglucogenèse à partir des acides aminés provenant de la dégradation des protéines (Ogata, 1999). L'hypoglycémie non traitée peut entraîner des lésions cérébrales permanentes incurables ou même la mort.

Soins infirmiers

Évaluation et analyse de la situation

L'évaluation a pour objectif de dépister des nouveau-nés à risque et de confirmer le diagnostic chez les enfants symptomatiques. Une fois l'hypoglycémie diagnostiquée, on doit mesurer régu-

lièrement les variations de la glycémie. On évalue également le volume urinaire (à surveiller seulement s'il est supérieur à 1 à 3 mL/kg/h), la densité urinaire et la diurèse osmotique, de même que la glycosurie au moyen de bandelettes réactives.

Les diagnostics infirmiers suivants peuvent s'appliquer au nouveau-né souffrant d'hypoglycémie :

- *alimentation déficiente* reliée à une utilisation accrue de glucose consécutive à un stress physiologique ;
- *mode de respiration inefficace* relié à la tachypnée et à l'apnée ;
- *douleur* reliée à de fréquentes ponctions du talon pour mesurer la glycémie.

Planification et interventions

On doit mesurer la glycémie des nouveau-nés à risque au plus tard deux heures après la naissance, avant le début de l'alimentation ou dès l'apparition de signes anormaux (Cornblath *et al.*, 2000). Chez le nouveau-né de mère diabétique, il faut mesurer la glycémie au cours des 30 minutes suivant la naissance. Une fois que la glycémie du nouveau-né à risque s'est stabilisée, il suffit de mesurer la glycémie toutes les deux à quatre heures (ou selon le protocole de l'établissement) ou avant les tétées.

On doit calculer les besoins en glucose et administrer du glucose par voie intraveineuse chez tous les nouveau-nés symptomatiques dont la glycémie est faible. Il est essentiel également de surveiller attentivement la glycémie quand le bébé passe de l'alimentation intraveineuse à l'alimentation orale. Il faudra peut-être surveiller la glycémie jusqu'à ce que l'enfant puisse absorber une quantité suffisante de préparation lactée ou de lait maternel pour maintenir une glycémie normale. Pour ce faire, il faut diminuer la concentration de glucose parentéral à 5 %, ensuite réduire le débit de perfusion à 6 mg/kg/min, puis à 4 mg/kg/min. On ralentit graduellement l'alimentation parentérale en quatre à six heures.

Le mode d'alimentation influe considérablement sur les besoins énergétiques et les besoins en glucose. De plus, une étude a démontré que les bébés à qui on a donné une sucette pendant les gavages gagnent quotidiennement plus de poids, passent plus rapidement à l'alimentation orale et reçoivent plus tôt leur congé. L'usage d'une sucette peut réduire le niveau d'activité du nouveau-né, ce qui lui permet de conserver ses réserves d'énergie. À eux seuls, les pleurs peuvent doubler la vitesse du métabolisme énergétique. Le maintien d'un milieu thermique neutre a aussi une grande influence sur le métabolisme. Quand elle prodigue des soins, l'infirmière doit porter une attention particulière aux conditions environnementales, à l'activité physique et à l'organisation des diverses interventions. Elle doit reconnaître les déficits nutritionnels et peser le bébé tous les jours, à la même heure, de préférence avant un repas. Si elle ne respecte pas ces précautions, les résultats des pesées et la courbe de croissance ne seront pas fiables.

Évaluation et résultats escomptés

Les résultats escomptés des soins infirmiers peuvent être les suivants:

- le risque d'hypoglycémie a été promptement reconnu, et les interventions nécessaires ont été entreprises sans délai;
- les fonctions métaboliques et physiologiques de l'enfant sont stables, et celui-ci récupère lentement sans présenter de séquelles.

L'ictère néonatal

L'**ictère** néonatal (physiologique) est l'un des troubles les plus fréquents chez le nouveau-né. La coloration jaune de la peau et des sclérotiques est due au dépôt de *bilirubine*, un pigment jaune, dans les tissus adipeux. La bilirubine fœtale non conjuguée (indirecte) est normalement éliminée par le placenta, de sorte que, à la naissance, la bilirubine totale ne dépasse pas 51 μmol/L, à moins qu'il y ait hémolyse. Après la naissance, c'est le foie du nouveau-né qui doit conjuguer la bilirubine (c'est-à-dire transformer un pigment liposoluble en un pigment hydrosoluble).

La vitesse et le taux de conjugaison de la bilirubine dépendent de l'importance de l'hémolyse, de la charge de bilirubine, de la maturité du foie ainsi que des sites de liaison à l'albumine. (On trouvera au chapitre 21 un exposé détaillé sur la conjugaison de la bilirubine.) Le foie d'un nouveau-né normal, en bonne santé et à terme est assez mature et produit assez

de glucuronyl-transférase pour maintenir la bilirubine sous un taux pathologique. Cependant, l'ictère physiologique demeure un problème courant chez le nouveau-né à terme et qui nécessite parfois des séances de photothérapie. L'ictère physiologique est causé par la durée de vie écourtée des érythrocytes, par une fixation lente par le foie, par l'absence de bactéries intestinales et par un apport liquidien insuffisant.

Physiopathologie

Les sites sériques de liaison à l'albumine suffisent à la demande, à moins qu'une affection ne réduise leur disponibilité. L'asphyxie fœtale ou néonatale diminue l'affinité de la bilirubine pour l'albumine, et l'acidose diminue la capacité de l'albumine de lier la bilirubine. L'hypothermie et l'hypoglycémie libèrent des acides gras libres qui délogent la bilirubine de l'albumine. De même, les prématurés ont moins d'albumine avec laquelle la bilirubine pourrait se lier. Les sulfamides ou les salicylates administrés à la mère interfèrent avec la conjugaison de la bilirubine ou entrent en compétition pour les sites de liaison à l'albumine.

On ne connaît pas exactement les mécanismes par lesquels la bilirubine lèse les neurones, mais de fortes concentrations de bilirubine non conjuguée sont neurotoxiques. La bilirubine non conjuguée a une grande affinité pour les tissus extravasculaires, tels le tissu adipeux (sous-cutané) et le tissu cérébral. La bilirubine non liée à l'albumine peut donc traverser la barrière hémato-encéphalique, causer des lésions au système nerveux central et provoquer un ictère nucléaire. L'**ictère nucléaire** se caractérise par la fixation de la bilirubine indirecte ou non conjuguée dans les noyaux gris du cerveau et désigne les séquelles neurologiques permanentes de l'hyperbilirubinémie non traitée. L'encéphalopathie caractéristique de l'ictère nucléaire que l'on observe principalement dans les cas d'incompatibilité sanguine Rh et ABO est moins fréquente aujourd'hui grâce à la photothérapie et aux exsanguinotransfusions. Cependant, le nombre de cas d'ictère nucléaire a augmenté au cours des dernières années en raison des séjours hospitaliers écourtés et de l'augmentation des troubles liés à la déshydratation (parce que la mère reçoit son congé avant l'établissement de la lactation).

Causes de l'hyperbilirubinémie

La **maladie hémolytique du nouveau-né**, due à une incompatibilité Rh ou ABO, est l'une des principales causes de l'**hyperbilirubinémie** (élévation des taux de bilirubine). Il faut interroger toute femme enceinte Rh négatif ou de groupe sanguin O (possibilité d'incompatibilité ABO) sur ses grossesses antérieures et sur ses antécédents de transfusions sanguines. Une amniocentèse avec examen spectrophotographique est parfois indiquée. On détermine également à la naissance le taux de bilirubine sérique du nouveau-né sur le sang du cordon.

Ce taux devrait être inférieur à 85 μmol/L. Il faut surveiller étroitement les taux de bilirubine sérique et les signes d'ictère chez les nouveau-nés de mère Rh négatif ou de groupe O.

La maladie hémolytique du nouveau-né, connue aussi sous le nom d'**érythroblastose fœtale**, apparaît chez la femme multipare Rh négatif qui est enceinte d'un fœtus Rh positif, ce qui permet le passage transplacentaire d'anticorps maternels. Au cours de la grossesse, les anticorps maternels anti-Rh+ pénètrent dans la circulation fœtale, se lient aux globules rouges fœtaux et les détruisent. Le fœtus réagit par une augmentation de l'érythropoïèse placentaire. Il en résulte un ictère, de l'anémie et une érythropoïèse compensatoire. Un grand nombre de globules rouges immatures (érythroblastes) sont présents dans le sang, d'où le nom d'érythroblastose.

L'**anasarque fœtoplacentaire**, la forme la plus grave de l'érythroblastose, se produit lorsque des anticorps maternels se fixent aux antigènes Rh des globules rouges du fœtus, ce qui provoque une hémolyse. Il s'ensuit une anémie grave ainsi qu'une défaillance de plusieurs systèmes et appareils de l'organisme. On observe une cardiomégalie, une décompensation cardiaque grave et une hépatosplénomégalie, de même qu'un œdème massif et généralisé (*anasarque*). De plus, on note un important épanchement séreux dans la cavité pleurale (hydrothorax), le sac péricardique et la cavité péritonéale (ascite). L'ictère n'apparaît que plus tard parce que la bilirubine est excrétée par le placenta dans la circulation maternelle. L'anasarque fœtoplacentaire s'accompagne aussi d'une hyperplasie du cortex surrénal et des îlots de Langerhans, ce qui prédispose à une hypoglycémie néonatale semblable à celle des enfants de mère diabétique. De plus, une thrombopénie de même que des lésions hypoxiques aux capillaires prédisposent le nouveau-né aux hémorragies. L'anasarque fœtoplacentaire est une cause fréquente de mort in utero dans les cas d'incompatibilité Rh.

L'incompatibilité ABO (le groupe sanguin de la mère est O, tandis que celui du bébé est A ou B) peut provoquer un ictère chez le nouveau-né, mais rarement une maladie hémolytique grave. Elle entraîne parfois une hépatosplénomégalie, mais l'anasarque fœtoplacentaire et la mort in utero sont rares.

Certains facteurs prénatals et périnatals prédisposent le nouveau-né à l'hyperbilirubinémie. Durant la grossesse, les facteurs maternels qui prédisposent le fœtus à l'hyperbilirubinémie néonatale sont la sphérocytose héréditaire, le diabète, les infections intra-utérines et les infections à bacilles à Gram négatif qui stimulent la production d'isoanticorps maternels. Plusieurs médicaments, tels les sulfamides, les salicylates, le diazépam et l'ocytocine, favorisent aussi l'hyperbilirubinémie.

Outre l'incompatibilité Rh et ABO, les affections néonatales suivantes prédisposent l'enfant à l'hyperbilirubinémie : la polycythémie (hématocrite à 0,65 ou plus), la sténose pylorique, l'obstruction ou l'atrésie des voies biliaires ou de la partie inférieure de l'intestin, les infections urinaires basses, la septicémie, l'hypothyroïdie, les hémorragies localisées (céphalhématome, grosses ecchymoses), l'asphyxie néonatale, l'hypo-

thermie, l'acidémie et l'hypoglycémie. L'hépatite néonatale, l'atrésie des voies biliaires et l'atrésie gastro-intestinale entravent parfois le métabolisme et l'excrétion de la bilirubine.

Le pronostic de l'hyperbilirubinémie dépend de la gravité de l'hémolyse et de ses causes sous-jacentes. Dans les cas graves, les effets de l'anémie (décompensation cardiaque, œdème, ascite, hydrothorax) peuvent entraîner la mort in utero ou peu après la naissance. Si l'hyperbilirubinémie n'est pas traitée énergiquement, elle risque de provoquer un ictère nucléaire. Les lésions neurologiques qui en résultent peuvent causer la mort, une paralysie cérébrale, un retard mental ou une perte auditive ou, à un degré moindre, des difficulté de perception, un retard dans le développement du langage, une hyperactivité, une incoordination musculaire et des difficultés d'apprentissage.

Traitement clinique

Le dépistage prénatal précoce des risques d'incompatibilité Rh ou ABO permet d'intervenir rapidement. (Voir le chapitre 13 sur le traitement in utero de cette affection.) Advenant la présence d'un ou de plusieurs facteurs de prédisposition à la maladie hémolytique du nouveau-né, on doit procéder à des analyses de laboratoire afin d'établir une éventuelle incompatibilité Rh ou ABO. Les analyses de laboratoire nécessaires sont la détermination du groupe ABO et du facteur Rh de la mère et de l'enfant et le test direct et indirect à l'antiglobuline (test de Coombs). On détermine également chez le bébé le taux de bilirubine sérique (directe, indirecte, totale), le taux d'hémoglobine, la numération des réticulocytes ainsi que la numération leucocytaire et on effectue un frottis sanguin pour obtenir la morphologie cellulaire.

L'hyperbilirubinémie néonatale doit être considérée comme pathologique en présence de l'un ou l'autre des facteurs suivants (MacMahon, Stevenson et Oski, 1998) :

1. des signes cliniques d'ictère qui apparaissent au cours des 24 heures qui suivent la naissance, ou après le quatrième jour de vie, sauf si le bébé est prématuré ;

2. un taux de bilirubine sérique qui augmente de plus de 85 μmol/L/jour ;

3. un taux de bilirubine sérique totale supérieur à 220 μmol/L chez le nouveau-né à terme ou à 260 μmol/L chez le prématuré (celui-ci ayant moins de tissus adipeux sous-cutanés, la bilirubine peut atteindre des taux plus élevés avant d'être perceptible) ;

4. des taux de bilirubine conjuguée supérieurs à 340 μmol/L ;

5. un ictère qui persiste plus de 7 jours chez le nouveau-né à terme et plus de 14 jours chez le prématuré.

Les premières interventions diagnostiques ont pour but d'établir si l'augmentation du taux de bilirubine est due à sa synthèse excessive, à une altération de sa conjugaison ou de son excrétion, à une augmentation de sa réabsorption intestinale, ou à une combinaison de ces facteurs. Le test de Coombs permet de déterminer si l'ictère est dû à une incompatibilité Rh ou ABO.

Si l'hémolyse est imputable à une immunisation au facteur Rh, les résultats des examens de laboratoire seront les suivants : (a) bébé Rh positif avec un test de Coombs positif ; (b) augmentation de l'érythropoïèse avec présence dans le sang de nombreux globules rouges immatures (globules rouges nucléés) ; (c) anémie dans la plupart des cas ; (d) taux élevé de bilirubine (85 μmol/L ou plus) dans les prélèvements de sang du cordon ; (e) réduction de la capacité de liaison de l'albumine. Chez la mère, on observe notamment un titre élevé d'anticorps anti-Rh et la présence de cellules fœtales.

Le test de Coombs indirect permet de déterminer si le sang de la mère contient des anticorps anti-Rh en ajoutant au sérum des globules rouges Rh positif. Une agglutination en présence d'antiglobuline humaine (Coombs) indique un résultat positif. Le test de Coombs direct détecte les anticorps fixés sur les érythrocytes Rh positif (sensibilisés) du bébé, en faisant réagir de l'antiglobuline humaine avec le sang du bébé. Une agglutination indique un résultat positif.

Si l'hémolyse est imputable à une incompatibilité ABO, les résultats de laboratoire indiquent une augmentation du nombre de réticulocytes. L'anémie est sans grandes conséquences physiopathologiques durant la période néonatale, et elle est rare par la suite. Le test de Coombs direct peut être négatif ou légèrement positif, et le test de Coombs indirect peut être fortement positif. Si le test de Coombs direct est positif, les risques d'ictère avec une hyperbilirubinémie supérieure à 170 μmol/L sont plus élevés. Le frottis de sang périphérique révèle la présence de sphérocytes (érythrocytes matures en forme de disque biconvexe). Dans les cas d'incompatibilité Rh, il n'y a pas de sphérocytes.

Quelle que soit la cause de l'hyperbilirubinémie, le traitement vise à prévenir les effets nocifs de la bilirubine. Bien que l'ictère nucléaire soit rare, les nouveau-nés en bonne santé et à terme risquent d'être affectés. Le départ de nombreux nouveau-nés du centre hospitalier très peu de temps après leur naissance a grandement influé sur le diagnostic et le traitement de l'ictère néonatal. On doit aujourd'hui mettre l'accent sur le traitement en clinique externe ou à domicile. Tous les bébés qui reçoivent leur congé moins de 48 heures après la naissance devraient faire l'objet, 2 ou 3 jours après leur congé, d'un suivi par une infirmière ou un médecin qui recherchera les signes d'ictère (AAP, Provisional Committee for Quality Improvement and Subcommittee on Hyperbilirubinemia, 1994).

Pour traiter l'hyperbilirubinémie, on utilise notamment la photothérapie, l'exsanguinotransfusion, la perfusion d'albumine et les médicaments. Dans le cas de la maladie hémolytique, on fait appel à la photothérapie, à l'exsanguinotransfusion et aux médicaments. Pour déterminer le traitement approprié, il faut considérer les trois variables suivantes : (1) le taux de bilirubine sérique du nouveau-né ; (2) son poids à la naissance ; (3) son âge en heures. Par exemple, si un nouveau-né présente une hémolyse, un taux de bilirubine non conjuguée à 240 μmol/L, un poids à la naissance inférieur à 2 500 g et qu'il a moins de 24 heures, l'exsanguinotransfusion est probablement indiquée. Toutefois, s'il est âgé de plus de 25 heures, autrement dit s'il a traversé la période durant laquelle une augmentation pathologique de la bilirubine peut survenir, la photothérapie constitue probablement le traitement de choix pour prévenir l'ictère nucléaire.

Photothérapie

La **photothérapie** consiste à exposer le nouveau-né à une lumière de forte intensité. Elle s'utilise seule ou combinée à l'exsanguinotransfusion pour réduire le taux de bilirubine sérique. Cette exposition à une source lumineuse de haute intensité (lumière fluorescente ou lumière bleue) produit une photo-isomérisation et une photo-oxydation de la bilirubine au niveau de la peau. Sous l'effet de ces transformations, la bilirubine est excrétée plus facilement dans la bile et dans l'urine. En effet, la lumière absorbée par les tissus transforme la bilirubine non conjuguée en deux isomères formant la photobilirubine. Par un mécanisme de diffusion, la photobilirubine passe des tissus dans le sang, elle se lie à l'albumine sérique, puis elle est transportée vers le foie. De là, elle est excrétée dans la bile, rejetée dans le duodénum et éliminée dans les selles, sans que la conjugaison dans le foie ne soit nécessaire. Les produits de la photo-oxydation sont aussi excrétés dans l'urine.

La photothérapie est très utile pour prévenir l'augmentation du taux de bilirubine, mais elle ne corrige pas la cause sous-jacente de l'ictère, ni par conséquent l'anémie provoquée par l'hémolyse. On s'accorde généralement pour reconnaître qu'il faut entreprendre la photothérapie lorsque le taux de bilirubine se situe à 85 μmol/L sous le taux indiqué pour une exsanguinotransfusion (voir le tableau 26-3). Chez les nouveau-nés malades et pesant moins de 1 000 g, elle doit être instaurée lorsque la bilirubine atteint une concentration de 85 μmol/L. Plusieurs auteurs recommandent une photothérapie préventive au cours des 24 premières heures pour les nouveau-nés présentant des facteurs de risque ou dont le poids à la naissance est très faible. Chez les prématurés malades de 1 500 g ou plus, on peut attendre que la bilirubine atteigne 170 μmol/L avant d'entreprendre la photothérapie. Une exsanguinotransfusion est généralement nécessaire quand le taux de bilirubine atteint ou dépasse 340 μmol/L, si le nouveau-né est malade ou présente un problème associé (Maisels, 1999).

La photothérapie se fait à l'aide de lampes appropriées ou au moyen d'une couverture à fibres optiques, reliée à une lumière halogène que l'on place autour du tronc du bébé. On peut aussi combiner les deux méthodes (AAP, Provisional Committee for Quality Improvement and Subcommittee on Hyperbilirubinemia, 1994).

Tableau 26-3

Recommandations de l'AAP concernant le traitement de l'hyperbilirubinémie chez le nouveau-né à terme en bonne santé

Concentrations de bilirubine sérique totale, mg/dL (μmol/L)

Âge (heures)	Envisager la photothérapie*	Photothérapie	Exsanguino-transfusion en cas d'échec de la photothérapie intensive†	Exsanguino-transfusion et photothérapie intensive
25-48‡	≥10 (170)	≥15 (260)	≥20 (340)	≥25 (430)
49-72	≥15 (260)	≥18 (310)	≥25 (430)	≥30 (510)
>72	≥17 (290)	≥20 (340)	≥25 (430)	≥30 (510)

* La photothérapie est facultative en présence de ces concentrations sériques totales de bilirubine, c'est-à-dire qu'on se fie à son propre jugement clinique.

† La photothérapie intensive devrait faire baisser la bilirubine sérique totale de 20 à 35 μmol/L en 4 à 6 heures ; ce produit devrait continuer à diminuer et demeurer sous le seuil indiqué pour l'exsanguinotransfusion. Dans le cas contraire, la photothérapie ne suffit pas. La photothérapie intensive consiste à utiliser plus d'un groupe de lampes à *lumière bleue*, à maximiser la superficie éclairée à l'aide d'une couverture de photothérapie ou par d'autres moyens, et à administrer la photothérapie de façon continue et ininterrompue.

‡ On considère que les nouveau-nés à terme âgés de moins de 24 heures qui présentent un ictère clinique ne sont pas bien portants et nécessitent un examen plus approfondi.

Source : American Academy of Pediatrics (1994). « Practice parameter : Management of hyperbilirubinemia in the healthy term newborn », *Pediatrics*, vol. 94, p. 560.

Note : La Société canadienne de pédiatrie (SCP) se base également sur les normes établies par l'Académie américaine de pédiatrie.

La photothérapie au moyen d'une couverture à fibres optiques est plus avantageuse que la photothérapie avec des lampes. Tout d'abord, on peut laisser la lumière allumée 24 heures sur 24, sans avoir à protéger les yeux du bébé, et il est facile en tout temps de lui prodiguer des soins, de le nourrir et de le changer de couche. En outre, la couverture à fibres optiques n'entraîne pas d'excès de chaleur, de pertes liquidiennes ou de perte de poids. Enfin, les parents peuvent prendre leur nouveau-né plus facilement et se sentent moins intimidés (Thureen *et al.*, 1999). Plusieurs établissements et pédiatres utilisent les couvertures à fibres optiques pour les soins à domicile. Certains recommandent la combinaison des deux : une source lumineuse à fibres optiques placée sous le bébé, sur le matelas, et une source lumineuse ordinaire installée au-dessus du bébé (MacMahon *et al.*, 1998).

Exsanguinotransfusion

L'**exsanguinotransfusion** consiste à remplacer une partie du sang du nouveau-né par du sang compatible avec son groupe sanguin. Elle a pour but d'arrêter l'hémolyse en remplaçant les globules rouges sensibilisés par des globules rouges insensibles aux anticorps maternels, afin de corriger ainsi l'anémie. Elle permet également d'éliminer la bilirubine sérique et d'augmenter les sites de liaison à l'albumine. Les complications possibles de l'exsanguinotransfusion découlent de l'utilisation de produits sanguins et comprennent le risque de transmission du VIH et de l'hépatite.

Soins infirmiers

Évaluation et analyse de la situation

L'évaluation vise à dépister les facteurs prénatals et périnatals qui prédisposent à l'ictère, et à détecter l'ictère dès son apparition. Cliniquement, l'incompatibilité ABO se présente sous la forme d'un ictère, accompagné parfois d'une hépatosplénomégalie. Elle entraîne rarement un anasarque ou une érythroblastose (voir le chapitre 13). On peut soupçonner une maladie hémolytique du nouveau-né si le placenta est anormalement volumineux et si le bébé présente les symptômes suivants : de l'œdème, un épanchement pleural et péricardique avec ascite, de la pâleur ou une coloration jaune au cours des 24 à 26 premières heures, une anémie hémolytique et une hépatosplénomégalie. L'infirmière doit noter minutieusement tout changement de comportement du nouveau-né et rechercher les signes d'hémorragie. Si les résultats de laboratoire indiquent un taux élevé de bilirubine, elle observe le nouveau-né toutes les deux heures environ afin de déceler l'apparition d'un ictère et elle note ses observations.

Pour dépister l'ictère chez les bébés à peau claire, l'infirmière fait pâlir la peau sur une proéminence osseuse (front, nez, sternum), en pressant fermement avec le pouce. S'il y a ictère, la peau devient jaune au moment où l'infirmière relâche la pression, puis reprend sa coloration normale. Chez les nouveau-nés à peau plus foncée, l'infirmière doit rechercher une pigmentation jaune sur la muqueuse buccale, la région postérieure de la voûte palatine et les sacs conjonctivaux. Il est préférable de procéder à l'examen à la lumière du jour, car les murs ou les objets de couleur rose, de même qu'une lumière jaune risquent de masquer la coloration jaune. L'infirmière doit noter le moment de l'apparition de l'ictère et en faire part au médecin. Il est essentiel également d'observer attentivement le nouveau-né afin de déceler tout changement d'intensité de la coloration et de comportement.

En évaluant le comportement de l'enfant, l'infirmière est en mesure de déceler les signes neurologiques d'ictère nucléaire, bien que cette complication soit rare. L'ictère nucléaire se manifeste notamment par une hypotonie, une diminution des réflexes, une léthargie et des convulsions.

Les diagnostics infirmiers susceptibles de s'appliquer au nouveau-né sont les suivants :

- **déficit de volume liquidien** relié à des pertes hydriques et à des selles molles et fréquentes ;
- **trouble de la perception sensorielle** relié aux lésions neurologiques consécutives à un ictère nucléaire ;
- **risque de perturbation dans l'exercice du rôle parental** relié à l'ictère chez le nouveau-né.

Planification et interventions

Soins infirmiers en milieu hospitalier

Les soins infirmiers à donner en milieu hospitalier sont décrits dans le *Cheminement clinique pour le nouveau-né atteint d'hyperbilirubinémie*, aux pages 783-784. Si on utilise des lampes de photothérapie, l'infirmière expose à la lumière toute la surface cutanée du corps du nouveau-né. On ne couvre généralement que les organes génitaux pour prévenir les lésions aux testicules causées par la chaleur, et les fesses pour éviter de souiller les draps. On évalue l'efficacité de la photothérapie toutes les 12 heures ou toutes les 24 heures en mesurant le taux de bilirubine. L'infirmière doit éteindre les lampes pendant le prélèvement de l'échantillon de sang. Comme la photothérapie risque de causer des lésions oculaires, particulièrement à la rétine, on doit protéger les yeux de l'enfant au moyen de lunettes opaques durant l'exposition aux rayons lumineux (figure 26-11 ▶). On doit interrompre la photothérapie et retirer les lunettes au moins toutes les 8 heures ; on examine alors les yeux afin de déceler les signes de conjonctivite. On retire également les lunettes avant les repas et les visites des parents afin de permettre le contact visuel nécessaire à la stimulation sociale et à la formation de liens d'attachement.

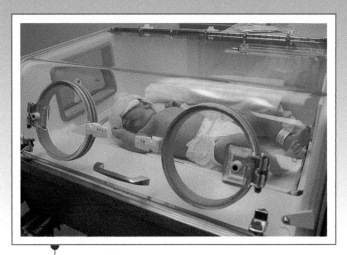

FIGURE 26-11 ▶ Nouveau-né traité par photothérapie. La lampe est placée au-dessus de l'incubateur. Les yeux de l'enfant sont protégés par des lunettes.

Tableau 26-4

Enseignement à donner au sujet de la photothérapie en cohabitation

Expliquer aux parents comment placer les lunettes de protection sur les yeux de l'enfant ; en faire la démonstration ; leur dire que le bébé doit porter ces lunettes chaque fois qu'il se trouve sous les lampes.

Expliquer aux parents comment vêtir l'enfant (seulement une couche lorsqu'il est sous les lampes ; en pyjama et emmailloté lorsqu'il n'est pas sous les lampes).

Expliquer aux parents qu'il est essentiel de prendre la température de l'enfant régulièrement.

Expliquer aux parents l'importance d'un apport liquidien adéquat.

Expliquer aux parents comment remplir la feuille d'observation (ingesta, excreta, protection des yeux).

Montrer aux parents à quelle distance au-dessus de l'enfant il faut installer les lampes.

Expliquer aux parents pourquoi il est nécessaire de placer l'enfant sous les lampes, sauf durant les tétées et les changements de couche.

La plupart des appareils de photothérapie fournissent l'éclairement désiré lorsque les lampes sont placées de 45 à 50 cm au-dessus de l'enfant. L'appareil à lampes présente certains inconvénients : il gêne les mouvements de la personne qui donne les soins, sans compter qu'il peut altérer la couleur de la peau du bébé.

L'infirmière doit prendre régulièrement la température du nouveau-né afin de prévenir l'hypothermie ou l'hyperthermie. Il faut fournir un apport liquidien supplémentaire afin de compenser l'augmentation des pertes hydriques par la peau, de même que les pertes liquidiennes imputables à la diarrhée et à l'augmentation de la diurèse résultant de l'excrétion accrue de bilirubine. Il est donc important d'observer attentivement le bébé pour déceler les signes de déshydratation.

À l'occasion, la peau prend temporairement une teinte bronzée bénigne chez les bébés dont le taux de bilirubine directe est élevé ou qui souffrent d'un trouble hépatique. La photothérapie provoque parfois une éruption maculopapulaire. En plus de noter la coloration de la peau, l'infirmière doit s'assurer qu'il n'y a pas de points de pression ou d'irritation. Elle doit changer l'enfant de position au moins toutes les deux heures pour que la lumière atteigne toute la surface cutanée, pour prévenir les escarres et pour modifier l'environnement de manière à stimuler le bébé. L'infirmière doit faire attention lorsqu'elle applique un onguent sur la peau du bébé qui subit une photothérapie, car la combinaison de l'onguent et des lampes cause parfois des brûlures.

Des termes comme *ictère*, *hyperbilirubinémie*, *exsanguino-transfusion* et *photothérapie* peuvent inquiéter les parents. Certains éprouvent un sentiment de culpabilité à l'égard de l'état du bébé et s'en croient responsables. Sous l'effet du stress, il arrive qu'ils comprennent mal les explications du médecin. L'infirmière doit répéter ou préciser ces explications et, si nécessaire, aider les parents à formuler leurs questions et à exprimer leurs inquiétudes. Elle doit les encourager à avoir des contacts tactiles et visuels avec le nouveau-né et leur donner des conseils à ce sujet quand ils viennent le voir à la pouponnière. Après le congé de la mère, on doit tenir les parents au courant de l'évolution de l'état de l'enfant et les encourager à venir à la pouponnière, afin qu'ils puissent participer pleinement aux soins du bébé. S'ils ne peuvent se déplacer, on les encourage à téléphoner aussi souvent qu'ils le désirent pour prendre des nouvelles de leur bébé. On explique aux parents qu'il se produit normalement une augmentation de la bilirubine de 20 à 35 μmol/L, une fois la photothérapie terminée, et qu'il faudra effectuer un dosage.

Pendant l'hospitalisation de la mère, il est possible de faire la photothérapie dans sa chambre si l'hyperbilirubinémie est le seul problème dont souffre le bébé. Les parents doivent alors être disposés à cohabiter avec leur enfant 24 heures sur 24. L'infirmière donne l'enseignement nécessaire aux parents, et elle surveille régulièrement la température du bébé, son activité, ses ingesta et ses excreta, ainsi que la protection de ses yeux (tableau 26-4).

Soins infirmiers communautaires

Si l'on procède à la photothérapie à la maison, l'infirmière doit enseigner aux parents le fonctionnement de l'appareil. Elle leur explique aussi comment noter la température, le poids, les ingesta et les excreta, ainsi que les tétées. De plus, si l'on utilise un appareil à lampes, les parents doivent se résigner à exposer leur enfant à la lumière durant de longues heures, à le prendre dans leurs bras seulement pour le nourrir, le consoler ou le changer, et à maintenir une température ambiante qui limite les pertes de chaleur. Comme on l'a déjà mentionné, la photothérapie au moyen d'une couverture à fibres optiques comporte certains avantages : il n'est pas nécessaire de protéger les yeux du bébé ; celui-ci perd moins de chaleur, car il n'a pas besoin d'être

nu ; et les parents peuvent avoir plus de contacts avec leur enfant. La meilleure méthode de photothérapie dépend de la cause de l'hyperbilirubinémie et de la vitesse à laquelle évolue l'ictère.

Évaluation et résultats escomptés

Les résultats escomptés des soins infirmiers peuvent être les suivants :

- le risque d'hyperbilirubinémie est détecté et les mesures nécessaires sont prises pour réduire les conséquences de l'hyperbilirubinémie ;
- le bébé ne présente pas d'irritation de la cornée ni d'écoulement oculaire ; il ne présente pas d'escarres, et sa température est relativement stable ;
- les parents comprennent la raison du traitement et les résultats escomptés ;
- les parents expriment leurs préoccupations à l'égard de leur enfant et indiquent comment ils peuvent contribuer à l'amélioration de son état.

L'anémie

L'évaluation des signes cliniques ne permet pas toujours de dépister l'anémie néonatale. Le taux d'hémoglobine du nouveau-né à terme est en moyenne de 150 à 200 g/L et celui du prématuré, de 140 à 180 g/L. On considère généralement comme anémique un nouveau-né à terme dont le taux d'hémoglobine est inférieur à 140 g/L et un prématuré présentant un taux inférieur à 130 g/L. Les causes les plus fréquentes de l'anémie néonatale sont les hémorragies, l'hémolyse et les anomalies du métabolisme des globules rouges.

Les pertes sanguines (hypovolémie) peuvent se produire in utero à cause d'une hémorragie placentaire (placenta prævia ou décollement placentaire). Elles risquent de survenir aussi au cours du travail et de l'accouchement à cause d'une hémorragie fœto-maternelle, fœto-fœtale ou ombilicale. Au cours de l'accouchement, des traumatismes abdominaux et crâniens risquent également d'entraîner des pertes sanguines importantes, tandis que l'hypoxie provoque parfois une hémorragie cérébrale.

L'hémolyse résulte généralement d'une incompatibilité Rh ou ABO, mais elle a aussi une origine infectieuse. Le déficit en G-6-PD (glucose 6-phosphate déshydrogénase) est l'anomalie du métabolisme des globules rouges la plus fréquente. Ce déficit héréditaire entraîne l'ictère et l'anémie.

L'**anémie physiologique** est causée par une baisse progressive du taux d'hémoglobine et se manifeste habituellement au cours des 6 à 12 premières semaines. En théorie, la moelle osseuse interrompt la production des globules rouges en réaction à l'augmentation de l'oxygénation consécutive à la respiration

Cheminement clinique   pour le nouveau-né atteint d'hyperbilirubinémie

Catégorie	Jour 1	Jour 2 et congé
Orientation	Consulter l'infirmière spécialisée en allaitement.	**Résultat escompté** La consultation est effectuée.
Évaluation	Procéder aux examens de laboratoire (formule sanguine complète, facteur Rh, test de Coombs direct, numération des réticulocytes, taux de bilirubine totale directe et indirecte). Procéder au test d'audition si la bilirubine > 310 µmol/L. Noter les antécédents maternels et paternels. Obtenir le compte rendu du travail et de l'accouchement. Examiner la sclérotique et la coloration de la peau pour déceler la pigmentation jaune caractéristique de l'ictère; examiner les muqueuses si l'enfant a la peau foncée. Continuer les évaluations néonatales usuelles (voir le *Cheminement clinique pour les soins au nouveau-né*, pages 651-653).	Évaluer le taux de bilirubine selon l'ordonnance. Rechercher les signes de déshydratation. Examiner la sclérotique et la couleur de la peau pour évaluer la progression de l'ictère. **Résultats escomptés** Les résultats des évaluations physiques et les signes vitaux sont dans les limites de la normale; la peau et les muqueuses sont rosées, et la sclérotique ne présente aucune coloration jaune; les résultats des examens de laboratoire sont normaux; le taux de bilirubine se stabilise ou diminue.
Enseignement/ Aspects psychosociaux	Évaluer les besoins psychosociaux des parents et de la famille. Informer la famille sur la pouponnière, les appareils et la cohabitation. Expliquer aux parents les signes et symptômes de l'hyperbilirubinémie (légère léthargie, irritabilité). Discuter des effets secondaires possibles de la photothérapie (modification des selles, accroissement des pertes liquidiennes, variation de la température corporelle, éruption cutanée, dérèglement du rythme de veille et de sommeil). Décrire aux parents les soins et le traitement indiqués: • justification de la photothérapie, précautions; • protection des yeux du bébé; • prélèvements (raison, fréquence); • mesure précise des ingesta et des excreta pour déceler les signes de déshydratation. Expliquer les soins du cordon, de la peau, des organes génitaux. Expliquer à la mère qu'elle pourra extraire son lait pendant la courte période où elle devra interrompre l'allaitement (s'il y a lieu).	Inciter les parents à câliner leur enfant, à lui fournir une stimulation tactile lorsqu'ils le nourrissent ou le changent de couche, et à lui parler souvent. Renforcer l'enseignement déjà donné; évaluer la compréhension des parents. Donner aux parents l'occasion d'exprimer leurs inquiétudes et leurs sentiments. **Résultats escomptés** Les parents comprennent la raison du traitement de l'hyperbilirubinémie et les séquelles possibles en l'absence de traitement; ils connaissent les risques et les bienfaits de la photothérapie; ils se montrent capables de s'occuper de leur bébé durant les changements de couche et les tétées; ils expriment leurs préoccupations et posent des questions pertinentes.
Soins infirmiers et notes au dossier	Mesurer les signes vitaux toutes les 4 heures (température axillaire). Surveiller la thermorégulation. Peser l'enfant quotidiennement. Commencer la photothérapie, selon l'ordonnance: • maintenir la protection pour les yeux; • couvrir les organes génitaux selon le protocole; • examiner les yeux pour déceler les écoulements ainsi que les signes de pression excessive ou d'irritation de la cornée; • exposer la plus grande surface cutanée possible à l'éclairement des lampes; • noter les résultats donnés par le bilirubinomètre toutes les 8 heures; • n'appliquer aucun onguent ni aucune lotion sur la peau du bébé; • éteindre les lampes de photothérapie lors des prélèvements sanguins. Continuer les évaluations néonatales, notamment: • noter la coloration de la peau toutes les 8 heures; • nettoyer minutieusement la peau des fesses lors des changements de couche; noter les lésions et les éruptions; • évaluer l'état neurologique du bébé chaque fois qu'on lui prodigue des soins afin de déceler les signes d'anomalie (hypotonie, léthargie, faible succion).	Prendre les signes vitaux toutes les 4 heures (température axillaire). Surveiller la thermorégulation et maintenir un milieu thermique neutre. Peser l'enfant quotidiennement. Poursuivre la photothérapie: • maintenir la protection pour les yeux; • couvrir les organes génitaux selon le protocole; • examiner les yeux pour déceler les écoulements ainsi que les signes de pression excessive ou d'irritation de la cornée; • exposer la plus grande surface cutanée possible à l'éclairement des lampes; • noter les résultats donnés par le bilirubinomètre toutes les 8 heures; • n'appliquer aucun onguent ni aucune lotion sur la peau du bébé; • éteindre les lampes de photothérapie lors des prélèvements sanguins. Continuer les évaluations néonatales de la même façon qu'au jour 1. **Résultats escomptés** Les signes vitaux sont dans les limites de la normale; le bébé stabilise son poids ou gagne du poids; le bébé ne présente aucun signe d'ictère nucléaire; la peau est intacte; la peau et les muqueuses sont rosées; les yeux ne présentent aucun écoulement et la sclérotique est de couleur claire; les résultats de laboratoire sont normaux; le taux de bilirubine est stable ou il baisse.
Activité et bien-être	Installer l'enfant dans un berceau ouvert s'il est capable de maintenir sa température sous les lampes de photothérapie; s'il en est incapable, le placer dans un incubateur.	Installer l'enfant dans un berceau ouvert s'il est capable de maintenir sa température sous les lampes de photothérapie; s'il en est incapable, le placer dans un incubateur.

Cheminement clinique pour le nouveau-né atteint d'hyperbilirubinémie *(suite)*

Catégorie	Jour 1	Jour 2 et congé
Activité et bien-être (suite)	Changer la position du bébé toutes les 2 à 4 heures. Lors des tétées, enlever la protection oculaire, emmailloter l'enfant et le câliner. Regrouper les soins ; prendre l'enfant dans ses bras pour les tétées.	**Résultats escomptés** La température de l'enfant est dans les limites de la normale ; l'enfant est capable de se reposer en position recroquevillée ; le bébé est câliné et a des contacts visuels avec la personne qui le soigne et le nourrit.
Nutrition	Nourrir le bébé au sein ou au biberon toutes les 2 à 4 heures. Surveiller les signes de déshydratation ; supplémenter l'allaitement avec des liquides oraux ou intraveineux selon l'ordonnance. Interrompre la photothérapie et retirer la protection des yeux durant les tétées.	Continuer à nourrir l'enfant toutes les 2 à 4 heures ; surveiller les signes de déshydratation et câliner l'enfant durant les tétées. **Résultat escompté** Le bébé tolère les tétées aux 2 à 4 heures sans séquelles.
Élimination	Noter la couleur et la fréquence des urines. Noter la densité de l'urine à chaque miction. Noter la quantité et les caractéristiques de chaque selle. Mesurer précisément les ingesta et les excreta.	Continuer de noter les caractéristiques des urines et des selles. **Résultats escomptés** L'enfant urine et défèque normalement ; les caractéristiques des selles sont dans les limites de la normale compte tenu du traitement ; la densité de l'urine est dans les limites de la normale ; le bébé ne présente aucun signe de déshydratation.
Médicaments	Évaluer les médicaments usuels. Évaluer la nécessité de liquides intraveineux.	**Résultats escomptés** Les médicaments nécessaires sont donnés ; les liquides intraveineux prescrits sont administrés et sont graduellement remplacés, à mesure que l'alimentation orale s'avère suffisante pour prévenir la déshydratation.
Planification du congé/ Continuité des soins	Déterminer les services sociaux et l'aide à domicile dont la famille pourrait bénéficier (visite d'une infirmière, etc.). Évaluer la possibilité d'effectuer la photothérapie à domicile. Fixer un rendez-vous de suivi pour mesurer le taux de bilirubine en consultation externe.	Offrir aux parents des informations sur les cours de réanimation cardiorespiratoire ou les inviter à visionner une vidéocassette sur le sujet ; leur donner de la documentation. **Résultats escomptés** Le bébé rentre à la maison avec ses parents ; la mère connaît l'heure et la date du rendez-vous de suivi.
Famille et réseau de soutien	Évaluer les besoins psychosociaux. Informer la famille au sujet de la pouponnière, des appareils et de la cohabitation. Expliquer aux parents la raison du traitement et les effets secondaires éventuels de la photothérapie (modification des selles, pertes liquidiennes accrues, instabilité possible de la température, légère léthargie, éruption, altération du rythme de veille et de sommeil). Enseigner à la famille les soins à donner au bébé qui subit un traitement de photothérapie : • mesures de précaution (protection des yeux, porte de l'incubateur bien fermée, protection des organes génitaux) ; • soins de la peau et du cordon ; • prélèvements sanguins, mesure des ingesta et des excreta. Expliquer à la mère la nécessité d'extraire son lait, s'il y a lieu, durant la courte période où elle devra interrompre l'allaitement maternel. Encourager la famille à participer aux soins du bébé. S'assurer que les parents comprennent bien l'information donnée.	Encourager les parents à fournir des stimulations tactiles au bébé lors des tétées et des changements de couche. Encourager les parents à câliner l'enfant et à avoir des contacts visuels avec lui durant les boires. Suggérer aux parents les moyens suivants pour réconforter l'enfant s'il est agité : • l'aider à se recroqueviller sous les lampes de photothérapie ; • parler ou chantonner à son chevet ; • lui faire entendre de la musique douce ou un enregistrement des activités qui se déroulent à la maison le soir ; • tapoter doucement ses fesses de manière rythmique ; • le toucher en exerçant une pression ferme sans frotter, en immobilisant doucement les membres ; • lui offrir une sucette pour la succion non nutritive. Encourager la famille ou les amis à aider la mère ou les parents (préparer des repas, garder les autres enfants, prêter une oreille attentive, etc.). **Résultats escomptés** Les parents comprennent la raison du traitement et les effets secondaires possibles de la photothérapie ; ils prennent les mesures de précaution recommandées pour les soins au bébé ; ils reçoivent l'aide de leur entourage (repas, gardiennage, etc.), se reposent suffisamment et se disent aidés.
Date		

extra-utérine. Quand le taux d'hémoglobine atteint 100 à 110 g/L entre la 8e et la 12e semaine chez le nouveau-né à terme, la moelle osseuse reprend la production des globules rouges, et l'anémie se résorbe.

Chez les prématurés, l'anémie physiologique se manifeste plus tôt que chez les bébés à terme, et la production médullaire des globules rouges ne reprend que lorsque le taux d'hémoglobine a atteint 70 à 100g/L. Le taux d'hémoglobine baisse plus tôt chez les prématurés (environ 6 semaines après la naissance) que chez les nouveau-nés à terme (entre 8 et 12 semaines), car la durée de vie de leurs globules rouges est plus courte (Doyle, Schmidt et Zipursky, 1999). Cette différence dépend de plusieurs facteurs : le rythme de croissance du prématuré est relativement rapide, il a peu de réserves de fer et sa production d'érythropoïétine (EPO) est insuffisante (Juul, 1999).

Traitement clinique

Les antécédents obstétricaux et les manifestations cliniques permettent de prévoir l'apparition des troubles hématologiques. L'âge du bébé au moment de l'apparition de l'anémie a aussi une valeur diagnostique. Sur le plan clinique, les enfants anémiques à peau claire sont très pâles, mais ne présentent pas d'autres signes de choc. Leur numération érythrocytaire est anormalement basse. Dans les cas d'hémorragie aiguë, on observe parfois des symptômes de choc comme la pâleur, une baisse de la tension artérielle et un hématocrite inférieur aux valeurs normales.

Les examens de laboratoire sur le sang du bébé comprennent la mesure de l'hémoglobine et de l'hématocrite, la numération des réticulocytes, la mesure des taux de ferritine, l'examen d'un frottis de sang périphérique, la détermination du taux de bilirubine et le test de Coombs direct. Sur le sang de la mère, on recherche les cellules fœtales (épreuve de Kleihauer-Betke). Le traitement clinique dépend de la gravité de l'anémie, ainsi que de la durée et de l'abondance de l'hémorragie. Un monitorage cardiorespiratoire continu s'impose. L'anémie légère et l'anémie progressive lente se traitent par des suppléments de fer employés seuls ou simultanément avec une préparation lactée riche en fer. Il est nécessaire de vérifier fréquemment le taux d'hémoglobine, l'hématocrite et le taux de bilirubine (dans le cas de la maladie hémolytique). Dans les cas graves, la transfusion sanguine est le traitement de choix. L'anémie du prématuré se traite par l'érythropoïétine humaine recombinée et des suppléments de fer. On ne devrait avoir recours aux transfusions sanguines qu'en cas d'absolue nécessité (Juul, 1999).

Soins infirmiers

L'infirmière doit déceler les symptômes d'anémie chez le nouveau-né. Les hémorragies aiguës s'accompagnent parfois de signes de choc (temps de remplissage capillaire supérieur à 3 secondes, ralentissement des pouls, tachycardie, tension artérielle basse). Une observation constante est nécessaire pour déceler l'anémie physiologique chez le prématuré, qui se manifeste par un ralentissement du gain pondéral, une tachycardie, une tachypnée et des épisodes d'apnée. L'infirmière doit prévenir le médecin rapidement si elle observe des symptômes d'anémie ou de choc. Elle doit inscrire la quantité de sang prélevée pour chaque examen de laboratoire afin de le remplacer, au besoin, par une transfusion. Si le nouveau-né présente des signes de choc, l'infirmière doit entreprendre les interventions qui s'imposent.

La polycythémie

La **polycythémie** se caractérise par une augmentation du volume sanguin et de l'hématocrite. Elle est relativement fréquente dans les cas d'hypotrophie, de retard du clampage du cordon chez le nouveau-né à terme, de transfusions mère-fœtus et jumeau-jumeau, et d'hypoxie intra-utérine chronique (Doyle *et al.*, 1999). On considère qu'un nouveau-né est atteint de polycythémie si, sur le sang veineux, son hématocrite est supérieur à 0,65 ou 0,70, et son taux d'hémoglobine est supérieur à 220 g/L au cours de la première semaine. La polycythémie est également fréquente chez les nouveau-nés atteints d'aberrations chromosomiques, telles que les trisomies 21, 18 et 13, et de troubles endocriniens, tels que l'hypoglycémie et l'hypocalcémie, ou qui sont nés à une altitude supérieure à 1 500 m.

Traitement clinique

Le traitement vise à réduire l'hématocrite veineux à une valeur de 0,55 à 0,50 chez les enfants symptomatiques (Doyle *et al.*, 1999). Pour réduire le volume de globules rouges chez l'enfant symptomatique, on procédera à une exsanguinotransfusion partielle avec plasma. Au cours de cette intervention, on prélève du sang et on le remplace par une quantité égale de plasma frais congelé ou d'albumine à 5 %. Il est nécessaire d'entreprendre un traitement d'appoint des symptômes jusqu'à leur disparition, ce qui survient généralement de façon spontanée après l'exsanguinotransfusion partielle.

Soins infirmiers

L'infirmière doit déceler les symptômes de polycythémie, les noter et les signaler au médecin. Elle doit aussi effectuer un premier dépistage en déterminant l'hématocrite, dès l'admission du nouveau-né à la pouponnière. Si on souhaite déterminer l'hématocrite sur le sang capillaire, il est important de réchauffer le talon juste avant le prélèvement sanguin afin de réduire les valeurs faussement élevées (procédé 26-1). Pour établir l'hématocrite sur le sang veineux périphérique, on prélève habituellement le sang dans le pli du coude.

La polycéthémie est souvent asymptomatique. La présence de symptômes se traduit par une augmentation du volume sanguin, une hyperviscosité du sang et une rigidité des globules rouges qui entraînent une mauvaise irrigation des tissus. Les nouveau-nés polycythémiques ont un aspect pléthorique caractéristique. Les symptômes les plus courants sont :

- une tachycardie ou une insuffisance cardiaque par suite de l'augmentation du volume sanguin ;

- une détresse respiratoire avec geignements expiratoires, tachypnée et cyanose, une augmentation des besoins en oxygène ou une hémorragie des voies respiratoires causée par une congestion veineuse pulmonaire, de l'œdème et une hypoxémie ;

- une hyperbilirubinémie résultant de l'hémolyse d'un plus grand nombre de globules rouges ;

- un ralentissement des pouls périphériques, une décoloration des membres inférieurs, une modification de l'activité ou une dépression neurologique, une thrombose de la veine rénale avec diminution du débit urinaire, une hématurie ou une protéinurie causée par une thromboembolie ;

- de l'agitation, une activité et un tonus réduits, des convulsions, résultant d'une diminution de l'irrigation du cerveau et d'une augmentation de la résistance vasculaire consécutives à l'hyperviscosité, qui peuvent provoquer des troubles neurologiques.

Au cours de l'exsanguinotransfusion partielle, l'infirmière doit observer attentivement le nouveau-né pour détecter les signes de détresse, une modification des signes vitaux et l'apparition de complications, telles qu'un accident de surcharge (qui risque de provoquer une insuffisance cardiaque), une arythmie, une infection bactérienne, une hypovolémie ou de l'anémie. On doit permettre aux parents de voir leur bébé dès que son état le permet.

L'infection néonatale

Jusqu'à l'âge de 1 mois, les nouveau-nés sont particulièrement sensibles à des micro-organismes qui ne nuisent pas gravement aux enfants plus âgés. Les infections causées par ces micro-organismes sont appelées **infections néonatales**. Un agent infectieux qui pénètre dans l'organisme du nouveau-né peut se propager rapidement dans la circulation sanguine, quel que soit le foyer d'infection primaire. L'incidence des infections néonatales est de 1 à 10 cas pour 1 000 naissances vivantes (0,1 % à 1 %) (Wolach, 1997). L'incidence des infections nosocomiales varie généralement de 0,6 % à 1,7 % chez les nouveau-nés normaux et de 0,9 % à 18,2 % chez les nouveau-nés séjournant à l'unité de soins intensifs néonatals (Payne, Schilling et Steinberg, 1994).

La prématurité est l'un des facteurs de prédisposition à ces infections. La prématurité et un faible poids à la naissance sont associés à des taux d'infection nosocomiale jusqu'à 15 fois plus élevés que la moyenne (Payne *et al.*, 1994). La faiblesse générale et les maladies qui accompagnent souvent la prématurité exigent l'emploi de techniques effractives, comme la cathétérisme ombilical, l'intubation, la réanimation, la ventilation assistée, le monitorage, l'alimentation parentérale (surtout des émulsions grasses) et l'antibiothérapie à large spectre. Ces techniques constituent des facteurs favorisant les infections néonatales, car elles constituent autant de portes d'entrée des agents infectieux. Cependant, même les nouveau-nés à terme sont sujets à ces infections, car leur système immunitaire n'est pas encore entièrement fonctionnel. La mise en place de la phagocytose ainsi que celle des mécanismes permettant de contenir localement l'infection ou de déclencher la réaction inflammatoire n'est pas achevée à la naissance. De plus, les nouveau-nés ne disposent pas d'IgM, des immunoglobulines antibactériennes, puisque cette classe d'immunoglobulines ne traverse pas le placenta (voir au chapitre 21 les adaptations immunologiques du nouveau-né).

La plupart des infections nosocomiales qui touchent les nouveau-nés séjournant aux soins intensifs prennent la forme de bactériémies ou de septicémies, d'infections des voies urinaires, de méningites ou de pneumonies. Les infections contractées par la mère au cours de la grossesse, comme la rubéole, la toxoplasmose, l'infection au cytomégalovirus et au virus de l'herpès, provoquent parfois des infections congénitales chez le nouveau-né. Les infections maternelles qui se manifestent au cours du travail et de l'accouchement, comme l'amniotite, ainsi que les infections résultant de la rupture prématurée des membranes et d'un accouchement précipité, risquent de toucher le nouveau-né (voir le chapitre 13). Le contact avec la flore vaginale (streptocoques bêta-hémolytiques, herpès, *Listeria*, gonocoques) lors du passage dans la filière pelvigénitale expose également l'enfant à l'infection (voir le tableau 26-5).

Quel que soit son foyer d'origine, l'infection chez le fœtus ou le nouveau-né se propage rapidement aux tissus et aux organes adjacents et traverse la barrière hémato-encéphalique. Les septicémies sont plus fréquentes chez les garçons, sauf celles causées par les streptocoques bêta-hémolytiques du groupe B.

À l'heure actuelle, les infections sont causées principalement par des bactéries à Gram négatif, particulièrement *Escherichia Coli*, *Enterobacter*, *Proteus* et *Klebsiella*. Parmi les agents infectieux à Gram positif, ce sont les streptocoques bêta-hémolytiques qui sont les plus fréquemment incriminés. Les bactéries du genre *Pseudomonas* contaminent fréquemment le matériel utilisé pour la ventilation assistée et l'oxygénothérapie. Les bactéries à Gram positif, surtout les staphylocoques à coagulase négative, sont souvent responsables des bactériémies, pneumonies et infections urinaires d'origine nosocomiale. Les entérocoques et *Staphylococcus aureus* font également partie des bactéries à Gram positif couramment isolées (Gaynes *et al.*, 1996).

Tableau 26-5

Infections néonatales transmises par la mère

Infection	Évaluation	Planification et interventions
STREPTOCOQUES DU GROUPE B De 1 % à 2 % des bébés sont porteurs, et 1 sur 10 contracte une infection. Début rapide : dans les heures ou la semaine suivant la naissance. Début tardif : entre 1 semaine et 3 mois après la naissance.	Détresse respiratoire grave (geignements expiratoires et cyanose). Le bébé peut présenter de l'apnée ou des symptômes de choc. À la naissance, le liquide amniotique est teinté de méconium.	Une évaluation rapide des signes cliniques s'impose. Les examens radiologiques peuvent être utiles et révéler une pneumonie par inhalation ou un syndrome de détresse respiratoire. Procéder immédiatement aux prélèvements afin d'effectuer des cultures du sang, des sécrétions gastriques et naso-pharyngiennes, de même que des sécrétions du conduit externe de l'oreille. Administrer des antibiotiques, généralement de la pénicilline ou de l'ampicilline en suspension aqueuse en association avec la gentamicine, immédiatement après le prélèvement des échantillons. La survie de l'enfant dépend de la rapidité du dépistage et du traitement de l'infection. Demander des consultations à des spécialistes pour évaluer les pertes visuelles ou auditives, de même que les troubles d'apprentissage ou de comportement.
SYPHILIS Les spirochètes franchissent la barrière placentaire après la 16e ou la 18e semaine de gestation.	Vérifier les résultats des épreuves sérologiques de la mère. Vérifier les symptômes suivants chez le bébé : une augmentation des IgM sériques sur le sang du cordon et la présence d'IgM au FTA-ABS ; une rhinite (reniflements) ; des fissures aux commissures des lèvres et une excoriation de la lèvre supérieure ; une éruption de couleur rouge autour de la bouche et de l'anus ; une éruption de couleur cuivrée sur le visage, la paume des mains et la plante des pieds ; de l'irritabilité ; un œdème généralisé, notamment aux articulations, des lésions osseuses, des douleurs aux membres ; une hépatosplénomégalie, un ictère ; des cataractes congénitales ; un retard de la croissance intra-utérine ou un retard du développement staturo-pondéral.	Isoler le nouveau-né jusqu'à ce qu'il ait été traité aux antibiotiques pendant 48 heures. Administrer de la pénicilline. Offrir aux parents un soutien émotionnel, car ils peuvent éprouver un sentiment de culpabilité et craindre que l'enfant n'en garde des séquelles.
GONORRHÉE Entre 30 % et 35 % des enfants nés par voie vaginale d'une mère infectée contractent l'infection.	Vérifier si le bébé présente : une ophtalmie (conjonctivite) ; un écoulement purulent et des ulcères cornéens ; une infection néonatale accompagnée d'une instabilité thermique, d'un manque d'appétit, d'une hypotonie et d'un ictère.	Instiller dans les yeux du bébé une solution de nitrate d'argent à 1 % ou appliquer un onguent ophtalmique antibiotique (voir le *Guide pharmacologique : Érythromycine en onguent ophtalmique [Ilotycine Ophtalmique]* au chapitre 23), ou remplacer le nitrate d'argent par un antibiotique actif contre ce microorganisme. Adresser le bébé à un spécialiste pour l'évaluation des pertes visuelles.
HERPÈS DE TYPE 2 L'incidence est de 1 cas pour 7 500 naissances. Le virus est habituellement transmis lors du passage dans la filière pelvigénitale ; on a observé quelques cas contractés in utero.	Lésions vésiculaires en grappes sur tout le corps du bébé. Vérifier si la mère a des antécédents de lésions herpétiques génitales actives. Forme disséminée : coagulation intravasculaire disséminée, pneumonie, hépatite avec ictère, hépatosplénomégalie, anomalies neurologiques. Sans lésions cutanées : fièvre ou hypothermie, congestion respiratoire, tachypnée, tachycardie.	Procéder à un lavage méticuleux des mains et prendre les mesures de prévention qui s'imposent (port de la blouse et des gants) et les précautions indiquées concernant la literie. Administrer de l'acyclovir (Zovirax) par voie intraveineuse. Adresser l'enfant à des spécialistes pour l'évaluation des séquelles possibles : microcéphalie, spasticité, convulsions, pertes visuelles ou auditives. Inciter les parents à cohabiter avec l'enfant et à le toucher. Enseigner aux parents la technique de lavage des mains et les précautions à prendre à la maison si la mère présente des lésions actives. Confirmer l'infection par l'isolement du virus dans des cultures tissulaires. On recherche le virus surtout dans le liquide vésiculaire, mais également dans les sécrétions buccales, oculaires et le LCR. On observe les effets cytopathologiques du virus en culture cellulaire dans les 24 à 48 heures suivant l'inoculation de l'échantillon.

Tableau 26-5 (suite)

Infections néonatales transmises par la mère (suite)

Infection	Évaluation	Planification et interventions
CANDIDOSE BUCCALE (MUGUET) Infection contractée lors du passage dans la filière pelvigénitale.	Vérifier s'il y a des plaques blanches sur la muqueuse buccale, la langue, les gencives et l'intérieur des joues (ces lésions apparaissent entre le 5ᵉ et le 7ᵉ jour après la naissance). Vérifier la présence d'une éruption rouge vif et bien définie sur la région couverte par la couche. Vérifier périodiquement la présence de muguet chez les bébés sous antibiothérapie prolongée.	Différencier les taches de muguet des caillots de lait en frottant avec un coton-tige (s'il s'agit de muguet, il y aura un saignement là où il y a des taches). S'assurer que les mains, la literie, les vêtements, les couches et le matériel nécessaire à l'alimentation sont propres. Enseigner aux mères qui allaitent comment nettoyer leurs mamelons à la nystatine. Appliquer du violet de gentiane (1 % à 2 %) sur les muqueuses buccales 1 heure après les tétées ou instiller de la nystatine dans la cavité et les muqueuses buccales. Appliquer localement de la nystatine sur les lésions cutanées. Avertir les parents que le violet de gentiane tache la bouche et les vêtements. Ne pas appliquer de violet de gentiane sur les muqueuses saines à cause des risques d'irritation.
CHLAMYDIOSE Infection contractée lors du passage dans la filière pelvigénitale.	Vérifier les antécédents maternels de naissances prématurées. Les nouveau-nés symptomatiques présentent une pneumonie et une conjonctivite 3 ou 4 jours après la naissance. Conjonctivite folliculaire chronique (néoformation de vaisseaux dans la cornée et scarification de la conjonctive).	Appliquer un onguent ophtalmique d'érythromycine (voir le *Guide pharmacologique : Érythromycine en onguent ophtalmique [Ilotycine Ophtalmique]*, au chapitre 23). Demander les consultations nécessaires pour détecter les complications oculaires et le développement tardif d'une pneumonie, 4 à 11 semaines après la naissance.

La protection anti-infectieuse du nouveau-né débute pendant la grossesse et se poursuit durant l'accouchement. Les mesures prénatales de prévention comprennent notamment le dépistage des maladies transmissibles sexuellement chez la mère et la mesure du titre des anticorps antirubéoleux chez les femmes non immunisées. Au cours de l'accouchement, l'asepsie est essentielle. On doit aussi effectuer des frottis des lésions génitales ainsi qu'un prélèvement de tissu placentaire et de liquide amniotique si l'on soupçonne une amniotite. Dans les cas d'herpès génital actif au moment de l'accouchement, une césarienne est indiquée. L'application dans les deux yeux de nitrate d'argent ou d'un onguent antibiotique est fortement recommandée pour tous les nouveau-nés afin de prévenir la conjonctivite gonococcique. Les femmes asymptomatiques infectées par un streptocoque du groupe B peuvent recevoir des antibiotiques à titre prophylactique durant le travail et l'accouchement pour prévenir la septicémie du nouveau-né (Schuchat, 1998).

Traitement clinique

Il est important de procéder le plus tôt possible après la naissance à des prélèvements (sécrétions gastriques ou du canal auriculaire), destinés à identifier des agents pathogènes chez tout nouveau-né susceptible d'avoir été exposé à une infection in utero. Ce procédé s'applique, par exemple, dans le cas d'une rupture prématurée des membranes plus de 24 heures avant l'accouchement ou d'une infection présumée chez la mère. Les prélèvements doivent être effectués avant le début de l'antibiothérapie. Les principaux prélèvements sont les suivants :

1. Des ponctions veineuses pour hémocultures, à deux endroits différents de la circulation périphérique, de préférence sur les veines périphériques plutôt que sur la veine ombilicale afin d'éviter les résultats faussement positifs en raison d'une contamination du cathéter. Avant d'effectuer le prélèvement, on doit désinfecter la peau avec une solution antiseptique, un produit iodé par exemple, puis laisser sécher. On procède au prélèvement à l'aide d'une seringue et d'une aiguille stérile ;

2. Une ponction lombaire, pour culture du liquide céphalo-rachidien ;

3. Un prélèvement d'urine par aspiration vésicale sus-pubienne (la méthode la plus simple), afin d'effectuer une culture ;

4. Un prélèvement des échantillons des lésions cutanées, des écoulements ou des régions rougies ;

5. Des cultures nasopharyngiennes, rectales ou auriculaires.

À ces prélèvements s'ajoutent des examens d'exploration, telles une formule sanguine complète, une radiographie pulmonaire, des épreuves sérologiques. On effectue également une coloration de Gram du liquide céphalo-rachidien, des urines, des sécrétions cutanées et ombilicales. Une numération des globules blancs et une formule leucocytaire permettent de révéler une infection. Une numération leucocytaire à 30×10^9/L peut être normale durant les 24 premières heures, tandis qu'une leucopénie peut indiquer une infection. Par ailleurs, une neutropénie avec un pourcentage élevé de neutrophiles non segmentés constitue généralement un signe d'infection. Le taux de protéine C-réactive est parfois élevé. Les infections transplacentaires s'accompagnent d'une augmentation du taux d'IgG, la normale se situant à moins de 0,2 g/L. Si possible, on procède à une contre-immuno-électrophorèse pour identifier les antigènes bactériens spécifiques.

La radiographie permet de mettre en évidence des calcifications intracrâniennes disséminées (cytomégalovirus et toxoplasmose) ou des lésions osseuses (syphilis, toxoplasmose). La rubéole peut être diagnostiquée par la recherche des anticorps antirubéoleux dans le sérum, et l'infection à cytomégalovirus, par l'isolement du virus dans les urines.

Comme les infections néonatales mettent souvent en danger la vie de l'enfant, il est impératif d'entreprendre le traitement avant que les résultats des analyses soient connus. On administrer de fortes doses d'une association de deux antibiotiques à large spectre (comme l'ampicilline et la gentamicine) jusqu'à ce que l'on ait les résultats des cultures et des antibiogrammes, après quoi on entreprend une antibiothérapie spécifique.

On utilisait auparavant une association de pénicilline ou d'ampicilline et de kanamycine, mais on a de plus en plus souvent recours à la gentamicine depuis l'apparition d'entérobactéries résistantes à la kanamycine et de staphylocoques résistants à la pénicilline.

Pour prévenir l'apparition de la résistance à certains antibiotiques, on recommande d'employer les aminosides en rotation avec d'autres antibiotiques. C'est pourquoi on remplace souvent les aminosides par les céphalosporines, particulièrement le cefotaxime, dans le traitement des infections néonatales. Le traitement dure de 7 à 14 jours (tableau 26-6). Si les cultures sont négatives mais que les symptômes persistent, on peut cesser l'emploi des antibiotiques après trois jours. Il faut parfois maintenir les fonctions vitales pour assurer l'équilibre respiratoire, hémodynamique, nutritionnel et métabolique.

Soins infirmiers

Évaluation et analyse de la situation

Le plus souvent, ce sont les infirmières qui remarquent les signes d'infection néonatale au cours des soins quotidiens du nouveau-né. L'état d'un bébé atteint d'une infection à streptocoques bêta-hémolytiques peut se détériorer rapidement ; ses symptômes ressemblent à ceux de la détresse respiratoire. Par

ailleurs, la septicémie peut s'installer graduellement avec des signes et des symptômes moins évidents. Les symptômes les plus fréquents sont les suivants :

1. Légère modification du comportement en présence de léthargie ou d'irritabilité (surtout après le premier jour) et d'hypotonie. Modification de la coloration de la peau (pâleur, rougeur, cyanose) ; peau froide et moite ;

2. Instabilité thermique se traduisant soit par une hypothermie, soit par une hyperthermie (plus rare chez le nouveau-né), et exigeant un réglage de la température de l'incubateur pour maintenir la neutralité thermique ;

3. Intolérance à l'alimentation se manifestant par une diminution du volume absorbé, une distension abdominale, des vomissements, une mauvaise succion, un manque d'appétit et une diarrhée ;

4. Hyperbilirubinémie ;

5. Tachycardie au début, suivie d'épisodes d'apnée ou de bradycardie.

Certains signes et symptômes sont semblables à ceux d'une atteinte du système nerveux central (tremblements, agitation, convulsions), d'une atteinte de l'appareil respiratoire (tachypnée, respiration laborieuse, apnée, cyanose), d'une maladie hématologique (ictère, pétéchies, hépatosplénomégalie) ou d'une maladie gastro-intestinale (diarrhée, vomissements, sécrétions gastriques teintées de bile, hépatomégalie). Un diagnostic différentiel s'impose donc.

Les diagnostics infirmiers suivants peuvent s'appliquer au nouveau-né atteint d'une infection néonatale et à sa famille :

- ***risque d'infection*** relié à l'immaturité du système immunitaire ;
- ***déficit de volume liquidien*** relié à une intolérance à l'alimentation ;
- ***stratégies d'adaptation familiale compromises*** reliées à une maladie exigeant un séjour prolongé du nouveau-né au centre hospitalier.

Planification et interventions

Il appartient à l'infirmière d'assurer la salubrité du milieu et de prévenir les infections nosocomiales à la pouponnière. Elle doit exiger le respect de la technique de lavage des mains auprès de toutes les personnes qui entrent dans la pouponnière, qu'il s'agisse de collègues, de médecins, de techniciens de laboratoire ou de radiologie, d'inhalothérapeutes ou des parents. L'infirmière doit également collaborer au prélèvement aseptique des échantillons pour les analyses de laboratoire. Pour prévenir la contamination des nouveau-nés fragiles, le matériel doit faire l'objet d'un entretien minutieux : changement et nettoyage des incubateurs au moins tous les 7 jours, changement et stérilisation du matériel de vaporisation et d'humidification toutes les 24 heures, prévention de l'utilisation croisée de la literie ou d'autres objets, nettoyage périodique du matériel employé pour le lavage des mains comme le distributeur de savon, nettoyage minutieux des berceaux à chaleur radiante. En effet, ces berceaux

Tableau 26-6

Antibiothérapie dans les infections néonatales

Médicament	Posologie	Fréquence	Voie d'admi-nistration	Commentaires
Ampicilline	50 à 100 mg/kg/j	Toutes les 12 heures* Toutes les 8 heures**	IM ou IV	Efficace contre les bactéries à Gram positif, *Hæmophilus influenzæ* et la majorité des souches d'*Escherichia coli*. Utiliser des doses plus fortes en cas de méningite. Employer en association avec les aminosides pour obtenir un effet de synergie.
Céfotaxime	50 mg/kg 100 à 150 mg/kg/j	Toutes les 12 heures* Toutes les 8 heures**	IM ou IV	Efficace contre la plupart des agents pathogènes affectant les nouveau-nés et contre les micro-organismes résistants aux aminosides ; exerce une action bactéricide dans le LCR ; n'est ni ototoxique, ni néphrotoxique ; large indice thérapeutique (mesure des taux sériques non nécessaire) ; apparition rapide de micro-organismes résistants en cas d'usage prolongé ; inefficace contre *Pseudomonas* et *Listeria*.
Gentamicine	2,5 à 3 mg/kg 5,0 à 7,5 mg/kg/j	Toutes les 12 heures* Toutes les 8 heures**	IM ou IV	Efficace contre les bacilles à Gram négatif et les staphylocoques ; remplace la kanamycine contre les staphylocoques résistants à la pénicilline, *Escherichia coli* et *Pseudomonas aeruginosa* ; ototoxique et néphrotoxique. Il est nécessaire de mesurer réguliè-rement le taux sérique. L'administration intraveineuse de cet antibiotique doit se faire lentement, sur une période d'au moins 30 à 60 minutes. En présence d'oligurie ou d'anurie, dimi-nuer la dose ou interrompre le traitement. Chez le nouveau-né dont le poids est inférieur à 1 000 g ou dont l'âge gestationnel est inférieur à 29 semaines, on peut réduire la dose à 2,5 à 3,0 mg/kg/j. Vérifier le taux sérique avant d'administrer la seconde dose. Maximum : 5 à 10 mg/L Minimum : 1 à 2 mg/L
Méthicilline	25 à 50 mg/dose 50 à 100 mg/kg/j	Toutes les 12 heures* Toutes les 6 à 8 heures†	IM ou IV	Efficace contre les staphylocoques résistants à la pénicilline. Surveiller la formule sanguine et les urines.
Nafcilline	25 à 50 mg/kg 50 à 100 mg/kg/j	Toutes les 8 à 12 heures* Toutes les 6 à 8 heures†	IM ou IV	Efficace contre les staphylocoques résistants à la pénicilline. Faire attention en présence d'un ictère.
Pénicilline G (suspension aqueuse cristalline)	25 000 à 50 000 unités /kg 50 000 à 125 000 unités /kg/j	Toutes les 12 heures* Toutes les 8 heures†	IM ou IV	Traitement initial efficace contre la plupart des bactéries à Gram positif, sauf les staphylocoques résistants ; peut causer un bloc cardiaque chez le nouveau-né.
Vancomycine	10 à 20 mg/kg 30 mg/kg/j	Toutes les 12 à 24 heures*‡ Toutes les 8 heures†	IV	Efficace pour les souches de *Staphylococcus epider-midis* résistantes à la méthicilline ; administration en perfusion intraveineuse lente afin d'éviter une éruption cutanée prolongée. Pour les nouveau-nés dont le poids est inférieur à 1 200 g ou dont l'âge gestationnel est inférieur à 29 semaines, utiliser des doses plus faibles et moins fréquentes. Néphrotoxique, surtout si on l'administre en association avec des aminosides. Perfusion intraveineuse lente sur une période d'au moins 60 minutes. Maximum : 25 à 40 mg/L Minimum : 5 à 10 mg/L

* Jusqu'à 7 jours après la naissance.
† Après 7 jours suivant la naissance.
‡ Selon l'âge gestationnel.

sont beaucoup plus susceptibles d'être contaminés que les incubateurs, qui sont fermés. Un bébé infecté doit être isolé dans un incubateur et gardé en observation. Seules les personnes autorisées doivent avoir accès à la pouponnière.

L'infirmière administre les antibiotiques prescrits par le médecin. En plus de la règle des « Cinq contrôles » pour l'administration de médicaments, l'infirmière doit être familière avec les éléments suivants :

- la dose appropriée à donner, selon le poids du nouveau-né et selon les concentrations maximales et minimales ;
- le mode d'administration, certains antibiotiques ne pouvant pas être administrés par voie intraveineuse ;
- les incompatibilités avec d'autres antibiotiques ou avec certaines solutions intraveineuses susceptibles de précipiter ;
- les effets indésirables et la toxicité du médicament.

Lorsqu'un nouveau-né à terme doit être traité pour une infection, la perfusion d'antibiotiques à domicile devrait être envisagée comme une alternative à l'hospitalisation prolongée. Le traitement à domicile, supervisé par des infirmières expérimentées, favorise l'attachement entre les parents et l'enfant, tout en répondant aux besoins du bébé en matière de soins (Anastasi, 1998).

Les soins d'appoint à l'antibiothérapie sont essentiels dans le cas des nouveau-nés atteints d'une infection (Askin, 1995). L'infirmière a les responsabilités suivantes :

- Observer le bébé pour noter la régression des symptômes ou l'apparition de nouveaux symptômes.
- Maintenir un milieu thermique neutre et assurer la régulation de l'oxygène et de l'humidité.
- Assurer une ventilation assistée : administration d'oxygène et observation du travail respiratoire.
- Vérifier la fonction cardiorespiratoire : prise du pouls et de la tension artérielle ; recherche de symptômes d'hyperbilirubinémie, d'anémie et d'hémorragie.
- Assurer un apport énergétique suffisant en cas d'interruption de l'alimentation orale par suite d'une augmentation de la sécrétion de mucosités, d'une distension abdominale, de vomissements ou d'une inhalation.
- Assurer l'équilibre hydro-électrolytique afin de maintenir l'homéostasie ; surveiller les variations de poids, le débit urinaire et la densité de l'urine.
- Dépister les signes d'hypoglycémie, d'hyperglycémie, d'acidose, d'hyponatrémie et d'hypocalcémie.

Limiter les visites parentales ne semble pas réduire les risques d'infection, mais cela risque de nuire au développement psychologique de l'enfant. Après leur avoir transmis les directives et les conseils nécessaires, on doit encourager les deux parents à s'occuper de leur enfant et à participer aux soins quotidiens. Il est essentiel de les aider dans cette tâche. On doit par ailleurs les informer du pronostic au fur et à mesure du traitement, et les inciter à participer aux soins le plus souvent possible (figure 26-12 ▶). Les parents doivent aussi comprendre les modes de transmission de l'infection.

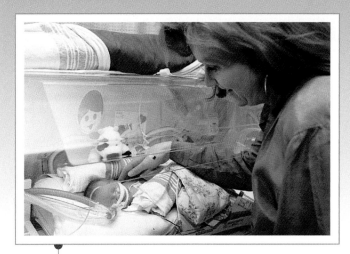

FIGURE 26-12 ▶ Quand les parents participent aux soins de leur bébé, ils ont souvent des attentes plus réalistes à l'égard des besoins à long terme de leur enfant.

Évaluation et résultats escomptés

Les résultats escomptés des soins infirmiers peuvent être les suivants :

- les risques d'infection sont promptement reconnus, et les interventions nécessaires sont entreprises sans délai ;
- l'emploi de techniques aseptiques protège le nouveau-né de toute exposition supplémentaire à des micro-organismes ;
- les symptômes ont disparu, et l'infection est traitée ;
- les parents expriment leurs inquiétudes au sujet de la maladie de leur enfant et comprennent la raison du traitement.

Le nouveau-né prématuré ou malade

Lorsqu'une femme donne naissance à un enfant prématuré, malade ou atteint d'une malformation congénitale, la famille vit une profonde crise. Les parents éprouvent un chagrin intense en réaction à la perte du bébé idéal dont ils rêvaient. Si l'enfant est prématuré, la mère est privée des dernières semaines de grossesse qui l'auraient préparée psychologiquement au stress de la naissance et à la formation de liens d'attachement. Ces liens étant encore fragiles au moment de la naissance, la séparation de la mère et son enfant risque d'interrompre le processus d'attachement et de perturber leur future relation. Parfois, la mère d'un nouveau-né prématuré éprouve des sentiments de culpabilité et d'échec ; elle se demande pourquoi le travail s'est déclenché ou pourquoi cela est arrivé. Elle peut même se croire coupable et se demander si le travail s'est déclenché parce qu'elle a eu une relation sexuelle avec son mari (une semaine, trois jours ou la veille de l'accouchement), parce qu'elle a remonté trois paniers de lessive du sous-sol, parce qu'elle a commis une faute dans le passé – ou même dans son enfance, etc.

La naissance d'un enfant atteint d'une malformation congénitale risque également d'engendrer des sentiments de culpabilité et d'échec. Comme dans le cas d'un accouchement prématuré, la mère nourrit parfois un sentiment de culpabilité et se demande si c'est de sa faute, ou encore elle s'imagine qu'elle est ainsi punie d'une faute.

La naissance d'un enfant prématuré ou atteint d'une malformation congénitale perturbe les réactions des parents ainsi que le processus d'attachement. Avant de pouvoir commencer à établir une relation saine avec l'enfant, la famille doit reconnaître les sentiments, les réactions et le stress engendrés par cette naissance et elle doit assumer cette réalité.

Même si la naissance d'un enfant prématuré ou présentant une anomalie influe sur leurs réactions ainsi que sur le processus d'attachement, les parents peuvent néanmoins nouer de solides liens d'affection avec leur bébé. Selon Kaplan et Mason (1974), les parents doivent nécessairement franchir les quatre étapes suivantes pour s'adapter à la naissance d'un enfant à risque et pour établir les bases de la relation parents-enfant :

1. Les parents doivent vivre un deuil anticipé pour se préparer psychologiquement à l'éventuelle perte de leur enfant, tout en espérant qu'il survive.

2. La mère doit reconnaître qu'elle n'a pas donné naissance à un enfant à terme ou « parfait ». Elle éprouve un deuil anticipé et souffre de dépression jusqu'à ce que le bébé ait de bonnes chances de survivre.

3. Les parents doivent renouer des liens avec l'enfant lorsqu'ils savent que sa vie n'est plus en danger. Cette tâche peut être différée en cas de risque constant de mort ou d'anomalie, et la mère peut mettre du temps à espérer que le bébé survive.

4. Les parents doivent comprendre les besoins particuliers du nouveau-né et son mode de croissance ; ils doivent savoir que cette situation est temporaire et évoluera vers la normalité.

La plupart des experts en néonatologie reconnaissent que la naissance d'un enfant prématuré ou à risque exige effectivement des parents une adaptation importante. Ils doivent en effet oublier l'image de l'enfant idéal qu'ils avaient ébauchée pendant la grossesse et surmonter la réaction émotive associée à ce renoncement. Ils pourront ensuite commencer à établir des liens d'attachement solides avec l'enfant. Autrement dit, les parents doivent d'abord se détacher de l'enfant rêvé pour s'attacher à l'enfant réel.

Solnit et Stark (1961) affirment que la réaction des parents à l'égard d'un nouveau-né atteint d'anomalies est marquée par le chagrin et le deuil, caractéristiques de la perte de l'objet aimé (l'enfant rêvé). En même temps, les parents doivent faire de cet enfant imparfait leur nouvel objet d'amour. Les réactions des parents d'un enfant malade correspondent aux cinq étapes du processus décrit par Klaus et Kennell (1982) :

1. Le *choc* constitue la réaction des parents à la réalité. À cette étape, les parents peuvent vouloir oublier, faire comme si la situation n'existait pas et se sentir désespérés.

2. La deuxième étape est celle de l'incrédulité (le *déni*), c'est-à-dire du refus de croire que leur enfant est imparfait. Les parents peuvent se dire, par exemple, que « Cela n'est pas réellement arrivé ! », « Il y a eu une erreur ; ce n'est pas notre bébé ».

3. Après avoir accepté la réalité, les parents souffrent de *dépression* et éprouvent du chagrin. À cette étape, ils pleurent beaucoup et ressentent une profonde tristesse. Parfois, ils se révoltent. En règle générale, les parents s'en prennent aux autres ou se blâment, et se disent qu'il est injuste que cela leur soit arrivé.

4. Le retour à l'équilibre et l'*acceptation* marquent l'atténuation des réactions émotionnelles des parents. Cette étape est vécue différemment selon les personnes et peut se prolonger tant que la vie de l'enfant est en danger. De plus, certains parents ressentent une tristesse chronique à l'égard de leur enfant.

5. La famille doit se réorganiser afin de pouvoir faire face aux problèmes de l'enfant. La *réorganisation* est plus facile quand les conjoints se soutiennent mutuellement ; l'épreuve qu'ils traversent risque toutefois de les éloigner l'un de l'autre.

Soins infirmiers

Évaluation et analyse de la situation

L'établissement d'une bonne relation entre l'infirmière et la famille facilite l'évaluation. Si, en plus de la situation de crise associée à la naissance, la mère ou un autre membre de la famille est malade ou, s'il existe d'autres sources de stress (perte d'emploi, âge des parents, etc.), la réaction des parents à l'égard du bébé peut être perturbée. Quand elle dresse le profil de la famille, l'infirmière doit noter les sentiments d'appréhension, de culpabilité, d'échec et de chagrin exprimés par les parents, verbalement ou autrement. Ces observations permettent aux autres membres de l'équipe de soins de savoir dans quel état sont les parents, comment ils s'adaptent à la situation et dans quelle mesure ils sont prêts à s'attacher à leur enfant et à s'en occuper.

Lorsque l'infirmière rencontre les parents et discute avec eux, elle doit donc évaluer les aspects suivants :

1. *Degré de compréhension.* Noter dans quelle mesure les parents assimilent les informations fournies et posent des questions pertinentes ; observer si les parents ont besoin qu'on répète les informations.

2. *Réactions comportementales.* Vérifier si le comportement concorde avec les informations données ou s'il les contredit ; noter l'absence de réaction et les signes d'épuisement affectif (affect plat).

3. *Problèmes de communication.* Observer les problèmes de surdité (le parent lit seulement sur les lèvres), de cécité, de dysphagie ou l'incapacité de parler français.

4. *Niveau d'études du père et de la mère.* Noter les problèmes d'analphabétisme ; le degré de scolarité (études primaires seulement, études de troisième cycle, parents travaillant dans le milieu de la santé, etc.).

L'infirmière est en mesure de recueillir ces données parce qu'elle est en contact continu avec la famille et qu'elle a établi une relation thérapeutique avec les parents. En consignant ces renseignements dans le dossier, elle permet à tous les membres de l'équipe de soins de connaître le profil de la famille et, par conséquent, de donner des soins cohérents et individualisés.

Comme les visites des parents ainsi que la façon dont ils s'occupent du bébé sont révélatrices de l'intensité de leur attachement, il est essentiel de consigner ces informations, de même que leurs dispositions affectives à l'égard du nouveau-né et leurs appels téléphoniques. Pour bien évaluer la situation, l'infirmière doit noter ses observations régulièrement et systématiquement, au lieu d'inscrire ici et là des faits isolés. Grant (1978) a élaboré un cadre conceptuel qui décrit les réactions d'adaptation et d'inadaptation des parents à l'égard d'un enfant prématuré ou à risque (figure 26-13 ▶).

Si les parents semblent prendre leurs distances, l'infirmière doit adopter les mesures appropriées. En effet, des études de suivi ont montré qu'un nombre relativement important d'enfants prématurés, malades ou atteints d'une malformation congénitale souffrent d'un retard du développement staturo-pondéral, subissent de mauvais traitements ou présentent d'autres

FIGURE 26-13 ▶ Réactions inadaptées et adaptées des parents en situation de crise, avec les résultats négatifs et positifs qui s'ensuivent. *Source :* Grant, P. (1978). « Psychological needs of families of high-risk infants », *Family and Community Health*, vol. 1, n° 3, p. 93.

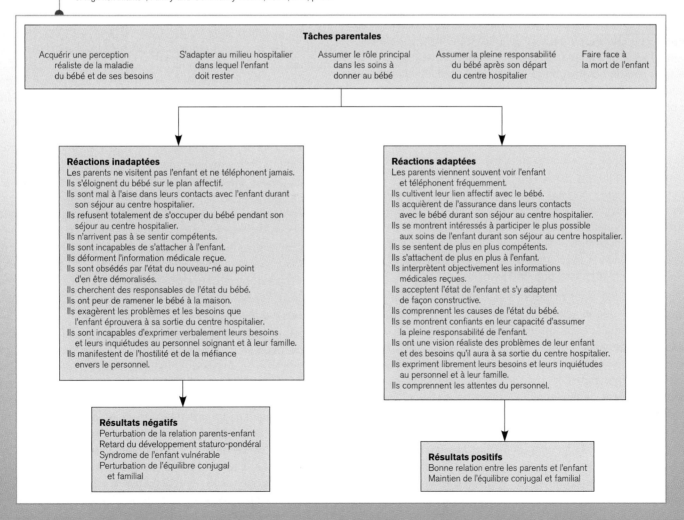

problèmes reliés à la relation parents-enfant. Un dépistage rapide et une prompte intervention empêchent généralement les parents de compromettre le développement de leur enfant ou de mettre carrément sa vie en danger.

Voici les diagnostics infirmiers susceptibles de s'appliquer aux parents d'un nouveau-né exposé à des risques :

- *deuil dysfonctionnel* relié à la perte de l'enfant idéalisé ;
- *exercice du rôle parental perturbé* relié à la peur de former des liens d'affection avec un nouveau-né qui risque de mourir ;
- *exercice du rôle parental perturbé* relié à une incapacité de nouer des liens d'attachement, consécutive à un sentiment d'incompétence devant les soins à donner à l'enfant.

Planification et interventions

Soins infirmiers en milieu hospitalier

Soutien aux parents lors de leur première visite à l'enfant

L'infirmière doit préparer les parents à la première visite qu'ils font au nouveau-né. Il est important qu'elle adopte une attitude à la fois positive et réaliste à l'égard de l'enfant. Une attitude trop négative et fataliste ne peut qu'éloigner davantage les parents de leur bébé, et différer la formation de liens d'attachement. En effet, au lieu de commencer à s'attacher à l'enfant, les parents risquent d'amorcer le processus de deuil. Or, une fois commencé, ce processus est difficile à inverser.

Avant de préparer les parents à le voir pour la première fois, l'infirmière doit observer leur enfant. Tous les enfants présentent des caractéristiques positives aussi bien que des imperfections, et l'infirmière doit préparer les parents à accepter aussi bien les anomalies de leur bébé que ses aspects normaux. Par exemple, l'infirmière peut dire : « Votre fille est petite ; elle mesure environ deux fois la longueur de ma main. Même si elle pèse à peine 1 kg, elle est très active et pleure quand on la dérange. Elle éprouve quelques difficultés respiratoires, mais elle respire sans assistance, et on ne lui donne que de l'oxygène à 35 %. »

Avant de les amener dans l'unité de soins intensifs, il est important de décrire aux parents le matériel utilisé pour les nouveau-nés malades ou prématurés et de leur expliquer son utilité. Dans beaucoup d'unités de soins intensifs, on conseille aux parents de lire une brochure explicative avant leur première visite. Les informations et les illustrations contenues dans ce document aident généralement les parents à mieux faire face aux sentiments qui les assaillent quand ils voient leur enfant pour la première fois.

Quand ils entrent à l'unité des soins intensifs, les parents peuvent être désemparés par le bruit des appareils de monitorage, des signaux d'alarme et des respirateurs, ainsi que par le jargon du personnel. Les parents se sentent plus à l'aise s'ils sont accompagnés par la personne qui les a préparés. L'infirmière titulaire et le médecin traitant du nouveau-né doivent être auprès des parents au cours de cette première visite. Tous les parents ne réagissent pas de la même façon mais, au début, cette première visite cause presque toujours un choc. On peut offrir aux parents de s'asseoir et les laisser retrouver leur calme. Pour atténuer la peur et l'anxiété, on peut leur expliquer lentement, simplement et en détail l'état de leur enfant ainsi que le fonctionnement du matériel médical.

Au début, sous le coup du choc et du chagrin, il arrive que les parents soient incapables d'assimiler de nouvelles informations. Il faut parfois répéter les explications pour qu'ils finissent par accepter l'évidence, les interventions, le matériel ainsi que de l'état de leur enfant.

Les parents ont souvent de la difficulté à comprendre le fonctionnement des appareils auxquels l'enfant est relié et craignent qu'ils ne lui fassent mal. Les questions qu'ils posent traduisent leur méconnaissance du matériel utilisé et montrent à quel point ils s'inquiètent de la sécurité de leur bébé : « Ce liquide se rend-il au cerveau ? », « Le tube blanc placé sur le ventre de notre bébé va-t-il dans son estomac ? », « L'appareil de monitorage sert-il à faire battre son cœur ? ». L'infirmière peut rassurer les parents en leur fournissant des explications simples sur le matériel utilisé.

Il arrive souvent que les parents s'inquiètent de l'apparence physique de leur nouveau-né, sans toutefois oser questionner le personnel médical. Leurs craintes se manifestent généralement par des commentaires ou des questions de ce genre : « Il est si petit qu'il ressemble à un petit rat noyé », « Pourquoi les organes génitaux de notre fille ont-ils l'air aussi bizarre ? », « Est-ce que cette vilaine bouche (dans le cas d'une fissure labiale et palatine) deviendra normale un jour ? ». L'infirmière doit s'attendre à ce qu'on lui pose ces questions et doit être en mesure d'y répondre. Pour rassurer les parents d'un bébé souffrant d'une fissure labiale par exemple, l'infirmière peut leur montrer la photo d'un enfant ayant subi une réfection chirurgicale. L'infirmière qui connaît bien le développement des prématurés *normaux* saura rassurer les parents plus facilement. Par exemple, dans le cas de parents qui s'inquiètent de l'apparence des organes génitaux de leur fille, l'infirmière pourra leur répondre : « La vulve de votre enfant peut vous sembler bizarre, mais elle est tout à fait normale pour son âge gestationnel. Au fil des mois, les grandes lèvres grossiront et couvriront le clitoris ; la vulve de votre fille aura alors l'apparence à laquelle vous vous attendez. Elle est normale pour son âge gestationnel. »

L'atmosphère qui règne dans l'unité de soins intensifs dépend du personnel infirmier. Pour créer un climat rassurant, l'infirmière doit comprendre que la participation des parents aux soins de leur enfant est essentielle. Elle ne devrait pas les considérer comme des visiteurs ou des gêneurs. Pour que l'unité de soins intensifs soit un milieu ouvert où les parents se sentent à l'aise, l'infirmière doit favoriser l'intimité des parents avec leur enfant, veiller à ce qu'ils puissent communiquer facilement avec le personnel et s'assurer qu'ils ont accès facilement aux locaux. Les parents se sentiront les bienvenus si l'atmosphère est chaleureuse et qu'il n'y a pas trop de monde. Et, même s'il y a beaucoup de monde à l'unité de soins intensifs, le personnel infirmier peut avoir une attitude ouverte et rassurante.

Pour s'occuper d'un nouveau-né en collaboration avec les parents, il est essentiel d'établir une relation de confiance. L'infirmière doit utiliser ses propres réactions à des fins thérapeutiques pour se rapprocher des parents et établir une relation privilégiée avec eux. D'une personne à l'autre, les besoins, les stratégies d'adaptation à une situation de crise et les sources de soutien diffèrent. L'infirmière doit recourir à des techniques avec lesquelles elle se sent parfaitement à l'aise et éviter d'emprunter des mots ou des gestes qui ne correspondent pas à sa personnalité. Elle doit également adapter son intervention au rythme et aux besoins des parents.

Formation de liens d'attachement en cas de transfert du nouveau-né dans un autre centre de soins

Il arrive que l'on doive transférer le nouveau-né dans un centre de soins régional, situé assez loin de l'endroit où habitent les parents. Dans ce cas, il est essentiel que la mère voie et touche son bébé avant son départ. L'infirmière peut accompagner la mère à la pouponnière ou amener l'enfant à son chevet à l'aide d'un incubateur mobile. Une fois l'enfant transféré dans l'autre centre hospitalier, un membre du personnel devrait téléphoner aux parents pour les avertir que le trajet s'est bien déroulé et pour les informer de son état durant le déplacement et de son état actuel.

Il peut arriver que la mère ne puisse pas voir son nouveau-né avant son départ, parce qu'elle est encore sous l'effet d'une anesthésie générale ou parce qu'elle présente des complications (état de choc, hémorragie, convulsions, etc.). Dans ce cas, l'infirmière devrait photographier le nouveau-né avant son départ et donner cette photo à la mère, lui décrire l'enfant en détail, lui expliquer l'état dans lequel il se trouve et quels sont ses problèmes de santé. L'infirmière peut donner une seconde photo au père pour qu'il puisse la montrer aux frères et sœurs du bébé ainsi qu'au reste de la famille. Grâce à l'amélioration des soins prénataux, on peut maintenant prévoir les problèmes et procéder à l'accouchement dans un centre hospitalier spécialisé où l'enfant pourra être traité après sa naissance. La mère d'un bébé malade ou prématuré peut ainsi visiter son bébé et s'en occuper dès sa naissance.

Importance du toucher et de la présence des parents pour le nouveau-né malade ou prématuré

Il faut parfois plusieurs visites avant que les parents qui viennent voir leur enfant malade ou prématuré se sentent suffisamment sûrs d'eux et à l'aise pour toucher leur bébé sans craindre de lui faire mal. Toutes sortes d'obstacles (incubateur, incision, électrodes reliées à l'appareil de monitorage, tubulure, etc.) peuvent intimider les parents et retarder le moment où ils se sentent prêts à toucher leur enfant. En sachant que cette réticence est normale, l'infirmière est en mesure de mieux comprendre le comportement des parents.

Selon Klaus et Kennell (1982), les mères d'un enfant normal ont beaucoup plus de contacts avec leur bébé par le regard et le toucher que les mères d'un enfant prématuré. Quelques minutes seulement après la naissance, la mère d'un nouveau-né normal touche déjà le tronc de l'enfant avec toute la main, alors que la mère d'un bébé prématuré passe beaucoup plus lentement du toucher du bout des doigts au toucher avec la paume. Elle est aussi plus lente à passer des membres au tronc du bébé. La mère d'un enfant prématuré a parfois besoin de plusieurs visites à la pouponnière avant d'en arriver à toucher le bébé avec toute sa main.

En les soutenant, en les rassurant et en les encourageant, l'infirmière peut aider les parents à gagner de l'assurance et à se sentir importants pour leur enfant. Le toucher aide les parents à faire connaissance avec leur bébé, donc à nouer des liens d'attachement. Le fait de toucher et de regarder l'enfant leur permet de voir ses caractéristiques normales et son potentiel. Le toucher est une première étape dans le développement d'un rôle parental plus actif (figure 26-14 ▶).

FIGURE 26-14 ▶ Stades comportementaux des parents envers le nouveau-né gardé à l'unité de soins intensifs.

Source: Adaptation des travaux de Rubin, Schaeffer, Jay et Schraeder par B. D. Schraeder (1980). «Attachment and parenting despite lengthy intensive care», *Journal of Maternal Child Nursing*, vol. 5, janvier-février, p. 38.

Stade I – Le toucher
Les parents touchent l'enfant du bout des doigts.
Ils le touchent avec toute la main.
Ils caressent l'enfant.
Ils le prennent et le regardent les yeux dans les yeux.
Ils vont spontanément chercher l'enfant dans son lit pour le câliner, le prendre et lui parler.

Stade II – Les soins
Les parents apportent à l'enfant des vêtements propres, des jouets et des articles de toilette.
Ils s'occupent de leur enfant (ils le baignent, le changent de couche, le nourrissent et l'habillent).
Ils prennent soin de l'enfant avec compétence et se disent heureux de répondre à ses besoins.
Ils sont capables de consoler le bébé quand il pleure ou souffre.
Ils sont capables de répondre aux besoins particuliers de l'enfant (aspiration, nettoyage de la stomie, traitements).

Stade III – L'identification
Les parents apportent à l'enfant sa literie personnelle.
Ils prennent des photos.
Ils lui apportent des jouets.
Ils observent ses traits distinctifs.
Ils font des suggestions et veulent des soins personnalisés.
Ils se font les porte-parole du bébé.
Ils estiment qu'ils peuvent s'occuper de l'enfant mieux que quiconque.
Leurs visites au centre hospitalier ou leurs appels téléphoniques au personnel sont effectués très régulièrement.
Ils posent des questions sur tous les aspects de l'enfant et non seulement sur les aspects physiologiques.

L'infirmière peut aussi encourager les parents à répondre aux besoins de stimulation de l'enfant. Il est possible d'intégrer certaines activités aux soins donnés par les parents : câliner le bébé, le bercer, lui chanter des berceuses et lui parler. L'infirmière participe à la formation de liens d'attachement en encourageant les parents à venir voir leur enfant et à contribuer à ses soins (figure 26-15 ▶). Lorsque les parents ne peuvent pas se déplacer, on doit leur dire de ne pas hésiter à téléphoner pour prendre des nouvelles. Les parents sentiront que l'infirmière les soutient si elle se montre réceptive et chaleureuse. L'infirmière peut encore aider les parents à exercer leur rôle en individualisant le bébé, en l'appelant par son prénom ou en racontant aux parents ses faits et gestes. Des commentaires tels que « Jeanne adore sa sucette » aideront les parents à voir leur enfant comme un être unique.

Il peut s'écouler un certain temps avant que les parents d'un enfant prématuré, à risque ou malade puissent s'occuper de leur bébé. Ils ne se sentent pas spontanément à l'aise de donner des soins à cause des nombreux appareils de survie qui entourent leur enfant. Toutefois, même si leur participation est minime, et que le bébé est gravement malade, les parents peuvent toujours prendre soin de leur enfant. De par son rôle de soutien à l'égard du rôle parental, il incombe à l'infirmière de faciliter la tâche des parents. Pour les familiariser à leur rôle, l'infirmière doit leur expliquer et leur montrer comment faire, puis les encourager et les féliciter. La première fois qu'ils changent la couche du bébé, qu'ils lui administrent des soins cutanés ou oraux, ou qu'ils aident l'infirmière à le changer de côté, les parents éprouveront de l'anxiété. Peu à peu, cependant, ils prennent de l'assurance, se sentent utiles et éprouvent un sentiment de satisfaction devant les réactions de leur enfant. L'infirmière peut notamment féliciter les parents de leurs efforts afin de les aider à retrouver l'amour-propre qu'ils ont peut-être perdu depuis la naissance. Il ne faut absolument jamais demander aux parents d'exécuter une tâche si l'on n'a pas la certitude qu'ils peuvent l'accomplir.

Souvent, les parents d'un nouveau-né à risque éprouvent des sentiments ambivalents à l'égard de l'infirmière. Quand ils observent l'infirmière prendre soin de leur enfant avec compétence, ils lui vouent de la reconnaissance, tout en se sentant jaloux de ses capacités. Cette ambivalence peut s'exprimer de diverses façons : critiques au sujet des soins que l'infirmière est en train de donner à l'enfant, manipulation du personnel ou sentiment de culpabilité. Au lieu de nourrir l'impression d'infériorité que ressentent les parents en se taisant, l'infirmière doit reconnaître leurs sentiments et intervenir de manière appropriée pour renforcer le lien entre les parents et leur bébé. Par exemple, elle doit éviter de faire des comparaisons défavorables entre les réactions de l'enfant aux soins parentaux et les réactions de l'enfant aux soins infirmiers. Il peut être bénéfique que l'infirmière trouve un moment propice pour inviter les parents à parler de leurs espoirs et de leurs craintes et pour les inciter à se joindre à un groupe de soutien parental (Raines, 1998).

L'infirmière compréhensive et sûre d'elle est capable de renforcer l'estime de soi des parents, sans essayer de se valoriser à travers les soins qu'elle donne. Pour renforcer les comportements parentaux positifs, elle doit avant tout être convaincue du rôle vital des parents auprès du nouveau-né. En effet, comment l'infirmière pourrait-elle convaincre des parents incertains de leur importance auprès de leur enfant si elle n'en est pas sincèrement convaincue elle-même ? Tant par son attitude que par ses paroles, elle doit leur faire sentir qu'ils sont de bons parents et qu'ils joueront un rôle primordial auprès de l'enfant. Ne pas accorder autant d'importance à la formation des liens d'attachement entre les parents et leur nouveau-né qu'aux soins physiologiques met en péril l'équilibre de la famille.

Il est essentiel que l'infirmière exprime verbalement les encouragements susceptibles de revaloriser les parents. Par exemple, elle peut souligner le fait que le lait maternel, en plus de ses bienfaits physiologiques, est important parce qu'il suppose un investissement affectif de la mère. De fait, pour donner son lait à son bébé malade ou prématuré, la mère investit beaucoup de temps et d'amour : elle doit extraire son lait, l'étiqueter, le conserver et l'apporter au centre hospitalier. En faisant des

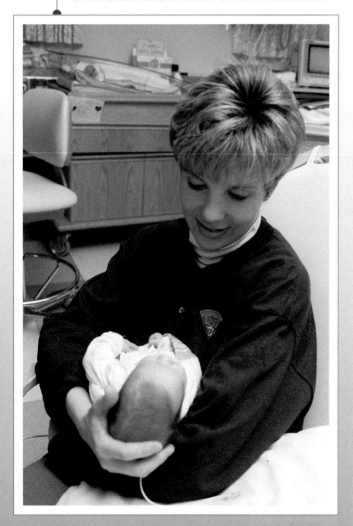

FIGURE 26-15 ▶ Lorsqu'un nouveau-né est prématuré ou malade, il est impératif de donner aux parents l'occasion de faire connaissance avec lui. On favorise les contacts physiques le plus possible puisque ces contacts jouent un rôle crucial dans la création de liens d'attachement.

commentaires positifs sur le lait maternel, l'infirmière renforce l'instinct nourricier et protecteur de la mère : « Vous seule pouvez donner du lait maternel à votre enfant », « Vous avez vraiment apporté beaucoup de lait aujourd'hui ! », « Voyez comme ce lait est riche ! », « Même les petites quantités de lait sont importantes ! » Si le nouveau-né commence à prendre du poids lorsqu'il est nourri au lait maternel, il est important de le faire remarquer à la mère. L'infirmière doit aussi informer les parents qu'il est normal que le bébé perde un peu de poids quand on commence à le nourrir au biberon ou au sein, car il dépense plus d'énergie pour se nourrir activement qu'il n'en dépense quand on le nourrit passivement.

Il est souhaitable que les parents prennent soin de leur bébé, même si celui-ci est très malade ou mourant. Des études ont montré que le détachement est moins pénible après l'attachement, car les parents peuvent se consoler en sachant qu'ils ont fait tout ce qu'ils pouvaient pour leur enfant quand il était encore en vie.

Adaptation de la famille

En situation de crise, il est difficile d'entretenir des relations personnelles. Or, dans une unité de soins intensifs, les parents sont appelés à entrer en rapport avec de nombreux professionnels de la santé. Afin de leur éviter d'avoir à glaner des informations auprès de nombreuses personnes, il est important que seul un nombre restreint de personnes soient en contact continu avec les parents et leur fournissent des informations cohérentes. Chaque membre du personnel soignant a sa propre personnalité et s'exprime par des mots, des inflexions et des attitudes qui lui sont propres. Ces différences, si subtiles soient-elles, prennent des proportions démesurées dans la situation de crise où se trouvent les parents et ne peuvent qu'entraîner confusion et anxiété. Lorsque le bébé quitte les soins intensifs ou retourne au centre hospitalier où il est né, les parents ressentent de l'anxiété parce qu'ils doivent entrer en relation avec un nouveau personnel soignant. La tâche de l'infirmière ne se réduit pas à faire l'intermédiaire entre les parents et les nombreux professionnels qui sont en relation avec l'enfant ; elle doit aussi clarifier certains points, donner des explications, interpréter les informations données et offrir son soutien aux parents.

L'infirmière devrait encourager les parents à faire face à cette situation de crise avec l'aide de personnes qui forment leur réseau de soutien. Ces personnes clés peuvent répondre aux besoins affectifs de la famille et la soutenir dans l'épreuve. Le réseau de soutien n'est pas nécessairement formé de la parenté : l'essentiel ne réside pas dans les liens du sang, mais dans les liens affectifs. Dans notre société mouvante où la famille nucléaire est souvent isolée, le réseau de soutien des parents est souvent formé de voisins, d'amis intimes, voire d'anciens camarades de classe. L'infirmière doit essayer de joindre les personnes clés de ce réseau et leur faire comprendre la situation pour qu'ils puissent soutenir les parents.

Les répercussions d'une situation de crise sur la famille dépendent de facteurs individuels. C'est grâce à la qualité de la relation qu'elle a établie avec la famille que l'infirmière peut savoir dans quelle mesure celle-ci est capable de s'adapter à la situation. Pour effectuer les interventions appropriées, elle doit voir la naissance de l'enfant (normal, prématuré, malade ou présentant une anomalie) avec les mêmes yeux que la famille.

Il est important d'inciter les membres de la famille à communiquer entre eux. Il ne faut pas encourager les secrets, surtout entre les conjoints, car ils minent la confiance mutuelle. Même si un des conjoints pense bien faire (« je veux la protéger ou le protéger », « je ne veux pas qu'il ou elle s'inquiète », etc.), la dissimulation risque de détruire la capacité de communiquer franchement et de saper cet élément fondamental d'une relation qu'est la confiance.

Il est essentiel que tous les membres de la famille, et surtout les parents, puissent se parler franchement. La franchise devient cruciale quand la mère n'est pas hospitalisée avec son enfant. La première personne à voir le nouveau-né est celle qui informe la mère et la famille sur l'état de l'enfant et les soins qu'il reçoit. Dans ce genre de situation, la mère a eu peu de contacts, sinon aucun, avec son bébé. Anxieuse et isolée, elle peut se méfier de tous ceux qui lui donnent des informations (le père, l'infirmière, le médecin ou les membres de sa parenté) jusqu'à ce qu'elle ait elle-même vu l'enfant. La relation entre les conjoints peut en être gravement affectée. Il est donc préférable d'informer en même temps les parents (et la famille). On évite ainsi les malentendus et les erreurs d'interprétation, et on aide les parents à se « serrer les coudes » pour affronter la réalité.

L'infirmière devrait inviter toute la famille – les frères et sœurs autant que la parenté – à aller voir le bébé et à s'informer de son état. Pour aider la famille à s'adapter à la situation, elle doit lui offrir son soutien et l'amener à voir la réalité en face et à la comprendre. Le soutien, les explications et l'aide fournis par le personnel soignant doivent s'étendre à tous les proches pour qu'ils puissent communiquer plus facilement avec les membres du noyau familial et maintenir leurs liens avec eux.

Il ne faut pas oublier les besoins des frères et sœurs du nouveau-né. Eux aussi avaient hâte de le voir arriver, et ils éprouvent un certain sentiment de perte. Les plus jeunes enfants peuvent réagir en exprimant de l'hostilité, alors que les plus vieux auront peut-être honte d'avoir un frère ou une sœur qui souffre d'une malformation. Qu'ils soient hostiles ou honteux, ils se sentent coupables. Les parents, occupés à démêler leurs propres sentiments, sont souvent incapables de donner à leurs autres enfants l'attention et le soutien dont ils ont besoin. Il arrive parfois qu'un des enfants canalise la tension familiale. L'anxiété ainsi réorientée risque de se manifester par des reproches ou de la surprotection. Il s'agit d'une forme de déni, car les parents sont incapables de faire face à leur véritable souci, c'est-à-dire le nouveau-né malade. Lorsqu'elle constate ce genre de situation, l'infirmière peut demander à l'un des membres de la famille ou à un proche d'apporter son aide en donnant aux frères et aux sœurs du nouveau-né le soutien dont ils ont besoin.

L'infirmière doit absolument respecter les désirs et les besoins de chacun, essayer d'y répondre et accepter que les différences se côtoient. Pour savoir comment les parents réagissent, elle peut simplement leur demander « Comment allez-vous ? » en insistant sur le *vous* et en montrant un intérêt sincère.

Les familles qui ont un enfant à l'unité de soins intensifs se lient généralement d'amitié et se soutiennent mutuellement. Pour resserrer ces liens d'amitié et soutenir la famille, les unités de soins intensifs organisent souvent des rencontres de groupe pour les familles. Ces groupes se créent autour de parents qui ont déjà eu un enfant malade ou prématuré. La plupart du temps, le groupe prend contact avec les parents un ou deux jours après l'admission de l'enfant à l'unité de soins intensifs néonatals, soit en leur téléphonant, soit en leur rendant visite au centre hospitalier. Une conversation entre deux parents, le plus tôt possible après la naissance, aide davantage la famille à démêler ses sentiments qu'une discussion de groupe. Ces rencontres individuelles permettent aux parents affligés d'exprimer, en compagnie de personnes qui ont vécu une situation semblable et auxquelles ils peuvent s'identifier, leurs sentiments personnels à l'égard de la grossesse, du travail, de l'accouchement et de leur enfant *différent de celui qu'ils avaient imaginé*.

Soins infirmiers communautaires

La planification du congé doit se faire dès que l'état de l'enfant s'est stabilisé et qu'il a des chances de survivre (AAP, Committee on Fetus and Newborn, 1998). Un enseignement adéquat avant le congé aide les parents à transformer leur sentiment d'incompétence et la rivalité qu'ils ressentent à l'égard de l'infirmière en sentiment d'assurance et d'affection. Dès le début, il faut les informer du développement et des besoins particuliers de leur bébé. L'infirmière est d'autant plus en mesure de donner un meilleur enseignement et de s'investir davantage qu'elle a suivi l'enfant et les parents pendant un certain temps et qu'elle a su établir avec eux une relation de soutien et de confiance.

L'infirmière doit veiller à donner ses directives de manière à faciliter le plus possible l'apprentissage. Elle doit échelonner son enseignement de façon à ne pas noyer les parents d'informations à la toute dernière minute. Souvent, les parents préfèrent s'en tenir à quelques soins de base, au début, pour ensuite élargir progressivement leur rôle. De nombreuses unités de soins intensifs sont aménagées de façon à permettre la cohabitation quelques jours avant que le bébé ne quitte le centre hospitalier. Les parents disposent ainsi d'une certaine autonomie pour s'occuper du bébé, tout en sachant que l'infirmière est à proximité et peut les aider en cas de besoin. Cette pratique est tout particulièrement utile aux parents anxieux, ou qui n'ont pas pu passer beaucoup de temps avec leur bébé, ou encore qui devront donner des soins physiques complexes à domicile, comme les soins reliés à la trachéotomie (Costello et Chapman, 1998 ; Dracup *et al.*, 1998).

Voici les points fondamentaux de l'enseignement précédant la sortie du centre hospitalier :

1. Enseigner aux parents les soins courants à donner à l'enfant, tels que le bain, la prise de température, le mélange de la préparation lactée et l'allaitement au sein.

2. Montrer aux parents comment effectuer les procédés nécessaires aux soins de l'enfant (alimentation par gavage ou par gastrostomie, soins reliés à une trachéotomie ou à une entérostomie, administration de médicaments, réanimation cardiorespiratoire [RCR] ou fonctionnement du moniteur d'apnée). Avant le départ de l'enfant pour la maison, les parents doivent être à l'aise avec ces procédés et faire preuve d'une certains autonomie. Il est bon de donner aux parents des informations écrites qu'ils pourront consulter de retour à la maison, mais la théorie ne remplace jamais la pratique.

3. Adresser les parents à un CLSC et à un groupe de soutien. Le passage du centre hospitalier au domicile est extrêmement stressant. Les infirmières de CLSC ou le personnel des services sociaux peuvent aider les parents durant cette période de transition en leur fournissant les informations et le soutien nécessaires. Certaines unités de soins intensifs organisent leur propre groupe de soutien parental pour aider les nouveaux parents à franchir cette étape. Ils peuvent également trouver de l'aide auprès de divers organismes communautaires, comme l'Association des parents d'enfants prématurés du Québec, la Société pour les enfants handicapés du Québec ou d'autres associations. Chaque région possède de nombreux services capables d'aider la famille à s'adapter à la maladie chronique d'un enfant sur les plans émotionnel, physique et financier. L'infirmière doit connaître les ressources communautaires existantes et aider les parents à trouver l'organisme qui leur conviendra le mieux.

4. Aider les parents à connaître les besoins de leur enfant en matière de croissance et de développement. Les parents peuvent poursuivre le programme de développement commencé au centre hospitalier ou s'adresser à un organisme local qui offre un programme similaire.

5. Prendre les dispositions nécessaires pour assurer le suivi médical avant le départ de l'enfant. Le suivi peut être fait au cabinet du pédiatre traitant, dans une clinique du nourrisson ou une clinique spécialisée. On devrait fixer le premier rendez-vous du bébé avant qu'il ne quitte le centre hospitalier (Hussey-Gardner, Wachtel et Viscardi, 1998).

6. Déterminer les appareils nécessaires aux soins de l'enfant à la maison (respirateur, appareil d'oxygénothérapie, moniteur d'apnée, etc.). Ces appareils doivent être installés à la maison avant l'arrivée du bébé.

Pour savoir si la crise est résolue de façon satisfaisante, il est souhaitable de procéder à une nouvelle évaluation, une fois que l'enfant est arrivé à la maison. Habituellement, on donne aux parents le numéro de téléphone de l'unité de soins intensifs, qui peut leur fournir le soutien et les conseils nécessaires. On recommande au personnel d'effectuer un suivi régulier pendant quelques semaines, par téléphone ou à domicile, pour évaluer l'évolution de l'enfant (et celle des parents).

Évaluation et résultats escomptés

Les résultats escomptés des soins infirmiers peuvent être les suivants :

- les parents expriment leur chagrin et leur sentiment de perte ;
- les parents expriment leurs inquiétudes face aux problèmes de santé de leur bébé, à ses besoins en matière de soins et aux risques qu'il court ;
- les parents participent aux soins de leur enfant et lui montrent de l'affection.

Recommandations à l'infirmière qui travaille à l'unité de soins intensifs néonatals

Pour la famille, la naissance d'un enfant malade, prématuré ou présentant une anomalie est un événement traumatisant qui constitue, pour certains, une source de perturbation et, pour d'autres, une situation propice à la croissance. Tout au long de la grossesse, les deux parents, ensemble et chacun de leur côté, éprouvent de l'excitation, ils sont impatients de voir enfin leur enfant et ils imaginent à quoi il ressemblera. Évidemment, ils espèrent également avoir un bébé en parfaite santé. Lorsque le nouveau-né arrive au monde malade, prématuré ou affligé d'une malformation, les parents et le reste de la famille n'ont d'autre choix que d'accepter la réalité et de s'y adapter.

La période d'attente qui s'écoule entre le moment où l'on soupçonne un problème et le moment où on le confirme est une période d'anxiété pour les parents, parce qu'il est difficile, voire impossible, de commencer à s'attacher à un enfant dont l'avenir est incertain. Durant cette période d'attente, les parents ont besoin qu'on les soutienne et qu'on reconnaisse le caractère angoissant de la situation. On doit les tenir au courant des efforts entrepris pour recueillir les données nécessaires auprès de l'enfant et pour maintenir sa viabilité. Il est préférable de discuter du problème du nouveau-né avec les deux parents en même temps et en présence de l'enfant. Une description honnête de la situation ainsi que l'instauration précoce du traitement approprié par le personnel soignant aident les parents : (1) à continuer d'avoir confiance dans le médecin et l'infirmière ; (2) à saisir la situation telle qu'elle est au lieu d'imaginer toutes sortes de choses ; (3) à amorcer le processus de deuil ; (4) à mobiliser leurs sources de soutien internes et externes.

Plus sensibles et vulnérables que d'habitude, les parents perçoivent avec une grande acuité les réactions (surtout non verbales) de leur entourage à l'endroit du nouveau-né. Les parents ont tendance à s'approprier les réactions des autres. Il est donc impératif que le personnel médical et infirmier soit à l'écoute des sentiments exprimés par les parents et les accepte afin de se sentir à l'aise avec le bébé et la famille affligée.

Il arrive que l'infirmière se sente mal à l'aise, ne sache pas quoi dire aux parents ou craigne de faire face à ses propres sentiments. Chaque infirmière doit pouvoir discuter de ses réactions personnelles avec ses superviseurs, ses collègues, les membres de la pastorale, ses parents et ses proches. Il peut être utile d'avoir une liste de questions ou de commentaires *thérapeutiques* parmi lesquels choisir lorsqu'on veut amorcer un dialogue important avec les parents. Voici quelques exemples : « Vous devez bien vous demander ce qui a pu causer cela », « Est-ce que vous imaginez que vous (ou quelqu'un d'autre) avez fait quelque chose ? », « Que pourrais-je faire pour vous aider ? », « Vous demandez-vous comment vous allez faire ? ». L'infirmière doit éviter des commentaires comme ceux-ci : « Ç'aurait pu être pire », « C'est la volonté de Dieu », « Vous avez d'autres enfants », « Vous êtes jeunes encore et vous pourrez en avoir d'autres », « Je comprends ce que vous ressentez ». Le nouveau-né est la priorité du moment présent. Il se peut que toute l'équipe multidisciplinaire doive mettre en commun ses ressources pour que les parents et leur nouveau-né traversent le mieux possible cette épreuve.

L'infirmière ne peut apporter du soutien que si elle en reçoit. Travailler dans un climat hautement émotionnel comme celui des soins intensifs est très exigeant pour le personnel. En fait, dans le domaine de la santé, les unités de soins intensifs néonatals font partie des lieux de travail les plus stressants pour les patients, les familles et les infirmières. Ce sont les infirmières qui subissent le plus de stress et qui déterminent en grande partie l'atmosphère de l'unité de soins intensifs. Pour arriver à créer un environnement émotionnellement sain ainsi qu'un climat de travail positif, les infirmières doivent pouvoir gérer le stress efficacement. Si elles sentent qu'on reconnaît leurs sentiments et leurs besoins émotionnels, si elles se savent entourées de soutien et d'ouverture, leur capacité d'épauler les parents s'en trouve accrue. Comme leur travail consiste à prendre soin des autres, les infirmières ne se rendent pas toujours compte qu'elles vivent elles-mêmes des pertes difficiles à l'unité des soins intensifs, en plus d'être appelées à accompagner les parents dans le processus de deuil. Les rencontres de groupe, les consultations individuelles et les soins infirmiers de première ligne peuvent contribuer à préserver la santé mentale du personnel infirmier. Souvent, les infirmières des soins intensifs néonatals n'ont pas l'occasion de voir les résultats à long terme des soins spécialisés et délicats qu'elles prodiguent aux parents et à leur bébé. La seule indication immédiate de leurs bons soins se limite souvent à la satisfaction d'observer les parents vivre sainement leur réaction de chagrin ou de les voir retourner heureux à la maison avec un bébé rétabli, prêts à réintégrer la vie familiale.

Le chapitre en bref

Notions fondamentales

- Le nouveau-né malade – qu'il soit prématuré, à terme ou postmature – doit recevoir un traitement dont les paramètres physiologiques sont étroits.

- Le respect de ces paramètres (respiration et thermorégulation) permet de maintenir l'homéostasie physiologique et d'épargner les stress iatrogènes au nouveau-né déjà mal en point.

- Pour prodiguer des soins au nouveau-né à risque, l'infirmière doit bien connaître la physiologie normale, la physiopathologie de la maladie, les manifestations cliniques ainsi que les traitements. Seules ces connaissances théoriques permettent à l'infirmière en néonatologie d'observer correctement les réactions du bébé au traitement et de détecter d'éventuelles complications.

- L'asphyxie néonatale entraîne des modifications circulatoires, respiratoires et biochimiques qui rendent difficile la transition à la vie extra-utérine. L'asphyxie nécessite une observation étroite et un traitement immédiat.

- Le syndrome de détresse respiratoire, le syndrome d'inhalation de méconium et la tachypnée transitoire du nouveau-né sont des affections néonatales qui se manifestent souvent par des problèmes respiratoires et qui nécessitent une oxygénothérapie et une ventilation assistée.

- Le stress hypothermique provoque une série de réactions physiologiques : hypoglycémie, vasoconstriction pulmonaire, hyperbilirubi-némie, détresse respiratoire et acidose métabolique. Il incombe à l'infirmière de dépister rapidement l'hypoglycémie et d'appliquer le traitement approprié.

- Pour pouvoir intervenir promptement et efficacement, il est indispensable que l'infirmière sache différencier l'ictère pathologique de l'ictère physiologique.

- L'anémie (diminution du nombre de globules rouges) et la polycythémie (augmentation du nombre de globules rouges) peuvent entraîner une perturbation du débit sanguin et de la capacité du sang d'oxygéner les tissus.

- Les infections néonatales se manifestent par des signes non spécifiques que l'on observe aussi dans d'autres états pathologiques.

- L'infirmière joue le rôle d'agent de liaison en favorisant la communication entre les divers membres de l'équipe interdisciplinaire et les parents ; pour ce faire, elle évalue les connaissances des parents en matière de soins au nouveau-né et détermine dans quelle mesure ils ont besoin de soutien émotionnel.

- Les parents d'un nouveau-né hospitalisé à l'unité de soins intensifs néonatals ont besoin du soutien des infirmières et des autres intervenants pour comprendre les besoins particuliers de leur bébé et se sentir à l'aise dans un milieu étranger et intimidant.

Références

AMERICAN ACADEMY OF PEDIATRICS, AMERICAN HEART ASSOCIATION. J. KATTWINKEL et J. SHORT (dir.) (2000). *Textbook of neonatal resuscitation*, 4e éd., Elk Groove Village, Il, American Academy of Pediatrics, American Heart Association.

AMERICAN ACADEMY OF PEDIATRICS, COMMITTEE ON FETUS AND NEWBORN (1998). « Hospital discharge of the high-risk neonate-proposed guidelines », *Pediatrics*, vol. 102, n° 2, p. 411-417.

AMERICAN ACADEMY OF PEDIATRICS, COMMITTEE ON FETUS AND NEWBORN (1999). « Surfactant replacement therapy for respiratory distress syndrome », *Pediatrics*, vol. 103, n° 3, p. 684-685.

AMERICAN ACADEMY OF PEDIATRICS, PROVISIONAL COMMITTEE FOR QUALITY IMPROVEMENT AND SUBCOMMITTEE ON HYPERBILIRUBINEMIA (1994). « Practice parameter : Management of hyperbilirubinemia in the healthy term newborn », *Pediatrics*, vol. 94, n° 4, 1re partie, p. 558-565. (Un erratum apparaît dans *Pediatrics*, 95(3), p. 458-461.)

ANASTASI, J. M. (1998). « Innovations in care : Neonatal home antibiotic infusion therapy », *Neonatal Network*, vol. 17, n° 4, p. 33-38.

ASKIN, D. F. (1995). « Bacterial and fungal infections in the neonate », *Journal of Obstetrics, Gynecologic, and Neonatal Nursing*, vol. 24, n° 7, p. 635-643.

BRACHT, M., F. ARDAL, A. BOT et C. M. CHENG (1998). « Initiation and maintenance of a hospital-based parent group for parents of premature infants : Key factors for success », *Neonatal Network*, vol. 17, n° 3, p. 33-37.

CORNBLATH, M., J. M. HAWDON, A. F. WILLIAMS, A. AYNSLEY-GREEN, M. P. WARD-PLATT, R. SCHWARTZ et S. C. KALHAN (2000). « Controversies regarding definition of neonatal hypoglycemia : Suggested operation threshold », *Pediatrics*, vol. 105, n° 5, p. 1141-1145.

COSTELLO, A., et J. CHAPMAN (1998). « Mother's perception of the care-by-parent program prior to hospital discharge of their preterm infants », *Neonatal Network*, vol. 17, n° 4, p. 37-42.

DOYLE, J. J., V. SCHMIDT et A. ZIPURSKY (1999). *Hematology, in* G. B. Avery, M. A. Fletcher et M. G. MacDonald (dir.), *Neonatology : Pathophysiology and management of the newborn*, 5e éd., Philadelphie, Lippincott Williams & Wilkins, chap. 45, p. 1045-1092.

DRACUP, K, L. V. DOERING, D. K. MOSER et L. EVANGELISTA (1998). « Retention and use of cardiopulmonary resuscitation skills in parents of infants at risk for cardiopulmonary arrest », *Pediatric Nursing*, vol. 24, n° 3, p. 219-225.

GAYNES, R. P., J. R. EDWARDS, W. R. JARVIS, D. H. CULVER, J. S. TOLSON et W. J. MARTONE (1996). « Nosocomial infections among neonates in high risk nurseries in the United States. National Nosocomial Infections Surveillance System », *Pediatrics*, vol. 98, n° 3, 1re partie, p. 357-361.

GOMEZ, M., T. HANSEN et A. CORBET (1998). « Therapies for intractable respiratory failure », *in* H. W. Taeusch et R. A. Ballard (dir.), *Avery's diseases of the newborn*, 7e éd., chap. 51, Philadelphie, Saunders, p. 576-594.

GRANT, P. (1978). « Phychological needs of families of high-risk infants », *Families and community Health*, vol. 1, n° 3, p. 93 – 97.

HANSEN, T. N., T. R. COOPER et L. E. WEISMAN (1998). *Contempory diagnosis and management of neonatal respiratory diseases*, 2e éd., Newton, PA, Handbooks in Health Care.

HUSSEY-GARDNER, B. T., R. C. WACHTEL et R. M. VISCARDI (1998). «Parent perceptions of an NICU follow-up clinic», *Neonatal Network*, vol. 17, no 1, p. 33-39.

JUUL, S. E. (1999). «Erythropoietin in the noenate», *Current Problems in Pediatrics*, vol. 29, p. 133-149.

KAPLAN, D. M. et E. A. MASON (1974). «Maternal reactions to premature birth viewed as an acute emotional disorder», in H. J. Parad (dir.), *Crisis intervention*, New York, Family Services Association of America, chap. 9, p. 118-128.

KLAUS, M. H., et J. H. KENNELL (1982). *Maternal-infant bounding*, 2e éd., St. Louis, Mosby.

MACMAHON, J. R., D. K. STEVENSON et F. A. OSKI (1998). «Management of neonatal hyperbilirubinemia», *in* H. W. Taeusch et R. R. Ballard (dir.), *Avery's diseases of the newborn*, 7e éd., Philadelphie, Saunders, chap. 81, p. 995-1002.

MAISELS, M. J. (1999). «Jaundice», *in* G. B. Avery, M. A. Fletcher et M. G. MacDonald (dir.), *Neonatology : Pathophysiology and management of the* newborn, 5e ed., Philadelphie, Lippincott Williams & Wilkins, chap. 38, p. 765-820.

MERENSTEIN, G. B., et S. L. GARDNER (1998). *Handbook of neonatal intensive care*, 4e éd., St. Louis, Mosby.

NEONATAL HYPOGLYCEMIA (2000). *NANN guidelines for practice*, Des Plaines, IL, NANN, p. 1-16.

NEONATAL THERMOREGULATION (1997). *NANN guidelines for practice*, Petaluma, CA, NICU Ink, p. 1-15.

OGATA, E. S. (1999). «Carbohydrate homeostasis», *in* G. B. Avery, M. A. Fletcher et M. G. MacDonald (dir.), *Neonatology : Pathophysiology and*

management of the newborn, 5e éd., Philadelphie, Lippincott Williams & Wilkins, chap. 35, p. 699-714.

PAYNE, N. R., C. G. SCHILLING et S. STEINBERG (1994). «Selecting antibiotics for nosocomial bacterial infections in patient requiring neonatal intensive care», *Neonatal Network*, vol. 13, no 3, p.41-51.

RAINES, D. A. (1998). «Values of mother of low birth weight infants in the NICU», *Neonatal Network*, vol. 17, no 4, p.41-46.

SCHUCHAT, A. (1998). «Epidemiology of group B streptococcal disease in the United States : Shifting paradigms», *Clinical Microbiology Reviews*, vol. 11, no 3, p. 497-513.

SOLNIT, A., et M. STARK (1961). «Mourning and the birth of a defective child», *Psychoanalytic Study of the Child*, vol. 16, p. 505.

THUREEN, P. J., J. DEACON, P. O'NEILL et J. HERNANDEZ (1999). *Assessment and care of the well newborn*, Philadelphie, Saunders.

WHITSETT, J. A., G. S. PHRYHUBER, W. R. RICE, B. B. WARNER et S. E. W. WERT (1999). «Acute respiratory disorders», *in* G. B. Avery, M. A. Fletcher et M. G. MacDonald (dir.), *Neonatology : Pathophysiology and management of the newborn*, 5e éd., Philadelphie, Lippincott Williams & Wilkins, chap. 28, p. 485-508.

WISWELL, T. E., C. M. GANNON, J. JACOB, L. GOLDSMITH, E. SZYLD, K. WEISS, D. SCHUTZMAN, G. M. CLEARY, P. FILIPOV, I. KURLAT, C. L. CABALLERO, S. ABASSI, D. SPRAGUE, C. OLTORF et M. PADULA (2000). «Delivery room management of the apparently vigorous meconimum-stained neonate : Results of the multicenter, international collaborative trial», *Pediatrics*, vol. 105, no 10, p. 1-7.

WOLACH, B. (1997), «Neonatal sepsis : Pathogenesis and supportive therapy», *Seminars in Perinatology*, vol. 21, no 1, p. 28-38.

YOUNG, T. E., et O. B. MANGUM (2000). *Neofax® : A manual of drugs used in neonatal care*, 13e éd., Raleigh, NC, Acorn Publishing.

Lecture complémentaire

SOCIÉTÉ CANADIENNE DE PÉDIATRIE (1999). «Un mode de prise en charge de l'hyperbilirubinémie chez le nourrison à terme», Ottawa, no de référence FN98-02.

Sixième partie

Le post-partum

Adaptation postnatale et évaluation

Objectifs

- Décrire les principales modifications physiologiques qui se produisent au cours du post-partum, alors que l'organisme de la femme revient à l'état d'avant la grossesse

- Exposer les principales adaptations psychologiques qui surviennent normalement au cours du post-partum

- Énumérer les facteurs qui influent sur la formation des liens d'attachement entre les parents et l'enfant

- Décrire un examen puerpéral normal

- Décrire ce que la mère doit accomplir au cours du post-partum, tant sur le plan physique que sur celui de la croissance personnelle

Vocabulaire

*LE **POST-PARTUM**, QU'ON APPELLE AUSSI **PUERPÉRALITÉ**, est la période durant laquelle la femme doit s'adapter aux modifications physiques et psychologiques occasionnées par la naissance de l'enfant. Le post-partum commence immédiatement après l'accouchement et se poursuit pendant six semaines ou jusqu'au moment où l'organisme de la femme retrouve son état d'avant la grossesse. Dans ce chapitre, nous décrirons les changements physiologiques et psychologiques qui se produisent au cours du post-partum et les aspects fondamentaux d'un examen complet.*

 L'adaptation physique

Pour effectuer une évaluation complète, il faut avoir une connaissance approfondie des processus anatomiques et physiologiques qui sont en cours normalement durant la période qui suit l'accouchement; ces processus touchent les organes reproducteurs, ainsi que d'autres systèmes et appareils importants de l'organisme.

Appareil génital

Involution utérine

On appelle **involution utérine** le retour de l'utérus à son volume d'avant la grossesse. Après l'expulsion du placenta, la caduque utérine présente une épaisseur variable de même qu'une morphologie irrégulière et dentelée. La couche spongieuse de la caduque est expulsée sous forme de lochies, tandis que la couche interne forme le tissu de base qui sert à la régénération du nouvel endomètre. Ce processus de régénération dure environ trois semaines, sauf pour ce qui est de la zone d'insertion placentaire. L'hémorragie des plus gros vaisseaux de l'utérus dans la zone d'insertion du placenta est réprimée par la pression des fibres musculaires qui se rétractent et l'organisme absorbe graduellement le sang coagulé. Par la suite, certains de ces vaisseaux se désintégreront et seront remplacés par de nouveaux vaisseaux aux lumières plus petites.

La zone d'insertion du placenta se cicatrise par l'exfoliation des couches de tissu, et non par la formation d'une cicatrice fibreuse. Au cours de ce processus, la fissure est comblée par les tissus endométriaux qui entouraient le placenta et par ceux qui proviennent des glandes endométriales restées dans la couche basale. Par la suite, le tissu superficiel se nécrose et se desquame (Resnik, 1999). L'exfoliation constitue un aspect très important de l'involution utérine. Si la guérison de la zone d'insertion placentaire laissait une cicatrice fibreuse, la surface disponible pour l'implantation de tout nouveau placenta se rétrécirait après chaque grossesse, ce qui diminuerait par le fait même le nombre de grossesses possibles.

Le volume de l'utérus diminue au fur et à mesure que ses cellules s'atrophient et que l'hyperplasie de la grossesse disparaît. Les protéines de la paroi utérine se décomposent et sont absorbées. Certains facteurs peuvent ralentir l'involution utérine, notamment le travail prolongé, l'anesthésie ou l'analgésie, un accouchement difficile, de nombreuses grossesses, une vessie pleine et une expulsion incomplète du placenta ou des fragments des membranes. Les facteurs qui favorisent l'involution sont le travail et l'accouchement sans complications, l'expulsion totale du placenta et des membranes, l'allaitement au sein et le lever précoce.

Modification de la position du fond utérin

Immédiatement après l'expulsion du placenta, l'utérus se contracte afin de comprimer les vaisseaux sanguins de la zone placentaire et ainsi prévenir l'hémorragie. Il descend alors jusqu'à se trouver au niveau de l'ombilic; sa taille s'apparente à celle d'un gros pamplemousse. Au cours des 12 ou 24 heures qui suivent l'accouchement, le **fond utérin**, c'est-à-dire la portion supérieure de l'utérus, reste au niveau de l'ombilic; par la suite, il descend d'environ 1 ou 2 cm par jour, soit l'équivalent d'environ 1 ou 2 largeurs de doigt (figure 27-1 ▶). Environ 10 jours après l'accouchement, il reprend sa place

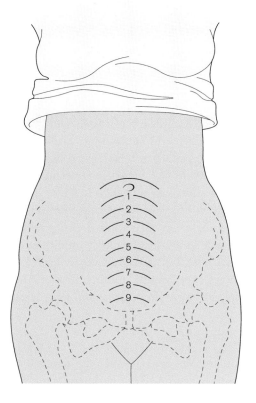

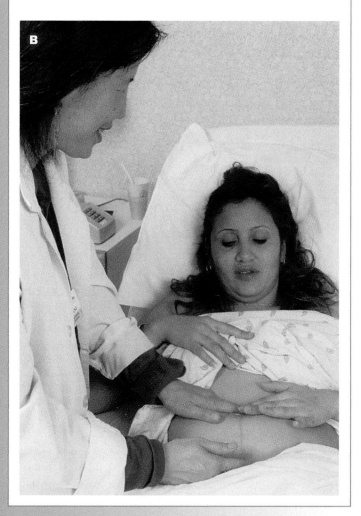

dans le bassin. (Voir *Points à retenir : État de l'utérus après l'accouchement.*) Un fond utérin situé au-dessus de l'ombilic, de consistance molle et spongieuse (plutôt que ferme et bien contracté), peut révéler la présence d'une hémorragie utérine. L'**atonie utérine** survient lorsque l'utérus ne se contracte pas de manière adéquate après l'accouchement (pour des explications détaillées au sujet de l'atonie utérine, voir, au chapitre 30, la section intitulée *Hémorragie immédiate*). Si le fond utérin est plus haut que la normale à la palpation et qu'il n'est pas en position médiane (il est généralement légèrement dévié vers la droite), on devrait penser à une distension vésicale. La vessie pleine fait dévier l'utérus, l'empêche de descendre et de se contracter. La femme qui présente une distension vésicale a donc tendance à saigner davantage ; c'est pourquoi l'infirmière doit encourager la mère à uriner tôt après l'accouchement.

Il est important de noter que l'atonie utérine ne constitue pas la seule cause de l'hémorragie qui se déclenche immédiatement après l'accouchement. En effet, si le fond utérin est ferme, mais qu'un filet de sang s'écoule continuellement, le saignement peut provenir de déchirures du vagin ou du col, ou encore d'un vaisseau non ligaturé au cours de l'épisiotomie. L'infirmière doit apprendre à reconnaître si les saignements proviennent de l'utérus (les lochies) ou s'ils proviennent d'une déchirure. (Voir *Évaluation et soins infirmiers relatifs à la nouvelle mère*, au chapitre 17, et *Hémorragie postnatale*, au chapitre 30.)

Points à retenir

État de l'utérus après l'accouchement

Position du fond utérin après l'accouchement

- Immédiatement après l'accouchement, le fond utérin se situe dans la ligne médiane, à la hauteur de l'ombilic ou 1 ou 2 cm plus bas.

- Environ 6 à 12 heures après l'accouchement, le fond utérin se trouve dans la ligne médiane, à la hauteur de l'ombilic.

- Par la suite, le fond utérin descend tous les jours de 1 ou 2 cm, soit environ de la largeur d'un ou deux doigts, tout en restant dans la ligne médiane.

- Dix jours après l'accouchement, le fond utérin est redescendu dans le bassin.

Caractéristiques normales des lochies

- Les lochies rouges sont, comme leur nom l'indique, de couleur rouge ; ce sont les lochies des deux ou trois premiers jours.

- Les lochies séreuses sont plutôt rosées ; ce sont les lochies qui s'écoulent du 3e au 10e jour.

- Les lochies blanches sont, comme leur nom l'indique, de couleur blanc crème ; ce sont les lochies qui s'écoulent du 11e au 21e jour.

Si la mère allaite, l'ocytocine endogène libérée par l'hypophyse postérieure, en réaction aux mouvements de succion du nouveau-né, accélère le processus d'involution. Sauf complications, l'utérus reprend à peu près le volume et la position qu'il avait avant la grossesse environ 5 ou 6 semaines après l'accouchement.

Après un accouchement par césarienne, la descente de l'utérus se fait généralement plus lentement. Quelques heures après l'intervention, il est fréquent de palper l'utérus à 1 ou 2 cm au-dessus de l'ombilic. De plus, l'utérus prend plus d'une journée pour descendre d'un centimètre.

Exercice de pensée critique

Vous venez de terminer l'examen de Patricia, multipare de 24 ans dont le deuxième enfant est né il y a 6 heures. Son fond utérin se trouve juste au-dessus de l'ombilic, légèrement dévié vers la droite. Patricia a des lochies rouges et doit changer sa serviette hygiénique toutes les heures. Que faites-vous ?

Voir les réponses à l'appendice F.

Lochies

L'utérus se vide des débris qui restent après l'accouchement au moyen d'écoulements appelés **lochies**, dont le nom diffère selon la couleur ou le contenu. Ainsi, les **lochies rouges (rubra)** sont expulsées pendant les deux ou trois premiers jours. Elles contiennent des cellules épithéliales, des érythrocytes, des leucocytes, des débris de la caduque et parfois du méconium fœtal, du lanugo et du vernix caseosa (enduit sébacé). Ces lochies ne devraient pas contenir de gros caillots (de la taille d'un pruneau) ; si tel est le cas, il faut en chercher la cause sur-le-champ. Les **lochies séreuses (serosa)** sont de couleur rosée. Elles sont expulsées entre le 3e et le 10e jour. Les lochies séreuses se composent d'exsudats séreux (d'où leur nom), de débris de la caduque désintégrée, d'érythrocytes, de leucocytes, de glaire cervicale et de nombreux micro-organismes. Le nombre de globules rouges contenus dans les lochies diminue graduellement, et des écoulements de couleur blanc crème ou jaunâtre, appelés **lochies blanches (alba)**, persistent pendant encore une semaine ou deux. Ces écoulements contiennent surtout des leucocytes, des cellules de la caduque, des cellules épithéliales, des cellules adipeuses, de la glaire cervicale, des cristaux de cholestérol et des bactéries. Lorsque l'écoulement des lochies cesse, le col est normalement fermé et les risques d'infection provenant du vagin diminuent. Tout comme le sang menstruel, les lochies ont normalement une odeur fade. Une odeur fétide peut être un signe d'infection, et il faut dans ce cas procéder rapidement à un examen.

Le volume total des lochies est d'environ 240 à 270 mL ; la quantité diminue graduellement de jour en jour (Scoggin, 2000). Les écoulements sont plus abondants le matin, parce qu'ils s'accumulent dans le vagin et l'utérus au cours de la nuit, ainsi qu'après un effort ou lorsque la mère allaite.

L'examen des lochies est essentiel, non seulement pour déceler la présence d'une hémorragie, mais également pour évaluer l'involution utérine. L'évaluation du type de lochies, de leur quantité et de leur consistance permet de déterminer l'évolution de la cicatrisation de la zone d'insertion placentaire. Les lochies doivent normalement changer de couleur : de rouge clair qu'elles étaient lors de l'accouchement, elles passent au rouge foncé, puis au rosâtre et, enfin, à un blanc presque transparent. Un écoulement persistant de lochies rouges ou un retour des lochies rouges peut indiquer une subinvolution ou une hémorragie tardive du post-partum (voir le chapitre 30).

Modifications du col

Après l'accouchement, le col est flasque, déformé et peut sembler contusionné. L'orifice externe du col, très asymétrique au début, se referme avec le temps. Quelques jours après l'accouchement, l'orifice est suffisamment dilaté pour laisser passer deux doigts, mais en moins d'une semaine il s'est rétréci et ne laisse plus passer que le bout d'un doigt.

Après une première grossesse, la forme de l'orifice externe est modifiée de façon permanente. Chez les nullipares, l'orifice a l'aspect caractéristique d'une fossette, tandis que chez les multipares, il prend la forme d'une fente latérale (comme un museau de poisson). En cas de déchirures profondes ou nombreuses, le col peut devenir asymétrique.

Modifications du vagin

Après l'accouchement, le vagin devient œdémateux et peut être couvert d'ecchymoses. On peut observer la présence de déchirures superficielles ainsi que l'effacement des crêtes du vagin. Les ecchymoses apparentes, causées par la congestion pelvienne, disparaîtront rapidement. L'hymen déchiré et dentelé se cicatrise de façon inégale, laissant de petites excroissances de tissu appelées caroncules myrtiformes.

La taille du vagin diminue, et les crêtes reprennent leur aspect normal en l'espace de trois semaines. Le vagin redevient plus petit, mais pas autant que chez une nullipare. Six semaines après l'accouchement, le vagin de la femme qui n'allaite pas a habituellement repris son apparence normale. Chez la femme qui allaite, les concentrations d'œstrogènes sont basses à cause de l'inhibition ovarienne, et la muqueuse vaginale peut être pâle, dépourvue de crêtes et sèche. À cause de la diminution de la lubrification vaginale, il arrive que la femme souffre de dyspareunie (douleur au cours des rapports sexuels). Pour l'enseignement à donner en présence de sécheresse vaginale, voir le chapitre 29. Elle peut également améliorer le tonus et la contractilité de l'orifice vaginal grâce à certains exercices de renforcement des muscles périnéaux, par exemple les exercices de Kegel (voir les exercices périnéaux au chapitre 9). Les grandes lèvres et les petites lèvres sont plus flasques chez la femme qui a accouché que chez la nullipare.

Modifications du périnée

Au début du post-partum, le tissu mou qui tapisse et entoure le périnée peut devenir œdémateux et contusionné (figure 27-2 ▶). Si on a pratiqué une épisiotomie au cours de l'accouchement, les bords du périnée devraient être accolés. Quelques ecchymoses apparaissent parfois, ce qui retarde la cicatrisation.

Rétablissement du cycle ovarien et menstruel

Le retour de l'ovulation et de la menstruation après l'accouchement varie d'une femme à l'autre. En général, de 40 % à 45 % des femmes qui n'allaitent pas sont menstruées de 6 à 8 semaines après l'accouchement ; les premiers cycles menstruels sont anovulatoires chez 50 % de ces femmes. Le retour de la menstruation a lieu au cours des 12 premières semaines chez 75 % des femmes qui n'allaitent pas et au cours des 6 premiers mois chez les 25 % qui restent (Scoggin, 2000).

En général, l'ovulation et la menstruation réapparaissent plus tard chez les femmes qui allaitent, selon la durée de l'allaitement et selon que la femme allaite exclusivement au sein ou donne des préparations lactées. Lorsque l'allaitement dure moins de 1 mois, le retour de la menstruation et de l'ovulation a lieu à peu près en même temps que chez la femme qui n'allaite pas. Chez les femmes qui allaitent exclusivement au sein, la menstruation est habituellement retardée d'au moins 3 mois. Cependant, comme l'ovulation précède la menstruation, l'allaitement n'est pas un moyen de contraception fiable (Farrington et Ward, 1999).

Abdomen

Après l'accouchement, les parois abdominales étirées semblent flasques et ramollies. Toutefois, grâce à des exercices appropriés, les muscles abdominaux reprennent leur tonus en l'espace de 2 ou 3 mois. Par contre, chez les femmes qui ont l'abdomen très distendu par suite de plusieurs grossesses ou chez celles qui manquaient déjà de tonus musculaire avant la grossesse, il se peut que l'abdomen ne retrouve plus le tonus approprié et reste flasque. La grossesse peut provoquer le **diastasis des grands droits de l'abdomen**, c'est-à-dire l'écartement des muscles abdominaux, surtout chez les femmes qui manquent de tonus musculaire abdominal (voir la figure 7-4 ▶). Dans ce cas, une partie des parois abdominales perd ses muscles de soutien et ne comprend plus que de la peau, des tissus adipeux sous-cutanés, l'aponévrose et le péritoine. Si le tonus des muscles n'est pas rétabli, le soutien musculaire pourrait s'avérer insuffisant lors des grossesses subséquentes ; la femme aura, dans ce cas, l'abdomen flasque et elle souffrira de maux de dos. Heureusement, le diastasis peut être corrigé grâce à des exercices de raffermissement appropriés ; on peut alors améliorer considérablement le tonus musculaire abdominal.

Les vergetures sont causées par l'étirement et la rupture des fibres élastiques de la peau ; elles sont d'une couleur qui va de rouge à violet au moment de l'accouchement. Elles pâlissent peu à peu, tout en demeurant visibles.

Lactation

Au cours de la grossesse, sous l'influence des œstrogènes et de la progestérone, les seins se développent pour préparer la lactation. Après l'accouchement, l'interaction des hormones maternelles favorise la production de lait. (Ce processus est décrit en détail au chapitre 24, dans la section consacrée à l'allaitement.)

Appareil digestif

Il est fréquent que la femme qui vient d'accoucher ait très faim, et on n'hésitera pas à lui servir un repas léger. Comme elle aura probablement très soif aussi, il sera utile qu'elle boive une grande quantité de liquide pour remplacer ce qu'elle a perdu au cours du travail, par les mictions et par la transpiration.

Le ralentissement de la motilité intestinale causé par le taux élevé de progestérone pendant la grossesse ne persiste que

FIGURE 27-2 ▶ Contusion et œdème du périnée et de la vulve chez une primipare, après un accouchement avec forceps. *Source*: Bennett, V. R., et L. K. Brown (1989), *Myles Textbook for Midwives*, 11ᵉ éd., Édimbourg, Churchill Livingstone, p. 235.

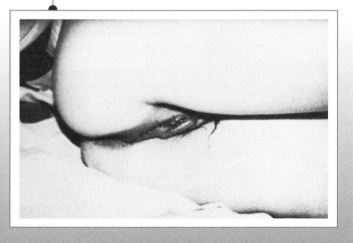

peu de temps après l'accouchement. Par contre, la première défécation peut être retardée de 2 à 3 jours à cause de la perte de tonus des muscles abdominaux. De plus, la femme ayant subi une épisiotomie a tendance à retarder la défécation de peur d'exacerber la douleur ou de rompre les sutures. La femme doit savoir que l'élimination de selles normales ne nuira pas aux sutures. Au contraire, si la femme retarde la défécation, la constipation s'aggravera et l'élimination des selles n'en sera que plus douloureuse lorsqu'elle aura finalement lieu.

La femme qui a subi une césarienne peut boire des liquides peu après l'intervention ; puis, dès que les bruits intestinaux sont perceptibles, on peut lui donner une alimentation solide. Quelque temps après l'accouchement, il arrive que la femme présente de la flatulence qu'elle pourra soulager en se levant le plus tôt possible et en prenant les médicaments appropriés. Le retour de la motilité intestinale peut prendre quelques jours, surtout si la femme a subi une anesthésie générale. La femme qui a eu une césarienne ou un accouchement difficile bénéficiera d'un laxatif émollient.

Voies urinaires

Après l'accouchement, la capacité vésicale s'accroît, les tissus entourant l'urètre sont œdémateux et contusionnés, la sensibilité à la pression liquidienne diminue, de même que la sensation de plénitude vésicale. Par conséquent, il y a risque de surdistension vésicale, de vidange incomplète et d'accumulation d'urine résiduelle. Chez les femmes ayant subi une anesthésie, les fonctions des nerfs de la vessie sont inhibées ; ces femmes sont donc davantage prédisposées à la distension vésicale, aux mictions difficiles et aux infections urinaires.

La diurèse puerpérale provoquant un remplissage rapide de la vessie, il est de première importance d'assurer une bonne élimination. La stase accroît les risques d'infection des voies urinaires. La plénitude vésicale peut également augmenter la tendance au relâchement utérin, car elle déplace l'utérus et l'empêche de se contracter (voir plus haut), ce qui peut provoquer une hémorragie. En l'absence d'infection, les bassinets rénaux et les urètres dilatés reviendront à leur taille normale vers la fin de la 6e semaine.

Signes vitaux

L'effort et la déshydratation causés par le travail et l'accouchement peuvent faire monter la température corporelle de la mère jusqu'à 38 °C. La fièvre disparaît normalement en moins de 24 heures après l'accouchement. Une température égale ou supérieure à 38 °C après cette période peut indiquer qu'il y a une infection. (Voir la section qui en traite au chapitre 30.)

La tension artérielle devrait rester stable après l'accouchement. Une baisse de la tension peut indiquer que l'organisme s'adapte à une tension intrapelvienne plus basse ou que la mère souffre d'une hémorragie utérine. Une élévation de la tension artérielle, particulièrement lorsqu'elle s'accompagne de céphalées, est un signe d'hypertension gravidique. Il faut dans ce cas procéder à des examens plus approfondis.

On observe fréquemment une bradycardie puerpérale, avec des fréquences comprises entre 50 et 70 battements par minute au cours des 6 à 10 jours qui suivent l'accouchement. Elle peut être provoquée par la diminution du travail cardiaque, par la réduction du volume sanguin suivant l'expulsion du placenta, par les contractions de l'utérus ou par l'accroissement du volume systolique. La tachycardie est moins fréquente ; elle peut être due soit à une perte de sang plus importante, soit à un travail et à un accouchement difficiles et prolongés.

Résultats des analyses sanguines

À la fin du post-partum, les résultats des analyses sanguines devraient être analogues à ceux d'avant la grossesse. L'activation des facteurs de coagulation liée à la grossesse peut se poursuivre pendant un certain temps au cours de la période puerpérale. Associée à un traumatisme, à l'immobilité ou à la septicémie, elle prédispose la femme à la maladie thromboembolique.

La leucocytose est fréquente ; le nombre de globules blancs se situe alors entre 20×10^9/L et 25×10^9/L. Les deux premiers jours du post-partum, les taux d'hémoglobine et l'hématocrite peuvent être difficiles à interpréter à cause de la modification du volume sanguin. En règle générale, une diminution de 2 % par rapport à l'hématocrite effectué au moment où la cliente est entrée au centre hospitalier indique une perte de volume sanguin de l'ordre de 500 mL (Varney, 1997).

En l'espace de 2 à 6 semaines après l'accouchement, les taux d'hémoglobine et l'hématocrite devraient être à peu près égaux, ou supérieurs, à ceux qui ont précédé le travail. Les concentrations reviennent graduellement à la normale. Au fur et à mesure que les liquides extracellulaires sont excrétés, il se produit une hémoconcentration qui coïncide avec une augmentation de l'hématocrite.

Perte de poids

Après l'accouchement et l'expulsion tant du placenta que du liquide amniotique, la perte initiale de poids est d'environ

4 à 6 kg. La diurèse puerpérale entraîne une perte de 2 kg supplémentaires au début du post-partum. Si le gain pondéral pendant la grossesse a été d'environ 11 à 13 kg, la femme peut retrouver à peu près son poids d'avant la grossesse 6 ou 7 semaines après l'accouchement. Un grand nombre de femmes mettent plus de temps à retrouver leur poids habituel.

Frissons puerpéraux

Très souvent, la mère est secouée de frissons immédiatement après l'accouchement ; ces frissons sont dus à une réaction nerveuse ou à des changements vasomoteurs. S'ils ne sont pas suivis de fièvre, ils ne présentent aucun danger sur le plan clinique, mais ils peuvent être incommodants. La mère se sentira mieux si on la couvre d'une couverture chaude et si elle se détend. On peut également lui proposer une boisson chaude. Les frissons et la fièvre qui surviennent plus tard au cours du post-partum sont des signes d'infection et exigent un examen plus approfondi.

Diaphorèse puerpérale

Au cours du post-partum, les liquides excédentaires et les déchets sont évacués par les pores de la peau grâce à une transpiration plus abondante. Les épisodes de diaphorèse (transpiration profuse) se produisent fréquemment au cours de la nuit, et la femme se réveille trempée. Cette transpiration ne présente aucun danger sur le plan clinique, mais il faut protéger la mère contre les refroidissements.

Tranchées utérines

Les **tranchées utérines**, plus fréquentes chez les multipares que chez les primipares, sont dues à des contractions utérines intermittentes. L'utérus de la primipare est habituellement contracté en permanence, tandis que la perte de tonus des muscles utérins chez la multipare entraîne une alternance de contractions et de relâchements. Ce phénomène survient également si l'utérus a été très distendu, dans les cas d'hydramnios ou de grossesse multiple par exemple, ou encore si les caillots ou les fragments placentaires n'ont pas été expulsés de l'utérus. Ces tranchées peuvent être très douloureuses pendant environ 2 jours après l'accouchement. En outre, l'administration d'ocytociques stimule les contractions utérines et augmente les douleurs. Étant donné qu'il y a libération d'ocytocine endogène lors de la tétée, l'allaitement peut à son tour aggraver la fréquence et l'intensité de ces douleurs. La mère doit être informée de ce phénomène et, si elle le désire, elle peut prendre un analgésique léger une heure avant la tétée. (Voir les interventions non médicales visant à soulager les tranchées au chapitre 28.)

L'adaptation psychologique

Rôle de la mère

Le post-partum est une période d'adaptation pour toute la famille, mais surtout pour la mère (figure 27-3 ▶). La femme éprouve diverses émotions, tandis qu'elle s'adapte à l'enfant nouvellement arrivé, aux malaises physiques du post-partum et à sa nouvelle image corporelle. Pendant un ou deux jours après l'accouchement, elle aura tendance à se montrer passive et quelque peu dépendante. Elle suivra les conseils qu'on lui donne, hésitera à prendre des décisions et se préoccupera surtout de ses propres besoins. Elle éprouvera peut-être aussi le besoin intense de parler du travail et de l'accouchement, tels qu'elle les a vécus. Parler de son expérience aidera la nouvelle mère à mieux vivre la période du post-partum, à faire la distinction entre l'accouchement qu'elle a réellement vécu et celui dont elle avait rêvé, ainsi qu'à clarifier des choses mal comprises. Par ailleurs, l'alimentation et le sommeil font partie des grandes préoccupations de la femme qui vient d'accoucher. Dans ses premiers travaux, Reva Rubin (1961) a étudié la période d'adaptation qui a lieu immédiatement après l'accouchement et elle l'a appelée *phase de récupération*.

Le deuxième ou le troisième jour, la mère est prête à reprendre les rênes de sa vie. Elle commence à se préoccuper de la régulation de ses fonctions corporelles, notamment l'élimination. La mère qui allaite peut s'inquiéter de la qualité de son lait et de sa capacité à nourrir son enfant. Si le bébé régurgite après une tétée, elle peut s'en attribuer la responsabilité et vivre cet incident comme un échec personnel. Elle peut également avoir l'impression que l'infirmière s'occupe de son bébé avec plus d'assurance qu'elle. Elle tient à ce qu'on lui dise qu'elle s'acquitte bien de ses tâches. Pour Rubin (1961), il s'agit de la *phase de prise en charge*. De nos jours, les mères

FIGURE 27-3 ▶ Toute la famille doit s'adapter à l'arrivée du nouveau-né.

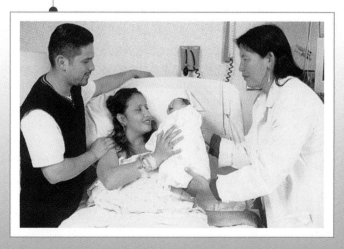

tendent à se montrer plus indépendantes et à s'adapter plus rapidement qu'autrefois. Les périodes de récupération et de prise en charge sont donc plus courtes.

Après l'accouchement, la femme doit s'adapter à la nouvelle image de son corps. Un grand nombre de nouvelles mères se disent insatisfaites de leur apparence et impatientes de retrouver leur ligne. Les multipares se montrent souvent plus positives que les primipares, probablement parce qu'elles savent d'expérience que le corps ne revient pas immédiatement à ce qu'il était avant la grossesse.

L'expérience psychologique qui est vécue au cours de la période postnatale est beaucoup plus positive lorsque les parents disposent d'un réseau de soutien. Après une naissance, les nouveaux parents ont tendance à accorder plus d'importance aux relations familiales, bien que la multiplication des interactions familiales puisse contribuer au stress tout autant qu'au soutien. Les nouveaux parents peuvent également se mettre à fréquenter d'autres jeunes familles, parfois au détriment de leurs relations professionnelles. La situation peut être préoccupante lorsque les nouveaux parents n'ont ni famille ni amis pour les appuyer. L'isolement, à un moment où la femme a grandement besoin de soutien, peut engendrer un stress énorme. Il constitue d'ailleurs un facteur qui peut contribuer à des comportements de négligence ou de mauvais traitements envers l'enfant.

L'apprentissage du rôle maternel est le processus par lequel la femme acquiert les comportements de maternage et s'adapte à son nouveau rôle de mère. L'acquisition de l'identité de mère doit se faire à chaque accouchement, pour chaque enfant. Au fur et à mesure que la mère apprend à connaître son enfant et qu'elle noue des liens avec lui, son identité de mère se consolide et lui permet de s'attacher davantage (Rubin, 1984).

La femme apprend à assumer son rôle maternel en quatre étapes (Mercer, 1995).

1. *L'étape de l'anticipation* est franchie au cours de la grossesse. La femme cherche des modèles dans son entourage, surtout auprès de sa propre mère, et les reproduit dans ses rapports avec le bébé.

2. *L'étape des apparences* débute à la naissance de l'enfant. La femme reste sous l'influence de son entourage et essaie de se conformer aux attentes d'autrui.

3. *L'étape des liens véritables* s'instaure lorsque la mère commence à faire ses propres choix quant au rôle qu'elle veut adopter. Elle crée son propre style de maternage et cherche les façons d'agir qui lui conviennent.

4. *L'étape des choix personnels* est la dernière étape de l'apprentissage du rôle maternel. Lorsque la femme parvient à cette étape, elle se sent à l'aise dans son rôle de mère.

Dans la plupart des cas, l'apprentissage du rôle maternel se fait au cours des 3 à 10 mois qui suivent l'accouchement. Le réseau de soutien dont dispose la mère, son âge et ses traits de personnalité, le tempérament du nourrisson et la situation socioéconomique de la famille, tous ces facteurs influent sur la capacité de la femme à assumer avec aisance son rôle de mère.

La femme en post-partum doit surmonter un certain nombre de difficultés avant de s'adapter à son nouveau rôle.

- Pour de nombreuses femmes, l'obstacle le plus difficile à surmonter consiste à trouver du temps pour s'occuper d'elles-mêmes. Il est souvent difficile pour la nouvelle mère de prendre le temps de lire, de parler avec son conjoint, ou même de manger sans être dérangée.

- Beaucoup de femmes disent aussi qu'elles se sentent souvent incompétentes parce qu'elles n'ont pas maîtrisé tous les aspects du rôle qu'elles doivent désormais jouer. Elles manquent de confiance en elles-mêmes pour prendre les décisions dans une situation donnée.

- La fatigue extrême, due au manque de sommeil, constitue sans aucun doute une difficulté de taille. Les soins prodigués au nourrisson durant la nuit sont extrêmement exigeants, particulièrement si la femme a d'autres enfants.

- La nouvelle mère doit aussi faire face à la responsabilité que représente l'enfant qui vient de naître. Elle a l'impression d'avoir perdu son insouciance et sa liberté.

- Les mères affirment que c'est parfois le comportement du bébé qui leur pose des problèmes, surtout lorsqu'il atteint l'âge de 8 mois. Souvent, à cet âge, l'enfant a peur des étrangers ; il commence à ramper et peut se blesser en se cognant ; ses premières dents occasionnent des sautes d'humeur difficiles à supporter ; et il a tendance à mettre tout ce qu'il trouve dans sa bouche, ce qui exige une vigilance constante.

Trop souvent, les infirmières qui travaillent auprès des nouvelles mères ignorent que les membres de la famille ont besoin de temps pour s'adapter à ces rôles nouveaux et différents, de même que pour composer avec les tensions qu'ils entraînent et les accommodements qu'ils exigent. Certaines ressources en matière d'aide et d'information sont toutefois disponibles. Par exemple, les infirmières peuvent offrir un counseling préventif aux nouvelles mères en leur expliquant ce que signifie réellement le rôle de mère. De leur côté, les organismes communautaires peuvent fournir de la documentation, tandis que les groupes de parents peuvent donner aux familles l'occasion de discuter de leurs problèmes et les aider à se sentir à l'aise dans leur nouveau rôle.

Cafard du post-partum

Le **cafard du post-partum**, aussi appelé *réaction d'adaptation avec humeur dépressive* (voir le chapitre 30), est une période de dépression passagère qui se produit souvent durant les premiers jours qui suivent l'accouchement. Cette légère dépression peut se manifester de différentes façons : crises de larmes, anorexie, insomnie et sentiment d'abandon. Elle survient fréquemment lorsque la femme se trouve encore au centre hospitalier, mais elle peut aussi se produire à son retour à la maison. L'adaptation psychologique et les facteurs hormonaux semblent en être la principale cause, bien que la fatigue, la douleur et la surexcitation puissent également en être responsables. En général, le cafard du post-partum disparaît spontanément. S'il persiste ou s'aggrave, la femme devrait consulter un médecin pour s'assurer qu'elle ne souffre pas de dépression postnatale (voir le chapitre 30).

Consolidation des liens d'attachement parents-enfant

La première interaction de la mère avec son enfant est influencée par de nombreux facteurs, notamment le modèle fourni par la famille dont elle est issue, ses rapports avec la famille qu'elle a constituée, la stabilité de son milieu familial, les modes de communication qu'elle a développés, ainsi que le degré de protection et d'affection qu'elle a reçues dans son enfance. Ces facteurs ont tous contribué à former la personne qu'elle est devenue. Certains traits de la personnalité de la nouvelle mère sont également importants.

- *Confiance.* Quel degré de confiance la mère a-t-elle pu acquérir dans la vie? Quels sont ses principes en ce qui a trait à l'éducation des enfants? Sera-t-elle capable de traiter son enfant comme un être ayant sa propre individualité et des besoins en constante évolution, qu'elle devra satisfaire du mieux qu'elle pourra?

- *Estime de soi.* Jusqu'à quel point se valorise-t-elle en tant que femme et en tant que mère? Se sent-elle capable, en général, de s'adapter aux changements qui se produisent dans sa vie?

- *Joie de vivre.* La mère est-elle capable de trouver du plaisir dans les activités quotidiennes et dans ses rapports avec les autres?

- *Intérêt pour la grossesse et connaissances suffisantes à propos de l'éducation de l'enfant.* Quelles idées la mère se fait-elle du déroulement de la grossesse, de la nature de ses émotions et des capacités du nouveau-né? Parmi ces idées, quelles sont celles qui pourraient influer sur son comportement tant lors du premier contact avec son enfant que par la suite?

- *Humeur ou tempérament habituels.* La femme est-elle en général heureuse, irritable, déprimée ou anxieuse? Est-elle sensible à ses propres émotions et à celles des autres? Sera-t-elle capable d'accepter ses besoins et de se procurer l'aide nécessaire pour les satisfaire?

- *Réactions à la grossesse.* La grossesse était-elle voulue? A-t-elle été facile? Au cours de la grossesse, les événements ont-ils favorisé l'épanouissement de la mère ou ont-ils plutôt épuisé ses réserves d'énergie?

Avant même l'accouchement, chaque mère a déjà tissé la trame des liens affectifs qui l'uniront à son enfant, sous l'influence des facteurs énumérés ci-dessus, et elle s'est forgé une image physique de son bébé en fonction de ses fantasmes et de ses perceptions.

Premières marques d'attachement

Toutes les nouvelles mères ont à peu près le même comportement lors du premier contact avec leur nouveau-né si celui-ci est normal. Le premier contact s'établit par le toucher: la mère commence par explorer du bout des doigts les pieds et les mains de son enfant, puis, de la paume de la main, elle étend son champ d'exploration et, finalement, elle le touche avec toute la main et le prend dans ses bras. Le temps nécessaire pour effectuer cette progression varie de quelques minutes à plusieurs jours. On note aussi une progression dans le temps passé en position **face à face** (figure 27-4 ▶). La mère se place devant le bébé ou l'installe de façon à pouvoir le dévisager et établir avec lui un échange de regards, les yeux dans les yeux. À ce moment-là, si les yeux du nourrisson sont ouverts, le contact devient encore plus intense. Habituellement, la mère dit alors bonjour à son enfant et lui parle d'une voix haut perchée.

Dans la plupart des cas, la mère apprend à mieux connaître son bébé par les sens du toucher, de la vue et de l'ouïe. Elle a également tendance à répondre à voix haute à tous les sons émis par le nouveau-né, tels les vagissements, la toux, les éternuements et les gémissements. L'odorat semble également jouer un rôle important.

Non seulement la mère doit-elle interagir avec son bébé, mais elle doit également faire face à ses propres émotions par rapport à l'expérience qu'elle est en train de vivre, et plus particulièrement par rapport à la façon dont elle perçoit son enfant. Des exclamations comme «C'est incroyable!» donnent à penser que les avantages aussi bien que les inconvénients que cette situation entraîne sur le plan humain peuvent provoquer un certain degré de choc, d'incrédulité et de déni. Il n'est pas

FIGURE 27-4 ▶ Face à face entre une mère et son nouveau-né.

rare que la mère ressente une certaine distance affective à l'égard du nouveau-né et qu'elle ait l'impression qu'il est un étranger. D'autre part, les liens affectifs qui se créent entre le nouveau-né et le reste de la famille peuvent s'exprimer de façon négative ou positive : « Papa, regarde, elle a ton joli nez ! » ou « Ah non, il est aussi capricieux que le premier ! » L'expression du visage de la mère, ou encore la fréquence de ses questions, leur nature, peuvent laisser voir ses inquiétudes – l'enfant est-il normal, en santé ? –, particulièrement si elle a connu une grossesse difficile ou si elle a déjà donné naissance à un enfant malade.

Examinons maintenant les comportements caractéristiques du nouveau-né. À moins qu'on ne prenne des mesures particulières pour que la naissance se produise en douceur, de nombreux stimuli très intenses peuvent assaillir les sens du nouveau-né et le bouleverser : on aspire ses sécrétions, on le tient la tête en bas, on l'expose à une lumière intense et aux courants d'air ; on le nettoie vigoureusement. Habituellement, l'enfant réagit à ces agressions par des vagissements. En fait, le personnel soignant provoque les vagissements du nouveau-né, qui les rassurent sur son état. Une fois que le nouveau-né a surmonté la crise de la naissance, il peut se reposer calmement, les yeux ouverts, et regarder autour de lui ; il remue les bras et les jambes par intermittence, fait des mouvements de succion et tente d'approcher sa main de sa bouche. S'il est suffisamment proche de sa mère, le nouveau-né semble la dévisager brièvement et tourne la tête chaque fois qu'il entend sa voix.

Au cours des premiers jours qui suivent la naissance, la nouvelle mère fait connaissance avec son bébé ; c'est l'étape de la *prise de contact*. Si, par son comportement, le nouveau-né donne des indices clairs de ses besoins, ses réactions aux soins maternels seront très prévisibles, et la mère aura le sentiment d'être efficace et compétente. Il est plus facile de s'occuper des bébés qui sourient, qui agrippent le doigt qu'on leur présente, qui boivent avec avidité, qui se laissent câliner et qui sont faciles à consoler.

Au cours de l'étape d'*adaptation mutuelle*, la mère et l'enfant cherchent à doser l'emprise que l'un peut avoir sur l'autre. Un équilibre finit par s'établir entre les besoins de la mère et ceux du nourrisson, mais il importe surtout qu'ils trouvent l'un et l'autre du plaisir à cette interaction. C'est au cours de cette étape que des sentiments négatifs peuvent émerger ou s'intensifier chez la mère. On entend souvent dire qu'« une mère aime toujours son enfant » : c'est pourquoi la mère aura tendance à refouler les sentiments négatifs et à accumuler les frustrations au lieu de les exprimer. Si elle ose extérioriser ses sentiments, les amis, les parents ou le personnel soignant réagiront la plupart du temps par le déni : « Vous ne le pensez pas vraiment, n'est-ce pas ? » Il est normal d'éprouver des sentiments négatifs durant les premiers jours après l'accouchement, et l'infirmière devrait inciter la mère à les exprimer.

Lorsque l'adaptation mutuelle atteint le point où la mère et l'enfant aiment rester ensemble, ils arrivent à l'étape de la réciprocité. La **réciprocité** est un cycle d'interactions se produisant simultanément chez la mère et le nourrisson ; elle implique une communication étroite ainsi que des attentes et des échanges harmonieux et synchrones. L'apparition de la réciprocité entre la mère et son enfant est la preuve qu'un lien d'affection s'est créé entre eux. La mère peut maintenant renoncer aux rapports qu'elle avait instaurés avec le fœtus pendant la gestation et établir une nouvelle relation avec un être humain qui a sa propre personnalité et dont les réactions sont peut-être très différentes de celles qu'elle avait imaginées. Lorsque la réciprocité est atteinte, l'interaction entre la mère et l'enfant leur est agréable à tous deux, et chacun recherche les occasions d'interaction, chacun les suscite. Ils sont heureux en compagnie l'un de l'autre, et cet amour réciproque les enrichit.

Interactions père-enfant

Auparavant, dans les sociétés occidentales, le principal rôle du père était de subvenir aux besoins de sa famille. De nos jours, étant donné la nouvelle orientation des soins désormais axés sur la famille dans son ensemble, on attache davantage d'importance aux sentiments qu'éprouve le nouveau père au cours de cette étape marquante de la vie. On sait que le père éprouve des sentiments intenses pour son nouveau-né et que ces sentiments sont semblables à ceux de la mère (figure 27-5 ▶). On appelle **subjugation** la fascination du père envers son enfant et l'intérêt profond qu'il lui porte au cours des premiers contacts.

Frères et sœurs et autres membres de la famille

Les nourrissons sont capables d'établir plusieurs liens d'affection très profonds aussi significatifs les uns que les autres, que ce soit avec les frères et les sœurs, les grands-parents, les tantes ou les oncles. Le milieu social et la personnalité de chacun semblent jouer un rôle important dans la consolidation de ces multiples liens. De nos jours, grâce aux heures de visite plus nombreuses et grâce à la présence du nouveau-né dans la chambre de la mère, les frères, les sœurs et les grands-parents peuvent participer plus activement au processus d'attachement.

Influences culturelles

Le milieu culturel et les valeurs personnelles de la nouvelle mère influent sur les soins prodigués au cours du post-partum. Les attentes de la mère en ce qui concerne la nourriture et les boissons, le repos, l'hygiène, les médicaments, les mesures de soulagement, le soutien, le counseling et les autres aspects de sa vie sont influencées par les croyances et les valeurs de sa famille et du groupe culturel auquel elle appartient. Parfois, les souhaits exprimés par la nouvelle mère ne sont pas ceux auxquels le personnel soignant est habitué.

L'infirmière appartient elle aussi à un groupe culturel donné, en plus de faire partie d'un groupe professionnel distinct. Elle

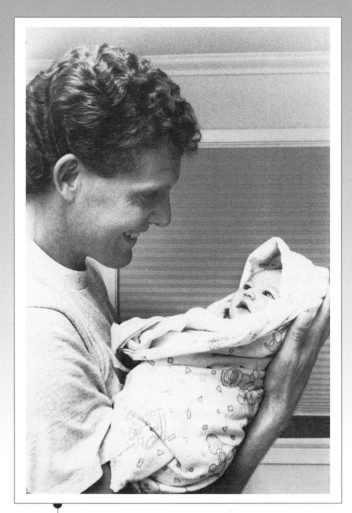

FIGURE 27-5 ▶ Au cours de la période de subjugation, le père éprouve des sentiments profonds pour son nouveau-né.

aura probablement tendance à recourir à des pratiques qui sont en accord avec les opinions qui prévalent dans son milieu professionnel. Par exemple, elle offrira de la nourriture à la mère immédiatement après la naissance, lui proposera des liquides froids, l'incitera à se lever le plus tôt possible après l'accouchement, et s'attendra à ce que la femme veuille prendre une douche et même se laver les cheveux peu après l'accouchement. L'infirmière doit être consciente que son approche des soins postnataux lui est dictée par son point de vue d'infirmière, mais qu'en raison de l'individualisation des soins, elle devra parfois proposer des choix différents ou y acquiescer.

On doit généraliser quelque peu pour décrire les pratiques particulières des différents groupes culturels, mais il demeure utile de le faire pour aider l'infirmière à comprendre les multiples possibilités en matière de croyances et de coutumes. La femme d'origine européenne voudra probablement manger un repas complet et boire beaucoup de liquides froids après son accouchement, parce qu'elle sait que boire et manger lui permettront de refaire le plein d'énergie et de remplacer les liquides perdus durant le travail. Elle voudra peut-être aussi se

lever le plus tôt possible, prendre une douche, se laver les cheveux et enfiler des vêtements propres. Elle s'attendra également à séjourner peu de temps au centre hospitalier et ne s'intéressera pas toujours aux séances d'information portant sur les soins au nouveau-né.

Dans de nombreuses communautés culturelles, la mère et le bébé doivent suivre certaines coutumes ou certains rituels qui servent à rétablir l'harmonie ou l'équilibre entre le chaud et le froid dans l'organisme (Howard et Berbiglia, 1997). Un grand nombre de Mexicains, de Noirs américains et d'Asiatiques pensent qu'il faut éviter tout contact avec le froid après l'accouchement, qu'il provienne de l'air, du vent ou de l'eau (même réchauffée). Certaines femmes d'origine mexicaine, africaine ou asiatique veulent éviter de manger des aliments «chauds», le porc par exemple, juste après la naissance de l'enfant (considérée comme une expérience «chaude»). L'infirmière doit savoir que la définition de ce qui est chaud ou froid diffère d'une personne à l'autre (voir le chapitre 7). Elle doit demander à la femme ce qu'elle peut manger et ce qui peut l'aider à reprendre des forces (Chondhey, 1997). Elle peut d'ailleurs encourager les membres de la famille à apporter à la mère ses aliments et ses boissons préférés. Dans plusieurs cultures, par exemple chez les Autochtones, la famille élargie joue un rôle essentiel au cours du post-partum. La grand-mère est généralement la personne qui aide le plus la mère et le nouveau-né. Grâce à son expérience et à ses connaissances, elle peut s'occuper du bébé et permettre à la nouvelle mère de prendre un peu de repos. La grand-mère est aussi celle qui peut rassurer la mère lorsque des problèmes surviennent. L'infirmière doit encourager tous les membres de la famille à venir voir la nouvelle accouchée. Les règlements concernant les visites peuvent être assouplis pour permettre aux proches de rendre visite à la mère et au nouveau-né. Une telle pratique va dans le sens du respect des besoins de la mère; de plus, elle permet d'associer anciens et nouveaux comportements dans le but de répondre aux attentes de tout le monde (Cesario, 2001).

■ L'évaluation au cours de la période postnatale

Pour prodiguer des soins complets, il faut effectuer une évaluation approfondie, qui permette de reconnaître les besoins propres à chaque cliente de même que les problèmes potentiels. On consultera le *Guide d'évaluation postnatale : les 24 premières heures après l'accouchement*.

Facteurs de risque

L'enseignement et l'évaluation continue sont essentiels durant le post-partum si l'on veut répondre aux besoins de la famille

Guide d'évaluation postnatale les 24 premières heures après l'accouchement

Examen physique/ Résultats normaux	Anomalies et causes possibles*	Interventions infirmières dictées par les données†
Signes vitaux		
Tension artérielle (TA) : correspondant aux valeurs initiales pendant la grossesse	TA élevée (hypertension gravidique, hypertension essentielle, néphropathie, anxiété)	Évaluer les antécédents de troubles préexistants et vérifier les autres signes d'hypertension gravidique (œdème, protéinurie).
	Chute de la TA (peut être normale ; hémorragie utérine)	Rechercher d'autres signes d'hémorragie (↑ pouls, peau moite et froide).
Pouls : de 50 à 90 battements/min Bradycardie possible : de 50 à 70 battements/min	Tachycardie (travail et accouchement difficiles, hémorragie)	Rechercher d'autres signes d'hémorragie (↓TA, peau moite et froide).
Respirations : de 16 à 24/min	Tachypnée marquée (maladie respiratoire)	Rechercher d'autres signes de maladie respiratoire.
Température : de 36,2 °C à 38 °C	Après les premières 24 heures, une température égale ou supérieure à 38 °C peut être un signe d'infection.	Rechercher d'autres signes d'infection ; avertir le médecin.
Seins		
Aspect général : souplesse, tissus lisses, pigmentation homogène, modifications dues à la grossesse toujours apparentes ; l'un des seins peut paraître plus volumineux	De 36 à 72 heures après l'accouchement : engorgement (stase veineuse) ; sensibilité, chaleur, œdème	En cas de blocage d'un canal galactophore, appliquer de la chaleur, masser la région, modifier la position lors de l'allaitement. En cas d'engorgement, voir les soins au chapitre 29.
Palpation : selon le nombre de jours qui suivent l'accouchement, seins ramollis, remplis, trop pleins ou engorgés		Une mastite peut se déclarer plusieurs jours après l'accouchement. Dans ce cas, s'assurer que la mère sait reconnaître les signes de la mastite et qu'elle comprend la nécessité d'avertir le médecin, si nécessaire. Voir les chapitres 29 et 30 pour les signes de la mastite.
Mamelons : souples, pigmentés, intacts ; en érection par la stimulation	Gerçures, crevasses, douleurs (difficultés lors de l'allaitement), absence d'érection par la stimulation (mamelons plats ou ombiliqués)	Réévaluer les méthodes d'allaitement ; recommander les mesures requises.
Abdomen		
Fond utérin : ferme, position médiane ; involution conforme aux étapes normales	Utérus mou (vessie pleine, atonie utérine) Utérus globuleux (présence de caillots)	Immédiatement après l'accouchement masser l'abdomen jusqu'à ce qu'il se raffermisse. Par la suite, en présence d'atonie utérine, palper la vessie et demander à la femme d'uriner. Essayer d'extirper les caillots lorsque l'utérus est ferme. En cas de persistance ou de récurrence de l'atonie, avertir le médecin.
Sensibilité à la palpation présente au cours de la première heure après l'accouchement, mais diminuant par la suite. Tranchées utérines fréquentes chez la multipare et la femme qui allaite	Sensibilité constante qui persiste après plusieurs jours (infection).	La femme doit savoir que c'est un signe d'endométrite ; rechercher la présence d'autres signes (voir le chapitre 30).
Muscles : abdomen ramolli, texture pâteuse ; grands droits intacts	Écartement des muscles (diastasis des grands droits abdominaux)	Mesurer le diastasis ; enseigner les exercices appropriés pour diminuer l'écartement des muscles.

* Les causes possibles des anomalies se trouvent entre parenthèses.

† Cette colonne donne les lignes directrices de l'intervention infirmière initiale et d'un examen plus approfondi.

Guide d'évaluation postnatale — les 24 premières heures après l'accouchement *(suite)*

Examen physique/ Résultats normaux	Anomalies et causes possibles*	Interventions infirmières dictées par les données†
Lochies		
Quantité importante immédiatement après l'accouchement, mais diminuant par la suite pour ressembler à des menstruations normales; absence de caillots; odeur fade	Lochies abondantes, présence de caillots (hémorragie)	Évaluer la fermeté utérine, enlever les caillots. Compter le nombre de serviettes hygiéniques utilisées.
	Odeur fétide (infection) présente plus de 48 heures après l'accouchement	Rechercher d'autres signes d'infection; avertir le médecin (consulter le chapitre 30).
Évolution normale: Du 1er au 3e jour: rouges. Après les lochies rouges, du 3e au 10e jour: séreuses (les lochies blanches apparaissent rarement pendant que la mère est au centre hospitalier)	Absence d'évolution normale ou retour des lochies rouges après l'apparition des lochies séreuses (subinvolution)	Avertir le médecin.
Périnée		
Œdème léger et petites ecchymoses sur un périnée intact	Œdème marqué, ecchymoses importantes, douleurs (hématome vulvaire)	Mesurer l'œdème ou l'ecchymose; appliquer un sac de glace; avertir le médecin en cas de douleur importante ou en présence d'un hématome.
Incision de l'épisiotomie: absence de rougeurs, d'œdème, d'ecchymoses ou d'écoulements; lèvres de la plaie bien rapprochées	Rougeurs, œdème, ecchymoses, écoulements ou sutures mal fermées (infection)	Recommander des bains de siège ou des douches périnéales; renseigner la femme sur les mesures d'hygiène périnéale et les techniques d'essuyage.
Hémorroïdes absentes, sinon petites et indolores	Hémorroïdes tuméfiées, douloureuses et enflammées	Recommander à la cliente de prendre des bains de siège et de se coucher en décubitus latéral; utiliser des compresses d'hamamélis et des onguents anesthésiques; repousser manuellement les hémorroïdes; administrer des laxatifs émollients; augmenter l'apport liquidien.
Sensibilité au niveau de l'angle costovertébral		
Absence de sensibilité	Sensibilité (infection rénale)	Rechercher d'autres symptômes d'infection des voies urinaires; recueillir un échantillon d'urine par la méthode du mi-jet; avertir le médecin.
Membres inférieurs		
Absence de douleur à la palpation; pas de signe d'Homans	Signe d'Homans, douleur à la marche (thrombophlébite)	Avertir le médecin.
Élimination		
Diurèse: mictions en quantités suffisantes, au moins toutes les 4 à 6 heures; vessie impossible à palper	Impossibilité d'uriner (rétention urinaire) Besoin impérieux d'uriner et pollakiurie, dysurie (infection des voies urinaires)	Appliquer les interventions infirmières visant à favoriser la miction; en cas d'échec, demander une prescription pour un cathétérisme vésical. Si l'on décèle des signes d'infection des voies urinaires, en informer le médecin.
Élimination intestinale: défécations normales au 2e ou 3e jour après l'accouchement	Impossibilité d'évacuer les fèces (constipation due à la peur de la douleur que peuvent provoquer l'épisiotomie, les hémorroïdes ou un traumatisme périnéal)	Inciter la mère à boire beaucoup de liquides, à marcher, à consommer des aliments riches en fibres et à prendre des bains de siège ou des douches périnéales pour accélérer la cicatrisation du périnée; demander une ordonnance pour des laxatifs émollients.

* Les causes possibles des anomalies se trouvent entre parenthèses.

† Cette colonne donne les lignes directrices de l'intervention infirmière initiale et d'un examen plus approfondi.

Évaluation culturelle[‡]

Déterminer les coutumes et pratiques qui touchent les soins puerpéraux.

Demander à la mère si elle aimerait boire un liquide et à quelle température.

Lui demander quels sont les aliments ou liquides qui lui plairaient.

Demander à la mère si elle préfère être seule quand elle allaite.

Variations possibles

Préférences possibles :

- des liquides tièdes ou à la température ambiante plutôt que des liquides glacés ;
- aliments ou liquides particuliers qui accélèrent la récupération après l'accouchement.

Certaines femmes sont réticentes à avoir quelqu'un auprès d'elles lorsqu'elles donnent le sein.

Interventions infirmières dictées par les données[†]

Satisfaire les désirs de la femme si cela est possible.

Si la femme est incapable d'expliquer clairement ce qu'elle souhaite, l'infirmière peut se baser sur l'information générale dont elle dispose au sujet des pratiques culturelles de sa cliente.

Les femmes originaires du Mexique souhaitent parfois avoir des aliments et des boissons qui rétablissent l'équilibre chaud-froid de l'organisme.

Les femmes d'origine européenne demandent souvent des liquides glacés.

Laisser la femme seule pour allaiter si elle le préfère.

Évaluation psychosociale/ Résultats normaux

Adaptation psychologique

Au cours des 24 premières heures : la femme est habituellement passive, centrée sur ses propres besoins ; elle désire parler du travail et de l'accouchement ; elle peut se montrer loquace, rayonnante ou bien très silencieuse.

Douze heures après la naissance : la femme commence à s'occuper d'elle-même ; elle peut se montrer avide d'apprendre ; elle se sent facilement dépassée par les événements.

Variations possibles

La femme se montre silencieuse et passive ; elle dort souvent (fatigue engendrée par un long travail ; déception quant à certains aspects de l'événement ; désir de conformité avec les attentes culturelles).

Pleurs faciles, sautes d'humeur, irritabilité marquée (sentiment d'incompétence, désir de conformité avec les attentes culturelles).

Interventions infirmières dictées par les données[†]

Permettre à la femme de se reposer suffisamment ; lui proposer des repas et des collations selon ses goûts ; l'inviter à parler du travail et de l'accouchement si elle le désire, en adoptant une attitude non critique.

Attachement

La mère tient son nouveau-né dans la position *face à face* ; elle le serre dans ses bras ; elle le câline et le console ; elle l'appelle par son prénom ; elle lui trouve des ressemblances avec des membres de la famille ; elle est parfois maladroite dans sa façon de prodiguer des soins.

Au début, la femme peut se montrer déçue du sexe du bébé ou de son allure, mais elle a des comportements propices à la formation de liens d'attachement dans les deux jours suivant l'accouchement.

La mère continue d'exprimer son désappointement quant au sexe de l'enfant ; elle refuse de s'en occuper ; elle émet des commentaires désobligeants à l'égard du bébé ; elle ne lui donne pas de marques d'affection (difficulté à s'attacher, désir de conformité avec les attentes culturelles).

Renforcer et valoriser les comportements adéquats envers l'enfant ; maintenir une attitude non critique et recueillir plus de données si la mère ne se montre pas disposée à prendre soin de son bébé.

[‡] On offre ici des suggestions, et non une évaluation culturelle détaillée.

[†] Cette colonne donne les lignes directrices d'une évaluation plus approfondie ainsi que des interventions infirmières initiales.

Guide d'évaluation postnatale — les 24 premières heures après l'accouchement *(suite)*

Évaluation psychosociale/ Résultats normaux	Variations possibles	Interventions infirmières dictées par les données†
Enseignement		
La femme connaît les soins de base à se donner et à donner au bébé; elle sait quels sont les signes de complications à signaler au médecin.	La femme est incapable de s'occuper d'elle-même et de son bébé (manque de connaissances; fatigue; recherche de conformité avec les attentes de son milieu culturel; prise en charge par la grand-mère ou un autre membre de la famille).	Vérifier si la femme comprend le français et lui fournir un interprète au besoin; lui redonner les informations nécessaires en conversant avec elle ou en lui remettant du matériel écrit (se rappeler que certaines femmes et leur famille seront incapables de comprendre l'information écrite parce qu'elles ne savent pas lire ou ne parlent pas français); enseigner les soins à l'enfant d'une manière qui ne va pas à l'encontre de ses pratiques culturelles, si possible; donner à la femme l'occasion d'exprimer ses sentiments; contacter un service d'aide à domicile si la femme n'a ni famille ni réseau de soutien, si elle est incapable de comprendre l'enseignement donné au sujet de ses soins personnels et des soins à l'enfant, ou si elle ne semble pas disposée à s'occuper du bébé.
		† Cette colonne donne les lignes directrices d'une évaluation plus approfondie ainsi que des interventions infirmières initiales.

ainsi que déceler et traiter les complications possibles. Le tableau 27-1 inventorie les facteurs de risque auxquels la nouvelle mère peut être exposée après l'accouchement. L'infirmière doit orienter son évaluation de façon à déceler ces facteurs de risque pour intervenir rapidement et prévenir les complications qu'ils peuvent entraîner.

Examen physique

L'infirmière doit respecter certains principes de base lorsqu'elle effectue un examen physique de la femme en post-partum.

- Bien choisir le moment pour effectuer l'examen afin d'obtenir les données les plus justes possible. Par exemple, il ne faut pas palper le fond de l'utérus lorsque la femme a la vessie pleine, car cela peut fausser les données sur l'état de l'involution utérine.
- Inscrire au dossier les données obtenues le plus clairement possible.
- Procéder aux examens avec autant de délicatesse que possible pour éviter de faire souffrir inutilement la femme.
- Expliquer à la femme pourquoi on effectue les examens régulièrement.

L'infirmière devrait donner de l'enseignement pendant qu'elle procède à l'examen physique. Par exemple, lorsqu'elle examine les seins de la femme qui allaite, l'infirmière peut en profiter pour informer la mère sur la production lactée, sur le réflexe d'éjection du lait et sur l'auto-examen des seins. Lorsqu'elle mesure la hauteur utérine et le diastasis, elle peut conseiller à la mère certains exercices de raffermissement des muscles abdominaux. Les nouvelles mères sont souvent très réceptives à ce genre de conseils. De plus, l'examen physique offre une excellente occasion d'expliquer à la femme les changements physiques et anatomiques qu'elle subira pendant le post-partum ainsi que les signes d'alarme à garder en mémoire. (Voir les *Points à retenir: Questions courantes à propos du post-partum.*) Étant donné le peu de temps que la femme passe à l'unité de soins après l'accouchement, l'infirmière doit profiter de chaque occasion qui se présente pour enseigner les autosoins. L'examen postnatal normal est un moment particulièrement propice à l'enseignement. Pour aider les infirmières à savoir reconnaître les circonstances propices à l'enseignement, nous avons inclus dans le texte qui suit des exemples d'enseignement qui peuvent être donnés pendant l'examen physique.

Signes vitaux

L'évaluation physique peut se dérouler de différentes façons. Beaucoup d'infirmières choisissent de commencer l'examen en notant les signes vitaux parce que les résultats sont plus justes lorsqu'ils sont recueillis pendant que la femme est au repos. De plus, en sachant au tout début de l'évaluation si les signes vitaux de la femme sont dans les limites de la normale, l'infirmière

Tableau 27-1

Facteurs de risque élevé au cours du post-partum

Facteurs	Effets chez la mère
Hypertension gravidique	↑ tension artérielle ↑ irritabilité du système nerveux central (SNC) ↑ besoin de repos → ↑ risque de thrombophlébite
Diabète	Nécessité de régler la dose d'insuline Épisodes d'hypoglycémie ou d'hyperglycémie ↓ cicatrisation ↑ infection
Cardiopathie	↑ épuisement
Accouchement par césarienne	↑ besoins connexes pour assurer le rétablissement ↑ douleurs provenant de l'incision ↑ risque d'infection ↑ durée d'hospitalisation
Surdistension de l'utérus (grossesse multiple, hydramnios)	↑ risque d'hémorragie ↑ risque d'anémie ↑ écartement des muscles abdominaux ↑ fréquence et intensité des tranchées utérines
Décollement placentaire ou placenta praevia	Hémorragie → anémie → ↑ risque d'infection Contractilité utérine moins efficace au niveau du segment inférieur de l'utérus après l'accouchement → ↑ risque d'hémorragie → ↑ risque d'infection
Travail précipité (< 3 heures)	↑ risque de déchirures de la filière pelvigénitale → hémorragie
Travail prolongé (> 24 heures)	Épuisement ↑ risque d'hémorragie ↑ risque d'infection Insuffisance nutritionnelle et liquidienne ↑ atonie de la vessie et traumatisme
Accouchement difficile	Épuisement ↑ risque de déchirures périnéales ↑ risque de formation d'hématomes ↑ risque d'hémorragie → anémie
Installation des pieds dans les étriers pendant une longue période lors de l'accouchement	↑ risque de thrombophlébite
Rétention placentaire	↑ risque d'hémorragie → anémie ↑ risque d'infection

Points à retenir

Questions courantes à propos du post-partum

Plusieurs situations suscitent des inquiétudes chez la mère. L'infirmière devra souvent répondre à des questions portant sur les sujets suivants.

Source d'inquiétude	Explication
Lochies plus abondantes au premier lever	Elles proviennent de l'accumulation de sang dans le vagin quand la femme est couchée. Lorsqu'elle se lève, la force de gravité entraîne l'écoulement du sang accumulé.
Diaphorèse nocturne	Il s'agit d'un phénomène physiologique normal qui survient lorsque l'organisme élimine les liquides excédentaires accumulés pendant la grossesse. La diaphorèse peut être plus forte si la femme est couchée sur une alaise de plastique.
Tranchées utérines	Plus fréquentes chez les multipares, elles sont provoquées par la contraction de l'utérus.

est en mesure de déterminer si une évaluation plus approfondie est nécessaire. Par exemple, si la température corporelle est élevée, l'infirmière notera le temps écoulé depuis l'accouchement et recueillera d'autres données pour déterminer si la femme souffre de déshydratation ou d'une infection.

Les élévations de température (inférieures à 38 °C) qui ne découlent d'aucun état pathologique ne devraient pas durer plus de 24 heures ni s'accompagner d'aucun autre signe clinique d'infection. Toute élévation de température doit être évaluée à la lumière des autres signes et symptômes. Il faut également passer minutieusement en revue les antécédents de la femme afin de relever tout autre facteur susceptible d'accroître le risque d'infection des voies génitales, notamment la rupture prématurée des membranes ou le travail prolongé.

Comme les modifications des signes vitaux peuvent indiquer des complications, il faut mesurer les signes vitaux à intervalles réguliers. La tension artérielle doit rester stable, mais le pouls présente souvent un ralentissement caractéristique dont il ne faut pas s'inquiéter. À moins que des complications ne surviennent, le pouls revient très rapidement aux valeurs d'avant la grossesse.

L'infirmière doit renseigner la femme sur les résultats de l'évaluation des signes vitaux et sur les modifications normales du pouls au cours du post-partum. Elle peut aussi profiter de l'occasion pour vérifier si la mère sait comment prendre sa propre température et celle du bébé, et si elle sait la lire sur le thermomètre.

Auscultation des poumons

Les bruits respiratoires doivent être clairs. Le risque d'œdème pulmonaire est plus élevé chez les femmes qui ont reçu un traitement pour le travail prématuré ou pour l'hypertension gravidique (voir le chapitre 13 pour de plus amples renseignements).

Seins

L'infirmière commence l'examen des seins en vérifiant si le soutien-gorge est de la bonne taille et s'il offre un bon soutien. Elle explique à la femme comment choisir le soutien-gorge approprié : il doit soutenir adéquatement les seins et maintenir leur forme en réduisant l'étirement des ligaments de soutien et des tissus conjonctifs. Si la mère allaite, les bretelles du soutien-gorge doivent être de coton, non élastiques, et s'ajuster facilement. La bande élastique dans le dos doit être large et comporter au moins trois rangées d'agrafes de façon que le soutien-gorge s'ajuste bien. Les soutiens-gorge destinés aux femmes qui allaitent possèdent des bonnets fixes qui maintiennent les seins et des balconnets détachables qu'on dégrafe pour allaiter. Si elle achète pendant sa grossesse un soutien-gorge d'une taille au-dessus de ce qui serait nécessaire, la femme pourra probablement le porter après l'accouchement, car la production de lait augmentera le volume de ses seins.

Lorsqu'elle examine les seins, l'infirmière note leur volume et leur forme, ainsi que toute anomalie, rougeur ou engorgement ; elle les palpe délicatement pour en évaluer la souplesse. Une légère fermeté indique un sein rempli de lait et une fermeté plus prononcée est signe d'engorgement. L'infirmière doit également évaluer si la peau est chaude ou si le sein est sensible au toucher. Elle examine ensuite les mamelons pour déceler la présence de gerçures, de crevasses, de douleur ou d'une inversion, et elle explique à la femme quelles sont les caractéristiques du sein et comment reconnaître les gerçures et les crevasses.

Chez les mères qui n'allaitent pas, l'infirmière évalue la sensibilité des seins à la palpation et prend les mesures appropriées pour soulager l'engorgement, le cas échéant. (Voir les explications concernant l'inhibition de la lactation chez les mères qui n'allaitent pas au chapitre 28.) On peut inscrire comme suit les données recueillies pendant l'examen des seins d'une mère qui allaite : seins souples, seins remplis, aucun signe de sensibilité des mamelons à la palpation, aucune crevasse.

Abdomen et fond utérin

Avant d'examiner l'abdomen, il faut demander à la femme d'uriner pour s'assurer que la déviation ou l'atonie utérines ne sont pas imputables à une vessie pleine. Si l'atonie est encore présente après la miction, elle est due à d'autres causes qu'il faut rechercher.

L'infirmière détermine la position du fond utérin par rapport à l'ombilic et elle en évalue la fermeté. Elle détermine également si le fond se situe dans la ligne médiane ou s'il est légèrement dévié d'un côté ou de l'autre de l'abdomen. La cause la plus fréquente de la déviation utérine est la plénitude vésicale. Les résultats de l'examen sont ensuite consignés au dossier (voir le procédé 27-1).

Pendant l'examen, l'infirmière renseigne la femme sur la position du fond utérin et l'aide à le masser elle-même pour le rendre ferme.

Chez la femme qui a subi une césarienne, la palpation du fond utérin doit se faire avec une grande délicatesse, car la région de l'incision sera extrêmement sensible. L'infirmière doit aussi examiner l'incision abdominale afin de déceler tout signe d'infection, notamment des écoulements, une odeur fétide ou des rougeurs. Au cours de l'examen, l'infirmière fournit des informations sur l'incision et explique les étapes de la cicatrisation normale ainsi que les signes d'infection.

Lochies

L'infirmière examine ensuite les lochies et note leur consistance, leur quantité, leur odeur et la présence de caillots. Il est essentiel de porter des gants quand on examine le périnée et les lochies. L'infirmière peut enfiler les gants au tout début de l'évaluation, c'est-à-dire juste avant d'évaluer l'abdomen et le fond utérin, ou les enfiler seulement pour l'examen du périnée et des lochies. Le lendemain de l'accouchement, les lochies devraient être de couleur rouge. La présence de quelques petits caillots est normale, car elle est due à l'accumulation de sang dans le vagin. Toutefois, les écoulements qui contiennent un grand nombre de caillots ou quelques gros caillots sont anormaux, et il faut en rechercher la cause sur-le-champ. Après deux ou trois jours, les lochies deviennent séreuses.

La quantité de lochies devrait être moyenne, c'est-à-dire suffisante pour souiller partiellement de quatre à huit serviettes hygiéniques par jour, six en moyenne. Toutefois, étant donné que le nombre de serviettes hygiéniques utilisées varie selon les pratiques d'hygiène individuelles et selon la capacité d'absorption des serviettes, l'infirmière devrait demander à la femme à quelle fréquence elle change les serviettes hygiéniques. Elle devrait également lui demander si la quantité d'écoulements est normale et si des caillots sont passés avant l'examen, au cours de la miction par exemple. Si la femme signale des saignements abondants sans que l'infirmière ait pu le vérifier, elle lui demande de mettre une serviette hygiénique propre et procède à un nouvel examen une heure plus tard (figure 27-7). Les caillots et l'hémorragie peuvent être causés par le relâchement de l'utérus (atonie utérine) ou par la rétention de fragments placentaires dans l'utérus. Il faut alors procéder à un examen plus poussé (voir, au chapitre 30, la section portant sur l'hémorragie postnatale). Étant donné que l'on procède à une évacuation manuelle du contenu utérin lors d'une césarienne, les femmes qui ont subi une telle intervention présentent habituellement moins de lochies après les 24 premières heures que les femmes qui ont accouché par voie vaginale. Si la femme présente un risque accru d'hémorragie ou si elle élimine une quantité abondante de lochies rouges, le médecin peut lui prescrire du maléate d'ergonovine (Ergotrate). (Voir le guide pharmacologique au chapitre 28.)

| **Procédé 27-1** | **Évaluation du fond utérin après un accouchement vaginal** |

Interventions infirmières

Explication

Objectif : Préparer la femme

- Expliquer le procédé.

- Demander à la femme d'uriner.

- Installer la femme en décubitus dorsal, la tête sur un oreiller ; si le procédé est douloureux, lui permettre de fléchir les jambes.

Les explications atténuent l'anxiété et favorisent la coopération.

Une vessie pleine ou une position autre que le décubitus dorsal font monter l'utérus et faussent la mesure de la hauteur utérine.

La flexion des jambes favorise le relâchement des muscles abdominaux.

Objectif : Déterminer la fermeté de l'utérus

- Placer délicatement une main sur le segment inférieur de l'utérus ; à l'aide de la tranche de l'autre main, palper l'abdomen jusqu'au fond utérin.

- Déterminer la fermeté du fond utérin. S'il n'est pas ferme, masser doucement jusqu'à ce qu'il le devienne. (Ne pas trop masser pour ne pas obtenir l'effet contraire.)

Cette position soutient l'utérus et offre une plus grande surface de palpation.

Un fond utérin ferme indique que les muscles sont contractés et que les saignements provenant de la plaie plancentaire sont maîtrisés.

Objectif : Déterminer la hauteur utérine

Mesurer la hauteur utérine selon le nombre de doigts au-dessus et au-dessous de l'ombilic (figure 27-6 ▶).

La hauteur utérine permet de déterminer le cours de l'involution.

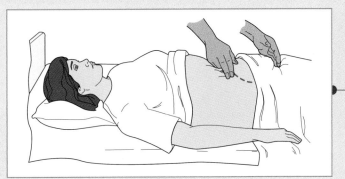

FIGURE 27-6 ▶ Mesure de la descente du fond utérin chez la femme qui a accouché par voie vaginale.

Objectif : Évaluer la position du fond utérin

- Déterminer si le fond utérin est dévié par rapport à la ligne médiane. Si tel est le cas, relever la position. Rechercher les signes de distension vésicale.

- Évaluer la diurèse pendant les heures qui suivent jusqu'au rétablissement de l'élimination normale.

Si la vessie est pleine, le fond utérin peut être dévié.

Objectif : Établir la corrélation entre l'état de l'utérus et les lochies

Noter la quantité de lochies, leur couleur et leur odeur, ainsi que la présence de caillots.

Si l'involution est normale, la quantité de lochies diminue graduellement et leur couleur change ; elles passent de rouges à séreuses. En cas de relâchement utérin, on observe des lochies plus abondantes ; si les lochies ne changent pas de couleur, on peut être en présence d'une infection ou d'une hémorragie tardive.

Objectif : Inscrire les résultats au dossier

Inscrire la hauteur utérine en indiquant le nombre de doigts ; par exemple, 2 doigts sous l'ombilic = 0/2 ; 1 doigt au-dessus de l'ombilic = 1/0.

Le personnel dispose ainsi de données exactes.

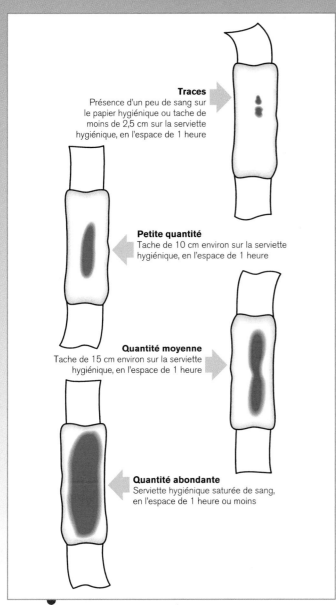

Traces
Présence d'un peu de sang sur le papier hygiénique ou tache de moins de 2,5 cm sur la serviette hygiénique, en l'espace de 1 heure

Petite quantité
Tache de 10 cm environ sur la serviette hygiénique, en l'espace de 1 heure

Quantité moyenne
Tache de 15 cm environ sur la serviette hygiénique, en l'espace de 1 heure

Quantité abondante
Serviette hygiénique saturée de sang, en l'espace de 1 heure ou moins

FIGURE 27-7 ▌ Méthode d'évaluation de la quantité de lochies. *Source*: Jacobson, H. (1985), «A standard for assessing lochia volume», *American Journal of Maternal-Child Nursing,* 10, p. 175.

Les lochies ne doivent jamais sentir mauvais. Une odeur nauséabonde est signe d'infection. On doit d'abord inscrire la quantité de lochies, puis leurs caractéristiques, par exemple:

- lochies moyennement abondantes, rouges;
- lochies peu abondantes, rouges ou séreuses.

Pendant l'examen des lochies, l'infirmière peut renseigner la femme sur les changements normaux dans la quantité et la couleur des écoulements. Elle peut profiter de l'occasion pour passer en revue les mesures d'hygiène appropriées, si les conditions s'y prêtent. L'enseignement des pratiques d'hygiène doit se faire avec tact, et l'infirmière doit garder à l'esprit qu'elle le fait dans le but de veiller au bien-être de la cliente, d'accélérer la cicatrisation des tissus et de prévenir

l'infection, et non dans le but d'imposer ses propres valeurs en matière de pratiques d'hygiène ou de suppression des odeurs corporelles.

Périnée

Pour l'inspection du périnée, la femme doit être installée dans la position de Sims. L'infirmière soulève la fesse supérieure de manière à exposer le périnée et l'anus.

En cas d'épisiotomie ou de déchirures suturées, l'infirmière doit évaluer le degré de rapprochement des lèvres de la plaie et déceler la présence d'ecchymoses. L'œdème peut persister jusqu'à 24 heures après l'accouchement, mais les lèvres de la plaie devraient être parfaitement rapprochées (bien affrontées), de sorte qu'une pression légère ne puisse pas les écarter. Une palpation délicate ne devrait provoquer qu'une légère sensibilité, et on ne devrait pas trouver de zones d'induration, qui sont des signes d'infection. Il est important de se rappeler que les ecchymoses et l'inflammation des tissus périnéaux entravent le processus de cicatrisation normale et augmentent les risques d'infection.

L'odeur fétide des écoulements est également un signe d'infection. L'infirmière doit vérifier si l'incision est sensible au toucher et noter la présence d'œdème et de chaleur cutanée ainsi que le degré d'écartement des lèvres de la plaie. Elle évalue ensuite le volume des hémorroïdes formés autour de l'anus, le cas échéant; elle les compte et note la présence de douleur ou de sensibilité.

Pendant l'examen, l'infirmière discute avec la femme afin de déterminer l'efficacité des mesures prises pour améliorer son bien-être. Elle lui fournit également des informations sur l'épisiotomie. Certaines femmes ne savent pas trop ce qu'est une épisiotomie ni à quel endroit on la pratique et elles croient que les sutures doivent être enlevées, comme dans le cas d'autres interventions chirurgicales. Fréquemment, les femmes qui ont peur que les sutures soient enlevées manuellement n'osent pas poser de questions à ce sujet. Tout en expliquant ce qu'elle a observé pendant l'examen, l'infirmière peut renseigner la femme sur l'épisiotomie, sur son emplacement et sur les signes qu'elle recherche. Elle peut alors lui expliquer en passant qu'on utilise pour cette intervention des sutures spéciales qui se résorbent lentement en l'espace de quelques semaines pendant que les tissus se cicatrisent. Quand les sutures se seront complètement résorbées, les tissus cutanés seront devenus résistants et les lèvres de la plaie se seront bien rapprochées. C'est également l'occasion d'enseigner à la femme les mesures à prendre pour favoriser son bien-être (voir le chapitre 28).

Voici un exemple d'inscription des données concernant le périnée: «Épisiotomie sur la ligne médiane, absence de rougeur, d'œdème, d'ecchymoses ou d'écoulement. Rapprochement adéquat des lèvres de la plaie. La patiente signale que les mesures utilisées apaisent la douleur.»

Membres inférieurs

La thrombophlébite du post-partum touche le plus souvent les jambes. Pour en déceler la présence, l'infirmière demande à la femme d'étendre les jambes. Elle saisit le pied de la femme et le place en dorsiflexion extrême, ce qui ne devrait provoquer ni douleur ni malaise. Dans le cas contraire, il faut prévenir le médecin qu'on a décelé le signe d'Homans (figure 27-8 ▶). La douleur est provoquée par l'inflammation du vaisseau sanguin. L'infirmière doit également examiner les jambes à la recherche d'œdème. Pour ce faire, elle peut comparer les deux jambes, car la thrombophlébite ne touche habituellement qu'une seule jambe. Il faut également noter tout signe de rougeur ou de sensibilité ainsi que toute augmentation de la température cutanée (voir le chapitre 30).

Afin de prévenir la thrombophlébite, les femmes devraient se lever le plus tôt possible après l'accouchement, ce que la plupart d'entre elles peuvent faire sans problème. Toutefois, celles qui ont subi une césarienne doivent effectuer des exercices passifs d'amplitude des mouvements jusqu'à ce qu'elles puissent marcher plus facilement.

L'enseignement associé à l'examen des membres inférieurs porte surtout sur les signes et symptômes de la thrombophlébite. L'infirmière peut également expliquer les pratiques d'autosoins favorisant la circulation sanguine ainsi que les mesures de prévention de la thrombophlébite (marcher, éviter toute pression à l'arrière des genoux, éviter d'utiliser un mécanisme d'élévation des genoux, de croiser les jambes, etc.).

Élimination

Au cours des premières heures qui suivent l'accouchement, l'infirmière doit examiner régulièrement l'état de la vessie de la nouvelle mère. Un utérus mou ou dévié ou une vessie palpable

FIGURE 27-8 ▶ Signe d'Homans. La femme étend la jambe, et l'infirmière place le pied en dorsiflexion. Une douleur ou une sensibilité au mollet constitue le signe d'Homans.

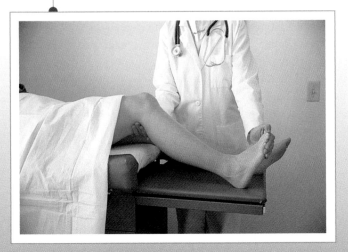

sont des signes de distension vésicale qui exigent une intervention infirmière.

Pendant le post-partum, la femme devrait uriner toutes les quatre à six heures. Il faut examiner la vessie pour déceler tout signe de distension jusqu'à ce que la femme puisse vider complètement sa vessie à chaque miction. L'infirmière peut employer diverses méthodes pour faciliter la miction. Elle peut, par exemple, aider la femme à se rendre aux toilettes pour uriner ou lui verser de l'eau chaude sur le périnée. Si la vessie est distendue et que la femme n'arrive pas à uriner, ou si la miction ne s'est pas produite dans les huit heures qui suivent l'accouchement, un cathétérisme s'impose. Chez la femme qui a subi une césarienne, on installe une sonde à demeure comme mesure prophylactique. Il faut effectuer les mêmes examens de la vessie pour vérifier si elle est vidée une fois la sonde retirée. En se basant sur l'importance de la première miction une fois la sonde enlevée, on peut déterminer s'il est nécessaire d'effectuer un suivi.

Au cours de l'examen physique, l'infirmière doit demander à la femme si elle boit suffisamment de liquides, si elle sent qu'elle a vidé totalement sa vessie lors de la miction et si elle a noté la présence de signes d'infection des voies urinaires.

Elle doit aussi s'informer sur l'élimination intestinale de la nouvelle mère et répondre à toutes les questions posées par celle-ci, car un grand nombre de femmes craignent que la première défécation soit douloureuse, dangereuse même si elles ont eu une épisiotomie. Un laxatif émollient peut être prescrit pour augmenter la masse fécale, humidifier les fèces et favoriser ainsi une évacuation complète et indolore. Il faut prévenir la constipation pour éviter que des tensions ne s'exercent sur les sutures, ce qui pourrait accroître la douleur. Pour favoriser le rétablissement d'une élimination intestinale normale, l'infirmière doit inciter la femme à marcher, à boire beaucoup de liquides (jusqu'à 2 L par jour ou plus) et à manger en abondance des fruits frais et des aliments riches en fibres.

Au cours de l'examen, l'infirmière renseigne la mère sur la diurèse puerpérale et sur les raisons pour lesquelles elle doit vider sa vessie fréquemment. Il pourra aussi s'avérer utile d'expliquer à la mère qu'elle doit augmenter son apport liquidien. L'infirmière lui recommandera de boire au moins six à huit verres d'eau par jour, en plus des autres liquides ingérés. Elle peut également décrire les signes de rétention et d'incontinence par regorgement, et passer en revue les symptômes d'infection des voies urinaires si elle le juge à propos. Elle peut en même temps expliquer les méthodes qui favorisent l'élimination intestinale et lui laisser assez de temps pour poser des questions.

Repos et sommeil

L'examen postnatal doit également porter sur le repos dont bénéficie la nouvelle mère. Si la femme signale qu'elle a de la difficulté à dormir la nuit, il faut en déterminer la cause. S'il ne s'agit que d'un simple sentiment de dépaysement attribuable au fait qu'elle se trouve en milieu hospitalier, une boisson chaude ou un massage du dos devraient s'avérer suffisants. Par contre, si des malaises dus aux tranchées utérines, à la diaphorèse, à l'épisiotomie ou aux hémorroïdes l'empêchent de dormir, il faut donner les soins infirmiers appropriés.

L'infirmière incitera la femme à faire une sieste au cours de la journée et elle organisera les activités hospitalières en conséquence. Elle pourra aussi lui faire comprendre que la fatigue de l'accouchement peut influer sur ses émotions et lui donner le sentiment que la situation lui échappe.

État nutritionnel

Pour déterminer l'état nutritionnel de la nouvelle accouchée pendant le post-partum, l'infirmière se fonde principalement sur les renseignements fournis par la mère et sur l'observation directe. Au cours de la grossesse et durant la période d'allaitement, on recommande à la femme d'augmenter son apport quotidien en énergie et en protéines, et de consommer davantage de vitamines et de minéraux. Après l'accouchement, les besoins nutritionnels de la mère qui n'allaite pas sont les mêmes qu'avant la grossesse.

L'infirmière peut rendre visite à la mère à l'heure des repas et profiter de l'occasion pour analyser avec elle son régime alimentaire habituel : quel est son apport en fibres, en liquides, en calcium, en vitamines et en sels minéraux ? On conseille à la femme qui allaite de manger ou de boire tous les jours trois ou quatre portions de produits laitiers ou d'une autre bonne source de calcium.

> On avait l'habitude de dire que toute mère qui allaite doit consommer 500 calories de plus par jour ; on sait maintenant que ce n'est pas le cas pour toutes les mères. Certaines femmes mangent davantage quand elles allaitent, d'autres non ; certaines, même, mangent moins. Aucune de ces pratiques ne semble affecter la santé de la mère ou du bébé, ni la quantité de lait. L'essentiel, c'est que le régime alimentaire de la mère soit équilibré et qu'elle mange assez pour se rassasier (Santé Canada, 2000).

Le *Guide alimentaire canadien pour manger sainement* fournit toutes les informations nécessaires pour bien se nourrir (voir le chapitre 11).

Si une mère est végétarienne ou doit consommer des aliments particuliers pour des raisons d'ordre religieux ou culturel, il faut en informer la diététiste, qui pourra lui faire préparer des repas adaptés. De nombreuses femmes, surtout celles qui ont pris beaucoup de poids durant la grossesse, souhaitent maigrir le plus rapidement possible. La diététiste peut préparer un régime amaigrissant qui réponde aux besoins nutritionnels de la mère et qui tienne compte de ses préférences alimentaires. On peut également adresser à une diététiste les femmes qui ont des habitudes alimentaires particulières ou qui se posent de nombreuses questions sur la nutrition.

Évaluation psychologique

L'évaluation de l'adaptation psychologique de la mère fait partie intégrante de l'examen postnatal. L'infirmière observe surtout l'attitude générale de la mère et vérifie si elle se sent compétente et si elle dispose d'un réseau de soutien ; elle note également dans quelle mesure la mère est à l'aise dans les soins au nourrisson. L'infirmière doit aussi évaluer chez la mère le degré de fatigue et de satisfaction ainsi que son aptitude à accomplir des tâches de croissance personnelle.

En général, le peu d'intérêt qu'une nouvelle mère semble manifester à l'égard du nouveau-né s'explique en bonne partie par la fatigue qu'elle ressent. Elle est souvent si fatiguée à cause du travail prolongé et de l'accouchement difficile que tout lui semble épuisant. Pour ne pas conclure trop rapidement qu'une telle femme est incapable d'établir des liens avec son enfant, l'infirmière doit procéder à plusieurs évaluations psychologiques. Après une sieste, la mère se montre souvent mieux disposée à l'égard de son bébé et de son entourage.

Certaines nouvelles mères n'ont pratiquement aucune expérience des nourrissons et peuvent se sentir totalement démunies. Pour calmer leur désarroi, elles peuvent poser beaucoup de questions et lire tout ce qu'elles trouvent sur le sujet, ou encore rester passives et muettes parce qu'elles sont tout simplement incapables d'accepter leur sentiment d'incompétence. À première vue, l'infirmière pourrait conclure que la mère est indifférente, repliée sur elle-même ou déprimée. Elle doit donc interroger la femme sur ses projets et sur son expérience, sans porter de jugement.

Une fatigue constante et excessive, une dépression marquée, des inquiétudes quant à son état physique ou à la douleur, une faible estime de soi, tous ces facteurs donnent à penser qu'il existe un trouble réel chez la nouvelle mère. Des problèmes sérieux peuvent apparaître également parce que la femme n'a pas de réseau de soutien, parce qu'elle a des difficultés conjugales, parce qu'elle est incapable de nourrir le nouveau-né ou de s'en occuper, ou parce que la famille vit une crise (maladie, chômage, etc.). Il ne faut pas sous-estimer la gravité de ces facteurs, car ils révèlent fréquemment un risque d'incapacité d'exercer le rôle parental pouvant entraîner des mauvais traitements envers l'enfant, sur les plans physique, affectif ou intellectuel. Il faut donc adresser la mère aux services de santé communautaire qui pourront lui apporter l'aide nécessaire et trouver des solutions à des situations potentiellement dangereuses.

Évaluation des liens d'attachement

L'infirmière qui travaille en post-partum dispose de toutes sortes d'occasions pour observer et noter l'évolution des rapports qui favorisent la création des liens d'attachement entre la mère et son enfant. Pendant ses diverses interactions avec la mère, l'infirmière devrait pouvoir répondre aux questions suivantes.

- La mère semble-t-elle attirée par son nouveau-né ? Recherche-t-elle un contact (face à face ou les yeux dans les yeux) ? A-t-elle évolué au cours du processus de formation des liens d'attachement ? A-t-elle commencé par toucher le bébé du bout des doigts, puis avec les mains ? A-t-elle fini par le prendre dans ses bras ? Son intérêt pour le bébé a-t-il augmenté ou diminué ? Si son intérêt a diminué, quelles en sont les raisons ? Découlent-elles surtout du comportement de la mère ou de celui du nouveau-né ? Ou cela dépend-il des conditions du milieu ?

- La mère a-t-elle tendance à protéger son nourrisson ? Peut-on observer une évolution dans les interactions mère-nourrisson ?

- La mère agit-elle toujours de la même façon et, dans le cas contraire, la cause de cette imprévisibilité se trouve-t-elle en elle-même ou chez l'enfant ? La mère s'occupe-t-elle du bébé en faisant preuve d'un certain esprit de suite ? Cherche-t-elle à s'informer ? Évalue-t-elle les renseignements obtenus avec objectivité ? Trouve-t-elle des solutions en se fondant sur des connaissances pertinentes et des données valables ? Évalue-t-elle l'efficacité des soins qu'elle prodigue ? Sait-elle s'adapter adéquatement ?

- Discerne-t-elle les besoins du nouveau-né au fur et à mesure qu'ils se manifestent ? Peut-elle rapidement interpréter le comportement de son enfant et y réagir ? Semble-t-elle heureuse et satisfaite des réactions de son enfant à ses efforts ? Est-elle satisfaite de sa façon de le nourrir ? Sa capacité à réagir et son empressement dépendent-ils de sa personnalité ou de celle du bébé ?

- Semble-t-elle contente du physique du bébé et de son sexe ? Les interactions avec son bébé lui sont-elles agréables ? Qu'est-ce qui contrarie leur relation ? Parle-t-elle fréquemment et tendrement à son bébé ? L'appelle-t-elle par son prénom ? Relève-t-elle chez son nouveau-né des traits de famille ou des ressemblances, etc. ?

- Existe-t-il des facteurs culturels susceptibles de modifier la réaction de la mère ? Par exemple, la coutume veut-elle que la grand-mère assume la plupart des soins prodigués au nouveau-né pendant que la mère reprend des forces après l'accouchement ?

Une fois qu'elle a répondu à ces questions et qu'elle a recueilli toutes les données pertinentes, l'infirmière doit encore répondre à trois autres questions en se fondant sur son intuition et sur ses connaissances : Les liens d'attachement entre la mère et son enfant se nouent-ils normalement ? Sinon, quel est le problème ? Quelle en est la cause ? L'infirmière peut ensuite élaborer une solution adaptée à la relation amorcée entre la mère et son bébé.

L'évaluation des tâches du post-partum

Au cours des premières semaines du post-partum, la femme doit accomplir certaines tâches, tant sur le plan physique que sur celui de sa croissance personnelle :

- Retrouver sa forme physique.
- Développer sa compétence dans les soins au nourrisson afin de pouvoir satisfaire ses besoins.
- Établir une relation avec son bébé.
- S'adapter au nouveau mode de vie et aux modifications de la dynamique familiale qu'entraîne l'arrivée de ce nouveau membre.

Il arrive que la nouvelle mère interprète ou comprenne mal ce qui se passe lors du post-partum. Elle peut se montrer déçue de ne pas retrouver automatiquement son corps d'avant la grossesse ou surprise des douleurs qui persistent à cause de la sensibilité des seins, de l'épisiotomie ou des hémorroïdes. La fatigue est probablement le facteur le plus invalidant et le plus mal connu au cours de ces premières semaines. Cette fatigue peut s'aggraver si la mère n'a pas d'aide à domicile ou si elle a d'autres jeunes enfants.

La nécessité d'acquérir de nouvelles compétences dans les soins au nouveau-né peut provoquer des sentiments d'anxiété chez la mère. Pendant qu'elle s'efforce d'établir avec son bébé un régime de vie qui leur convienne à tous deux, le moindre imprévu peut prendre des proportions monumentales. Elle peut alors se sentir incompétente et, si elle ne dispose pas d'un réseau de soutien, elle peut se sentir seule et abandonnée.

De tous les professionnels de la santé, les infirmières sont certainement les mieux placées pour favoriser l'adaptation de la mère aux nombreux changements qui surviennent au cours du post-partum. Elles peuvent rencontrer les femmes lors d'une visite à domicile environ deux semaines après l'accouchement, en plus de la rencontre habituelle de suivi qui a lieu à la clinique six semaines après l'accouchement ; ces rencontres comportent un examen physique et une évaluation psychologique, et permettent de répondre aux questions de la nouvelle mère.

Soins à domicile

Les soins à prodiguer après le congé à la femme qui vient d'accoucher peuvent se faire lors de visites à domicile ou par téléphone. Une visite à domicile un à trois jours après le congé permet à l'infirmière d'effectuer une évaluation et de donner son enseignement. (On trouvera au chapitre 29 une section consacrée aux soins à domicile.)

C'est habituellement une infirmière du CLSC qui est chargée de téléphoner à la nouvelle mère, dès qu'elle reçoit l'avis de naissance, ou de la visiter. Un appel téléphonique, peu après le congé, permet à l'infirmière d'effectuer une évaluation précise, de prodiguer de l'enseignement, de déterminer s'il sera nécessaire d'effectuer une visite et d'orienter, au besoin, la nouvelle mère vers les spécialistes appropriés.

Idéalement, l'évaluation devrait porter sur toute la famille : le père, le nourrisson, les frères et sœurs, les grands-parents.

Une telle façon de faire permet d'effectuer une évaluation globale et donne aux membres de la famille l'occasion de poser des questions et de verbaliser leurs inquiétudes. Elle permet aussi de diagnostiquer plus rapidement les perturbations de la dynamique familiale et d'amorcer une thérapie afin d'éviter que se présentent des problèmes de négligence ou de mauvais traitements.

Le chapitre en bref

Notions fondamentales

- L'involution de l'utérus est rapide ; elle est surtout due à la réduction de la taille des cellules.

- On peut évaluer l'involution utérine en mesurant la hauteur utérine. Quelques heures après l'accouchement, le fond utérin se trouve au niveau de l'ombilic. Sa hauteur devrait diminuer d'environ la largeur d'un doigt par jour.

- La zone d'insertion placentaire guérit grâce à un processus d'exfoliation, sans formation de cicatrice.

- Au début du post-partum, les lochies sont rouges ; elles deviennent ensuite séreuses, puis blanches. On évalue le type de lochies, leur quantité et leurs caractéristiques. L'apparence et la quantité des lochies fournissent également des informations sur l'involution utérine.

- Après l'accouchement, l'abdomen peut être flasque. Il faut mesurer le diastasis des grands droits.

- La constipation du post-partum est due au faible tonus musculaire, aux restrictions alimentaires et à la peur qu'éprouve la femme que la défécation soit douloureuse.

- Des problèmes d'élimination urinaire peuvent survenir par suite d'une sensibilité vésicale réduite, d'une augmentation de la capacité vésicale ou de la diurèse puerpérale. Des examens fréquents et

une intervention rapide s'imposent alors. On sait que la vessie est pleine lorsque le fond utérin est mou, qu'il ne réagit pas aux massages, qu'il est surélevé ou dévié d'un côté.

- Lors du post-partum, une femme en bonne santé devrait avoir une tension artérielle normale et être afébrile. Par contre, la bradycardie est courante.

- La numération leucocytaire est souvent élevée. L'activation des facteurs de coagulation prédispose aux thrombus.

- L'adaptation psychologique comprend l'apprentissage du rôle maternel et la formation du lien d'attachement avec le nouveau-né.

- L'infirmière doit reconnaître et respecter les différences culturelles et les préférences personnelles de la femme.

- L'examen postnatal doit être effectué de façon systématique, habituellement par une approche céphalocaudale (de haut en bas). Il offre une excellente occasion de prodiguer un enseignement personnalisé.

- Au cours des semaines qui suivent l'accouchement, la condition physique de la femme revient graduellement à celle d'avant la grossesse ; la femme acquiert de la compétence et de l'assurance en tant que mère.

Références

CESARIO, S. K. (2001), « Care of the native american woman : strategies for practice, education, and research », *Journal of Obstetric, Gynecologic and Neonatal Nursing,* 30 (1), p. 13-18.

CHONDHEY, U. K. (1997), « Traditional practices of women from India : Pregnancy, childbirth, and newborn care », *Journal of Obstetric, Gynecologic, and Neonatal Nursing,* 26 (5), p. 533-539.

FARRINGTON, P. F., et WARD, K. (1999), « Normal labor, delivery, and puerperium », *in* J. R. Scott, P. J. DiSaia, C. B. Hammond et W. N. Spellacy (dir.), *Danforth's obstetrics and gynecology,* 8e éd., Philadelphie, Lippincott, Williams & Wilkins, p. 91-109.

HOWARD, J. Y., ET BERBIGLIA, V. A. (1997), « Caring for childbearing Korean women », *Journal of Obstetric, Gynecologic, and Neonatal Nursing,* 26 (6), p. 665-671.

MERCER, R. T. (1995), *Becoming a mother,* New York, Spinger.

RESNIK, R. (1999), « The puerperium », *in* R. K. Creasy et R. Resnik (dir.), *Maternal-fetal medicine,* 4e éd., p. 102-105, Philadelphie, Saunders.

RUBIN, R. (1961), « Puerperal change », *Nursing Outlook,* vol. 9, p. 753.

RUBIN, R. (1984), *Maternal identity and the maternal experience,* New York, Springer.

SANTÉ CANADA (2000), *Les soins à la mère et au nouveau-né dans une perspective familiale : lignes directrices nationales,* Ottawa, ministre des Travaux publics et des Services gouvernementaux du Canada.

SCOGGIN, J. (2000), « Physical and psychological changes », *in* S. Mattson et J. Smith (dir.), AWHONN : *Core curriculum for maternal-newborn nursing,* 2e éd., Philadelphie, Saunders, p. 302-316.

VARNEY, H. (1997), *Varney's midwifery,* 3e éd., Sudbury, MA, Jones & Bartlett.

La famille après la naissance : besoins et soins

Objectifs

- Formuler des diagnostics infirmiers à partir des données recueillies et des analyses effectuées lors de l'examen postnatal « normal »

- Décrire les responsabilités de l'infirmière en ce qui a trait à l'enseignement à la cliente qui vient d'accoucher

- Passer en revue les interventions infirmières qui peuvent le mieux répondre aux objectifs de soins formulés pour la famille après la naissance

- Énumérer les soins infirmiers que requièrent la femme qui vient d'accoucher par césarienne ainsi que sa famille

- Résumer les soins infirmiers que requiert l'adolescente qui vient d'accoucher

POUR DONNER DES SOINS EFFICACES DURANT LE POST-PARTUM, l'infirmière doit respecter certains principes de base.

- *Les meilleurs soins postnataux sont axés sur les besoins, les attentes et les valeurs de la famille. Cette orientation fait appel aux ressources de tous les membres de la famille et elle leur permet de s'adapter sans trop de heurts à l'arrivée du nouveau-né.*
- *Pour déceler les problèmes et intervenir le plus tôt possible, l'infirmière doit connaître la gamme normale des divers modes d'adaptation physiologique et psychologique au cours du post-partum.*
- *Les soins infirmiers visent des objectifs de soins bien précis qui, tout en prenant en considération les besoins individuels et familiaux, tiennent compte également des autres facteurs qui pourraient influer sur les résultats des soins.*

On trouvera au chapitre 27 la description des changements physiologiques et psychologiques qui surviennent au cours du post-partum, de même que des soins infirmiers s'y rapportant. Le présent chapitre reprend en détail les interventions infirmières : il expose la séquence des soins, il attire l'attention sur les mesures visant à assurer le bien-être de la famille et la création de liens d'attachement, le tout sans oublier de tenir compte des situations particulières.

 Soins infirmiers communautaires

De nombreux services ont été mis sur pied pour répondre aux besoins de la famille après l'accouchement et au cours des mois subséquents. Il existe des services axés sur l'éducation (notamment des cours sur la nutrition, l'exercice, les soins au nourrisson et le rôle parental), des programmes de soins de santé particuliers (les cliniques du nourrisson, les services de planification familiale, etc.). Certains de ces services sont offerts par les CLSC, tandis que d'autres sont fournis par des organismes municipaux ou privés. Dans tous les cas, l'objectif est de s'assurer que les besoins de la mère, du bébé et des autres membres de la famille soient satisfaits, peu importent leurs ressources financières.

Soins à domicile

Les soins à domicile constituent le type de soins communautaires le plus important pour les femmes en post-partum. Les visites ou les appels téléphoniques à domicile permettent de s'assurer que les nouveaux parents ont les ressources personnelles et matérielles nécessaires pour s'occuper correctement de leur nouveau-né et des autres membres de la famille. (Les soins à domicile seront décrits en détail au chapitre 29.)

Les soins infirmiers au début de la période postnatale

Évaluation et analyse de la situation

Pour vérifier l'état de la mère, l'infirmière sera attentive à plusieurs éléments : état de l'utérus, signes vitaux, état cardiovasculaire, fonctions vésicale et intestinale, besoins nutritionnels, sommeil et repos, soulagement de la douleur, besoins de soutien et d'enseignement. Le *Cheminement clinique pour la période du post-partum* énumère les données que l'infirmière doit évaluer au cours des 24 heures qui suivent l'accouchement.

C'est en fonction des besoins familiaux décelés lors de l'analyse des données que l'infirmière pourra formuler des diagnostics infirmiers. De nombreuses infirmières pensent qu'il est difficile d'énoncer des diagnostics infirmiers dans le cadre des soins postnatals, parce que les clientes sont généralement en bonne santé et que les diagnostics visent à résoudre des « problèmes ». Les infirmières qui travaillent à la formulation de diagnostics standardisés sont conscientes de cette difficulté et elles s'efforcent d'élaborer des diagnostics infirmiers convenant davantage aux soins du post-partum, qui sont axés sur le mieux-être et non sur la maladie.

Cheminement clinique   pour la période du post-partum

Catégorie	Les 4 premières heures après la naissance	De 4 à 8 heures après la naissance	De 8 à 24 heures après la naissance
Orientation	**(AV)*** Compte rendu de l'infirmière en salle d'accouchement, s'il y a lieu. **(AC)** Compte rendu de l'infirmière en salle de réveil.	Consulter l'infirmière spécialisée en allaitement, au besoin. **(AC)** Consulter l'inhalothérapeute, au besoin.	Prévoir une visite à domicile ou adresser la famille aux services sociaux, au besoin. **Résultat escompté** Les demandes de consultation ont été effectuées.
Évaluation	**(AV)** Évaluation puerpérale toutes les 15 min pendant 1 h et selon le protocole de l'établissement par la suite. Paramètres évalués : • Fond utérin en position médiane, au niveau de l'ombilic ou au-dessous de l'ombilic. • Lochies rouges < 1 serviette par heure ; aucun écoulement continu ni caillot lors du massage. • Vessie : mictions abondantes ; vessie non palpable après la miction. • Périnée : sutures intactes ; aucune enflure, aucune plainte concernant la douleur ; ecchymoses légères. Si des hémorroïdes sont présentes, absence de tension ou d'engorgement, diamètre < 2 cm. • Seins : souples ; présence de colostrum. Signes vitaux : • Tension artérielle dans les limites de la normale ; pas d'hypotension ; pression systolique et diastolique ne dépassant pas respectivement les valeurs de référence de plus de 30 mm Hg et de 15 mm Hg. • Température : < 38 °C. • Pouls : bradycardie normale, conforme à la valeur de référence. • Respiration : 12 à 20 respirations par min ; calme et non laborieuse. Niveau de malaise : < 3 sur une échelle allant de 0 à 10 (0 correspondant à l'absence de douleur et 10 à une douleur intolérable). **(AC)** Évaluation postnatale toutes les 15 min pendant 1 h, toutes les 30 min pendant 2 h, puis toutes les heures, selon le protocole. Cette évaluation comprend tous les paramètres évalués pour un AV, plus les paramètres suivants : • Pansement propre et sec ou peu souillé. • Sonde de Foley à demeure ; noter la couleur de l'urine et sa quantité. • Intraveineuse : pas d'enflure, de douleur ou de rougeur au point d'insertion ; perfusion au débit prescrit. • Bruits intestinaux : présents, restreints ou minimes. • Conscience (si anesthésie générale) : la femme est éveillée et s'oriente, facile à réveiller lorsqu'elle somnole. • Sensation : dans les limites de la normale, compte tenu du type d'anesthésie ou d'analgésie. • Pouls : dans les limites de la normale. • Ingesta et excreta : dans les limites de la normale.	**(AV)** Poursuivre l'évaluation postnatale selon le protocole de l'établissement. Seins : évaluer l'état des mamelons ; ils ne devraient pas présenter de gerçures ni de contusions. Évaluer les signes vitaux q8h ; ils devraient être dans les limites de la normale ; prévenir le médecin si la température est > 38 °C. Rechercher le signe d'Homans q8h. Continuer d'évaluer le niveau de bien-être. **(AC)** Poursuivre l'évaluation relative à la césarienne, selon le protocole, incluant les paramètres de l'AV, plus l'évaluation suivante : • Déterminer si la femme a des flatulences. • Déterminer la présence de bruits intestinaux.	Poursuivre l'évaluation postnatale selon le protocole. Seins : absence de gerçures, de fissures et de contusions. Évaluer les signes vitaux q8h ; valeurs dans les limites de la normale ; prévenir le médecin si la température est > 38 °C. Continuer d'évaluer le niveau de bien-être. **Résultats escomptés** Les signes vitaux sont acceptables et les mictions sont normales ; les résultats de l'évaluation postnatale sont dans les limites de la normale ; le niveau de malaise est < 3 sur une échelle allant de 0 à 10 ; l'involution utérine est en cours ; la femme utilise une méthode d'allaitement appropriée pour éviter les gerçures aux mamelons.

* Les interventions infirmières énumérées dans ce tableau sont presque les mêmes pour l'accouchement vaginal (**AV**) et pour l'accouchement par césarienne (**AC**). Lorsque ce n'est pas le cas et qu'une intervention est particulière à l'un ou l'autre de ces types d'accouchement, elle est précédée de l'abréviation l'indiquant (AV ou AC).

Cheminement clinique pour la période du post-partum *(suite)*

Catégorie	Les 4 premières heures après la naissance	De 4 à 8 heures après la naissance	De 8 à 24 heures après la naissance
Enseignement/ Aspects psychosociaux	Lors de l'examen de l'utérus, permettre à la femme de palper son utérus et lui décrire les caractéristiques escomptées ; lui expliquer pourquoi il est important que l'utérus soit ferme en tout temps. Inciter la femme à utiliser la sonnette d'appel pour demander de l'aide, notamment pour le premier lever après l'accouchement. À la suite de la première miction, enseigner les soins périnéaux. Expliquer les mesures de bien-être. Commencer l'enseignement de l'allaitement et des soins au nouveau-né : utilisation de la poire pour aspirer les sécrétions au besoin, positions adéquates, changements de couche, soins du cordon ombilical. Familiariser la femme avec les lieux si elle arrive d'une autre salle. Lui donner les informations nécessaires sur le post-partum. Évaluer le processus d'attachement. **(AC)** Enseigner à la femme comment se tourner, comment tousser et respirer profondément. Insister sur l'importance de changer de position durant l'alitement, ainsi que d'élever et de baisser les jambes. Lui conseiller d'exercer une légère pression sur l'incision avec le plat de la main quand elle effectue certains mouvements. Fournir les informations nécessaires sur le plan de soins pour le rétablissement après une césarienne ; l'activité physique recommandée, la progression de la diète, les soins de la plaie, le moment où on prévoit enlever l'intraveineuse et la sonde de Foley. Donner les informations nécessaires sur les analgésiques et les autres mesures de soulagement.	Décrire les changements psychologiques qui se produisent au cours du post-partum ; aider la femme à effectuer l'apprentissage de son nouveau rôle de mère. Expliquer les soins et l'hygiène périnéaux ; inciter la mère à porter un soutien-gorge qui soutient bien la poitrine. Insister sur la nécessité de se reposer fréquemment. Poursuivre l'enseignement : soins au nouveau-né, méthodes pour calmer le bébé, façon d'emmailloter ; demander à la femme de faire une démonstration pour s'assurer qu'elle a bien compris. Lui donner l'occasion de poser des questions et de résumer l'enseignement reçu ; reprendre l'enseignement donné antérieurement. Allaitement au sein : soins des mamelons (séchage à l'air libre, lanoline), technique de mise au sein et de prise du mamelon, rotation des différentes positions d'allaitement, soutien-gorge bien ajusté. Alimentation au biberon : soutien-gorge adéquat. Insister sur l'importance de se lever et de marcher. Favoriser l'attachement parents-enfant.	Reprendre l'enseignement donné antérieurement. **(AV)** Pour favoriser la guérison du périnée, enseigner la technique du bain de siège environ 12 h après l'accouchement et encourager la mère à en prendre un 2 ou 3 fois par jour pendant 20 min. Fournir les informations nécessaires : involution ; modifications physiques attendues au cours des 2 premières semaines du post-partum ; exercices physiques recommandés ; importance de restreindre le nombre de visiteurs ; alimentation recommandée au cours du post-partum. *Allaitement au sein* • Recommander à la mère d'adopter un régime équilibré comprenant des aliments sains et variés (Santé Canada, 2000). • Lui donner les informations nécessaires concernant la production lactée, le réflexe d'éjection du lait, la prévention de l'engorgement mammaire, l'extraction du lait et la conservation du lait. *Alimentation au biberon* • Recommander à la mère de ramener son apport énergétique à celui d'avant la grossesse. • Lui expliquer comment mélanger et conserver la préparation lactée. • Discuter des soins en cas d'engorgement mammaire : application de glace, bande de compression, feuille de chou. Discuter avec elle des méthodes de contraception, de la reprise des rapports sexuels. Discuter de la rivalité possible entre frères et sœurs ; prévoir du soutien pour les autres enfants à la maison. Discuter des animaux de compagnie ; suggérer des façons de s'assurer que le nouveau-né sera accepté par l'animal de compagnie. **Résultat escompté** La mère dit comprendre l'enseignement reçu et témoigne de son affection et de son attachement envers l'enfant.
Soins infirmiers et notes au dossier	**(AV)** L'application d'un cryosac sur le périnée diminue l'enflure et accroît le bien-être. Si la femme présente une distension vésicale ou des mictions insuffisantes, utiliser les moyens appropriés pour favoriser la miction (voir la page 889). Si l'incapacité d'uriner ou les mictions faibles persistent, faire un cathétérisme et prévenir le médecin. **(AC)** Suivre le régime prescrit. Maintenir l'intraveineuse selon l'ordonnance. Commencer à donner des glaçons concassés lorsque les bruits intestinaux réapparaissent.	**(AC)** Augmenter l'apport nutritionnel selon l'ordonnance et selon la tolérance de la femme. L'aider à effectuer ses soins périnéaux et ses activités quotidiennes.	**(AV)** Commencer les bains de siège environ 12 h après l'accouchement. Permettre à la mère de prendre une douche si elle peut se lever et se déplacer sans difficulté. **(AC)** Obtenir les valeurs de l'hématocrite et de l'hémoglobine. Retirer la sonde de Foley dès que la femme peut se lever pour aller uriner. Retirer l'intraveineuse dès que la femme peut tolérer l'ingestion de liquides, ou selon l'ordonnance. Poursuivre les soins de la plaie selon l'ordonnance. **Résultats escomptés** La femme prend des bains de siège ou des douches périnéales ; elle urine sans difficulté ; les résultats des tests de laboratoire sont dans les limites de la normale ; elle accomplit sans difficulté ses activités quotidiennes.
Activité	**(AV)** Aider la femme à se lever la première fois (autant que possible, de 2 à 4 h après l'accouchement), puis au besoin. L'inciter à se déplacer à volonté. L'inciter à se reposer entre les évaluations. **(AC)** Aider la femme à changer de position dans le lit et à faire des exercices pour les jambes.	Encourager la femme à prendre des périodes de repos. L'inciter à se déplacer à volonté ; la femme peut quitter l'unité des naissances après avoir prévenu le personnel. **(AC)** Aider la femme à prendre la position semi-assise.	Encourager la femme à se déplacer à volonté. **(AC)** Encourager le premier lever environ 12 h après la césarienne (ou selon le protocole de l'établissement). **Résultat escompté** **(AC)** Le premier lever est bien toléré ; la femme peut rester debout un court moment. Par la suite, la femme se lève et se déplace à volonté.

Cheminement clinique pour la période du post-partum *(suite)*

Catégorie	Les 4 premières heures après la naissance	De 4 à 8 heures après la naissance	De 8 à 24 heures après la naissance
Bien-être	Appliquer des mesures de bien-être : • Douleurs périnéales : soins périnéaux, glace ou autre selon protocole. • Hémorroïdes : glace ou traitement selon protocole. • Tranchées utérines : explications sur le phénomène des tranchées. • Administration d'analgésiques. **(AC)** Analgésiques selon l'ordonnance.	Maintenir les mesures de soulagement de la douleur. Offrir d'autres mesures de soulagement : distractions (musique, visiteurs, télévision), massages, application de couvertures ou de serviettes chaudes sur la région touchée, exercices de respiration pour relaxer lorsque le bébé saisit le mamelon et/ou lors des tranchées jusqu'à ce que le médicament fasse effet.	• Douleurs périnéales : bains de siège et analgésiques topiques. • Hémorroïdes : suivre le protocole des premières 24 h, s'il y a lieu. Poursuivre les bains de siège, les analgésiques topiques, la réinsertion manuelle des hémorroïdes, le décubitus latéral ou ventral. • Tranchées utérines : décubitus ventral avec un petit oreiller sous l'abdomen ; douche chaude ou bains de siège chauds. **Résultats escomptés** Le niveau de malaise est < 3 sur une échelle allant de 0 à 10. La femme dit appliquer les mesures de soulagement de la douleur.
Nutrition	**(AV)** Poursuivre l'alimentation ordinaire. Inciter la femme à boire au moins 2 L de liquides par jour. **(AC)** Commencer à offrir à la femme des petites gorgées de liquide.	**(AC)** Commencer à offrir à la femme des liquides clairs selon sa tolérance et une diète progressive s'il y a présence de bruits intestinaux ou selon l'ordonnance.	**(AC)** Continuer la progression de la diète. **Résultats escomptés** La femme s'alimente et s'hydrate adéquatement.
Élimination	La femme a des mictions abondantes, et son urine est jaune paille. **(AC)** La sonde de Foley draine au moins 30 mL d'urine de couleur claire par heure.	La femme a des mictions abondantes. Elle peut aller à la selle. **(AC)** La sonde de Foley draine au moins 30 mL d'urine de couleur claire par heure.	Même chose. **Résultats escomptés** La femme urine sans difficulté ; elle a des flatulences ou va à la selle.
Médicaments	Administrer les médicaments prescrits (analgésiques, anti-inflammatoires, laxatifs, s'il y a lieu).	Poursuivre l'administration des médicaments. Si la femme est Rh négatif et que son bébé est Rh positif, effectuer les démarches concernant l'administration des immunoglobulines anti-D. Déterminer la nécessité d'un vaccin antirubéoleux. Obtenir le consentement pour le vaccin antirubéoleux, s'il y a lieu ; expliquer les raisons de la vaccination, la méthode utilisée et les effets possibles.	Poursuivre l'administration des médicaments. Administrer le vaccin contre la rubéole, s'il y a lieu. **Résultat escompté** La douleur est soulagée.
Planification du congé/ Continuité des soins	Évaluer les connaissances des parents au sujet des soins postnataux et des soins au nouveau-né. Évaluer le réseau de soutien de la famille.	Discuter de l'horaire habituel d'un nouveau-né ; inciter la femme à prendre du repos. S'assurer qu'elle dispose de tous les documents nécessaires pour remplir la déclaration de naissance. (L'état civil doit la recevoir dans les 30 jours suivant la naissance.) S'assurer que l'enfant dispose d'un siège d'auto approprié. **(AC)** Déterminer si la femme aura besoin d'aide à domicile.	Revoir le plan de congé. Décrire les signes qui indiquent la présence de problèmes postnataux et la nécessité de prévenir le médecin. Remettre les ordonnances nécessaires. Fixer les rendez-vous de suivi. **Résultats escomptés** La femme reçoit son congé ; elle sait quels sont les problèmes à signaler au médecin ; elle connaît l'heure et la date des rendez-vous de suivi.
Famille et réseau de soutien	Déterminer quelles sont les personnes qui forment le réseau de soutien de la femme. Évaluer la façon dont la famille perçoit l'expérience qu'elle vient de vivre. Déterminer si les parents ont dès le début les comportements parentaux attendus envers l'enfant, compte tenu de leur milieu culturel.	Faire participer l'entourage de la femme aux soins et à l'enseignement ; répondre aux questions posées. Les parents commencent à nouer des liens d'attachement envers l'enfant.	Continuer de faire participer les proches de la femme à l'enseignement, y compris les frères et sœurs s'il y a lieu. S'assurer que la femme aura de l'aide une fois rentrée à la maison. **Résultats escomptés** Les parents nouent des liens d'attachement avec l'enfant ; les proches de la femme savent que celle-ci a besoin de repos, d'une bonne alimentation, de boire beaucoup et de soutien affectif.
Date			

Dans les établissements où l'on se sert des diagnostics infirmiers, le personnel soignant préfère souvent utiliser uniquement la liste de l'ANADI. Par conséquent, beaucoup de diagnostics infirmiers s'appliquant aux femmes qui viennent d'accoucher se rapportent à des changements physiologiques. En voici quelques exemples:

- Élimination urinaire altérée reliée à la dysurie;
- Constipation reliée à la peur de déchirer les sutures et d'éprouver de la douleur;
- Douleur reliée à l'œdème périnéal ou à l'épisiotomie consécutifs à l'accouchement.

On utilise souvent aussi les diagnostics qui ont trait à l'adaptation de la famille et à son apprentissage. En voici quelques exemples:

- Recherche d'un meilleur niveau de santé: demande d'information sur les soins au nouveau-né reliée au désir exprimé par les parents d'améliorer leurs compétences parentales;
- Stratégies d'adaptation familiale efficaces: potentiel de croissance relié à l'adaptation réussie au nouveau bébé.

Après avoir effectué l'évaluation et l'analyse de la situation, l'infirmière est en mesure de déterminer les objectifs visés et de choisir les interventions infirmières qui aideront la famille à atteindre ces objectifs.

Planification et interventions

En individualisant sa démarche clinique, l'infirmière peut répondre aux besoins physiques et psychologiques de la mère et aux besoins psychosociaux de la famille. Comme il constitue une partie essentielle des soins postnataux, l'enseignement doit être adapté aux capacités d'apprentissage des parents et à leur réceptivité. Dans le cadre de cet enseignement, l'infirmière discutera avec la famille des objectifs visés par les soins, et cela, dès que possible après la naissance. Elle pourra ensuite choisir les interventions qui lui permettront d'atteindre ces objectifs.

Bien-être physique de la mère

Pour favoriser et rétablir le bien-être physique de la mère, l'infirmière devra observer l'état de l'utérus, les signes vitaux, l'état cardiovasculaire, les fonctions vésicale et intestinale, les besoins nutritionnels, le sommeil et le repos, les demandes de soutien et d'enseignement. De plus, la mère peut avoir besoin de médicaments pour accroître son bien-être, traiter l'anémie, conférer une immunité contre la rubéole et prévenir la formation d'anticorps antigènes (chez la femme Rh négatif non sensibilisée).

Vérification de l'état de l'utérus et des lochies

L'infirmière procède à l'examen de l'utérus et des lochies en utilisant la méthode décrite au chapitre 27. Pendant l'heure qui suit l'accouchement, l'examen est effectué toutes les 15 minutes. La fréquence des vérifications subséquentes varie d'un centre hospitalier à l'autre. Généralement, on fera un examen à chaque heure pour les deuxième et troisième heures après l'accouchement, puis quatre heures plus tard, et toutes les huit heures par la suite. Les vérifications seront plus rapprochées en cas de problèmes, tels que l'atonie utérine, un utérus hors de la ligne médiane, des lochies abondantes ou la présence de caillots; on peut les espacer dès que la mère urine, qu'elle vide sa vessie et que les risques de distension vésicale ont disparu. (On peut consulter, au chapitre 27, l'encadré *Points à retenir: État de l'utérus après l'accouchement.*) Dans certains cas, on prescrit des médicaments pour stimuler les contractions utérines (voir le *Guide pharmacologique: Ocytocine*, au chapitre 20, et le *Guide pharmacologique: Maléate d'ergonovine* (Ergotrate)). Le tableau 28-1 décrit les modifications inquiétantes des lochies.

Soulagement de la douleur

La femme qui vient d'accoucher peut éprouver des sensations physiques plus ou moins incommodantes, d'origines diverses: périnée œdémateux, épisiotomie, déchirure ou étirement des tissus périnéaux, hématome vaginal, hémorroïdes hypertrophiées, tranchées utérines et mamelons douloureux. Lorsqu'elle examine la mère, l'infirmière doit évaluer si celle-ci éprouve de la douleur, l'informer ensuite sur les mesures permettant de prévenir cette douleur, dans la mesure du possible, ou de la soulager. (Voir l'encadré *Pratique fondée sur des données probantes: Soulagement de la douleur durant le post-partum.*) En assurant le bien-être de la mère, l'infirmière contribue à son adaptation physiologique et psychologique et favorise la création de liens d'attachement avec son enfant.

Conseil pratique

Les lochies peuvent s'accumuler sous la femme qui reste allongée sur le dos après l'accouchement, surtout à la suite d'une césarienne; c'est pourquoi l'infirmière doit tourner la cliente, lors de chaque examen, pour évaluer adéquatement la quantité de sang perdu.

Conseil pratique

Il est étonnant de constater à quel point la distension vésicale survient rapidement chez la femme qui vient d'accoucher, parfois seulement une ou deux heures après l'accouchement. Cette distension est due à la diurèse normale du post-partum. Vous pouvez contribuer à prévenir la distension en palpant fréquemment la vessie de la femme et en l'incitant à aller uriner. Lorsqu'elles essaient d'uriner pour la première fois après un accouchement par voie vaginale, certaines femmes ressentent une forte envie d'uriner sans toutefois être capable d'amorcer la miction. Certaines interventions infirmières peuvent l'aider: faire couler l'eau du robinet du lavabo ou du bain de façon que la mère l'entende, faire couler de l'eau tiède dans le lavabo et y placer la main de la femme, mettre les pieds de la femme dans un bassin d'eau tiède.

Guide pharmacologique   Maléate d'ergonovine (Ergotrate)

Survol du mécanisme d'action

Le maléate d'ergonovine est un alcaloïde de l'ergot de seigle qui stimule le tissu des muscles lisses. Le muscle lisse de l'utérus étant tout particulièrement sensible à l'ergonovine, on utilise ce médicament pendant le post-partum pour stimuler les contractions utérines afin de limiter les pertes sanguines. Ces contractions compriment les vaisseaux sanguins de l'utérus et favorisent l'involution de l'utérus. Le maléate d'ergonovine a également un effet vasoconstricteur sur tous les vaisseaux sanguins, particulièrement sur les grosses artères. Il peut provoquer de l'hypertension, surtout chez une femme dont la tension artérielle est déjà élevée.

Administration, posologie et fréquence

On peut administrer le maléate d'ergonovine par voie orale ou intramusculaire.

Dose intramusculaire habituelle : 0,2 mg après l'expulsion du placenta. On peut redonner la même dose toutes les 2 à 4 heures.

Dose orale habituelle : 0,2 mg toutes les 4 heures (6 doses).

Contre-indications chez la mère

Il y a contre-indication si la femme est enceinte ou si elle souffre d'un trouble hépatique ou rénal, de cardiopathie, d'hypertension ou de prééclampsie. Le maléate d'ergonovine doit être utilisé avec une grande prudence chez la femme qui allaite (Karch, 2001).

Effets indésirables chez la mère

Hypertension, nausées, vomissements, diarrhée, céphalées, vertige, crampes abdominales, palpitations, dyspnée, douleur thoracique ou réactions allergiques.

Effets chez le fœtus et le nouveau-né

L'action du maléate d'ergonovine est prolongée et peut par conséquent causer des contractions tétaniques ; on ne devrait donc jamais l'administrer à une femme enceinte ou en travail, car il peut provoquer une contraction utérine continue pouvant produire une embolie amniotique (la pression accrue de l'utérus pousse le liquide amniotique sous les bords du placenta et dans le système veineux de la femme), une rupture de l'utérus, des déchirures cervicales et périnéales (à cause des contractions tétaniques et de la naissance précipitée du bébé), ainsi qu'une hypoxie et une hémorragie intracrânienne chez le bébé (à cause des contractions tétaniques qui réduisent considérablement la circulation sanguine entre la mère, le placenta et le fœtus, ou à cause d'une rupture utérine qui bloque l'apport sanguin au fœtus) (*PDR Nurse's Handbook*, 2001).

Soins infirmiers

- Vérifier la hauteur utérine et la fermeté de l'utérus, ainsi que la quantité de lochies et leurs caractéristiques.

- Prendre la tension artérielle avant d'administrer le médicament et la mesurer régulièrement pendant l'administration.

- Rechercher les signes d'effets indésirables ou les symptômes d'ergotisme : nausées et vomissements, céphalées, douleurs musculaires, doigts et orteils froids ou engourdis, douleur thoracique, faiblesse généralisée (*PDR Nurse's Handbook*, 2001).

- Expliquer à la femme et à son entourage qu'il est important de ne pas fumer durant l'administration du médicament (la nicotine provoque une contraction des vaisseaux et peut causer de l'hypertension). Leur indiquer les signes de toxicité.

Tableau 28-1

Modifications inquiétantes des lochies

Signe	Problème possible	Interventions infirmières
Présence de caillots	Contractions utérines inadéquates qui laissent saigner les vaisseaux de la zone d'insertion placentaire	Déterminer la position et la fermeté du fond utérin. Évaluer s'il s'agit d'un caillot ou d'un fragment placentaire en le passant sous un jet d'eau froide. Si le fragment se décompose, c'est un caillot ; dans le cas contraire, il faut le conserver pour l'examen en pathologie. Évaluer l'élimination urinaire. Consigner les observations au dossier et prévenir le médecin au besoin.
Persistance des lochies rouges	Contractions utérines inadéquates ; présence de fragments placentaires ; infection	Déterminer la position et la fermeté du fond utérin. Évaluer les activités. Rechercher les signes d'infection. Consigner les observations au dossier et prévenir le médecin au besoin.

Soulagement des douleurs périnéales

Plusieurs interventions infirmières peuvent soulager les douleurs périnéales. Avant de choisir une méthode en particulier, l'infirmière doit examiner le périnée de la femme pour déterminer la gravité du problème (ampleur de l'œdème, etc.). Il est important aussi de laisser la femme, dans la mesure du possible, choisir la méthode de soulagement qu'elle juge la plus efficace. L'infirmière doit porter des gants pour effectuer les interventions destinées à soulager les douleurs périnéales, de plus elle doit se laver les mains avant et après l'utilisation des gants. Dans les soins du périnée, il ne faut jamais oublier les principes de

Pratique fondée sur des données probantes | Soulagement de la douleur durant le post-partum

Un expert de la JCAHO (Joint Commission on Accreditation of Health Organizations) vous a consultée dernièrement. Vous êtes infirmière diplômée depuis un an et vous travaillez à l'unité de soins mère-enfant. Vous n'avez jamais participé à une étude d'organisation de la JCAHO. Lorsque l'expert vous a demandé d'expliquer comment on mesure, et comment on surveille, le «cinquième signe vital» chez vos clientes, vous n'avez pas su quoi répondre.

Les doyennes de votre unité vous expliquent que le soulagement de la douleur fait partie des études d'organisation (JCAHO, 2000) afin de donner plus d'importance à cet aspect des soins. Elles vous disent aussi qu'en 1992 la AHCPR (Agency for Health Care Policy and Research) a publié ses premières recommandations à cet égard, intitulées *Acute Pain Management*. Malgré cela, des études montrent que la douleur demeure sous-évaluée et que beaucoup de patients sont sous-médicamentés (White, 1999; Zalon, 1999).

Selon les National Institutes of Health (Zalon, 1999, p. 135), «la plainte d'un patient reste l'indicateur le plus fiable de l'existence de la douleur». Toutes les femmes qui accouchent devraient recevoir de l'information sur la douleur et sur les mesures destinées à la soulager. De plus, les infirmières devraient effectuer une évaluation initiale de la douleur à partir d'une échelle d'intensité, évaluer les mesures de soulagement de la douleur en se basant sur le point de vue de la cliente et collaborer avec elle dans le but d'accroître son bien-être (JCAHO, 2000).

Votre discussion avec ces infirmières d'expérience vous porte à conclure que l'on a probablement tendance à considérer la douleur des femmes en post-partum comme moins importante que la douleur des personnes opérées ou malades.

Références

JOINT COMMISSION ON ACCREDITATION OF HEALTH ORGANIZATIONS (2000), «Pain management standards», *Comprehensive accreditation manual for hospitals*. Disponible sur le Web <www.jacho.org>.

WHITE, C. (1999), «Changing pain management and impacting on patient outcomes», *Clinical Nurse Specialist*, vol. 13, n° 4, p. 166-172.

ZALON, M. (1999), «Comparison of pain measures in surgical patients», *Journal of Nursing Management*, vol. 7, n° 2, p. 135-152.

base de l'hygiène personnelle, notamment que les gestes se font de l'avant vers l'arrière (c'est-à-dire de la symphyse pubienne vers la région anale). Pour prévenir l'infection, il est essentiel d'éviter la contamination entre, d'une part, la région anale et la région urétrale et, d'autre part, la région vaginale.

Sacs de glace

Si la femme a subi une épisiotomie au moment de l'accouchement, on applique généralement un sac de glace sur le périnée pour réduire l'œdème et engourdir les tissus, ce qui favorise son bien-être. Dans certains établissements, on utilise de la glace carbonique (glace sèche). Pour activer cette glace, on replie habituellement les deux extrémités sur le milieu du sac. On peut aussi fabriquer soi-même des sacs de glace. Pour ce faire, on remplit un gant jetable de glaçons ou de glace concassée et on le ferme au poignet. Pour éviter que ce type de sac de glace ne cause des brûlures au périnée, il est important de rincer d'abord le gant jetable à grande eau pour enlever tout résidu de poudre. On l'enveloppe ensuite dans une serviette ou une débarbouillette, en prenant soin d'humecter légèrement le côté du tissu qui sera en contact avec le périnée, puis on le place sur le périnée. Pour obtenir les meilleurs résultats possible de ce traitement au froid, on laisse le sac de glace sur le périnée pendant environ 20 minutes, ensuite on l'enlève, puis on le remet en place après 1 heure ou 2. En général, l'application de sacs de glace n'est nécessaire qu'au cours des 24 premières heures. L'infirmière doit expliquer à la mère le but du traitement, les effets escomptés, les bienfaits et les problèmes possibles.

Bains de siège et douches périnéales

On peut commencer à donner des bains de siège environ 12 heures après l'accouchement. Les bains de siège à l'eau froide sont de plus en plus utilisés, car ils réduisent de beaucoup l'œdème périnéal, de même que les hémorroïdes; dans certains établissements, par contre, on préconise plutôt de donner des bains de siège à l'eau chaude. En attendant que les recherches décident de la supériorité de l'une des deux méthodes, il vaut mieux s'en remettre aux préférences de la cliente. L'infirmière explique à la femme quels sont les buts, les effets escomptés et les bienfaits du bain de siège. Elle lui demande de rester assise sur le bain de siège pendant 10 à 15 minutes, et ce, 2 ou 3 fois par jour. Il est important aussi de laisser à la nouvelle accouchée une serviette de bain propre pour se sécher après le bain, ainsi qu'une serviette hygiénique propre. Lorsque qu'on utilise de l'eau chaude, il faut faire preuve de prudence lors du premier bain de siège, car la chaleur humide peut provoquer un évanouissement. Par mesure de sécurité et pour rassurer la cliente, l'infirmière doit donc aller la voir souvent pour s'assurer que tout va bien et placer la sonnette d'appel à portée de la main. Elle doit aussi vérifier fréquemment si la femme présente des signes de faiblesse (étourdissements, impression de flotter, sensation de légèreté ou difficulté à entendre). Pour éviter de tels problèmes, il est préférable de conseiller à la mère les bains de siège à l'eau froide au cours des premières 24 heures, d'autant plus qu'ils ont aussi des effets sur l'œdème périnéal. Dans les hôpitaux où on ne dispose pas d'un bain de siège pour chaque nouvelle accouchée, l'infirmière invite la femme à utiliser la douche périnéale pendant 5 à 10 minutes. La mère s'assoit sur le banc placé dans la douche de façon que le jet d'eau soit projeté de l'avant de la vulve vers l'arrière.

Si la femme a subi une épisiotomie importante, l'infirmière peut lui recommander de prendre des bains de siège à la maison, dans un bain portatif ou dans sa baignoire. Si la femme compte utiliser la baignoire, l'infirmière doit insister sur certaines précautions : ne mettre que 10 à 15 cm d'eau, prendre la température de l'eau et utiliser l'eau seulement pour le bain de siège, et non pour prendre un bain complet. Si elle désire se laver, la femme doit d'abord prendre un bain, puis vider l'eau, nettoyer le bain, faire couler une nouvelle eau et prendre le bain de siège ensuite, de façon à prévenir l'infection.

Agents à action locale

Pour soulager les douleurs périnéales, on peut utiliser des anesthésiques topiques, tels qu'une pommade de xylocaïne. L'infirmière recommande à la femme d'appliquer l'anesthésique après un bain de siège ou après les soins périnéaux. On peut aussi appliquer des compresses d'hamamélis pour soulager les douleurs périnéales et réduire l'œdème. Si la femme souffre de douleurs hémorroïdales, on peut lui remettre un onguent de type Nupercainal, ou bien le médecin peut lui prescrire l'onguent Hemcort HC. En lui expliquant comment se servir des agents à action locale, l'infirmière insistera sur la nécessité de bien se laver les mains avant et après l'utilisation.

Soins périnéaux

Après chaque élimination, il faut procéder aux soins périnéaux pour nettoyer le périnée et favoriser le bien-être général de la femme. Plusieurs établissements fournissent un « flacon pour périnée », dont la femme se sert pour asperger le périnée d'eau tiède après chaque élimination. Elle peut aussi nettoyer le périnée d'eau et du savon par petits tapotements de l'avant vers l'arrière (c'est-à-dire de la région commençant juste sous la symphyse jusqu'à la région anale) afin de prévenir la contamination provenant de la région anale. Toujours pour éviter la contamination, il faut placer la serviette hygiénique de l'avant à l'arrière (c'est-à-dire commencer par placer le devant de la serviette contre le périnée).

L'infirmière montre à la mère comment nettoyer son périnée et elle l'aide au besoin. Il peut arriver qu'une femme n'ait jamais porté de serviette hygiénique. Dans ce cas, elle aura besoin qu'on lui montre comment faire. Il faut que la serviette soit bien ajustée contre le périnée sans toutefois le comprimer. Si la serviette est fixée trop lâchement, le mouvement de va-et-vient qui peut se produire risque d'irriter les tissus périnéaux et d'entraîner la contamination entre les régions anale et vaginale. (Pour les soins du périnée après une épisiotomie, consulter le *Guide d'enseignement : Soins périnéaux après une épisiotomie*).

Soulagement des malaises hémorroïdaux

Après l'accouchement, certaines mères souffrent de douleurs hémorroïdales. Il existe différentes mesures de soulagement : bains de siège, onguents anesthésiques ou compresses d'hamamélis appliquées directement sur la région anale. L'infirmière peut montrer à la femme comment replacer avec les doigts les hémorroïdes externes dans le rectum. Elle peut aussi conseiller à la femme de rester le plus possible allongée sur le côté et d'éviter de demeurer assise trop longtemps. Il faut également l'encourager à maintenir un bon apport liquidien ainsi qu'une alimentation riche en fibres, et lui administrer des laxatifs émollients pour qu'il lui soit plus facile d'aller à la selle. La plupart du temps, les hémorroïdes disparaissent quelques semaines après l'accouchement si la femme n'en présentait pas avant sa grossesse.

Soulagement des tranchées utérines

Les tranchées utérines sont causées par des contractions utérines intermittentes. Les primipares sont moins susceptibles de souffrir de tranchées utérines, car leur utérus peut rester contracté. Par contre, les multipares, les femmes qui ont eu une grossesse multiple et celles qui ont déjà présenté un hydramnios souffrent fréquemment de tranchées utérines, car leur utérus se contracte de façon intermittente. La femme qui allaite sera elle aussi plus sujette aux tranchées utérines, puisque la succion du mamelon par le bébé provoque la libération d'ocytocine. Pour soulager les tranchées, la femme peut se coucher sur le ventre et placer un petit oreiller sous son bas-ventre. L'infirmière lui expliquera que la douleur s'intensifiera peut-être pendant cinq minutes environ, mais qu'elle s'atténuera ensuite considérablement, sinon complètement. La position du décubitus ventral exerce une pression sur l'utérus et stimule les contractions. Lorsque l'utérus parvient à rester en contraction constante, les tranchées utérines disparaissent. D'autres interventions infirmières peuvent s'avérer utiles : bains de siège (pour la chaleur), changements de position, marche ou analgésiques. Si la femme allaite, l'administration d'un analgésique léger l'aidera à se sentir mieux et facilitera par le fait même l'interaction mère-enfant (voir le tableau 28-2).

L'infirmière doit expliquer à la femme la cause des tranchées utérines et lui proposer des mesures de soulagement. Si le médecin a prescrit un médicament à la femme, l'infirmière doit expliquer les effets escomptés, les bienfaits et les effets secondaires possibles, notamment les étourdissements ou la somnolence.

Conseil pratique

Pour soulager le malaise causé par la déchirure ou l'épisiotomie, l'infirmière conseillera à la mère d'éviter de rester debout trop longtemps. Elle lui enseignera également à serrer les muscles du plancher pelvien lors des changements de position (voir « Exercices à effectuer durant le post-partum », à la page 841).

Guide d'enseignement — Soins périnéaux après une épisiotomie

Évaluation et analyse de la situation

Au cours de la période qui suit le travail et l'accouchement, l'infirmière évalue ce que la femme comprend du but de l'épisiotomie, des facteurs qui favorisent la cicatrisation et des mesures de bien-être auxquelles elle peut recourir, au besoin. Le niveau de compréhension de la femme dépendra de plusieurs facteurs, dont sa préparation à l'accouchement et son expérience antérieure en matière d'accouchement.

Diagnostic infirmier

Le principal diagnostic infirmier sera probablement le suivant:

Recherche d'un meilleur niveau de santé: demande d'information sur les mesures qui favorisent la guérison, reliée au désir exprimé de prendre les mesures nécessaires pour se sentir mieux.

Objectifs

Au terme de la séance d'enseignement, la femme sera en mesure de:

- nommer les facteurs qui accélèrent la cicatrisation de l'épisiotomie et ceux qui la retardent;
- résumer les activités de soins qu'elle peut accomplir pour favoriser la guérison et accroître son bien-être;
- faire la démonstration des techniques qui permettent de garder le périnée propre;
- faire une démonstration de la technique du bain de siège;
- décrire l'utilisation judicieuse des analgésiques prescrits.

Plan d'enseignement

Contenu

- Décrire le processus de cicatrisation. Expliquer le risque de contamination de la plaie par les bactéries se trouvant dans la région anale.
- Expliquer les techniques utilisées pour garder la plaie propre et accélérer la guérison:
  - bains de siège, douches périnéales;
  - flacon d'eau pour asperger le périnée après chaque miction et chaque selle;
  - changement de serviette hygiénique après chaque miction et chaque selle, ainsi qu'à intervalles réguliers.
- Expliquer les mesures de bien-être:
  - application de sacs de glace immédiatement après la naissance;
  - bains de siège à prendre environ 12 heures après l'accouchement;
  - utilisation judicieuse des analgésiques et anesthésiques à action locale;
  - contraction des fesses et des muscles du plancher pelvien avant de s'asseoir, puis relâchement de ces muscles une fois bien assise.
- Décrire les signes d'infection et recommander à la femme d'appeler le médecin si ces signes apparaissent.

Méthode d'enseignement

Bien des femmes ne considèrent pas l'épisiotomie comme une incision chirurgicale. Une discussion peut les aider à comprendre l'importance de bien soigner la plaie.

Faire la démonstration de l'aspersion d'eau avec le flacon pour périnée, ou du lavage avec de l'eau et du savon, et expliquer la technique du bain de siège.

Axer l'enseignement sur la discussion et inviter la femme à poser des questions.

Encourager la discussion et remettre de la documentation, si possible. Il est possible d'aborder une partie de ce contenu lors d'une brève séance d'information sur le post-partum.

Évaluation

Évaluer l'apprentissage en demandant à la femme d'expliquer les principes de la cicatrisation et de décrire les soins relatifs à l'épisiotomie, et/ou de faire la démonstration des autosoins appropriés.

Malaises dus à l'immobilité

La femme peut aussi éprouver des malaises dus à l'immobilité. Si elle est restée longtemps en position gynécologique, les pieds dans des étriers, elle souffrira peut-être de douleurs musculaires. Il n'est pas rare qu'une femme souffre de douleurs articulaires et musculaires dans les bras et les jambes à cause de l'effort qu'elle a fourni pendant le deuxième stade du travail.

Il faut encourager la femme à se lever le plus tôt possible après l'accouchement pour prévenir la thrombophlébite et favoriser l'évacuation du contenu de l'utérus, qui diminue les risques de formation de caillots. Cela lui procurera également un sentiment de bien-être. L'infirmière lui expliquera pourquoi il est important de marcher le plus tôt possible après l'accouchement et de détecter tout signe d'étourdissement ou de faiblesse.

L'infirmière doit aider la mère la première fois qu'elle se lève après l'accouchement, car la fatigue, l'action des médicaments, la perte de sang et peut-être aussi le jeûne peuvent entraîner des sensations d'étourdissement ou de lipothymie. Étant donné que cela peut aussi se produire quand la femme prend sa première douche après l'accouchement, l'infirmière devrait

Tableau 28-2

Les médicaments les plus couramment administrés durant le post-partum

EMPRACET-30
(contenu: 325 mg d'acétaminophène et 30 mg de codéine)

Classe: analgésique narcotique.

Administration, posologie, fréquence: PO adultes: 1 ou 2 comprimés toutes les 4 heures, au besoin.

Indications: le médicament soulage la douleur légère ou modérée. Il peut être donné aux femmes hypersensibles à l'AAS.

Effets indésirables:

Acétaminophène: intoxication hépatique, maux de tête, éruption transitoire, hypoglycémie.

Codéine: dépression respiratoire, sédation, étourdissements, nausées, transpiration, bouche sèche, constipation, rougeur du visage, suppression des réflexes de la toux, spasme urétéral, rétention urinaire, prurit.

Soins infirmiers: Vérifier si la femme est sensible à l'acétaminophène ou à la codéine et si elle a des antécédents de dysfonctions hépatique ou rénale. Ausculter les bruits intestinaux, observer la respiration et mesurer la diurèse. Administrer le médicament pendant ou après le repas si la femme souffre de malaises gastro-intestinaux: l'inciter à boire un grand verre d'eau (240 mL) quand elle prend le comprimé pour éviter qu'il ne reste dans l'œsophage.

Enseignement: Fournir les informations suivantes: le nom du médicament, l'effet escompté, les effets indésirables possibles, la transmission du médicament dans le lait maternel. (*Note*: Certains médecins ne prescrivent pas ce médicament aux mères qui allaitent.) Prendre les précautions nécessaires (vérifier si la femme a des étourdissements, relever les ridelles, lui recommander de demander de l'aide pour descendre du lit ou marcher et de signaler tout signe d'effets indésirables). Demander à la femme si elle a des questions à poser.

Diagnostics infirmiers reliés au traitement médicamenteux:

Connaissances insuffisantes reliées à un manque d'information sur le traitement.

Risque d'accident relié aux étourdissements causés par le médicament.

Risque de constipation relié à une alimentation trop pauvre en fibres et à une hydratation insuffisante.

NAPROXÈNE

Classe: analgésique non narcotique; anti-inflammatoire non stéroïdien.

Administration, posologie, fréquence: PO adultes: 250 mg 4 fois par jour, ou 500 mg 2 fois par jour; IR adultes: 1 suppositoire de 500 mg, 2 fois par jour pendant 24 à 48 heures, suivi de Naprosyn per os.

Indications: le médicament soulage la douleur légère ou modérée et les crampes du post-partum.

Effets indésirables: PO: nausées, malaises épigastriques, constipation, étourdissements, céphalées, prurit; IR: brûlures rectales.

Soins infirmiers: Administrer avec des aliments ou du lait, afin de réduire les risques d'irritation gastrique. Indiquer à la femme d'éviter de prendre de l'aspirine ou tout médicament qui en contiendrait.

Enseignement: Fournir les informations suivantes: le nom du médicament, l'effet escompté, les effets indésirables possibles. Recommander à la femme de signaler immédiatement tout signe d'effets secondaires.

Diagnostics infirmiers reliés au traitement médicamenteux:

Risque d'accident relié aux étourdissements causés par le médicament.

Constipation reliée à un ralentissement de l'activité gastro-intestinale.

VACCIN ANTIRUBÉOLEUX VIVANT ATTÉNUÉ

Administration, posologie: Flacon à dose unique de 0,5 mL, injecté par voie sous-cutanée près du point d'attache du deltoïde.

Indications: Le vaccin stimule l'immunité active contre le virus de la rubéole.

Effets indésirables: Sensation de brûlure ou de piqûre au point d'injection; de 2 à 4 semaines après l'injection, la femme peut souffrir d'une éruption transitoire, de malaises, d'angine ou de maux de tête.

Soins infirmiers: Vérifier si la femme est sensible à la néomycine (le vaccin en contient), si elle est immunoprive ou si elle reçu des transfusions sanguines (ne pas administrer le vaccin si la femme a eu une transfusion de sang, de plasma ou d'immunoglobulines humaines au cours des 3 mois précédents).

Note: L'administration simultanée du vaccin antirubéoleux et de WinRho peut inhiber la formation des anticorps de la rubéole. La plupart des médecins prescrivent quand même les deux injections et effectuent une épreuve sérologique environ 3 mois après la vaccination pour vérifier si la séroconversion s'est produite (Varney, 1997).

Enseignement: Fournir les informations suivantes: le nom du vaccin, l'effet escompté, les effets indésirables possibles et les mesures de soulagement à prendre s'ils se manifestent; indiquer que le titre des anticorps de la rubéole sera vérifié environ 3 mois après la vaccination.

Expliquer à la femme qu'*il est important de ne pas devenir enceinte au cours des 3 mois suivant la vaccination.*

L'informer sur les méthodes de contraception et sur la façon de les utiliser.

Diagnostics infirmiers reliés à l'administration du vaccin:

Connaissances insuffisantes reliées au manque d'information sur le traitement médicamenteux.

Connaissances insuffisantes reliées au manque d'information sur les méthodes de contraception et sur la façon de les utiliser.

Douleur reliée à une éruption transitoire ou à des malaises.

Tableau 28-2 (suite)

Les médicaments les plus couramment administrés durant le post-partum (suite)

WINRHO (IMMUNOGLOBULINES ANTI-D)

Administration, posologie : Après l'accouchement : 1 fiole de 300 μg de WinRho par voie intraveineuse ou intramusculaire dans les 72 heures suivant la naissance. Avant l'accouchement : 1 fiole de 300 μg de WinRho par voie intraveineuse ou intramusculaire à une femme Rh négatif enceinte de 28 semaines ou à une femme qui a subi une amniocentèse, un avortement spontané ou provoqué, ou encore une grossesse ectopique.

Indications : Le médicament prévient la sensibilisation Rh chez les femmes Rh négatif ainsi que la maladie hémolytique du nouveau-né lors d'une grossesse ultérieure.

La mère doit être Rh négatif et n'avoir jamais été sensibilisée au facteur Rh. Le nouveau-né doit être Rh positif et avoir un test de Coombs direct négatif.

Effets indésirables : Douleur au point d'injection.

Soins infirmiers : S'assurer que la femme présente les conditions nécessaires à l'administration des immunoglobulines anti-D. Injecter tout le contenu de la fiole.

Enseignement : Fournir les informations suivantes : le nom du médicament, l'effet escompté, les effets indésirables possibles. Demander à la cliente d'avertir l'infirmière si elle éprouve une douleur au point d'injection. Lui recommander de toujours avoir sur elle une carte indiquant son facteur Rh et les dates des injections de WinRho. Lui expliquer que le WinRho préviendra l'apparition de tout problème durant ses grossesses ultérieures.

Diagnostics infirmiers reliés à l'administration de WinRho :

Connaissances insuffisantes reliées à un manque d'information sur la nécessité du traitement et sur ses effets à long terme.

Douleur reliée à l'injection.

COLACE (DUCOSATE DE SODIUM)

Classe : laxatif émollient.

Administration, posologie, fréquence : PO adultes : 100 mg 2 fois par jour.

Indications : le médicament ramollit les selles et aide à les éliminer sans effort.

Effets indésirables : crampes légères, éruptions.

Soins infirmiers : Administrer avec un grand verre d'eau ; ce médicament ne stimule pas le péristaltisme.

Enseignement : Fournir les informations suivantes : le nom du médicament, l'effet escompté, les effets indésirables possibles (crampes, coliques) et les précautions qui doivent l'accompagner (ne pas le prendre en même temps que de l'huile minérale ou de l'Agarol, éviter de le prendre longtemps). Répéter qu'il est important d'incorporer à l'alimentation un apport suffisant de fibres et de liquides afin de prévenir la constipation.

Diagnostics infirmiers reliés au traitement médicamenteux :

Risque de problèmes intestinaux relié à l'usage abusif de laxatifs.

---

rester dans la pièce, s'assurer fréquemment que tout va bien et placer une chaise à proximité, au cas où la femme aurait des étourdissements. Elle doit également montrer à la femme comment se servir de la sonnette d'urgence de la salle de bains. Ainsi, lorsqu'elle prendra d'autres douches, la femme pourra s'asseoir et saura comment appeler l'infirmière si elle ne se sent pas bien.

Diaphorèse puerpérale

Après l'accouchement, la femme peut être incommodée par de la diaphorèse (transpiration profuse). Pour l'aider à se sentir mieux, l'infirmière peut changer ses draps et lui donner une chemise propre et sèche. Certaines femmes voudront prendre une douche pour se rafraîchir. Il est important à ce sujet de tenir compte des pratiques culturelles. Par exemple, certaines femmes asiatiques et latino-américaines préfèrent ne pas prendre de douche au cours des premiers jours suivant l'accouchement. Étant donné que la diaphorèse peut aussi se traduire par une grande soif, l'infirmière offrira à la femme de l'eau ou des jus de fruits. Ici encore, il faut tenir compte des pratiques culturelles.

La femme occidentale préférera peut-être de l'eau glacée, alors que la femme asiatique pourra manifester une préférence pour l'eau tiède. Il importe donc de ne rien tenir pour acquis et de demander à la femme ce qu'elle préfère. L'infirmière explique à la femme que la diaphorèse est un phénomène physiologique normal pendant le post-partum et elle l'informe des mesures qui peuvent l'aider à se sentir mieux.

Mamelons gercés, seins engorgés et obstruction des canaux chez la femme qui allaite

Il est fréquent que la femme qui allaite ressente au cours des premiers jours une sensation d'inconfort, et même de douleur, lors des premiers mouvements de succion du bébé. Si ces douleurs durent plus que quelques minutes, il faut en connaître la raison. Le chapitre 29 traite des causes de douleur aux mamelons et des interventions appropriées ; on y trouvera également un exposé de la conduite à tenir en présence d'engorgement ou de tout autre problème pouvant affecter la mère qui allaite.

Engorgement mammaire chez la femme qui n'allaite pas

Si la femme choisit de ne pas allaiter, on peut inhiber la lactation à l'aide d'une méthode d'inhibition mécanique. Même si les signes d'engorgement n'apparaissent généralement pas avant le deuxième ou troisième jour suivant l'accouchement, la meilleure façon de prévenir l'engorgement est d'inciter la mère à recourir aux méthodes non médicamenteuses d'inhibition de la lactation le plus tôt possible après l'accouchement. Idéalement, au plus tard six heures après l'accouchement, la femme devrait commencer à porter un soutien-gorge bien ajusté qui offre un bon soutien. Elle devrait le porter continuellement jusqu'à ce que la lactation soit supprimée (c'est-à-dire durant environ cinq à sept jours) et l'enlever seulement pour prendre sa douche ou son bain. Le soutien-gorge sert à soutenir les seins et à soulager les malaises qui peuvent apparaître quand une plénitude mammaire rend les seins très douloureux. La femme devrait également appliquer des sacs de glace sur la région axillaire de chaque sein 4 fois par jour pendant 20 minutes. L'application de sacs de glace, qui devrait commencer le plus tôt possible après l'accouchement, aide à soulager l'engorgement mammaire, parfois douloureux, au cours du post-partum. Certaines femmes préfèrent recouvrir chacun des seins d'une feuille de chou cru pour réduire l'engorgement mammaire; elles peuvent ainsi plus facilement poursuivre leurs activités. La feuille doit être remplacée régulièrement, toutes les 20 minutes environ, ou jusqu'à ce qu'elle soit flétrie.

L'infirmière doit conseiller à la mère d'éviter toute stimulation des seins, que ce soit par le bébé ou par son partenaire sexuel, et de ne pas utiliser de tire-lait jusqu'à ce que la sensation de plénitude disparaisse (c'est-à-dire pendant environ 5 à 7 jours). De telles stimulations augmenteraient la production de lait et retarderaient le processus d'inhibition. Pour la même raison, la mère doit également éviter la chaleur. L'infirmière doit donc lui conseiller de se mettre dos au jet quand elle prend une douche et de ne pas laisser l'eau chaude couler sur ses seins.

Importance du repos et reprise graduelle des activités

Après l'accouchement, certaines femmes se sentent épuisées et ont besoin de repos. D'autres, au contraire, éprouvent un sentiment d'euphorie et se sentent pleines d'énergie psychique, prêtes à revivre l'expérience. L'infirmière doit permettre à la femme d'exprimer ses sentiments, puis l'inciter à se reposer.

La fatigue physique affecte souvent la capacité d'adaptation et les fonctions de la mère. Par exemple, la fatigue peut réduire la sécrétion lactée, rendant ainsi plus difficile l'établissement de la lactation. Le manque d'énergie peut également nuire à la capacité d'adaptation psychologique de la mère à l'égard de son bébé et de son nouveau rôle. L'infirmière peut favoriser le repos de la nouvelle mère en organisant les soins de façon à la déranger le moins possible. Elle devrait également faire savoir à la mère que la fatigue peut durer quelques semaines ou même quelques mois. La persistance de la fatigue dépend de l'état physique et psychologique de la mère, de son entourage et de son environnement (Parks *et al.*, 1999).

La majorité des nouvelles mères se sentent fatiguées après l'accouchement. Cependant, les mères pour qui la grossesse et l'accouchement constituent des processus naturels ont tendance à se considérer comme bien portantes après la naissance, alors que certaines femmes voient dans le post-partum une période de maladie. Pour beaucoup de Coréennes et pour leurs familles, par exemple, la nouvelle mère est malade et elle doit être soignée par sa belle-mère et par le père de l'enfant. Elle peut s'adonner à certaines activités, mais celles-ci se limitent essentiellement à aller chercher le bébé à la pouponnière plutôt qu'à prendre soin d'elle-même (Schneiderman, 1996).

Exercices à effectuer durant le post-partum

L'infirmière devrait inciter la femme à effectuer certains exercices simples pendant son séjour à l'unité des naissances et à continuer à s'y adonner une fois revenue à la maison. Il faut aussi lui conseiller de réévaluer ses activités et, au besoin, de les modifier, si elle perd une plus grande quantité de lochies ou si elle éprouve davantage de douleur. Dans la plupart des établissements, on fournit une brochure qui décrit le genre d'activités que la femme peut entreprendre après son accouchement. (Les activités conseillées sont différentes pour la femme qui a accouché par césarienne ou qui s'est fait ligaturer les trompes après son accouchement.)

Les mouvements des chevilles et des poignets figurent parmi les exercices simples que la mère peut effectuer le jour même de l'accouchement pour activer la circulation; la mère peut exécuter ces mouvements en restant assise ou couchée. L'élévation de chaque membre un peu plus haut que le cœur peut aider à résorber l'œdème au niveau des extrémités. Dès le lendemain de l'accouchement, la femme peut exécuter des contractions légères des muscles du plancher pelvien. La cliente qui a subi une déchirure ou une épisiotomie ne doit pas craindre de défaire les points de suture en contractant les muscles du plancher pelvien puisque cet exercice a pour effet de rapprocher les tissus les uns des autres et d'accélérer la guérison du périnée en favorisant le retour veineux dans ces muscles. La mère doit cependant respecter son seuil de douleur en les exécutant. L'infirmière informera la nouvelle accouchée de l'importance de serrer les muscles du plancher pelvien avant de tousser, d'éternuer ou de faire un effort qui crée une pression vers le bas, notamment se lever, marcher ou prendre le bébé dans ses bras. Lorsque le périnée n'est plus douloureux, c'est-à-dire deux ou trois semaines après l'accouchement, la mère peut commencer à renforcer les muscles du plancher pelvien en contractant ces muscles pendant cinq secondes (voir, au chapitre 9, les exercices périnéaux appelés exercices

FIGURE 28-1 ▶ Exercices recommandés pendant le post-partum. Au début, effectuer chacun des mouvements 5 fois de suite, 2 ou 3 fois par jour, puis augmenter graduellement jusqu'à 10 fois de suite. Le **premier jour : A.** Respiration abdominale. Se coucher sur le dos. Inspirer profondément en soulevant les muscles abdominaux. Le ventre devrait se gonfler. Expirer ensuite lentement par la bouche, les lèvres pincées, en contractant les abdominaux. **B.** Bascule pelvienne. Se coucher sur le dos, les bras en croix, les genoux pliés et les pieds à plat sur le sol. Contracter l'abdomen et serrer les fesses en essayant de poser le bas du dos à plat sur le sol. Rester dans cette position en comptant jusqu'à 10, puis arquer le dos. Le bassin se trouve ainsi à effectuer un mouvement de bascule. Le **deuxième jour**, ajouter les exercices suivants : **C.** Menton sur la poitrine. Se coucher sur le dos sans oreiller, les jambes étendues. Lever la tête en essayant de toucher la poitrine avec le menton. Redescendre lentement la tête. **D.** Soulèvement des bras. Se coucher sur le dos, les bras en croix perpendiculairement au tronc. Sans fléchir les coudes, lever les bras jusqu'à ce que les mains se touchent. Redescendre lentement les bras. Le **quatrième jour**, ajouter les exercices suivants : **E.** Roulement des hanches. Se coucher sur le dos, les genoux fléchis, les pieds à plat sur le sol et les bras en croix. Lentement, faire descendre les genoux sur le côté droit en gardant les épaules à plat sur le sol. Revenir à la position du début et faire descendre les genoux de l'autre côté du corps. **F.** Soulèvement des fesses. Se coucher sur le dos, les bras légèrement écartés de chaque côté du corps, les genoux fléchis et les pieds à plat sur le sol. Lentement, soulever les fesses et arquer le dos. Revenir lentement à la position initiale. Si, **au bout de six semaines**, la mère ne présente pas de diastasis, ajouter les exercices suivants : **G.** Raffermissement de l'abdomen. Se coucher sur le dos, les genoux fléchis et les pieds à plat sur le sol. Lever lentement la tête et les épaules, puis toucher les genoux avec les mains. *Note*: Comme cet exercice agit surtout sur les muscles superficiels de l'abdomen, la mère doit s'assurer en le pratiquant que le nombril (contraction des muscles profonds) et le menton (contraction des muscles intermédiaires) sont rentrés et que la nuque reste allongée (contraction des muscles intermédiaires). **H.** Fléchissement des genoux. Se coucher sur le dos, les bras le long du corps. Plier un genou jusqu'à ce que le pied touche les fesses. Porter la jambe en extension et l'abaisser lentement. Refaire l'exercice avec l'autre jambe. Par la suite, tout en respectant ses capacités, la femme peut faire des exercices qui exigent plus d'effort, notamment des redressements assis et des soulèvements latéraux des jambes. *Note*: Pendant le post-partum, la femme devrait contracter plusieurs fois par jour les muscles du plancher pelvien afin de rétablir le tonus vaginal et périnéal.

de Kegel). L'infirmière informera la mère que le renforcement des muscles pelviens durant la période postnatale prévient les problèmes d'incontinence, les descentes d'organes et accroît la satisfaction sexuelle tant chez la femme que chez son partenaire.

Au cours des six semaines suivant l'accouchement, la cliente peut commencer à s'adonner, de façon graduelle, à certains exercices de renforcement des muscles abdominaux, à condition de respecter deux règles fondamentales (Dumoulin, 2000) :

1. Tout exercice de renforcement abdominal doit être précédé d'une contraction musculaire du plancher pelvien, qu'on maintiendra pendant l'exercice. Il faut éviter également d'accroître la pression abdominale sur les viscères, ce qui affaiblirait davantage le plancher pelvien et pourrait entraîner des pertes d'urine.

2. Pour affiner la taille, le renforcement des muscles abdominaux doit toujours se faire en partant du muscle le plus profond jusqu'au plus superficiel. Si cet ordre n'est pas respecté, certains exercices abdominaux pourraient causer des douleurs lombaires, entraîner l'affaiblissement du plancher pelvien ou ne pas être aussi efficaces qu'on le souhaite.

Les exercices destinés à renforcer les muscles profonds et intermédiaires peuvent commencer le lendemain de l'accouchement et se poursuivre durant six semaines. Ensuite, on passera au renforcement des muscles superficiels, si toutefois la mère ne présente pas de diastasis des grands droits. Lorsque la nouvelle accouchée quitte l'hôpital, l'infirmière s'assure qu'elle connaît bien les signes de diastasis (voir, au chapitre 27, les informations portant sur le diastasis et la figure 7-4 ▶) et elle lui rappelle qu'il est important de contracter les muscles du plancher pelvien en effectuant ses exercices abdominaux. (La figure 28-1 ▶ illustre les exercices les plus couramment utilisés.)

Sampselle et ses collaborateurs (1999) ont montré que les femmes qui font de l'exercice durant leur grossesse ont une idée positive du travail et de l'accouchement. La femme en post-partum aura une attitude plus positive à l'égard de son état et sera moins fatiguée si elle continue, une fois rentrée chez elle, de faire des étirements et ses exercices habituels.

Reprise des activités

Après l'accouchement, la femme peut reprendre graduellement ses activités physiques. Elle doit éviter de soulever des objets lourds, de monter trop souvent les escaliers et de s'adonner à des activités trop fatigantes. Il est essentiel qu'elle fasse une ou deux siestes par jour, de préférence pendant que le bébé dort.

Deux semaines après son retour à la maison, la femme peut recommencer à accomplir les tâches ménagères peu fatigantes. Même si la période postnatale dure environ six semaines, la plupart des femmes sont en mesure, sur le plan physique, de reprendre presque toutes leurs activités habituelles quatre ou cinq semaines après l'accouchement. Pour réduire au minimum les risques de problèmes, la femme devrait attendre, avant de

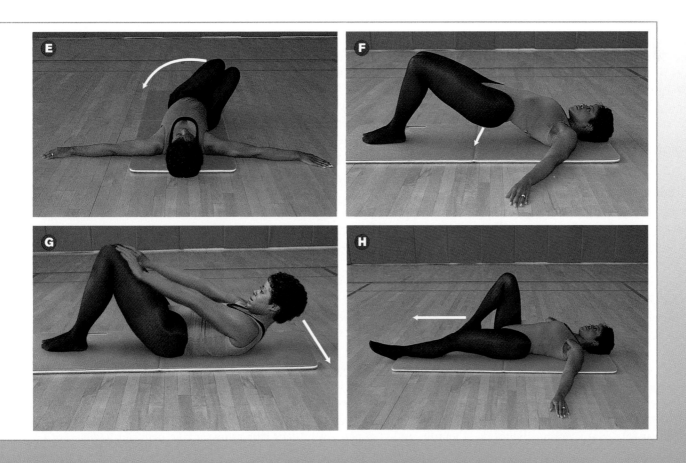

retourner au travail, d'avoir passé l'examen médical, qui a lieu six semaines après l'accouchement.

Reprise des rapports sexuels et contraception

On conseillait jadis aux couples d'attendre six semaines après l'accouchement avant d'avoir des rapports sexuels. De nos jours, on recommande aux couples d'attendre que la plaie de l'épisiotomie ou de la déchirure se soit cicatrisée et que l'écoulement des lochies ait cessé (c'est-à-dire vers la fin de la troisième semaine, habituellement) avant d'avoir des relations. (Pour plus d'informations sur la reprise des rapports sexuels, consulter le chapitre 29.)

Étant donné que beaucoup de couples reprennent leurs rapports sexuels avant l'examen postnatal de la nouvelle accouchée, il est important de profiter du séjour de la femme au centre hospitalier pour lui fournir de l'information sur les méthodes contraceptives (Barrett *et al.*, 2000). (Les méthodes contraceptives sont expliquées au chapitre 4.)

Interventions pharmacologiques

Vaccin antirubéoleux

Habituellement, si la femme présente un titre de rubéole de moins de 1:10 ou obtient un résultat négatif au dosage immunoenzymatique (ELISA), on lui administre un vaccin antirubéoleux durant le post-partum (Cunningham *et al.*, 2001). (Voir le tableau 28-2.) L'infirmière doit s'assurer que la femme comprend bien pourquoi on lui administre le vaccin et pourquoi elle ne doit pas devenir enceinte au cours des trois mois qui suivent la vaccination. Ce dernier aspect étant d'une importance capitale, on recommande d'informer la femme sur les méthodes de contraception.

Immunoglobulines anti-D

Toutes les femmes Rh négatif qui répondent à certains critères d'administration devraient recevoir des immunoglobulines anti-D dans les 72 heures suivant l'accouchement afin d'éviter la sensibilisation par transfusion fœtomaternelle des érythrocytes fœtaux Rh positif. (Voir les critères d'administration au procédé 13-2 et au tableau 28-2.)

L'infirmière doit s'assurer que la femme Rh négatif comprend bien les risques qu'elle court lors de ses prochaines grossesses. Elle doit également prévoir du temps pour répondre à ses questions.

Bien-être psychologique de la nouvelle mère

La naissance d'un enfant, à cause des bouleversements qu'elle entraîne quant au rôle et aux responsabilités de la femme, est une période de stress émotionnel. Dans les premières semaines qui suivent l'accouchement, la nouvelle mère est instable sur le plan émotionnel; elle a souvent des sautes d'humeur et la larme facile. Au début, elle parlera souvent de ce qu'elle a vécu pendant le travail et l'accouchement. Cela lui permet d'intérioriser ce qu'elle vient de vivre (Banks-Wallace, 1999). Si elle a l'impression de ne pas avoir réagi comme il l'aurait fallu durant le travail, elle se sentira inapte et aura besoin qu'on la rassure et qu'on lui dise qu'elle s'est bien comportée. Certaines femmes perdent la notion du temps durant le travail et l'accouchement et voudront savoir combien de temps s'est écoulé en fait, ou encore elles ne se souviennent pas de certains moments. Dans ce cas, l'infirmière prendra le temps de parler avec la nouvelle mère pour lui fournir les informations qu'elle désire.

Après l'accouchement, la nouvelle mère doit également oublier l'enfant qu'elle avait imaginé pendant sa grossesse et accepter celui qu'elle a mis au monde. Cette adaptation risque d'être plus difficile si l'enfant n'est pas du sexe souhaité ou s'il souffre d'une malformation congénitale.

Immédiatement après la naissance (durant la *phase de récupération*), la nouvelle mère se préoccupe surtout de son corps et peut ne pas se sentir encore tout à fait prête à recevoir des informations portant sur ses soins personnels et sur les soins prodigués à l'enfant. Après cette période de dépendance initiale, elle s'inquiétera beaucoup de ses compétences parentales (c'est la *phase de prise en charge*); elle aura alors besoin qu'on la rassure en lui disant qu'elle s'y prend correctement. Elle aura tendance également à se montrer plus réceptive à l'enseignement de l'infirmière et à s'intéresser davantage à tout ce qui peut l'aider à développer ses compétences maternelles. Il arrive souvent que la nouvelle mère soit surprise par le cafard du post-partum, durant lequel elle se sentira déprimée, abandonnée et triste. Pour la rassurer, il est important de lui dire qu'il s'agit d'un phénomène normal, de lui expliquer pourquoi elle se sent ainsi et de la laisser pleurer sans la culpabiliser (voir les passages consacrés au cafard du post-partum au chapitre 27, et ceux qui traitent de la réaction d'adaptation avec humeur dépressive au chapitre 30).

Efficacité de l'enseignement donné aux parents

L'une des principales responsabilités de l'infirmière qui travaille auprès des nouvelles mères consiste à donner à tous les membres de la famille les informations dont ils ont besoin. Certains parents se sentent débordés devant toutes ces informations; l'infirmière peut faciliter l'apprentissage et le perfectionnement des connaissances en recourant à une approche axée sur les besoins de la famille. Ces besoins diffèrent d'une personne à l'autre; ils dépendent de l'âge, des antécédents, de l'expérience et des attentes. L'infirmière qui est attentive à la façon dont les parents se perçoivent dans leur nouveau rôle peut plus facilement les aider à acquérir un sentiment de compétence et de confiance en leur capacité d'effectuer les tâches de la période postnatale.

L'infirmière devrait encourager la nouvelle accouchée et sa famille à respecter leurs coutumes, à moins que celles-ci ne présentent quelque danger. Dans les unités de post-partum, on utilise diverses méthodes d'enseignement : brochures d'information, cours, vidéocassettes et rencontres individuelles. Quelle que soit la méthode utilisée, il est important de choisir un moment propice à l'enseignement. Ainsi, il faut tenir compte du fait que la nouvelle mère se montrera plus réceptive à l'enseignement 24 à 48 heures après l'accouchement, quand elle sera prête à assumer la responsabilité de ses soins et de ceux du bébé (Lamp et Howard, 1999). Comme beaucoup de femmes quittent le centre hospitalier au cours des 48 premières heures, beaucoup d'établissements distribuent de la documentation que les nouvelles mères pourront consulter à la maison. Le moment choisi pour donner l'enseignement est important pour le nouveau père, qui sera peut-être plus disposé à assister aux « cours » si ceux-ci ont lieu en fin d'après-midi ou en début de soirée.

L'enseignement doit porter non seulement sur les soins à donner au nouveau-né, mais aussi sur les changements de rôles et sur l'adaptation psychologique de la nouvelle mère. Le counseling préventif peut aider l'infirmière à préparer les parents aux nombreux changements qu'entraîne la naissance d'un enfant.

Il est également essentiel de bien informer les parents qui se trouvent dans des situations particulières : la mère qui a accouché par césarienne, les parents de jumeaux, les parents d'un enfant présentant une anomalie congénitale, etc. (Koniak-Griffin *et al.,* 1999).

Il existe plusieurs façons d'évaluer l'apprentissage : l'infirmière peut demander à un des parents de refaire ce qu'on vient de lui montrer ; elle peut organiser des séances de questions ; et elle peut même utiliser les outils d'évaluation plus conventionnels qui sont à sa disposition. Lorsqu'elle pose des questions, elle le fait avec tact. Par exemple, en demandant aux parents « Comment avez-vous prévu vous organiser une fois rentrés chez vous ? », l'infirmière obtiendra une réponse plus substantielle qu'un simple « oui » ou « non », et il lui sera alors plus facile d'informer et de conseiller la famille. Dans certains établissements, on se sert aussi d'une liste de vérification sur laquelle la mère peut cocher les questions qui la préoccupent le plus.

Bien-être de la famille

À l'heure actuelle, la plupart des centres de naissance favorisent les soins axés sur la famille. Dès sa naissance, si son état le permet, le bébé cohabite avec ses parents ; le personnel soignant s'occupe donc à la fois de la mère et du bébé (soins mère-enfant). La cohabitation permet aux parents de disposer de tout le temps nécessaire pour nouer des liens d'attachement avec leur enfant et pour apprendre à s'en occuper dans un contexte sécurisant. Cette façon de faire s'avère particulièrement commode lorsque la mère nourrit le bébé à la demande, que ce soit au sein ou au biberon. Elle permet également au père et aux autres membres de la famille de participer aux soins du bébé.

La cohabitation offre donc à la famille une excellente occasion de tisser ses premiers liens avec le nouveau-né. Les parents, tout comme les frères et sœurs du bébé, peuvent commencer très tôt à s'adapter à la nouvelle dynamique familiale.

Réactions des frères et sœurs

Lorsque la femme a déjà des enfants, il est bon que ceux-ci lui rendent visite, ce qui répond aussi bien aux besoins de la mère qu'à ceux des enfants. Lorsqu'ils viennent visiter leur mère au centre hospitalier, les enfants constatent qu'elle va bien et qu'elle les aime toujours, ce qui a pour effet de les rassurer. Cela leur donne également l'occasion de commencer à faire connaissance avec le cadet. La mère, de son côté, ressent moins l'angoisse de la séparation quand elle reçoit la visite de ses enfants et qu'elle leur présente le nouveau-né (figure 28-2 ▶).

Même quand les parents ont bien préparé leurs enfants à la naissance d'un petit frère ou d'une petite sœur, certaines adaptations sont nécessaires quand le nouveau-né arrive à la maison. Si elle a déjà de jeunes enfants, la mère devrait prendre certaines précautions lorsqu'elle revient à la maison après l'accouchement. Par exemple, le père devrait porter le nouveau-né afin que la mère ait les bras libres pour accueillir et embrasser ses autres enfants. Beaucoup de parents apportent une poupée au petit frère ou à la petite sœur. L'enfant peut alors s'identifier au parent en prenant soin de sa poupée pendant que sa mère ou son père s'occupe du nouveau-né. Cette identification au parent peut aider l'enfant à ressentir moins de colère ; il sera également moins enclin à attirer l'attention par des comportements régressifs.

FIGURE 28-2 ▶ Une petite fille fait connaissance avec son petit frère nouveau-né lors d'une évaluation infirmière.

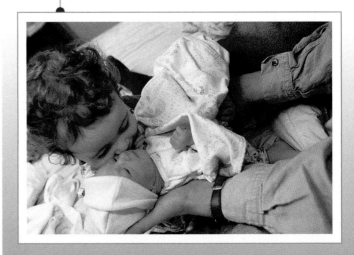

Sous la surveillance du père ou de la mère, on peut aussi permettre à l'aîné de prendre le nouveau-né et même de lui donner le biberon. L'enfant se sent alors valorisé, et il apprend à exprimer de la tendresse et à prendre soin de quelqu'un. L'infirmière peut aider les parents à montrer aux aînés qu'ils sont importants eux aussi et qu'ils occupent une place bien à eux dans la famille.

Création de liens d'attachement entre les parents et le nouveau-né

Les interventions infirmières destinées à renforcer l'attachement entre les parents et l'enfant doivent viser à assurer leur bien-être et leur satisfaction. Voici quelques conseils qui permettront à l'infirmière d'atteindre cet objectif:

- Déterminer les objectifs de la mère et du père en ce qui concerne la grossesse et l'éducation de leur enfant, et intégrer, autant que faire se peut, ces objectifs au plan de soins destiné à la famille. L'infirmière devrait notamment permettre aux parents de choisir la façon dont ils souhaitent que se déroulent le travail et l'accouchement ainsi que la période suivant immédiatement l'accouchement.

- Retarder de 2 heures, et même de 4 heures, le traitement oculaire administré au nouveau-né après la naissance, afin de favoriser les premiers contacts visuels entre les parents et le bébé (l'onguent ophtalmologique brouille la vision déjà réduite du bébé, ce qui rend les contacts visuels difficiles pour l'enfant; voir la section «Prévention de l'infection» au chapitre 23).

- Durant la première heure qui suit l'accouchement, donner aux parents le temps de faire connaissance avec leur bébé dans la plus grande intimité possible.

- Organiser le milieu de soins de façon à le rendre propice à l'établissement d'une relation infirmière-cliente. L'infirmière titulaire peut cultiver cette relation et évaluer les forces et les besoins de la famille.

- Inciter les parents à amener leurs autres enfants à l'unité des naissances durant les heures de visite pour qu'ils participent à l'intégration du nouveau-né à la famille.

- Pour préparer les parents à faire face aux problèmes d'adaptation susceptibles de se présenter, faire du counseling préventif du début de la grossesse jusqu'au post-partum.

- Faire participer les parents aux décisions concernant les interventions infirmières ainsi qu'à la planification et à l'évaluation. Leur offrir la possibilité de faire des choix chaque fois que c'est possible.

- Prendre les mesures nécessaires pour que les parents ne se fatiguent pas trop.

- Aider les parents à déceler, à comprendre et à accepter tant leurs sentiments négatifs que leurs sentiments positifs à l'égard du rôle parental.

- Aider les parents à découvrir la personnalité de leur enfant et ses besoins particuliers.

L'infirmière peut observer l'amorce du processus d'attachement au cours des premières heures après la naissance. On peut continuer à évaluer le processus d'attachement lors des visites à domicile effectuées après le congé. Quand l'infirmière évalue les liens entre les parents et le bébé, elle doit se rappeler que ce sont les valeurs, les croyances et les pratiques culturelles des parents qui modèleront les soins à l'enfant et les soins personnels de la mère. Par exemple, les femmes d'origine mexicaine soignent la région ombilicale en plaçant une pièce de monnaie ou une sangle sur le nombril. Certaines femmes originaires du Mexique ou de l'Asie du Sud-Est soustraient leur bébé aux compliments et à l'attention qu'il suscite, parce qu'elles croient que cela peut attirer les mauvais esprits. (Voir le tableau 28-3 qui présente quelques marques d'attachement.)

Les soins infirmiers après une césarienne

Après un accouchement par césarienne, les besoins de la nouvelle mère sont analogues aux besoins de la femme qui a accouché par voie vaginale. Toutefois, étant donné que la césarienne représente une opération abdominale majeure, il faut également prodiguer les soins postopératoires normaux.

Bien-être physique de la mère

La césarienne augmente les risques d'infection pulmonaire, et ce, pour deux raisons: à cause de l'immobilité provoquée par les opiacés et les sédatifs, et à cause des modifications de la réponse immunitaire qu'entraîne toute opération. Par conséquent, durant les premiers jours suivant l'opération, la femme doit pratiquer des exercices de toux et de respiration profonde toutes les 2 à 4 heures pendant les périodes d'éveil, jusqu'à ce qu'elle puisse se déplacer librement.

Il faut également inciter la femme à pratiquer quelques exercices pour les jambes, toutes les 2 heures, jusqu'à ce qu'elle soit capable de marcher. Ces exercices stimulent la circulation et aident à prévenir la thrombophlébite. Étant donné qu'ils font contracter les muscles abdominaux, ils favorisent aussi la motilité intestinale.

Pendant le post-partum, l'infirmière doit déceler les signes de douleur et la soulager, le cas échéant. La femme peut avoir mal pour diverses raisons: douleur due à l'incision, flatulence, douleur irradiée à l'épaule, contractions utérines périodiques (tranchées utérines), douleurs à la miction ou à la défécation, constipation, etc.

Tableau 28-3

Marques de l'attachement parental à l'égard du nouveau-né

Aspect évalué	Marques d'attachement	Comportement exigeant une évaluation et de l'information
Soins	Le parent parle au bébé. Il recherche les contacts visuels avec le bébé. Il touche le bébé et le prend dans ses bras. Il change la couche lorsque c'est nécessaire. Il assure la propreté du bébé. Il habille le bébé d'après la température ambiante. Il nourrit le bébé selon ses besoins ; le bébé prend du poids. Il installe le bébé dans une position appropriée et le surveille régulièrement.	Le parent ne parle pas au bébé. Il s'occupe du bébé sans lui parler et sans le regarder. Il ne recherche pas les interactions avec le bébé. Il ne reconnaît pas les besoins du bébé ni ne s'en préoccupe. Il le nourrit de façon intermittente ; le bébé ne prend pas de poids. Il attend que le bébé pleure, puis hésite à réagir à ces pleurs.
Attitude à l'égard du bébé	Le parent a des attentes réalistes à l'égard du développement de l'enfant. Il comprend que le bébé est dépendant et ne peut pas répondre aux besoins des parents. Il accepte le sexe et les caractéristiques du bébé.	Le parent a des attentes irréalistes à l'égard des capacités et des comportements du bébé. Il s'attend à des marques d'affection de la part du bébé. Il croit que le bébé satisfera ses besoins. Il est très déçu du sexe de l'enfant ou n'accepte pas l'un de ses traits.
Soutien	Le parent a des amis sur qui il peut compter. Il semble à l'aise dans son nouveau rôle de parent. Il a une conception réaliste du rôle de parent.	Le parent vit seul ou à l'écart. Il est nerveux, anxieux ou indécis avec l'enfant. Il lui est difficile d'intégrer le rôle parental à ses propres besoins et désirs.

Note : On n'a fait figurer dans ce tableau qu'un petit nombre de marques d'attachement. Pour être en mesure d'effectuer une évaluation, l'infirmière doit observer les parents à plusieurs reprise et tenir compte de leurs particularités, ainsi que de leurs valeurs, croyances et coutumes.

Les interventions infirmières viseront à prévenir ou à soulager la douleur, ou encore à aider la femme à la surmonter. Voici les mesures que l'infirmière doit prendre :

- Administrer des analgésiques au besoin, surtout pendant les 24 à 72 heures suivant l'accouchement. Les analgésiques soulageront la douleur, et la femme pourra ainsi se mouvoir plus facilement et être plus active.

- Favoriser le bien-être de la femme. Pour ce faire, l'inciter à adopter une position confortable, lui masser le dos, lui prodiguer des soins d'hygiène buccodentaire et réduire les stimuli dérangeants, notamment le bruit et les odeurs désagréables.

- Veiller à ce que la femme soit entourée de personnes clés (y compris le nouveau-né). De cette façon, elle pense moins à sa douleur et se sent moins craintive et anxieuse.

- Inciter la femme à utiliser les techniques de respiration, de relaxation et de diversion (stimulation du tissu cutané), qu'elle a apprises lors des rencontres prénatales.

L'anesthésie épidurale administrée en perfusion continue ou l'analgésie narcotique épidurale administrée juste après l'accouchement par césarienne soulagent efficacement la douleur postopératoire chez la majorité des femmes (voir le chapitre 18 ainsi que le *Guide pharmacologique : Injection épidu-*

rale de morphine après l'accouchement). Pour apaiser la douleur au cours du post-partum, on administre de plus en plus souvent des anti-inflammatoires sous forme de suppositoires, au cours des premières 48 heures, puis on recourt ensuite à un anti-inflammatoire à prendre par la bouche (voir le tableau 28-2).

Le médecin peut également prescrire une analgésie contrôlée par le patient (ACP). Avec cette méthode, la femme reçoit d'abord un bolus d'analgésique, habituellement de la morphine. Par la suite, à l'aide d'un système intraveineux spécial, la femme peut s'administrer elle-même de petites doses de médicament en appuyant sur un bouton. Pour plus de sûreté, la pompe de ce système d'analgésie est préréglée, de telle manière que la femme ne peut pas s'administrer une autre dose avant qu'un certain laps de temps ne se soit écoulé. Le contrôle de l'analgésie donne à la femme le sentiment de mieux maîtriser la situation et de ne pas dépendre entièrement du personnel infirmier. La prise de l'analgésique en doses faibles, mais fréquentes, permet aussi de soulager rapidement la douleur sans causer d'étourdissement ou de confusion. Enfin, l'auto-analgésie évite à la femme le désagrément des injections.

Si elle a reçu une anesthésie générale, la femme peut être très incommodée par le ballonnement abdominal. Pour prévenir ou diminuer le ballonnement, elle peut faire des exercices pour les jambes, contracter ses muscles abdominaux, marcher,

Exercice **de pensée critique**

Vous entrez dans la chambre d'une patiente, Marianne Brisson, et vous la trouvez en pleurs. Marianne a 29 ans. Il y a 48 heures, elle a eu son deuxième enfant par césarienne itérative. Elle déclare : «Je ne suis pas prête à rentrer à la maison. Quand j'ai eu mon premier bébé, ils m'ont donné congé après seulement 2 jours. Vont-ils encore le faire ?» Comment réagissez-vous ?

Voir les réponses à l'appendice F.

éviter les boissons gazeuses et les boissons trop chaudes ou trop froides, éviter de boire avec une paille et suivre une diète liquide à haute teneur en protéines pendant les premières 24 à 48 heures, jusqu'à la réapparition des bruits intestinaux. Pour soulager la flatulence, on peut utiliser des suppositoires ou des lavements (ils stimulent l'expulsion des gaz et des selles) et conseiller à la femme de se coucher sur le côté gauche. Cette position est recommandée parce qu'elle permet aux gaz intestinaux de monter du côlon descendant au côlon pelvien et d'être ainsi expulsés plus rapidement.

Quand la femme commence à assumer son nouveau rôle, l'infirmière peut l'aider à se sentir plus à l'aise et à retirer de la satisfaction de ses nouvelles activités. Par exemple, en lui montrant comment s'installer confortablement quand elle prend son enfant dans ses bras ou qu'elle l'allaite, l'infirmière l'aide à se sentir mieux et plus compétente.

En général, la mère qui a accouché par césarienne se remet extrêmement bien après l'intervention. La plupart des femmes sont capables de marcher 12 heures après l'intervention et elles peuvent se doucher le jour suivant. Dans certains établissements, on demande à la mère de retirer elle-même le pansement abdominal en prenant sa douche et de laver la plaie opératoire avec de l'eau et du savon. Dans la plupart des cas, la femme quitte le centre hospitalier le troisième jour après un accouchement par césarienne.

Interaction parents-enfant après une césarienne

Après un accouchement par césarienne, la mère a parfois de la difficulté à avoir avec son nouveau-né des contacts qui soient à la fois fréquents et satisfaisants, notamment à cause de son état physique ou de l'état physique du bébé, de ses réactions au stress, à l'anesthésie et aux médicaments. À cause des règlements de l'unité des naissances, de la prématurité de l'enfant ou de complications néonatales, il arrive que l'on doive séparer la mère et le nouveau-né tout de suite après la naissance. Toutefois, s'il est né en bonne santé lors d'une césarienne sans complications, le bébé n'est pas plus fragile qu'un autre bébé. Dans certains établissements, pourtant, on place d'office le bébé à l'unité de soins intermédiaires pour une période d'observation quand la mère vient d'accoucher par césarienne. Ce genre de pratique rend les parents anxieux et perturbe l'interaction parents-enfant.

Si la femme montre des signes de dépression ou de colère, ou si elle se replie sur elle-même, il se peut qu'elle regrette de ne pas avoir accouché comme elle l'avait souhaité. Le père peut lui aussi sentir qu'il a «raté quelque chose», éprouver des sentiments de culpabilité ou même de l'envie à l'égard des couples dont la femme a accouché par voie vaginale. Les conjoints qui ont vécu un accouchement par césarienne ont besoin de raconter leur expérience à plusieurs reprises pour surmonter ces émotions. L'infirmière peut les aider en leur fournissant des informations factuelles au sujet de ce qu'ils ont vécu et en les encourageant à recourir à des stratégies d'adaptation efficaces.

Le deuxième ou troisième jour après un accouchement par césarienne, la mère entre dans la phase de prise en charge et se montre habituellement réceptive à l'enseignement portant sur ses soins personnels et sur les soins à donner à l'enfant. L'infirmière doit insister sur les précautions à prendre une fois qu'elle sera rentrée chez elle. Il faut tout particulièrement l'inciter à laisser d'autres personnes s'occuper du ménage et des repas. Non seulement la fatigue retarde-t-elle le rétablissement, mais elle rend aussi plus difficile l'allaitement au sein et les échanges entre la mère et son bébé.

La présence du père ou d'un proche pendant l'accouchement par césarienne a un effet positif sur la façon dont la femme perçoit son accouchement. Non seulement cette présence rassure-t-elle la femme, mais celle-ci a moins l'impression de voir cette expérience lui échapper. Quand le père assiste à l'intervention, les deux conjoints peuvent partager leurs émotions et communiquer par le toucher et le regard. Plus tard, ils peuvent récapituler ensemble l'expérience et se remémorer l'un l'autre les moments oubliés. Il est particulièrement important que le mari puisse raconter plus tard à sa femme le déroulement de l'accouchement quand celle-ci a eu une anesthésie générale. Le père ou la personne qui assiste à l'accouchement peut faire des photos, prendre l'enfant dans ses bras, attirer l'attention de la mère sur les particularités du bébé et ainsi l'encourager à faire connaissance avec lui.

La perception qu'a la femme de son accouchement par césarienne et sa réaction dépendent de sa définition de l'expérience qu'elle a vécue. La façon dont elle voit la réalité est le fruit de sa perception. Si l'attitude qu'elle adopte est plus positive que négative, elle pourra selon toute probabilité surmonter efficacement le stress et les autres difficultés qui se présenteront. Un événement étant par définition transitoire, il offre des possibilités de croissance et d'évolution. Comme le rôle associé à la maternité est souvent perçu comme un prolongement du rôle associé à la grossesse, l'incapacité d'accoucher naturellement (c'est-à-dire par voie vaginale) peut provoquer chez la mère un sentiment d'échec et de frustration. L'infirmière peut encourager les attitudes positives et aider la famille à modifier son attitude négative à l'égard de l'accouchement par césarienne.

Les soins infirmiers à l'adolescente qui vient d'accoucher

L'adolescente qui vient d'accoucher a des besoins particuliers qui dépendent de son degré de maturité, de son réseau de soutien et de son bagage socioculturel. L'infirmière doit évaluer l'interaction entre l'adolescente et son bébé, le rôle des personnes qui soutiennent l'adolescente, la façon dont l'adolescente prévoit s'organiser après sa sortie du centre hospitalier, ses connaissances concernant l'éducation des enfants et le plan de congé. Il est essentiel que l'infirmière du CLSC entre en contact avec l'adolescente peu après son retour à la maison.

Les conseils portant sur la contraception constitueront une partie importante de l'enseignement de l'infirmière, car les grossesses répétées sont nombreuses chez les adolescentes. En outre, plus l'adolescente est jeune, plus elle risque de devenir enceinte à nouveau. (Voir le chapitre 10 pour en savoir plus long sur la grossesse chez l'adolescente.)

Durant le post-partum, l'infirmière dispose de nombreuses occasions pour informer l'adolescente sur les soins au bébé. L'infirmière constitue un modèle pour l'adolescente, et sa façon de prendre soin du nouveau-né influence beaucoup la jeune mère. Le père devrait participer le plus possible à cet apprentissage.

En se plaçant au chevet de l'adolescente pour examiner le nouveau-né, l'infirmière peut l'informer sur l'état de santé de son enfant et lui montrer les différentes façons de tenir un bébé. L'infirmière peut également en profiter pour informer la jeune mère sur le comportement des bébés. Quand ils savent à quoi s'attendre, les parents sont moins frustrés par la façon d'agir de leur enfant.

La mère adolescente aime qu'on la félicite pour son bébé et pour sa capacité grandissante à assumer son nouveau rôle de mère. En la félicitant et en l'encourageant, on l'aide à acquérir de l'assurance et à rehausser son estime de soi.

Les séances d'information offertes à des groupes de mères adolescentes devraient porter sur les soins à l'enfant, la prise de température, l'aspiration des sécrétions du nez et de la bouche, la croissance et le développement du bébé, l'allaitement, les consultations courantes ainsi que les signes et symptômes indiquant un problème possible chez le nouveau-né.

Idéalement, la mère adolescente devrait fréquenter une clinique destinée aux jeunes où l'on pourra suivre son évolution et celle de son enfant pendant plusieurs années. De plus, elle devrait avoir la possibilité de participer à un programme d'enseignement individualisé, comme celui offert par certaines écoles qui accueillent les mères adolescentes (voir le tableau 10-4, au chapitre 10). Dans le cadre d'un tel programme, la jeune mère a la possibilité de s'inscrire à des cours sur l'art d'être parent, de consulter un orienteur professionnel et de poursuivre ses études. Les programmes scolaires conçus pour les mères adolescentes constituent un excellent moyen d'aider la jeune mère à terminer ses études, tout en apprenant son rôle de mère.

Les soins infirmiers à la femme qui donne son nouveau-né en adoption

Parfois, la femme est incapable de garder son bébé. Dans certains cas, la mère est une adolescente, elle n'est pas mariée, elle se trouve dans une situation économique difficile, ou encore la grossesse résulte de rapports incestueux ou d'un viol. Dans d'autres cas, la mère ne se sent pas prête émotionnellement à assumer les responsabilités de la maternité, ou encore elle a un partenaire qui s'oppose fortement à sa grossesse. Toutes ces raisons et plusieurs autres peuvent amener une femme à rejeter sa grossesse. Quelle que soit la façon dont elle résoudra le problème, elle vivra une situation de crise émotionnelle. Elle pourra décider de se faire avorter, de mener sa grossesse à terme et de garder l'enfant, ou alors de mener sa grossesse à terme et de donner l'enfant en adoption.

La décision de donner son enfant en adoption est une décision extrêmement difficile à prendre. La mère subit des pressions sociales qui la poussent à ne pas abandonner son bébé. Certaines femmes décident de garder leur enfant pour se prouver qu'elles sont capables de se débrouiller toutes seules.

Habituellement, la mère qui décide de faire adopter son enfant est en proie à une profonde ambivalence. Ce sentiment s'intensifie juste avant l'accouchement et au moment où elle voit son bébé. Après la naissance, elle devra traverser les différentes étapes du processus de deuil pour surmonter sa perte.

La mère qui choisit l'adoption a généralement fait de grands changements dans son mode de vie pour donner naissance au bébé. Comme il est possible qu'elle ait caché sa grossesse à ses parents et amis, son réseau de soutien est très restreint. Durant la période prénatale, l'infirmière peut l'aider en lui prodiguant des encouragements et en l'incitant à parler de son chagrin, de son sentiment de solitude et de culpabilité, ainsi que de tout ce qui lui pèse.

Lorsqu'une femme qui a choisi l'adoption est admise au centre hospitalier pour son accouchement, il faut informer le personnel soignant que le bébé sera donné en adoption. Il faut respecter les désirs de cette femme concernant l'accouchement et l'encourager à exprimer ses émotions. Après la naissance, on doit lui permettre de voir l'enfant si elle le désire; cette décision lui appartient. Le processus de deuil est souvent moins difficile quand la mère a vu son bébé. En le voyant, toutefois, il se peut qu'elle éprouve un profond attachement pour lui et beaucoup d'amour. L'infirmière doit l'assurer que ces sentiments ne signifient pas qu'elle s'est trompée en choisissant de donner son enfant en adoption; l'abandon de son bébé est souvent un douloureux acte d'amour (Arms, 1990). Les soins postnataux visent également à assurer des soins continus à la mère.

Lorsqu'une femme décide de garder un enfant non désiré, l'infirmière doit savoir que cette femme risque d'avoir de la difficulté à exercer son rôle maternel. Lorsque l'enfant n'a pas été désiré, sa famille est plus susceptible de vivre des situations de crise que les autres familles. Dans de nombreux cas, cependant, les parents finissent par nouer des liens d'attachement avec leur enfant. L'infirmière doit donc se préparer à intervenir en cas de crise ou à adresser la jeune mère aux services concernés, au besoin.

Le plan de congé

Idéalement, l'infirmière devrait commencer à élaborer le plan de congé, dès que la femme est admise à l'unité des naissances pour son accouchement. L'infirmière doit d'abord évaluer les connaissances des parents, leurs attentes et leurs croyances, pour ensuite leur donner les conseils préventifs et les informations qui s'imposent. Comme l'enseignement constitue l'une des principales responsabilités de l'infirmière qui travaille auprès des nouvelles mères, de nombreux établissements offrent des cours et des programmes d'enseignement très détaillés. Avant que la femme ne retourne chez elle, cependant, l'infirmière doit prendre le temps de vérifier si les parents ont encore des questions à poser. En règle générale, l'enseignement préparatoire au congé comprend ce qui suit:

1. Les signes de complications possibles (voir les *Points à retenir: Signes de complications postnatales*) et des explications incitant la mère à communiquer avec le personnel soignant si elle présente ces signes.

2. La relecture de la documentation qu'on a remise à la mère. Ces documents de référence rappelleront à la nouvelle accouchée les exercices recommandés pendant le post-partum, la nécessité de se reposer suffisamment et de ménager ses forces, et l'importance d'attendre que l'écoulement des lochies ait cessé avant d'avoir des rapports sexuels. Elle saura aussi que, une fois à la maison, elle peut prendre un bain ou une douche et continuer à prendre des bains de siège si elle le désire. Si le couple désire avoir de l'information sur les méthodes contraceptives, l'infirmière peut leur en donner à ce moment-là.

3. Les numéros de téléphone de l'unité de post-partum et de la pouponnière, accompagnés d'une invitation à téléphoner si la mère a des questions.

4. Des informations sur les services offerts par les CLSC ou sur des groupes de soutien, comme la Ligue La Leche, l'Association des parents de jumeaux, etc.

5. Des informations sur les besoins nutritionnels de la cliente, qu'elle allaite au sein ou donne le biberon. Si on a prescrit à la mère des suppléments de fer et de vitamines, l'infirmière devrait lui recommander de continuer à les prendre jusqu'à son premier examen postnatal.

6. Le moment où la cliente doit prendre rendez-vous pour son examen postnatal et pour la première consultation du bébé à la clinique du nourrisson.

7. Les démarches administratives à effectuer pour l'enregistrement officiel de l'enfant à l'état civil et son inscription aux programmes gouvernementaux.

8. Les informations nécessaires concernant les aspects suivants: soins essentiels au nouveau-né, moment où le cordon tombera, calendrier des vaccinations, prévention du syndrome de la mort subite du nourrisson, etc. Les parents devraient être à l'aise quand ils nourrissent l'enfant et qu'ils le prennent dans leurs bras; ils doivent aussi connaître les mesures de sécurité fondamentales (dont l'obligation de toujours utiliser un siège d'auto pour enfant quand on emmène le bébé en voiture).

9. Les signes et les symptômes indiquant un problème possible chez l'enfant et les personnes à qui les signaler.

10. Les moments fixés pour les visites à domicile afin que les parents sachent quand l'infirmière viendra et comment se déroulera la visite (voir le chapitre 29).

Points à retenir

Signes de complications postnatales

Après son retour à la maison, la femme devrait communiquer avec son médecin si l'une des situations suivantes se présente :

- Apparition soudaine d'une fièvre persistante ou d'une fièvre rémittente (signe d'infection).

- Changement des caractéristiques des lochies : odeur nauséabonde, réapparition de lochies rouge vif, écoulement trop abondant, évacuation de gros caillots (signes d'une infection à l'utérus).

- Douleur localisée au sein, qui présente une zone rouge, chaude et enflée, des symptômes qui ressemblent à ceux de la grippe, une poussée de fièvre (signes de mastite).

- Douleur et sensibilité au mollet, rougeur (signes de thrombophlébite).

- Mictions impérieuses, pollakiurie, sensation de brûlure à la miction (signes d'une infection des voies urinaires).

- Fatigue persistante, difficulté à dormir et à se concentrer (signes de dépression postnatale).

L'infirmière peut profiter de la période qui précède le congé pour rassurer les conjoints sur leur aptitude à être de bons parents. Elle peut aussi souligner que l'enfant a besoin d'être aimé et protégé, et inciter les parents à se parler et à collaborer pour résoudre les problèmes qui peuvent survenir.

Idéalement, la nouvelle mère, le père, le nouveau-né, de même que les frères et sœurs devraient être présents afin de permettre à l'infirmière de faire une évaluation complète et de donner à tous les membres de la famille l'occasion de poser des questions et de parler de leurs préoccupations. Lorsque toute la famille est présente, il est également plus facile de déceler les perturbations de la dynamique familiale et d'amorcer une thérapie pour prévenir les risques de négligence et de mauvais traitements envers l'enfant. Le tableau 28-4 propose une liste de vérification dont l'infirmière peut se servir pour donner son enseignement durant le post-partum.

Évaluation et résultats escomptés

Si la famille a reçu des soins infirmiers complets durant le post-partum, on pourra escompter les résultats suivants :

- La mère se sent de mieux en mieux et connaît les différentes mesures de soulagement.
- La mère se sent reposée et sait comment augmenter graduellement ses activités pendant le post-partum.
- La mère bénéficie d'un bon soutien sur les plans physiologique et psychologique ; elle sait qui appeler en cas de besoin (famille, amis, ressources communautaires, personnel de la santé).
- La mère décrit les mesures d'autosoins.
- Les nouveaux parents montrent qu'ils savent comment prendre soin de leur bébé et qu'ils ont confiance en leur capacité de lui donner les soins essentiels, une fois de retour à la maison.
- Les nouveaux parents ont eu l'occasion de commencer à créer des liens d'attachement avec leur enfant.
- La femme qui a accouché par césarienne sait à quoi s'attendre au cours de sa convalescence ; elle comprend qu'il est important de se reposer et d'augmenter graduellement ses activités.

Tableau 28-4

Enseignement à la femme en post-partum

Connaissances et compétences	Méthode d'enseignement			
	Vidéocassettes	Enseignement donné oralement	Enseignement à reprendre oralement	Démonstration
Enseignement à la nouvelle mère				
Soins des seins				
Allaitement au sein ou inhibition de la lactation				
Problèmes possibles et traitement				
Involution de l'utérus				
Position du fond utérin				
Tranchées utérines				
Modifications des lochies				
Signes de complications				
Fonction vésicale				
Besoins liquidiens				
Signes de complications				
Fonction intestinale				
Élimination normale				
Aliments favorisant l'élimination				
Soins périnéaux				
Cicatrisation de l'épisiotomie				
Mesures de bien-être (rincer avec de l'eau tiède, utiliser un analgésique ou un anesthésique en pulvérisateur, bains de siège), soins à domicile				
Signes de complications				

Tableau 28-4 (suite)

Enseignement à la femme en post-partum (suite)

Connaissances et compétences	Méthode d'enseignement			
	Vidéocassettes	Enseignement donné oralement	Enseignement à reprendre oralement	Démonstration
Enseignement à la nouvelle mère (suite)				
Repos et activité				
Importance des périodes de repos, gestion de la fatigue				
Levers (le premier et les suivants)				
Surveillance des troubles circulatoires dans les jambes				
État émotionnel				
Sautes d'humeur, pleurs, dépression				
Enseignement au père de l'enfant ou au conjoint				
État émotionnel				
Changements émotionnels et difficultés pouvant survenir				
Encouragement à obtenir du soutien au besoin				
Modifications physiologiques et psychologiques pouvant survenir chez la mère et le nouveau-né				
Soins à l'enfant				
Mesures de soutien dont dispose la nouvelle famille				
Soins au nouveau-né				
Observation du bébé				
Apparence générale				
Sens				
Vue				
Ouïe				
Toucher				
Odorat				
Goût				
Signes vitaux				
Paramètres normaux				
Comment prendre la température				
Peau				
Coloration				
Éruptions normales				
Soins des fesses				
Soins du cordon				
Élimination intestinale				
Caractéristiques normales				
Signes de diarrhée et traitement				
Signes de constipation et traitement				
Besoins émotionnels et besoin de réconfort				
Réflexes de protection				
Clignement				
Éternuement				
Déglutition				
Réflexes normaux				
Réflexe de Moro				
Réflexe tonique du cou				
Chute de la tête en arrière				
Marche automatique				

Tableau 28-4 (suite)

Enseignement à la femme en post-partum (suite)

Connaissances et compétences	Méthode d'enseignement			
	Vidéocassettes	Enseignement donné oralement	Enseignement à reprendre oralement	Démonstration
Soins au nouveau-né (suite)				
Alimentation du bébé				
Allaitement au sein				
Positions d'allaitement, comment mettre le bébé au sein et comment mettre fin à la tétée				
Signes de faim (allaitement à la demande)				
Problèmes possibles et solutions				
Soins des seins				
Alimentation au biberon				
Positions				
Préparations lactées				
Comment faire éructer le bébé				
Comment prendre, emmailloter et changer le bébé				
Positions pour prendre l'enfant (creux du bras, position du ballon de football)				
Enveloppement du bébé dans une couverture pour maintenir sa chaleur				
Changement des couches				
Comparaison des couches jetables et des couches de coton				
Comment utiliser et laver les couches de coton				
Soins des fesses				
Positions du bébé pendant le sommeil				
Bain du bébé				
Accessoires nécessaires pour le bain				
Technique du bain				
Sécurité				
Comment utiliser la poire nasale et quoi faire si le bébé suffoque				
Positions les moins risquées				
Siège d'auto pour enfant				
Maintien de la santé				
Quand communiquer avec un professionnel de la santé				
Fièvre				
Diarrhée				
Problèmes d'alimentation				
Malaises				
Protection du bébé contre l'infection				
Calendrier de vaccination				
Rôle parental				
Interaction avec le bébé				
Signaux émis par le bébé et capacité d'interaction				
Besoins parentaux				
Familiarisation avec les caractéristiques individuelles de leur bébé et les techniques pouvant être utilisées				
Ressources disponibles				

Le chapitre en bref

Notions fondamentales

- Le rôle de l'infirmière spécialisée dans les soins postnataux est de prodiguer des soins qui favorisent l'unité familiale, tout en assurant la sécurité et le bien-être de la mère et du bébé.

- Au cours des 24 premières heures suivant l'accouchement, on donne des soins particuliers durant les 4 premières heures, puis durant les 4 à 8 heures qui suivent, et finalement durant les 8 à 24 heures subséquentes.

- Pendant le post-partum, il existe plusieurs causes à la douleur : périnée œdémateux, épisiotomie ou étirement des tissus périnéaux, hémorroïdes hypertrophiées ou formation d'un hématome, tranchées utérines, gerçures aux mamelons ou engorgement mammaire. Il est bon d'utiliser différentes mesures d'autosoins pour favoriser le bien-être.

- Pour inhiber la lactation, on peut utiliser des méthodes mécaniques.

- La nouvelle mère a besoin de parler de son accouchement avec une personne qui l'écoute avec empathie.

- Les mouvements des chevilles et des poignets visant à activer la circulation et à résorber l'enflure peuvent être effectués le jour même de l'accouchement ; le lendemain, on peut contracter légèrement les muscles du plancher pelvien ; quant aux exercices des muscles abdominaux, la nouvelle accouchée s'y adonnera graduellement.

- Le premier jour ou les deux premiers jours après l'accouchement, la mère est dépendante et centrée sur son bien-être physique. Elle fait ensuite preuve de plus d'autonomie et est prête à assumer ses responsabilités.

- La cohabitation permet à la nouvelle famille d'avoir des interactions avec le nouveau-né pendant les premières heures et les premiers jours de sa vie. La famille peut ainsi, dans un milieu sécurisant, acquérir de l'assurance et développer ses compétences.

- La femme peut avoir des rapports sexuels une fois que la plaie de l'épisiotomie est cicatrisée et que l'écoulement des lochies a cessé.

- Après un accouchement par césarienne, l'infirmière doit prodiguer des soins postopératoires en plus des soins postnataux habituels. Si la césarienne n'était pas prévue, il se peut qu'on doive aider la femme à surmonter ses sentiments d'échec et de frustration.

- Quand l'infirmière travaille auprès d'une adolescente qui vient d'accoucher, elle doit évaluer son degré de maturité, le réseau de soutien dont elle dispose, son bagage culturel et ses connaissances. Elle planifie ensuite les soins en fonction des données recueillies.

- La femme qui décide de donner son nouveau-né en adoption a besoin de soutien émotionnel. Elle devrait pouvoir décider si elle veut voir son bébé et le prendre dans ses bras, et le personnel soignant devrait satisfaire toute demande particulière concernant la naissance.

- Il faut informer les conjoints sur les autosoins nécessaires à la femme avant qu'elle quitte le centre hospitalier. Les parents devraient avoir acquis les habiletés nécessaires pour prendre soin du bébé et connaître les signes précurseurs de complications chez la mère et l'enfant. Il est bon de donner aux conjoints de la documentation sur les problèmes susceptibles de se présenter lorsqu'ils seront de retour à la maison.

- Étant donné que les femmes retournent chez elle de plus en plus rapidement après un accouchement, les soins de suivi sont plus importants que jamais. Ils peuvent s'effectuer de plusieurs façons, notamment par des visites à domicile ou par téléphone.

Références

ARMS, S. (1999). *Adoption : A handbook of hope*, Berkeley, Celestial Arts.

BANKS-WALLACE, J. (1999). « Storytelling as a tool for providing holistic care to women », *American Journal of Maternal-Child nursing*, vol. 24, p. 20-24.

BARRETT, G., E. PENDRY, J. PEACOCK, C. VICTOR, R. THAKAR et I. MANYONDA (2000). « Women's sexual health after childbirth », *British Journal of Obstetrics and Gynecology*, vol. 107, n° 20, p. 186-195.

CUNNINGHAM, F. G., N. F. GANT, K. J. LEVENO, L. C. GILSTRAP III, J. C. HAUTH et K. D. WENSTROM (2001). *Williams Obstetrics*, 21ᵉ éd., New York, McGraw-Hill.

DUMOULIN, C. (2000). *En forme après bébé, exercices et conseils*, Montréal, Éditions de l'Hôpital Sainte-Justine.

KARCH, A. M. (2001). *Lippincott's nursing drug guide*, Philadelphie, Lippincott.

KONIAK-GRIFFIN, D., C. MATHENGE, N. L. ANDERSEN et I. VERZEMNIEKS (1999). « An early intervention program for adolescent mothers : A nursing demonstration project », *Journal of Obstetric, Gynecology, and Neonatal Nursing*, vol. 28, p. 51-59.

LAMP, J. M., et P. A. HOWARD (1999). « Guiding parents' use of the Internet for newborn education », *American Journal of Maternal-Child Nursing*, vol. 24, p. 33-36.

PARKS, P. L., E. R. LENZ, R. A. MILLIGAN et H. R. HAN (1999). « What happens when fatigue lingers for 18 months after delivery ? », *Journal of Obstetric, Gynecologic and Neonatal Nursing*, vol. 28, p. 87-93.

PDR nurse's handbook (2001). Monvale. New Jersey, Demar Publisher.

SAMPSELLE, C. M., J. SENG, S. YEO, C. KILLIAN et D. OAKLEY (1999). « Physical activity and postpartum wellbeing », *Journal of Obstetric, Gynecologic and Neonatal Nursing*, vol. 28, p. 41-49.

SANTÉ CANADA (2000). *Les soins à la mère et au nouveau-né dans une perspective familiale : lignes directrices nationales*, Ottawa, ministre des Travaux publics et des Services gouvernementaux du Canada.

SCHNEIDERMAN, J. U. (1996). « Postpartum nursing for Korean mothers », *American Journal of Maternal-Child Nursing*, vol. 21, n° 3, p. 155-158.

VARNEY, H. (1997). *Varney's Midwifery*, 2ᵉ éd., Sudbury, Jones and Bartlett.

Lecture complémentaire

KUSTER, M., C. GOULET et J. PÉPIN (2002). « Significations du soin postnatal pour des immigrants algériens », *L'Infirmière du Québec*, vol. 10, n° 1, p. 12-22.

La famille après la naissance : soins à domicile

Objectifs

- Explorer les différents aspects des soins postnataux à domicile

- Connaître les principaux objectifs des visites à domicile durant la période postnatale

- Énumérer les mesures qu'une infirmière doit prendre pour assurer sa sécurité personnelle lors des visites à domicile

- Savoir établir de bons rapports avec la famille visitée

- Décrire les évaluations et les soins qui se rapportent à la mère et au nouveau-né, ainsi que les façons de donner l'enseignement à domicile

- Expliquer l'évaluation qui doit être effectuée auprès de la nouvelle famille ainsi que les progrès escomptés

- Décrire l'enseignement de l'infirmière concernant les problèmes d'allaitement au sein qui peuvent se poser après le retour à la maison

Vocabulaire

COMME LES FEMMES QUI VIENNENT D'ACCOUCHER rentrent à la maison beaucoup plus vite qu'autrefois, les soins à domicile sont devenus essentiels. Lorsqu'on parle de la durée du séjour à l'unité des naissances après un accouchement, on utilise l'expression «séjour de courte durée» ou «court séjour». On ne s'entend toutefois pas pour dire combien de temps exactement un court séjour devrait durer.

Santé Canada (2000) indique qu'«il est essentiel d'établir une collaboration entre les comités des hôpitaux abordant des questions relatives aux mères et aux nouveau-nés, les organismes communautaires et les consommateurs pour l'élaboration de programmes associés à la durée du séjour et au suivi».

Le séjour de courte durée entraîne d'autres répercussions pour la femme qui vient d'accoucher. Ainsi, la nouvelle mère qui rentre à la maison moins de 48 heures après son accouchement ne jouit pas encore d'un état physique stable, elle ne dispose pas du soutien constant des infirmières, elle n'a pas encore eu beaucoup d'occasions de faire connaissance avec son bébé, et sa lactation n'est pas encore établie (AAP, Committee on Fetus and Newborn, 1995). En outre, les 24 heures qui suivent l'accouchement ne constituent pas une période propice à l'enseignement puisque la nouvelle mère est en phase de récupération et donc peu réceptive à l'enseignement (Soskolne et al., 1996). Selon le Committee on Fetus and Newborn de l'AAP (1995) et selon Santé Canada (2000), on doit se baser sur certains critères pour déterminer la durée du séjour à l'unité des naissances et assurer la prestation de soins de qualité au nouveau-né et à la nouvelle mère (tableau 29-1).

Le raccourcissement des séjours hospitaliers a également des répercussions sur le travail du personnel infirmier. Ainsi, les infirmières de l'unité des naissances disposent de très peu de temps pour effectuer les évaluations essentielles, pour donner des soins holistiques (physiologiques, psychologiques et spirituels) et pour enseigner les soins maternels et néonataux. Les nouveaux parents veulent bien qu'on leur apprenne comment soigner leur nouveau-né, mais ils ont également besoin de se reposer et de passer du temps avec leur bébé. D'où la nécessité grandissante d'instaurer des programmes de visites à domicile qui permettent de s'assurer non seulement que les besoins de la famille sont satisfaits, mais que tous les soins de santé essentiels sont prodigués.

Les visites à domicile

Durant le post-partum, les soins à domicile sont axés sur l'évaluation, l'enseignement et le counseling. Les visites à domicile fournissent l'occasion de parfaire l'enseignement des techniques de soins qui avait débuté à l'unité des naissances. Le climat est moins intimidant pour la famille puisqu'elle se trouve dans un milieu qui est le sien. Dans certains cas, l'évaluation et l'enseignement des soins à la mère et au nouveau-né constituent un véritable défi en milieu familial, et l'infirmière est alors appelée à exercer son sens critique pour trouver des options créatives avec la famille.

Les visites postnatales sont habituellement au nombre d'une ou deux, et l'infirmière visiteuse n'effectue pas de suivi à long terme. La visite comporte une évaluation complète, axée sur les besoins de la famille et les soins à prodiguer.

Si les critères de congé ont été respectés (voir le tableau 29-1), l'infirmière peut s'attendre à certains acquis en ce qui a trait à l'état de la mère et de l'enfant. Cela ne doit toutefois pas l'empêcher de rechercher les signes de complications, car l'état de la mère et celui du bébé peuvent s'être détériorés depuis le retour à la maison.

Tableau 29-1

Critères de congé pour le nouveau-né

1. Il n'y a aucune complication avant, pendant et après l'accouchement, qui a eu lieu par voie vaginale.

2. Le bébé est né à terme, entre 38 et 42 semaines, et il est eutrophique.

3. Les signes vitaux du nouveau-né sont dans les limites de la normale et ils demeurent stables au cours des 12 heures précédant le congé (respiration : < 60/min ; pouls apical : 120-160 bpm ; température axillaire entre 36,5 et 37 °C dans un berceau ouvert, avec des vêtements appropriés).

4. Le nouveau-né a évacué au moins une selle et a uriné.

5. Au moins deux tétées ont été réussies. La capacité du bébé de coordonner la succion, la déglutition et la respiration a été observée et notée.

6. Aucune anomalie physique n'a été décelée lors des 2 examens médicaux du bébé à 24 heures d'intervalle.

7. Dans le cas d'une circoncision, aucun saignement excessif n'a été observé au cours des 2 heures précédant le congé, et les parents savent qui appeler si le nouveau-né n'a pas éliminé dans les 8 heures suivant l'intervention.

8. Il n'y a pas d'ictère notable au cours des 24 heures suivant la naissance.

9. La mère a reçu l'enseignement nécessaire sur : l'allaitement au sein ou l'alimentation au biberon ; l'élimination intestinale et urinaire du bébé ; les soins de la plaie de la circoncision ; les soins du cordon, de la peau et des organes génitaux ; les signes de maladie ou de détresse ainsi que les problèmes infantiles courants ; les signes d'ictère et la personne à contacter s'ils apparaissent ; la sécurité du bébé (positions les plus sûres après les tétées et pour dormir ; utilisation du siège d'auto).

10. On a effectué un examen satisfaisant des résultats de laboratoire.

11. Le test de dépistage des maladies métaboliques a été effectué.

12. On s'est assuré que la famille connaît les ressources communautaires de son quartier.

13. On a évalué la famille en ce qui a trait aux facteurs de risque sociaux et environnementaux (antécédents de mauvais traitements ou de négligence envers un autre enfant, violence conjugale avant ou pendant la grossesse, peu de soutien familial ou communautaire, manque de ressources financières ou de nourriture, problème de logement, maladie mentale qui nuit à la capacité d'un des parents de s'occuper de lui-même ou du bébé, mère monoparentale sans autre enfant et sans soutien social).

Source : American Academy of Pediatrics, Committee on Fetus and Newborn (1995). « Hospital stay for healthy term newborns », *Pediatrics*, 1995, vol. 96, n° 4, p. 788.

But de la visite à domicile

Habituellement, la visite à domicile a lieu au cours des 24 à 48 heures suivant le congé et elle est effectuée par une infirmière qui connaît à fond les soins néonataux et postnataux. L'infirmière détermine d'abord le but de la visite et rassemble le matériel dont elle aura besoin. L'infirmière prendra rendez-vous avec la famille par téléphone. Elle indiquera clairement l'objet de sa visite à domicile et établira de bons rapports avec la nouvelle mère.

La visite à domicile est utile à bien des égards. En tout premier lieu, elle permet d'évaluer l'état de la mère et du bébé, de déceler les signes de complications, de pratiquer les derniers tests de dépistage s'il y a lieu, de déterminer l'information dont la famille a besoin et de donner l'enseignement nécessaire. La visite à domicile permet aussi à l'infirmière de discuter avec la famille de sujets peut-être négligés jusque-là, et cela dans un climat plus détendu qu'en milieu hospitalier. Elle représente également un moment privilégié pour évaluer l'adaptation de tous les membres de la famille au nouvel enfant, pour répondre aux questions sur l'allaitement au sein, pour donner du soutien et des encouragements, et pour vérifier si on doit adresser la famille à un autre professionnel de la santé (Lowdermilk, 1995).

Relation entre l'infirmière et la famille

Même si l'infirmière de l'unité des naissances s'efforce de donner toute l'autonomie possible à la famille et de l'encourager à participer aux soins, un établissement de soins demeure un établissement de soins, et l'atmosphère institutionnelle qui y règne fait souvent en sorte que la nouvelle mère et sa famille se sentent quelque peu dépossédées. À cet égard, l'infirmière visiteuse doit reconnaître que les paramètres de la visite à domicile sont très différents des paramètres du séjour à l'unité des naissances. À la maison, les membres de la famille sont maîtres de leur environnement, et c'est l'infirmière qui est « en visite ». L'infirmière fondera ses rapports avec la famille sur les mêmes valeurs que celles qu'elle utilise dans sa pratique hospitalière (respect, franchise, empathie, confiance mutuelle), mais ces rapports peuvent s'enrichir de nouveaux éléments au moment où elle pénétrera dans le milieu familial pour la première fois (voir l'encadré *Points à retenir : Établissement d'une bonne relation entre l'infirmière et la famille*).

Sécurité personnelle

Dans le passé, les infirmières étaient considérées comme des piliers de la collectivité et pouvaient se rendre dans tous les milieux sans craindre pour leur sécurité. De nos jours, malheureusement, certains milieux sont peu sûrs, et l'infirmière doit suivre certaines règles de sécurité fondamentales lorsqu'elle fait une visite à domicile. Elle doit suivre les recommandations suivantes : porter son insigne d'infirmière et avoir aux pieds des chaussures appropriées ; éviter d'arborer des bijoux coûteux ou l'insigne d'un groupe religieux ou politique qui pourrait choquer ; se munir d'un téléphone cellulaire ou d'un téléavertisseur afin de disposer en tout temps d'un moyen de communication ; avoir sur elle de la monnaie au cas où elle voudrait utiliser un téléphone public ; prévenir sa superviseure avant de faire la visite à domicile et la joindre de nouveau dès son retour.

Beaucoup de services de soins à domicile ont instauré des programmes de prévention de la violence pour assurer la sécurité des infirmières visiteuses. Les infirmières visiteuses doivent connaître leur milieu et se montrer vigilantes en tout temps. Voici d'autres recommandations concernant la sécurité (Durkin et Wilson, 1999) :

- Pour accroître sa sécurité personnelle, prendre le temps de faire le tour du quartier en voiture avant la première visite afin de déceler les endroits potentiellement dangereux. Ne pas rester au sein d'une foule ou dans un ascenseur en compagnie de gens qui n'inspirent pas confiance.

- Ranger ses affaires personnelles dans le coffre de la voiture, hors de vue.

- Prêter attention au langage corporel de toutes les personnes présentes durant la visite.

- Surveiller les signes indiquant qu'une personne est sur le point de s'emporter (cou ou visage rouge, poings serrés, déambulation incessante).

- Prêter attention à son propre langage corporel et à la façon dont les autres peuvent l'interpréter. (Par exemple, éviter de croiser les bras ou de mettre les mains dans les poches, deux attitudes qui peuvent être prises pour de l'hostilité ; demeurer calme et respectueuse en tout temps.)

- Quitter le domicile de la cliente immédiatement si on aperçoit une arme et que la cliente ou un membre de sa famille n'accepte pas de la ranger.

- Si la situation semble comporter des risques, mettre fin à la visite.

Si le domicile de la cliente se trouve dans un quartier dangereux, la visite peut être effectuée par deux infirmières. Toutefois, si celles-ci se trouvent face à une situation de violence, elles retourneront à la voiture et demanderont du secours (en téléphonant au 911, par exemple).

La plupart des gens se sentent plus à l'aise dans un milieu qu'ils connaissent bien et ils ont de la réticence à pénétrer dans l'intimité d'autrui. L'infirmière éprouvera probablement ce même embarras lors de ses premières visites à domicile, mais son malaise s'atténuera avec l'expérience (figure 29-1 ▶). Même si elle se sent de plus en plus à l'aise, cela ne doit toutefois pas l'empêcher de se montrer vigilante en tout temps.

Déroulement de la visite

Lorsqu'on lui ouvre la porte, l'infirmière se présente et s'assure qu'elle est bien au bon endroit. Si on ne lui offre pas de

---

Points à retenir

Établissement d'une bonne relation entre l'infirmière et la famille

Pour établir une bonne relation avec la famille, l'infirmière doit faire preuve de franchise et d'empathie, en plus d'inspirer en tout temps de la confiance et de la sympathie.

Objectif	Moyens pour atteindre l'objectif
Respect	L'infirmière se présente à la famille. Elle appelle les membres de la famille par leur nom de famille (avec les titres de civilité appropriés : madame, mademoiselle ou monsieur), à moins que ceux-ci l'invitent à utiliser leur prénom.
	L'infirmière demande qu'on la présente aux autres membres de la famille qui sont présents. Elle laisse la nouvelle mère ou le porte-parole désigné assumer ce rôle. Elle applique les techniques d'écoute active et demeure objective.
Franchise	L'infirmière ne dit que des choses qu'elle pense vraiment. Elle s'assure que son langage verbal et son langage non verbal concordent.
	Elle maintient une attitude non critique. Elle ne tire pas de conclusion sur les personnes ou sur leur milieu.
	Elle se conduit toujours de manière attentionnée.
	Elle s'est préparée à la visite. Elle est honnête lorsqu'elle répond aux questions et donne de l'information, et elle se montre sincère. Si elle ne connaît pas la réponse à une question, elle propose à la cliente de s'informer et d'y revenir ultérieurement.
Empathie	L'infirmière écoute la mère et la famille lui expliquer « où ils en sont », sans porter de jugement.
	Elle se montre attentive à la façon dont ils vivent l'arrivée du nouvel enfant afin de mieux comprendre comment ils se sentent.
Confiance et sympathie	L'infirmière fait ce qu'elle a dit qu'elle allait faire.
	Elle arrive à l'heure au domicile de la cliente et elle a préparé la visite.
	Elle s'assure que le suivi nécessaire sera effectué.

---

s'asseoir, l'infirmière peut demander : « Où pourrions-nous nous asseoir pour discuter un moment ? »

L'infirmière procède ensuite aux évaluations prévues, prodigue les soins nécessaires, donne l'enseignement à la cliente et à sa famille, les adresse aux organismes communautaires qui peuvent les aider et planifie la prochaine visite à domicile ou le suivi téléphonique. L'infirmière doit signaler immédiatement tout problème médical au médecin et assurer

lit pour s'assurer qu'il est en bon état. L'espace entre les barreaux ne doit pas dépasser 7 cm, et il ne doit pas y avoir d'espace entre le matelas et les barreaux du lit afin de réduire le risque de suffocation (le bébé pourrait rester coincé entre le matelas et le lit). L'infirmière peut encourager les parents à suivre un cours de réanimation cardiorespiratoire, surtout s'il y a des antécédents familiaux de mort subite du nourrisson ou des soins particuliers à donner (voir l'encadré *Pratique fondée sur des données probantes : Expliquer aux parents le syndrome de mort subite du nourrisson*).

Évaluation de l'apport liquidien et nutritionnel

Quelle que soit la méthode d'alimentation choisie, il est important que l'infirmière évalue l'apport liquidien et nutritionnel de l'enfant. L'évaluation physique comprend également la pesée du nourrisson dévêtu. Si la perte de poids depuis la naissance est de 10 % ou plus, l'infirmière doit rechercher les signes de déshydratation (peau lâche et peu élastique, muqueuses sèches, fontanelle antérieure renfoncée, diminution de la fréquence et de la quantité des urines et des selles). Les nouveau-nés postmatures, les nouveau-nés hypotrophiques et les jumeaux ou triplés sont plus sujets aux troubles alimentaires (Locklin et Jansson, 1999). Lorsque la mère qui allaite se demande si son bébé boit suffisamment, l'infirmière pourra revoir avec elle les critères d'évaluation de l'allaitement maternel qui se trouvent au chapitre 24, dans l'encadré *Points à retenir : Évaluation de l'allaitement maternel*, p. 699.

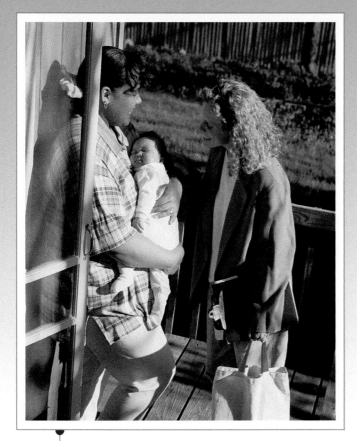

FIGURE 29-1 ▶ Infirmière arrivant au domicile d'une cliente.

le suivi qui s'impose (Carpenter, 1998). Les éléments évalués au cours de la visite à domicile seront décrits dans les sections qui suivent.

Les soins à domicile : le nouveau-né

Comment prendre et coucher le bébé

L'infirmière vérifiera que les parents savent comment prendre et coucher le bébé. Les membres de la famille prendront de l'assurance si l'infirmière souligne avec quelle aisance ils administrent les soins. En cas de difficulté, l'infirmière peut leur proposer d'autres méthodes et en faire la démonstration (les différentes façons de tenir le bébé sont expliquées au chapitre 23). L'infirmière rappellera aux parents qu'il est important de coucher le bébé sur le dos lorsqu'il est sans surveillance.

Le nouveau-né ne doit pas avoir d'oreiller ou de jouets en peluche dans son lit. On doit aussi inspecter régulièrement le

Rythme de veille et de sommeil et raison des pleurs

Les parents doivent savoir que le cycle de veille et de sommeil est propre à chaque bébé et qu'il varie chez un même bébé. Certains nouveau-nés n'ont besoin que de 12 à 16 heures de sommeil et ils ne connaissent pas de période de sommeil profond au cours des premiers jours suivant la naissance. Le chapitre 23 traite des différents types de sommeil et de la raison des **pleurs**. On peut conseiller aux parents qui se sentent inquiets parce qu'ils n'arrivent pas à déceler pourquoi leur bébé pleure de le tenir en position verticale afin qu'il puisse regarder autour de lui et explorer son environnement. Certains parents ont peur de «gâter» leur enfant s'ils le prennent dans leurs bras. Ils doivent savoir que le fait de prendre dans ses bras un bébé qui pleure signifie pour lui que les adultes vont répondre à ses besoins et s'en occuper. L'enfant peut ainsi apprendre à faire confiance aux êtres humains. (Voir le tableau 29-2 pour une description des états de veille et de sommeil chez le nouveau-né.)

Tableau 29-2

Veille et sommeil chez le nouveau-né

État*	Activité corporelle	Mouvements des yeux	Mouvements du visage	Type de respiration	Degré de réaction	Interventions
			Caractéristiques			
Sommeil profond ou calme	Presque immobile; quelques soubresauts ou sursauts	Absents	Absence de mouvements, à l'exception de quelques mouvements de succion à intervalles réguliers	Régulière	L'enfant ne réagit qu'à des stimuli très intenses ou désagréables.	Il est difficile de nourrir le nouveau-né pendant la période de sommeil profond, même si on utilise des stimuli désagréables (chiquenaudes sur les pieds). Il se réveillera brièvement, mais restera sans réactions avant de retomber dans le sommeil. Si on attend que le nouveau-né soit plus actif, l'alimentation ou les soins pourront se dérouler de façon plus agréable.
Sommeil léger	Quelques soubresauts	Mouvements oculaires rapides, battements sous les paupières fermées	Sourires ou soupirs	Irrégulière	L'enfant réagit davantage aux stimuli internes et externes. Lorsque ces stimuli se produisent, le nouveau-né peut rester dans un état de sommeil léger ou devenir somnolent.	Le sommeil léger constitue la portion la plus importante du sommeil chez le nouveau-né et précède habituellement le réveil. Le bébé peut émettre des cris ou des sons brefs, qui sont normaux et n'indiquent pas la faim. On ne doit donc pas nourrir le bébé à ce moment-là, car il n'est pas prêt à accepter la nourriture.
Somnolence ou assoupissement	Niveau d'activité variable avec de légers sursauts de temps en temps; habituellement, les mouvements ne sont pas saccadés.	Les yeux s'ouvrent et se ferment occasionnellement; les paupières semblent lourdes et le regard est terne et vitreux.	Parfois, quelques mouvements du visage; parfois, visage immobile	Irrégulière	Réaction retardée aux stimuli sensoriels; souvent, un changement d'état se produit après une stimulation.	Le nouveau-né somnolent peut se rendormir ou se réveiller. Pour provoquer un état d'éveil paisible ou de réactivité, on peut se servir de stimuli visuels ou auditifs, ou encore de stimuli qui déclenchent le réflexe de succion. En l'absence de stimuli, le nouveau-né peut retourner à l'état de sommeil.
Éveil paisible (vigilance)	Minime	Les yeux s'ouvrent et le regard s'allume.	Le visage est lumineux, pétillant et rayonnant.	Régulière	Le nouveau-né s'intéresse à son entourage et concentre son attention sur les stimuli.	Dans cet état, le nouveau-né procure du plaisir et de la satisfaction à la personne qui s'en occupe. Si on lui donne des stimuli visuels ou auditifs, ou des stimuli qui déclenchent le réflexe de succion, on pourra le garder dans cet état de veille paisible au cours des quelques heures qui suivent la naissance. La plupart des nouveau-nés passent habituellement par une période de veille avant d'entrer dans une longue période de sommeil.
Éveil actif (agitation)	Activités corporelles intenses et, éventuellement, périodes de mauvaise humeur	Les yeux sont ouverts, mais moins brillants.	Beaucoup de mouvements du visage; le visage est moins épanoui que dans l'état d'éveil paisible.	Irrégulière	Sensibilité de plus en plus grande aux stimuli désagréables (faim, fatigue, bruit, trop de manipulations)	Il est possible que la personne qui s'occupe du nouveau-né doive intervenir pour le consoler et le calmer.

Tableau 29-2 (suite)

Veille et sommeil chez le nouveau-né (suite)

			Caractéristiques				
État*	Activité corporelle	Mouvements des yeux	Mouvements du visage	Type de respiration	Degré de réaction	Interventions	
Pleurs	Activité motrice accrue et changements de couleur de la peau	Les yeux peuvent être fermés ou ouverts.	Grimaces	Plus irrégulière	Forte réaction à tous les stimuli externes ou internes désagréables.	Chez le nouveau-né, les pleurs sont un moyen de communication. Il s'agit d'une réaction à un stimulus désagréable venant de son environnement ou de son organisme (fatigue, faim, douleur). Les pleurs indiquent que le stimulus l'a atteint. Parfois, il peut se consoler et se calmer tout seul. Parfois, il aura besoin de l'aide de la personne qui s'en occupe.	

* Un état se définit par un ensemble de caractéristiques qui se présentent simultanément de façon constante : activité corporelle, mouvements des yeux, mouvements du visage, respiration et réaction aux stimuli externes (les manipulations, par exemple) et externes (la faim).

Source : Blackburn, S., et R. Kang (1991). « Early parent-infant relationships », 2ᵉ éd., module 3, série 1, *in The first six hours after birth*, White Plains, New York, March of Dimes Birth Defects Foundation ; reproduit avec l'autorisation du détenteur du droit d'auteur.

Pratique fondée sur des données probantes

Expliquer aux parents le syndrome de mort subite du nourrisson

Après trois ans de soins infirmiers en milieu hospitalier, vous êtes retournée aux études pour aller travailler en milieu communautaire. On vous transfère donc de l'unité de soins mère-enfant à l'unité de soins à domicile.

La prestation de soins au domicile du client est une expérience nouvelle qui vous fait apprécier vos compétences d'enseignante. Votre service de soins à domicile accorde une attention particulière à la réduction des facteurs de risque du syndrome de mort subite du nourrisson.

Le syndrome de mort subite du nourrisson est la troisième cause de décès chez les nourrissons aux États-Unis, après la prématurité et les anomalies congénitales (Huffman *et al.*, 1999). Au Canada, environ trois nourrissons meurent chaque semaine de façon soudaine et inexplicable ; les nourrissons autochtones étant les plus à risque (Société canadienne de pédiatrie, 2002). On ne connaît pas encore la cause du syndrome, mais on sait que la présence de certains facteurs de risque justifierait qu'on se livre à une évaluation et à un enseignement plus approfondis. L'American Academy of Pediatrics (AAP) a émis en 1992 des recom-

mandations visant à éliminer trois des facteurs de risque du syndrome de mort subite du nourrisson (AAP, 1992). Ces trois facteurs de risque sont le décubitus ventral, un emmaillotement excessif et un matelas trop mou. Parmi les autres facteurs importants, l'exposition à la nicotine, avant ou après la naissance, augmente le risque de mort subite du nourrisson. Des études indiquent que la consommation de drogues, telles que l'alcool, la marijuana, le crack, la cocaïne ou l'héroïne, peut augmenter le risque de mort subite. Les études indiquent cependant que les parents reçoivent cette information non pas du personnel soignant, mais d'autres sources (Huffman *et al.*, 1999).

Au cours de vos visites à domicile, vous devrez donc dépister les facteurs de risque du syndrome de mort subite du nourrisson. Vous devrez également évaluer le lit dans lequel dort le bébé et les positions qu'il adopte durant son sommeil. En plus des matelas mous et des oreillers, les parents, gardiens ou gardiennes devraient éviter les douillettes ou les peaux d'agneau, les jouets en peluche, les bordures de protection de lit, ainsi que tout ce qui peut gêner la circulation d'air autour du visage du nourrisson quand il dort.

Références

AMERICAN ACADEMY OF PEDIATRICS (1992). « Task Force on Infant Sleep Positioning and Sudden Infant Death Syndrome », *Pediatrics*, vol. 89, p. 1120-1126.

HUFFMAN, A., S. SMOK-PEARSALL, J. SILVESTRI et D. WEESE-MAYER (1999). « SIDS risk factor awareness : Assessment among nursing students », *Journal of Obstetrics, Gynecologic and Neonatal Nursing*, vol. 28, nᵒ 1, p. 68-73.

SOCIÉTÉ CANADIENNE DE PÉDIATRIE *ET AL.* (1998, réapprouvé en 2002). « La mort subite du nourrisson au Canada : réduire le risque », *Paediatrics & Child Health*, vol. 4, nᵒ 3, p. 227-228.

Les soins à domicile : la nouvelle mère et sa famille

Au cours des premières semaines après l'accouchement, de nombreux changements se produisent. Chaque membre de la famille s'adapte à l'arrivée du nouveau-né ainsi qu'à son nouveau rôle et à ses nouvelles responsabilités. Durant cette période, la femme doit aussi accomplir certaines tâches, tant sur le plan physique que sur celui de sa croissance personnelle :

- établir une relation avec son bébé ;
- se reposer afin de retrouver sa forme physique ;
- développer sa compétence dans les soins au nourrisson afin de pouvoir satisfaire ses besoins ;
- s'adapter au nouveau mode de vie et aux modifications de la dynamique familiale qu'entraîne l'arrivée du nouveau-né.

L'infirmière peut effectuer le suivi par des visites à domicile, par téléphone ou par une combinaison des deux, selon les besoins et les préférences de la mère et selon les pratiques en vigueur dans le milieu.

Évaluation de la nouvelle mère et de la famille

Durant la première visite à domicile, l'infirmière effectuera une évaluation physique et psychologique. Elle s'assurera d'abord de pouvoir faire cette évaluation dans l'intimité. L'examen physique sera axé sur l'adaptation physique de la mère, c'est-à-dire sur les signes vitaux, les seins, les muscles abdominaux, les habitudes d'élimination, les organes génitaux et les résultats de laboratoire. L'infirmière s'entretiendra également avec la mère pour évaluer son alimentation, son degré de fatigue, sa capacité de se reposer et de dormir, les mesures utilisées pour soulager la douleur ainsi que les signes de complications postnatales. En outre, si la mère allaite au sein, l'infirmière évaluera sa technique d'allaitement et lui fournira de l'information sur les difficultés possibles de l'allaitement maternel afin que la femme sache comment réagir, le cas échéant.

L'évaluation psychologique est centrée sur l'attachement, l'adaptation au rôle parental, l'adaptation des frères et sœurs ainsi que sur l'apprentissage. L'infirmière peut également fournir à la mère des renseignements sur les services communautaires disponibles, notamment sur les services à domicile offerts par le CLSC. Si ce n'est déjà fait, elle peut aussi donner l'enseignement nécessaire au sujet de la planification des naissances et des méthodes de contraception. Idéalement, l'évaluation devrait porter sur toute la famille : le père, le nourrisson ainsi que ses frères et sœurs. Une telle approche permet d'évaluer la dynamique globale et donne à chacun l'occasion de poser des questions et d'exprimer ses préoccupations. De plus, il est ainsi plus facile de déceler les perturbations de la dynamique familiale et d'amorcer le suivi nécessaire pour prévenir la négli-gence ou les mauvais traitements. (Voir le *Guide de l'évaluation du post-partum : Première visite à domicile et progrès escomptés six semaines après la naissance.*)

Lors de sa visite à domicile, l'infirmière poursuit son enseignement, notamment au sujet des autosoins. Elle discutera aussi des soins au bébé et répondra aux questions posées par les membres de la famille. En général, la nouvelle mère voit son médecin six semaines après l'accouchement pour un dernier examen postnatal, mais l'infirmière peut l'inciter à consulter plus tôt en cas de besoin.

Allaitement au sein : suivi et enseignement

Trop souvent, la nouvelle mère quitte l'unité des naissances avant que l'allaitement soit bien établi et se retrouve sans soutien au moment où les difficultés d'allaitement se présentent. Beaucoup de femmes cessent d'ailleurs d'allaiter à ce moment-là parce que ces difficultés leur semblent insurmontables. Il appartient donc à l'infirmière de leur indiquer à l'avance les remèdes et les solutions à ces difficultés courantes, mais passagères, de l'allaitement. On trouvera au tableau 29-3, page 869, les mesures de soulagement à proposer aux femmes ayant des problèmes d'allaitement.

Douleurs aux mamelons

Il faut prévenir la mère que les douleurs aux mamelons sont courantes au début de l'allaitement, qu'elles s'exacerbent entre le troisième et le sixième jours, puis qu'elles s'atténuent par la suite (Riordan et Auerbach, 1999). Cependant, la mère ne devrait pas remplacer l'allaitement au sein par l'alimentation au biberon ou retarder les tétées, car elle ne ferait que provoquer un engorgement mammaire et aggraver la douleur. La douleur qui dure pendant toute la tétée ou plus d'une semaine devrait toutefois être évaluée.

Les douleurs aux mamelons sont très souvent dues à la position du bébé au sein. La main de la mère ne devrait pas toucher l'aréole, tandis que le bébé devrait faire face à la poitrine de sa mère ; il faut s'assurer que l'oreille, l'épaule et la hanche sont alignées (voir la figure 24-5 ▶). Comme la partie la plus éprouvée du mamelon est celle qui se trouve dans l'axe du menton et du nez du bébé, on peut atténuer la douleur en changeant la position de l'enfant à chaque tétée. En changeant régulièrement la position d'allaitement, on soumet différentes parties du mamelon à la succion et on permet aux seins de se vider complètement.

Les douleurs aux mamelons peuvent également être provoquées par de mauvaises habitudes de succion chez l'enfant. Dans ce cas, le bout des mamelons est meurtri, corné ou cloqué parce que le mamelon est pris dans un mauvais angle ou frotte contre le palais du bébé (Riordan et Auerbach, 1999). La douleur peut aussi provenir d'une pression négative continue sur le mamelon quand l'enfant s'endort au sein.

Guide d'évaluation du post-partum
Première visite à domicile et progrès escomptés six semaines après la naissance

Examen/résultats normaux	Anomalies et causes possibles*	Interventions infirmières dictées par les données**
Signes vitaux		
Tension artérielle : rétablissement de la tension normale d'avant la grossesse	Tension artérielle élevée (anxiété, hypertension essentielle, néphropathie)	Revoir les antécédents, examiner les valeurs initiales de la tension artérielle ; demander une consultation médicale, au besoin
Pouls : de 60 à 90 battements/min (ou fréquence normale d'avant la grossesse)	Fréquence accrue du pouls (agitation, anxiété, troubles cardiaques)	Prendre le pouls pendant une minute et noter les irrégularités ; une tachycardie marquée ou des battements très irréguliers exigent un examen plus poussé ; il faudrait, éventuellement, consulter le médecin.
Respirations : de 16 à 24/min	Tachypnée marquée ou rythme anormal (troubles respiratoires)	Évaluer les risques de maladie respiratoire ; adresser la femme au médecin, au besoin
Température : de 36,2 °C à 37,6 °C	Température élevée (infection)	Rechercher les signes et symptômes d'infection ou de maladie
Poids		
Deux jours : perte de poids probable de 6 à 10 kg, ou plus	Perte pondérale minime (rétention d'eau, hypertension gravidique)	Rechercher les signes de rétention d'eau, d'œdème ; évaluer les réflexes ostéoendineux et la tension artérielle
Six semaines : rétablissement du poids normal d'avant la grossesse (chez certaines femmes, le retour au poids d'avant la grossesse est retardé par l'allaitement, ce qui est normal)	Poids encore élevé (apport énergétique excessif)	Déterminer le degré d'activité physique Donner de l'enseignement sur l'alimentation Adresser la femme à une diététiste, au besoin
	Perte de poids excessive (régime trop strict, apport énergétique inadéquat)	Discuter des régimes appropriés ; adresser la femme à une diététiste, au besoin
Seins		
Mère qui n'allaite pas Deux jours : risque d'une légère sensibilité à la palpation ; possibilité d'exprimer une petite quantité de lait Six semaines : souples, indolores, rétablissement du volume d'avant la grossesse	Léger engorgement (inhibition incomplète de la montée laiteuse) Rougeurs : sensibilité marquée (mastite) Masse palpable (tumeur)	Un engorgement peut se produire chez la femme qui n'allaite pas. Conseiller à la femme de porter un soutien-gorge bien ajusté, d'éviter les douches chaudes, d'appliquer de la glace, etc. ; rechercher les signes et les symptômes de mastite (rares chez les mères qui n'allaitent pas)
Mère qui allaite Seins lourds, mamelons proéminents ; montée laiteuse bien établie	Mamelons gercés et crevassés (problème d'allaitement)	Donner des conseils sur les soins des mamelons (voir le tableau 29-3)
	Rougeurs, sensibilité marquée ou même abcès (canaux galactophores obstrués, mastite) Masse palpable (canaux galactophores bloqués, tumeur)	Évaluer l'état de la femme, rechercher les signes de fièvre ; demander une consultation auprès du médecin, qui pourra prescrire une antibio-thérapie, au besoin. Les opinions varient quant au bien-fondé de l'examen des seins chez les mères qui allaitent ; d'après certains médecins, ces femmes devraient procéder à un autoexamen mensuel après la tétée, lorsque les seins sont vides ; si la palpation révèle la présence d'une masse, il faut demander une consultation médicale pour un examen plus poussé.

* Les causes possibles des anomalies se trouvent entre parenthèses.

** Cette colonne donne les lignes directrices de l'intervention infirmière initiale et d'un examen plus approfondi.

Guide d'évaluation du post-partum — Première visite à domicile et progrès escomptés six semaines après la naissance *(suite)*

Examen/résultats normaux	Anomalies et causes possibles*	Interventions infirmières dictées par les données**
Seins (suite)		
		En cas d'inflammation, donner les directives suivantes :
		1. Appliquer de la chaleur humide sur les seins plusieurs fois par jour, tout en les massant délicatement pour faciliter l'écoulement du lait.
		2. Garder le sein vide en allaitant fréquemment.
		3. Se reposer le plus possible.
		4. Varier les positions d'allaitement.
		5. Éviter de porter des vêtements qui exercent une pression sur les seins.
		6. Prendre, au besoin, un analgésique pour soulager la douleur.
		7. Boire beaucoup d'eau.
		Si les symptômes persistent pendant plus de 24 heures, conseiller à la mère d'appeler son médecin.
Muscles abdominaux		
Deux jours : plus fermes, bien que la consistance pâteuse soit assez fréquente, surtout chez les multipares ; présence de vergetures roses apparentes ; cicatrisation de l'incision de la césarienne	Relâchement marqué des grands droits	Évaluer le degré d'activité physique ; informer la femme sur les programmes d'exercices appropriés
Six semaines : amélioration du tonus musculaire ; parfois, vergetures moins foncées, mais il peut s'écouler plusieurs semaines avant qu'elles ne prennent une couleur argentée ; effacement de la ligne brune	Écoulement, rougeurs, sensibilité, douleur, œdème (infection)	Rechercher les signes d'infection, demander une consultation auprès du médecin, au besoin
Élimination		
Voies urinaires		
Rétablissement des habitudes d'élimination d'avant la grossesse	Incontinence urinaire, particulièrement lorsque la femme soulève un objet, tousse, rit, etc. (traumatisme urétral, cystocèle)	Rechercher les signes de cystocèle ; montrer à la femme les exercices de raffermissement musculaire appropriés ; demander une consultation auprès du médecin
	Douleur ou brûlure à la miction, besoin impérieux d'uriner ou pollakiurie, présence de pus ou de leucocytes dans l'urine ou de micro-organismes pathogènes dans les cultures (infection des voies urinaires)	Rechercher les signes d'infection des voies urinaires ; obtenir un échantillon d'urine par mi-jet ; demander une consultation auprès du médecin, qui pourra prescrire un traitement, au besoin

* Les causes possibles des anomalies se trouvent entre parenthèses.

** Cette colonne donne les lignes directrices de l'intervention infirmière initiale et d'un examen plus approfondi.

Guide d'évaluation du post-partum

Première visite à domicile et progrès escomptés six semaines après la naissance (suite)

Examen/résultats normaux	Anomalies et causes possibles*	Interventions infirmières dictées par les données**
Élimination (suite)		
Voies urinaires (suite)		
Résultats des analyses d'urine de routine dans les limites de la normale (disparition de la protéinurie)	Présence de sucre ou d'acétone dans l'urine : petite quantité de lactose dans l'urine des mères qui allaitent (diabète)	Évaluer le régime alimentaire ; rechercher les signes ou symptômes de diabète ; demander une consultation auprès du médecin
Élimination intestinale		
Deux semaines : douleur légère à la défécation, surtout si la mère a eu des hémorroïdes volumineuses ou une déchirure du 3e ou 4e degré	Constipation grave ou douleurs à la défécation (traumatisme ou hémorroïdes)	Discuter des habitudes alimentaires ; inciter la femme à boire beaucoup de liquides et à consommer des aliments riches en fibres
		Continuer les bains de siège ; recommander du repos en cas d'hémorroïdes volumineuses et douloureuses ; évaluer la cicatrisation de l'épisiotomie ou des déchirures ; en cas de constipation grave, orienter la cliente vers un médecin
Six semaines : rétablissement de l'élimination intestinale normale d'avant la grossesse	Constipation marquée	Voir ci-dessus
	Incontinence fécale ou constipation (rectocèle)	Rechercher les signes de rectocèle ; enseigner les exercices de raffermissement musculaire appropriés ; demander une consultation auprès du médecin
Appareil génital		
Lochies		
Deux jours : lochies rouges ou séreuses, peu abondantes et d'odeur fade	Lochies abondantes et nauséabondes (infection)	Rechercher les signes d'infection et d'involution inadéquate de l'utérus ; demander une consultation auprès du médecin, au besoin
Six semaines : pas de lochies ou retour des menstruations	Voir ci-dessus	Voir ci-dessus
Examen des organes pelviens		
Deux jours : le fond utérin se trouve à au moins deux largeurs de doigt sous l'ombilic ; muscles utérins toujours relâchés ; atonie de l'orifice vaginal, béance lors d'une pression intra-abdominale causée par la toux ou l'effort	Involution inadéquate de l'utérus (infection)	Évaluer la fermeté de l'utérus et rechercher les signes d'infection ; demander une consultation auprès du médecin, au besoin
Cicatrisation de l'épisiotomie ou des déchirures ; aucun signe d'infection	Présence de rougeurs, de sensibilité, rapprochement insuffisant des lèvres de la plaie de l'épisiotomie ou des déchirures (infection de la plaie)	
Six semaines : utérus ayant retrouvé presque complètement la taille et le tonus musculaire d'avant la grossesse	Écoulement continu de lochies ; petite ouverture de l'orifice cervical ; utérus hypertrophié (subinvolution)	Rechercher les signes de subinvolution ou d'infection ; adresser la cliente au médecin pour un examen plus poussé et pour une dilatation et un curetage, au besoin

* Les causes possibles des anomalies se trouvent entre parenthèses.

** Cette colonne donne les lignes directrices de l'intervention infirmière initiale et d'un examen plus approfondi.

Guide d'évaluation du post-partum

Première visite à domicile et progrès escomptés six semaines après la naissance *(suite)*

Examen/résultats normaux	Anomalies et causes possibles*	Interventions infirmières dictées par les données**
Hémoglobine et hématocrite		
Six semaines : Hémoglobine 120 g/L Hématocrite 0,37 ±0,5	Hémoglobine < 120 g/L Hématocrite 0,32 (anémie)	Évaluer l'état nutritionnel ; orienter la cliente vers une nutritionniste au besoin
Liens d'attachement		
La mère manifeste son attachement au bébé en le berçant, en le câlinant et en lui parlant ; en appliquant de bonnes techniques d'allaitement ; en le regardant dans les yeux et en l'appelant par son prénom.	Il est manifeste que la mère éprouve des difficultés à créer des liens d'attachement lorsqu'elle n'adopte aucun des comportements adéquats : lorsqu'elle donne au bébé des surnoms ridicules ; lorsque le nourrisson ne prend pas suffisamment de poids ; lorsqu'il est sale et qu'il ne reçoit pas de soins d'hygiène ; lorsqu'il souffre d'un érythème fessier grave ; lorsque la mère néglige de se procurer les articles nécessaires aux soins à l'enfant (liens négatifs).	Offrir du counseling ; discuter avec la mère de ses sentiments à l'égard du bébé ; l'aider à donner les soins au bébé ; poursuivre le suivi communautaire
Le parent a de bons rapports avec le bébé ; il lui donne les soins appropriés et lui manifeste son affection.	Le parent est incapable de répondre aux besoins de l'enfant (incapacité de reconnaître ses besoins, connaissances et soutien insuffisants, sentiment de crainte, stress familial).	Fournir l'aide nécessaire pour les soins ; donner des renseignements sur les soins : comment réagir aux pleurs du nourrisson ; comment l'emmailloter ; comment l'apaiser (le bercer, le câliner, augmenter les stimuli en lui chantant une berceuse ou les diminuer en l'installant dans une pièce tranquille, etc.) ; comment tenir le nourrisson dans ses bras ; comment interpréter ses pleurs. Trouver des réseaux de soutien appropriés, par exemple des amis ou des voisins ; fournir des renseignements sur les ressources communautaires et les groupes de soutien.
Les parents sont plus à l'aise et plus efficaces dans leur rôle.	Signes de stress et d'anxiété (difficulté à assumer le rôle de parent ou à l'accepter)	Aider et encourager les parents ; donner l'information nécessaire sur l'évolution du rôle parental et aider les parents à exprimer leurs sentiments ; les adresser à des organismes communautaires et leur recommander des groupes de soutien.
Dans l'exercice de son rôle, la mère est arrivée à l'étape des liens véritables ou des choix personnels.	La mère subit encore beaucoup l'influence de son entourage ; elle n'a pas développé d'image et de style personnels (elle reste à l'étape de l'anticipation).	Servir de modèle en utilisant les méthodes de résolution de problèmes ; encourager la mère à prendre des décisions et à mettre au point sa propre méthode de résolution de problèmes ; l'encourager à prendre des initiatives quant aux soins au nourrisson
Adaptation à l'exercice du rôle parental		
Les parents s'adaptent graduellement à leur nouveau rôle : partage des tâches, réajustements financiers, communication, rapports sexuels et adaptation aux nouvelles tâches quotidiennes.	Les parents sont incapables de s'adapter à leurs nouveaux rôles (manque de maturité, connaissances et préparation insuffisantes, modes de communication inefficaces, soutien inadéquat, crise familiale).	Offrir du counseling ; recommander aux parents des groupes de soutien

* Les causes possibles des anomalies se trouvent entre parenthèses.

** Cette colonne donne les lignes directrices de l'intervention infirmière initiale et d'un examen plus approfondi.

Guide d'évaluation du post-partum

Première visite à domicile et progrès escomptés six semaines après la naissance *(suite)*

Examen/résultats normaux	Anomalies et causes possibles*	Interventions infirmières dictées par les données**
Enseignement		
La mère connaît les autosoins.	Connaissance insuffisante des autosoins (enseignement insuffisant)	Offrir de l'enseignement et du counseling
Les parents connaissent les soins à donner au nourrisson.	Connaissance insuffisante des soins à donner au bébé (enseignement insuffisant)	
Les frères et sœurs s'adaptent bien à la présence du bébé.	Envie excessive à l'égard du nouveau-né de la part des frères et sœurs	
Les parents ont choisi une méthode de contraception.	Indécision quant au choix d'une méthode de contraception	

* Les causes possibles des anomalies se trouvent entre parenthèses.

** Cette colonne donne les lignes directrices de l'intervention infirmière initiale et d'un examen plus approfondi.

Il arrive aussi que les mamelons soient fissurés ou sensibles à la base ou près de la base parce que le bébé les mâchonne. Dans ce cas, le bébé referme la mâchoire sur le mamelon plutôt que sur l'aréole, n'ouvre pas assez grand la bouche pour prendre toute l'aréole, ou n'arrive pas à prendre toute l'aréole parce que le sein est trop engorgé. Lorsque la douleur touche la partie inférieure du mamelon, c'est souvent parce que le bébé tète avec la lèvre inférieure tournée vers l'intérieur plutôt que vers l'extérieur, ce qui cause une brûlure par friction. Dans ce cas, même une succion vigoureuse ne fera sortir que peu de lait, car les canaux galactophores situés sous l'aréole ne sont pas comprimés. Cette mauvaise succion provoque de la frustration chez l'enfant et une douleur prononcée chez la mère. La solution consiste à placer l'enfant de façon qu'il prenne la plus grande partie de l'aréole dans sa bouche et à varier les positions de l'enfant au sein.

Tableau 29-3

Solutions aux problèmes d'allaitement

MAMELONS DIFFICILES À PRENDRE

Mamelons plats ou invaginés

- Mettre le bébé au sein dès qu'il présente les premiers signes d'éveil.
- Inviter la mère à adopter la position qui semble le plus faciliter la prise du sein par le bébé (la position du ballon de football ou de la madone inversée, voir le chapitre 24).
- Tirer et rouler les mamelons avec les doigts pour qu'ils soient plus faciles à étirer.
- Avant d'allaiter, appliquer de la glace, mais seulement pendant quelques minutes afin de ne pas inhiber le réflexe d'éjection.
- Un tire-lait peut être utilisé pour faire saillir le mamelon.
- En dernier recours, utiliser une téterelle souple, en silicone de préférence, durant les premières minutes de la tétée afin de faire sortir le mamelon, puis mettre l'enfant au sein directement.

Seins engorgés

Pour traiter l'engorgement, extraire un peu de lait manuellement avant la tétée et allaiter plus souvent pendant quelque temps ; quand les seins seront moins pleins, les mamelons seront plus faciles à prendre.

Seins très gros

- Soutenir le sein avec l'autre main et placer une serviette enroulée sous le sein pour que le mamelon soit au niveau de la bouche du bébé.
- Soutenir le sein avec la technique de la main en C pour bien diriger le mamelon vers la bouche du bébé.

ENGORGEMENT

Tétées manquées ou trop espacées

- Allaiter fréquemment (à une heure et demie d'intervalle entre les tétées).
- Masser et extraire un peu de lait manuellement ou avec un tire-lait pour vider les seins complètement si des tétées ont été sautées ou si les seins sont pleins, mais que le bébé ne peut pas ou ne veut pas téter.

Tableau 29-3 (suite)

Solutions aux problèmes d'allaitement (suite)

ENGORGEMENT (suite)

Seins non vidés à chaque tétée

- Allaiter assez longtemps pour vider les seins (10 à 15 minutes de chaque côté, à chaque tétée).
- Varier les positions d'allaitement pour faciliter l'écoulement du lait.
- Si le bébé ne tète pas assez longtemps pour vider les seins, exprimer un peu de lait manuellement ou à l'aide d'une pompe après la tétée pour assouplir les seins. Appliquer du froid entre les tétées pour diminuer l'œdème et soulager la douleur. On utilise aussi des feuilles de chou au lieu de la glace.

Bébé somnolent ou peu intéressé par la tétée

- Utiliser des techniques de stimulation (tenir le bébé en position verticale, le désemmailloter, changer sa couche).
- Extraire un peu de lait manuellement et approcher les lèvres du bébé pour l'inciter à boire.
- Éviter de donner des biberons d'eau ou de préparation lactée, car le bébé sera peut-être moins disposé à téter.

ÉJECTION INSUFFISANTE

Éjection non encore établie

- Laisser au bébé le temps de déclencher le réflexe d'éjection (au moins 15 minutes par sein) et de vider complètement le sein.
- Allaiter dans un endroit retiré et tranquille, loin des distractions.
- Masser les seins avant d'allaiter.
- Boire de l'eau, du jus ou des boissons sans caféine avant et pendant la tétée.
- Amorcer toujours les tétées de la même façon afin de développer un réflexe conditionné.
- Utiliser des techniques de relaxation et de respiration.
- Stimuler le mamelon manuellement avant d'allaiter.
- Utiliser de l'ocytocine en vaporisateur nasal à quelques reprises au cours de la tétée. (L'ocytocine devrait stimuler l'éjection dans les 24 heures, ensuite elle n'est plus nécessaire. Le vaporisateur doit être prescrit par un médecin.)

Épuisement chez la mère

- S'étendre lorsque le bébé se repose.
- Allaiter en position allongée.
- Allaiter le bébé au lit quand il se réveille la nuit.
- Réduire les tâches ménagères; établir des priorités.
- Essayer de se faire aider par le réseau familial ou par l'entourage.

Tension et stress chez la mère

- Déterminer les causes des tensions ressenties et essayer de les éliminer.
- Se reposer.

Cercle vicieux: la mère a peu de lait, s'en inquiète, a encore moins de lait, s'en inquiète davantage, et ainsi de suite

- Essayer toutes les mesures mentionnées précédemment.
- Prendre les mesures nécessaires pour avoir confiance en ses capacités de nourrice (la visite d'une infirmière ou d'une conseillère en allaitement peut être utile).

GERÇURES AUX MAMELONS

Toutes les causes de douleurs aux mamelons peuvent, si elles persistent, entraîner des gerçures

- Appliquer les mesures décrites dans la section traitant des douleurs aux mamelons.
- Appliquer sur les mamelons une substance qui accélère la cicatrisation et qui diminue la douleur; après chaque tétée, on peut étaler quelques gouttes de lait maternel ou de la lanoline purifiée (par exemple Purelan, Lansinoh).
- Commencer l'allaitement par le sein le moins douloureux pendant quelques minutes, puis passer à l'autre sein de façon qu'ils soient tous les deux stimulés.
- Améliorer l'alimentation; augmenter l'apport en protéines, en vitamine C et en zinc.

Infection locale (mamelons contaminés par le bébé infecté par un staphylocoque ou un autre organisme)

- Consulter le médecin.
- Noter que le lait exprimé pendant un épisode de muguet ne peut être ni conservé ni congelé.
- Si elle présente des plaies d'herpès sur le mamelon ou sur l'aréole, la mère doit cesser d'allaiter du côté atteint et jeter le lait qui en a été exprimé; l'allaitement peut se poursuivre à l'autre sein. Dès que les vésicules deviennent sèches et croûtées, l'allaitement peut reprendre.

OBSTRUCTION DES CANAUX

Mauvaise position de l'enfant au sein

- Essayer différentes positions pour vider complètement les seins en tentant d'orienter le nez du bébé vers la zone endolorie.

Seins insuffisamment vidés

- Allaiter au moins 10 minutes par sein après l'éjection. Idéalement, laisser le bébé au même sein jusqu'à ce qu'il le vide avant de passer à l'autre sein.
- À la tétée suivante, commencer par le sein qui n'a pas été vidé.
- Varier régulièrement les positions d'allaitement.
- Si le bébé ne vide pas les seins, exprimer un peu de lait manuellement ou à l'aide d'une pompe après les tétées.
- Appliquer de la chaleur sur les seins plusieurs fois par jour, avant ou entre les tétées, tout en les massant légèrement pour faciliter l'écoulement du lait.

Pression externe sur le sein

- Porter un soutien-gorge de la bonne taille et spécialement conçu pour l'allaitement au lieu de porter un soutien-gorge ordinaire qui doit être soulevé pour allaiter (ce qui exerce une pression sur les canaux). Il est préférable de ne pas porter de soutien-gorge plutôt que d'en porter un qui exerce une pression sur les seins. Éviter à tout prix les soutiens-gorges avec armature.
- Éviter de rouler son chandail ou sa robe de nuit sous l'aisselle pour allaiter.

Tableau 29-3 (suite)

Solutions aux problèmes d'allaitement (suite)

MAMELONS DOULOUREUX

Mauvaises positions d'allaitement

- Varier les positions d'allaitement tout au long de la journée.
- Tenir le bébé contre soi pendant la tétée afin qu'il n'ait pas besoin de tirer sur le mamelon.
- S'assurer que l'enfant a une bonne partie de l'aréole dans la bouche.
- S'assurer que le bébé prend l'aréole correctement et la relâche correctement.

Bébé qui mâchonne le mamelon

- Façonner le mamelon avant la tétée.
- Apprendre au bébé à saisir le sein correctement.

Bébé qui tète le bout du mamelon

- S'assurer que le mamelon est bien entré dans la bouche de l'enfant ; rectifier la prise du sein au besoin.
- S'assurer que le mamelon n'est pas invaginé.
- S'assurer que le sein n'est pas engorgé au point de rendre difficile la prise de l'aréole. Dans ce cas, exprimer un peu de lait pour assouplir la région qui borde l'aréole.

Bébé qui tire sur le mamelon à la fin de la tétée (la mère retire le mamelon de la bouche du bébé sans d'abord mettre fin à la succion)

- Placer un doigt entre les gencives de l'enfant pour interrompre la succion avant de retirer le sein.
- Mettre fin à la tétée lorsque la succion du bébé ralentit, avant qu'il ne commence à mâchonner le mamelon.

Bébé très empressé

- Allaiter plus souvent.
- Extraire un peu de lait manuellement pour accélérer l'éjection ; de cette façon, le bébé n'a pas besoin de téter trop vigoureusement pour stimuler l'éjection.

Colostrum ou lait séché qui fait coller le mamelon au soutien-gorge ou à la compresse d'allaitement

- Si le mamelon est collé au soutien-gorge ou à la compresse, humecter le soutien-gorge ou la compresse afin de ne pas ôter la kératine du mamelon au moment où on décolle le mamelon.

Mamelons non séchés

- Enlever les doublures de plastique des compresses d'allaitement ou utiliser des compresses lavables en coton.
- Après la tétée, laisser sécher les mamelons complètement à l'air libre.
- Changer fréquemment les compresses d'allaitement.

Utilisation incorrecte de la téterelle

- N'utiliser la téterelle que pour faire sortir le mamelon ; une fois le mamelon sorti, mettre l'enfant au sein.
- Couper le bout de la téterelle, un peu à chaque fois, puis cesser de l'utiliser.

Peau du mamelon peu résistante

- Améliorer le régime alimentaire ; augmenter particulièrement l'apport en fruits et légumes frais et prendre des suppléments de vitamines.
- Réduire la consommation de sucre, d'alcool, de caféine et de tabac ou éliminer complètement ces produits.
- Utiliser un détersif doux et éviter d'employer des produits qui peuvent dessécher la peau (savon, alcool, shampoing, déodorant).

Huiles naturelles enlevées du mamelons ou couches de kératine lésées par des produits desséchants

- Ne pas utiliser de produits pouvant irriter les mamelons.
- Laver les seins à l'eau seulement.

Sources : Lauwers, J., et C. Woessner (1990). *Counseling the nursing mother : A reference handbook for health care providers and lay counselors*, 2ᵉ éd., Garden City Park, New York, Avery, p. 385-397. Direction de la santé publique de l'Estrie (2002). *Allaitement maternel : guide pratique à l'intention des intervenants et intervenantes*, p. 51-60.

Les douleurs sont plus fortes pendant les premières minutes de la tétée. La mère doit en être informée, car elle risque de se décourager et d'interrompre trop tôt la tétée, parfois même avant que le réflexe d'éjection ne se soit déclenché. L'enfant reste alors sur sa faim, et la mère risque un engorgement mammaire.

L'endolorissement des mamelons peut aussi être causé par une trop forte succion. Dans ce cas, on tentera de calmer le bébé trop vorace en le nourrissant plus souvent. La femme peut aussi appliquer de la glace sur le mamelon et l'aréole pendant quelques minutes avant la tétée pour faire sortir les mamelons et engourdir les tissus. Afin de prévenir les lésions cutanées, la femme peut nettoyer ses mamelons et ses aréoles à l'eau après la tétée et les laisser sécher complètement à l'air libre. Pour s'assurer qu'ils sont bien secs, elle peut laisser les bonnets de son soutien-gorge ouverts pendant quelques minutes après la tétée ou les exposer au soleil ou aux rayons ultraviolets pendant 30 secondes au début (puis augmenter graduellement le temps d'exposition jusqu'à 3 minutes). La femme peut aussi utiliser un séchoir à cheveux réglé assez bas pour sécher la peau des mamelons et favoriser la cicatrisation (Riordan et Auerbach, 1999). Si elle utilise des compresses d'allaitement pour protéger ses vêtements contre les fuites, la femme doit les changer fréquemment de façon que ses mamelons restent au sec.

L'application de lubrifiants à base de pétrole (vaseline, crème à base de vitamine A et D, beurre de cacao ou huile pour bébés) sur les mamelons est déconseillée, car ces produits empêchent la peau de respirer, ce qui peut entretenir l'irritation. Quant à la vitamine E, elle risque d'entraîner des réactions cutanées chez la mère et d'être consommée en trop grande quantité par le bébé. À cause du risque de réactions allergiques, on déconseille aussi d'utiliser des produits tels que la crème Massé pour les seins (risque de réaction allergique aux arachides). La femme évitera également d'appliquer des produits qu'elle doit enlever avant chaque tétée, car ce nettoyage répété ne fera qu'irriter davantage les mamelons (Lauwers et Shinskie, 2000).

L'efficacité de l'application de lubrifiants sur les mamelons n'a pas été évaluée scientifiquement. C'est pourquoi un grand nombre de conseillères en allaitement recommandent aux femmes qui allaitent d'appliquer leur propre lait sur leurs mamelons et de les laisser sécher à l'air libre. Le lait maternel est riche en gras, il contient des substances qui combattent l'infection et il n'irrite jamais les mamelons. En outre, il est disponible en tout temps et ne coûte pas un sou. Si la peau des mamelons est très sèche ou très endolorie, on peut appliquer de la lanoline purifiée (par exemple Purelan, Lansinoh). Ce type de lanoline comporte peu de risques d'allergie, car on en a retiré les alcools qui contribuent à la réaction allergique (Lauwers et Shinskie, 2000).

D'anciens remèdes de nourrice regagnent de la popularité. Par exemple, l'application de sachets de thé infusés dans de l'eau tiède aide à soulager les douleurs aux mamelons. Il semble que l'acide tannique contenu dans le thé aide à endurcir les mamelons, tandis que la chaleur soulage et favorise la cicatrisation. Cependant, l'acide tannique peut aussi causer un assèchement et des gerçures ; il n'est donc pas conseillé dans tous les cas (Lawrence, 1994).

Dans la dermite des mamelons, la peau est enflée, rougie et enflammée. La dermite est habituellement causée par la présence de muguet ou par une réaction allergique à une crème pour les seins. Si les douleurs aux mamelons apparaissent soudainement et qu'elles s'accompagnent d'une sensation de brûlure, de démangeaisons, de douleurs fulgurantes dans le sein et d'une coloration rose foncée du mamelon, il peut s'agir d'une candidose transmise à la mère par son bébé. La présence de plaques blanches dans la bouche de l'enfant indique qu'il faut traiter la bouche du bébé et les mamelons de la mère. Le traitement s'effectue à l'aide d'une préparation antifongique et n'oblige pas à interrompre l'allaitement.

Gerçures et crevasses aux mamelons

L'endolorissement des mamelons s'accompagne souvent de **gerçures**. Il s'agit de blessures aux mamelons reconnaissables par une rougeur prononcée ; celle-ci s'accompagne de petites fissures, ou même de crevasses si les fissures sont profondes.

Chaque fois qu'une mère se plaint de douleurs aux mamelons, l'infirmière doit s'assurer par un examen minutieux qu'il n'y a pas de gerçures ni de fissures. Elle doit également observer la mère pendant la tétée pour s'assurer que l'enfant est bien placé. Si la position du bébé est correcte et que les mamelons présentent quand même des gerçures, une intervention infirmière s'impose. Toutes les mesures décrites pour les douleurs aux mamelons peuvent être appliquées. On peut aussi conseiller à la mère de donner le sein le moins douloureux en premier. De cette façon, le bébé n'aura pas à téter trop vigoureusement le sein douloureux puisque l'éjection sera déjà amorcée quand il le prendra. Si les gerçures sont graves et que la mère remet en question la poursuite de l'allaitement, elle peut utiliser temporairement une téterelle souple en silicone, laquelle cause moins de problèmes, car il est possible pour le bébé de stimuler le sein. Un analgésique, pris avant la tétée, peut être indiqué pour atténuer la douleur.

Exercice de pensée critique

Anne vous téléphone de son domicile trois jours après son accouchement. En larmes, elle vous explique que l'allaitement s'est bien passé à l'hôpital, mais que ses seins sont maintenant gonflés, durs et très douloureux et que son bébé ne veut pas téter. Elle se dit très déçue de constater que « l'allaitement ne marche pas ». Selon elle, le lait maternel est ce qu'il y a de mieux pour les bébés et elle a, dit-elle, beaucoup aimé son expérience d'allaitement à l'hôpital, surtout la tétée immédiatement après la naissance. Elle ajoute qu'elle a pleuré toute la journée et qu'elle ne peut plus supporter ses seins douloureux ; elle dit aussi que le bébé « semble plus heureux » quand il s'alimente au biberon. Que faites-vous ?

Voir les réponses à l'appendice F.

Engorgement mammaire

Il est important de faire la distinction entre la **plénitude mammaire** et l'**engorgement mammaire**. Toutes les femmes qui allaitent éprouvent une sensation de plénitude mammaire au début de leur expérience d'allaitement, d'abord à cause de la congestion veineuse, puis à cause de l'accumulation de lait. Toutefois, cette plénitude ne dure habituellement que de 24 à 72 heures et elle n'est pas douloureuse ; les seins demeurent assez souples pour que le nouveau-né saisisse l'aréole. Les seins engorgés sont au contraire douloureux et durs ; la peau est chaude, tendue et brillante, et le bébé refuse de téter.

L'enfant doit téter en moyenne 15 minutes par boire, au moins 8 fois par 24 heures (Riordan et Auerback, 1999). Si l'enfant est incapable de téter plus fréquemment, la mère peut prévenir la plénitude mammaire en extrayant un peu de lait manuellement ou au moyen d'un tire-lait, en faisant attention de ne pas léser le tissu mammaire. Elle peut également appliquer des compresses chaudes avant la tétée pour stimuler l'éjection et ramollir le sein de façon que le bébé puisse saisir plus facilement l'aréole. Pour diminuer l'œdème et soulager la douleur entre les tétées, et prévenir ainsi un engorgement sévère, elle appliquera de préférence de la glace (glace concassée ou sac de petits légumes congelés). On conseille d'utiliser la glace et non la chaleur entre les tétées, car la chaleur intense empêche l'œdème de se résorber. On conseille à la femme de porter, 24 heures sur 24, un soutien-gorge bien ajusté dans le but de soutenir adéquatement ses seins et d'atténuer le désagrément causé par la tension des tissus.

L'application d'une feuille de chou vert fraîche, placée dans le bonnet du soutien-gorge pendant environ 20 minutes ou jusqu'à ce que la feuille soit flétrie, est un vieux remède maison qu'on recommence à utiliser pour traiter l'engorgement mammaire. On ne sait pas exactement comment le chou agit, mais il réduit effectivement l'œdème dû à l'engorgement. Le soulagement éprouvé varie cependant d'une femme à l'autre. Certaines femmes se disent soulagées après une seule application, tandis que d'autres doivent faire plusieurs applications pour ressentir l'effet recherché. On notera que l'application prolongée de feuilles de chou peut entraîner le tarissement de la sécrétion lactée, ce qui peut s'avérer utile si la mère doit sevrer son bébé soudainement (Lauwers et Shinskie, 2000). Enfin, un analgésique tel que l'acétaminophène, seul ou combiné avec de la codéine, peut soulager l'engorgement, surtout s'il est pris avant la tétée. La douleur sera soulagée, et le médicament n'atteindra pas le lait avant au moins 30 minutes (Lawrence, 1994).

Obstruction des canaux galactophores

Il arrive parfois qu'un ou plusieurs canaux galactophores s'obstruent, ce qui cause un œdème et une inflammation des tissus environnants. Cette **obstruction** survient surtout pendant ou après un engorgement mammaire et elle ne touche habituellement qu'un seul sein. Elle se manifeste par une rougeur, par la présence d'un point sensible ou d'une masse douloureuse dans le sein, sans qu'il y ait de fièvre (ou très peu), et elle peut être soulagée par de la chaleur et des massages. L'infirmière conseillera donc à la femme de masser le sein endolori depuis la base jusqu'au mamelon sous une douche chaude ou après avoir appliqué de la chaleur humide (Riordan et Auerbach, 1999). La femme devrait ensuite allaiter en tentant d'orienter le nez du bébé vers la zone affectée tout en massant délicatement le sein pendant la tétée pour faciliter l'écoulement du lait. Si l'obstruction des canaux a rendu le sein douloureux, elle commencera la tétée par l'autre sein. Pour éviter que ce problème survienne, il faut allaiter fréquemment et varier les positions d'allaitement afin de vider complète-

ment les seins. Les vêtements et accessoires (soutien-gorge trop serré ou mal ajusté, porte-bébé) qui exercent une pression sur les seins doivent être évités. S'il n'y a pas d'amélioration et en présence de fièvre ou de symptômes semblables à la grippe, la mère devrait consulter le médecin (voir les symptômes de la mastite au chapitre 30).

Allaitement maternel et retour au travail

La meilleure façon de maintenir la sécrétion lactée après le retour au travail est d'allaiter souvent et longtemps. Même si la femme a planifié soigneusement son retour au travail, les premières journées loin de son bébé peuvent être éprouvantes physiquement et émotionnellement. Les conseils préventifs de l'infirmière pourront contribuer à faciliter le retour au travail de la mère. Plus la femme retourne tôt au travail, plus elle devra extraire son lait souvent pour maintenir sa production de lait. Étant donné que la production lactée est régie par la loi de l'offre et de la demande, la sécrétion diminuera si le sein n'est pas vidé régulièrement.

Le tire-lait électrique et le système double sont les méthodes d'extraction les plus efficaces. Cependant, ces moyens mécaniques ne convenant pas à toutes les femmes, on peut recourir à d'autres méthodes. Certaines mères ont un horaire flexible qui leur permet de retourner à la maison pour allaiter à l'heure du repas ou de se faire apporter le bébé au travail. Si elle ne peut pas bénéficier de ces avantages, le bébé peut recevoir un biberon de lait maternel ou de préparation lactée. (Pour les méthodes de conservation du lait maternel, voir la section «Conservation du lait maternel» au chapitre 24.) Lorsque la mère est absente, le bébé peut boire au biberon ou à la cuiller. Si l'enfant est âgé de 3 mois ou plus, on peut essayer de le faire boire à la tasse. La mère devrait attendre que sa production de lait soit bien établie avant d'introduire le biberon. La plupart des bébés s'adaptent au biberon en 7 à 10 jours.

La mère qui travaille de longues heures ou dont l'horaire de travail n'est guère souple pourra choisir d'allaiter le matin et le soir, et de prévoir des biberons pour les autres tétées. Elle peut ainsi entretenir une relation privilégiée avec son bébé, tout en lui apportant une partie des bienfaits exceptionnels du lait maternel.

Sevrage

La mère peut décider de *sevrer* son enfant pour une foule de raisons, dont les pressions familiales ou sociales, des changements dans ses conditions de vie, les pressions du conjoint, ou parce qu'elle juge qu'il est temps de le faire. Lorsque la mère est à l'aise avec l'allaitement et bien informée à ce sujet, le moment propice au sevrage s'impose tout naturellement si elle est à l'écoute des besoins de l'enfant. Souvent, le sevrage se fait vers l'âge de 6 mois, avec l'introduction des liquides au verre et des aliments solides. Le bébé sevré avant l'âge de 12 mois devrait boire une préparation lactée enrichie de fer, et non du lait de vache (American College of Obstetricians and Gynecologists, 2000).

Le sevrage sera plus facile si l'enfant et la mère sont prêts sur le plan affectif. Pour la mère comme pour l'enfant, toutefois, le sevrage représente toujours une séparation émotive, et il leur est parfois difficile d'abandonner les échanges intimes que l'allaitement leur procurait. L'infirmière qui comprend bien cette difficulté peut aider la mère à accepter que l'enfant grandisse et lui conseiller des mesures de réconfort et des jeux qui remplaceront les liens affectifs créés par l'allaitement. Un sevrage progressif est plus facile et plus sécurisant.

Pour un sevrage progressif, on remplace d'abord une tétée au sein par un biberon ou une tasse de lait pendant 3 à 7 jours pour que la production de lait diminue graduellement. Il sera plus facile d'éliminer en premier lieu les tétées qui accompagnent un repas d'aliments solides, car le désir de boire sera moindre si le bébé a mangé. On remplacera ainsi les tétées une par une, pendant quelques semaines. Beaucoup de mères continuent à allaiter une ou deux fois par jour pendant plusieurs mois, soit au petit matin ou tard dans la soirée, jusqu'à ce que la production de lait s'épuise. Le sevrage progressif permet à la mère d'éviter l'engorgement mammaire, le blocage des canaux galactophores et la mastite, permet à l'enfant de s'habituer graduellement à son nouveau mode d'alimentation, et leur permet à tous deux de s'adapter psychologiquement.

Reprise des rapports sexuels

On recommande habituellement aux couples d'attendre que la plaie de l'épisiotomie se soit cicatrisée et que l'écoulement des lochies ait cessé (c'est-à-dire vers la fin de la troisième semaine) avant de reprendre leurs rapports sexuels. Comme cela signifie que le couple aura peut-être des rapports sexuels avant l'examen postnatal de six semaines, il est important que l'infirmière donne l'enseignement nécessaire au cours de la visite à domicile. Elle expliquera notamment aux conjoints que le dôme vaginal est «sec» (à cause d'un faible taux d'hormones) et que la femme peut juger nécessaire d'utiliser un lubrifiant hydrosoluble, tel que la gelée K-Y, pendant les rapports sexuels. De même, il est parfois préférable que la femme se couche sur le côté ou chevauche son partenaire pendant la pénétration, car ces positions lui permettent de régler la profondeur de la pénétration du pénis.

Lorsque la femme allaite au sein, le couple devrait savoir que du lait peut s'écouler des mamelons pendant l'orgasme, car celui-ci entraîne une libération d'ocytocine. Certains couples trouvent cela très agréable ou amusant, mais d'autres préfèrent que la femme porte un soutien-gorge pendant les rapports sexuels. La femme peut allaiter son bébé juste avant les rapports sexuels pour réduire les risques d'écoulement.

D'autres facteurs peuvent empêcher les conjoints d'être pleinement satisfaits de leur vie sexuelle: les pleurs du bébé suffisent souvent à supprimer le désir chez les parents; les changements physiques que le corps de la femme a subis peuvent la gêner ou gêner son partenaire; le manque de sommeil peut empêcher la femme d'y prendre plaisir; enfin, ses réactions physiologiques à la stimulation sexuelle peuvent être différentes en raison des changements hormonaux qu'elle a subis. Environ trois mois après l'accouchement, les rapports sexuels redeviennent généralement réguliers. La reprise des activités sexuelles après un accouchement varie toutefois d'un couple à l'autre et peut prendre de quelques semaines à un an (Alteneder et Hartzell, 1997).

Le counseling préventif pendant et après la grossesse permet à l'infirmière d'aider le couple à prévoir les problèmes sexuels qui pourraient se présenter. Le counseling préventif sera encore plus utile au couple si celui-ci prend le temps de parler de ses sentiments et de ses réactions au fur et à mesure qu'il les vit. (Voir le *Guide d'enseignement: Reprise des rapports sexuels après l'accouchement.*)

Contraception

Même si l'information concernant la contraception fait habituellement partie de l'enseignement qui précède le congé, l'infirmière visiteuse reste une personne-ressource importante pour le couple durant le suivi postnatal. D'habitude, les conjoints choisissent d'utiliser une méthode contraceptive pour décider du nombre d'enfants qu'ils souhaitent avoir ou de l'espacement des naissances. Peu importe la méthode choisie, il est essentiel qu'elle soit utilisée de façon efficace. L'infirmière doit indiquer aux conjoints les avantages, les inconvénients, les risques et les contre-indications des diverses méthodes afin de les aider à prendre une décision éclairée et à adopter la méthode qui leur convient le mieux. (Consulter le chapitre 4 sur les méthodes contraceptives.)

Autres ressources communautaires

Suivi par téléphone

C'est avant le congé qu'on offre le suivi téléphonique à la famille et qu'on fixe avec elle le moment où il aura lieu. En général, le suivi téléphonique s'effectue au cours des 24 heures qui suivent le congé. Pour que l'évaluation par téléphone soit efficace, il est essentiel que l'infirmière sache écouter, poser des questions ouvertes et conserver en tout temps une attitude bienveillante. Le plan de soins que l'infirmière peut élaborer et mettre en œuvre au cours d'un entretien téléphonique se limite au counseling préventif et à l'enseignement qui peuvent soutenir la famille. Le suivi téléphonique peut également permettre d'adresser la famille aux ressources appropriées.

Visites de suivi

Si elle reçoit son congé moins de 48 heures après l'accouchement, la mère peut demander qu'une infirmière lui rende visite à domicile. Dans ce cas, l'infirmière effectuera une première visite environ 24 heures après le congé. Elle pourra prévoir d'autres visites, selon les données recueillies durant la première visite et au cours du suivi par téléphone.

Services d'assistance téléphonique pour les parents

Dans plusieurs régions, il existe des services d'assistance téléphonique que les nouveaux parents peuvent utiliser 24 heures sur 24, s'ils ont besoin d'information ou de soutien; par ailleurs, bien des CLSC offrent le service Info-Santé. L'infirmière fournira à la famille les numéros de téléphone utiles.

Cours et groupes de soutien

Les cours postnataux sont de plus en plus populaires, car les professionnels de la santé reconnaissent que les familles ont encore des besoins après la naissance. Certains cours postnataux sont conçus pour répondre aux besoins propres à un groupe de familles (par exemple les mères monoparentales adolescentes), tandis que d'autres sont axés sur des sujets particuliers (le rôle parental, les exercices physiques du post-partum, la nutrition, etc.). D'autres cours encore ont un contenu qu'on adapte au fur et à mesure aux besoins des participants. Les cours postnataux donnent à la mère l'occasion de rencontrer d'autres parents, d'exprimer ses préoccupations et de recevoir des encouragements. Comme il est parfois difficile, ou coûteux, de faire garder son enfant, les organismes qui offrent ces cours fournissent souvent un service de garde aux parents ou acceptent la présence du nouveau-né et des frères et sœurs dans la salle de cours.

De nos jours, un grand nombre de parents trouvent sur Internet l'information et les conseils dont ils ont besoin. Certains critères aident à s'assurer de la fiabilité et de la qualité de l'information obtenue sur Internet: l'affiliation à une école de médecine ou de sciences infirmières; la mention des références de l'auteur, de sa formation, de ses titres et de ses affiliations; les sources; la similarité de cette information avec celle provenant d'autres sources; et la facilité d'accès (Lamp et Howard, 1999).

Guide d'enseignement
Reprise des rapports sexuels après l'accouchement

Évaluation et analyse de la situation

L'infirmière doit savoir que les conjoints (surtout ceux qui sont parents pour la première fois) ont parfois des questions sur la reprise des rapports sexuels. Bien que la femme amorce souvent elle-même la discussion, l'infirmière évaluera les connaissances des conjoints en leur fournissant de l'information et en leur posant ensuite quelques questions, toujours avec tact.

Diagnostics infirmiers

Le principal diagnostic infirmier sera probablement le suivant:

Recherche d'un meilleur niveau de santé relié à une demande d'information sur la sexualité et relié au désir d'en savoir plus sur les activités sexuelles et la planification des naissances après l'accouchement.

Planification et interventions

Un plan d'enseignement efficace visera à établir une bonne relation infirmière-clients et à créer une atmosphère propice à l'enseignement et à la discussion. Il est préférable que la séance d'enseignement se déroule dans une pièce fermée afin que les conjoints se sentent à l'aise pour discuter du sujet et pour poser des questions. L'infirmière choisira de recourir à la formule questions-réponses ou à la discussion.

Objectifs

Après la séance d'enseignement, les conjoints seront en mesure de:

1. discuter des changements physiologiques qui surviennent chez la femme et influent sur sa sexualité;

2. trouver des pratiques sexuelles différentes qui tiennent compte de ces changements;

3. définir la période d'attente recommandée avant la reprise des rapports sexuels;

4. demander des informations qui leur permettront de prendre une décision en matière de contraception.

Plan d'enseignement

Contenu

Fournir les informations pertinentes sur les changements susceptibles d'avoir un effet sur la vie sexuelle:

- Sensibilité du vagin et du périnée,
- Écoulement des lochies et cicatrisation,
- Sécheresse du vagin,
- Engorgement mammaire et seins douloureux,
- Écoulement de lait pendant les rapports sexuels.

Méthode d'enseignement

La discussion convient bien à ce type d'enseignement. Pour amorcer la discussion, l'infirmière peut faire un commentaire général, suivi d'une question pour évaluer les connaissances des conjoints. Elle peut dire par exemple: «Beaucoup de femmes présentent une sécheresse vaginale lors des premiers rapports sexuels après l'accouchement. Étiez-vous au courant de ce changement? En connaissez-vous la cause?»

Plan d'enseignement (suite)

Contenu (suite)

Discuter du processus de cicatrisation du fond utérin ; insister sur le fait que la présence de lochies indique que la cicatrisation n'est pas terminée. Expliquer que, en raison de la « baisse hormonale » au cours du post-partum, la sécheresse vaginale est parfois problématique. Les conjoints peuvent y remédier en utilisant un lubrifiant hydrosoluble. L'écoulement de lait durant les rapports sexuels sera moindre si la femme allaite immédiatement avant d'avoir des rapports sexuels.

Discuter de l'importance de la contraception, même au début du post-partum. Informer les parents sur les avantages et les inconvénients des diverses méthodes contraceptives. Expliquer qu'il faut du temps pour que le corps de la femme se rétablisse du stress de la grossesse et de l'accouchement. Les conjoints qui s'opposent à la contraception peuvent choisir de s'abstenir de rapports sexuels durant cette période.

Discuter des répercussions que la fatigue et les exigences du nouveau bébé peuvent avoir sur la libido de la femme. Adresser le couple à un médecin, au besoin.

Évaluation

L'infirmière peut évaluer l'apprentissage en organisant une séance de discussion et de questions. Si les conjoints ont déjà choisi la méthode contraceptive qu'ils utiliseront, l'infirmière peut leur poser des questions sur cette méthode afin de s'assurer que les informations dont ils disposent sont exactes et complètes.

Méthode d'enseignement

Utiliser de la documentation écrite pour illustrer la discussion ; la remettre aux conjoints comme outil de référence.

Montrer aux conjoints divers types de contraceptifs. Leur fournir des brochures sur les différentes méthodes contraceptives.

Souvent, les conjoints ne sont pas préparés aux répercussions de la fatigue et de la présence du nourrisson sur leur vie sexuelle. En les informant, l'infirmière leur permet de prévoir ces répercussions. Inviter les conjoints à poser des questions, puis prendre le temps d'y répondre.

Le chapitre en bref

Notions fondamentales

- Le principal objectif des visites à domicile durant le post-partum est d'assurer à la famille la meilleure adaptation possible à sa nouvelle réalité. La visite à domicile permet à l'infirmière d'évaluer la famille, de donner l'enseignement nécessaire et d'établir de bons rapports avec elle.

- En tant que professionnelle, l'infirmière contribue à la prestation et au maintien de soins de qualité pour les familles qui viennent de quitter l'unité des naissances.

- L'infirmière doit prendre des mesures proactives pour assurer sa sécurité personnelle lors des visites à domicile. Elle doit notamment se montrer prudente et savoir reconnaître les signes de danger.

- Les soins infirmiers prodigués durant les visites à domicile visent à évaluer les aspects suivants : les soins au nouveau-né ; le processus d'attachement ; et les connaissances de la famille au sujet de l'éducation des enfants.

- Les signes de maladie chez la mère sont les suivants : lochies excessives ou nauséabondes ; fond utérin insuffisamment descendu ;

température du corps de 38 °C ou plus ; élévation de la tension artérielle ; sensibilité, rougeur ou douleur aux jambes. Pour la mère qui allaite, les signes de mastite sont une douleur en un point précis du sein et des symptômes qui ressemblent à ceux de la grippe (notamment de la fièvre).

- Pour prévenir les douleurs aux mamelons chez la femme qui allaite, l'infirmière peut l'encourager à allaiter fréquemment, à changer régulièrement de position d'allaitement et à laisser sécher ses mamelons à l'air libre après chaque tétée.

- La reprise des rapports sexuels peut avoir lieu lorsque l'épisiotomie est cicatrisée et que l'écoulement des lochies a cessé. L'infirmière doit informer les parents des changements qui peuvent se produire dans leur vie sexuelle (sécheresse vaginale, désir inhibé par la fatigue, écoulement de lait durant l'orgasme de la femme, etc.).

Références

ALTENEDER, R. R., et D. HARTZELL (1997). « Adressing couples sexuality concerns during the childbearing period : Use of the PLISSIT Model », *Journal of Obstetric, Gynecologic, and Neonatal Nursing*, vol. 26, n° 6, p. 651-658.

AMERICAN ACADEMY OF PEDIATRICS, COMMITTEE ON FETUS AND NEWBORN (1995). « Hospital stay for healthy term newborns », *Pediatrics*, vol. 96, n° 4, 1re partie, p. 788-790.

AMERICAN COLLEGE OF OBSTETRICIANS AND GYNECOLOGISTS (2000). *Breastfeeding : Maternal and infant aspects*, ACOC Educational Bulletin, n° 258, Washington, DC, chez l'auteur.

BOCAR, D. L. (1997). « Cobining breastfeeding and employment : Increasing success », *Journal of Perinatal and Neonatal Nursing*, vol. 11, n° 2, p. 23-43.

BRAGG, E. J., B. M.ROSEN, J. C. KHOURY, M. MIODOVNIK et T. S. SIDDIQI (1997). « The effect of early discharge after vaginal delivery on neonatal readmission rates », *Obstetrics and Gynecology*, vol. 89, n° 6, p. 930-933.

BRAVEMAN, P., S. EGERTER, M. PEARL, K. MARCHI et C. MILLER (1995). « Problems associated with early discharge of newborn infants. Early discharge of newborns and mothers : A critical review of the literature », *Pediatrics*, vol. 96, n° 4, 1re partie, p. 716-725.

CADY, R. (1999). « Telephone triage : Avoiding the short stay », *Maternal-Child Nursing*, vol. 24, n° 4, p. 209.

CARPENTER, J. A. (1998). « Shortening the short stay », *AWHONN Lifetines*, vol. 2, n° 1, p. 29-34.

CATZ, C., J. W. HANSON, L. SIMPSON, S. J. YAFFE (1995). « Summary of workshop : Early discharge and neonatal hyperbilirubinemia », *Pediatrics*, vol. 96, n° 4, 1re partie, p. 743-745.

DURKIN, N., et C. WILSON (1999). « Simple Steps to keep yourself safe », *Home Healthcare Nurse*, vol. 17, n° 7, p. 430-435.

FISHBEIN, E. G., et E. BURGRAF (1998). « Early postapartum discharge : How are mothers managing ? », *Journal of Obstetrics, Gynecologic, and Neonatal Nursing*, vol. 27, n° 2, p. 142-150.

LAMP, J. M., et P. A. HOWARD (1999). « Guiding parents' use of the Internet for newborn education », *American Journal of Maternal-Child Nursing*, vol. 24, p. 33-46.

LAUWERS, J., et D. SHINSKIE (2000). *Counseling the nursing mother : A lactation consultant's guide*, 3e éd., Boston, Jones & Bartlett.

LAWRENCE, R. A. (1994). *Breastfeeding : A guide for the medical profession*, 4e éd., Saint Louis, Mosby.

LOCKLIN, M. P., et M. J. JANSSON (1999). « Home visit : Strategies to protect the breastfeeding newborn at risk », *Journal of obstetric, Gynecologic, and Neonatal Nursing*, vol. 28, p. 33-40.

LOWDERMILK, D. (1995). *AWHONN perinatal home care guidelines : An overview*, communication présentée à la perinatal home care conference, La Nouvelle-Orléans, Louisiane.

RIORDAN, J., et K. AUERBACH (1999). *Breastfeeding and human lactation*, 2e éd., Boston, Jones & Bartlett.

SANTÉ CANADA (2000). *Les soins à la mère et au nouveau-né dans une perspective familiale : lignes directrices nationales*, Ottawa, ministre des Travaux publics et des Services gouvernementaux du Canada.

SOSKOLNE, E. I., R. SCHUMACHER, C. FYOCK, M. L. YOUNG et A. SCHORK (1996). « The effect of early discharge and other factors on readmission rates of newborns », *Archives of pediatric and adolescents medicine*, vol. 150, p. 373-378.

Lectures complémentaires

DIRECTION DE LA SANTÉ PUBLIQUE DE L'ESTRIE (2002). *Allaitement maternel : guide pratique à l'intention des intervenants et intervenantes*, Sherbrooke, chez l'auteur.

INSTITUT NATIONAL DE SANTÉ PUBLIQUE DU QUÉBEC (2000). *Mieux vivre avec son enfant de la naissance à deux ans*. Québec, Publications du Québec.

KLEIN, M., S. JONHSTON, J. CHRISTILAW et É. CARTY (2002*)*. « Les mères, les nouveaux-nés et les collectivités », *Le médecin de famille canadien*, vol. 38, p. 1183-1185.

Les complications durant la période postnatale

Objectifs

- Décrire l'évaluation que l'infirmière doit effectuer en période postnatale pour déceler les facteurs prédisposants, les signes et les symptômes des différentes complications du post-partum

- Expliquer les mesures que l'infirmière incorpore aux soins postnataux pour prévenir toute complication

- Élaborer un plan de soins qui reflète une bonne connaissance des causes, de la physiopathologie et du traitement médical de l'hémorragie postnatale, de l'infection des voies génitales, de l'infection urinaire, de la mastite, de la thrombophlébite et des troubles psychologiques et psychiatriques liés à l'accouchement

- Évaluer les connaissances de la femme en ce qui concerne les autosoins, les signes de complications et les mesures de prévention

Vocabulaire

ON CROIT SOUVENT QUE LE POST-PARTUM est une période de transition qui se déroule sans heurts ni incidents. Même si c'est effectivement le cas pour la majorité des femmes, l'infirmière doit être attentive aux complications qui peuvent survenir après l'accouchement et qui ont des conséquences pour la famille.

 # Les soins infirmiers postnataux aux femmes présentant des complications

Soins infirmiers en milieu hospitalier

L'évaluation complète et continue de la femme qui vient d'accoucher représente une partie importante des soins. En recueillant les données de manière systématique, l'infirmière peut mieux évaluer l'état de la femme et déceler les signes de complications qui pourraient prolonger son séjour à l'unité des naissances.

Bien des complications postnatales (hémorragie tardive, mastite, maladie thromboembolique, dépression majeure) n'apparaissent généralement qu'après le congé. Il est donc essentiel que l'infirmière informe les nouveaux parents *avant le congé* des symptômes jugés anormaux et qui devraient être signalés au médecin. Elle doit également leur enseigner certaines mesures susceptibles de prévenir l'apparition de ces complications. Les parents auraient aussi avantage à consulter la documentation qu'on leur fournit quand ils quittent l'unité des naissances, car ils ont tendance à oublier ce qu'on leur a enseigné une fois qu'ils sont de retour à la maison avec le nouveau-né. La famille devrait également avoir en main les coordonnées des ressources communautaires disponibles.

 Soins infirmiers communautaires

Le suivi effectué par téléphone ou au cours des visites à domicile permet de déceler rapidement les complications et d'inter-

venir aussitôt. (Le chapitre 29 décrit les soins à donner à la famille, une fois qu'elle est de retour à la maison.)

L'hémorragie postnatale

On distingue deux sortes d'hémorragie postnatale : l'hémorragie immédiate, ou précoce, et l'hémorragie tardive. L'**hémorragie postnatale immédiate** se produit pendant, ou après, le troisième stade du travail. L'**hémorragie postnatale tardive** peut apparaître de 24 heures après l'accouchement jusqu'à la 6e semaine du post-partum, et plus fréquemment environ 1 ou 2 semaines après l'accouchement (Cunningham *et al.*, 2001). De façon générale, on parle d'hémorragie postnatale quand la perte de sang est supérieure à 500 mL après un accouchement vaginal et supérieure à 1 000 mL après une césarienne. Ces définitions sont cependant remises en question, car on peut facilement sous-estimer l'importance de la perte de sang, étant donné qu'il est impossible de la mesurer précisément. Certains cliniciens sont d'avis qu'une hémorragie postnatale se définit de manière objective et fiable par une baisse de 10 points du chiffre de l'hématocrite entre le moment de l'entrée à l'hôpital et le post-partum immédiat ou par la nécessité de procéder à un remplacement liquidien après l'accouchement (American College of Obstetricians and Gynecologist [ACOG], 1998).

Hémorragie postnatale immédiate

Après l'expulsion du placenta, grâce aux mécanismes de l'hémostase, les muscles utérins se contractent normalement pour refermer les vaisseaux sanguins qui ont approvisionné le placenta en sang durant la grossesse. L'absence de ces contractions utérines rapprochées et soutenues produit une atonie utérine qui peut faire perdre à la femme une grande quantité de sang. Les déchirures des voies génitales, l'épisiotomie, la rétention de fragments placentaires, les hématomes vulvaires, vaginaux ou sous-péritonéaux, l'inversion utérine et les troubles de la coagulation peuvent également causer une hémorragie immédiate du post-partum.

Atonie utérine

Dans 80 % à 90 % des cas, l'**atonie utérine** (relâchement de l'utérus) est à l'origine de l'hémorragie postnatale immédiate (Gonik, 1999). L'atonie utérine peut apparaître après tout accouchement, mais elle est plus fréquente en présence des facteurs suivants :

- surdistension de l'utérus causée par une grossesse multiple, un hydramnios ou un gros bébé (macrosomie) ;
- travail très rapide ou très long ;
- stimulation ou déclenchement du travail à l'aide d'ocytocine ;
- grande multiparité (parce que les muscles très étirés se contractent moins vigoureusement) ;
- administration d'anesthésiques ou d'autres médicaments (le sulfate de magnésium, par exemple) qui provoquent un relâchement de l'utérus ;
- infection intra-amniotique.

L'hémorragie provoquée par l'atonie utérine peut être lente et régulière, ou soudaine et abondante. Le sang peut s'écouler rapidement par le vagin, ou encore s'accumuler dans l'utérus et former de gros caillots. Comme le volume sanguin augmente durant la grossesse, il se peut que la tension artérielle et le pouls ne changent pas, avant que la mère n'ait perdu une importante quantité de sang.

La prévention demeure le meilleur traitement : alimentation adéquate, bons soins prénataux, interventions traumatiques évitées, évaluation des risques, ainsi que diagnostic et traitement précoces de toute complication. Lorsqu'une cliente présente des facteurs de risque, il est important de déterminer son groupe sanguin avant l'accouchement, d'effectuer une épreuve de compatibilité croisée et, s'il faut installer une perfusion intraveineuse, de le faire avec des aiguilles de calibre compatible avec une transfusion sanguine (soit un calibre minimal de 18).

Après l'expulsion du placenta, il faut palper le fond utérin pour s'assurer qu'il est ferme. S'il est mou, un massage vigoureux devrait parvenir à le contracter. Ce massage est douloureux pour la nouvelle accouchée ; l'infirmière veillera donc à lui expliquer pourquoi cette intervention est nécessaire et à la rassurer durant le massage. Si le saignement est excessif, le médecin ou la sage-femme peut administrer de l'ocytocine par voie intraveineuse

à une vitesse de perfusion rapide et faire un massage bimanuel (figure 30-1A ▶). Il est parfois nécessaire d'administrer d'autres stimulants utérins pour traiter l'atonie utérine. Le tableau 30-1 offre un résumé des connaissances actuelles sur les stimulants utérins. Les valeurs de l'hémoglobine et de l'hématocrite permettront de déterminer si la femme a besoin d'un remplacement liquidien intraveineux ou d'une transfusion sanguine.

Déchirures des voies génitales

L'hémorragie postnatale immédiate peut être due à l'épisiotomie ou à des déchirures du périnée, du vagin ou du col. Certains facteurs prédisposent la femme aux déchirures des voies génitales :

- la primiparité ;
- l'anesthésie épidurale ;
- l'accouchement précipité ;
- l'accouchement par forceps ou ventouse ;
- la macrosomie.

Une inspection minutieuse des voies génitales permet au médecin ou à la sage-femme de déceler la plupart des déchirures et de les soigner sans tarder. L'infirmière qui constate que les saignements vaginaux persistent, malgré un utérus fermement contracté, devrait penser à des déchirures des voies génitales et prévenir rapidement le médecin. Les pertes sanguines peuvent également être causées par l'épisiotomie. On sous-estime souvent l'importance de l'épisiotomie comme cause d'hémorragie parce qu'elle provoque généralement un saignement lent et continu. Le risque d'hémorragie est accru lorsque l'incision de l'épisiotomie est médiolatérale (voir le chapitre 20).

Rétention de fragments placentaires

La rétention de fragments placentaires ou d'un lobe placentaire peut provoquer une hémorragie immédiate ou tardive : en fait, elle constitue la cause la plus courante d'hémorragie tardive. La rétention de fragments placentaires résulte souvent de l'extraction manuelle du placenta ou d'un massage utérin effectué par le médecin avant le décollement du placenta. Il convient donc d'éviter cette pratique.

Après l'accouchement, le médecin ou la sage-femme inspecte le placenta pour s'assurer qu'il est intact, qu'il ne manque ni fragments ni cotylédons du côté maternel,

> ### Conseil pratique
>
> Lorsque l'utérus est mou et que la quantité de sang sur la serviette hygiénique est normale ou minime, il faut masser l'utérus et rechercher la présence de caillots qui empêchent l'écoulement des lochies. Il arrive aussi que les lochies s'accumulent sous la cliente. Par ailleurs, lorsque l'utérus est ferme et que les saignements sont abondants, on peut penser que l'hémorragie est attribuable à d'autres causes que l'atonie utérine. Il est alors important d'en aviser le médecin.

qu'aucun vaisseau ne traverse le bord du placenta le long des membranes du côté fœtal, ce qui pourrait indiquer un placenta succenturié et la rétention d'un lobe. Si des fragments semblent manquer lors de l'inspection visuelle du placenta, le médecin ou la sage-femme procédera à l'exploration de l'utérus pour les décoller de l'endomètre (figure 30-1B ▶). L'infirmière pensera à une rétention de fragments placentaires si elle observe des saignements persistants en l'absence de déchirure.

Hématomes vulvaires, vaginaux et pelviens

Les hématomes sont généralement causés par la rupture d'un vaisseau sanguin. Cette rupture peut survenir lors d'un traumatisme obstétrical, souvent sans que le tissu superficiel présente de lésion visible, ou lorsque l'hémostase est inadéquate au siège d'une incision ou d'une déchirure. Comme le tissu mou de cette région n'offre aucune résistance, des hématomes contenant de 250 à 500 mL de sang peuvent se former rapidement. Ces hématomes peuvent apparaître sur la vulve, dans le vagin (surtout dans la région des épines sciatiques) ou sous le péritoine. On les retrouve le plus fréquemment dans la région vaginale et vulvaire. Les signes et les symptômes varient légèrement selon le type d'hématome. Les facteurs de risque sont les suivants: hypertension, anesthésie du nerf honteux, primiparité, travail précipité, durée prolongée de la deuxième phase du travail, macrosomie, accouchement par forceps ou ventouse, antécédents de varicosités vulvaires.

Les hématomes circonscrits qui mesurent moins de 5 cm de diamètre peuvent être traités par des applications locales de glace et par des analgésiques. Ils s'atténuent habituellement en quelques jours. Les hématomes plus gros ou expansifs nécessitent généralement une intervention chirurgicale afin de vider l'hématome et de ligaturer le vaisseau rompu.

La région de l'hématome est propice à la prolifération de certaines bactéries normalement présentes dans les voies génitales. Il est donc courant que le médecin prescrive des antibiotiques à large spectre pour prévenir l'infection.

Hémorragie postnatale tardive

L'hémorragie tardive résulte souvent d'une complication de la subinvolution utérine, consécutive à la rétention de fragments placentaires.

La **subinvolution utérine** se produit quand l'utérus ne revient pas à ses dimensions d'avant la grossesse, que l'écoulement des lochies se prolonge et se transforme en saignements utérins irréguliers ou excessifs pouvant conduire à l'hémorragie (Cunningham *et al.*, 2001).

L'hémorragie tardive est souvent diagnostiquée au cours de l'examen médical effectué de quatre à six semaines après l'accouchement. La femme peut signaler des saignements continus ou irréguliers, abondants ou non, ou encore un nouveau saignement après une évolution qui semblait normale. La

FIGURE 30-1 ▶ **A.** La compression bimanuelle de l'utérus ainsi que le massage de l'abdomen parviennent généralement à réprimer efficacement une hémorragie causée par l'atonie utérine. **B.** Extraction manuelle du placenta. Les doigts produisent tour à tour un mouvement d'abduction, un mouvement d'adduction et un mouvement de traction jusqu'à ce que le placenta se détache complètement. La compression bimanuelle et l'extraction manuelle ne peuvent être effectuées que par le médecin ou la sage-femme. *Source :* Cunningham *et al.* (2001). *Williams Obstetrics*, 21ᵉ éd., New York, McGraw-Hill, p. 638-639.

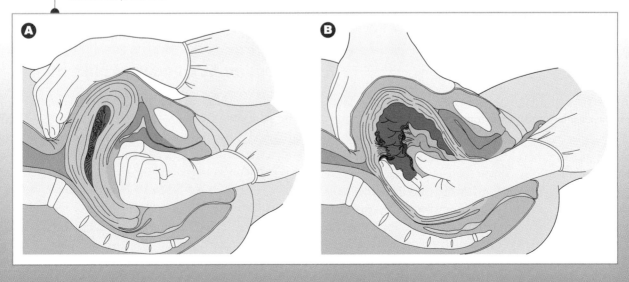

Tableau 30-1

Stimulants utérins administrés pour prévenir et traiter l'atonie utérine

Médicament	Dose	Contre-indications	Effets escomptés	Effets indésirables
Ocytocine (Syntocinon)	Voie intraveineuse : 10 à 40 unités dans 500 à 1 000 mL de solution en perfusion continue. Le médicament agit immédiatement. **Administration par bolus intraveineux déconseillée.**		Contractions utérines rythmiques qui aident à prévenir ou à réprimer l'hémorragie puerpérale causée par l'atonie utérine.	Hyperstimulation utérine, hypertension transitoire légère, intoxication hydrique rare chez la cliente qui vient d'accoucher.
Maléate de méthylergonovine	Voie intramusculaire : 0,2 mg toutes les 2 à 4 h. Le médicament agit en 2 à 5 min. Durée d'action : 3 h (× 5 doses maximum) Voie orale : 0,2 mg toutes les 6 à 12 h. Le médicament agit en 7 à 15 min. Durée d'action : 3 h (× 1 semaine). **Administration intraveineuse déconseillée.**	Tension artérielle instable ou élevée, ou sensibilité au médicament.	Contractions utérines soutenues qui aident à prévenir ou à réprimer l'hémorragie puerpérale causée par l'atonie utérine ; traitement de la subinvolution puerpérale.	Hypertension, étourdissements, céphalées, bouffées vasomotrices, acouphènes, nausées et vomissements, palpitations, douleur thoracique. Surdose ou hypersensibilité se manifestant par des convulsions ; picotement et engourdissement des doigts et des orteils dus à l'effet vasoconstricteur, entraînant la gangrène dans de rares cas ; hypertension ; pouls faible ; douleur thoracique.
Maléate d'ergonovine (Ergotrate)	Voie intramusculaire : 0,2 mg toutes les 2 à 4 h. Le médicament agit en 7 min. Durée d'action : 3 h (5 doses maximum). Voie orale : 0,2 mg toutes les 6 à 12 h. Le médicament agit en 15 min. Durée d'action : 3 h (× 2 à 7 jours). **Administration intraveineuse déconseillée.**	Tension artérielle instable ou élevée, ou sensibilité au médicament.	Contractions utérines soutenues qui aident à prévenir ou à réprimer l'hémorragie puerpérale causée par l'atonie utérine ; traitement de la subinvolution puerpérale.	Hypertension, étourdissements, céphalées, nausées et vomissements, douleur thoracique. Hypersensibilité parmi les effets vasoconstricteurs systémiques : convulsions, douleur thoracique ainsi que picotement et engourdissement des doigts et des orteils, entraînant la gangrène dans de rares cas.
Prostaglandines (PGF$_{2A}$, Hemabate, Prostin/15M)	Voie intramusculaire : 0,25 mg en doses répétées (5 doses maximum) toutes les 15 à 90 min. Le médecin peut décider d'administrer le médicament par injection intramyométriale directe.	Maladie cardio-vasculaire, rénale ou hépatique active, asthme ou antécédents d'hypersensibilité au médicament.	Contrôle des cas rebelles d'hémorragie puerpérale due à l'atonie utérine ; habituellement administré en dernier recours, après avoir essayé les agents ocytociques.	Nausées, vomissements, diarrhée, céphalées, rougeurs, bradycardie, bronchospasme, respiration sifflante, toux, frissons, fièvre.
Carbétocine (Duratocin)	Voie intraveineuse : dose unique de 100 µg (1 mL) en bolus en 1 minute. Le médicament agit rapidement, à l'intérieur de 2 minutes, et sa durée d'action sur l'activité utérine est d'environ 1 heure.	Maladies vasculaires et antécédents d'hypersensibilité à l'ocytocine ou à la carbétocine.	Prévention de l'atonie utérine et de l'hémorragie puerpérale après une césarienne élective sous anesthésie épidurale ou rachidienne.	Nausées, vomissements, douleurs abdominales, prurit, bouffées vasomotrices, hypotension, céphalées, tremblements. Moins fréquemment : lombalgie, étourdissements, goût métallique, anémie, sueurs, douleur thoracique, dyspnée, frissons, tachycardie et anxiété.

Soins infirmiers prodigués à la femme recevant des stimulants utérins après l'accouchement

- Évaluer la fermeté et la hauteur du fond utérin et la quantité des lochies toutes les 10 à 15 minutes pendant 1 ou 2 heures après l'administration du médicament, puis toutes les 30 à 60 minutes jusqu'à ce que l'état de la femme soit stable. **L'infirmière effectuera des évaluations plus fréquentes selon l'état de la femme et l'ordonnance médicale.**

- Mesurer la tension artérielle et le pouls toutes les 15 minutes pendant au moins 1 heure après l'administration du médicament, puis toutes les 30 à 60 minutes jusqu'à ce que l'état de la femme soit stable.

- Noter la durée d'action prévue du médicament administré et réévaluer le fond utérin à la fin de cette période.

- Si l'utérus demeure atonique et que les saignements persistent, masser l'utérus. Si celui-ci ne se contracte pas, prévenir le médecin immédiatement.

- Surveiller l'apparition de l'un ou l'autre des effets indésirables du médicament et prévenir le médecin, le cas échéant.

- Rappeler à la nouvelle accouchée que les crampes utérines sont un des effets escomptés du médicament.

- Au besoin, soulager la douleur par des mesures non médicamenteuses ou grâce à des analgésiques prescrits par le médecin.

palpation bimanuelle d'un utérus hypertrophié et plus mou que la normale permet au médecin ou à la sage-femme de poser le diagnostic. On traite l'hémorragie tardive en administrant 0,2 mg de maléate d'ergonovine par voie orale toutes les 4 heures pendant 24 à 48 heures (voir le *Guide pharmacologique : Maléate de méthylergonovine [Methergine]* au chapitre 28). Lorsque la femme souffre d'une infection utérine, on lui administre aussi des antibiotiques.

Soins infirmiers

Évaluation et analyse de la situation

L'infirmière étudie minutieusement le bilan prénatal ainsi que le compte rendu du travail et de l'accouchement afin de déceler les facteurs qui prédisposent sa cliente à une hémorragie postnatale. Après l'accouchement, l'une des principales responsabilités de l'infirmière consiste à examiner périodiquement la femme et à rechercher les signes de saignements vaginaux. Pour déceler l'apparition ou la réapparition d'une hémorragie, l'infirmière évaluera régulièrement la hauteur et la fermeté de l'utérus. Elle observera et notera les saignements vaginaux afin de déterminer si une intervention médicale est nécessaire. Cet examen peut se faire visuellement en comptant les serviettes hygiéniques utilisées.

Les hématomes vulvaires et vaginaux sont généralement associés à des douleurs périnéales. La femme se plaindra d'une douleur souvent intense, en apparence démesurée ou exagérée, qui lui semble provenir des « points de suture ». Si l'hématome est situé dans la région vaginale postérieure, la femme se plaindra peut-être aussi d'une pression rectale. L'hématome qui apparaît dans la portion supérieure du vagin peut rendre la miction difficile à cause de la pression exercée sur le méat ou l'urètre. Avant d'attribuer les douleurs périnéales à l'épisiotomie, l'infirmière doit examiner le périnée de la femme pour déceler les signes d'hématome : ecchymoses, œdème, tissus tendus, masse bombée et mobile à l'orifice du vagin, ou douleur intense à la palpation. En estimant le diamètre de l'hématome au tout premier examen du périnée, l'infirmière pourra plus facilement déceler une augmentation éventuelle et évaluer le risque d'hémorragie. Elle préviendra le médecin si elle soupçonne qu'il peut y avoir un hématome.

Planification et interventions

Si l'utérus est mou, l'infirmière le masse jusqu'à ce qu'il soit ferme et, s'il semble plus gros qu'il ne le devrait, elle essaie d'extraire les caillots. Une fois les caillots retirés, l'utérus tend à se contracter plus efficacement.

Si les saignements semblent lents, réguliers et continus, l'infirmière mesure les signes vitaux de la femme toutes les 15 minutes, ou plus souvent au besoin. Si l'utérus est placé vers le haut ou sur le côté à cause d'une vessie pleine, l'infirmière incitera la femme à vider sa vessie (ou verra à faire prescrire un cathé-térisme si la femme est incapable d'uriner) afin de rendre les contractions plus efficaces.

Au début du post-partum, lorsque la nouvelle accouchée reçoit une perfusion intraveineuse et que l'ordonnance médicale précise de « cesser la perfusion intraveineuse après l'administration du présent sac », l'infirmière prendra la peine de s'assurer de la fermeté de l'utérus et de vérifier si les lochies sont normales ou trop abondantes avant de mettre fin à la perfusion. Si l'infirmière soupçonne un problème, elle maintiendra la perfusion intraveineuse et préviendra le médecin.

C'est à l'infirmière qu'il incombe de vérifier les résultats de l'hématocrite et de signaler au médecin tout écart par rapport à la norme ; l'infirmière doit également surveiller tous les traitements prodigués à la cliente (interventions médicales, perfusions intraveineuses, transfusions sanguines, oxygénothérapie, administration de stimulants utérins, etc.) et s'assurer de leur efficacité. Elle doit aussi surveiller de près la diurèse pour voir si les reins fonctionnent bien et déterminer s'il sera nécessaire d'effectuer un remplacement liquidien. Elle avisera le médecin si la diurèse est inférieure à 30 mL/h. L'infirmière encouragera la femme à planifier ses activités de manière à se ménager des temps de repos.

Au cours des premiers jours, la femme que l'hémorragie a rendue anémique et fatiguée aura besoin qu'on l'aide à s'occuper d'elle-même et à se lever pour marcher un peu. Lorsqu'elle sera capable de se lever pour prendre une douche, on laissera un banc dans la douche pour favoriser son autonomie et l'empêcher de se blesser en cas de faiblesse ou d'étourdissement. La sonnette d'appel devrait se trouver à portée de la main.

La perte de sang cause de la fatigue chez la nouvelle mère, qui trouvera plus difficile de s'occuper de son bébé. Tout en veillant à ce que la femme se repose et à ce que ses besoins en matière de santé soient satisfaits, l'infirmière doit trouver des façons de favoriser le processus d'attachement entre la mère et son enfant. En plus d'aider la femme à s'occuper de son bébé si elle en a besoin, l'infirmière peut discuter avec le conjoint et les autres membres de la famille des moyens dont ils disposent pour aider la mère à s'adapter.

Pour réduire le malaise et les risques de formation d'un hématome vulvaire ou vaginal au cours des 8 à 12 heures qui suivent l'accouchement (voir les informations concernant le soulagement des douleurs périnéales au chapitre 28), l'infirmière peut appliquer un sac de glace sur le périnée. Par la suite, les mesures de bien-être à appliquer sont les bains de siège, qui favorisent l'absorption des liquides une fois les saignements réprimés, et l'emploi judicieux des analgésiques.

L'infirmière fournira à la femme, à sa famille et aux autres personnes clés des informations claires (préférablement par écrit) concernant le déroulement normal du post-partum, notamment au sujet des lochies, de l'involution utérine et des signes de saignement anormal. Les conseils préventifs relatifs aux saignements portent sur l'automassage de l'utérus, sur l'évaluation de la hauteur et de la fermeté de l'utérus, et sur l'inspection de l'épisiotomie ou des déchirures à l'aide d'un miroir. L'infirmière doit recommander à la femme de consulter un médecin si elle constate des saignements trop abondants ou des changements anormaux dans les lochies (voir les *Points à retenir : Signes d'hémorragie postnatale*). De plus, si le médecin prescrit des suppléments de fer, l'infirmière s'assurera que la mère comprend qu'il est important de bien s'alimenter et de boire suffisamment pour éviter la constipation et les maux d'estomac. L'infirmière expliquera également pourquoi la femme doit continuer de prendre des suppléments de fer et l'informera au besoin sur les aliments riches en fer.

Points à retenir

Signes d'hémorragie postnatale

Fond utérin mou qui ne se raffermit pas après un massage, ou qui redevient mou peu après

Saignement excessif et rouge vif

Caillots observés à plusieurs reprises

Douleur pelvienne, périnéale, vaginale, ou mal de dos inhabituel

Saignement persistant en présence d'un utérus bien contracté

Augmentation de la hauteur utérine ou arrêt du processus de l'involution utérine

Accélération du pouls

Baisse de la tension artérielle

Formation d'un hématome, ou encore région saillante et tendue sur le périnée

---

Il peut arriver que la nouvelle mère ait besoin qu'on l'aide dans ses autosoins pendant un certain temps. L'infirmière doit lui recommander de se lever lentement pour réduire le risque d'hypertension orthostatique. Tant qu'elle n'est pas rétablie, la femme devrait demeurer assise quand elle a son bébé dans les bras.

La femme devrait continuer de compter les serviettes hygiéniques qu'elle utilise pendant quelques jours afin de s'assurer qu'elle ne présente pas de saignements trop abondants. Les problèmes associés à l'hémorragie, notamment l'anémie, augmentent le risque d'infection postnatale. L'infirmière indiquera de nouveau à la mère à quel point il est important d'utiliser une bonne technique de lavage des mains et de limiter les possibilités de contamination à la maison. Elle lui expliquera quels sont les signes d'infection les plus courants en période postnatale et s'assurera que la cliente sait qu'il faut prévenir le médecin immédiatement si ces signes apparaissent.

À cause du moment où elle survient, l'hémorragie tardive a tendance à causer un certain émoi : elle se produit habituellement une ou deux semaines après l'accouchement, de façon souvent inattendue, alors que tout se déroule normalement depuis le retour à la maison. Les conjoints se trouvent parfois soudainement obligés de faire garder le bébé pour que la femme se rende à l'hôpital. Les saignements abondants auront tôt fait de les alarmer et de les inquiéter.

Évaluation et résultats escomptés

Les résultats escomptés des soins infirmiers peuvent être les suivants :

- les signes d'hémorragie du post-partum sont décelés rapidement et traités efficacement ;
- le processus d'attachement entre la mère et l'enfant n'est pas entravé ;
- la femme connaît les changements anormaux qui peuvent se produire après son départ du centre hospitalier et elle comprend qu'il est important d'avertir son médecin si ces changements surviennent.

L'infection puerpérale

L'infection puerpérale est une infection des voies génitales reliée à l'accouchement et survenant au cours des six premières semaines du post-partum. L'infection la plus courante est l'endométrite, qui se limite à l'utérus et est souvent associée à la chorioamnionite ; sa probabilité augmente si on a pratiqué une césarienne. L'infection peut aussi se propager par voie lymphatique et devenir une maladie évolutive causant une cellulite pelvienne (paramétrite) ou une péritonite.

La définition courante de la **morbidité associée à l'infection puerpérale** a été établie dans les années 1930 par le Joint Committee on Maternal Welfare. On parle d'infection puerpérale quand la température de la cliente s'élève à 38,0 °C ou plus pendant 2 jours consécutifs après les 24 premières heures du post-partum ; la température doit avoir été prise au moins 4 fois par jour par voie orale. Cependant, une infection grave peut survenir au cours des 24 premières heures et ne provoquer qu'une fièvre légère, mais persistante. Il est donc essentiel d'évaluer soigneusement la femme qui fait de la fièvre après son accouchement.

Ce n'est pas seulement grâce aux antibiotiques que les taux de morbidité et de mortalité postnataux ont diminué au cours des dernières années. D'autres facteurs ont permis d'atteindre ce résultat : l'application de mesures d'asepsie, la diminution du nombre d'accouchements traumatiques, une meilleure connaissance du travail dystocique, l'amélioration des techniques chirurgicales et la sensibilisation de la population à la nécessité d'adopter de saines habitudes de vie.

Chez environ 70 % des femmes enceintes bien portantes, le vagin et le col utérin contiennent assez de bactéries pathogènes pour provoquer une infection. Certains facteurs doivent cependant être présents pour qu'une infection se déclare. Les infections utérines sont relativement peu fréquentes après un accouchement normal par voie vaginale, mais elles continuent d'être une cause importante de morbidité chez 12 % à 51 % des femmes ayant accouché par césarienne (Gibbs et Sweet, 1999).

Infections utérines durant la période postnatale

Comme les infections utérines peuvent affecter les tissus de l'endomètre, du myomètre ou du paramètre de l'utérus, l'expression « métrite accompagnée de cellulite pelvienne » convient mieux pour les décrire (Cunningham *et al.,* 2001). Après l'expulsion du placenta, la zone d'insertion placentaire devient un milieu très propice à la multiplication bactérienne. De plus, la partie restante de la caduque est vulnérable aux bactéries pathogènes en raison de sa minceur et de sa grande vascularisation. De même, le col utérin peut devenir une zone de prolifération bactérienne à cause des nombreuses, et minuscules, déchirures que provoquent normalement le travail et l'accouchement. Les infections utérines du post-partum peuvent être causées tant par des organismes aérobies que par des organismes anaérobies.

Les facteurs de risque de l'infection postnatale qui sont liés à des problèmes de santé sont les suivants :

- alimentation inadéquate (milieux défavorisés) ;
- consommation de drogues ou abus d'alcool ;
- diabète.

Les facteurs de risque de l'infection postnatale qui sont liés au travail et à l'accouchement sont les suivants :

- accouchement par césarienne (de loin la cause la plus courante) ;
- rupture prématurée des membranes ;
- fréquents examens vaginaux après la rupture des membranes ;
- utilisation d'un moniteur avec capteur interne durant le travail ;
- traumatisme obstétrical (notamment l'épisiotomie ou les déchirures du périnée, du vagin ou du col) ;
- chorioamnionite ;
- vaginite bactérienne ou à *Chlamydia* préexistante ;
- usage des forceps ou de la ventouse au cours de l'accouchement ;
- séparation manuelle du placenta ;
- hémorragie postnatale ;
- hématome ;
- cathétérisme vésical ;
- asepsie insuffisante.

Endométrite

L'**endométrite,** ou inflammation de l'endomètre, est le plus souvent due à des mycoplasmes ou à *Chlamydia trachomatis.* Ce dernier présente une période de latence et un temps de multiplication plus longs que les autres bactéries et il n'est pas toujours éliminé par les antibiotiques utilisés pour traiter les infections au début du post-partum.

L'endométrite bénigne se manifeste habituellement par un écoulement sanguinolent et nauséabond. L'endométrite plus grave peut se manifester par de la sensibilité utérine et par des poussées de fièvre (température de 38,3 °C à 40 °C). On peut également observer de la tachycardie et des frissons. Bien que les lochies nauséabondes soient considérées comme un signe classique d'endométrite, il se peut qu'elles demeurent peu abondantes et inodores si l'infection est causée par des streptocoques β-hémolytiques (Gibbs et Sweet, 1999).

Cellulite pelvienne (paramétrite) et péritonite

La **cellulite pelvienne (paramétrite)** est une infection du tissu conjonctif du ligament large et, dans les cas graves, du tissu conjonctif de toutes les structures pelviennes. Cette infection se transmet habituellement par les vaisseaux lymphatiques de la paroi utérine, mais elle peut aussi survenir quand des agents pathogènes envahissent une déchirure du col qui s'étend jusqu'au tissu conjonctif du ligament large. Les agents pathogènes se trouvant dans cette déchirure du col peuvent alors se rendre directement dans le bassin.

Dans le cas d'une **péritonite puerpérale**, un abcès pelvien peut se former, le plus souvent dans les ligaments utérins, dans le cul-de-sac de Douglas ou dans l'espace sous-phrénique. La cellulite pelvienne peut aussi être un effet secondaire d'une thrombophlébite pelvienne. Elle apparaît quand le caillot s'infecte et que la nécrose provoque la rupture de la paroi de la veine, transmettant ainsi l'infection au tissu conjonctif du bassin.

La femme qui souffre de paramétrite peut présenter plusieurs symptômes : forte fièvre (de 38,9 °C à 40 °C), frissons, malaises, léthargie, douleur abdominale, subinvolution de l'utérus, tachycardie, douleur localisée ou douleur irradiée à la décompression brusque de l'abdomen. La femme qui contracte une péritonite est gravement malade et présente les symptômes suivants : douleurs intenses, anxiété marquée, forte fièvre, respirations rapides et superficielles, tachycardie prononcée, soif excessive, distension abdominale, nausées et vomissements.

Infection d'une plaie périnéale

Quand on considère l'ampleur de la contamination bactérienne qui accompagne un accouchement par voie vaginale, il est étonnant de ne pas compter plus d'infections consécutives à une épisiotomie ou à des déchirures périnéales, vaginales ou vulvaires. Lorsqu'une plaie périnéale s'infecte, les signes classiques d'infection apparaissent : rougeur, chaleur, œdème, écoulement purulent et, par la suite, écartement des lèvres de la plaie qu'on avait

Pratique fondée sur des données probantes | Endométrite

Yolande a subi une césarienne non planifiée il y a deux jours. La plaie est normale et les sutures, intactes, mais Yolande se plaint de ressentir une douleur intense. Son utérus est très sensible à la palpation. Lorsque sa température atteint 39 °C, vous prévenez son médecin.

Celui-ci diagnostique une endométrite et prescrit l'administration de gentamicine et de clindamycine par voie intraveineuse. Après avoir vérifié les antécédents de la cliente en matière d'allergies, vous administrez les antibiotiques selon l'ordonnance. Un peu plus tard, vous croisez le pharmacien et lui demandez pourquoi on a prescrit ces deux antibiotiques. Autrement dit, vous lui demandez si cette association médicamenteuse est plus efficace qu'une autre et pourquoi.

Le pharmacien vous explique que les résultats d'une quarantaine d'essais entrepris sous la direction du Cochrane Collaborative (French et Smaill, 2000) ont montré que la gentamicine et la clindamycine prises en association constituent un traitement efficace contre l'endométrite. Cette étude a aussi révélé que l'incidence de réactions allergiques était semblable pour tous les antibiotiques étudiés ; aucune autre forme de traitement ne produisait moins d'effets indésirables.

Le pharmacien vous apprend également qu'il n'est pas nécessaire d'administrer une antibiothérapie orale, une fois le traitement intraveineux terminé, si la femme a une endométrite sans complications. Vous comptez discuter de ce point avec le médecin de Yolande lorsque vous élaborerez le plan de congé. Si le médecin prescrit une antibiothérapie orale, comment réagirez-vous ? Est-il arrivé qu'une femme qui a reçu le traitement prescrit reçoive aussi un autre traitement, dont certaines recherches ont montré l'inutilité ? Y a-t-il, à votre avis, des rapports entre ce genre de problèmes et la question plus vaste, et très controversée, de la résistance aux antibiotiques ? Enfin, quelle est la responsabilité du personnel soignant quant à l'utilisation judicieuse des ressources ?

Références

FRENCH, L. M., et SMAILL, F. M. (2000). « Antibiotic regimens for endometritis after delivery », *Cochrane Library*, n° 2, Oxford, Update Software.

rapprochées. La douleur locale est parfois intense. On traite les plaies périnéales infectées comme toutes les autres plaies infectées, en drainant le pus. On retire les sutures et on laisse la plaie ouverte. On utilise alors des antibiotiques à large spectre.

Infection de l'incision de la césarienne

Le taux d'infection associé à l'accouchement par césarienne varie de 4 % à 12 %, le plus haut pourcentage correspondant à la césarienne d'urgence à cause du traumatisme tissulaire plus important qu'elle provoque (Gibbs et Sweet, 1999). Les signes d'infection de la plaie abdominale, qui peuvent n'apparaître qu'après le congé, sont les suivants : érythème, chaleur, changement de coloration de la peau, œdème, sensibilité, écoulement purulent parfois mêlé de liquide sanguinolent, ouverture de la plaie. Peuvent aussi apparaître de la fièvre, de la douleur, des lochies nauséabondes et d'autres signes d'infection systémique. La culture de l'écoulement de la plaie révèle souvent la présence de plusieurs types d'agents pathogènes.

Traitement clinique

Pour trouver le siège primaire de l'infection et découvrir quels sont les agents pathogènes en cause, le médecin doit procéder à plusieurs examens : étude attentive des antécédents de la cliente, examen physique complet, tests sanguins, cultures de micro-organismes aérobies et anaérobies (cette culture n'est souvent pas très utile puisqu'on peut trouver de nombreux micro-organismes dans les lochies normales), culture d'urine (pour écarter la possibilité d'une infection urinaire primaire). Pour traiter une infection localisée, on utilise des antibiotiques, des bains de siège et, au besoin, des analgésiques pour soulager la douleur. Si un abcès se forme ou que les sutures s'infectent, il faut enlever les sutures pour permettre au pus de s'écouler. On peut aussi pratiquer le méchage de la plaie à l'aide d'une technique aseptique. Dans ce cas, on insère dans la plaie des gazes imbibées de solution saline deux ou trois fois par jour pour retirer les débris nécrotiques. On administre des antibiotiques à large spectre pour traiter l'infection puerpérale d'une plaie (Gibbs et Sweet, 1999).

L'endométrite se traite au moyen d'une antibiothérapie énergique. Si l'antibiotique est efficace, une amélioration devrait apparaître en quelques jours. En général, on poursuit l'antibiothérapie jusqu'à ce que la femme ne fasse plus de fièvre depuis 24 à 48 heures. Le mode d'administration et la posologie dépendront de la gravité de l'infection. L'infirmière doit surveiller la femme de près pour éviter toute aggravation de l'infection.

La paramétrite et la péritonite se traitent par l'administration d'antibiotiques par voie intraveineuse. En attendant les résultats des cultures et de l'antibiogramme, on administre des antibiotiques à large spectre, qui sont efficaces contre les agents pathogènes les plus courants. Lorsque plusieurs agents sont en cause, l'antibiothérapie demeure empirique ; si l'état de la femme ne s'améliore pas, on change d'antibiotique.

L'apparition d'une masse palpable signale souvent la formation d'un abcès, qu'on confirme en procédant à une échographie. Si un abcès est présent, le médecin pratique habituellement une incision et on fait un drainage pour prévenir la péritonite que pourrait causer l'écoulement du pus dans la cavité péritonéale. Après le drainage, on peut insérer une mèche d'iodoforme dans la cavité pour faciliter l'écoulement de l'abcès et favoriser la cicatrisation.

La femme qui souffre d'une infection systémique grave est très malade et peut devoir être transférée au service des soins intensifs. Le traitement de soutien comprendra alors le maintien d'une bonne hydratation à l'aide d'une perfusion intraveineuse, l'administration d'analgésiques, une surveillance continue de l'infection et, si un iléus paralytique apparaît, une aspiration gastrique continue par voie nasale.

Soins infirmiers

Évaluation et analyse de la situation

Il faut examiner l'incision périnéale ou abdominale de la femme toutes les 8 à 12 heures pour déceler les premiers signes d'infection. En utilisant l'échelle ROEER (rougeur, œdème, ecchymoses, écoulement, rapprochement), l'infirmière peut rapidement passer en revue les points à évaluer chez la femme. Elle doit aussi rechercher les signes d'induration au siège des sutures. La fièvre, les malaises, les douleurs abdominales, les lochies nauséabondes, la tachycardie et les autres signes d'infection doivent être notés et signalés immédiatement afin qu'un traitement puisse être amorcé sans tarder.

Voici les diagnostics infirmiers pouvant s'appliquer à la femme qui souffre d'une infection puerpérale :

- *douleur* reliée à la présence d'une infection ;
- *risque de perturbation de l'exercice du rôle parental* relié aux malaises de la mère et aux autres symptômes d'infection.

Planification et interventions

Soins infirmiers en milieu hospitalier

Au cours du post-partum, l'infirmière enseigne à la femme les mesures d'autosoins qui peuvent contribuer à prévenir l'infection. Il faut que la femme comprenne bien l'importance des soins périnéaux, des bonnes habitudes d'hygiène visant à prévenir la contamination du périnée (notamment s'essuyer le périnée de l'avant vers l'arrière et changer de serviette hygiénique après chaque élimination) et d'un lavage des mains rigoureux. Dès que l'état de la mère le permet, l'infirmière doit l'encourager à prendre des bains de siège ou des douches périnéales, qui nettoient la région génitale et favorisent la cicatrisation. Pour prévenir l'infection, il faut aussi lui fournir un bon apport liquidien et un régime riche en protéines et en vitamine C.

Si la femme reçoit une antibiothérapie, l'infirmière mesure les signes vitaux, administre avec soin les antibiotiques et surveille

le débit de la perfusion intraveineuse. Il faut procéder à une évaluation continue pour être en mesure de déceler rapidement les changements les plus subtils qui peuvent se produire dans l'état de la cliente. L'infirmière répond aussi aux besoins de la femme en matière de bien-être : hygiène, y compris l'hygiène buccodentaire, position, soulagement de la douleur.

Bien que cela soit parfois difficile quand la femme est gravement malade, l'infirmière doit également favoriser le processus d'attachement entre la mère et son bébé.

 ## *Soins infirmiers communautaires*

La femme qui souffre d'une infection puerpérale peut avoir besoin d'aide après sa sortie du centre hospitalier. Si sa famille ne peut pas l'aider à la maison, elle aura besoin de services à domicile. Dès que le diagnostic d'infection est posé, on peut contacter le CLSC et demander qu'une infirmière en santé communautaire aille rencontrer la femme chez elle pour évaluer sa situation familiale et élaborer un plan de soins qui tienne compte des besoins de la famille.

Il faut informer la famille sur les soins à donner au nouveau-né (alimentation, bain, cordon ombilical, vaccins, signes et symptômes à signaler au médecin). L'infirmière expliquera à la mère qui allaite et qui prend des antibiotiques qu'il faut inspecter la bouche du nouveau-né à la recherche de signes de muguet et qu'elle doit recevoir des soins, de même que son bébé, si ces signes apparaissent. Le violet de gentiane est très efficace pour traiter le muguet et il ne requiert pas d'ordonnance médicale.

L'infirmière donnera à la femme toutes les informations utiles concernant les activités auxquelles elle peut s'adonner, le repos qui lui est nécessaire, les médicaments dont elle a besoin, le régime alimentaire à suivre, ainsi que les signes et symptômes de complications. La femme doit comprendre qu'il est essentiel de poursuivre le traitement antibiotique jusqu'au bout, même si elle se sent guérie. En cas d'infection au périnée, la mère doit savoir qu'elle ne doit pas utiliser de tampons ou de douches vaginales ni avoir de rapports sexuels, tant qu'elle n'a pas obtenu l'accord du médecin.

Évaluation et résultats escomptés

Les résultats escomptés des soins infirmiers peuvent être les suivants :

- l'infection est décelée rapidement et traitée efficacement, et il n'y a pas d'autres complications ;
- la femme comprend son état et l'objectif du traitement ; elle collabore à l'antibiothérapie si celle-ci est prescrite après son congé ;
- le processus d'attachement entre la mère et l'enfant se poursuit.

L'infection urinaire

Les risques de problèmes urinaires sont plus marqués après l'accouchement, car la femme présente alors une augmentation normale de la diurèse et de la capacité vésicale ; une diminution de la sensibilité vésicale due à un étirement ou à un traumatisme ; une inhibition du contrôle nerveux de la vessie consécutive à une anesthésie locale ou régionale ; ou encore une contamination due au cathétérisme.

Il est capital que la femme vide complètement sa vessie. Si elle est encore sous l'effet de l'anesthésie, elle ne pourra pas uriner spontanément et aura besoin d'un cathétérisme. La rétention d'urine résiduelle, l'introduction de bactéries lors de la mise en place d'une sonde et le traumatisme vésical provoqué par l'accouchement contribuent à créer un milieu propice à l'apparition d'une cystite.

Surdistension vésicale

Après l'accouchement, la femme peut présenter une surdistension vésicale si elle est incapable d'uriner, ou si elle n'urine à chaque fois qu'en petite quantité, cela étant attribuable aux facteurs prédisposants mentionnés ci-dessus.

Soins infirmiers

Évaluation et analyse de la situation

La vessie distendue se présente comme une grosse masse qui va parfois jusqu'au nombril et pousse le fond utérin vers le haut. Les saignements vaginaux sont alors plus abondants, et la femme peut ressentir des crampes parce que l'utérus essaie de se contracter. Certaines femmes présentent également des douleurs lombaires et de l'agitation.

Voici les diagnostics infirmiers pouvant s'appliquer à la femme qui souffre de problèmes reliés à la surdistension :

- *risque d'infection* relié à une stase urinaire ;
- *élimination urinaire altérée* reliée à une surdistension vésicale.

Planification et interventions

L'infirmière peut diminuer considérablement les risques de surdistension vésicale si elle examine la vessie au cours de l'heure qui suit l'accouchement et si elle applique les mesures préventives appropriées. Dans la majorité des cas, on réussit à prévenir la surdistension en incitant la femme à uriner spontanément et en l'aidant à aller aux toilettes ou, si elle est sous l'effet d'une anesthésie de conduction, en l'aidant à uriner dans le bassin hygiénique. L'application de glace sur le périnée après l'accouchement aide à réduire l'œdème, qui pourrait nuire à la miction. Pour favoriser la miction, on peut aussi verser de l'eau tiède sur le périnée de la femme ou l'inciter à uriner dans le bain de siège.

Si un cathétérisme s'avère nécessaire, il faut respecter minutieusement les principes d'asepsie au moment de la mise en place du cathéter. À cause du traumatisme et de l'œdème provoqués par l'accouchement, le cathétérisme peut être douloureux. Comme l'œdème peut empêcher de bien voir le méat de l'urètre, l'infirmière doit faire preuve d'une grande délicatesse lorsqu'elle nettoie la vulve et introduit la sonde.

Une fois l'urine évacuée de la vessie, l'infirmière retire le cathéter. Cependant, si elle craint qu'il y ait une infection urinaire, elle devra prélever un échantillon d'urine et l'envoyer au laboratoire avant de retirer le cathéter. L'infirmière doit être attentive lorsqu'elle mesure la première miction d'une accouchée qui présente une distension vésicale. En effet, certaines femmes ont des mictions, mais conservent la plus grande partie de l'urine dans leur vessie. Si l'utérus reste haut et que la femme urine souvent et en petite quantité, c'est qu'elle ne réussit pas à vider sa vessie.

En mesurant la quantité d'urine éliminée et en vérifiant la hauteur utérine après la miction, l'infirmière peut plus facilement évaluer la rétention urinaire. Lorsque la mère a de la difficulté à vider sa vessie, l'infirmière peut lui suggérer de se pencher légèrement vers l'avant et de presser sur sa vessie pour la vider. Dans certains hôpitaux, on effectue de nouveaux dosages urinaires lorsque la première miction est de moins de 500 mL, afin de s'assurer que la nouvelle accouchée élimine suffisamment à chaque miction. Des mictions de moins de 200 mL, à intervalles rapprochés, pourraient indiquer que la femme ne réussit pas à vider sa vessie. En encourageant la mère à vider sa vessie chaque fois qu'elle urine, l'infirmière peut prévenir la formation d'une stase urinaire qui est souvent à l'origine de la cystite.

Évaluation et résultats escomptés

Les résultats escomptés des soins infirmiers peuvent être les suivants :

- la femme urine suffisamment ;
- elle applique les mesures d'autosoins pour éviter la stase urinaire et l'infection.

Cystite (infection urinaire basse)

Escherichia coli est à l'origine de la plupart des cas de cystite et de pyélonéphrite puerpérales. En général, il s'agit d'une infection ascendante qui se propage par la voie urétrale depuis le méat urinaire jusqu'aux reins, parce que le reflux vésico-urétéral pousse l'urine contaminée dans le bassinet du rein.

Traitement clinique

Lorsqu'on soupçonne qu'il peut y avoir une cystite puerpérale, il faut effectuer un prélèvement d'urine, selon la méthode du mi-jet et dans des conditions stériles ; on doit demander également un examen microscopique, une culture et un antibiogramme. D'habitude, la présence de plus de 100 000 bactéries par millilitre d'urine fraîche est un signe d'infection. Une concentration bactérienne se situant entre 10 000 et 100 000 offre un tableau évocateur, surtout si la femme présente des symptômes cliniques.

En milieu clinique, on amorce souvent l'antibiothérapie avant d'avoir obtenu les résultats des cultures et des antibiogrammes. Le traitement de choix comprend généralement plusieurs antibiotiques à large spectre. Par la suite, selon les résultats de l'antibiogramme, d'autres antibiotiques pourront être prescrits. On administrera également à la femme des spasmolytiques ou des analgésiques urinaires, par exemple le chlorhydrate de phénazopyridine, pour soulager ses malaises.

Soins infirmiers

Évaluation et analyse de la situation

Les symptômes de la cystite apparaissent souvent deux ou trois jours après l'accouchement. La cystite se manifeste au début par des mictions fréquentes et impérieuses, une dysurie et une nycturie, ou encore de l'hématurie et des douleurs sous-pubiennes. La femme peut également souffrir d'une légère fièvre, bien que les symptômes systémiques soient souvent inexistants.

Quand une infection urinaire évolue vers la pyélonéphrite, la femme devient très malade, et on peut généralement observer des symptômes systémiques : frissons, forte fièvre, douleur lombaire (unilatérale ou bilatérale), nausées, vomissements, en plus de tous les signes d'infection urinaire basse. On peut également observer une sensibilité à la palpation de l'angle costovertébral. Pour trouver l'agent pathogène, on effectue une culture d'urine et un antibiogramme.

Voici les diagnostics infirmiers pouvant s'appliquer à la femme qui souffre d'une infection urinaire après l'accouchement :

- *douleur* reliée à la dysurie consécutive à une cystite ;
- *connaissances insuffisantes* reliées à un manque d'information sur les mesures d'autosoins à appliquer pour prévenir l'infection urinaire.

Planification et interventions

Le dépistage de la bactériurie est très important en période périnatale. L'infirmière doit encourager la femme à vider fréquemment sa vessie durant le travail et après l'accouchement pour prévenir la rétention d'urine et la distension vésicale.

L'infirmière conseillera à la femme d'appliquer de bonnes mesures d'hygiène périnéale après sa sortie de l'unité des naissances, de maintenir un apport liquidien adéquat (au moins 2 L de liquide par jour, surtout de l'eau) et de vider sa vessie chaque fois qu'elle a envie d'uriner, plus précisément toutes les deux à quatre heures durant la journée. Le port de sous-vêtements en coton est également conseillé pour favoriser la circulation d'air et par conséquent réduire le risque d'infection.

Il semble que l'acidification de l'urine contribue à prévenir et à traiter l'infection urinaire. L'infirmière recommandera donc à la femme d'éviter les boissons gazeuses, qui augmentent l'alcalinité de l'urine, et de boire des jus de canneberge, de pruneau ou d'abricot non sucrés, qui augmentent l'acidité de l'urine.

Évaluation et résultats escomptés

Les résultats escomptés des soins infirmiers peuvent être les suivants :

- les signes d'infection urinaire sont décelés rapidement et le traitement est efficace ;
- la femme intègre les mesures appropriées dans ses habitudes d'hygiène personnelle afin d'accélérer la guérison et d'éviter les récidives ;
- le processus d'attachement entre la mère et l'enfant se poursuit, et la femme est capable de s'occuper adéquatement de son bébé.

La mastite

La **mastite** est une inflammation du tissu mammaire qui peut être causée par une infection, par l'obstruction d'un canal galactophore ou par un engorgement mal traité. Cette affection touche surtout les femmes qui allaitent au sein (Gibbs et Sweet, 1999) ; elle peut survenir dès le septième jour après l'accouchement ou, plus fréquemment, plusieurs semaines plus tard. Elle se manifeste par une douleur ressentie en un point du sein bien précis, par de la fièvre et par des symptômes semblables à ceux de la grippe.

Le tissu mammaire qui a déjà subi un traumatisme (mamelons gercés ou crevassés, surdistension du sein ou stagnation du lait) est particulièrement vulnérable aux agents pathogènes. Les bactéries proviennent le plus souvent du nez ou de la gorge du bébé, mais elles peuvent également provenir des mains de la mère ou du personnel soignant, ou bien du sang circulant de la mère.

Certains facteurs prédisposent la mère à la mastite : sein incomplètement vidé, soutien-gorge mal ajusté et comprimant le sein, fatigue, stress et mauvaises habitudes d'hygiène (Lauwers et Shinskie, 2000).

La mastite est une infection grave qui provoque de la fièvre, des céphalées, des symptômes pseudogrippaux. On observe aussi une masse chaude, rouge et douloureuse sur le sein; la masse est souvent cunéiforme parce que le tissu conjonctif du sein est divisé en canaux (figure 30-2).

Très souvent, la mastite est causée par *Candida albicans* qui s'introduit dans le sein par une petite lésion du mamelon due au muguet se trouvant dans la bouche de l'enfant. La femme présente alors une douleur au mamelon suivie d'une douleur en éclair dans le sein durant les tétées et entre les tétées. La peau du sein infecté peut ensuite devenir rose, squameuse et prurigineuse.

Traitement clinique

Le diagnostic se fonde habituellement sur l'observation des symptômes et sur l'examen physique. Tout symptôme pseudo-grippal doit être considéré comme un signe de mastite jusqu'à preuve du contraire. Si ces symptômes se manifestent, la femme doit les signaler immédiatement au médecin, car le traitement rapide de l'affection permettra de prévenir la formation d'un abcès. Le traitement consiste à prendre pendant 10 jours les antibiotiques prescrits; à se reposer au lit (au cours des premiers jours); à porter un soutien-gorge bien ajusté; à allaiter fréquemment (de 8 à 12 fois par jour); à appliquer des compresses chaudes et humides sur le sein infecté; et, au besoin, à prendre des analgésiques légers pour soulager la douleur.

Les anti-inflammatoires non stéroïdiens sont recommandés pour traiter à la fois la fièvre et l'inflammation. Vider régulièrement les seins réduit la gravité de la mastite, la durée des symptômes et le risque d'abcès. On doit donc recommander à la femme de continuer d'allaiter ou de tirer son lait si elle souffre de mastite. On contactera la mère au cours des 24 heures suivant le début du traitement pour s'assurer que les symptômes s'atténuent (Lauwers et Shinskie, 2000). Dans 10 % des cas de mastite, un abcès se forme. On doit alors aspirer l'abcès ou pratiquer une incision et un drainage (Vogel, Hutchison et Mitchell, 1999).

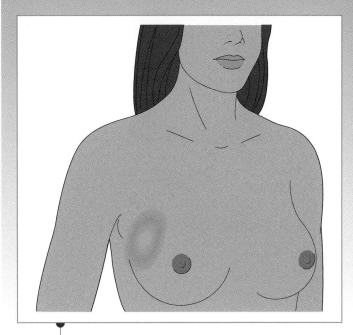

FIGURE 30-2 ▶ Mastite. Le quadrant externe supérieur du sein présente un érythème ainsi qu'une enflure. Les ganglions axillaires sont enflés et sensibles.

d'allaitement durant la période prénatale. De leur côté, les infirmières devraient aider les mères à allaiter peu de temps après l'accouchement afin de s'assurer qu'elles adoptent, dès le début, une bonne technique d'allaitement. La mère doit connaître les signes d'une bonne prise du sein par le bébé et savoir qu'il est important d'allaiter régulièrement pour prévenir l'engorgement et d'éviter qu'une pression continue s'exerce sur les seins (voir le chapitre 24). De plus, elle doit savoir comment réagir si sa peau est tendue sur une partie de son sein (voir le chapitre 29). Les signes et symptômes de la mastite doivent faire partie de l'enseignement et de la documentation donnés à la femme avant son départ du centre hospitalier (voir le tableau 30-2).

Pour prévenir les infections épidémiques, les membres du personnel ainsi que les personnes en contact avec la mère et le bébé doivent se laver méticuleusement les mains

Soins infirmiers

Évaluation et analyse de la situation

Pour déceler les facteurs susceptibles de prédisposer à la mastite, l'infirmière doit examiner chaque jour les seins de la femme: consistance, couleur et température de la peau, état des mamelons et présence de douleur. Elle observe également la technique d'allaitement de la femme pour s'assurer qu'elle est adéquate.

Planification et interventions

Il est beaucoup plus simple de prévenir la mastite que de la traiter. Idéalement, les mères devraient se familiariser avec les techniques

Soins infirmiers communautaires

L'infirmière en santé communautaire qui soupçonne une mastite doit diriger la femme vers son médecin et rechercher les facteurs contributifs: mamelons gercés, hygiène déficiente, engorgement, tétées trop espacées, introduction de biberons de complément, changement d'horaire ou d'habitudes du bébé, sevrage effectué subitement et soutien-gorge trop ajusté.

La correction des facteurs ayant favorisé l'apparition de l'infection doit faire partie du traitement. L'infirmière recommande aussi à la femme de se reposer, de boire beaucoup de liquide, de bien se nourrir et de diriger le menton du bébé du côté de la partie atteinte lorsqu'elle donne le sein infecté. Si la femme

Tableau 30-2

Engorgement, canaux obstrués et mastite

Caractéristiques	Engorgement	Canaux obstrués	Mastite
Début	Graduel entre le 3e et le 5e jour ou si on espace subitement les tétées	Graduel	Soudain, de 7 jours à plusieurs semaines après l'accouchement
Atteinte	Bilatérale	Unilatérale	Habituellement unilatérale
Enflure et chaleur	Généralisées	Masse palpable, chaleur légère ou absence de chaleur	Zone affectée chaude, rouge et enflée
Douleur	Généralisée	Légère, mais localisée	Intense, mais parfois diffuse
Température du corps	< 38,4 °C	< 38,4 °C	> 38,4 °C
Symptômes systémiques	La cliente se sent bien.	La cliente se sent bien.	La cliente éprouve des symptômes semblables à ceux de la grippe.

se sent trop malade pour allaiter ou si un abcès se forme qui l'empêche d'allaiter, l'infirmière en santé communautaire peut l'aider à se procurer un tire-lait pour maintenir sa production lactée. L'infirmière pourra par la même occasion lui montrer comment utiliser le tire-lait et lui demander de faire une démonstration (voir le chapitre 24). La femme aux prises avec une mastite peut trouver une aide et un soutien précieux auprès d'une consultante en allaitement ou auprès de groupes de soutien, comme la Ligue La Leche.

Évaluation et résultats escomptés

Les résultats escomptés des soins infirmiers peuvent être les suivants :

- la femme connaît les signes et les symptômes de la mastite (voir le tableau 30-2) ;
- la mastite est décelée rapidement et traitée efficacement ;
- la femme sait qu'il vaut mieux poursuivre l'allaitement et vider ses seins régulièrement en allaitant au moins 8 à 12 fois par jour ;
- la femme applique les mesures d'autosoins visant à prévenir les récidives.

La maladie thromboembolique

La maladie thromboembolique peut survenir pendant la grossesse, mais elle est plus fréquente en période postnatale sous forme de thrombophlébite. Elle se caractérise par la formation d'un thrombus dans une veine profonde ou superficielle. Une partie de ce caillot peut se rompre et provoquer une embolie pulmonaire, ce qui est peu fréquent, car le caillot a tendance à adhérer fortement à la paroi veineuse. Quand le thrombus se forme en réaction à une inflammation de la paroi veineuse, on parle de **thrombophlébite**.

Les principaux facteurs contribuant directement à l'apparition de la thrombophlébite au cours de la période postnatale sont les suivants : 1) un taux de fibrinogène gravidique élevé après l'accouchement, ce qui entraîne une hypercoagulabilité ; 2) une stase veineuse dans les membres inférieurs due à la pression exercée par l'utérus durant la grossesse, le travail et l'accouchement ; 3) des traumatismes affectant les vaisseaux sanguins ; 4) l'utilisation des étriers pour l'accouchement, surtout lorsque le temps de poussée se prolonge.

Les facteurs prédisposants les plus connus sont : 1) l'obésité, le tabagisme, l'âge avancé de la mère, les nombreuses grossesses ; 2) l'anesthésie et la chirurgie (césarienne), qui augmentent les risques de traumatismes vasculaires, ainsi que l'immobilité prolongée, qui entraîne la stase veineuse ; 3) les antécédents de thrombophlébite ; 4) l'anémie, l'hypothermie ou une cardiopathie ; 5) l'endométrite ; 6) les varices aux membres inférieurs ou au vagin.

Thrombophlébite superficielle

La thrombophlébite superficielle est beaucoup plus fréquente après l'accouchement que pendant la grossesse ; elle affecte surtout les femmes qui ont déjà des varices et celles qui, après l'accouchement, marchent peu. Souvent, le caillot se forme dans une des veines saphènes. Il peut aussi se retrouver dans une veine fémorale, ce qui rend alors le diagnostic plus difficile, car la région atteinte est moins circonscrite. Les symptômes se manifestant habituellement trois ou quatre jours après l'accouchement sont : une sensibilité affectant une partie de la jambe, une rougeur et une chaleur localisées, une absence de fièvre. Le traitement comprend l'application locale de compresses chaudes, la surélévation du membre atteint, le repos au lit et les analgésiques, de même que le port de bas élastiques. Il n'est généralement pas nécessaire d'administrer des anticoagulants, sauf en cas de complications. L'embolie pulmonaire survient très rarement dans ce type de thrombose. Lorsque les veines atteintes présentent une insuffisance valvulaire, le problème peut alors s'étendre jusqu'aux veines profondes de la jambe (par exemple à la veine fémorale).

Thrombophlébite veineuse profonde

La thrombophlébite veineuse profonde de la jambe est plus fréquente chez les femmes qui ont déjà souffert de thrombose ou chez celles qui présentent des complications obstétricales, par exemple l'hydramnios et l'hypertension gravidique.

Les manifestations cliniques de la thrombophlébite profonde comprennent un œdème qui peut s'étendre de la cheville à toute la jambe, ainsi qu'une douleur intense ou diffuse, selon les zones atteintes. La thrombophlébite profonde de la veine fémorale se manifeste par une sensibilité inguinale ; celle de la veine poplitée par une douleur dans les régions poplitée et latérale du tibia ; celle des veines tibiales antérieures et postérieures par une douleur dans tout le bas de la jambe et le pied ; celle de la veine ilio-fémorale par une douleur hypogastrique. Le signe d'Homans (figure 27-7 ❘) peut être présent ou non. En raison du spasme artériel réflexe, le membre est parfois pâle et froid au toucher, et on note à l'occasion une diminution des pouls périphériques.

Thrombophlébite pelvienne d'origine septique

Ce type de thrombophlébite est souvent lié à une infection des voies génitales et survient plus fréquemment chez la femme qui a accouché par césarienne. Une infection résistante aux antibiotiques en est le signe classique. Le deuxième ou troisième jour après l'accouchement, on note une douleur abdominale et/ou lombaire, accompagnée d'une défense musculaire ; on observe également de la fièvre, de la tachycardie et une absence de bruits intestinaux. Des analyses sanguines et des cultures complètent l'évaluation. Le traitement consiste à administrer des anticoagulants et des antibiotiques par voie intraveineuse. La plupart du temps, l'administration d'antibiotiques entraîne une amélioration clinique considérable, mais des poussées de fièvre et de frissons peuvent encore survenir (Laros, 1999).

Traitement clinique

Comme la thrombophlébite profonde est difficile à déceler, des démarches supplémentaires s'imposent pour confirmer le diagnostic : bilan de santé de la nouvelle accouchée, examen physique, pléthysmographie d'impédance, échographie Doppler,

résonance magnétique pour veines pelviennes et, moins souvent à cause des risques élevés de complications, phlébographie de contraste. Le traitement comprend l'administration d'héparine en perfusion intraveineuse continue à l'aide d'une pompe, de même que l'administration d'antibiotiques. La femme doit rester alitée, la jambe surélevée.

Exercice **de pensée critique**

Lei Chang vient d'avoir son premier enfant par césarienne après un travail prolongé et un arrêt de dilatation. Vous la voyez marcher dans le couloir en compagnie de son mari et vous constatez qu'elle boite un peu. Vous lui en faites la remarque. Elle répond qu'elle a mal à la jambe droite et ajoute : «Je me suis probablement étiré un muscle durant le travail.» Que faites-vous ?

Voir les réponses à l'appendice F.

Lorsque les symptômes ont disparu (la plupart du temps après quelques jours), la femme peut commencer à marcher en portant des bas élastiques. On poursuit le traitement à l'héparine jusqu'à ce que le temps de prothrombine atteigne de 1,5 à 1,7, et on amorce alors un traitement à la warfarine sodique (Coumadin). La femme continue à prendre du Coumadin à la maison pendant une période de deux à six mois. Au cours du traitement, il faut mesurer périodiquement le temps de prothrombine pour s'assurer que la posologie est appropriée.

Soins infirmiers

Évaluation et analyse de la situation

L'infirmière étudie attentivement les antécédents de la femme pour voir si elle présente des facteurs qui la prédisposent à la thrombose ou à la thrombophlébite. Elle doit également prêter une attention toute particulière aux plaintes de douleur aux jambes, à la région inguinale ou au bas-ventre (hypogastrique), car ce sont des signes de thrombose veineuse profonde. Enfin, elle doit examiner les jambes de la femme afin d'y déceler un œdème, un changement de température ou une douleur à la palpation.

Voici les diagnostics infirmiers pouvant s'appliquer à la femme qui souffre de thrombophlébite :

- *irrigation tissulaire périphérique inefficace* reliée à une occlusion veineuse ;
- *douleur* reliée à une hypoxie tissulaire et à un œdème consécutifs à une obstruction vasculaire ;

• *risque de perturbation dans l'exercice du rôle parental* relié à la diminution des contacts entre la mère et son enfant, due à l'alitement de la mère et à la perfusion intraveineuse

Planification et interventions

Durant la grossesse et après l'accouchement, l'infirmière évalue la nécessité de porter des bas élastiques pour la femme qui présente des varices. Étant donné que la thrombophlébite est souvent consécutive à une immobilisation prolongée, l'infirmière encourage la parturiente à se déplacer durant le travail, elle évite d'utiliser les étriers pour la poussée et elle incite la femme à se lever et à marcher tôt après l'accouchement. Si la femme est alitée parce qu'elle vient d'accoucher par césarienne, il faut lui rappeler qu'il est important d'effectuer régulièrement des exercices pour les chevilles et les jambes. L'infirmière explique à la nouvelle accouchée comment éviter la stase circulatoire (ne pas croiser les jambes, éviter de rester trop longtemps assise ou debout, etc.) et elle prévoit des périodes de repos avec surélévation des jambes.

Lorsque la thrombophlébite veineuse profonde a été diagnostiquée, l'infirmière maintient une surveillance étroite de l'héparinothérapie, applique les mesures de bien-être appropriées et reste à l'affût des signes de complications, notamment ceux de l'embolie pulmonaire. Elle surveille les signes de saignements et garde à portée de la main du sulfate de protamine (antagoniste de l'héparine) pour neutraliser l'héparine en cas de surdosage.

Lorsqu'elle doit continuer à prendre de la warfarine à la maison, il est important que la femme comprenne le but du traitement et qu'elle sache reconnaître rapidement les signes d'hémorragie (saignement des gencives ou du nez, pétéchies ou ecchymoses, sang dans l'urine ou les selles). Comme le traitement à la warfarine nécessite une surveillance étroite, il est essentiel de respecter les rendez-vous de contrôle pour vérifier le temps de prothrombine. La femme ne doit pas prendre de médicaments qui renforcent l'action anticoagulante, par exemple de l'aspirine ou des anti-inflammatoires non stéroïdiens. En fait, avant de prendre quelque médicament que ce soit, elle doit s'informer sur les risques d'interaction avec la warfarine. L'infirmière recommandera à la femme de porter un bracelet diagnostique (MedicAlert), de prévenir les professionnels de la santé consultés (y compris son dentiste) qu'elle prend des anticoagulants ; il faut également qu'elle consulte d'urgence son médecin ou qu'elle se rende à l'hôpital en cas de saignements plus graves (Shaver, 1999). (Voir l'encadré *Points à retenir : Enseignement à la femme souffrant de la maladie thromboembolique.*)

 Soins infirmiers communautaires

Étant donné que la femme souffrant de la maladie thromboembolique sera dépendante de son entourage au cours des premiers jours qui suivent son retour à la maison, il est souhaitable que son conjoint participe aux séances d'information précédant

---

Points à retenir

Enseignement à la femme souffrant de la maladie thromboembolique

Expliquer à la femme comment éviter la stase circulatoire (ne pas croiser les jambes, éviter de rester trop longtemps assise ou debout, etc.).

Vérifier s'il faut fournir des bas élastiques à la cliente et prévoir des périodes de repos avec surélévation des jambes.

En cas de thrombophlébite veineuse profonde :

• Expliquer l'utilité de la warfarine, ses effets indésirables, les interactions possibles avec d'autres médicaments et les raisons pour lesquelles il est nécessaire de vérifier la posologie en mesurant périodiquement le temps de prothrombine.

• Énumérer les signes de saignements qui peuvent être associés à la warfarine et qu'on doit signaler immédiatement (hématurie, ecchymoses, saignement des gencives ou du nez, saignement rectal). Surveiller l'écoulement menstruel (qui peut être plus abondant).

• Expliquer à la femme qu'elle doit calculer les quantités de légumes verts (laitue, chou, brocoli, chou de Bruxelles) qu'elle mange chaque jour parce que la vitamine K a des effets sur le temps de prothrombine, et donc sur le dosage de la warfarine.

• Indiquer à la femme qu'elle doit signaler tout saignement qui dure plus de 10 minutes.

La cliente doit également suivre les recommandations suivantes :

• Examiner régulièrement son corps pour déceler les ecchymoses.

• Porter un bracelet diagnostique (MedicAlert) indiquant qu'elle suit un traitement anticoagulant.

• Utiliser un rasoir électrique plutôt que manuel pour éviter d'écorcher la peau.

• Se servir d'une brosse à dents aux soies souples.

• Éviter de boire de l'alcool ou en prendre très peu.

• Consulter son médecin avant de prendre d'autres médicaments.

• Se rappeler que les selles peuvent prendre une coloration rose, rouge ou noire en raison du traitement anticoagulant.

• Informer tous les professionnels de la santé, y compris le dentiste, qu'elle prend des anticoagulants.

Revoir avec la femme les directives précédant le congé et la liste de vérification qui lui est remise.

Lui remettre la liste des ressources communautaires auxquelles elle peut recourir ou l'adresser aux services concernés.

Lui décrire les signes de complications postnatales et lui rappeler qu'il est important de prévenir le médecin si ces signes apparaissent.

Remettre à la femme les ordonnances nécessaires.

S'assurer que la femme a pris rendez-vous pour la consultation médicale.

le congé. L'infirmière donnera aux conjoints tout le temps dont ils ont besoin pour poser des questions et clarifier les directives verbales et écrites qui leur ont été données. Elle évaluera aussi dans quelle mesure les deux parents ont compris les directives du plan de soins. La famille doit faire en sorte que la nouvelle mère puisse à la fois demeurer alitée et passer du temps avec son nouveau-né (et avec ses autres enfants si elle en a). Par exemple, si la femme a un jeune enfant, celui-ci peut s'asseoir près d'elle sur le lit pour se faire raconter une histoire ou jouer tranquillement, tandis que le berceau du nouveau-né peut être placé tout près du lit de la mère.

Certains problèmes ne surgiront qu'au moment où les conjoints rentreront à la maison et se rendront compte de la réalité de leur situation. C'est pourquoi il est très important de leur procurer un soutien dont il peuvent disposer aisément et d'effectuer un suivi par téléphone ou une visite à domicile.

Les signes de thrombophlébite peuvent apparaître seulement après le congé. Il est donc essentiel d'informer tous les couples des signes et symptômes de la maladie ainsi que de l'importance de les signaler immédiatement et de ne pas masser la jambe atteinte. Si les signes et symptômes apparaissent après le congé, on peut devoir admettre la femme au centre hospitalier pour un court séjour. Dans ce cas, on fera tout ce qui est possible pour que la mère, le père et le nouveau-né restent ensemble.

Évaluation et résultats escomptés

Les résultats escomptés des soins infirmiers peuvent être les suivants :

- si une thrombophlébite apparaît, les premiers signes seront décelés rapidement, et la maladie sera traitée immédiatement sans qu'il y ait de complications ;
- au moment de quitter le centre hospitalier, la femme est capable d'expliquer le but du traitement médicamenteux prescrit (des anticoagulants, par exemple), le schéma posologique ainsi que les précautions qui s'y rapportent ;
- la femme est capable de décrire les mesures d'autosoins et les traitements à faire ;
- la femme a noué de bons liens d'attachement avec son bébé et elle est capable de s'en occuper.

Les troubles psychologiques ou psychiatriques liés à l'accouchement

Divers problèmes d'ordre psychologique ou psychiatrique peuvent survenir durant le post-partum. La classification des troubles psychiatriques du post-partum est quelque peu controversée. Dans la quatrième édition du *Diagnostic and Statistical Manual of Mental Disorders* (DSM-IV, de l'American Psychiatric Association, 1994), on a ajouté quelques précisions à la catégorie diagnostique des «troubles de l'humeur». On y propose que les troubles psychiatriques du post-partum soient considérés comme un seul syndrome, comprenant trois sous-groupes : 1) la réaction d'adaptation avec humeur dépressive ; 2) le trouble de l'humeur majeur du post-partum ; 3) la psychose postnatale. L'incidence, l'étiologie, les symptômes, le traitement et le pronostic varient selon les sous-groupes.

La *réaction d'adaptation avec humeur dépressive* est également connue sous le nom de «syndrome du troisième jour», de «baby-blues» ou de «cafard du post-partum». Elle se caractérise par une légère dépression entrecoupée de moments où la femme se sent plus heureuse et elle survient généralement vers le troisième jour après l'accouchement. Il s'agit habituellement d'un épisode qui dure de quelques heures à quelques jours et qui disparaît spontanément (O'Hara, 1999). La dépression est plus grave chez les primipares que chez les multipares et elle semble liée aux fluctuations marquées des niveaux d'œstrogènes, de progestérone et de prolactine après l'accouchement. Les nouvelles mères disent se sentir fatiguées, anxieuses, irritables, hypersensibles et incapables de surmonter les difficultés. Une des caractéristiques courantes est la tendance à pleurer, souvent sans raison apparente.

Le *trouble de l'humeur majeur du post-partum,* aussi appelé dépression postnatale, touche environ 10% à 20% des nouvelles mères. Cette forme de dépression peut apparaître à n'importe quel moment au cours de l'année suivant l'accouchement, mais son incidence atteint son maximum vers la quatrième semaine après l'accouchement. Elle présente des symptômes semblables à ceux de la dépression classique, notamment : labilité émotionnelle (humeur très instable) ; sentiment d'abattement et de culpabilité ; impression de ne pas être à la hauteur et de «ne pas aimer le bébé» ; piètre image de soi ; retrait social ; anorexie ; insomnie ; faible concentration et perte de mémoire.

Ce trouble n'est généralement pas associé à la dépression prénatale. De plus, même si l'on attribue depuis longtemps la responsabilité de cet état aux changements hormonaux, aucune anomalie hormonale n'a pu être décelée jusqu'à maintenant (Santé Canada, 2000).

Les facteurs de risque de la dépression postnatale sont les suivants :

- primiparité ;
- ambivalence au sujet de la poursuite de la grossesse ;
- antécédents de dépression postnatale ou de maladie bipolaire ;
- grossesse difficile, accompagnée de problèmes affectifs ;
- peu de soutien de la part de l'entourage ;
- repos insuffisant, surmenage ;
- rapports familiaux ou conjugaux difficiles ;
- insatisfaction de la femme envers elle-même (problème d'image corporelle, par exemple, ou trouble de l'alimentation).

La *psychose postnatale,* aussi appelée psychose puerpérale, est la forme la plus grave des affections mentales ; elle touche 1 ou 2 femmes sur 1 000 après l'accouchement. Elle apparaît à n'importe quel moment à partir de la 2ᵉ ou 3ᵉ semaine après la naissance jusqu'à 6 à 12 mois plus tard. C'est une psychose dangereuse parce que la femme qui en est atteinte présente des idées de suicide et d'infanticide. Elle peut avoir des hallucinations, éprouver de la difficulté à s'occuper de son bébé et accuser un sérieux désordre cognitif (Santé Canada, 2000). Le diagnostic doit être effectué rapidement, car ces femmes ne peuvent pas être laissées seules avec leur bébé. Comme dans le cas de la dépression postnatale, les recherches n'ont pas encore prouvé qu'une anomalie hormonale serait à l'origine de la psychose postnatale.

Traitement clinique

Les mesures de traitement comprennent l'administration de médicaments, la psychothérapie individuelle ou de groupe, ainsi qu'une aide concrète dans les soins au bébé et les tâches quotidiennes. Les groupes de soutien peuvent également jouer un rôle positif en complément du traitement. Les conjoints qui se joignent à des groupes de soutien pour nouveaux parents se sentent en effet rassurés de constater que d'autres parents vivent les mêmes expériences. Les rencontres en groupe permettent aussi d'échanger de l'information sur la dépression postnatale, d'apprendre comment réduire le stress et de se revaloriser. S'il n'existe pas de groupe de soutien dans la région où vivent les nouveaux parents, on encouragera la femme et sa famille à communiquer avec leur CLSC pour savoir à qui s'adresser.

Soins infirmiers

Évaluation et analyse de la situation

L'évaluation des facteurs qui prédisposent les femmes à des troubles psychologiques ou psychiatriques devrait débuter durant la grossesse, lors des consultations avec le médecin ou la sage-femme. Dans les entretiens ou les questionnaires servant à établir le bilan prénatal par exemple, on devrait faire figurer des questions destinées à déceler les signes avant-coureurs. Beck (1995) a mis au point une liste de vérification simple et pratique qu'on peut utiliser dans le cadre des soins postnataux pour détecter la dépression et la traiter sans tarder (voir le tableau 30-3). Écouter attentivement la nouvelle mère parler de son expérience permet à l'infirmière non seulement de reconnaître les symptômes et d'amorcer rapidement les soins appropriés, mais aussi de montrer à la femme qu'on s'occupe d'elle (Beck, 1999). Le stress chronique et l'absence de soutien de la part de l'entourage

contribuent considérablement à l'apparition de la dépression postnatale (Seguin *et al.*, 1999).

Dans le cadre du suivi postnatal à domicile, l'infirmière en santé communautaire est bien placée pour observer la femme et détecter les signes de dépression : anxiété, irritabilité, difficulté à se concentrer, pertes de mémoire, insomnie, perte d'appétit, fatigue et tendance à pleurer, expression d'un sentiment d'échec et de culpabilité. L'infirmière doit noter la gravité et la durée des symptômes. Si la femme s'exprime ou se comporte d'une façon bizarre ou peu appropriée à l'égard d'elle-même ou de son bébé, l'infirmière doit le signaler immédiatement aux personnes compétentes, qui pourront procéder à une évaluation plus poussée.

L'infirmière doit savoir que plusieurs des changements physiologiques normaux du post-partum sont semblables aux symptômes de la dépression (absence de désir sexuel, perte d'appétit, fatigue). Il est donc essentiel que les observations de l'infirmière soient les plus précises et les plus objectives possible et qu'elles soient consignées minutieusement.

Voici les diagnostics infirmiers pouvant s'appliquer à la femme qui souffre d'un problème psychologique ou psychiatrique postnatal :

- *stratégies d'adaptation inefficaces* reliées à la dépression postnatale ;
- *risque de perturbation dans l'exercice du rôle parental* relié à un trouble mental.

Planification et interventions

Les infirmières qui travaillent auprès des femmes enceintes ou qui donnent des cours de préparation à l'accouchement jouent un rôle indispensable dans la sensibilisation des futurs parents aux bouleversements que la naissance d'un enfant engendre dans la vie et les rôles des membres d'une famille. Pour contribuer à prévenir la dépression postnatale, l'infirmière peut notamment donner une information réaliste et des conseils préventifs et détruire les mythes généralement entretenus au sujet des parents parfaits. Il existe aussi des guides d'enseignement que l'infirmière peut utiliser pour aider ses clientes venant d'accoucher à explorer leurs besoins en matière de soutien (Logsdon, Birkimer et Usui, 2000). L'infirmière prévient la femme et ses proches qu'une légère dépression est toujours possible au début du post-partum, mais qu'elle ne dure pas longtemps. Elle décrit les symptômes de la dépression et encourage la femme et son conjoint à communiquer avec le médecin si les symptômes s'aggravent ou persistent, ou si la nouvelle mère se sent incapable d'accomplir ses activités. Pour aider la femme à s'adapter à son rôle de mère, l'infirmière peut aussi l'inciter à planifier l'organisation de la maisonnée et lui donner des conseils pratiques à ce sujet.

La femme ayant des antécédents de dépression ou de psychose postnatale devrait être adressée à l'infirmière en santé communautaire dès son congé, pour que le suivi soit assuré rapidement.

Tableau 30-3

Questions pouvant permettre de détecter la dépression postnatale*

Problèmes de concentration

Avez-vous de la difficulté à vous concentrer?
Avez-vous l'impression d'avoir l'esprit embrouillé?
Avez-vous l'impression par moment d'être confuse?

Perte d'intérêt

Avez-vous le sentiment que vous avez perdu de vue vos intérêts et vos objectifs habituels?
Avez-vous perdu de l'intérêt pour des passe-temps qui avaient l'habitude de vous apporter du plaisir?

Solitude

Éprouvez-vous un sentiment de solitude?
Avez-vous l'impression que personne ne comprend véritablement ce que vous vivez?
Êtes-vous mal à l'aise avec les autres?
Vous isolez-vous des autres?

Insécurité

Souffrez-vous d'insécurité?
Vous sentez-vous fragile ou vulnérable?
Vos responsabilités maternelles vous semblent-elles accablantes?

Obsessions

Avez-vous sans cesse les mêmes pensées? Par exemple, «Qu'est-ce qui ne tourne pas rond chez moi?», «Suis-je en train de devenir folle?», «Pourquoi suis-je incapable de profiter de la présence de mon bébé?».
Lorsque vous essayez de dormir le soir, votre esprit est-il obnubilé par des pensées répétitives?

Absence d'émotions positives

Éprouvez-vous un certain sentiment de vide?
Vous sentez-vous comme un robot qui vaque machinalement à ses activités?

Lorsque vous vous occupez de votre bébé, ressentez-vous de la joie ou de l'amour?

Perte d'identité

Avez-vous l'impression de ne pas être la même personne qu'avant?
Craignez-vous que votre vie ne soit plus jamais normale?

Crise d'anxiété

Avez-vous des crises d'anxiété incontrôlables?
Vivez-vous des épisodes où vous avez des palpitations, des douleurs thoraciques, une transpiration abondante et les mains engourdies?
Quand vous avez une crise d'anxiété, avez-vous l'impression de devenir folle?

Perte de contrôle

Avez-vous l'impression de maîtriser vos émotions et vos pensées?
Avez-vous l'impression de ne plus avoir d'emprise sur certains aspects de votre vie?

Culpabilité

Vous sentez-vous coupable parce que vous croyez ne pas donner à votre enfant l'amour et l'attention dont il a besoin?
Éprouvez-vous un sentiment de culpabilité parce que vous avez des pensées violentes envers votre enfant?
Avez-vous le sentiment d'être une bonne mère?

Idées de mort

Avez-vous des pensées destructrices envers vous-même?
Vous êtes-vous sentie à ce point déprimée que vous avez pensé vous enlever la vie?

---

* Les titres en couleur représentent les préoccupations des femmes déprimées ayant participé aux études qualitatives de Beck. Lorsqu'une femme répond «oui» à une des questions de la liste, un dialogue plus approfondi peut s'amorcer entre l'infirmière et la cliente.

Source: Beck, C. T. (1995). «Screening methods for postpartum depression», *Journal of Obstetric, Gynecologic and Neonatal Nursing*, vol. 24, n° 4, p. 113; texte reproduit grâce à l'aimable autorisation de Lippincott-Raven Publishers.

 Soins infirmiers communautaires

Les visites à domicile peuvent grandement faciliter l'adaptation de la nouvelle famille, car la femme a en général passé très peu de temps à l'hôpital. Il peut également être utile d'effectuer un suivi par téléphone trois semaines après l'accouchement pour s'enquérir de l'expérience des nouveaux parents.

La présence de trois symptômes, ou d'un seul symptôme durant plus de trois jours, peut être un signe de dépression et nécessiter une consultation médicale. Si la mère semble ignorer son bébé, le rejeter ou encore faire preuve de brusquerie lorsqu'elle s'occupe de lui, on l'adresse au médecin le plus rapidement possible. Si la situation semble critique, on ne laisse pas le nouveau-né seul avec sa mère.

Un diagnostic de dépression postnatale ou d'un autre trouble psychiatrique pose un sérieux problème pour la famille, en particulier pour le père (Meighan *et al.*, 1999). Les symptômes de ces maladies sont difficiles à évaluer, et probablement plus difficiles à comprendre que les problèmes physiques, l'hémorragie et l'infection, par exemple. Le conjoint peut se sentir blessé par l'hostilité de sa partenaire, s'inquiéter de son état mental ou être déconcerté par ses sautes d'humeur et son peu d'intérêt envers elle-même, le nouveau-né ou la vie de famille. Aux responsabilités habituelles du père s'ajouteront peut-être d'autres responsabilités très concrètes : la gestion de la maisonnée et le soin des enfants, dont un nouveau-né totalement dépendant.

La famille d'une femme qui est perturbée mentalement a besoin d'information, de soutien émotionnel et d'aide pour s'occuper du bébé. L'infirmière peut rendre service à la famille en l'adressant aux ressources communautaires susceptibles de lui fournir de l'aide.

Évaluation et résultats escomptés

Les résultats escomptés des soins infirmiers peuvent être les suivants :

- les signes de problèmes psychologiques ou psychiatriques du post-partum sont décelés dès leur apparition et le traitement approprié est entrepris rapidement ;
- le père ou une autre personne fiable prend soin du nouveau-né en attendant que la mère en soit capable.

Le chapitre en bref

Notions fondamentales

- Les principales causes de l'hémorragie postnatale immédiate sont l'atonie utérine, les déchirures du vagin et du col utérin, ainsi que la rétention de fragments placentaires.
- L'endométrite, la plus courante des infections postnatales, se limite à la cavité utérine.
- La femme qui vient d'accoucher court plus de risques de souffrir de problèmes urinaires en raison des modifications normales de l'appareil urinaire après l'accouchement : augmentation de la diurèse et de la capacité vésicale, diminution de la sensibilité vésicale due à un étirement et/ou à un traumatisme et, parfois, inhibition du contrôle nerveux de la vessie due à l'administration d'agents anesthésiques.
- La mastite, une inflammation du tissu mammaire causée par différents micro-organismes, apparaît surtout chez la femme qui allaite.

La plupart du temps, les symptômes se manifestent après la deuxième semaine suivant l'accouchement.

- La thrombophlébite, qui se manifeste dans les veines de la jambe, de la cuisse ou du bassin, peut survenir avant ou après l'accouchement.
- La dépression est le problème psychiatrique le plus fréquent durant la période postnatale. La plupart du temps passagers, les épisodes dépressifs surviennent souvent au cours des semaines qui suivent l'accouchement.
- Les appels téléphoniques et les visites à domicile sont des moyens efficaces de poursuivre les soins infirmiers auprès de la famille aux prises avec un problème de santé, et ce, dans un environnement qui lui est familier.

Références

AMERICAN COLLEGE OF OBSTETRICIANS AND GYNECOLOGISTS (1998). *Postpartum hemorrhage*, ACOG Educational Bulletin, n° 243, Washington, DC, chez l'auteur.

AMERICAN PSYCHIATRIC ASSOCIATION (1994). *Diagnostic and statistical manual of mental disorders : DSM-IV*, 4e éd., Washington, DC, chez l'auteur.

BECK, C. T. (1995). «Perceptions of nurses' caring by mothers experiencing postpartum depression», *Journal of Obstetric, Gynecologic, and Neonatal Nursing*, vol. 24, n° 9, p. 819-825.

BECK, C. T. (1999). «Maternal depression and child behaviour problems : A meta-analysis», *Journal of Advanced Nursing*, vol. 29, n° 3, p. 623-629.

BOWES, W. (1999). «Clinical aspects of normal and abnormal labor», *in* R. K. Creasy et R. Resnik (dir.), *Maternal-fetal medicine*, 4e éd., Philadelphie, : Saunders, chap. 34, p. 541-568.

CUNNINGHAM, F. G., N. F. GANT, K. J. LEVENO, L. C. GILSTRAP III, J. C. HAUTH et K. D. WENSTROM (2001). *Williams Obstetrics*, 21e éd., New York, McGraw-Hill.

GIBBS, R. S., et R. L. SWEET (1999). «Maternal and fetal infectious disorders», *in* R. K. Creasy et R. Resnik (dir.), *Maternal-fetal medicine*, 4e éd., Philadelphie, Saunders, chap. 41, p. 659-724.

GONIK, B. (1999). «Intensive care monitoring of the critically ill pregnant patient», *in* R. K. Creasy et R. Resnik (dir.), *Maternal-fetal medicine*, 4e éd., Philadelphie, Saunders, chap. 50, p. 895-920.

JOHNSON, J. V., et D. H. RIDDICK (2000). «The nonlactating human breast», *in* J. J. Sciarri et T. J. Watkins (dir.), *Gynecology and obstetrics*, Philadelphie, Lippincott, Williams & Wilkins, vol. 5, p. 1-19.

LAROS, R. K. (1999). «Thromboembolic disease», *in* R. K. Creasy et R. Resnik (dir.), *Maternal-fetal medicine*, 4ᵉ éd., Philadelphie, Saunders, chap. 47, p. 821-832.

LAUWERS, J., et D. SHINSKIE (2000). *Counseling the nursing mother: The lactation consultant's reference*, 3ᵉ éd., Boston, Jones & Bartlett.

LOGSDON, M. C., J. C. BIRKIMER et W. M. USUI (2000). «The link of social support and postpartum depressive symptoms in African-American women with low incomes», *Journal of Maternal-Child Nursing*, vol. 25, nᵒ 5, p. 262-266.

MEIGHAN, M., M. W. DAVIS, S. P. THOMAS et P. G. DROPPLEMAN (1999). «Living with postpartum depression: The father's experience». *Journal of Maternal-Child Nursing*, vol. 24, nᵒ 4, p. 202-208.

O'HARA, M. W. (1999). «Postpartum mental disorders», *in* J. J. Sciarri et T. J. Watkins (dir.), *Gynecology and obstetrics*, Philadelphie, Lippincott, Williams & Wilkins, vol. 6, p. 1-19.

SANTÉ CANADA (2000). *Les soins à la mère et au nouveau-né dans une perspective familiale: lignes directrices nationales*, Ottawa, ministre des Travaux publics et des Services gouvernementaux du Canada.

SEGUIN, L., L. POTVIN, M. ST-DENIS et J. LOISELLE (1999). «Depressive symptoms in the late postpartum among low socioeconomic status women», *Birth*, vol. 26, nᵒ 3, p. 157-163.

SHAVER, D. C. (1999). «Thromboembolic disease», *in* J. J. Sciarri et T. J. Watkins (dir.), *Gynecology and obstetrics*, vol. 2, p. 1-11, Philadelphie, Lippincott, Williams & Wilkins.

VOGEL, A., B. L. HUTCHISON et E. A. MITCHELL (1999). «Mastitis in the first year postpartum», *Birth*, vol. 26, nᵒ 4, p. 218-225.

Lectures complémentaires

DIRECTION DE LA SANTÉ PUBLIQUE DE L'ESTRIE (2002). *L'allaitement maternel: guide pratique à l'intention des intervenants et intervenantes*, Sherbrooke, chez l'auteur.

LÉVESQUE, S. (1998). « Sachez identifier les troubles psychiatriques du postpartum», *Le Clinicien*, vol. 13, nᵒ 4, p.119-138.

Appendices

Sommaire

AC	Accouchement par césarienne	ÉCF	Électrocardiogramme fœtal
ACCEL	Accélération de la FCF	EEAFPB	Extraction élective par application de forceps à la partie basse
ACV	Angle costo-vertébral	ÉIH	Épreuve de l'inhibition de l'hémagglutination
AES	Auto-examen des seins	ELISA	Dosage immunoenzymatique
AFP	Alpha-fœtoprotéine	ÉM	Épisiotomie médiane
AI	Amnio-infusion	EMF	Enregistrement des mouvements fœtaux
AIDP	Acromio-iliaque droite postérieure	ÉMLG	Épisiotomie médiolatérale gauche
AIGA	Acromio-iliaque gauche antérieure	ENN	Entérocolite nécrosante néonatale
AIP	Atteinte inflammatoire pelvienne	ÉO	Épreuve à l'ocytocine
APSM	Alpha-fœtoprotéine sérique maternelle	ÉPS	Épreuve de pénétration du sperme
ASNVV	Accouchement stérile normal par voie vaginale	EQMF	Enregistrement quotidien des mouvements fœtaux
ATN	Anomalie du tube neural	ERF	Examen de réactivité fœtale
AU	Activité utérine	ÉSAF	Épreuve de stimulation acoustique fœtale
AV	Accouchement vaginal	ÉSCCF	Épreuve de stimulation du cuir chevelu fœtal
AVAC	Accouchement vaginal après une césarienne	ÉSF	Échantillon de sang fœtal
BCF	Bruits du cœur fœtal	EUT	Eutrophique
CAT	Conduite active du travail	EVS	Examen vaginal stérile
CCO	Compression du cordon ombilical	FCF	Fréquence cardiaque fœtale
CDC	Centers for Disease Control	FEMF	Fiche d'enregistrement des mouvements fœtaux
CIVD	Coagulation intravasculaire disséminée	FIV	Fécondation in vitro
CLSC	Centre local de services communautaires	FP	Frottis de Papanicolaou (test PAP)
CMV	Cytomégalovirus	FR	Fibroplasie rétrolentale
CN	Chambre de naissance	FSH	Folliculostimuline
CO	Contraceptifs oraux	FSH-RH	Substance libératrice de la folliculostimuline
COA	Cathéter ombilical artériel	G	Gravida
CRF	Cycle reproducteur de la femme	GARE	Grossesse à risque élevé
CT	Compression de la tête	GIFT	Transfert intratubaire des gamètes
CU	Contraction utérine	GnRH	Gonadolibérine
DA	Diamètre abdominal	HAI	Épreuve d'inhibition de l'hémagglutination
DBP	Diamètre bipariétal	Hb_sA6	Antigène de surface de l'hépatite B
DC	Dilatation-curetage	hCG	Gonadotrophine chorionique
DDM	Date de la dernière menstruation	hCS	Somatomammotrophine chorionique humaine
DES	Diéthylstilbœstrol	HG	Hypertension gravidique
DFP	Disproportion fœtopelvienne	HGPO	Hyperglycémie provoquée par voie orale
DG	Diabète gestationnel	hMG	Gonadotrophine humaine extraite d'urine de femmes ménopausées
DID	Diabète insulinodépendant		
DIE	Dosage immunoenzymatique	hPL	Hormone lactogène placentaire
DIU	Dispositif intra-utérin	HPP	Hypertension pulmonaire persistante
DML	Début de montée laiteuse	HPV	Papillomavirus humain
DMS	Dépistage maternel sérique	HSV	Virus de l'herpès simplex
DNID	Diabète non insulinodépendant	IA	Index amniotique
DPA	Date prévue de l'accouchement	ICO	Inhibiteur de la cyclo-oxygénase
DPPNI	Décollement prématuré du placenta normalement inséré	ICS	Infirmière clinicienne spécialisée
DRG	Diagnostics regroupés pour la gestion	IgRh(D)	Immunoglobulines anti-D
DRN	Détresse respiratoire du nouveau-né	IP	Infirmière praticienne
DS	Diabète sucré	IPN	Insuffisance de poids à la naissance
DSMB	Diamètre sous-mento-bregmatique	ITD	Insémination thérapeutique avec sperme de donneur
DSOB	Diamètre sous-occipito-bregmatique	IUP	Insuffisance utéroplacentaire
DT	Diamètre thoracique	IVG	Interruption volontaire de grossesse
DTG	Diminution de la tolérance glucidique	IVU	Infection des voies urinaires
EAF	Effets de l'alcoolisme fœtal	JAF	Journal de l'activité fœtale
EAFPB	Extraction par application de forceps à la partie basse	L/S	Rapport lécithine/sphingomyéline

LAC	Liquide amniotique clair
LBCU	Ligne de base de la contraction utérine
LBFCF	Ligne de base de la fréquence cardiaque fœtale
LED	Lupus érythémateux disséminé
LF	Longueur du fémur
LH	Hormone lutéinisante
LH-RH	Hormone de libération de la lutéinostimuline
LVC	Longueur vertex-coccyx
LVP	Longueur vertex-pieds
MF	Mouvements fœtaux
MFE	Monitorage fœtal électronique
MFIU	Mort fœtale in utero
MIU	Mort intra-utérine
MIC	Maladie des inclusions cytomégaliques
MIDA	Mento-iliaque droite antérieure
MIDP	Mento-iliaque droite postérieure
MIDT	Mento-iliaque droite transverse
MIGA	Mento-iliaque gauche antérieure
MIGP	Mento-iliaque gauche postérieure
MIGT	Mento-iliaque gauche transverse
MMH	Maladie des membranes hyalines
MRF	Mouvements respiratoires fœtaux
MS	Mastose sclérokystique
MT	Monitorage transcutané
MTG	Maladie trophoblastique gravidique
MTS	Maladie transmissible sexuellement
Multi	Multipare
NNMD	Nouveau-né de mère diabétique
OIDA	Occipito-iliaque droite antérieure
OIDP	Occipito-iliaque droite postérieure
OIDT	Occipito-iliaque droite transverse
OIGA	Occipito-iliaque gauche antérieure
OIGP	Occipito-iliaque gauche postérieure
OIGT	Occipito-iliaque gauche transverse
OLO	Programme œuf-lait-orange
OME	Oxygénation par membrane extracorporelle
OPP	Occipito-postérieure persistante
OT	Œstrogénothérapie
PB	Profil biophysique
PCA	Persistance du canal artériel
PCU	Phénylcétonurie
PEATC	Potentiels évoqués auditifs du tronc cérébral
PFE	Poids fœtal estimé
PG	Phosphatidylglycérol *ou* prostaglandine
PI	Phlébographie par impédance
PI	Phosphatidyl inositol
POF	Périmètre occipito-frontal
POM	Périmètre occipito-mentonnier
PPFE	Pression positive de fin d'expiration
PPSO	Prélèvement percutané de sang ombilical
PSF	Prélèvement de sang fœtal
PT	Périmètre thoracique

PVC	Prélèvement de villosités choriales
RAM	Rupture artificielle des membranes
RAP	Rétinopathie aiguë du prématuré
RCIU	Retard de la croissance intra-utérine
RCR	Réanimation cardiorespiratoire
REM	Mouvements oculaires rapides (*rapid eye movements*)
RIA	Dosage radio-immunologique
RM	Rupture des membranes
ROT	Réflexes ostéotendineux
RPM	Rupture prématurée des membranes
RPMPT	Rupture prématurée des membranes préterme
RRA	Titrage de radiorécepteurs
RSM	Rupture spontanée des membranes
RTA	Ratio tête-abdomen
SAF	Syndrome d'alcoolisme fœtal
SCT	Syndrome de choc toxique
SDR	Syndrome de détresse respiratoire
SIDA	Sacro-iliaque droite antérieure
SIDP	Sacro-iliaque droite postérieure
SIGP	Sacro-iliaque gauche postérieure
SIGT	Sacro-iliaque gauche transverse
SIM	Syndrome d'inhalation de méconium
SMSN	Syndrome de mort subite du nourrisson
SPM	Syndrome prémenstruel
SSC	Suivi systématique de clientèles
TAB	Tissu adipeux brun
TASS	Test d'autostimulation des seins
TB	Température basale
TES	Transfert d'embryon de substitution
TET	Transfert d'embryons dans la trompe
TORCH	Toxoplasmose, rubéole, cytomégalovirus et herpès (O pour *other infections*)
TPAV	À terme, prématurés, avortements et enfants vivants
TRA	Techniques de reproduction assistée
TRF	Test de réactivité fœtale
TTCU	Test de tolérance aux contractions utérines
UAU	Unités d'activité utérine
UI	Unités internationales
UNG	Urétrite non gonococcique
VC	Variabilité continue
VCE	Version céphalique externe
VDRL	Laboratoire de recherche sur les maladies transmissibles sexuellement (*venereal disease research laboratories*)
VHB	Virus de l'hépatite B
VIH	Virus de l'immunodéficience humaine
VLA	Volume du liquide amniotique
VP	Variabilité passagère
VR	Valeur de référence
VSPPC	Ventilation spontanée en pression positive continue
ZIFT	Transfert intratubaire de zygotes
ZNT	Zone de neutralité thermique

Conversion des températures

(température en Fahrenheit − 32) × 5/9 = température en Celsius

(température en Celsius − 9/5) + 32 = température en Fahrenheit

Conversion d'unités impériales en unités du système international

Unité impériale	Multiplier par	Unité du système international
pouces	2,54	centimètres
onces	28	grammes
livres	454	grammes
livres	0,45	kilogrammes

Conversion d'unités du système international en unités impériales

Unité du système international	Multiplier par	Unité impériale
centimètres	0,4	pouces
grammes	0,035	onces
grammes	0,0022	livres
kilogrammes	2,2	livres

Table de conversion des livres et des onces en grammes

Livres \ Onces	0	1	2	3	4	5	6	7	8	9	10	11	12	13	14	15
0	–	28	57	85	113	142	170	198	227	255	283	312	340	369	397	425
1	454	482	510	539	567	595	624	652	680	709	737	765	794	822	850	879
2	907	936	964	992	1 021	1 049	1 077	1 106	1 134	1 162	1 191	1 219	1 247	1 276	1 304	1 332
3	1 361	1 389	1 417	1 446	1 474	1 503	1 531	1 559	1 588	1 616	1 644	1 673	1 701	1 729	1 758	1 786
4	1 814	1 843	1 871	1 899	1 928	1 956	1 984	2 013	2 041	2 070	2 098	2 126	2 155	2 183	2 211	2 240
5	2 268	2 296	2 325	2 353	2 381	2 410	2 438	2 466	2 495	2 523	2 551	2 580	2 608	2 637	2 665	2 693
6	2 722	2 750	2 778	2 807	2 835	2 863	2 892	2 920	2 948	2 977	3 005	3 033	3 062	3 090	3 118	3 147
7	3 175	3 203	3 232	3 260	3 289	3 317	3 345	3 374	3 402	3 430	3 459	3 487	3 515	3 544	3 572	3 600
8	3 629	3 657	3 685	3 714	3 742	3 770	3 799	3 827	3 856	3 884	3 912	3 941	3 969	3 997	4 026	4 054
9	4 082	4 111	4 139	4 167	4 196	4 224	4 252	4 281	4 309	4 337	4 366	4 394	4 423	4 451	4 479	4 508
10	4 536	4 564	4 593	4 621	4 649	4 678	4 706	4 734	4 763	4 791	4 819	4 848	4 876	4 904	4 933	4 961
11	4 990	5 018	5 046	5 075	5 103	5 131	5 160	5 188	5 216	5 245	5 273	5 301	5 330	5 358	5 386	5 415
12	5 443	5 471	5 500	5 528	5 557	5 585	5 613	5 642	5 670	5 698	5 727	5 755	5 783	5 812	5 840	5 868
13	5 897	5 925	5 953	5 982	6 010	6 038	6 067	6 095	6 123	6 152	6 180	6 209	6 237	6 265	6 294	6 322
14	6 350	6 379	6 407	6 435	6 464	6 492	6 520	6 549	6 577	6 605	6 634	6 662	6 690	6 719	6 747	6 776
15	6 804	6 832	6 860	6 889	6 917	6 945	6 973	7 002	7 030	7 059	7 087	7 115	7 144	7 172	7 201	7 228
16	7 257	7 286	7 313	7 342	7 371	7 399	7 427	7 456	7 484	7 512	7 541	7 569	7 597	7 626	7 654	7 682
17	7 711	7 739	7 768	7 796	7 824	7 853	7 881	7 909	7 938	7 966	7 994	8 023	8 051	8 079	8 108	8 136
18	8 165	8 192	8 221	8 249	8 278	8 306	8 335	8 363	8 391	8 420	8 448	8 476	8 504	8 533	8 561	8 590
19	8 618	8 646	8 675	8 703	8 731	8 760	8 788	8 816	8 845	8 873	8 902	8 930	8 958	8 987	9 015	9 043
20	9 072	9 100	9 128	9 157	9 185	9 213	9 242	9 270	9 298	9 327	9 355	9 383	9 412	9 440	9 469	9 497
21	9 525	9 554	9 582	9 610	9 639	9 667	9 695	9 724	9 752	9 780	9 809	9 837	9 865	9 894	9 922	9 950
22	9 979	10 007	10 036	10 064	10 092	10 120	10 149	10 177	10 206	10 234	10 262	10 291	10 319	10 347	10 376	10 404

ESTIMATION DE L'ÂGE GESTATIONNEL

(approximation selon les données publiées*)

▲ Examen des premières heures

SEMAINES DE GESTATION

Tableau d'estimation de l'âge gestationnel avec les paramètres suivants selon les semaines de gestation (20 à 48) :

EXAMEN PHYSIQUE

VERNIX : APPARAÎT — COUVRE LE CORPS, EN COUCHE ÉPAISSE — SUR LE DOS ET LE CUIR CHEVELU, DANS LES PLIS DE FLEXION ET DU COU — PEU DANS LES PLIS — PAS DE VERNIX

TISSU MAMMAIRE ET ARÉOLE : ARÉOLE ET MAMELON PEU VISIBLES, TISSU MAMMAIRE IMPALPABLE — ARÉOLE PONCTUÉE — BOURGEON DE 1-2 MM — 3-5 MM — 5-6 MM — 7-10 MM — 7-12 MM

OREILLE
- FORME : PLATE, INFORME — DÉBUT DE L'INCURVATION DANS LE HAUT — 2/3 SUPÉRIEURS DU PAVILLON INCURVÉS — BIEN FORMÉE, INCURVÉE JUSQU'AU LOBE
- CARTILAGE : PAVILLON PLAT, RESTE PLIÉ — PEU DE CARTILAGE, RÉTRACTION LENTE — CARTILAGE MINCE, RÉTRACTION RAPIDE — PAVILLON FERME, RIGIDE

PLIS PLANTAIRES : PLIS ABSENTS, PLANTES LISSES — 1/2 PLIS ANTÉRIEURS — 2/3 PLIS ANTÉRIEURS — 2-3 PLIS ANTÉRIEURS SUR LES 2/3 DE LA PLANTE — PLIS PROFONDS SUR TOUTE LA PLANTE

PEAU
- ÉPAISSEUR ET APPARENCE : MINCE, TRANSPARENTE, PLÉTHORIQUE, VEINULES SUR L'ABDOMEN, ŒDÈME — LISSE, PLUS ÉPAISSE, PAS D'ŒDÈME — ROSE — VEINES RARES — DÉBUT DE DESQUAMATION, ROSE PÂLE — ÉPAISSE, PÂLE, DESQUAMATION SUR TOUT LE CORPS
- LITS UNGUÉAUX : APPARAISSENT — ONGLES JUSQU'AU BOUT DES DOIGTS — ONGLES DÉPASSANT LE BOUT DES DOIGTS

CHEVEUX ET POILS : APPARAISSENT SUR LA TÊTE — SOURCILS ET CILS — FINS, LAINEUX, EN MÈCHES RAIDES, EN TOUFFES — SOYEUX, SOUPLES, SE SÉPARENT FACILEMENT — ? PERTE DE CHEVEUX, REPOUSSE DE FINS CHEVEUX

LANUGO : APPARAÎT — COUVRE TOUT LE CORPS — ABSENT AU VISAGE — PRÉSENT SUR LES ÉPAULES — PAS DE LANUGO

ORGANES GÉNITAUX
- TESTICULES : TESTICULES PALPABLES DANS LE CANAL INGUINAL — DANS LE HAUT DU SCROTUM — DANS LE BAS DU SCROTUM
- SCROTUM : PEU DE PLIS — PLIS SUR LE DEVANT — COUVERT DE PLIS — TOMBANT
- LÈVRES ET CLITORIS : CLITORIS PROÉMINENT, GRANDES LÈVRES, PETITES ET TRÈS ÉCARTÉES — CLITORIS PROÉMINENT, GRANDES LÈVRES PLUS DÉVELOPPÉES, PETITES ET CLITORIS PRESQUE COUVERT — GRANDES LÈVRES PLUS DÉVELOPPÉES, CLITORIS PRESQUE COUVERT — PETITES LÈVRES ET CLITORIS COUVERTS

RIGIDITÉ DU CRÂNE : OS MOUS — OS MOUS JUSQU'À 2,5 CM DE LA FONTANELLE ANTÉRIEURE — OS MOUS AU BORD DES FONTANELLES, FERMES AU CENTRE — OS DURS, SUTURES FACILEMENT DÉPLACÉES — OS DURS, IMPOSSIBLES À DÉPLACER

POSTURE
- AU REPOS : HYPOTONIQUE, DÉCUBITUS LATÉRAL — HYPOTONIQUE — DÉBUT DE FLEXION DES HANCHES — FLEXION DES HANCHES, MEILLEURE FLEXION DES HANCHES — EN GRENOUILLE — FLEXION DE TOUS LES MEMBRES — HYPERTONIQUE — TRÈS HYPERTONIQUE
- RETOUR — JAMBES : PAS DE RETOUR — RETOUR PARTIEL — DÉBUT DE FLEXION, PAS DE RETOUR — RETOUR RAPIDE
- BRAS : PAS DE RETOUR — RETOUR RAPIDE, PEUT ÊTRE INHIBÉ — RETOUR RAPIDE APRÈS 30 S D'INHIBITION

20 21 22 23 24 25 26 27 28 29 30 31 32 33 34 35 36 37 38 39 40 41 42 43 44 45 46 47 48

---

* Brazie, J. V., et L. O. Lubchenco (1974). « The estimation of gestational age chart », *in* Kempe, Silver et O'Brien, *Current Pediatric Diagnosis and Treatment*, 3e éd., Los Altos, CA, Lange Medical Publications, chap. 4. (Reproduit avec la permission de Mead Johnson Laboratories, Evansville, Ind.)

Analgésiques narcotiques

Codéine : Son accumulation peut provoquer une dépression du SNC chez le nouveau-né.

Mépéridine : Risque de dépression du SNC chez le nouveau-né.

Morphine : L'administration prolongée peut entraîner l'accoutumance chez le nouveau-né.

Analgésiques non narcotiques

Acétaminophène (Tylenol) : Relativement sûr pour l'administration de courte durée.

Salicylés : Sûrs après la première semaine de vie ; surveiller le temps de prothrombine.

Antibactériens

Aminosides : Risque d'ototoxicité ou de néphrotoxicité s'ils sont administrés durant plus de deux semaines.

Ampicilline : Éruption transitoire ; candidose ; diarrhée.

Métronidazole (Flagyl) : Risque de troubles neurologiques et de dyscrasies ; interrompre l'allaitement jusqu'à 12 à 24 heures après la dernière dose.

Pénicilline : Risque de réaction allergique ; candidose.

Sulfamidés : Risque d'hyperbilirubinémie ; contre-indiqués quand l'enfant a moins de 1 mois.

Tétracycline : Éviter l'administration prolongée et les doses importantes ; risque de coloration anormale des dents et d'inhibition de la croissance osseuse.

Anticoagulants

Dérivés de la coumarine (warfarine) : Relativement sûrs ; une petite quantité seulement se retrouve dans le lait maternel ; vérifier le temps de prothrombine avec INR.

Héparine : N'est pas excrétée dans le lait maternel ; vérifier le temps de céphaline (TC).

Anticonvulsivants

Phénytoïne (Dilantin), phénobarbital : Généralement considérés comme sûrs ; si de fortes doses de phénobarbital sont ingérées, l'enfant peut devenir somnolent ; on doit donner la préférence aux barbituriques d'action brève (sécobarbital), parce qu'ils sont excrétés en moindre concentration dans le lait maternel.

Sulfate de magnésium : La lactogenèse peut être retardée.

Antihistaminiques

Diphénhydramine (Benadryl), bromphéniramine (Dimetane), Claritin, Allegra : Peuvent réduire la sécrétion de lait ; l'enfant peut devenir somnolent et irritable.

Anti-inflammatoires non stéroïdiens

Ibuprofène (Motrin) : Sûr.

Indométhacine (Indocid) : Pénètre dans le lait maternel ; relativement sûre en dose thérapeutique.

Naproxène (Naprosyn) : Pénètre dans le lait maternel ; relativement sûr en dose thérapeutique.

Antimétabolites

Effets inconnus ; fortes possibilités d'effets anti-ADN à long terme chez l'enfant ; potentiellement très toxiques.

Antithyroïdien

Propylthiouracile : Contre-indiqué au cours de la lactation ; risque de goitre ou d'agranulocytose.

Barbiturique

Phénothiazines : Risque de sédation.

Bronchodilateurs

Aminophyline : Très peu utilisé chez les jeunes femmes ; relativement sûr.

Bêta 2 agoniste (Ventolin) : Utiliser lorsque c'est nécessaire ; relativement sûr.

Caféine

Une consommation excessive peut causer de la nervosité et de l'insomnie chez l'enfant.

Contraceptifs oraux

Association œstrogène/progestérone : Réduit considérablement la production de lait ; peut altérer la composition du lait ; peut causer une gynécomastie chez le bébé de sexe masculin.

Contraceptif contenant de la progestérone seulement : Sûr si on commence à l'administrer après l'établissement de la lactation.

Corticostéroïdes

Risque d'hypofonctionnement des surrénales en cas d'administration prolongée de doses supérieures à 10 mg par jour.

Diurétiques

Diurétique thiazidique (Hydrodiuril) : Sûr, mais peut causer une déshydratation et réduire la production de lait.

Furosémide (Lasix) : Non excrété dans le lait maternel.

Hormones

Androgènes : Interruption de la lactation

Hormones thyroïdiennes : Peuvent masquer l'hypothyroïdie.

Laxatifs

Docusate, Ducolax : Relativement sûrs.

Lait de magnésie, Métamucil : Relativement sûrs.

---

* Données tirées de Riordan, J., et K. J. Auerbach (1999). *Breastfeeding and human lactation*, 2e éd., Boston, Jones & Bartlett, p. 163-220 ; Briggs, G. G., R. K. Freeman et S. J. Yaffe (1998). *Drugs in pregnancy and lactation*, 5e éd., Baltimore, Williams & Wilkins ; Committee on Drugs, American Academy of Pediatrics (1994). «The transfer if drugs and other chemicals into human milk», *Pediatrics*, vol. 93, p. 137-150 ; Taeusch, H. et R. A. Ballard (1998). *Avery diseases of the newborn*, 7e éd., Philadelphie, Saunders, p. 1348-1352.

Médicaments agissant sur l'appareil cardiovasculaire

Méthyldopa (Aldomet) : Augmente le volume de lait.

Propranolol (*Indéral*) : Risque d'hypoglycémie ; possibilité d'autres effets associés aux bêtabloquants, surtout si l'enfant présente un trouble rénal ou hépatique.

Quinidine : Risque d'arythmie.

Métaux lourds

Or : Risque de toxicité ; les sels d'or sont compatibles avec l'allaitement.

Mercure : Excrété dans le lait maternel et dangereux pour l'enfant.

Sédatifs/Tranquillisants

Carbonate de lithium : Contre-indiqué ; risque d'hypotonie et de flaccidité.

Diazépam (*Valium*) : Risque d'accumulation en forte concentration ; peut aggraver l'ictère néonatal ; risque de sédation et de perte pondérale.

Lorazépam (Ativan) : S'accumule moins que le diazépam, mais on ne connaît pas bien les effets de l'accumulation ; ne pas donner sur une longue période.

Substances de contraste radioactives

Citrate de gallium (⁶⁷*G*) : Quantité insignifiante excrétée dans le lait maternel ; interrompre l'allaitement durant 2 semaines.

Iode : Contre-indiqué ; risque d'atteinte de la glande thyroïde.

^{125}I : Interrompre l'allaitement pendant 48 heures.

^{131}I : Interrompre l'allaitement jusqu'à ce que l'excrétion soit devenue insignifiante : on peut reprendre l'allaitement après 10 jours.

$^{99}Technétium$: Interrompre l'allaitement pendant 3 jours (demi-vie : 6 heures).

Toxicomanie

Alcool : Risque de retard de développement ; légère sédation.

Amphétamines : Usage controversé ; peut causer de l'irritabilité et perturber le sommeil.

Cocaïne, crack : Irritabilité extrême, tachycardie, vomissements, apnée.

Héroïne : Tremblements, agitation, vomissements, altération des tétées.

Marijuana : Somnolence.

Nicotine (tabagisme) : Choc, vomissement, diarrhée, diminution de la production de lait.

Pour de plus amples informations, on peut communiquer avec les organismes suivants :

Centre IMAGe – Info-Médicaments
en Allaitement et Grossesse
Chaire pharmaceutique Famille Louis-Boivin,
Hôpital Sainte-Justine
Téléphone : (514) 345-2333
(réservé aux professionnels de la santé)
Télécopieur : (514) 345-4972
(réservé aux professionnels de la santé)
Site Internet pour la grand public :
http://brise.ere.unmontreal.ca/~lecomptl/hsj/PHARM/image.htm

Motherisk program
The Hospital for Sick Children (Toronto)
Téléphone : 1 (877) 327-4636
Télécopieur : (416) 813-7562
Adresse Internet : http://www.motherisk.org

VALEURS NORMALES CHEZ LA MÈRE

Épreuve	Femme	Femme enceinte
Hématocrite	0,37 à 0,47	0,32 à 0,42
Hémoglobine	120 à 160 g/L	100 à 140 g/L
Leucocytes	4,8 à 10,8 × 10^9/L	5,0 à 15,0 × 10^9/L
Érythrocytes	4,2 à 5,8 × 10^{12}/L	Diminue un peu pendant la grossesse (hémodilution)
Plaquettes	150 à 400 × 10^9/L	Une augmentation significative de 3 à 5 jours après l'accouchement peut indiquer une prédisposition à la thrombose
Temps de Quick ou INR	1,2	Pas de changement connu
Temps de thromboplastine	24 à 32,5 s	Diminue un peu pendant la grossesse et le travail
Fibrinogène	1,9 à 5,5 g/L	Augmente un peu pendant la grossesse
Glucose sanguin		
À jeun	3,6 à 6,4 mmol/L	3,3 à 5,3 mmol/L
< 1 h pc	3,3 à 7,7 mmol/L	3,3 à 7,7 mmol/L
2 h pc	3,3 à 6,7 mmol/L	3,3 à 6,7 mmol/L

VALEURS NORMALES CHEZ LE NOUVEAU-NÉ

Hématocrite

3 jours	0,45 à 0,67
7 jours	0,42 à 0,66
14 jours	0,39 à 0,63
1 mois	0,31 à 0,55

Hémoglobine

3 jours	145 à 225 g/L
7 jours	135 à 215 g/L
14 jours	125 à 205 g/L
1 mois	100 à 180 g/L

Leucocytes

1 jour	9,4 à 34,0 × 10^9/L
7 jours	5,0 à 21,0 × 10^9/L
14 jours	5,0 à 20,0 × 10^9/L
1 mois	5,0 à 19,5 × 10^9/L

Érythrocytes

3 jours	4,0 à 6,6 × 10^{12}/L
7 jours	3,9 à 6,3 × 10^{12}/L
14 jours	3,6 à 6,2 × 10^{12}/L
1 mois	3,0 à 5,4 × 10^{12}/L

Plaquettes — 150 à 400 × 10^9/L

Albumine

0 à 4 jours	28 à 49 g/L
4 jours à 14 ans	38 à 54 g/L

Bilirubine totale

1 jour	0 à 100 × µmol/L
1 à 2 jours	0 à 170 × µmol/L
2 à 5 jours	0 à 260 × µmol/L

Calcium

0 à 10 jours	1,9 à 2,6, mmol/L
10 jours à 2 ans	2,2 à 2,7 mmol/L

Protéines totales

0 à 6 mois	41 à 67 g/L

Chapitre 4 (page 81)

Le cycle menstruel décrit par Annie se situe dans les limites de la normale pour une adolescente, même si sa longueur varie. L'écoulement que Annie estime abondant est plutôt normal. Quant aux crampes, elles indiquent la présence de cycles ovariens.

Il est important de rassurer Annie en lui expliquant que son cycle menstruel est normal. Vous pourriez lui suggérer de prendre un médicament anti-prostaglandinique, tel que l'ibuprofène, pour soulager la dysménorrhée. Votre priorité sera cependant d'effectuer un suivi quant à sa demande de contraceptifs. Annie envisage probablement de devenir active sexuellement et elle a besoin d'un moyen de contraception. Comme beaucoup d'adolescentes, elle a peut-être de la difficulté à exprimer ce qu'elle désire véritablement ; vous devriez donc profiter de l'occasion pour discuter de sexualité avec elle.

Chapitre 8 (page 199)

Karine peut continuer à faire de l'exercice, y compris des séances de musculation modérées. Elle peut également continuer à utiliser la piscine chauffée. Les bains très chauds (du genre cuve thermale) sont toutefois déconseillés durant la grossesse. Au début de la grossesse, l'hyperthermie causée par l'eau très chaude (ou par un sauna) peut nuire au fœtus.

Chapitre 8 (page 214)

Avant sa grossesse, Éléna avait un poids normal pour sa taille. Son poids durant sa grossesse est approprié sans être excessif. Les recherches indiquent que l'évaluation de la hauteur utérine est plus exacte entre 22 à 24 semaines et 34 semaines de gestation. À 33 semaines, la croissance du bébé d'Éléna était normale. La hauteur utérine n'est donc pas anormale en soi et peut simplement refléter la moins grande exactitude de cette mesure en fin de grossesse. Pour faire la meilleure évaluation possible, vous avez besoin d'en savoir plus sur le plus récent examen physique d'Éléna. Si aucune donnée (baisse de l'activité fœtale, infection des voies urinaires, hypertension maternelle, etc.) n'indique la présence d'un problème, vous pouvez rassurer Éléna en lui expliquant que sa hauteur utérine constitue une variation normale.

Chapitre 10 (page 273)

Anouk vient d'avoir 15 ans. On peut croire qu'elle ne connaît pas très bien les principes d'une alimentation équilibrée et qu'elle n'est pas au courant des effets de son alimentation sur le fœtus en croissance. Pour aider Anouk et son ami à comprendre comment le fœtus est nourri in utero, vous pourriez leur montrer des illustrations d'un utérus, d'un placenta et d'un cordon ombilical. Vous pourriez ensuite expliquer en quoi consistent de bonnes habitudes alimentaires et essayer de déterminer avec Anouk quels aliments parmi ceux qu'elle préfère seront bons pour le fœtus. L'utilisation de matériel audiovisuel est très utile quand on enseigne à des adolescents. Vous devriez par ailleurs vous informer de ses habitudes alimentaires. Qui s'occupe de ses repas ? Quels aspects de son alimentation Anouk contrôle-t-elle ? Si c'est sa mère qui prépare les repas, vous pourriez trouver avec Anouk des façons de l'informer au sujet des habitudes alimentaires souhaitables durant la grossesse. L'évaluation des habitudes alimentaires ainsi que le renforcement des comportements positifs seront importants tout au long de la grossesse. Comme il s'agit d'une grossesse planifiée et que son petit ami apporte son soutien, Anouk adoptera probablement des comportements favorables à la croissance de son fœtus.

Vous devriez aussi discuter du gain pondéral attendu. L'image corporelle étant une préoccupation particulièrement importante durant l'adolescence, il sera essentiel d'indiquer à Anouk le poids qu'elle doit prendre à chaque trimestre pour assurer la bonne croissance du fœtus. Vous pouvez insister sur le fait qu'elle perdra ce poids après l'accouchement.

Chapitre 11 (page 297)

L'alimentation de Jeanne fournit un apport énergétique qui lui permet de prendre suffisamment de poids, mais elle ne lui procure pas tous les éléments nutritifs dont elle a besoin. Lorsqu'on compare le régime alimentaire de Jeanne avec la pyramide alimentaire, on constate qu'il contient une quantité insuffisante de produits céréaliers et une quantité excessive de viande.

Produits céréaliers   Jeanne ne devrait pas limiter son apport de produits céréaliers. Les pains, pâtes et autres produits céréaliers ne font pas engraisser, sauf si on les sert en trop grosses portions ou avec de grandes quantités de matières grasses.

Viandes   L'apport de viande de Jeanne excède l'apport recommandé. Cela augmente du même coup son apport en gras et en énergie, même si les viandes choisies sont maigres. Jeanne devrait réduire ses portions de viande et se rappeler que 55 à 85 g de viande équivalent à 1 portion.

Produits laitiers   Jeanne a réduit son apport de produits laitiers et, par le fait même, son apport de calcium. Les produits laitiers qu'elle consomme ont souvent une teneur élevée en matières grasses. Jeanne devrait consommer des produits laitiers à faible teneur en matières grasses afin de limiter son apport énergétique tout en maintenant un apport élevé en calcium.

Légumes   Le brocoli et les légumes verts (feuilles de betterave, chou, etc.) fournissent du calcium, mais seulement si on les consomme en très grandes quantités. Les salades vertes contiennent très peu de calcium.

Boissons   L'apport liquidien total de Jeanne est adéquat. Sa consommation de boissons gazeuses doit cependant être limitée, car elle peut augmenter l'apport énergétique sans contribuer positivement à l'apport nutritionnel.

Chapitre 12 (page 314)

La femme enceinte qui apprend qu'elle souffre d'une intolérance au glucose peut être bouleversée. Le diagnostic de diabète gestationnel peut engendrer du stress ou de l'anxiété chez la femme enceinte, qui a parfois plus de difficulté à s'adapter et à faire des apprentissages que la femme qui souffre déjà de diabète chronique.

Avant de procéder à l'enseignement, vous devriez déterminer ce que la cliente sait déjà au sujet du diabète gestationnel. En effet, la cliente bénéficiera davantage de l'enseignement si celui-ci est donné à partir de ce qu'elle sait déjà. Quelques séances d'enseignement sont habituellement nécessaires pour vérifier que la femme a bien compris et retenu les informations reçues.

Vous pouvez rassurer Mme Chang en lui disant que le bébé va bien et en insistant sur l'importance du maintien d'une glycémie normale. Le diabète gestationnel se traite par l'alimentation seulement ou, si l'hyperglycémie demeure incontrôlée, par l'administration d'insuline. Il semble que le diabète gestationnel n'entraîne pas d'anomalies chez le fœtus parce qu'il apparaît tard au cours de la grossesse, quand les organes fœtaux sont déjà bien formés. Il existe toutefois deux facteurs de risque importants pour le bébé : la macrosomie (qui risque de causer des problèmes durant le travail et l'accouchement) et l'hypoglycémie.

Chapitre 13 (page 368)

Environ 30 % à 40 % des femmes enceintes aux prises avec une bactériurie contractent une cystite ou une pyélonéphrite si l'infection de la vessie n'est pas traitée (Lentz, 2000). Ce phénomène est dû aux modifications anatomiques et physiologiques inhérentes à la grossesse, notamment le ralentissement du péristaltisme urétéral, la dilatation urétérale et l'augmentation de la capacité vésicale.

Rachel est enceinte de 6 mois et voit probablement son médecin tous les mois. Comme son état nécessite un traitement immédiat, vous devriez l'inciter à ne pas attendre son prochain rendez-vous et à téléphoner à son médecin pour lui parler de ses symptômes.

Chapitre 18 (page 494)

Vous devriez encourager Luisa à prendre des médicaments si elle en ressent le besoin. Plusieurs types d'analgésiques et d'anesthésiques peuvent l'aider si elle le souhaite. Parfois, le seul fait de savoir que des médicaments sont à sa disposition soulage l'anxiété de la femme et réduit le besoin d'intervention.

Chapitre 19 (page 546)

La diminution de la quantité de liquide amniotique contribue à la compression de la tête fœtale, ce qui peut causer les décélérations précoces observées sur le tracé. Ce type de décélération est considéré comme bénin et ne nécessite aucune intervention. (Toutefois, le volume réduit de liquide amniotique peut également entraîner une compression du cordon ombilical et, par conséquent, des décélérations variables qui, elles, nécessitent une surveillance étroite.)

Chapitre 20 (page 557)

Une fois que les contractions utérines présentent les caractéristiques attendues (elles surviennent aux 2 à 3 minutes, durent de 40 à 60 secondes et sont d'une intensité moyenne à forte) et que le col est dilaté de 5 à 6 cm, on peut réduire le débit de la perfusion de la même façon qu'on l'a augmenté. Par exemple, dans ce cas-ci, vous devriez réduire le débit de la perfusion au niveau où il était juste avant 6 mU/min (36 mL/h).

Chapitre 22 (page 629)

Il est important de souligner que chaque nouveau-né a un tempérament et des comportements uniques. Par ailleurs, certains éléments de l'évaluation de Brazelton aideront Mme Reyes à comprendre que le comportement de son bébé varie selon les stimuli et les interventions. Il peut également être utile d'enseigner à Mme Reyes différentes façons de consoler un nouveau-né.

Chapitre 23 (page 659)

Pour rassurer la mère, expliquez-lui que vous allez aider le bébé pendant que vous procédez aux interventions suivantes :

- coucher l'enfant sur le côté, la tête légèrement plus basse que le reste du corps ;
- pratiquer des aspirations de son nez et de sa bouche plusieurs fois avec une poire, jusqu'à ce que ses voies respiratoires soient dégagées ;
- une fois la respiration rétablie, garder l'enfant dans vos bras et le consoler ;
- rassurer la mère et lui enseigner l'intervention effectuée.

Note : Si l'aspiration à la poire ou la succion manuelle DeLee ne parvient pas à dégager les voies respiratoires du nouveau-né, il faut utiliser la prise de succion murale avec un cathéter et administrer de l'oxygène au bébé.

Chapitre 23 (page 668)

Il faut d'abord que vous examiniez les organes génitaux du bébé et que vous nettoyiez sa vulve pour déterminer l'origine du saignement. S'il n'y a pas de déchirures externes, vous pouvez expliquer à la mère que le nouveau-né de sexe féminin présente parfois de légers saignements (appelés pseudomenstruation). Dus aux hormones maternelles, ces saignements sont normaux et disparaissent habituellement en quelques jours. Le tissu que la mère a vu est un acrochordon vaginal normal qui disparaît après quelques semaines.

Chapitre 25 (page 740)

Vous devriez expliquer à la mère que les infirmières portent toujours des gants pour effectuer le premier examen du nouveau-né, pour procéder à toutes les interventions d'admission qui précèdent le premier bain et parfois aussi pour faire les changements de couche. Vous devriez aussi dire à la mère que son bébé ne sera pas isolé des autres bébés à la pouponnière et qu'il peut demeurer avec elle si elle le souhaite. Il est important de comprendre que Mme Corrigan s'inquiète de la réaction des autres envers son bébé. On prendra donc soin d'évaluer ses sentiments (isolement, rejet, etc.).

Chapitre 26 (page 761)

Vous devez donner à la mère de Line des informations qui soient factuelles et claires lorsque vous lui expliquez le trouble respiratoire dont souffre sa fille, la cause de ce trouble et son évolution habituelle. Les résultats de laboratoire, les radiographies thoraciques et le tableau clinique indiquent pour l'instant que le bébé souffre de tachypnée transitoire. Il ne s'agit probablement pas du syndrome de détresse respiratoire puisque la petite fille n'est pas prématurée et n'a pas souffert d'asphyxie à la naissance. Comme vous le savez, la mère a déjà vécu une expérience difficile dans le passé avec un bébé prématuré qui a souffert de détresse respiratoire et qui est demeuré longtemps à l'hôpital ; ce souvenir pénible exacerbe la peur et l'anxiété qu'elle éprouve à l'égard de son nouvel enfant. Par conséquent, vous ne devez pas vous contenter d'informer la mère sur l'état de sa fille ; vous pouvez également l'emmener voir son enfant à la pouponnière ou lui procurer une photo du bébé pour la rassurer. Avant que la mère se rende à la pouponnière, vous lui décrirez clairement l'équipement d'oxygénothérapie et de monitorage qui aide la petite Line. Elle sera ainsi moins bouleversée à la vue de sa fille.

Chapitre 27 (page 808)

Ces données ne sont pas dans les limites de la normale. Six heures après l'accouchement, le fond utérin devrait se trouver à l'ombilic, sur la ligne médiane. Un utérus dévié vers la droite peut indiquer que la vessie est pleine et que la femme a besoin d'uriner. Vous devriez vérifier si elle a de la difficulté à uriner et à vider sa vessie ; si tel est le cas, vous pouvez recourir à certaines interventions infirmières qui l'aideront à uriner. Il est normal que les lochies soient encore rouges, mais leur quantité excessive peut être un signe d'atonie utérine.

Chapitre 28 (page 848)

La meilleure réponse que vous puissiez donner est la suivante : « Vous ne pouvez recevoir votre congé que si vous et votre médecin croyez que vous êtes prête. La loi vous permet de rester jusqu'à quatre jours (96 heures) au centre hospitalier après un accouchement par césarienne. »

Chapitre 29 (page 872)

Vous devez reconnaître la frustration et la douleur de Anne. Dites-lui qu'elle a bien fait de vous téléphoner et demandez-lui comment vous pouvez l'aider. Laissez-la exprimer ses sentiments. Expliquez-lui que son problème est un problème d'engorgement mammaire très courant chez les femmes qui allaitent. Il n'est pas inhabituel qu'un nourrisson refuse de téter lors d'un engorgement mammaire prononcé, car les seins sont alors trop durs et les aréoles, trop difficiles à saisir. Expliquez à Anne comment soulager l'engorgement mammaire :

a) appliquer des compresses froides ou des feuilles de chou pour soulager et stimuler l'éjection ; les compresses froides (un petit sac de légumes congelés ou un sac de glace concassée enveloppé dans

une débarbouillette humide) sont appliquées pour une durée de 20 minutes et répétées après 1 heure ; les feuilles de chou sont appliquées directement sur les seins à l'intérieur du soutien-gorge ; après 20 à 30 minutes les feuilles de chou flétries sont remplacées par de nouvelles feuilles ;

b) lorsque les seins sont moins durs, exprimer une petite quantité de lait pour les ramollir davantage ;

c) mettre l'enfant au sein après avoir stimulé l'éjection et exprimé un peu de lait (le sein sera alors un peu plus souple et l'aréole un peu plus facile à saisir pour le bébé) ;

d) prendre des analgésiques (si on les prend immédiatement avant la tétée, une quantité moindre de médicament se rendra dans le sang du bébé).

Expliquez à Anne que son état émotionnel est probablement dû au « syndrome du troisième jour » et qu'il devrait s'améliorer après 24 à 72 heures. Incitez-la à contacter son médecin si son état ne s'améliore pas ou si des symptômes de dépression apparaissent.

Demandez à Anne pourquoi elle a commencé à donner des biberons de complément. Supposez que Anne vous répond qu'elle a commencé à donner un biberon de complément après chaque tétée parce que sa belle-mère lui a dit que le bébé prenait le sein trop souvent (toutes les 1 à 3 heures, et parfois 3 ou 4 fois par période de 2 à 3 heures) et ne recevait manifestement pas assez de lait. Supposez aussi que Anne vous dit qu'une fois les biberons de complément commencés, le bébé s'est mis à boire toutes les 3 à 5 heures.

Avec tact, expliquez à Anne que sa belle-mère a sûrement de bonnes intentions, mais qu'elle manque de connaissances en matière d'allaitement maternel :

a) le lait maternel se digère beaucoup plus rapidement que les préparations lactées ; il est donc normal que le bébé tète plus souvent ;

b) en moyenne, le bébé allaité boit 8 à 12 fois par période de 24 heures ;

c) une fois la lactation bien établie, le bébé tétera moins souvent ; durant les poussées de croissance, cependant, tous les bébés, qu'ils soient allaités au sein ou au biberon, réclament des tétées plus fréquentes.

Expliquez également à Anne qu'il n'est pas trop tard pour réussir son allaitement et que, si elle veut continuer d'allaiter, elle devrait cesser les biberons de complément.

Chapitre 30 (page 893)

Vous devriez vous assurer que Lei retourne à sa chambre en fauteuil roulant. Examinez sa jambe pour voir si elle présente une zone chaude, un œdème, une rougeur, une sensibilité et le signe de Homans. Expliquez à Lei qu'elle ne doit pas masser sa jambe ni se lever du lit avant que vous ayez parlé au médecin. Avisez le médecin et notez les résultats de votre évaluation.

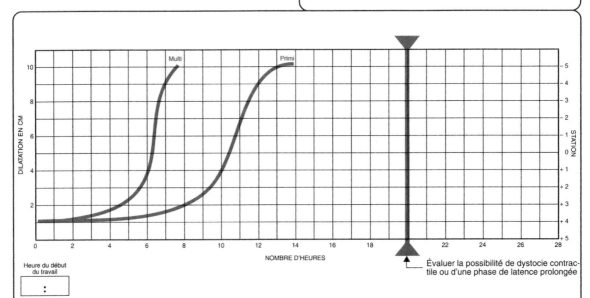

DOSSIER OBSTÉTRICAL
COURBE DE FRIEDMAN

LÉGENDE

Dilatation	⊙	Induction	I
Station	X	Péridurale	P
Amniotomie	A	Médicament	Rx
Stimulation	S		

Heure du début
du travail

:

Évaluer la possibilité de dystocie contractile ou d'une phase de latence prolongée

(1) Friedman E., "Labor: Clinical Evaluation and Management," Second Edition (1978)

Date			Heure	Médication et soluté (inscrire la date, l'heure, le nom, la quantité et la voie d'administration)	Initiales
Année	Mois	Jour	:		
			:		
			:		
			:		
			:		
			:		
			:		
			:		
			:		
			:		
			:		
			:		
			:		

Imprimé sur du papier recyclé

Le texte suivant est extrait du dépliant Grossesse et accouchement – Droits des femmes *publié par l'Association pour la Santé Publique du Québec.*

Depuis que le monde est monde la grossesse, l'accouchement et la naissance d'un enfant constituent des événements normaux et naturels. Il s'agit cependant d'une période de votre vie où vous aurez à prendre plusieurs décisions quant aux traitements et aux soins que vous recevrez. Ces décisions vous reviennent de plein droit. Les événements liés à la naissance méritent de se vivre harmonieusement et vous avez le droit d'obtenir le soutien approprié (information, accompagnement, soins, etc.) pour vous aider à faire des choix éclairés.

Pendant votre grossesse, vous avez le DROIT...

- D'être informée de façon satisfaisante sur le déroulement de votre grossesse, sur l'accouchement et l'allaitement.

- De choisir le ou la professionnel(le) qui vous suivra durant votre grossesse, que ce soit un médecin ou une sage-femme, et de changer de professionnel(le), peu importe le moment de votre grossesse.

- D'être informée sur les différents lieux de naissance (hôpital, maison de naissance, domicile), sur ce qui les caractérise (routines, règlements, taux et type d'interventions) et de les visiter.

- D'être informée des limites et des effets indésirables des médicaments et interventions suggérées.

- De refuser les médicaments et les traitements qui vous sont proposés.

- D'être informée sur la possibilité pour vous d'avoir un accouchement vaginal même si vous avez déjà eu une césarienne (AVAC).

- De demander, au besoin, l'avis d'un deuxième professionnel sur une question qui vous préoccupe.

Pendant le travail et l'accouchement, vous avez le DROIT...

- De vivre le travail et la naissance de votre bébé à votre rythme et sans intervention que vous ne souhaitez pas.

- D'être accompagnée par les personnes de votre choix pendant toute la durée du travail et de l'accouchement.

- De refuser d'être examinée par des étudiants.

- D'être informée sur les motifs et les effets, pour vous et votre bébé, de toute intervention (déclenchement, stimulation, forceps, épisiotomie, péridurale, calmant, monitorage continu, sérum, etc.) et de refuser celles que vous ne jugez pas pertinentes.

- De boire et de manger en tout temps.

- De pousser et d'accoucher dans la position qui vous convient le mieux.

- De limiter le nombre de personnes lors de la naissance de votre enfant (proches et intervenants).

Si on vous dit que vous devez avoir une césarienne vous avez le DROIT...

- De connaître les raisons médicales nécessitant une telle intervention et les alternatives possibles.

- D'être informée sur les différents types d'anesthésie disponibles et de choisir celui qui vous convient.

- D'être accompagnée de votre conjoint ou d'une personne significative et ce, en tout temps.

Après la naissance de votre enfant, vous avez le DROIT...

- D'avoir un contact peau à peau avec votre bébé et ce, dès sa naissance, et de le garder dans vos bras le temps qu'il vous convient.

- De cohabiter avec votre enfant en tout temps, quel que soit le nombre d'occupants de la chambre.

- De connaître les raisons des examens et des interventions proposés pour votre enfant, de les refuser ou de les retarder (gouttes dans les yeux, injection de vitamine K, tests sanguins, etc.)

- De demander que des arrangements soient pris afin que la personne significative de votre choix puisse demeurer avec vous le jour comme la nuit.

- D'allaiter votre bébé à la demande et d'exiger qu'aucun supplément (eau, lait artificiel) ne lui soit donné.

- D'avoir à votre disposition une ressource adéquate pour vous aider à allaiter.

- D'exiger de ne pas être dérangée, selon vos besoins de repos et d'intimité, par les routines de l'établissement.

- De refuser les médicaments proposés si vous ne les jugez pas nécessaires.

- De quitter l'établissement de santé dès que vous le souhaitez et ce, même si votre congé n'a pas été signé par un professionnel.

- Si votre bébé doit être hospitalisé, de bénéficier de toute mesure facilitant votre présence constante auprès de lui (conditions minimales pour votre séjour et la poursuite de l'allaitement).

EN TOUT TEMPS, vous avez le DROIT de consulter la totalité de votre dossier.

Les organismes de santé de votre région peuvent se procurer le dépliant *Grossesse et accouchement – Droits des femmes* à l'Association pour la Santé Publique du Québec : (514) 528–5811, info@aspq.org, <www.aspq.org>.

Pour votre bien-être, pour aider la progression du bébé.

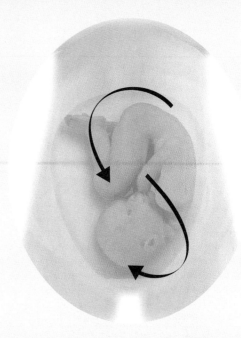

1 Le travail

Pour accélérer le travail, déambulez et au moment de la contraction détendez le ventre.

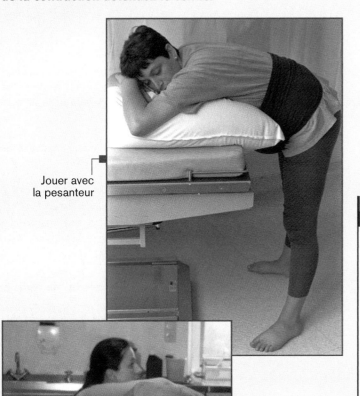

Jouer avec
la pesanteur

Se mobiliser
grâce au ballon

*Lors de la mise au monde,
le bébé progresse dans un mouvement
de rotation, tournant et asymétrique. Votre
mobilité accompagne ces étapes.*

2 L'engagement

L'étirement en asymétrie facilite l'engagement du bébé. Évitez surtout de cambrer et alternez les mouvements du bassin.

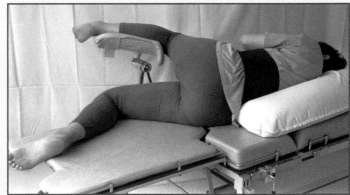

Se détendre sur le côté...

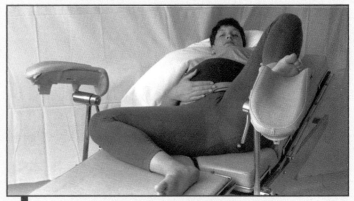

... pour permettre un balancement asymétrique

3 La descente

Ni tassée, ni cambrée, mais étirée: le sacrum est libre, le bébé est centré, il peut descendre vers l'arrière.

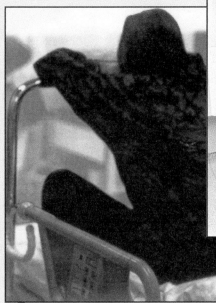

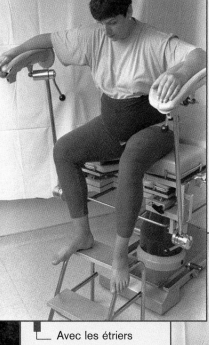

└─ Avec les étriers

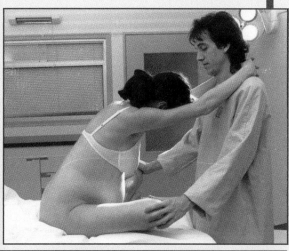

Soutenue ─┐

└─ Utilisation de la barre

└─ Sur le côté, bien décambrée

4 La poussée

Bien positionner les étriers pour détendre le périnée. Bien étirer le dos pour que le ventre se serre sur l'expiration.

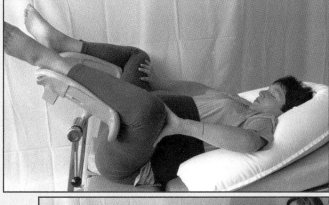

Repousser le dos vers la table pour l'expiration ─┐

└─ Les ischions s'écartent quand les genoux sont à l'intérieur

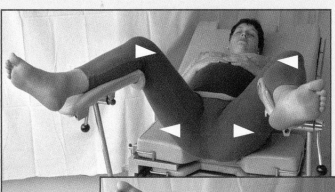

Les ischions se resserrent lorsque les genoux s'écartent

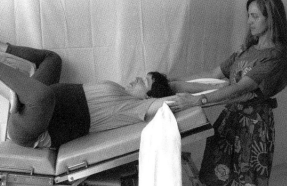

└─ Laissez-vous étirer, comme suspendue

Glossaire

Abstinence Privation volontaire, notamment d'alcool, de certains aliments ou de rapports sexuels.

Abstinence périodique Absence de relations sexuelles durant la période de fertilité associée à l'ovulation.

Accélération Élévation périodique de la fréquence cardiaque de référence du fœtus.

Accouchement précipité 1) Accouchement qui a lieu avant le moment prévu à cause de l'évolution anormalement rapide du travail. 2) Accouchement qui a lieu sans l'assistance d'un médecin.

Accouchement vaginal après une césarienne (AVAC) Pratique qui consiste à permettre une épreuve du travail avec possibilité d'accouchement par voie vaginale à la femme qui a précédemment subi une césarienne dont la cause n'est pas récurrente (par exemple souffrance fœtale, placenta prævia, etc.).

Acide folique Vitamine étroitement liée à l'évolution de la grossesse ainsi qu'à la santé de la mère et du fœtus ; aussi appelé *folacine*.

Acini Dans les seins, cellules sécrétrices qui fabriquent le lait à partir des matières nutritives du sang.

Acmé Sommet ou pic ; moment de l'intensité maximale d'une contraction utérine.

Acrocyanose Cyanose des extrémités.

Adaptation cardiorespiratoire Adaptation des appareils respiratoire et cardiovasculaire du nouveau-né à la vie à l'extérieur de l'utérus.

Adolescence Période du développement humain commençant à la puberté et se terminant avec le début de l'âge adulte.

Âge conceptionnel Nombre de semaines complètes depuis le moment de la conception. Puisque ce moment est pratiquement impossible à déterminer, on estime que l'âge conceptionnel est inférieur de 2 semaines à l'âge gestationnel.

Âge gestationnel Nombre de semaines complètes de développement fœtal ; calculé à partir de la date du premier jour du dernier cycle menstruel normal.

Agents tératogènes Facteurs non génétiques qui peuvent produire des malformations chez le fœtus.

Allégement Déplacement du fœtus et de l'utérus vers le bas dans le bassin ; engagement.

Alvéoles Petites structures du tissu mammaire dans lesquelles l'épithélium sécrétoire synthétise le lait maternel.

Aménorrhée Absence de la menstruation.

Amniocentèse Ponction de liquide amniotique à l'aide d'une aiguille insérée dans le sac amniotique ; le liquide est ensuite étudié afin d'évaluer l'état ou la maturité du fœtus.

Amnio-infusion Intervention qui consiste à perfuser dans l'utérus un liquide stérile (tel un soluté isotonique de chlorure de sodium) à l'aide d'un cathéter intra-utérin. On pratique l'amnio-infusion pour augmenter la quantité de liquide autour du cordon ombilical afin de prévenir sa compression au cours des contractions utérines. L'amnio-infusion peut également servir à diluer le liquide amniotique très épaissi par le méconium.

Amnios La plus interne des deux membranes qui forment le sac contenant le fœtus et le liquide amniotique.

Amniotite Inflammation de l'amnios.

Amniotomie Rupture artificielle des membranes.

Ampoule Deux tiers externes de la trompe de Fallope où se produit généralement la fécondation de l'ovocyte de deuxième ordre par le spermatozoïde.

Anasarque fœtoplacentaire Œdème fœtal intense et généralisé avec ascite ; résultat de l'anémie causée par l'érythroblastose fœtale.

Androgènes Hormones sexuelles mâles, notamment la testostérone, qui agissent sur le développement des caractères sexuels secondaires.

Anémie physiologique de la grossesse Anémie apparente due au fait que le volume du plasma augmente plus que le nombre d'érythrocytes durant la grossesse.

Anémie physiologique du nouveau-né Baisse inoffensive de la concentration d'hémoglobine chez le nouveau-né au cours des 6 à 12 premières semaines de vie, suivie d'un retour à la normale.

Anesthésie épidurale lombaire Méthode d'anesthésie régionale assurant le soulagement de la douleur au cours du premier et du deuxième stade du travail.

Anesthésie régionale Injection d'anesthésiques locaux de façon qu'ils entrent en contact direct avec les tissus nerveux.

Angiome tubéreux Lésion saillante, bien délimitée, de couleur rouge vif et dont la surface est rugueuse, qu'on trouve surtout sur la tête du nouveau-né ; aussi appelé *fraise*.

Annexes Parties attenantes ou rattachées à une structure ; les ovaires et les trompes de Fallope sont les annexes de l'utérus.

Ante-partum Période située entre la conception et le début du travail ; terme généralement employé pour désigner la période durant laquelle la femme est enceinte.

Apgar, indice d' Système de cotation destiné à évaluer l'état du nouveau-né 1 minute, 5 minutes et 10 minutes après la naissance. Il comporte cinq critères d'évaluation : fréquence cardiaque, respiration, tonus musculaire, réactivité aux stimuli et coloration. On attribue un coefficient de 0, 1 ou 2 à chacun de ces critères. L'indice maximal est 10.

Apnée Arrêt de la respiration pendant plus de 20 secondes, s'accompagnant de cyanose généralisée.

Apports nutritionnels recommandés (ANR) Recommandation du gouvernement du Canada quant à l'apport quotidien de vitamines, de minéraux et d'autres matières nutritives.

Aptitude à s'autocalmer Aptitude du nouveau-né à utiliser ses propres ressources pour se calmer et se réconforter.

Arbre généalogique Représentation graphique de la généalogie d'une famille.

Aréole Région très pigmentée entourant le mamelon.

Atonie utérine Terme utilisé pour désigner le relâchement (la non-contraction) de l'utérus après l'accouchement et au début du post-partum ; entraîne le saignement excessif de la zone d'implantation placentaire et peut donner lieu à une hémorragie chez la mère.

Attachement Relation ou liens durables et empreints d'affection entre deux personnes ; en obstétrique, liens qui se créent entre les parents et le nouveau-né.

Attitude fœtale Position relative des parties du corps du fœtus ; dans son attitude normale, le fœtus a les bras modérément fléchis sur la poitrine et les jambes fléchies sur l'abdomen.

Auto-examen des seins (AES) Examen qu'on recommande aux femmes d'effectuer mensuellement pour détecter les modifications ou les anomalies mammaires.

Autosomes Chromosomes non sexuels.

Avortement Interruption de la grossesse avant que le fœtus soit viable ; expulsion d'un embryon ou d'un fœtus non viable, c'est-à-dire d'un fœtus qui a moins de 20 semaines ou qui pèse moins de 500 g.

Avortement spontané Avortement qui survient de façon naturelle ; aussi appelé *fausse-couche*.

Avortement thérapeutique Avortement provoqué dans le but de soustraire la mère aux risques que lui ferait courir une grossesse ou d'empêcher la naissance d'un fœtus qu'on sait atteint d'une affection grave.

Baby-blues du post-partum Voir *Cafard du post-partum*.

Ballottement Méthode de palpation destinée à détecter ou à examiner un objet flottant dans le corps. En obstétrique, mouvement du fœtus, qui monte vers le haut de l'utérus, puis retourne à sa position originale quand l'examinateur le frappe des doigts.

Bascule du bassin Exercice destiné à atténuer la lombalgie et à tonifier les muscles abdominaux.

Bassin androïde Bassin de type masculin.

Bassin anthropoïde Bassin dans lequel le diamètre antéropostérieur a des dimensions égales ou supérieures au diamètre transverse.

Bassin gynécoïde Bassin de type féminin, dans lequel le détroit supérieur est rond plutôt qu'ovale.

Bassin platypelloïde Bassin exceptionnellement large, de forme plate et ovale, dans lequel le diamètre antéropostérieur est raccourci.

Béance isthmique Dilatation prématurée du col utérin, généralement au cours du deuxième trimestre de la grossesse ; aussi appelée *incompétence du col*.

Bilirubine sérique totale Quantité totale de bilirubine conjuguée (directe) et non conjuguée (indirecte).

Bishop, cotation de Outil d'évaluation des chances de succès du déclenchement artificiel du travail. On évalue les éléments suivants : la dilatation, l'effacement, la consistance et la position du col ainsi que la station de la présentation. On attribue à chacun des éléments un coefficient de 0 à 3 ; le total maximal est 13.

Blastocyste Nom que prend la morula après qu'une cavité s'y soit formée.

Bosse sérosanguine Tuméfaction ou œdème apparaissant sous le cuir chevelu du fœtus au cours du travail.

Bouchon muqueux Accumulation de sécrétions cervicales réalisant l'occlusion de l'orifice de la cavité utérine.

Bradycardie fœtale Fréquence cardiaque fœtale inférieure à 120 battements par minute au cours d'une période de 10 minutes de monitorage continu.

Caduque Nom que prend l'endomètre durant le grossesse ; la caduque se desquame après l'accouchement.

Caduque basale Portion de la caduque qui se joint au chorion pour former le placenta. Elle est éliminée dans les lochies après l'accouchement.

Caduque capsulaire Voir *Caduque ovulaire*.

Caduque ovulaire Portion de la caduque qui couvre le blastocyste ; aussi appelée *caduque capsulaire*.

Caduque pariétale Portion de la caduque qui tapisse la cavité utérine.

Cafard du post-partum Réaction d'adaptation vécue par la femme au cours des premiers jours après l'accouchement et se manifestant par une légère dépression, une envie fréquente de pleurer, de la fatigue et une incapacité de surmonter les difficultés ; aussi appelé *baby-blues du post-partum* et *réaction d'adaptation avec humeur dépressive*.

Calorie Quantité d'énergie nécessaire pour élever de 1° C la température de 1 g d'eau.

Canal artériel Communication entre l'artère pulmonaire et l'aorte du fœtus. À cause de l'augmentation de la PO_2 et des changements de la pression intravasculaire provoqués par la fonction pulmonaire normale, il se ferme après la naissance, puis se transforme en ligament. Il reste parfois perméable (persistance du canal artériel) ; c'est une anomalie qu'on peut guérir.

Canal veineux d'Arantius Vaisseau fœtal qui amène le sang oxygéné de la veine ombilicale à la veine cave inférieure en contournant le foie ; se transforme en ligament après la naissance.

Candidose Infection fongique causée par *Candida albicans*.

Capacitation Disparition de la membrane plasmatique qui recouvre l'acrosome du spermatozoïde lors de la perte des protéines plasmatiques séminales et de la couche de glycoprotéines. Lorsque la couche de glycoprotéines demeure en place, le spermatozoïde ne peut pas pénétrer l'ovule.

Cape cervicale Dispositif en forme de coupe dont on recouvre le col de l'utérus afin d'empêcher la grossesse.

Caryotype Représentation cartographique des chromosomes.

Cathéter intra-utérin à pression (CIUP) Cathéter qu'on peut insérer dans l'utérus par le col pour mesurer la pression utérine au cours du travail. En cas d'oligoamnios, on peut utiliser certains types de cathéters pour perfuser une solution saline réchauffée dans l'utérus et augmenter la quantité de liquide amniotique.

Cavité pelvienne Voir *Détroit moyen*.

Cellulite pelvienne Voir *Paramétrite*.

Centre tendineux du périnée Triangle de tissu fibromusculaire situé entre la partie inférieure du vagin et le canal anal ; aussi appelé *noyau fibreux central du périnée*.

Céphalhématome Épanchement de sang entre l'os et le périoste se définissant sur la tête de l'enfant quelques jours après la naissance ; disparaît habituellement en quelques semaines ou quelques mois.

Césarienne Accouchement chirurgical par incision de l'abdomen et de l'utérus.

Chambre de naissance Pièce où le travail et l'accouchement peuvent se dérouler dans une atmosphère détendue.

Chloasma Pigmentation brunâtre apparaissant sur l'arête du nez et les joues au cours de la grossesse et chez certaines femmes prenant des contraceptifs oraux ; aussi appelé *masque de grossesse*.

Chorioamniotite Inflammation des membranes provoquée par des organismes présents dans le liquide amniotique, lequel subit ensuite une infiltration de leucocytes polynucléaires.

Choriocentèse Intervention qui consiste à prélever un échantillon de villosités choriales sur le bord du placenta en croissance à environ 8 semaines de gestation ; l'échantillon sert aux épreuves effectuées pour étudier les chromosomes, les enzymes et l'ADN ; aussi appelée *prélèvement de villosités choriales (PVC)*.

Chorion Membrane fœtale qui tapisse la paroi intra-utérine et entoure l'amnios ; le placenta se développe à partir du chorion.

Chromatine sexuelle Voir *Corpuscule de Barr*.

Chromosomes Structures filiformes situées à l'intérieur du noyau de la cellule qui portent les gènes.

Chromosomes sexuels Chromosomes X et Y, qui déterminent le sexe d'un individu.

Circoncision Excision du prépuce recouvrant le gland du pénis.

Circulaires du cordon Enroulement du cordon ombilical autour du cou du fœtus.

Climatère Période de changement endocrinien, somatique et psychologique qui survient à la ménopause.

Clitoris Organe féminin homologue du pénis ; corps ovale de tissu érectile situé à la jonction antérieure de la vulve.

Coït interrompu Méthode de contraception selon laquelle l'homme retire son pénis du vagin de la femme avant l'éjaculation.

Col de l'utérus Partie inférieure de l'utérus qui s'ouvre dans le vagin.

Colostrum Sécrétion du sein avant l'établissement de la lactation ; contient surtout du sérum et des globules blancs. Il est riche en protéines, confère une certaine protection immunitaire et chasse le mucus et le méconium de l'appareil digestif du nouveau-né.

Colposcopie Examen des tissus vaginaux et cervicaux par insertion dans le vagin d'un instrument muni d'une lentille grossissante.

Conception Union du gamète mâle et du gamète femelle ; fécondation.

Condom Gaine de latex dont on recouvre le pénis afin d'empêcher la conception ou la transmission de maladies.

Condom féminin Gaine de polyuréthane mince et jetable munie d'un anneau souple à chaque extrémité et que l'on place à l'intérieur du vagin pour empêcher le sperme de pénétrer dans le col.

Conduction Perte de chaleur se produisant par contact cutané direct avec une surface froide.

Condylome Excroissance cutanée apparaissant généralement dans la région génitale et anale. Les condylomes acuminés ont la forme de choux-fleurs, alors que les condylomes plats (symptômes de la syphilis) sont plus étendus.

Conjonctivite gonococcique Infection purulente des yeux ou de la conjonctive du nouveau-né, habituellement due à un gonocoque.

Conjonctivite médicamenteuse Irritation de la muqueuse recouvrant la face postérieure des paupières, parfois due à l'instillation de gouttes ophtalmiques de nitrate d'argent à la naissance.

Conjugué diagonal Distance entre le bord inférieur de la symphyse pubienne et le promontoire sacré ; se mesure manuellement ; aussi appelé *diamètre promonto-sous-pubien*.

Conjugué obstétrical Diamètre pelvien important correspondant à la distance entre le milieu du promontoire sacré et un point situé environ 1 cm sous le bord postérieur de la symphyse pubienne ; aussi appelé *diamètre promonto-rétro-pubien*.

Conjugué vrai Distance estimée entre le milieu du promontoire sacré et le bord supérieur de la symphyse pubienne ; aussi appelé *diamètre promonto-sus-pubien*.

Consentement éclairé Concept défini par la loi, qui protège l'autonomie et l'autodétermination du client, en spécifiant qu'il doit comprendre toutes les interventions et y consentir librement.

Contraceptifs oraux Comprimés qui empêchent la libération de l'ovule et maintiennent la production de glaire incompatible avec le sperme ; aussi appelés « la pilule ».

Contraception Ensemble des moyens d'empêcher la conception, ou fécondation.

Contractions de Braxton-Hicks Contractions utérines intermittentes et indolores se produisant toutes les 10 à 20 minutes. Elles sont plus fréquentes vers la fin de la grossesse et peuvent être confondues avec les contractions utérines du vrai travail.

Contractions utérines Resserrement et raccourcissement des muscles utérins au cours du travail ; provoquent l'effacement et la dilatation du col ; contribuent à la descente du fœtus vers l'extérieur.

Convection Perte de chaleur d'une surface cutanée chaude vers des courants d'air plus froids.

Coombs, test de Test destiné à mettre en évidence la présence de certains anticorps dans les globules rouges. Le test indirect permet de déterminer si des anticorps anti-Rh sont présents dans le sang de la mère, et le test direct, si des anticorps anti-Rh de la mère sont présents dans le sang du cordon ombilical.

Cordocentèse Technique utilisée pour prélever du sang fœtal pur dans le cordon ombilical in utero ; aussi appelée *prélèvement percutané de sang ombilical (PPSO)*.

Cordon ombilical Structure reliant le placenta à l'ombilic du fœtus qui permet l'échange des matières nutritives fournies par la mère contre les déchets du fœtus.

Cornes utérines Endroits où les trompes s'insèrent dans l'utérus.

Corps de l'utérus Deux tiers supérieurs de l'utérus.

Corps jaune Structure qui se développe à partir du follicule de De Graaf rompu ; sécrète de la progestérone au cours de la deuxième partie du cycle menstruel et s'atrophie environ 3 jours avant la menstruation. En cas de grossesse, le corps jaune continue à produire de la progestérone jusqu'à ce que le placenta prenne la relève.

Corpuscule de Barr Masse de chromatine sombre située près de la paroi interne du noyau de la cellule ; présent seulement chez la femme normale ; aussi appelé *chromatine sexuelle*.

Cotylédons Segments arrondis divisant la surface du placenta ; formés de villosités, de vaisseaux fœtaux et d'un espace intervilleux.

Couronnement Apparition de la présentation fœtale dans l'orifice vaginal pendant le travail.

Couvade Observance de rituels et de tabous à travers lesquels l'homme est initié à son rôle de père ; entité clinique observée chez le futur père, qui ressent des symptômes s'apparentant à ceux de la femme enceinte.

Crack Cocaïne épurée pouvant être fumée.

Crêtes vaginales Plis transversaux de la muqueuse vaginale, qui permettent au vagin de s'étirer pendant la descente de la tête du fœtus.

Cristallisation en frondes de fougère Apparence caractéristique, à l'examen microscopique, de la glaire cervicale du milieu du cycle menstruel étendue en mince couche sur une lame de verre, puis séchée à l'air ; indique le moment de l'ovulation. Le liquide amniotique présente cette même apparence si on le laisse sécher sur une lame, ce qui aide à déterminer rapidement si les membranes sont rompues.

Curetage de l'utérus Intervention qui consiste à élargir le col de l'utérus de façon à permettre l'insertion d'une curette avec laquelle on gratte l'endomètre pour vider l'utérus de son contenu ou prélever un échantillon de tissu à des fins d'examen.

Cyanose péribuccale Coloration bleutée de la peau autour de la bouche.

Cycle menstruel Succession cyclique de la prolifération de l'endomètre, de l'ovulation, puis de la desquamation de l'endomètre, qui se produit environ tous les 28 jours chez les femmes adultes non enceintes.

Cycle reproducteur de la femme (CRF) Changements périodiques mensuels chez la femme adulte.

Cytologie vaginale Voir *Test de Papanicolaou*.

Date de la dernière menstruation (DDM) Premier jour de la dernière période menstruelle normale chez la mère avant la grossesse ; parfois utilisée pour calculer l'âge gestationnel.

Date prévue pour l'accouchement (DPA) Date approximative de l'accouchement.

Décélération Diminution passagère de la fréquence cardiaque de référence du fœtus.

Décélérations précoces Modification périodique de la fréquence cardiaque fœtale causée par la compression de la tête ; la décélération commence en même temps que la contraction utérine et se traduit par un tracé uniforme.

Décélérations tardives Modification périodique de la fréquence cardiaque fœtale causée par une insuffisance utéroplacentaire ; la décélération commence après le début de la contraction utérine et donne un tracé uniforme.

Décélérations variables Modification périodique de la fréquence cardiaque fœtale causée par la compression du cordon ombilical ; le début des décélérations par rapport aux contractions utérines, leur fréquence ainsi que leur tracé varient.

Déclenchement artificiel du travail Déclenchement délibéré du travail, à l'aide de médicaments ou de l'amniotomie ; aussi appelé *induction du travail*.

Décollement prématuré du placenta normalement inséré (DPPNI) Décollement partiel ou total d'un placenta normalement inséré avant la naissance de l'enfant.

Défense des intérêts du client Facette du rôle de l'infirmière qui consiste à informer et à soutenir le client ainsi qu'à défendre ses droits lorsqu'ils semblent menacés.

Délivrance Troisième stade de l'accouchement correspondant à l'expulsion du placenta et des membranes, après la sortie du fœtus.

Dépistage maternel sérique (DMS) Étude de la concentration de certaines substances dans le sang maternel ; permet de déterminer si une femme enceinte est exposée à un risque plus élevé de porter un bébé atteint du syndrome de Down, de trisomie 18 ou d'une anomalie du tube neural ; aussi appelé *triple test*.

Depo-Provera Agent progestatif injectable à action prolongée.

Desquamation Chute des cellules épithéliales de l'épiderme.

Détroit inférieur Partie inférieure du petit bassin.

Détroit moyen Partie osseuse de la filière pelvigénitale ; sa paroi postérieure est plus longue que sa paroi antérieure ; aussi appelé *cavité pelvienne*.

Détroit supérieur Partie supérieure du petit bassin.

Diabète gestationnel Type de diabète de gravité variable qui débute au cours de la grossesse ou qui est diagnostiqué pour la première fois durant la grossesse.

Diamètre promonto-rétro-pubien Voir *Conjugué obstétrical*.

Diamètre promonto-sous-pubien Voir *Conjugué diagonal*.

Diamètre promonto-sus-pubien Voir *Conjugué vrai*.

Diamètre transverse Le plus grand diamètre du détroit supérieur ; permet d'évaluer la forme du détroit supérieur.

Diaphragme Disque flexible dont on recouvre le col de l'utérus afin d'empêcher la grossesse.

Diaphragme pelvien Partie du plancher pelvien formée d'aponévrose profonde et des muscles releveur de l'anus et ischiococcygien.

Diastasis des grands droits de l'abdomen Écartement des muscles grands droits sur la ligne médiane de l'abdomen. Chez la femme, il apparaît après plusieurs accouchements ou une grossesse multiple. Chez le nouveau-né, il provient d'une anomalie du développement.

Dilatation du col Processus au cours duquel le diamètre de l'orifice externe du col passe de moins de 1 cm à 10 cm afin de permettre l'expulsion du fœtus.

Dispositif intra-utérin (DIU) Petit dispositif de plastique et de métal qu'on insère dans l'utérus afin de rendre impossible l'implantation d'un ovule fécondé ; aussi appelé *stérilet*.

Disproportion fœtopelvienne (DFP) Disproportion entre le fœtus et le bassin maternel, qui empêche l'accouchement par voie vaginale ; peut dépendre de la grosseur ou de la position du fœtus ou des diamètres du bassin de la mère.

Doula Femme qui accompagne une parturiente en lui apportant un soutien émotionnel et physique, en l'informant et en défendant au besoin ses intérêts et ceux de sa famille.

Duncan, mécanisme de Mécanisme de délivrance du placenta lorsque celui-ci présente d'abord sa face maternelle, bosselée, plutôt que sa face fœtale, plus lisse.

Durée Longueur de chaque contraction utérine, mesurée du début de la phase ascendante jusqu'à la fin de la phase descendante.

Dysménorrhée Menstruation douloureuse.

Dyspareunie Douleur au cours des relations sexuelles.

Dysplasie bronchopulmonaire Pneumopathie chronique de cause multifactorielle, caractérisée initialement par une nécrose alvéolaire et bronchique entraînant une métaplasie bronchique et une fibrose interstitielle. Visible à la radiographie sous forme de multiples petits kystes moyennement radiotransparents.

Dystocie Difficulté au cours du travail causée par un problème mécanique associé à la filière pelvigénitale, au fœtus ou aux forces en jeu.

Échographie Ondes sonores de haute fréquence dirigées dans l'abdomen de la mère grâce à un transducteur. Les ondes ultrasonores dévient sur les structures de différentes densités, ce qui permet de reconnaître différents tissus, os et liquides de la mère et du fœtus.

Éclampsie Complication grave de la grossesse. De cause inconnue, elle se produit plus souvent chez la primigeste ; provoque une hypertension, de la protéinurie, de l'oligurie, des convulsions toniques et cloniques, et le coma. Elle apparaît au cours de la grossesse (habituellement après 20 semaines de gestation) ou dans les 48 heures suivant l'accouchement.

Ectoblaste Couche externe des cellules de l'embryon qui formera la peau, les ongles et le système pileux.

Effacement du col Amincissement et raccourcissement du col se produisant à la fin de la grossesse ou au cours du travail.

Effets de l'alcoolisme fœtal (EAF) Manifestations fœtales de l'alcoolisme maternel qui sont moins marquées que le vrai syndrome d'alcoolisme fœtal et qui comprennent des troubles cognitifs légers à modérés et un retard de croissance.

Effleurage abdominal Méthode de soulagement de la douleur qui consiste à passer doucement le bout des doigts sur l'abdomen ; technique de distraction utilisée pendant les contractions utérines.

Éjaculation Expulsion du sperme par le pénis.

Embolie amniotique Infiltration d'une petite quantité de liquide amniotique dans la plaque choriale suivie de son passage dans la circulation maternelle.

Embryon Début du développement du produit de la conception chez tous les animaux. Chez les humains, la période embryonnaire s'étend approximativement de la 2e à la 8e semaine de gestation. Elle se caractérise par la différenciation cellulaire et par une croissance hyperplasique.

Endoblaste Couche interne des cellules de l'embryon à partir de laquelle seront formés les organes internes, notamment les intestins.

Endomètre Muqueuse qui tapisse l'intérieur de l'utérus.

Endométriose Présence de tissu endométrial à l'extérieur de la cavité de l'endomètre ; peut provoquer des douleurs pelviennes, la dysménorrhée, la dyspareunie, des saignements utérins anormaux, des saignements rectaux et la stérilité.

Endométrite Inflammation de l'endomètre.

Engagement Entrée de la présentation dans le détroit supérieur et début de sa descente dans le bassin.

Engorgement mammaire Tuméfaction des tissus mammaires résultant d'une congestion veineuse causée par l'augmentation de la circulation sanguine et lymphatique dans les seins ; peut être aggravé par la pression du lait accumulé.

Épines sciatiques Proéminences situées près de la jonction de l'ilion et de l'ischion, et faisant saillie dans la cavité pelvienne ; durant le travail, elles servent de point de référence pour évaluer la descente de la tête fœtale dans la filière pelvigénitale.

Épisiotomie Incision du périnée destinée à prévenir sa déchirure et à faciliter l'accouchement.

Épreuve à l'ocytocine (EO) Méthode d'évaluation de la réaction du fœtus au stress des contractions utérines. Ce test peut être effectué lorsque les contractions sont spontanées ou lorsqu'elles sont provoquées par l'autostimulation des seins ou l'administration d'ocytocine. Aussi appelée *test de tolérance aux contractions utérines (TTCU)*.

Épreuve de stimulation acoustique fœtale Évaluation du fœtus qui consiste à stimuler l'accélération de la fréquence cardiaque fœtale à l'aide d'un haut-parleur, d'une cloche ou d'un larynx artificiel ; peut être utilisé conjointement avec l'examen de réactivité fœtale.

Épreuve de stimulation du cuir chevelu fœtal Épreuve utilisée durant le travail pour évaluer le bien-être du fœtus ; consiste à exercer une pression du bout du doigt sur le cuir chevelu du fœtus ; le fœtus qui n'est pas soumis à un stress excessif réagit à cette stimulation par une accélération de sa fréquence cardiaque.

Erreur innée du métabolisme Déficit enzymatique héréditaire provoquant une accumulation de métabolites toxiques.

Érythème allergique Éruption périfolliculaire inoffensive qui se présente sous la forme de papules ou de pustules blanches ou jaune pâle ; apparaît 24 à 48 heures après la naissance et disparaît en quelques jours.

Érythroblastose fœtale Syndrome hémolytique grave provoqué par l'incompatibilité Rh ou ABO, et se manifestant par de l'anémie, un ictère ainsi qu'une hypertrophie du foie et de la rate. Voir aussi *Maladie hémolytique du nouveau-né*.

Ethnocentrisme Tendance à privilégier les valeurs et les pratiques du groupe social auquel on appartient et à estimer que ce sont les meilleures.

Évaluation comportementale du nouveau-né de Brazelton Bref examen des états, des réactions, du tempérament et des comportements du nouveau-né.

Évaporation Perte de chaleur se produisant quand de l'eau située sur la surface de la peau se transforme en vapeur.

Examen de réactivité fœtale (ERF) Méthode d'évaluation de la réaction de la fréquence cardiaque fœtale aux mouvements du fœtus ; aussi appelé *test de réactivité fœtale (TRF)*.

Examens de dépistage systématique Tests destinés à dépister les erreurs innées du métabolisme qui, si elles ne sont pas traitées, peuvent entraîner un retard mental et des handicaps physiques.

Exercice de Kegel Contraction du périnée destinée à resserrer le muscle pubococcygien et à augmenter son élasticité.

Exsanguinotransfusion Remplacement de 70 % à 80 % du sang circulant par une quantité égale de sang normal frais ; sert à prévenir l'accumulation de bilirubine ou d'autres sous-produits de l'hémolyse dans le sang.

Facteur Rh Antigène présent à la surface des globules rouges. Les globules rouges possédant cet antigène sont incompatibles avec les globules rouges ne le possédant pas.

Facteurs de risque Éléments qui font croire que la grossesse pourrait être difficile pour la femme ou pour l'enfant à naître.

Fausse-couche Voir *Avortement spontané*.

Faux travail Contractions utérines, régulières ou non, parfois assez intenses pour ressembler à celles du vrai travail, sauf qu'elles n'entraînent pas la dilatation du col.

Fécondation Pénétration d'un ovule par un spermatozoïde ; conception.

Fécondation in vitro (FIV) Intervention qui consiste à prélever des ovocytes dans l'ovaire, à les combiner avec des spermatozoïdes pour les féconder, puis à incuber les ovules fécondés dans une boîte de Pétri ; par la suite, jusqu'à 4 embryons viables sont insérés dans l'utérus de la femme.

Fertilité, taux de Nombre de naissances par année pour 1 000 femmes âgées de 15 à 44 ans au sein d'une population donnée.

Fibrome Voir *Léiomyome*.

Fibroplasie rétrolentale Voir *Rétinopathie aiguë du prématuré*.

Filance Terme employé pour décrire l'élasticité de la glaire cervicale au moment de l'ovulation.

Fœtoscope Type de stéthoscope servant à l'auscultation du cœur fœtal.

Fœtoscopie Technique permettant l'observation directe du fœtus et le prélèvement d'échantillons du sang ou de la peau.

Fœtus Enfant in utero, de la 8e semaine de gestation jusqu'à la naissance.

Folacine Voir *Acide folique*.

Follicule de De Graaf Follicule ovarique contenant l'ovocyte; sécrète des œstrogènes.

Folliculostimuline (FSH) Hormone sécrétée par l'hypophyse antérieure au cours de la première partie du cycle menstruel; stimule le développement du follicule de De Graaf.

Fond utérin Partie de l'utérus qui dépasse des points d'attache des trompes de Fallope.

Fontanelle Chez le fœtus et le nouveau-né, espace non ossifié composé d'une solide bande de tissu conjonctif joignant les os du crâne.

Fontanelle antérieure Région molle en forme de losange située à la jonction de l'os frontal et des deux os pariétaux, c'est-à-dire juste au-dessus du front.

Foramen ovale Orifice qui fait communiquer les oreillettes du cœur fœtal. Normalement, il se ferme après la naissance. Sinon, on procède à une intervention chirurgicale pour le fermer.

Forceps Instrument obstétrical parfois utilisé pour faciliter l'accouchement.

Formation de liens d'attachement Processus selon lequel les parents et l'enfant nouent des liens affectifs à la naissance ou peu après celle-ci.

Fréquence Temps qui s'écoule entre le début d'une contraction utérine et le début de la contraction suivante.

Fréquence cardiaque de référence Fréquence cardiaque moyenne du fœtus au cours d'une période de 10 minutes de monitorage.

Fréquence cardiaque fœtale (FCF) Nombre de battements par minute du cœur fœtal; la plage normale est de 120 à 160 battements par minute.

Galactorrhée Écoulement spontané de lait en dehors des tétées.

Gamète Cellule germinale femelle ou mâle; contient le nombre haploïde de chromosomes.

Gamétogenèse Processus de formation des cellules germinales.

Gelée de Wharton Tissu conjonctif blanc jaunâtre qui entoure les vaisseaux du cordon ombilical.

Génotype Patrimoine génétique d'un individu.

Gestante Femme enceinte.

Gestation Période de développement intra-utérin s'étendant de la conception à la naissance; grossesse.

Globule polaire Petite cellule résultant de la méiose de l'ovocyte mature.

Gonadolibérine (GnRH) Hormone sécrétée par l'hypothalamus; stimule la sécrétion des gonadotrophines (FSH et LH) par le lobe antérieur de l'hypophyse.

Gonadotrophines chorioniques (hCG) Hormones sécrétées par les villosités choriales; présentes dans l'urine des femmes enceintes.

Graisse brune Voir *Tissu adipeux brun*.

Grand bassin Portion du bassin située au-dessus de la ligne innominée; sa principale fonction est de soutenir le poids de l'utérus gravide.

Gravida Toutes les grossesses d'une femme, peu importe leur durée.

Grossesse ectopique Implantation du blastocyste ailleurs que dans l'endomètre, généralement dans la cavité abdominale, les trompes de Fallope ou les ovaires; aussi appelée *grossesse extra-utérine*.

Grossesse extra-utérine Voir *Grossesse ectopique*.

Grossesse multiple Développement simultané de plus d'un fœtus dans l'utérus.

Grossesse prolongée Grossesse qui se poursuit au-delà de 42 semaines.

Habituation Capacité du nouveau-né de réduire ses réactions à certains stimuli répétés.

Hémorragie de la délivrance Voir *Hémorragie postnatale*.

Hémorragie immédiate ou précoce postnatale Voir *Hémorragie postnatale*.

Hémorragie postnatale Perte sanguine de plus de 500 mL après un accouchement vaginal et de plus de 1 000 mL après une césarienne; appelée *hémorragie immédiate ou précoce postnatale* si elle se produit moins de 24 heures après l'accouchement et *hémorragie tardive postnatale* si elle se produit plus de 24 heures après.

Hémorragie sous-conjonctivale Hémorragie de la sclérotique du nouveau-né, généralement causée par des variations de la tension vasculaire au cours de la naissance.

Hémorragie tardive postnatale Voir *Hémorragie postnatale*.

Hérédité mendélienne Grande catégorie d'hérédité dans laquelle un trait est déterminé par une paire de gènes situés sur des chromosomes homologues; aussi appelée *hérédité monogénique*.

Hérédité monogénique Voir *Hérédité mendélienne*.

Hérédité non mendélienne Interaction de facteurs génétiques et environnementaux multiples provoquant des anomalies congénitales.

Hétérozygote Situation génotypique dans laquelle deux allèles différents sont présents sur un locus donné d'une paire de chromosomes homologues.

Homozygote Situation génotypique dans laquelle deux allèles semblables sont présents sur un locus donné d'une paire de chromosomes homologues.

Hormone lutéinisante (LH) Hormone sécrétée par l'hypophyse antérieure ; stimule l'ovulation et provoque le développement du corps jaune.

Hormonothérapie de remplacement (HTR) Voir *Hormonothérapie substitutive (HTS)*.

Hormonothérapie substitutive (HTS) Administration d'hormones (habituellement des œstrogènes et un progestatif) pour atténuer les symptômes de la ménopause ; aussi appelée *hormonothérapie de remplacement (HTR)*.

Hydramnios Excès de liquide amniotique provoquant une surdistension de l'utérus ; fréquent chez les femmes diabétiques enceintes, même en l'absence d'anomalies congénitales ; aussi appelé *polyhydramnios*.

Hyperbilirubinémie Quantité excessive de bilirubine dans le sang ; signe d'une hémolyse causée par une incompatibilité sanguine, une infection intra-utérine, une infection rénale, une septicémie et d'autres troubles physiologiques.

Hyperémèse gravidique Vomissements excessifs pendant la grossesse ; conduisent à la déshydratation et à l'inanition ; aussi appelée *vomissements incoercibles*.

Hypertension artérielle pulmonaire néonatale Détresse respiratoire due à un shunt droite-gauche du sang des poumons vers le conduit artériel et le foramen ovale perméable.

Hypertension gravidique Maladie hypertensive qui comprend la prééclampsie et l'éclampsie ; se caractérise par trois signes cardinaux : l'hypertension, l'œdème et la protéinurie.

Hypoglycémie Taux anormalement bas de sucre dans le sang.

Hypothyroïdie congénitale Déficit enzymatique causé par une carence en iode dans le régime alimentaire de la mère ou par la prise de médicaments qui dépriment ou inhibent la fonction thyroïdienne chez la mère.

Hypotrophie Poids insuffisant ou croissance inadéquate pour l'âge gestationnel ; poids de naissance inférieur au 10e percentile.

Hystérectomie Ablation chirurgicale de l'utérus.

Hystérosalpingographie Instillation d'un produit de contraste dans la cavité utérine afin de visualiser l'utérus et les trompes.

Hystéroscopie Exploration de l'utérus au moyen d'un endoscope spécial.

Ictère Coloration jaune des tissus corporels due à la présence de pigments biliaires. Voir aussi *Ictère physiologique*.

Ictère nucléaire Encéphalopathie causée par la fixation de bilirubine non conjuguée dans les noyaux gris du cerveau ; peut entraîner des troubles neurologiques ou la mort.

Ictère physiologique Réaction physiologique bénigne causée par la destruction normale des érythrocytes fœtaux ; apparaît 48 heures ou plus après la naissance, atteint son maximum entre le 3e et le 5e jour chez le bébé à terme et entre le 5e et le 7e jour chez le bébé prématuré. Chez le bébé à terme, il disparaît entre le 7e et le 10e jour.

Incompétence du col Voir *Béance isthmique*.

Induction du travail Voir *Déclenchement artificiel du travail*.

Infections transmissibles sexuellement Voir *Maladies transmissibles sexuellement*.

Infertilité Incapacité de concevoir.

Infiltration du nerf honteux Injection d'un anesthésique local dans le nerf honteux afin d'insensibiliser les organes génitaux externes et le tiers inférieur du vagin pendant l'accouchement et l'épisiotomie.

Inhibition réciproque Principe selon lequel il est impossible de se sentir tendu et détendu en même temps ; principe de base des techniques de relaxation.

Insémination artificielle Dépôt de sperme dans le vagin par des moyens mécaniques afin d'obtenir la fécondation de l'ovule.

Insertion marginale du cordon ombilical Cordon s'insérant sur la bordure du placenta ou près de celle-ci.

Intensité Force de la contraction utérine au moment de l'acmé.

Intervention chirurgicale fœtale in utero Intervention chirurgicale pratiquée sur un fœtus pour corriger des lésions anatomiques qui, laissées sans traitement, ne lui permettraient pas de vivre.

Intervention en situation de crise Intervention infirmière destinée à aider le client à traverser une période de crise, à retrouver son équilibre, à sortir grandi de l'épreuve et à améliorer ses stratégies d'adaptation.

Intolérance au lactose Trouble se manifestant par des difficultés à digérer le lait et les produits laitiers.

Intra-partum Période marquée par le début du vrai travail, la naissance de l'enfant puis la délivrance.

Introitus Orifice vaginal.

Inversion utérine Retournement de l'utérus en doigt de gant qui entraîne la procidence du fond utérin dans le vagin ; cette complication peut survenir juste avant ou pendant l'expulsion du placenta ; associée à une hémorragie massive qui nécessite une intervention d'urgence.

Involution Modification régressive de l'utérus qui retourne à son volume initial après l'accouchement.

Isthme Partie droite et mince de la trompe de Fallope dotée d'une épaisse paroi musculaire, dont la lumière (calibre inférieur) mesure 2 à 3 mm ; siège de la ligature des trompes. Aussi, partie rétrécie de l'utérus située entre le col et le corps de l'utérus.

Journal de l'activité fœtale quotidienne Méthode de consignation enseignée en période prénatale pour surveiller les mouvements fœtaux.

Kilocalorie (kcal) Mille calories ; unité de mesure servant à exprimer le contenu énergétique des aliments.

Kystes gingivaux Petites surélévations blanches et brillantes contenant de la kératine qui apparaissent sur la voûte palatine et le bord des gencives ; fréquentes et normales chez le nouveau-né ; aussi appelés *perles d'Epstein*.

Lactation Processus de sécrétion et d'excrétion du lait maternel.

Lacto-végétariens Végétariens qui consomment des produits laitiers, mais pas d'œufs.

Lait de transition Lait maternel dont la production suit celle du colostrum et dure jusqu'à environ 2 semaines après l'accouchement.

Lait en fin de tétée Lait maternel sécrété après l'éjection initiale ; riche en matières grasses.

Lanugo Fin duvet couvrant, à partir de 20 semaines de gestation, tout le corps du fœtus à l'exception de la paume des mains et de la plante des pieds.

Laparoscopie Intervention qui permet la visualisation directe des organes pelviens.

Léiomyome Tumeur bénigne de l'utérus, composée surtout de tissu musculaire lisse ou de tissu conjonctif ; également appelé *fibrome* ou *myome*.

Leucorrhée Écoulement muqueux provenant du vagin ou du col ; peut être normal ou pathologique, comme dans le cas d'une infection.

Ligament large Ligament qui recouvre les faces antérieure et postérieure de l'utérus et s'étend jusqu'à la paroi du bassin ; il maintient l'utérus au centre de la cavité pelvienne et le stabilise.

Ligament lombo-ovarien Voir *Ligament suspenseur de l'ovaire*.

Ligament suspenseur de l'ovaire Ligament qui suspend et soutient l'ovaire ; aussi appelé *ligament lombo-ovarien*.

Ligaments cardinaux Principaux soutiens de l'utérus qui le suspendent aux parois latérales du petit bassin.

Ligaments ronds Ligaments qui prennent naissance sur le côté de l'utérus, près de l'insertion de la trompe de Fallope ; aident le ligament large à maintenir l'utérus en place.

Ligaments utéro-ovariens Ligaments qui fixent le pôle inférieur des ovaires aux cornes utérines.

Ligaments utérosacrés Ligaments qui soutiennent l'utérus et le col au niveau des épines sciatiques.

Ligature des trompes Occlusion chirurgicale des trompes de Fallope par ligature, écrasement, électrocoagulation ou encore par bandage ou obturation – deux nouvelles techniques réversibles ; vise à provoquer la stérilité.

Ligne brune Ligne de pigmentation foncée courant de l'ombilic au pubis qu'on observe chez certaines femmes enceintes durant les derniers mois de la grossesse ; aussi appelée *linea nigra*.

Ligue La Leche Organisme donnant de l'information sur l'allaitement au sein ainsi qu'une assistance aux mères qui allaitent.

Linea nigra Voir *Ligne brune*.

Liquide amniotique Liquide dans lequel baigne le fœtus ; absorbe les chocs, donne au fœtus une liberté de mouvement et contribue à la régulation de la température.

Listériose Infection d'origine alimentaire causée par la bactérie *Listeria monocytogenes*.

Lochies Écoulement de sang, de mucus et de tissus provenant de l'utérus ; peut durer plusieurs semaines après l'accouchement.

Lochies blanches Écoulement vaginal blanc qui succède aux lochies séreuses et disparaît entre le 10e et le 21e jour du post-partum.

Lochies rouges Écoulement vaginal rouge vif qui succède à l'accouchement et dure 2 à 4 jours.

Lochies séreuses Lochies rosâtres contenant des globules rouges ; elles succèdent aux lochies rouges et disparaissent entre le 7e et le 10e jour du post-partum.

Macrosomie Croissance et poids excessifs chez le nouveau-né ; plus fréquente chez les bébés de mère diabétique.

Maladie hémolytique du nouveau-né Maladie caractérisée par une anémie, une hépatosplénomégalie et un œdème généralisé ; causée par une allo-immunisation associée à une incompatibilité Rh ou ABO.

Maladie trophoblastique Maladie se présentant sous une forme bénigne (môle hydatiforme) ou maligne.

Maladies transmissibles sexuellement (MTS) Maladies habituellement transmises par contact sexuel direct avec un individu atteint ; aussi appelées *infections transmissibles sexuellement*.

Mamelon Saillie de 0,5 à 1,3 cm de diamètre située au centre de chaque sein.

Mammographie Examen radiologique du sein sans injection d'une substance de contraste.

Manœuvres de Léopold Série de quatre manœuvres constituant une méthode d'examen systématique de l'abdomen de la mère afin de déterminer la présentation et la position du fœtus.

Marbrures Coloration irrégulière de la peau provoquée par le froid, l'hypoxie ou une mauvaise circulation sanguine.

Masque de grossesse Voir *Chloasma*.

Mastite Inflammation du tissu mammaire.

Mastose sclérokystique Maladie bénigne des seins caractérisée par un épaississement des tissus normaux du sein et par la formation de kystes.

Maturation du col Ramollissement du col ; processus physiologique qui se produit normalement avant le travail ou est stimulé au cours du déclenchement artificiel du travail.

Mécanismes de l'accouchement Changements de position du fœtus au cours de son déplacement dans la filière pelvigénitale. Ces changements sont la descente, la flexion, la rotation intrapelvienne, l'extension, la restitution et la rotation externe.

Méconium Substance vert foncé ou noire présente dans le gros intestin du nouveau-né à terme ; premières selles émises par le nouveau-né.

Méiose Mode de division cellulaire se produisant au cours de la maturation des spermatozoïdes et de l'ovule ; diminue de moitié le nombre de chromosomes dans chaque cellule.

Membranes embryonnaires L'amnios et le chorion.

Ménarche Établissement de la menstruation et de la fonction reproductrice chez la femme.

Ménopause Arrêt permanent de la menstruation.

Ménorragie Menstruation excessivement abondante.

Mésoblaste Couche moyenne des cellules de l'embryon qui formera les tissus conjonctifs, la moelle osseuse, les muscles, le sang, le tissu lymphoïde et le tissu épithélial.

Méthode De Gasquet Approche physico-respiratoire destinée à préparer les futures mères à l'accouchement.

Méthode Lamaze Voir *Méthode psychoprophylactique*.

Méthode psychoprophylactique Conditionnement psychoprophylactique destiné à préparer les futurs parents à s'adapter au travail et à éviter qu'ils se concentrent sur les malaises associés à l'accouchement ; aussi appelée *méthode Lamaze*.

Méthodes d'estimation clinique de l'âge gestationnel Méthodes permettant de déterminer la maturité morphologique et/ou la maturité neuromusculaire du nouveau-né ; remplacent le calcul à partir de la date du premier jour de la dernière menstruation ou y suppléent.

Méthodes de contraception circonstancielle Méthodes de contraception ne demandant aucune préparation, comme l'abstinence ou le coït interrompu.

Métrite Terme désignant toutes les affections inflammatoires de l'utérus.

Métrorragie Saignement utérin anormal se produisant à intervalles irréguliers.

Milium Présence de minuscules points blancs sur le visage du nouveau-né due à l'exposition de glandes sébacées ; disparaît après quelques semaines.

Mitose Mode de division cellulaire produisant deux cellules filles dotées du même nombre de chromosomes que la cellule mère.

Modelage Modification de la forme de la tête par le chevauchement des os du crâne ; facilite le déplacement du fœtus dans la filière pelvigénitale pendant le travail.

Môle hydatiforme Dégénérescence des villosités choriales du placenta, qui se transforment en grappes de vésicules remplies de liquide et entraînent une augmentation rapide du volume de l'utérus ainsi que des saignements.

Mont de Vénus Protubérance de tissus adipeux sous-cutanés couvrant le devant de la symphyse pubienne.

Mort fœtale in utero Mort du fœtus après 20 semaines ou plus de gestation.

Mortalité infantile, taux de Nombre annuel de décès d'enfants de moins de 1 an pour 1 000 naissances vivantes dans une population donnée.

Mortalité maternelle, taux de Nombre de décès maternels pendant le cycle de la grossesse pour 100 000 naissances vivantes.

Mortalité néonatale, risque de Risque de décès du bébé au cours de la période néonatale.

Mortalité néonatale, taux de Nombre de décès de nouveau-nés de moins de 28 jours pour 1 000 naissances vivantes.

Mortalité périnatale, taux de Nombre de morts fœtales et néonatales pour 1 000 naissances vivantes.

Mortinaissance Naissance d'un enfant mort-né.

Morula Stade du développement embryonnaire durant lequel l'ovule fécondé forme une masse compacte de cellules.

Mosaïcisme État d'un individu qui a au moins deux lignées cellulaires avec des caryotypes différents.

Mouvements actifs du fœtus Mouvements du fœtus, qui sont perçus par la mère pour la première fois entre la 16e et la 18e semaine de grossesse.

Muguet Infection de la muqueuse buccale par *Candida albicans* ; assez fréquent chez le nourrisson ; se manifeste sous forme de plaques blanches dans la bouche.

Multigeste Femme qui a été enceinte 2 fois ou plus.

Multipare Femme qui a accouché 2 fois ou plus d'un fœtus viable (plus de 20 semaines de gestation).

Myome Voir *Léiomyome*.

Myomètre Tunique musculaire de l'utérus.

Nævus flammeus Angiome capillaire se situant juste sous l'épiderme ; aussi appelé *tache de vin*.

Nævus télangiectasique Points rose pâle ou rouges apparaissant sur la nuque ou autour des yeux du nouveau-né ; dilatation locale des capillaires.

Naissance à terme Naissance survenant entre la 38e et la 42e semaine de grossesse.

Natalité, taux de Nombre de naissances vivantes pour 1 000 habitants.

Négligence envers un enfant Défaut des parents ou d'autres personnes qui en ont la garde de répondre aux besoins d'un enfant sur le plan émotionnel, physique ou mental.

Néonatologie Branche de la médecine consacrée à la surveillance et au traitement du nouveau-né.

Nidation Implantation de l'œuf fécondé dans la cavité de l'utérus.

Nombre diploïde de chromosomes Nombre de chromosomes dans toutes les cellules, à l'exception des cellules germinales ; chez les humains, le nombre diploïde de chromosomes est 46.

Nombre haploïde de chromosomes Nombre diploïde de chromosomes divisé par 2 ; chez les humains, il y a 23 chromosomes, le nombre haploïde, dans chaque cellule germinale.

Norplant Implant contraceptif sous-cutané qu'on introduit dans le bras de la femme et qui empêche la grossesse pendant une période allant jusqu'à 5 ans.

Nourrisson Enfant de moins de 1 an.

Nouveau-né Enfant de la naissance jusqu'à 28 jours de vie.

Nouveau-né de mère diabétique Nouveau-né à risque parce que sa mère était diabétique avant la grossesse ou l'est devenue au cours de la grossesse.

Nouveau-né postmature Enfant né après la 42e semaine de gestation.

Nulligeste Femme qui n'a jamais été enceinte.

Nullipare Femme qui n'a jamais accouché d'un fœtus viable.

Ocytocine Hormone sécrétée par le lobe postérieur de l'hypophyse ; elle stimule les contractions utérines et entraîne l'excrétion du lait dans les canaux galactophores.

Œstrogènes Hormones sécrétées par les ovaires ; les principaux œstrogènes sont l'œstrone, l'œstriol et le ß-œstradiol.

Oligoamnios Quantité réduite de liquide amniotique, qui peut indiquer une anomalie des voies urinaires du fœtus.

Orientation Aptitude de nouveau-né à prêter attention aux stimuli visuels et auditifs.

Orientation fœtale Relation entre l'axe céphalocaudal du fœtus et l'axe céphalocaudal de la femme. Le fœtus peut adopter une orientation longitudinale, transverse ou oblique.

Orientation transverse Orientation du fœtus lorsqu'il forme un angle droit avec la colonne vertébrale de la femme.

Orifice externe du col de l'utérus Partie du col qui s'ouvre dans le vagin.

Orifice interne du col de l'utérus Partie du col qui s'ouvre dans le corps de l'utérus.

Ortolani, manœuvre d' Manœuvre permettant le dépistage de la luxation congénitale de la hanche.

Ovaire Glande sexuelle de la femme ; siège de la formation des ovules et de la synthèse d'œstrogènes et de progestérone. La femme possède deux ovaires, situés de chaque côté de l'utérus.

Ovarite Inflammation des ovaires.

Ovocyte Gamète femelle qui n'est pas encore parvenu à maturité.

Ovogenèse Processus de formation, au cours de la vie fœtale, des ovogonies, les cellules qui se transformeront en ovocytes de premier ordre.

Ovo-lacto-végétariens Végétariens qui consomment du lait, des produits laitiers et des œufs ainsi que, à l'occasion, du poisson, de la volaille et du foie.

Ovulation Processus normal au cours duquel l'ovaire libère un ovule, 14 jours environ avant le début de la menstruation.

Ovule Cellule reproductrice femelle ; œuf fécondable.

Palpation bimanuelle Examen des organes pelviens qu'on effectue en plaçant une main sur l'abdomen et en introduisant un ou deux doigts de l'autre main dans le vagin.

Para Accouchements après 20 semaines de gestation.

Paralysie brachiale Paralysie partielle ou complète de certaines régions du bras consécutive à un trauma du plexus brachial au cours d'une naissance difficile.

Paralysie de Duchenne-Erb Paralysie du bras et de la paroi thoracique causée par un traumatisme du plexus brachial au cours de la naissance ou par une atteinte ultérieure des cinquième et sixième nerfs cervicaux.

Paramétrite Inflammation du tissu conjonctif du ligament large et, dans les cas graves, du tissu conjonctif de toutes les structures pelviennes ; aussi appelée *cellulite pelvienne.*

Parturition Voir *Travail.*

Pavillon Dernière partie de la trompe de Fallope, qui se termine par les franges.

Pédicule embryonnaire Futur cordon ombilical qui relie l'embryon au sac vitellin et renferme des vaisseaux sanguins qui se prolongent jusque dans les villosités choriales.

Pelvipéritonite Infection des trompes de Fallope accompagnée ou non d'un abcès pelvien ; peut créer des lésions des trompes provoquant la stérilité.

Pénis Organe masculin de la copulation et de la procréation.

Pensée critique Processus intellectuel qui consiste à séparer les faits des opinions, à dégager les préjugés et les stéréotypes pouvant influencer l'interprétation d'une information, à explorer des idées et des points de vue différents, et à tirer des conclusions.

Périmétrium Tunique externe du corps de l'utérus ; aussi appelé *tunique séreuse.*

Périnatologie Branche de la médecine consacrée à la surveillance de la femme enceinte et du fœtus ainsi qu'au diagnostic et au traitement de leurs problèmes de santé.

Périnée Région s'étendant entre l'anus et le scrotum chez l'homme et entre l'anus et le vagin chez la femme.

Périodes de réactivité Structuration comportementale prévisible de l'enfant au cours des premières heures de vie.

Perles d'Epstein Voir *Kystes gingivaux.*

Perspiration Évaporation d'eau à la surface de la peau.

Perte du bouchon muqueux Signe précurseur du travail ; s'accompagne de l'écoulement d'une petite quantité de sang provenant des capillaires cervicaux exposés.

Perte hydrique insensible Perte de liquide par évaporation.

Petit bassin Portion du bassin située sous la ligne innominée, formant le détroit supérieur, le détroit moyen et le détroit inférieur.

Phase ascendante Phase de « montée », ou d'intensification, d'une contraction utérine.

Phase descendante Phase de diminution d'une contraction utérine.

Phénotype Constitution physique, biochimique et physiologique d'un individu, telle qu'elle est déterminée par l'hérédité et l'environnement.

Phénylcétonurie Trouble métabolique fréquent causé par une erreur innée du métabolisme d'un acide aminé, la phénylalanine.

Phosphatidylglycérol (PG) Phospholipide présent dans le surfactant à partir de 35 semaines de gestation environ.

Photothérapie Traitement de l'ictère par l'exposition à la lumière.

Pica Ingestion de substances habituellement considérées comme non comestibles et sans valeur nutritive.

Placenta Organe discoïde adhérant à la paroi utérine, relié au fœtus par le cordon ombilical et permettant les échanges de gaz et de matières nutritives.

Placenta accreta Adhérence anormale du placenta à la paroi utérine résultant de l'absence ou de la mauvaise qualité de la caduque basale.

Placenta bordé Placenta doté d'un épais anneau fibreux sur son pourtour.

Placenta prævia Insertion du placenta sur le segment inférieur de l'utérus. On distingue trois formes de placenta prævia : *recouvrant,* qui couvre complètement l'orifice interne du col ; *partiellement recouvrant,* qui couvre une petite partie de l'orifice interne ; *non recouvrant* ou *marginal,* qui s'insère près de l'orifice interne.

Plan de naissance Préférences écrites des futurs parents concernant les différents aspects du travail et de l'accouchement.

Plancher pelvien Muscles et tissus qui servent de contrefort au détroit inférieur.

Pli simien Présence d'un seul pli palmaire, fréquente chez les enfants atteints du syndrome de Down.

Poche des eaux Membranes contenant le liquide amniotique et le fœtus.

Polycythémie Augmentation anormale du nombre de globules rouges dans la circulation ; se caractérise par une augmentation du taux d'hémoglobine et de l'hématocrite.

Polydactylie Anomalie de développement se caractérisant par la présence de doigts et/ou d'orteils surnuméraires.

Polyhydramnios Voir *Hydramnios.*

Position de l'escrimeur Voir *Réflexe tonique du cou.*

Position dystocique Position anormale du fœtus dans la filière pelvigénitale.

Position fœtale Rapport existant entre le repère de la présentation et le devant, les côtés et l'arrière du bassin maternel.

Position occipito-postérieure persistante (OPP) Position dystocique du fœtus dont l'occiput demeure dirigé vers l'arrière du bassin maternel jusqu'à la naissance.

Post-partum Période qui s'écoule entre l'accouchement et le retour du corps de la femme à l'état antérieur à la grossesse.

Prééclampsie Dysgravidie se caractérisant par l'hypertension, la protéinurie et l'œdème. Voir aussi *Éclampsie.*

Prélèvement de villosités choriales (PVC) Voir *Choriocentèse.*

Prélèvement de sang fœtal (PSF) Obtention d'un échantillon de sang du cuir chevelu (ou des fesses en cas de présentation du siège) du fœtus afin d'évaluer son état acidobasique.

Prélèvement percutané de sang ombilical (PPSO) Voir *Cordocentèse.*

Prématuré Enfant né avant la 38ᵉ semaine de gestation.

Premier lait Lait maternel sécrété au début de la tétée.

Préparation des seins à l'allaitement Activités à pratiquer pendant la grossesse afin d'endurcir les mamelons en prévision de l'allaitement.

Présentation céphalique Présentation de la tête fœtale dans la filière pelvigénitale au moment de l'accouchement.

Présentation du siège Présentation des fesses et/ou des pieds du fœtus au moment de l'accouchement plutôt que de la tête.

Présentation dystocique Présentation anormale du fœtus dans la filière pelvigénitale ; on considère comme dystociques les présentations du siège, de la face, du front et de l'épaule.

Présentation fœtale Partie du fœtus qui s'engage en premier dans la filière pelvigénitale. Il existe trois types de présentation : présentation céphalique, présentation du siège et présentation de l'épaule.

Primigeste Femme qui est enceinte pour la première fois.

Primipare Femme qui a accouché une fois à plus de 20 semaines de gestation, que l'enfant soit né vivant ou mort.

Processus de deuil Série de sentiments par laquelle une personne passe pour surmonter le chagrin causé par une perte.

Procidence du cordon ombilical Descente du cordon ombilical dans le vagin avant la naissance du fœtus.

Profil biophysique du fœtus Observation de cinq critères permettant d'évaluer l'état du fœtus : mouvements respiratoires, mouvements corporels, tonus, volume du liquide amniotique et réactivité de la FCF.

Progestérone Hormone sécrétée par le corps jaune, les corticosurrénales et le placenta ; stimule la prolifération de l'endomètre et favorise ainsi la croissance de l'embryon.

Prolactine Hormone sécrétée par l'hypophyse antérieure ; stimule et maintient la sécrétion de lait chez les mammifères.

Promontoire sacré Projection dans la cavité pelvienne située sur la partie antérosupérieure du sacrum ; sert de guide dans la mesure du bassin en obstétrique.

Prostaglandines Acides gras oxygénés synthétisés par plusieurs types de cellules de l'organisme.

Pseudomenstruation Écoulement vaginal composé d'un épais mucus blanchâtre parfois teinté de sang chez la fille nouveau-née ; causée par le retrait des hormones maternelles présentes au cours de la grossesse.

Ptyalisme Sécrétion excessive de salive.

Puerpéralité Période d'une durée approximative de 6 semaines qui commence après la 3ᵉ période du travail et se termine à la fin de l'involution utérine.

Quatrième trimestre Période qui comprend les premières semaines après l'accouchement et durant laquelle la nouvelle mère revient à son état d'avant la grossesse et apprend à s'occuper de son nouveau-né.

Rachianesthésie Injection d'un anesthésique local directement dans l'espace sous-arachnoïdien, où circule le liquide céphalorachidien, afin d'assurer l'anesthésie au cours de l'accouchement par voie vaginale ou de la césarienne.

Radiation Perte de chaleur d'une surface cutanée chaude vers des surfaces ou objets plus froids qui ne sont pas en contact direct avec la peau.

Rapport lécithine/sphingomyéline (rapport L/S) La lécithine et la sphingomyéline sont des phospholipides faisant partie du surfactant ; leur proportion relative change au cours de la gestation. On considère que la maturité des poumons fœtaux est atteinte lorsque le rapport L/S est de 2 : 1. À partir de ce moment, le risque de syndrome de détresse respiratoire est faible si la naissance a lieu.

Réaction acrosomique Dégradation de l'acide hyaluronique dans la corona radiata par les enzymes des têtes des spermatozoïdes pour permettre à un seul spermatozoïde de pénétrer dans la zone pellucide de l'ovule.

Réaction d'adaptation avec humeur dépressive Voir *Cafard du post-partum.*

Réanimation intra-utérine Interventions effectuées en vue d'améliorer l'apport sanguin au fœtus lorsque les tracés de la FCF sont inquiétants.

Réflexe d'éjection du lait Processus provoquant l'écoulement du lait. Il comprend la stimulation, la sécrétion hormonale et la contraction musculaire qui pousse le lait dans les canaux galactophores.

Réflexe de Babinski Réflexe normalement observé chez le nourrisson de moins de 6 mois ; consiste en la dorsiflexion du gros orteil lors de la stimulation de la plante du pied.

Réflexe de Moro Flexion des hanches et des genoux accompagnée de l'ouverture des bras et des mains vers l'extérieur, les bras revenant ensuite lentement vers la poitrine dans un mouvement d'étreinte. Ce réflexe peut être déclenché chez le nouveau-né par un bruit fort ou par un mouvement brusque.

Réflexe de préhension palmaire Réflexe obtenu lorsqu'on stimule la paume des mains du nouveau-né avec un doigt ou un objet : le bébé saisit le doigt ou l'objet et le tient fermement.

Réflexe de succion Réflexe néonatal normal qu'on déclenche en plaçant quelque chose dans la bouche du nouveau-né ou en touchant ses lèvres ; ce stimuli engendre une succion forte et rythmique.

Réflexe des points cardinaux Tendance du nouveau-né à tourner la tête et à ouvrir la bouche pour téter quand on touche le côté de sa bouche ou sa joue.

Réflexe tonique du cou Réflexe du nouveau-né. Quand on tourne la tête de l'enfant couché sur le dos vers un côté, il se produit une extension des membres situés du même côté et une flexion des membres du côté opposé ; aussi appelé *position de l'escrimeur.*

Règle de Nägele Méthode de détermination de la date prévue pour l'accouchement (DPA) ; consiste à prendre le premier jour de la dernière menstruation, à soustraire 3 mois, puis à ajouter 7 jours.

Relaxation par dissociation neuromusculaire Forme de relaxation active qui consiste à contracter un groupe de muscles, tout en décontractant le reste du corps ; peut être très efficace durant le travail.

Relaxation par le toucher Technique de relaxation qui consiste à décontracter une région du corps touchée par une autre personne ; très efficace durant le travail.

Relaxation progressive Technique de relaxation qui consiste à décontracter un groupe musculaire après l'autre jusqu'à ce que tous les groupes musculaires soient décontractés ; peut être utilisée durant le travail.

Relaxine Protéine hydrosoluble sécrétée par le corps jaune ; assouplit la symphyse pubienne et entraîne la dilatation du col.

Rencontres prénatales Programme offert aux familles qui attendent un enfant pour les informer sur la grossesse, le travail et l'accouchement.

Respiration périodique Respiration caractérisée par des épisodes d'apnée d'environ 15 secondes ne s'accompagnant pas de cyanose ; fréquente chez les prématurés.

Retard de la croissance intra-utérine (RCIU) Croissance insuffisante du fœtus, quelle qu'en soit la cause ; peut résulter d'une infection intra-utérine, d'un manque de matières nutritives ou d'une anomalie congénitale.

Rétinopathie aiguë du prématuré Altération caractéristique de la rétine qui risque d'entraîner une perte de vision chez le nouveau-né prématuré. Ce trouble est relié à plusieurs facteurs, tels que l'immaturité des capillaires rétiniens, l'insuffisance de poids à la naissance et la durée de l'administration d'oxygène (et non pas uniquement la concentration administrée). Aussi appelée *fibroplasie rétrolentale.*

Rupture artificielle des membranes (RAM) Utilisation d'un instrument tel que l'amniotome pour percer les membranes.

Rupture des membranes (RM) La rupture des membranes peut être prématurée (RPM), spontanée (RSM) ou artificielle (RAM).

Rupture prématurée des membranes Voir *Rupture des membranes.*

Salpingite Inflammation des trompes de Fallope.

Schultze, mécanisme de Mécanisme de délivrance du placenta lorsque celui-ci présente d'abord sa face lisse, la face fœtale.

Segmentation Divisions mitotiques rapides du zygote, produisant des cellules appelées blastomères.

Seins Glandes mammaires.

Sevrage Processus qui consiste à cesser progressivement de donner le sein à l'enfant pour l'habituer à un autre type d'alimentation.

Sida (syndrome d'immunodéficience acquise) Maladie virale surtout transmise au cours de contacts sexuels ; s'est jusqu'à présent révélée fatale dans 100 % des cas.

Signe de Chadwick Coloration violacée de la muqueuse vaginale provenant d'une augmentation de sa vascularisation ; apparaît vers la 4e semaine de la grossesse.

Signe de Goodell Ramollissement du col utérin se produisant au cours du 2e mois de grossesse.

Signe de Hegar Ramollissement du col utérin inférieur perçu à la palpation au cours du 2e ou du 3e mois de grossesse.

Signe de l'écharpe Position du coude lorsqu'on allonge un bras du nouveau-né couché sur le dos vers l'épaule opposée jusqu'à ce qu'on sente une résistance.

Signe de McDonald Signe probable de la grossesse consistant en une facilité de flexion du corps de l'utérus sur le col.

Signe du pli cutané Persistance du pli de la peau après pincement ; signe de déshydratation.

Signes objectifs de la grossesse Signes qui indiquent fortement la possibilité d'une grossesse, notamment un test de grossesse positif, l'augmentation du volume de l'utérus, les contractions de Braxton-Hicks et la présence des signes de Goodell, de Hegar et de Chadwick.

Signes positifs de la grossesse Signes qui confirment la grossesse.

Signes subjectifs de la grossesse Symptômes qui font penser à une grossesse sans la confirmer, comme l'aménorrhée, les nausées du matin, la pollakiurie, la tension mammaire et les mouvements actifs du fœtus.

Soins en maternité centrés sur la famille Orientation visant la prestation de soins de santé sécuritaires et de qualité répondant aux besoins physiques et psychologiques de la mère, du père, du nouveau-né et des autres membres de la famille.

Somatomammotrophine chorionique humaine (hCS) Hormone synthétisée par le syncytiotrophoblaste qui agit comme antagoniste de l'insuline ; favorise la lipolyse pour accroître la quantité d'acides gras libres circulants qui se trouvent à la disposition du métabolisme maternel.

Sommet Partie supérieure de la tête du fœtus.

Souffrance fœtale Signes montrant que le fœtus est en danger, soit des modifications de l'activité fœtale ou de la fréquence cardiaque fœtale.

Spermatogenèse Processus de formation des gamètes mâles, au cours duquel le nombre de chromosomes est divisé par deux.

Spermatozoïdes Gamètes mâles produits par les testicules.

Sperme Liquide blanchâtre visqueux éjaculé par l'homme au cours de l'orgasme ; contient les spermatozoïdes et les matières nutritives qui leur sont nécessaires.

Spermicides Crèmes, gelées, mousses et ovules qu'on insère dans le vagin avant le coït afin de détruire les spermatozoïdes ou de neutraliser les sécrétions vaginales, immobilisant ainsi les spermatozoïdes.

Stades gestationnels Stades du développement embryonnaire et fœtal calculés à partir de la conception.

Station Relation entre la présentation fœtale et une ligne imaginaire joignant les épines sciatiques du bassin maternel.

Statistique descriptive Statistique qui permet de rassembler ou de résumer un ensemble de données.

Statistique inférentielle Statistique permettant de généraliser les résultats obtenus avec un échantillon à une population donnée ou de rechercher l'existence d'une relation entre deux variables ou plus au sein d'un groupe de sujets.

Stérilet Voir *Dispositif intra-utérin*.

Stress hypothermique Perte excessive de chaleur se caractérisant par l'utilisation de mécanismes de compensation (accélération de la fréquence respiratoire et thermogenèse sans frissons) pour maintenir la température profonde.

Subinvolution Absence de l'involution normale d'un organe après la fin d'une fonction l'ayant fait augmenter de volume ; par exemple un utérus ne retrouvant pas son volume d'avant la grossesse après l'accouchement.

Subjugation Fascination caractéristique du nouveau père envers son enfant et intérêt profond qu'il lui porte au cours des premiers contacts.

Suivi actif du travail Protocole médical qui vise à stimuler le travail par les mesures suivantes : 1) l'application de critères stricts pour l'admission en salle de travail ; 2) l'amniotomie précoce ; 3) la perfusion de fortes doses d'ocytocine lorsque les contractions sont inefficaces ; 4) la prestation de soins infirmiers continus.

Surfactant Substance composée de phospholipides tensioactifs qui est sécrétée dans les alvéoles et les voies respiratoires ; le surfactant réduit la tension de surface des liquides pulmonaires et contribue à l'élasticité des tissus pulmonaires.

Suture Espace membraneux situé entre deux surfaces articulaires, notamment entre les os du crâne.

Symphyse pubienne Articulation fibrocartilagineuse joignant les deux os pubiens, située sur la ligne médiane.

Syndactylie Malformation congénitale dans laquelle des doigts ou des orteils sont palmés ou complètement fusionnés.

Syndrome d'alcoolisme fœtal (SAF) Syndrome provoqué par l'alcoolisme de la mère et caractérisé par la microcéphalie, le retard de la croissance intra-utérine, la réduction des fentes palpébrales et l'hypoplasie du maxillaire.

Syndrome d'arlequin Coloration rouge vif qui apparaît d'un seul côté du corps du nouveau-né, de sorte que la partie déclive est beaucoup plus foncée que la partie supérieure quand le nouveau-né est couché sur le côté ; ce phénomène rare n'a aucune importance clinique.

Syndrome d'inhalation de méconium Maladie respiratoire causée par l'inhalation de méconium ou de liquide amniotique teinté de méconium ; se manifeste surtout chez les nouveau-nés à terme, postmatures ou hypotrophiques ; caractérisé par une détresse respiratoire modérée à grave, un thorax en tonneau, une surdistension des alvéoles et une atélectasie secondaire.

Syndrome de choc toxique (SCT) Infection causée par *Staphylococcus aureus* ; apparaît surtout chez les femmes en âge de procréer.

Syndrome de détresse respiratoire Maladie respiratoire du nouveau-né caractérisée par des troubles de la ventilation au niveau alvéolaire ; probablement causé par des dépôts de fibrinoïde sur les parois des canaux alvéolaires ; autrefois appelé *maladie des membranes hyalines*.

Syndrome de Down Ensemble d'anomalies résultant de la présence d'un chromosome 21 surnuméraire (trisomie 21) ; les anomalies comprennent une déficience mentale et des traits physiques caractéristiques ; autrefois appelé *mongolisme*.

Syndrome de Klinefelter Anomalie chromosomique causée par la présence d'un chromosome X supplémentaire chez l'homme ; se caractérise par une grande taille, une barbe et des poils pubiens peu abondants, la gynécomastie, des testicules petits et mous, et l'absence de spermatogenèse.

Syndrome de la veine cave Voir *Syndrome utérocave*.

Syndrome de Turner Groupe d'anomalies présentes chez la femme qui ne possède qu'un chromosome X ; se caractérise par une petite taille, l'absence de différenciation sexuelle, un cou palmé, une implantation basse des cheveux et des cardiopathies congénitales.

Syndrome du troisième jour Voir *Cafard du post-partum*.

Syndrome HELLP Association des anomalies suivantes : hémolyse, taux élevé d'enzymes hépatiques et faible numération plaquettaire ; parfois associé à une grave prééclampsie.

Syndrome prémenstruel (SPM) Ensemble de symptômes dont souffrent certaines femmes, généralement de quelques jours à 2 semaines avant le début de la menstruation.

Syndrome utérocave Étourdissement, pâleur et peau moite et froide résultant d'une hypotension provoquée par le décubitus dorsal lorsque l'utérus gravide comprime la veine cave ; aussi appelé *syndrome de la veine cave*.

Tache de vin Voir *Nævus flammeus*.

Taches mongoliques Zones maculaires de pigmentation bleunoir situées dans la région lombaire ou sur les fesses de certains nouveau-nés ; généralement disparues à l'âge scolaire.

Tachycardie fœtale Fréquence cardiaque fœtale de 160 battements par minute ou davantage au cours d'une période de 10 minutes de monitorage continu.

Techniques de reproduction assistée (TRA) Terme désignant les méthodes de fécondation hautement technologiques.

Température basale Température corporelle la plus basse en période de veille.

Test de Hühner Examen post-coïtal servant à évaluer l'interaction entre le sperme et la glaire cervicale.

Test de Papanicolaou Examen microscopique d'un frottis de cellules provenant du col de l'utérus afin de détecter les états cancéreux et précancéreux ; aussi appelé *cytologie vaginale*.

Test de réactivité fœtale (TRF) Voir *Examen de réactivité fœtale (ERF)*.

Test de tolérance aux contractions utérines (TTCU) Voir *Épreuve à l'ocytocine (EO)*.

Testicule Glande sexuelle de l'homme ; siège de la formation des spermatozoïdes et de la synthèse de la testostérone.

Testostérone Hormone mâle responsable de l'apparition des caractères sexuels secondaires.

Thrombophlébite Formation d'un caillot dans une veine ; associée à une inflammation de la paroi veineuse.

Tissu adipeux brun Chez le nouveau-né, tissu adipeux qui produit plus de chaleur que le tissu adipeux ordinaire ; se trouve autour des reins et des surrénales, dans le cou, dans la région médioscapulaire et derrière le sternum ; aussi appelé *graisse brune*.

Tocolyse Utilisation de médicaments pour faire cesser le travail prématuré.

TORCH Acronyme désignant un groupe de maladies infectieuses pouvant affecter gravement le fœtus. *TO:* toxoplasmose ; *R:* rubéole ; *C:* cytomégalovirus ; *H:* herpès (selon certaines sources, la lettre O signifie *other infections*, c'est-à-dire « autres infections »).

Tracé sinusoïdal Tracé de la fréquence cardiaque fœtale quand il existe une variabilité continue, mais aucune variabilité passagère.

Tranchées utérines Crampes douloureuses dues aux contractions utérines après l'accouchement ; plus fréquentes chez les multipares ; tendent à s'aggraver au cours des tétées et durent 2 ou 3 jours.

Transfert intratubaire des gamètes (GIFT) (*gamete intrafallopian transfer*) Intervention qui consiste à prélever des ovocytes par laparoscopie, à les combiner immédiatement avec un spermatozoïde motile et lavé dans un cathéter, et à placer les gamètes ainsi réunis dans le pavillon d'une trompe de Fallope.

Transfert intratubaire de zygotes (ZIFT) (*zygote intrafallopian transfer*) Technique de reproduction qui consiste à prélever des ovocytes, à les fertiliser in vitro, puis à les déposer par laparoscopie dans les franges du pavillon de la trompe de Fallope.

Transition néonatale Premières heures de vie au cours desquelles le nouveau-né stabilise ses fonctions respiratoire et circulatoire.

Travail Processus permettant l'expulsion du fœtus de l'utérus de la mère ; aussi appelé *parturition*.

Travail précipité Travail qui dure moins de 3 heures.

Travail prématuré Travail qui commence entre la 20e et la fin de la 37e semaine de gestation.

Travail prolongé Travail qui dure plus de 24 heures.

Trichomonase Infection vaginale causée par *Trichomonas vaginalis*, un protozoaire microscopique ; se caractérise par le prurit et l'irritation de la vulve ainsi que par un écoulement jaune verdâtre mousseux.

Trimestre Chacune des 3 périodes de 3 mois que dure la grossesse (1er, 2e et 3e trimestres de la grossesse) ; les premières semaines du post-partum sont par ailleurs appelées « 4e trimestre ».

Triple test Voir *Dépistage maternel sérique (DMS)*.

Trisomie Présence de trois chromosomes homologues au lieu de deux dans une paire déterminée.

Trompes de Fallope Trompes qui prennent naissance de chaque côté de l'utérus et se terminent près des ovaires ; servent au passage de l'ovule, de l'ovaire vers l'utérus, et à celui des spermatozoïdes, de l'utérus vers l'ovaire ; aussi appelées *trompes utérines*.

Trompes utérines Voir *Trompes de Fallope*.

Trophoblaste Couche périphérique de cellules du blastocyste ; formera plus tard les structures permettant l'apport de matières nutritives à l'embryon.

Tunique séreuse Voir *Périmétrium*.

Tyrosinémie héréditaire Anomalie de la tyrosine, un acide aminé, dont la dégradation est bloquée par une déficience de l'enzyme fumarylacétoacétate hydrolase (FAH).

Utérus Organe creux et musculaire dans lequel s'implante l'ovule fécondé et où le fœtus en voie de développement est nourri jusqu'à l'accouchement.

Vagin Tube musculomembraneux qui relie les organes génitaux externes à ceux de la cavité pelvienne.

Vaginose bactérienne Infection vaginale causée par *Gardnerella vaginalis*, autrefois appelé *Hæmophilus vaginalis* ; se caractérise par des pertes vaginales d'un gris jaunâtre à l'odeur nauséabonde, qui dégagent une odeur « de poisson » typique quand on y ajoute de l'hydroxyde de potassium (KOH) à 10 %. L'examen microscopique d'une lame en montage humide de sécrétions révèle les cellules épithéliales revêtues de coccobacilles (*clue cells*).

Variabilité continue (VC) Fluctuations rythmiques importantes de la FCF qui se produisent de 2 à 6 fois par minute.

Variabilité de la fréquence cardiaque de référence Modifications de la fréquence cardiaque fœtale résultant de l'interaction des systèmes nerveux sympathique et parasympathique.

Variabilité passagère (VP) Se dit de l'irrégularité d'un battement à l'autre battement, telle que mesurée selon l'intervalle entre les ondes R du cycle cardiaque ; se mesure uniquement par monitorage fœtal interne.

Vasectomie Résection d'une partie des canaux déférents visant à provoquer la stérilité.

Végétaliens Végétariens « stricts » qui ne mangent aucun produit d'origine animale.

Vergetures Petites lignes rose violacé apparaissant sur l'abdomen, les seins, les cuisses et le siège des femmes enceintes ; causées par l'étirement de la peau.

Vernix caseosa Substance protectrice caséeuse et blanchâtre couvrant le corps du fœtus ; composé de sébum et de cellules épithéliales desquamées.

Version Retournement du fœtus in utero.

Version céphalique externe (VCE) Procédé qui consiste à modifier la position du fœtus par des manœuvres externes afin de changer une présentation du siège en présentation céphalique.

Version interne Intervention effectuée au cours d'un accouchement vaginal pour permettre l'expulsion d'un deuxième jumeau : l'obstétricien insère une main dans l'utérus, saisit les pieds du fœtus et change la position transverse en présentation du siège.

Viol Activité sexuelle (comportant souvent la pénétration) ayant lieu sans le consentement de la victime.

Violence envers un enfant Mauvais traitements ou menaces de mauvais traitements dont est victime un enfant ; outre la violence physique, les mauvais traitements comprennent la violence psychologique et émotionnelle, l'agression sexuelle et l'exploitation sexuelle.

Vomissements incoercibles Voir *Hyperémèse gravidique*.

Vulve Organes génitaux externes de la femme, situés sous le mont de Vénus.

WinRho Immunoglobulines anti-Rh (anti-D) administrées après l'accouchement à une femme Rh négatif ayant porté un fœtus Rh positif ; empêche la production d'anticorps anti-Rh.

Zone de neutralité thermique Température ambiante à laquelle la perte et la production de chaleur sont minimes.

Zone pellucide Capsule transparente recouvrant l'ovocyte.

Zygote Ovule fécondé.

Sources des photographies et des illustrations

Sources des photographies

Page couverture : photographie principale ©Superstock.

Chapitre 1
Figure 1-1 : © Richard Tauber/Addison Wesley Longman.

Chapitre 3
Figure 3-2b : © Lennart Nilsson/Albert Bonniers Forlag AB. *Figure 3-8 :* Gracieuseté de Marcia London, RCN, MSN, NNP. *Figure 3-9 :* Gracieuseté de Marcia London, RCN, MSN, NNP. *Figure 3-13 :* © Petit Format/Nestle/Science Source/Photo Researchers, Inc. *Figure 3-14 :* © Petit Format/Nestle/Science Source/Photo Researchers, Inc. *Figure 3-15 :* © Lennart Nilsson/Albert Bonniers Forlag AB. *Figure 3-16 :* © Lennart Nilsson/Albert Bonniers Forlag AB. *Figure 3-17 :* © Lennart Nilsson/Albert Bonniers Forlag AB.

Chapitre 4
Figure 4-2a : © Kathleen Cameron/Addison Wesley Longman. *Figure 4-3a. :* © Kathleen Cameron/Addison Wesley Longman. *Figure 4-5 :* © Kathleen Cameron/Addison Wesley Longman. *Figure 4-6 :* Berlex Canada inc. *Figure 4-7a :* © Kathleen Cameron/Addison Wesley Longman. *Figure 4-7b :* © Alain McLaughlin/Addison Wesley Longman. *Figure 4-11 :* Gracieuseté des Centers for Disease Control and Prevention. *Figure 4-12 :* © D.M. Phillips/Visuals Unlimited. *Figure 4-13 :* © Kenneth Greer/Visuals Unlimited.

Chapitre 5
Figure 5-3b : Reproduction aimablement autorisée par Lovena L. Porter. *Figure 5.11 :* Reproduit avec l'autorisation de Elsevier Science.

Chapitre 6
Figure 6-2 : The Left Coast Group.

Chapitre 7
Figure 7-2 : © Annie Dowie/Addison Wesley Longman .

Chapitre 8
Figure 8-3b : Addison Wesley Longman. *Figure 8-4 :* © Elena Dorfman/Addison Wesley Longman. *Figure 8-7 :* Addison Wesley Longman.

Chapitre 9
Figure 9-1 : The *Empathy Belly* ® Pregnancy Simulator. *Figure 9-2 :* © Richard Tauber/Addison Wesley Longman. *Figure 9-3 :* © Jenny Thomas Photography/Addison Wesley Longman. *Figure 9-4 :* © Addison Wesley Longman. *Figure 9-6 :* © Elena Dorfman/Addison Wesley Longman. *Figure 9-7 :* © Elena Dorfman/Addison Wesley Longman. *Figure 9-8a-d :* © Elena Dorfman/Addison Wesley Longman. *Figure 9-10 :* © Elena Dorfman/Addison Wesley Longman.

Chapitre 10
Figure 10-2 : © Elena Dorfman/Addison Wesley Longman. *Figure 10-3 :* © Jenny Thomas Photography/Addison Wesley Longman.

Chapitre 11
Figure 11-3 : © Elena Dorfman/Addison Wesley Longman.

Chapitre 12
Figure 12-1 : © Jenny Thomas Photography/Addison Wesley Longman.

Chapitre 13
Figure 13-3 : © Elena Dorfman/Addison Wesley Longman. *Figure 13-4 :* © Elena Dorfman/Addison Wesley Longman.

Chapitre 14
Figure 14-1 : © Elena Dorfman/Addison Wesley Longman. *Figure 14-2 :* © Elena Dorfman/Addison Wesley Longman.

Chapitre 15
Figure 15-12 : © Stella Johnson/Addison Wesley Longman.

Chapitre 16
Figure 16-1 : © Stella Johnson/Addison Wesley Longman. *Figure 16-7a-b :* © Elena Dorfman/Addison Wesley Longman. *Figure 16-7c :* © Stella Johnson/Addison Wesley Longman.

Chapitre 17
Figure 17-1 : © Elena Dorfman/Addison Wesley Longman. *Figure 17-2 :* © Elena Dorfman/Addison Wesley Longman. *Figure 17-3 :* © Elena Dorfman/Addison Wesley Longman. *Figure 17-4 :* © Susan Arms/Addison Wesley Longman. *Figure 17-5a :* © Elena Dorfman/Addison Wesley Longman. *Figure 17-5b :* © Stella Johnson/Addison Wesley Longman. *Figure 17-5c :* © Addison Wesley Longman. *Figure 17-6 :* © Stella Johnson/Addison Wesley Longman. *Figure 17-8 :* © Elena Dorfman/Addison Wesley Longman. *Figure 17-10 :* © Susan Arms/Addison Wesley Longman.

Chapitre 19
Figure 19-14 : Gracieuseté de Dr Dan Farine, University of Toronto.

Chapitre 21
Figure 21-9 : © Beth Elkin/Addison Wesley Longman. *Figure 21-10 :* © Elena Dorfman/Addison Wesley Longman.

Chapitre 22
Figure 22-1 : © Addison Wesley Longman. *Figure 22-4a :* Gracieuseté de Barbara Carey, RNC, MSN, NNP. *Figure 22-5c :* © Susan Arms/Addison Wesley Longman. *Figure 22-6c :* © Susan Arms/Addison Wesley Longman. *Figure 22-7b :* © Susan Arms/Addison Wesley Longman. *Figure 22-14 :* © Elena Dorfman/Addison Wesley Longman. *Figure 22-17 :* © Elena Dorfman/Addison Wesley Longman. *Figure 22-24 :* Reproduit avec la permission de Elsevier Science. *Figure 22-29 :* © Stella Johnson/Addison Wesley Longman. *Figure 22-31 :* Reproduit avec la permission de Elsevier Science. *Figure 22-32 a-b :* © Elena Dorfman/Addison Wesley Longman. *Figure 22-33 :* © Elena Dorfman/Addison Wesley Longman. *Figure 22-36a :* Photo reproduite avec la permission de Mead Johnson Nutritionals. *Figure 22-36b :* © Stella Johnson/Addison Wesley Longman. *Figure 22-37 :* © Stella Johnson/Addison Wesley Longman. *Figure 22-38 :* © Stella Johnson/Addison Wesley Longman. *Figure 22-39 :* © Stella Johnson/Addison Wesley Longman. *Figure 22-40 :* © Stella Johnson/Addison Wesley Longman. *Figure 22-41 :* © Elena Dorfman/Addison Wesley Longman.

Chapitre 23
Figure 23-1 : © Stella Johnson/Addison Wesley Longman. *Figure 23-2 :* © Elena Dorfman/Addison Wesley Longman. *Figure 23-4 :* Gracieuseté de Ruth Likler RCN, BSN. *Figure 23-8 :* © Stella Johnson/Addison Wesley Longman. *Figure 23-10 :* © Kathy Kieliszewski/Addison Wesley Longman. *Figure 23-12 :* © Stella Johnson/Addison Wesley Longman.

Chapitre 24
Figure 24-1 : © Stella Johnson/Addison Wesley Longman. *Figure 24-2 :* © Stella Johnson/Addison Wesley Longman. *Figure 24-8 :* Gracieuseté de Medela, Inc. *Figure 24-9 :* © Stella Johnson/Addison Wesley Longman. *Figure 24-10 :* PhotoEdit Inc. *Figure 24-11 :* © Jenny Thomas Photography/Addison Wesley Longman.

Chapitre 25
Figure 25-4 : © Stella Johnson/Addison Wesley Longman. *Figure 25-7 :* Gracieuseté de Carol Harrigan, RCN, MSN, NNP.

Chapitre 26

Figure 26-1 : © Stella Johnson/Addison Wesley Longman. *Figure 26-5 :* Gracieuseté de Carol Harrigan, RCN, MSN, NNP. *Figure 26-7 :* © Stella Johnson/Addison Wesley Longman. *Figure 26-9 :* © Elena Dorfman/Addison Wesley Longman. *Figure 26-11 :* © Stella Johnson/Addison Wesley Longman. *Figure 26-12 :* © Stella Johnson/ Addison Wesley Longman. *Figure 26-15 :* © Stella Johnson/Addison Wesley Longman.

Chapitre 27

Figure 27-1b : © Addison Wesley Longman. *Figure 27-3 :* Addison Wesley Longman. *Figure 27-4 :* © Stella Johnson/Addison Wesley Longman. *Figure 27-5 :* © Beth Elkin/Addison Wesley Longman. *Figure 27-8 :* © Elena Dorfman/Addison Wesley Longman.

Chapitre 28

Figure 28-1 : © Anne Dowie/Addison Wesley Longman. *Figure 28-2 :* © Stella Johnson/ Addison Wesley Longman.

Chapitre 29

Figure 29-1 : © Kathy Kieliszewski/Addison Wesley Longman.

Sources des illustrations

Chapitre 2

Figure 2-1 : Barbara Cousins. *Figure 2-2 :* Wendy Hiller Gee/Biomed Arts Associates. *Figure 2-3a-b :* Kristin Mount. *Figure 2-4 :* Wendy Hiller Gee/ Biomed Arts Associates. *Figure 2-5a-b :* Precision Graphics. *Figure 2-6 :* Wendy Hiller Gee/Biomed Arts Associates. *Figure 2-7 :* Wendy Hiller Gee/ Biomed Arts Associates. *Figure 2-8 :* Kristin Mount. *Figure 2-9 :* Kristin Mount. *Figure 2-10a-b :* Precision Graphics. *Figure 2-11 :* Kristin Mount. *Figure 2-12 :* Wendy Hiller Gee/Biomed Arts Associates. *Figure 2-13 :* Nea Hanscomb. *Figure 2-14 :* Kristin Mount. *Figure 2-15 :* Barbara Cousins. *Figure 2-16 :* Kristin Mount.

Chapitre 3

Figure 3-1a-b : Nea Hanscomb. *Figure 3-2a :* Kristin Mount. *Figure 3-3a-b :* Precision Graphics. *Figure 3-4 :* Kristin Mount. *Figure 3-10 :* Kristin Mount. *Figure 3-11 :* Kristin Mount.

Chapitre 4

Figure 4-1 : Nea Hanscomb. *Figure 4-2b :* Precision Graphics. *Figure 4-3b-d :* Precision Graphics. *Figure 4-4a-d :* Precision Graphics. *Figure 4-8a, b :* Precision Graphics. *Figure 4-8c, d, e :* Stéphane Bourrelle. *Figure 4-9a,c, d :* Precision Graphics. *Figure 4-9b, e, f :* Stéphane Bourrelle.

Chapitre 5

Figure 5-1 : Nea Hanscomb. *Figure 5-2a-b :* The Left Coast Group. *Figure 5-3a :* Precision Graphics. *Figure 5-4a-b :* Nea Hanscomb. *Figure 5-12 :* Precision Graphics. *Figure 5-13 :* Precision Graphics. *Figure 5-14 :* Precision Graphics. *Figure 5-15 :* Kristin Mount. *Figure 5-16a-b :* Precision Graphics. *Figure 5-17 :* Precision Graphics.

Chapitre 6

Figure 6-1 : The Left Coast Group. *Figure 6-3 :* Precision Graphics.

Chapitre 7

Figure 7-1 : Kristin Mount. *Figure 7-3 :* Kristin Mount. *Figure 7-4 :* Stéphane Bourrelle. *Figure 7-5 :* Kristin Mount. *Figure 7-6 :* Kristin Mount.

Chapitre 8

Figure 8-1 : Nea Hanscomb. *Figure 8-3a :* Kristin Mount. *Figure 8-5a-d :* Kristin Mount. *Figure 8-6 :* Kristin Mount.

Chapitre 9

Figure 9-5 : The Left Coast Group. *Figure 9-9 :* Kristin Mount.

Chapitre 10

Figure 10-1 : Shirley Bortoli.

Chapitre 11

Figure 11-1 : Robert Voights/Nea Hanscomb. *Figure 11-2 :* Shirley Bortoli. *Figure 11-4 :* The Left Coast Group.

Chapitre 13

Figure 13-1a-c : Precision Graphics. *Figure 13-2 :* Kristin Mount. *Figure 13-5a-e :* Kristin Mount.

Chapitre 14

Figure 14-5 : Nea Hanscomb. *Figure 14-6 :* Nea Hanscomb. *Figure 14-7 :* Kristin Mount. *Figure 14-8 :* Nea Hanscomb. *Figure 14-9 :* Kristin Mount.

Chapitre 15

Figure 15-1 : Kristin Mount. *Figure 15-2 :* Kristin Mount. *Figure 15-3 :* Kristin Mount. *Figure 15-4a-b :* Kristin Mount. *Figure 15-5 :* Precision Graphics. *Figure 15-6a-d :* Precision Graphics. *Figure 15-7a-c :* Precision Graphics. *Figure 15-8 :* Precision Graphics. *Figure 15-9 :* Precision Graphics. *Figure 15-10 :* Nea Hanscomb. *Figure 15-11a-d :* Precision Graphics. *Figure 15-13 :* Kristin Mount. *Figure 15-14a-b :* Kristin Mount. *Figure 15-15 :* Precision Graphics. *Figure 15-16 :* Precision Graphics. *Figure 15-17a-c :* Precision Graphics.

Chapitre 16

Figure 16-2 : Kristin Mount. *Figure 16-3a-d :* Precision Graphics. *Figure 16-4 :* Precision Graphics. *Figure 16-5 :* Kristin Mount. *Figure 16-6 :* Precision Graphics. *Figure 16-10 :* Nea Hanscomb. *Figure 16-11a-d :* Nea Hanscomb. *Figure 16-12 :* Nea Hanscomb.

Chapitre 17

Figure 17-7a-c : Precision Graphics. *Figure 17-9 :* Precision Graphics.

Chapitre 18

Figure 18-1a-c : Precision Graphics. *Figure 18-2 :* Kristin Mount. *Figure 18-3a-d :* Irina Georgeta Pusztai. *Figure 18-4 :* Kristin Mount. *Figure 18-5 :* Kristin Mount. *Figure 18-6a-b :* Kristin Mount. *Figure 18-7 :* Kristin Mount. *Figure : 18-8 :* Precision Graphics.

Chapitre 19

Figure 19-1a-b : The Left Coast Group. *Figure 19-2a-b :* Precision Graphics. *Figure 19-3a-d :* Nea Hanscomb. *Figure 19-4a-b :* Precision Graphics. *Figure 19-5 :* Precision Graphics. *Figure 19-6a-b :* Precision Graphics. *Figure 19-7a-d :* Precision Graphics. *Figure 19-8 :* Stéphane Bourrelle. *Figure 19-9a-b :* Precision Graphics. *Figure 19-10 :* Precision Graphics. *Figure 19-11 :* Nea Hanscomb. *Figure 19-12a-c :* Precision Graphics. *Figure 19-13a-c :* Precision Graphics. *Figure 19-15 :* Nea Hanscomb. *Figure 19-16 :* Precision Graphics.

Chapitre 20

Figure 20-1 : Precision Graphics. *Figure 20-2a-b :* Wendy Hiller Gee/Biomed Arts Associates. *Figure 20-3a-c :* Precision Graphics. *Figure 20-4a-c :* Precision Graphics. *Figure 20-5a-c :* Nea Hanscomb.

Chapitre 21

Figure 21-1 : Nea Hanscomb. *Figure 21-2 :* Nea Hanscomb. *Figure 21-3 :* Kristin Mount. *Figure 21-4 :* Nea Hanscomb. *Figure 21-5a-d :* Precision Graphics. *Figure 21-6 :* Precision Graphics. *Figure 21-7 :* Nea Hanscomb.

Chapitre 22

Figure 22-2 : The Left Coast Group. *Figure 22-12 :* Nea Hanscomb. *Figure 22-13 :* The Left Coast Group. *Figure 22-15a-b :* Precision Graphics. *Figure 22-16 :* Precision Graphics. *Figure 22-25 :* Kristin Mount. *Figure 22-26 :* Kristin Mount. *Figure 22-35a-c :* Kristin Mount.

Chapitre 23

Figure 23-3 : Kristin Mount. *Figure 23-5a-b :* Precision Graphics. *Figure 23-6 :* Precision Graphics. *Figure 23-7 :* The Left Coast Group. *Figure 23-9 :* Precision Graphics. *Figure 23-11 :* Precision Graphics. *Figure 23-13 :* Precision Graphics. *Figure 23-15 :* The Left Coast Group.

Chapitre 24

Figure 24-3 : Precision Graphics. *Figure 24-4 :* Stéphane Bourrelle. *Figure 24-5 :* Precision Graphics. *Figure 24-6a-d :* Precision Graphics. *Figure 24-7 :* Shirley Bortoli.

Chapitre 25

Figure 25-1 : Nea Hanscomb. *Figure 25-2 :* Nea Hanscomb. *Figure 25-8 :* Precision Graphics. *Figure 25-9 :* Precision Graphics.

Chapitre 26

Figure 26-2a-b : Precision Graphics. *Figure 26-3 :* Nea Hanscomb. *Figure 26-6 :* Nea Hanscomb. *Figure 26-8 :* Nea Hanscomb. *Figure 26-10 :* Nea Hanscomb. *Figure 26-13 :* Nea Hanscomb. *Figure 26-14 :* Nea Hanscomb.

Chapitre 27

Figure 27-1a : Kristin Mount. *Figure 27-6 :* Precision Graphics. *Figure 27-7 :* Nea Hanscomb.

Chapitre 30

Figure 30-1a-b : Kristin Mount. *Figure 30-2 :* Kristin Mount.

Index

ENSEIGNEMENT : L'ACTIVITÉ SEXUELLE PENDANT LA GROSSESSE

Modifications chez la femme enceinte

Le désir sexuel peut changer ou non. ▶ Premier trimestre : Les malaises (tension mammaire, nausées, fatigue) peuvent atténuer le désir sexuel. ▶ Deuxième trimestre : C'est la période pendant laquelle la femme se sent le mieux ; le désir sexuel peut augmenter. ▶ Troisième trimestre : Il arrive que le désir sexuel baisse à cause de la fatigue et des désagréments de la grossesse. ▶ Dernières semaines de la grossesse : Les orgasmes peuvent s'intensifier et causer des crampes.

Modifications chez le partenaire

Le désir sexuel peut changer ou non. ▶ Facteurs pouvant influer sur le désir sexuel de l'homme : sentiments face à la transformation physique de sa partenaire ; convictions entourant les relations sexuelles avec une femme enceinte ; peur de blesser la femme ou le fœtus ; point de vue sur le caractère érotique ou non de la grossesse ; réaction au fait que la partenaire sera bientôt mère.

Activité sexuelle

Pour que les relations sexuelles soient plus agréables en fin de grossesse, suggérer la position latérale, la position de la femme sur l'homme ou la pénétration par l'arrière. ▶ Dans la position ventro-ventrale de l'homme sur la femme, conseiller de placer un oreiller sous la hanche droite pour déplacer l'utérus et éviter le syndrome utérocave. ▶ Inciter le couple à maintenir les pratiques sexuelles agréables pour les deux partenaires (sauf contre-indication médicale). ▶ Pour éviter d'introduire *Escherichia coli* dans le vagin, le couple *doit éviter* de passer de la pénétration anale à la pénétration vaginale sans avoir d'abord bien lavé le pénis. ▶ Encourager les partenaires à trouver d'autres moyens d'exprimer leur affection, par exemple : se prendre dans les bras, se câliner, se caresser pour se sentir plus près l'un

(suite)

ENSEIGNEMENT : LES SIGNES ALARMANTS PENDANT LA GROSSESSE

Signes alarmants : Causes possibles

Jaillissement soudain de liquide du vagin : Possibilité de rupture prématurée des membranes (RPM) ▶ *Saignement vaginal* : Placenta prævia ou décollement prématuré du placenta. ▶ *Douleur abdominale* : décollement prématuré du placenta. ▶ *Température supérieure à 38,3 °C* : Infection. ▶ *Étourdissements accompagnés de vision trouble, diplopie, mouches volantes* : Hypertension, prééclampsie. ▶ *Vomissements persistants* : Hyperémèse gravidique. ▶ *Violent mal de tête* : Hypertension, prééclampsie. ▶ *Œdème des mains, du visage, des jambes, des pieds* : Prééclampsie. ▶ *Irritabilité musculaire, convulsions* : Prééclampsie, éclampsie. ▶ *Douleur épigastrique* : Prééclampsie, ischémie des gros vaisseaux abdominaux. ▶ *Oligurie (diminution des mictions)* : Trouble rénal, prééclampsie, éclampsie. ▶ *Dysurie (mictions pénibles)* : Infection urinaire. ▶ *Absence de mouvements fœtaux* : Prise de médicaments par la mère, obésité de la mère, mort fœtale.

(suite)

ENSEIGNEMENT : LES MÉTHODES CONTRACEPTIVES

Facteurs à considérer dans le choix d'une méthode de contraception

Efficacité. ▶ Fiabilité. ▶ Âge de la femme et projets de grossesses ultérieures. ▶ Contre-indications chez la femme. ▶ Croyances religieuses et valeurs morales. ▶ Préférences personnelles ; préjugés. ▶ Mode de vie : fréquence des rapports sexuels, nombre de partenaires, situation financière, utilisation du système de soins de santé. ▶ Soutien et coopération du partenaire.

Méthodes d'abstinence périodique ou méthodes naturelles de planification familiale

Méthode de la température basale ; méthode du calendrier (rythmes) ; méthode de la glaire cervicale ; méthode symptothermique. ▶ Exigent des périodes d'abstinence. ▶ Ne nécessitent en général aucun dispositif ou substance artificielle. ▶ Facilement réversibles. ▶ Taux d'échec = 25%.

Méthodes mécaniques

Condom masculin (taux d'échec = 14 % selon l'utilisation habituelle) ; condom féminin (taux d'échec = 21 %) ; diaphragme (taux d'échec = 21 %) ; cape cervicale (nullipare → taux d'échec = 20 %) ; dispositif intra-utérin (taux d'échec = 1 %). ▶ Les condoms sont en vente libre. ▶ Les méthodes « barrière » (qui bloquent l'entrée des spermatozoïdes dans l'utérus) sont facilement réversibles et ne provoquent en général aucun effet secondaire indésirable chez les femmes auxquelles elles conviennent bien. ▶ Les dispositifs intra-utérins sont réservés aux femmes monogames (un seul partenaire sexuel) et qui ont déjà eu un enfant.

(suite)

ENSEIGNEMENT : L'ALIMENTATION DE LA FEMME ENCEINTE

Information générale

Les femmes dont le poids était normal avant la grossesse devraient prendre entre 11,5 et 16 kg (il n'est pas nécessaire de « manger pour deux »). ▶ Un supplément énergétique quotidien de 300 kcal suffit pour toute la durée de la grossesse. ▶ Les pyramides alimentaires aident à composer un régime alimentaire équilibré et nutritif.

Portions

Produits laitiers Normalement, 2 ou 3 portions par jour ; passer à 4 portions par jour durant la grossesse (1 portion = 250 mL de lait ou de yogourt ; 45 g de fromage à pâte dure ; 125 mL de fromage cottage ; 2 tranches de fromage fondu). ▶ **Pains et céréales** 6 à 11 portions par jour (1 portion = 1 tranche de pain ; ½ pain à hamburger ; 30 g de céréales sèches ; 1 tortilla ; 125 mL de pâtes, de riz ou de gruau). ▶ **Fruits** 2 à 4 portions par jour, dont au moins une bonne source de vitamine C (1 portion = 1 fruit de grosseur moyenne ou 125 mL de jus de fruits) ▶ **Légumes** 3 à 5 portions de légumes, tels que les tomates, peuvent aussi procurer de bonnes quantités de vitamine C (1 portion = 125 mL de légumes cuits ; 250 mL de légumes crus ; 125 mL de jus de légumes ; 250 mL de légumes verts à feuilles) (fruits et légumes combinés, 5 à 12 portions par jour). ▶ **Viande, volaille, poisson, légumineuses, œufs et noix** Normalement, 2 ou 3 portions par jour ; passer à 3 ou 4 portions par jour durant la grossesse (1 portion = 60 g de viande maigre, de volaille ou de poisson cuit ; 2 œufs ; 125 mL de fromage cottage ; 125 mL de légumineuses cuites [haricots rouges ou blancs, haricots de Lima, pois chiches, fèves de soja ou pois cassés] ; 170 g de tofu ; 60 g (3 cuillerées à soupe) de noix ou de graines ; 30 mL de beurre d'arachide).

(suite)

de l'autre ▶ Indiquer que la masturbation individuelle ou mutuelle peuvent favoriser la détente. ▶ Les contractions orgasmiques que la masturbation entraîne chez la femme peuvent être particulièrement intenses en fin de grossesse. ▶ Encourager les partenaires à se parler ouvertement de leurs sentiments, de leurs préférences et de leurs préoccupations.

Contre-indications des rapports sexuels

Rupture des membranes. ▶ Saignements. ▶ Antécédents de travail prématuré causé par la sécrétion d'ocytocine au moment de l'orgasme (la stimulation des seins déclenche également la sécrétion d'ocytocine et devrait donc être évitée).

Que faire en présence d'un signe alarmant?

Appeler immédiatement le médecin. ▶ Noter tous les détails spécifiques reliés au signe alarmant : durée ; signes ou symptômes concomitants ; toute information pertinente.

Contraceptifs oraux et autres méthodes

Les contraceptifs oraux contenant un œstrogène et un progestatif (taux d'échec = 5 %) peuvent provoquer des effets indésirables incommodants, voire des complications médicales dans certains cas rares. ▶ Les spermicides en gelée, crème, mousse et ovules (taux d'échec = 26 %) sont peu efficaces utilisés seuls. ▶ La stérilisation chirurgicale (vasectomie chez l'homme : taux d'échec = 0,15% ; ligature des trompes chez la femme : taux d'échec = 0,5%) est réversible en théorie mais, en réalité, elle l'est dans 30 % à 85 % des cas pour la vasectomie et dans 40 % à 75 % des cas pour la ligature des trompes.

Utilisation correcte de la méthode choisie

Connaître les dispositifs et le matériel nécessaires. ▶ Comprendre toutes les étapes du mode d'utilisation de la méthode choisie. ▶ Déterminer ce qu'il faut faire dans certaines circonstances particulières, par exemple si on oublie de prendre un comprimé, si on oublie de prendre sa température un matin ou si on a deux rapports sexuels consécutifs avec le diaphragme.

Signes alarmants nécessitant une intervention immédiate

Contraceptifs oraux : essoufflement ou douleur thoracique ; maux de tête intenses ; douleur abdominale intense ; troubles visuels tels que diplopie, rétrécissement du champ visuel ou cécité ; fortes douleurs ou œdème à une jambe. ▶ Dispositifs intra-utérins : douleur abdominale intense ou persistante ; retard ou absence des règles ; fièvre ; frissons ; pertes abondantes ou nauséabondes ; pertes entre les menstruations ; saignements ; règles très abondantes ; caillots. *Remarque* : Les taux d'échec indiqués correspondent au pourcentage des femmes qui deviennent enceintes la première année d'utilisation si la méthode considérée est mise en œuvre selon la manière habituelle. Ce taux d'échec est beaucoup plus faible quand la méthode est utilisée selon toutes les modalités prévues.

Source : Hatcher, R. A., *et al.* (1998). *Contraceptive technology*, 17e éd., New York, Ardent Media.

Points à retenir

Éviter les viandes et les charcuteries crues ainsi que les fromages au lait cru. Augmenter les oméga-3. ▶ Tenir compte aussi de la valeur énergétique : deux aliments de valeur nutritive égale ne fournissent pas forcément le même nombre de calories. ▶ Limiter la consommation d'aliments sans valeur nutritive : gâteaux, beignes, croustilles, beurre et mayonnaise. ▶ Combiner les aliments de manière à maximiser la valeur nutritionnelle des repas ; par exemple, 250 mL de spaghettis avec une boulette de viande de 60 g et 60 mL de sauce tomate = 1 portion de viande + 1 ⅓ portion de céréales + ½ portion de légumes. ▶ Boire suffisamment, de préférence 6 à 8 verres de 225 mL d'eau par jour.

ENSEIGNEMENT : LE MONITORAGE DE LA FRÉQUENCE CARDIAQUE FŒTALE

Utilité du monitorage fœtal au cours du travail et de l'accouchement

Fournit en continu plusieurs caractéristiques de la fréquence cardiaque fœtale. ▶ Peut signaler l'émergence d'une souffrance fœtale.

Méthodes de monitorage de la fréquence cardiaque fœtale

Auscultation intermittente à l'aide d'un dispositif spécialisé, par exemple un fœtoscope. ▶ Monitorage électronique intermittent par appareil Doppler (ultrasons) manuel. ▶ Suivi continu par moniteur fœtal électronique ; cet appareil (interne ou externe) peut aussi être utilisé par intermittence.

Données fournies par le monitorage fœtal électronique

L'évolution des contractions et de la fréquence cardiaque fœtale est enregistrée en continu sur le papier millimétré spécial. ▶ L'infirmière et le médecin ou la sage-femme examinent régulièrement le tracé. ▶ Une lumière placée à l'avant du moniteur clignote à chacun des battements du cœur du fœtus. ▶ Il est possible de régler la machine de sorte qu'elle émette un son à chaque battement de cœur du fœtus. ▶ Un écran numérique indique en direct la fréquence cardiaque fœtale. ▶ La fréquence cardiaque fœtale s'inscrit donc en continu sur le papier, s'entend aux signaux sonores et se voit au clignotement de la lumière et au chiffre indiqué sur l'écran numérique.

Position de la femme enceinte pendant le monitorage

Si la femme reste dans le lit, il est préférable qu'elle se couche sur le côté gauche. ▶ Le côté droit est envisageable également. ▶ Le monitorage peut se faire tandis que la femme est assise sur une

(suite)

ENSEIGNEMENT : LES SOINS INFIRMIERS AU COURS DU TRAVAIL

Au moment de l'admission, l'infirmière va :

Accueillir la femme enceinte et son conjoint ou une autre personne clé ▶ Recueillir les antécédents de la cliente : lui poser des questions sur son état physique et psychologique ; lui procurer l'intimité dont elle a besoin (l'infirmière et la femme enceinte doivent être seules à ce stade). ▶ Faire le point sur les signes vitaux de la mère, ses contractions, l'état des membranes et la fréquence cardiaque fœtale. ▶ Pratiquer un toucher vaginal (sauf s'il y a saignement vaginal) pour vérifier la dilatation et l'effacement du col utérin, l'état des membranes amniotiques ainsi que la position, la présentation et la station du fœtus. ▶ Expliquer à la femme enceinte les résultats de l'examen et répondre à ses questions. ▶ La familiariser avec les lieux. ▶ Instaurer une bonne relation avec elle.

Au cours du travail et de l'accouchement, l'infirmière va :

Rester avec la femme pour la rassurer et la réconforter. ▶ Rester disponible pour aider la femme (ou le couple) à mettre en œuvre les techniques de relaxation et de respiration. ▶ Appliquer les techniques de réconfort : masser le dos de la femme enceinte ; mettre de la crème sur sa peau ; pratiquer l'effleurage ; l'aider à se détendre par la distraction, la visualisation, la musique, les points de focalisation ; lui proposer le toucher thérapeutique ; l'informer ; l'encourager ; assurer les soins périnéaux ; proposer à la femme enceinte une douche ou un bain à tourbillons ; l'aider à marcher ; la placer dans une position confortable. ▶ Prodiguer aussi encouragements et soutien au conjoint ou à la personne clé. ▶ Surveiller continuellement l'état de la femme et du fœtus pendant le travail : évaluer les signes vitaux de la femme, l'évolution des contractions et la fréquence cardiaque fœtale. ▶ Expliquer les

(suite)

ENSEIGNEMENT : L'ACTIVITÉ PHYSIQUE PENDANT LA GROSSESSE

Importance de l'exercice physique régulier durant la grossesse

Améliore la forme physique et le tonus musculaire de la femme enceinte. ▶ Atténue le stress et améliore le sommeil. ▶ Aide à ne pas prendre trop de poids. ▶ Accélère le retour à un état physique optimal après l'accouchement. ▶ Procure un sentiment de bien-être.

Choix de l'exercice

La femme peut en général maintenir ses activités physiques habituelles. ▶ Ne pas entreprendre la pratique d'un sport trop exigeant. ▶ Éviter les activités physiques risquées ou qui exigent beaucoup d'équilibre et de coordination. ▶ Les sports qui n'exigent pas de soulever ou de porter des poids, y compris celui du corps (comme la natation et le vélo), sont généralement moins exténuants, surtout en fin de grossesse. ▶ En cas de doute au sujet d'une activité physique, consulter le médecin.

Principes de base concernant l'exercice pendant la grossesse

Faire régulièrement de l'exercice, au moins trois fois par semaine, si possible. ▶ Éviter les exercices en position couchée sur le dos. ▶ Diminuer l'intensité des séances à mesure que la grossesse avance et arrêter en cas de fatigue. ▶ Éviter les activités physiques risquées ou qui exigent beaucoup d'équilibre et de coordination. ▶ Veiller à ce que la fréquence cardiaque ne dépasse pas 140 battements par minute. ▶ Faire des exercices d'échauffement avant la séance, et de retour à la normale à la fin. ▶ Porter de bonnes chaussures et un soutien-gorge offrant un grand maintien. ▶ Cesser immédiatement l'exercice si l'un des signes suivants se manifeste : fatigue extrême ; étourdissement ou évanouissement ; douleur aiguë et soudaine ; difficulté à respirer ; nausées et vomissements ; douleur ; hémorragie vaginale ; endolorissement musculaire excessif. Communiquer avec le médecin si les symptômes persistent.

(suite)

ENSEIGNEMENT : LES SOINS À DOMICILE PENDANT LE POST-PARTUM

Les visites à domicile ont pour objectif de faire le point sur l'état de la mère, de l'enfant et de la famille, de leur fournir des conseils ciblés et de leur conseiller des spécialistes, si nécessaire.

Établissement d'une bonne relation avec la famille

L'infirmière doit :

Se préparer sérieusement à la visite, être ponctuelle. Se présenter aux membres de la famille. ▶ S'adresser à eux par leurs noms de famille, à moins qu'ils ne l'invitent à les appeler par leurs prénoms. ▶ Demander à être présentée à tous les membres de la famille. ▶ Demander l'autorisation avant de s'asseoir. ▶ Être sincère ; s'assurer que ses messages verbaux et non verbaux sont cohérents ; ne pas faire de suppositions ni d'hypothèses sans les vérifier ; adopter un comportement chaleureux ; répondre aux questions d'une manière honnête et exhaustive ; offrir aux membres de la famille la possibilité de poser des questions s'ils veulent clarifier certains points. ▶ Manifester de l'empathie ; écouter les membres de la famille sans les juger ; être attentive ; écouter les points de vue exprimés par la famille. ▶ Instaurer une relation de confiance ; tenir ses engagements ; assurer tout le suivi indispensable ; procurer l'information nécessaire sur les ressources offertes dans la communauté.

(suite)

chaise droite ou dans une chaise berçante, il peut même se poursuivre tandis qu'elle marche. ▶ Avec une unité mobile, il peut même se poursuivre tandis qu'elle marche.

Données normales

La fréquence cardiaque normale du fœtus se situe entre 120 et 160 battements par minute. ▶ La fréquence cardiaque est variable à court terme, mais d'une variabilité moyenne à long terme (seule l'utilisation d'une électrode interne placée sous le cuir chevelu permet de mesurer avec exactitude la variabilité de la fréquence cardiaque ; les dispositifs externes ne procurent pas cette information). ▶ Les mouvements du fœtus font accélérer sa fréquence cardiaque. ▶ On constate parfois des décélérations précoces ; elles indiquent que la tête du fœtus pousse contre le col de l'utérus. ▶ Pas de décélérations tardives ou variables.

Signes de souffrance fœtale

La fréquence cardiaque fœtale est inférieure à 120 battements par minute (bradycardie) ou supérieure à 160 (tachycardie). ▶ La variabilité de la fréquence cardiaque diminue (pas de variabilité à court terme ou variabilité à long terme moins forte ou nulle). ▶ Apparition de décélérations périodiques (tardives ou variables). ▶ Présence de méconium dans le liquide amniotique. ▶ Les signes de souffrance fœtale ne sont pas toujours évicents.

Interventions en cas de souffrance fœtale présumée

Lorsqu'on observe des changements dans la fréquence cardiaque fœtale, on peut demander à la mère de se coucher sur l'autre côté et lui donner de l'oxygène par masque. ▶ On peut aussi installer une perfusion IV ou, si celle-ci est déjà en place, augmenter le débit. ▶ Il faut aussi mesurer plus souvent la tension artérielle afin de relever rapidement les signes d'hypotension.

Exercices de base pour la mise en forme

Bascule du bassin pour atténuer les douleurs et renforcer les muscles abdominaux ; peuvent se faire debout, à quatre pattes ou couchée. ▶ Exercices de renforcement abdominal : contractions des muscles abdominaux ; redressements assis partiels (genoux pliés et pieds posés à plat sur le sol). ▶ Exercices de Kegel pour renforcer le tonus des muscles du périnée. ▶ S'asseoir en tailleur pour préparer les muscles de la face interne des cuisses à l'accouchement. ▶ La marche demeure un excellent exercice et doit être recommandée.

examens et leurs résultats (avant le toucher vaginal, expliquer le procédé ; pendant l'examen, reconnaître qu'il n'est pas très agréable). ▶ Aider la femme à faire les efforts expulsifs, une fois le premier stade terminé, quand elle ressent une envie naturelle de pousser.

À retenir

Se rappeler que la femme (ou le couple) a le droit de décider du déroulement de l'accouchement.

Enseignement à domicile

Le foyer familial offre un cadre idéal pour l'enseignement, car les membres de la famille y sont chez eux et ont, par conséquent, le sentiment d'exercer un contrôle plus important sur le déroulement de la visite ; l'infirmière est une visiteuse dans ce contexte. ▶ Pendant les présentations, observer la dynamique familiale et les modes de communication dans la maisonnée. Qui vous accueille ? Qui prend les décisions ? Qui pose les questions et comment l'information circule-t-elle ? Qui s'occupe en priorité de l'enfant ? Les frères et sœurs participent-ils aux soins du nouveau-né ? ▶ Pendant l'examen de la mère et du nouveau-né, fournir de l'information sur les résultats et inciter la mère à poser des questions, si elle le souhaite. ▶ Demander, si nécessaire, à la famille de faire la démonstration de ce qu'on leur a enseigné et susciter un climat d'entraide et d'encouragements qui favorisera le bon déroulement de cette démonstration. ▶ Inviter la famille à communiquer avec les services ou les spécialistes qui pourraient lui être utiles et lui indiquer leurs coordonnées. ▶ Garder sur soi une liste des ressources offertes dans la communauté afin de trouver facilement cette information. ▶ Aider la famille à régler ses difficultés, à trouver les ressources dont elle pourrait avoir besoin et à combler ses besoins en matière de santé. ▶ Promouvoir énergiquement la mise en œuvre des soins de santé correspondant aux besoins de la mère, de l'enfant et de la famille.

ENSEIGNEMENT : LA SÉCURITÉ DE L'INFIRMIÈRE PENDANT LES VISITES À DOMICILE

Certaines communautés évoluent actuellement selon des dynamiques complexes, et l'infirmière doit parfois prendre des précautions additionnelles pour assurer sa sécurité.

L'ABC de la sécurité personnelle

L'infirmière prendra les précautions suivantes :

Rester consciente de son attitude corporelle ; adopter une posture qui annonce sa détermination et qui montre qu'elle sait où elle va et ce qu'elle fait (dos droit, épaules dégagées, expression du visage témoignant d'une grande confiance en soi, regard déterminé) ; adopter une démarche régulière et décidée ; éviter d'avoir l'air hésitante, perplexe ou égarée. ▶ Établir le contact avec la famille avant la visite ; noter l'adresse exacte et relever des détails concrets de l'environnement qui lui permettront de trouver très vite le domicile familial. ▶ Demander à la famille des instructions précises pour se rendre à la maison. ▶ Prévoir une carte routière et dessiner le trajet dessus avant de partir. ▶ Emporter la carte en la rangeant hors de vue des autres automobilistes et des passants ; si elle a besoin de la consulter, l'infirmière le fera discrètement afin de ne pas attirer l'attention des badauds (n'oubliez pas que vous devez avoir l'air de savoir exactement où vous allez). ▶ Indiquer à une personne de son entourage l'endroit où elle se rend ainsi que l'heure prévue de son retour. ▶ Retirer ses biens personnels de l'habitacle de sa voiture et les ranger dans le coffre avant de prendre la route. ▶ Emporter un téléphone cellulaire ou un autre dispositif de communication. ▶ Porter un insigne indiquant qu'elle est infirmière. ▶ Enlever ses bijoux coûteux. ▶ Garder sur elle assez de monnaie pour téléphoner d'une cabine, en cas de besoin. ▶ Emporter les numéros de téléphone dont elle pourrait avoir besoin

(suite)

ENSEIGNEMENT : LES MALAISES COURANTS DE LA GROSSESSE

Information générale

Les malaises de la grossesse sont causés par les phénomènes hormonaux, en particulier l'augmentation des taux de gonadotrophines chorioniques (hCG), d'œstrogènes et de progestérone, mais aussi par les modifications anatomiques, telles que l'augmentation du volume de l'utérus et l'engorgement des seins. ▶ Toutes les femmes enceintes ne sont pas sujettes à tous ces désagréments. ▶ Ils ne représentent généralement pas une menace pour la santé de la femme.

Autosoins

Nausées et vomissements : Manger des craquelins ou du pain grillé avant de se lever le matin ; éviter les odeurs et aliments susceptibles de déclencher le malaise ; prendre plusieurs petits repas espacés et boire entre les repas plutôt qu'en mangeant ; éviter les aliments gras ou très épicés. ▶ *Pollakiurie :* Uriner quand le besoin s'en fait sentir ; boire davantage durant la journée. ▶ *Tension mammaire :* Porter un soutien-gorge bien ajusté qui maintient adéquatement. ▶ *Augmentation des pertes vaginales :* Prendre régulièrement des bains ; éviter les douches vaginales, les culottes de nylon et les collants ; porter des culottes de coton ; utiliser du talc pour garder la région vaginale au sec (appliquer une couche mince et veiller à ce que la poudre ne forme pas de croûtes). ▶ *Congestion nasale et saignements de nez :* Éviter les vaporisateurs et décongestionnants nasaux contenant des substances médicamenteuses ; utiliser un humidificateur à air froid (inefficace pour certaines femmes) ou un vaporisateur de soluté physiologique. ▶ *Ptyalisme (salivation excessive) :* Utiliser un rince-bouche astringent ; sucer des bonbons durs. ▶ *Brûlures d'estomac :* Manger plus souvent en petite quantité à chaque fois ; prendre des antiacides à faible teneur en sodium ; éviter les repas trop copieux, les aliments gras ou frits ; éviter de s'étendre après le repas ; éviter le bicarbonate de sodium.

(suite)

ENSEIGNEMENT : LA MESURE DE LA DILATATION DU COL UTÉRIN

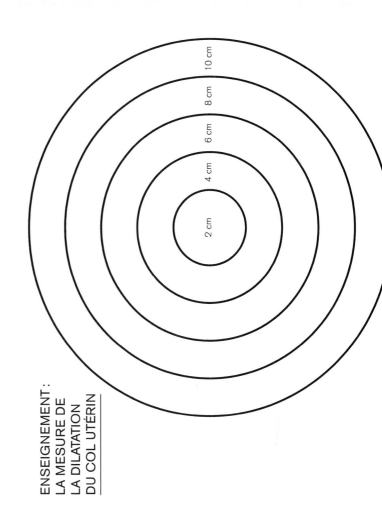

2 cm 4 cm 6 cm 8 cm 10 cm

ENSEIGNEMENT : LES TECHNIQUES DE RESPIRATION DURANT LE TRAVAIL

Méthode Lamaze

La méthode comprend trois niveaux de respiration thoracique. ▶ La femme reste au même niveau de respiration jusqu'à ce qu'il ne soit plus efficace ; elle passe alors au suivant. ▶ Chaque respiration accompagnant les contractions commence et se termine sur une respiration de nettoyage : la femme inspire par le nez et expire par la bouche en pinçant les lèvres.

Premier niveau

Commencer par une respiration de nettoyage. ▶ Inspirer lentement par le nez en soulevant le thorax. ▶ Expirer par la bouche en pinçant les lèvres. ▶ Maintenir une fréquence respiratoire de 6 à 9 respirations par minute (soit 2 respirations toutes les 15 secondes). ▶ Terminer par une respiration de nettoyage.

Deuxième niveau

Commencer par une respiration de nettoyage, puis expirer brièvement à la fin de cette inhalation. ▶ Inspirer et expirer par la bouche à un rythme d'environ quatre respirations par période de cinq secondes. ▶ Garder la mâchoire décontractée et la bouche légèrement ouverte. ▶ Terminer par une respiration de nettoyage.

(suite)

et les placer dans un endroit facilement accessible. ▶ Si l'infirmière hésite à se rendre jusqu'au domicile ou si elle a l'impression que sa sécurité pourrait être menacée, elle doit s'en aller sans hésiter ; elle communiquera immédiatement avec la famille et prendra un autre rendez-vous à une heure où elle pourra s'y rendre en compagnie d'une autre infirmière. ▶ Ne faites jamais la sourde oreille à votre intuition !

▶ Œdème des chevilles : Surélever les jambes fréquemment ; en position debout, faire des mouvements de dorsiflexion des pieds ; éviter de porter des jarretières serrées ou des bas avec une bande élastique. ▶ Varices : Surélever les jambes ; porter des bas ou collants de soutien ; ne pas croiser les jambes ; ne pas porter de jarretières serrées ; éviter de rester debout trop longtemps. ▶ Hémorroïdes : Réinsérer doucement dans le rectum au besoin ; prévenir la constipation ; appliquer un sac de glace, une pommade ou un anesthésique topique ; prendre des bains de siège ou des bains complets tièdes. ▶ Constipation : Augmenter l'apport liquidien ; manger des aliments riches en fibres ; faire régulièrement de l'exercice ; prendre l'habitude d'aller à la selle à heures régulières ; prendre un laxatif émollient (sur recommandation du médecin). ▶ Lombalgie : Maintenir une bonne mécanique corporelle ; faire régulièrement la bascule du bassin ; éviter de travailler sur un plan de travail trop haut ou trop bas, de porter des talons hauts, de lever des poids lourds et de trop se fatiguer. ▶ Crampes aux jambes : Placer le pied en dorsiflexion pour étirer le muscle touché ; appliquer de la chaleur sur le muscle ; revoir le régime alimentaire. ▶ Étourdissements : Se lever lentement ; éviter de rester longtemps debout dans des endroits surchauffés ; en cas de dyspnée nocturne, dormir appuyée sur des oreillers. ▶ Dyspnée (essoufflement) : Maintenir une bonne posture assise et debout ; en cas de dyspnée nocturne, dormir appuyée sur des oreillers. ▶ Flatulence : Éviter les aliments les plus susceptibles de produire des gaz intestinaux ; bien mâcher la nourriture ; faire régulièrement de l'exercice ; prendre l'habitude d'aller à la selle à heures régulières. ▶ Syndrome du canal carpien : Éviter les mouvements manuels pouvant aggraver les symptômes ; utiliser une attelle (selon les recommandations du médecin) ; surélever le bras touché.

Troisième niveau

Prendre des respirations rapides et superficielles en forçant l'expiration de manière périodique. ▶ Coller les lèvres contre les dents et produire le son « hi » à l'expiration. ▶ Pincer les lèvres et expirer en faisant « hou ». ▶ Commencer par un rythme de quatre mouvements respiratoires (« hi-hi-hi-hou ») ; puis, à mesure que les contractions s'intensifient, passer à un rythme de trois mouvements respiratoires (« hi-hi-hou »), puis deux (« hi-hou »).

Respirations d'expulsion

Commencer par une respiration de nettoyage. ▶ Faire deux autres respirations, puis retenir son souffle en poussant intérieurement sur la région périnéale. ▶ Imaginer que l'on pousse le fœtus vers le bas à travers le vagin. ▶ Retenir son souffle ou expirer pendant les efforts expulsifs (ce qui semble le plus confortable sur le moment). ▶ D'autres techniques respiratoires peuvent être utilisées.

ENSEIGNEMENT : LES SIGNES ALARMANTS PENDANT LE POST-PARTUM

Signes alarmants : Causes possibles

Modification anormale des lochies (écoulement trop abondant ; lochies blanches redevenant séreuses ou lochies séreuses redevenant rouges ; caillots) *et utérus qui demeure haut* : Possibilité d'infection utérine ou de subinvolution utérine. ▶ *Lochies nauséabondes* : Infection utérine. ▶ *Température supérieure à 38 °C* : Infection. ▶ *Sensibilité constante de l'utérus* : Infection. ▶ *Douleur continue ou accrue dans la région de l'épisiotomie* (séparation des lèvres de la plaie ; gonflement ; douleur ; écoulement d'un liquide jaunâtre ou vert grisâtre) : Infection. ▶ *Sensibilité, enflure et sensation de chaleur dans la jambe* : Thrombophlébite. ▶ *Masse douloureuse, ou douleur en un point précis du sein, rougeur et sensation de chaleur accompagnée de fièvre légère (moins de 38,4 °C) ou d'une poussée de fièvre pouvant atteindre 40 °C* : Obstruction des canaux galactophores ou mastite.

Que faire en présence d'un signe alarmant ?

Téléphoner au médecin ou à Info-Santé. ▶ Noter avec exactitude les données pertinentes : durée écoulée depuis la première manifestation du signe ; problèmes et activités concomitants ; autres précisions sur le signe. ▶ Pour la douleur au sein, appliquer des compresses humides chaudes sur le sein atteint, allaiter régulièrement et diriger le nez du bébé vers la zone endolorie ; boire beaucoup et se reposer ; si après 24 heures la fièvre persiste, téléphoner au médecin ou à Info-Santé.

(suite)

ENSEIGNEMENT : LES SOINS AU DÉBUT DU POST-PARTUM

Examen du fond utérin

Situer le fond utérin pour évaluer sa hauteur, sa consistance et sa position. ▶ *Hauteur* : Quelques heures après l'accouchement, le fond utérin se trouve normalement au niveau de l'ombilic ou à un doigt au-dessous ; il descend ensuite d'un doigt par jour pendant les 8 à 10 premiers jours. ▶ *Consistance* : En tout temps, le fond utérin doit être ferme ; il est dur au toucher. ▶ *Position* : Le fond utérin doit être centré par rapport à la ligne médiane. ▶ La hauteur, la position et la consistance peuvent être modifiées par la distension vésicale, l'infection et la rétention d'une partie du produit de la conception. ▶ En cas d'atonie utérine, masser délicatement le fond utérin pour le raffermir ; prévenir la distension vésicale en invitant la mère à uriner régulièrement et à vider sa vessie. ▶ Consulter immédiatement le médecin si l'utérus redevient mou et si les saignements continuent d'être abondants même après les interventions infirmières.

Mise en place des serviettes hygiéniques

Placer la serviette de l'avant vers l'arrière. ▶ Changer la serviette quand elle est souillée et après la miction.

Soins du périnée

Utiliser un vaporisateur ou un flacon périnéal ou encore une débarbouillette et du savon, rincer, puis sécher le périnée en le tamponnant avec du papier hygiénique. ▶ Toujours nettoyer le périnée de l'avant (symphyse pubienne) vers l'arrière (région anale). ▶ Possibilité d'utiliser des compresses imbibées d'hamamélis ou un vaporisateur analgésique.

(suite)

ENSEIGNEMENT : L'ALLAITEMENT AU SEIN

Principes de base de la lactation

La lactation évolue au rythme de la demande du bébé. ▶ Le lait s'emmagasine dans les canaux situés sous l'aréole. ▶ La mère doit boire suffisamment. ▶ Elle doit aussi allaiter souvent pour établir une bonne lactation (toutes les 2 à 3 heures). ▶ *Réflexe d'éjection* : L'écoulement du lait se déclenche quand le bébé tète, quand il est près de sa mère, qu'il pleure ou qu'elle pense à lui ; il peut également se déclencher quand elle a un orgasme.

Position du bébé au sein

Le bébé doit être entièrement tourné vers la mère, la bouche près du mamelon et l'oreille, l'épaule et la hanche sur une même ligne. ▶ La mère aura avantage à s'installer confortablement, les bras bien soutenus. ▶ Diriger le mamelon directement dans la bouche de l'enfant de sorte que, quand il tète, sa mâchoire appuie sur les conduits de sécrétion du lait situé juste en dessous de l'aréole.

(suite)

ENSEIGNEMENT : LA REPRISE DES RAPPORTS SEXUELS APRÈS L'ACCOUCHEMENT

Moment de la reprise des rapports sexuels

Il est recommandé d'attendre que la plaie de l'épisiotomie soit bien guérie et que l'écoulement des lochies soit terminé (habituellement, vers la fin de la troisième semaine) pour reprendre les rapports sexuels.

Modifications possibles chez la femme

Sécheresse vaginale durant les premières semaines. ▶ Baisse de l'excitabilité sexuelle à cause de la fatigue causée par les soins à prodiguer au nouveau-né (le partenaire peut en outre ne pas mesurer l'épuisement de sa compagne, qui doit répondre aux besoins du bébé en plus de se rétablir de l'accouchement). ▶ Gêne si du lait s'écoule des seins pendant les rapports sexuels. ▶ Sensibilité vaginale. ▶ Peur d'avoir mal durant les rapports. ▶ Peur d'une nouvelle grossesse.

(suite)

Déroulement de la tétée

Éviter de limiter arbitrairement la durée des tétées (le réflexe d'éjection peut prendre trois minutes pour se déclencher). ▶ Faire téter l'enfant au premier sein aussi longtemps qu'il tète efficacement. ▶ Pour interrompre la succion, insérer un doigt entre les lèvres de l'enfant, près du mamelon. Faire éructer l'enfant avant de passer au deuxième sein. ▶ Faire éructer le bébé de nouveau à la fin de la tétée. ▶ Sécher soigneusement les mamelons avant d'y appliquer du colostrum ou du lait; si désiré, appliquer une crème non allergène (Lansinoh ou Purelan).

Conseils pratiques

Vérifier que l'enfant est bien réveillé avant d'essayer de le faire téter; frotter délicatement le mamelon contre sa bouche pour stimuler le réflexe de succion. ▶ À chaque tétée, commencer par le sein que l'enfant a pris en dernier à la tétée précédente (une épingle de nourrice fixée au bonnet du soutien-gorge permet de se rappeler par quel sein commencer). ▶ Si le sein gorgé de lait de la mère bloque les narines du bébé, enseigner à la mère comment dégager le nez du bébé en ramenant les fesses et les jambes du bébé vers elle et non en appuyant sur son sein. ▶ Modifier régulièrement la position du bébé au sein pour que la succion ne s'exerce pas toujours sur la même partie du mamelon (risque d'irritation) et pour que les canaux de sécrétion se vident bien. ▶ Éviter de donner des préparations lactées à l'enfant avant que la lactation maternelle ne soit bien établie. ▶ La femme allaitante doit consulter son médecin avant de prendre quelque médicament que ce soit, car certains médicaments passent dans le lait maternel.

Premier lever après l'accouchement

La femme doit demander de l'aide la première fois qu'elle se lève. ▶ Il est normal qu'elle se sente un peu étourdie.

Évolution des lochies

Rouge foncé durant les deux ou trois premiers jours environ (un peu comme l'écoulement menstruel). ▶ Rose brunâtre ou séreuses après deux ou trois jours. ▶ Habituellement, écoulement modéré (quatre à huit serviettes hygiéniques par jour) avec possibilité de petits caillots. ▶ *Signes de problèmes possibles*: Écoulement plus abondant, lochies séreuses redevenant rouges, perte de gros caillots, changement d'odeur.

Modifications possibles chez le partenaire

Craint que les rapports sexuels fassent mal à la femme ou la mettent mal à l'aise, surtout la pénétration. ▶ Interruption du rythme sexuel que le couple avait établi. ▶ Peur d'une nouvelle grossesse. ▶ Diminution de l'intérêt pour les relations sexuelles à cause de la fatigue due aux soins à prodiguer au bébé.

Contraception

Déterminer les besoins du couple en matière d'information sur la contraception. ▶ Si les conjoints ont besoin de tels renseignements et souhaitent les obtenir à ce stade, leur fournir de l'information factuelle sur les différentes méthodes de contraception. ▶ Leur expliquer que le cycle menstruel reprend moins de 6 semaines après l'accouchement chez 40% des mères *qui n'allaitent pas* et moins de 12 semaines après l'accouchement chez 45% des mères *qui allaitent*. ▶ Leur rappeler que la femme peut devenir enceinte même si elle allaite.

ENSEIGNEMENT : LE BAIN DU NOUVEAU-NÉ

Préparation et environnement

Rassembler tout le matériel nécessaire avant le bain afin de ne jamais laisser l'enfant sans surveillance. ▶ Baigner l'enfant dans une pièce chaude et sans courants d'air.

Matériel

Cuvette. ▶ Débarbouillettes, serviettes. ▶ Draps de bain (pour y coucher l'enfant après le bain et pour le sécher). ▶ Brosse à cheveux. ▶ Savon doux non parfumé. ▶ Couche. ▶ Cotons-tiges. ▶ Pommade.

Moment du bain

N'importe quand dans la journée, mais éviter l'heure qui suit le repas pour ne pas nuire à la digestion du bébé. ▶ Choisir pour le bain une heure qui permette aux parents comme à l'enfant de bien apprécier ces moments passés ensemble. ▶ Le bain apaise parfois les bébés grincheux.

Température de l'eau

Pour un bain à l'éponge : eau légèrement plus chaude que la température du corps (environ 37,8 °C). ▶ Pour un bain dans la baignoire : eau à la température du corps (37 °C) ; vérifier en trempant le coude.

Bain à l'éponge

S'assurer qu'on a les mains propres. ▶ Commencer par le visage en laissant l'enfant en couche couvert d'un drap de bain. ▶ À l'aide d'une débarbouillette humide (sans savon), essuyer une paupière du coin intérieur vers le coin extérieur. ▶ Prendre une autre partie de la débarbouillette pour nettoyer l'autre paupière de la même façon. ▶ Laver l'oreille externe en y passant l'index couvert d'une débarbouillette (ne pas utiliser de coton-tige). ▶ Laver le reste du visage à l'eau claire (l'utilisation du savon est facultative ; en général, il est préférable d'attendre que le visage ait grossi, car on risque moins de mettre du

(suite)

ENSEIGNEMENT : LES SIGNES POSSIBLES DE MALADIE PENDANT LA PÉRIODE NÉONATALE

Signes alarmants

Température rectale supérieure à 38,4 °C ou inférieure à 36,4 °C ; ou température axillaire supérieure à 38 °C ou inférieure à 36,1 °C. ▶ Élévation continue de la température. ▶ Plusieurs épisodes de vomissements en jets ou vomissements fréquents (sur une période de six heures). ▶ Refus de deux tétées consécutives. ▶ Léthargie (apathie) ; bébé difficile à réveiller. ▶ Enfant inconsolable (les techniques d'apaisement s'avèrent inefficaces) ou pleurs aigus continus. ▶ Cyanose (coloration bleutée de la peau) pendant les tétées ou entre elles. ▶ Absence de respiration durant plus de 15 secondes. ▶ Rougissement du cordon ombilical. ▶ Distension abdominale, pleurs pendant l'effort de défécation ou absence de selles, alors que l'horaire de défécation est déjà bien établi. ▶ Expulsion de deux selles liquides ou quasi liquides, noires ou vertes, ou augmentation de la fréquence des défécations. ▶ Aucune couche mouillée en 18 à 24 heures ou moins de 6 couches mouillées par jour 4 jours après la naissance. ▶ Ictère plus prononcé et ictère sur l'abdomen et les membres. ▶ Pustules, éruptions cutanées ou cloques autres que les irritations normales des nouveau-nés. ▶ Apparition d'un écoulement oculaire.

Que faire en présence d'un signe alarmant ?

Téléphoner au médecin ou à Info-Santé. ▶ Se préparer à indiquer le moment où le signe est apparu, les activités et problèmes concomitants, les caractéristiques précises du signe et la température de l'enfant.

(suite)

ENSEIGNEMENT : LE SOULAGEMENT DES MALAISES DU POST-PARTUM

Soulagement de la douleur mammaire

Porter un soutien-gorge bien ajusté qui offre un bon maintien. ▶ Appliquer un sac de glace pendant 20 minutes 4 fois par jour. ▶ Pour les femmes qui n'allaitent pas, éviter la stimulation des seins.

Soulagement des tranchées utérines

S'étendre sur le ventre en plaçant un petit oreiller sous le bas-ventre pour comprimer l'utérus. ▶ Appliquer de la chaleur. ▶ Marcher (demander de l'aide la première fois). ▶ Prendre un analgésique (les femmes qui allaitent peuvent prendre un analgésique léger).

Soulagement de la douleur reliée à l'épisiotomie

Appliquer des sacs de glace sur le périnée dans les premières heures suivant l'accouchement. ▶ Prendre chaque jour 3 ou 4 bains de siège de 20 minutes ou douches périnéales. ▶ Diriger le faisceau d'une lampe calorique (lampe à infrarouges) sur le périnée soigneusement nettoyé pendant 20 minutes, 2 ou 3 fois par jour. ▶ Appliquer un analgésique ou anesthésique topique sur le périnée. ▶ Garder le périnée propre et, en particulier, nettoyer toute trace d'écoulement séché. ▶ Vaporiser délicatement de l'eau tiède sur le périnée après la miction pour nettoyer la région, puis sécher en tamponnant de l'avant vers l'arrière. ▶ Prendre un analgésique.

(suite)

ENSEIGNEMENT : L'INFORMATION À DONNER À LA MÈRE AVANT LE CONGÉ

Récapitulation des principaux autosoins

Soins des seins. ▶ Modifications de la position de l'utérus et maintien des techniques de soulagement des tranchées utérines. ▶ Le cas échéant, soins de la plaie de l'épisiotomie et des hémorroïdes. ▶ Évolution normale des lochies. ▶ Besoins alimentaires et liquidiens. ▶ Mesures destinées à faciliter la défécation. ▶ Stratégies pour favoriser le repos et la détente. ▶ Exercices à faire durant le post-partum. ▶ Reprise des rapports sexuels. ▶ Signes alarmants. ▶ Ressources communautaires.

Récapitulation des principaux soins à prodiguer au nouveau-né

Information et soutien concernant l'allaitement. ▶ Bains et changements de couche. ▶ Soins du cordon ombilical. ▶ Soins du pénis (circoncis ou non). ▶ Relevé des caractéristiques normales du nouveau-né. ▶ Mesures de sécurité. ▶ Techniques d'apaisement. ▶ Signes de maladie ou de problème chez le nouveau-né.

(suite)

Prise de la température d'un bébé

Placer correctement le thermomètre pour qu'il fournisse une mesure juste. ▶ Quelle que soit la méthode utilisée, ne jamais laisser l'enfant sans surveillance. ▶ Retirer le thermomètre, lire la température et la noter. ▶ *Les mesures de la température rectale ne sont pas recommandées si la température doit être prise plusieurs fois dans la journée.*

Température axillaire

Placer le bout du thermomètre sous l'aisselle du bébé. ▶ Maintenir le bras de l'enfant contre son thorax. ▶ Laisser le thermomètre au mercure en place 3 à 4 minutes.

Température rectale

Lubrifier l'extrémité du thermomètre. ▶ Coucher l'enfant sur le dos. ▶ Soulever ses jambes d'une main pour découvrir l'anus. ▶ Insérer le thermomètre à 1 cm seulement de profondeur. ▶ Maintenir le thermomètre au mercure en place pendant 2 minutes.

---

savon dans les yeux), puis nettoyer les plis du cou à l'eau savonneuse. ▶ On déplie ensuite le drap de bain et on retire la couche, puis on mouille à l'aide d'une débarbouillette le corps du bébé. On peut alors se savonner les mains et laver la poitrine, le dos, les bras, les jambes. ▶ On reprend la débarbouillette et le savon pour laver la région génitale ; nettoyer la région génitale de l'avant vers l'arrière pour les petites filles ; pour les garçons non circoncis, ne pas rétracter le prépuce. ▶ Après le savonnage, on rince soigneusement la peau avec une débarbouillette propre, en accordant une attention particulière aux différents plis. On termine en asséchant délicatement et complètement le corps avec une serviette ou un drap de bain. On enveloppe ensuite le bébé dans une couverture sèche et propre afin de prévenir le refroidissement. ▶ Laver les cheveux : mouiller avec un peu d'eau et de shampooing (utiliser le shampooing 2 ou 3 fois par semaine) ; répartir la mousse sur le cuir chevelu avec la brosse ; rincer, sécher et brosser. ▶ Brosser pendant le shampooing et une fois par jour à sec pour éviter la formation du casque séborrhéique (croûtes jaunâtres sur le cuir chevelu). Si les croûtes ne s'enlèvent pas avec la brosse : appliquer de l'huile pour bébé ou de l'huile minérale afin de les ramollir ; attendre 20 à 30 minutes et réutiliser la brosse pour les décoller, puis laver les cheveux avec un shampooing doux et bien rincer.

Bain dans la baignoire

Toujours vérifier la température de l'eau avant d'y déposer l'enfant. ▶ Mettre assez d'eau pour que le bébé soit immergé. ▶ Garder une main sur l'enfant en tout temps pendant le bain ; passer son bras sous le cou du bébé et, avec sa main, saisir le bras opposé du bébé sous l'aisselle. ▶ Laver le visage et les oreilles comme pour le bain à l'éponge. ▶ Savonner de sa main libre ou utiliser une débarbouillette pour laver le reste du corps. ▶ Rincer et sécher le bébé soigneusement.

Points à retenir

Baigner l'enfant une fois par jour. ▶ Si l'enfant a la peau des mains ou des pieds sèche et craquelée, utiliser une pommade plutôt qu'une lotion pour la peau. ▶ Les lotions et les poudres sont envisageables, mais une certaine controverse entoure leur utilisation ; en tout état de cause, ne jamais laisser l'enfant respirer de la poudre.

Soulagement des douleurs hémorroïdales

Prendre chaque jour 3 ou 4 bains de siège de 20 minutes. ▶ Appliquer une pommade anesthésique ou des compresses d'hamamélis. ▶ Au lit, se coucher sur le côté ou sur le ventre. ▶ Éviter de rester assise trop longtemps. ▶ Boire suffisamment. ▶ Prendre des laxatifs émollients, au besoin, pour prévenir la constipation.

ENSEIGNEMENT : L'ALIMENTATION AU BIBERON

Types de préparations lactées

Prêt-à-servir : Donner tel quel. ▶ Concentré : Diluer dans de l'eau avant de le donner à l'enfant. ▶ Poudre : Ajouter la quantité d'eau requise pour obtenir la bonne concentration et bien mélanger. ▶ Pour l'enfant de moins de 4 mois, faire bouillir l'eau 5 minutes et la laisser tiédir avant d'y ajouter le lait concentré ou en poudre.

Quantités

Commencer par des biberons de 90 mL chacun (le nouveau-né boit en général 30 à 90 mL toutes les 2 ½ à 4 heures). ▶ Avec l'alimentation sur demande, l'appétit du bébé va croissant ; graduellement, il terminera tous ses biberons. ▶ Ne pas donner plus de 240 mL de lait par boire. ▶ Ne pas redonner un biberon qui est resté plus d'une heure à la température de la pièce. ▶ Ne pas redonner un biberon qui est resté plus de quatre heures au réfrigérateur. ▶ Préparer un nouveau biberon pour chaque tétée (ne pas ajouter de lait à un biberon déjà entamé). ▶ Réfrigérer les biberons préparés d'avance. ▶ Ne pas donner du lait concentré ou prêt-à-servir dont la boîte est ouverte depuis plus de 48 heures, même si elle a été placée au réfrigérateur entre-temps.

Température

Il est préférable de ne pas donner un biberon tout juste sorti du réfrigérateur avant l'âge de 10 à 12 mois, mais la plupart des bébés préfèrent le lait tiède (température voisine de celle du lait maternel). ▶ Réchauffer le biberon sous l'eau chaude du robinet, dans un chauffe-biberon ou dans une casserole d'eau chaude. ▶ Toujours vérifier la température du lait en laissant tomber quelques gouttes à l'intérieur du poignet ; il doit être tiède. ▶ Il est déconseillé d'utiliser le micro-ondes pour tiédir le lait ; si

(suite)

ENSEIGNEMENT : L'INFORMATION À DONNER AVANT LE DÉPART DU NOUVEAU-NÉ

Mesures de sécurité immédiates

Vérifier la quantité de mucus ; enlever l'excédent avec une poire. ▶ Le nouveau-né doit toujours être dans son berceau ou dans les bras de quelqu'un. ▶ Éviter de le laisser sans surveillance sur le lit de la mère.

Élimination normale des selles et de l'urine

L'enfant âgé de 4 jours et plus mouille au moins 6 à 10 couches par jour. ▶ Urine de couleur paille ou ambre, pas d'odeur nauséabonde. ▶ Évolution normale des selles : (1) méconium (épais, gou-dronneux, vert foncé) ; (2) selles de transition (moins épaisses, brunes à vertes) ; (3a) enfant nourri au sein : selles jaune or, molles ou spongieuses ; (3b) enfant nourri au biberon : selles jaune pâle, consistantes et pâteuses. ▶ Les bébés nourris au biberon n'expulsent qu'une ou deux selles par jour. ▶ Les bébés nourris au sein expulsent 6 à 10 petites selles molles par jour ou seulement 1 selle tous les 2 à 3 jours, une fois que l'allaitement maternel est bien établi.

Soins du cordon ombilical

Nettoyer le cordon et la peau entourant sa base avec un tampon d'ouate ou un coton-tige imbibé d'eau et assécher avec un tampon sec. ▶ Nettoyer deux ou trois fois par jour ou à chaque changement de couche. ▶ Plier le bord de la couche sous le nombril pour que le cordon sèche à l'air. ▶ Examiner chaque jour si le nombril dégage une odeur, s'il rougit ou si une matière jaunâtre s'en écoule. ▶ Il est normal que la région ombilicale soit sensible, que le cordon se ratatine et prenne une couleur foncée.

(suite)

ENSEIGNEMENT : LES TECHNIQUES POUR RÉVEILLER ET APAISER LE NOUVEAU-NÉ

Utilité des techniques de réveil

Pour faire téter l'enfant. ▶ Pendant la tétée, s'il somnole ou s'endort. ▶ Pour modifier l'horaire des tétées.

Techniques de réveil

Desserrer les vêtements de l'enfant, changer sa couche. ▶ Exprimer du lait manuellement et le faire couler sur ses lèvres. ▶ Lui parler en cherchant son regard. ▶ Le tenir en position verticale (assis ou debout). ▶ Lui faire faire des redressements assis (le redresser plusieurs fois en position assise, délicatement et de façon rythmée, en soutenant sa tête et son dos d'une main et en plaçant l'autre main sous ses genoux). ▶ Chanter une comptine à l'enfant en lui faisant faire des mouvements rythmés des bras. ▶ Stimuler le réflexe des points cardinaux (frotter doucement l'une des joues de l'enfant avec la main ou le mamelon). ▶ Augmenter la stimulation tactile (masser doucement les mains et les pieds de l'enfant).

Utilité des techniques d'apaisement

Pour calmer l'enfant durant les premiers mois de sa vie. ▶ Pour apaiser les enfants très vite stimulés. ▶ Pour calmer le bébé avant la tétée. ▶ Pour détendre un enfant trop affamé ou trop pressé.

(suite)

cette méthode est quand même choisie, utiliser uniquement des biberons de plastique. Le lait peut surchauffer dans les biberons de verre, et les sacs en plastique des autres biberons risquent d'éclater. Vérifier soigneusement la température du lait avant de le donner à l'enfant.

Position de l'enfant pendant le boire

Tenir le bébé tout près de soi et chercher son regard (comme pour l'allaitement au sein). ▶ Tenir fermement les fesses ou les pieds du bébé et maintenir son dos droit pour qu'il digère mieux et se sente en sécurité. ▶ Si l'enfant pleure, le réconforter avant de le nourrir. ▶ Changer le bébé de bras à chaque boire afin qu'il ne soit pas toujours stimulé du même côté. ▶ Éviter de faire boire l'enfant couché sur le dos. ▶ Ne pas caler le biberon en laissant l'enfant boire seul.

Tétine

Le trou de la tétine ne devrait laisser couler que quelques gouttes à la fois. ▶ La tétine doit rester pleine de lait afin que l'enfant n'avale pas trop d'air.

Éructations

L'enfant doit être placé la tête contre l'épaule de l'adulte ou couché à plat ventre sur les genoux du parent ou assis (sa tête et son dos étant bien soutenus). ▶ Tapoter ou frotter doucement le dos du bébé. ▶ Le faire éructer au milieu et à la fin du biberon. ▶ Déterminer la position que l'enfant préfère pour éructer et le temps qu'il lui faut habituellement pour le faire. ▶ Les petites régurgitations ne sont pas inhabituelles. ▶ Prévoir une débarbouillette pour essuyer les régurgitations.

▶ Une goutte de sang peut perler au nombril quand le cordon tombe. ▶ Ne jamais tirer sur le cordon ou essayer de le détacher. ▶ S'attendre à ce que le cordon tombe entre le 7e et le 21e jour après la naissance.

Soins du pénis circoncis

Asperger la région de la circoncision avec de l'eau savonneuse une fois par jour.* ▶ Rincer à l'eau tiède et sécher en tamponnant. ▶ Appliquer un peu de vaseline à chaque changement de couche (sauf si une cloche Plastibell a été mise en place). ▶ Ne pas serrer trop la couche afin de ne pas comprimer le pénis. ▶ Le gland étant sensible, éviter de coucher le bébé sur le ventre. ▶ Au moins une fois par jour, examiner le pénis pour relever l'apparition possible d'un écoulement nauséabond ou d'un saignement. ▶ Laisser la cloche Plastibell tomber d'elle-même (environ huit jours après la circoncision). ▶ Un écoulement léger, jaune et poisseux peut se former à l'extrémité du pénis et fait partie intégrante du processus de guérison.

Soins du pénis non circoncis

Nettoyer le pénis à l'eau à chaque changement de couche et avec de l'eau savonneuse à l'occasion du bain. ▶ Ne pas rétracter le prépuce ; il se rétractera de lui-même avec le temps (en trois à cinq ans).

Techniques d'apaisement

Vérifier si la couche du bébé est souillée. ▶ Emmailloter l'enfant ou l'aider à se recroqueviller (en ramenant ses bras et ses jambes sur son ventre ; cette position rassure l'enfant). ▶ Imprimer des mouvements lents et rythmés au corps du bébé. ▶ Parler, chanter ou fredonner doucement.

5e mois (20 semaines)

6e mois (24 semaines)

Développement du fœtus

Le vernix caseosa protège le fœtus. Un fin duvet (le lanugo) couvre son corps et permet de maintenir la peau lubrifiée. Les sourcils, les cils et les cheveux poussent. Le fœtus adopte un rythme régulier de phases de sommeil, de succion et de coups de pied.

L'activité des cellules ostéoformatrices s'intensifie, et le squelette se développe rapidement. Les mouvements respiratoires s'amorcent. Le fœtus pèse environ 780 g.

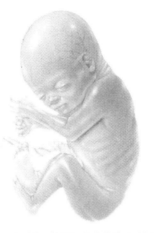

Changements chez la mère

Le fond utérin atteint le niveau de l'ombilic. Le sac amniotique contient environ 400 mL de liquide. Les seins commencent à sécréter le colostrum. La femme peut se sentir faible et étourdie, surtout quand elle change rapidement de position. Des varices commencent parfois à se former. La femme perçoit les mouvements fœtaux, et sa grossesse peut lui sembler soudain plus «réelle». Les aréoles prennent une teinte plus foncée. Présence possible de congestion nasale, de crampes dans les jambes ou de constipation.

Le fond utérin se situe au-dessus du niveau de l'ombilic. La femme peut commencer à souffrir de lombalgie et de crampes dans les jambes. Sa peau est susceptible de subir des modifications, telles que vergetures, chloasma, ligne brune abdominale, acné, rougeurs à la paume des mains et à la plante des pieds. Présence possible de saignements de nez ou de démangeaisons abdominales; attribuables à l'expansion de l'utérus, ces dernières persisteront jusqu'à la fin de la grossesse.

Enseignement à la cliente / Conseils préventifs

Recommander à la femme de surélever ses pieds lorsqu'elle s'assoit; de se lever lentement et avec précaution; d'éviter les pressions sur la partie inférieure des cuisses. Le port de bas de soutien et l'utilisation d'un humidificateur à air froid peuvent lui être bénéfiques. Lui conseiller de manger des fibres (fruits crus, légumes, céréales avec son), de boire beaucoup et de faire souvent de l'exercice.

Lui parler du soin des seins. Lui indiquer que la dorsiflexion du pied soulage les crampes et que la chaleur détend les muscles crispés.

Indiquer à la femme que les modifications de la peau disparaissent généralement peu après l'accouchement. La renseigner sur les exercices, par exemple la bascule du bassin, qui aident à renforcer les muscles abdominaux et dorsaux et lui souligner l'importance du respect des principes de la mécanique corporelle. Lui rappeler qu'elle doit éviter les médicaments, la caféine, l'alcool et le tabac.

L'application de vaseline dans les narines peut réduire les saignements de nez. Un humidificateur à air froid peut également être utile. Les crèmes à base de lanoline atténuent les démangeaisons. Les savons doux éliminent l'excès de sébum à l'origine de l'acné.